卡耐基励志经典

[美] 卡耐基·原著

刘凯·整理

第一册

綫装書局

图书在版编目（ＣＩＰ）数据

卡耐基励志经典：全6册 / （美）卡耐基著；刘凯
整理. -- 北京：线装书局, 2016.1

ISBN 978-7-5120-2001-6

Ⅰ.①卡… Ⅱ.①卡… ②刘… Ⅲ.①成功心理－通
俗读物 Ⅳ.①B848.4-49

中国版本图书馆CIP数据核字(2015)第254038号

卡耐基励志经典

原　　著：［美］卡耐基
整　　理：刘　凯
责任编辑：高晓彬
装帧设计：博雅圣轩藏书馆 Boyashengxuan Cangshuguan
出版发行：线裝書局
　　　　　　地　址：北京市西城区鼓楼西大街41号（100009）
　　　　　　电　话：010-64045283（发行部）　64045583（总编室）
　　　　　　网　址：www.xzhbc.com
经　　销：新华书店
印　　制：北京彩虹伟业印刷有限公司
开　　本：787mm×1092mm　1/16
印　　张：168
字　　数：2040千字
版　　次：2016年1月第1版第1次印刷
印　　数：0001－3000套

定　　价：1580.00元（全六册）

　　戴尔·卡耐基（1888～1955），美国现代成人教育之父，美国著名的人际关系学大师，西方现代人际关系教育的奠基人，被誉为是20世纪最伟大的心灵导师和成功学大师。他在1912年创立卡耐基训练班，该班遍布世界各地，以教导人们人际沟通及处理压力的技巧。

　　卡耐基所著载誉世界的《人性的弱点》、《人性的优点》、《人性的光辉》、《美好的人生》、《快乐的人生》、《伟大的人物》、《语言的突破》，以及由卡耐基夫人陶乐丝·卡耐基按照她丈夫的哲学模式所著《写给女人的忠告》，构成了卡耐基做人处世、走上成功之路全书。它们不仅是卡耐基成人教育的教科书，也是趣味无穷、使人受益匪浅的优秀读物。其在1936年出版的著作《人性的弱点》，70年来始终被西方世界视为社交技巧的圣经之一。这些书和卡耐基的成人教育实践相辅相成，将卡耐基的人生智慧传播到世界各地，影响了千千万万人的思想和心态，激发了他们对生命的无限热忱与信心，勇敢地面对与搏击现实中的困难，追求自己充实美好的人生。

西方社交技巧的励志经典——《人性的弱点》

　　《人性的弱点》就是帮助你解决生活中所面临的大问题：如何在日常生活、商务活动与社会交往中与人打交道；如何击败人类的生存之敌——忧虑；如何在生活中变得更加快乐……"以铜为鉴，可以正衣冠；以人为鉴，可以知得失；以史为鉴，可以知兴替。"相信这些凝聚古今圣贤的文化精髓，针砭人性弱点的成语能成为一面镜子，照出我们自身的弱点，让我们更好地认识自己，战胜自己的弱点。

通往人生道路的导航灯——《美好的人生》

　　《美好的人生》是美国"成人教育之父"戴尔·卡耐基的代表作之一，它教人们怎样用智慧经营人生。作为《人性的弱点》的姊妹篇，《美好的人生》以简单明了的道理结合生动真实的具体事例，告诉我们怎样经营家庭生活，怎样减轻人生压力，如何增强交际能力，如何与人和睦相处等等，从而获得美好生活。该书被誉为"人类出版史上的奇迹，无数读者由此走向成功之路。"这是一本关于幸福的书，是通往美好人生道路的导航灯！

改变无数人命运的伟大著作——《人性的优点》

《人性的弱点》运用社会学和心理学知识，对人性进行了深刻的探讨和分析。他讲述的许多普通人通过奋斗获得成功的真实故事，激励了无数陷入迷茫和困境的人，帮助他们重新找到了自己的人生。接受卡耐基教育的有社会各界人士，其中不乏军政要员甚至包括几位美国总统，千千万万的人从卡耐基的教育中获益匪浅。本书是卡耐基在实践的基础上撰写而成的著作，是20世纪最畅销的成功励志经典。

提高个人演讲能力的速效书——《演讲与口才》

《演讲与口才》介绍卡耐基个人在演讲方面的成功经验，内容包括：当众演讲的基本原则、成功演讲的三大要素、高效演讲的实用技巧以及当众演讲的沟通艺术。当众演讲并不是一门封闭的艺术，它也不像许多教科书中所说的那样，必须经过多年的美声以及十分艰苦的修辞训练之后才能取得成功。他的教学生涯几乎全都致力于向人们证明一点：当众演讲其实并不困难，只要你能遵循一些简单却又十分重要的规则，就可以做到这一点。

走向成功捷径的演说教程——《沟通的艺术》

　　《沟通的艺术》是风靡全球的卡耐基演说教程蓝本，它将让你步入幸福的生活，迈向成功的职业生涯。它不是一本教您如何发出悦耳之声、如何说出优美之句的手册，而是教你如何建立自信来提高自己的表达能力，如何通过有效的演讲扩大自己的影响力。读者通过本书可以学到：有效说话的基本要素；演讲、演说者与听众；有备演讲与即兴演讲；沟通的艺术；有效说话的挑战。

拥有良好人际交往的实用书——《人际交往的艺术》

　　《人际交往的艺术》详细介绍了卡耐基对处世之道的深入探究，提供了卡耐基圆满解决人际关系的成功经验，其中，既有他自己的亲身经历，又有他为各方人士开出的"妙方"。学习卡耐基的处世艺术，对渴望成功的企业家和经营者大有裨益，卡耐基开创的"人际关系训练班"遍布世界各地，他以超人的智慧、严谨的思维，在道德、精神和行为准则上指导了万千读者，帮助人们改变了自己的生活，开创了崭新的人生。

修炼金牌领导力的必读书——《领导的艺术》

　　《领导的艺术》是一本关于领导艺术与管理智慧的经典之作。全书运用社会学和心理学知识，通过真实故事，对领导艺术进行讲解，以激励无数陷入迷茫和困境的人，并帮助他们重新找到自己的人生，它对于发现我们的领导才能，提升领导群伦智慧，特别是融合了管理、演讲、为人处世、智能开发等于一体的领导艺术与管理智慧的教育方式，将有非常宝贵的启示和借鉴作用，世纪伟人爱因斯坦、印度圣雄甘地等人都深受此书思想和观点的影响。

百科全书式的人物故事集——《伟大的人物》

　　《伟大的人物》是卡耐基留给读者最宝贵的心灵财富，曾激励过数千万人的不朽著作，更是一本百科全书式的人物故事集。全书列举了历史上取得众多成就的名人，解释他们遭遇挫折和取得成功的人生经验。卡耐基用自己广博的知识和充满故事的人生经验告诉你，所有成功的人都有自己令人惊叹的品质和精神，他也同时告诉你，成功并不是平凡的人不可企及的，因为每个成功的背后都有一个平凡的开始。

讲述传奇总统林肯一生的传记——《人性的光辉》

　　《人性的光辉》描写了林肯不为人知的充满了艰辛和坎坷的故事，生动再现了从卑微、怯懦、挫折和失败婚姻中走出来的美国人心目中最伟大的总统传奇的一生，反映了他坎坷中百折不挠的精神。全书像电影一样，将林肯艰苦奋斗成为美国总统和他为美国及人类进步事业而献身的一生展现在人们面前，作品语言平实，笔触感人至深，字里行间充满了温馨与幽默，是林肯传中写得最生动、最感人、也最有启迪意义的一部。

卡耐基夫人写给女性的人生教科书——《写给女人的忠告》

　　《写给女人的忠告》是戴尔·卡耐基的第二任妻子陶乐丝·卡耐基的成名之作，是一部专门写给女性的人生教科书，是奉献给女性缔造成熟之爱、获取人生幸福的经典之作。自出版以后，连续30多年位居欧美女性最畅销读物排行榜前列。陶乐丝堪称是"世界上最有魅力的妻子的典范"，卡耐基与她结婚，既是卡耐基家庭生活的幸福，也是卡耐基发展自己事业的保证。她以自身的经历为基础，完成了针对女性的成功学课程。

前　言

　　戴尔·卡耐基(Dale Carnegie,1888~1955)，美国现代成人教育之父，美国著名的人际关系学大师，西方现代人际关系教育的奠基人，被誉为是20世纪最伟大的心灵导师和成功学大师。美国人戴尔·卡耐基利用大量普通人不断努力取得成功的故事，通过演讲和书唤起无数陷入迷惘者的斗志，激励他们取得辉煌的成功。

　　戴尔·卡耐基1912年开创的"人际关系训练班"遍布世界各地，他以超人的智慧、严谨的思维，在道德、精神和行为准则上指导了万千读者，帮助人们改变自己的生活，开创崭新的人生。此外，卡利基还勤于著作，主要代表作有《人性的优点》、《人性的弱点》、《沟通的艺术》、《卡耐基人际关系学》、《语言的突破》和《演讲与口才》等。其作品一经问世便受到广大读者的喜爱和追捧，并被翻译成几十种文字在全球热销，创造了"人类出版史上的奇迹"，时至今日，卡耐基的著作仍在持续畅销中。

　　戴尔·卡耐基在道德、精神和行为方面影响了全世界成千上万人的生活，他的教学构想开创了成人教育的先河，经久不衰，他的教学方式和原则，被21世纪绝大部分成功培训机构所效仿。事实证明，卡耐基教学模式是目前世界上改变一个人最富成效的方法，他以超人的智慧、严谨的思维，在道德、精神和行为准则上指导万千读者，给人安慰，给人鼓舞，使人从中汲取力量，从而改变生活，开创崭新的人生。卡耐基的思想和观点影响着美国人，甚至改变着世界，当经济不景气、不平等、战争等恶魔正在磨灭人类追求美好生活的心灵时，卡耐基的精神和思想，就成了人们走出迷茫和困顿的最有力的支撑。即使在现代社会，卡耐基对人性的洞见，仍然指导着千百万人改变思想，完善行为，走上成功之路。

　　美国第35任总统肯尼迪说："卡耐基留给我们的不仅仅是几本书和一所学校，其中真正的价值是他把一个人的成功技艺传授给了每一个想出人头地的年轻人。"

　　马克·维克多·汉林说："成功其实如此简单，只要你遵从卡耐基先生这些简单适用的人际准则和生活技巧，你就能获得简单适用的人际准则和生活技巧，你就能获得成功。"

　　纽约卡耐基训练学校校长保罗说："一个人的成功，只有15%是由于他的专业技术，

　　而85%则要靠人际关系和他的做人处事能力。请诸位记住波兰这位法国诗人临终前的歌声：不是爱情损伤了我的幸福，我失败于一些小小的事情……"

　　美国著名成功学家拿破仑·希尔曾经说过："卡耐基成功学的三大基石是口才、交际和心理。口才是成功的基础，交际是成功的条件，心态是成功的保证，谁能在卡耐基的著作中梳理出这三个方面的内容，谁就把握住了卡耐基成功学的精华。"

　　自从卡耐基的著作问世以来，就改变了千千万万人的命运。他，撑起了成人教育、心理学家以及心灵教父的半边天。发明之王爱迪生、相对论鼻祖爱因斯坦、印度圣雄甘地、《米老鼠》的父亲华特·迪士尼、建筑业奇迹的创造者里维父子、旅馆业巨子希尔顿、白手起家的台湾塑料大王王永庆、麦当劳的创始人雷·克洛克等等，都深受卡耐基思想和观点的激励和影响。他的实用性和指导性，以及对社会各类人群和各个时代的适应性，是卡耐基思想的重要特点，当时代的战车匆匆驶过20世纪，进入新千年的时候，卡耐基的思想和见解并没有被时代所抛弃，相反，在今天这个竞争激烈的社会，他的思想和洞见更加深刻和实用，对于年轻人更具有指导意义。让我们走进此书，欣赏睿智闪光的文字，领略理性和智慧的风采，得到心灵的启迪，开启智慧人生。

目　录

人性的弱点

本书缘起 …………………………………………………………… (3)

第一章　人际交往的关键 ………………………………………… (8)

　　收起你的回旋镖 ……………………………………………… (8)

　　赞赏别人的优点 ……………………………………………… (16)

　　关注核心的需求 ……………………………………………… (24)

　　了解鱼的需求 ………………………………………………… (32)

　　我要喜欢你 …………………………………………………… (38)

　　管住自己的舌头 ……………………………………………… (41)

　　如要采蜜，不可弄翻蜂巢 …………………………………… (43)

　　抓住每一个机会 ……………………………………………… (48)

　　扩大交际范围 ………………………………………………… (50)

　　让对方有备受重视的感觉 …………………………………… (52)

　　莫与小人较劲 ………………………………………………… (58)

　　无事也登“三宝殿” …………………………………………… (60)

　　该告别时就告别 ……………………………………………… (61)

第二章　把别人吸引到身边来 …………………………………… (64)

　　仪表是你的门面 ……………………………………………… (64)

　　练就一流口才 ………………………………………………… (69)

　　甜美而有韵律的声音 ………………………………………… (70)

　　练就关照他人而不造作的功夫 ……………………………… (72)

　　真心诚意地对别人感兴趣 …………………………………… (74)

　　制造戏剧化效果 ……………………………………………… (77)

第三章　创造永久印象的六种方法 ……………………………… (80)

　　关心别人的兴趣和利益 ……………………………………… (80)

　　微笑 …………………………………………………………… (88)

　　称呼的重要性 ………………………………………………… (95)

　　耐心聆听 ……………………………………………………… (102)

探讨别人关心的事情 …………………………………………………… （107）

对别人好一些 …………………………………………………………… （113）

第四章　不露痕迹的改变他人 …………………………………… （120）

用赞誉作开场白 ………………………………………………………… （120）

说人之前先说自己 ……………………………………………………… （122）

不要把意见硬塞给别人 ………………………………………………… （125）

"旁敲侧击"更使人信服 ………………………………………………… （129）

"高帽子"的妙用 ………………………………………………………… （132）

批评勿忘多鼓励 ………………………………………………………… （134）

第五章　让交谈变得更愉快 …………………………………… （137）

假如我是他 ……………………………………………………………… （137）

牵着他人的舌头走 ……………………………………………………… （140）

争取让对方说"是" ……………………………………………………… （142）

鼓励对方多说 …………………………………………………………… （145）

无声胜有声 ……………………………………………………………… （148）

四分之三的人渴望得到同情 …………………………………………… （150）

从双方都同意的事说起 ………………………………………………… （156）

使用建议的方式 ………………………………………………………… （162）

第六章　做好一生的规划 ……………………………………… （164）

目标是人生的灯塔 ……………………………………………………… （164）

确立人生的起跑点 ……………………………………………………… （166）

描绘生命的蓝图 ………………………………………………………… （168）

拥有自己的计划 ………………………………………………………… （169）

对自己进行"盘点" ……………………………………………………… （173）

不断调整人生目标 ……………………………………………………… （175）

第七章　与金钱和睦相处 ……………………………………… （178）

聪明地运用金钱才能使人感到快乐 …………………………………… （178）

提升财商 ………………………………………………………………… （182）

节俭意味着明智 ………………………………………………………… （185）

节俭的别名不叫吝啬 …………………………………………………… （186）

减少消费，你也做得到 ………………………………………………… （190）

避开负债陷阱 …………………………………………………………… （193）

为你的明天而储蓄 ……………………………………………………… （195）

第八章　获取和保持对方的信任 ……………………………… （202）

避免争吵 ………………………………………………………………… （202）

永远不要说"你错了" …………………………………………………… （206）

迅速并真诚地承认错误 ……………………………………… (213)

以友好的方式开始 …………………………………………… (218)

做一个有吸引力和亲和力的人 ……………………………… (223)

放弃荣誉 ……………………………………………………… (228)

感同身受 ……………………………………………………… (232)

诉诸于高尚的动机 …………………………………………… (235)

分享你的经历 ………………………………………………… (240)

发起挑战 ……………………………………………………… (244)

第九章　学会"享受"工作 ………………………………… (248)

工作是生活的第一要义 ……………………………………… (248)

树立正确的工作态度 ………………………………………… (254)

伟大的事业因工作的热忱而获得成功 ……………………… (257)

别让激情之火熄灭 …………………………………………… (261)

工作给予你的报酬要比薪水更宝贵 ………………………… (264)

别把工作当苦役 ……………………………………………… (268)

从工作中获得快乐 …………………………………………… (270)

六十五岁不退休 ……………………………………………… (274)

第十章　逐步迈向成功 ……………………………………… (279)

跌倒不算失败 ………………………………………………… (279)

从做愚人开始 ………………………………………………… (280)

不行动,只会让事情更糟 …………………………………… (283)

英雄总是谦卑的 ……………………………………………… (286)

走出失败者的阴影 …………………………………………… (288)

成功并非总是用"赢"来代表 ……………………………… (290)

剪掉多余的 …………………………………………………… (292)

磨刀不误砍柴工 ……………………………………………… (293)

成熟只寓于追求的过程中 …………………………………… (294)

第十一章　改变他人而不引起反对 ………………………… (297)

用积极的心态开始一切 ……………………………………… (297)

敢于承认你的错误 …………………………………………… (301)

低调地指明别人的错误 ……………………………………… (304)

学会询问式谈话方式而非直接命令 ………………………… (307)

弥补错误 ……………………………………………………… (311)

赞赏下属的进步 ……………………………………………… (317)

给别人一个实至名归的好名声 ……………………………… (322)

保持相同的立场 ……………………………………………… (325)

第十二章　成就完美与和谐 …………………………………………………… （332）
　　最高形式的美 ………………………………………………………………… （332）
　　学会调适自己 ………………………………………………………………… （333）
　　善于比较 ……………………………………………………………………… （335）
　　将逆境变成一种祝福 ………………………………………………………… （337）
　　不要重复老路 ………………………………………………………………… （338）
　　走向平静的未来 ……………………………………………………………… （340）
　　播种美丽，收获幸福 ………………………………………………………… （341）
　　和谐的生命乐章 ……………………………………………………………… （342）
第十三章　踏上轻松快乐之旅 ………………………………………………… （345）
　　顺应生命的节奏 ……………………………………………………………… （345）
　　放掉包袱 ……………………………………………………………………… （348）
　　内心的平静 …………………………………………………………………… （352）
　　拿自己开开玩笑 ……………………………………………………………… （354）
　　拿开捂住眼睛的双手 ………………………………………………………… （358）
　　因为你快乐，所以我快乐 …………………………………………………… （360）
　　学会从损失中获利 …………………………………………………………… （361）
　　不要期望他人的感恩 ………………………………………………………… （365）
　　报复只会伤害自己 …………………………………………………………… （369）
　　走出孤独的人生 ……………………………………………………………… （373）

美好的人生

第一章　和人们和睦相处 ……………………………………………………… （381）
　　与他人的兴趣相合 …………………………………………………………… （381）
　　不要指责别人 ………………………………………………………………… （390）
　　什么是最牢不可破的名誉？ ………………………………………………… （398）
　　挑战自己的缺点 ……………………………………………………………… （400）
　　诚挚地予人以赞美 …………………………………………………………… （403）
　　施与受 ………………………………………………………………………… （410）
　　掌握效率最高的沟通手法 …………………………………………………… （415）
第二章　赢得别人的赞同 ……………………………………………………… （420）
　　你赢不了争论 ………………………………………………………………… （420）
　　千万不要指责别人的错误 …………………………………………………… （425）
　　勇于承认自己的错误 ………………………………………………………… （433）
　　一切从友善开始 ……………………………………………………………… （438）

处理抱怨的灵丹妙药 …………………………………… （444）

从对方的立场看问题 …………………………………… （447）

同情别人的想法和愿望 ………………………………… （451）

激发对方高尚的动机 …………………………………… （457）

戏剧化地表达你的意见 ………………………………… （461）

提出有意义的挑战 ……………………………………… （464）

第三章　营造幸福家庭 …………………………………… （467）

不要挖掘婚姻的坟墓 …………………………………… （467）

不要作无用的批评 ……………………………………… （472）

给予真诚的欣赏 ………………………………………… （473）

对婚姻的忠告 …………………………………………… （475）

解读问题婚姻 …………………………………………… （477）

甜言蜜语永不嫌多 ……………………………………… （478）

让爱成熟 ………………………………………………… （479）

经营你的"性"福人生 …………………………………… （484）

爸爸们,请回家 ………………………………………… （486）

第四章　理顺家庭关系 …………………………………… （492）

不要强迫对方改变 ……………………………………… （492）

绝对不要小视细枝末节 ………………………………… （494）

维护家庭内部的礼仪 …………………………………… （496）

对待女性的黄金法则 …………………………………… （498）

女性如何和男性相处 …………………………………… （505）

切莫做一个婚姻的文盲 ………………………………… （512）

第五章　减轻人生压力 …………………………………… （515）

坚信我是世界上绝无仅有的 …………………………… （515）

解除疲惫不堪和烦躁不安的四种最优方法 …………… （522）

疲劳感的产生及克服疲劳之道 ………………………… （526）

怎样消除厌倦 …………………………………………… （530）

你愿意收获100亿美元,但是付出自己所拥有的一切吗? ………… （537）

面对别人的批评不羞不怒 ……………………………… （544）

第六章　展望美好生活 …………………………………… （550）

保持积极向上的心态 …………………………………… （550）

培养"变负为正"的能力 ………………………………… （557）

确保睡眠质量 …………………………………………… （563）

换取内心平静的方法 …………………………………… （566）

作出决断并付诸实施 …………………………………… （574）

根据概率免除担忧 …………………………………………………… (579)

生活的状态由思想决定 ………………………………………………… (584)

人性的优点

第一章　忧虑是幸福人生的破坏者 ………………………………… (595)

忧虑是健康的大敌 ……………………………………………………… (595)

精神失常的原因 ………………………………………………………… (598)

忧虑是容貌最大的克星 ………………………………………………… (601)

你的生活与忧虑无关 …………………………………………………… (605)

第二章　分析忧虑的基本技巧 …………………………………… (609)

解开忧虑之谜 …………………………………………………………… (609)

如何减少一半工作上的忧虑 …………………………………………… (614)

第三章　消除忧虑的习惯 ………………………………………… (618)

把忧虑从你的思想中赶走 ……………………………………………… (618)

不要为小事而垂头丧气 ………………………………………………… (625)

战胜忧虑的法则 ………………………………………………………… (631)

为忧虑限定"到此为止" ……………………………………………… (636)

不要为过去的事忧虑 …………………………………………………… (641)

忠于自我才是快乐的人生 ……………………………………………… (645)

今天比昨天和明天更宝贵 ……………………………………………… (649)

第四章　获得平安快乐的七种方法 ……………………………… (658)

改变人生的八个字 ……………………………………………………… (658)

报复的代价 ……………………………………………………………… (667)

学会感恩 ………………………………………………………………… (672)

珍惜你所拥有的 ………………………………………………………… (676)

做最好的自己 …………………………………………………………… (681)

如果你有一个柠檬,那就把它做成一杯柠檬汁吧! …………………… (687)

两周内摆脱忧郁 ………………………………………………………… (693)

第五章　让你的忧虑"到此为止" ……………………………… (704)

让自己忙起来 …………………………………………………………… (704)

准备迎接最坏的情况 …………………………………………………… (710)

说出你的忧虑 …………………………………………………………… (715)

每一天都是新的生命 …………………………………………………… (719)

关心别人等于关心自己 ………………………………………………… (721)

把烦恼交给时间解决 …………………………………………………… (726)

第六章　做自己情绪的主人 …………………………………………… (728)

愤怒意味着无知 …………………………………………………… (728)

学会控制你的愤怒 ………………………………………………… (732)

别让悲伤挡住了你的阳光 ………………………………………… (735)

学会喜欢自己 ……………………………………………………… (737)

用行为控制情感 …………………………………………………… (741)

在失败时为自己打气 ……………………………………………… (745)

保持积极的心态 …………………………………………………… (750)

焕发热忱的能量 …………………………………………………… (753)

运动可以驱除忧闷 ………………………………………………… (756)

第七章　梦想是成功的关键 …………………………………………… (759)

人生因为梦想而伟大 ……………………………………………… (759)

人生的精彩来自于目标的精彩 …………………………………… (765)

每次只走一英里 …………………………………………………… (769)

专心致志,直到成功 ……………………………………………… (774)

带上你的职业地图 ………………………………………………… (781)

第八章　合理规划生活 ………………………………………………… (786)

生命中的重要决定 ………………………………………………… (786)

不要为工作和金钱烦恼 …………………………………………… (792)

如何处理家庭职业冲突 …………………………………………… (800)

不要入不敷出 ……………………………………………………… (806)

克制自己,驾驭金钱 ……………………………………………… (810)

第九章　不要为批评而烦恼 …………………………………………… (814)

不去理睬不合理的批评 …………………………………………… (814)

尽力而为,避开非难 ……………………………………………… (817)

记录下所做的蠢事 ………………………………………………… (819)

这是我的错 ………………………………………………………… (823)

没有人会踢一只死狗 ……………………………………………… (828)

给对方一个台阶下 ………………………………………………… (830)

用幽默化解危机 …………………………………………………… (834)

第十章　保持旺盛精力的六种方法 …………………………………… (837)

如何每天多清醒一小时 …………………………………………… (837)

什么使你疲劳,该怎么办 ………………………………………… (840)

避免疲劳,青春永驻 ……………………………………………… (843)

四种良好的工作习惯 ……………………………………………… (848)

如何防止厌烦 ……………………………………………………… (851)

不再为失眠而忧虑 …………………………………………………………（856）

第十一章　迎风逆风而上 …………………………………………………（861）
有悲伤的地方才会有圣地 ……………………………………………………（861）
学会赢在失败 …………………………………………………………………（864）
化劣势为优势 …………………………………………………………………（867）
不要认为自己一无所有 ………………………………………………………（872）
当太阳升起时再度充满精神 …………………………………………………（874）

第十二章　别为工作而烦恼 ………………………………………………（878）
工作＋思考＝智慧 ……………………………………………………………（878）
目标明确,态度坚决 ……………………………………………………………（881）
运用简单的威力 ………………………………………………………………（883）
将自信注入工作 ………………………………………………………………（885）
挣取你的"脑力薪" ……………………………………………………………（889）
正确地做事与做正确的事 ……………………………………………………（890）
做好时间管理 …………………………………………………………………（893）
回家,把工作关在门外 …………………………………………………………（895）

第十三章　克服忧虑的真实故事 …………………………………………（899）

演讲与口才

第一章　高效演讲的基本原则 ……………………………………………（943）
获得演讲的基本技巧 …………………………………………………………（943）
培养演讲的信心 ………………………………………………………………（953）
简单而有效的演讲方法 ………………………………………………………（962）

第二章　当众演讲的三大要素 ……………………………………………（971）
做好演讲前的准备 ……………………………………………………………（971）
赋予演讲生命力 ………………………………………………………………（982）
与听众融为一体 ………………………………………………………………（988）

第三章　当众演讲的实用技巧 ……………………………………………（998）
激励性演讲的技巧 ……………………………………………………………（998）
说明性演讲的技巧 ……………………………………………………………（1009）
说服性演讲的技巧 ……………………………………………………………（1020）
即席演讲的技巧 ………………………………………………………………（1029）

第四章　当众演讲的沟通艺术 ……………………………………………（1036）
发表演讲的技巧 ………………………………………………………………（1036）
完善语言表达的技巧 …………………………………………………………（1043）

完善演讲的风格和个性 …………………………………………………… (1055)

第五章　接受成功演讲的挑战 ………………………………………… (1068)
介绍性演讲的技巧 ………………………………………………………… (1068)
长篇演讲的技巧 …………………………………………………………… (1076)
在实践中应用 ……………………………………………………………… (1090)

第六章　怎样增强记忆力 ……………………………………………… (1098)
要养成精确的观察力 ……………………………………………………… (1099)
在"闹市学校"中训练成的习惯 …………………………………………… (1099)
马克·吐温的记忆秘诀 …………………………………………………… (1100)
最有效的复习 ……………………………………………………………… (1101)
增强记忆力的秘诀 ………………………………………………………… (1102)
怎样把事实归拢起来 ……………………………………………………… (1103)
记忆年代的方法 …………………………………………………………… (1104)
记住演说要点的方法 ……………………………………………………… (1104)
忘掉演说辞的救急法 ……………………………………………………… (1105)
不要妄想记牢全部 ………………………………………………………… (1106)

第七章　怎样使听众注意你 …………………………………………… (1108)
必须有急于要说的话 ……………………………………………………… (1110)
一个成功的诀窍 …………………………………………………………… (1111)
林肯怎样胜诉 ……………………………………………………………… (1113)
举止态度必须诚恳 ………………………………………………………… (1114)
怎样使听众兴奋不倦 ……………………………………………………… (1115)
少说降低价值的话 ………………………………………………………… (1116)
对你的听众发生兴趣 ……………………………………………………… (1117)

第八章　演说成功的几个诀窍 ………………………………………… (1119)
第一个诀窍:坚毅 ………………………………………………………… (1119)
第二个诀窍:不屈不挠 …………………………………………………… (1120)
第三个诀窍:下一番苦功努力练习 ……………………………………… (1121)
自信力是演说成功的关键 ………………………………………………… (1122)
譬如攀登阿尔卑斯山 ……………………………………………………… (1123)
决心方可打开胜利之门 …………………………………………………… (1124)

第九章　怎样把语辞表达得格外动人 ………………………………… (1125)
"演说和谈话"的正确解释 ………………………………………………… (1126)
讲述的秘诀 ………………………………………………………………… (1127)
福特的成功哲学 …………………………………………………………… (1128)
你当众演说时是不是这样做 ……………………………………………… (1130)

第十章　怎样使你演说的用意清楚 …………………………………………………（1134）

　　用比喻帮助 …………………………………………………………………（1136）

　　避去专门名词 ………………………………………………………………（1138）

　　林肯的秘诀 …………………………………………………………………（1139）

　　百闻不如一见 ………………………………………………………………（1140）

　　石油大王所用的方法 ………………………………………………………（1141）

　　把主要的意见用不同的字句做多次的重述 ………………………………（1142）

　　应用特殊的例证和一般的解说 ……………………………………………（1142）

　　不要在短的时间解说多的要点 ……………………………………………（1143）

第十一章　怎样使你的辞句动人 ………………………………………………（1145）

第十二章　怎样使听众对你感服 ………………………………………………（1153）

　　想感动听众先得感动自己 …………………………………………………（1155）

　　让人家保住尊严来赞同我们 ………………………………………………（1155）

　　圣保罗的机智 ………………………………………………………………（1156）

　　以小喻大或大喻小法 ………………………………………………………（1158）

　　怎样用数字打动人 …………………………………………………………（1158）

　　重述复申法 …………………………………………………………………（1159）

　　一般的说明和特殊的例证 …………………………………………………（1160）

　　用经验与思想来堆成原理 …………………………………………………（1162）

　　应用图表来解说 ……………………………………………………………（1162）

　　用名人的话来支持你的言论 ………………………………………………（1163）

第十三章　怎样使人感觉到兴趣 ………………………………………………（1166）

　　硫酸和你日常生活的关系 …………………………………………………（1167）

　　人们最感兴趣的三件事 ……………………………………………………（1168）

　　怎样成为一个受人欢迎的谈话家 …………………………………………（1170）

　　《美国杂志》如何获得二百万的读者 ……………………………………（1170）

　　《遍地黄金》如何引起了百万听众的兴趣 ………………………………（1171）

　　永远引人注意的材料 ………………………………………………………（1172）

　　"具体"与"确实" …………………………………………………………（1174）

　　要说得历历如画 ……………………………………………………………（1176）

　　趣味是会传染的 ……………………………………………………………（1178）

第十四章　怎样使人听从你的意见 ……………………………………………（1180）

　　怎样获得听众信任 …………………………………………………………（1180）

　　你自己的经验 ………………………………………………………………（1181）

　　一段恰当的介绍词的妙用 …………………………………………………（1182）

　　热诚是你感动他人的魔杖 …………………………………………………（1183）

使听众尊敬你的意见的方法 …………………………………………… (1184)

以欲望攻克另一欲望法 ……………………………………………… (1185)

人人都有他的欲望 …………………………………………………… (1187)

教徒为什么信教 ……………………………………………………… (1188)

第十五章　怎样结束演说 …………………………………………… (1190)

把你演说中的要点做一个总结 ……………………………………… (1193)

怎样使听众接纳你的结论 …………………………………………… (1194)

使用诚挚简明的赞美 ………………………………………………… (1194)

一个幽默的结论 ……………………………………………………… (1194)

引用诗文名句的结尾 ………………………………………………… (1195)

步步加强的结尾法 …………………………………………………… (1196)

简洁明快地把话停止得恰到好处 …………………………………… (1197)

沟通的艺术

第一章　具备卓越沟通力的八要素 …………………………………… (1201)

突破自我，克服当众说话的恐惧心理 ……………………………… (1201)

培养自信，有针对性地进行自我训练 ……………………………… (1204)

心理暗示，始终让自己保持积极的心态 …………………………… (1209)

不断学习，向说话高手借鉴经验 …………………………………… (1211)

不断练习，不放过每一个锻炼的机会 ……………………………… (1213)

永不放弃，让提升口才成为前进的动力 …………………………… (1215)

永不抱怨，始终树立成功的信仰 …………………………………… (1218)

愈挫愈勇，心中坚定必胜的信念 …………………………………… (1221)

第二章　成为说话高手的六项修炼 …………………………………… (1224)

尊重别人，不当面指正他人的错误 ………………………………… (1224)

坦承错误，以退为进掌握主动权 …………………………………… (1229)

避免争论，反驳别人最令人反感 …………………………………… (1234)

寻找话题，鼓励对方多说自己的事 ………………………………… (1238)

心理引导，始终让对方做出肯定回答 ……………………………… (1242)

重视对方，牢记对方名字并喊出来 ………………………………… (1245)

第三章　说服对方的说话技巧 ………………………………………… (1248)

间接地指出别人的错误 ……………………………………………… (1248)

让对方觉得是自己的主意 …………………………………………… (1251)

帮助对方以客观的态度认识事物 …………………………………… (1256)

批评对方前先自我批评 ……………………………………………… (1260)

用提建议的方式让别人接受 …………………………………………………… (1263)

切勿使用指使的语气说话 …………………………………………………… (1264)

让别人对你产生信任感 ……………………………………………………… (1268)

掌握说话的主动权 …………………………………………………………… (1270)

第四章　条理清晰的思路和方法 ………………………………………… (1274)

一针见血,直入主题 ………………………………………………………… (1274)

直截了当,陈述主张 ………………………………………………………… (1279)

清楚地表达自己的意思 ……………………………………………………… (1281)

谈论自己的亲身经历 ………………………………………………………… (1284)

谈论听众感兴趣的事情 ……………………………………………………… (1289)

第五章　示之以弱而乘之以强 …………………………………………… (1293)

耐心地听完对方的抱怨 ……………………………………………………… (1293)

对反对意见作些让步 ………………………………………………………… (1296)

不要过于较真 ………………………………………………………………… (1298)

请问对方“您的高见是……” ……………………………………………… (1301)

不妨拿自己“开涮” ………………………………………………………… (1304)

第六章　潜移默化地掌控局面 …………………………………………… (1307)

没有人喜欢被强迫 …………………………………………………………… (1307)

使对方觉得那是他的主意 …………………………………………………… (1310)

让他人不知不觉上套 ………………………………………………………… (1312)

巧妙地向他人灌输思想 ……………………………………………………… (1313)

不给对方说“不”的机会 …………………………………………………… (1316)

第七章　良语一句胜千言 ………………………………………………… (1321)

首先要了解对方需要什么 …………………………………………………… (1321)

站在对方的立场看事情 ……………………………………………………… (1324)

强烈激发他人的需求 ………………………………………………………… (1328)

预测他人的真实需求 ………………………………………………………… (1330)

表达自己的同感 ……………………………………………………………… (1333)

第八章　给人留下完美形象 ……………………………………………… (1336)

示人以微笑 …………………………………………………………………… (1336)

用心记住他人的名字 ………………………………………………………… (1340)

全然注视,用心倾听 ………………………………………………………… (1345)

关注他人嗜好,并投其所好 ………………………………………………… (1350)

鼓励他人谈论他自己 ………………………………………………………… (1353)

第九章　不动声色地改变对方 …………………………………………… (1357)

批评前先真诚地赞美对方 …………………………………………………… (1357)

间接地暗示他人的错误 …………………………………………… (1360)

批评他人之前,先提及自己的错误 ………………………………… (1363)

多用协商,少用命令 ………………………………………………… (1365)

顾全对方的面子 ……………………………………………………… (1367)

第十章　把话说到对方心里 ………………………………………… (1370)

显示自己的谦卑以抬高对方 ………………………………………… (1370)

让对方提出可选方案 ………………………………………………… (1374)

建立私人之间的信任 ………………………………………………… (1376)

努力记住他人的癖好 ………………………………………………… (1379)

到什么山就要唱什么歌 ……………………………………………… (1382)

第十一章　让你的语言更动听 ……………………………………… (1385)

运用事例,避免呆板的说教 ………………………………………… (1385)

运用能制造心理图像的字眼 ………………………………………… (1389)

用悬念激起听众的好奇心 …………………………………………… (1392)

创造一个惊人的开头 ………………………………………………… (1394)

名人的话永远不会失去魅力 ………………………………………… (1398)

第十二章　塑造独特的表达风格 …………………………………… (1400)

施展你独特声音的魅力 ……………………………………………… (1400)

语调可以让语言生动有趣 …………………………………………… (1404)

节奏张弛有度,不拖泥带水 ………………………………………… (1406)

通俗易懂让人容易接受 ……………………………………………… (1409)

良好的措辞可以造就精彩 …………………………………………… (1412)

人际交往的艺术

第一章　突破社交心理障碍 ………………………………………… (1421)

迈出孤独的阴影 ……………………………………………………… (1421)

扫除内心的恐惧 ……………………………………………………… (1424)

培养自己的信心 ……………………………………………………… (1427)

有自信就有魅力 ……………………………………………………… (1432)

第二章　塑造社交良好形象 ………………………………………… (1436)

站到最平凡的位置 …………………………………………………… (1436)

保持自己的本色 ……………………………………………………… (1438)

时刻不忘表达友善 …………………………………………………… (1441)

每天花点时间整理自己 ……………………………………………… (1446)

让微笑深入人心 ……………………………………………………… (1450)

第三章　如何开展一场人际交往活动 …………………………………………………（1454）

注意照顾别人的颜面 ……………………………………………………（1454）

自持自制，说话适可而止 ………………………………………………（1456）

多包容而少指责他人 ……………………………………………………（1459）

赞美是人际交往中最好的礼物 …………………………………………（1463）

喜欢对方，对方才会喜欢你 ……………………………………………（1466）

谈论对方最感兴趣的话题 ………………………………………………（1469）

把握好首次交谈的时间 …………………………………………………（1472）

让别人对你产生信任感 …………………………………………………（1473）

第四章　如何让对方心悦诚服 …………………………………………………（1477）

懂得从对方的角度看问题 ………………………………………………（1477）

先说自己错在哪里，然后再批评别人 …………………………………（1481）

用问问题来取代直接要求 ………………………………………………（1483）

用提建议的方式让别人接受 ……………………………………………（1487）

让对方觉得是自己的想法 ………………………………………………（1488）

设法使他立刻说"是" ……………………………………………………（1491）

第五章　如何与难缠的人物打交道 ……………………………………………（1495）

来者不善时要友善 ………………………………………………………（1495）

与其纠缠不休，不如少说为妙 …………………………………………（1498）

倾听比倾诉更容易得人心 ………………………………………………（1502）

如果是你的错，立即断然承认 …………………………………………（1507）

指出他人的错误要委婉 …………………………………………………（1512）

帮助对方客观地分析问题 ………………………………………………（1515）

第六章　增加友谊的方法 ………………………………………………………（1519）

每天做一件让人高兴的事 ………………………………………………（1519）

不要忘记表达真诚 ………………………………………………………（1523）

原谅别人就是放过自己 …………………………………………………（1527）

站在他人的立场上想问题 ………………………………………………（1529）

第七章　让你充满吸引力 ………………………………………………………（1532）

谈论他人喜欢的话题 ……………………………………………………（1532）

向人表达真诚的赞美 ……………………………………………………（1537）

随时喊出对方的名字 ……………………………………………………（1542）

使谈吐风趣幽默 …………………………………………………………（1544）

仔细倾听他人的心声 ……………………………………………………（1547）

第八章　婚姻与爱的艺术 ………………………………………………………（1552）

让你的爱变得成熟 ………………………………………………………（1552）

爱不能没有细心 ……………………………………………………（1554）
随时表达你的温柔 …………………………………………………（1557）
别让唠叨侵蚀你的爱 ………………………………………………（1560）
礼貌是婚姻的润滑剂 ………………………………………………（1567）

领导的艺术

本书缘起 ……………………………………………………………（1573）
第一章　发现你的领导才能 ………………………………………（1580）
第二章　保持自我的本色 …………………………………………（1587）
第三章　真心对他人表示兴趣 ……………………………………（1591）
第四章　正确地做事与做正确的事 ………………………………（1599）
第五章　从他人的角度看问题 ……………………………………（1602）
第六章　发挥你的领导潜质 ………………………………………（1610）
　　微笑管理蕴藏的潜在力量 ……………………………………（1610）
　　让员工凸显自身的重要性 ……………………………………（1615）
　　用倾听主动去了解 ……………………………………………（1618）
　　敢于承认过错 …………………………………………………（1621）
　　高效管理的智慧 ………………………………………………（1625）
　　使员工乐意接受你的建议 ……………………………………（1628）
第七章　聆听是学习之道 …………………………………………（1633）
第八章　领导者必须懂得战胜忧虑 ………………………………（1642）
　　让自己保持忙碌 ………………………………………………（1642）
　　不要为小事而忧愁 ……………………………………………（1646）
　　发现事物积极的一面 …………………………………………（1650）
　　态度决定你的生活质量 ………………………………………（1653）
　　不要想着报复别人 ……………………………………………（1656）
　　驱逐烦恼的方法 ………………………………………………（1659）
第九章　尊重他人是建立信任关系的唯一途径 …………………（1662）
第十章　做懂得换位思考的领导者 ………………………………（1671）
　　站在对方的立场之上 …………………………………………（1671）
　　看到对方的优点 ………………………………………………（1675）
　　将困难当做幸运的开始 ………………………………………（1677）
　　将批评看成是对你的恭维 ……………………………………（1681）
　　失败也是一种胜利 ……………………………………………（1684）
第十一章　真诚地关心自己的员工 ………………………………（1688）

向罗斯福总统学习关爱 …………………………………………………… （1688）

对员工要有足够的热情 …………………………………………………… （1690）

给员工以同情 ……………………………………………………………… （1692）

学会善待员工 ……………………………………………………………… （1694）

给员工一颗真诚的心 ……………………………………………………… （1697）

第十二章　制定有效的计划和目标 ……………………………………… （1701）

第十三章　专注与自律是领导者成功的重要条件 ……………………… （1710）

第十四章　享受平衡的生活 ……………………………………………… （1717）

第十五章　培养积极的人生态度 ………………………………………… （1723）

第十六章　挖掘员工最大的潜能 ………………………………………… （1731）

真诚地赞赏对方 …………………………………………………………… （1731）

成为一个激励高手 ………………………………………………………… （1736）

始终树立成功的信仰 ……………………………………………………… （1741）

鼓舞与激发员工的热情 …………………………………………………… （1743）

了解员工背后的动机 ……………………………………………………… （1746）

让对方觉得是自己的主意 ………………………………………………… （1748）

第十七章　热忱是个性的原动力 ………………………………………… （1753）

第十八章　管理中不可或缺的沟通能力 ………………………………… （1760）

一切从沟通开始 …………………………………………………………… （1760）

谈论对方最感兴趣的事 …………………………………………………… （1765）

生动表达你的语言 ………………………………………………………… （1767）

委婉地提醒对方的错误 …………………………………………………… （1769）

用友善的方式交谈 ………………………………………………………… （1772）

请不要喋喋不休 …………………………………………………………… （1774）

第十九章　领悟商务谈判的精髓 ………………………………………… （1781）

谈判前要做好细节准备 …………………………………………………… （1781）

谈判要讲究策略 …………………………………………………………… （1784）

掌握谈判中的应答技巧 …………………………………………………… （1787）

掌握谈判中的说服技巧 …………………………………………………… （1790）

掌握打破僵局的口才技巧 ………………………………………………… （1793）

必要时可以妥协退让 ……………………………………………………… （1796）

伟大的人物

第一章　名扬后世的艺苑奇葩 …………………………………………… （1803）

"米老鼠之父"迪斯尼 ……………………………………………………… （1803）

"说谎大王"利波里 …………………………………………… (1805)

幽默明星罗吉尔 ……………………………………………… (1808)

贫穷的音乐大师莫扎特 ……………………………………… (1810)

天才作曲家乔治·杰斯文 …………………………………… (1812)

第二章　执著勇敢的探险家 ………………………………… (1815)

"新大陆发现者"哥伦布 …………………………………… (1815)

"北极探险第一人"史蒂文森 ……………………………… (1818)

空中飞行将军拜德 …………………………………………… (1820)

第三章　传奇入神的文学巨匠 ……………………………… (1822)

法国文学大师大仲马 ………………………………………… (1822)

跛脚文学家韦尔斯 …………………………………………… (1825)

忧郁的天才诗人艾伦·坡 …………………………………… (1827)

讽刺小说家马克·吐温 ……………………………………… (1830)

高产作家辛克莱 ……………………………………………… (1833)

因祸得福的作家欧·亨利 …………………………………… (1835)

永不言弃的小说家南根里 …………………………………… (1837)

第四章　卓绝不凡的科学奇才 ……………………………… (1840)

"相对论"鼻祖爱因斯坦 …………………………………… (1840)

"发明大王"爱迪生 ………………………………………… (1843)

无线电发明者马可尼 ………………………………………… (1846)

飞机发明者莱特兄弟 ………………………………………… (1849)

舍己救人的名医格林菲尔 …………………………………… (1851)

第五章　世界楷模的一代名人 ……………………………… (1854)

印度"圣雄"甘地 …………………………………………… (1854)

谈话高手仲马斯 ……………………………………………… (1856)

童话作家道奇森 ……………………………………………… (1858)

自学成才的牧师卡德门 ……………………………………… (1860)

评论专家辛泰尔 ……………………………………………… (1862)

第六章　世界杰出的女性名人 ……………………………… (1865)

埃及女王克娄巴特拉 ………………………………………… (1865)

女沙皇凯瑟琳 ………………………………………………… (1868)

好莱坞女影星嘉宝 …………………………………………… (1870)

俄国女公爵玛丽 ……………………………………………… (1873)

《小妇人》作者阿尔科特 …………………………………… (1875)

被逼卖文的女作家蕾妮哈特 ………………………………… (1876)

著名女作曲家邦德夫人 ……………………………………… (1879)

女传教士安蜜瑟 …………………………………………………………（1881）
戒酒女先锋娜逊 …………………………………………………………（1884）
拿破仑的妻子约瑟芬 ……………………………………………………（1887）

人性的光辉

本书缘起 …………………………………………………………………（1893）

上篇　奋斗的历程 ………………………………………………………（1896）

第一章　先辈的历史 ……………………………………………………（1896）
第二章　童年 ……………………………………………………………（1902）
第三章　求学若渴 ………………………………………………………（1907）
第四章　积累信心和勇气 ………………………………………………（1912）
第五章　初恋的痛苦 ……………………………………………………（1919）
第六章　获得玛丽的芳心 ………………………………………………（1927）
第七章　新郎不在的婚礼 ………………………………………………（1933）
第八章　和不喜欢的女人结婚 …………………………………………（1940）

中篇　向胜利前进 ………………………………………………………（1944）

第一章　慈父 ……………………………………………………………（1944）
第二章　穷苦的律师生涯 ………………………………………………（1951）
第三章　毫无乐趣的婚姻 ………………………………………………（1954）
第四章　地狱样的悲伤 …………………………………………………（1958）
第五章　密苏里折中方案 ………………………………………………（1963）
第六章　美国历史上的大辩论 …………………………………………（1969）
第七章　总统竞选 ………………………………………………………（1976）
第八章　告别家乡 ………………………………………………………（1979）
第九章　就职典礼 ………………………………………………………（1987）

下篇　最伟大的总统 ……………………………………………………（1991）

第一章　初战失利 ………………………………………………………（1991）
第二章　空谈的将军 ……………………………………………………（1996）
第三章　千钧一发 ………………………………………………………（2001）
第四章　总统和内阁的关系 ……………………………………………（2006）
第五章　解放黑奴 ………………………………………………………（2014）
第六章　嘉言懿行 ………………………………………………………（2022）

第七章　不可"临阵更换将领" ……………………………………………………（2031）
第八章　伟大的胜利 …………………………………………………………………（2038）
第九章　凶悍的总统夫人 ……………………………………………………………（2041）
第十章　总统遇刺 ……………………………………………………………………（2046）
尾声　永远的怀念 ……………………………………………………………………（2054）

成熟的人生

本书缘起 ………………………………………………………………………………（2061）
第一章　勇于承担责任 ………………………………………………………………（2063）
　　不要将责任推给别人 ……………………………………………………………（2063）
　　绝不寻找任何借口 ………………………………………………………………（2065）
　　面对困难无所畏惧 ………………………………………………………………（2067）
　　摆脱生活中的不幸 ………………………………………………………………（2072）
第二章　用行动证明自己的成熟 ……………………………………………………（2079）
　　坚定的信念是行动的基础 ………………………………………………………（2079）
　　先分析再行动 ……………………………………………………………………（2082）
　　积极行动是成功的基础 …………………………………………………………（2086）
第三章　如何保持精神健康 …………………………………………………………（2090）
　　你是世界上独一无二的人 ………………………………………………………（2090）
　　尝试着喜欢自己 …………………………………………………………………（2094）
　　永远不要做顺从主义者 …………………………………………………………（2098）
　　不要做令人讨厌的人 ……………………………………………………………（2104）
　　学习是走向成熟的良方 …………………………………………………………（2110）
第四章　婚姻是成熟心灵的选择 ……………………………………………………（2117）
　　如何与妻子相处 …………………………………………………………………（2117）
　　做一个称职的父亲 ………………………………………………………………（2125）
　　如何与丈夫相处 …………………………………………………………………（2130）
　　享受真正成熟的爱 ………………………………………………………………（2137）
第五章　友谊有助于促进成熟 ………………………………………………………（2144）
　　不要跌入孤独寂寞的陷阱 ………………………………………………………（2144）
　　善于发掘人性中善良的本质 ……………………………………………………（2148）
　　如何赢得友谊 ……………………………………………………………………（2154）
第六章　自觉做到老有所为 …………………………………………………………（2160）
　　老年是人生的第二高峰 …………………………………………………………（2160）
　　享受活到 100 岁的乐趣 …………………………………………………………（2163）

工作是人生受益的源泉 …………………………………………………………………… (2167)

写给女人的忠告

本书缘起 ……………………………………………………………………………………… (2177)
第一章　独一无二的玫瑰 …………………………………………………………………… (2179)
　　认清自己的个性 ………………………………………………………………………… (2179)
　　爱一个不完美的自己 …………………………………………………………………… (2183)
　　做一个充满爱心的女人 ………………………………………………………………… (2186)
　　没人喜欢你为别人而活 ………………………………………………………………… (2192)
　　别让妥协侵蚀了你的信念 ……………………………………………………………… (2192)
　　你就是你，不要失去个性 ……………………………………………………………… (2199)
第二章　体验柔弱的魅力 …………………………………………………………………… (2205)
　　独处时的美 ……………………………………………………………………………… (2205)
　　摒弃平等的神话 ………………………………………………………………………… (2207)
　　体验柔弱的魅力 ………………………………………………………………………… (2209)
　　保持真实的天然本色 …………………………………………………………………… (2211)
　　自然流露的羞怯之美 …………………………………………………………………… (2213)
　　与其被爱，不如去爱 …………………………………………………………………… (2216)
　　坚定信念是成熟的标志 ………………………………………………………………… (2218)
第三章　永远高雅地微笑 …………………………………………………………………… (2224)
　　让幽默为你增添吸引力 ………………………………………………………………… (2224)
　　激情让你的魅力四溢 …………………………………………………………………… (2227)
　　自信的魅力是永恒的 …………………………………………………………………… (2232)
　　发挥声音的魅力 ………………………………………………………………………… (2234)
　　切忌做潦草的女人 ……………………………………………………………………… (2236)
　　永远高雅地微笑吧 ……………………………………………………………………… (2239)
　　不去违心地迎合别人 …………………………………………………………………… (2242)
　　给自己更多的宠爱 ……………………………………………………………………… (2245)
第四章　礼仪之花悄然绽放 ………………………………………………………………… (2248)
　　闲聊中的学问大 ………………………………………………………………………… (2248)
　　宴会中必知的礼仪 ……………………………………………………………………… (2251)
　　魔法之词——"谢谢" …………………………………………………………………… (2253)
　　不探究他人隐私 ………………………………………………………………………… (2255)
　　为善不张扬 ……………………………………………………………………………… (2258)
　　赠送令人愉悦的礼物 …………………………………………………………………… (2260)

真诚赞美的艺术 …………………………………… (2262)

拒绝时要迅速、有礼 ……………………………… (2265)

让友情帮助你 ……………………………………… (2267)

第五章　心底光芒灿烂的气质 ………………… (2271)

保持身姿端正 ……………………………………… (2271)

能做常规致辞 ……………………………………… (2274)

有品格的说话方式 ………………………………… (2276)

倾听就是对男人的恭维 …………………………… (2278)

批评是对男人的致命打击 ………………………… (2282)

深情热烈地爱一次 ………………………………… (2285)

心底光芒灿烂的气质 ……………………………… (2289)

第六章　发掘属于你的璞玉 …………………… (2294)

发掘属于你的璞玉 ………………………………… (2294)

别用自己的思维推测男人 ………………………… (2297)

别把你的爱人当做盆景 …………………………… (2299)

别做他永久的母亲 ………………………………… (2301)

过分依赖他的后果 ………………………………… (2304)

不要过度地索取爱情 ……………………………… (2306)

让他享受被爱的乐趣 ……………………………… (2309)

第七章　在爱里接纳不公平 …………………… (2312)

走出"完美情人"的陷阱 …………………………… (2312)

那个常常让你微笑的男人 ………………………… (2314)

别逼男人去当英雄 ………………………………… (2316)

在爱里接纳不公平 ………………………………… (2318)

在平凡生活中发现爱情 …………………………… (2320)

放弃控制反而拥有力量 …………………………… (2322)

大声说出你的需要 ………………………………… (2325)

第八章　帮助丈夫走向成功的第一步 ………… (2328)

帮助丈夫实现梦想 ………………………………… (2328)

共同追求新的目标 ………………………………… (2331)

激发丈夫的工作热忱 ……………………………… (2333)

提高丈夫的"成功商数" …………………………… (2337)

第九章　成为丈夫的好帮手 …………………… (2341)

做一个"善于倾听"的太太 ………………………… (2341)

赞美和激励你的丈夫 ……………………………… (2346)

做丈夫忠实的信徒 ………………………………… (2350)

第十章　给丈夫额外的推动力 …………………………………………………（2353）
　　做丈夫事业的帮手 ………………………………………………………（2353）
　　与丈夫的女秘书友好相处 ………………………………………………（2358）
　　鼓励丈夫勤做"学生" ……………………………………………………（2361）
　　共同迎接挑战 ……………………………………………………………（2366）
第十一章　如何面对现实问题 ………………………………………………（2369）
　　快快乐乐地搬家 …………………………………………………………（2369）
　　让你的丈夫全身心投入工作 ……………………………………………（2372）
　　学会适应不平凡的丈夫 …………………………………………………（2374）
　　适应丈夫在家里工作 ……………………………………………………（2377）
　　如何应对你和丈夫的事业冲突 …………………………………………（2379）
　　不要落在丈夫后面 ………………………………………………………（2381）
第十二章　防止夫妻之间的陷阱 ……………………………………………（2387）
　　唠叨只会让男人远离家庭 ………………………………………………（2387）
　　不要干预丈夫的工作 ……………………………………………………（2392）
　　不要用你的野心改变你丈夫 ……………………………………………（2395）
　　鼓励丈夫冒险和尝试 ……………………………………………………（2399）
第十三章　让你的丈夫幸福快乐 ……………………………………………（2405）
　　做一个"温柔可爱"的女人 ………………………………………………（2405）
　　共同分享丈夫的嗜好 ……………………………………………………（2408）
　　让丈夫单独享有一种嗜好 ………………………………………………（2411）
　　培养你自己的嗜好 ………………………………………………………（2414）
第十四章　做一个优秀的妻子 ………………………………………………（2417）
　　做个优秀的家庭主妇 ……………………………………………………（2417）
　　给丈夫一个休憩的港湾 …………………………………………………（2419）
　　绝不浪费时间 ……………………………………………………………（2422）
　　处理家务也要技巧 ………………………………………………………（2426）
第十五章　让大家都喜欢他 …………………………………………………（2431）
　　使你的丈夫受人欢迎 ……………………………………………………（2431）
　　发挥丈夫的优点 …………………………………………………………（2435）
第十六章　妻子最伟大的贡献 ………………………………………………（2439）
　　做一个家庭理财巧妇 ……………………………………………………（2439）
　　关注丈夫的健康 …………………………………………………………（2444）
　　提升爱情的深度 …………………………………………………………（2448）
第十七章　给他一个甜蜜的家 ………………………………………………（2452）
　　爱是需要努力赢取的礼物 ………………………………………………（2452）

做一个知心的伴侣 …………………………………………………………… （2454）

把留言当作情感的纽带 ……………………………………………………… （2456）

顺从是个秘密 ………………………………………………………………… （2459）

用女人的方式对待性 ………………………………………………………… （2462）

不拘泥于过去 ………………………………………………………………… （2465）

当"第三者"出现时 …………………………………………………………… （2467）

第十八章　结婚后还要做淑女 ……………………………………………… （2471）

给予爱人真诚的赞赏 ………………………………………………………… （2471）

用细节表达对爱人的关心 …………………………………………………… （2473）

结婚后还要做淑女 …………………………………………………………… （2474）

不要试图改变你的爱人 ……………………………………………………… （2477）

那临风若水的温柔 …………………………………………………………… （2479）

舒适感比什么都重要 ………………………………………………………… （2481）

第十九章　熟谙社交的艺术 ………………………………………………… （2486）

学会给人"戴高帽" …………………………………………………………… （2486）

鼓励更易使人改正错误 ……………………………………………………… （2487）

先承认自己的错误 …………………………………………………………… （2489）

使人们乐意接受你的建议 …………………………………………………… （2491）

使别人心甘情愿去做 ………………………………………………………… （2493）

站在别人的立场考虑问题 …………………………………………………… （2496）

你的微笑价值百万 …………………………………………………………… （2498）

第二十章　掌握人生的弱点 ………………………………………………… （2503）

千万别忘记他人的名字 ……………………………………………………… （2503）

赞美他人就是抬高自己 ……………………………………………………… （2507）

带着兴趣去倾听他人 ………………………………………………………… （2511）

谈论他人感兴趣的话题 ……………………………………………………… （2516）

给别人说话的机会 …………………………………………………………… （2518）

委婉含蓄胜过口若悬河 ……………………………………………………… （2520）

激发他人高尚的动机 ………………………………………………………… （2523）

第二十一章　做好职场规划才能成功 ……………………………………… （2528）

如何与女上司相处 …………………………………………………………… （2528）

如何当好小主管 ……………………………………………………………… （2530）

巧妙应对男上司的晚约 ……………………………………………………… （2533）

工作是最好的镇静剂 ………………………………………………………… （2535）

用工作占据空闲的头脑 ……………………………………………………… （2537）

学着在工作中放松自己 ……………………………………………………… （2541）

第二十二章　聪明工作胜过努力工作 …………………………………………… (2545)
　　有人批评你说明你优秀 ………………………………………………………… (2545)
　　不要让批评左右你 ……………………………………………………………… (2547)
　　接受善意的批评 ………………………………………………………………… (2550)
　　选择自己感兴趣的工作 ………………………………………………………… (2553)
　　养成良好的工作习惯 …………………………………………………………… (2559)
　　把工作变成一种乐事 …………………………………………………………… (2562)
　　聪明工作胜过努力工作 ………………………………………………………… (2567)
第二十三章　好心态好命运 ………………………………………………………… (2571)
　　真正的快乐来自内心 …………………………………………………………… (2571)
　　娴雅生活的魅力 ………………………………………………………………… (2574)
　　走入心灵的栖息之地 …………………………………………………………… (2577)
　　宽容是最好的美容品 …………………………………………………………… (2578)
　　坚强中散发出米的魅力 ………………………………………………………… (2581)
　　别让忙碌带走你的从容 ………………………………………………………… (2583)
　　你的担心多半不会发生 ………………………………………………………… (2588)
第二十四章　每天给心灵洗个澡 …………………………………………………… (2593)
　　事必如此，别无选择 …………………………………………………………… (2593)
　　充实头脑，赶走空虚 …………………………………………………………… (2597)
　　心态平和，从容应对 …………………………………………………………… (2600)
　　每天给心灵洗个澡 ……………………………………………………………… (2602)
第二十五章　幸福是一种心态 ……………………………………………………… (2605)
　　人生因挫折而精彩 ……………………………………………………………… (2605)
　　活在当下，活得自在 …………………………………………………………… (2609)
　　每天都是一个新的开始 ………………………………………………………… (2610)
　　开阔心胸，享受生活 …………………………………………………………… (2615)
　　心也可以缔造天堂 ……………………………………………………………… (2620)
第二十六章　做自己和别人的天使 ………………………………………………… (2624)
　　人是自己思想的产物 …………………………………………………………… (2624)
　　别拿别人的错误惩罚自己 ……………………………………………………… (2627)
　　给怨恨一个"休止符" …………………………………………………………… (2630)
　　学会感恩，学会珍惜 …………………………………………………………… (2632)
　　做自己和别人的天使 …………………………………………………………… (2636)
　　赠人玫瑰，手留余香 …………………………………………………………… (2640)

卡耐基励志经典

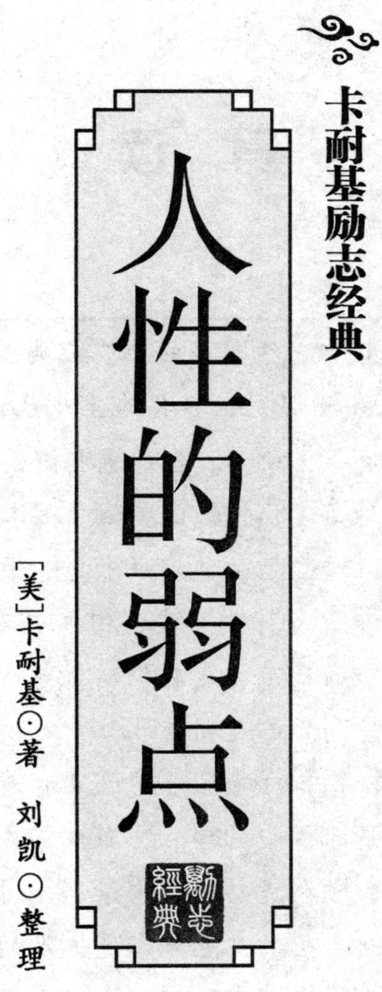

人性的弱点

[美]卡耐基·著

刘凯·整理

綫装書局

导　读

  《人性的弱点》是戴尔·卡耐基的励志经典图书，全球自我教育与成人训练的范本。1937 年出版，世界各地至少已译成 58 种文字，全球总销量九千余万册，拥有 4 亿读者。全书通过栩栩如生的故事和通俗易懂的原则，从人性本质的角度，挖掘出潜藏在人体内的 60 大弱点，一个人只有认识自己，不断改造自己才能有所长进，直至成功！卡耐基写得并不是很深奥的，写的都是平常的小事，但书中又嵌入了卡耐基的艺术灵魂。他对这些小事作出的反应，是我们从未想到过的，使我们的心灵受到了震撼，也使我们感到自己是那么渺小。

  《人性的弱点》这本书中的提示与建议又有着极强的可操作性，用一句话来概括就是：认清人性中的弱点，当我们办事的时候针对这些弱点下手，就会事半功倍，顺利成功。再次读《人性的弱点》，让我们领悟到：这弱点，既可以是自己的，也可以是他人的。了解他人身上的弱点，就可以使我们每一个人在日常的交往中顺利进展；了解了自身的弱点，可以使自己扬长避短，凸现自己的优势，从而建立美好的人生。

本书缘起

    在 20 世纪前 35 年当中，美国的出版商曾出版过 20 多万种图书，但这些书大多数都乏味至极，许多都是赔本买卖。"许多。"是我说的吗？世界上最大书店之一的老板就对我说，虽然他的公司拥有 75 年的出版经验，但还是每出版 8 本书就有 7 本亏本。

    既然如此，那我为什么还敢冒险来再写一本书呢？而且在我写完之后，你又何必去读它呢？这两个问题都很有道理，就让我来一一回答！

    从 1912 年开始，我就在纽约为那些商业和专业男士及女士开教育讲座。最初我只开了演讲的课程，用实际经验来训练成年人，使他们在商业洽谈及公共场合中沉着自若，更清楚、更有效、更镇定地发表他们的意见。

卡耐基

    经过一段时间，我逐渐发现这些人虽然需要高效演讲的训练，但是他们更需要在日常事务和社会交往中与人相处的技巧训练。

    我也逐渐发现我自己也非常需要这种训练。当我回忆起那时的情形时，就会对自己贫乏的知识感到惶恐不安。我真希望在 20 年前手中就有这么一本书！这将是一件珍宝！

    你所面临的最大困难可能是如何与人打交道，尤其当你是一位商人时更是如此。当然，如果你是一位家庭主妇、建筑师或工程师，同样也是如此。几年前由卡内基基金会赞助的一项调查研究，显示了一个最为重要的事实——后来被卡内基技术研究院所做的其他研究证实的事实。这些调查表明，即使在工程技术工作方面，一个人所获得的高额薪水中，大概只有 15% 是因为他的技术知识，而大约85%则是因为他的为人处世技巧，也就是他的个人品质和领导才能。

许多年来，我每个季度都要在费城的工程师俱乐部开设讲座，同时还在美国电机工程学会纽约分会开设讲座。大约有1500多人听过我的讲座。他们之所以到我这里来，是因为他们经过多年的观察发现，工程师得到报酬最高的，通常不是那些工程学知识最多的人。例如，我们可以以正常的薪水雇用工程、会计、建筑或其他专业方面的技术人才。但是既有技术知识，又善于表达自己内心思想，同时又具备领导才能和激发他人热情的人，他们就会获得更高的收入。

洛克菲勒在事业达到巅峰的时候，曾这样说："与人打交道的能力也是一种可以购买的商品，这正如同糖和咖啡一样。我愿意付出比世界上其他任何东西都要高的代价来购买这种能力。"

难道你不认为每个大学都应该开设这种实用课程，来开发我们这个世界上最宝贵的能力吗？但是直到我写这本书为止，我还没有发现哪个大学开设了这种既实用又需求迫切的课程。

芝加哥大学和青年会联合学校曾经做过一项调查，以考察成年人关心哪些事情。

这项调查耗资25000美元，花了两年时间。调查的最后部分是在康涅狄格州的米利顿进行的。这是一个典型的美国城镇。镇上的每个成年人都被调查过，他们被要求回答156个问题，例如"你的职业和专业是什么？""你接受过什么教育？""你如何打发闲暇时间？""你的收入是多少？""你有什么爱好？""你的志向是什么？""你有什么问题？""你最喜欢什么学科？"……调查表明，成年人最关心的问题是健康——接下来的问题就是人，包括如何了解人、如何与人相处、如何让别人喜欢你、如何使别人赞同你的意见。

于是，这个调查委员会决定在米利顿为成年人开设这样一门课程。他们努力寻找这方面的实用教材，但一本都没有找到。最后他们找到一位世界著名的成人教育权威，问他是否知道有什么书符合成年人的这些需求。"没有，"他说，"我知道这些成年人需要什么，但是他们所需要的书至今都没人写。"

据我所知，他的话是对的，因为我自己也花了许多年的时间来寻找这种人际关系方面的实效书。既然这种书至今还没有，于是我就尝试着写了一本，用于我自己的课程。这就是你眼前的这本书。希望你们喜欢它。

为了写好这本书，我读了能找到的所有材料，包括报纸专栏、杂志文章、家庭法庭记录以及旧哲学家和新心理学家的著作。而且我还雇了一位训练有素的研究员，花了一年半的工夫，在图书馆阅读我所遗漏的东西，研究各种心理学专著，翻阅了成百上千篇杂志文章，还抄录了许许多多的传记，以了解各个时代的伟大人物是如何与他人打交道的。我们读过从恺撒到爱迪生的各个时代的伟人传记。我还记得，仅西奥多·罗斯福的传记我们就看了一百多本。我们决定不惜花费时间和金钱，一定要找到各个时代都曾用过的有关赢得朋友和影响他人的高效实用的方法。

我自己还拜访过几十位成功人士，其中一些人还是世界著名人物——例如发明家马可尼和爱迪生；政治领袖富兰克林·罗斯福和詹姆斯·弗雷；商业领袖欧文·扬；电影明星克拉克·盖博和玛丽·毕克馥；探险家马丁·约翰逊——尽力了解他们的为人处世之道。

我在这些材料的基础上准备了一篇简短的演讲稿，题目就叫《如何赢得朋友以及影响他人》。我说它短，因为它最初确实很短，但不久就扩充成一篇一个半小时的演讲稿。多年来我每个季度都在纽约的卡内基研究所为成年人做这篇演讲。

许多年以前，我刚开始只是把这些规则写在和明信片差不多大小的卡片上；在下一个季度，又将它们印在较大的卡片上；然后是印在一本小册子中；再往后就成了一小套书。它的篇幅和内容每次都有所扩充。经过 15 年的实验和研究之后，终于成了现在这本书。

这本书所说的不仅仅是理论或猜测，它们就像魔法一样有效。这听起来似乎难以置信，但我确确实实看见这些规则改变了许多人的生活。

例如，有一个人参加了这些课程，他手下有 314 名员工。长期以来，他总是不停地批评和责难他的员工，对他们从来没有赞扬和鼓励。当他学了这本书所讨论的各项规则以后，这位雇主的人生观得到了很大的改变。现在，他的公司充满了新的精诚合作的精神，314 个敌人变成了 314 个朋友。他在一次班级演讲中得意地说道："以前我在我的公司中走动的时候，没有人跟我打招呼。我的员工看到我走近时，会立即转过脸去。但现在他们都成了我的朋友，甚至连看门员都直接叫我的名字。"

这位老板现在获得了更多的利润，也有了更多的闲暇时间——而且更加重要的是，他在工作和家庭中得到了更多的幸福。

还有数不清的推销员因为采用了这些规则，从而迅速增加了他们的销售额。例如许多人找到了新的客户，而这些客户他们以前是根本找不到的。那些公司高级职员也因此得到了晋升，获得了更多的薪水。例如有一位高级职员就说，因为采用了这些规则，他的薪水大大增加。还有费城煤气公司的一位高级职员，因为喜欢争强好胜，又加上领导无方，65 岁时被公司决定降职。接受这项训练之后，他不仅没有被降职，而且还晋升了职务，增加了薪水。

还有许多次，那些参加毕业聚会的妻子或丈夫对我说，自从她们的丈夫（或他们的妻子）开始这种训练之后，他们的家庭变得更加快乐了。

人们常常对自己所获得的新成就感到惊异。这一切就像魔术一样！有时他们甚至会在星期天激动万分地打电话到我家来，迫不及待地报告他们所取得的成就。

在写这章的时候，我收到了以前班上一名德国学员的来信。

这是一位德国贵族，他的祖先曾在德国贵族霍亨佐勒恩的帐下世代担任终身军官。他这封信是在一艘横渡大西洋的轮船上写的，讲了他运用这些规则的情况，怀着一种近乎宗教的热情。

还有一位学员，他是一位老纽约人，哈佛大学毕业，而且非常富有，有一个地毯公司。他说他在 14 个星期中通过这种方法学到的关于影响他人的艺术，比大学 4 年中所学到的还要多。很荒唐吗？可笑吗？难以置信吗？你当然可以不相信这种说法，但我只是如实地告诉你一位守旧的、成就卓著的哈佛毕业生 1933 年 2 月 23 日（星期四）晚上在纽约的雅尔俱乐部面对大约

600 人的公开演讲中所说的内容。

"和我们所应该取得的成就相比，"哈佛大学著名教授威廉·詹姆斯曾这样说道，"我们不过是半醒着。现在我们只利用了我们身心资源的一小部分。从广义上来说，人类生活在自身潜能远远没有开发的狭小天地中。人类具有各种潜能，但却不曾开发和利用。"

开发你所拥有的"但却不曾利用的"的潜能！本书唯一的目的就是帮助你发现、发展、利用自身潜在的却又未曾利用的资源。

普林斯顿大学前任校长希本博士也说道："教育才是应对生活中各种问题的有效手段。"

如果你读了这本书的前三章之后，还感到难以应对生活中的各种情况，那么我认为这本书至少对你来说是完全失败的，因为斯宾塞曾说"教育的伟大目的，不是知识，而是行动"。

这是一本教人如何行动的书。

戴尔·卡耐基（1936）

第一章　人际交往的关键

收起你的回旋镖

如果你问阿道夫·希特勒和小马丁·路德·金，影响力的定义是什么，你可能会得到相似的答案。但如果仔细研究他们二人传记中应用影响力的方式，你就会发现他们对影响力的定义大相径庭。而这种明显的差异首先来自他们的语言。

马丁·路德·金

请比较一下下面的两句话："对一名领导人来说，普通大众如果都没有思想该多么幸运"和"我对权力本身并不感兴趣，但……对合乎道德的、正确而有益的权利有兴趣"。两句话之间的分歧显而易见。前一句主张，影响力应该奖励给那些有很强优越感、狡诈的愤世嫉俗者。而后者则主张，影响力应该是一种共有美德所信赖的工具。我们每天的说话方式都会把自己置于这两种完全不同的境地中。历史已经详细见证了这两种情况的不同结局。不同的沟通方法决定了我们是否能与对方建立成功的友好关系。

最终，卡耐基简明扼要地给出了自己的忠告：不要批评、谴责或抱怨。但相比起来这在今天的社会里似乎更难做到。我们对自己的言辞必须更加留意，这么说一点儿也不为过。在数码时代的巨大笼罩下，自由表达想法的同时也带给我们同等巨大的责任，即公众使用权。"数字化沟通使我们以更快捷、更廉价的方式与更多的人进行联系。"畅销书《魅力》的作者盖伊·川崎在最近的一次访问中说过，"失败者终究还是失败者，因为科技也可以比过去更快、更容易地毁掉一个人的名誉"。

这的确是个不错的例子，正好可以作为当今社会运用该法则的真实写照。

以前很私密的批评现在都可能让你被处以罚款。让我们来问问帕特里克·迈克·内斯比特医生。他曾是加拿大家庭执业医生，因为在 Facebook 上对他女儿的母亲发表了"充满恶意的、诽谤性"的评论而罚款四万美元。赖安·巴贝尔是利物浦足球俱乐部的荷兰前锋。在负于曼联队的一场比赛之后，他在自己的博客上传了一张恶搞裁判员霍华德·韦布的照片，同时附带评论，"他们说他是最优秀的裁判员之一，这简直是个笑话"。随后，他被罚款一万英镑，大约 16000 美元。BBC 的博主本·蒂尔斯这样点评巴贝尔的博客："如果在一年前，巴贝尔可能会向他的女朋友大发牢骚，而现在却便利多了——而且还相当具有诱惑力——他手上的一部手机就可以让他向全世界抒发自己的不满。"

朋友之间无心的抱怨现在也可能让你丢掉工作。2009 年 Proofpoint 的一项调查显示，美国公司中 1000 多名员工中，有 8% 因为他们在 Facebook 这样的网站上留言而被开除。举例来说，互联网报纸《赫芬顿邮报》最近列出了十三条导致发帖人丢掉工作的 Facebook 留言，其中包括：

●一个在比萨店工作的女服务员在网上对两名顾客进行了粗俗不堪的批评和抱怨。她在这两位客人桌前服务了三个小时，而且最后一个小时已经不再是她当班。结果她只拿到了很少的小费。她无不嘲讽地说"感谢来布瑞克斯（Brixx）进餐"，甚至还说这两名顾客很"吝啬"。

●一名在费城老鹰队体育场工作的"比赛日"员工发布了一条带有贬损内容的消息。他在更新中抱怨，老鹰队竟然同意让他喜爱的后卫布莱恩·道金斯和丹佛·布隆克斯一起签约。"让布莱恩·道金斯和丹佛·布隆克斯一起签约真是震惊……（诅咒的词语该死的老鹰队，真够衰的!!"

卡耐基励志经典

●加拿大食品连锁店"农场男孩"（Farm Boy）里的7名员工在 Face-book 上创建了一个叫做"I got Farm Boy'd"的聊天群。他们在群里恣意嘲讽顾客，并且"对顾客和同事进行言语性攻击"。

有的时候我们不禁会想，在目前的沟通媒介中批评是否变得比赋予同情心更流行，品头论足要比宽恕来得更容易。我们听说过许多这样的例子，当别人做错的时候，许多人会急不可待地行使他说话的权利。而一旦做错事情的人们是他们自己的时候，他们就赶快收声，三缄其口。很多人习惯于一只手持第一修正案之矛，另一只手拿着第五修正案之盾。他们完全忘记了，这样做无异于将人际关系变成一个残酷的战场。这种批判和抱怨的风气在许多领域都已经成为不幸的现实。

但是有影响力的人深知这种轻率的举动会加速人际关系的破裂，不管你有多么正确，或者对方错得多么离谱。这些方法只会破坏而非建立良好的人际关系，因为它们暗示，人与人的交往中总是存在某个潜在的、片面的动机。这些所谓的交往策略会把人与人的关系逐渐从温顺平和变得紧张僵硬。也难怪，现在我们看到上电视接受采访的人很多，但是真正具有领导风范的人却不多见。发挥影响力总是充满危险的，但是许多人除了想表达自己的论据和立场之外，别无他想。这样做不仅开了不好的先例，结果还增加了紧张气氛，使信息和有意义的合作之间的鸿沟越来越大。

但是一旦遇上真正具有领导气质的人，就不会产生这种有争议的结果。史上还没有几位比《解放奴隶宣言》的发表者更具有说服力的沟通专家。林肯总统一直以来都以能够从容而体面地解决紧张局势而闻名。在美国内战时期，他对一次重大的战争失误做出的反应就是一个很好的例证。

葛底斯堡战役是1863年7月头三天的战事。到了7月4日晚上，罗伯特·E·李将军开始向南撤退，此时全国都因暴雨而洪水泛滥。李将军带领着他的败军撤退到波托马克河时，发现暴涨的河水让大军无法通行，而乘胜追击的联军又在身后。李将军进退维谷。现在正是联邦军一举俘获李将军部队，结束战争的大好时机。林肯总统满怀希望命令乔治·米德不必召开紧急军事会议，立刻对李将军的败军发动攻击。林肯先用电报发布命令，然后又派特使命令米德马上采取行动。

　　然而米德将军却先召开了紧急军事会议。他犹豫不决，拖延战事。他用尽各种借口回复总统的命令。直到波托马克河的河面回落，李将军和他的军队渡河而逃。

　　林肯对此震怒不已。"这究竟是什么意思？"他向他的儿子罗伯特大声嚷道："老天，这到底是什么意思？南方军队已经在我们的掌握之中，只要一伸手，他们就是我们的了。无论我说什么做什么都不能让军队有所行动。那种情况下，任何将领都能打败李将军，就是我自己去，也早已经把他们打败了，"

　　极端的失望之下，在平时相当克制的林肯坐下来给米德写了封信。在林肯的一生中，这的确算的上是一封十分严厉苛刻的信。

　　亲爱的将军：

　　我认为你没有认识到让李将军逃脱引起了多么巨大的不幸和灾难。他已经在我们的掌握中，如能轻易地将他捕获，再加上我们其他地方的胜利，立刻就可以结束这场战争。可是照现在的情形推断，战争将会无限期地延长下去。如果你在上星期一无法顺利袭击李将军，那么到了波托马克河的南岸时又怎么能顺利打击对方呢？那时你可能剩下的军队一定很少——充其量人数只有你现在的三分之二。我不奢望你还会有多大的成功，因为你已经错失大好时机，这使得我的心情无比沉痛。

　　林肯可以理直气壮地寄出这封信，但是他并没有那样做。这封信是在林肯去世后，从他的文件中发现的。

　　你认为林肯会怎样发泄自己无比失望的情绪和可以理解的批评？

　　林肯总统不愧为沟通专家，他的所想所说都充满了谦逊的品质。他一定考虑过，如果把信寄出去，固然可以减轻心中的沮丧之情，但同时也会激起米德将军的怨恨之意，进而削弱了他作为司令官的威信。林肯知道米德刚在几天前才被任命为波托马克军队的司令官。他还知道米德很喜欢取得一连串英勇胜利的感觉。米德一定承受了很大的压力。他和其他被提名司令官的人之间存在的敌意也给他平添了许多负担。倘若林肯漠视这些因素，一意孤行

地寄出信件，他只会赢得口舌之战的胜利，却输掉了自己的影响力。

并不是说米德将军不应该知晓自己所犯的错误。但是告知的方式也分有效和无效两种。林肯最终向米德表达了自己对他的失望，但是他却以一种高贵的方式做到了这一点。林肯选择客气地留下这封言辞尖刻的书信，他宁愿保持甚至增加他对米德将军的影响力。米德将军继续在家乡费城为民众领导一支武装军队，直到1872年去世。

林肯恐怕比美国历史上的其他总统更明白，什么时候应该管住自己的舌头，什么时候沉默是个错误。这种讲话技巧的核心在于，正确把握人类最基本的天性。我们是自卫型生物，会本能地迫使自己反抗、远离和否认对自己不利的事物，更不用说那些会伤及我们自尊心的事情了。

我们再来看一下美国职业棒球大联盟的类固醇丑闻事件。经阳性检测报告或队友举报，有129名运动员使用了类固醇和人体成长激素，但是最后只有16名运动员承认使用过。

难道只有高姿态的运动员才拥有那么强烈的自尊心吗？

不用这么快下结论。想想上一次某个同事因为某件事情批评你的时候，你都说过或做过什么事情。我们能相信，他的话让你想给他一个拥抱或者想请他吃顿午餐吗？还是在他的办公桌抽屉里藏一罐打开盖的沙丁鱼罐头？

我们都不愿意成为别人指责的对象，不管是不是真的应该受到指责。"我们有多渴望得到赞赏，就有多反感受到指责。"内分泌学家汉斯·塞利这样解释。

当我们试着通过批评来赢得争执、阐明观点或引起改变时，我们就退后了两步。人是可以被改变的，正如马儿可以被牵去饮水一样，但是贬低别人往往难以达到你想要的结果。我们所谈论的不仅仅是公众话语，私人谈话也同样适用。

虽然博客、脱口秀以及社交媒体中诋毁性的评论已经成为现在的时代潮流，但你在使用某种媒介进行批评的同时，你所指责的对象也会被迫进行防御和反击。一旦对方展开辩护，你就很难用话语来打破彼此间的障碍。不管你说什么，对方都会用怀疑的眼光加以过滤，更有甚者会根本不相信你的话。批判性的评论这时就像一个无形的回旋镖，随时会飞回投掷者的头顶上。

现在这一切发生的更快，我们交流的一切几乎都可以通过一个按键、麦克风或手机迅速地暴露在世人眼前。演员梅尔·吉布森就因此给大众上了一课。他在前女友语音信箱中留下的充满种族歧视的粗俗指责在世人面前曝光。他曾经是好莱坞的重要人物，他的全球影响力因为此事而遭受重创。

另一个影响稍小但仍然产生了严重后果的例子发生在2008年7月。根据CNN的博客帖子，福克斯新闻的一个记者发表了一番评论，"备受爱戴的杰西·杰克逊牧师想要在非公开场合，就未来的民主党提名人为黑人团体做有关道德的演讲一事给予轻蔑的回应。"虽然杰克逊立即向公众道歉，但是他的评论使得他在对黑人社区成员重要事宜上的全国性影响力大打折扣。此外，他们不禁开始怀疑杰克逊对伊利诺斯州参议员贝拉克·奥巴马的支持态度，奥巴马很快将当选第44届美国总统。

我们大多数人都没有机会在大众面前出现这种沟通过失。在我们停下来对这些出现错误的名人品头论足之前，我们应该先想清楚，如果我们平时最粗俗的言语被曝光之后，别人会怎么说。最好还是一直遵循我们与他人相处的简单法则——不要批评、斥责、抱怨。我们生活在一个全世界都能听到我们讲话的时代，极有可能要为此承担起要被全世界指指点点的责任。因为沟通而惹上的大祸可能会永远纠缠着我们。

虽然现在都倾向于信口开河的谈话方式，但是用批评别人来使自己的言论更有收效、更重要或者更有报道价值的做法，既不明智也没有必要。最好不要把今天言论散布的广泛程度当成一种负担或者恩赐，而应该把它看成一种责任。用谦逊、同情和一种值得信赖的热情来接受这种责任的人会快速地提升自己，因为其他人都愿意听他讲话。在各个行业、公司、家庭和朋友间受到广泛尊重的人都对自己所持的观点一清二楚，同时对那些他们愿意影响其思想或行为的人心存仁慈宽厚。

在一些场合下，因为言语的力量而导致发生变化的情况被称为胁迫。因此胁迫是一种罪行。虽然在两名同事、合作者或朋友间可能不算违法，但我们最好尽量避免出现这样的舆论。

最简单的办法就是集中精力提高自我，而不是把注意力放在别人身上。

● 把利用媒体表达想法的心态从揭露和反对转移到鼓励和敦促上。向你的朋友或粉丝提供资料并没有错，甚至是一些他们不想面对的隐私，但是态度是关键。你在跟别人分享信息的时候是否别有用心？为了安全起见，这种沟通最好还是留着跟你最信任的同事交流。即使对方站在你的一边，夸夸其谈和牢骚满腹都不能把你们的关系变得更亲密。如果这些行为会影响你们的关系，则只会让他们质疑，自己是否能毫无保留地把自己的想法甚至是错误的观点与你分享。

● 忍住，不要讲别人的坏话。讲别人的坏话所得到的效果从长远来讲，只可能弊大于利。在全球化经济时代，你永远都不会知道，你最大的竞争对手在什么时候会成为你最主要的合作伙伴。如果同你打交道的人是以前与你交恶的人，你会怎么做？竞争是合理的行为，理应受到尊重。合作也至关重要，同样应该受到保护。

● 抛开你的记事本，让你想传达的信息更有意义。无论你要向庞大的粉丝团发布重大新闻，还是要向董事会成员更新消息，一定要铭记，没有人想了解一箩筐对你自己特别重要的消息。首先，听众想接受的信息必须有价值。如果你只是一味地向他们的耳朵、收件箱和iPhone里塞满你近来遇到的麻烦或一大堆抱怨的话，他们的耐心是不会持续多久的。时刻记着对方的需求才是最积极的交流方式。

● 在与别人交流之前先让自己冷静下来。当你感觉被敷衍的时候，刚开始的五分钟通常最容易激动。如果你可以训练自己控制这种本能的反应，就可以省下后悔和拍马屁的时间了。虽然我们都有举止轻率的时候，但是最糟糕的事情莫过于这种个人的轻率举动被公开曝光。在你做出让自己后悔的事情之前先退一步冷静下来，不要给自己添麻烦或让自己陷入不必要的窘境之中。

我们总是会评价其他人，但是最好记住别人也同样会对我们品头论足。古代犹太寓言就曾表达了这样的睿智看法："你们怎样论断人，也必怎样被论断。你们用什么标准衡量人，也必怎样被衡量。"

有时我们真的很难放弃言论自由的权利。只要快速回顾一下，历史就会提醒你，那些最具影响力的人都懂得如何在负面情绪来袭的时候管住自己的嘴巴，压制自己的自尊心。简短、谦恭和睿智的说话方式远比一通激烈的长篇大论好得多。

这方面最好的例证莫过于英国高产作家 G. K. 切斯特顿对《时代》周刊的答复。当时该周刊邀请他就"这个世界到底怎么了？"为题写一篇文章。

切斯特顿的回复是：

亲爱的先生，

我就是问题所在。

谨启，

G. K. 切斯特顿

难怪 1943 年《时代》周刊评论他的《回到正统》一书时说到，这位精力充沛的作者最大的对手，爱尔兰剧作家乔治·萧伯纳把他称作"拥有极高天赋的人"。同一篇评论把萧伯纳称作是这个时代所有作家的"友善的敌手"。就连切斯特顿本人都把他们两人之间独特的友谊比作"未能公映的默片中的牛仔"。他们两个人在他们的年代里对许多问题意见不一致，但是他们友谊里的灵魂永远是一致的。这要在很大程度上感谢切斯特顿掌控自负心理的能力，以及尊重与他意见相左的人的能力。这对作家的一生而言的确非同寻常。

切斯特顿的影响力超越了一切，持久地深入同时代作家的心灵，如萧伯纳、奥斯卡·王尔德和 H. G. 韦尔斯。他的作品《永恒的人》促使 C. S. 路易斯（当时还是一位无神论者）皈依基督教。他为查尔斯·狄更斯撰写的传记重新激起了严肃学者对狄更斯作品的研究热潮。切斯特顿的小说《名叫星期四的人》让爱尔兰共和党领袖迈克尔·柯林斯产生了一个想法——"如果你不想藏起来，就不会有人把你搜出来"。他在 1909 年 9 月 18 日撰写的《伦敦新闻画报》专栏内容对圣雄甘地产生了深远的影响。

在当今的世界，要想获得友谊并且能够对别人产生影响根本不需要花言巧语，而是需要优雅的修辞和自嘲的态度。如果我是这个世界的麻烦，那么你也是。这样我们就可以不再担心到底谁是正确的，而是集中精力让世界变得更美好。收起你的回旋镖，你说的话会为你开辟一条更快捷的进步之路。

赞赏别人的优点

奥斯卡获奖影片《国王的演讲》讲述了这样一个故事：一个普通人如何用非同寻常的方法，帮助口吃的王储成为统治国家的国王。

艾伯特王子，即约克公爵患有口吃，这个毛病成为他生活的障碍。他不能给孩子们讲故事，难以进行公开的演讲，甚至无法通过当时最先进的广播发表讲话。在寻求治疗的过程中，王子遇到了澳大利亚的语言治疗师莱昂纳尔·罗格。罗格采取的是一种反传统的治疗方法，因为他相信，口吃既是生理问题，也是心理问题。

影片中王子（他的家人称其为伯蒂）极其抗拒罗格医生的劝告和请求。随着治疗奖金的不断增加，王子和罗格医生之间的关系也日趋白热化，艾伯特王子（约克公爵）成为英国乔治六世国王，世界大战也迫在眉睫。

最后的突破口是在他们为王子准备加冕仪式的时候，未来的国王突然崩溃，他身上所有的恐惧在此时统统都释放了出来——他担心让自己的国家蒙羞，担心成为历史的笑柄。

"伯蒂，"罗格说，"你是我认识的人里最勇敢的一个。"

伯蒂停下来思考了这句话的分量。这句话改变了他的人生。

如果爱默生说过的"思想是行动之源"是正确的，那么罗格所实施的必是最杰出的影响策略。他提出了一个别人从未想到的看法。口吃的王储伯蒂并非不堪一击。他不是输家也不是笑柄。他一生都在忍受的奚落就是他对自己的看法，但是这并不是他的全部。他的身上还有最真实、最重要的东西，一些优秀的品质……甚至伟大的品质。

伯蒂领会了这一切。他最终一定会与众不同，因为有一个人能够洞察并肯定他身上的优点，而其他的缺点就变得不太引人注意了。

　　我们把罗格的举动和被解雇的美国国家公共广播电台（NPR）执行副总裁罗恩·席勒的行为来做一个对比。通过视频，罗恩·席勒发表了对他没有加入的政党诋毁性的评论。这两种举动的主要区别在于最终的选择。

　　并不是说莱昂纳尔·罗格比罗恩·席勒所面对的对象更正直。伯蒂和任何政党都有过失和错误，都能找到可以抨击的理由。只不过罗格采取了更有影响力的方式，能够充分地尊重人的尊严。席勒采取的则是忽略自我和同类的方式。所以我们很容易就能看出哪种方式更明智。

　　有这样一个古老的犹太寓言，一位牧羊人养了一百只羊。这些羊一直受到牧羊人的悉心照料，不会放下它们不管。但是一天晚上，当牧羊人把羊群赶到一起时发现少了一只。就少了一只羊，另外九十九只都安然无恙。这位牧羊人该怎么办？他是祈祷这只羊在狼捉住它之前赶快回来吗？不是。他把九十九只羊关入围栏后就出去找丢失的那只羊。这只羊十分重要，牧羊人不能眼睁睁地看着它走丢。

　　想想牧羊人所做的一切给羊群传达了怎样的信息。不仅仅是那只走丢了的羊，还包括另外九十九只希望得到牧羊人庇护的羊。现在再思考一下，应该如何把相同的信息传递给你想施加影响的人。你是否已经让他们知道，在你心里他们是多么宝贵？经常付诸实践就会发现，这个简单的法则里蕴含着巨大的力量。

　　我们都有一种渴望，想让自己感到很受重视、很重要，这种渴望与生俱来、难以抗拒。但是在我们这个时代中，肯定别人的价值和重要性应该是最具有挑战性的事情。

　　一旦我们被一些次要的、肤浅的事物包围，我们会觉得备受困扰。整天的生活无非就是对某位名人最近的时尚造型或某位运动员的过失嘲笑一番；花大把的时间对大学生大声疾呼，进行社会学评论。即使我们没有被卷入流行文化的各种疯狂想法中，但在这个各种需求都十分强烈的时代里，我们似乎很难就某一件事情做太多深入的研究分析。当我们被多如洪流的短信、泛滥的电子邮件和提供社交交友的网站团团包围时，在这种情况下就连我们热烈追求自己的挚爱可能都会很困难。随之而来的还有孩子们、老人、邻居以

人性的弱点

及其他各种人际关系。除了间或对某位邻居的汽车或厨房表示赞赏之外，谁还会有时间对其他事情表示肯定和赞赏？仅有的这些赞赏往往都是草率和无关痛痒的评价。

问题在于，这些草率和无关痛痒的评价往往都是庸俗和毫无意义的语言。恰恰因为这些原因，我们在今天的社会里采用这项法则才显得至关重要。

肯定别人长处一定不能与阿谀奉承混为一谈。

两者的区别是什么？是否是一种真正的关心。

曾经有一位举止粗鲁的年轻大学生，问穆罕默德·阿里他应该如何对待自己的人生。他不能决定是继续接受教育，还是应该踏上社会碰碰运气。很明显，他自己倾向于后者。

"待在学校里接受教育，"阿里建议，"如果他们能从发霉的面包里提取青霉素，就能从你身上找出点儿什么来！"

无疑，阿里并不在乎年轻人的处境。当他知道别人对这个男孩灌输过些什么思想之后，阿里用一种略带轻松的口吻开宗明义："不要太早放弃。坚持到底。不管别人对你说过什么，你自己才是关键，你是可以有所成就的。"

赞赏，与奉承不同，需要真正观察到别人的优点，知道哪些地方值得肯定和赞赏；需要十分了解对方，了解什么是对方身上至关重要的品质。而奉承通常是一种毫无感情的语言，是对信任的一种背叛。我们只是说一些认为应该说的话，但实际上我们的心底并不是这么想的。奉承传递的信息是什么？"你对我而言还不够重要，不值得我为你费心。"

我们必须克服这种思考方式。畅销书作者华理克曾写到：

我们冲出门口说到："嘿，最近好吗？很高兴见到你。"我们说话的时候甚至都不看对方的眼睛。我们并不是真的在跟他们聊天。如果你真的跟他们聊天的话，就会错过许多跟其他人打交道的机会……人类并不像黏土一样可以被随意塑造。这也不是你的工作。这样做是一种控制，而不是领导，人类不是被塑造的，而是一种应该获得展现的生物。这才是真正的领导者应该做的事情。他们展现其他人的人生，帮助他们实现自己的天赋和潜能。

任何人都没有理由一直封闭在自己的世界中。我们都会错过一些本该把握住的机会。但归根结底，我们可以自我衡量。当你以书面语、口语或表情传递信息时，是倾向于表达赞赏与肯定，还是冷漠与疏远？表达的意思越接近赞赏与肯定，你对别人的影响力就会越大。

爱默生曾写道："每一个人都有表现最佳的时候，并且应该因此而受到重视。"想想每个人表现最佳的时候。目前哪一段人际关系让你觉得紧张过度？如果你开始关注这个人表现最佳的时候，并且尝试对他进行肯定的评价，你们的关系会变得怎样？这不是预先假设这个人没有缺点。也不是认为他的优点多于缺点。他可能是个十分颓废的人，曾经做过坏事。但是，有一点是肯定的：如果你想影响他，改变他的生活，那么一味地重申他过去的错误是徒劳的。但是，如果你一直强调他过去的成功、美德和见识（哪怕只是很短暂的），让他醒悟到自己可以成为这样的人，那么他内心里美好的品质一定可以被唤醒。但是记住，讲的话一定要真实，不能凭空臆想。不管现在是什么样子，他可能也会意识到自己仍然会变得很优秀。"如果我们按照现在的样子看待他，就会让他觉得自己现在更糟糕；但是，如果我们按照他表现最好的时候看待他，就会让他变得更加优秀。"

美国第16届总统亚伯拉罕·林肯最懂得肯定对方优点会产生的作用，历史上恐怕再没有第二人比他深谙此道。正是依靠这样的观念，林肯把整个国家统一起来。1861年3月宣誓就职时，他还没有决定身为美国总统是否还应该发表另外一场就职演说。

就在他宣誓的当天，美国南部邦联的新国旗在亚拉巴马州的蒙哥马利市升起。自从林肯当选之后的几个月来，已经先后有七个州正式脱离合众国。每个人，包括朋友和敌人们都想知道，林肯会对这几个州说些什么。

现在，林肯的这段演讲已经被评价为历史上最杰出的演讲之一，因为他秉承着一种和解的精神抒写了这篇演讲。他并非软弱，他警告了任何针对联邦的进攻行为所应该承担的后果。他有先见之明，肯定了当时形势好的方面，这是其他人做不到的。他说："我们不是敌人而是朋友。我们绝对不能成为敌人。"

这需要多大的胆识。七个州已经脱离合众国并宣布独立。战争已然迫近。朋友？它们怎么可能被视为朋友？

想想上次同事出卖你的时候，客户向你说谎的时候，或者卖家未能履行承诺的时候。你的第一反应是认为他们的所作所为仍然具有真诚和善良的目的吗？

失望、沮丧或被出卖的感觉只会在我们饱受挫折和生气的时候出现。但另一些相当珍贵的时刻也会让我们难以忘怀。

你能否想起，曾经某个人的风度和无条件的宽恕让你感到惊讶？这个场景可能发生在若干年前，甚至可能出现在你的孩童时代。但是这个人极有可能成为你永生难以磨灭的记忆，他对你产生的影响至今都未曾消褪。

获得影响力就是要让你自己显得与众不同，身心都要站到更高的标准上。如果你所做的事情跟别人的做法和反应别无二致，那么你永远都不可能与众不同。理由很简单：

我们为了获得关注而不断参与竞争。沟通过程中经常会出现意思表达不够清晰的时候。在当今这种充满竞争信息的"快车道"上，想要具有影响力实在很有挑战性。你需要很多机会来展示自己的无私和诚实，但这个时代能给你的却只有几秒钟的时间。如果我们都是没有缺点的完人，那么只能通过比别人表现出更高的诚信标准来获得影响力。如果你的竞争对手和你一样都是没有过错的人，就必须坚持这个立场，没有商讨的余地。在这种情况下，与其他人竞争影响力的过程看起来更像是一场选美盛会（而且有些人的确这样认为）。

但事实上，这种情况是不会发生的。我们不是没有缺点的完人。这倒是让我们有许多机会，在和蔼地表达异议或不满之后，仍然对他人进行充分地肯定。关键是要给自己这个机会，在任何场合下，尽可能用一种赞赏和肯定的态度表达你的看法。

要避免重复别人的错误，你要知道，虽然别人犯了错，但仍然表示赞赏并不是示弱或被动的表现，也不是否定公正公平的原则。没有正义的怜悯往往毫无意义可言。林肯能够参透这些，甚至看得更远，而且还会积极地付诸实践。

尽管激情会让我们爱的纽带绷紧，但决不可以绷断。神秘的回忆之弦，在这片广袤的土地上延伸，从战场和爱国者的坟墓里延伸到跳动的心和温暖的壁炉中，联邦的合唱将会由之奏响。

有的时候肯定别人身上的优点意味着，时刻提醒我们把注意力放在他们的优点上。是的，林肯说过，事情可能渐渐淡去，但是亲善的纽带只会更牢固。这是一段美国南北方共同经历的历史。它们共同宣布独立，建立了新的国家，又再次经受了战争。它们都应该时刻铭记："我们本性中更为美好的天使——只要他们真的乐意——去再次触抚琴弦……"

在最后一段话中，林肯把所有的赞赏和肯定提炼到一起，充分表达了在不和谐的因素下，还有更伟大的意义，更美好、更真实的现实。

从一个英国君主国到新生的分裂国家，这种勇于赞赏对方的感召力将紧张的局势扭转为一次令人期盼的挑战。这并不像某些人想的那样，只是一种把双方的问题进行搁置的举措。相反，这是用一种谦恭和威严的态度来正面解决问题的做法。这种态度能更好地鼓励对方悔改、和解或者改正。

在《不要成为高傲的领导者》一书中，万豪国际的总裁及总经理富毅荣曾断言："如果没有相互尊重，生意场上就不会有持久的人际关系，不管是跟你的手下、客户还是合作伙伴。根据我个人的经验，向你的对手表示你的钦佩之情甚至能够解决暴力冲突。"

随后，富毅荣讲述了万豪国际集团的律师跟南美的一位旅馆老板发生口角的事情。他们本来打算重新商榷经营协定，但后来却演变成一场口角，两位成年人竟然在旅馆的会议室里大打出手。旁边没有人上前拉架，任由他们一直打下去。直到老板的左轮手枪从枪套里掉到地上时，他们才停手。自尊心都受到伤害的两个人不欢而散，根本没有转圜的余地。

几个月过去了，这件事情一直没有进展。此时，集团的一位法律顾问和两位董事建议，万豪总裁亲自拜访这家旅馆的老板。富毅荣细述了接下来发生的事情：

我飞到他的家乡。花了两天的时间和他一起旅行，视察他的生意，在他

的俱乐部里共进晚餐，和他的朋友们交流。我们开始逐渐了解对方，除了生意交往之外，我们双方之间的尊重也与日俱增。从另外的角度来看，我明白了他对自己的员工、家人和社区所承担的义务。虽然我们之间的矛盾不可调和，但是我知道，就凭他的为人和成就，他也值得我尊敬。一周之后，当我离开时，我们达成了协议。

和本书介绍的其他法则一样，赞赏和肯定他人的优点并不是重要历史时刻杰出人物的专利。它们适用于每时每刻，适用于这个缺乏尊重的沟通时代。从政治讲坛到数字媒体，再到董事会的办公桌，那些以尊重、真诚和赞许的语气讲话的人会比那些持有批评、抱怨和屈尊态度的人，赢得更多的朋友，并且影响更多的人积极向上。

在当今时代，运用这个法则的好处在于，我们对他人的赞赏已经不仅局限在面对面的交往上。在最近的一次采访中，TOMS 鞋业创始人布雷克·麦考斯说，"虽然没有任何东西能代替面对面的交往，但是在网络时代，的确可以增加人际交往的机会。这一点很重要"。今天，我们可以通过电子邮件、微博、短信和博客随时随地发布信息，对我们的朋友、粉丝和追随者表达赞许和肯定。但是，千万不要把信息量与信息的个体意义分裂开来。它们是不可分割的。不管生意有多大，追随者有多少，信息仍在个体层面上发出和接收。

国王和他的语言治疗师之间建立起的影响力法则，同样也适用于公司与客户间、经理与下属间，或者父子间的关系。我们因为共同的愿望成为一个整体：那就是希望得到别人的重视。这个信息是否能够传达并非集体的决议。每个收到信息的个体，不管是坐在桌旁的一个人还是三千个人，都有权决定它的影响和效果。

在卡耐基的原著中，有这样一个故事，它恐怕是全书中最能扣动全世界上千万读者心弦的故事。这个故事的作者叫 W. 李文斯顿·朗德，故事名字是《父亲备忘录》。

卡耐基在书里收录了这个故事，用它来鞭策我们这些很容易忘记自我，整天批评别人的人。现在，我们收录这个故事是要从不同的角度解读它，重点并不是放在最终认错的父亲身上，而是他的儿子身上，因为他用一种无条件的赞许精神影响了自己的父亲自我悔改。

父亲备忘录

我的儿子，请听我说：当我说这些话时，你已熟睡。你的小手压在脸颊下，金色的卷发贴在汗湿的前额上。我悄悄地走进你的房里。就在几分钟前，我在书房看书报时，突然有一股强烈的自责感朝我袭来。于是我满怀歉疚地来到你的床前。

孩子，以下就是我反省的事情：我一向对你太苛刻。你早晨穿衣上学的时候，只用毛巾轻轻擦了下脸，我就责备了你；你没有把鞋擦干净，我也骂你；当你往地板上扔东西时，我还大声斥责你。

吃早餐的时候，我也挑你的错：你溅洒了东西，吞咽得太快，把胳膊肘靠在桌上，或者面包上涂的黄油太厚，等等。在你玩耍的时候，我正预备去赶火车。你转过身来向我挥手说："再见，爸爸！"我又会皱着眉头教训你："挺直肩膀！"

午后，所有情形又要再重演一遍。我从外面回来，发现你跪在地上玩弹球，你的袜子上有好几个破洞。我当着其他小朋友的面羞辱你，要你马上跟我回家。袜子很贵，如果你自己赚钱买的话，就会知道应该特别小心！想想看，孩子，这话居然出自一个父亲的嘴里！

还记得吗，后来我在书房看报时，你畏怯地走了进来，眼里带着受伤的神情。当我把眼睛从报纸上抬起来时，很不耐烦被你打扰。你站在门外踌躇着，我禁不住怒喝道："你想干什么？"

你没有开口，突然跑过来投进我的怀里，用你的手臂搂住我的脖子亲吻我。你的小手紧紧地搂着我，充满了孺慕之情。这种深切的真情，是上帝栽种在你的心间，像一朵鲜丽的花朵，纵然被人忽略了，但这朵花却是永远不会枯萎凋零的。之后你就离开我跑上楼去。

儿子，你走后不久报纸就从我手中滑落，忽然有一种可怕的恐惧感袭击了我。我因为习惯都做了些什么？我习惯整天责骂你，憎厌你，吹毛求疵地挑你的过错——这难道就是我给予还是孩子的你的奖赏吗？我不是不爱你，

只因为我对你的期望太高了，我是在用自己年纪的法则来衡量你。

事实上，你的品性中有很多真善美的地方，你那小小的心灵就像晨曦中群山之上的曙光。这可以从你突然跑进来吻我，向我道晚安的真情上表现出来。儿子，今天晚上一切都不再重要。我在黑夜里来到你的房间，跪在你的床前，万分惭愧。

这是一种软弱的赎罪方式。如果我在你没有睡着的时候把这些话告诉了你，我知道你是不会了解的。但明天我必定要做一个真正的好父亲。你笑我也笑，你痛苦时我也痛苦。如果我沉不住气要恶言骂你时，我就咬住自己的舌头。我会不断地告诉自己："他还只是一个孩子——一个小孩子而已。"

我恐怕自己会把你当作成年人看待。但是儿子，现在看看你安详地酣睡在你的小床上，我明白过来了，你还是个小孩子。昨天你还躺在母亲的怀里，把头依偎在母亲的肩上。我的要求太高了。

这难道不是一种极其深刻的影响吗？即使是我们身边年龄最小的人都具有影响力。赞许和肯定能够净化我们的语言和心灵。只要有一方愿意展现优点，所有的问题都能得到解决。以这个作为出发点，我们就能很容易明白如何开始并最终找到彼此的共同利益。

关注核心的需求

2002 年初，《时代》周刊的封面上出现了一款外形古怪的电脑。它有一个小巧的半圆形底座，一个闪亮的铬合金连接器与平板显示器相连。用户可以用手指随意将显示器推拉、旋转、降低和提高。它的名字叫"iMac"。推广它的苹果电脑公司迫切地需要这款产品来保住自己的市场份额。

一直以来，苹果公司是一部分特殊电脑用户的挚爱，因为它是富有创造性和反传统精神的代表。在介绍封面产品的文章中，苹果的 CEO 史蒂夫·乔布斯向消费者们宣传了一种全新的构想。

他认为，未来的个人电脑应该是集可携带式摄像机、数码照相机、MP3播放器、掌上电脑、手机和 DVD 播放器于一身的"数码多端口转发器"

苹果公司

（digital hub）。他认为公司的未来应该是把所有的数字产品都能结合到一起。这种定位存在着一定风险。随着 iMac 的问世，苹果公司还推出了一整套免费软件，它们与今天数码时代的产品——iTune，iPhone 和 iMovie 的内涵相同。

竞争公司和评论家们纷纷挖苦乔布斯。一些与苹果公司一直保持竞争关系的公司把这台电脑形容为"滑稽"和"愚蠢"，并认为他的构想"实在太宏大了"。

公众的反应如何？他们倒是愿意接受这个构想和由它所带来的新生活。苹果电脑，我们简称苹果，已经见证自己的股价上涨了 4856%，而它的最大竞争对手的股价才上涨了 14%。

为什么？

是因为别的电脑公司希望自己的产品不畅销吗？当然不是——他们都想获得成功，都希望受到消费者的喜爱。他们所追求的是，对购买产品的消费者施加越来越深的影响力。

两者的区别在于，史蒂夫·乔布斯意识到了戴尔·卡耐基再三推崇的原则：要想影响别人的行为，你首先必须关注他们内在的根本需求。

这是一个普世的真理。不管你要对待的是一个孩子还是一名客户，甚至还可能是一头小牛犊。一天，著名的哲学家拉尔夫·沃尔多·爱默生和儿子尝试着把一头小牛犊赶进畜棚里。但进展十分不顺利。他们往前推，小牛就往前顶；他们往前拉的时候，小牛往后拽。

这时，他们的女佣注意到他们的举动。虽然这位女佣写不出优美的论文或作品，但她认为自己或许能帮他们解决这个问题。她朝那头小牛犊走了过去，把自己的手指放进它的嘴里。当小牛吸吮她的手指时，她就轻柔地把牛犊领进了牛棚。

这位女佣知道的事情却恰恰被这位聪明的哲学家给忽略了。

她知道牛犊的根本需求就是食物。一旦满足了这个需求，小牛就会自愿跟着走。

爱默生和他的儿子只想着自己的需求——把牛犊赶进牛棚后他们才能吃午饭。但是这只小牛犊很喜欢在绿色的草地上啃食牧草，一点儿都不想回到阴暗拘束的牛棚里。因为那里可吃的东西太少。直到女佣出现，把她的手指伸过去时，这只小牛犊才意识到还有温暖的牛奶在等着它。

这是个很棒的比喻。因为在我们想影响别人的时候，它给了我们两个关键性的启示。

1. 影响力靠的是直觉而非智慧。聪明的爱默生和地位卑微的女仆之间的主要区别并不是智力方面的。虽然爱默生很可能在他们两个人中更加博学，但他们的主要分歧在于个人的直觉。女仆拥有爱默生身上所缺少的直觉。

在大众社会中，当人们的观点摇摆不定时，更倾向于相信那些位高权重的人。因为他们的地位意味着他们受过良好的教育，拥有非凡的才智。比如，CEO、系主任、医生和亿万富豪。我们以为，这些人的一句悄悄话或者一个响指就能鼓舞普罗大众。但是正如苹果公司的前任首席宣传官所说，"如果这个人跟大家没有深厚的感情基础，她就不会对大家有很大的影响力"。

事实上，有地位的人只拥有略高于平常人的影响力，而且他们赢得影响力的方式与其他人并无二致。影响力的获得既不靠良好的教育，也不依赖丰富的经历。只有肯放弃自己身份和地位的人——不管地位的高低和权利的大小——只有能设身处地为别人着想的人，才会获得巨大的影响力。要做到这一点，还需要具备能够参透交流的表象，理解背后真实情感的天赋。安托万·德·圣埃克苏佩里写到，"最本质的内容，肉眼是看不到的"。与你想结交的人交往时，应该把这个重要的事实谨记心头。影响别人并不是证明比对方更聪明，而是要能洞察对方的真实想法，并在共同受益的前提下充分地满足对方。

罗伯特·麦克法兰，里根总统任期内六任国家安全顾问中的第三任，曾用这样的话对他的上司表达钦佩之情："他虽然懂得不多，却获得了很多成就。"里根"离开华盛顿后甚至比他入主白宫时更受大家爱戴"，理查德·诺顿·史密斯写到，里根获得了自德怀特·艾森豪威尔总统以来一直没有实现的成就。他是怎么做到的？据奥巴马总统所说，"里根认识到美国人民极度渴求责任感和变革……他只是迎合了美国人民一直以来的想法"。

2. 施加影响力需要温柔的手段。爱默生和儿子跟那只倔强的小牛陷入了一场四只手、八条腿的拉锯战之中。到头来，这只小牛还是稳稳地守住了自己的阵地。双方僵持不下，谁也无法让对方屈服。但是，女仆只是伸出了一根食指，刚才还很倔强的牛犊突然就四蹄轻盈，心甘情愿地跟随女佣的指引。

我们不能忘记这个令人记忆犹新的例证，为了鼓舞别人，我们做的令人动容的事情却少得可怜。美国前总统德怀特·艾森豪威尔则是另一个鲜明的对照。在白宫椭圆形办公室里陈列的一块镇纸上，他用拉丁语写到，"举止要温和有礼，但实际上要强硬"。难怪他在全球都有影响力。

"行为源于我们的基本渴望，"《影响人类行为》一书作者哈利·欧沃斯崔写到，"给即将成为劝导者的人——无论是在生意场、家庭、学校或政界——提供的最佳建议是：首先要激起对方的渴求。能做到这一点的人就能拥有全世界，做不到的人只能独行"。

关注基本需求的做法可以超越行业和国家的疆界。不管对于荷兰能源部长，还是好莱坞的执行制片人，它都同样重要。在人际交往中获得成功的人都明白，应该停止发号施令，开始发掘对方的需求。对于那些只想把自己的需求告诉给对方的人，难免会在人与人的相处中败北。不管他们是寻求公司间的合作、个人间的合作，还是利用艺术形式这样做。恐怕在销售行业，这一点体现得更加明显，从语义学上来讲，我们都属于这个行业。

在《拯救你的销售》一书中，托德·邓肯列出了销售人员犯的十种致命错误。其中一种错误被他称为"强迫式说服"。当我们没有关注别人的基本需求时，也会觉得十分内疚。不管我们是不是销售员。

强迫式说服错在认为你的业绩依赖于你的产品推销能力。在这个过程中，你一个人在唱独角戏。你不停地长篇大论，然后期待对方被你说服。但是赢得对方的初步信任需要的不仅仅是天花乱坠的独白，而是对话，一种真正的交流。除此之外，你无法知道你的产品或服务是否能满足（别人的）需求。

随后，他引用了《对话》一书的作者西奥多·泽尔丁博士说过的话："真正的对话才能产生影响。"这句话简明扼要地切中要害。

令人难以置信的是，每年花在打品牌和营销上的钱有上千万美元，但是大部分钱还是投入到实现营销者自己的创意或奇思妙想上，根本没有考虑接收者的基本需求。我们凭空想象着自己想变成什么样，或者揣测着怎样才能让别人接受我们推销的东西。然后我们花大把的时间来策划和美化这个想法。其实，我们应该首先弄清这个想法是否对别人真的很重要。绝大多数个人和机构只会更重视宣传活动，却从不理会目标市场的基本需求。这真是本末倒置的做法。

下面，我们看看邓肯列出的两组对照词汇，在人际交往中，哪一组词汇形容你最恰当。

对话交流	独白
考虑到他人情感或需求	自以为是
真实	虚假
透明	控制
安心	缺乏安全感
对满足需求感兴趣	只对挣钱感兴趣
增加信任	增加紧张压力

当然了，关注别人的基本需求，并不意味着你可以随心所欲。只有关注别人的需求才能容易地接近他们。过去的经历只会让人去关注其他更有吸引力的人或事。在 2002 年的史蒂夫·乔布斯眼里，人们会有无尽的选择。

幸运的是，虽然绝大多数公司的电子邮件、博客或商业广告宣传活动都是些长篇大论的独白，但好在都是要传播某种观念和想法，强化自己的品牌，发布新的产品，或者树立良好的公众形象。正是因为这一点，懂得用对话方式交流、发现他人需求的人才会抢占先机。

你怎么才能知道自己是否把握住了这个优势？

只要对自己的影响力进行一次真实的调查通常就能知道答案。你的员工真正获得了提升，还是对自己是否适合现在的岗位而犹豫不决？你相信自己的婚姻生活和美幸福，但是你的配偶会怎么认为呢？你坚信自己的新产品给顾客们留下了深刻印象，那么销售额也相应提高了吗？你说你们的品牌风靡全国，但是你自己衡量产品认可度的标准是什么？《改变的七种艺术》的作者大卫·山纳很清楚，哪些人真正关心他人的基本需求，哪些人利用小孩办家家酒的方式假装自己很有影响力。他写到：

过去二十几年里，几乎每项关于机构改革的研究表明，将近70%的公司未能实现改革目标……机构改革之前，首先必须让机构中的个体实现变革……所有长久的改革必须先从他们开始。这是因为，你我的态度才是集体行为的主要动力。

真正能促成改变的是人与人之间的影响，这种影响能够控制个体最内在的东西。山纳的阐述非常正确，在这点上他理解的很深刻。三十年来，他的CONNETCT 咨询顾问公司帮助过像金霸王电池、日本利优比公司、美国MARC 公司这样的跨国企业成功地完成公司改革。他的话提醒我们，除非商业活动和个人间的沟通技巧能够切实关心人们的基本需求，否则不会产生任何影响。这是你能够影响他人的基本法则，不管你面对的是一个 5 岁大的孩子，还是 5000 名员工。

美国前任教育部长曾说过，他直到任职一年后才真正理解这项基本法则。

人性的弱点

他对自己的前途感觉很好。当他出去演讲时，人们总是报以热烈的掌声和灿烂的微笑。他出席了许多晚宴和奢华的聚会。一切似乎都进展顺利，但是能达到什么目的呢？

圣诞节时，他回到家里认真思考，最后才意识到，虽然他本人一直受人瞩目，但教育部却还是老样子，一点变化都没有。五千名工作人员会准时上班，完成交给他们的工作，然后下班回家。在办公室的里里外外的确发生过一些变动，但几乎可以忽略不计。

他想知道这是为什么。第二年的头两个月里，他花了许多时间跟真正管理教育部的人们在一起。这些人都是职业文职人员，不管入主白宫的是哪个政党，他们都会兢兢业业地工作。他开始清醒地认识到，自己正停在一座桥上，虽然已经转动了方向盘，但是方向盘并没有与下面的车轮相连。由于他没有权力雇佣或解雇行政文职人员，所以他能够对教育部施加积极影响的唯一方式是，把这些行政文职人员都争取到自己一边来。但问题是，他们已经见识过各种政客的嘴脸，来来去去都是一样。他们已经厌倦了这一切，态度变得冷嘲热讽。他们早已不指望能从上层领导那里感受到一丝一毫的感召力。

教育部长的妻子建议，要想争取下属就应该时刻提醒大家，自己对教育事业很热情。要做到这一点的话不能靠花言巧语，而是需要有新的举措。"去学校，和孩子们在一起。像推销员那样宣传自己。人们会注意到的，因为这才是他们真正关心的。"

"我绝不会那样推销自己。"他愤怒地说，"我是教育部长，我应该采用大规模地宣传"。

他的妻子，一位销售员的女儿，微笑着说："亲爱的，如果你不从小规模的宣传做起，就无法在大规模宣传上取得成功。"他的妻子是对的。部长也明白了这一点。

第二年，他走遍了全国各地的教育机构和学校，他给孩子们讲故事，听取老师的建议。时刻提醒自己，要非常热衷于这种零售式的教育方式。这是个人的胜利，但更重要的是，他的举动对下属们产生了影响。他们的热情被重新点燃——他们全身心投入到日常工作中，有了一种办好教育和为更多家庭提供更优质教育的激情。文职人员们被部长的工作精神所感动，他的举动所实现的影响力是无法通过演讲和聚会得到的。这些恰好与教育部孜孜不倦的工作人员们的基本需求相互吻合。他们想要重新树立自己的信心，想时刻有人提醒和鼓励他们这项工作仍然很重要。教育部长就是行使了这份提醒和鼓励的职责，显著扭转了整个局面。

在现今这个忙碌的社会中，像这位部长那样的深刻分析和思考，很容易被我们忽视和放弃。在我们使用的数字化沟通方式中，许多都是单向式的。于是，我们逐渐认为，自己了解他人观点的机会十分有限。虽然我们每天都会与越来越多的人进行交流，但我们还是觉得越来越孤独。我们更愿意关注怎样才能快速和广泛地表达自己的观点。难道这些不是眼睁睁就能看到的事实吗？

我们很容易就陷入争吵，甚至忘记了自己的目的是：联系、影响、赞同、合作。我们开始相信，仅靠偶尔的创新——在适当的时机利用有效的策略——就能赢得争论的胜利。但是，把它当作单一的施加影响力的策略是远远不够的。

但是，对于这类经常使用的单向表达方式而言——从大众的立场到名流的观点——也有好的一面。今天，只要通过几个按键，我们就能了解其他人的观点和目标。

前面我们讨论过使用网络发泄不满的危险性，大多数人对我们宣泄的东西都非常敏感。我们会展现对自己重要的事情、经常思考的事情、热爱和喜欢的事情、以及希望尽快实现的事情。这些信息串形成了基本的知识框架，向我们提供了有关基本需求的线索，甚至为我们打开了一扇通往基本需求的窗。这些知识的影响是无法估量的，因为就如同想得到更多食物的牛犊一样，我们只会朝着能够吸引自己的方向前进。

了解鱼的需求

每年夏天，我都会去梅恩钓鱼。我喜欢吃杨梅和奶油，然而基于某些特殊原因，我发现水里的鱼爱吃水虫。

所以在钓鱼的时候，我就不作其他想法，而专心一致地想着鱼儿们所需要的。

我也可以用杨梅或奶油作钓饵，和一条小虫或一只蚱蜢同时放入水里，然后征询鱼儿的意见——"嘿，你要吃哪一种呢？"

为什么我们不用同样的方法来"钓"一个人呢？

有人问到路易特·乔琪，何以那些战时的领袖们，退休后都不问政事，为什么他还身居要职呢？

他告诉人们说："如果说我手掌大权有要诀的话，那得归功于我明白一个道理，当我钓鱼的时候，必须放对鱼饵。"

世上惟一能够影响别人的方法，就是谈论人们所要的，同时告诉他，该如何才能获得。

明天你希望别人为你做些什么，你就得把这件事记住，我们可以这样比喻：如果你不让你的孩子吸烟，你无须训斥他，只要告诉孩子，吸烟不能参加棒球队，或者不能在百码竞赛中夺标。不管你要应付小孩，或是一头小牛、一只猿猴，这都是值得你注意的一件事。

有一次，爱默生和他儿子想使一头小牛进入牛棚，他们就犯了一般人常有的错误，只想到自己所需要的，却没有顾虑到那头小牛的立场……爱默生推，他儿子拉。而那头小牛也跟他们一样，只坚持自己的想法，于是就挺起它的腿，强硬地拒绝离开那块草地。

这时，旁边的爱尔兰女佣人看到了这种情形，她虽然不会写文章，可是她颇知道牛马牲畜的感受和习性，她马上想到这头小牛所要的是什么。

女佣人把她的拇指放进小牛的嘴里，让小牛吸吮着她的拇指，然后再温和地引它进入牛棚。

从我们来到这个世界上的第一天开始，我们的每一个举动，每一个出发点，都是为了自己，都是为我们的需要而做。

哈雷·欧佛斯托教授，在他一部颇具影响力的书中谈到："行动是由人类的基本欲望中产生的……对于想要说服别人的人，最好的建议是无论是在商业上、家庭里、学校中、政治上，在别人心念中，激起某种迫切的需要，如果能把这点做成功，那么整个世界都是属于他的，再也不会碰钉子，走上穷途末路了。"

爱默生

明天当你要向某人劝说，让他去做某件事时，未开口前你不妨先自问："我怎样使他要做这件事？"

这样可以阻止我们，不要在匆忙之下去面对别人，最后导致多说无益，徒劳而无功。

在纽约银行工作的芭芭拉·安德森，为了儿子身体的缘故，想要迁居到亚利桑那州的凤凰城去。于是，她写信给凤凰城的 12 家银行。她的信是这么写的：

敬启者：

我在银行界的 10 多年经验，也许会使你们快速增长中的银行对我感兴趣。

本人曾在纽约的"金融业者信托公司"，担任过许多不同的业务处理工作，现在则是一家分行的经理。我对许多银行工作，诸如：与存款客户的关系、借贷问题或行政管理等，皆能胜任愉快。

今年 5 月，我将迁居至凤凰城，故极愿意能为你们的银行贡献一技之长。我将在 4 月 3 日的那个礼拜到凤凰城去，如能有机会做进一步深谈，看能否对你们银行的目标有所帮助，则不胜感谢。

芭芭拉·安德森谨上

你认为安德森太太会得到任何回音吗？11 家银行表示愿意面谈。所以，她还可以从中选择待遇较好的一家呢！为什么会这样呢？安德森太太并没有陈述自己需要什么，只是说明她可以对银行有什么帮助。她把焦点集中在银行的需要，而非自己。

但是仍然有许多销售人员，终其一生不知由顾客的角度去看事情。曾有过这样一个故事：几年前，我住在纽约一处名叫"森林山庄"的小社区内。一天，我匆匆忙忙跑到车站，碰巧遇见一位房地产经纪人。他经营附近一带的房地产生意已有多年，对"森林山庄"也很熟悉。我问他知不知道我那栋灰泥墙的房子是钢筋还是空心砖，他答说不知道，然后给了张名片要我打电话给他。第二天，我接到这位房地产经纪人的来信。他在信中回答我的问题了吗？这问题只要一分钟便可以在电话里解决，可是他却没有。他仍然在信中要我打电话给他，并且说明他愿意帮我处理房屋保险事项。

他并不想帮我的忙，他心里想的是帮他自己的忙。

亚拉巴马州伯明翰市的霍华德·卢卡斯告诉我，有两位同在一家公司工作的推销员，如何处理同样一件事务：

"好几年前，我和几个朋友共同经营了一家小公司。就在我们公司附近，有家大保险公司的服务处。这家保险公司的经纪人都分配好辖区，负责我们这一区的有两个人，姑且称他们做卡尔和约翰吧！

"有天早上，卡尔路经我的公司，提到他们一项专为公司主管人员新设立的人寿保险。他想我或许会感兴趣，所以先告诉我一声，等他收集更多资料后再过来详细说明。

"同一天，在休息时间用完咖啡后，约翰看见我们走在人行道上，便叫道：'嗨，卢克，有件大消息要告诉你们。'他跑过来，很兴奋地谈到公司新创了一项专为主管人员设立的人寿保险（正是卡尔提到的那种），他给了一些重要资料，并且说：'这项保险是最新的，我要请总公司明天派人来详细说明。请你们先在申请单上签名我送上去，好让他们赶紧办理。'他的热心引起我们的兴趣，虽然都对这个新办法的详细情形还不甚明了，却都不觉上了钩，而且因为木已成舟，更相信约翰必定对这项保险有最基本的了解。约翰不仅把保险卖给我们，卖的项目还多了两倍。

"这生意本是卡尔的，但他表现得还不足以引起我们的关注，以致被约翰捷足先登了。"

这是个充满掠夺、自私自利的世界，所以，少数表现得不自私、愿意帮助别人的人，便能得到极大益处，因为很少人会在这方面跟他竞争。欧文·杨是个著名律师，也是美国有名的商业领袖。他说过："能设身处地为他人着想，了解别人心里想些什么的人，永远不用担心未来。"

许多推销人员，每天踏破铁鞋，疲累沮丧，所获却并不多。为什么呢？因为他们心里想的都是自己的需要。他们不知道你我并不想买什么东西，如果想的话，也一定会自己出门。顾客总喜欢主动采买——而非被动购买。

"注意别人的观点，引起别人的渴望"，这并不能解释为"操纵别人，使他去做对你有益，而对他却有害"的事。而应该是说"双方都能因为此事而获利"。在安德森太太发给凤凰城 12 家银行的信里，在约翰向卢卡斯推销人寿保险的交易行为当中，双方都因处理事务的方式得当而彼此获利。

我曾为一些大学毕业生开讲《有效谈话》的课程。这些毕业生刚进入"开利公司"工作，其中一名学生想利用休息时间打打篮球，于是他便这样去说服其他人"我要你们出来打篮球。我喜欢打篮球。但是，前几回我到体育馆的时候，人数总是不够。我们当中的两三人，一直把球传来传去——我还被球打得鼻青眼肿。希望你们明天晚上都过来打，我喜欢打篮球。"

这名学生谈到别人的需要了吗？我想，假如别人都不愿去体育馆的话，你也不一定会去的。你不会在意那名学生想要什么，你也不想被打得鼻青眼肿。

这名学生有没有办法让你们觉得，假如你们到体育馆去，可以得到许多东西，像更有活力、会更有胃口、脑筋更清醒、得到许多乐趣等等。

我们再重复一遍欧佛斯托教授充满智慧的忠言："要首先引起别人的渴望，凡能这么做的人，世人必与他在一起。这种人永不寂寞。"

训练班有名学生，一直为自己的小儿子操心不已。他的小男孩体重过轻，而且不肯好好吃东西。这对父母用的是大家最常用的方法——责备和唠叨。"妈妈要你吃这个和那个。""爸爸要你以后长得高大强壮。"这个小男孩听得进多少这类的要求？这就好像把一撮沙子丢到海滨沙地一样，毫无作用。

只要你对动物还有一点认识，你就不会要求一名 3 岁小孩，对他 30 多岁父亲的看法会有什么反应，更不要说完全依照父亲所期待的去做，那是荒谬无理的。这名学员后来也发现错误，便告诉自己："我的儿子想要什么？我如何能把自己的需要和他的需要联结起来？"只要这位父亲一开始想，问题就变得容易多了。小男孩有一部三轮车，他最喜欢在自家门口附近骑着车到处跑。但是街的另一头住了一个喜欢欺负弱小的大男孩，常常把小男孩从车上拉下来，然后把车子骑走。自然，小男孩会哭叫着跑回家去，然后妈妈便会跑出来，先把大男孩从三轮车上赶开，再让小男孩骑着车子回家。这事几乎每天发生。所以小男孩想要什么，这并不需要侦探福尔摩斯来回答。小男孩的自尊、愤怒和渴望具有重要性——所有他性格中最强烈的情绪——都促使他要采取报复行动，最好能一拳把那大男孩的鼻子打扁。这时，这位父亲就趁机向小男孩解释，假如他能把妈妈所给的食物吃下去，终有一天能足够强壮得把大男孩痛揍一顿。此法果然奏效，小男孩从此不再有饮食方面的问题。他肯吃菠菜、泡菜、腌鲭鱼——凡是可以让他快快长大的食物都吃。因为他实在太渴望早日把那个大男孩狠揍一顿，好一解长久以来所受的怨气。

解决了这个问题之后，这对父母又得处理另一个问题：原来小男孩一直有尿床的坏习惯。小男孩与祖母同睡，每天早上，祖母醒过来发现被单是湿的，便会说："强尼，看，你昨晚又尿床了！"小男孩就会回答："不是我，是你自己尿床。"

责备、处罚、取笑或一再警告，所有能用的方法都用遍了，就是无法让他改掉这个坏习惯。那么，如何才能让孩子自己想要不尿床？

小男孩调皮地回答，他想要一套像爸爸一样的睡衣，而不是现在所穿的睡袍，那看起来像祖母穿的。老祖母早已受够小男孩尿床的坏习惯，所以很乐意买一套那样的睡衣送给他。他还想要一张自己的床，祖母也不反对。

小男孩的母亲带他到家具店去。她先对店里的女店员眨眼示意，然后说道："这位小男士想要买些东西。"

"年轻人，我可以帮什么忙吗？你想要什么东西？"

这话使小男孩深觉自己的重要。他尽量站得使自己看起来高些，然后回答："我要给自己买张床。"

女店员便带小男孩看了好几张床。等男孩的母亲示意哪一张比较合适，女店员便说服小男孩把它买下来。

第二天，床送来了。当天晚上，父亲回家的时候，小男孩就赶紧拉着爸爸到楼上看他的床。

父亲看了那张新床，然后真诚而慷慨地发出赞美之言："你不会把这张床尿湿吧，会吗？"

"哦，不会的，不会的，我不会再把床尿湿了。"小男孩果然遵守诺言，因为这里面有他的尊严，而且，这是他自己买的床。他现在穿着和父亲一样的睡衣，完全像个小大人了，所以他也要举止行为像个小大人一样。

另一个电话工程师，他无法叫3岁大的女儿吃早餐，无论怎么责备、哄骗或要求，都无济于事。这个小女孩喜欢模仿母亲，喜欢觉得自己已长大成人。所以，有天早上，这对父母就把小女孩放在椅子上，让她自己准备早餐。果然小女孩弄得十分起劲，一看见父亲进到厨房便叫道："爸爸，看，今天早上我自己调麦片！"她吃了两份麦片，完全不用哄骗，因为这不但使她兴趣盎然，更使她觉得"深具重要性"。她完全在调制麦片的过程当中，找到了自我表现的途径。

自我表现是人类天性中最主要的需求。我们也可以把这项心理需求适用在商业交易上。当我们想出一个好主意的时候，别让其他人以为那是我们的专利。不妨让他们自己去调制那些观念，他们会认为那是自己的主意，也会因特别喜爱而多摄取了不少的分量。

我们应记住：要首先引起别人的渴望。凡能这么做的人，世人必与他在一起。这种人永不寂寞。

我要喜欢你

当然，为了要得到友谊和情爱，我们必须先认清"施比受更有福"，然后把这种认知用实际行为表现出来。我们不能只是把金矿藏在内心，黄金必须使用才能显示其价值，像《圣经》所说的："由所结的果子，便可认出它们来。"

我常听到许多人埋怨："我性情过于羞怯，很难引起别人注意"，"没有人会对我感兴趣"，或是"别人并不想认识我"等。

不错，别人为什么要喜欢你呢？这世界并没有义务非要喜欢你或我，或任何一个人。有什么特别理由别人会特别选中你（无论是工作或社交的理由）？除非我们具有他们所要的特质，否则，他们没有必要特别注意到你。

玛丽安·安德逊曾经很生动地描述她早期的生活——她那时事业失败，整个人很不得志，几乎就要放弃歌唱生涯。后来，凭借祷告和心灵的追求，她才逐渐恢复勇气和信心，准备继续为自己的事业奋斗下去。有一天她兴致勃勃地向母亲说道："我要再唱下去！我要每个人都喜欢我！我要继续追求完美！"

母亲回答道："很好啊！这是很好的志向——但是，要知道，我们的主耶稣以完美的形象到这世界上来，却还是有人不喜欢他。人在成就伟大的事业之前，必须先学会谦卑。"玛丽安听了深受感动，因此决心在音乐造诣上"力求"完美，而不是"想要"完美。"谦卑先于伟大"，这是母亲给她的最好赠言。

名作家荷马·克洛维是我的好朋友，十分懂得交友之道。凡是碰到他的人，无论是清道夫、百万富翁、妇孺老幼都会在与他相处 15 分钟之内对他产生好感。为什么呢？他既不年轻，又不英俊，更不是百万富翁，他有什么魅力可以吸引人呢？很简单，因为他一点也不矫揉造作，并且能让别人感觉到他真的喜欢、关心他们。

小孩会爬到他的膝上，朋友家的仆人会特别用心为他准备餐点，而且，假如有人宣布："今晚荷马·克洛维会到这里来！"则当天的宴会一定没有人缺席。除朋友间深厚的感情之外，荷马·克洛维的家人也都十分敬爱他。他的妻子、女儿，还有好几个孙儿女，全都对他称赞不已。

究竟这位作家是如何赢得这种幸福的？说来也很简单——就是待人诚恳、热爱人类而已。对他来说，对方是什么人，或做什么事，他都不会在意。只要是身为一个人，对他便意义重大，值得付出关爱。每次他遇见陌生人，很快就能像老朋友一样交谈起来——并不是专谈自己的事，而是尽量谈对方的事。他借由问问题，可以知道对方是从哪里来、做什么事、有没有什么家人等等。他也不会唠叨个不停，只是向对方表示自己的兴趣和关心，借以建立起友谊。

这种方法，连最爱嘲笑人生的人，都会像阳光下的花朵一样吐露芬芳。正像约瑟夫·格鲁大使所说的："外交的秘诀仅在 5 个字：我要喜欢你。"

得到友谊的最佳方法，是必须注重施予，而不是获得——但应该是亲自赢取得来的，而不是靠一时的吸引或哄骗。所谓赢取友谊的能力，并不是指勾肩搭背、与人攀谈、动作滑稽或讲些逗趣的笑话等。那应该指的是一种心境、一种处世的态度或是一种愿意把自己的爱、兴趣、注意力及服务精神献给他人的愿望。

一个有经验的推销员懂得对自己能否成功推销产品的担心会给心理造成障碍，这样会影响他适当地介绍他的产品。通用制造公司的董事长哈瑞·布利斯在大学期间靠推销缝纫机为生，他总结说："要想在推销员这个岗位上取得成功，就要忽略自己渴望销售出去的数量，而应该集中心思向客户介绍自己能提供什么样的服务。"

如果一个人将精力用在为他人服好务上，就会变得充满难以抗拒的力量。你怎么会拒绝一个企图帮你解决问题的人呢？

"我对推销员们说，"布利斯先生说，"如果他们一天到晚想的都是'我今天要尽力多帮助一些人'而不是'我今天要尽力多卖出一些产品'的话，就会发现接近买主不是那么困难了，然后销售业绩会出奇地好。能够帮助同胞获取快乐、轻松生活的人，是最高级的推销员。"

打高尔夫球时，会有人叮嘱我们不要让眼睛离开球；向成年人传授说话技巧时，我们告诫学生要集中心思在他想要传达的信息上。紧张、害怕都是担心结果的表现，这是不可取的。

我自己就是从吃过的苦头中学到这一点的。我曾经是一个害羞的人，天生不善于公开讲话，要我面对一群听众就好比要一个普通人面对国会调查委员会一样费力。

好几年前，我准备发表演讲，当时的听众据说相当难缠。我事前与一位好朋友共餐，免不了流露出紧张的情绪。"假如听众不同意我讲的话，要怎么办？"我神经兮兮地问那位朋友，"假如他们不喜欢我，该怎么办？"

"不错，"朋友回答道，"他们为什么要喜欢你呢？你能给他们干什么？你认为自己要讲的话很重要吗？"

我承认那些东西对我来说，的确意义十分重大。

"很好，"她继续说道，"我倒不觉得听众喜不喜欢你有什么重要。重要的是你有没有把想讲的信息传达出去。至于他们喜欢或讨厌你，又有什么关系呢？至少，你已完成了任务。"

朋友的这番话，改变了我对演讲的整个看法。现在，每当我准备发表演讲的时候，都会在事前先静心祷告："神啊，求你帮助我传达出对这些听众有益的信息来，让他们有所收获，满心欢喜地回家。"这样的祷告对我十分有用，而我也的确希望能对听众有帮助。这样的祷告使我谦卑地体会到自己只不过是个传达某些信息的演讲员，而不是要显露自己的学问或风采。我的目的是要带给听众一些鼓舞性的思想，以期对他们的生活有帮助。

好莱坞的Ｊ·艾伦·布恩是著名的喜剧片《狗明星"强心"》的主演，他在观察"强心"表演的过程中学到了不少东西，因而他为此写了一本名叫《给"强心"的信》的畅销书。据布恩先生介绍，这是一只很了不起的狗，总是欣然地执行他的命令，在电影中表演为剧情所需的各种动作。难得的是它这么做，从来不是为了得到报酬，而是出于爱和享受把事情做好而带来的快乐。有好几次，"强心"都曾纯粹是为了自身的乐趣而表演。这也许正是它能成为电影明星的原因。

布恩先生还曾谈到有一次他面对一个跳舞的年轻女孩。她第一次试跳的时候，紧张得像要出嫁的新娘，怕自己会失败！于是他安慰她说："不要在乎结果，只当是纯粹为了享受跳舞的乐趣而跳，为了上帝而跳吧。"

很快地，她的心态来了个彻底的转变。

同理，获得友谊的全部秘诀也在于不要担心结果，不要在意别人是否会喜欢我们，现在就着手去做所有能激发爱和友情的事。在这方面，威廉·奥斯勒爵士的话很值得我们思索，他说："我们应该做的不是张望缥缈的未来，而是脚踏实地做好眼前的事。"

现实的情形是：

当我们还是处在做梦年龄的时候，常常梦想有朝一日要写出最伟大的小说来。想象别人是如何欣赏那本书，如何听到掌声，如何得到那永远的荣耀。

想象自己要穿什么样的衣服，所到之处，别人是如何赞美、追求、不断引用自己讲过的话。我们想了许许多多，就是从来不曾想过可能会遭到的困难，或是那些沉闷辛苦的工作，那些在创作过程中所要流出的泪和汗。我们想的都是有关荣耀的报偿，而不是如何努力去赢得这份荣耀。

像这种幼年时期的稚气行为，可说是典型的"一颗寂寞的心灵想要得到友谊"，或是"想要与他人建立良好关系"的心理表现。只是，我们把次序弄错了——我们是希望别人先来喜欢我们，却不曾想到要如何才能让人喜欢。

管住自己的舌头

大卫的父母离婚后，协议规定他和母亲一起生活。由于手头拮据，母子二人只好搬到另一个城市去。大卫于是也要到一所新的学校去上课，结交新的朋友。这种种变化叫他伤透了心。他开始对那些父母没有离婚的孩子感到反感，而且经常因为很小的缘故或无缘无故跟人打架。在这种痛苦的生活中，他养成了对人过分苛求的习惯。他几乎对谁都没有一句好话。

一天，有个对大卫的情况十分了解的同学走到他身边。"我父母也离婚啦。"他轻声地说，"我知道你心里难受。不过，你得抛弃你的怒气和痛苦。你跟别人过不去，这只能伤害你自己。要是你没法说点儿什么好话，那你最好什么也别说。"

由于痛苦，大卫最初的确很难接受这位同学的建议，但情况似乎变得越来越糟，于是他就对自己的谈吐变得比较谨慎了。他经常把马上就要冲口而出的话咽回去，若是在以前，他的这些伤害人、挖苦人的话简直是没遮没拦。他开始意识到他从前对身边同学的关心是多么不够。随着理解的扩大，他开始明白，像他一样遭受家庭变故的不只他一个人，许多其他孩子也经历过令人难堪的家庭解体。大卫开始想办法去鼓励他们，帮助他们处理好自己的痛苦与茫然。到学期结束时，大卫的态度产生了一百八十度的根本转变，并获得了那些当初由于他管不住自己的脾气而与他疏远了的同学的好感。

我们无论是谁，在家里、学校里或工作中，都可能经历过精神上受到压抑的情形。当事情进展不顺利时，我们就往往忍不住责怪别人，我们或许认为，找别人的错，能使我们对自己所处的状况觉得好受点儿。但也可能是这样想的：我不好过，你也别想好过。

在我们每个人都曾经历过的"沮丧"时刻里，如果我们不能对别人说有益的好话，那我们最好还是什么也别说。破坏性的语言，往往会产生破坏性的结果。除了会给周围的人造成不必要的痛苦之外，从我们口中说出的那些消极性的话语往往只会使问题变得复杂起来。

在生活中遇到了难于应付的挑战，我们就可能认为，说些粗野和伤人的话是有道理的。上文提到的那个父母离了婚的孩子，受着许许多多他无法理解、无法解决的感情和情绪的折磨。但他终于还是发现，贬低和伤害他人并不是解决问题的办法。通过客气和富于理解的言词，或干脆怀着同情听别人说话，他终于学会了帮助他人；反过来，他又受到了周围人们的帮助，而他终于在自己身上找回了生活的勇气。

当我们遇到灾难或烦心的事儿，倘若我们还记着应与面前的事物保持一定距离，直至能够看清与之相联系的背景为止；倘若我们学会了"管住自己的舌头"，那么，我们也许就能避免说出许多具有破坏性的话。在生活的各个方面，倘若人们背着沉重的思想包袱，这对他们自己和其他人，都会产生致命的影响，因为这些思想问题所强调的是否定的而不是积极的方面。因此，重要的是我们要懂得，创造性的思想产生于不断寻找答案的过程之中。

有句久经时间考验的名言："你如果没有好话可说，那就什么也别说。"这实在是你在一天之中该说些什么话的座右铭。倘若你出于某种原因而感到沮丧，如有必要，可以找朋友或师长谈谈。每个人都有不顺心的时候，当你感到情绪有些不对头时，千万别发作，以免伤害别人，因为别人也同样需要听到些表示理解和支持的话。对自己要说出的话，要时刻保持警惕。要记住，不愉快的时刻迟早会过去，如果我们的舌头没有闯祸，就不会留下需要医治的创伤。

如要采蜜，不可弄翻蜂巢

美国鼎鼎有名的黑社会头子，后来在芝加哥被处决的阿尔·卡彭说："我把一生当中最好的岁月用来为别人带来快乐，让大家有个好时光。可是我得到的却只是辱骂，这就是我变成亡命之徒的原因。"卡庞不曾自责过，事实上他自认为造福人民——只是社会误解他，不接受他而已。达奇·舒兹的情形也是一样，他是恶名昭彰的"纽约之鼠"，后来因江湖恩怨被歹徒杀死。他生前接受报社记者访问时，也自认为造福群众。

我曾和在纽约新监狱担任过好几年典狱长的路易·罗斯就关于罪犯不曾自责的问题通过几次信，他表示：牢里的犯人很少自认为是坏蛋。他们和你一样，都是人，都会为自己辩解。他们告诉你，为什么要打破保险箱，为什么要开枪杀人。大多数人都能为自己的动机提出理由，不管有理无理，总要为自己破坏社会的行为辩解一番。因此，他们的结论是：他们根本不应该被关进牢里。

假如阿尔·卡彭这帮歹徒，以及许多关在监狱里的亡命男女，他们从不为自己的行为自责过，我们又如何强求日常所见的一般人？

心理学家史金诺经通过动物实验证明：因好行为受到奖赏的动物，其学习速度快，持续力也更久；因坏行为而受处罚的动物，则不论速度或持续力都比较差。研究显示，这个原则用在人身上也有同样的结果。批评不但不会改变事实，反而只会有招致愤恨。

另一位心理学家汉斯·希尔也说："更多的证据显示，我们都害怕受人指责。"

阿尔·卡彭

因批评而引起的羞愤，常常使雇员、亲人和朋友的情绪大为低落，并且对应该矫正的事实状况，也没有一点好处。

西奥多·罗斯福和塔夫脱总统之间有段广为人知的争论——他们的不和睦导致共和党的分裂，而将伍德洛·威尔逊送进了白宫。让我们简单地回忆一下这段历史：1908年，罗斯福搬出白宫，共和党的塔夫脱当选为总统，然后，罗斯福到非洲去猎狮子。当他回到美国后，看到塔夫脱的保守作风，很是震怒。罗斯福除了公然抨击塔夫脱，还准备再度出来竞选总统，并打算另组"进步党"，这几乎导致老共和党的瓦解。果然，紧接而来的那次选举，塔夫脱和共和党只赢得了两个区的选票——佛蒙特州和犹他州，这是共和党有史以来遭受的最大失败。

罗斯福谴责塔夫脱，但是塔夫脱承认自己有错吗？他曾含着眼泪说道："我不知道所做的一切有什么不对。"

俄克拉荷马州的乔治·约翰逊是一家营建公司的安全检查员，检查工地上的工人有没有戴上安全帽是约翰逊的职责之一。据他报告，每当发现工人在工作时不戴安全帽，他便用职位上的权威要求工人改正，其结果是：受指正的工人常显得不悦，而且等他一离开，便又常常把帽子拿掉。

后来约翰逊决定改变方式。第二回他看见有工人不戴安全帽时，便问是否帽子戴起来不舒服，或是帽子尺寸不合适，并且用愉快的声调提醒工人戴安全帽的重要性，然后要求他们在工作时最好戴上。这样的效果果然比以前好得多，也没有工人显得不高兴了。

人就是这样，做错事的时候只会怨天尤人，就是不去责怪自己。明天你若是想责怪某人，请记住阿尔·卡彭等人的例子，它让我们认清：批评就像家鸽，最后总会飞回家里。也让我们认清：我们想指责或纠正的对象，他们会为自己辩解，甚至反过来攻击我们，或是像塔夫脱所说："我不知道所做的一切有什么不对。"

当林肯咽下最后一口气时，陆军部长史丹顿说道："这里躺着的是人类有史以来最完美的统治者。"

为什么这么说呢？因为林肯找到了与人相处的秘诀——不为任何事指责任何人。而且，这个秘诀是林肯在差点丢了性命后获得的。

年轻时的林肯特别喜欢批评他人。林肯喜欢批评人吗？不错。他住在印第安纳州湾谷的时候，年纪尚轻，不仅喜欢评论是非，还写信写诗讽刺别人。他常把写好的信丢在乡间路上，使当事人很容易发现。

1842 年秋天，林肯写文章讽刺一位自视甚高的政客詹姆士·席尔斯，并在《春田日报》上发表了一封匿名信嘲弄席尔斯，全镇哄然引为笑料。自负而敏感的席尔斯当然愤怒不已，终于查出写信的人，他跃马追踪林肯，下战书要求决斗，林肯本不喜欢决斗，但迫于情势和为了维持荣誉，只好接受挑战。他有选择武器的权利，由于手臂长，他选择了骑兵的腰刀，并且向一位西点军校毕业生学习了剑术。到了约定日期，林肯和席尔斯在密西西比河岸碰面，准备一决生死。幸好在最后一刻有人阻止他们，才终止了决斗。

这是林肯终生最惊心动魄的一桩事，也让他懂得了如何与人相处的艺术。从此以后，他不再写信骂人，也不再任意嘲弄人了。也正是从那时起，他不再为任何事指责任何人。

1863 年 7 月 1 日到 3 日，"盖茨堡战役"展开，到了 7 月 4 日晚上，李将军开始向南方撤退。当时乌云密布，随即暴雨倾盆而至。李将军带着败兵逃到波多马克河边，只见前方是高涨的河水，后方是乘胜追击的政府军，李将军进退无据，真是陷入了绝境。林肯见了，知道是天降的大好良机，只要打败李将军的军队，战争很快就可以结束。于是，他满怀希望地下了一道命令给米地将军，要米地立刻出击李将军，不用通知"紧急军事会议"。林肯不但用电报下令，并且另派专差传讯，要米地马上行动。

米地将军有没有马上行动呢？正好相反。他完全违背林肯的命令，先行通知"紧急军事会议"。他迟疑不决，故意拖延时间，用尽了各种借口，拒绝攻打李将军。最后，水退了，李将军和军队越过波多马克河，顺利南逃。

林肯勃然大怒。"这是怎么一回事？"林肯对着儿子罗伯特咆哮，"老天，这究竟是怎么回事？他们就在触手可及的地方，只要我们伸出手，他们必定跑不掉的。难道我说的话不能让军队移动半步？像这种情况，什么人都可以打败李将军，就是我也可以让李将军俯首就擒。"

极端失望之余，林肯坐下来给米地写了一封信。记住，这时的林肯，言论措辞都比以前保守自制。所以，这封写于 1863 年的信，已相当表达了林肯内心的极端不满。

亲爱的将军：

我不相信你对李将军逃走一事会深感不幸。他就在我们伸手可及之处，而且，只要他一就擒，加上我们最近获得的胜利，战争即可结束。现在，战争势必延续下去，由于上星期一你不能顺利擒得李将军，如今他逃到波多马克河之南，你又如何能保证成功呢？期盼你会成功是不智的，而我也并不期盼你现在会做得更好。良机一去不再，我实在深感遗憾。

你以为米地将军读了这封信之后，会有什么表示？

米地将军从没有见过这封信，因为林肯并没有把这封信寄出去。这是他死去后，别人在一堆文件中发现的。

我们的猜测是，林肯在写完这封信之后，望着窗外，左思右想，把信搁到一边。惨痛的经验告诉他：尖锐的批评和攻击，所得到的效果都是零。

泰德·罗斯福说，在他当总统的时候，凡是遭遇到难解的问题，就会望着挂在墙上的林肯像自问："如果林肯处于我的现况，会如何解决这个问题？”

　　我年轻时，总喜欢让别人留下深刻的印象，所以写了一封可笑的信给理查·哈定·戴维斯。他当时刚出现在美国文坛，颇引人注意。那时，我正好帮一家杂志社撰文介绍作家，便写信给戴维斯，请他谈谈他的工作方式。在这之前，我收到某人寄来的信，信后附注："此信乃口授，并未过目。"这话留给我极深印象，显示此人忙碌又具重要性。于是，我在给戴维斯的信后也加了这么一个附注："此信乃口授，并未过目。"虽然，我当时一点也不忙，只是想给戴维斯留下较深刻的印象。

　　他根本没有劳心费力地写信给我，而是把我寄给他的信退了回来，并在信后潦草地写了一行字："你恶劣的风格，只有更增添原本就恶劣的风格。"的确，我是弄巧成拙了，受这样的指责并没有错。但是，身为一个人，我觉得很恼羞成怒，甚至10年后我获悉戴维斯去世的消息时，第一个念头仍然是——"我实在羞于承认——我受到的伤害。"

　　假如你想引起一场令人至死难忘的怨恨，只要发表一点刻薄的批评即可。

　　让我们记住：我们所相处的对象，并不是绝对理性的动物，而是充满了情绪变化、成见、自负和虚荣的人。

　　本杰明·富兰克林年轻的时候并不圆滑，但后来却变得富有外交手腕，善与人应对，因而成了美国驻法大使。他的成功秘诀是："我不说别人的坏话，只说大家的好处。"

　　只有不够聪明的人才批评、指责和抱怨别人——的确，很多愚蠢的人都这么做。

　　但是，善解人意和宽恕他人，需要修养和自制的工夫。

　　卡来尔说过："伟人是从对待小人物的行为中，显示其伟大的。"

富兰克林

鲍伯·胡佛是个有名的试飞驾驶员，时常表演空中特技。有一次，他从圣地亚哥表演完后，准备飞回洛杉矶。根据《飞行作业杂志》所描述，胡佛在300英尺高的地方时，刚好有两个引擎同时出故障。幸亏他反应灵敏，控制得当，飞机才得以降落。虽然无人伤亡，飞机却已面目全非。

胡佛在紧急降落之后，第一个工作是检查飞机用油。正如所料，那架第二次世界大战的螺旋桨飞机，装的是喷射机用油。

回到机场，胡佛要见那位负责保养的机械工。年轻的机械工早为自己犯下的错误痛苦不堪，一见到胡佛，眼泪便沿着面颊流下。他不但毁了一架昂贵的飞机，甚至差点造成3人死亡。

你可以想象出胡佛的愤怒。这位自负、严格的飞行员，显然要对不慎的维护工大发雷霆，痛责一番。但是，胡佛并没有责备那个机械工人，只是伸出手臂，围住工人的肩膀说道："为了证明你不会再犯错，我要你明天帮我的F—51飞机做修护工作。"

记住："如要采蜜，不可弄翻蜂巢。"让我们尽量去了解别人，而不要用责骂的方式吧！让我们尽量设身处地地去想——他们为什么要这样做？这比批评责怪还要有益、有趣得多，而且让人心生同情、忍耐和仁慈。

约翰博士也说过："上帝本身也不愿论断人类，直到末日审判的来临。"

抓住每一个机会

一个人从别人那里所吸收的能量愈大、质量愈好、种类愈多，则其个人的力量愈大。假使他在社交上与精神上、道德上同他的同辈有多方面的接触，那么他一定是个有力量的人。反之，假使他断绝关系，那么他一定会成为弱者。

人类需要各种精神食粮，而这各种精神食粮，只有在同各种各样的人们相处相交中得来。这就像枝头上葡萄累累，其汁液的甜蜜，其色香的醇美，都是从葡萄藤的主藤上来的一样。树枝本身不能生存，把树枝从树干上砍掉，树枝定会萎黄枯死。个人的力量也是从"人类树干"中得来的。

在同一个人格坚强伟大的人相面对、相接触的时候，常常能觉得自己的力量会突然增加几倍，自己的智慧会突然提高几倍，自己的各部分机能会突然锐利了几分，仿佛自己以前所梦想不到的隐藏在生命中的力量，都被他解放了出来，以至使自己可以说出、做出在一人独处时、在没有同他接触时，所决不能说出、不能做出的事情。

演说家的演讲词可以唤起听众的同情，因而发出伟大的力量。但是假使他在"没有人"或者和个别人的情况下讲话，则决不能生出这种巨大的力量；正像化学家决不能使分贮在各只瓶中的药品发生化学作用一样。新的力量、新的影响、新的创造，只有在"接触"和"联系"中才能得来。

常能同他人相处相交的人，仿佛永远在他的"发现航程"中能发现自己生命中的新的"力量岛屿"，而若是他不常同别人接触，这种"力量岛屿"是会永远埋没无闻的。

只要他愿意探取，凡他结交的每一个人，都能告诉他若干的秘密，若干闻所未闻却足以辅助他的前程、加强他的生命的东西。没有人能孤独地发现他自己，别人总是他的发现者！

我们大部分的成就总是蒙受他人之赐。他人常在无形之中把希望、鼓励、辅助投入到我们的生命中，在精神上振奋我们，使我们的各种能力趋于锐利。

我们生命的生长，都依靠我们的心灵从四处吸收营养，而这种营养，我们的感觉是不能觉察、测量的。从表面上看，我们是从耳目中吸收进"力量"的，但在事实上，这种力量的吸收绝不是取道于官能的视觉、听觉神经的。

一幅名画中最伟大的东西，不在于画布上的色彩、影子或格式上，而是在这一切背后的画家的人格中——那黏着在他的生命中，那为他所传袭、所经历的一切的总和所构成的一种伟大力量！

大学教育的大部分价值，都是从师生同学间感情的交流、人格的陶冶中所得来的。他们的心相摩擦，刺激起各人的志向，提高各人的理想，启示新的希望、新的光明，并将各人的各种机能琢磨成器。书本上的知识是有价的，然而从心灵的沟通中所得来的知识是无价的。

假使你不能同别人的生活发生密切的关系，不能培养起你的丰富的同情心，不能在别人的事上发生兴趣，不能辅助别人，不能分担别人的痛苦、共享别人的快乐，则不管你学问怎样好、成就怎样大，你的生命仍是冷酷的、无友的、孤独的、不受欢迎的。

试着常同比你优越的人交往。这并不是说，你应当和比你更有钱的人交往，而是说你应当同人格、品行、学问、道德都胜过你的人交往，因为这样你就能尽量吸收到种种对你的生命有益的东西，就可以提高你自己的理想，可以鼓励你趋向高尚的事情，可以使你对事业激起更大的努力来。

脑海与脑海之间，心灵与心灵之间，有着一种伟大的"感应"力量。这种"感应"力量，虽无法测量，然而它的刺激力、它的破坏及建设力是十分巨大的。假使你常同比你低下的人混在一起，则他们一定会把你拖陷下去，一定会降低你的志愿和理想。

错过与一个胜过我们自己的人相交往的机会，实在是一个很大的不幸，因为我们常能从这个人身上得到许多益处。只有在"交往"中，生命中粗糙的部分才可以擦去，我们才可以琢磨成器。同一个能够启发我们生命中的最美善的部分的人相交的机会，其价值远过于发财获利的机会，它能使我们的力量增加百倍。

扩大交际范围

善于交际的人，总是在不停地扩大自己的交际范围，认识一个新的朋友，等于进入他的社交圈，从而又认识一批人，不断地产生倍数效应。我经常鼓励我的学员这样做，并给了他们相应的一些建议：

1. 广泛参加各种团体活动。

对于参加联谊会、集训、研讨会或志趣相同者的夏令营、冬令营等活动，都是许多人在一起的集体活动，即便你兴趣不浓也还是积极参加为好。因为，此类活动所创造的交际机会是非常多的。比如，有些不喝酒的人，稍微喝了一点，就把心里话全都倒了出来，从此与这些人结成了好朋友。如果你总是说"乱哄哄的有什么意思"之类的拒绝之辞，那么以后就不会有人再邀请你了。

各类社团组织、学术团体聚集着各种人才，大家志趣、爱好相投，有共同语言，可以相互切磋技艺，研究学问。定期举办的各种活动可为其成员提供充分的交往机会，所以，不要放弃你感兴趣的任何团体。

2. 好好利用与人合作的机遇。

与人合作的过程也是交友的过程，为扩大交际范围提供了良好的机遇，因为共同的事业是寻觅知心朋友的前提条件。

不可错过与人合作的项目，而且还要积极寻找共同完成的事业，才可广交朋友。

3. 培养自己的好奇心。

爱好、兴趣广泛的人，易于同各种人交朋友。一个人如果会打桥牌、跳舞、游泳、滑冰、打球、下棋等，爱好一多，与大家"凑趣"的机会就多，结交朋友的机会也就多了。

即使自己并不擅长某一方面，但若表现出浓厚的兴趣，博得对方的欢心，肯定了他的特点，也能引发共鸣。

抱有好奇心，集体活动时，不管谁邀请都一起活动。自己感兴趣的要去，不感兴趣的也要去，不管男性和女性都要兴致勃勃地活动。只有这样才能让人感受你的魅力，并让人感受快乐的气氛。当大家聚到一起时，不要忘了这一点。

此外，要关心各种问题。常关心大家所关心的事，特别是关心你结交的人们所感兴趣的事情。

4. 不要让性格差异成为障碍。

常言说，物以类聚，人以群分。志趣相投的人容易接近，反之，则容易疏远。但要记住，社交与选择朋友不完全是一回事。社交圈中，更多的不是朋友，或者只是普普通通的朋友。因此，在社交过程中，不要用选择朋友甚至是知心朋友的条件来作标准，凡是志趣不符、性格不合的人一概拒之

门外。

　　在社交圈中认识的新朋友应是与你有较大差别的人才好。朋友之间在知识结构、兴趣爱好、生活经历、气质性格等方面存在差别，有助于双方广泛地了解形形色色的社会生活层面。新朋友的见解即使与你大相径庭、迥然不同，也是一大幸事，这可以补充、丰富你的思想。

　　5. 积极参加集体活动。

　　有些人不喜欢参加集体活动，这些人老埋怨自己没有朋友，实际就是缺少热情。无论大家做什么，需要多少时间，就知道做自己喜欢的事情，绝不与大家一起干。什么都是自己决定，自己能领会的才想做，像这样的个性很强的人是很难交到朋友的。

让对方有备受重视的感觉

　　现实生活中有些人之所以会出现交际的障碍，就是因为他们不懂得或者忘记了一个重要的原则——让他人感到自己重要。他们喜欢自我表现，夸大吹嘘自己。一旦事情成功，他们首先表现出的就是自己有多大的功劳，做出了多大贡献。这样其实就相当于向他人表明：你们确实不太重要。无形之中，他们伤害了别人。

　　有一天，我在纽约第 32 街和第 8 道交口处的邮局里排队等候寄一封挂号信。那位柜台后面的营业员显然对工作感到不耐烦——称重、拿邮票、找零钱、写收据，一年复一年都是同样单调的工作。所以我对自己说："我要让那位办事员喜欢我。而要让他喜欢，我显然必须说些好话——不是关于我自己，而是有关他的。"我又自问："他又有什么值得让我称赞一番的呢？"有时，这实在是个难题，尤其是对方是一个陌生人时。但是，称赞眼前的这位职员似乎并不让我感到困难，我马上找出可以称赞的地方了。

　　当他为我的信件称重时，我热切地对他说："我真希望能有你这样的头发。"

　　他抬起头，半惊讶地看着我，脸上泛出微笑："啊，它已经不像以前那么好啦！"他谦虚地应答。我告诉他，虽然它可能已没有原来的美观，但仍然状况极佳。他十分高兴，和我谈了一会儿，最后说道："许多人都称赞我的头发。"

我敢打赌这位先生出去吃午饭的时候，一定步履生风，晚上回家的时候，一定会将此事告诉太太，也一定会照着镜子对自己说："这头发是多么漂亮！"

有次我演讲的时候提起这件事，事后有人问我："你想从那人身上得到什么？"

我想从那人身上得到什么？我想从那人身上得到什么！

如果我们真是这么自私，一旦没有从他人身上得到好处，就不对他人表示一点赞赏或表达一点真诚的感谢——如果我们的灵魂比野生的酸苹果大不了多少，我们的心灵会变得多么贫乏。

不错，我是希望从那位先生身上得到一点东西。但那东西是无价的，而且我已经得到了。我得到了助人的快乐，这种感觉会在事过境迁之后，永存在我的记忆里。

人类行为有个极重要的法则，如果我们遵从这个法则，大概不会惹来什么麻烦；事实上，如果我们遵守这个原则，便可以得到许多友谊和永恒的快乐。但是，如果我们破坏了这个法则，就难免后患无穷。这个法则就是：时时让别人感到重要。我们前面提过约翰·杜威所说的："人类本质里最深远的驱动力就是：希望具有重要性。"还有威廉·詹姆士说的："人类本质中最殷切的需求是：渴望被肯定。"我也曾指出，就是这种需求，使人类有别于其他动物；也就是这种需求，使人类产生了文化。

几千年来，许多哲学家都曾就这个问题深刻思量过。而他们产生的结论只有一个，这法则并不新颖，可以说和历史一样陈旧了。2500 年前，所罗亚斯德在波斯用这个原则教导门徒；2400 年前，中国的孔子也这么谆谆劝导过；2500 年前，道教的始祖老子，在函谷关也这么说过；基督降生的前 500 年，佛陀已在神圣的恒河边教诲众生；甚至印度教的经典也这么记载着；1900 多年前，耶稣基督在犹太山上，以此训诲门徒，并且用一句话做总结

——这大概是世上最重要的法则："你要别人怎么待你，就得先怎么待别人。"

你需要朋友的认同，需要别人知道你的价值；你希望在自己的小世界里，有种深具重要性的感觉。你不喜欢廉价、言不由衷的恭维，而希望出自真诚的赞美。你喜欢友人像查理·夏布所说的"真诚、慷慨地赞美"。我们都喜欢那样。

所以，让我们衷心服膺这永恒的金律：我们希望别人怎么待我们，我们就怎么待别人。

怎么做？什么时候？什么地方？答案是：随时，随地。

住在威斯康星州的大卫·史密斯，也告诉我们他如何处理一个尴尬场面。故事发生在一个慈善音乐会的点心摊上。

"音乐会那天晚上，我到达公园的时候，发现有两位上了年纪的女士，站在点心摊旁边，都显得不怎么高兴的样子。很显然的，她们两人都认为自己才是那个点心摊的负责人。我站在那里，正思索着该如何是好，有名赞助委员会的成员走过来，交给我一个募款箱，并感谢我的帮忙。她也介绍那两位上了年纪的女士——萝丝和珍，与我认识后便匆匆离开了。

'接踵而来的，是段令人尴尬的静默。我知道那个募款箱可算是一种'权威的标记'，便把它交给萝丝，向她说明自己恐怕不能管理好，希望她能帮忙料理。我又建议珍负责照顾另两名少年助手，并教他们如何操纵汽水贩卖机。

"于是，整个晚上，萝丝都很高兴地清点募款，珍也很尽责地照料两名助手。我则很轻松地坐在椅子上，欣赏整个音乐晚会。"

你不用等到当上了驻法大使，或是宿舍里的"聚餐委员会"主席以后，才来运用这个法则，你几乎每天都可以使用这奇妙无比的魔力。

举例来说，如果你在餐馆里点了一份炸薯条，而女侍者却在端给你马铃薯的时候，让我们说："对不起，麻烦你了，但我比较喜欢炸薯条。"女侍者可能会这么回答："不，一点也不麻烦。"而且她还会高高兴兴地把马铃薯换走，因为我们已经对她示以了敬意。

　　另外，我们还可以使用许多日常用语来解除每天生活的单调与忙碌，如"对不起、麻烦你……"、"可否请你……"、"请问你愿不愿意……"、"你介不介意……"、"谢谢"等。

　　下面让我们再看一个例子。

　　罗纳尔德·罗兰是我们在加州开课时的讲师，也教美工课。他曾提起初级手工艺班里的学生克里斯的故事。

　　克里斯是个安静、害羞、缺乏自信心的男孩，平常在课堂上很少引人注意。一天，我见他正在伏案用功，便走过去与他搭话。他的内心深处似乎有一股看不到的火焰，当我问他喜不喜欢所上的课时，这个年仅14岁的害羞的男孩脸上的表情起了极大变化。我可以看出他的情绪波动很大，想极力忍住泪水。

　　"你是说，我表现得不够好吗，罗兰先生？"

　　"啊，不！克里斯，你表现得很好。"

　　"那天，上完课走出教室的时候，克里斯用那对明亮的蓝眼睛看着我，并且肯定、有力地说：'谢谢你，罗兰先生！'"

　　"克里斯教了我永远难忘的一课——我们内心深处的自尊。为了使自己不致忘记，我在教室前方挂了一个标语：'你是重要的。'这样不但每个学生可以看到，也随时提醒我：每一个我所面对的学生，都同等重要。"

　　这是一个未加任何渲染的事实：差不多你所遇见的每一个人都自以为在某些地方比你优秀。所以，要打动他们内心的最好方法，就是巧妙地表现出你衷心地认为他们很重要。

　　唐纳德·麦克马亨是纽约一家园艺设计与保养公司的管理人。他向我讲述了这样一件事情：

　　"有一次，我替一位著名的鉴赏家做庭园设计，这位屋主走出来作了一些交待，告诉我他想在哪里种一片石南和杜鹃花。

　　"我说道：'先生，我知道你有个癖好，就是养了许多漂亮的好狗。听说每年在麦迪逊广场花园的展览里，你都能拿到好几个蓝带奖。'"

　　这一小小的称赞所引起的效果却不小。

"鉴赏家回答我：'是的，我从养狗中得到了很多乐趣。你想不想看看它们？'"

"他花了差不多一个钟头的时间，带我参观各类的狗和所得的奖品，甚至向我说明血统如何影响狗的外貌和智慧。

后来，他转身问我：'你有没有小孩？'

'有的。'我回答，'我有个儿子。'

'啊，他想不想要只小狗呢？'他问道。

'当然，他一定会很高兴的。'

"'那么，我要送一只给他。'鉴赏家宣称。

"他告诉我怎么养小狗，讲了一半却又停下来。'你大概不容易记下来，我写一份说明给你。'于是他走进屋里，打了一份血统谱系和饲养说明给我。他不但送我一只价值好几百元的小狗，还在百忙中拨给我 1 小时 15 分钟的时间。这完全是因为我衷心赞美他的嗜好和成就的缘故。"

柯达公司的乔治·伊斯曼，因发明了透明胶片而大发其财，成为举世闻名的富豪。像他这么有成就的人，渴望被肯定的心理却是和你我没有两样。

事情是这样的：伊斯曼在兴建"伊斯曼音乐学校"和"基尔本厅"的时候，纽约一家专做椅子的公司经理詹姆斯·亚当森，很想包下剧院座椅的生意，便打电话给建筑设计师，希望能通过他安排时间，到罗契斯特去会见伊斯曼先生。

到了见面那天，建筑设计师对亚当森说道："我知道你很想做成这笔生意。但我先告诉你，伊斯曼是个纪律严格的人，十分忙碌，所以你最好长话短说，把来意在 5 分钟内解说完毕。"

亚当森也正准备那么做。

进了办公室，亚当森见到伊斯曼先生正埋头在一堆文件之中。伊斯曼先生抬起头，取下眼镜，然后走过来向亚当森和建筑设计师招呼道："早安，两位先生，请问有何指教？"

建筑设计师为两人介绍过后，亚当森便说道："这是间很好的办公室。虽然我是从事室内木工艺品的生意，却从没见过这么漂亮的办公室。"

　　乔治·伊斯曼回答道："你使我回想起某些往事。是的，这是间很漂亮的办公室。刚建好的时候，我真喜欢极了。可是后来事情一忙，也就不再有那份感觉，有时甚至好几个星期也不曾来一趟。"

　　亚当森移动脚步，用手指抚过窗格的镶板。"这是英国橡木，是吗？这跟意大利橡木稍有不同。"

　　"不错。"伊斯曼答道，"这是从英国进口的橡木，是我一位木料专家的朋友特别为我选来的。"

　　伊斯曼便逐一介绍室内的一些建材，不时对结构的比例、材料的色泽和制作的手工等提出批评，并说明当初他如何参与计划和施工。

　　后来他们停在一扇窗户前面，伊斯曼以他特有的缓和声调，指出他未来的好几项计划：罗契斯特大学、综合医院、友谊之家、儿童医院等。亚当森对他的人道精神又大大赞赏一番。接着，伊斯曼打开一个玻璃箱，取出一个照相机来——那是他的第一部照相机，从一个英国人手中买来的。

　　亚当森又询问他从事生意以来的种种奋斗情形。伊斯曼提到自己童年的贫困和寡母的辛劳，由于对贫穷的恐惧，他因此特别努力工作。亚当森凝神细听，并不时发出一些问题，如干性感光盘的实验等，伊斯曼也都很详细地回答。

　　亚当森被引进办公室的时候，是 10 点 15 分。建筑设计师曾警告他，面谈最好不超过 5 分钟。但现在一个小时过去了。接着两个小时，他们还是谈个不停。

　　最后，伊斯曼对亚当森说道："上次我在日本买回几张椅子，放在阳台上，结果油漆都被阳光晒剥落了。前几天，我到市区买来一些颜料，自己动手油漆一遍。你想过来看我漆得如何吗？要不你等一下可以到我家来用点午餐，我可以让你看看那些椅子。"

　　用完午餐之后，伊斯曼带亚当森去看那张椅子。那不过是普通的日本座椅，只因经由大富豪亲手油漆过，便备受珍惜。

　　剧院座椅的订单高达 9 万元，你猜谁会做成这笔生意呢？

莫与小人较劲

　　"没有敌人的人生太寂寞。"这位先哲真是好大的口气，试想谁希望以敌人的存在来充实自己的人生经历呢？其实，如果仔细想想，你的敌人是谁呢？是不是从出生开始就有敌人存在或存在的仅仅只是你的假想敌人？敌人本来并不存在，只是由于某种原因才出现。或者是原来的朋友反目成现在的敌人，也许将来还会变成朋友。不打不相识，你们为什么不能彼此间成为朋友呢？把你的敌人看作你的朋友，如果你这样做了，说明你每天在一点点地提高自己，开阔自己。

　　但是，礼让并不是无原则的一味退让，并不是对所有的事都保持沉默。不要以为这样你才有深度、有内涵，是一个襟怀博大、有容人之量的人。事实恰恰相反，如果你这么做，别人只会把你看作懦弱无能、愚笨无知的代名词，绝对不会正视你的存在。在某些时候，你不得不去争取、去辩论，去实现自己存在的价值，去批评、反击自己认为是忍无可忍的事情，别人绝对不会说你肤浅狭隘，有些事情，如果你不去做，别人又怎么会知道？

　　一个人的口才十分厉害，人人对他退避三舍，惟恐被他当众取笑一番。碰上这种人，不管你反唇相讥或沉默不语，别人只会含笑欣赏这一幕闹剧。最难缠的人物，莫如那些生性浅薄而缺乏自知之明的人，他们以攻击人家的弱点为乐事，得理不饶人，叫你丢尽面子才肯罢休。如果在你的周围刚好出现这样一个人物，他说话的声音特别嘹亮，每句话像飞刀一样直插听者的心中，令人又惊又怒，你应该如何做出适当的反应，让对方晓得你并不好欺负，而又不失自己的风度？

　　喜欢图一时之快，嘲笑别人，以求达到伤害对方自尊心为目的的人，都有一个通病——欺善怕恶。由于缺乏涵养，认为别人无言以对，把对方踩在脚下，自己便会升高一级，增加自我的价值，结果慢慢地便形成一种暴戾习气，对人对事一味挑剔，还自认为具有非凡的洞察力、见识过人。别人越是显出畏惧，他们越是得意洋洋，尖酸刻薄的话，一吐为快，毫不知道收敛。

　　面对这种自以为口才很好，却是令人讨厌的人时，你既不要随便示弱，也无须自我降格，跟他针锋相对。你应该这样做：

　　1. 在对方说得起劲，更难听的话也冲口而出的时候，你实在不必再忍受这样肤浅的人，你可以站起来礼貌地说："对不起，请继续你的演说，我先走了。"如果对方还有一点自尊的话，他应该感到羞耻。

　　2. 当他正在心情兴奋地把你的弱点一一挑出来取笑时，你只须平静地定睛看着他，像一个旁观者，兴味盎然地欣赏眼前这个小丑每一个表情，对方便会难以再唱独角戏。

　　3. 当他实在太惹人讨厌，总是找你的麻烦，每句话都是针对着你时，你要尽量抑制怒气，装听不见，切勿中了对方的诡计，跟他唇枪舌剑。如果你根本不理会他，他便无法再独白下去，他的弱点会因此而暴露无遗，有目共睹，同时显出你的涵养，非比寻常。

　　有些人是天生的"疯子"，你对他的所作所为非常厌恶，但又无可奈何，你只能用"不可理喻"四字来形容他。如果他特别针对你，像一只疯狗似的到处吠你，穷追不舍，你的烦恼自然会大大增加，他甚至可能做出损人不利己的行为，后果更是不堪设想。你既没有足够的精力与时间跟他周旋到底，以牙还牙，看看鹿死谁手，又不愿与这种人纠缠下去，以免降低人格。面对这种矛盾的情形，什么才是最明智的处理方法？或者，你会说："我不会跟这种人计较，不愿为他浪费我的宝贵光阴，我想他疯够了便会停下来，永远对这个人敬而远之才是。"你也可能会说："我会找他出来当大家面说清楚，请其他朋友主持公道，看看谁是谁非，我不要自己蒙上不白之冤。"其实这种人之所以可恶可恨，完全是因为他们心术不正，满脑子是害人的歪念，以致面目也变得奸险狰狞，看见受害者摊上麻烦、心绪不宁，他们便乐不可支。对付这种卑鄙小人，你不能动真气、讲道理，或妄想以情义打动他们的心。对方故意跟你过不去，除了自叹遇上恶人，你所能做的，便是对着镜子做一下深呼吸，长吁一口气，承认你交错这样一个朋友。尽管内心隐隐作痛，还是要努力控制情绪，表面上不动声色，从此对这个人不存半点希望，不让他再有机会影响自己的生活，任由他到处乱吠好了。既然他已失去了常性，你又何必跟一个疯子苦苦理论？

如果你对某些不可理喻的人已经束手无策，无奈之余只得说一声"我不生气"的时候，你有没有想过要掌握一些技巧来正确地提出自己的要求呢？你肯定有这个愿望，那么你又该如何表达自己的意愿呢？

在公共场合里，我们时常会遇到一些不受欢迎的人物。例如，在电影院里，年轻人忘情地大叫大笑，高谈阔论；在音乐会中，邻座的观众不停地讲话，令你十分苦恼，你想出声请他们安静下来，却碍于礼貌，不愿当众指责对方，只有强自忍受。这样，你会变得越来越内向怕事，不敢据理力争，凡事得过且过。

你不要欺负人，也不可随便让别人踩到你的头上，这才是正确的人生观。一味迁就自私自利的人，容忍对方对自己造成的间接伤害，没有人会因你的仁慈而心存感谢；相反，懦弱无能或许是人家对你的形容。其实，一个真正有涵养的人，面对上述情形的时候，他会有这些表现：当对方的行为实在太过分，令人忍无可忍之际，他不害怕挺身而出，告诉对方他带给他人的不良影响，由于其态度是诚恳而义正词严的，对方会感到惭愧。

如果你出言不逊，大声怒斥道："你这个自私的人，知不知道你说话的声音太大，惹人讨厌。"对方的反应必然是怒目而视，反唇相讥，不但不会合作，反而故意跟你作对，引起激烈的争执。你应该这样说："先生，请你说话小声一点好吗？"或者"请你保持安静，谢谢。"与其直斥其非，不如清楚地告诉对方你要他怎样做，更能使他明白自己带给人家的不良影响，乐意与你合作。

培养说话技巧，在不伤害他人自尊心的情况下，达到你心目中的效果，何乐而不为？一个人在愤怒的时候，他的言行通常会出错，无论何时何地，你必须切记这一点。

无事也登"三宝殿"

尽管如此，只有遇上求助场合才会打电话的行为，未免太自私，鲜少打电话来的人一旦打电话来时，心里正想着不知有何贵干，不料闲聊三十分钟后，对方忽然说："你能否替我要几张演奏会的入场券？"这种情形时常可见。这绝对不是令人愉快的事情。有事相托才会打电话来的人，不免令人怀疑对方只是在利用自己。至少，这种情形无法发展成健全的人际关系。

自己与他人联络时，如果突然就向平常疏于招呼的对象提出恳求时，由于明白对方心里感觉"遭到利用"，因此自己也会变成愈来愈不好意思打电话给对方。

对方万一是自己想请求帮忙的对象，即使是平常无事相托时，也有必要认真地保持联络。倘若是平时保持着联系的对象，即使是困难的请求也容易开口提出，而对方也必定不会觉得自己遭利用，并能轻快应允协助。

反过来说，所谓路子，如能保持无事相求时也能轻松相互联络的关系，才是最理想状态。为了联络，必须一一捏造出理由才能打电话的关系，在万一的情况下是无法发挥作用的。

即使是男女之间，夜里心血来潮拨电话给对方时，"有什么事？"再也没有比对方提出这种问题更令人伤心的了。由于不是工作上的电话，如果被问及这样的问题，大致可以确定是无希望可言。如果不能成为没事也能通电话的对象，绝对无法建立恋爱关系。

路子的情形亦相同，所谓真正可以亲密往来的对象，愈是无事相求时愈能尽情通电话。反之，遇上有事相托时，即使三言两语，彼此也能明白对方想说的话，"OK，你不用多说"，通话时间也相对缩短。遇上有事相求时，可以开门见山地提出请求。

为了让路子发挥作用，你应尽量储备许多这种对象。在万一状态下，可以当作网络加以活用，是完全取决于"无事也登三宝殿"的功夫。

该告别时就告别

以前曾参加我课程训练班的学员詹姆斯感到自己学到的东西还不够用，就又一次进了我的课程训练班，要求再进行学习。我对他表示欢迎之后，问他：

"你认为自己目前最大的问题是什么?"

詹姆斯老老实实地回答道："说实在的，我自己也不知道。从你那儿我确实学会了热忱、自信、勇气以及如何赞扬别人，这一切都使我获益匪浅。"

我也奇怪了，就继续问他："你一定赢得了许多朋友吧。""是的，确实如此，但朋友们往往不欢迎我第二次上他们家做客。""这是为什么呢?"

"我不知道。"詹姆斯接着往下说，没想到他从朋友的性格一直说到阿拉斯加的天气、风土人情……口若悬河地讲了近三个小时。

我早已满脸倦意，不过这下我可知道詹姆斯的朋友不欢迎他的原因了。詹姆斯太健谈了，毫无休止，根本不懂告别的艺术，于是我打断詹姆斯的话说：

"詹姆斯先生，我已经明白你的朋友不欢迎你的原因了。""噢，那太好了，你赶快教教我吧。"詹姆斯兴奋地叫道。

我不忍当场说出他的缺点，使他没面子，就婉转地说："明天你来上培训课吧，看看其他学员怎么做，你就会明白的。"

詹姆斯急切地问道："你能今天就告诉我吗? 我实在是太想知道了。"我微笑着劝道："不要着急，明天知道对你有好处，反正也不在乎一天半天的了。"

詹姆斯见我把话说到这个份上，只好恋恋不舍地戴好帽子，遗憾地说："哎，要等到明天才能知道。"

第二天，詹姆斯来到班上。我给学员们布置任务，让他们训练说话的艺术，互相赞美对方。

詹姆斯见我一直没有说他的事，就有点坐不住了。但我微笑着示意他不要动。他只好耐着性子在那儿看其他学员们练习。

下课的时间到了，有些学员站起来向我告别，有些学员仍留在教室里：其中有一位女学员走过来问一个问题。

我仔细地倾听着，一边给那位学员做解释，我已经把她当成屋子里最重要的人了。

女学员离去后，又有几位学员过来把我围住向我请教问题。我一一作了简明扼要的回答，给他们留下很深的印象。

詹姆斯实在熬不住了，就走过来对我说：

"您可以告诉我我的问题了吧？"我说："你的谈话很有魅力，充满了艺术性，是个很容易赢得他人喜欢的人。"詹姆斯听了这话，非常高兴。我继续赞扬地说："你充分运用了热忱和勇气的原理，并且极其富有绅士风度，令所有人都对你着迷。"詹姆斯被我说糊涂了，忙不迭地问道："那我的问题究竟出在哪儿？"我慢悠悠地说："难道你刚才没有注意到那些学员是如何向我告别的吗？""没有。""这正是你的缺点所在，你从不观察别人是如何地告别，你不懂告别的艺术。""难道问题在这里？"詹姆斯若有所思地说。

我这才向他谈到，聪明的人晓得如何用时机提出告别，他们的告别往往会给对方留下深刻的印象，同时又达到交际的目的，并详详细细地讲述了告别的艺术。詹姆斯虚心地听着，心里越来越认识到自己的问题所在。詹姆斯后来成为一名受人欢迎的社交家。

由此可见，掌握告别的技巧在你的交际中意义重大。

首先和友人谈话，要注意把握时间。拜访一般朋友，时间不宜超过半个小时，如果有重要的事，那就应该约个时间作一次长谈。拜访老相识，如果对方有空，不妨多坐会儿，但也要切忌不能把一件事反反复复地说了一遍又一遍，那样会让人觉得讨厌。

即使是关系较好的朋友，也要控制好交谈的时间，要为对方考虑，掌握好告别的时间，以免影响他人的生活、工作，日久必会令人厌烦，而不愿继续交往。

另外，可以在谈兴正浓的时候告别，这会令对方留下深刻的印象，这无疑是一种明智的交际手段。

第二章　把别人吸引到身边来

仪表是你的门面

我们的身体是最重要的自我表现方式。身体的外表被认为是内在的反映。如果一个人的外表丑陋、可憎，我们完全有理由认为他的思想也是这样的。通常，这种结论也是成立的。高尚的理想、活泼健康的生活和工作本身与个人卫生的不整洁都是势不两立的。一个忽视洗澡的年轻人也会忽视他的心灵，他会很快全面堕落。一个不注意仪表的年轻女人很快就无法取悦于人，她会一步步堕落成一个不思上进的邋遢女人。

难怪《塔木德》把清洁置于仅次于神性的位置上。而我会把清洁的位置摆放得更高些，因为我相信绝对的清洁就是神性。灵与肉的清洁或纯洁能把人升华到最高境界，一个不洁净的人只是头野兽而已。

要保持良好的仪表，最重要的一点就是要经常洗澡。每天洗一个澡能保证皮肤的清洁与健康，否则身体是不可能健康的。

对头发、手和牙齿的护理也相当重要，一定要细致周到，不能马虎草率。

修剪指甲的用具很便宜，人人都买得

《塔木德经》书影

到，如果你买不起一整套用具，你可以只买一把指甲刀，把指甲修剪得光滑干净。

护理牙齿是件简单的事，然而，人们在牙齿卫生上犯的错误可能要比在其他方面犯的错误更多。我认识一些年轻人，他们衣着考究，对自己的仪表非常得意，但他们却忽视了自己的牙齿。他们没有意识到，人的仪表中没有比脏牙、蛀牙，或是缺了一两颗门牙更糟糕的缺陷了。呼吸当中的恶臭更令人无法忍受。如果知道有这种后果，就没有人会忽视他的牙齿了。没有哪个老板会要一个缺了一两颗门牙的职员或速记员；许多应聘者就因为牙齿不好而被拒绝。

对于那些在社会上谋生的人来说，关于衣着的最佳建议可以概括为一句话："让你的衣着得体，但不需要昂贵。"衣着朴素具有最大的魅力，现在市面上有大量物美价廉的衣物可供选择，大部分人能买到好衣服穿。但是如果条件所限，不能买到更好的衣物，也不必为一套寒酸的衣服害羞。穿一件花钱买的旧外套比穿一件不花钱的新外套更能赢得别人的尊敬。

不可避免的寒酸不会让人产生反感，但是邋遢却使人一见之下顿生厌恶。只要你量入为出地打扮自己，不管多穷，你都可以穿得很得体。应该有意识地尽量拿出最好的仪表，注意干净整洁，竭力保持自尊和真诚，这样才能帮助你渡过重重难关，带给你尊严、力量和魅力，使你赢得别人的尊敬和钦佩。

赫伯特·乌里兰很快就从长岛铁路一个普通路段工人提升为纽约市铁路局的董事。在一次关于如何获取成功的演说中，他说："衣服不能造就一个人，但好衣服能使人找到一份好工作。如果你有二十五美元，又需要一份工作的话，最好花二十元买一套衣服，花四元买双鞋，剩下的钱买一个刮胡刀、一个发剪、一个干净的领圈，然后去找工作。千万不要带着钱，穿着一身破旧西装去应聘。"

多数大公司都规定不雇用衣衫褴褛、邋里邋遢，或是应聘时衣冠不整的人。芝加哥最大一家零售商店的招聘主管说："招聘的原则必须严格遵守，对于一个应聘者来说，经受住考验的最重要条件就是他的仪表。"

一个应聘者具备多少优点和能力没有关系，但他必须重视自己的仪表。璞玉浑金的价值不知要比抛光的玻璃高出多少倍，但是有时候就是明珠投暗。有些应聘者凭借良好的仪表获得了一份工作，虽然很多被拒之门外的人要比他们深刻得多。他们的能力可能还不及那些被拒之门外的人的一半，但是既然有了工作，他们就会设法保住这个饭碗。

这条通行全美的招聘原则在英国同样适用，《伦敦布商》杂志就可以作证，它这样说道："越是注意个人清洁卫生和衣着整洁的人，就越能仔细地完成工作。个人生活邋遢的工人工作也会马马虎虎，而关注仪表的人也同样地注意工作的效果。

柜台后面是什么样，车间里很可能也就是什么样。时髦的女售货员一定很讲究穿着，她会厌恶肮脏的衣领、磨破的袖口和皱巴巴的领带，难道不是这样吗？事实上，关注个人习惯和整体仪表，就会对邋遢散漫的习惯产生警觉。

1. 三点一线：一个衣冠楚楚的男人，他的衬衫领口、皮带袢和裤子前开口外侧应该在一条线上。

2. 说到皮带袢，如果你系领带的话，领带尖可千万不要触到皮带袢上哟！

3. 除非你是在解领带，否则无论何时何地松开领带结都是很不礼貌的。

4. 一身漂亮的西服和领带会使一个男人看上去非常时髦，而身穿一套好西装却不系领带，会使他看着更时髦。

5. 如果你穿西装，但不系领带，就可以穿那种便鞋，如果你系了领带，就绝对不可以。

6. 新买的衬衫，如果你能在脖子和领子之间插进两个手指，就说明这件衬衫洗过之后仍然会很适合。

7. 透过男人的衬衫能隐隐约约看到穿在里面的 T 恤，就有如女人穿着能透出里面内裤的裤子一样尴尬。

8. 如果不是专业的手洗，一件 300 多元的衬衫很快就会只值 25 元。

9. 精神的发型、一双好鞋，胜过一套昂贵的西装。

10. 一双 90 元的鞋的寿命应该是 180 元一双的鞋的一半，而 1000 元一双的鞋将伴你一生。

11. 如果你穿的是三粒扣西装，可以只系第一颗纽扣，也可以系上面两颗纽扣，就是不能只系最下面一颗，而将上面两颗扣子敞开着。

12. 穿双排扣西装所有的扣子一个也不能不扣，特别是领口的扣子。

13. 如果你去某个场合拿不准穿什么服装，那么隆重点儿远比随便点儿强得多，人们会认为你随后还要去一个更重要的场合呢！

14. 一件便宜的羊绒衫实际上远远没有一件好一点儿的羊毛衫更柔软、舒服。

15. 除非你是橄榄球运动员，否则就不要把任何与名字有关的字母或号码穿在身上。

16. 45 岁以下的你请不要过早地叼上烟斗，也不要戴那种浅圆的小帽。

l7. 比穿没盖过踝骨的袜子更糟糕的是穿没盖过踝骨的格子袜子。

18. 配正装一定不要穿白色的袜子。

19. 无论如何，你不必有太多卡其布休闲装、白色的纯棉 T 恤或厚棉布网球鞋，毕竟一周只有一个星期六。

20. 穿衣服的第一常规就是打破一切常规——包括我们上面所说的一切。

我强调衣着的重要性，但并不是要你像英国花花公子博·布鲁梅尔那样，一年仅做衣服就花四千美元，扎一个领结也要花上几个小时。过分注重穿着甚至比完全忽视还要糟糕。那些像博·布鲁梅尔那样的人太讲究穿着了，他们一门心思地扑在对衣着的研究上，而忽略了内心修养和神圣的责任。在我看来，穿衣应该量入为出，与身份相称，这既是一种责任，也是最实际的节俭。

许多年轻人误以为"穿着得体"就一定是指要穿贵重的衣服，这种观点与完全忽视穿着同样是错误的。他们把本该花在头脑和心灵修养上的时间用在了梳妆打扮上。他们老是在盘算该怎样用微薄的收入来买昂贵的帽子、领带或是大衣。如果他们买不起渴望得到的东西，就会买便宜的赝品来代替，结果他们的穿着会显得很可笑。这类年轻人戴廉价戒指、打猩红色领带、穿大格纹衣服。他们肯定是职位低下者。卡莱尔这样形容这类花花公子——"一个花里胡哨的人——他的职业和生活就是穿衣——他的精神、灵魂和钱包都无畏地献给了这一目的。"他们就为了穿衣而活着，他们没有时间学习文化，没有时间努力工作。

莎士比亚说："衣装是人的门面"，这一说法得到了全世界的认同。许多人经常因为他们不得体的穿着而备受指责。初看起来，仅凭衣着去判断一个人似乎肤浅轻率了些，但经验一再证明：衣着的确是衡量穿衣人的品位和自尊感的一个标准。渴望成功的有志者应该像选择伴侣一样谨慎地选择衣装。古谚云："我根据你的伴侣就能判断你是什么样的人。"某个哲学家也说过一句精妙的话："让我看看一个妇女一生所穿的所有衣服，我就能写出一部关于她的传记。"

西德尼·史密斯说："教育一个女孩说漂亮无关紧要，衣装一无是处，这真是荒谬透顶！漂亮非常重要。她一生中所有的希望和幸福或许就依赖于一件新裙子或是一顶合适的女帽。如果她稍有点常识，她就会明白这点。应该教她知道衣装的价值所在。"人的确不是由衣装造就的，但衣装给我们的生活带来的影响远远出乎我们的意料。普林提斯·穆尔福德说，衣装能影响人类的精神面貌。这并非言过其实，只要想想衣装对你自己的影响程度有多大就够了。

假设让一个女人穿着一件破旧肮脏的晨衣，那么它就会影响到她，使她对自己的头发是肮脏还是扭结都漠不关心，她的脸和手干净与否，穿的鞋子多么破烂，都无关紧要，因为在她看来，"穿着这件旧晨衣没有什么不好"。她的步态、风度、情感倾向，都将潜移默化地受到这件旧晨衣的影响。如果她能改变一下——换上一件漂亮的棉裙，那么她的模样和举止将会多么地不同啊！她的头发一定会梳理得宜，会与她的穿着相得益彰；她的脸庞、手和指甲一定会干干净净；破旧肮脏的鞋也会换成了合脚的便鞋。她的思想也会焕然一新。她会更加尊敬衣冠整洁的人士，会远离穿着邋遢的人。"你想改变你的意识吗！那么就改变你的穿着吧。你马上就会感觉到效果。"

练就一流口才

有这样一位聪明的女士，她尽管说得很少，但却享有盛名，被公认为一个优秀的交谈者。她在交谈时的态度非常热诚且善解人意，因此，在她面前即便是最羞怯最胆小的人，也会在她的鼓励下谈论自己身上最美的闪光点，并感到自己能轻松自如地和她谈话。她解除和驱逐了别人的担忧和疑虑，使得他们能够畅所欲言，向她诉说无法向其他人诉说的东西。人们认为她是一个有趣的、成功的谈话者，因为她能够挖掘别人身上最优秀的内涵。

如果你想使自己成为一个令人愉悦的人，你就必须想方设法地了解与你对话者的生活，并且用他们最感兴趣的内容来打动他们。不管你对一个话题是多么地了解，如果它不能令你的谈话对象产生兴趣，那么你的努力大半都是徒劳的。

高明的谈话者总是机智得体——他在逗趣的同时不会冒犯和得罪他人。如果你想令他人感到诙谐有趣，你就不能戳伤他们的痛处，或者是对他们的家庭琐事喋喋不休。一些人有那种特殊的品质，他们能够准确地挖掘我们身上最美的闪光点。

林肯就是这样一位非凡的艺术大师，他使得自己在任何人面前都能做到诙谐风趣。他用生动有趣的故事和玩笑使人们彻底放松紧张的心情，所以，很多人在林肯面前都感到非常轻松自如，以至于愿意毫无保留地向林肯倾诉心底的秘密。陌生人总是乐于和他谈话，因为他是如此地热诚和风趣，和他谈话时简直感到如沐春风，并且受益良多。

像林肯所具备的这种幽默感当然是增强谈话感染力的重要因素，但是，并不是每个人都能如此幽默风趣；如果你缺少幽默的天赋，而又企图牵强地制造幽默时，结果往往是适得其反，令你自己显得滑稽可笑。

然而，一个高明的谈话者必须不能过于严肃或不苟言笑。他不过多地列举一些枯燥的事实，不管这些事实是多么重要。因为枯燥的事实和单调乏味的统计数据只能令人感到沉闷和厌烦。生动活泼是高明的谈话所不可缺少的。沉重的谈话惹人厌烦，而过于轻浮的谈话同样令人反感。

因此，要想成为一个优秀的谈话者，你必须是自然而不造作，活泼而不轻浮，富于同情心而不惺惺作态，你必须从你的心底流露出一种善良的意愿；你必须真正感觉到那种乐于帮助他人的热诚，并且全身心地投入到那些令他人感兴趣的事物中去；你必须吸引人们的注意力，并且通过打动他们的内心来牢牢地抓住他们的注意力，而这只有借助于一种令人感到温暖的同情和共鸣，一种真正友善的同情和共鸣才能做到。如果你是冷漠的、缺乏同情心的、拒人于千里之外的，你根本不能抓住他们的注意力。

你必须胸怀开阔，宽容他人。一个胸襟狭小、吝啬小气的人永远都不能成为高明的谈话者。如果某人总是对你的个人爱好、你的判断力、你的鉴赏力横加干涉，那么你永远都不会对他感兴趣。如果你紧紧地封锁了任何一条可以靠近你的心灵的途径，所有沟通和交流的渠道都对别人关闭了，那么，你的魅力和热诚就由此被切断了，你们之间的谈话只能是漫不经心的、马马虎虎的和机械单调的，不会带有任何活力或感情。

你必须使你的听众靠近你，必须开放你的心灵，并以一种最自然的状态去拥抱对方。你必须先作出响应，然后他人才会毫无保留地向你展示自己，使得你自由地进入他的内心最深处。如果一个人在任何地方都是成功者，那么其奥秘只能在于他的个性，在于他拥有一种能够以强有力的、生动有趣的语言有效地表达自己思想的能力。他没有必要通过罗列财富清单的形式向人展示自己有多成功，事实上，只要他一开口说话，财富就会源源而来，他的表达能力就是他最大的财富。

甜美而有韵律的声音

一个人讲话时的声音是否优美动人，跟他受欢迎的程度及社交上的成功密切相关。事实上，没有任何一样东西可以像甜美而有韵律的声音一样，如此真实地反映出一个人良好的教养和高雅的品性。

"如果把我跟一大群人关在一间黑暗的屋子里，"托马斯·希金森说，

“我可以根据人们的声音分辨出其中的温文尔雅者。”

据说在古埃及的早期历史中，只有那些写在书面上的辩护词才允许在法庭出示，之所以如此，目的就是要防止坐在长椅上的法官因为听到滔滔不绝、蛊惑人心的声音而受到影响或蒙蔽，从而失去其应有的公正。在宣告判决时，主持审判的大法官作为真理女神的化身，只是以相当寡言少语的方式来判决。

当想到人类的声音所能产生的巨大而神奇的力量时，再回过头来看看，现实生活中我们的孩子们并没有受到任何良好的有关声音的训练，这难道不是一种耻辱甚至是一种犯罪吗？当我们看到一个个童稚活泼、朝气蓬勃的孩子一边接受着最优秀的教育，一边却发着毫无变化、平板呆滞、喑哑嘈杂的声音时，我们难道不感到痛心和遗憾吗？毫无疑问，那些扭曲的、只是从喉际榨出来的干涩声音将极大地影响他们未来的事业和职业前途。想想看，如果是一个女孩子，这是一种多大的障碍啊！她们原本应该是有着如露水般未沾一点尘泥、如春风般飘扬无羁、如清泉般畅流激奔的声音的！

然而我们在美国，随处可以发现那些从大学或学院毕业的男女青年们，他们在这样一些重要的教育机构里学习着呆板的死气沉沉的语言，学习着数学、自然科学、艺术和文学，而惟独没有学习如何发出优美动听的声音，他们的声音往往是那样地刺耳嘈杂。

相反，当人类的声音经过适当的训练，并得到适当的调控之后，又是多么地富于感染力，多么地动听迷人！当我们听到一个声音清晰地从喉咙中发出，每一个字都是如此地清澈、简洁、富于韵律，就像从一把圣洁的乐器上弹奏出来的最动听的音符一样，难道我们不感到那是一种真正的愉悦与享受吗？

我认识一位女士，她的声音非常清脆圆润、谐和雅丽，所以，不管她到任何地方，只要她一开口说话，所有的人便都洗耳恭听，因为他们无法抗拒这如此富于魅力的声音。那种纯真、爽朗、充满生命活力的声音就像从干裂的地面喷出的一股清泉，就像从静寂的山谷涌上的一注急流，在每个人的心头涓涓而流，恰似生命中最美的音乐。事实上，这位女士的相貌相当普通，甚至可以说是有些丑陋，然而她的声音却是那样的圣洁甜美，它所带来的魅力是不可阻挡的，并且也从某个层面象征着她高雅的素养和迷人的个性。

我在社交场合中不止一次地听到那种尖声尖气或是粗声大气的女人声音，有时我甚至感到自己的神经受到了很大的压迫，情绪也会变得无端的烦躁，因而我不得一次又一次地从她们的身边逃离。

纯洁、和谐、生气勃勃的声音象征着内在的修养和雅致，每一个音节、每一个字符、每一个句子都得到了如此清晰圆润的表达，它们是那样地抑扬顿挫、那样地高低有致，就像一串抖动在春风中的银铃，有着多么神奇美妙的节奏啊！而且，对绝大多数人来说，只要你愿意，你就可以拥有上帝馈赠给人类的这一神奇礼物。

练就关照他人而不造作的功夫

人们更喜好被取悦，而不是被激怒；喜欢听到褒奖，而不是被对方恶言相向；更乐意被喜爱，而不是被憎恨。因此，仔细地加以观察，就能投其所好，避其所恶。

举个浅显的例子来说，告诉对方你特意为他准备了他所喜爱的酒，或者是说，知道你不喜欢那个人，所以今天没叫他来。如此若无其事的呵护，必能打动对方的心，他一定深为你能注意其生活细节，而感激不尽。反之，若是明知是让对方讨厌的事物，却又在不经意间触犯了禁忌，结果，对方必然会认为你当他是傻瓜，故意藐视他，以至于永远耿耿于怀。尽管是件小事，但却有可能从此中断你与他的关系。因此，如果连细枝末节都能特别地加以留意，必能让对方愈发对你感激不尽。

在你的记忆中是否有过因他人对你细致的照料而欣喜异常的体验？要记住，这种行为，能使人类特有的虚荣心获得相当程度的满足感。由于有人如此取悦于你，从此，你有可能会倒向此人，无论此人对自己做了些什么，都认为对方乃是出于好意。人类便是如此。

为此，我给你以下几点提示：

1. 称赞对方希望被称赞的事物。

如果特别喜欢某人，或者特别想成为某人的知交，可以探查此人的优缺点，称赞此人希望被称赞的地方。人类都有真正优秀的部分，以及希望被他人认定为优秀的部分。一个人的优秀的部分被赞赏，着实能让人高兴，但是，若称赞他希望被称赞的部分，必然更能令他高兴。这才是真正地搔到痒处。

任何人都有渴望他人褒奖的欲望。要想发现此一部分，观察乃是最好的方法。仔细注意，观察此人喜爱的话题。通常，自己想要被称赞，希望被认定为优秀的部分，往往会出现在最常见的话题里。这里便是要害。只要突破其防线，就能一举制胜。

2. 偶尔的佯装，实属必要。

请别误会，我并非教你使用卑鄙谄媚的手段来操纵他人。你当然不必连人们的缺点、坏事都加以称赞，而且也不应该称赞。我认为，这些是我们应该憎厌，能断言不好的事。不过，请想想，如果我们不能对人类的缺点及肤浅幼稚的虚荣心佯装不知的话，又如何能在这个世界上立足呢？

谁都希望别人认为自己比实际来得聪明、美丽，这种想法，并不会伤害任何人。如果你告诉这些人这种想法太幼稚、太不正确了，对方必然与你疏离，视你为仇敌。若是我，宁愿采取取悦对方的手段，尽量恭维对方，使其成为朋友。若是对方有优点，你就该迅速地赠与赞词。然而，有时也不得不面对自己并不十分赞同、但却为社会所认同的事，此时只好睁一眼闭一眼了。

如果你还不太善于赞扬别人，这是因为你还不甚了解人们是多么希望自己的想法及喜好能获得支持，特别是期望明明是错误的想法，及自己的小缺点，能得到他人的谅解与认同。

3. 背地里称赞，最令人高兴。

为了使对方高兴，你可以在褒奖办法上略施技巧，那就是在背地里夸赞对方。当然，若你只是在暗地里称赞对方而他却一无所知，那就一点意义也没有了，你要想办法将你的夸赞通过巧妙的方式确实地传达到对方的耳里。

这里，慎选传达讯息的人选最重要。你所挑选的人最好是通过因为传递此讯息也能获益的人。如果你选有此企图的人做信使，他不仅会确实地传达你的讯息，还有可能添油加醋，更增效果。对他人的称赞，以此种方法最具功效。

真心诚意地对别人感兴趣

纽约电话公司对电话中的谈话做了详细的研究，想找出哪一个字眼在电话中最常被提到。你大概也猜到了，这个字就是第一人称的"我"。在 500 次电话谈话中，这个字被使用了 3950 次。"我"、"我"、"我"……

当你拿起一张有你在内的集体合照，你最先看到的是谁呢？显然是你自己。

我想说的是：除非你先对他们感兴趣，别人才会对你感兴趣。如果我们只是通过在别人面前表现自己来使别人对我们感兴趣的话，我们将永远不会得到许多真诚的朋友。

一个人若能真心实意地对别人感兴趣，两个月内就能比一个要别人对他感兴趣的人在两年之内所交的朋友还要多。

但许多人却错误地想方设法用使别人对他们感兴趣的办法来赢得朋友。这种方式是没用的，别人不会对你感兴趣，他们只对自己感兴趣。

阿德勒曾说过：

"对别人不感兴趣的人不仅一生中困难最多，对别人的伤害也最大。人类所有的失败，都出自这种人。"

我曾在纽约大学选修过一门关于短篇小说写作的课程。有一次，柯里尔杂志的主编来给我们上课。他说，每天他只要读上几段送到他桌子上的十来篇小说，就能感觉出作者是否喜欢别人。如果作者不喜欢别人，别人就不会喜欢他的小说。

这位激动的主编在讲授小说创作的过程中，曾两次停下来为他不得不说这些大道理而致歉。同时他还说："我现在所说的，和老师告诫你们的是同样的道理。但是请记住，如果你想成为一名成功的小说家，就必须对别人感兴趣。"

如果写作真是如此的话，那么可以确定，待人处世更应该这样。

詹斯顿被公认为魔术师中的魔术师。在 40 年里，他在世界各地不断以极高明的技巧令人惊奇万分。共有 6000 万人次观看过他的表演，而他也几乎赚了 2000 万美元。当詹斯顿最后一次在百老汇演出的时候，我花了一个晚上呆在他的化妆室里——请他讲一讲成功的秘诀。

他的成功是因为学校教育吗？不，他几乎没进过校门。他的学校教育几乎与此无关，因为他很小就离家出走，成了一名流浪者，并以搭货车、睡谷堆、乞讨为生，仅仅靠坐在车上看看铁道沿线的各种标志才识了字。

他的魔术是否特别高明？也不是。詹斯顿认为，关于魔术手法的书已经有好几百种，而且至少有几十人跟他懂得一样多，但他具备其他人所没有的两个特点。首先，他能在舞台上把他的个性表现出来。他是个表演大师，熟谙人类天性。他的每一个动作、手势、语气，甚至眉毛的变化，事先都经过很仔细的预演，配合得几乎分秒不差。还有很重要的一点是，詹斯顿还真诚地对别人感兴趣。他告诉我，许多魔术师会一边看着观众，一边在心里说："坐在那儿的人是一群傻瓜、笨蛋，我把他们骗得团团转是没问题的。"但詹斯顿的方式完全不同，每次走上台，他就会对自己说："我很感激这些观众，因为他们来看我的表演，使我增加了收入，过着很好的生活。我要把最出色的技巧表演给他们看。"

他宣称，他没有一次在走在台上时不对自己重复说："我爱我的观众，我爱我的观众。"真诚地关心他人正是这位有史以来最著名的魔术师成功的秘诀之一。

有史以来最卓越的演唱家之一舒曼·海里杰夫人也坦率地说出她成功的秘诀之一就是对别人无限地感兴趣。

不瞒你说，我记得所有朋友的生日。许多年来，我一直都在打听朋友们的生日。虽然我对星象学一点也不相信，但是我会先问对方是否相信一个人的生辰同这个人的个性和性格有关系，然后再让朋友把他的生辰日月告之，

事后再转记在专门的生日本上。每一年的年初，我都把这些生日在月历上标明。这些记录能够及时引起我的注意。当某人生日到来的时候，就会收到我的信或电报。

我用这种关心他人的方法赢得了朋友们的友谊。

这种哲学在商业界同样有效。

下面是另一个例子：

克纳弗在近十年的时间里一直试图把煤推销给一家连锁公司，但该公司不予理会，仍然从另一个镇上买煤，他们即使经过克纳弗的办公室也不愿进去。克纳弗先生有天在我的讲习班上发表了一些议论，把连锁公司骂得体无完肤，说它是美国的一个毒瘤。

学员们在班上分组辩论，题目是"连锁公司分布各处对国家害多于益"。

在我的建议下，克纳弗站在否定的一边，必须替连锁公司辩护。于是他不得不跑到那家他痛恨的连锁公司去见一位高级职员说："我不是来推销煤的，只是来请你帮我一个忙。"接着，他就把辩论的事情讲给那个职员听，告诉那职员只有他才能提供辩论所需要的资料。最后克纳弗说道："我非常想赢得这场辩论，您的任何帮忙，我都非常感激。"

后来发生的事情出乎克纳弗意外，克纳弗这样讲述了故事的结果：

"我请他给我一分钟的时间，就是因为这个条件，他才答应见我的。当说明来意之后，他请我坐下来，跟我谈 1 小时又 47 分钟。他还请另一位曾经写过一本关于连锁商店书的高级职员进来，并写信给全国连锁组织公会，为我要了一份有关这方面辩论的文件。他觉得连锁商店对人类的贡献是一种真正的服务。他很以自己能为数百个地区的人民所做的一切感到骄傲。他说话的时候，眼里闪烁着光芒。我必须承认，这次谈话使我在他身上看到了一些我以前做梦都不会梦到的事，从而改变了我的整个想法。

"告别的时候，他送我到门口，按着我的肩膀，祝我辩论得胜，并邀请我以后再去看他，把辩论结果告诉他。他对我所说的最后几句话是：'请在春末的时候再来找我，我想下一份订单，买你的煤。'"

这真是一个奇迹，买煤的话一句没提，他居然主动要买克纳弗的煤。因为对他的公司和他谈的问题感兴趣，克纳弗在两小时中所得到的进展竟然比十年中所得到的进展大得多。

实际上，这并不是什么新的真理，因为好久以前，在耶稣诞生一百年前，一位著名的罗马诗人贺拉斯曾经说过：

"我们对别人感兴趣，是在别人对我们感兴趣的时候。"

要想受人欢迎，请记住这一条规则：

真心诚意地对别人感兴趣。

制造戏剧化效果

《费城晚报》曾被一项危险的谣言恶意中伤。广告客户受到警告，说这家报纸刊登的广告太多，新闻太少，因此不再能吸引读者的兴趣。《费城晚报》必须立即采取行动，制止这项谣言。

但他们怎么进行的呢？

《费城晚报》采取了下述行动。

他们把该报一个平常日子里所有版面上的各式新闻及文章全部剪下来，加以分类，印成一本书。这本书的书名就叫《一天》，共有307页，和一本售价两美金的书页数一样多，然而售价不是两元，而是两分。

那本书的发行，戏剧化地澄清了一个事实：《费城晚报》刊登了大量深具可读性的有趣的新闻及文章。这个方法比仅仅发表一些数字及谈话，更生动、更有趣、更能表现事实，并能留给人深刻的印象。

在当今这个戏剧化的时代，仅仅平铺直叙是不够的，你必须使用吸引人的方法。电影这么做，电视这么做，如果你想引起人们的注意，你也必须如此做。使事实更生动、有趣而戏剧化地表现出来，才能有效地吸引人们的注意。

橱窗展示专家就很了解戏剧化的力量。例如，生产一种新的灭鼠药的厂商，在为经销商参观而设计的橱窗展示之中，放置了两只活的老鼠，结果展示活老鼠的那一个星期的销售量突然上升，比平时多出5倍。

电视广告中更充满了运用戏剧化的技巧以促销产品的例子。晚上你坐在电视机前面，分析一下广告专家在他们的每一个广告中的表现手法。你会看到一种解酸剂如何能够在试管中把酸的颜色改变；一种牌子的肥皂或肥皂粉如何把油污的衣服洗干净；你会看到一辆汽车左转右转奔驰着，表现得比广告词中所说的还要好；快乐的面孔显示出对各种产品的满意。所有这些都是为了把产品能提供的好处戏剧化地表现出来，而且确实能够促使观众去买这些东西。

戏剧化的方法也可适用于日常生活。方特想叫他 5 岁的儿子和 3 岁的女儿玩耍后把玩具收拾起来，为此他发明了一列"火车"。儿子为司机，骑着他的三轮车，女儿的篷车接在三轮车后面。晚上，当她的哥哥骑着车子绕室而行的时候，她就把所有的"煤"装上货车（她的篷车），然后，她也跳了进去。这样一来，屋内的玩具也很快就收拾好了，不需要教训、申斥或恐吓。

印第安纳州的希尔太太，在工作方面遇到了一些问题，认为必须要和老板谈谈。星期一早晨她要求和老板面谈，但是他告诉她很忙，要她和他的秘书接头，看看能不能安排在星期四或星期五见面。秘书说他的行程表已经排满了，但是会想办法把她和老板见面的时间插进去。

在那整个星期里，她一直都没有得到秘书的通知。每当希尔太太去问，秘书都提出老板没有时间见她的理由。到星期五早上她还是没有得到确实的消息。希尔太太决心，要在周末之前见到老板和他讨论她的问题，因此希尔太太就自问她怎样才可能使老板接见她。

她最后的办法是这样：她写给老板一封正式的信函。信中，她表示完全了解老板一星期都很忙，但是她要和他面谈也极为重要。她随信附了一张字条和一个写上了自己名字的信封，请他或由他叫秘书把这张字条填好，然后送给她。这张表的内容是这样的：

"希尔太太：我将在×月×日×点钟拨出×分钟和你见面讨论问题。"

希尔太太在上午 11 点钟把这封信放在他的公文盒子里面，等到下午两点钟去看她的信箱的时候，就收到了自己写上名字的信封。老板亲自回了希尔太太的信，表示当天下午就可以见她，并且给她 10 分钟的谈话时间。希尔太太和他见了面，谈了一个多小时，解决了她的问题。

如果希尔太太不把她要见老板的这件事戏剧化起来，希尔太太可能到现在还在等着。

第三章　创造永久印象的六种方法

关心别人的兴趣和利益

当学习以最快的方式结交朋友时，我们会找那些在微博上跟帖数量最多的人，还是点击率最高的博主，最机智的推销员还是最有影响力的政客？

尽管他们都自吹拥有众多拥趸，可以为我们提供好的建议，但是他们可能并非最佳的行为榜样。实际上，我们最佳的行为榜样很可能根本不是人类。或许是一条狗。

无论我们是到屋外呆了两分钟，还是外出旅行了两周，当我们回家的时候总能得到小狗像迎接英雄凯旋一样的欢迎。它们从不会贬损我们的身份，或者随意揶揄，或者让我们爽约。它们存在的目的就是与人类成为朋友，时刻围绕在我们身边。仅仅在我们面前，它们就能感觉到真正的快乐。

狗被称为人类最好的朋友，这是有原因的。在各种传奇故事中，都会出现犬科动物忠于主人的故事。伟大的诗人拜伦提到他的宠物狗波斯万时，是这样描述的："他拥有人类身上的所有优点，但却没有一点人类的缺点。"这也是我们当今社会的真实写照。乔恩·卡茨的《狗年》和约翰·杰罗甘的《马利与我》描写的都是他们的狗死后主人万分悲痛的故事，如同爱情故事一般。

狗通过它们天赋的本能就知道，如果你对别人真的感兴趣，便可以在短短的几分钟内交到许多朋友。这比花几个月的时间让别人对你感兴趣容易得多。这决不是对这种毛茸茸长着四条腿动物的过分夸赞。如果不遵循这条法则，就不会跟别人建立真正的联系。而关于人际关系，最具讽刺意义的是

——尤其是通过犬科动物的双眼所观察到的——本来我们想占据别人心中重要地位的愿望很容易实现，但自己却把它搞得很复杂。我们最大的敌人就是自私，这是对友谊最大的也是唯一的威慑。

我们只对自己感兴趣，这种情况在微博或 Facebook 出现之前就存在，甚至比手机、电邮和互联网的出现还早。20 世纪 30 年代，当卡耐基完成本书的原稿时，纽约电话公司对电话聊天进行了一项细致的研究调查，找出了使用频率最高的词汇。人称代词"我"在 500 通电话中使用过 3900 次。

我们的自私，或者礼貌些说是关心自己的利益，在许多伟大的神话故事中都曾出现过。伊卡洛斯扑向炙热的太阳，致使他翅膀上的蜡融化而掉进大海。他一心只想着自己而忽略了他父亲的请求。彼得兔的妈妈让他呆在花园外面，而他的不听从让麦格雷戈大怒。为什么亚当和夏娃在伊甸园中要违背上帝的旨意？因为他们只考虑自己。

这种自私自利的行为不是人人都想改变的。它是如同地球引力一般的现实。我们生来就具有"战斗或逃跑"的倾向。即我们的语言和行为都倾向于自我保护。但是我们经常会忘记思考，我们到底要反抗谁和我们要逃到什么地方去。

如果我们不留意的话，这种自我保护很可能会变成自我禁锢。它会阻止我们进行有意义的人际交往，有时还会中断正在进行的交往。

如果我们不留意，我们逃向的可能是一座孤独的、与世隔绝的小岛。

就像特洛伊城用来防御的围墙最终成为城邦覆灭的根源一样，我们可能会把自己孤立到一个人际关系毫无意义可言的境地。

著名的奥地利精神治疗师阿尔弗雷德·阿德勒曾写到："那些对自己同类漠不关心的人，他们的人生一定困难重重。正是这些个人把人类身上所有的缺点都展露无遗。"

这是一段相当大胆的论述，但也是事实。人类最大的缺点，都是因为人们只关心自己的利益却对别人造成了伤害。

这些虽然都是些极端的事例，但同样的例子还在每天不断上演。公司的法律总顾问因为受贿而获罪，他们从未想过，那些指望这些股票退休的持股人会怎样。职业运动员服用药物来提高成绩，却从不考虑他的行为对自己的队友、球队的未来以及他宣誓热爱的体育事业会造成怎样的影响。相比保护自己家庭的决心，谎言被拆穿的丈夫和父亲们似乎更喜欢保持双重的家庭生活。

尽管如此，自我保护导致的绝不仅仅是灾难性的后果。让我们再看看这句话，"那些对自己同类漠不关心的人，他们的人生一定困难重重"。阿德勒很容易地解释了，以自我为中心的生活是人类最大的问题。这种

阿尔弗雷德·阿德勒

生活充满了人与人之间的竞争，人们找不到真正的朋友，个人的影响力也变得肤浅和短暂。

今天，我们仔细考虑自己关心的事并加以广泛传播，就会获得回报。在这样的时代里，这个有预见性的法则也许能够得到体现。但是，古老的谚语仍然正确："凡自高的必降为卑，谦卑的必升为高。"我们对别人施加影响最终还是一个有关动机和推销的问题。你到底为什么沟通？你最终想宣传什么？今天，人们的信息量是巨大的，因此直觉也比以前更敏锐。对于大多数人而言，通过外表就能马上理解对方表达的意思是否自私自利。我们能从很远处就能看穿对方的小把戏，远远躲开欺诈行径。但是，凡是能让我们感觉真实和持久的事物仍然会吸引我们的注意。我们也愿意接纳那些与我们分享利益的人。

现在，安德鲁·苏利文所写的博客世界闻名。早在十几年前，他就已经在思索这些问题。苏利文曾是《新共和》有史以来最年轻的编辑。20世纪90年代，他被确诊为HIV阳性患者，这在当时来说还是不治之症。离开编辑职位后，苏利文就在互联网上开设了博客，专门探讨政治性话题。2003年，他的网站点击量已逾30万次。

苏利文和同行的区别在于，他能与读者进行积极的互动。他的打算是，

让自己的博客《日常饮食》不仅谈论政治性的话题，还要争取到忠实的读者，他也真心希望更多了解读者们的想法。

他开办了一个名为"你家窗外景色"的专栏，让读者们上传从自己家看外面世界的照片。和网上的绝大多数事物一样，他也不知道这个想法是否能成功。"我想看看他们的世界。"他说，"我让所有人都可以通过网络来认识我。但这种单向的交流最后总会让人厌烦。"可不要小瞧这个方法，很快他与读者间的关系变得亲密了。当大家知道苏利文喜欢结交朋友之后，他的文章成了《大西洋月刊》的名作，该网站的点击率骤增30%。当苏利文把博客搬到《新闻周刊》上时，关注他博客的人还依然追随着他，这丝毫都不奇怪。人们愿意追随那些真正关心他们利益的人。

关心别人的兴趣和利益这条法则，让人感到讽刺的是，它的成效是以别人如何看待他们自己为基础的。根本上讲，它的成效要求别人成为利己主义者，这里有两点需要说明。

第一，最纯粹形式的利己主义是人类天性的一部分——事实上，人类会表现为战斗或逃跑。这条法则并不否认，在人类生活中，自私自利的现象是真实存在的。而是要说明，大多数时间里，大多数人会忘记考虑这个等式的另一边——其他人。大多数人会把自私自利演变到利己主义的程度。因此，对于平日里极少考虑他人利益的大多数人而言，这条法则会产生直接的效力。而那些把别人的利益作为自己兴趣出发点的人就不同了。我们会记住他们，愿意与他们结交，更加信任他们。影响力最终是信任一种表现——信任越大，影响力就越大。

第二，这条法则的重点并不是完全自我否定的。注意，这条法则不能理解为，"让别人的利益来代替你的利益，"相反，应该解释为"关心别人的兴趣和利益"。这才是它的奥秘所在。一旦你能够把他人的利益和自己的利益融合到一起——并不仅仅是为了规范你的市场，或者确认你的听众都是谁——你就会发现自己的利益会在帮助他人的过程中得到满足。

畅销书作者安妮·赖斯一生卖掉了一亿一千万多本作品。她的事业从著名的吸血鬼作品开始起步，并一直取得不菲的成功。《夜访吸血鬼》就是她众多作品中的一部，已经被拍成动作大片。她虽是一位才华横溢、特立独行的作家，但她的成功大部分源于她对读者的真正关心。她会回复读者的每一封来信。这意味着，她需要同时雇三个全职人员才能做到。

她决不是为了图书销量而惺惺作态。她解释说，"对我来说，读者们这么善良和慷慨，对我这么感兴趣。我怎能不给他们回信呢？我想让大家知道，我很感谢他们的来信，也很感激他们"。

赖斯最近已经注册了Facebook和微博，让自己与粉丝们进行更直接的交流。"哦，真的很神奇。"她说，"我们可以聊很多东西。"

她把自己群叫做"网页的人们"，并写到"我觉得我们必须牢记Facebook和互联网是我们创造的。这个网页成就了许多精彩甚至独特的事情。这真的是一个群落，它的力量远远超越了它各部分的总和。我要感谢创造了这个群的人们：因为大家在这里可以参与许多重要的、具有启发性的讨论"。

这样的效果是作者和博主们最想得到的，对生意场上的人也同等重要。在他备受人们狂热崇拜和喜爱的书《倾向于保守的商业行为》中，商人史蒂夫·比彻姆承认：

我从未把自己当成百万富翁……当时全国正在经历一场金融业再融资的繁荣热潮……我义无反顾地投入其中。但不幸的是，金融业再融资的大潮很快就退却了，而我连双脚都还没有沾湿过。连续六个月，我没有成交一笔生意，终于做成的一笔还是用我哥哥的房子作抵押……我们没有就此罢休，而是开始摸索让我的生意走上正轨的方法。从那时起我的命运开始发生转折。

在比彻姆依靠抵押贷款开始生意之前，已经有过两次失败的经商经历，他的零售商店和回收公司都失败了。他有足够的理由调整自己的心情，选择回去上学或者考虑给别人打工。但他一直抗拒这些想法，直到发现自己的经商方法从一开始就是错误的。在他本应该寻找友谊的时候，他却在为生意而奔波。他继续讲述了在停车场与一位名人不期而遇的经历。这位无私的名人教会了他关心别人利益的深刻内涵：

我还没有来得及插上一句话，他就开始问我问题……你在哪儿长大的？你做什么的？高中在哪儿读的？你孩子的名字？在我心中他有3米那么高大。他以一种微妙的、谦逊的方式，提升了他在我的心目中的形象。

这次经历给比彻姆上了宝贵的一课。从那之后，他承诺会向自己遇见的每个陌生人进行体贴入微的提问。"具体说来，"他解释说，"我决定做一个解决问题的人，一个……不受任何人摆布的倡导者。这个时候，我的生意不仅开始转变，而且还开始腾飞。"

几个月之内，比彻姆的工作就变成了一项能获得巨大利润的事业，他的抵押公司自成立以来一直处于同行业的领先地位。更重要的是，十年来他一直靠良好的口碑来做生意。他估计自己每天接到的电话中有四分之一都跟抵押业务毫无关系——这是他引以为傲的。他们打电话来询问的问题包罗万象。比如"我应该去哪里修车？""我应该带着我的亲家去哪儿就餐？"以及"我应该向谁询问人寿保险的事情？"

他解释说，这些人给他打电话是因为他在当地有很广泛的人脉。"我做到这一点并不是靠举办免费的抵押研讨会，或竖起一张展现自信和可靠的面部特写的广告牌。"他俏皮地说，"我能做到这一点完全是因为愿意帮助别人，却从不催促他们光顾我的生意。这就是梭罗所说的'善良是唯一不会失败的投资。'"

在我们的日常与人接触和交流中，也会遇到很多与之本质相类似的情况。我们只是去了解别人，发现我们能帮助他们解决某些问题或可以帮助他们实现追求。这就是比彻姆所说的倾向于保守的商业行为的简单秘诀。然而事实上，大多数人在生意关系中采取的举止方式都是相反的。

"投桃报李"——这并不是一种互惠行为，而是以物换物的交易。这种完全不同的行为模式会让神秘荡然无存。而正是这种不掺任何杂质的神奇力量才会让人与人之间的关系变得难忘。这才是吸引我们的地方。这当中必有一种真实的归宿感和深刻含义。

今天，我们没有理由对别人的兴趣和利益表现得漠不关心。如果你不擅长涉足俱乐部、各种小组或地方团体等可以面对面进行交流的场所，还有其他机会可以了解别人关切的事情或热情所在。如果你每天花上五分钟的时间浏览三位朋友的 Facebook 网页，三位客户的从业经历，或者你之前还不很熟悉的三名员工的个人博客，你觉得会发生些什么？刚开始，你肯定会了解到许多不知道的事情，很可能你还会慢慢地更加欣赏这些人。或许你们有相同的兴趣，这些都是将来展开谈话的素材，将来还可能有合作的机会。或许某个人正处于困难时期，此时正是向他表达同情和鼓励的好时机。或许你们有某个共同的朋友，因为共同的朋友建立起了一定的信任，有过共同的经历，这难道不能让你们的关系更容易加深吗？我们绝不能低估亲和力的重要作用。

"我们倾向于讨厌我们不知道的东西。"艾米·马丁在博客上写到。她是社交媒体"Digital Royalty"的创始人。在亲身参加了全国运动汽车竞赛协会（NASCAR）的活动之后，成为《福布斯杂志》评选的"Twitter 上最值得铭记的二十位女性"之一。"很多人不明白，或者甚至'不理解'……所谓的日复一日毫无变化的左转弯和鲻鱼是什么意思。"在参加 2011 年度戴通纳 500 汽车（Daytona 500）比赛之前，马丁也属于那个阵营。不久之后，她却写了一篇博客对全国运动汽车竞赛协会（NASCAR）大加赞扬，称它真的与车迷们互动交流和产生了影响，这在职业运动中十分罕见。

"我所了解到的是，"她写到，"赛车手们回答车迷各种问题，还给他们亲笔签名。戴通纳 500 汽车（Daytona 500）比赛碰巧是全国运动汽车竞赛协会（NASCAR）本年度最重要的日子。我不相信布雷特·法夫雷会在超级杯赛当天跟成千上万名粉丝们聊天。我得到一张神奇的'特别通行证'，可以到任何想去的地方。虽然不受限制地自由出入让人感觉兴奋，但是同时又让我感到一些不舒服，我时常会担心走进了车队人员的通道。我是整个活动的一个分子，但不是唯一一个。主要考虑车迷们可以随便进出。"

至于为什么马丁相信全国运动汽车竞赛协会（NASCAR）的做法是所有体育赛事值得效仿的明智之举。她列举了以下原因：

·开放的通道意味着可以进行交流。（车迷们可以在真正的赛车道上签名。）

·交流意味着产生人际关系。（适合任何年龄）

·人际关系意味着产生亲和力。（这种亲和力无法作假）

·亲和力会带来影响力。（因此 NASCAR 才会吸引来这么多品牌）

·影响力则会带来转变。（这些车迷们愿意买这位车手推荐的任何东西）

马丁在文章的结尾对全国运动汽车竞赛协会（NASCAR）与它的车迷——现场有 15 万粉丝，电视机前还有三千万——进行交流的做法表示赞许。他们抓住了数字化时代赋予他们的机会。她写到："如果你把同样的出入权通过社交媒体展现给更多的爱好者，其潜力是巨大的。如果数十亿没能在电视上观看比赛的潜在车迷（在 Facebook、微博和 You Tube 上）也有资格得到幕后对在场车迷开放的出入通道，结果会怎样？"

马丁的文章把关心别人的兴趣和利益的两个重要的方面联系到了一起：

1. 在有亲和力的地方更容易发展人际关系。

2. 人际关系的连通性潜能是庞大的。

关键是，你必须在期望别人关心你的兴趣利益之前先真正关心别人的。"一切都是平等的。"作家约翰·麦斯威尔在近期的一次采访中说过，"不平等的事情依然存在。人们愿意和他们喜欢的人做生意"。我们喜欢志同道合的人，所以要想被人喜欢，你必须对别人所说及所做的事情表示赞赏。

许多人争辩说，现在的人们不再对别人感兴趣。这种"自我"关注支配着我们如何思考、行动和沟通。然而你有许多机会可以保持与人接触交流，了解更多信息，表达自己的兴趣。只要每天改变一点儿消磨时间的方式，就能大大改变别人如何理解你对他们的感兴趣程度。改变你对客户的策略就能明显改变市场对你公司的看法。

不要每天把时间花在更新自己的信息上，而应该花时间多跟你的朋友、同事和客户联系。简短的回帖、赞赏性的留言，跟他们互动，看有什么你可以帮忙解决的问题。我们总被痛苦和快乐驱使，每个人都有许多期望。一旦你愿意跟对方进行真挚的交流，建立真正联系的可能性就越高。随之而来的互惠互利的合作就会成为可能。而在今天，真挚的交流和合作很快就会转变成感召力。

微笑

让人们对某件事情笃信不疑，实际上是不可能的。拿内尔·阿姆斯特朗1969年的月球漫步来说，在英国只有75%的人相信这件事情真的发生过。而在美国也只有94%的人相信。16%的美国人相信使世贸中心双塔坍塌的是炸弹而不是飞机撞击着火所致。只有大约一半的欧盟公民信仰上帝。

阿姆斯特朗

但是有一件事情能把我们统一到一起来。根据美国整容牙科学会的报告，99.7%的成年人都相信微笑是一种重要的社交资产。即使你对完美的微笑很不在行，也很难对此进行反驳。

我们总是被各种笑容吸引。想想 You Tube 上最受大家喜欢的视频。前两名总是与笑容有关。在点击量最多的视频中有一段来自英国：三岁的哈里和他一岁大的弟弟查理在玩相机。这时查理抓住哈里的一只手指硬要放进自己嘴里。过了一会儿，查理咯咯地笑起来而哈里则不高兴地叫嚷着拿回自己的手指。整个过程中查理都在笑。最终微笑战胜了一切，哈里也再度笑了起来，接着大笑起来。另一段视频来自瑞典，视频里的男婴因为父母发出的各种怪声而微笑、咯咯地笑甚至大笑。这将近两分钟的视频能引得观看者面部抽筋。总共五亿的傲人点击率把我们想知道的都告诉了我们自己。笑容传递的信息是我们愿意接受的。

《面孔》的作者丹尼尔·麦克尼尔说过，微笑是与生俱来的。他还写到：有些笑容在婴儿出生后的二到十二小时就会出现。没有人知道这些笑容是否包含任何意义——麦克尼尔怀疑它们没有——但是研究表明这些笑容对沟通至关重要。还有一点是没有人能辩驳的，那就是不管它的出发点是什么，笑容的力量是不可小觑的。

麦克尼尔强调，虽然"法庭上的法官会平等地看待有罪的人，不管他们是否微笑。但通常会给面带笑容的罪犯从轻发落，这种现象叫做'微笑宽容效应'。"

微笑还有传染作用。哈佛大学的社会学家和内科医师尼古拉斯·克里斯塔基斯以及在社交网络领域具有特殊专长的政治学家詹姆士·福勒（就职于圣地亚哥的加州大学），2008年在《英国医学期刊》上共同发表了一篇名为《大型社交网络中快乐的传播》的论文。他们知道情绪可以在很短的时间内在人群中传播，这个过程叫做"情绪感染"。但他们想知道的是，快乐在社交网络中传播的广度和持久度。

他们从1983年到2003年跟踪调查了4739人，这些人生活在拥有12067人的庞大社交网络中，每个人平均与11个人有社交活动（包括他们的朋友、家人、同事或邻居）。他们的快乐度每隔几年都会由一项标准测量法来进行评估。研究者们的发现认为，一个快乐的人的影响力直接由微笑表达。他们由此得出结论，社交网络里：

有开心和不开心的人，他们组成了三阶段的分割体系。一个人的快乐与他们的朋友，他们的朋友的朋友，他们朋友的朋友的朋友的快乐息息相关。也就是说，跟他们社交范围以外的人们有关。我们发现快乐的人喜欢处在他们社交网络的中心位置，而且喜欢跟其他快乐的人聚在一起。我们还发现，每增加一名快乐的朋友，他们的快乐感可能会增加大约9%。与此相比，收入每增加5000美元（1984年）快乐度才增加2%。简言之，快乐不仅仅与个人经历有关，而且还具有集体属性。

但是2003年以来的生活又是什么样的呢？是不是现在越发明显的、经常出现在我们身边的数字化藩篱使我们的情感交流逐渐减少而非受到鼓励呢？在字节组成的世界里，快乐还能得以传播吗？他们发现答案是肯定的——如果我们能亲眼看到人们微笑的话。

克里斯塔基斯和福勒继续他们的第一项研究，这次的研究对象是在Facebook上进行交往的1700名大学生。他们分析了这些大学生的个人简介，选定他们最亲近的朋友。这次是研究他们每个人的照片，注意照片上有笑容和没有笑容的人。然后他们根据是否微笑制作出图表。每个学生都用一个点来表示，而两个点之间的线表示两个人是通过照片建立交往的。微笑的学生（以及在社交网络中身边一直有微笑的人围绕的学生）涂成黄色。皱着眉头的学生（以及身边都是相同表情的人）涂成蓝色。最后，绿色的点表示这个人的身边既有充满笑容的朋友也有不爱笑的朋友。

图表以生动的方式展现了黄点（微笑的人）和蓝点（皱眉头的人）聚集的方式，结果证明黄点聚集的数量比蓝点的更庞大，人数更多。此外，不苟言笑的人似乎"多数聚集在社交网络的外围"，主要集中在图表的边缘地带。克里斯塔基斯和福勒对这个结果并不吃惊，他们强调指出：

社交网络的统计分析表明，微笑的人拥有更多朋友（微笑平均让我们多得到一个朋友，考虑到人们大约只有六名亲密的朋友的话，这已经相当不错了）。不仅这样，统计学分析还证实了微笑的人比起不爱笑的人更加处于社交网络的中心位置。也就是说，如果你愿意笑的话，在网络世界中处于边缘地带的可能性就更小。

注意到围绕着爱笑之人的巨大集合，以及散布在外围的不爱笑之人的集合之后，他们写到："这就是实际的情况，网上和现实生活中一样，你微笑的时候，世界也会向你微笑。"

出现这种现象的原因十分简单：当我们微笑的时候，我们是在让人们知道我们很愿意和他们在一起，遇到他们很开心并且很高兴和他们交往。他们反过来也会觉得和我们在一起更快乐。对总是看到眉头紧蹙、愁容满面或背过脸去的人而言，你的微笑就像冲破重重阴霾的太阳光束一样。你的微笑往往是表达善意的先头兵。

当然，我们不总是愿意微笑的，但如果我们肯努力的话，不仅能让我们身边的人更快乐而且还会让自己更开心。你可能不是感情特别丰富、对人特别友好的人，但是一个简单的微笑并不费吹灰之力——你收获的报答却是令人惊讶的。

在过去的十年中，电子邮件和短信已经代替了语言交流。我们被一个谬误的观念说服了：我们现在生活在情感沙漠中。企业家、实业家和许多专业人员只需少量面对面的沟通交流就能继续进行他们的业务。许多现代二维媒体的出现让我们有时会忽略微笑的重要性。

今天的短信和电子邮件在许多方面跟过去的电报很像。一名记者有一次用电报询问演员卡里·格兰特的年纪。电报上写到"加里·格兰特多大年龄?"

而这位演员回复说："老加里·格兰特很好。你呢?"

很显然，人类误解对方意思的可能性很高。如果通过技术手段来表达的话，误读更是不可避免的事情。虽然电报在当时十分普遍，而今天的科技手段则多到令人窒息的地步。

1929 年是电报发展的巅峰时期，有 2 亿份电报被发送到世界各地。到 2010 年 4 月，全世界每天有将近 3000 亿份电子邮件被发送。把全世界每天发送的短信息、即时消息和 Facebook 上的帖子放在一起的话，真怀疑这个世界会不会变成无政府状态。

感谢微笑，它比任何东西都更利于阐明我们想表达的意思——即便是传统的微笑情感符号，这些普通键盘字符组成的小笑脸能够给我们的沟通带来十分需要的语境。

日本三家最大的手机公司——NTT DoCoMo，au 和 Soft Bank——意识到这些符号有一定的局限性，于是创造了 emoji（表情符号），一种能够更好模仿面对面交往经历的表情和符号，它们都以彩色图片的形式呈现。谷歌目前已经采用它们作为自己的电子邮件平台。它们很快将与 iPhone 结合到一起。虽然这些聪明的小符号很受人喜爱，但它们始终不可能在你给董事会成员、难以对付的员工或未来客户的电子信息中出现。图释只能在随性的聊天中大量使用，在这样的语言环境中它们的作用很突出。那么，我们怎样才能在所有的传播媒介中传递微笑，而且在必要的时候还能保持一定的专业水准呢?

毫无疑问，让别人看见你的笑容是最行之有效的方法。但是由于我们今天的许多交流并不是面对面进行的，所以你必须把精力放到如何在数字空间里克服重重障碍展示你的友善上。不过，这比你想得要简单得多。

除了情感符号和 emoji 之外，还有一种可以传递"数字"微笑的媒介。

那就是你的声音，不管是用语言表达还是直接讲出来。你如何写电子邮件、使用怎样的腔调和选择哪些词汇，都是表达友好的关键工具；同时也会带来后续的影响。书面语就好比口语的小转角：它们会向上转，或直直的，或突然向下转。随之而来的效果——不管语言是否能获得友谊和影响力——跟情感所传达的轨迹有相当大的关系。

通过你的书面文字表现笑容，然后传达给那些他们的幸福对你很重要的人们。你和你的信息会很容易被他人接纳。但如果通过文字表达出的是蹙眉和愁容，那么别人也经常会对信息和发信息的人表示不满。

这些结论当然不包括那些需要使用特别严肃语气的场合。但是一定要确保让要传递的信息往积极的方向前进。永远要以积极的语气开始和结束一条信息，千万不要使用消极的或超然的口气。两个人之间总是能够找到微笑的理由。如果你就是找不到，那么或许你应该在写之前好好想想或者干脆就不写。有许多关系是因为一些不敏锐的和下意识的语气而受到伤害，就好像受到口头侮辱或抨击一样。

原因很简单：书面语以及它的影响是永久性的，而且大多数情况下都是无法辩解的。虽然你可以辩解你的电子邮件语气可能有点负面或不够圆通，但这样对接受者所产生的影响使他几乎不可能保持沉默。在今天的社会里，这种影响可以迅速地增加，以致于伤害到雇员之间、部门之间的关系，更有甚者伤害到整个人际关系网。

据最近发行的《快速公司》所说，"新的研究表明，谚语'人以群分'现在多了一层网络含义。因为研究表明，快乐的微博用户喜欢聚在一起"。文章继续解释说："比其他能让人们聚集在一起的因素更重要的是，在微博上不高兴或高兴的人倾向于跟其他不高兴或高兴的人交流。"印第安纳州大学教授约翰·博伦属于该研究小组，他们在六个月里从102000名微博用户中分析了一亿两千九百万条信息。

该研究采用了心理学分析的标准算法，通过寻找微博用户积极乐观或消极的语言倾向来评估用户的"主观幸福感"。然后他们观察了聚集的形式，发现快乐的人们经常会回复或向其他快乐的微博用户发送消息。不快乐的人也会找和他们一样的人聊天。

从结果看，博伦认为微博比我们意识到的更有影响力，而且"能有效地交流愉快或悲伤的心情。快乐的人会更喜欢（一般而言）找其他快乐的人，因为只有他们才能对他们的情绪有所回应"。

事实摆在面前——如果你不能用书面语言来表达恰当的积极情绪，最好什么都不要写，再不然插入一个 emoji 表情也可以（顶多会使你的专业形象受损）。换句话说，还有比被认为不够专业更糟糕的事情。我们的目标是要在书面语中避免出现负面的、消极的情绪。这在很大程度上是可以做到的。或者现在是时候回想那些写作技巧的重要性了，以前你的老师一直强调说总有一天会有用的。他们是对的。

在数字世界传递信息的另一种方式，口语，也很复杂。你怎么讲话、声音的语气以及你选用的词汇往往比话语本身能表达出更多的内容。毫无疑问你一定听到过这样的回复："行动比语言更有力。"我们同样可以断言"腔调和语气比语言更有力。"

假定你很高兴在电话上能听到某个人的声音，但如果你讲话的时候面部运动很少而且没有积极的音调变化，就毫无意义可言。这样给别人的印象会是，你很厌烦或者正忙着某件更重要的事情。或者情况更糟糕——传递给对方的信息是：你认为碰上他让你感觉很不愉快。要想避免这种情况发生，就应该像面对面跟人交流时的处理方式一样。

无数的研究都表明，真诚的微笑——即使发生在电话上，也可以改善话语传递中的语气。所有的演讲、歌唱和播音老师训练学生的中心原则之一都是，如何在你微笑的时候让你的声音听起来更愉悦、更有魅力、更令人信服。这并不是巧合。换句话说，微笑是可以通过电话线传播的，不管对方是否能看到你的脸。

在寻求能够带来积极变化的影响力时，不能回避建立健康的人际关系这道门槛。不管这扇大门是否隐形，使用的语言是书面语还是口语，微笑总是能够开启它的钥匙。

罗莎琳·皮卡德是麻省理工大学（MIT）媒体实验室的教授，因为著有

《情感计算》一书而世界闻名。这本书给出了可以帮助人们进行更有效沟通的技术情感因素。她发明的机器有"面孔"，可以适当地对训斥或赞许、鼓励或指责做出回应。

当然，这些机器只会回应预先编程的命令，更像是按下一个按键，电脑屏幕就有回应一样。这些机器能够模仿身体的小细节、语言和声音腔调，但是它们没有感知能力。值得特别指出的是，人类能够对这种技术进行编程。单就这一个事实就能提供有说服力的证据来证明，我们很清楚宠物如何对人们的语言和音调做出反应。人们彼此联系的方式与我们和科技连接的方式是一样的，只是我们需要情感来"启动"我们的系统。"有两种人"，媒体专家克里斯·布洛甘在博客上说。

一种是把电脑、互联网、按键看成具有人类的属性，认为它们也有感情存在。另一种人认为它们只是单纯的沟通媒介而已，并没有人类的属性。就好像电话一样，我们可以对着电话讲许多事情，但是电话却没有丝毫情感存在。但决不仅仅是单纯的沟通媒介那么简单，人们的确对它们所连接的"远方"有感情的投入。

是的，人们的确有点反应过度。我们同意。但是仅仅因为传输媒介而让情感消失，就意味着情愿取消诸如信件、电话、图片这样的传递方式。许多发生在远方的事情却都传递着影响和后果。

我认为这两种想法的人在同时起作用。了解了以上事实，我们就能弄清楚原来双方都有被误解的时候。记住这一点，弄清你在跟这两类人中的哪一类打交道（同时也想清楚对方把你归为哪一类人），这样可能会更好一些。

情感是人类拥有的天赋（和负担）。它可以让人沮丧也可以鼓励别人。你的语言诉说着你的选择。有人曾说过，微笑：

让你不必付出就能给予很多。它能使得到的人富有而不会让付出的人贫穷。它只发生在一瞬间，有时候却是一生的回忆。没有一个有财有势的人可以不接受微笑，也没有一个贫困潦倒的人因接受微笑而不能变成富人。然而微笑是买不到、求不来、借不到或偷不来的，因为它在赠予之前，对任何人都没有价值。有一些人会因为太疲惫而吝于一个微笑，给他们一个微笑吧，因为无法给予别人微笑的人恰恰是最需要微笑的人。

称呼的重要性

2010 年 3 月 10 日，一篇新闻稿的消息从全美百佳律师事务所之一的奎因·伊曼纽尔·厄克特·奥利弗 & 赫奇事务所不胫而走。在 25 年前一手创办该公司的约翰·奎因和埃里克·伊曼纽尔正打算指定新的合伙人——凯瑟琳·M·苏利文。

苏利文是美国杰出的诉讼律师之一，斯坦福法学院的前任院长。曾被康奈尔大学、哈佛法学院和牛津大学授以证书。她曾是第一夫人米歇尔·奥巴马在哈佛大学时的教授。人们对她法律头脑和敏锐才华的称颂铺天盖地。她的竞争对手都知道她是个很难对付的人物。她得到这样的任命实至名归。

律师事务所也跟所有公司一样，需要经常改变一下自己的业务，同事们来来去去，就连法律助理也经常更换。合伙人的更迭交替虽然相当罕见，但也决非不寻常之事。

为什么这次任命显得格外重要？

凯瑟琳·苏利文不仅被指定为合伙人，而且她还将以合伙人的身份出现在公司名称上。新公司将叫做奎因·伊曼纽尔·厄克特 & 苏利文。在律师事务所成为署名的合伙人非同小可，在德高望重的事务所里尤其难得。但是让苏利文的任命显得特殊的原因在于，她因此而成为在全美百佳律师事务所署名的第一位女合伙人。

1870 年，艾达·H·克普莉成为从法学院毕业的第一位女性，但是直到 2010 年尚没有一家顶级律师事务所在自己的门牌上给一位女性的名字留下空间。现在的情况不同了。人们接纳了这位女性的名字，藩篱从此打破。

奎因写到："公司署上她的名字表明，我们受理上诉和辩护的业务合二为一，同时也表明我们作为全国性律师事务所的实力。"原来一个人的名字有这么大的力量。它不仅仅只是一个词，而是有着更深刻、更丰富含义的文字象征。不仅仅对凯瑟琳·苏利文这样的革新者是这样。

　　从古至今的文学作品中，一个人的姓名绝不仅仅是个称呼。它与性格、品质甚至命运息息相关。阿波罗、亚伯拉罕、阿提乌斯、柯赛特、斯嘉丽、辛德蕾拉灰姑娘和波丽安娜。在罗马时代姓名与人几乎成为一体，当一名囚犯的名字被从公民登记簿上删除的时候，他所有的公民权利也会随之消失。今天在非洲的一些部落里仍然相信，个人的姓名是决定他（她）的技能、决断力、甚至人生命运的主要力量。

　　是否有理由认为人的姓名在今天已经没有那么重要了？或许是变的更重要才对，只不过这种重要性主要出现在商业环境下，它意味着各种机遇和挑战。

　　在数字时代，姓名就像公司的标识，不仅能辨别你是谁，还能识别你的特征——喜欢和不喜欢的东西，赞成和否定的事情。无数开设博客、微博和Facebook的人一定都想让别人听到他们的声音，也想让别人知道他们的名字。尤其是微博和Facebook做到的不仅仅是增加了一个以信息为基础的经济体系，它们还创造了一种新的以姓名为基础的经济体系。在这个经济体系中，我们因为所标记的姓名和在世上从事的活动而被别人认识。而这种知名度现在可以被货币化，重新为"家喻户晓的姓名"赋予新的含义。

　　在博客和微博上，你的商业价值与追随你的人数是一致的。随着追随者人数的增加，出版合同和广告协议的数量和价值也都随之增长。Technorati百强的博主莉·德拉蒙德就是个很好的例子。

　　德拉蒙德毕业于洛杉矶加州大学，当时的计划是要到大城市当执业律师。她在俄克拉荷马州停留的时候遇到了她的"万宝路男人"并跟他结婚。去芝加哥法律学校的计划就此泡汤。她搬到她丈夫的有四代人历史的大牧场成为一名"拓荒女性"。德拉蒙德在2006年开设博客，以此作为她与朋友和家人的联系渠道，他们可以对她这种出人意料却十分美满的生活作出各种评价。在2009年她已经拥有了将近两百万名读者，每个月的点击量都是八位数。到2010年，她拿到了两本利润丰厚的图书合约，并两次荣获纽约时代杂志畅销书作者称号。她每年从博客广告销售中就能挣到将近一百万美元。

　　很明显，我们的姓名在今天可以拥有许多价值，但是我们千万不要忘记，记住别人的姓名可以带来更大的成功。Saddleback 皮革公司的创始人戴夫·芒森十分了解这一点。在墨西哥作志愿英语教师的时候，他曾为当地一家皮革厂画了一张设计草图并制成了他的第一个皮革包。这款皮包在他的家乡俄勒冈州波特兰的大街小巷都受到追捧。他决定立即重返墨西哥多做一些。一个月之后，芒森带着八个包返回波特兰。三个小时之内，摆在他那辆旧车旅行架上的皮包就被抢购一空。Saddleback 皮革公司从此诞生，它的目标是"用品质上乘、结实耐用、功能齐全的皮革作品来热爱全世界的人。"

他的秘诀是什么？芒森经常用他的手机即时回电顾客，并且通过手机或电子邮件回复网上的各种疑问；他每年还会到墨西哥旅行许多次，与一直为他做皮包的墨西哥皮革工人保持联系。这些拜访并非炫耀。"我跟工人们拥抱，问他们我应该给他们做怎样的祷告。"他在最近的一次访谈里说："我仍记得我把他们的名字都叫上来时，他们震惊的表情。我们坐下来畅谈他们的私人生活。其中有个人热泪盈眶，我也是。"

他从来不在自己的博客或营销印刷品上透露这些私密的故事。他说，Saddleback 公司一直以保持家族生意为豪，虽然现在每年销售的皮革用具都价值上百万美元。"我听说过一些糟糕的故事，许多成功的小企业由于受到贪欲的支配而试图成为商业大鳄，但结果却以失败告终。"芒森在他的博客上写到，"我们不会这样。我们会一直用真爱来保持家族企业的规模。几乎每晚我都会和我的爱妻躺在床上谈论来买包的人。我们想知道你的名字。"

正是这种个人的接触交流——重视顾客甚于重视自己的品牌和利益——使得人们不禁猜想也许每个人都想拥有一款 Saddleback 的皮包。

被别人认识和认识别人的机会是一枚硬币的正反两面。一面是知名度——向别人介绍自己，另一面是建立人际关系——你与别人的交往。有意思的是，你可以放弃前者而取得成功。你可以很擅长建立良好的人际关系，与别人的交往能够催生和保持你的知名度。反之，你却无法单纯凭借知名度来获取成功。你不可能放弃建立人际关系而让自己和自己的企业出名。说到底，生意还是一个人与另一个人的关系。佐治亚州沃特金斯维勒的贝茨先生有亲身体会。

贝茨先生是一位企业所有人，他总是带着他最优秀的供货商到伯恩餐馆用餐。这是远在亚特兰大市 70 英里之外的著名饭店。他的忠实光顾不是因为这家饭店精美的菜式，而是因为一个名叫詹姆斯的服务员。

有一晚，当贝茨和他的供货商被领到桌前时，詹姆斯立即走过来打招呼："你好，贝茨先生，欢迎选择伯恩餐馆用餐，再次光顾十分荣幸。"

贝茨先生这样描述："这完全改变了我的用餐感受而且把这家饭店深深记在我的心底。我只是去吃过一次饭，而且还是在六个月之前。詹姆斯不仅知道我的名字，而且还知道我以前来过。我不是这里的常客，但这个小小举动却让我觉得自己是。这真应了那句老话儿'按照你想对方成为什么人的方式来对待他'。"

这一个小小举动带来了巨大的利润。"我现在只带我的供货商到这家饭店来就餐。"贝茨先生说。按伯恩餐馆的受欢迎程度来说，应该有许多顾客都有同感。

记住别人的名字在商业上的最主要回报就是：他们也会记住你。

政治家要学习的第一课就是：能记起选民的姓名是一种政治才能。忘记他们的话，你也终将被遗忘。这是历史上伟大领袖们的共同优点。从林肯到丘吉尔再到波拿巴，他们都能找到各种记住人名的方法。他们都心照不宣地回想起爱默生的名言"彬彬有礼的好习惯需要做出小的牺牲。"

要记住姓名需要付出一些代价。拿破仑三世，是法国皇帝，还是拿破仑·波拿巴的侄子。他声称他能记住他遇到的每个人的名字，尽管他还要履行皇帝的职责。

怎么办得到？如果他没有听清楚名字就会说："对不起，我没听清楚你的名字。"如果是个特别的名字。他会问："应该怎么拼写？"

在谈话过程中，他会不遗余力地重复好几次这个名字，尽可能把它跟这个人的特征、神情和外貌轮廓结合起来并记在心里。如果这个人对他很重要的话，他会把名字写在一张纸上，集中精力看着它，直到记住然后把纸撕掉。他用这种方法同时从听觉和视觉上对这个名字留下深刻印象。

我们今天所面临的挑战比拿破仑时代要严峻得多。无数研究表明，对我们的兴趣维度影响更大的除了电视就是互联网。只有140个字的微博、Face-book的新闻广播、电子邮件、即时消息和网页正在慢慢地影响我们的大脑。2010年5月份的《连线》杂志里，作者尼古拉斯·卡尔透露，洛杉矶加州大学的一位教授已经发现，在互联网上呆五个小时就可以使人类神经系统的传导改变路径。卡尔强调：

> 由心理学家、神经生物学家、教育学家进行的数次研究都得出同一个结论：我们上网时，会不由自主地进入一种进行粗略浏览、仓促和混乱的思考以及相当肤浅的学习环境中。虽然互联网给我们提供了获取大量信息的便利通道，但同时它也把我们变成了肤浅的思想者，真真切切地改变了我们大脑的结构。

2010年著名的电影评论家罗杰·艾伯特在博客中提到："现在我们的社会上有一种很浮躁的情绪。"他说得没错。但这样的现实并没有给我们忘记别人名字的借口。相反，它给我们提出了一个挑战。越来越多的人发现记住姓名实在太难，那些能记住名字的人可以获得数不清的好处。

怎么才能记住呢？

有些简单的方法。不要把问候忽略成一段空白或缩略成"嘿"或"嗨"，而应该在问候语中使用人名"亲爱的罗宾"或"早上好，罗伯特"。这样做的时候，可以练习拿破仑的技巧——把这个人的名字通过他的面容形象化。如果你采纳了前面章节的相关内容，去寻找并关心对方的兴趣，那么也把它们和对方的名字联系在一起。"罗伯特已经结婚，有三个女儿，他喜欢欧内斯特·海明威的作品。"这样不仅可以帮你在下次会面时能喊出罗伯特的名字，而且还有助于你跳出生意上的关系来看待他。

给你一个诀窍：在使用对方的姓名之前，要先确定场合是否正确。现在的大多数人可不止一个称呼。对许多朋友来说，著名的企业家理查德·布兰森是"理查德"。但对许多相熟的人来说，他是"布兰森先生"；对许多英国人来说，他就是"理查德先生"。我们现在的社会虽然已经没有那么正式，但如果把对方的名字用错了场合的话，你们的关系一定不会顺利。是苏珊还是苏西？本还是本杰明？杰奎琳又或者杰姬？最佳建议是不要胡乱猜测。

　　不要在电子邮件里把"理查德"叫做"里奇"或"迪克"。除非他这样向你介绍自己，他允许你这样称呼他或者他在语音邮件、短信或电子邮件中这样称呼过自己。如果你还没有被引荐或还没有与对方交流过的话，应该向和你处在相同社交地位上的人请教他们是如何称呼他的。不要去翻看他在Facebook或微博上的朋友对他的称呼——目前你还算不上他的朋友，还没有权利这么随意地称呼他。你应该看看他在自己的网站或博客上如何介绍自己。如果有提到他或关于他的文章，就用文章上的名字来称呼他。

　　我们必须记住一点，一个人对自己的名字比对其他人的名字都更关心。轻松地使用记住的名字，你就相当于细致却十分有力地赞美了别人。但是如果你忘记或拼错别人的名字，你就会将自己置于不利的境地。

　　而许多人会选择更安全的做法，称对方为"老兄"、"女士"和"先生"。这样你就可以优雅地抓紧时间记住和使用对方的名字。只要做几分钟的研究调查，就可以轻易避免许多问候上的陷阱。如果花上几分钟时间就意味着可以从芸芸众生中脱颖而出，意味着可以比其他人留下更深的印象的话，你认为是否值得？

　　如果你想让别人记住并使用你的名字，进行小小的投资是必要的。人们每天会以不同的形式知道很多名字——人名、公司名、品牌的名字、街道名和商店的名字。你的名字怎么才能脱颖而出呢？人们在很大程度上会把你的名字和某种情感联系到一起。如果你只是亚特兰大（超过五百万人口的大都市）某个餐厅的某个服务员的话，那你的名字并不会比你的汽车牌照或你衬衣的颜色更让人难忘。你的名字不会触动别人想与你建立友谊的情感。但是贝茨先生在见过一次面之后就能轻易地记住詹姆斯的名字。他每个月大约要在外就餐12次。当有人问他是否能记起其他服务员的名字时，他回答说："有的时候我甚至都不记得我自己是谁。"

　　我们应该清楚地意识到人名中蕴含着魔力，并且认识到这个名字完完全全服从于与我们打交道的人们，除此之外别无他人。名字是一个人的商标。获得生命之后，人们得到的第一件礼物就是名字。当在聊天、讨论的事情或我们寻求的人际关系中提到这个词的时候，名字蕴含了更重要的含义。

　　或许，医生的诊所可以为此提供最佳的证据。在医学界一直持续着对如何以及何时使用名字的大讨论。以名字为基础的过于个人化的互动关系是不是最好不应该出现在专业领域中？或者使用名字在治疗和康复过程中会有所帮助，尤其在讨论诊断结果的时候有用？

　　似乎大多数医生都认为专家的地位很重要，最好不要使用自己的名字。然而，医生的办公室往往是让患者觉得失去人性的地方。他们在这里就是一个个文件夹和病例，而不是一张面孔或一份情感。他们的名字经常被拼错或者读错，这只能突显医患双方关系有着脱节的潜在危险。

　　有一位行事高调的医生决心向这种趋势提出挑战。霍华德·范恩医生是全国卫生研究所（NIH）神经肿瘤学项目的负责人。他完成了独创性的研究，监督和分配 NIH 的所有资金运作。同时还亲自为前来就诊的脑瘤患者进行政府资助的免费治疗。

　　当病人第一次来看他的时候大多数都不抱任何希望。他们已经在网上看到过统计数据，而且听到过可怕的故事。范恩医生认为他工作的一部分就是重建患者的希望——认真负责的希望。他在这个过程中处理名字的方式起到了关键性作用。

　　他估计自己在过去几年里已经诊断了两千多名患者，他选择互动的一个方式就是自我介绍"我叫霍华德·范恩"——省略了"医生"的名号。他这样做就是鼓励患者只叫他的名字"霍华德"，从而把医患的关系提高到更高的层次。由此他不单再是一位试图从死亡的边缘挽救患者的医生。对患者来说，他是有教养的朋友、睿智的知己和为了他们的完全康复奋起反抗的勇敢拥护者。他不想放烟雾弹。他知道告诉患者事实十分重要，同时也是很痛苦的事情，建立亲善和谐的关系对于患者的健康十分重要。脑瘤患者需要的不仅仅是一名医生，而是一位了解他们的、值得信任的顾问。如果医生能把自己摆在和患者同样的高度上——有很强求生欲的芸芸众生，这一切就会水到渠成。

　　对一名杰出的内科医生来说，从"医生"的称谓中找到巨大的力量可能比较容易。但是让范恩的项目成为全国卫生研究所御宝的重要原因是，根据一位协会负责人所说，他意识到名字要比孤立的职位或被授予的称号更有效、更有意义。因此，卡耐基一直坚持认为名字是"任何语言中最甜美、最重要的声音"。

耐心聆听

你怎么才能在不损失一亿八千万美元的情况下，得到工作、获得客户和增加影响力？请仔细看下面这个案例。

2008 年 3 月，加拿大一个不知名的独立乐队成员到内布拉斯加州进行为期一周的巡回演出。他们乘坐联合航空公司的班机首站降落芝加哥。当他们开始下飞机的时候，听到身后的一位妇女大喊："他们在那里扔吉他。"他们立刻把鼻子贴到窗户上亲眼目睹了这一切。那位妇女说的没错。这些乐队成员的吉他被扔出来掉在地上，又再次被扔到行李车上。

这些吉他中有一把属于乐队领唱戴夫·卡罗尔，这是一把价值 3500 美元的泰勒牌吉他。他马上告诉空乘人员发生了什么事情。

他在自己的网站上透露，乘务员曾对他说："不要跟我说，去跟外面的主管说。"

他下了飞机，但是另一个员工也不肯花时间听他的投诉。遇到的第三名员工也打发他说："这就是为什么让你签保险的原因呀。"他解释说自己没有买保险，而且保险公司也不会因为飞机上许多人都看到的事情而索赔的。这个员工告诉他，只能等到了奥马哈之后才能找人投诉。

卡罗尔打开吉他盒后果然发现吉他已经严重受损。于是，他开始了长达一年的漫长投诉之旅。这期间，他一直在联合航空公司里找愿意听他说话的人。

在那十二个月的时间里，卡罗尔找过的每一位联合航空公司员工都告诉他应该怎么办，但没有人愿意听他说什么。他们还曾告诉他带着吉他到芝加哥做损坏鉴定。但是卡罗尔已经返回加拿大的家乡，他离芝加哥有 1500 英里那么远。

此时，卡罗尔已经花了 1200 美元把吉他修理好。因为他是职业音乐人，需要音质上乘的演奏器材。但是修好后的吉他声音跟以前大不相同。

他告诉联合航空公司，只要赔偿维修吉他的费用，这件事情就可以解决了。但是他的请求无人理会。

作为一名旅行歌曲创作者来说，他们永远都拥有两样东西：想表达的事情以及表达的途径。如果联合航空公司的人不愿意听，或许他的歌迷会愿意听。

卡罗尔坐下来创作了一首歌曲，名字就叫《美联航弄坏了吉他》。2009 年 7 月 6 日，他向 You Tube 上传了这首歌的视频。他本来希望第一年能有一百万次点击率。但实际上大大超出了他的期望：这首歌首播之后的短短两周，这段视频的访问次数就达到将近四百万。数日内，伦敦的《时代》杂志披露："糟糕的公共形象如风起云涌一般，造成联合航空公司的股价中途停滞，直跌 10％，造成股民一亿八千万美元的损失。而这笔钱能为卡罗尔更换五万一千多把吉他。"

倾听的力量就是改变心灵和思想的力量。必然地，这种力量也可以带给人们最想得到的东西——被倾听和获得理解。

Seesmic 的创始人卢瓦克·勒默尔主张，在线广告活动的概念已经过时。对每一个公司至关重要的是"长期的服务计划"，这样可以更容易倾听顾客的需要。

在线广告活动虽然前景广阔，但不能像其他媒介一样呈现出一种人口轮廓。如果你的公司想招一名二十三岁的女性电脑编程员而且还喜欢编织篮子。几乎可以肯定会在某个地方找到符合这些要求的人。这一直是广告客户梦寐以求的事情。可这种方法为什么现在不奏效了呢？

勒默尔说，这种方法不起作用是因为，简单地产生影响或曝光率并非这个世界的运作模式。这个世界是通过倾听和建立信任来运转的。这个过程相对缓慢，但总是最行之有效的。

在内战时期最黑暗的日子里，林肯给他在伊利诺斯州斯普林菲尔德的一位老朋友写过一封信，请求他到华盛顿一聚。林肯说他有一些问题想探讨。

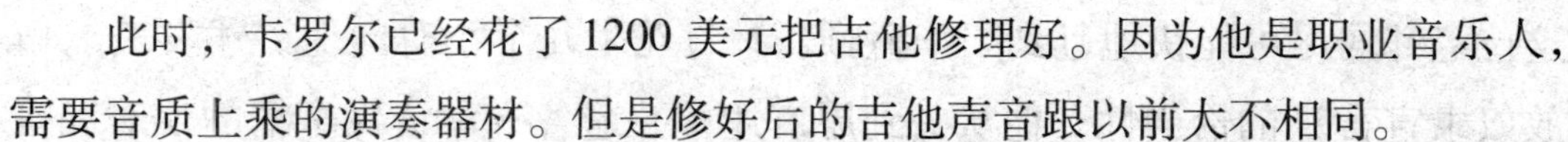

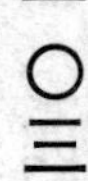

这位老邻居尽可能快地赶到了华盛顿。林肯花了几个小时向他讲述发表《解放奴隶宣言》的恰当性。他从头到尾讲述了一遍各方对这件事情的反对和赞成意见。然后给他读了相关的信件和报纸文章，有些是公开指责他没有真正解放黑奴，而有些则因为害怕他解放黑人奴隶而抨击他。经过长时间的对话之后，林肯同老朋友握了握手，道过晚安，没问老朋友的意见就把他送回了伊利诺斯州。林肯一直在说，但是诉说似乎理清了他的思路。

"他谈过后好像感觉轻松一些了。"林肯的老朋友说。林肯并不需要建议。他只是想要一个富有同情心的、值得信赖的听众，这样他就可以卸下自己身上的重担。其实这也是我们有时想要的。问题是你是否能找到这样一位愿意为你抬起重担的人。

柯立芝总统刚当上副总统时，接任他成为马萨诸塞州州长的钱宁·H.考克斯来到华盛顿拜访这位前任州长。令考克斯印象深刻的是，柯立芝总统每天会见众多拜访者，但却能在下午5点钟结束一天的工作。而考克斯本人经常要到晚上9点才能离开办公桌。"怎么会这么不一样？"他问柯立芝。"因为你总喜欢回嘴。"柯立芝说。

聆听的力量和微笑一样强大。你仔细聆听的时候不仅给别人留下深刻印象，而且还会为持久的友谊建立起稳固的桥梁。有谁会拒绝身边有一个为了尊重你的想法而愿意放下自己想法的人？现代社会几乎没有能像西格蒙德·弗洛伊德那样善于倾听的人了。一位曾经见过他的人这样形容他倾听的态度：

他给我留下了强烈的印象，简直让我对他无法忘怀。他身上所具备的品质是我不曾在其他人身上发现的。我从没见到过如此专注的神情。这根本不是什么"能刺穿心灵的目光"一类的把戏。他的眼神温和亲切，他的声音低沉而友好。他几乎没有什么手势动作。但是他投给我的专注力以及对我所说的事情（哪怕我恶语相向）的欣赏之情都是让人吃惊的。你简直无法想象，这样的人倾听你的谈话意味着什么。

有的人可能会说，像弗洛伊德、林肯以及其他过去时代的人表现出聆听的品质相对容易一些。他们的世界相对于现在来说更小一些，当然也更容易操控一些。这样说虽无不可，但是不能成为我们的借口。

是的，我们所处的时代更广阔也更不容易驯服，但这是我们把它变成这样的。因此，我们应该让这些特点朝着对我们有利的方向发展。但不幸的是，似乎还有许多人没能弄清这一点。

我们所能影响的圈子膨胀到远远超出我们的邻居和同事的范围。我们许多的人际交往主要通过网络进行，这么庞大的网络中即使没有成千上万人也应该有几百人了。这种网络几乎影响了大多数人。虽然我们可能倾听的人数大大增加，但我们真正会倾听的人数却在日益减少。《美国社会学评论》近期的一项研究表明，在人际交往上，人们比二十年前更加孤立：

总体说来，美国人拥有的私密朋友人数从大约三名减少到两名……1985年将近四分之三的人称他们可以找到朋友倾诉衷肠，而2004年只有一半的人认为能找到这种依靠。认为他们可以把邻居当成知己的人数也下降了一半多，从19%降到8%。

"我们不是说人们完全与世隔绝。"杜克大学的社会学家林恩·史密斯·洛温指导了这次研究调查并强调说，"他们在网络上有600个朋友……每天会给25人发电子邮件。但是他们之间不会讨论一些重要的私人问题。"

现在比起1936年本书首次出版时，人们显得更孤独一些。人们极其需要结交愿意花时间倾听的人，但现今社会"不耐烦"的人比比皆是。当然，相信没有忠诚朋友的帮助就能取得进步的想法也是荒谬的，但是我们总是在别人的提醒下才能看清这一点——通过他们的眼睛、他们的沉默和他们合上的钱包。

我们没有什么窍门来训练自己拥有更好的倾听技能。但有一条原则，如果每天都能够倾听他人心声可以让你跟其他人保持一种持久的联系：存在。一位殉职的宗教大使这样表达了这个原则："不管你在哪儿，都要全身心投入。"积极的政论家约翰要比他的同行更早了解这个原则。他声称自己从来没有失败的工作面试经历。每次面试，他都能得到工作录用通知。而最有趣的事情是，每次录用通知上都说他是最适合这份工作的人选。"其实我往往只是个一般水平而已。"

　　那么，他会把自己这种非同寻常的面试成功率归功于什么呢？是在面试时一种违反常规的思考方式。他解释说：

　　每一次面试都是跟素昧平生的人学习东西的机会。想想吧，环境造就了这一切。自然界里充满了"给予与索取"的关系。我在参加的面试中理解了什么是破灭的梦想，甚至是疯狂的期盼。人们希望有人倾听他们，并且希望身边有愿意倾听的人。我就听了，我还发现聆听能够得到一种极大的尊重——远远超过了事先准备好的演讲所获得的尊重。

　　结果证明，倾听也能获得巨大的尊重。约翰不寻常的面试经历已经被他转变成不寻常的机遇——他现在是一名中情局特工，同时也是白宫的演讲稿撰写人。

　　当问到他在别人面前的具体表现时，他说他的个人目标是每天都要问十五个问题。他说，最重要的五个问题是要向你的家人或跟你最亲近的人提问。问他们这一天过得如何，当然要更深入一点。问他们开心的原因或不高兴的理由。问他们上的课怎样了或者他们遇到自己喜欢的那个人如何。

　　另外五个问题是问经常与你共事的人。"过去常说的'从来就没有不好的提问'在头脑风暴的过程中有可能不正确。但是如果用一种真挚的情感与别人聊天时，任何提问都是对的。如果你带着尊重和兴趣来询问别人，你就一定不会问错问题。"

　　最后的五个问题，他说，留给你的网络空间——电子邮件、微博和博客。"认真地读别人的帖子和发布的消息，用提问的方式进行评论或回复。每天至少对五个人这样做。除此之外，用发帖和更新的方式向你的朋友和粉丝提问更多问题。你会因为有更多人回复而感到吃惊的。"

　　鲍勃·泰勒就很认真地对待泰勒吉他的事情。当他听说戴夫·卡罗尔的泰勒牌吉他被联合航空公司毁坏时，就直接给卡罗尔打电话，给了他两把他自己挑选的吉他。想象一下，如果联合航空公司的某个人，任何一个人愿意用耳朵倾听，和戴夫·卡罗尔一起把事情处理好的话，又会发生什么事情。如果他们能这么做的话，他们就极有可能不必在卡罗尔的视频风靡整个网络之后发布以下声明了：

　　这件事情让我们十分震撼。我们现在正在逐一进行谈话弄清楚到底发生了什么。但是我们达成共识，这件事情本应该很快就能得到补救的。戴夫·卡罗尔的视频给了联合航空公司一个学习的机会，我们会把它作为训练课程，确保所有的客户都能从我们这里得到更优质的服务。

　　人常说"活到老学到老"，恐怕对我们大家来说同等重要的教训是，如果你肯倾听和学习的话，你的生活会更加和谐。

探讨别人关心的事情

　　在一次晚宴上，乔治·萧伯纳坐在一个年轻人旁边，这个年轻人真是令人讨厌到前所未有的程度。忍受了他没完没了的开场白之后，萧伯纳插嘴发表了个人的意见。他说，他们已经知道了这个世上所有应该知道的事情。

　　"怎么会呢?"年轻人问道。

　　"是的，"萧伯纳说，"除了你很讨厌之外，你似乎无所不知。而我却知道这一点"!

　　这可不是这位年轻人想给人留下的印象。但是这件事却证明了很重要的一点：当有他人存在的时候，你应该探讨一些对对方重要的事情。否则对方会对你充耳不闻，或者像这个例子一样，对你十分厌烦。

　　这条有趣的法则值得今天绝大多数人在进行沟通时仔细思考。大多数信息主要是用来向大家告知我们的生活或产品情况，向大家展示我们自己认为别人会感兴趣的东西。但是这种做法绝对是一种十分武断的策略，实际上也十分被动。因为它必须要别人先与我们发生联系才行。就像网站上的标题广告一直等着有人点击它一样，我们贡献出自己最佳状态时的"数字广告"，希望别人能与我们交流。

　　这样做的问题在于，这种交流是一种营销式的独白，而非交流式的对话。这只是惺惺作态的伪装，而不是相互同化的过程。如果在这种伪装的指引下，我们获得了友谊或者对别人产生了影响，那么结果一定会发生扭曲。

　　1810 年，美国将军威廉·亨利·哈里森是当时印第安纳地区的地方长官。他正在跟特库姆塞进行会谈，尽力阻止矛盾公开化。将军下令送一把椅子给这位北美印第安人首领。送椅子的人说："你的父亲，哈里森将军，给你的椅子。"

"我的父亲！"特库姆塞咆哮着，"我的父亲是太阳，母亲是大地，我就躺在她的臂弯里"。他看都不看那把椅子，自顾自伸个懒腰躺在地上。

在形成持久影响力的过程中，最具危害性的做法就是个人和公司都只关心建立印象的方法技巧，却不管对方的需求。这种方法非但自以为是，而且还是一种拙劣的商业方针。这个世界更需要的是——卡耐基在 75 年前就已经主张的——建立桥梁式的对话和沟通。只要你能消除对方身上那营销和社交媒体带来的浮躁情绪，每次交往时都想着跟对方有关的事情，那么这种桥梁式的对话和沟通就能实现。

首先，正如我们之前说过的，我们要倾听。一旦通过倾听了解了对方关心的事情，就可以在交往的开场白时表达你的关切，从而建立真正地交往。如果你们直接谈生意，那么这个过程就是把顾客重新放回到顾客关系管理当中——正如瑟尔斯博士在博客中指出，这种努力更多地是针对管理而非针对顾客。"除了你的客户之外，每个人对影响力的理解都是错误的。"商业策略专家瓦莱丽娅·马尔托尼在博客中写到。

在你陷入无法达成预期结果的窘境之前好好思考一下……真正的影响力应该是用共同的利益将大家召集到一起。这个过程就是从你的客户和潜在客户中确立共同关注的领域，建立共同的圈子，当你满足他们的需求时能够扩大你在其他人中的影响力……如果你一直想着自己就是影响力所在，你就会成为哗众取宠的人。那是不对的。你根本不必效仿名流来增加自己的重要性。

当通过讨论对方关切的事情进行交往时，你们就会建立起一个共同的圈子。而这个圈子对你很重要，不管你是想做砖灰生意，还是创立一个新品牌或者策划一个重要的合并计划。当然了，这只是一个初期的交往，你还要学会经营你们的关系。今天的多数营销学和社交手段仅仅触及到很浅的层面——如何获得新的追随者、新的粉丝或得到新的客户。它们经常忽略的东西是长期性的计划。我们叫它顾客维系策略，最好把它想成是，如何在一个圈子的朋友当中展开愉快而有意义的对话。

如果所有长期成功的基础是建立以信任为基础的人际关系，那么所有人际关系的目标就应该是，经常并尽快地将彼此的重要性传递给对方。这样能够克服许多共同的障碍。

杰森每年会去塞内加尔共和国最偏远的地区旅行几次。他第一次去那里旅行时完全不带任何功利目的。现在仍然会去那里是因为他总是能学到很多东西。最近一次，在一个有46度高温的下午，一个村庄的长者把他叫到外面问他一个问题：北美的人民是怎么居住生活的？

杰森说大部分人居住在独立的房屋中，有点像村里的小茅屋。还有一些住在公寓里，一间间地上下左右摞起来，形成摩天大楼。

这位长者询问："那么所有这些房子四周都有墙喽？"

"是的。"杰森回答说。

"那是为什么？"

"保护大家不遭受恶劣天气侵扰，有的时候还防坏人。为了保护家中的财产和隐私。"

"哦，不，不，不。"这位长者回答，"这是一种倒退"。他解释说，在他们的村庄里，大家都把墙拆掉来保护安全。"你看，墙后面藏了太多的东西。如果我们把墙拆掉让任何人都能看到里面的话，那么我们会都很安全的。"

我们生活在现代世界，在这样的世界中我们会筑起高高的围墙。我们的电脑需要防火墙，我们的地产有砖灰墙，我们的农场和庭院四周都围着木栏和铁丝网。散漫的社会互动则是另一道高大的围墙。它可以导致存在于人际关系之外的一种影响力——这种影响力建立在追随跟风而非真正的友谊之上。

《开放：社会化媒体如何影响领导方式》的作者和社交媒体专家查伦·李就曾告诫过，这种强大的数字化影响力会产生巨大的危害。在最近的一次采访中，她强调指出最令人担忧的事情——一种错误的安全感。"朋友和粉

丝是不同的。粉丝的责任感较弱，共同兴趣和利益较少。粉丝和朋友在某个忠诚的连续统一体中分属不同的两端。当产生影响力的时候，往往在朋友那一端的影响力要更持久一些。"

要证明李的观点是否正确，最简单的方式就是上网试着买一个 Facebook 上的朋友。做不到。你只能向一些公司买 Facebook 上的粉丝，那些公司还可以确保你拥有许多微博的追随者，但是让社交媒体来揭示一个伟大的真理：真正的朋友是买不来的。"我们什么时候才能知道拥有成百万名追随者并不等于影响力？"加拿大的米奇·乔尔在博客上说。他是《湿营销》一书的作者，是 iMedia 选出的 25 位互联网营销领导者和创新者之一。

除非有适当的分析方法和公开表达意见的机会，否则这个游戏（嗯……生意）就不可能做好……有些圈子比较小却更强大，这是因为它蕴含影响力……只有赢得"真正影响力"的品牌……才会获胜，因为它们拥有真正的人际关系（它们的人际关系真正有意义）……对于生意而言，思考如何运用这些机会来进行沟通和严肃的交往远比从数量上取胜要实际和现实得多。

牛顿·迈诺是约翰·F·肯尼迪总统任期内联邦通信委员会的负责人，十分具有影响力。后来他还在各种其他受人尊敬的公共部门和私营部门工作过。当他被问及秘诀所在时，他说这完全得益于他在大学的主修专业。他主修语义学。语义学不仅仅关于词汇，它还研究这些词汇使用的语境。它是一门有关理解的科学。

肯尼迪

他曾指出，所有冲突中有 99% 都是由于不同语境中话语的误解而造成的。因此，他的成功来自于坚持不懈地去尝试理解对方的意思。

这种努力在今天的社会尤为重要，因为马克·扎克伯格决定把 Facebook 上的每个人都称作"朋友"。他做出一个很容易被误解的语义学抉择。人类的大脑——更别提人类的心脏了——根本无法处理几百个朋友的信息。根据牛津大学进化人类学教授罗宾·邓巴的研究，我们的大脑限定了我们处理社交圈子的能力大约在 150 位朋友上下，不考虑我们是否善于社交的前提。

邓巴观察了 Facebook 上的情况，发现在网上也是这样。"有趣的事情是，你可以拥有 1500 名朋友，但是如果你看一下网上的流量，你就会发现人们一般会保持一个 150 人左右的核心圈子，这跟现实世界的发现一样。"

把邓巴介绍给迈诺十分重要，因为邓巴把朋友定义为你关心且每年至少联系一次的人。必须加以区别，因为我们无法同时拥有 150 位密友，但我们可以有 150 个具有影响力的人际关系。

密友关系要求我们能够履行重大承诺，而且这种关系是基于巨大的风险之上——第一个风险是相信自己是人们最关切、最重要、最能影响对方人生的人。如果我们认识不到自己存在的重要性，那么我们就永远无法给予任何人我们的人生这个礼物。但同样的，另一个风险在于，拥有密友就意味着我们有可能被他们深深地伤害。有些人为了保护自己免受人际关系引起的伤害而选择没有亲密的朋友。而有些人则选择泛泛之交，这样一个人造成的伤害就会由其他朋友分散。

问题的关键是人际关系都是有风险的，如果我们想影响别人的人生，我们就必须接受这些风险。虽然，根据我们寻求关系亲密度的不同，风险的程度会变化，但是在交友的整个过程中都会有风险的存在——从好奇的追随者变成你可以对他（她）施加影响力的朋友。一旦通过倾听而了解到对方关心的事情，唯一让别人真正忙于他们所关心的事情的方法是把你的事情搁置一边。和其他所有十分有意义的冒险一样，回报也与之相称。随之而来的影响力会更有效。很快，你关切的事情就会变成对方关心的事情。

杰米·特沃尔科夫斯基深谙此道。2002 年，一位名叫蕾妮的朋友用分隔可卡因的刀片划伤了自己的手臂。她绝望、孤独，周围全是一群跟她一起醉生梦死的所谓"朋友"，蕾妮丝毫不留恋这个世界。

杰米是一位谦逊的冲浪板销售代表，他和一群朋友走进并介入了蕾妮的世界。他们尽可能回避情感风险，告诉蕾妮身边还有他们的存在。他们给她

买咖啡和香烟，给她听音乐。他们用爱来包围她。他们想，如果在她的双臂上写满爱而不是划上自我唾弃的侮辱词汇，蕾妮会怎样。

杰米与蕾妮的友谊促使他设计了一些 T 恤，销售所得用来资助蕾妮的康复治疗。杰米跟一个著名摇滚乐队领唱的交情让他提出了一个请求："在舞台上穿上我们的 T 恤吧。"这位乐手表示同意。

将近十年过去了，蕾妮已经没有毒瘾，而杰米创立的机构"在她的双臂上写满爱"每年都会卖掉价值将近三百万美元的 T 恤，而这些钱都用于各种康复计划。

在微博上有二十多万人追随着杰米。但他知道，大多数都是好奇的粉丝和追随者。只有一少部分才是朋友，就像蕾妮一样。

他对那些追随者也会产生一些影响力，但远不如他对朋友产生的影响力深远和持久。他承认这一点，而且颂扬世界上还有其他人也在做好事，也都值得追随。

他对自己的朋友具有很强的影响力，这才是他选择停留的地方。不管是跨国公司，还是个人代理商，这才是你应该驻留的地方，虽然每个人的朋友圈都不同。

当你寻求对他人发挥持久的影响力时，区别朋友与追随者的界限很重要。在这个世界上你可以对他们发挥影响力，他们是上天赐给你的礼物，是一种责任。你不仅要知道他们是谁，而且要永远知道什么对他们最重要。这是他们给你的礼物，一定要珍惜它们。责任会引导你们的关系进入一种对双方都有意义的境地——起码要对对方有意义。

"一个品牌能把它的信息呈现给成千上万人，必须以其影响力贯彻始终。"米奇·乔尔在前面提到过的博客里总结说。

我们（作为公众）似乎认为影响力来自于我们在市场上产生的印象和交往……不是的。真正的影响力来自于与个体的交往。给这些关系充足的营养，给别人的人生带来真正的价值，为他们做任何事情，这样在你需要帮助的时候，总会有人向你伸出援手。不要为你与多少人有交往而烦恼，你更应该担心你交往的人都是谁，你怎样做才能重视和尊重他们。

　　或许到头来，对你最有意义的事情正是对别人有意义的事情。有一件事情是肯定的：在一个每天信息激增的时代里，真正重要的信息只有一小部分而已。要想影响他人，就应该先确定你所传递的信息都是真正重要的。

对别人好一些

　　"他叫自己麦克。"史蒂夫·斯坎隆喜欢以这种方式分享这个故事。他是一位商业教练，同时建有自己的博客。"我和我的妻子，法拉，住在中央公园南面几个街区之外。我们拦住他的出租车，按惯例准备参加我们在小意大利每年一度的晚餐。我们选的时间不太好，正值万圣节前夕。拥挤的街道上挤满了比平时多两倍的车辆。当麦克驾车在市中心和下曼哈顿的街道上左突右撞时，我们很清楚那晚的计划必须做一下变动。他建议我们去格林威治村，我们表示同意。几分钟后，他在村口围栏前把我们放下来，还给我们推荐了三家餐馆。随后他就开着车又返回了缓慢爬行的车流中。我以为那会是最后一次看到他。"

　　虽然，斯坎隆喜欢面带着微笑讲述这一切，但麦克却不是这么想的。

　　在他们享用晚餐时，斯坎隆伸手进自己的裤袋寻找手机。他发现自己的手机不见了。当他想起把它放到哪里时，不禁惊慌起来。

　　他想到自己要取消账户，丢失重要的联络资料，还要买一部新手机时的痛苦，就不忍放弃。他用妻子的手机拨通自己的电话，心想会听到自己的电话留言，但回答他的却是一个温和的带有印度口音的声音。

　　"类好？"

　　"你是谁？"斯坎隆呵斥到，态度远比自己预料地粗鲁。

　　"我是麦克。"那个声音说。

　　斯坎隆吸了口气，解释说他们必须赶紧回家，因为还要赶一班飞机。

　　"我的上帝呀，"麦克回复说，"你的手机很重要。我会尽快赶过来的。"然后他约好一个街角见面并保证尽快赶到。

　　斯坎隆吃惊地转向他的妻子，终于松了一口气。他向妻子讲了刚才的事情。二十分钟后，麦克开车过来并拿出了手机。斯坎隆把80美元放进这位出租车司机的手中——这是他身上所有的钱。

"他很谦逊，"斯坎隆解释说，"但是我想让他知道他的这个举动多么了不起。他只字未提钱的事情。他放下出租车计费器，一路赶过来就为了帮助一名粗心大意的乘客。这个举动十分令人震撼——如果我身上还有更多的钱，我一定会全部都给他的。"

这位出租车司机的小小举动却带来了很大的影响；它把一场噩梦变成了一次永生难忘的体验。斯坎隆把麦克做的事情称作"从小处着想"，这正是对待别人好一些的基础。

不知从何时起，我们被教导应该胸怀大志。我们知道设立宏大的目标，跟大人物结交，做成一笔大生意的巨大好处。时下最普遍的流行大事可能是获得大批粉丝的追随。虽然这些大志十分重要，但如果我们仅仅盯着这些不放的话，就会忽略那些可以引起极大差异的小机会。我们会失去许多机会进行稍微深入地接触，进行稍微紧密地联系，这些小小的举动都能让别人感觉跟我们交往更舒服。

斯坎隆解释说"关键不是说一心只想着宏图大业是错误的。而是应该有一点进步——尤其是人与人之间——但是单靠它还不足以达成你的宏伟目标"。

在播种与收获之间还要经历许多阶段。大多数时候不起眼的小种子都是在每天的细枝末节中种下的。

美国梅西百货公司的销售经理立下宏伟大志，要在六月份让女鞋的销售额翻番。他说，这本来应该是一个销售旺季，再加上大力促销，本来应该让销售额有大的突破的，但不幸的是，结果并不理想。

六月一日一到，他的销售人员没有听从顾客的心声，完全不顾客户的预算和购物时间是否允许，而是忙着进行大计划。他们建议销售更昂贵的鞋子或者第二双半价或搭配销售配饰。但到月末他们的销售总额下降了8%。

什么地方出错了？

一般的销售经理可能会批评自己的销售团队缺乏执行能力。而这位经理却从自身找原因。如果换种做法会怎样？他意识到他一直痴迷的宏伟计划已经让他的团队忽略了小举措也能实现目标的事实。这是一个常犯的错误。幸运的是，这位经理还有第二次机会。

几个月之后，梅西百货公司要开始劳动节大促销。销售经理采取了不同的方法。他给自己描绘了相同的目标——比上个月销售额增加一倍——不过这一次他很注重大目标下的小细节。他让他的销售人员寻找每一个可以为顾客服务的机会——陪着她们去盥洗室，帮她们看着孩子，把婴儿车停到柜台后面，留心他们的购物时间和消费预算等等。销售团队没有关注他们要销售的东西，而是全身心地让他们的顾客感觉这一天能过得舒服一些，不管他们买不买鞋。

你觉得会发生什么事情？

九月份的总销售额比八月份提高了40%，没有增加一倍——连经理本人都承认这个目标太高——但是比六月份提高了50%。最重要的是，有进步。两种做法的区别在于细节的不同。

宏伟的目标没有改变，但销售人员的注意力发生了改变。他们不去寻找大销售额，而是通过细小的、有意义的方式让顾客感觉更舒适。有意种下的小种子也会带来大收获。

许多人会错把灵感启发等同于执行力。两者的关系就像一位艺术老师把学生们带到高山牧场上，让他们把瑰丽的风景画下来一样。尽收眼底的景色令人激动不已。青青小草随风摆动，白杨树上金黄的叶子沙沙作响。一条小河从远处覆盖着皑皑白雪的高山下蜿蜒流出。但是仅凭所看到的美景还不足以让学生们在画布上描绘出哪怕树叶的一枚叶片。如果没有精心设计每一个小细节的话，决不可能在他们面前重现一片独特的牧场。要想成为能够驾驭大场景画作的伟大艺术家，就必须学会关注小的细节。这在人际关系方面体现得尤为突出。

怎么会有人对伴侣关系、合作或友谊没有雄伟的规划？如果对未来没有设想，求婚就没有任何意义。如果对商业伙伴关系的将来没有任何计划，那么合作协议就是一张废纸。如果上司与下属之间对未来的工作没有前景规划

的话，雇佣协议丝毫没有用处。但是只向你心爱的女人倾诉你的爱慕就够了吗？还是仅仅做出提供优质的客服或重要的支持保证就足够了？

据说达·芬奇从 1503 年就已经开始蒙娜丽莎的创作，但直到 1519 年还没有完成。一些艺术史学家推测，他花了大部分时间来思考和推敲蒙娜丽莎高深莫测的微笑。而这一微笑在此后的五百年一直是人们谈论的焦点。现在这幅著名的微笑画存放在卢浮宫价值 750 万的展室当中，每年会迎来六百万名游客前来参观。这幅画的价值估计在五亿美元上下，但大多数人认为她是无价的。

如果没有最著名的微笑这个细节，蒙娜丽莎会这么有名吗？就算作者当时有宏伟的想法，做梦也想不到它会有这么巨大的潜力。

同样的，如果你不把鼓舞人心的目标转化成小的行动，那么你对人际关系、追随者、公司或合作的再宏大的目标也会逐渐失去潜力。

"大多数生意人都还把客户服务当成一种广告宣传。"斯坎隆说，"他们公布服务、作出承诺并进行改进。但除非他们每天都能增加一些细小的内容，否则客服永远都只是嘴皮子上的功夫。"就好比没有微笑的蒙娜丽莎——付出的努力是好的，但跟其他人或事却没有丝毫区别。

你必须牢牢记住一点：你交友的动机与别人愿意与你交往的动机是截然不同的。

你的动机是通过对方的忠诚、支持或合作帮你成就事业，你的动机是通过交往和合作实现宏伟蓝图，你交友的动机是为了事业的前景。

相反的是，那些愿意与你交往和合作的人却十分看重细节。他们会用细节来衡量你的动机。他们只看事情的本质。

有些人会不停地这样问你："我与这个人的关系有多重要？"

"你最近为我做了什么？"这种念头仍然在许多人心里根深蒂固。或许在今天成千上百万条信息和信息传递者争相吸引注意力的背景下，会有更多人怀有这种想法。这并不是像有些人认为的那样建议大家，必须不断战胜自我或者必须像一件展品一样为了吸引别人注意而招摇过市。它只是告诉大家，促进所有人际关系的秘诀是增加自身的重要性，而且要有规律地这样做。

　　不幸的是，"在数字化时代交朋友已经演变成市场营销，变成如何吸引别人的眼球或如何变得举足轻重"。极富盛名的、教导大家如何表现出最佳状态的教练托尼·罗宾斯在最近的采访中说："有两种方法可以出名，做很好的事情或做很坏的事情。但不幸的是，今天的社会里作恶反倒是最容易出名的方式。科技带给我们难以想象的便利，让我们每时每刻可以与他人交流、学习和自我增值。但我们也可以把某个人烧死或者做出一些愚蠢的事情，在瞬间出名。不幸的是，许多人都选择了后者。"

　　这样做除了显而易见的不良后果之外，还有一个问题就是，在数字化时代永远都不缺少劲爆的事件被报道。在各种媒介手段、销售活动和"自我"的数字化方式当中，博得别人关注的竞争异常激烈。但是即便出了名，范围也很有限。

　　今天交友和影响他人的真正关键在于，不要操纵和控制人际关系，而是要让它变得更有意义。做到这一点的唯一方法是不停地增添价值和意义。

　　这就是一个天平，在上面可以量度你的每一个交往对象——每一个微博、帖子、电子邮件、电话和真实的朋友。天平会向哪一边倾斜——更重要、更有价值的一边还是不重要的一边？随着时间的推移，天平又会向哪一边倾斜？这个问题可能要更重要一些。因为我们都会犯错，都有运气不佳的时候。人际关系破裂所带来的附带后果会比以前更快捷、更残忍无情。单凭这一条理由，最明智的做法就是让一切都在你的控制之中——通过每一个媒体和每一条信息——对别人好一些。虽然我们留有犯错的余地，但空间也绝不可能大到可以举办华丽舞会的地步。试想有多少次仅仅因为一个眼神而使友谊破裂？

　　各种传统文化都有关于正义之神的故事。力量强大的女神忒弥斯是公共秩序的组织者。狄刻是希腊正义女神，负责权衡对错，朱斯提提亚是罗马正义的化身，因为人类所做的错事而被迫升入天国。玛特是埃及女神负责掌管宇宙秩序，直至创世纪时刻到来后才成为天国的监管者。

　　现在，从众神中诞生了现代社会的正义化身：她的双眼被蒙住，手持利剑和天平捍卫着西方司法体系。她所传达的信息再简单不过了：必须逐案权衡，真理才能获胜。

更微妙的道理是：任何事情都可能使天平倾斜，每件事情都不存在无用的争论或不相关的事实，正义的天平可以衡量一切。

正义中的根本亦即人际关系的本质。不存在中立立场。你要么对别人好一些，要么对别人差一些。

乔丹离婚十年后再婚，他在自己的婚礼前夜评价了自己的上次婚姻。一位朋友问他第一次婚姻为何会失败。他说，那是因为他忽略了天平。他与前妻的每次交流无非就是向她传递两种信息中的一种——她对他而言是这个世界上最重要的人或她不是。但他经常向她传递的是后者。

期待着与每个人的每次交流都会产生改变人生的影响也是不现实的。但是你的天平也会每天向不同的一边倾斜。知道这一点可以让你有更多理由留意你所传递的每条信息。时刻把利他主义置于优先的位置会让你在这个数字化时代变得与众不同。

《纽约时报》的专栏作者大卫·布鲁克斯负责"五强国家"的专栏撰稿。他把日本在二战投降后所呈现出的谦逊品质同今天我们所看到的品质进行了比较。"法西斯主义代表的是雄伟、浮夸、自吹自擂和狂热。而二战胜利之后，盟军的宣传机器也旗鼓相当地造势。到 1945 年，每个人都厌倦了这一套。民众们热切地渴望一种朴素的、自我克制的、适度而宽容的公众生活方式。"

谦逊的品质以及像关注自己那样心系他人是那个时代的文化现象。随着时间的推移，这种情感开始逐渐发生变化，布鲁克斯写到："他们不会在上帝和历史面前保持谦逊，而是通过与自己的亲密接触来实现道德救赎。在吸引世人眼球的这场竞赛中，自我爆料和自恋反倒成了赢得关注的途径。"

当然有一些在今天得到了大家的关注——或许"臭名昭著"这个词更确切一些。他们自我崇拜从而营造了一种名人效应。有的人利用这种方法竟然能笼络到几百万名粉丝。但我们对这些人的印象如何？他们是否能对别人产生持久的影响？也许受到关注之后，他们给人们带来了文化利益，有利益总比没有好。但这些人充其量只是些煽动者。就好像一顿乏味用餐前的葡萄酒一样，他们并没有为我们的味觉准备任何真实的食材。

有一件事情在几千年来一直没有改变过——各种文明社会中的哲学家们都得出过同样的结论，与历史一样古老。2500 年前，波斯的琐罗亚斯德如此教诲过他的跟随者。2400 年前中国的孔子曾教授过他的弟子。老子传教给他的门徒，同一时间的佛陀在恒河两岸也曾布道过。印度教的圣书也在 1000 年前讲过这些哲理。它们总结起来就是：已所不欲，勿施于人。两千多年之前，耶稣以不同的方式阐述了相同的观点："己所欲，施于人。"

这是人类历史中唯一被我们称为"金科玉律"的法则。

现在数字化时代的一个讽刺性的优势在于，许多人都拥有一种优越的观念，这种想法为你制造持久的影响力提供了一种简单的方法：以微妙的方式表达对方的观点是正确的。而对方极可能会如法炮制还你这个人情。

"你知道我为什么喜欢你，艾克?"温斯顿·丘吉尔问德怀特·艾森豪威尔总统。后者与个性十足的伯纳德·劳·蒙哥马利、戴高乐和富兰克林·D.罗斯福几乎都能和睦共事。"因为你一点架子也没有。"

总是对别人好一些，你会惊讶地发现这样做会让你变得很伟大，而且具有影响力。

第四章　不露痕迹的改变他人

用赞誉作开场白

　　在柯立芝总统执政期间，他的一位朋友接受邀请，到白宫去度个周末。他偶然走进总统的私人办公室，听见柯立芝对他的一位秘书说："你今天早上穿的这件衣服很漂亮，你真是一位迷人的年轻小姐。"

　　这可能是沉默寡言的柯立芝一生当中对一位秘书的最佳赞赏了。这来得太不寻常，太出乎意料之外了，因此那位女孩子满脸通红，不知所措。接着，柯立芝又说："现在，不要太高兴了。我这么说，只是为了让你觉得舒服一点。从现在起，我希望你对标点符号能稍加小心一些。"

柯立芝

　　他的方法可能有点太过明显，但其心理策略则很高明。通常，在我们听到别人对我们的某些长处赞扬之后，再去听一些比较令人不痛快的事，总是好受得多。

　　而麦金尼远在 1896 年竞选总统时，就曾采用了这种方法。当时，共和党一位重要人士写了一篇竞选演说，以为写得比任何人都高明。于是，这位仁兄把他那篇不朽演说大声念给麦金尼听。那篇演说有一些很不错的观点，但就是不行，很可能会惹起一阵批评狂潮。麦金尼不愿使这人伤心，他不想抹杀这人的无比热诚，然而他却又必须说"不"。请注意，他把这件事处理得多巧妙。

"我的朋友，这是一篇很精彩而有力的演说，"麦金尼说，"没有人能写得比你更好。在许多场合中，这些话说得完全正确，但在目前这特殊场合中，是否相当合适呢？从你的观点来看，这篇演说十分有力而切题，但我必须从党的观点来考虑它所带来的影响。现在你回家去，根据我的提示写一篇演说稿，并且送我一份副本。"

他真地照办了。麦金尼替他改稿，并帮他重写了第二篇演说稿。他后来终于成为竞选活动中最有力的一名演说者。

这种哲学在日常的生意来往上，也能奏效。我们以费城华克公司的高先生为例。

高先生在某次上课之前的演讲会上，讲述了下面这一则故事。

华克公司承包了一项建筑工程，预定于一个特定日期之前，在费城建立一幢庞大的办公大厦。一切都照原定计划进行得很顺利，大厦接近完成阶段，突然，负责供应大厦内部装饰用的铜器的承包商宣称，他无法如期交货。什么！整幢大厦耽搁了！巨额罚金！重大损失！全因为一个人。

长途电话、争执、不愉快的会谈，全都没效果。于是高先生奉命前往纽约，到狮穴去擒他的铜狮子。

"你知道吗？在布鲁克林区，有你这个姓氏的，只有你一个人。"高先生走进那家公司董事长的办公室之后，立刻就这么说。

董事长很吃惊："不，我并不知道。"

"哦，"高先生说："今天早上，我下了火车之后，就查阅电话簿找你的地址，在布鲁克林的电话簿上，有你这个姓的，只有你一人。"

"我一直不知道，"董事长说，他很有兴趣地查阅电话簿，"嗯，这是一个很不平常的姓，"他骄傲地说，"我这个家族从荷兰移居纽约，几乎有两百年了。"一连好几分钟，他继续说到他的家族及祖先。当他说完之后，高先生就恭维他拥有一家很大的工厂，高先生说他以前也拜访过许多同一性质的工厂，但跟他这家工厂比起来就差得太多了。"我从未见过这么干净整洁的铜器工厂。"高先生如此说。

"我花了一生的心血建立这个事业，"董事长说，"我对它感到十分骄傲。你愿不愿意到工厂各处去参观一下？"

在这段参观活动中，高先生恭维他的组织制度健全，并告诉他为什么他的工厂看起来比其他的竞争者高级，以及好处在什么地方。高先生对一些不寻常的机器表示赞赏，这位董事长就宣称是他发明的。他花了不少时间，向高先生说明那些机器如何操作，以及他们的工作效率多么良好。他坚持请高先生吃中饭。到这时为止，你一定注意到，一句话也没有提到高先生此次访问的真正目的。

吃完中饭后，董事长说："现在，我们谈谈正事吧。自然，我知道你这次来的目的。我没有想到我们的相会竟是如此愉快。你可以带着我的保证回到费城去，我保证你们所有的材料都将如期运到，即使其他的生意都会因此延误也不在乎。"

高先生甚至未开口，就得到了他想要的所有的东西。那些器材及时运到，大厦就在契约期限届满的那一天完工了。

如果高先生使用大多数人在这种情况下所使用的那种大吵大闹的方法，这种美满的结果会发生吗？

用赞扬的方式开始，就好象牙医用麻醉剂一样，病人仍然要受钻牙之苦，但麻醉却能消除苦痛。

说人之前先说自己

几年以前，我的侄女约瑟芬·卡耐基，离开她在堪萨斯市的老家，到纽约来担任我的秘书。她那时十九岁，高中毕业已经三年，做事经验几乎等于零。而今天，她已是西半球最完美的秘书之一。

但是，在刚刚开始的时候，她——嗯，尚可改进。有一天，我正想开始批评她，但转念又想："等一等，戴尔·卡耐基，等一等，你的年纪比约瑟芬大了一倍，你的生活经验几乎有她的一万倍多，你怎么可能希望她有你的观点、你的判断力、你的冲劲——虽然这些都是很平凡的？还有，等一等，戴尔，你十九岁时又在干什么呢，可还记得你那些愚蠢的错误和举动？可还记得……"

经过诚实而公正地把这些事情仔细想过一遍之后，我获得结论，约瑟芬十九岁的行为比我当年好多了。而且，我发现自己并没有经常称赞约瑟芬。

从那次以后，当我想指出约瑟芬的错误时，总是说："约瑟芬，你犯了一个错误，但上帝知道，我所犯的许多错误比你的更糟糕。你当然不能天生就万事精通，那是只有从经验中才能获得的。而且你比我在你这年纪时强多了，我自己曾做过那么多愚蠢的傻事，所以我根本不想批评你或任何人。但难道你不认为，如果你这样做的话，不是比较聪明一点吗？"

加拿大明尼托拔布兰敦的一位工程师狄里史东，他的秘书有点问题：口述的信打好了，送给他签名，每页总会有二三个词拼错。狄里史东先生怎么处理这个问题呢？

当下一封信送来时，上面仍有些错误，狄里史东先生就跟他的秘书一起坐下，对她说：

"不知怎么了，这个词看起来总是不对劲，这个词我也常常不会写，所以我才写了这本拼词本。（他打开了小笔记本，翻到那一页。）对啦，这就是了。现在我对拼词比较留心，因为别人会以拼错词来评断我们够不够职业水准。"

自从那次谈话后，她拼错词的次数确实少多了。

一个人即使尚未改正他的错误，但只要他承认自己的错误，就能帮助另一个人改变他的行为。这句话是马里兰州提蒙尼姆的克劳伦斯·周哈辛最近才说的。因为他看到了他十五岁的儿子正在试着抽烟。

"当然，我不希望大卫抽烟，可是他妈妈和我都抽烟，我们一直都给他做了个不好的榜样。我解释给大卫听，我跟他一样大时就开始抽烟，而尼古丁战胜了我，使我现在几乎不可能不抽了。我也提醒他，我现在咳嗽得多么厉害。"

"我并没有劝他戒烟，或恐吓警告他抽烟的害处。我只是告诉他，我如何迷上抽烟和它对我的影响。"

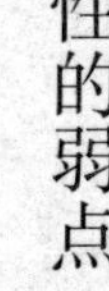

"他想了一会，然后决定在高中毕业以前不抽烟。直到现在都未曾想再抽烟。"

"那次谈话的结果，我也决定戒烟。由于家人的支持，我成功了。"

圆滑的布洛亲王，在 1909 年，就已经明白这样做事的迫切需要。

当时的布洛亲王是德国皇家参议，当时的皇帝是威廉二世——威廉，傲慢的；威廉，狂妄自大的；威廉，最后的德国皇帝。

他缔造了海军、陆军，他自夸说他能随心所欲地改变一切。

于是，一件令人震惊的事情发生了。威廉皇帝讲了一些话，一些令人难以置信的话，一些震惊了欧洲的话。接着又发生了爆炸性传闻，令世界震惊和愤怒——事情坏得不可收拾。这位德国皇帝在英国做客的时候大放厥词，他竟允许在《每日电报》上发表出来。他宣称他是惟一对英国人友善的德国人；他正在建造海军对付日本的危害；是他的讨伐计划，使英国的劳勃兹爵士战胜了荷兰人等。

100 年内，在和平时期，从欧洲国王口中，从没有说出像他这样惊人的话。整个欧洲如野马蜂一样骚动起来。英国被激怒了，德国政治家惊骇起来。在这些震惊之中，德皇感到惶恐，他向皇家参议布洛提议，请他负责。

是的，他要布洛宣布一切都是他的责任，是他建议他的君主说这些不负责任的话。

"但是，陛下，"布洛反对说："在我看来，不论在德国或英国，绝对不会有任何人能相信我会建议陛下说这些话的。"

这句话一出布洛的口，他即感觉到他犯了一个严重的错误，果然德皇发作起来。

"你以为我是一只笨驴，"他咆哮道，"能犯你永远不会犯的错误！"

布洛知道在他责备以前他应当首先称赞他，但现在为时太晚，他马上采取了补救措施。他在批评以后称赞，结果极为神妙。

他的赞赏是这样的：

"我绝对没有那样的意思，"他恭敬地回答说，"陛下在许多方面超过我，当然不只在海、陆军知识上，而且在尤为重要的自然科学上也比我懂得更多。当陛下解释风雨表，或无线电报，或透视光线时，我常常惊叹着静听。我对所有自然科学一无所知，对此我感到羞愧。我不懂化学或物理，完全不能解释最简单的自然现象。"布洛接着说，"我有一点历史知识，还有一些政治常识，特别是在外交上有些知识，但这些知识只能作为您的补充。"

德皇显出笑容来——布洛称赞了他，布洛抬高了他，贬低了自己。

从那以后，德皇可以原谅布洛的任何事情了。"我不是一直告诉你，"他热情地叫道，"我们不是以互补著名吗？我们应团结一致，而且，我们愿意这样！"

他与布洛握手，不是一次，而是多次。

那天下午，他越发来了兴致，他握起双拳，喊道："如果任何人对我说布洛不好，我将对着他的鼻子，报以老拳！"

布洛及时挽救了他自己——尽管他是灵敏的外交家，他仍然做错了一件事。

如果几句贬低自己、称赞对方的话能使一位傲慢、被侮辱了的德皇变成一个坚定的朋友，是不是太容易了些？

试想谦逊与称赞在我们日常生活中，能对你我有什么效用。在人际关系上用得适当，真能发生奇迹。

不要把意见硬塞给别人

你对于自己发现的思想，是不是比别人用银盘子盛着交到你手上的那些思想，更有信心呢？如果是这样的话，那么，如果你要把自己的意见硬塞入别人的喉咙里，岂不是很差劲的做法吗？提出建议，然后让别人自己去想出结论，那样不是更聪明吗？

没有人喜欢觉得他是被强迫购买或遵照命令行事。我们宁愿觉得是出于自愿购买东西，或是按照我们自己的想法来做事。我们很高兴有人来探询我们的愿望、我们的需要，以及我们的想法。

当西奥多·罗斯福当纽约州州长的时候，他完成了一项很不寻常的功绩。他一方面和政治领袖们保持良好的关系，另一方面又强迫进行一些他们十分不高兴的改革。底下是他的做法。

当某一个重要职位空缺时，他就邀请所有的政治领袖推荐接任人选。"起初，"罗斯福说，"他们也许会提议一个很差劲的党棍，就是那种需要'照顾'的人。我就告诉他们，任命这样一个人不是好政策，大家也不会赞成。

"然后他们又把另一个党棍的名字提供给我，这一次是个老公务员，他只求一切平安，少有建树。我告诉他们，这个人无法达到大众的期望，接着我又请求他们，看看他们是否能找到一个显然很适合这职位的人选。

"他们第三次建议的人选，差不多可以，但还不太行。

"接着，我谢谢他们，请求他们再试一次，而他们第四次所推举的人就可以接受了；于是他们就提名一个我自己也会挑选的最佳人选。我对他们的协助表示感激，接着就任命那个人——我还把这项任命的功劳归之于他们……我告诉他们，我这样做是为了能使他们感到高兴，现在该轮到他们来使我高兴了。

"而他们真的使我高兴。他们以支持像'文职法案'和'特别税法案'这类全面性的改革方案，来使我高兴。"

记住，罗斯福尽可能地向其他人请教，并尊重他们的忠告。当罗斯福任命一个重要人选时，他让那些政治领袖们觉得，他们选出了适当的人选，完全是他们自己的主意。

让别人觉得办法是他想出来的，不只可以运用于商场和政坛上，也同样可以运用于家庭生活之中。俄克拉何马州叶萨市的保罗·戴维斯，告诉公司同事他是如何地运用这个原则：

"我的家庭和我享受了一次最有意思的观光旅行。我以前早就梦想着要去看看诸如盖弟斯堡的内战战场、费城的独立厅等等的历史古迹，以及美国的首都。法吉谷、詹姆斯台以及威廉士堡保留下来的殖民时代的村庄，也都罗列在我想造访的名单上。

"在三月里，我夫人南茜提到她有一个夏天度假计划，包括游览西部各州，以及看看新墨西哥州、亚利桑纳州、加州以及内华达州的观光胜地。她想去这些地方游玩已经有好几年了。但是很明显地，我们不能既照我的想法又照她的计划去旅行。

"我们的女儿安妮刚刚在初中读完了美国历史，对于那些历史事件很感兴趣。我问她喜不喜欢在我们下次度假的时候，去看看她在课本上读到的那些地方，她说她非常喜欢。

"两天以后，我们一起围坐在餐桌旁，南茜宣布说，如果我们大家都同意，在夏天度假的时候将去东部各州。她还说，这趟旅行不但对安妮很有意义，对大家来说，也是一件令人兴奋的事。"

一位 X 光机器制造商，利用这同样的心理战术，把他的设备卖给了布鲁克林一家最大的医院。那家医院正在扩建，准备成立全美国最好的 X 光科。L 大夫负责 X 光科，整天受到推销员的包围，他们一味地歌颂、赞美他们自己的机器设备。

然而，有一位制造商却更具技巧。他比其他人更懂得对付人性的弱点。他写了一封信，内容大致如下：

"我们的工厂最近完成了一套新型的 X 光设备。这批机器的第一部分刚刚运到我们的办公室来。我们知道它们并非十全十美，我们想改进它们。因此，如果你能抽空来看看它们并提出你的宝贵意见，使它们能改进得对你们这一行业有更多的帮助，那我们将不胜感激。我知道你十分忙碌，我会在你指定的任何时候，派我的车子去接你。"

"接到那封信时，我感觉很惊讶，"L 大夫在班上叙述这件事说，"我既觉得惊讶，又觉得受到很大的恭维。以前从没有任何一位 X 光制造商向我请教。这使我觉得自己很重要。那个星期，我每天晚上都很忙，但是我还是推掉了一个晚餐约会，以便去看看那套设备。结果，我看得愈仔细，愈发觉自己十分喜欢它。

"没有人试图把它推销给我。我觉得，为医院买下那套设备，完全是我自己的主意，于是就把它订购下来。"

长岛一位汽车商人，也是利用这样的技巧，把一辆二手货汽车，成功地卖给了一位苏格兰人。

这位商人带着那位苏格兰人看过一辆又一辆的车子，但总是不对劲。这不适合，那不好用，价格又太高，他总是说价格太高。在这种情况下，这位商人——他也是我班上的学生——就向班上的同学求助。

我们劝告他，停止向那位"苏格兰佬"推销，而让他自动购买。我们说，不必告诉"苏格兰佬"怎么做，为什么不让他告诉你怎么做？让他觉得出主意的人是他。

这个建议听起来相当不错。因此，几天之后，当有位顾客希望把他的旧车子换一辆新的时，这位商人就开始尝试这个新的方法。他知道，这辆旧车子对"苏格兰佬"可能很有吸引力。于是，他打电话给"苏格兰佬"，请他能否过来一下，特别帮个忙，提供一点建议。

"苏格兰佬"来了之后，汽车商说："你是个很精明的买主，你懂得车子的价值。能不能请你看看这部车子，试试它的性能，然后告诉我这辆车子，应该出价多少才合算？"

"苏格兰佬"的脸上泛起"一个大笑容"。终于有人来向他请教了，他的能力已受到赏识。他把车子开上皇后大道，一直从牙买加区开到佛洛里斯特山，然后开回来。"如果你能以三百元买下这部车子，"他建议说，"那你就买对了。"

"如果我能以这个价钱把它买下，你是否愿意买它？"这位商人问道。三百元？果然，这是他的主意、他的估价，这笔生意立刻成交了。

爱默生在他的散文《自己靠自己》一文中说："在天才的每一项创作和发明之中，我们都看到了我们过去摒弃的想法，这些想法再呈现在我们面前的时候，就显得相当的伟大。"

爱德华·豪斯上校，在威尔逊总统执政的期间，在国内及国际事务上有极大的影响力。威尔逊对豪斯上校的秘密咨询及意见依赖的程度，远超过对自己内阁的依赖。

豪斯上校利用什么方法来影响总统呢？很幸运地，我们知道这个答案。因为豪斯自己曾向亚瑟·D·何登·史密斯透露，而史密斯又在《星期五晚邮》的一篇文章中引述豪斯的这段话。

"'认识总统之后，'豪斯说，'我发现，要改变他一项看法的最佳办法，就是把这件新观念很自然地建立在他的脑海中，使他发生兴趣——使他自己经常想到它。第一次这种方法奏效，纯粹是一项意外。有一次我到白宫拜访他，催促他执行一项政策，而他显然对这项政策不赞成。但几天以后，在餐桌上，我惊讶地听见他把我的建议当作他自己的意见说出来。'"

威尔逊

豪斯是否打断他说："这不是你的主意，这是我的？"哦，没有，豪斯不会那么做。他太老练了，他不愿追求荣誉，他只要成果。所以他让威尔逊继续认为那是他自己的想法。豪斯甚至更进一步，他使威尔逊获得这些建议的公开荣誉。

且让我们记住，我们明天所要接触的人，就像威尔逊那样具有人性的弱点，因此，且让我们使用豪斯的技巧吧。

说服人最好的办法是：让别人觉得办法是他想出来的。

"旁敲侧击"更使人信服

我们在批评别人时，常常会犯这样一个错误，就是当发现对方有明显的错误时，会不客气地批评对方说："那是错的，任何人都会认为那是错的！"这样一来，对方的自尊心会受到伤害，而突然陷入沉默，或挑剔你的言词来拒绝你。

因此，为了不触犯对方的自尊心，即使发现了对方的错误，也不要立刻指出，而应采取间接的方式。

据说美国政治家富兰克林年轻时非常喜爱辩论，尤其是对于别人的错误更是不能容忍，总是穷追到底。因此，他的看法常常不能被人接受。当他发现了自己的缺点之后，便改以疑问的形式表达自己的意见，后来他的成就是众所周知的。

由此可知，不要用"我认为绝对是这样的！"这类口气威压对方，用"不知道是不是这样？"这种委婉的态度与对方交谈效果会更好。

批评是我们常用的一种手段，但我们有些人批评起来简直让他人无地自容，下不了台阶。其实，这种批评方式不但无法达到让他人改正错误的目的，而且有碍于你的人际关系。既然如此，为何还要使用这种"残酷"的手段呢？

在生活和工作中，我们不可能没有批评，但要学会巧妙地批评，让他人既意识到自己的错误，并尽快改正，同时也理解你善意批评的意图，使他内心里对你心存感激。

一天下午，查理·夏布经过他的一家钢铁厂，撞见几个雇员正在抽烟，而他们的头顶上正挂着"请勿吸烟"的牌子。那么夏布先生是如何处理此事的呢？他并没有指着牌子说："你们难道不识字吗？"而只是走过去，递给每人一支烟，然后道："老兄，如果你们到外边抽，我会很感谢你们。"员工当然知道自己破坏了规定，但是夏布先生不但没说什么，反而给了每个人一样小礼物，你能不敬重这样的老板吗？谁能不敬重这样的老板呢？

不直接说出对方的错误，而是通过间接的方式让对方自己去发现并改正自己的错误；在禁止对方不要做某件事时，不使用直接禁止的语言，而是劝说对方做与之完全相反的事情。如果直接禁止对方只会招致反感，而采取不禁止，只是劝说对方做与之相反的事情的方法，却能收到良好的效果。

对那些对直接的批评会非常愤怒的人，间接地让他们去面对自己的错误，会有非常神奇的效果。罗得岛，温沙克的玛姬·杰各在我的课堂中提到，她如何使得一群懒惰的建筑工人，在帮她加盖房子之后清理干净。

最初几天，当杰各太太下班回家之后，发现满院子都是锯木屑子，她不想去跟工人们抗议，因为他们工程做得很好。所以等工人走了之后，她跟孩子们把这些碎木块捡起来，并整整齐齐地堆放在屋角。次日早晨，她把领班叫到旁边说"我很高兴昨天晚上草地上这么干净，又没有冒犯到邻居。"从那天起，工人每天都把木屑捡起来堆好在一边，领班也每天都来，看看草地的状况。

在后备军人和正规军训练人员之间，最大不同的地方就是理发，后备军人认为他们是老百姓，因此非常痛恨把他们的头发剪短。

美国陆军第五百四十二分校的士官长哈雷·凯塞，当他带了一群后备军官时，他要求自己要解决这个问题。跟以前正规军的士官长一样，他可以向他的部队吼几声或威胁他们，但他不想直接说他要说的话。

他开始说了："各位先生们，你们都是领导者。当你以身教来领导时，那就再有效不过了。你必须为遵循你的人做个榜样。你们该了解军队对理发的规定，我今天也要去理发，而它却比某些人的头发要短得多。你们可以对着镜子看看，你要做个榜样的话，是不是需要理发了，我们会帮你安排时间到营区理发部理发。"

成果是可以预料的。有几个人自愿到镜子前看了看，然后下午到理发部去按规定理发。次晨，凯塞士官长讲评时说，他已经可以看到，在队伍中有些人已具备了领导者的气质。

在1887年3月8日，美国最伟大的牧师及演说家亨利·华德·毕奇尔逝世。就在那个礼拜天，莱曼·阿伯特应邀向那些因毕奇尔的去世而哀伤不语的牧师们演说。他急于作最佳表现，因此把他的讲演词写了又改，改了又写，并像大作家福楼拜那样谨慎地加以润饰。然后他读给他的妻子听，写得很不好——就像大部分写好的演说一样。如果她的判断力不够，她也许就会说："莱曼，写的真是糟糕，行不通，你会使所有的听众都睡着的，念起来就像一部百科全书似的。你已经传道这么多年了，应该有更好的认识才是。看在老天爷的份上，你为什么不像普通人那般说话？你为什么不表现得自然一点？如果你念出像这样的一篇东西，只会自取其辱。"

她称赞了这篇讲稿，但同时很巧妙地暗示出，如果用这篇讲稿来演说，将不会有好效果。莱曼·阿伯特知道她的意思，于是把他细心准备的原稿撕破，后来讲道时甚至不用笔记。

"高帽子"的妙用

假如一个好工人变成粗制滥造的工人，你会怎么做？你可以解雇他，但这并不能解决任何问题。你可以责骂那个工人，但这只能常常引起怨怒。

亨利·汉克，他是印地安纳州洛威一家卡车经销商的服务经理，他公司有一个工人，工作每况愈下。但亨利·汉克没有对他吼叫或威胁他，而是把他叫到办公室里来，跟他坦诚地谈一谈。

他说："比尔，你是个很棒的技工。你在这条线上工作也有好几年了，你修的车子也都很令顾客满意，其实，有很多人都赞美你的功夫好。可是最近，你完成一件工作所需的时间却加长了，而且你的质量也比不上你以前的水准。你以前真是个杰出的技工，我想你一定知道，我对这种情况不太满意，也许我们可以一起来想个办法来改正这个问题。"

比尔回答说他并不知道他没有尽好他的职责，并且向他的上司保证，他所接的工作并未超出他的专长之外，他以后一定会改进它。

他做了没有？你可以肯定他做了。他曾经是一个快速优秀的技工，有了汉克先生给他的那个美誉去努力，他怎么会做些不及过去的事。

包汀火车厂的董事长撒慕尔·华克莱说："假如你尊重一个人，一般人是容易诱导的，尤其是当你显示你尊重他是因为他有某种能力时。"

总之，你若要在某方面去改变一个人，就把他看成他已经有了这种杰出的特质。莎翁曾说："假如你没有一种德行，就假装你有吧！"更好的是，公开的假设或宣称他已有了你希望他有的那种德行，给他们一个好的名声来作为努力的方向，他们就会痛改前非、努力向上，而不愿看到你的希望破灭。

比尔·派克是佛罗里达州得透纳海滩一家食品公司的业务员，他对公司新系列的产品感到非常兴奋；但不幸的是，一家大食品市场的经理取消了产品陈列的机会，这令比尔很不高兴。他对这件事想了一整天，决定下午回家前再去试试。

他说："杰克，我今天早上走时，还没有让你真正了解我们最新系列的产品，假如你能给我些时间，我很想为你介绍我漏掉的几点。我非常敬重你有听人谈话的雅量，而且非常宽大，当事实需要你改变时你会改变你的决定。"

杰克能拒绝再听他谈话吗？在这个必须维持的美誉下，他是没办法这样做的。

有一天早晨，苏格兰都柏林的一位牙医马丁·贵兹，当他的病人指出她用的漱口杯、托盘不干净时，他真的震惊极了。不错，她用的是纸杯，而不是托盘，但生锈的设备，显然表示他的职业水准是不够的。

当这位病人走了之后，贵兹与医生关了私人诊所，写了一封信给布利基特——一位女佣，她一个礼拜来打扫两次。他是这样写的：

亲爱的布利基特：

最近很少看到你。我想我该抽点时间，为你做的清洁工作致意。顺便一提的是，一周两小时，时间并不算少，假如你愿意，请随时来工作半个小时，做些你认为应该经常做的事，像清理漱口杯、托盘等。当然，我也会为这额外的服务付钱的。

贵兹与医生

第二天他走进办公室时，他的桌子和椅子，擦得几乎跟镜子一样亮，他几乎从上面滑了下去。当他进了诊疗室后，看到从未见过的干净，光亮的铬制杯托放在储存器里。他给了他的女佣一个美誉促使她去努力，而且就只为这一个小小的赞美，她使出了最卖力的一面，而且没有用到额外的时间。

纽约布鲁克林的一位四年级老师鲁丝·霍普斯金太太，在学期的第一天，看过班上的学生名册时，她对新学期的兴奋和快乐却染上忧虑的色彩：今年，在她班上有一个全校最顽皮的"坏孩子"——汤姆。他三年级的老师，不断地向同事或是校长抱怨，只要有任何人愿意听。他不只是做恶作剧，还跟男生打架、逗女生、对老师无礼、在班上扰乱秩序，而且好像是愈来愈糟。他惟一能稍事补偿的特质是：他很快就能学会学校的功课，而且非常熟练。霍普斯金太太决定立刻面对汤姆的问题。当她见到她的新学生时，她讲了些话："罗丝，你穿的衣服很漂亮；爱丽西亚，我听说你画画很不错……”当她念到汤姆时，她直视着汤姆，对他说：“汤姆，我知道你是个天生的领导人才，今年我要靠你帮我把这班变成四年级最好的一班。”在头几天她一直强调这点，夸奖汤姆所做的一切，并评论他的行为正代表着他是一位很好的学生。有了值得奋斗的美名，即使只是一个九岁大的男孩也不会令她失望，而他真的做到了这些。

批评勿忘多鼓励

一旦发现他人出现错误，我们很多人往往首先想到的就是如何批评，使之改正。事实上，与批评相比，鼓励似乎更容易使人改正错误，并且更易让对方去做你所期望的事情。所以，当他人出现错误时，你首先应该考虑一下，是否非得批评不可，应该怎样批评？如果可能的话，尽量采取鼓励的方式，这样一方面可以达到让对方知错改错的目的，同时也不影响你们之间的相互关系。

你要是跟你的孩子、伴侣、雇员说他或她做某件事显得很笨，很没有天分，那你就做错了，这等于毁了他所有求进步的心。但如你用相反的方法，宽宏地鼓励他，使事情看起来很容易做到，让他知道，你对他做这件事的能力有信心，他的才能还没有发挥，这样他就会练习到黎明，以求自我超越。

罗维尔·汤麦斯就是个处理人际关系的高手，他会给人勇气与信心，使人充满自信。举例来说：

一次，我与汤麦斯夫妇一起度周末，罗维尔·汤麦斯请我参加他们的桥牌友谊赛，桥牌对我来说是个全然陌生的游戏，我一点都不了解它的规则。

罗维尔说：“戴尔，为什么不试试呢？除了需要一些记忆与判断的能力外，它没有什么技巧可言。你曾经对人类记忆的组织有过深入的研究，所以打桥牌一定难不倒你。”

当我还没有意识到什么时，已经被拉到桥牌桌边，我发现这是有生以来第一次参加桥牌比赛，完全是因为罗维尔给了我信心，使我觉得打桥牌不是件难事。

　　我有一个光棍朋友，年约 40 余岁，最近刚订婚。他的未婚妻一直怂恿他去学跳舞。这位朋友说道："天知道我的确应该去学跳舞。20 年前，我第一次跳舞，当时的技术和现在一直都没什么两样。我的第一位老师讲的或许不假，她说，我的舞步全错了，必须从头学起。此话颇伤我的心，以致学舞的兴致完全消失无踪，我的学舞生涯也至此宣告结束。

　　"现在这位老师不知是不是哄我，但她讲的话我听了真喜欢。第一位老师由于强调的是我不对的地方，以致让我失去学习的兴趣；第二位老师则是正好相反，她一直称赞我的长处，对我的短处则尽量不提。她曾对我说：'你具有天生的节拍感，可说是天生的舞蹈家呢！'虽然，直到现在，我仍然感觉到自己并没有什么跳舞细胞，技术也一直没什么进步。但在内心深处，我还是希望这位新老师所说的话'或许'没错，所以便继续付钱让她讲这些话。'

　　"我知道，假如她没有告诉我我天生有韵律感，我今天还跳不到这么好。她鼓励我，给我希望，让我想要更进步。"

　　我的训练班的一个学员讲述了他的儿子是如何在他的鼓励下改变的事实：

　　"1970 年，我的儿子大卫十五岁大，到辛辛那提来跟我住。他的命运坎坷。1958 年，在一次车祸中脑部受伤需要开刀，这次手术在他前额留下了一道难看的疤。直到十五岁，他都是在达拉斯的特别班里，因为他的学习速度很慢。也许是因为疤的关系，学校当局判定他的脑部受伤，无法正常运作。他比同年的小孩慢了二年，所以他现在才七年级，但他还不会乘法表，他都用手指算算数，也不太会念书。

　　"但是，他喜欢研究收音机和电视。他想做个电视机技师。我鼓励他这件事，并告诉他需要数学好才能参加训练。我决心要在这种事上帮他做到熟练。我们买了四组彩色卡片：加法、减法、乘法、除法。我们一边看卡片，大卫一边把正确的答案放在空白栏内，假如他漏掉了，我就给他正确的答案，再把它放上去，直到全部放完为止。我费了很大劲才让他把每一个卡片都弄对，尤其是先前错过一次的。每天晚上我们都放一次卡片，放完为止。

每天晚上，都用一只不走的手表计时，我向他保证，假如他能在八分钟内做对全部的卡片而且没有错误，那就不用每天晚上做了。这对大卫来说似乎不太可能。第一次，他用了五十二分，第二次，四十八分，然后是四十五，四十，四十一，然后是少于四十分钟了。每次的进步，我们都加以庆祝，到月底时，他已经能在八分钟之内正确地放完所有的卡片了。每当他有点进步时，他会要求再做一遍。他终于神奇地发现，学习是容易和有趣的。

"这时，他的代数成绩飞跃地进步了。他自己也觉惊奇，因他拿回家的成绩单，数学是 B，这在以前从没发生过。其他的变化也快得令人难以置信。他的阅读能力也快速的进步，他开始会用他的天赋画图。在学期末，他的科学老师指定他筹办一个展览，他选择了去发展一种高难度的模型来证明杠杆的影响。那不但需要画画和制造模型的技巧，而且要应用数学。这个展览，他拿了学校科学展的第一名，因此而参加了市展的比赛，也拿到了辛辛那提市的第三名。"

他曾是一个留级二年的孩子，被学校认定脑部受损，被他的同学叫"原始人"，又说他的大脑在脑部的缺口漏了出去。突然，他发觉他能够学习而且去完成一些工作，结果呢？从八年级的最后一学期起一直到高中，他都排在荣誉榜上；在高中时，他被选拔至全国荣誉协会。一旦他发现学习是容易的，他整个生命都变了。

第五章 让交谈变得更愉快

假如我是他

记住，许多人做错事的时候，自己并不这么认为。所以，别去责怪这些人，只有傻子才会这么去做。要想办法去了解这些人。当然，这也只有聪明、有耐心而且具有超俗思想的人才会这么去做。

人会有独特的想法或做法，总有其特别的理由。把这个理由找出来，便可以了解他为什么要这么做。甚至，这个理由还可以帮你了解此人的性格。

要真诚地站在此人的立场上看事情。

告诉自己：假如我是他，我会怎么想？我会怎么做？这么一来，不但可以节省时间，也会减少许多不快。因为，"假如你对事情的原因感兴趣，通常对其所具有的影响也一样感兴趣"，更何况这还可以大大增进你对人际关系的了解。

肯尼斯·谷迪在其著作《点石成金》一书中说道："且预留几分钟，先度量一下自己对本身事务感兴趣的情形，还有对一般事务关注的程度——两者相比较之后，你或许会了解，举世众人也大概都是如此。"

我们再由林肯和罗斯福等人的处世方法中学习处理人际关系的基本原则。那就是：用别人的观点去看事情。

住在纽约的山姆·道格拉斯夫妇，4 年前刚迁入新居的时候，由于道格拉斯太太花了太多时间整理草地——拔草、施肥、每星期割两次草。但是，整片草地看起来也只不过和他们搬进去的时候差不多。于是，道格拉斯先生便常劝太太不用那么费力气，道格拉斯太太为此颇感沮丧。而每次道格拉斯先生这么说的时候，当晚家中的宁静气氛便被破坏了。

道格拉斯先生参加了训练班课程之后，深觉多年来的做法不对。他从没想过，或许他的太太本就喜欢园艺工作，她需要的是赞赏而不是指责。

一天傍晚，用过晚餐之后，道格拉斯太太又准备到庭院除草，并且问道格拉斯先生愿不愿意陪她一道去。道格拉斯先生本不太感兴趣，但一想到那是太太的嗜好，最好是不要拒绝，便急忙答应愿意帮忙。道格拉斯太太十分高兴，那天傍晚，他们除了用心除草之外，还谈得十分愉快。

自此以后，道格拉斯先生便常常帮太太整理庭院，也常常称赞太太把庭院整理得多么好。结果：他们的家庭生活大为改进。由于道格拉斯先生能站在太太的立场看事情——虽然只是除草这一类的小事，而事情却能获得圆满解决。

吉拉德·奈伦保在其著作《与人交往》一书中评论道："在你同别人谈话的时候，假如能表现出十分重视对方的想法和感受，便可赢得对方的合作。所以，你应该先表明自己的目的或方向，然后倾听对方发言，再由对方的意见决定该如何应答。总之，要敞开心灵接受对方的观点，如此，对方也相对地会比较愿意接受你的看法。"

多年来，我常到离家不远的公园中散步、骑马，以此作为消遣，像古时高尔人的传教士一样。我很喜欢橡树，所以每当我看见一些小树及灌木被人为地烧掉时，就非常痛心，这些火不是由粗心的吸烟者所致，它们差不多都是由到园中野炊的孩子们摧残所致。有时这些火蔓延得很凶，以致必须叫来消防队员才能扑灭。

公园边上有一块布告牌，上面写道：凡引火者应受罚款及拘禁。但这布告牌竖在偏僻的地方，儿童很少看见它。有一位骑马的警察在照看这一公园，但他对自己的职务不大认真，火仍然是经常蔓延。有一次，我跑到一个警察那边，告诉他一场火正急速在园中蔓延着，要他通知消防队。他却冷漠地回答说，那不是他的事，因为不在他的管辖区中！我急了，所以在那以后，当我骑马的时候，我担负起保护公共地方的义务。最初，我没有试着从儿童的角度来看待这件事。当我看见树下起火时就非常不快，急于想做出正当的行为来阻止他们。我上前警告他们，用威严的声调命令他们将火扑灭。如果他们拒绝，我就恫吓要将他们交给警察。我只在发泄我的情感，而没有考虑孩子们的观点。

结果呢？那些儿童遵从了——怀着一种反感的情绪遵从了。在我骑过山后，他们又重新生火，并恨不得烧尽公园。

多年以后，我增加了一些有关人际关系学的知识与手段，于是我不再发布命令，甚至威吓他们了，而是骑向火前，向他们说道："孩子们，这样很惬意，是吗？你们在做什么晚餐？当我是一个孩童时，我也喜欢生火——我现在也很喜欢。但你们知道在这公园中生火是极危险的，我知道你们不是故意的，但别的孩子们不会是这样小心，他们过来见你们生了火，所以他们也会学着生火，回家的时候也不扑灭，以致在干叶中蔓延烧毁了树木。如果我们再不小心，这里就会没有树林。因为生火，你们可能被拘捕入狱。我不干涉你们的快乐，我喜欢看到你们感到很快乐。但请你们即刻将所有的树叶扫得离火远些，在你们离开以前，你们要小心用土盖起来，下次你们取乐时，请你们在山丘那边沙滩中生火，好吗？那里不会有危险。多谢了，孩子们，祝你们快乐。"

这种说法产生的效果有很大区别！它使孩子们产生了一种同你合作的欲望，没有怨恨，没有反感。他们没有被强制服从命令，他们保全了面子。他们感觉很好，我也感觉很好，因为我处理这事情时，考虑了他们的观点。

在澳州的伊丽莎白·诺瓦克，她的汽车分期付款已迟了 6 个星期。她在报告中说道："某个礼拜五，我接到一通十分不客气的电话，就是处理我分期付款账号的人打来的。他告诉我，假如我不能在星期一早上付清122 元的欠款，公司就要进一步采取行动。我实在没有办法在周末筹到那笔钱，所以，星期一早上电话铃响的时候，我的心理早有准备。我不准备向他抱怨或诉苦，相反的，我试着站在他的角度看事情。首先，我真诚地向他道歉，因为我时常不能如期付款，想必给他增添了许多麻烦。听我这么一说，他的语气马上改变了。他表示，我还不是最麻烦的顾客，有好几位顾客才真使他头痛，他举了好几个例子，说明有些顾客如何无礼，又如何会撒谎、耍赖等等。我一直没有开口，只静听他把所有不愉快的事情倾泻出来。最后，不等我提出意见，他就先表示我可以不用马上付清欠款，只要在月底以前先缴20元，然后等方便的时候再慢慢付清全额。"

所以，明天，在你开口要求别人熄火、购物或认捐任何款项之前，请先闭上眼睛，试着由别人的角度来思考事情。问问自己："他们为什么要这么做？"不错，这可能要花点时间，但却可因此避免制造敌人，减少摩擦，并可达到最好的效果。

在哈佛商业学校的狄恩·唐璜说道："我宁可在面谈之前，在办公室前踱上两个钟头，而不愿意毫无准备地走进办公室。我一定要清楚自己想要讲什么，更重要的，是根据我对他们的了解——他们大概会说些什么。"

这点十分重要，所以我要把这段话再重复一遍：

"我宁可在面谈之前，在办公室前踱上两个钟头，而不愿毫无准备地走进办公室。我一定要清楚自己想要讲什么，更重要的，是根据我对他们的了解——他们大概会说些什么。"

假如，读完本书之后，你只得了一样东西——能够从旁人的角度去思考、去看事情，那么，虽然这只是你由本书所得到的惟一东西，却很可能是你一生事业的踏脚石。

牵着他人的舌头走

你必须注意：自己是否挫伤了对方的自信？是否给对方留有发表他们见解的机会，而不是拒之于谈话之外？

更重要的是你能否对他们的话表现出关注，而不是显得只对自己感兴趣。

交谈就像传接球，永远不是单向的传递。如果其中有人没有接球，就会出现一阵难堪的沉默，直到有人再次把球捡起来，继续传递，一切才能恢复正常。

一些青年学生常常向我诉说：他们在约会的时候老是不能保证交谈生动

有趣。其实，这本来是一个非常易于掌握的技巧问题：问一些需要回答的话，这样谈话就能持续不断。

但是，如果你只问："天气挺好的，是吧？"对方用一句话就可以回答了："是啊，天气真不错！"有一回，马克·吐温一天之中听了 12 遍完全相同的问题，"天气真好，是不是，马克·吐温先生？"最后，他只好回答说："是啊，我已经听别人把这一点夸到家了。"

"天气真好，是不是？"这也许是一个会产生僵局的提问，但是回答却不一定都会导致僵局。不管怎么说，大家还是关心天气的，否则电视台的新闻节目也不会花上好几分钟来播放预告，而且还要用图表来说明。如果感觉到很难让你的谈话对象开口畅谈，不妨用下列问句来引导：

"为什么……"

"你认为怎样才能……"

"按你的想法，应该是……"

"价钱怎么正好……"

"你如何解释？"

"你能不能举个例子？"

"如何"、"什么"、"为什么"是提问的三件法宝。

当然，如果回答还是个僵局，那就和提问是僵局一样，交谈仍然无法进一步展开。你必须尽一切努力把球保持在传递中，而不使它停在某一点。

有时，你的谈话对象一开始不同你呼应，那也许是他还有些拘束，也许是他太冷漠，或者太迟钝，或者根本没有接触到他感兴趣的话题。

在参加聚会之前，如果能够从主人、女主人那里打听到一些邻座客人的情况，一定会对谈话有所帮助。不过，即使如此，也未必能确保对方一定开口，打破矜持的气氛。也许在用餐时，你不得不和一位骆驼般高傲的律师同座，而你想方设法使他开口却没有办到，那也不要灰心，接着再试试。你提到非法越境进入美国的墨西哥人问题，他可能无动于衷，但你谈起潜水，也许他就很有兴趣，或许，你还可以提提鲸鱼的生活习性呢！

耐尔·柯华爵士曾经这么说过："我对于世界的重要性是微乎其微的，

但从另一方面讲，我对于我自己却是非常重要的，我必须和自己一起工作，一起娱乐，一起分担忧愁和快乐。"

这完全正确，人类总是以自我为中心的。

如果你对这个最基本的人类本性已不再感到震惊，你就会懂得如何调节自己适应谈话了。坦率地说，和对方谈他们感兴趣的话题，实际上对你自己也是有益的，尽管他们所爱好的和你所爱好的可能不尽相同。你可以先满足他们的自尊心，然后再满足你自己的。

这是一种自嘲吗？完全不是。

如果你能够谦恭诚恳地对待你的亲人和朋友，想象着他们对于你有多么重要，你就会发现他们在你生活中的意义的确不容忽视，同时，你还会发现你自己对于他们也变得越来越重要了。我们大家都期望能得到别人的赞扬，而且还会因此更加追求上进。总有一天，你会欣喜地认识到这样一个事实：任何一个看上去有缺陷、不聪明或反复无常的人身上都存在一些美好的东西。

心理分析专家认为，精神病患者一旦开始对别人及其他自我之外的事物产生兴趣，就说明他已进入健康阶段了。

如果说关注自我到了一定程度就是疯狂的表现，那么可以说没有一个人是绝对正常的。然而，我们愈是同他人交往——给予而不是索取，那我们就会愈接近正常了，除此之外，你还会有一个收益：你越关心别人，别人也就越关心你；你越尊重别人，你也能更多地受到别人的尊重。

争取让对方说"是"

奥弗斯基教授在他的《影响人类的行为》一书中说："一个否定的反应，是最不容易突破的障碍。当一个人说'不'时，他所有人格尊严，都要求他坚持到底。事后他也许觉得自己的'不'说错了，然而，他必须考虑到宝贵的自尊！既然说出了口，他就得坚持下去。因此，一开始就使对方采取肯定的态度而非否定的态度，是最为重要的！"

　　善于交际的人，都在一开始就力求得到对方的一些"是的"反应，这样就把对方心理导入肯定的方向。就好像一粒撞击的小球运动，从一个方向打击，它就偏向一方，要使它从反方向回来的话，则要花更大的力。

　　从生理反应上说，当一个人说"不"，而本意也确实否定的时候，他的整个组织——内分泌、神经、肌肉，全部凝聚成一种抗拒的状态，通常可以看出身体产生了一种收缩，或准备收缩的状态。反过来，当一个人说"是"时，身体组织就呈现出前进、接受和开放的状态。因此，开始时我们越多地造成"是，是"的环境，就越容易使对方接受我们的想法。

　　这是一种非常简单的技巧——但是它却被许多人忽略了！在某些人看来，似乎人们只有在一开始就采取反对的态度，才能显示出他们的自尊感。因此，激进派的人一旦跟保守派的人碰到一块，就必然要愤怒起来！事实上，这又有什么好处呢？如果他只是希望得到一种快感，也许还可以原谅。但假如他要达成什么协议的话，那他就太愚蠢了。

　　正是这种使用"趋同"的方法，使得纽约市格林尼治储蓄银行的职员詹姆斯·艾伯森，挽回了一名青年主顾。

　　艾伯森先生说："那个人进来要开一个户头，我照例给他一些表格让他填。有些问题他心甘情愿地回答了，但有些他根本拒绝回答。

　　"在我研究为人处世的技巧之前，我一定会对那个人说：如果拒绝对银行透露那些材料的话，我们就不让他开户。我很惭愧过去我就采取那种方式。当然，像那种断然的方法会使我觉得很痛快。我表现出谁才是老板，也表现出银行的规矩不容破坏。但那种态度，当然不能让一个进来开户头的人，有一种受欢迎、受重视的感觉。

　　我决定那天早上采用一下学到的技巧。我决定不谈论银行所要的，而谈论对方所要的。最重要的，我决意在一开始就使他说'是，是'。因此，我不反对他。我对他说，他拒绝透露的那些资料，并不是绝对必要的。

　　'但是，'我接着说，'假如你把钱存在银行一直等到你去世，难道你不希望银行把这笔钱转移到你那依法有权继承的亲友那里吗？'

　　'哦，当然。'他回答道。

我继续说：'你难道不认为，把你最亲近亲属的名字告诉我们是一种很好的方法吗？万一你去世了，我们就能准确而不耽搁地实现你的愿望。'

他又说：'是的。'

当他发现我们需要的那些资料不是为了我们，而是为了他的时候，那位年轻人的态度软化下来——改变了！

"在离开银行之前，那位年轻人不但告诉我所有关于他自己的资料，而且在我的建议下，开了一个信托户头，指定他的母亲为受益人，同时还很乐意地回答所有关于他母亲的资料。"

西屋公司的推销员约瑟夫·阿立森也有类似的经验："在我的区域内有一个人，我们卖给了他几个发动机。如果这些发动机不出毛病的话，我深信他会填下一张几百个发动机的订单。这是我的期望。"阿立森向大家介绍道：

我对我们公司的产品很有信心。3 个星期之后，我再去见他的时候，我兴致勃勃。但是，我的兴致并没有维持多久，因为那位总工程师对我说：'阿立森，我不能向你买其余的发动机了。'

'为什么？'我惊讶地问，'为什么？'

'因为你的发动机太热了，我的手不能放上去。'

我知道跟他争辩不会有什么好处。因此，我说：'嗯，听我说，史密斯先生，我百分之百地同意你。如果那些发动机太热了，你就不应该买。你的发动机热度不应该超过全国电器制造商公会所立下的标准，是吗？'

他同意地说'是的。'我已经得到我的第一个'是'。'电器制造公会的规定是：设计的发动机可以比室内温度高出华氏 72 度。对不对呢？''是的，'他同意，'的确是的，但你的发动机热多了。'

我还是没有跟他争辩。我只是问：'厂房有多热呢？'

'呵，大约华氏 75 度。'他说。

我回答道：'那么，如果厂房是 75 度，加上 72 度，总共就等于华氏 147 度。如果你把手放在华氏 147 度的热水塞门下面，是不是很烫手呢？'

他又必须说'是的'。

'那么，不把手放在发动机上面，不是一个好办法吗？'我提议说。

'嗯，我想你说得不错，'他承认说。我们继续聊了一会儿，接着他叫他的秘书过来，为下月开了一张价值35万美元的订单。

我花了很多钱，失去了好多生意，才知道跟人家争辩是划不来的，懂得了从别人的观点来看事情，使他说'是的，是的'才更有收获和更有意思。"

被誉为世界上最卓越的口才家之一的苏格拉底，做了一件历史上只有少数人才能做到的事：他彻底地改变了人类的整个思潮。而现在，在他去世23个世纪后，这个方法依然如此行之有效。

他的整套方法，现在称之为"苏格拉底妙法"，以得到"是，是"为根据。他所问的问题，都是对方所必须同意的。他不断地得到一个同意又一个同意，直到他拥有许多的"是，是"。他不断地发问，到最后，几乎在没有意识之下，使他的对手发现自己所得到的结论，恰恰是他在几分钟之前所坚决反对的。

以后当我们要自作聪明地对别人说他错了的时候，可不要忘了"苏格拉底妙法"，应提出一个温和的问题——一个会得到对方"是，是"反应的问题。

鼓励对方多说

多数人使别人同意他们的观点时，总是费尽口舌，其实，这种人得不偿失，因为话说多了，既费精力，又可能稍有不慎，伤害到别人；另外，他们无法从他人身上吸取更多的东西，当然问题不在于别人吝啬，而是他不给别人机会。让对方尽情地说话！他对自己的事业和自己的问题了解得比你多，所以向他提出问题吧，让他把一切都告诉你。

如果你不同意他的话，你也许很想打断他。不要那样做，那样做很危险。当他有许多话急着要说的时候，他不会理你的。因此，你要耐心地听着，抱着一种开阔的心胸，诚恳地鼓励他充分地说出自己的看法。

这种方式在商界会有所收获吗？我们来看看某个人被迫去尝试的例子：

几年前，美国的一家汽车制造公司正在洽购一年所需要的布匹。三家厂商已做好了样品，并都经那家汽车公司的高级职员检验过，而且发出通知说，在一个特定的日子，三家厂商的代表都有机会对合同提出最终的申请。

其中一家厂商的代表抵达的时候正患着严重的咽炎。"轮到我去会见那些高级职员的时候，"这位先生在训练班上叙述事情的经过时说，"我嗓子已经哑了，几乎一点声音也发不出来，我站起来，努力要说话，但只能发出吱吱声。

汽车公司的几位高级职员都围坐在一张桌边，这时，我只好在一张纸上写着：'诸位，我的嗓子哑了，说不出话来。'

'我来替你说吧！'汽车公司的董事长说。于是，他展示我的样品，代替我称赞它们的优点。一场热烈的讨论展开了。讨论的是我那些样本的优点。而那位董事长，因为是代表我说话，在讨论的时候就站在我的一边。我听着他们的讨论，只是微笑、点头、做几个手势而已。

这次特殊会议的结果，使我得到了合同，50万码的坐垫布匹，总值160万美元——我所得到的一笔最大的订单。

"事后我想，如果自己不是哑了嗓子，就不一定能这么顺利地得到这笔订单。这事使我很偶然地发现，有时候让对方来讲话，可能得到预料不到的收获。"

法国哲学家罗西法考说"如果你要树敌，就表现得胜过你的朋友；但如果你要得到朋友，那就让你的朋友胜过你。"事实上，即使是朋友，也宁愿对我们谈论他们自己的成就而不愿听我们吹嘘自己的成就。

如果有几个朋友聚在一起谈话，当中只有一个人口若悬河地滔滔长谈，其他的人只是呆呆地听着，这就不称其为谈话。每一个人都有着自己的发表欲。小学生见到先生提出一个问题，大家争先恐后地举起手来，希望教师叫他回答。即使他对于这个问题还不曾彻底地了解，只是一知半解，他还是要举起手来。成人们听着人家在讲述某一事件，虽然他们并不像小学生争先恐后地举起手来，然而他的喉头老是痒痒的，他恨不得对方赶紧讲完了好让他来发表一下自己的观点。

如果阻遏他人的发表欲，就容易引起他人的反感，从而不会得到人家的同情。所以不但应该让人家有着发表意见的机会，还得设法引起人家的话机，使人家感觉到你是一位使人欢喜的朋友，这对你是只有好处而没有害处的。如果你愿意和人家疏远，暗地里遭受着人家的白眼，你只需在和人家说话的时候，专门讲述你自己的话，不要听人家所讲的，而且，也不要给人家说话的机会。现实中这种人多得很，这样你将不会受人欢迎，大家以后见到你就会避开了。

著名的记者麦克逊说："不善于倾听，这是不受人欢迎的原因之一。一般的人，他们只注意自己应该怎样地说，绝不管人家。须知世界上多半是欢迎专门听人说话的人，很少欢迎爱说自己话的人。"这几句话是确确实实的。

假如一个商店的售货员，拼命地称赞他的货物怎样好，而不给顾客说一句话的机会，未必就能做成这位顾客的生意。因为顾客认为你天花乱坠地说话，不过是一种生意经，决不会轻易相信而就购买的。反过来，如果给顾客说话的机会，使他对货物有了批评的机会，你成为和他对此货物互相讨论的人员，你的生意就容易做了。因为上门的顾客，他早有选择和求疵的心理，他尽管把货物批评得不好，他选定了自然会掏出钱来购买的。你一味地只是夸耀自己的货物，或是对顾客的批评加以争辩，这无异于说顾客没有眼光，不识好货，不是对顾客一个极大的侮辱吗？他受了极大的侮辱，还会来买你的货物吗？所以，与其自己唠唠叨叨地多说废话，还不如爽爽快快，让人家去说话，反而会得到意想不到的效果。

你如果能够给人家有说话的机会，你就给人留下了一个好印象，以后，人家和你谈话决不会见你讨厌而避开。

查尔斯·古比里就在他的面试中运用了此法。在去面谈以前，他花了许多时间去华尔街，尽可能地打听有关那个公司老板的情况。在与公司老板面谈时，他说："如果能替一家你们这样的公司做事，我将感到十分骄傲。我知道你们在28年前刚成立的时候，除了一个小办公室、一位速记员以外，什么也没有，对不对？"

几乎每一个功成名就的人，都喜欢回忆自己多年奋斗的情形，当然，这位老板也不例外。他花了很长时间，谈论自己如何以450美元和一个新颖的念头开始创业。他讲述自己如何在别人泼冷水和冷嘲热讽之下奋斗着，连假日都不休息，一天工作 16 个小时。他克服了无数的不利条件，而目前华尔街生意做得最好的那几个人都向他索取资料和请教。他为自己的过去而自豪。他有权自豪，因此，在讲述过去时十分得意。最后，他只简短地询问了一下古比里的经历，就请一位副董事长进来，说："我想这是我们所要找的人。"

古比里先生花了很大功夫去了解他未来老板的成就，表示出对对方感兴趣，并鼓励对方多说话，从而给人留下了一个很好的印象。

想要赢得朋友，这也是一个很好的方法。

纽约的亨丽耶塔便是例子。她是一家经纪公司的雇员。上班前几个月，她在公司里交不到一个朋友。原因何在？因为每天她总要向同事吹嘘自己取得多少生意，开了多少户头，还有种种其他的成就等等。

"我深以自己的工作绩效为傲。"亨丽耶塔说道，"但我的同事并没有兴趣分享我的成就，反而显得极不高兴。我也希望在公司里受到欢迎，与大家成为好朋友。来训练班上过几堂课之后，我发现了自己的问题所在，便改变了待人的方式，尽量少谈自己，而多听别人讲话。别人也有许多事情想吹嘘一番。这比只听我个人吹嘘有意思多了。现在，只要一有聊天的机会，我都要求他们把自己的欢乐拿出来分享，而我只在他们提出要求的时候，才谈一点自己的成就。这样一来，大家便开始与我接近，因而很快我就交了许多朋友。"

无声胜有声

一位高中棒球队的教练曾经讲过这样一个故事：有一次，一个选手未经教练许可，擅自离队去看电影。后来，事情被发现了，他想这次一定会受到教练的严厉斥责，结果出乎他的预料，教练一句话也没说。从此以后那个选手再也没有逃脱过训练。当教练在选手们的聚会上见到了已经步入社会的他时，他深切地说："那时，虽然教练没有批评我，但那比批评还难受"。

　　像这样不指责对方的失败和错误而是采取沉默的态度，是一种极具效果的说服术。这样就等于是给对方提供了扪心自问、冷静反思的机会。

　　一家著名的电机制造厂召开管理员会议，会议的主题是"关于人才培养的问题"。会议一开始，瑞恩斯董事就用他那特有的声音提出自己的意见：

　　"我们公司根本没有发挥人才培训的作用，整个培训体系形同虚设，虽然现在有新进职员的职前训练，但之后的在职进修却成效不显。职员们只能靠自己的摸索来熟悉自己的工作，很难与当今经济发展的速度衔接在一起，因而造成公司职员素质水平普遍低下、效益不高。所以我建议应该成立一个让职员进修的训练机构，不知大家看法如何？"

　　"你所说的问题的确存在，但说到要成立一个专门负责培训职员的机构，我们不是已经有职员训练组织了吗？据我了解，它也发挥了一定的作用，我认为这一点可以不用担心……"

　　"诚如总经理所说，我们公司已经有职员训练组织，但它是否发挥实际作用了呢？实际上，职员根本无法从中得到任何指导，只能跟着一些老职员学习那些已经过时的东西，这怎么能够将职员的业务水平迅速提升呢？而且我观察到许多职员往往越做越没有信心、越做越没干劲。所以还是坚持……"

　　"瑞恩斯，你一定要和我唱反调吗？好，我们暂时不谈这个话题，会议结束后，我们再做一番调查。"

　　就这样，一个月后公司主管们重新召开关于人才培训的会议。这次总经理首先发言：

　　"首先我要向瑞恩斯道歉，因为我错怪了他。他的提案中所陈述的问题确实存在。这个月我对公司的职员培训进行了抽样调查，结果发现它竟然未能发挥应有的功效。因此，今天召集大家开会是想讨论一下应该如何改变目前人才培养的方法。请大家尽量发表意见吧！"

　　总经理的话一出口，大家就开始七嘴八舌地提出建议，但令人奇怪的是，这一次瑞恩斯董事却始终一语不发地坐在原位，安静地聆听着大家的意见，直到最后他都没说一句话。

会议结束以后，总经理把瑞恩斯董事叫进社长办公室晤谈：“今天你怎么啦？为什么一句话也不说？这个建议不是你上次开会时提出来的吗？”

“没错，是我先提出来的。不过上次开会我把该说的都说了，其实那无非是想引起总经理您对这问题的重视罢了，现在目的已经达到，我又何必再说一次呢？还不如多听听人家的建议。”

“是吗？不错，在此之前我反对过你的提议，你却连一句辩解也没有。今天大家提出的各种建议都显得很空洞，没有实际的意义，反倒是你的沉默让我感到这个问题带来的压力。这样吧，这件事就交给你去办好了！今天起由你全权负责公司的人才培训工作。请好好努力吧！”

“是，谢谢您对我的信任，我一定会努力把这件事做好！”

四分之三的人渴望得到同情

你想不想拥有一个神奇的短句，可以阻止争执，除去不良的感觉，创造良好意志，并能使他人注意倾听？

想？好极了。下面就是：“我一点也不怪你有这种感觉。如果我是你，毫无疑问，我的想法也会跟你的一样。”

像这样的一段话，会使脾气最坏的老顽固软化下来，而且你说这话时，可以有百分之百的诚意，因为如果你真的是那个人，当然你的感觉就会完全和他一样。让我举例说明。以亚尔·卡朋为例。假设你拥有亚尔·卡朋的躯体、性情和思想，假设你拥有他的那些环境和经验，你就会和他完全一样——也会得到他那种下场。因为，就是这些事情——也只有这些事情使他变成他那种面目。

例如，你并不是响尾蛇的惟一原因，是你的父母并不是响尾蛇。你不去亲吻一只牛，也不认为蛇是神圣的，惟一原因是因为你并不出生在恒河河岸的印度家庭里。

你目前的一切，原因并不全在你——记住，那个令你觉得厌烦、心地狭窄、不可理喻的人，他那副样子，原因并不全在于他。为那个可怜的家伙难过吧，可怜他，同情他。你自己不妨默诵约翰·戈福看见一个喝醉的乞丐蹒跚地走在街道上时所说的这句话"若非上帝的恩典，我自己也会是那样子。"

明天你所遇见的人中，有四分之三都渴望得到同情。给他们同情吧，他们将会爱你。

我有一次在电台发表演说，讨论《小妇人》的作者莎易洛·梅·艾尔科特。当然，我知道她住在马萨诸塞州的康科特，并在那儿写下她那本不朽的著作。但是，我竟未假思索地贸然说出我曾到新罕布什尔州的康科特，去凭吊她的故居。如果我只提到新罕布什尔州一次，可能还会得到谅解。但是，老天！真可叹！我竟然说了两次。无数的信件、电报、短函涌进我的办公室，像一群大黄蜂，在我这完全没有设防的头部绕着打转。多数是愤慨不平，有一些则侮辱我。一位名叫卡洛妮亚·达姆的女士，她从小在马州的康科特长大，当时住在费城，她把冷酷的怒气全部发泄在我身上。如果我指称艾尔科特小姐是来自新几内亚的食人族，她大概也不会更生气了，因为她的怒气实在已达到极点。我一面读她的信，一面对自己说："感谢上帝，我并没有娶这个女人。"我真想写信告诉她，虽然我在地理上犯了一个错误，但她在普通礼节上犯了更大的错误，这将是我信上开头的两句话。于是我准备卷起袖子，把我真正的想法告诉她，但我没有那样做，我控制住自己。我明白，任何一位急躁的傻子，都会那么做——而大部分的傻子只会那么做。

我要比傻瓜更高一等。因此我决定试着把她的敌意改变成善意。这将是一项挑战，一种我可以玩玩的游戏。我对自己说："毕竟，如果我是她，我的感受也可能跟她的一样。"于是，我决定同意她的观点。当我第二次到费城的时候，就打电话给她。我们谈话的内容大致如下：

我："某某太太，几个礼拜前你写了封信给我，我要在此向你道谢。"

她："（声音听起来颇犀利，但讲究辞藻，颇有教养的样子。）请问是哪一位？"

我："对你来说，我可能是个陌生人。我名叫戴尔·卡耐基，前不久在电台广播节目中谈及艾尔科特女士，我把她的故居地点说错了——说成新罕布什州的康科镇，这错误实在太不可原谅。由于你花了时间写信给我，所以我觉得应该向你表示歉意。”

　　她：“很抱歉，卡耐基先生，是我不该写那样一封信给你，我才应该向你致歉。”

　　我：“不，不，该道歉的绝不是你，而是我。连小学生都知道，我实在是讲错了。我曾在第二个礼拜的节目中更正道歉，现在则是亲自向你表示歉意。”

　　她：“我是在马萨诸塞州的康科镇长大的。两个世纪以来，我们的家族一直在那个地方具有影响力，我也一直引以为荣。所以，当我听到你说艾尔科特女士是住在新罕布什州的时候，实在觉得很生气。但无论如何，我还是不应该写那样的信。”

　　我：“我十分了解你的心情，但我的心情比你更不好过。因为，我所造成的错误对马萨诸塞州并没有造成什么伤害，却对我本身造成极大损伤。我明白，若不是我犯了错误，像你这般对文化有认识的人，是不会花时间写信到电台去的。所以，我想告诉你的是，以后若再犯错，仍希望你继续写信来。”

　　她：“我很高兴你能接受我的批评，你一定是个极有修养的人，我应该早些认识你才是。”

　　就是这样，由于我道歉在先，而且对她的观点表示同意，于是她也转而向我道歉，并表示同意我的观点。我很满意自己能控制住脾气，也很满意这种“以德报怨”的处理态度。

　　住在白宫里的人，大概每天都要面对许多棘手的人际关系问题。塔夫脱总统也不例外。他在其著作《服务的伦理》一书中，曾对一位有某种企图的母亲做了相当生动有趣的描述：

　　“华盛顿有位女士，她的丈夫在政治圈还颇有影响力。”塔夫脱如此写道，“这位女士跑来找我，并且花了6个礼拜的时间对我下工夫，希望我能把某个职位指派给她的儿子。她认识许多参议员和众议员，也要他们向我强调这件事。由于这个职位需要特别技术上的鉴定，所以我便指派了另一个人。没多久，这位母亲写了一封信给我，认为我‘忘恩负义’，而使她成为一个'最不快乐的女人'。她说她曾为一项我所关心的法案奔走，好不容易争取到州内各代表的支持，才使这项法案顺利通过，如今我却如此回报她。

"当你接到像这样的一封信时，你马上会想，怎能跟一个行为不当或甚至有点无礼的人认真起来。然后，你也许会写封回信。而如果你够聪明的话，就会把这封回信放进抽屉，然后把抽屉锁上，先等上两天——像这类的书信，通常要迟两天才回信——经过

塔夫脱

这段时间，你再把它拿出来，就不会想把它寄出去了。我采取的正是这种方式。于是，我坐下来，写一封信给她，语气尽可能有礼貌，我告诉她，在这种情况下，我很明白一个做母亲的一定十分失望，但是，事实上，任命一个人并不是凭我个人的喜好来决定的，我必须选择一个有技术资格的人，因此，我必须接受局长的推荐。我表示，希望她的儿子在目前的职位上能完成她对他的期望。这终于使她的怒气化解，她写了一张便条给我，对于她前次所写的那封信表示抱歉。

"但是，我送出去的那项任命案，并未立刻获得通过，经过一段时间之后，我接到一封声称是她丈夫的来信，虽然，据我看笔迹完全一样。信上说，由于她在这件事情上过度失望，导致神经衰弱，病倒在床上，演变成严重的胃癌。难道我就不能把以前那个名字撤销，改由她儿子代替，而使她恢复健康？我不得不再写一封信，这次是写给她的丈夫。我说，我希望那项诊断是不正确的，我很同情，他的妻子如此病重他一定十分难过，但要把送出去的名字撤销，是不可能的。我所任命的那个人最后终于获得通过，在我接到那封信的两天之后，我在白宫举行一次音乐会。最先向塔夫脱夫人和我致意的，就是这对夫妇，虽然这位做妻子的最近差点'死去'。"

杰伊·曼古是饿克拉荷马州吐萨市一家电梯公司的业务代表。这家公司和吐萨市一家最好的旅馆签有合约，负责维修这家旅馆的电梯。旅馆经理为

了不给旅客带来太多的不便，每次维修的时候，顶多只准许电梯停开两个小时。但是修理至少要 8 个小时，而在旅馆便于停下电梯的时候，他的公司都不一定能够派出所需要的技工。

在曼古先生能够为修理工作派出一位最好的技工的时候，他打电话给这家旅馆的经理。他不去和这位经理争辩，他只说：

"瑞克，我知道你们旅馆的客人很多，你要尽量减少电梯停开的时间。我了解你很重视这一点，我们要尽量配合你的要求。不过，我们检查你们的电梯之后，显示如果我们现在不彻底把电梯修理好，电梯损坏的情形可能会更加严重，到时候停开时间可能会更长。我知道你不会愿意给客人带来好几天的不方便。"

经理不得不同意电梯停开 8 个小时总比停开几天要好。由于曼古表示谅解这位经理要使客人愉快的愿望，他很容易而且没有争议地赢得了经理的同意。

乔爱丝·诺里斯是密苏里州圣路易市的钢琴教师。她告诉我们如何处理一个女学生的问题。

贝蒂是名 10 多岁的少女，喜欢留修长的指甲，这对练习钢琴妨碍很大。

诺里斯太太在报告中说道："贝蒂的长指甲对练琴当然是个障碍，但我不想因此让她对弹琴失去兴趣，所以在讨论课程的时候，一直都不去提指甲的事。因为我知道她费了不少心神去保养那些指甲，而且一直引以为傲。

"上完第一课之后，我觉得情况不错，便趁机对她说：'贝蒂，你的双手和指甲都长得很好看……听着，假如你想把钢琴学好，其实比你想象的还要简单。只是，若能把指甲剪短一点，对你一定大有帮助。你愿意考虑考虑吗？'她对我扮了一个鬼脸，意思显然是不愿意。我也同她母亲谈起这个问题，而她也不表示同意，因为贝蒂漂亮的指甲对她来说也很重要。

"第二个星期，贝蒂过来上第二堂课。很让我惊奇的是，她居然把指甲剪短了。我对她的牺牲精神大大夸奖一番，见到她母亲的时候，也感谢她的帮忙。但她回答：'这件事我一点也没帮什么忙，是贝蒂自己决定的。这可是头一次她愿意为别人把指甲剪短。'

诺里斯太太恐吓过贝蒂吗？她有没有说，假如贝蒂不把指甲剪短，她就不愿教她学琴了呢？没有。诺里斯太太只是告诉贝蒂她的指甲很漂亮，要把指甲剪短对她来说是个牺牲。这等于是说："我同意你，我知道这不容易做到。但为了把琴学好，这牺牲是值得的。"

S·胡洛克可能是美国最佳的音乐经纪人。多年来，他一直跟艺术家有来往——像查理·亚宾、伊莎朵拉·邓肯，以及拔夫洛华这些世界闻名的艺术家。胡洛克先生告诉我，他和这些脾气暴躁的明星们接触，所学到的第一件事，就是必须同情，同情，对他们那种荒谬的怪癖更是需要同情。

他曾担任查理·亚宾的经理人 3 年之久——查理·亚宾是最伟大的男低音之一，曾风靡大都会歌剧院。然而，他却一直是个问题人物。他的行为像个被宠坏的小孩。以胡洛克先生的特别用语来说："他是各个方面都叫人头痛的家伙。"

例如，查理·亚宾会在他演唱的那天中午，打电话给胡洛克先生说："胡先生，我觉得很不舒服。我的喉咙像一块生的碎牛肉饼，今晚我不可能上台演唱了。"胡洛克先生是否立刻就和他吵了起来？哦，没有。他知道一个经纪人不能以这种方式对付艺术家。于是，他马上赶到查理·亚宾的旅馆，表现得十分同情。"多可怜呀，"他会很忧伤地说，"我可怜的朋友。当然，你不能演唱，我立刻就把这场演唱会取消。这只不过使你损失一二千元而已，但跟你的名誉比较起来，根本算不了什么。"这时，查理·亚宾会叹一口气说："也许，你最好下午再过来一趟。5 点钟的时候来吧，看看我那时候觉得怎么样。"

到了下午 5 点钟，胡洛克先生又赶到他的旅馆去，仍旧是一副十分同情的姿态。他会再度坚持取消演唱，查理·亚宾又会再度叹口气说："哦，也许你最好待会儿再来看看我，我那时候可能好一点了。"

到了 7 点 30 分，这位伟大的男低音答应登台演唱了。他要求胡洛克先生走上大都会的舞台宣布，查理·亚宾患了重伤风，嗓子不太好。胡洛克先生就撒谎说，他会照办，因为他知道，这是使这位伟大的男低音走上舞台的惟一方法。

亚瑟·盖茨在其《教育心理学》一书中说道："同情，是所有人类最渴望的东西。孩童会急着展示伤口给你看，甚至制造伤口或淤肿以获取大量的同情。成人也一样……展示青肿之处，讲述各种意外、疾病，尤其是外科手术的详细经过，还有对那些真实或虚构的不幸所发出的'自怜'等等，可说是屡见不鲜。"

从双方都同意的事说起

不论对方持有什么样的先入之见或偏见，也不论他的主观认识与你的观点有多大的差异，大多数情况下两者之间总会有一些相同之处。

跟别人交谈的时候，不要以讨论不同意见作为开始，要以强调而且不断强调双方所同意的事情作为开始。不断强调你们都是为相同的目标而努力，惟一的差异只在于方法而非目的。

在建立良好关系的过程中，实现双方兴趣上的一致是很重要的。只要双方喜欢同样的事情，彼此的感情就容易融洽，这是合乎逻辑的，推而广之，对其他许多事情，彼此也就愿意合作了，说服也不例外。

每一个人都有某个方面的兴趣。兴趣可分为两种：一种是对有关系的事物的兴趣；一种是对无关系的事物的兴趣。所谓有关系的事物，是指与你和别人共同发生兴趣的事物。利用这种兴趣，常常可以在彼此之间建立良好的关系。

一般人都有许多不同的兴趣，有的会特别喜欢，有的会比较淡泊。如果可能的话，你应尽量找出他们最感兴趣的事，然后再从这方面去接近他。倘若没有机会，或者这种机会不容易得到，那么也该尽可能地去选择他最大的兴趣供你利用，主要的目的是要使他对你发生兴趣，从而接受你的说服。

欲与别人的特殊兴趣建立一种特殊关系，单单说一句很感兴趣的话是不够的，在对方的询问下，你不能掩饰你真正的兴趣，免得弄巧成拙，必须把你的真实的兴趣表现出来。

问题在于你怎么能使他人了解你对某件事情的确和他有同样的兴趣。因此，你必须对这题目具有相当的知识，足以证明你是有过相当研究的。越是值得接近的人，你就越应该努力对他所感兴趣的事情，作进一步的了解，使你能够应付他，使他乐意提供你所想知道的事情。

就像幼儿园的教师，有许多办法去哄小朋友，把一群哭哭闹闹的小孩训练得高高兴兴。这当然有她们成功的门道，其原因是由于她们能放弃自己的个性去迎合小朋友的兴趣和思想。

罗伯特的女儿几年前就已经结婚了，但是当年订婚时，却是利用了"仅有的一点共同之处"进行说服后，才成就了这桩美满的姻缘。罗伯特是以非常开明的态度来对待女儿的终身大事的，但是其妻子却一直坚持很严格的条件，她心目中的女婿在学历、家庭条件、年龄等各方面都是相当好的青年。

但是，姑娘却不在乎这些，这与女主人的愿望完全相反，女主人当然反对，作为姑娘的父亲罗伯特当时也面带难色。不久，提亲者前来做夫妇俩的说服工作。但是夫妇二人表示感谢后，还是婉言拒绝了。他们说："这件事太麻烦您了，不过考虑到小女将来的幸福，我们还是不同意这桩亲事。"

于是，介绍人说："在考虑姑娘的幸福这一点上我们是相同的。"并且利用这一共同点进行了劝说。他说："如果你们站在姑娘的立场上，考虑她的幸福的话，就请你们重新考虑这桩亲事吧。"夫妇俩经过认真考虑之后，认为很有道理。他们认为，如果一定坚持自己的标准，追求"理想中的女婿"，那么女儿恐怕要终身独守空闺了。因此，改变了态度，收回了自己的意见，终于答应了。后来罗伯特苦笑着说："那位介绍人真是一语惊醒了梦中人。"

当然，这两个年轻人能终成眷属，还有很多因素，但是，如果不是介绍人那句"姑娘的幸福"这一"相同之处"，这桩亲事恐怕就不可能成功。

像这样，找到自己与持先入之见者的共同处并加以扩大、利用，是说服对方时很有效的办法之一。相反，表示出和对方的"不同之处"，在说服对方时也具有良好的效果。因为这两种方法都能使对方有机会客观地认识自己的先入之见。

当我们意见、感受、观点遇到不同时，可以用诚恳的语气说："在这里我们有不同，让我们一起来想出我们两人都满意的方法。"

或"让我们一起想出最有利的解决策略"。

语词上，强调的是"我们"，而不是"你""我"的对立。不但没有任何贬抑的用语，反而只有诚意的邀请，邀请对方一起来解决问题。

重点是要找出"我们两人都愿意"的可能性与可行性，把协调视为"寻找交集点"，"扩展思维"的过程，而不是"制造敌人"的时候。

甚至，要认清双方的不同不是敌对，只是不同而已。因此，切勿心存"打倒"对方的偏激想法，只求赢得个人主观的世界。

不只如此，协调时应积极地视分歧为拓展人际影响范围的关键时刻，也就是培育个人恢弘气度，建立人际关系的时候。

在有分歧的时候，说服的过程便成为协调的过程。对于一个成熟的说服者而言，分歧就是人际关系需要"重组"的信号，甚至是调整关系，培养关系的契机，也是说服的最好契机。

在分歧中，必须先明确对方真正诉求的主题。到底是单纯寻求解决问题的可能性；或只是抒发个人的不满、牢骚、愤怒；或是纯为鸡毛蒜皮的小事，无理取闹；又或是一味玩其个人游戏，借此以引起注意；或是对方的自我困惑与矛盾。

分歧，就是了解的时候；是探索对方需求的时候，而不是自我表达的时候；是帮助对方——理清作为困扰及方向的时候。

要想成为一位成功的说服者就切勿落入对方情绪的漩涡里，跟着团团转。

"执拗的人自以为拥有看法，其实是看法拥有了他！"这句话很值得深思！

遇有观点差异或人事困扰时，便要强调人性化的互动，而不是权威的屈服或强悍的抗拒。因为，赢得一时的争论，却换得每日上班见面时的痛苦，又有何益！任何协商，并非为所欲为，一吐为快，必须依规则来进行。

人性化的互动，至少包括五个内容：

第一，表达诚意。千万不玩游戏或耍手段。有的人只要不合乎其意，就颠倒是非一味抹黑；或赌气冷战；或制造小圈圈，丧失应有的诚恳，使得办公室成为战场。

要拿出诚意来与人沟通，这绝不是流于一种口号——说说而已。两个都赢是强调先把个人解决问题的诚意让对方了解，要确实使对方感受到你的诚意。

第二，保持礼貌。说服时，仍需保持应有的礼貌风范，或体制中应遵循的规则，而不是自以为是的兴师问罪，咄咄逼人，藐视或刻意挖苦他人。

"进退得宜"不只解除他人的防卫，而且给予对方有思考的空间，如此反而强化其说服力！

第三，维护尊严。有尊严，才能真正的沟通。没有尊严的维护，就谈不上沟通，而尊严必须包括双方的尊严。

每次在协调时，上司总是口无遮拦、冷嘲热讽，或以高傲的语气贬损他人，借以突显其观点，结果只能酝酿更大的纷争或愤恨。

在协调过程中，每个人的尊严都必须被维护，不得有人身攻击。不论是冷嘲热讽的字眼，轻蔑鄙视的挑衅式肢体语言，咆哮怒吼的争吵方式，都必须受到禁止。

第四，平等尊重。当别人尚未说完，上司不仅频频打断话题，抢先发言，更以其不屑的语气，用食指数落别人，这种"威权"的作风，令下属们深感不是滋味。

在说服过程中双方要轮流发言，并且不可有强势与弱势之分，或威迫、恫吓等不平等待遇。若有违反此规则，便可运用暂停法，中止协调的进行。

第五，营造气氛。有分歧，就是需要"放松"的时候。观点不同时绝不能带有肃杀之气，应该努力营造愉快的气氛，这不只是一种人格成熟的表现，也是一种高度领导能力的象征。

说服不是在于解决问题而已，在协调过程中，还需懂得运用幽默来营造气氛。

一个过分严肃的说服，只会造成下次分歧时更大的敌意表现。气氛的营造，非常重视以柔性化的自我，表达出诚挚、礼貌的态度。在语气及肢体上，充分的传送善意给对方，如此，使得双方减少不必要的防卫，能在轻松愉快的气氛下，创造出协调的高度艺术。

在说服艺术中，你和对方辩论时，开头应讲一些你和对方都同意的事，然后再提出对方所乐于得到解答的一些合适的问题，那不是比较有益得多吗？你提出了问题之后，再去和对方共同地探讨着答案，就在这探讨之中，你把你观察得十分清楚的事实提示出来，那对方便会不自觉地被引导去接受了你的结论。他会对你十分地坚信，因为他觉得这些重要的见解是他自己所发现的。

和对方气势汹汹地辩论，这是一种近乎不正当的行为，这只能增加了人家的倔强，不易使你获取胜利。威尔逊总统说："凡是交涉的问题，如果你紧握了两个拳头而来，我会把拳头握得比你更紧一些；如果你很和善地走来说：'让我们坐下来商议一下吧，要是我们的意见不同，我们可以研究一下不同的原因是什么，主要的矛盾在那里？'这样，我们商谈下来，大家的意见是不会相差得很远的，只要我们彼此有耐心，肯诚意地去接近，就是相差一点，也不难完全解决。""最佳的辩论好像是解说。"真的，我们与其涨红了脸去和人家辩论，为什么不用解说的态度、商讨的方法去解决呢？所以，我们即使和人家辩论了，请你还得要平心静气，去找出共同点来商讨，切不可紧握了拳头，这是要注意的。

任何冲突的意见，不论双方的意见是怎样的严重和远离，我们总可以找出一些共同之点来讨论。甚至银行家的领袖摩根，他在国内银行学会开会之中去演讲或是辩论，他也可以寻出一些双方相同的信条以及听众共有的相同的希望来。这句话你不相信吗？你不妨看看下面的例子：

"贫穷向来是社会上最最残酷的问题之一。我们的人民常常感觉到我们的责任是不论在什么地方，什么时候，只要可能的话，便要去解救穷人们的痛苦。我们是一个慷慨的国家，在历史上，我们并不能找出别的民族也和我们一样慷慨而不自私地捐钱去扶助那些不幸的人们。现在，让我们保持和过去一样的精神上的慷慨和不自私来一同研究一下我们工业界的生活情况，并看看我们是否可以找出一些公平正当且为各方都接受的办法，去防止并减轻那些穷困的罪恶。"

　　上面这一大段话，有谁能够加以反对呢？就是银行家领袖的摩根，他也是点头同意的。我们在人家点头同意之后，然后再慢慢地把人家引向我们的主张，我们自己并不脸红势盛，然而我们获得了胜利。这一个辩论的机智，我们是应该采取的。

　　其实，人与人之间，由于观点不同、信仰各异、性格有别等等原因，存在分歧，应该是完全正常的事情。遇到这种情况，必须透过一方或双方的让步，取得大的原则、方向上基本一致（即求同），在枝节问题上不纠缠（即存异），达到互谅互惠的目的。

　　究竟该如何做到求同存异呢？一是要设法找出双方的共同点。即使是很小的共同点，也可以使双方的距离越拉越近，共同点越多，双方的感情就会越来越亲密，也会很容易说服对方。即使双方固执己见，似乎毫无什么共同点可言，你还是可以强调同学、同事、同乡及都有解决问题的热忱等来寻求共同的途径。由于你一再强调共同点，对方自然而然就会慢慢地开启他的心扉。二是要设法使双方的心理"共同"。人与人之间或多或少存有"共同"的心理，当双方利害关系发生冲突时，这种"共同"心理就被掩盖了；当双方利害关系趋于一致时，这种"共同"心理就会明显地呈现出来。要使双方的心理"共同"显现出来，便要设法营造这样的氛围。例如，有两家厂商为了生意上的竞争，互相杀价，此时突然听到消费者在一旁幸灾乐祸地戏谑，于是这两家厂商顿时停止了杀价竞争，而共同谋求新的解决办法。三是要提出对方容易接受的大前提，而不要纠缠一些细节问题。因为商场交易，双方所关注的问题不尽相同，有的是从大前提着想，有的则是在细节上推敲。我们首先要提出大前提，这是双方能否达成一致的焦点，非常重要。例如，你可以说："我们的这笔生意可不可能做？"对方如说"可能做"，"可能做"就是大前提。至于怎么做的一些细节问题，你可以说："细节问题我们稍后再谈。"如果大前提双方都接纳了，此生意就成功一大半了。如果首先就在细节问题上纠缠，则很容易引起争论，更别提大前提了。

　　当然，有的人十分注意细节问题，一定要坚持先谈细节，这也是对方发出的一种"共同"信号，你则要灵活一点，将重点转移到细节上，然后再逐步回到大前提上来，问题就更容易解决了。

使用建议的方式

我最近有幸和美国最有名的传记作家塔贝尔小姐坐下来吃饭。我说我目前正在写作一本有关人性的书，接着我们就围绕"如何为人处世"展开讨论。她显然对这个题目也深有体会，她说她当初为了写欧文的传记，专门拜访了与欧文共事了三年的朋友。他们说，欧文在三年内从来没有说过要做什么、不要做什么的话，他都是以尊重的口吻问别人，比如"你可以考虑一下这件事吗？"或者是"你觉得这样做合适吗？"他在让别人替他做速记后都要问："你觉得怎么样？"如果哪里写得不是很好，他会说："假如我们把这一句改成这个样子，你觉得会不会好一点？"他总是让别人尝试着自己去动手。他不会命令别人该怎么样，他希望大家都自己动手，有错误了就从错误中学习。这样的方法反而能让别人积极地处理问题，因为这是一种尊重的体现，当人们的自尊心得到认可的时候，他希望与你合作，而不是反抗你。

反之，即使别人确实有错误，而你声色俱厉地指责别人，那产生抵触甚至愤怒的情绪是非常正常的事，他甚至能够生很长时间的气。而如果这样的粗鲁行为和言语来自一个有一定权威的人，那后果也很不好。桑塔尔是威名市的一位职校老师，他班上的一个学生因为没有按照规章制度停车，给学校的一个入口带来麻烦。学校的一位老师为此怒气冲冲地来到班上狂吼："是谁把车停在过道上？"车主举手应答。那位老师又转向他大吼："你赶快把它开走，否则我就用铁链把它捆起来拖走。"

那位学生是犯错了，他把车放在那里，妨碍了交通。但是结果呢？不但那位车主没有理会他，其他人也把车停在那里，以增加他的不便。事情原本不用这样。假如他换一种方式来说话，假如他平和友善地和班里的人说："请问堵住门口的那位车主是谁，你好，如果你能把它移开，别的车就方便通过了，麻烦您帮个忙，谢谢啦！"

那位同学听到这样的话肯定乐意把车开走，心里还会有歉疚，其他人下次也会小心。

　　一个疑问句就能有这样的作用，因为这包含了尊重的前提。在企业里少一些命令，多一些提问，往往会激发员工的积极性和创造力。麦克是约翰内斯堡一家小工厂的老板，一次他有机会获得一张大订单。但如果签了，货期不一定能跟上，除非工人们加班加点地工作。他没有发出强制性的命令，而是把大家召集到一起，先谈了这个大订单对整个公司的意义，然后用诚恳地语气问大家："我们是不是能想出办法来完成这张订单，有没有好的办法来处理时间和工作量的分配问题，大家想想办法，如果实在不行我们就不接这个订单了。"

　　工人们听到这样的话马上要求接下订单，然后一起讨论办法。他们的态度只有一个，就是"我一定能办得到"。

　　最后在所有人共同的努力下，他们接下了单子，保证了货期的兑现。而这一切，是强制所不能带来的。

第六章　做好一生的规划

目标是人生的灯塔

每一个奋斗成才的人，无疑都会有一个选择、确定目标的问题。正如空气、阳光之于生命那样，人生须臾不能离开目标的引导。

有了目标，人们才会下定决心攻占事业高地；有了目标，深藏在内心的力量才会找到"用武之地"。若没有目标，绝不会采取真正的实际行动，自然与成功无缘。

首先，心中拥有目标，给人生存的勇气，在困苦艰难之际赋予我们坚忍不拔的毅力。有了具体目标的人少有挫折感。因为比起伟大的目标来说，人生途中的波折就是微不足道的了。因此，拥有科学的目标可以优化人生进程。

其次，由于目标事物存在脑海某处，所以即使我们从事别的工作，潜意识里依然暗自思量图谋对策，遂在不觉之间接近目标，终于梦想成真。拥有目标的人成大功立大业的几率，无疑要比缺乏志向的人高。目标激励人心，产生活动能源。

再者，实现目标好像攀登阶梯一般，循序渐进为宜，尽管前途险阻重重，也要自我勉励，不断做出更大的挑战。当时认为不可能做到的事情，往往几年之后，出乎意料之外地简单达成了。

卡耐基说不甘做平庸之辈的人，必须要有一个明确的追求目标，才能调动起自己的智慧和精力。

心中拥有目标，便会使自己不会太留意与之不相关的烦恼，不会与一般的不相关的小麻烦斤斤计较，这会使你变得豁达、开朗。因为人的注意力是很有限的，一旦他（她）全身心地为自己的目标而努力，去冥思苦想时，其他的事情是很难在其脑子里停留的，这个道理极其明显。

心中有了目标，人就会专门去找一些相关的麻烦来解决，以便自己为实现目标而进行一些必要的锻炼，这样，使人在不知不觉中培养起了积极的人生态度和勇于迎接困难的优良品质。

在现实生活中，确有许多"平庸之辈"有不甘平庸之心，这是一个积极入世的人不容回避的问题。作为一个平凡的人，尽管不可能都轰轰烈烈，但是能使平凡的人生较常人稍许不平凡一些，尽可能比别人强一些，是肯定能办到的。

我们需要提升生存的智慧，思考成功，追求卓越，对人生的意义、人生的价值、人生的幸福等问题交出较完美的答卷。不甘平庸，崇尚奋斗，正是人生之歌的主旋律。

没有明确的目标，没有目标的努力，显然如竹篮打水，终将一无所有。

目标是获得成功的基石，是成功路上的里程碑。目标能给你一个看得见的靶子，你一步一个脚印去实现这些目标，你就会有成就感，就会更加信心百倍，向高峰挺进。

成功，是每一个追求者的热烈企盼和向往，是每一个奋斗者为之倾心的夙愿。在目标的推动下，人就能够被激励、鞭策，处于一种昂扬、激奋的状态下，去积极进取、创造，向着美好的未来挺进。

目标是一种持久的热望，是一种深藏于心底的潜意识。它能长时间调动你的创造激情，调动你的心力。你一旦想到这种强烈的愿望，就会产生一种原子能般的动力，就会有一种钢铸般的精神支柱。一想到它，你就会为之奋力拼搏，就会尽力完善自我，在艰难险阻面前，决然不会轻易说"不"字。为了目标的实现，去勇敢地超越自我，跨越障碍，踏出一条坦途。

目标是信念、志向的具体化，奋斗者一定要有梦想，并敢于做"大梦"，梦想正是步入成功殿堂的动力源。许多精英俊杰都是出色的梦想者，他们无一不是笃信大梦能成真的。他们梦想的目标一旦确立，就会万难不屈、坚毅果敢，充分发掘自己的潜能，将自己的才华优势发挥到极致，以百倍的努力冲刺、攀登。

正如美国成功学家拿破仑·希尔所言："你过去或现在的情况并不重要，你将来想获得什么成就才最重要。除非你对未来有理想，否则做不出什么大事来。一有了目标，内心的力量才会找到方向。"

可以说，一个人之所以伟大，首先在于他有一个伟大的目标。

在人的成长过程中，必经历胎儿期、继承期、创造期和发展期几个阶段，在第二、三阶段中，有一个目标选择期。即从学校毕业到就业前后，是确定奋斗目标的阶段。

拿破仑·希尔

一个人能否成功，确定目标是首要的战略问题。目标能够指引人生，规范人生，是人成功的第一要义。目标之于事业，具有举足轻重的作用。忽视目标定位的人，或是始终确定不了目标的人，他的努力就会事倍功半，很难达到理想的彼岸。确立目标，是人生设计的第一乐章。

确立人生的起跑点

人生的全流程，虽是一个连续不断的时空整体的客观存在，但它明显地划分为几个阶段。把人生流程中生理年龄、人的成熟和发展过程以及主要内容的更替综合起来看，分为四个大阶段较为科学，每个大阶段内又分几个小段。自降生至18岁，我们称之为人生流程的补建期。如果说任何人对自己所获得的遗传因素、母体条件都无法选择，那么我们就可以降生为界。降生以前主要是获得先天的生理预应力，出生后社会环境便开始施加影响以造就其社会适应力，以使他提高对社会的适应能力。第二个阶段是成熟期，即18

~25 岁左右，是充满理想、浪漫色彩和激情的青年期。这个时期，努力总结在补建期所得到的一切知识和社会经验、实践体会，中心任务是使自己初步成熟起来。这一时期有两个明显标志：一是初步形成世界观，即获得社会观、人生价值观，认识方法协调统一化，形成对客观世界的整体性认识；二是基本选定了一生所从事的事业的目标。在这个阶段上，人生的中心任务就是要全力促进成熟，早成熟早立志，就可以早进入创造期，早出成果，为社会多做贡献。第三个阶段是创造期，即 25～55 岁左右这个年龄段。这是人生全程中的黄金时代，无论从事什么工作的人，这个阶段都是进行创造性工作的最佳时期。不仅因为这个年龄段上的人年富力强，也因为他们积累了丰富的经验，历经了磨炼，使他们有稳定的情绪和持久的耐力。第四个阶段是总结期，即 55 岁以后。这个时期，因年龄增长所发生的心理变化，以及体力精力的减退，迫使人不得不离开第一线，做一些总结切身经验的工作。

如果把人生比做是运动场上的竞赛，那么，补建期就好像运动员竞赛前的预备活动期，而成熟期就是运动员在选择自己的起跑点，创造期就是正式竞赛中的角逐。不同点在于，运动上的竞赛是练兵千日于瞬间决一雌雄，而人生的竞争则是集千万个瞬间的科学灵感和运动场上的冲刺比高低。要说哪一个容易哪一个难，不好分辨。但有一点可以肯定：人生漫长的征途上更需要持久的耐力。

人生起跑点的选择，对于一生有重要作用。如果一开始起跑点就选得准确，总比几经周折年近迟暮还在徘徊之中要好得多，不少人青年时代就功成名就，不能不说与他的人生起跑点选择的准确有关。

有的人说"选择目标，实际上是自己设计自己的过程"，"自己设计自己，首先要考虑社会的需要，时代的需要，还要考虑自己的所长和爱好"。持这种主张的人认为，选择人生目标就是自己设计自己。我们并不完全同意这种主张，因为选择人生目标仅仅是人生设计的一项内容，而不是人生设计的全部内容，人生设计除目标设定外，还包括阶段规划、环境分析、反馈和核心内容的研究等。而目标的选择，仅是确定人生起跑点的前提之一。

该如何确定自己的人生起跑点呢？用我们的话来说，就是在对自身条件优劣和环境利弊的自觉认识的基础上，根据扬长避短的原则，按照社会需要所指示的方向，在环境的最大容许度上确立自己的人生起跑点较为妥当。

身处顺境，依自己对于宏观和微观的自觉认识的水平，对自己的长处短处的自觉认识，确立一生所从事的事业（范围或更具体到特定项目）的目标，这就是人生起跑点。

身处逆境，同样也应依照对环境和自身的自觉认识水平，确立一生所从事的事业的目标，不过有两种情况：一种是在微观环境容许度以内确立，叫做安全性人生起跑点；另一种是在微观环境容许度之外，依自己对宏观需要的自觉认识确立所从事的目标，叫做风险性人生目标。

上述关于人生起跑点的思想在确立过程中所涉及的因素和判断过程是一致的，不同仅在于担风险还是找安全。

描绘生命的蓝图

生命比盖房更需要蓝图，然而很多人从来没有计划过生命，每天只是醉生梦死地度过。

成功人士和平庸之辈的差别，就在于前者为生命计划，决定一生的方向。我们可以为生命做出计划，如拟订十年、五年、三年的计划；或拟订最接近此刻的长期一年的计划；最后是短期的计划，如一月、一周、一天。

1. 订出一生大纲：你这一辈子要做什么？当然，有很多事只能订出个大概，但你可以好好选择自己所喜欢做的事。

你退休后要做什么？你的第二阶段要怎么过？也许你要终日徜徉于山水之间。如果现在你还不到30岁，以后也不想退休，那就不必为这些烦恼。

2. 二十年大计：有了大概的人生方向，就可以拟订细节。第一步是20年。订下这20年内你要成为什么样子，有哪些目标完成。然后想想从现在起，十年后你要成为什么样的人。

3. 十年目标：20年大计一定要20年才能完成吗？不一定。你越富裕，就越快达到目标。

4. 五年计划：只需要一台计算机和几秒钟时间，你就知道五年内要赚多少钱。

5. 三年计划：三年是重要的一环，一生大计通常只是简单的方向，而三年计划是最重要的决定点。

6. 下年计划：这是你每周至少要检视一次的预算表和工作计划。每年都要有计划，尽量简单扼要，以数字为主。像赚得的金额、认识的人数等。12个月的计划不是论文，而是行动大纲。

7. 下月计划：认真地执行下个月的计划。以每月 15 号开始算起，是最适合的日子。

8. 下周计划：这对大多数人而言，这是时间计划的关键所在。

9. 明日计划：这是最具体的生命计划。

别被 20 年大计吓倒了，好好写下来，**修改是难免的**。订计划是件愉快的事，而非一项任务，如果你的计划是一串上升的数字，你很快会对它发生兴趣。

如果短期计划超过了 90 天，你会对它丧失兴趣，把它分散成单项，然后逐一在 90 天内完成。

只有你知道自己需要什么，这样你才能直达目标。

拥有自己的计划

一位著名的外交官曾说过，"日常事情一件一件地向我们涌来。如果我们没有一个可以将之加以检查的计划，那么我们就会遇到许多困难。"

他所陈述的这种道理在外交、政治以及我们每个人的工作和生活中统统适用。应该按照自己的标准，去检查每天发生在我们身边的事情，谁若不懂得这一点，谁就将陷入不稳定的漩涡之中。他自己的个人意愿将难以实现，所定目标也将停滞不前。

所以，影响我们生活的有两件事情。其一就是日常之事，这是我们社会不断强加给我们的对立；其二就是拥有一份计划，我们按照这份计划来评判日常之事对我们自己是否有利，我们是否有能力处理好这些事情。

谁没有用以检查其行为标准的计划，那他的行为就会被眼前的影响所支配；他认为今天所寻求到的自信说不定明天就又会失去。

谁拥有一份长期计划，谁就会凭借它创造有利的前提，正确看待眼前的一切诱惑。

在此，还应进一步说明一下，拥有一份检视我们行为的计划到底有哪些好处：

拥有一份计划并贯彻它，意味着可以事先知道应该怎样度过这繁忙的一天。

拥有一份长期计划，就如同建立了一个安全网，当我们在日常生活中遇到困难时，它会及时地给予我们保障，就如空中飞人表演遇险而由安全网接住一样。

也意味着，可以及时界定我们的能力和可能性的范围，以期更接近我们所期望的目标。这样，我们就不会受外界影响和诱惑。

谁没计划，谁就会陷入危险之中。

在过去的几年里我遇到过一些人，他们给我留下的印象是：他们生活得比别人好，这时我总会向他们讨教几招。其中一个人给我举了一个印象颇深的例子。这个例子说明，计划如何帮助人们去克服生活中大大小小的问题。

我有一个朋友，他是在乡下一个贫苦的家庭中长大的，他父亲早逝。之后他上了大学，毕业后当了一名法官，再之后又当了外交官和部长。

当我在他的办公室拜访他时，我问他："您曾经说过，您是个心满意足的人。您是怎样做到这一点的呢？"

他思考了一会，然后以他那独特的、从容不迫的方式回答道：

"严格地说，我几乎可以称得上是个心满意足、十分幸福的人。这当然有多方面的原因。但其中有两点是肯定的：人必须自信。同时也必须能够独立做事，而且不要过分依赖于外部事物。"

对某些人来说，读了这几句话后，会感觉它们只是空洞的说教或者只是抽象的愿望、幻想。但对以它为原则而生活的我的朋友来说，这是他获得几乎可以称得上是心满意足、十分幸福的生活的关键因素。从这个伟大的生活计划中，他推导出解决日常问题的许许多多小计划。

举一个他向我讲述过的例子，是关于他怎样控制体重的。当别人都在大量地吞服药片或偶尔接受减肥疗法并向别人推荐时，他却用自己的方式来解决问题：

"每周日洗完澡后，我就称体重。如果称的是 80 公斤，那么在接下来的一周内，我接着吃与上周同量的东西；如果称得的体重大于 80 公斤，那么一周内我只吃一半的东西。在这段时间内，我的体重又可以减到适合于我的体型的最理想的 80 公斤。"

您或许会问："这样一件无关紧要的小事和他幸福的计划有什么内在的联系？"

非常之简单：举一反三。他说："人必须自信并且不要过多地依赖于外部事物。"

他不问："谁帮我解决我的体重问题呢？哪些药片能帮我，哪些疗法能有效呢？"而是更多地去寻求一种不依赖于任何人的解决之道。

他控制自己每天吃多少东西，不受偶然因素或所提供的食物的影响，而是严格按照计划行事。他这样做使他充满自信。

这是考察内在联系的一个方面。

在前面，我列举了大量事例，阐述了如何制定一个最适合自己的计划，同时也阐述了坚定不移地贯彻计划的优点。但您要认识到，计划并不是一付灵丹妙药，光靠它还不能解决问题，它只是为解决问题而创造尽可能最好的前提条件。

有了计划，就意味着有了保障。由此而得出的最重要的结论是：

我不再相信，当自己碰到问题时，总能想出解决问题的办法或者总会有贵人相助；或者认为"还没这么糟糕！"或者"到目前为止，一切都挺好！"而是为解决问题做好充分准备。不靠碰运气，不只顾眼前，不依赖别人，而是自己为此担负起责任。

拥有一份计划就意味着：

今天就考虑好明天和后天会出现什么样的情况及应对策略。就像一个优秀的战略家，在真正采取行动之前，先练习沙盘作业，直至他认为已能圆满完成任务为止。或者像一名消防队员，平时坚持不懈地练习，以使自己在紧急情况下能应付自如。

一旦真的发生紧急情况，他早已做好了充分准备。他很清楚自己应做什么，并投入全部精力尽量做好，而不是惊慌失措，急于为自己的失败找替罪羊或为自己寻找托辞。

这就是有计划的优点之一。另一个优点是，知道自己想做什么。在这种情况下，我可能这样做，而另一种情况下也许会采取完全相反的做法。不管怎样，我每次只做有利于更接近我所设定的目标的事情。

在这儿，我就不一一列举其他优点了，为的是您能自己勾画自己的生活，而不是让别人牵着鼻子走。

所有该说的，我想，我都已经说过了。

现在就看您的了。读到这儿，如果您只说一句："是的，是的，这样活着，就不错了！"这是远远不够的。之后，您会很快就翻过这一页，而不是尝试着去实际做点什么。您也许会说："听起来都很美，但是……"还会成百上千次地说"如果"和"但是"，您应该知道，说这些都没用，坐着说，不如起来行动。

如果您已确定了一个目标，制定了一份最适合您的计划并下定决心：从今天开始，没有任何事情可以阻止我去执行我的计划，那么您就已经向成功又迈进了一大步。

如果您制定了这项计划，您就将它写在一张纸上，放在书桌上。这样您就可以每天早上和晚上都能看到它了。早上您会说："我要这样去做。"晚上，您会问："我是这样做的吗？"

当然，您可在下周利用一周的时间，每天晚上都回顾一下自己的生活。之后，确定新的目标，并制定出实现目标的方案。

或者您现在就开始，寻找每次失败的原因。从自己的认识出发，制定出具体的方案，以使自己在以后的日子里不会重蹈覆辙。

对自己进行“盘点”

对自己提出下列问题并诚实作答，切勿故意说假话来满足自己的虚荣心，因为这些问题的目的，在于使你发现哪些地方应进行改善，而不是要给什么奖赏。

1. 你订定了明确目标了吗？制定执行计划了吗？每天花多少时间在执行计划上？主动执行或是想到了才执行？

2. 你的明确目标是一种强烈欲望吗？多久振奋一次这个欲望？

3. 为了达到明确目标你做了什么付出？正在付出吗？何时开始付出？

4. 你采取了什么步骤来组织智囊团？你多久和成员接触一次？你每个月、每周、每天和多少成员谈话？

5. 你有接受一些小挫折作为促使自己做更大努力之挑战的习惯吗？你从逆境中找出等值利益的种子的速度有多快？

6. 你是把时间花在执行计划上还是老想着你所碰到的阻碍？

7. 你经常为了将更多的时间用来执行计划而牺牲娱乐吗？或者经常为了娱乐而牺牲工作？

8. 你能把握每一分钟时间吗？

9. 你把你的生活看成是你过去运用时间的方式的结果吗？你满意你目前的生活吗？你希望以其他方式支配时间吗？你把逝去的每一秒钟都看成是生活更加进步的机会吗？

10. 你一直都有积极的心态吗？是大部分时候都保持积极的心态或有的时候积极？你现在的心态积极吗？你能使自己的心态立刻积极起来吗？积极之后呢？

11. 当你以行动具体表现了积极的心态时，经常会展现你的个人进取心吗？

12. 你相信你会因为幸运或意外收获而成功吗？什么时候会出现这幸运或意外收获呢？你相信你的成功是努力付出所换得的结果吗？你何时付出

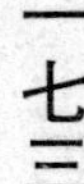

努力？

13. 你曾经受到他人进取心的激励吗？你经常受到他人的影响吗？你经常真正地以他作为榜样吗？

14. 你何时表现出多付出一点点的举动？每天都为付出或只有在他人注意时才会表现多付出？你在表现多付出一点点的举动时心态正确吗？

15. 你的个性吸引人吗？你会每天早晨照镜子，并且改善你的微笑和脸部表情吗？或者你只是单纯的洗脸刷牙而已？

16. 你如何应用你的信心？你何时奉行得自无穷智慧的激励力量？你经常忽视这些力量吗？

17. 你培养自己的自律能力吗？你的失控情绪经常使你失去做一些会令你很快就感到遗憾的事情吗？

18. 你能控制恐惧感吗？你经常表现出恐惧吗？你何时以你的信心取代恐惧？

19. 你经常以他人的意见作为事实吗？每当你听到他人的意见时你会抱着怀疑的态度吗？你经常以正确的思考来解决你所面对的问题吗？

20. 你经常以表现合作的方式来争取他人的合作吗？你在家里？在办公室？在你的智囊团？

21. 你给自己发挥想象力的机会吗？你何时运用创造力来解决问题？你有什么需要靠创造力才能解决的问题吗？

22. 你会放松自己，运动并且注意你的健康吗？你计划明年才开始吗？为什么不现在开始？

这份检讨问题单的目的，在于促使你对自己做番思考。你对于各项事情的运用方式充分反映出你将成功原则化为你生活一部分的程度。如果你对上述问题的回答不能令你满意时，请不要气馁。曾经有好几百万人买过我的书，而且我也对成千上万人举行过演讲。虽然这些人当中有许多人都获得成功，但是没有人是一夜之间就成功的。想要获得成功是需要花时间的。

不断调整人生目标

　　执著的追求是应该嘉许和称道的。但如明知道不行，却仍一条巷子走到黑，或明知客观条件造成的障碍无法逾越，还要硬钻牛角尖，这就不可取了。

　　目标、志向的调整，实际上是一种动态调整，是随机转移的。若发现你原来确定的目标与自己的条件及外在因素不适合，那就得改弦易辙，另择他径。

　　这种动态调整有以下的基本形式：

　　一是主攻方向的调节。若原定目标与自己的性格、才能、兴趣明显相悖，这样，目标实现的概率趋向为零。这就需要适时对目标做横向调整，并及时捕捉新的信息，确定新的、更易成功的主攻目标。

　　扬长避短是确定目标、选择职业的重要方法。在科学、艺术史上，大量人才成败的经历证明，有的人在某一方面具有良好的天赋和能力，但他不可能有多方面的强项；有的人在研究、治学上是一把好手，而一到管理、经营的岗位，他就一筹莫展，能力平平，甚至很差。

　　二是在原定目标基础上的调节。这是主攻方向不变，只是变革层次的调整。若是原目标定得过高了，只有很小的实现可能，必须调低，再继续积累，增强攻关的后劲。若原目标已实现，则要马不停蹄地制定新的更高层次的目标。若原目标定得太低，轻易就已跃过，则要权衡自己的能力、水平，将目标向上升级。

　　实现目标自然需要长期的努力。在为人生目标奋斗时，不能幻想一劳永逸，而要务实笃行、稳扎稳打、奋力前行。同时，也要看到，每取得一点成功，都是向总目标靠近一步。取得了全局性的成功，也不是目标的终止，而恰恰是向更高一级目标攀登的开始。

　　三是在获得信息反馈之中调节。即在原定目标中受挫而幡然醒悟，调整通道，重新把目标定在自己拿手的领域。美国科学家迈克尔逊，青年时曾入海军学校，但他学习成绩很差，特别是军事课，长期不及格。学校多次批评教育，仍然不起作用，最后学校不得不把他开除。但是，他对物理实验却非常感兴趣，被开除后，他投入对物理的学习和研究，很快显示出才华。他长期孜孜不倦，苦苦钻研，不断攀登了一个又一个高峰，终于做出被荣称为"迈克尔逊光学实验"的伟大创举，为相对论奠定了实验基础，成为美国第一个获得诺贝尔奖的人。

四是从预测未来中进行调节。社会的需要和个人的兴趣、才能、性格等都经常会发生变化。要善于打一个"提前量"，进行预测。如才能的发展与年龄大小关系极大。任何才能都有其萌发期、发展期和衰退期，这样顺势而为，做出设想、规划，显然对目标定向是大有益处的。

五是对具体阶段目标视情况进行调节。大的目标要终生矢志追求，而小的阶段目标则可以进行适当的调节。科研人员在研究方向的选择上，有时为了能快出成果，改变思路而取得成功的结果，在科学史上不乏先例。

那么目标在什么情况下需要适时调整呢？一般来说如下几种情况必须调整人生目标：

第一，环境发生重大变化的时候，任何人的人生目标都是特定时代特定环境的产物，而各种环境中主要是社会环境对人生目标具有决定作用。社会环境、自然环境的变化，会影响人生目标的变化，特别是重大的环境变化，常造成人生目标的重大改变。

所谓环境的重大变化时刻，是指两个方面发生的重大变化：一是国内外经济、政治、思想文化领域的大动荡；二是人们的家庭的经济、政治、亲属关系等发生重大变化。这两个方面发生的重大变化，对人生目标都将发生影响。我们的原则是，无论环境发生什么变化，具体的目标（某个阶段的目标或某个方面的目标）可以变通，随时做好调节，但总目标应该矢志不移。

第二，在人才竞争的胜败转折的时刻。奋斗中的成与收，常常形成人生道路的转折点，这已为无数事实所证明。

第三，人生总流程中，前后两个阶段相更替的时刻。这种时刻，称为人生转折时刻。这种转折，或发生在人的生理发生转折时（发育和疾病造成的），或发生在人的社会地位发生突变的时候，或发生在人的社会智能结构发生质变前后，总之，是人自身某种或某些条件发生重要变化的时刻。这个时刻，也是容易引起人生目标发生改变的时刻。我们应努力防止在人生转折时刻发生人生目标的不良转变，防止因社会地位升高或降低而腐化或丧志，因疾病而颓丧，或因智能提高而骄傲，应使人生目标始终保持正确的大方向，具体目标始终切实可行。

为目标下定义，不断修正，相信它会实现——成果就这样出现了。任何人都能完成他们所想的，你也一样。但第一步，你必须知道这伟大的成就是什么；下一步就是设计许多能令你保持高昂情绪的小目标，让它们逐步引导你迈向成功。

每天对工作选择实行，对优先顺序做了解，对你大有助益。确信自己的努力没有白费，而且要求事半功倍。谨慎而自觉地决定事情先后，一般人从不这样做。他们只是任性而为，随波逐流。他们是基于恐惧、气愤和报复，而非为了活得更好而努力。他们不求提高效率，而周旋于私人党派或政治成功的梦想，幻化为泡影。

了解自己的需要和如何得到自己所想的。明了这些事情的轻重缓急，你可以按部就班地计划自己的一天。

第七章　与金钱和睦相处

聪明地运用金钱才能使人感到快乐

虽然很少有人真正知道自己想从生活中获取什么，但大部分的人却坚定地宣称，有了很多钱就可以使他们得到想要的一切。他们不仅错失了生活的本质，也曲解了金钱本来的意义。钱常被误用、滥用，很少人能聪明地运用金钱，人们对金钱有许多自以为是的错误看法，其中有些甚至荒谬极了。

长久以来，人们一直受物质主义的主宰和操纵，不断地以追求财富、积累金钱作为奋斗的目标，认为拥有了巨大的财富就拥有了快乐。诚然，金钱对人们的生活的确有作用，但是并不像大多数人想的那么重要。

人们对金钱最为普遍的一种错误认识是，钱可以使他们快乐。实际上，金钱聚积过多，不仅不会带来快乐，反而成为仇恨、相争等烦恼的根源。

皮德鲁幸运地中了 500 万美元的彩券，当他发横财的时候其他人正在失业。在一般人的眼里，皮德鲁真是走了大运，有了这么多钱，他一定快乐得不得了。然而事实是，皮德鲁不仅没有得到快乐，反而陷入了不幸。自从皮德鲁中了彩券后，他就再也没见过自己的女儿，而且好多亲朋好友也都离他而去，原因是他没有把这一大笔天降横财分给他们。皮德鲁说："我现在要什么东西就可以买什么东西，但除此以外，我比其他任何人还要痛苦……我买不到感情和人心。有了这一大笔钱，我反而成了忌妒和仇恨的对象，人们不愿和我接近，我也时刻在担心有人接近我只是为了钱，我累极了……有朋友就是有朋友，没有就是没有，爱是买不到的，爱一定要建立。"

现实生活中，许多人通过努力工作、继承遗产、运气或是不合法的手段得到了大笔钱，然而，或者是因为不满足，或者是因钱而导致朋友的纷争、感情的背离，或是因为钱已够多而失去了目标，总之，他们都没有得到快乐。许多有钱人拥有一切物质上的享受，却过着自暴自弃的生活。

不管人们处于何种地位，钱都是生存的必需品，钱也是增进休闲方式、提高生活品质的一种途径。然而，不幸的是，人们都被贪婪蒙住了眼睛，把钱视为生活的目的，而不是改善生活的手段。把金钱本身当成了目的，人们就会陷入失望和不满，并且永远无法达到提升生活品质的目标。

对钱的另外一种误解是，人们把钱看作生活的保障和建立安全感的基础，就会制约我们去相信应该一心一意地积蓄物质财富，作为我们退休或遭到意外时的保障。如果你开始把钱看成完全的保障，你对钱就会有问题，就像不能买爱、朋友和家人，你也买不到真正的保障。

人所能拥有的真正的保障应该是内在的保障。这种内在的保障来源于天赋、创造力、才能、健康的体魄等内在因素，使你相信你能够运用自身的条件，去应付或克服作为一个独立的人所要面对的一切问题和情况。你如果一旦拥有了这种内在的实际的保障，你就不会有那么多的惶恐和害怕，也不会将时间和精力专注于给自己建立外在的财务上的保障。最好的财务保障就是内在的创造能力，这种保障任何人都夺不去，你永远都能想办法谋生。你的本质建立于你本身是什么人，拥有怎样的精神状态，而不是你所拥有的外在的物质。你即使失去了所拥有的，你也还是自己生活的中心，这使你能保持健康明朗的生活过程。

将个人的安全感建立在金钱上，不外乎修建空中楼阁。那些努力于为自己建立保障的人是最没有保障的人。情感上缺乏保障的人积累大量的金钱来抵御人格上所受的打击，填补空洞脆弱的内心，宣泄不愉快的感觉。追求保障的人本质上极为缺乏安全感，因此试图通过外部的事物，比如金钱、配偶、房屋、车子和名声，来求得心理上的安稳和平衡，他们一旦失去了自己所拥有的金钱财富，就失去了自己，因为他们的安全感、对自己的认同感，完全是以金钱为根本。

以物质和金钱追求为基础保障有很多褊狭之处，就算你是超级富翁，也可能遇车祸身亡，有钱人的健康状况和没钱的人一样会逐渐衰败，战争爆发影响穷人，也影响富人。以钱为保障的人还时刻担心金融崩溃时他们会失去所有的钱财。他们不仅没得到什么确实的保障，反而还增加了许多让他们恐慌的事。

那么，钱和快乐到底有什么关系？我们承认钱是生存的一项重要因素，但这并不能告诉我们，要多少钱才能够快乐。为这个社会主流所认同的那些成功人士，总是时时刻刻在宣扬，百万富翁才是生活的胜利者，也就是说，我们其他人都是失败者。很多事实证明，大部分财力平平的人比我们在报纸上读到的百万富翁更有资格当胜利者。

钱是生活中的权宜办法，钱能够对提高我们的生活品质起到多少作用，要看我们能多聪明地运用手上的钱，而不是看我们到底有多少钱。

在我们的社会中，很多人都认为钱代表权力、地位和安全，但其实钱在本质上没有一点能使我们快乐。要看清钱的本质，请做如下练习：现在把你身上或放在附近的钱拿出来，摸一摸，感觉它的温度。注意，它是冷冰冰的，晚上不能使你温暖。你和你的钱说话，它不会有任何反应，它的面目永远是那么僵硬，一成不变。不管你有多么爱它，它也不会给你一点回报。

麦克·菲力普曾是一位银行副总裁，他认为大多人把自己的身份牢牢地和钱结合在一起，在他的书《金钱七定律》中，他讨论了几种有趣的金钱观：

1. 如果你做了事情，钱自然会到你的手中。
2. 金钱是个梦——像传说中的花衣服吹笛手一样吸引人。
3. 金钱是梦魇。
4. 你永远都不能把钱当作礼物送走。
5. 有的世界里没有钱这个东西。

当然钱的确有很多用途，没有人会否认钱在社会上和商场上所扮演的重要角色，但是人人都可以推翻错误的观点——认为钱越多就会越快乐。每个人所要做的就是留心。

我通过对以下问题的观察，提出了几点重要的意见：如果钱使人快乐，那么……

1. 为什么年薪七万元以上的人当中，对自己薪水不满意的比率，比那些年薪七万元以下的人高？

2. 阿尔伯伊斯基通过华尔街地线交易非法聚敛了一千万美元，为什么他累积到两百万元或者是五百万元的时候还不愿停止这种非法行为，却继续累积，直到被捕？

3. 为什么我所认识的一家人（他们的财产总值列居北美家庭的前一百名）告诉我，他们如果中了彩票赢了大奖会有多么快乐？

4. 为什么纽约的一群中了彩票的人要组成一个自助团体来处理中奖后的各种痛苦和忧郁的症状，他们在赢得大笔奖金之前从来没有经历过这种严重的痛苦和忧郁？

5. 为什么这么多高薪的棒球、足球、曲棍球球员有毒品和酒精的问题？

6. 医生是最有钱的行业之一，为什么他们的离婚、自杀和酗酒比例高于其他行业？

7. 为什么穷人捐给慈善事业的钱比富人捐得多？

8. 为什么有这么多有钱人犯法？

9. 为什么这么多有钱人去看精神科医生和心理治疗师？

以上只是一些警讯，提醒我们钱并不能保证快乐。

当我们满足了基本的生活需要后，钱不会使我们快乐，也不会使我们不快乐。如果我们每年挣到25000美元就能够快乐，并且能够妥善地处理各种问题，当我们比现在更有钱时，还是会快乐，还是能妥善地处理问题。如果我们一年只挣25000美元就使自己不快乐、神经过敏、而且不能很好地处理问题，那么即使年薪100万元也是如此，还是神经过敏，不快，也不能好好地处理问题，差别只在于，我们是在豪华的住宅、丰富的物质享受里神经过敏，不快乐。

提升财商

许多终日为钱辛苦、为钱忙碌的上班族，都曾有过一些共同的体验，眼看着成功人士穿着名牌服装，住在豪华别墅，开着名贵轿车，羡慕不已。然而在羡慕之余，他们可能也曾经想过："是什么使得他们能够拥有财富，而我却没有？"

一次调查结果表明，有 47% 以上的受访者认为"炒作股票或房地产"是贫富差距拉大的主因；其次是"个人工作能力与努力"（34%）；第三是"家庭原因"（19%）。根据调查结果可以发现，大部分的受访者认为，造成贫富差距越来越大的主因并非个人努力的成果，而是运气、机会等不公平游戏的结果。

的确，造成贫富差距扩大的直接原因是"股票与房地产"、"个人工作能力与努力"、"家庭原因"，但是这些都是表面现象。人们习惯将贫穷的原因归咎于外在的因素，如制度、运气、机会等，或者用负面的说词，为自己无所作为作解脱。他们认为有钱人大多是因为投资房地产或股票而致富，而造成财富增加主要是因为"拥有适当的投资"。

那么我们更深入一步提问，为什么他们拥有资金来投资房地产和股票，他们又是如何操作使他们能够不断赚钱的呢？到底那些富人拥有什么特殊技能，是那些天天省吃俭用、日日勤奋工作的上班族所欠缺的呢？他们何以能在一生中累积如此巨大的财富呢？

所有这些问题都不是用家世、创业、职业、学历、智商与努力程度等因素能解释得了的。

专家们经过观察、归纳与研究，终于发现了一个被众人所忽略但却极为重要的原因，那就是是否具有较高的财商。

每个人都有一个成功的梦想，一个创富的梦想。在市场经济社会里，金钱从某种意义上讲是成功的一种体现，财富也自然成为衡量成功的一个标尺。

不同的人有不同的追逐财富的方式，那么如何衡量一个人的理财能力呢？以往人们更多的是根据财富的多少来评价一个人的能力，但往往只能看到结果，而不能预先做出相对准确的评估。

财商则提供了一个新的维度，来衡量一个人的理财能力和创造财富的智慧。那么，什么是财商呢？

财商是指一个人在财务方面的智力，是理财的智慧。财商可以通过后天的专门训练和学习得以改变，改变你的财商，可以连动地改变你的财务状况。财商是一个人最需要的能力，也是最被人们忽略的能力。可以想象，一个漠视财商的人，一定是现实感很差的人。

财商包括两方面的能力：一是正确认识金钱及金钱规律的能力；二是正确使用金钱及金钱规律的能力。财商并不仅是人们现实的惟一能健康发展的智能，而且是人为观念和智能中的一种，当然也是非常重要的一种。财商常常被人们急需，也被忽略。财商不是孤立的，而是与人的其他智慧和能力密切相关的。事实上，财商与智商、情商一样，都是一种指导人们行为的无形力量。而财商也是可以通过学习来获得的。

财商不仅是一个理财的概念，更是一种全新的金钱思想。富人之所以成为富人、穷人之所以成为穷人的根本原因就在于这种不同的金钱观。穷人是遵循"工作为挣钱"的思路，而富人则是主张"钱要为我工作"。富人是因为学习和掌握了财务知识，了解金钱的运作规律并为已所用，大大提高了自己的财商；而穷人则是缺少财务知识，不懂得金钱的运作规律，没有开发自己的财商。尽管有的人很聪明能干，接受了良好的学校教育，具有很高的专业知识和工作能力，但由于缺少财商，还是成不了富人。

金钱是一种思想，有关金钱的教育和智慧是开启财富大门的金钥匙。财富是一个观念，但观念可以变成财富。

当我决定去做一项房地产投资时，我参加了一个 385 美金的课程，去学房地产，更新自己关于房地产投资的知识。我花 16 个月的时间去看所有能购买的房地产。我的朋友到海边去玩冲浪，或者是打高尔夫球，或者是喝酒，而我是去看房地产。6 个月之后，我终于获得一个交易。我第一个房地产是花 1.8 万元买的，我只付了 1/10 的预付款，那也是我跟人家借来的，所以事实上我一分钱都没放进去，这个事情好得不得了，所以我又借了两次 1.8 万元的美金，这样，以后我就有了三个这样的投资了。有一年，我就把这三个投资每个都卖了 4.8 万美金，加起来赚了 9 万美金。用这些利润，我又买了许多其他的房地产。

这件事情对于我来说，并不是说挣了多少钱，而是说赚钱首先应当改变自己的观点，并通过实践和行动，学到更多的东西。

思维和观念对现实有支配作用，金钱是一种思想，如果你想要更多的钱，只需改变你的思想。善于利用金钱的力量，是聪明人的重要财富。

在数以万计的前来向我咨询的人中，非常多的人是花了一生的时间来寻找大生意，或者试图筹集一大笔钱来做大生意，但是这是愚不可及的一种想法。我见到过太多的不老练的投资者将自己大量的资本投入一项交易，然后很快损失掉其中的大部分，他们可能是好的职员却不是好的投资者。

在我看来，有关金钱的教育和智慧是非常重要的。早点动手，买一本好书，参加一些有用的研讨班，然后付诸实践、从小笔金额做起，逐渐做大。我将 5000 美元现金变成 100 万美元资产，并每月产生 5000 美元现金流量，花了不到 6 年时间，但是我依然像孩子一样学习。我鼓励你学习，因为这并不困难，事实上，只要你走上正轨，一切都会十分容易。

我们每个人都有两样伟大的东西：思想和时间。当钞票流入你的手中，只有你才有权决定你自己的前途。愚蠢地用掉它，你就选择了贫困；把钱用在负债项目上，你就会进入中产阶层；投资于你的头脑，学习如何获取资产，财富将成为你的目标和你的未来。选择是你做出的，每一天面对每一元钱，你都在做出自己是成为一名富人、穷人还是中产阶级的抉择。

高薪不等于富裕，改变固有的思维方式才能让你真正获得财务自由。人类最大的资产其实就是自己的脑子。但你最大的负债也是你的脑子。事实上，不是你做什么，而是你想的是什么。一个房子可能是一个资产，也可能是负债。如果一个人住在价值 500 万美金的房子里，但是这房子仍旧是一项负债。每个月要花费两万美金来维护、支持这套房子。你可以看到，每个月钱都从他的兜里跑掉了。其实，资产可以是任何东西，只要它能给你带来现金收入。

人有好多种，一种是穷人的心态，一种是中产阶级的心态，一种是富人的心态。一个人应该尽早决定他到底是处于穷人的心态，还是处于中产阶级的心态，还是变成一种富人的心态。这是迈向成功的第一步。

节俭意味着明智

节俭不仅适用于金钱问题，而且也适用于生活中的每一件事，从明智地使用一个人的时间、精力，到养成小心翼翼的生活习惯。节俭意味着科学地管理自己和自己的时间与金钱，意味着最明智地利用我们一生所拥有的资源。

罗斯贝利勋爵在论述节俭时认为，所有伟大的帝国必须遵循的原则就是节俭。

"就拿伟大的罗马帝国来说吧，它有许多方面在历史上都是最伟大的，曾经一度雄霸世界。它因节俭而建国，然而当它奢侈浪费时，就开始衰退并走向灭亡。又比如普鲁士，它开始时是位于北欧的一个小而窄的沙滩地带。正如有人所说的，从普鲁士的地形到它全副武装的居民，所有这一切都使普鲁士咄咄逼人。弗雷德里克大帝赋予普鲁士以节俭的品格，他甚至通过近乎吝啬的节俭手段敛聚了巨额的财富，建立了庞大的军队。节俭最终成为普鲁士建立伟大基业的有力武器，并且今天的日耳曼帝国也由此发轫。再比如法兰西，在我看来，法兰西实际上是最节俭的国家。我不知道法兰西人是不是总把钱存在银行，是不是也像其他某些国家一样去计算有多少存款。然而，在1870年这个灾难的年头以后，当法兰西顷刻间被外国军队击败，因几乎没有一个国家能够承受的赔款而遭受重创时，你知道什么事情发生了吗？法兰西的农民把他们多年的积蓄统统献给了国家，在短得令人难以置信的时间内付清了巨额赔款和战争费用。罗马和普鲁士以节俭建国，而法兰西以节俭救国。"

　　节俭不仅是财富的一块基石，也是许多优秀品质的根本。节俭可以提升个人的品性，厉行节俭对人的其他能力也有很好的帮助。节俭在许多方面都是卓越不凡的一个标志。节俭的习惯表明人的自我控制能力，同时也证明一个人不是其欲望和弱点的不可救药的牺牲品，他能够支配自己的金钱，主宰自己的命运。

　　我们知道一个节俭的人是不会懒散的，他有自己的一定之规。他精力充沛，勤奋刻苦，而且比起那些奢侈浪费的人更加诚实。

　　节俭是人生的导师。一个节俭的人勤于思考，也善于制定计划。他有自己的人生规划，也具有相当大的独立性。

　　如果你养成了节俭的美德，那么就意味着你证明了自己具有控制自己欲望的能力，意味着你已开始主宰你自己，意味着你正在培养一些最重要的个人品质，即自力更生、独立自主、谨慎小心、深谋远虑，以及聪明机智和独创能力。换言之，就表明了你有生活的目标，你是一个非同一般的人。

　　一个作家在谈到节俭时说："节俭不需要超常的勇气，也不需要超常的智力和任何超人的本领，它只需要常识和抵制自私享乐欲望的能力。实际上，节俭不过是日常工作活动中的常识。它不一定要有强烈的决心，而只要有一点点耐心和自我克制。养成节俭习惯的方法就是马上开始厉行节俭！自我克制者越节俭，节俭就变得越容易，他们为此所做的牺牲就越快得到回报。"

节俭的别名不叫吝啬

　　我们崇尚节俭，同样我们也反对不恰当的节俭。

　　所罗门说过："普种广收"，"没有投资就没有回报"，"小处节省，大处浪费"，"省一分油钱，毁一艘轮船"。还有许多家喻户晓的谚语都反映了错误的节约不仅无益反而有害的常识。

　　美国作家约瑟·比林斯说"有几种节俭是不合适的，比如忍着痛苦求节俭就是一个例子。"

　　我认识一个富人，他就成了一个节俭的奴隶。比如，他老是为了节省 10 个美分而牺牲大好光阴，他常把半页未曾写过字的信纸撕下来，并裁下信的背面，作为稿纸。他这种浪费宝贵的时间去节省细小东西的做法，确实是得不偿失。他甚至在经营商业的时候，也有

所罗门

此种过度节省的吝啬精神。他对雇员们说，包扎时不论如何都要节约一些绳索，并把这一条作为公司的规定。即使由于这一条规定而浪费的时间要远远超过一绳一索的价值，但那位富人仍然在所不惜。像这一类的节省，其实是极度愚蠢的做法。

　　仅有少数人懂得节俭的真正意义。真正的节俭并非吝啬，而是经济的、有效率的节省用度，并非一毛不拔，而是用度适当。

　　善于节俭的人与不善节俭的人，其实有很大的不同。那不善节俭的人常常为了节省一分钱的东西，却费去价值一角钱的光阴。我从来没有见过斤斤计较的人成就了大事业。吝啬的节俭确实是最不合算的。而企图做大事业的人，一定要有度，切不可斤斤计较于一分一厘。只有靠理智的头脑、合理的处事，才能成功。

　　所谓节俭，从宽泛的角度讲，包含了深谋远虑和权衡利弊的因素。最聪明的节省，有时却常需要过分的消费，比如做大生意使用交际费并不是一种浪费，乃是一种大度的用法，是一种恰当的投资。

　　慷慨大度经常有助于人的雄心的实现，能够使人们获得多方面的收获，帮助我们在社会的阶梯中上升，这远比把金钱存入银行更有价值。因此，欲成大业者，应该做到深谋远虑，切勿因吝啬而妨碍自己希望的实现，使很好的机会丧失。

人性的弱点

　　节省的习惯，假如行之过度，反而得不到良好结果，非但不能成为进身之阶，反而常常成为绊脚的石头。商人吝啬得不肯多花资金来经营，农夫吝啬得不肯在地里多播种，是同样不正确的节省。俗话说："种得少，收成也少。"

　　有一个人为了建造新房子，就把旧房子拆掉了，但他把旧地基留下来，因为他认为这样可以节省几百块钱。新房子要比旧房子高好几层，仅仅几个星期的时间就完工了，但是房子由于地基不牢，看上去摇摇欲坠，人还没住进去，房子就已经倒塌了。这样的人不止他一个，到处都有为了节省地基费用而铸成大错的人。

　　过去有些年轻人吝啬个人的教育投资，认为花那么多钱就是为了找个好职业真是不值得，因为他认为即使读了许多书，自己也不会成为什么了不起的人。有些年轻人在校期间就只选容易的题目做，跳过难题，只要求自己达到一个基本的底线就行了，而且还经常因为自己逃学、考试作弊等等洋洋得意。还有的年轻人买东西不想给钱，不愿意为了提高自己的素养而牺牲暂时的娱乐。他们对工作敷衍了事，由于无知和缺乏必要的能力准备，他们在职业竞争中总是处于劣势，事业上难有发展。许多失败的人就是由于基础打得不牢，致使后来所作的努力都化为了泡影，整个人形销骨立。

　　在我们的社会中，居然还有那么多的父母为了增加家庭收入，剥夺了孩子上大学的权利，竟然让他们半路出去工作，妄图让他们抓住只有接受高等教育才有可能抓住的机会！

　　在我们的社会中，居然还有那么多人为了在交友上省钱而忽略了朋友，为了在社交上省钱而借口没时间拜访别人，也没时间接待客人！我们省去了假期，直到工作太累而被迫休长假，而当我们那组织严密却脆弱无比的身体筋疲力尽时，任何关键部位出毛病都是很危险的。许多人总是恐惧"可怕的未来"而不敢享受现在，他们克制自己的种种欲望，声称掏不起那个钱。他们放弃了真正的生活，他们在今天活着，却渴望在明天来真正地生活和享受。如果他们出去休几天假，或者旅行一次，就好像有莫大的损失一样。他们连花一分钱都感到害怕，但实际上那是他们必须支出的费用和最起码的生活底线。

有一个商人，他曾在一战前出国游览过很多名胜古迹，但是他太吝啬了，连去历史建筑物里面看一看的门票钱都舍不得花。例如，他去过很多名人故居所在的地方。在那些国家，那些名人故居被认为是但凡去过该国的人都要朝拜的圣地。但是他却从来没有进去过，因为他舍不得买门票。他说在建筑物外面看看就足够了。所以，此人虽然去过相当多的地方，但他却不能颇有见地地谈论他所到过的任何一个地方。

慷慨大方对于年龄不大的人来说可能是奢侈，但它有时却是一种最佳的节约。友好的帮助和激励，以及与有教养的人交际都是用钱买不来的。

一个人是否能拿得出 10 到 15 元钱参加一次宴会，这本身并不是什么问题。他可能为此花掉了 15 元钱，但他也许通过与成就卓著的客人结交，获得了相当于 100 元钱的鼓舞和灵感。那样的场合常常对一个人的雄心壮志有巨大的刺激作用，因为他可以结交到各种博学多闻、经验丰富的人。在自己力所能及的情况下，对任何有助于增进知识、开阔视野的事情进行投资都是明智的消费。

当然，我不鼓励任何人都将其知识商业化，或者以见不得人的方式出售其脑力，但我确实想建议奋发向上的年轻人结交那些能鼓励和帮助他的人。与厉行节俭、精力充沛、事业有成的人建立亲密关系，对一个人的高远志向有着巨大的激励作用，我们由此可能做得更好，充分挖掘出自己的潜力。因此，与这样的人相识相知是年轻人最有利的投资。如果一个人要追求最大的成功、最完美的气质和最圆满的人生，那么他就会把这种消费当作一种最恰当的投资，他就不会为错误的节约观所困惑，也不会为错误的"奢侈观念"所束缚。

我认识一个年轻的商人，他总是在小的方面过度吝啬，结果竟然使他的生意失败。他的一套衣服和一条领带，非到破旧不堪才肯抛弃。他从没想到过，邀请一个有密切业务往来的客户吃一顿饭，在旅行时即便与熟悉客户偶然相遇，也从不替客户付一次旅费。于是，他落得个吝啬的名声，结果大家都不愿与他做交易。而他竟然还不知道，使他蒙受极大的损失的就是他那过度节省的习惯。

很多人为要节省些小钱，竟损坏了他们自己的健康。要想在职业上获得成功，必须防止不正确的节省。不论怎样贫穷，你可以在别的地方讲节省但却不可在食物上节省，由于食物是健康的基础，也是成功的基础。

过度的、不当的节省，常常会消耗人的体力和精力。许多人身体患着疾病，但为了节省金钱竟不去求医，不但受着痛苦，并且由于身体的病弱，在自己的职业上也做不出出色的业绩来。

凡是足以阻碍我们生命前进的，不论是疾病还是其他障碍物，我们应当不惜一切代价来设法诊治和补救，这是我们生命中最重要的事情。

应当将增进我们的体力和智力作为目标，因此，凡可增加体力和智力的事情，不管要耗费多少代价，都要去做。那些可以促进我们成功、有利于我们事业的，我们在金钱方面一定不可吝啬。

英国著名文学家罗斯金说："通常人们认为，节俭这两个字的含义应该是'省钱的方法'；其实不对，节俭应该解释为'用钱的方法'。也就是说，我们应该怎样去购置必要的家具；怎样把钱花在最恰当的用途上；怎样安排在衣、食、住、行，以及生育和娱乐等等方面的花费。总而言之，我们应该把钱用得最为恰当、最为有效，这才是真正的节俭。"

减少消费，你也做得到

杰里·吉果斯在他所著的《钱爱》一书中提出的一种观点就是，你可以把借来的钱当作自己的收入。如果你一时还无法接受这种观点，是因为你觉得用自己的钱才能心安理得，才能真正轻松自在，那么你必须达到经济独立。要达到真正的经济独立以享受自在的生活，其实并不像人们通常想象的那么难，这并不是以庞大的财力为基础。

要想过悠闲轻松的快乐生活，并不一定要住大厦、开名车、穿金戴银。重要的是，你拥有什么样的生活态度。如果有了健康正确的心态，你即使靠着借来的钱，也能舒舒服服、痛痛快快地享受人生。

　　要想达到经济独立，首先你就得明确经济独立的定义。你可以不用增加收入或财产就能达到经济独立，你所要做的只是改变自己的想法，重新想想什么是经济独立，什么不是经济独立。为了明确你对经济独立的认识，你可以看看下面的几项选择中哪一项是达到经济独立的重要因素。

1. 中了百万元的奖券？
2. 有一大笔公司退休金再加上政府的养老金？
3. 继承有钱亲戚的巨额遗产？
4. 和有钱人结婚？
5. 找财务顾问来协助做正确的投资？

　　我曾做过一项调查，发现将要退休的人最关心的事，以重要性依次排列是：财务保障、身体健康和可以共同分享退休生活的配偶或朋友。然而，有趣的是，这些人退休之后不久通常就改变了想法。健康成为他们最关注的头等大事，而经济状况则下降到了第三位：很明显，虽然他们所预期的收入还是不变，但他们对经济的看法却已经改变了。

　　调查结果显示，人们退休之后实际生活所需比他们原先想象的少得多，钱对高品质的生活没有那么大的影响和作用，同时，这个结果也证明了上述的几项因素没有一个是真正经济独立的必要条件。

　　多明奎兹，1940 年生于美国科罗拉多州一个富豪之家，从小过着优裕的生活。然而随着年龄的渐渐增长，他不愿再依赖家里。18 岁的时候，多明奎兹靠着一份极其微薄的薪水实现了经济独立。在其他人尤其他家里人的眼中，这样的收入比贫民还不如。但多明奎兹觉得，只要自己愿意，不管收入多少，都可以达到经济独立。不要以为百万富翁才具有经济独立的能力，一个月 500 美元或者低于 500 美元就可以达到经济独立。如何能够？他说："真正的经济独立无非是量入而出，如果你每个月只挣 500 元，但能够把开支控制到 499 元，你就是经济独立了。"多明奎兹多年来每个月就靠 500 美元生活，并拒绝家里人的援助。到 1969 年他 29 岁的时候，就经济独立地退休了。退休之前，他是华尔街的股票经纪人，看到许多人虽然社会地位颇高，收入丰厚，但却活得艰辛劳苦，一点也不快乐，这使他感到这种生活一点也没有意思。多明奎兹决定脱离这种工作环境，于是他设计了个人的财务计划，过一种简化的生活方式。他的生活舒适轻松，而且从来没有什么负担和压力，但一年却只需要 6000 美元，这是他把积蓄投资在国库债券的利息。由于多明奎兹的生活中没有过多的物质需求，他把从 1980 年以来主持公开研讨会"扭转你和钱的关系并达到真正经济独立"的额外收入，以及在《新生活杂志》上发表指导人们正确运用金钱的文章时获取的稿费，全数捐给了慈善机构。

我们其实不需要那么多物质和财富，对于金钱，只要使我们能吃饱肚子、有水喝、有衣服取暖再加一个可以遮风避雨的地方足矣。现代人大都过着奢侈的生活却不自觉。两套以上的替换衣服可以算是奢侈，拥有一幢房子也是奢侈，一台电视机是奢侈品，一辆车也是奢侈品。很多人会大声疾呼这些都是必需品，但它们并不是必需品，如果它们是，在还没有这些东西出现的古代，人们是不是无法生活了，至少也是无法快乐。显而易见，事实并不是这样。

当然，我并不是要每个人的思想都必须有 180 度的大转弯，只维持最起码的需求，更不是要人们都去当清教徒、苦行僧。我自己在过去几年来也时常收入低微，生活里还是保持着某些奢侈享受，而且不愿放弃。重点是在于，一般人至少可以减少一些花费。许多奢侈品其实没有任何意义，只能带给人们虚伪的自我膨胀。招摇阔绰地展示奢华和富有是一种浅薄的手段，想要借着炫人的财富——大过所需的房子、移动电话、豪华轿车以及最先进的音响——在别人面前，尤其是比较没有钱的人面前，证明自己高人一等。这种行为显示出缺乏自尊和内在本质。

人们那种追求金钱、炫耀金钱的虚荣心态实在该改一改了，疯狂地攫取金钱，买一些只能说是垃圾的东西，目的就是展现给别人看，以此来显示自己的价值，而实际上却失去了生命中更为宝贵的东西：本质、自尊以及真实的生活。

住在阿巴达锁镇阿巴达街的莫瑞德夫妇，有两个小女儿，他们是一个真正经济独立但并不富裕的家庭。他们靠着一份差不多只有一半的收入，就过着很好的生活。莫瑞德夫妇都是受过专业训练的学校老师，如果他们想，一年加起来可以挣 10 多万美元，可是只有丈夫布兰特在工作，而且是一份半职的工作，他们一家四口，一年只用不到 3 万美元就过得很舒服，因为他们学会了聪明地花钱，所以能够达到经济独立。莫瑞德一家过去十年来都过着简单的生活，他们说这种生活一点都不难过，他们觉得自己很好，因为他们对环保尽了一份力量。事实上，他们的哲学已经变成了"少就是多"。他们的收入虽然比一般人低，但却买到了一个珍贵的东西，很多收入比他们高上 10 倍的人却还买不起这个东西。这个珍贵的东西就是大量的休闲时间，他们可以用来做自己想做的事情。

只要稍微谨慎一点用钱，大多数人都能减少可观的花费，人们如果能充分运用创造力和机智，不花什么钱，都可以过上逍遥快活的生活。

避开负债陷阱

假如你认为只要借得一笔资本，就能够创业了，那你就完全想错了。实际上，即便你已经借到了资本，你也未必会创业成功。由于据我所知，那些毫无商业经验的人靠借来的钱做生意而最后能成功的实在不多见。

一个毫无成功把握的人去创业，没有不遇到经济困难的。但是，假如他确实有相当能力和充分的成功把握，这样无形中就已经在别人面前树立了信用，那么即便他靠借来的本钱创业，也没有太大关系。

一个立意要创业的人，首先必须掌握所要从事的业务范围的详细情况；其次，还要有挑选录用合格雇员的眼力。假如这两点做不到，你对于所要经营的事业就会毫无头绪，在挑选录用员工方面也不加区别，那么即便你做事很忠诚，待人很诚恳，当你向别人开口借钱以作为你的创业资本时，其他人也会毫不犹豫地一口回绝。

当你准备创业之时，最好不要心存太大的奢望，开始规模小些也不要紧，只要你确实是一个杰出的人、能干的人，经过一段时间的筹划经营后，自然能发展得非常喜人。假如你能做到这一点，即使资本是借来的，倒也无妨。

比彻教导他的儿子说："你得像逃避恶魔一样避免借债。"你要快下决心，不论你怎样急需金钱，也不要让你的名字出现在人家的账簿上！

富兰克林那"贫穷的查理"里有句话说得好："借钱等于自投苦恼的罗网。"是啊，法庭上每天又有多少的民事纠纷案都能够为这句话作证。

当然，这句话并不适用全部的情形，也有一种例外。当一个人由于意外事件而陷入困境时，当遭遇很多从天而降的祸患时，往往任何人都难以靠自己的努力去避免，即便是满怀希望，事业也难免遇到意外的困难和阻力，到了那时，不论你怎么小心谨慎，无论你思想上如何正确，无论你怎样不爱向人借钱，为了应一时之急，你都必须硬着头皮去向银行贷款。但就是到了那时，也要谨记一条："借得慢，还得快。"

这一原则也适用于生意上的放账和借款，事实上放账和借款都是在所难免的，但你在两个方面都得有一个限度。

一个步入生活的正轨、沿着事业的健康道路前进的人，首先要注意的是，要在自己的才能、意愿、目标之间建立适当的平衡。不要因为野心太大，眼光太高，便走上举债经营的道路。

一些年轻人由于大意的缘故，经常因为借贷不立契约或不立书面的凭据而发生许多有损名誉的纠纷，使他们的前途受到不利的影响，渐趋暗淡，并且还使他们在道德与精神上受到极大的伤害。

世界上每年有无数本来大有前途的年轻人由于借债而遭到了意外的失败。当他们刚跨进社会时，或许还没有染上借债这种恶习，他们原先或许非常看重名誉，也从不喜欢到处去借钱来胡乱花用，那时他们的前途是非常光明的。但后来由于一点小小的用途无意中开启了借债的大门后，他们便渐渐陷入了难以自拔的危险境地。

每年因债务纠纷而丧生的人，比因战争而死的人要多出数十倍以上。现代的天才人物中，居然有7个人因举债而丢掉了性命，包括一个小说家、一个学者、两个法学家、两位政界名人和一个演讲天才。

美国的一位闻名人物斯蒂芬逊做人是特别小心谨慎的，这为人所共知，人皆敬仰。可是他在描述自己理想中的生活时，还战战兢兢地希望自己不要陷入借债的漩涡中去。

斯蒂芬逊说：“我们对他人必须示以爱和忠诚，平时应当量入为出。对于自己的家庭，应当保持快乐的气氛。对朋友，必须竭力避免仇恨，当然也决不可忍受无谓的屈辱。假如遇到蛮不讲理的人，最好还是早些避开为好——这是通向理想生活的捷径。”

纽维尔·希里斯博士也说：“你要使自己过上一种安稳的生活，要保持自己良好的名誉，必须要遵守一条规律，那就是赚得多花得少。”在这个随处布满陷阱的现代社会，好像没有什么比这件事更需要人们加以小心防范。

有的人之所以喜欢向人借债，是由于他们看不到借债背后所隐藏着的危险。假如他们考虑到万一不能还清债务的严重后果：包括丧失人格、迫不得已的撒谎、可能的营私舞弊、为逃避债务而东躲西藏等等，他们真不知道要急成什么样子，甚至连觉也睡不香，饭也吃不下。假如他们弄清了一旦戴上了债务的手铐无法挣扎的情形，他们一定会喊起来：“宁可穷苦而死也不做债务的奴隶。”

负债是世界上最苦恼不过的事情。只要那些因债务缠身、时刻受着债主的要挟与压迫、因债务而吃尽苦头的人，才了解负债是人生的最大威胁。债务会把一个人的体力、气魄、人格、精神、志趣、雄姿消磨得一干二净，因为债务对人的压迫，还会把一个人一生的希望全部毁灭。

为你的明天而储蓄

你孩提时是否拥有过储蓄罐呢？它是在金属盖上开一个小缝，有杯子作装饰的铁罐，还是底部有紫色墨水写着“Hechoen Mexico”，油彩斑斓的猪型石膏储蓄罐？那时候我们是储蓄的一代，每个家庭起码都会存一点钱。而在每个领薪水的日子，父亲都会到银行存款，就是在最艰难的时候，每个家庭也总要在每个月存上一点。

现在时代改变了，美国比其他国家的储蓄率低，只不过隔了一代，我们的平均存款便较以往下跌了 6% 。相对于日本人平均每月储蓄薪水的 19.2% ，瑞士每月储蓄薪水的 22.5% ，美国人只存 2.9% 。

你每月储蓄多少薪金呢？你的银行存款有多少足以用来度过危机？记住基本的储蓄原则你起码需要有一个月的薪金存款，以保障你在危难时可以应用。根据这个标准，你超过了或仍然未及？

《我们在哪儿》（《Where We Stand》）的编辑总结道："长期来说，不断下降的存款数额，非但危害家庭安全，也严重削弱了国家未来的投资资金。"

存钱对某些人来说是困难的，特别是在负债时和日常必须要有充裕资金来周转的情况下。但是长远来看，假如你每天存下一小部分钱，你就会惊讶地发现，就是在最恶劣时期，你仍有可观的金钱可供使用。

记得伽纳——那位做冰箱维修生意的人吗？1929 年股市崩溃时，他还是一个年轻小伙子，他把宝贵的经验传授给女儿。

"家父教我对金钱要有责任感，"她告诉我们，"他这样说道：'假如你还有钱可花，就该为明天而把这些钱存起来！'"

在个人和国家财政赤字日益升高之际，大家不妨记住这句法国的古老格言："远离债务就是远离危险！"前美式足球员布莱恩·布络辛曾如此说："我这一生中，一直带着破口的钱袋，直到有一天，我才警觉到自己要赶紧把它缝起来。"

我们花了费了一生的时间用来追逐金钱，时常想象着金钱是用之不尽的，如今钱没了，这岂不是一个大好时机，可以问一下自己：我真需要它吗？还是我可以等？我们是否每次都有必要从皮夹掏出信用卡，或拿着存款簿提钱呢？我今年今月今日，存了多少钱？我们必须学习以所存的钱，而非所花的钱，来衡量成功。我认识一个非常有才气的年轻人，他挣了很多钱，对未来很有信心，所以他总是把钱花得精光。突然有一天，他年轻的妻子得了重病，为了保住妻子的生命，他不得已请了一位著名的外科医生为妻子做一个性命攸关的手术，但是，医生要等他交足费用以后才能动手术。年轻人只好去借钱，这可是一笔巨款啊！妻子的命终于保住了，但是妻子随之而来的疗养和孩子们接二连三的生病，加上饱受焦虑的折磨，终于使他积劳成疾，赚的钱一年比一年少。最后，这个人职业受挫，全家穷困潦倒，没有钱渡过难关。在妻子害病之前，他本可以在一年之中就轻而易举地存上千把元钱，但他当时认为没这个必要，相信以后挣钱也这么容易。

美国节俭协会主席向全国教育协会所作的名为"伟大的节俭"的演讲中说："法庭的记录显示，在去世的男人中，只有3%的人留下了10000美元以上的遗产，另有15%的人留下了2000美元到10000美元的遗产，而82%的男人根本就没有任何遗产。因此，这就造成了只有18%的寡妇具备良好舒适的生活条件，而有47%的寡妇被迫出去工作，35%的寡妇则一无所有。"

罗斯福上校说："我鄙视那些不养家糊口的男人，每个男人都有责任拿出一定的收入来养家糊口。这不是一个生意上的投资问题，这是每个男人的责任！要他的亲人跟着他自己去冒险是很不公平的。就他个人的能力来说，让他自己独自去冒这个险还差不多。而且，想到自己去世，或发生变故，或由于经营不善造成生意失败以后，亲人们可以得到安顿，这种感觉对任何男人来说，都是一种极大的满足。"

我不知道还有什么东西能在需要的时候代替存款，存款是我们为生活中的不幸购买的保险，否则，没有人能承受不幸的打击。

一次，葛列格·邓肯问我："假如你受聘为幕僚，你要选择每个月收入1万元，抑或第一个月1分钱，第二个月2分钱，第三个月4分钱，第四个月8分钱，如此类推为期30个月？"我还没有明白过来，葛列格便建议我采用第二种法子，他证明若这样能增加每月所得，那第30个月你便会有10727418.24元。

存下每个月赚来的辛苦钱，先撇开暂时的物质诱惑，为你的长远目标努力。开始时你可能毫无收获，一段时间后必能满载而归。

有许多年轻人经常向别人夸耀说，他们每月可以赚很多的钱，但拿到之后总是花个精光，他们从来不愿存一分钱。这种年轻人将来到了晚年，一定不会剩下几个钱，他们晚年的景象可能会很凄凉。

许多年轻人往往把他们本来应该用于发展他们事业的必备资本，用到雪茄烟、香槟酒、舞厅、戏院等无聊的地方。如果他们能把这些不必要的花费节省下来，时间一久一定大为可观，可以为将来发展事业奠定一个经济基础。

不少青年一踏入社会就花钱如流水一般，胡乱挥霍，这些人似乎从不知道金钱对于他们将来事业的价值。他们胡乱花钱的目的好像是想让别人夸他一声"阔气"，或是让别人感到他们很有钱。

关于这个问题，有位作家的一段话说得特别好。他说，在我们的社会中，"浪费"两个字不知使人们失去了多少快乐和幸福。浪费的原因不外乎三种：一、对于任何物品都想讲究时髦，比如服饰、日用品、饮食都要最好的、最流行的。总之，生活的一切方面都愈阔气愈好。二、不善于自我克制，不管有用没用，想到什么就去买什么。三、有了各种各样的嗜好，又缺乏戒除这些嗜好的意志。总结起来就是一个问题，他们从来没有考虑过要修养自己的性格，克制自己的欲望。造成这种追求浮华虚荣的最大原因就是人们习惯于随心所欲、任性为之的做法。

当然，节俭不等同于吝啬。然而，即便是一个生性吝啬的人，他的前途也仍然大有希望；但如果是一个挥金如土、毫不珍惜金钱的人，他的一生可能将因此而断送。不少人尽管以前也曾经刻苦努力地做过许多事情，但至今仍然是一穷二白，主要原因就在于他们没有储蓄的好习惯。

有的年轻人从来不存钱，到中年以后仍然是不名一文。一旦失去了职业，又没有朋友去帮助他，那么他就只好徘徊街头，没有着落。他要是偶然遇到一个朋友，就不断地诉苦，说自己的命运如何不济，希望那个朋友能借钱给他。这样的人一旦失业稍久，就容易落到饥肠辘辘、衣不遮体的地步，甚至到了寒冬沦落到可能会挨冻而死的地步。他之所以落到这种地步，要吃这样的苦头，就是因为不肯在年轻力壮时储蓄一点钱。他似乎从来没有想到过，储蓄对他会有怎样的帮助，也从来不懂得许多人的幸福都是建立在"储蓄"这两个字之上的。

为什么有那么多人如今都过着勉强糊口的生活呢？因为这些人不懂得，以前少享些安乐、多过些清苦的日子。他们从来不知道去向那些白手起家的伟大人物学一学；他们从来不懂得什么叫自我克制，无论口袋里有多少钱都要把它花得分文不剩；他们有时为了面子，即便债台高筑也在所不惜。

挥霍无度的恶习恰恰显示出一个人没有大的抱负、没有希望，甚至就是在自投失败的罗网。这样的人平时对于钱的出入收支从来漫不经心，从来不曾想到要积蓄金钱。如果要成功，任何青年人都要牢记一点：对于钱的出入收支要养成一种有节制、有计划的良好习惯。

如果你不节约金钱、爱惜时间，那么你就不会成功地主宰自己。当然，也有许多在某个方面具有才能的人完全没有金钱价值的概念，他们一有钱就挥霍无度。但是，只要他们不为未来储蓄，他们就会章法大乱，无异于野蛮的原始人。

用那些因为自己不够富有而烦躁的人，那些不能克制自我的人，那些被自己的冲动所支配，不愿为未来积蓄而放弃及时行乐的人，都将处于不利的境遇。

由于没有多少现款，我们失去了生活中的许多好机会，而这仅仅是因为我们在一帆风顺的时候总是把钱花得精光！预留一些现钱，在银行存些钱，花点钱买保险，或者做一些固定投资，这样可以预防不测。

每个年轻人都应当有储蓄的远见和机智。这能使他在患病、面对死亡或紧急情况下镇定自若，而且万一遭受重大损失，也可以东山再起。没有储蓄，他可能许多年都不得翻身，尤其是在还有一大家子指望他供养的情况下。

在恐慌或危急情况下，少量的现金就可能带来许多的幸运。多数人通常都会碰到几次急需现金的情况，或许一千块钱就决定着人们是成功还是失败。但要是没有这一千块钱，他们也许就失败了，从此陷入绝望之中。

几年前，报纸上曾报道过这样一位富人，他和别人一样，通过自己的努力挣了很多钱，但是很愚蠢地花掉了。一篇报告登出了如下从印第安纳波利斯拍来的电报：

"在英格兰大酒店里，匹兹堡的弗兰克·福克斯先生用一张50美元的钞票擦完脸后，就把钞票扔到地板上。然后他从兜里的一摞5元和10元的钞票中抽出一叠扔到吧台上，说道：'伙计，给我一杯酒，快点！要不我就买下整个酒店，然后炒你的鱿鱼！'"

我们很容易就能猜出这个人最后的命运。除了知道他是靠自己敛聚财富外，我们对他的过去一无所知。他如果要拥有巨额财富，也必须和别人一样相当节俭。但是，他从来不知道节俭为何物，而节俭能教会人们如何花钱和储蓄。有许多人积累了很多钱，却不知如何明智地花钱。

有些消费行为看起来似乎是浪费，但其实往往是最节约的。有许多家庭，特别是小城镇和农村的家庭拥有私人汽车，但是家里却没有浴缸，而他们又在考虑支付其他的昂贵开支。

消费最重要的就是做到物有所值。有些人表面上穿的是绫罗绸缎，戴的是金银珠宝，坐的是豪华轿车，肚子里却是一包稻草，骨子里更是龌龊不堪，这是很为人所不齿的。要穿舒适的衣服，但同时也要给自己以自尊的品格、好学而健康的头脑和美好的性情。把金钱和时间花在更具有持久影响力的事情上，进行自我投资来提升自己，把钱花在追求更高的目标方面，不仅个人会获得极大的满足，而且更高的素质也有利于进一步的创富。

选择在最有价值的事情上进行投资，这是一种有益的消费和积极的生活方式，它将会使你活得诚实、简朴而有价值，最终得到你梦想的财富。

有些人收入不高，但花起钱来可真是愚蠢之极。他们会为了买只有富人才买得起的小古玩和衣服，把所有的钱都花光，但等到想做点事情时却身无分文。

有一个原本相当出色但如今却穷困潦倒的女人，她从小到大就不知道怎样衡量物品的价值。她要去市场上买许多食物，但她心里很清楚，自己没有可以穿得出去的衣服来遮蔽难堪。但她只知道哀叹餐桌上没有丰富多样、美味可口的食物。和许多奢侈浪费、不计后果的人一样，这位家庭主妇如今从家庭的开支分配中得到了教训。

很多人没有考虑过这个问题：我们无时无刻不在花钱。许多不切实际的需要都让我们把钱往外掏，如果我们没有坚定的自制力，粗心大意，没有良好的判断能力，那么我们就会浪费金钱。

今天，在原本事业受挫的人中，在贫穷的家庭中，在接受慈善组织救济的群体中，有许多人已经相当独立了，他们懂得了明智消费的艺术。我们说"不恰当地花一分钱，就是浪费了一分钱"，那么，为什么不记住这句格言，从中获益呢？

第八章　获取和保持对方的信任

避免争吵

在南希·吉布斯和迈克尔·达菲合著的《传教士和总统》一书中，他们详细记述了葛培理牧师对七位美国总统乃至西方世界中几乎每一个国家元首施加影响力的故事。他们在书中提到，这个过程并非没有遇到反对势力，尤其在早期。葛培理怎样处理他和顽固反对者之间的关系呢？这就是赢得他人信赖的第一法则。

"1954年2月，"他们写到，"葛培理的赞助人亨利·卢斯写信给伦敦《时代》杂志的传奇记者安德烈·拉格雷。信上让他提前准备葛培理神父来伦敦进行春季宗教活动的相关事宜。"而此时英国的教徒人数（总人口的5%到15%之间）远远少于美国的人数（59%）。"'宗教在英国几近灭绝。'卢斯在信中强调，'所以比利此行的影响力值得关注……当然，他也会被许多人嘲笑。'"

所有嘲笑者中有一位是《每日镜报》的专栏作者，"这个人名叫威廉·康纳，他把葛培理说成是'施洗约翰的好莱坞版本'。葛培理经常要面对一些著名的批评家，于是建议亲自见面；而康纳则带有恶意地建议在一所名叫'施洗约翰的头颅'的酒馆会面。"

结果，卢斯、拉格雷甚至康纳都没有想到葛培理对伦敦的影响力到底有多大。"第一周来了那么多人，从此之后他连续三周的周六都在海灵威体育馆举行集会……夜复一夜，11000人坐着还有几千人站着听他布道，无论下雨、雨夹雪还是更寒冷的天气。"他的听众包括议员、海军上将和海军参谋长。就连记者都没有想到葛培理会对他们产生影响——尤其是威廉·康纳。

在名字十分无礼的酒馆与这位牧师谈完话之后，批评家康纳变成了仰慕者康纳。

"我从来没有想过，"他在其后的专栏中向葛培理忏悔说，"友谊还有如此锐利的一面。我从未想过，简单直率的态度能给我们这些罪人如此沉重的当头棒喝。让我们从中体悟并学习。"

葛培理本可以采用一种被动的攻击性态度——完全忽略这些无礼的挑衅或义愤填膺地回击它们。但他却选择了一种更好更有效的方式。他完全避免了一场争论，用他的高雅和善意赢得了批评家的支持。

与别人争吵并不能达到任何目的，只会让双方更坚定地认为自己是正确的。你或许是对的，绝对地正确，但是争论的结果就好像你是完全错误的。

幽默大师戴夫·巴里很清楚地阐述了这一观点。他说："我争辩的本领一流。只要问问我现在仅存的几个朋友就知道了。有关任何话题的争辩我都能赢，针对任何对手都没有问题。人们知道这一点，所以在宴会上总是避免与我相遇。通常，作为他们对我的极大尊敬，他们甚至都不会邀请我参加宴会。"

我们在网上花大量的时间来争论或者挑起争吵。单看那些有名的博客和新闻网站底下的评论就略知一二了。除了一连串的"他说"、"她说"或争取高人一等的姿态之外再没有什么东西了。除此之外，一些政治玩笑也好像主要是为了证明个人观点或陈述事实，而不是寻求共同点，在此基础上建立双方共同价值。这一类争论根本无法改变人们的思想。因为这些争吵都隐藏在数字化背后，缺少真实对抗时的明确推理逻辑。双方会偏离话题转而进行人身攻击或被动地错读对方的意思——人际关系中最无效的手段。

前任英国石油公司首席执行官托尼·海沃德就是个活生生的例子。他在回应"深水地平线"钻井平台爆炸和随后的溢油事件中采取了自我辩解和傲慢冷漠的强硬态度。这次事件导致 11 人死亡，严重影响了墨西哥湾的生态环境，破坏了整个国家几千名工人赖以生存的谋生环境。

根据《时代》周刊上的一篇文章，托尼一开始就极力否认有关溢油量和自然环境危害的科学研究结果。随后他的争论焦点又转移到，溢油面积比起海洋的面积来说其实"很小"，用于清除溢油的有毒分散剂已经达到95 万加仑，可这次美洲最严重的溢油事件对环境的影响将"十分，十分有限"。总之一系列的过失都是他无法挽回的，其中还包括他向路易斯安那州人民的间接道歉，他在道歉时说："我想回到我以前的生活中。"

他一直在回避各种问题，公然在美国立法者面前逃避指责。但两天后，他却现身英格兰南海岸城市考斯参加游艇赛。他的游艇"鲍勃"号参加了赛事，这无疑摧毁了他之前已经建立起的形象：不管他是否正确，海沃德的信誉和民意所向已经荡然无存。当影响力受到威胁的时候，民意的取向往往是最关键的。

经过一系列辩解之后，已经没有人再相信他。他似乎只关心两件事情：他自己和他的商业帝国。在他的争辩策略之下，英国石油公司很快从被质疑变成受到抵制，不管事实究竟如何。英国石油公司所到之处必然受到抵制。为什么要在英国石油公司的加油站加油呢，还有其他石油公司的加油站，他们的领导不会为自己的错误辩解。

有一些连锁反应是基于感性认识的。在事实尚未弄清之前，现实仍停留在感性认识上。处于人际关系领域之中的感性认识通常十分强烈，甚至铁一般的事实都无法扭转先它而到的舆论和媒体所造的声势。

在海沃德的辩护中，他不仅过分地投入公司在溢油事件中所扮演的角色，而且对这个惨剧的回应方式也过分投入。他被英国石油公司解职的那天，被他称作是自己一生中最糟糕的一天。朋友们都称赞他是个善良慷慨的顾家男人，毫无疑问他们有他们的理由。而且英国石油公司几十年来一直是一家可靠的，受人尊重的公司。海沃德和英国石油公司都应该因为它们曾经的最佳表现而受到尊重。我们与配偶、同事或客户的争吵不会广受大众关注，但海沃德和英国石油公司很可能会受到关注。那么为什么不一开始就避开这些危险的言论呢？

我们每天都会面对各种冲突，怎样才能避免把一场得体的讨论演化成咄咄逼人的争论呢？说到底，我们必须重视相互依赖的重要性，其重要性远高于相互独立的意义；我们必须清楚从长远来讲，恭敬的谈话远比口诛笔伐来得有效果。

一位南美洲的领导人面对历史性的不合和个人层面上的不合时证明了这

条法则的价值。对于一位出身贫寒却领导一个工人权利不受重视的国家的工会的人，一个因为负担不起医疗费用而亲眼看着怀有八个月身孕的妻子死去的人，一个一手组建起政党的人而言，人们一定认为他会是一位争强好胜的人。但是路易斯·伊纳西奥·卢拉·达席尔瓦（人们都叫他卢拉）并非如此。

卢拉

"我母亲总是说如果有一个人不想，两个人就打不起来。"卢拉有一次这样告诉记者。所以卢拉从不好斗。正是这种方式让他成为巴西总统，当政近十年。那时他新组建的社会党在历年的大选中都落选。于是他不顾社会目标的不同，与右翼党派形成联盟并向商业巨擘示好。当选总统后，他仍然与巴西富有的上层社会保持同盟关系并承诺优先解决巴西的贫困问题，共同关注巴西的经济增长。

"我认为自己是个谈判家。如果我们想要和平民主，我们就需要忍耐，进行更多的磋商。"他说。卢拉的容忍和协商精神帮他在任期内取得了巨大成就。通过在国内和国际上广建联盟、颁布一系列社会纲要，他把两千多万巴西人民从贫困线以下变成了中产阶级。同时还创造了巴西经济高速增长和稳定的黄金时期。在一个贫富分化相当严重的国家，卢拉的人际交往能力实现了巴西的历史性大变革。

沟通的观念被大大地曲解，企业行为专家埃斯特尔·热莱斯说："我们以为沟通只是单向的发表个人意见。如果一直这样认为的话，我们就会丧失交流的潜能。"

热莱斯提醒客户公司（比如 20 世纪福克斯，雷欧·博内特和 Harpo 有限公司）的主管人员和员丁：所有的个人成长都源于聆听自我的心声，这是有重要原因的。我们的内心深处都有着"更好的自我了解、更高的认知和更棒的想法"。她阐述到，"在你和（或）对方忽视了彼此内心的智慧时，紧张的状态和抵触的情绪就会发生。"

那么我们如何避免争吵呢？相互依存的做事方式优点多多。

热莱斯说，当你"认识到把自己的体会和洞察力与对方的充分融合时，人与人之间的关系就会更融洽"，相互依存的状态就会出现。

不管你多么善于表达或说服别人，只要有一方胜过另一方的结果，就不会出现相互依存。只要找到了共识和彼此经历的共同点时，紧张状态才会消失，相互依存的状态才会出现。如果你能清楚地看到彼此之间的相互作用，即使有紧张和抵触的情绪，那么你与他人的合作必将获得成就。

"任何人都懂得如何得到关注，"热莱斯强调，"但是很少有人知道在得到关注的同时如何去尊重别人。"避免通过争吵让自己脱颖而出，而大多数人迫不及待地想加入那些争论。

永远不要说"你错了"

最好的解决方案，最明智的决定以及最佳的构想永远不可能是谈判桌上的某一方提出的。我们会发现，宣布对方错误是一件相当容易的事情，往往在我们花时间考虑他（或她）在说些什么之前就可以妄下结论。

即使在我们认为对方真的不对时，为了保持互动和联系合作的机会，我们只有一种办法，即告诉对方我们同意他们的观点。

"那些忘记过去的人必定会重复过去。而那些从过去得出错误教训的人也注定会再次得到同样的下场。"哈佛商学院教授，《哈佛经典谈判术》作者之一的迪帕克·马哈拉在福布斯网开篇的文章中这样写到。这篇文章将2011年美国国家橄榄球大联盟（NFL）的收入分配争端与国家冰球联盟（NHL）2004—2005年度球队与球员之间的争论进行了比较。

在这两起争端中，关心成本不断上升的球队要求球员们接受较少的联盟收入分配方案。球员拒绝了球队的请求并要求拿出成本上升的证据。这两起争端里的球队起初都拒绝拿出证据来证明他们诉求的合理性。国家冰球联盟（NHL）争端的最终结果变得十分可怕，这是因为双方都不肯放弃各自的主张。"双方都谴责对方贪婪，"马哈拉说，"双方仍然无法消除分歧，甚至在劳资谈判合同期满的几个月之后仍有争执。国家冰球联盟（NHL）最终只能取消整个赛季。二十亿美元的收入就此泡汤。"

　　这个结果是不可避免的吗？据马哈拉所说，只要双方能明白基本的人际关系才是问题的核心，就能避免这个结局。"双方都错失了这个赛季，球队认为球员太贪心而不是觉得对方只是有些合理的疑惑，球队在长时间内采取了错误的策略——用不妥协、不让步的态度取代了公正透明的做法。

　　这次纷争完全掉进了"我对，你错"的陷阱。双方都没有考虑到另一种可能性：或许我们都是对的。我们就此可以学到重要的经验教训。"谈判所产生的结果更有效，马哈拉总结说，'双方都应该承认对方所表达的关切合法而正常。在美国国家橄榄球大联盟（NFL）的纷争中，球队和球员应该把更细致的观点和看法带到谈判桌上来——否则的话，明年秋天全美洲的球迷恐怕看不了职业橄榄球比赛，而要改做其他的事情了。'"

　　细致或微妙的区别，是意见不可调和时的关键所在。在绝大多数争端当中，我们与对方的不同远比我们自己意识的要细微和不明显。我们轻易地把这种不和当成无法逾越的鸿沟来对待——唯一的解决方法就是让一方跳下（或被挤下）万丈深渊，而另一方获胜。这并非事实。"坚持在所有问题上都达成一致的友谊并不能称之为友谊。"圣雄甘地这样忠告我们。"真正的友谊必须求同存异，不管异见有多么尖锐。"事实上，不同的意见通常只不过算是人行道上的小裂缝，如果我们在谈判桌上采取更开放的态度，它们是很容易协商和弥补的。

　　"我们举行会谈是因为我们知道一些事情。"企业行为专家埃斯特尔·热莱斯在近期的一次访问中详细阐述了她的观点。"或者我们认为我们知道一些事情。或者因为在工作场所我们希望我们'应该'知道些什么。"这种对认识的期望又反过来作用于我们的沟通，因为它让我们不相信还有我们不知道的事情存在。我们带着想象中确证的事实进行谈判，当这种确证的事实无法得到认同时，我们就会用剩下来的时间企图驳斥对方的看法或者斥责对方表达个人看法的权利。结果就是合作——或者合作的可能性——不复存在。如果这就是你的方法，你在人际关系上就很难取得进展。

　　热莱斯说，所有解决问题、合作和解决争端的有效方法都应该先让你的大脑清空——不要想我们知道些什么或者我们认为自己应该知道什么。

　　“这可能让人感觉很奇怪，”她承认，“因为我们受到的所有教育都是让我们展现自己的想法、知识和才智——因此我们才认为自己有进行会谈的资本。”但如果我们犹如白纸一张地展开会谈，就会采取一种更谦逊、更真实的方法。我们承认可能并非知道事实的全部，承认并非只有我们才是正确的。我们甚至可能创造进行合作的机会——让彼此的想法、思想和体验融合成更好的东西，甚至超出双方想法的总和。

　　其实，事实经常是这样的：我们并非唯一正确的一方或者实际上犯错的是我们。但好像我们很不愿意承认这些事实。为什么？

　　通常是因为我们更看重个人胜利而忽略合作的潜在价值。我们这样做不仅会阻碍人际关系的发展，还会踢开超出我们考虑的取得更大进展的可能性。如果我们在意见不合的过程中只是想寻求赢家的话，那么结果会让所有人大失所望。

　　热莱斯与我们分享了她与某个知名传媒集团所经历的故事。这个传媒集团对一场全国性灾难的快速反应反而引起了后来的公司内部冲突。

　　热莱斯的手机在半夜骤然响起——是聘请她的某个传媒集团的董事长打来的。董事长让她明天一大早先参加一个会议，解决一场工作安排上的灾难。

　　董事长指的是卡特里娜飓风——美国有史以来最严重的灾难之一。飓风发生之后，他的公司迅速将90%的员工派往墨西哥湾沿岸的各个地区。临行前只让大家带回重要的新闻，除了一些大体的指示之外并没有事先的计划和部署。现在两个星期过去了，各个小分队已经纷纷返回原来的工作岗位，现在的工作却出现严重脱节。

　　“四个制作分队为应该优先使用谁的封面而大打出手。”董事长解释说。“为了等待审批，我跟制作分队就法律问题陷入争吵。为了分摊整个过程中巨大的开销，我跟每个人就账目问题争论不休。”他简短地停了片刻，继续告诉她费用是“以前任何制作费用的六倍还多”。

　　董事长说，热莱斯的任务就是会见所有陷入争吵的分队负责人，帮他们把事情理清楚。

　　热莱斯清楚地知道自己该怎么做。

第二天早上，她在举行会议的大厅里，观察到了一个熟悉的场景：各位负责人和他们的高级职员鱼贯而入，手里都拿着一个公文箱——他们将要陈述各自的观点直到在这场争论中胜出。当他们人座之后，热莱斯便受邀展开自己的工作。

"我想占用大家一点儿时间，问自己这样一个问题：'在这次工作中我可以采取哪些做法来帮助其他部门获胜'？"

热莱斯说，在她的脑海里她能听到"轰轰"地声音，是这些负责人的公文箱纷纷落地的声音。当听觉重新活跃起来的时候，会场里已经飘荡着每位分队负责人关于"未来我们将会……"的想法。

首席财务官建议他的财务部和制作分队应该为这项工程制定一个初步的预算方案。

"我们没有时间，"制作组的执行副总裁大声喝道，"坐在这里弄什么预算方案，尤其是在有爆炸性新闻出现的时候。"

热莱斯提出一个问题："你知道财务部为什么提出这个建议吗？"

"这样我们才不会超支。"执行副总裁回答。

热莱斯补充说道："这个公司的生存和发展需要财务部，制作部也同样重要。"然后，她又问首席财务官和制作部执行副总裁："你们两个部门是否能合作制定出每周工作安排的初步预算来？能否根据关键性程度制定出爆炸性新闻的预算？"

他们两个人都点了点头。热莱斯又继续调停。

公司的首席法律顾问指出，法律问题应该包括"最常见的审批问题"等文件，这样制作组就可以提前知道如何避免漫长的审查过程。

热莱斯看了看执行副总裁，他不停地点头。"这样做会有帮助。"热莱斯表示赞同。

"成交。"首席法律顾问回答说。

会议在这种气氛下进行，甚至还开始对刚才提过的条款进行详细探讨，包括财政预算和法律文件等。三十分钟之内，与会人员对所有解决方案都表示赞同。会议形式上进入休会状态。最让人吃惊的是，许多主管和他们的职员坐在会议室后面充分利用这次合作的机会展开工作。

当热莱斯拿起包准备离开时，董事长朝她走了过来。"二十五年来，我参加过的会议中从来没有像这次一样聆听的人比侃侃而谈的人多。"他声称。

我们应该具有所有伟大工匠的精神，他们总是从一张白纸，空白的帆布或一堆泥土开始自己的作品。我们必须在面对各种争端的时候保持一颗开放的心灵，看我们是否能发掘出更多东西，共同创造更多东西。只有这样我们真正的潜能才能爆发。

2000 年 6 月 26 日，比尔·克林顿总统在白宫东厅——泰迪·罗斯福曾经练习拳击的地方，艾米·卡特举办她的高中毕业舞会的地方，路易斯和克拉克曾经用帐篷扎营的地方——宣布人类基因组第一阶段研究圆满完成。"人类即将获得治愈一切疾病的新力量。"他评论说。

比尔·克林顿

在克林顿总统身边站着的是弗兰西斯·柯林斯博士，著名的遗传学家，兼人类基因组工程负责人。七年来他领导着一支由超过一千名科学家组成的国际研究小组，《时代》周刊记者 J·玛德琳·纳什称之为"完成一项科技史上绝唱的挑战，从能让原子分裂到能把人类送上月球的科学家应有尽有。'只有一个人类基因组工程，而且只发生这一次。'柯林斯曾这样说过。'能够负责这项工程并把我个人的图章盖到这上面，已经远远超出了我的想象。'"

更有意思的是，柯林斯还必须一边研究一边跟一位从前的同事竞争。

1998 年 5 月，柯林斯同意掌管该项目的五年之后，来自美国卫生研究所，充满热情的生物学家克雷格·文特尔——他也是致力于利用基因治愈疾病的众多科学家之一——宣布，他正在创立一家公司并将在四年内领先柯林斯发布重要成果。

柯林斯和文特尔之间的"竞赛"为两者制造了巨大的压力。用一个恰当的说法来描述这两个人迥然不同的个性——一个性急，一个缄默。柯林斯是缄默的那一个，他毫无选择只能参加竞争。要在竞争中获胜就意味着必须让来自六个国家的科学家，无数个政府机构和更多的大学实验室为了共同的利益（而不是个人荣誉）通力合作。

更非同寻常的事情是：在东厅发表讲话那天，弗兰西斯·柯林斯以这种方式介绍了克雷格·文特尔："此人掷地有声、极有挑战性但却从来不骄傲自满，他开启了全新的生物学理念……我很荣幸和愉快地向大家介绍他来为你们讲述这个具有划时代意义的事件。"

柯林斯选择了合作的方式而不是极力表明文特尔是错误的。最终，他只是认为文特尔与自己有所不同。而不同并不意味着需要反对他。当柯林斯承认他们两个是"以不同方式联系在一起的不同的人"时，《时代》的纳什指出："柯林斯认为他把文特尔看成是'正面的激励'。"

确信对方有错实质上等于无言地承认我们不想被别人否定。因为我们不想自己犯错，所以就把这个责任投射到对方的身上。如果没有朋友的提醒，恐怕戴尔·卡耐基本人也会陷入这种不值得称赞的反应中。

第一次世界大战结束后不久，卡耐基成为罗斯·史密斯爵士的业务经理人。大战期间，罗斯爵士曾是巴勒斯坦的澳大利亚王牌飞行员。战事结束没多久，罗斯爵士在 30 天内绕地球飞行半周的事迹举世震惊。因为这种壮举之前从未有人尝试过。他的举动造成了极大轰动。澳大利亚政府颁赠他 5 万元奖金，英皇封授他爵位。有很长一段时间，史密斯爵士成为全世界的瞩目人物。

有一天晚上，卡耐基参加了一个欢迎史密斯爵士的晚宴，那时坐在他旁边的人讲了一段很幽默的故事，并用了一句话："无论我们怎样辛苦图谋，我们的结果却早已有一种冥冥中的力量把它布置好了。"

说故事的人说他引用的这句话出自《圣经》，其实错了。卡耐基确定自己知道这句话的出处。他自己也承认，当时他主动地而且毫不受欢迎地站出来纠正对方。

但是那位来宾却坚持自己的见解。出自"莎士比亚"？荒唐！那句话出自圣经。他就是知道。

卡耐基的一位老朋友弗兰克·甘蒙德坐在他的左侧。甘蒙德花了很多年研究莎士比亚的作品，所以卡耐基和那位来宾都同意把问题交由甘蒙德这位专家来定夺。

甘蒙德静静听着，在桌子下面用脚踢了卡耐基一下。然后就说："戴尔，是你弄错了。这位先生才对的，那句话的确出自圣经。"

那天晚上在回家的路上，卡耐基对甘蒙德说："弗兰克，你知道那句话出自莎士比亚的作品的。"

甘蒙德回答道："是呀！出自《哈姆雷特》第五幕，第二场。可是亲爱的戴尔，我们只是这个盛大宴会的客人而已，为什么一定要证明有个人是错误的呢？这样做难道会让人家喜欢你？为何不给他留一点面子呢？他又没有征求你的意见，而且他也不想接受。永远避免正面的冲突。"

卡耐基从这件事情上得到的教训让他终生难忘。

告诉人们他们是错的，这样只会给你树敌。当人们被告知自己错了时，不会有人理智而富有逻辑地做出反应。大多数人会带有情绪地为自己辩解，毕竟你在质疑他们的判断力。你不仅仅要避免"你是错的"这样的字眼。你还可能通过某个表情、语调或一个手势告诉对方他们是错的。因此你必须谨慎行事，避免以交流的任何一种方式对他人进行评判。如果你想要证明什么事情，也不要让别人看出来。

在我们的网上交流中很容易流露出某种语气，这种语气会告诉对方我们认为他或她是错误的。有时我们根本没有意识到使用了这样的语气，直到我们在后来某个时候重读我们写的东西时才会有所发现。我们以为自己很圆滑，但是在没有表情或轻柔的声调的情况下，每一个用词都可能变成谴责性的语言。这也是为什么解决争端最好应该面对面进行的原因之一。

不要通过电子邮件、即时通讯或微博来断章取义地发表自己的意见，而是要为双方的对话营造一种更有礼貌、更缓和的氛围。然后以开放的心态提出你的观点。就算实际上你是对的而对方错了，也不会有打击对方自尊心或使关系彻底陷入僵局的感觉。如果你自己对那些固执己见说自己错了的人仍然刻骨铭心，那么如果你把一次人际互动变成了教训别人的机会而非加深关系的机会，别人同样也会带着否定的眼光记恨你。

常常采用这个交际技巧。勇于承认你可能是错的。退一步承认对方可能正确。要容易相处。多问问题。最重要的是要从别人的角度看问题并且尊重对方。

这些谦虚的做法会有出人意料的结果，可能会给你带来出人意料的人际关系或合作机会。

迅速并真诚地承认错误

"裁判员误判"比"……正在邮寄途中"这句套话的陈腐味稍微弱了一点点。由于体育项目的具体情况各有不同，裁判员经常会犯不同的错误。而有些错误对比赛结果的影响十分重大，甚至在全世界都很出名，甚至还有了绰号。

拿"上帝之手"来说。1986 年世界杯四分之一决赛时，阿根廷队与英格兰队的比赛中双方都没有进球的情况下，阿根廷队长迭戈·马拉多纳腾空越过英格兰守门员彼得·希尔顿，大力将球塞入门中。但是裁判阿里·宾·纳赛尔没有看到马拉多纳用手推球，判该球有效。

还有杰弗雷·迈尔。1996 年美国联盟冠军赛上，巴尔的摩金莺队与纽约洋基队第一战前七局的成绩是 4：3。在第八局尾声时，洋基队的游击手德瑞克·基特打出一记高飞球进入右外野。20 岁的球迷迈尔把手伸过本垒打墙接住了球，没能让金莺队的右外野球员托尼·塔拉斯科成功击球。裁判里奇·加西亚错判为本垒打而不是出界球或场外二垒打。结果纽约洋基队赢得了本场比赛。

除了这两个例子之外还有许多裁判误判的情况。也难怪体育迷们对裁判的错误十分恼怒，毕竟我们都是自己球队的铁杆粉丝。裁判也是人，我们应该理解他们也会犯错。但是让体育迷们一直恼怒的是，裁判们无法，也不愿意承认自己的错误。

但是也有把裁判的错判变成值得铭记的比赛实例——而且最终还能获得补救。

这场比赛被称作"打劫完全比赛"。自从 20 世纪以来——通常被认为是现代棒球时代的开端——在美国一共举行过将近 40 万场棒球比赛。而在这些比赛中只有 18 次投手完封对手。即面对对方先后上场的 27 人次击球手，不让任何人击出安打，也不让任何人上垒。形象一点比喻，棒球赛中的完全比赛的几率（每两万场中出现一次）比你一辈子里遭遇雷击的概率还小得多。

2010 年 6 月初，底特律老虎队的投手阿尔曼多·贾拉拉加就打出了这么一次"完全比赛"。他连续击退对方的 26 名击球手，而第 27 个击球手则击出滚地球给一垒，贾拉拉加从踏板起跑向一垒一跃，比跑垒者先触到垒包。贾拉拉加正要准备庆祝自己打出了"完全比赛"，但裁判吉姆·乔伊斯却摆动他的胳膊大喊："安全上垒!"

贾拉拉加失去的完全比赛成为体育史上最经典的错判案例之一。

但是事情却出现了同样出人意料的转机。或许这才是这个故事最值得铭记的部分。

当乔伊斯回到裁判更衣室，马上调阅比赛录像详细观看——只有这一次。他看到自己错判得有多么离谱。乔伊斯没有像其他同行一样就此保持沉默，而是选择了不同的方法。他径直走到底特律老虎队的更衣室请求拜见贾拉拉加。

他的脸涨得像个西红柿一样，含着眼泪一把抱住贾拉拉加。乔伊斯哽咽着吐出三个字"对不起。"

乔伊斯勇敢而坦率的道歉改变了体育史。虽然史上也出现过完全比赛的盛事，但这一次却是第一场能够获得补救的赛事。

人生有许多看起来司空见惯的事情——生、死、不断犯错、出现小过失等等。我们都知道，我们所犯下的绝大多数错误虽然短时间内会让人灰心丧气甚至激怒别人，但总归是可以原谅的。

那么我们为什么还不愿意承认自己的错误呢?

以老虎伍兹为例。感恩节晚上他在家外撞车的事情迅速引发了无休止的有关婚外情的指责和猜测。以前这种婚外情的消息会被当做闲言碎语传遍这个城市，而在现在的数字化时代里，这些事情可以在一夜之间完成从传播到非难，再到证据凿凿的大转变。

伍兹是怎样回应的? 精心准备并含糊不清地承认他有点"越界"，向公众要求自己的隐私权。他的职业和个人形象由此而迅速瓦解。赞助商们抛弃了他，妻子离开了他，他的高尔夫球技也大大退步。

他是不是本可以采取不同的应对方式呢？当然可以。

这个消息传出后的几个星期内，在广告合同被取消以及妻子离开他等一系列附带后果出现之前，公共关系专家就曾指出另一种可以快速止损的方式。在《凤凰商业杂志》的一篇文章里，记者麦克·苏纳克斯援引卫生管理协会（HMA）公共关系部艾比·芬克的话：

芬克说伍兹和他的团队在这件事情上（现在被 TMZ 网站和《国家询问报》穷追不舍）选择保持沉默。"在伍兹对此事没有任何回应的情况下，媒体会千方百计地从各处寻找消息。今天的新闻之后，很明显会有更多人愿意出来与大家分享他们所知道的事情。"芬克说。

特洛伊·科德，凤凰城危机公关部主任说，伍兹的团队犯下了许多错误，其中包括说谎，顽固的不合作心理以及不愿意回应小报的报道——毕竟有一部分内容是真的。

公开地进行真挚和迅速的道歉会把伍兹带回到正确的轨道。他本是一个遥不可及的偶像。立即进行一个真诚的坦白不仅可以澄清事实而且还会让人们坚信，他其实和我们一样——人非圣贤孰能无过。这是我们都能理解的。这样做一定会帮他重新获得别人的尊重。

Digital Royalty 的 CEO 艾米·马丁当时这样评论：

伍兹应该通过社交媒体的方式，尤其是微博和实时的视频，使他自己像个常人。他在 Facebook 上的形象是被精心修饰过的正面形象，这让他的粉丝们特别想看一看屏幕背后的伍兹……如果他允许人们看到他脱去超级明星外衣时的样子，那么公众在最近发生的事情上对他会有不一样的期许和看法。

不幸的是，伍兹的团队在事发之后的处理方式改变了他的事业走向。流言蜚语甚嚣尘上，一时很难平息。这就是在数字化时代忽略这个法则的结果。负面新闻比以往传播得更快。如果你犯了错误，最好是由你来控制传播怎样的消息，快速并令人信服地澄清一切。

我们觉得难以承认错误的原因之一是我们总是忽视道歉所承载的信息。忘记这一点在今天的社会是极其危险的。如果我们迅速并真挚地承认错误，就好比迅速发布了一份新闻稿，宣布我们真地很关心我们所伤害过的人们，这证明我们谦卑顺从，证明我们想纠正错误。当人们看到我们能够正确地审视自我和目前的处境时，他们极少会发火和失望。愿意立即纠正错误的人更容易获得原谅。

我们再来比较一下今天公众对棒球强击手杰森·吉昂比的看法。在他服用类固醇一事被曝光时，吉昂比立即泪流满面地表示承认。而曾经的强击手马克·麦圭尔则等了五年才出来澄清。吉昂比很快重回自己的生活轨道。公众们十分宽厚并且很快原谅了他。虽然麦圭尔有自己的理由迟迟不肯做出解释，但五年中在棒球迷的心底里，他的胸口被永远写上了鲜红的"S"。他在辉煌事业终结后的五年里仍然在等待"名人堂"的召唤，其结果可想而知。

如果我们对自己犯下的错误反应既冷淡又态度不明，那么实际上也等于对外发布了一份满满一页的新闻稿。只不过这一份的内容是这样写的："我想回到以前的生活。"就算我们在犯了错之后都想恢复正常的生活，但我们必须记住除了我们自己之外没有人能改变这种局面。别人没有责任归还我们自己亲手拿走的生活。我们只能靠自己才能回到以前的生活。但必须是以迅速和真挚地承认错误为开端。

我们偶尔会忘记的事情是，有勇气承认自己的错误往往能带来一丝丝满足感。它不仅能消除个人的内疚感和辩护心理，而且还有助于更快地解决由错误引起的麻烦。

罗纳德·里根是众所周知的"伟大的沟通家"。这是因为，让他的支持者高兴而让抨击他的人惊愕的是，他总能够从处于辩护的弱势状态一跃进入到无可辩驳的强势状态。而诀窍往往只是一句简单的俏皮话。

他最为管用的方法是什么？深谙道歉之道。在他总统任期里有一段尤其艰难的时光，他曾如此自嘲白宫："我们得力的助手甚至不知道其他更得力的助手在忙些什么。"

里根知道承受自责远比承受别人的谴责要容易得多。如果我们知道自己无论如何都会受到指责，难道先于其他人做出反应不是更好吗？

当我们意识到并承认自己的错误时，别人的态度一般都是原谅和宽容。他们眼中的错误也会很快消失。只有在我们推卸责任或拒绝承认错误的时候，才会激起周围人的愤怒。而且随着时间推移，负作用会不断增大。

今天我们有机会让自己的道歉广为人知，让每个相关的人都知道我们犯了错误并对此表示遗憾。我们这样做就可以消除刚开始成形的负面观点，重新获得人们的尊重，因为公开承认错误需要勇气。

向亲人承认错误也同样需要勇气。想想我们的家庭。丈夫和妻子向对方承认错误很难。这就好比有东西刺进自己的内脏一样。但不论错误是什么，最关键的就是选择谦逊的方式，期待宽恕的力量。

安妮是一位出色的金融主管，也是三个孩子的妈妈。她是常春藤盟校的优秀毕业生，嫁给了自己梦寐以求的男人，她从未品尝过失败的滋味。有一天晚上参加完一个在城外举行的会议之后，她和几个同伴到酒吧玩。一杯酒下肚之后，就一杯接着一杯喝了起来。她身边的同伴越来越少，直到只剩下一位男同事。

他们决定离开酒吧回旅馆。在电梯里他们开始接吻。几层楼之后他们来到安妮的房门前，她打开了房门。他们再次接吻，然后他们停了下来。她和那位同事都后退了一步。

他们两个人都有家庭，而且都深爱着自己的配偶。他们再次接吻之后停下来，他转身离开而安妮关上了房门。安妮独自一人上床睡觉……却从噩梦中惊醒，梦中她背叛了自己深爱的丈夫。

两天之后她回到家里并在未来的六年内对此事只字未提。这是个错误，一个只发生过一次的错误而且只有一个不会说出真相的目击者。

许多年过去了，这段记忆尘封在情感的保险柜中许久。她知道如果说出这个秘密，她的美好生活就会结束。是她一手造成了这一切，而她过去从不犯错误。

在一个假期的夜晚，她把这一切都告诉了自己的丈夫。他看着她开始痛哭起来。她以前设想过丈夫的各种反应，唯独没想到会这样。

此后的几个星期里，他们彼此进行过深谈，跟他们的朋友和牧师谈过。她的丈夫十分伤心，而他的每一点忧伤都让安妮心碎。同时破碎的还有她完美主义的面具。当朋友们获知她所犯的错误后，她为朋友们的宽容和大度而感激涕零，这是她没有想到的。

卡耐基励志经典

人性的弱点

她发现真相真的有让她获得自由的力量。安妮并非没有因为她的错误而受到惩罚，但是承认错误寻求原谅的做法，让她可以换个角度看自己的生活——她并非完美，但即使不完美仍然可以获得安全感。如果她在六年前就给自己这个机会的话就好了。

如果我们能勇敢地承认，也同样可以拥有这样的结果。每个傻瓜都会为错误进行辩解——大多数傻瓜会这样做——但是承认你的错误会让你与众不同，给你一种轻松的感觉。

2010 年末，体育界的人们参加了《体育画报》会提名谁为"年度运动家"的大讨论。后来这项荣誉授予了新奥尔良圣徒队四分之一后卫德鲁·布里斯，他率领曾经运气不佳的圣徒队获得了球队历史上第一个超级碗冠军。这真是实至名归。但 AOLnews. com 的克里斯·哈利认为另有两个人应该分享此项殊荣。"说到纯粹的体育精神，对我而言，没有什么赛事能比得上 6 月 3 日晚上的事件。"哈利随后叙述了最有名的误判完全比赛事件，然后总结道：

16 个小时之后，老虎队和印第安人队又继续比赛。但是关键人物的见面却在比赛之前。当时贾拉拉加正返回本垒列队参加比赛阵容。乔伊斯就在那边等他。两个人用最激动、感人和展现体育精神的方式握手并拥抱。这一刻值得反复体悟。它帮助我们学习如何以优雅的、有尊严的方法处理问题，当情况极容易——尤其是在今天这个时代——引发截然不同的反应时。

以友好的方式开始

"成功的领导者……一定是发起人。"领导才能专家约翰·麦克斯韦尔在他最重要的书中——《领导力 21 法则》——这样写到。书中用一个实例证明，以友好的方式开始不仅必要而且十分值得提倡。约翰很年轻的时候受雇接管一家杂乱不堪的教堂领导工作，这座教堂位于俄亥俄州兰开斯特市。他被告知有一个样子很凶的名叫吉姆·巴斯的大块头被大家推举为宗教集会的信徒领袖，这个人是教堂最有影响力的人。约翰还被告知吉姆喜欢用一些非正常手段，有时会让教堂误入歧途。

麦克斯韦尔做的第一件事情就是在他的办公室里安排跟吉姆会面。本来这场会面应该是一个让人尴尬或非常容易被误解的场面——一个 25 岁的新手召见一位 65 岁的长辈——但麦克斯韦尔立即打消了这种想法。吉姆入座后，麦克斯韦尔开始谦逊地介绍自己了解到的情况。吉姆是教堂最有影响力的人，麦克斯韦尔想与他通力合作而不是跟他分庭抗礼。随后麦克斯韦尔提议他们每周共进一次午餐以便共同商量教堂事务并作出决定。"虽然我是这里的主事，但我绝不会事先不跟你商量就做决定。"麦克斯韦尔说。"我真的很想跟你合作……我们可以为这个教堂做许多大事，但是决定权在你。"

他说完后，麦克斯韦尔解释说："吉姆没说一句话。他从椅子上站起来，走到大厅的饮水台前喝了口水。我跟着他走出去等待他的回应。过了很长时间之后，他站直身体转过身来……我能看到他的眼泪顺着脸颊滚落下来。然后他给了我一个熊抱说，'你可以相信我，我会站在你的那一边。'"

友善的做法会收获对方的友善。当我们对别人产生友好的感觉时，更容易同意他们的观点或从他们的角度看问题。但相反，如果我们觉得一个人很忙碌或态度粗鲁甚至不愿意表现出应有的礼貌时，我们也会对他们有这样的情绪。不管你们是初次见面还是已经认识了一段时间，这都是难以克服的障碍。

如何开始人际交往十分重要，亲切和蔼的方式可以更有效地奠定这次交往的基调，不管你面对的人的情绪是痛苦、沮丧还是气愤。友好的问候表明："你值得我花时间，你很重要。"这个微妙的信息有无穷的能量——远比你意识到的大得多。

在《改变的七种艺术》一书中，作者大卫·山纳与读者分享了一段不可思议的个人经历。这段经历教会他"以友好的方式开始"拥有着巨大的力量。他由老友引荐在阿斯彭雪原私立学校的武术班教授合气道。这所学校就在科罗拉多州皮特金县附近。1970 年时的皮特金县曾名噪一时，因为美国记者亨特·S·汤普森在"荒唐的候选人名单"上竞选本县的治安官一职。他主张个人吸毒合法化，把沥青马路变回到绿草地，不允许盖挡住山景的建筑以及将阿斯彭重新命名为"胖城"以阻止投资者来破坏城市建设。当年汤普森只以微弱之势输掉竞选，但是他的观点为另外一个人提供了条件。担任治安官的是同样反传统但争议性更小的迪克·吉纳斯特。他的竞选标语引用了西塞拉·博克有关社会价值的真知灼见："信任是应该受到保护的社会善举，就像应该保护我们呼吸的空气或喝的水一样。"

吉纳斯特相信礼貌和同情应该统领所有人际交往的实施法则，不管与我们交往的人是有暴力倾向的重刑犯还是垂头丧气的交通违章者。"这首先是一个重要的改变，"山纳写到，"而且是一个许多人认为愚蠢和不必要的改变……但是，他却充满自信地坚持下来。"山纳第一批合气道学生中就有吉纳斯特治安官和他的副手们。鲍勃·布罗迪斯是吉纳斯特重要副手中的一个，将来有可能接任他成为皮特金县的治安官。在此之前布罗迪斯副警长需要先建立起自己友好亲切的待人接物形象。

布罗迪斯是那种能给人留下深刻印象的人，完全符合肌肉发达、绝不废话的警察经典形象。这种外观让人感觉他为人严厉并行事果断，与他对人和蔼、具有绅士风度的方式形成了鲜明对比。他说话从不抬高嗓门，甚至在情绪波动的场合下也不会。有个例子可以证明这一切。

布罗迪斯副警长还是巡逻队长的时候，有一次被派往一个案发现场。在当地一家名为"木本溪"的餐馆内，一名持械男子挟持了所有就餐者。布罗迪斯第一个到达现场。在餐馆外面他被告知一切情况。持械男子的妻子已经与他分居并且阻止他探视自己的女儿。那天他碰巧在餐馆看到了他的女儿。他没有选择一种和平友好的见面方式而是任由自己心中的怒火爆发。这名男子猛地掏出一把枪，强迫餐馆里的每个人都屈从于他的意愿。

布罗迪斯副警长评估风险之后选择了不同的策略。他卸下武器，平静地向窗口走过去。持枪男人感觉到他的友善后，让他走进餐馆。布罗迪斯以一种礼貌的态度开始向这位男子讲话，请求他考虑一下自己这样做的后果。这样最终会导致他永远无法探视自己的女儿。

"鲍勃平和的态度，对实际问题的理智分析以及他对这位男子愤怒的理解，都让这位劫持者信服，"山纳写到，"他跟鲍勃交谈得越多，就会越来越意识到他的主要愤怒其实来自于自我。最终，他放下了武器。鲍勃解释说带着手铐从餐馆的安全出口走出来可以让外面的执法人员放心，这样鲍勃和嫌疑犯都不必冒被射杀的危险。这个人听从了他的意见。于是这场风波和平地收场。"

如果下一次你坐下来准备给一位让你沮丧或生气的人写邮件时，先想想这个故事。你的邮件是以一种礼貌而友好的基调开头的吗？还是任由你的情绪控制一切直接进入矛盾冲突？你是否可以先花上一点时间询问一下对方的个人生活或工作状态如何？或者通过一些共同的兴趣创建某种联系，告诉他们一些关于你自己的事情？如果你以友好的方式开头，得到你想要的积极结果的可能性就越大，尤其是你和那个人经常吵架的话。

"我不喜欢那个人，"亚伯拉罕·林肯曾说过，"所以我必须更深入地了解他。"

如果你认为建立一种友好亲善的关系对于取得某种结果至关重要的话，那么使用短信、闲聊或其他简短的沟通方式都不太可能让你如愿以偿。因为表达的空间十分有限而且缺少声调语气，甚至没有非语言提示来支持你的情感，所以很难营造出一种可以传达亲和力的必要沟通效果。如果无法进行面对面的沟通，至少可以使用某种可以让时间和空间传达友好情感的媒介，这种媒介在卡耐基生活的时代可是人际交往的主要表达方式。我们需要创造力和更多的时间才能重现一个暖心的微笑和一次坚定的握手所能达到的效果，虽然比较难但绝对能做到。

"社交媒体要求商场上的领导者开始像小镇里的店主一样进行思考。"大企业家加里·维纳查克也有同感，他著有《"谢谢你"的经济》。

这意味着要从长远着眼，避免用短期目标来衡量得失。简言之，商场中的领导者要重新学习我们曾祖父时代的道德规范和经商技巧，并视其为理所当然只有那些明白如何用极其传统的方式来指导行为举止的公司——并且切实做到这一点——才能在竞争中胜出。

在以前的时代，人们盛装出门，向路上所有遇到的人打招呼。那个时候"会面"就是指面对面的见面，"拜访"就是指上门问候而不是打电话。虽然我们今天的交往范围能够扩展到全球，但真实的接触变得少之又少。一旦他们站到你的面前时，传统的待人接物方式仍然十分重要。维纳查克说到自己日益庞大的葡萄酒王国时，这样解释说："我们跟每一个人交谈，那种方

式就好像我们正坐在他（她）母亲家里共享晚餐时紧紧挨着对方一样。"这才是正确的做法，把交往的义务放置在正确公平的位置上——放在传递信息的一方身上。

今天许多人犯的错误，是把交流的义务错放在信息接受者身上。我们用别人的答复和回应作为唯一标准，用它来衡量采取的方式是否正确或达到理想的效果。这样做在两个方面是站不住脚的。

首先，在考虑有效交往中动机的作用时，容易产生懈怠心理。如果是否赢得极大反响就是衡量交往效果的唯一标准，那么我们很容易变成纯粹的表演者，煽动者和只想着如何用小伎俩博取大家兴趣的人。轰动效应对真正的交往几乎没有价值可言。

其二，回应可能具有欺骗性，尤其是刚开始的时候。一条微博可能会招来许多回应，但这不意味着那些把你的微博转发给别人的人就是你的粉丝或朋友。他们可能认为其他人或许可以从这条微博中受益或者只是想表示尊重；更糟糕的是，他们可能觉得某个人能和他们一起来嘲笑你匮乏的见闻或者缺乏真情实感的语言陈述。网上的销售活动可能会在流量上创造峰值，一个出版媒体的宣传攻势可能会带来新闻噱头，但是聪明的商人知道这些都不表示已经形成了交往的关系。

交往和兴趣之间有很大的不同。兴趣可以由多种方式激起，其中有许多方式都不太友好。兴趣的产生和消失往往只停留在肤浅的层次上，因为它所触及的情感主要是好奇、吃惊或厌恶。

当某个人的核心价值被触及时，就会在更深的层面上出现对交往的渴望。在所有的核心价值观上都能产生共鸣，就意味着可以考虑与对方进行交往。当你以一种友好的方式与对方交往时，你传递给他的信息是他值得结交，他是你愿意称之为朋友的人。这也是"以礼待人者收获友情"的道理。

如果你想自己的声音能够超越各种噪音和其他人各种肤浅的动机，并朝着你的方向前进，那么就以友好的方式开始。这样你所留下的第一印象远比最明显、最煽动人心、哗众取宠的行为留下的印象更令人难忘。

许多年以前，卡耐基先生还是个赤着脚到处跑的小男孩，他要穿过森林去密苏里州西北部的一所乡村学校读书。他读到一段有关太阳和风的童话故事。这个故事生动地提醒我们这条赢得他人信任的法则有多大的威力。

太阳和风在为谁的力量更大而争吵。风说："我能证明我的力气最大。看到那边有个穿着外套的老人了吗？我打赌我让他把外套脱下来的速度比你快。"

于是太阳躲到一片乌云背后，风开始使劲刮直到快形成龙卷风。但他吹得越卖力，那位老人裹着衣服的手就抓得越紧。

最后风停下来认输。太阳从阴云后出来，面带微笑地看着老人。不一会儿，老人就开始擦额头上的汗并把外套脱了下来。后来太阳提醒风说：温柔和友善永远比狂怒和暴力强大。

这个寓言适用于这样一个任何事情都根据最大量和最快速来分配奖励的时代。这种奖励从长远而言毫无意义，因为持久的交往关系仍旧需要共同利益和信任作为见证。如果你从一开始就没有以一种友好的方式为这两者建立良好的基础，那么随着时间的推移你们的关系将很难得到巩固。等待太久或多次采取博取关注的肤浅行动只会让你处于这样一种境地——尝试说服别人与你建立关系，求别人投入。那种境地绝非你所愿。

"交往需要用心感应，"维纳查克写到，"否则就不会起作用……你不能低估人们在一百万英里之外就能察觉到了无生气、官僚主义的交往伎俩的能力。这也是为什么许多公司陷入社交媒体的深潭而无法自拔的重要原因。"

赢得朋友始于友好和善。

做一个有吸引力和亲和力的人

喜欢。朋友。追随。分享。

在数字化时代，吸引力往往在我们第一次见面之前就已经存在。在卡耐基时代，友谊与共性形影相随。你们相遇，聊天，发现彼此有共同的喜好和个性，从而加深友谊。而今天的人们在微博上跟帖或者加入同一个 Facebook 群，又或者"喜欢"你在 YouTube 上最新上传的视频，但你们却未必相识。你们不需要真正见面就可以有千丝万缕的吸引力牵引着彼此。

　　具体说到喜欢和不喜欢的东西时，我们往往是在根据是否有吸引力来表示认可与否，或者被认可与否。我们对许多东西表示认同，也对许多事物不感冒。但我们一般会倾向于认可与我们有最大共性的人并对其施加影响力。这对于建立持久的、有影响力的人际关系有着极大的帮助。我们现在不是在说吸引力法则。你可以想象你有许多可以施加影响的朋友，但是如果你不采取真正的、有意义的行动来经营这些关系的话，就不会产生太大的变化。我们谈的是约翰·麦克斯韦尔所说的"磁性法则"。

　　"让人印象深刻的领导人总是对优秀人才特别留意。"他写到：

　　思考下面的问题。你知道自己现在在寻找什么吗？你心目中的完美员工应该是怎样的？这些人应该具备哪些品质？你想让他们积极进取还是应该具备企业家的风范？你在寻找领导者吗？你是否介意他们是二十几岁、四十几岁还是六十几岁？……那么，什么能决定你想找的人是否就是你已经找到的人，他们所具备的品质是否符合你的要求？你可能会被答案吓一跳。不管你信不信，你找到的人并非由你想要什么人决定，而是由你是怎样的人决定的。

　　同类相吸——无论从性格还是其他共性上。然而今天我们却领先一步。我们在尚未接触一个人的时候就能确定彼此间是否有吸引力。在数字化时代，爱好或兴趣成了产生影响力的一个完美门户。

　　当某个人和你加入了同一个 Facebook 群，订阅你的博客或者在网上留言，那么他或她就是在向你表达认可。如果你想对这个人产生影响的话，这就是个极其有利的优势。

　　当一个人说"不"而且很认真的时候，所产生的生理机能反应就会让这个人处于防御位置并随时准备撤离。但当这个人十分认真地表示同意时，他会处于接纳与认可的位置，以一种开放公开的态度勇往直前。因此在任何交往开始的时候，如果能在一开始就得到很多的认可和赞同——即使它们跟你的最终目标没有多大关系——那么就越可能使这个人一直都赞同你。

　　如果以赞成和肯定开始，想得到支持与认可就会更加容易。

　　我们有绝佳的机会，可以先从积极的姿态展开对话开始。我们可以通过各种机会跟对我们感兴趣的人接触，所以绝对不可能出现第一次聊天或交往就把关系搞僵了的情况。

　　现今时代，各个公司还掌握着让用户完全根据民众的影响力来表达认可的巨大力量。微软在发布 Windows 7 时就深谙此道。

　　微软这位电脑巨擘遭受过一次 Windows Vista 系统发布失败的经历，这个系统是一个被普遍嘲弄的失败之作。但微软吸取了过去的教训，准备再次推出 Windows 7 重新加入竞争。它必须让客户和用户从一开始就表示认可。首先要做的就是要找出喜欢 Windows 7 的人，这些人将成为所有个人电脑用户中拥有巨大潜力的影响者。

微软总部

　　在《创新推动者》一书中，作者乔希·贝诺夫和泰德·谢德勒认真剖析了微软重返竞技场时使用的策略。在苹果电脑与安装 windows 操作系统的个人电脑（Mac – versus – PC）之间的大战中，微软把个人电脑描述成愚笨的、效率很差的、过时的、只会捣鼓数字的机器。微软公司直接通过 You Tube 向用户征集"我是个人电脑用户"（"I'm a PC"）的视频。微软把这些视频剪辑到一起，促成了一场以认可为基础的来势汹汹的市场营销活动。当微软公司把 Windows 7 第二测试版发布给目标用户时，又在博客、微博、Facebook、论坛和其他社交场所搜集各种相关反馈信息。在准备市场发行时，微软公司在自己的网站、其他网站、论坛、Facebook 主页以及其他地方发布了一些态度温和的反馈内容。他们创作了由用户主演的广告，极力突出这一概念，即：Windows 7 的设计和使用有一部分来自于用户的建议。广告的标语就是："我是个人电脑用户，Windows 7 是我的主意。"

微软公司最出奇制胜的一招，是让粉丝们庆祝 Windows7 发布以及与其他人分享体验的想法。微软为粉丝们提供了机会——让他们感觉自己十分重要。

如果你是个 Windows 7 迷，你就可以报名申请在自己家中举行派对，向大家展示一下产品的新功能——微软公司会派发各种派对所需物资。关于有机会开派对的消息一经各个社交媒体传出不久，来自 14 个国家的几万名粉丝纷纷报名参加。微软公司估计，包括参加派对的主人和客人在内，这些派对能够吸引 80 万人参加。

考虑到 Windows Vista 发行时的情况，PC 用户很可能从一开始就对 Windows 7 持否定意见，但微软公司扭转乾坤，让它的用户们交口称赞。

当我们以对方的认可为基础时，我们已经在创造一种吸引力和亲和力。但是要把它变成影响力的话，还需要以一种深入的情感作为铺垫。我们应该能经常从对方的角度来审视彼此间的交往，这样才能知道产生的吸引力最终能具有什么样的价值。

我们没有借助于社交媒体来帮助我们获得最初的认可和赞赏，也没有靠它们来坚守必要的承诺。我们经常会忽视对方想要什么，而一味地用自己的推销术语向他们一顿狂轰乱炸。这种结果非但不会让对方表达认可和赞同，反而会被我们逼得一直叫停！社交媒体大师克里斯·布洛甘把这种情况叫做雪崩商业行为，而非像雪球一样迅速增大的沟通方式：

交流和人际关系基于各种各样的接触。在传统的市场营销和沟通时代，人们会利用一切接触的机会向对方进行询问并发起行动的号召。但这并不是社交网络的工作原理。它们只会给你承诺，会帮你找到正好也想选择跟你交往的那个人。这就好比一场降雪，每一片单独的雪花不算什么，但是合起来之后却能拥有改变一切的力量。

如果你想在一开始就获得认同，就必须在与对方的沟通中提供他们想得到的东西。只有那样你才能获得一定的信任度，从而更有把握地向对方推销你的东西——不管是产品，服务还是一个目标。

当然了，这项法则在数字媒介帝国之外也同样重要。一家报纸公司一直有一项政策，所有打电话抱怨他们的报纸被暴雨天气损坏的客户都将得到一份新报纸。但是随着时间的推移，汽油涨价和订阅者的逐渐减少，这家报纸公司在财政上很难再保证这项政策继续实施。于是他们向客户们发出了一封他们认为态度十分友好的信。信是这样写的：

尊贵的客户们：

如果您的报纸因天气原因而遭到损坏，我们将不再送上一份新的报纸。

接下来他们讲解了政策的变化。然后，在信的结尾处，他们写到：

如果您真的收到一份被损坏的报纸，请告知我们，我们将在您下一次的订阅账单中返还这份报纸的价钱。

客户们在开始读这封信时的第一反应肯定是既气愤又抗拒。他们一直带着悬念看是否会有其他解决的方法，结果直到信的结尾才看到替代方案，尽管新的解决方案可能更受人欢迎。

但是如果，这家公司像下面这样写信的话：

尊贵的客户：

我们知道当您因为天气原因而收到被损坏的报纸时心情会有多么糟糕。（是的，的确糟糕！）您为我们的报纸和送报服务付了钱，当然想得到相应的服务品质。（是的，我付过钱了！）因此，在您以后收到因为天气原因导致无法阅读的报纸的时候，我们将全额为您退款。（真的吗？很不错！）

我们也希望您能体谅，我们的业务受到油价上涨等因素的影响。所以我们已经不能再为您送上另一份新报纸。您只要打电话告诉我们，就会收到退款。（好吧，也行。）

无论如何，客户们都会觉得报纸公司采取的新政策对他们更有利一些。

现今社会存在两种认同，我们在交往中需要时刻谨记。第一种认同是共同的多样性。即双方就某一特定事件或问题持有相同的观点。这种认同方式是指双方曾一度参与过某段对话并发现彼此的见地一致。对大多数人而言这种基于对话的认同才是我们唯一看中的认同方式。

但还有另一种认同方式，这种方式在卡耐基先生的时代并非切实可行，但在今天它的作用却不容小觑。这第二种认同必须基于喜欢同一件事情——

或者这么说，有着相似喜好的人。我们一般不会把这种一致性叫做"认同"。但在数字化时代最好还是这样称呼，因为我们总是被有共同喜好的人所吸引。

在交往的最开始阶段就建立一种共同性或吸引力是获得认同的新形式。你越早获得认同，你的想法、方案或交易就越有可能获得支持。

尽可能早地获得吸引力和亲和力。

放弃荣誉

一位在澳大利亚参加戴尔·卡耐基训练班的学生转帖了下面的故事。这则故事很好地提醒了我们，如果忘记这条法则的话将会出现怎样的后果。

我和我的商业合伙人经营了一家 IT 产品零售商店，这在布里斯班的所有零售商店中数一数二。我们拥有八个店面，员工超过 60 人，每年的销售额超过一千万美元。我的合伙人是个平和宽容的人，虽然对我的帮助很大，但我一直认为，我们获得的所有成就都应该归功于我自己。经营公司的方式只有一种，而那就是我的方式。我们每次有要陷入僵局的迹象时，我都会"成功地"让它升级成真正的争吵而且不计一切后果地获得胜利。我每次开启双方会谈时的态度都不是友善的，还经常对他颐指气使。我从未考虑过他的感受，甚至还一直在想他为什么不能像我一样。

结果我虽然在每次争吵中获胜，并坚持了自己的管理方式；但是我却失去了合作伙伴，继而是公司。在我学习了这条法则之后，我开始进行反思，现在才知道自己到底错的有多离谱。我经常想如果我能早一点知道这些的话，我今天的事业会有多大的不同。我知道现在已经无法改变过去，但我能看到自己犯过的错误并且试着不再重蹈覆辙。

今天这位先生已经焕然一新。"现在我经常寻问合伙人的想法和目标，然后再制定我自己的目标。"他写到，"我会问自己，'我怎样才能帮助他们实现自己的目标？'"

虽然很容易理解为什么我们想把成功归为自己的辛勤劳动，但争取这种荣誉却无法为你赢得朋友。这样做比其他任何行为都会更快地削弱你的影响力。

领导人最不可取的个性是什么？问问手下人，他们会告诉你是在事情做得好的时候抢荣誉，在事情变糟的时候推卸责任。这样的处事风格明白无误地传递了"只有我行"的信息，而这种信息只会让其他人敬而远之。

谁想结交一个认为"非我不可"的朋友？有谁想要一位看不到你的成绩的领导？答案显而易见。

反之提问，同样容易得到答案：谁想身边的朋友是一位不在乎荣誉的人？谁想要一位能看到自己的价值的领导？

"放弃荣誉的做法是一种神奇的自我增值的方法。"《福布斯》博主，MTV 早期的元老级创始人奥古斯特·图拉克这样写：

这样做无论在生意场上还是个人生活中都同样重要。但是要驾驭这种魔法，就需要有感激的态度。如果缺乏严肃的感激之情，那么与他人分享荣誉的做法就是另一种具有操控意味的欺骗性的花招，必然会导致令人失望的结果。这并不是什么尖端的火箭发射科技，而是普通的常识。为什么抢荣誉的情况远比分享荣誉的情况多呢？是因为害怕。

而这里提到的害怕，会让你变成畏惧与他人分享成功果实的人。图拉克讲述了他曾经听过的一段布道，让这个问题更清晰：

"加利利海中有大量的海洋生命和丰富的鱼类"，牧师开始布道，"而死海则一片死寂，全无生命的迹象。这两个大海的水同样来自于约旦河充满活力的河水，但不同之处在哪儿呢？加利利海则献出自己所有的海水，而死海却死守着自己的海水不放。我们的人生犹如死海一般，如果我们把持着所有新鲜和美好的东西不肯放手的话，我们的人生最终会变成由咸咸的眼泪汇聚而成的咸涩浓汤。"

放弃某项工作或项目所获得的荣誉，并不是一种虚情假意的谦逊，也非为了获得更多关注的非常做法。这是一种殉道者的做法。我们所主张的法则并不是为了让你获得更多的关注，而是要强调高度的自信。当让身边的人知道他们不仅在事业合作上而且在你的个人成功中都起到了十分重要的作用时，你变成了一个更好的人。

看到每一个电影或音乐颁奖礼之后，你就能看到这条原则在实际应用中的威力，尤其是在更有雅量的参与者身上所发挥的威力。你期望获奖者的第一个举动是什么？获奖感言。除了一系列对获奖者的成功有帮助的感谢之外，获奖感言中还有什么？有些人认为这纯粹只是一种标准化的演讲稿，但是致谢名单上那一长串名字背后的面孔恐怕并不认同这一点。

当摄像机转向这些面孔的时候，所有的人都眉开眼笑——有的甚至含着喜悦的泪水，与获奖者互致感激之情，共享这一成功时刻。

女星葛丽亚·嘉逊获得了在奥斯卡历史上进行过最长致谢词（长达5分半钟）的殊荣。同时她和贝蒂·大卫斯还共同保持了连续五次获得奥斯卡最佳女演员提名的纪录。这可不是巧合，她的获奖感言中所有的致谢对她所获得的巨大成功可能产生很大的帮助？

我们经常听说要想获得成功，身边就必须都是成功人士。虽然这么说没有错，但很少有人能看透要想取得这种局面的话，其实有两种方式。一种是你可以从已经大获成功的才俊中寻找友谊，另一种是从已经形成的朋友圈里发掘成功的机会。不管你选择哪种方式，有一件事情是肯定的：你的成功总是与愿意看到你获得成功的人数相辅相成。只有一种方式可以在人数上获得优势。

在成功人士中寻求友谊的时候，我们并不能保证成功人士也愿意让你成功。你可能需要改变别人对你有"依靠关系的寄生虫"的看法。但换种方式，当你从已经形成的朋友圈子里发掘成功的时候，你可以确定这些朋友都想你获得成功。

放弃荣誉是一种生活方式，是促进人际关系的方式。因为你对别人心存感激，感激他们为你做的一切。这样做只是把他人的成功和优点置于优先地位，而你应该对自己有信心，对这样做会产生的互惠结果有信心。

马克·吐温和亨利·欧文两位现代文豪之间的一次对话极好地印证了这个法则。

亨利·欧文正在给马克·吐温讲述一个故事。"你从来没听过是吧？"他刚开了头就问马克·吐温。马克·吐温确定自己没听过。讲了一会儿之后，欧文突然停下来又问了同样的问题。马克·吐温还是回答没听过。欧文又接着讲下去，马上就要讲到故事的高潮时，他又问："你真的确定没听过？"

对马克·吐温来说，三次提问实在让他忍无可忍。

"我可以出于礼貌而撒两次谎，但我的忍耐已经到极限了。无论如何我也不能撒第三次谎了。我不仅听过这个故事，而且这个故事还是我创作的。"

马克·吐温原本想不必倒出实情而愉快地让这次的尴尬事件顺利过去。他真的那么介意这是不是他创作的故事？不，他很高兴自己的故事在一段对话中能够起到很好的作用。虽然马克·吐温最终还是承认了事实——谁能责怪他呢？——但这个有趣的故事说明了，谁拥有对某件事情的殊荣并不重要，只要这件事情能让有关各方都受益就行。

马克·吐温当然对自己是谁有信心，亨利·欧文也不能指责马克·吐温，因为他至少试着让自己相信双方都会获益。

放弃荣誉的内在本质可以用我们刚才使用过的一个词汇——互惠来概括。我们不是为了相互影响而是为了促进双方关系而放弃荣誉——我们知道这样做一定会有所回报。互惠是人际关系中的天然副产品，双方都可以在人际关系中分享彼此的快乐和悲伤，正所谓"幸福加倍，悲伤减半。"在真正的朋友关系中，朋友之间会不断地寻求回报的机会。如果这种态度能在公司或市场环境下，甚至在整个价值链条中推广开来，会发生什么呢？

有两件事情可以肯定：（1）每个被涉及到的人都会更加享受人生，（2）在合作机会出现的时候，获得成功的机会大大增加。今天我们有能力让这种态度更广地传播开来。

放眼望去，恐怕除了创作者自己之外，不会有人还记得这是谁的想法，谁先说的这句话，或者谁最先进行的尝试等等。人们铭记的是宽厚的品质。这可真是个有趣的悖论：你越是想放弃寻求属于自己的荣誉，就越会被人们记住并且收到更多的荣誉。

罗纳德·里根总统曾说过："我最想做的事情是，成为一名因为让美国人民重新树立信心而被载入史册的美国总统。"单从这句话我们就能对里根总统进行准确的人格分析。他加入比赛以确保别人能赢。他的政治诉求的核心是促进他所服务的美国人民获得成功。

也许最能代表里根性格的话应该是摆在他椭圆型办公桌上一个匾牌所写

的："如果一个人不介意由谁获得荣誉的话，那么这个人将所向披靡。"

真正有影响力的人往往都是这样，他们追求更高的使命。而这种使命往往超越了政治、官僚体制或渴望成功等各种动机，而这些动机恰恰是别人的桎梏。里根根本不去理会学者和历史学家如何评价他，无论作为一个普通人还是领导人，他都受到美国人民的热爱。他为了国家更伟大的美好未来时常做出让步，而他的做法总是非同寻常。一个人努力提高他人的地位，却从不考虑自己。这是一种反传统的思想，因为它了解成功并不是一连串的关注和赞美。成功是伙伴一样的关系和彼此都获得进步。

感同身受

我们之前探讨过阿尔蒙多·贾拉拉加近乎完美的比赛，被裁判一个讨厌的错误而彻底破坏的事情。如果你再看赛事回放的时候，可以清楚地看到贾拉拉加的面部表情从兴奋到不敢相信的变化。场上观众的欢呼声瞬间归于一阵诡异的平静，接着嘘声和咒骂声又响成一片。

贾拉拉加被无谓地夺走了象征着棒球投手成就的"圣杯"。尤其让人愤怒的事情是，这个投手并非球迷们所期望他能达到此高度的超级球星。他只是个有经验的熟练投手而已，历次大赛中胜负皆有。这一次或许是他在投手位置上扬名立万的一击，但就这样被毁掉了。如果他选择回击这名裁判——大声疾呼要求主持公正的话，没有人会怪他。就连乔伊斯自己在比赛之后都说，如果他是那个投手的话，他也会对裁判十分粗鲁和怒气冲冲。但事情还有另外一面。

比贾拉拉加被毁掉的完全比赛或吉姆·乔伊斯之后所产生的悔悟更让人难忘的事情是贾拉拉加与这次荣誉失之交臂后的反应。他对这次裁判不公的处理态度感染了所有人。

比赛之后在 ESPN 的采访中，贾拉拉加坦言自己并不知道怎么会被裁判错判。他当时正在集中精力接球让它出局。他承认自己很失望，但觉得也可能是对方跑垒成功。他既紧张又兴奋。当时的局面十分紧张，他必须依靠裁判做出冷静的裁决。

但是在比赛之后，贾拉拉加观看了重播才知道自己打出的确实是漂亮的完全比赛，但因为裁判的错判而与之失之交臂。但不知怎么，当他对裁判讲话时，他只说了："我知道没有人是完美的。"他看到了乔伊斯的悔意，知道自己有两个选择：要么再狠狠地踩他一脚，要么从他的角度来看问题。思考再三，贾拉拉加给了乔伊斯一个拥抱，这让乔伊斯感觉舒服一些。这并不是摄像机下的做作行为。贾拉拉加真的很失望，同时也真的为乔伊斯感同身受。他一直以一种极大的高贵品质面对赛后的采访。他并没有试图把裁判刻画成一个十恶不赦的坏人，他从乔伊斯的角度看问题，表现出了谦逊和客观的态度。

在凡事都倾向于自我提升和通过人际关系达到目的的时代里，在任何情况下，我们都不会花时间思考别人会有怎样的感受。

如果贾拉拉加在向全国人民播出的电视节目里对裁判出言粗鲁，体育界里是不会有一个人去诟病他的。如果贾拉拉加利用一次专访来摧毁乔伊斯的名声的话，也绝不会有人犯一声嘀咕的。

但贾拉拉加没有这样做。他发表的评论中心意思都是裁判当时和现在会有什么样的感受以及他很清楚没有人是完美的，我们对这种反应感到惊奇，因为它是那么不同寻常。但最有趣和明显的一点是，这位年轻的投手因为他对失去的这场完全比赛做出的回应足以巩固他在体育史上的地位，甚至比他真的获得完全比赛的殊荣更值得人们铭记。

那些能够找到方法，以一种值得关注的态度来吸引对方的人，都有很强的影响力。与别人交往的时候，要时常问自己，"如果我是他的话，我会有怎样的感受，我会做何反应？"

杰拉德·S. 尼伦贝格写过："当你认为对方的想法和感受和你自己的同等重要时，就会在对话中出现合作。"

我们经常能听到对全世界领导人的批评声。正如俗语所说，站着说话不腰疼。我们很少能听到人们这样说："你必须把整个国家的责任扛在自己的肩上，我简直无法想象这其中的压力有多大。我无法想象你有多少个夜晚无法入睡，一直在想自己是否做出了正确的抉择，自己在全国电视讲话中用词

是否得当。"

一旦你花时间考虑别人的立场，就会对他的情感和想法有所共鸣。你或许会真诚地说："我不会指责你。如果我处在你的立场上，我也会做你所做的事情。"如今这样的话语几乎销声匿迹，但这样的话语会打断对方一心只想着自己的思维方式，会立即赢得他们的关注，更会让他们愿意服从你的意志。大多数人只想找那些愿意倾听他们说话并对他们的境况有所共鸣的人，不管他们的悲伤是大是小。如果你能对他人表示关心，就会为对方带来让他（她）一天、甚至一周或一个月都很愉快的礼物。

多年前有个人曾经上过戴尔·卡耐基的课程，他讲述了一位护士如何影响他的人生的故事。马丁·金斯伯格出身贫寒。他没有父亲，只能靠母亲的救济金生活。在一个感恩节，他独自一人在医院里等待手术。妈妈因为工作而不能陪他。孤独感在一点点侵蚀着他的内心，于是他把枕头和被子都压在自己头上，蒙头痛哭。

过了一会儿，一个年轻的实习护士把头伸进他的被窝，看到他在啜泣。于是她坐到床边，把枕头和被子从他头上拿开，擦干他的眼泪。这位护士告诉他，她自己也十分孤独。她每天都要工作，不能和她的家人呆在一起。然后，她问年轻的马丁是否愿意与她共进晚餐。

他表示愿意。

于是护士去了自助餐厅，带回来两份感恩节晚餐。他们边吃边聊，虽然这位护士应该在下午 4 点下班，但她一直待到了晚上 11 点，直到马丁睡着后才离开。

"从那之后，我度过了很多个感恩节。但每个节日我都会想起那一天，回想起沮丧、孤独、害怕的心情，回想起一个陌生人的温暖和亲切如何让我觉得这一切都可以承受。"

今天我们更没有理由误解或忽视他人的想法。大多数人都在宣扬自己生活的细节，寻找愿意倾听自己心声的人。如果我们肯花点时间研究他人的境况，就不会对别人产生武断的看法。如果一个人在某种程度上对你很重要，那么你在了解他的想法时花费的时间绝对物超所值。

我们并非天生就懂得感同身受，正因为此我们更要努力学习。我们在特定情况下会作出怎样的反应，可能会受到若干因素的影响：我们的教养，宗教信仰，经济状况或目前的职业状况。这些和其他因素与我们的情感交融，就会对他人产生个人情感。只有在我们切实地体悟到那些能打动我们的事情，并任由它们改变我们对他人的看法时，我们才能进入更具有影响力的位置，我们的言语才更具有力量。

如果我们能够学会如何赞美每个人身上最有共鸣的东西，那么我们在身心上都会变得成熟，也会更加自信。试想你完全可以在职场、家庭或友谊上跨越所有阻碍，只要能用一种亲切和蔼的态度来回应各种错误和纷争。你将会得到怎样的回报？别人对你的看法会怎么改变？

记住，感同身受并不是一种可以学习和加以利用的编织关系的技巧。它是让人际关系变得充实富足的桥梁。它让贾拉拉加放弃了指责吉姆·乔伊斯的权利，而把自己的名字深深地镌刻到全世界每一个体育迷的心中。这就是亲切和善解人意的方式所具有的不可忽视的能量。

诉诸于高尚的动机

我们都渴望超越——成为比自我更强大的事物，对世界和世界人民具有深远意义的人，也就是说，我们都想出人头地，明确立场，超越自我，做正义的、正确的、受人尊敬的事。小男孩都渴望成为坚强的战士或幻想王国里勇敢的王子。小女孩们想成为聪明的少女或一次伟大冒险中迷人的公主。从根本上讲，正是出于同样的渴求才促使你拿起这本书翻阅。

虽然我们生活的中心总是围绕着人际关系和商业生产力，但它们之所以重要是因为我们渴望成为与众不同的人。因此，只要把这个崇高的动机置于你想施加影响的人身上，就可以收获颇丰。这可能比你想象得容易得多。

当英国报纸和出版业巨头诺斯克里夫勋爵发现，某份报纸使用了一张他不想公开的照片时，就给编辑写了一封信。他没有说："请不要再使用我的那张照片，我不喜欢。"他使用了一个更高尚的理由：我们都热爱和尊敬的母亲。他请求不要发表那张照片，原因是他的母亲不喜欢。

当小约翰·D·洛克菲勒想阻止报刊的摄影记者给他的孩子拍照的时候，他也是用了高尚的动机。他不是说："我不想你们刊登他们的照片。"而是去发掘我们内心深处的渴望——不要伤害了孩子们。他说："伙计们，你们知道的。你们也有人有孩子。你们知道让孩子们有太多的曝光率并不是件好事。"

小约翰·D·洛克菲勒

这种做法不仅仅是向他人提出一个高尚的理由那么简单，它同时也赋予了对方崇高的精神。它所传递的信息是："你可以做正确的、值得敬仰的和真诚的事情。"这其中蕴含着一种微妙的恭维——"我相信你。"这些言语中蕴含着巨大的能量，能够促使人们行动起来。就像戴尔·卡耐基训练班毕业生萨拉学会的那样。

她和朋友当时正在筹划一个 10 人旅游团的奥地利和德国之旅。他们联系了一家长途汽车公司负责从奥地利到德国的鲁斯特欧洲主题公园的转乘服务。他们收到对方此次转乘业务的报价是 965 欧元，于是双方通过电邮同意并确认。在转乘前一周，萨拉收到一封电子邮件，发件人是这家长途汽车公司的合作人，彼得。他在信中问萨拉她的旅游团打算去参观哪个鲁斯特。彼得告诉她，如果要去奥地利的鲁斯特需要花 965 欧元，而如果是德国的鲁斯特就要花 1889 欧元。

萨拉自然会被突然的变卦激怒。她知道已经没有时间再以合理的价格寻找另一家公司了。这让她进退两难。是应该写一封充满愤怒的电邮给彼得质疑他改变报价的做法，还是寻找另一种方法来解决问题？

萨拉断定，指责彼得的做法不仅不会有好的结果而且还会让她深深陷入转乘的问题中。于是她决定采取另一种方式。她要通过诚恳的接触来激起彼得崇高的动机并试图解决问题。

她表现得十分平静，在电邮中问彼得是否有两个叫鲁斯特的城市和两个欧洲主题公园。彼得回答不是。

萨拉再次发电邮，里面附带了他最初的报价。她解释说，她已经十分清楚地表明是转乘到德国鲁斯特的欧洲主题公园。而且根据他的回复，只有这么一个地方。于是她得出结论："我很友善地请求对价格的变化做出解释。我肯定你们是一家令人尊敬的公司，你们很重视自己最初的报价并且很在意在客户心目中保持你们公司的信誉。"

第二天，萨拉收到彼得的道歉信。他在信中解释他们那边一定是出现了混淆。他很高兴地确定以最初的报价为准。

通过激起彼得和他公司的崇高的荣誉感，萨拉得以在没有经济损失的情况下，很有风度地解决了问题。

当我们还是孩童的时候，大多数人都认识不到自己内心存在这些高尚的愿望。等我们成熟之后才在自己的孩子身上看到了这些愿望，在观看《国王的演讲》、《角斗士》、《小妇人》这样的电影时，我们能够感受到这些愿望在我们的内心升腾。从某种意义上，我们都希望自己平淡无奇的生活中能够充满英雄主义色彩。

约翰·艾杰奇，作家，曾经担任过婚姻和家庭问题顾问。他写到："如果那些深植于我们内心的渴望才是真实的，如果它们向我们揭示的生活才是我们应该过的，我们应该怎么办？"没有人能够否认每个人的身上都存在高尚和值得救赎的品质。

我们所有人的内心都是理想主义者，都喜欢将自己最好的状态呈现给他人，都愿意考虑听上去很高尚的理由和动机。如果我们能给他人做同样事情的机会，如果我们不臆断他们的动机自私或具有欺骗性，那么在与他们打交道的时候就会给他们这样的机会：让他们变得更值得尊敬，证明我们没有看错人。

今天的广告人尤其擅长运用这条法则。想想那些环保产品的宣传策略，号称"为了真正的美丽"的多芬广告以及让消费者或公司感觉动机更高尚的其他产品。非盈利组织也运用这项策略，利用社交媒体以这种方式宣传同样的信息。这样做行之有效是因为，一旦他们觉得你很钦佩他们的诚恳、无私和公正，大多数人的反应都会赞成他们的提议。

有一天早晨用早餐的时候，旧金山大学商学院教授大卫·巴斯滕获知他最喜欢的一家湾区餐厅竟然使用非法劳工。报纸揭露了这家餐厅通过威胁曝光他们的非法移民身份来强迫员工在苛刻的环境下工作的恶行。

这篇报道让大卫始料未及。它点燃了大卫心中想创办"停止买卖运动"的火焰。这个组织旨在从全美国的社区和公司中寻找并曝光现代奴役的现象。

只要听到大卫谈起这项运动就会有强烈的加入意愿，这正是他想看到的事情。他知道这个严肃的话题能打动每个人。一想到在今天的时代和社会中还存在着奴役的现象就感觉十分震惊——这让我们感到愤慨并愿意站出来伸出援手。

2010 年大卫和他的团队开始了一项新的倡议，叫做 Free2Work。这个项目实际上已经成为我们智能手机中的一个软件。消费者只要扫描一下产品，这个软件就能显示出制造该产品公司的评级情况。比方说，如果你想从巴塔哥尼亚地区购买一件衬衣，只要扫描这件衬衣，Free2Work 就会给出巴塔哥尼亚的制造业评级结果，显示出这家公司在公平贸易、雇佣关系和海外制造等方面的表现情况。

这个软件让制造业公司承担了新的义务，使它们对消费者更负责。我们不再忽视那些雇佣苦役或在国际制造业中制度不透明的企业。

从更深层来讲，这个软件直接讲出了所涉及公司的高尚动机。当它们对自己的商业交易负起责任并且被要求必须符合较高的标准时，这些公司会选择顺从和遵守标准。它们知道现在的消费者越来越关心产品的制造过程以及他们是如何对待雇员的。

Free2Work 运动旨在瞄准消费者和制造公司的高尚动机，引起积极的文化变革。那么你应该如何瞄准自己的行业中各个部分的高尚动机，以改变某一需要新生命、新标准的行业的风气？

这是今天的社会急需解决的问题。一个公司的成长壮大以及对市场产生积极影响的关键正是数字专家艾米·马丁所说的"人性的交易"。她对 2011 年日本海啸的反应很好地印证了在数字化时代利用高尚的动机所具有的强大力量，同时也是对不使用这个原则的后果的真实提醒。

深夜，马丁正在她的 Ipad 上仔细阅读其他人在微博上的更新消息。此时日本发生大地震，随即引发海啸。突然之间，微博上充满了关于日本海啸的新闻。她急忙观看电视上的 CNN 频道，亲眼目睹了汽车被卷走，人们疯狂地奔跑，逃脱朝海岸袭来的巨大潮水的画面。"我不确定应该做什么，"她在博客上写，"但我觉得有义务也必须以某种方式伸出援手。"

她开始筛选最相关的微博和链接，然后重新发布给她的粉丝们。她还要她的粉丝们给她发送任何有价值的信息，这样就可以发布给更多的人。这样一直持续了四个小时，没有一条信息是针对营销和推广产品的。它们是关于"人们通过各种媒介汇集到一起互相帮助"的信息，"这就是人性的交易。"

她在进行人道主义关怀的过程中也亲眼目睹了令人担忧的事情——巨大的电视新闻播放量似乎被不合时宜的关心收视率的举动所削弱。在她通过数字传媒努力的时候，有些知名的新闻频道甚至还在日本大灾难与最新的明星近况之间不停地切换画面。

"我被惊呆了。"她写到，"以我之见，但凡这些新闻机构还在乎公众对他们的期望，他们就应该更关注如何救助生命的新闻而不是那些来自好莱坞的独家报道。有的时候你需要把它们（好莱坞的新闻）放在次要位置而更投入地关注其他正确的事情。"

马丁进一步阐明自己的立场，她认为有些事情在相互影响的巨大推力下是很容易被忘却的。许多与我们息息相关的社交媒体渠道，首先应该是为了人类进行联系和相互交流的工具。"它们并非为了市场上的商人而存在。"

马丁呼吁不仅大型新闻机构而且所有有能力帮助海啸遇难者的人们都应该表现出高尚的品格。她的许多追随者们在博客中回应了相同的观点，并且表示赞赏。那个晚上马丁并没有在推销什么产品，但在微博上追随她的人以及一些很知名的企业、名人和职业运动队，总共一百三十万人都打电话向她寻求数字化的指导意见。她十分清楚在数字化时代做生意必须以良好的人性交易为基础。

我们总是满足于在自己的数字化世界里，像浏览一件商品一样地看待一个人，直到我们觉得可以和他进行某种业务合作时才会和他接触。这种做法抹煞了我们人性中所共有的、与生俱来的高贵品质。它把我们的人际关系变成了进行交易的工具，而不是超越自我的方式。

要想跟对方建立真正的交往，你就必须在欣赏自己的高贵品质的同时，也赞美对方的内在品质。只要诉诸于高尚的动机，就能感动芸芸众生，和他们一道前行。

分享你的经历

把冰块卖给爱斯基摩人？向海豚兜售海水？让消费者都穿上棉织品？今天，这些产品销售并非夸张。仔细看看你拥有的每一件衣服，就算不是绝大多数，至少也有相当多的质地是棉织品。但在上世纪 70 年代，情况却并非如此。聚酯纤维和人造合成纤维在当时十分风行。这些材料不起皱，也不容易染上污渍，而且穿着十分合身——正因为这些原因，棉织品的市场销售额减少到大约 33%。

棉织品行业打算奋力一搏。它们要让消费者重新产生对棉织品的需求。于是他们做了任何行业都会做的事情：成立一个行业协会，雇几家广告公司，重新包装棉织品。

他们决定挽救这个行业的标语是："棉织品，才是我们生活的质感。"

他们找来名人推销这个理念。著名的女主持人芭芭拉·沃尔特斯穿上一件夏威夷式衬衫，朝着镜头说："棉织品……让我今天的生活备感舒适。"

在棉织品行业危在旦夕的时刻，这个行业的成员们做出了一项战略性决策。即，让人们购买棉织品的最好方法就是编织一个丰满的、与棉制品有关的故事。棉线并不是一种柔软的白色纤维，它不仅能被纺成线，织成衣物；还可以编织出一个美好的故事，让我们感觉拥有棉织品的生活更有意义。今天，棉织品统领了市场份额的三分之二。

人们都不喜欢被当成商品一样对待，甚至不想别人认为他们的人生太过普通。人们都希望自己举足轻重，而满足这个愿望的最佳方式就是把他们跟某个宏大的故事联系到一起。任何深诸此道的企业和个人都会立于不败之地。

　　《财富》杂志组织了一项世界上最值得羡慕的公司调查，2011 年苹果公司连续四年问鼎冠军。而该公司成功的部分秘诀就隐藏在该公司最著名的电视广告中。

　　1984 年的超级碗大赛期间，苹果公司首次公开了它们的 Macintosh 个人电脑。这条广告的寓意是要将全新的、创造性的 Mac 与芸芸大众使用的电脑（对苹果来说指的是 IBM）区分开来。

　　有一条广告中，一名年轻的女运动员带着把大铁锤走进一个房间。她把铁锤砸到一个巨大的屏幕上，摧毁了上面所有的数据。这是新的黎明。把人们仅仅看成有手有脚的社保号码的时代已经结束。一对一的服务才是未来的浪潮。

　　苹果电脑的大获全胜证明了这个观点，在一些看起来不起眼的制鞋公司的成长经历中也能找到这种销售理念的影子。

　　布莱克·麦考斯基因为一件事情的触动而创立了 TOMS 制鞋公司。他曾经在一些发展中国家旅行的时候注意到一个问题：那里的孩子们都没有鞋穿。这些没有鞋的孩子们一定也缺少其他的生活必需品……他们的生活十分清苦。于是布莱克决定开一个公司：消费者每购买一双鞋，公司就会向有需要的儿童送一双鞋。

　　第一年，他很高兴地赠送出一万双鞋。到今天这个数字已逾一百万。但此事并没有就此结束。一天下午，米克斯基在机场候机时发现一个穿着红鞋的小女孩，这双鞋是他的公司生产的。米克斯基上前询问，但没有暴露自己的身份。小女孩向他讲述了 TOMS 公司背后的故事，正如米克斯基自己所诠释的那样。这一刻他才意识到："事实上，这个鞋盒里的鞋子所承载的意义远比鞋子本身重要得多。TOMS 公司不再是一家制鞋公司，它是一家'买一双，认捐一双'的公司。"

　　"TOMS 公司除了吸引到许多像《时尚》、《时代》和《人物》这样主流媒体的关注之外，还成功地吸引了许多有名望的股东。"当红博主瓦莱丽娅·马尔托尼评论说，"40 年来都没有找人合作过的拉尔夫·洛朗为了橄榄球商标而加入 TOMS 公司。他与 AT&T 合作的广告代理制作了一段广告向世人讲述布莱克如何利用他们的网络与人们进行联络。"

　　马尔托尼总结 TOMS 公司成功的经验时对这条法则的影响力大为赞赏："人们牢牢的记住了。当一条信息变成一个使命的时候，他们愿意把你的故事讲给其他愿意听的人——甚至是在机场碰到的陌生人。他们这样做无异于成为你的产品的铁杆儿拥护者。我们得到的经验是：影响力是被给予的。"

　　大公司的故事很有吸引力，但有时个人的故事可能会很震撼。它可以展示一个课程、一次康复或者一件商品，甚至还可以完整地展现自我。

　　2003 年 4 月，作家戴维·郭携妻子从一个聚会上开车回家。结果，他却进了急诊室，并被告知自己患了脑癌，只有几个月的生命。

　　在星期天凌晨三点的时候，戴维和他的妻子吉姆面临着一个抉择：他们是否想跟人们分享自己的故事？打算分享多少？

　　他们倾向于保守秘密，但是他们抑制住了这种冲动。吉姆开始联络朋友们，告诉他们发生的事情并让大家告诉其他人，一起为他们祈祷。

　　几个小时之内，大家就在互联网上建起了一个网页。这是一个非盈利性网站，患有绝症的人们在这里更新信息、发布自己的需求以及他们喜欢的各种事情。

　　接下来的日子里，戴维夫妇两人意识到，他们分享的信息越多，就有更多的人获得帮助——他们知道自己不是在孤军奋战。这个决定改变了他们的一生。他们的这段经历被放大，远远大于对他们自己的影响。这件事情为他们提供了一个机会，可以和更多的人共同面对相似的挑战。

　　他们给其他人的第一条建议是什么？与他人分享你的经历。这也是来自华盛顿州，西雅图市的安·M·贝克尔在戴尔·卡耐基训练课程中学到的东西：

　　大多数人都很珍视自己的隐私，我也是。在面对乳腺癌、化疗和放射疗法的时候，我并不想把自己的恐惧和痛苦的经历分享给大家。

　　我患癌症的消息不胫而走。当我的家人、朋友和同事都知道这件事情时，我被各种鼓励性的电子邮件所感动。就连我从来没有见过的家人的朋友都发来电邮，告诉我他们患有乳腺癌的经历，还告诉我电话号码并寄来祝福的卡片。

　　这些感人的鼓舞和爱心开启了改变我一生的康复之旅。感谢这些电子邮件，我知道没有人想独自面对癌症，因为人生不仅仅属于我自己，而是我们大家的。

如果事情"和我们有关的同时"对"我有益"，并没有什么不对劲。一位拥有一百多万名粉丝的数字媒体博主发布消息说，自己要做 Lasik 手术来矫正视力。她不仅要进行手术，还要把手术视频上传到自己的博客上，让其他对这个手术感兴趣的人观看。这种透明程度成就了她的博客流量。她不仅获得了好视力，还学会如何运用数字化媒介与他人分享自己的经历。她举了两个好例子：朋友婚礼的现场视频；一位客户曾在出差时通过媒体软件观看他儿子参加的足球比赛视频。

"除了体育项目、娱乐节目和市场营销之外，实况转播还有什么用处？"她问。"是否可以被用作一种新的沟通渠道……婚礼、毕业典礼、俱乐部聚会、宗教仪式、生日派对、训练课程、教育内容、烹饪课程、分娩过程或者甚至是葬礼仪式怎么样？如果这些都大受欢迎的话，机会将会多得无止境。"

绝大多数人的激情都在日复一日地周而复始中消褪。而现在的数字化时代却给了我们许多审视自我的机会，它给我们创造了许多共同的接触面，轻易地将我们与别人的距离拉近。现在我们可以轻易地制作一段视频来代替几幅制图。可以轻易地创建一个网站来推广某个新公司或机构。我们现在使用视频会议而不是电活会议，使用视频向所有相关人员进行更具说服力的演讲而不是简单地通知他们。但是，人们过于期盼和依赖这些新的事物了。

要想自己的想法标新立异，就应该不走寻常路。不要过分依赖电脑的作用而是应该做一些人们平时看不到的事情。使用一切可以利用的方法和想象力，让你的想法变得生动、有趣和富有激情。勇于分享你自己的故事和经历，这样别人也会愿意与你分享他们的。这些经历将汇成一个全新的、更伟大的故事。

我们个人生活和职业生活的真实交际越来越普遍，这通常对建立有影响力的关系是起作用的。尽管这些交际总有一些局限，但因为人们逐渐认识到短期、长期的交际成功都是建立在深层的关系之上，以往历史上许多所谓的界限才得以消除或降低。与更多的同事、朋友或客户分享你的经历，共同获得成功的可能性就更大。

当你的经历成为大家的经历时，我们将会一起关注它的成败。

发起挑战

每当大家讨论起 NBA 历史上最棒的球员时，总会出现两个名字：拉里·伯德和魔术师约翰逊。

拉里·伯德和魔术师埃尔文·约翰逊都是球场上最引人注目的篮球运动员——他们拥有超凡脱俗的球感和篮球场意识。他们在紧要关头出奇制胜的能力无人能及。他们有着出色的进攻和防守能力，他们的训练比其他队员更刻苦。

伯德和约翰逊主宰篮球场长达十年之久。魔术师约翰逊在 1979 年的 NCAA 超霸篮球冠军赛中打败了拉里，并在 1984 年的 NBA 冠军赛中再次击败拉里。1985 年拉里扳回一局，战胜了魔术师约翰逊，但在 1987 年第三次败北。

他们的篮球生涯中大多数时间都不太喜欢对方，但对彼此的尊敬却是众人皆知的。1991 年，魔术师约翰逊因为感染 HIV 而意外地被迫从职业篮球赛退役。就在魔术师约翰逊宣布退役的第二天，伯德正在为一场常规赛做着赛前准备：必要的拉伸活动，在赛场的走廊里慢跑，在他通常站位的地方投篮。生平第一次，他不再渴望比赛。他的竞争对手——后来成为他的朋友——离开了球场。伯德之所以有现在的表现有很大部分是受魔术师约翰逊的影响。

几个月后，魔术师约翰逊在自己的退役仪式上说："我个人要感谢拉里·伯德，是他激发了我的最棒潜能。如果没有他，我不可能成为最好的。"

有的人可能认为充满竞争的世界十分肮脏。并不是这样。竞争是自然界中最不可抗拒的现实之一。沟通和联系可以使我们茁壮成长，而竞争则让我们更加努力。

"铁磨铁，磨出刃来。朋友相感，也是如此。"以色列的第三位君王所罗门国王曾这样写到。

铁磨铁的声音就像指甲划过黑板一样。但所罗门国王却认识到，让自己和他人更优秀的唯一方法就是发起挑战，直接冲击。说句实话，如果人与人见面时的寒暄越轻松安逸，听起来越平和，这种人际关系就越可能毫无结果。

挑战不必包含鲜血、汗水和泪水。可口可乐公司在 2010 年的社交媒体广告活动中就向消费者们发起了一项挑战——他们向人们的微笑发起挑战。

可口可乐公司在一所大学校园里设立了一个特别的货品贩售机。这个机器不仅贩卖软饮，同时还能给学生们带来惊喜——免费派送各种东西：从可乐到鲜花，比萨和 1.8 米大小的潜水艇，应有尽有。

约翰逊

摄像机拍下了整个过程，然后被上传到 You Tube 上。收到贩售机送出礼物的学生们的脸上都洋溢着快乐和惊奇——有些人击掌相庆，有的人彼此拥抱，所有的人都在微笑——将近四百万在线观看视频的观看者脸上也都挂着微笑。这项实验是为了挑战观看者的笑点。结果如可口可乐公司所愿，几百万观看者都心甘情愿地认输。不笑是不可能的。

微软和美国在线（AOL）之间激烈的竞争引发了互联网的早期发展。在这个苹果和谷歌盛行的时代里，人们很容易就会忘记，正是美国在线和微软之间的戗争才加快了消费者们享受顶尖技术服务的步伐。这两家公司都设想消费者有朝一日会在网上进行交易，从网上获取绝大部分信息并且能够依靠网络生活。

这两家公司彼此并不欣赏对方，他们的文化也截然不同——一个是以顾客为导向进行市场营销的公司，而先进的科技只是达成这一目标的手段。而另一个则是一家科技型公司，使用客户营销方式来达成目的。美国在线在反垄断的审讯中毅然地站在了微软公司的对立面上。但它们的竞争却让两个公司规模倍增、更加成功。这种成功单靠任何一方都是无法获得的。

人性的弱点

是的。每个人的生命中都会面对各种挑战。人们通常会说挑战是什么并不重要，重要的是如何回应它。

十分正确。

有些人因为受到了伤害而放弃，就此一蹶不振地走向生命的结束。

而有些人则获得了更高的起点。比如说，泰迪·罗斯福。小时候的泰迪体弱多病，而且患有严重的哮喘病，简单的呼吸动作都会让他费尽力气。同时哮喘还让他的心脏变得十分脆弱。十二岁时，他的父亲向他发起了一个挑战："西奥多，你是个有思想的孩子但身体却很差。如果没有好的身体，你的思想也不会维持太长时间。所以你必须锻炼身体。锻炼身体是件苦差事。但是我知道你必须这么做。"

男孩半笑半嗔，这是这个表情的最早记录，后来这个表情举世闻名。然后他猛地抬头，咬紧牙关回答："我会好好锻炼身体的。"

后来的整整一年里，他一直都在坚持锻炼。他通过锻炼获得的除了力量之外，还有勇气和胆识。泰迪可以一头扎进刺骨的河水中，可以徒手攀登七座高山，甚至在一天之内两次征服同一座高峰。锻炼身体的同时也培养了他对大自然的狂热情感。各种鸟类乃至地上的苔藓都能让他着迷，至今在"罗斯福自然历史博物馆"中还保存了他搜集来的几百件标本。

如果没有他父亲提出的挑战，这个赢弱的小男孩又会变成什么样？这个挑战改变了他的一生。

但是，挑战的内容和对待挑战的态度同等重要。鼓舞人心和令人奋力应对的挑战与让人泄气和沮丧的挑战大不相同。

2010 年，亚特兰大无畏教堂（Courageous Church）的牧师肖恩·金想为海地的残疾孤儿建立一个永久性的家园。他想为此募捐款项，但要怎么做到呢？这是第一个挑战。在数字化时代，实现这个想法的方式很多。他想通过信息让尽可能多的人了解他的意图。他想到一个主意，举办一个非同寻常的名人慈善拍卖会。他们不是来寻求一幅画，某个亲笔签名或者一次约会的，而是来寻求一位能在微博上关注他们或回复帖子的名人。他首先与主演《绝望的主妇》的伊娃·朗格利亚·帕克商量了自己的想法。她决定加入，随即他又向她的名人朋友发起挑战，让他们也成为这次拍卖会的一员。他们做到了，Twit Change 就此诞生。

2010 年，175 位名人和他们的九千万名追随者赢得了三千万次点击率，筹集到了五十多万美元。在这个传递可以延长，影响力可以扩展的时代里，一个有意义的挑战所发挥的能量让人始料未及。

我们的世界上有许多邪恶的伪真理，"得过且过"这种论调是最让人受不了的。这并不是好好生活、组建家庭或者经营事业的正确态度。没有人想走下坡路，每个人都想平步青云。他们想拓展和提升自己的视野，而有时这就意味着必须进行一次挑战，

查尔斯·施瓦布曾说过："获得成功的方法就是刺激竞争。"只有在竞争的过程中，我们才能全力以赴谋得胜利。因为胜利会带来成功感觉，会让我们觉得自己十分重要。当这种胜利是一种团队胜利时——为了一项事业、国家、攻克某种疾病或者一个公司——这种成功就更具有说服力。因为竞争才使我们在某个共同目标下相互沟通和了解。这种竞争对我们的意义就好比为了实现最终理想而建立起的深厚友谊。

仔细巡视一下你自己的影响力范围，以良好友谊为基础的竞争所达到的效果不仅仅是冲向终点时获得的喜悦——它还可能带给你永久的友谊和能带来积极改变的影响力。如果你愿意帮助某个人获得改变，那么就给他一项能把你们俩都带入竞技场的挑战。挑战是既要出汗又要出力的竞技，为了对方，大汗淋漓地迎接挑战吧，对方也会为你那样做。

第九章　学会"享受"工作

工作是生活的第一要义

在古希腊，有一个人看到蜜蜂从一朵花飞到另一朵花，四处采集花粉，辛苦异常，顿生怜悯之心。他把各种花堆积在家中，把蜜蜂的翅膀剪掉，放在花上。结果，蜜蜂酿不出一点蜂蜜。飞上很远的距离，从远处收集花粉，然后酿出甘甜的蜜，这是自然的法则。

生活是什么？菲利浦斯·布鲁克斯这样回答："当一个人知道他要做什么，他就可以大声地说：'这就是生活！'"这并不是说，一个人必须工作到筋疲力尽，在工作中尝尽了酸甜苦辣，才叹息道："这只是为了生活。"

即使是最卑微的职业，人们也能从自己的工作中体验到快乐与满足。在每个人的心灵里，都会不时受到悲伤、悔恨、迷惑、自卑、绝望等不良情绪的侵扰，如果此时能集中精力于工作上，这些让自己无法正常生活的负面影响就会被抛在一边。它们就像弹簧一样，当你用力挤压时，它们自然会弱下去。此时，人也真正成了坚强、自尊的人。在劳动中，幸福的荣光会从心底迸发，像火一样温暖着自己和周围的人。

"生活中有一条颠扑不破的真理，"英国哲学家约翰·密尔说，"不管是最伟大的道德家，还是最普通的老百姓，都要遵循这一准则，无论世事如何变化，也要坚持这一信念。它就是，在充分考虑到自己的能力和外部条件的前提下，进行各种尝试，找到最适合自己做的工作，然后集中精力、全力以赴地做下去。"

"重要的是参与，而不是赢得赛后的奖励。"

古希腊取得奥林匹克比赛胜利的运动员，会得到一个象征着荣耀的花环。其价值不在于花环本身，而是一种象征，让人的精神得到极大的满足。工作对于我们的价值也是如此。不管工作多么体面，或从中得到多少报酬，与从工作中得到的快乐相比，简直是微不足道的。积极参与到比赛中能够与戴上胜利的桂冠一样伟大。

爱默生说："只要你勤奋工作，就必有回报。"

"人们认为日常生活中应尽的职责是枯燥乏味的，"诗人朗费罗则说，"但是它们非常重要，就像时钟的发条一样，可以让钟摆匀速地摆动，让指针指示正确的时间。当发条失去动力时，钟摆就会停止，指针也不再前进，时钟静静地躺在那里，也不会有任何价值的。"

朗费罗

英国政治家布鲁厄姆勋爵说过，当他在晚上反思一天的工作时，如果一事无成，就觉得非常难受，是在虚度时光。他认为，认真履行职责、努力工作是一个人的护身法宝，不但可以保持健康的心灵，而且可以强身健体。

许多医师常常散播这样的观念——认为过度工作会伤害人的身体，而休息则有益人体的健康。但是，也有不少医师持不同的看法。英国伯明翰大学医学院的阿诺德教授便认为过多的休息其实对人体有害。他指出："至今尚没有什么证据可以证明工作会影响人体组织……辛劳的工作，只要不具有危险性，不影响睡眠或健康等……都不会伤害人体健康。相反地，却是对人大有帮助。"

是的，辛苦的工作不会是致命的，但是忧虑和高血压却会。跟传统看法相反，那些猝然倒地而亡、罹患各种溃疡症、行色匆匆、肩负重任的工商业主管，并不是因过度工作所致。他们每天的工作对精力的消耗并算不了什么。但是伴随着工作一起到来的紧张的气氛和压力、痛苦的失眠、畏惧竞争的失败、无休止的焦虑，却形成恶性循环，疯狂地吞噬着他的生命力。这样，他只好借助酒精、安眠药、苯丙胺和去高尔夫球场或手球场上疯狂地运动来逃避，但是身体和神经系统最后只能以死亡或精神崩溃来结束这种折磨。

现在，美国所有医院的病床有一半以上都被精神方面的病人所占据——远高于小儿麻痹症、癌症、心脏病和其他所有疾病病人相加的总和——这个可怕的事实表明，一定是哪儿出了问题，而出问题的原因绝不在于工作的辛苦与否。

美国是世界上生活水平最高的国家。科学上的进步使我们摆脱了我们的祖辈们视为生活中必要的一部分的辛苦工作，即使技术含量很低的职业，其工作环境也有了改善，工薪阶层的工作时间缩短，机器取代了过去由人力或畜力完成的工作。我们的休闲时间比以前更多了。所以，我们不能说是工作的辛苦导致我们身处痛苦的境地。

日常工作对一个人影响最大。可以使他肌肉发达，身体强壮，血液循环加快，思维敏捷，判断准确；也可以在工作中唤醒他那沉睡已久的创造力，激发他的雄心，把更多的聪明才智发挥到工作中去。正是工作，使他觉得自己是一个人，必须从事工作，承担责任，这才能显示出人的尊严与伟大。

你可以让儿子继承万贯家财，但是你真正给了他什么呢？你不能把自己的意志、阅历、力量传给他；你不能把取得成就时的兴奋、成长的快乐和获取知识的骄傲感传给他；也不可能把经过苦心训练才得来的严谨作风、思维方法、诚实守信、决断能力、优雅风度等传给他。那些隐含在财富之中的技巧、洞察力和深思熟虑，他是感受不到的。那些优良品质对于你十分重要，但是对于你的继承人来说，没有一点用处。为了挣得巨额财富，保住自己高高在上的地位，你培养出了坚强的毅力和苦干的精神，这都是从实际生活中逐步锻炼和塑造出来的。对于你来说，财富就是阅历、快乐、成长、纪律和意志。而对于你的继承人来说，财富则意味着诱惑，可能会让他更焦虑、更卑微。财富可以帮助你取得更大的成功，但对于他来说，则是个大包袱；财富可以使你得到更大的力量，更积极进取，但却会使他松懈怠惰，好逸恶劳，萎靡不振，变得更加软弱、无知。总之，你把最宝贵的也是他最需要的上进心，从他那儿拿走了。而正是这种力量激励着人类取得了巨大的成绩，将来也还是如此。

　　迪恩·法拉说："工作是人类与生俱来的权利，至今仍保存完好，它是最有效的心灵滋补剂，是医治精神疾病的良药。这从自然界就可以得到体现。一潭死水会逐渐变臭，奔流的小溪会更加清澈。如果没有狂风暴雨，没有飓风海啸，地球上全部是陆地，空气静止不动，这样的世界就毫无生趣。在气候宜人、四季温暖如春的地方，人们十分惬意地享受着生活，自然容易无精打采，甚至对生活产生厌倦。但是，如果他每天要为自己的生计奔波，与大自然作殊死的搏斗，他就会精神抖擞，经受各种锻炼，发展出最强的力量。"

　　"每天早晨起床后，"金斯利说，"不管你喜不喜欢，你都得有事做，强迫自己工作并尽最大努力做好，可以培养自控能力、勤奋、意志力等各种美德。在懒惰的人那里，是没有这些优点可言的。"

　　千百年来，除了勤奋工作，还有什么能够给我们带来繁荣充实呢？它为贫穷的人开创了新的生活，它使千百万人免于夭折，特别是拯救了那些精神上有问题、甚至企图自杀的人。

　　古希腊著名的医生加龙说："劳动是天然的保健医生。"

　　美国小说家马修斯说："勤奋工作是我们心灵的修复剂，可以让生理和心理得到补偿。可惜的是，人们常常只对受人关注的行业和要职感兴趣，而不再愿意经受艰辛劳作的磨炼。但是，它却是对付愤懑、忧郁症、情绪低落、懒散的最好武器。有谁见过一个精力旺盛、生活充实的人会苦恼不堪、可怜巴巴呢？英勇无敌、对胜利充满渴望的士兵是不会在乎一个小伤的。出色的演说家不会因为身有小恙就口齿木讷，词不达意的。这是为什么呢？当你的精神专注于一点，心中只有自己的事业时，其他不良情绪就不会侵入进来。而空虚的人，其心灵是空荡荡的，四门大开，不满、忧伤、厌倦等各种负面情绪，就会乘虚而入，侵占整个心灵，挥之不去。"

　　俾斯麦把勤奋工作看成是一个人拥有真正生活的保护神。在他去世的前几年，当被问及用一句简单的话概括生活的准则时，他说："这条准则可以用一个词表达：工作。工作是生活的第一要义。不工作，生命就会变得空虚，就会变得毫无意义，也不会有乐趣。没有人游手好闲却能感受到真正的快乐。对于刚刚跨入生活门槛的年轻人来说，我的建议只是三个词：工作，工作，工作！”

"劳动永远是光荣与神圣的。"卡莱尔说，"劳动是一切完美的源泉。没有艰辛的劳动，没有谁能有所成就，或者能成为一个伟人。懒散、无聊、无事可做，就像传染病一样，会迅速蔓延，使人类的灵魂失去依托。"

有的人声称现代工业文明的突飞猛进已扼杀了工作本身的创造性，无非就是机械化的动作，不断地重复一个动作而不必了解整个过程的工作有什么好得意的呢？他们说，当一个人痛苦不堪地在生产装配线上忙碌时，他足以自傲的成就感又从何而来呢？

以我自己的亲身经验，我可有几句话要说。好几年前，我在一家大公司担任打字员，主要的工作便是打字——一大堆的财务报告，日复一日，月复一月，好像永远也做不完。这项工作首要是正确性，其次是速度。由于这做起来并不容易，而且单调无聊，因此我并不喜欢这份工作。

但是，老实说，当我把这份工作做得近乎完美的时候，还是颇能引以为荣。因为这项工作虽然呆板，却需要精练的技术，因此在达到所要求的标准之后，实在有一种满足感。虽然在整个公司的运作过程中，我所担任的工作显然十分渺小，但它对我个性的成长却十分有益，使我在处理每件小事的时候，都能力求正确、完美。

契斯特顿有句十分动人的隽语："要想不再当秘书的最好办法，便是尽量把现任的秘书职务做好。"

有许多家庭主妇把每天的家务事当成是不可忍受的苦差事，如洗碗碟等。但是，有一名妇女却将此看作是有趣的遭遇。她的名字叫波西德·达尔。达尔女士是个职业作家，曾写过一本自传和许多其他著作，并且为杂志撰写文章。她曾失明多年，等到视力稍微恢复之后，根据她的说法，她把每日的家务杂事当成是有趣的奇迹来看，并为此衷心感谢上苍。她说："从我厨房的小窗户，我可以看见一小片蓝天，而透过洗碗槽上飞舞的肥皂泡沫，那五颜六色彩虹般的美丽景观，更使我百看不厌。经过多年不见天日的黑暗生活，能在做家务的时候再重新体会这世界美丽的色彩，真使我衷心感激不尽。"

不幸的是，我们大部分人虽然都拥有健康的眼睛，却对周遭的环境视而不见。我们不但没有达尔女士所具有的成熟想象力，也不能从日常工作中捕捉到对我们最有意义的价值。

住在德州的丽达·强森女士，以她亲身的经历向我们说明：如何因勤奋工作而解除了精神上的危机。

1941 年，强森先生和太太带着两个小孩，搬到新墨西哥一处约有 360 英亩大的农庄里。根据强森太太记载："没想到，那个农庄其实是个大蛇坑，住了许多可怕的响尾蛇，我们实在吓坏了。"

"那时，我们的农舍还没有水电和瓦斯，但这些不便倒不令我担心，我日夜所忧虑的，是那些可怕的响尾蛇。万一有一天家人被蛇咬了，该怎么办呢？我夜里经常梦见孩子遭到不幸，白天也一直担心在田里工作的丈夫。只要有片刻不见家人的踪影，我就紧张不已。

"这种持续的恐惧，使我的精神近乎崩溃。若不是我开始勤奋工作，相信早就支撑不住了。我把玉米粒刮下来播种，直到双手起茧为止；我为小孩缝制衣服，把多出来的食物装罐收藏好——我不停地工作，直到疲累地倒在床上为止。如此我便没有精力担忧其他的事了。

"一年之后，我们搬离那个农庄，全家大小都安然无恙，没有人被蛇咬过。虽然自此以后我不再那么辛劳工作，但我一直为那段时间的境遇感谢上帝。那一年，辛劳的工作确实拯救了我的理智。"

正如强森太太的亲身经历一样，我们若能从困境中体会到辛勤工作所能产生的力量，往后若再遭遇危机，便有坚利的武器可以自我防卫了。工作通常可以支持我们渡过难关、危机、个人不幸、或失去所爱的人等。

爱德蒙·伯克说过："永远不要陷入绝望。但是如果你产生绝望情绪时，就去工作。"爱德蒙·伯克的话可不是空谈——他是有过亲身经历的。他曾经痛失爱子，他经过悉心研究之后，开始痛苦地深信文明快要堕落了。工作对他而言，就像对其他很多人一样，成为这个疯狂的世界上惟一清醒的标志。因此他不断地工作，即使在他绝望之时。

是的，工作是生活第一要义。不管我们出于什么原因离开工作，都会受苦。

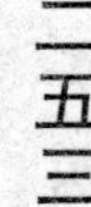

树立正确的工作态度

　　每个人都有不同的职业轨迹，有的人成为公司里的核心员工，受到老板的器重；有的人一直碌碌无为，不被人所知晓；有些人牢骚满腹，总认为自己与众不同，而到头来仍一无是处……众所周知，除了少数天才，大多数人的禀赋相差无几。那么，是什么在造就我们、改变我们？是"态度"！态度是内心的一种潜在意志，是个人的能力、意愿、想法、价值观等在工作中所体现出来的外在表现。

　　要看一个人做事的好坏，只要看他工作时的精神和态度。某人做事的时候，感到受了束缚，感到所做的工作劳碌辛苦没有任何趣味可言，那么他决不会作出伟大的成就。

　　在企业之中，我们可以看到形形色色的人。每个人都持有自己的工作态度。有的勤勉进取；有的悠闲自在；有的得过且过。工作态度决定工作成绩。我们不能保证你具有了某种态度就一定能成功，但是成功的人们都有着一些相同的态度。

　　企业中普遍存在着三种人。

　　第一种人：得过且过。

　　玛丽的口头禅是："那么拼命干什么？大家不是都拿着同样的薪水吗？"

　　玛丽从来都是按时上下班，按部就班，职责之外的事情一概不理，分外之事更不会主动去做。不求有功，但求无过。

　　一遇挫折，她最擅长的就是自我安慰："反正晋升是少数人的事，大多数人还不是像我一样原地踏步，这样有什么不好？"

　　第二种人：牢骚满腹。

　　史密斯永远悲观失望，他似乎总是在抱怨他人与环境，认为自己所有的不如意，都是由环境造成的。

　　他常常自我设限，使自己的无限潜能无法发挥。他其实也是一个有着优秀潜质的人，然而，却整天生活在负面情绪当中，完全享受不到工作的乐趣。

他总是牢骚满腹，这种消极情绪会不知不觉地传染给其他人。

第三种人：积极进取。

在企业里，人们经常可以看到桑迪忙碌的身影，他热情地和同事们打着招呼，精神抖擞，积极乐观，永争第一。

桑迪总是积极地寻求解决问题的办法，即使是在项目受到挫折的情况下也是如此。因此，他总能让希望之火重新点燃。

同事们都喜欢和他接触，他虽然整天忙忙碌碌，但却始终保持乐观的态度，时刻享受工作的乐趣。

一年后，玛丽仍然做着她的秘书工作，上司对她的评价始终不好不坏。一年一度的大学生应聘热潮又开始了，上司开始关注起相关的简历来，也许新鲜的血液很快就会补充进来，玛丽的处境似乎有些不妙。

人们已经很久没有见到史密斯，去年经济不景气，公司裁员，部门经理首先就想到了他。经济环境不好，公司更需要增加业绩、团结一致，史密斯却除了发牢骚，还是发牢骚。第一轮裁员刚刚开始，史密斯就接到了解聘信……

而桑迪还是那么积极进取，忙碌的身影依然随处可见，他已经从销售员的办公区搬走，这一年，他被提升为销售经理，新的挑战才刚刚开始。

在公司里，员工与员工之间在竞争智慧与能力的同时，也在竞争态度。一个人的态度直接决定了他的行为，决定了对待工作他是尽心尽力还是敷衍了事，是安于现状还是积极进取。态度越积极，决心越大，对工作投入的心血也越多，从工作中所获得的回报也就相应地更为理想。

玛丽、史密斯、桑迪三人，一个面临失业的危险，一个已经被解聘，一个得到晋升。这并不是说得到晋升的桑迪比史密斯、玛丽在智力上更突出，而是不同的工作态度导致的。尤其是在一些技术含量不高的职位上，大多数人都可以胜任，能为自己的工作表现增加砝码的也就只有态度了。这时，态度就是你区别于其他人，使自己变得重要的一种能力。

如果一个人轻视他自己的工作，而且做得很粗陋，那么他绝不会尊敬自己。如果一个人认为他的工作辛苦、烦闷，那么他的工作绝不会做好，这一

工作也无法发挥他内在的特长。在社会上，有许多人不尊重自己的工作，不把自己的工作看成创造事业的要素，发展人格的工具，而视为衣食住行的供给者，认为工作是生活的代价、是不可避免的劳碌，这是多么错误的观念啊！

人往往就是在克服困难过程中，产生了勇气、坚毅和高尚的品格。常常抱怨工作的人，终其一生，决不会有真正的成功。抱怨和推诿，其实是懦弱的自白。

在任何情形之下，都不要允许你对自己的工作表示厌恶，厌恶自己的工作，这是最坏的事情。如果你为环境所迫，而做着一些乏味的工作，你也应当设法从这乏味的工作中找出乐趣来。要懂得，凡是应当做而又必须做的事情，总要找出事情的乐趣来，这是我们对于工作应抱的态度。有了这种态度，无论做什么工作，都能有很好的成效。

各行各业都有发展才能、提升地位的机会。在整个社会中，实在没有哪一个工作是可以藐视的。一个人的终身职业，就是他亲手制成的雕像，是美丽还是丑恶，可爱还是可憎，都是由他一手造成的。而人的一举一动，无论是写一封信，出售一件货物，或是一句谈话，一个思想，都在说明雕像的或美或丑，可爱或可憎。

不论做何事，务须竭尽全力，这种精神的有无可以决定一个人日后事业上的成功或失败。如果一个人领悟了通过全力工作来免除工作中的辛劳的秘诀，那么他也就掌握了达到成功的原理。倘若能处处以主动、努力的精神来工作，那么即便在最平庸的职业中，也能增加他的权威和财富。

当一个人喜爱他的工作时，你可以一眼看出来。他非常投入，他表现出来的自发性、创造性、专注和谨慎，十分明显。而这在那些视工作为应付差事、乏味无聊的人那里，是根本看不见的。

即使是补鞋这么个低微的工作，也有人把它当作艺术来做，全身心地投入进去。不管是一个补丁还是换一个鞋底，他们都会一针一线地精心缝补。这样的补鞋匠你会觉得他就像一个真正的艺术家。但是，另外一些人则截然相反。随便打一个补丁，根本不管它的外观，好像自己只是在谋生，根本没有热情来关心自己活儿的质量。前一种人好像热爱这项工作，不总想着会从修鞋中赚多少钱，而是希望自己手艺更精，成为当地最好的补鞋匠。

我知道100多年前有一位家住罗德岛的人，他殚精竭虑，砌了一堵石墙，就像一位大师要创作一幅杰作一样，其专注程度甚至有过之而无不及。他翻来覆去地审视着每一块石头，研究这块石头的特点，思考如何把它放在最佳的位置。砌好以后，站在附近，从不同的角度，细细打量，像一位伟大的雕刻家，欣赏着粗糙的大理石变成的精美塑像，其满足程度可想而知。他把自己的品格和热情都倾注到了每一块石头上。每年，到他的农庄参观的人络绎不绝，他也很乐意解说每一块石头的特点，以及自己是如何把它们的个性充分展现出来的。

你会问砌一堵石墙有什么意义呢？这堵围墙已经存在了一个多世纪，这就是最好的回答。

伟大的事业因工作的热忱而获得成功

已故的佛里德利·威尔森曾是纽约中央铁路公司的总裁，有一次他在广播访问中，被问到如何才能使事业成功，他回答："我深切地认为，一个人的经验愈多，对事业就愈认真，这是一般人容易忽略的成功秘诀。成功者和失败者的聪明才智，相差并不大。如果两者实力半斤八两的话，对工作较富热忱的人，一定比较容易成功。一个不具实力而富热忱，和一个虽具实力但不热忱的人相比，前者的成功也多半会胜过后者。

"一个热忱的人，不论是在挖土，或者经营大公司，都会认为自己的工作是一项神圣的天职，并怀着深切的兴趣。对自己的工作热忱的人，不论工作有多么困难，或需要多么艰苦的训练，始终会用不急不躁的态度去进行。只要抱着这种态度，任何人都会成功，一定会达到目标。爱默生说过：'有史以来，没有任何一件伟大的事业不是因为热忱而成功的。'事实上，这不是一段单纯而美丽的话语，而是迈向成功之路的指标。"

因此，对工作热忱，是一切希望成功的人——像创造杰作的艺术家、卖肥皂的人、图书馆的管理员，以及追求家庭幸福的人——必须具备的条件。

　　热忱这个字眼，源自希腊语，意思是"受了神的启示"。

　　对工作热忱的人，具有无限的力量。威廉·费尔波是耶鲁最著名而且最受欢迎的教授之一。他在那本极富启示性的《工作的兴奋》中如此写道："对我来说，教书凌驾于一切技术或职业之上。如果有热忱这回事，这就是热忱了。我爱好教书，正如画家爱好绘画，歌手爱好歌唱，诗人爱好写诗一样。每天起床之前，我就兴奋地想着有关学生的事……人在一生中所以能够成功，最重要的因素就是对自己每天的工作抱着热忱的态度。"

　　任何一项事业的老板，都知道雇用热忱者的重要，也知道这种人难以物色。亨利·福特说过："我喜欢具有热忱的人。他热忱，就会使顾客热忱起来，于是生意就做成了。"

　　"十分钱连锁商店"的创办人查尔斯·华尔渥兹也说过："只有对工作毫无热忱的人才会到处碰壁。"查尔斯·史考伯则说："对任何事都热忱的人，做任何事都会成功。"

　　如果没有热忱，那就几乎不可能保持你成为不可阻挡的人所需要的巨大能量和意志。实际上，没有了热忱，一个人就会将生活简化为仅仅是存在、平庸和漠不关心。

　　怎样选择全在于你自己。你可以选择保持你的生命力，方法是想好你的目标，并努力从事点燃你热忱的活动。或者你也可以选择像我们生活中大多的人一样，用忍受的心态在生活中艰难跋涉，错过了他们经历的大多数事情。这种人观察生活但却没有体会到生活的乐趣。如果生活是一部交响乐，那么，他们只是听到了其中的音符，却感受不到整个乐曲的内涵；如果生活像一块稀世宝石，那么，他们只是看到了它的颜色，却无法看到那复杂的构造；如果生活像一部小说，那么，他们只理解其中的情节，却忽略了微妙的形象和寓意。

　　怀有热忱的人们极少用"工作"这个词来说明他们从事的事业。这种人是在追求他们最喜欢做的事和对个人受益匪浅的事，每个人的时间都是有限的。我们生活的每时每刻，不论是在工作、玩耍，还是在抱怨、感谢时，我们都已花费了时间。在我们的人生中，没有什么东西比剩余的时间更宝贵了。当我们在热忱鼓励下从事某项事业时，我们不仅仅是为了达到某个目标而努力，因为追求目标的过程和目标的实现同样使人受益。这样，当我们走到生命的尽头时，我们就能说一句"我热爱过我的生命"——这就是我们成功的最高概括。

热忱是一种意识状态，能够鼓舞及激励一个人对手中的工作采取行动。而且不仅如此，它还是有感染性，不只对其他热心人士产生重大影响，所有和它有过接触的人也将受到影响。

当然，这是不能一概而论的。譬如，一个对音乐毫无才气的人，不论如何热忱和努力，都不可能变成一位音乐界的名人。话说回来，凡是具有必需的才气，有着可能实现的目标，并且具有极大热忱的人，做任何事都会有所收获，不论物质上或精神上都是一样。

即使需要高度技术的专业工作，也需要这种热忱。爱德华·亚皮尔顿是一位伟大的物理学家，曾协助发明了雷达和无线电报，也获得了诺贝尔奖。《时代》杂志引用他的一句具有启发性的话："我认为，一个人若想在科学研究上有所成就的话，热忱的态度远比专门知识来得重要。"

这句话如果出自普通人之口，可能会被认为是外行话，但出自亚皮尔顿这种权威性的人物，意义就很深远了。如果在科学的研究上热忱都这么重要，那么对普通的职员来说，岂不是占着更重要的地位吗？

关于这点，我们可以引用著名的人寿保险推销员法兰克·派特的一些话加以说明。他那本《我如何在推销上获得成功》，在销路上，打破以往任何一本有关如何推销的书籍。

以下是派特在他的著作中所列出的一些经验之谈：

"当时是1907年，我刚转入职业棒球界不久，遭到有生以来最大的打击，因为我被开除了。我的动作不起劲，因此球队的经理有意要我走路。他对我说：'你这样慢吞吞的，好像是在球场混了20年。老实跟你说，法兰克，离开这里之后，无论你到哪里做任何事，若不提起精神来的话，你将永远不会有出路。'

"本来我的月薪是175美元，走路之后，我参加了亚特兰斯克球队，月薪减为25美元。薪水这么少，我做事当然没有热忱，但我决心努力试一试。待了大约10天之后，一位名叫丁尼·密亨的老队员把我介绍到新凡去。在

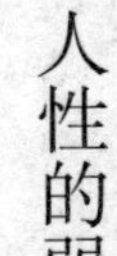

新凡的第一天，我的一生有了一个重要的转变。

"因为在那个地方没有人知道我过去的情形，我就决心变成新英格兰最具热忱的球员。为了实现这点，当然必须采取行动才行。

"我一上场，就好像全身带电。我强力地投出高速度的球，使接球的人双手都麻木了。记得有一次，我以猛烈的气势冲入三垒，那位三垒手吓呆了，球漏接，我就盗垒成功了。当天气温高达华氏 100 度，我在球场奔来跑去，极可能中暑而倒下去。

"这种热忱所带来的结果，真令人吃惊，产生了下面的三个作用：

"1. 我心中所有的恐惧都消失了，而发挥出意想不到的技能。

"2. 由于我的热忱，其他的队员也跟着热忱起来。

"3. 我没有中暑。我在比赛和比赛后，感到从没有如此健康过。

"第二天早晨，我读报的时候，兴奋得无以伦比。报上说：'那位新加进来的派特，无异是一个霹雳球，全队的人受到他的影响，都充满了活力。他那一队不但赢了，而且是本季最精彩的一场比赛。'

"由于我热忱的态度，我的月薪由 25 美元提高为 185 美元，多了 7 倍。

"在往后的两年里，我一直担任三垒手。薪水增加了 30 倍。为什么呢？就是因为热忱，没有别的原因。"

但后来，派特的手臂受了伤，不得不放弃打棒球。接着他到菲特列人寿保险公司当拉保险的人，整整一年多都没有什么成绩，因此他很苦闷。但后来他又变得热忱起来，就像当年打棒球那样。

目前，他是人寿保险界的大红人，不但有人请他撰稿，还有人请他演讲自己的经验。他说："我从事推销，已经 30 年了。我见到许多人，由于对工作抱着热忱的态度，使他们的收入成倍地增加起来。我也见到另一些人，由于缺乏热忱而走投无路。我深信惟有热忱的态度，才是成功推销的最重要的因素。"

多年来，我的写作大都在晚上进行。有一天晚上，当我正专注地敲打打字机时，偶尔从书房窗户望出去——我的住处正好在纽约市大都会高塔广场的对面——看到了似乎是最怪异的月亮倒影，反射在大都会高塔上。那是一种银灰色的影子，是我从来没见过的。再仔细观察一遍，发现那是清晨太阳的倒影，而不是月亮的影子。原来已经天亮了。我工作了一整夜，但太专心于自己的工作，使得一夜仿佛只是一个小时，一眨眼就过去了。我又继续工作了一天一夜，除了其间停下来吃点清淡食物以外，未曾停下来休息。

如果不是对手中工作充满热忱，而使身体获得了充分的精力，我不可能连续工作一天两夜，而丝毫不觉得疲倦。热忱并不是一个空洞的名词，它是一种重要的力量，你可以予以利用，使自己获得好处。没有了它，你就像一个已经没有电的电池。

热忱是股伟大的力量，你可以利用它来补充你身体的精力，并发展成为一种坚强的个性（有些人很幸运地天生即拥有热忱，其他人却必须通过努力才能获得）。发展热忱的过程十分简单。首先，从事你最喜欢的工作，或提供你最喜欢的服务。如果你因情况特殊，目前无法从事你最喜欢的工作，那么，你也可以选择另一项十分有效的方法，那就是把将来从事你最喜欢的这项工作当作是你明确的目标。

缺乏资金以及其他许多种你无法当即予以克服的环境因素，可能迫使你从事你所不喜欢的工作，但没有人能够阻止你在脑海中决定你一生中明确的目标，也没有任何人能够阻止你将这个目标变成事实，更没有任何人能够阻止你把热忱注入到你的计划之中。

所以，任何人，只要具备这个"热忱"条件，都能获得成功，他的事业必会飞黄腾达。

乐队指挥鲍勃·克劳斯贝的儿子，曾被问到他父亲和他的叔叔平·克劳斯贝每天的生活情形。他回答："他们永远都在愉快地工作。"

"那你长大之后的希望是什么呢？"好奇的人又问他。

"也是愉快地工作。"年轻的克劳斯贝毫不迟疑地回答。

别让激情之火熄灭

让我们先来看看美国前教育部部长、著名教育家威廉·贝内特的一段叙述：

一个明朗的下午，我走在第五大街上，忽然想起要买双短袜。于是，我走进了一家袜店，一个年纪不到17岁的少年店员向我迎来。

"您要什么，先生？"

"我想买双短袜。"

"您是否知道您来到的是世上最好的袜店？"他的眼睛闪着光芒，话语里含着激情，并迅速地从一个个货架上取出一只只盒子，把里面的袜子逐一展现在我的面前，让我赏鉴。

"等等，小伙子，我只买一双！"

"这我知道，"他说，"不过，我想让您看看这些袜子有多美，多漂亮，真是好看极了！"他脸上洋溢着庄严和神圣的喜悦，像是在向我启示他所信奉的宗教。

我对他的兴趣远远超过了对袜子的兴趣。我诧异地望着他。"我的朋友，"我说，"如果你能一直保持这种热情，如果这热情不只是因为你感到新奇，或因为得到了一个新的工作。如果你能天天如此，把这种激情保持下去，我敢保证不到10年，你会成为全美国的短袜大王。"

只是，很多时候我们会遇到这样的情形：在商店，顾客需要静候店员的招呼。当某位店员终于屈尊注意到你，他那种模样会使你感到是在打扰他。他不是沉浸在沉思中，恼恨别人打断他的思考，就是在同一个女店员嬉笑聊天，叫你感到不该打断如此亲昵的谈话，反而需要你向他道歉似的。无论对你，或是对他领了工资专门来出售的货物，他都毫无兴趣。

然而就是这个冷漠无情的店员，可能当初也是怀着希望和热情开始他的职业的。刚刚进入公司的员工，自觉工作经验缺乏，为了弥补不足，常常早来晚走，斗志昂扬，就算是忙得没时间吃午饭，也依然开心，因为工作有挑战性，感受当然是全新的。

这种在工作时激情四射的状态，几乎每个人在初入职场时都经历过。可是，这份激情来自对工作的新鲜感，以及对工作中不可预见问题的征服感，一旦新鲜感消失，工作驾轻就熟，激情也往往随之湮灭。一切开始平平淡淡，昔日充满创意的想法消失了，每天的工作只是应付完了即可。既厌倦又无奈，不知道自己的方向在哪里，也不清楚究竟怎样才能找回曾经让自己心跳的激情。他们在老板眼中也由前途无量的员工变成了比较称职的员工。

有时，压力也是人们失去工作激情的原因之一。职场人士承担着巨大的有形或者无形的压力，同事之间的竞争、工作方面的要求，以及一些日常生活的琐事，无时无刻不在禁锢着我们的心灵。于是在种种压力的禁锢之下，无精打采、垂头丧气和漠不关心扼杀了我们对事业的激情。从热爱工作到应付工作再到逃避工作，我们的职业生涯遭到了毁灭性的打击。

但是，如果你在周一早上和周五早上一样精神振奋；如果你和同事、朋友之间相处融洽；如果你对个人收入比较满意；如果你敬佩上司和理解公司的企业文化；如果你对公司的产品和服务引以为豪；如果你觉得工作比较稳定；只要对以上任何一个问题，你的回答中有一个"是"字，我就要告诉你："你'可以'恢复工作激情。"

美国著名激励大师博恩·崔西针对如何恢复工作激情，提过五点建议：

1. 对自己所做的事感兴趣。"告诉自己：对自己所从事的事喜欢的是什么，尽快越过你不喜欢的部分，转到你喜欢的部分。然后做得很兴奋，告诉旁人这件事，让他们了解为什么你会如此感兴趣。只要你做出对工作感兴趣的样子，你就会真地开始对它感兴趣。这样做的另一项好处是可以减少疲劳、压力与忧虑。"

千万不能失去热忱。我们每个人都应当有一些引以为荣的东西，对那些真正高贵的事物要保持一种景仰之情，对那些可以使我们的生活变得充实美丽的东西，永远不要失去热忱。

2. 把工作当作一项事业。如果你只把工作当作一件差事，或者只把目光停留在工作本身，那么即使是从事你最喜欢的工作，你仍然无法持久地保持对工作的激情。但如果你把工作当作一项事业来看待，情况就会完全不同了。

3. 树立新的目标。任何工作在本质上都是同样的，都存在着周而复始的重复。如果是因为这永无休止的重复，而对眼前的工作失去信心的话，那么我要告诉你的是，如果你的态度不转变，不主动给自己树立新目标，即使那是一份让你称心的工作，即使那是一个令所有人艳羡的工作环境，它一样会因为一成不变而变得枯燥乏味，你也不会从中获得快乐。

保持长久激情的秘诀，就是给自己不断树立新的目标，挖掘新鲜感。把曾经的梦想拣起来，找机会实现它，审视自己的工作，看看有哪些事情一直拖着没有处理，然后把它做完……在你解决了一个又一个的问题之后，自然就产生了一些小小的成就感，这种新鲜的感觉就是让激情每天都陪伴自己的最佳良药。

4. 学会释放压力。工作不是野餐会，一个人无论多么喜欢自己的工作，工作多多少少都会给他带来压力。面对压力，有些人一味忍受，有些人只顾宣泄，忍受会导致死气沉沉，宣泄则会带来无尽的唠叨。应该学会管理压力并科学地释放压力，减轻对工作的恐惧感，心情轻松才容易重燃激情。

5. 切勿自满。在工作中，最需要注意的是自满情绪。自满的人不会想方设法前进，对工作就会丧失激情。如果你满足于已经取得的工作成绩，忽略了开创未来的重要性，那么现在这个阶段的工作自然会丧失其吸引力。当你把过去的成绩当作激励自己更上一层楼的动力，试图超越以往的表现，激情就会重新燃烧起来。

工作给予你的报酬要比薪水更宝贵

也许是亲眼目睹或者耳闻父辈、他人被老板无情解雇的事实，现在的年轻人往往将社会看得比上一代更冷酷、更严峻，因而也就更加现实。在他们看来，我为公司干活，公司付我一份报酬，等价交换，仅此而已。他们看不到薪水以外的价值，在校园中曾经编织的美丽梦想也逐渐破灭了。没有了信心，没有了热情，工作时总是采取一种应付的态度，宁愿少说一句话，少写一页报告，少走一段路，少干一个小时的活……他们只想对得起自己目前的薪水，从未想过是否对得起自己将来的薪水，甚至是将来的前途。

某公司有一位员工，在公司已经工作了 10 年，薪水却不见涨。有一天，他终于忍不住内心的不平，当面向雇主诉苦。雇主说："你虽然在公司呆了10 年，但你的工作经验却不到 1 年，能力也只是新手的水平。"

这名可怜的员工在他最宝贵的 10 年青春中，除了得到 10 年的新员工工资外，其他一无所获。

也许，这个雇主对这名员工的判断有失准确和公正，但我相信，在当今这个日益开放的年代，这名员工能够忍受 10 年的低薪和持续的内心郁闷而没有跳槽到其他公司，足以说明他的能力的确没有得到更多公司的认可，或者换句话说，他的现任雇主对他的评价基本上是客观的。

这就是只为薪水而工作的结果！

大多数人因为不满足于自己目前的薪水，而将比薪水更重要的东西也丢弃了，到头来连本应得到的薪水都没有得到。这就是只为薪水而工作的可悲之处。

如果要让我对于刚跨入社会的青年所遇到的切身问题发表意见，那么我希望每个青年都切切牢记："在你们开始工作的时候，不必太顾虑薪水的多少。而一定要注意工作本身所给予你们的报酬，比如发展你们的技能，增加你们的经验，使你们的人格为人所尊敬等等。"

雇主所交付给年轻人的工作可以发展我们的才能，所以，工作本身就是我们人格品性的有效训练工具，而企业就是我们生活中的学校。有益的工作能够使人丰富思想，增进智慧。

如果一个人只是为着薪水而工作，而没有更高尚的目的，那么这实在不是一种好的选择。在这个过程中，受害最深的倒不是别人，而是他自己。他就是在日常的工作中欺骗了自己，而这种因欺骗蒙受的损失，即便他日后奋起直追，振作努力，也不能赶上。

雇主只支付给你微薄的薪水，你固然可以敷衍塞责来加以报复。可是你应当明白，雇主支付给你工作的报酬固然是金钱，但你在工作中给予自己的报酬，乃是珍贵的经验、优良的训练、才能的表现和品格的建立，这些东西的价值与金钱相比，要高出千万倍。

许多年轻人认为他们目前所得的薪水太微薄了，所以竟然连比薪水更重要的东西也宁愿放弃了，他们故意躲避工作，在工作过程中敷衍了事，以报复他们的雇主。

这样，他们就埋没了自己的才能，消灭了自己的创造力和发明才能，也就使自己可能成为领袖的一切特性都无法获得发展。为了表示对微薄薪水的

不满，固然可以敷衍了事地工作，但长期地这样做，无异于使自己的生命枯萎，使自己的希望断送，终其一生，只能做一个庸庸碌碌、心胸狭隘的懦夫。

每个人对于自己的职位都应该这样想：我投身于企业界是为了自己，我也是为了自己而工作。固然，薪水要尽力地多挣些，但那只是个小问题，最重要的是由此获得踏进社会的机会，也获得了在社会阶梯上不断晋升的机会。通过工作中的耳濡目染获得大量的知识和经验，使自己的能力得以提升，这将是工作给予你的最有价值的报酬。

能力比金钱重要万倍，因为它不会遗失也不会被偷。许多成功人士的一生跌宕起伏，有攀上顶峰的兴奋，也有坠落谷底的失意，但最终能重返事业的巅峰，俯瞰人生。原因何在？是因为有一种东西永远伴随着他们，那就是能力。他们所拥有的能力，无论是创造能力、决策能力还是敏锐的洞察力，绝非一开始就拥有，也不是一蹴而就，而是在长期工作中积累和学习得到的。

你的雇主可以控制你的工资，可是他却无法遮住你的眼睛，捂上你的耳朵，阻止你去思考、去学习。换句话说，他无法阻止你为将来所做的努力，也无法剥夺你因此而得到的回报。

许多员工总是在为自己的懒惰和无知寻找理由。有的说雇主对他们的能力和成果视而不见，有的会说雇主太吝啬，付出再多也得不到相应的回报……

一个人如果总是为自己到底能拿多少工资而大伤脑筋的话，他又怎么能看到工资背后的成长机会呢？他又怎么能理会到从工作中获得的技能和经验，对自己的未来将会产生多么大的影响呢？这样的人只会逐渐将自己困在装着薪水的信封里，永远也不会懂得自己真正需要什么。

总之，不论你的雇主有多吝啬、多苛刻，你都不能以此为由放弃努力。因为，我们不仅是为了目前的薪水而工作，我们还要为将来的薪水而工作，为自己的未来而工作。一句话，薪水是什么？薪水仅仅是我们工作回报的一部分。

世界上大多数人都在为薪水而工作，如果你能为自己的成长而工作，你就超越了芸芸众生，也就迈出了成功的第一步。

从前在宾夕法尼亚的一个山村里，住着一位卑微的马夫，后来这位马夫竟然成了美国最著名企业家之一，他靠着惊人的魄力和独到的思想撑起了事业的大厦，他一生的成就为世人所景仰。他就是查尔斯·齐瓦勃先生。

年轻的朋友们很关心齐瓦勃先生的成功，那么为什么他会获得成功呢？齐瓦勃先生的成功秘诀是：每谋得一个职位，他从不把薪水的多少视为重要的因素，他最关心的是新的位置和过去的职位相比较，是否前途和希望更为远大。

他最初在一家工厂里做工，当时他就自言自语地说："终有一天我要做到本厂的经理。我一定要努力做出成绩来给老板看，使老板主动来提拔我。我不会计较薪水的高低，我只要记住：要拼命工作，要使自己工作所产生的价值，远超过我所得的薪水。"他下定决心后，便以十分乐观的态度，心情愉快地努力工作。在当时，恐怕谁也不会想到齐瓦勃先生会有今日巨大的成就。

齐瓦勃的童年时代家境异常艰苦，家中一贫如洗，所以，他只受过很短时间的学校教育。齐瓦勃从 15 岁开始，就在宾夕法尼亚的一个山村里做马夫。两年之后，他又获得了另外一个工作机会，周薪为 2.5 美元。但他仍然无时无刻不在留心其他的工作机会，果然他又遇到一个新的机会，他应某位工程师之邀，去钢铁公司的一个建筑工场工作，工资由原来的周薪 2.5 美元变为日薪 1 美元。做了一段时间后，他就又升任技师，接着一步一步升到了总工程师的职位上。到了齐瓦勃 25 岁时，他晋升到房屋建筑公司的经理了。5 年之后，齐瓦勃开始出任钢铁公司总经理。到 39 岁时，齐瓦勃接过了全美钢铁公司的权柄，出任总经理。如今，他已是贝兹里罕钢铁公司的总经理了。

齐瓦勃只要获得一个位置，就决心要做所有同事中最优秀的人。他决不会像某些人那样脱离现实胡思乱想。有些人经常会不守公司的纪律，常常抱怨公司的待遇，甚至于宁愿在街头流浪，静待所谓的良机，也不愿刻苦努力。齐瓦勃深知，只要一个人有决心，肯努力，不畏难，必定可以成为成功者。在今天的年轻人看来，齐瓦勃先生一生的奋斗与成功故事，简直是，一

个情节曲折的传奇，但更是一个对人教益最大的典范。从他一生的成功史中，我们可以看到努力劳动所具有的非凡价值。干任何事情，他都能做到非常乐观而愉快，同时在业务上求得尽善尽美、精益求精。所以，在他与同事们一起工作时，那些有难度、要求高的事情，都得请他来处理。齐瓦勃先生做事的态度是一步一个脚印，他从不妄想一步登天、一鸣惊人，所以，他地位的上升也是势所必至、天意使然。

别把工作当苦役

如果你对工作是被动而非主动的，像奴隶在主人的皮鞭督促之下一样；如果你对工作感觉到厌恶；如果你对工作毫无热忱和爱好之心，无法使工作成为一种享受，只觉得是一种苦役，那你在这个世界上绝不会取得重大的成就。

有这样一个故事，一天，主人把货物装在两辆马车上，让两匹马各拉一辆车。

在路上，一匹马渐渐落在了后面，并且走走停停。主人便把后面这辆车上的货物全放到前面的车上去。当后面那匹马看到自己车上的东西都搬完了，便开始轻松地前进，并且对前面那匹马说："你辛苦吧，流汗吧，你越是努力干，主人越要折磨你。"

到达目的地后，有人对主人说："你既然只用一匹马拉车，那么你养两匹马干吗？不如好好地喂一匹，把另一匹宰掉，总还能拿到一张皮吧。"于是主人便真的这样做了。

如果你对工作依然存在着抱怨、消极和斤斤计较，把工作看成是苦役，那么，你对工作的热情、忠诚和创造力就无法被最大限度地激发出来，也很难说你的工作是卓有成效的。你只不过是在"过日子"或者"混日子"罢了！

倘若如此，你每日所习惯的工作不仅不是合格的工作，而且简直跟"工作"有点背道而驰了！一些人认为只要准时上班，不迟到，不早退就是完成工作了，就可以心安理得地去领所谓的报酬了。可是，他们没有想到，他们固然是踩着时间的尾巴上、下班，可是，他们的工作态度很可能是死气沉沉的、被动的。

那些每天早出晚归的人不一定是认真工作的人，对他们来说，每天的工作可能是一种负担、一种逃避、一种苦役。他们是在工作中远离了"工作"，不愿意为此多付出一点，更没有将工作看成是获得成功的机会。

因此，在任何时候，你都不能对工作产生厌恶感，或者把工作看成是苦役。

即使你在选择工作时出现了偏差，所做的不是自己感兴趣的工作，也应当努力设法从这乏味的工作中找出兴趣。要知道凡是应当做而又必须做的工作，总不可能是完全无意义的。问题全在你对待工作的认知，对工作表现出积极的态度，可以使任何工作都变得有意义，变得轻松愉快。

如果你以为自己的工作是乏味的，是一种苦役，就会产生抵触的心理，这终究会导致你的失败。其实，只要你在心中将自己的工作看成是一种享受，看成是一个获得成功的机会，那么，工作上的厌恶和痛苦的感觉就会消失。不懂得这个秘诀，就无法获取成功与幸福。

一个人尽管如何冥顽不灵，尽管忘记他的崇高使命，但只要是踏踏实实、埋头苦干，这个人便不致无可救药，只有把工作当成苦役才会永无希望。努力工作，而绝不贪婪吝啬，这便是成功的惟一真理。这个世界的最好的福音则是，认识你的工作——它并不是苦役，然后便动手去做，像加西亚那样！

我认识许多老板，他们多年来一直在费尽心机地去寻找能够胜任工作的人，他们所从事的业务并不需要出众的技巧，而是需要谨慎、朝气蓬勃与尽职尽责。他们雇请的一个又一个员工，却因为粗心、懒惰、能力不足、没有做好分内之事而频繁遭到解雇。与此同时，社会上众多失业者却在抱怨现行的法律、社会福利和命运对自己的不公。

许多人无法培养一丝不苟的工作作风，原因在于贪图享受、好逸恶劳，把工作看成是苦役，背弃了将本职工作做得完美无缺的原则。

我们在心中应当立下这样的信念和决心：从事工作，你必须不顾一切，尽你最大的努力。如果你对工作不忠实，不尽力，甚至把它当成是一个苦役，那将贬损自己，糟蹋自己，更不会从工作中得到应有的乐趣。

从工作中获得快乐

许多著名的科学家、小说家、电影明星及其他有名的人物都曾描述工作时所得到的极大快乐与满足，只因为这项工作是他们真心想做的。这可能是促成他们成功的原因之一。

有一些终生不得志的人则把大部分时间用于玩乐之上。致使二者的成就差异如此之大，可见调整和分配工作与休闲时间的重要性。

马斯洛曾经定义"自我实现"的人就是喜欢并去做必须做的事。也就是想办法将工作变成游戏般轻松与自由，但是对一般人而言这是一件非常不容易做到的事。

许多人都有一些限制他时间、行动与想法的工作，这工作也就是不快乐的根源。事实上，最近密歇根及哈佛两所大学的研究者发现大部分的美国人都有换工作的念头，而美国政府则在近些年花费 4 千万元去发展不使工作厌烦的技巧。

对许多人来说，快乐绝大部分出现于不在工作的时候，例如晚间、周末及假期当中。

你该如何去除因工作而产生的不快乐呢？你又如何找到更多的快乐时光呢？

有一个很好的方式就是培养自己足够的知识、勇气及内力去做适合你的工作。当最著名的压力研究专家亚莉耶博士在一次接受"美利坚新闻及寰宇报道"的访问时被问到："人们如何应付压力呢？"他回答，"诀窍不在于如何避免压力，而在于'做你自己的事'，这就是我一直所强调的：做你喜欢做的事，但也别忘了做那些你该做的事。"

另外他还提到："药物治疗也能发挥效用，例如现在已有一些能有效治疗高血压的药。但是我想对大多数人而言，最重要的莫过于学习如何生活，在各种不同的场合中如何表现适当举止以及如何作最明智的决定。'我到底是想要接管父亲的事业还是成为音乐家？'如果你真的向往音乐家，那就朝这方面去做。"

许多人选择职业时只怀着赚钱、争取高职位或升迁的目的，结果往往无法从事真正有兴趣的工作。例如有位社会工作人员，过去经常到各地区与民众会谈，教他们学习面对及解决问题的技巧，如今却因为其他原因而停止这项工作。现在虽然跃升为一个著名社会辅导站的主管，但同时他放弃了他喜爱的兴趣——终日呆在办公室里。又如一位艺术大师被聘为世界上最著名、最有权威的博物馆之一的馆长之后，他必须将绝大部分时间用于繁琐的行政工作上，而不得不放弃钻研艺术的雅趣。

如果你问一些人在不考虑金钱因素及其他顾虑的情况下，他们真正想从事的工作是什么？往往你都会得到非常意想不到的答案。有一家广告公司的企划部主任曾说到他愿成为一家自然博物馆的制标本的技术人员。有一家出版社的董事长说他想成为餐厅的领班。另有位公共关系部门的主管回忆起她一生中从事的最愉快职位就是接待员，因为她每天必须与许多不同的人接触，这使她获得很多乐趣，而且这种工作也不会耗用她太多的私人时间及精力，毕竟拥有自己的时间是很重要的。此外，一位银行的副总裁将公余的时间大部分花费于研究制造各种锁，他还打趣地说，如果他不介意失去银行那份高高在上的职位，从事锁匠应该也可以维持温饱。

娱乐是一件非常重要的事。如何寻找到适合自己的娱乐，则是一件非常快乐的事。但是，切莫去随便模仿别人。你最好能够先自问，什么是真正能使自己感到快乐的事情。在我们周围经常会发现，许多人什么事都要掺和掺和，还整天忙忙碌碌，这样的人是享受不到任何快乐的。只有在工作时专心投入，而且能够从工作中获得快乐的人，才能在游乐时感到喜悦。

如果以此作为衡量的标准的话，在我心目中，古代雅典的将军阿尔基比亚地斯应该可以算是最合格的了。尽管他在言行举止上都可以称得上是一个放荡的人，但是在思想上和工作上，他却极其投入，并取得了令世人羡慕的成就。

恺撒大帝也是一位能够将心思均等地分配在工作和游戏上的人。在罗马

卡耐基励志经典

人的心目中，恺撒原本是一位行为不轨的人，但是他事实上是一位非常优秀的学者，他具有一流的辩才，而且拥有统驭他人的实力。

恺撒大帝

只懂得如何游乐的人生不仅毫不令人感动，而且一点儿也不有趣。一个每天认真工作的人，他在娱乐时才会由衷地感到快乐。整天好吃懒做的人、喝酒喝得醉醺醺的人、沉迷于酒色之中的人，一定无法从工作中获得真正的快乐，这样的人每天只是在过着行尸走肉的日子。

精神生活层次低的人，大多只追求低级的享乐，他们也只能热衷于那些毫无品位的娱乐；与这类人相对的是，那些精神生活层次高的人，则善于结交一些品性和道德良好的朋友，他们所追求的娱乐也是适当的，它们既没有危险性，又不失品味。具有良知的人都十分明了，娱乐是不可以被当作目的的，它只不过是一种让人放松心情、给人安慰的方法而已。

为了使你步入高尚人的行列，你不妨实践一下我称之为"早上比夜晚聪明"的体验。

在工作和游戏的时间安排上，最好能够有一个明确的划分。读书、工作，或者是要同有知识的人及名流之士促膝交谈，这些事情最好排在早上比较恰当。一旦吃过晚饭之后，就应该尽量让自己放松心情，除非是发生了什么紧急的情况，否则不要占用它，最好利用这段时间让自己轻松地做自己所喜欢的事情，例如，和几个志同道合的朋友打打牌，或者和几个有节制的朋友玩玩愉快的游戏，即使有失误，也不会因此而吵架。也可以去看演出，或去看一场比赛，或者找几位好朋友一起吃饭、聊聊天，尽你所能地度过一个能够令你满足的夜晚。

如果你的工作让你做起来没意思或不快乐，当然按照常理，最好是换个工作。但事实上，并不是每个人都能随心所欲地换工作，有些人甚至于换工作后变得更不快乐。就像有一位想换工作却一直碰壁的人——因为年龄已50

岁，别家公司不雇用他——或是一位离了婚的妇女无法搬离本地另找新工作，因为她必须住得离母亲家近些，以便每天下班后到母亲家去看孩子——或是一位在居住地拥有本区惟一一间建筑公司的人必须留在当地，因为那儿是他发迹的地方，同时他也不愿离开朋友和亲戚搬到陌生的地方。

就算你非常不喜欢目前从事的工作，但也不要轻言放弃。有些技巧可以使工作愉快些，你不妨想想由于从事此项工作所赚得的钱使你能享受购物的乐趣，你可以开始培养新的嗜好，这个嗜好使你除了工作外另有新的目标，你应该尝试在工作中建立起具体的目标，目标是使工作愉快的万灵丹。

有许多拿高薪的权威之士有时会感觉沮丧，就是因为他们没有目标，甚至有些人还不知道是为何而沮丧。

哈佛大学科技、工作及心理计划部的主任马柯毕谈到某些公司里的高级主管时，称他们为"游戏型人物"。他解释所谓"游戏型人物"就是以在工作或娱乐冒险活动上击败对手为最大享受，但是这类人没有长程目标。他描述此"游戏型的人物"：漫无方向地跑完了人生旅程，到头仍是茫然。他叹息道："我倒宁愿做些真正能使我感到高兴的事。"

所谓最有意义的目标就是能带给我们最大快乐的目标。如果工作的目的只是赚钱或击败对手，则成功所带来的快感将不会持续很长时间。就如同马柯毕提到的"游戏型人物"，他说："一位又老又疲倦的'游戏型人物'，在输去几场比赛，失去信心之后，他们所剩下的只是一张痛苦扭曲的脸孔而已。一旦他失去了青春、精力，甚至荣耀，他变得绝望、茫然，不禁自问活着的意义为何？"马柯毕主张"游戏型人物"如要避免被老化与颓废打败就必须：除了一心一意获取胜利之外，该想想生命中是否有其他值得追求的目标？

最理想的状况当然是能从工作及休闲二者中获取快乐。也惟有二者兼得，我们才能达到快乐的最高潮。

人们经常梦想将工作放在一边，好好地放纵一下，但一旦他们这样做了，反而得到失望的结果。

例如，有许多人退休后都感到不习惯并很不快乐，他们仍急于找到一份工作来打发寂寞。有些佛罗里达酒店每年出售超过 200 万元的酒给退休后因无聊而以酒解愁的老人。

有一个人退休之后搬到佛罗里达，但他觉得在那儿很无聊、不快乐。最后他搬回纽约，每天中午吃饭时间他就回到过去工作的工厂找老同事聊天。他也经常在上下班时间到工厂看看老朋友。

有一位狂热的业余水手辞掉了工作，成为职业的水手，但他却失望了：他所梦想的日子是夏日的周末，但他很快地发觉每天航海并无乐趣可言，不像以前只能利用周末上船那般有意思。当他只能在周末航海时，航海的新奇感从未停止，一旦它成了连续性的动作就不再那么刺激、有趣了。所以每个人都必须学习从工作进入娱乐，再从娱乐返回工作，因为工作和娱乐两种不同感受的对照，能使你清新并协调享受二者。

六十五岁不退休

马克·H·赫林德和史坦利·A·弗兰克医生在《健康世界》上介绍过一位住在堪萨斯市的81岁的女人，说她将一张摇椅退还给她女儿，并附言："我太忙了，没有时间坐摇椅。"

这位母亲懂得了要成熟不要变老的方法。她知道工作才是对生活和健康最有用的东西。

如果你认为幸福就是获得无止境的悠闲，如果你希望退休后可以一直躺在摇椅上，那么你只是进入了愚人的天堂。要知道懒惰是人类最大的敌人，它只会制造悲哀、早衰和死亡。

适量的工作，只要不是过度紧张的工作，就不会对人造成伤害，但过分的安逸却会。

可见工作是对延迟年老造成影响的一个因素。德国脑科研究机构的欧·弗格特博士，在不久前的一次国际老年问题研讨会上提出：脑细胞的剧烈运动可延迟老化的进程。过度工作，不仅不会伤害神经细胞，反而可以延迟其向年老转化。弗格特博士公布了他对正常人脑神经细胞所作的显微研究结果，重点观察其随年龄而产生变化的情况。分别在90岁和100岁时去世的两个女人的非常活跃的脑中，发现她们的脑神经细胞老化的情况都相应地延迟。

弗格特博士说："我们通过对研究对象的观察，找不到因过度工作而加速神经细胞老化的证据。"

退休的人早死——听起来真实得令人感到悲哀，从活跃、忙碌、有益的活动状态中转入到整天虚掷光阴或漫无目的地排遣时日的薄暮世界中，破坏了我们的生命力，降低了承受力，以致造成早死。在退休后仍然保持快乐的人，都是那些把退休当作只是换个工作的人。

下面是汤玛士·克林先生的研究。他是芝加哥《每日新闻》的专栏编辑，也是《黄金年华》一书的作者。克林先生认为强制退休的规定"十分残忍"，以下是他的观点：

"7 年来，我访谈了无数年届，或刚逾 65 岁的工作者。根据我的观察，强制退休的规定十分残忍，假如同样的情形发生在狗或马的身上，相信它们必定无法忍受。至少，马在告老退休之后，还能随时奔跑到草原之上，嚼食青草，而狗也是被喂养到老死为止。"

"但是，人的生存并不只是为了生计问题，如果这样的话，同时也伤害了这些人对自己能力的信心，更伤害了他们精神上的尊严。

"对人来说，因年老而变得无用是极为恐怖的现实，连天使都无能为力。人被剥夺了工作权、收入，甚至自尊，只因他已年届65——这不是极其残酷的吗？"

那么，为什么人们不起来反对这样的无理规定呢？根据印第安纳州的调查，有90%的工作者，表示不愿在 65 岁的时候被强迫退休。在某些大工厂里面，此百分比更高达95%。

从来没有任何心理学或生理学上的理论，说明人在这个年龄会失去工作能力。衰弱或无能，可发生在任何年纪。而对不同的人来说，发生的时间也可能各不相同。假如我们不常常使用双手，双手便不会那么灵巧。假如我们不常常使用大脑，大脑也会很快衰退。当然，每个人都必须在某个时期停止工作，却绝不是非要在 65 岁时。

我们若把工作当成是谋生工具，必须等到退休或死亡才能告一段落，则无疑剥夺了生为人类所能拥有的最大满足感。工作本身是件极好的事，除了有益健康，更能影响一个人的气质。因此工作在我们的生命之中，是个极其高贵的成分。

所有的工作都具有服务性质。无论是烹饪、刷地板、装配零件，或者是练习一个舞步，它的主要目的是要使生活更美好、更舒适、更快乐。因此，工作本身极富创意性。假如我们想从工作中获得快乐或好处，都得重视这个富有创意性的目的。

英国著名的电影制作人蓝克先生说过："许多人常常忘记'为什么'会有某个行业存在的理由。一个制造座椅的工厂，不仅只是生产坐椅和获取利润，其主要任务是要制造出人人喜欢坐的椅子来。假如从事此行业的人，忘了自己工作的任务或目的，总有一天会发现——别人不但把他制造的椅子拿出去扔掉，连他想要的利润，也都不翼而飞了。"

是的，工作是生命之律。假如我们被剥夺了工作权，无论理由如何，我们都会感到十分痛苦。许多治疗机构都采用工作治疗法，如：精神病院、监狱、疗养院，及其他被隔离起来的地方。一般人认为："人一旦退休，便开始步向死亡。"话虽残酷，却是事实。人一旦由各种活动中退休，由忙碌有意义的生活而变成无目标的"纯消遣"生活，便会使原有的旺盛精力熄灭，因而降低了身体的抵抗力，迅速步入死亡。假如你想在退休后仍能快乐生活，最好是用别的工作来取代原有的忙碌生活。

规定人必须在年届 65 岁的时候退休，这种过时的观念是四轮马车时代的残遗，是任何进步国家都应引以为耻的做法。规定 65 岁必须退休，这是在 1870 年首先由"铁路工作人员退休系统"所采用；接着，1937 年由"社会安全系统"来使用。由于 1900 年之后，人类的寿命已逐渐增加了 20 岁，所以，65 岁的退休年龄，现已显得不太合理。无论是男是女，许多 65 岁的人精力还都十分旺盛，根本还不预备进安乐椅或准备走向殡仪馆。

政府为什么从来不向这些极力主张废除这种退休制度的人——一群 65 岁的工作者征询意见呢？很明显的一个事实是，几乎所有正在工作着的人都不愿到 65 岁时就被强迫退休！

鉴于工商业界对于雇用老年人所持的态度，令人感到欣慰的是他们有很多人都到外面为自己找份工作。茱丽艾达·K·亚瑟是一位社会福利方面的权威人士，根据她的调查显示："1950 年的普查报告有一个最值得注意的就业事实，那就是有几十万超过 75 岁的老人仍在继续工作，他们之中很多都属于没有雇主的自由职业者。"

1954 年，首都人寿保险公司公布了一项报告：65 ~ 69 岁之间的男人有 3/5 就业；70 ~ 74 岁之间的男人也有 2/5 就业；75 岁以上的男人仍有 1/5 在工作。他们大多从事的是自由职业。这些数字再一次有力地证明了这样一个事实——工作的能力并不在 65 岁生日时突然丧失。

只要有能力，大多数的人仍然想继续工作，而不愿因为某个养老金计划制订者说他们应该退休就退休。越来越多的工作者对不公平的强迫退休制度的抗议，已经收到一些良好的效果，一些公司延长了退休年龄年限或使它较具弹性。可惜的是，这样的公司还是很少。还要多久，人的工作权利才能不再因为年龄的增高，不再不顾他的需要、能力和意愿而被无情地剥夺掉呢？

在不久前于纽约州举行的一次老年问题研究会中，当场宣读了一份由杰出的老政治家伯纳德·M·巴鲁克拍给大会的电报。在电文中，巴鲁克先生强烈呼吁废除强迫退休的制度，他说这种制度"对那些虽然年龄很大，但仍然愿意而且有能力继续工作的人来说不是恩惠，是否应该退休不应从年龄，而应从能力的角度来考虑"。巴鲁克先生说："年纪越大的人越是已经获得了无法取代的丰富经验资产的人。"

已经 83 岁还在担任密执安州老年问题研究委员会委员的亨利·S·柯特斯博士是美国在这方面的权威人士之一，他的话直指对老年人就业的不公平歧视：

"强迫退休是存在于工商业界的一项严重的失误，因为它使许多最佳的人才闲置浪费，而且也使受雇者晚年时期想要做好工作的热情受挫。无论对有能力而且愿意继续工作的人，还是对纳税的大众，都是一个严重的错误。工作的权利是一项基本的人权，65 岁退休制度的存在是一项基本的人类错误。"

说得精彩，柯特斯博士！愿策划者和官僚们能来听听反对"强迫退休法案"的睿智而强烈的呼声。"65 岁退休的制度规定，"柯特斯博士又说，"是独断的、专横的，不管从生理学还是从心理学上来讲，都没有什么理论能证明一个人的工作能力会在 65 岁时突然失去。任何年龄都可能变得软弱，这因人而异。如果我们停止动手工作，双手很快就会失去它的灵敏；如果我们停止用脑思考，大脑就会很快衰老。每一个工作者都应该自己选择放弃工作的时间，在他自认不能胜任他的工作的时候。"

工作是年轻人所无法想象的成熟的快乐之一。不管是体力工作还是脑力工作，都是自然赋予我们的可以不断成长而不变老的最神奇的一种力量。想要避免随一个人变老而来的危险，最好能像本章开始那个 81 岁的女人那样，退掉摇椅，忙碌起来！

第十章　逐步迈向成功

跌倒不算失败

要检验一个人的品格，最好是看他失败以后如何行动。失败以后，能否激发他的更多的策略与新的智慧？能否激发他潜在的力量？是增强了他的决断力，还是使他心灰意冷了呢？

爱默生说："伟大而高贵的人物最明显的标志，就是他坚强的意志，不管环境变化到何种境地，他的初衷与希望，仍然不会有丝毫的更改，而终至克服障碍，以达到所企望的目的。"

"跌倒了再爬起来，从失败中求胜利。"这是历代伟人的成功秘诀。

有人问一个孩子，他是怎么学会溜冰的？那孩子回答道："哦，跌倒了爬起来，爬起来再跌倒，就学会了。"之所以个人成功，之所以军队胜利，实际上就是这样的一种精神。跌倒不算失败，跌倒了站不起来，才是失败。

可能过去的一切，对一些人来说是一部非常痛苦、非常失望的伤心史。所以，有的人在回忆从前时，会觉得自己处处失败、碌碌无为，他们竟然在非常希望成功的事情上失败了；或是他们所至亲至爱的亲属朋友，竟然离他而去；或是他们已经失掉了职位，或是经营失败；或是因为各种原因而不能使自己的家庭得以维系。在这些人看来，自己的前景似乎是十分的渺茫。然而即便有上述的种种不幸，只要你永不甘屈服，那么胜利就在前方，就在向你招手。

失败是对一个人人格的考验，在一个人除了自己的生命以外，一切都已失去的情况下，潜在的力量到底还有多少？没有勇气继续奋争的人，自认失败的人，那么他所有的能力，就会全部消失。而只有毫无畏惧、勇往直前、永不放弃人生责任的人，才会在自己的生命里有伟大的进展。

有人也许要说，早已失败多次了，所以再试也是徒劳无功，这种想法真是太自暴自弃了！

对意志永不屈服的人，根本就没有所谓的失败。无论成功是多么遥远，失败的次数是多少，最后的胜利仍然在他的希望里。狄更斯在他小说里讲到一个守财奴斯克鲁奇，最初是个爱财如命、一毛不拔、残酷无情的家伙，他甚至把全部的精神都钻在钱眼里，可是到了晚年，他竟然变成一个慷慨的慈善家、一个宽宏大量的人、一个真诚爱人的人了。狄更斯的这部小说并非完全虚构，世界上也真有这样的事实。人的本性都可以由卑鄙变为善良，人的事业又何尝不能由失败变为成功呢？现实生活中这样的例子并不少，许多人失败了再起来，沮丧而又不认输，抱着不屈不挠的无谓精神，向前奋进，最终竟然获得了成功。

世界上有无数人已经丧失了他们所拥有的一切东西，然而还不能把他们叫做失败者，因为他们仍然有着不可屈服的意志，有着坚忍不拔的精神。

世间真正伟大的人对于世间所说的种种成败并不介意，所谓"不以物喜，不以己悲"。这类人无论面对多么大的失望，绝不会失去镇静，这样的人终能获得最后的胜利。在狂风暴雨的袭击中，那些心灵脆弱的人们惟有束手待毙，但这些人的自信精神、镇定气概、却仍然存在，而这种精神使得他们能够克服外在的一切境遇，去获得成功。

温特·菲力说："失败，是走上更高地位的开始。"许多人所获得的最后的胜利，只是来自于他们的屡败屡战。对于没有遇见过失败的人，有时反而让他不知道什么是大胜利。一般来说，失败会给勇敢者以果断和决心。

从做愚人开始

我要告诉你关于一位深谙自我管理艺术的人物的故事，他的名字是豪威尔。1944 年 7 月 31 日，他在纽约大使酒店突然身亡的消息震惊了全美。华尔街更是骚动，因为他是美国财经界的领袖，曾担任美国商业信托银行董事

长，兼任几家大公司的董事。他受的正式教育很有限，在一个乡下小店当过
店员，后来当过美国钢铁公司信用部经理，并一直朝更大的权力地位迈进。

我曾请教豪威尔先生成功的秘诀，他告诉我说："几年来我一直有个记
事本，登记一天中有哪些约会。家人从不指望我周末晚上会在家，因为他们
知道，我常把周末晚上留作自我省察，评估我在这一周中的工作表现。晚餐
后，我会独自一人打开记事本，回顾一周来所有的面谈、讨论及会议过程。
我自问：'我当时做错了什么？''有什么是正确的？我还能干什么来改进自
己的工作表现？''我能从这次经验中吸取什么教训？'这种每周检讨有时弄
得我很不开心。有时我几乎不敢相信自己的莽撞。当然，年事渐长这种情况
倒是越来越少，我一直保持这种自我分析的习惯，它对我的帮助非常重大。"

豪威尔的这种作法可能是向富兰克林学来的，不过富兰克林并不会等到
周末，他每晚都自我反省。他发现过十三项严重的错误。其中三项是：浪费
时间、关心琐事及与人争论。睿智的富兰克林知道，不改正这些缺点，是成
不了大业的。所以，他一周订一个要改进的缺点作目标，并每天记录赢的是
哪一边。下一周，他再努力改进另一个坏习惯，他一直与自己的缺点奋战，
整整持续了两年。

如果有人骂你愚蠢不堪，你会生气吗？愤愤不平吗？我们来看看林肯是
如何处理的。林肯的军务部长爱德华·史丹顿就曾经这样骂过总统，史丹顿
是因为林肯的干扰而生气，为了取悦一些自私自利的政客，林肯签署了一次
调动兵团的命令。史丹顿不但拒绝执行林肯的命令，而且还指责林肯签署这
项命令是愚不可及的。有人告诉林肯这件事，林肯平静地回答："史丹顿如
果骂我愚蠢，我多半是真的笨，因为他几乎总是对的。我会亲自去跟他谈
一谈。"

林肯真的去看史丹顿了。史丹顿指出他这项命令是错误的，林肯便就此
收回成命。林肯很有接受批评的雅量，只要他相信对方是真诚的，有意帮
忙的。

我的档案中有一个私人档案夹，标示着"我所做过的蠢事"，夹中插着
一些我做过的傻事的文字记录。我有时口述给我的秘书做记录，但有时因为
这些事是非常私人的，而且愚蠢到我没有脸请我的秘书做记录，因此便只好

自己写下来。

　　每次我拿出那个"愚事录"的档案，重看一遍我对自己的批评，可以帮助我处理最难处理的问题——管理我自己。

　　一般人常因为受到批评而愤怒，而有智慧的人却想办法从中学习。《草叶集》的作者惠特曼曾说："你以为只能向喜欢你、仰慕你、赞同你的人学习吗？从反对你、批评你的人那儿，不是可以得到更多的教训吗？"

　　我们经常把自己的错误怪罪到别人身上，随着年龄的增长，我们将会发现，最应该怪罪的其实是我们自己。连伟大的拿破仑被放逐到圣海伦岛时，也曾经说过："我的失败完全是自己的责任，不能怪罪任何人。我最大的敌人其实是我自己，也是造成我悲惨命运的原因。"

　　每个人都不是完美的，都有各种各样的缺点，与其等待敌人来攻击我们或我们的工作，倒不如自己动手。我们可以是自己最严苛的批评家，在别人抓到我们的弱点之前，我们应该自己认清并处理这些弱点，达尔文就是这样做的。当达尔文完成其不朽的著作——《物种起源》时，他已意识到这一革命性的学说一定会震撼整个宗教界及学术界，因此，他便主动开始自我评论，并耗时 15 年，不断查证资料，向自己的理论挑战，批评自己所下的结论。

　　同样，来自他人的批评，也可以记入我们的"愚事录"，这同样对我们管理自我有很大的作用。

　　一位成功的推销员，甚至主动要求人家给他批评。当他开始推销香皂时，订单接得很少，他担心会失业，他确信产品或价格都没有问题，所以问题一定是出在他自己身上。每当他推销失败，他会在街上走一走想想什么地方做得不对，是表达得不够有说服力？还是热忱不够？有时他会折回去，问那位商家："我不是回来卖给你香皂的，我希望能得到你的意见与指正，请你告诉我，我刚才什么地方做错了？你的经验比我丰富，事业又成功，请给我一点指正，直言无妨，请不必保留。"他这样做的结果，是他获得了巨大的成功。

　　法国作家拉劳士福古曾说："敌人对我们的看法比我们自己的观点可能更接近事实。"

我了解这句话常常是正确的，可是被人批评的时候，如果不提醒自己我还是会不假思索地采取防卫措施，每次我都对自己极为不满。不管正确与否，人总是讨厌被批评，喜欢被赞赏的。我们并非逻辑的动物，而是情绪的动物，我们的理性就像在狂风暴雨的情绪汪洋中的一叶扁舟。

听到别人谈论我们的缺点时，应该想办法而不要急于辩护，因为每个没头脑的人都是这样的。让我们放聪明点也更谦虚一点，我们可以气度不凡地说"如果让他知道我其他的缺点，只怕他还要批评得更厉害呢！"

我曾讨论到如何应对恶意的攻击。现在提出的是另一个想法：当你因恶意的攻击而怒火中烧时，何不先告诉自己："等一下……我本来就不完美，连爱因斯坦都承认自己 99% 都是错误的，也许我起码也有 80% 的时候是不正确的。这个批评可能来得正是时候，如果真是这样，我应该感谢它，并想法子从中获得益处。"

美国一家大公司的总裁查尔斯·卢克曼曾经用 100 万美元请鲍伯·霍伯上广播节目。鲍伯从不看赞赏他的信，因为他知道不可能从中学到任何东西。

福特汽车公司为了了解管理与作业上有何缺失，特地邀请员工对公司提出批评。

不行动，只会让事情更糟

许多人害怕负起做决断的责任——决定不下要采取什么样的行动，因为他们担心，事情若是做不成功，他们便要成为承担者的对象。因此，他们尽可能避免负责，如有必要，他们会陷入忧愁、疑惧，或不知所措，这种焦虑和紧张，往往使身体和精神趋于崩溃。1942 年，有位住在加拿大尼加拉瓜瀑布地区的年轻小伙子，名叫柯思迪罗，他退伍之后，立刻在"安大略水力发电代办处"找到一份修理机械的工作。18 个月以来，他一直表现良好，而且工作得很愉快。一天，上司告诉他一个好消息——他被升任为领工，负责管理厂内重机油的设备。

福特汽车公司

　　"从那时起，我便开始忧愁了。"柯思迪罗描述道，"我曾是个快乐的机械工，但调升为领工之后，日子便不再快乐了。我所负的责任带给我许多压力，不论是清醒时或在睡梦里，不论在厂内或家里，焦虑常是我最亲密的伴侣。

　　然后，事情发生了——我一直担忧的紧急变故终于发生了。我当时正走向一个碎石坑，那里应有四部牵引机在工作，但坑里那时只是一片宁静，我急忙跑过去看，原来四部牵引机都发生了故障。

　　我从没碰到过这样的大事故，因此脑子空空不知如何是好。我跑去找监督，告诉他这个天大的不幸消息，然后静等着他向我大发雷霆。

　　但屋顶并没有掉下来，相反，这位监督转过身来，若无其事地向我微微一笑，然后说了几个字眼——假如我有幸活到一千岁的话，也永远不会忘记这些字眼，他对我说：

　　'把它修好啊！'

　　就从那一刻开始，我所有的忧愁、恐惧和焦虑，完全一扫而空，整个世界又恢复了正常。我急忙拿了工具出去，马上开始修理那四部牵引机。这几个神妙的字眼可说是我一生的转折点，并且改变了我的工作态度。感谢那位监督，我不但再度对工作燃起了热忱，也下定决心——遇事不要惊慌，不要忧烦，只要赶紧‘把它修理好’，就可以啦!”

　　住在印第安纳州的泰德·斯坦坎普先生便是位幸运人士。他的父亲不仅了解积极行动的价值，并且知道如何把这个观念和习惯传授给儿子。事情的经过是这样的：

　　泰德·斯坦坎普12岁时曾被邻居的一个孩子欺负，所以，他决心不再出门，因为这样比较保险。过了几天，作为他帮忙割草的奖励，泰德的父亲给了他一些钱要他去看电影和买冰淇淋。泰德把钱放进口袋，但没有去看电影，虽然他是那么渴望去看电影——怕会遇见那个邻居的孩子。

　　“我父亲以为我是生病了，”泰德·斯坦坎普说，“我含糊地回答他的问话。第二天傍晚我到巷子里去玩弹子，这时候我发现了我的敌人——他此时像《圣经》里被大卫王杀死的菲利斯丁巨人那样可怕地向我冲来，我吓得调过头拼命跑回我家的车库。谁知我爸爸正站在我面前，他问我究竟是怎么了，我谎称我们在捉迷藏。这时候一个声音传进来：‘出来，胆小鬼。’

　　我爸爸手中多了一根两英尺长的厚厚的汽车皮带，语气平静地对我说，如果我不敢面对那个大块头，就必须等着挨皮带。我稍一犹豫，皮带就打在我的屁股上，那种疼痛比打架时挨过的拳头厉害多了。

　　我像炮弹被发射般窜出车库，出其不意地冲向那个家伙，第一拳打得他没有心理准备，接二连三地又是几下，他只有狼狈逃窜。

　　“后来的几天成为我童年最快乐的记忆，勇气带给我的报偿是一种享受，我重获自尊，而且我得出一个有用的结论——不要逃避现实，要勇敢地面对它。一条汽车皮带和一个睿智的父亲叫我明白了一个真理。”

　　做出决定进而采取行动的能力是做好自我保护的要素之一。虽然多数人在大半生的时间里都循着常规生活，却没有人能预知紧急情况的发生，所以时刻准备行动，权衡利弊。选择最有利的办法付诸实施的习性的养成，可能会成为未来某天掌握我们自己以及以我们为支柱的人的生死关键。

　　住在俄亥俄州春田市的艾尔·比夏先生便曾遇到过这样的危机：比夏先生和妻子及三岁大的女儿一同开车到科罗拉多欢度圣诞佳节，那一天，风雪交加，高速公路上的车子都减速慢行，忽然，开在他们前面的几部车子都停住了，比夏也急忙煞车停下来，并试着倒转车子往回开。但风雪实在太大了，他们一不小心便陷入了车道的积雪当中，动弹不得。

"我们停在那里几乎有一个钟头，内心实在焦虑不已。"比夏先生回忆当时的情况时说道，"在那一个钟头里，我们担忧的程度超过了所有以往的经历。夜色降临了，气温愈来愈低，风雪也变得更厉害了。路上的积雪愈来愈厚，我们的车子是绝对无法再开动了。我望着太太和女儿，心里明白必须赶紧采取行动，以求取生存。

我记得方才开车的时候，曾路过一栋农舍，距离我们停留的地方约四分之一英里远。假如我们能走到那里，生存或许有望。于是，我把女儿抱在怀里，便和太太一同向农舍出发。这真是一趟艰苦的路程！积雪高到我们的臂部，得费极大的力气才能向前走一小步。那真是痛苦的经历，但我们终于走到了农舍！

"接下来的二十四小时，我们都留在那栋有四间房的农舍里，还有另外三十三个人也因风雪而困在那里。但我们都觉得十分温暖、安全，简直就像到了天堂一样。事过境迁之后我们回想，假如那时我们没有毅然决定采取行动，而只呆坐在车里等候，相信我们早就冻死在风雪中了。"

是的，紧急的情况往往逼使我们要当机立断，立刻采取行动，不能有犹豫、考虑的时间，否则情况将难以补救。

英雄总是谦卑的

在现代西方文化中，人们普遍低估了谦卑的价值。

流行的观点认为，谦卑只适用于与宗教有关的方面，至于在"现实"世界，它就不能对你有所助益了。许多人将骄傲与无所畏惧视为美德，而将谦卑视作软弱。这也许是由于他们并不懂得谦卑的真正含义，他们将谦卑与自视过低或自卑等量齐观了，事实上，真正的谦卑并非如此。

其实，真正的谦卑恰好与此相反，真正伟大的人物都是十分谦卑的。历史上曾出现过的那些最受人尊敬的伟人们承认，他们的伟大并非来自他们自己，而是一种更强大的力量在他们身上起作用的结果。真正的谦卑即是认识到个人不过是这个更大的力量作用的工具罢了。耶稣曾说："我对你们所说的话，不是凭着自己说的，乃是住在我里面的父亲做他自己的事。"许多宗教导师也都承认这一点，真正的天才人物大都怀有很深的谦卑。伊斯兰教什叶派第一位伊玛目、第四位哈里发曾说："为他人做的善事，你要掩藏；他人为你做的善事，则要显扬。"犹太教最伟大的学者本·西拉也说："人越伟大，行事越谦卑。"

世界上一位最伟大的自然科学探索者伊萨克·牛顿爵士暮年曾慨叹道："我就像个在沙滩上戏耍的小孩子，面前则是一片未知的真理的海洋。"

另一位自然科学的巨人爱因斯坦也以其孩子般的朴素而著称于世。

沃尔特·拉塞尔博士，一位在许多领域都获得成就的科学家说道："一个人只有学会了忘掉自我，他才可能发现自我。个人的自我必然消融，而由宇宙的自我所取代。"他的话简直就是耶稣上面所说的话的回声。

什么是宇宙的自我，它与个人的自我又有哪些不同呢？首先，个人的自我即我们大多数人所认同的"自己"，即我们相信，我们就是这个"自我"，它包括我们赋予自我评价的各种显现方式。个人的自我与我们的外貌、我们的成就及我们的私有财产相一致，就是我们自身的这个自我倾向于与他人竞争；如果未能达到它所希望的目标，就会感到恼怒或受到了伤害。这个本性的自我要求受人尊重，喜欢显得正确，并喜欢控制他人。这个本性的自我还促使人们仅仅依靠自己的努力去解决问题，而不是转而求助于他人的智慧。这个自我听起来有些熟悉吗？

有些人可能会说："你说的恰好就是人类的天性。"也许，我们上面所说的正是人类天性中我们最熟悉的部分。然而，我们的天性中还有另一部分，一个"更高的自我"，它像神圣的火花存在于我们每个人的身上。不幸的是，在大多数时间里，这个更高的自我被我们上面描述的那个自我掩盖住了。我们往往看不到这个宇宙的自我或称"更高的"自我，因为，我们的两眼往往被个人的自我这个身份所蒙蔽。这就好比我们仰视天空，天空中一直布满着群星，但在白天，它们被太阳的强光遮掩，我们用肉眼是见不到的，直到太阳落山之后，我们才会看到星斗满天。

为了在生活中显示出我们的伟大，我们应该学会谦卑。随着我们日渐变得谦卑起来，我们便开始明了谦卑的真正内涵。谦卑地承认，我们对真理的认识还所知不多，这不会使我们变成不可知论者。如果一位医生能够坦率地承认，他并不通晓所有的疾病、症状与治疗方法，那么，我们当然也应谦卑地承认，我们每一个人都必须更多地学习真理。

走出失败者的阴影

事业失败者失败的一个原因在于他们在潜意识里把自己当作是一个永远的失败者，不能走出这个阴影。他们根本就无法正视自己并且为改善付出努力。

一个叫南茜的女学生，原来最大的愿望是成为一名女演员。在她的房间里塞满了戏剧方面的书籍，墙上贴满了好莱坞伟大传奇人物的海报，那些登载有明星秘闻的期刊杂志南茜更是多不胜数。然而她的愿望却没有实现，她说："我痛恨办公室的工作，可是我没有别的选择。我知道我是个失败者，可是我已无力挽回什么，我感到到处都是失败的气味！"

我们来看看南茜的父母和朋友们的态度，他们也只把她的梦想视为是不可理喻的、根本不可能实现的幻想。于是南茜现在的文书工作，成为她倾泻生活中各种不满的容器。她自己认为，也许她乐于做个失败者，并且在一事无成中找寻自怨自艾的满足。

这个女学生的遭遇中有意义的是：南茜自认在事业上"一败涂地"，而她自己却没有做到这几点：

1. 找出自己真正想要的是什么；
2. 认清自己真正的长处与短处；
3. 没有有计划地发展自己的优势；
4. 没有有计划地改正错误，改善短处；
5. 没有努力为理想寻找机会；
6. 没有全心全力去追求成功；
7. 没有树立自己的信心；

8. 没有协调希望与现实。

南茜对理想的态度是消极的，她只是一个命运的接受者而不是一个挑战者。

美国南方的一个州，一直用烧木柴的壁炉作为冬天取暖的主要工具。在那里住着一个樵夫，他给某一人家供应木柴已经两年多了，这位樵夫知道木柴的直径不能大于 18 厘米，否则就不适合那家人的壁炉。可是，一次这位樵夫给这家人送去的木柴直径却大部分都超过了 18 厘米，当主顾发现后，打电话要求调换或重新把那些不合标准的木柴拿回去加工，但樵夫却没有答应主顾的要求。

这个主顾只好亲自来做劈柴的工作，他卷起袖子，开始劳动。大概在这项工作进行了一半的时候，他发现了一根非常特别的木头，这根木头有一个很大的节疤，节疤明显地被凿开又塞住了。这是什么人干的呢？他掂量了一下这根木头，觉得它很轻，仿佛是空的，他就用斧头把它劈开了，一个发黑的白铁卷掉了出来。他蹲下去，拾起这个白铁卷，把它打开，他吃惊地发现里面包有一些五十美元和一百美元的钞票，他数了数恰好有 2250 美元。

很明显，这些钞票藏在这个树节里面已有许多年了。这个人惟一的想法是使这些钱回到它真正的主人那里，于是他拿起电话找那位樵夫，问他从哪里砍了这些木头，这位樵夫的消极心态使他采取了一种排斥态度，他回答道："那是我自己的事，没有人会出卖自己的秘密。"然后他不问个究竟就把电话挂断了。那位主顾无法知道钱的来历，只好无可奈何地接受这份"礼物"了。

这个故事并不是为了讽刺，而是让人们认识到机会在每个人生活中都是存在的，然而以消极的心态对待生活却会阻止佳运造福于他。只有具有积极心态的人才能抓住机会，甚至从厄运中获得利益。

从许多事例中我们可以得出这样一个结论"凡是把自己的事业列为成绩平平或不成功的人，都是早就把成功的理由，置于他们控制力之外的人了。他们觉得自己是永远的失败者，而这种逆来顺受的心态是不成功的主要原因。"

不少家庭为了谦虚，当别人夸奖自己孩子聪明时，经常会反驳道："哪里，哪里，这孩子笨得很。"这些谦虚的父母不知道这种美德也许会使自己孩子的自我观向畸形方向发展，最终真的如父母"所愿"变得毫无斗志。

人们给自己下定义的方式可以称之为自我观，自我观对于从个人角度去解释"成"与"败"非常重要。而人给自己下定义当然是极富于主观性的。有的人认为自己富于智慧与能力，有的人则认为自己智力平平无所作为，而这种自我感觉即使与事实不符，却大多数与结果相符。曾经有一位大学教授做过这样的试验，他教的两个班中学生的智力水平基本上一样，但是他在甲班上课时，不断称赞甲班学生聪明。而在乙班时则不时讽刺、嘲笑乙班学生。结果受到鼓励、自信心大增的甲班在成绩上大大超过了自信心受到打击的乙班。这事实上也是一种自我感觉的影响作用。

成功并非总是用"赢"来代表

在追求增大我们能力的过程当中，并不需要踩着别人的头顶往上爬，也不需要赚个几百万，或是做到公司的总裁。成功的意义并不总在一个"赢"字。

有一个智能不足的年轻女孩，曾将成功的真谛表达得淋漓尽致。下面是关于这个女孩的故事。

在一个大城市的精神病患者举行的运动会选拔赛中，与赛者如同正常人一样，竞争得非常激烈。在中距离赛跑项目中，有两个女孩竞争得格外厉害，最后决赛时，这两个女孩更是备足了力量较劲。

最后有四名选手进入决赛，来决定谁将会获得该城的冠军。比赛开始，女孩子们在跑道上前进，这两名实力最强的选手很快便将另外两人抛在后面。

在剩下最后 100 米的时候，两名赛跑者几乎是比肩齐步，都极力要跑赢对方。就在这个时候，稍微落后的那个女孩脚步不稳，绊倒了。按照一般的情况来说，这等于宣布了谁是赢家，但这一回可不是这样。

领先的跑者停下来，折回去扶起她的敌手，为她拂去膝盖和衣服上的泥土，此时，另外两个女孩已冲过终点线。

赢得比赛是当天竞赛的目标，但谁才是这次比赛中真正的赢家，应该是毋庸质疑的。那个小女孩已将她最重要的能力发挥到极致——她爱的能力，而爱的能力使她比一般人赢得更多。

即使我性好竞争，仍然忍不住要想，有朝一日我也能得到同那女孩一样的成功。但我得先了解，爱的喜悦远胜过胜利的滋味。若你能两者兼顾，依我之见，你就是个超人。

人生中有许多时刻，你表面上输了，但其实是真正的赢家。比方说，某个周日下午，你正和邻人在起居间共享午茶。糟糕！她的茶杯翻倒了，茶水溅在你价值不菲的地毯上。

你会说："别担心！这地毯不容易弄脏的，只要一会儿便可以把它处理掉，请千万别放在心上。"

同一天下午，你的小孩不小心把一杯牛奶打翻在同一张地毯上。

你大吼大叫："你这笨手笨脚的白痴！这块永远洗不掉了啦！你是要把这房子里的每一样东西毁掉才甘心是吗？你能不能做点好事？"

这就是你的待"客"之道？孩子们其实是在我们家中短暂停留的客人——他们很快便会搬出去自立门户，他们是不是应该多少得到一些我们对待邻居的尊重和友谊？

这样的成功并没有立即可见的利益，正如同或许你已费尽心力却并不能得到什么金钱的回报。你所赢得的是，知道你最珍视的"客人"在你的家中得到爱、温柔和尊严——他们极可能会以同样的方式对待他们的下一代。

另一个"家庭剧场"的脚本："你没有一次准时过！每一次都要我等你！你不会是要穿'那'个玩意去参加晚上的派对吧？你到底有没有品味啊？"

我们结婚时在对方身上看到的优点都到那儿去了？似乎只要经过几年的婚姻生活，配偶中便会有一方或双方只能在对方身上看到缺点，对方的美德似乎已如尘土般消逝。

赞美对方良好的行为而心怀宽恕——虽然真正地宽恕另外一个成年人绝非易事；即使你做到了，也不会有胜利感。但因此培养的美满良缘，却绝对是项胜利。

通常，我们将大部分的精力投注于世俗的目标上，却不了解人生真正应该追求的目标是默默给予别人帮助，学会得到内心的平静，以感恩和谦逊的心态去迎接命运所注定的好事，并以勇气接受并不那么美好的事。

剪掉多余的

"剪掉"不适合自己干的事情，剩下的就是适合自己发展的园地。

对大部分人来说，如果一入社会就善于利用自己的精力，不让它消耗在一些毫无意义的事情上，那么就有成功的希望。但是，很多人却偏偏喜欢东学一点、西学一下，尽管忙碌了一生却往往没有什么专长，到头来什么事情也没做成，更谈不上有什么强项。

在这方面，蚂蚁是人们最好的榜样。它们驮着一大颗食物，齐心协力地推着、拖着它前进，一路上不知道要遇到多少困难，要翻多少跟头，千辛万苦才把一颗食物弄到家门口。蚂蚁给我们最好的教益是：只要不断努力，持之以恒，就必定能得到好的结果。

明智的人最懂得把全部的精力集中在一件事上，惟有如此方能实现目标；明智的人也善于依靠不屈不挠的意志、百折不回的决心以及持之以恒的忍耐力，努力在人们的生存竞争中去获得胜利。

那些富有经验的园丁往往习惯把树木上许多能开花结果的枝条剪去，一般人往往觉得很可惜。但是，园丁们知道，为了使树木能更快地茁壮成长，为了让以后的果实结得更饱满，就必须忍痛将这些旁枝剪去，否则，若要保留这些枝条，那么将来的总收成肯定要减少无数倍。

那些有经验的花匠也习惯把许多快要绽开的花蕾剪去，这是为什么呢？这些花蕾不是同样可以开出美丽的花朵吗？花匠们知道，剪去其中的大部分花蕾后，可以使所有的养分都集中在其余的少数花蕾上。等到这少数花蕾绽开时，一定可以成为那种罕见、珍贵、硕大无比的奇葩。

做人就像培植花木一样，与其把所有的精力都消耗在许多毫无意义的事情上，还不如看准一项适合自己的重要事业，集中所有精力，埋头苦干，全力以赴，肯定可以取得杰出的成绩。

如果你想成为一个众人叹服的领袖，成为一个才识过人、无人可及的人物，就一定要排除大脑中许多杂乱无绪的念头；如果你想在一个重要的方面取得伟大的成就，那么就要大胆地举起剪刀，把所有微不足道的、平凡无奇的、毫无把握的愿望完全"剪去"，在一件重要的事情面前，即便是那些已有眉目的事情，也必须忍痛"剪掉"。

世界上无数的人之所以失败，并不是因为他们才能不够，而是因为他们不能集中精力，不能全力以赴地去做适当的工作，他们使自己的精力在许多并无助益的事情上徒耗了，而他们自己竟然还从未觉悟到这一点。如果把心中的那些杂念一一剪掉，使生命力中的所有养料都集中到一个方面，那么他们将来一定会惊讶——自己的事业上竟然能够结出那么美丽丰硕的果实。

拥有一种专门的技能要比有十种心思来得有价值。有专门技能的人随时随地都在这方面下苦功求进步，时时刻刻都在设法弥补自己的缺陷和弱点，总是想到把事情做得尽善尽美。而有十种心思的人就和他不一样，他可能会忙不过来，要顾及这一点又要顾及那一个，由于精力和心思分散，事事只能做到"尚可"为止，结果当然是一事无成。

现代社会的竞争日趋激烈，所以，你必须专心一致，对自己认定的某一件事或某一个目标全力以赴，这样才能做到得心应手，有出色的业绩。

磨刀不误砍柴工

假如你在树林中碰到一个正在兴奋地锯树的人。

"你在干什么？"你问。

"你看不见吗？"来了一个不耐烦的回答，"我要锯倒这棵树。"

"你看来已筋疲力尽了！"你大声说道，"你干了多久了？"

"五个多小时了，"他回答说，"我是筋疲力尽了！这是件重活。"

"嗨，你为什么不停几分钟，把锯磨快？"你问，"我可以肯定这样做会使你锯得更快些。"

"我没有时间磨锯，"此人断然地说，"我忙得哪有时间磨锯？"

此时，你一定会笑锯树人的愚蠢，因为我们都知道——"磨刀不误砍柴工"，可是生活中的你是否也注意经常磨快自己的"锯子"，以加快成功的步伐呢？

自从高桥太郎开车以来，已经有二十多个年头了。刚开始学开车的时候，有一位长辈教导高桥太郎一件事，使他终身都感激。那位长辈教导他，如果发现车子有故障，你一定要原封不动地绕车走一圈。

例如，当一个前车轮陷入水沟里时，很多人都会惊慌失措地向后退缩，其实，这样反而更容易使车子发生另一个故障。倘若在采取措施之前，先绕车一周的话，你就能了解整体的状况，清楚车子到底为什么会成这个样子。尤其，最重要的是能把因为偶发事件而带来的那种手足无措的心情，先行稳定下来。

由此可见，当面临很糟糕的状况时，会因瞬间的注意而转移张惶失措的心情，把自己引导到有利的方向去。一位围棋大师在自己的著述中说，为了迅速恢复冷静，面临暗想糟糕的一瞬间，脑海里马上要浮想若干跟围棋无关的事，高尔夫球也好，麻雀也好，也不妨想些温室里的花朵或庭院的草木等物。

当你在凝思的时候，情绪就会逐渐趋于稳定，并且变得心平气和起来。在某种情况下，如果做错了什么事，不妨立即离开座位，到洗手间去用冷水洗脸，或者望着窗外，幻想赛马获胜的情景。

当一个人暗想糟糕时，神经一定非常紧张，而且会陷入狭窄的视野里。如果不能消除精神的紧张，即使平常看得见的各种情况，也会变得模糊起来，分析、解决问题的能力也随之减弱。这时候，如能在脑海里浮现若干别的事物，即可解除这种紧张感。

成熟只寓于追求的过程中

冬天来临的时候，雪花飘舞，北风劲吹，青年诅咒道："这鬼天气，冷死了！”青年因此心情糟糕。

夏天来临的时候，烈日炎炎，热浪阵阵，青年诅咒道：“这热死人的天，为什么不是冬天呢？”青年因此心情糟糕。

一位老人见了，问青年：“你为何一年四季总是愁眉不展？”

“因为我没有遇到一件快乐的事。”青年苦恼地说。

“其实，痛苦与快乐从来不曾分开过，你怎么可能一年四季只见痛苦，不见快乐呢？冬天有美丽的雪花，夏天有清纯的荷花，这些，你怎么都看不见呢？”老人说。

青年思索着老人的话。

老人道：“年轻的朋友啊，不要以为痛苦只是痛苦，快乐只是快乐，其实它们如同一对孪生兄弟。如果你在品尝痛苦的滋味时，也能体味到快乐的一面，那人生是多么有趣啊！”

青年人满面诚恳地问：“人生怎么才能达到这种境界呢？”

“使自己变得成熟！”老人以不容质疑的口气说。

每个人都要接受生活的考验和筛选，成功者和失败者在成熟的过程中，往往会出现两种同化现象：一种向成功的同化，一种向失败的同化。前者以自己某方面的成绩受到赞赏为发端和契机，促使走向成熟的主观努力越来越大，速度愈来愈快；后者由于不能正确地对待失败和挫折，逐步形成了无视现实和心安理得的习惯，最后放弃走向成熟的努力，表现出粗劣的品格和各种怪癖。

正确的人生总是在不停地追求成熟。但如果你以为经过努力，在某一天中就会得到那个梦寐以求的“成熟之果”，此后就可高枕无忧，慢慢地品尝和享用它，那实在是一种误会，因为成熟者的那些特征只存在于成熟者的不断追求中。

20 世纪，世界画坛上出了个“创新魔”——大画家毕加素。他具有画家的天才，到 16 岁那年，就因举办了个人画展而一举成名。直到他 91 岁离世前的那天清晨，在他漫长的人生旅途中，他劳作不已，共创作了 4500 多件艺术珍品。这些珍品记录了他经历写实主义时期、蓝色时期、玫瑰色时期……以及各种画风杂交时期的创作风格。他的画风不停地变，不仅观众应接不暇而骂他是“邪恶的天才”，就连评论家也惊斥他是“艺术的变色龙”。

但是，最后举世公认，他是一位"20世纪艺术的领路人"，是一个"点石成金的稀有之才"。尤其重要的是发现了他的成功之秘——他的作品全像是各种没有完全盛开的鲜花，或像是各种将熟未熟的鲜果。

可见，你平日发誓要追求的"成熟"，并不是一个放在距离你数米、数十米的目标点，而是一个过程，一个从无序——有序——新序的不断循环的过程。

毕加索每每创立一种新画风时，都要经历这个过程，创造出"没有完全盛开的鲜花"和"将熟未熟的鲜果"时，他在追求成熟，而当他趋向成熟时，果子却又马上腐烂了。于是，又必须在这一刻之前，及时、果断、痛苦地超越这个"成熟"。对于他来说，就是另辟蹊径，扔掉已获得巨大声誉的画风，去追求充满失败风险的新的"不成熟"画风。

毕加索

做人也一样，成熟只寓于追求的过程中。正如一位名家所言："完善也和无极一样，不是为我们而存在的。"成熟只存在于不断与幼稚的抗争中，因为环境是不断变化的，人的心理也犹如大洋中的一条小舟飘荡不定。当然，人应该热衷于成熟与完善的追求，只有这样，才能接近美的境界。真正的成熟并不是以凝固的特征来表示，而是以过程来叙述。

你的脖子上挂的是一条不断趋向成熟和不断追求新的成熟的创造链。这就是成熟的要义所在。

第十一章　改变他人而不引起反对

用积极的心态开始一切

在经典著作《领导艺术》中，马克斯·德普利曾有过一段著名的论述，"上司应该在开始的时候先明确现实情况，任务结束的时候表达感谢之情。除此之外，他在整个过程中就是个佣人"。但是现在却有一种倾向认为，下属必须凡事一马当先，背负所有骂名。好像这样做才会应和领导。但事情并非如此，尤其是在这个坏消息能够以光速传播的年代。

现在的人际关系，不管是公司与客户之间还是个人之间，一旦出现紧张或遇到很严重的问题时，用消极的态度进行沟通是起不到任何作用的。就像一部话剧，如果第一幕戏就以悲剧开场的话，那么整个舞台都会被渲染上一种阴郁和消沉的气氛。观众们就会耷拉着肩膀、拉长着脸，心情也会变得失落。想象一下，在一个机构的各个阶层或一个公司整个价值链或整个国家，这种气氛像病毒一样传播开来。从一开始，你就会感觉被强迫着在一种被动的心理和生理反应中工作。即便你能够迅速地克服它们，但其实你并不需要把时间浪费在这上面，因为从一开始你就能避免陷入这样的状况。

你应该以一种诚恳和欣赏的态度与别人沟通；这样对方才不会有那么强的防备和抵触情绪，才会更容易被你的观点打动。

很多人在与客户服务代理打交道时都会有防备和抵触的情绪——这真令人震惊！但是对于最近刚刚读完《人性的弱点》一书的桑吉瓦·艾克波特来说，他却懂得如何处理这种难题。

最近他买了一座带保修承诺的房子。有天晚上，卫生间的水龙头开始滴水，于是他打电话给维修公司。一位年轻的工人在四个小时后才赶到他家进行维修。他先是更换了阀门，但是水漏得更快了。于是，工人赶紧堵上水管。由于水压过猛，密封垫被冲开，水流开始渗入墙内。

桑吉瓦非常失望，立刻打电话给保修公司，让他们派一名有经验的工人来。他本来可以对接电话的人咆哮，但是他却克制住自己的情绪。他很平静地提供了个人信息，感谢客户代表这么快就派来了工人。当他讲述完所发生的事情之后，客户代表立即找到另一名专业工人，尽可能快地进行维修并且免掉了服务费。

如果桑吉瓦做出不同的反应，那么他还会获得同样的服务吗？

这听起来似乎是个非常简单的技巧，但是实践起来却很困难。让我们想想德普利给领导者们的训诫，想想这是为什么。我们之所以会错误地理解他的论述是因为其中暗含着我们在日常交谈中对"现实"这个术语的理解。为什么我们说到"不得不面对现实"时，传达的情感就像是一剂不情愿吞下的苦药，一说到要把那些深陷不切实际的美梦中的人"拉回到现实"时，指的一定不是那些精明务实的人？这就是我们在日常交谈时常常采用的思维定式。

现实真的是一剂苦药，还是实际过了头？或许两者都不是，但我们却会这样看待它，尤其是当遇到让自己心烦意乱的事情时。祖先作为狩猎者和采集者的遗传基因仍然命令着我们，要尤其注意身边最跌宕起伏的事情，因为通常这些都是消极的。我们的求生本能依赖于这种能力，或者说不管怎样曾经是这样的。在各种大量研究中，神经系统科的学家们已经证实了"我们更关心坏事所带来的威胁，而忽视好事带给我们的希望。我们大脑中消极的导火索比起积极的扳机更加敏感"。领导学讲师雷·威廉姆斯这样写道。我们甚至更容易想起消极的事情和经历，或者至少我们的记忆倾向与此。

不幸的是，研究表明这种影响并不是被限定在已经发生的事情之中，而是延伸到了我们对他人的印象中。我们可能会把自己认为消极的性格或行为看得比那些积极的重要，尤其是如果在与伦理道德有关时。

当我们鼓舞他人改变的愿望变得最为强烈时，常常会因眼前的行动受到挫败。我们的大脑被消极的行为占据着。它会把积极的行为挤走，从而决定我们对现实的看法。所以不足为奇的是，我们与他人沟通时，会禁不住地纠结在各种问题之中。从对方的角度看来，我们就是吹毛求疵。

对方的大脑和我们的一样。我们的消极态度或批评的话语也会让他们纠结其中。一切从沟通中寻找积极解决方式的机会都会因此而泡汤。我确定你肯定遇到过这种情况：脸绷得紧紧的，表情故意变得冷淡，只有眼睛可能会泄露出发自内心的不满，这种不满使得你把本来该说的其他话也咽了下去。

我们必须努力避免这种场面。在关于消极和积极的反馈如何影响行为表现的经典研究中，小西德尼·施罗格和索尔·罗森博格发现了一个非常简单的现象，当我们接收到某个失败的信息时，我们的行为表现就会受到影响。如果我们自信并具有强烈的自尊心，这种影响就不会那么严重。但这样一来，对批评所产生的另一种反应就是忽视这种信息反馈的正确性——我们完全地排斥它，除了会影响到我们的态度之外，并不会对我们的行为造成什么影响。

为什么要冒这种险？为什么不从一开始就避免这种对行为或者观点产生的影响？

在一篇探讨老师的领导艺术的文章中，特伦特·路德讲述了作为一名篮球教练，他如何和队员们一起应对一场比赛的失利。"由于错失了几次罚球，我们输掉了一场重要的比赛。我的本能反应应该是朝着队员们发火。但与之相反，我赞扬了他们在比赛中的进攻欲望，从而连续获得了这么多次罚球机会。接下来几个小时里，我们练习了罚球。被输球弄得垂头丧气的队员们一下子被我的赞扬打起了精神。"

在最近的《卓越管理者的行为准则》一书中，组织心理学家罗伯特·萨顿讲述了一位前美军军官告诉过他的一个故事。这位军官遇到的大部分上司都是些龌龊、傲慢和鄙俗的混蛋。但是他的营长却不同。

我违反过几次纪律，他都及时纠正我并且对我的行为提出忠告。他从不冲我大喊大叫，也没有瞧不起我的意思。他这样做却能让我认识到自己的错误，并且为自己做出让他失望的事情而感到惭愧。就这样我变成了一个优秀的军官，我想我已经学会了他的做事习惯，做到了像他那样用正确的方式去待人接物。

通过认识自己内在的倾向和把心态放得积极些，我们可以克服自己一些

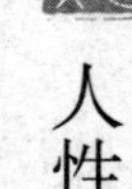

卑劣的天性。这不仅仅是要有积极的思想；还要让自己的头脑认识到我们的理解与事实并不是相符合的，让自己不要对某件事情做盲目的假设。我们要不断质疑这种假设，直到自己有了更加完善的想法。我们可以锻炼自己的镜像神经元——这种最近几十年才发现的细胞能够让我们去理解他人的行为，理解他人的意图以及预测他人下一步可能采取的行为，包括他们积极的行为和这些积极行为意味着什么。

如果我们想让自己具备真实客观的理解力，这样做是至关重要的。做事之前，我们需要找到一个真实积极的出发点，在与对方产生共鸣时必须表现出应有的欣赏。在罗伯特·萨顿看来，最好的老板会花时间观察手下如何思考和行动。做到这一点并不容易。领导者们不管多么努力，常常会忽视那些能够最大限度展现团队个体活力的细节。但是从提升领导者的影响力和展现领导效率上看，在这方面花点时间是很值得的。

只要我们承认个体对团队奉献的价值，也就为广开言路设定了一种积极的基调。

当然，我们最终要把精力放在手头的事情上。比起尝试着避免受到坏消息的干扰，或许更糟糕的做法是想减小它的影响或者是根本不去理会它。这就是"沉默效应"——这个术语由心理学家西德尼·罗森和亚伯拉罕·泰斯在 20 世纪 70 年代提出——出现该效应是因为人们想避免成为他人消极情绪的目标。我们都有机会让改变发生，然而这常常需要我们有勇气把坏消息报告给上司。我们不想成为倒在火线上的那个无辜传令兵。当人类求生的天性被唤醒时，就会压制我们的勇气，直到事实的真相将我们打垮。"沉默效应和最终的渗透结果会产生一种陡峭阶梯式的破坏影响，"萨顿写道，"一开始的坏消息会被一级一级美化地越来越好——每个老板从下属听到消息时，在他/她向上级报告之前，他/她会让这个消息听上去没有那么坏。"

培养一种积极的心态并抵制这种提升戏剧效果的冲动，这会帮助我们坚定自己的决心，让我们更加自信地打破这种报喜不报忧的规则。具备这种行为能力的老板也不容易被蒙蔽，他们对可能出现的困境早有防备。

在桑达，安德雷斯·纳瓦罗通过实行一种"三一规则"让一切工作制度化。"我们尽量不去批评员工。我们有一套规则。如果你进入了这家公司，发现了自己不喜欢的人，你认为这个人没有尽到自己的责任，那么什么话都不要说。把你的想法写到一张纸上。"在讨论研究改变别人的行为之前，我们会要求大家找到这个人身上至少三个优点。

那么我们是如何对那些不愿意提及但又必须讨论的话题进行交流的呢？我们凭直觉知道，当我们听到别人赞扬自己的优点之后，才容易听进去一些不乐意的事情。如果赞扬的太造作，或者从赞扬到批评转换的太唐突，那么这个法则就会失败。为了避免这样的情形发生，可以按照下面的方法去做。

很多人对别人进行了真诚的赞扬之后，会用"但是"这个词作为批评的开始，这就在告诉对方批评开始了。这样做会让对方质疑你刚才的赞扬是否真诚。应该用"而且"这个词作为开始，提出有建设性的意见，而不是仅仅批评对方。这可能是书面形式解决问题时最有效的方法，别人对你的赞扬也挑不出毛病来。

首先，你对别人的赞扬必须是诚恳和发自内心的，不仅仅把它当做酝酿批评之前争取时间的工具。

其次，从一个观点到另外一个观点时，你的阐述必须顺畅流利。

第三，赞扬过后不能只是批评，更重要的是提出建设性的意见。

这种交流观点的风格用在书面上尤其困难。没有了谈话时的自然流畅，也就失去了转换话题的机会，可能看上去会让别人感觉你只是在"阿谀奉承"。如果谈论的是一个非常有争议的话题，那么应该选择进行面对面的交谈。

学会赞扬和欣赏别人会让员工变得更有效率，销售商更加愿意经销你的产品，朋友和家人更加愿意了解你的观点。只有积极的心态才能让相互间的交流朝着积极的方向发展。

敢于承认你的错误

贝丝是一家财富 100 强公司的一名高层经理。她一边深受老板和自己员工们的喜爱，一边却要经受与同事哈维（另外一个团队负责人）竞争的痛苦。爱情和战争都是不择手段的，不是吗？确实，贝丝一直把它作为自己的座右铭，因此在他俩的交往中，贝丝总是表现出最仇恨的一面。

但是贝丝想要成为一个更好的领导者，于是她寻求经理人培训师——《没有屡试不爽的方法：成功人士如何获得更大的成功》一书的作者马歇尔·戈德史密斯的帮助。她认识到尽管自己受到很多人的喜爱，但是对待哈维的态度仍然影响了自己的声望。她需要与哈维通过谈判达成一个和平的协议，为了做到这一切，她必须承认自己的错误。

这样做也许是全部过程中最难克服的困难——你不得不向被你的错误伤害过的人承认自己的错误。如果你们之间已经一触即发，竞争很可能是其中一个推动因素。这种情况下，首先示弱并非会给你带来安全感。但不管如何，首先承认自己的错误是摆脱这些困境的最有效的方式。

那么贝丝是怎样说的呢？

"你知道，哈维，我这里听到了很多传言，首先我想要说的是，我是很积极地看待大多数传言的。第二我要说有些事情我想自己能做得更好。曾经不管对你、对公司还是对公司的文化传统，我都有冒犯的时候。请接受我的道歉，这样做我责无旁贷。"

哈维有什么的反应呢？他的眼睛湿润了，承认自己做的也不太光彩，声称要一起改善关系。

一场漫长而痛苦的地盘争夺战就这样简单的通过贝丝首先承认错误结束了。

如果对方愧疚地承认自己也有错误的话，那么进行一次自我检讨的对话并不会十分困难。即使只有一个人承认了错误——哪怕是还没有及时地纠正错误——也可以让对方信服，让对方改变自己的行为。

最知名的交流大师卡耐基也曾经在书中阐述了同样的道理。他讲述了一个故事：自己作为一名导师，在帮助读者们变得思想开明时却一败涂地。承认错误是一种精巧和难以掌握的方法——事实表明在很多形式下都是很有效的。

领导者们实践这种方法时的困难在于一个关键性的因素：你必须承认自己犯下的错误，必须承认自己是有错误的。全世界的领导者们都挣扎于此，即便是大多数人内心能够理解这样做的价值。即便他们的内心不能理解，现有的研究成果也能说明问题。

健康和人类潜能研究所的研究人员以影响事业发展的因素为主题对三万五千人开展了一项研究调查。与事业发展联系最紧密的因素是什么？那就是直率地承认错误。

承认自己犯了错误就好比某个复杂项目的第一个步骤：这是最困难，也是最重要的一步。除非我们能认识到这样做是我们的义务和责任，否则怎么能从错误中吸取教训，把它当成我们前进的动力，鼓励他人相信我们？"为了摆脱连续犯错的局面，我们必须首先说出三个最难以启齿的字：'我错了。'我们必须张大自己的眼睛，承认自己的错误，为自己现在的错误行为和态度承担起责任。"

波歇·尼尔森在《人生五章》中用诗句描述了这个过程。很多人做事会经历一个令人失望的开头，只有为自己的错误承担起责任时才能真正摆脱问题的困扰。一旦我们认识了自己所处位置和所做事情之间的联系，我们才能找到解决问题的捷径；才能避开前进道路上的深坑和陷阱。最终，我们才能学会可以走一条简单而通畅、少些麻烦的道路。也就是说，我们不仅仅可以学会高效地解决问题，还能学会如何高效率地处事。

勇于承认错误除了让自己受益之外，还可以使我们和同事、顾客、朋友、家人以及圈子里的人建立起无价的信任。马歇尔·戈德史密斯写道，"没有人会期望自己不犯错误。但是当我们犯错时，别人当然希望我们能承担责任。在这种意义上，错误反倒是一种机会——一个能够体现人品和领导风格的机会，你在承担责任方面的做法比起你纵情庆贺自己成就的方式更能给人留下印象"。

我们在谈论自己的错误时会变得具有亲和力。别人也更加容易同我们打交道。他们会觉得我们能更好地理解他们的观点。在这种心理的作用下，他们更容易接纳我们的建议。

这种做法的有趣之处还在于，人人都会犯错误。因此在劝说和安慰别人的时候，我们可以现身说法。但要记住讲完自己的经历之后要给出建设性的忠告，不要直接进行批评。

　　卡耐基是如何利用这个原则来教育自己的侄女同时也是新助手约瑟芬的呢？他考虑到了侄女涉世未深以及当他自己处于侄女这个年龄和经验水平时犯过的错误。

　　"约瑟芬，你犯了一个错误，"他会这样开始，"但是上帝知道，我犯过的很多错误比这严重得多。经验多了才会有足够的判断力，比起你这个年纪时的我，你强多了。一想到我自己做过这么多蠢事就惭愧，所以我不愿意批评你或者任何人。但是难道你不认为如果你能如此这般行事的话，会更明智一些吗？"

　　承认自己的错误，会把别人的注意力吸引到你这边来；你就有机会婉转地解决问题，而且还可以避免迅速激起对方的敌意。

　　当你勇于承认自己的错误时，与他人之间的信任也就自然而然地建立了起来。

低调地指明别人的错误

　　在上任之初，柯立芝总统和他的家人一直住在华盛顿威拉德宾馆。有一天早上，总统被某种声响吵醒。他看到一个飞贼正在翻他的衣服，偷出一个钱包和一只表链。柯立芝开口说到："我希望你不要拿走……我说的不是手表和表链，而是表坠。读一下刻在背后的字。"

　　飞贼读道："献给议院发言人卡尔文·柯立芝，马萨诸塞州法院。"

　　柯立芝随即表明了自己的总统身份。他劝说飞贼放下手里的表坠，同他心平气和地聊了起来。总统发现这位年轻人和自己的大学室友没钱付旅馆住宿费和回学校的火车票，于是他从钱包（这位吃惊的年轻人已经放下了总统的钱包）里数出32美元，说是借贷给这位学生，并且建议他为了避开宾馆里的特勤人员，怎么进来的还怎么出去。

　　用一种迂回的方式指出某个人的错误或者失误会对那些憎恨受到直接批评的人产生出奇的效果，大多数人都是这样的。

　　领导者们都有自己不同寻常的办法，微妙地透露着哪些是他们鼓励去做的行为。很简单，他们首先必须成为表率。如果做不到这一点，那么他们实际上是在清楚地向大家传递这样的信息："我嘴上说想让你们这样做，但是实际上并没有那么重要。否则的话，我自己也会这样做。"

这个概念就是约翰·麦克斯韦尔在经典著作《领导力21法则》中提到的领导力法则13。他把这一法则称为"图画法则"，因为人们总是做自己亲眼看到的事情。他讲述了一则关于二战期间兄弟连迪克·温特斯排长的故事。温特斯坚信军官的责任就是始终冲锋在前，带着弟兄们冲锋陷阵，与弟兄们肩并肩战斗时勇于首先以身犯险。

约翰·麦克斯韦尔

最能突出体现温特斯这种领导方式的事件发生在诺曼底登陆后不久，向卡朗唐进军的路上。这是兄弟连需要从德国人手中夺取的一个小镇。正当美国伞兵们在他的指挥下接近这个小镇时，他们受到了德国机枪火力的猛烈狙击。战士们只能蜷缩在路两旁的壕沟中，无法按照命令前进。但如果他们一直不能前进，最终会被敌人分割包围。温特斯试图把队伍集结起来。他不断地召唤被打散的士兵们，痛斥那些胆小鬼。他冒着敌人机枪扫射从一个壕沟跑到另外一个壕沟。他跳到了路的中央，子弹就在他旁边的地上扫过，他大声呼喊让士兵们动起来。每个人都站了起来，整体向前移动。他们最终攻占了这个镇子。

有的时候，示范行为是不可能影响他人的，或者因为你对想要施加影响的人并不认同，或者因为你并没有真的沉浸在他们正在从事的行动中。那么我们如何去影响他人的行为呢？为了应付这种情况，《影响力》一书的作者们提供了一些有说服力的建议：

●找到组织、团队、家庭或者团体中最具备影响力的人，让他们为你想提倡的行为进行示范。

●通过让更多人受益，来培养接纳某种行为的一种大众意识。互相监督的压力会对个人的思想和行为产生长久的影响。

●尽可能营造适合新行为或者新观念发展的资源环境。

在二战结束时，士兵们从前线回家，重新回归劳动力。在这个过程中，他们要取代战争期间走出家庭填补他们离开时空缺的妇女们。但很多妇女选择继续留下工作，这导致了就业中两性之间仇恨的产生，但是也让人民逐渐认识到妇女在美国经济中的重要作用。

全国的餐饮行业正面临一场特殊的斗争。退伍的士兵们获得了厨师的职位。曾经把持这些职位的妇女们被降职成薪金更低的服务员。结果是：在一个以合作为本的环境中，厨师和服务员之间竟然处于一种敌对的关系。每个人都因此遭殃，包括顾客们。他们常常遇到上菜慢或者上错菜的事情。员工们不断离职，餐厅不断流失客人。

因此美国餐饮协会求助芝加哥大学威廉·福特·怀特解决这个问题。在对一些餐馆取样调查过程中，他观察到一个现象，厨师和服务员互相侮辱和蔑视，其行为充满恶意（牺牲了顾客的利益）。

"当很多顾问试图通过培养人际技能、进行建立团队训练以及改变支付体系来改变这种不健康的社会风气时，怀特采用了一种不同的方法，"作者解释说，"在他看来，解决问题的最佳方法是改变员工们的交流模式"。

在一家试点餐馆，怀特建议用一种简单的铁杆放置给厨房的菜单。服务员要把菜单插在铁杆上，厨师可以用各种高效的方式按照菜单烹制，但是要确保按照菜单放置的顺序来进行烹制。

这种方法取得了立竿见影的结果：员工间矛盾减少了，顾客的抱怨减少了，双方之间的沟通更加顺畅。

有时候，纠正行为的最好方式并不是公开惩罚错误的行为，而是把这个局面当成建立自信和更紧密联系的平台。著名的试飞员和飞行表演家鲍勃·胡佛结束了圣选戈的飞行表演，正飞回洛杉矶的家。在九十几米的高空中，飞机的两台发动机突然停转。胡佛依靠熟练的操作设法让飞机降落，拯救了自己和飞机上另外两位乘客的性命。但是飞机却受到严重损坏。

迫降之后，胡佛的第一个行为就是检查飞机的油箱。正像他怀疑的那样，这架二战期间的螺旋桨式飞机加注的是喷气飞机燃油，而不是汽油。回到机场后，他要求见到给他保养飞机的机械师。这位年轻人正为了自己犯下的错误而痛苦不堪。当胡佛朝他走来时，这位年轻人的眼泪拂面而下。正是由于他的过失而导致了一架非常昂贵的飞机的损失，而且还差一点丢了三个人的性命。

你可以设想胡佛的愤怒。人们可以料想到这位骄傲和细致的飞行员会对这样的疏忽进行怎样严厉的责备。但是胡佛并没有斥责这位机械师；他甚至没有批评他的低级过失。相反，他张开大臂拥抱着年轻人的肩膀说，"我要让你知道，我确信你不会再犯同样的错误了。我想让你明天为我保养一下我的 F－51 飞机"。

在人生中，有时候错误是情有可原的副产品。我们不会总是因为错误的行为而失败。我们的失败可能是因为家庭或者其他问题让我们分心所致。领导者能够理解人人都会犯错或失败的道理，应该把它们看作是孤立的和可弥补的个例，而不是致命的缺陷。

在这样一个新兴领导们怀疑虚假领导技巧的时代，最好的方式是诚实地对待错误，而不是把它当作谴责他人的机会。对于很多人而言，被动和盛世凌人的方式或者受支配式地面对领导会有损于他们对这位领导的看法，结果只会让下属们对自己手头的工作甚至服务的团队持一种玩世不恭的态度。尽快把手下们从沮丧的状态下拉回来会是你的优势。要做到这一点，一定要低调地与他们的错误进行抗争，让他们重新恢复自信和力量。

学会询问式谈话方式而非直接命令

命令是军队生活的重要组成部分。你接受命令，就应该一丝不苟地去执行。但是在迈克尔·阿伯拉肖夫上校担任导弹驱逐舰本福尔德号舰长时，他却意识到自己正面临着一种挑战，他需要使用一种与众不同的方法。

本福尔德号驱逐舰并不是海军最好的军舰。舰员们情绪低迷，士气低落，大多数水手都在混日子等退役。让这个本来就难以收拾的烂摊子更加糟糕的是，前任舰长并没有给手下留下好印象，当新舰长到来时，舰员们都用一种苛刻和挑剔的眼光看待他。

本福尔德号驱逐舰

　　这是阿伯拉肖夫上校第一次担任海上指挥官，他决心要把工作做好。第一步：他去了解自己的舰员。"没有多长时间我就认识到，年轻的舰员们活泼、聪明、有各种奇思妙想，但是却时常化为泡影，因为管事的人从来不听，"阿伯拉肖夫上校在《这是你的船》（他担任本福尔德号舰长时期的自传）中这样写道。

　　于是，阿伯拉肖夫上校发誓要积极采纳舰员的意见，即使是还没有勇气表达出来的意见也应该采纳。他知道，如果想扭转这条船上的局面，就必须由舰员们做各种决定。难道还有比与舰员们面对面交流更好的方式吗？阿伯拉肖夫舰长一天找 5 名舰员谈话，直到他与舰上的所有人——大约有 310 人——谈过话为止。他都了解到了什么？

　　舰员们把大部分时间都浪费在做枯燥无味的杂事上，比如每年要给军舰刷六次油漆。于是，阿伯拉肖夫想办法更换了船上所有能造成船体生锈的锁扣，使用一种特殊的喷涂方法把外壳部分涂刷一遍。这样处理过的军舰在两年内不需要重新刷漆，节省下的时间可以做更有价值的工作，例如实施高水平训练。他了解到，很多舰员参加海军是为了能够支付大学学费。因此，他为舰员们在船上安排了 SAT 水平考试和远程高级就业课程培训。他发现很多舰员家庭经济十分拮据，生活困难很多，所以舰员们非常牵挂他们的家人。于是舰长尽可能地让他们的家人感觉到舰员们就在身边，例如给舰员的父母和配偶寄生日卡片、表扬信或者其他信件。"我想让大家的目标汇聚到一起，"阿伯拉肖夫上校写道，"这样舰员们就能把我考虑的提高本福尔德号战斗力的目标看作是发挥自己才能，让自己的工作更有意义的机会。"

他与舰员们谈话交流的结果是什么？官兵的士气明显转变，他们所具备的勇于突破的强烈意愿让本福尔德号成为海军有史以来通过最高测试等级的军舰。

如果阿伯拉肖夫上校上任后直接指示舰员们提高军舰等级，然后规划好实现的计划步骤，那么会是什么样的结果？我们不知道，但是本福尔德号不太可能成为现在这样的一艘军舰，或者说这种领导方式不会产生现在这样的催化作用。

询问式谈话不仅能够使一项命令变得让人感到惬意和减少憎恨情绪，而且还能够激发出个人解决问题的创造力。如果人们是以参与者的身份进行某件事情的策划，那么就会更容易激发出新的思路。

万豪集团的家族式领导者世界闻名，这是因为他们全心致力于万豪酒店的监督管理，保证旗下每家酒店的良好运营。尤其是小比尔·马里奥，"不断地奔波于各家酒店之间，询问各种问题，重视每个回答，"万豪国际酒店集团的领导人爱德华·福勒写道。

其实，他会因为过于听取他人意见而受到批评——把一线员工和高级经理的意见看得一样重要。当他在一线调查时，他最喜欢的问题是，"你是怎么想的？"他用这种独特的方式避免员工们羞于给老板们添麻烦或者害怕给老板报告坏消息。

小比尔·马里奥是一位开明的领导者，知道沉默效应能够产生强大的消极力量，明白如何才能最好地调动员工投入工作的积极性，知道如何让万豪旗下的每份资产都达到他的期望。

我们知道询问式的谈话能够促使我们希望影响的人变得更加投入，但是很多领导者并没有这样做。为什么？因为有时候、有的人会通过询问的方式绕弯子，引导对方按照他脑子里已有的答案去回答。为什么不直接告诉对方呢？这样才是最便捷的。

人们不喜欢被人命令，这就是原因。

领导者不喜欢询问式谈话，因为他们不知道会得到什么样的答案。如果别人没有按照你的意愿回答该怎么办？这种事情无可避免。领导者反而应该把它看作是一个机会，而不是一个风险。你得到的答案可能会比你已经知道的更好。

当南非约翰内斯堡一家专业从事精密机械部件加工的小制造厂的总经理伊恩·麦克唐纳有机会接到一单非常大的生意时，他认为自己无法按时交货。工厂的工期已经排满，看起来很可能因为没有足够的时间而无法接下这单生意。

他并没有催促手下们加快手头的工作，而是把所有的人召集在一起，讲清楚现在的情况，告诉他们如果有可能按时完成这个订单，对公司和个人意味着多么大的价值。然后他开始问道："我们有没有可能完成这个订单？厂子里每个人能不能都想想办法，怎么才能按时完成这个订单？有没有办法通过调整工作时间或者任务分工来实现呢？"

员工们集思广益，想出了很多办法，坚持要拿下这个订单。最后订单按时完成交付。

很多领导者还会遇到一种情况，他们可能害怕去检查手下的表现。他们很清楚有些手下需要改进自己的工作，但同时也可以预见这样可能引发一场战争。当领导者提出批评时，手下会迅速给自己辩护而且情绪受挫。这种时候，领导者需要采取不同的应对方式。

大多数员工都能清楚地了解自己的能力和弱点。尽管有一些可能有点愚钝，但是当你询问时大多数都能说出你想要指出的问题。很多组织心理学家们建议在检查过程中增加一项自我评估步骤。研究表明，自我评估可以让经理和员工对工作检查的结果更加满意，对员工的工作表现也有更加积极的影响。在进行检查之前，先给员工们提出几个需要思考的问题："你认为自己更加擅长哪些事情？你来年的目标是什么？你认为哪些岗位可以提高你的技能，帮你实现这些目标？"

自己先想一想这些问题的答案，但不需要把答案都和盘托出。然后再开始进行交流。员工们和你心中的结论至少有 80% 是一致的，这样你们之间的谈话才会变得更加积极。

询问方式的奇妙之处在于，它可以在任何环境下起到作用。如果你给员工发去一则短信或者微博，问他们如何应付一位倔强的顾客。这种方法有用吗？它会帮助那些在这方面能力薄弱的员工重新思考自己的方法，或者帮他们认识到他们根本就没有方法。你可以用一篇 140 字左右的微博提出几个很有建设性的问题。

不论在什么环境下，问题可以建立起对话，为所有参与者提供更好的氛围。它可以让每个人感受到，他们亲自参与到影响结果的过程中去了。

比起被命令，难道你不愿意接受询问的方式吗？

弥补错误

1941 年的夏天，詹姆斯·艾伦·沃德军士被授予维多利亚十字勋章，以表彰他在 13000 英尺的须德海上空，爬上他的威灵顿轰炸机机翼扑灭了右侧发动机大火的事迹。仅仅依靠绑在腰间的一根绳子保证安全，他设法扑灭了大火，然后沿着机翼安全地回到了机舱内。温斯顿·丘吉尔对该事迹十分敬佩，大肆宣扬，并在唐宁街 10 号接见了这位害羞的新西兰小伙儿。沃德见到丘吉尔时因为敬畏之情说不出话来，他根本不知道怎么回答首相的问题。丘吉尔带着几许同情打量了这位拘谨的英雄。"在我面前你肯定感觉尴尬而抬不起头来。"他说。

"是的，先生。"沃德连忙回答。

"那么你可以想象一下，我在你面前会感到多么渺小和尴尬。"丘吉尔说。

就这么几句话，丘吉尔将沃德从这种尴尬紧张的状态中带回到了他本应有的英雄角色中。他弥补了错误，帮助沃德挽回了面子。

很少有人会花时间考虑如何挽回别人的面子。我们会无情地践踏别人的感受，比如当着众人的面，我们会指出一个孩子或者员工的错误，甚至说狠话威胁和刻薄地指责。我们本可以更加谨慎一些，照顾到别人的感受，把他们拉到一边单独交流——或者采取任何能缓和紧张气氛的方式。然而，大多数人不会花时间这么做。

对于领导者而言，这种不顾及他人感受的行为会使周围的人产生一种什么情绪呢？失败的恐惧。如果我们知道会因为失败而受到严厉斥责，甚至很可能是公开斥责，那么我们还敢于在工作中冒险吗？我们还会尝试一些创造性的工作吗？我们还敢说出自己的思想和观点吗？很可能不会。

然而，失败是人生中每天都会遇到的事情，不论在家庭、工作还是任何其他事情中。历史悠久的权威杂志《哈佛商业评论》2011年4月刊拿出整刊探讨这个主题。封面标题和主打语是，"失败的问题：如何理解、吸取教训以及改正"。每篇文章都认为应该积极地面对而不是回避它。

当然，我们直观地认为，失败是不可避免的，所以有人遭遇失败时，为什么我们不能提供更多帮助呢？

一家大型媒体公司的经理曾经负责一份杂志的发行。她为此花费了一年的时间、精力和资源促使发行取得成功，但是最后还是一败涂地。这本杂志不得不被取消发行。

公司的执行总裁本可能以这次失败为由将这位经理炒掉或降职，或者把她树立成一个教育员工的反面典型。相反公司却给这位经理提供了一个心理上的安全网，让其挽回了面子。"执行总裁站在一群公司高层经理面前，向这位失败的经理所体现出的勇气和能力表示祝贺，尽管以失败告终，但是赞赏她的方法是正确的。他强调这个倒霉的决策不只是她自己做出的；公司高层支持过这件事，尽管这本杂志内容很棒且很有市场前景，但还是失败了。"罗伯特·萨顿在《卓越管理者的行为准则》中这样写道。

这位执行总裁的行为所体现的是一种被萨顿称为"原谅和记住"的技巧，一种吸取教训并纠正错误的批评方法。这一技巧最早在查尔斯·L·博斯克的《原谅和记住：论医疗事故的处置》一书中阐述。其目的是帮助个人在应对失败和经受内心挫败的同时，履行好自己的责任义务。难倒这不是每个领导者真正的责任吗？因为一旦结果以失败告终，个人无法从错误中吸取教训，因为个人形象受到损毁而变得畏手畏脚，那么对公司、家庭或者任何其他组织的贡献也会越来越少。

不论领导者做出多么大的努力，他的手下还是会失败。他自己也会经历失败。认识到这一点以及失败的教训可能带给人的好处，使我们学会如何帮助别人从失败中走出来，积极和安全地在胜利的彼岸登陆。伟大的领导者擅长通过帮助团队成员挽回脸面来激发团队的创造力，甚至在成员失败之前就能帮他们保住面子。

菲奥娜·李、艾米·埃德蒙森和斯蒂芬·汤姆克对一家大型医疗机构的688名员工进行了一项研究。这项研究是在该医疗机构发布新数据系统期间进行的，这个新系统融合和公布了该医疗机构内所有部门和分支机构的数据。这些员工们几乎没有接受新系统的学习培训，上级要求他们在新系统试运行期间慢慢学习使用。

研究结果是什么？在一些部门中，主管们特别嘱咐手下犯错误没有问题，也没有设立奖惩制度来惩罚那些出错的员工，员工们在系统试运行期间的学习进步更加明显。但在有些部门中，经理们不能做到言行一致，甚至员工犯下的轻微错误都会受到惩罚，这些员工们在系统试用期间的学习收效甚微。实际上，后者的员工根本不会使用这些系统，他们因为害怕失败而畏手畏脚。正如你期待的那样，只有操作这个新系统最多的员工才能最熟练地掌握并在日常工作中使用它。

实际上，鼓励式的管理者在其团队中要培养的是一种有弹性的氛围，即使只是一个小规模的团队。作家和积极心理学的倡导者马丁·塞利格曼认为，弹性就是人们采取不同方式应对失败时的差别。在他的著作和其他文章中，他论述了一些人如何从失败中站起来，从经验中学习成长，而一些人因失败而丧气，对自我变得苛刻，对未来充满恐惧。你会更鼓励身边的人采取哪种方式？

招募退伍军人的公司对弹性的价值有很好地理解：它们认识到当过兵的人善于处理错误和失败，有时候他们在刹那间就能排除错误和失败干扰，朝着既定的方向前进。

多诺万·坎贝尔在《大王牌》一书中回忆了自己在伊拉克担任排长的经历，现在他是百事公司管理精英培训项目的成员。在书中，他阐述了自己担

任排长时形成的一些看法和观点。

在学校中，你会因不犯错误而受到奖励。然后，你走出学校，找到一份工作，很多时候你都会因不犯错误而得到提拔。因此，你就会慢慢形成一种观念，要千万百计地避免犯错误。你在军队中学到的是，你多么努力或者表现多么优秀都不重要。第一，你会犯错误；第二，有时候，遇到突发事件、遭遇敌人或者形势变化导致你不会获得成功，其实你肯定要失败。这样一来你就会对这种观念习以为常。

这种对待失败的成熟方式与深陷在一种优柔寡断或不知所措的状态截然相反，它正是我们期待自己的员工和领导所采取的方法。为遭遇失败的员工创造安全感能够确保他们更加愿意承认自己的错误（这是我们所研究的领导艺术中的一个关键因素），更快地走出失败，更充分地吸取教训。作为一名领导者，你将会更加全面地了解他们的工作，更好地成为指导他们工作的教练和导师。

那么我们如何才能创造出这种环境呢？查伦·李在她的著作《开放：社会化媒体如何影响领导方式》中描绘了五种行为，它们可以使领导者们在自己的团队中培养一种弹性的工作氛围：

●能认识到失败。当遭遇失败时，领导者们能迅速地认识到。他们也可以与团队成员一起探讨失败的可能性。

●通过鼓励对话来培养信任感。诚恳地探讨问题是吸取教训和防患未然的最佳方式，可以在失败的种子成长为灾难之前就被扼杀掉。

●让手下与失败脱离干系。与其说"你失败了"，不如说"这个项目失败了"。大部分情况下，这就是真理。哈佛大学教授和专家艾米·艾姆森针对经理人研究了该观点。"当我让经理人……估计一下在他们的机构中有多少失败是真正受到责备的，他们的答案通常可以用简单的百分比回答——或许2%到5%。但是当我问他们有多少失败受到了责备，他们说（停顿或者一笑之后）70%到90%。不幸的后果是，很多失败就这样不为人所知地过去了，大家也未能从中吸取教训。"

●从错误中吸取教训。否则，从错误和失败中吸取教训和以儆效尤的机会就会被丢掉。

●创立一种风险和失败机制。把我们应对风险和失败的方式系统化，这会有助于我们减轻对失败的情绪化反应。

为什么要这么不遗余力？伟大的意大利设计师阿尔贝托·阿莱西将他公司对待设计的方式形容为，寻找可能与不可能之间的边界，然后沿着这条界线进行设计。最好的设计应该处在这条界线的最前沿，刚刚处于可能的这一侧。这就是创造的空间，我们可以从中检验自己的智慧，进行个性化的发展。当然，踩着这条边界就像走独木桥，意味着你会经常摔下来——你将会掉到不可能的界限，以失败告终。但是它可能会是一次辉煌的失败，天知道我们能从中学到什么。著名的真空吸尘器发明者理查德·戴森先生在把第一个产品投向市场之前，制作了超过五千台原型机。

当面对一个犯了错误的人时，我们必须牢记住，他如何对待这个错误取决于在渡过难关和吸取教训时得到了多少帮助。凡人和圣人之间的根本区别在于他们如何理解和应对错误。一位好的领导者能够对我们掉入哪个阵营产生影响。

有这样的错误，就有那样的错误。一些错误是由于判断的失误、经验不足以及缺乏指导造成的。这些都是实际错误。其他的错误是由于粗心大意、贪婪、未顾及他人利益，以及损人利己的欲望造成的。在这些情况中，犯错的人很可能不会悔悟，没有一丝责任感。帮这种人挽留面子是对的吗？不对。如果所犯错误和态度都很恶劣，那么帮助这样的人挽留面子很可能是雪上加霜。在这种情况下，最好的方式就是控制舆论，通过私人谈话的方式尽可能婉转地让其认识到问题的严重性。

除了能创造一个让大家不会因错误而受到嘲笑的良好氛围之外，当我们帮助一个从小错误、疏忽或过失的阴影中走出来的人挽回面子时，查伦·李的建议也同样有用。

●要承认这个错误的确犯下了，但是应该婉转地说。假装什么事情没有发生当然能够满足"宽恕"的法则，但是当犯的错误很明显时，这样的行为显得缺乏诚意。

●认识和发挥你自己的作用，即使作用微小。

●把注意力放在吸取教训上。

●在不责备他人的情况下，以合适的方式从更广泛的角度来解决这个问题。

你设想一下这样的情景，你被介绍给以前曾会面过的某个人，但是显然他已经不记得你了。你可能会说，"我们以前见过，"把他的错误直接扔在他脸上。或者你可能会说，"哦，你好，马克。再次见到你很高兴。上个月在商业促进局的午餐会上我见过你吧？尽管人很多，但那可是一次非常棒的聚会，简直太棒了"。

今天，我们的错误、失误和彻头彻尾的失败比以前更容易被大众获悉。当一名员工犯错误时，顾客会发布到自己的博客上，在个人主页张贴自己的经历，或者立即向公司执行总裁发去一封言辞激烈的电子邮件，这都不足为奇。这位员工早已处在一个尴尬和恐惧的位置上。为什么要把这一切弄得更糟糕？在这个数字时代，让别人保住面子是很重要的。

当然，在数字时代，帮助他人保住面子有时候会更困难，因为他的错误已经被广为传播。重要的是，你的电子邮件一定要坚持严格的纪律。如果一封电子邮件被意外地发给错误的收信人，或被黑客劫持并被张贴到博客上，那么不仅会造成尴尬的局面，还会毁掉某些人的专业声誉。如果你需要谈一谈某个人犯的错误或者过失，最好的方式是进行面谈或者通过电话。把你的书面交流方式留到表扬和提建设性意见时使用。

帮助他人不损声誉地渡过失败的难关是很重要的，帮助客户或潜在客户保住面子也是一种有效的商业策略。沃尔夫冈·施密特讲述了他的乐柏美公司如何通过这个策略赢得新客户的：

我们确实受到了客户投诉。大约半数的投诉源自一位顾客购买的一件商品，他认为这件商品是我们公司的产品，但是却是我们竞争对手的产品。于是这位顾客写信给我们。我们的政策就是简单地写一封个人回信，并告知，"我们理解因为其他公司模仿我们的产品才让您弄错了。尽管你的确犯了一个错误，但是我们想让您对产品价值上的区别有直观的了解。因此请您免费试用我们的一种产品。"不管客户怎么投诉，我们都会把自己的产品附送给他们。我们认为这是宣传乐柏美品牌可信的绝佳方式。

即使其他人犯了错误，我们让其丢脸只会打击他的自尊心。除此之外，我们根本改变不了他的行为结果。

而当我们为其弥补错误时，不仅挽救了他人的心灵，我们也与其建立起了信任关系。给一个人留一次面子，你对他的影响力就会增加。每次你都能给他留面子，那么实际上就没有什么他不愿给你效劳的事情了。

赞赏下属的进步

在 2010 年一个令人高兴的日子，最佳西方酒店管理公司创建了一个特殊的 Facebook 网页。访问者蜂拥而至。在留言板上出现了上千条留言。

"华莱士让疲倦的旅行者们感觉像回家一样！宾馆大堂里最棒的就是他的微笑。"

"华莱士是最好的。我们愿意为了见到他再去那里旅行一次！"

"当退房时，孩子们会问我们什么时候再回来看华莱士！"

"每次下榻这里时，我会在大堂里见到他 15 次，每次他都笑容满面，谈论很多有趣的事情。他是我下榻这家宾馆过程中最美妙的记忆之一！"

"我们应该像华莱士那样去对待他人。如果他哪一天过得很糟糕，你是不会知道的。"

"在我所有的旅行中，从来没有见过比他更和蔼、乐于助人以及更愿意让客人感到宾至如归的人了。"

"只要见到华莱士，我的日子就会变得更加灿烂美好。他一贯的盛情招待、他对这座城市的了解、他的善良和敬业，以及他那让我感到无比享受的满面笑容，在与人交往方面，他有一种独特的天赋。"

谁是华莱士？华莱士·蒲柏，芝加哥人，单身父亲，长期在最佳西方河北岸酒店工作，十分乐于助人。

当华莱士被提名伊利诺伊州酒店行业协会行业之星奖时，最佳西方酒店管理公司决定表达公司的自豪感和对华莱士的支持——帮助他赢得大奖。因此公司创建了一个名为"华莱士应该赢"的 Facebook 网页，鼓励入住过这家酒店的人浏览这个网页，分享关于华莱士为顾客们提供服务的故事。第一周有 2722 人浏览了这个网页，酒店的客人们纷纷讲述发自心底的感人故事并表示支持。华莱士的真诚和善良，以及他帮助旅客们享受旅行的乐趣和品位人生观的能力被一遍又一遍地传颂。尽管最终华莱士并没有赢得大奖，但是他从 Facebook 网页上赢得的赞扬和鼓励远远超出了一个勋章的意义。

赞扬和鼓励：这是驱使任何人发挥潜能、取得进步、改变自我的两个基本因素。然而，对于我们很多人而言，很难认识到周围的人的努力。

杰拉德·葛培理博士对管理者如何更好地激励手下很感兴趣。因此，他对一千五百名员工进行了研究，其结果是相当令人震惊的：

- 58% 的被调查对象称他们几乎从没有得到上司的赞扬。
- 76% 的被调查对象称他们几乎从没有接到过书面感谢。
- 81% 的被调查对象称他们几乎从没有得到过公开赞扬。

然而，在被调查对象中，来自上司的赞扬、书面感谢和公开赞扬是五大最受激励因素中的三个重要因素。

这些都是 1982 年的研究结果。几十年后，情况并没有发生本质的改变。经常受到赞扬的员工仍然更有生产力，一般而言，经常赞扬员工们的公司机构更加成功。赞扬是马库斯·白金汉和柯特·考夫曼在《首先打破一切常规》一书中概括的十二种成功指标之一，这十二种指标是在盖洛普公司广泛的研究基础上得出的。然而，管理者们仍然出了名地吝于对员工表示赞扬。

我们都渴望别人的欣赏；我们都想感觉自己很重要。当我们取得一定进步或者表现出色时，受到赞扬就是在传递一条清楚的信息，表示他人已经注意到我们的表现，并且已经引起了变化。不管在工作中、在家里、在学校还是在交往中，的确是这样的。人类行为的基本心理原则之一就是，我们会坚持那些受到赞扬的行为；那些没有被积极承认的行为很容易被搁到一边。

关于如何赞扬身边的人，管理机构效率促进中心提供了以下建议：

1. "从心底说出你的赞扬。"做到诚恳。

2. "尽快表达你的赞扬。"不要等到下一次开会、工作讲评、家庭聚餐或者教堂演说时。等到那个时候，个人成功的喜悦已经消失，你会失去增加这种喜悦的机会。

3. "要精心准备你的赞扬。"一个简单的谢谢不是赞扬，这样做也是不礼貌的。要感觉到他们的努力正引导着他们自己朝着你期望的方向前进，他们需要知道你怎样评价他们的付出。

4."公开表达你的赞扬。"在这个讲究社会学的时代，公开的赞扬越来越容易，因此我们找不出什么借口不这么做。最佳西方酒店集团当然是这样做的。今天，你不必等到下一次季度会议时赞扬一个出色完成的任务。

我们应该尽可能努力地去赞扬别人，大多数人并不需要努力就能争取到这样做的机会；我们只要利用好每天出现的机会就好。

比起大多数人，驱逐舰本福尔德号舰长阿伯拉肖夫上校更好地理解赞扬他人的力量：

我船上大部分的年轻水手都出身贫寒，费尽周折才得以加入海军服役。我把自己放在他们父母的位置上，设想如果能够收到孩子的指挥官写来的信会是怎样的感受。我开始给水手们的父母写信，尤其是当他们的儿女们做出了值得我真心赞扬的事情时。当父母们收到信件时，都会毫无例外地把家里的孩子们叫到一起，告诉他们是多么骄傲。

有这么一位水手，他是船上某个表现优异的小队的成员，但是他自己并不出众。阿伯拉肖夫上校意识到赞扬他作为这个小队成员获得的成就，会让这名水手得到自己最需要的激励。因此，他给这位水手的父母寄去一封表扬信。两个星期后，水手满脸泪水地敲开了阿伯拉肖夫舰长的房门。

"我刚刚接到了父亲的电话，他一直说我是个废物。这次，他说自己刚刚读完您的信，他想对我表示祝贺，并因我而感到很自豪。这是我这辈子听他第一次这么鼓励我。"

显然，对这名年轻人而言，这一刻对他意义非凡。对于他对自己能够达到的成就和对自己团队的成功所作出贡献的看法，你认为会产生何种影响呢？

赞扬虽然是必要和强有力的工具，但它也必须遵循某种标准。伟大的领导者和具有影响力的人都知道，我们必须一直鼓励下属。"只有当一个人取得'好的'成绩时，才能给其赞扬；但是却可以随时给别人鼓励，即使是捅了娄子的时候。"

这就是鼓励的本质——表达你对他人的才能、技艺和内在能力的信任，因为不管事情的进展如何，这份信任都是存在的。

鼓励他人需要具备一种特殊的心态。当你审视某个人时，不要总盯着他的错误，而是要看到他的力量和潜能，看到他的能力。虚伪的、对他人缺乏真正信任的鼓励，只会传递一种轻视他人工作的讯息。

鼓励会激发他人的哪些潜能呢？心理的坚强——有能力战胜我们每天遇到的、能够导致压力和焦虑的挑战，面对这些挑战并冲破阻力勇往直前，让我们精神振奋并不断努力尝试。这就是积极成功人士的特点。

鼓励提供了前进的动力，对于领导者而言，在生活的各个领域寻找动力是一种痛苦的挣扎。深陷这种挣扎的根本原因是什么？我们很多人不会花时间考虑怎样给人动力。我们常常认为人们需要物质奖励，胡萝卜大棒政策才是最好的方法——但是实际上根本不是这样的。比起物质奖励，个人和社会的鼓励才更能鼓舞人心。

通过对健康的婚姻和家庭进行研究，作家和心理学家乔恩·卡尔森定义了几种我们可以用来创造一种鼓励氛围的基本实践行为：

1. 把健康的人际关系放到首位。尊重和积极的交流是实现这一点的两个根本因素。

2. 养成鼓励他人的习惯。不要等到一个人在朝目标前进的路上摔跤时才鼓励对方。即使成绩甚微，也要认识到每个努力和进步，让他们知道你对他们的信任是坚定不变的。

3. 要兼容并包。例如，尽可能让他人参与到你自己的决策过程，这会表现出你对他们理性判断的信任。

4. 不要让对立升级。当我们进入对立的模式时，很容易展开一场让人气馁或者相互蔑视的谈话。比较一下，"我想你能做到"，"我们看上去遇到麻烦了——我们应该怎么做？"与"让我自己来处理"或"我告诉过你要认真"。这两种表达哪种更好。

5. 要开心一点！

卡耐基学院的导师克拉伦斯·琼斯讲述了这样的故事，他用鼓励和让错误变得容易纠正而完全改变了他儿子的人生：

我的儿子大卫十五岁时来到辛辛那提同我一起生活。在此之前他经历过

卡耐基学院

坎坷的人生。1958年，在一场车祸之后，他进行了开颅手术，前额留下了一道很难看的伤疤。1960年，他的母亲和我离婚，他同母亲搬去了德克萨斯州的达拉斯。他的大部分学校生涯都在为学习迟钝者开办的特殊班级中度过。可能是这道伤疤的缘故，学校管理者认为他的大脑受到了伤害，无法达到正常人的水平。他比同龄人延误了两年，所以他只上到七年级。他除了会用手指头数数之外，根本记不住乘法口诀，而且几乎不会阅读。

有一点他很积极。他热爱与广播和电视有关的工作。他想成为一名电视台的技术员。于是我给他鼓励，并指出要考取这个专业需要学好数学。我决定帮他学好数学。我们弄到了四套闪光卡片：乘法、除法、加法和减法。当我们使用卡片进行练习时，会把回答正确的卡片扔到一堆。当大卫算错时，我会告诉他正确的答案，然后把这张卡片放到需要重复练习的一堆中，直到这一堆中没有卡片为止。我确保他能够把每张卡片都弄明白，尤其是那些之前曾经做错的卡片。

每天晚上，我们不断地练习做错的题目，直到没有卡片为止。同时我们还进行计时练习。我向他许诺，如果他能够在八分钟内完成所有卡片并完全正确，那么我们晚上就不再进行这样的练习。对于大卫而言，这看上去是一个不可能完成的目标。第一天晚上，他用了52分钟，第二天晚上用了48分钟，然后45、44、41分钟，直到40分钟以内。每次时间缩短我们都会庆祝。我会把妻子叫过来，一起拥抱大卫，三人一起手舞足蹈。到了月底，他就能在不到八分钟的时间里出色地完成所有卡片练习。当他取得一点进步时，就会要求再做一次练习。他有了一个美妙的发现，学习是简单和快乐的。

当然他的数学成绩突飞猛进。令人惊讶的是，一旦学会了乘法，数学就会变得相当容易。他都惊讶自己带回家的数学成绩竟然是 B。这是他头一次考得这样好。其他的进步也以几乎惊人的速度发生着。他的读书能力进步飞快，他开始发挥在绘画方面的才能。在学年后期，他的理科老师布置他做一个演示。他选择了一套非常复杂的模型来演示杠杆作用。这不仅需要绘画和模型制作方面的技能，还需要应用数学方面的知识。这个演示在学校科学展览中获得了一等奖，被推选参加全市竞赛，最终获得了辛辛那提市的三等奖。

大概就是这样。这是一个留了两级的孩子，被告知"脑残"的孩子，被同学们称为"科学怪人"的孩子。突然，他发现自己其实可以学习并有所成就。结果呢？从八年级最后一学期开始到升入高中，他一直都是优等生；在高中，他被选为国家优等生协会成员。一旦他发现学习是一件很容易的事情，那么他的整个人生都会改变。

告诉某个人，你完全相信他能够完成一个目标，通过强调他拥有的各种技能来鼓励他，帮助他。他将会一直实践，直到看到胜利的曙光。

记住，批评让能力枯萎，鼓励让能力繁盛。赞赏别人的进步，你会激发他人的最大潜能。

给别人一个实至名归的好名声

本杰明·赞德感到厌倦了——作为音乐学校的老师，他厌倦看着自己的学生们时刻担忧自己在课堂上的表现等级。于是他决定在音乐教学中采用一种新方法。在艺术世界的顶层，严酷的竞争会限制才能的发展。他考虑放弃等级制度，但是这样做会遇到很多的阻力，至少很难让校长同意这种激进的做法。

相反，他决定给每个学生一个 A 的成绩——就在上课的第一天。

当他见到紧张的新生时，他就会说，"每个学生在这门课上都会得到 A。但是，要拿到这个成绩有一个要求：两周后的某个时候，你必须给我写一封日期是明年五月份的信……在这封信中你必须详细地给我讲一讲，到明年五月份你会发生什么样的改变，值得我给你这个非同寻常的成绩。"

他教育学生们站在未来的角度想一想，为赢得这样一个优异的成绩自己必须付出些什么。学生们会谈论自己的见识、人生转折、甚至可能赢得的比赛。但是赞德不只想得到一个肤浅的分析。"我对明年五月时的你特别感兴趣。对于实现了自己愿望的人或者实现自己目标的人，我对他的人生态度、感受和世界观很感兴趣。

他从学生们那里得到了什么？让我们看看一位年轻的长号手在信里是怎么写的吧：

亲爱的赞德先生：

今天，我已蜚声世界。你所看到的在我内心中纠结沉睡的驱动力和强烈情感，尽管我无法用演奏和言语表达，但是今晚却在一场专门由我编排的音乐演奏中释放了……这场音乐会结束了，无人喝彩。一阵意味深长的沉静、叹息，随后的掌声淹没了我心脏跳动的声音。

我可能鞠躬了——我现在记不清了。掌声经久不息，为了祝贺自己摘掉了隐藏自我的面具和外皮，我应观众要求再次登台即兴吹奏了自编的曲子——没有任何伴奏。下面的记忆是一片空白了。我忘记了吹奏的技法、架势、传统、学校的教育和历史——甚至忘记了观众。我确信从长号里传出的是我自己的声音。欢笑、微笑、皱眉、哭泣，是塔克的灵魂在歌唱。

——塔克·达林

在十个月的课程中，赞德目睹着自己的学生发生了惊人的变化。他把自己的教育方法称为"成绩 A"法。在与妻子罗莎蒙德·斯通·赞德合著的《可能性的艺术》一书中，说到这种方法如何能够潜在地培养个人的成就感时，他是这样阐述地：

"成绩 A"方法可以适用于各种各样的人——服务员、你的老板、你的岳母、对手团队的成员、路上的司机。当你给别人一个 A 的成绩，你会发现当你同别人谈话时，并不是站在一个衡量他们如何与你的标准较劲的位置上，而是站在一种给别人余地去认识他们自己的、尊重对方的位置上……这个Ａ并不是一种实至名归的期待，而是一种值得信守的可能。

在这个常常使人愤世嫉俗的世界上，这是一种多么神奇的人生态度啊。

教练、导师、领导以及父母常常会发现，人们总是依赖于他们的期待，不管这些期待多么渺小。如果一个人感到自己无足轻重或者根本得不到尊重，那么他就失去了自我提高的动力。那么为什么不憧憬一下他的前景呢？包括你知道他能做到的事情，也包括你不确定他是否有潜力做到的事情。你不会感到失望的。

佩奇·安·米歇尔·麦凯布的母亲讲述了让自己的女儿感觉自己成为大女孩儿的故事：

当佩奇·安·米歇尔·麦凯布听到我告诉她六岁的哥哥布兰登，现在每天晚餐前布置饭桌是他的任务时，她正坐在厨房的一个凳子上。佩奇看上去满怀期待，几乎要哭出来。"妈妈，我这么大能做什么？因为我也长大了，我能做什么？"不想伤害她幼小的心灵和自尊，我很快找了件她能干的事情。

就在同时，我脑子里冒出一个主意。"佩奇·安·米歇尔，"我兴高采烈地宣布，"现在你已经四岁了，足以做正确的决定了，你自己选择明天穿的衣服。每天晚上洗澡之前，你应该把自己的衣服从抽屉里拿出来，摆在床上准备第二天早上起床时穿。"房间里忙碌起来。布兰登认真地布置着餐桌，佩奇则径直走进自己的房间，里面传来了抽屉和柜子迅速开关的声音。大约十秒之后，她跑出来报告自己的成绩。"看，妈妈，我做完了，我全都做完了！过来看看，快过来看哪！"的确，准备明天穿的衣服整齐地摆在床上。我告诉她我是多么骄傲。现在她长大了，能够自己做事了，她顿时眉开眼笑。

第二天早上，麦凯布的房间里发生了奇迹。通常，妈妈不得不哄骗着不高兴的佩奇起床，而且让她穿衣服也是一件很难的事情。如果我选择一件蓝色的裙子，她就想要穿红色的裤子。如果我选择一件蝴蝶图案的白色裙子，她就要穿一件紫色的花裙子。最后，我会屈服，让她自己选，她就会花上很长时间。佩奇会一直发脾气，我最后无可奈何。

但是那天早上不一样。"看看我身上穿的，妈妈！"她说。在我叫她起床之前，她已经穿好了衣服！我骄傲地亲了她，告诉她看到她穿上自己选的衣服我是多么高兴。那天早上，佩奇·安·米歇尔·麦凯布非常高兴。多么美妙的变化啊！

被人当作一个大女孩儿对待之后，四岁的佩奇·安·米歇尔·麦凯布就按照大女孩儿的样子去做了。

要改变一个人的行为，就要通过给他一个实至名归的好名声来让他感到应有的尊重。对待别人就像你要感化他拥有的某种品质早已成为他的杰出品质之一。

保持相同的立场

一家制造公司的员工持续罢工长达六个月，最终达成了劳动协议。然而，协议的条款并未达到员工们起初的要求。虽然员工们恢复了工作，但是因为工作环境对人体有害，劳资双方的关系愈加紧张起来。他们是如何摒弃前嫌，共同前进的呢？

在《关键性谈话》一书中，作者科里·帕特森、约瑟夫·格雷尼、让·麦克米兰和艾尔·斯维斯勒叙述了他们帮助两组人搭建起联系的过程。他们让每个小组考虑一下他们为公司制定的目标，然后把它们写在海报大小的纸上。每个小组花两个小时讨论各自的目标，然后把讨论的结果写在纸上，贴在他们所在房间的墙上。最后，培训师让两个小组交换房间，对对方小组的目标进行评论，期望能找到一些共同点。

你认为接下来发生了什么？

当两个小组回到会议室时，他们都很惊讶。他们的目标几乎是一致的："一个效益好的公司、稳定和奖金丰厚的工作、高质量的产品以及对社会产生积极的影响。"

虽然这个发现并没有消除过去的隔阂，然而它的确让两个小组之间有了全新的认识。他们相互了解了对方，这会让未来出现更加积极的结果。

为什么共同的立场如此重要？对于一个能够对别人观点和行为产生深刻

影响的领导而言，在要求别人做某件事情之前，他应该让对方心悦诚服去做要求做的事，避免对方出现任何潜在的抵触情绪。这里，我们谈的不是玩弄权术或者洗脑。如果考虑了别人的目标，以及如何把你的目标和她的联系起来，你就会创造出一个让每个人都开心的双赢局面。

令人惊讶的是，今天只要我们花点工夫，找到一个与他人的联系纽带是十分容易的事情。如果你参加一场面试，或者打电话推销产品，难道你不会花点时间研究一下这家公司，看看它的前景、制定的目标以及价值观吗？很多公司都会把这些信息发布在公司网站的首页和中心位置。更有甚者，有些公司还会在博客上发布员工的简历、公告以及其他及时更新的信息。

然而，在我们的生活中，我们常常不屑于在这些事情上浪费时间和耗费精力，即使是手到擒来也不愿。问问别人周末干了些什么，下次休假打算做点什么，或者最近读了什么书，你就会发现他们的目标、梦想会让你产生某些敬佩和启发。如果你在网上和他们联系，那么沟通会变得更加容易。

凯文·贝肯提出的六度分割理论是一种很有趣的流行文化现象。当你把这种对人际关系的解释方法延伸到包括了共同利益、共同经历以及共同目标的层面时，其本质是我们对于任何人而言都只是关系中的"一个度"。要想对他人产生影响，让他人乐于做我们想让他们做的事情，我们只要能够找到把我们与他人联系起来的那"一个度"就可以。

德国戴尔·卡耐基培训学院的一名学生发现，给她想求教的人写信——很可能会找到彼此联系的一个度——会产生惊奇的结果。这种方法很简单并且十分大胆。

虽然我很害羞，但是我决定给我感兴趣的人发一封电子邮件。我找到了一些非常有名望的人的地址，开始问一些关于他们背景的问题，比如他们是如何开始创业的，对他们个人而言最重要的是什么。

两个星期后，我收到了德国总统约翰内斯·劳的一封长达两页的回信，在信中他回答了我所有的问题。六个星期后，我收到了另外一封信。这是一个大信封，里面有一本可以回答我所有问题的书。

这名学生学到了什么？如果你去尝试，所有的人，甚至是看上去无法接近的人也会把他们自己的故事、动机和目标告诉你。

一天晚上，终极格斗大赛体育联盟（UFC）的主席达纳·怀特意外地把自己的电话号码公布到自己的有百万粉丝的微博上，粉丝们又纷纷转载，不计其数的人都知道了他的号码。几分钟内，粉丝们开始打电话进来。一个不太热衷于取悦自己粉丝的名人会通知电话公司立即更换掉电话号码。但是达纳·怀特并没有这么做。

超过一个半钟头时间里，他都在接电话，与粉丝们聊天。粉丝们高兴的不得了。

这是一个幸运的错误，达纳·怀特从中学到了很多。他懂得了与粉丝交流会让人受益匪浅，负责管理UFC媒体推广的公关公司发现了一个新的机遇，"不管粉丝们何时何地以及何种方式想要获取有价值的信息，都可以向粉丝们提供"。

现在，达纳·怀特有一条专门的热线，用于接听粉丝们的电话。电话号码被公布在他所有的社会媒介上。当他有时间的时候，他会告诉粉丝们自己有时间接电话，然后电话铃声就会响起。

他意外地接听了来自全世界的UFC粉丝们超过一个半小时的电话并不是作秀或噱头，Mashable网站自由撰稿人格雷戈·费雷施泰因认为，这次意外对于UFC成为世界上发展速度最快的体育运动起到了关键作用。从一开始，怀特就热衷于通过社会媒介与粉丝们交流，当主流媒体拒绝报道UFC赛事时，他依赖于草根粉丝们的支持。当他邀请Digital Royalty公司来开发UFC的媒体推广和培训拳手们应对媒体的技巧时，他告诉拳手们，"我想让你们把自己一丝不挂地展现出去！"他与粉丝们能够成功地进行沟通的秘密是：他绝对诚实和坦率。

为了向一名搭档证明这种沟通的力量，一天晚上十一点半，怀特离开饭店走到了附近一家加油站。他在微博上发布了自己的位置。三分钟内，那里聚集了一百余名粉丝。

在对达纳·怀特行为的分析中，格雷戈·费雷施泰因写道，"当社会媒介能够让粉丝们颠覆了传统的沟通渠道，直接表达自己的观点时，透明、延伸和公开比起以往任何时候都显得更加重要。怀特愿意随时迎接自己的粉丝，他放弃了虚假的作秀，只为能够与粉丝们真诚的沟通。"当社会媒介只是一件能够让你了解他人兴趣的工具时，那么它只是一件工具。领导者需要培养的是一种探知答案并根据获得的信息采取行动的真实欲望，很多失败的经理们总是故意或无意地暗自削弱这种欲望。对于这种被很多出众的经理人忽视的欲望，《出轨》的作者蒂姆·欧文总结如下：

谦虚谨慎看上去是决定领导力的根本所在，那么骄傲自满一般是领导人和我们失败的根源……骄傲自满表现为很多种形式。最基本的表现就是因为只在乎自我而滋生了一种信念，认为自己是这个组织、部门或者团队运转的中心。这就不可避免地导致他人的贡献被排斥。当骄傲自满膨胀为傲慢，那么就会出现一种特权意识。"没有我这里无法运转，我应该得到特殊待遇。"傲慢的领导者看上去还会排斥对任何领导人都有益的反馈意见。他们会变得脱离事实。

从巴塔哥尼亚品牌创始人之一、《任性总裁的成功创业法则》的作者伊冯·乔伊纳德那里，我们可以找到一种对照的方法。有一个事实非常值得伊冯骄傲，那就是巴塔哥尼亚公司的员工都有非常独立的个性，组织顾问告诉他这些都是"被认为是一般公司不能雇用的"员工。虽然他十分钟情于自己这些思想独立的员工，但是也给他带来了管理上的挑战：如何建立一个致力于相同目标的协作机构？

他使用的一个工具就是办公室的布局。"在我们公司里，没有人拥有独立的办公室，每个人都在没有门或者隔墙的开放房间里工作（包括伊冯和马林达）。良好的沟通和平等的气氛远远弥补了我们在'安静的、可以思考的空间'里所失去的东西。"

现在我们再进一步，想一想马修·凯利的《梦想管理：员工与企业共赢之道》一书中虚构的 Admiral Janitorial 公司。公司的运转成本很高，对于一个以流动工人为主体的公司而言，出现这种结果并不让人感到意外。该怎么办？首先，找到留不住人的最大原因是什么。公司认为最大原因是工资，但是当对员工进行调研时，发现最大的原因在于交通。很多人依靠公共交通工具上下班，晚上下班后往往很难坐上车，有时还会产生交通意外。那么公司的领导们该怎样做呢？他们提供了班车。发送班车很费钱，但是他们在营业成本中的结余远远弥补了这块开销。员工们的在职时间是以前的两倍，请病假的人数大大减少，员工的工作热情空前高涨。

领导们仍然认为员工们还可以做得更好。造成公司留不住员工的真正原因是什么？他们很想弄清楚。工作枯燥无味没有前途、没有成就感，每个人都明白。领导们知道到无法改变这一点，但是他们可以想办法帮助员工们在工作的同时距离自己的梦想更近一点。因此他们问员工们，"你们的梦想是什么？"员工们纷纷说出了自己的梦想。这家公司具备丰富的信息资源——可以利用这些信息资源帮助员工实现自己的梦想。一名员工想要学习西班牙语；恰好另外一名员工操一口西班牙语，也愿意教给他。那么，公司就会帮他们取得联系。

的确，这个故事虽然是虚构的，但却不极端，是吧？

为什么我们不该知道我们的同事、共事的人、朋友以及家人的梦想呢？这类信息的作用十分重要。在你和你自己圈子里的人实现梦想的过程中，它可以提供至关重要的帮助。

你了解自己周围的人的动力是什么？你很容易就会搞清楚。一旦得到了这些信息，那么把自己想要的结果和他们的目标联系起来就变得十分简单：

1. 要坦诚。不要空许诺。

2. 要懂得体谅。问问自己，别人真正的需求是什么。

3. 考虑一下别人会从你的建议中有何受益。

4. 要让这些利益和他人的诉求相一致。

5. 当你提出自己的要求时，要让别人能够感受到他能从中受益。

你对别人了解的越多，那么你对自己就会更加了解，也会更容易地找到能够激发彼此未来创造力和协作精神的共同立场。近期当选英国最具影响力商业人士的维珍集团创始人理查德·布兰森说过，在数字时代与顾客保持沟通会让很多经理晚上都是清醒的。

公司是否适应这个充满活力且有时喧嚣的世界，将会决定它们未来的成败。网站、Facebook主页、博客和微博上的反馈信息不再是公司沟通成本的累赘：它们应该对公司的营销策略起到关键作用，应该与其他营销努力相一致。

布兰森说，关键在于不要把你的数字媒介仅仅默认成一种交易模式，而是要扩展其在与客户持续沟通方面的作用。我们现在生活在一个充满联系的世界中，公司和客户之间的想法不时和持续地相互联系不再是个例，而是一种期待。

"社会媒介的崛起，"布兰森写道，已经带来令人兴奋的挑战，促使我们对传统的经营方法提出疑问……要获得成功，必须从上开始付出这样的努力。维珍美国公司的 CEO 大卫·克西将这些社会媒介渠道的管理从公司传统的等级制度中解放出来。他的社会媒介团队由二十几人组成，秉承开放的运营方针，工作模式自由开放。

数字化的维珍公司将 Facebook、Twitter 等网站媒介作为自己与客户沟通战略的一部分。这种开放式的数字化沟通营造了一种特殊的沟通机会，已经融入到一种成功的营销运作中。

很多西海岸的动物栖息地已经过于拥挤，吉娃娃也在渐渐失去它们的栖息之地，为这些小狗找到容身之所成为当务之急。美国防止虐待动物协会决定介入此事。它们联系了维珍美国公司，询问该航空公司是否可以帮助从洛杉矶运送一些小狗到纽约。维珍公司立即表示同意，甚至派出机组人员担任志愿者护送这些小小的乘客。

维珍的数字团队通过各种媒介渠道宣传这个故事。"它像病毒一样蔓延，"布兰登解释道，"同时也引起了传统媒体的兴趣——纷纷对美国防止虐待动物协会和维珍大西洋航空的努力表示关注，并提供相关帮助。随后我们把这个故事用于在墨西哥网上机票销售的宣传，取得了非常成功的销售业绩。"

广告、营销和客户公关的传统作用已经改变。因此现代领导的作用也随之发生了改变。在数字时代和空间里，沟通交流更加广阔和纷繁，公司运营中的一些敷衍和草率的原则已经基本瓦解，逐渐被人际关系的基本原则所取代。在今天，如果不知道如何用一种坦诚和积极的方式赢得朋友和影响他人，你将难以在这个买方主宰的市场上立足，甚至难以留住手下的员工。

领导们坐在只有私人电梯才能到达的最顶层办公室里，关着门拿着报告高高在上的日子已经不复返了。事实上，注重领导效率的公司不会再出现这种情形——1936 年不会，现在也不会。今天，人与人之间的联系是无时不在的，远程管理的影响日趋突显。有形的接近不再是主要形式，关系的接近才是。

如果不采取一种有效接触的合理措施，那么个体要维系一种有效和进步的人际关系将纯属偶然。若没有了关系上的接近，世界上没有人能够保持一种进步的影响力，尤其是领导。

诚然，这个世界现在是个开放的市场，但是你的首要任务仍是人际化的经营。最伟大的奋斗和付出总是以相互依赖和相互作用为基础的。最后，在数字时代赢得朋友和影响他人的艺术可以概括为，行为的沟通和保持相同的立场。

第十二章　成就完美与和谐

最高形式的美

如果我们希望自己的外表更美的话，我们必须首先美化自己的心灵，因为我们内心的每一个思想、每一个动机都会清晰而微妙地反映在我们的脸上，决定着它的丑陋或美丽。内心的不和谐将扭曲世上最美的容颜，使其黯然失色。

莎士比亚说过："上帝给了你一张面孔，而你自己却另造了一张。"我们的心灵可以随意地制造美丽或丑陋。

对最高形式的美来说，温柔的、高贵的性情无疑是最不可缺的，它可以令最平凡的面孔焕发光彩。相反地，暴戾的性情、恶劣的脾气和嫉妒的心理，会毁坏世界上最美丽的容颜，使它变得丑陋无比，毕竟，没有什么东西能够与优雅可爱的个性产生的美相媲美。无论是化妆、按摩，还是药品，都无法改变和遮掩由错误的思维习惯所导致的偏见、自私、嫉妒、焦虑以及精神上的摇摆不定反映在脸上的痕迹。

美产生于内在的心灵。如果所有的人都能够培养出一种优雅宽宏的精神状态，那么不仅他所表达的思想观点具备一种艺术美，他的体魄同样是健美的，因为内在的美会使外在的美愈加耀眼生辉，光彩逼人。在他身上，的确会焕发出迷人的优雅和魅力，这种精神上的美甚至要胜过单纯的形体美。

我们都曾经看到，即便是容貌极其平平的女士，由于其迷人的个性魅力，照样给我们留下了非同凡响的美丽印象。通过外表展示的美好的心灵反过来又影响着我们对形体的看法，在我们的眼里，它仿佛也变得婀娜多姿了。

安托尼·贝利尔说得非常对："在这个世界上没有丑陋的女人，只有不知道怎样使自己显得美丽的女人。"

正是那种热诚慷慨的随时准备帮助他人的心态，以及在任何地方撒播阳光和欢乐的美好心愿，构成了所有真正的个性美的基础，并使得我们永远神采焕发、美丽动人。渴望使自己变得更加美丽并付出相应的努力，生活就会变得多姿多彩。而且，既然外表只是内在的一种反映，是思维的习惯和通常的心态在身体上的展现，那么我们的面孔、我们待人接物的态度、我们的一举一动就必须和我们的精神世界相吻合，并变得更加温柔和富有魅力。如果你的脑海中时时拥有美好的思想和善良的愿望，那么无论你到任何一个角落，你都会给人留下优美和谐的印象，没有人会注意到你的长相是多么的普通或是你的身体有什么缺陷。

我们都仰慕绝代风华的面庞和绰约丰盈的身姿，但是，我们更热爱在崇高的心灵映衬之下的面容。我们之所以爱它，是因为它预示着我们有可能成为完美的人，它代表着造物主所追求的最高理想，激起我们的爱和仰慕的并不是最亲密的朋友的外表，而是他在我们的心灵深处唤起的对友情的追忆和向往。最崇高的美并不是一种实际的存在，它是一种理想，一种隐约可见的追求，一种体现在某个具体人物或具体事物上的美好品性，它给我们带来了欢乐和喜悦。

每个人都应该尽可能地使自己变得更加美丽，更加动人，更加成为完整意义上的人。这种对最高层次的美的追求绝非没有意义。

学会调适自己

和谐是一切效率、美好和幸福的秘密所在，并且，和谐能使我们自己和上帝保持一致。和谐意味着一切心理功能的绝对健康。沉着、安定、和蔼与好的脾气，往往能使我们的整个神经系统、我们所有的身体器官与新陈代谢过程保持协调，这种和谐往往因摩擦冲突而受到破坏。

人类的身体像一部无线电报机，根据它的思想和理念的性质，它不断地发出平和、力量、和谐或混乱的信息。这些信息以光速飞向四面八方，这些信息往往也能找到它们自己的知音。

一个处于永恒和谐之中的心灵平静的人是不可能有任何灾难的，他也不可能恐惧灾难，因为他知道自己处于上帝那双充满爱意的大手的庇护下，因此，什么也不可能伤害到他。因为他是按照永恒的真理立身、行事、处世的。这样一个极其平静的心灵宛如深海之中岿然不动的一座巨大冰山，它嘲笑洋面上击打它身侧的汹涌波涛和狂风暴雨，这些汹涌的怒涛和狂风暴雨甚至连使它产生恐惧也不能，因为它处于深海之中的巨大冰块是平衡的，这种平衡能使它平静地、不受阻碍地稳稳漂流。

很奇怪，许多在其他一些事情上非常精明的人，在保持自身和谐这一重大精神事务上却往往非常短视、无知和愚蠢。许多白天历经疲倦和失调的上班族到了晚上会发现自己简直完全累垮了。这种人如果在早上上班之前能舍得花一点儿时间好好地调整自己，那他们就会事半功倍，他们回家时就会依然精神焕发。如果一个早上去上班的人感到与每一个人都不一致、都不协调，如果他对生活，特别是对那些他必须应付的人和事存在一种抵触心理的话，他是不可能收到事半功倍的效果的，因为他的大部分精力都白白浪费掉了。

从没有试着去调整自己的人就不可能意识到，早晨上班之前好好地调整自己会带来巨大的好处。一个纽约的生意人最近告诉我说，每天早晨在使自己的精神、思想和世界保持极好的协调之前，他是不会允许自己去上班的。如果他感到自己有点儿嫉妒他人或是内心不安，如果他感到自己有些自私和不公正，如果他不能正确地对待他的合作伙伴或雇员，他就绝不去上班，直到他保持协调，直到他的思想清除了任何形式的混乱。他说，如果在早晨去上班时自己对待每一个人都有一种正确心态，那他的整个一天都会过得很轻松、很惬意。他还说，过去凡是心态混乱的情形时去上班，他都不可能有像心态和谐时那样好的效果，他容易使周围的人不快，更不要说使他自己疲惫不堪了。

许多人之所以过着一种忧郁、贫乏的生活，其原因之一便是他们不能从那些使自己精神失调、恼怒、痛苦和担忧的事情中超越出来，因而他们无法使自己的精神获得和谐。

善于比较

我们总是觉得，别人比我们快活，这其实是一种错觉。即使那些处于权力巅峰者，也都有各自的苦恼。在一般人看来，国王、总统、首相似乎是权力和财富的化身，他们可以尽情享乐，为所欲为。像沙皇彼得一世那样，可任意到叶卡捷琳娜美女云集的宫院开怀取乐；像阿拔斯国王哈伦·拉希德那样，高兴时可用黄金制造碟子，用宝石饰缀帷帐。

事实上，炫目的权力，豪华与奢侈，不过是高居权力巅峰者生活的表面，首先爬上"宝座"，从默默无闻到众星拱月，本身就是一个充满坎坷的复杂过程。当人们谈到这些登峰造极的人物时，大概不会想到，恩克鲁玛在担任加纳元首前曾经在一家公司轮船上洗瓶罐的情形；也不会想到希特勒25岁时"忧愁和贫困是我的女友，无尽的饥馑是我的同伴"的哀怨。

另一方面，位高者有位高者的苦恼，悠悠万事，多是苦乐相济、幸福与烦恼并存的，站在权力的金字塔上也并非处处如意。

英国女王伊丽莎白一世受制于宫廷礼仪，连恋爱自由都没有，最终落得终身未嫁，哑巴吃黄连。

美国总统杜鲁门上任短短几个月光景，便发现："一个人当了总统就好像骑上了老虎背，他必须一直骑下去，不然就会被老虎吃掉。"

阿登纳70岁坐上联邦德国总理这把交椅时，深感局促不安，他在第一次公开发表讲话时，心情紧张得像揣着活兔。

印度尼西亚总统苏加诺的传记作者莱格道出了苏加诺的苦衷，他说：苏加诺所真正希望得到的，倘若他能如愿以偿的话，就是这样一个职位，既可发挥领导作用而又不陷于日常政府事务。可苏加诺始终未能如愿。

英迪拉·甘地在寓所里尽管每天都可以接见官员和其他求见者，但她时常怅叹："搞政治这一行寂寞孤独。"

在君主制国家里，巴列维国王难得有点"平易近人"，他抱怨："伊朗古老悠久的帝制传统易使国王产生孤独感，虽然人们可以较多地与我接近，我也不像父王那样严厉，可是王位本身自然而然使我与人们间隔着一条鸿沟……我喜欢像别的元首那样独自做出决定，这样孤寂感就会更加强烈。"

美国总统林登·约翰逊政绩不算太差，但可恶的新闻界老跟他过不去，故意把他描绘成"一个乡巴佬"。这使他备感羞辱和委屈，对新闻界他又怕又恨，以至澳大利亚总理罗伯特·孟席斯不得不像哄小孩似的安慰

杜鲁门

他："不必对新闻界耿耿于怀，人民没选他们干事，人民选的是你，他们说话代表他们自己，而你说话代表人民。"

俄皇伊丽莎白就位后一直担惊受怕，恐遭人暗算。她每天都要更换房间睡觉，最后干脆找来一个能彻夜不眠的人坐在自己身边，才能安心入睡。

列举了这么多例子，无非是想说明：每个人都有每个人的苦恼，平凡人拥有的那份宁静也许恰恰是帝王将相所求之不得的。所以只要你真心觉得自己比国王还快活，那么你就的确会如此。

生活中的许多烦恼都源于我们盲目和别人攀比，而忘了享受自己的生活。

有这样一则法国笑话：维克多兴冲冲地从文化宫走出来，一位朋友问他："为什么这么高兴？""因为我今天玩得很好，"维克多回答，"我打了网球，下了象棋。既赢了象棋冠军，又赢了网球冠军。""你打网球、下象棋都很在行吗？""我和网球冠军一起下象棋，赢了他，后来，我又和象棋冠军一起打网球，我也赢了。"

维克多的言行自然引人发笑，但在大笑之余，我们是否也能从中得到这样的启示：全才是没有的，人各有所长，各有所短。我们既不能专门以己之长，比人之短；也不应以己之短，比人之长。

所谓"境由心造"。如果你善于发掘自己的长处，善于比较，你就会常

常生活在一种愉快的惬意之中。

将逆境变成一种祝福

约翰在威斯康星州经营一座农场，当他因为中风而瘫痪时，就是靠着这座农场维持生活的。

由于他的亲戚们都确信他已经是没有希望了，所以他们就把他搬到床上，并让他一直躺在那里。虽然约翰的身体不能动，但是他还是不时地动脑筋，忽然间，有一个念头闪过他的脑海，而这个念头注定了要补偿他不幸的缺憾。

他把他的亲戚全都召集过来，并要他们在他的农场里种植谷物。这些谷物将用作一群猪的饲料，而这群猪将会被屠宰，并且用来制作香肠。

数年间，约翰的香肠就被陈列在全国各商店出售，结果约翰和他的亲戚们都成了拥有巨额财富的富翁。

产生这样美好结果的原因，就在于约翰的不幸迫使他运用从来没有真正运用过的一项资源：思想。他定下了一个明确目标，并且制定了达到此一目标的计划，他和他的亲戚们组成智囊团，并且以应有的信心，共同实现了这个计划。别忘了，这个计划是因为约翰中风之后才制定的。

当你遇到挫折时，切勿浪费时间去算你遭受了多少损失；相反，你应该算算看你从挫折当中，可以得到多少收获和资产。你将会发现你所得到的，会比你所失去的要多得多。

你也许会认为约翰在发现思想力量之前，就必然会被病魔打倒，有些人更会说他所得到的补偿只是财富，而这和他所失去的行动能力并不等值。但约翰从他的思想力量和他亲戚的支持力量中，也得到了精神方面的补偿。虽然他的成功并不能使他恢复对身体的控制能力，但却使他得以掌控自己的命运，而这就是个人成就的最高象征。他可以躺在床上度过余生，每天只为自己和他的亲人难过，但是他没有这样做，反而带给他的亲人们想都没有想过的幸福。

长期的疾病通常会使我们不再看，也不再听。我们应该学习去了解发自内心深处的轻声细语，并分析出导致我们遭到挫折甚至失败的原因。

爱默生对此事的看法是：

"发烧、肢体残障、冷酷无情的失望、失去财富、失去朋友都像是一种无法弥补的损失。但是平静的岁月，却展现出潜藏在所有事实之下的治疗力量。朋友、配偶、兄弟、爱人的死亡，所带来的似乎是痛苦，但这些痛苦将扮演着导引者的角色，因为它会操纵着你生活方式的重大改变，终结幼稚和不成熟，打破一成不变的工作、家族或生活形态，并允许建立对人格成长有所助益的新事物。

它允许或强迫形成新的认识，并接受对未来几年非常重要的新影响因素。在墙崩塌之前，原本应该在阳光下种种花朵——种植那些缺乏伸展空间而头上又有太多阳光的花朵的男男女女，却种植了一片孟加拉椿树林，它的树荫和果实，使四周的邻人们因而受惠。"

时间对于保存这颗隐藏在挫折当中的等值利益的种子，是非常冷酷无情的，找寻隐藏在新挫折中的那颗种子的最佳时机，就是现在。你也可以再检查一下过去的挫折，并找寻其中的种子。有的时候，我们会因为挫折感太过强烈，而无法马上着手去找这颗种子。但是，现在你已有了更高的智慧和更多的经验，足以使你轻易地从任何挫折中，学习它能教给你的东西。

不要重复老路

在人类历史的早期，当时楠塔基特岛上的路很少，且道路状况很差。在那些布满沙子的平原上，到处贴着告示，警示过客们"不要重复老路"。最近，一个作家解释说："这句话的意思很明显，就是奉劝过路人不要每一次都去重复地走前人的老路，最好自己开辟一条新路。这样，他自己会有一些收获，也为大家做了好事。"

我们都知道思想僵化的害处。有一句成语叫"熟视无睹"，意思就是说，如果一个人总在处在同样的环境中，对环境的熟悉就会使我们对于它的缺点视而不见。如果思想缺乏交流，那么思想就失去了灵活性和对新事物的敏感性。如果我们不是常常追求进步，保持如年轻人般敏锐的头脑，那么不仅我们自己的工作会受到阻碍，我们整个人都会变得平庸。大脑像肌肉一样，只有在使用中才能得到锻炼。如果一个人在工作中停止了思考，那么日渐一日，他的大脑就会变得迟钝，他工作毫无进步，直到最后他失去了进取心，不能公正地评价自己的工作。这个时候，他就不再进步了，而开始大步地倒退了。

不断地超越自我，没有什么比这更能够催人进步。不管一个人的职业是什么，如果他每年都能够彻底地反省一次，找出自己的缺点和阻碍自己进步的地方，那么他将会取得十倍于现在的成就。

涉世之初，我们或许会许诺，永远不会降低我们的理想，我们会永远追求进步，与时代最先进的思想潮流相同步。但言之易，行之难，很多人没有告诫自己，要始终保持自己的理想，这样的人很快就没有希望了。

保持快乐的惟一方式就是抓住生活中的每一次机会，享受生活，并非只有等到你有了金钱和地位时才可以享受生活。一次轻松的旅行，购买一件艺术品，建一座舒适的住宅，或者实现其他的一些抱负，并不是只有当你有钱有地位之后才可以实现的。一天天、一年年地推迟自己的梦想，不仅使自己失去了现在的乐趣，还阻碍了我们追求未来幸福的脚步。

总是把快乐寄托在明天本身就是一个巨大的错误。

许多年轻的夫妇，整年像奴隶般地工作，放弃了每一个放松和追求快乐的机会。他们不让自己有任何的奢侈行为，不会去看一场戏剧或听一场音乐会，也不会去组织一次郊游，不会去买一本自己渴望已久的书，没有阅读兴趣和文化生活。他们想，等自己有了足够的金钱时，就会有更多的享受了。

每一年他们都渴望着来年自己会过上幸福的生活，或许可以计划一次奢侈的旅行。但是当第二年到来的时候，他们会发现自己必须再忍耐一些，节约一些。于是，一年年地这样推迟，直到自己变得麻木。

最终，当他们觉得他们可以去追求一点快乐的时候，他们可以去国外旅行，可以去听音乐会，可以去购买一件艺术品，可以通过阅读开阔自己的眼界时，已经太晚了。他们习惯了单调的生活。生活失去了色彩，热情消逝了，雄心磨灭了。长年的压抑破坏了自己享受生活的能力，他们牺牲了自己的健康和快乐得来的东西却变得一钱不值了。

难道生活就仅仅是吃喝拉撒睡吗？除了美元、土地、房屋和银行账户外，生活难道就不应该有其他的一些乐趣吗？

既然上帝赋予了我们神奇的力量，为什么要让它磨灭呢？如果人只像野兽那样过得毫无生活乐趣，人就不称其为人了。

走向平静的未来

有一个东方的神话说众神聚会决定该把"宇宙的真理"藏在什么地方，第一个神建议把它藏在海里面，但是其他神却嘘声四起，说人类会建造潜水艇下到海里去找到；第二个神建议把它藏在天上，距离地球很远的一个星球上，但是其他神却认为人类会建造太空船到达这遥远的星球；最后，第三个神建议把真理挂在每一个人的脖子上，其他神同意了他的说法，认为人类不会从这么明显的地方去寻找真理，所以他们就照第三个神的建议去做了。

当我们向世界寻求恢复内心平静，投入世界为了重拾失去的希望，或为了得知如何生活的时候，我们都将永远找不到所寻求的真理，因为真理就深埋在我们的心中，然而这也是我们投射给别人的自我面相，我们就是我们给予外界的样子。"所有的解答都藏在我们的心中"，这个想法是智慧、深奥难解的，但并不意味着有两个自我，外在自我和内在自我，只要内在自我是强壮的、大胆的、善辩的或忠诚的、敏感的，则外在自我就可以成为它纯粹功能性的机制，像是赚钱、洗车、洗衣服等。事实是真正的放松不会在内在孤立你，而会到外在世界发光，改变外在自我，让你更大众化，同时改变其他人。

我们无法决定明天或后天或几年内将发生的事，但是我们可以设定最后将会回到我们身上的正面能量。当有人在一泓池水中央丢下一颗石子，产生的涟漪会一圈一圈地向外扩张直到池边，然后涟漪会以复杂的交叉水流开始回流向池中央。同样的道理，我们给予世界的祝福也将回到我们身上，如同要怎么收获就怎么栽种，乃是因果的原则。当我们投射强烈的和有信心的善行给陌生人，就像一个祷告飞向神那里，而祷告者也会即时获得启示的报偿。

我们必须面对自己，知道自己是谁，发现自身的价值，根据这价值而行动。如果我们跟随着这自我认识的道路走向满足，而不是只想逃开，朝向放逐式的放松，我们的正面能量会将它自身的能量传送到未来。每次当我们到达未来时，我们将发现它在沿路等我们——依我们过去所想、所说、所做的一切来迎接我们。

播种美丽，收获幸福

一位年长的旅行者曾经讲述了这样一次经历：有一次在去美国西部的旅行途中，他恰好坐在一位年迈的妇人旁边，这位老妇人时不时地从敞开的窗户中探出身去，从一个瓶子中把一些粗大的"盐粒"撒在路上——至少在他看来是如此。当她洒完了一个瓶子之后，又从手提包里把瓶子灌满，接着继续洒。

听他讲述这一经历的一个朋友认识这位老妇人，并告诉他，这位老妇人极其喜欢鲜花，并且一贯遵循一个信念："请在你旅途所经之处撒播鲜花的种子，因为你可能永远都不会在同样的路上再次旅行。"通过在自己的旅途中撒播鲜花的种子，这位老妇人大大地增添了原野的美丽。正是由于她热爱美、传播美，使得许多道路两侧鲜花缤纷，生机盎然，令寂寞的旅人耳目一新。

如果我们在漫长的人生旅程中都能够像这位老妇人一样热爱美并传播美的种子，那么这个世界将会变成多么令人心旷神怡的天堂啊！

的确，到乡间的一次旅行是多么难得的机会啊，它可以把美带进我们的生活，可以提高我们的审美能力，这种能力在大多数人身上完全未被开发，处于混沌的睡眠状态。对那些懂得并欣赏美的人来说，融入大自然的怀抱就像是走进了一座巨大而精美的、弥漫着优雅和魅力的宫殿。展现在我们面前的大自然，是这样的庄严、美丽和可爱。在这里有轻风在驰骋，有泉流在激溅，有鸟儿在鸣啼。风的微吟、雨的低唱、虫的轻叫、水的轻诉，一切都显得是那么抑扬顿挫、长短疾徐，再加上夕阳的霞光，花儿的芬芳，高山的宏伟，彩虹的艳丽，空气的清爽，构成了足以让天使陶醉的画面，而置身于其中的我们，又怎能不像喝了醇酒一般呢？但是，这种美丽和恬静是无法靠金钱来换取的，只有那些与大自然的脉搏一起跳动，与充满了温情和爱的大自然相吻合的人们，才能真正地发现它们，欣赏它们，并拥有它们。

你是否曾经感受到了大自然所蕴涵的美的神奇力量？如果没有的话，那你就丧失了生活中最深沉的一种幸福。我曾经有过一次横穿大峡谷的经历，坐在一辆公共马车上，在崎岖的山路上颠簸了一百英里，我是如此筋疲力尽、腰酸背痛，以致于我都觉得无法再支撑着熬过离目的地还有十英里的路程，但是，当我偶然从山顶往下注视时，我看到了著名的大峡谷瀑布和周围绝佳的风景，而此时，太阳正破云而出，金色的光芒照耀大地，呈现在我面前的是一幅空前绝后、摄人心魄的画面，我身上的每一点疲劳、困顿和酸痛，都立刻被驱散得无影无踪。我的全部身心都沉浸在大自然的浩瀚恢弘和空旷豁朗之中。这种美是我以前从未经历过的，也是我永生难忘的。我感到自己的灵魂得到了升华，心中是那么平和宁静，而喜悦的泪水则在不知不觉中溢满了眼眶。

当我们的心灵驰骋于绿色无垠的原野，徜徉于翠竹掩映的溪畔时，我们肯定不会怀疑造物主是在按照他自己的形象和爱好来制造人类的，想必造物主是希望人类跟大自然一样美丽。

和谐的生命乐章

在他的提琴完全定弦之前，大音乐家奥尔·布尔是不会在公众面前演奏的。在表演期间，如果一根弦松了一点儿，即使这种不和谐只有他一个人注意到了，他也必定会在继续演奏之前为他的提琴定弦，他可不管这需要多长时间，他也不管他的听众是如何地骚动不安。而一个蹩脚一点的音乐人是不可能这么精益求精的，他可能会对自己说："即使一根弦松一点儿也无关紧要，我将弹完这支曲子，除了我自己，没有人会察觉出来的。"

一些伟大的音乐家说，没有什么东西比演奏一件失调的乐器，或是与那些没有好噪音的人一起演唱，更能迅速地破坏听觉的敏感性，更能迅速地降低一个人的乐感和音乐水准的了。一旦这样做以后，他就不会潜心地去区分音调的各种细微差异了，他就会很快地去模仿和附和乐器发出的声音。这样，他的耳朵就会失灵，要不了多久，这位歌手就会形成一种唱歌走调的习惯。在人生这支大交响乐中，你使用的是哪种专门的乐器？无论它是提琴、钢琴，还是你在文学、法律、医学或任何其他职业中所表现的思想、才能，这些都无关宏旨，但是，在没有使这些"乐器"定调的情况下，你不能在你的听众——世人面前开始演奏你的人生交响乐。无论你干什么事情，都不要玩得走样，都不要唱得走调或工作失调，更不要让你失调的乐器弄坏了耳朵和鉴赏力。即使是波兰著名钢琴家、作曲家帕代莱夫斯基那样的人，也不可能在一架失调的钢琴上奏出和谐、精妙的乐章。

心理失调对工作质量来说是致命的。这些极具毁灭性的情感，比如担忧、焦虑、仇恨、嫉妒、愤怒、贪婪、自私等等，都是工作效率的致命敌人。一个人受任何这些情感的困扰时，他就不可能将他的工作做得最好，这就好像是具有精密机械装置的一块手表，如果其轴承发生摩擦就走得不准一样。而要使这块表走得很准，那就必须精心地调整它，每一个齿轮、每一个轮牙、每一根石英轴承都必须运转良好，因为任何一个缺陷，任何一个麻烦，任何一个地方出现了摩擦，都将无法使手表走得很准时。人体这架机器要比最精密的手表还要精密得多，在开始一天的工作之前，人这架机器也需要调整，也需要保持非常和谐的状态，正如在演出开始以前需要将提琴调好一样。

你是否见过洗衣店里的转筒洗衣机？它刚开始旋转时，声音极为颤抖，似乎它要变得粉碎一般，但是，渐渐地，随着转速的加快，它的声音变得越来越微小，当它的转速达到最快时，这架机器的声音就很小。一旦它达到了完美的平衡，什么事情也扰乱不了它，而在它开始旋转之前，哪怕是一件极小的东西也能使它震颤、抖动不已。

　　一些鸡毛蒜皮的小事能使一个思想状况不佳的人烦恼不已，但却根本无法影响一个思想沉着、镇定自若的人。即使是出了大事，即使是恐慌、危机、失败、火灾、失去财物或朋友，以及各种各样的灾难，都不可能使他的心理失去平衡，因为他找到了自己生命的支点——心理平衡的支点，因此他不再在希望和绝望之间摇摆。他已经发现，自己是通行于整个宇宙的伟大法则的一部分，他也是上帝的一部分。

第十三章　踏上轻松快乐之旅

顺应生命的节奏

当我们紧张时，身体和情绪上通常会有耗尽的感觉：嘴巴会觉得干，身体会觉得衰弱，而且神经如我们所说的是绷紧的。只有当我们放松和表达情绪之后，才能得到一个比较平顺的状态。有时候我们甚至会被眼泪淹没，或溶于欲望当中，这些代表流动状态的隐喻并不是绝对的，它们和我们的身心状态（和水）有密切的关系。当我们处于休息和平静的状态时，我们的行为和感觉就不会杂乱无章地发生，而呈现一种和谐的流动。无止息的水舞（生命的普遍象征）可以被视为是健康快乐的状态。

古代瑜珈文献建议人们可以在靠近瀑布、河流和湖边做静心冥想。荣格有许多对湖的描述："那湖向远方一直延伸出去，那广博的水面给我一种令人难以置信的愉悦，令人无法抗拒的光彩。在这一刻我在心中有了一个想法，我一定要住在湖边。我想如果没有水就没有人可以活下去。"我们从洗澡、游泳、海洋景观所得到的快乐证明了我们和水之间有着深厚的关系，或许这呼唤起我们在母亲子宫羊水中的状态，或者也和潜意识自己有如海洋般深不可测的意象有关吧。

瑜珈——静心冥想

这样的想法指出水在放松中的特殊价值，经由感官，或以下提供的练习可以更直接地体验到。我们也应该考虑到其他的因素，像空气虽有较多限制，但是也可以被想象成和飞行及云联系在一起，风或微风可以被用来作为感官练习的基础。

在一个安静的房间里舒适地躺下来，举起你的手臂，甩甩手，然后让手臂自然地在身体两侧垂下来。闭上眼睛，想象着你正躺在海边一个空旷的沙滩上。

潮水正涌过来，小小浪花轻拍着你的脚和脚踝，慢慢地移动着你的身体让它浸在浅水里。当海水继续上升时，让自己感觉漂浮起来，并被有节奏的海潮带入海里。

感觉缓缓起伏的海浪在你下面汹涌，你随着海潮的起伏而滑动。

让你的身体正面朝上，想象着你正在一个浪头上，当浪潮下降，你在明亮的海水隧道中翻滚着。

现在你被浪冲回到岸边，躺在舒服温暖的沙滩上。不要动，此刻享受一下在自由和兴奋交替之后的宁静吧。

当你看到海洋的波涛、季节的变换和月亮的盈亏时，便看到了自然的节奏。人的生命也同样有一定的节奏：从出生，经过儿童期、青少年期到完全成熟、年老，最后又有新的一代诞生。光、能源和任何事物都有一定的波动起伏，这种起伏使它们偏离节奏，或者像中子一样永远围绕着原子核运动。

生命中的任何事物都绝对不会静止，运动是持续不断而且有一定节奏的。这就是为什么我们喜欢音乐的原因之一，因为音乐反映出我们的生命节奏，你必须学会随着生命的节奏摇摆，而不是站在那里以不动的姿态和它对抗。沙岸随着波涛运动和变化而能够永远不灭，但防护堤很快就会被冲垮。

注意观察你的生命，它有一定的节奏吗？你在工作之后会娱乐吗？在劳心之后会从事劳力活动吗？饮食之后会禁食吗？严肃之后会表现幽默吗？性交之后会把性交转变成具有创造性的努力吗？当你的意识处于休息状态时，就是你的潜意识发挥最大作用的时候了，当你的潜意识承担任务，而且你的意识被其他事物（亦即放轻松）占据的时候，就是出现真正鼓舞作用的时候了。

当阿基米德在努力寻求解决两个物体相对重量的复杂问题时，始终得不到解答，但当他决定放松自己并泡一下澡时，他的潜意识便被浴盆中的热水激发出来。他立刻从浴盆中跳出来，并且大声叫着现在一个很有名的欢呼词：我找到了！同时也找到了问题的答案。你曾经给你的思想休息的机会吗？

干扰正常节奏模式将会造成许多问题，如果你在工作之后不给你思想休息的机会，你的身体就会一直处于一种被刺激的状态，这种情况可能会使你因为紧张而失调。

你不必希望永远快乐，因为果真如此的话，那种快乐一定会变得枯燥乏味。婚姻顾问从事其工作的一项重要目的就是要使夫妻了解二人之间的爱不可能没有高低潮。你必须学会了解你生命中的波涛和节奏，并顺着生命的节奏表现你的爱，以期能和大自然和谐共处。

大自然传达宁静的感觉。凝视自然地形、色彩变化、地质构造、自然的香味和声音，我们便可以获得和大自然融合为一的感觉。让眼睛看向远方的地平线，我们就能放松生活压力的焦点。下次当你凝视天际时，想象你眼睛的肌肉已释放出所有的紧张，想想如此一来对你有多好。如同风景画中的人物，我们得以用更宽广的角度来看自己，并调整我们看事情的角度。在古典浪漫时期，面对大自然的渺小感几乎是令人害怕的，今天我们对于戏剧性的瀑布或高耸的悬崖峭壁依然感到敬畏。即使在一个温和平静的风景中，我们看自己的方式不同了，我们的问题似乎也变得比较简单，或觉得昨天的事不过是幻象罢了。奇妙之事继续发生：我们花越多时间在大自然美景中，就有越多的焦虑将会消失掉。

自然宁静的效果部分是和绿荫有关，心理作用上和休息联想在一起的。如果你有一个小小的庭院，试着在院中种满不同叶形、不同颜色的植物。当然，花匠可以提供很好的服务，但是你可能宁愿自己修剪树叶，或自己动手采集果实和种子，做做园艺什么的。你可能放着花园某个角落不整理，作为鸟儿和昆虫的天堂，认识你种植的植物或花的名称，去认识它们个别的个性，同时学习它们的学名和俗名，并大声念出那些奇怪的音节，想象它们像种子一样躺在你心灵中的花园。

从你的庭院或附近的公园树木收集不同种类的树叶。

舒适地坐下来并认真地研究它们——树叶的形状、颜色和纹理。压在手掌心里感觉它们的凉爽，用手指循着每片叶子的叶脉移动，然后闭眼冥想你所看到的叶子形态。

闭上眼睛，感觉并闻一闻手中的叶子，借由触摸和气味来分辨每一片的不同。

让自己完全专注在树叶上，让所有的担心、焦虑和负面思想都从意识中消退。

放掉包袱

在我们当中有许多人不只是急着找出是谁让我们感到备受压力与痛苦，而且还将这些资讯储存分类，以便日后运用，我们将之称为"包袱处理"。因为不久后我们会累积许多痛苦，需要将之封入行李箱中，倘若我们有一整批这样的包袱，甚至需要雇人携带着它们。

林达还是再一次为我讲述了她祖母的往事：

"我的祖母法兰西卡对回忆过去非常在行（大部分是负面的），足够担任稀有矿物博物馆馆长了。当我还小时，总会问她为何如此不快乐，我所得到的答案一直都是'因为我受苦'。然后就不再多说了。但当她需要时总会对着神朗诵她的愿望，这时她的脸色会更加地悲伤，双手会举向空中。

"祖母的痛苦总有些神秘的气氛围绕着，只能意会、不能言传。

"每次她都会嘲讽地补充道：'我的母亲遗弃了我！'这话在意大利人间普遍流传着，增添了许多戏剧色彩。假使她用意大利语说：'我的胸罩害死了我！'这听起来也像个噩耗。

"我持续追问我母亲关于祖母的事情，但她却轻描淡写地说：'那是有缘由的，你不会懂的。'几年后，一个叔叔告知我整个内幕，精彩得足以搬上电视荧幕。事情大概是这样：法兰西卡的父亲在她 11 岁时便去世了，一年后，她的母亲嫁给一个小她 20 岁的男人，在当时的意大利，这是前所未有的事情，因为两人年龄差距过大，而且那时祖母也即将成年。

"法兰西卡的阿姨、婶婶们都认为，倘若法兰西卡的母亲和小她 20 岁的男人生活在一起将有辱家门，而且这个小伙子也可能会对法兰西卡心怀不轨，因此法兰西卡被送到隔壁的阿姨家住。法兰西卡的母亲甘希塔总是与她温文儒雅、常取悦法兰西卡的丈夫古希波陪在法兰西卡的身边。但即使法兰西卡结了婚，并带着甘希塔和古希波一起移民到美国后，她依旧把甘希塔当作瘟疫般对待。法兰西卡被遗弃的争议变成她一切苦恼的中心，从未释放、改善它。当然，这也因为那些和法兰西卡住在一起的女人而搞得更糟。她们令我想起《麦克白》里的巫婆，'再来、再来更多的烦恼与忧愁'。即使祖母确实有其悲伤的理由，但也无需在她的余生里添加更多的苍白。"

我们当中有许多人将精力耗费在记恨上，仿佛需要维持那些使我们感到不好的事情。在我的公司中，有一项练习是使名人们了解自己包袱处理的癖性，很多人都被结果给吓着了。我让大家各自找一个搭档，并描述多年来累积的负面事情，聆听的那一方必须回说"那真可怕，再多说一些。"五分钟后，则接着叙述发生过的美好事情。当我要他们停止叙述负面事情时，她们都表示自己还可以说得更多、更多，然而在停止分享正面的事情前，很多人却早就讲不出来了。她们承认要分享美好的事物比较困难。若只单单回想自己上周的心绪，我猜大家马上可以记起那些令自己烦心的事，然而若是要我们回想美好的部分，我们可能会说不出话来。

很重要的是区分什么需要在意，什么需要放弃？

一只倒霉的狐狸被猎人用套套住了一只爪子，它毫不迟疑地咬断了那只小腿，然后逃命。放弃一只腿而保全一条生命，这是孤独的哲学。人生亦应如此，当生活强迫我们必须付出惨痛的代价以前，主动放弃局部利益而保全整体利益是最明智的选择。智者曰："两弊相衡取其轻，两利相权取其重。"趋利避害，这也正是放弃的实质。

人之一生，需要我们放弃的东西很多，古人云，鱼和熊掌不可兼得。如果不是我们应该拥有的，我们就要学会放弃。几十年的人生旅途，会有山山水水，风风雨雨，有所得也必然会有所失，只有我们学会了放弃，我们才拥有一份成熟，才会活得更加充实、坦然和轻松。

比如大学毕业分手的那一刻，当同窗数载的朋友紧握双手、互相轻声说保重的时候，每个人都止不住泪流满面……放弃一段友谊固然会于心不忍，但是每个人毕竟都有各自的旅程，我们又怎能长相厮守呢？固守着一位朋友，只会挡住我们人生旅程的视线，让我们错过一些更为美好的人生山水。而学会放弃，我们就有可能拥有更为广阔的友情天空。

放弃一段恋情也是痛苦的，尤其是放弃一段刻骨铭心的恋情。

譬如说，你爱上了一个人，而她却不爱你，你的世界就微缩在对她的感情上了，她的一举手、一投足，衣裙细碎的声响，都足以吸引你的注意力，都能成为你快乐和痛苦的源泉。有时候，你明明知道那不是你的，却想去强求，或可能出于盲目自信，或过于相信"精诚所至，金石为开"，结果不断的努力，却遭来不断的挫折，弄得自己苦不堪言。世界上有很多事，不是我们努力就能实现的，有的靠缘分，有的靠机遇，有的我们能以看山看水的心情来欣赏，不是自己的不强求，无法得到的就放弃。

懂得放弃才有快乐，背着包袱走路总是很辛苦。

我们在生活中，时刻都在取与舍中选择，我们又总是渴望取，渴望着占有，常常忽略了舍，忽略了占有的反面：放弃。懂得了放弃的真意，也就理解了"失之东隅，收之桑榆"的妙谛。多一点中和的思想，静观万物，体会与世界一样博大的诗意，我们自然就会懂得适时地有所放弃，这正是我们获得内心平衡，获得快乐的好方法。

一个人如果老是背着沉重的包袱，许多状况只不过是徒耗精力罢了。我常要人们写下他们的压力来源，一定有人会说当他们的同事延长午餐时间，那么就会扰乱他们，有个女人一再地表示这有多么恐怖。我问她这种状况持续多久了，她说已20年了，20年来她一直为此生气，并就此警告周围的同事。

接着我问她如何解决这个难题，她说没有一种方法有效，没人能使得上力。现在我们有了一个混合的例子——带着包袱的烈士。我们的行为就如轮回般重复不停，总教我惊讶不已。

当然，这会让他人有机会掌控我们的心情。我们不是常说些"你让我感到……"（不快乐、生气、伤心、烦心），或是"你让我发狂，我无法忍受你的行为之类的话吗"。

我母亲就是最好的例子。每当我们争执时，她总会提及生我时的往事，她说："当初生你是个痛苦，直到现在还是一样。"50 年后，她还是这句老话！

当我们有许多包袱时，要逃离它们总是困难重重。愤怒教我们的生活变得迟缓、无心工作、无心和孩子们说话，或是计划度假。倘若我们一心一意地徘徊在昨夜与老婆的争吵中，那么，是放掉这些包袱的时候了。

一旦我们察觉到他人的行为影响到我们时，我们有许多选择。我们可以心平气和地议论它或改变自己的态度，甚至是释放它（任由它去、不管它）。自从我们喜欢凡事追根究底后，释放可能是人性中最难以做到的行径之一。

下述有些点子，能试着把包袱处理这个想当然的感觉变为毫无意义：

1. 有时想一想那些结果证明是如意的事情。这样的思考方式能够创造幸福的感觉和乐观的心情。我时常回想起祖父母为我做的一切，祖父将我从小马车里抱出来，赏我冰淇淋的景象时常出现在我的脑海里，令我感到被爱，感受到自己充满祝福。

2. 每当我们无法超越过去的罪愆时，把它们想象成栖息在自己背后的一只怪兽，并大声地喊："滚开！"

3. 倘若生活中遗留给我们悲伤与不满，也许趁现在找个代理人，再次创造出令自己满足的生活也是个不错的方法。许多人自愿被收养，在这样给予爱的家庭里，充满着爱我们的父母、祖父母、叔叔阿姨等，专门关爱那些来到这里的访客，这些人可能一生都未曾得到关爱与呵护。这样的社会服务机构有待被发掘。

4. 为自己和家人创造一套价值体系。这样的体系能够帮助我们活出更一致的生命。别再用过往的包袱责备自己。避免说："我不要再像老爸一样白痴了！"而是"我珍重内在的宁静与和谐，所以我会保持镇静。"别对孩子们说："把自己背后清理清理，否则你会像你叔叔一样的邋遢。"而是教导他们负责的价值观。

5. 写下自己的悼念文和墓志铭。我们最能使得上力的事情之一是什么？认真地思考，我们希望人们记得自己什么？这会给予我们方向与目标。让我们期待人们在哀痛我们辞世的同时，还能发现我们留下这一页充满爱、欢笑以及活力的回忆。

内心的平静

你在早晨醒来之后，可能打开大门，弯身拿起牛奶和报纸。

你可能把牛奶放进冰箱，然后坐在椅子上开始看报。粗黑的大标题赫然出现在眼前——核子武器、外交威胁、违法犯罪、政府滥权等等。

"瞧，"你可能会这么说，"这就是最好的证明，你根本无法在这个世界里静静休息。全世界动乱不堪，已经无法控制了。"

你错了。你可以轻松下来，也可以获得心灵的平静——即使别人都在焦虑不安。

你可以学习容忍这些压力，甚至在生活的奋斗中获得胜利。如果你无法获得平静，生活将没有意义。因此，你必须使你的灵魂获得安宁，并且平静生活。

古希腊哲学家柏拉图说："人间万事，没有任何一件值得过度焦虑。"

首先你一定要相信，"内心的平静"是可以达到的一个目标，这也许不像表面上那般容易，如果你已经习惯于骚扰、打击及指责你四周的人，那你可能认为心情的平静是无法获得的。

一些重要的杂志与报纸，经常报道今日青少年内心的焦虑不安，以及他们紧张情绪的爆炸性。

柏拉图

一些最受尊敬的社会学家也告诉我们，现代生活充满许多不正常的焦虑。

哲学家、精神学家以及宗教领袖皆同意今天的生活缺乏精神上的平静，充满冲突，并受到怨恨的骚扰。

数以百万计的人以焦虑来折磨自己。他们优柔寡断，充满恐惧，甚至无法接受自己的感觉或缺点。他们对任何事情都不敢作决定，对于所谓的生活中的"失败"感到愧疚。他们的行为太矛盾——否则就是害怕得不敢采取任何行动。焦虑已经成为他们的生活方式。恐惧和精神上的毛病充满他们脑中，取代了他们应有的成功与信心的感觉。我就知道有些人，竟然已经好几年不曾享受过真正平静的一星期。

这是不是证明生活中的宁静无法达到？不是，我提到上面这些令人沮丧的例子，是要向你再度说明，如果你感到焦虑不安，也不必泄气，因为跟你同样的人太多了。在今天这个世界上，确实有些情况会产生焦虑与不安，因此，若想获得心灵上的平静，首先就要接受你的焦虑与不安，不要因为它们而责备自己。你愈能够接受自己，就愈容易容忍自己的弱点，也愈能够接近心灵上的平静。

你可以获得平静的，请相信我。我将提出很多建议帮你达到这个目标。

首先，从事一些能够令你满足的活动，大部分是属于个人的活动。某些嗜好或仪式可以成为某些人的"心灵镇静剂"，却可能令其他人感到烦闷无比。

有个老太太——她是我们家的老朋友，已在几年前去世——告诉我说，每当她感到焦虑不安时，她就去阅读《圣经》，因为这样可以减轻她的紧张。她只要坐在摇椅上前后摇动，一面读着《圣经》，就能让自己心情平静。

我有一位医生朋友，每天下班后，仍然可以感受到工作上的压力，因而觉得精神十分紧张，但他只要弹弹钢琴，就能平静下来。他所弹的大部分是肖邦的作品，我有时也到他的公寓里坐坐，点上一根雪茄，看着他弹钢琴，在优美的琴声中，不知不觉和他一起轻松起来。

"我不知道这是怎么回事，"他有一次对我说，"只要我弹起钢琴来，我就会觉得十分轻松，忘掉了生活压力。我能够自得其乐，不再担心那些痛苦的病人，也忘了那些身患绝症的人，我这样也许不对。"

"不，"我说，"你必须轻松下来，甚至忘掉最可怜的病人，否则你不但不会成为好医生，也会降低你帮助病人的能力。钢琴给了你心灵上的平静——接受这份礼物吧。"

人人都有这种振奋精神的潜力。把它找出来——然后看看它能为你带来什么好处，并充分利用及发展。

拿自己开开玩笑

人生的横逆与挫折，除了来去无踪以外，最为高深莫测的是它毫无迹象地"了无缘由"；世事的无常、人情的冷暖，除了现实与无情以外，更为无奈的是它无法与人分担的"点滴心头知"。

与其愤世嫉俗地自怨自艾，何不谈笑风生地自我解嘲，坚强振作地迎接挑战、面对挑战。

愤世，强化了命运的可怕；嫉俗，弱化了自我的信心。自我解嘲，以另一种坦然的心境向着光明走去，黑暗，永远只会留在我们的脚后。

这是我妻子陶乐丝给我讲的一个真实的故事：

"那时，我在镇上的中学上八年级。在当年，各年级的学生都必须选修工艺课。金工是八年级的工艺课程。我们每个学生都得在学期结束以前，完成由一块生铁和一只木柄做的螺丝起子。"

"工艺老师年约五十开外，挂在嘴角上的烟斗终日不停地冒出浓烈的黑烟，使得身上总是带着一股令人不甚愉快的强烈气味；他外表严肃，从来没有笑容，训起话来又总是尖酸中带着几分刻薄。他在学校一向以'当人'为乐事，更使得我们每个学生上起课来个个如临深渊，如履薄冰。

"一开学，工艺老师就开宗明义地宣布，金工是我们日后日常生活中经常使用的必需技巧，绝对不可等闲视之。学期结束的时候，每个人都得做一个螺丝起子。他会一一公开地讲评给分，并择定最优和最劣的成果，分别加以适当的鼓励与惩罚。不及格的学生，别看只是一门小小的工艺课，还是得老老实实地花上一年的时间重新补修过。

"我一向手拙，对于像美术、劳作、工艺之类必须心灵手巧的课程，有着心有余而力不足的无奈，视之为畏途。在结业课上，尽管费了九牛二虎之力，累得满头大汗，我精心创造的杰作，依旧不折不扣地只是个'略似螺丝起子形状的大型铁钉'。

"期末讲评的最后宣判终于到了。

"我们端正地坐在桌前，工整地将我们的作品放在桌上，静待老师的检查。

"老师依旧以严肃的面容，不急不徐地端着手中的烟斗，一一来回穿梭于我们的座位之间。他仔细观察每一个人的成果，不时弯下身来慎重地打量一些造型突出、颇具创意的杰作，举止之间流露出了悠然自得的满意表情。

"终于，他背着双手走回到了讲台，清清喉咙，开始讲评：'大家的作品都各有千秋，颇具创意，只是，这么些年来，我从来没有看过像陶乐丝同学这么造型独特的成果了……'全班同学的目光，顿时不约而同地飘向了我，使我羞愧地简直无地自容。

"'陶乐丝，请你上来。'老师颔首致意叫我前去，更使我慌乱地手足无措。

"他举起我偌大的'螺丝起子'，兀自上下不断地打量着，并且不时以诡异的表情展示给同学们观赏；全体同学爆笑如雷地看着我，以万分期待的心情等待着我上台接受老师的'表扬'。

"我不得不承认我的'螺丝起子'确实有几分畸形，它扭曲的金属头即使在热胀冷缩之后，依旧显得硕大无比；它活生生地插在不相衬的狭小木柄上，更显得十足地毫不协调。

"'经过我仔细地评审，我决定将这学期的最高荣耀颁给陶乐丝同学，她得到了我们的金锉奖，因为她做的根本就不是起子，而是木工每日必备的锉子……'我羞赧地站在台上，望着笑得东倒西歪的全班同学，暗自愤恨着老师无情的奚落，我更以无比悲愤的心情埋怨自己的无能，怒视着全场幸灾乐祸的同学。

"'陶乐丝同学的作品确实别具创意，我们请她解释解释她的创意，并请她发表一下她的得奖感言。'

"我一片空白的脑海，在这慌乱的一刻，突然灵机一动地体会到了我人生最为宝贵的第一个教训——'自我解嘲'。我何不利用这个难得的机会，自我解嘲地化解所有的危机与困窘？与其自怨自艾地静待失败的挑战，何不英勇果敢地迎接挑战、面对挑战？

"我正经严肃地四顾环视了全场，模仿着电视上转播'奥斯卡金像奖'的情景，傲然自信地伸出了我的双手向当时表情愕然的老师握手致意，并且面对着突然沉静的全体同学，以极其感性的口吻说：'谢谢、谢谢。首先，我得感谢我伟大的父亲，是他给了我如此的聪明才智，能够十分荣幸地来到这里上最好的工艺课；我更要感谢我可爱的母亲，是她给了我如此粗枝大叶的个性，使我随手就产生了这样美好的创意；当然，我最需要感谢的是谆谆教诲我们的工艺老师，如果没有他老人家那具有伯乐的眼光，又怎么会识出我这匹千里马的无限潜力……'

"全场同学在短暂惊愕之后，完全笑翻了。

"'最后，我不得不说明，我其实一心只想做个锉子，但是由于老师英明的指导和全体同学的鼓励协助，我十分高兴它仍旧幸运地保留了起子的基本形象。然而，这是公平的金锉奖，确实是完完全全地名副其实，而我的得奖更是实至名归。'我在欢声雷动的掌声中，深深地鞠了一躬，然后自信满满地回到了我的座位上。"

"自我解嘲"的心态，化解了我妻子生涯中最为尴尬的一刻。

正如人们喜欢谈论一些关于别人的笑话一样，在适当的时候，也要像陶乐丝那样拿自己开开玩笑，要善于自嘲。

美国著名的律师乔特是最善于讲自己笑话的人。有一次，哥伦比亚大学的校长蒲特勒在请他做演讲时，曾极力称赞他，说他是"我们的第一国民"。

这实在是一个卖弄自己的绝好机会，他可以自傲地站起来，一副得意洋洋的神态，仿佛是要对听众说："你们看，第一国民要对你们演讲了。"

但是聪明的乔特并没有如此。他似乎对这种称赞充耳不闻，却转而调侃自己的"无知"。这种自嘲很快博得了听众的热情与好感。

他说："你们的校长刚才偶然说了一个词，我有点听不太懂。他说什么'第一国民'，我想他一定是指莎士比亚戏剧里的什么国民吧。我想，你们的校长一定是个莎士比亚专家，研究莎士比亚很有心得，当时他一定是想到莎士比亚了。诸位都知道，在莎氏的许多戏剧中，'国民'不过是舞台的装饰品，如第一国民、第二国民、第三国民等等。每个国民都很少说话，即使是说那一点点话，也说得不太好。他们彼此都差不多，即使把每个国民的号数彼此调换，别人也根本看不出有什么分别的。"

这是一种非常聪明的方法，它使自己与听众居于同等的地位，拉近了自己与听众的距离。他不想停留在蒲特勒所抬高的那种高高在上的地位上。如果他换一种说法，用庄重一点的言词，比如，"你们校长称我为第一国民，他的意思不过是说我只不过是是舞台上的一个无用的装饰品而已。"虽然表达的意思是一样的，但是绝对不能把那种礼节性的赞词变为一种轻松的笑话，也绝对不会取得那样的效果。

无论是在一帮很好的朋友中，还是在一大群听众中，能够想出一些关于自己的笑话，能够适当地自嘲，是赢得别人尊敬与理解的重要方法，远远要比开别人的一个玩笑重要得多。拿自己开开玩笑，可以使我们对世事抱有一种健康的态度，因为如果我们能与别人平等地相待，就可以为我们赢得不少的朋友。相反，如果我们为显示自己是怎样地聪明，而拿别人开玩笑，以牺牲别人来抬高自己，那我们一生一世也难以交到一个朋友，更不用说距成功有多遥远了。

在美国的二十世纪三四十年代，有个政界要人叫凯升。他首次在众议院里发表演说，却打扮得土里土气，因为他刚从西部乡间赶来。

一位善于挖苦讽刺的议员，在他演讲时插嘴说：

"这个伊利诺伊州来的人，口袋里一定装满了麦子呢。"这句话引起哄堂大笑，但是凯升并没有因此怯场，他很坦然地拿自己开了一个玩笑：

"是的，我不仅口袋里装满了麦子，而且头发里还藏着许多菜籽呢！我们住在西部的人，多数是土里土气的，不过我们虽然藏的是麦子和菜籽，但却能够长出很好的苗子来！"

凯升不以自己的土气为耻，而以自己来自艰难创业的西部为荣，因而拿自己开玩笑，不否认口袋里装满麦子，进而还说连头发里也藏着菜籽。他的自嘲非但没有招来其他议员的嘲笑，相反却赢得了他们的尊敬，其大名也传遍全国，人们亲切地送给他一个外号：伊利诺伊州的菜籽议员。

成功的人士从不试图掩饰自己的弱点，相反，有时他们会拿自己的弱点开开玩笑。而现实生活中，我们却经常可以遇到一些专门喜欢遮掩自己弱点的人，他们也许脸上有些缺陷，也许所受的教育太少，也许举止粗鲁，但是

他们总要想出方法来掩饰，不让别人知道。但这样做以后，他们却于无形中背弃了诚恳的态度，毫无疑问，与之交往的朋友会对他们产生一种不诚恳的印象，使人们不敢再与他们交往。

世界上最不幸的就是那些既缺乏机智又不诚恳的人。很多人常常自以为很幽默，经常喜欢拿别人开玩笑，处处表现出小聪明，结果弄得与他交往的人都不敢再信任他，以致于以前的朋友也会敬而远之，纷纷躲避。

适当地拿自己开开玩笑吧，这不仅是一种机智，更是驱散忧虑、走向成功的法宝。

拿开捂住眼睛的双手

心境恰似容器，无法面对现实就容不下对未来的美好期望；满满的水杯如何还能承受重新注入的甘美果汁。放下身段，方才得以率真地正视自我；抛弃世俗虚伪名利、面子的顾忌，坦然的胸怀，正是我们迈向美好未来的终南捷径。

过去的所有不愉快绝不会因为自欺欺人地捂上自己的眼睛就可以"我看不见你，你就看不见我了"；坦率方见真情、纯真始得真义，只有不计较过去曾经的坦率、不计较世俗眼光的纯真，我们才得以以最大的勇气去面对现实。

我的女儿乔伊三四岁刚学会走路的时候，在家里最爱跟我们玩"捉迷藏"的游戏。

当时她是家里惟一的孩子，我们自然就成了她惟一的玩伴。乔伊老是喜欢叫我们"扮鬼"，由她在四处躲起来，让我们找她。

我每次总是故意地慢慢数着一、二、三、四……同时从指缝中偷偷地看她那只胖嘟嘟的小腿慌慌张张地在家中的房间到处乱窜着；她一会儿想藏到窗帘里面，一会儿想躲到壁橱后头。她总是觉得不大放心地再三改变她的主意，她总是觉得不大满意地屡次更改她隐藏的地方。即使是确实找到了绝佳的隐蔽的地方，她又总是在我问她"躲好了没"之后、奶气十足地回答说

“好了”的时候，充分暴露了她的行踪。

　　我故作谨慎仔细地搜寻，使我都能听到她紧张的呼吸声；我夸张地缓步前行，慢慢地接近她藏身的地方，连她扑通扑通的心跳悸动都可以明显地感觉出来。而当我每次找到她，拉开了窗帘、或是翻开了壁橱的时候，她十分天真可爱地以小小的双手立即捂住了她的眼睛，以为“她看不见我，我就看不见她”，兀自烂漫无邪地静静站立在我的眼前，直到我以双手拉开了她那肥嘟嘟的小手以后，她这才死心塌地地发现我已经找到了她，而不断吱吱咯咯、手舞足蹈地开怀大笑。

　　乔伊这种愚蠢而可爱的举动，经常是当时我们一些亲朋好友来家做客时，作弄逗笑的最好题材。直到如今，乔伊虽然已经出落得亭亭玉立，颇有大家闺秀的气质，但我们仍不时以这些童年的往事取笑她。乔伊说，她依稀还能记得当时情景的一二。她说，她一直将这种“我看不见你，你就看不见我”的躲迷藏哲学奉为圭臬，直到进了幼儿园，才在接触了其他的小朋友、面对了真实严肃的“游戏规则”、知道不再有人像父母一般的宽让以后，才知道过去奉行的哲学有多荒谬与错误。

　　我常想，这真是一个最好的人生启示。其实，我们许多人，直到成年以后，不还一直在生活中继续犯着这个“我看不见你，你就看不见我”的不敢面对现实的严重错误吗？

　　漫漫人生，充满了喜乐、充满了快慰，喜乐时我们高歌，快慰时我们欢笑。然而，漫漫人生也充满了悲伤、充满了挑战，而我们却经常在悲伤来临的时候只知痛苦、在挑战来临的时候只会愚蠢地以“我看不见你，你就看不见我”的自我欺骗心态，一意回避，而不知如何去拿开捂住眼睛的双手，面对现实、迎接挑战。

　　人们不是因为他们不诚实而撒谎，他们不诚实是因为他们害怕真相，这便是恐惧发生在谎言之前的原因。我们选择撒谎，是因为我们相信真相也许能开启我们害怕而希望逃避的反应。内疚随之而来，因为我们的内在认知立即明白我们主动逃避一次学习爱的机会，而且我们正在造成内在的另一个障碍。

　　谎言的结果会驾驭我们的生命，而我们终究会发现吐露真相是明智的方法。

因为你快乐，所以我快乐

快乐是有传染性的，只有使别人快乐，才能让我们自己快乐。

不管你的处境多么平凡，你每天都会碰到一些人，他们每个人都有自己的烦恼、梦想和个人的野心，他们也渴望有机会跟其他的人来共享，可是你有没有给他们这种机会呢？你有没有对他们的生活流露出一份兴趣呢？你不一定要成为南丁格尔，或是一个社会改革者，才能帮着改变这个世界。你可以从明天早上开始，从你所碰到的那些人做起。

这对你会有什么好处呢？这会带给你更大的快乐、更多的满足，以及你心中的满意。"为别人做好事不是一种责任，而是一种快乐，因为这能增加你自己的健康和快乐。"纽约心理治疗中心的负责人亨利·林克说。

"现代心理学上最重要的发现就是以科学证明：必须要有自我牺牲或者是约束，才能达到自我了解与快乐。"

多为别人着想，不仅能使你不再为自己忧虑，也能帮助你结交更多的朋友，并得到更多的乐趣。那么怎样才能做到这一点呢？

如果你想消除忧虑，获得平安与幸福，就请记住这条规则：

"要对别人感兴趣而忘掉你自己，每一天都做一件能给别人脸上带来快乐微笑的好事"。洛克菲勒早在 23 岁的时候就开始全心全意地追求他的目标。据他的朋友说："除了生意上的好消息以外，没有任何事情能令他展颜欢笑。当他做成一笔生意，赚到一大笔钱时，他会高兴地把帽子摔到地上，痛痛快快地跳起舞来。但如果失败了，那他会随之病倒。"

就在他的事业达到顶峰之时，他的私人世界却崩溃了。许多书籍和文章公开地谴责他不择手段致富的财阀行为。

在宾夕法尼亚州，当地人们最痛恨的人就是洛克菲勒。被他打败的竞争者，将他的人像吊在树上泄恨；充满火药味的信件如雪花般涌进他的办公室，威胁要取他的性命。他雇用了许多保镖，防止遭敌人杀害，并试图忽视这些仇视怒潮。有一次，他曾以讽刺的口吻说："你尽管踢我、骂我，但我还是按照我自己的方式行事。"

但他最后还是发现自己毕竟也是凡人，无法忍受人们对他的仇视，也受不了忧虑的侵蚀。他的身体开始不行了，疾病从内部向他发动攻击，令他措手不及，疑惑不安。

起初，"他试图对自己偶尔的不适保持秘密"。但是，失眠、消化不良、掉头发——全身烦恼和精神崩溃的肉体病症——却是无法隐瞒的。

在那段痛苦及失眠的夜晚里，洛克菲勒终于有时间自我反省。他开始为他人着想，他曾经一度停止去想他能赚多少钱，而开始思索那笔钱能换取多少人的幸福。

简而言之，洛克菲勒现在开始考虑把数百万的金钱捐出去。有时候，做件事可真不容易。当他向一座教堂捐款时，全国各地的传教士便齐声发出反对的怒吼："腐败的金钱！"

但他继续捐献，在获知密西根湖湖岸的一家学院因为抵押权而被迫关闭时，他便立刻展开援助行动，捐出数百万美元去捐助那家学院，将它建设成为目前举世闻名的芝加哥大学；他也尽力帮助黑人，像塔斯基吉黑人大学，需要基金完成黑人教育家华盛顿·卡文的志愿，他便毫不迟疑地捐出巨款。然后，他又采取更进一步的行动，成立了一个庞大的国际性基金会——洛克菲勒基金会——致力于消灭全世界各地的疾病、文盲及无知。

像洛克菲勒基金会这种壮举，在历史上前所未见。洛克菲勒深知全世界各地有许多有识之士，都在进行着许多有意义的活动，但是这些高超的工作，却经常因缺乏基金而宣告结束。他决定帮助这些人道的开拓者——并不是"将他们接收过来"，而是给他们一些钱来帮助他们完成工作。洛克菲勒把钱捐出去之后，是否获得心灵的平安？他最后终于感觉满足了，洛克菲勒十分快乐，他已完全改变，完全不再烦恼。

学会从损失中获利

我有一天到芝加哥大学拜访罗伯特·哈金斯校长，请教他是如何解决忧

虑的。他的回答是："我一直遵循已故的西尔斯百货公司总裁朱利斯·罗森沃德的建议：'如果你手中只有一个柠檬，那就做杯柠檬汁吧！'"

芝加哥大学

这正是那位芝加哥大学校长所采取的方法，但一般人却刚好反其道而行之。如果人们发现命运送给他的只是一个柠檬，他便会立即放弃，并说："我完了！我的命怎么这么不好！一点机会都没有了。"于是他便与世界作对，并且陷于自怜之中。然而，如果是一个聪明人得到了一个柠檬，他会说："我可以从这次不幸中学到什么？怎样才能改善我目前的处境？怎样把这个柠檬做成柠檬汁呢？"

伟大的心理学家阿德勒穷其一生都在研究人类及其潜能，他曾经宣称他发现人类最不可思议的一种特性——"人具有一种反败为胜的力量"。

曾听瑟尔玛·汤普森女士讲过一段她的经历：

"战时，我丈夫驻防加州沙漠的陆军基地。为了能经常与他相聚，我搬到那附近去住，那实在是个可憎的地方，我简直没见过比那更糟糕的地方。我丈夫出外参加演习时，我就只好一个人待在那间小房子里，热得要命——仙人掌树荫下的温度高达华氏125度，没有一个可以谈话的人。风沙很大，所有我吃的、呼吸的都充满了沙、沙、沙！

"我觉得自己倒霉到了极点，觉得自己好可怜，于是我写信给我父母，告诉他们我放弃了，准备回家，我一分钟也不能再忍受了，我情愿去坐牢也不想待在这个鬼地方。我父亲的回信只有三行，这三句话常常萦绕在我心中，并改变了我的一生：

有两个人从铁窗朝外望去，

一人看到的是满地的泥泞，

另一个人却看到满天的繁星。

"我把这几句话反复念了好几遍，我觉得自己很丢脸，决定找出自己目前处境的有利之处，我要找寻那一片星空。

"我开始与当地居民交朋友，他们的反应令我感动。当我对他们的编织与陶艺表现出很大的兴趣时，他们会把拒绝卖给游客的心爱之物送给我。我研究各式各样的仙人掌及当地植物。我试着多认识土拨鼠，我观看沙漠的黄昏，找寻300万年前的贝壳化石，原来这片沙漠在300万年前曾是海底。

"是什么带来了这些惊人的改变呢？沙漠并没有发生改变，改变的只是我自己。因为我的态度改变了，正是这种改变使我有了一段精彩的人生经历。我所发现的新天地令我觉得既刺激又兴奋。我着手写一本书——一本小说——我逃出了自筑的牢狱，找到了美丽的星辰。"

瑟尔玛·汤普森所发现的正是耶稣诞生前500年希腊人发现的真理："最美好的事往往也是最困难的。"

哈里·爱默生·佛斯狄克在20世纪再次重述它："真正的快乐不见得是愉悦的，它多半是一种胜利。"没错，快乐来自一种成就感，一种超越的胜利，一次将柠檬榨成柠檬汁的经历。

曾造访过一位住在佛罗里达州的快乐农人，他曾将一个有毒的柠檬做成了可口的柠檬汁。当他买下农地时，他心情十分低落，土地贫瘠，不适合种植果树，甚至连养猪也不适宜，除了一些矮灌木与响尾蛇，什么都活不了。后来他忽然有了主意，他决定将负债转为资产，他要利用这些响尾蛇。于是不顾大家的惊异，他开始生产响尾蛇肉罐头，几年后，每年有平均两万名游客到他的响尾蛇农庄来参观，他的生意好极了。我亲眼目睹毒液抽出后送往实验室制作成血清，蛇皮以高价售给工厂，用来生产女鞋与皮包，蛇肉装罐运往世界各地。我买了一些当地的风景明信片到村中邮局去寄，发现邮戳盖着"佛罗里达州响尾蛇村"，可见当地人很是以这位把毒柠檬做成甜柠檬汁的农人为荣。

我旅行全美各地，常有幸见到一些"能干的反亏为盈"的人。

"人生最重要的不是以你的所得去做投资，任何人都可以这样做。真正重要的是如何从损失中获利。这才需要智慧，也才能显示出人的上智下愚。"伯利梭写这段话时，他已在一次火车意外中丧失了一条腿。

我在纽约市教授成人教育课程时，发现很多人都有一个很大的遗憾，是没有机会接受大学教育。他们似乎认为未进大学是一种缺陷，而实际上许多成功的人士都没上过大学，因此这一点并没有这么重要。

我曾讲给学员们一个失学者的故事：

他的童年非常贫困，父亲去世后，靠父亲的朋友帮忙才得以安葬。他的母亲必须在一家制伞工厂一天工作 10 小时，再带些零工回来做，做到晚上 11 点钟。

他就是在这种环境下长大的，有一次他参加教会的戏剧表演，觉得表演非常有趣，于是就开始训练自己公众演说的能力，后来也因此进入了政界。30 岁时，他已当选为纽约州议员，不过对接受这样的重大责任，他实际上还没有准备妥当。事实上，他亲口告诉我，他还搞不清楚州议员应该做些什么。他开始研读冗长复杂的法案，这些法案对他来说，就跟天书一样。他被选为森林委员会的一员，可是因为他从来不了解森林，所以他非常担心。他又被选入银行委员会，可是他连银行账户也没有，因此他十分茫然。他告诉我，如果不是耻于向母亲承认自己的挫折感，他可能早就辞职不干了。绝望中，他决定一天研读 16 小时，把自己无知的酸柠檬，做成知识的甜柠檬汁。因为这种努力，他由一位地方政治人物提升为全国性的政治人物。他的表现如此杰出，连《纽约时报》都尊称他为"纽约市最可敬爱的市民"。

他就是阿尔·史密斯。在阿尔开始自我教育后的第十年，他成为纽约州政府的活字典。他曾连任四届纽约州州长——当时还没有人拥有这样的纪录。1928 年，他当选为民主党总统候选人，包括哥伦比亚大学及哈佛大学在内的六所著名大学，都曾颁授荣誉学位给这位年少失学的人。

阿尔说，如果不是他一天勤读 16 小时，把他的缺失弥补过来，他绝对不可能有今天的成功。哲学家尼采认为，优秀杰出的人"不仅忍人所不能忍，并且乐于进行这种挑战"。

如果我们真的灰心到看不出有任何转变的希望，这里有两个我们起码应该一试的理由，这两个理由保证我们试了之后只有更好，不会更坏。

1. 我们可能成功。

2. 即使未能成功，这种努力的本身已迫使我们向前看，而不是只会悔恨，它会驱除消极的想法，代之以积极的思想；它激发创造力，促使我们忙碌，也就没有时间与心情去为那些已成过去的事忧伤了。

世界著名的小提琴家欧尔·布尔在巴黎的一次音乐会上，忽然小提琴的A弦断了，他面不改色地以剩余的三根弦奏完全曲。佛斯狄克说："这就是人生，断了一根弦，你还能以剩余的三根弦继续演奏。"

这还不只是人生，这是超越人生，是生命的凯歌！

如果我做得到的话，我要把威廉·伯利梭的这段话镂刻并悬挂在每一所学校里：

人生最重要的不只是运用你所拥有的，任何人都会这样做，而真正重要的课题是如何从你的损失中获利，这才需要真智慧，也才显示出人的上智下愚。

不要期望他人的感恩

我最近碰到一个义愤填膺的人，有人警告我碰到他15分钟内就一定会谈起那件事，果然如此。令他气愤的事发生在11个月前，可是他还是一提起就生气。他简直不能谈别的事，他为34位员工发了10000元圣诞节奖金——每人差不多300元——结果没有一个人谢谢他。他抱怨说："我很后悔，我居然发给他们奖金。"

"一个愤怒的人，"孔子说，"浑身都是毒。"我衷心同情面前这位浑身是毒的人，他有60岁了。人寿保险公司统计我们还能活着的平均年数是目前年龄与80岁之间差数的三分之二。这位仁兄——如果他够幸运——大概还可活十四五年。结果他浪费了有限的余生中的将近一整年，为过去的事而感到愤恨不平，我实在同情他。

除了愤恨与自怜，他大可自问为什么人家不感激他：有没有可能是因为待遇太低、工时太长，或是员工认为圣诞奖金是他们应得的一部分？也许他自己是个挑剔又不知感谢的人，以致别人不敢也不想去感谢他。或许大家都觉得反正大部分利润都要缴税，不如当成奖金。

不过反过来说，也可能员工真的是自私、卑鄙、没有礼貌。也许是这样，也许是那样，我也不会比你更了解整个状况。我倒是知道英国约翰逊博士说过："感恩是极有教养的产物，你不可能从一般人身上得到。"

我的重点是：他指望别人感恩乃是一项一般性的错误，因为他实在不了解人性。

如果你救了一个人的生命，你会期望他感激吗？你也许会——可是塞缪尔·莱维茨在他当法官前曾是位有名的刑事律师，曾使 78 个罪犯免上电椅。你猜猜看其中有多少人曾事后致谢，或至少寄个圣诞卡来？我想你猜对了——一个也没有。

耶稣基督在一个下午使十个瘫子起立行走，但是有几个人回来感谢他了呢？只有一位。耶稣环顾门徒问道："其他九位呢？"他们全跑了，谢也不谢就跑得无影无踪！让我来问问大家：像你我这样平凡的人给了别人一点小恩惠，凭什么就希望得到比耶稣更多的感恩？

人间的事就是这样，人性就是人性——你也不用指望会有所改变，何不干脆接受呢？我们应该像一位最有智慧的罗马帝王马库斯·阿列留斯一样，他有一天在日记中说道：

"我今天会碰到多言的人、自私的人、以自我为中心的人、忘恩负义的人，我也不必吃惊或困扰，因为我还想象不出一个没有这些人存在的世界。"

他说的不是很有道理吗？我们每天抱怨别人不会感恩图报，到底该怪谁？这是人性，还是我们忽略了人性？不要再指望别人的感恩了，要是我们偶尔得到别人的感激，就会是一件惊喜。如果没有，也不至于难过。

我认识一位住在纽约的妇人，一天到晚抱怨自己孤独。没有一个亲戚愿意接近她，而我也不怪他们。你去看望她，她会花几个钟头喋喋不休地告诉你，她侄儿小的时候，她是怎么照顾他们的；他们得了麻疹、腮腺炎、百日咳，都是她照看的；他们跟她住了许多年，还资助一位侄子读完商业学校，直到她结婚前，他们都住在她家。

这些侄子都回来看望她吗？噢！有的！有时候！完全是出于义务性的。他们怕回去看她，因为想到要坐几个小时去听那些老调，无休无止的埋怨与自怜。当这位妇人发现威逼利诱也没法叫她的侄子们回来看她后，她就剩下最后一个绝招——心脏病发作。

这心脏病是装出来的吗？当然不是，医生也说她的心脏相当神经质，常常心悸。可是医生也束手无策，因为她的问题是情绪性的。

这位妇人需要的是关爱与关注，但是我以为她需要的是"感恩"，可惜她大概永远也得不到感激或敬爱，因为她认为这是应得的，她要求别人给她这些。

有多少人都像她一样，因为别人都忘恩负义，因为孤独，因为被人疏忽而生病。他们渴望被爱，但是在这世上真正能得到爱的惟一方式，就是不索求，相反地，还要不求回报地付出。

这听起来好像太不实际、太理想化了，其实不然！这是追求幸福最好的一种方法，我知道，因为我亲眼见到我家庭中发生的状况：我的父母乐于助人，我们很穷——总是窘于欠债，可是虽然穷成那样，我父母每年总是能挤出一点钱寄到孤儿院去。他们从来没有去拜访过那家孤儿院，大概除了收到回信外，也从来没有人感谢过他们，不过他们已有所回报，因为他们享受了帮助这些无助小孩的喜乐，并不期望任何回报。

我离家外出工作后，每年圣诞节，我总会寄张支票给父母，让他们买点自己喜欢的物品，可是他们总不买。当我回家过圣诞时，父亲会告诉我，他们买了煤、日用品送给城里一个有很多小孩的贫苦妇人。施舍与不求回报的快乐是他们所能得到的最大的快乐。

我坚信我父亲已符合亚里士多德所说的懂得享受快乐的理想人的标准了。亚里士多德说"理想人会享受助人的快乐。"

要追求真正的快乐，就必须抛弃别人会不会感恩的念头，只享受付出的快乐。为人父母者总是怨恨子女不知感恩，即使是莎剧主人翁李尔王也不禁叫道："不知感恩的子女比毒蛇的利齿更痛噬人心。"

人性的弱点

但是如果我们不教育他们，为人子女者如何会知道感恩呢？忘恩原是天性，它像随地生长的杂草。感恩却有如玫瑰，需要细心栽培及爱心的滋润。

假如子女们不知感恩应该怪谁？可能该怪的就是我们自己。如果我们总是不教导他们向别人表示感谢，怎么能期望他们来谢我们？

我认识一位住在芝加哥的朋友，他在一家纸盒工厂里工作得很辛苦，周薪不过40美元。他娶了一位寡妇，她说服他向别人借了钱送她第二个前夫的儿子上大学。他的周薪得用来支付食物、房租、燃料、衣服及缴付欠款。他像奴隶似的苦干了4年，而且从不埋怨。

有人感谢他吗？没有，他太太认为是理所当然的，那个儿子自然也是一样。他们一点也不感到对这位继父有任何亏欠，即使只是道谢一声。

这怪谁呢？这个儿子吗？也许！但是这位母亲不是更不该吗？认为这两个年轻的生命不应该有这种义务的负担，她不希望她的儿子"由负债"开始他们的人生。所以她从没想到要说："你们的继父资助你们念大学，多好的人啊！"相反地，她的态度却是："噢！那是他起码应做到的。"

她认为没有施加给他们任何负担，可是实际上，她让他们产生了一种危险的意识，认为这个世界有义务让他们活下去。果然后来，这位男孩想向老板"借"点钱，结果身陷囹圄。

我们一定要记住，孩子是我们造就的。举例来说，我姨母从来不抱怨儿女不知感恩。我小的时候，姨母把她母亲接去照料，同时也照料她的婆婆。我现在仍记得两位老人家坐在壁炉前的情景。她们有没有麻烦我姨母？我想一定很不少，但是你从她的态度上一点也看不出来。她真的爱她们，向她们嘘寒问暖，使她们感觉到家的温暖。而她自己还有6个子女，可她从不觉得自己做了什么伟大的事。对她来讲，这一切只不过是再自然不过的事，是正确的事，也是她愿意做的事。

我这位姨母已经孀居了二十几年，她的5位成年子女都欢迎她，希望她到他们家去一起住。她的子女们对她钟爱极了，从不觉得厌烦。是由于"感恩"吗？当然不是啦！这是真正的爱！这几位子女从孩童时代就生活在慈善的气氛中。现在需要照顾的是他们的妈妈；他们回报同样的爱，不是再自然不过了吗？

让我们不要忘了，要想有感恩的子女，只有自己先成为感恩的人。我们的所言所行都非常重要。在孩子面前，千万不要诋毁别人的善意。也千万别说："看看表妹送的圣诞礼物，都是她自己做的，连一毛钱也舍不得花！"这种反应对我们可能是件小事，但是孩子们却听进去了。因此，我们最好这么说："表妹准备这份圣诞礼物，一定花了不少时间！她真好！我们得写信谢谢她。"这样，我们的子女在无意中也学会养成赞赏感谢的习惯了。

报复只会伤害自己

一天晚上，我正旅行通过黄石公园，一位森林的管理人员骑在马上，和我们这些兴奋的游客谈些关于熊的事情。他告诉我们：一种大灰熊大概可以击倒西方所有的动物，除了水牛和另一种黑熊。但那天晚上，我却留意到一只小动物——只有一只，那只大灰熊不但让它从森林里出来，还和它在灯光下一起进餐。那是一只臭鼬！大灰熊了解，它的巨型之掌，能够一掌把这只臭鼬打昏，可是它为什么不那样做呢？由于它从经验里学到，那样做很划不来，我也了解这一点。当我还是个小孩的时候，曾经在密苏里的农庄上抓过四只脚的臭鼬，长大成人之后，我在纽约的街上也碰到过几个像臭鼬一样的两只脚的人。我从这些不幸的经验里发现：不论招惹哪一种臭鼬，都是划不来的。

当我们痛恨我们的仇人时，就等于给了他们制胜的力量，那种力量可以使我们难以安眠、倒我们的胃口、升高我们的血压、危害我们的健康和吓跑我们的欢乐。如果我们的仇人知道他们怎样令我们担心，令我们苦恼，令我们一心想报复的话，他们肯定会兴奋得跳起舞来。我们心中的恨意完全不能伤害到他们，却使我们的生活变得像地狱一般。

你猜是谁说过："要是自私的人想占你的便宜，就不必去理会他们，更不必想去报复。当你想和他扯平的时候，你伤害自己的程度要比你伤害那家伙的程度更多。"这段话听起来仿佛是什么理想主义者所说的，其实不然。这段话出自在一份由米尔瓦基警察局所发出的通告上。报复怎样会伤害你呢？伤害的地方可多了。根据《生活》杂志的报道中指出，报复甚至会损害你的健康。

"高血压患者主要的特征就是容易愤慨，"《生活》杂志说，"愤怒不停的话，长期性的高血压和心脏病就会随之而来。"

如今你该了解耶稣所谓"爱你的仇人"，不只是一种道德上的训诫，而且是在宣扬一种 20 世纪的医学。他说"要原谅七十个七次"的时候，他是在教我们怎样避免高血压、心脏病、胃溃疡和多种其他的疾病。

我的一个朋友最近犯了一次严重的心脏病，他的医生命令他躺在床上，无论发生任何事情都不能生气。医生们都了解，心脏衰弱的人一发脾气就可能失去生命。几年以前，在华盛顿州的史泼坎城，有一个饭馆老板就是由于气愤而死。如今我面前就有一封从华盛顿州史泼坎城警察局局长杰瑞·史瓦脱那里来的信。信上说：几年以前，一个 68 岁的老人威廉·传坎伯，在史泼坎城开了一家小餐馆，由于他的厨子一定要用茶碟喝咖啡，而使他活活气死了。当时那位小餐馆的老板特别生气，抓起一把左轮枪去追那个厨子，结果由于心脏病发作而倒地死去，手里还紧紧地抓着那把枪。验尸官的报告宣称：他由于愤怒而引发心脏病。

当耶稣说"爱你的仇人"的时候，他也是在告诉我们：怎么样改进我们的外表。我想你也和我一样，认得一些女人，她们的脸因为怨恨而有皱纹，因为悔恨而变了形，表情僵硬。不管怎样美容，对她们容貌的改进，也及不上让她心里充满了宽容、温柔和爱所能改进的一半。

怨恨的心理，甚至会毁了我们对食物的享受。圣人说："怀着爱心吃菜，也会比怀着怨恨吃牛肉好得多。"

要是我们的仇人知道我们对他的怨恨使我们精疲力竭，使我们疲倦而紧张不安，使我们的外表受到伤害，使我们得心脏病，甚至可能使我们短命的时候，他们不是会拍手称快吗？

即使我们不能爱我们的仇人，至少我们也要爱我们自己。我们要使仇人不能控制我们的快乐、我们的健康和我们的外表。就如莎士比亚所说的：

"不要因为你的敌人而燃起一把怒火，热得烧伤你自己。"

当耶稣基督说，我们应该原谅我们的仇人"七十个七次"的时候，他也是在教我们怎样做生意。我举个例子吧。当我写这一段的时候，我面前有封由乔治·罗纳寄来的信，他住在瑞典的艾普苏那。乔治·罗纳在维也纳当了很多年律师，但是在第二次世界大战期间，他逃到瑞典，一文不名，很需要找份工作。因为他能说并能写好几国的语言，所以希望能够在一家进出口公司里，找到一份秘书的工作。绝大多数的公司都回信告诉他，因为正在打仗，他们不需要用这一类的人，不过他们会把他的名字存在档案里等等。

不过有一个在写给乔治·罗纳的信上说"你对我生意的了解完全是错误的。你笨又无知，我根本不需要任何替我写信的秘书。即使我需要，也不会请你，因为你甚至于瑞典文也写不好，信里全是错字。"

耶稣

当乔治·罗纳看到这封信的时候，简直气得发疯。那个瑞典人写信来说，他写不好瑞典文是什么意思？那个瑞典人自己的信上就是错误百出。于是乔治·罗纳也写了一封信，目的要想使那个人大发脾气。但接着他停下来对自己说："等一等。我怎么知道这个说的是不是对的？我学过瑞典文可是这并不是我的母语，也许我确实犯了很多我并不知道的错误。如果是那样的话，那么我想要得到一份工作，就必须再努力地学习。这个人可能帮了我一个大忙，虽然他本意并非如此。他用这么难听的话来表达他的意见，并不表示我就不亏欠他，所以应该写封信给他，在信上感谢他一番。"

于是乔治·罗纳撕掉了他刚刚已经写的那封骂人的信，另外写了一封信说："你这样不怕麻烦地写信给我实在是太好了，尤其是你并不需要一个替你写信的秘书。对于我把贵公司的业务弄错的事我感到非常抱歉。我之所以写信给你，是因为我向别人打听，而别人把你介绍给我，说你是这一行的领导人物，我并不知道我的信上有很多文法上的错误，我觉得很惭愧，也很难

人性的弱点

过。我现在打算更努力地去学习瑞典文，以改正我的错误，谢谢你帮助我走上改进之路。"

不到几天，乔治·罗纳就收到那个人的信，请罗纳去看他。罗纳去了，而且得到了一份工作，乔治·罗纳由此发现"温和的回答能消除怒气"。

我们也许不能像圣贤般去爱我们的仇人，但是为了我们自己的健康和欢乐，我们至少要原谅他们，忘记他们，这样做确实是很聪明的事。有一次我问艾森豪威尔将军的儿子约翰，他爸爸会不会总是怀恨别人。"不会，"他回答，"我爸爸从来不浪费一分钟，去想那些他不喜欢的人。"

有句老话说：不能生气的人是笨蛋，而不去生气的人才是聪明人。

这也就是前纽约州州长盖诺所抱定的政策。他被一份内幕小报攻击得体无完肤之后，又被一个疯子打了一枪差一点送命。他躺在医院为他的生命挣扎的时候，他说："每天晚上我都原谅所有的事情和每一个人。"这样做是否太理想了呢？是否太轻松、太好了呢？假如是的话，就让我们来看看那位伟大的德国哲学家，也就是《悲观论》的作者叔本华的理论。他以为生命就是一种毫无价值而又痛苦的冒险，当他走过的时候仿佛全身都散发着痛苦，可是在他绝望的深处，叔本华叫道："假如可能的话，不应该对任何人有怨恨的心理。"

有一次我曾问伯纳·巴鲁区——他曾经做过六位总统的顾问：威尔逊、哈定、柯立芝、胡佛、罗斯福和杜鲁门——我问他会不会由于他的敌人攻击他而难过？"没有一个人可以羞辱我或者干扰我，"他回答说，"我不让他们这样做。"也没有人可能羞辱或困扰你和我——除非我们让他这样做。

"棍子和石头也许能打断我的骨头，但是言语永远也不能伤害我。"

我经常站在加拿大杰斯帕国家公园里，仰望那座可算是西方最美丽的山，这座山以伊笛丝·卡薇尔的名字命名，纪念那个在 1915 年 10 月 12 日像圣人一样慷慨赴死，被德军行刑队枪毙的护士。她犯了什么罪呢？由于她在比利时的家里收容和看护了很多受伤的法军、英国士兵，还协助他们逃到荷兰。在十月的那天早上，一位英国教士走进军人监狱她的牢房里，为她做最后祈祷的时候，伊笛丝·卡薇尔说了两句后来刻在纪念碑上不朽的话语："我了解光是爱国还不够，我一定不能对任何人有敌意和怨恨。"四年之后，她的遗体转移到英国，在西敏寺大教堂举行安葬大典。我在伦敦住过一年，我时常到国立肖像画廊对面去看伊笛丝·卡薇尔的那座雕像，同时还朗读她这两句不朽的名言："我知道光是爱国还不够，我一定不能对任何人有敌意和怨恨。"

走出孤独的人生

曾有一位妇女失去了自己的丈夫，她悲痛欲绝，自那以后，她便和成千上万的人一样，陷入了一种孤独与痛苦之中。"我该做些什么呢？"在她丈夫离开她近一个月之后的一天晚上，她跑来向一位好友求助，"我将住到何处？我还有幸福的日子吗？"

朋友极力向她解释，她的焦虑是因为自己身处不幸的遭遇之中，才50多岁便失去了自己的生活伴侣，自然令人感到悲痛异常，但时间一久，这些伤痛和忧虑便会慢慢减缓消失，她也会开始新的生活——从痛苦的灰烬之中建立起自己新的幸福。

"不！"她绝望地说道，"我不相信自己还会有什么幸福的日子，我已不再年轻，孩子们也都长大成人，成家立业。我还有什么地方可去呢？"可怜的女人得了严重的自怜症，而且不知道该如何治疗这种疾病。好几年过去了，她的心情一直都没有好转。

有一次，这位朋友忍不住对她说："我想，你并不是要特别引起别人的同情或怜悯。无论如何，你可以重新建立自己的新生活，结交新的朋友，培养新的乐趣，千万不要沉溺在旧的回忆里。"但她没有把这些话听进去，因为她还在为自己的命运自艾自叹。后来，她觉得孩子们应该为她的幸福负责，因此便搬去与一个结了婚的女儿同住。

但事情的结果并不如意，她和女儿都面临一种痛苦的经历，甚至关系恶化到大家翻脸成仇。这名妇人后来又搬去与儿子同住，但也好不到哪里去。后来，孩子们共同买了一间公寓让她独住，这更不是真正解决问题的方法。

最后她觉得所有家人都弃她而去，没有人要她这个老太太了。这位妇人的确一直都没有再享有快乐的生活，因为她认为全世界都亏欠她。她实在是既可怜，又自私，虽然现今已 61 岁了，但情绪还是像小孩一样没有成熟。

孤独是人生的一种痛苦，尤其是内心的孤寂更为可怕。而现代生活中很多人却深受这种痛苦的折磨，他们远离人群，将自己内心紧闭，过着一种自怜自艾的生活。甚至有些人因此而导致性格扭曲，精神异常，这当然更为不值。其实，每个人一生中都会遇到不幸和挫折，当你面临这种处境，应正视现实，积极解决，随着时间消逝，你就会走出困境与不幸，何必将自己那颗跳动的心紧闭，让自己的人生陷入痛苦与不安之中呢？

许多寂寞孤独的人之所以会如此，是因为他们不了解爱和友谊并非是从天而降的。一个人要想受到人的欢迎，或被人接纳，就一定要付出许多努力和代价。情爱、友谊或快乐的代价，都不是一纸契约所能规定的。让我们面对现实，无论是丈夫死了，或太太过世，活着的人都有权利再快乐地活下去。但是，他们必须了解：幸福并不是靠别人来布施，而是要靠自己去赢取别人对你的需求和喜爱。

让我们再看另一个故事。

一艘正在地中海蓝色的水面上航行的游轮，上面有许多正在度假中的已婚夫妇，也有不少单身的未婚男女穿梭其间，个个兴高采烈，随着乐队的拍子起舞，其中，有位明朗、和悦的单身女性，大约 60 来岁，也随着音乐陶然自乐。这位上了年纪的单身妇人，也和前面提到的太太一样，曾遭丧夫之痛，但她能把自己的哀伤抛开，毅然开始自己的新生活，重新展开生命的第二度春天，这是经过深思之后所做的决定。

她的丈夫曾是她生活的重心，也是她最为关爱的人，但这一切全都过去了。幸好她一直有个嗜好，便是绘画，她十分喜欢水彩画，现在绘画更成了她精神的寄托。她忙着作画，哀伤的情绪逐渐平息。而且由于努力作画，她开创了自己的事业，使自己的经济能完全独立。

有一段时间，她很难和人群打成一片，或把自己的想法和感觉说出来，因为长久以来，丈夫一直是她生活的重心，是她的伴侣和力量。她知道自己长得并不出色，又没有万贯家财，因此在那段近乎绝望的日子里，她一再自问：如何才能使别人接纳她，需要她。

　　她后来找到了自己的答案——她得使自己成为被人接纳的对象，她得把自己奉献给别人，而不是等着别人来给她什么。想清楚了这一点，她便擦干眼泪，换上笑容，开始忙着作画。她也抽时间拜访亲朋好友，尽量制造欢乐的气氛，却绝不久留。不多久，她开始成为大家欢迎的对象，不但时有朋友邀请她吃晚餐，或参加各式各样的聚会，并且还在社区的会所里举办画展，处处都给人留下美好的印象。

　　后来，她参加了这艘游轮的"地中海之旅"。在整个旅程当中，她一直是大家最喜欢接近的目标，她对每一个人都十分友善，但绝不紧缠着人不放。在旅程结束的前一个晚上，她的舱旁是全船最热闹的地方。她那自然而不造作的风格，使每个人都留下深刻印象，并愿意与之为友。

　　从那时起，这位妇人又参加了许多类似这样的旅游，她知道自己必须勇敢地走进人群，并把自己奉献给需要她的人。她所到之处都留下友善的气氛，人人都乐意与她接近。

　　所以那些能克服孤寂的人，无论走到哪里，一定能善于与人们培养出亲密的关系，就好像燃烧的煤油灯一样，火焰虽小，却仍能产生出光亮和温暖来。

　　我们若想克服孤寂，就必须远离自怜的阴影，勇敢地走入充满光亮的人群里。我们要去认识人，去结交新的朋友，无论到什么地方，都要兴高采烈，把自己的欢乐尽量与别人分享。

　　根据统计显示，大部分结过婚的妇女，都比先生活得长寿，但是，一旦先生过世之后，这些妇女都很难再快乐生活。而男性由于工作的关系，基于工作本身的要求，他们不得不驱使自己继续进步。通常，夫妇当中，先生要比太太来得强壮，也更富有进取性。妻子则大部分以家庭为中心，并以家人为主要相处对象，所以，她对必须独自生活或追求个人的幸福，并没有什么心理准备。但是，假如她决心摆脱孤独，追求幸福的话，应该是可以做得到的。

　　当然，孤寂并不专属于丧偶的人。无论是单身男子或美丽的女王，无论是城市的异乡人或村里的流浪汉，都一样会尝到孤寂的滋味。

　　虽然现在时代越来越进步，但我们的社会却有一种疾病愈来愈普遍，那就是处于拥挤人群中的孤独感。

在加州奥克兰的密尔斯大学，校长林·怀特博士在一次女青年会的晚餐聚会上发表了一段极为引人注意的演讲，内容提到的便是这种现代人的孤寂感："20 世纪最流行的疾病是孤独。"他如此说道，"用大卫·里斯曼的话来说，我们都是'寂寞的一群'。由于人口愈来愈多，根本分不清谁是谁了……居住在这样一个'不拘一格'的世界里，再加上政府和各种企业经营的模式，人们必须经常由一个地方换到另一个地方工作——于是，人们的友谊无法持久，时代就像进入到另一个冰河时期一样，使人的内心觉得冰冷不已。"

几年前，有个刚毕业的年轻人，只身来到纽约，准备大展宏图，为这座城市带来一点光彩。这位青年长得英俊潇洒，受过良好的教育，自己也很为自身的条件而感到骄傲。安顿妥当之后的第一天，他在白天参加了一个销售会议，到了夜晚，他忽然感到孤单起来。他不喜欢独自一人吃饭，不想一个人去看电影，也不认为应该去打扰一些在城市里的已婚朋友。或许，我们还可以再多添一个理由——他也不想让女孩缠上自己。

当然，他是希望能碰到一个好女孩，但那绝不是从酒吧或什么单身俱乐部一类的场所去随便挑一个来。结果，他只好在那个准备大展宏图的城市里，独自度过了寂寞凄凉的夜晚。

大都会的生活，有时是比小镇更会让人有孤寂感。要在大都市里生活，有时更得花点心思去结交朋友，并让这些朋友接纳你、需要你。在去一个大都市之前，要先想好以后的日子——尤其是下班后的时间——要如何打发。你当然需要有些兴趣相同的人在一起，但你得先伸出友谊之手。

初到一个陌生的城市，其实有很多事情可做——你可以上教堂或参加同好俱乐部——都可以增加认识人的机会。你也可以选修成人教育课程——不但可以追求进步，更可以得到同伴和友谊。但是，假如你只是默默一人在餐馆里吃饭，或在酒吧独自喝闷酒，那就无怪乎得不到什么情谊了。你一定得去安排或做些什么事。

有这样两个生活在大城市里的年轻女孩，她们在纽约东区共租了一间公寓同住。两个女孩都长得十分迷人，也都有一份待遇不错的工作，都希望自己有朝一日能出人头地。

　　其中一位聪明的女孩，她认为居住在大都会的女孩——尤其是单身女孩——一定要仔细安排自己的生活，并计划自己的未来。于是她到一间教会去，积极参加各种活动，她还加入一个研讨会，甚至选修一门改进个性的课程。她把自己的薪水尽量用来与人交往，并开创出多彩多姿的生活内容。

　　她有适度而愉快的休闲活动，但对于社交关系则相当谨慎，尤其尽量避免暧昧不清的男女关系。

　　她初到纽约的时候，当然也感到寂寞——哪一个女孩不会有这种感觉呢？但是，她不想像某些男性一样，在海底潜游了半天，却只寻得一块海绵。因为她知道，自己一定要有计划。结果，她与一位聪明的年轻律师结了婚，婚后生活十分愉快。这便是她强调"要达到目标"的结果——她得到了幸福快乐的人生。

　　至于另外的那个女孩呢？她当初也很孤单寂寞，却没有找到摆脱孤单的正确方法。她四处到一些游乐场所或酒吧找寻朋友，结果，她最后也加入了一个俱乐部，那是协助酗酒者的"戒酒俱乐部"！

　　所以，如果你不想让自己孤独忧虑，就要明白：幸福并不是靠别人来布施，而是要靠自己去赢取别人对你的需求和喜爱。

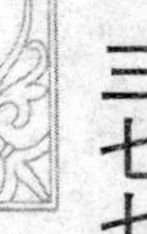

人性的弱点

卡耐基励志经典

美好的人生

［美］卡耐基·著

刘凯·整理

线装书局

导　读

　　大千世界，芸芸众生。每个人都与众不同，每个人都有自己的思想和观念，每个人都有自己的个性和特色，每个人都有自己的爱好和兴趣，每个人都有自己的天赋和特长，每个人都有自己的追求和理想。人是万物之灵，一个人就是一个小"宇宙"，复杂无穷，奥妙无穷。人生有千千万万个花样，美好人生也决不是一个统一的模式，正如美是多元的一样，美好人生是千姿百态、万紫千红的！

　　《美好的人生》一书是戴尔·卡耐基先生的重要著作之一。最早是1936年出版的《人性的弱点和美好的人生》一书的一部分，正是该书使卡耐基开始享誉世界。后来修订再版时将本书内容以《美好的人生》为名单独出版。该书是一部自1936年出版以来深受欢迎的成功学著作，迄今为止，世界上已有几十个国家出版过这本书，一直畅销不已，影响了几代青年人的人生选择。而本书即是与其同名精华版——凝聚了卡耐基处世学的精华。

第一章　和人们和睦相处

与他人的兴趣相合

先给大家讲一个故事：

我名叫波顿，9 岁时就没了妈妈，12 岁时爸爸也离开人世了。

那一次，妈妈离家后，再也没有回来，而且她也把我的两个妹妹带走了。妈妈离家 7 年后，我才收到她的第一封信。爸爸在她出走的第 3 年，在一次意外事故中去世。

父亲与一个人合伙，在密苏里州的一个小镇开了一家咖啡厅。当父亲出门办事时，他的合伙人趁机卖掉了咖啡厅，之后携款潜逃。父亲的一个朋友发电报告诉他这个情况，让他抓紧时间返回。仓促之中，父亲在堪萨斯州遭遇了车祸而不幸遇难。两位姑妈收养了我们家其他三兄妹。但是，我和小弟就无处依靠了，幸而有位好心人收留了我们。我们内心十分不安，很怕别人把我们当孤儿看待。我先寄住在一个穷人家，可那家主人由于失业，经济状况很差，使他无法再多养一个人。这时，幸而居住在离镇 11 英里的农场里的洛夫廷夫妇收养了我。洛夫廷先生已 70 岁高龄，并且一直因病卧床。他用三条规矩告诫我：一，不许说谎；二，不许偷窃；三，必须听话，不违反这三条，才可以在他们家居住。我一直把这 3 条戒律刻在心里，把它们当成我的日常行为规范。我做得很好。我被送进学校读书，但是第一个礼拜就发生了让人很不舒服的情况。其他的小朋友一直笑话我的鼻子大，讥讽我是小笨猪，骂我是没爹没妈的小孤儿。我心中很不快，很想和他们干一架。但洛夫廷先生劝诫我说："你应该知道，一个合格的男子汉，不应该轻易和人打

"

架。"所以，我总试图避免和他们纠缠。但是有一天，一个男孩把一堆鸡屎抛到我身上，我再也不能忍受，就冲上去狠狠打了他。小男孩们在一旁观看，都认为他该挨揍，这样，我和他们就成为了朋友。

有一天，我从洛夫廷夫人那里得到了一顶我十分喜爱的新帽子。但是，一个比我大一些的女生从我头上把它夺下来，用它来灌水，然后弄坏了帽子。她反而得意地说，要用帽子装水浇在我的木壳脑袋上，好帮我开窍。我在学校忍住了眼泪，回家后才放声大哭。

一天，洛夫廷夫人将我叫到跟前，她告诉我一个化敌为友的办法。她说："波顿，要是你尝试给他们帮一些忙，使他们对你有一些好感，欺负你的事就不会发生了。"这样，我将她的忠告牢记下来，并开始认真学习。当我变成全班成绩最优秀的孩子时，并没有招来妒忌，因为我和大家已打成一片。

我教一些男生写作文，其中有一个家伙因害怕别人知道，对他母亲撒谎说他去抓小虫了，结果，却来到洛夫廷夫人家里，让我帮助他学习。我还曾帮一位同学写读后感，还帮一名女孩补习几何算术，因此耗费数个夜晚的时间。

村里有两位老人在那段时间去世了，还有一位夫人被丈夫抛弃了，在这几个家庭里，就只有我这唯一的男子汉。几年来，这几位可怜的夫人一直受我照顾。放学后，我就来帮她们，到她们家劈柴、挤牛奶、喂鸡鸭牛羊。现在，人们不会再对我冷嘲热讽，反而一致赞扬我，我成了所有人的好朋友。当我从海军参军回来后，他们真挚而热情地欢迎我。我刚回家的那天，来看望我的有200多位邻居，甚至还有人从80英里外驾车来看我，他们表现的是真挚的关切。13年来，再也没有人取笑我，说我是蠢货和孤儿了。我现在的生活中很少有烦恼，因为，我一直在帮助人们。

弗兰克·卢普博士瘫痪在床23年，他也有类似的体悟。在西雅图《星报》供职的斯图尔特·怀特斯曾告诉我说："我采访过卢普博士许多次，我认识的人中，他最无私、最懂得享受生活。"

这位病人长年卧床，他是怎样享受生活的呢？他没有忘记威尔斯王子的名言："我为大家服务。"他收集了大量瘫痪病人的姓名和地址，然后，给他们寄去问候的信，请病友相互写信鼓励，之后以此组建了一个病友俱乐部，该俱乐部最后发展成一个覆盖全美的组织。

躺在病床上的他，为数以百计的病友送去欢乐，平均每天要发出 4 封信。

与其他人最大的不同是，卢普博士品质崇高，怀着深深的责任感。他有着深切体会，比一切都伟大的是奉献精神，并且能赠给人纯真的乐趣。萧伯纳说："一个以自我为中心的人，世界不能给他快乐，最后必然陷落于嗟叹抱怨之中。"

著名心理学家阿德勒深深震撼着我。他时常告诉忧郁症患者："你应该任何时候都想着一个人，要设法让他开心。按照这个办法实践，我敢担保两个星期内，你就能赶走忧郁症。"

听起来，这句话有些令人难以置信，故而我在阿德勒博士所著《生活的意义》一书中摘录一些段落，以飨大家：

忧郁症是一种情绪，持续不断地怨恨他人的情绪，以博取别人的同情、关爱与认可。忧郁症病人第一件回想的事情一般是：

阿德勒

"我记得，某一天哥哥坐在沙发上，我很想躺在那上面，可是他不起来，我就一直不停地哭，直到他不得不让给我这个弟弟。"

忧郁症患者很容易选择轻生，故而，医生最先要做的是断绝他所有自杀的念头。我治疗的手段是：第一，让紧张的气氛缓和，让患者们放松下来。我会对患者说："你一定别去做任何你讨厌的事情。"这听起来等于没说，但我坚信所有问题都会被这句话根治。如果病人能够心想事成，那他还能有什么抱怨呢？又有什么自暴自弃的理由？我告诉他们："如果你想去享受一场电影或休假，那就上路吧。如果走到一半你又有了新主意，那就尽管迁就自

美好的人生

己。"这样，就悄悄满足了他的优越感，他得到上帝一样无拘无束的感觉。但是，其实他的原意并不完全是这样。他原本想埋怨、控制他人，假如大家在任何事上都让着他，他就失去借口了。病人时常有这样的说法："可是，任何事情我都不感兴趣。"我早就知道该如何应对他们，我听过成千上万次了，我会说："不管什么你不喜欢的事情，你都可以不做了。"偶尔，会有人答道："我想日日夜夜躺在床上。"我可知道他们，要是我答应了他们反而不会那样做。一旦我说个不字，就会激起轩然大波。因此，我总是毫不犹豫地点头。

这是一条交流的途径，还有另一种更为直接的保护他们的方法。"每天想方设法让别人愉快，只要照着这个建议做，保证你在半个月内康复。"我对他们说，看他们会如何反应。他们的脑子早已被自我占满，他们会想："我有必要关心别人的事吗？"也有回答说："这是我的老行当，我总在设法帮助别人。"其实，他们根本没有去干。我请他们在这件事情上多加考虑，而他们转身就丢在脑后。我对他们说："合适的时候，建议你认真想一个你愿意给他带来快乐的人，这对你的健康很有帮助。"第二天，我向他们提问："昨天晚上你是否认真考虑过呀？"他们很可能会回答："昨天夜里我倒下就进入梦乡了。"在一种平等、和谐的氛围下，这一切就慢慢发生了，不能把麻烦抛给他们。

"我已经烦透了，这太难做到了！"有人会说。我则回答："让烦恼继续吧，你只要抽空去考虑一下别人。"我要做的，是借别人调整一下他们的兴趣点。很多人会问："为什么我要去服务别人？为什么别人不来取悦我呢？"我回答说："照着这样做，健康会光顾你，其他人将来不一定得到比你更多的快乐。"我治疗的患者中几乎没有人说："我遵照你的建议去实践了。"我只能慢慢培养病人对别人的关注。我清楚他们需要和别人沟通，我要提醒他们意识到这些，如果有一天，他能将别人摆在对等的位置，他就告别疾病了。"十诫"中最难做到的一诫是"爱你的邻人"，人如果把自我摆在中心，不但会给自己带来麻烦，而且会给周围的人带来伤害。人类的失败几乎都是由此而来。我们对他人的要求和给予他人最衷心的赞美是：他是一个好朋友、好同事、好恋人和好父母。

阿德勒博士要求我们，每天做一件善事。善事到底是什么呢？"善事就是能带给他人幸福的举动。"先知穆罕默德如是说。为什么每天行一次善，能够很好地提升我们的心灵呢？因为如果我们让他人愉悦，就没空去自暴自弃，也来不及忧虑、恐惧了。

在纽约，威廉·蒙恩夫人开办了一所学校，名字就叫蒙恩秘书。她用了不到半个月的时间就克服了忧郁，其实，当在她的面前出现一对孤儿时，她立刻就找到了自我。蒙恩夫人的故事是这样的：

5年前的冬天，与我同风雨共患难多年的先生永远离开了我，因此我的情绪十分低落。随着圣诞节的临近，我的哀愁越来越浓重。在圣诞节里，我从来没有单身一个人，所以，我越来越害怕即将到来的圣诞节。朋友们邀请我共度节日，我不敢答应。我清楚，在任何幸福的家庭中，我都会因回忆伤心不已。是的，尽管我还不是一无所有，但伤心还是淹没我。圣诞夜那天的下午，我孤身离开公司，在街道上漫无目的地转悠，希望能克服心中的孤单与忧虑。看着街上幸福欢乐的人们，我不禁悲从中来，不敢独身回到空空如也的公寓。我四处乱逛，不知道路在何方，止不住泪水盈眶。一个多小时之后，我发现自己身在公交车站，这又使我回忆起我和先生的过去，坐公共汽车进行探险旅行的往事。我不知不觉上了第一部出现的公交车。路过哈德逊河后片刻，乘务员说："终点站已经到了，女士。"下了车后，我不知自己脚下是何方，不过，那里却十分静谧祥和。在返程车没到的时候，我抽空逛了住宅区。当我经过一座教堂时，《平安夜》优美的乐曲从里面飘散出来。我慢慢走进教堂，看见一位正在全神贯注地演奏的风琴手。我坐在教友席上，看着五彩缤纷的圣诞树，音乐听起来也很优美。因为我一天未吃东西，疲倦逼迫着我迅速地进入梦境。

当我醒来时，我一时忘了自己在哪里。这时，我看到在我面前有两个来看圣诞树的小孩。其中一个小女孩稚气未脱地问："她是随着圣诞老人一道来的吧？"看到我醒来，他们吃了一惊。我对他们说："孩子，没事，我不是坏人。"

他们衣衫褴褛，"你们的爸爸妈妈呢？"我问他们。"我们是孤儿。"他们回答道。听到这里，我感到很脸红，我的境况比这两个孩子好多了。我带他们参观圣诞树，领他们到商店购买些糖果、食品，还送给他们小礼物。一直跟随着我的悲伤和孤独感顿时荡然无存。近半年以来这两个小孤儿第一次让我真正感受到关怀和自己的价值。通过与他们交谈，我发现自己太走运了。我发自内心地感谢上帝，小时候我拥有很多快乐的圣诞节，双亲的疼爱与呵护一直不离身边。我从这两个小孤儿那里得到的远比我给予他们的要多得多。这次经历让我了解到，只有首先让别人快乐，才能使自己快乐。我意识到，快乐是可以感染人的。帮助、感激、关爱他人，这些行动帮我克服了忧虑和悲伤。而我确实大有变化，这种变化一直让我倍感珍贵。

毫不夸张地说，我可以很轻松地写出一本忘我帮助他人、自己重回健康快乐的书，这种故事不胜枚举。但我们还是先来听听玛格丽特·泰勒·叶芝怎么说吧，她是美国海军最青睐的女作家。

虽然叶芝女士是一位作家，但她所写的小说其实不如发生在她身上的故事更引人入胜。在日军偷袭珍珠港的当天清晨，她的故事发生了。由于患上了心脏病，叶芝夫人一年多来卧病在床。每一天里，她最多有两个小时能下床，去晒太阳时由房间到花园的距离是她这一年来所走过的最长的路。即使如此，那段路还得靠女佣扶着才能完成。她讲述道：

我一直认为自己以后的时光就这样耗在床上了。如果不是日军袭击珍珠港，我就几乎无法再真正回到生活里。

轰炸来临时，鸡飞狗跳。我家旁边正好落下一枚炸弹，我被震下了床。军队让汽车去接军人的家属到学校避难。红十字会的人试图劝说我帮忙做联络，因为他们知道在我的床头有一部电话，于是，我着手记录那些陆海军的亲友的现在住址，而那些军人会在红十字会的人安排下打电话给我，咨询他们家人的现状。很快，我得知我丈夫安然无恙。于是，我尽全力鼓励那些丈夫还生死未卜的女士们，同时安慰那些一夜之间失去丈夫的女人们。此次阵亡的官兵共计 2117 人，还有 960 人下落不明。

起初，我接听电话还得躺在床上，慢慢地，我不知不觉地坐起来了。之后，因为全身心忙碌地工作，我的病情竟被自己忘得一干二净。我离开床铺坐到桌边，为那些比我面对更多厄运的人们提供帮助，我竟然可以摆脱床铺了。而且，我每天只休息8个小时。

我意识到，要不是日军偷袭珍珠港，我的下半生可能都要耗费在床上了。那时，貌似舒适地赖在床上的我，只是消极地虚耗着生命。而现在我懂得了，那个时候我其实已丧失了恢复的信念与希望。

日军偷袭珍珠港制造了美国历史上的大惨案，但是对我来说，这是改变我一生的头等大事。这次灾难中我那不曾知晓的力量震撼了自己，它让我把注意力从只关心自己转变成兼顾他人。它也给了我信心，让我坚持生活，不用耗费太多时间去关注或可怜自己的疾病。忽略自己，让我重获有意义的新生。

如果有心理问题的病人都能学习叶芝夫人，帮助和关心他人，那么至少有三分之一以上的人会获得康复。这可不是我在强词夺理。举个例，著名心理学家荣格说："前来找我帮助的病患者中，在医学上找不出一点病因的就占三分之一以上，他们只是不明白生活的方向指向哪里。他们只关注自己，是严重的自我中心主义者。"换句话说，他们的一生只想匆匆走过，孤独和无聊裹挟着他们，他们只好去心理医生那里倾诉。当那班已开走的渡轮扔下他们时，他们就把怨气撒向码头上的其他人。他们一向自高自大，要求得到全世界的关爱。

可能你现在会反驳："这些事有什么大不了的，我同样会关照在圣诞节遇到的孤儿。如果珍珠港事件发生在我的身边，我也会愿意去做那些善事，像叶芝夫人那样。但是，我的情况终究与他们不同。我过着非常平淡的日子，我每天循规蹈矩工作8个小时，从来没有任何有趣的事发生在我身边。我怎么可能有关心和帮助他人的兴趣呢？我为什么必须帮助他人？帮助他人对我有什么意义呢？"

这样的想法也不稀奇，你的那些问题还是让我来回答。不管你的人生是否乏味，每天总会有你邂逅的人，你会怎样对待他们？你是视而不见，还是会跟他们分享一下？例如邮差，他要走几百英里的路程，就为了替大家送几

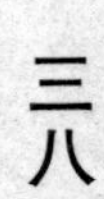

封信，你是否留意过他的住址？他妻儿老小的状况你知道多少？你询问过他是否劳累或觉得枯燥？

你关注过百货店售货员、邮递员、擦鞋的孩子吗？他们也和我们一样在这人世间，他们也会有苦闷、梦想，也会对未来充满憧憬，他们也渴望与别人沟通，你是否给过他们这样的机会？对他们的人生，你是否有所在意？

没有人要求你非要做南丁格尔或社会变革者，才有力量为这个世界带来福祉，你完全能够从明天碰见的第一个人开始，去学会给予他人关心和扶助。

这样做，对你裨益何在？那显然会让你更幸福、满足和骄傲。这种观念在亚里士多德那里被称为"开明的自私观念"。宗教学家左罗斯特拉则说："不应把对别人好看成压力，而应该把它视为一种享受，因为它能给予你幸福快乐。"富兰克林有更直截了当的说法："取悦别人，实质上能使自己愉快。"

林克时任纽约心理服务中心主任，他曾说："在我看来，现代心理学最有意义的成果之一，就是为达到自我目标与获得快乐，提出付出与律己这条至关重要的法则。"

多为别人考虑不但可以驱逐烦恼，并且也会使你交上更多的朋友，赢得更多的欢乐。耶鲁大学的教授威廉·费尔普斯曾告诉我：

无论我到饭店、理发店或去购物时，都会与我碰见的人们交谈。我要给他们一种感觉，他们是受人敬重的人，而不是某部机器上的零件。有时我会在商店里赞美女服务员，说她拥有很美丽的眼睛或头发。理发匠理发时站一整天是否劳累也是我关注的问题。我会问，在这一行做了多久？总共给多少人理过发？然后，我会和他共同算算这些账。我意识到，关注他们从事的事情，会给他们带来无比的快乐。我经常和忙累时的行李搬运工握手，这让他们感到轻松舒畅。某个炎热的夏天，我乘坐火车，当我到非常拥挤的餐车上吃午餐时，那里十分闷热，服务员完全是应接不暇。当服务员终于递一份菜单到我面前时，我说："这样热的天气，厨师们今天可不容易啊！"服务员听后感动地说道："上帝哪！客人都在发牢骚，说这儿的饭菜差、价格贵、服务慢，还说这儿热。我听了快20年这些抱怨啦，你是绝无仅有的对厨师有过理解的客人。我期盼能有更多像你这样的客人。"

只对厨师的工作表示了同情，服务员就能够这样满足，足以见得人所期待的，不过是来自他人的认同与关注。有时在散步的小路上，遇见有人和他的狗一道出来，我一定要夸他的狗漂亮。当我转身回头时，时常看到那人抚摸自己的狗，我的赞美让他更加欣慰，更加喜欢自己的狗。

有一天，在英国，我碰上一位牧羊人，他的那只聪明伶俐的牧羊犬得到我热情的赞美。我还请教牧羊人是怎样驯狗的。我离开后回头，牧羊人就在抚摸牧羊犬的头。有人对牧羊犬感兴趣，它的主人会很开心，那只牧羊犬也很愉悦，我自己更会。

设想一下，一个常常跟搬运工交流，又关心厨师的工作，并不时赞赏别人爱犬的人，怎么可能成天愁眉苦脸、百无聊赖，而需要求助于心理医生呢？东方有句谚语说得好："赠人玫瑰，手有余香。"

接下来是一位已经是个祖母的女士讲的故事。多年前，我到一个小镇进行演说，在这位女士家借宿过一晚，第二天，她开车将我送到50英里外的火车站。一路上，她向我讲述了她的亲身经历，这些经历她从没有向其他人提起过，她说：

我出生在费城一个贫困的家庭中，全家生活都靠社会救济金。贫穷，给了我许多痛苦。我不能愉快地进入社交场合，像其他少女那样。因为我的衣服老是不漂亮，而且窄小，款式也已经很老套了。衣服让我没面子，我常常在哭泣中进入梦乡。沮丧中，我猛地有了一个念头，那就是在每次聚会时，请我的男伴介绍他的经历和人生看法，再请他构想明天。老实说，我对他们所讲的内容并不感兴趣，而只是为了引开他们的注意力，不给他们机会注意我那不漂亮的衣着。然而，令人意想不到的是，在他们的故事中，我逐渐地学到某些可贵的东西，然后忘了自己正衣着寒酸。更让我幸福的是，由于我成功地学会了倾听，还能鼓励他们讲述自己的经历和内心，男士们和我在一起时，总是能够感到十分愉悦，于是我成为最受青睐的女孩，有3位男士曾向我求婚。

读者很可能会反驳："这完全是搞笑！我才没工夫管别人的事，我的事情是认真赚钱，得到自己希望的东西，别人的事和我有何相干呢？"

你当然可以有自己的选择，因为你是自由的，但是，如果你这样做是正确的，看看那些伟大的圣人如孔子、佛祖、柏拉图、亚里士多德和苏格拉底们，他们一切的实践都没有意义吗？或许你对这些过于久远的智者不感兴趣，那么现在，我就让你看几位当代无神论者。第一个是来自剑桥大学的郝斯曼教授，他是一位著名的学者。60多年前他在剑桥大学发表了名为《诗的表象与实质》的演说，其中有这样的表述：

耶稣曾经说："那些为我的事业作出了牺牲的人们，他们将获得永生。"这是真理，也是最高尚的人格。

如果说过去，我们还是在牧师那里听到这些说辞，那么现在郝斯曼教授却是一位标准的无神论者，同时还是一位悲观主义者，他依然这样对我们说："一个以自我为中心的人，无法成就圆满的人生。"事实上，更充分地享有生活的兴趣，只有在无私地为他人服务中才能做到。

假如以上故事仍不能对你的想法有所改变，那么我们再看看20世纪美国最有影响力的无神论者西奥多·德莱塞，他的观点对我们也有参考价值。德莱塞把一切的宗教都当成文学来阅读，而剩下的生活只是"愚人的故事，百无聊赖"。他一以贯之为他人服务，遵循耶稣的教导。德莱塞说："要是我们试图从生活中得到哪怕一丁点乐趣，就不能自私自利，自高自大，而应该多为他人考虑，因为快乐只能来自于你和他人之间的互相关怀。"

德莱塞又说："帮助他人可以使你心灵充实，现在，请立刻行动吧，不要再让时间溜走。人生无法重来，如果有做善行的机会，不要拖延，也不要忽视，从现在做起吧，因为人生的路，每个人只拥有一次。"遵循德莱塞的劝告，我们就会找到快乐的源泉。

不要指责别人

1931年5月7日，纽约有史以来最震撼人心的一次围捕事件发生了。在几个星期的搜寻之后，警方终于将那个著名的"双枪手"克罗里迫入窘困之境，把他困在了西尾街他女友的家中。150名警员和侦探包围了顶楼他的藏匿之处，他们把屋顶打开了一个洞，决定以催泪弹把凶手克罗里逼出屋子。与此同时，他们在屋子四周架好机关枪。一个多小时里，砰砰的手枪声和嗒嗒的机枪声在纽约这个原本宁静和谐的住宅区内不断响着。克罗里靠一把堆满杂物的椅子作掩体，不断攻击警员。观看这场枪战的有上万名惊慌的民众。以前在纽约的街道上从未发生过类似事情。

当捉住克罗里的时候，警方宣布，纽约有史以来最危险的罪犯中，这位"双枪手"一定占有一席。"他杀人，"警察总监莫隆尼说，"连眼都不眨一下。"不过，"双枪手"克罗里如何看待自身呢？当警方射击公寓的时候，一封《致有关人士》的信在他手下诞生。当他写下这些文字时，鲜血从他的伤口涌出，一道红色的血痕留在信纸上。在信中，克罗里说："一颗疲惫的心藏在我的衣服之下，这颗心是善良的，不愿伤害一个人。"

在这之前，在长岛一条郊外的道路旁，克罗里和女友开着车亲热。一位警员叫住他，来到他的车门边，说："让我看看你的证件。"

克罗里却拔出他的手枪，不由分说地朝那位警员一阵射击。当对方倒在血泊之中的时候，克罗里打开车门跳出来，又向那具早已没有生气的尸体射了一枪。这就是凶手，自称"一颗疲惫的心藏在我的衣服之下，这颗心是善良的，不愿伤害一个人"的凶手。

最后，克罗里被判处死刑。当把他送到监狱的死刑室时，他不是说"这是我杀人的后果"，而是宣布："这是我自卫所招致的厄运。"

这则故事想说的是："双枪手"克罗里从来不批评自己。这是匪徒独有的、与他人无关的态度吗？你若如此看待的话，那么再看看以下这些文字：我人生中最美丽的时光，都耗在为别人提供快乐上，而这一切所换来的却是侮辱，是一种被通缉者的资格。

这些话来自阿尔·卡朋，美国昔日的全民公敌——他是横行芝加哥的最狠毒的黑帮头目。阿尔·卡朋从不责怪自己，他真的把自己当做一个公众的恩人，一个得不到感激而只收获误解的天使。

　　纽约最臭名昭著的歹徒还有苏尔兹。他后来在纽约被另一帮歹徒击毙。在他死之前有一次接受报纸采访，他把自己描绘成一名大众恩人，并且真的相信自己确实是一名天使。在这个问题上，我跟监狱的典狱长刘易斯进行过几次很有趣的信件交流，他说："牢里的犯人，几乎没有一个把自己当成坏人。作为跟你我一样的人，他们为自我辩护，说他们为什么要撬开保险箱、为什么要扣下扳机。他们中的大部分人，都相信一种难分善恶的推理，为自己反社会的行为辩护，坚持认为他们压根就不该有此命运。"

　　我们如何要求芸芸众生去责备自己，要是阿尔·卡朋、"双枪手"克罗里、苏尔兹，还有那些监狱里的亡命之徒都不曾自我批评，自我反思呢？

　　约翰·华纳梅克尔说："我20年前就懂得，指责别人是一种类似于白痴的行为。我不抱怨上苍对智慧分配不公，因为要战胜自身的缺陷就已经弥足珍贵。"

　　华纳梅克尔早就学会了这一课，但我却只能在颠簸了30多年后，才渐渐领悟出：100次中有99次，没有人会自我责怪，无论他有多少错误。

　　在做过许多次实验后，世界知名的心理学家史金纳证明：在学习中因表现突出而得到奖励的动物，比起因表现糟糕而受到处罚的动物，学习迅速得多，而且更不易遗忘它的知识。深入研究显示，人类也有着极其相似的效应。用批评的方式，我们并不能够使他人产生根本的改变，反而往往会招致不满。

　　另一位著名的心理学家席莱说："我们十分渴望获得别人的认可，我们也同样非常恐惧别人的指责。"

　　批评所导致的不满，常常会让员工、家人甚至朋友的情绪糟糕，而对所指责的局面依然无济于事。

　　江士顿住在俄克拉何马州思尼德市，担任一家工程公司的安全检查员。他的任务是监督在工地工作的职员佩戴安全帽。他说，当碰到没有佩戴安全帽的人，他就字正腔圆地指正他们，要他们必须遵守公司的纪律。员工一般会接受他的纠正，但却很不愉快。而且，经常在他离开以后，他们又取下了安全帽。

于是他决定使用另一种方式。下一次，当有人不戴安全帽被他看见时，他便问他们，是否安全帽在头上感觉很糟糕，抑或有什么地方不适合。然后他用令人愉快的口气提醒道，为了保护他们不受伤害，请他们一定要戴安全帽进工地。没有工人不高兴了，这样的效果果然大不寻常。

曾经有一场著名的争论，发生在西奥多·罗斯福与塔夫脱两位美国总统之间——那场争论搞得共和党四分五裂，结果把民主党的威尔逊送进了白宫。让我们来回顾那段历史。1908 年，罗斯福搬出白宫时，他帮助塔夫脱成为总统，然后自己跑到非洲旅游，猎狮子。但他回来时却暴跳如雷。他指责塔夫脱的保守主义，试图为自己弄到竞选下一任的提名，这样，罗斯福组建了雄鹿党，然后搞垮了共和党。之后大选的结果，塔夫脱和共和党空前惨败，仅拿到佛蒙特州和犹他州两州的选票。

罗斯福怪罪塔夫脱，但塔夫脱是否批评过他自己呢？答案很显然。塔夫脱眼中含着泪水，为自己开脱说：“我搞不明白，我如何做才能算跟我从前所做的有区别。”

这件事情最后归罪于谁呢？罗斯福还是塔夫脱？老实说，我不清楚，而且，我也没法搞明白。我现在要指出的是，罗斯福所有的批评，都无法让塔夫脱对自己说一个错字。结果除了使塔夫脱一个劲为自己辩护外别无其他。

再让我们看看“茶壶盖油田”舞弊案吧。对这个案子你还有印象吗？报界为这件事吵闹了好多年，结果，把整个美国弄得混乱不堪。在这一代人的脑海里，还没有与之同类的事情在美国的政界发生过。那桩事情的原委是这样的：总统哈丁先生的内政部长阿尔伯特·胡佛，受命负责政府对艾尔克山丘和茶壶盖地区油田的出租事宜，那些油田本来是安排给海军作预备使用的。这位胡佛部长没有举行公开投标，而是把那份合同私下递交给他的朋友爱德华·杜韩尼。之后那位杜韩尼又做了什么呢？他塞给胡佛部长 10 万美元，名义上是“贷款”。之后，美国海军就在胡佛部长命令下进入该区，用武力赶走了那些对手，目的是防止艾尔克山丘的原油被周围的油井偷偷开采。愤怒的后者冲进了法院，揭发了 10 万美元及茶壶盖油田舞弊事件。案子闹得不可开交，激起全国的公愤，毁了哈丁总统的执政生涯，并且，愤怒的人们要求共和党下台，他们还要把胡佛送入牢狱。

胡佛被骂得体无完肤——他是第一个被斥责得如此凄惨的政客。他后悔了吗？根本没有！多年后，在一次公开演说中，有人暗示由于一个朋友背叛，哈丁总统焦心和忧虑过度，于是很快逝世。当这段话传到胡佛太太那里时，她泪流满面地从椅子上跳起来，紧握着双拳，歇斯底里地叫着："什么！胡佛出卖了哈丁？根本不是！我先生绝对没有出卖过谁。满屋子的金子，都不可能使我先生心怀不轨，他被带上刑场钉上十字架，他才是被出卖的人。"

大家看，人性显现出来了，只会责怪别人而不会责怪自己的恰好是做错事的人。我们都不例外。所以，当我们明天很冲动地要去批评别人时，不要忘了阿尔·卡朋、"双枪手"克罗里还有阿尔伯特·胡佛。我们要懂得，批评就像总是离不开家的家鸽。将被我们纠正和指责的人，要么会替自己开脱，并且反唇相讥；要么像斯文的塔夫脱，他会喊着："我搞不明白，我如何做才能算跟我从前所做的有所区别。"

1865 年 4 月 15 日，福特戏院正对面一家廉价客栈的卧房里，林肯奄奄一息地躺着。他在戏院被人用枪击中了。他那瘦长的身子几乎是斜躺在那张短得有些尴尬的床上。一盏煤气灯散发着惨淡的黄晕，墙壁上挂着一张罗莎·波南的名画《马市》的赝品。

"这里躺着的是有史以来最杰出的领袖。"这时，陆军部长史丹顿说。

林肯在为人处世上的成功，是怎么做到的？在对林肯的生平研究了 10 年之后，我花了整整 3 年的工夫，写作一本叫做《人性的光辉》的书。我相信，我业已穷尽了人类一切的途径，对林肯的性格和家庭生活进行了详细的研究。我还对林肯跟别人的相处之道做了专门的考察。他曾经喜欢批评他人吗？是的，在印第安纳州，青年林肯不仅仅是批评还写信作诗地挖苦别人，在别人的必经之路上丢下那些信件。

由一封信导致的对批评的反感贯穿了他的一生。在伊利诺伊州春田镇时，林肯一边满怀信心地从事律师业务，一边给报社投稿，公开挖苦他的对手。但他还只是偶尔干干这种事。

1842 年秋天，他取笑了一位名叫詹姆斯·史尔兹的爱尔兰人，那家伙老是自鸣得意而酷好斗狠。林肯在《春田时报》刊出一封无名书信，嘲笑了史尔兹一番，令全镇的人都忍俊不禁。果不其然，敏感而骄傲的史尔兹气得火冒三丈。他查到那封信的作者是林肯，就跳上马去找他，提出决斗。两人都有选择武器的自由，林肯选择了骑兵用的长剑，因为他的臂长有优势，并开始在一名西点军校的毕业生那里学习剑术。到了那一天，他们在密西西比河的一个沙滩上见面，准备决斗。但是，他们的助手在最后一分钟赶来，阻止了这场决斗。

林肯生平最恐怖的个人事件到此结束了。在做人的技巧方面，他学到了价值连城的一课。从此以后，他不再取笑任何人了，更没有写过一封信来讥讽人，甚至没有为任何事批评过谁。

南北战争时期，林肯接二连三地任命新的将军统帅部队，但他任命的每一个将军——麦克可莱、波普、伯恩基、胡克尔、格兰特——走马灯似的惨败，林肯只能失望地踱步。北方一半的人在痛骂那些拙劣的将军们。但林肯却"绝不长吁短叹，只对大家祝福"，"避免论断他人，才能避免他人的评判"是他习惯引用的一句格言。当林肯夫人和别的什么人对南方人士颇有微词的时候，林肯劝解说："不要责备他们，如果我置身类似的情况下，也会和他们做出类似选择的。"

1863年7月的最初3天，南方著名的葛底斯堡战役在李将军开始南撤的时候打响，那时乌云密布、大雨如注。当李将军率领溃败的军队撤到波多梅克时，一条暴涨的河流挡住了他们的去路，而身后又是一支北军在乘胜追击。李将军被围住了，他无法逃脱。林肯看到了这个局面——一个天赐良机，一个能够打败李将军的军队、立即终止战争的机会。鉴于此，林肯满怀希望地命令米德抓紧时间攻击李将军，而先不要举行军事会议。林肯通过电话下令，继而派出一名特使面见米德，要他立即有所行动。

但米德将军是如何做的呢？他的做法恰恰跟接到的命令背道而驰。他把林肯的命令扔在一边，召开了一次作战会议。他举棋不定，一再拖延。米德给林肯打来电话，以各种借口拒绝对李将军发起攻击。最后，河水退潮了，李将军带着他的人马从波多梅克成功撤离了。林肯大发雷霆。"他是什么意

葛底斯堡战役

思?"林肯朝着他的儿子罗勃吼叫起来。"主啊!他们在我们的手掌心里了,只要我们伸出手去,就可以俘虏他们了。但不管我说什么或做什么,都不能使我们的将军和军队稍加移动。几乎任何的将领在那种情况下,都能够俘虏李将军。如果我在那儿的话,只需我自己就可以消灭那只军队。"

林肯在愤怒、失望之余,慢慢平静下来,拿起笔给米德写了一封信,别忘啦,在这段时间内林肯用词总是十分谨慎和克制。因此,在 1863 年他笔下的这封信,可以说是最激烈不过的了。信的内容如下:

我亲爱的将军:

我不相信你不能预想到李将军逃脱所导致的严重后果,他原本在我们的控制之中。要是当时对他穷追猛打的话,我们凭借这之前取得的一些其他胜利已经可以结束战事了。现在呢,战事可能会无休止地拖下去。要是你上个星期不能稳妥地攻击李将军的话,又怎么能渡过河再去歼灭他呢?我看不到你改变情势的希望,若是还要对你抱有期望,也是抱着一种不合适的期望。你的良机已丧失殆尽,故而我深表遗憾。

你猜,米德拆开这封信的时候会怎么想?

结果是,米德压根就没有看见过这封信,因为林肯没有把它发出去。人们是在林肯死后,在他抽屉里中找到这封信的。

我猜(仅仅是一个猜想),写下这些文字之后,林肯望着窗外,自言自语地说："等等，也许我不能如此着急。我待在这安静的白宫里，命令米德进攻可以说是举手之劳。要是假如我当时也身在葛底斯堡，也跟米德一样，在上星期看到血流成河，听到伤兵的痛哭哀吟，或许我也不会再驱使军队去进攻了。我的做法可能跟他并无二致，要是我的性格跟米德一样多愁善感。不管怎么说，如今事情都发生了。我寄出这封信，当然可以宣泄我的不满，但却会逼得米德为了给自己辩护，反过来攻击我，造成彼此间的矛盾。况且，这也有损他统帅的形象，甚至会造成他被迫离职的局面。"

因此，就像我上面所提到的，林肯将这封信置之一旁。尖刻的批评和呵斥，几乎总是无济于事，这是他从痛苦的经验中懂得的。

另一位总统，西奥多·罗斯福则回忆说，他当总统时，要是碰到棘手的问题，一般往后一靠，抬头注视那张挂在他白宫办公室墙上林肯的巨幅画像，然后自问："如果林肯仍坐在这个位置上，将怎样处理这个局面？"

马克·吐温经常会大动肝火，在信上他写的文字火气之盛足可以烧焦信纸。例如，某一天，他致信给一位招惹了他的人说："应该把死亡埋葬许可书给你。只需你开口，我一定会尽力帮助你搞到这份许可书。"又有一次，他给一位编辑写信，谈到一名校对准备"修改我的拼写和标点"，他以命令的口吻在信中说："往后这方面的情况必须一字一句按着我的底稿去做，并且要告诉那个校对，把我的建议装在他那已经烂掉了的脑子里。"

这些可以刺伤别人的信，很让马克·吐温感到解气，这样他的火气也就发泄了，而这些信件也没有导致任何不良的反应。因为他的妻子已经背着他把这些信从邮箱里取回来，这些信从一开始就没有寄出去。

你是否试图劝某人做一些调整呢？好的，我举双手赞成。但何妨从你自己着手呢？从一个极端自私的观点来说，比起有意改进别人，这会让你获益更多，另外所冒的风险也不太大。

白朗宁说过："一个人只要他先从自己的内心着手努力，就会是个有用的人。"要改正你自己所有的毛病，也许只能到圣诞节才做得到。那一天，你就可以好好享受假期，再利用新年规劝和批评别人。但要先让自己尽善尽美。

什么是最牢不可破的名誉？

1929 年，一件轰动美国教育界的大事发生了，引得美国各地的学者都涌到芝加哥去。一个名叫罗勃·郝金斯的小伙子，曾做过作家、伐木工、家庭教师和出售成衣的售货员，在几年前半工半读地拿到耶鲁大学的毕业证，现在，刚毕业了 8 年的他就可以担任校长，美国第四所著名学府——芝加哥大学的校长。他有多大年龄呢？30 岁！真让人大跌眼镜。老一辈的教育人士都瞠目结舌，公众对他的抨击像冰雹暴雨一般掉在这位"神童"的头上，加入攻击的甚至还有各大报纸。

有一个朋友在罗勃·郝金斯上任那天告诉他的父亲："今天上午，我看到报上有人撰文攻击你儿子，可把我吓了一跳。"

"对，"郝金斯的父亲回答说，"话说得倒是很凶悍。不过请记住，人们不会去踢一只死狗的。"

不错，人们习惯于从指责他人中获得满足。温莎王子，后来成为英王爱德华八世的温莎公爵，他也被人狠狠地修理过。14 岁时，他就读帝文夏的达特莫斯学院，这个学校和美国安那波里市的海军军官学校地位差不多。某一天，一位海军军官看见他啜泣，就问他发生了什么事。起先他不愿意说，后来终于说了实情。原来，他的屁股被学院的学生踢了。指挥官叫来所有的学生，告诉他们王子并没有告状，但他想知道为什么有人会做出这种事。

温莎公爵

支支吾吾了半天之后，这些家伙最终承认说，他们希望可以在大家面前显摆，特别是以后当上了皇家海军的指挥官或舰长时，那时可以说，他们可是踢过国王屁股的人。

　　因此，别人要是踢了你，或者某些人恶意攻击你，请不要忘记，他们之所以做出这种事情，是由于这能使那些家伙有一种自鸣得意的感觉，这也就反衬出你的成就，尚且值得别人侧目。很多人在攻击那些教育程度高于他们，或者在其他方面比他们建树更多的人的时候，都会产生一种快感，十分得意。举例说，我写这一部分的时候，有一个女人来信，谩骂组建救世军的威廉·布慈将军。因我过去曾在广播节目里支持布慈将军，所以这个女人写信给我，说将军侵占了 800 万美元捐款，那是她募来救济穷人的。这种指责显然是无稽之谈，可是，这个女人其实并不想获知真相，只是想搞臭一个比她地位高的人，来获得她自己的快乐。她那封无聊的信被我丢进了废纸篓里。我虽然没法看出布慈将军是哪一种人，可是却看懂了她。许多年前，叔本华曾说过："在伟人的错误和失误中，庸俗的人获得最大的快感。"

　　可能很少有人认为，耶鲁大学的校长会是一个庸俗低级的人。不过，责骂总统的摩太·道特也担任过耶鲁大学校长。他说："我们就会发现我们的妻子和女儿，会沦落为合法卖淫的牺牲品。我们会受到奇耻大辱，我们的尊严和德行都会丢失殆尽，使天怒人怨。"

　　听起来，这几句话好像是在骂希特勒，对吧？你错了，这些话是骂托马斯·杰斐逊的。托马斯·杰斐逊？应该不是那位伟大的托马斯·杰斐逊吧？

　　是那个起草《独立宣言》的、可以代表美国民主政体的伟大人物？丝毫不错，道特指的正是这家伙。想想看，哪一位美国人曾经被人们冠为"伪君子"、"大骗子"和"只强过谋杀犯一指头"？一张报纸上登载过一幅漫画，画中一个人被绑在断头台上，一把大刀正准备从他脖子上砍下来；他骑马在大街上走过时，一大群人堵着他大骂不止。这个人是谁呢？他是美国的开国元勋乔治·华盛顿。

　　不过，这些都是年代久远的事了，可能从那时候开始，人性已经慢慢改善。让我们看看海军上将佩瑞。他于 1909 年 4 月 6 日乘雪橇到达北极，是轰动世界的著名探险家。多少年来，数不清的勇敢的人为了要实现这个目标而忍饥挨饿，甚至丧生。佩瑞也几乎在饥寒交迫中死去，8 只脚趾冻伤，不得不将它们切除。他在路上碰到各种灾难，这使他担心自己会走向疯狂。而那些待在华盛顿总部的海军官员们却对他非常眼红，不过是因为佩瑞受到公众的欢迎和重视。他们攻击他假托科学探险的名义骗钱，自己却"悠闲自得地在北极嬉戏追逐"。他们可能还真把自己这句话当真，因为一个人完全无法不相信自己想要相信的事情。他们想羞辱和干扰佩瑞的决心，已经夸张到最后不得不由麦金莱总统直接下令，才能保护佩瑞在北极的研究工作。

假使当时佩瑞待在华盛顿的海军总部里，优哉游哉地坐在办公室里的话，他是否会遭到别人的批评？当然不会，那样别人的嫉妒就跟他无关了。

格兰特将军面临的境遇比佩瑞上将的更差。1862 年，格兰特将军突然成为全国性的偶像，因为他赢得了北军第一次决定性的胜利。甚至，连遥远的欧洲也有了相当大的震动。这场战争点燃了从缅因州一直到密西西比河岸一路的庆祝之火。但是，在赢得这次伟大胜利的 6 个星期之后，他的兵权却被剥夺，继而遭到了逮捕，使他倍感屈辱而失望痛哭。

为什么在功成名就的巅峰状态时，格兰特将军却会被捕呢？很重要的因素是他引起了他那些傲慢的上级们对他的嫉妒。

挑战自己的缺点

我把一个私人档案夹放在档案柜里，里面存有"我所干过的傻事"的记录，那里一笔一笔地记载着我干过的蠢事的来龙去脉。有时，我会让秘书做记录，自己口述，但大多数的时候由于这些事情关系到私人生活，甚至，我干过的傻事有些愚蠢到连我都没脸让秘书知道的地步，就不得不自己亲自记录了。

当我拿出那个档案夹，看着它的名字"蠢事录"，打开重新阅读一遍自我批评时，能够帮助我处理那些困难的问题，从而自我约束和控制。

我曾将责任推卸给他人，随着自己慢慢理智和清醒，我发现自己必须直面这些责任。大多数人会随着年岁的增长而意识到这点。流放圣赫勒拿岛后，拿破仑说：“我必须承担失败的一切责任，而不是推给其他人。最大的对手其实是自己，正是‘这个家伙’造成了我的失败。”

有一个故事，故事的主角是明白自我管理的豪威尔。当他在 1944 年 7 月 31 日突然身亡于纽约大酒店时，立刻震惊了全国，扰动了华尔街的股市。他是那时美国金融界的头面人物，历任美国商业信托银行董事长，同时持有数家大公司的股份。他在小镇做过售货员，并未接受过多少正规教育，后来却担任了一家钢铁集团信用部经理，得以青云直上。

我以前拜访豪威尔先生时，向他请教成功的经验，他回答说：

多年来，我一直不间断地用日记本记录两天内的预约。家人们从不渴求我和他们在一起共度周末的晚上，他们明白那段时间是我自我反省的时间，以反思我一周内的工作效应。晚餐之后，我就打开日记本，独自一人回顾这一周来我所参加过的那些会面、讨论及会议进程。我问自己：“我那时的发言是否不合适？哪些决定是合理的？我是否可以改善自己的工作方式？从这件事情中我能吸取到什么经验？”每周类似的自我反省让我十分失落。有时，我完全无法相信那是自己的所作所为。不过，随着岁月渐渐流逝，发生类似的情况愈来愈少，但我业已养成了自我反思的习惯，它对我的事业功不可没。

这种方法，豪威尔或许是从富兰克林处借鉴到的。但富兰克林却是每天晚上都进行自我剖析，而不是等到周末。有一天，他发现自己有 13 项不小的错误。其中有 3 项是：虚掷光阴、为琐事分心和与人争执。明智的富兰克林清楚，如果这些缺点继续存在，一定会阻碍他的成功。因此，他计划一周改正一个缺点，并且每天自我审查是否做到。下一周他将尽力改掉另一个缺点，他坚持向自己的缺点宣战，这场战斗一直延续了两年。可以想象，富兰克林会成为人们景仰的人。

明智的人会以此取得进步，常人却无法接受他人的指责。“难道你只能学习欣赏你、尊重你、认可你的人吗？难道就无法从反对你、攻击你的人的身上借鉴一下吗？”著名诗人惠特曼这样说。

让我们把工作做好，不要让对手来指手画脚。我们要用最严厉的目光来审视自己。在我们的缺点被他人指出之前，我们就必须发现并改正这些问题。达尔文做到了，他在准备完成伟大的著作《物种起源》时，预料到整个宗教界和学术界一定会被这个跨世纪的学说所震惊。为此，他展开一场历时15年的自我反思，不断翻阅相关资料，对照检查自己的理论，并一点点地完善。

有人骂你时，你会气愤异常吗？林肯总统就曾经被自己的国防部长爱德华·史丹顿骂过，林肯总统是如何应付的呢？

史丹顿发脾气是因为林肯干预军队。林肯为了和那些自私的政客搞好关系，下达了一项命令调动军队。史丹顿不但坚决拒绝执行，还抨击林肯签署这项命令简直极其愚蠢。当这件事被人们透露给林肯时，林肯不动声色地说："如果史丹顿骂我愚蠢，说不定我是真的失误了，因为，以往他骂我时，他很少出错。我会亲自过去和他商量一下。"

说完林肯就去找史丹顿，史丹顿当面指出他的这项命令有很大的失误，林肯马上收回了成命。林肯有勇气面对批评，只要对他的批评是诚恳的、为他着想的，他必定会三思而后行。

这样诚恳的批评我们也应该学会接受，毕竟没有人能够一生都正确。罗斯福总统也只敢奢望自己完成的事情中有四分之三是正确的。就连爱因斯坦等科学巨匠，也承认自己绝大部分的结论可能是不合适的。

"通常是敌人对我们的看法，比我们更中肯地看待自己。"法国作家拉劳斯夫的这句话是正确的，然而，如果不事先自我提醒，在接受批评时就会不由自主地产生抵触情绪。每次批评都让会我们感到无法接受，不论对方批评得是否合适，没有人对批评充满热爱，人们只是希望受到称赞。我们并不是理性的，而往往受情绪支配。我们的理性脆弱得像一叶小舟，在暴风雨中的汪洋大海里摇荡。

当人们谈论你时，不急于去辩解是可以做到的。只要自己保持一点儿清醒，态度也多一分镇静，你就会说："要是有助于我了解更多的缺点，何妨去接受这些批评呢！"

怎么对待不中肯的攻击呢？我和别人一起探讨过这个问题，得出这样一个观点：当你为他人的恶意诋毁而发怒时，为什么不先告诫自己："哦……我远未达到完美。像伟大的爱因斯坦这样的人物都承认，自己做的判断大多时候不合适。所以，我们务必从中吸取教训，就会越来越好。"

鲍恩·霍伯曾在查尔斯·卢克曼 100 万美元的高薪诱惑下，主持广播节目。他从不在意赞扬他的信，而只关注那些批评他的来函，因为他明白如何在别人的批评中提高自己。福特汽车公司曾邀请员工对公司进行批评，目的是为了弄明白管理与运作中的问题。

我认识一位推销香皂的业务员，他主动请别人提出批评意见。一开始，他对高露洁香皂进行推销时，订单少得可怜，甚至让他担心自己会因此饿死。他清楚产品以及价格都很合适，那么问题肯定是出在自己身上。当推销遇到困难时，他就会在街上停留片刻，想一想自己在哪些地方有所欠缺，是没有说清楚产品的优点？还是态度不够热情？偶尔他还会去询问客户们："我转回来不是为了继续推销香皂，而是希望您能给与批评与指点。您是否能够告诉我，我刚才在什么地方做得不好？您的阅历比我丰富，事业也比我成功，请给我提供一些帮助。"

他谦逊的做法为自己赢得了很多朋友，也学习到了很多不错的经验。

你知道他在此之后的命运吗？后来，他接手了当代最大的香皂生产公司——高露洁公司，担任了总裁。他就是立特先生。

诚挚地予人以赞美

你是否静下心想过，怎样让别人去做某件事？是的，这是独一无二的办法，那就是使人"乐意"去做一件事儿。

当然，你可以拿着手枪威胁别人，接着，别人会很老实地把手表取下来；你也可以逼迫一个雇员与你合作，只用威吓解雇的招数；你还可以利用威逼利诱，指使一个孩子干你想让他干的事。然而，这些愚蠢的方式，其功效往往会适得其反。把他所需要的给他，这就是能驱使别人去做任何事情的不二法门。

你需要些什么？心理学家弗洛伊德博士回答说："我们所做的事，都可追溯到两种动机：一是性冲动，二是成为伟大人物的渴望。"而哲学家杜威的看法与之稍有不同，他认为成为重要人物的欲望，是人类天性中的本原。

你需要些什么？答案并不仅仅指向足够多的物质产品。想想吧，你真正感兴趣的东西，几乎所有正常的人也都需要。我把它们罗列如下：

1. 生命的安全感，健康；

2. 保证生命的食物；

3. 充足的睡眠；

4. 金钱和金钱所能控制的一切；

5. 未来生活的保险措施；

6. 满足性欲；

7. 后代的平安；

8. 声名、荣誉、社会地位，即人的自尊感。

几乎只要活着的人都能满足其中的某些欲望，但有一种欲望，可以和食物、睡眠排在一起，既重要又很难达到——那就是弗洛伊德和杜威口里的"成为伟大人物的渴望"或"成为重要人物的欲望"。

林肯在一封信的开头就写道："每个人都希望得到表扬。"威廉·詹姆斯也曾如此说："人类天性中有一点十分关键，就是渴求得到重视。"他并没有用希望或者欲望这些词汇，而是说渴求得到重视。

这是一种近在咫尺的人类饥渴问题。能满足这种内心渴求的人，都可以把他人控制在自己手心中。

人类有被人尊重的欲望，这是人类和动物之间一项关键的区别。我小时候是密苏里州的一个农村孩子，我的父亲饲养了两种动物，第一种是品种优良的猪，第二种是脸部很白的牛。我们通过牲畜展览会展出我们饲养的猪和白脸牛，并且多次拔得头筹。

父亲会用针把蓝缎带的奖章别在白布上，每当有亲朋好友来到我家时，他就捧出这条白布，我和他分别握着一边，让亲戚朋友们欣赏中头奖的蓝缎带。那些家畜们并不在意它们是否获得一等奖，而父亲却十分看重。毕竟，一种"被尊重"的感觉油然而生。

扯远一点，要是我们的祖辈没有如此被尊重的冲动，就不会产生什么文化和文明了，人甚至和动物也没有什么两样了。

渴望得到尊重的这种欲望，激发了一位穷店员的信心。他过去没有接受过良好教育，只好在一家杂货店干活。他在所有塞满杂货的木桶里不停地翻找，只是为了寻找他花5美分购买的几本法律书。他下定决心要去攻读它们。或许你已经听说过这个店员的名字，他叫林肯。

追求他人的尊重的欲望十分强烈，它能逼着狄更斯写出不朽的著作，催促霍伦进行天才的设计，迫使洛克菲勒创造出他几辈子也花不完的财富。能使你穿上最高档的服饰，驾驶最豪华的轿车，谈论你的活泼可爱的孩子的，也就是这种欲望。能使很多青少年失足坠入了犯罪深渊的，也正是这种欲望。

马洛尼曾做过纽约警察总长。他说："在今天，年轻的罪犯都怀着满腔对虚名的盲目渴望，他们被逮捕后的要求就是要看看那些三流报纸。只要能找到自己的头像，他们就觉得自己已经小有名气，在报纸上得到一定的篇幅，仿佛能与爱因斯坦、托思加尼或罗斯福等名人一样。他们根本不去考虑，刑室里的电椅意味着什么。"

洛克菲勒在中国北京捐款建了一家新式医院，帮助了许多他未曾谋面、同时也永远无法见面的中国贫民，以这种方式赢得他的受尊重感。现在，请你告诉我，你是怎样或准备怎样赢得你的被尊重感的？我想说，首先，你要明白自己是个怎样的人。确定你的个性对你而言弥足珍贵。洛克菲勒为我们提供了一个例证。

另外，做匪徒、抢银行、杀人的迪林格，也是在满足他个人的被尊重感。当迪林格被追捕他的警察逼进别人的家里时，他以恶为荣地高声宣布："我是迪林格……我不会杀了你，毕竟我是迪林格！"

洛克菲勒与迪林格最根本的区别，就在于他们获得自己的受尊重感的不同方式。

为了这种受到尊重的渴望，历史上很多名人都曾闹出了很滑稽的事情，比如华盛顿，他巴不得有人赞颂他是美国最伟大的总统；哥伦布甚至请求西班牙王室授予自己"海关大臣"和"印度总督"的头衔；俄国女沙皇叶卡捷琳娜二世也拒绝打开那些没将她尊称为"女皇陛下"的信件；在白宫，林肯夫人曾向格兰特夫人咆哮："我不曾让你坐下来，你怎么敢如此放肆地坐在我的面前！"还有一些资助拜德将军到南极探险的富人，他们向将军提了一个附带条件，必须以他们的名字命名那些冰山；而作家雨果则希望巴黎能被改称为维克多·雨果。

有人故意装病，仅仅是为了获得他人的同情、关注以及赢取受尊重感。譬如麦金利总统被他的妻子逼迫，放下国家大事，时刻待在她的身边抱着她、抚慰她，直到她进入睡梦中。这样一来，好几个小时就被消耗了，麦金利夫人则通过这种方式获得了她的受尊重感。她还坚持，在她治疗牙齿的时候，丈夫必须陪同，以使她痛楚难当的样子得到丈夫的关心。某一天，麦金利总统要办一件急事，不得不把她一个人留在牙医那里，这使她十分恼火。

林哈特夫人有一天告诉我，有个很能干的少妇曾经装病，就是为了赢得受尊重感。林哈特夫人这样讲："终有一天，她必须得面对事实……可能是年龄的原因，她从此不能结婚，就要开始孤独的晚年，而值得她期盼的事又少之又少。"

但是，林哈特夫人又讲道："她躺在床上有 10 年的时间，10 年里她年迈的母亲每天要上下楼梯，捧着杯盘照料她。这位年迈的母亲过度操劳，终于有一天倒地去世，赖在床上的病人沮丧一两个月之后，不得不离开病床，病也从此无影无踪了。"

在专家看来，现实世界所得不到的受尊重感，到梦境中去寻找可能会让人疯狂。美国的一些医院里，精神病患者比患其他病的人数加起来都多。如果你年龄在 15 岁以上，又居住在纽约这地方，你会有 5% 的可能住 7 年以上的精神病院。

是什么导致了精神病呢？

人们无法回答这样的问题。但是我清楚，有多种病能够残害脑细胞，从而引起精神病。事实上，半数以上的精神病患者，可以在这类生理因素上找到病因，比如脑部受损、酗酒、中毒以及其他林林总总的原因带来的伤害。但除此之外还有另一部分人，令人惊讶的是，他们的脑细胞显然并无问题。在他们去世后，利用高性能显微镜观察他们的脑细胞组织，发现那些脑细胞比起常人来并无二致。这些人是怎么得上精神病的呢？

最近，我向一位精神病院的主治医师咨询这个问题，这位医师学识渊博，曾获得过美国医学界的最高荣誉。他回答说："老实说，我也不明白人们是怎样患上精神病的。只是许多精神病人在发病时，能获得受尊重感，那是真实世界中所不能给予的。"

他还给我讲了一个故事：

我诊治过一个病人，她在婚姻上很失败，但非常渴望得到别人的爱，也想要孩子和好名声。现实不能给予她所要求的一切，她得不到丈夫的爱——他拒绝与她在一起进餐，他到楼上房间吃饭还强迫她服侍。在种种刺激下她终于患上了精神病。现在她与她的丈夫离婚了，被人称为小姐。她说自己嫁给了王室成员，非要人家称她"史密斯夫人"不可，而且还想有个孩子。我每次去看她，她都对我说："医生，昨天夜里我得到了一个孩子。"

我不知道这是否算得上一个悲惨的故事。这位医师这样说："或许，我有可能治愈她的病，使她的脑子看起来正常。可有时我不愿意这样做，因为，现在的她似乎才被她真正希望得到的幸福所包围。"

表面上看，似乎精神错乱的人都比我们有更多的快乐。既然他们乐于享受疯癫，怎么又不能继续保持这样的状态呢？他们的问题已被自己解决了，他们可以随手签给你一张 100 万美元的支票，或递给你一封介绍信，引荐你去见某某名人。他们能够在他们所创造的梦境中，得到现实中无法满足的受尊重感，这就对了。

如此渴求受尊重感，以致精神失常。试想，病人要是在还未发疯前就得到真挚的关爱，又会发生什么样奇迹呢！

就我所知，历史上只有两个人年薪超过 100 万美元，他们是克莱斯勒和司华伯。凭什么司华伯能拿到安德鲁·卡内基钢铁公司 100 万美元的年薪，或者说每天拿 3000 多美元呢？因为司华伯是个出类拔萃的天才吗？不。那么，是因为司华伯在造钢上有特殊的长处吗？答案仍是不。

司华伯曾说，在钢铁制造方面，他的很多下属比他精通得多。他之所以能获得如此高的薪水，是因为他能力特殊。我向他请教，他回答道："在人群中，我最大的资本就是，我有激发他们潜藏的热情的能力。我用了赞赏和鼓励的方法，充分调动每一个人身上潜在的才能！"

司华伯又说："上司对员工的工作的否定最有可能摧毁他的意志。我决不批评任何人，我只鼓励他们。我善于积极地给予赞赏，并且宽大处理他们所犯的错误。要说我还有什么喜好，那就是诚挚地给人赞美。"

这是司华伯所实践的人生哲学，也正是他异于常人之处。我们早就习惯了不喜欢一件事，就竭尽全力地吹毛求疵，鸡蛋里挑骨头；反之要是喜欢一件事，则对它所有的缺点都装作不知道。

"与世界各地名流的交往活动中，我了解到，无论是谁，不管他如何伟大、地位如何崇高，只有在赞美声中，而不是在批评打击下，才能够实现更为伟大的目标。"司华伯还说道。

他所指的就是安德鲁·卡内基宣扬的"赞美他人，无需多言"。安德鲁·卡内基并不仅仅是私下里赞美他人，还在公众面前大加称赞。在安德鲁·卡内基的墓碑碑文上，他还赞扬他的同行们。在他临死时，他为自己撰写的碑文是"此处所葬的，是个清楚怎样和强者游戏的人"。

洛克菲勒事业成功的秘诀之一，也是发自内心地赞美别人。举个例来看，他的伙伴佩德福在南美把一宗生意搞糟了，致使公司损失 100 万美元，但洛克菲勒并不加以批评和指责，而是处之泰然。他了解到佩德福已尽力而为，所以，他让这件事到此了结了。然后，洛克菲勒更认真地找些值得表扬的事表扬佩德福："幸运的是，大部分的投资额被你保全了，至少是六成。并不是每一件我们所做的事都一帆风顺。"

成就惊人的齐格非是活跃于百老汇的歌舞剧家。由于他善于发掘优秀人才，他帮助很多人登上舞台，成为明星。齐格非增加歌女的薪水，从每周 30 美元最后加到每月 700 美元。他在福利斯歌舞剧开幕的晚上向剧中明星发出贺电，并为每位表演者准备了一枝玫瑰花，美丽异常。

我曾经连续 6 天滴水不沾，因为那一阵我迷上了流行的绝食活动。说实话，绝食活动并不算困难，第六天反而带给你比第二天还好的感觉，并且没有饥饿感。你知道，如果有人 6 天内不让他的家人或者员工吃饭，那就是犯罪；但是他们却会在 6 天，甚至更长的时间里不给家人或员工期盼已久的赞美。

当年，在维也纳担任主角的艾尔法利特·伦脱曾经说过这样一句话："对我最重要的东西不是其他，而是受尊重。"

我们在孩子、朋友和员工身体所需要的营养上，为他们服务好了，可是，在他们的受尊重感上所需要的营养我们又何其吝啬，我们为了增加他们的体能，给了他们牛排、土豆，可忘记了他们需要赞美。

"这难道不是老掉牙的恭维吗？我都尝试过了，在那些受过教育的知识分子面前，这些毫无用处！"有的读者看到这些话后，可能会嗤之以鼻。如果你的恭维是做作、自私和肤浅的，注定鸡飞蛋打。然而，你该明白，很多人很需要别人发自内心的赞美。

我举个例子，结婚多次的迪文尼兄弟在婚姻问题上如何能游刃有余？为什么这两位纨绔子弟能得到两位美丽的电影明星的芳心？一位娶了著名的歌剧主角，另一位和拥有数百万家产的艾顿走进婚姻的殿堂，他们是怎样做到的呢？在《自由》杂志中，圣约翰说：

多少年来，迪文尼吸引女人的魅力，一直是人们心里的一个谜。当然，妮格雷也是一位艺术家，她也会鉴别男人。她告诉我说："他们懂得赞美的艺术，他们做得比我见过的其他人都漂亮。过去赞美是一种艺术，而现在却几乎是一件被人们丢在脑后的东西，或许迪文尼对女人的魅力，就在于此。"

赞美区别于献媚的地方是——赞美是真挚的、无私的、发自内心的，为人们内心所喜欢的；而献媚一眼就可以识别出来，它是虚伪而自私的，只来自嘴巴，令人感到羞耻，人们理应唾弃它。

最近，我来到墨西哥参观了吉伯尔铁皮克宫，瞻仰了阿伯利根将军的半身像，半身像的底部镌刻着他的名言：提防那些向你献媚的朋友，而不要害

怕攻击你的人。

我并不是在教人如何谄媚、恭维，那与我要表达的意思完全相反。我是在阐述一种生活的艺术，一种古老的艺术。英国女王曾把六条格言贴在白金汉宫她书房的墙上。其中有一条如下——"绝不欢迎卑贱的赞美"。这里的"卑贱的赞美"，就是指献媚。献媚是庸俗的表现，献媚者不会从中成为最大的受益者。

爱默生这样说："无论献媚者使用何种语言，所要说的总是无法脱离自己的根本目的。"要是我们不把注意力放在自己身上，而是关注别人的优点，我们在把赞美别的话说出口时，不会感觉低人一等。

爱默生还说过："在我认识的人中，一定有值得我学习的老师，他们优于我的地方我应该借鉴。"他的见解是十分合理的，值得我们仔细体会，亲身学习。

施与受

每年夏天，我通常会去缅因州去钓鱼。我十分喜欢吃草莓和奶制品，但令我奇怪的是，鱼喜欢吃小虫。只要我去钓鱼，我首先不会想到自己需要什么，而是考虑水里的鱼喜爱什么。因此，我钓鱼时的诱饵不用草莓或是奶制品做成，而是利用一些小虫或者蚱蜢。

为什么当你和别人交往的时候，不先搞明白这种常识呢？

英国首相劳合·乔治与人交往就是采用这种方式。有人问他："为什么那些一战时的领袖人物如奥兰多、威尔逊、克里蒙梭等等早被公众遗忘，而你仍然大权在握？"他回答道："那些力图出人头地的人，应该首先懂得：要想钓上鱼，就要问问鱼儿的食谱。"

人与人之间有明显的差异。在个人的性格和追求上更是这样。但许多人在和他人交往的时候只强调自己的需要而漠视他人，这就导致他们在跟人打交道的过程中处处碰壁。以此类推，发现别人的需要，也是影响他人的关键。举例说，如果你不想让你的儿子抽烟，不要训斥他，或讲大而无当的道理。有效帮他戒除恶习的方法是让他明白，抽烟会使他没有能力加入篮球队或获得百米竞赛的好名次。

谈到这个问题，有时爱默生也显得无可奈何。有一天，爱默生和他的儿子试图赶一头小牛进牛棚。但他们和普通人一样犯了错误——只想实现自己的目标。爱默生和儿子对牛又推又拉，可那头小牛还是丝毫不动。于是，爱默生不得不向家里的女佣求助，让爱默生惊奇的是，那位女佣毫不费力地就将小牛引进了牛棚里。

那位女佣没有能力著书立说，但至少在这一次，比起爱默生，她拥有更丰富的关于牛马的知识。那头小牛所要的被她想到了，因此，她将拇指放入小牛的嘴里，让小牛吮着手指，轻而易举地把它引入牛棚。

具有启发性的《影响人类的行为》一书的作者奥佛瑞教授指出："行动来源于我们基本上的渴望……不论是在商界、学界、家庭中、政治上，我所能给予他人的最好的劝告是：首先激起别人的急切欲望，这样就架设好了生活中的全部桥梁。"

出身贫寒的安德鲁·卡内基开始工作时，工资仅每小时2美分。可是后来，他捐赠了3.65亿美元给贫困地区。他很早就学会了影响别人，虽然他只在学校里读过4年书，但是，他懂得了怎样对待别人。

俄亥俄州克利夫兰市的史坦·诺瓦克是成人教育班的一位同学，他也向我们提供了一个极其典型的例子：

一天夜里我下班到家，看到小儿子吉米赖在客厅地板上又哭又闹。明天吉米就要开始上幼儿园，但是他却不愿意去。要是以往，我就会将吉米赶到房间里去，告诉他没有什么好选择的，他最好还是去幼儿园。但在那天晚上，我意识到，这样做会让吉米带着不好的情绪去上幼儿园。我坐下来思考：要是我是吉米，我怎么才会愉快地去？我和妻子罗列了吉米在幼儿园所有喜欢做的事情，比如用手指画画、歌唱，还有和新朋友玩耍。这之后，我们就开始行动。我的妻子莉莉带着另一个儿子鲍布，开始在厨房里的桌子上面用手指画画，并且真正享受其中的乐趣。没过多久，吉米就在墙角躲着偷看，之后他就想要加入。"不行，你应该先进幼儿园去学习如何画手指画。"我以他能够听懂的话，以极大的热忱，告诉他一切他会在幼儿园里享受到的乐趣，把我和他母亲在表上列出的事项向他分析。第二天一早，我以为自己是全家最早起床的人。可当我来到楼下时，却看到吉米正在客厅的椅子上睡着。"你怎么在这里睡觉呢？"我问他。他说："我不想迟到，我等着去幼儿园。"我知道，昨晚的表演很奏效，已经在吉米心里催生了他自己的热情，而这远远不是热烈的讨论、威胁或恐吓所能达到的效果。

前不久，我从纽约某家饭店经理手里租用了一个大舞厅，每个季度有20个晚上在舞厅里举办一组讲座。有一个季度刚开始时，我忽然接到通知，说我必须付出几乎是以前4倍的租金。得到这个通知时，我都已经把入场券印好发出去了，而且已经贴出了通告。这笔钱我当然不想付，可是告诉饭店的人我不愿意付这笔增加的租金有什么意义呢？他们只对他们的租金感兴趣。

过了几天，我去见饭店的经理。

"收到你的信，我有点吃惊，"我说，"不过，我根本不怪你。要是我处在你的位置上，可能也会发出类似的信件。作为饭店的经理，你要尽可能地增加收入。要是你不这样做，你真的会被辞退走人。现在，要是你坚持要增加租金，让我们拿出一张纸来，列出这其中的利弊。"

说着，我取出一张信纸，在中间画了一条线，左边写着"利"，右边写着"弊"。"舞厅空下来。"我在"利"这边的下面写下这几个字。接着我说："你将舞厅租给别人举办舞会或开大会会更有利益，比把它租给我们用作课堂，像这类的活动将会给你增加不少收入。如果一个季度里有20个晚上我都占用你的舞厅用来讲课，你当然会有一笔不可小视的损失。"

"我们现在来考虑坏的方面。如果舞厅空下来，首先，你不但无法从我手里增加你的收入，反而会使你的收入减少。事实上，你会一点收入也得不到，因为你所要求的租金我无法支付。我只好到别处去开这些课。"

"还有另一个坏处，不少受过教育、素质高的人士被这些课程吸引到你的饭店来，这将很好地宣传你的舞厅，不是吗？如果你在报上登广告，花费5000美元也无法像我的这些课程，能组织这么多的人来参观你的舞厅。对一家饭店来说，这价值巨大，对吧？"

一面说着，我一面在"弊"的下面写上这两项坏处，接着把纸递给饭店的经理，说："希望你认真考虑你将会得到的利弊，然后将你的最后选择告诉我。"

第二天，经理发了一封信送到我手里，告知我租金只升到150%，而非400%。请听好，我没有说出一句我所需要的，就得到这个好处。我一直都只是在谈论对方所能得到的，以及他如何能得到这些。

想象一下，如果我像一般人所做的那样，怒气冲冲地跑到他的办公室去，指责他说："你这是要干什么，明明知道我已经印好入场券，已经发出通知，还要增加我3倍的租金？增加3倍，痴人说梦，荒谬！不行！"

这样情形会如何呢？会有一场争论急风暴雨地展开——而你知道争论之后会有什么结果。即使他明白他错了，他的自尊心也会逼得他很难作出妥协和让步。

在为人处世上，亨利·福特说过一句至理名言："要是成功有所谓秘诀的话，那就是熟悉对方的立场。"这句话说得太好了。

几年前，我来到费城一位著名鼻喉科专家开设的诊所。在给我检查扁桃腺之前，他询问我从事何种职业。他对我的扁桃腺大小毫不关心，关心的是我钱包的大小；他所感兴趣的，是能从我这儿赚到多少钱，并不是他该怎样治疗我。结果呢，他什么也无法得到。我离开他的诊所，蔑视他失去了人格。

欧文梅指出："一个人如果能站在别人的立场来看事情，清楚他人的心灵活动，任何时候都不必担心自己的前途。"我从这句话学到的是：以别人的思考和观点来看待事物——要是你从这本书里学到了这点，你的事业发展不会太费力。

了解别人的内心，并使他对某种东西有了热切渴望，并不是说要控制这个人，驱使他做对你有利而不利于他自己的事情，而是人人都应该在这种活动中有所获益。这就是人们常提到的互惠双赢！

麦克·魏登曾是壳牌石油公司的地区推销员。他希望自己在地区推销员中获得第一的业绩，但是有一处加油站始终不愿与他合作。担任这处加油站经理的是一位老人。这位老人从不保持加油站的清洁，麦克想尽各种办法也无济于事，汽油销售量因此无法提升。多次劝导和诚恳的交谈无效后，麦克最终决定邀请这位经理去参观他管辖的地区内新开的一处壳牌加油站。

新加油站的设施给这位经理留下了深刻印象，而当下一次麦克去他的加油站的时候，他已经把它收拾得干干净净。当然销售量立竿见影。麦克达到了目标，成为了区域内业绩第一的推销员。他之前的谈话和讨论都无法收到效果，但是他邀请经理去参观新加油站这一举措引起了那位经理心中热切的渴望，他达到了自己的目的。他们都是事件的受益者。

我的成人教育班上有一名学生，很为他的小儿子担心。那个孩子拒绝好好吃饭，导致体重过轻。这名学生使用了一般人的办法：斥责、唠叨。

父母的这些请求孩子会清楚吗？回答是否定的！任何有生活经验的人都不会要求一个 3 岁的儿子对 30 岁的父亲的观点作出什么反应。但那名父亲却希望看到这一点，这样就在解决问题时犯了方法上的错误。最后，孩子的父亲有所察觉，故而他反思道："什么是这个孩子想要的？我如何才能将我的需求变成他的需求呢？"当想到这点时，这位父亲希望得到解决的问题，已经成功了一半。就像威廉·温特尔所说："自我表现是人类本性中最关键的因素。"

世界传世藏书

【图文珍藏版】

卡耐基励志经典

[美]卡耐基·著

刘凯·整理

第二册

线装书局

掌握效率最高的沟通手法

我来到纽约的一家邮局，准备向费城寄一封挂号信。排队时，我发现邮局的服务员心烦气躁地进行工作：他们递邮票、找零钱、开收据。所有工作都非常单调，长时间沉浸在这样的工作氛围中，会把人的情绪搞得很差。

我需要讲一些趣事儿帮助邮局的服务员高兴起来，这些事最好是和他相关的。或许赞美他能够让他高兴。不过他有什么值得赞美的优点呢？这把我难住了，特别对方现在是个未曾打过交道的人。

过了不久，在他为我服务时，我由衷地说："你的头发真是漂亮，真让人羡慕！"

他抬起头来神情惊讶，但一会儿笑容浮现，非常客气地说："不比从前了！"我从这位服务员的笑脸中，学到了一个道理：你希望得到他人怎样的对待，你就该怎样去对待他人。

人们无一例外都希望与他接触过的人会由衷地欣赏他。要在他人的身上寻找到自我价值，必须先承认他人的价值。让我们共同遵守这则人际交往中的铁律：欲取先予。

例如，我们点了一份法式煎土豆，但服务生端上来的却是煮的土豆，我们这时不妨说："啊，对不起，要麻烦您了，我点了这里的法式煎土豆。"她就会回答："没关系，这是我的职责。"她会很快将你想要的东西给你，理由很简单，因为她得到了你的尊重。

礼貌用语，如"麻烦您"、"谢谢"等看上去简短的话，能够避免人与人之间大部分无谓的纠纷，同时，还让一个人的高贵人格很自然地表现出来。

出生于铁匠家庭的著名小说家柯恩，一生受过的教育一共不超过 8 年，但在告别人世时，他几乎成了最富有的作家。

原来，由于柯恩喜欢诗歌，就一直学习罗赛迪的诗，还就此写了一篇论文，热烈赞美罗赛迪在诗歌上的成就，并把它给罗赛迪寄去。罗赛迪看了很高兴，他说："这个年轻人在我的作品上有这样不错的见解，他肯定很聪明。"

不久，这个铁匠的儿子就被罗赛迪请到伦敦，并请他担任自己的私人秘书。此后，柯恩有更多的机会能够认识许多英国当代的大文豪，得到他们的悉心指导，他不久就声名大振，写作生涯也顺利展开。

柯恩是格利巴堡人，现在那儿已经成为一个旅游胜地。要不是那篇赞美诗人罗赛迪的论文，他的一生可能只能在穷困潦倒中度过，而如今，他的遗产总额高达 250 万英镑。

罗赛迪当然觉得自己很重要，这丝毫也不奇怪，几乎每个人都这样，都觉得自己举足轻重。莎士比亚曾说："人啊，骄傲的人，仅凭一点微弱的自信，便在上帝面前显示，天使也会因你而惭愧。"

我的讲习班里曾经有 3 位学员，他们利用了这种交际原则，效果好得出乎意料。

康州来的律师罗伯特先生到讲习班还不久。有一天，他和妻子开着车去长岛拜访亲戚，妻子安排他陪着姑妈聊天。罗伯特想在生活中运用在学习班学到的东西，让将来写论文方便一些。

"这栋房子是建造于 1890 年的吧？"他问姑妈。

"是，"姑妈回答他，"就是那一年。"

"这让我回忆起我出生的那栋房子，"他继续说，"它十分漂亮，工程质量也非常优良。但现在人们似乎不再看重这些了。"

"是啊，"姑妈点着头感慨，"如今的年轻人无所谓住房的美观，他们要的只是一栋小公寓、一台冰箱，外加一辆汽车，仅此而已。"

沉浸在一片怀旧的记忆中，姑妈轻柔地说："老实说这是一栋非常理想的房子，这房子还颇有些渊源呢。我和丈夫为此梦想了很多很多年，后来我们没有请建筑设计师，完全按照自己的想法营造它。"

姑妈领着罗伯特观看了各个房间，还欣赏了她和她的丈夫的收藏品。对她毕生所收藏的各种奇珍异宝——法国的床、英国的茶具、意大利的名画，罗伯特都给予了诚挚的赞美。

游览完房间后姑妈又带他去参观车库，一辆似乎全新的派凯特牌汽车在那里停放着。

"这是他离世前不久我们买的，他死后我就再也没有把它开出过车库。我要把它送给你，罗伯特，因为你是懂得欣赏的人！"姑妈说。

罗伯特感到异常惊讶，他婉转地谢绝了姑妈："姑妈，您的好意我心领了，但是这么贵重的礼物我无法接受，其实我自己已经有一辆新车了，您还有很多别的亲戚，我相信他们会需要它的。"

"亲戚！"姑妈大声说，"对，数不清的亲戚，他们盼着我早点死，然后就能够得到车了，但是没门。"

"姑妈，要是您不想送人，卖掉它也行啊。"罗伯特又说。

"卖了它！"姑妈又叫了起来，"我是卖掉它的那种人吗？我能眼睁睁看着陌生人在街上驾着它糟蹋？不卖！这是我丈夫给我的礼物。但我愿意给你，因为你了解它！你也会爱惜它的，对吧？"

我们尝试分析过这位姑妈的心理。她孤身一人住在大的房子里，屋子里那些精致、贵重的陈设是往昔繁华的明证。她曾经那样迷人，无数年轻人为她倾倒。她从欧洲各地搜罗奇珍异品，并建造了这栋"爱巢"以供陈设。

现在这位女士老了，孤苦伶仃，她多渴望拥有人间的温暖，可是哪怕是一丝真诚的赞美都没人能给她。当她得到真诚的赞美的时候，那就仿佛沙漠中见到泉水，使她激动，进而坚持要赠给这个给她带来温暖的人这辆派凯特牌汽车。

园艺设计家迈克乌霍有过这样的亲身经历：

在我学习了"如何交友和影响别人"的演讲后，很快就开始帮助一位著名司法官设计园景。我们研究了园景的设计之后，我对那位司法官说："你那几条狗太可爱了，法官先生，我听说，你在很多次赛狗会中赢得过蓝丝带优等奖状。"法官说："确实，我十分喜欢狗，你是否有兴趣看看我的狗屋？"

我随他去看他的狗和他拥有的那些奖状。他搬出狗的家谱，为我讲解每条狗的血统来源，这些狗都十分可爱。

美好的人生

最后，他问我是否有孩子，我点点头："有，而且是男孩。"

他之后又问："你的小男孩是否喜欢小狗？"

"嗯，对，"我说，"我想应该是吧。"

"太好了，让我送他一条。"司法官点头说。

他教给我该如何喂养一条狗，片刻之后，他又说："我这样说，你也许很快就忘了，让我替你记下来。"那位司法官进到屋里，在打字机上打出一张纸，把怎样喂养他送我的那条小狗的知识，介绍得既详细又清楚。于是，他送给我一只价格昂贵的小狗，还搭上了一个多钟头的宝贵时间。我认为，那是我对他的兴趣和所赢得的成就表示欣赏所获得的。

最后，我们来看艾达森的亲身经历：

柯达公司的总裁伊斯曼，是一位富翁，他使活动电影的摄制取得了真正意义上的成功，因为他发明了透明胶片。

许多年前，伊斯曼想在洛贾德修建伊斯曼音乐学校和凯本剧场，以此纪念他离开人世的母亲。艾达森是纽约俊美座椅公司经理，了解到这一信息后，想揽下该剧场里的部分工程，就给建筑师打电话，约好一起去见伊斯曼。

刚到那里，建筑师就对艾达森说："我清楚，你想获得座椅的订货合同，但是，我告诉你，伊斯曼工作紧张，为人很严肃。假如你耽搁了他 5 分钟以上的时间，就不要再想做成这笔生意了。对了，他的脾气也很难伺候，因此，你要明白而快捷地向他表明来意，接着迅速离开他的办公室。"

伊斯曼

艾达森被带到一间办公室，这时伊斯曼正埋头处理办公桌上的一堆文件。见有人进来，伊斯曼抬起头摘下眼镜，问他们说："早啊，两位有什么事？"

在建筑师作过引见后，艾达森说："我很羡慕你的办公室，伊斯曼先生。

要是我拥有像你这样的办公室，我肯定也很乐于在这里面工作。虽然我是从事室内木工行当的，但从来还没有见过如此漂亮的办公室。"

"嗯，谢谢你！我都几乎忘了它，这间办公室确实很漂亮！它刚布置停当时，我确实很喜欢。但我好久没有意识到它了，倒是你提醒了我。"伊斯曼回答说。

艾达森走到一侧，用手轻敲办公室的壁板，说："啊，这难道是英国橡木？和意大利橡木的品质略有差异。"

"对，是英国进口橡木，我的一位专门研究细木的朋友帮我精心挑选的。"伊斯曼又告诉他。

接下来，伊斯曼带着他，参观如木门、上色和雕刻等自己的室内设计。站在一扇窗前，伊斯曼提出，他要捐一些钱给洛贾德大学和公立医院，尽一些对社会的义务。艾达森说这是一大善举。伊斯曼打开玻璃橱窗的小锁，取出他买的摄影机来，这是他的第一架摄影机，是从一个英国人手里买的。

艾达森询问，他当初是怎样开始商业上的努力和奋斗的。伊斯曼讲述了自己小时候的故事，感慨良多。他父亲早逝，母亲依靠出租房屋操持家业。他自己则在一家保险公司工作，每天收入只有 5 美分。饥寒交迫中，他发誓要刻苦向上，一定要出人头地。

艾达森又找到其他一些话题，伊斯曼说，自己则在一旁听。伊斯曼说起一段往事："那时，我整天泡在实验室里做实验，一待有时就是几个昼夜……"

那位建筑师在艾达森进伊斯曼办公室前告诫他最多只可以待 5 分钟，不过一个小时、两个小时都过去了，他们还在继续谈论，非常融洽。

"我上次去日本的时候买回几张椅子，我将它们丢在阳台上，上面的漆因为阳光曝晒都掉了，我又自己漆了一遍。你是否有兴趣看看我自己漆的那张椅子？你到我家来，我让你看看，我们还可以一起吃个午饭。"伊斯曼最后说。

用完餐，伊斯曼将漆好的椅子交给艾达森，他认为那些椅子每把至多值 2 美元，而富甲全美的伊斯曼却认为很好，毕竟那是他自己亲手所漆。两个人就这样迅速从陌生人到说话很投机，像是久别生逢的老友！

于是，轻轻松松，艾达森拿到了 9 万美元的订单。

第二章　赢得别人的赞同

你赢不了争论

在第一次世界大战结束不久后的一个晚上，我在伦敦得到了一个极有价值的教训。当时，我担任罗斯·史密斯爵士的经纪人。在战争时期，史密斯爵士曾是澳大利亚飞行员，被派往巴勒斯坦。宣布和平之后不久，他因为在30天之内飞行了半个世界而轰动了全世界。在此之前，还从来没有过如此壮举，所以这件事轰动一时。澳大利亚政府奖励他5万美元，英国国王封他为爵士，于是一时间他成了全英国最受关注的人。有一天晚上，我参加了欢迎罗斯·史密斯爵士的宴会。席间，一位坐在我旁边的先生讲了一个幽默的故事，这故事正好应验了一句格言："谋事在人，成事在天。"

这位讲故事的先生提到这句话出自《圣经》。他错了，我敢肯定。于是，为了显示我的自重感和优越感，我讨人嫌地想纠正他。而他坚持他的说法：什么？出自莎士比亚？不可能！绝对不可能！那句话确实出自《圣经》。他非常自信。

这位讲故事的先生坐在我右边，而我的一位老朋友弗兰克·加蒙坐在我左边。加蒙先生潜心研究莎士比亚的著作已有多年，所以这位讲故事的先生和我同意请加蒙先生做裁判。加蒙先生静静地听着，用脚在桌下踢我，然后说道："戴尔，你错了。这位先生是对的。那句话确实出自《圣经》。"

那天晚上回家的时候，我对加蒙先生说："弗兰克，你知道那句话出自莎士比亚。"

"是的，当然，"他回答说，"《哈姆雷特》第五幕的第二场。但是亲爱的戴尔，我们只不过是参加一次盛会的客人。为什么非要证明一个人是错的呢？那样做难道就能使他喜欢你吗？为什么不给他留点面子呢？他并没有征求你的意见，而且也不需要你的意见。你为什么要和他争辩呢？应该永远避免争辩。"

说这句话的先生给我的教训难以磨灭。我不仅让讲故事的人不舒服，而且让我的朋友处境尴尬。如果我不争辩，那该多好呀！

这个教训对我来说极其重要，因为我向来是一个非常固执的辩论者。在我青年时期，我曾和我哥哥就天下所有的事争论过。上了大学以后，我又研究了逻辑学和辩论术，并参加了许多辩论赛。后来我又在纽约教授辩论课；不好意思的是，我还打算写一本辩论方面的书。从那时起，我曾听过、参加过好几千场辩论赛，并注意到了它们的影响。通过这些活动，我得出一个结论：天底下只有一种赢得争论的方法——那就是避免争论。就像避免毒蛇和地震一样避免它。

十之八九，争论的结果只会使双方都比以前更加坚信自己是绝对正确的。

你赢不了争论。要是输了，你也就输了；但即使你赢了，你还是失败的。为什么？如果你胜了对方，把他驳得体无完肤，证明他毫无是处，那又能怎样？你也许会觉得很好。但是他呢？你只会让他觉得受到了羞辱。既然你伤了他的自尊心，他自然会怨恨你的胜利。而且——

一个人即使口头认输，

但心里根本不服。

多年以前，帕特里克·哈里参加了我的辅导班。他受过的教育很少，但却非常喜欢争论！他当过汽车司机，后来又尝试推销卡车，但是并不怎么成功，便到我这里来求助。我稍微问了他几句，就可以看出他总是同他的顾客争论，并冒犯他们。假如有某位买主对他推销的卡车有所挑剔，他就会怒火难捺地和对方争论，直到对方哑口无言。那时他的确赢过不少次争论。正如他后来对我说的："每当我走出人家的办公室时，总会对自己说：'我总算把那家伙教训了一顿。'我的确教训了他，可是我什么也没有卖出去。"

　　我的第一个难题不是教哈里如何与人交谈，我立即要做的是训练他如何克制自己不要讲话，避免与人争执。

　　现在，哈里先生已经是纽约怀特汽车公司的一位明星推销员。他是怎么成功的呢？下面是他自己的叙述："假如我现在走进一个顾客的办公室，而他却说：'什么？怀特卡车？它们可不怎么样！你白白送给我，我都不要。我只买某某牌的卡车。'我说：'那种卡车的确很不错，你买那种卡车绝对错不了。那家公司的卡车质量可靠，而且推销员也很优秀。'

　　"于是他就无话可说了。他没有争辩的余地了。如果他说某某牌卡车最好，我说确实不错，他就只好住嘴了。既然我同意他的看法，他当然不能整个下午不停地说'某某牌卡车最好'了。于是，我们不再谈某某牌卡车，我开始向他介绍怀特卡车的优点。

　　"我若是在当年听到他刚开始说的话，一定会大发脾气。我会立即和他吵起来，挑剔某某牌卡车。而我越是挑剔，我的顾客则会越卖力地辩护；他越辩护，就越喜欢我的竞争对手的产品。

　　"现在回想起来，我真的不知道我一辈子究竟能卖出多少东西。我把自己一生中的许多时间都耗费在争论上了。现在我缄口克己，很是有效。"

　　正如睿智的本杰明·富兰克林常说的：

　　"如果你争强好胜，喜欢争论，以反驳他人为乐趣，或许能赢得一时的胜利；但这种胜利毫无意义，因为你永远得不到对方的好感。"

　　所以，你自己应该考虑好：你是要一个毫无实质意义的、理论上的胜利？还是得到一个人的好感？你不能两者兼得。

　　有一次，波士顿《临摹》杂志刊登了一首很有意义的顺口溜：

　　威廉·杰的尸体躺在这里，

　　他死去之时还认为他是正确的——

　　他是正确的，绝对正确的，当他匆匆而去时，

　　但就像他的错误一样，他已经死了。

　　在你与人争论的时候，你或许是对的，甚至绝对正确，但你若想改变对方的想法，你可能会一无所得，正如你错了一样。

巴森是一位所得税顾问，他因为一项 9000 美元的账目发生了问题，而与一位政府税收稽查员争论了一个小时。巴森先生认为这 9000 美元实际上是一笔呆账，永远不会收上来，所以不应该征税。"呆账？胡说！"那位稽查员反驳说，"这税非征不可。"

"这位稽查员非常冷漠、傲慢，而且固执，"巴森先生在我班上讲述经过时说，"我和他摆事实讲道理，都没有用……我们越是争论，他越是固执。于是，我决定不再和他争论，而是改变话题，给予他赞赏。

"我说：'与你所要处理的其他重要而困难的事相比，这件事简直微不足道。我也曾研究过税务问题，但我只是从书本上获得知识，而你的经验和知识全都来自实践。有时我真希望能有你这样的工作。它可以让我学到许多东西。'我说得非常认真。

"'啊！'那位稽查员在椅子上伸了伸腰，向椅背上一靠，兴奋地讲起他的工作来。他告诉我他发现过许多在税务上巧妙舞弊的鬼花招。他的口气逐渐变得友善起来；接着他又谈起他的孩子来。临走时，他告诉我说，他会再考虑我的问题，并在几天之内给我决定。

"三天之后，他来我的办公室，说他决定不征收那笔税了。"

这位税务稽查员正表现出了一种人类最常见的弱点。他需要一种自重感；巴森先生越是和他辩论，他就越强调他的权威，以获得自重感。一旦巴森承认了他的权威，争论便立即偃旗息鼓。自重感得到了满足，他也就变成了一个富有同情心的、和善的人。

佛祖说："恨不止恨，唯爱能止。"误会永远不能靠争论来消除，只有靠技巧、调解、宽容以及用同情的眼光来看待对方的观点。

有一次，林肯责罚一位与同事发生了激烈争执的青年军官。"凡是决心想要成功的人，"林肯说，"绝不能在私人成见上浪费时间。争论的结果是他无法承受的，包括脾气变坏、丧失自制。如果你们各自都有正确的一面，你不妨多让步些；即使是你完全正确，也不妨做些让步，哪怕少让一点。与其同狗争道而被狗咬，还不如让狗先走。因为即使将狗杀死，也治不好伤口。"

在一篇《点点滴滴》的文章中提出了一些如何使不同意见避免争论的

美好的人生

建议：

1. 欢迎不同的意见。应该记住这句话："当两个合作者总是意见一致时，其中一人就不再需要了。"如果有些问题你没有想到，而有人向你提出来了，你就应该表示感谢。也许这种不同的意见是使你避免犯大错的最好机会。

2. 不要相信你的直觉。当有人提出不同意见时，我们的第一反应，也是自然反应，就是自卫。但是一定要小心。要保持平常之心，并且警惕你的直觉反应。因为这种直觉可能是你最致命的错误，而不是最好的决策。

3. 自我克制。记住，你可以根据一个人在什么情况下会发脾气来推测这个人的气量和成就有多大。

4. 倾听。让你的反对者有机会说话。让他把话说完，不要抵制、不要自卫或争论，否则只会加深矛盾。努力建立沟通的桥梁，而不是再加深误解。

5. 寻找共同之处。当你听完了反对者的意见之后，应该先想想哪些意见是你可以赞同的。

6. 待人以诚。承认错误，坦诚地说出来。就你的错误向人道歉，这样有助于解除反对者的武装，减少他们的防卫。

7. 认真考虑反对者的意见。要发自内心。你的反对者可能是对的，这时认真考虑他们的意见无疑是明智之举。如果等到对方这样说："我早就告诉你这件事了，可你就是听不进去！"那时你可就无地自容了。

8. 感谢反对者的关心。任何人只要愿意花时间来表达他的不同意见，就一定是和你一样关心同一件事情的。如果你把他们这种不同意见当成是对你的帮助，那你也许会将反对者变成你的朋友。

9. 三思而后行。建议你在当天稍晚些时间，或次日再开会讨论，把问题考虑清楚。在准备下次开会的时候，要问自己下面这些问题：

"反对者的意见是不是对的？部分是对的？他们的立场和论点是否站得住？我的反应是在解决问题，还是因为自尊而不愿接受对方的意见？我的反应是使反对者亲近我，还是让他们更加远离我？我的反应是不是能够提高别人对我的评价？我将成功还是失败？如果我能成功，代价是什么？如果我不说话，反对者的意见就会消失吗？这是不是我的一个新机会？”

男高音歌唱家杰恩·皮尔斯结婚近50年了，他有一次说：“我夫人和我在很早以前就订了一条协议，不论我们如何不满对方，我们都必须遵守这条协议：当一个人大吼大叫的时候，另一个人应该安静地听着——因为当两个人都大吼大叫时，就毫无沟通可言了，有的只是噪声和震动。”

第一项规则：赢得争论的唯一方法是避免争论。

千万不要指责别人的错误

当西奥多·罗斯福入主白宫时，他承认，如果能有75%的时候不出错，就达到了他的最高期望标准。

如果这是这位20世纪最杰出的人物希望达到的最高标准，那何况你我呢？

如果你能确信你有55%的正确率，你大可以去华尔街，一天赚100万美元。如果你没有这样的把握，你又凭什么说别人错了？

你可以用眼神、声调或手势指责别人说他们错了，就像用话一样说他们错了，你以为他们会同意你吗？绝对不会！因为你直接打击了他们的智慧、判断力、自豪和自尊。这只会使他们起来反击，但永远不会使他们

罗斯福

改变他们的看法。即使你搬用所有柏拉图或康德式的逻辑与他们辩论，也改变不了他们的看法，因为你伤了他们的感情。

永远不要这样说：“我要给你证明……”那就糟了。因为那等于在说：“我比你聪明。我要告诉你怎样怎样，使你改变看法。”那是一种挑战。它只会引起反抗，甚至使对方在你还没说话之前就和你争论起来。

即使是在最温和的情况下，也不容易改变别人的主意，那为什么要将事情弄得更糟呢？为什么要自找麻烦呢？

美好的人生

如果你想要证明什么事，大可不必声张宣扬，而要讲究策略方法，不要让任何人看出来，使其在不知不觉中接受你的观点。

"教导他人时，不能使其发现是在受教导；指出人所不知的事，使其觉得那只是他一时忘记的事。"

300 多年前，伽利略说：

"你不可能教会一个人任何事情；你只能帮助他自己学会处理这种事情。"正如查斯特菲尔德勋爵对他儿子所说的：

"如果可能，应该比别人聪明；但绝不能对人说你比他聪明。"

苏格拉底在雅典一再告诫他的门徒说：

"我只知道一件事，那就是我什么也不知道。"

我可不敢奢望比苏格拉底更高明，所以我也尽量避免告诉别人说他们错了。我发现这么做很有用。

如果一个人说了一句你认为错了的话——是的，即使你肯定它是错的——但这样说也许更好："噢，是的！不过我还有另一种想法，但我也许不对。我总是这样。如果我错了，还请你指正。让我们来看看问题所在。"

用这类话，如"我也许不对"、"我常常会出错"、"让我们来看看问题所在"，会收到神奇的功效。无论在什么地方，永远不会有人反对你说"我也许不对，让我们来看看问题所在"。

我班上有一位名叫哈罗德·伦克的学员，他是道奇汽车公司在蒙大拿州比林斯县的代理商。他曾采用了这种方法与顾客打交道。他说，在汽车销售行业压力非常大，因此他以往在处理顾客的抱怨时，常常以自我为中心，导致发生冲突，生意锐减，同时还会出现其他不愉快的事情。

他在班上这样说："当我认识到这样做对我并没有什么好处时，我开始尝试新的方法。我这样对顾客说：'我们确实犯了许多错误，真是万分抱歉。关于你的问题，我们也可能有错误，请你告诉我。'

"这办法在消除顾客的对立情绪方面很有效。顾客平静下来之后，往往会很讲道理，问题也就容易解决了；甚至还有许多顾客感谢我，因为他们获得了自重感。其中还有两个人带他们的朋友来买新车。在这竞争激烈的商场上，我们需要更多这样的顾客。我认为尊重顾客的所有意见，并且采取灵活礼貌的方式来处理，就会帮助你打败对手。"

承认或许是你错了，那么你永远不会惹来麻烦。这样做不仅可以避免所有争论，而且还能使对方和你一样宽宏大度，承认他也难免会犯错。

如果你确实肯定某人错了，并直接告诉他，会怎样呢？我可以举一个例子。

某先生是纽约一位青年律师，有一次参加由美国最高法院审理的一个重要案件的辩论。这个案件涉及一大笔金钱与一项重要的法律问题。在辩论中，最高法院的一位法官对他说："《海事法》的追诉期限是 6 年，是不是？"

某先生顿了顿，注视该法官许久，然后直率地说："审判长，《海事法》中没有关于追诉期的条文。"

"法庭立即寂静下来。"某先生在我的班上叙述他的经历时说，"法庭中的温度好似降到了零度。我是对的，这位法官是错的，而我也告诉了他。但那能够使他变得友善吗？不。尽管我相信法律可以作为我的后盾，而且我也很清楚当时我的发言比以往任何时候都更精彩，可是我并没有说服他。我犯了个大错，当众指出一位学识渊博的、极有声望的人错了。"

很少有人会进行逻辑思考。我们大多数人都是主观而偏见的。多数人都会因为成见、嫉妒、猜疑、恐惧以及傲慢等而遭遇挫折。许多人都不会改变他们的信仰、发型或喜爱的电影明星。所以，如果你习惯于指出别人的错误，就请你在每天早餐前，坐下来读读下面这段文字。它摘自詹姆斯·哈维·鲁滨逊教授那本富有启迪意义的《决策的过程》一书。

"有时候我们会毫无抵触或反感地改变自己的思想，但是如果有人指出我们的错误，我们反而会固执己见，并迁怒于对方。我们不会特别在意自己的某些愿望，但如果有人指正我们这些愿望，我们反而会极力维护它。很明显，这并不是因为那些观念本身非常宝贵，而是我们的自尊心受到了伤害……在为人处世时，'我的'是最重要的词。妥善地用好这个词，才是智慧之源。无论是'我的'饭，'我的'狗，'我的'屋子，'我的'父亲，'我</p>

卡耐基励志经典

美好的人生

的'国家，还是'我的'上帝，都有着同样的力量。我们不但不喜欢别人说我们的手表不准，或我们的汽车太破旧，也不喜欢别人纠正我们对于火星上水道的知识，对于 Epictetus 的读音，对于水杨素药效的认识，或对于萨尔贡大帝生卒年月的错误。我们总是愿意相信以往所习惯的东西，而当我们所相信的任何事物受到怀疑时，我们就会反感，并寻找各种理由来辩护。结果呢，我们所谓的理智就变成了维系我们所惯于相信的事物的借口。"

著名心理学家卡尔·罗吉斯在他的《怎样做人》一书中说：

"当我尝试了解别人的时候，我发现这实在是太有意义了。你对我这样说也许会觉得奇怪。我们真的有必要这样做吗？我以为这是绝对必要的。我们听别人说话的时候，第一反应一般是进行判断或评价，而不是理解这些话。当别人说出他的某种感觉、态度或者信念的时候，我们总是会做出各种判断：'不错'、'太可笑了'、'这正常吗'、'这不合乎情理'、'这太离谱了'、'这可不对'……而很少真正了解这些话对别人有什么意义。"

有一次，我雇了一位室内装饰设计师，为我家中装一些窗帘。当账单送给我时，我大吃一惊。

过了几天，一位朋友来我家，看到这些窗帘，问了问价钱，然后她带着得意的口气大叫道："什么？太过分了。我想你大概上了他的当。"

真的吗？是的，她说的是实话，但很少有人愿听别人羞辱自己判断力的实话。所以，作为常人，我竭力为自己辩护。我说最好的东西总是最贵的，一个人不可能希望用便宜的价格买到既品质优良，又具有艺术特色的东西等。

第二天，另一位朋友来我家。她赞赏那些窗帘，并表示她也希望有能力为家里买这么精美的窗帘。我的反应完全不同了。"哦，说老实话，"我说，"我也没钱买那些窗帘，它们实在太贵了。我现在还后悔买了它们。"

当我们犯错的时候，我们或许会自己承认。如果对方待我们非常和善友好，我们也会向别人承认，甚至会对我们的直率坦诚感到自豪。但如果有人要将难以下咽的东西塞进我们喉咙，那可办不到。

美国内战时最著名的编辑赫雷斯·格里莱激烈地反对林肯的政策。他相信用辩论、讥笑、谩骂等办法可以迫使林肯同意他的观点。于是他日复一日、年复一年地持续使用这种苛刻的办法。事实上，就在林肯遇刺的那天晚上，他还写了一篇粗暴而苛刻的文章来讽刺、攻击林肯。

但所有这些尖刻的攻击使林肯妥协了吗？丝毫没有。讥笑、谩骂永远于事无补。

如果你想要得到一些关于为人处世、自我控制、增进品德修养的有益建议，不妨读读本杰明·富兰克林的自传——这是一本极吸引人的传记，也是美国文学经典之一。富兰克林讲述了他如何克服好争辩的陋习，从而成为美国历史上最能干、最和蔼、最善于外交的人。

当富兰克林还是一个冒冒失失的青年时，有一天，一位教友会的老教友将他拉到一边，用尖酸刻薄的话训斥了他一顿。那几句话大致如下：

"本，你真是无药可救。你攻击每一个和你意见不同的人。你的意见太让人讨厌了，没人会接受。如果你不在场，你的朋友会觉得更加自在。你知道得太多了，没有人能再教你什么，而且也没有人愿做这种费力不讨好的事。所以你不可能再学到新知识了，而你现在所知却又十分有限。"

据我所知，富兰克林最大的优点之一，是他接受尖刻责备的态度。他已经成熟，也很明智，知道那是事实，并发现这样下去，他将面临前途及社交失败的危险。于是，他改掉了陋习，立刻抛弃了骄傲、固执的态度。

"我订下一条规矩，"富兰克林说，"绝对不许伤害别人的感情，不许武断。我甚至不允许自己在语言文字中使用带有过于肯定意思的字眼，例如'当然'、'无疑'等，而代之以'我想'、'我猜'或'我想象'一件事可能是这样或那样，或'目前在我看来是这样'。当别人说了些我明知其错误的话，我也不再冒冒失失地反驳他，不再立即指出他的错误。我会在回答时，先说'在某种情况下，你的意见不错；但在现在的条件之下，我认为事情或许会……'很快我就看到了我这种改变带来的收获，我所参与的许多谈话，气氛都愉快多了。我以谦逊的态度表达自己的意见，不仅更容易让人接受，而且还减少了冲突。当我犯了错误时，我也很少会难堪；而当我自己碰巧对的时候，更容易使对方不再固执己见而赞同我。

　　"我最初采用这种方法时，的确与我的本性有冲突，但是我后来越来越习惯了。在过去50年中，可能还没有人听到我说过一句武断的话。当年我提议新法案或修改旧条文的时候，之所以能得到民众的重视，并且当我成为议员后能具有相当大的影响，大都要归功于这一习惯。虽然我并不善于辞令，也没有什么口才，谈吐也比较迟疑，甚至还会说错话，但一般说来，我的意见还是得到了广泛的支持。"

　　如何将富兰克林的方法用在商业领域中呢？我们可以举两个例子：

　　凯瑟琳是北卡罗来纳州王山市一家纺纱厂的工程总监。她在我班上讲述了她接受训练之前和之后处理敏感问题所采取的不同方法：

　　"我工作的一部分，"她介绍说，"就是设计并采用各种方法和标准来激励员工，使员工能生产更多的纱线，挣更多的钱。当我们只生产两三种纱线时，我们采用的方法还算过得去。但我们最近扩大了项目，提高了生产量，计划生产12种以上的纱线，这时原来的方法就不管用了，员工既不能按要求生产出所需要的纱线，而且她们也拿不到原有的报酬了。于是，我设计了一套新标准，这样员工可以根据她们生产的纱线质量获得合理的报酬，产量也会随之上升。我在一次会议上向公司的主管层介绍了这套新标准，打算证明它是正确的。我从各方面指出了以前那套老办法的错误之处，希望得到他们的认同。可是，我完全错了！我急于为新的方法辩护，没有给这些人留面子，使他们认识到以前的错误。这样，我的新标准还没被采用就胎死腹中了。

　　"参加辅导班几堂课之后，我就意识到了我的错误。我建议再召开一次会议。这一次，我请他们指出问题到底出在何处。我们就每一个要点展开讨论，并请他们拿出最佳解决方案，而我则在适当的时候引导他们按照我的思路来提建议。当会议结束时，我所要提的方案实际上也就出来了，而他们也非常赞同。

　　"现在我相信，如果你径直指出某个人的错误，那么不仅不会收效，而且还会适得其反。你这样做只会剥夺别人的自尊，并使自己成为不受欢迎的人。"

让我们另外再举一例——别忘了，我所举的这些例子代表了成千上万人的经验。

克洛里是纽约一家木材公司的推销员。克洛里承认，多年来他总是对那些脾气大的木料检验员挑毛病，而他也常常赢得争论。但这一点好处都没有。"因为那些木材检验员，"克洛里先生说，"和棒球裁判员一样，一旦他们做出裁判，就不再更改。"

克洛里先生发现因为他争辩得胜而使公司损失了成千上万的收入。所以，他在参加我的培训班时，决定改变方法，放弃争论。结果如何呢？下面是他对同班学员的叙述：

"一天早上，我办公室的电话响了。一位气恼万分的顾客在电话中抱怨说，我们送到他厂里的一车木料完全不合乎要求。他的公司已经停止卸货，并要求我们立刻将这些木料从他们那里运走。他们的木料检验员说，在木料卸下 1/4 之后，发现有 55% 不合格。在这种情况下，他们拒绝接受。

"我立刻动身去他的工厂。在路上我一直在想处理这种情况的最佳方法。在这种情况下，我一般会引用木材等级的规则，并以我自己担任检验员的经验与知识，来说服那位检验员木料确实符合标准，是他在检验时误解了规则。不过我想我还是试试我在训练中学到的法则。

"当我到达工厂时，只见采购经理及木料检验员一脸不高兴，全都准备争辩的样子。我们走到正在卸货的卡车边上，我要求他们继续卸货，让我看看具体情况。我请检验员照常检查，把不合格的木料放在一旁，合格的则另放一堆。

"看了一会儿以后，我发现他的检查确实太挑剔了，而且他又误解了规则。这次的木料是白松，我知道这位检验员在硬木方面知识丰富，但在检验白松时却经验不足。检查白松正是我的强项，但我是不是对他提出了反对意见呢？绝对没有。我继续观看，渐渐地开始问他为什么有些木料不合格。我丝毫没有暗示这位检验员他错了。我郑重地向他表明，我之所以问他，只是希望将来能以他们要求的标准给他的公司供货。

"以友善合作的精神请教，并坚持将他们不满意的木料挑出来，结果他

美好的人生

很高兴，而我们之间的紧张关系也开始缓和下来。不过我也会时不时地提醒他几句，在被拒绝的木材中实际上有些还是符合他们购买的标准的。但是我非常小心，不让他知道我指出了这一点。

"渐渐地，他的整个态度有所改变。最后他承认他对于白松并没有多少经验，并在每根木料从车上搬下来时问我是否合格。我就向他解释为什么这根是合乎标准的；但我仍然坚持说，如果木料不合乎他们的需要，他们可以不接受。终于，每当他挑出一根他认为不合格的木料时，就感到不安了。最后，他意识到错误在他们，因为他们没有规定木料的等级标准。

"最后的结果是，在我走之后，他重新检验了全车木料，并且全部接受，我们收到了一张全额支票。

"就这件事来看，讲究一点技巧，尽量不指责对方的错误，可以使我公司减少一大笔收入损失，而给人留下良好的印象更非金钱所能衡量。"

有一次，有人问马丁·路德·金，作为一位和平使者，为什么他那么崇拜当时官阶最高的黑人空军将军丹尼尔·詹姆斯，他回答说："我判断别人是根据他们的原则，而不是我自己的原则。"

同样，罗伯特·李将军曾向南部联邦"总统"杰斐逊·戴维斯极力赞扬他手下的一位军官。另一位在场军官十分吃惊地说："你知道吗，将军？你所称赞的那个人对你可不客气呀！他总是动不动就攻击你。""是的。"李将军回答道，"但总统问的是我对他的看法，而不是他对我的看法。"

顺便说一下，我在本章并没有讲什么新观念。2000 年以前，耶稣就说："尽快与你的对手握手言和。"

在基督降生 2200 多年以前，古代埃及国王阿克图给了他儿子一条英明的忠告——一条今天仍然十分重要的忠告。阿克图国王说："谦虚而有策略，你将无所不能。"

换言之，不要同你的顾客或你的配偶，或你的对手争论。不要指责他们错了，也不要刺激他们，而是讲究一点儿技巧。

第二项规则：尊重别人的意见。千万不要指责别人的错误。

勇于承认自己的错误

    从我家步行不到一分钟，就是一片原始森林。当春天来临时，那里野花盛开，松鼠在树林中筑巢生子，草长得与马头齐高。这块完整的原始林地叫森林公园——它的确是一片森林，恐怕和哥伦布发现美洲时没有什么不同。我常带着我的波士顿哈巴狗瑞克斯去公园散步。这是一只友善而不会伤人的小狗，并且因为在公园中很少遇见人，因此我带瑞克斯散步时，没有给它系狗链或戴口罩。

    一天，我们在公园遇见了一位骑马的警察，他好像急于显示他的威权。

    "你不给狗戴口罩，不系链子，让它在公园中乱跑，想干什么？"他责问我说，"你难道不知道那是违法的吗？"

    "是的，我知道，"我轻柔地回答，"但我想它在这里不至于伤到人。"

    "你想不至于！你想不至于！法律才不管你怎样想呢。这只狗也许会伤害松鼠，或咬伤小孩。这次我就算了，但如果我下回再在这里发现这狗不戴口罩，不系链子，你就必须去和法官解释了。"

    我小心客气地答应遵守他的命令。

    我的确遵守了——而且遵守了好几次。但是瑞克斯不喜欢戴口罩，我也不喜欢那样，所以我们决定碰碰运气。起初一切都很顺利，后来我们就遇到了麻烦。一天下午，瑞克斯和我正跑过一个小山丘，就在那里，忽然——不幸得很——我看见那位法律的权威正骑着一匹棕红色的马。瑞克斯在前面跑，直向那位警察冲过去。

    我知道这回肯定麻烦了。所以，我还没等警察开口说话，就先发制人。我说："警官先生，这次你当场抓住了我，我是违了法。我没有推辞，没有借口。你在上星期已经警告过我，如果我再将小狗不戴口罩就带到这里，你就要罚我。"

    "是的，现在，"警察用温柔的声调说，"我也知道，在这周围没有人的时候，谁都忍不住想带着这样一只小狗在这儿溜达。"

"那真是一种诱惑，"我回答说，"但那也是违法的。"

"像这样一只小狗不会伤人的。"警察替我辩护说。

"不，它也许会伤害松鼠。"我说。

"哦，我想也许你对这事太认真了。"他告诉我说，"让我告诉你怎么办吧。你只要让它跑过那山丘，我看不见它，我们就可以将这事忘了。"

和平常人一样，那位警察也渴望得到重视，所以当我开始责怪自己时，唯一能增加他的自尊的方法，就是对我表现得宽宏大度。

但假如我为自己辩护的话，那结果又将会怎样呢？

但我没有和他正面争论，我承认他是绝对正确的，我是绝对错误的；我爽快地、坦白地、真诚地承认这一点。我站在他的立场说话，于是他也为我说话，这件事就这样化解了。即使是查斯特菲尔德勋爵，也不会比这位骑马的警察更仁慈了，而仅在一个星期之前，这位警察还曾以法律来威胁我。

假如我们知道我们免不了要受责备的话，为什么不积极主动地认错呢？难道自己责备自己，不比别人的斥责要好受得多？

要是你知道别人正想指责你的错误时，你就应该在他有机会说出来之前，自己把他要说的说出来。很有可能，他就会采取宽厚谅解的态度宽恕你的错误，正如那位骑马的警察对我和瑞克斯一样。

费迪南·华伦是一位商业艺术家，他就曾用这种方法获得了一位粗鲁无礼、爱训斥人的雇主的好感。

"简洁明快，是为广告及出版物作画的最重要的原则。"华伦先生讲这故事的时候说。

"有些美术编辑要求将他们的工作立即做好。在这种情况下，出现细小的错误在所难免。我认识的某位美术主任，总是喜欢鸡蛋里面挑骨头。我每次离开他的办公室时总会感到不舒服，这并不是因为他的批评，而是因为他攻击我的方法。最近，我交了一份万分火急的画稿给这位编辑，他打电话让我立刻去他办公室，说是出了问题。当我赶到时，不出所料——麻烦事来了。他满怀敌意，正得意有了批评的机会。他恶意地质问我为什么如此如此。这正好是运用我新学到的自我认错方法的大好机会，于是我说：'先生，

如果你说的是真的，那么我错了。我绝不是推托过错。我为你作画这么多年，应该知道如何做才会更好些。我自己也觉得很惭愧。'

"他立刻开始为我辩护了。'是的，你说得没错，但这毕竟还不是一个严重的错误。只不过是——'

"我打断了他。'无论什么错误，'我说，'都必须付出代价，都会让人生气。'

"他想要插嘴，但我没给他机会。我很高兴。我有生以来第一次批评自己——我很喜欢这样做。

"'我今后应该更小心些，'我继续说。'你给我了许多工作，我应尽力做得更好。所以我要重画一次。'

"'不！不！'他反对说。'我绝不想那样麻烦你。'他称赞了我的作品，并且对我说他只不过想做个小小的改动，我这点儿小错误对他的公司没有什么损失；而且那毕竟不过是一个细节，不值得担心。

"我急切地自我批评，使他怒气全消。最后他还请我吃了午饭；在我们分手以前，他又给了我一张支票和另外一件工作。"

勇于承认自己的错误，可以得到某种满足感。这不仅只是消除罪恶感和自我辩护，而且有利于解决由失误造成的问题。

新墨西哥州阿布库克市的布鲁斯·哈威在给一位请病假的员工核准薪水时，错误地给了他全薪。他发现这个错误之后，告诉这位员工他有必要纠正，而且在下次发放工资时再予减扣。这位员工说这会给他造成严重的财务困难，请求分多期扣除多发的工资。哈威说这必须由他的上司批准。"我知道这样做，"哈威说，"会使老板不满。当我考虑如何更好地处理这个问题时，我意识到这一切都是由我的失误造成的，因此我必须向老板承认错误。

"我走进老板的办公室，把我的错误告诉了他，并讲了整个过程，但他大发脾气地说这应该是人事部门的错误，我重申这是我的错误；他又大声指责财会部门的粗心，我仍说这是我的错误；他又责怪办公室另外两个人，但我每次都坚持是我的错误。最后，他看着我说：'好的，是你的错误，那你就去改正吧！'结果，这个错误改正了，而且没有给任何人带来麻烦。我自

美好的人生

认为很不错，因为我可以处理这种紧急事件，而且有勇气承认自己的错误。从那以后，老板更重视我了。"

任何傻瓜都会为他的错误辩解——而且大多数傻瓜正是这样做的——而敢于承认自己错误的人，都会获得别人的谅解，给人以谦恭而高尚的印象。例如，美国历史上记载的一个极好的例证，便是关于罗伯特·李将军的——他把毕克德进攻葛底斯堡的失败完全归咎于自己，并为此而自责。

罗伯特·李将军

毕克德的那次进攻，无疑是西方世界最辉煌显赫的一次战斗。毕克德将军本人就是个光彩照人的显赫人物。他长发披肩，而且像拿破仑在意大利的战役中一样，几乎每天在战场上写热烈的情书。在那惨痛的 7 月的一个下午，当他把军帽斜戴在右耳上方，骑马冲向联军战线时，他那军心大振的将士们为他喝起彩来。他们欢呼着，跟随着他，一路上浩浩荡荡，军旗飞扬，刺刀闪烁。那壮伟的一幕以及那支勇敢出色的队伍，连北军也不禁为之惊叹。

毕克德的军队迈着轻捷的步伐，穿过果园和玉米地，踏过草地，越过山峡。北军的大炮一直在向他们发起猛攻，但他们毫不退缩，勇往直前。

突然，北军的步兵从他们隐伏的墓山脊的石墙后面冲了出来，朝正在行进的毕克德的军队开火。山上硝烟四起，变成了一片火海，犹如屠场。几分钟之内，毕克德所有的旅长除一人幸存之外，其余的全部阵亡，他的 5000 名士兵中有 4000 人阵亡。

阿密斯坦将军率领残军，拼死冲杀。他冲向前杀，跃过石墙，把军帽顶在他的指挥刀上挥动着，大呼道：

"孩子们，杀啊！"

他们全都豁出去了。他们跃过墙头，用刺刀和枪托与他们的敌人肉搏，终于把南军的军旗插上了墓山脊。

尽管大旗只在那里飘扬了一会儿，但那短暂的一会儿却记录了南方盟军的辉煌战功。

毕克德的冲锋——虽然光荣、勇敢，然而却是战争进入尾声的前奏。李将军失败了。他知道他没法深入北方。

南方失败的命运早就注定了。

李将军悲痛万分，震惊不已，他向同盟政府总统戴维斯提出了辞呈，请求改派"一位更加年轻有为之士"。如果李将军要将毕克德的冲锋所导致的惨痛失败归罪于其他人的话，他可以找出数十个借口，例如有些师长不称职；马队到得太迟，不能协助步兵进攻。总之，这事错了，那事也不对。

但是李将军太高尚了，他没有责怪别人。当毕克德的残兵败将从前线退回南方阵线的时候，李将军单身骑马亲自迎接他们，并自我谴责。"这都是我的过失，"他承认说，"我，我一个人在这场战斗中战败了。"

历史上很少有将军有这种勇气和情操承认自己的错误。

阿尔伯特·哈伯德是一位全国都为之震动不已的最具创造性的作家，他那讽刺性的文字常引起别人的强烈反感。但哈伯德常常会采用他那罕有的待人处世技巧，将他的仇敌转变为朋友。

例如，当一些恼怒的读者写信来表示不同意他的某篇文章，并在末尾把他臭骂一顿时，他会这样回答对方：

"细想起来，我自己也不完全同意我自己。我昨天所写的东西，今天我也不一定全都满意。我很高兴知道你对这类问题的看法。如果下次你到附近来，欢迎大驾光临，我们可以相互交流。遥祝平安。

哈伯德谨上"

面对一个如此待你的人，你还能说什么？

当我们是对的时候，我们要温和巧妙地使别人赞同我们；当我们错的时候——如果我们对自己诚实，这是很常见的——我们就要迅速而诚挚地承认。这不但能产生惊人的效果，而且在许多情况下要远远胜过自我辩护。信不信由你。

卡耐基励志经典

美好的人生

请记住这句古语："用争斗的方法，你永远不会得到满足；但用让步的方法，你收获的会比你所期望的更多。"

第三项规则：如果你错了，迅速坦诚地承认。

一切从友善开始

假如你生气时，对人家发一顿火，你固然会觉得舒服了，但对方又会怎样呢？他也能分享到你的痛快吗？你那充满火药味的声调、仇视的态度，能使他赞同你吗？

"如果你握紧两个拳头来找我，"伍德罗·威尔逊总统说，"我敢保证我的拳头会握得比你的更紧。但如果你到我这儿来说：'让我们坐下来一起商量，看看为什么我们意见不同，问题出在哪里。'那么不久我们就会发现，我们的分歧其实并不大，我们的看法大同小异。因此，只要我们有耐心相互沟通，我们就能相互理解。"

最欣赏威尔逊这些至理名言的，要数小约翰·洛克菲勒。

1915 年，洛克菲勒还是科罗拉多州最受轻视的人。美国工业史上流血最多的罢工潮在科罗拉多州持续了动荡不安的两年。愤怒而粗野的矿工要求科罗拉多煤铁公司增加薪水，而这家公司正归洛克菲勒所有。当时，房产被毁坏，军队也被调动出来，发生了多起流血事件。罢工者遭到枪杀，许多尸体遍体枪伤。

在那样一种充满仇恨的情况下，洛克菲勒却要赢得罢工者的赞同，而且他做到了。他又是怎样做的呢？大致的情形是这样的：他先是花了数星期和工人交涉，然后又对工人代表发表演说。这篇演说可算得上一篇杰作，它产生了惊人的效果：不仅平息了要把洛克菲勒吞下去的仇恨，而且使他赢得了许多崇拜者。他用极其友善的态度来阐明事实，使罢工者回去工作，不再提增加工资，而这曾是他们强烈要求的。

这是那篇著名演讲的开始部分，且看它所流露出来的友善精神。要知道，洛克菲勒这次演讲的对象几天前还打算将他吊死在酸苹果树上。然而他却再仁慈、再友善不过了，好像是在对一群传道医生演讲。他的演讲因为这些言辞而散发出光芒：我很高兴在这儿，参观你们的家，看望你们的妻子儿女，我们是以朋友而不是陌生人的身份在此相聚，我们共同的利益正因为你们的好意而使我有幸在此。

"这是我一生中值得纪念的日子，"洛克菲勒说，"这是我第一次这样幸运地会见这家伟大公司的劳工代表、职员及监督们。说心里话，我很荣幸能到这里来，而且在我有生之年绝不会忘了这次聚会。如果这次聚会在两个星期前举行，我对你们中大多数人来说一定是一个陌生人，而且我也只认识少数人。上星期我有机会访问南矿区所有的住户，除去外出的代表，我差不多和所有代表谈过话；我见过你们的家庭，看望过你们的妻子儿女。我们在这里见面，不再是陌生人，而是朋友。也正是在这种互相友善的氛围中，我很荣幸有这种机会，和你们讨论我们共同的利益。

"这是由公司职员及工人代表参加的集会。我之所以能来这里，全都是因为你们的厚爱。我既不是公司职员，也不是工人代表，但我仍然觉得与你们关系亲密，因为从某方面说，我代表了股东及董事双方。"

这不是一个化敌为友的最佳技巧的例子吗？

假如洛克菲勒采用别的方法；假如他和那些矿工争论，态度强硬地当着他们的面举出毁坏矿场的事实来；假如他用暗示的语气告诉他们，说他们是错的；假如他运用逻辑规则来证明他们是错误的，结果会如何？那必然会激起更多的愤怒、更多的仇恨和更多的反抗。

如果一个人因为与你不和，并对你怀有恶感而对你心怀不满，那么你用任何办法都不能使他赞同你。责骂的父母、强硬的上司及丈夫以及唠叨不休的妻子们应该明白：人们不愿改变他们的想法，不能勉强或迫使他们与你我意见一致。但如果我们温柔友善——非常温柔，非常友善——就能引导他们和我们走向一致。

其实，100多年前，林肯就说过这些。下面是他的原话：

"一句古老的格言说：'一滴蜂蜜比一加仑胆汁能捕到更多的苍蝇。'对人也是这样。如果你要让别人同意你的观点，首先要让他相信你是他真正的朋友。这就像一滴蜂蜜，用一滴蜂蜜赢得了他的心，那么，你就能使他走在理智的大道上。"

商人们正日渐明白，对罢工者态度友善是很值的。

例如，当怀特汽车公司的 2500 名工人为增加工资而组织工会罢工的时候，公司经理罗伯特·布兰克没有生气和责罚、恫吓。相反，他还称赞罢工者。他在《克里夫兰报》上登广告，颂扬他们"放下工具的和平方式"。当他看见罢工纠察队的人闲得无聊时，他还给他们买了棒球棍及手套，请他们在空地上打棒球。为了讨好那些喜欢打地球的人，他甚至为他们租了一间地球室。

布兰克的友善态度产生了良好的效果，唤起了罢工者的友善。于是罢工者借来扫帚、铁铲、垃圾车，开始清扫工厂。想想看！当罢工者要求涨工资并组织起来时，竟然打扫工厂。在美国罢工史上，这种事情从未出现过。那次罢工事件在一星期之内达成和解——没有任何怀恨或厌恶情绪地结束了。

丹尼尔·韦伯斯特相貌出众，谈吐如耶和华，是一位能言善辩而且非常有成就的辩护律师。他善于用友善温和的词句在法庭上表达他那强有力的观点，例如"这一点应该请陪审团考虑"，"这也许值得想一想"，"这几件事实，我相信你们是不会忽略的"，或"由于你们对人性的了解，很容易看出这些事实的重要"。没有威逼，也没有高压的手段，他从不将自己的意见强加于人。韦伯斯特用的是轻声细语和安详友善的方式，而这正是他闻名遐迩的原因。

你或许永远不必去调解罢工，或对陪审团发言，但是你或许会希望房东减少你的房租。友善的方法能帮助你吗？我们来看下面的例子。

一位工程师施特劳伯希望减少房租，而他知道他的房东脾气不好。"我写了封信给他，"施特劳伯在我班上的一次演讲中说，"通知他在租期将满时，我就会搬出我的公寓。事实上我并不想搬走。如果能减少房租，我还会住下去。但这似乎希望不大。别的房客也试过——都失败了。每个人都告诉我，这个房东是极难对付的。但我对自己说：'我正在研究如何与人相处，所以我要对他试一试——看有没有用'。

"他接到我的信以后，就同他的秘书一起来找我。我在门前友好地欢迎他，充满了善意与热心。我没有一开口就说房租多么高。我只是说我如何喜欢他的公寓。请相信，我真是'诚于嘉许，宽于称道'。我称赞他管理有方，并告诉他我很乐意再住上一年，可是我支付不起房租。

"很明显，他从来没有从一个房客那儿得到这种欢迎和赞扬。他简直不知如何是好了。

"然后他开始向我大倒苦水，并抱怨那些房客。曾有一位房客给他写过14封信，有的话简直是侮辱。还有一位房客威胁说，如果房东不能让上面一层楼的人睡觉时停止打鼾，他就取消租约。他说：'有你这样满意的一位房客，多么令人愉快。'接着，我没有请求，他就自动减少了一部分租金。但我想再多减些，于是我提出了我所能负担的数目，他二话没说就答应了。

"离开的时候，他转身问我：'你有什么装饰需要我做的吗?'

"如果我用别的房客曾用过的方法来降低房租，我肯定会遇到和他们同样的困难。正是这种友善、同情、欣赏的方法使我赢得了一切。"

宾夕法尼亚州匹兹堡市的狄恩·伍德科克是当地电力公司的一个部门主管。他手下两个员工被叫去修理一根电线杆上的某种器件。以前这类工作是由另一个部门负责的，最近才由伍德科克这个部门负责。虽然这两个人曾经接受过这方面的训练，但却是第一次实际去做这项工作。公司的每一个人都想看看他们是否能把这件事情做好。伍德科克先生、他下面的几个组长以及公司其他部门的一些人都去看这两人工作的情况。许多车停在那里，一大群人围在四周看灯杆上的两个人工作。

伍德科克看了看四周，只见一个人拿着照相机走出汽车，拍下了当时的场面。像电力公司这样的公用事业公司，其成员一般都很注意公共关系，而伍德科克这时突然意识到，在那位带照相机的人看来，他们这些人是在磨洋工。于是，他过街走近那位带照相机的人。

"好像你对我们的作业很感兴趣。"

"不错，不过我母亲可能更感兴趣。她买了你们公司的股票，这可以让她更清楚地认识你们。她看到之后，或许会认为买你们公司的股票是不明智的。我这些年一直都对她说你们这种公司存在的浪费太多了，这证明我说的确实没错。报纸对这些照片也会感兴趣。"

"看起来确实如此，不是吗？如果我站在你的立场，也会有同样的想法。但这次情况有所不同……"狄恩·伍德科克向这人解释，这是他部门的人第一次执行这类工作，而且公司上下都很关心。他还向那个人保证，通常情况下只需两个人就可以做好这项工作。那个人收起了照相机，和伍德科克握手，谢谢他花时间向他说明这些。

伍德科克的友善态度，使他的公司免除了尴尬和不好的名声。

新罕布什尔州李特顿市的吉拉德·文恩，是我班上另一位学员，他讲了他怎样运用友善的态度，解决了一项损毁赔偿的案子。

"春季开始的时候，"他说，"地面尚未解冻，却出人意料地下了一场大雨。由于雨水不能像平常那样沿着附近的水沟排泄，只好另寻途径，朝我刚建好的一栋新房子的所在地流了过去。

"雨水流不走，对地基形成了压力。雨水渗进了房屋底层的水泥地板中，使地板出现裂缝，水淹没了地下室，地下室的火炉和热水器被毁坏。修理这些东西要花 2000 多美元，而我买的保险并不包含这一类损坏。

"不过，不久我就发现，由于承建商设计上的疏忽，没有在房子附近修建排污沟。如果有这道排污沟，就可以防止这类问题。我约好去找他。在前往他办公室的路上，我仔细地考虑了这件事情，并且想到了我在班上所学到的法则，知道光发火肯定不管用。当我到达后，我保持冷静，先和他谈了谈他最近去西印度群岛度假的事；然后在适当的时候提到了雨水淹没地下室这个'小'问题。他很爽快地答应解决。

"几天以后，他打来电话说，他会支付修理损坏设备的费用，并且要建一道排污沟，防止以后再发生同样的事情。

"这虽然是承建商的责任，但我如果不是一开始就态度友善，要他同意承担全部责任恐怕不会这么顺利了。"

多年以前，当我还是个孩子，光着脚穿过密苏里西北部的树林，去一个乡村学校读书时，曾读过一则关于太阳与风的寓言。它们在争论谁更强有力，风说："我可以证明我更加强大。你看见那边那个穿大衣的老人吗？我敢打赌，我能比你更快地使他脱去大衣。"

于是太阳躲到云后，风开始刮起来，几乎变成一场飓风，但它吹得越厉害，老人越是将大衣裹得紧紧的。

最后，风放弃了，平静下来。然后太阳从云后钻出来，对老人和善地"微笑"。不久，老人开始擦前额的汗水，脱下了他的大衣。太阳告诉风说："温柔、友善永远比愤怒、暴力更强大。"

温柔友善的作用，每天都能从那些深谙"一滴蜂蜜比一加仑胆汁能捕到更多的苍蝇"这一道理的人身上得到验证。马里兰州路德维尔市的盖尔·康纳先生就证明了这句话的真理性。

当时，康纳先生必须将他买了 4 个月的汽车第三次送去经销商那里进行维修。他在我们班上说："很明显，和维修厂的经理谈话、说理或指责他，都不能圆满地解决我的问题。

"于是，我进入汽车展销大厅，要求见老板怀特先生。我稍等了一会儿，就被领进了怀特先生的办公室。我先做了自我介绍，向他说明我之所以买他的汽车，是由于我朋友的推荐。他们都买了他的汽车，认为价格合理，而且服务也很出色。怀特先生满意地听着，笑了起来。然后，我又向他说明我的

林肯

问题。我进一步指出：'我想你一定会非常关心那些不利于你的良好声誉的事情。'他感谢我告诉他这件事，并向我保证一定会解决我的问题。他不但亲自为我处理好了这件事，而且还在我的汽车送修期间，将他自己的车借给我使用。"

伊索是希腊克诺索斯王宫的一名奴隶，在基督降生之前 600 年他就说过许多不朽的寓言，其中有关人性的真理现在仍适用于我们，正如它在 26 个

世纪以前适用于雅典一样。太阳能比风更快地使你脱下大衣；友谊和赞赏远比任何强权暴力更容易改变人的心意。

请记住林肯说的："一滴蜂蜜比一加仑胆汁能捕到更多的苍蝇。"

第四项规则：用友善的方法开始。

处理抱怨的灵丹妙药

大多数人想使别人同意他们的观点，可是他们自己的话却说得太多了。让别人畅所欲言吧！对于他们自己的事及他们自己的问题，他们一定知道得比你多。所以你应向他们提些问题，让他们告诉你几件事。

如果你不同意他们的观点，你可能想打断他们。但不要这样做，那是危险的。因为当他们还有许多意见急于发表的时候，他们是不会注意你的。所以，要以宽广的胸襟耐心倾听，要诚恳地鼓励对方充分地发表他们的意见。

在商场上这种策略有用吗？我们来看看。这是一位推销员被迫试行这一策略的经历。

美国最大的一家汽车制造公司正在洽谈订购下一年度所需要的汽车坐垫布。3个重要的厂家已经做好了垫布的样品。这些样布都已经得到汽车公司高级职员的检验，并发通知给各厂家，说各厂家的代表有机会在某一天进行最后陈述。

其中一个厂家的业务代表R先生在抵达时正患着严重的喉炎。"轮到我上会与高级职员面谈时，"R先生在我班上叙述他的经历时说，"我嗓子哑了。我几乎发不出一点声音。我被领到一个房间，与纺织工程师、采购经理、推销经理以及公司的总经理会晤。我站起来想尽力说话，但只能发出嘶哑的声音。

"他们都围坐在一张桌子边上，所以我在纸上写道：'各位，我的嗓子哑了，不能说话。'

"'让我替你说吧，'总经理说。他真的在替我说话。他展示了我的样品，并称赞了它们的优点。围绕我的样品的优点，展开了一场热烈的讨论。

由于那位总经理代表我说话，因此在这场讨论中，他站在我这一边。而我在整个过程中只是微笑、点头以及做几个手势。

"这个特殊会议的结果，是我得到了这份合同，和对方签订了50万码的坐垫布，总价值为160万美元——这是我曾获得的最大的订单。

"我知道，如果我的嗓子没有哑，我就会失掉那份合同，因为我对于整个情况的看法是错误的。我很偶然地发现，有时候让别人多说话是多么有益！"

让别人说话，不仅适用于商业方面，而且适用于家庭事务。

例如，芭芭拉·威尔逊和她的女儿洛瑞的关系迅速恶化。洛瑞以前是个文静乖巧的小孩，现在却成了一个缺乏合作精神，有时还会为自己辩护的孩子。威尔逊夫人曾用各种办法威吓、教训和惩罚她，但都无济于事。

"一天，"威尔逊夫人在我班上说，"我放弃了。洛瑞根本不听我的话，家务活还没做完就去找她的朋友。她回家时，我准备像往常那样骂她一顿，但我已经没有力气了。我看着她，伤心地说：'为什么会这样呢？为什么？'

"洛瑞看出了我的痛苦，平静地问我：'你真想知道？'我点点头。于是她告诉我一切情况：我从来没想过去听她的意见，总是命令她做这做那；当她想与我谈心时，我总是打断她，并给她更多的命令。我开始认识到，她其实很需要我——不是一个爱命令的母亲，而是一个亲密的朋友，使她可以倾诉成长的烦恼。而我过去在该听的时候却只顾说我自己的，我从来没听过她说什么。

"从那以后，我总是让她畅所欲言。她告诉我她的心事，我们的关系大大改善。她也再次成为一个愿意合作的孩子。"

再来看另一个例子：

纽约一家报纸的财经栏目中刊登了一幅巨大的广告，聘请一位有特殊能力和经验的人。查尔斯·科贝利斯应聘了，将资料寄给了信箱。几天以后，他接到了回信，约他面谈。去面谈之前，他在华尔街花了许多时间打听那个公司老板的有关情况。在面试的时候，他说："如果能在你这家有着不凡经历的公司做事，我将十分自豪。我听说你在28年前开始创建这家公司时什么也没有，只有一张桌子、一间办公室、一位速记员。那是真的吗?"

差不多每个成功的人都喜欢回忆他早年的奋斗。这个老板也不例外。他谈了许久，例如他如何依靠450美元现金及富有创意的思想开始创业。他还讲了他如何与失望、讥笑作斗争，如何在星期日及节假日照常工作，每天工作12～16小时以及他最后如何战胜所有的厄运，直到现在华尔街的一些要人都来向他请教。他对自己的过去很自豪。他有这种权利，并且很高兴地讲述这些事。最后，他简单地问了问科贝利斯的经历，然后把一位副经理叫进来，说："我想这就是我们正在寻找的人。"

科贝利斯先生不厌其烦地调查他未来老板的成就，而且对对方及对方的问题表示出感兴趣。他鼓励对方多说话，因此给对方留下了很好的印象。

加利福尼亚州圣克拉蒙托市的洛伊·布莱德雷正好遇到了一件相反的事。当一个很适合担任公司推销工作的人在做自我说服工作时，他只是静静地听着。洛伊说：

"作为一家小中介公司，我们没有什么福利，如住院、医疗保险和养老金等。每个代表都是独立代理商。理查德·普莱尔具有担任这项工作的经验。他先是和我的助手面谈，我的助手把这项工作所有的不利之处都告诉了他。当他走进我的办公室时，好像无精打采的样子。但我提到了一个与我公司合作的有利之处，即我们公司是一个独立承包商，因此他实际上也是一个老板。

"当他分析了这方面的有利之处以后，他抛弃了当初面试时一切不利的想法。在他谈话的过程中，几乎常常是在对自己说那些话。我也不时地肯定他的想法；不过，当面谈结束时，我认为他已经说服了他自己，并决定来我公司工作。

"由于我当了一个好听众，使他可以畅所欲言，可以在内心进行权衡，并做出了积极的结论。这正是他对自己的一次挑战。因此，我录用了他，而他也成为我们公司杰出的代表。"

即使是我们的朋友，也宁愿只谈论他们的成就，而不愿意听我们夸显自己。

法国哲学家拉·罗什弗科说："如果你想结下仇人，那你可以比你的朋友表现得更出色；但如果你想要赢得朋友，就要让你的朋友胜过你。"

为什么这是对的呢？因为当我们的朋友胜过我们时，他们就会获得自重感；但是当我们胜过他们时，就会使他们感到自卑和妒忌。

在纽约市中区人事局，与别人关系最融洽的就业顾问是亨丽塔女士。但过去情况可不是这样的。当亨丽塔刚到人事局时，她有好几个月都没有在同事中交到一个朋友。原因何在？因为她每天都在谈她工作上的业绩、她在银行新开的户头以及她所做的每一件事。

"我的工作干得确实不错，我一直感到很骄傲。"亨丽塔在我班上说。"但我那些同事不但不愿与我分享我的成就，而且好像还很不高兴。我渴望得到这些人的喜欢，真的想使他们成为我的朋友。在听了辅导课中提出来的建议之后，我开始少谈我自己，而多听我的同事说话。其实，他们也有许多值得夸耀的事，把他们的事情告诉我，比听我吹自己更让他们高兴。现在，每当我们在一起聊天时，我会让他们多说话，与他们共同分享快乐。只有他们问我的时候，我才说我的情况。"

第六项规则：让别人多说话。

从对方的立场看问题

要记住，别人也许完全错了，但他们却不这么想。不要指责别人，任何傻子都会那样做；而要尽量了解别人，那才是明智大度、超凡脱俗的人应该做的。

对方之所以会那样思考和行动，自有其道理。如果能找出那个原因，你就找到了理解他人行为和人格的钥匙。

试着真诚地站在别人的立场思考问题。

假如你对自己说："如果我处在他的情况下，我将有何感受，有何反应？"那么你就可省去许多时间与不必要的烦恼，因为"如果对原因发生兴趣，我们就不会厌恶结果"。而且除此之外，你还可以大大增加你的为人处世的技巧。

"暂停一分钟，"肯尼斯·古德在他的作品《如何使人变得高贵》中说，"暂停一分钟，比较一下你对自己事情的浓厚兴趣和对别人事情的漠不关心。然后你就会明白，世界上任何其他人也都是同样的态度。然后，你就会像林肯和罗斯福一样，能从容应对任何事情了。换句话说，为人处世成功与否，全在于你能否以同情之心接受别人的观点。"

萨姆·道格拉斯住在纽约的汉普斯特市，他以前总是指责妻子浪费太多时间去修整家中的草地、拔杂草、施肥和剪花草，还每个星期做两遍，可是草地看上去并不比4年前他们搬来住时更好看。这种话当然让他妻子十分不高兴，因此每当他这样批评她时，整个晚上家中就会笼罩一片乌云。

在参加我们的课程之后，道格拉斯先生认识到了他这些年的错误。他从来都没有想过，妻子在修整草地时也会从中获得快乐，以及她渴望由此得到的夸奖。

一天晚饭之后，妻子说要去除杂草，并想让他陪她。道格拉斯先是拒绝了，但过后他想了一下，又陪她出去帮她拔草。她显得非常兴奋，两个人一同干了一个多小时，过了一个愉快的晚上。

从那以后，他经常陪妻子修整草坪，并夸奖妻子说草坪修整得很好看，而且院子里的泥土地整得像水泥地一样光滑。结果他们俩都从中获得了快乐，因为他学会了从妻子的立场来看事情。

吉拉德·尼仁堡博士在他的作品《深入人心》中评论说："当你认为别人的观念、感觉与你自己的同等重要，并向对方表示这一点时，你和别人的交谈才会轻松愉快。在谈话开始的时候，要尽量使对方提出这次谈话的目的或方向。如果你是听者，就要克制自己不要随意说话。接受对方的观点，将会使对方大受鼓舞，与你开怀畅谈，并接受你的观念。"

多年来，我常喜欢在离家不远的公园里骑马散步。和古代高卢人的传教士一样，我很喜欢橡树，所以每当我看见小树苗和灌木被火灾毁灭时，就非常痛心。这些火灾并不是由粗心的吸烟者造成的，它们大都是由那些到园中来过野外生活而在树下做饭烧烤的儿童引发的。有时这些火烧得太大，不得不出动消防队。

在公园的一个角落里有一块布告牌，上面写着："凡导致火灾的肇事者，将被处以罚款及拘禁。"但这布告牌放在少有人迹的地方，很少有人能看到它。虽然有一位骑马的警察在公园里面巡逻，但他很不尽职，因此火灾时常发生并向四周蔓延。有一次，我跑到那个警察那里，告诉他说公园有一处失火了，火势正急速地蔓延，要他立即通知消防队，但他却冷漠地说那不关他的事，因为那不是他的管辖区域。我失望了，从那以后，每当我骑马去公园时，便自成"单人委员会"，来保护公园的公共财产。最初，我根本不想了解别人的观点。当我看见树下起火时，便非常不高兴，我急于做好事，但结果却做错了。我总是骑马过去，警告他们会引起火灾并会被拘禁。我还用权威的口气，命令他们把火扑灭；而且如果他们拒绝，我便威胁要将他们抓起来。我只顾发泄我的怒气，全然不理会他们的想法。

结果呢？他们表面上遵从了。可是当我骑马跑过山后，他们很可能又重新生火，并极想把整个公园烧光。

许多年过去后，我对人际关系的知识有了更多的了解，更懂得从对方的立场来看问题了。于是我不再下命令了，我会骑马来到火前，然后这样说：

"孩子们，玩得高兴吗？你们在做什么晚餐？……当我还是个孩子时，我也喜欢生火——我至今还很喜欢。但你们知道，在公园中生火是非常危险的。我知道你们这些孩子不会造成损失的，但别的孩子可不像你们这样小心。他们走过来见你们生了火，于是他们也点起火来，回家的时候忘了扑灭，结果火在公园中蔓延，烧毁了树木。如果我们不多加小心，我们这儿的树就会被烧得精光了。因此，你们可能会因为这堆火而被捕入狱。但我不想干涉你们，扫你们的兴。我喜欢看到你们快乐地生活，但请你们立刻将旁边的枯树叶拨得离火远些，好不好？在你们离开以前，要小心地多用些泥土把火盖起来，好不好？你们下次还想来玩时，去山那边的沙坑生火好不好？那就不会有危险了……多谢了，孩子们。祝你们快乐。"

这种说法效果很好！孩子们非常合作。他们没有怨恨，也没有反感。他们并没有被强制服从什么命令，他们保住了面子，他们觉得能够接受，我也

卡耐基励志经典

美好的人生

觉得很满意，因为我先考虑了他们的想法再来处置这些事情的。

当个人的问题显得更加急迫的时候，如果能从别人的立场来看问题，就可以缓解紧张气氛。

澳大利亚新南威尔士州的伊丽莎白·诺瓦克已有6个星期未支付分期购车的钱款。"在某个星期五，"她说，"一个负责我账户的男人给我打来电话，很不礼貌地告诉我，如果我在下周一早晨还不缴付122美元，他们公司将采取进一步措施。周末我自然筹不到这笔钱，因此星期一一大早我就接到

澳大利亚新南威尔士州

了那个男人的电话。不过我并没有发火，而是从他的立场来看这件事。我真诚地向他道歉给他带来了这么大的麻烦，而且我已经不是头一次逾期未付款，因此我一定很让他为难。他的语气立即缓和下来，并说我根本不是令他头疼的顾客。他还举了好几个例子，说有些人更不讲理，不仅信口胡说，还躲着不见他。我没有说更多的话，只是听着，让他说出了心中的不愉快。然后，根本不需我请求，他就说即使我不能立刻缴付欠款也问题不大；还说如果月底之前我能先缴付20美元，然后在手头方便时付清余额，一切都好说。"

所以，当你明天请人熄火，或请他买你的东西，或捐钱给红十字会以前，为什么不先停一下，闭上眼睛，从对方的角度将整个事情想一想？问问你自己："他为什么要这样做？"当然，那要费点儿时间，但能使你赢得朋友，培养情谊，并且减少摩擦，少惹麻烦。

"在与人会谈以前，我情愿在他办公室的过道上多走两小时，"哈佛商学院院长唐哈姆说，"而不愿贸然走进他的办公室，如果我对于我所要说的，

以及他——根据我对他的兴趣及动机的认识来推断——可能会做出什么答复都没有很清晰的认识的话。"

这话非常重要，为了强调，我再重复一次：

"在与人会谈以前，我情愿在他办公室的过道上多走两小时，而不愿贸然走进他的办公室，如果我对于我所要说的，以及他——根据我对他的兴趣及动机的认识来推断——可能会做出什么答复都没有很清晰的认识的话。"

如果你读完这本书后，只学到一件事——养成从对方的角度去思考的习惯，从他人的立场出发，如同从你自己的立场出发一样——如果你从本书只学到这一点，它也会成为你人生的基石。

第八项规则：真诚地从别人的立场来看问题。

同情别人的想法和愿望

你不希望拥有一个神奇的句子，它既可以阻止争执，去除厌恶感，带来和谐融洽，又可以使对方注意倾听你吗？

希望？太好了。这就是那个神奇的句子："我一点都不会责怪你有那种感受。如果我是你，我也会和你的感受一样。"

这样一句话，即使再固执的人也会软化。而且你完全要发自内心，因为假如你是对方，你的感受当然会同他一样。还以卡普恩为例吧。假如你遗传所得的躯体、性情、思想和卡普恩的完全相同；假如你的环境与经历和他一样，那么你就会同他完全一样——也会落到他的下场。例如，你之所以不是一条响尾蛇，唯一的原因就是你的父母不是响尾蛇。

你之所以成为你目前的样子，你没什么可居功自傲的——要记住，那个让你愤怒的、固执的、不可理喻的人，错误也并不全在他自己。要对这可怜的人表示惋惜、怜恤、同情。要对自己说："如果不是上帝的恩典，我也会像他们一样。"

你明天将要遇见的人中，有 3/4 都渴望得到同情。如果你能给他们同情，他们就会喜欢你。

　　我曾做过一期关于《小妇人》的作者露易莎·梅·阿尔科特的播音节目。我当然知道她生长在马萨诸塞州的康科特，并在那里写出了她这本不朽的名作。但是，我竟然粗心地说曾到新罕布什尔州的康科特去凭吊过她的故居。如果我只说了一次，或许还可以原谅。但是，天啊！我竟说了两次。于是，无数信件、电报包围了我，激烈的言辞就像一群毒蜂绕着我这毫无防范的脑袋打转。这些信函大多是愤怒的，有些则是侮辱我的。有一位名叫卡洛尼亚·达姆的人，她从小在马萨诸塞的康科特长大，当时她住在费城，对我发泄了强烈的怒火。即使我将阿尔科特女士误说成来自新几内亚的食人族，她大概也不会那么愤怒了。我在读信时，对自己说："感谢上帝，幸好我没有娶这老太太。"我觉得应写一封信告诉她，虽然我犯了一个地理上的错误，但是她在通常的礼貌上犯了一个更大的错误。我准备就用这两句话作为开头。于是，我卷起袖子，准备告诉她我这些真心话。但是我没有那样做，我克制住了自己。我知道，任何昏了头的傻子都会那样做——而大多数傻子也只会那样做。

　　我当然不愿做傻子，所以我决定把她的仇视变为友善。这将是一次挑战，也是我喜欢玩的游戏。我对自己说："说实话，如果我是她，我的感受大概会和她一样。"所以，我决定对她的观点表示认同。当我后来到费城的时候，便给她打电话。电话大致是这样的：

　　我：夫人，你在几个星期之前给我写了一封信，我要为此感谢你。

　　她：（用清晰、文雅、有教养的声调）请问你是谁？我有此荣幸和你说话？

　　我：你并不认识我这个陌生人。我叫戴尔·卡耐基。在几个星期之前，你听过我关于阿尔科特的播音节目；而我犯了一个不可宽恕的大错，说她生长在新罕布什尔州的康科特。那实在是一个低级错误；我要为此道歉。你花时间给我写信，实在太好了。

　　她：我很抱歉，卡耐基先生。我在那封信中发了那么大的火，我必须向你道歉。

　　我：不！不！不是你应该道歉，而是我。任何上了学的小孩都不会犯我那样的错误。在第二个星期日的广播里我已经道了歉。现在我要亲自对你个人道歉。

她：我出生在马萨诸塞州的康科特。两个世纪以来，我的家族在马萨诸塞州很有声望，而且我以我的家乡为自豪。听你说阿尔科特女士生在新罕布什尔州，实在让我太难过了。不过，我对那封信真是感到很抱歉。

我：我敢对你说，我比你还要难受10倍。我的错误对于马萨诸塞州来说没有任何损害，但却伤害了我自己。像你这样有地位、有教养的人，难得花工夫给无线电台的人写信。如果你今后再在我的讲话中发现错误，我非常希望你给我写信指正。

她：你知道吗？我真的很高兴你接受批评的态度。你一定是个很好的人，我愿和你交朋友。

就这样，因为我向她道歉，并同意了她的观点，所以她也向我道了歉，并同意我的观点。我对自己的自我克制和以德报怨很满意。让她喜欢我，而不是激怒她，使我获得了更多的快乐。

凡入主白宫的人，差不多每天都会遇到棘手的人际关系问题。塔夫脱总统也不例外，但他从自己的经验中学到，"同情"对于中和"酸性的恶感"有极大的化学功能。在他的《服务道德》一书中，塔夫脱举了一个很有趣的例子，说明他是如何使一位野心勃勃却又满怀失望的母亲平息愤怒的。

"华盛顿有一位妇人，"塔夫脱写道，"她丈夫在政界很有影响。她来找我，与我纠缠了6个多星期，想为她儿子安排一个职位。她得到了许多参议员的支持，并请他们一起来见我，讲了他们对她的支持。因为这个位置需要特殊的技术能力，于是我根据该部部长的举荐安排了别人。不久，我接到这位母亲的一封信，说我是这个世界上最无情无义的人，因为我拒绝让她成为一个快乐的母亲，而对我来说这本来是易如反掌的。她进一步抱怨说，她与她的州代表费尽了心思，为我特别关注的一项行政议案赢得了所有的投票，而我却这样报答她。

"当你收到那样一封信时，你想到的第一件事，就是何必跟一个失礼甚至有些唐突的人那么较真。于是，你可能会写一封回信。然后，如果你够聪

明的话，就应该把这封信锁在抽屉里，过两天之后再拿出来——这类书信一般要迟两天再写——当你经过几天再取出信时，你就不会把它寄出去了。我采取的正是这种做法。于是，我给她写了一封极其客气的回信，告诉她我很明白在这种情况下一个做母亲的会很失望，但这件事实在不能只凭我个人的好恶，我必须选择一个有技术资格的人，所以我只能接受这位部长的推荐。我又希望她的儿子能在他目前的职位上实现她对他的期望。这封回信使她终于息怒了，她给我写了一封短信，为她的信表示道歉。

"但我推荐的人选没有立即确定。过了一段时间，我接到一封据说是由她丈夫写的信，但笔迹却跟她的信完全相同。信中告诉我，因为她在这件事情上的失望，导致神经衰弱，卧床不起，得了严重的胃癌；并问我能不能将第一个人的名字撤回来，换上她儿子，以使她恢复健康。我不得不再写一封信，这次是给她丈夫的，说我希望这次诊断是不准确的，他夫人的重病必然让他非常忧虑，对此我很同情，但将已报送的名字撤回来是不可能的。不久，我任命的人选终于获得批准。在接到那封信的两天之后，我在白宫举行了一次音乐会。音乐会上最先向我夫人和我致意的就是这对夫妇，虽然这位夫人不久前差点儿'重病而死'！"

再来看下面这个例子：

杰伊·孟古是俄克拉荷马州图萨市一家电梯维修公司的经理。这家公司与该市最好的一家饭店签有电梯维修合同。饭店经理在每次电梯维修期间，为了不给旅客带来不便，规定电梯最多只能停开两小时。但是，电梯维修最少要8小时，而且在停开电梯的那两个小时之内，公司也不一定能派出人手来维修。

当孟古先生能够为修理工作安排一位最好的技工时，他给这家饭店的经理打电话，也不和这位经理争辩，只是说：

"瑞克，我知道你们饭店客人非常多，你希望尽量减少电梯停开的时间。我知道你很在意这一点，我们应该尽量配合你的要求。不过，我们检查你们的电梯之后，发现如果我们现在不能将电梯彻底修理好，那么电梯损坏可能会更加严重，到时候停开的时间会更长。我知道，你不会希望让客人好几天都不方便。”

这位经理不得不同意，电梯停开8个小时总比停开几天要好。由于孟古对这位经理方便客人的愿望表示了理解，因此他很容易而且没有争议地赢得了这位经理的同意。

杰西·诺瑞丝是密苏里州圣路易市的一位钢琴教师。她讲述了她如何处理钢琴教师与十几岁女孩子之间经常出现的一个问题。

贝贝蒂从小就留了一手很长的指甲，而任何人要想弹好钢琴，就不能留长指甲。

诺瑞丝太太说：“我知道她的长指甲会妨碍她学好弹钢琴。在开始教她钢琴课之前，我们俩谈话的时候，我根本没有提到她指甲的问题。我不能打击她学钢琴的愿望，我也知道她不想失去她以此为骄傲，并且花了许多时间去修饰的长指甲。

“在上了第一堂课之后，我觉得时机成熟了，就说：‘贝贝蒂，你有双很漂亮的手，指甲也很美。如果你想把钢琴弹得如你所能够的以及你所希望的那么好，那么我认为，如果你能把指甲修得稍短一点，你就会发现弹好钢琴真是太容易了。你好好想一想，好不好？’她向我做了一个鬼脸，表示她绝对不会修短指甲。我也和她的母亲谈了这一情况，提到她的指甲确实很美丽。但我从她母亲那里又得到了否定回答。显然，贝贝蒂仔细修剪过的美丽指甲对她很重要。

“第二个星期，贝贝蒂来上第二堂课。让我很惊讶的是，她的指甲修短了。我称赞她做出这样的舍弃，同时对她母亲给她的影响也表示了感谢。她母亲回答说：‘啊，我没有做什么。这是贝贝蒂自己决定的。这也是她第一次为了别人而修短了她的指甲。’”

诺瑞丝太太是否强迫贝贝蒂了呢？她有没有说她不愿教留有长指甲的学生呢？没有，她并没有这么说。她告诉贝贝蒂，她的指甲很美丽，要她修短指甲是她的一种牺牲。她只是暗示：“我很同情你——我知道对你来说修短指甲不是一件容易的事；但是这会让你的钢琴练得更好。”

索尔·休洛也许是美国第一位音乐经纪人。在近半个世纪中，他一直和艺术家们——如查利亚宾、邓肯和帕弗洛娃等世界著名的艺术家保持往来。休洛先生告诉我，要和这些性情无常的艺术家打交道，最关键的第一课就是必须同情，同情！而且对他们那些荒谬可笑的古怪脾气必须给予更多的同情。

他曾给查利亚宾担任音乐经纪人达 3 年之久——查利亚宾是最伟大的男低音歌唱家之一，大都会歌剧院高贵的观众无不为之倾倒。但查利亚宾总是给人出难题，他的行为处事就像一个被宠坏了的孩子。用休洛先生的话来说："他是一个各方面都令人头疼的家伙。"

例如，查利亚宾可能会在他将要演唱的那天中午，给休洛先生打电话说："索尔，我觉得不舒服。我的喉咙像生牛排一样。今晚我不能演唱了。"休洛先生是否同他辩论呢？哦，没有。他知道自己作为艺术经纪人，不能那样对待艺术家。于是他赶到查利亚宾下榻的宾馆，对他表示同情。"多么不幸！"他会忧伤地说，"多么不幸！我可怜的朋友。当然，你不能唱了，我会立即取消这场演唱会。那只不过损失你几千美元，但这和你的名誉相比算不得什么。"

然后，查利亚宾会叹息地说："也许你下午最好再来一趟。看到 5 点钟时我觉得怎样。"

到了 5 点钟，休洛先生再次来到他的旅馆，对他表示同情。休洛一再坚持取消演唱会，查利亚宾会再叹气地说："好吧。你再晚点儿来看我！那时我或许会感到好一点。"

到 7 点半，这位伟大的男低音歌唱家答应演唱了，但有一个条件，就是休洛先生要登上大都会歌剧院的戏台，宣布查利亚宾患有重感冒，嗓子不太好。休洛先生会谎称照他说的去办，因为他知道，那是使这位歌唱家上台的唯一方法。

亚瑟·盖茨博士在他的名著《教育心理学》中说："所有的人都普遍地渴求同情。例如小孩急于展示他所受的伤害，甚至故意割伤或弄伤自己，以期获得大量的同情。出于同样的原因，成人也会向别人显示他们的伤痕，叙述他们的意外、疾病，特别是动手术开刀的详情。为真实的或想象中的不幸而‘自怜’，这几乎是普遍的心理现象。”

所以，如果你想使人同意你的看法，请记住第九项规则：同情别人的想法和愿望。

激发对方高尚的动机

我在密苏里州杰西·詹姆斯活动的乡间长大，我曾造访过詹姆斯的农场，那时詹姆斯的儿子还活着。

他的妻子对我说起杰西·詹姆斯如何抢劫火车及银行，然后将这些钱分给邻近的农夫们去赎回抵押物。

杰西·詹姆斯大概在心中把自己当成了一个理想主义者，正如几十年之后的苏尔兹、“双枪手”克洛雷、卡朋恩及其他许多有组织的犯罪分子所想的一样。事实上，你遇见的每一个人都会过高估计自己，并认为自己是善良而无私的人。

摩根在他的一篇短文中分析说，一个人做任何事，通常有两种理由：一种是动听的，另一种是真实的。

每个人都会想到那个真实的理由，因此你不必过分强调它。而我们每个人心中又大都是理想主义者，总喜欢听到那个说来动听的动机。所以，要改变人们，就需要激起他们高尚的动机。

要在商业中实践这一点是否太理想化了？我们就以宾夕法尼亚州格利诺顿的法莱尔—密歇尔公司的汉密尔顿·法莱尔先生的一件事为例吧。

法莱尔先生有一位不满意的房客威胁要搬走。但这位房客的合同还有4个月，而他却通知说马上就要搬走，而不顾合同。

“这些人已在我的屋子里住了整整一个冬季——这是一年中房租最高的时期。”法莱尔先生在班上讲述这件事时说，“而且我知道，要在秋季以前再将这些公寓租出去是很难的。眼看这就要到手的租金将泡汤了，我真着急了。

“要照从前的情况，我会跑到那位房客那儿，让他把那份合同再看一遍。

我可以向他指出，如果他搬走，应付清合同规定的余款——我会那样做，并且会立刻收款。

"可是，那样做只会弄得更僵，我决定试试别的方法。于是我这样对他说：'杜伊先生，我已经知道了你的计划，但我还是相信你真想搬走。从事多年房屋租赁生意，使我学到不少观人料事的经验，我从一开始就看出你是一个有信用的人。对此我确信不疑，我情愿和你打赌。'

"'现在，我提议这样。你不妨再想想你的决定。如果你在下个月的1号租房到期之前，到我这里来告诉我你仍想搬走，那我愿意接受你的决定。我将给你搬走的权利，并承认我的判断有误。但我仍相信你是一个讲信用的人，一定会住到合同期满。因为说到底，我们是人还是猴子——这个选择全在我们自己。'

"好了！当下个月来到时，这位先生亲自来我这里支付房租。他说他已经和他的妻子商量过，决定再住下去。他们得出的结论是，唯一光荣的就是履行契约。"

当已故的诺斯克立夫勋爵发现一家报纸刊登了他不愿公开的照片时，便给编辑写了一封信。他是否说"请不要再刊登我那张照片，因为我不喜欢它"吗？没有，他找到了高尚的动机——一种我们每个人对于母亲的敬爱心理。他写道："请不要再刊登我那张照片，我母亲不喜欢它。"

当小约翰·洛克菲勒想阻止那些摄影记者为他的孩子拍照时，他也诉诸更高尚的动机。他没有说："我不希望将他们的照片刊登出来。"不，他是出于深藏在我们心中的爱护儿童的欲望。他说："诸位，你们都明白，你们之中有些人也有孩子。而你们也知道，小孩子太出风头并没有什么好处。"

当来自缅因州的穷小子希鲁斯·克蒂斯开始为他的光辉事业而奋斗，并成为百万富翁，拥有《星期六晚邮》与《妇女家庭杂志》的时候，他既付不出其他杂志那么高的稿酬，也无法请那些一流作家来为他的杂志撰稿，所以他就设法激发他们的高尚动机。例如，他甚至说动了《小妇人》的不朽作者阿尔科特女士为他撰稿，当时她的声望正如日中天。他送了一张100美元的支票，但不是给她，而是给她热心的慈善事业。

　　说到这里，有人会怀疑说："啊！这套把戏对于诺斯克立夫及洛克菲勒，或对富有情感的小说家也许可行。但是，对那些我不得不向其讨账的、不可理喻的家伙管用吗？"

　　或许你是对的。没有什么东西能在任何情况下都有效——也没有什么东西对任何人都有效。如果你对自己的现状很满意，为什么要改变呢？但如果你不满意，又何不试一试呢？

　　不管怎样，我想你将会乐意听我从前一位学员詹姆斯·托马斯讲的故事：

　　某家汽车公司有6位顾客拒付汽车修理费。但没有一个人拒付整个账单，而是都说

小约翰·洛克菲勒

账单上某一项有错误。每次修理工作顾客都签过字，所以公司知道这些账目不会出错——并且公司也对顾客这么说。但这犯了第一个错误。

　　下面是该公司信贷部职员催讨这些过期账款所采取的步骤。你想他们会成功吗？

　　1. 他们拜访每一位顾客，直截了当地告诉他，他们是来收已经拖欠很久的账款的。

　　2. 他们明确表示，公司的账目绝对没错，所以肯定是顾客错了。

　　3. 他们暗示顾客，公司对汽车方面的知识无论如何都要比他懂得多得多。所以顾客无须狡辩。

　　4. 结果：他们吵了起来。

　　这些方法能使顾客乐意付款吗？你可以自己回答这个问题。

　　事情到了这一步，信贷部经理已准备诉诸法律，幸而这事传到总经理那里。总经理调查了这些欠账的顾客，发现他们向来付款很爽快。这就有问题了——或许是收账的方法有问题。所以他叫来托马斯，让他去收这些"不能收回的欠款"。

下面是托马斯先生采取的步骤：

1. 我拜访了每一位顾客，同样是要收回一笔过期很久的欠款——一笔我们知道绝对不会错的钱。但我对此没有提一个字。我对他们说，我来拜访是想要调查公司曾做了什么事，或什么事未曾做到。

2. 我明确地表示，在我听完他们的叙述之前，我没有任何要说的。我告诉他们，公司并不认为自己完美无缺。

3. 我告诉他，我只关心他的汽车，而他对自己的汽车比世界上其他任何人都知道得多，他是这问题的权威。

4. 我让他尽量讲话，倾听他的意见，对他的想法表示关注与同情。

5. 最后，顾客变得理智了，我使他觉得整个事情的交涉是公平的。我激发了他们高尚的动机。'首先，'我说，'我想使你明白，我也觉得这事情处理不当。我们公司的一个代表已经烦扰、激怒了你，并使你不愉快。那是不应发生的。我很抱歉，并以公司代表的资格表示道歉。我坐在这里听你阐述你的理由，不禁为你的公正与耐心感动。现在，因为你的公正和耐心，我想请你帮我一个忙，我想这件事你比谁都做得更好，因为你比谁都了解得多。这是你的账单，请你核查一下，我知道你会像我公司经理一样，我完全放心。我全部托付给你，你说多少就多少。'

顾客核查了账单吗？他的确这样做了，并且非常高兴。这些账单从150美元至400美元不等，但顾客为自己捞了便宜吗？是的，有一位确实因为对某一项存有疑问而拒付这笔钱，但其余5位顾客都慷慨地付清了欠账！这件事还有更妙的结果——在以后的两年内，这6位顾客都向我们公司买了新汽车！

"经验告诉我，在不了解顾客的确切情况之前，唯一妥善的办法就是假定他是一个真诚、诚实、可靠的人，一旦使他相信账目是准确无误的，他就会自愿付款。换一个更明晰的说法，人都是诚实的，都愿意履行应尽的义务。这一规则的例外非常少。而且我相信那些有意欺骗的人，如果你让他觉得你认为他是诚实、正直、公道的，那么大多数时候他就会做出积极的反应。"

第十项规则：激发人们高尚的动机。

戏剧化地表达你的意见

几年前，《费城晚报》受到一则危险的谣言恶意中伤。一则恶意的谣言正在四处散布。有人警告登广告的客户说，这家报纸刊登的广告太多，新闻太少，对于读者已经没有了吸引力。必须立即行动，以戳穿谣言。

但怎么做呢？

《费城晚报》采取的方法如下：

《晚报》将所有版面上每天的各种阅读资料全部剪下来，加以分类，出版成书，书名就叫《一天》，共有307页——与一本精装书一样多。但《晚报》将每天的新闻及文章印出来，售价不是几美元，而是几美分。

那本书的印行，证明《晚报》刊登了大量有趣的文章。这种方法远比列举数字及空谈更清楚、更有趣，给人印象更深刻。

这是一个富有戏剧色彩的时代，仅仅是叙述真理还远远不够，必须使之更生动、更有趣、更戏剧化。你必须使用吸引人的方法。电影是如此，广播是如此，所以，如果你想引起别人的注意，你也必须这样做。

橱窗展示专家非常了解戏剧化的威力。例如，灭鼠药制造商开发出一种新鼠药后，专门为经销商提供了一个橱窗展览，包括两只活老鼠。结果在展示活鼠的那个星期，销量比平时增加了5倍。

在各种电视广告中，更是有许多运用戏剧化的技巧促销产品的例子。当你晚上坐在电视机前，分析广告专家在每一个广告中的表现手法，你就会看到一种解酸剂在试管中如何改变酸的颜色，而另一种解酸剂却做不到；一种品牌的肥皂或洗衣粉如何洗干净油污的衣服，而另一种品牌还会留下污渍；你会看到一辆汽车在转弯飞驰——比只用嘴说的还要表现得好；以及快乐的面孔显示对各种产品的满意。所有这些，都是为了戏剧化地表现产品所能提供的好处——而且确实能够吸引观众购买这些东西。

你可以用戏剧化手法来表现你所能想到的任何经商观念或生活中的任何

美好的人生

卡耐基励志经典

美好的人生

事物。这很容易。弗吉尼亚州瑞奇蒙市的吉姆·伊曼斯是国家现金注册公司的推销员，他讲了他是如何用戏剧化的示范手法来达到促销目的的。

"上个星期，我拜访了我家附近一家杂货店的老板，看到他用的收银机是一种非常过时的老古董。我走近老板，对他说：'你实际上是在每一位顾客每次走过你柜台的时候，把钱丢出去。'同时我把一些硬币扔在了地上。他马上注意起我来。我只说一句话就引起了他的兴趣，但硬币丢在地上的声音使他停了下来。我从他那里得到了更新所有旧机器的订单。"

戏剧化的手法也适用于家庭生活中。过去男人向情人求婚时，是不是只说些情话呢？不是！他还会跪下来，这才真正地表示他是认真的。尽管我们现在不再下跪求婚了，但是还有很多男人在向情人求婚之前，会先营造出罗曼蒂克的氛围。

把你所要的东西以戏剧化手法表现出来，对小孩也会有用。

亚拉巴马州伯明翰市的乔·冯特先生很难让他5岁的儿子和3岁的女儿收拾玩具，因此他发明了一列"火车"。儿子乔伊当司机，骑着他那辆三轮车，女儿珍妮的篷车连接在后面。晚上，当她哥哥骑着车子绕室而行的时候，她则把所有的"煤"装上她的篷车改装成的"货车"，然后，她也跳进车去。这样一来，屋内到处乱扔的玩具收拾好了——不需要教训、斥责或恐吓。

印第安纳州密莎瓦卡市的玛丽·伍尔夫在工作上遇到了一些问题，她认为必须和老板谈谈。星期一早晨，她要求和他面谈，但是他告诉她说他很忙，让她先和他的秘书联系，本周晚些时候再谈。秘书说他的日程表已经排满了，但是会想办法安排好。

伍尔夫夫人描述了经过：

"整个一星期，我一直没有得到那位秘书的通知。每当我问她时，她都找出老板没时间见我的各种理由。到了星期五早上，我还是没有得到确实的消息。我必须在周末之前见到他，和他谈我的问题，因此我就问自己怎样才能使老板接见我。

"最后我想了这样一个办法：我给他写了一封正式的信。我在信中表示我完全了解他整个星期都很忙，但是我要和他面谈的事也极为重要。我随信附了一张表和一个写了我自己名字的信封，请他或由他叫秘书把这张表填好，然后寄给我。这张表的内容是这样的：

伍尔夫夫人：我将在_ 月_ 日_ 点抽出_ 分钟和你见面讨论问题。

"我上午11点钟把这封信放在他的公文盒里面。下午两点钟我去看我的信箱，就收到了我自己写上名字的信封。他亲自给我回了信，表示当天下午就可以接见我，并且给我10分钟的时间谈话。我和他见了面，而且谈了一个多小时，解决了我的问题。

"如果我不把我要见他的事以戏剧化的方式表达出来，我可能现在还在等他。"

詹姆斯·普顿要作一个长篇市场报告。他的公司刚刚为一家最著名的润肤膏品牌完成了一项详尽的市场调研。对手的数据必须马上提交，而客户正是广告界资产实力最雄厚——也最让人头疼的人。

但是他的第一次报告还没开始就失败了。

"我第一次走进去时，"普顿先生说，我竟跑题了，讨论起调查方法来。我们吵了起来。他说我错了，而我则竭力想证明我是对的。

最后，我赢得了胜利，我自己也很满意——但我的时间正好到了。会谈完了，可是我仍然没有谈出什么结果。

第二次，我没有再费神将数字及资料制成表格。我直接去找那人，戏剧化地表达我调查到的事实。

当我走进他的办公室时，他正忙着接电话。他接完电话后，我打开一只手提箱，取出32瓶润肤膏，放在了他的桌上——这些都是他知道的产品——全都是他的竞争对手的产品。

我在每个瓶子上都贴上了标签，列出商业调查的结果。但每张标签都简明扼要，生动地说明了一切。

结果如何呢？

我们不再争论了。这是一种全新的、完全不同的结果。他先拿起一瓶又一瓶的润肤膏，阅读标签上的文字说明。我们开始了友善的交谈。他问了一些另外的问题，显然产生了极大的兴趣。他本来只给我 10 分钟时间报告结果，但现在 10 分钟过去了，20 分钟、40 分钟、1 个小时过去了，我们却还在交谈。

"我这次报告的内容和上次的完全一样，但这次我采用了戏剧化的表现方法，其效果截然不同。"

第十一项法则：戏剧化地表现你的想法。

提出有意义的挑战

有一次，查尔斯·施瓦布下面的一位钢厂经理来找他，因为他的工人完不成生产任务。

"怎么回事？"施瓦布问，"像你这样能干的人，竟无法让钢厂运行？"

"我不知道。"这位经理回答说，"我曾以利诱导他们，也曾鼓动他们，或发誓、责骂，甚至用开除来威胁他们。但无论怎样都不管用，他们就是不愿工作。"

当时正巧白班刚下，夜班即将开始。施瓦布向经理要了一支粉笔，然后转向最近的一个工人问道："你们这班今天生产了多少炉？"

"6 炉。"

施瓦布一声不响，只用粉笔在地上写了一个大大的"6"就走了。

上夜班的工人进来时，看见了"6"，就问是什么意思。

"大老板今天来了这里，"上日班的工人说，"他问我们产了几炉，我们告诉他 6 炉，他便在地板上写下了这个数字。"

次日早晨，施瓦布又来到这家钢厂，发现夜班工人已将"6"抹去，换上了一个大大的"7"。

早晨，白班工人来上班的时候，看见了地板上那个大大的"7"。夜班工人是要证明他们比白班强？是不是？那好，他们决定给夜班工人一点儿颜色看看。于是，他们热情地工作，在那晚下班时，留下了一个神气活现的大"10"。从此，情况好转起来。

不久，这家生产一度落后的钢厂比公司任何其他工厂产量都高。

原因在哪里呢？

且用施瓦布自己的话来说："使生产圆满完成的方法，就是激起竞争。我并不是指卑劣、谋利的竞争，而是超越对手的欲望。"

超越的欲望！挑战！这才是激励人的精神的可靠方法。

如果不是挑战，西奥多·罗斯福不会当上美国总统。当时，这位英勇的骑士刚从古巴归来，就被推选出来竞选纽约州长。当反对党人发现他并不是那个州的合法居民时，罗斯福慌了，想退出竞选。于是来自纽约的议员托马斯·普拉特向他提出了挑战。他突然转向罗斯福，大声叫道："难道你这位圣巨思山的英雄竟是懦夫？"

罗斯福接受了挑战，继续奋斗，这才改写了历史。这项挑战不仅改变了罗斯福的一生，同时也对美国的历史产生了重大的影响！

"每个人都有害怕的时候，但是勇敢者会将畏惧放置一边，继续勇往直前，结果或许会走向死亡，但更多的则是通向胜利。"这是古希腊一位先哲的名言。还有什么东西比克服困难更具有挑战性呢？

当艾尔·史密斯担任纽约州长时，就用过这一方法。星星监狱——位于魔鬼岛西部的最负恶名的一所监狱，没有领导，丑闻在狱中满天飞。因此，史密斯需要一位强有力的人——一位铁人去治理星星监狱。但是找谁呢？他找来了新汉普顿的刘易斯·劳斯。

"去管理'星星'，如何？"当劳斯站在他面前的时候，他愉快地说，"那里需要一个有经验的人。"

劳斯非常为难。他知道'星星'的危险，那可是一项政治任务，极易受政治变化的影响，监狱长曾一再更换，有一位监狱长在职只有 3 个星期。他必须考虑他的前途。值得冒险吗？

史密斯看出了他的犹豫，便往椅背上一靠，露出了微笑。"年轻人，"他说，"我并不怪你的犹豫，那个地方是不太平，那儿需要一个大人物坐镇。"

史密斯提出了一个挑战，不是吗？而劳斯内心当然喜欢尝试出任一个大人物的工作。

所以他去了，他待了下来，成了当今美国最著名的监狱长，他的著作《星星两万年》售出了几十万册。他曾在电台讲他在狱中的生活故事——它们被拍成了几十部电影。他对罪犯的"人道化"管理也创造了许多监狱改革的奇迹。

"我从不以为，"哈维·费尔斯通——伟大的火石轮胎公司的创始人说，"薪水，仅靠薪水，就能吸引那些优秀的员工。我想那要靠工作本身的竞争。"

伟大的行为科学家弗里德里克·赫兹伯也同意这种观点。他对上千名工厂员工及高级经理的工作态度作了深入的研究。你认为他发现的最富激励性的因素是什么？是工作具有刺激性？钞票？良好的工作条件？福利待遇？不，都不是！激励人们工作的主要因素正是工作本身。如果某项工作令人兴奋和感兴趣，那么人们就会渴望去做它，而且尽力做好它。

这正是每个成功者所喜爱的：竞争和表现自我的机会，证明他自己的价值、超越对手、获取胜利——渴望超越，渴望有一种重要的感觉。

第十二项规则：提出一个挑战。

第三章　营造幸福家庭

不要挖掘婚姻的坟墓

75 年前，法国的拿破仑三世——拿破仑·波拿巴的侄子，爱上了全世界最美貌的女人、德伯女伯爵玛丽·欧仁妮，并和她结了婚。他的顾问指出，她不过是一位地位并不显赫的西班牙伯爵之女，但拿破仑三世反驳说："这有什么关系？"她的高雅、青春及迷人的美貌使他感觉如神仙般幸福，他甚至在一篇皇家公告中公然宣称，即使全国人民反对，他也绝不后悔。"我已经爱上了一位我敬重的女士，"他说，"我从未见过她这样的女士。"

拿破仑和他的新娘拥有健康、财富、势力、名声、美丽、爱情和敬仰——所有这一切都完全符合浪漫的情调。婚姻的圣火在人世间从来没有燃烧得如此炽热。

然而，这"圣火"很快就摇曳不定，而且热度也有所下降，终于只剩下灰烬。尽管拿破仑可以让欧仁妮当上皇后，但即使他倾尽美丽的法国的全部财富，献出他全身心的爱和皇帝的权威，也无法阻止这个女人的唠叨。

由于嫉妒和猜疑，欧仁妮根本无视拿破仑的命令，甚至不许他有一点个人隐私。有时他正在处理国务，她会冲进他的办公室；当他正讨论重要事务时，她也会进来干扰。她不想让他一个人独处，担心他会和别的女人鬼混。

她经常去她姐姐家，埋怨自己的丈夫，不停地唠叨哭闹，还会说些威胁性的话。她还会强行冲进他的书房，大发雷霆，辱骂丈夫。拿破仑虽然贵为法国皇帝，拥有无数财富，却没有一处安身之地。

欧仁妮这样做的结果是什么呢？下面就是答案。我就引用莱哈德的巨著

《拿破仑三世与欧仁妮——一个帝国的悲剧》来说吧："从此以后，拿破仑经常三更半夜在一个亲信的陪伴之下，从一个小侧门悄悄溜出去，用一个小软帽遮住双眼，真的去找一位正在等他的美貌女士；或者是去游览巴黎这座古老的城市，欣赏神仙故事中连皇帝也见不到的街道美景，呼吸本来应该拥有自由的空气。"这就是欧仁妮唠叨的结果。不错，她是坐在法国皇后的宝座上，她也的确是全世界最美丽的女人，但在她的喋喋不休中，美丽和尊贵都不能维持爱情。欧仁妮失声痛哭，说："我最害怕的事情终于发生了。"这种事降临到她身上了吗？这是她自找的。可怜的女人，一切都起源于她的嫉妒和唠叨。

地狱中的魔鬼所发明的破坏爱情的所有恶毒手段，最厉害的要算唠叨了。这种方法总是会得逞，它就像眼镜蛇毒一样，总是置人于死地。

托尔斯泰伯爵的妻子也发现了这点——但可惜太晚了。

她在临死前向女儿们坦承："你们的父亲是因我而死的。"她的女儿们没有回答，全都失声痛哭，她们清楚母亲是在说实话。她们知道，正是她用那没完没了的埋怨、批评以及唠叨，才使丈夫走向死亡的。然而，照常理来说，托尔斯泰伯爵及其夫人本应该是幸福美满的一对。

托尔斯泰是世界上最著名的小说家之一，他的两部巨著《战争与和平》、《安娜·卡列尼娜》，将在世界文学中永放光

托尔斯泰

芒。托尔斯泰太有名了，以至于他的崇拜者整天追随左右，记下他所说的每一句话。哪怕他只是说"我想我要上床睡觉了"这样的日常碎语，也会被逐字记录下来。现在，俄国政府正计划印行他所写的每一句话，合计有100卷。

除了名声之外，托尔斯泰和他的夫人还拥有财产、社会地位及孩子。可

以说天底下没有比这更美好的婚姻了。起初，他们的幸福似乎完美至极，也甜蜜至极，他们相信一定会白头到老。所以他们甚至一同跪拜在地，祈祷万能的上帝永远将这种幸福赐予他们。然而，不幸的怪事发生了。托尔斯泰慢慢变了，几乎完全不同于以前了。他对自己所写的鸿篇巨制感到羞耻，并从那时开始专心写作宣传和平的小册子，呼吁废除战争与贫穷。

这个曾经承认在年轻时犯过各种可以想象得出的罪恶——甚至包括谋杀的人，想要真正遵奉耶稣的教导。他捐出了所有的财产，过着清贫的生活。他在田里耕作，砍柴堆草。他自己动手做鞋子，打扫房间，用木碗吃饭，并尽量爱他的敌人。

托尔斯泰的一生是个悲剧，其根源正在于他的婚姻。他夫人喜欢奢华，而他对此却不屑一顾。她渴望名声和社会的赞誉，但对他而言这些虚浮之物毫无意义。她渴求金钱与财富，而他认为财富及私产是罪恶的东西。多年以来，由于他坚持放弃作品的出版权，不收任何版税，因此她一直吵闹不休。她希望得到这些著作能赚到的钱。当他反对时，她就歇斯底里地在地上打滚，拿着一瓶鸦片，发誓要自杀，并威胁要跳井。

在他们的生活中，有一幕我认为是历史上最凄惨的场面。我已经说过，他们结婚之初非常幸福；但48年过后，他一看到她就不舒服。有一天晚上，这位年老色衰的女人渴望得到丈夫的爱情，就跪在他的面前，请求他为她大声朗读50年前他写给她的日记，这份日记饱含了浓情厚意。当他读完那早已一去不复返的美丽而愉快的往事时，两个人都哭了。生活的现实和他们许久以前所拥有的浪漫梦想简直天差地别！

最后，当托尔斯泰82岁时，他再也忍受不了家庭的悲惨和不快，就在1910年10月的一个大雪之夜，逃离了他的夫人——闯进了寒冷的黑夜，不知去向。

11天之后，托尔斯泰因肺炎在一个火车站死去。他临死的要求，竟然是不让她来到他身边！这就是托尔斯泰伯爵夫人喋喋不休、抱怨及疯狂所付出的代价。

你也许会认为她的唠叨是应该的。当然！但这并不是要点。问题在于，

唠叨对她有什么好处？是不是把事情弄得更糟了呢？"我想我真的是神经错乱了。"

这是托尔斯泰伯爵夫人对那段经历的看法，但太晚了。

林肯一生最大的悲剧，也是他的婚姻。

请注意，不是他的被刺，而是他的婚姻。布斯开枪之后，林肯甚至不知道自己遇刺了，因为他几乎每天都活在痛苦中。

23 年来，林肯的处境正像他的律师合伙人荷恩敦所说的，是"婚姻不幸的苦果"。说"婚姻不幸"还是轻描淡写的，因为林肯夫人 20 多年来一直对他喋喋不休，让他难得安宁。

她总是抱怨，总是批评自己的丈夫，认为他的一切都不对：他伛背缩肩、走路难看，抬脚放步简直呆板得像个印第安人。

她数落他走路没有弹性，举止不优雅。她会模仿他走路的样子讥笑他，并让他走路时先将脚尖着地，就像她从莱克星顿市曼特尔夫人的寄宿学校学到的那样。

她还不喜欢他那两只大耳朵和他的头长成直角的模样；甚至告诉他说他的鼻子不直，嘴唇前突，而且外表看上去像个肺结核病人，手和脚太大，而头又太小。

林肯和他夫人玛丽·托德几乎在每个方面都完全相反：教育、出身、性格、爱好以及思想观念。他们常常会厌恨对方。

"林肯夫人那高而尖锐的声音，"当代最著名的林肯研究权威专家、已故参议员阿尔伯特·贝弗里奇写道，"在街的对面都能听得见。她愤怒的责骂声，所有邻居家都能听到。而且她的暴怒常常不只是通过言语来表达，她发泄暴怒的方式多得难以胜数。"

举例来说吧：林肯夫妇结婚不久，和尔莱夫人住在一起——她是斯普林菲尔德镇一个医生的遗孀，因生活所迫而不得不出租房屋维生。

一天早上，林肯夫妇正在吃早餐，林肯可能做错了某件事，立即使他夫人暴跳如雷。究竟什么原因，现在已经无人记得。只见林肯夫人在盛怒之下，将一杯热咖啡泼到了丈夫脸上，而当时还有许多房客在场。林肯忍气吞声地呆坐在那里，一言不发。尔莱夫人进来了，用一块湿毛巾替他擦净了脸和衣服。

林肯夫人的嫉妒是如此的愚蠢和凶暴，让人难以相信，只要读到她在公众场合所做的这些有失风度的事情——即使是在 75 年后的今天看到这些，也会让人惊讶不已。最后她终于精神失常。对于她这个人，我们用一句最宽容的说法，只能认为她是"性情使然"。

所有这些唠叨、斥责和发怒是否改变了林肯呢？从某些方面来说确实如此，那就是改变了他对她的态度，使他后悔自己婚姻的不幸，并竭力避免和她见面。

当时，斯普林菲尔德镇有 11 位律师，在那里谋生并不容易。所以，当大法官大卫·戴维斯去各地开庭审理案件的时候，这些律师就会骑马从一个县到另一个县地追随他，因为他们只有这样才能设法找到一些业务。

每当星期六来临时，其他律师都会尽量赶回斯普林菲尔德，和家人共度周末。但是林肯却不想回去，他害怕回家：每年春季 3 个月，秋季又是 3 个月，他都跟随巡回法庭到各地审案，从不走近斯普林菲尔德。他就这样年复一年地生活。尽管乡村旅馆的条件非常恶劣，但林肯情愿待在这里，而不愿回家面对妻子那喋喋不休的话语和暴怒的脾气。

这就是林肯夫人、欧仁妮皇后、托尔斯泰伯爵夫人唠叨不休所获得的结果。她们给自己的生活所带来的，除了悲剧，什么也没有。她们毁坏了她们最珍爱的一切。

贝丝·亨博格在纽约一家家政法庭工作 11 年，审理过好几千个案子。她说男人离弃家庭的一个重要原因，就是他们妻子的唠叨。或者像《波士顿邮报》所说的："许多妻子正在慢慢地挖掘她们自己婚姻的坟墓。"

因此，如果你想使你的家庭生活幸福，就请记住第一项规则：千万不要唠叨！

不要作无用的批评

在政治生涯中，狄斯累利最强有力的对手是格莱斯顿。这两个人对于大英帝国的每一件事情都可能会发生冲突。但是他们有一个共同点，他们的私人生活都非常幸福。

格莱斯顿和他妻子凯瑟琳共同生活了 59 年，在近 60 年的时间里，他们一直互敬互爱。我喜欢想象这位英国历史上最尊贵的首相：握着他妻子的手，围着炉边地毯跳舞，唱着这首歌：

丈夫衣衫褴褛，妻子服饰亦陋。人生总有沉浮，需要同甘共苦。

格莱斯顿在公开场合是一位值得敬畏的人物，但他在家里从不批评人。

当他到楼下吃早饭，而全家人却还在睡懒觉时，他就会以温和的方式来表达他的不满。他会提高声音，使整个房屋都充满神秘的歌声，以此提醒他的家人：全英国最忙的人独自一人在楼下等着吃早餐。他总是保持外交家的风度，体谅别人，并竭力自我克制，不在家里批评任何人和事。

俄国女皇凯瑟琳也经常如此。她统治着历史上最大的帝国之一，掌握了千百万人的生杀大权。她在政治上是一个暴君，发动过毫无意义的战争，判处仇敌死刑。但是，如果厨师把肉烤焦了，她却什么也不说，而是微笑着吃下去。她这种宽容的做法，值得做丈夫的学习。

陶乐斯·迪克丝是美国不幸婚姻研究的权威专家，她认为在所有婚姻中，50% 以上是失败的；许多充满浪漫色彩的梦想之所以破灭，原因之一就是那些毫无用处却令人心碎的批评。

凯瑟琳

所以，如果你想使你的家庭生活幸福快乐，就请记住第三项规则：不要批评。

给予真诚的欣赏

"大多数男子在寻找对象的时候，"洛杉矶家庭关系研究所所长保罗·鲍比诺说，"不是找高级职员，而是想找一位既迷人，又可以满足他们的虚荣心，并使他们感觉超人一等的人。所以，某位办公室女主管可能会被人邀请去吃饭，但也只有一次。她很可能会把她在大学所学的《现代哲学主要思潮》拿出来作为话题，甚至坚持付自己的餐费。结果呢？从此她就一个人吃饭了。

"相反，那些没有上过大学的打字员被人邀请共进午餐的时候，会用热情的眼光注视着她身边的男子，深情地说：'能不能把你的情况多告诉我一些？'结果这个男人会告诉别人：'她并不是很漂亮，但我从未遇到比她更会说话的人。'"

对于女性在追求美丽方面所花的精力，男人应该表示赞赏。所有的男人常常会忘记——尽管他们也知道——女人非常在意自己的衣着打扮。例如，一个男人和一个女人在大街上遇到另一个男人和一个女人时，这女人很少会注意男人，而通常会注意另一个女人的穿着。

几年前，我的祖母在 98 岁高龄时离开了人世。就在她去世前不久，我们把一张她在 30 多年前照的照片给她看。尽管她的眼神已经不太好，看不清照片，但她问的唯一问题是："我那时候穿的什么衣服？"请想想！一位风烛残年的老太太，久病在床，年事已高，近一个世纪的时光将她的全部精力几乎耗尽，记忆力甚至衰退到连自己的女儿都认不出来，可是还想知道她在 30 多年前穿什么衣服！她问这个问题的时候，我正好在她床边。这件事给我留下了难以磨灭的印象。

本书的男读者不会记得他们在 5 年前穿的什么衣服，而且也根本没有心思去记。但是女人就不同了——我们男人应该注意这一点。法国上层社会的男人就会对女人的衣服帽子表示赞美，而且一个晚上会赞美多次。5000 万法国男人这么做自有道理。

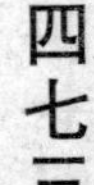

在我的剪报中有一篇故事。尽管我知道这件事从未发生过，但它却说明了一个道理，我复述如下：

一个农村妇女干了一天的辛苦工作之后，在男人们面前放了一大堆草。当这些男人生气地问她是否发疯时，她回答说："哼！我怎么知道你们会在意？我为你们这些男人做了20年饭，可我从未听到你们说过一句话，好让我知道你们吃的不是草。"

从前，莫斯科和圣彼得堡那些养尊处优的上层人物在这方面很有教养。在沙皇俄国时代，上层社会有一种习惯，当他们享受了一顿美味佳肴之后，一定会请来厨师，当面褒奖他们。

为什么不这样对待你的妻子呢？下次她的鸡排做得非常脆嫩可口时，就要这样告诉她，让她知道你非常欣赏她的手艺——你不是在吃草。或者，正如得克萨斯·吉恩常说的："大大地夸奖那个小女人。"

如果你想这样做，不妨让她知道，她对你的幸福多么重要。狄斯累利是英国最伟大的政治家，但如前所述，他会对世人毫不害羞地承认"非常感激那个小女人"。

有一天，我在看一本杂志，看到一段采访艾迪·康德的文字：

"我从我妻子那里获益良多，"艾迪·康德说，"比从任何其他人那里得到的都要多。她是我儿时最好的伙伴，帮助我努力进取。我们结婚之后，她省下每一美元，拿去投资、再投资。她为我积累了一大笔财富。我们有5个可爱的孩子，她为我营造了一个温暖舒适的家。假如说我有所成就的话，全都归功于她。"

在好莱坞，婚姻就是一种冒险，即使伦敦的路易保险公司也不敢承保。华纳·巴斯特的婚姻是少数特别幸福的婚姻中的一个。

巴斯特夫人婚前的名字是威尼弗雷德·布莱逊，她放弃了如日中天的表演生涯，和巴斯特结了婚。但是，她的这种牺牲从未破坏他们的幸福。"她失去了在舞台上成功的机会，"华纳·巴斯特说，"但我已经尽了最大努力，使她知道我对她的赞美。如果一个女人要从她丈夫那里得到幸福，就一定要从他的赞美和热爱中去找。如果这种赞美和热爱发自内心，那么他也会从中得到爱与幸福。”

明白了吗？所以，如果你想使你的家庭生活幸福快乐，一项最重要的原则就是第四项规则：给予真诚的欣赏。

对婚姻的忠告

西奥多·帕克先生结婚时，夫妇两人进行了结婚旅行。在新婚期间，帕克先生列出了一些有用的建议来解决婚姻中可能出现的问题和矛盾：

第一，除非有特殊的理由，决不要违背妻子的意愿；

第二，按照妻子的意愿，相互履行义务；

第三，从来不要责备妻子；

第四，从来不要轻视妻子；

第五，从来不因为妻子的要求而抱怨；

第六，鼓励妻子柔顺的品质；

第七，分担妻子的压力和负担；

第八，宽恕妻子的缺点；

第九，永远珍爱妻子，保护妻子；

第十，记住，永远为妻子祈福，这样上帝就会为我们赐福。

帕克为自己列出的这些建议就像犹太教的十诫一样，都可以理解为一个字——爱。爱在犹太人的教义里无处不在，而爱也贯穿于整个婚姻过程中。

萨克雷对他的儿子说：“在所有的事情中，最为重要的就是找一个快乐的妻子，我亲爱的孩子。”

要想有一个幸福快乐的家，夫妻两个必须志趣相投，有共同的追求。如果丈夫是一个粗俗不堪的男人，而妻子是一个很有教养的女人，那么他们在一起就不会有多少欢乐可言。

“一个在男友追求她时就不断挑剔缺点的女孩，婚后会变本加厉地责怪他；而一个婚前就努力讨人欢喜的女孩，婚后会更加努力地做到这一点。”

约翰逊博士说：“在男女恋爱期间，双方竭力掩盖自己的缺点，常常会

成为他们相互了解的障碍，他们通过刻意的顺从和有意的伪装，掩饰他们本来的样子和真实的欲望。从他们开始恋爱起，他们就常常在对方面前戴着面具，但后来一旦有些东西被揭穿，每个人便都会觉得有理由怀疑对方是否发生了变化，如果发生一次严重的争吵或者冲突，就容易导致两人劳燕分飞，各奔东西。"

对未来的新郎和新娘，我想说："要互相坦诚，保持平和的心态，在热恋的时候就应该把缺点和不足暴露给对方。如果在婚前隐瞒的话，婚后一旦发现对方的性格或条件存在某些缺陷，就会对婚姻生活产生很大的负面影响。坦诚一些总比隐瞒要好得多，因为缺点和不足与优点一样，终归会在婚姻生活中显现出来。因此自然一些，一开始就表现出你的本色！"

从某种程度上讲，年轻人应该从实用的角度来看待婚姻。一个好的妻子是一大笔财富。她以一种优雅的方式使你拥有比以前多得多的东西。为了使你更加精力充沛、迅捷高效地工作，她会表现出你所需要的品格。譬如，她会在你发达的智力中注入一些情感因素，而这些情感因素是使智力更好地发挥作用所不可或缺的。为了获得真理，需要心和脑的协同联合。我们不能断言，男人是天生冷酷的无情无义之人；我们同样也不认为，可以把女人想象成没有任何头脑的感情用事者。心灵和大脑、情感与理智在各自发挥作用的方面同样地宝贵。

一个女人，只要不被想成为一个强人的那种雄心壮志所感染，她就能够成为由夫妻双方组成的婚姻股份公司中的一员，并通过其特有的在情感方面的投资为公司的资本积累作出贡献。一些女人可能会讨厌这种说法，但是我要警告年轻的男士们，不要把美好的婚姻方案寄托在那些可能讨厌婚姻本身的女人身上。如果你想要的是一个妻子，而不仅仅是一个家庭主妇的话，你必须睁大你的眼睛，仔细寻找那种温柔体贴、甜美可人的女性特质。正如冬日里壁炉的熊熊火焰可以为你驱走身上的寒气一样，这种女性特质也会在你精神上施加无穷无尽的有益影响——就像一股温暖宜人的清风抚慰着你的灵魂，驱逐你思想中的僵硬、情感中的冷酷，并使得你的生活井然有序、融洽和谐。

解读问题婚姻

1933 年 6 月，艾麦特·克鲁西发表了一篇叫做《为什么婚姻会出现问题》的文章。下面是从这篇文章里摘录的一些问题，它们都很具有回答的价值。如果你对每个问题的回答是肯定的话，你就能得到 10 分的满分。

针对丈夫的问题：

1. 你还在"追求"你的妻子吗？比如送花，给她过生日，过结婚纪念日，或者给她意外的惊喜和殷勤等。

2. 在别人面前，你会注意不批评她吗？

3. 你会给她随意用的零用钱吗？

4. 在她遇到女性特有的问题的时期时，你会拿出时间和精力帮她度过吗？

5. 你的一半的娱乐时间，是和妻子一块儿过的吗？

6. 在赞扬她的长处之外，你会聪明地避免把你妻子的做饭本领及管理家庭的能力和你母亲或别人的妻子相比较吗？

7. 对你妻子的精神生活，如她参加的社团活动，她看的书，她对当地政府、政策的看法等等，你会有兴趣吗？

8. 当她和其他男人跳舞，或接受他们的照顾时，你能保证不说吃醋的话吗？

9. 你会经常在合适的时机，对她表示你的赞赏吗？

10. 当她为你做一些缝缝补补、洗洗涮涮之类的琐碎的事情时，你会对她表示感谢吗？

针对太太的问题：

1. 你会让丈夫在处理他自己的工作方面有完全的自由吗？比如尽量不去议论和他交往的人，他选的秘书，并给他一定的自由时间等。

2. 你是否使家庭更富有情趣？

3. 你是否在做饭时，经常注意调节搭配？

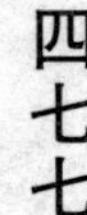

4. 你是否对你丈夫的事业有一定的了解，并且能和他做良性的探讨？

5. 你是否能勇敢地、愉快地面对家庭财政出现的危机，而且不会抓住他的错误不放，或用不满的态度把他和成功的人做比较？

6. 你是否尽力地和他的母亲或其他亲戚很好地相处？

7. 你在买衣服时，是否考虑他对颜色和样式的喜好？

8. 你是否会为了家庭和睦，而不那么固执己见？

9. 你是否培养对丈夫的爱好的兴趣，并且能和他一起玩得很高兴？

10. 你是否注意社会上新的信息、以便能和丈夫有趣地交流？

甜言蜜语永不嫌多

人们常说，情人的话是最不值钱的，又是最值钱的。不论是一见钟情的少男少女，还是同舟共济几十年的老夫老妻，绵绵情话总是说了又说，讲了又讲。每每听到爱人说"我爱你"，总是能激起万般柔情，千种蜜意。恋爱总离不开交谈，这似乎是经验之谈，对初次相见的男女来说尤其如此。

我认为已婚夫妇也需要交谈，虽然说情感的交流是多渠道的，但语言交流是到什么时候也淘汰不了的。

艾莉结婚刚进入第三个年头，就和丈夫分居了。她对律师说："他一定是有问题。每天回家很少和我说话，吃完饭就一下躺到沙发上看电视，再也不想起来，一直到深夜。看完最后一个电视节目，就爬上床，也不问我是否劳累，是否有兴趣，就要求做爱，一句多情的话也没有，仿佛情话都在结婚以前说完了，实在让人难以忍受。"

艾莉需要的并非什么奢侈品，只是丈夫那柔情蜜意的私语。

亲密的私语是恋爱中的男女所不可缺少的。尤其是在进餐或是放松时的亲密交谈，可以称得上是爱情的一种"情感增效剂"。

美国加州医学院精神与心理临床研究专家巴巴克说："对许多妇女来说，恋爱与感受到爱远比性交更重要。尤其对那些忙于家务、整天带孩子的妇女来说，更是如此。那种巧妙的、带刺激性的私语往往使她们获得真正的快慰。"

42 岁的卡克与达娜已结婚 8 年，他记得曾一度羞怯于向妻子倾吐自己满腔的爱。"有一天晚上，我深吸了一口气后，滔滔不绝地向她倾诉了对她的柔情，对她的爱恋。我告诉她：对我而言，你是世界上最不平常的女子。我这番热情洋溢的话使她万分激动，连我自己也感动不已。现在，我一有机会便向她表露衷肠，而我每次都觉得感情比以前更为炽烈。"

可是，应该说什么呢？怎样说才能使说的人不至于做作，听的人不觉得肉麻呢？我建议："当你感到一股穿堂风吹过或觉得闷热时，你会说些什么呢？你会脱口而出：'真凉快！'或'真热！'无须多想，也用不着长篇大论，爱的语言就是这样。如果你正和爱人呆在一间屋里，你觉得能和她在一起真高兴，那你就对她说：'和你在一起我真高兴。'"

大家所熟悉的大文豪马克·吐温常常把写有"我爱你"、"我非常喜欢你"的小纸条压在花瓶下，给妻子一份意外的惊喜。这种习惯伴随他们的一生。可见，甜言蜜语绝非多此一举，而是恋人及夫妻们增进感情的一个良好途径。

让爱成熟

爱是世界上谈论得最多，却也是最不易弄清楚的一个课题。它激发了艺术家的灵感，是婚姻和家庭的基础——失去或缺乏爱，会使人格破碎或阻碍人格的正常发展。

我们大多数人往往对爱具有狭窄、单向的概念，而且完全从家庭或性关系的角度来理解它，同时将它和占有、自负、姑息、依赖等混淆在一起。

直到最近，爱才被认为是一个严肃的科学课题。许多心理学家、医生和科学家给予爱更多的思考和研究，将它视为人类的基本需要，以及还未加以探索的人类事务中一大影响和力量的源泉。基于这些发现，我们可能要将对于爱的一些传统观念加以修正和扩充。

爱和成熟有什么关系呢？罗洛·梅伊博士回答了这个问题。在他最近出版的《人的自我追寻》一书中写道："能够付出和接受成熟的爱，是一个符合我们为完全人格所定的标准的人。"

梅伊博士同时断定大多数人都不知道如何付出和接受爱，一般人对爱的观念既矫情又幼稚。例如，一个将一生完全奉献给自己的丈夫和子女，以致与世界其他一切都完全隔绝的妈妈，她的占有欲就胜过于她的爱的。真正的爱不是局限，而是扩展。一个崇拜女人到无法找到任何可以与之相比的境地的男人，不该被看作是"有爱心的"男性的模范——他是感情发展受到局限，仍然停留在婴儿时期依赖心态的一个案例。依恋和爱是两回事儿。

也许先弄清楚什么不是爱，再来肯定那种使得人格增强、成熟的爱会比较容易些。

首先，爱与我们经常在电影中看到的那种男女相会、玫瑰与香槟式的罗曼史，或小说家偏爱的那种性剥削的激情少有相关之处。爱不限于年轻美貌的人。

泌尿科专家和美国婚姻顾问协会主席亚伯拉罕·史东博士告诉我们，当我们说"我爱"时，其真正的意思大多是"我要"、"我想要拥有"、"我从……得到满足"、"我利用"或甚至"我感到罪恶"。这是科学家称之为所谓的"假爱"。

许多父母用"爱"作为放纵子女的借口。实际上，他们是在以溺爱来推卸自己的责任，并不是在帮助子女成长。纽约杜布斯波克的儿童村，是一个致力于重新训练需要指导的问题儿童的机构。理事史泰龙说："每一天我们都在解除将爱与姑息混淆的父母所造成的伤害。"

成熟之爱的观念是耶稣所说"爱邻如爱己"时心中所抱持的那种观念；是柏拉图在"对话录"中所分析的那种爱——从个人的关系开始，扩展到全人类和宇宙。爱的要素都是相同的，不管是夫妻之间的爱、父母与子女之间的爱或个人与全人类之间的爱。

人类之间的真爱不会阻碍人的成长，它肯定人的其他方面的人格，促进其成长发展。

我认识好多父母常常对女儿的婚姻而感到愤愤不已，只因为女儿企图嫁到某个遥远的地方。记得有一个母亲曾悲叹说"为什么简就不能找一个本地男孩结婚？我们也好经常见到她了。我们为她奋斗了一辈子，而她却这么报答我们，嫁给一个把她带到千里之外的地方去的人！"

如果你说她这样做并不是爱自己的女儿时，她一定会很吃惊。她是将占有和满足自我跟爱弄混淆了。

爱的真谛不是紧紧守住自己所爱的人，而是放手任他（她）走。成熟的人不会占有任何人的感情，他让所爱的人自由，就如同让自己自由一样。这就像其他的创造性力量一样，爱存在于自由之中。

作家普瑞西拉·罗伯逊在《竖琴家》杂志上为爱下过这样的定义："爱，就是给你爱的人他所需要的东西，为了他而不是为了你自己。想想别人把你所需要的东西送给你时的感受。爱包含给予孩子他们所需要的独立，而不是那种所谓的'家长主义'的剥削和专制。爱包含各种性关系，但不是对自负或青春的狂乱追求的那种性格的利用。我的定义还包括你给予那些曾经让你明白自己是哪种人、你会成为哪种人的少数几个人——老师和朋友。它也包含善良——对全人类的关怀，它不是给一个需要面包的人投以石头，也不是在他需要理解时给他面包。

"我们认识好多总是自作聪明的'善心'人，他们把我们不想要的硬塞给我们，而愚蠢地留住我们需要的东西。我认为这些人不应归入有爱心的人的行列，而且我想心理学家们也会得出他们无用的爱心不经意地制造了敌意的结论。"

没有什么比"爱是盲目的"这句老话更能误导一个人了。只有擦亮爱的眼睛，我们才能看清身边的人们。我们体内有一个随意或冷漠的自我，一个我们怕招致伤害或误解而宁愿隐藏起来的敏感、封闭的自我。我们采用各种姿态或伪装去保护它——沉默、害羞、进取、坚强等等，内心却又一直希望有人会帮助我们发掘内在的真正自我。爱可以透视人心，具有特殊的洞察力，它能为"她爱他什么"这个永恒的问题提供答案。

关怀我们所爱的人的成长和发展，肯定和鼓励他们个性化的存在，尊重他们的本来姿态，创造自由和温情的气氛，这些都是想要学会爱所应持的态

卡耐基励志经典

经典丛书

美好的人生

度。爱为他人提供了可以在爱中成长的土壤、环境和营养。

嫉妒是一种经常与爱混为一谈的感情。事实上，它是我们对自己激发情爱的能力缺乏自信的结果，以及一种占有、俘虏他人的欲望。用付出来取代这种占有的欲望就可以克服嫉妒。在此举一个克服嫉妒学会爱人的女人的例子。她说："我曾陷入到嫉妒中而无法自拔。我活在怕失去丈夫的恐惧之中。并不是他给了我嫉妒的任何理由，如果是这样，我反而会少受一点痛苦，因为这样一来，就可以避免那些恐惧和因神经质而自我想象出来的羞辱感。我偏执得像卡通电影里那可笑的妻子一样搜丈夫的口袋，查看汽车烟灰缸里的东西。我常常哭着入睡，白天却生出一些新的疑心。

"有一天，我照镜子。我看见一个不可爱的人——我自己，头发散乱、没有化妆、面容憔悴——而我穿的衣服看起来就像套在扫帚柄上的一个大袋子一样！'海伦，'我对自己说，'你怕失去丈夫。如果你真的失去了他，你能怪他吗？你想怎么办？'我决心实行一个计划，我开始减少擦地板和家具的时间而多留心自己的仪表；我每天下午都休息，增加了一些非常需要的体重。而且找到一份卖化妆品的工作，学习使用它。当我开始显得比较好看，感觉上也比较舒服时，我发现自己的态度慢慢地改变了。丈夫也感觉到我的变化，他的反应扫除了我心中的疑云。我利用原来浪费在嫉妒上的精力，使自己成为我丈夫理想中的妻子。"

这个女人一旦了解到爱不是命令而是肯定时，她便获得了爱的能力。

当我们发现占有、嫉妒和支配这些异质的因子进入我们的心中时，对他人真实的爱便逐渐消失。如果让野草肆意蔓生而不加以清除的话，世界上最美的花园便都会荒芜。

家庭关系的悲剧之一，是因为我们经常不知不觉地以爱的名义给他人造成伤害。过分严厉的父母告诉自己说之所以那样做是"为了小孩好"；溺爱纵容的父母说他们是为了子女的"幸福"着想。俄亥俄州哥伦布的 S·P·艾伦太太讲述了有关这方面难题的一个动人故事。几年前，艾伦太太在和她丈夫离婚之后，发现她面临着照顾自己和两个小孩的重任，她被母兼父职的责任压得喘不过气来，她感到为了培养好他们必须要严厉地管教。

"我订下法规，"艾伦太太说，不接受任何借口，我不和小孩商量或者费心地去听他们的意见——而且还严格地告诉他们什么时候必须做什么事。他们没有独立思考的机会，只有一套必须遵守的规则。

我们家起了微妙的变化。刚开始，小孩们一见到我就躲开。他们躲避我任何示爱的企图。最后我了解到他们怕我，怕他们的妈妈！

我反省了一下自己，得出结论，我的所作所为的出发点根本不是为孩子着想，不过是我把因离婚产生出来的压抑情绪发泄在他们身上而已。我让孩子无形中承担着我个人过错造成的苦难。难怪他们做出明显的反应，虽然他们还不了解。

我开始破除这种压在他们身上的无形的压力。我向上帝求援，试着从新的角度去发现孩子，首先把他们作为人，而不是作为负担或责任来看待。我放下一些家务，抽时间多跟孩子在一起，陪他们玩游戏或到一些有趣的地方去，我学会了指导他们而不是只会下命令。

"当我的心情放松下来时，欢笑和歌声又重新回到了我们中间。爱、温情与快乐在我和孩子们的身上互相反映着，我们的关系得到了恢复，并且进而增强。有了这样的气氛，所有的问题都变得简单而容易解决了。"

艾伦太太学到的是爱，而且学会了用爱去治疗家庭生活的创伤。

爱的能力，不仅决定着我们与家人的亲密程度，而且也决定了我们与他人的关系。我们对朋友、工作、住地以及世界的态度，大多由我们对家庭所付出和接受的那种爱来决定。

心理学家米尔顿·格林布拉特说："如果一个孩子能接受爱的教育，那么他就懂得了自爱和爱他的家人，直至以利他主义者的胸怀真诚地爱所有的人。"

亚希莱·孟德斯博士在他的《人类发展的方向》一书中指出，几乎所有的宗教都认为，生活和爱其实是同一个概念。他总结道："现在看来很明显，人类能够依赖指引他们未来发展方向的主要原则只能是爱。"

只把爱留给家人和亲近朋友的观念是错误的。我们越是爱别人，就越容易获得爱的能力。爱充满于整个人格之中，爱是散布光辉在一切活动上的重大能源。有爱心的人总是对工作、同胞和生命充满热情。他们健康而长寿。

拥有成熟的爱的观念对我们每一个人来说都是非常重要的事。在美国，每一年都有 40 万对夫妻离婚，而且还有成千上万的婚姻岌岌可危。就世界来讲，世上一直存在着国家分裂、种族对抗、国与国的对立和战争的现象。人类如果想继续生存下去，就必须学会和谐相处。

经营你的"性"福人生

美国社会卫生署总干事戴维斯博士请 1000 名已婚妇女，坦白地回答一系列切身问题。结果令人惊讶——这是对一般美国成年人性生活不快乐的一种令人惊讶的真实评价。

看过她收到的这 1000 名已婚妇女的回答以后，戴维斯博士毫不犹豫地发表她的观点：国内离婚的一个主要的原因，是生理上的不和谐。

海密尔顿博士的调查也证实了这个结论。

海密尔顿博士花费 4 年时间，研究 100 个男子和 100 个女子的婚姻。他分别询问这些男女近 400 个有关他们性生活方面的问题，并深入地探讨他们的问题，非常地详细，以致整个调查耗时四载。这项工作被认为在社会学上极为重要，所以这个调查由许多著名慈善家资助。如果你想知道这项实验的结果，可读一读海密尔顿博士与马克哥文所著的《婚姻的症结是什么》一书。

那么，婚姻失败的症结是什么呢？

海密尔顿博士说："只有很偏激、很不谨慎的精神病专家，才会说多数婚姻冲突，不是由于性的不和谐造成的。无论如何，由其他困难产生的冲突，许多时候可以化为乌有，如果夫妻性关系本身是满意的话。"

鲍本诺博士，洛杉矶家庭关系研究所主任，研究过数以千计的婚姻，他是美国家庭生活方面最著名的专家。

按鲍本诺博士的说法，婚姻的失败，常常由于四种原因。他按重要程度列举出来：

1. 性生活的不和谐。

2. 关于休闲的意见不同。

3. 家庭经济困难。

4. 心理的、身体的或情绪的反常现象。

注意，性居于此表第一，而且很奇怪，经济困难只居此表第三。

所有婚姻研究专家，都同意性的配合是绝对必需的。

例如，数年前，辛辛那提家庭关系法庭的郝夫门法官，一位曾听过数千家庭悲剧的人宣称："离婚的十之八九，是因为性生活方面的问题。"

"性，"著名的心理学家沃森说，"众所公认的是生活中最重要的问题。无疑地，那是造成男女快乐破裂原因的东西。"我听过许多医生在我的班中演讲，说的差不多是同样的话。那么，在 20 世纪有众多的书及教育，但因对这种重要天然本能的无知，却导致婚姻破裂，生活毁灭，岂不可怜？

白德费尔特牧师做了监理会牧师 18 年以后，放弃了他的传教事业，去担任纽约市家庭辅导服务处主任，他为青年们举行婚礼的次数比谁都多。他说："根据我早年做牧师的经验，我发觉到，虽然有恋爱及善意，许多到结婚台前来的男女却都是婚姻的文盲。"

婚姻的文盲！

他接着说："当你们想到我们将婚姻调适的艰难大部分交付给机会时，我们的离婚率只有16%，这是一件惊人的事。而处在这个惊人数目中的夫妇实际上并没有真正地结了婚，只不过是没有离婚而已：他们几乎是过着地狱般的生活。"

"快乐的婚姻，"白德费尔特牧师说，"很少是机会的产物，她们是像建筑似的，必需有理智的，用心去设计过的。"去帮助这种设计，许多年来，白德费尔特牧师坚持凡他证婚的男女，必须同他坦白地讨论他们未来的计划。就是由这些讨论所得出的结果，他得出结论：许多急于结合的人，是"婚姻的文盲"。

"性，"白德费尔特牧师说，"不过是在结婚生活中的多种满意中的一种，但除非这种关系适当，没有别的事会适当的。"但如何使之适当呢？

美好的人生

"奈于情面的不言语"——我仍在引证白德费尔特牧师的话——"必须代之以客观言论的能力，并有结婚生活的超然态度及实施。得到这种能力，没有比去从一本认识合理、情趣良好的书籍得到这方面的知识更好的方法了。"

保持家庭生活更快乐的一个原则就是：

了解一些必备的性知识。

爸爸们，请回家

一个社区最近举办了教育委员会私下会议，教育委员们处理一个因旷课太多被高中开除的 16 岁男孩的问题。他每科成绩都非常差，还有两门科目不及格。

男孩和他父母都进入了房间，接受委员们的询问。男孩很漂亮，尽管脸上显露着年轻人弄出麻烦时的那种半屈服半怨恨的神情。妈妈说起话来显得紧张、尴尬，不停地解释她已经尽了最大的努力。爸爸是一个 59 岁、穿着体面的生意人，一直保持着沉默直到一个委员问他和他的儿子关系怎么样。爸爸解释说他是个很忙的人，工作占去了他所有的时间。"我让我的太太照顾小孩子，"他说，"督促小孩做功课并告诉他通过考试是学生的责任。"

那些教育委员们都身为人父，继续追问，你有没有看过你儿子的成绩单？有没有采取什么措施？小孩的爸爸承认他看过而且打过电话给校长。"但是，"他加上一句话，"电话占线，所以我就没有再打了。"

当这一家人离开时，校方决定再给那小孩一次机会。他们觉得，错在什么地方已是很明白的了，或许再给那小孩一次机会他就会有好的表现、会有所改善。

不幸的是，为时已晚。小孩已经养成了很多不良的习惯，缺乏父母较多的指导是无法克服的，过了不久，他又被开除了。更糟的是，小孩的爸爸从没有真正了解到他没做什么就使得他儿子被开除。这并不是个街头不良少年因为抢劫或杀人而被逮捕的案子，而是一个忙得没有时间去关心儿子是否按时上学的为人父者的故事，最悲哀的是这类故事经常发生。有很多的小孩正是在没有爸爸教导的情况下长大的。他们是有爸爸，没错，但那只是个住在他们家的男人而已。他们不常见到他或和他没有多深的感情。爸爸每天一大早就出门，很晚才回家。有时候他加班，有时候他带着一手提箱的文件回家处理。当他不加班、不带公事回家时，也是忙了一整天太疲倦了，只能躺在椅子上埋头读晚报，一直到小孩们都上了床。他的休闲时间很少有小孩的份儿，而是在和公司同事打保龄球，周末打高尔夫球，以及和客户在鸡尾酒会上。

女人因为工作和事业而丢下家和小孩一直受到猛烈地批评。大家理直气壮地指出，没有任何一份工作，不管多么荣耀、薪水多么多的工作，值得她们去付出使小孩失去关怀、被冷落的代价。

但是很少有人批评不在家的爸爸。只要他继续维持和提高家庭的生活水平，他对子女在道德和感情上的责任便很少受到怀疑。除了经济上的责任之外把其他一切爸爸的职责都推卸掉的男人，在我们的社会中太普遍了，以至于大家都视为理所当然的了。

我认识一家大公司的高级主管。他说，他事业上的成功完全归功于他的太太。他的妻子为他营造了一个非常温馨的家，她能营造出一种祥和宁静的家庭气氛，以减轻他的工作压力。她能成功地款待他的朋友和同事。

我问他，他那两个儿子之所以让他自豪，一定跟他在学校和军中服役时的优良表现有很大关系。

"不，"他说，"养育孩子的事由我太太负责，我从不参与。我只需把养育他们和让他们受教育的钱交给她就行了。"

这位成功的、受尊敬的男人不但不为他没有养育儿子们而感到尴尬，也不为没能亲自帮助儿子们获得优良的表现而觉得惭愧。这种冷漠的态度，如果是两个孩子的母亲表现出来的，一定会被视为不可思议。

如果孩子在成长的过程中，只需要在物质上使其得到满足，那么这个世界就可以不需要父亲们或母亲们。但是，人的成长还有感情上的需要，所以父亲是应该存在的，而且跟母亲一样不可缺少。

　　辛辛那提大学医学院小儿精神病科诊所理事理查·E·沃尔夫博士这样诠释父亲的作用：

　　"一个孩子需要自己的父母亲，而且需要他们各自扮演好自己的角色。无论对于男孩，还是女孩，父亲代表的首先是一个男人的力量和智慧，他将影响子女对世事的认识，他将教给子女怎样基于外界的经验而做出判断。子女需要他能在家庭的重要决定中和母亲有着共同的声音，也需要他一直都是母亲和他们的保护者和供养者。他们希望从父亲身上看到理想中的男人的典范，从他们身上学到男人应该怎样对待女人。如果所有这些男人应该做的事情都是由母亲来完成的，而父亲只顾忙他们所谓的自己的事情，那么做子女的将可能困惑于自己的身份，这也必将对他们长大成人后的人际关系造成影响。"

　　在产业革命之前的社会，丈夫、妻子和子女一家人都在家里工作。无论在广场上，还是在田里工作，男人总不离开家人的视线范围。

　　当时家庭成员之间存在着一种现今这工业社会业已失去的身体上的亲近感。现在大多数男人跟妻子和子女待在一起的时间与同事相比都很少，他们无法增加在家的时间，却可以决定他在家的时间的质量。有时候本来已经很累的父亲试图带孩子去看一场周末球赛作为他经常不在家的一种补偿，但他可能从内心觉得这样很无聊，而这对家长和孩子双方来说都毫无乐趣可言。引起过轰动的《养儿育女常识大全》一书的作者本杰明·史柏克博士说，如果每个父亲每天抽出 15 分钟把心思专注于孩子身上，比一整天没精打采地陪孩子逛动物园要有质量得多。

　　因为父亲必定比母亲跟孩子在一起的时间少，这是事实，所以他跟孩子相处的每一分钟都变得更为重要。父亲不应该认为这是累人的义务，而应把它当作增进父子感情的机会。

　　在某种程度上，妻子能帮助丈夫做一个称职的父亲。比如，她可以在白天处理发生在孩子身上的教导问题，而不等晚上丈夫回家时，留给他处理；她可以怀着爱和尊敬与丈夫谈论孩子问题，孩子会因母亲对待父亲的态度而受影响；她可以试着跟孩子交朋友，增加家庭成员之间的亲密感；她也可以安排野餐和组织家庭旅行，使丈夫和孩子对共同生活产生兴趣。

我认识一家人，这家人的关系在一次露营之后完全改变。12 岁的儿子和 10 岁的女儿几个星期来一直缠着爸爸带他们去露营，而每天早九晚五上下班的爸爸总是太忙或太累了，但实际促成其事的是小孩的妈妈，她暗中安排租下营帐，备好地图以及露营的各种资料。

在这种情况下，小孩的爸爸不得不同意带小孩们去露营，他惋惜地看了最后一眼他那个周末计划，启程前往露营地，而小孩的妈妈则留在家里，坐立不安地等待着。

第二天傍晚他们回来了，三个人全身脏兮兮的，但却非常欢乐，不停地诉说一些有趣的事情，他们发现的那个湖、夜晚的蚊子、被风吹垮的帐篷以及那些"爸爸煎的蛋"。

事情就到此结束了吗？这只是开始而已，现在小孩的妈妈也加入了，这一家人每年夏天都会到离露营地点不远的一间乡下小屋去度假。他们有一条小船和滑水板，小孩的爸爸周末会从纽约赶去和家人同乐——不带公事包。原先忙得没有时间与小孩们共享天伦之乐的那个男人突然变得成熟了，了解了为人之父的意义。然而促成这种转变的却是精心设计的妈妈。

该是"翻修"我们不成熟的为人父母的观念，将"你的事"和"我的事"改变成"我们的事"的时候了。爸爸和妈妈的作用确实有所不同，然而他们的最终目标和满足应该是一致的。他们在小孩的成长和教养中各有各的角色要扮演，但是，如果双方中的任何一方不能负起责任，那么整个家庭关系就会变得乱七八糟。

好爸爸通常都是好丈夫。《婚姻——永恒之爱的艺术》一书作者大卫·麦斯说，当他的第一个女儿出生时，他得到灵感便写下了以下的诗句：

我有两个爱人，

尽管说来奇怪，

我越爱第二个，

第一个越爱我！

的确是这样。女人最感到舒心的是看到小孩跑到门口迎接爸爸下班时，脸上流露出的那种欢乐幸福的表情。

爸爸对小孩的成长所能做出的特殊贡献是什么呢？儿童研究协会理事甘纳·狄波瓦博士相信，爸爸在家庭中的地位，不仅对妻子、子女和他自己具有很重要的意义，而且对整个社会来说也是如此。以下是他的一些看法：

"对小孩来说，上教堂的意义可能只是和爸爸一起做一件事。但是基于这种共同参与感，小孩以后可能会发现他自己的宗教兴趣。同理，小孩也可能从双亲那里学会如何欣赏文学、艺术和音乐。通常只是妈妈与小孩们共同参与这一切，爸爸的加入却赋予他们更丰富的内涵和深远的意义。"

根据狄波瓦博士所说的，爸爸同样有责任向小孩解说他本身是团体其中的一分子：

"他要借着带他去办公室、星期六去工厂参观、一起坐在送牛奶的卡车上等，让孩子对经常剥夺爸爸陪他的时间的工作有一种正面的感受，小孩可能无法了解爸爸为什么要做那些事，但是他会觉得爸爸是在做一些不仅帮助他，同时也帮助别人的事。"

如果一个男人想要成为一名具有真正意义上的父亲，就应该付出时间给孩子，必要时还要付出自己。是的，他有工作要做，但是工作不是他用来逃避他履行人类一分子的责任的借口。那些老是忙得顾不过来陪伴孩子的父亲，就像 H·L·孟肯活着时所说的："工作只是为了逃避思索人性时所感到的痛苦的人们……他们的工作，跟他们的游乐有着同样的作用，不过是他们逃避现实的可笑符咒罢了。"

戈登·H·史克罗德在《基督教先驱论坛报》上的一次调查中说，他连续两个星期让 300 个初一、初二的男生为他们跟父亲相处的时间做记录，结果得到平均每个星期父子单独相处的时间是 7 分半钟这个可怕的统计数字。

这似乎可以为严厉批评社会现象的评论家菲利浦·威利的话提供佐证，他说："绝大多数的美国男人都是不合格的父亲。"威利先生作过估计，即使最忙的人，大约每个星期也不得不花 57 个小时去吃饭、休息或做自己喜欢的事情。在这 57 个小时里面，他肯定能抽出 7 分半钟去陪伴他的孩子。"但是爸爸不在家，"威利先生语气悲哀，"他不会回家，直到他明白一个男人一生最大的满足首先应该是做一个好父亲，然后才是成为最好的高尔夫球手或事业有成的风云人物。"

父亲的身份里面隐含着一个成人的身份，它是男人在身体上达到成熟的外在表现。不幸的是，从对待孩子的角度来说，它并不意味着这个父亲的心灵和精神会像他的身体一样成熟，这就需要这个男人靠他自己的努力去获得。

是的，爸爸们，该回家了！就像生孩子是两个人的事一样，要培养出一个快乐、有用的人，也需要两个人——母亲和父亲——对他在精神上施加影响。

第四章　理顺家庭关系

不要强迫对方改变

　　詹姆斯曾经说过："人和人相处，先要学习相处的方式，以互不干涉、互相愉悦的手段为最佳，这些手段不会和我们的原则产生不可调和的矛盾。"

　　"我在人生旅途上，可能会走进不少岔路和弯路，但在爱情、婚姻的道路上，我会坚持不懈地前行。"这是大英帝国杰出的政治活动家迪斯累里的一句名言。

　　35 岁以前，迪斯累里还没有任何组建家庭的想法，公众都认为他将自食其言了。不料，35 岁一过，迪斯累里马上对一位名叫恩玛莉的贵妇展开了攻势——强大的爱情与婚姻的双料攻势。令人惊奇的是，这位贵妇整整比迪斯累里大 15 岁。她的头发有些已经灰白，相貌也实在平平，而且还是一个寡妇。人们对此产生了怀疑：伟大的迪斯

迪斯累里

累里究竟意在金钱，还是意在爱情？那时，这位单身贵妇自己也看不懂他到底有多爱她。恩玛莉想要观察他的德行如何再做打算，于是要求迪斯累里再等一年。可还未到一年的期限，他们就闪电般结婚了。恩玛莉不够聪明能干，也没有受过完整的教育。她根本弄不明白希腊城邦与罗马帝国在历史上的先后顺序，连那些最常见的英语单词，她也很少知道正确的读音。这的确

是一件尴尬的事。但她确实有自己的与众不同之处，尤其在家庭生活上更是如此——她挑选衣服品味独特，他们家里的家居装饰也别出心裁。在家庭生活中，她是一个天才——她完美地懂得如何与丈夫共享生活！

恩玛莉从不试图与丈夫在智慧上争个高低。伟大的迪斯累里在狡猾的公爵夫人们那里，总要殚精竭虑地应付各种交际活动，回到家中已是身心俱疲。这时，他的妻子便使出浑身解数帮他恢复元气。恩玛莉会谈起一些日常的生活琐事，在他们的闲谈中融入她的爱意与温柔。家庭成为大英帝国这位杰出政治家的温馨港湾，他总能很快再次恢复元气，变得生机勃勃。他从众议院的大厅回到家中，总会兴高采烈地告诉妻子颁布了什么法令、内阁又有哪些成员进进出出等重要消息。在这方面，恩玛莉当然无法提出任何有意义的建议，可她对丈夫充满了不可比拟的信心，坚信他必定能在政坛上干出一番事业。她在丈夫的政治生命里，不断为他输入勇气与信心。

1868 年，在迪斯累里还仅仅是一个政治活动家时，他就通过委婉的方式向英国女王请求并最终促成女王册封恩玛莉为毕根菲尔特女爵。迪斯累里夫妇一起享受了 30 年的幸福生活，恩玛莉是他家庭生活的佳侣和内心深处的知音。恩玛莉的财产不仅使他衣食无忧，还为他铺好了政治道路上的基石。恩玛莉去世后，迪斯累里理所当然地晋升为伯爵。

迪斯累里从未试图改变恩玛莉，虽然她在大众面前缺乏思想。若是耳边有人敢讥讽、抨击她，他会怒不可遏，立刻予以反击，严厉地回敬对方。他的犀利话语总会令对方敬畏退缩，从而维护了妻子的名誉。恩玛莉一直不是完美女性的化身，但在 30 年的婚姻生活里，迪斯累里时常以亲身经历告诉大家："真是难以置信，她从来没有让我产生半点厌烦的感受。"迪斯累里从不避讳听到人们说他从妻子那里获得了利益。有一天，我在一本杂志，读到迪斯累里的一段谈话：

在我看来，世上没有谁比我从妻子那里获得更多的利益。青年时，她就是我的佳伴，并总是作为我的密友，指点我前进的方向。成为我的妻子后，她从每一英镑开始精打细算，谨慎理财。她无怨无悔地为我创造了此生最大的财富——我们已拥有了 5 个活泼可爱的孩子。她自始至终在为我营造一个安宁和谐的幸福家庭。如果人们认为我是一个成功者，那么，我全部的成就都必须归功于我的妻子！

同样，在朋友与大众面前，恩玛莉一直毫不厌倦地鼓吹她的丈夫并称赞他。"感谢他的厚爱，"她经常在沙龙上说，"朋友们，此生此世，我主演了一幕很长的喜剧。"

至今，不列颠还流传着他们夫妻间的一次诙谐对白：

"亲爱的，你应该明白，"迪斯累里调侃地说，"我只不过贪图你的财富才娶了你。"

恩玛莉笑着回答："是的！亲爱的，假若重新来过，你一定会选择为爱情而不是为财富而娶我！"

迪斯累里微笑不答。

詹姆斯曾经说过："人和人相处，先要学习相处的方式，以互不干涉、互相愉悦的手段为最佳，这些手段不会和我们的原则产生不可调和的矛盾。"

绝对不要小视细枝末节

在大多数情况下，生活中"微不足道"的"细枝末节"导致了许多婚姻被埋葬。那些由于直接的重大问题破坏家庭的案例少得可怜。

鲜花从来就是爱情的象征和代表之一。平常，男人们极少买花给家中的妻子，即使一束价格菲薄的水仙花也不会。这给她们造成了错觉，还以为所有的鲜花都和兰花一样价值高昂，像难以采到的薄云草那样——阿尔卑斯山的悬崖峭壁上才有其开放的踪迹。其实，与此恰恰相反，在鲜花盛开的时节，廉价的花卉在街头巷尾随处可见。是否必须在你的妻子病入膏肓之时才想起赠送鲜花给她呢？今夜何不把一朵象征爱情的玫瑰带回家？相信你的妻子将会以她的妩媚和温柔回报你，因为她必将会为此感动。

有一个百老汇的大忙人叫高恩，每天他都会在百忙之中抽身给母亲打两次电话，一直坚持到他的母亲去世。人们纷纷猜测，他在电话里向母亲讲述的一定是消息和见闻。绝非如此！他最不吝惜的几个字是"妈妈，我爱你！"

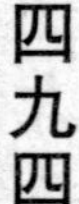

这种真情的流露，只是通过细节给对方传递一种信息：你十分爱她，你无时无刻不在牵挂着她，你最关注的事情就是她的快乐和幸福。

有两大焦点是女性最为关注的，那就是自己的生日和结婚纪念日。究其内核，似乎源于女性与生俱来的内心富于罗曼蒂克的神秘梦幻。男人在大多数事情上可以无所谓，但对妻子的生日和结婚周年纪念日绝对不可马虎。否则，后果将难以弥补。

在大多数情况下，生活中"微不足道"的"细枝末节"导致了许多婚姻被埋葬。那些由于直接的重大问题破坏家庭的案例少得可怜。

约瑟夫·沙巴斯在芝加哥当法官，经手过4万次左右的离婚案件，曾挽救过2000个家庭。他说："大多数夫妻离婚的'致命理由'实质上都是生活中的细枝末节。例如，每天早上丈夫必须出门去为家庭奔波操劳，倘若妻子对此毫不关心，久而久之，矛盾就无法避免。"

布朗宁夫妇的婚姻圣火燃烧得如此炽烈，在诗歌史甚至世界文学史上无出其右者。不论有多劳累，罗伯特·布朗宁都会想方设法地为妻子伊丽莎白·巴雷特·布朗宁献上最美好的语言，给予她的生活细致入微的关心。他从不间断地浇灌着爱情之花，感动了身为残疾人的妻子，同时也点燃了自己。"不知不觉地，我发现，说不定上帝派我来做一个安琪儿呢！"他在寄给姐妹们的一封信中自白道。

这些生活中的"细枝末节"被太多的男人遗忘了，被遗忘的还有家庭小事的价值。在一篇文章中，麦道克斯提倡道："美国家庭的陋习必须得到改变，我们还要提倡某些新习惯。如在床上享用早餐是一种温和的放荡做法，许多女性想尽情地吃早餐而不离开床。这其实正对应了私人俱乐部对男人是一种难以抵挡的诱惑。"

婚姻天长地久的根基是生活中的一组组细节。要是我们忽视细节，很可能会导致爱情的悲剧，同时制造家庭破裂的灾难。在伦敦，平均每10分钟法庭就会审理一桩离婚案件，法官们每周只有一天能够休息。你若认为只有那些巨大的命运暗礁能击沉婚姻的航船，那么我可跟你打赌：只要你设身处地地设想法官们整天坐在法官位置上的情形，听那些倒霉的夫妻们的叙述，就会了解到生活中细小的问题让他们失去了彼此。

到此为止，劳驾你拿一把剪子，把下面这段话贴在你的帽子里或镜子上，这样，当你每天早上剃胡须时就可以温习一次，并时时自我提醒：

事情发生了，往往难以挽回。因此从今往后，立刻行动，绝不拖延——只要自己完全能够承担，又能造福他人或者可以向他人表达关心。毕竟覆水难收，悔之晚矣。

综上所述，你绝对不要小视细枝末节。

维护家庭内部的礼仪

荷兰人回家准备进房间之前一定要将鞋脱在门口，意在将每天工作中的抑郁或焦躁在进家以前清除掉，真可以算是是我们学习的榜样。

著名的演说家瓦特·邓路芝，与一位温文尔雅的女性在苏格兰的安祖·卡内基家中一见钟情，二人双双坠入情网并很快步入婚姻殿堂。当时，这位女士的父亲是美国总统候选人之一詹姆斯·布雷恩。他们夫妻历经多年考验，依然情深似海。就婚姻、家庭问题，曾经有记者对邓路芝夫人进行过采访。她这样告诉大家：

小心谨慎才能处理婚姻大事，除此之外，也不能对结婚之后的礼仪问题掉以轻心，我对自己的丈夫和素不相识的人都是同样尊重！夫妻之间的礼仪问题是特别重要的，年轻的夫妇之间千万要相敬如宾。带刺的花朵，会吓退所有的男人，让他们退避三舍。

没有礼貌是一瓶毒药，它不断腐蚀爱情。在这点上，也许我们每个人都不会反对。比之对待自己的亲人，我们对素不相识的人要更加客气、彬彬有礼。我们绝对不会未经许可，就私拆朋友的信件；我们也不会对素不相识的人说"哎哟，你又在那里废话连篇！"而我们却可能由于只是一点点鸡毛蒜皮的错误，而不停地指责自己的亲人。狄克斯总结出一句名言："让我们难以置信却又无法置疑的事实是，令我们伤心不已的埋怨、谩骂声，往往出自最亲密无间的人口中。"

　　《早餐的独裁者》是在美国家庭中间颇受欢迎的一本书，但作者奥利佛文德尔·何姆斯却十分顾及自家人，与书中的主人公没有丝毫相同之处。要是心绪不稳，他会独自承担内心的压力，从不把他的苦闷强加给家人。很多人在公司挨上司一顿臭骂，或经商遇到麻烦，甚至于乘公交车遭遇事端后，都会拿家里人出气。荷兰人回家准备进房间之前却一定要将鞋脱在门口，意在将每天工作中的抑郁或焦躁在进家以前清除掉，真可以称得上是我们学习的榜样。

　　在《人类的某种盲目》一文中，威廉·詹姆斯曾这样探讨说："找到我们对人类情感观念的误区是本文试图剖析现代人盲区的价值所在，因为你知道我们不能把握动物的情绪。产生我们痛苦的源泉正来自这一认识的误区。"举个例说，大多数人在公司工作时都会竭力控制自己，不让公司的股东或客户有丝毫不悦，却会像怒狮那样对身边最亲密的人们大呼小叫。他们永远不会明白，要论个人的人生幸福之道，第一是家庭婚姻，第二才是工作事业。

　　独居的天才远没有婚姻幸福的普通人快乐。德琴尼夫是俄罗斯一位名扬四海的小说家，但他却这样说："如果有个女主人在家里，在意我是否回家进晚餐，那么我情愿抛却我所谓'天才'之名及我所写的一切东西。"婚姻美满的可能性究竟如何呢？我们在上文中提及的狄克斯，他相信成功率低于一半；但鲍本诺博士提出了不同看法：

　　男人当好一个优秀丈夫的要求，远远低于他在工作上成功的要求。例如，只有三成投身杂货行当的男士能取得成功；而要是他与自己心爱的女性携手组成家庭，失败的几率则只有三成。

　　在这一问题上，有必要再拿出狄克斯的观点看一看：

　　出生或死亡在一生之中只是短得可怜的一瞬间，与之相比，婚姻和爱情才是人生最需要重视的。妻子们总是不明白，要求她的丈夫营造一个成功的家庭，像他的工作那样达到灿烂辉煌的高度，难道会更不现实吗？对丈夫来说，有一个随遇而安的妻子陪伴，和谐、美满的家庭气息充溢心中，会不如得到一张百万美元的支票感觉更舒服吗？但即使如此，情真意切地要把婚姻家庭经营成功的男士，也占不到1%的比例。妻子们也总是难以明白，为什么和自己关系最亲密的丈夫不能采用外交方式中的"怀柔政策"，对自己多一些迁就和温柔，这不但对他不会造成丝毫损失，而且一定会大有好处。

男人其实非常清楚，哄一哄自己的妻子，夸一夸她其实过时的服装是如何靓丽，穿在她身上是如此得体、简直把她打扮得光彩照人，就很可能使他的妻子远离时装店了，就算琳琅满目的巴黎风格的服装摆满时装店。

由于女人们把自己完完全全地交给了丈夫，她们都十分希望，他应该知道女人十分需要他的迁就和温柔。然而，丈夫们从来不多费心以更温柔的方式来多给她们一些迁就和包容，宁愿简单地掏钱给她们购买价格高昂的时装，送她们价格昂贵的新款轿车。她也搞不明白，自己到底该多爱他还是更恨他？因此，夫妻双方要互敬互爱，他们之间的礼仪需要一起维护。

对待女性的黄金法则

如果要为婚姻幸福及家庭美满制定一条标准，那就是夫妻双方都必须心理健康，合理地饰演各自在婚姻家庭中的角色。或者说，要求他们一边守护自己的权利时，一边承担起各自必要的责任与义务，男女双方享受夫妻之乐的权益高于其他所有权益！然而，在幕后主宰的是客观现实的内在价值规律——保持合适的夫妻关系，需要双方爱情观、价值观的交流和认同。

著名哲学家、思想家弗兰西斯·培根曾认为妻子儿女无法成为一个男人稳定的私有财产，因此被婚姻束缚的男人是十分愚蠢的，为了家庭，这些男人会被"随时随地都会失去的财产"夺去自己的生命。在一些影视作品里可以看到，独来独往的骑士们都是无所顾忌的，而被婚姻捆绑的男士则拘谨不堪。这其实是一种偏激和片面的思想。

现实社会中，独身男子比已组成家庭的男人更畏首畏尾，更偏好斤斤计较、精打细算。单身男性实在有些过于小心翼翼了，他们抱有一种固执的观点——去登记结婚是一辈子最大的冒险。情场受伤的未婚女性对此深有体会。你也许会看见独身男子们在风平浪静的情爱沙滩上闲逛，却看不见他们跃入婚姻家庭的海洋里。即便他们想把脚伸进水中，但一见凶猛的浪头涌上海滩，就会马上逃之夭夭，躲到他们认为最安全的地方。

已婚男人则恰好相反。他们表现得异常勇敢，他身上拥有的豪迈之情和杰西·詹姆斯不相上下，为了赢得某位女士的芳心，他可以用他所有的东西甚至生命来交换，并努力让她幸福，愿意照顾她一生。这才是培根的真正写照。所以，踏入婚姻之海的男士们应该获得尊敬，我们应当为他们叫好。我们不能过分地苛责他们，我们的责任是向他们提供某些意见，希望能切实帮助他们成就幸福美满的婚姻生活。

弗兰西斯·培根

雷纳·柯瑞尔博士担任过康奈尔大学文理学院的院长，他指出：

如果要为婚姻幸福及家庭美满制定一条标准，那就是夫妻双方都必须心理健康，合理地尽到各自在婚姻家庭中的责任。或者说，要求他们一边守护自己的权利时，一边承担起各自必要的责任与义务，男女双方享受夫妻之乐的权益高于其他所有权益！然而，在幕后主宰的是客观现实的本质价值规律——保持合适的夫妻关系，需要双方爱情观、价值观的交流和认同。

这就是柯瑞尔博士为我们设计的幸福婚姻的规划。他所提出的本质价值规律虽然不以人的意志为转移，但人们能够充分认识和运用这一规律。我把几条黄金法则罗列在下面，暂且以"妻子的真实形象"命名，为已婚男士提供能与妻子共享幸福而又不被婚姻束缚的意见和建议。

第一条黄金法则：不吝惜对她的赞赏感谢

女人希望得到丈夫对她的加倍赞赏，大部分男人对此却毫无察觉，因为他们总是以自我为中心观照世界，轻易就忽略了妻子的情感要求，认为自己和她结婚就能最大限度地满足她。只要丈夫随时感谢她的付出并不断赞赏，她就会心无旁骛地跟随他，哪怕他失业穷困，她也会努力节衣缩食和他同甘共苦，绝不会抱怨自己身上不能披金戴银。这应该能够证明，女人总指望自己的行为随时随地得到男人的欣赏，尤其是对倾听赞赏之词痴心不改。

这也很容易理解，整天专心于家务活动的妻子们实际上并不清楚自己到底做得怎么样，毋庸置疑，她唯一的要求就是丈夫的肯定、欣赏和感谢。要是你多看看周围那些家庭、事业双丰收的男人，为什么他就能既享受爱情和生活的乐趣，又能拥有满意的工作？答案就是家有贤妻支持着他，为他打气。你可能会认为他的幸运难以企及，其实你能和他获得一样并非遥不可及的成功，你可以通过学习他的优点，使自己终身受益。真心实意、持续不断地去赞赏你的妻子，是最有价值的手段和赢得她的芳心的不二法门，一心一意去感谢你的妻子，可以使你立于不败之地。

与我相交颇深的人中，有纽约某报的专栏作家罗伯·普洛先生。在事业上，他写作过不少专著，在家庭中他拥有一位贤妻，他家庭、事业的美满赢得了大家的羡慕，因为他娶到的女人既美丽迷人也善解人意。他的妻子简直就是毫无缺点的女性，而她也把罗伯当做世界上最有智慧、最勇敢的男子。为什么？罗伯拥有赢得妻子芳心的最佳绝招。我们不止一次看到，他出版的新书首页上有这样的赞美之语："献给我的妻子——我的心爱、我的生命！"这就毫无保留地肯定了她家庭的工作，真诚地感谢了她这位幕后英雄。

第二条黄金法则：懂得什么才是慷慨

大多数男士认为慷慨大方就是带妻子购物，或者随时给她钱花。事实上，往往不需要你花一分钱就能达到你的妻子所重视的慷慨大方。只要你把她当成恋爱中的女孩那样对待，经常说出"亲爱的，请你母亲来我们这边住一阵，你可以陪她到处逛逛、散散心"等诸如此类的体贴之语就可以了。特别是在公共场合之下，她最希望得到的慷慨大方，恰好就是你能对她的心情体贴入微。

其实你可以试试，在饭店里当个观察员，观察饭店里的情侣，猜一猜他们的关系，比如哪一对是夫妻、哪一对是情人。倘若男士聚精会神于盘中的牛排，女士百无聊赖地拨弄盘中的食品，那么，这一对男女肯定是属于一见钟情型的，他们在一起是由于某些六合彩一样的原因。倘若男方大献殷勤，对女方无微不至地关怀，那么，就只有如下解释——要么这对男女正在恋爱中，要么女方恰好是男方的顶头上司。

某一日，我应邀去参加一位有名望的男士的家庭晚会。男主人在宾客们面前风度翩翩，对自己的妻子却置若罔闻，他的世界里似乎没有她的存在。他的光芒，使一旁的妻子暗淡无光。事实上，他若在当时多给自己的妻子一些关心，应该更加能凸现其光辉形象，夫妻俩交相辉映。不出我们意料的是，据说他们的婚姻关系后来很紧张，处于家庭破裂的边缘。

由此看来，男士慷慨的品德能在关怀备至、体贴入微这样的行为里充分显示，男士们应该一直努力使双方处于恋爱气氛里，在婚姻生活中给予妻子想要的慷慨大方。

第三条黄金法则：保持整洁的仪表

普通人觉得只有女性才需要打扮。确实，几乎一切女性都殚精竭虑要永葆青春、保持魔鬼般的身材，她们这样做最核心的原因就是害怕失去丈夫对自己的兴趣。

另一方面，男同胞的个人卫生情况却不敢恭维。他们每天日出而作，日落而息，在公司西装革履，却把不少令妻子难以忍受的坏习惯留在家里。就算是节假日，他们也只穿破旧的衣服，不剃胡须、不洗脸刷牙、不修边幅，脚踏烂拖鞋在房间里跑来跑去，甚至还有点恬不知耻地觉得自己现在多么自由自在。这样的男人，简直是他摸中了老天爷设立的六合彩，他的妻子才会嫁给他。他或许从来不会去了解妻子对他在家庭中的要求只是这样简单：外表清爽，穿戴整洁。对她来说，工作服、西装、晚礼服都不重要，重要的是，她更愿意见到他洗漱后剃掉胡须的光鲜模样。

仪表并不能决定男士的成功，但仪表却是博得他人青睐的第一要点。下面就是一些想赢得妻子（当然包括其他女性）好感的男士应该注意的地方：

（1）适时理发，可以带给你自己一个清新的头脑。

（2）要是你今天不用率领孩子们去河边捕鱼，那就洗脸刷牙之后理理胡须。

（3）不管工作还是居家，绝对要穿戴整洁、仪表堂堂，而且，并非只有女士才使用香水，你也可以用。

（4）及时熨平长裤的皱纹，要是你不愿意别人把你看成是一个灰心丧气的男士。

（5）皮鞋要亮，袜子要直，脸色要自然健康。

第四条黄金法则：进入她的世界

这个年代，大多数女性都具有独立自主的观念，她们很多有上班的经验，对工作的压力也心知肚明。不过很多女性在成家后必须牺牲自己的工作成为家庭主妇。此时，丈夫就必须去感同身受地进入一下她的实际工作环境。吃饭、穿衣是我们最根本的日常生活。第一，家庭主妇的任务就是随时都不能让菜篮子空着，动手保证下班的丈夫能够吃上可口的食物；其次是洗衣服，家庭条件充裕就将衣服送到洗衣房去，如果经济不允许就自己亲自动手。另外，家庭主妇的部分精力也消耗在照顾老人和小孩、购买日常生活用品、保持房间干净整洁等繁杂的工作上。丈夫应该非常有数，妻子的劳动压力和自己上班的压力差不多，一定要找时间主动帮忙做家务，为她分担沉重的生活压力。最重要的一点就是，家庭主妇希望得到的最心甘情愿的报偿，就是丈夫不断地肯定她、赞赏她、感谢她。

丈夫也可以和妻子谈论自己的工作情况，努力使她进入你的世界，她虽不能对你的工作带来直接的帮助，但她能够分享你的愉悦，也能分担你的烦恼。丈夫无论多累，都必须和妻子认真享受二人世界。例如，一起去享受令人愉快的假期。丈夫还要尽可能地支持妻子抛头露面，带她进入一些合适的社交圈子，不要把她完全泡在单调的家务活动里。这样一来，夫妻生活就会逐渐琴瑟和鸣，而不会导致无法交流的恶果。

第五条黄金法则：倾力支持她的活动

我的一个朋友不久前克服了一个令人头疼的困难，她告诉我：

我姑妈首次来我们家的时候，刚一踏进家门，我的孩子就突然出问题了，医生检查之后说是气管炎。唉！我真不知道如何是好，看来我陪姑妈出去游玩的想法很可能要泡汤了。

幸好，我的丈夫汤姆善解人意。在他的建议下，我们开始协同合作，我负责在家照顾孩子，他回家后负责招呼我姑妈。汤姆隔一天抽出一个晚上陪姑妈出去散心、逛街等；星期天，他带上姑妈去郊外旅游，这让姑妈一直特别高兴。汤姆分担了我的重负，他总是我面临危急事件时的坚强后盾，虽然他身上也有一些小毛病。

当妻子遇到令人头疼的问题时，丈夫必须向她证明自己的男子气概，这比罗曼蒂克小说里的英雄人物更有意义。另外在日常生活中，丈夫也要全力支持妻子。无论是家长会还是女性沙龙，抑或唱诗班、裁缝课，丈夫都应该支持自己的妻子参加所有此类的活动，包括妻子在辅导孩子学习的时候也不例外。

总之，无论任何重大危机事件爆发，抑或是鸡毛蒜皮的日常小事，丈夫应该永远站在妻子的背后，心无旁骛地支持她的一切行为。

第六条黄金法则：分享她的乐趣

婚姻美满、家庭幸福的程度是由夫妻双方"分享"及"协调"的能力所决定的。尽量要多用"我们"一词，尽量避免"你"和"我"之类的词语，如：

我们休闲度假的目的地在哪里？

是否应该购买新桌椅及靠垫装扮一下我们的房间？

我们置换一些家用电器如何？

……

要是我们都能以这样协商的语气解决家庭问题，夫妻之间的关系必然会越来越融洽与和睦。

做饭菜、洗衣服这种家务事一般会为有"大男子主义"倾向的男人所嫌弃。然而，必须腾出一部分注意股市的时间，与妻子共享天伦之乐，除非你不想家庭和睦相处、生活气氛融洽无间。

作家安德烈·莫罗斯这样建议道：

男士应该培养并加强自己的兴趣，关注妻子面对的焦点问题：她们怎样着装，如何对待家务，她们何时显示高于男性的感知？请你多花时间陪妻子上街购物，谈谈家长里短的芝麻小事：教育孩子的方法、女性沙龙的形式以及友人聚会的场面，等等。你要支持并用心培养她对音乐、作画或阅读的兴

趣。随后你也能从中获益匪浅，使婚姻家庭生活更加多姿多彩。

第七条黄金法则：勇敢地对她显示你的爱

周围亲友的爱是女性取得成功的动力，丈夫应该成为这一动力的发动机。你的任务从你与她携手踏入婚姻的殿堂开始，绝对不是在她的手指套上一枚戒指那样简单，而是要让她在家庭生活中任何时刻都感受到你的真心呵护，你要让她知道：你这辈子最大的幸福就是能娶到她！

以上是作家维琪·鲍姆的观点。另一位作家莫达·雷德也提出了相似的说法。他说，与男人只要体察到妻子对他的爱恋便很少苛求不同，女性渴望直截了当地听到丈夫说"我爱你"。

事实上妻子们大都有类似的经验：大多数男人都羞于开口表达爱意。蜜月前男人们热情似火，甜言蜜语，结婚后却很少表达爱意。杰克·杜门先生是一位婚姻幸福幸福生活美满、事业成功的人，最近他告诉我他的一段经历。现将他寄来的一封信展示如下，里面是他的一段自白：

我是加拿大安大略省人。我在认识我的妻子时，惊叹于她美丽迷人的外貌，经过深入接触后还发现她才智超群，简直就是上帝派到人世间的完美女性。我们很快就结婚了。婚后，我在事业上倾尽全力，把家庭生活的重担全部丢到了妻子肩上。我真愚蠢！结婚后的最初 5 年，我们总是争吵不休。

有一天，我和妻子都是怒火中烧，大吵了一架。我 4 岁的儿子在我们一阵吵闹以后，突然问我："你是不是不爱妈妈呀？爸爸！她是个好妈妈！"我看着儿子，觉得自己是个犯了弥天大罪的罪人，在儿子的内心里"妈妈"的分量充分地显露，他幼小的心灵惊醒了我！

我心里对妻子产生了深深的歉意。她悄无声息地为这个家奉献了 5 年，她的悉心照料造就了儿子的茁壮成长，而我只是一个很不称职的丈夫或父亲。我决心亡羊补牢，请妻子给我机会，让我重新学习做合格的丈夫与父亲。她很大度，从此之后，我的家庭生活开始幸福美满。之后，我们又多了一个小女儿，兄妹俩再没有提过"你是不是不爱妈妈"之类的问题！

爱你的妻子只是重温一下你们曾经的恋爱历程就足够了吗？不够！第一，爱你的妻子不仅要有感性经验，更要有到理性认识，之后回到传统悠久的相敬如宾的礼节上来，你的幸福家庭需要精心经营。大多数男人在这方面认识不够，进而在女性身上寻找推卸的借口，"女人心，海底针"之类的说法就是由此而来。他们从不试图与妻子交流，更别说寻找解决婚姻家庭问题的途径了，在他们看来，女人就像是来自外星球的奇怪物种。

要想读懂妻子的真实形象，就要脚踏实地发自内心地告诉她"我爱你"。否则，婚姻不会给夫妻双方带来一点幸福。德鲁大学人际关系学教授大卫·梅斯曾这样指出：

两性关系的试金石其实就是婚姻，它是检验男女双方心智是否成熟的标准。"独身主义"是一个男人唯一的选择，要是他不愿对任何女性付出自己细致入微的关怀。而后者是他与一个女人感情融洽、和睦地生活的关键。婚姻的起点相同，结局却大相径庭。我们在营造生活的过程中，心智也会日臻成熟，而心智不成熟则给我们带来家庭破裂的后果。

男人必须用心学习并灵活运用对待女性的黄金法则。

女性如何和男性相处

如何和男性相处？人们还无法推导出一个确凿无误抑或是行之有效的科学公式，只能在上帝赐予我们的个性及生活经验的基础上来指导女性的活动。

在男性看来，什么是女性最优秀的品质？许多女性对此毫无心得。我告诉你，男人最青睐"舒适"的女人，"舒适"的品质在他们心目中列于首位。

二战刚结束时，曾对士兵们做过一次心理调查问卷："等你结婚时，期望你的妻子身上具备怎样的气质呢？"这些年轻力壮、精力充沛的小伙子，都选择了相似的答案。玛丽莲·梦露式的女性魅力没有成为他们的首先答案，朴实无华的"舒适"一词却是年轻士兵们填写得最多的词语。"舒适"远远没有成为"老古董"。

与误导年轻女孩酷爱化妆品、香水等天昏地暗的广告中所流露的信息完全不同，"舒适"正是男性最需要的。明智的女性应该给他们带来舒适感。显而易见，一镑的"魅力"和一盎司的"舒适"无法匹敌。既然如此，我们组织过一个培训，邀请十分有经验的女性讲授"怎样和男性相处"的诀窍。为了给女性提供一定的参考，我们总结出下面几条建议。

第一，温柔恬静，气氛融洽。

著名的婚姻问题专栏作家陶乐丝·迪克斯指出："温柔恬静的女孩最能博得择偶时的男士青睐。"所以，不论是面对自己的丈夫还是老板甚至下水道修理工，女性都应该进行相似的努力，表现出自己温柔恬静的一面。男人都喜欢在轻松的状态下吃罐装食品或土豆，如果老和一个满是抱怨、脾气古怪的女人在一起，即使面对东方美食，他们的食欲也会大打折扣。

一位独身男士就曾坦言，要是让他从两个女人中选择一个做老婆——一个温柔恬静、善解人意却没有热情地爱他，另一个爱他如痴如狂却蛮横无理、怨气冲天——他会毫不含糊地娶前一个女人为妻。

我曾雇用过一位打字员。我无法恭维她在工作上的能力，她打字速度很慢，而且把很多单词都拼错了，由此增加了校对的难度。然而，坦率地说，我曾有要把她娶回家的想法，事实上我一直雇用她直到她步入婚姻殿堂，因为她就如同太阳，用光芒照亮了办公室的阴霾，无时不在制造一种愉悦的氛围。我一共支付给她好几年的薪水，因为她每天安静地忍受着我烦躁不安的批评和指责。我曾经试图想象她烹调的家常便饭的美味，但一想到她在工作上的作为，的确难以对她的烹饪技术抱太大的希望。她结婚后我还见过几次她和她的丈夫，那位男士的神情真令我嫉妒，他凝视她的神情如星光般闪烁。看样子，他对她的烹饪技术十分满意。

第二，当好贤内助。

曾夺得过美国高尔夫公开赛的冠军的杰克·佛烈克，在一篇文章中提及他在爱荷华州承包两个高尔夫球场时的艰苦岁月，他的妻子琳·伯恩丝黛对他事业成功有着不可或缺的贡献：

那时我既要负责这两个球场的经营运作，又不能抛弃自己的高尔夫球赛，结果经常顾此失彼，十分痛苦。我认识了亲爱的琳，她给我带来了好运气。琳来自芝加哥，很快就和我结婚了。琳让我心无旁骛地练习高尔夫，重新夺取公开赛的桂冠。她接管了两个球场的经营管理，同时还要照料我们的儿子格雷，这样我才能够缓过气来，专心练习高尔夫球。

1952 年我参加了全美高尔夫公开赛。当时儿子格雷才一岁零一个月大，需要人照看，我不愿意让琳跟我一道去参加比赛。何况，有过邮递员送信时让他的家人跟着一起到处跑的荒唐事吗？当我在球场上厮杀的时候，总是气定神闲、成竹在胸，琳在家中照顾儿子让我很安心。

后来，琳·伯恩丝黛一生都没有到现场看过杰克·佛烈克的比赛，但她在这位高尔夫冠军身后为他所作出的努力，一定远远大于球场边上的人山人海所产生的能量，因此她无愧是一位贤内助。

培训中心的女学员佛罗伦斯·梅纳德，曾学习如何做一个合格的贤内助，这课程最终促使她和丈夫情缘永续。梅纳德夫人是纽约州北部一个小镇的人，在 16 年的夫妻生活里，起初她任劳任怨地专心于家务事，忘记了维护和丈夫的感情，夫妻间也无话可说。后来，她开始着手并成功地解决这一问题。梅纳德夫人这样说：

因为丈夫对职业曲棍球比赛如痴如狂，所以我首先培养自己对这项运动的热爱。非常有趣的是，在我还没搞明白曲棍球是怎么回事时，这项运动就让我无法自拔了。我像丈夫那样热衷于观看职业曲棍球比赛，甚至每一场比赛的转播时间都是我先找出来的。现在，我不仅与丈夫有了共同爱好，而且也增加了一些私人的运动方式。另外，我对丈夫其他方面的兴趣也越来越熟悉了。在结婚 16 年后，我终于甩掉了家庭生活乏味的霉运，培养出与丈夫的深厚感情。

第三，懂得倾听的艺术。

大多数男士认为女性谈话废话连篇，"长舌妇"一词约摸由此而来。其实男士们的言下之意是："和她在一起，我简直插不进话，更没有侃侃而谈的时机。"可见，女同胞们缺乏倾听的技巧。不过，如果你认为倾听谈话等同于耐心地一动不动，听对方侃侃而谈直到结束，这又是另一个无理要求，因为对方很可能会言之无物。倾听的艺术要求调动对方的话题，以简练的话语表达出完整的内容。女同胞们当然不能当长舌妇，但也不能沉默不语，应该旁敲侧击地调整对方的谈话内容。

倾听的艺术首先是要求聚精会神。女同胞们不要让男人觉得你对谈话显得很不耐烦，更不能想着明天我要去逛街然后买那件最新款式的衣服。倾听时要放松精神，显露出随意自然的神情，避免对方因压力过大而不敢提出想法。倘若你愿意和男士共处时制造愉快的气氛，那么你可以想象自己正饰演某一角色，正在倾听另一位男演员的表演。倾听时除专心致志之外还要善于配合对方。类似"哎呀，你简直就是天才"这样的台词已经上不了台面了，有头脑的男人从这个虚假的招数中可以看出女人是在试图讨他喜欢。因此，如今，丢弃那种老古董式的方法，才能对某位男士产生有效的影响力，而这要求你必须变得富有智慧。譬如，偶尔打断侃侃而谈的男士，问他几句，可以显示出你的态度；你也可以发表一点和他相反的意见，刺激一下他的自尊心，鞭策他进一步表达出成熟的想法。如果对他的想法你不敢苟同，你不能针尖对麦芒似地去反驳他，但要在插话的时候简单扼要地表明你的看法，并马上把话头留给他，让他继续他的谈论。这样不拘一格地听讲就不会把你们之间的相处变成单人独奏。你肯定可以在他的谈话中学到一些新知识，也能保证两人进行融洽的互动交流与沟通。

许多女性为什么不懂得倾听的技巧？是因为她们过去没有得到任何练习机会，不懂得谈话的规则。但只要试着多找些机会和男性交谈，这种技巧就不难获得。倾听的艺术可以最大可能地协助女性提高与男性相处的技巧，使女性告别唠唠叨叨，通过聆听的习惯让自己变得越来越成熟，更好地走向幸福之旅途。

第四，让自己的适应能力增强。

"亲爱的，我很久没见老朋友吉姆了。今天夜里，请吉姆和梅珀夫妇来我们家聚一下吧？"丈夫建议道。

"好啊好啊！"他的妻子随声附和，想了想突然补充说道："哎，必须通知汤姆、海伦夫妇，他们刚邀请了我们两次。对了，海伦的妹妹到我们这个地方不久呢，现在就独身一人待在她姐姐那里，我想给她物色个男朋友。下午你回家时，要去超市多采购一些啤酒和干乳酪，现在我就联系他们去，接下来要去一下美容店，呵，还要记得买件新衣服去。对了，我怎么就忘了，等会儿我出去的时候，你把客厅收拾一下吧！"

此时此刻，丈夫对自己起初的提议十分后悔，自己的多嘴搞出了一次大型晚宴，而这本来是两个老朋友说说话的小事。

对任何突发的提议，男性都不会简单地点头称是，除了女士们突然想起给丈夫买帽子。但男性始终闹不明白，女士们会在一个月之前开始漫长的计划和准备工作，即使像看场戏这样的小事情都不例外。当丈夫心血来潮建议周末去郊游时，妻子就会因为没有休闲的衣服而至少会把郊游延期一周，而男人们的兴趣此时早已不复存在了。老实说，女性为什么就不能爽爽快快地答应男性偶然的提议呢？这对她根本不会有损害。

我的培训班上就有这样一位获得幸福的女性。她的丈夫搜集来好些旅游宣传册，一看到某个旅游活动只需要两三天时间便大喜过望，立即对妻子提议："亲爱的，随便收拾收拾，明天我们一起床就去……"马上他的妻子就会把宠物寄养在邻居那里，取消近期的所有约会，接着就风驰电掣般地和丈夫一起准备第二天早晨的旅游了。看来，这位女士的确悟出了其中的门道，而她则谦逊地说，只要稍加培训，每个女人都可以像她那样充分享受婚姻的乐趣。

在我年轻时，舞会上的女孩会因为最后才被男孩邀请，而感到天塌地陷、无地自容。接着，这个女孩一般会因为面子拒绝这个迟来的邀约，结果内心伤害更重更深。怎么就不能坦然地接受在最后时刻男孩的邀请呢？其实，这个女孩应该反过来想这个问题，男孩最后来到自己面前，依然证明自己拥有魅力。在此之前，男孩一定邀请过其他的女孩，但她们最终都无缘赢得他的赞赏。这个女孩拥有向男孩展示自己的机会：你最终邀请了我完全是因为我是最优秀的，我是你的最佳选择。这能够检验出你的适应能力——如果男性的心理活动你可以轻松对付，你就能获得他们的充分欣赏。

第五，女人要纯真简单。

有一次，一位女学员讲述了她因为过于强势而失去爱情的经历。她在公

美好的人生

司负责办公室人员的调度，与经理享受同等待遇。她这样说道：

那时候，我把公司放在第一，生活放在第二。我在事业上一丝不苟并且大公无私，经常在约会到一半时赶回公司加班。我承认，我对待前男友就像对待公司员工，经常对他发号施令。譬如，因为他有点贫血，晚餐时我强迫他吃他很讨厌的爆炒猪肝或腌肉。寒冷的冬天，我一进屋他就上来接过风衣，但我一直都拒绝他；他还想帮我修理一下坏了的桌椅，我也没让他如愿一次。我过于自力更生了，能干得简直让他连一点插手的机会都没有！他最终和我分手了。

这是一个多么可怜的白领丽人！她太专注于工作了，以至于她的爱人陪伴在她身边的时候，她却因为劳碌和过于讲求自我而拒绝他，让他无法进入她的生命中或融进她的世界里，她忘记了自己仍是女人。男士当然都希望自己有一个靓丽而且充满智慧的爱人，也不拒绝她拥有一份工作，但他们更需要女人具有女人的特点。如果你是一个精明强干的女性，那更要避免让你身边的男性感到你高不可攀。你的能干只能在公司里体现，只能让老板感觉到你的聪明才智，知道你在勤奋工作。一旦回归日常生活，就要让你的丈夫感觉到他身边是一个真实的女人。这些问题我也是不断反思想到的，是在失去我所在意的男人之后。

我曾参加州政府的政治活动，把大量的时间都兴致勃勃地耗在政治事务方面。那时，我被一位年轻有为、风度翩翩的男子所吸引，有一段时间和他关系走得很近。在我偶尔有空时，就和他待在一起。但是，我并没有珍惜二人世界的幸福，而是在他耳边唠叨一些诸如某政府官员犯法、某位法官有什么动向等诸如此类的事情。

一天晚上他终于挑明了："嗨，你原本是个纯真的女人，就像一张干净的纸，如今却像一份政治宣传文件。如果我需要，就会到州议会工作人员那里去索取演讲稿，不用你在我耳边说三道四。现在，我想和一个纯真的女人在一起共享生活，而不是和你精明强干的大脑！"

那之后，他娶了一个普普通通的金发女郎为妻。他的夫人把家里打点得井然有序，婚姻生活幸福美满，因为她从没丢失自己那个纯真而简单的女性身份。

第六，守护绝无仅有的自己。

在男士们看来，或许没有什么事情会比年过花甲的老女人身穿流行的少女装、脚踏三寸高跟鞋更荒诞不经的了。这些可怜又可悲的女士们，因为她们违背了人生的黄金法则，即使到死那一天也可能无法成熟。这个法则就是：守护绝无仅有的自己。

一个温柔恬静的女孩有时会认为狂放的笑声、和男人们一起吃肉喝酒等行为更与众不同。事实上，女性的这些突发奇想只是一厢情愿，男人们不是傻子，他们很容易就能看出什么是麦苗、什么是韭菜。自以为是地以为改变衣着就是"改变个性"，以为靠时尚的新衣或荒唐的发型就能吸引男人的眼球，这正体现了女同胞们的幼稚思维。男同胞绝不会被她们"改变个性"的魔咒牵着走，以至于完全被她们伪装的面具所迷惑。

上帝赋予我们的特质难道很差吗？我们有绝无仅有的特质，所有试图改变它的幼稚想法和作为，都将是自欺欺人的。我们要想使其实质灿烂夺目，只有把无益的包装除去。只要我们最完整地表现自己个性中的阳光面，避免阴暗面，就完全可以让自己做得更好。每个人都能把握好自己，女性当然也不例外。

因此，守护绝无仅有的自己。

第七，尊重自身，善待自己。

"两性战争"这个词不知起源于何时，很少有人知道是谁创造了这个词。在我看来，这个家伙肯定是个好斗分子。男女之间有什么值得为之"战争"的。因为性别差异吗？无论如何，确实有女性把男性当死敌一般看待，她们觉得男性仗着先天优势老是欺负女性。这样的女性也很难得到男性的青睐。当然，她们并不会在意这点。

女性应该先承担上帝赋予的在人类世界中不能逃避的责任：尊重自身，善待自己！这样，女性才能和男性一道建立起和谐亲密的世界。并不是平时我们所提到的"老处女"拒绝承担基本责任。很多坚守独身主义的中年女性，同样不缺乏健康的心智、成熟的魅力。恰恰相反，许多已组成家庭的女

美好的人生

人却抱怨"上帝在创造亚当和夏娃的时候，简直太偏心了！"她们才是制造"两性战争"的罪魁祸首。

尊重自身，善待自己！是否结婚并不是问题的根本，女性的心智健康水平才决定这个问题。缺乏成熟的婚姻态度，夫妻之间的幸福必定如海市蜃楼，之后，错误地把生活中的主旋律谱为战争。

如何与男性相处？人们还无法推导出一个确凿无误抑或是行之有效的科学公式，只能在上帝赐予我们的个性，及生活经验的基础上来指导女性的活动。根据本节所提供的参考建议，起码可以证明男女不应该是死敌；和谐亲密的人类世界，必须要凭借男人和女人之间牢不可破的爱情和友谊共同建筑。

因此，女性要和谐地与男性相处，就要在他面前充分展示你的"舒适"。

切莫做一个婚姻的文盲

研究婚姻问题的权威人士一致得出结论，在家庭关系中，夫妻间的性关系完满与否经常决定了婚姻的成败。但大多数夫妻由于缺乏基本的性知识，因此一些家庭破裂的恶果不可避免。

戴维斯博士曾对 1000 位家庭妇女进行过这一次深入的调查研究，调查的结果实在令人不敢相信：这 1000 位家庭妇女在夫妻间的性生活上非常不和谐，某些女性在性生活方面甚至用"忍受"一词来描述。戴维斯博士撰文指出：婚姻关系破裂的一个致命因素，是在性生活中因生理不愉悦导致心理上的不快乐。

汉密尔顿博士也进行了相似的调查，得出了同样的调查结果。虽然他的调查对象人数远远少于戴维斯博士，但是在研究时间的跨度上则超过了她。他把婚姻问题划分为为 400 个领域，整整花了 4 年时间追踪 100 位男士和 100 位女士。公众也很关注这项调查。婚姻问题的本质到底是什么呢？在与马克哥文共同撰写的《婚姻的症结是什么》一书中，汉密尔顿博士写道：

只有那些一叶障目，并缺乏实事求是的研究态度的精神病医生，才能提出这样幼稚的观点——夫妻间性生活不和谐并非大多数家庭破裂的致命因素。事实上，其他方面的问题不管怎样严重，都存在解决问题的机会；但夫妻间性生活不和谐是家庭坠入深渊的罪魁祸首，是两性战争最直接的导火索。

鲍本诺博士曾是洛杉矶家庭关系研究所的负责人，更是美国研究婚姻问题的权威人士之一。在经过对数千对夫妻的全面调查之后，他发表了自己的看法。他认为家庭的破裂可归结为以下四大因素：

（1）夫妻间性生活不和谐；

（2）在休闲方式上不一致；

（3）家庭贫困、出现财产纠纷；

（4）生理及心理问题、精神病。

我们看到，鲍本诺博士也把夫妻间性生活排在首位，许多人觉得非常重要的经济财产问题竟然只列在第三位。基本上可以说，家庭生活中夫妻间性关系是否和谐往往决定了婚姻成败。举个例，家庭关系法庭上的郝门法官在处理过成千上万次离婚案件后，这样指出："绝大部分离异夫妻是因为对性生活感到非常不愉快导致家庭破裂的！"心理学家沃森也说："夫妻间性生活是整个人类世界关系到每家每户的一大问题，它毫无疑问是制造家庭破裂恶果的元凶。"大多数精神病诊治医生来到我的培训中心，提出非常类似的看法。现在，性知识的普及率不断提高，关于性知识的信息和读物多如牛毛，仍然因这一问题认识不足而造成家庭破裂的人是很可悲的。

白德费尔神父最初从事传教，在为传教事业奉献 18 年时光后，他离开了神父这一职务，担任了纽约市家庭辅导服务处的负责人，他可能是为年轻男女证婚次数最多的人。他曾这样指出：

结合我传教多年的经验，我的直觉告诉我，成千上万到这儿来证婚的青年男女，为人都很善良而且也不缺乏恋爱经验，但他们在婚姻生活上竟然都很无知。

当人们意识到，只有天赐良机才能消除婚姻生活中的障碍时，婚姻的幸福率高达 84%，这对我而言是一个难以想象的结论。但许多夫妻并不珍惜这一天赐良机，其结果是家庭生活一团乱麻、水深火热。可以说，他们的婚姻并不是真正合适的结合，仅仅只能说没离婚罢了。

幸福美满的婚姻不可能由天赐良机简单变来，一定要凭借实用主义的哲学进行精心设计，脚踏实地地制定未来的蓝图，才会经营出幸福的婚姻。

白德费尔神父为了给青年男女们提供婚姻方面的帮助，为他们规划好结婚后的美好生活，花费了多年时间坚持这项工作。当他为青年男女证婚时，要求他们制订幸福家庭计划，进而开诚布公地进行讨论。多年来，通过无数次探讨，白德费尔神父提出了自己的见解：

在结婚这一人生大事上急不可耐，其实就是婚姻方面的文盲。夫妻间性生活，虽然只是婚姻家庭生活中的一部分，但是，只有性生活和谐能够保证家庭实现最大满意度，再没有任何事能当此重任了。然而，不能因为所谓脸面而羞于启齿，而要用客观的语言来描述各自的性生活感受，勇敢地进入婚姻家庭生活，并且不断地克服自我。如果想增强使婚姻幸福的能力，就必须找一本见解非凡同时又具有较高品味的书读读——这样才能更好地获得最准确的性知识。

因此，不能做一个婚姻方面的文盲，应该多掌握一些准确的、必不可少的性知识。

第五章　减轻人生压力

坚信我是世界上绝无仅有的

北卡罗来纳州艾尔山上住着一位伊笛丝·阿雷德太太，她过去给我写过一封信。在信中她写道：

小时候的我十分害羞，对自己的肥胖格外敏感，其实我原本没有那么胖，只因我的圆脸型让人误以为我有些肥胖。再加上妈妈非常保守，她一直认为最好别把一个小孩子弄得花里胡哨的，"衣服要宽大才耐穿，衣服窄小会被撑破"被她时常挂在嘴边。在母亲的控制下，我与晚会活动甚至兴趣爱好无缘。我一直到上学后仍然非常羞涩，甚至有点在同学面前抬不起头的感觉，无论是课余活动还是运动会，都无法展示我的魅力。即使后来我结了婚，已经是一个成熟的女人了，也始终被害羞所困扰。比我大好几岁的丈夫有几个兄弟姐妹，他们和我的公公、婆婆都充满自信。他们一家和睦相处，是我生活中的好榜样。我一直渴望自己能像他们那样自信，他们一家也给予我悉心的照顾与帮助，然而我害羞的毛病却越来越严重。我越来越孤僻，内心一直高度紧张，就连门铃的声音响起，我也惴惴不安。可以毫不过分地用"失败"一词来形容我，而我却总是在丈夫面前自我掩饰。每一次进入热闹场合，我都假装兴致勃勃真实是矫揉造作。我比谁都明白自己假装兴奋的外表毫无意义，因此常常郁郁寡欢，夜不能寐。结果，我越来越提不起精神，不知道人生的意义是什么，我随时准备结束自己年轻的生命。

那么，到底怎样才能挽救这位精神几近崩溃的女性，战胜她的自杀冲动呢？其实，一句并不需深思的朴素语言就能够改变一个女性的命运，就能够拯救一个家庭。

　　使我完全摆脱这种痛苦生活的，是我婆婆一句脱口而出的话。那次婆婆和我聊天时，谈到她抚养我丈夫及他的几个兄弟姐妹的艰难时光。当然，生活的艰辛没有压垮婆婆，却赐给她一句金玉良言："虽然生活是如此艰辛，可我总是不断以此磨砺孩子们，让他们在重压之下勿忘本性。"我在一瞬间茅塞顿开，因为我不知道"勿忘本性"，总是强迫自己去扮演与本性相左的角色，所以才会有垂头丧气的情绪。我瞬间脱胎换骨，开始了"勿忘本性"，我真正地学着认识自我，找寻我自己的真实本色。我反思出自己性格上的特点，尽我所能地搭配色彩、设计着装，依据自身的特殊情况进行化妆。从此，我的被动退缩被主动面对替代，我自主地去参与社团生活。从在一个小社团中发言，以此进行循序渐进的训练，我从惶惑不安中慢慢学会勇于展示自我。现在的我非常愉快，远远超越了自己的设想。并且，我也始终把自己人生的座右铭教给自己的儿女们："尽管人生可能会有艰难困苦，我们也要不屈服生活的重压，学会守护自我本性。"这是我了解到的生命的全部意义，而且是几乎在面临生死的情况下获得的。

　　詹姆斯·季尔凯博士也说，自古以来就屡见不鲜的是，大多数情况下，普通人忘记了"守护本性"，并由此导致了许多心理或精神疾病。例如，安吉罗·帕屈曾经撰写过成百上千篇论文，探讨幼儿教育方面的问题，并有13本专著出版，他一次无限感慨道："比起那些不愿认清自我、守护本性，却又老是想模仿他人披上伪装外衣的人，谁更痛苦呢？"

　　其实，现实中忘记自我、模仿他人的人太多了，在好莱坞，这种情况更不胜枚举。有一次，好莱坞最著名的导演之一山姆·伍德无奈地向我诉苦说："哦，真不知道如何引导这些年轻又天真的演员们守护好自己的本性！"确实有一种隐形的毒素在残害他们，那就是他们居然都希望自己是克拉克·盖博，他们竟然忘记了自我，不明白模仿出的东西再好也只能算是第二。"明白吗，你们完全忽略了人们喜新厌旧的本性！"山姆·伍德一次次不厌其烦地劝导他那些年轻的演员们。

　　山姆·伍德有着商人的气质，当导演之前他曾投身于房地产，在他的脑子里，商界和影视圈都不能违反同一条黄金法则：坚守自我，拒绝模仿！邯郸学步、自我迷失的人，永远无法成功！成功地执导了《再见，薯条先生》、《丧钟为谁而鸣》等电影作品之后，山姆·伍德再一次诚恳地重复："拒绝模仿，坚守本性是演艺界风险最小的行为"．

保罗·包廷登是某大型石油公司的人力资源部门经理，曾面试过6万多名求职者，他归纳自身的工作经验，写成了《求职绝招》一书。有一天，我们谈到求职者在应聘过程中最忌讳的问题时，保罗·包廷登摇头道："上帝哪，这些求职者们干吗非要揣摩主考官的意图来回答问题，干吗不大大方方地坦露心迹，我们需要摸清楚的是他们自己，丢失自我才是求职最可怕的。"由此可知，许多自我迷失的求职者被淘汰，他们辛苦的努力都付诸东流了。大家都讨厌假钞票，有哪一家公司希望招收一个连自我都可以矫揉造作，就为了薪水而工作的人呢？

卡西·黛利出身在一个普普通通的家庭，父母都是电车售票员，无法拥有傲人的家世，她也随着自己艰辛坎坷的经历总结出了这一人生哲理：

我从小的梦想就是当一名歌唱家，不过，我的长相平平，而且，一张嘴门牙就露在外面，很难看。在新泽西州的一个夜总会的舞台上，我进行了生平第一次表演。在那次表演中，我尽量用上嘴唇遮住自己的牙齿，因为我的牙齿令我非常不自信，这样做是试图让自己显得漂亮一些。最终，我倒霉了，只得到满堂倒彩之声，活像在演一出滑稽剧。但是，一位夜总会负责人认为我没有充分表现出演唱天赋来，他语重心长地说："我完完整整地、仔细地观看了你的'滑稽戏'，我看得出来，你试图在人们面前掩饰自己的缺点，于是，拼命让你的牙齿躲到上嘴唇背后。"他的话使我觉得不好意思，而他继续坦率地说："你何必如此呢？牙齿突出并不是人的缺憾，不必想着它会给你带来什么恶劣影响，只要你在观众面前展示你的自信，大大方方地尽情演唱，就一定能获得大家的青睐。哈哈，你暴露的门牙也许就是一块宝藏，可以给我们带来大笔财富呢！"他的话带给我很深的感触。从此，我不再煞有介事地对待暴露的门牙，只管挖掘自己的演唱天赋，不断开启自身的艺术潜能，毫无顾忌地面对人们，满足观众们的需求。现在，我已是演艺界的大牌明星，其他的歌唱演员全都跟随我开创的潮流呢。

卡西·黛利的故事说明，人类生命的潜能就是一个神秘莫测的宝藏。威廉·詹姆斯认为，我们只开发出了非常有限的生命潜能。按他的说法，普通人被发掘的潜能最多只在一成左右，而被我们充分利用的更是少得可怜。我们自身有着如此丰富的生命潜能场，为何弃置一旁，而呆呆地羡慕甚至妒忌别人的才干呢？我们的生命是世界上绝无仅有的，无论重于泰山或轻于鸿毛，都是前无古人、后无来者，你就是唯一的世界！在广袤的时空里，别人没有资格霸占你的位置，你的就是你的。当之无愧的你，从父母那儿继承了确定无疑的 23 对染色体，阿伦·舒恩费更说要是有可能，任何一个遗传因子都有可能影响你的一生。来自父亲的 23 条染色体与来自母亲的 23 条染色体，就如此在冥冥天地间组成了你！

你应该珍视你的生命，在你的父母结合后，你成为某个人的机会仅仅大约是三十亿万分之一，你抓住了那三十万亿分之一的机会，或者说，你是击败了你可能的 30 万亿个兄弟姐妹，才幸运地来到这个世界的。不过，即使这 30 万亿个中某个细胞真正成了你的兄妹，你也和他们截然不同，依然是这个世界上不可替代的。这是严密切实的科学论断，而绝不是故弄玄虚的感性猜想，对此舒恩费就有详实的解说，收在他所著的《遗传与你》一书里。

如果现在我们谈到的守护本性的重要价值，还不能对你施加足够重要的影响的话，那在我曾经亲身经历的这场钻心透骨的往事中，在这个让我付出了昂贵的"学费"的事件中，你一定会受到震动。

那年我幸运地进入了美国戏剧学院，告别密苏里州的乡村来到梦想中的纽约，我意气风发、雄心万丈，一心想越快越好地做一名最优秀的演员。一条成功的捷径终于被我发现，我大喜过望，感叹原来它如此简单，我不是梦想做一名出色的演员吗，只要收集所有优秀演员的优点，那我就可以集众多优点于一身了。于是，我立刻着手去搜集资料观看片子，不断揣摩研究并模仿。当时，我几乎忘了自己这个独立的个体存在，把自己变成仿制品的堆积物，叮叮当当地收集了一身别人的东西，简直不知还有自己了。结果不出所料，我以惨败告终。我白白浪费了数年最为美丽的时光，就因为我那荒唐的行为。惨痛的经历最后只留给我一点教训：守护自己的本性才能塑造自己，而我们每一个人最后也只能是自己。

我本应该从此吸取前车之鉴，明智起来，但成功的强烈欲望控制了我，以后，我又犯了几乎同一个错误。这件事发生在几年之后。当时，我特别渴望写出一本商人公开演讲类的惊世杰作。然而，当年想成为名演员时那魔鬼般的冲动又窜出来骚扰我，我自以为是地考虑着——如果模仿优秀之作，我的书就分量十足，集万紫千红于一身呀。我几乎把能够找到的有关公开演说的书籍都搜集到桌子上，日夜研究，耗去整整一年的时间来剪贴它们的精华，以完成我所谓的大作。真理是残酷的，我只得再一次无奈地品尝由于我的愚昧幼稚所造成的恶果，只得到了一本矫揉造作、虚伪枯燥的"优点分量十足"的著作。最后我终于明白过来，把这本误导读者的书一股脑扔进了废纸篓，一年的心血就此付诸东流。不过，我是一个永不言弃的人，我为自己打气，鼓足勇气决心从头再来。这一次我一再提醒自己："卡内基啊，你就是你，你是无可替代的自己，切记！切记！"于是，我不再拾人牙慧，慢慢找到了曾经被我忽视、丢掉的自己，因为惨痛的教训再一次告诫我：我没法成为他人，只能成为我自己。开发自己！利用自己的实际阅历、知识、体验，一五一十地做起来，最后，我终于写出了一本关于公开演说的教材级的书。

1904 年，牛津大学英国文学教授华特说了一句让我永生难忘的话，他的话是那么充满自信："我不是莎士比亚，所以我无法写出莎士比亚的书，但我依然快乐，因为我写出的书完全属于我自己。"乔治·盖希文也和我一样，听取过来自欧文·柏林的忠告：守护本性。

盖希文初识鼎鼎有名的柏林的时候，还是一个毫无名气的普通青年作曲家，收入微薄，一个月工资才 140 美元左右。因为特别赏识盖希文，柏林有心帮助他，决定聘请他做私人助理，给的报酬是盖希文收入的数倍。但柏林也另有考虑：如果让盖希文在自己周围转来转去，躲在自己的阴影里，很容易磨灭他的本色，换句话说，只能造出一个二流的、仅仅是复制的柏林而已。如果他坚持自己的本色，将来可以成为世界上独一无二的盖希文。柏林真诚地把他的想法告诉了盖希文，同时也希望他不到他这里来工作。

柏林这诚挚的金玉良言为明智的盖希文欣然接受了。后来，一如柏林所预料的，盖希文真的有幸进入同一时代美国最杰出的作曲家群体。"守护本性"这一人生的真理，被才华横溢的查理·卓别林、鲍伯·霍伯，和淳朴的玛丽·玛格丽特·迈克布莱德、吉恩·奥瑞一生找寻，让他们尝尽酸甜苦辣，历尽艰难困苦。

刚进入影坛时，查理·卓别林的导演格外欣赏德国的一位喜剧演员，因此，他施加压力，让卓别林刻意模仿这位喜剧演员的表演，然而，卓别林却毫无感觉，表演也糟糕透顶。后来，卓别林痛定思痛，决定无论如何都要守护自己的本色，终于有所建树。

鲍伯·霍伯起初是以一个歌舞演员的身份进入这行的，其幽默天赋长期被埋没。某一天，他偶然尝试在舞蹈的同时以插科打诨来吸引观众，演出效果让他喜出望外。由此可见"认清自我"的价值。

玛丽·玛格丽特·迈克布莱德最初工作时，被安排到广播电台，她一直模仿爱尔兰的一位知名播音员，虽然费尽心力，但听众从未认可她。当她不经意露出朴实无华的乡音的时候，欢迎度却大大提高。她于是开始用密苏里州的乡村方言进行播音，很快赢得了纽约这个繁华大都市的认可，好运连连。

卓别林

吉恩·奥瑞也和玛丽·玛格丽特·迈克布莱德一样，刚开始羞于表露自己朴实无华的乡音，跟风于纽约都市帅哥的行列，然而他失败了。就在他消极沮丧地轻拨五弦琴伴奏、用德克萨斯口音演唱的时候，奇迹发生在他身上，纽约人喜欢上了他的乡村民谣，最终，闻名世界的"乡村牛仔"桂冠也归于他的名下。你就是这个地球上独一无二的生命体。你应该为自己自豪，应该充分发挥上苍赐予你的所有潜能。无论如何，一切艺术都能够展示个性，你必须唱出自己心中的歌曲，描绘出你最擅长的颜色，勾勒出你生命的线条。你是由历史和现在，遗传基因和社会活动共同缔造的。

不管怎样，属于你自己的小宇宙只能由你来创造。生命是一场交响乐，它已经轰轰烈烈的开幕，你必须演奏只适合你天赋的乐器。

爱默生在《依靠自我》一文中作出了以下的论断：

在我们持续学习的一生中，嫉贤妒能当然愚不可及，模仿他人也无异于荒废自己的生命，每个人都会在某个时刻触摸到这一人生的真谛。无论如何，他应该始终守护着自己的本性；广袤无垠的宇宙中或许有更加美丽的地方，但他必须为上苍赐给自己的园林抛洒辛勤的汗水，才能收获秋季累累的硕果；上苍赐予他的一切资源都是珍贵无比的，没有人能预知他应该怎样去试验，别人永远无法替代他领悟使用的技巧，只有他自己才能总结成千上万次的失败，并借此获得成功！

下面的诗是已故诗人道格拉斯·马洛斯心灵的感悟：

如果造物没有把你安置在那高耸的山巅

一如那危岩之松

那就做映照溪流的一棵小树吧

令山谷也充满勃勃生机

假如大树的队列不是你的盟队

那就化为一丛灌木

假如灌木也不是

哦，那就温柔地伏身

成为一块小草坪

枯燥的公路因你而生机盎然

假如你不能选择做优雅的麝香鹿

美好的人生

呵呵，那就化作一条鲈鱼
湖中最自由自在的那一条

船长只有一位
平凡的水手自有至上平凡的分量
繁繁杂杂的尘世
最好从处理身边的事情出发

假如宽广的大路没有你的份
那就快快化作田间阡陌
假如太阳不钟情于你
那就化为小星一颗
生命的成功与失败不在于庞大与纤小
守护本色，竭尽所能
才是生命恒久的黄金法则

为了建设一个平安恬静、无忧无虑的心灵家园，大家应该牢记：一定不能刻意去模仿别人，要塑造自我、守护本性！

解除疲惫不堪和烦躁不安的四种最优方法

第一条最优工作方法：收拾办公桌，将关键文件放在最顺手的地方

"一个老是将五花八门的文件随手扔在办公桌上的人，如果能找机会把像个鸡窝的办公桌打理一遍，将关键文件放在最顺手的地方，那么，他就会惊喜地发现自己的工作竟然如此结构清晰、井井有条。有序处理文件的习惯保证了工作效率的最大动力。"芝加哥西北铁路公司前任总裁罗兰·威廉姆斯如此提醒我们。

诗人赫普也曾经这样指出："井然有序就是世上最重要的黄金法则！"这句话现在就可以在华盛顿美国国会图书馆的天花板上看到。

工作井井有条理应作为工商界最有价值的守则。然而，人非圣贤，在现实生活中，并不如此理想。如山的文件堆积在办公人员的桌子上，起码近几个月以来没有按时处理。更夸张的是，新奥尔良某报社社长的助理曾在整理办公桌时，查出了一个在两年以前在社长手里"弄丢了"的文件。每次看到杂乱不堪的办公桌，都会令人身心疲劳、焦躁不安。当这时你去收拾，就会越加复杂。"眼前千头万绪，但我根本无暇顾及，逼着我解决的问题数不胜数"，这句话随时随地袭击着你的大脑，让你焦躁不安，它是诱发高血压、心脏病、胃溃疡等疾病的直接引线。

有一篇题为《功能性神经衰弱——常见的机体并发症》的论文，是由宾夕法尼亚大学研究生院药学部教授约翰·H·斯多克斯博士所写的，已经提交给美国医学会。文章中列举了11种引发功能性神经衰弱的原因，其中第一种就是紧张迫切的压力逼迫着自己，多如牛毛的问题不停骚扰着大脑。

然而，它却能被及时收拾办公桌这样显而易见的方法解决，随之得到缓解的还有沉重的心理压力，为什么呢？在诊治芝加哥某大公司的一个经理时，著名的精神病学家威廉·萨德勒用这种方法最终治好了求助者身上的歇斯底里症。在刚开始接受治疗时，这个经理情绪十分紧张，像一只热锅上的蚂蚁。他知道自己接近歇斯底里，却不得不解决手中的问题，不得不夜以继日地工作。他迫于无奈才来求助萨德勒医生。医生这样叙述他的病情：

正在我倾听这位经理时，电话铃声打断了我们的谈话。请他稍等之后，我接起电话与医院的人交谈。前前后后只占据了我几分钟时间，因为我一般从不耽搁，在问题刚出现时就及时解决它。我刚处理完医院的事务，电话铃声再度响起。这次我花费了比较多的时间，因为是迫在眉睫的问题。紧接着，一位同事的病人病情有所反复，同事来和我商量如何治疗。等这位同事走后，我才有空闲坐下来面对这位经理的问题。

我先说了句"对不起"，因为我让这位经理等了很长的时间。"大夫，没关系的，"这位经理高兴异常，与刚进我办公室时的气色完全不同，他继续说道，"我刚到这儿的时候，觉得自己简直是被不治之症包围了，但十多分钟过后，我感到自己应该还拥有健康。明天我去公司，一定不忘记要在办公室保持良好的工作习惯……但是，在我离开这儿以前，请允许我看看您的办公桌。"

在这次心理治疗之后，我去过这位经理所任职的公司。他亲自向我展示办公桌的抽屉，并对我说："大夫，从前我每时每刻都得对付无数的文件，问题却似乎一直层出不穷。那天看了您的办公桌，我学会了及时清除旧文件的办法，那些旧文件有整整一车皮呢。现在，我的办公室只需要一张桌子，不管有什么情况发生，我都能应对自如。我比以往任何时候都拥有更多的健康快乐，我已告别杂乱无章的办公桌，不用再情绪紧张、忧心忡忡了。"

"烦躁不安、注意力无法集中是工作人员的最大杀手，而高强度的工作并不是致人死亡的直接原因。"曾任美国最高法院大法官的查理·伊万·哈格斯这样说。正如他所说，烦躁不安、注意力不集中令人头昏脑涨，对眼前千头万绪的问题毫无办法而又感到喘不过气。

第二条最佳工作方法：判断问题的主次，有序地加以处理

亨利·杜赫缔造了美国城市服务总公司。他说过，虽然他开的薪水待遇近乎天价，有一种人才却始终不可多得。这种人才的巨大作用及价值，绝不能用金钱随意衡量。这种人才握有两大武器：第一，审慎思考、多谋善断；第二，对问题的主要方面与次要方面有清醒认识。单枪匹马闯天下的查理斯·莱克曼，在12年的职场历练之后，把派珀秀登公司年薪10万美元的总裁职位收入囊中。查理斯·莱克曼也把自己的建树，归结于亨利·杜赫所总结的那两大武器。"童年时代，我就坚持早晨5点起床。一日之计在于晨，那时我往往能利用最饱满的精神和最为活跃的思想，通过审慎思考，分析出当天问题的主要方面与次要方面，进而充分解决。"

以上是查理斯·莱克曼的经验之谈。而美国最杰出的保险销售人富兰克·贝特格与莱克曼截然不同，总是利用晚上来制定第二天的工作计划，因为这段时间他拥有最活跃的思维。倘若因特殊原因而无法完成第二天的工作计划，那么，他就把未完成的工作再放到下一天的工作计划里，日积月累，形成适合个人的工作机制。

我一直以来在进行分析研究，发现能够依据问题的主次来规划事务的人，少得可怜。然而，确定工作目标进而优先解决问题的主要方面，一定优于临时抱佛脚或快刀斩乱麻的结果。

乔治·萧伯纳若无法一直做到"泰山崩于前而色不变"，不能根据问题的主次顺序来安排事务，那么，在文坛如此巨大的声誉根本就和他无关，"银行出纳员"将是他平生的唯一头衔。萧伯纳一生有 9 年的时间在饥寒交迫中度过，他在这 9 年写作生涯里收入总共约 20 英镑，平均日收入刚好 1 美分！但他每天严格定下目标，保质保量写出 5 页文稿，数十年如一日，积小溪而成江河，终于成就了他的盛名。

罗宾逊·克鲁索也与萧伯纳类似。他同样列出自己每天的工作计划，甚至对每个小时必须解决的任务，都精打细算严格要求。

第三条最佳工作方法：工作推迟之时必须画龙点睛

我曾做过已经离开人世的豪威尔的老师。这个学生去世之前是美国钢铁公司董事会的一位大股东。我曾听他谈过公司董事会的一些轶事，当时，他们的会议耗费的时间很漫长，因为面对千头万绪的问题，董事会成员讨论的气氛异常激烈，却很少在任何问题上作出结论。这样，经过长时间争吵之后，股东们回家还是必须抱着沉重的会议资料，自己关上门进行分析。

豪威尔先生对公司的弊病了解颇深，进而提议，每次会议必须对某个重大问题重点讨论，并就这一重大问题达成初步共识后举手表决，不能闹了半天毫无进展。董事会通过了豪威尔先生的合理化建议，他们的工作效率由此大大提高了。从前厚厚的会议文件不复存在，每月的工作计划表也安排得井井有条，董事会成员赶走了那种无穷无尽的压力，不需要回家夜以继日地工作了。

豪威尔先生不但调整了美国钢铁公司董事会的工作方式，而且也是我们的学习榜样。他的工作方法看起来似乎很简单，却很好地做到了画龙点睛。

第四条最佳工作方法：完善组织，持续放权，有效监督

经常听说工商精英英年早逝的事，即使活在世间的，也大多年过 50 就老态龙钟了，为什么呢？因为他们事无巨细都亲自负责，事必躬亲，不轻易放权给手下。这样一来，他们总是为公司忧心如焚，身心总是十分紧张与疲

美好的人生

惫，因此失去了享受美好生活的空间。对这些在公司里独当一面的工商巨子们来说，授权给下属需要思虑再三，因为授权失误会给公司的利益带来巨大损失，甚至可能会导致公司倒闭。这样的例子数不胜数。然而，就算这样，这些工业精英仍然必须放权，这是减轻他们沉重压力的最佳途径。他们在授权时要规范公司的组织机构，这样，就可以有效地监督下属，从而形成一整套经营理念，降低管理成本。

许多不明白完善组织、持续放权、有效监督的意义的公司高管，在刚满50 岁之时便已身心俱疲。层出不穷的问题纠缠着他们的身心，而无穷无尽的压力感，正是导致心脏病等疾病的罪魁祸首。

疲劳感的产生及克服疲劳之道

科学发展日新月异，几年前，科学家们花大力气探索人脑工作量的秘密，也就是说大脑在出现疲劳感之前，能持续工作多长时间。近来科学家们被一项关于大脑工作强度问题的研究震惊了，研究结果竟然显示：如果只是在单一的脑力事务上劳动，绝不会有疲倦感钻出来。他们检测了处于脑力活动中的人流经大脑的血液，科研仪器没有探测到任何疲劳因子。而他们从一个正在从事体力劳动的工人身上采取血样研究，却发现了许多疲劳因子。他们又试验了很多次，结果显示：一个脑力工作者，比如大科学家爱因斯坦，不管他劳作多久，从其大脑中提取的血液都没有找到疲劳因子。

科学家们据此得出结论，大脑的潜在能量是无穷无尽的，它在从事单一劳动8 到12 个钟头之后，灵敏度与刚开始使用的时候是相近的。如果这样，疲劳因子又是从哪里冒出来的呢？心理学家指出，人类与生俱来的七情六欲，才是我们产生疲劳的根源。英国最优秀的心理学家J·A·哈得费尔德在《心理的力量》一书中写道："疲劳因子产生于人们的情感，疲劳感是一种综合结果，经过复杂心理活动过程产生，单一的脑力或体力劳动在大部分情况下，不会导致疲劳。"美国的布瑞博士说得更为透彻："如果一个脑力工作者的身体十分健康的话，那么他体内疲劳因子的产生，肯定来自于他的心理活动，或者更确切地说，就是七情六欲影响下的产物。"

脑力工作者的心理活动，或者说七情六欲，到底是怎样制造出疲劳感的呢？是精神亢奋？还是随遇而安？实际上，兴趣缺乏、愤世嫉俗、情绪不振、强烈的自卑感，以及烦躁不安、忧心如焚等紧迫感，都会导致脑力工作者机体免疫力下降、工作消极甚至心力衰竭，即使回到家里，他们生活的节奏依旧忙乱紧张、精力涣散，神经衰弱时有发生。这一系列心理活动经常逼迫人们精神高度紧张，使得机体长时间得不到放松，从而产生疲劳感甚至病变。

都市人寿保险公司曾如此定义"疲劳"，并把它印在公司的宣传单上："疲劳的三大诱因是忧心忡忡、极度紧张与颓废委靡。我们无法用睡眠或普通的休息手段来消除由这些原因带来的疲劳感。事实上，工作的负荷并不会直接对人构成沉重的压力，因此，把出现疲劳感归罪于体力或脑力劳动本身，是错误甚至是荒唐的。保持精神放松，不要整日愁眉不展、郁郁寡欢，保持开放的心态，生活仍是美好的！"

各位朋友，请你现在搁下手中的工作，稍稍远离烦恼，对自己来一次小测验。你是在愁眉不展地阅读这段文字吗？你的眼部肌肉是否紧张不已？你的双肩僵硬还是放松呢？此时此刻，倘若你不能彻底松弛你的机体，无法学习像松软的玩具娃娃一样，那么，你的精神状态仍然被紧张所包围，你仍然是在不断制造使自己情绪低落的罪魁祸首。

你也许会疑惑，为什么在我们使用大脑的时候，机体会产生这样糟糕的紧迫感呢？丹尼尔·宙瑟林是这样解释的："一般人的心理面对无法完成的工作，会首先在精神上全力准备，因为轻视它就无法顺利进行。聚精会神会使我们眉宇紧锁、表情凝重、手臂僵硬。通俗的看法是，精神上高度紧张能有利于工作，实际上往往是南辕北辙、越走越远。"那么，怎样才可以消除这种有害无益的疲劳感呢？诀窍是：重大的工作任务更需要放松精神和机体——放松，放松，再放松！

也许又会有错误的看法冒出来，认为松弛是一件简单的事情。大错特错！许多人可能到死都无法彻底克服在工作中的精神紧张状态，其实掌握放

美好的人生

松并从容镇定地工作并不容易。然而，正由于困难重重，掌握它才意义重大。放松心情很可能会开启你的美好生活。威廉·詹姆斯在《轻松的福音》中这样写道："最要命的恶习就是紧张，而最优良的习惯就是放松。两者的天壤之别就在于：紧张这一恶习可以摧垮一个人，而放松这一优良习惯能够支撑一个人。"

怎样才可以放松呢？是先松弛内心，还是先松弛神经？都不对。你必须先从肌肉开始放松。就尝试着给眼部的肌肉放松一下吧。请你读到这个位置时，自然而然地把自己靠在椅背上，双眼微闭并摒除一切杂念，缓缓地命令眼睛，"现在，开始放松，一定不能眉头紧锁，一定不能紧张，一定要放松，放松，再放松……"一字、一词、一句慢慢来，一分钟内不断重复这样的话。

事实上，不需要一分钟，眼部肌肉在你的指令下就会有所松弛，就像有一双十分温柔的手正在抚摸你，赶走所有的忧心忡忡、郁郁寡欢或颓废压抑，简直难以置信！在这短短的一分钟之内，有害无益的疲劳感瞬息之间远遁了，这一分钟积聚着人类在放松上的科学与艺术的结晶。紧接着，在15分钟时间内，从你的脸部、你的下巴、你的颈部、你的双肩然后到你全身，你很快能逐个放松一遍。需要注意的是，你的眼部肌肉最重要。供职于芝加哥大学的埃得穆德·杰克伯逊教授曾不假思索地说："只要眼部肌肉获得放松，你就能赶走一切的忧愁！"眼睛是我们学习放松最重要的器官，因为，眼部肌肉消耗的能量占人体神经总耗能的四分之一。许许多多视力很好的人不了解使眼部肌肉放松的方法，所以他们的眼睛始终感到疲劳。

小说家威吉·鲍姆小时候，曾有一位老人教导她如何去放松。有一天，威吉·鲍姆跌了一跤，脚踝立刻肿得老高，膝盖也破了，她禁不住疼痛，嚎啕大哭。这时恰好有一位老人经过，把她抱了起来，给她上了或许她一生中最难忘的一堂课。这位老人问她："小朋友，明白为什么摔跤这样疼么？只是因为你还不明白放松的技巧。来，我现在就教你如何放松。你要想象你的身体十分轻松柔软，像那些旧袜子一样，可以柔软地行动、奔跑。"

原来这位老人过去做过马戏团的小丑，他教给威吉·鲍姆和她的小伙伴们不小心跌倒的时候，把伤害减少到最低程度的技术。他甚至还像老顽童一样教孩子们翻跟斗呢。"把你的身体假想为破旧而皱巴巴的袜子，你就能收放自如了。"这位老人不断强调的声音，至今还回响在威吉·鲍姆的耳边。

任何地方都能够让你放松，但绝不能让"放松"在你生活中制造麻烦。放松是一种感性行为，所有强求的放松都会制造痛苦。要让放松从眼部、脸部、下巴一直延伸到全身的肌肉，尤其要假想糟糕的疲劳感从眼部、脸部的神经向体内转移，最后悄悄消失。这就是女高音歌唱家盖莉·克丝克介绍的放松经验。她在每次演出开始以前，都轻松自如地坐在椅子上，不断让浑身上下的神经柔软。这是一条绝佳的练习放松的途径，盖莉·克丝克因此而驱除了登台之前的压力和紧张，从而充分展示她的艺术才华，使她的演出从成功走向成功。

最后给你介绍四条怎样放松自己的日常经验：

1. 千万别把本身简单纯粹的工作搞复杂了，这是保持轻松自如的第一要义。尽量让能够休息的身体各部分都休息，不要勉强调动它们。每时每刻检测自己是否学会了放松。

2. 从办公室回到家，再看看自己究竟有多累？如果还存在疲劳感，就该意识到这根本不应该归罪于脑力劳动，要反省自己的工作方式是否有漏洞。

3. "我现在焦躁不安吗？我可能要来一次肌肉放松。"每天坚持提醒自己，培养良好的放松习惯。

4. "今天的工作是否制造了很多疲劳？这种劳累最直接的缘由是工作，还是依然归结于我的工作方式？"当完成一天任务时，你要这样反思自身多次。

丹尼尔·宙瑟林说过："每天检验工作成绩的原则，就是先要观察自己是否放松，而不是看自己被折磨得多么劳累。要是结束一天任务时，疲劳感开始向我袭来，那么，我能够说的是，从工作数量到质量，今天自己都太糟糕了。"

怎样消除厌倦

产生疲倦的原因其实并不是真正十分劳累，而是缺乏动力，找不到工作的乐趣。还是以下面的例子来阐释吧。

一天晚上，我的邻居艾丽丝下班了，她拖着疲倦不堪的身体一跨进家门，就摊到了床上。她全身酸痛、手脚疲软，倒头就睡。妈妈做的丰盛的晚餐也丝毫提不起她的胃口。后来，在妈妈不厌其烦的劝导下，她才拖拖拉拉地出来吃饭。恰好此时，她男朋友一个电话打来，约她去跳舞。"好啊！"她不假思索地激动答应。她胡乱吃了几口饭菜，就开始梳妆打扮，在镜子前难以抑制地哼着小曲欣赏自己身穿心爱的蓝色晚礼服的模样，浑身来了劲，刚才的乏力、倦怠一下子都无影无踪。她一直到第二天凌晨3点钟才脸色红润地回家。回家后艾丽丝还意犹未尽，趁势在卧室里又跳了一会舞，还没显出丝毫疲态。直到翻了一会儿杂志，她才倒上床睡觉。

要是只看到此时的艾丽丝，谁能想象刚下班回到家时她的疲倦模样呢？是的，刚下班时艾丽丝快累死了，但是这真会使她疲倦得连晚饭都不想吃吗？不是，因为她的工作不如意，她一直以来完全失去了对工作的兴趣才造成这些。相信所谓的"艾丽丝"不少，说不定其中还有你。

人疲倦、劳累，根本不能说是纯粹体力不支的问题，兴趣匮乏才是最主要、最直接的祸根。几年前，巴迈克博士的一个实验报告发表在《心理学档案》上，主要探讨了疲倦与劳累问题的深层原因。巴迈克博士安排一组学生做运动，而博士挑选的运动他们都不喜欢，结果被测试的学生们毫无例外的情绪烦躁、身体疲倦，有些还出现了不同程度的不适反应，如头昏脑涨、肚子痛、胃痛等，是这样吗？对，是这样，学生们绝没有胡说。从随后进行的新陈代谢的观察结果可以看出，兴趣不高的学生体内血压和氧的代谢频率确实是飞速下降。不过，当他们开始做自己非常热爱的运动时，身体内新陈代谢的速率重又飞速上升，他们身体上的不适反应也不见了。

几乎所有人都有过类似的体会，那就是当我们做一件乐意干的事情时，我们情绪饱满，几乎不会感到任何倦意，有时，简直可以说拥有让自己都吃惊的耐力。不久之前，我来到加拿大境内一个很有意思的地方洛基山度假。我是一个钓鱼发烧友，那几天我确实舒服够了。我可以沿着克莱尔溪快乐地找寻鲑鱼，我可以在溪边小径拓荒。我在一两人高的灌木丛中跋涉，还要经常注意脚下错杂交织的枝干，简直是艰辛异常，但是，我一点没有感到劳累，相反心里十分轻松愉悦。为什么呢？因为我自始至终觉得快乐而刺激，全身充溢着一种自豪感。我在进行危机四伏的冒险！我在钓鱼，这真是一个美妙的兴趣。但是，如果我不爱冒险，如果我厌倦钓鱼，那在这里的经历，对我来说简直是太"痛苦"啦，我保准是又累又倦，难受至极。

哪怕是登山这样的极限运动，缺乏激情带来的疲劳感也远远超过纯粹的体能消耗引发的疲劳。金曼先生曾为我作了一个绝佳的说明。

加拿大阿尔卑斯俱乐部在加拿大政府安排下，于 1953 年 7 月对威尔斯皇家骑兵巡逻警队员进行登山培训。这些资深教练年龄从有 42 岁到 59 岁不等，金曼先生也在其中。他们是如何组织登山培训的呢？他们要先花六星期，强化训练那群血气方刚的小伙子，之后正式开始穿越冰山雪地，再爬上一处足足高达 40 英尺的悬崖峭壁。登山时，他们只能使用绳子、脚蹬、把手，脚蹬只能使用在极微小之处，把手则老是晃荡不稳。苦战 15 个小时后，这些士兵都已经疲惫不堪，精神更加显得软弱涣散。

六周的强化训练难道对这群血气方刚的青年毫无帮助吗？错了！强化训练能够使他们的肌肉更适应登山运动，体能问题决不应该造成这样大的影响。关键在于他们对登山运动兴趣不大，对征服山顶毫无冲动，才会虚弱得连饭都难以咽下一口。精神抖擞、食欲大增、甚至还互相交流翻山越岭的经验的，却是一个个远远比他们"老"的教练们。这就是由于教练们异常热爱登山运动的效果。

为了发现产生疲劳的真正原因，爱德华·梭达克教授在哥伦比亚试验了多次。梭达克教授曾使数位青年在一星期内极度缺乏睡眠，为了做到这一点，他不断调整这些年轻人的兴趣点，使他们浑身充满精力。通过详细认真的分析研究，教授写下总结报告："失去兴趣以致感到厌倦，是疲惫不堪的开始……"

　　一名脑力工作者也许会由于如山的文件而劳累不已，却绝不会由于处理了众多事务而失去精力。想象一下，倘若你的工作阻力重重、问题密密麻麻，那么，你的挫败感一定十分强烈，从办公室回到家里也会精神不振，甚至于头脑发胀得就像要爆开。然而，当第二天秘书收拾了你的办公桌，不再杂乱无章，所有工作井井有条，效率直线回升，你会重新找回成就感，在家里也是一样精神焕发、倦意全无。相似的工作经验人人都有，不过，从中你得到了什么启示呢？由此可以看出，劳动本身并非疲惫不堪的元凶巨恶，忧心忡忡、高度焦虑、焦躁不安等因素才是疲惫不堪的始作俑者。

　　当我正写下这些话时，恰逢杰若姆·科恩的一出音乐喜剧《船展》重映。剧中的一句台词触动了我："所有那些从事着使自己兴致勃勃、激情澎湃的工作的人，都可以算是幸运儿。"这是剧中"棉花"号的船长安迪所说的一句话，也是我想表达的一句话。"幸运儿"为什么幸运？是因为他们健康快乐、意气风发，从来不满脸忧愁、愤懑难忍，疲惫不堪丝毫也不会属于他们。一个精力旺盛的人，必须先做兴致勃勃的人。譬如，与情人一起漫步几公里长路你也不会有丝毫疲惫，如果是与不停唠叨的妻子一起，只需要转过两条街，你心里就已经觉得难以忍受了。

　　既然如此，我们怎样做才好呢？下面这个速记员的故事可能会启发你。

　　俄克拉荷马州的某石油公司每个月有几天会安排员工填充表格，对公司输出石油的各项输出数字做专门统计，这项工作很枯燥、乏味。但她却是负责这项工作的速记员之一。头脑机敏的她给自己制定了一个目标，使填充表格这一工作变得兴趣盎然。第一步，她会试图使每天下午填的表格总数超过上午；第二步，又努力使第二天的表格总数超过昨天的总数。通过这一简单有效的工作途径，她填充表格的效率超过了所有其他同事。当然，这并不能让她获得领导的赏识，就别说收入提高什么之类了。然而，因为这一简单的方法，她对自己的工作兴趣大发，避免了疲惫困顿，进一步提高了她在业余生活中的质量。

　　可能，有读者会觉得这个故事是胡说八道。其实，这个速记员是一个名

俄克拉荷马州

叫霞的机敏女孩，不瞒你说，她如今正是我的爱人。此外，同样发人深省的还有另一位名叫蕾的速记员女孩的经历。蕾的全名为瓦莉·戈尔登，她家住在伊利诺伊州，她曾对自己的工作抱怨不已，但现在却饶有兴致。她将自己的经历写在给我的信里：

办公室里四个速记员职责不同，不过，偶尔也会在某些领域交替合作，这样劳动就重复了。有一次，我在一位经理助理的要求下打印一封懒婆娘的"裹脚布"一样长的函件，我说这封信只要修改某几组词语，便不需要重复劳动，浪费公司资源。岂料，这位经理助理大发雷霆，威胁说要把我赶走。真是不识好歹！愤怒占据了我的内心，但如今求职困难，我只能不声不响。我再次打印的时候，心里跳出一个自我宽慰的想法：许多人失业在家虚度时光，而我仍工作稳定，看看那些失业者，我怎能不自感庆幸呢？现在我想象自己对这份工作饶有兴趣，会有什么事情发生呢？我开始试图摆脱对工作的厌倦感，想象自己工作态度积极认真，我慢慢感到兴趣盎然。之后，我发现这一简单的方法能够很好地提高工作效率，它还使我告别了以往经常加班的命运。最终，我成为了公司的劳动模范，幸运女神也对我宠爱有加——因为我平时任劳任怨，对分配给我的工作兴致高昂，一位部门经理提拔我做他的办公室秘书。这一简单的方法让我精力充沛，它使我创造了自己生命的奇迹！

戈尔登小姐创造的这一激情澎湃的奇迹——假想自己对从事的工作兴致勃勃，最好地诠释了汉斯·维亨格教授的著名建议"假定或想象你是快乐健康的"。维亨格教授曾指出，从事任何工作都需要预先想象你拥有快乐，假定你是完全健康的，这样才能完全发挥自己的主观能动性，我们才能拥有成功。

用积极主动的想象来调整你的行为，假想自己很喜欢这份工作，那么，跟随这一假想而来的行为，必定帮你驱逐对自己工作的厌倦感，说不定你从此以后会对这世上的一切都兴趣盎然，疲惫不堪、忧心忡忡、愤懑无比等情绪也会被赶走。

哈兰·霍华德在少年时代的确穷困潦倒，为了生存，他曾经洗过盘子、清洁过柜台。同龄人高高兴兴的生活使他总感觉到低人一等，开始厌倦自己的工作和生活。一切的转机起源于霍华德的新工作——在某所中学的食堂推销冰激凌。老实说，这份工作也很枯燥乏味。烦躁不安中，霍华德绞尽脑汁让自己喜欢这份工作。起初，他钻研冰激凌的原材料及制作过程，提出各种问题，诸如不同的配方如何会导致冰激凌产生不同的味道之类，然后寻找答案，他对此兴趣盎然。过了一段时间，这些问题已经不能满足他的求知欲望，冰激凌的化学成分顺理成章地进入他的视线。他运用自己丰富的知识，在推销冰激凌的过程中吸引了大量学生的兴趣，引起校方重视，于是他做上了高中的化学教师。他越来越热爱食品化工，后来得以进入马萨诸塞州立大学研习"食品技术"。

毕业后，霍华德总是找不到与专业匹配的职业。他对自己的人生做了一番规划，作出一个有挑战性的决定——建立私人实验室，由此人生大大改变。几年以后，美国国会制定了一项法案要求审核牛奶中细菌的百分比。因为霍华德私人实验室走在了这一领域的研究前列，他因此获得了审核 14 家牛奶公司的资格。

现在，让我们做个设想，哈兰·霍华德 25 年以后会达到多大成就呢？一代新人换旧人，垄断食品化工行业的工商精英们没法永远占据浪尖，可能霍华德就是接替他们的最佳人选之一。反倒是那些当年在霍华德面前享受冰激凌的孩子们，今天还有可能面临求职和生活压力。他们当然完全有理由埋怨政府的就业计划，抱怨幸运远离了自己，等等。但他们更应该看到的是，如果霍华德当年不树立自己对工作的强烈动力，毫无创新意识，那么，霍华德便不会鹤立鸡群，命运将与他们相仿，在所谓"无聊"的工作中迷失甚至更加落魄。

20多岁时的考登波恩只是一艘货轮上的公牛饲养员，当年的他与大西洋的浩瀚无关。但一次骑自行车的旅行则完完全全地改变了他。他骑着自行车从美国到了巴黎。在巴黎这座陌生的城市里，他囊中羞涩，疲惫不堪，更拿不出钱吃饭，他不得不贱卖了自己的照相机，只换得了5美元。明智的他没有用5美元去填饱肚子，而是先用它在《纽约公告》巴黎版面上登载了求职启事。不可否认，他运气不错，很快获得了一份推销投影放大器的工作。那是一种旧式的投影放大器，两个透镜能把两幅接近一致的图片鉴别出来。有意思的是，你会看到三维立体效果，这是两幅图片在两个透镜的复合作用下而成的。

第一年考登波恩就收入了5000美元，可以算是那一年所有推销员中提取佣金的冠军了，令人惊奇的是当时他基本不会说法语。考登波恩曾回忆，那年在巴黎的首战告捷，大大增加了他的整体素质和信心，哈佛大学进修一年的效果也不过如此。

后来，考登波恩又成为了一名出色的纵论欧洲时事的广播解说员，面对话筒总能妙语连珠。这当然离不开他那一年推销投影放大器的生活，因为那让他亲身接触到法国社会的各个侧面。然而，可以说是法语门外汉的考登波恩，在巴黎到底用何法宝来进行成功的推销呢？他这样告诉我：

我的诀窍是，提前请法语娴熟的老板，帮我用法语写下有趣的推销词，然后用小纸片塞进我的帽子里，当我见到客户时，我会摘下帽子，一脸热忱地把它们拿出来展示给客户。开门接待我的客户一般是妻子和母亲们，她们很多都和蔼可亲、善良大度，当然，我会说我是美国人，我滑稽而又真诚的形象经常把她们逗得忍俊不禁，于是，我也就跟着笑，接着融进她们的生活里，在这种融洽的气氛里成功地完成交易。当然，推销远远不是一件容易的事情，它会要求你流许多汗水。我经常自己对着镜子鼓励自己说："考登波恩呀，考登波恩，如果你不愿意坠入窘境，那么现在你别无他途。你只能干好这份工作，你要想方设法让自己热爱推销这一行业。因为推销工作与演戏很相似，你在推销之前，必须想象自己正在扮演某个角色，每个房间里的主人就是你表演的观众。考登波恩，饰演好你的这个角色，需要你自己斗志昂扬、激情澎湃，你准备好了吗？"一遍又一遍的自我激励，点燃了我的人生，我对工作的态度从当饲养员时的深恶痛绝转变为对推销的饱含热情，我百折不挠、坚贞不渝的人生信念由此养成。

有一天，我和考登波恩探讨，应该如何激励年轻的美国人希冀成功的心灵？他回答道："我认为，年轻人应该永远鼓励自己。我们都知道，体育活动会让人精力充沛，其实，每天生活开始前来一番自我激励，可以更合理地调整精神状态，让我们全力以赴地工作。"

每天早晨自我激励，你会认为这很天真吗？你不知道，促进心理健康的法宝之一，恰恰是每天都不断激励自己。马可·奥勒留在其所著的《沉思录》中写道："我们思想的价值决定着我们生活的价值，因为生活是思想衍生出来的。"这句饱含哲理的话流行于16、17世纪，历经时间的考验，而今依然价值不减。

每天都不忘记激励自己，这样你的大脑被很多具有活力的事物所充实，使你大涨志气、健康快乐，使你懂得如何思考并珍惜现在，全身心地投入工作，让生活更美好。你会发现，闪光点在每一项工作中都会有，这一正确的思想刚好可以治愈无奈、无聊。也不必斤斤计较老板榨取你的劳动力，虽然他为赢得更大的经济效益，希望你对他安排的任务兢兢业业、兴致盎然，不过，你自己从中收获更大。穷尽我们的人生，除开睡眠，工作要占据其余一半以上的时间，假如工作对你失去吸引力，你就更难对其他事物产生感情了。无论如何，请不要丢弃这样的人生准则：

远离烦恼的最佳途径，就是对你所从事的工作产生兴趣，还可能为你带来升职、增加收入等直接收益。就算你没有得到这些工作上的益处，也肯定能慢慢清除影响身心健康的问题，诸如疲惫不堪、忧心忡忡、气愤不已等，进一步使你泰然自若地享受生活。请你精力充沛、意气风发面对工作和人生吧！

你愿意收获 100 亿美元，但是付出
自己所拥有的一切吗？

密苏里州一个小镇上的居民哈洛德·艾伯特与我相识很久了，他曾为我做过规整文档的工作。我们有一次在堪萨斯城不期而遇，我搭他的车回到离别数载的农场。他当时老而弥坚、神采飞扬。而一旁的我可以说是日薄西山、暮气沉沉。自惭形秽的我便向他讨教保持快乐的秘诀。他给我叙述的事情给了我后半生最重要的感悟。他这样告诉我：

您知道，从前的我垂头丧气，然而我被 1934 年春天的那件事彻底拯救了，它颠覆了我的人生观。那件事最长只维持了 10 秒钟，可能人们觉得无足轻重，它仅仅只存在了一刹那。但是，这 10 秒钟让我恍然大悟，我 10 年的人生经验在它面前才是无足轻重，它教会了我如何快乐地做一个人。我在那之前开了一家小百货商店，两年左右的时间里，我把以前的积蓄全部搭了进去，并欠下了一屁股债。我勒紧裤腰带，惨淡经营、拼力支撑，花了 7 年我才还清债务，我的小百货商店当然同时也不得不倒闭了。那一个周六让我铭心刻骨。一周过后，我想到堪萨斯城再试试找点事干，但我却没有路费和买鞋的钱，无奈的我准备去工商银行进行信用贷款。就在那条路上，我心灰意冷，情绪极端低落。一个木制"轮椅"恰巧迎面"滑行"而来，仔细一看，哇！居然有一个高位截肢的人坐在"轮椅"上。"轮椅"的结构十分简陋，实际上只有一块木板，下面连接了几个从滑冰鞋上搬过来的轮子。这个没有双腿的人两手各持一根木棍，不断在地上支撑前进并调整方向，巧妙地拨动这个轮椅。当时他刚穿过马路，准备跨过路沿去人行道上。他把两根木棍集中在一只手上，腾出一只手来挪动木板，调整"轮椅"的角度。他的困难一目了然，但就在那时，他幸福的目光与我相遇，他笑得就像阳光般灿烂夺目，他还满面春光地招呼我说："先生，早上好！今天天气不错。"他十分

美好的人生

吃力却精神抖擞地"滑行"而去，刹那间我认识到，我拥有许多财富，我是无比幸运的。相比之下，这个失去双腿的人原本比我痛苦多了，他能够享受欢乐，我又何必如此委靡？我一定要更加骄傲地直面人生。我原来到工商银行只敢借贷100美元，因为我不清楚自己拥有多大的偿还能力，不过现在我确定要贷200美元，我对工商银行说，我坚信自己能够在堪萨斯城拥有立足之地。最终，我贷了200美元。接着果然在堪萨斯城谋到了一份非常不错的工作。我记录下那一天的事并认真保存至今，当我每天剃须的时候，都可以面对洗手间的镜子重温一遍，自我激励：我曾失去自信，没有买鞋的钱，我要感谢那一个周六，那天我在马路上不期而遇一位失去双腿的人。

埃迪·瑞根贝克曾经和他的战友们在二战期间迷失在浩瀚无垠的太平洋上。他们坐着一艘救生艇漂流了三周时间，他们如何迷茫叹息、绝望哀伤可想而知。后来，瑞根贝克向我讲起过这次苦海余生的经历，他这样告诉我："想到你还有甘甜清醇的淡水可以喝，家里还有喷香的饭菜可以享用，就绝不能怨气十足，抱怨生活如何辜负了你。这就是上帝在弥漫着一望无垠的死亡和绝望阴影的大海中教给我的。"

据《时代》杂志报道，一位士兵在瓜达尔卡纳尔岛战役中被弹片击伤咽喉，失血很多，医生前后抢救了他七次，每次都给他输入很多血浆。这位士兵用笔在纸上写，不停地询问医生"我有生命危险吗？""弹片是否把我弄得很惨？"之类的问题。医生一直努力说好的方面，只想安慰他，让他安心养伤。士兵最后追问道："我是否还有能力发出声音？"医生继续安慰他："能。"士兵长舒一口气地说："那么，我终于可以让自己安静一下了。"

请认真自查："我究竟为什么郁郁寡欢？"仔细的思考可能会让你明白，实际上你的忧心如焚根本一文不值，你的郁郁寡欢其实是在浪费时间。不可否认，占据大部分事物总是积极健康的，而阴暗面只占一些小角落。你希望健康快乐、灵魂舒畅么？那就尽量用积极的一面对待问题，减少自己的消极倾向；如果你愿意颓废黯然、自甘堕落，那就继续夜以继日地长吁短叹，对身边可以使你精神振作的事务熟视无睹吧。

在英国克伦威尔大教堂碑铭上有这样一句话，"首先，要学会思考，然

瓜达尔卡纳尔岛战役

后学会感恩"，请在你的灵魂深处烙下这句话。对上帝的恩赐心怀感激，对主的爱护永怀感恩之心，并永远不忘一些感动过你并让你铭刻心中的记忆，做到了这些，你的生活才能充满快乐。

乔纳森·斯威夫特是英国文学史上悲观主义者的代表人物，他固执地认为，父母亲把自己带到这个世界上简直毫无意义。他常常穿一身冷色调的灰衣服，甚至在本该庆贺的生日那天安排斋戒。这位的作家生活态度极端消极，但他不仅曾写过脍炙人口的《历险记》一书，而且他也指出，精神快乐是健康的保证。他有一个久负盛名的论断："饮食调和、潜心静养与精神快乐，是这个世界上最成功的三大名医"。

实际上，无时无刻不在替我们进行义务治疗，而且不需要你掏一分钱的，正是"快乐"这个良医。你只要做一番简单清晰的计算，就可以知道自己一生拥有多么巨大的财富，完全可以傲视阿拉伯神话里"阿里巴巴"看到的宝藏。举个例说，你肯定不愿用你那一对明眸来换 10 亿美元。除此之外，你的双足、双手以及你的子女，以及你的整个家庭，每一项都是你的无价之宝，你当然绝不愿意以此交换所谓的金钱。就算把洛克菲勒、福特、摩根这些工商巨子的财产叠加起来的那个天文数字和你本身所拥有的比较起来，也只不过是九牛一毛而已。

然而，我们中间绝大多数人不知道感恩，也没有学会珍惜自身所拥有的无价之宝。"一般人往往去苦心追问自己还需要什么东西，反而忽略了我们本身的价值。"斯科彭豪尔的这句话直逼要害，正中我们机械而僵硬的思维漏洞。这种思维方式对人类社会来说罪大恶极，一幕幕人间悲剧都由它而来，与之相比，战争、瘟疫等肆虐天下的恶魔简直不值一提。

约翰·帕尔默就曾在这诸多人间悲剧里拿饰演主角。帕尔默曾是一个思想淳朴的青年，但那种僵硬的思维方式把他很快逼为一个悲观厌世者，他的故事是这样的：

我也曾经历过军旅生活。转业回到地方之后，我开始自主创业。我夜以继日苦心经营，生意开始还貌似不错。然而，工厂很快就被挫折困扰，我关节不通，资金也不够雄厚，我需要的原材料竟贵得吓人。工厂破产的危机让我心急如焚，变得暴躁不安、难以自已，然后开始逃避责任，最后悲观厌世。后来我才意识到，那些愁眉不展、自惭形秽的表情和心绪控制了我，曾经的幸福家庭很快就被我弄得支离破碎。

我依旧不满自己，尽管我明白自己这样下去不行。是公司的一个员工、一个刚退伍的身残志坚的青年的一席话，让我幡然醒悟，他说："约翰，现在你应当为你的自甘堕落感到羞愧。你总是心情郁闷，仿佛世界上只有你的问题才是问题。你也不多想想，就算你的工厂真的到了倒闭那一天，你就必须破罐子破摔吗？自怨自艾又有什么意义呢？试着像从前一样白手起家吧，你可以激励自己、卧薪尝胆，命运之神必定会再次垂青于你。你身上拥有不少优点，让他人羡慕，只是你首先要学会思考继而开始感恩，绝不能允许自怨自艾成为人生的主旋律。你再看看我！我是一个残废军人，少了一只胳膊，半边脸被子弹毁坏了，我羡慕甚至嫉妒你。但我现在可不会自暴自弃，我依旧努力守护自我。你必须拿出精神奋发向上，约翰，倘若你再无病呻吟、自暴自弃，那么，不仅你的工厂、你的前途会被你亲手毁了，而且你还会同时破坏你的身体健康，得罪你的亲密朋友，失去你的幸福家庭！"

这一番话犹如醍醐灌顶，使我顿时看清了自己身上一直所拥有的无价之宝。事实上，我的确必须坚决告别自怨自艾、自暴自弃，我要抛弃现在狂躁的自己，努力认识自我、守护本色。几年后，我找到了自己的价值。

鲁塞尔·布莱克也是我多年的故交，我们年轻时曾经共同就读哥伦比亚大学新闻系，都非常喜欢写小说。与约翰·帕尔默类似，她也险些踏入了疯狂之境，将原来的幸福生活毁坏殆尽，所幸这一切已经在十几年前结束，结束在她曾居住的亚利桑那州的土孙镇。事件的关键就在于她把古代贤人"知足常乐"的教诲扔到了脑后，无法安于现状，一味追寻自己并不需要的东西。下面是鲁塞尔的自我反思：

那时候，我整天忙个不停，就像是一只转上瘾的陀螺：我热衷于演讲和主持土孙镇的沙龙，涉及范围包括我家周围的一个大农场，同时到亚利桑那州立大学学习关于器官发声的培训。我也没放过一丝机会教授学生们音乐鉴赏知识；五花八门的晚会派对当然缺不了我，我紧张忙碌之余只拥有一项比较轻松的爱好——在月光皎洁的夜里遛马。最终我的生活出现了巨大的障碍，医生当时的建议是"你一定得安安心心在床上躺一年！"更加让我恐惧的是，对我的身体何时可以恢复健康，医生几乎完全没数。

在床上休息一年！还得安安心心！如此一来，我岂不是一个随时准备见上帝的残废人？无边的忧惧包围了我。上帝怎能如此对待我？开始的时候，我并没有认识到自己的生活方式有严重不足，总是大呼小叫，可以说是歇斯底里。我本来特别叛逆，但身体健康情况持续恶化，我只得老老实实地听医生的话，在病床上耐心呆着。直到画家鲁道夫来看望我，事情才发生转机。他从我隔壁过来，一来就开门见山地告诉我："你心里的恐惧，可能源于要面对卧床静静消耗一年时光的事实。可在我看来没有这么糟糕，这一年的时光你可以自我反思，分析研究自己，充分调动心灵的主观能动性。这样，一年之后你会拥有更加健康、更加成熟的心理，在肉体的痛苦下锤炼灵魂，你将比在以前的生活环境里所练就的自己更有力量！"

顿时，鲁道夫的金玉良言让我茅塞顿开，我清醒过来，人生的价值和生命的意义慢慢得到重新认识，那些鼓舞人的典籍开始成为我的良伴。有一次当我收听广播时，播音员嘴里一句不经意的话强烈地触动了我，即"语言是心灵的回音，真情让德行感动"。说实在的这句话经常听到，但那时它却超越了我过去多年的领悟。我下定决心，从此以后忽略所有让人悲观沮丧的事情，让那些阳光的、积极的事情围绕我，如此一来，我肯定会慢慢拥有健康。一早醒来，我都会回顾此生最有意义的事件、最有价值的事物。至少我的小女儿还天真烂漫，至少我还耳聪目明，至少从收音机里还传出悠扬的曲调，我有了更多的时光阅读发人深省、催人奋进的文字和著作，每天都还有香甜可口的家常便饭可以享用，亲密无间的朋友们也总是送来问候和温暖……

现在，虽然我经历了更多的事情，但我不会再过于执著，我未来生命的影像也随之更加清晰——我的人生被乐观、积极的态度洒满阳光。那一年安安心心卧床静养的岁月已经过去，但它的影响会持续到我生命的最后一刻。我会让生平最有意义的事件、最有价值的事物在每天清晨掠过我的眼前——这一习惯是我生命里的无价之宝，是我告别死亡边缘的见证和收获。如果我内心的恐惧从未克服，我可能至今还在人生的十字路口踯躅不前。每当我想到此处时，都会油然而生一种羞愧之心，因为我曾经拒绝生命的真谛，与它的距离如此遥远！

事实上，鲁塞尔从死亡的边缘寻找到的生命真谛，两个世纪以前的塞缪尔·约翰逊博士就研究过。约翰逊博士所拥有的超乎想象的乐观主义品质是从他"水深火热"的20年漫长岁月里提炼出来的。面对艰难困苦，约翰逊博士一直不屈不挠、顽强拼搏，最终获得了他那个时代"最著名的作家"、"最出色的演讲活动家"等殊荣。"任何事都要看到阳光的一面，要保持这种良好的习惯，这是一种无法用金钱衡量的习惯！"约翰逊博士用自己的一生印证了这句至理名言，这也是他在苦难重重的生活中冲破重围，走向美好的人生的制胜法宝。

皮尔斯·史密斯也有一句至理名言是："拥有一切你喜欢的，进而在拥有以后享受快乐——人生需要至真至善至美的追求，因此也需要这两大目标的支持。然而，大部分人和第二点无缘——他们不能安居乐业，享受生活。"

人们忘记了美味佳肴是如何制造出来的，因此他们把进厨房刷盘子当成一种惩罚，这样就无法健康快乐地生活了。然而，几乎以全盲面对生活的鲍吉尔德·戴尔却展示了如何享受生活。她的《我要去看》一书展示了出众的勇气，深深地影响了人们的心灵，能让你的灵魂充满那种跃然纸上的乐观精神，使你在不知不觉中明白，健康快乐地享受生活也包括下厨房刷盘子。作者这样回忆：

我渴望有两只明亮的眼睛而不可能。我仅有的一只可怜的眼睛只是左眼角处伤疤覆盖下的一条小小的细缝，这让我看起来丑陋滑稽。每次观望外面的世界时我都得费劲全力，看书则需要我整个脸贴着书面像蚂蚁一样爬行，尤其必须把眼珠用力靠左，要不爬行也会是白搭。

眼睛的困难并没有压倒坚强的鲍吉尔德·戴尔，她坚持把自己留在正常人的生活内。小时候的她始终坚持和小朋友们玩游戏，但一开始玩"跳房子"游戏对她就是个大麻烦事。机敏的她在游戏之后，一个人趴在地上开始记忆地上的粉笔线，把每一个符号牢记在那只还能辨别方位的眼睛里。第二天，她便在"跳房子"游戏里取得很大进步。不仅在玩耍时她如此认真，而且学习时更加投入全力。学校给她设计的课本把字体经过特殊化处理，是正常孩子们的教科书字号的一倍半，但是这仍然考验着她视力微弱的一只眼睛。但鲍吉尔德·戴尔最终战胜了困难，取得了明尼苏达州立大学与哥伦比亚大学的双料硕士学位。她的事例证明，只要我们肯认真地做，世界上没有无法逾越的高山！

毕业后的鲍吉尔德·戴尔半工半读，在明尼苏达州一个村庄学校执教。终于，南达科他州的奥古斯都大学发来了邀请，他们聘请她担任新闻文学系的教授。在奥古斯都大学工作了 13 年，她不断应邀去妇女俱乐部发表演说，广播电台也经常前来采访。她在《我要去看》一书中继续写道：

我的内心世界总是有一望无际的畏惧，对成为一个百分之百的盲人的畏惧，所以，我必须数十年如一日地奋发向上，发扬乐观主义精神，战胜惨淡的生活。我要永远扼住无边的恐惧之咽喉，这声音可能惊动了上帝。在我 52 岁时的 1943 年，我来到闻名天下的梅奥诊所，被一次手术拯救了，那简直可以用"生命的奇迹"来形容，在我眼前跳出了一个美丽新世界！我的视力得到极大的提高，整整比手术之前好40倍。

下厨房刷盘子如今是我生活的乐趣，特别是洗洁精在盘子上产生的气泡，简直柔软到了心里。我时常对着太阳光玩弄这些气泡，它们身上能产生一个个五彩缤纷的奇妙彩虹。有时我也会搁下厨房的工作，把目光投向窗外。特别在冬季大雪纷纷落地时，我们可以看到勇敢的小麻雀，拍动它那灰白与乌黑相间的羽翼，顽强地迎风而上——好一幅美丽的画面啊！

请注意，我亲爱的伙伴们！鲍吉尔德·戴尔把下厨房刷盘子看做是一种奇妙的享受，她看到太阳的七色光辉，她看到洗洁精的气泡折射下的彩虹，她看到小麻雀不惧风雪严寒的英姿，她因这些永怀感恩之心。请大家让自己的心跳动吧！看看鲍吉尔德·戴尔，我们时时刻刻处于幸福安乐之中，却连盲人都望尘莫及，我们忧心忡忡，我们愁眉苦脸，我们颓废压抑以至夜以继日！我们应当拥有的姿态不是无地自容，而是要应该深深地感到羞耻！

从这一刻开始，请从脑子里筛除所有悲观消极的情绪，永远对上帝赋予我们的所有心怀感激，让美丽生活得以持续。我希望用以下文字与亲爱的伙伴们共勉：

善于思考、学会感恩，赶走自怨自艾的情绪，即使1000次挫折围攻过你，你也要送出1001个祝福。你的生命必将因此而豁然开朗，海阔天空！

面对别人的批评不羞不怒

可能，"锥子眼"、"老地狱恶魔"等恶名你也听说过，它们全都属于史密德里·巴特勒少将。得到这些恶名的原因是他摆过很大的架子。实际上，比起其他的美国海军陆战队领军人物，他的军旅生涯最为夺目。他这样对前来拜访的我说：

年轻时，超凡的人格魅力、动人的风采是我的最大追求，因为那能够迷住大家。当时，我对自己的要求近乎吹毛求疵，以至于一丁点儿批评也难以入耳。不过后来，海军陆战队的生活造就了一个全新的我，30载的军旅生涯已经把这个我百炼成钢。"骂人专家"们总是不断指责和谩骂我，他们搬来英语里一切龌龊词语——黄狗、毒蛇、臭鼬等等，变成羞辱我的利器，当然，这些字眼难以下笔成书。我最大的收获，就是对这些声音听而不闻，我不再像年轻时那样苛求完美，也不会因此显得不堪一击。哈哈！我再也不会像那时的我一样又天真又愚蠢了。

　　30年的戎马生涯打造了"锥子眼"巴特勒将军，他早已把别人对他的抨击当做耳边风一样充耳不闻，我们应该认真学习他这一作风。与此相反，许多人却煞有介事地对待耳边风，小问题被我们搞得很严重。举例来说，若干年前的一次成人教育示范课上，我正在讲台上讲得兴致勃勃，不料，一位记者突然站起来抨击我，指出我在讲课上的缺点，当然也不乏一些攻击我个人名誉的话语。我急火攻心，把这微不足道的批评看得大过了天，决定要维护我的人格尊严。于是，我致电这位记者供职的纽约《太阳报》，要求报社执行委员会主席吉尔·多契斯处罚这名记者，并公开刊登道歉声明，挽回我的名誉损失。然而，现在的我觉得自己这一"讨回公道"的做法很丢脸，不知那时我为何如此冲动而愚蠢。有过无数经验以后，我其实可以肯定，买那一期《太阳报》的人有一半没有读过那一篇公开道歉文章；那一篇公开道歉文章的读者，几乎又有一半的人会对那名记者狂妄的批评不予理会；剩下来对那文章发生兴趣的人当中，还有一半的人在一两月过后，可能会淡忘了文章内容，一丝一毫都不剩。

　　很少有人专门来注意到你我个人，当然也很少关注人们对你我个人的批评，这是我很久之后才发现的。因为大部分人关注的焦点，无时无刻不是他们自己。就拿令他们头痛的问题来说吧，它与其他人的生命安全问题来比肯定是微不足道的，但他们对这个自身问题总是会高度关注，而不是关注旁边的你我。

　　就算你我是市民口中的焦点人物，被人在茶余饭后谩骂嘲笑，就算是亲朋好友羞辱或诽谤了你我，也不用大动干戈。号称是万能的救世主的耶稣，也同样逃不了被他最亲近的人所背叛的命运——那两个叛徒中的一个得到的赏金，价值只能折合如今我们手中的19美元而已；另一个在耶稣受刑上十字架之后，也开始不服从他的教导。在这一问题上，耶稣都只能默默承受，

美好的人生

我们作为凡夫俗子也只能面对命运。

尽管我无法阻止他人的谩骂、嘲讽，但我完全可以调动自身的主观能动性，冲破这一被动环境。我能够正确认识和合适地处理这些不公正的批评，使自己告别无能为力、不堪一击的状态。我的意志坚强如钢铁，我要始终不渝地开辟前进的道路，冲破他人的羞辱、诽谤，主宰我自己的命运！

至此，我要强调，我并不赞成把一切批评都当做耳边风的行为，忠言逆耳利于行，对诤言我们应当虚怀若谷、善于接纳。但面对不公正的抨击，我们要充耳不闻，把它们当做废话一样丢弃，最大程度地降低它的糟糕影响。如何应付不公正的批评，又如何处理那些无意义的指责，我曾就此问题认真询问过埃利诺·罗斯福。她拥有不少亲密无间的伙伴，但躲在她背后放明枪暗箭的政敌更多。在所有的美国第一夫人中，没有人像她那样承受过如此多的无谓指责和辱骂。埃利诺·罗斯福这样对我们说：

我曾是一个腼腆的少女，把他人对我的评价看得十分重要，更别提他们对我的抨击和指责了。没有办法，我只好求教我的姑妈（老罗斯福总统的姐姐），我问："费姑妈，我想达到自己心中的目标，但又受不了他人的轻视和那些侮辱性的批评，请问我该如何是好？"

费姑妈和颜悦色地看着我说："我亲爱的埃利诺，总有他人对你品头论足，不必放在心上，让他们自说自话去吧。如果你看准这种选择比较合适又非常有意义，那么，你就要抛开这些杂念，坚定地走自己的路！"

费姑妈循循善诱、语重心长的这段话，从此开始指导我的为人处世。就算是我在白宫做第一夫人的巅峰岁月，这一处世箴言也始终支持着我，给了我冲破无端指责的武器，让我勇往直前、毫不动摇地走自己认定的路。尽管你付出了百分之一百二十的努力，但得到所有人的认可仍然是奢求，一定会引起某些非议甚至于不公正的批评。因此，一旦对某件事情你坚信非常有意义，就要义无反顾地去做，这就是处理所有不公正批评的不二法门。

我还聆听过已经去世的美国国际公司前任总裁马修·布拉特的教诲。他当时告诉我：

是的，他人对我的指责曾经对我的影响非常大。刚接手公司那一段时

间，我非常想在公司树立自己作为一个新领导的威信，因此特别重视来自公司员工的批评意见。公司任何一名员工流露出不信服我的感觉，就会极大挫伤我的积极性。不管谁对我有任何看法。我都会尽我所能去进行调整。实际上往往事与愿违，这一小小的漏洞被盖住了，会有更多漏洞钻出来；照顾了这个员工的意见，又会忽视了另一个员工的意见；采纳了另一个员工的建议，也许又会导致其他一些员工心怀不满。我最终弄明白，越恐惧批评和指责，越在意他人对我的评价，就越导致自己难以行动，最终更加使得无稽之谈到处流传。由此，我对自己的行事准则更加坚定，我认为不遭人嫉妒是庸才。坦诚、乐观才能走向成功，我必须勇于面对一切不公正批评及所有无稽之谈！打那以后，我不再奢求得到所有人的认可，在尽心尽力完成工作任务的同时，我敞开胸怀，直面一切不公正的攻击，这就是我的经验之谈。

我们的好榜样还有著名主持人泰勒先生。在一个周末午后的音乐广播栏目中，恰逢泰勒负责主持的纽约爱乐交响乐团进行演奏。那时，一个女士写来的咒骂他的信被送到了电台。骗子、叛徒、毒蛇、笨蛋等侮辱性的词语，被这位女士一股脑儿抛给了我们的泰勒先生，那么，对这一事件他当时是如何处理的呢？泰勒先生在《人与音乐》一书——他的回忆录中这样写道：

我并没有把这位女士对我的批评与辱骂当做多大回事，而且我相信，她信里这些侮辱性的词语也不会给她自己任何确切的印象。在第二个周末午后的音乐广播节目中，我泰然自若地在广播里播报了这封信。不料这位女士不肯罢休，她的第二封信几天后又被送到了电台，信中同样是"骗子、叛徒、毒蛇、笨蛋"等陈词旧调。但我仍然没有大发雷霆，心里也没有生出任何报复这位女士的念头。

面对如此疯狂的攻击时，泰勒先生依然不失沉着冷静，尤其是他胸怀坦荡、而且不乏幽默感地回应不公正批评的坚定和大度，我们确实应该敬佩万分。除此之外，查尔斯·史考伯曾提到过一位大大影响他一生的德国老人，这一段话是他在普林斯顿大学演讲时的部分内容：

这位德国老人过去在我开设的钢铁厂里工作。那天，他全身沾满了泥浆，来到我的办公室，我问他是怎么搞的，他说由于二战，其他国家的工人

普林斯顿大学

十分憎恨他的国家，于是，他被那些工人扔进了浑浊的河里。

我继续追问，表示关切："那么，面对那些人，你的第一反应如何呢？"

"我嘛，一笑置之！"这位德国老人如此回答。

史考伯先生告诉大学生们，他一生中感触最深的事件，同时也是他人生的座右铭，正是来自德国老人在不同国家工友们的敌对行动面前，那"一笑了之"的镇定。一笑了之，能够很好地处理不公正攻击和那些充满敌意的行动。对他人的侮辱、诽谤，你当然有权利反唇相讥，不过，这样做的后果往往更多更加滑稽荒唐的指责会不停扑向你。在一切事情面前保持善意，会让你以后的生活更加美好的！

如果我奢求了解他人对我的全部无端指责，那么我肯定做不好美利坚合众国总统，我不能得趁早滚蛋去修铁路吧。我清楚地知道怎样才能使自己的工作产生更优良的效果，并一直艰苦努力。假使我最终得以实现内心的宏伟蓝图，那么我对于那些鸡毛蒜皮小事的处理方法就是可取的！

这是一段亚伯拉罕·林肯说的话，可以说是历史上伟大人物如何应对批评的经典名言。就像林肯所说，如果他对于不公正的批评，做不到充耳不闻的话，那么，他的内心世界已经被美国的南北战争击垮了。二战时期，这段话被麦克阿瑟将军完整地录下来，毕恭毕敬地贴在他身后的墙上，陪他度过艰苦的战争年代。英国首相丘吉尔也把这段话加以设计，把它镶嵌在镜框里，圣经一般供奉在书房墙上伴随他经历一次又一次的政坛风云。

总而言之，不论你正面对那些敌对行动，还是忍受不公正的批评，你都应该注意下面这段话，让它成为你的行为指南甚至人生座右铭：

不必在意他人在你背后的指指戳戳，也不必对他人无端的抨击过于上心。不公正的批评原本毫无价值，因此不需要你费力去消除它。当然与此同时，还要合理处理自己的错误。如此一来，吹毛求疵的攻击永远无法危害你。

第六章　展望美好生活

保持积极向上的心态

令人难以相信，我们的内心状态对我们的身体和力量，有着无比巨大的影响。杰出的英国心理学家哈德飞就此撰写了一本精巧的小书，发表了他独到的见解。那本《力量心理学》总共 54 页，而他如此写道：

我邀请三个人协助我完成实验，探寻心理受生理影响的效应。我们用"握力计"来计数。我要他们在三种不同的情况下，用尽吃奶的力气捏握力计。

第一次实验是在正常的清醒状态下，他们平均的握力显示为 101 磅。

第二次实验，他们被催眠并被告知，他们现在很虚弱。实验结果表明，他们只有 29 磅的握力，还达不到他们平常力量的三成。

在这之后，我再让他们做第三次试验：催眠他们之后，暗示他们是强有力的。这样他们就拥有了 142 磅的握力。当他们在感觉自己强有力之后，他们的力量有了一半的增幅。

这就是让欠无比惊讶的精神的力量。为了诠释精神的魔力，我要给你讲一个奇特的故事，这个故事发生在美国南北战争期间。

本来这个故事足够写一本大书，不过，我们还是直奔主题，捡紧要的说：

基督教有一位信心疗法创始人玛丽·贝克·艾迪，想必现在的信徒们都久闻其大名，可是在当时，她的生活一度被疾病、愁苦和不幸所占据。婚后不久，她的第一任丈夫就离世了，之后第二任丈夫被一个已婚妇人引诱离家出走了，后来，在一个贫民收容所找到他的尸体。她只有一个儿子，4岁时生了一场病，由于饥寒交迫，不得不把他送走，从此杳无音讯。以后长达31年，她都无法再见他一次。

出于对健康的考虑，艾迪开始对"信心疗法"感兴趣。在她居住的麻省理安市，她的人生发生了天翻地覆的转折。某日冰雪交加，天气寒冷，她突然摔倒在城里的街道上，昏倒在结冰的路面上。她的脊椎撞伤了，身体不停地痉挛，医生认为她来日无多。医生还说，就算奇迹出现，上帝又一次赐予她生命的话，她也不可能像从前一样拥有灵活行动的能力了。

在病床上，艾迪翻开一本书。她看到书里这样说："人们用担架抬着一个瘫子来到耶稣那里，耶稣却对瘫子说，伙计，放心吧，你是无罪的。站起来，拿着你的被子回家去吧。那人就真的站起来，往家而去了。"

她后来回忆，这几句耶稣说的话使她获得了一种力量，坚持信仰能带来一种能够抚慰并医治她的力量，使她能够离开病床，慢慢正常行走。

艾迪太太继续回忆："这种经验就像触碰牛顿灵感的那枚苹果，我发现自己慢慢康复了起来。我认为，人人都可能做到这个，主要在于你的心态，它比其他所有东西都要有意义。"

可能你会说："她在传播基督教，而不是什么信心治疗法。"你错了！我不是这个教派的成员，但是我活得越长，越对思想的力量深信不疑。我在成人教育事业里打拼了35年，我明白男人和女人都能够战胜忧虑、恐惧和很多种困难，只要调整自己的想法，就能战胜厄运。我对这种转变一点都不陌生，并亲眼见过成百上千次。它在我们的生活中非常普遍，一点也不新奇。

有个令人无法置信的事例，能够显示精神的力量，它就发生在我的一个曾经精神错乱的学生身上。这件事的起因就是忧虑，他后来回忆说：

任何事情都能让我不快。身体太瘦使我担忧，我又觉得老是掉头发，更觉得太穷没法娶个太太；我似乎无法做一个合格的父亲；我也不知道能否娶到自己心仪的那个姑娘。现在的生活让我更难受，我很担心给别人一种糟糕的感觉；我可能得了胃溃疡，不能再从事任何职业。失去工作后，我内心的紧张感逐步增加，像是一个失去安全保障的锅炉，压力太大令人难以忍受。

后来，问题果然爆发了。

要是你从来没有尝试过精神崩溃，祈祷上帝让你绝不要有这个机会吧，因为，那种精神上无以复加的痛苦，远远超过任何一种身体上的痛苦。

我精神上的严重问题让我无法和我的家人交流。恐惧充满了我的内心，我无法自己，只要稍有响动，我就会焦躁得跳起来。我只得躲避每一个人，常常毫无缘由地掉眼泪。

我任何时候都痛苦不堪，我觉得所有人都瞧不起我，甚至上帝也离我而去，我真想纵身跳河而亡。

后来我想去佛罗里达州游玩，希望换个环境能给我带来转机。我到了火车站之后，父亲塞给我一封信并说，等到了佛罗里达之后才能将其拆开。

我正好在旅游旺季到佛罗里达，旅馆里没有房间，我就租了一家汽车旅馆的一个房间。我想在迈阿密一艘货船上找点零活干，但失败了，后来我就在海滩上消磨时间。我在佛罗里达时的状态一点不比在家里有所好转，此时，我拆开了那信封，看看父亲想说什么。他在信中这样说："儿子，你现在在 1500 英里之外，但你并不觉得精神有所好转，是吧？我觉得你不会感到任何不同，因为你还没抛却你所有麻烦的祸根——你自己。其实你的身体和你的精神都没有什么大碍。并不是你周围的环境打败了你，而是你对这些情况的看法有些问题。总之，一个人心里如何想，他就会有怎样的模样。现在你明白了这点，孩子，回家来吧。那样，你会好起来的。"

父亲的信使我十分不满，他又一次给了我教训而不是同情。我当时气得想永别家门。那天晚上，我走到了迈阿密一条偏僻的街上，溜进了一个正在举行礼拜的教堂听了一场布道，主讲人证明了这样一个观念"能征服精神者，强过攻城略地"。我在上帝的圣殿里听到了像是父亲的声音，我这才开始认真面对自己，慢慢意识到自己真的很可笑。我总是想改变这个世界，为此不满全世界所有的人，其实唯一需要作出调整的，只是我的内心观念。

第二天一大早，我提着行李，坐火车回家去了。一周以后我回到了我从前的职位。四个月后我和我一直怕失去的女孩子结婚了。我们组成了一个幸福的家庭，有了 5 个孩子，上帝在物质和精神方面对我都很照顾。在我精神出问题之前，我是一个有 18 个部下的小部门的夜班工头；而现在，我进入了一家纸箱厂，成为管理 450 多名员工的厂长。我有了比以前更充实、友善的生活。现在，我真正读懂了生命。我会用这样的自我劝慰来战胜困难：只需改变一下想法，乌云就都散去了。

诚实地说，那次精神崩溃是我拥有的最大财富。因为它告诉我思想对身心的巨大控制力。我现在可以引导我的思想，让它不再危害我；我现在懂得了父亲的明智。不是外在的事物给我制造了麻烦，而是我看待各种事物的方式。一旦我明白了这点以后，精神就完全正常了，而且告别了疾病。

以上就是那位学生的经历。

我坚信，我们内心的宁静，我们在生活中获得的乐趣，和我们在何处、我们有何物、或者我们是何人没有关系，而决定于我们此时的心境，它不受外在的环境的影响。

两个世纪前，双目失明后的弥尔顿也有类似的感悟：

要是你读懂了思想并善于利用，就足以让我们将地狱改善为天堂，把天堂糟蹋成地狱。

拿破仑和海伦·凯勒的事例，可以最好地注释弥尔顿这句话。拥有一切荣耀、最高权杖和巨大财富的法兰西皇帝拿破仑，却对圣海莲娜说："这辈子，我从来没有享受一天完整的快乐。"海伦·凯勒虽双目失明，却宣称："我发现人生是这样的美丽。"拥有一切的拿破仑单单得不到快乐；身体残疾的凯勒却能尽享快乐！

若有人问我，活了大半辈子我学会了什么，我只能这样告诉你：除了自己，没有人可以让你平静。

我想再重申爱默生在一篇名叫《自信》的文章里写下的话："一次政治的胜利、薪水的增加、病体的恢复、久别好友的重逢，或是别的纯粹的事物使你幸福，让你觉得眼前有无数的美好日子，那么，请不要相信它，事情绝不可能如此。因为除了自己，没人能让你享受平静。"

著名的斯多葛派哲学家依匹克特修斯，曾提醒我们：

我们必须全力消除脑子中的错误观念，这比切除"身体上的肿瘤和脓疮”关键得多。

公元前的依匹克特修斯产生的理论观念，得到了现代医学领域的有效支持。坎贝·罗宾博士指出，在约翰·霍普金斯医院接受治疗的病人里，十有八九都是由于情绪紧张和生活压力而引发的疾病。某些生理器官上的病例甚至也是如此。说到底，在他看来，这些都是患者无法协调生活中的很多问题造成的。

伟大的法国哲学家蒙田，把下面这句话当做他生活中的座右铭：

一个人在事情中所受到的伤害，没有他对事情的成见招致的伤害来得深切。

而一个人成见的存在与否，完全依赖我们个人的决定。

当你被各种困惑困扰着，精神疲惫紧张时，我该大胆地提醒你，你能够凭自己的意志力，来改变你的心境。

实用心理学的权威威廉·詹姆斯提出过这样的理论：行动似乎是随着感觉而来的，但实际上，这两者是同时发生的。如果我们对受意志控制的行动规范化，也照样可以间接地对不受意志控制的感觉规范化。

换句话说，威廉·詹姆斯提醒我们，想改变我们的情感仅仅只凭“下定决心”是不行的，但我们能够使行为改变，与此同时，我们的情感很自然地就会有所变化。

他又解释道：

假如你感到不快乐，那么振作精神是唯一能让你找到快乐的方法，这样会潜移默化地改变你的言语和行动。

这种简单的办法是否奏效呢？你不妨亲自尝试一下。让你的脸上绽出开心的微笑，挺起你的胸膛，用心地做深呼吸，然后唱一首歌曲；如果你不会唱歌，就随便哼一段，哪怕吹个口哨也行。这样，你就会慢慢明白威廉·詹姆斯话中的深意所在。如果你在改变行动的过程中渐渐感到快乐，忧虑和颓丧就会随之消失。

创造奇迹，是大自然亘古不变的真理之一。我曾经认识一个居住在加利福尼亚州的女人，她如果早一些懂得这个道理，就不会饱受情绪低落的长期折磨。衰老和寡居让她倍感忧虑，她似乎从来没有让自己快乐过，要是你问她近来心情如何，她总是这样回答你："啊，我还好。"然而，她脸上的表情背叛了她的语言，两者明显有所龃龉。在她心里或许在这样说："哦，老天，你只有遭遇了和我同样的烦恼才会明白。"

在生活中，不少女性的精神情况甚至比她更要糟糕。这位夫人的亡夫遗留给她数目不菲的生活保险金；她的子女都已成家立业，足以赡养她，可我依然难见她破颜一笑。她时常抱怨说她有三个很自私的女婿，其实一年当中很长时间她都会在女婿家里度过。她还抱怨女儿从来不送她任何礼物，而对自己的吝啬，她却从没有感觉。为此，她和家人一样讨厌自己。这才是她不快乐的真正症结，她本应该走出忧愁、挑剔的阴郁，做一个受家人尊重和喜爱的老人。只要她换一种心境看待事情，从前抱怨的事情就会烟消云散，而不会像现在这样，翻来覆去、颠来倒去地说她有多么不幸。

10年前，英格莱特先生患了猩红热，在他康复后，又发现肾脏也患了病，他为了治病求医无数。后来，他告诉我说，没有任何医生能对他的病有所帮助。

不久前，另一种并发症也开始侵扰他，致使血压明显升高。医生说他的血压已经高到214毫米汞柱，并宣布，医疗手段对他已经无能为力，让他做好见上帝的准备。

后来，他说：

我回到了家，知道已经付过了全部的保险金，然后，向上帝默默忏悔从前犯下的种种错误，难过地默默沉思。因为我的病，害得家里所有人都很不幸福！我的妻子儿女都很难过，自己更是深陷在沮丧的情绪里难以自拔。然而，我在一个星期后对自己说："你简直就是个白痴，今年会不会死还不一定，既然还活着，为何不活得快乐些呢？"

因此我挺起胸膛，脸上绽放微笑，让自己表现得和平时一样。我承认，刚开始改变自己的时候相当艰难，但是，我要逼着自己开心，强迫自己对身边的事物充满火一般的热情，这不但对我的家人好，也对自己大有助益。

接着，我的心情慢慢开朗了，几乎看不出病人的痕迹，甚至更加自然。

这种改进持续不断，本来以为现在这时候我应该躺在棺材里了，但今天，我不仅很快乐地活着，而且健康状况也有所改观，我的血压降了下来。可以肯定地说，如果我的脑子里只有死亡这个念头，那么，医生的预言将很快会变成现实。可是，我给了自己一个重新恢复的机会。除了改变我的心情之外，别的什么几乎都没有做过。

我且问你，如果快乐和勇气能使人重新拥有健康，那我们为何要在一些失意和颓丧的事情上伤心颓废呢？如果可以为自己创造快乐，那又为什么让自己和身边的人一起感染上消极的心绪？

多年以前，我读过一本给我留下深远影响的小书，书名叫做《人的思想》，作者是詹姆斯·艾伦，书里这样说：

人们会发现，当他改变对事物和他人的看法时，事物和其他的人就会因之发生变化。如果有谁用阳光的一面去思考事情，他就会吃惊地发现，他的生活受到了实质性的影响。虽然人无法拥有他们想要的全部，但却能够决定他们已拥有的，能变化气质的灵性不在别处，而在我们内心。一个人能够获得的正是自己思想的直接效应。有了奋发进取的意识之后，人才会懂得什么才是征服，从而有所建树。

如果他改变不了自己的思想意识，就只能深陷在衰弱和愁苦的深渊中。有人说，上帝让人来统治整个世界，实在是给予我们的一份厚重的礼物。可是，对这种特权，我实在不感兴趣。

我只希望能获得掌控我自己的能力，能掌控我的恐惧、我的内心和精神世界。我深知，在这方面，我的成绩已然不错。不管什么时候，我都这样想：

我只需控制自己的行为，就能控制自己的反应。

所以，请让我们学习威廉·詹姆斯的话：

把感伤者的内心感觉由惧怕转变为积极进取，那么，我们内心的苦闷就可以转化为身外的福祉。

让我们为物质上的快乐和精神上的富足而干杯吧！

已故的西贝儿·派屈吉那10条"只为今天"的信条如今仍十分夺目：

1. 只为今天，我要快乐。正如林肯所说："大部分的人只要有所决断都会很快乐"。这句话是对的，快乐来自于内心，而不是身外之物。

2. 只为今天，我要让自己适应所有，而不去尝试调整一切来满足自我。我要以这种态度来面对我的家庭、我的事业和我的运气。

3. 只为今天，我要爱护我的身体，不损伤和漠视它，并且多加运动，照料和珍惜它，使它能为我争取成功提供保障。

4. 只为今天，我要加强思想，学一些有用的东西，绝不胡思乱想。我要认真思考，更需要集中精神看书。

5. 只为今天，我要用三件事来锻炼我的灵魂：我要为别人做一件好事，但不让人家知道；我还要做两件我并不想做的事，而这就像威廉·詹姆斯所建议的，为的是锻炼。

6. 只为今天，我要做个受人喜欢的人，修饰外表，衣着要尽量得体，说话不高声六气，举止优雅，对别人的毁誉不放在心上。对任何事情都绝不挑三拣四，也不干涉或教训他人。

7. 只为今天，我要试着不去想太多的问题，不再企图把我一生的问题一次性解决。因为，我虽能连续一整天天做一件事，但我不能将一辈子的事情在一天之内解决。

8. 只为今天，我要订立计划。我要写下每个钟点的任务。也许我不会完全照做，但还是要有所规划，这样至少可以避免两种缺陷：过分仓促和踟蹰不决。

9. 只为今天，我要为自己预留安静、轻松的半个钟头。在这半个钟头里，我要使我的生命接触阳光。

10. 只为今天，我要克服心中的畏惧。尤其是，我不要害怕快乐，我要去欣赏一切的美，去爱，去相信我爱的那些人同样爱我。

培养 "变负为正" 的能力

在失聪之后，音乐大师贝多芬仍然创作出了大量的优秀作品，可见，缺憾不尽然全是坏事，对我们常有意想不到的帮助。在写作这本书时候，有一天我到芝加哥大学去拜访罗勃·梅南·罗吉斯校长，请教获得快乐之道。他回答说："已故的西尔斯公司董事长裘利亚斯·罗伯特对我的一个忠告，我至今依然遵循，他说：'如果你手中只有一个柠檬，就把它榨成柠檬汁。'"

这是一名伟大教育家的做法，而常人的做法恰恰与此相左。要是他发现生命只给了他一个柠檬，他会自暴自弃地说："我不行了，这就是命运，一点机会都不给我。"然后，他就开始诅咒这个世界，让自己沉溺在忧郁的世界里无法自拔。可是，如果一个聪明人拿到一个柠檬，他就会说："我能在这件不幸的事情中学到什么呢？我的情况怎样才能有所改善，怎样才能够把这个柠檬榨成一杯柠檬汁？"

伟大的心理学家阿佛瑞德·安德尔在花了一辈子来研究人类所隐藏的潜能之后宣称人类最奇妙的特性之一就是变负为正的能力。

接下来给大家讲一个又有趣又富有启发意义的故事。故事的主角是一个我认识的女人，名叫艾玛·汤普森。她向我讲述了她的人生经历：

战争那年，我先生驻防在加州莫嘉佛沙漠边的陆军训练营里。我为了能靠近他一点，也搬到那里去住。我很不喜欢那个地方，简直是烦得要命。我从来没有如此苦恼过，我先生被派遣去莫嘉佛沙漠出差，我被迫一个人留在一间狭窄的破屋里。那里热得实在厉害，叫人受不了，就算是在大仙人掌的阴影下，也还能达到华氏125度。

这里没有人可以能和你谈天，只有墨西哥人和印第安人，而那些人又不会讲英语。风不停地吹着，所有吃的东西都掺满沙子，呼吸的空气也弥漫着沙子，到处都是沙子！

当时，我真是很难过，心情糟一塌糊涂，为这我写了一封信给我的父母，告诉他们我无法忍受了，想要回家。我说，我连一分钟也熬不下去，还不如被关在监狱里。我父亲的回信只有简短的两行字，这两行字一直留在我的记忆中，使我的生命大为改观。信上写着：两个囚犯从监狱的铁栅里往外张望，一个看见的是外面的烂泥，另外一个看见的是满天星光。

我把这两行字默诵了一遍又一遍，感到非常惭愧。我下定决心，情形既然没法改变，我一定要找出沙漠里还有哪些好的地方。我想看到满天星光。

我和当地的土著交上了朋友，他们的反应令我十分意外。当我表示对他们纺的布和制作的陶器有兴趣时，他们把不肯卖给旅客的他们最钟爱的东西馈赠给我。我仔细地欣赏仙人掌和他们织布时那使人入迷的样子，我知道了土拨鼠的故事，我看到大漠上空的落日，还去300万年以前曾是海床的那片沙漠上寻找贝壳。

是什么使我产生这样惊人的改变呢？莫嘉佛沙漠没有半分改变，那些印第安人也没有发生变化，可是我变了。我调整了我的态度。在这种变化之下，我把一些本可以让人颓丧的境遇书写成了我生命中最漂亮的冒险。这个崭新的世界使我异常感动，也异常兴奋。我高兴地为这段经历写了一本名叫《光明的城垒》的小说。我从自己布下的监狱往外望，看到星光照进来。

艾玛·汤普森还领悟到了公元前500年古希腊人信仰的真理：

最好的那些都是最难获得的。

20世纪，爱默生·福斯狄克说了下面这句话：

大部分的快乐是胜利，而并非享受。

不错，这种胜利根植于个人的成就感，也根植于我们把柠檬榨成柠檬汁的能力。

我去拜访过一位住在佛罗里达州的农夫，他快乐得甚至把一个"毒柠檬"也做成了"柠檬汁"。最初他买下那片农场后，感到非常沮丧。那块地贫瘠得既不能种水果，也无法养猪。地里只能种白杨树，还有很多响尾蛇。忽然，他有了一个新想法，要把这块土地上的物产变成自己的财富，他打算利用土地里的那些响尾蛇。他的想法让人们吃惊不小，他办了一个响尾蛇农场，生产响尾蛇肉罐头。几年前我去看他时，发现每年来参观响尾蛇农场的游人多达两万人。他的生意做得非常兴隆。我看到他提取响尾蛇的蛇毒，为各大药厂做蛇毒血清提供原料。响尾蛇的皮被卖到了很高的价钱，人们用它做女式的鞋子和皮包。那些装着响尾蛇肉的罐头，被运送到世界各地。我买了一张印有该农场的明信片从当地的邮局投寄了出去。这个村子现在已更名为佛州响尾蛇村，以纪念这位先生，他成功地把有毒的"柠檬"做成了味道甘甜的"柠檬汁"。

我喜欢在全国各地旅行，有幸遇见了很多的男男女女，很多人很有智慧地将看似对人无益的事情变得价值不菲。

已故的《十二个以人力胜天的人》一书的作者威廉·波里索，曾经有下面的论述：

生命中最重要的事是，不要把你的盈余拿来作资本，而平常人大都是这样做的。其实，真正重要的事情是，从你的亏损里去获得益处。这就需要一种智慧，而这也正是聪明人区别于普通人的地方。

在说这段话时，波里索刚刚在一次火车事故中摔断了一条腿。我还认识另一位双腿都断掉的人也很懂得化负为正。他名叫班·富特。我偶然在乔治亚州大西洋城一家旅馆的电梯里邂逅了这个人。在我踏入电梯之时，注意到这个十分乐观的人，他的两条腿已经截掉了，正坐在电梯角落里的一张轮椅上。

电梯停下时，他很开心地请我让到一旁，以便留出空间让他转动轮椅。"真对不起，这样麻烦您。"他说话时，笑容温和。

回到房间之后，我脑海里全是这个一直开心的人。之后，我不由自主地去找他，请他把他的故事讲一遍。

他笑着对我说：

事情发生在 1929 年，我砍了一大堆胡桃木准备为菜园里的豆子做支架。我把那些胡桃木的树枝装进福特汽车，开车回家。路上，突然一根树枝滑到车里，卡住了引擎，此时恰好是一段急转弯的道路，车子冲出路沿，撞在树上。我的脊椎伤势严重，两条腿也瘫痪了。

出事的那年我只有 24 岁，从那以后我再也无法走路了。

24 岁就要靠着轮椅生活！当时，我的心里满是愤恨和难过，也抱怨过命运不公。在阴郁和悲观的情绪中挨过几年后，我终于明白，愤恨会使我一事无成。我知道，大家对我都很好，很有礼貌，所以我也应该善待自己，善待他人。

经过了这么多年的砥砺，我现在几乎用一种庆幸的心态看待那一次事故。在克服了当初的震惊和懊悔之后，我就开始生活在一个完全不一样的世界里。我开始读书，对优秀的文学作品爱不释手。在14年间我至少念了1400多本书，这些书将我带到一个全新的境界，使我的生活变得比从前所想到的更为丰富充足。我学会了聆听许多好的音乐作品，那些曾让我感到厌烦的交响乐，现在也能使我非常感动。最大的财富还是让我有闲暇去思考。有生以来第一次，我能让自己仔细地看清这个世界，建立了真正的价值观。我开始了解，以往我所追求的事物，其实没有多少价值。

看书的结果，使我对政治产生浓烈的兴趣，我开始研究公共问题，坐在我的轮椅上发表演说，由此结识了很多人，许多人也由此认识了我。今天，我仍然离不开轮椅，但我已经做到乔治亚州政府的秘书长了。

在过去的35年间，我一直在纽约市主办成人教育班。我发现许多成年人说他们的最大遗憾是从来没有进过大学，他们似乎认定没有接受高等教育损失很大。这话不一定正确，因为我知道成千上万的成功人士甚至连中学文凭都没拿到。我常常对这些学生讲一个连小学都没毕业的人的故事。

他家里非常贫穷，甚至过世的父亲的埋葬费都要靠父亲的朋友们的募捐才能筹齐。父亲去世后，他母亲在一家制伞厂每天工作10个小时，下班后还要带一些工作回家做到晚上11点。

在这种环境里长大的这个男孩，曾参与当地教堂的一次戏剧表演活动。演出时他觉得非常有意思，因而决定学习演讲术，这种能力又将他带到政界。30岁的时候，他就平步青云地当选为纽约州的议员。

可他对这项任命却并无一点准备。事实上，他曾告诉我，他甚至不明白议员是在干什么。他要研究那些既冗长又繁杂的法案，可对他来说，这些法案好像是用天书般的印第安文字写下的。在他当选为州议会林业事务委员会的委员时，他既诧异又担忧，因为他从没有迈入森林一步。当他当选为州议会金融委员会的委员时，他又是充满诧异和担忧，因为他甚至从没有在银行里开过账户。他告诉我，当时他心里不安得几乎想从议会里辞职，只是他羞愧于向他的母亲承认他不行才坚持下来。

在绝望之下，他下定决心每天苦读16个钟头，将他从无知的柠檬变成一杯智慧的柠檬汁。他的努力没有白费，他从一个地方上的小政治家变成一个全国闻名的大人物。而且，《纽约时报》还送给了他"纽约最受欢迎市民"的称号。

这个人不是别人，正是艾尔·史密斯。

在艾尔·史密斯进行他那自我教育的政治课程10年后，他成为对纽约州政府所有事务最具权威的人。他曾四度当选纽约州州长，创下了一个前无古人后无来者的纪录。

1918年，他成为民主党总统候选人，包括哥伦比亚大学和哈佛大学在内的所大学，把名誉学位授予给了这个甚至连小学文凭都没有的人。

艾尔·史密斯亲口告诉我，如果没有他当年一天苦读16个小时，继而化负为正的经历，以后所有的事情都是泡影。

尼采这样定义超人：

在必要情况下不仅要忍受一切，更要学会去喜爱苦难。

我研究那些事业有成者的案例越多，就越深刻地意识到，他们之中有那么多的人之所以终获成功，同他们开始的时候有一些妨碍他们的缺陷不无关系，这促使他们加倍地付出，从而得到更多的报偿。恰如威廉·詹姆斯所言："我们的缺陷对我们有意想不到的帮助。"不错，弥尔顿很可能就是因为失明，才创作了更好的诗篇；贝多芬也许因为失聪，才谱出了更好的乐曲。海伦·凯勒之所以能成就辉煌，也许正是因为发生在她身上的目盲与耳聋的苦楚。柴可夫斯基也有自己的痛苦，悲剧性的婚姻几乎将他推到自杀的悬崖边。可是，正由于生活的不幸，让他谱写出了不朽的《悲怆交响曲》。如果陀思妥耶夫斯基和托尔斯泰一路坦途，他们可能永远也写不出那些传世的名著。生命科学的创造者达尔文写道："如果我没有这样的残疾，我也许无法完成这么多的工作。"他承认，残疾对他有难以想象的帮助。

达尔文在英国出生的同一天，另外一个婴儿出生在肯塔基州森林里的一间小木屋里，他的名字叫做亚伯拉罕·林肯。他的缺陷对他也有过帮助。如果他出生在一个富裕家在，不仅在哈佛大学法学院毕业，还过着美满幸福的婚姻生活，那么，他绝不可能从内心深处涌出那篇在葛底斯堡发表的不朽演说，也不会有第二次总统就职演说中的那句传世名言。林肯说："不要对任何人心怀恶意，而要对每一个人挚爱真诚。"

在那本题名《明察一切》的书中，作者哈瑞·爱默生·福斯狄克说：

我们都可以拿斯堪的那维亚半岛上的那句俗语来激励自己：北方的冷风更有助于我们成长。各种不同的环境可以造就各种不同的人，每个人都要担负起个人的责任，这样我们才会明白这句话的深意。

如果我们觉得根本没办法把柠檬榨成柠檬汁，那么，下面是我们尝试做柠檬汁的两个动力：

一，我们可能成功。

二，我们要向前看。

所以，丢掉否定的思维吧，因为只有肯定的思维才能够激活我们的创造力，能让我们没有时间和精力为已经过去或已经完成的事情忧心忡忡。有一次，世界最著名的小提琴家欧利·布尔在巴黎举办一场音乐会时，小提琴上的 A 弦突然断掉了。欧利·布尔只能用剩下的三根弦演奏完那支曲子。如果你的 A 弦断了，就继续用其他的琴弦完成这支曲子。你才是你的生活！

确保睡眠质量

睡眠时间占了人生长度的将近三分之一，可见睡眠有多重要。但很多人并不明白睡眠的价值，只认为这是自然而然的。休息对于每一个人来说是理所当然的事，可我们并不清楚每个人究竟需要多久的睡眠时间。

你会为失眠忧虑吗？国际知名律师安特梅尔一生没有睡过一晚好觉。在大学期间，他患有气喘病，导致他长期无法入睡，气喘和失眠都无药可医。睡不着他就起来看书，因为这个，他的成绩在班上总是十分优秀，在纽约享有天才的盛誉。成为律师后，失眠症依然折磨着他，可他总是以"上帝会保佑我的"来激励自己。由于这种信念的存在，他的睡眠时间虽然极短，可他的身体异常强壮，他比任何别的律师都精力旺盛，并且他的工作量超出常人的想象。

　　21 岁时，他的年薪已高达 75000 美元，很多年轻律师都来向他请教。1931 年，他办成一宗案子，律师费突破了百万美元大关。在事业上，安特梅尔可谓如日中天，左右逢源，一发不可收拾。午夜他还在读书，凌晨 5 点钟就爬起来写信。在别人才刚刚开始工作之时，他的工作已经进入白热化。但失眠的沉疴依然如故。他一生不知酣睡为何物，可他全然没有将这件事情放在心上，依然保持着本人固有的生活规律，最后他活了 81 岁。

　　在第一次世界大战中，一位匈牙利籍士兵保罗·凯脑部负伤，痊愈后，他再也不能入睡了，世界上所有的催眠术、镇静药物对他全部失效，此事还是当今世界一大奇迹，撼动了有史以来人们对睡眠的习惯认识。

　　此外，人们对睡眠需求的程度也因人而异，相差极大。有些人的睡眠时间远远长于另一些人。交响乐指挥大师托斯卡尼尼每天只需 5 个小时的睡眠时间，而美国总统卡尔文·柯立芝的睡眠时间则是这位指挥大师的两倍，每天要睡 11 个小时。也就是说，托斯卡尼尼在睡梦中耗去了他人生旅程的五分之一，而柯立芝一生有近一半的时间耗在睡眠上。

　　因失眠产生的焦虑，其破坏力远大于失眠自身，我的学生桑德纳被失眠折磨得痛苦不堪，他告诉我他甚至想到自杀：

　　起初，我极其贪睡，闹钟什么的都难以吵醒我，以至于常常迟到，因而遭到老板的训斥，甚至要把我开除。

　　为了改变这种状况，一位朋友建议我入睡前注意听闹钟的滴答声。这样一来，滴答的钟声不断缠绕我，使我心神不宁，以前沉睡的我此时通宵达旦无法入眠。等到天光放亮时，我的精神状况像害了一场大病一般。自从失眠以后，我几乎坠入疯狂，在半夜里还焦躁不安地来回踱步，甚至产生了从窗户上跳下去一死了之的想法。

　　这样不是办法，我找到了一位相熟的心理医生。他对我说："我实在对你爱莫能助，解铃还须系铃人，事情因你而起，只有你自己才能了结，因为你本身才是最根本的原因。假如你晚上躺在床上，就将睡觉这事完全抛在脑后，并在心里暗暗告诉自己，睡不着没什么大不了的，就是一宿不睡也无所谓，只需将眼睑一合，什么都不想就是了。"

我遵照此法去实验了两个多礼拜，说来也怪，我渐渐能睡着了，一个月的时间不到，我就找回了往常的睡眠。

无法入睡而想自杀的情况并不是失眠直接导致的，罪魁祸首其实是由此产生的心理负担。

克莱德曼教授是芝加哥大学研究失眠症的著名权威，他说：

失眠不会导致人丧命，失眠带给我们的生理创伤比我们无端给自己增加的心理压力要小得多，因失眠造成的烦恼和忧愁，才是毁坏我们健康的元凶。

失眠并不是完全无法入睡，甚至在你进入了睡眠状态时自己根本不知道，那些宣称昨夜根本没有入睡的人，可能在不自知的情况下已熟睡了一夜。

有这样一件事情，19 世纪杰出的思想家斯宾塞极其厌恶喧闹，他为了安静而戴上了耳塞，甚至为了及早地进入睡眠状态而抽上了大烟。一天晚上他同朋友休斯同寝，第二天清晨，斯宾塞烦躁地说自己根本无法入睡，其实，真正未睡的是休斯博士，斯宾塞的如雷鼾声吵得休斯睡不着。

酣睡的第一要素是情绪安宁，感觉到有一种超凡的力量在护佑我们，才会让我们沉入睡眠，一觉睡到天亮。精神病权威海斯鲁普教授说过，祈祷，从医生的角度来说，是获得心理平静的最好诀窍。

麦克唐纳女士说，只要她心里焦躁或精神紧张不能进入正常睡眠，她就不断朗诵赞美诗以求获取心灵的慰藉进而平静。诗的全文就是："主是我的牧人，他让我远离贫乏，置我于如茵绿草之上，引我到湍湍溪水旁……"

假如你不相信这些，祈祷于你没有任何帮助，那么请你尽量松弛一下身体，从头顶、眼部、脖子……蔓延到全身，以达到完全休息的目的，抛却一切紧张和压力，或许，你的失眠症就会迎刃而解。

还有一种根治失眠的妙方，那就是用游泳、种花草、滑冰等体力运动逼迫自己疲倦，以达到迅速入睡的目的。

真的疲劳过度时，就算站着都能睡着。我 13 岁那年，有一次同父亲一起赶赴集市卖猪，因为迟到了，错过了班车，我们只好一路走着去集市，沿

美好的人生

途中的景致美不胜收，让我兴奋莫名。可是路程实在太远，我最后睡着了。那时的情景还历历在目，慈祥的父亲手拉着手牵着我一步步地蹒跚前行，我脑中一片空白，对外部的事情一无所知，就这样边走边睡回到家里。

只要疲倦了，即使在命运难测的战场上，也会倦极而睡。即使有人恶作剧地扒开你的眼皮，你也不会受影响，继续睡觉，奇妙的是，那时瞳孔一律都会向上方翻转。福斯特·肯尼迪博士曾经参加过战争，他说："从那以后，每当我无法安睡时，就使眼球在眼的上方来回打转，这方法非常奏效，睡意立刻袭来。"那是生理上无法阻止的条件反射。

现在，可能不再有人因失眠而自杀的了，我想，以后也不会有人这么愚蠢。

我记起林克博士在《人的再发现》一书中的描写，其中有一章叫《怎样克服恐惧和忧愁》，记录了他同一个准备自杀的患者的一次交谈。

林克也明白，无论怎样劝导都是没有意义的，反而可能会使事情变得更加复杂。他对自杀者说："假如你真想自杀，那就勇敢地去吧，先拼命跑步耗尽体力，最后累死在地，这不是很好的方法吗？"

那位患者很高兴地采纳了这个建议，跑了一次、二次，接下来三次、四次。他每运动一次，心里就顺畅一些，到了第三天夜晚，他太疲劳了，倒在地上就鼾声大作。这就是林克的目标。从那以后，这位病人也加入了体育锻炼的行列中，身体完全康复了，生活得更美好！

换取内心平静的方法

多年前的一个夜晚，我家的门铃被隔壁邻居按响了，他建议我们全家接种预防天花和牛痘的疫苗。我的这位芳邻，是纽约市数千名按门铃志愿者中的一员。许多人惊慌失措，他们排着长龙接种牛痘疫苗。那时候，医院、消防队、警察局，以及许多大工厂里都设了接种站点。超过 2000 名医护人员废寝忘食，为大家接种牛痘疫苗。之所以场面如此热闹，是由于纽约市有 8 个人患了天花，其中两例死亡，换句话说，800 万纽约市民中有两个人死于天花了。

我在纽约住了这么多年，还从没有谁来按我家的门铃，劝我当心忧郁症。这种疾病在过去的 37 年间所造成的损害，比天花要可怕无数倍——这是最保守的估计。

现在，我写下这一节，权且作为对你健康生活的建议。

忧虑很可能引发三种疾病。

诺贝尔医学奖得主阿列克斯·卡尔博士说："不懂如何自我减压消除忧虑的商人很容易英年早逝。"

事实上，不光是商人，家庭主妇、兽医、泥水匠、还有其他各行各业的人都不例外。

那是前几年的事情了，当时我正在度假，和我同行的还有格伯尔博士，他是圣塔菲铁路线上的医务官员，也是海湾罗拉多医院的主治医师。火车行经得克萨斯州和新墨西哥州时，我们聊到了焦虑对人的危害，他感慨道："如果有七成的病人能够消除自身的恐惧和焦虑，所谓的疾病就会烟消云散。"当然，我的意思绝非说他们无病呻吟。恰恰相反，他们的病和牙疼一样是实实在在的，有时还严重百倍。我说的这种病，是一种类似于神经性的消化不良，比如胃溃疡抑或是一些头痛症和麻痹症之类。

恐惧带来焦虑，焦虑导致紧张，紧张会作用于胃部神经，使得胃液分泌不正常，长此以往，胃溃疡就来了。

约瑟夫·蒙泰格博士在《神经性胃疾》一书中曾写道："胃溃疡的产生，归根结底不是因为你吃了什么，而是由于你焦虑过度。"

梅奥诊所的阿莱瑞博士也说："当你情绪紧张时，胃溃疡就出现了，而如果你无忧无虑，胃溃疡就躲得远远地。"

这个观点是在对 15000 名胃病患者进行取样研究后得出的结论，他们的说法能够得到证实。80% 的病人不是因为生理原因而落下胃病。恐惧、焦虑、憎恨、自私以及无法自我调节以适应社会环境，才是他们落下胃病的幕后黑手。而能使人们丧命的少数疾病当中，胃溃疡名列其中。

最近，我和梅奥诊所的哈罗德·海恩博士通过几次信，他在提交给全美

美好的人生

工业界医师协会年会的一篇论文中谈到，他研究了176位平均年龄在44岁左右的工商界负责人，他们因为生活过于紧张，差不多有三分之一的人患上了三种病症中之一种——心脏病、胃溃疡和高血压。

竟有三分之一以上的工商界负责人患有心脏病、胃溃疡或是高血压，而他们大多还不足48岁。由此可见，成功的代价是何等巨大！然而，一个患有胃溃疡或心脏病的人，能算得上是人生的佼佼者吗？就算他赢得了世界，却失去了自己的健康，对他而言，成功又有什么益处呢？一个人，哪怕他拥有整个世界，他也只夜睡一床，日食三餐，而这一切，就连一个挖水沟的工人都能拥有，他们甚至比前面提到的那些成功者睡得更安稳、吃得更香甜。我宁可做一个在农场里会拉琴的农民，也不想在中年时，为管理一家铁路公司或一家香烟公司而付出自己的健康作为代价。

最近，在加拿大森林里度假的一位知名度很高的香烟制造商，突发心脏病亡故。他身家百万，然而，他只活到了61岁的年纪。他可能是用不是高寿的生命换取了生意上的成功。

在我的眼里，这位香烟商人的所谓成功或许还比不上我的父亲。之所以这样说，是因为我的父亲虽然只是密苏里州的一位农民，但他却快快乐乐地活到了89岁。

忧虑会引发神经以及诸多精神问题，据梅奥诊所的医生介绍，大多数病人其实先患了精神上的疾病。用高倍显微镜诊察病人的神经细胞时可以看到，多数人和正常人并没有什么太大差别，他们的"精神障碍"并不是神经本身的问题，而是悲观和忧虑等心理因素的恶果。正如柏拉图所说：

医生医疗方法的错误根源在于他们只着眼于治疗患者的身体，而不是他们的精神。其实，精神和肉体密不可分。

用了近2300年的时间，医药科学界才证实了柏拉图所说的伟大真理。如今医学界开始进入一种称之为"心理治疗"的新医学领域，使心理和肉体同时得到诊治，可谓双管齐下。如今，医学已取得长足进步，由细菌造成的可怕疾病大多可以得到有效防治，例如，曾经夺去了千百万人性命的恐怖病魔天花、疟疾、霍乱等。然而，令人遗憾的是，对不是由细菌产生而是由情绪上的忧虑、惧怕、仇恨、不安、绝望等引发的疾病，医学界如今依然无能为力。由情绪因素引发的疾病，死亡率正在高速上升，速度快得惊人。二战期间，美国被征召的年轻士兵中，有六分之一的人因心理素质方面的问题而无法服兵役。

他们的精神失常是什么原因造成的？没有人找得到全部的原因。但许许多多病例表明，恐惧和忧虑是罪魁祸首。焦虑让人无法直面残忍的现实生活，他们切断和外界的联系，逃避在自己狭小的梦想世界里，以求松弛紧张的内心。

柏拉图

我的书桌上放着一本书，书名是《停止忧虑，重返健康》，它是爱德华·波德斯基博士的作品。以下是节选自书中目录的几个标题：

忧虑对心脏的危害

忧虑会引发高血压

忧虑可能造成风湿症

减少忧虑，会对你的胃大有益处

忧虑是导致感冒的因素之一

忧虑与甲状腺的关系

忧虑和血糖

还有一本名为《人类的自我损害》的书，是卡尔·梅格尔博士所著的，对忧虑的认识也极其深刻。在书中梅格尔并没有提出怎样才能避免忧虑，而是引用了许多触目惊心的例证，使人们了解焦虑、不安、仇恨、后悔、反叛和恐惧等情绪，是对人们身心最大的摧残。此书值得大家仔细品读。

即使是坚强的人，忧虑同样会让他得病。美国南北战争行将结束的时候，格兰特将军对此有了深刻的体会。

长达 9 个月，格兰特将军率部围攻里士满，致使南方李将军部属士兵忍饥挨饿、衣衫褴褛，眼看就要落败。整个部队军心不稳，一些士兵在他们的军帐里祈祷上苍，他们又是哭又是闹，看到了种种奇异的幻象。最后，李将军的部队纵火焚烧了里士满的棉花和烟草库，还焚烧了兵工厂，趁着火光冲天的忙乱和夜幕的掩护弃城出逃。格兰特将军率部穷追不舍，从后方和两翼夹击南方军队，并命令谢里登将军的骑兵从正面发动进攻，炸毁铁路，缴获了南方运送补给的火车。

格兰特当时视力已经不行了，剧烈的头痛让他无法跟进，只好临时借住在一个农舍里。他这样回忆道："整整一个晚上，我用芥末冷水来泡我的脚，同时还把芥末药膏贴在我的手腕和后颈部，期望第二天能够好转。"

第二天早晨，格兰特果然恢复了，但起作用的却不是那些芥末药膏，而是有人快马加鞭送来的李将军的降书。格兰特写道："当那封信交到我手里时，我的头其实依然疼得特别厉害，但当我打开李将军那封信看到内容的一刹那，头痛马上停止了。"

很明显，格兰特将军的头疼是由忧虑、紧张等情绪因素引起的，一旦他的情绪松弛下来，胜利的喜悦充盈他的身心，他立刻就康复了。

70 年之后，亨利·摩根索，时任罗斯福总统的财政部长，也发现，忧虑会让他头晕，他在日记里坦言他十分忧虑，政府要他每天购入 440 万蒲式耳的小麦以抬高小麦的价格，这让他非常为难。他写道："只要收购仍在进行，我的头昏眼花就一刻也不能停止。回到家吃完午饭以后，我就马上得在床上躺上两个钟头。"

忧虑能对人产生什么样的影响，已不需要我到图书馆或是找医生咨询。只要从我的书房向窗外望去就能知道。街道对面不远处有一栋房子，主人就是因为忧虑导致了精神崩溃；而另一家的业主也是因为忧虑患上了糖尿病，他的血糖会由于股票的下跌而陡然升高。

当选为家乡波尔多市的市长时，法国著名哲学家蒙田曾对民众说："我很乐意用我的双手为大家服务，但不愿让这些日常的工作使我的身心出问题。"

然而，我的那个邻居却让股市起伏左右了他的血糖含量，他几乎为此丧命。

忧虑还能引发风湿病、关节炎，把人困在轮椅上。罗素·希塞博士是世界著名的关节炎专家，他列举了导致关节炎的四种最常见的病因：

（1）婚姻失败；

（2）金钱上的损失和物质拮据；

（3）孤独与忧虑；

（4）长期积怨。

不过，这四种不良情绪并不能涵盖导致发生关节炎的全部病因，但希塞博士指出，这是引发关节炎最常见的病因。我曾有一位朋友在经济危机期间厄运连连，煤气公司停止给他供气，做贷款抵押的房子也被银行收缴了，他妻子在一夜之间患了关节炎，吃药、食疗都不怎么见效，后来他家的经济状况有了改观之后，他妻子的关节炎才慢慢好转。

忧虑还会导致蛀牙。威廉·麦高尼格博士在美国牙医协会演讲时曾说："忧虑、恐惧、积怨等不良情绪会打破人体内的钙质平衡，从而产生蛀牙。"麦高尼格博士说，他有一位患者原先有一口漂亮的好牙，因为妻子突然生病住院，三个星期内他忧虑难当，就这样他有了九颗蛀牙。

你见到过甲状腺亢奋的人吗？我就见过。他们全身上下都在颤抖，看上去像是极度恐惧的样子。甲状腺有调节身体的作用，而一旦出现问题，就会使心跳加速，瞬间就让身体像打开通风孔的火炉般加速燃烧，如果诊治不及时，患者很可能会把自己烧光。

几天前，我陪伴一位患有甲状腺疾病的朋友去费城，去见主治甲状腺疾病的著名专家约瑟列·布兰姆医生，他拥有 38 年的临床经验。在候诊室的墙上悬挂着一块告示牌，上面满是对病人的忠告。我在等候时把它抄录下来：

学会自我放松和享受生活

有益健康的信仰和睡眠是最有效的使你身心愉悦的方法

音乐和欢笑

要对前途充满信心

要睡得香

养成欣赏美妙音乐的习惯

乐观看待生活，健康和快乐就会永远陪伴你

"你是否有不良情绪，影响着你的心情？"这是约瑟列·布兰姆询问我朋友的第一句话。他提醒我的朋友，如果他依然这样忧虑下去的话，就很可能被诸如心脏病、胃溃疡或糖尿病等疾病所俘虏。这位专家说："以上这些病症，都是忧虑的亲朋好友。"一点没错，这些疾病的产生都因忧虑而起。

我采访过电影明星梅乐·奥白朗，她曾告诉我，她决不忧虑，因为她不想让不良情绪摧毁她的容颜。她对我讲述了她的一段经历：

我初入影坛闯荡时，也是担心得要命。我刚从印度到伦敦，不认识任何人。我想在影片公司找个角色，于是就去见了几位制片人，可他们都不用我。不久，我花光了最后的积蓄，有两个星期，我只能靠一些饼干来勉强充饥。在忧虑和饥饿的双重危机下，我对自己说：你是个傻瓜，或许你不该进电影这一行。总之，你既没有经验，更没有扮演过任何角色，除了脸蛋漂亮一点，你一无所有。

我站在镜子前，发现忧虑已严重损害了我的容颜，我的脸蛋上多出了些许细小的皱纹。因此，我告诫自己：你必须得停止忧虑，不可以再这样，你最大的资本只是容貌，而它正在被忧虑一点一点毁掉。

忧虑很容易让女性加速衰老，进而毁掉她们的容貌。忧虑会让我们的表情僵硬呆滞，会令皮肤布满皱纹，显得愁容满面，继而会使头发变白、脱落。忧虑会让你脸上的皮肤失去光彩，患上丘疹。

在美国，心脏病是头号健康杀手。第二次世界大战期间，大约有30万美国人阵亡疆场，然而在同一时期，死于心脏病的平民高达200万之巨，其中的100万人是因忧虑和精神压力过高而引发心脏病，进而导致死亡的。所以，正如卡尔博士所说：

不懂怎么去消除忧虑的商人可能会早逝。

而美国的黑人和华人却很少因为忧虑而引发心脏病，这同他们心性随意淡泊不无关系。有资料表明，死于心脏病的医生比农民高出20倍。医生工作时经常过于紧张，也让自己离死神更近。

威廉·詹姆斯说："上帝会恕宥我们的罪行，然而我们的神经系统却不愿意。"

一个令人震惊和难以置信的事实是：每年死于自杀的美国人，比死于五大疾病的人加在一起还要多。

究竟是什么原因造成的呢？答案是：忧虑。

中世纪西班牙宗教法庭和二战期间德国纳粹集中营，都曾使用过一种刑罚，他们把俘虏的手脚捆起来，然后，丢在一个盛满水的袋子下面，让袋子中的水滴落在俘虏的头上，假以时日，那些人就会精神失常。一些残忍的古代将军也使用过这种方法。

忧虑就如同落下的水滴，常常会使人的精神错乱，直至彻底崩溃。

我还是一个少年时，居住在密苏里州的乡下。有一天，听见牧师描述地狱烈火焚烧的情境，我被吓坏了。但是，牧师从没有提到过另一种折磨我们身心的地狱烈火。假如你时常陷入忧虑中，那就很容易患上痛苦难言的"心绞痛"。

为了防止疾病侵袭你的身体，你应该经常这样想："我不会因任何事情忧虑，这样我就能减少疾病，远离痛苦！"这样一来，你在精神上会展现更积极的一面去处理外在的事情。

你热爱自己的生活吗？你希望健康长寿吗？卡尔博士说：

在喧闹嘈杂的现代都市里，只有内心平静的人，才能免受精神病的困扰。

你能否在浮躁的现代都市里保持内心的平静？通常，一般人都会说："我能做到。"生活中，许多人远比我们想象的更为坚强。其实，我们的内心还埋藏着许多未被发现的潜能，正如梭罗在他的不朽名著《瓦尔登湖》里所讲述的那样：

我相信，人们能够通过自己的顽强意志来改变生存处境，如果人们能够信心满满地去实现他的理想，努力追求美好的生活，那他的成功将会不期而至。

我想，本书的众多读者都具有顽强的意志力，像内华达州的奥尔嘉·贾薇小姐一样有惊人的表现。即使她身处悲惨的境况中，依然能够拒绝忧虑的侵扰。

奥尔嘉·贾薇写信告诉了我这样一个故事：

8 年前，医生说，我将因身患癌症而被折磨致死。当时，国内著名的医学专家梅奥兄弟也同时证实了这一诊断。我别无他路，只有走向死亡。但我还很年轻，不想就此死去。绝望之中，我便打电话给主治医生，向他哭诉内心的绝望。他听不下去了，反问我说："怎么啦，贾薇？你真的失去勇气了吗？你若是这样哭个不停，我敢肯定，你必死无疑。不错，既然情况已经是这样了，那就接受现实，然后，再去想应对办法。"听到这里，我当即就坚定地发誓，我将指甲深深刺进肉里，浑身感觉发凉。我对自己说："我绝不再忧虑下去了！告别哭泣，不再担心，我要坚持到最后！我必须活下去！"

当时还没有镭照射技术，治疗癌症通常的方法是用 X 光照射 10 分半钟，每 30 天一个疗程。医生给我的放射剂量是每天 14 分半钟，49 天一个疗程。虽然我已瘦到皮包骨头了，两腿像灌了铅一样沉重，我却不再忧虑，也没有哭过。我面带微笑，虽然，我是强作欢颜的。

我很明白，微笑无法医治癌症，但它给我一个好心情。有了这次经历，我坚信乐观的心情有助于人抵抗疾病。后来我的癌症被治愈了，这是一个奇迹。现在，我比几年前活得更健康、更快乐。我要感谢那句激励我去挑战、战斗的话：拿出勇气来，面对现实，停止忧虑。

作出决断并付诸实施

用什么方法能够解除忧虑？首先我们要学会分析忧虑，才能应对它带来的种种困扰。

具体有以下三个步骤：

1. 找出忧虑的真相；

2. 分析真相；

3. 做出决断并付诸行动。

第一个步骤：找出忧虑的真相。如果我们没有找出真相，就无法理智从容地应对忧虑；不明真相，就会如坠云里雾中，使人无从下手。

哥伦比亚大学已故前训导主任赫伯特·霍克斯，曾经以这种方法帮助20万名学生摆脱忧虑。他曾对我说道：

导致忧虑的首要原因是困惑。多数人因为对真相缺乏充分的了解，继而妄下定论，从而导致不必要的忧虑。

例如，我需要将问题在下星期二下午3点前解决，那么，在星期二之前我必须提前作出决策。在此期间，我要致力于厘清与事实相关的依据。在务实的工作中烦恼与失眠会减少。这样，星期二那天，我已差不多搞清了这件事的来龙去脉，这样，事情便显得简单，问题自然消失了。

我又问霍克斯，这是否意味着能够不再受忧虑的困扰？他说：

坦率地讲，我在生活中已经彻底摆脱了忧虑。我确信，人们只要搞清楚事情发生的真相，便能够摆脱忧虑，从而理性地看待事情。

然而，通常我们无法这样理智思考和谨慎行动，而是被不良情绪所控制。爱迪生曾经语重心长地告诫我们："除了开动脑筋，别无捷径可循。"猎狗只会看到眼前的事物，而无视其他相关的东西。我们若不能客观地洞察真相，就会像猎狗一样，以狭隘的眼光看待事情。如此一来，我们容易轻信自己的判断，继而掉入预先的偏见中去。

法国作家安德烈·莫卢瓦指出："与个人意愿一致的任何事情似乎都是可信的，而不相符的事情往往令我们不快。"

我们不能解决问题的症结就在这儿。这就像一个 $2+2=5$ 的公式，我们很难从常识中理解，但是，很多人遵从习惯却认为，$2+2=5$ 的公式自有其内在的正确性。如此一来，导致了很多人不能够用正确的方法来处理问题，使他们在忧虑中无法摆脱。

思考问题时，冲动是个大忌。我们应像霍克斯训导主任所提倡的那样，追求"事实的客观公正"。

忧虑的人容易受到情绪摆布，使得客观公正的方法不能被有效付诸实施。有两种方法有利于我们培养客观公正的态度，以便清晰地看清真相：

1. 当我们在排查事情真相时，假设我们在为他人搜集资料，这将对客观公正地去看待事物大有助益，不轻易受自己的情绪摆布。

2. 如果无法摆脱忧虑，查明事情真相的任务又很紧迫，那就要从对立的角度看待问题，从利益的相反方向考量，再将正反两种立场的因素比照一下，找出解决问题的合理方法。其实，真相往往就存在于两个极端立场之间。

任何解决问题的原则，大多以这种方法为前提。不管是爱因斯坦还是美国最高法院法官，都不会在没有查明真相之前，就匆忙做出决断。爱迪生在临终时，留下了多达 2500 条记录各种事实依据的笔记，从中我们可以看到这种方法的有效性。

因此说，查明真相是解决问题的首要原则。霍克斯训导主任给了我们类似的忠告：

在没有以客观公正的态度去查明真相之前，切勿过早下结论和着手处理问题。

但是，如果只埋头查明真相，而不对真相加以细致深入的分析，这对我们也没什么用处。

我花费了不少工夫才发现，将事实记录下来会有助于我们分析问题。其实，将查清的事实和面临的问题有计划地写在纸上，对我们做出明智的决定大有好处。发明家查尔斯·凯特林说：

如果能条理清晰地陈述问题，问题就已解决了一半。

下面我再讲一个故事。故事的主角名为盖伦·李奇费尔德，是我多年的老友。他是一位在东亚经商获得很大成就的美国商界人士。

他在我家做客时对我讲述了这样一段经历：

日军偷袭珍珠港不久，又占领了上海。那个时候我是亚洲人寿保险公司上海分公司的经理。日军给我们安排来了一个"军方账目清理员"，是一位海军上将。将军下令，让我协助他盘查公司所有资产。对此，除了合作，我别无选择。

　　清查过程中，我瞒报了一笔价值 75 万美元的保证金。这笔资产属于香港分公司，跟上海公司无关。事后，我害怕被日军发现，如果这样，我会遭受惩罚。不幸的是，他们真的发现了。当时我并不在办公室，在场的只有我的主管会计。

　　事后，主管会计对我说，当日军查到这笔被隐瞒的资产时，这位将军极其愤怒，破口大骂，说我背叛了他们。我毛骨悚然，担心被他们投进监狱！

　　日军的监狱以酷刑臭名昭著！我的几个朋友在里面，因不堪忍受长达 10 天的审讯，被活活摧残致死。

　　现在，我又要被关进去了。我该怎么办？

　　我是在星期天的下午才听到这件可怕的事件，当时非常非常害怕。但我冷静下来，坐到打字机前敲出两个问题，然后，希望找出解决问题的办法。

　　1. 我在忧虑什么？

　　2. 对此我能有何举措？

　　从前，我常在心里自问自答这些问题。但现在，我需要将问题和答案一并写下，帮助我理顺思路。星期天下午，我匆忙赶回上海的寓所，习惯性地坐在打字机前，开始敲打：

　　1. 我在忧虑什么？

　　我恐惧、担心、害怕自己明天早上被投进桥头堡日军酷刑室。

　　2. 对此我能有何举措？

　　我绞尽脑汁想了好几个小时，将我能采取的四个应对措施以及由此可能产生的后果排列如下：

　　（1）我想办法向这位日本将军解释？可是他不懂半句英文。如果我通过翻译官向他解释，很有可能会再度激怒他。那样，我非被送进酷刑室不可。

　　（2）想法逃掉。可是日军一直在监视着我的一举一动，每天进出寓所都会遭受盘查。如果逃跑，很有可能被抓回去，然后被处以极刑。这个办法不行。

　　（3）在寓所里躲着，不去办公室？这会让日军顿起狐疑，然后派人来逮捕我，并不由分说地把我关进监狱。

（4）明天，像平常一样去办公室？这样，那位海军上将也许会因为公务繁忙而忘掉这茬事儿，就算他记得，那时他的心情也已平静下来，不至于为难我。如果他就此罢手不再追究，我也还有机会向他解释。那好吧，明天我要像往常一样去上班，不出意外的话，我就有了双重机会！

我考虑清楚之后，就决定按第四个策略去做。明天照常去办公室上班。我顿时心情放松下来，不再像开始那样害怕了。

第二天，我走进办公室，这位日本将军正坐在那里，口里叼着一根雪茄，仍同平常一样望着我，一言不发。上帝啊，6个星期后，他奉命调回东京。

我的忧虑就此彻底解除了，我拯救了自己。那天，我将能采取的对策以及可能导致的后果详尽地打印了出来，然后，镇静地做出合乎情理的决定。假如我没有这么做，很可能会急火攻心、犹豫不决，做出冲动的举动，最终把自己断送。如果我不是经过深思熟虑后才做出那个决定，那我一定会烦躁不安，彻夜不眠，次日上班时也会满脸惊恐，这神情足以引起那家伙的猜忌，这将把我推到不利的境地。

做出能解决问题的决定是很有帮助的，这是我的经验之谈。如果不能做出果断的决定，在原地反复兜圈子，只会遭受炼狱般的煎熬，将人逼到错乱的地步。在我看来，一半的忧虑在我做出明确的决定后就消散了，而另一半的忧虑在付诸行动时，随之无影无踪。

因此，我归纳出这样四个步骤来解脱我的忧虑：

1. 确切地写出我在忧虑什么；

2. 写出我能为此做些什么；

3. 决定如何去做；

4. 立即执行决定。

后来，李奇费尔德被任命为斯达·帕克·费里曼公司的东亚地区总裁，主管庞杂的保险财务事宜，成为在亚洲举足轻重的美国商人。他很善于使用这种方法分析忧虑，他说这是他今天取得成功的原因之一。

他的方法到底有何用处？这种方法具体而实用，单刀直入地触及到问题的要害。第四个步骤在这一方法中尤其重要，它将计划付诸了行动。我们厘清事实、分析事实最终的目的就是要行动，进而解决问题。所以，要将前三个步骤有效地结合起来。心理学家威廉·詹姆斯说过：

一旦做出决定，就要果断地实施。

怀特·菲利普斯是俄克拉何马州著名的石油大亨，我曾经问他是怎样执行自己的决策的，他回答：

考虑问题要适度，否则，会产生迷惑和忧虑。有时，过多的查证与思考没什么意义。我们必须做出决策、执行决策，绝不可犹豫不决。

根据概率免除担忧

我的童年时代是在密苏里州的一个农场里度过的。一次在帮助母亲采摘樱桃时，我突然泪流不止。母亲问我："孩子，你为什么要哭？"我抽泣着回答："不要把我活埋在樱桃树下。"

那个时候，我成天心神不宁。我怕在闪电来时被雷劈死；我怕在日子困苦时被饿死；我还害怕死后坠入地狱；一个名叫詹姆·怀特的男孩也让我畏惧，我担心他，因为他曾经威胁要割掉我的耳朵；我担心，女孩子们会在我示好时嘲笑我；我也担心，以后不会有任何女孩子愿意嫁给我，做我的妻子，或者婚后我和妻子实际上难以交流。我想象着那天，在乡下的牧师面前完成婚礼后，共乘一辆漂亮的马车回家，我担忧回去的路上，我对妻子无话可说。我在农田里的时候，这些莫名其妙的事情都在困扰我。

成年以后，我才清楚那些我所担心的事情，很多是杞人忧天。例如，小时候害怕死于雷电，现在我清楚，根据权威数据，每年总共只有三十五万分之一的人遭雷击而死。至于我担心自己被活埋，更是一件非常荒唐的事。

但是现在有八分之一的人因癌症死亡。假如一定要有什么事情让我担惊受怕的话，那就应是癌症，而不是死于雷电，或是活埋。不过以上只是我在孩提时和青春期所忧虑的事情。然而，许多成年人其实也被类似的荒唐的忧虑困扰。如果我们能够先看看概率大小，再来判断我们的忧虑是否必要，那很可能其中十有八九的忧虑都烟消云散了。

伦敦有一家世界知名的保险公司叫做苏艾得保险公司，就是利用人们无端担忧的心里，获得了大笔的收益。伦敦苏艾得保险公司其实就是在跟人们打赌，赌的是人们所担忧的灾难根本不会实现。当然，他们不认为那是"赌博"，而换个说法叫"保险"。其实，这是一种凭借概率而为的赌博。这家保险公司已历经200年风风雨雨，只要人的本性还没有改变，这家保险公司就会长盛不衰。

我们无须为某些事情作无谓的担心，只要我们懂得一些概率常识。要是我预先知道在5年之内，会有一场战争像葛底斯堡战役那样惨烈，那我必定会忧心忡忡。我一定要去购买人寿保险，同时还立下一份遗嘱，规划身后事。我会告诉自己说："我从这场战争中幸存下来的可能性不大。所以，在这5年里，我要尽情享受生活的乐趣。"实际上，算算概率就知道了，生活中50岁到55岁的人中，每千人里死亡的人数，与葛底斯堡战役里16万大军的阵亡人数比例几乎相同。

夏天的一个日子里，我在波尔湖边邂逅了赫伯特·赛林格夫妇。赛林格夫人优雅淡定，乐观安详，好像她不曾为什么事烦忧过。夜里，我们围坐在一起，身边的炉火熊熊燃烧，我问她是否有什么事情困扰过她？她回答说：

有没有过烦恼？我的生活差点整个被烦恼给毁掉了。在我无法战胜忧虑的时候，我庸人自扰，度过了11年岁月。那时，我常勃然大怒，性格暴躁，一直被紧张不安的气氛包围。我每个礼拜都乘车离开圣马提奥的家，去旧金山购置日用品。就是在购物时，我也焦虑不堪：回想我出门时，电熨斗有没有忘了关掉；家里有没有发生火灾的危险；女佣会不会丢下孩子们不闻不问；孩子们会不会骑着自行车出去时遇到车祸了。购物时，我常因忧虑而汗流浃背，急急忙忙赶回家，而家里却安然无恙，就在这种糟糕的情绪中，我的第一次婚姻告吹了。

我的第二任丈夫是位性格稳重的律师，他能够对事情进行精到的判断，任何事情都不能让他忧烦。他经常安慰紧张烦恼的我说："不要紧张，你究竟在挂念着什么事情？让我们来仔细算算，你担心的事情发生的概率有多大？"

　　我记得有一次我们驾车前往卡斯巴德卡文斯，在一条土路上被一场可怕的暴风雨袭击了。

　　车轮在泥泞里打转，我们很难驾驭车，我觉得我们一定会滑到路边，坠入泥沟里去，但是，我的丈夫不断地让我宽心："我已经把车速降到最低了，不会有什么大不了的。就算这车确实掉到沟里，我们也没有受伤的危险。"他的冷静和信心让我恢复了镇定。

　　有一年夏天，我们去加拿大洛基山托昆峡谷野营。在海拔700英尺的营地里我们搭起帐篷时，暴风雨突然杀到，似乎要把我们的帐篷扯成几块。帐

加拿大洛基山托昆峡谷

篷用绳子绑定在木桩上，外面的帐篷布在狂风中抖动，发出震耳欲聋的声响。我担心帐篷会被狂风掀翻，心里丝毫也不敢放松，确实是恐惧莫名，但我的丈夫不断地让我宽心："亲爱的，我们的印第安向导人人都经验丰富，他们对这里都了如指掌。他们所搭建的帐篷已在这片山地里存在这么久了，至今还没有毁于大风。从概率上看，今天夜里也不可能发生那样的事情。就算真的出问题了，我们还有另外一个帐篷，可以很快转移，所以没有必要大惊失色。"我的心情于是得以宽慰，结果我后半夜进入了梦乡。

　　在加利福尼亚州一带，小儿麻痹症一度十分肆虐，几年前我一定会为此担惊受怕。这次我却在丈夫的开导下保持了镇静没有慌乱。我们采取严格周

密的防范手段，不让小孩接近学校或影院等公共场所。我们询问过卫生局的人士，就算是小儿麻痹症发病高峰期，整个加利福尼亚州也不过有1835名儿童受到感染。一般来说，感染人数只在200人到300人这个范围内。从概率上分析，一个孩子感染此病的可能性极其微小。

"算一算概率，这件事情不会发生。"这句话驱走了我九成的烦恼，这20年来，它让我的生活健康快乐。

基本上所有的烦恼，都不是真实的，而是由个人的想象编造出来的。回头审视过去的生活，我发现，我们绝大多数的烦恼都由此发端。纽约富兰克林市场的詹姆·格兰特介绍说，他的经验也是一样。他是格兰特批发公司的负责人，每次要从佛罗里达州购买橘子，每次都是十多车。

他告诉我说，从前他经常用愚蠢的问题困扰自己。例如，万一车辆遭遇车祸，我的水果不是要滚得满山遍野？汽车过桥时桥突然断了该怎么办才好？水果其实早已上过保险，但他依然担心不能按时到货，从而在销售市场上吃亏。他最终因担忧过度而得了胃溃疡。医生告诉他，他的身体没有器质性病变，这些问题只是由于精神过于紧张导致的。他对我说：

我直到这个时候才恍然大悟，才开始反思很多事情。这些年，我共送出过多少车水果？答案是2.5万车次左右。然后，我又对自己说：发生过几次车祸？答案是5次吧。我继续自我反问：加起来2.5万辆车，只有5部车有问题，这说用什么？出事的概率只有五千分之一。看看概率吧，车辆实际上其实只有五千分之一的可能会出事，那还有什么值得害怕的呢？

我问自己说："格兰特，看看吧，即使桥可能有问题，在过去的这些年里，因桥的垮塌而出了事故的一共有几辆车呢？"答案当然是：没有。我又自问："那么，为了从未出过问题的一座桥，为五千分之一的车祸概率而抑郁不乐，还因此被胃溃疡折磨，这有意义吗？"

当我再回过头想这件事情，才认识到自己从前有多愚蠢。于是，我对自己说，以后不管遇到什么事，一定要看看它发生的概率有多少。从此，我不再无端忧虑，也战胜了"胃溃疡"。

纽约州州长阿尔·史密斯在处理事务时，常常用这句话来面对政敌的攻击：“让我们翻开纪录……让我们翻开纪录吧。”然后他将许多事如实描述。如果你再无端找出一些事情来困扰自己时，不妨聆听阿尔·史密斯的劝说，让我们翻翻从前的纪录吧，看看我们的忧虑到底有没有真凭实据。当年，士兵弗莱德雷·马克斯泰就是这样做的。以下是他在纽约成人教育班上讲的一个故事：

1944 年 6 月，奥马哈海滩某个散兵战壕里，身在 999 信号连的我在休息。我们登陆诺曼底时，一眼看到的就是地面上长方形的散兵战壕，一个个排列着。我对自己说：“这看起来多像是一堆坟墓。”我在散兵战壕里入睡，发现自己确实很像躺在坟墓里。“或许，这就是我埋骨的地方所在。”我对自己说。这天深夜 11 点钟，德军的轰炸机驶来，空中倾泻下来无数炸弹，我害怕得魂不附体。前三天的轰炸里，我怎么都睡不着，到第四天夜里，我的精神濒临崩溃的边缘。我对自己说，如果无法来应对的话，我肯定会疯掉的。所以，我自言自语地说：“5 个夜晚都已熬过去了，我不是还皮毛未伤吗？并且，我们这个战斗小组的人员无一阵亡，只有两个人受了些轻伤。而且他们受伤是被我方的高射炮弹碎片误伤，并不是被德军的炮弹击中了。”我决定做一点积极的事情以克服心中的恐惧，于是，我在散兵战壕上架起了一层厚木板，以防止飞来的碎弹片。另外，我这样对自己说：“我不会被炸死，除非炸弹直接掉进这个狭窄的散兵战壕里。”经过估算，直接命中的概率不足万分之一。这样分析一番之后，我彻底平静下来，当敌机再来袭时，我也能高枕无忧。

美国海军安稳军心的一招是，运用概率统计的数据。一个曾是水兵战士的人告诉我，当时，他刚进军队，和一群水兵被分到一艘油船上时，个个都无比害怕。因为他们觉得，这轮船是运载汽油的，一旦撞上鱼雷，所有人都不可能生还。他们几乎都很担忧这一事实，无法安慰自己。

为了解决这一状况，美国海军司令部立即行动，拿出了一组精确的统计数字。它们显示，每 100 艘不幸遭到鱼雷攻击的油轮里，其中有 60 艘能够坚持航行，而沉没到海里去的剩下 40 艘油轮里，只有 5 艘会在 10 分钟以内沉入海中。看来，就算发生了事故，用来逃生的时间依然很充足，伤亡的人数也并不高。这组数据能鼓舞军心吗？这组数据让水兵的烦恼慢慢减轻，最后烟消云散。前海军士兵克莱德·马斯，现在住在明尼苏达州保罗市，他对我说："船上士兵又恢复了高涨的情绪，仔细算来，我们逃生的机会不少，而死在油轮上的概率则微不足道。"

生活的状态由思想决定

小时候我总是爬上一间破旧的老木屋的楼台，在上面玩耍。有一次，我从楼台的窗边一跃而下。当我下坠时，一枚铁钉恰好钩住了我左手食指上的戒指，结果我的食指被整个扯掉了。

我惊恐地尖叫，心里十分恐惧，认为这下手没有救了，但是后来我的手康复后，我就再没有意识到它的麻烦。烦恼无益，现实需要直面。

现如今，我已无所谓左手少了一个手指。数年前，我在纽约商业中心大楼的电梯里，偶遇一个失去整只左手的人，我问他是否遗憾自己缺少一只手，他回答道："哦！不会的，现在我几乎不理会它。只有在要干什么的时候，有时因为人手不够，我才会想起这家伙。"

有一行字铭刻在荷兰阿姆斯特丹15世纪教堂遗址上，现在仍让我历历在目。刻在石柱上的是一串法文格言："如果事情是这样，就不可能有另外的面目。"

在生活中，我们只能直面这些无法避免的事实，并经常调整心态要求自己接受它；如果我们拒绝面对它们，那毫无意义的烦恼就会袭击我们，直到我们心力交瘁。

心理学家威廉·詹姆斯曾经对人们这样提出告诫：要打心底里承认已经无法更改的那些事实。这种做法，是应对接踵而来的所有厄运的首要前提。

伊丽莎白·康妮住在俄勒冈州波特兰市，她历经了一系列的痛苦，才得到与上面相同的启示。在她给我的信中这样写道：

那一天，美国举国欢庆陆军在北非大败德军，而我却收到一封国防部的电报，说我侄子在一场战斗中失踪了。过了没多久，又有另一封电报来了，告诉我，他已经阵亡了。我为此失声痛哭。在此之前我一直感到自己是个幸福的人，也很满意我的工作，并把我的侄儿拉扯长大。他身上有着年轻人的一切优良品质。我认为，我以前所付出的一切没有白费。但那份电报，却给了我撕心裂肺的打击，几乎让我丧失了继续生存的信念。我对工作感到索然无味，兴趣全失，对朋友也没有了往日的热情。我觉得一切都结束了，开始变得充满悲伤和怨恨。为什么我挚爱的侄子在战争

阿姆斯特丹的老教堂

中牺牲了呢？为什么这样优秀的青年，在还没有品味生活的美好时，就丧命在战场上呢？这个事实让我难以面对。由于我悲伤过度，决定辞掉工作，离开我生活已久的城市隐居起来。

在我清理材料准备辞职时，发现了一封积满灰尘的信，这封信是几年之前我母亲离世的时候，我侄儿写给我的，我几乎都忘记了。信上说："我们，特别是您，都十分怀念她，但我相信你不会就此绝望的。您的人生观会帮助您战胜悲伤。我永远不忘您的教诲，无论身在何处，即使我们相距天涯，我们也会笑对生活，像男子汉一样去勇敢担负人生。"

我一遍一遍地读这些文字，好像这个时候他就坐在我的身旁，在和我促膝交谈。他似乎告诉我，你应当按照你自己的教导那样实践，不管生活如何，你都要继续坚持勇敢地生活，以微笑来驱散心中的阴翳。

因此，我又回到自己的工作岗位上。我再次燃起生活的热情。

我开始给前线的士兵致函慰问，他们同样是优秀的孩子。晚上，我来到成人教育班结交新的朋友，从中寻找新的生活意义。我简直无法相信这一切在我身上产生的无数变化，我已渐渐扫去了悲伤的阴影。现在，我的生活里再次充满欢声笑语，这些都是我的侄子给我的希望。我在生活中平静地接受了那些避无可避的事实，生活比以往更加充实、丰富。

伊丽莎白·康妮觉悟到了我们所有人无法逃离的道理：即我们必须学会坦然接受那些躲不开的事实。如此并不轻松，即使是坐拥天下的皇帝，也得不断给自己这样的要求。在白金汉宫英国女王的书房中悬挂着一条字幅："别去为天上的月亮伤心，也不要为撒泼在地的牛奶而悔恨。"德国哲学家叔本华也指出："你迈开人生脚步前最重要的一课，是学会直面那些不可避免的事物。"

显然，环境本身无法决定我们的喜怒哀乐，我们对周围环境的看法，才决定我们的命运。

只要勇于面对生活，一切灾难和悲剧都击不垮我们，它们对我们人生糟糕的影响不会持续太久。我们或许会认为自己有所阻碍，事实上，我们心灵的力量大大超越我们的想象，只要我们正确运用，它就会带领我们克服困难。

离世的小说家史恩·塔金顿曾说："我能够接受生活中所发生的种种，但我唯一无法接受的事情是失去眼力。"

但是在他60岁时某一天，当他低头望着地毯时，却感到整个环境颜色黯淡，更别说辨别地毯上鲜艳的花样了。他去找眼科医生寻求帮助，诊断出来的结果给了他当头一棒：他即将失去视力，有一只眼睛已经接近全盲了，另一只眼睛距失明的日子也不会太久。他最忧惧的事情，最终还是来了。

但是，塔金顿是如何应对这种"无法逃离的灾难"的呢？他是否会说"这下糟了，我的末日降临了"呢？出乎意料的是，他依然还是谈笑自若。以前，浮动的"黑斑点"在他眼前摇晃时会遮挡他的目光，令他很不便。但是如今当那些大的黑斑点再次飘过他眼前，塔金顿已经能以一种幽默的态度应对，他会说："嘿！这个老东西又来了，大好的天气，又要干吗去呀？"

塔金顿在完全失明后说："我发现，心平气和地接受失明，与承受其他不幸并无二致。假如我的五种感官都丧失了功能，我的内心仍能够继续存活。因为我们在心灵的世界里，也能够环视世界，不论我们的眼睛是否能看到外部。"

为了让眼睛复明，塔金顿一年之内进行了12次手术。他没有拒绝这些手术，哪怕只能做局部麻醉，因为他明白，事实就是事实。

减轻痛苦的不二法门，就是愉快地面对当下。塔金顿拒绝进入高级病房，而是住进了普通的大病房，这样他可以和其他病人共享苦乐，还试着去开导别人。当他经历了一次又一次手术后，他认为自己依然拥有神的垂青。"多神奇啊，"他说，"现在医学这么发达，都能够对像眼睛这样精微的部位动刀了。"

对于一般人来说，想象一下 12 次以上的眼科手术，以及双眼失明的不幸，可能就昏倒在地了。塔金顿却说："在我看来，多么快乐的经历也不能取代这一次糟糕的体验。"这次经历让他学会了如何直面人生，也让他明白了，人生里没有越不过的坎。弥尔顿说过："失明并不吓人，吓人的是你害怕失明。"

要是我们因此畏缩，或者是反抗、心怀愤懑，我们依然不可能更改那些板上钉钉的事实。但是，我们可以改变我们自己。

我现在明白了这些，因为以前我就实践过。有一次，我拒绝面对眼前一个已经发生的事实，并且愤怒地试图进行反抗，结果它让我辗转反侧，痛苦不堪。我把自己所有不愿回想的往事都温习了一遍，这样自虐了一年后，最终还是不得不接受了那些不可能更改的东西。

我放了 12 年牛，还没有见到哪头母牛因为草地干旱、天不下雨、下雪或者霜冻，或是公牛泡上了其他母牛而暴躁咆哮。动物们都能泰然地面对黑夜、暴风雨和饥馑，相信我们人类更不会落后。

是不是我们遇到的任何不幸都应该吞下呢？事实并非如此，那样就沦落成了宿命论者。只要我们还有一线机会逆转，我们就要为之流汗流血。可是，当我们知道那一切木已成舟时，就应当保持克制，万勿前怕狼后怕虎，死不认账。

哥伦比亚大学霍克斯院长曾有一首儿歌改成的座右铭：

世间的疾病数也数不清，

找找有没有救病的良方。

若有救，就把它来治，

美好的人生

　　若无法，莫若把它忘。

　　写此书的时候，我曾经访谈过多位英国商界的头面人物，他们给我留下很深刻的记忆。他们中大部分人都可以接受那些避无可避的事实，从而生活平和快乐。假如他们不这样应对，那巨大的精神压力早就把他们压垮了。

　　潘尼开创了潘尼连锁公司。他说："假如我全部的资金赔得一干二净，我也不会因此忧心忡忡，我知道，忧虑不能给人带来任何好处。我已经足够努力地工作了，至于结果如何，我没有必要牵肠挂肚。"

　　亨利·福特也这样说过："碰到我也解决不了的麻烦，我就让它自己流过。"

　　在接受采访时，克莱斯勒公司的总裁凯勒先生说："当我遇到棘手的事情，如果能够找到方案解决，我会不遗余力去做；如果找不到，那也只好不闻不问。我从不为未来担忧，因为我们谁也不能预测将有什么事情会发生，能够影响未来走向的因素多如牛毛，谁也不能前瞻到所有这些因素，并以此全面透彻地分析它，因此，为它们忧虑是自讨苦吃。"

　　假如你把凯勒看做是一位哲学家，他可能觉得太夸张了。他只是一个优秀的商人，但他的观点和1900年前罗马哲学家依匹托泰德的理论并无二致。"快乐的旅途只有一条，"依匹托泰德说，"就是不要杞人忧天，不要为超出我们掌控能力之外的事情忧虑。"

　　莎拉·班哈特可算是颇有代表性的女中豪杰，她最懂得如何直面那些木已成舟的事实。50年来，她的身影一直活跃在四大洲，是全世界最具影响力的戏剧明星之一。但她却在71岁那年不幸受伤了，而且，她的私人医生波兹教授说，必须对一条腿实施截肢。我们来看看事情的来龙去脉：

　　她在横渡大西洋时遭遇了风暴，被重重地掀起，撞在甲板上，大腿严重受伤，同时被静脉炎感染了，腿部肌肉开始出现萎缩。情况不容乐观，医生确定她的腿非截肢不可。医生有些害怕地抖出了这个不幸的消息，通知了一向以脾气糟糕闻名的班哈特。但结果是，班哈特注视了他片刻，然后小声地说："如果非要这样做不可，也就只能认命了，这可是造化的安排。"

　　她儿子看着她被推进手术室时流泪了，她向他挥了挥手，笑着说："你别走远了，我一会儿就出来了。"

在去手术室的路上，她嘴里冒出了一句台词，有人问她这样做是否是在给自己打气，她回答说："不，是让医生和护士们随意一些，他们都有些紧张过度了。"

手术很成功，完全复原后的莎拉·班哈特继续作世界巡演，在此后的7年间，依然让她的观众为之疯狂。

索希·麦克米西发表在《读者文摘》的一篇文章里这样说："当我们停止与那些难以避免的事实作无谓的对抗之后，我们就能节省精力，用来构建崭新的生活。"

谁也没有足够的精力去对抗不可更改的事实，同时还有余力建设新的生活。你只能在二者之中选择其一，要么在不可避免的风暴中弯下腰来，要么与它抗争而折断。

我在密苏里州的农场里栽种了不少树木，它们生长得都很快，后来，一场风雪在所有的树枝上实实地压了一层冰雪。这些枝条面对重负，并没有顺从地弯下身来，而是不屈不挠，最终在冰雪的重荷下失去了旺盛的活力。它们还没有从北方树木那里借鉴到经验。我多次造访过加拿大，在那里看到过常青树连绵几百英里，还没有发现冰雪压断过哪怕一株松柏。这些常青树懂得要适应压力，轻轻弯下枝条，不要对抗那些不可回避的冰雪。

"要柔韧如柳条，不要僵直如橡树"。日本的柔道老师常常这样教导学生。

你知道汽车轮胎为何能承受长时间奔跑，不怕路途的颠簸吗？起初，制造商想设计一种轮胎，能够抵住路面冲击力，结果过了没多久，轮胎就报销了。他们汲取了教训，依照吸收路面冲击的原理制造出一种轮胎，这样的轮胎才可以做到"经压耐用"。在我们坎坷不平的人生道路上，如果我们也能顺应所有的冲击力和颠簸，我们就可以更持久地驾驭人生的旅程，做得更游刃有余。

如果我们不顺应局势，而反过来抗拒人生中遇到的冲击，将会如何呢？答案很简单，这将会消耗殆尽我们内心的精力，从而让我们心中充满忧虑、紧张，继而急躁和神经过敏。

如果我们总是逃避现实生活的沉重打击，退缩到自己的温馨小世界内，最终会走向精神分裂。

二次世界大战期间，上百万内心恐惧的士兵们只有两种选择，要么坦然接受那些无法更改的残酷现实，要么在恐惧重压下精神分裂。我们就讲讲威廉·凯西鲁斯的经历，以下是他在纽约成人教育班上所讲的一个获奖的故事：

我参加了海岸警卫队，很快就被派遣到大西洋边上一个危险的军营，担任炸药管理员。试想，以前是一个饼干售货员的我，现在要当炸药管理员！只要一想到自己的脚踩在万吨TNT炸药上这件事，我就会全身寒毛倒竖。这之前，我只受了两天的相关培训，而在我懂得TNT炸药的威力后，我的内心比以前更加害怕。我永远都难以忘记第一次执行任务时发生的一切。

那天夜里，天寒雾浓，我接收到命令，去新泽西州的卡文角码头做事。

我负责船上的5号船舱，带着5个码头工人一起工作。他们每个人都身强体壮，但关于炸药的知识却近乎没有。他们正往船上搬运重达2000磅到4000磅的炸弹，每颗炸弹都威力巨大，含有1000公斤的TNT炸药，可以轻而易举把这条旧货船炸成粉末。两条钢缆把炸弹吊到船上，我一直对自己说，要是有哪一条钢缆松动了或断裂了，哦，我的上帝啊！我极为恐惧，浑身发抖，口唇发干，甚至两腿颤软，心跳剧烈。但我不能溜走，可不能做逃兵。做逃兵不但我无颜见人，我父母也会颜面无存，而且，我会被当做逃兵而枪毙。我只能呆呆站着，无法移动一步。我看着那些码头上的工人发呆，他们正装运着炸弹，一点也看不出害怕。在莫名惊恐中过了一个多小时之后，终于我的理智恢复了，开始使用我了解到的那些知识去处理事情。我告诉自己："不要恐惧了，就算被炸死，那又如何？反正那时你也失去了知觉，比起死于癌症，这要死得痛快、舒服多了。不要跟白痴一样发呆，人人都难逃一死。你必须去从事这项工作，要不然就面临枪毙的危险，你还是多想想吧。"

这样，跟自己谈了半天之后，我心里渐渐平静下来，感觉舒服多了。最后，我战胜了担忧和恐惧，接受了那难以更改的现实。

这段时光让我无法忘怀。现在，每当我要忧虑已成定局的事实时，我就揶揄自己说："忘了它吧。"我感到这很有价值，起码对于我这个饼干售货员来说，事情就是如此。

"面对这杯不得不饮下的毒液，请畅饮它吧！"这句话从公元前399年飘来。如今，在这个被忧虑充塞的世界中，这句名言对我们，比过去任何世纪都更重要。

一个人的生活快乐与否，取决于他看待人与事物的眼光。因为，只有思想才牵引着生活。

几年前，我参加了一个广播节目，他们试图向我提出如下问题：你人生中学到的最重要的一课是什么？这并不难回答，我此生中最重要的经验是：思想是非常关键的。只要了解一个人的想法，就能搞懂他是哪一种人。因为任何人的个性，都是被他的思想决定的。我们的内心状态，将牵引我们的命运。爱默生有句名言说："如果你脑子里整天装的就是这些，就不可能是另外的样子了。"

如何运用合适的思想，就是我们此生所面对的最关键问题，也是我们需要认真对待的唯一问题。假如我们如此做了，许多问题就能够不攻自破。罗马帝国的皇帝，也是伟大的哲学家马可·奥勒留，曾用一句至理名言总结道："思想决定生活的状态。"

要是全是愉快的想法充满我们的思想，我们就会愉快；要是我们的思想里充满了悲伤的想法，我们就不能逃过悲伤；要是全是一些可怕的想法充斥我们的思想，我们就会害怕不已；要是我们的思想里被美好的念头占据，我们就可以变得很恬静；要是我们的思想里都是失败的念头，我们就会抑郁消极；要是过度躲进自我怜惜中，人们都只有躲远你。温逊·皮尔说："你的样子并不是你脑子里的那个，但你的境况却是由你的脑子制造的。"

不管任何困难，我们都应该用乐观的态度去面对，是吗？事实远远不是这样简单。非常不幸，生命不会那么轻松。我是在激励人们，用积极的心态而不是消极的心态，去对待生活中出现的一切挑战。换句话说，我们应该关心我们前进道路上的问题，但不能迈着忧虑的脚步上路。

卡耐基励志经典

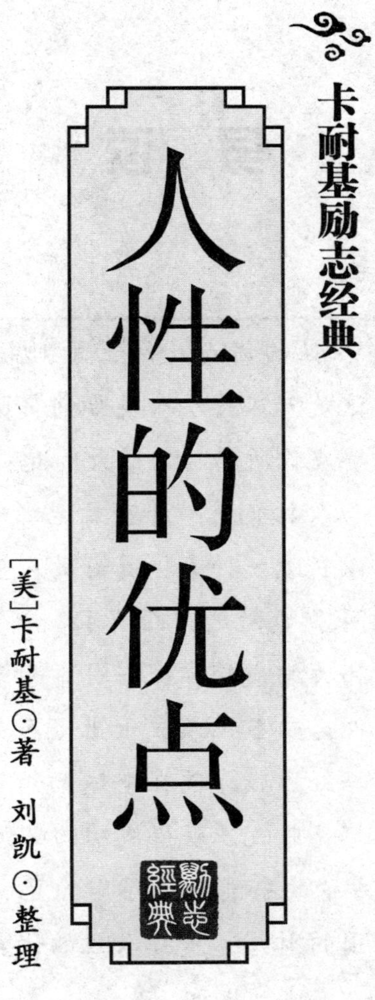

人性的优点

［美］卡耐基 ⊙ 著

刘凯 ⊙ 整理

线装书局

导　读

戴尔·卡耐基的《人性的优点》问世于 1948 年，是卡耐基成人教育班的主要教材之一，这是一本关于人类如何征服"忧虑"的书，本书的唯一目的就是帮助你解决你所面临的最大问题：如何在你的日常生活、商务活动与社会交往中与人打交道，并有效地影响他人；如何击败人类的生存之敌——忧虑，以创造一种幸福美好的人生。当你通过本书解决好这一问题之后，其他问题也就迎刃而解了。

本书是当今世界最伟大的成功学家——卡耐基一生中最重要、最生动的人生经验的汇集，也是一本记录成千上万人如何摆脱心理问题走向成功的实例汇集。本书一经出版，便在全球畅销不衰，改变了千百万人的生活和命运，被誉为"克服忧虑获得成功的必读书"和"世界励志圣经"。这本充满智慧和力量的书能让你了解自己，相信自己，充分开发蕴藏在身心里而尚未利用的财富，发挥人性的优点，去开拓成功幸福的新生活之路。

第一章　忧虑是幸福人生的破坏者

忧虑是健康的大敌

很多年以前的一个晚上，一个邻居来按我的门铃，要我和家人去种牛痘，预防天花。他是整个纽约市几千名志愿者中去按门铃的人之一。很多吓坏了的人都排了好几个小时的队接种牛痘。在所有的医院、消防队、警察局和大工厂里都设有接种站，大约有2000名医生和护士夜以继日地替大家种痘。怎么会这么热闹呢？因为纽约市有8个人得了天花——其中2人死了——800万纽约市民中死了2人。

我在纽约市已经住了37年，可是还没有一个人来按我的门铃，并警告我预防精神上的忧郁症——这种病症，在过去37年里所造成的损害，至少比天花要大一万倍。

从来没有人来按门铃警告我：目前生活在这个世界上的人中，每10个人就有1个会精神崩溃，而大部分都是因为忧虑和感情冲突而引起的。所以我现在写本章，就等于来按你的门铃，向你发出警告。

曾经获得诺贝尔医学奖的亚历克西斯·卡锐尔博士说：

不知道抗拒忧虑的商人都会短命而死。

其实不止商人，家庭主妇、兽医和泥水匠……都是如此。

几年前，我在度假的时候，跟戈伯尔博士一起坐车经过得克萨斯州和新墨西哥州。戈伯尔博士是圣塔菲铁路的医务负责人，他的正式头衔是海湾—科罗拉多和圣塔菲联合医院的主治医师。当我们谈到忧虑对人的影响时，他说：

"在医生接触的病人中，有70%的人只要能够消除他们的恐惧和忧虑，病就会自然好起来。不要误以为他们都是生了病，他们的病都像你有一颗蛀牙一样实在，有时候还严重 100 倍。我说的这种病就像神经性的消化不良，某些胃溃疡、心脏病、失眠症，一些头痛症和麻痹症等等。这些病都是真病，我这些话也不是乱说的，因为我自己就得过 12 年的胃溃疡。恐惧使你忧虑，忧虑使你紧张，并影响到你胃部的神经，使胃里的胃液由正常变为不正常。因此就容易产生胃溃疡。"

约瑟夫·蒙塔格博士曾写过一本《神经性胃病》的书，他也说过同样的话："胃溃疡的产生，不是因为你吃了什么而导致的，而是因为你忧愁些什么。"

梅奥诊所的阿尔凡莱兹博士说："胃溃疡通常根据你情绪紧张的高低而发作或消失。"

他的这种说法在对梅奥诊所的 15000 名胃病患者进行研究后得到了证实，每 5 个人中，有 4 个并不是因为生理原因而得的胃病。恐惧、忧虑、憎恨、极端自私，以及无法适应现实生活，才是他们得胃病和胃溃疡的原因。胃溃疡可以让你丧命。

我最近和梅奥诊所的哈罗德·哈贝恩博士通过几次信，他在全美工业界医师协会的年会上读过一篇论文，说他研究了 176 位平均年龄在 44.3 岁的工商界负责人。他报道说：大约有 1/3 多的人因为生活过度紧张而引起下列三种病症之一——心脏病、消化系统溃疡和高血压。想想看，在我们工商界的负责人中，有 1/3 的人都患有心脏病、溃疡和高血压，而他们都还不到 45 岁，成功的代价是多么高啊！而他们甚至都不能算是成功，一个身患胃溃疡和心脏病的人能算是成功之人吗？就算他能赢得全世界，却损失了自己的健康，对他个人来说，又有什么好处？即使他拥有全世界，每次也只能睡在一张床上，每天也只能吃三顿饭。就是一个挖水沟的人，也能做到这一点，而且还可能比一个很有权力的公司负责人睡得更安稳，吃得更香。我情愿做一个在阿拉巴马州租田耕种的农夫，在膝盖上放一把五弦琴，也不愿意在自己不到 45 岁的时候，就为了管理一个铁路公司，或者是一家香烟公司而毁了自己的健康。

说到香烟，一位世界最知名的香烟制造商，最近在加拿大森林里想轻松一下的时候，因为心脏病发作而死了。他拥有几百万元的财产，却在 61 岁时就离世了。他也许是牺牲了好几年的生命来换取了所谓的"生意上的成功"。

在我看来，这个有几百万财产的香烟大王，其成功还不及我爸爸的一半。我爸爸是密苏里州的农夫，一文不名，却活到了 89 岁。

心脏病是美国的第一号凶手。在二次大战期间，大约有 30 几万人死在战场上，可是在同一段时间里，心脏病却杀死了 200 万平民——其中有 100 万人的心脏病是由于忧虑和过度紧张的生活引起的。中国人和美国南方的黑人，却很少患这种因忧虑而引起的心脏病，因为他们处事沉着。死于心脏病的医生比农夫多 20 倍，因为医生过的是紧张的生活，所以才会有这样的结果。

"上帝可能原谅我们所犯的罪，"威廉·詹姆斯说，"可是我们的神经系统却不会。"

这是一个令人吃惊而难以相信的事实：每年死于自杀的人，比死于种种常见的传染病的人还要多。

为什么呢？答案通常都是"因为忧虑"。

古时候，残忍的将军要折磨他们的俘虏时，常常把俘虏的手脚绑起来，放在一个不停往下滴水的袋子下面……水滴着……滴着……夜以继日，最后，这些不停滴落在头上的水，变得好像是用槌子敲击的声音，使那些人精神失常。这种折磨人的方法，在以前西班牙的宗教法庭里，和希特勒手下的德国集中营里，都曾经使用过。

忧虑就像不停往下滴、滴、滴的水，而那不停地往下滴、滴、滴的忧虑，通常会使人心神不宁而自杀。

当我还是密苏里州一个乡下孩子的时候，礼拜天听牧师形容地狱的烈火，吓得我半死。可是他从来没有提到，我们此时此刻由忧虑所带来的重重痛苦的地狱烈火。比方说，如果你长期忧虑下去的话，你有一天就很可能会患最痛苦的病症——狭心症。

这种病要是发作起来，会让你痛得尖叫，跟你的尖叫比起来，但丁的《地狱篇》听来都像是"娃娃游玩具国"了。到时候，你就会跟你自己说："噢，上帝啊！噢，上帝啊！要是我能好的话，我永远也不会再为任何事情忧虑，永远也不会了。"如果你认为我这话说得太夸张的话，不妨去问问你的家庭医生。

你爱生命吗？你想健康、长寿吗？下面就是你能做到的方法。我再引用一次亚历西斯·卡瑞尔博士的话："在纷繁复杂的现代城市中，只有能保持内心平静的人，才不会变成神经病。"

你是否可以在现代城市的混乱中保持内心的平静呢？如果你是一个正常人，答案应该是："可以的"，"绝对可以"。我们大多数人实际上都比我们所认为的更坚强得多。我们有很多也许从来没有发现的内在力量，就像梭罗在他不朽的名著《狱卒》里所说的："我不知道有什么比一个人能下定决心改善他的生活能力更令人振奋了……要是一个人，能充满信心地朝他理想的方向去做，下定决心过他所想过的生活，他就一定会得到意外的成功。"

精神失常的原因

著名的梅奥兄弟宣布，我们有一半以上的病床上，躺着患有神经病的人。可是，在强力的显微镜下，以最现代的方法来检查他们的神经时，却发现大部分人都非常健康。他们"神经上的毛病"都不是因为神经本身有什么异常的地方，而是因为情绪上有悲观、烦躁、焦急、忧虑、恐惧、挫败、颓丧等等的情形。柏拉图说过：

医生所犯的最大错误是，他们只想治疗病人的身体，却不想医治他们的思想。可是精神和肉体是一致的，不能分开处置。

医药科学界花了 2300 年的时间才认清这个真理。我们刚刚才开始发展一种新的医学，称之为"心理生理医学"，用来同时治疗精神和肉体。现在正是做这件事的最好时机，因为医学已经大量消除了可怕的、由细菌所引起的疾病——比方说天花、霍乱、黄热病，以及其他种种曾把数以百万计的人埋进坟墓的传染病症。可是，医学界一直还不能治疗精神和身体上那些不是由细菌所引起，而是由于情绪上的忧虑、恐惧、憎恨、烦躁，以及绝望所引起的病症。这种情绪性疾病所引起的灾难正日渐增加，日渐广泛，而速度又快得惊人。

医生们估计说：现在活着的美国人中，每20人就有1人在某一段时期内得过精神病。第二次世界大战期间被征召的美国年轻人，每6人中就有1人因为精神失常而不能服役。

精神失常的原因何在？没有人知道全部的答案。可是在大多数情况下，极可能是由恐惧和忧虑造成的。焦虑和烦躁不安的人，多半不能适应现实的世界，而跟周围的环境隔断了所有的关系，缩到自己的梦想世界里，以此逃避他所忧虑的问题。

在我写这一章时，我书桌上就有一本书，是爱德华·波多尔斯基博士所写的《停止忧虑，换来健康》。书中谈到了几个问题：

1. 忧虑对心脏的影响。

2. 忧虑会造成高血压。

3. 风湿症可能因忧虑而起。

4. 为了保护你的胃，请少忧虑些。

5. 忧虑如何使你感冒。

6. 忧虑和甲状腺。

7. 忧虑与糖尿病患者。

另外一本谈忧虑的好书，是卡尔·明格尔博士所写的《与己作对》。它没告诉你怎样避免忧虑的规则，却告诉你一些很可怕的事实，让你看清楚焦虑、烦躁、憎恨、后悔、反叛和恐惧情绪是怎样伤害我们的身心健康。

忧虑甚至会使最强壮的人生病。在美国南北战争的最后几天里，格兰特将军发现了这一点。故事是这样的：

格兰特围攻里奇蒙德有9个月之久，李将军的衣衫不整、饥饿不堪的部队被打败了。有一次，好几个兵团的人开了小差，其余的人在他们的帐篷中开会祈祷，叫着、哭着，看到了种种幻象。眼看战争就快结束了，李将军手下的人放火烧了里奇蒙德的棉花，以及烟草仓库，也烧了兵工厂，然后在烈焰升腾的黑夜里弃城逃走了。格兰特乘胜追击，从左右两侧和后方夹攻南部联军，而由骑兵从正面截击，拆毁铁路线，俘虏了运送补给的车辆。

由于剧烈头痛而使眼睛半瞎的格兰特无法跟上队伍，就停歇在了一个农家。"我在那里过了一夜，"他在回忆录里写道，"把我的两脚泡在了加了芥

末的冷水里，还把芥末药膏贴在我的两个手腕和后颈上，希望第二天早上能恢复。"

第二天清早，他果然复原了。可是使他复原的，不是芥末药膏，而是一个带回李将军降书的骑兵。

"当那个军官来到我面前的时候，"格兰特写道，"我的头痛得很厉害，可是我一看到那封信的内容，我就好了。"

显然，格兰特是由于忧虑、紧张和不安才生病的。一旦他在情绪上恢复了自信，想到他的成就和胜利，病马上就好了。

70 年后，罗斯福总统的财政部长亨利·摩根索发现忧虑会使他病得头昏眼花。他在日记中记述说，为了提高小麦的价格，罗斯福总统在一天以内买了 440 万蒲式耳的小麦，使他感到非常忧虑。他在日记里说："在这件事还没有结果之前，我觉得头昏眼花。我回到家中，在吃完午饭后睡了两个小时。"

罗斯福

著名的法国哲学家蒙泰格被选为老家的市长时，他对市民们说："我愿意用我的双手来处理你们的事情，可是不愿把它们带到我的肝里和肺里。"

但我那个邻居却把股票市场带到了他的血液中，差点送了他的老命。

如果我想记住忧虑对人有什么影响，我不必去看我领导的房子，只要看看我现在坐着的这个房间，想想以前这栋房子的主人——他由于忧虑过度而进了坟墓。忧虑会使你患风湿症或关节炎而坐上轮椅，康奈尔大学医学院的罗素·塞西尔博士是世界闻名的治疗关节炎的权威，他列举了四种最容易得关节炎的情况：

1. 婚姻破裂。

2. 财务上的不幸和难关。

3. 寂寞和忧虑。

4. 长期的愤怒。

　　确实，以上四种情绪状况，并不是关节炎形成的惟一原因。而使关节炎产生的最"常见的原因"是西基尔博士所列举的这四点。举个例子来说，我的一个朋友在他经济不景气的时候，遭到了很大的损失，结果煤气公司切断了他的煤气，银行没收了他抵押贷款的房子，他的太太突然染上关节炎，虽然经过治疗和增加营养，关节炎却一直到他们的财务状况改善之后才算痊愈。

　　不久以前，我和一个得这种病的朋友到费城去。我们去见伊莎瑞尔士内·布拉姆博士——一位主治这种病达 38 年之久的著名专家。在他候诊室的墙上挂了一块大木板，上面写着他给病人的忠告。我把它抄在一个信封的背面：

　　轻松和享受

　　最使你轻松愉快的是，

　　健全的信仰、睡眠、音乐和欢笑。

　　——对神要有信心，

　　——要能睡得安稳，

　　——喜欢好的音乐，

　　——从滑稽的一面来看待生活，

　　健康和快乐就都是你的。

　　他问我朋友的第一个问题就是："有什么问题使你的情绪产生这种情况？"他警告我的朋友说，如果他继续忧虑下去，就可能会染上其他并发症，例如心脏病、胃溃疡，或是糖尿病。"所有的这些病症，"这位名医说，"都互为亲戚关系，甚至是很近的亲戚。"一点都不错，它们都是近亲——由忧虑所产生的病症。

忧虑是容貌最大的克星

　　我去访问女明星英乐·奥伯恩时，她告诉我她绝对不会忧虑，因为忧虑会摧毁她在银幕上的主要资产——她美丽的容貌。她告诉我说：

　　"当我最先想要进入影坛的时候，我既担心又害怕。我刚从印度回来，

在伦敦一个熟人也没有，却想在那里找一份工作。去见过几个制片家，可是没有一个人肯用我。我仅有的一点钱渐渐用光了，整整有两个礼拜，只靠一点饼干和水过活。那时候我不仅是忧虑，还很饥饿，我对自己说：'也许你是个傻子，也许你永远也不可能闯进电影界。归根究底，你没有经验，也从来没有演过戏，除了一张漂亮的脸蛋，你还有些什么呢?'

"我照了照镜子。就在我望着镜子的时候，才发现忧虑对我的容貌起了极坏的影响。我看见了忧虑造成的皱纹，看见了焦虑的表情，于是我对自己说：'你一定得马上停止忧虑，不能再忧虑下去了，你所能给人家的只有你的容貌了，而忧虑会毁了它的。'"

再没有什么会比忧虑使一个女人老得更快，而摧毁了她的容貌了。忧虑会使我们的表情难看，会使我们咬紧牙关，会使我们的脸上产生皱纹，会使我们老是愁眉苦脸，会使我们头发灰白，有时甚至会使头发脱落。忧虑会使你脸上的皮肤出现斑点、溃烂和粉刺。

曾经有一段时期在日本掀起了第一次"自然化妆品"热潮，与现时的"自然"有所不同，主要以使用更加原始的原材料生产化妆品为特色，比如使用赤豆、丝瓜等所谓"传统智慧"的化妆品大行其道，对流行时尚极为敏感的年轻女性完全陷于其中而不能自拔。这种自然化妆品的依据便是"绝不使用任何界面活性剂、防腐剂以及香料等成分"，使用这些"含对皮肤有害的物质的大型化妆品生产厂家的化妆品对人的肌肤是极其危险的"，等等。这种极端的论调使陷于其中的女性们纷纷对著名厂家的化妆品敬而远之，甚至持否定态度，一心追捧赤豆和丝瓜。

在这一片热潮中，有一位起劲地抬轿子而立下汗马功劳的女性，她在接受各种杂志的采访时曾语出惊人，发出豪言壮语："除了纯自然的化妆品，其他都令人可怕，使用不得！"

可是大约一年之后，她又突然宣称自己是"敏感性肌肤"，开始热衷于由皮肤科医师开发研制的化妆品，说"即使不使用防腐剂的自然化妆品也令人可怕，使用不得"。再过了大约两年左右，她又转而竭力称赞起所谓"无任何添加物"的化妆品来，对皮肤科医师开发研制的化妆品也持有了否定的态度："那只不过是一种错觉而已！"后来，每当与她联系时便换了一种

"爱用品"的她，又迷上了我只听到过名字的二线品牌的邮购化妆品，而选择的理由自然是每次都各不相同，真是很有意思。毫无疑问，她就是那种"化妆品信息源"、"超级时尚发布中心"，同时又是稍嫌不成熟的狂热的化妆品爱好家。

彷徨于各种化妆品之间而无法确定自己所适合的，这本是谁都会发生的事情，没有什么不好；可是她的情况却稍稍有些病态，对各种化妆品——热衷又——幻灭，因而肌肤老是不能变得光滑美丽，尽管尝试了各种各样的化妆品，但是她一点儿也没有变得美丽起来，脸色总是显得黯淡无光，一直在为脸上的疙瘩而烦恼。

后来她又随着时尚潮流开始为"冥想化妆品"而倾倒，但是脸色仍然未见丝毫好转，终于发出了"难道所有的化妆品都没有什么效果么"的疑问，即使这样，她还是没有停止尝试和彷徨，先后使用了各种"冥想化妆品"。她将毫无改善的原因统统归结为化妆品，而旁观者则清清楚楚地知道这绝不是化妆品的原因。三年前，她结婚当了一名全职主妇，出于很容易理解的原因，她听从住所附近主妇们的推荐，又试着换用了在主妇中间很受欢迎的上门推销的化妆品，结果如何？令人简直不敢相信，她的肌肤一下子变得光滑美丽起来。

"真的是好不容易才遇上了这样好的化妆品啊！"

她兴奋异常地给我挂来电话报告。我问她："怎么个好法？"她回答："脸上的疙疙瘩瘩全都不见了，皮肤也变白了……"

我情不自禁地想：果不其然！

她为肌肤持续烦恼了约10年的根本原因，不是因为"没有遇见好的化妆品"，而是她身体内反反复复蓄积下来的令人感觉不适的精神压力。巨大的精神压力会导致植物神经系统失调，血液循环不畅，皮肤的免疫机能低下或出现紊乱。她总是脸色黯淡，稍有一点小事脸上便长出疙瘩等，全都是内在的精神压力所致。那么，为什么持续了10年的讨厌问题会在一瞬间都全面解决了呢？我想大家都已经明白了吧，那就是结婚。年过35岁的"闪电式结婚"，不要说周围人都觉得惊讶不已，她本人可能也最最想不到会有这样的事情吧？

　　类似的例子还可以举出许多。一位皮肤粗糙不堪的女性先后尝试了各种各样的化妆品，在某次人事变动后被调到了其他科室，突然间仿佛全身的毒素全部被排出似的，肌肤变得光滑润洁起来；还有一位女性在与长期同居的男友分手，重新搬家之后，立即显得容光焕发，终于告别了彷徨于各种化妆品的生活。不管是谁，都是在改变了自己的日常生活场所的同时发生了变化。

　　然而更重要的却是，现今的时代在被称作狂热的美容爱好家的人群中，像这样类似的人——将自己不幸的原因归结为毫不相干的化妆品，漫无目标地热衷于化妆品中——其实真的有很多。这些人往往不信任"主流"化妆品，而宁愿更相信自然化妆品、邮购化妆品等"支流"的化妆品，热衷于从一些二线品牌的化妆品中发现所谓的"价值"，因而她们"追求更好更有效的化妆品"的意识比一般人更加强烈，以致一直彷徨于频繁地更换化妆品的病态之中。

　　或许有人会认为这是"庞大的浪费"，不过我却有一瞬间真的觉得：靠着化妆品或多或少解救了深陷于"暗无天日"的巨大精神压力中的她们，这不也是一件好事吗？就拿上述那位女士来说，大概甚至将"或许结不了婚"的原因也归罪于"化妆品一点也没有效果"，假如真是这样的话，这种归罪也就不至于使她产生"我不是一个好女人"、"我缺少女性的魅力"一类的自卑感了。她之所以能够结婚，可以说也正是因为她并没有这种自卑感的缘故。她所反复尝试和彷徨于其中的许许多多的化妆品，即使没有治愈她肌肤上的问题，但至少也减轻了她精神上的自卑感，所以说还是产生了效果的，一点也没有浪费。

　　日本知名的女性心理专家斋藤薰说得好："我觉得化妆品不只是搽在肌肤上的东西，它更应该是搽拭在精神上的东西，我们经常说使用化妆品后人会变得心情舒畅，其实它还从更深层次上减轻了女性们的精神苦痛。"

　　忧虑是女人容貌的最大克星，拥有一份好心情就是最好的天然化妆品。如果你不想让你的眼睛周围那些皮肤特别薄的地方过早出现皱纹，请及时地脱离忧虑。

你的生活与忧虑无关

在现实的生活中，我们每天必须亲自处理各种各样的日常工作，这些工作不仅满足我们生存的需要，同时也给我们带来快乐，但在相当多数情况下我们其中的一些人却享受不到工作的快乐，而是痛苦于由工作压力所带来的种种忧虑之中。

我曾参与过一项名为"压力下的家庭健康"的调查，在接受调查的20000人中有近85%的人认为，绝对需要学习如何处理压力。根据过去10年美国家庭医师协会（American Academy of Family Practitioners）的调查估计，一般的病人中，有近3/4具有与压力有关的问题。这样的调查和其他类似的调查统计，引起许多公司机构与企业界领导人的关注，因为在过去的一年里，怠工以及与压力相关的疾病而造成的生产效益低下，已使得他们的公司损失了500亿美元。而且他们相信在两年以内，这种花费会增至750亿美元——平均每位美国的工人要花750美元。家庭与婚姻是受压力影响最严重的领域，一般来说，压力是婚姻问题与人际关系问题的最根本的原因之一。

艾柯森博士在他的一篇医学报告中为我们总结了一些关于工作压力所带来的忧虑症状，他说："压力是精神与身体对内在、外在事件的生理反应与心理反应，具有下列特征：A. 主观性——同样的事件有人觉得有压力，有人却觉得不怎么样；B. 评价性——同样的压力有人认为对自己有帮助，然而有人却认为对自己有副作用；C. 活动性——压力会因为对每一个人造成的严重性不同，从而产生程度不同的压力。"艾柯森仔细地观察他的病人，发现80%的人因为工作的压力产生忧虑，而烦躁和忧虑致使他们的身体经常呈现出如下这样一些症状。

情绪：紧张、敏感、多疑、不稳定、焦躁不安、忧虑烦恼、难以放松等。

生理：口干舌燥、心跳急速、异常出汗、肌肉紧绷僵硬、便秘、头痛、失眠、血压升高、全身酸痛、疲劳、精神不济、消化系统不良、新陈代谢失调等。

行为：抱怨、争执、挑剔、责备、暴力、滥用药物、生活作息混乱、坐立不安等。

不错，工作的压力是忧虑的主要来源，但忧虑最能伤害到你的时候，不是在你有所行动的时候，而是在一天的工作做完了之后。你曾是否注意到，当你在工作出现过失或者差错的时候，你害怕别的同事或者上司会发现这事时，你心中有着一股怎样强大的压力？这种压力是我们每个人都会有的，因为我们都曾经或多或少地在工作中出现过失误。

我在得州举办的成人教育班上，一个叫玛丽·苏伊曼的女士讲述了她一段至今难忘的经历。

"十年前，我刚刚从佛罗里达州立大学毕业进入一家洗涤品公司销售部工作，当时公司新研制出了一种冰箱除味剂，首先在几家超市做了试销，效果还不错，接着上司肖恩给我布置了新的销售任务——一星期内作出一份销售除味剂的策划案。当时我异常紧张'我只是个新手，为什么让我来做挑战性这么大、风险又这么高的策划案？为什么肖恩不让已经在这里工作了两年的彼得去做？'在这样的不安中我度过了前两天，我当时真实的感受是，当黎明到来的时候，我迅速起床赶到一个个社区中给每个家庭主妇分发除味剂，然后就在现场统计关于价格啊、包装啊、气味啊等方面的调查结果，到了晚上我面对摆在桌子上的一堆资料便开始忧虑：'这样能行吗？别的同事是否会取笑甚至在会上反对这种销售方式？成功的概率到底有多少？'整个夜晚就在这样的质疑中迷迷糊糊地度过。到了第四天事情便开始出现转机，一位退休在家的老教授找到我们公司，急切地问你们的除味剂怎么在超市的货架上找不到。这样简短的一个问题使我打消了忧虑，我自信地告诉肖恩我的策划案已经完成。压力消失了，困扰也不存在了，我们成功地推销了新除味剂。"虽然事情时隔10年了，玛丽依然很激动，"可能很多人生活中的忧虑和不快乐来自工作中的压力，其实更多的情况是，工作的压力不是因为工作本身，而是我们自己给自己制造的压力。"

著名的心理学者哈里·赖文生博士，谈到我们对自己将来的光明前景的期待的问题。他说，我们总是尽力使每一件事尽善尽美，因为我们希望能活得更像心目中的自己。但在实际状况与自我期望之间总是有一段距离，这距离就是引起压力的根源，也称为自我的压力。因此理想中的自我是导致潜在问题的原因。

前几年一个经常和我联系的商人谈到了他在这种压力中挣扎的经验。他说"许多年前我的公司曾经问过我，是否愿意考虑调职到日本，那真是表现自我的好机会，但我知道，若我接受，很可能会造成家庭问题。我已因职业的关系，而搬家至四个不同的城市，某一次搬家之后，当时我那 15 岁的大儿子，已经离家出走了几天，以示抗议。我知道我不应再考虑为事业而搬家，因我另外一个儿子，那时也已经 15 岁，正值青春期的危险年龄。但我仍让上司将我列入考虑人选中达六周之久。在这段时间里，我说：'我不会自我推荐的，上帝啊，我会让别人来决定。'我的太太琼说：'我祷告，求神指示我们。'而我知道，这是她表示不愿意去的方式。我那 15 岁的儿子则坦白地对我说：'爸爸，我不要再搬家。'在六周后事情决定了，是由另一位同事去。虽然我口里说'那好啊'，但两天以后，我患了肠疾，而且并没有立刻就好，就在那个时候我才明白我的挣扎有多严重。病了四天后，半夜肚子不舒服使我醒来，我轻声地祷告：'我现在才知道我一直在苦苦挣扎，请赦免我只想到自己的需要。请医治我与家人的关系……并且也请医治我身体上的不舒服。'那夜我也不必再爬起来了，因为我的罪已得到赦免，而我的难处也随着紧张一并消失。结果我得到宝贵的教训，当一个人不顾一切要得到一个工作上的地位，而甘冒失去家庭和邻里的和谐关系这种风险时，就会丧失分辨是非黑白的能力。"

在忙碌的生活中，自我管理的能力实在很重要，而正确处理理想的自我便是其中重要的部分。或许我们生命中有 90% 的时间，是花费在自己的事情与追逐自我的理想中。我们只为自己着想，因为那会使我们陷在自我的捆绑中。古罗马有这样一句谚语："不是负担，而是过重的负担杀死熊。"换句话说，是每日的压力，加上过多的焦虑伤害了我们。

另外还有一种压力，是来自犹豫不决的困扰。

有的时候你在工作中受到的压力，就和你得了感冒一样，会是渐渐形成的。没人能事先警觉，因为每一个人都知道，一点点的压力不会伤害你，或许还有些好处呢，但当有一天你可能会发现你受到的压力，已超过了负荷

人性的优点

量，而你甚至不知道是从什么时候开始的。于是，你必须寻求一种医治的方法使你从十分疲惫的争斗中得以解脱。在这项个人与压力的搏斗中，你若放弃自己一意孤行，压力就可以减少许多。

第二章　分析忧虑的基本方法

解开忧虑之谜

我有六位忠实的臣民（我的所知皆来自于他们）：
他们的名字是：事件、原因、时间、方式、地点、人物。

——吉卜林（Rudyard Kipling）

我们在第一篇的第二章中提到的威利·卡瑞尔的魔术方程式，能否解决所有令你忧虑的问题呢？当然不可能！那么应该怎么办呢，答案是：我们一定要掌握以下三个分析问题的基本步骤，来解决各种不同的困难。这三个步骤是：

一、收集事实。

二、分析事实。

三、做出决定，立即采取行动。

吉卜林

太简单了吧？不错，这是亚里士多德所教的，他也使用过。如果想解决那些日夜困扰我们的问题，我们就必须运用它。

我们先来看第一条：收集事实。收集事实为什么如此重要呢？因为我们只有把实际情况弄清楚，才有可能理智的解决问题。看不清事实，我们就只能在混乱中摸索。这并不是我本人的想法，而是已故的 22 年前的哥伦比亚大学哥伦比亚学院院长郝伯特·霍克斯（Herbert E. Hwakes）所说的。他曾经协助 20 多万个学生解决生活中的烦恼。他告诉我说："思维混乱是产生忧虑的主要原因。"他说，"世界上的忧虑，大多数是因为人们还没有掌握足够的事实就做出了决定而产生的。比如说，我有一个问题必须在下星期二的三点以前解决，通常是在下周二来临之前，我根本不会试图做出什么决定。在这段时间里，我只是集中精力去寻找有关这个问题的所有事实，因此我不会忧虑，不会失眠。等到星期二，如果我已经看清了所有的事实，一般说来，问题本身就会迎刃而解了。"

我问霍克斯院长，这是否表明他已完全摆脱忧虑？他说："是的，我想现在我的生活里已经完全没有忧虑。我发觉，如果一个人能够以一种客观公正的态度，把大部分的时间花在收集事实上，那么知识之光就会驱散人们的忧虑了。"

我来重复一下这句至理名言："如果一个人能够以一种客观公正的态度，把大部分的时间花在收集事实上，那么知识之光就会驱散人们的忧虑了。"

可是我们大多数人是怎么做的呢？如果我们只关心事实——托马斯·爱迪生曾经严肃地说道："如果我们想不用思考就能解决问题，那就真的没有什么捷径了。"——但是如果我们看重事实，就会像一只猎犬一样盯着我们所认为的事实而忽略其他的一切！我们只需要那些能让我们的行为合理化的事实——这些事实能轻易地满足我们理想的想法，可以让我们前面的偏见合理化！

法国作家莫罗瓦（Andre. Maurois）说过："一切符合我们的个人意愿的事实看来都是正确的，而与我们的愿望相反的事实都会让我们发怒。"

难怪我们会觉得找到问题的答案是如此的困难，每个人似乎都碰到过这样的问题，如果我们假设二加二等于五，就是解决一个二年级的数学问题也会变得困难万分。但是，世界上确实有许多这样的人，他们坚持认为二加二等于五，或者五百，从而把自己和周围许多其他的人都整得非常痛苦。

对此，我们能怎么办呢？我们得摒弃情绪的干扰，理智地思考问题；就像霍克斯院长所说的，我们必须以"客观公正"的态度去寻找事实。

人在忧虑的时候就很难做到这一点。因为人们忧虑的时候，往往会情绪激动。不过，我找到两个可以帮助人们逃脱忧虑的方法，这两个方法有助于我们以清晰客观的态度看清所有的事实：

一、在收集事实时，我假装不是在为自己，而是在为别人。这样就可以让我保持冷静公正，也可以帮助自己控制情绪。

二、在收集造成忧虑的各种事实时，我假设自己是对方的辩护律师，也收集对自己不利的事实。也就是说，我搜集一些对自己不利的事实——那些违背我的愿望的，和我不愿意面对的事实。

然后我把双方的所有事实都写出来——通常，真理就在这两个极端的中间。

我想要说明的就是，如果不先搜集好事实的话，不管是你、我、爱因斯坦，还是美国最高法院，也无法对任何问题做出明智的决定。爱迪生很清楚这一点，他死后留下了 2500 个笔记本，里面记满了他遇到的各种问题的事实。

所以，解决我们问题的第一个办法是：收集事实。让我们效仿霍克斯的做法：在没有以客观公正的态度收集全部事实之前，不要考虑如何解决问题。

不过，即使把全世界所有的事实都收集起来，如果不加以分析，对我们也没有丝毫帮助。

根据本人的亲身体会我发现，先把所有的事实写下来，再做分析，事情就会容易得多。实际上，仅仅在纸上列出自己的问题，以及所有的事实，距离我们能得出一个合理的决定还有好长一段距离。正如美国发明家查尔斯·凯特宁（Charles. Kettering）所说的：“只要能把问题讲清楚，问题就已经解决了一半。”

我来给大家举一个实例，中国人有句俗语说"百闻不如一见"，现在我就把这个实例当作一幅画展现在大家面前。

这个例子的主人公名叫黎治斐（Galen Litchfield）——他是我的一位老朋友，在远东地区是一个非常成功的美国商人。1942 年，日军入侵上海之时，黎治斐先生正在中国。下面的就是他来我家做客时讲述的故事：

"日军轰炸珍珠港后不久就占领了上海。我当时是亚洲人寿保险公司驻上海的经理。日军派来一个所谓'军方的查账员'——实际上他是个海军上将——命令我协助他清算我们的财产。在那种情况下我别无选择，只能和他们合作，要么就是死路一条。

“我开始遵命行事，因为我别无它法。当时有一笔大约75万美元的保险费，但是我没有填在那张要交给日军将领的清单上，因为这笔钱属于我们在香港的分公司，跟上海公司的资产无关。不过，我还是怕万一日本人发现此事，我就得饱受酷刑。他们果然很快就发现了。

“他们发现时我不在办公室，我的会计主任在场。他告诉我说，那个日本海军上将暴跳如雷，口出恶言，骂我是个强盗，是个叛徒，说我侮辱了日本皇军。我知道这意味着什么，他们会把我投进大桥监狱！

“大桥监狱就是日军臭名昭彰的酷刑室。我有几个朋友就是宁愿自杀也不愿意被送到那个鬼地方去。我还有些朋友在那里被审训了10天，受尽酷刑，最后惨死在那个地方。现在我自己也要被送进去了。

“这该怎么办呢？我是星期天下午听到的这个消息，我想我当时应该是吓坏了，如果我没有一套解决问题的方法我肯定会被吓死了。多年来，每当我担心的时候，就会坐到打字机前，打出两个问题及其答案：

一、我担心的是什么？

二、我能做什么？

“过去我都不把答案写下来，而是只在心里琢磨。但是后来我发现，同时把问题和答案都写下来能使思路更加清晰。所以，那个星期天下午，我直接回到上海基督教青年会的住处，取出我的打字机，打下：

一、我担心的是什么？

我怕明天早上会被关进大桥监狱。

二、我能做什么？

我花了几个小时的时间思考这个问题，写下了四种我可能采取的行动以及后果。

（1）我可以去向日本海军上将解释。可是他“不懂英文”，如果找个翻译来跟他解释，会使他更加恼火，他一旦生气我就只有死路一条了，都知道日军都是非常残暴的。要是这样的话我只有被投进大桥监狱了。

（2）我可以逃走。不可能！他们一直在监视我，每次出入都要登记。如果打算逃走的话，很可能被他们抓住而枪毙掉。

（3）我可以留在我的房间里不再去办公室上班。但如果我这样做，那个海军上将很可能会起疑心，也许会派宪兵来抓我，根本不给我说话的机会就把我关进大桥监狱。

（4）星期一早上，我照常上班。那个海军上将可能会很忙，忘掉了我那件事。即使他还记得那件事，也可能已经冷静下来，不再找麻烦。即使他来找我，我仍然还有个机会解释。因此星期一我就若无其事去照常上班，等于是有两个避开大桥监狱的机会。

"我思前想后，决定采取第四个办法——像平常一样星期一早上去上班，我顿时如释重负。

"第二天早上我走进办公室时，那个日本海军上将就坐在那儿，嘴里叼着根香烟，像平常一样地瞟了我一眼，什么话也没说。六个星期后他被调回东京，我的忧虑也就解除了。

"正如我前面所说的，这完全归功于那个星期天下午我坐下来写出各种不同的情况及其后果，然后镇定地做出决定。如果我当时没有这么做，很可能就会迟疑不决、心乱如麻，就会在紧要关头走出错误的一步。如果不是当时就考虑好了我的处境，做出了决定，那个星期天下午我肯定就方寸大乱在焦虑中度过了，那天晚上我也别想睡个好觉了。周一早上我就会满面惊慌和愁容地去上班了，就这样的面部表情就可能引起那个日本海军上将的疑心，促使他采取不利于我的行动。

"一次又一次的经验证明，迅速做出决定有非常重大的价值。如果不能及时地做出决定就是最大的失败，反复的思前想后做不出决定会让人神经崩溃，犹如身处地狱。我发现只要我做出了明确、清晰的决定，百分之五十的忧虑就会立即消失；而且有百分之四十的担心在我采取行动后就自动消失了。

"采取以下四个步骤，就能消除我百分之九十的忧虑：

一、清楚地写下我所担心的是什么。

二、写出我能做什么。

三、决定该做的事情。

四、采取行动，立即执行决定。"

黎治斐现在是一家大公司的远东区总裁，经营大部分的保险、金融等业务。

　　事实上，正如我前面所说的，黎治斐现在还是在亚洲的最重要的美国商人；他诚恳地告诉我：他的成功大半应归功于这个分析忧虑、正视忧虑的方法。

　　他的方法为什么这么好呢？因为它有效、具体、而又直接命中问题的关键。最重要的是，第三步才是关键，是最不可缺少的关键步骤：采取某种行动。只有我们能够立即采取行动，我们收集事实和做出的分析才会发挥作用——否则就纯粹是浪费精力了。

　　威廉·詹姆斯说："一旦做出决定，当天就要付诸实施，同时要完全不理会责任问题，也不必关心后果。"（在这种情况下，他无疑把"关心"当作是"焦虑"的同义词。）他的意思是说，一旦你以事实为基础，做出一个很谨慎的决定，就立即付诸行动，不要停下来再重新考虑，不要迟疑、担忧和犹豫；不要怀疑自己，以至于带来其他的烦恼，不要回头看。

　　有一次我问阿克拉荷马州最成功的石油大亨怀特·菲利普斯（Waite Phillips），他是如何执行自己的决定的。他回答说："我发现过度的瞻前顾后的思考问题也一定会造成思维的混乱和忧虑，有的时候，过多的调查和思索对我们有害无益时，也就是我们该下定决心、付诸行动、不再回头的时候。"

　　你不妨也试试用格兰·黎治斐的方法来解决自己的烦恼？

　　第一个问题——我担忧的是什么（请用铅笔在下面的空白处写出答案）。

　　第二个问题——我能做什么（在下面的空白处写下答案）。

　　第三个问题——以下是我决定要采取的行动。

　　第四个问题——我何时开始执行行动。

如何减少一半工作上的忧虑

　　我们常花一两个小时开会讨论问题，却没有人明白真正的问题是什么。

　　如果你是个生意人，也许你正在自言自语说："这章的标题太荒谬了。我干这行已经十几年了，我当然知道该怎么做了，居然有人想要告诉我怎么减少工作中百分之五十的烦恼——简直是太可笑了，太荒谬了！"

这话一点也不错。如果是我在几年前看到这样的标题，也会有这样的感觉。这个标题承诺能帮助你，——承诺可是没有本钱的。

我们开诚布公地来说吧：也许我的确不能帮你解决工作中百分之五十的忧虑，从我刚才分析的结果来看，除了你自己，没有人能做到这一点。可是，我所能做到的是，让你看看别人是怎样做的，剩下的就要看你了。

前面曾经提过世界著名的亚力西斯·柯瑞尔博士的这句话，"不会对抗忧虑的人，往往会英年早逝。"

既然忧虑的后果如此严重，那么，如果我能帮助你消除——既使是其中的百分之十，你也许会满意了。对吧？那就好！我下面就要告诉你一位企业家，他是如何不只消除了他百分之五十的忧虑，还节省了百分之七十过去用于开会，来讨论解决问题的时间。

当然，这可不是某个无名氏的故事，这是一个可以查证的真人真事。这个故事的主角是一个活生生的人——里昂·胥孟津（Leon Schimkin），多年来，他一直是纽约洛克菲勒中心西蒙舒斯特公司的股东及总经理。

下面就是他讲述的自己的亲身经验：

"15 年来，我几乎每天都要花一半的时间开会和讨论问题。我们讨论该这样做还是那样做？还是什么都不做？会上大家很紧张，坐立不安、走来走去，彼此辩论、绕圈子。一天下来我感到筋疲力尽。我以为自己会一直这样度过自己的余生。因为我已经这样做了有 15 年之久了，从来没有想过会有更好的解决问题的办法。如果有人对我说，可以减少四分之三的令人紧张头疼的开会时间，我就会认为这个人肯定是个睁着眼睛说瞎话、不谙世事、盲目的乐观主义者。可是我却制定出一个恰好能做到这一点的方案，这个办法我已经用了 8 年。对我的办事效率、我的健康和我的快乐，都有意想不到的好处。

"听起来像魔术——但是它真的像所有的魔术一样，只要你看明白了是怎么做的，就会觉得非常的简单。

"下面就是我的秘诀：第一：我立即停止 15 年来我们会议中所使用的程序——这个程序是我那些很遇到麻烦的同事先把出现的问题的细节报告一遍，然后再问：'我们该怎么办？'第二：我订下一个新的规矩——任何一个想找我讨论问题的人必须先准备好一份书面报告，回答以下四个问题：

"一、问题是什么？

（'以前我们常常花上一两个小时开一场紧张焦虑的会，到会的人还不清楚真正具体的问题是什么。我们经常是毫无头绪的口头讨论，却懒得花费心思写下具体的问题。'）

二、问题的原因是什么？

（'回顾我的事业，我吃惊地发现我们浪费了那么多时间在开会上，却从来没有想过去找出问题的真正所在。'）

三、有些什么可以解决问题的办法？

（'过去开会的时候，其中的一个给出一个建议，有些人可能同一这种观点，还有一些反对的人，结果争论的气氛开始火爆起来。辩论常常跑题，会议结束了也没有人写下我们可以对于解决问题有用的所有事情。'）

四、你建议采用什么方法？

（'跟我开会的人通常是为这个问题烦恼了好几个小时了，却还在原地不断地绕圈子，从未想过所有可行的方法，然后写下来说：这是我建议的解决方案。'）

"现在，我的部下很少把问题拿上来了。为什么呢？因为他们发现，在回答这四个问题之前他们得事先搜集所有的相关的事实，然后再把问题思考一遍。做完这些工作后他们发现，而且是有四分之三的人，不需要再来征求我的建议了，因为解决问题的最妥当的方法就会像面包从烤箱中自动跳出来一样。既使非要开会讨论不可的问题，所花时间也不过是过去的三分之一，因为整个会议的过程有条理而且合乎逻辑，最后都能得到很明确的结论。

"现在公司花在开会上的时间大大缩短了，因为担忧和讨论问题的关键的时间缩短了；取而代之的是更多的行动——方向明确的行动。"

我的朋友，法兰克·毕吉尔（Frank Bettger），这位美国保险业的巨子，告诉我说他就运用类似方法，不仅消除了烦恼，而且增加了收入。

他说道："许多年前当我刚开始推销保险的时候，我对这份工作充满了热情。后来发生了一点事，使我非常气馁。我开始看不起我的职业，几乎都要辞职了——如果不是一个周六的早上我坐下来试图找出我忧虑的根源，我可能就真的放弃从事这一行了。

"一、我首先问自己：'到底是什么问题?'我的问题是：我非常努力做的拜访业务，却没有得到好的结果。我和顾客谈得很好，可最后快要成交时，他们就对我说：'我再考虑考虑，下次来再说吧。'于是我又得多花时间去再度拜访，这让我觉得很颓丧。

"二、我问自己：'有什么可行的解决办法么?'回答之前，我当然得先研究一下过去的事实情况。我把过去一年的记录打开，开始研究上面的数字。

"我吃惊地发现，笔记本上白纸黑字清楚地记录着，在我所卖的保险当中有百分之七十是在第一次见面时就成交的；另外有百分之二十三是在第二次见面成交的；只有百分之七，是在第三、第四、第五次……后才成交的。这么看来，我的工作时间，几乎有一半都浪费在那百分之七的业务上了。

"三、那么'答案是什么呢?'很明显：我应该立刻停止第二次以后的拜访，而是要把空出的时间用于开发新的顾客。结果令人大吃一惊，在很短的时间内，我每次拜访的效益都提升了一倍。"

法兰克·毕吉尔现在是美国最有名的人寿保险业务推销员。他是费城诚信公司的一名员工，每年接进的保险业务都在 100 万美元以上。这可是他曾经想放弃的职业，几乎就要承认自己在此行业的失败——直到他开始分析问题，并将自己导入成功之路。

你可以把这些问题用于解决自己的工作问题么?我想再重复我提出的挑战——这四个问题可以减少你一半的忧虑。

下面再列一下这几个问题，看看你是否也能应用它们：

一、问题是什么?

二、问题的原因是什么?

三、有些什么可以解决问题的办法?

四、你建议采用什么方法?

第三章　消除忧虑的习惯

把忧虑从你的思想中赶走

在图书馆、实验室从事研究工作的人，很少因忧虑而精神崩溃，因为他们没有时间去享受这种"奢侈"。

我永远忘不了几年前的那个夜晚，那时马利安·道格拉斯是我班上的一个学生。（应这位同学的要求，在此我们没有使用他的真名，因为私人的原因，我们不能泄露他的真实身份。）但是下面要讲述的故事却是真实的，这是他在我们成人教育班的课上亲口说的。他告诉大家他家里曾遭受过两次家庭悲剧。第一次，他失去了 5 岁的女儿，一个他非常疼爱的孩子。他和妻子都以为他们无法承受如此沉重的打击；更不幸的是，10 个月后，上天恩赐我们另一个女儿——而她仅仅活了 5 天。

这接二连三地打击使人几乎无法承受，这位父亲告诉我们："我无法接受，我睡不着，吃不下，无法休息或放松，精神受到致命的打击，信心丧失殆尽。"最后他不得不去看医生，其中一个医生建议他吃安眠药，另一个医生建议他去旅游散散心。医生的这两种方法他都试了，但是一个也没有奏效。他说："我感觉自己的身体好像被夹在一把大钳子里，而这把钳子愈夹愈紧。"这股悲痛带来的压力只有亲身经历过的人才能体会的到。

"不过，感谢上帝，我还有一个 4 岁的儿子。是他无意中帮我解决了问题。一天下午，我呆坐在那里沉浸在自怜的情绪里，他走来问我说：'爸爸，你能不能给我造一条船？'我实在没兴趣做船，但是我儿子可是个倔强的小家伙，我只得依着他。

"造那艘玩具船大约花了我三个小时，等船做好时我才发现，这三个小时是我几个月来心理上第一次感到放松与平静的时刻。

"这一发现使我如梦初醒，这件事让我几个月来第一次有精神去真正的思考。我明白了，如果你忙于需要做出周密的计划和思考的工作时，你就很难再去忧虑了。对我来说，造船就把我的忧虑整个冲垮了，所以我决定使自己保持忙碌。

"第二天晚上，我巡视了每个房间，把所有该做的事情列成一张单子。有好些东西需要修理，比方说：书架、楼梯、窗帘、门把、门锁、漏水的龙头等等。这个单子看起来实在壮观，两个星期内我列出了 242 件需要做的事情。

"过去的两年里，我完成了列在清单上的大部分事情。此外，我还参加了许多充满启发性的活动让自己的生活充实起来。每星期两个晚上我到纽约市参加成人教育班，并参加了一些小镇上的活动，现在任校董事会主席。还协助红十字会和其他机构的募捐，我现在忙得无暇忧虑！"

没有时间忧虑，这正是丘吉尔的名言。二战时期，在战事最紧张的时候，他每天要工作 18 个小时。当有人问道他是否为自己肩负的重担而忧虑万分时，他就是这样回答的："我太忙了，哪有时间去烦恼！"

查尔斯·凯特宁（Charles Kettering）当初在研究如何发明汽车自动发动机时也碰到这种情。凯特宁先生退休前一直担任世界著名的通用汽车公司的副总裁，负责研发工作。可是当年他却穷得要用仓库做实验室。家里的开销全靠他妻子教钢琴挣得的 1500 美元酬金，后来他还不得不用他的寿险保单借了 500 美元。我问凯特宁太太当时有没有担心过，她说："有，我担心得睡不着。可是我先生却一点也不担心，因为他整天埋头工作，没有时间忧虑。"

伟大的科学家巴斯特（Louis Pasteur）曾说过："在图书馆和实验室里能找到平静。"为什么是在那种地方呢？因为在那里，人们都专心地投入工作，不会想到自己的烦恼。做研究工作的人很少有精神崩溃的，因为宝贵的时间不容许他们这么浪费。

为什么保持忙碌的生活这么简单的事就能远离忧虑的困扰呢？因为心理学中最基本的定律之一就是：无论才智多么聪颖的人，都不可能在同一时间内思考两件事情。是否觉得难以相信？那好，现在我们就来做个试验。

　　假设你靠坐在椅子上，闭起双眼，试着同时去思考两个问题：自由女神和你明天早上准备做的事情。（现在就试试吧！）

　　你会发现你只能轮流思考其中的一件事，而不能同时想两件事情。人类的情感也是如此，我们不可能既激动、热诚地想去做一些很令人兴奋的事情，又同时因为忧虑而拖延下来。一种情绪会把另一种情绪驱逐出去。就是这个简单的发现，二次大战时军队里的心理医生才能创造奇迹。

　　一些从战场上退下来的人常患有"心理上的精神衰弱症"，军医所开的处方就是"让他们保持忙碌"。除睡觉外，每一分钟都让这些神经受到惊吓的人保持活动：钓鱼、打猎、打球、拍照、种花以及跳舞等，根本不让他们有时间去回想那些可怕的经历。

　　"工作疗法"是近代心理学所用的名词，也就是把工作当作治病的处方。其实这并不是新方法。早在公元前500年耶稣诞生前，古希腊的医生就已经采用了。

　　富兰克林时代，费城贵各派（Quakers）教友会也用这种办法。1774年有人去参观教友会的疗养院时，发现那些精神病的病人正忙着纺纱织布，当时他很吃惊。他以为这些可怜的病人在遭受压迫——后来教友会的向他解释说，病人在做一点工作时，病情才能真正有所好转。因为工作能松弛神经。

　　任何一个心理学家都会告诉你，工作——保持忙碌，这是目前发现的最好的治疗神经衰弱的麻醉剂。著名诗人亨利·朗费罗在遭受丧妻之痛后也发现了这一点。他年轻的妻子在蜡烛前熔化蜂蜡时不小心衣服着火，朗费罗在听到妻子的哭喊后，立即冲到了她的身边，但是不幸的是她还是因灼烧而亡了。很长的一段时间里，朗费罗都沉浸在那次痛苦经历的回忆里，备受煎熬，他几乎发疯。幸好还有三个年幼的孩子需要他照料，他不能一味地沉浸在痛苦的回忆之中。于是，朗费罗既当爹又当妈地担负起照顾孩子的责任，他带他们散步，给他们讲故事，和他们一起嬉戏，并把他们父子间的感情永存在《孩子们的时间》一诗里。他还翻译了但丁的《神曲》，所有的这些事情加起来让他再也没有时间痛苦，从而也恢复了心灵的宁静。正如英国诗人丁尼生（Tennyson）在失去了他最好的朋友亚瑟·哈兰（Arthur Hallam）之时，曾经说过："我一定要让自己忙碌以忘记自己的痛苦，否则我就会因绝望而崩溃。"

我们大多数人在工作或忙碌时，似乎不难做到"在忙碌中忘掉自己"，摆脱烦恼。但是下班后的时间却是最难打发的。那也正是我们放松下来休闲的时光，本应该是快乐的度过——但却也是忧虑这个魔鬼攻击我们的时刻。也就是在那段时间里我们开始怀疑人生的意义，自己该何去何从、生活是否在一成不变、今天老板说的那句话是不是还另有其意、或者是自己是不是已经秃顶了。

亨利·朗费罗

当我们空闲时，我们的心境也会处于近似真空状态。学物理的学生都知道"真空是违反自然的状态"。大家能见到的最近乎真空的东西是电灯泡，把电灯泡打碎，大自然就会让空气进入，占据这个理论上来说的所有空间。

心境也是如此，心境的空间同样需要占满。用什么去占满它呢？通常来说都是情绪。因为忧虑、恐惧、憎恨、嫉妒、羡慕等都是原始的情绪，这些情绪力量强大到能摧毁我们内心的平静，把快乐的思想和乐观的情绪都赶出这个空间。

哥伦比亚大学师范学院的教育学教授詹姆斯·穆赛尔（James L. Mursell）说得很好，他说："忧虑从来不在你忙碌时侵袭你，而总是在你工作完成后攻击你。因为在空闲时间你的想象力会变得天马行空起来，能让你产生各种各样的荒诞的想法，然后再把这些想法扩大。在这个时候，"他继续说道，"你的思维就像是一个没有负重的发动机，它肆无忌惮地奔腾着，终将毁灭自己。消除忧虑最好的方法就是让自己完全忙碌起来做一些具有建设性的工作。"

不过即使不是大学教授，也能体会到这一点，而且付诸实践。第二次世界大战时，我曾遇到了一位家住芝加哥的家庭主妇。她讲述了自己是如何发现了"治疗忧虑的有效方法是完全投入的做一件有建设性的事情。"当时我

卡耐基励志经典

人性的优点

坐车从纽约到密苏里州去，在餐车吃饭时认识了这位家庭主妇和她的丈夫。（很抱歉，当时我没有问他们的名字——虽然在我的故事里我一向是喜欢告诉大家主角的真实姓名和家庭住址的——因为这样的细节问题可以增加故事的真实性。）

这对夫妇告诉我说他们的儿子在珍珠港事变的第二天就参了军。那位夫人说，自己曾一度因为担心儿子的生命安全，差点损坏了自己的身体。每天她不停地想，儿子现在哪里？是不是在打仗？会不会受伤？会不会已经战死了？

我问她，后来是怎么克服忧虑的呢？她回答说："我让自己忙碌起来。"最初她把女佣辞退，想让自己忙起来承担所有的家务，可没什么效果。"原因是，我做家务时基本上是机械性的，心思完全就没有花在这上面，所以我心里还是一直都在担心。在我铺床、洗碟子的时候我就意识到自己需要一个可以让我从早到晚身心都能忙碌起来的新工作。于是，我到一个大百货公司去做售货员。"

"这下果然有效，"她说，"我发现自己立即忙乱起来，顾客挤在我四周，问我价钱、尺寸、颜色等问题，没有一秒钟能让我去想工作以外的事情。晚上下班后，我只想如何才能让酸痛的双脚休息一下。每天吃完晚饭后，我倒头便睡，既没有时间，也没有体力再去忧虑。"

她自己发现了约翰·考伯尔·伯斯（John Cowper Powys）在其著作《忘记不快的艺术》中所说的："当人类专注于一项工作时，可以得到一份舒适的安全感、内心深处的宁静和因快乐而反应迟钝的感觉，所有这些都能抚慰人心，达到精神镇静。"

明白这个道理是多么幸运的事啊！世界最著名的女冒险家奥莎·强生，最近向我讲述了她是如何从痛苦和忧虑当中摆脱出来的。也许你已经读过了有关她的传记故事，书名是《与冒险相伴》。要是说有哪个女人真的与冒险结了姻缘，那她真的就是那一位。16 岁那年她嫁给了马丁·约翰逊（Martin Johnson），她的丈夫把她从堪萨斯州带到了婆罗洲，并在那里的野生丛林中定居了下来。25 年来，这对来自堪萨斯州的夫妇周游了世界各地，将亚洲和非洲即将灭绝的野生动物拍摄记录了下来。9 年前他们回到美国，到处做旅行演讲，放映他们拍摄下来的专题片。他们在从丹佛飞往西岸时，乘坐的飞机撞了山，约翰逊先生当场死亡，医生们宣布说奥莎将终生卧床，无法再站立起来。可是，他们太不了解奥莎了，三个月之后，她已经可以坐着轮椅向广大的听众演说了。那个季节她就坐在轮椅上演讲了上百场。当我问她为什么这样做的时候，她回答道："我之所以这样做是为了不给自己悲伤和忧虑的时间。"

奥莎·约翰逊也发现了百年前丁尼生在诗歌中所吟诵的："我必须不断忙碌以遗忘自己，否则我会精神崩溃的。"

海军上将拜德（Byrd）独自在覆盖着冰雪的南极小冰屋里生活的五个月的时间里也明白了这个道理，他住着的冰盖地下隐藏着世界上最最古老的生命秘密，面积比整个美国和欧洲的总和还要大。拜德将军就在那里单独住了五个月。方圆百里之内，没有任何生物。气候之酷寒，他几乎可以听到自己何处的空气在风吹过耳边时冻结。在《孤寂》一书中，拜德描述了他在既难熬又可怕的黑暗里所过的那五个月的寒冷孤寂的生活。白天和黑夜一样黑，他必须保持忙碌以免发疯。

他说："晚上吹灭灯之前，我养成了在晚上吹灭灯之前就把第二天的工作安排好的习惯。一天的工作通常是这样安排的：一个小时去检查逃生用的隧道，半小时用于调整水平仪，一个小时弄直油鼓，再花一个小时的时间在储存食物的冰墙上凿一个书架，两个小时去维修拖人用的雪橇上的橇板……"

他高兴地说："能把时间这样分配好是件很让人喜悦的事情，这让我产生一种可以主宰自我的感觉。如果不这样做，日子就过得非常盲目毫无目的；生活没有目标也就无所谓生存了，人的生命也就走到了尽头。"

请注意他的最后一句话："生活没有目标也就无所谓生存了，人的生命也就走到了尽头。"

生活中当我们忧虑的时候，请不要忘记使用这个古老的解忧良药：工作。这也是已故的哈佛大学临床医学教授理查德·卡博（Richard C. Cabot）医生说过的话，卡博在他的著作《人类赖以生存的东西》一书中写道："作为一个医生，能看到能治愈许多人因怀疑、恐惧、犹豫而受苦的心灵，我从心底里感到无比的快乐……工作给我们带来的生活的勇气就像爱默生提出的自强的观点一样永垂不朽。"

要是我们不能保持忙碌——只是坐在那里发愁——我们就会产生一大堆被达尔文称之为"胡思乱想"的东西，而这些"胡思乱想"就像传说中的妖精，会掏空我们的思想，摧毁我们的意志。

我认识纽约的一个企业家，他就是用忙碌来赶走头脑中的那些"胡思乱想"，使自己没有时间去烦恼和忧虑。他叫屈伯尔·郎曼（Tremper Long-man），他的公司在华尔街 40 号，也曾经是我成人教育班上的学员。他生动有趣地讲述了自己克服忧虑的经历，给我留下了深刻的印象。所以，下课之后，我请他和我一起去吃夜宵，我们在一家餐厅一直聊到深夜，谈论着他的那些经历。下面就是他告诉我的一个故事：

"18 年前，我因忧虑过度而患失眠症。当时我精神非常紧张、脾气暴躁，而且很不稳定，我觉得我快要精神分裂了。

"我真的是有足够的理由去烦恼。我当时是纽约皇冠水果制品公司的财务经理，公司总部在纽约百老汇大街 418 号，我们投资了 50 万美元，把草莓罐装在 1 加仑装的罐子里。20 年来，我们一直把这种 1 加仑装的罐装草莓卖给冰淇淋制造商。后来我们的销售突然终止了，因为那些大的冰淇淋制造商，像国家奶制品公司之类的，为了提高生产量降低成本，选择了买桶装的草莓。

"我们不仅无法销售 50 万美元的草莓，而且根据合同规定，在今后的一年之内，我们还必须继续收购价值 100 万美元的草莓。我们已经向银行借贷了 35 万美元，现在，既无法还清贷款，也不能续借这些贷款。所以，我愁得焦头烂额。

"我火速赶到我们在加利福尼亚州华生维里的工厂里，想要让我们的总经理知道情况有所改变，我们可能面临破产的命运。但他不肯相信，却把这些问题的全部责任都归罪于纽约的公司——那些可怜的销售员身上。

"经过几天的请求之后，我终于说服他不再按旧的方式包装草莓，而把新的制品放到旧金山的新鲜草莓市场上卖。这样做大致解决了公司面临的问题。按理说，我不必再担心忧虑了，可是，我仍然无法做到这一点。忧虑是一种习惯，而我已染上了这种习惯。

"回到纽约之后，我开始担忧每一件事：在意大利购买的樱桃、在夏威夷购买的凤梨等等。我非常紧张不安，无法入睡。就像我刚刚说过的那样，我简直就快要精神崩溃了。

"在绝望中，我换了一种崭新的生活方式，从而治好了我的失眠症，也使我不再忧虑。我尽量使自己忙碌，忙到我必须付出所有的精力和时间，以致没有时间去忧虑。过去，我每天工作 7 个小时，现在我开始每天工作 15 到 16 个小时。我每天清晨 8 点钟就到办公室，一直忙到半夜。我承担新的任务，负起新的责任。等我半夜回到家的时候，总是筋疲力尽，往床上一躺，很快就能进入梦乡。

"这样过了差不多有三个月，我终于改掉了忧虑的习惯，又重新恢复到每天 7 到 8 个小时正常工作时间的。这是 18 年前发生的事了，从那以后，我就没有再失眠和忧虑过。"

萧伯纳说过一句总结性的话："人生之所以活得悲惨，是因为有余暇烦恼自己过得是否快乐。"所以千万不要想这件事，摩拳擦掌让自己忙碌起来。你的血液循环就会加速，你的思想就会开始变得敏锐——很快，这种积极向上的生命力就会把烦恼从你的心中驱除。找事情干，让自己忙碌起来，这是世界上最价廉物美的良药。

要改掉你忧虑的习惯，第一条规则就是：

保持忙碌。忧虑的人必须采取行动，否则只有在绝望中挣扎。

不要为小事而垂头丧气

下面要讲述一个令我终生难忘的故事，故事是一个家住新泽西州枫树林高地大街 14 号，名叫罗伯特·摩尔的人告诉我的，故事是这样的：

"1945 年 3 月，我在中南半岛附近 276 英尺深的海下，学到了一生中最重要的一课。当时，我们一共 88 人在一艘编号为 Baya S. S. S318 的潜水艇上服役，我们的雷达侦测到有一支日军舰队朝我们这边开来。天快亮的时候，我们潜入水下发起了进攻。我用潜望镜看到了一艘驱逐护航舰，一艘油轮和一艘布雷舰，我们朝那艘驱逐舰发射了三枚鱼雷，却都没有击中。是鱼雷的线路出了问题，驱逐舰仍然毫无觉察地继续向前航行，突然，那艘布雷舰直朝我们开来。（一架日本飞机发现了在水下 60 英尺的我们，并用无线电将我们的位置告知了驱逐舰。）我潜艇立即潜伏到了深达 150 英尺的水下，以防被侦察到，同时作好应付深水炸弹的准备，为了使潜艇处于完全静音，我们还关闭了电扇、冷却系统，和所有的发电机器。

"3 分钟后，所有可怕的事情都发生了。6 枚深水炸弹在我潜艇四周炸开，将我们推下更深的 276 英尺的海底。我们都吓坏了。因为在不到 1000 英尺的海底受到攻击是非常危险的——如果不到 500 英尺深则几乎是致命的。而我们却是在刚超过 500 英尺一般深的地方受到了攻击——从安全因素来考虑的话，相当于一个受到攻击的人只站在了膝盖深的水下。接下来的 15 个小时里，日军不停地丢置深水炸弹。如果任何一个炸弹在距离我们的潜艇 17 英尺的周围爆炸的话，都可能将潜艇炸出一个洞来，其中就有几十枚炸弹就在离艇 50 英尺左右的地方爆炸。当时，我们奉命静躺在自己的床上，保持镇定。我吓得无法呼吸，不停地对自己说：'这下死定了……'因为风扇和冷却系统都处于关闭状态，潜水艇内的温度高达 100 多度，可我却害怕得全身发冷，虽然穿上了毛衣和毛里的夹克衫，我还是不停地发抖，冷得上下牙直打架，一阵阵冒冷汗。敌人的攻击持续了有 15 个小时，最后好像是忽然停止了，显然那艘布雷船是在用光了所有的炸弹后开走的。这 15 个小时，在我感觉好像有 1500 万年那么长。在这期间我回忆了自己的一生，我记起了作过的所有的坏事，和曾经担心过的一些很无聊的小事。在海军服役之前我是一个银行的小职员，那时让我烦恼的事情有很多：工作的时间太长了、没有钱买自己的房子、买不起新车、没有钱给妻子买好看的衣服。我曾经是多么的憎恨我的上司，他老是在唠叨骂人！我还想起了自己下班回家后是多么的疲惫不堪，常常和妻子为芝麻粒大的小事吵架。我还为我额头上一个小疤——次车祸留下的伤痕——发过愁。

"这些多年前发生的烦心事在当时看来是多么的重大，可是在深水炸弹威胁生命时，它们却显得那么渺小、微不足道。当时我就对自己发誓，如果我还有机会再看到太阳和星星的话，我将永远、永远不会再忧虑。绝不！绝不！在潜艇中度过的那 15 个小时里，我所悟到的生活的道理比我在锡拉丘兹大学四年里从书本上学来的东西都还要多得多。”

我们通常都能勇敢地面对生活中的大灾难，却让一些小事搞得垂头丧气。塞缪尔·佩皮斯（Samuel Pepys）在他的《日记》中记述道，他在伦敦目睹哈瑞·梵恩爵士（Harry Vane）上断头台的事。当梵恩被架上断头台时，他没有祈求饶过他一命，而是请求刽子手砍的时候避开后颈上的一颗疼痛的肉瘤。

拜德将军在酷寒的南极熬过的深夜里也发现了这种事——工作人员常因小事弄得毛躁。他手下的人能够毫无怨言地从事危险而又艰苦的工作，忍受零下 80 度的严寒。“可是，我知道，有好几个住在同一个房间的人彼此却不说话，因为怀疑别人把东西放乱，占了自己的地方。还有一位队员吃饭时一定得避开另一位队员才行，因为他要避开的那个人每口食物都要咀嚼 28 次才肯咽下去。”

拜德说：“在极地的营房里，类似这样的琐事能把最守纪律的人逼疯。”

你还可以再加上一点，婚姻中的小事也具有强大的杀伤力，能够导致世界上一半的人伤心难过。

至少，权威人士是这么认为的。芝加哥的约瑟夫·萨巴斯大法官，在审理过 4 万多件不愉快的婚姻案件之后总结说到：“大部分婚姻的不幸来自于鸡毛蒜皮的琐事。”纽约州的地区检察官弗兰克·S·霍根（Frank S. Hogan）也说过：“刑事法庭上一般的案件肇因于小事，在酒馆中耍威风、发生口角、羞辱人的手势、轻蔑的话语、粗鲁的动作——往往是这样的小事引发了冲突及凶杀，很少有人是罪大恶极的。但是当我们的自我形象、尊严受到小小的威胁时，就能造成一半以上的令人伤心的事件。”

罗斯福夫人刚结婚时，会因为她的厨师弄不好一顿饭而担心好几天。“可是如果事情发生在现在，”罗斯福夫人说道，“我就会耸耸肩膀把这事给忘了。”好极了，这才是一个成熟的情绪反应。就连最专制的凯瑟琳女皇，对厨师做坏了饭这样的事也只是付之一笑。

一次，我和太太到芝加哥一个朋友家吃饭，切肉时他似乎弄错了点什么。其实我并没有注意到这些，而且就算是我发现了也不会在意的。可是他妻子看到后却马上当着大家的面就跳起来指责他："约翰，你怎么搞的！看你都做了些什么呀！难道你就永远都学不会切肉么！"

她又对大家说："他老是一错再错，一点也不用心。"也许他确实没有做好，可我真佩服他能和他的妻子相处 20 年之久。说心里话，我宁愿只吃两个抹上芥末的热狗——只要能吃得舒服——也不愿意在她的责备声中享用北京烤鸭和鱼翅。

那件事过去后不久，我和太太邀请了几个朋友来家吃晚餐。客人快到时，妻子发现有三条餐巾和桌布颜色不配。她后来告诉我，"我立即冲到厨师那里，发现另外三条餐巾送去清洗了。客人已经到家门口了，也没有时间换洗了，我急得差点哭了出来！我当时就想：'为什么会有这么愚蠢的错误让它毁了我整个一晚上？'接着我又想通了，算了，不计较这些了！我就直接走进去吃晚饭，决定要度过一个美好的夜晚。我情愿让朋友们认为我是一个比较懒散的家庭主妇，也不愿意他们认为我是一个神经质的脾气不好的女人。而且，据我所知，根本没有一个人注意到餐巾的事。"

法律学上有一句名言是这样说的：法律并非为琐事而制定。因此人如果还想保持心境的平和，就不应该为琐事烦心。

大部分情况，要想克服一些小事引起的烦恼，我们只需要把看法和重点转移一下就可以了——采取一个崭新的、令人愉悦的看法来对待事物。我的朋友作家荷马·克罗伊（Homer Croy）——他写过一本名为《巴黎见闻录》的书，还有许多其他的作品，他曾经讲述了一些自己的亲身经历。当年他在纽约的公寓里写作时，常常被暖气管的热水发出的噪音吵得快要发疯了，暖气管里的水蒸气发出的丝丝声常让坐在桌前写作的他怒火攻心，烦恼不已。

"后来，有一次我和几个朋友出去露营，当我听到木柴燃烧时劈里啪啦的响声时，我突然意识到，这些声音和暖气管里热水的响声是那么地相似，对于同样的声音我为什么会喜欢这个而讨厌另一个呢？回到纽约的公寓后我就告诫自己说：'篝火里木头燃烧的声音很悦耳，暖气管理的流水声也是差不多的好听，我完全可以蒙头大睡，不去理会这些噪音。'结果我真的做到了，刚开始几天我还会注意得到暖气管里的声音，可不久我就完全忘记了那种噪音的存在。

"所有令人烦恼的芝麻小事都一样，就因为我们不喜欢一些小事，结果弄得整个人很沮丧。究其原因是我们都夸张了那些琐事的重要性……"

英国政治家本杰明·狄士雷（Benjamin Disraeli）曾经说过："人生短暂，莫为琐事所累。""这番话，"安德列·摩瑞斯（Andre Maruois）在《本周》杂志上说道，"曾经帮助我度过了很多痛苦的经历：我们常常因一点小事，一些本该不屑一顾、抛置脑后的小事，弄得心烦意乱……想想我们活在这世上的日子不过几十年，而我们却浪费了很多不可能再补回来的时间，去烦恼一些一年后谁都想不起来的小事——真是太不值得了！我们应该把我们有限的生命投入到有价值的行动、伟大的思想、真实的情感、永恒的事业中去。因为人生短暂，莫为琐事所累。"

即使是著名的人物也会犯类似的错误。一向心胸开明的英国诗人吉卜林（Rudyard Kipling）也有几次忘记了"人生短暂，莫为琐事所累"的原则。究竟是怎么一回事呢？原来，吉卜林和他的小舅子打了一场佛蒙特历史上最著名的官司——那场官司非常地有名，以至于还有一本专门讨论此案件的著作，名为《吉卜林的佛蒙特诉讼》。

故事是这样的：吉卜林娶了美国佛蒙特州的一位名叫凯罗琳·巴斯特（Caroline Balestier）的女孩，并在佛蒙特州的布兰特保罗（Brattleboro）建造了一所漂亮的房屋，打算在那里定居下来度过余生。他的小舅子比提·巴里斯特（Beatty Balestier）成了吉卜林最好的朋友，他们不管是工作还是休闲，总是形影不离地在一起。

后来，吉布林从巴里斯特手里买了一点地，事先商量好巴里斯特可以每季度在那块地里收割牧草。可是一天，巴里斯特发现吉卜林在那片草地上开了一个花园，他顿时怒火冲天，毁坏了吉卜林的房顶，吉卜林也毫不相让地烧坏了巴里斯特的房屋。一时之间，佛蒙特的葱绿的大山之上阴云弥补，硝烟四起。

几天后，吉卜林骑自行车外出时，遇到了坐在几匹马拉着的敞篷车里的比提，比提把吉卜林暴打了一顿。这位曾经写过"众人皆醉，你应独醒"的诗人也气昏了头，他一纸诉状将比提告上了法庭，导致比提·巴里斯特被抓了起来。接下来是一场惊天动地的大审判，吸引了大城市里的各大媒体的记者涌入该小城市，争相采访报道，很快这场官司传遍了全世界。最后官司还是没有什么结果，却导致吉布林不得不携带妻子永远离开了美国的家园。而这一切后果只不过是因为一件微不足道的小事引起的——就因为一捆干草。

雅典政治家佩里克里斯（Pericles）在 2400 年前就写道："算了吧，绅士们，我们已经花了太多的时间在琐事上了。"我们确实是烦透了这样的错误。

下面这个有趣的故事是哈瑞·爱默生·富斯狄克（Harry Emerson Fosdick）讲过的——是关于一个森林巨树如何赢得和输掉一些战斗的故事，故事是这样的：

"在科罗拉多州长山的山坡上，躺着一棵大树的废墟。自然学家告诉我们，这个大树的废墟已经有 400 多年的历史了。当哥伦布在圣萨尔瓦多登陆时，它还是一颗刚刚抽出新芽的小树，当新教徒到达普利茅斯并在那里定居下来时，它才半大不小。在它漫长的生命里，曾被闪电击中过 14 次，无数次狂风暴雨侵袭过它，它都能战胜它们。但在最后让它倒地而亡的却是一些小小的甲壳虫，这些小甲壳虫的攻击使它永远倒在地上。那些甲虫从根部向里咬，渐渐伤了树的元气。虽然它们很小，却是持续不断地攻击。一棵森林中的巨人历经几百年的岁月，岁月不曾使它枯萎，闪电不曾将它击倒，狂风暴雨不曾将它动摇，却因一小队用大拇指和食指就能捏碎的小甲壳虫，终于让它倒了下来。"

我们不都像森林中那棵身经百战的大树吗？我们也经历过生命中无数狂风暴雨和闪电的袭击，也都撑过来了，却听任自己的心灵被忧虑的小甲虫啃噬——而那些忧虑其实就是我们用大拇指和食指就可以捏死的小甲虫。

几年前，我和怀俄明州的公路局局长查尔斯·西费德（Charles Seifred）先生，以及其他几个朋友一起去参观坐落于提顿国家公园的洛克菲勒中心。我的车转错了一个弯，迷了路，等我到开车到洛克菲勒中心的大门口时，别的车已经进去一个多小时了。因为只有西费德先生有打开那个私人公园的大门的钥匙，所以他就在那个闷热、蚊虫肆虐的森林中等了我们整整一个小时。那里的蚊子多的足以让圣人都发疯，但是这些蚊子却没有打败西费德先生。在等我们的时候，西费德先生从白杨树上折下一根树枝做了一个口哨。

在我们到达的时候，还以为他是不是正在诅咒这该死的蚊子呢？恰恰相反，他正在不亦乐乎地吹口哨玩。后来我把那支口哨保存了下来留作纪念，纪念这位不为琐事烦恼的人。

要在忧虑毁了你之前，先改掉忧虑的习惯，第二条规则就是：

不要让自己因为一些应该丢开和忘掉的小事而烦恼，要记住："人生短暂，莫为琐事所累。"

战胜忧虑的法则

我的童年是在密苏里州的农场里度过的。一天，在帮助妈妈摘樱桃的时候，我忽然放声大哭起来。妈妈问道："戴尔，你到底在哭什么？"我嗫嚅地说："我担心自己会被活埋在这里。"

小的时候，我整日忧虑重重。打雷下雨时，我怕被闪电击倒。生活困难时，我就担心自己会被饿死。还害怕死后会进地狱。我还非常害怕一个叫山姆·怀特的大男孩，担心他会割下我的耳朵——就像他威胁过我的那样。我怕女孩子在我脱帽向她们致意时取笑我，担心将来没有一个女孩子肯嫁给我。竟然还担心自己在新婚后如何跟妻子说话，我想象着我们可能会在一个乡村教堂里结婚，再坐着上面装饰满花边的马车返回我们的农庄……还有在返回农庄的马车上我应该说些什么才能保持谈话不间断？到底该怎么说？怎么做？在我跟在耕地的犁耙后面时会一连好几个小时的考虑这些对我来说惊天动地的大事。

日子一年年过去了，我渐渐发现我曾经担心的事情，有百分之九十九的根本没有发生过。

就像我以前经常担心自己会被雷电击中一样，现在我从国家安全委员会那里得知，无论哪一年，我被闪电击中的机会，都只有三十五万分之一。

至于担心会被活埋的想法更是荒谬了：没有想到的是人被活埋的几率是千万分之一；我以前竟然为这样不可能的事伤心难过。

每8个人中就有一个人可能死于癌症。如果我一定要为什么事担心的话，也应该为得癌症而担心——而不该去担心会被闪电击死或遭到活埋。

当然我提到的都是些儿童和青少年时代所担忧的事，事实上，我们好多的成年人好多的担心和忧虑也都是多余、荒谬的。如果我们根据几率来衡量一下我们的忧虑究竟值不值得，就会发现我们十分之九的忧虑都可以排除掉。

全世界最有名的保险公司——伦敦罗艾德（Lloyd's）保险公司——之所以能赚到这么多钱，就靠大家对一些根本很难发生的事情的担忧，该公司赌的就是人们所担忧的灾难永远不会发生。当然，他们不称之为下赌注，而是称之为保险，不过事实上就是一种以概率为根据的赌博。这家大保险公司已经有200年的历史了，而且日渐强大；除非人的本性有所改变，否则这家公司将继续蓬勃发展下去，至少还会再繁荣5千年。而它只是赚了你们投保的鞋子、船只、蜂蜡等等的保险金，根据概率的法则，那些他们所预防的灾难比他们所想象的发生的要少得多。

仔细研究一下概率，你就会发现许多惊人的秘密。比如。如果我知道在5年以内，我不得不打一场像盖茨堡战役那样激烈的仗，我一定会吓坏的。我一定会想尽办法取出尽可能多的人寿保险金。我会写下遗嘱，把人世间的所有事务都安排好。我会说："我可能无法活着熬过这场战争，所以我最好痛痛快快地度过生命中最后的这几年。"但事实上，根据几率来计算，平时人们从50活到55岁是和战场作战同样的危险，能要了人的性命。也就是说正常情况下50到55岁的人的死亡率跟在盖茨堡战役中16.3万名士兵的死亡率是相同的。

本书中有几个章节是我在位于洛基山脉附近的山湾湖畔完成的，那里有一个叫詹姆斯·辛普森的农庄，在初到那里的那年夏天，我遇到了何伯特·沙林吉夫妇，他们家住洛杉矶太平洋大道2298号。稳重、沉着的沙林吉夫人给我的印象是：她从来没有忧虑过。一天晚上，当我们坐在温暖的壁炉前聊天时，我问她是否为什么什么事情烦恼过。"烦恼？"她说，"确实有过，担忧几乎毁了我的人生。在我学会征服忧虑之前，我在自作自受的苦海中生活了整整11年。那时我脾气暴躁易怒，生活的压力非常大。每周我都会从在圣玛多（San Mateo）的家坐车到洛杉矶购物，可是就算是在买东西的时候我都在担忧一些事情——我有没有把电熨斗放在熨板上没有拿下来，会不会把房子烧了；佣人会不会丢下孩子跑掉，那样的话孩子们现在可能骑着自行车出去玩了，或许他们会被汽车撞死……经常为这些事担忧，有时候会把我自己吓得满身冒冷汗，我就会激动地冲出商场，坐上回家的公交车，去检查一下是否一切安好。也难怪我的第一次婚姻没有好结果。

"我的第二任丈夫是一个律师，他遇事沉着冷静，逻辑分析能力很强，从不为任何事情担心。每当我紧张或焦虑的时候，他就会对我说：'放轻松点，不要慌，我们来想想看……你真正担心的到底是什么呢？我们分析一下概率，看看你担心的那些事情发生的几率有多大。'

"记得有一次，我们驾车从新墨西哥州的阿尔伯克基（Albuquerque）到卡尔斯贝洞窟国家公园去玩（Carlsbad Caverns），在路上遭遇到了一场暴风雨，道路从而变得泥泞不堪。

"汽车不断地打滑，很难控制。我悲观地认为我们肯定会滑到路边的水沟里；我丈夫一直安慰说：'我现在开得很慢，不会出事的。就算车子真的滑到沟里，按照概率来计算，我们也不会受伤。'他的冷静和自信让我慢慢平静了下来。

"还有一年夏天，我们到洛基山脉的斗魁山谷（Touquin Valley）露营。一天晚上，我们把帐篷扎在海拔 7000 英尺的地带，突然遇到了暴风雨，暴风几乎要撕破我们的帐篷。帐篷的绳子是绑在一个木桩上，帐篷在狂风中抖动、摇晃着，发出呼啸的尖叫声。我一直在担心我们的帐篷，想到它随时都可能被暴风撕破，碎片都被吹到天上去。当时我真的被吓坏了！可我丈夫却不停地说：'亲爱的，我们随行的有丰富经验的印第安向导，他们对这儿了如指掌，他们说在山里扎营已有六七十年了，从没发生过帐篷被吹跑的事。根据概率，今晚也不会吹跑帐篷的。即使真吹跑了，我们也可以躲到别的帐篷里去，所以你不用紧张。'我放松了精神，结果那一夜睡得很安稳。而且什么事也没发生……

"几年前，加利福尼亚州流行了一场严重的小儿麻痹症。要是搁在以前，我肯定会歇斯底里的。但是我的丈夫劝我冷静点，没有必要太担心了。我们采取了一切可能的预防措施，让我们的孩子远离人群，不再去学校，也不再去电影院看电影。在咨询了健康协会后，我们得知即使是小儿麻痹症最严重的流行期，整个加州也只有 1835 个儿童罹患此症，一般来说也就有两三百个儿童会得上此病。就这些数字看来，形势还是非常严峻的，我还是放心不下，但是如果用概率来计算一下的话，就发现其实每个小孩患病的几率还是非常小的。

"'根据概率，这种事情不会发生。'这句话打消了我百分之九十的忧虑，使我过去这 20 多年生活得出奇地平静而美丽。"

乔治·库克将军（Georlge Crook）——美国历史上最伟大的印第安斗士——在他的自传中写道，"印第安人几乎所有的忧虑和哀伤，都是来自他们的想象而并非现实。"

当我回顾自己几十年的生命历程时，我发现我的大部分忧虑也是这样产生的。吉姆·格兰特（Jim Grant）告诉我，他的经验也是如此。他是詹姆斯 A. 格兰特销售公司的老总，公司位于纽约市富兰克林大街 204 号。他一般一次就从佛罗里达州购得 10 到 15 节车厢的桔子和葡萄，他告诉我说，每次都会让这样忧虑的想法来折磨自己：万一火车脱轨了怎么办？万一水果滚了一地怎么办？要是我的那些车厢在过桥时，桥忽然倒塌了怎么办？虽然这些水果都上过保险，可是他还是不停地担心这担心那，他甚至怀疑自己因为忧虑过度得了胃溃疡，因此还去看医生，医生告诉他胃没有什么问题，只是他过于紧张了。"那似乎让我灵光一闪，"他说，"我开始扪心自问：'詹姆，这么多年来你处理过多少车水果。'答案是，'大概 25000 多节车厢的水果吧。'然后我又问：'这么多年里出过几次车祸？'答案是：'——大概有五节。'我接着问：'你知道这是什么意思吗？概率是五千分之一！那你还有什么好担心的呢？'

"然后我对自己说：'桥是有可能会倒塌。'又问自己：'那过去你究竟有多少车是因桥塌而损失的？"答案是：'一车也没有，'我对自己说：'你为了一座从来也没有塌过的桥，为了五千分之一的火车失事，居然会愁得患上胃溃疡，不是太傻了吗？'

"现在再回想起那件事，"吉姆·格兰特告诉我说，"我感觉自己真傻。我当时就决定就让概率来为我担心可能发生的灾难吧——自从那时起，我再也没有'患过'胃溃疡。"

　　埃尔·史密斯（Al Smith）担任纽约州州长时，我听说他对攻击自己的政客经常这样说："我们来查查纪录……我们来查查记录。"接着他会给出一系列的事实。所以，如果下次我们再杞人忧天的话，我们也可以向聪明智慧的埃尔·史密斯州长学习：查一查以前的纪录，看看我们这样忧虑到底有没有道理。这也正是当年佛莱德雷·马士泰德（Frederick J. Mahlstedt）害怕自己会进坟墓时所采取的措施。下面就是他在纽约的成人教育课上讲述的故事：

　　"1944 年 6 月初，我躺在奥玛哈海滩附近的一个散兵坑里。当时我是跟随第 999 信号服务纵队，而且是刚刚登陆诺曼底。我环顾着这个散兵坑——发现这个地面上的是一个长方形的坑——我对自己说：'这看起来就像一座坟墓。'当我在里面躺着睡觉时，感觉就像是躺在一个坟墓里，我总是情不自禁地对自己说：'也许这就是埋葬我的坟墓了。'德国的轰炸机在晚上 11 点的时候光顾了这一地区，炸弹在四处炸开，我吓得一动都不敢动。刚开始的两三个晚上我根本无法入睡，等到第四五个晚上的时候，我的精神都快崩溃了。我很清楚，如果我不赶快找点事情做的话，我肯定会发疯的。于是我就提醒自己说，已经过去了五个晚上了，我还没有死；而且躺在这个散兵坑里的所有的士兵都安全地活着。只有两个士兵受了点轻伤，而且这点伤也不是因为德军的轰炸，而是被我们自己的高射炮碎片击中的。我决定做点有意义的事情来打发时间。于是我在我的散兵坑上造了一个厚厚的木头屋顶，以免被高射炮的碎片击中。我告诉自己说，除非炸弹直接命中我，否则我是不会死在这个又深又窄的坑里的。接着我算出直接命中我的几率还不到万分之一。这样想了两三夜之后，我平静了下来，后来就连敌机轰炸的时候，我也能睡得很安稳。"

　　美国海军也常用概率所统计的数字来鼓舞士气。一位曾当过水兵的人告诉我说，当年他和他的战友们被派到一艘辛烷油船上服役时，他们也是吓得要死。他们都认为如果一个装满辛烷的油轮被鱼雷击中的话，肯定会爆炸，上面所有的人都会完蛋。

　　可是，海军内部却又不同的资料。他们掌握有准确的统计数字，这些数字显示 100 艘被鱼雷击中的油轮中有 60 艘会浮到水面上来；其中被击沉的

40 艘油轮里，只有 5 艘是在 5 分钟之内就沉到水底的。也就是说，水兵有充足的离船时间——也说明伤亡的人数是非常小的。这对鼓舞士气有帮助么？"得知了这个根据概率统计出来的数字资料后，我一点也不担心了，"克莱德·马斯（Clyde W. Maas）——也就是这个故事的主人公，这样说道，"船上的人都感觉好多了，我们知道我们有的是机会跳下船。根据概率看，我们不会死在这里。"

要在忧虑毁了你之前，先改掉忧虑的习惯，第三条规则就是：

"查查记录。"让我们问问自己，"根据概率来计算，我所担心的事情发生的几率有多？"

为忧虑限定"到此为止"

你想知道如何买股票赚钱么？事实上，还有成千上万个跟你有同样愿望的人——如果我有什么秘诀的话，我这本书就要洛阳纸贵了。虽然我是没有什么好主意，但是许多成功的股票投资者就有一个很重要的理念。下面这个故事是一个叫查尔斯·罗伯特的投资顾问告诉我的，他住在纽约 42 东大街 17 号。

他告诉我说："我刚从得克萨斯州来到纽约的时候，身上只有两万美元，是朋友托我到股票市场投资用的。原以为我对股票市场懂得很多，可是我赔得一分也不剩。虽然我在股票上赚过钱，但是这次却是输得精光。

"要是输的是我自己的钱，我倒可以不在乎，可是我觉得把朋友的钱都赔光了是件很糟糕的事，虽然他们都还是赔得起这笔钱的人。我们的合作如此惨败收场，我实在没有脸面再见他们。可没想到，他们对这件事不仅看得很开，而且还能保持极度乐观。

"我知道自己一直在误打误撞的靠运气和分享别人的经验从股市上赚钱，就像 H.I 菲利普所说的那样，我一直在'靠道听途说来玩股票。'

"我开始仔细研究我犯过的错误，下定决心要在再进股票市场前先学会必要的知识。后来我主动结识了一位成功的股票投资商波顿·卡瑟斯（Burton S. Castles）。他多年来一直非常成功，而我知道，能有这样一番事业的人，不可能只靠机遇和运气，所以我想我肯定能从他那学到很多有用的东西。

他详细询问了我过去是如何买卖股票，还他告诉我一个股票交易中最重要的原则：'我在市场上所买的股票，都有一个'到此为止'的停损点，不能再赔的最低标准。例如，我买的是 50 元一股的股票，我会在股价跌倒 45 美元的时候就立即抛出。'这也就是说，万一股票跌价，跌到比买价低 5 元的时候，就立刻出手，这样就可以把损失只限定在 5 元之内。

'如果你当初购买得很精明的话，你的赚头可能平均在 10 元、25 元、甚至于 50 元。因此，在把你的损失限定在 5 元以后，即使你半数以上的判断都是错误的，也还能让你赚很多的钱。'

我马上采用了这个方法，并一直在运用它。这为我和我的顾客挽回了不知几千几百万元钱。

后来我发现，'到此为止'的原则不止可以运用于股市，也适用于其他事情。于是，我在每一件让人忧虑和烦恼的事上，加一个'到此为止'的限制，结果简直是太好了。

我常和一个很不守时的朋友共进午餐，他总是在午餐时间已过去大半以后才来。后来我不得不告诉他，以后我要给等你的时间限制一个"到此为止"的点，我是这么说的："比尔，我等你的'到此为止'的点是 10 分钟，要是你在 10 分钟以后才到的话，咱们的午餐约会就取消了——你来也找不到我。"

上帝啊！我真希望自己早就有这种观念，为我的急躁脾气、我的自我适应的欲望、我的悔恨和所有精神与情感的压力设个"到此为止"的点。为什么我就没有那个头脑来控制每一个企图威胁我，影响我内心的平静的事情，我常常告诫自己："戴尔·卡耐基，这件事只值得烦恼这么多，不能再多了。"我为什么就早没有做到这一点呢？

还好，我曾经还算理智地处理过一件事情。当时的处境也是相当的严峻——是我人生的一次危机——无助地目睹着自己的梦想和宏伟计划，还有几年的努力都化为无有。事情是这样的：我在 30 岁出头的时候，我立志以写小说为生，想成为第二个弗兰克·诺斯，或者二代杰克·伦敦，或者是托马

卡耐基励志经典

人性的优点

斯·哈代。我充满信心，在欧洲住了两年，过着最清贫的日子，那时正值一战后的经济萧条时期。我花了两年的时间完成了我的杰作，我把那本书题名为《暴风雪》。

这个题目与它的遭遇很是相符，因为所有出版商对它的态度都冷得像呼啸着刮过德可塔州大平原上的暴风雪一样，态度相当地冷淡。当我的经纪人告诉我，这部作品毫无价值，说我没有写小说的天赋和才能的时候，我的心脏几乎都要停止跳动了。我麻木地走出他的办公室，比挨了他当头一棒还要呆。我发觉自己处在生命的十字路口上，必须做决定何去何从。我该怎么办呢？我应该选择哪一条路？就这样迷茫地度过了好几周。当时我从没有听说过这句"为你的忧虑订下到此为止的点"，但是现在回头想想，我实际上做到了这一点。我把费尽心血写那本小说的两年时间，看做一次宝贵的实战经验，然后，"到此为止"，然后重新开始。我重新操起组织和教授成人教育班的老本行，并在业余时间写自传，以及一些类似你现在正在读的这本书的非小说类书籍。

你想知道我现在是否满意当初做的决定么？十分满意？每当我想到当初做的决定，我就高兴的手舞足蹈！老实说，我从来没有后悔过，对自己没有做成第二个托马斯·哈代我从来没有感到过遗憾。

一百年前的一个夜晚，瓦尔登湖畔的猫头鹰在树林里尖叫时，梭罗用鹅毛笔蘸着他自己做的墨水，在日记中写道："每件事其实都是我们用生命做代价换来的，不论是现在还是将来。"

换句话说：如果我们为某件事付出了超值的生命代价，那我们就是傻子。

这也正是吉伯特（Gilbert）和沙利文（Sullivan）的悲剧所在。他们知道如何创作出欢快的歌词和轻快的音乐，可完全不知道如何创作出快乐的生活。他们创作出了众多深受世界人民喜爱的欢愉的轻歌剧，如：耐心、围裙等，但是他们都无法控制自己的脾气。有时他们的眼光如此短浅地定格到一张地毯上。事情是这样的，沙利文为他们的剧院订购了一张新的地毯，吉伯特看到帐单时大发雷霆。这件事甚至闹到了法院，从此两人"老死不相往来"。沙利文为新歌剧谱完曲后，就把它寄给吉尔伯；而吉伯特在填上词后，再把它们寄给沙利文。一次，他们必须一起到台上去谢幕，两人就站在台的两边，分别向不同方向的观众鞠躬，这样做是为了不必看见对方。他们就不懂得在他们彼此的不快中，订下一个"到此为止"的最低限度，而林肯却做到了这一点。

美国南北战争时，林肯的几位朋友纷纷攻击他的一些政敌，林肯却说："你们好像比我更仇恨我的政敌们，大概是我太不会恨一个人了。可是，我一向认为满怀仇恨很不值得。一个人实在没有必要把他半辈子时间都花在争吵上。如果那些人不再攻击我，我也就不再记他们的仇了。"

我真希望伊迪丝（Edith）姑妈也有林肯这种宽恕精神。她和弗兰克姑父住在一个抵押出去的农庄上。那里土质很差，灌溉不良，收成又不好，所以他们的日子过得很紧，每分钱都要节省着用。可是，伊迪丝姑妈喜欢买一些窗帘和其他小东西来装饰家徒四壁的房子，她用在密苏里州玛丽琳的干货做抵押买了这些小小的奢侈品。弗兰克姑父很担心他们的债务，他就像其他的农民一样，很害怕欠债累累，所以他悄悄告诉杂货店老板，不要再让他妻子赊账买东西。伊迪丝姑妈听说后大发脾气，这事差不多过去 50 年了，她还在为此生气。我已经不止一次听她说这件事了。最后一次见到她时，她已经 70 多快 80 岁了。我对她说："伊迪丝姑妈，弗兰克姑父这样做确实有伤你的尊严，可是难道你不觉得，你已经埋怨了半个世纪了，这比他所做的事还要糟糕吗？"（结果我这话说了还是等于白说。）

伊迪丝姑妈为她这些不快的记忆付出了昂贵的代价，付出了半个世纪来自己内心的平静。

富兰克林小的时候，犯下了一个让他 70 年都没有忘怀的错误。他七岁时看中了一支哨子，他兴奋地跑进玩具店，把自己攒的所有的零花钱放在柜台上，价钱也没有问就把哨子买下了。70 年后他在给一个朋友的信中写道："后来，我跑回家，吹着这支哨子，在房间里得意地转着。"但他的哥哥姐姐们发现他付的钱远远超出了它的实际价格，于是都来取笑他，富兰克林说："我气得大哭了一场。"

许多年后，当富兰克林当上美国驻法国的大使后，也就是在他成为世界闻名的人物之时他还对花了很多钱买了一只廉价的哨子的事耿耿于怀，"口哨带来的快乐远不及其带来的痛苦多。"

　　富兰克林在这个教训里学到的道理非常简单："长大后，我见识了人类许多行为，认识到，许多人买哨子都付出了太多的钱。简而言之，我确信人类的苦难，相当一部分产生于他们对事物的价值做出了错误的估计，也就是，他们买哨子多付了钱。"

　　托尔斯泰娶了一个他非常钟爱的女子，他们在一起非常快乐，甚至一起跪下来祈求上帝让他们这样简单快乐地过一生。可是，托尔斯泰的妻子天生嫉妒心很强。她经常把自己打扮成一个农妇来跟踪他，监视他的行动，有时都跟到了小树林里。为此，他们时常争吵得不可开交。她甚至嫉妒自己亲生的儿女，曾用枪把女儿的照片打了一个洞。她还在地板上打滚，拿着一个装满鸦片的药瓶，威胁说要自杀，吓得她的孩子们躲在房间的角落里哭喊。

托尔斯泰

　　托尔斯泰是怎么处理这件事情的呢？如果托尔斯泰跳起来、把家具砸烂，我倒不怪他，因为他有理由这样生气。可是他做得更过分，他记一本私人日记！对，他在日记里就是把所有的责任都怪罪到妻子的身上！这就是他的"口哨"。他决定要让自己的子孙知道所有的错误都是他妻子一个人造成的，来同情他。他妻子又是如何对付他呢？她当然是把他的日记撕下来烧掉了。她自己也记了一本日记，把错都推到托尔斯泰身上。她甚至还写了一本小说，题目为《谁之错》。在小说里，她把丈夫描写成一个破坏家庭的人，而她自己则是一个饱受摧残的牺牲品。

　　结果怎么样呢？为什么这两个人会把他们唯一的家变成了托尔斯泰自称的"疯人院"呢？当然原因是多方面的，其中一个原因就是他们都想处于强势地位，想要压制对方。我们的想法正是他们所忧虑的，我们真会去评判孰是孰非么？不，我们连自己的问题都来不及处理，谁还有时间去考虑托尔斯泰的问题呢？这两个可怜的人付出的代价是多么的昂贵啊！50 年的光阴就这样生活在一个可怕的地狱里，只因为两人中没有一个有头脑的说："不要再吵了！"只因为两人都没有足够的价值判断力，能够说："让我们立即停止这种互相折磨，设个'到此为止'的停损点。我们是在浪费生命，让我们现在就说'够了'吧。"

不错，我非常相信这是获得内心平静的秘诀之一：要有正确的价值观念。而且我坚信只要先定下一个适合自己的个人标准，就能消除 50% 的忧虑，这个标准就是每件事值得付出多少生命的代价的标准。

所以，要在忧虑毁了你之前，先改掉忧虑的习惯，第五条规则就是：

任何时候，我们想以生命为代价而花冤枉钱时，要先停下来，问一下自己下面这三个问题：

一、我现在正在担心的问题，对我到底有多么重要？

二、在这件令我忧虑的事情上，我应在何处设置"到此为止"的最低限度——然后把它整个忘掉。

三、我到底该为这个"哨子"付多少钱？我所付出的是否已超过了它的价值？

不要为过去的事忧虑

当我写下这个标题的时候，我从窗户看出去，正好可以看到花园中的恐龙足迹化石——就是留在大石板和木头上的恐龙的足迹。它们是我从耶鲁大学皮氏博物馆里买来的，馆长还来信介绍说，这些足迹是 1 亿 8 千万年前留下的。就连白痴也不会想到去改变 1 亿 8 千万年以前的足迹，可是我们人类却会蠢到想回到过去，去改变三分钟前发生的事情——而且我们当中有好多人都这么愚蠢过。也学我们可以想办法改变三分钟以前发生的事情所产生的影响，但无法改变已经发生了的事情。

唯一可以使过去的错误有价值的方法，就是很平静地分析错误，从中吸取教训——然后再把错误忘掉。

我知道这个道理；但是我能永远保持这份勇气与理智么？我还是用我几年前的一个亲身经历来回答这个问题吧！我曾经让 30 万美元从我指尖溜走

而分文未赚。事情是这样的：我开办了一个很大的成人教育的大公司，并在很多城市设立了分部，在维持费和广告费上花了很多钱。当时我忙于上课，既没有时间，也没有心情去管理财务。而且我当时很天真，不知道应该有一个优秀的财务经理来安排各项支出。

过了差不多一年，我突然发现了一个令我震惊并感到痛心的事实，虽然我们收入不少，但却没有获得一点利润。我本该立刻做两件事。第一，我应该像黑人科学家乔治·华盛顿·卡佛尔在40万的全部财产由于银行倒闭而损失后所做的那样，把这笔损失从脑海中抹去，然后再也不去提起。第二，我应该做的是：我应该认真分析错误，从中吸取教训。

不幸的是，这两点我一样也没有做到。相反的是，我开始发起愁来，一连几个月都恍恍惚惚的，觉也睡不好，体重也骤降。不但没有从这个重大的失误中学到东西，反而接着又犯了一个规模稍小的类似的错误。让我承认自己犯过的这个愚蠢的错误还真有点难为情；但是在很早之前我就发现了这个道理"教导别人如何明智的行事，比教导自己履行同样的策略要难得多。"

我多么希望自己有幸可以去纽约的乔治华盛顿中学，倾听布兰德温（Brandwine）的先生的课，布兰德先生曾经是住在纽约的艾伦·桑德士（AllenSaunders）的老师。

艾伦·桑德士先生告诉我，他的生理卫生课老师保尔·布兰德温博士给他上了他一生最有价值的一节课。"当时我只有十几岁，却经常是多愁善感，总是为自己犯过的错误自怨自艾。如果我已经把考试卷交上去了，我就会咬着手指甲躺在床上整夜不能眠，就因为担心考试过不了。我老是在想我做过的事，希望当初没有那么做；我老是在想我说过的活，希望当时把话说得更好。

"一天早晨，我们到试验室上课，当时保罗·布兰德温老师的桌边放着一瓶牛奶。大家都就座后，看着那杯牛奶，心想真不知道那和他教的生理卫生课有什么关系。突然，老师把那瓶牛奶打翻在水槽中，同时大声喊道：'不要为打翻的牛奶而哭泣。'

"然后，他把我们叫到水槽边观看惨象。'好好看看，'他说道，'因为我想让你们今生永远记住这一课。你们看牛奶已经漏光了，无论你怎么着急，如何抱怨，也不能救回一滴了。只要先动点脑筋，加以防范，那瓶牛奶就可以保住。可是现在已经太迟了——我们所能做到的，只是把它忘掉，去想下一件事。'

"这次表演让我终生难忘，在我忘记了那些地理知识和拉丁语之后我还很清晰地记得它。事实上，这节课交给我的东西远比我高中四年的任何课程都实用。它教给我，只要有可能，就不要打翻牛奶。万一牛奶打翻了，就要把这件事彻底忘掉。"

也许有些读者会对此嗤之以鼻，认为谁都知道这个道理："不要为打翻的牛奶而哭泣"我知道这个道理有点老生常谈，大家一定听过几千次，但是这个简单的道理正是人类智慧的结晶，是父传子、子传父的生活体验。即使你读过各个时代很多伟人写的有关忧虑的书本，你也不会看到"船到桥头自然直"和"不要为打翻的牛奶而哭泣"，更有用的道理了。事实上，只要我们能多利用那些古老的俗语，我们就可以过一种近乎完美的生活。然而，如果不加以利用，知识就不是力量。本书的目的并非告诉你什么新的东西，而是要提醒你注意那些你已经知道的事，鼓励你把已经学到的那些加以应用。

我非常仰慕已故的佛烈德·富勒·雪德（Fred Fuller Shedd），他有一种能把古老的真理，用又新颖又吸引人的方法说出来的天赋。他曾任《费城公报》的主编，有一次在大学毕业班做讲演时，他问道："你们有多少同学锯过木头，请举手。"大部分学生都举了手。他又问："有谁锯过木屑？"没有一个人举手。

"当然，你们不可能锯木屑。"雪德先生说，"因为它已经被锯过了，这跟过去的事也是一样，当你开始为那些已经做完的和过去的事忧虑的时候，你就是在锯一些木屑。"

棒球老将康尼·马克（Connie Mack）81岁高龄时，我问他有没有为输掉的比赛忧虑过。

"是的，我过去常这样，"康尼·马克告诉我说，"不过我已度过了那段漫长愚蠢的岁月了。我发现这样做对我完全没有好处，磨完的粉不能再磨，"他说，"水已经把它们冲到底下去了。"

去年感恩节时我和杰克·邓普西（Jack Dempsey）共进晚餐时，隔着火鸡和果酱他告诉我他曾把重量级拳王的头衔输给塔尼·乃澈（Tunny Natural-ly）的那一场比赛。"……到了第十回合完了，我虽然还没有倒下去，但也只能这样了。我的脸已经肿了，而且有很多伤痕，两只眼睛几乎无法睁开……我看见裁判员举起塔尼·乃澈的手，宣布他获胜……我不再是世界拳王了，我在雨中往回走，穿过人群回到自己的更衣室里。此间有人试图跟我握手，还有一些人眼含泪水。

"一年之后，我再次跟塔尼·乃澈比赛，结果仍是如此，我就这样永远完了。要完全不为此事发愁确实很困难，可我对自己说：'我不能生活在过去的阴影里，为打翻的牛奶哭泣。我要承受住这次打击，不能让它把我打倒。'"

这就是杰克·邓普西战胜忧虑的方法了，邓普西是否就此一遍一遍地告诉自己："我不要再为过去的事忧伤。"不是的，如果只是那样口头上说说，只能让他不断地回忆起过去。他只是接受过去，集中精力为未来谋划。他经营百老汇的邓普赛餐厅和大北方旅馆，他安排和宣传拳击赛，举办有关拳赛的各种展览会。他忙于这些有意义的事情，这样他既没有时间也没心思为过去担忧。"我现在的生活，比我在做世界拳王时要好得多。"杰克·邓普西这样说道。

每当我在历史书籍和个人传记中读到别人是如何面对困境的时候，他们的行为总能给我以心灵的震撼，他们积极地采取方法排除忧虑、勇敢地面对突然而来的灾难、乐观的生活的态度总让我倍感振奋。

莎士比亚告诉我们："聪明的人永远不会坐着为自己的损失而悲伤，却会很高兴地去找出办法来弥补创伤。"

我曾经到辛辛监狱去看过，那里最令我吃惊的是：囚犯们看起来都和外面的人一样快乐。我跟当时的监狱长刘易斯提到了这一点，他告诉我，这些罪犯初来时，都心怀怨限而脾气很坏。可是几个月后，大部分聪明一点的人都能忘掉他们的不幸，平静地接受他们的监狱生活。他还特别提到一个犯人——以前是一个园丁——他在监狱围墙里种菜种花时都是一面哼着歌的。

那个辛辛监狱的犯人能一面唱歌一面种花种菜，其中很有值得大家思考的深意。因为他知道：

造物主妙笔一挥，

就算你踌躇满志，虔诚聪颖，

也改变不了它一句半行，

即使你流干了眼泪，

也洗不掉任何一个字眼。

因此我们何必浪费眼泪呢？当然，我们都会因所犯的错误而感到荒唐和悔恨！那又能怎么样呢？谁能没有犯过错误呢？就连拿破仑都有三分之一的战役失败了。也许我们成功的几率不会比拿破仑还差吧。谁知道呢？

何况，即使动用所有国王的人马，也不能挽回已经过去的东西。所以，第六条规则是：

"不要为过去的事忧虑。"

忠于自我才是快乐的人生

我有一封伊笛丝·阿雷德太太从北卡罗来纳州艾尔山寄来的信，"我从小就特别敏感而腼腆，"她在信上说，"我的身体一直太胖，而我的一张脸使我看起来比实际上还要胖得多，我有一个很古板的母亲，她认为把衣服弄得漂亮是一件很愚蠢的事情。她总是对我说：'宽衣好穿，窄衣易破。'而她总照这句话来帮我穿衣服。所以我从来不和其他的孩子一起做室外活动，甚至不上体育课。我非常害羞，觉得我跟其他人都'不一样'，完全不讨人喜欢。

"长大之后，我嫁给了一个比我年长好几岁的男人，可是我并没有改变。我丈夫一家人都很好，也充满了自信，他们就是我应该是而不是的那种人。我尽最大的努力要像他们一样，可是我办不到。他们为了使我开朗而做的每一件事情，都只是令我更退缩到我的壳里去。我变得紧张不安，躲开了所有的朋友，情形坏到甚至怕听到门铃响。我知道我是一个失败者，又怕我的丈夫会发现这一点，所以每次当我们出现在公共场合的时候，我都假装很开心，结果常常做得太过分，事后我会为这个而难过好几天，最后不开心到使我觉得再活下去也没有什么道理了，我开始想自杀。"

出了什么事才改变了这个不快乐的女人的生活？只是一句随口说出

的话。

　　"一句随口说出的话，"阿雷德太太继续写道，"改变了我的整个生活。有一天，我的婆婆正在谈她怎么教育她的几个孩子，她说，"不管事情怎么样，我总会要求他们保持本色。"……"保持本色"……就是这句话！在那一刹那之间，我才发现我之所以那么苦恼，就是因为我一直在试着让自己适合于一个并不适合我的模式。

　　"在一夜之间我整个改变了，我开始保持本色。我试着研究我自己的个性，试着找出我究竟是怎样的人。我研究我的优点，尽我所能去学色彩和服饰上的学问，尽量以能够适合我的方式去穿衣服。我主动地去交朋友，我参加了一个社团组织——开始是一个很小的社团，他们让我去参加活动，把我吓坏了，可是我每一次发言，都能增加一点勇气。这事花了很长的一段时间，可是今天我所有的快乐，却是我从来没有想到会可能得到的。在教养我自己的孩子时，我也总是把我从痛苦的经验中所学到的结果教给他们：'不管事情怎么样，总是保持本色。'"

　　"保持本色的问题，像历史一样古老，"詹姆斯·高登·季尔基博士说，"也像人生一样普遍。"不愿意保持本色，即是很多精神和心理问题的潜在原因。安吉罗·帕屈在幼儿教育方面曾写过13本书和数以千计的文章，他说："没有人比那些想做其他人，和除他自己以外其他东西的人，更痛苦的了。"

　　这种希望能做跟自己不一样的人的想法，在好莱坞尤其流行。山姆·伍德是好莱坞最知名的导演之一，他说在他启发一些年轻的演员时，所碰到的最头痛的问题就是这个：要让他们保持本色，他们都想做二流的拉娜·透纳，或者是三流的克拉克·盖博。"这一套观众已经受够了，"山姆·伍德说，"最安全的做法是：要尽快丢开那些装腔作势的人。"

　　最近我请教素凡石油公司的人事室主任保罗·包延登，来求职的人常犯的最大错误是什么。他应该知道的，因为他曾经和6万多个求职的人面谈过，还写过一本名为《谋职的6种方法》的书。他回答说："来求职的人所犯的最大错误就是没有保持本色。他们不以真面目示人，不能完全地坦诚，却给你一些他以为你想要的回答。"可是这个做法一点用也没有，因为没有人要伪君子，也从来没有人愿意收假钞票。

我知道有一位公共汽车驾驶员的女儿就是很辛苦才学到这个教训的。她想当歌星，但不幸的是她长得不好看，嘴巴太大，还长着龅牙。她第一次在新泽西的一家夜总会里公开演唱时，直想用上唇遮住牙齿，她企图让自己看起来显得高雅，结果却把自己弄得四不像，这样下去她就注定要失败了。

幸好当晚在座的一位男士认为她很有歌唱的天分，他很直率地对她说："我看了你的表演，看得出来你想掩饰什么，你觉得你的牙齿很难看？"那女孩听了觉得很难堪，不过那个人还是继续说下去，"龅牙又怎么样？那又不犯罪！不要试图去掩饰它，张开嘴就唱，你越不以为然，听众就会越爱你。再说，这些你现在引以为耻的龅牙，将来可能会带给你财富呢！"

凯丝·达莱接受了那人的建议，把龅牙的事抛诸脑后，从那次以后，她只把注意力集中在观众身上。她开怀尽情地演唱，后来成为电影及电台中走红的顶尖歌星，现在，别的歌星倒想来模仿她了。

威廉·詹姆士曾说过：

一般人的心智能力使用率不超过10%，大部分人都不太了解自己还有些什么才能。与我们应该取得的成就相比，其实我们只运用了身心资源的一小部分。人往往都活在自己所设的限制中，我们拥有各式各样的资源，却常常不能成功地运用它们。

保持你自己的本色，像欧文·柏林给已故的乔治·盖许文的忠告那样。当柏林和盖许文初次见面的时候，柏林已经大大有名，而盖许义还是一个刚出道的年轻作曲家，一个礼拜只赚三十五美金。柏林很欣赏盖许文的能力，就问盖许文要不要做他的秘书，薪水大概是他当时收入的三倍。"可是不要接受这个工作，"柏林忠告说，"如果你接受的话，你可能会变成一个二流的柏林，但如果你坚持继续保持你自己的本色，总有一天你会成为一个一流的盖许文。"

盖许文接受了这个警告，后来他慢慢地成为美国当时最重要的作曲家之一。

卓别林、威尔·罗吉斯、玛丽·玛格丽特·麦克布蕾、金·奥特雷，以及其他好几百万的人，都学过我在这一章里想要让各位明白的这一课，他们也学得很辛苦——就像我一样。

卓别林开始拍电影的时候，那些电影导演都坚持要卓别林去学当时非常有名的一个德国喜剧演员，可是卓别林直到创造出一套自己的表演方法之后，才开始成名；鲍勃·霍伯也有相同的经验，他多年来一直在演歌舞片，结果毫无成绩，一直到他挖掘出自己的喜剧本事之后，才有名起来；威尔·罗吉斯在一个杂耍团里，不说话光表演抛绳技术，持续了好多年，最后才发现他在讲幽默笑话上有特殊的天分，于是开始在耍绳表演的时候说笑话，因此成名。

玛丽·玛格丽特·麦克布蕾刚刚进入广播界的时候，想做一个爱尔兰喜剧演员，结果失败了。后来她发挥了她的本色，做一个从密苏里州来的、很平凡的乡下女孩子，结果成为纽约最受欢迎的广播明星。

金·奥特雷刚出道的时候，想要改掉他得州的乡音，穿得像个城里的绅士，自称是纽约人，结果大家都在他背后笑话他。后来他开始弹五弦琴，唱他的西部歌曲，开始了他那了不起的演艺生涯，成为全世界在电影和广播两方面最有名的西部歌星。

你在这个世界上是个新东西，应该为这一点而庆幸，应该尽量利用大自然所赋予你的一切。归根结底说起来，所有的艺术都带着一些自传体，你只能唱你自己的歌，你只能画你自己的画，你只能做一个由你的经验、你的环境和你的家庭所造成的你。不论好坏，你都得自己创造一个自己的小花园，不论好坏，你都得在生命的交响乐中，演奏你自己的小乐器。

就像爱默生在他那篇《论自信》的散文里所说的："在每一个人的教育过程之中，他一定会在某个时期发现，羡慕就是无知，模仿就是自杀，不论好坏，他必须保持本色。虽然广大的宇宙之间充满了好的东西，可是除非他耕作那一块属于自己的土地，否则他绝得不到好的收成。他所有的能力是自然界的一种新能力，除了他之外，没有人知道他能做些什么，他能结什么，而这都是他必须去尝试求取的。"

下面是一位诗人——已故的道格拉斯·马罗区所说的：

如果你不能成为山顶的一株松，

就做一丛小树生长在山谷中，

但须是溪边最好的一小丛。

如果你不能成为一棵大树，

就做灌木一丛。

如果你不能成为一丛灌木，

就做一片绿草，

让公路上也有几分欢娱。

如果你不能成为一只麝香鹿，

就做一条鲈鱼，

但须做湖里最好的一条鱼。

我们不能都做船长，

我们得做海员。

世上的事情，多得做不完，

工作有大的，也有小的，

我们该做的工作，就在你的手中。

如果你不能做一条公路，

就做一条小径。

如果你不能做太阳，

就做一颗星星。

不能凭大小来断定你的输赢，

不论你做什么都要做最好的一名。

今天比昨天和明天更宝贵

在一次培训课上，我和学员们讨论到"及时行乐"这个话题，大多数人认为"及时行乐"带有太多利己观念，但我认为"及时行乐"里面也包含很多积极进取的因素，有这么一个小故事：

一个20出头的小伙子急匆匆地走在路上，一个人拦住了他，问道：

"小伙子，你为何行色匆匆啊？"

小伙子连头也不回，飞快地向前跑着，只泛泛地甩了一句：

"别拦我，我在寻求幸福。"

转眼 20 年过去了，小伙子已变成中年人，可他依旧在路上奔波。

有一个人又拦住他。

"喂！中年人，你上哪儿去啊！"

"别拦我，我在寻找我的幸福。"

20 年又过去了，这个中年人逐渐变得苍老，面色憔悴，背亦驼得像一张弯弓，可他仍挣扎看，一步步向前挨。

又有个人拦住他。

"老头子，你还在寻找你的幸福吗？"

"是啊！"

当老头回答完这句问话，猛地惊醒，一行老泪流了下来，原来，刚才问他问题的那个人，就是幸福之神啊！他寻找了一辈子，实际上幸福就在他身边，他却屡次与他擦肩而过。

讲到这里，我看了看下面的学员，提出了这样一个问题：

"请问在座诸位，对于'及时行乐'这个命题还有不同看法吗？"

教室内一片寂静，看得出每个人都陷入了苦苦的思索之中。

是的，我们的人生太短促，但是，我们脚下的路却是很长很长，如果懂得适时地享受生活中的乐趣，抛开人世间的一切苦恼与忧虑，我们的人生就是幸福的、快乐的。

1871 年春天，一个蒙德里尔综合医院的医科学生，因为受到一句话的启发，而成为一代医学权威，创建了全世界知名的约翰·霍普金斯医学院，成为牛津大学的钦定医学教授，获得了医学界最高荣誉——女王勋章。他还被加封为子爵，他就是威廉·奥斯勒，而他看到的那句话是：

"最重要的不是去看远方的模糊，而要做手边清楚的事。"

他的成功，就是因为他活在一个所谓"完全独立的今天"。42 年后，他在耶鲁大学发表演说时对大学生们说：

"你们当中的每一个的组织都比一条大海船复杂、精美得多，所要走的航程也远得多，但你们要学会怎样适应、控制一切，活在一个'完全独立的今天'。

"要注意聆听你们生活的每一个层面，隔断已经死去的昨天，也隔断那些尚未诞生的明天，那你拥有的就是今天。

"明天的重担，再加上昨天的重担，就会成为今天最大的障碍，要把未来像过去那样紧紧地关在门外，因为未来就在于今天。"

奥斯勒教授认为：为明日做准备的最好方法，就是要集中你所有的智慧，所有的热情，把今天的工作做得尽善尽美。在今天完成今日事，这才算为明天铺路。

我们多数的人，都拖延着不去享受今天的生活，我们都梦想着天边有一座奇妙的玫瑰园，而不去欣赏今天就开放在我们窗口的玫瑰。

"我们生命的小小历程是多么奇怪啊，"斯蒂芬·柯高写道，"小孩子说：'等我长大的时候。'然而等他长大成人了，他又说：'等我结婚之后。'可是结了婚，又能怎么样呢？他们的想法却又变成了'等到我退休之后'。然而，等到退休之后，他回头看看他所经历过的一切，似乎有一阵冷风吹过来。不知怎么的，他把所有的都错过了，而一切又一去便不再回头。我们总是无法及早领会：生命就在今天的生活里，就在每一天和每一时刻里。"

"生活在一个完全独立的今天里"这句话，让一名瘦了34磅、精神濒临崩溃的士兵摆脱了忧虑的困扰，步入了快乐而有益的生活。他的名字叫泰德·班哲明，住在马里兰州的巴铁摩尔城。

"在1945年的4月，"泰德·班哲明写道，"我忧愁得患了一种医生称之为结肠痉挛的病，这种病使人极为痛苦。

"我当时整个人筋疲力尽。我在第九十四步兵师，担任士官的职务，工作是建立和维护一份在作战中死伤和失踪者的记录，还要帮忙发掘那些在战事激烈的时候被打死的、被草草掩埋的士兵。我得收集那些人的私人物品，要确切地把那些东西送到他们的家人或近亲的手中。我一直在担心，怕我们会造成那些让人很窘的或者是很严重的错误，我担心我是不是能撑得过这些事，我担心是不是还能活着回去把我的独生子——一个我从来没有见过的16个月的儿子抱在怀里。我既担心又疲劳，瘦了34磅，我眼看着自己的两只手只剩下皮包骨。我一想到自己瘦弱不堪地回家就害怕，我崩溃了，哭得像个孩子，我浑身发抖……有一段时间，也就是德军最后大反攻开始不久，我常常哭泣，几乎放弃了还能再成为一个正常人的希望。

"最后我住进了医院，一位军医给了我一些忠告，便整个改变了我的生活。在为我做完一次彻底的全身检查之后，他告诉我，我的问题纯粹是精神上的。'泰德，'他说，'我希望你把你的生活想象成为一个沙漏，你知道在沙漏的上一半，有成千成万粒的沙子，它们都慢慢地很平均地流过中间那条细缝，除了弄坏沙漏，你跟我都没有办法让两粒以上的沙子同时通过那条窄缝。你、我和每一个人，都像这个沙漏，每天早上开始的时候，有成百上千件的工作，让我们觉得我们一定得在那一天里完成。可是如果我们不一次做一件，让它们慢慢平均地通过这一天，像沙粒通过沙漏的窄缝一样，那我们就一定会损害到我们自己的身体或精神了。'

"从那一天起，'一次只流过一粒沙，一次只做一件事'，这个忠告在身心两方面都救了我。目前对我在手艺印刷公司的公共关系及广告部中的工作，也有着莫大的帮助。我发现在生意场上，也有像在战场上同样的问题，一次要做好几件事情——但却没有多少时间可利用，但是，我不会再紧张不安，因为我永远记得那个军医告诉我的话：'一次只流过一粒沙子，一次只做一件工作。'我一再对自己重复地念着这两句话。我的工作比以前更有效率，做起来也不会再有那种在战场上几乎使我崩溃的、迷惑和混乱的感觉。"

在我们的医院里大概有一半以上的床位，都是留给神经或者精神上有问题的人的。他们都是被累积起来的昨天和令人担心的明天加起来的双重重担所压垮的病人。而那些病人中，大多数只要能奉行耶稣的这句话——"不要为明天忧虑"，或者是威廉·奥斯勒爵士的这句话——"生活在一个完全独立的今天里"，他们就都能走在街上，过着快乐而有益的生活了。

你和我，在目前的这一刹那，都站在两个永恒交汇之点——已经永远消逝了的过去，以及延伸到无穷尽的未来——我们都不可能活在这两个永恒之中，甚至连一秒钟也不行。若想那样做的话，我们就会毁了自己的身体和精神。所以，我们就以能活在这一刻而感到满足吧。从现在一直到我们上床，"不论担子有多重，每个人都能支持到夜晚的来临，"罗勃·史蒂文生写道，"不论工作有多苦，每个人都能做他那一天的工作，每一个人都能很甜美、很有耐心、很可爱、很纯洁地活到太阳下山，而这就是生命的真谛。"

对一个聪明人来说，每一天都是一个新的生命。

　　底特律城已故的爱德华·诺文斯，在学会"活于今天"之前，几乎因为忧虑而自杀。爱德华·诺文斯生长在一个贫苦的家庭，起先靠卖报来赚钱，然后在一家杂货店当店员。后来，家里有七口人要靠他吃饭，他就谋到一个当助理图书管理员的职位，薪水很少，他却不敢辞职。八年之后，他才鼓起勇气开始他自己的事业，不久，就用借来的55块钱，发展成一个大的事业，一年赚两万美金。就在这时，厄运降临了：他替一个朋友开出一张面额很大的支票，而那位朋友破产了。很快地，在这件灾祸之后又来了另外一次大灾祸，那家存着他全部财产的大银行垮了，他不但损失了所有的钱，还负债一万六千元。他精神受不住这样的打击，"我吃不下，睡不着，"他还说道，"我开始生起奇怪的病来，没有别的原因，只是因为担忧。有一天，我走在路上的时候，昏倒在路边，之后就再不能走路了。他们让我躺在床上，我的全身都烂了，伤口往里面烂进去之后，连躺在床上都受不了。我的身体愈来愈弱，最后医生告诉我，我只有两个礼拜可活了。我大吃一惊，写好我的遗嘱，然后躺在床上等死。挣扎或是担忧都没有用了，我放弃了，也放松下来，闭目休息。在此以前，连续好几个礼拜，我几乎没有办法连续睡两个小时以上，可是这时候，因为一切困难很快就将结束，我反而睡得像个孩子似的安稳。那些令人疲倦的忧虑渐渐消失了，我的胃口恢复了，体重也开始增加。

　　"几个礼拜之后，我就能撑着拐杖走路，六个礼拜以后，我又能回去工作了。我以前一年曾赚过两万块钱，可是现在能找到一个礼拜30块钱的工作，就已经很高兴了。我的工作是推销用船运送汽车时放在轮子后面的挡板。这时我已学会不再忧虑——不再为过去发生的事情后悔，也不再担心将来。我把所有的时间、精力和热忱，都放在手头的工作上。"

　　由于他脚踏实地做好手头的每一件事情，他的进展非常快，不到几年，他已是诺文斯工业公司的董事长，多年来，这个公司一直是纽约股票市场交易所的一家公司。如果你乘飞机到格陵兰去，很可能降落在诺文斯机场——这是为了纪念他而命名的飞机场。可是，如果他没有学会"生活在完全独立的今天里"的话，爱德华·诺文斯绝不可能获得这样的成功。

　　时间并不能像金钱一样可以让我们随意贮存起来，以备不时之需，我们所能使用的只有被给予的那一瞬间，也就是今日和现在。假如我们不能充分利用今日而让时间白白虚度，那么它将一去不返。所谓"今日"，正是"昨日"计划中的"明日"，而这个宝贵的"今日"，不久将消失到遥远的彼方。对于我们每个人来讲，得以生存的只有现在——过去早已消失，而未来尚未来临。昨天，是张作废的支票；明天，是尚未兑现的期票；只有今天，才是现金，有流通性的价值之物。

摆脱忧虑的一个重要方法就是学会在现时中生活。请注意，这里使用的不是"现实"而是"现时"一词，它更加强调的是"现在"这一时间概念，现时生活是你真正生活的关键所在。细想一下，除了"现在"，我们永远不能生活在任何其他时刻，你所能把握的只有现在的时光，其实未来也只不过是一种即将到来的"现在"。有一点可以肯定：在未来到来之前，你是无法生活于未来之中的；然而，我们的文化传统总是降低现时的重要性，我们常听人们如此言谈：

为将来而积蓄；

要考虑后果；

不要过于注重享乐；

想想今后；

为退休做好准备；等等。

在我们的传统文化中，回避现时几乎成为一种流行性疾病。社会环境总是要求人们为将来牺牲现在。根据逻辑推理，在这种思想的影响下，人们总是在今天为明天或昨天的事情担忧，无法"活在今天"。回避现时这种态度意味着不仅要避免目前的享受，而且要永远回避幸福——难道不是吗？将来那一时刻一旦到来，也就成为现时，而我们到那时又必须利用那一现时为将来做准备。这样，幸福总是明日复明日，永远可望而不可及。

回避现时往往导致对未来的一种理想化。你可能会想象自己在今后生活中的某一时刻，会发生一个奇迹般的转变，你一下子变得事事如意，幸福无比，财富无限，或者期望自己在完成某一特别业绩——如大学毕业、结婚、有了孩子或职务晋升之后，你将重新获得一种新的生活。然而，当那一刻真正到来时，你却并没获得自己原先想象的幸福，甚至往往有些令人失望。未来永远没有你所想象的那么美好、如诗如画，它也只是一种切切实实的"现时"。为什么许多年轻人婚后不久就哀叹生活与婚姻的不幸？其中不乏一个原因——他们曾经将婚姻和未来幻想得过于幸福美满，而当这一切真正到来时，当他们置身于现时生活之中，他们便不愿面对一些现实。

美国著名小说家亨利·詹姆斯在《大使们》一书中如此忠告：

"尽情地生活吧，否则，就是一个错误。你具体做什么都关系不大，关键是你要生活。假如没有生命，你还有什么呢？失去的就永远失去了，这是毫无疑义的……所谓适当的时刻就是人们仍然有幸得到的时刻，幸福地生活吧！"

"如果你也像托尔斯泰书中的伊凡·伊里奇那样回顾自己的一生，你将发现自己很少因为做了某事而感到遗憾。"

"如果我到目前为止的整个生活都是错误的，那该怎么办？他忽然意识到以前在他看来完全不可能的事也许的确是真的，他也许真的没有按照他本应做的那样去生活。他忽然意识到，自己以前那些难以察觉的念头——尽管出现之后便随即被打消——或许才是真的，而其他一切则是虚假的。他的职业义务、他的生活以及家庭的整个安排，还有他的一切社会利益和表面利益，也许完全都是虚无的。他一直在为所有的这一切进行着辩解，然而现在，他蓦然感到自己的辩解是苍白无力的，没有什么值得辩解的……"

恰恰相反，正是那些你所没做的事情才会使你在心中耿耿于怀，因此，你现在应该去做的事情十分显然——行动起来！珍惜现在的时光，充分利用现在的时光，不要放过一分一秒。否则，如果你以自我挫败的方式来度过现在的时光，就无异于永远地失去这一现时。

让我们用铁门把过去隔断——隔断已经死去的那些昨天；撤下另一个按钮，用铁门把未来也隔断——隔断那些尚未诞生的明天，然后你就保险了——你有的是今天……切断过去，把已死的过去埋葬掉；切断那些会把傻子引上死亡之路的明天，人类得到救赎的日子就是现在，精力的浪费、精神的苦闷，都会紧随着一个为未来担忧的人……那么把船后的大隔舱都关断吧，准备养成一个好习惯，生活在"完全独立的今天"里。幸福快乐就在你生活的每一天。

让我们用一个每天能产生快乐而富建设性思想的计划，来为我们的快乐而奋斗吧！

下面这个"只为今天"的计划，对我们过一种积极而有益的生活非常有效，如果能照着做，我们就能大量地产生"生活上的快乐"。

1. 只为今天，我要很快乐。假如林肯所说的"大部分人只要下定决心都能很快乐"，这句话是对的，那么快乐是来自内心，而不是来自于外界。

2. 只为今天，我要让自己适应一切，而不去试着调整一切来适应我的欲望。我要以这种态度来接受我的家庭、我的事业和我的运气。

3. 只为今天，我要爱护我的身体。我要多运动、善于照顾、善于珍惜；不损伤它、不忽视它；使它能成为我争取成功的好基础。

4. 只为今天，我要加强我的思想。我要学一些有用的东西，我不要做一个胡思乱想的人。我要看一些需要思考、更需要集中精神才能看的书。

5. 只为今天，我要用三件事来锻炼我的灵魂：我要为别人做一件好事，但不要让人家知道；我还要做两件我并不想做的事，而这就像威廉·詹姆斯所建议的，只是为了锻炼。

6. 只为今天，我要做个讨人喜欢的人，外表要尽量修饰，衣着要尽量得体，说话低声，行动优雅，丝毫不在乎别人的毁誉。对任何事都不挑毛病，也不干涉或教训别人。

7. 只为今天，我要试着只考虑怎么度过今天，而不期望我一生的问题一次就解决。因为，我虽能连续十二个钟头做一件事，但若要我一辈子都这样做下去的话，就会吓坏我。

8. 只为今天，我要订下一个计划，我要写下每个钟头该做些什么事。也许我不会完全照着做，但还是要订下这个计划，这样至少可以免除两种缺点——过分仓促和犹豫不决。

9. 只为今天，我要为自己留下安静的半个钟头，轻松一番。在这半个钟头里，我要想到神，使我的生命更充满希望。

10. 只为今天，我要心中毫无惧怕，尤其是，我不要怕快乐，我要去欣赏美的一切，去爱，去相信我爱的那些人会爱我。如果我们想培养平安和快乐的心境，请记住这条规划：

"有了快乐的思想和行为，你就能感到快乐。"

我在自己浴室的镜子上贴了一首诗，以便自己每天早上刮胡子的时候都能看见它。这首诗的作者是一位很有名的印度戏剧家卡里达沙。

向黎明致敬

看着这一天！

因为它就是生命，生命中的生命。

在它短短的时间里，

有你存在的所有变化与现实；

生长的福泽，

行动的辉煌。

因为昨天不过是一场梦，

而明天只是一个幻影，

但是活在很好的今天，

却能使每一个昨天都是一个快乐的梦，

每一个明天都是有希望的幻景。

所以，好好地看着这一刻吧，

这就是你对黎明的敬礼。

第四章　获得平安快乐的七种方法

改变人生的八个字

几年前，我在电台接受访问时回答过这样一个问题："你所学到的最大的教训是什么？"

答案很简单：至今我所学的最重要的教训就是知道了思想的重要性。如果我知道你的想法，我就能知道你是什么样的人。我们的思想造就了我们。我们的态度决定我们的命运。爱默生说："人是自己思想的产物。"人怎么可能成为别的？

我现在十分肯定，你我所面临的最大问题，事实上，几乎是我们唯一需要解决的问题，就是选择正确的思想。如果我们能够做到这一点，我们就可以顺利地解决所有的问题。罗马帝国统治者兼伟大的哲学家，马可·奥里利乌斯曾用八个字来概括决定我们命运的因素："思想决定人生成败。"

是的，如果我们的思想是快乐的，我们当然是快乐的。如果我们的思想是悲伤的，我们也会是悲伤的。有害怕的想法，我们就会害怕。有病态的想法，我们也会生病。想到失败，我们就注定失败。认为自己可怜，所有人都会对我们敬而远之。诺曼·文森特·皮尔说过："你所认为的并不是真正的你，反倒是你怎么想，你就是什么样的人。"

我是在宣传对待生活的盲目乐观吗？

当然不是，生活要远远复杂得多。但是我赞成对生活采取积极的态度而不是消极的态度。换句话说，我们要关注我们的问题而不是担心。每次当我穿过纽约拥挤的街道，我只是在关注，而不是担心。关注就是意识到自己的问题并采取方法解决它们。担心则是在怪圈里打转抓狂，但于事无补。

一个人在关心他的麻烦的同时，仍可以做到昂首挺胸，生活快乐。洛厄尔·托马斯就是这么做的。我曾有幸与洛厄尔·托马斯合作，展示他著名的有关第一次世界大战中艾伦比—劳伦斯战役的电影。他和助手们在六处战场拍摄纪录片。他的演讲在伦敦和全世界引起了轰动，伦敦歌剧季为此推迟了6周，以便让他在皇家歌剧院继续讲述冒险故事并展示他的影片。在伦敦一举成功后，他又在全世界掀起一股热潮。但后来在经历了很多不幸后，最不可能的事情发生了：他在伦敦破产了，当时我就跟他在一起。

当时我们只能在最便宜的餐馆里吃最便宜的面包。即便这些都是靠从苏格兰著名艺术家吉姆斯那里借来的钱才实现的。我想说的是：即使在洛厄尔·托马斯面对巨额债务和巨大失败时，他也只是在关注麻烦，而不是担心。他知道如果他被厄运打倒，它就会被所有人唾弃，包括他的债主。所以每天早晨出门之前，他都会买一朵花，把它插在扣眼里。然后昂首开阔地走在牛津街上。他的思想是积极上进的，永不言败的。对他而言，失败是人生必不可少的一部分，如果想要成功，就必然要经历失败。

思想甚至会对我们的身体产生不可思议的影响。对此，英国著名精神病医师，海菲德在他的《心理学的力量》中给出了精彩的解释："我找来三个人来测试心理暗示对他们握力的影响。"他让他们在三种不同情况下，使出全力去握住测力器。

在正常清醒情况下测试时，他们的平均握力是101磅。

当他对他们进行催眠，并暗示他们现在十分虚弱时，他们的握力只有29磅，还不到其正常握力的三分之一。（其中一个人曾是拳击手，当在催眠中告知他很虚弱时，他说："觉得自己的胳膊只有婴儿那么粗"。）

在三次测试中，海菲德在催眠他们的同时，告诉他们是十分强壮的。这次测试的结果是他们的握力达到了142磅。当他们相信自己力大无比时，他们的实际体力可以增加百分之五。

这就证明了心理态度的巨大作用。

为了进一步说明思想的神奇作用，我想引用美国年鉴中的一个令人惊奇的故事。这个故事可以写成一本书，但是在此我只简述一下：

内战结束不久，在10月一个寒冷的夜晚，一个无家可归的穷女人，流浪到了家住曼彻斯特的韦伯斯特太太的门前，并开始敲门。

韦伯斯特太太打开门，看到一个可怜的瘦小女人。"体重不到一百磅，一身皮包骨。"这个陌生女人是格拉瓦夫人，她说自己正在寻找一个地方，可以停下来思考整天都困扰她的一个重要问题。

"何不呆在我家？"韦伯斯特夫人说，"我一个人住在这所大房子里。"

后来韦伯斯特夫人的女婿，比尔从纽约回来度假。在比尔发现格拉瓦夫人后，他立即大喊道："我绝不容许一个无赖呆在我家。"他把这个无家可归的女人攥出了门。当时外面正下着大雨，格拉瓦夫人在雨中冻得瑟瑟发抖，她不得不继续沿街寻找遮蔽处。

这个故事惊人之处在于，被韦伯斯特夫人的女婿攥走的这个可怜女人对人类的思想产生了巨大的影响，她就是拥有几百万信徒、基督科学教派的创立者——玛丽·贝克·艾迪。

但是，在此之前她经历了无数的疾病、痛苦和悲剧。她的第一任丈夫在结婚不久就死了。第二任丈夫抛弃了她，跟别人私奔了，最后死于贫民窟。她只有一个儿子，但是因为贫困和疾病，她不得不在儿子4岁的时候把他送给别人抚养。后来她失去了儿子的音讯，31年来没有再见到他。

因为自己疾病缠身，几年来她一直对被她自己叫做"心灵恢复科学"很感兴趣。但是在马萨诸塞州却发生了一件对她人生产生巨大转变的事情。那天很冷，她在市中心走路时不小心滑到了，跌倒在结冰的人行道上，摔得不省人事。她的脊椎骨严重受伤，导致她浑身因痉挛而抽搐。甚至医生都说她必死无疑。就算奇迹发生，她也再不能站起来了。

几乎是躺在病床上等死，玛丽翻开了《圣经》，她读到了圣徒马修的一段话，感到深受启发："于是，他们把一个因中风而瘫痪在床的人抬到耶稣面前，耶稣对他说，'孩子，放心吧，我已经赦免了你的罪行，起来吧，把你的床也带走，回家去吧。'"说完，那个人就真的起身回家去了。

耶稣的话在她心里产生了一种神奇的力量，坚定的信仰和治愈的力量使她很快就能下病走路。

玛丽说："那次经历就像是牛顿眼中的落地的苹果，指引我找到治愈自己和他人的方法。我找到了科学的方法，一切都是因为内心的力量，都是心理效应。”

这样玛丽就创立了一种新宗教——基督科学，这是唯一一种由女人创立的流行世界的宗教。

你现在一定会说：“卡耐基在向大家兜售基督科学。”你错了，我不是基督科学教的教友。但是随着年龄的增长，我越来越注意到思想的巨大作用。35 年教授成人的经验，使我了解到人们可以摆脱忧虑、恐惧和各种疾病，可以通过改变思想来改变人生。我相信！我确信！我已经上百次地见到这种转变，因此我对此已经深信不疑。

这样的转变就发生在一个叫做弗兰克的我的学生身上。他神经崩溃过。这都是由于忧虑。弗兰克告诉我：“我对一切都忧心忡忡，我担心自己太瘦，担心自己掉头发，害怕自己赚不到足够的钱结婚，担心自己做不了好父亲，害怕娶不到自己心爱的女孩。我感到自己生活的不好，害怕给别人留下的印象不好。我担心我的胃痉挛会让自己无法工作，不得不辞职。这样的忧虑在我心理累积，使我变成了没有保险阀的高压锅。这些压力已经让我透不过气来，只有爆发。祈祷上帝让我远离神经崩溃吧，因为身体上的痛苦根本不能跟精神上的痛苦相提并论。

我的神经崩溃非常严重，我甚至不能走回自己的家。我思维混乱，充满恐惧。我会以为一丁点的噪音而暴跳如雷。我不想见任何人，有时候会无缘无故就抱头痛哭。

每一天对我都是一种折磨，我感觉连上帝都抛弃我了。有时候真想投河自尽。

我决定去佛罗里达州旅游，希望借此改变现状。在我上火车的时候，父亲给了我一封信，叮嘱我到目的地在打开。当时正值佛罗里达州的旅游旺季，我找不到住的地方。最后勉强在个车库里租到了一个屋子。我试图去找工作，但是没有好运气。所以我整天都在沙滩上游荡，在佛罗里达的日子比在家里更苦闷。这时我想起了父亲的信，于是我打开了信。信上写道：'儿子，你现在已经离家 1500 英里了，但是你却感觉一切没有任何好转。因为你带走了烦恼的根源——你自己。你的身体和头脑都没有任何毛病。也不是你曾经的经历打败了你。而是你的悲观想法。一个人的思想决定他是什么样

的人。如果你已经意识到这一点，那就回家吧，因为你已经痊愈了。'

"父亲的信使我很生气，因为我在寻找同情，而不是教导。我气得当时就决定永不回家。那天晚上我沿着迈阿密的大街游荡，走到一个教堂的门前，里面正在做弥撒。没有地方可去，我就进去了，听到有人正在布道：'征服心灵要比征服城市还要难。'坐在这圣洁的教堂里，听到和父亲信中一样的思想，这一切把我大脑中所有的烦恼一扫而光，我有生以来第一次可以清楚理智地思考了。我认识到以前的错误。认清自己，让我大吃一惊。原来我想改变这个世界和所有人，但是真正需要改变的其实是我自己的思想。

"第二天，我就收拾行李，踏上了回家的路。一周后，我重返工作岗位。4个月后我娶了一直害怕失去的女孩。我们现在有5个孩子，一家人生活非常幸福。不论在物质方面，还是精神方面，上帝对我都十分仁慈。在精神崩溃的那段时间，我只是个小部门的夜班工头，负责8个下属。现在我已经成为部门主管，手下有450人。我的生活变得更加充实，我相信我已经找到了生活的真谛。当不安的情绪又偷偷来袭时，我总会告诉自己要调整好自己的思想，这样一切就会顺利。

"我很感谢我曾经神经崩溃过，因为据此我找到了我们的思想对心灵和身体的巨大的作用。现在我能让我的思想为我工作，而不是跟我做对。我现在知道父亲是正确的，他说不是外部环境使我遭受痛苦，而是我对这些环境的想法。当我认识到这点时，我就完全治愈了。"这就是我学生的故事。

我深信内心的宁静和快乐不取决于我们身在何方，或我们有什么，或我们是谁，而只取决于我们的心态。外部环境对此的影响微乎其微。来看看老约翰·布朗的故事吧，他因占领一个美国兵工厂，并煽动奴隶反抗而被判绞刑。他坐在自己的棺木上，被送往刑场。他旁边的狱官一脸紧张和担心，而老约翰却神情自若。看到弗吉尼亚州蓝色的高耸的山脉，他大声说："多么美丽的国家啊！真可惜以前没有好好欣赏它的美。"

还有罗伯特·司各特和他队友的故事。他是第一个到达南极的英国人。他们的回程可能是人类曾经历过的最严酷的考验。当时他们已经没有了食物和燃料。极地的大风雪肆虐了11个昼夜，使他们不得前行。猛烈的大风可以把冰脊切断。司各特和他的队友知道他们活不了了，他们预先准备好了大量的鸦片来应对这种情况，以便他们可以在服食鸦片后的美梦中静静地死去。但是他们没有用鸦片，而是唱着欢快的歌死去的。8个月后搜索队找到了他们的尸体，从他们的遗体上找到的告别书中这样写道：

如果我们充满勇气和平静，那么即使坐在去往绞刑场的棺木上，我们仍能欣赏风景；即使饥寒交迫地等待死亡，我们仍能欢歌。

失明后的弥尔顿在三百年前也找到了同样的真理。

心灵有自己的殿堂，

它可以把地狱变成天堂，

也可以把天堂变成地狱。

拿破仑和海伦·凯勒就是弥尔顿这段话最好的诠释。拿破仑拥有世人渴望的一切——荣耀、权力和财富。但他曾说过："在我这一生里，快乐的日子不超过6天。"相比之下，盲聋哑的海伦·凯勒却说："我觉得生活太美好了。"

活了半个世纪，生活教给我一个道理就是"只有你自己能让自己平静"。

在此我只想引用爱默生散文《自立》中最后的几句话："政治上的胜利、房产上的收益、重获健康、故知重逢或其他外部事物都会激励你的精神，让你以为好日子就在前头。但是事实并非如此，只有你自己可使自己获得平静。"

希腊斯多噶派哲学家埃皮克提图告诫我们："错误的思想要比肿瘤和脓肿还要可怕，我们一定要移除它们。"

埃皮克提图是在1900年前说的这些话，但是现代医学还是验证了他的观点。罗宾森医生说："在霍普金斯医院就诊的五分之四的病人，受到精神紧张的困扰。尤其是五官科病人。究其本源，都来自生活上的失调和问题。"

伟大的法国哲学家蒙田一生追随这样的格言："影响人的不是发生的事情，而是他对事情的看法。而这种看法完全取决于我们自己。"

我是在告诉你当你面临困难时，你仍可以通过意志力来改变你的精神状态吗？是的，这正是我想说的。但是还不完全，我还会告诉你如何做到这一点，而且秘密十分简单。

威廉·吉姆斯是实用心理学的大师，他曾说过："行动好像会跟随感觉，

但是实际上行动和感觉是同时进行的。通过调节受意志力支配的行动，我们能间接调节感觉。"

换句话说，他的意思是："我们不能靠简单地下定决心来立刻改变情绪，但是可以改变行动。当你改变行动时，自然就改变感觉了。"

他进一步解释道："如果你不开心，那么变得开心的捷径就是开心地坐直身体，然后试着开心地做事和说话。"

蒙田

这么简单的办法会有用吗？它非常有效！你可以自己试试。在脸上绽开快乐的微笑，挺直身体，深呼一口气，然后唱段歌。如果你不会唱歌，那就吹口哨。如果你不会吹口哨就小声哼唱。你就会立刻发现当你表现得很开心的时候，忧愁和烦恼就会一扫而光。

这是可以在我们每个人身上发生的奇迹。我认识一个老妇人，这里我不想提她的名字。我相信要是她知道了这个秘密，她所有的烦恼就会在 24 小时里烟消云散。她是个寡妇，这是很不幸的，但是她从没有试图表现得很开心。如果你问她的感受，她会说很好。但是从她的表情和抱怨仿佛在说："你要是有我这样的经历，你就会知道我的痛苦感受了。"在她面前表现得开心好像是种罪过。其实，比她不幸的女人还有很多。她丈夫死后给她留下了足够的保险金来安度晚年。孩子们都已成家，可以随时接纳她。但是在她的脸上很少看到笑容。她抱怨三个女婿小气，虽然她每次只在他们每个人家里呆上几个月。她还抱怨她的女儿从不给她礼物，虽然她自己一毛不拔。"为了我自己养老！"她使自己和家人都高兴不起来。但是事情非要变成这个样子吗？只要她想改变，她本可以把自己从一个可怜、痛苦的老怨妇变成一个受人喜爱和尊重的家长。要取得这样的变化，她只要做出开心的样子，做出可以付出一点爱心的样子——而不是整天在痛苦里无法自拔。

我认识一个叫英格勒的人，住在印第安纳州。这个秘密救过他的命。10年前，他得了猩红热，治愈后他又患上了肾炎。他找过各种医生，甚至偏方都试过了。但是就是治不好他的病。

不久前，他又出现了并发症。他的血压猛升，最高值达到了 214。情况十分危险，医生告诉他准备料理后事。

他说："回到家，我先确定自己买的保险还有效。然后就开始整天沉浸在痛苦的思索，郁郁寡欢。每天都高兴不起来，全家人都心事沉重。然而，过了一周这样的自怨自艾的日子后，我对自己说：'你现在就像一个傻瓜，你可能还能活一年，那么活着的时候为什么不试着开心呢？'"

"于是，我挺直身体，面带微笑，试着表现得好像一切都正常。我承认开始的时候是要费点力气，但是我强迫自己开心起来。这不仅使我的家人好过些，也帮助了我自己。

"首先我发现，当我假装开心时，真的感觉心情好了很多。并且每天情况都更好一些。几个月前我被诊断可能不久于世。但是现在我还心情愉快地活着。我的血压也开始下降。我知道如果还像以前那样在痛苦中等待死亡，医生的预言早就实现了。但是我什么都没过，只是改变了一下心态，就给了身体一个自我修复的机会。"

我来问你个问题：如果只要表现得高兴，并积极地思考健康和勇气，就能救一个人的命，你愿意为自己小小的不幸而再多痛苦一分钟吗？当你只需装着开心，就能创造快乐时，为什么要让我们自己和身边的人不开心呢？

几年前，我读了一本让我受益匪浅的书。那是吉姆斯·艾伦所写的《当人类开始思考》，书中写道：

"人们在改变对事物和他人的看法时，事物和他人也会改变对他的态度。如果一个人想彻底改变他的思想，他的生活就会发生巨大变化。真正改变我们命运的神奇力量来自于我们自己。一个人所取得的成就都是自己思想的产物。只有在他思想积极时，他才能有所成就，而悲观失望只会令他一事无成，精神颓废。"

根据《创世纪》中的记载，造物主给了人类一个慷慨的礼物，那就是控制整个世界的权利。我对这种特权不感兴趣，我只想控制自己和自己的思想、战胜自己的恐惧、调整自己心智和精神。可喜的是，只要我愿意，随时都可以通过控制行动来完美地取得控制权。

让我们记住威廉·吉姆斯的话："只要人们变恐惧为奋斗，所谓的不幸就会变成激励人生的动力。"

"让我们为自己的快乐而奋斗吧！"

为了自己的快乐，让我们每天都遵守下面这个叫做《为了今天》的计划而行动吧。我发现这个计划非常激励人心，所以我已经送出了几百份。它是30年前一个女预言家写的。如果人们能照着做，他们的大部分忧虑都会无影无踪，并大大增加生活的乐趣。

为了今天

1. 为了今天，我要变得快乐。就像林肯所说的那样："人们可以决定自己的心情。"快乐来自内心，而不是外部。

2. 为了今天，我会试着调整自己，而不是根据我的意愿来改变事物。我会努力配合自己的家庭、生意和运气。

3. 为了今天，我会注意健康。坚持锻炼、关爱自己、滋养身体，绝不滥用、忽视自己的身体。因为身体是革命的本钱。

4. 为了今天，我会强化自己的心智。我会学习有用的知识，为了避免心灵闲置，我会攻读那些需要努力、思考和专注的读物。

5. 为了今天，我将用三种方法锻炼自己的灵魂：我要默默地做好事。至少做两件以前不愿做的事。就像威廉·吉姆斯所说，只是为了让心灵生动。

6. 为了今天，我要让自己受人欢迎。我会注意表情、穿着得体、轻声慢语、举止文雅、多予赞扬、少给批评，不挑剔任何事，也不想挑任何人的毛病。

7. 为了今天，我会集中精力把今天的事情办好，而不去试图一天解决一生的问题。我一天工作12小时，但是想到一辈子都如此，就会吓坏我。

8. 为了今天，我会立下详细的人生计划。把每个小时要做的事都写下来。然后严格地执行。这样就避免了着急和无计划性。

9. 为了今天，我会留下半个小时来放松自己。这半个小时里，我会用来祈祷和期待美好的未来。

10. 为了今天，我会变得无畏。尤其不怕变得快乐、欣赏美丽的事物。勇于爱人并相信别人也会爱自己。

想要拥有平和和快乐的心态，第一条规则是：

快乐地思考和做事，你就会变得快乐。

报复的代价

几年前的一个夜晚，当时我正在黄石公园里游览，我和其他的游客一起坐在露天座位上，面对着茂密的森林，等待森林的杀手——灰熊的出现。这时有一只灰熊渐渐走到灯光下，开始吞吃一家公园旅店里倒出来的垃圾。骑在马上的森林管理员告诉我们，灰熊在西方的动物王国里是所向无敌的。可能只有水牛和科迪亚喀棕熊，可与之抗衡。但是我注意到当晚只有一只动物和这只棕熊一起走出森林，并和它分享食物。那是一只臭鼬。棕熊知道它只需一掌就能把臭鼬杀死，但是它却没有那么做，因为它知道这是不值得的。

我同时发现，作为在农场长大的孩子，有在围篱旁捉过臭鼬的经历。长大后，在纽约的人行道上我也曾遇到过这种动物。痛苦的经验告诉我，招惹它们真的很不值得。

当我们憎恨我们的敌人时，我们就赋予了对方更大的力量来压倒我们。这样对我们的睡眠、饮食、血压、健康和幸福都很不利。当我们的敌人得知自己给我们带来了这么多的烦恼，他一定会高兴得手舞足蹈。我们的仇恨没有伤到敌人，反倒把我们自己的生活给毁掉了。

"如果你被小人利用过，忘掉这糟糕的经历吧，别试图报复。因为当你决定报复时，你会伤害到你自己而不是你的敌人。"这些话好像是出自那些乐观主义者，其实不然，这是出自密尔沃基市警察局的公告。

报复敌人是怎么伤害到我们自己的呢？有很多方面。根据生活杂志的报道，它还有可能危害的你的健康。这本杂志说："一个高血压的人最大的性格特点就是心怀怨恨，长期的怨恨会造成慢性高血压和心脏病。"

所以，当耶稣说"爱你的敌人"时，它不仅是在宣扬美德，也是在宣扬20 世纪的良药。当耶稣说"原谅你的敌人77 次"时，他也是在告诉你我如何远离高血压、心脏病、胃溃疡和其他疾病的烦恼。

我的一个好朋友最近心脏病发作。她的医生让她卧床修养，并且不管发生什么事，都不要动怒。医生知道如果你心脏不好，任何一点怒气都会要了你的命。真的会要人命吗？几年前，华盛顿的一个餐厅老板就因生气而死。那儿的警察局长写信告诉我："几年前，这个那时68岁，拥有6家咖啡馆的老板，就因为一次愤怒而亡。只是因为一件小事：他的厨子坚持喝咖啡时不用茶托，这让老板大为生气，激怒之下用左轮手枪追杀厨子，心脏衰竭，倒地而亡。验尸报告说是因为怒气引起的心力衰竭。"

当耶稣告诉我们"爱自己的敌人"时，他也在告诉我们如何容颜不老。你一定看到过因怨恨而变得满脸皱纹的女人。什么比不上一颗心怀宽容、温柔和爱意的心，更能让其美丽动人。

仇恨甚至会让我们寝食难安。《圣经》说："心怀爱意，粗茶淡饭也甘甜；心怀仇恨，山珍海味也无味。"

你的敌人一定会搓手偷笑，当他知道你对他的怨恨正在使你身心疲惫、焦虑不安、容颜苍老，甚至心脏病发、一命呜呼。

即使我们不能爱自己的敌人，至少要爱我们自己。让我们爱护自己，绝不让敌人控制我们的幸福、健康和容颜。正如莎士比亚所说：

仇恨自己的敌人，

只会让怒火烧伤自己。

当耶稣说：我们应该原谅敌人77次时，他也在是在宣传合理的买卖。例如，我现在正在读的这封来自瑞典人，乔治·罗纳的信。几年前，他是维也纳的一名律师。但是在二战期间，他逃到了瑞典。身无分文的他，当时急需工作。由于他会说几国语言，所以希望能到进出口公司做文职工作。但是多数公司都回信说，因为战争缘故，他们公司不需要这种服务。但他们会把他的名字记录下来，等等。但是有个人给罗纳的回信说："你对我生意的猜测都是错的，同时你还很愚蠢。我不需要任何文书员，即使我需要，我也不会雇用你。你根本就不擅长用瑞典语写作，因为你的信里错误百出。"

当罗纳读到这封信时，他就跟唐老鸭一样生气。这个瑞典人根本没有资格说罗纳写的信错误百出，他给罗纳写的这封信才是呢。所以，罗纳写了一封回信，足以气死这个瑞典人。但是，他停了下来，对自己说："等一下，我怎么知道这个瑞典人不是正确的呢，我学习过瑞典语，但是它毕竟不是我的母语。可能我真的犯了错误，自己却浑然不知。如果是这样，在找到工作之前，我真的要好好学习一下了。那个人很可能帮了我的忙，尽管这不是他的本意。他的表达很无理，倒不足以抵消我欠他的人情。所以，我要写封信来感谢他。"

所以，罗纳撕了刚才那封火药味十足的信，重新写了另一封信："真是太感谢你在百忙之中，给我回信，尤其是当你不需要文书员的情况下。我很抱歉对你公司的误解。我写这封信是因为，据我所知，你在业界是个佼佼者。我不知道自己在求职信中犯了很多语法错误，我对此表示抱歉和惭愧。我努力去学习瑞典语，并改正自己的错误。谢谢你让我认识到自己的不足，帮助我开始自我完善。"

几天后，罗纳收到这个人的回信，让他去面试。罗纳通过了面试，并得到了这份工作。罗纳自己找到了"委婉回应能击退愤怒"的道理。

我可能做不到像圣人那样去爱自己的敌人，但是，为了自己的健康和幸福，我至少应该原谅他们、忘记他们。这才是明智之举。我曾问过艾森豪威尔将军的儿子——约翰，是否他的父亲曾怨恨过别人。他回答说："没有，我父亲没在他不喜欢的人身上浪费一分钟的时间。"

俗语说："愚人不懂愤怒，智者拒绝愤怒。"

那就是原纽约市市长的人生哲学。因为黄色报刊诋毁，他有次几乎死在一个疯子的枪下。当他躺在医院的病床上，跟死神抗争时，他说道："每晚睡前，我都会原谅这一天里遇到的所有事和人。"

是不是太理想化了？如果是这样，让我们听听伟大的德国哲学家，《悲观论》的作者——叔本华的意见。

他认为人生就是徒劳、痛苦的冒险。他每到一处，都会留下阴郁的足迹。但是，在绝望深处，叔本华仍说："如果可能，任何人都不应该心怀怨恨。"

我曾请教过伯纳德·巴鲁，他曾给六位美国总统当顾问：威尔逊，哈丁，柯立芝，胡佛，罗斯福和杜鲁门。我问他："是否曾受自己敌人的影响时？"他回答道："我不会允许任何人侮辱我或影响我的。"

没有人能侮辱你或是打扰你，除非你让他们这样做的。

但是语言伤不了我。

几个世纪以来，人们都崇敬那些能原谅自己的敌人，圣人般的人。我常到加拿大的一个国家公园，去欣赏西方最壮美的山脉，这座山是为纪念英国护士伊迪丝·卡维尔而命名的。这名护士于1915年10月12日，死在德军枪下。她犯了什么罪呢？她曾在布鲁塞尔，掩护、照顾受伤的英法士兵，并帮助他们逃往荷兰。当牧师在那个10月的早上走进她的牢房，为她做临刑前的祷告时，卡维尔当时所说的两句话至今都留在碑文上："我知道爱国是不够的，我不应该对任何人心怀仇恨或怨恨。"四年后，她的遗体被送往英国，并在西敏寺内办了一场纪念仪式。今天，一座大理石的塑像就矗立在伦敦国家肖像馆的对面，这是英国不朽的人物的雕塑："我知道爱国是不够的，我不应该对任何人心怀仇恨或怨恨。"

一个原谅我们敌人的好办法就是，投身于一项重要的事业中去。那样的话，侮辱和憎恨都变得无关紧要，因为我们除了自己的事业，再不会为别的事情分神。让我们以1918年发生的一件极具戏剧色彩的事情为例。劳伦斯·琼斯，是一个即将被执行私刑的黑人教师和牧师。几年前，我参观过他创办的那所学校，并在学生前做过演讲。那所学校现在已经是所全国知名的学校了，但是我要讲述的事情是很久以前的事了。那还是在第一次世界大战的时候，当时在密西西比州有传言说，德军正在鼓动黑人暴乱。我上文说到的劳伦斯·琼斯就是被控策动叛乱以致将被处以私刑的一位。一群白人在教堂外听到劳伦斯·琼斯布道："生命是场战斗，每个黑人都要提上盔甲，为生存和成功而战。""战争！""盔甲！"够了！这些激动的白人年轻人很快召集了一伙暴徒，冲进了教堂，用绳索把他捆走，把他拖了1英里的路，推上柴堆，燃起火柴，准备对他同时实行火刑和绞刑。有人喊道："叫他说话，说啊！说啊！"劳伦斯·琼斯站在刑台上，脖子上套着绳索，开始讲起自己生活和事业。他于1907年毕业于爱荷华大学，他谈到自己的性格、学位，以及令他在学校里受欢迎的音乐才能。大学毕业时，有人请他加入旅店业，有人愿意资助他接受音乐教育，他都拒绝了。因为他当时心怀梦想。受到华盛顿的故事的激励，他决心把一生都奉献到教育穷困的黑人的事业上，所以他来到了美国南方最落后的地方，此处距离杰克逊南部有25英里之远。拿着当手表的 1.65 美元，他在森林里办起了学校。劳伦斯·琼斯告诉那些即将给他用私刑的愤怒的人群，他要教育那些没上过学的孩子，让他们成为合格的农民、技师、厨师和管家。他也告诉人们哪些白人在他办学校的过程中帮助过他，哪些白人资助他土地、木材和猪牛和资金去办教育。

当劳伦斯·琼斯后来被问之，是否他恨那些要绞死和烧死他的人时，他回答说：他太忙于事业，以致没有精力去怨恨别人。他说："我没有时间争吵，没时间怨恨，没有人能让我降低自己去恨他。"

当琼斯用他真诚和感人的言语，为自己的事业而不是他自己辩护时，这群暴徒的态度开始温和了。最后，人群中的一个老兵说："我相信这个孩子说的是真话。我认识他所提到的白人。他在做善事。我们犯错了，我们应该帮助他而不是绞死他。"老兵开始在人群中传帽子，在这伙想要绞死琼斯的人中，募集到了 42.5 美元给琼斯办教育。他曾说过："我没有时间争吵，没时间怨恨，没有人能让我降低自己去恨他。"

1900 年前，埃皮克提图曾说过："我们播种什么，就会收获什么。命运总是会让我们为自己的行为付出代价。"他说："长远来看，每个人都会因自己的错误而受到惩罚。知道这条道理的人，就不会怨恨、诽谤、责难、憎恨任何人。"

可能在美国历史上没有人受到像林肯那样的诽谤、误解和憎恨。但是根据赫登的林肯传："他从不因个人喜好来评论人，他总是认为他的敌人和其他人一样能干。如果这个人是最适合的工作人选，就算其曾经诽谤过他，他也会非常乐意把这个职位给他，就像他是自己的朋友一样。据我所知，他从没有因为个人反感或是他的政敌，而让任何人离职。"

林肯曾提拔过一些诽谤过他的人，像麦克兰，史瓦德，斯坦顿以及切斯。但根据赫登的记载，"林肯相信没有人应该因他们的行为而受到表扬或批评，因为每个人都会受到教育条件及环境所影响，我们所形成的习惯和特质造就我们的目前和将来。"

也许林肯是对的。如果你我都继承了像我们敌人一样的身体、心理和感情特质，如果生活让我们跟他们有一样的精力，我们就会做出跟我们敌人一样的事情。就像克拉伦斯·戴罗所说："所以，不要憎恨我们的敌人，让我们同情他们吧，并感谢上帝没有让我们变得跟他们一样。不要试图责备和报复我们的敌人，让我们给予他们理解、同情、帮助、原谅和祝福。"

我是在一个每晚念《圣经》并做祈祷的家庭长大的。我至今还能听到我父亲，在密西西比的农家里，念着耶稣说过的话。只要人们信仰他，这些话就会被继续吟诵："爱你的敌人，祝福曾诅咒你的人，帮助恨你的人，为曾利用过和迫害过你的人祈祷。"

我的父亲一生都信仰耶稣的这些话，他因此获得了内心的平静。

要获得内心的平静和幸福，记住第二条规则：

不要试图报复自己的敌人，因为如果这样的话，我们受伤害的程度要远大于我们的敌人。让我效法艾森豪威尔将军：别在讨厌的人身上浪费一分钟。

学会感恩

我最近在得克萨斯州遇到了一个怒火中烧的商人。有人敬告我，碰到他15 分钟内他就会提起那件事。事实果然如此。令他气愤的这件事发生在 11 个月前，但他还是耿耿于怀。他简直不能谈别的事情。事情是这样的，他给 34 个伙计 1 万美元作为圣诞奖励，大约每人 300 美元，但是却没有一个人为此感谢他。他抱怨道："我真不该给他们一分钱！"

古人云："愤怒的人，是充满毒药的。"我很同情这个充满毒药的人，他大约六十岁。据保险公司统计，平均来说，我们的寿命是目前年龄与 80 岁之间岁数的 2/3。所以这人如果幸运的话，可能还能活 14 到 15 年。但是他已经在一件过去的事情上，浪费掉了有限余年中一年来愤恨不平。我真的很同情他。

他大可不必怨恨和自怜，他本该问自己为什么没有得到任何感激。也许是他曾苛刻工人工资，或是让他们过度工作。也许这些员工认为圣诞奖励不是礼物，而是他们应得的东西。也许他太严厉、难于接近，所以没人敢去感谢他。也许他们认为反正利润要用来上税，还不如发作奖金。

另一方面，也许这些员工太自私、吝啬和不懂礼貌。可能是因为这，可能是因为那，我也无法知道真相。但是我知道塞缪尔·约翰逊博士说过："感激是良好教养的产物，你不可能在一般人身上找到。"

这里我想强调一点：期望得到别人的感激，那他就犯了一个一般性的错误，他还不理解人性。

如果你救了一个人的命，你希望他感激你吗？你可能会。但是塞缪尔·列勃维治法官，其之前曾是个知名的刑事案件律师。他曾救过 78 个人，免受座电椅的死刑。你猜他们中有多少人跟他说过谢谢，或是在圣诞节送上祝福卡片？你猜对了，一个都没有。

耶稣在一天下午就治愈了 10 个麻风病患者，但是他们中有多少人跟他表示过感谢？只有一个。耶稣回头问他的信徒，其他的 9 个人呢？他们都已经走了。在没有说谢谢前就消失了。我这里有一个问题：为什么你我和得克萨斯的这位商人，只因为自己为别人所做的一点小事，就期望得到比耶稣还多的感激？

谈到钱，就变得更无望。查理斯·施瓦布告诉我，他曾救过一个挪用公款，在股票市场做投机生意的银行出纳员。施瓦布帮他补足金额以免他因此而进监狱。那个银行出纳员为此感激吗？是感激他，但只是一阵子。随后，他就诋毁和诽谤这个曾使他免受牢狱之灾的人。

如果你给你的亲戚 100 万，你认为他会感激你吗？安德鲁·卡内基就做过这样的事。但是如果安德鲁·卡内基重新活过来，一定会震惊地发现这个亲戚正在咒骂他！为什么？因为老安德鲁把 3650 万都捐给了慈善事业，"却用区区 100 万来打发他"。

世事就是这样。人性就是人性，并且一辈子都不会变。所以为什么不接受它呢？为什么不像马可奥里利乌斯那样变得现实？他是罗马帝国最明智的君主之一。有一天他在日记中写道："今天我会碰到多言的人，自私的人，自大的人和毫无感激之心的人。但是我不会为此惊奇或不安，因为世界上总会有这样的人。"那是很有道理的，不是吗？如果你我到处抱怨世界缺乏感激，谁该受到责备？是人性吗？还是我们对人性的忽略？当我们不再期待感激，而偶尔得到别人的感激，就会变成愉快的惊喜。如果我们得不到的话，也不会因此收到影响。

　　在这一章里我想强调：人们很自然地会忘了感激。所以，如果你一直期望别人的感激，注定要为此心碎失望。

　　我认识一个纽约的女人常常抱怨自己很寂寞。她的亲戚没有一个愿意接近她，也难怪如此。如果你拜访她，她就会大讲特讲上几小时，在她侄女们小时候，她是怎么照看她们的。她们得了麻疹、腮腺炎、百日咳时，都是她照顾她们。她跟他们住在一起好几年，并资助其中一个侄女读完商学院，另一个在结婚前，也一直跟她住在一起。

　　它的侄女们来看望她吗？当然，有时候！出于义务感。但是这样的拜访真的让她们害怕。她们知道那意味着不得不坐在那儿，连续听上几小时的半遮半掩的责备，无穷无尽地抱怨和哀怨永远在等着他们。当这个女人再不能威逼利诱她的侄女们来看她时，她又有了新的办法，她得了心脏病。

　　这心脏病是真的吗？是的。医生说她的心很容易紧张，经常会心悸。但是医生说他们对她的病无能为力，她的病主要是由情绪引起的。

　　这女人真正需要的是爱和关心，但是她却把它叫做感激。她会永远都得不到感激和爱，因为她要求得到它，并认为是理所当然的。

　　像她样的女人有很多，因为别人的忘恩负义，因寂寞和忽视而得病。她们渴望被爱，但是在这个世上，得到爱的唯一办法就是停止索取爱，而是不计回报地付出爱。

　　这听起来是不是像不切实际的理想主义？当然不是。这只是常识而已。这是让你我找到幸福的好方法。我就亲眼看过这样的事情发生在我家。我的父母以帮助他人为乐。我们家很穷，常常负载累累。但是虽然穷，父母却总是每年都给一个孤儿院寄钱。他们从没去过那家孤儿院，除了感谢信，也许从没人因他们的好心而感谢过他们，但是，他们却从帮助孤儿中得到了很大的快乐，并从没期望过任何回报。

　　我离家外出工作后，每到圣诞节都会给父母寄一张支票，让他们为自己添置些奢侈品。但是他们很少这样做。当我在圣诞节前几天回家时，父亲告诉我，他们买了煤、日用品给城里有很多孩子的穷苦寡妇。他们从中得到了什么样的快乐呢？那就是只求付出，不求索取的快乐。

　　我相信父亲已经达到了亚里士多德所说的理想的人的境界。亚里士多德说："理想的人，会因帮助他人而快乐，但是却会因别人帮助自己而羞愧。"

下面是我本章中要强调的第二点：如果我们想要得到幸福，就要停止索取感激，单纯为了内心的快乐而付出。

千万年来，为人父母者总是抱怨子女不知感恩。甚至莎士比亚笔下的李尔王也不禁喊道："不孝儿女真是比毒蛇的利齿更让人痛心啊。"

但是没有我们的教育，孩子们怎么能知道感恩呢？忘恩就像野草一样可以自然生长，而感恩却像玫瑰，需要培育、浇水、爱护和保护。

如果我们的孩子不知感恩，那是谁的错？很可能是我们的错。如果我们从没有教他们向别人表达感激之情，又怎么能期待他们对我们心怀感激呢？

我认识一个住在芝加哥的朋友。他在一家纸盒厂里工作，每周拼死拼活也不过挣到 40 美元。他娶了一个寡妇，她说服他借钱来供她两个儿子上大学。他每周 40 美元的工资，要用来支付食物、房租、燃料、衣服的费用和缴纳欠款。他这样苦干了 4 年，从没抱怨过。

他得到任何感激了吗？没有，他的妻子和继子们都把这当作理所应当的。他们从没想过他们所欠继父的不仅仅是感谢。

谁该为此收到责备？是儿子们吗？当然是。但是，他们的母亲更应该受到责备。她认为不应该让年轻的孩子背上责任感。她不想让自己的儿子"负债"生活。所以，她从没想说："你们的继父资助你们读完大学是多么伟大啊！"相反，她会这么说："那是他起码该做到的。"

她认为这样做是为孩子们好，但实际上，她让他们产生了错误的观点，那就是世界有义务让他们活下去。后来，他的一个儿子向老板"借"了点钱，结果银铛入狱。

我们必须记住，孩子是我们造就的。举例来说，我姨妈从来没抱怨过孩子不知感恩。但我还是个孩子的时候，姨妈就把自己的妈妈带到家里照顾，她也是这样对待她丈夫的妈妈。现在，我合上眼，还能想起两位老人在姨妈家火炉前，安详的样子。她们给姨妈带来什么麻烦吗？我想经常是这样的。但是你从姨妈的态度里一点察觉不到。她真的爱这两个老人，对她们无微不至地关怀，让她们感觉到家的快乐。姨妈还有 6 个孩子要照顾。但她从不认为自己做了什么伟大的事。对她来说，这是很自然的事，也是她想做的事。

现在，姨妈已经孀居了二十多年，她 5 个长大成人的孩子，都希望她来自己家住。他的子女们都很喜欢她，从不觉得厌烦。是出于感激吗？完全不是！而完全是出于爱。孩子们从小就在生活充满温暖和亲切的环境里。现在需要照顾的是他们的妈妈，他们回报同样的爱，这不是很自然的事吗？

我们要记住，想要有感恩的子女，我们自己先要变得充满感激之心。我们的所作所为对子女都有重要的影响。在孩子面前，千万不要诋毁他人的善意。千万别说："看看表妹的圣诞礼物，都是她自己做的，没有花一分钱。"我们可能是在不经意的时候说这样的话的，但是我们的孩子却听进去了。因此，我们最好说："看看表妹为圣诞礼物花了多少心思，她真的是很用心啊。让我们现在就给她写一封感谢便条吧。"然后，在不知不觉中，你的孩子就养成了赞扬和感激的习惯。

为了避免抱怨别人不知感恩，原则如下：

第一，与其担心别人不知感激，不如预期它。记住，耶稣治愈了 10 个麻风病人，却只有 1 个感激他。那我们怎么能期望比耶稣达到的还要多呢？

第二，记住，找到幸福的唯一方法就是不要期待感激，而仅仅因为给予的快乐而付出。

第三，记住，感恩是可以培养的。所以，如果期望你的孩子感恩，就要训练他们学会感恩。

珍惜你所拥有的

我认识哈罗德已经有好几年了。他住在密苏里州。他曾是我巡回演讲的经理。有一天，我们在堪萨斯城相遇，他送我回农场。在途中，我问他是如何远离忧虑的？他讲了一个让我终身难忘的故事。

他说："我过去常常担忧，但 1934 年的春天，在大街上看到的一幕，让我的烦恼彻底消除了。那一切都发生在 10 秒钟里，但那 10 秒中里，我学到的生活的道理，却比我过去 10 年里学到的还要多。当时，我经营一家杂货铺已经两年了。我不仅用掉了全部积蓄，而且还欠下需要 7 年才能还完的外债。我的杂货铺在那天的前一个周六就关门了。我正打算到银行去贷款，还去堪萨斯城找工作。我当时像只斗败的公鸡，失去了信心和斗志。这时，我看到沿街过来一个没有腿的人。他坐在一块木板上，下面是用旱冰鞋轮做的轮子，两手各拿一块木块向前划动身体。当时，他过了街，正努力把自己抬高几英寸，越到街边的人行道上。当他努力倾斜身下的木板时，我们的目光相遇了。他面带微笑跟我打招呼'早上好，先生。天气不错，是吧?'他说话时，神采奕奕。当我站着看他的时候，我意识到自己是多么富有，我有两条腿，还能走路。我为我的自怜而羞愧。我跟自己说，如果他没有腿都能活的这么开心、自信，我还有双腿，当然也可以做得到。立刻，我感到备受鼓舞。我本来想去银行借100块，但是现在有勇气去借200块。我本打算去堪萨斯城试试看能不能找个工作，但现在我有勇气宣布我要去找个工作。我拿到了贷款，并且找到了工作。

"我在浴室的镜子上，贴上了下面这段话，并在每天早上刮胡子时，都读一遍：

我常因为没有鞋而难过，

直到有一天我遇到了一个没有脚的人，我的难过就消失了。"

我曾问过在太平洋上漂流过21天的飞行家雷肯贝克，那次经历给他的最大教训是什么? 他说："最大的教训就是，如果你有足够的饮水和食物，你就不要再抱怨任何事情了。"

《时代》杂志上登载了一篇报道，是关于一个在南太平洋受伤的士官的。这个士官被弹片射中了喉部，经历了7次输血。他写了个便条给医生，"我能活吗?"医生回答道："会的。"他又写道："我以后能说话吗?"医生的答案还是肯定的。他然后写道："那我还有什么可担心的?"

为什么不现在就停下了，问自己："那我还有什么可担心的?"你多半会发现自己担心的事根本没有意义。

我们生活中百分之九十事情都是正确的，只有百分之十是错误的。如果想变得快乐，我们只需集中精力于这百分之九十的好事上，忽略百分之十的坏事。如果想要烦恼、痛苦和胃溃疡，那就集中精力于那百分之十的坏事，忽略那百分之九十的好事。

英国很多教堂常会用思考和感激这两个词，其实这两个词也应该刻在我的心里。思考我们应该感激的，感谢上帝所赐予我们的一切。

《格列夫游记》的作者斯威夫特可以算得上是英国文学史上最大的悲观主义者。他对自己来到这个世界而感到悲伤，在生日时，他总是穿着黑色的衣服，斋戒一天。即使在这样的绝望中，这个极端悲观主义者还是不忘赞扬快乐和幸福对健康的巨大作用。"世上最好的医生是饮食、安静和愉悦的心情。"

你我都可以随时免费享受愉悦的心情，只要我们把精力放在曾经取得的财富上，这财富远比神话中阿里巴巴的财富多得多。你愿意用你的双眼来换10亿美元吗？你的双腿值多少钱？你的手呢？你的听力呢？你的孩子？你的家庭？把你的财富加起来，你会发现就算把洛克菲勒、福特和摩根这些财团的财富都给你，你也不愿出让你所拥有的。

但是，我们感谢所拥有的一切吗？没有。就像叔本华所说："我很少想到我们所拥有的东西，而总是期望我们没有的东西。"这种"很少想到我们所拥有的东西，而总是期望我们没有的东西"的趋向是这个地球上最大的悲剧。它可能比历史上任何战争和疾病更加悲惨。

这一点让帕默先生从一个正常人变成了一个不高兴的人，并且几乎毁了他的家庭。

帕默先生住在新泽西州。他说："从部队退役不久，我就开始自己做生意，我每天从早忙到晚，事情进展得不错。然后，麻烦就来了。我买不到部件和材料。我害怕生意可能就此停止。我的担心，使我从一个正常人变成了很不高兴的人。我变得非常易怒。当时我并没意识到这一点，但是现在我知道了，我差点就失去了一个幸福的家庭。有一天，一个为我工作的年轻的残疾士兵给我说：'你该为自己惭愧，你的样子就好像你是这世上唯一有麻烦的人。如果你真的不得不停止营业，那又能怎么样？你还可以在一切恢复正常时，重新开业。你已经拥有了足以感激的一切。但是，你却总在抱怨。我多想跟你一样，看看我，我只有一只胳膊，半边脸已经炮火毁掉了。但我从不抱怨。如果你不停止抱怨，你不仅会失去你的生意，还会失去你的健康、你的家庭和朋友。'

"那些话犹如当头一棒，把我惊醒。我这才认识到自己拥有的已经够多的了。我不能再重蹈覆辙。"

我的一个朋友露西尔·布莱克也因为整天烦恼自己所缺少的东西，而差点失去幸福。

几年前我遇到露西尔，当时我们都在哥伦比亚大学学习新闻专业。9年前，她的人生出现了不幸。事情是这样的：

"当时我的生活非常紧凑，在亚利桑那大学学习风琴，在城里办了个演讲班，并教授音乐欣赏课，晚上参加各种聚会、舞会等。可是一天早上，我病倒了。医生说我不得不在床上呆上1年，并且好像对我的康复并不抱很大希望。

"在床上休息1年！那简直是废人，还不如去死！我害怕极了，为什么这一切要发生在我身上？难道我是罪有应得吗？我痛哭流涕，变得很叛逆。但是，我还是按照医生的话，卧床休息了。我的邻居鲁道夫是个艺术家，他跟我说：'你认为卧床休息1年是可怕的事情，但是其实不然。这样你就有时间来思考并了解你自己了。在接下来的几个月里你所获得的精神成长要比你以前的时候还要大。'我冷静了下来，开始努力建立另一套价值观。

"我读了很多励志书。有一天，我听见广播里说：'你表现出来的就是你的内心。'这样的话我以前好像听过很多次了，但直到这一次它才真正根植在我心中。我决定只去想让自己坚定活下去的信念：快乐、幸福和健康。我强迫自己每天早上起来，就回想自己应该感恩的事情。我的身体没有痛苦，我有一个可爱的小女儿，我的视觉和听觉都正常，有电台里美妙的音乐，有杂志可以消遣，有美味的食物，还有我的好朋友们。我很高兴，看望我的人太多了，医生不得不限制一次只能有一个访客，而且还有严格的时间限制。

"9年来，我一直过着充实积极的生活，我现在真的很感谢卧床休息的那1年。那是我曾有过的最有价值的1年。我在那时养成的每天早晨思考自己幸福的习惯，一直保留至今。它是我最宝贵的财富。我为自己曾在等待死亡时，在意识到生命的意义而感到惭愧。"

我亲爱的露西尔，你也许不知道你学到的道理，跟约翰逊博士两百年前学到的是一样的。那就是"学会看事物好的一面，要比1年挣1千英镑更有价值。"

这些提醒你的话，不是出自一个乐观主义者，而是一个经历了 20 年忧虑、贫困和饥饿的人，但他最终成为了当时最有名的作家和评论家。

洛根·斯密斯的话充满了智慧"生活中有两个目标，首先，努力得到你想要的；然后好好珍惜。只有最明智的人才能做到第二点。"

你想知道如何把厨房洗碗的琐事变成令人兴奋的经历吗？那就读一下《我想看见》这本励志书。

这本书是由一个失明近半个世纪的女作家写的。书中写道："我只能从仅存的一只眼镜的左边一点小孔来看这个世界。看书时，我不得不把书举到面前，并尽可能靠近我那只眼睛的左侧的仅存的视力范围。"

但是，她拒绝别人可怜她，拒绝被认为是"不同的"。小时候，她希望像其他孩子那样玩跳房子，但是她看不到标记。所以，在其他孩子都回家后，她会蹲下来，把眼睛尽量贴近标记。她把地上的标识都记熟了，很快她成为玩这个游戏的专家。她在家读书，把一本大书捧到眼前，甚至睫毛都碰到了书页上。她获得了两个学位，一个是明尼苏达大学的学士，一个是哥伦比亚大学的硕士。

开始的时候，她在明尼苏达州的一个小村子里教书，最后成为了成为南达科塔州一所大学的新闻文学教授。她在那儿教书有 13 年之久。并常在妇女俱乐部演讲，上电台节目谈书籍和作者。她在书中说："我常常害怕自己会完全失明，为了克服这样的忧虑，我对人生采取快乐甚至天真的态度。"

在 1943 年，她 52 岁时，奇迹发生了：一次成功的手术让她的视力比以前提高了 40 倍。

在她面前，是一个全新、精彩、充满、可爱的世界。她发现即使是在厨房里洗碗的场景都是如此令人兴奋的事情。"我开始玩弄盘子里的泡沫，我把手放到水池里，盛起很多白色的泡沫，对着光看，在每一个泡沫里我都能看到彩虹的颜色。"

透过水槽上面的厨房窗户，她看到"麻雀振动黑色的翅膀，在飘着雪的天空里飞来飞去。"

她能亲眼看到肥皂沫和麻雀，使她非常兴奋。她在书的结尾写道："我不禁低语'亲爱的上帝，我要感谢你，感谢你。'"

想象一下，为了你能看到洗碗时的泡沫和雪天飞行的麻雀，而感谢上帝吧。

你我不该惭愧吗？我们一直生活在幸福当中，但是我们却对此视而不见，不知珍惜享受。

停止忧虑，开始生活的第四条规则是：

记住你所得的幸福，而不是你的麻烦！

做最好的自己

北卡罗来纳州的艾太太曾给我写过一封信。"小时候我是一个极其敏感害羞的女孩子。"她在信中写道："我体型偏胖，脸上又肉嘟嘟的，这样看起来更胖。我的母亲非常古板，她觉得穿漂亮衣服就是愚蠢的表现。而且衣服太合身了就容易被撑破，不如做得宽松一点好。所以我的衣服自然也都是肥肥大大的。我从来没参加过任何聚会，也没有遇到过任何可以高兴的事情。上学后，我也从不参加同学之间的任何活动，甚至运动项目也不参与。我真是害羞得不得了，总是觉得自己和别人不一样，那时候完全没有人喜欢我。

"长大后，我嫁给了我现在的先生，他比我大好几岁。但是我依然没有改变。我先生家人都是相当冷静自信的。我也想像他们一样，但是我做不到。我曾经努力地向他们学习，但是一切努力都是徒劳的。他们越是想帮我突破自己，我越是向后退缩。我越来越紧张易怒，避免接触任何朋友，甚至听到门铃声我都会惊慌失措。我真的是很失败，这一点我很清楚。但是我不想让我先生发觉到我的这种状态，所以每次在公共场合，我都尽力显得高兴，有时比应有的程度还兴奋。这种过度的表现常常让我感到有些透支，接下来的几天里我都会觉得极度疲惫。终于有一天我再也受不了了，我根本看不到自己活在世上的价值，于是我想到了自杀。"

那么又是什么让这位对生活彻底绝望的夫人心态发生了改变呢？是一句很偶然的话语。

"很偶然地我听到了一句话。"艾太太在信中继续写道，"这句话彻底改变了我的人生。一天我的婆婆谈到了她是如何教育子女的。她说：'无论遇到什么事，我都坚持鼓励孩子做最好的自己……''做最好的自己'这几个字像一道灵光闪过我的脑海，我惊觉自己所有的不幸都源自我硬生生地把自己套到了一个不属于自己的模式中去了。

"真是一语惊醒梦中人！我开始试着做我自己。我认真研究了自己的个性，努力认清自己，找出自己的优点，并且尽可能地去了解颜色和样式，穿出自己的品位。我开始走出家门，结交朋友，加入社团——开始时加入的是个小社团——他们请我主持某项活动时，我心里直打鼓，不过以后每次上台我都能再多一分勇气。这是一个相当漫长的过程，但现在我比过去快乐了很多，这是过去做梦都没有想到的。在教育我自己的儿女时，我也经常会把自己历经苦难才得到的经验传授给他们——不论遇到什么事，永远坚持做你自己。"

这个做你自己的问题"从女娲造人之时就有了"，基尔凯医生（Dr. James Gorden Gilkey）说，"而且这是人们一生面临的问题。"很多精神、神经及心理方面的问题，都是由此引起的，很多人不愿做他自己。帕里斯（Angole Patri）曾经写过 13 本书，而且在报纸上发表了几千篇关于儿童训练的文章，他曾说过："将自己的身体和灵魂都完全抛开，努力想要成为别人，恐怕没有人会如此可悲。"

这种想要模仿他人的情况在好莱坞是最为严重的。好莱坞著名导演山姆伍德（Sam Wood）曾经说过，在指导年轻演员的过程中，他遇到的最为头疼的问题就在于此，让他们做回自己。他们都想成为第二个拉纳图尔纳（Lana Turner）或者第三个克拉克盖博（Clarlk Gables）。山姆伍德不停地告诫他们："观众已经欣赏过他们的特色，接下来观众想要感受的是不同的风格。"

在导演《万世师表》和《战地钟声》等名片之前，山姆伍德在房地产行业干了好几年，这段经历养成了他销售员的个性。他认为商业界中的一些原则在影视界同样适用，仅靠模仿别人绝对是一事无成的。"根据我的经验，"山姆伍德说，"对于那些模仿别人的演员尽早换掉是最好的。"

最近我也问过索科尼真空油公司（注：该公司已于 1966 年更名为美孚石油股份公司）的人事经理，作为一个求职者，最忌讳的错误是什么。我觉得他曾经面试过六万多名应聘者，还出过一本名为《求职六招》的书，所以他对这个问题应该是很了解的。他给我的回答是："求职时最大的错误就是不能真实地表现自己。他们常常不能如实地回答问题，而总去猜想面试官想要听到什么答案。"可是这种猜想的答案并不能让你如愿地获得工作。因为没有人会雇佣一个不诚实的虚伪的员工。

一个公交车调度员的女儿也是在历经教训之后才明白了这个道理。她梦想着成为一个歌手，但是很不幸，她长得不好看，大大的嘴巴，还有暴牙。她第一次在新泽西的一家夜总会登台演唱时，总是想尽力用上唇遮住突起的暴牙，而且总是想表现得优雅一点。结果却适得其反，她的表演让人觉得很可笑。这样下去她必遭失败。

幸运的是，当天晚上现场有一位先生听了她的演唱，觉得她很有天赋。于是就很直接地对她说："我一直在看你的表演，看得出来你在尽力地掩饰着。你觉得你的牙齿很难看。"女孩听了很尴尬，不过这个先生还是继续往下说："牙齿难看又能怎样？这又不是什么错！不要总是想着掩饰它！张开嘴，唱出真实的自己，你越是自然，观众越是喜欢你。再说，这些你认为无法接受的暴牙也许会给你带来好运的。"

凯丝·黛丽（Cass Daley）采纳了那个先生的建议，把暴牙的事情抛在了脑后。从那以后，她把所有的注意力都集中在观众身上，投入尽心地演唱。后来她成为了最顶级的歌星影星，现在好多的喜剧演员都想要模仿她的暴牙。

享誉盛名的威廉·詹姆斯曾经说过，一般人的心智潜能只发挥出来了百分之六十，大部分人其实并不了解自己。他写道："与我们所有的潜能相比，我们的心智当中有一半还在沉睡。我们只开发出了自身心智资源当中的一小半。可以说我们可发挥的空间是无限的。我们拥有各式各样的资源，但却没能合理地利用它。"

既然你我都有如此多未开发的潜能，那又何必去担心自己和其他人不一样呢？这种担心只能是空耗时间而已。在这个世上，你是独一无二的，而且前无古人后无来者，纵观历史，前瞻未来都绝不可能有与你相似之人。遗传学告诉我们，你是由来自父亲母亲双方各自的 23 对染色体结合而成的，这

46 对染色体决定了你所有的遗传信息。阿姆利·施恩费尔德（Amran Shein-feld）解释说，每一条染色体中都会有数百个基因，任何一个基因都足以改变一个生命。的确如此，我们每一个个体的形成都是充满惊险，奥妙无穷的。

即使你的父亲母亲相遇相爱，也只有三百亿分之一的几率孕育出你来！也就是说，如果你有三百亿个兄弟姐妹，他们和你也都是各不相同的。这些都是猜想吗？当然不是，这完全是有科学依据的。如果你想做进一步的了解，可以去图书馆借本阿姆利·施恩费尔德写的题为《生命与遗传信息》的书。

我对做我自己这个话题很有发言权，因为我自己就有切身的体会，而且为此付出了惨重的代价。一开始，刚从密苏里州的玉米田来到纽约时，我报考了美国戏剧学院，立志做一个演员。当时我头脑中有一个很自作聪明的主意，我认为那是一个通往成功的捷径，简便易行，真搞不懂别人怎么都想不到呢。那个主意就是，好好研究一下当时的名演员，像约翰·德鲁（John Drew），沃尔特·汉普登（Walter Hampden），还有奥蒂斯·斯金纳（Otis Skinner），看看他们是怎么成功的。然后取其精华，集他们的优点于一身，这样我就可以把自己打造成为一个绝对成功的演员。多么滑稽可笑的想法啊！害得我花费了好几年的时间模仿别人，之后我才认识到我只能做我自己，我成不了任何人。

按说这种惨痛的教训我应该牢以为记的，但是我好了伤疤忘了疼，没有汲取任何教训，我真是蠢到了极点。几年后，我着手开始写书，这是一本关于公众演讲的书。之前就有人写过同样话题的书。但是我又动用了几年前做演员时同样的想法：我可以参考别人的想法，把他们的高见都采纳到我的书中来，这样我的书就会无所不包了。于是我搜集来好多关于演讲的书籍，把他们的见解都挪到了我的书中。最终事实证明，我再次犯了傻。把别人的想法变成自己的文章，这么枯燥乏味，没有人会去读的。最后我把自己一年的工作都丢进了废纸篓，然后一切从头开始。

这一次，我对自己说："你就是戴尔·卡耐基，接受你自己所有的缺点与不足，因为你不可能成为其他任何人。"我放弃了罗列他人想法的念头，开始真正自身的写作。我做的头一件事情就是，根据自身的观察以及作为一个演讲者和演讲培训师的经验，写成了一本公共演讲的教材。这一次，我真正领悟了沃特·雷利先生（Sir. Walter Raleigh）的话。（这里说的雷利先生并不是那位把帽子扔到泥里为女王铺路的雷利伯爵，而是 1904 年在英国牛津大学教英国文学史的雷利教授。）他说："我写不出莎士比亚风格的书，但是我可以写一本具有我自己风格的书。"

做你自己。这也是美国作曲家欧文·柏林（Irving Berlin）给后期的作曲家乔治·格什温（George Gershwin）的忠告。柏林与格什温第一次见面时，柏林已经声誉卓著，而格什温还是个默默无闻的年轻作曲家，靠着每周 35 美元微薄的收入勉强度日。柏林很欣赏格什温的音乐才华，以当时格什温所赚的三倍的薪水请他做作曲秘书。但是柏林又劝告格什温："不要接受这份工作，如果你接受了，那么你最多成为第二个欧文·柏林。如果你能够坚持下去，总有一天你会成为第一流的作曲家格什温。"

格什温接受了欧文的忠告，并渐渐地成为了美国当时卓有成就的作曲家。

其他像查理·卓别林（Charlie Chaplin），威尔·罗格（Will Rogers），玛丽·玛格丽特·麦克布莱德（Mary Margaret McBride），吉恩·奥特里（GeneAutry），等人都接受过和我一样的教训，而且之前都像我一样走了不少弯路。

卓别林开始拍片时，导演坚持让他模仿当时德国的一个喜剧演员。结果一直没有成功。直到后来开始表现出自己的风格，卓别林才广为人知。鲍伯·霍普（Bob Hope）也是如此。在出名前几年，他都是在模仿别人唱歌跳舞，后来他发挥自己插科打诨绕口令的才能之后才变得有名气来。

玛丽·玛格丽特·麦克布莱德第一次上电台时，她试着模仿一位爱尔兰演员，但没有成功。后来她回归自我，恢复了自身形象——一个来自密苏里州的乡村姑娘。之后她发展成了纽约州最受欢迎的广播明星。

吉恩·奥丽斯一直想改掉自己的得州口音，打扮的也像个城里人，他还对外宣称自己是纽约人，结果只招致了别人在背后对他的嘲笑。后来他开始重拾三弦琴，演唱乡村歌曲，奠定了他在影片及广播中最受欢迎的西部牛仔的地位。

你的降临给世界带来了新意。你应该为此感到高兴。要善用你的天赋。归根结底，所有的艺术都是一种自传式的表达。你只能按照自己的方式歌唱作画，依照你自身的经历，成长环境，还有遗传基因来发展自己。

不论好坏，你都要用心经营属于自己的小花园；不论好坏，你都要找到自己的角色，在人生的合奏中演绎出真实的自我。

爱默生（Emerson）曾在他的文章《论自助》（Self—Reliance）中说道："一个人总有一天会明白嫉妒是无用的，而模仿无异于自杀。因为不论好坏，人只有依靠自己才能做得更好；只有耕种自己的田地，才能得到营养的玉米。上天赋予你的能力是独一无二的，只有当你亲自努力尝试运用，才知道这份能力是什么。"

以上是爱默生的见解，而另一位诗人马洛赫（Douglas Malloch）则是用了以下表达：

如果你不能成为山巅的劲松，

就做一棵谷中的灌木吧！

但要做一棵溪边最好的灌木；

如果不能成为一棵大树，

就做一丛灌木吧！

如果你不能成为一丛灌木，

何妨就做一棵小草，给道路带来一点儿生气。

你如果做不了麋鹿，就做一条小鱼也不错。

并且是湖中最活泼的一条！

我们不能都做船长，也得有人当船员，

不过每人还是得各司其职。

不管是大事还是小事，

我们总得完成分内的工作。

做不了大路，何不做条羊肠小道，

不能成为太阳，又何妨是星星，

成败不在于大小——

只在于你是否已竭尽所能。

培养良好的心态，能够帮助我们远离烦恼，给我们带来平和与自由。以下是我们得到第五条原则：

不要模仿他人。要找回自我，做真正的自己。

如果你有一个柠檬，那就把它做成一杯柠檬汁吧！

在写这本书的过程中，有一天我到了芝加哥大学，访问胡钦校长，请教他是如何处理忧虑情绪的。他的回答是："我一直遵循席尔斯百货公司总裁罗斯·沃尔德（Julius Rosenwald）的建议，他说：'如果你有一个柠檬，那就做杯柠檬汁吧。'"

这位伟大的教育家正是这么做的。但是平常人却刚好反其道而行之。如果发现命运交给他的是一个柠檬，他就会立即放弃："我完了，这都是命中注定的，我没有机会了。"于是他就与世界作对，并且自悲自怜。如果得到柠檬的是个聪明人，他就会说："既然这么不幸，那一定是有原因的，我应该如何改善我的境遇呢？应该怎么样才能把所得到的柠檬加工成柠檬汁呢？"

伟大心理学家阿尔弗雷德·艾德勒（Alfred Adler）穷其一生都在研究人类及其潜能；他就曾经这样说：人类所具有的一种最不可思议的特性就是反败为胜的能力。

下面我要讲的这位女士的故事就是对以上说法的印证。这位女士叫特尔玛·汤普森（Thelma Thompson），住在纽约的晨边大道，她向我讲述过她的一段经历："战时，我先生驻防在加州沙漠的陆军基地。为了能经常与他相聚，我搬到了基地附近去住。那个地方简直不是人呆的，我从来都没有遇到过这么恶劣的环境。我先生外出军事演习时，我就只有一个人呆在那个小房子里。沙漠的天气让人燥热难耐，仙人掌树阴下的温度都可以达到华氏125度。而且出门全都是不会说英语的墨西哥人或者印第安人，我连一个可以谈话的朋友都没有。风沙很大，到处都是沙子，我所吃的东西里，呼吸的空气里都充满了沙子。

我觉得自己很不幸，很可怜；于是我写信给我父母抱怨，告诉他们我要放弃了，准备打道回府了，我情愿去坐牢，也不愿意在这儿多呆一分钟。父亲给我的回信只有两行，这两行常常在我的头脑中萦绕，并且改变了我的一生：

两个人由铁窗往外望，

一个看到了满地的泥泞，另一个，却看到了满天的星辰。

我反反复复地回味着这句话，觉得自己很羞愧。之后我下决心找到我目前处境的积极点，我要寻找那一片星空。

我开始出去与当地人交往，他们的反应让我感到很惊喜。我对他们的编织和陶艺很感兴趣，他们居然会把不舍得卖给游客的心爱作品送给我；我认识了各式各样的仙人掌，还有其他的植物，观察了土拨鼠的活动，欣赏了沙漠的日落，找寻300万年前的贝壳化石，了解到原来这块沙漠在300万年前曾经是海底。

"是什么带来的我的这种惊人的改变呢？沙漠并没有改变，周围的印第安人也没有改变，唯一改变的是我自身，我的心态转变了。这种转变给我带来了一段精彩的经历。我所发现的新天地让我觉得既刺激又兴奋，我开始着手写一本小说，后来出版了。我从自筑的牢房里看出去，找到了美丽的星辰。"

特尔玛·汤普森，你所发现的正是公元500年前希腊人所发现的真理："最美好的事情往往也是最难得到的。"

亨利·弗斯迪克（Henry Fosdick）在20世纪也再次重述了这条真理："真正的幸福不见得全是愉悦的，它多半是一种胜利。"的确，幸福来自一种成就感，一种超越的胜利，一次将柠檬榨成柠檬汁的经历。

我曾经拜访过一位住在佛罗里达州的快乐农夫，他就曾经把一个酸苦的柠檬做成了可口的柠檬汁。当初他买下这块农田时，心里十分沮丧，这块土地贫瘠得不适合种植任何果树，甚至连养猪都不合适。除了一些矮灌木与响尾蛇以外，什么都活不了。后来他忽然有了主意，他决定将负债转为资产，他要利用这些响尾蛇。于是在大家诧异的目光中，他开始生产响尾蛇罐头。

几年后我去拜访他时，他的农庄每年接待的游客量都达到了两万名之多。他的生意非常红火。我亲眼目睹了所有的生产流程，毒液被抽出后送往实验室制作血清，蛇皮以高价售出生产女式皮鞋和皮包，蛇肉装罐销往世界各地。我在村子里买了一张明信片到邮局去邮寄，发现邮戳上盖的章竟然是"佛罗里达州响尾蛇村"，可见大家都以这位把酸苦的柠檬做成可口的柠檬汁的农夫为荣。

我经常到全国各地旅行，有幸见到过许多这样"有能力扭亏为盈"的人。

《反对神的十二个理由》的作者，已故作家威廉·伯利梭（William Bolitho）曾写道："人生中最重要的事情不是为收益而投资，这是无能之人之所为。真正重要的事情是如何在损失中获利，这是需要智慧的，正是这一点体现了智者与常人的不同。"

伯利梭写这段话时，已经在一次火车事故中意外丧失了一条腿。另外，我还认识一位丧失双腿的人，他也做到了"扭亏为盈"。这个人叫本·佛森（BenFortson）。我在佐治亚州亚特兰大的一家旅馆的电梯里遇见的他。我走进电梯时，注意到电梯角落里这位满面笑容的人，他双腿残缺，坐着轮椅。电梯停在他要去的那个楼层时，他和善地请我让一下路，以便他的轮椅能过去。"真不好意思，"他说，"给您添麻烦了！"话语间他的脸上总是挂着温和的微笑。

我走出电梯，回到房间，但是头脑中还是禁不住一直想着那位开心的残疾人。于是我找到了他，请他给我讲述他的故事。

"那是在1929年，"他依然面带着微笑，"我到山上去砍一些山核桃木回家架豆角用，我把木头堆到了车上想要开车回家。路上走到一个拐弯处，就在我急转弯时，一根木条忽然滑了下来卡在了车轴上，我一下子被弹了出去，撞到了一棵树上，脊椎骨受了伤，双腿因此而瘫痪了。"

"当时我只有24岁，从那以后，我再也没能走一步路。"

一个24岁的青年，就被一辈子禁锢在轮椅上了！我问他怎么做到这么勇敢地面对现实的。他说："开始我也不能。"他说他当时愤怒抗拒，怨恨命运的捉弄。但是随着年岁渐长，他逐渐发现抗拒是对自己毫无帮助的，这只能使自己变得尖酸刻薄。"我终于意识到，别人都和善礼貌地对我，我起码也应该和善礼貌地回应人家。"

我又问他，过了这些年，他是否仍觉得遭遇那场事故非常不幸。他立即说："没有！我甚至都庆幸发生了那场事故。"他告诉我，经过了一段时间的震惊与愤恨，他的生活已经发生了翻天覆地的变化。他开始读书，并且喜欢上了文学。他说他在 14 年里，读了一千四百多本书，这些书拓展了他的视野，他的人生比以前想象得还要丰富多彩。他还开始欣赏音乐，欣赏以前让他觉得乏味的交响乐，现在他总是会陶醉其中。然而，最大的转变在于，他现在有了思考的时间。"一生当中第一次，我开始真正用心看世界，并体会到了价值的内涵。我终于认识到以前所追求的很多东西都是毫无价值可言的。"

在广泛阅读的同时，他开始对政治感兴趣，并研究了公共问题，坐着轮椅发表公开演说！他结交了很多朋友，成了小有名气的人。现在他——这个坐着轮椅的人——已经成为了佐治亚州的州务卿。

我在纽约市教授成人教育的 35 年来，发现有不少人都因为没有进过大学而感到深深地遗憾。其实这是没必要的，我认识的成功人士中有很多都是没有读过大学的。我经常会跟这些学员讲起这样一个故事：一个男孩出身贫困，父亲去世后还是在其朋友的帮助下安顿的。之后母亲到一家伞厂做活，每天工作 10 个小时，下班后还要带回一些零活来做，一直到晚上 11 点才能休息。

他就是在这样艰苦的环境里长大的。有一次他参加了在家附近教堂里举办的业余戏剧表演，从此他便迷上了公共活动，于是决定从事公众演讲事业。后来因为这一点他进入了政界。30 岁时，他已经当选为了纽约州议员。不过他当时完全没有心理准备，甚至他都不清楚州议员的职责都有哪些。于是他开始研读冗长复杂的法案，这些法案对他来说简直就是天书一样难懂，而且据他了解这些法案最初都是用巧克陶族印第安语（Choctaw Indians）写成的。他还被选为了森林委员会的成员，可是他对森林也是一窍不通，为此他很担心；后来他又被选入了银行委员会，可是他当时连个银行账户都没有，因此他十分茫然。他告诉我，如果他当时还没有勇气像母亲坦承自己的挫败感的话，他会辞职不干的。绝望中，他决定一天学习 16 个小时，把自己无知的酸柠檬转变成知识的柠檬汁。经过艰苦的努力，他终于由一位地方性政治人物上升为一位全国性的政治人物，他的表现异常突出，以致连《纽约时报》都把他称为"纽约市最可敬的市民"。

这位传奇人物就是艾尔·史密斯（Al Smith）。

进入政界努力钻研了 10 年后，他成了纽约州最权威的人物，曾经连任四届纽约州州长，打破了美国连任的记录。1928 年，他成为了民主党总统候选人。6 所著名大学——包括哥伦比亚大学和哈佛大学都给他颁授了荣誉学位。

艾尔·史密斯亲口告诉我，如果不是他每天勤读 16 个小时，把他的缺憾弥补回来，他绝对不可能有今天。

哲学家尼采就认为，杰出的人"不仅应该能够还应该乐意忍辱负重"。

我越是研究那些有成就的人，我就越是坚信他们的成功绝大部分源于他们自身的缺陷，真是这些缺陷激发了他们的潜能。正如威廉·詹姆斯所说："我们的缺陷往往会给我们带来超乎想象的动力。"

的确如此，弥尔顿（Milton）如果不是双眼失明，可能也写不出如此精彩的诗篇；贝多芬（Beethoven）则可能因为双耳失聪才得以完成更动人的乐曲。

海伦·凯勒（Helen Keller）创作时也完全是受到耳目失聪的激发。

如果柴可夫斯基（Tchaikovsky）的婚姻没有不幸到逼得他要选择自杀的地步，他大概也写不出不朽的《悲怆交响曲》。

托尔斯泰（Dostoevsky）与陀思妥耶夫斯基（Tolstoy）同样也都是因为本身命运悲惨，才写出了流传千古的小说。

弥尔顿

"如果我不是这么无能，"一位改变人类科学观点的科学家说，"如果我不是这么无能，我就不可能完成所有这些我辛勤努力完成的工作。"以上是查尔斯·达尔文的（Charles Darwin）的自白，坦白地承认了他也曾经受到自己弱点的激发。

达尔文在英国诞生的同一天，美国肯塔基州树林的一个小木屋里也诞生了一个婴儿。之后，他同样也是受到了自身缺陷的激发，那就是林肯——亚伯拉罕林肯（Lincoln—Abraham Lincoln）。如果他生长在一个富有的家庭，拿到了哈佛大学的法律学位，又有一个圆满的婚姻，他可能永远就不能在盖茨堡作出那么深刻动人的演讲，更不用说他连任总统就职时的演说："勿以怨恨对待任何人，请以慈爱加给所有的人！"多么高贵美丽的言辞。

亨利·埃莫森·弗斯迪克（Harry Emerson Fosdick）在其著作中提到："北欧有这样一句谚语——刺骨的北极风造就了维京人。我们什么时候能相信人们会因为舒适的日子，没有任何困难而感到快乐呢？恰恰相反，自怜的人即使舒适地躺在沙发上也会自我哀叹。而不计环境优劣的人常常会感到很快乐，他们的责任感很强，从来不会逃避责任。再强调一遍——刺骨的北极风造就了维京人。"

如果你真的感到灰心丧气了，看不到任何转变的希望，那么也应该尽力一搏，最起码试一试只会有所得不会有所失，原因有二：

第一，试一试我们也许会成功。

第二，即使我们没能成功，我们也付出了，这种努力会引导我们往前看，而不是往后看；会让我们消除消极的思想，建立积极的思想；会激发我们的创造性，让我们忙碌起来，无暇哀叹过去。

世界著名小提琴家奥勒·布尔（Ole Bull）在巴黎的一次音乐会上，小提琴的 A 弦突然断了，但是他仍然面不改色地以剩下的三根弦完成了演奏。"这就是人生，"弗斯迪克说，"即使断了一根弦，你也要用剩下的三根弦继续演奏。"

这不只是人生，这是人生的升华，是人生的凯歌！

如果可能，我愿意把威廉·伯利梭的一段话镂刻并悬挂在每一所学校里：

人生中最重要的事情不是为收益而投资，这是无能之人之所为。真正重要的事情是如何在损失中获利，这是需要智慧的，正是这一点体现了智者与常人的不同。

培养良好的心态，能够帮助我们远离烦恼，给我们带来平和与自由。以下是我们得到第六条原则：

如果命运丢给我们一个柠檬，那就想办法把它做成一杯可口的柠檬汁吧！

两周内摆脱忧郁

开始着手写这本书时，我拿出两百美元征稿，文章题目是讲述"我是如何战胜忧郁"的真实动人故事。

这项征文比赛我请了三位评委：他们是东方航空公总裁艾迪·雷肯贝克（Eddie Rickenbacker）、林肯纪念大学校长麦克伦博士（Dr. Stewart W. McClelland）、记忆广播新闻评论家卡腾伯恩（H. V. Kaltenborn）。但是文章筛选到最后，最精彩的文章难决高下，评委们都难以割舍其一。最终我们决定两人都胜出，奖金一分为二。这里讲述的故事就是其中之一，主人公是波顿（C. R. Burton），密苏里州维泽汽车销售公司的员工，通讯地址为密苏里州商业街 1067 号。

"我 9 岁失去母亲，12 岁丧父。父亲死于意外，母亲则是在 19 年前带着两个小妹妹离家出走，从此杳无音信。7 年过去后她终于给我写了第一封信。父亲在母亲离家后三年意外死于车祸。当时他和一个合伙人一起在密苏里州的一个小镇开了一个咖啡馆。但是有一天父亲外出打理生意时，那个合伙人瞒着父亲卖掉了咖啡馆携款逃跑。一个朋友发电报催父亲赶紧赶回来。途中父亲在堪萨斯州发生了车祸。我有两个姑姑，都上了年纪，身体不好，而且经济条件有限，只收留了我们家其中的三个孩子。剩下我和小弟没有人领养。镇上的人可怜我们让我们兄弟俩留了下来。我们总是战战兢兢，担心被人家当成孤儿，但是一切都是不可避免的。

"我在镇上一个并不富裕的家庭生活了一段时间，但是那个年代光景不好，这家的主人失业了，他们没有能力再抚养我。于是洛夫汀夫妇就收养了我，把我带到了 11 公里外的农庄。这对老夫妇已经 70 高龄了，常年卧病在

床。洛夫汀先生跟我说，只要我不说谎、不偷窃、听话，我就可以一直在他们家住着。这三条就成了我的恪守的家规，我一直严格遵守。他们还送我去上学，但是刚到学校的第一个星期情况很不好。其他的小朋友不断地取笑我是个大鼻子，而且骂我笨，叫我'没人要的小孩儿'。我感到异常愤恨，真想把他们痛扁一顿。但是洛夫汀先生对我说："一定要记住，真正的男子汉是不会跟人打架的。"于是我使劲憋着气忍着，但是有一天，一个男孩从学校菜园里抓起一把鸡屎扔到了我脸上，我忍无可忍把他狠狠地揍了一顿，为此与他不和的几个人还成了为我的朋友，他们说他是罪有应得。

"洛夫汀太太给我买了一顶新帽子，我非常喜欢。有一天一个女孩居然突然给我夺去，并且往里面灌水，硬是把它给弄坏了。她说她往帽子里灌满水好淋湿我的木头脑袋让我清醒清醒。"

"在学校我从来不哭，都是忍着回家发泄。有一天洛夫汀太太给了我一个可以化敌为友的建议。她说：'劳夫，你主动向小伙伴们示好，尽可能地去帮助他们，他们就不会在捉弄你再叫你"没人要的小孩儿"了。'我听了她的话，开始用功读书。很快我就成了班里最好的学生；但是并没有人嫉妒我，因为我总是很乐意帮助别人。

"我帮好几个男同学写作文，帮他们写辩论稿。有个男同学不愿意让人知道是我在帮他写作业，就总是跟他妈妈说他要出去抓小动物了。实际上他是悄悄跑到洛夫汀先生家里，把狗绑在谷仓里，找我替他写作业。我还帮一个同学写了读书报告，花了好几个晚上帮一个女生补习算术。

"村里接连发生了几件不幸的事情。两个年长的农夫相继去世，一位太太被他丈夫遗弃。我是邻近四个家庭里唯一的男丁。于是两年来我一直坚持帮她们做事。上下学途中，我都会到她们家里，帮着砍柴，挤牛奶，喂牲口。人们都纷纷称赞我，没有人再像以前那样诅咒我。他们都把我当成了朋友。后来我从海军退役回来以后，他们都很真诚地待我。刚到家那几天，两百多个乡亲都赶来看我，有的人开车赶了八十多英里路过来，他们对我的关心都是发自内心的。因为我一直都忙忙碌碌，而且乐于尽力帮助别人，我很少感到烦恼。13 年了，再也没有人叫过我'没人要的小孩儿'。"

波顿先生太了不起了！他懂得了如何去交朋友！也懂得了如何远离忧虑

享受人生。

华盛顿的弗兰克·鲁普博士也是如此。他已经瘫痪了 23 年了。但是西雅图市星辰报刊的惠豪斯写信告诉我："我采访过鲁普博士多次，他是我知道的最无私的人，也是最懂得人生，从生活中得到最多的人。"

一个瘫痪在床的人是如何从生活中学到这么多的呢？我给大家两次机会，大家来猜一下。他是通过抱怨和批评做到的吗？不是。那么，他是通过自怜，把自己当成一切的中心做到的吗？不是，依然不对。我来说吧，他从生活中学到了那么多，是因为他遵循了威尔士王子的誓言："我乐于服务大众。"他搜集了很多瘫痪在床的病人的姓名和地址，给他们写鼓励的信，给对方也给自己带来欢乐。他还组织了一个面对瘫痪者的写信协会，大家可以相互通信。后来，他的协会发展成了一个全国性的组织，叫做"室内社团"。

他躺在床上，平均每年写出一千四百多封信，并且给社团捐书，给千万病友带来了欢乐。

鲁普博士和其他人最大的不同之处在哪呢？只有一点，那就是鲁普博士内心有一种使命感。能够为比自己生命更神圣更有意义的想法而贡献，他感到很欣慰。萧伯纳曾经说过："一个以自我为中心的人总是在抱怨世人没有尽力让他自己感到开心。"

著名心理学家艾德勒（Alfred Adler）的一句话让我感到很震惊。他经常对抑郁病人说："如果你能照着这个处方去做，每天都努力去思考如何让别人开心，那么两个星期你内就能痊愈。"

这句话听起来不可思议，所以我觉得在此有必要摘录艾德勒博士的名著《人生的意义》中的几段话来对此作出解释。（在此提醒大家，这本书非常值得一读。）

抑郁症的表现是对他人的难以消除的愤恨和抱怨。虽然目的是赢得关心、同情和支持，病人却总是因为自身的罪恶感而感到沮丧。他们记忆当中的事情通常是这样的：我想到沙发上躺一躺，但是我哥哥却在上面躺着，我就使劲哭，一直哭到他起来把位子让给我。

抑郁症患者常常以自杀来报复自己，因此医生对其进行治疗的第一步就是不要让他找到自杀的理由。我自己采取治疗措施时也是要先消除他们的这

种紧张，我会对他们说："任何事情，只要你不喜欢，就不要去做。"这句话听起来很没有分量，但是我相信这就是一切问题的根源。如果病人可以去做自己想做的事情，那他还能怪罪谁呢？他还有什么理由报复自己？我还会跟他们说："如果你想去剧院，那就去吧；或者你想要休个假，那就休吧。如果在去剧院的路上你又不想去了，那就不去。"这是所有人都想达到的理想状态，这样内心的优越感就会得到满足。他觉得自己就像上帝一样可以随心所欲。不过，这完全不符合他的生活方式。他有一种控制欲，想要怪罪别人，如果大家都顺着他，他就得不到控制的满足感了。这种方式就极大地释放了压力，我的病人中没有一个自杀过。

　　一般情况下，病人会这样回答："可是，没有一件事情是我想做的。"我早就预料到会有这样的回答，因为我听到的次数太多了。"那就不要做任何你不想做的事情。"这是我早就想好的答案。可是，有时候，也有病人这样说："我想一整天都躺在床上。"但是我知道，一旦我同意了，他就不想再这么做了；而一旦我不同意，他就会大闹一场。通常我都会同意的。

　　这是一种方式，另外一种处理他们的生活方式更直接一些。我告诉他们："只要你们肯按照这个处方来做，保证你在两个星期内痊愈，那就是每天想办法让他人高兴。"这个处方的目的就是让他们全身心地思考这个问题。有些病人的反应很有意思："那我怎么为某些人担心呢？""这对我来说太简单了，我从来都是只想着如何让别人高兴的。"但是事实上，他们从来都没有这么做过。我让他们在好好想想，他们并没有去想。于是我告诉他们："躺在床上睡不着的时候，你就集中精力想一想怎么能让一个人开心。这对你的健康有好处的。"第二天我问他们："昨晚有没有照着我的建议去做啊？"他们回答说："昨天晚上，我一躺到床上就睡着了。"当然这个处方只有在抛开自己的优越感，以一种温和友善的态度实施时才会有效。

　　有人会说："我做不到，我总是有那么多烦心事。"我就会跟他们说："那也没关系，只要烦躁之余能够想想别人就好了。"我总是尽可能地把他们的注意力转向别人身上。还有人会说："我为什么要去想办法让别人高兴？他们为什么不让我高兴？""你要为自己的健康着想。别人不这样做也早晚要吃苦头的。"还有的病人非常难得，他跟我说："我仔细地考虑过你的建议了。"我所做的一切都是为了让病人体会到他是一个社会人。因为一切抑郁症的根源都在于病人跟外界缺乏交流与合作，我要让他们意识到这一点。一旦他们跟自己的同伴能够达到平等合作的地步，那他们就不会再抑郁了。……宗教教义中最难的一条就是"爱你的邻居"。……如果一个人对自己的朋友毫不在意，那么他做事情就会困难重重，而且很容易给周围的人带来最深的伤害。人类的失败都是由这类人引起的。

……我们对于个人的要求，以及对个人的最高赞赏就是，他是个好同事、好朋友、好爱人、好伴侣。

艾德勒博士鼓励我们日行一善。为什么日行一善会给我们带来如此深远的影响？因为日行一善会让我们总是想着如何给别人带来欢乐，如此考虑自己问题的时间就大大减少了；而产生忧虑、恐惧和抑郁的主要原因就是无休止地考虑自身的事情。

威廉姆·蒙斯（Whilliam Moon）女士，是纽约第五大街蒙斯秘书学校的创办人，她就在给别人带来欢乐的同时帮助自己摆脱了忧虑，而且用了不到两周的时间就成功了。一对孤儿的出现让她产生了要给他们带来欢乐的想法，她只用了一天就远离了抑郁症的困扰。

蒙斯女士说："五年前的 12 月份，我的生活一下跌进了低谷，悲伤得不能自抑，每日生活在自怜当中。以前我和丈夫很快乐地生活着，但是突然间我就失去了他。每年圣诞节来临时，我对丈夫更是充满了缅怀哀思。丈夫在的时候我从来都没有一个人过过圣诞节；这一年也是一样，我在内心很是害怕圣诞节的到来。朋友们都邀请我与他们共度圣诞节，但是我都拒绝了，在他们家里我会触景生情的。于是越接近圣诞节，我就越被自怜所淹没。没错，我也有很多值得感激的事情，每个人都有的。圣诞节前夕，我下午三点钟就离开了办公室，然后到第五大街漫无目的地闲逛，希望能够走出自怜和抑郁的情绪。大街上喜气洋洋地，人们都无比开心，让我又不禁想起了逝去的快乐年华。

"没有勇气一个人回去孤独地面对空荡荡的家，于是接着在街上茫然地游荡着，泪流满面。不知不觉一个小时过去了，不知什么时候自己走到了一个公交站点。想起丈夫在的时候我们经常会随意搭上一辆公交车漫无目的地去进行所谓的"探险"，于是，又有一辆公交车进站时，我就上去了。汽车穿过了哈得逊河，又过了一阵子我听见售票员说："女士，终点站到了，该下车了。"从车上下来，是个完全陌生的地方，我连地名都不知道。周围静悄悄的，充满了平和的气氛。在等车回去的时候，我到周围的住宅区逛了逛。走过一座教堂时，从里面传出来优美的"平安夜"的乐声，我走进去，里面没人，只有一位风琴手。我静静地坐在教友席上，圣诞树上装饰的彩灯像是银河中闪烁的星星，绚烂得令人陶醉，一天没有吃东西，我看着这一切开始打盹，慢慢地沉睡去了。

"醒来时，我完全忘记了自己甚至何处，感到有点儿害怕。突然我看到面前有两个小孩子，显然他们是进来看圣诞树的。其中一个小女孩指着我说：'她是不是圣诞老人派来的呢？'看到我醒了，孩子们也吓了一跳。我告诉他们不用害怕，我不会伤害他们。这两个孩子都穿得破破烂烂的。我问他们的爸妈在哪儿，他们说：'我们没有爸爸妈妈。'这两个孩子的境况比我悲惨多了，我比他们好那么多，却还总是悲缅自怜，真是无地自容。于是我带着他们看了圣诞树，又带他们去了小店买了零食，糖果还有小礼物。和他们在一起，我的孤独感神奇般地消失了。这两个孤儿让我体会到了几个月以来从没体会到的真正的快乐与忘我。

"在跟他们聊天的过程中，我发现自己实际上是非常幸运的。小时候，每次圣诞节我都有父母温暖的陪伴，他们对我都是那么关心。这两个孩子带给我的远比我给与他们的要多。与他们的相遇让我再一次体会到要使自己开心首先要给别人带来快乐。我发现快乐是具有传染力的，在给予的同时我们也收获着快乐。在帮助别人关爱别人的同时，我也克服了忧虑、悲伤和自怜，从而也获得了重生。我的人生从此而改变，不仅当时这样感觉，此后几年都有这样的感受。"

关于这些从忘我的状态中获得健康和幸福的故事足够可以写一本书。这种故事俯首皆是。下面我们再来看看玛格丽特·泰勒·叶慈的故事，她是美国海军最受欢迎的女性。

叶慈太太是一位小说家，但她写的小说却远不如她自己的真实故事要精彩而传奇。故事发生在日本偷袭珍珠港的那天早晨。叶慈太太由于心脏不好，一年多来都一直卧病在床，一天 24 小时中要有 22 小时在床上度过，活动最多的时候也不过是从房间走到花园晒晒太阳。即使这么点路程，她都要在女佣的搀扶下才能行走。她亲口告诉我当年她真地以为自己后半辈子都得卧床度过了。"如果不是日军轰炸珍珠港，我会永远都这么生活下去了，我的生命里不会再出现曙光。"

"事故发生时，一切都陷入了混乱。一颗炸弹就在我家附近炸开了，震得我都跌下了床。陆军派出卡车去接海陆两军的家属到学校避难。红十字会的人打电话联络住处。他们知道我床旁边就有电话，问我是否愿意帮忙做联络。于是我就开始负责记录那些海军陆军的妻儿都被安排到了哪里，他们会叫将士们打电话找我询问地址，以便找到他们的眷属。

"我很快就接到了消息，我先生没出意外。于是我就努力为那些先生下落不明的妻子们打气，也尽量安慰失去丈夫的太太们。好多太太都失去了丈夫。这一次阵亡的官兵共计 2117 人，另有 960 人失踪。

"开始的时候，我是躺在床上接听电话，后来坐在床上接。最后我越来越来越忙，越来越激动，我忘了自己的病，开始下床坐到桌边。在帮助那些比我境况惨的人的过程中，我完全忘记了自我，除了每天休息的 8 个小时，其余时间我都不再躺在床上。现在回想起来，我觉得如果日军没有轰炸珍珠港，我可能下辈子都是个废人了。躺在床上很安逸，我也总是就此消极地等待着，现在我才知道是我自己在潜意识当中失去了复原的意志。

"空袭珍珠港是美国历史上最大的一次灾难，但是对我个人而言，却是一大幸事。这次转折赋予了我力量，这是以前做梦都没有想到的。它把我的注意力从我自身转移到他人身上。同时它也给了我活下去的重要理由。我再也没有时间去想我自己，顾及自身。"

如果心理医师的病人能够像叶慈太太说的那样去做——关心和帮助别人，那么起码有三分之一的人可以痊愈。这是我个人的想法吗？不是。这是心理学家卡尔·荣格（Carl Rung）的名言，他说："我的病人中有三分之一无法从生理上找到病因，他们是只是找不到生命的意义，生活比较空虚。"也就是说，他们只想过安逸的生活，而别人都在脚踏实地地工作，不会提供给他们需要的一切。于是他们就带着自怜、无聊、空虚的生活境遇去找心理医师。错过了轮船，他们只会站在码头，埋怨其他所有的人，而不会去找自身的原因，他们要求世界上所有的人都以他们为中心。

你现在也许会说："我对这些故事不以为然。如果在平安夜遇到两个孤儿，我也会关心他们的；如果空袭发生时，我恰好也在珍珠港，那我也能向玛格丽特一样力所能及地帮助别人。可是我的情况跟别人不一样，我的生活单调乏味，再平凡不过了。我一天工作 8 小时，无聊至极，从来没有什么有意思的事情发生。我怎么会有兴趣再去帮助别人呢？那对我又有什么好处呢？"

问得好，现在我来回答你。不管你的人生多么单调，你每天都免不了跟人接触的。那么你都是如何对待他们的呢？是视而不见，还是尽量多了解他们一点？比如说邮差——他一年要跑几百里路，为人们上门送信；你有没有留心问他住在哪里，或者看看他妻儿的照片？你关心过他们是否劳累，或者感到无聊过吗？

还有杂货店的徒弟、送报生、擦鞋童呢？他们也都是人啊，他们也有烦恼、梦想、还有野心啊。他们也想与人交流，问题是你有没有给他们机会呢？你可曾有过兴趣要去了解他们还有他们的生活？问题就在于此。你不一定非要处于玛格丽特或者社会改革者的位置上以后才能改变世界——你个人的世界；你可以从明早出门遇见的第一个人开始改变自己。

这对你有什么好处？当然是无尽的快乐了！你会对你自己更加满意，更以自身为荣！亚里士多德（Aristotle）把这种态度称为"博大的自私"。波斯宗教家佐罗亚斯托（Zoroaster）说："帮助别人不是一种责任，而是一件乐事，因为它能让你更加健康快乐。"

本杰明·富兰克林（Benjamin FranKlin）曾做过精辟的总结："对人和善也是对己和善。"

纽约心理服务中心主任林克（Henry C. Link）曾说："我认为，现代心理学家最重要的一个发现就是，科学证明自我牺牲和纪律都是自我实现与获得快乐必不可少的条件。"

多为别人考虑一下，不仅可以让自己免于烦恼，也可以结交更多的朋友，得到更多的乐趣。那么怎么才能做到这一点呢？我曾经问过耶鲁大学的菲尔普教授（William Phelps）这个问题，他说：

我到旅馆、理发店还有商店时，一定会跟我遇见的人谈谈话，我要让他们觉得他们是一个人，而不是一部机器上的螺丝。有时我会赞美店里女服务员的眼睛很美——或者头发很漂亮。我会问问理发师站一天累不累，他是怎么开始从事理发的，做多久了，给多少个人理过发了，我还会帮他一起数。我发现关心别人可以给他们带来更多的乐趣。我常常跟搬运工握手，工作了一整天，一个简单的握手就可以让他们精神振作。一个酷热的夏天，我到火车餐车上用餐。餐车挤得水泄不通，闷热无比，而服务又很慢。

等了半天服务生总算把菜单递给了我，我说："这种情况下，厨房做饭的师傅可是够辛苦的。"服务生开始抱怨，声音有些幽怨，开始我还以为他是生气了："老天爷啊！客人们都在埋怨饭不好吃，服务又慢，又嫌这里太热，东西太贵。我听这些抱怨都 19 年了，您还是第一个也是唯一一个对厨师表示理解同情的人。真希望有更多像您这样的客人。"

"服务生仅仅因为我把厨师当人看就如此诧异，人所祈求的，只不过是希望被当作人看。有时我在路上碰到有人牵着狗遛弯，我总是不忘赞美那只狗。走过之后再回过头来看，常会看到那个人很欣赏地拍着他的狗，我的赞美重新引起了他对自己狗的欣赏。

"有一次在英国，我遇到了一个牧人，我真心地赞美了他那只壮硕聪明的牧羊犬，我问他是如何驯养出来这么好的狗的。走开后，我回过头来看了一眼，那只牧羊犬正把前爪搭在主人的肩膀上，而主人正在拍着它的头。就因为我对牧羊犬的夸奖，牧羊人是那么开心，当然我自己更开心。"

一个常跟搬运工握手，又能对厨师表示理解的人，或是常常称赞别人的狗有多棒的人，你能想象他会终日愁眉不展，需要心理医师吗？一定不会吧！中国有一句谚语："送人玫瑰，手有余香。"正是说明的这个道理。

另外耶鲁大学的比利·菲尔普（Billy Phelps）也是对这个道理深有体会，我们在此不再详述他的故事。

下面这个故事对女士尤为适宜，男士可以跳过。这是一个忧虑郁郁寡欢的女孩子如何赢得好几个男孩好感的故事。故事的女主角现在已经为人祖母了。几年前，我到她所在的镇上做演讲，就寄宿在她家里。第二天她开车送我去 50 英里外的火车站。路上，我们谈了如何交朋友，她说：“卡耐基先生，我要告诉你一个秘密，连我先生都不知道的秘密。”（其实，你也不用太好奇，故事没有你想象中那么神奇。）她告诉我她们家以前在费城是靠社会救济金生活的。她说：“我年轻时最大的悲剧就来自于家庭的贫困。我从来没有像别的女孩子一样有着精彩的社交活动。”

我的衣着寒碜，而且常常太小，绷在身上，当然款式也都过时了。我觉得无颜见人，常常哭着睡去。绝望中，我突然有了主意。以后每次聚会中，我都请周围的男伴们谈谈他们的经历、想法以及对未来的规划。我问这些问题，并不是出于对他们的兴趣，而是为了转移他们的注意力，不让他们看出我寒碜的装扮。可是，奇妙的事情发生了：在听这些男伴谈论的过程中，我学到了一些东西，从而开始对一些事情真正产生了兴趣。我变得兴致盎然，自己也忘了服装的问题。可是最令我诧异的是，因为我是一个很好的聆听着，又鼓励他们谈论自己，他们跟我在一起时总是很快乐，我竟然渐渐成了最受欢迎的女孩子，有三个男士都向我求婚。

（女士们注意了，奇迹是这样发生的。）

也许有人看到这里会说：“说什么对别人的事情感兴趣，全都是胡说八道！我才懒得过问别人的事情，只要自己能赚到钱，得到自己追求的东西就足够了，管别人的事情干嘛？”

当然，你有选择的自由，你可以这样想。但是，如果你的这一想法合理的话，那么所有的古圣先贤——耶稣、孔子、佛祖、柏拉图、亚里士多德、苏格拉底等等就都错了。也许你对宗教大师并不认同，那么，我来给你举几个无神论者的例子吧。第一个例子就是剑桥大学豪斯曼教授（A. E. Housman），他是当代极富盛名的学者。1936 年，他在剑桥大学所做的演讲《诗之名与质》中曾说道：“耶稣说，‘人因我而失去生命者将得到永生。’这实在是永恒的真理，也是人的道德的最高境界。”

我们总是从传教士那里听到这种论调，但是豪斯曼教授是一位无神论者，也是一个悲观主义者，他也发现，一个人只想着自己，是不可能活出真正的人生价值的。他会生活得很糟糕。相反，忘记自身、服务于人的人才得以享受到生之喜悦。

如果豪斯曼教授的话依然无法说服你，那我们再来听听 20 世纪美国最杰出的无神论者——西奥多·德莱塞（Theodore Dreiser）是怎么说的。德莱塞把所有的宗教都看成神话，而生命就是痴人说梦，毫无意义。但是他信奉并且始终遵循着耶稣的一个原则——服务于人。德莱塞说过："如果一个人想要从生活中得到快乐，那么他就为他人着想，不能只想着自己，因为快乐源自于大家相互的关怀。"

如果我们真的像德莱塞所说，帮助别人过的更好，那我们就应该立即行动，不要再浪费时间。"人生只有一次，我要尽我所能做好事，做善事。从现在开始就立即行动起来，不要拖延，重视起来，因为人生不会重来。"

如果你想要远离烦恼，培养良好的心态获得平和与自由。以下是要遵循的第七条原则：

忘却自己，多关心别人。日行一善，给他人带来欢乐。

第五章　让你的忧虑"到此为止"

让自己忙起来

清除忧虑的最好办法，就是要让你自己忙着，去做一些有用的事情。

我永远也忘不了几年前的那一夜。我班上的一个学生马利安·道格拉斯告诉我们，他家里遭受到不幸的悲剧，不止一次，而是两回。第一次他失去了他五岁大的女儿，一个他非常喜欢的孩子。他和他的妻子，都以为他们没有办法忍受这个损失。可是，正如他说的："十个月之后，上帝又赐给我们另外一个小女儿——而她只活了五天就死了。"

这接二连三的打击，重得使人几乎无法承受。"我承受不了，"这个做父亲的告诉我们说，"我睡不着，我吃不下，我也无法休息或是放松。我的精神受到致命的打击，信心尽失。"最后他去看了医生，一个医生建议他吃安眠药，另外一个则建议他去旅行。他两个方法都试过了，可是没有一样能够对他有所帮助。他说："我的身体好像被夹在一把大钳子里，而这把钳子愈夹愈紧，愈夹愈紧。"那种悲哀给他的压力——如果你曾经因悲哀而感觉麻木的话，你就知道他所说的是什么了。

"不过感谢上帝，我还有一个孩子——一个四岁大的儿子，他教我们得到解决问题的方法。有一天下午，我呆坐在那里为自己感到难过的时候，他问我：'爸爸，你肯不肯为我造一条船？'我实在没有兴致去造条船。事实上，我根本没有兴致做任何事情，可是我的孩子是个很会缠人的小家伙，我不得不顺从他的意思。

"造那条玩具船大概花了我三个钟头，等到船弄好之后，我发现用来造船的那三个小时，是我这么多个月来第一次有机会放松我的心情的时候。

　　"这个大发现使我从昏睡中惊醒过来。它使我想了很多——这是我几个月来的第一次思想。我发现，如果你忙着去做一些需要计划和思想的事情的话，就很难再去忧虑了。对我来说，造那条船就把我的忧虑整个击垮了，所以我决定让自己不断地忙碌起来。

　　"第二天晚上，我巡视屋子里的每个房间，把所有该做的事情列成一张单子。有好些小东西需要修理，比方说书架、楼梯、窗帘、门钮、门锁、漏水的龙头等等。叫人想不到的是，在两个礼拜以内，我列出了242件需要做的事情。

　　"在过去的两年里，那些事情大部分都已经完成。此外，我也使我的生活充满了启发性的活动：每个礼拜，有两天晚上我到纽约市参加成人教育班，并参加了一些小镇上的活动。我现在是校董事会的主席，参加很多的会议，并协助红十字会和其他的机构募捐。我现在简直忙得没有时间去忧虑。"

　　没有时间去忧虑，这正是丘吉尔在战事紧张到每天要工作18个小时的时候所说的。当别人问他是不是为那么重的责任而忧虑时，他说："我太忙了，我没有时间去忧虑。"

　　查尔斯·柯特林在发明汽车的自动点火器的时候，也碰到过这样的情形。柯特林先生一直是通用公司的副总裁，负责世界知名的通用汽车研究公司，最近才退休，可是，当年他却穷得要用谷仓里堆稻草的地方做实验室。家里的开销，都得靠他太太教钢琴所赚来的1500美金。后来，他又去用他的人寿保险作抵押借了500美金。我问过他太太，在那段时期她是不是很忧虑。"是的，"她回答说，"我担心得睡不着，可是柯特林先生却一点也不担心，他整天埋头在工作里，没有时间去忧虑。"

　　伟大的科学家巴斯特曾经谈到"在图书馆和实验室所找到的平静"。平静为什么会在那儿被找到呢？因为在图书馆和实验室的人，通常都埋头在他们的工作里，不会为他们自己担忧。做研究工作的人很少有精神崩溃的现象，因为他们没有时间来享受这种"奢侈"。

　　为什么"让自己忙着"这么一件简单的事情，就能够把忧虑赶出去呢？因为有这么一个定理——这是心理学上所发现的最基本的一条定理，这条定理就是：不论这个人多么聪明，人类的思想，都不可能在同一时间想一件以上的事情。让我们来做一个实验：假定你现在靠坐在椅子上，闭起两眼，试着在同一个时间去想：自由女神；你明天早上打算做什么事情。

你会发现你只能轮流地想其中的一件事，而不能同时想两件事，对不对？从你的情感上来说，也是这样。我们不可能既激动、热诚地想去做一些很令人兴奋的事情，又同时因为忧虑而拖累下来。在同一时间里，一种感觉会把另一种感觉赶出去，也就是这么简单的发现，使得军方的心理治疗专家们，能够在战时创造出这一类的奇迹。

詹姆斯·墨塞尔是哥伦比亚师范学院的教育学教授，他在这方面说得很清楚：

忧虑最能伤害到你的时候，不是在你有所行动的时候，而是在你没有什么事可做的时候。那时候，你的想象力会混乱起来，使你想起各种荒诞不稽的可能，把每一个小错误都加以夸大。在这种时候，你的思想就像一部没有载货的汽车，乱冲乱撞，撞毁一切，甚至连自己也会变成碎片。消除忧虑的最好办法，就是要让你自己忙着，去做一些有用的事情。

不一定非得是一个大学教授才能懂得这个道理，才能付诸实行。战时，我碰到一个住在芝加哥的家庭主妇，她告诉我，她发现"消除忧虑的好办法就是让自己忙着，去做一些有用的事情"。当时我正在从纽约回密苏里农庄的路上，在餐车碰到了这位太太和她的先生。

这对夫妇告诉我，他们的儿子在珍珠港事件的第二天加入了陆军。那个女人当时为她的独子十分担忧，并且几乎使她的健康受损。她总是要为儿子担心：他在什么地方？他是不是很安全？他是不是正在打仗？他会不会受伤，阵亡？

我问她，后来她是怎么克服忧虑的。她回答说：

"我让自己忙着。我把女佣辞退了，希望能靠自己做家事来让自己忙着，可是这并没有多少用处。问题是，我做起家事来几乎是机械性的，完全不要用思想，所以当我铺床和洗碟子的时候，还是一直担忧着。我发现，我需要一些新的工作才能使我在一天的每一个小时里，身心两方面都能感到忙碌，于是我便到一家大百货公司里去当售货员。

"这下成了，我马上发现自己好像掉进了一个行动大漩涡：顾客挤在我的四周，问我关于价钱、尺码、颜色等问题。没有一秒钟能让我想到除了手边工作以外的其他问题。到了晚上，我也只能想，怎样才可以让我那双痛脚休息一下。等我吃完晚饭之后，我倒在床上，马上就睡着了，既没有时间、也没有体力再去忧虑。"

倘若我们为什么事情担心的话，就让我们记住，我们可以把工作当作很好的古老治疗法。以前在哈佛大学医学院当教授、已故的理查德·凯波特博士，在他那本《人类以此生存》的书里也说过："身为一个医生，我很高兴看到工作可以治愈很多病人。他们所感染的，是由于过分疑惧、迟疑、踌躇和恐惧等所带来的病症，而工作所带给我们的勇气，就像爱默生永垂不朽的自信一样。"

当有些人因为在战场上受到打击而退下来的时候，他们都被称为"心理上的精神衰弱症"。军方的医生都以"让他们忙着"为治疗的方法。

除了睡觉的时间之外，每一分钟都让这些在精神上受到打击的人充满了活动，比如钓鱼、打猎、打球、拍照、种花，以及跳舞等等，根本不让他们有时间去回想他们那些可怕的经历。

"职业性的治疗"是近代心理医生所用的名词，也就是拿工作来当作治病的处方。这并不是新的办法，在耶稣诞生 500 年前，古希腊的医生就已经在使用了。

在富兰克林时代，费城教友会教徒也曾用过这种办法。1774 年有一个人去参观教友会的疗养院，看见那些精神病人正忙着纺纱织布，使他大为震惊。他认为那些可怜而不幸的人们，在被压榨劳力，后来教友会的人才向他解释说，他们发现那些病人惟有在工作的时候病情才能真正有所好转，因为工作能安定神经。

不管是哪个心理治疗医生，他都能告诉你：工作——让你忙着——是精神病最好的治疗剂。名诗人亨利·朗费罗在他年轻的妻子去世之后发现了这个道理。有一天，他太太点了一根蜡烛，来熔化一些信封的火漆，结果衣服烧了起来。朗费罗听见她的叫喊便赶过去抢救，可是她还是因烧伤而亡。有一段时间，朗费罗没有办法忘掉这次可怕的经历，几乎发疯，幸好他三个幼小的孩子需要他照料。虽然他很悲伤，但还是要既当爸又当妈地照料孩子。

他带他们出去散步，给他们讲故事，和他们一同玩游戏，还把他们父子间的亲情永存在"孩子们的时间"一诗里。他也翻译了但丁的《神曲》。这些工作加在一起，使他忙得完全忘记了自己，也重新得到了思想的平静。就像泰尼森在最好的朋友阿瑟·哈勒姆死时曾经说的那样："我一定要让自己沉浸在工作里，否则我就会在绝望中苦恼。"

奥莎·约翰逊发现了比她早一世纪的泰尼森在诗句里所说的同一个真理："我必须让自己沉浸在工作里，否则我就会挣扎在绝望中。"

海军上将伯德之所以也能发现这一点，是因为他在覆盖着冰雪的南极的小茅屋里单独住了5个月——在那冰天雪地里，藏有大自然最古老的秘密——在冰雪覆盖下，是一片无人知道的、比美国和欧洲加起来都要大的大陆。伯德上将独自度过的5个月里，方圆100公里内没有任何一种生物存在。天气奇冷，当风从他耳边吹过的时候，他能听见他的呼吸冻住，结得像水晶一般。在他那本名叫《孤寂》的书里，伯德上将叙述了他在一种既难过又可怕的黑暗里所度过的5个月的生活。他一定得不停地忙着才不至于发疯。

要是你和我都不能一直忙碌着——如果我们闲坐在那里发愁——我们就会产生一大堆被达尔文称之为"胡思乱想"的东西，而这些"胡思乱想"就像传说中的妖精，会掏空我们的思想，摧毁我们的行动力和意志力。

我认得纽约的一个生意人，他也用忙碌驱赶自己的那些"胡思乱想"，使他没有时间去烦恼和发愁。他的名字叫屈伯尔·朗曼，也是我成人教育班的学生。他征服忧虑的经过非常有意思，也非常特殊，所以下课之后我请他和我一起去消夜。我们在一间餐馆里面一直坐到半夜，谈着他的那些经验。下面就是他告诉我的故事：

18年前，我因为忧虑过度而得了失眠症，当时我非常紧张，脾气暴躁，而且非常的不安。我想我就要精神崩溃了。

我这样发愁是有原因的。我当时是纽约市西百老汇大街皇冠水果制品公司的财务经理，我们投资了50万美元，把草莓包装在一加仑装的罐子里。20年来，我们一直把这种一加仑装的草莓卖给制造冰淇淋的厂商。突然间我们的销售量大跌，因为那些大的冰淇淋制造厂商，像国家奶品公司等等，产量急剧增加，而为了节省开支和时间，他们都买 36 加仑一桶的桶装草莓。

我们不仅没办法卖出价值 50 万美元的草莓，而且根据合约规定，在接下去的一年之内，我们还要再买价值 100 万美元的草莓。我们已经向银行借了 35 万美元，既还不出钱来，也没有办法再续借这笔借款，难怪我要担忧了。

我赶到我们位于加州的工厂里，想要让我们的总经理相信情况有所改变，我们可能会面临毁灭性的命运。他不肯相信，而把这些问题的全部责任都归罪于纽约的公司身上——那些可怜的业务人员。

经过几天的要求之后，我终于说服了他不再这样包装草莓，而把新的供应品放在旧金山的新鲜草莓市场上卖。这样差不多就可以解决我们大部分的困难，照理说我应该不再忧虑了，可是我还做不到这一点。忧虑是一种习惯，而我已经染上这种习惯了。

我回到纽约之后，开始为每一件事情担忧：在意大利买的樱桃，在夏威夷买的凤梨等等，我非常的紧张不安，睡不着觉，就像我刚刚说过的，简直就快要精神崩溃了。

在绝望中，我换了一种新的生活方式，结果治好了我的失眠症，也使我不再忧虑。我让自己忙碌着，忙到我必须付出所有的精力和时间，以至于没有时间去忧虑。以前我一天工作 7 个小时，现在我开始一天工作 15 到 16 个小时。我每天早晨 8 点钟就到办公室，一直待到半夜，我接下新的工作，负起

萧伯纳

新的责任，等我半夜回到家的时候，总是筋疲力尽地倒在床上，用不了几秒钟就睡得很熟。

这样过了差不多 3 个月，等我改掉忧虑的习惯，再同到每天工作 7 到 8 个小时的正常情形。这事情发生在 18 年前，从那以后，我就再没有失眠和忧虑过。

萧伯纳说得很对，他把这些总结起来说：

让人愁苦的秘诀就是，有空闲时间就来想想自己到底快不快乐。

所以不必去想它，在手掌心里吐口唾沫，让自己忙起来，你的血液就会开始循环，你的思想就会开始变得敏锐——让自己一直忙着，这是世界上最便宜的一种药，也是最好的一种。

准备迎接最坏的情况

卡瑞尔是一个很聪明的工程师，他开创了空气调节器制造业，现在是位于纽约州瑞西的著名卡瑞尔公司的负责人。我所知道的解决忧虑困难的最好办法，是我和卡瑞尔先生在纽约的工程师俱乐部吃中饭的时候亲自从他那里学到的。

"年轻的时候，"卡瑞尔先生说，"我在纽约州水牛城的水牛钢铁公司做事。我必须到密苏里州水晶城的匹兹堡玻璃公司———一座花费好几百万美金建造的工厂，去安装二架瓦斯清洁机，目的是清除瓦斯里的杂质，使瓦斯燃烧时不至于有损引擎。这种清洁瓦斯的方法是新的方法，以前只试过一次——而且当时的情况很不相同。我到密苏里州水晶城工作的时候，很多事先没有想到的困难都发生了。经过一番调整之后，机器可以使用了，可是成绩并不能好到我们所保证的程度。

"我对自己的失败感到非常吃惊，觉得好像是有人在我头上重重地打了一拳。我的胃和整个肚子都开始扭痛起来。有好一阵子，我忧虑得简直没有办法睡觉。

"最后，我的常识告诉我忧虑并不能够解决问题，于是我便想出了一个不需要忧虑就可以解决问题的办法，结果非常有效。我这个排除忧虑的办法已经使用了 30 多年。这个办法非常简单，任何人都可以使用。其中共有三个步骤：

"第一步，我毫不害怕而诚恳地分析整个情况，然后找出万一失败可能会发生的最坏的结果。没有人会把我关起来，或者把我枪毙，这一点说得很准。不错，很可能我会丢掉差事，也可能我的老板会把整个机器拆掉，使投进去的 2 万美元泡汤。

"第二步，找出可能发生的最坏的情况之后，我就让自己在必要的时候能够接受它。我对自己说，这次失败，在我的纪录上会是一个很大的污点，可能我会因此而丢掉差事，但即使真是如此，我还是可以另外找到一份差事。至于我的那些老板，他们也知道我们现在是在试验一种清除瓦斯新法，如果这种实验要花他们 2 万美元，他们还付得起。他们可以把这笔账算在研究费用上，因为这只是一种实验。

"发现可能发生的最坏情况，并让自己能够接受之后，有一件非常重要的事情发生了。我马上轻松下来，感受到几天以来所没经历过的那份平静。

"第三步，从这以后，我就平静地把我的时间和精力，拿来试着改善我在心理上已经接受的那种最坏情况。

"我努力地找出一些办法，让我减少我们目前所面临的 2 万美元损失。我做了几次实验，最后发现，如果我们再多花 5000 美元，加装一些设备，我们的问题就可以解决。我们照这个办法去做之后，公司不但没有损失 2 万美元，反而赚了 1.5 万美元。

"如果当时我一直担心下去的话，恐怕永远都不可能做到这一点。因为忧虑的最大坏处，就是会毁了我集中精神的能力。在我们忧虑的时候，思想会到处乱转，而丧失所有作决定的能力。然而，当我们强迫自己面对最坏的情况，而在精神上接受它之后，就能够衡量所有可能的情形，使我们处在一个可以集中精力解决问题的地位。

"我刚才所说的这件事，发生在很多很多年以前，因为这种做法非常好，我就一直使用着。结果呢，我的生活里几乎完全不再有烦恼了。"

为什么威利·卡瑞尔的万能公式这么有价值，这么实用呢？从心理学角度上来讲，它能够把我们从那个巨大的灰色云层里拉下来，让我们不再因为忧虑而盲目地摸索，它可以使我们的双脚稳稳地站在地面上，而我们也都知道自己的确站在地面上。如果我们脚下没有结实的土地，又怎么能希望把事情想通呢？

应用心理学之父威廉·詹姆斯教授，已经去世 38 年了，可是如果他今天还活着，听到这个面对最坏情况的公式的话，也一定会大表赞同。我怎么知道的呢？因为他曾经告诉过他的学生说："你要愿意承担这种情况，因为能接受既成的事实，就是克服随之而来的任何不幸的第一个步骤。"

林语堂在他的《生活的艺术》里也谈到同样的概念。"心理的平静，"这位中国哲学家说，"……能接受最坏的情况，在心理上，就能让你发挥出新的能力。"

这就对了，一点也没错，在心理上就能让你发挥出新的能力。当我们接受了最坏的情况之后，我们就不会再损失什么，而这也就是说，一切都可以得回来。"在面对最坏的情况之后，"威利·卡瑞尔告诉我们说，"我马上就轻松下来，感到一种好几天来没有经历过的平静。然后，我就能思想了。"

很有道理，对不对？可是还有成千上万的人，为愤怒而毁了他们的生活。因为他们拒绝接受最坏的情况，不肯由此以求改进，不愿意在灾难中尽可能地救出点东西来。他们不但不重新构筑他们的财富，却参与了"和经验所作的一次冷酷而激烈的斗争"——终于变成了我们称之为忧郁症的那种颓丧的情绪的牺牲者。

这套消除忧虑的万灵公式，曾经使一个带着棺材航海旅行的垂死病人胖了 90 磅。这是艾尔·汉里的故事。那是 1948 年 11 月 17 日，他在波士顿史帝拉大饭店亲口告诉我的故事：

"1929 年，"他说，"因为我常常发愁，得了胃溃疡。有一天晚上，我的胃出血了，被送到芝加哥西比大学的医学院附设医院里。我的体重从 175 磅降到 90 磅。我的病严重到使医生警告我，连头都不许抬。三个医生中，有一个是非常有名的胃溃疡专家。他们说我的病是'已经无药可救了'。我只能吃苏打粉，每小时吃一大匙半流质的东西，每天早上和每天晚上都要由护士拿一条橡皮管插进我的胃里，把里面的东西洗出来。

"这种情形持续了好几个月……最后，我对自己说：'你睡吧，汉里，如果你除了等死之外没有什么别的指望了，不如好好地利用你剩下的这一点时间。你一直都想在你死以前环游世界，所以如果你还想这样做的话，只有现在就去做了。'

"当我对那几位医生说，我要环游世界，我自己会一天洗两次胃的时候，他们都大吃一惊。不可能的，他们从来都没有听说过这种事。他们警告我说，如果我开始环游世界，我就只有葬身在海里了。'不，我不会的。'我回

答说，'我已经答应过我的亲友，我要葬在尼布雷斯卡州我们老家的墓园里，所以我打算把我的棺材随身带着。'

"我去买了一具棺材，把它运上船，然后和轮船公司安排好，万一我去世的话，就把我的尸体放在冷冻舱里，一直到运回老家。我开始踏上旅程，心里只想着奥玛开俨的一首诗：

啊，在我们零落为泥之前，

岂能辜负，不拼作一生欢，

物化为泥，永寂黄泉下，

没酒、没弦、没歌伎，而且没明天。

当我从洛杉矶上了亚当斯总统号的船向东方航行的时候，就觉得好多了，渐渐地便不再吃药，也不再洗胃。不久之后，任何食物都能吃了——甚至包括许多奇奇怪怪的当地食品和调味品。这些别人都说我吃了一定会送命的。几个礼拜过去之后，我甚至可以抽长长的黑雪茄，喝几杯老酒。多年来我从没有这样享受过。我们在印度洋上碰到季风，在太平洋上遇到台风，这种事情要是害怕，也会让我躺进棺材里的，可是我却从这次冒险中得到很大的乐趣。

"我在船上和他们玩游戏、唱歌、交新朋友，晚上聊到半夜。到了中国和印度之后，我发现我回去之后要料理的私事，跟在东方所见到的贫穷与饥饿比起来，简直就像是天堂跟地狱之比。我中止了所有无聊的担忧，觉得非常的舒服。回到美国之后，我的体重增加了90磅，几乎完全忘记了我曾患过胃溃疡。我这一生中从没有觉得这么舒服。我回去后一天也没再病过。"

艾尔·汉里告诉我，他发现他是在下意识里应用了威利·卡瑞尔征服忧虑的办法。

让我们再看看其他人是怎样利用威利·卡瑞尔的万灵公式，来解决他们自己的问题的。下面就是一个例子。这是以前我的一个学生——目前他是一名纽约油商——所做过的事情：

"有人勒索我，"他说，"我不相信会有这种事情——我不相信这种事情会发生在电影以外的现实生活里——可是我真的是被勒索了。事情是这样的：我主管的那个石油公司，有好几辆运油的卡车和好些司机。在那段时期，物价管理委员会的条例是很严格的，我们所能送给每一个顾客的油量也都有限制。我起先不知道事情的真相，好像有一些运货员减少我们固定顾客的油量，把偷下来的卖给一些他们的顾客。

"有一天，有个自称政府调查员的人来看我，跟我索要红包。他说，他掌握我们运货员舞弊的证据。并以此要挟说，如果我不答应的话，他就要把证据转交给地方检察官。这时候，我才发现公司有这种非法的买卖。

"当然，我知道我没有什么好担心的——至少跟我个人无关。但是我也知道法律规定，公司应该为员工的行为负责。还有，万一案子打到法院去，上了报纸，这种坏名声就会毁了我的生意。我对自己的生意非常骄傲——我父亲在 24 年前已经为此打下了基础。

"我生病了，三天三夜吃不下睡不着。我一直在那件事情里面打转。我是该付那笔钱——5000 美金，还是该跟那个人说，你爱怎么干就怎么干吧。我一直决定不下，每天晚上都在噩梦中度过。

"在事情发生后的某一个礼拜天的晚上，我碰巧拿起一本叫做《如何不再忧虑》的小书，这是我去听卡耐基公开演说时拿到的。我读到威利·卡瑞尔的故事，里面说：'面对最坏的情况。'于是我问自己：'如果我不肯付钱，那个勒索者把证据交给地检处的话，可能发生的最坏情况是什么呢？'

"答案是：'毁了我的生意——最坏就是如此。我不会被送进监狱。可能发生的，只是我会被这件事毁了罢了。'

"于是我对自己说：'好了，生意即使毁了，但我心理上也可以接受这点，接下去又会怎样呢？'

"嗯，我的生意毁了之后，也许得去另外找份工作。这也不坏，我对石油知道得很多——有几家大公司可能会乐意雇用我……我开始觉得好过多了。三天三夜之后，我的那份忧虑开始消散了，我的情绪终于稳定了下来……而意外地，我居然能够开始思考了。

"我清醒地看到第三步——改善最坏的情况。就在我想解决方法的时候，一个全新的局面展现在我的面前：如果我把整个情况告诉我的律师，他可能会帮我找到一条我一直都没有想到的路子。这乍听起来很笨，因为我起先一直都没有想到过这一点——我原先一直都没有好好思想过，只是一味在担心。我打定了主意，第二天清早就去见我的律师，接着我上了床，安安稳稳地睡了一觉。

"事情的结果如何呢？第二天早上，我的律师叫我去见地方检察官，把真实情形告诉他。我照他的话做了。当我说出原委之后，出乎意外地听到地方检察官说，这种勒索的案子已经持续好几个月了，那个自称是'政府官员'的人，实际上是警方通缉犯。当我为了是否该把5000美金交给那个职业罪犯而担心了三天三夜之后，听到这番话，真是松了一大口气。

"这次的经历给我上了一堂永难忘怀的一课。现在，每当面临会使我忧虑的难题时，我就会把所谓的'威利·卡瑞尔的老公式'派上用场。"

说出你的忧虑

一年秋天，我的助手坐飞机到波士顿参加一次世界性的最不寻常的医学课程。这个课程每周举行一次，参加的病人在进场之前都要进行定期和彻底的身体检查。可是实际上这个课程是一种心理学的临床实验，虽然课程正式的名称叫做应用心理学，而其真正的目的却是治疗一些因忧虑而得病的人，而大部分病人都是精神上感到困扰的家庭主妇。

这种专门为忧虑的人所准备的课程是怎么开始的呢？1930年，约瑟夫·普拉特博士——他曾是威廉·奥斯勒爵士的学生——注意到，很多到波士顿医院来求诊的病人，生理上根本没有毛病，可是他们却认为自己有某种病的症状。有一个女人的两只手，因为"关节炎"而完全无法干活，另外一个则因为"胃癌"的症状而痛苦不堪。其他有背痛的、头痛的，常年感到疲倦或疼痛。她们真的能够感觉到这些痛苦，可是经过最彻底的医学检查之后，却发现这些女人并没有任何生理上的疾病。很多老医生都会说，这完全是出于心理因素——"病在她的脑子里"。

可是普拉特博士却了解，单单叫那些病人"回家去把这件事忘掉"不会有一点用处。他知道这些女人大多数都不希望生病，要是她们的痛苦能够那么容易被忘记，她们自己早就这样做了。那么该怎么治疗呢？

他开这个班，虽然医学界的很多人都对这件事深表怀疑，但却有意想不到的结果。从开班以来，18 年里，成千上万的病人都因为参加这个班而"痊愈"。有些病人到这个班来上了好几年的课——几乎就像上教堂一样的虔诚。我的那个助手曾和一位前后坚持了 9 年并且很少缺课的女人谈过话。她说当她第一次到这个诊所来的时候，她深信自己患有肾脏病和心脏病。她既忧虑又紧张，有时候会突然看不见东西，担心失明。可是现在她却充满了信心，心情十分愉快，而且健康情形非常良好。她看起来只有 40 岁左右，可是怀里却抱着一个睡着的孙子。"我以前总为我家里的问题烦恼得要死，"她说，"几乎希望能够一死了之。可是我在这里懂得了忧虑对人的害处，学会了怎样停止忧虑。我现在可以说，我的生活真是太幸福了。"

这个班的医学顾问罗斯·希尔费丁医生觉得，减轻忧虑最好的药就是和你信任的人谈论你的问题，他们称之为净化作用。她说："病人到这里来时，可以尽量地谈她们的问题，一直到她们把这些问题完全赶出她们的脑子。一个人闷着头忧虑，不把这些事情告诉别人，就会造成精神紧张。我们都应让别人来分担我们的难题，我们也得分担别人的忧虑。我们必须感觉到世界上还有人愿意听我们的话，也能够了解我们。"

我的助手亲眼看到一个女人在说出她心里的忧虑之后，感到一种非常难得的解脱。她有许多家务方面的烦恼，而在她刚刚开始谈论这些问题的时候，她就像一个压紧的弹簧，然后一面讲，一面渐渐地平静下来。等到谈完之后，她居然能够面露微笑。这些困难是否已经得到了解决呢？没有，事情不会那样容易。她之所以有这样的改变，是因为她能和别人谈一谈，得到了一点点忠告和同情。真正造成变化的，是具有强而有力的治疗功能的语言。

就某方面来说，心理分析就是以语言的治疗功能为基础的。从弗洛伊德的时代开始，心理分析家们都知道，只要一个病人能够说话——单单只要说出来，就能解除他心中的忧虑。为什么呢？也许是因为说出来以后，我们就可以更深入地看到我们的问题，能够看到更好的解决方法。没有人知道确切的答案，可是我们所有的人都知道——"吐露一番"或是"发发心中的闷气"，就能立刻使人觉得畅快很多。

所以，下一次当我们再碰到什么情感上的难题时，何不去找个人谈一谈呢？当然我并不是说，随便到哪儿去抓一个人，就把我们心里所有的苦水和牢骚都说给他听。我们要找一个能够信任的人，和他约好一个时间。也许找一位亲戚、一位医生、一位律师、一位教士，或是一个神父，然后对那个人说："我希望得到你的忠告。我有个问题，希望你能听我谈一谈，你也许可以给我点忠告。也许旁观者清，你可以看到我自己所看不到的角度，可是即使你不能做到这一点，只要你坐在那儿听我谈谈这件事情，也就等于帮了我很大的忙了。"

不过，如果你真觉得没有一个人可以谈话，那我要告诉你所谓的"救生联盟"——这个组织和波士顿那个医学课程完全没有任何关联。这个"救生联盟"是世界上最不寻常的组织之一，它的组成是为了防止可能会发生的自杀事件。多年来，它的服务范围已扩大到给那些不欢乐或是在情感和精神方面需要安慰的人以安慰。

把心事说出来，这是波士顿医院所安排的课程中最主要的治疗方法。下面是我们在那个课程里所得到的一些概念，其实我们在家里就可以做这些事。

1. 准备一本"供给灵感"的剪贴簿。

你可以贴上自己喜欢的令人鼓舞的诗篇，或是名人格言。往后，如果你感到精神颓丧，也许在本子里就可以找到治疗方法。在波士顿医院的很多病人都把这种剪贴簿保存好多年，她们说这等于是替你在精神上"打了一针"。

2. 不要为别人的缺点太操心。

不错，你的丈夫有许多的缺点，但如果他是个圣人的话，恐怕他就根本不会娶你了，对不对？在那个班上有一个女人，发现她自己变成了一个对人苛刻，爱责备别人、爱挑剔，还常常拉长一张脸的妻子。当人家问她"要是你丈夫死了你该怎么办"的问题时，她才发现自己的短处。她当时着实大吃了一惊，连忙坐下来，把她丈夫所有的优点都列举出来。她所写的那张单子可真长呀！所以下次要是你觉得嫁错了人，何不也试着这样做呢？也许在看过他所有的优点以后，会发现他正是你所希望遇到的那个人。

3. 要对你的邻居感兴趣。

对那些和你在同一条街上共同生活的人，要有一种很友善也很健康的兴趣。有一个孤独的女人，觉得自己非常的"孤立"。她一个朋友都没有。有人要她试着把她下一个碰到的人作为主角编一个故事，于是她就开始在公共汽车上为她所看到的人编造故事。她假想那人的背景和生活情形，试着去想象他的生活怎样。后来，她碰到别人就谈天，而今天她非常的欢乐，变成了很讨人喜欢的人，也治好了她的"痛苦"。

4. 晚上上床之前，先安排好明天工作的程序。

在班上，他们发现很多家庭主妇，因为忙不完的家事而感到疲劳。她们好像永远都做不完自己的工作，老是被时间赶来赶去。为了要治好这种忧虑，他们建议各个家庭主妇，在头一天就把第二天的工作安排好，结果呢？她们能完成很多的工作，却不会感到疲劳，同时还因为有成绩而感到非常的骄傲，甚至还有时间休息和打扮。每一个女人每一天都应该抽出时间来打扮，让自己看起来漂亮一点。我觉得，当一个女人知道她外表很漂亮的时候，就不会紧张了。

5. 避免紧张和疲劳的惟一途径就是放松

再没有比紧张和疲劳更容易使你苍老的事了，也不会有别的事物对你的外表更有害了。我的助手，在波士顿医院思想控制课堂里坐了一个钟点，听负责人保罗·约翰逊教授谈了很多我们在前一章已经讨论过的原则——一些能够放松的方法。在 10 分钟放松自己的练习结束以后，我那位和其他人一起做练习的助手几乎坐在椅子上睡着了。为什么生理上的放松能够有这么大的好处呢？因为这家医院的医生知道，如果你要消除忧虑，就必须放松。

是的，身为一个家庭主妇，一定要懂得怎样放松自己。你有一点强过别人的地方，那就是想躺下随时都可以躺下，而且你还可以躺在地上。奇怪的是，硬硬的地板比里面装了簧的席梦思床更有助于你放松自己。地板给你的抵抗力比较大，对脊椎骨大有好处。

好啦，下面就是一些可以在你自己家里做的运动，先试一个礼拜，看看对你的外表是否有大的帮助：

1. 只要你觉得疲倦了，就平躺在地板上，尽量把身体伸直，如果你想要转身的话就转身，每天做两次。

2. 闭起你的两只眼睛，像约翰逊教授所建议的那样想："太阳在头上照着，天空蓝得发亮，大自然非常的沉静，控制着整个世界——而我，大自然的小孩，也能与整个宇宙谐和一致。"

3. 如果你不能躺下来，因为你正在炉子上煮菜，没有这个时间，那样只要你能坐在一张椅子上，得到的效果也会完全相同。在一张很硬的直背椅子里，像一个古埃及的雕像那样，然后把你的两只手掌向下平放在大腿上。

4. 现在，慢慢地把你的脚趾头蜷曲起来，然后让它们放松，收紧你的腿部肌肉，然后让它们放松；慢慢地朝上，运动各部分的肌肉，最后一直到你的颈部。然后让你的头向四周转动，好像你的头是一个足球。要不断地对你的肌肉说："放松……放松……"

5. 用很慢很稳定的深呼吸来平定你的神经，要从丹田吸气，印度的瑜伽术做得不错，规律的呼吸是安抚神经的最好方法。

6. 想想你脸上的皱纹，尽量使它们抹平，松开你皱紧的眉头，不要闭紧嘴巴。

如此每天做两次，也许你就不必再到美容院去按摩了，也许这些皱纹就会从此消失。

每一天都是新的生命

住在密西根州沙支那城法院街 815 号的杰尔德太太曾感到极度的颓丧，甚至于几乎想自杀。她讲述了这样一段的生活："1937 年我丈夫死了，我觉得非常颓丧，而且我的生活也陷入了经济危机。我写信给我过去的老板里奥罗西先生，他是堪萨斯城罗浮公司的老板，我请求他让我回去做我过去的老工作。我从前是靠向学校推销《世界百科全书》来维持生计的。两年前我丈夫生病时，我把汽车卖了。为了重新工作，我勉强凑足钱，以分期付款的方式又买了一部旧车，开始出去卖书。

"我原以为，重新工作或许可以帮助我从颓丧中解脱出来。可是，总是一个人驾车、一个人吃饭的生活几乎使我无法忍受。加上有些地方根本就推销不出去书，所以即使分期付款买车的数目不大，却也很难付清。

"1938 年春，我在密苏里州维沙里市推销书，那里的学校很穷，路又很不好走。我一个人又孤独又沮丧，以至于有一次我甚至想自杀。我感到成功没有什么希望，生活也没有什么乐趣。每天早上我都很怕起床去面对生活。我什么都怕：怕付不出分期付款的车钱，怕付不起房租，怕东西不够吃，怕身体搞垮没有钱看病。惟一使我没有自杀的原因是，我担心我的姐姐会因此而悲伤，况且她又没有充裕的钱来付我的丧葬费用。

"后来，我读到一篇文章，它使我从消沉中振作起来，鼓足勇气继续生活。我永远永远地感激文章中的那一句令人振奋的话：'对于一个聪明人来说，每一天都是一个新的生命。'我用打字机把这句话打下来，贴在汽车的挡风玻璃窗上，使我开车的每时每刻都能看见它。我发现每次只活一天并不困难，我学会了忘记过去，不考虑未来。每天清晨我都对自己说：'今天又是一个新的生命。'

"我终于成功地克服了自己对孤寂的恐惧，整个人都非常快活，事业也还算成功，并对生命充满了热诚和爱。我现在知道，不论在生活中遇到什么问题，我都不会再害怕了；我现在知道，我不必惧怕未来；我现在知道，我每一次只要活一天，而'对于一个聪明人来说，每一天就是一个新的生命'。"

人无远虑，必有近忧。像杰尔德太太这样的经历可以说是非常悲惨，但是，就一句话——"对于一个聪明人来说，每一天都是一个新的生命"却改变了她的一生。失去丈夫的痛苦，巨额生活费用及债务压力，毫无前途的明天，就因为这一句话而烟消云散。

许多人面临同样的境遇时，都难免会消沉。然而很少有人会认真地想一想：逝者长已，他们会希望你这么一直痛苦下去吗？未来还长，难道真的就毫无机会了吗？

记得一位哲人曾经说过："只要活着，我就有希望，因为每一天都会给我提供不同的机会。"

眷恋过去，生活在回忆中，或者杞人忧天，生活在不切实际的幻想中或忧虑中，都会使我们丧失生活的勇气，伤害我们的人生。我们为什么不去把握现在，利用眼前的每一分每一秒呢？罗勃特·史蒂文森曾经说过："任何人都有足够的精力去承担一天的压力，不论这一天是多么疲惫、多么忙碌，我们都可以支持。从日出到日落，这才是真正属于自己的空间，我们可以任意支配它、控制它，使这一天充满朝气和活力，使这一天充实而珍贵。"是的，这就是我们所需要的生活。

亚瑟·苏兹柏格是世界上著名的《纽约时报》的发行人。据苏兹柏格先生讲述，当第二次世界大战的战火蔓延到欧洲时，他感到非常吃惊，对前途的忧虑使他彻夜难眠。他常常半夜从床上爬起来，拿着画布和颜料，照着镜子，想画一张自画像。而他对绘画却一无所知，他之所以这样做，一方面想以此驱逐内心的紧张和恐惧，另一方面则想为自己留下些什么，以备万一发生意外。幸好他在一次偶然的机会中，看到了一段警世名言，否则他是没有办法摆脱深深的忧虑的。这段伴随着教堂钟声的赞美诗拯救了他，帮助他重新树起了正确而欢乐的人生观：

仁慈的上帝，我亲爱的父亲，

请你带着我，

我不要求你告诉我遥远的未来，

我只请求你一步一步地带着我。

耶稣在《圣经》中说过一句话："不要为明天忧虑。"每一天都是一个新的生命，每天都意味着一个新的开始。我们应当把每一天都看成如生命一样珍贵，努力去珍惜每分每秒，这样我们就可以享受到至高无上的快乐。

关心别人等于关心自己

下面是一位女士的故事，她现在已经当祖母了。几年前，我到她住的小镇演讲，在她家住了一个晚上，第二天她开车送我去 50 英里外的车站搭火车。车上，我们谈到如何交朋友，她说：

"卡耐基先生，我要告诉你一件我从来没有告诉过任何人的事——连我先生也不知道的事。我们家以前在费城是靠社会救济金过活的。我年轻的岁月中最大的悲剧都来自我们的贫困。我从来不能像别的少女们那样享受正当的社交生活。我衣着寒酸，当然款式也都过时了。我觉得无颜见人，常常哭着睡去。绝望中，忽然心生一计，每次在聚会时，我都请我的男伴谈谈他的经历、想法以及对未来的计划。我问这些问题，倒不是对他们的回答特别感兴趣，实在只是希望分散他们的注意力，不要看出我的装扮寒酸。可是，奇妙的事发生了：当我听这些青年谈话时，我学到了一些东西，并开始产生了真正的兴趣。我变得兴味盎然，连自己也忘了服饰的问题。可是最令我惊异的是：因为我是个很好的聆听者，又鼓励他们谈论自己，他们跟我在一起时总是很快乐，我竟渐渐成为最受欢迎的女孩，有三位男士都要求我嫁给他。"

有人看到这里可能会说"什么对别人的事感兴趣，这全是胡扯！我才懒得过问别人的事，我只要自己赚到钱，得到我所追求的东西就好了，管别人的闲事干嘛？"

西雅图的弗兰克·卢帕博士已瘫痪了 23 年。但西雅图《星报》的斯图尔特·怀特豪斯告诉我："我采访过卢帕博士许多次，我不知道还有谁比他更无私，更能善用人生。"

这位卧床不起的病人怎么能善用人生呢？我让你猜两次，他是因为批评抱怨而做到的？当然不是……那么是因为自怜，把自己当作一切的中心？当然又错了！其实只是因为他遵循威尔斯的五字誓言："我服务于人。"他收集了许多其他瘫痪病人的姓名地址，给他们写信鼓励。事实上，他组织了一个瘫痪者联谊俱乐部，让大家相互写信，最后他组织了一个全国性的社团组织。

他躺在床上，平均一年要写 1400 封信，给千万个同病相怜的人送去喜悦。

卢帕博士与其他人最大的差异在哪里？因为他有一种无穷的精神力量，有一种使命感。他深切体会到，比自身生命更高贵的奉献动机，会带来真正的喜乐。正如萧伯纳所说："一个以自我为中心的人总是在抱怨世界不能顺他的心，不能使他快乐。"忧郁症是对他人的一种长期愤怒责备的情绪，其目的是赢得他人的关心、同情与支持，病人似乎仍因自身的罪恶感而沮丧。忧郁病人第一件回想起来的事多半是："我记得我很想躺在沙发上，可是我哥哥先躺下了，我一直哭到他不得不起来让我。"

抑郁病人常以自杀来报复自己，因此医生的第一步是避免给他任何自杀的借口。我自己治疗的第一条是先解除这种紧张，我会说："千万别做任何你不喜欢做的事。"这看起来没什么，但我深信这是一切问题的根源。如果病人做他想做的事，那他还能怪谁？又怎么向自己报复？我会告诉他们：
"如果你想上戏院，或休个假，就去做。如果半路上你又不想去了，那就别去。"这是最好的状况，因为他的优越感会得到满足。他就像上帝一样随心所欲。不过，这完全不符合他的习性。他本来是想控制别人、怪罪别人，如果大家都同意他，他就无从控制了。用这种方式，我的病人还没有一个自杀过。

病人通常会回答："可是没有一件事是我喜欢做的。"我早就准备好了怎么回答他们，因为我实在听过太多次了，我会说："那就不要做任何你不喜欢的事。"有时候他会回答："我想在床上躺一整天。"我知道只要我同意，他就不会那么做。而如果我反对，就会引起一场大战。因此，我通常一定会同意的。

这是一种方式，另一种处理他们生活方式的方法更直接。我告诉他们："只要照这个处方，保证你 14 天内痊愈，那就是每天想办法去取悦别人。"看他们觉得如何。他们的思想早被自己占满了，他们会想："我干嘛去担心别人？"有的人会说："这对我太简单了，我一生都在取悦别人。"事实上他们绝对没有做过。我告诉他们："你睡不着的时候，可以全部用来想你可以让谁开心，而且这对你的健康会很有助益。"第二天我问他们："你昨晚有没有照我的建议去做呀？"他们回答："昨晚我一上床就睡着了。"当然这都是在一种温和友善的气氛下进行的，不能露出一丝强迫的意思。

有人会说："我做不到，我太烦了！"我会说："不用停止烦恼，你只要同时想想别人就好了。"我要把他们的注意力转移到别人身上。很多人说："为什么要我去取悦别人？别人怎么不来取悦我？"我回答："别人后来会有苦头吃的。"我几乎没有碰到过一位病人说："我照你的建议想过了。"我所有的努力不过是想提高病人对他人的兴趣。我了解他们的病因是因为与人缺乏和谐，我要他们能了解这一点，什么时候他能把别人放在同等合作的地位，他就痊愈了。十诫中最难的一条是"爱你的邻人"。对别人不感兴趣的人不但自己有很严重的困难，而且给周围的人也会带来最大的伤害。人类所有的失败都是因为这一类人引起的。"我们对人的要求，以及所能给予的最高赞赏就是，他应是一位好同事、好朋友、爱与婚姻的良伴。"

　　纽约心理服务中心主任林克曾说："我认为，现代心理学最重要的一个发现就是：科学证明，为完成自我实现与得到快乐，自我牺牲与纪律都是必要的。"

　　耶茨太太是一位小说家，但她写的小说没有一部能比得上她自己的故事真实而精彩。她的故事发生在日本偷袭珍珠港的那天早晨。耶茨太太由于心脏不好，一年多来躺在床上不能动，一天得在床上度过 22 个小时，最长的旅程是由房间走到花园去进行日光浴。即使那样，也还得依靠女佣的扶持才能走动。

　　"我当年以为自己的后半辈子就这样卧床了，如果不是日军来轰炸珍珠港，也许我永远都不能再真正生活了。

　　"发生轰炸时，一切都陷入了混乱。一颗炸弹掉在我家附近，震得我跌下了床。陆军派出卡车去接海、陆军军人的妻儿到学校避难。红十字会的人打电话给那些有多余房间的人。他们知道我床旁有个电话，问我是否愿意帮助联络中心，于是我便记录那些海军、陆军的妻小现在留在哪里，以便红十字会的人叫那些先生们打电话来我这里找他们的眷属。

　　"很快我发现我先生是安全的，于是，我努力为那些不知先生生死的太太们打气，也安慰那些寡妇们——好多太太都失去了丈夫。这一次阵亡的官兵共计 2117 人，另有 960 人失踪。

　　"开始的时候，我还躺在床上接听电话，后来我坐在床上。最后，我越来越忙，又亢奋，忘了自己的毛病，我开始下床坐到桌边。因为帮助那些比我情况还惨的人，使我完全忘了自己，我再也不用躺在床上了，除了每晚睡觉的八个小时。我发现如果不是日本空袭珍珠港，我可能下半辈子都是个废人。我躺在床上很舒服，我总是在消极地等待，现在我才知道，潜意识里我已失去了复原的意志。

　　"空袭珍珠港是美国史上的一大惨剧，但对我个人而言，却是最重要的一件好事。这个危机让我找到了我从来不知道自己拥有的力量，它迫使我把注意力从自己身上转移到别人身上，它也给了我一个活下去的重要理由，我再也没有时间去想自己或照顾自己。"

　　心理医师的病人如果都能像耶茨太太所做的那样去帮助别人，起码有 1/

3 可以痊愈。这是我个人的想法吗？不，这是著名心理学家荣格说的，他说：我的病人中有1/3都不能在医学上找到任何病因，他们只是找不到生命的意义，而且自怜。

我们再来看看20世纪最杰出的美国无神论者——西奥多·德莱塞。德莱塞把所有的宗教都看成神话，而人生只是"一出傻瓜说的故事，没有任何意义"。但他却遵循耶稣的一个道理——服务他人。德莱塞说过："如果想从人生中得到任何快乐，就不能只想到自己，而应为他人着想，因为快乐来自于你为别人，别人为你。"

有一个人被带去观赏天堂和地狱，以便比较之后能聪明地选择他的归宿。他先去看了魔鬼掌管的地狱，第一眼看上去令人十分吃惊，因为所有的人都坐在酒桌旁，桌上摆满了各种佳肴，包括肉、水果、蔬菜。

然而，当他仔细看那些人时，他发现没有一张笑脸，也没有伴随盛宴的音乐或狂欢的迹象。坐在桌子旁边的人看起来沉闷，无精打采，而且皮包骨。他还发现每人的左臂都捆着一把叉，右臂捆着一把刀，刀和叉都有4尺长的把手，使他们不能用来吃东西。所以即使每一样食品都在他们手边，结果还是吃不到，一直在挨饿。

然后他又去天堂，景象完全一样：同样有食物、刀、叉与那些4尺长的把手，然而，天堂里的居民却都在唱歌、欢笑。他怀疑为什么情况相同，结果却如此不同，在地狱的人都挨饿而且可怜，可是在天堂的人却吃得很好而且很快乐。最后，他终于看到了答案：地狱里每一个人都试图喂自己，可是一刀一叉以及4尺长的把手根本不可能吃到东西；天堂上的每一个都是喂对面的人，而且也被对方的人所喂，因为互相帮助，结果也帮助了自己。

这个启示很明白。如果你帮助其他人获得他们需要的东西，你也会因此而得到想要的东西，而且你帮助的人越多，你得到的也越多。

许多年以前，在北弗吉尼亚，一个老人站在一条河的岸上等着过河，由于天气非常冷，河上又没有桥，他必须得骑马过河。长时间的等待之后，他终于看到一群骑马的人走过来。第一个过去了，第二个过去了，第三个、第四个、第五个都过去了。最后，只剩下了最后一个骑马人。当他走到老人面前时，这个老人看着他的眼睛说："先生，你能带我骑马过河吗？"

那个骑马的人毫不犹豫地说："当然可以，上马吧。"

一过了河，老人就下了马。在他离开之前，那个骑马的人问："先生，我看到您让其他骑马的人从您面前走过却不叫住他们，当我走过时您却叫住了我，我很想知道这是为什么。"

老人平静地回答说："我在他们的眼睛里没有看到爱，我心里知道即使我向他们提出要求，他们也不会答应的。但是在你的眼睛里，我看到了同情、爱和热心，因此，我知道你会乐意帮助我过河的。"

听完这些话，骑马的人非常谦恭地说"我很感激你刚才说的话，它让我明白了一个道理。"

带着这句话，托马斯·杰斐逊走进了白宫，开始了执政生涯。

把烦恼交给时间解决

"忧虑"曾使我丧失了生命中从 18 岁~28 岁的 10 年时光，而这 10 年本来应该是年轻人最有收获、最丰富多彩的岁月。

现在我已经明白，我失去这 10 年并不是别人的错，相反，它是由我自己一手造成的。

我对所有的事情都感到烦恼：我的工作、健康、家庭、自卑感。为此，我经常不得不躲避我所认识的人。当我在街上碰到某位朋友时，我往往会假装没有看见他，因为我害怕遭到他的嘲笑和奚落。

我非常害怕和陌生人见面，如果有陌生人在的话，我就会感到不自在。因此有一次在两个星期当中，我曾接连失去了 3 个工作机会，只因为我没有勇气面对老板。

然而，到了 8 年前的某一天下午，我征服了一切烦恼。从那时开始，我就很少有烦恼了。那天下午，我去了某人的办公室。那人似乎没有任何烦恼，而且是我所认识的人当中最快乐的一个。他在 1929 年发了一笔大财，可是后来却赔得分文不剩。1932 年他又东山再起，赚了一大笔钱，可是又赔光了。然后在 1937 年他又大赚一笔，可是又赔光了。他曾多次破产，遭到敌人和债主的各种逼压。他所遭遇的烦恼可以使任何人精神崩溃，甚至自杀。

　　8 年前的那一天，我坐在他的办公室里，内心对他充满了羡慕，希望上帝将我也改造得像他一样。

　　在我们谈话的时候，他把那天早晨收到的一封信放到我手中，说："你看看这封信。"

　　那是一封言辞十分愤怒的来信，里面提出了一些令人十分难堪的问题。如果我收到这样的一封信，我可要烦死了，我说："比尔，你打算如何回复这封信？"

　　"哦，"比尔说，"我告诉你一个小小的秘密，当你下一次真的碰到一些令你烦恼的事时，不妨取出一支铅笔和一张纸，详细地写下你所烦恼的事，然后，将那张纸放在你右手下方的抽屉里，等过了一两个礼拜之后，再取出来看看。如果你第二次阅读时，认为那些事情仍让你感到烦恼，那么再将它放回原来的抽屉中，把它再放上一两个星期，在那儿它绝对安全，不会有什么变故。但与此同时，你所烦恼的事情可能会发生许多变化，而且我发现，只要我有足够的耐心，烦恼总会自动消失。"

　　这个建议给了我很大的影响，现在，我一直都在使用比尔的这套方法。结果显示，确实减少了许多忧虑，让我拥有了快活的心情。

　　既然过去的天平已经倾斜，就应该鼓足勇气，让激荡在胸中的热血，压上奋斗的砝码，让过去的沉重随时光沉淀。

　　时间是最好的心理医生，在不知不觉中，时间会带走曾经困扰我们心头的忧愁。

第六章　做自己情绪的主人

愤怒意味着无知

　　如果你发起脾气，对人家说出一两句不中听的话，你会有一种发泄感。但对方呢？他会分享你的痛快吗？你那火药味的口气、敌视的态度，能使对方更容易赞同你吗？"如果你握紧一双拳头来见我，"威尔逊总统说，"我想，我可以保证，我的拳头会握得比你的更紧。但是如果你来找我说：'我们坐下，好好商量，看看彼此意见相异的原因是什么。'我们就会发觉，彼此的距离并不那么大，相异的观点并不多，而且看法一致的观点反而居多。你也会发觉，只要我们有彼此沟通的耐心、诚意和愿望，我们就能沟通。"

　　工程师史德伯希望他的房租能够降低，但他知道房东很难缠。"我写了一封信给他，"史德伯在讲习班上说，"通知他，合约期一满，我立刻就要搬出去。事实上，我不想搬，如果租金能降低，我愿意继续住下去，但看来并不可能，因为其他的房客都试过，但都失败了。大家都对我说，房东很难打交道。但是，我对自己说，现在我正在学习为人处事这一课，不妨试试，看看是否有效。

　　"他一接到我的信，就同秘书来找我。我在门口欢迎他，充满善意和热忱。开始我并没有谈论房租太高，只是强调我多么的喜欢他的房子。我真是'诚于嘉许，惠于称赞'。我称赞他管理有道，表示我很愿再住一年，可是房租实在负担不起。他显然是从未见过一个房客对他如此热情，他简直不知道该怎么办才好。

　　"然后，他开始诉苦，抱怨房客，其中一位给他写过 14 封信，太侮辱他了。另一位威胁要退租，如果不能制止楼上那位房客打鼾的话。'有你这种满意的房客，多令人轻松啊！'他赞许道。接着，甚至在我还没有提出要求之前，他就主动要减收我一点租金，我想要再少一点，就说出了我能负担的数字，他一句话也不说就同意了。

"当他离开时，又转身问我：'有没有什么要为你装修的地方呢？'

"如果我用的是其他房客的方式要求降低房租的话，我相信，一定会碰到同样的阻碍，但使我达到目的的是友善、同情、称赞的方法。"

再举一个例子。这次是一位女士——一位社交界的名人——戴尔夫人，来自长岛的花园城。戴尔夫人说："最近，我请了几个朋友吃午饭，这种场合对我来说很重要，当然，我希望宾主尽欢。我的总招待艾米，一向是我的得力助手，但这一次却让我失望。午宴很失败，到处看不到艾米，他只派个侍者来招待我们。这位侍者对第一流的服务一点概念也没有，每次上菜，他都是最后才端给我的主客。有一次，他竟在很大的盘子里上了一道极小的芹菜，肉没有炖烂，马铃薯油腻腻的，糟透了。我简直气死了，我尽力从头到尾强颜欢笑，但不断对自己说：等我见到艾米再说吧，我一定要好好给他一点颜色看看。

"这顿午餐是在星期三。第二天晚上，听了为人处世的一课，我才发觉：即使我教训艾米一顿也无济于事，他会变得不高兴，跟我作对，反而会使我失去他的帮助。我试着从他的立场来看这件事：菜不是他买的，也不是他烧的，他的一些手下太笨，他也没有法子。也许我的要求太严厉，火气太大，所以我不但准备不苛责他，反而决定以一种友善的方式做开场白，以夸奖来开导他。这个方法效验如神。第三天，我见到了艾米，他带着防卫的神色，严阵以待准备争吵。我说：'听我说，艾米，我要你知道，当我宴客的时候，你若能在场，那对我有多么重要！因为你是纽约最好的招待。当然，我很谅解：菜不是你买的，也不是你烧的。星期三发生的事你也没有办法控制。'我说完这些，艾米的神情开始松弛了。艾米微笑地说：'的确，夫人，问题出在厨房，不是我的错。'我继续说道：'艾米，我又安排了其他的宴会，我需要你的建议。你是否认为我们能再给厨房一次机会呢？''呵，当然，夫人，上次的情形不会再发生了！'下一个星期，我再度邀人午宴。艾米和我一起计划菜单，他主动提出把服务费减收一半。当我和宾客到达的时候，餐桌上被两打美国玫瑰装扮得多彩多姿，艾米亲自在场照应。即使我款待玛莉皇后，服务也不能比那次更周到。食物精美滚热，服务完美无缺，饭菜由四位侍者端上来，而不是一位，最后，艾米亲自端上可口的甜美点心作为结束。散席的时候，我的主客问我：'你对招待施了什么法术？我从来没见过这么周到的服务。'她说对了。我对艾米施行了友善和诚意的法术。"

大约在一百年前，林肯就说过这个道理：

"当一个人心中充满怨恨时，你不可能说服他依照你的想法行事。那些喜欢骂人的父母、爱挑剔的老板、喋喋不休的妻子……都该了解这个道理。你不能强迫别人同意你的意见，但却可以用引导的方式，温和而友善地使他屈服。

"曾经有个格言：'一滴蜜比一加仑的胆汁更能捕到苍蝇。'如果你想说服一个人，首先要让他认为你是他的挚友，然后再逐渐达到说服的目的。"

多年以前，当我赤着脚，穿过树林，走路到密苏里州西北部一个乡下学校上学的时候，有一天我读到一则有关太阳和风的寓言。太阳和风在争论谁更强而有力。风说："我来证明我更行。看到那儿一个穿大衣的老头了吗？我打赌我能比你更快使他脱掉大衣。"

于是太阳躲到云后，风就开始吹起来，愈吹愈大，大到像一场飓风，但是风吹得愈急，老人愈把大衣紧裹在身上。

终于，风平息下来，放弃了。然后太阳从云后露面，开始以它温暖的微笑照着老人。不久，老人便开始擦汗，脱掉大衣。太阳对风说，温和和友善总是要比愤怒和暴力更强而有力。

古老的寓言依旧合乎现代的意义。太阳的温和使人们乐意退去外衣，风的冷峻反而使人们更加裹衣取暖。相同的，亲切、友善、赞美的态度，更能使一个人摈弃成见，抛下自我而面对理性，这是人性的自然流露。

波士顿是美国历史上的教育和文化中心，小时候的我根本不敢梦想能有机会看到它。为这件事做见证的是华尔医师，他在 30 年后变成了我那讲习班上的同学。以下是他在讲习班上所讲的那个故事。

那年头波士顿的报纸充斥着江湖郎中的广告——堕胎专家和庸医的广告。表面上是给人治病，骨子里却以恐吓的词句，类似"你将失去性能力"

等等，欺骗无辜的受害者。他们的治疗方法使受害者满怀恐惧，而事实上却根本不加以治疗。他们害死了许多人，却很少被定罪。他们只要缴点罚款或利用政治关系，就可以逃脱责任。

这种情况太严重了，激起了波士顿很多善良民众的愤怒。传教士拍着讲台，痛斥报纸，祈求上帝能终止这种广告。公民团体、商界人士、妇女团体、教会、青年社团等，一致公开指责，大声疾呼——但一切都无济于事。议会掀起争论，要使这种无耻的广告不合法，但是在利益集团和政治的影响力之下，各种努力均告徒然。

华尔医师是波士顿基督联盟的善良民众委员会主席，他的委员会用尽了一切方法，都失败了。这场抵抗医学界败类的斗争，似乎没有什么成功的希望。

接着，有一天晚上，华尔医师试了波士顿显然没有人试过的一个办法。他所用的是仁慈、同情和赞美。他的目的是使报社自动停止那种广告。他写了一封信给《波士顿先锋报》的发行人，表示他多么仰慕该报：新闻真实，社论尤其精彩，是一份完美的家庭报纸，他一向看该报。华尔医师表示，以他的看法，它是新英格兰地区最好的报纸，也是全美国最优秀的报纸之一。"然而，"华尔医师说道，"我的一位朋友有个小女儿，他告诉我，有一天晚上，他的女儿听他高声朗读贵报上有关堕胎专家的广告，并问他那是什么意思。老实说他很尴尬，不知道该怎么回答。贵报深入波士顿上等人家，既然这种场面发生在我的朋友家里，在别的家庭也难免会发生。如果你也有女儿，你愿意她看到这种广告吗？如果她看到了，还要你解释，你该怎么说呢？很遗憾，像贵报这么优秀的报纸，其他方面几乎是十全十美，但却有这种广告，使得一些父母不敢让家里的女儿阅读。可能其他成千上万的订户都和我有同感吧！"

两天以后，《波士顿先锋报》的发行人，回了一封信给华尔医师，日期是1904年10月13日。华尔医师保留了这封信有1/3世纪，他参加讲习班后，把它交给了我。我在写这段时，它就放在我的面前：

麻省波士顿华尔医生

亲爱的先生：

卡耐基励志经典

人性的优点

11 日致本报编辑部来函收纳，颇为感激。贵函的正言，促使我实现本人自接任本职后，一直有心于此但未能痛下决心的一件事。

从下周一起，本人将促使《波士顿先锋报》摒弃一切可能招致非议的广告，而暂时不能完全剔除的广告，也将谨慎编撰，不使它们造成任何不快。

贵函惠我良多，再度致谢，并盼继续不吝指正。

太阳能比风更快使你脱下大衣，仁厚、友善的方式比任何暴力更易于改变别人的心意。

学会控制你的愤怒

有的人爱发脾气，容易愤怒，稍不如意，便火冒三丈。发怒时极易丧失理智，轻则出言不逊，影响人际关系；重则伤人毁物，有时还会造成难以挽回的损失，事后让易怒者追悔莫及。

愤怒是一种常见的消极情绪，它是当人对客观现实的某些方面不满，或者个人的意愿一再受到阻碍时所产生的一种身心紧张状态。在人的需要得不到满足、遭到失败、遭遇不公、个人自由受限制、言论遭人反对、无端受人侮辱、隐私被人揭穿、上当受骗等多种情形下人都会产生愤怒情绪，愤怒的程度会因诱发原因和个人气质不同而有不满、生气、愤怒、恼怒、大怒、暴怒等不同层次。发怒是一种短暂的情绪紧张状态，往往像暴风骤雨一样来得猛，去得快，但在短时间里会有较强的紧张情绪和行为反应。

易怒者主要与其个性特点有关，大都属于气质类型中的胆汁质。胆汁质的人直率热情，容易冲动，情绪变化快，脾气急躁，容易发怒。易怒还与年龄有关，青年人年轻气盛，情绪冲动而不稳定，自我控制力差，比成年人更易发怒。

愤怒的情绪对人的身心健康是不利的。人在愤怒时，由于交感神经兴奋，心跳加快，血压上升，呼吸急促，所以经常发怒的人易患高血压、冠心病等疾病；愤怒还会使人缺乏食欲，消化不良，导致消化系统疾病；而对一些已有疾病的患者，愤怒会使病情加重，甚至导致死亡。这一点古人早有认识，如中医认为"怒伤肝"、"气大伤神"等。

一般而言，生气的时刻可归类为下列几种：

1. 当你因某种因素感到受挫、受胁迫或被他人轻蔑时；当你朝着既定目标前进，却可能由于某人的行为而受到阻碍时。

2. 当着实受到严重伤害，但为了掩饰自己的脆弱，于是代之以愤怒，以求自卫时。

3. 当某种情境或某人的行为勾起昔日某种不堪的回忆时。

4. 当觉得自己的权利受到剥夺，或遭到某人误解时。

5. 当受到惊吓或处事不当时，自己生自己的气。

我们的确有时免不了会生气，但却鲜有人知道该如何来处理这种情绪。为了了解其中的原因，也为了探究愤怒产生的缘由，现在就让我们概要地来看一看一些可能伴随愤怒而来的情绪。

1. 自以为是。

当我们对某件事感到愤怒时，容易坚信自己是站在正义的一方，而别人则是错得离谱。在此种情况下，你不妨先问一问自己，事实真是如此吗？如果我们仍旧深信不疑，继而选择了表示自己的愤怒，如此一来，你表现的，极可能就是一副得理不饶人、气焰高涨的样子。你不妨扪心自问一下，你真的想给对方一点颜色瞧瞧吗？如果你有一丝一毫的这种感觉，那么原因可能就是你太看重自己了，抑或将他人的所作所为均看成和自己有利害关系，而非仅是他人的因素。举例来说，如果有个朋友答应你，要在星期一之前打电话给你，让你知道她是否能够帮你处理宴会事宜，但现在已经星期三了，而她依然没打电话过来——假使如此让你感到生气且义愤填膺，也不要认为她一点都不尊重你，也许她只是临时有其他事耽搁了，所以无法打电话给你。纵使这样并不能让愤怒消失无踪，但起码也可以将它导向正轨。

2. 自尊受损。

关于这方面的应对之道已多有所论及。事实上，如果我们觉得自尊心受损，我们可能就会把事情看得过于个人化，认为他人的行为均是针对你的攻击或侮辱，即使他们并未存心如此。

3. 好下结论。

此项与前两项，尤其是"自以为是"，有着相当密切的关系。有人做了

我们无法苟同的事，因此"他一定是错的"。如果你是个好下结论的人，你的思考一定倾向于这种方式："他绝对是个笨蛋之极的人"等等。

倘若我们存有这种想法与感觉，往往就会在我们和相关者谈话时，于不知不觉中显露无遗。毕竟，很少人会真的直接明白地表达出自己愤怒的原因。

愤怒是一种极具毁灭力量的情绪，它不仅能够摧毁你的健康，而且可以扰乱你的思考，给你的工作和事业带来不良的影响。既然愤怒对我们的生活毫无用处，我们应该怎样来克制自己的愤怒情绪呢？

首先我们可以通过意志力来控制愤怒，使愤怒情绪少产生，或有愤怒不发作。当愤怒时要多想想盛怒之下失去理智可能引起的种种不良后果，心中不断提醒自己"不要发怒"，努力控制自己的情绪表现，这样就可以起到控制愤怒的作用。

其次可以主动释放愤怒的情绪，将心中的愤懑、不平向人倾诉，从亲朋好友处得到规劝和安慰，可以缓解怒气。还可以在工作、学习中向使自己愤怒的人说明自己的不满，说出自己的意见，使矛盾得以调和，不满得以消除。

另外，易怒的人还可以尽量避免接触使自己发怒的环境，以减少愤怒情绪，或者在即将发怒时通过转移注意力而减轻愤怒，尽快离开当时的环境，避免进一步的刺激，使愤怒情绪消退。发怒时可以看电影、逛公园、听音乐、散步，使注意力转向其他与愤怒无关的活动中，通过新的活动内容来激发新的情绪，可使愤怒的程度降低。

具体而言，我们可以采取以下方法来控制自己的愤怒：

1. 正面行动。

愤怒提醒了我们，世事并非都如人所愿。不满是一件极富正面意义的事，少了它，人们就只会接受现状，而不会为了迈向自己的目标，采取任何行动。举例来说，如果20世纪初的女性未曾因自己被掠夺公权而感到愤怒，那么她们也就不会为了投票权而抗争了。

2. 舒缓压力。

表达愤怒可以舒解压力，否则压抑的情绪可能会导致焦虑，甚至疾病，这些症状均可借由愤怒的宣泄得到舒缓。然而这并不意味着，我们必须将愤怒直接发泄在生气的对象身上。

3. 更为开诚布公。

愤怒可以使得双方关系更为开诚布公，进而互相信赖。如果你知道某人愿意和你谈谈最为棘手的核心，而非只是将其含糊带过，假装好像不存在似的，那么一股崇敬之情便会油然而生。

4. 情感疏通。

倘若我们在情绪产生时，能够确实触及自己真正的感受（包括愤怒在内），并加以适当处理，那么我们则不太可能将那些未表达或封闭的情绪囤积起来，以避免巨大的内在压力或严重的沟通不良。

5. 实现目标。

不容忽略的是，存在愤怒情绪中的能量，同样是一股实现目标的动力。如果运用得当，它将能够帮助我们成为一个有自信、坚定的人，能够确切地表达自己的内在感受，并且得到自己生命中梦寐以求的事物。但请务必谨慎处理。

别让悲伤挡住了你的阳光

你为什么总是失败？无数次的失败将你推入黑暗的世界，享受不到成功的阳光，你想过没有，是谁挡住了你的阳光？

每一种心态都是每个人对人生的不同看法。在如铁般的现实里，每个人都不可避免地遭受这样或那样的打击和挫折：因为高考落榜而精神萎靡或是因为失恋而痛苦忧伤，因为无法适应快节奏的工作而丧失斗志……这些心理多半是人们意志薄弱、心态不成熟的一种表现。而这些异常的心理和悲观的心态往往会导致痛苦的人生，往往影响对环境的正确看法。悲观者实际上是以自己悲观消极的想法去看待客观世界，在悲观者心中，现实是或多或少被丑化了的。现在社会上有许多人，对未来和生活，常常持有一种悲观的迷茫心理。对自己的过去，不管有无成败，不管有无辉煌，都一概加以否定。心理上充满了自责与痛苦，嘴上有说不完的遗憾；对未来缺乏信心，一片迷茫，以为自己一无是处，什么事都干不好，认知上否定自己的优势与能力，无限放大自己的缺陷。

戴高乐曾经说过："困难，特别能吸引坚强的人。因为他只有在拥抱困难时，才会真正认识自己。"这句话一点也没错，有时，我们需要把困难当成机遇。

你自己努力过吗？你愿意发挥你的能力吗？对于你所遭遇的困难，你愿意努力去尝试，而且不止一次地尝试吗？只试一次是绝对不够的，需要多次尝试，那样你就会发现自己心中蕴藏着巨大能量。许多人之所以失败，只是因为未能竭尽所能去尝试，而这些努力正是成功的必备条件。仔细查看列出的失败清单，看看过去你是否已竭尽所能。如果答案是否定的话，试试克服困难的第二个重要步骤，这就是学会真正思考，认真积极地思考。我确信积极思维的力量是惊人的，任何失败均能通过积极思维来解决，你能以积极的思维来解决任何问题。

有一个14岁的男孩在报上看到一份应征启事，正好是适合他的工作。第二天早上，当他准时前往应征地点时，发现应征队伍已排了20个男孩。

如果换作是另一个意志薄弱、不太聪明的男孩，可能会因此而打退堂鼓。但是这个小伙子却完全不一样。他认为自己应动脑筋，他不往消极面去思考，而是认真用脑子去想，看看是否有法子解决。于是，一个绝妙的方法便产生了！

他拿出一张纸，写了几行字，然后走出行列，并请求后面的男孩为他保留位子。他走到负责招聘的女秘书面前，很有礼貌地说："小姐，请你把这张便条交给老板，这件事很重要。谢谢你！"

这位秘书对他的印象很深刻，因为他看起来神情愉悦，文质彬彬。如果是别人，她可能不会放在心上，但是这个男孩不一样，他有一股强有力的吸引力，令人难以忘记。所以，她将这张纸条交给了老板。

老板打开纸条，看后笑笑交还给秘书，她也把上面的字看了一遍，同样笑了起来，上面是这样写的：

"先生，我是排在第21号的男孩。请不要在见到我之前做出任何决定。"

你想他得到这份工作了吗？你认为呢？像他这样会思考的男孩无论到什

么地方都一定会有所作为的。虽然他年纪很轻，但是他知道认真思考。他已经有能力在短时间内抓住问题的核心，然后全力解决它，并尽力做好。实际上，你一生中会遇到很多诸如此类的问题。当你遇到问题时，一旦认真进行思考，便更容易找到解决办法。

要想克服失败的思维方式，学会积极思考则非常关键。人必须调整心态，直到否定思维转变成肯定思维为止。

让每天都有一个愉快的开始，则一天里所有的事都会变好。

学会喜欢自己

史迈利·布兰敦在一本书中写道："适当程度的'自爱'对每一个正常人来说，是很健康的表现。为了从事工作或达到某种目标，适度关心自己是绝对必要的。"

布兰敦医师讲得很对。要想活得健康、成熟，"喜欢你自己"则是必要条件之一。但这是表示"充满私欲"的自我满足吗？不是的。这应该是意味着"自我接受"——一种清醒的、实际的自我接受，并伴以自重和人性的尊严。

心理学家马斯洛在其著作《动机与个性》中也曾提到"自我接受"。他如此写道："新近心理学上的主要概念是：自发性、解除束缚、自然、自我接受、敏感和满足。"

成熟的人不会在晚间躺在床上比较自己和别人不同的地方。他可能有时会批评自己的表现，或觉察到自己的过错，但他知道自己的目标和动机是对的，他仍愿意继续克服自己的弱点，而不是自悔自叹。

成熟的人会适度地忍耐自己，正如他适度地忍耐别人一样。他不会因自己的一些弱

马斯洛

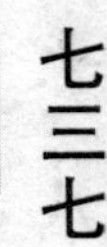

人性的优点

点而感到活得很痛苦。

喜欢自己，是否会像喜欢别人一样重要呢？我们可以这么说：憎恨每件事或每个人的人，只是显示出他们的沮丧和自我厌恶。

哥伦比亚大学教育学院的亚瑟·贾西教授，坚信教育应该帮助孩童及成人了解自己，并且培养出健康的自我接受态度。他在其著作《面对自我的教师》中指出：教师的生活和工作充满了辛劳、满足、希望和心痛，因此，"自我接受"对每名教师来说，是同等重要的。

今日，全美国医院里的病床，有半数以上是被情绪或精神出了问题的人所占据的。据报道，这些病人都不喜欢自己，都不能与自己和谐地相处下去。

我并不想在此处分析导致这种情况的各种因素。我只是认为，在这个充满竞争的社会，我们往往以物质上的成就来衡量人的价值。再加上名望的追求、枯燥乏味的工作，处处都使我们的灵魂容易生病。我还坚信，普遍缺乏一种有力、持续的宗教信念，更是人们精神迷乱的重要因素。

哈佛大学的教授怀特在《进步：性格自然成长的分析》中谈到了目前社会很流行的一种观念：人应该调整自己去适应环境。怀特反驳说："这种观念认为一个人的理想状态就是能成功地压抑自己以适应狭窄的生活方程式，而不问这样做的结果是使人失去个性、目标和方向，影响了人创造与发展的潜能。"

我非常赞同怀特博士的观点。很少有人有勇气特立独行或直面真实处境。我们在行动之前就被社会文化和经济观念所限制住了。从吃饭、穿着到生活方式和观念，我们和邻居都如此相似。一旦我们某个不一样的行为与这种环境相异时，我们就会变得精神紧张或神经过敏，甚至于厌恶自己。

我认识的一个女性嫁给了一个野心勃勃、很有进取心、独断专行的政治家，于是，夫妇两人的社交圈——就是所谓的名流圈子，里面树立着以社会地位和金钱数量来权衡人的标准。这位女性温柔贤淑，有谦虚的性格。在这种环境中她的优点都被别人所认为的缺点所取代，因此她越来越自卑，直到讨厌自己。

在我看来，这个女人的问题存在的关键不在于她无法适应环境，而在于她无法适应和接受自己，无法心平气和、快快乐乐地去接受自己。她没有彻底明白一个人只能按照自己的性格而不可能按照别人的性格来行事。

她要做的第一件事就是不能用别人的标准来权衡自己。她必须明确自己的价值观，然后自信地生活，并且善于和自己相处，消除厌恶自己的情绪。

夸大自己错误的程度和范围是讨厌自己的人经常做的事情之一，适当的自我批评是好事，有利于一个人的成长，但是当自我批评演变为一种强迫性的观念时，就会使我们变得瘫痪，不能聚集力量做积极正面的事。

班上有一位女学员，她在班上说："我总是感到胆怯和自卑。别人好像都很沉着、自信。我一想到自己的缺点就感到泄气，于是就无法自如地说话了。"

每个人都有自己的缺点，但问题的关键不在于你的缺点，而在于你有多少优点。

决定一件艺术品和一个人的最终因素不是缺点。莎士比亚的作品中充满了历史和地理的基本常识的错误，狄更斯则尽力在小说中渲染伤感的气氛。但是谁计较呢？缺点并不妨碍他们成为一流的文学大师，因为优点才是最终的决定因素。我们在交朋友的时候也会感到对方缺点的存在，但是我们喜欢和他们交往是因为我们喜欢他们身上的优点。

自我完善的实现依赖于对优点的发挥，取长补短，而不是整天惦记着自己的缺点。

对以前和当前错误的过分计较会导致一个人的罪恶感和自卑感快速滋长，不用很久，我们就不再尊重自己，习惯性地对自己痛打五十大板了。所以，我们一定要让以前的事情沉到水底，然后游到水面上来重新呼吸新鲜的空气。

要学会喜欢和接受自己，首先必须挖掘自己的对缺点的包容之心。包容不代表我们要降低对自己的要求，然后躺在床上睡大觉，而是明白人无完人。对别人求全责备是不公平的，要求自己完美则是一种极端的自我本位。

我认识的一个女人是个绝对的完美主义者。她要求自己做什么事情都不能有疏漏，但在别人眼里，她却是个失败的人。一个简单的报告她需要折腾几个小时，耽误了自己和别人的时间；一篇主题演讲她什么都要涉及和讲

解，结果让听众百无聊赖；她绝不接待临时到访的客人，因为她没有任何准备。她绞尽脑汁追求完美，事实上，她的确做到了一种形式意义上的完美，但直接的代价是毁掉了生活中的理解、自然和乐趣。其实，她所追求的完美并非完美本身，她只是想超越别人，因为她不想自己在优点方面和别人处在同一水平线上。她想成为人群的焦点。所以，她做事并不是出于发挥自己已有的才能，她并不能享受工作和生活的欢乐，只是为了超过别人，让自己在高高的完美的架子上昂起头。

人没有完美的，强迫性的对完美的追求一旦不成功，这个人就会变得讨厌，甚至憎恨自己。

人不能时时刻刻都处在特别认真的状态中，学着喜欢自己的前提之一，就是能偶尔放慢行进的脚步欣赏自己。

马里兰州的精神病协会董事巴缔梅尔说："过去的人习惯在睡觉之前回想一下当天的活动，做一下反省。现在的人好像已经很少用了，实际上，这仍然是一个有用的办法。"

除非我们能与自己好好相处，否则很难期待别人会喜欢与我们在一起。哈里·佛斯迪克曾经观察那些不能独处的人，形容他们好像"被风吹皱的池水一样，无法呈现出美丽的风景来"。

独处能使我们发现内在的休息港口，能有参详的对象，是我们与外界接触的基础。安妮·马萝·林柏在其著作《来自海洋的礼物》中曾说过："我们只有在与自己内心相沟通的时候，才能与他人沟通。对我来说，我的内心就像幽静的泉水，只有在独处时才能发现其美。"

独处能使我们能更客观地透视自己的生命。《圣经》的诗篇里有一句忠言："要安静，便可知道我就是神。"这话至今仍是忠言。独处的确对我们的灵魂十分有益处，就好像新鲜空气对我们的身体极有帮助一样。

假如我们要依赖别人才能得到快乐与满足，则无疑为他人增添负担，并影响到彼此之间的关系。要喜欢、尊重、欣赏我们自己，这不但能培养出健康成熟的个性，也能增进与他人相处的能力。

用行为控制情感

  控制自己的情感是一个人把握自我的最基本要求。在日常生活中，人的情绪发生一定的起伏波动，这确实是一种无法避免的现象。我们每个人可能都曾有过这样的体验：一旦自己的情绪特别好的时候，不仅神清气爽，而且工作起劲，对人对事都充满了光彩与希望，周围的一切似乎都是那么美好；而有时候，人又情绪特别低落，不但心情沮丧，而且意志消沉，你身边的世界仿佛布满了灰暗与失望。对一般的人来讲，这种极端的欢乐与悲哀的情绪反应不易为个体所控制，因此对个体生活极具影响作用。一旦情绪产生，有些人往往一度沉沦于悲哀、痛苦、抑郁、孤独的心境之中而不能自救自拔。这种认为情绪无法控制，只能听之任之的观点会给人的生活带来极大的负面影响。

  从心理学的角度来讲，情绪是个体受到某种刺激所产生的一种身心激动状态。

  其实，情感并不仅仅是出现在你身上的情绪，而是你自己对外界事物做出的一种心理反应。如果你主宰着自己的情感，就不会做出自我挫败性的反应。一旦你学会依照自己的选择控制个人的情感，你就踏上了一条通往"智慧"之路。在这条道路上，绝无导致精神崩溃的歧途，因为你将把情绪视为一种可选的因素，而不是生活中的必然因素。这正是人的个性自由的关键所在。

  下面，我们可以借助于一个简单的三段论，通过逻辑推理，让你摒弃那种认为情感是无法控制的观点，并开始控制自己的思维和情感：

1. 逻辑三段论。

大前提：狄克是一个人，

小前提：所有的人脸上都有毛，

结论：狄克脸上有毛。

2. 不合逻辑三段论。

大前提：狄克脸上有毛，

小前提：所有的人脸上都有毛，

结论：狄克是一个人。

从逻辑学的角度来讲，大前提必须与小前提一致。在上面第 2 个三段论中，其结论是错误的，因为狄克可能是人，也可以是猿猴或者其他脸上有毛的动物。下面让我们看看第 3 个逻辑推理，这一例子将有助于让你彻底摆脱那种认为情感无法自我控制的观点。

3. 逻辑三段论。

大前提：我可以控制自己的思想，

小前提：我的各种情感都来源于我的思想，

结论：我可以控制自己的情感。

在上面这个三段论中，大前提是十分明确的，一个正常的人完全可以控制自己的思想和行为，所以你有能力对自己头脑所接收的信息进行思考。例如，如果有人要求你想象一只红色的羚羊，你可以将它想象成绿色，也可以将它想成一只小山羊，或者干脆想象成别的东西。只有你自己才能控制着进入你头脑中的各种想法，只有你才能对大脑的思想库作出选择，并组织成一定的逻辑程序。如果你不相信这一点，那请你试想一下："如果不是你在控制着自己的思想，那是谁在控制？是你爱人、上级，还是你的妈妈？"假如真的是他们在控制着你的思想，那建议你立即送他们去医院治疗，这样你马上就会好起来。但客观的现实很清楚：是你——而且只有你——控制着自己思维的机器，你的大脑完全属于你自己，你可以完全控制住自己的思想，并完全由你决定是否加以保留、改变、审视或交流。除了你，谁都无法钻进你的大脑，也不能像你那样体验自己的思想和情感。

其次，3 中的小前提也是无可非议的，无论是从科学原理，还是根据常识判断都可以证实：一个人如果没有思想，那就没有情感。丧失了大脑功能，"感觉"能力也就不复存在了。人的每一种感情都是一种思想的生理反应。只有从思维中心得到某一信息之后，人才会出现哭泣、害羞、心跳加速以及其他各种可能的情绪反应。如果思维中心受到损坏或发生故障，你就不会做出任何感情反应。在大脑受到损伤的情况下，人甚至会感觉不到肉体的痛苦，即使将手放在炉子上烤焦了，也不会感到疼痛。因此，你的小前提是千真万确的。任何一种情感都必然产生于思维之后，因而没有思维，就没有情感。

　　有这样一个例子：迈克是一位年轻的公司职员，公司老板认为他做事太笨，对他的评价也不很好，为此，迈克常常感到十分痛苦。

　　我们试想一下：要是迈克并不知道自己的老板认为他很笨，他还会因此而不快吗？当然不会，一个人怎么会为自己不知道的事情痛苦呢？由此看来，造成迈克精神不快的原因并不在于上司对他的看法，而在于他自己的感觉。此外，迈克不快的原因还在于，他确信别人的看法比自己的看法更为重要，如果他认为自己并不太笨，而是极力通过自己的表现向老板来证明这一点，他也就不会因此而痛苦了。

　　这一推理同样适用于对各种事物及其他人的看法：某个人的死亡并不会使你感到悲伤；在得知其去世前，你是不会悲伤的。使你悲伤的原因并不在于其死亡这一事实，而在于你听到死讯后作出的一种心理反应。阴雨天气本身不会使人抑郁，抑郁是人类特有的一种情绪。如果你怕由于天气下雨或阴天而抑郁，那是因为你自己对天气的反应使你感到抑郁。当然，这并不是说你应该欺骗自己而非得喜欢阴雨天气，而是说你可以想一想："我为什么非要感到抑郁呢？""这样能使我更积极有效地解决问题吗？"

　　尽管上述逻辑推理证明人总是在支配着自己的情感，但我们从小到大所接受的传统文化一直表明：一个人对他的情感是无能为力的。虽然我们实际上控制着自己的情感，但我们所学到的大量日常用语却往往否认这一点。下面我们简要列举一些此类常用语，分析一下每句话的含义，我们可以发现，这些话都含有一个共同的潜台词，即你对自己的情感是没有任何责任的。只要我们将每一句话重新组织一下，使其更为确切，就能说明一点：你在驾驭着自己的感情，而且你的情感是由于你对外界事物的看法而产生的。

　　也许你会认为，左栏的每句话不过是一种修辞方式，它并不说明任何问题，或者只是一种习惯用语而已。如果你这样解释，那你不妨试问一下：右栏中的每句话为何没有形成口头语？其答案很简单，因为我们的传统文化和社会环境总是提倡前者而排斥后者。

　　我们每个人应该对自己的情感负责。你的情感是随着自己的思想而产生的，那么，你只要愿意，便可以改变对任何事物的看法。首先，你应该想一想：精神不快、情绪低沉或悲观痛苦到底能给你带来什么好处？然后，你就可以认真地分析一下导致这些消极情感的各种思想。

成功人士与普通人士的最大区别在于前者用行为控制情感后者用情感控制行为。成功人士在控制情绪时有许多方法和技巧，值得我们学习。

奥格·曼狄诺写的《世界上最伟大的推销员》向我们提供了许多控制情绪的方法，书中虚拟了一个巧妙的故事。少年海菲获得了 10 卷神秘的《羊皮卷》，他根据《羊皮卷》的原则行事为人，最终成为了世界上最伟大的推销员、最伟大的商人，建立了庞大的海菲商业帝国。10 卷《羊皮卷》，其实就是 10 条做人行事的准则。这 10 条准则是：

1. "今天，我开始新生活"。

2. 爱心。"我要用全身心的爱来迎接今天"。"最主要的，我要爱自己"。

3. 恒心。坚持不懈，直到成功。

4. 信心。"我是世界上最伟大的奇迹"。"我能做的比已经完成的更好"。

5. 重视今天。"忘记昨天，也不要痴想明天"。"假如今天是我生命中的最后一天"。

6. 控制情绪。"今天我要学会控制情绪"，"有了这项新本领，我也就更能体察别人的情绪变化"。

7. 快乐。"我要笑遍世界"。

8. 自重。"今天我要加倍重视自己的价值"。

9. 行动。"我现在就付诸行动"。

10. 信仰。"万能的主啊，帮助我吧"。

这些就是迈向成功之路的金钥匙。这 10 把金钥匙里面，有两把金钥匙同情绪有关：第 6 条"控制情绪"和第 7 条"快乐"。可见，控制情绪在人生的成功之路上是多么的重要。

下面，我们来看一看神秘的《羊皮卷》里面是怎样来告诉人们控制情绪的。

《羊皮卷之六》：

"潮起潮落，冬去春来，夏末秋至，日出日落，月圆月缺，雁来雁往，花开花谢，草长瓜熟，自然界的万物都在循环往复的变化中，我也不例外，情绪时好时坏。"

"这就是大自然的玩笑，很少有人窥破天机。每天当我醒来时，不再有旧日的心情。昨日的快乐变成今日的哀愁，今日的悲伤又转为明日的喜悦。我心中像有一只轮子在不停地转着，由乐而悲，由悲而喜，由喜而忧。这就好比花儿的变化，今天绽开的喜悦也会变成凋谢时的绝望，但是我要记住，正如今天枯败的花儿蕴藏着明天新生的种子，今天的悲伤也预示着明天的快乐。"

"我怎样才能控制情绪，让每天充满幸福和欢乐？我要学会这个千古秘诀：弱者任思绪控制行为，强者让行为控制思绪。每天醒来当我被悲伤、自怜、失败的情绪包围时，我就这样与之对抗：

沮丧时，我引吭高歌。

悲伤时，我开怀大笑。

病痛时，我加倍工作。

恐惧时，我勇往直前。

自卑时，我换上新装。

不安时，我提高嗓音。

穷困潦倒时，我想象未来的财富。

力不从心时，我回想过去的成功。

自轻自贱时，我想想自己的目标。"

《羊皮卷之六》里面所阐述的控制情绪的箴言可以说是句句珠玑。只要你真正能够按照上面的原则来思考和行事，那么你就一定能在通向成功的路上获得意外的收获。

在失败时为自己打气

以下是拳击手杰克·丹普先生远离忧虑的故事：

"在我的拳击生涯中，最强劲的敌人不是那些重量级的选手，而是自己内在的情绪困扰，因为情绪上的忧虑不但会消耗体力，还会影响拳击的进

行。所以，我为自己制定了一套原则借以保持充沛的体力与旺盛的精力。这一套原则就是：

"1. 为了让自己有充分的勇气，每当拳赛开始前我都会自我鼓励一番，反复地对自己说：'不要怕，没有什么可以伤得了我的，他击不倒我。'这种积极的鼓舞确实产生了不少作用。

"例如，在我和佛波比赛的时候，我不断地对自己说：'没有人能敌得过我，他伤不了我，他的拳头也伤不了我，我不会受伤，不管发生什么事，我一定要勇往直前。'像这样为自己打气，使想法趋向积极，对我帮助很大，甚至使我不觉得对方的拳头在攻击。在我的拳击生涯中，我的嘴唇曾被打破，我的眼睛被打伤，肋骨被打断，而佛波的一拳将我打得飞出场外，摔在一位记者的打字机上，把打字机压坏了，但我对佛波的拳头却并无感觉。只有一次，那天晚上李斯特·强森一拳打断了我的三根肋骨，那一拳虽不致让我倒下，但却影响到了我的呼吸。我可以坦白地说，除此之外，我在比赛中未对任何一拳有过知觉。

"2. 我一再地提醒自己，忧虑不但于事无补，反而还会产生相反的效果。我的大部分忧虑，都出现在我参加重大比赛之前，也就是接受训练期间。我经常在半夜醒来，一连好几个钟头，心里都十分忧虑，辗转反侧，无法成眠。我担心会在第一回合中被对方打断手，或扭了脚踝，或眼睛被严重打伤，如果是这样的话我就不能充分发挥攻势。所以，每次我因为担心第二天的赛程而睡不着觉时，就会下床对着镜子中的自己说：'你真是个傻瓜，何必为了尚未发生的事或根本不会发生的事而担忧呢？人生如此短暂，应该好好把握、享受生命才是啊，还有什么比健康更重要的呢？'这样日复一日、年复一年地提醒自己，久而久之，这些话就好像印到了我的骨髓里，经常不自觉地就浮现在脑海中，帮助我克服了许多情绪上的困扰。

"3. 最后一项，也是最重要的一项就是祷告。一天中我会有好几次与主交谈的机会，拳击赛中每次回合的铃响前、每餐吃饭前、每晚入睡前，我都会虔诚地祷告，祈求上帝赐给我力量与勇气，让我打好每一场人生战役。我的祈祷获得了回应吗？当然，上帝对我的回报远超过我的付出！"

每天早晨给自己打气，是不是一件很傻、很肤浅、很孩子气的事呢？不是的，这在心理学上是非常重要的。

　　世界上不是每个人都要面临着十分巨大的困难，但是每个人都存在着若干问题。每个人都能通过暗示或自我暗示让激励标记产生作用。一种最有效的形式就是有意记住一句自我激励的语句，以便在需要的时候，这句话都能从下意识心理闪现到有意识心理。

　　阿廉·方索斯是美国密苏里州东南地区某农场的一个病孩子。他在上小学时遇到了一位优秀的老师，这位老师鼓励小阿廉·方索斯去改变自己的世界。老师用挑战的方式鼓励他："我激励你！""我激励你成为学校中最健康的孩子！""我激励你"成了阿廉·方索斯一生自我激励的语句。

美国密苏里州

　　他果真变成了学校中最健康的孩子。他在 85 岁逝世之前，帮助了数以千计的青年获得了良好的健康，他还帮助他们立志高远，做事刚勇，服务周到。

　　"我激励你"激励着他建立了美国最大的公司之一——若尔斯通培里拉公司；"我激励你"激励他从事创造性的思考，把负债转化为资产；"我激励你"激励着他组织美国青年基金会——它的目的是训练青年男女独立生活的能力。

　　"我激励你"激励着阿廉·方索斯写了一本书，名叫《我激励你》。今天这本书正在激励着男子和妇女们勇敢地把这个世界改造为更好的社会。

阿廉·方索斯作了多么好的一个证明啊！一句自我激励语有力地帮助人们发挥积极的心态！

说到此，不禁让人想起那些在兴旺的 1920 年里取得经济成功的人，那时他们是以极好的态度开始他们的事业的。可是当 1930 年经济萧条袭来的时候，他们便遭到了失败，他们破产了。他们的态度便从积极的变为消极的。他们的法宝被翻到了"消极的心态"那一面。他们停止了努力。他们像那些抱持消极心态的人一样变成了一蹶不振的失败者了。

有些人似乎在所有的时候都能充分使用积极的心态。有些人开始时使用，然后就停止使用了。但是，另一些人——我们中的大多数人，并没有真正地开始使用对于我们很有用的巨大力量。消极心态包括以下几个方面：

1. 惰性导致愚昧无知。

对于不知事实或缺乏实际知识的人来说，面对一件事的愚昧无知似乎是合乎逻辑的，而对于知道事实或具有实际知识的人来说，就可能是不合逻辑的了。当你在作决定的时候，如果你不肯保持开朗的心胸和学习真理，那就是愚昧无知。消极的心态会在愚昧无知的基础上不断地生长。

具有积极心态的人可能不知道事实，也缺乏实际知识。他可以不了解情况，然而他认识基本的前提——真理就是真理。因此，他就力图保持开朗的心胸，努力学习。他必须把他的结论奠基在他所知道的事情上，并且准备在他认识更多些时，就改变这些结论。

现在让我再审视一下我们心理上的蛛网，这些似乎还存留在你的脑中：

（1）消极的感情、情绪、激情、习惯、信条和偏见。

（2）只看到别人眼中的"凶煞"。

（3）由于语义上的误解所产生的争论和误解。

（4）由于虚假的前提而作出的虚假结论。

（5）把概括一切的限制性的词或词组作为基本或次要的前提。

（6）"需要"有可能迫使人作出不诚实的想法。

（7）不清洁的思想和习惯。

（8）担心应用心理的力量。

这样，你就可以看到蛛网有许多种——有些是细小的，有些是巨大的；

有些是脆弱的，有些是结实的。然而，如果你把你自己的蛛网再列成一张表，然后仔细检查每个蛛网的各条蛛丝，你就会发现它们都是由消极的心态织成的。

你把它们考虑一会儿，然后你会发现由消极的心态所织成的最强有力的蛛网就是惰性蛛网。惰性会使你无所作为；如果你转向错误的方向，它就会使你不去抵抗或不思停止，你就会继续前进，向下滑去。

2. 警惕潜意识的误导。

一个人的潜意识通常是难以改变的，它经常会配合你本身的才能或所曾犯过的错误，而把这些不愉快的经历返还给你。换言之，当你在潜意识中制造消极的观念后，潜意识便会将制造过的差错想法，不分时候地任意归还与你，因此在你的思绪过程中，极可能将你误导。

为避免遭受原有潜意识的误导，最好的方法莫过于以积极性的立场灌注于潜意识中，并努力培养积极的想法，如此你无异是在向你的潜意识灌输真理，而不久之后，你的潜意识也将开始把这些真理归还于你。

使潜意识变得积极的最佳方法便是摒除存在于你思想或言谈间的消极想法。例如，每当人们意识到消极想法存在时，便会对自己的说话方式作一番分析，而且结果往往令人感到十分惊异。

因为许多人都存有类似如下的想法："我担心也许会来不及"，"轮胎是不是磨损了"，"我想，我办不到那件事"，"这个工作我大概无法胜任，因为我会忙不过来"等。此外，遇到事情有不好的结果时，他们就会说道："哦！果然不出我所料。"又如，在抬头望见天空布满乌云时，心情会变得忧虑起来，并说："我原本就知道会下雨！"

这些都属于"消极心态"。我们千万不可忽略"积少成多"的道理。当你的言谈中充满"消极心态"时，它会不知不觉地渗入到你的思想深处，并积存它的影响力量，而这种力量往往会滋长到令人惊异的地步，甚至会在不久之后使你陷入"无能症"的泥沼中。

所以，你要下定决心，要从自己的言谈间根除这种"消极心态"。因为对于这种消极的心态，最好的消除办法是，不论对任何事都要表示积极肯定的主张，如事情将有顺利的结果、能够胜任工作、不会招致失败、必会准时到达等。由于这种把积极想法说出来的做法具有相当于在内心中呼应的积极力量，因此它能使你感到一切都将顺利地进行。

曾经有一幅引擎油的广告，上面写着："洁净的引擎经常是力量的供应源泉。"这个广告的作者就一定有一个积极心态，这对他的事业必定产生积极影响。换言之，洁净的心会是力量的供应来源。因此，请洗净你的思想，赋予你自身一颗洁净的心吧！

为了克服障碍，你不妨采用"不相信失败"的哲学之道。通常人们处理障碍的结果往往决定于其本身所持的心态，因为人们的障碍大多数是源于心理上的问题。

也许你会对此有所怀疑，但是任何人对于障碍的态度却绝对是心理方面的事。试想，当一件事从考虑到决定的过程中，是否即是心理的活动？你对于障碍的想法如何，是否会决定你对它所采取的行动或态度？事实上，如果你面对障碍之初便在心中断言绝对无法克服它，你便会在自认为"反正做不到"的心理下真正无法克服了。相反的，如果你拥有克服障碍的信心，情况自必不同。

因此，请你牢牢记住：障碍绝对没有你想象中的那般困难，而是可以设法克服的。

无论在培养这种积极想法之初，你的信心是多么微小，只要持续保持这种想法，你必能获得成功。

保持积极的心态

乐观态度或悲观态度，是人类典型的也是最基本的两种倾向，它影响着我们的生活方式。美国医生做过这样一个实验：他们让患者服用安慰剂。安慰剂呈粉状，是用水和糖加上某种色素配制的。当患者相信药力，就是说，当他们对安慰剂的效力持乐观态度时，治疗效果就显著。如果医生自己也确信这个处方，疗效就更为显著了。这一点已用实验得到了证实。悲观态度是由精神引起的，而又会影响到组织器官。有一个意外的事故证明了这一点。一位铁路工人意外地被锁在一个冷冻车厢里，他清楚地意识到他是在冷冻车厢里，如果出不去，就会冻死。不到20个小时，冷冻车厢被打开时人已经死了，医生证实是冻死的。可是，仔细检查了车厢，冷气开关并没有打开。那位工人确实死了，因为他确信，在冷冻的情况下是不能活命的。所以，在极端的情况下，极度悲观会导致死亡。一位乐观主义者却总是假设自己是成功的，就是说，他在行动之前，已经有了85%的成功把握。而悲观主义者在行动之前，却已经确认自己是无可挽救了。

一个积极者就是一个这样的人：当他的鞋子穿破了的时候，他只是认为他回到了光脚走路的时代。消极者说："我只有看见了才会相信。"积极者说："只要我相信，我就会看见。"积极者采取行动，消极者静止不动。积极者看见半杯水会说它满了一半，消极者看见同样的半杯水会说它有一半是空的。原因很简单，消极者往杯子里倒水，而积极者却从杯子里取水。

在生活中，成功和失败之间仅仅只有毫厘之差。

例如，骏马奈斯华在不到一小时的赛跑中赢得了第一，得到了100万美金。在这仅有一小时的赛跑后面却藏着上千个小时的艰苦训练。显然，奈斯华这匹至少值100万美元的马——定是一匹罕见的好马。你可以用100万美元买100匹值1万美元的赛马，这是一个简单的算术问题。一匹值100万美元的马比一匹值1万美元的马跑得要快100倍，对吗？错了！它能跑得比那匹马快2倍，对吗？还是错了！实际上，它只能比那匹马快25%，或是只有10%或是1%，对吗？还是错了！

那么究竟一匹值100万美元的马比值1万美元的马跑得快多少呢？几年以前，在阿林顿·福特瑞蒂，第一名和第二名的奖金差额是10万美元。这次比赛的跑程是1.25英里。第一名和第二名的差距仅有1/71280，而我们要重申的是仅仅这点差距就值10万美元。

1974年在肯塔基的德比所举行的赛马比赛中，第1名骑手赢得了2.7万美元。不到2秒钟后，另一名骑手也骑着马冲过了终点线，他是第4名，只得到30美元。

生活就像一场比赛，我们无法改变它的规则。我们能够并且必须去做的是掌握这些规则，并利用这些规则来发挥我们最大的潜能。

米歇尔曾经是一个不幸的人。

　　一次意外事故，使他身上 65% 以上的皮肤都烧坏了，为此他动了 16 次手术。手术后，他无法拿起叉子，无法拨电话，也无法一个人上厕所，但以前曾是海军陆战队员的米歇尔从不认为他被打败了。他说："我完全可以掌握我自己的人生之船，我可以选择把目前的状况看成是倒退或是一个起点。"六个月之后，他又能开飞机了！

　　米歇尔为自己在科罗拉多州买了一幢维多利亚式的房子，另外也买了房地产、一架飞机及一家酒吧，后来他和两个朋友合资开了一家公司，专门生产以木材为燃料的炉子，这家公司后来变成了佛蒙特州第二大私人公司。

　　在米歇尔开办公司后的第四年，他开飞机在起飞时又摔回到跑道上，把他的十二节脊椎骨压得粉碎，腰部以下将永远瘫痪！"我不解的是为何这些事老是发生在我身上，我到底是造了什么孽，要遭到这样的报应？"

　　米歇尔仍选择不屈不挠，丝毫不放弃，还日夜努力使自己能达到最高限度的独立自主，他被选为科罗拉多州孤峰顶镇的镇长，以保护小镇的美景及环境，使之不因矿产的开采而遭受破坏。米歇尔后来又竞选国会议员，他用一句"不只是另一张小白脸"的口号，将自己难看的脸转化成一项有利的资产。

　　尽管面貌骇人、行动不便，米歇尔却坠入了爱河，且完成了终身大事，也拿到了公共行政硕士证书，并坚持他的飞行活动、环保运动及公共演说。

　　米歇尔说："我瘫痪之前可以做一万件事，可现在我只能做九千件，我可以把注意力放在我无法再做的一千件事上，或是把目光放在我还能做的九千件事上。我的人生曾遭受过两次重大的挫折，如果我能选择不把挫折拿来当成放弃努力的借口，那么，或许你们就可以用一个新的角度，来看待一些一直让你们裹足不前的经历。你可以退一步，想开一点，然后你就有机会说：'或许那也没什么大不了的！'"

　　由此可见，积极的人生态度是一个人获得成功的一项重要原则，你可将此原则运用到你所做的任何工作上。如果你不了解如何应用积极的人生态度，就无法从工作中得到最大的效益。

　　事实上，如果你掌握你的思想，并引导它为你的目标服务，你就能享受：

1. 为你带来成功环境的成功意识；

2. 生理和心理的健康；

3. 独立的经济；

4. 出于爱心而且能完成自我的工作；

5. 内心的平静；

6. 驱除恐惧的信心；

7. 长久的友谊；

8. 长寿而且各方面都能取得平衡的生活；

9. 免于自我限定；

10. 了解自己和他人的智慧。

而如果你所抱持的是消极的人生态度，你将会尝到苦果：

1. 生命中的贫穷和凄惨；

2. 生理和心理的疾病；

3. 使你变得平庸的自我限定；

4. 恐惧和所有具有破坏性的结果；

5. 找不到支撑自己的方法；

6. 敌人多、朋友少的处境；

7. 人类所知的各种烦恼；

8. 成为所有负面影响的牺牲品；

9. 屈服在他人的意志之下；

10. 对人类没有贡献的颓废生活。

通过比较，到底应该树立什么样的人生态度，就应该是显而易见的了！

焕发热忱的能量

热忱的威力是不容被低估的。爱默生曾经说过："每一个伟大的时刻，都是热忱凯旋的时候。""没有一桩丰功伟业能缺乏热忱。"

许多人失败并不是因为他们缺乏才智、能力、机会或天分，而是因为他们并没有尽力去处理问题。

　　热忱的重要性绝不亚于卓越的能力与努力地工作。我们都认识一些聪明但却一无所成的人，也认识一些辛勤工作但却一事无成的人。青年人应该记住，只有热爱工作、投入到工作中且满怀热忱的人才能有所成就。

　　热忱有一种特性，那就是它具有感染力，并且能令人有反应。不论在教室里或其他活动中，都是一样的。就算是冰上曲棍球比赛，也同样需要热忱。如果你自己对一个想法或计划不够热忱，别人就更不可能会有热忱。如果公司领导人连自己都不能全心热忱地相信公司的目标与方向，就不要指望员工、顾客或股市会相信它。想使任何人对一个想法，或是一个计划、一个活动兴奋起劲的最好办法，就是你自己要先兴奋起来，而且要把你的兴奋表现出来。

　　汤姆·德尔夫最近在加州一家进口公司考尔佛电子销售公司找到了一份业务员的工作。按照公司历来的做法：公司会交给汤姆·德尔夫一份很难缠的潜力客户名单，其中有一家公司以前是汤姆·德尔夫公司的大客户，但是却在多年前就已经停止往来了。

　　汤姆·德尔夫说：“我决定把跟他们做成生意当作是对我个人的一项挑战，这表示我得先说服老板我可以把这家公司扳回来。他本来不太肯定，但是他不想浇我的冷水，于是他允许我去拜访那家客户。”

　　汤姆·德尔夫既已把赢回这家客户当作自己的使命，于是他便提供了保证价，缩短交货期，并允诺更好的服务。他向那位采购处长表示考尔佛公司“将会做一切令你们满意的事”。

　　当汤姆·德尔夫第一次与采购处长面对面谈话时，他的热忱就扮演了重要的角色。他面带微笑地走进会客室，并说道：“很高兴能再回来，让我们一起来共同合作。”

　　汤姆·德尔夫从来没有想过他可能无法成交，他完全忽略了他的公司已经丢掉了这个客户的事实，他以最高昂热忱的态度说服他的客户——考尔佛公司已准备好再为他们服务。

　　“后来，采购处长告诉我们老板，他们考虑我们的惟一理由是因为我的热忱。他们的订单后来一年赚了 50 万美元的利润。”

　　热忱，可以保养灵魂，培养并发挥热忱的特性，我们就可以对我们所做的每件事情，加上火花和趣味。

　　我有一次请教一位友人，问他如何挑选管理人员。这位友人的回答听起来可能蛮令人惊奇的："这些成功者与失败者，他们的能力与聪明才智其实差异不大。"纽约中央铁路公司总裁佛多利·威尔森说："如果两个人各方面条件都相近，那么，更热忱的那一位一定将会更快达到成功。一个能力平庸但是很热忱的人，往往会胜过能力杰出却缺乏热忱的人。"

　　热忱是一把火，它可燃烧起成功的希望。要想获得这个世界上的最大奖赏，你就必须要像过去最伟大的开拓者那样，将梦想转化为全部有价值的献身热情，来发展和销售自己的才能。

　　有一次，我在加州一家饭店投宿时，点了客房服务，侍者是一位墨西哥人，他说着一口吞吞吐吐不流畅的英语："早安！早安！早安！"奇怪的是，他重复了三次问安，却不显得多余，反而让人觉得很舒心。

　　他以那种墨西哥人独有的热情深深地感染了我，他满面春光地告诉我，他有一份好工作，而且身在美国。接着他满怀热情地为我倒咖啡，同时又很友好地同我谈论天气："对啊！不过下雨也很好，雨水可以让草地青翠，而且花草树木也都需要雨水，不是吗？"

　　在他离开房间之时，我深深地被他打动了。我对自己说，我知道为什么他有一份工作。

　　最聪明和最热忱的人能更快地得到工作和做出成绩。要满怀着热忱，将你自己奉献给积极的人生，你将会惊讶人们有多么地想要雇用你。

　　我曾不止一次地在课堂上告诉我的学员们，促使一个人成功的因素很多，而居于首位的就是热忱，一个人、一个团队只要有热忱，其结果必然是积极的行动、成功和幸福。

　　如果激情能增加一盎司，我们的人生就会大不一样。著名的人寿保险推销员弗兰克·贝特格在他的自传中，向我们充分诠释了这一点：

　　"在我刚转入职业棒球界不久，我就遭到了有生以来最大的打击——我被开除了，理由是我打球无精打采。老板对我说：'弗兰克，离开这儿后，无论你去哪儿，都要振作起来，工作中要有生气和热情。'这是一个重要的忠告，虽然代价惨重，但还不算太迟。于是，当我进入纽黑文队时，我便下

定决心在这次联赛中一定要成为最有激情的球员。

"从此以后，我在球场上就像一个充足了电的勇士。掷球是如此之快、如此有力，以至于几乎要震落内场接球同伴的手套。在烈日炎炎下，为了赢得至关重要的一分，我在球场上奔来跑去，完全忘了这样会很容易中暑。第二天早晨的报纸上赫然登着我们的消息，上面是这样写的：'这个新手充满了激情并感染了我们的小伙子们，他们不但赢得了比赛，而且看起来情绪比任何时候都好。'那家报纸还给我起了个绰号叫'锐气'，称我是队里的'灵魂'。三个星期以前我还被人骂作'懒惰的家伙'，可现在我的绰号竟然是'锐气'。

"于是我的月薪从 25 美元涨到了 185 美元。这并不是我球技出众或是有很强的能力，在投入热情打球以前，我对棒球所知甚少。除了'激情'还有什么能使我的月薪在 10 天内竟上升 700% 的呢？

"退出职业棒球队之后，我便去做人寿保险推销工作。在 10 个月令人沮丧的推销之后，我被卡耐基先生一语惊破。他说：'贝特格，你毫无生气的言谈怎么能使大家感兴趣呢？'我决定以我加入纽黑文队打球的激情投入到做推销员的工作中来。有一天，我进了一个店铺，鼓起我的全部热情试图说服店铺的主人买保险。他大概从未遇到过如此热情的推销员，只见他挺直了身子，睁大眼睛，一直听我把话说完，最终他没有拒绝我的推销，买了一份保险。从那天开始，我便真正地展开推销工作了。在 12 年的推销生涯中，我目睹了许多的推销员靠激情成倍地增加收入，同样也目睹了更多人由于缺少热情而一事无成。"

弗兰克·贝特格在事业上有所成就，与其说是取决于他的才能，不如说是取决于他的激情。凭借激情，他能在烈日当空的酷热中超常发挥；凭借激情，他说服了自己的客户，最终创出不凡的成就。

运动可以驱除忧闷

我若发现自己有了烦恼，或是精神上像埃及骆驼寻找水源那样地猛绕着圈子转个不停，我就利用激烈的体能练习活动，来帮助我驱逐这些烦恼。

那些活动可能是跑步，或是徒步远足到乡下，或是打半小时的沙袋，或是到体育场打网球。不管是什么，体育活动都能使我的精神为之一振。每到周末，我都会从事多项运动，例如绕高尔夫球场跑一圈，打一场激烈的网球，或到阿第伦达克山滑雪。等到我的肉体疲倦了，我的精神也随之得到休息。因此再度回去工作时，我精神清爽，充满活力。在工作地点纽约，我经常能有机会到俱乐部健身院去，待上一个小时。没有人在滑雪或作激烈运动的时候还会感到烦恼，因为他忙得没时间烦恼。烦恼的大山很快就变成微不足道的小丘，激烈的运动很容易就能将它"摆平"。

我发现，烦恼的最佳"解毒剂"就是运动。当你烦恼时，多用肌肉，少用脑筋，其结果将会令你惊讶不已。这种方法对我极为有效——当我开始运动时，烦恼就消失。

有位专门研究快乐如何影响心理的科学家曾整理出了几个快乐的技巧，方法简单而且效果神速，让人能立刻就变得乐观起来，这就是运动和听音乐。

首先，经常运动，抬头挺胸。

楚安尼曾强调说，要矫正头脑之前，请先校正身体。为什么呢？因为生理同心理是息息相关的。相信你也该有过这样的体验，当心情处于低潮的时候，我们往往也是无精打采、垂头丧气；而心情快乐时，自然是抬头挺胸、昂首阔步了。所以，身体的姿势的确会与心理的状态密不可分。

再从另一个角度来看，当一个人抬头挺胸的时候，呼吸会比较顺畅，而深呼吸则是释放压力的妙方。所以当抬头挺胸时，我们便会觉得比较能够应付压力，当然也就容易产生"这没什么大不了"的乐观态度。

另外，与肌肉状态有关的信息也会通过神经系统传回到大脑中去。当我们抬头挺胸的时候，大脑会收到这样的信息，四肢自在，呼吸顺畅，看来是处于很轻松的状态中，心情应该是不错的。

在大脑也做出心情愉悦的判决后，自己的心情于是就更轻松了。

因此，身体的状态和姿势的确会影响心情。运动能推动快乐，要是垂头，就容易感到丧气，而如果挺胸，则容易觉得有生气。

这个简单得令人不可置信的方法，请千万别小看它，下次若头脑中悲观的念头又再冒出来时，赶快调整一下姿势，抬头挺胸地带出乐观的心境吧！或者运动几下，要么不妨听听音乐，这是第三种让身体快乐的方法。

心情低潮时要怎么办？曾有个女孩说："简单，就开始大声唱歌嘛！"接着她就"红豆、大红豆、芋头……"，唱起了锉冰歌。没料到歌声一停，她旁边的男朋友立即开口："是啊，每次唱完你的心情是好了，我的心情也跟着挺好的！"看来，歌声还是挺重要的。你也会在心情低落时唱歌自娱吗？

引吭高歌，是否真的对情绪舒解有益？其实早在几百年前，人类就已经懂得了利用音乐与情绪之间的密切关系。例如几世纪前，欧洲有些国家就把音乐和歌唱拿来当作治疗忧郁症的一种方法，很有意思吧！

在当时，如果一个人感到郁郁寡欢，情绪低迷不振，他就会被安排在固定的时间听音乐，并且被要求开口大声高歌。这个不用药物、既经济又简单的做法，在当年是一个另类方法，然而后来心理学家们发现，唱歌的确可以唱走郁闷。这是因为在我们发声歌唱时，就好像是把自己的身体当成了乐器来使用，声音在体内上上下下地振动着，因此有着体内按摩的功效。

当你尽情高歌、浑然忘我时，你是否感觉到体内的声音能量，从头到脚是在振动着的？这个感觉令人身体舒畅而心情飞扬的原因，就是因为音振在体内按摩五脏六腑，放松了肌肉紧绷的不适，而焦虑感也随之得到舒解。

此外，在你嘶吼的同时，体内因负面情绪而累积的能量也得以向外宣泄，不再压抑，自然会感到轻松许多。有些心理医师更进一步说明，唱歌能帮助我们在情感层次上做调整的工作，甚至感受到"美"的感觉，因此是极佳的心情疗法，没事多哼哼歌绝对有益无害。

要是担心别人厌烦你的歌喉，浴室及窗门紧闭的车内都可以是你大展身手的好地方。

自己的心情自己救，快乐是你的权利。

第七章　梦想是成功的关键

人生因为梦想而伟大

不能抱持正确目标而奋斗的人，就有如玩耍得意志消沉的儿童一样，他们不知道自己所要的是什么，总是茫然地撅着嘴。

行动的本身左右着人生。确定明确的人生目标，不论是对人生，或是对任何的行动，都是至关重要的。

在生活中，有不少人缺乏明确的目标。他们就像地球仪上的蚂蚁，看起来很努力，总是不断地在爬，然而却永远找不到终点，找不到目的地。同样，在生活中没有目标，活动便没有焦点，也会使你白费力气，得不到任何成就与满足。

没有目标的活动无异于梦游，没有目标的生活也只不过是一种幻象。许多人把一些没有计划的活动错当成人生的方向，他们即使花费了九牛二虎之力，由于没有明确的目标，最后还是哪里都到不了。要攀到人生山峰的更高点，当然必须要有实际行动，但是首要的是找到自己的方向和目的地。如果没有明确的目标，更高处只是空中楼阁，望不见更不可及。如果我们想要使生活有突破，到达更新且有价值的目的地，首先就一定要确定这些目的地是什么。只有设定了目的地，人生之旅才会有方向、有进步、有终点、有满足。

设定明确的目标，是所有成就的出发点。很多人之所以失败，就在于他们都没有设定明确的目标，并且也从来没有踏出他们的第一步。

当你研究那些已获得成功的人物时，你就会发现，他们每一个人都各有一套明确的目标，都有达到目标的计划，并且花费最大的心思和付出最大的

努力来实现他们的目标。

社会无疑具有强大的同化作用，使得我们许多人都背离了人生的真谛，丧失了真情和本性。但惟有我们自己真正想要的才能使我们得到满足，而放弃了自身的愿望和需要，我们就会变得麻木不仁，对任何事都无动于衷。

每个人都做过梦。真实的梦，睡眠中的梦，小时候在作文本上写出的梦，与朋友闲聊时做的白日梦。然而，做梦的年龄过了之后，面对现实，为什么会有惆怅或失落？当然，最理想的是"美梦成真"，虽然不是每个人都能如此，但也并非做不到。

人一旦有梦想有目标，自然就会为了实现它而发挥更大的心力，人生的光辉由此粲然可见。为什么呢？在为实现理想而奋斗的过程中，人生的乐趣昭然若揭，而生活就会更加的精力充沛，此时人类原已潜在的脑力也会得到发挥。经常有意识地创造出这样的情势，使人生更成功、更丰富且充满乐趣的原则，就是所谓的目标催化作用。

1952 年的《生活》杂志曾登载了约翰·戈德的故事。

戈德 15 岁时，偶然地听到年迈的祖母非常感慨地说："如果我年轻时能多尝试一些事情就好了。"

戈德受到很大的震动，他决心自己绝不能到老了还有像老祖母一样有无法挽回的遗憾。于是，他立刻坐下来，详细地列出了自己这一生要做的事情，并称之为"约翰·戈德的梦想清单"。

他总共写下了 127 项详细明确的目标，里面包括了 10 条想要探险的河、17 座要征服的高山。他甚至想要走遍世界上每一个国家，还想要学开飞机、学骑马。

他甚至要读完《圣经》，读完柏拉图、亚里士多德、狄更斯、莎士比亚等十多位大学问家的经典著作。

他的梦想中还要乘坐潜艇、弹钢琴、读完《大英百科全书》。当然，还有重要的一项，他还要结婚生子。

戈德每天都要看几次这份"梦想清单"，他把整份单子牢牢地记在心里，并且倒背如流。

戈德的这些目标，即使从半个多世纪后的今天来看，仍然是壮丽且不可企及的。但他究竟完成得怎么样呢？

在戈德去世的时候，他已环游了世界四次，实现了 127 个目标中的 103 项。他以一生设想并且完成的目标，述说他人生的精彩和成就，并且照亮了这个世界。

每当我们读起戈德的故事，便会不由自主地想到一句话：人生因梦想而伟大。

我曾有一只名叫"花生"的混血小狗，它活泼、聪明、可爱，是我们家庭的开心果。一次，儿子提出要我和他一起为"花生"盖一间狗屋，于是，我们便立刻动手，很快就把狗屋盖好了。但是，由于手艺太差，狗屋盖得很糟糕。

狄更斯

狗屋盖好不久，有一位朋友来访，朋友忍不住问我："树林里的那个怪物是什么？难道是狗屋吗？"

我说："没错，那正是一间狗屋。"

朋友随即指出了狗屋的一些毛病，又说："你为什么不事先计划一下呢？如今盖狗屋都要照着蓝图来做的。"

不知你能从这个狗屋的故事中学到些什么？

没有目标的活动无异于梦游，没有目标的生活也只不过是一种幻象。许多人把一些没有计划的活动错当成人生的方向，他们即使花费了九牛二虎之力，由于没有明确的目标，最后还是哪里都到不了。就像盖狗屋一样，只能被人视为怪物。

要攀到人生山峰的更高点，当然必须要有实际行动，但是首要的是找到自己的方向和目的地。如果没有明确的目标，更高处只是空中楼阁，望不见更不可即。如果我们想要使生活有突破，到达更新且更有价值的目的地，首先就一定要确定这些目的地是什么。只有设定了目的地，人生之旅才会有方向、有进步、有终点、有满足。

一位大学生经常在报纸上发表作品，他从事新闻工作的天分很高，有从事新闻事业的潜力。这位大学生在毕业时却没有选择从事新闻行业，他觉得新闻工作就是报道一些琐琐碎碎的事情，而不愿去做。可是 5 年后，他却不无懊悔地说："老实说，我现在的待遇也不算低，公司也有前途，工作又有保障，但是我压根儿心不在焉，我很后悔没有一毕业就参加新闻工作。"从这位学生的身上，你可以看出，他对于现在的工作心存不满，三五年就对自己的工作产生了厌恶情绪。他将来根本没有什么前途，除非他立刻辞职，参加新闻工作。

如果这位学生当初在新闻行业上制定准确的目标的话，或许他早就在这方面小有成就了。

他失败的根本原因就在于：没有早日定下事业的目标。有了目标才会成功。目标是你所期望的成就与事业的真正动力。

威廉姆·玛斯特恩，一位非常杰出的心理学家曾经向 3000 人问过同样的问题："你为什么而活着？"结果表明有 94% 的人说他们没有明确的生活目标。94% 啊！正像有句谚语所说的："每个人都会死，但并非每个人都真正地活着。"玛斯特恩的调查也不幸证实了这一点。许多人过着如梭罗所说的"宁静的绝望生活"。他们忍耐，等待，彷徨于生活的真谛，期望他们的人生目标在某个神灵的激发下能瞬间降临。同时，他们只是在生存着，重复着生活的机械动作，他们从未感受过生命的闪光。他们看着自己的生命之光迅速地飞逝，变得越来越恐惧，害怕他们还没有体会到任何真正的喜悦和生命的内涵，就走到了人生的尽头。

从发现目标到拥有目标，这是一个过程，整个过程并不是一夜之间就可以完成的。它需要自省和耐心——这两种品质对我们多数人来讲都很难做到，但一旦确定了自己的目标，就像为自己的灵魂注入了一股新的活力，安定和方向感便顿时产生。

确定你自己的目标也会对你产生同样的效果！下面的练习是我自己在寻找目标时确立的步骤，您不妨一试，看看效果如何。

取出一张白纸写下"我希望给人留下什么印象"。列出你愿意让你的朋友、配偶、孩子、合作伙伴、团体，甚至是整个世界所希望记住你的品质、行为和特征。如果你与其他一些团体有特殊的关系的话，如教堂、俱乐部、球队等，把他们也列入表中。在列表的过程中你将会渐渐地发现你自己真正的价值和生活意义的源泉。

例如，你可以这样写（如果您是一位女性）：我希望我的丈夫认为我是一个非常可爱的妻子，是永远相信他、鼓励他扩展他可能的追求、使他的生命发挥最大潜能的伴侣。我希望我的儿子认为我是深爱和相信他的母亲，我能帮助他认识到，只要他下定决心去做某事，他就能做出巨大的贡献和成就，成为任何他梦想成为的人。

写完之后再回顾自己生活中的其他人时，一个表明你最可贵价值的清晰模式便会渐渐地显现出来。相信此时你也会知道自己的目标所在了，动力也会自然产生。

确定了自己的目标后，你便会从现在手头从事的无谓的工作中解脱出来，全身心地追求自己所选择的道路，怀着从未体会到的激情和快乐向自己的人生目标不断地迈进。在这过程中你所感到的肯定是欢悦、充实和满足。

当你研究那些已获得永久成功的人物时，你会发现，他们每一个人都各有一套明确的目标，都已设定出达到目标的计划，并且花费最大的心思和付出最大的努力来实现他们的目标。

美国著名的诗人弗洛斯特在第一次接触到雪莱的诗时，深受触动："啊！这个东西正是我所要的。"他觉得自己与雪莱的作品一见钟情，以至心心相印。他不但找到了指定的读物，还找到了图书馆中收藏的所有英国诗集。读了雪莱、济慈等人的诗集之后，便越读越觉得：诗，才是他选择的目标。从此，他迈向了诗坛，有了诗作发表后，便一发不可收。

人们一般都知道，优秀的企业或组织都有 10 年至 15 年的长期目标。毫无疑问，一个人也应该从这样的企业规划与发展战略中得到某种成功的启示，那就是：你也应该计划 10 年以后的事情。如果你希望 10 年以后变成怎样，那么现在你就必须变成怎样。

一个心中有目标的人，便会成为创造历史的人；一个心中没有目标的人，只能是个平庸的人。

"目标绝对重要，它不但调动我们的积极性，而且维持我们的人生。"你应该今天就开始制定目标，为自己的未来而规划航向。思想家罗伯特·F·梅杰说："如果你没有明确的目的地，你很可能就走到不想去的地方了。"因

此，你应该尽一切努力去实现自己的理想，而不要走到不想去的地方。

我开的成人教育班上有一位学生，就为自己制定了一个未来 10 年的工作与生活计划的目标。从他的目标中，你可以感觉到，他已经看到未来生活的影子了。或许我们大家都可以从中受到某种启示！

"我希望有一栋乡下别墅，房屋是由白色圆柱构成的两层楼建筑。四周的土地用篱笆围起来，说不定还有一两个鱼池，因为我们夫妇俩都喜欢钓鱼。房子后面还要盖个都贝尔曼式的狗屋。我还要有一条长长的、弯曲的车道，两边树木林立。

"为了使我们的房子不仅是个可以吃住的地方，我还要尽量做些有价值的事，当然绝对不会背弃我们的信仰，尽量参加教会活动。

"10 年以后，我会有足够的金钱和能力供全家坐船环游世界，这一定要在孩子结婚独立以前能早日实现。如果没有时间的话，我就分成四五次，做短期旅行，每年到不同的地方去游览。

"当然，这些要看我的工作是不是很成功才能决定，所以要实现这些计划，必须加倍努力才行。"

这个计划是在 5 年以前制定的。他当时有两家小型的"一元专卖店"，现在已经有了 5 家；而且已经买下了 17 英亩的土地准备盖别墅，他的确是在逐步实现他的目标。

对于你来说，你的过去或现在是什么样并不重要，而你将来想要获得什么成就才是最重要的。你必须对你的未来怀有远大的理想，否则你就不会做成什么大事，说不定还会一事无成。

渴望通过自己的奋斗走向成功的人，就不容回避目标定位的课题。人，确实需要一个高度，一个超越自我的高度，一个追寻真理的高度。人，应该为自己的一生确立一个高标，一个矢志以求、不达目的誓不罢休的高标。

让我们为自己寻找一个梦想，树立一个目标吧，因为——人生因梦想而伟大！

人生的精彩来自于目标的精彩

每一个奋斗成功的人，无疑都会有一个选择方向、确定目标的问题。正如空气、阳光对于生命那样，人生须臾不能离开目标的引导。

有了目标，人们才会下定决心攻占事业高地。有了目标，深藏在内心的力量才会找到"用武之地"。若没有目标，绝不会采取真正的实际行动，自然与成功无缘。只要你选准了目标，选对了适合自己的道路，并不顾一切地走下去，终能走向成功。确立了目标并坚定地"咬住"目标的人，才是最有力量的人。目标，是一切行动的前提。事业有成，是目标的赠与。确立了有价值的目标，才能较好地布局好自己的时间和精力，较准确地寻觅突破口，找到聚光的"焦点"，专心致志地向既定方向猛打猛冲。那些目标如一的人，能抛除一切杂念，会聚积起自己的所有力量，成为工作狂，全力以赴向目标的高地挺进。

一个人只要不丧失远大的使命感，或者说还保持着较为清醒的头脑，就决然不能把人生之船长期停泊在某个温暖的港湾，而应该重新扬起风帆，驶向生活的惊涛骇浪中，领略其间的无限风光。人，不仅要战胜失败，而且还要超越胜利。只有目标始终如一，才能焕发出极大的生存活力；只有超越了生命本身，人生才可以不朽。

有目标的人，就有一股巨大的、无形的力量，将自身与事业有机地"融合"为一体。

心中拥有目标，可以给人生存的勇气，可以在困苦艰难之际赋予我们坚韧不拔的毅力。有了具体目标的人少有挫折感。因为比起伟大的目标来说，人生途中的波折就微不足道了。

目标，能唤醒人，能调动人，能塑造人，目标的威力是难以估量的。有明确目标的人，生活必然充实有劲，决不会因无所事事而无聊。目标能使人不沉湎于现状，激励人不断进取，能引导人不断开发自身的潜能，去摘取成功之冠。

有了目标，内心的力量才会找到归宿。茫无目标的漂荡终会迷路，这样，你心中的一座无价的金矿，因无开采的动力，只能等同于平凡的尘土。

可以说，目标对于成功，犹如空气对于生命一样，目标是成功的生命线。对于成功来说，一个人过去或现在的情况并不重要，而未来想要获得什么成就，有什么样的追求才是最重要的。

洛克菲勒——美国著名的石油大王，在他的自传中，曾提出了一个有趣的设想：

若是将目前全世界所有的现金以及所有的产业全都混合在一起，平均地分给全球的每一个人，让每个人所拥有的财富都一样多，经过半个小时之后，这些财富均等的人们，他们的经济状况就会开始有显著的改变。有的人在这时候已经丧失了分到的那一份；有的人会因为豪赌输光；有的人会因为盲目的投资而一文不名；有的人则会受到欺骗而迅速破产。于是财富分配又重新开始了，有些人的钱会变少，有些人的钱又开始多了起来，这种情形会随着时间的延长而变得差别更大，经过 3 个月之后，所谓贫富悬殊的情况将会变得十分惊人。

洛克菲勒十分自信地说："我敢打赌，再经过两年时间，全球财富的分配情况就将和以前没什么区别了。有钱的人仍然是那些人，而以前贫困的人依然贫困。"

洛克菲勒把这种现象的原因归结于人们的目标不同。他说："说这是命运也好，是机会使然或自然法则也好，总之，有些人的目标与行动，一定会使自己比其他人所受到的尊敬更多，而他所拥有的财富也将会更多。"

通常，奋斗者要想成功，最重要的因素就是选择目标并做出抉择。

同样有目标的人，有人成功了，有人未成功；有人大成功，有人小成功，这与目标的"大小"有很大的关系。

大目标使人的生活是干事业，小目标使人的生活仅是过日子。古希腊哲学大师亚里士多德很尖刻地区分了两种人，即"吃饭是为了活着"和"活着就是为了吃饭"。

人生的精彩来自于目标的精彩。一个人的人生之所以精彩，就在于他有精彩的目标。

所谓精彩的目标，就是要做大事，考虑更多的人，更多的事，在更大的范围内解决更多的问题，在更大的空间时间里产生更大的影响。

　　你的目标越精彩，你所要解决的问题就越大，你就得有大本事，要有很多知识、技能，有时甚至要超越个人的得失，做出某些重大牺牲。在这一过程中，你逐渐获得了超乎常人的知识和能力，你已经变得那样胸怀宽广、大公无私，你也会取得超越常人的成就，你的人生也就变得更加绚丽多彩。

　　"Q世界"农产品公司的董事长霍华德·马古勒斯是美国加利福尼亚州的新一代农民。他的成就就是他设定了自己精彩的人生目标并且努力完成目标的结果。多年来，农产品市场的繁荣与萧条几乎无法做任何的预估和控制，时而热火朝天，时而寒若冰霜。至少，所有的人都认为这本来就是靠天吃饭的行业。

　　马古勒斯却从来不这样想，他给自己定下了一个精彩的目标：发展出一个新颖独特的品种，用来影响消费者的购买行为。他当然有自己充足的目标：这个行业其实和其他行业没什么区别，当市场处于低谷时，除非你有自己独特的产品，否则你就完了。农业市场也是这个道理，如果你也像大家一样生产萝卜白菜，只有市场上供小于求的时候，你才可能获利。我们的目标就是要想法调整市场，靠自己的独特性打开市场，创造更多的机会。

　　马古勒斯想到了改良甜椒。没错，就是改良甜椒。如果能发展出比其他的甜椒风味更为独特的品种，马古勒斯深信，不论零售市场如何，商店一定会非常喜欢这种风味独特的品种。

　　于是，马古勒斯发展出一种"皇家红椒"。这种长形叶式的甜椒，一上市就取得了巨大的成功，人们吃过以后，就会继续购买它。

　　马古勒斯用目标为自己的人生抹上了精彩的一笔。

　　人一旦有梦想有目标，自然就会为了实现它而发挥更大的心力，人生的光辉便由此粲然可见。为什么呢？在为实现理想而奋斗的过程中，人生的乐趣清清楚楚，而生活就会更加的精力充沛。

　　当你已经养成制定精彩的个人成功计划的习惯后，你事实上就已经与你的过去判若两人了。或许，你已经制定了一个又一个的成功计划，并将它们一个个地付诸实践。这时，你不妨回过头来反省一下自己所走过的道路，你就会十分惊讶地发现，即便你离所确定的远大目标还有一段距离，但是你无论怎样都再也不是过去那个平平淡淡的人了，你已经取得了过去连想都不敢想的成就了。必须明白，这便是制定精彩计划并付诸行动的威力。

目标远大会给人带来创造性的火花，使人有可能取得成就。正如约翰·查普曼所说："世人历来最敬仰的是目标远大的人，其他人无法与他们相比……贝多芬的交响乐、达·芬奇的《蒙娜丽莎的微笑》、莎士比亚的戏剧，以及人们赞同的任何人类精神产品……你热爱他们，是因为，这些东西不是做出来的，而是由他们创造性地发现的。"

对于那些奥运金牌的获得者来说，他们的成功并不仅靠他们的运动技术，而且还靠其远大目标的推动。商界领袖也一样，政界精英亦然。伟大的目标就是推动人们前进的梦想。

一位医生对活到百岁以上的老人所拥有的共同特点做过大量研究。他叫大家思考一下什么是这些百岁老人共同的特点。大多数人以为医生会列举饮食、运动、节制烟酒以及其他会影响健康的东西。然而，令听众惊讶的是，医生告诉他们，这些寿星在饮食和运动方面没有什么共同特点。他们的共同特点是对待未来的态度——他们都有人生目标。

制定人生目标未必能使你活到100岁，但必定能增加你成功的机会。人生倘若没有目的，你也许会一事无成。正如贸易巨子J·C·宾尼所说："给我一个心中有目标的普通职员，我就能使他成为创造历史的人；给我一个心中没有目标的人，我只能给你一个平凡的职员。"

目标具有神奇的推动力，但是，当人们觉得自己的目标并不重要时，他们为达到目标所付出的努力就没有什么价值。如果他们觉得自己的目标很重要，情况就会相反。为什么人们必须把目标建立在自己的理想上面呢？这就是原因之一。如果你的各个目标组合成了你所珍视的理想，那么你就会觉得为之付出的努力是有价值的。

同样，目标对于一个组织团体来说是必不可少的，对于组织团体里的每一个人都是很重要的，有些企业运作欠佳，最常见的问题就是员工缺乏热情。这些人终日兢兢业业，除了完成手头的日常工作外，并无明确目标。没有热情的人是不会有大作为的。

相反，如果一些机构里的员工心中有目标的话，大家就有士气，热情高涨了。目标使人们心中的想法更具体化，更易实现。同事们能明确要瞄准什么，干起活来心中有数。

奋斗者一旦有了目标，就总是能主动出击，而不是亡羊补牢。他们提前谋划，而不是等别人的指示。他们不允许其他人操纵他们的工作进程。不事前谋划的人是不会有进展的。《圣经》中的诺亚并没有等到下雨才开始造他的方舟。

目标使人们产生事前谋划的动力，目标迫使人们把要完成的任务分解成可行的步骤。正如富兰克林在自传中所说的："我总认为一个能力很一般的人，如果有个好计划，是会有大作为，为人类做大贡献的。"

目标给予人们把握现在的力量。人在现实中通过努力来实现自己的目标。正如希拉尔·贝洛克说："当你为将来做梦或者为过去而后悔时，你惟一拥有的现在却从你手中溜走了。"

虽然目标是朝着将来的，是有待将来实现的，但目标却使我们能把握住现在。为什么呢？因为大的任务是由一连串小的任务或小的步骤组成的。要实现任何理想，都要制定并且达到一连串的目标。每个重大目标的实现都是几个小目标小步骤实现的结果，所以，如果你集中精力于当前手上的工作，心中明白你现在的种种努力都是为实现将来的目标铺路，那你就能成功。

还是道格拉斯·列顿说得好："你决定人生追求什么之后，你就做出了人生最重大的选择。要能如愿，首先要弄清你的愿望是什么。"有了理想，你就看清了自己最想取得的成就是什么。有了目标，你就会有一股顺境也好逆境也罢都勇往直前的冲劲，你的目标使你能取得超越你自己能力的东西。你必须要有精彩的目标，当你有了精彩的目标时，你才会有伟大的成就，你的人生才够精彩。

每次只走一英里

人生宛若一艘轮船，如果在大海中失去了方向舵而在海上打转，那么它很快就会把燃料用完，却仍然到达不了岸边。事实上，它所用掉的燃料，足以使它来往于海岸及大海好几次。

一个人的行为总是与他意志中的最主要的思想相互配合，这已是大家公认的一项心理学原则。

特意植在脑海中并维持不变的任何明确的主要目标，在下定决心要将它予以实现之际，这个目标将渗透到整个潜意识，并自动地影响到我们身体的外在行动，使我们一步步地接受它。

在心理学上有一种方法，你可以利用它把你明确的目标深深刻印在潜意识中，这个方法就是所谓的"自我暗示"，也就是你一再向自己提出暗示。这等于是某种程序的自我催眠，但不要因为如此就对它产生恐惧。拿破仑就是借助于这个方法，使自己从出身低微的科西嘉穷人，最后成为法国的独裁君主；林肯也是借助于这同样的方法，跨越了一道宽广的鸿沟，使他走出肯塔基山区的一栋小木屋，最后成为美国总统。

只要你能确定，你所努力追求的目标，将能为你带来永久的幸福，你就用不着害怕这种"自我暗示"的方法了。但一定要先弄清楚，你的明确目标是建设性的，它的获得不会给任何人带来痛苦及悲哀，它将给你带来安详及成功，然后，你就可以按照你了解的程度运用这项方法，以求迅速达成这项目标。

潜意识也许可以比作是一块磁铁，当它被赋予功用，在彻底与任何明确目标发生关系之后，它就会吸引住达成这项目标所必备的条件。

请大家先做一个实验吧：

组织两组人，分别沿着两条 10 公里的路向同一个村子前进。

两组的差别在于：第一组不知道村庄的名字，也不知道路程的远近，只告诉他们跟着向导走就行。而第二组的人不仅知道村子的名字、路程，而且公路上每一公里就有一块里程碑，请你来猜想一下他们完成任务的情况吧！

你大概想不到，第一组的人刚走了两三公里就有人叫苦，走了一半时就有人几乎愤怒了，他们抱怨为什么要走这么远，何时才能走到。走了一半时有人甚至坐在路边不愿走了，越往后走他们的情绪越低。

而第二组的人呢，他们边走边看里程碑，每缩短一公里大家便有一小阵的快乐。行程中他们用歌声和笑声来消除疲劳，情绪一直很高涨，所以很快就到达了目的地。

　　这个实验对你会有一定的启迪吧！只有具体、明确并有时限的目标才具有指导行动和激励自己的价值。只有充分地了解自己在特定时限内完成的特定任务，你才会集中精力，开动脑筋，调动自己和他人的潜力，从而为实现自己的目标而奋斗。如果没有明确具体目标的时限，那么任何人都难免精神涣散、松松垮垮，要完成自己所制定的目标也就只是一句空话。

　　25 岁的时候，雷因因失业而挨饿。他白天就在马路上乱走，目的只有一个，那就是躲避房东的讨债。一天他在 42 号街碰到著名歌唱家夏里宾先生。雷因在失业前，曾经采访过他。但是，他没想到的是，夏里宾竟然一眼就认出了他。

　　"很忙吗？"他问雷因。

　　雷因含糊地回答了他，他想他看出了他的遭遇。

　　"我住的旅馆在第 103 号街，跟我一同走过去好不好？"

　　"走过去？但是，夏里宾先生，60 个路口，可不近呢。"

　　"胡说，"他笑着说，"只有 5 个街口。是的，我说的是第 6 号街的一家射击游艺场。"

　　虽然这里有些所答非所问，但雷因还是顺从地跟他走了。

　　"现在，"到达射击场时，夏里宾先生说，"只有 11 个街口了。"

　　不多一会儿，他们便到了卡纳奇剧院。

　　"现在，只有 5 个街口就到动物园了。"

　　又走了 12 个街口，他们在夏里宾先生的旅馆停了下来。奇怪得很，雷因并不觉得怎么疲惫。

　　夏里宾给他解释为什么要步行的理由：

　　"今天的走路，你可以常常记在心里，这是生活中的一个教训。你与你的目标无论有多遥远的距离，都不要担心，把你的精神集中在 5 个街口的距离。别让那遥远的未来令你烦闷。"

　　不要迷失自己的目标，每次只把精力集中在面前的小目标上，这样，遥不可及的目标便近在眼前了。

　　著名的作家、战地记者希达·赖德先生曾用这种方法救了自己的生命，听听他讲的亲身经历吧：

第二次世界大战期间，我跟几个人不得不从一架破损的运输机上跳伞逃生，结果迫降在缅印交界处的树林里。当时我们惟一能做的就是拖着沉重的步伐往印度走，全程长达 140 英里，必须在 8 月的酷热中和季风所带来的暴雨侵袭下，翻山越岭，长途跋涉。

才走了 1 个小时，我一只长筒靴的鞋钉就扎了脚。傍晚时双脚都起泡出血，像硬币那般大小。我能一瘸一拐地走完 140 英里吗？别人的情况也差不多，甚至更糟糕。他们能不能走呢？我们以为完蛋了，但是又不能不走。为了节省体力，我们每次只走一英里，休息十分钟后，再继续下一英里的路程。我们就这样走着，有一天，我们竟然惊奇地发现我们已走出了这一段魔鬼旅程……

大海是由一滴一滴水汇集而成的；

房屋是由一砖一瓦砌成的；

大力神杯是靠赢得一场又一场的比赛才获得的。

……

每个重大的成就都是由一系列的小成就累积而成的。

按部就班做下去是惟一的实现目标的聪明做法。有些时候，某些人从表面看来似乎是一夜成名，但是如果你仔细看看他们的历史，就知道他们的成功并不是偶然的。

据说现代马拉松比赛，每隔 5 公里就有一个标识牌。也就是说，一开始以 5 公里外的标识牌为目标，按照自己的配速跑，到了之后，再以下一个 5 公里外的标识牌为目标……像这样，将 42. 195 公里的长距离区分为许多个小段，而不是一口气跑完全程。

一位奥运会长跑冠军在自传中这样说道：

"每次比赛之前，我都要乘车把比赛的线路仔细地看一遍，并把沿途比较醒目的标志画下来，比如第一个标志是银行；第二个标志是一棵大树；第三个标志是一座红房子……这样一直画到赛程的终点。比赛开始后，我就以百米的速度奋力地向第一个目标冲去，等到达第一个目标后，我又以同样的速度向第二个目标冲去。40 多公里的赛程，就被我分解成这么几个小目标轻松地跑完了。"

马拉松比赛

　　这个方法也可以用到工作或是读书方面。人既然活在世上，就应该有值得努力的目标。然而，如果目标过于远大，令人觉得不太可能实现，无论是谁都不会有努力的欲望。即使好不容易勉强自己去做，我想终究还是会半途而废的，因为一直都无法感受到成功的滋味。

　　目标如果设定在可见的距离，就会使人怀抱希望，持续努力。名著《夜与雾》的作者法兰克，曾以精神分析医生的眼光，冷静观察囚禁在纳粹犹太人集中营的同胞的心理。其中，有件很有意思的事。

　　有个犹太人一心想要从集中营中活着出来，但是，这种希望却怎么想都不太可能实现。于是，他便把目标设定为"几月几日联军将会来拯救我们，在此之前，我一定要忍耐"，而延续生存的希望。结果，在他预定的联军将会到来的日子之前，无论环境多么恶劣，令人惊讶地，他都能坚强地活下去。然而，一过他预定联军会来的日期，他就急速地衰弱而死亡了。

　　也许我们所遭遇的没有这么极端，但同样的道理在我们的日常生活中都能发现。无论工作或是读书，只要我们觉得目标可能实现，自然就会充满干劲和希望。相反的，如果不知道工作什么时候才能完成，就提不起继续努力的念头。

　　想要实现自己的目标，先把目标订为每天可以完成的目标。像马拉松的标识牌一样，区分目标，订立计划。亦即，将目标分为大目标、中目标、小目标，或是称作终生目标、中期目标、近期目标。

譬如，一生的大目标是成为政治家，为人民服务。然而，这目标虽然远大，却不是一朝一夕可以实现的，必须先铺路作准备。因此，要设定中期目标。譬如，通过高考，或是就读名牌大学等等。为了达成中期目标，每天所应做的努力，就是近期目标。

《圣经·旧约》中记载：阿西德无论走到哪里，都播下苹果种子。我建议生活中的每一个人都能够向他看齐，不过，要记住，你们播的是成功的种子！无论走到哪里，都要为成功播种，然后再证实有足够的时间茁壮成长，你便有了成功的果实、成功的收获了。

当然，越快成功越好，但是不要操之过急。操之过急的人，往往会有麻烦。避免麻烦比摆脱麻烦要容易得多，所以，你要想顺利地、轻松地实现"未来远景"，就必须一步一个脚印，制定每一个事业发展阶段的"短期目标"。这样，你就可以踏着这些台阶，拾级而上，奔向成功的目标了。

专心致志，直到成功

"无论做什么，不管是学习、工作还是游戏，对每件事情都要全身心地投入。年轻人一定要记住：做事情不要三心二意，更不要见异思迁，不要当无所不能的废品。"这是一位成功商人给儿子的忠告。

实际上，这也是所有奋斗成功者的秘密。

英国政治活动家、小说家爱德华·立顿说："有许多人看到我整日里如此忙碌，事无巨细、无不顾及，竟然还能有时间来从事学问研究，他们都免不了奇怪地问我：'你怎么会有那么多时间来完成了这样多的著述呢？你究竟有什么分身之术，可以做完这么多工作呢？'或许我的回答会令你大吃一惊，答案就是——'我之所以能做到这一点，是因为我从来不同时做好几件事情。'一个能从容自若地安排好工作的人肯定不会让自己过于劳累。换句话说，如果他在今天疲于奔命的话，那么随之而来的必定是疲劳和困乏，这样的话，他明天就不得不减慢工作节奏，所以结果就是得不偿失。我认为，我真正专心致志的学习是从离开大学校园到跨入社会之后开始的。到现在为止，我觉得在生活阅历和各种知识的积累方面，跟同时代的绝大多数人相比，自己都毫不逊色。我游历了很多地方，所见甚广；在政界和各种各样的社会事务中，我也收获颇丰；除此之外，我在各地出版了大约60本著作，其中涉及的许多课题都是需要深入研究的。你认为通常一天中我会有多少时间用来研究、阅读和写作呢？我可以告诉你，不到3个小时；在国会开会期间，可能连3个小时都没有。然而，在这3个小时之内，我却是全神贯注地投入到我的工作的，心无旁骛，用心极专。"

生活中之所以有许多人最终都无法实现少年时代的梦想，原因就是他们同时涉足了太多的领域，由此难免会分散精力，这就阻碍了他们的进步，使得他们最终一事无成。他们没有采取一种更明智的做法，集中心志于某一个领域，咬定青山不放松，最终成为该领域所向无敌的行家里手；相反，他们选择了在很多领域都想成为三脚猫似的人物，他们四处出击，什么东西都有所涉猎，却又都是浮光掠影，浅尝辄止，最终只懂得一点皮毛。

一个人要"有所为"必须同时要"有所不为"，严格约束自己"有所不为"的人，方能大有所为。一个人只有做到以超脱的态度对待世事的纷繁和扰动，才有可能倾其全力攻关于重点领域，在这一领域做出突破。

无论做什么事，我们都要"咬紧"一处，坚持不懈地进攻，才会有所突破，做出成就。每一位渴求成功的人，尤其是处于创业阶段的奋进者，务必要时时防范自己，不要滥铺摊子，滥用精力，不要以为到处出击才有收获，而应当像锥子那样，钻其一点，各个击破，让自己在某一方面展示出自己的特长，这样才能赢得更大的成功。那些自认为是多才多艺、精力超群的人，结果反而是看起来样样通，实际上却什么都不懂，这样，别人以令人耀眼的特长立足于世，而你却难以与其匹敌，因此痛失获得成功的各种机会。

有一次，一个青年苦恼地对昆虫学家法布尔说"我不知疲劳地把自己的全部精力都花在我爱好的事业上，结果却收效甚微。"法布尔赞许说："看来你是一位献身科学的有志青年。"这位青年说："是啊！我爱科学，可我也爱文学，对音乐和美术我也感兴趣。我把时间全都用上了。"法布尔从口袋里掏出一块放大镜说："请把你的精力集中到一个焦点上试试，就像这块凸透镜一样。"

马休斯博士说过，那些同时有着很多目标、精力分散的人会很快地耗尽他们的精力，随着精力的耗尽，随之而来的便是原先雄心壮志的消磨。

欧文·伯克斯顿曾说过，如果一个人在生活中只追求一个目标——一个惟一的目标，那么在有生之年，他极有可能就会实现自己的愿望。但是，如果他事事喜好，见异思迁，那就好像是到处撒播种子，到头来只会一无所获，抱憾终生。

有一个热心肠的人，看到有人正要将一块木板钉在树上当搁板，便走过去管闲事，说要帮他一把。

他说："你应该先把木板头子锯掉再钉上去。"于是，他找来锯子才锯两三下就撒手了，说要把锯子磨快些，于是他又去找锉刀。接着又发现必须先在锉刀上安一个顺手的手柄。于是，他又去灌木丛中寻找小树，可砍树又得先磨快斧头。磨快斧头需将磨石固定好，这又免不了要制作支撑磨石的木条。制作木条少不了木匠用的长凳，可这没有一套齐全的工具又是不行的。于是，他到村里去找他所需要的工具，然而这一走，就再也不见他回来了。

那些对奋斗目标用心不专、左右摇摆的人，对琐碎的工作总是寻找遁词，懈怠逃避，因此，他们注定是要失败的。

让我们吸取鲍勃的教训吧。鲍勃虽然没受过什么教育，但他的父亲却为他留下了一大笔钱。

他拿出10万美元投资办一家煤气厂，可造煤气所需的煤炭价钱昂贵，这使他大为亏本。于是，他以9万美元的售价把煤气厂转让出去，开办起煤矿来。可这又不走运，因为采矿机械的耗资大得吓人。因此，鲍勃把矿里拥有的股份变卖8万美元，转入了煤矿机器制造业。从那以后，他便像一个内行的滑冰者，在有关的各种工业部门中滑进滑出，没完没了。

几年过去了，鲍勃却一事无成，而10万美元也化为乌有。更可怕的是，他甚至在生活中也是这种见异思迁的态度。

他对一位姑娘一见钟情，十分坦率地向她表露了这段感情，为使自己能配得上她，他便开始在精神品德方面陶冶自己。他去一所星期日学校上了一个半月的课，但不久便自动逃遁了。两年后，当他认为问心无愧、无妨启齿来求婚时，那位姑娘却早已嫁给了别人。

　　不久他又如痴如醉地爱上了一位迷人的、有 5 个妹妹的姑娘。可是，当他上姑娘家时，却喜欢上了二妹，不久又迷上了更小的妹妹，到最后一个也没谈成功。

　　福威尔·伯克斯顿把自己的成功归因于勤奋和对某个目标持之以恒的毅力。在追求某个目标时，他从来都是全身心地投入。正是对自身奋斗目标的清楚认识和执着追求，造就了他最后的成功。正如人们所说的，持之以恒，锲而不舍，则百事可为；用心浮躁，浅尝辄止，则一事无成。

　　不知你是否注意到，针尖虽然几乎细不可见，剃刀或斧头的刀刃虽然薄如纸片，然而，正是它们在披荆斩棘中却起着决定性的开路先锋的作用。如果没有针尖或刀刃，那么针或刀都无法发挥作用。在生活中，能够克服艰难险阻，最后顺利到达成就巅峰的人，也必是那些能够在某一领域学有所专、研有所精因而有着刀刃般锐利锋芒的人。

　　一方面，我们应当避免那些把自己局限在某一死角的狭隘观点，因为那会阻碍我们心智的全面发展；但另一方面，我们也必须避免自己成为普瑞德笔下那个"无所不能的悲剧人物"：

他的谈话就像是一条奔腾湍急的河流，

不停地转弯，在岩石之间碰撞。

一会儿是严肃的政治，一会儿又是诙谐的调侃：

刚才还在说穆罕默德，现在却又讲起了摩西。

一开始是深奥的天体运行规律，

告诉我们行星为何发光发热；

忽而话题却转到了琐碎的生活俗事上，

诸如如何给赛马钉马掌、如何给黄鳝剥皮。

　　如果你从小教育你的孩子学习走路时要专心致志，视线集中，那么，他通常会顺利地到达目的地而不会有跌倒之虞。相反，如果他精力分散，那么大半会跌倒在地，弄得灰头土脸。"年轻人，要坚持做一件事情，"他又对一位年轻的酿酒师说，"坚持酿你的酒，你就会成为伦敦最伟大的酿酒师。但是，如果你既要酿酒，又要当银行家，又要做贸易，还要当制造商，那么你最终将无所是从、一事无成。"不要博而泛，要精而专，这是当今时代的要求。在这个社会分工越来越细，专门领域越来越精的时代，如果一个人把自己的精力分散开来，那他注定是不会成功的。

"我搬运过货物，记录过信息，制作过地毯，还写过诗"，这是伦敦一个在这些领域都表现平平的人写下的话。他让人想起了巴黎的一位科纳德先生，他是一位"小有名气的作家，懂一点会计业务，通一点植物学，还会炸薯条"。

成功与失败的最大区别不在于一个人做了多少工作，而在于他做了多少有意义的工作。在失败者当中，相当多的人所付出的努力本来足以取得显赫的成就，但是，他们的含辛茹苦就像边建设边破坏一样，最后的结果仍然是支离破碎的一堆。他们没有适应环境，把自己的工作成果转化成潜在的机会。他们也没有能够把小的失败转化为大的成功契机。他们的能力不可谓不够，时间不可谓不多——这些都是成功的经纬线条，但是，他们用力推来推去的却是个空无一物的纺织机，真正的生活之网上连一根线都没有挂上。

如果你询问其中一个人，他的生活目标和理想是什么，他会回答你："我还不大清楚自己到底适合做什么，但是，我确信勤奋是成功的关键，我决心一生勤勤恳恳地努力工作，我想我总会得到些什么的。"

有些人的目标用笼统的词句表达，比如说："当一名成功的医师。"有的则比较具体，如："要发明能有效治疗胃痛或头痛的药物。"广泛的事业目标也有用，因为它们有整体的观点，可以解放想象力，帮助我们探究所有可能的选择。但是，广泛的目标却不能使我们确定自己所要做的是什么。由于这个缘故，我们就需要具体的事业目标。

每个人都有自己的事业心像，并以能实现自己的理想心像为满足。对此，史蒂芬·柯维博士建议说："你必须先确定自己的目标，让思想为你绘制一幅最好的事业心像，使它栩栩如生。然后，运用想象力使它和你形影不离，同起共坐，并且同心协力，达到前途。"

为什么要拥有一个具体事业的目标心像呢？

因为有了具体的理想之像，你就不再孤独和寂寞了。彼此心灵相通，可以互相关心与鼓励，切磋讨论，创立事业，培养品性。

事实上，在发展个人事业的过程中，具体目标与你个人是一合二、二合一，浑然一体的。所以，首先你必须充实自己的知识，丰富自己的人生经验，发展起高尚的理想和正确的人生观，从而拟定自己的理想人生。但是，只有理想，只有所谓的具体事业目标是不够的，你必须采取切实的行动。不过，潜意识已把具体的事业目标化成心像，闪动在你眼前，提醒你、督促你继续未做的工作。通过紧密的合作，直到目标变成现实。

"永远不要抱着投机的态度来学习，"沃特斯语重心长地告诫我们，"这种学习态度只能导致一无所获。首先要给自己制订一个计划，确定一个奋斗目标，然后脚踏实地地为之努力，把你所有精力的和才干都用在上面，这样你就离成功不远了。我所说的投机的学习态度，是指那种由于认为所学的东西未来某个时候可能会带来好处，而毫无方向地进行学习的态度。"

你大概玩过这样的游戏吧！

在夏天最炎热的某一天，把放大镜拿出来放在报纸上，中间隔一小段距离。很快你就会发现，如果放大镜是移动的话，你永远也无法点燃报纸。但是，如果放大镜不动，你把焦点对准报纸，很快你就能利用太阳的威力，把报纸点燃。

化学家告诉我们，如果把一英亩草地所具有的全部能量聚集在蒸汽机的活塞杆上，那么它所产生的动力足以推动世界上所有的磨粉机和蒸汽机。但是，因为这种能量是分散存在的，所以从科学的角度来说，它基本上毫无价值可言。这也说明，能量一旦聚焦于一点，将会产生多么大的动力。

伊格·劳拉有一句名言："一次做好一件事情的人比同时涉猎多个领域的人要好得多。"在太多的领域内都付出努力，我们就难免会分散精力，阻碍进步，最终一无所成。圣·里奥纳多在一次给一名爵士的信中谈到他的学习方法，并解释自己成功的秘密。他说："开始学法律时，我决心吸收每一点有用的知识，并使之同化为自己的一部分。在一件事没有充分了解清楚之前，我绝不会开始学习另一件事情。"

耶鲁的教授乔治·戴维森就是靠专注才取得了成功。

乔治从小就有一个梦想，希望能像他心目中的这些英雄那样能改变世界，服务于全人类。不过，要实现他的目标，他就需要受到最好的教育，他知道只有在美国才能得到他所需要的教育。

要命的是，他身无分文，没办法支付路费，而到美国足有1万公里的距离。而且，他根本不知要上什么学校。也不知道会被什么学校招收。

但乔治还是出发了，他必须踏上征途。他徒步从他的家乡尼亚萨兰的村庄向北穿过东非荒原到达开罗，在那儿他可以乘船到美国，开始他的大学教育。他一心只想着一定要踏上那片可以帮助他把握自己命运的土地，而其他的一切都可以置之度外。

在崎岖的非洲大地上，艰难跋涉了整整五天以后，乔治仅仅只前进了25英里。食物吃光了，水也快喝完了，而且他身无分文。要想继续完成后面的几千英里的路程似乎是不可能的，但乔治清楚地知道回头就是放弃，就是重新回到贫穷和无知。

他对自己发誓：不到美国我誓不罢休，除非我死了，于是他继续前行。

有时他与陌生人同行，但更多的时候则是孤独地步行。他大多数夜晚都过着以大地为床、星空为被的生活。他依靠野果和其他可吃的植物维持生命。艰苦的旅途生活使他变得又瘦又弱。

由于疲惫不堪和心灰意懒，乔治几欲放弃。他曾想说："回家也许会比继续这似乎愚蠢的旅途和冒险更好一些。"

他并未回家，而是翻开了他的两本书，读着那熟悉的语句，他又恢复了对自己和目标的信心，继续前行。

要到美国去，乔治必须具有护照和签证，但要得到护照他必须向美国政府提供确切的出生日期证明，更糟糕的是要拿到签证，他还需要证明他拥有支付他往返美国的费用。

乔治只好再次拿起纸笔给他童年时起就曾教过他的传教士们写了封求助信。结果传教士们便通过政府渠道帮助他很快拿到了护照。然而，乔治还是缺少领取签证所必须拥有的那笔航空费用。

乔治并不灰心，而是继续向开罗前进，他相信自己一定能通过某种途径得到自己需要的这笔钱。

几个月过去了，他勇敢的旅途事迹也渐渐地广为人知。关于他的传说已经在非洲大陆和华盛顿佛农山区广为流传。斯卡吉特峡谷学院的学生们在当地市民的帮助下，寄给了乔治640美元，用以支付他来美国的费用。当他得知这些人的慷慨帮助后，他疲惫地跪在地上，满怀喜悦和感激。

1960 年 12 月，经过两年多的行程，乔治终于来到了斯卡吉特峡谷学院。手持自己宝贵的两本书，他骄傲地跨进了学院高耸的大门。

乔治凭着自己的专注，终于实现了自己的目标。

从千百万个成功者身上，我们可以发现一个共同的事实，他们几乎都是从自己的兴趣、特长起步，果断执行自己的战略决策，明确自己的主攻目标，再"缩小包围圈"，向此目标步步逼近，最后终于一举成功。

把明确目标写下来，可使你更清楚地了解你所希望的是什么，它可提醒你明确目标的力量，同时暴露出目标的缺点。

如果你写不出心中所想的明确目标，则可能意味着，你对这些目标的确信程度还不够。

一旦你写出计划之后，便应每天对自己至少大声念一次，这样做不但可以加强你的执著信念，同时也可以强化你内心里的力量。

当你面临选择执行的方法时，念出写好的明确目标，可使你对目标本身有更清楚的了解，并使你仍然朝着目标前进。

当然，我们也可以利用书面计划，来确保每一位团队成员都能为相同的目标努力。个人的能力有限，但若能以共同的明确目标为基础，集合众人的才智，并以和谐的态度迈进目标，则能成就伟大的事业。

带上你的职业地图

乔治·萧伯纳说过："征服世界的将是这样一些人：开始的时候，他们试图找到梦想中的乐园。当他们无法找到的时候，他们便亲手创造了它，就像在出外旅游之前你会很自然地带上地图一样。"个人职业生涯规划就是带领我们穿越迷雾，走向成功的地图，我们只有依靠它的指导，才能够顺利地到达成功的彼岸。一个职业目标与生活目标相一致的人是幸福的，职业生涯的设计实质上是追求最佳职业生涯的过程。

职业生涯即事业生涯，是指一个人一生连续担负的工作职业和工作职务的发展道路。成功的职业生涯规划要求你根据自身的兴趣、特点，将自己定位在一个最能发挥自己长处的位置，以其最大限度地实现自我价值。个人职业规划要在了解自我的基础上确定适合自己的职业方向、目标并制定相应的计划，以避免就业的盲目性，降低从业失败的可能性，为个人走向职业成功提供最有效率的路径。著名管理专家诺斯威尔对职业生涯规划内涵的界定是这样的：个人结合自身情况以及眼前的制约因素，为自己实现职业目标而确定的行动方向、行动时间和行动方案。

职业规划的好处主要有三点：

第一，它可以减少许多焦虑与情绪波动（高涨与低落）。

第二，它可以使生活与工作的效率更高，更易获得成就。

第三，他可以使自己集中优势资源，避免一切干扰，使自己更容易获得成功。

那么，我们该如何才能做好自己的职业规划呢，概括起来共有五个步骤：

1. 了解你自己。

成功的人生需要正确的规划。事实上，你今天站在哪里并不重要，但是你下一步要迈向哪里却很重要。一个有效的职业生涯设计，必须在充分且正确地认识自身的条件与相关环境的基础上进行。对自我及环境的了解越透彻，越能做好职业生涯设计。因为职业生涯设计的目的不只是协助你达到和实现个人目标，更重要的也是帮助你真正了解自己。

你需要审视自己、认识自己、了解自己，并作自我评估。自我评估包括自己的兴趣、特长、性格、学识、技能、智商、情商、思维方式、思维方法、道德水准以及社会中的自我等内容。详细估量内外环境的优势与限制，设计出自己的合理且可行的职业生涯发展方向，通过对自己以往的经历及经验的分析，找出自己的专业特长与兴趣点，这就是职业设计的第一步。

了解自己，我们可以采用对自己的五个追问来实现这一点，此种方法依托的是归零思考的模式：即从问自己是谁开始，然后一路问下去，共有五个问题：

我是谁？

我想做什么？

我会做什么？

环境支持或允许我做什么？

我的职业与生活规划是什么？

回答了这五个问题，找到它们的共同点，你就可以对自己有一个清楚的了解了。如果你有兴趣，现在就可以试试。先取出五张白纸、一枝铅笔、一块橡皮。在每张纸的最上边分别写上以上五个问题。然后，静下心来，排除干扰，按照顺序，独立地仔细思考每一个问题。

对于第一个问题"我是谁"回答的要点是：面对自己，真实地写出每一个想到的答案；写完了再想想有没有遗漏，确实没有了，再按重要性进行排序。

对于第二个问题"我想干什么"可将思绪回溯到孩童时代，从人生初次萌生第一个想干什么的念头开始，然后随年龄的增长，回忆自己真心向往过想干的事，并一一地记录下来，写完后再想想有无遗漏，确实没有了，就进行认真的排序。

对于第三个问题"我能干什么"则把确实证明的能力和自认为还可以开发出来的潜能都一一列出来，认为没有遗漏了，就进行认真的排序。

对第四个问题"环境支持或允许我干什么"的回答则要稍做分析：环境，有本单位、本市、本省、本国和其他国家，自小向大，只要认为自己有可能借助的环境，都应在考虑范畴之内。在这些环境中，认真想想自己可能获得什么支持和允许，搞明白后便一一写下来，再以重要性排列一下。

如果能够成功回答第五个问题"我的职业规划是什么"，那么您就有了最后答案了。

做法是：把前四张纸和第五张纸一字排开，然后认真比较第一至第四张纸上的答案，将内容相同或相近的答案用一条横线连起来，您会得到几条连线，而不与其他连线相交又处于最上面的线，就是您最应该去做的事情，您的职业生涯就应该以此为方向。在此方向上以三年为单位，提出近期、中期与远期的目标，再在近期的目标中提出今年的目标；将今年的目标分解为每季度目标、每月目标、每周目标、每天目标。这样，您每天睡前就可以对照自己的目标进行反省，总结当日的成就与失误、经验与教训，修正明天的目标与方法，第二天醒过来后稍加温习就可以投入行动了！这样日积月累，就没有不能实现的规划。

值得注意的是，很多人往往认为选择最热门的职业就意味着对自己最有前途，对此，有关专家提醒：选择职业重要的是能正确地分析自己，找到自己最适合做的专业，然后努力成为本行业的佼佼者。

2. 清楚目标，明确梦想。

如果你不知道你要到哪儿去，那通常你哪儿也去不了。

确立目标是制定职业生涯规划的关键，有效的生涯设计需要切实可行的目标，以便排除不必要的犹豫和干扰，全心致力于目标的实现。制定自己的职业目标并没有想象的那么难，只要考虑一下你希望在多少年之内达到什么目标，然后一步一步往回算就可以了。目标的设定要以自己的最佳才能、最优性格、最大兴趣、最有利的环境等信息为依据。通常目标分短期目标、中期目标、长期目标和人生目标，但是有一点，就是说你要保证这个目标至少在你本人看来是伟大的。没有切实可行的目标作驱动力，人们是很容易对现状妥协的。

3. 制定行动方案。

你的职业正在帮助你实现人生的最终目标吗？你是否有一种途径可以让你现有的职业与你的人生基本目标相一致？

正如一场战役、一场足球比赛都需要确定作战方案一样，有效的生涯设计也需要有确实能够执行的生涯策略方案，这些具体的且可行性较强的行动方案会帮助你一步一步走向成功，实现目标。

通常职业生涯方向的选择需要考虑以下三个问题：

我想往哪方面发展？

我能往哪方而发展？

我可以往哪方面发展？

如果你现在是一个销售人员，但你的 5 年、10 年或 20 年的个人职业规划是希望成为一个营销主管。那么，你应该问自己下列几个问题：

我需要哪些特别的培训和学习才能使我够资格做一名营销主管？

为使自己的发展道路顺畅坦荡，需要排除的内部和外部障碍有哪些？

我目前的上司在这方面能给我帮助吗？我周围的人在这方面能给我帮助吗？

目前的公司对我最终成为营销主管的可能性有多大？是否比在其他公司机会更大？

作为某一级主管这个职位的经验水平和年龄层次是怎样的？我是否符合这个范围？

4. 停止梦想，开始行动。

立即行动。这是所有生涯设计中最艰难的一个步骤，因为行动就意味着你要停止梦想而切实地开始行动了。如果动机不转换成行动，那么动机终归是动机，目标也只能停留在梦想阶段。正如一场战役、一场足球比赛都需要确定作战方案一样，有效的生涯设计也需要有确实能够执行的生涯策略方案，这些具体的且可行性较强的行动方案会帮助你一步一步走向成功，实现目标。

职业规划成功的案例都是在有明确的职业目标后，在求职过程中不断与那个目标看齐的。当然，并不是每一个人都具有远见，定下自己的目标，并有计划地不断朝这个方向努力的，但这一点对职业发展却起着至关重要的作用。

5. 修正你的计划。

计划不如变化快。影响你职业生涯规划的因素诸多，有的变化因素是可以预测的，而有的变化因素却难以预测。要使职业生涯规划行之有效，就须不断地对职业生涯规划进行评估，修正生涯目标、生涯策略，使方案更为恰当，以适应环境的改变，同时可以作为下轮生涯设计的参考依据。

成功的职业生涯设计需要时时审视内外环境的变化，并且调整自己的前进步伐。目标的存在只是为你的前进指示一个方向，而你是它的创造者，你可以在不同时间与不同环境下更改它，让它更符合你的理想。

在今天，我们的工作方式不断推陈出新，除了学习新的技能知识外，还得时时审视自己的生涯资本，并意识到其不足的地方，不断修正自己的目标，才能立于不败之地。

第八章　合理规划生活

生命中的重要决定

如果你已经到了 18 岁，那么你就可能要作出你一生中最重要的两个决定，这两个决定将会深深地改变你的一生，影响你的幸福、收入和健康，这两个决定可能造就你，也可能毁灭你。那么这两个重大的决定是什么？

第一，你将如何谋生？也就是说，你准备干什么？是做一名农夫、邮差、化学家、森林管理员、速记员、兽医、大学教授，还是去摆一个摊子？

第二，你将选择一个什么样的人生伴侣？

对有些人来说，这两个重大决定通常像在赌博一样。哈里·艾默生·佛斯迪克在他的一本书里写道："每位小男孩在选择如何度过一个假期时，都是赌徒。他必须以他的日子做赌注。"

那么你怎样才能减低选择假期中的赌博性呢？

首先，如果可能的话，应尽量找到一个自己喜欢的工作。有一次，我请教轮胎制造商古里奇公司的董事长大卫·古里奇，我问他成功的第一要件是什么，他回答说"喜欢你的工作。"他说："如果你喜欢你所从事的工作，你工作的时间也许很长，但却丝毫不觉得是在工作，反倒像是在做游戏。"

爱迪生就是一个好例子。这个未曾进过学校的报童，后来却使美国的工业革命完全改观。爱迪生几乎每天都在他的实验室里辛苦工作 18 个小时，在那里吃饭、睡觉，但他却丝毫不以为苦。"我一生中从未做过一天工作，"他宣称，"我每天都其乐无穷。"

所以他会取得成功！

我曾听见查理·史兹韦伯说过类似的话。他说："每个从事他所无限热爱的工作的人，都能取得成功。"

　　也许你会说，刚入社会，我对工作都没有一点概念，怎么能够对工作产生热爱呢？艾得娜·卡尔夫人曾为杜邦公司雇佣过数千名员工，现为美国家庭产品公司的公共关系副总经理，她说："我认为，世界上最大的悲剧就是，那么多的年轻人从来都没有发现他们真正想做些什么。我想，一个人如果只从他的工作中获得薪水，而别无其他，那真

爱迪生

是最可怜的了。"卡尔夫人说，有一些大学毕业生跑到她那儿说："我获得了达茅斯大学的文学学士学位或是康莱尔大学的硕士学位，你公司里有没有适合我的职位？"他们甚至不晓得自己能够做些什么，也不知道希望做些什么。因此，难怪有那么多人在开始时野心勃勃，充满玫瑰般的美梦，但到了40多岁以后，却一事无成，痛苦、沮丧，甚至精神崩溃。事实上，选择正确的工作，对你的健康也十分重要。琼斯霍金斯医院的雷蒙大夫与几家保险公司联合作了一项调查，研究使人长寿的因素，他把"合适的工作"排在第一位。这正好符合了苏格兰哲学家卡莱尔的名言："祝福那些找到他们心爱的工作之人，他们已无须企求其他的幸福了。"

　　我最近曾和索可尼石油公司的人事经理保罗·波恩顿畅谈了一晚上。他在过去的20年中，至少接见了75万名求职者。我问他："今日的年轻人求职时，所犯的最大错误是什么？""他们不知道他们想干些什么，"他说，"这真叫人万分惊骇，一个人花在选购一件穿几年就会破损的衣服上的心思，竟比选择一件关系到将来命运的工作要多得多——而他将来的全部幸福和安宁全都建立在这件工作上了。"

　　面对竞争日益激烈的社会，你该怎么办呢？你应如何解决这一难题？你可以利用一项叫做"职业指导"的新行业，也许他们可以帮助你，也许将会损害你——这全靠你所找的那位指导者的能力和个性了。这个新行业距离完美的境界还十分遥远，甚至连起步也谈不上，但其前程甚为美好。你如何利用这项新科学呢？你可以在住处附近找出这类机构，然后接受职业测验，并获得职业指导。

　　当然他们只能提供建议，最后作出决定的还是你。记住，这些辅导员并非绝对可靠。他们之间经常无法彼此同意。他们有时也犯下荒谬的错误。例如，一个职业辅导员曾经建议我的一位学生做一位作家，只不过是因为她的词汇很广。多荒谬可笑！事情并不那样简单，好作品是将你的思想和感情传达给你的读者。要想达到这个目的，不仅需要丰富的词汇，更需要思想、经验、说服力和热情。建议这位有丰富词汇的女孩子当作家的这位职业辅导员，实际上只完成了一件事：他把一位极佳的速记员改变成一位沮丧的准作家。

　　我想说明的一点是，职业指导专家，即使是你和我，也并非绝对可靠。你也许该多找几个辅导员，然后凭普通常识来判断他们的意见。

　　你或许会觉得很奇怪，为什么我尽在文章中说一些令人沮丧的话。但假如你了解多数人的忧虑、后悔和失落，都是由于不重视工作的选择而引起的话，你就不会觉得这是什么稀奇事了。你可以询问你的爸爸、邻居，或是你的上司。

　　约翰·史都家·米勒宣称，工人无法适应和喜欢他们的工作，就是社会最大的损失之一。是的，世界上最糟糕的就是憎恨他们日常工作的产业工人。

　　你可了解在陆军中最先"崩溃"的是哪一类人？他们就是被分派到错误部门的人！我指的并不是在战斗中受到重创的军人，而是那些在普通任务中精神垮掉的人。威廉·孟宁吉博士，是我们当今最伟大的精神病专家之一，他在二战期间负责陆军精神治疗部门的工作。他说："我们在军中发现挑选和安置人员是非常重要的事情，就是说要使合适的人去从事一项合适的工作，最重要的是，要使人相信他所从事的工作的重要性。当一个人失去兴趣时，他会觉得他是被安排在一个极端错误的职位上，他会觉得他不受上级赏识，他会确信他的才能被埋没了。我们将会发现，在这样的情况下，他就是没有患上精神病，也会埋下精神病的前奏。"

　　是的，出于相同的理由，一个人也会在工商业中"精神崩溃"。假如他看不起他的工作和事业，他也可能会把它搞砸了。

　　菲尔·强生的情况就是一个很有说服力的例子。菲尔·强生的父亲开了一家洗衣店，他把儿子叫到店中工作，希望他将来能承担起这家洗衣店。但菲尔非常憎恨洗衣店的工作，因此总是敷衍了事，打不起精神，只做些应该做的工作，而其他的工作则坚决不过问。有时候，他干脆溜走玩去了。

他爸爸非常心痛，认为养了一个不求上进的儿子，使他在他的员工面前丢尽了颜面。

有一天，菲尔告诉他爸爸，他渴望做个专业的机械工，去一家机械厂任职。什么？一切又重新开始？这位老人非常吃惊。不过，菲尔还是坚持他自己的意见。他穿上油腻腻脏兮兮的粗布工作服，从事比洗衣店更为辛苦的工作，而且工作的时间更长，但他竟然兴奋得在工作中吹起口哨来。他选修工程学课程，装置机械，研究引擎。他在1944年时去世，当时已经是波音公司的总裁了，而且制造出当时最先进的轰炸机，帮助盟军赢得了二战。假如他当年迫于父命的威严留在洗衣店不走，他和洗衣店——尤其是在他爸爸离开人世后，究竟会转变成什么样子呢？

我想，整个洗衣店都会垮掉，最后一无所获。

即便会引起家庭的纠纷，但我依然要奉劝各位有自己兴趣的年轻人：不要仅仅因为你家人希望你那样做，你就去勉强从事某一行业，除非你喜欢。尽管如此，你依然要认真考虑父母给你的建议，他们的年纪比你大很多，他们已获得那种惟有从众多经验及过去岁月中才能总结出的智慧。但是，到了最后决定的关头时，你自己必须作最后决定，因为在将来工作中，感到欢乐或悲哀的是你自己，而不是别人。

以上已说了很多，如今我向你提供下述建议，其中有一些劝告，以便在你选择工作时作为参考：

1. 阅读并研究下列有关选择职业的建议。这些建议是由最权威人士提供的，由美国最成功的一位职业指导专家基森教授所拟定。

（1）如果有人告诉你，他有一套神奇的制度，可指示出你的"职业倾向"，千万不要找他。这些人包括摸骨家、星相家、个性分析家、笔迹分析家。他们的法子不灵。

（2）不要听信那些说他们可以给你作一番测验，然后指出你该选择哪一种职业的人。这种人完全违背了职业辅导员的基本原则，职业辅导员必须考虑被辅导人的健康、社会、经济等各种情况，同时他还应该提供就业机会的具体资料。

（3）找一位拥有丰富的职业资料藏书的职业辅导员，并在辅导期间妥为利用这些资料和书籍。

（4）完全的就业辅导服务通常要面谈两次以上。

（5）绝对不要接受函授就业辅导。

2. 避免选择那些原已拥挤的职业和事业。在美国，谋生的方法共有两万种以上。想想看，两万多！但年轻人可否知道这一点？除非他们借用一位占卜师的透视水晶球，否则他们是不会知道的。结果呢？在一所学校内，2/3 的男孩子选择了五种职业——两万种职业中的五项，而 4/5 的女孩子也是一样。难怪少数的事业和职业会人满为患，难怪白领阶层会产生不安全感、忧虑和"焦急性的精神病"。特别注意，如果你要进入法律、新闻、广播、电影以及"光荣职业"等这些已经人满为患的圈子内，你必须要费一番大功夫。

3. 避免选择那些维生机会只有 1/10 的行业，例如，兜售人寿保险。每年有数以万计的人——经常是失业者，事先未打听清楚，就开始贸然兜售人寿保险。根据费城房地产信托大楼的富兰克林·比特格先生的叙述，以下就是此一行业之真实情形。在过去 20 年来，比特格先生一直是美国最杰出而成功的人寿保险推销员之一。他指出，90% 的首次兜售人寿保险的人会又伤心又沮丧，结果在一年内纷纷放弃。至于留下来的，10 人当中的一人可以卖出 10 人销售总数的 90%，而另外 9 个人只能卖出 10% 的保险。换个方式来说：如果你兜售人寿保险，那你在一年内放弃而退出的机会将为 90%，而留下来的机会只有 10%。即使你留下来了，成功的机会也只有 1% 而已，否则你仅能勉强糊口。

4. 在你决定投入某一项职业之前，先花几个礼拜的时间，对该项工作做个全盘性的认识。如何才能达到这个目的？你可以和那些已在这一行业中干过 10 年、20 年或 30 年的人士面谈。

这些会谈对你的将来可能会有极深的影响。我从自己的经验中了解到了这一点。我在二十几岁时，向两位老人家请求职业上的指导。现在回想起来，可以清楚地发现那两次会谈是我生命中的转折点。事实上，如果没有那两次会谈，我的一生将会变成什么样子，实在是难以想象。

你又该怎样获得这些职业指导呢？为了方便说明，姑且先假设你打算做一名建筑师。在你决定完之后，你应当花几个星期去拜访你附近的有一定资历的建筑师。你可以从电话黄页的分类栏里，找出他们的姓名和居住地点。不管有没有预约，你都能够打电话去他们的办公室。假如你希望能见见面，你便可以写信给他们，内容大致如下：

能否麻烦您帮个小忙？我今年 18 岁，正考虑进修做一名建筑师，我希望能接受您的指导，在我作出最终决定之前，很希望向您讨教一些问题。

假如您没有时间，无法在办公室指导我，而愿意留出半个小时在您家中指导我，那我将万分感激。

下面就是我想向您请教的一些问题：

（1）假如让您的生命再来一次，您是否愿意还是做一名建筑师？

（2）在您仔细打量我之后，我想请问您，您是否认为我具备一名成功建筑师的条件和素质？

（3）建筑师这一行业是否已经挤不下多余的人？

（4）假如我认真修完四年的建筑学课程后，要找工作是否非常困难？我最好首先接受哪一类的工作？

（5）假如我的水平属于二流，在开始的五年当中，我可以期望自己赚多少钱？

（6）当一名建筑师，坏处和好处各是什么？

（7）假如我是您儿子，您是否愿意鼓励我当一名建筑师？

假如你很害羞，不敢单独与"大人物"见面，我这儿有两点建议，能够帮助你。

找一个和你同岁的伙伴一起去，你们相互可以增加对方的信心。假如你找不到同龄人，你便可以请求你爸爸和你一起去拜访。

记住，你向某人请教，等于是给他荣誉。对于你的请求，他会有一种被敬重的感觉。

记住，成年人一向是很乐意向年轻的男女提出自己的建议和忠告的，你求教的建筑师将会很快乐地接受你的求教。

假如你不愿写信预约时间，那就可以直接到那人的办公室去，对他说，假如他能向你提供一些专业的指导，你将不胜感激。

假设你拜访了五位建筑师，而他们都太忙了，无暇接见你（这种情况几乎没有），如果是那样的话，你再去拜访另外五位，他们之中总会有人接见你，向你提出宝贵的意见。这些意见或许可以使你免除很长时间的迷茫和失落。

记住，你是在作你人生中最重要且影响最深远的两项决定中的一个，于是，在你采取行动之前，应该多花点时间探索事情的本来面目。假如你不这样做，你可能在下半辈子中后悔不已，假如经济条件允许，你可以付钱给对方，补偿他半小时的时间和建议。

克服"你只适合一种职业"的超级错误的观念！只要是正常的人，都能够在多种职业上成功。相同的，每个正常的人，也都有可能在多种职业上同时失败。拿我自己为例，假如我自己准备从事下列各项职业，我相信，成功的机会一定比其他职业多，并且对于所从事的工作，也一样深深地感到欢乐，它们包括：农艺、果树栽培、科学农业、医药、销售、广告、报纸编辑、教书、林业。另一方面，我坚信下述的工作，我一定不喜欢，并且也必定会失败：会计、速记、工程、旅馆或工厂的经理、建筑设计师、机械事务，以及其他数百类工作。

不要为工作和金钱烦恼

如果我懂得如何解决每个人的财务烦恼，我就不会写这本书，而将安坐在白宫内，坐在总统身旁。但我可以在此作出一些小贡献：我可以引述各方面专家权威的看法，并提出一些十分可行的建议，指出你可以从何处获得书籍和小册子，使你得到额外的指导。

根据《妇女家庭月刊》所作的一项调查，我们 70% 的烦恼都跟金钱有关。盖洛普民意测验协会主席盖洛普·乔治说，从他所作的研究中显示，大部分人都相信只要他们的收入增加 10%，就不会再有任何财政的困难。在很多例子中确实如此，但是令人惊讶的是，有更多例子则并不尽然。我在撰写本章时，曾向预算专家爱尔茜·史塔普里顿夫人请教。她曾担任纽约及全培尔两地华纲梅克百货公司的财政顾问多年，她曾以个人指导员身份，帮助过那些被金钱烦恼拖累的人。她帮助过各种收入的人，从一年赚不到 1000 美元的行李员，至年薪 10 万美元的公司经理。她如此对我说："对大多数人来说，多赚一点钱并不能解决他们的财政烦恼。"事实上，我经常看到，收入增加之后，并没有什么帮助，只是徒然增加开支——增加头痛。"使多数人感觉烦恼的，"她说，"并不是他们没有足够的钱，而是不知道如何支配手中已有的钱！"——你对最后那句话表示不屑一听，是吗？好吧，在你再度表示轻蔑之前，请记住，史塔普里顿并没有说"所有的人"。她说"大多数人"。她并不是指你而言。她指的是你姊妹和表兄弟，他们的人数可多了。

有许多读者可能会说："我希望作者这小子来试试看：拿我的周薪，付我的账款，维持我应有的开支。只要他来试一试，我就担保他会知道我的困难而不再说大话。"说得不错，我也有过我的财政困难：我曾在密苏里的玉米田和谷仓做过每天 10 小时的劳力工作，我辛勤地工作，直至腰酸背痛。我当时所做的那些苦工，并不是一小时 1 块美金的工资，也不是 5 毛钱，也不是 10 分钱，我那时所拿的是每小时 5 分钱，每天工作 10 小时。

我知道一连 20 年都住在一间没有浴室、没有自来水的房子里是什么滋味。我知道睡在一间零下 15 度的卧室中是什么滋味。我知道徒步数里远，以节省一毛钱，以及鞋底穿洞、裤底打补丁的滋味。我也尝试过在餐厅里尽点最便宜的菜，以及把裤子压在床垫下的滋味——因为我没钱将它们交给洗衣店。

然而，在那段时间里，我仍设法从收入中省下几个铜板，因为如果我不那么做，心里就会不安。由于这段经历，我终于明白，如果你我都渴望避免负债以及避免金钱烦恼，就必须和一些公司一样：拟定一个花钱的计划，然后根据那项计划来花钱。可惜，我们大多数人都不这样做。例如我的好朋友黎翁·西蒙金，他指出人们在处理金钱事务时，会表现得意外盲目。他告诉我，有位他认识的会计员，在公司工作时，对数字精明得很，但等到他处理个人财务时……就让我们打个比喻吧，如果这个人在星期五中午拿到薪水，他会走到街上去，看到商店橱窗里有件叫他着迷的大衣，就毫不犹豫地将它买下来——从不考虑房租、电费，以及所有各项"杂"费，迟早都要由这个薪水袋里抽出来付掉。然而这个人却又知道，如果他所服务的那家公司以他这种贪图目前享受的方式来经营，则公司势必会破产。

有件事你需要考虑：当牵涉到你的金钱时，你就等于是在为自己经营事业。而你如何处理你的金钱，实际上也确实是你"自家"的事，别人无法帮忙。

不过，什么是管理我们金钱的原则呢？我们该如何展开预算和计划？以下有 10 条规则。

1. 把事实记在纸上。

亚诺·班尼特五十年前到伦敦，立志做一名小说家，当时他很穷，生活压力大，所以他便把每一便士的费用都记录下来。他难道想知道他的钱是怎么花掉的？不是的。他心里有数。他十分欣赏这个方法，并不停地保持这一类记录，甚至在他成为世界闻名的作家、富翁，拥有一艘私人游艇之后，也还保持这个习惯。

约翰·洛克菲勒也保持同样的习惯。他每天晚上在祷告之前，总要把每便士的钱花到哪儿去了弄个一清二楚，然后才上床睡觉。

难道你我也应该一样，必须去弄个本子来，开始记录，记录一辈子？不，不需要。预算专家建议我们，至少在最初的一个月要把我们所花的每一分钱作准确的记录——如果可能的话，可作三个月的记录。这只是提供给我们一个正确的记录，使我们知道钱花到哪儿去了，然后我们就可依此作一预算。

哦，你知道你的钱花到哪儿去了？嗯，也许如此。但就算你真知道，1000 人当中，也只能找到一个像你这样的人。史塔普里顿夫人告诉我，通常，当人们花费几小时的时间把事实和数字忠实地记录在纸上后，他们会大叫："我的钱就是这样花掉的？"他们真是不敢相信，你是否也这样？可能。

2. 拟出一个真正适合你的预算。

史塔普里顿夫人告诉我，假设有两个家庭比邻而居，住同样的房子，同样的郊区，家里孩子的人数一样，收入也一样——然而，他们的预算需要却会截然不同。为什么？因为人性是各不相同的。她说，预算必须按照各人需要来拟定。

预算的意义，并不是要把所有的乐趣都从生活中抹杀。真正的意义在于给我们物质安全感——从很多情况下来说，物质安全感就等于精神安全和免于忧虑。"依据预算来生活的人，"史塔普里顿夫人告诉我，"比较快乐。"

但你应该怎么进行呢？首先，如同我所说的，你必须把所有的开支列出一张表来，然后要求指导。你可以写信到华盛顿的美国农业部，去索取这一类的小册子。在某些大城市——密尔瓦基、克利夫兰、明尼亚波利斯，以及其他大城市——主要的银行都有专家顾问，他们将乐于和你讨论你的财务问题，并帮你拟定一项预算。

讨论此一题目的小册子中，我所见过的最好的一本名叫《家庭金钱管理》，由"家庭财务公司"发行。顺便提一下，这家公司出版了一整套的小册子，讨论到许多预算上的基本问题，例如房租、食物、衣服、健康、家庭装饰，和其他各项问题。

3. 学习如何聪明地花钱。

意思是说，学习如何使金钱得到最高价值。所有大公司都设有专门的采购人员，他们啥事也不做，只是设法替公司买到价格最合理的东西。身为你个人产业的男、女主人，你何不也这样做？

4. 不要因你的收入而增加头痛。

史密斯夫人告诉我，她最怕的就是被请去为年薪5000美元的家庭拟定预算。我问她为什么。"因为，"她说，"每年收入5000美元，似乎是大多数美国家庭的目标。他们可能经过多年的艰苦奋斗才达到这一标准——然后，当他们的收入达到每年5000美元时，他们便认为已经'成功'了，他们开始大肆扩张：在郊区买栋房子——'只不过和租房子花一样多的钱而已'，买部车子，许多新家具，以及许多新衣服——等你发觉时，他们已进入赤字阶段了。他们实际上并不比以前更快乐——因为他们把增加的收入花得太凶了。"

我们都希望获得更高的生活享受，这是很自然的。但从长远方面来看，到底哪一种方式会带给我们更多的幸福——强迫自己在预算之内生活，或是让催账单塞满你的信箱，以及让债主来猛敲你的大门？

5. 投保医药、火灾，以及紧急开销的保险。

对于各种意外、不幸，及可意料的紧急事件，都有小额的保险可供投保。但并不是建议你在澡盆里滑倒至染上德国麻疹的每件事皆投上保险，但我们郑重建议，你不妨为自己投保一些主要的意外险，否则，万一出事，不但花钱，也很令人烦恼。而这些保险的费用都很便宜。

6. 不要让保险公司以现金将你的人寿保险付给你的受益人。

卡耐基励志经典

人性的优点

　　如果你投保人寿是为了在你死后能照顾家人，那么绝不可让保险公司一次将大批现钞付给你的受益人。

　　"不许多领钞票的新寡妇"将会如何？马利翁·艾伯是纽约市人寿保险研究所妇女组主任。她在全美国各地的妇女俱乐部演讲，指出不让寡妇领取人寿保险金，而改为领取终生收入的好处。她提及到一位收到 2 万人寿保险现金的寡妇，她将钱借给儿子开创汽车零件事业。事业失败了，她现在穷困潦倒，三餐不继。她提到另外一位寡妇，被一位油腔滑调的房地产经纪人所诱，把她的大部分人寿保险金拿来购买一些"保证在一年之内将会增值一倍"的空地。而三年之后，她把土地卖掉，却只拿回最初投资的 1/10。她又提到另外一位寡妇，在领取了 1.5 万美金的人寿保险金的 12 个月以后，就必须向儿童福利协会申请补助款抚养她的儿子。像这样的悲剧，数以千计，不胜枚举。"2.5 万美元在妇女手中，平均不到 7 年就全部花光。"这是纽约时报经济编辑施维业·彼特在《妇女家庭月刊》上所发表的文章中所提出的。

　　《星期六晚邮》多年以前在其社论中说："众人皆知，由于妇女多半未受商业训练，又无银行替她拿主意，因此她很可能在第一个狡猾的捐客向她进行游说之后，就贸然把她丈夫的人寿保险金拿去购买不稳定的股票。任何一位律师或银行家都可举出许多这类例子：节俭的丈夫多年省吃俭用的终生存款，只因为他的寡妇或孤儿相信某位靠骗取女人为生的骗子，而将之全部花光。"如果你想在死后保障妻子和儿女的生活，何不向 J·P·摩根学习？他是当代最伟大的金融专家之一。他把遗产分赠给 16 位受益人，其中 12 位都是妇人。他遗赠给这些妇女的是现金吗？不。他留给她们的是有价证券，使这些妇女每月都可以得到固定收入。

　　7. 教育子女重视金钱。

　　我永远都不会忘记我在《你的生活》中所读到的一篇文章。作者史带拉·威斯顿·托特叙述她怎样教导她的小女儿养成对金钱负责任的好习惯。她从银行里取得一本独特储钱本，交给她只有 9 岁的女儿。每当小女儿拿到每周的零花钱时，就将零花钱"存进"那本储钱本中，妈妈则自任银行的"出纳员"。然后在那几个星期之中，每当她需使用里面的钱的时候，就从本子中"取出"，把余款数目仔细地记录下来。小女孩不但从其中得到了许多别的孩子无法体会到的乐趣，而且也学会了应该对金钱负责任。

　　这真是个非常好的办法。假如你有正在就读高中的儿子或女儿，而你希望他们好好学习怎样能负责任地处理金钱，我便在此郑重地向你推荐一本这方面的必读书，书名为《好好安排你的金钱》，对十几岁的孩子怎样合理地用钱，有很精辟而实际的见解——从上街理发至购买可乐无所不及。同时该书也提及到如何计划预算，帮助他们顺利读完大学。确定无疑的是，假如我有一位正在上高中的儿子，我必定也要他阅读这本书，然后我再学习一下，利于拟定家庭开销预算。

　　8. 家庭主妇可在家中赚一点额外收入。

　　假如在你聪明地拟好精密的开支预算之后，你发现仍然无法填补开支，那么你便能够选择下面两件事之一：你能够谴责、忧愁、担心、埋怨，你也可以想办法赚一点额外的钱。该怎么做呢？想赚钱的只需找到人们最需要而当前供不应求的东西即可。家住纽约杰克森山庄的娜丽·史皮尔夫人就是这么想也是这么做的。在 1932 年，她自己独住在一套有三个房间的公寓楼里，她的丈夫已经离开人世，两个儿子都已成家。有一天，她到一家饭店的柜台买冰淇淋，发现柜台同时也卖水果饼，但那些水果饼看起来实在有点差。她问老板愿不愿向她买一些真正的家制水果饼，最终他订了两块水果饼。"我自己也是个好厨师，"史皮尔夫人对我讲述她的故事时说，"但从前当我们住在佐治亚州时，一直雇有女佣人，我亲手烘制饼干的次数大约只有几次而已。在那个老板向我预订了两块水果饼之后，我马上向邻居请教了烘制苹果饼的方法。结果，那家餐厅的顾客对我最初的两块水果饼——苹果饼和柠檬饼大加称赞。餐厅第二天就预订了五块饼干，紧接着其他的餐馆也开始向我订货。在两年之内，我就成为了每年烘制 5000 块饼的家庭主妇。我自己一人在我的小厨房内完成所有的烘制工作，我一年的收入已高达 10000 美元，除了一些制饼的材料成本之外，我一毛钱也没乱花。"

　　意料之中的是，随着史皮尔夫人的烤饼的需求量越来越大，她只能把工作的地点搬出厨房，租下一间店面，并雇了两个少女帮忙，制作水果饼、蛋糕、卷饼。在二战期间，人们排队一个多小时等着买她所烘制的食品。

　　"我一生中从来没有这样欢乐地生活过，"史皮尔夫人说，"我一天在店里工作 12～14 小时，但我从不觉得疲倦，因为对我来说，那根本就不算是

工作，那是生活中的奇妙的体验，我只是尽我的能力和技巧使周围的人们更加兴奋，我非常忙，根本没有多余的时间忧虑。我的工作弥补了妈妈和丈夫离开人世后留下的情感空白。"

我请教史皮尔夫人，其他烹调技术比较高超的家庭主妇，是否也能够在空闲的时间以同样的办法，在一个一万人以上的小城市里赚取额外的收入。她回答说："完全可以，她们可以这样做。"

娜拉·史琳达夫人也有相同的想法。她住在一个 3 万人居住的小镇——伊利诺依州梅梧市。她就在厨房里以一毛钱成本的原料开创了事业。她的丈夫生病了，她必须赚点额外收入，但怎么办呢？没有经验和技术，没有启动资金，只不过是一名家庭主妇。她从一枚蛋中取出蛋清加上一点糖料，在厨房里做了一些饼干，然后她捧了一盘饼干站在学校附近，将饼干卖给正放学回家的小孩子们，一块饼干卖一分钱。"孩子们，明天多带点钱来，"她说，"我天天都会带着好吃的饼干在这儿等你们。"第一周，她不仅赚了四元一角五分钱，还为生活带来了不一样的兴趣。她为自己和孩子们带来了欢乐，如今已没有多余的时间去忧愁了。

这位来自伊利诺依州的冷静沉着的家庭主妇很有野心，她决定向外扩展——找个代理人在人声鼎沸的芝加哥出售她家制作的饼干。她羞怯而紧张地和一位在街头卖花生的意大利生意人接洽，他耸耸肩膀，表示拒绝，说他的顾客要的是花生，而不是她的饼干。4 年后，她在芝加哥开了第一家饼干店，店面只有 8 尺来宽。她晚上制作饼干，白天摆出来卖。这位从前非常羞涩和胆怯的家庭主妇，从她厨房的炉子上开始，建立了自己的饼干工厂，如今已拥有 19 家连锁店——其中 18 家部设在芝加哥最繁华的鲁普区。

我在此想说明一点，娜丽·史皮尔和娜拉·史琳达不但不为金钱的烦恼所束缚，反而采取积极的行动。她们以最小的规模，从厨房出发——没有租金，没有广告成本。在这样的情况下，一名妇人要被财务烦恼拖到崩溃，大概是不会发生这样的事情的。

看看你的周围，你将会发现尚未达到饱和的行业实在是太多了。例如，假如你自己是一名非常有水平的厨师，你或许可开设教人烹饪的班级，就在你自己的厨房内教导一些女孩子们，这也是生财之道。说不定很快就会门庭若市。

有无数本书籍能够教导你怎么利用余暇时间赚钱，你可到公立图书馆借来仔细看看。不管男人、女人，都有很多工作机会。但我必须提出一句忠告：除非你天生有推销的才能，否则不要尝试去挨家挨户地卖东西，大多数人都非常憎恨这份工作，并都以失败告终。

9. 赌博等于送死。

对于那些企图通过赌博、赛马及玩老虎机发笔横财的人，我总是感到非常诧异。我认识一个拥有几架这种"独臂大盗"的机器并靠它们谋生的人，他对于那些天真地以为能战胜早已设计好的专门用来骗他们钱的机器的傻瓜们，除了藐视之外，没有丝毫的同情。

我也知道一名美国赌马迷。他是我成人教育训练班上的学生。他告诉我，即使他对赛马的所有知识都了如指掌，也无法在赌马中发财。然而他并不是惟一的一个，实际上，每年都有众多的超级傻瓜，在赛马中扔下 60 亿美金，这个数目刚好是美国在 1910 年全国财政赤字的 6 倍。这位赛马迷同时对我说，假如他想干掉他的敌人，再也没有比说服那个人去赌赛马更好的办法了。我问他，假如某人根据赛马的情报内幕来下注，其结果会怎样？他的回答出人意料，他说："照这种办法来赌赛马，确定无疑的是，能够把美国所有制造钱币的工厂输掉！"

假如我们真的要决定赌博，至少也要学机灵一点，先让我们算一下我们的胜率是多少。如何来找呢？你可以阅读一本《如何计算胜率》的书，作者为奥斯华·贾柯比——桥牌及扑克方面的最高级的专家、权威，也是一家保险公司的统计顾问。该书总共 215 页，教会你在赌赛马、吃角子老虎、扑克、骰子、桥牌、轮盘、梭哈和股票市场时，计算胜率有几分。这本书同时还告诉你，在其他各种各样的活动中，你得胜的概率有多少，全有数字依据，对你会非常有帮助。它并不是故意教你怎么去赌博，作者没有那种想法，他只是想把在普遍流行的赌博中你可能失败的几率坦白地告诉你。当你看见了这些失败的比例之后，你将会无比同情那些易于受骗的人，他们把辛苦挣来的钱丢在了赛马、纸牌、骰子、吃角子老虎之上。

10. 如果我们无法改善我们的经济情况，不妨宽恕自己。

如果我们不可能改善我们的经济情况，也许我们可改进心理态度。记住，其他人也有他们的财务烦恼。我们可能因为经济情况比琼斯家差而烦

恼；但琼斯家可能因为比不上李兹家而烦恼；而李兹家又因为跟不上范德比家而懊恼。

美国历史上最著名的人物也有他们的财务烦恼。林肯和华盛顿都必须向人借贷，才能启程前往首都就任总统。

要是我们得不到我们所希望的东西，最好不要让忧虑和悔恨来苦恼我们的生活。最好让我们原谅自己，学得豁达一点。根据古希腊哲学家艾皮科蒂塔的说法，哲学的精华就是："一个人生活上的快乐，应该来自尽可能减少对外来事物的依赖。"罗马政治家及哲学家塞尼加也说："如果你一直觉得不满，那么即使你拥有了整个世界，也会觉得伤心。"

如何处理家庭职业冲突

19 世纪 70 年代，我的祖父查理士·劳勃特森在堪萨斯州的农庄长大，他想要移居到印第安·泰里特利去，看看自己能够在这个边界殖民区里能够做出什么事业，于是他便和他的妻子哈丽特就将他们的行装整理好，放进一辆敞篷马车里，带着孩子们往未知的前途出发了。他们在锡马龙的河岸定居，这个地方，就是现在的奥克拉荷马州东北。我的祖父建造了一座木屋，用篱笆围起一片属于自己的土地。不久，他借了一些钱在这个小乡村开了一家小店，那就是现在奥克拉荷马州的杜尔沙市。

我的祖母哈丽特的日子过得很艰苦，她要照顾 9 个小孩，身体不太好，而且生活也很不方便。那里没有医生，只有一家一间教室的教会学校供小孩子念书。艰苦的生活、债务、寒冷的冬天和炎热的夏天，这就是他们全部的写照了。但是以边疆的生活标准来说，查理士·劳勃特森成功了：哈丽特活着看到她的丈夫变成了一个成功的、受人敬重的居民，她的儿女们也都幸福地结婚了，而印第安·泰里特利也变成联邦政府的一州。

联邦政府这些州的发展，不仅由于有像查理士·劳勃特森这种男人的眼光——他们开拓了新的天地并且扩展疆界，而且也归功于这些勇敢的妻子，就像哈丽特，她们勇敢地去尝试新机会。这些女人信仰上帝，信仰她们的丈夫，而且信仰她们自己。她们勇敢地面对着危险、困苦、疾病和死亡。当她们朝西部前进的时候，有没有怀念过她们离开的舒适的家？有没有后悔过离开了朋友、双亲、财富以及现在所面对的物质缺乏、害怕和劳苦的生活？如果她们没有后悔过，那么她们就是没有人性了。

但是就是这样，拓荒的人们跟随着自己的丈夫来到这些荒凉地区，写下了美国历史上光辉的一页。他们留给了自己的儿女一笔巨大的遗产，包括一片土地、一座城市，以及一种不屈不挠的勇气和无法动摇的信心。

盼望丈夫成功的妻子，必须发扬我们的拓荒前辈的刻苦精神。妻子必须心甘情愿地让自己的丈夫去做他最喜爱的任何事情，纵然他的做法是很冒险的。不管遭到了什么挫折，她必须有深信丈夫的勇气，而且毫不畏惧地去支持他。能够不顾一切地努力去实现进取心和创造心的人，更不会为了其他的原因而退缩了。

例如，我认识的一个男人，在他所不喜欢的职位上工作了一辈子，只因为他的太太宁愿牺牲任何代价，也要维持安定的生活。

开始的时候他只是个记账员，后来他赚够了钱，可以开自己的汽车修理厂了，这时候他结了婚，而他的太太认为在他们还没有买下房子以前，他最好不要辞去工作。等到他们有了房子以后，他们正要生下第一个孩子，这位男士的妻子使他觉得，开创自己的事业将是一件多么辛苦的傻事——于是日子就这样过去了。他的薪水已经足够家庭开销，还有保险金可以供应孩子的教育费用。有必要开创自己的事业吗？太可笑了！如果失败了怎么办？他可能会失去在公司里的年资、公司的退休金、疾病津贴，以及一份中等而固定的薪水。于是这位男士就失去了创业的机会，因为他的妻子不愿意给他尝试的机会。

现在，他是个对生活感到厌倦的、庸庸碌碌的中年人，他把空闲的时间用来修补自己的汽车。他有张失意的脸孔，患有胃溃疡，此外便再也没有什么东西可回想的了。生命就这样过去了。他生命绝大部分的时间都用来压抑他对于工作的不满，他对自己的工作没有真正的兴趣，没有热心，没有完成的野心——这都是因为他的太太不愿意给他尝试的机会。

如果当初他放弃了不喜欢的工作，尝试努力去做自己选择的工作而失败了，事情又会怎样？至少他将会因为已经做过自己想要尝试的工作而感到满足，而且如果他尝够了失败的滋味，他也就真的会成功了。

　　然而，使人感到兴奋的是，这种类型的妻子似乎只是少数而已。在雪佛酿酒公司最近的一项调查里，有 6000 名各种年龄的家庭主妇接受了访问。其中有一个问题问到，如果她丈夫想要从一个他不太喜欢的安定工作，转到另外一个较不安定而且薪水较低，但是却能够使丈夫感到高兴的工作中去，太太们是否会赞成。接受访问的太太们只有 25% 说，她们不愿意让自己的丈夫改行。

　　我曾经替一位叫做查尔斯·雷诺兹的人做过事，他是奥克拉荷马州杜尔沙市一家大石油公司的财务助理。他是个活泼、能干又讨人喜欢的年轻人，看来一定可以一帆风顺地往上爬。他有太太、3 个小孩以及光辉的远景。

　　空闲的时候，查尔斯·雷诺兹喜爱绘画。他的许多风景油画，都悬挂在公司办公室的墙上，有时候他也把画卖给公司外面的人。

　　虽然雷诺兹先生喜欢自己的工作，但是他更渴望有更多的时间来绘画。他一向很喜爱新墨西哥州的陶欧斯城，那儿是艺术家的乐园，他想要放弃自己的工作，永久移居到那边去。当他和他的太太露丝谈到去开一家绘画用品店时，他太太鼓励他说：“我们也可以卖画框，我照顾店面，你就可以画画了，我相信我们一定是可以成功的。”

　　由于太太热心的鼓励，查尔斯·雷诺兹便下定决心辞掉工作，专心作画了。他们全家人都有了开创新事业的精神，就连年轻的小查尔斯放学以后也会帮忙店务。他画得非常好，终于成为了西南部最成功的画家之一。他的作品曾经在整个美国展览过；他也曾经在许多画廊举办过个人画展。现在，他是陶欧斯城画家协会的会长，在新墨西哥州陶欧斯城闻名的济特·卡森街上，他还建造了自己的画廊和画室，这都是因为他和他的妻子有勇气去尝试一个机会。

　　这种冒险的成功并不值得惊讶——胜算的可能性是很高的，如同范狄格里夫特将军经常在战前对他的军队所说的：“上帝偏爱那些勇敢和坚强的人。”

　　最适合于某个人的工作，或能够使他感到快乐的工作，并不一定就会使他富有或是过上好日子。然而除非一个人的工作能够带给他内心的满足，否则就不算是真正的成功了。当妻子的需要有精神上的耐力，才能够让她的丈夫自由自在地做他所喜爱的工作，而放弃他所不满意的、不高兴的、薪水较好的职位。

许多伟大的成就，可能都是因为不自私的妻子愿意尝试一个机会——而且愿意放弃物质享受，因此她们的丈夫才能够从事适合于他们个性的工作。

救世军不只是它伟大的创始者威廉·布斯的活纪念碑，而且也是威廉最具爱心的妻子凯瑟琳·布斯的活纪念碑，因为她曾奉献出那么多的精力来推广这个运动。

威廉·布斯把传道当成自己的天职，他在伦敦的贫民窟对穷人、残废人和流浪汉讲道。他、他的妻子和孩子们都忍受着寒冷、饥饿和嘲笑。他努力于帮助穷人，以至于损害了自己的健康。他的妻子也从小就很瘦弱。凯瑟琳·布斯患有脊柱弯曲症，必须使用脊柱支柱。她还受着肺痨的威胁，晚年又受到了癌症的折磨。她临死前说："我从来就不知道有哪一天不是生活于痛苦之中的。"

然而这位孱弱、瘦小而多病的妇人，不只要做饭、洗衣和照顾他们的8个子女，还要帮助她的丈夫，为那些比他们更加穷困的人奉献出他们慈爱的努力。她也传教讲道。到了晚上，在白天的劳累之后，她还要到贫民窟去帮助那些饥饿、生病或是遭遇困难的人。她为那些怀有私生子而未出嫁的姑娘准备饭菜，找寻安身的处所。她和那些小偷、流浪汉与妓女说话。

你一定会想（难道你不这样想吗），凯瑟琳·布斯只要有适当的机会，一定会想离开这个悲惨的地方的。这种机会也曾出现过，有一次牧师会议为布斯的真诚所感动，就在一个比较富裕的地区，留给他一个舒服的讲道工作——这样他就可以放下他在贫民窟的工作了。

他们忽略了威廉的妻子。凯瑟琳·布斯马上站起来叫道："不要！不要！"

多亏她不怕艰难和有坚定的信心，现在才有救世军在各处丁作。我真希望凯瑟琳能够活得更久一些，能亲眼看到她为丈夫所做的贡献而得到的结果。我真希望她现在已经知道，在威廉·布斯的葬礼之中，当他的灵柩经过的时候，伦敦街头拥挤着6.5万多人在向他表示敬意。伦敦市长也在他葬礼的行列中送行，欧洲的宫廷和美国总统也都送来花圈，在他的灵柩后面，有5000名年轻的救世军跟随着，并唱着赞美的诗歌颂他们伟大的领袖。我宁愿相信凯瑟琳已经都知道了——这位瘦弱的女人完全不顾自己的安全，加入她

丈夫献身的伟大工作。

　　帮助丈夫获得成功，这本身就是一个需要专业精神的工作，除非你相信帮助丈夫是一件非常重要、而必须付出你所有注意力的事，否则你就没有办法帮助你丈夫了。

　　以下是个迷人女孩子的真实故事，她本来认为自己的职业比较重要——直到后来有件事情改变了她的想法。美丽、碧眼金发的彩泰·威尔斯，是著名的探险家卡维士·威尔斯的太太，当她认识未来的丈夫的时候，自己已经拥有非常着迷的职业。

　　彩泰是个成功的广播讲演的经纪人，在业务上与许多名人的接触使她得到了乐趣。卡维士·威尔斯也是因业务关系和她认识的，卡维士爱上她并且和她结了婚。依照彩泰的条件，她可以继续从事使她着迷的工作，而且可以自由独立。

　　婚礼在3月举行。6月，卡维士·威尔斯要动身前往苏俄和土耳其，去爬阿拉拉特山。彩泰本来希望留在家里工作，但是等到时间接近的时候，她竟然没有办法能使自己独自留下来。"只这一次和你去就好。"她说。于是他们就出发去探险了，那是一个艰难和挫折的梦魇，虽然这次历险使卡维士写出了那本畅销的书——《卡普特》。

　　当彩泰回到自己的工作岗位以后，便发觉这些工作和这次的探险经历比起来，真是太没有味道了，她曾经和卡维士共享过出生入死的经历啊。于是在一年半以后，她又和卡维士一同前往墨西哥，去爬帕帕卡提白特尔山。

　　这又是一次严苛的体能考验。彩泰大部分的时间都在寒冷、饥饿、疲惫和极度的惊吓之中度过，但是她同时也感到非常兴奋。

　　那座山峰上冰凉的冷风，吹走了彩泰坚持要独立的最后一丝念头。她了解到，身为卡维士·威尔斯的妻子，是比在自己的工作上，所可能得到的任何程度的成功，都要更有价值的。当他们从墨西哥回来以后，彩泰就关闭了自己的办公室。她现在有时间跟着她的丈夫到地球最远的一端了——而这也正是她所做到的事。

　　马来半岛的丛林、非洲、日本、冰岛、喀什米尔山谷……游历各地的威尔斯夫妇，他们的生活就像是一部游记。

　　彩泰·威尔斯说："那时候我认为，拥有自己的事业是很重要的，我很奇怪自己那时候怎么会那么孩子气。和我与卡维士共享的这些丰富经历比起来，我自己的生活是多么的无味和狭小啊。我把我的兴趣和他的合并起来，和他共享胜利和成功，而当失望和麻烦来临的时候，我们就一起去面对它们。

"我想，我所曾经接受的最大的嘉勉，就是卡维士在他那本《卡普特》书上所写给我的献辞：'献给我最好的朋友——我的妻子，彩泰。'从没有人给我的赞赏能像我的丈夫给我的爱之献语这样，使我感到这么大的成功和满足。"

彩泰·威尔斯是在很戏剧化的情况之下改变心意的，但是，许多女人发觉，增进她们所爱的丈夫的幸福与最大的利益，就是使得任何一个妇女感到最有价值的职业生涯了，彩泰就是一个典型的例子。

我并没有忽略许多由于环境的驱使，而离开家里到外头工作的妻子们和母亲们。我要以最深的尊敬，向她们致意。

我相信妇女们应该有能力，以她们自己的努力来赚钱维持自己的生活，因为她们可能会在什么时候变成负担家计的人，要负责家庭的食物、房租以及衣物。生病、死亡、失业和灾祸可能捣毁原先最好的计划。

但是，因为我们正在讨论妻子帮助丈夫成功的各种方法，我们便不可以忘记，帮助丈夫是一个很大的工作，这件工作本身大得需要妻子全心全力去做。

一个妻子如果能尽责任地把她的努力放在自己的职业上面，她就不会有额外的能力为她的丈夫效力了。

莎士比亚

当然，每一件事情都有例外，仅是观察和经验使我相信，如果夫妇双方的目标和兴趣是一致的，丈夫与婚姻成功的机会就更大了。

是的，成功的真正意义，是找出你所热爱的工作并努力去做——在奋斗的途中必须不顾自身的安全与幸福，有时候只有这样做，才是获得我们真正想要的东西的惟一方法。

“上帝啊，请赐给我一个年轻人，他必须有足够的胆识去做别人心目中的傻事。”罗勃特·路易斯·史蒂文生说。

莎士比亚则是这样说："疑虑是我们心中的叛逆者，由于害怕去追求，将会使我们失去我们通常能够赢得的东西。"

上帝的确是偏爱勇敢和坚强的心灵。如果我们希望我们的丈夫，在他们觉得最有成就的工作之中成功，我们就该鼓励他们去尝试每一个机会——而且要有足够的勇气来共同克服危机。

不要入不敷出

预算是一张有效蓝图、一个经过筹划的办法，用以帮助你从你的收入中获得更大的好处。对于金钱，一种易赚易花、毫不看重的乐观派哲学，曾经在书本上和戏院里带给我们很多非常有趣的笑料。在《你无法把钱带在身边》里，我们都会取笑那位老绅士，他绝不相信个人所得税，而且拒绝缴付其他的相关款项。当大卫·科波菲尔德要教他的年轻妻子朵拉按照收入计划预支开销的时候，朵拉就�‎起小嘴唇撒娇——她也是个非常可爱动人的角色。我们也喜爱不朽的《与爸爸一起过日子》里所描写的母亲节，在妈妈每个月把家庭预算弄得一团糟而引起的争战里，爸爸在母亲节那天却表现了最良好的风度。狄更斯笔下浪费成性的麦考柏先生，也是最使人感到有趣的文字形象之一。

的确，在小说里，迷人和不负责任经常会同时出现在一个特别的人身上。但是，在实际生活中，没有其他事情会比财务问题的失误更让人灰心或是讨厌了。入不敷出的人无法使人开心——他是个不负责任的冒险家。脑筋糊涂、奢侈浪费的妻子，也不会美丽动人，她是缠绕在丈夫脖子上的一个重重的担子。

如今，我们的钱所能兑换的东西，比 10 年前甚至是 5 年前都要少得多了。女士们面对着一个不合常理的挑战，必须充分利用手里的那些钱。价格上涨，生活水平提高了，我们的小孩所需要的教育费用也越来越复杂、越来越高。

大家都以为，只要我们的收入增多一些，我们所有的忧虑就都会烟消云散，这是一个普遍存在的错误观点。据这方面的专家们说，事实并非如此。艾尔西·史泰普来顿曾经担任华纳莫克和吉姆贝尔百货公司职员的财务顾问。他确信，对大部人来说，增加一些收入只是造成更多的花费。我同意他的看法，这种做法不可能处理好一个人的收入。他的话里有一种动人与毫不在乎的意思，使我们想起小说里那些迷人地处理金钱极其随便的人——等到我们静下心来想想他话里的含义，才发觉事实真是不容乐观。

乱花钱就等于让每个人——包括肉贩、面包商和烛台制造商，都来瓜分你的收入。而有计划的花费，就能够保证你和你的家人能够从收入里得到公平合理的分享。

要实现经济上的独立，不再为捉襟见肘的经济困境而犯愁，我们就应该做好财政上的预算，量入而出。

预算并不是一件束缚行动的紧身衣，也不是毫无目的地把所用掉的每一分钱都做个记录。预算是一张蓝图、一个经过筹划的办法，用以帮助你从你的收入中得到更大的好处。正确的预算方式，将会告诉你如何达成目标——自己的家、你家小孩子们的大学教育费用、你老年的保险金、你梦想中的假期。

预算开销将会告诉你，可以删减哪些比较不重要的项目，去填补你想要做的大花费。

如果你从没有做过预算，就应该马上开始学习如何处理家庭财务。帮助丈夫成功的一个最重要的方法，就是要知道如何使他的收入发挥最大的效用。如果他会赚钱但是不会节省，你就可以帮助他管紧钱包。如果他本来就节省，你便可以在用钱方面与他一致，并为他增加信心。

如何才能使你自己成为家庭财务的专家？这里有个好消息：你家附近的银行可能有一种预算或咨询服务，他们将会告诉你如何做好预算计划，以适应你特殊的需要和收入。

《妇女时代》杂志对于家庭的经济知识，是一个很好的来源，它将会告诉你如何缝补旧衣服，如何烹调有营养而价格低廉的餐点，甚至还会告诉你如何制造自己的家具。

不可以依赖你无意中发现的、任何一种已经印好的预算计划表。为了要显得更有价值，一个预算计划必须是专门为你订做的，而不适合于其他任何人。没有其他的家庭会和你们家庭完全相同，你的经济问题就像你的脸孔和身材那样，是完全不同的，是独具特色的。

以下有些想法，可以帮助你完成你自己的家庭预算计划：

1. 记录每一笔开销，使你对于支出情况有个清楚的了解。

除非我们知道错在哪里，否则我们就无法改进任何情况。如果我们不知道在何处删减，为什么要删减，以及删减什么，节约就是毫无意义的事。所以，我们应该在一段示范期间，记录下所有的家庭开销——例如，记录3个月看看。

亚尔诺德·白尼特和约翰·D·洛克菲勒都是精明的记账专家，而我也是这样。虽然我都以开支票的方式去付款，但我仍然喜欢按月把我的花费记录成一张整齐的单子。每年一次，我把这些每月花费加起来。结果呢？我能够很精确地告诉你，于某某年我们在某些方面花了多少钱——如燃料费、水电费、娱乐费，等等。我还可以使用这些记录，查出我家的生活费增加的情况。一旦你知道你的钱花到哪里去以后，就不必再做这种记录了。但是，我很喜欢手边有这种资料。例如，如果我怀疑我花太多钱买衣服了，那么我只要瞥一眼我的记录就知道真相了。

我认识的一对夫妻，当他们开始记录花费情形以后，很惊讶地发现他们每个月竟花掉大约70美元去买酒！然而，他们并不是酒鬼，只不过是一对热情的夫妇，很欢迎自己的朋友在兴致好的时候就"到家里来喝一杯"——这种事情时常会发生。他们做了一个明智的决定，认为他们不能再开免费酒吧了，于是，那70美元就用于更好的项目开支了。

2. 根据家庭的特殊需要，设计出自己的预算。

首先，把你这一年里固定的开销列出来——房租、食物预算、利息、水电费、保险金。然后计划你其他的必要开销——衣服、医药费、教育费、交通费、交际费，等等。

每个人都知道，这是件不容易的事情。拟定计划需要决心、家庭合作，有时候还需要严谨的自制力。我们不能买下每一件东西，但是我们却可以决定什么东西对我们最重要，而牺牲掉最不重要的东西。你愿意拥有一个舒适的家而放弃买昂贵的衣服吗？你宁愿自己做衣服，而将节省下来的钱买一台电视机吗？显然，这些决定必须由你和你的家人自己来做。

3. 至少要把每年收入的 10% 储蓄起来。

规定你自己——也就是你的家庭有一个固定开销，至少要把 1/10 的收入储蓄起来，或拿去投资。也许你还可以想办法建立一笔额外资金，拿来做特殊用途，譬如买房子或汽车。

财务专家说过，如果你能节省你丈夫收入的 1/10，虽然物价高昂，不到几年你也就可以获得经济上的舒适。

我认识一个女人，她嫁给了一个顽固、保守的新英格兰人。她的丈夫宁愿在中央车站广场脱光了衣服，也不愿放弃节省 1/10 薪水的计划。这位太太告诉我，在经济不景气的那几年，她们可真吃足了苦头，她先生的薪水被删减得太多了。她买日用品的时候，必须想尽办法节省每一毛钱，而她丈夫每天要步行 20 多条街，以省下公共汽车费。但是，节省 1/10 薪水的老习惯，仍然照样进行。

"有时候，"这位女士承认，"当我们非常需要钱用的时候，我十分后悔还要把钱搁在一边，但是，我现在却很高兴我们维持了储蓄计划。节约的结果，使我们到中年的时候拥有了自己的家和一些享受。"

4. 准备一笔意外或紧急用途的资金。

大部分的预算专家都劝告每一个年轻家庭，至少要存下 1~2 个月的收入，用于紧急事件。

但是，这些专家警告说，想要存太多钱的人，会发觉很难办到，结果根本就存不了钱。与其要断断续续地隔几周才一次存 5 元，倒不如每周固定地存下 2.5 元，效果会更好。

5. 使预算计划成为全家人的事。

预算顾问相信，预算计划必须要得到全家人的合作。经常举行家庭预算讨论会，往往可以减除情绪上的不和——因为我们大家对于金钱的态度，都会受到自己的经验、气质与教育程度的影响。

6. 要考虑人寿保险的问题。

玛莉昂·史蒂芬斯·艾巴利，是人寿保险协会妇女部的主任。对全国的女士来说，她所说的话就是人寿保险专家的看法，具有独特的权威性。当我访问艾巴利女士的时候，她建议当妻子的应该自问以下这些问题：

你可知道，经过人寿保险，你的家庭能够得到什么基本需要？你可知道，一次性付款和分期付款有何不同——而各有各的好处？你可知道，关于付款的方法有许多不同的选择？你可知道，现代人寿保险具有双重目的——如果一个男人过早去世了，人寿保险就可以保护这个人的家庭；如果他活着要享受余年，人寿保险就可以供给他独立的基金？

这些问题，以及其他许多相似的问题，对于你的家庭非常重要。只让你的丈夫知道所有的答案，这还不够，你也应该知道这些答案。有一天也许你会变成寡妇，而有关人寿保险的知识，便可以解除你的困难和忧虑。

贾得生和玛丽·南狄斯，在他们合写的《建立成功的婚姻》一书中告诉我们，家庭收入的花费，往往是婚姻生活里必须调节、适应的主要地方。

金钱并非万能，这句话可真不错。但是，如果知道如何聪明地处理我们的金钱，就可以带给我们的丈夫和家庭更多心境的安宁、幸福与利益。

所以，我们不可幻想着自己的丈夫能够像我们本来能嫁、但是后来没嫁的那个男人那样，带回来一大袋薪水，这只会浪费我们的时间，损毁我们的青春。我们的工作就是使自己变成财务能手，好好地处置他赚回来的钱——如果我们想要激励他赚更多的话。怎么做呢？只要依照以下的规则去做：

1. 记录每一件开销，使你了解花费的情形。
2. 以一年为单位，筹划出一个预算办法。
3. 储蓄家庭收入的 1/10。
4. 准备一笔意外事件的资金。
5. 使预算计划成为全家人的事。
6. 要考虑人寿保险的问题。

克制自己，驾驭金钱

一个人要是想获得财富，首先就要善于克制自己的花钱欲望，自我克制的力量必不可少。在我们开创的事业中，资本往往有赖于自己往日的储蓄和积累。

有很多年轻人由于挥霍无度的恶习，竟然把自己的前途都抵押出去了。

他们全身的服饰都要装扮成贵族绅士的模样，而且要紧跟服装的时尚。他们整天考虑的事情就是怎样去花钱，随后，他们就有了这样的念头：怎样用非法手段去尽快地弄些钱来。结果，他们不但债台高筑，而且常常会丢掉好的职位。因此，他们原本更有意义的生活——似锦的前程、快乐的享受和高尚的理想，一切都像昨日黄花一样，悄悄逝去。那些不愿意量入为出的年轻人经常还要掩掩饰饰，自欺欺人。他们不了解，这样的习惯不但会使他们成功的基础毁灭殆尽，而且将来也决计无法挽回。你不考虑眼前的问题，难道将来就可以从头做起吗？你认为今年将田地荒废不顾，明年就仍然可以重新耕种吗？你认为过了今天还有明天吗？时间老人是毫不留情的，你一旦造成了错误，他就决不会再给你一个从头开始的机会。未来的收获都得看你年轻时播的种子怎样，假如你播的是杂草，将来也休想收获丰硕的果实。

很多人只因为用钱一点也不算计，没有计划性，所以就在不知不觉中花完了身上所有的钱。如果一个青年养成了花钱入账的好习惯，能把每次的花费都清楚地记在账本上，能够仔细地核对计算、细心筹划，这对于他未来的事业发展和家庭生活，就一定会有不可估量的帮助。这样不但能使他学会记账，还可以使他熟悉金钱往来的各种手续和流动的规律，从而获得宝贵的个人生活经验。

这种账本最好能够随身携带，以便你能随时随地地把自己的每一笔花费都记在本子上。这样坚持下去，对改正挥霍无度的坏习惯一定有很大的帮助。账本能够明确无误地告诉你，过去的钱都花在哪些地方，什么地方是完全可以节省的，什么地方是非要用不可的。

一般来讲，农村的孩子比城市里的孩子要懂得节俭得多。最重要的原因是城里充斥着各种各样专门引诱小孩去消费的商品、质量低劣的玩具和缺乏卫生保证的糖果食品。但乡下的孩子就不同了，他们更看重金钱，也没有受到过这么多东西的诱惑，他们往往不会像城里的小孩那样花起钱来毫不考虑。他们会非常珍惜自己口袋里不多的几个钱，不时地从口袋里拿出来数弄着，决不舍得花钱去买那些流行的玩意，以博得自己一时的欢喜。等到他们积累到100块时，就非常兴奋，甚至欢呼叫喊。这些乡下小孩的父母们时常细心教导他们，使他们明白储蓄和积累的好处，还鼓励他们把钱存到银行里，不要放在身上。而城里的孩子们往往不大把钱当作一回事，他们一有了钱就要把它们立刻花掉，否则会感到很不舒服。

就像很多城里的孩子宁愿把钱放在口袋里，方便使用，也不愿存在银行里一样，有很多青年人也习惯把所有的钱都带在身上，这样往往就使他们养成了随随便便花钱，胡乱挥霍、毫无节制的坏习惯。虽然把钱存到银行里以后，用起来就没有在身上的口袋里那样方便，但是后者却太不清醒了，因为习惯把钱放在身上的人基本上都会失去节制，动不动就翻口袋买东西。

所以，节俭的最重要而有效果的办法就是把所有的钱全部放到银行里，而且最好存到一家离你住的地方远一点的银行。这样一来，等你心急火燎要用钱时就必须到那家很远的银行去取，这时你就会考虑要花的钱是否值得？能否省下来？

富兰克林说："致富的惟一方法就是支出低于收入。"他还说："如果你不想因有人讨债而心虚气短，想避免饥饿和寒冷的痛楚，那样你就最好和'忠'、'信'、'勤'、'苦'四个字交朋友。并且，不要让你辛苦赚来的任何一分钱从你的指缝间轻易地溜走。"

以前有一个小伙子到印刷厂里去学习基本的技术。其实，他的家庭经济状况是挺不错的，他爸爸却要求他每晚都必须在家里睡，不许乱跑，但是他每月却要付给家里一笔住宿费。一开始，那个年轻人觉得父亲这样太苛刻了，因为他每月的收入，基本上就只能够支付这笔住宿费，他没有任何其他的零花钱了。但是，几年以后当这个年轻人想创办一个印刷厂的时候，他的爸爸把他叫到面前说："好孩子，现在你可以把你这几年付给家里的住宿费拿回去了。我之所以这样做，是为了能够让你把这笔钱保存起来，并非真的向你索要住宿费。好啊，现在你可以拿这笔钱去发展你的事业了。"那年轻人至此才明白爸爸的良苦用心，对爸爸的智慧感激不已。如今，那个青年人已经当上了美国的著名印刷厂的总裁，而他当年的小伙伴却因毫无节制地花钱，如今仍然挣扎在贫困线上。

以上所述是一个富有教育意义的真实故事，它给你的启示是：惟有养成储蓄和积累的习惯，将来才有希望享受到成功与财富。

有位作家的一段话说得非常好，他说，在我们的社会中，"浪费"两个字不知使人们失去了多少的快乐和幸福。浪费的原因不外乎三种：一、对于任何物品都想讲究时髦，比如服饰、日用品、饮食都要最好的、最流行的。

总之，生活的一切方面都愈阔气愈好。二、不善于自我克制，无论有用没用，想到什么就去买什么。三、有了各种各样的嗜好，又缺乏戒除这些嗜好的意志。总结起来就是一个问题，他们从来都没有考虑过要修养自己的性格，克制自己的欲望。造成如今社会上事事追求浮华虚荣的最大原因就是人们习惯于随心所欲、任性为之的做法。

如此的年轻人一旦用钱把场面撑起来后，一切烦恼苦闷的事情就会接踵而至。为了顾全面子，他们就再也不能过节俭日子了。他们也不会认识到自己已经沦落到怎样的地步了。有些人入不敷出以后，就开始动歪脑筋，挪用公款来弥补自己的财政缺口。久而久之，耗费越大，亏空也就越多，渐渐地就陷入了罪恶的深渊，难以自拔。到了这时，他才想到自己不该胡乱花费，不该为此干那违背天理良心的事情，不该挪用公款，可是为时已晚！为了满足这种喜欢花架子、空排场的恶习，不知有多少人到头来要挨饿，甚至有许多人也因此丢了性命，更有无数人因此而丧失了职位！

正如一句谚语中所讲到的，金钱能买到一条不错的狗，但却买不到它摇尾巴。挥霍无度的恶习恰恰显示出一个人没有抱负，没有理想，甚至就是向失败自投罗网。

第九章　不要为批评而烦恼

不去理睬不合理的批评

1929 年，美国发生一件震惊全国教育界的大事，美国各地的学者都赶到芝加哥去看热闹。好几年前，耶鲁大学一个名叫罗伯特·郝金斯（Robert Hutchins）的年轻人，大学期间半工半读，做过作家、伐木工人、家庭教师和卖成衣的售货员。8 年之后的今天，他竟然就被任命为美国最有钱的四所大学之——芝加哥大学的校长。他的年龄？30 岁！真叫人难以相信。老一辈的教育人士都对此不以为然。各种批评纷沓而来，人们认为这位年轻的校长有着种种不利——太年轻了，经验不足——说他的教育观念很不成熟，甚至各大报纸也都对他评头论足。

罗伯特·郝金斯就任那天，有一个朋友对他的父亲说："今天早上我看见报上的社论都在攻击你儿子，真是太吓人了！"

"不错，"郝金斯的父亲回答说，"话说得很凶。可是要知道，从来没有人会踢一只死狗的。"

的确，这只狗愈重要，踢它的人愈能够感到满足。后来成为英王爱德华八世的温莎王子，他的屁股也曾被人狠狠地踢过。当时他在帝文夏的达特莫斯学院读书，温莎王子那时才 14 岁，有一天，学校的一位海军军官发现他在哭，就问他有什么事情。他起先不肯说，可是后来终于说出了真话："我在学校被同学踢了。"后来指挥官把所有的学生召集起来，向他们解释说王子并没有告状，可是他想知道为什么他们要这样对待温莎王子。

大家推诿拖延地支吾了半天之后，终于承认说：等他们自己将来成为皇家海军的指挥官或舰长的时候，他们希望能告诉人家，他们曾经踢过国王的屁股。

　　所以请记住，如果你也被踢了，被批评了，那正说明踢你的人或者批评你的人觉得你很重要。同时，也说明你和你的所作所为是值得关注的。很多人通过指责比自己更有成就的人来获得一种满足感。比如，我在写这一章时就收到了一位女士批评救世军组建者布斯将军（General William Booth）的信。因为之前我在广播节目中称赞了布斯将军，这位女士就写信告诉我，布斯将军曾经把救助穷人的 800 万元纳入私囊。这种指控当然是荒谬的，而这位女士的目的也不过是想攻击比她优越得多的人。我把她的信扔进了废纸篓，很庆幸自己没有娶到像她这样的女人。她的信没有对我对布斯将军的看法产生任何影响，倒是让我认识了这位女士的人格。哲学家叔本华就说过："小人常为伟人的缺点或过失而感到得意。"

　　相信没有人会认为耶鲁大学的校长会是小人，但是前任耶鲁大学校长德怀特（Timothy Dwight）却似乎总以诋毁一位总统候选人为乐。他曾经发出这样的言论，如果此人当选为美国总统，"那么我们国家的公民将会合法卖淫、行为可耻、是非不分、道德沦丧，不再敬天爱民。"

　　听起来是不是像在批判希特勒呢？可是他谩骂的却不是希特勒，而是托马斯·杰佛逊（Thomas Jefferson），你肯定会认为这个被骂的杰佛逊不会是那位深得民心，撰写了《独立宣言》，而且被人们称为民主先驱的杰佛逊总统吧？但是你错了，他骂的正是我们敬爱的杰佛逊总统。

　　还有一位美国人，被人骂为"伪君子"、"骗子"、"比谋杀犯好不了多少"，你猜是谁？一家报纸上刊登了这样一幅漫画，漫画中的他伏在断头台上，一把大刀正要砍向他的脑袋，街上围观的人也都在高呼着声讨他。这个人不是别人，正是乔治·华盛顿（George Washington）。

　　但是以上都是很久以前的事儿了，现在人性或许有了很大的改善。我们来看看最近的年代里发生的事情。皮瑞上将（Admiral Peary）1909 年 4 月坐着雪橇达到了北极进行探险，他的这一举动引得世界一片哗然。几百年来一代代人都为了探险北极而历经千难万险，甚至献出生命。皮瑞上将的此趟北极之行也是路途险恶，他险些因酷寒和饥饿而丧命雪地，8 个脚趾头也都因为低温冻伤而不得已被切除，情况之恶劣让他精神接近崩溃。但是华盛顿的海军长官们却因为皮瑞的名声而心生嫉妒。他们指控皮瑞以科学研究为名筹

《独立宣言》

集经费，却跑到极地去游逛开心。他们认为他们自己言之凿凿，因为他们心中就是这么认为的。他们想要羞辱以及封杀皮瑞的决心异常坚定，最终还是时任总统威廉·麦肯利亲自下令，才使得皮瑞得以完成了他的北极探险。

如果皮瑞仅仅是华盛顿海军总部的一个职员，那他还会招惹那么多的是非吗？当然不会，如果仅是一个小小的职员，没有人会对他的所为而感到眼红的。

格兰特将军（General Grant）的经历比皮瑞上将更糟糕。1862 年，南北战争中，格兰特将军赢得了北军的第一次转折性的胜利，仅仅一个下午就扭转了局势。于是一夕之间格兰特将军就成为了全国人民的偶像。从缅因州到密西西比河岸的所有教堂都敲响钟声庆祝将军的凯旋。然而，就在这次决定性胜利后的第 6 周，格兰特将军——这位北军的英雄就遭到了逮捕，并且被剥去了所有的军权，陷入了屈辱和绝望之中。

为什么格兰特将军会在胜利的光环下被捕呢？主要是因为他的成功引起了其长官的嫉妒。

如果我们因为遭到批评而担忧，那么请记住下面的规则一：

请记住，不合理的批评往往是掩饰了的赞美。没有人会去踢路边的一条死狗。

尽力而为，避开非难

我曾经采访过海军巴特勒将军（Major—General Smedley Butler），那个被认为"目光可以杀人"的巴特勒，那个人称"地狱魔鬼"的巴特勒，大家想起来了吗？同时，他也是美国海军陆战队最潇洒的将军，曾经指挥过美国整个海军部队。

他告诉我，年轻时，他也是渴望成名的，希望给每个人都留下美好的印象。那个时候，任何一丁点儿的批评他都会很在意，感到很难过。不过他承认30年的海军陆战队的生活把他磨炼得脸皮厚了很多。"这么多年了，我曾经被人骂成是条狗，是条蛇，甚至是个黄鼠狼，我也曾被专家批评得狗血淋头。他们用英语中最不堪入耳的话骂我。要问这些对我有没有造成打击？哈，现在即使听到有人骂我，我也连头都懒得回。"

也许我们觉得巴特勒将军对于批评太看轻了，但是我们要承认，我们大多数人对于批评都是过于看重了。记得前几年，一位纽约《太阳报》的记者来参观我的成人授课班，随后写了一篇报道，对于我本人和我的工作都是颇有微词。我当时也是气坏了，这就是对我个人的侮辱，于是我打电话给《太阳报》的社长，要求他们再刊登一篇文章澄清事实，而非讽刺攻击。我当时下定决心要让他们为自己的错误付出代价。

现在回想起来，我真为自己当时的所作所为感到无地自容；而且我到现在才认识到当时买了那份报纸的读者可能有一半没有注意到那篇文章，即使读过也只是随意翻翻罢了。而看到的读者中又有一半会在几周内把它忘得干干净净。

现在我认识到没有人会对别人的事情很在意。大家从早到晚都是自顾不暇。甚至对自身的感冒头痛的在意程度都要超过对别人家的丧事的关注。

即使有人骗了我们，出卖了我们，从背后捅了我们一刀，即使最亲密的伙伴背叛了我们，我们也不要坠入自怜的深渊。相反，我们要提醒自己，这正是发生在耶稣基督身上的遭遇。他的12个最亲信的门徒，有一个仅仅为了相当于现在19美元的贿赂就背叛了耶稣。而另外一个门徒在耶稣遇难时背弃了他，并且3次公开发誓说他不认识耶稣。这就是耶稣的遭遇，竟然有六分之一的门徒背叛了他！耶稣尚且如此，我们又凭什么能够期盼有一个比耶稣还好的结局呢？

几年前，我发现既然我无力阻挡别人的不公平批评，起码我可以做另外一件更重要的事情，那就是我可以决定这件事是不是可以对我产生影响。

这里要讲清楚一点，我并不是说要对所有的批评都置之不理，而只是针对恶意的责难采取的行动。我曾经请教过罗斯福总统的夫人，她是如何处理这些恶意的批评的——我们都知道罗斯福夫人应该是受尽了这种非难的。她可算得上美国白宫中有最多朋友，也有最多敌人的女士。

她说她小时候非常地羞怯，害怕人们的闲言碎语，害怕别人的批评。有一天，她就去请教罗斯福总统的姐姐泰德："我想去做一些事情，但是我总是害怕被人批评。"

泰德很认真地看着她说："你只需要自己心里清楚你要做什么，不要去在意别人说什么。"罗斯福夫人说，那句话后来一直是她在白宫的支柱。她说要避免受到批评伤害的唯一办法就是做到内心波澜不惊。"只要你认为正确的事情，你就去做好了，因为无论如何你都会遭到批评。做，会有人批评你；不做，依然会有人批评你。"这就是罗斯福夫人的见解。

美国国际公司（AIC）的总裁马休·布鲁斯（Matthew C. Brush）曾接受过我的采访。我问他对别人的批评是否敏感，马休答道："年轻时确实对别人的批评非常敏感，当时我希望全公司的上上下下的人都认为我很完美。如果有人不这样认为，我就会十分苦恼。为了取悦于第一个有反对意见的人，往往我要得罪另一个人。于是我又不得不安抚第二个人，但是最后却搞得一群人都有看法。后来我终于领悟到，为了避免他人对我的批评，我试图安抚的人越多，同时得罪的人也会越多。我时常告诫自己：'一个人身居高位，就注定要遭受种种非议、诽谤，想办法习惯才是上策。'从那以后，我对待事业只管尽力而为，然后撑起一把伞，让批评之雨顺伞滑落，而不再让它流到脖子里，让自己难过。"

美国作曲家迪姆斯·泰勒（Deems Tayor）在这方面更是达到了一种境界。他的修养保证他不仅不会受到批评的伤害，还能在公开场合付之一笑。每周日下午，他都要在电台主持音乐评论节目。有位女士对他的评论很不以为然，写信挖苦他是"骗子、叛徒、毒蛇、傻瓜"等等。泰勒在其著作《人与音乐》中提到了这段往事："我怀疑她只是随便说说，所以在下周的节目当中，我向百万名听众读了这封信。但几天后，我又收到同一位女士的来信，她仍坚持她的想法，仍说我是'骗子、叛徒、毒蛇、傻瓜'。我想她是没有听到我上一期的节目。"真地是很佩服泰勒，他用真诚与幽默为自己撑起了一把伞，巧妙地避开了攻讦之雨。

美国企业家施瓦布（Charles Schwab）在普林斯顿大学向学生做演讲时，提到他生命中最重要的一课来自于他开办的钢铁厂里的一个德国老工人。其他的工人之间发生了争执，这个老工人想要劝说，结果却被争吵的人扔进了河里。"他走进了我的办公室，"施瓦布说："满身的泥泞，我问他最后对那些把他扔进河里的人说了什么，他说：'我什么也没说，就是笑了笑。'"

施瓦布先生从此把这位德国老先生的话当成了自己的座右铭："姑且一笑置之。"

这句座右铭对于承受恶毒攻击的人可以奉为真理。对于还击的人，批评者可以针锋相对；但是对于一笑置之的人，批评者恐怕就束手无策了吧。

南北战争期间，如果林肯总统做不到对于充满恶意的攻击不予理会，恐怕他早就崩溃了。他说："如果我不对这些言语攻击做出任何反应，那么这件事也就到此为止了。我只需要把我应该做的做好，尽力而为，坚持到底。如果结果证明我的所作所为是正确的，那么一切不公正的批评自然就不攻自破了；如果结果证明我所做的是错误的，那么之前面对批评时我所做的任何辩护都是毫无益处的。"

面对恶意的批评，我们应该谨记第二条原则：

凡事尽力而为，而后撑起伞，避开非难之雨。

记录下所做的蠢事

我的档案柜中有一个私人档案夹，上面标着"FTD"——"Fool Things I Have Done"的简写，也就是所谓的"蠢事录"，里面都是我所做过的傻事的文字记录。有时候，我会口述给我的秘书请他做记录，但是有些事情涉及到我的隐私，而且愚蠢到我都不好意思口述给秘书听，所以后来我都是自己写下来的。

我现在依然记得 15 年前记录在案的一些对戴尔·卡耐基的批评。事实上，如果我对自己绝对诚实的话，这个档案册早就爆满了。我很清楚地记得 3000 年前所罗王的一句话："我总是会犯错，我犯的错误数不胜数。"

每当我打开我的"蠢事录"，翻阅以前所犯的错误以及自己的反省时，这些自我批评的话语都能够帮助我处理好当下棘手的问题——自我控制。

我原来总会把自己的过失归咎于别人；但随着年龄的增长，阅历的丰富，我逐渐认识到几乎所有的错误都是我自身造成的，应该责备的是我自己。其实很多人都像我一样随着年龄的增长而认识到了这一点。拿破仑被放逐到圣赫勒拿岛时就说："我的失败完全是自己的责任，不能怪罪于任何人。我最大的敌人其实就是我自己，这也是造成我悲惨命运的主要原因。"

我知道一个人深谙自我管理艺术，他叫赫维尔（H. P. Howell）。1994 年 7 月 31 日，他在纽约市大使酒店突然离世的消息震惊了全国，华尔街更是骚动，因为他是美国财经界的重要人物，曾担任美国商业信托银行董事长，并兼任几家大公司的董事。他从小受的正规教育很有限。最初是在一个乡下的小店做店员，后来发展成为美国钢铁公司信用部经理，从此事业蒸蒸日上。

"几年来，我都是随身携带着一个记事本，记录我每天要做的事情。"当我问到他认为自己能够成功的秘诀的时候，赫维尔先生告诉我："家人从来不指望我周 6 晚上可以参加什么活动。因为他们知道，这个时间我常常会作自我反省，总结一下过去一周的工作。晚饭后，我就会打开笔记本，回顾这一周所有的面谈、讨论及会议过程。我常常会反思一下：'当时自己哪里做得不够好？''有什么地方做的是正确的，接下来应该怎样再来改进一下。''从这次经验当中我可以汲取哪些教训？'有时候这样的反思会让我心中有些不快。有时候想到做事情时的莽撞自己都觉得不可思议。当然，随着年事渐长，这样的情况越来越少。但是我一直坚持着每周的自我剖析，这样的习惯让我受益匪浅。"

赫维尔先生的这种做法或许是从富兰克林那儿学来的，不过富兰克林的反思不是每周一次，而是每晚一次。他总结出自己的 13 处致命的错误，其中三项是：浪费时间、琐事太多，还有与人争执。年长睿智的富兰克林很清楚地知道，如果他不改正这些缺点，他就难成大器。所以他定下目标每周改掉一个缺点，并且每天记录下自己的进步。下一周，他会再找出自己的另一个缺点进行改进。就这样每天与自己的缺点抗战，整整持续了两年。

这就是为什么富兰克林最终成为了全美国最受爱戴，最具影响力的人物。

英国作家哈博特（Elbert Hubbart）曾经说过："每个人在一天当中都会有起码 5 分钟会犯糊涂，智慧在这段时间里也会无能为力。"

一般人常因为别人的点滴批评而愤怒不已，聪明人却乐意从别人的责难和反对意见中学习。诗人惠特曼曾说："你认为你只能从喜欢你、仰慕你、赞同你的人身上学到东西吗？难道你不觉得从反对你、批评你的人那里可以学到更深刻的一课吗？"

与其等着别人来批评我们或者批判我们的工作，倒不如自己严格要求自己，做自己最严厉的批评者。在别人发表言论之前，我们就应该自己找出自己的缺点并且加以弥补。达尔文就是这样做的。他花了 15 年之久来找自己的不足。当他刚刚完成其不朽的著作《物种起源》时，他已经意识到这个革命性的学说的公开发表必将震撼整个宗教界还有学术界。因此，他就开始自我评判，并耗时 15 年来取证，不断向自己的理论挑战，批判自己的结论。

如果有人骂你是个"十足的傻瓜"，你会有什么反应？万分气愤？还是愤愤不平？现在我们来看看林肯的反应。林肯的军务部长斯坦顿（Edward M. Stanton）就曾经因为林肯在一件事情上的介入而骂林肯为"十足的傻瓜"。当时林肯受到一个自私自利的政客的蛊惑而签署了调动部分兵团的军令。斯坦顿接到了命令却拒绝执行，而且还说林肯签署这样的调令简直就是愚蠢至极。这句话传到了林肯的耳朵里，林肯却很平静地说："如果斯坦顿骂我蠢，那我就是真的蠢了，因为斯坦顿几乎总是对的。我会亲自去跟他谈谈。"

后来林肯果真上门跟斯坦顿进行了详谈。斯坦顿力图让林肯明白了那个调令是不合理的，林肯最终收回了成命。一旦林肯相信对方是真诚的，有意帮忙的，那么他是很有接收批评的雅量的。

我们也应该能够接受这样的批评，因为我们不可能永远正确。连罗斯福总统都说他在任总统期间都不敢奢望自己能在四次里面三次是正确的。还有

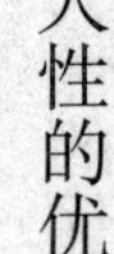

当今最伟大的科学家爱因斯坦，也曾经坦率地承认他的结论中有百分之九十九可能是错误的。

法国作家拉罗什福科（La Rochefoucauld）说："对手的看法要比我们自己的看法更加真切。"

我觉得这句话还是很有道理的，而且通常情况下是正确的。可是受到批评时，如果不是刻意提醒自己，我还是会条件反射似地辩驳一下，即使头脑中的反驳意见并不成熟。其实每次反击之后我都会对意识到自己的错误。不管正确与否，人总是讨厌批评，喜欢奉承的。人并非理性逻辑化的动物，而是感性情绪化的动物，我们的理性就像是狂风暴雨的情绪海洋中漂荡的一叶扁舟。大多数人对于现阶段的自己总是自我感觉良好，但是50年之后回过头来我们就会觉得今天的自己很幼稚很可笑。

著名的历史民俗报纸编辑威廉·怀特回顾50年前，感觉当时的自己"像大脑进水一样，呆呆傻傻的"。20年后，当我们也回过头来反思现在，或许我们也会用同样的词来形容今天的自己。也许……谁知道呢？

前面的章节中，我们曾讲到，面对不公正的批评应该如何应对。这里我们要强调另外一点理智的做法：如果你认为自己受到了无理的非难，心中无比愤怒，那就试着提醒自己："冷静……我本来就不完美。连爱因斯坦都承认自己百分之九十九都是错误的，那么我起码有百分之八十是不正确的。也许这个批评是中肯的，我应该受到这样的批评。如果真是这样，那么我应该感谢它，并从其中收获一些东西。"

美国一家大公司的总裁卢克曼（Charles Luckman）曾经用年薪100万美元请鲍勃·霍伯上广播节目。鲍勃从来都不看赞赏他的信件，但是批评的信件必读。因为他知道自己可以从中受益的。

福特汽车公司为了了解自身管理和运作方面的不足，近期也特地邀请员工对公司提出意见和建议。

我认识一位香皂推销员，他总是主动提出要求，让人家给出批评意见。开始为高露洁推销香皂时，他接到的订单非常少。确信了产品和价格都没有问题后，他便确定问题出在了自己身上。每次推销失败后，他总会在街上溜达着琢磨问题到底出在了哪里——是他表达得不够清楚，还是他不够热情？有时候他会再返回去找到那位商家："我不是回来再向您推销香皂的。我只是希望能得到您的批评和建议。能不能麻烦您告诉我，我刚才向您介绍肥皂时哪里有问题？您的经验比我丰富，事业又那么成功。请您给我一点指正，直言无妨，请不要保留。"

他的这种态度为他赢得了很多朋友，他也得到了很多宝贵的建议。

想知道他后来的发展状况吗？他就是今天最大的香皂公司——高露洁公司的总裁，立特先生（E. H. Little）。去年，他的收入排在全国第十五位，达到240，141美元。

只有有智慧的人才能做到像赫维尔、富兰克林以及立特先生那样。何不扪心自问，自己属不属于这类人呢？避免因为遭到批评而忧虑的第三条原则：

记录下自己所做的蠢事，并提出自我批评。既然大家都不完美，何不像立特先生那样，寻找积极的、有益的，具有建设性的意见呢？

这是我的错

我住的地方，几乎是在大纽约的地理中心点上，但是从我家步行一分钟，就可到达一片森林。春天，黑草莓丛的野花白茫茫一片，松鼠在林间筑巢育子，野草长到高过马头。这块没有被破坏的林地，叫做森林公司——它的确是一片森林，也许与哥伦布发现美洲那天下午所看到的没有什么不同。我常常带雷斯到公园散步，它是我的小波士顿斗牛犬，它是一只友善而不伤人的小猎狗，因为我们在公园里很少碰到人，所以我常常不给雷斯系狗链或戴口罩。

有一天，我们在公园遇见一位骑马的警察，他好像迫不及待地要表现出他的权威。

"你为什么让你的狗跑来跑去，却不给它系上链子或戴上口罩？"他呵斥我道，"难道你不晓得这是违法的吗？"

"是的，我晓得，"我轻柔地回答，"不过我认为它不至于在这儿咬人。"

"你认为！你认为！法律是不管你怎么认为的。它可能会在这里咬死松鼠或咬伤小孩。这次我不追究，但假如下回再让我看到这只狗没有系上链子或套上口罩在公园里的话，你就必须去跟法官解释啦。"

我客客气气地答应照办。

我的确照办了，而且是好几回。可是雷斯不喜欢戴口罩，我也不喜欢那样，因此我们决定碰碰运气。事情很顺利，但接着我们却撞上了暗礁。一天下午雷斯和我在一座小山坡上赛跑，突然间——很不幸地，我看到了那位执法大人，跨在一匹红棕色的马上。雷斯跑在前头，径直向那位警察冲去。

这下我栽定了。明白了这点，我决定不等警察开口就先发制人。我说："警官先生，这下您逮了我一个正着，我有罪，我无话可说。你上星期警告过我，若是再带小狗出来而不替它戴口罩就要罚我。"

"好说，好说，"警察回答的声调很柔和，"我知道在没有人的时候，谁都忍不住要带这么一条小狗出来溜达。"

"你这样的小狗大概不会咬伤别人吧？"警察反而为我开脱。

"不，它可能会咬死松鼠。"我说。

"哦，你大概把事情看得太严重了，"他告诉我，"我们这样办吧。你只要让它跑过小山，到我看不到的地方，事情就算了。"

那位警察也是一个人，他要的是一种重要人物的感觉。因此当我责怪自己的时候，惟一能增强他自尊心的方法，就是以宽容的态度表现慈悲。

但如果我有意为自己辩护的话，嗯，你是否跟警察争辩过呢？

我没有和他正面交锋，我承认他绝对没错，我绝对错了，我爽快地、坦白地、热诚地承认这点。因为我站在他那边说话，他反而为我说话，整个事情就在和谐的气氛下结束了。

如果我们知道免不了会遭受责备，何不抢先一步，自己先认错呢？听自己谴责自己不比挨人家的批评要好受得多吗？

你要是知道有人想要或准备责备你，就自己先把对方要责备你的话说出来，那他就拿你没有办法了。十之八九他会以宽大、谅解的态度对待你，忽视你的错误，正如那位警察对待我和雷斯那样。

费丁南·华伦是一个卖艺术品的商人，曾使用这个办法，和一位暴躁的顾客化干戈为玉帛。

"精确而严谨的态度，在制作商业广告和出版品中是最重要的。"华伦先生事后说，"一些艺术编辑要求别人立刻实现他们的设想，这样难免会发生一些偏差。我服务的某位艺术编辑就很挑剔，我从他的办公室出来时，心里总是很不舒服，倒不是因为他批评我，而是因为他对待我的方式。最近，我交了一件急件给他，他打电话说要我立刻到他的办公室去，稿件有误。我到他办公室后，果然，他很高兴有了挑剔我的机会，而且满怀敌意。正在他滔滔不绝地数落我时，我运用了自我批评的方法。我说：'某某先生，你说的对，我的错误确实不可原谅，我为你工作了这么多年，还不知道怎么做，我真是不好意思。'

"于是他开始为我说话了：'你说得对，不过还没有那么严重。只是——'我马上插嘴道：'任何错误，都可能导致严重的后果，我怎么没看到呢？'我绝不让他为我开脱。这是我第一次因为批评自己而感到高兴。

"我说：'我应该更加细心，你给了我这么多的活，我却不能令你满意，我一定要重新做。'于是，他说不用那样麻烦，并夸奖起我的作品来，还说他再改一改就可以了，这点小错也不会让他的公司费几个钱。总之，小事一桩，不值一提。

"我的这种自我批评，不但使他没了脾气，而且还请我吃了午饭，他又给我一张支票，让我再干别的活。"

当你坦然面对自己的错误时，会感到某种意义上的满足。因为这消除了你对自己的罪恶感，也在某种紧张的气氛下保护了自己，更有利于迅速准确地解决错误。

新墨西哥州阿布库克市某公司的一位负责人布鲁士·哈威，有一次批准给一位请病假的员工支付了整月的工资。随后，他发现了这个错误，要在这位员工下次的工资中减去多发的金额。那位员工不同意，因为这样会给自己造成严重的财务问题，他请求分期扣回他多领的钱。哈威必须先征求上级的同意才能决定。"如果直接去向老板请求的话，"哈威说，"一定会使他很不高兴。要更好地解决这个问题，应找到合适的方法。我意识到一切混乱都是我造成的，必须在老板面前自我检讨。

"进了他的办公室，我告诉他我办了件错事，然后便说了事情的经过。他开始发火，先说这应该由人事部门来负责，又大声指责会计部门的疏忽，我一再地坚持这是我的错误，应该由我来负责。可他又开始批评办公室的另外两个同事，我还在解释这是我的错误。终于他看了看我说：'好吧，是你

的错，交给你解决吧。'错误被改过来了，也没有造成其他的麻烦。我觉得很高兴，因为我有勇气不去找借口，妥当地处理了一件棘手的事情。而且，我的老板对我更加器重了。"

即使傻瓜也会为自己的错误辩护，但能承认自己错误的人，却会凌驾于其他人，而有一种高贵怡然的感觉。比方说，历史上对南北战争时的李将军有一笔极美好的记载，那就是他把毕克德进攻盖茨堡的失败完全归咎在自己身上。

毕克德那次的进攻，无疑是西方世界最显赫、最辉煌的一场战斗。毕克德本身就很辉煌；他长发披肩，而且跟拿破仑在意大利战役中一样，他几乎每天都在战场上写情书。在那悲剧性的七月的一个午后，当他的军帽斜戴在右耳上方，轻盈地放马冲刺北军时，他那群效忠的部队不禁为他喝彩起来。他们喝彩着，跟随着他向前冲刺。队伍密集，军旗翻飞，军刀闪耀，阵容威武、骁勇、壮大，连北军也不禁为之赞赏。

毕克德的队伍轻松地向前冲锋，穿过果园和玉米田，踏过花草，翻过小山。同时，北军大炮一直没有停止向他们轰击。但他们继续挺进，毫不退缩。

突然，北军步兵从隐伏的基地山脊后面窜出，对着毕克德那毫无预防的军队，一阵又一阵地开枪。山间硝烟四起，惨烈有如屠场，又像火山爆发。几分钟之内，毕克德所有的旅长，除了一个之外，全部阵亡，5000 名士兵折损 4/5。阿米士德统率其余部队拼死冲刺，奔上石墙，把军帽顶在指挥刀上挥动，高喊："弟兄们，宰了他们！"

他们做到了。他们跳过石墙，用枪把、刺刀拼死肉搏，终于把南军军旗竖立在基地山脊的北方阵地上。军旗只在那儿飘扬了一会儿。虽然那只是短暂的一会儿，但却是南军战功的辉煌纪录。

毕克德的冲刺——勇猛、光荣，然而却是结束的开始。李将军失败了，他没办法突破北方战线，而他也知道这点。南方的命运决定了。

李将军大感懊丧，震惊不已，他将辞呈呈送给南方的戴维斯总统，请求改派"一个更年轻有为之士"。如果李将军要把毕克德的进攻所造成的惨败归咎于任何人的话，那他就可以找出数十个借口。有些师长失职啦，骑兵到得太晚而不能接应步兵啦。这也不对，那也错了。但是李将军太高明，不愿意责备别人。当残兵从前线退回到南方战线时，李将军便亲自出迎，自我谴责起来。"这是我的过失，"他承认说，"我，我一个人，败了这场战斗。"历史上很少有将军能有这种勇气和情操，承认自己独负战争失败的责任。

在香港卡耐基课程任教的麦克·庄告诉我们，某些时候应用某一项原则，可能比遵守一项古老的传统更为有益。他班上有一位中年同学，多年来他的儿子都不理他。这位做父亲的以前是个鸦片鬼，但是现在已经戒除了烟瘾。根据中国传统，年长的人不能够先承认错误。他认为他们父子要和好，就必须由他的儿子采取主动。在这个课程刚开始的时候，他和班上同学谈到他从来没有见过的孙子孙女，以及他是如何地渴望和他的儿子团聚。他的同学都是中国人，了解他的欲望和古老传统之间的冲突。这位父亲觉得年轻人应该尊敬长者，并且认为他不让步是对的，而要等他的儿子来找他。

等到这个课程快结束的时候，这位做父亲的却改变了看法。"我仔细考虑了这个问题。"他说，"戴尔·卡耐基说，'如果你错了，你就应该马上明白并且承认你的错误。'我现在要很快地承认错误已经太晚了，但是我还可以明白地承认我的错误。我错怪了我的儿子。他不来看我，以及把我赶出他的生活之外，是完全正确的。我去请求年幼的人原谅我，固然使我很没面子，但是犯错误的是我，我有责任承认错误。"全班都为他鼓掌，并且完全支持他。在下一堂课中，他讲述他是怎样到他儿子家里，请求并且得到了原谅，并且开始和他的儿子、媳妇，以及终于见到面的孙子孙女建立起新的关系。

艾柏·赫巴是会闹得满城风雨的最具独特风格的作家之一，他那尖酸的笔触经常惹起对手强烈的不满。但是赫巴那少见的做人处世技巧，常常将他的敌人变成朋友。例如，当一些愤怒的读者写信给他，表示对他的某些文章不以为然，结尾又痛骂他一顿时，赫巴就如此回复：

"回想起来，我也不完全同意自己。我昨天所写的东西，今天不见得全部满意。我很高兴知道你对这件事的看法。下回你在附近时，欢迎驾临，我们可以交换意见。遥致诚意。

赫巴谨上"

面对一个这样对待你的人，你还能说什么呢。

当我们对的时候，我们就要试着温和地、技巧性地使对方同意我们的看法。而当我们错了——若是对自己诚实，这种情形十分普遍——就要迅速而热诚地承认。这种技巧不但能产生惊人的效果，而且，信不信由你，在任何情形下，都要比为自己争辩还要有用得多。

别忘了这句古语："用争斗的方法，你绝不会得到满意的结果。但用让步的方法，收获却会比预期的要高出许多。"

没有人会踢一只死狗

1929 年，美国发生了一件震动全国教育界的大事，美国各地的学者都赶到芝加哥去看热闹。在几年之前，有个名叫罗勃·郝金斯的年轻人，半工半读地从耶鲁大学毕业之后，做过作家、伐木工人、家庭教师和卖成衣的售货员。现在，只经过了 8 年，他就被任命为美国第四有钱的大学——芝加哥大学的校长。他有多大？30 岁！真叫人难以相信。老一辈的教育人士都大摇其头。人们对他的批评就像山崩落石一样一齐打在这位"神童"的头上，说他这样，说他那样——太年轻了，经验不够——说他的教育观念很不成熟，甚至各大报纸也都参加了攻击。

在罗勃·郝金斯就任的那一天，有一个朋友对他的父亲说："今天早上我看见报上的社论攻击你的儿子，真把我吓坏了。"

"不错，"郝金斯的父亲回答说，"话说得很凶。可是请记住，从来没有人会踢一只死了的狗。"

不错，这只狗愈重要，踢它的人愈能够感到满足。后来成为英王爱德华八世的温莎王子（即温莎公爵），他的屁股也被人狠狠地踢过。当时他在帝文夏的达特莫斯学院读书——这个学校相当于美国安那波里市的海军军官学校。温莎王子那时候才 14 岁，有一天，一位海军军官发现他在哭，就问他有什么事情。他起先不肯说，可是终于说了真话：他被军官学校的学生踢了。指挥官把所有的学生都召集起来，向他们解释王子并没有告状，可是他想晓得为什么这些人要这样虐待温莎王子。

大家推诿拖延又支吾了半天之后，这些学生终于承认说：等他们自己将来成了皇家海军的指挥官或舰长的时候，他们希望能够告诉人家，他们曾经踢过国王的屁股。

　　大概很少有人会认为耶鲁大学的校长是一个庸俗的人，可是有一位担任过耶鲁大学校长的摩太·道特，却竟然能够责骂一个竞选上了总统的人。"我们就会看见我们的妻子和女儿，成为合法卖淫的牺牲者。我们会大受羞辱，受到严重的损害。我们的自尊和德行都会消失殆尽，使人神共愤。"

　　这听起来很像是对希特勒的痛责，是吗？其实不然，这是对托马斯·杰斐逊的公开抨击。也许你会问，是哪一个杰斐逊？难道是那个《独立宣言》的起草者，民主政体的守护圣徒托马斯·杰斐逊？不错，那人攻击的正是这位杰斐逊。

　　你知道哪一个美国人被骂为"伪善者"、"骗子"或"比杀人凶手稍微好一点的人"？有份报纸的漫画描述这个人站在断头台前，台上的大刀正预备砍下他的头。当他被载往刑场行刑的时候，群众对着他叫骂。这个人是谁？是乔治·华盛顿。

　　但这都是很久以前的事了，也许现在人性已改进不少。让我们看看下面的皮尔利将军的例子。

　　皮尔利是个探险家，1899 年 4 月 6 日，他用狗拉着雪车到达北极，举世震惊。几个世纪以来，北极探险一直是各路英雄的目标，却无人写下纪录，反而因受伤、饥饿而丧生的人不少。皮尔利本人也差点死于严寒和断粮，他有 8 个脚趾因冻坏而不得不被锯掉，另有好几次因无法克服气候上的骤变而几乎精神崩溃。由于皮尔利声名大噪，广受群众欢迎，导致在华盛顿的几个海军高级长官都对他不满而排挤他。他们指控皮尔利为科学研究募集捐款是"招摇撞骗、一事无成"的勾当。这些人可能相信皮尔利真如他们所指控的，人一旦想相信某事，就很难再让他们不信。他们极力诽谤皮尔利，阻止他的研究工作。最后还是麦肯利总统直接过问，才使皮尔利的工作得以继续下去。

　　假如皮尔利当时只是在华盛顿的海军部办公，他会遭到如此无情的攻击吗？当然不会，因为他的重要性还不足以引起旁人的妒意。

　　格兰特将军（后成为美国第十八任总统）的遭遇更坏。1862 年南北战争时，格兰特的军队在北方赢得第一次大胜利——那一次大胜利使格兰特一夕之间便成为全美崇拜的偶像；那一次大胜利使远方的欧洲都震惊不已；而

且使得缅因州到密西西比河岸边的教堂钟声和庆祝营火不断。可是，6个星期还不到，这位北方英雄格兰特将军就成了阶下囚，军队也解散了，他只有带着羞辱和绝望，空自悲叹。

为什么格兰特将军会在胜利的高潮时期被逮捕？

大概是因为他的胜利而引起了某些长官的妒意吧！

给对方一个台阶下

西奥多·罗斯福承认说，当他入主白宫时，如果他的决策能有75%的正确率，就达到他预期的最高标准了。像罗斯福这么一位本世纪的杰出人物，最高希望也只有如此。

如果你肯定别人弄错了，而率直地告诉他，可知结果会如何？沙斯先生是一位年轻的纽约律师，最近在最高法庭内参加一个重要案子的辩论，案子牵涉到了一大笔钱和一项重要的法律问题。

在辩论中，一位最高法院的法官对沙斯先生说："海事法追诉期限是6年，对吗？"

"庭内顿时静默下来，"沙斯先生后来在讲述他的经验时说，"似乎气温一下就降到了冰点。我是对的，法官是错的，我也据实地告诉了他。但那样就使他变得友善了吗？没有。我仍然相信法律站在我这一边，我也知道我讲得比过去都精彩。但我并没有使用外交辞令。我铸成大错，当众指出一位声望卓著、学识丰富的人错了。"

没有几个人能具有逻辑性的思考，我们多数人都犯有武断、偏见的毛病。我们多数人都具有固执、嫉妒、猜忌、恐惧和傲慢的缺点。因此，如果你很想指出别人犯的错误时，请在每天早餐前坐下来读一读下面的这段文字。这是摘自詹姆士·哈维·罗宾森教授那本很有启示性的《下决心的过程》中的一段话：

"我们有时会在毫无抗拒或热情淹没的情形下改变自己的想法，但是如果有人说我们错了，反而会使我们迁怒对方，更固执己见。我们会毫无根据地形成自己的想法，但如果有人不同意我们的想法时，反而会全心全意去维护我们的想法。显然不是那些想法对我们珍贵，而是我们的自尊心受到了威胁……'我的'这个简单的词，是做人处世的关系中最重要的，妥善运用这两个字才是智慧之源。不论说'我的'晚餐、'我的'狗、'我的'房子、'我的'父亲、'我的'国家或'我的'上帝，都具备相同的力量。我们不但不喜欢说我的表不准，或我的车太破旧，也讨厌别人纠正我们对火车的知识、水杨素的药效或亚述王沙冈一世生卒年月的错误……我们愿意继续相信以往惯于相信的事。而如果我们所相信的事遭到了怀疑，我们就会找尽借口为自己的信念辩护。结果呢，多数我们所谓的推理，却变成了找借口来继续相信我们早已相信的事物。"

有时候，一句或两句体谅的话，和对他人态度作宽大的谅解，这些都可以减少对别人的伤害，保住他的面子。

几年以前，通用电气公司面临一项需要慎重处理的工作：免除查尔斯·史坦因梅兹担任某一部门的主管。史坦因梅兹在电器方面是第一等的天才，但担任计算部门主管却彻底地失败。然而公司却不敢冒犯他。公司绝对奈何不了他——而他又十分敏感，于是他们便给了他一个新头衔。他们让他担任"通用电气公司顾问工程师"——工作还是和以前一样，只是换了一项新头衔，并让其他人担任部门主管。

史坦因梅兹十分高兴。

通用公司的高级人员也很高兴。他们已温和地调动了这位脾气最暴躁的大牌明星职员，而且他们这样也并没有引起一场大风暴——因为他们让他保住了面子。

让他有面子！这是多么重要，多么极端重要呀，而我们却很少有人想到这一点！我们残酷地抹杀了他人的感觉，又自以为是，我们在其他人面前批评一位小孩或员工，找差错，发出威胁，甚至不去考虑是否会伤害到别人的自尊。然而，一两分钟的思考，一句或两句体谅的话，对他人态度作宽大的谅解，都可以减少对别人的伤害。

下一次，我们在辞退一个佣人或员工时，应该记住这一点。

以下，我引用会计师马歇尔·格兰格写给我的一封信的内容：

"开除员工并不是很有趣，被开除更是没趣，但我们的工作是有季节性的，因此，在3月份，我们必须让许多人离开。

　　"没有人乐于动斧头，这已成了我们这一行业的格言。因此，我们演变成一种习俗，尽可能快点把这件事处理掉，通常是依照下列方式进行：'请坐，史密斯先生，这一季已经过去了，我们似乎再也没有更多的工作交给你处理。当然，毕竟你也明白，你只是受佣在最忙的季节里帮忙而已。'等等。

　　"这些话为他们带来失望，以及'受遗弃'的感觉。他们之中大多数一生皆从事会计工作，对于这么快就抛弃他们的公司，当然不会怀有特别的爱心。

　　"我最近决定以稍微圆滑和体谅的方式，来遣散我们公司的多余人员，因此，我在仔细考虑他们每人在冬天里的工作表现之后，便一一把他们叫进来，而我就说出下列的话：'史密斯先生，你的工作表现很好（如果他真是如此）。那次我们派你到纽约华克去，真是一项很艰苦的任务。你遭遇了一些困难，但处理得却很妥当，我们希望你知道，公司很以你为荣。你对这一行业懂得很多，不管你到哪里工作，都会有很光明远大的前途。公司对你有信心，支持你，我们希望你不要忘记！'

　　"结果呢？他们走后，对于自己被解雇的感觉好多了，他们不会觉得'受遗弃'。他们知道，如果有工作的话，我们会把他们留下来。而当我们再度需要他们时，他们将带着深厚的私人感情，再来投效我们。"

　　在我们课程内有一个学期，两位学员讨论挑剔错误的负面效果和让人保留面子的正面效果。宾夕法尼亚州哈里斯堡的弗瑞·克拉克讲述了一件发生在他公司里的事："在我们的一次生产会议中，一位副董事以一个非常尖锐的问题，质问一位生产监督，这位监督是管理生产过程的。他的语调充满攻击的味道，而且明显的就是要指责那位监督的处置不当。为了不在他的攻击者面前被羞辱，这位监督的回答含混不清。这一来使得副董事发起火来，严斥这位监督，并说他说谎。

　　"这次遭遇之前所有的工作成绩，都毁于这一刻。这位监督，本来是位很好的雇员，而从那一刻起，对我们的公司来说却已经没有用了。几个月后，他离开了我们公司，为另一家竞争对手的公司工作。据我所知，他在那儿还非常称职。"

　　另一位学员，安娜·马佐尼提供了在她工作上非常相似的一件事，所不同的是处理方式和结果。马佐尼小姐，是一位食品包装业的市场行销专家，她的第一份工作是一项新产品的市场测试。她告诉班上说："当结果出来时，我可真惨了。我在计划中犯了一个极大的错误，整个测试都必须重来一遍。更糟的是，在下次开会我要提出这次计划的报告之前，我没有时间去跟我的老板讨论。

"轮到我报告时，我真是怕得发抖。我尽了全力不使自己崩溃，我知道我决不能哭，以免让那些人以为女人太情绪化而无法担任行政业务。我的报告很简短，只说是因为发生了一个错误，我在下次会议，会重新再研究。我坐下后，心想老板定会批评我一顿。

"但是，他只谢谢我的工作，并强调在一个新计划中犯错并不是很稀奇的事。而且他相信，第二次的普查会更确实，对公司更有意义。

"散会之后，我的思想纷乱，于是我下定决心，我决不会再让我的老板失望。"

假如我们是对的，别人绝对是错的，我们也不应让别人丢脸而毁了他的自我。传奇性的法国飞行先锋和作家安托安娜·德·圣苏荷依写过："我没有权利去做或说任何事以贬抑一个人的自尊。重要的并不是我觉得他怎么样，而是他会觉得他自己如何，伤害人的自尊是一种罪行。"

已故的德怀特·摩洛，拥有让双方好战分子和解的神奇能力。他怎么办得到呢？他小心翼翼地找出两方面对的地方——他对这点加以赞扬，加以强调，小心地把它表现出来——不管他做何种处理，他都从未指出任何人做错了。

每一个公证人都知道这一点——让人们留住面子。

世界上任何一位真正伟大的人，绝不会浪费时间满足于他个人的胜利。我举一个例子来说明：

1922 年，土耳其在经过几世纪的敌对之后，终于决定把希腊人逐出土耳其领土。

穆斯塔法·凯墨尔，对他的士兵发表了一篇拿破仑式的演说，他说："你们的目的地是地中海。"于是近代史上最惨烈的一场战争终于展开了，最后土耳其获胜。而当希腊两位将领——的黎科皮斯和迪欧尼斯前往凯墨尔总部投降时，土耳其人对他们击败的敌人加以辱骂。但凯墨尔丝毫没有显出胜利的骄气。

"请坐，两位先生，"他说，握住他们的手，"你们一定走累了。"然后，在讨论了投降的细节之后，他便安慰他们失败的痛苦。他以军人对军人的口气说："战争这种东西，最佳的人有时也会打败仗。"

即使是像罗斯福总统这样伟大的人物也难免会犯错误，所以，对待别人错误的讥评，我们就应当怀着一颗宽容平静的心态来看待，即使对方错了，也要尊重他们，让他们保住面子。

用幽默化解危机

心理学研究表明，并非所有的人都具有很强的攻击性，而有的人只不过是想要获得别人的注意。有时候只是因为了想要让别人发笑，来得到赞美，另外，他们还会采用嘲弄的策略来引人注意。

有时候这种"奚落的幽默"反而能增加彼此的友谊。在今天电视媒介处处存在的情况下，这被人称之为情景喜剧。在这种喜剧中每个人都无情地嘲弄别人，观众于是大笑不已。但是对真实的嘲弄却一笑了之，却不是每一个都能够做得到的。有时候开玩笑的狙击，可能会造成致命的伤害。

让我们先来看下面一个实例。

达伦和杰伊同是工程师，而且又都在一家高科技公司任职。达伦的年纪比杰伊长 5 岁，而在公司的工龄也比杰伊多 3 年，众人都认为达伦升迁的可能性大。但是杰伊为人随和，工作努力，做事主动，并且有丰富的创造力。后来，他的努力终于获得了上级的赏识而且得到回报了：他被提升为地区业务经理。

上任之后的第一个星期，有一回杰伊在停了车之后走进办公大楼，朝新办公室走的时候，看到整班的人都围着达伦站在走道上，他们似乎对达伦所说的每句话都很在意，而且笑得很开心。但是当杰伊走近这群人的时候，他们的笑声却戛然而止，不过杰伊却仍然可以清楚地听到达伦对他恶毒的狙击。达伦注意到他的听众不再笑了，于是把头转向众人目光的方向，结果看到杰伊狼狈的表情，"噢，原来是来了个大人物！"

"我怎么会遭到这样的待遇？"杰伊自问，并想着对这位"狙击手"的攻击该怎样回应。

　　狙击行为背后的动机各有不同，有些人对事情的发展感到愤怒，有些人则会对阻碍计划的人怀恨在心并采取狙击行为。有些人会利用狙击来打击任何可能阻碍他们计划的人，而有些人狙击的目的只不过是想获得别人的注意。

　　想要做完事情的人，如果遇到事情没有照计划进行，或是遇到受到他人阻挠的情形，可能会通过狙击的手段来消除异己。为了避免遭人报复，狙击手常常会采取在暗中行动。暗暗地使用一些无礼的批评、讽刺的幽默、尖酸刻薄的口气和眼神等。狙击手也会说一些"张冠李戴"、风马牛不相及的话，使人摸不着头脑而出尽洋相，也就是说，他会把令人困惑当成是一种武器。

　　以达伦和杰伊的例子来说，达伦生气的原因就是因为自己没有获得升迁，而且把这件事怪到杰伊身上。

　　如果你不喜欢被嘲弄，而且容易受到狙击的伤害，那么其实你就非常容易成为狙击手的目标。一旦这种个性被传出去，就会有人利用你的个性去狙击你了。如果你是那种无法忍受狙击的人，对方会利用你的弱点而变得毫无禁忌。受到这样的捉弄之后，你可能想要盲目地反击或是逃跑。如果你选择上两种中的任一种，也许你可以改变局面，不过要小心，如果你还没有学会以幽默的方式来对难缠的人物说些令人不快的事，你多半会失败，因此你最好勇敢地面对狙击。要停止狙击，最好先学会与他们和平共处，因为如果你没有反应，狙击便变得毫无意义了。对付狙击手要先培养出好奇的态度，采取旁观者的姿态来看这样的行为。如果狙击手攻击你，不要把它当成是针对自己而发的，希望你有足够的好奇心，把注意力放在狙击手身上，而不是自己的身上。因为狙击行为的出现可能是缺乏安全感，你大可把头痛人物的行为看成是缺乏安全感的小学生行为。也许你还记得对讽刺最好的反应是："我知道你是这样，而我呢？"其次是"我们两个半斤八两，那么骂我和骂你是一样的"。这样做会很有帮助，虽然难以置信，不过确实有惊人的力量，说出来也是具有同样的力量。

　　玛丽有个同事叫罗恩，总喜欢在会议的时候狙击她。有一天，在受到狙击之后，她以天真的口气说："我知道你是这样的人，而我呢？"会议上除了罗恩，每个人都对他们的对话内容大笑不已。玛丽以幽默的方式让气氛轻松起来，不但化解了自己的不快，也从这么简单的一句话中让人看出了狙击手的幼稚。罗恩显然觉得自讨没趣，以后就再也不对她发动狙击了。

幽默是一个人应对危机的最佳态度。苏格拉底有一次在和自己的学生讨论哲学问题的时候，他的太太突然破门而入，当着众人的面，指着苏格拉底劈头盖脸地一顿臭骂，事后还不解气，将屋角的一盆凉水对着苏格拉底的头顶便浇了下去，众人都惊呆了。没有想到苏格拉底只是静静地擦了擦身上的水，微笑地说道："没什么，我知道打雷后通常都会下雨的。"众人都被苏格拉底的幽默和睿智逗得大笑起来，一场尴尬一转眼便消解得无影无踪。

同样，生活中我们也难免会受到一些言语的攻击和伤害，如果我们能够以微笑应对，用幽默清洗不快，我们就会成为一个不被言语所伤的智者。

第十章　保持旺盛精力的六种方法

如何每天多清醒一小时

为什么我要在这一章写如何预防疲劳？它对停止忧郁有什么作用吗？道理很简单：疲劳可以产生忧虑或更容易收到忧虑的影响。

任何一位医科学生，都会告诉你，疲劳会降低身体对感冒这样一般性疾病和其他很多疾病的抵抗力；而任何一位心理治疗家，也会告诉你，疲劳同样会降低你对忧虑和恐惧感觉的抵抗力。所以，防止疲劳也就可以防止忧虑。

对于消除疲劳对停止忧虑的作用，雅各布森博士做了进一步的研究。他是芝加哥大学临床心理学实验室主任，写过两本关于如何放松紧张情绪的书：《学会放松》和《你必须放松紧张情绪》。多年来，他一直致力于研究放松情绪的方法在医学上的用途。他认为任何一种精神和情绪上的紧张状态，"在完全放松的状态下，都会不复存在。"也就是说，如果你能放松紧张情绪，就不可能再忧虑下去。

所以，要防止疲劳和忧虑，第一条规则就是：经常休息，在你感到疲倦前就该休息。

这一点之所以重要，是因为疲劳累积的速度快得出奇。美国陆军的多次测试证明，即使是经过多年军事训练的年轻人，在不带背包，每小时休息10分钟的情况下，行军速度就明显加快，而且持久。因此，美国陆军就定下了这个硬性规定。人的心脏应该也向美国陆军一样聪明，它每天泵出足够的血量来供应全身需要。他在 24 小时内所运用的能量足够将 20 吨煤运到一个 3 尺高的平台。你的心脏能完成这么大的工作量，而且能持续 50 年、70 年甚至 90 年，它怎么能承受这难以置信的工作呢？哈佛医学院的华特·坎农博士解释道："绝大多数人认为人的心脏整天不停地跳动。事实上，在每次收缩之后。它有完全静止的一段时间。当心脏按正常速度每分钟跳 70 下时，它一天的工作时间只有 9 小时，也就是说它一天休息的总时数为 l5 个小时。"

第二次世界大战期间，丘吉尔已六十多岁了，却能每天工作 16 小时，年复一年，指导英军作战。他的秘诀在哪里？他每天在床上工作到早上，11 点才起床，他在床上看报纸、口授命令、打电话甚至在床上召开重要会议。午饭之后他还要睡一小时。晚上 8 点的晚餐以前还要在床上睡两小时。他并不是要消除疲劳，他根本不用去消除，因为他事先就防止了疲劳。因为他经常休息，所以能精力充沛地一直工作到午夜。"

约翰·洛克菲勒创造了两项惊人的纪录：他的财产在当时世界首屈一指，而且活到了 98 岁的高龄；怎样做到这两点的呢？主要原因当然是遗传。他家族的人都很长寿。另一个原因就是，他每天中午在办公室睡半小时的午觉，这时哪怕是美国总统打来的电话他也不接。

在《为什么会疲劳》一书中，丹尼尔·赫希林写道："休息并不是绝对地什么都不做，休息就是修补。"

在短短的一点休息时间里，就能有很强的恢复能力：即使只打 5 分钟的瞌睡，也有助于消除疲劳。

棒球名将康里·马克告诉我，每次参赛之前，如果不睡个午觉的话，他到第 5 局就会感到筋疲力尽了。可是，如果他睡午觉的话，那怕只睡 5 分钟，即使打到加时赛他也不觉得疲劳。

我拜访过伊莲娜·罗斯福，询问她在白宫做第一夫人的那 12 年里，是如何应付那么多繁琐事务的。她对我说，每次接见一大群人，或是要发表一次演说之前，她通常都坐在一把椅子上或者是一张沙发上。闭起眼睛休息 20 分钟。

我最近在麦迪逊广场花园金·奥特里的私人休息室里，访问了这位参加世界骑术大赛的骑术名将。我发现，他在休息室里放了一张折叠床，"每天下午我都要在那里躺一躺，"金·奥特里说，"在两场表演之间睡 1 个小时。当我在好莱坞拍电影的时候，"他继续说道："我常常靠坐在一张很大的软席椅上，每天睡两三次午觉。每次睡 10 分钟，这样可以使我精神充沛。"

爱迪生认为，他无穷的精力和耐力，都来自于他能随时入睡的习惯。

亨利·福特80大寿时，我采访过他。他的精神好得让我惊奇，我问他有什么秘诀，他说："我能坐着的时候，我从来不站着；我可以躺着的时候，我从来不坐着。"

"现代教育之父"何瑞斯·曼，在他年事渐高后也是这样做的。他曾担任大学校长，常常躺在一张长沙发上和学生进行谈话。

我曾建议好莱坞的一位导演试一试这类方法。后来，他告诉我，这类方法确实有效。我说的是杰克·查纳克，他是好莱坞最有名的大导演之一。几年前，他来看我的时候，是米高梅公司短片部的经理，常常感到劳累和筋疲力尽。他试过了各种方法，喝矿泉水、吃维生素和其他补药，但效果都不大。我建议他每天给自己放假。怎么做呢？就是当他在办公室里和部下开会的时候，躺下来放松自己。

两年之后，我再见到他的时候，他说："奇迹出现了，这是我医生说的。以前，每次我和部下谈论短片问题的时候，我总是坐在椅子里，非常紧张。现在每次开会的时候，我躺在办公室的沙发上。我现在觉得自己的状况比以前20年都好过，每天能多工作两个小时，却很少感到疲劳。"

你如何使用这些方法呢？如果你是一位打字员，你就不可能像爱迪生或者是山姆·高尔温那样，每天在办公室里睡午觉；如果你是一个会计，你也不可能躺在长沙发上和上司讨论账目的问题。可是，如果你住在一个小城市里，并且每天中午回家吃午饭的话，饭后你就可以睡10分钟的午觉。这正是马歇尔将军常做的事。在第二次世界大战期间，他指挥美军部队，工作非常忙碌，所以中午必须休息。如果你已年过50，并觉得不需要做这样的调整，那最好买下所有的保险。因为这些年葬礼的费用变得很大，而且还可以给你的妻子足够的保险金来改嫁。

如果你没有办法在中午睡个觉，那么，至少要在吃晚饭之前躺下来休息一个小时，这比在吃饭前喝一杯酒便宜得多了。细算起来，这比喝酒还要有效5467倍。如果你能在下午五六点钟，或者7点钟左右，睡上一个小时，那么，你就可以在你的生活中每天增加一小时的清醒时间。为什么呢？因为晚饭前睡的那一小时，加上晚上的6个小时——共是7个小时的睡眠——这样做的好处比连续睡8个小时还多。"

从事体力劳动的人，如果休息时间多的话，每天就可以做更多的工作。佛德瑞克·泰勒，在贝德汉钢铁公司担任科学管理工程师的时候，就曾以事实证明了这一点。他曾经观察过，工人每人每天可以往货车上装大约十二吨半的生铁，而他们一般在中午就已经筋疲力尽了。他对所有产生疲劳的因素，做了一次科学的研究，认为这些工人不应该每天只送十二吨半的生铁，而应该每天装 47 吨。照他的计算，他们应该可以做到目前工作成绩的四倍，而且不会疲劳。但他必须要证明这一点。

他选了一位叫施密特的工人，让他按规定时间来工作，旁边有专人拿着秒表来指挥他："现在搬起一块生铁，走过去……现在坐下休息……现在搬……现在休息。"

结果其他人每天只能搬十二吨半的生铁，而施密特却能搬 47 吨。在长达 3 年的时间里，他的工作能力从未减弱过，这是因为他在疲劳之前就先休息：他每小时大约工作 26 分钟，休息 34 分钟。他休息的时间要比工作时间多。可是他的工作成绩却差不多是别人的 4 倍！

让我再重复一遍，按照美国陆军的办法去做——常常休息，按照你心脏工作的方法去做：疲劳之前先休息，这样可以使你每天的清醒时间多一小时。

什么使你疲劳，该怎么办

这有一个事实可能会令你很吃惊：单单脑力劳动不会让你疲劳。听起来好像很可笑，但是几年前，科学家们试着找到人脑工作多长时间会感到"超负荷"，也就是疲劳的科学定义。结果令这些科学家震惊，它们发现在大脑工作时，血液在通过人脑时丝毫没有疲劳的迹象。但是从正在工作的工人血管里抽出的血液，就会含有很多疲劳毒素和疲劳产物。但是如果你从爱因斯坦的大脑中取出一滴血，即使是在一天的工作之后，也没有任何疲劳毒素。

就大脑而言，在 8 小时甚至 12 小时之后，它的工作效率会像刚开始工作时一样高。大脑是完全不知疲倦的，那么是什么使你疲劳呢？

心理治疗家认为，我们感到的疲劳，多半是由精神和情感因素引起的，英国最有名的心理分析学家海德费，在他的《权力心理学》里说："我们感到的大部分疲劳，都是心理影响的结果。实际上，纯粹由生理引起的疲劳是很少的。"

一位美国著名的心理分析学家，布列尔博士说得更详细。他说："一个久坐的工人，如果健康情况良好的话。他的疲劳百分之百是受心理因素也就是情感因素的影响。"

哪些情感因素会导致疲劳呢？当然是刻板、懊恨、一种不受赏识的感觉以及忙乱、焦急、忧虑等等。这些感情因素使人容易疲劳，易于感冒、使工作成绩下降。我们之所以感到疲劳，是因为我们的情绪使身体紧张。

大都会人寿保险公司在谈"疲劳"的宣传册指出："努力工作本身很少引起休息不过来的疲劳。忧虑、紧张和情绪不安，是导致疲劳的三大原因。记住紧绷的肌肉是工作状态的肌肉，放松自己，为更重要的事情节省精力。"

现在停止手边的工作，自我检查一下。当你阅读这几行时，是否是皱着眉的？是否感到眼睛酸痛？是否在椅子上休息？或是肩膀紧绷？你的肌肉是否处于紧张状态？除非你全身放松，像个碎布娃娃，否则你就处在肌肉紧张的时刻。你正在制造疲劳。

为什么在从事脑力劳动的时间，也会产生这些不必要的紧张呢？赫希林说："我发现最大的障碍，来自于几乎所有的人都相信越困难的工作就越得用力做，否则就不能做好。"所以我们在集中精力的时候就皱起了眉头。耸着肩膀，让所有的肌肉都"用力"，实际上这对我们的思考根本没有丝毫帮助。

可悲的事实是：成千上万的对金钱十分节俭的人，却大肆浪费自己的精力。

碰到这种精神上的疲劳，应该放松、放松、再放松。

这很容易吗？不，你可能要花很大力气才能把一辈子的习惯改过来。可是花这种力气是值得的。威廉·詹姆斯在其文章《论放松情绪》里说："美国人过度紧张、坐立不安、表情痛苦，这是一种坏习惯，地地道道的坏习惯。"紧张是一种习惯，放松也是一种习惯，而坏习惯应该消除，好习惯应该保持。

怎样才能放松呢？先从思想上还是先从神经上开始？都不是，应该先从肌肉开始。

　　我们来试试看，首先您要放松眼部肌肉，读完这一段后，向后靠，闭上眼睛，然后告诉自己的双眼："放松！放松！别紧张，别皱眉，放松！放松！"这样慢慢反复一分钟。"

　　你有没有注意到你眼部的肌肉开始顺从你的指示？就像紧张在减退。神奇的是，在这一分钟内，你已经掌握了松弛的秘诀。可以用同样的方法放松您的脸部、颈部和整个身体。但是，你全身最重要的器官，还是你的眼睛。芝加哥大学的艾德蒙·杰可布森博士说，如果你能完全放松你的眼部肌肉，你就可以忘记你的所有的烦恼。在消除神经紧张方面眼睛之所以如此重要、是因为它们需要消耗全身能量的四分之一。这也就是为什么很多眼力很好的人，却很容易感到"眼部紧张"的原因。

　　著名小说女作家薇姬·贝姆曾说，她小时候遇见过一位老人，教给她一生中所学过的最重要的一课。那时候，她摔了一跤，碰破了膝盖，扭伤了手腕，有个曾在马戏团当小丑的老人把她扶了起来，在帮她把身上灰尘掸干净的时候，那个老人对她说："你之所以会碰伤，是因为你不知道怎样放松自己。你应该假装你自己软得像一双袜子，像一双穿旧了的袜子。来，我来教你怎么做。"

　　那个老头就教薇姬·鲍姆和其他的孩子怎么跌倒不会伤到自己；怎么样跳，怎么样翻跟头，还一直教他们说："要把你自己想象成一双旧袜子，那你就能放松了。"

　　在任何时候、任何地方你都能够放松，只是不要花费力气去让自己放松。所谓放松，就是一种不紧张、不出力的状态。只想到舒适和放松。开始的时候，先想如何放松你的眼部肌肉和脸部肌肉，不停地说着："放松……放松……放松，再放松！"感觉到力量由你的面部肌肉回到体内，要使你自己像婴儿一样，完全没有紧张的感觉。

　　这就是著名的女高音嘉莉古淇所用的办法。海伦·吉卜生告诉我，她常常看见嘉莉古淇在表演之前坐在一张椅子上，放松全身的肌肉，而且下颚松得像脱臼一样。这种做法非常不错——可以使她在登台的时候，不至于感到太紧张，也可以防止疲劳。

　　下面是帮你学会怎样放松的 5 项建议：

一、请看关于这方面的一本好书——大卫·哈罗·芬克博士所写的《消除神经紧张》。

二、随时放松你自己，使你的身体软得像一双旧袜子。工作的时候，我常常在桌子上放上一只红褐色的旧袜子，提醒我应该像她一样放松。如果你找不到一只旧袜子的话，一只猫也可以。你是否曾经抱过在太阳底下睡觉的猫呢？当你抱起它，它就像打湿了的报纸那样软绵绵。印度的瑜伽术也教你，如果你想要放松，应该多去研究猫的动作。我从来没有看过疲倦的猫，也没有看到过患精神分裂症、风湿病，或担忧得染上胃溃疡的猫。要是你能学猫那样放松自己，大概就能避免这些问题了。

三、工作时采取舒服的姿势。要记住，身体的紧张会让肩膀疼痛和带来精神上的疲劳。

四、每天自我检查 5 次，问问自己："我有没有使自己的工作变得比实际上的更繁重？我有没有使用一些和我的工作毫无关系的肌肉？"这些都有助于你养成放松的好习惯。就像大卫·哈罗·芬克博士所说的。"越了解心理学的人，越知道习惯的重要。"

五、一天将近，问问你自己："我到底有多疲倦？如果我感觉疲倦，这不是我过分劳心的缘故，而是因为我做事的方法不对。"丹尼尔·何西林说："我的成就感不是来自我在一天工作结束后有多疲倦，而是看我多不疲倦。"他说："如果哪一天过完后我感到特别疲倦，或者是我感觉自己的精神特别贫乏的时候，我就会知道，这一天不论在工作的质和量上都做得不够。如果每个企业家能学会这一点，那么因为神经紧张引起疾病致死的比例，就会马上降低了。而且，我们的精神疗养院里，也不会再有那些因为疲劳和忧虑导致精神崩溃的人了。"

避免疲劳，青春永驻

去年秋天，我的助手乘飞机去波士顿参加一次不寻常的医学培训班，这个班一周开一次，参加的病人需接受完整的医学检察。事实上，这是一个心理治疗班。正式的名称是应用心理学，目的是治疗一些因忧虑而得病的人。

而病人中的大多数是精神上感到困扰的家庭主妇。

这个治疗忧虑的班级是如何开始的？1930 年，约瑟夫·普雷特博士发现了一个问题：来波士顿医院求诊的女患者中，有很多人生理上根本没有毛病，但是确有不适的症状。有个女病人的两只手由于"关节炎"而无法活动，另一个患者似乎有"胃癌"的症状，痛苦不度。其他人有头疼的、背疼的，都是长年发作，或是原因不明的各种疼痛。但经过最彻底的医学检查后却发现，这些妇女生理上完全正常。以前的医生们也许会说："这些病都是她们想象出来的。"

但普雷特博士却认为，单单叫患者"回家去把这件事忘掉"是不会奏效的。他知道大多数的妇女是不想得病的，如果可以很容易把她们的病痛抛在脑后，她们是自己早就这样做了。那还有其他的办法吗？

于是他开了这门"应用心理学"的实验班，希望帮助他们根治心理上的疾病。对他这种作法，医学界的人士都抱着怀疑的态度。结果居然开得非常成功。这个班开设的 18 年来，有成千上万的人参加实验后"痊愈"。有些病人到这个班上了好几年课，几乎像去教堂一样虔诚。我那个助手曾和一位上了 9 年这个班而且很少缺课的妇女谈过。她说，她刚来时深信自己有肾炎和心脏病，这使她忧虑、紧张，有时甚至突然看不见东西，于是她又害怕会双目失明。可现在她却是自信开朗、身体健康的女性，虽然已经有了孙子可看上去只有 40 多岁。

她说："我以前一直为家人担心，那时我几乎想一死了之，可我后来在这儿懂得了忧虑对人的害处，学会了怎样消除忧虑。我现在有资格说，我的生活太幸福了。"

这个班的医学顾问罗丝·海芬婷大夫认为，减轻忧虑最好的药就是"跟你信任的人谈论你的问题"。她说："我们把这称作净化作用。病人到这里来的时候，可以尽量讲她们的问题，直到把这些问题完全赶出她们的脑子。独自一个人闷头忧虑会造成精神上的极度紧张。我们需要别人来分担我们的忧虑和烦恼，我们需要感觉到世界上还有人愿意听我们的话，也能够了解我们。"

我的助手亲眼看到一个妇女因为说出她心里的忧虑，感到一种非常难得的解脱。她有很多家务事方面的烦恼。而在她刚刚开始谈论这些问题的时候，她就像一条紧绷的弹簧。然后一面讲，一面渐渐地平静下来了，到后来，她居然能面露微笑了，这些困难是否已经得到了解决呢？没有，事情当然不会这样简单。她之所以有这样的改变，是因为她能和别人谈谈，得到了一点点忠告，和一点点同情。真正促成变化的，是有强有力的治疗功能的语言。

就某个方面来说，心理分析就是以语言的治疗功能为基础的。从弗洛伊德的时代开始，心理分析家就知道，只要一个病人能够说话——仅仅只要说出来，就能够解除他心中的忧虑。为什么呢？也许是因为说出来之后，我们就可以更深入地看到我们的问题，能够看到更好的解决方法。没有人知道确切的答案，可是我们所有的人都知道"吐露一番"或是"发发胸中的闷气"，就能立刻使人觉得畅快多了。

所以，下一次我们再碰到什么情感上的难题时，为什么不去找个人谈一谈呢？当然，我并不是说，随便到哪儿抓一个人，就把我们心里所有的苦水和牢骚说给他听。我们要找一个值得信任的人，跟他约好一个时间，也许找一个亲属，一个医生，一位律师，……然后对那个人说："我希望得到你的忠告。我有个问题，我希望你能听我谈一谈，你也许可以给我一点忠告。也许旁观者清，你可以向我提供一个认识问题的新角度。当然，即使你不能做到这一点，只要你肯坐在那里听我谈谈这件事情，也等于帮了我很大的忙了。"

不过，如果你真的确实找不到一个人可以谈一谈的话，我们向你推荐"救生联盟"——这个组织和波士顿那个医学课程完全没有关联。这个"救生联盟"，是世界上最不寻常的组织之一。它的组成，是为了防止可能发生的自杀事件。可是，多年以后，它的服务范围扩大到给那些不快乐或者是情感方面有所需要的人以精神上的安慰。我跟萝娜·彭尼尔小姐谈过几次话，她常常和那些到"救生联盟"来的人会谈。她告诉我她很愿意给读者回信，如果你给这个联盟写信的话，他们一定会为你做好保密工作。我希望你真的能找到个可以倾诉的人，因为那样你就可以得到最大的解脱。但是，如果实在找不到的话，给这个联盟写信也是不错的办法。

把心事说出来，就是波士顿医院所安排的课程中最主要的治疗方法。下面还有一些我们在那个课程里所得到的方法——如果你是一个家庭主妇，你在家里就可以做到。

一、准备一本笔记本或是剪贴簿，你可以贴上自己喜欢的可以鼓舞你的诗，或者是名人的格言等，这可以给自己的情绪一种提升。如果某个下雨天，你感到精神颓丧，也许在本子里就可以找到治疗的药物。波士顿医院的很多病人，都把这种剪贴簿保存了好多好多年，她们说这等于是替你在精神上"打了一针强心剂"。

二、不要为别人的缺点而操心。不错，你的丈夫确实有很多缺点。可是，如果他是个圣人的话，恐怕他根本就不会娶你了，对不对？学习班上有一位妇女，通过学习，发现她自己恰恰是一个专门苛责别人、爱挑剔的黄脸婆。当别人问她"如果你的丈夫死了，你会怎么办？"的问题时，她才发现自己的短处。她当时着实大吃一惊，连忙坐下来，把她丈夫所有的优点列举出来。她所列的那张单子可不短呢。所以，如果你觉得自己嫁错了人，不妨也试试这种方法。也许，在看过他所有的优点之后，你会发现他正是你希望遇到的那个人哩。

三、要对人感兴趣。对那些和你在同一条街上共同生活的人，要抱有一种很友善也很健康的兴趣。有一个很孤独的女人，觉得自己很受"孤立"，一个朋友也没有。医生建议她想象她遇到的路人的背景。于是，她开始在公共汽车上，为她所看到的人编造故事。她假想那个人的背景和生活情形，试着想象他的生活是怎样。后来，她碰到别人就聊天。现在，她非常地快乐，变成一个很讨人喜欢的人，完全忘却了自己的烦恼。

四、上床睡觉之前，先安排好明天工作的程序。在班上，他们发现很多的家庭主妇，因为做不完的家务，而感到很疲劳。她们好像永远也做不完她们的工作，老是被时间赶来赶去。为了要治好这种匆忙的感觉和忧虑，他们建议各位家庭主妇，在头一天就把第二天的工作安排好。结果呢？她们能完成许多工作，却不会感到那么疲劳。同时还因为有成绩而感到很有成就感，甚至还有时间休息和打扮。（每一个女人每一天都该抽出时间来打扮，让自己看来漂亮一点。我认为，当一个女人知道自己外表很漂亮的时候，就不会"紧张"了。）

五、避免紧张和疲劳的唯一途径，就是放松。再没有什么比紧张和疲劳更容易使人苍老了，也不会再有别的事更能让人变丑。

　　我的助手，在波士顿参加治疗班时，负责人保罗·强森教授谈了很多本书前面几章已经讨论过那些帮助放松的方法。在 10 分钟放松自己的练习结束之后，我的助手几乎坐在椅子上睡着了。为什么生理上的放松会有如此大的好处呢？因为这个治疗班知道，如果你要消除忧虑，就必须放松。

　　的确，作为一个家庭主妇，一定要懂得如何放松自己。你有一个很大的优势——只要想躺下随时就可以躺下。你可以直接躺在地板上，奇怪的是，硬硬的地板比席梦思床，更有助于放松自己。地板对脊椎骨大有好处。

　　那么，下面就是一些可以在你自己家里做的运动。你先试着做一个星期，看看对你的外表有多大的好处。

　　一、只要你觉得疲倦了，就平躺在地板上，尽量把身体伸直。如果你想翻身就翻身，每天做两次。

　　二、闭起你的眼睛，像强森教授所建议的那样说："阳光正照耀着我，蓝天一望无际，大自然很宁静。我——大自然的孩子，也能和宇宙和谐一致。"甚至试着祈祷。

　　三、如果你不能躺下来，因为你正在炉子上煮菜，而没有这个时间，那么，只要你能坐在一张椅子上，得到的效果也完全相同。在一张很硬的直背椅子里，像古埃及人那样直坐在椅子里，让手放松，手掌向下，然后把你的双手向下平放在大腿上。

　　四、慢慢地把你的 10 只脚趾收紧——然后，让它们放松。收紧你的腿部肌肉——然后，再放松：慢慢朝上，运动各部分的肌肉，最后一直到你的颈部。然后，再动动你的头，好像你的头是一个足球。要不断地对你的肌肉说："放松……放松……"

　　五、用很慢很稳定的深呼吸来平定你的神经，要从丹田吸气。印度的瑜伽术不错，规律的呼吸是安抚神经的最好方法。

　　六、想想你脸上的皱纹，想象抹平脸上的皱纹，松开你紧锁的眉头，不要闭紧嘴巴。一天两次，可能你不需要上美容院去按摩，也许心里的意念就能令皱纹消失。

四种良好的工作习惯

第一种良好的工作习惯：除了正在处理的实务，桌上不放其他文件。

这样你会发现你的工作更容易处理，也更有头绪可寻。

西北铁路公司总裁威廉斯曾经说过："桌子上收拾得整齐的人，要比堆满各种文件的人更能轻松有效地工作。这是通往效率的第一步。"

如果你去华盛顿的国会图书馆参观，你会发现天花板上7个大字，这些字出自诗人蒲柏：

美国国会图书馆

天堂第一律——秩序

秩序也是生意的第一法则。真是如此吗？不是的。一般生意人的办公桌上总是堆满了几个礼拜没有看过的报纸。事实上，一家新奥尔良报纸的某位发行人曾告诉我，他的秘书帮他清理了一下桌子，结果发现了一架两年来一直找不着的打字机。

如果桌子上堆满了信件、报告、备忘录之类的东西，就足以使人产生混乱、紧张和焦虑的感觉。更糟的是，它会让你觉得自己有做不完的事，可根本没时间做。这种情绪会使你忧虑得患高血压、心脏病和胃溃疡。

宾夕法尼亚州立大学医学院的约翰·斯托克教授，在全美医学会上宣读过一篇论文，题目叫做《神经官能症——感官疾病并发症》。在这篇文章中，他在一项"病人心理状况研究"的题目下列出 11 种情况，第一种是：

"绝对必须与义务的感觉，好像必须做的事情永远也做不完"。

这种"做不完又必须做"的感觉，又怎么能借着清理办公桌就能避免呢？著名的心理治疗专家萨德勒博士，曾用简单的方法治愈了一位病人。这位患者是芝加哥一家大公司的高级主管，当他初次到萨德勒博士的诊所去的时非常紧张、不安，面临精神崩溃的危险。他知道自己状态不佳，但又不能辞职，所以前来求助。

萨德勒医生说："在这位病人讲述他的情况的时候，我的电话响了。这是医院打来的电话。我未加拖延就立刻下了决定，我总是愿意当场解决问题。我刚一挂电话，电话又响了。这次又是需要时间解决的紧急情况。第三次打断我们谈话，是我同事进来请教有关一个病危病人的情况。"我处理完事情后，回头向我的病人道歉让他久等。可是他整个人的表情完全不一样了，变得豁然开朗。

那个病人对萨德勒医生说："不用道歉，医生。在最后的 10 分钟里，我已弄明白自己的问题出在哪里。我回到办公室后，要改变我的办公习惯。但在我走之前，可以看看你的办公桌里面吗？"

萨德勒医生打开了办公桌的抽屉，除了办公用品外，几乎全都是空的，病人问："那您把未完成的文件都放在哪儿了？"

萨德勒医生说："都做完了！"

"那你没有回复的邮件呢？"

"都回复完了。我的办事规则是没回复的信绝不堆放着在桌上，我马上把回信口述给秘书了。"

6 个星期后，这位主管邀请萨德勒医生去参观他的办公室。他已经完全变了一个人，他的办公室也是如此。他打开书桌的抽屉，里面没有没完成的文件了。这位主管说："6 周前，我在两个办公室里摆放了三个办公桌，上面堆满了永远做不完的工作。在和您谈过了之后，我回到办公室，清理了一些旧报纸和杂志。现在，我只有一个办公桌，事情来了，就马上处理，再也没有令我紧张和忧虑的堆积如山的文件了。最令人吃惊的是，我已经痊愈了。我的健康已经完全恢复了。"

前美国最高法院大法官查尔斯·伊文斯·休斯说："人不会死于工作过

度，却会死于放荡和忧虑。"

第二种良好的工作习惯：按事情的重要程度来安排工作顺序。

全美市务公司的创办人亨瑞·杜哈提说，不论他出多少钱的薪水，都不可能找到一个具有两种能力的人。

这两种能力是：第一，能思想。第二，能按事情的重要次序来做事。

查尔斯·卢克曼，在12年内由一个初出茅庐的小伙子，一路成为了派索登公司的总裁，年薪10万美元。另外还有100万美元的进项。他说他的成功原因是他具有亨瑞·杜哈提所说的几乎不可能同时具备的那两种能力。卢克曼说："从记事开始，我每天早上5点钟起床，因为那时我的头脑要比其他时间更清楚。这样我可以比较周到地计划一天的工作，按事情的重要程度来安排做事的先后次序。"

富兰克林·白吉尔是美国最成功的保险推销员之一，他不会等到早晨5点才计划他当天的工作，他在头一天晚上就已经计划好了。他替自己订下一个目标——一天里卖掉多少保险的目标。如果没有完成，差额就加到第二天，依此类推。

据长期的经验，我知道永远按事物的重要性做事是不容易办到的。不过，定出计划，先做计划上的第一件事，绝对比随心所欲要有效得多。

如果萧伯纳要不是严格遵守这一原则，那他一辈子就只能做银行出纳而不会成为戏剧家了。他拟定了计划，每天写作至少5页，在极度的贫困下，他还是坚守这一原则，每天完成5页，他这样工作了9年。九年里，他只赚到了30美元，大约每天1美分。

第三种良好的工作习惯：碰到问题时，尽量当场解决，不要拖延。

我以前的一个学生，已故的豪厄尔告诉我，当他在美国钢铁公司担任董事的时候，开起董事会总要花很长的时间，有很多问题要讨论，但最后却很难形成决议。最后，董事会的每一位董事都得带着一大包文件回家看。

后来，霍华先生说服董事会，每次开会只讨论一个问题，然后做出结论，不耽搁、不拖延。这样所得的决议也许需要研究更多的资料。但是，在讨论下一个问题前，这个问题一定能形成决议。霍华先生告诉我，改革的结果非常惊人，也非常有效，所有的陈年旧账都了结了。日历上干干净净的，董事们也不必带着大包文件回家，大家也不再为没有解决的问题而忧虑。

这是个很好的办法，不仅适用于美国钢铁公司的董事会，也适用于你和我。

第四种良好的工作习惯：学会组织、分权和监督。

很多商人都在自掘坟墓，因为他们不懂得怎样把责任分摊给其他人，而坚持事必亲躬。其结果是，很多枝节小事使他手忙脚乱，他总觉得匆忙、焦虑和紧张。我知道分权并不是件容易的事，对我来说就很困难。分权给一个错误的人，更是一场可怕的灾难。虽然困难重重，但是分权却是主管们避免忧虑、紧张和疲劳的好办法。

一个经管大事业的人，如果没有学会怎样组织、分权和监督，那他很可能在五十多岁、六十出头的时候死于心脏病。想知道具体的数据吗？看看报上的讣告就知道了。

如何防止厌烦

产生疲劳的另一大原因是厌烦。

打字员爱丽丝小组工作了一天之后傍晚才回到家中。她腰酸背痛，疲惫不堪，她累得不想吃饭，只想睡觉。她母亲好说歹说，她才肯坐在餐桌旁。正在这时，男朋友打来电话邀他去跳舞。顿时她的眼睛亮了，精神来了，换上漂亮衣服，冲出门去。一直跳到凌晨三点才回来，这时她一点也不疲倦，正相反，她兴奋得睡不着觉了。

8 个小时前，爱丽丝是不是真的疲惫呢？当然是。她觉得疲劳是因为工作让她厌烦，使她对生活也产生厌烦。世界上这样的人很多，你也许就是其中之一。

大家都知道，情绪比生理更易形成倦怠。几年前，约瑟夫·巴马克博士在《心理学学报》上有一篇报告，记录他做的一次实验，证明厌烦的确会产生疲劳。

他安排一大群学生参加了一连串的测试，这些工作都是他们不感兴趣的。结果所有的学生都觉得疲倦、头疼、眼睛疼，而且总打瞌睡、想发脾气，甚至有几个人胃不舒服。这些纯粹是想象出来的吗？那倒不是。通过给他们化验得知，一个人烦闷的时候，他身体的血压和氧化作用会有所下降。一旦人们觉得工作有趣的时候，其新陈代谢作用就会加速。

当我们在做一些很有乐趣，令人兴奋的工作时，很少感到疲倦。

比如，我最近在加拿大落基山的路易斯湖畔度假，钓了好几天的鲑鱼。我还要穿过长得比人高的树丛，跨过很多横卧在地上的横枝，可是如此辛苦了8个小时之后，我却丝毫不感到疲倦。为什么呢？因为我非常兴奋，兴致勃勃，而且觉得自己真地不虚此行：抓到了6条个头很大的鲑鱼。但是如果我觉得钓鱼是一件很烦闷的事情，那你想我会有什么感觉呢？我一定会因为在海拔7000英尺的高山上这么来来回回地奔波而感到筋疲力尽的。

即使在登山这类消耗体力的活动，恐怕也不如烦闷那样容易使你疲劳。明尼阿波利斯农工储蓄银行的总裁金曼先生曾告诉过我一件事，正好可以证明这一点：

1943年7月，加拿大政府要求加拿大阿尔卑斯登山部协助威尔士军团做爬山训练，金曼先生就是被请来的教练之一。他和其他一些教练——年龄大约都在42岁到59岁之间——带着那些年轻的士兵长途跋涉。越过很多冰河和雪地，再利用绳索、脚蹬和一些简单的工具爬上40尺的悬崖。他们攀登了麦可峰、副座峰以及加拿大落基山脉的许多高峰，经过15个小时的登山活动之后，那些非常健壮的年轻人（他们刚刚受完6个星期的严格军事训练）全都筋疲力尽了。

他们感到疲劳，是否因为他们军训时肌肉炼得不够结实呢？任何一个接受过严格军训的人都会认为这种问题是荒谬的。他们之所以觉得疲劳，是因为他们对登山感到厌烦。许多士兵疲倦得等不到吃饭就睡着了。可是，那些比士兵年龄要大两倍的教练们又怎么样呢？不错，他们也感到很累，却不会筋疲力尽。他们吃了晚饭后，还坐在那儿聊了个把钟头。他们之所以不会疲倦到倒下的地步，是因为他们对登山有兴趣。

哥伦比亚大学的爱德华博士组织进行了很多测试疲劳的实验，他设法让一组年轻人维持兴致，以致一周都没有合眼。经过多次调查和实验得出结论："工作能量降低的真正原因是烦闷。"

如果你从事的是劳心的工作，那么不是繁重的工作量让你疲惫，而是你对所做的工作你不感兴趣。举例来说，上个星期也许你的工作总是被打断。

该回的信没回，该赴的约会取消了。到处都是麻烦。总之，那一天好像所有的事情都跟你做对。你一无所获，你拖着疲惫的身体回家，而且头痛欲裂。

第二天完全不同，你的工作效率是昨天的 40 倍。当你回到家时，你却神清气爽，你一定有过这样的经历，我就有过。

在这里我们要记住：我们的疲劳常常不是由于工作引起的，而是忧虑、挫折和怨恨。

在写这一章时，我去看了一场音乐喜剧。里面的主人公曾说过一段颇有哲理的话："能做自己喜欢做的事情的人，是最幸运的人。""这是因为他们体力更充沛，快乐更多。忧虑和疲劳都比较少。"你兴趣所在的地方就是你精力所在的地方。跟唠唠叨叨的妻子逛几条街，要比跟心爱的人走 10 公里还要累。

下面是一位打字小姐的例子：

她在俄克拉荷马州的一个石油公司工作。每个月她都得做一件最没意思的工作，填写石油销售报表。她为了提高工作情绪，就想出一个办法，把它变成一项有趣的工作。

怎么做呢？她每天跟自己竞赛。她统计出上午打印的数量，然后争取在下午打破记录。再统计出第一天打印的总数，争取在第二天打破记录。这样一来她的速度比别人快得多，而且有助于防止烦闷带来的疲劳，她因此节省下了体力和精神，在休息时间也得到了更多的快乐。

我恰好知道这个故事是真实的，因为我就娶了那个女孩子。

下面是另一位打字小姐的故事。她发现，假装工作很有意思，也很值得。她叫维莉·哥顿，家住伊利诺州爱姆霍斯特城。她在信上讲述了下面的故事：

"我们办公室一共有四位打字员，分别替几个人打信件。我们经常因工作量太多而加班加点。有一天，一个副经理坚持要我把一封长信重打一遍，我告诉他只要改一改就行，不需要全部重打。可他对我说，如果我不重来他就另外雇人了，我气得要死。在我重新打这封信的时候，忽然想到还有很多人等着抢机会取代我。而且老板花钱请我回来，就是让我来打字的。我只好假装喜欢重新打这封信。干着干着，我发现如果我假装喜欢工作，那我真的会喜欢到某种程度，而这时我的工作速度就加快。这种工作态度使我受到大家的好评，后来一位主管请我去做私人秘书，因为他了解我很愿意做一些额外的工作而不抱怨。……心理状态的转变给我带来了奇迹。"

哥顿小姐运用了汉斯·威辛吉教授的"假装"哲学，他教我们要"假装"快乐。

如果你"假装"对工作有兴趣，这一点点假装会使你的兴趣变成真的，可以减少你的疲劳、忧虑和烦闷。

几年以前，哈西·霍华做了一个决定，结果使他的生活完全改观。他把一个没有意思的工作变得很有意思。他的工作确实没意思，是在高中福利社里洗盘子、擦柜台、卖冰淇淋，而其他男孩子却在玩球或跟女孩子约会。

他很不喜欢这种工作，但他没有别的工作可做，于是他决定利用这个机会来研究冰淇淋——研究冰淇淋是怎样做成的，里面有什么成分。为什么有的冰淇淋更好吃。他研究冰淇淋的化学成分，使他的高中化学成绩优异。渐渐地，他对食品化学产生了浓厚的兴趣。高中毕业后他考进了马萨诸塞州立大学，专门研究食品与营养。有一次，纽约可可公司举办了关于可可和巧克力应用方面的有奖征文活动，你猜是谁得了头奖……一点不错，正是哈西·霍华。

后来他发现很难找到工作，就在马萨诸塞州安荷斯特城北乐街 750 号他自己家的地下室开办了一家私人化验室。开业不久，当局通过了一条新法案：牛奶所含细菌数目必须严格计数。于是，哈西·霍华开始为安荷斯特城 14 家牛奶公司数细菌，忙得他必须再雇两个助手。

25 年以后会怎么样呢？当然，这几位目前正从事食物化学实验工作的先驱们大都已到了退休年龄，会有很多热诚的青年人来接替他们。但哈西·霍华很可能成为这一行业里的领袖人物。而当年从他手里买过冰淇淋的一些同学，都可能穷困潦倒，失业在家，抱怨自己一直找不到好工作。其实，哈西·霍华如果不是尽力把一件很没意思的差事变得有意思，恐怕他也同样没有找到好工作的机会了。

也是在好多年以前，有一个叫山姆的年轻人在一家工厂干一件没有太大意思的工作。他整天站在车床边上加工螺丝钉，感到工作非常乏味。他想辞职，可又怕找不到工作。既然非得做这件没意思的工作不可。那就让这件工作变得有意吧。他下了这样的决心以后，就和旁边的一个工人展开了产量竞赛。他们的领班对他的生产速度和质量深为赞赏，不久就将他提升到一个较好的工作。当然，这只是一连串升迁的开始，最后，这位工人——山姆·沃克兰成了包尔温机车制造公司的总裁。如果他没有设法把份内的工作变得有意的话，那么他也许一辈子只是一名工人。

著名的无线电新闻分析家卡腾堡曾告诉我如何将一件毫无乐趣的工作变得很有趣：

他22岁那年，在一艘横渡大西洋运牲畜的船上工作，为船上运载的牲口喂水和饲料。然后他骑着自行车周游了全英国，接着到了法国。到达巴黎时他的积蓄花光了，只得把随身带着的照相机当了5元钱。在《纽约先驱报》巴黎版上登了一个求职广告，找到了一份推销立体观测镜的差事。四十多岁的人一定记得这种机器，由两张完全一样的照片慢慢交融成一幅图片，我们觉得成像很立体。

卡腾堡是挨家挨户推销这种观测镜的，而他不会说法语，但这样推销了一年以后，他居然挣了5000美元的佣金，成了当年法国收入最高的推销员。他告诉我这一年的经历，给他的自我提升比在哈佛大学读书还管用。他相信即使要把国会记录卖给法国主妇，也难不倒他。

那一年，它对法国生活有了深切的了解，也奠定了他后来能在广播中报道欧洲新闻的基础。

他是怎样在不会说法语的情况下，成为最佳推销员的呢？

起初，他请老板用纯正的法语把他应该说的话写下来，然后背得滚瓜烂熟。他就这样去按人家的门铃。家庭主妇开门之后，他就开始背诵老板教的推销词。他的带美国口音的法语使人觉得很滑稽，他趁此机会递上实物照片。如果对方问一些问题，他就耸耸肩说："美国人……美国人。"同时摘下帽子，把藏在帽子里的讲稿指给人家看。那个家庭主妇当然会大笑起来，他也跟着大笑，然后再给对方看更多的照片。

当卡腾堡讲述这些事情的时候。他很坦白地承认这种工作实在很不容易。他之所以能挺过去。就是靠着一个信念：他要把这个工作变得有乐趣。

每天早上出门之前，他都要对着镜子里的自己说："卡腾堡，如果你要吃饭，就得做这件事。既然非做不可，那你何必不做得痛快一点儿呢？就假想你是一个演员，正站在舞台上，下面有很多观众正注视着你。你现在做的事就像演戏一样，何不投入热情呢？"

卡腾堡告诉我，每天给自己打气的这些话，有助于把一个他以前既恨又怕的工作变成他喜欢的事情，也让他挣得了很高的利润。

我问卡腾堡先生，是否可以给急于成功的美国青年一些忠告。他说："可以。每天早晨都在自己身上下点功夫。我们常常觉得需要做一些运动，让自己从半睡半醒状态里醒过来。但我们更需要一些精神和思想上的运动，使我们每天早上能够真正地活动起来，每天早上给自己打打气吧。"

每天早晨给自己打气，是不是一件很幼稚可笑的事呢？其实不是的，这在心理学上是有根据的。

1800 年前，罗马皇帝马可·奥里利乌斯在他的《沉思录》一本中写道："我们的生活是我们思想的产物。"

这句话在今天也同样是真理。

要不断地提醒自己。你可以把思想引上勇气和快乐，力量和平安。告诉自己些值得感恩的事，你的心灵必能欢畅。如果思想正确，工作就不会变得无聊。你的老板也希望你能对工作感兴趣，从而给他带来更大的利润。但是忘掉老板，只想对工作感兴趣对你的好处。因为你清醒的时间里有一半都在工作，如果你在工作上得不到快乐的话，那你在别的地方也不可能找到。如果你经常给自己打气，创造工作的兴趣。那你就会把疲劳降到最低程度，这样也许就会给你带来升迁和发展。即使没有这样的好处，至少在减少了疲劳和忧虑之后，你可以更好地享受自己的闲暇时间。

不再为失眠而忧虑

如果你睡眠不好的话，那你一定很忧虑吧？然而你也许不知道，国际知名的大律师撒姆尔·安特梅尔一辈子没有好好睡过一天。

他上大学时，最难受的是两件是：气喘病和失眠症。他这两种病都很严重。几乎没办法治好。于是他决定退而求其次，失眠时不在床上翻来覆去，而是下床读书。结果，他在班上每门功课成绩都名列前茅，成了纽约市立大学的奇才。

他当了律师以后，失眠症仍困扰着他。但他一点也不忧虑。他说："大自然会照顾我。"

事实真的如此，他虽然每天睡眠很少，健康状况却一直良好，他的工作成绩超过了同事，因为别人睡觉的时候，他还是清醒的。

他在 21 岁的时候，年薪已高达 75000 美元。1931 年，他在一桩诉讼案中得到的酬金是历史上律师收入的最高纪录：100 万美元。

但失眠症仍没办法摆脱。他晚上有一半时间用于阅读，清晨五点就起床。当大多数人刚刚开始工作的时候，他一天的工作差不多已经做完一半了。

他一直活到 81 岁，一辈子却难得有一天睡得很熟，但他没有为失眠而焦虑烦躁，否则他这一辈子早就毁了。

我们的一生有三分之一花在睡眠上，可是没人知道睡眠究竟是怎么回事。我们只知道睡觉是一种习惯，是一种休息状态。但我们不清楚每个人需要几个小时的睡眠，更不清楚我们是不是非要睡觉不可。

也许难以令人置信，在第一次世界大战期间，一个名叫保罗·柯恩的匈牙利士兵，脑前叶被子弹打穿。伤愈后，他再也无法睡眠，而且不觉得困倦。不论医生怎么努力，他就是睡不着，甚至连一点睡意都没有。

所有的医生都说他活不长了，但他却证明医生的话是没有道理的，他找到一份工作，健康生活了许多年。有时他会躺下闭目养神，却从来不能进入梦乡。他的病例是医学史上的一个谜，也推翻了我们对睡眠的许多传统看法。

睡眠时间可能因人而异。著名指挥家托斯卡尼尼每晚只睡 5 个小时，而柯立芝总统每天却要睡 11 小时。换句话说托斯卡尼尼的睡眠时间占他人生的 1/5，而柯立芝的人生却几乎有一半的时间花在睡觉上。

为失眠而忧虑所产生的损害远远超过失眠本身。我的一个学生伊拉·桑德勒，就几乎因为严重的失眠症而自杀。下面是他的故事：

最初我睡眠很好，闹钟都吵不醒，结果每天早上上班都迟到。老板警告我，如果再睡过头，就小心丢了差事。

我的一个朋友向我建议，在睡觉时把注意力集中到闹钟上，结果那该死的滴答滴答的声音缠着我不放，让我整夜睡不着，翻来覆去，焦躁不安。到了早晨，我几乎不能动了。就这样我一直受了两个月的折磨，我想我一定会神经失常了。有时我会走来走去转上几个钟头，甚至想从窗口跳出去一死了之。

最后我找了一位熟识的医生，他说："伊拉，我没有办法帮你的忙。如果每天晚上上床之后不能入睡，就对自己说：我才不在乎睡得着睡不着，就算醒着躺一夜，那也能得到休息。"

我照他的话去做。不到两个星期就能安稳入睡了。不到一个月，我的睡眠就恢复了 8 小时，精神上也没有痛苦了。

使伊拉·桑德勒受到折磨的不是失眠症，而是失眠引起的焦虑。

芝加哥大学教授山尼尔·克里特曼博士，做了许多有关睡眠的研究工作，算得上是睡眠问题的专家。他说世界上没有因失眠而去世的人，倒是有因失眠而烦恼，以致生命力衰退，收到细菌感染而丧生的人。不过，那还是因为烦恼造成的，失眠并非主因。

他说那些为失眠忧虑的人通常获得的睡眠比自己想象得要多的多。那些宣传"昨晚眼睛都没闭一下"的人，实际上可能睡了几个钟头。

举例来说，19 世纪著名的思想家斯宾赛，到老年仍是独身。他住在寄宿宿舍，整天都在谈论自己的失眠问题，弄得别人烦得要命，他甚至在耳朵里带上耳塞来抵御外面的吵闹，有时甚至靠吃鸦片来催眠。一天晚上，他和牛津大学教授塞斯同住旅馆的一个房间，次日早晨斯宾塞说他整夜没睡着，其实塞斯才一宿没合眼，因为斯宾赛的鼾声吵了他一夜。

要想安稳的睡一觉的第一个必要条件就是要有安全感。我们要相信强大的力量保护我们安睡到天明。希斯洛普博士在向英国医学协会致辞是强调："根据我多年的临床经验，最有利睡眠的是祈祷。我纯粹是从医学角度出发，有祈祷习惯的人会发现祈祷最能使心灵平静、放松心情。"

"上帝会照顾我们。"

戴安娜女士告诉，当她很烦睡不着的时候，她就朗诵《圣经》："上帝是我的放牧人，我什么都不缺。他让我躺在绿草地上，带我到小河旁。"

但是如果你不信教，就要辛苦一点儿。学习放松肌肉。大卫·哈罗·芬克博士曾写过一本书，叫做《消除神经紧张》，提出和自己身体交谈的方法。他认为，语言是一切催眠法的主要关键。如果你要从失眠状态中解脱出来

——你就对你身上的肌肉说："放松，一切放松。"众所周知，肌肉紧张时，你的思想和神经就不可能放松。所以，如果我们想要入睡的话，就必须从放松肌肉开始。然后，为了同样的理由，把几个小枕头垫在手臂底下，使自己的下颚、眼睛、手臂和双腿放松，我们就会在不知不觉中入睡了。

另外一种治疗失眠的有效方法，就是使你自己疲倦。你可以去种花、游泳、打网球、打高尔夫球、滑雪，……这是名作家德莱赛的作法。他当年还是一个为生活挣扎的年轻作家时，也曾经为失眠忧虑过。于是，他到纽约中央铁路去找了一份铁路工人的工作。在做了一天打钉和铲石子的工作之后，就疲倦得甚至于没有办法坐在那里把晚饭吃完。

假如我们十分疲倦的话，即使我们是在走路，大自然也会强迫我们入睡。我 13 岁那年，父亲送一车猪仔到另一个城市去。因为他有两张免费票，他就带我一起去了。那是我第一次到大城市去，所以非常兴奋。我看到了 6 层高楼，还有电车。到现在，我一闭上眼睛，仿佛就能看见电车，听见电车的声音。这兴奋的一天过后，父亲带我坐车回家，到车站是凌晨两点，还得走 4 英里路才能到家，我累得一面走一面做梦。

当一个人完全筋疲力尽之后，即使在打雷或战争的恐怖和危险之下，也能安然入睡。著名的神经科医生佛斯特·肯尼迪博士告诉我说，1918 年，英国第五军撤退时，他就见过筋疲力尽的士兵随地倒下，睡得就像昏过去一样。虽然他用手撑开他们的眼皮，他们仍不会醒来。他们所有人的眼球都在眼眶里向上翻起。"从那以后，每当我睡不着的时候，就把我的眼珠翻成那个位置。我发现，不到几秒钟，我就会开始打哈欠，睡意沉重，这是一种我没有办法控制的自动反应。"

从来没有一个人会用不睡觉来自杀。不论他有多强的控制力，大自然都会强迫一个人入睡。我们可以长久不吃东西、不喝水，却无法不睡觉。

亨利·林克博士是心理问题公司的副总裁，他曾经和很多忧虑而颓丧的人谈过。在《人的再发现》一书中的《消除恐惧与忧虑》一章里，他谈到他曾对一个一心想自杀的人说："反正你是要自杀的，那你至少也要像个英雄。绕着这条街跑到你累死为止吧。"

他果然去试了，不只是一次，而且试了好几次。每一次都使他觉得好受一些。到了第三天晚上，林克博士终于达到他最初想要达到的目的——这个

病人由于身体疲劳（在肉体上也放松了）使他能睡得很沉。后来他参加了一个体育俱乐部，参加各种运动项目，不久就想要永远活下去了。

所以，不为失眠而忧虑的五条规则：

一、如果你睡不着就起来工作或看书，到你打瞌睡为止。

二、从来没有人因缺乏睡眠而死，为失眠忧虑对你的损害，会比失眠更厉害。

三、试着祈祷，念念《圣经》里的诗篇。

四、放松你的身体。

五、多运动，让你因体力疲惫而无法保持清醒。

U0789607

世界传世藏书

【图文珍藏版】

卡耐基励志经典

[美]卡耐基·著

刘凯·整理

第三册

线装書局

第十一章　迎风逆风而上

有悲伤的地方才会有圣地

要成功并不容易。想要获得成功的人得像风筝，与强风对抗，方能升向高空。立基于成功的信念，以便坚定向前，无惧于沿途所遭逢的困难。

确定你的信念能支持你在迈向成功的旅程中，忍受一切艰难险阻。当你确知自己在做什么，当你有个明确的目标和实施计划，那么，你或许得与周遭的狂风搏斗，却不至于有被吹垮的顾虑。风势愈强，你会飞得愈高。

超越自然的奇迹，总是在对厄运的征服中出现。塞涅卡曾说："伟人就是像神那样无畏的普通人。"这是像一句诗一样美的妙语。古代诗人在他们的神话中曾描写过：当赫克里斯去解救普罗米修斯的时候，他就是坐在一个瓦盆里漂洋过海的。这个故事其实正是对于人生的象征：因为每一个人也正是驾着血肉之躯的轻舟，横渡波涛翻滚的生活之海的。幸运中需要的美德是节制，而厄运所需要的美德是坚忍，后者比前者更为难能。《圣经》的《旧约》启示人以幸福，而《新约》则启示人通过苦难去争取幸福。一

塞涅卡

切幸运都并非没有烦恼，而一切厄运也绝非没有希望。最美的刺绣，是以明丽的花朵映衬于暗淡的背景，而绝不是以暗淡的花朵映衬于明丽的背景。从

这种图像中去汲取启示吧。人的美德犹如名贵的香料，在烈火焚烧中散发出最浓郁的芳香。正如恶劣的品质可以在幸运中暴露一样，最美好的品质也正是在厄运中被显示的。

"你如果是贫穷的，你就是幸福的，因为神是属于你们的。""为自己的错而悲伤的人有福了，因为他们必定会得到安慰。"这是《圣经》里的话。前句的意思，当然不用细说，只有贫穷的人，才了解神是照顾他们的。只有经过悲伤的人，才会成长。

19 世纪，英国诗人奥斯卡·怀路曾在监狱服刑期间写过这样的话：

"有悲伤的地方，才有圣地，相信社会中的每一个人早晚都会了解到这一点！在还未了解这一点之前，就可以说那是他还不了解人生！"

也就是说，突破眼前的悲伤或痛苦之后，才能到达豁然的境界。

著有《睡着成功》这本书的美国牧师马非先生，也曾说过："一切的灾祸中，一定匿藏着幸运的胚芽。"下面就是他写的一段文字：

"坐在幸福的椅垫上，人会睡着；在被奴役、被鞭打而受苦的时候，人才会得到学习一些事物和道理的机会。"

换句话说，先得到幸福的，后面就紧跟着不幸。伟大的哲学家老子，也曾说过"祸兮，福所倚；福兮，祸所伏"的至理名言。年轻的朋友们，先看一看这个人的经历吧，他一定会给你许多的启发。

1832 年，他失业了，在同一年里，他决心要做政治家，当上一名州议员，但不幸的是他的竞选又失败了。

于是，他又自己开办了一家店铺，可上帝总爱和他开玩笑，一年不到，店铺又倒闭了，于是他便不得不在长达 17 年的时间里，为偿还债务而到处奔波，吃尽了苦头。

他又一次决定参加竞选州议员，这一次他成功了！但不幸并没有离他远去，第二年，在离他结婚仅有几个月的时候，他的未婚妻却不幸因病去世了，而他也悲伤得卧床不起。次年，他因此而得了神经衰弱症。

两年之后，他又参加州议会的选举，可他又失败了。5 年后，他又参加美国国会议员的选举，仍然是失败。

第二年，也就是 1846 年，他最终当上了国会议员，可在争取连任时，他却又一次落选了。

世上的失败事情几乎让他全撞上了：店铺倒闭，情人去世，竞选败北。他会怎么样呢？会不会放弃奋争呢？

现实中的他却没有服输。1854 年，他竞选参议员，失败；1858 年，再一次竞选参议员，仍然是失败！

他尝试了 11 次，可只成功了两次，但他一直都没有放弃自己的追求，并一直都在做自己生活的主宰。1860 年，他终于获得了成功，当选为美国总统。这个人就是林肯——美国历史上最伟大的总统之一。

要是生命中每一项我们所求的事物，都只要花极少的努力就可以得到预期的结果，我们将什么也学不到，而生命也将索然无味。做什么事都成功，人将会变得多么傲慢自大！失败才能使人谦虚。当自己面对失败，要理性地劝慰自己：这是绝佳的学习机会，诚然不易，但这的确是难得的经验。

在克里米亚的一次战争中，有一枚炮弹在击中一个城堡后，毁灭了一座美丽的花园。可在那个炮弹落下的深穴里，竟不住地流出泉水来，后来这里竟然成了一个永久不息的著名喷泉。同样，不幸与苦难，也会将我们的心灵炸破，而在那炸开的缝隙里，也会时刻流出奋斗前进的泉水来。

对于一个人来说，假使你年轻时便知道怎样对付打击，那么以后再碰到打击的时候，便能处置得更为适当些。

苦难失败往往会激发人的潜力，唤醒沉睡的雄狮，引导人走上成功的道路。有勇气的人，会把逆境变为顺境，如同河蚌能将恼它的沙泥化成珍珠一样。

一个真正勇敢的人，愈为环境所迫，反而愈加奋勇，不战栗不逡巡，昂首挺胸，意志坚定；他敢于对付任何困难，轻视任何厄运，嘲笑任何障碍，因为贫穷困苦不但不足以伤他毫发，反而增强了他的意志、品格、力量与决心，这使他成为一个卓越的人。对于这样的人，命运绝无法阻挡他们的前程。

所以，年轻的朋友们，一定要记住奥斯卡给我们留下的诗句："有悲伤的地方，才有圣地。"

学会赢在失败

纵观人类历史上的伟人和杰出人物，他们中的相当一部分人都曾经有过艰辛的童年生活，甚至还备受命运的虐待，但强者总是能善于找到生命的支点。他们及时调整了自己的心态，坚韧地承受着生活的艰辛，在一贫如洗的岁月里安然走过，并用恒久的努力打破了重重的围困，在脱离了贫穷困苦的同时也脱离了平凡，造就了卓越与伟大。

有的苦难是如此的严重，一旦向它屈服，就等于输掉整场比赛。李奇威将军担任指挥官时，发现兵力推进太过，而受到敌军的猛烈攻击。但他坚持守住阵地而使美军免于被逼入海中，而且很快地进行反攻。当挫折发生时，你也许没有时间来考虑修正错误以避免更进一步的失误。但千万别裹足不前，因为此刻最重要的是确定自己的目标，并采取能保存你所有的资源及希望的行动。要是你就此认输，你将失去自信且难以再恢复。所以你必须坚守原则，最后你将知道，你保住了自身所拥有的最重要的东西。

要是你曾仔细地反省自己，并研究那些你所钦慕的成功者的一生，你就会发现所有最好的机会，都发生在处于逆境的时候。因为只有在面对失败的可能时，才会想要做一根本的改变，从险中求胜。当你经历一些暂时的挫折，你也知道这只是暂时的，你就可以抓住逆境带来的机会。

有一天，两个强盗偶然路过一座吊死犯人的绞架，其中一个便叫起来："如果没有这该死的吊死人的绞架，我们的职业是多么好呀！"另一个强盗接着说："呸！你这笨蛋，好在有这架子，如果没有的话，人人都要做强盗了，哪轮得到你我？"

其实，世界上的各种职业、技艺与事业，莫不如此，都是因为困难吓退了一些庸碌的竞争者。斯潘琴说："许多人的生命之所以伟大，都来自他们所承受的苦难。"最好的才干往往是从烈火中冶炼的，都是从坚石上磨炼出来的。

世界上有许多人因为没有经历过苦难的磨炼，激发不出他们体内潜伏着的力量来，因此他们的才能竟然得不到淋漓尽致的发挥。而只有努力奋进才能帮助人们达到成功的境地，只有尽力奋斗的人才会获得自己心中期望的东西。

苦难与障碍并不是我们的仇人，而是我们的恩人。因为我们人人都有一种逆反的心理，这种逆反的心理在人体里发展了反对的力量。正是苦难与障碍的出现，使得我们体内克服障碍、抵制苦难的力量，得以发展。这就好像森林里的橡树，经过千百次暴风雨的摧残，非但不会折断，反而愈见挺拔。正像暴风雨吹打橡树一般，人们所承受的种种痛苦、折磨和悲伤，也在启发人们的才能，在锻炼他们。

芝加哥北密契根大道的一个地区现称为"富丽里"。1939 年，那里的办公楼群可说是日暮途穷了。一座座大楼只有空荡荡的地板。一座楼能出租出去一半就算是幸运的了，这正是商业不景气的一年。消极的心态像乌云一般笼罩在芝加哥不动产商的心头。那时，你常可以听到这样一些论调："登广告毫无意义，根本就没有钱。""我们没有必要工作了。"然而就在这时，一位抱着积极心态的经理进入了这个景象阴翳的地区。他有一个想法，他立即行动起来了！

这个人受雇于西北互助人寿保险公司，前来管理该公司在北密契根大道上的一座大楼。公司是以取消抵押品的赎取权而获得这座大楼的。当他开始担任这项工作时，这座大楼只出租了 10%。但不到一年，他就使它全部租出去了，而且还有长长的待租人名单送到他的面前。这其中有什么秘密呢？新经理把无人租用办公室作为一个挑战，而不是作为一个不幸。我们访问他时，他介绍了他所做的事情：

"我清楚地知道我要干什么，我要使这些房间 100% 地租出去，在当时的情况下，要做到这一点是很难的。因此我必须把工作做到万无一失，必须做到下列 5 点：

"1. 要选择称心的房客。

"2．要激发吸引力，给房客提供芝加哥市最漂亮的办公室。

"3．租金要不高于他们现在所付的房租。

"4．如果房客按为期一年的租约付给我们同样的月租，我就对他现在的租约负责。

"5．除此以外，我要免费为房客装饰房间。我要雇用富有创造性的建筑师和内装工，改造我们大楼的办公室，以适合每个新房客的个人爱好。

"我通过推理，可以得到下列结果：

"1．如果一个办公室在以后几年中不能出租，我们就不能从那个办公室得到收入。但如果照我的方法做，我们到年底可能得不到什么收益，但这种情况总不会比我们没有采取任何行动时的情况更糟。而我们的境况应该好，因为我们满足房客的需要，他们在未来的年份中会准时如数地交付房租。

"2．出租办公室仅以一年为基数，这是已经形成了的习惯。在大多数情况下，房间仅仅只空几个月就可接纳新的房客。因此，得到租金的希望就不至于太落空。

"3．在一所设备良好的大楼里，如果一个房客一定要在他租约满期的那一年的末期退租，也比较易于再租。免费装饰办公室也不会得不偿失，因为这会增加全楼的股票价值，结果极好。每一个新近装饰过的办公室似乎都比以前更为富丽堂皇。房客都很热心，许多房客花费了额外的费用。有一个房客在改建工作中就花费了 22000 美元。

"这座大楼开始时只租出 10%，到年底便 100% 地租出了。没有一个房客在他的租约满期后想走的。他们很高兴地住上了超摩登的新办公室。第一年的租约期满后，我们也没有提高租金。这样，我们就赢得了房客的信任和友情。"

现在让我们来回顾一下这个故事的始末。有一个人面临着一个严重的问题。他手上有一座巨大的办公大楼，可是这座大楼十分之九的办公室都是空闲未租。然而，在一年内这座大楼便 100% 地出租了。现在，就在它的隔壁左右，仍有几十座大楼是空荡荡的。

这两种情况之间的差别当然就是每座大楼的经理对这个问题所持的不同

的心理态度。一种人说："我有一个问题，那是很可怕的。"另一种人却说："我有一个问题，那是很好的！"

如果一个人能够抓住他的问题尚未显露出真相的好机会，洞察它并寻求解决，那么他就是懂得积极心态之要义的人。如果一个人能形成一种行之有效的想法，并紧接着付诸实行，他就能把失败转变为成功。

简单地说，已经得到第一名的人，不会有比得到第一名更荣耀的事了，对他而言，顶多只能继续保持第一名而已，而且还有可能会降到第二名或第三名的不幸事件。相反的，得到最后一名的人，对他来说，最坏的结果也只是最后一名而已，但有进步为倒数第二、第三名的可能。困境对我们来说反而是一种刺激，而且可以激励我们的成长与进步。

这里所指的贫穷或富裕，当然不单独指经济上的因素，也可以说是失败和成功、堕落和成长，也就是一般人常说的"顺境与逆境"。日本著名的作家谷口雅春先生，在他的著作《你是无限能力者》一书中曾说过"坠落才是机会"，其意义也是相同的。这些话，都是我们应该好好体会的。的确，如果一粒麦子不落地死亡，怎能再结出许多麦子呢？我们在经历了越激烈的痛苦之后，在精神上、人格上，也会越早成熟、越早进步。

因此，一旦当我们面临困境时，不要畏惧退缩，心中只要牢牢记住一件事：不要被逆境所吞噬。纵使你面临着前所未有的激烈痛苦，也不要因此而被淹没。要知道如果太过于沉溺于自怜自艾之中，将会因为这一次的堕落而失去一切，永不得翻身。我们应该庆幸逆境来临，因为这正是我们考验自己的最佳良机，在坚强地渡过危险之后，一条坦荡的康庄大道将展现在我们面前。"能够成功的人，只不过比别人多坚持了五分钟。"你我均应牢记这句话。

化劣势为优势

尼采对超人的定义是："不仅要在必要的情况之下忍受一切，而且还要喜爱这种情况。"

愈研究那些有成就者的事业，人们就愈加深刻地感觉到，他们之中有非常多的人之所以成功，是因为开始的时候就有一些会阻碍他们的缺陷，促使他们加倍地努力而得到更多的报偿。正如威廉·詹姆斯所说的："我们的缺陷能对我们有意外的帮助。"

不错，很可能密尔顿就是因为瞎了眼，才能写出更好的诗篇来，而贝多芬是因为聋了，才能作出更好的曲子。

海伦·凯勒之所以能有光辉的成就，也就是因为她的瞎和聋。

尼采

如果柴可夫斯基不是那么的痛苦——他那个悲剧性的婚姻几乎使他濒临自杀的边缘。如果他自己的生活不是那么悲惨，他也许就永远不能写出他那首不朽的《悲怆交响曲》。

"如果我不是有这样的残疾，"那个在地球上创造出生命科学的基本概念的人写道："我也许就不会做到我所完成的这么多工作。"达尔文坦白承认他的残疾对他有意想不到的帮助。

达尔文在英国出生的那一天，另外一个孩子生在肯塔基州森林里的一个小木屋里，他的缺陷也对他有帮助。他的名字就是林肯——亚伯拉罕·林肯。如果他出生在一个贵族家庭，在哈佛大学法学院得到学位，而又有幸福美满的婚姻生活的话，他也许就绝不可能在心底深处找出那些在盖茨堡所发表的不朽演说。他便不会说出他第二次政治演说中所说的那句如诗般的名言——这是美国的统治者所说的最美也最高贵的话——"不要对任何人都怀有恶意，而要对每一个人都怀有爱……"

有一位大学毕业生曾经给一位报社的编辑写了一封信。在信中，他写道：

　　我是一名大学毕业生，参加工作已5年。5年来我工作顺利，深得领导赏识，按理该没有什么忧虑。但是，自古男大当婚，女大当嫁，我已到了恋爱结婚的年龄，而就是这件事，弄得我好忧虑，好伤心。我的身高只有1.64米，这是爹妈给的，并非我的过错，可人家帮我介绍过3个女朋友，最后都以"拜拜"告吹。她们说，学历、文凭和工作单位都没说的，只是个子太矮了，没有风度，没气派。有位姑娘还很惋惜地说："可惜，只要再高6公分，有1.70米就好了。"这6公分之差，使我非常痛苦。现在我有点心灰意冷，恨爹妈为什么不让我再长高些。因此工作也无精打采，我不愿这样消沉下去，可我该怎么办呢？

　　其时，有些人之所以烦恼、忧虑，正是由于自卑。

　　其实身材矮小何必自惭形秽？一位国际舞台上的名矮子对此自有一番高论。他名叫罗慕洛，长期担任菲律宾的外交部长，他身高也只有1.63米。面对高大的对方，他不但一点不自卑，却以此自豪。他写了一篇在世界上出名的文章，叫《愿生生世世为矮人》，现在附在下面，读了以后，你就会知道矮子的确有矮子的好处。

　　有一次，在巴黎举行的联合国会议上，我和苏联代表团团长维辛斯基激辩。我讥刺他提出的建议是"开玩笑"，突然之间，维辛斯基把他所有轻蔑别人的天赋都向我发挥出来。他说："你只不过是个小国家的人罢了。"

　　在他看来，这就是辩论了。我的国家和他的相比，不过是地图上的一点而已。而且我自己穿了鞋子，身高只有1.63米。

　　即使在我家中，我也是矮子。我的四个儿子全都比我高七八厘米，我的太太穿高跟鞋的时候，也要比我高寸把。我们婚后，有一次她接受访问，曾谦虚地说："我情愿躲在我丈夫的影子里，沾他的光。"一个熟悉的朋友就打趣地说："这样的话，就没有多少地方好躲了。"

　　我身材矮小，和鼎鼎大名的人物在一起时，常常特别惹人注意。第二次世界大战期间，我是麦克阿瑟将军的副官，他比我高20厘米。那次登陆雷伊泰岛，我们一同上岸，新闻报道说："麦克阿瑟将军从深及腰部的水中走上了岸，罗慕洛将军和他在一起。"一位专栏作家立即拍电报调查真相，他认为如果水深到麦克阿瑟将军的腰部，我就要淹死了。

我一生当中，常常会想到高矮的问题。我但愿生生世世都做矮子。

这句话可能会使你诧异，许多矮子都因为身材而自惭形秽。我得承认，年轻的时候也穿过高底鞋，但用这个法子把身材加高实在不舒服，并不是身体上的，而是精神上的不舒服。

这种鞋子使我感到，我在自欺欺人，于是我再也不穿了。

其实这种鞋子剥夺了我天赋的一大便宜。因为：矮小的人起初总被人轻视，后来，他有了表现，别人就觉得出乎意料，不由得佩服起来，在他们心目中，他的成就格外出色。

有一年我在哥伦比亚大学参加辩论小组，初次明白了这个道理。我因为矮小，所以样子不像大学生，就像小学生。一开始，听众就为我鼓掌助威，在他们看来，我已经居于下风，而大多数人都喜欢看居下风的人得胜。

我一生的境遇都是如此。平平常常的事经我一做，往往就似乎成了惊天动地之举，因为大家对我毫不寄以希望。

1945 年，联合国创立会议在旧金山举行，我以无足轻重的菲律宾代表团团长身份，应邀发表演说。讲台差不多和我一样高，等到大家静下来，我庄严地说出这一句话："我们就把这个会场当作最后的战场吧。"全场登时寂然，接着爆发出一阵热烈的掌声。我放弃了预先准备好的演讲稿，畅所欲言，思如泉涌。后来，我在报上看到了当时我说了这样一段话："维护尊严、言辞和思想比枪炮更有力量……惟一牢不可破的防线是互助互谅的防线！"

这些话如果是大个子说的，听众可能只会客客气气地鼓一下掌。但菲律宾那时离独立还有一年，我又是矮子，由我说出来，就有意想不到的效果。从那天起，小小的菲律宾在联合国大会中就被各国当作资格十足的国家了。

矮子还占一种便宜：通常都特别会交朋友。人们总想维护我们，容易对我们推心置腹。因此大多数的矮子早年就都懂得：友谊和筋骨健硕、力量强大一样重要。

早在 1935 年，大多数的美国人还不知道我这个人，那时我应邀到圣母大学接受荣誉学位，并且发表演说，那天罗斯福总统也是演讲人。事后他笑吟吟地怪我"抢了美国总统的风头"。

我相信，身材矮小的人往往比高大的人更富有"人情味"而平易近人。他们从小就知道自视绝不可太高，身材魁梧的人态度冷峻，别人会说他有"威仪"。但是矮小的人摆出这种架子来，大家就要说他"自大"了。

如果矮子稍有自知之明，很早就会明白脾气是不好随便乱发的。大个子发脾气，可能气势汹汹，矮子就只是像在乱吵乱闹了。

一个人有没有用，和个子大小无关。身材矮小可能真有好处。历史上许多伟大的人物都是矮子。贝多芬和纳尔逊都只有1.63米高，但是他们和只有1.52米高的英国诗人济慈及哲学大师康德相比，已经算高大的了。

当然还有一位最著名的矮子是拿破仑。好些心理学家说，历史上之所以有拿破仑时代，完全是拿破仑的身材作祟。人们说，他因为矮小，所以便要世人承认他真正是非常伟大的人物，失之东隅，收之桑榆。

本文一开始，我就提到苏联代表维辛斯基因为我胆敢批评他的国家而出言相讥的事，我不喜欢别人以为我任凭他侮辱矮子，而不加反驳。他一说完，我就跳起身来，告诉联合国大会的代表说，维辛斯基对我的形容是正确的，但是我又说："此时此地，把真理之石向狂妄的巨人眉心掷去——使他们的行为有些检点，是矮子的责任！"（《圣经》里的典故）维辛斯基凶狠地瞪着眼，但是没有再说什么。

"我愿生生世世做矮人！"这就是罗慕洛流传于世的名言。他不仅正视生活中的自我，极力消除传统文化的偏见，而且因自己与别人的身体的不同而感到快乐和自足。

哈瑞·艾默生·福斯狄克在他那本《洞视一切》的书中说："斯堪的那维亚半岛人有一句俗话，我们都可以拿来鼓励自己：北风造就维京人。我们为什么会觉得，有一个很安全而且很舒服的生活，没有任何困难，舒适与轻闲，这些就能够使人变成好人或者很快乐呢？正相反，那些可怜自己的人会继续地可怜他们自己，即使舒舒服服躺在一个大垫子上的时候也不例外。可是在历史上，一个人的性格和他的幸福，却来自各种不同的环境，好的、坏的，只要他们肩负起他们个人的责任。所以我们要再说一遍：北风造就维京人。"

假设我们颓丧到极点，觉得根本不可能把我们的柠檬做成柠檬水，那么，下面是我们为什么应该试一试的两点理由——这两点理由告诉我们，为什么我们只赚而不会赔。

理由第一条，我们可能成功。

理由第二条，即使我们没有成功，只是怀着要化负为正的企图，也就会使我们向前看而不会向后看。所以，用肯定的思想来替代否定的思想，能激发你的创造力，能刺激我们根本没有时间也没有兴趣去忧虑那些已经过去和已经完成的事情。

有一次，世界最有名的小提琴家欧利·布尔举行一次音乐会，他小提琴的 A 弦突然断了，可是欧利·布尔就用另外的那三根弦演奏完了那支曲子。"这就是生活，"哈瑞·艾默生·福斯狄克说，"如果你的 A 弦断了，就在其他三根弦上把曲子演奏完。"

这不仅是生活，这比生活更可贵——这是一次生命上的胜利。

不要认为自己一无所有

美国钢铁大王安德鲁·卡内基在一次讲话中这么说过，对于那些生来就一无所有的年轻人，我想向他们表示祝贺。因为他们出生在一个令人荣耀的境地，这种环境注定了他们必须孜孜以求、不懈努力，才能够改变自己的处境，才能出人头地。对于一个年轻人而言，他要挎的最重的篮子莫过于一个盛满了各种证券的篮子。他通常会让这个篮子压得摇摇晃晃、站立不稳。在我们的这个城市里有无数的青年，他们依靠自己的力量努力拼搏，站在了最优秀的人群的前列，成为对社会有用的公民。他们无愧于授予他们的所有荣誉，而大部分富豪的子孙们却难以抵制住先辈们留给他们的一大笔财富的诱惑，沦落为对社会没有任何价值的寄生虫。如果我能够选择的话，我宁愿给一个年轻人留下一些磨难让他去承受、去磨砺，而不是留给他万能的金钱，让金钱成为他的负担和重压。值得你们害怕的竞争对手不是来自这个富有的阶层，不是你的那些富有的合作伙伴的后代子孙们，你要时刻警惕的竞争对手是那些来自贫穷家庭的青年们，那些比你还要贫穷的青年人，他们的父母甚至没有能力负担他们在这个学院里上一门课的费用，而你们却拥有这个，能够让你们在自己的同类中有了立于前列的决定性优势。你们要重视这些看来不可能在你这一个职位上向你挑战或是超越你的年轻人。不要轻视那些从普通的学校里走出来，一头扎进工作中的年轻人，也不要轻视那些在办公室里干诸如端茶扫地一类最低等活的年轻人，他很可能就是一匹黑马，你最好还是密切注意他，终有一天他会向你挑战的。

1913 年 1 月 5 日，凯蒙斯·威尔逊诞生于美国南方孟菲斯市西北的奥西奥拉小城镇。他的父亲查尔斯·凯蒙斯·威尔逊曾在海军服役，当一名司炉工和办事员，后来离开了海军，在国民人寿和意外事故保险公司工作，推销保险。由于工作出色，他便于 1912 年接受公司的委派，前往奥西奥拉，在那里开设了一个办事处。他的母亲多尔·威尔逊出生在孟菲斯市一个十分贫困的家庭，她 10 多岁时就去当卖杂货的营业员。他们的小男孩出生了，这时对于这位年纪轻轻又有雄心壮志的保险代理人及其新娘来说，前途看来一片灿烂光明，他们给儿子取名为小查尔斯·凯蒙斯·威尔逊。

可是，仅仅 9 个月后，悲剧突然袭来。29 岁的老凯蒙斯患了重病，是得了一种叫做肌肉萎缩性侧索硬化症的不治之症，支配肌肉运动的神经细胞出现病变衰退，非常痛苦。1913 年 10 月 4 日，他还来不及看到自己的儿子过 3 周岁生日便去世了，并留下多尔——年方 18 岁就成了寡妇和单身母亲。

老凯蒙斯有预见，生前买了一份保价为 2000 美元的保险单，死后赔款付给多尔。这笔钱在 1913 年时是一笔可观的金额。可是，一名没有道德的丧葬用品销售商在同多尔打交道时，利用了年轻寡妇的悲痛心情，劝说她给亡夫大办丧事，从而把根据保险单所得到的全部款项耗用殆尽。虽然老凯蒙斯的墓葬颇有气魄，但丧事过后，多尔几乎分文不剩。

正是在那个年代、那个地方，一个年方 18 岁的寡妇几乎身无分文，却下定主意：任何艰难困苦都阻挡不住自己抚养儿子，并把他培养成将来存世界上有所建树、留下印记的人。

多尔带了她的婴儿回到了孟菲斯市，迁往沃特金斯北街 336 号自己的母亲处居住。在取得政府补助之前的那段日子里，多尔别无选择，只有走出家门去工作，以养活自己和年幼的儿子。威尔逊后来回忆说："我的母亲找到了一份工作，给一位牙医当助手，每周的工资是 11 美元。后来，她当上了一名簿记员。可是，她一个月的收入从来没有超过 125 美元。此情此景，你能想象得出吗？回首当年，那是何等艰难的岁月，真是度日如年啊！"

在这种困窘的生活环境下，凯蒙斯·威尔逊在年幼时就开始干活挣钱了。经过艰辛的创业历程，威尔逊经营过爆玉米花和弹球机，经营过电影院，幼年艰苦的生活使他成为了孟菲斯市最坚定不移、蒸蒸日上的青年企业家之一，而立之年未过，便已创下庞大的事业。

纵观那些世界知名企业家的成功历程，我们会发现他们无一例外都是从一无所有的困境中白手起家的，依靠自己坚韧的品质和不懈的努力，创下了引以为傲的世界，由命运的弃儿变成了众人称羡的天之骄子。

当太阳升起时再度充满精神

一个身处逆境却依旧能微笑的人，要比一个陷入困境就立即崩溃的人获益更多。处逆境而乐观的人，才具有获得成功的潜质，并且要比一般人更强。而有好多人却往往一处逆境，便立刻会感到沮丧，因此更达不到他们的目的。

我们生活于一个竞争激烈的世界，人们以成功者及失败者来衡量成就，并且强调每一个胜利都会产生对等的失败。要是一个人赢了，理论上必定就有人输了。但事实上，你自己与自己的竞争才是真正重要的。

在通往成功的道路上，能不能经得住失败的考验，决定了能否达到成功的目标。有的人因为失败而徘徊不前，悲观失望，他们往往会由于害怕失败而遭受到更多的失败，最终落于人后；有的人却是微笑地面对失败，从哪里跌倒再从哪里爬起来，用信心和勇气来战胜失败，他们往往都是踏上了成功巅峰的出类拔萃的人。

在我们的社会上，绝没有郁郁不乐者、忧愁不堪者或陷于绝望者的地位。如果一个人在他人面前总是表现出郁郁不乐，就没有人愿意同他在一起，人们都要避而远之。

人类的天性是喜欢与和谐快乐的人相处。一个人不应该做情绪的奴隶，让一切行动皆受制于自己的情绪，人应该反过来控制自己的情绪。无论你周围的境况怎样的不利，你也应当努力去支配你的环境，把自己从黑暗中拯救出来。当一个人有勇气从黑暗中抬起头来，面向光明大道走去后，后面便不会再有阴影了。

许多人在疲累或沮丧的时候，会面对自己日常的工作而感到困惑"究竟我做的这一切有什么用处？"

在这里，我把自己一生当中所获得的最切实的感受告诉大家：

"要树立自己的信心，对于每一次的挫折与失败，都要微笑地面对，不要害怕，不要后退，因为毕竟你才是自己的主宰。"

心态会带给你成功。当你在和失败战斗时，就是你最需要积极心态的时候。当你处于逆境时，你必须花数倍的心力，去建立和维持自己的积极心态，同时也应动用你对自己的信心以及你的明确目标，将积极心态化为具体行动。

在经过对无数成功者成功秘诀的深入探讨之后，我们便更有理由相信这一点："成功者之所以成功，正是在于他们不惧怕失败，能在失败之后重新鼓起奋斗的勇气。"

只有在现实生活中拥有百折不挠的勇气的人，才能深刻地领会"失败是成功之母"这句话的真正含义。

1510 年，帕里斯出生在法国南部，他一直从事玻璃制造业，直到有一天看到一只精美绝伦的意大利彩陶茶杯。这一下，改变了他一生的命运。

"我也要造出这样美丽的彩陶。"这是他当时惟一的信念。

他建起烤炉，买来陶罐，打成碎片，开始摸索着进行烧制。

几年下来，碎陶片堆得像小山一样，可他心目中的彩陶却仍不见踪影，他甚至无米下锅了，他只得回去重操旧业，挣钱来生活。他赚了一笔钱后，又烧了三年，碎陶片又在砖炉旁堆成了山，可仍然没有结果。以后连续几年，他都挣钱买燃料和其他材料，不断地试验，却都没有成功。

长期的失败使人们对他产生了看法，都说他愚蠢，是个大傻瓜，连家里人也开始埋怨他。他也只是默默地承受。

试验又开始了，他十多天都没有脱衣服，并且日夜守在炉旁。

燃料不够了 于是他便拆了院子里的木栅栏，可怎么也不能让火停下来呀！

又不够了！他搬出了家具，劈开，扔进炉子里。

还是不够，他又开始拆屋子里的木板。劈劈啪啪的爆裂声和妻子儿女们的哭声，让人听了鼻子都是酸酸的。

眼看马上就可以出炉了，多年的心血就要有回报了，可就在这时，只听见炉内"嘭"的一声，不知是什么爆裂了。所有的产品都沾染上了黑点，全成了次品。

眼看到手的成功，又失败了！帕里斯也感受到了巨大的打击，他独自一人到田野里漫无目的地走着。不知走了多长时间，优美的大自然终于使他恢复了心里的平静，他平静地又开始了下一次试验。

经过16年无数次的艰辛历程，他终于成功了，而这一刻，他却一片平静。

他的作品成了稀世珍宝，价值连城，使得艺术家们争相收藏。他烧制的彩陶瓦，至今仍在法国的罗浮宫上闪耀着光芒。

帕里斯的成功之路是艰辛而漫长的。他的成功来得何等不易。在一次又一次的失败中一次又一次地重新立与起，这正是帕里斯的成功所在。

影响人类成功最坏的敌人，便是思想的不健康，便是以沮丧的心情来怀疑自己的生命。其实，一切事情，全靠我们的勇气和我们对自己的信仰，并且全靠我们对自己有一个乐观的态度。惟有如此，方能成功。然而一般人处于逆境的时候，或是碰到沮丧的事情，处于充满凶险的境地时，他们往往会让恐惧、怀疑、失望的思想来捣乱，于是便丧失了自己的意志，以致使自己多年以来的计划毁于一旦。有很多人如同从井底向上爬的青蛙，辛辛苦苦向上爬，然而一旦失足，就前功尽弃。

突破困境，首先在于要肃清胸中快乐和成功的仇敌，其次在于要集中思想，坚定意志。只有运用正确的思想，并抱着坚定的精神，才能战胜一切逆境。

一个在思想心智上训练有素的人，能够做到在几分钟内从忧愁的思想中解脱出来。但是大多数人却不能排除忧愁去接受快乐，不能消除悲观去接受乐观。他们把心灵的大门紧紧地封闭起来，虽然费力在那里挣扎，却没什么成效。

人在忧郁沮丧的时候，要尽量改换自己的环境。但是，对于使自己痛苦的问题，不要过多去思考，不要让它再占据你的心灵，而要尽力想着最快乐的事情。对待他人，也要表现出最仁慈、最亲热的态度，说出最和善、最快乐的话，要努力以快乐的情绪去感染你周围的人。这样做以后，思想上黑暗的影子，必将离你而去，而那快乐的阳光将映照你的一生。

诗人马伦在一篇名为《机会》的诗中写出了积极心态的力量：

我哭不是因为失去了宝贵的机会；

我流泪不是因为精华岁月已成云烟；

每天晚上我都烧毁当天的记录；

当太阳升起又再度充满了精神。

像个小孩子似的嘲笑已顺利完成的光彩，

对消失的欢乐不闻不问；

我的思考力不再让逝去的岁月重回眼前；

但却尽情地迎向未来。

恐惧、自我设限以及接受失败，最后只会像莎士比亚所说的使你"困在沙洲和痛苦之中"，但是你可以借着信心、积极的心态和明确的目标来克服这些消极心态。

如果你能在失败之后，重新鼓起奋争的勇气，你就会离成功越来越近。而做到这一点，则取决于你积极的心态。面对失败时，要记住让自己的灵魂"在太阳升起时再度充满精神"。

第十二章　别为工作而烦恼

工作＋思考＝智慧

我们在生活中所读到的所有成功者的故事，都可证明正确思考的好处——包括对个人和对社会的好处。

沙克的正确思考，使他发明了小儿麻痹疫苗；马歇尔的正确计划使他得以振兴经过希特勒蹂躏之后的欧洲经济。

人作为高级动物，最大的特点就是会动脑筋。这一点，美国著名企业家艾柯卡有切身体会。他坦陈自己之所以有那么大的发展，与两个人有很大关系。其中一个人，是他刚刚参加工作时遇到的分公司经理。他对艾柯卡说：

"你要记住，马更有力气，狗更忠诚。你作为人类的惟一长处就是你有动脑的智慧，这是你惟一能超越它们的地方。"

另一个对他影响最大的人，便是他的父亲。他父亲曾在镇上开了一家电影院，生意一直不错，因为他总在不断地推出优惠的措施来吸引观众，包括每天提供几张免费票给老教师、退伍军人。

但有一天，该给优惠票的人都给完了，而票还剩几张，该怎么办呢？他父亲在门口愁眉苦脸地想。

正好看到几个孩子在门口玩耍，于是他突然想出了一个主意：让几个脸上最脏的孩子免费看电影。

这完全是一种出乎意料的做法：因为以往的优惠，都是优惠给那些值得尊敬的人，而现在，优惠的做法，却给了几个脏孩子，这算什么呢？但是，他的做法是一种幽默，更是一种人性化的经营。果然，之后人们便愿意更多地光顾他的电影院了。

不管是创业还是取得工作上的成功，道理都是同样的：不怕做不到，就怕想不到！

罗斯·派格特原来在美国最大的计算机公司 IBM 担任推销员，他发现很多计算机的功能并没有被许多用户充分利用。他认为，如果 IBM 公司能够增设数据处理业务，帮助这些用户发掘计算机潜力，定能获得成功。

于是罗斯·派格特精心撰写了一份有关数据处理服务市场的报告，呈递给 IBM 管理层。不料建议却被公司决策层否定了。于是，他便下决心成立公司自己创业。

然而他遇到了一个很大的问题：买不起昂贵的计算机，所以服务也无从谈起。但是他并没有退缩，并且最后想出了一个绝招：

他在一家保险公司，以"批发价"买下了安装在该公司的 IBM 计算机的使用时间，然后花了 5 个月的时间，找到一家无线电公司，又以"零售价"将使用时间卖给这家公司，并提供给其计算机服务。

没想到市场一下子便打开了，业务蜂拥而至。后来，他所创办的电子数据公司（EDS）成为了拥有数十亿资产的大公司。

很多人认为只有条件充足了才可以创业，但罗斯·佩格特的成功，却告诉我们一个道理：缺乏条件同样可以创业！

只要你下决心并肯动脑筋，就可以让条件为信念让路！

罗斯·派格特的例子告诉我们，没有正确的思考，是不会成就这些伟大的事情的。如果你不学习正确的思考，是绝对成就不了杰出的事情的。

正确的思考以下列两种推理作为基础。

1. 归纳法，这是从部分导向全部，从特定事例导向一般事例，以及从个人导向宇宙的推理过程。它是以经验和实证作为基础，并从基础中得出结论。

2. 演绎法，以一般性的逻辑假设为基础，得出特定结论的推理过程。

这两种推理方法之间有很大的不同，但二者可以一起运用。例如每当你用石头打窗户的时候，只要石头不变，则窗户一定会被打破，反复几次用石

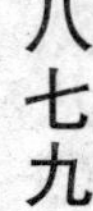

头打窗户之后，你就可归纳出一个结论，亦即玻璃是易碎的，而石头不会碎。

因此，从这个结论出发，你可进行演绎推理，将了解其他不易碎的东西也会打破玻璃，而石头也会打破其他易碎的东西。

但我们很可能一不小心就做出错误的推理，进而导出错误的结论，你必须严格地要求推理的正确性，也就是严格地要求自己进行正确思考。必须审查你的推理结果，并找出其中的错误。除了审查你自己的思考过程之外，你还可以运用这两种推理方式，审查别人的思考结果是否正确。

为了成为一位正确的思考者，你必须把事实和感觉、假设、未经证实的假说和谣言分开。将事实分成两个范畴：重要的和不重要的事实。

除了正确的思考者之外，一般人都会有许多意见，但这些意见多半都是没有价值的。在没有价值的意见之中，有许多都可能是危险的，而且具有破坏性。希特勒就是一个最好的例子。

你只能接受那些以事实或正确的假说为基础所提出的意见。同样的，你不可提供没有事实或正确假说作为根据的意见。正确思考者在没有确信之前，是不会提供任何意见的，虽然他们从别人那儿听取事实、资料和建议，但是他们保留接受与否的权利。报纸、闲聊和谣言，都不是得知事实的可靠媒介，因为它们所传达的消息经常会出现变化，而且也没有经过严格的查证。

"期待"通常是形成大众所接受之"事实"。想要了解真正的事实，通常是必须付出代价的，也就是努力追查事件的真实性的代价。

美国曾经弥漫着一个谣言：在百事可乐的罐子里，曾发现皮下注射器的注射针。当时有 20 几个州都有这样的报道。基于此一"事实"，百事可乐的股价一下子便严重下跌，投资人以赔本的价钱抛售百事可乐股票，但即使如此，该公司的管理阶层却仍然保证这种情况几乎不可能发生。

但是正确的思考者并不相信此一"事实"，并且买进该公司的股票，最后联邦药物管理局和联邦调查局宣布这些报道完全是恶作剧。

在这个事件中谁才是真正的获利者？是那些因为恐慌而赔本卖出股票的

人，还是那些经过正确思考后低价买进股票的人？

目标明确，态度坚决

钢铁大王卡内基提出了这样的忠告："把你所有的蛋都放在一个篮子里，然后看住这个篮子，不要让任何一个蛋掉出来。"当然，他这项忠告的意思是说，我们不应该因为从事分外工作而分散了我们的精力。

卡内基是一位很有见地的经济学家，他知道，大多数人如果专注于一项工作，并集中精力于这项工作，他们就能把这项工作做得很好。

在仔细观察过一百多位在其本行业获得杰出成就的男女人士的商业哲学观点之后，就会发现这个事实：他们每个人都具有明确果断的优点。

做事有"明确的主要目标"的习惯，将会帮助你培养出能够迅速作出决定的习惯，而这种习惯对你所有的工作都有很大帮助。

配合一项明确的主要目标做事的习惯，将帮助你把全部的注意力都集中在一项工作上，直到你完成了这项工作为止。

关于目标所蕴藏的巨大能量，没有谁比保尔更清楚了。保尔曾经听过我的讲座，他决心推销自己的书《自我潜能挖掘》，并以推销成功作为自己的目标。保尔把这个目标写下来贴在他的梦想板上面，并且把目标录在录音带上面。

经过不断地反复，在一个月内，它就登上了畅销书排行榜，成了两家书店的排行榜第一名，以及慧延书店的第六名。

这实在是非常令他惊讶，因为，那时候保尔是一个完全没有知名度的人。

保尔事后激动地说：是我给了他 3 万倍的力量，竟然可以让他在一个月之内，就把他的书从销售量是零，提高到一个月 8000 本，实在非常让人惊讶。

现在，这本书已经销售过 8 万本以上，并且仍然在畅销中。

所以，不管你要实现什么目标，只要你能照这些方法去实践，它都可以非常戏剧性地改变你的人生。

可是，问题就是这些方法实在是太简单了，一般人都不愿意去尝试，不尝试的话，铁定没有效。

有非常多的学生用了保尔这样的方法，也许他还没有达到保尔的目标，可是他们都进步得非常快，甚至在非常短的时间内，进步了五六成。

保尔有一个员工，用了这样的办法，收入便从原本是零增加到第二个月的30万，虽然30万对某些人来说不是非常大，但对保尔的这位员工而言，却是一个非常巨大的改变。

保尔建议大家不妨用这种方法试试看，相信一定会产生非常惊人的绩效。

我们每个人都希望得到更好的东西——如金钱、名誉、受尊重——但是大多数的人都仅把这些希望当作一种愿望而已，如果你知道你希望得到的是什么，如果你对达到自己的目标的坚定性已到了执著的程度，而且能以不断的努力和稳健的计划来支持这份执著的话，那你就已经是在实现你的明确目标了。因此，认识愿望和强烈欲望之间的差异是极为重要的。

假设你已经设定了明确目标，接下来你可能就会问："在哪里才可以得到执行计划所需要的资源？"

使潜意识发挥作用，只是迈向成功的第一步而已。如果你不能说服他人与你合作，而且又无法遵守严格标准的话，是一样不会成功的。

当然，从贫穷到富有，第一步是最困难的。其中的关键，在于你必须了解，所有财富和物质的获得，都必须先建立清晰且明确的目标；当目标的追求变成一种执著时，你就会发现，你所有的行动都会带领你朝着这个目标迈进。

成功的关键并不只是"辛勤工作"而已，你可能也会发现到，有些人和你一样辛勤地工作——甚至比你更努力——但却没有成功。教育也不是关键性的因素，华尔顿从来都没有拿过罗德奖学金，但是他赚的钱，却比所有念过哈佛大学的人都要多。

伟大的成就，是来自对积极的心态的了解和运用，无论你做任何一件事，你的心态都会给你一定的力量并为自己设立明确的目标。

抱持着积极心态，意味着你的行为和思想有助于目标的达成；而抱持消极心态，则意味你的行为和思想将不断地抵消你所付出的努力。当你将欲望变成执著，并且设定明确目标的同时，也应该建立并发挥你的积极心态。

但是设定明确目标和建立积极心态，并不表示你马上就能得到你所需要的资源，你得到这些资源的速度，须视需要范围的大小，以及你控制心境使其免于恐惧、怀疑和自我设限的情形而定。

如果你只需要 1 万美金来实现你的明确目标，可能在很短的时间内就能筹得；但是，如果是 100 万美金，可能就得花较长的时间了。在此一过程的一项重要变数是，你要拿什么来交换这 1 万或 100 万美金。提供相对服务或其他等价物的时间，对取得资源的速度快慢也是相当重要的，你必须清楚地了解在你"取得"之前应"付出"些什么。

运用简单的威力

有些主管整天踱来踱去，骂这骂那；书桌上的公文及资料文件堆积如山，似乎有忙不完的工作：我将他们称为"无事忙"。

若是你有事请教，他会很不耐烦地转头说："我很忙。"在你问题尚未说出前，就给你来个下马威。的确，他是很忙，但这种忙碌是否具有实质意义呢？相反的，有的人对每件事都处理得井然有序，不管公司内外，大大小小的事，他都能迅速地亲自处理，并且让人一目了然，甚至有时还悠闲地表现一些幽默和情趣，这到底是怎么回事呢？我曾对公司内那些"无事忙"的主管做过心理分析，很不幸地，我发现他们忙碌的理由都是可笑的，有的甚至只是为了要将自己的能力表现给他人看，却完完全全地与效率和合理脱了节。

在我们做一件工作前，应当考虑如何用最简省的方法去获得最佳的成效，拟定一个周密的计划，再着手去做。若只是因一时的兴起而从事工作，不但事倍功半，而且也不易成功。如果只是要将自己的忙碌告诉他人，我们就可以断定他所忙的都只是一些无聊的事，因为一个工作有计划的人，是不会那么忙碌的。我认识一位公司的高级主管，他总是笑脸迎人，优哉自若，非常有效率。和他一见面，他会直截了当地告诉你："今天我只有30分钟能和你谈。"或是"今天我的时间较充裕，我们可以慢慢谈。"有一次我为了一件重要的事情去拜访他，他立刻就将事务科长叫到办公室；第二天，这件事情就解决了。因为他冷静，所以能很快地下决断，而成天无事忙的人，是绝对没有这种"当机立断"的能力的。

无论是高层主管还是员工，若能在一天规定的八小时工作时间内将预定的工作做完，才是一个有效率的人。我常看到有些人，要在下班铃响后，才开始紧张忙碌地工作。如果有这样的员工，必定也有这样的主管，因为他的无能，双方才能臭味相投。若是一个主管认为员工如此工作是没有效率的，相信员工也不会有如此恶劣的表现了。

条理性是我们简化工作的一个重要方法。在许多工作没有计划和条理的商行里，有不少拿着高薪的员工却做着极简单的工作，比如拆信、把信札分类、寄发传单等等事情。其实，此类工作，即便是待遇微薄的职工也一样能够胜任。像这样一些没有精细规划的商行是永远不会有发展的。

只有很少商人和店主，对于商行管理过程中时间的节约与职员的能力，有着相当的研究；但大部分商人和店主并不善于指挥，也总不能使工作有条理和系统化，这样就无法增加员工的办事效率。其实，不去注意工作上的条理和效率，是经营上最大的失策。

工作没有次序、缺乏条理的商人，总易因办事方法的失当，而蒙受极大的损失。他们不知怎样去有效地措置业务；对于雇员的工作，他们不知道好好地安排；做起事来，有的地方不及，但有的地方却过之；仓库里有许多过时、不合需要的存货，也不及时把货物整理一下，结果什么东西都纷乱不堪。这样的商行，必要失败。

一个在商界颇有名气的经纪人把"做事没有条理"列为许多公司失败的

一大重要的原因。

　　没有条理、做事没有次序的人，无论做哪一种事业绝没有功效可言。而有条理、有次序的人即使才能平庸，他的事业也往往会有相当的成就。

　　工作没有条理，同时又想做成大规模营业的人，总会感到手下的人手不够。他们认为，只要人雇佣得多，事情就可以办好了。其实，他们所缺少的，不是更多的人，而是使工作更有条理、更有效率。由于他们办事不得当、工作没有计划、缺乏条理，因而浪费了大量职员的精力和体力，但还无所成就。

　　一个性急的人，不管你在什么时候遇见他，他都很匆忙。如果要同他谈话，他只能拿出数秒钟的时间，时间长一点，他便要拿出表来看了再看，暗示着他的时间很紧。他公司的业务做得虽然很大，但是花费却更大。究其原因，主要是他在工作上毫无秩序、七颠八倒。他做起事来，也常为杂乱的东西所阻碍。结果，他的事务是一团糟，他的办公桌简直就是一个垃圾堆。他经常很忙碌，从来没有时间来整理自己的东西，即便有时间，他也不知道怎样去整理、安放。

　　这个人连自己的工作都没有条理，就更不知如何恰到好处地进行人员管理了，他只知一味督促职工。但他只是催促职工做得快些，却谈不上有条理。因此，公司职员们的工作也都混乱不堪、毫无次序。职员们做起事来，也很随意，有人在旁催促便好像很认真地做，没有人在旁催促便敷衍了事。

　　其实，做事有方法、有秩序的人的时间也一定很充足，他的事业也必能依照预定的计划去进行。

　　今日之世界是思想家、策划家的世界。惟有那些办事有次序、有条理的人，才会成功。而那种头脑昏乱，做事没有次序、没有条理的人，这世上就绝没有他成功的机会。

将自信注入工作

　　一名企业家曾说过："对任何一个公司而言，若要生存并获得成功的自

卡耐基励志经典

豪感，就必须有一套健全的原则，可供全体员工遵循，但最重要的是，大家要对此原则充满自信。"

自信心对一个人的成长有着相当重要的作用，它可以支持强者闯过难关，帮助弱者赢得成功。一名精明的主管，要有效地调动自己的下属，让他们在能够产生自我激励、自我评估与自信心的气氛中工作。而一名优秀的员工，只有对工作充满信心，保持热情与精力，这样才会有所成就。

凯恩斯是一名普通修理工，生活虽然勉强过得去，但离自己的理想还差得很远。有一次，他听说旧金山一家维修公司招工，便决定前去试一试，希望能够换一份待遇较高的工作。他星期六下午到达旧金山，面试时间定在星期日。

吃过晚饭，他独自坐在旅馆房间中，不知为什么，他想了很多，把自己经历过的事情都在脑海中回忆了一遍。突然间他感到一种莫名的烦恼：自己并非一个智力低下的人，为什么至今依然一事无成、毫无出息呢？

他取出纸笔，写下四位自己认识多年、薪水比自己高、工作比自己好的朋友的名字。其中两位曾是他的邻居，已经搬到高级住宅区去了，另外两位是他以前的老板。他扪心自问：和这四个人相比，除了工作比他们差以外，自己还有什么地方不如他们？聪明才智？凭良心说，他们实在不比自己高明多少。

经过很长时间的思考和反思，他悟出了问题的症结——自我性格情绪的缺陷。在这一方面，他不得不承认自己比他们差了一大截。

虽然是深夜1点钟，但他的头脑却出奇的清醒。他觉得自己第一次看清了自己，发现自己过去很多时候不能控制自己的情绪，爱冲动、自卑，不能平等地与人交往等等。

整个晚上，他都坐在那儿自我检讨。他发现自从懂事以来，自己就是一个极不自信、妄自菲薄、不思进取、得过且过的人；他总是认为自己无法成功，也从不认为能够改变自己的性格缺陷。

而后，他决定绝不再有自己不如别人的想法，绝不再自贬身价，一定要完善自己的情绪性格，弥补自己的不足。

　　第二天早晨，他满怀自信地前去面试，并顺利地被录用了。在他看来，之所以能得到那份工作，与前一晚的沉思和醒悟让自己多了份自信不无关系。

　　在走马上任的两年内，凯恩斯逐渐建立起了好名声，人人都认为他是一个乐观、机智、主动、热情的人。随之而来的经济不景气，使得个人的情绪因素受到了考验。而这时，凯恩斯已是同行业中少数可以做到生意的人之一了。公司进行调整时，分给了凯恩斯可观的股份，并且加了他的薪水。

　　成功不可能来自于一种失败的观念，就好像玫瑰不可能生长在长满蓟草的土壤中一样。当一个人非常担心失败或贫困时，当他心中总是想着可能会失败或贫困时，他的潜意识里就会形成这种失败的印象，这将会使他自己处于越来越不利的地位。有一天，我在某市文化中心举行的实业家会议发表演讲，当我正在讲台上致词时，有名男子朝我逐步走近，而且诚恳地对我说："我有个相当要紧而严重的问题，不知是否能私下与您谈谈？"我听了这句话后，便答应等会议结束后再与他详谈。

　　他向我说明："我准备在这个城镇开创自己这一生中最大的事业，如果成功的话，将对我产生无比重要的意义；但若不幸失败，我将会失去所有的一切！"

　　听了这番话后，我先安抚他，希望他能放松心情，接着委婉地对他说："并非每件事都能达到预期的理想结果。成功固然美好，但即使失败，明天的风仍是继续地吹着，希望依然存在。"我如此开导他、劝慰他。

　　然而，他依旧愁容满面地说："但是，有件令我相当苦恼的事，我始终无法对自己产生自信。对于任何事我都没有把握，甚至无法确信自己是否真的能顺利完成一件事。通常，在事情尚未开始着手之前，我的意志便不由自主地消沉下来。事实上，目前我已相当泄气了。"他继续说着，"如今，我已是40岁的中年人，却一直受困于自卑感的烦恼，因此对自己总是抱持否定的态度，今晚聆听您的演讲，对于您所谈有关思考力量的问题，希望有进一步的了解，我想明白该如何做，才能对自己产生自信与肯定。"

　　我对这名男子做了这样的回答："有两个方法可以解决你的问题：第一

是探讨无力感的来源。当然，若要找出源头，必得花费不少时间去分析，但这是绝对必要的重要步骤。我们必须学习科学家的做法，以科学方法来探究这种生活病态的原因。不过，这件事绝不可能在短期内得到答案，再者也不可能在短时间内能得心应手地运用，这是一种为达到永久治愈目标的治疗法，因此对你的迫切需要并不适宜。但是还有一个方法可以临时应急，以解决你迫在眉睫的问题。我要给你开一帖处方，若能好好运用，想必能有效解决你的困难。"我继续向他郑重说明，"今天晚上，当你走在街上时，不妨重复默念我将告诉你的这句话；等你回到家，躺在床上时，也要对自己重复说上几次。待明天睡醒时，记得在起床前把这句话说上三次。倘若你本着虔诚的心意来做这件事，你将会获得足够的能力面对这个问题。当然，如果可能的话，尝试花些时间去进行分析问题的基础研究，是再好不过的事了。但不论研究结果如何，我现在要赠予你的这帖处方，在治疗上却是扮演着绝对重要的角色。"

这句话的内容是："虔诚的信仰给了我无比的力量，凡事都能做。"

由于在此之前，他并未听过这句话，因此我把这句话写在卡片上递给他，并请他大声复诵三次。然后，再次细心叮咛："那么，你就按照我刚才所说的去做吧！我相信一切将很顺利！"

他站起身来，先是静静地站在原地，一动也不动，后来带着激动的表情与口吻对我说："好的，先生，我知道了！"

我看着他昂首挺胸的身影在夜幕中逐渐消失，尽管那身影看来仍有些悲伤的意味，但是看着他那昂然离去的姿态，仿佛无言地暗示，信仰已在他的心中萌芽。

日后，这名男子曾感激地对我表示："这帖简易的处方确实为我缔造了奇迹。"此外他还强调，"简直令人难以置信，想不到这么一小句话竟能带给人们这么大的效果！"

后来，他也应用科学的研究方法，努力探究自己自卑感的原因所在。结果，终于去除了长久以来的自卑感。最重要的是，他真正学会了应该如何拥有信仰，并恪守某些特定的训诲。他逐渐拥有强大、坚定不移的信心，现在任何事情对他而言都不再是难以克服的困难了，而是完全可由他来操控安排。这样的变化实在令人惊讶，大量事实的确如此。他的人格再也不似昔日般消极悲观，而是充满积极与斗志，现在他不仅不会与成功绝缘，相反地，更将成功拉向了自己。尤其可以肯定的一点是，他已经对于自己本身的能力真正具有信心了。

挣取你的"脑力薪"

我常常在想：仗恃着年资久或是毕业于最高学府，脑筋却不怎么样的人，凭什么比只有高中毕业的优秀者领到更多的薪水？靠关系走后门却没有能力的人，凭什么比辛勤努力的人领到更高的薪水？美国的一本袖珍读物上，有这么一段故事：在东海岸的某一港街，有一家著名的毛皮公司，这家公司的工作人员中有三兄弟。有一天，他们的父亲要求见总经理，原因是他不明白为何三兄弟的薪水各不同？大儿子杰斯的周薪是 350 美元，二儿子杰菲的周薪是 250 美元，而三儿子杰亮的周薪却是 200 美元。总经理默默地听三兄弟的父亲说完，然后说："我现在叫他们三人做相同的事，你只要看他们的表现，就可知道答案了。"总经理先把杰亮叫来，吩咐说："现在请你去调查停泊在港边的 C 船上的毛皮的数量、价格和品质，你都要详细地记录下来，并尽快给我答复。"

杰亮将工作内容抄下来后，就离开了。五分钟后，便回来了，向总经理汇报情况。

杰亮因为总经理命令他要尽快，所以他就利用电话询问：一通电话就完成了他的任务。

总经理再把杰菲叫来，并吩咐他做同一件事情。杰菲在一小时后，回到经理办公室。气喘吁吁地说他是坐公车往返的，并且将 C 船上的货物数量、品质等详细报告出来。

总经理再把杰斯找来，先把杰菲报告的内容告诉他，然后吩咐他再去详细调查。杰斯说可能要花点时间，然后走了。三小时后，杰斯回到公司。

杰斯首先重复报告了杰菲的报告内容，说他已按照总经理的要求将任务完成，为了方便总经理和货主订契约，他已请货主明天早上 10 点到公司来一趟。回程中，他又到其他的两三家毛皮商公司询问了货物的品质、价格，并请可以做成买卖的公司负责人明天早上 11 点到公司来。

在暗地里看了三兄弟的工作表现后，父亲很高兴地说：从他们三人的行动能力上给了我最满意的答案。

由这个小故事，我们可以知道能力薪和脑力薪是有所不同的，只是人们常将它们混为一谈。

正确地做事与做正确的事

创设遍及全美的事务公司的亨瑞·杜哈提说，不论他出多少薪水，都不可能找到一个具有两种能力的人。这两种能力是：

第一，能思想。

第二，能按事情的重要程度来做事。

因此，在工作中，如果我们不能选择正确的事情去做，那么惟一正确的事情就是停止手头上的事情，直到发现正确的事情为止。由此可见，做事的方向性是至关重要的。然而，在现实生活中，无论是企业的商业行为，还是个人的工作方法，人们关注的重点往往都在于前者：效率和正确做事。

实际上，第一重要的却是效能而非效率，是做正确的事而非正确做事。"正确地做事"强调的是效率，其结果是让我们更快地朝目标迈进；"做正确的事"强调的则是效能，其结果是确保我们的工作是在坚定地朝着自己的目标迈进。换句话说，效率重视的是做一件工作的最好方法，效能则重视时间的最佳利用——这包括做或是不做某一项工作。

"正确地做事"是以"做正确的事"为前提的，如果没有这样的前提，"正确地做事"将变得毫无意义。首先要做正确的事，然后才存在正确地做事。正确做事，更要做正确的事，这不仅仅是一个重要的工作方法，更是一种很重要的工作理念。任何时候，对于任何人或者组织而言，"做正确的事"都要远比"正确地做事"重要。

正确地做事与做正确的事是两种截然不同的工作方式。

正确地做事就是一味地例行公事，而不顾及目标能否实现，是一种被动的、机械的工作方式。

在工作中只对上司负责，对流程负责，领导叫干啥就干啥，一味服从，铁板一块，是制度的奴隶，是一种被动的工作状态。在这种状态下工作的人往往不思进取，患得患失，不求有功，但求无过，做一天和尚，撞一天钟，混着过日子。

而做正确的事不仅注重程序，更注重目标，是一种主动的、能动的工作方式。

在工作中对目标负责，做事有主见，善于创造性地开展工作。这种人积极主动，在工作中能紧紧围绕公司的目标，为实现公司的目标而发挥人的能动性，在制度允许的范围内，进行变通，努力促成目标的实现。

这两种工作方式的根本区别在于：

是只对过程负责，还是既对过程负责又对结果负责；是等待工作，还是主动地去工作。同样的时间，这两种不同的工作方式产生的区别是巨大的。

举个工作中的例子，比如说某客户服务人员接到服务单，客户要装一台打印机，但服务单上没有注明是否要配插线，这时，客户服务人员有三种做法：

第一种做法：照开派工单；

第二种做法：打电话提醒一下商务秘书，让他问客户是否要配插线，然后等对方回话；

第三种做法：直接打电话给客户，询问是否要配插线，若需要，就配齐给客户送过去。

第一种做法，可能导致客户的打印机无法使用，引起客户的不满；

第二种做法，可能会延误工作速度，影响服务质量；

第三种做法，既能避免工作失误，又不会影响工作效率。

你觉得，哪种做法最好呢？相信大多数人会选择第三种做法。第三种做法就是在做正确的事，第一、二种做法就是在正确地做事，这二者的区别就在于结果的不同，其原因是没有把公司的目标与自己的工作结合在一起。

若要集中精力于当急的要务，就得排除次要事务的牵绊，此时就需要有说"不"的勇气。

我的妻子曾被选为社区计划委员会的主席，可是既放不下许多更重要的事，又不好意思拒绝，只好勉为其难地接受。后来她打电话给一位好友，问她是否愿意在委员会工作，对方却婉拒了，我的妻子大失所望地说："我那时也能拒绝就好了。"

这不是说社区活动或社会服务不重要，而是人各有志，各有优先要务。必要时，应该不卑不亢地拒绝别人，在急迫与重要之间，知道取舍。

我在一所规模很大的大学任教时，曾聘用一位极有才华又独立自主的撰稿员。有一天，我有件急事想拜托他。

他说："你要我做什么都可以，不过请先了解目前的状况。"

他指着墙壁上的工作计划表，显示超过 20 个计划正在进行，这都是我俩早已谈妥的。

然后他说："这件事至少占去几天时间，你希望我放下或取消哪个计划来空出时间？"

他的工作效率一流，这也是为什么一有急事我就会找上他。但我无法要求他放下手边的工作，因为比较起来，正在进行的计划更为重要，我只有另请高明了。

我的训练课程十分强调分辨轻重缓急以及按部就班行事。我常问受训人员：你的缺点在于——

1. 无法辨别事情的重要与否？

2. 无力或不愿有条不紊地行事？

3. 缺乏坚持以上原则的自制力？

答案多半是缺乏自制力，我却不以为然。我认为，那是"确立目标"的功夫还不到家使然。而且不能由衷地接受"事有轻重缓急"的观念，自然就容易半途而废。

这种人十分普遍。他们能够掌握重点，也有足够的自制力，却不是以原则为生活重心，又缺乏个人使命宣言。由于欠缺适当的指引，他们不知究竟所为何来。

以配偶或金钱、朋友、享乐等为重心，容易受第一与第三类事务羁绊。至于自我中心者则难免被情绪冲动所误导，陷溺于能博人好感的第三类活动，以及可逃避现实的第四类事务。这些诱惑往往不是独立意志所能克服的，只有发乎挚诚的信念与目标，才能够产生坚定说"不"的勇气。

做好时间管理

在现实生活中，有一个很著名的叫"80/20 法则"的原理，对于我们的工作和生活有很大的影响，也是上述主管大幅度提高工作效率的最好方法。"80/20 法则"对工作的一个重要启示便是：避免将时间花在琐碎的多数问题上，因为就算你花了 80% 的时间，你也只能取得 20% 的成效。你应该将时间花于重要的少数问题上，因为解决这些重要的少数问题，你只需花 20% 的时间，即可取得 80% 的成效。

在工作生活中，我们都见过许多这样的人，他们虽然怀有大干一番事业、做出辉煌成绩的想法，可是总不见行动，只是把这些想法挂在嘴边，每天都踏步不前。因此，为了避免成为一个空谈主义者，为了更有效地提高我们的工作效率，我们必须立即行动起来。

我们每个人每天面对的事情，按照轻重缓急的程度，可以分为以下四个层次，即重要且紧迫的事；重要但不紧迫的事；紧迫但不重要的事；不紧迫也不重要的事。

1. 重要而且紧迫的事情。

这类事情是你最重要的事情，而且是当务之急，有的是实现你的事业和目标的关键环节，有的则和你的生活息息相关，它们比其他任何一件事情都值得优先去做。只有它们都得到合理高效的解决，你才有可能顺利地进行别的工作。

2. 重要但不紧迫的事情。

这种事情要求我们具有更多的主动性、积极性和自觉性。从一个人对这种事情处理的好坏，可以看出这个人对事业目标和进程的判断能力。因为我们生活中大多数真正重要的事情都不一定是紧急的。比如读几本有用的书、休闲娱乐、培养感情、节制饮食、锻炼身体。这些事情重要吗？当然，它们会影响我们的健康、事业，还有家庭关系。但是它们急迫吗？不。所以很多时候这些事情我们都可以拖延下去，并且似乎可以一直拖延下去，直到我们后悔当初为什么没有重视，没有早点来着手重视解决它们。

3. 紧迫但不重要的事情。

紧迫但不重要的事情在我们的生活中十分常见。例如，本来你已经洗漱停当准备休息，好养足精神明天去图书馆看书时，忽然电话响起，你的朋友邀请你现在去泡吧聊天，然而你就是没有足够的勇气去回绝他们，因为你不想让你的朋友们失望。然后，你去了，次日清晨回家后，你头昏脑涨，一个白天都昏昏沉沉的。你被别人的事情牵着走了，而你认为重要的事情却没有做，这或许会造成你很长时间都比较被动。

4. 既不紧迫又不重要的事情。

很多这样的事情会在我们的生活中出现，它们或许会有一点价值，但如果我们毫无节制地沉溺于此，我们就是在浪费大量宝贵的时间。比如，我们吃完饭就坐下看电视，却常常不知道想看什么和后面要播什么。只是被动地接受电视发出的信息。往往在看完电视后觉得还不如去读几本书，甚至不如去跑跑健身车，那么刚才我们所做的就是浪费时间了。其实你要注意的话，很多时候我们花在电视上的时间都是被浪费掉了。

我们可以按照上述的分类，将重要而且紧迫的事情定为 A 类，将重要但不紧迫的事情定为 B 类，紧迫但不重要的事情定为 C 类，既不紧迫又不重要的事情定为 D 类，在实际工作中，我们应该先干重要的事，即 A 类事情，这一类事情做得越多，我们的工作效率就越高。

在工作中，我们需要时刻提醒自己："此刻，什么是我利用时间的最佳方式？"在每月事先安排的工作计划中，应使自己除了能为"重点"的项目留出额外的时间外，还能使工作有所变化并保持平衡。

另外，计划赶不上变化，如果目标不随着工作进程而及时修改的话，就很容易成为工作效率提高的障碍，因此，我们应该坚持每月修订一次自己的人生目标。每天重温自己制定的目标，并用每天的行动去接近这个目标。你可以在办公室里放上自己的人生目标的陈述，借此来提醒自己。即使是在干一件最小的事，心中也不忘那个长期的目标。在每天早晨就进行计划，安排好一天工作的轻重缓急。每天都有一张当天要做哪些事的清单，并将它们按重要性程度排列，然后尽可能一有时间就去干最重要的工作。为自己、也为别人都定下工作的最后期限。养成好习惯，按着"任务清单"的顺序干，决不跳过困难的工作。永远放弃"等候时间"。如果不得不等什么，就把它当作"时间的礼物"，用它来休憩，或去做一些本来不会去做的事情。检查自己的旧习惯，看看是否有需要杜绝或加以改进的地方。

法国哲学家布莱斯·巴斯卡说："把什么放在第一位，是人们最难懂得的。"

一个人在工作中常常难以避免被各种琐事、杂事所纠缠。有不少人由于没有掌握高效能的工作方法，而被这些事弄得筋疲力尽，心烦意乱，总是不能静下心来去做最该做的事，或者是被那些看似急迫的事所蒙蔽，根本就不知道哪些是最应该做的事，结果白白浪费了大好时光，致使工作效率不高，效能不显著。为此，每个人都应该有一个自己处理事情的优先表，列出自己一周之内急需解决的一些问题，并且根据优先表排出相应的工作进程，使自己的工作能够稳步高效地进行。

回家，把工作关在门外

对于一个男人来说，如果他在事业上没有成功，则会被人看不起。所以

卡耐基励志经典

人性的优点

事业成功对男人确实很重要，因为事业是男人价值的体现，也是男人强大的心理压力。

正因如此，男人才全身心地投入到工作中去，不这样他就无法取得成功。

历史积淀下来的严酷的社会准则，使得男人在社会中面临巨大的精神压力：他的房子、汽车、社会地位、奋斗取得的各种荣耀，尤其是他内心世界的完整，都需要用工作与事业来维持。

现代社会中，"工作是男人的世界"这种观念更加盛行。一方面社会的大变革给男人们提供了创造、冒险、征服的更加广阔的空间；另一方面，挑战、竞争、机遇也更大地使男人的野心膨胀。自然而然，这个时代也就比别的时代孕育了更多的男性"工作狂"。

虽然对社会来说"工作狂"不见得是什么坏事，但对于家庭来说，"工作狂"却是极其危险的，它会造成夫妻感情的冷漠。

男人一旦结婚成家，就觉得他的最大责任即为家庭提供足够的物质保证。他在工作中不惜代价往上爬，一方面可以提高家庭生活水平，另一方面也可以证明他是一个成功的男人。

当他完成了他认为必须履行的工作义务后，回到家中已是满身疲惫，没有更多时间和精力给予妻子在感情上、肉体上充分的满足。而此时的女人，正处于精神、肉体都需要男人爱抚的时刻，当这种愿望满足不了时，女人就会感到寂寞、孤独、不被人重视的痛苦。她开始唠叨或者抱怨，这便使他们之间的关系开始疏远。

然而，忙碌于工作的丈夫却依然无暇注意到妻子情感的变化，不被注意的女人刚开始时也会去奉迎、影响、吸引、劝导他，可时间一长，如同寡居的生活便刺激了女人天性中刻薄的一面。

她开始因他的疏忽而找茬儿刺激他，使他尴尬，使他难堪。出于缓和紧张局势、稳定后方家庭（因为家庭动乱会使男人工作分心，让他没面子）的考虑，男人也会做出一些努力，如抽些时间陪妻子、便与她聊天、带她出去吃饭，但他工作狂的本性难移，他仍然把很多的精力放在工作上，这样使妻子的失望、愤怒愈来愈重，并为此喋喋不休。

在这种情况下，脆弱的女人会把自己的头靠在任何一个走近她的男人肩上，只要这个男人不至于让她太讨厌。与自己的工作狂丈夫相比，这个男人富有同情心、怜悯之心、理解之心，与他在一起能够使她快活、开心。于是不知不觉这个女人便会陷入婚外恋的漩涡中而不能自拔。

生活中大多数女人的移情别恋都属于这种情况。与其说这是女人们的错误，不如说是这些男性工作狂逼得女人去犯这样的错误。

最近有一个寡妇讲述了她曾经和丈夫一起度过的一段悲惨的生活。她的丈夫似乎只有一种想法，这种想法占据了他整个的生活——那就是赚钱。他对于生活本身的舒适丝毫不感兴趣，而生活本身绝对不能干扰他为赚更多钱而制定的工作计划。这个寡妇说，后来他们的家完全不是一个家了。他一回到家里，就为更多的生意进行思考和安排计划，为赚更多钱而制订更多的方案。这样，赚钱已经成为了他惟一的癖好。长此以往，他总是显得那么疲惫不堪，当他晚上回到家时，他甚至累得抬不起头来。但即使这样，他仍然不休息，而是很快地又投入到工作中去，思考并计划着更多的生意。于是，他总是使自己处在一种连续的疲劳状态之中。

应该留在办公室里的生意和业务，总是时时刻刻伴随着他。"一夜又一夜，"他的寡妻后来说，"我记得他在午夜以后还坐在那里，凝视着他的本子并且仍然在思考、在做计划。我听见了他那痛苦的咳嗽声，于是我常常走下楼去恳求他为了健康而休息一下，该上床睡觉了。但他从来都是很固执。

"他坦率地对我说过许多次，我的乞求毫无用处，如果在他的计算过程中少了一分钱，他也不会放弃，直到查出那分钱为止。有几次，我在地板上丢下一便士，并且把它捡起来交给他说：'这就是差额。我刚把它从地板上捡起来，也许是你丢的。'但是，他却很敏锐地看穿了我的诡计。他无法停下来，直到在自己的书中发现了那一便士，哪怕为此干上一个通宵！"

尽管这个人有上百万的财产，但是他没有家庭生活，也享受不到家庭的欢乐。后来，他的妻子和孩子们完全疏远了他。他从来没有像别人那样拥有空余时间去享受快乐。他总是处于不停地思考、计划和努力工作之中，直到死亡把他带走。

当你锁上了办公室的大门时，也请你把生意和工作上的烦恼都锁在里面。别把它们带回家。别把你的担忧或焦虑的想法带到你的娱乐和游玩上，否则你从中将得不到任何好处。当你把钥匙插到家门上时，请想象一下打开门时你会看到这样一句用很大的字写成的箴言："在这里不允许有生意上的担心或焦虑，也不允许有生意上的思考或讨论。"

回到家后享受你今晚的家庭生活。不要在晚上浪费你宝贵的精力，不要让你过于疲惫，不要老在晚上反思一天的工作或为过去悲哀，更不要想自己能否把这个做得更好或者把那个做得更好。当你这样做的时候，你只是在浪费你更多的宝贵精力和时间而已，那有什么用呢？如果你早已出色地完成了工作，为什么还要在它上面浪费更多的时间和宝贵的精力呢？好好地去干手上的事情吧！通过更好地完成现在的事情，通过把你的精力有效地投入到正确的方向上，从而去弥补你过去的不足。

当你回到家，肉体和精神上都疲惫不堪时，就对自己说："这里是我力量的家园；这里是我为了明天的工作得到力量和补给的地方，是我恢复精力和体力的地方；这里是我得到新的生命和新的勇气的地方，是我成为一个新人的地方。我无法忍受我的精力被耗尽。这里是我的理想重新被照亮、我的雄心重新被确立的地方，这里是更新自我、恢复自信，为明天的工作而获得积极心态的地方。"

第十三章　克服忧虑的真实故事

理论也许是苍白的，而生活之树常青。在学习了以前章节之后，让我们来看看以下这些活生生的实例吧。

一、突然来袭的六大烦恼

布莱克伍德（C. I. Blackwood）

1943 年夏季，世上大半的烦恼似乎都落到了我的肩上。

40 年来，我的生活一直很平静，只有一些为人夫、为人父及生意上的小烦恼，我通常也都能从容应付。可是突然间，接二连三地打击袭来，让我整晚辗转反侧，这些烦恼分别是：

1. 我办的商业学校，因为男孩都入伍作战去了，因此面临严重的财务危机，很多不学无术的女孩在武器工厂的工资，比我们学校的毕业生上班后的薪水还高。

2. 我的长子也服役于军中，像所有有儿子出外作战的父母一样，我非常挂念。

3. 俄克拉何马城正在征收土地建造机场，我的房子——由我父亲那里继承来的——正坐落在这片土地上，我能拿到的赔偿金只有市价的 1/10。而且是最惨的是，我无家可归，因为城市里房屋不足，我担心我能不能找到一个遮蔽一家 6 口的房子。说不定我们得住在帐篷里，连能不能买到一顶帐篷，我也觉得不放心。

4. 我农场上的水井干枯了，因为我房子附近正在挖一条运河。再花 500 美金重新掘个井，等于把钱丢到水里，因为这块土地已被征用了。我每天早上得运水去喂牲口，可能要搞两个月，说不定后半辈子都得这么累了。

俄克拉何马城

5．我住在离商业学校10英里远的地方，限于战时的规定，我又不能买新轮胎，所以我老担心那辆老爷福特车，会在前不着村后不着店的荒郊野外抛了锚。

6．我的大女儿提早一年就由高中毕业，她下定决心要念大学，我却筹不出学费，她会因此心碎的。

一天下午，我就坐在办公室里烦恼这些心事，我忽然决定把它们全部写下来。我倒不怕给我一个奋斗的机会去解决这些问题，只是这些困难好像已超出了我的控制范围。看着这些问题我觉得束手无策，于是只有把这张写满了烦恼事项的纸收起来。就这样，几个月过去了，我几乎忘了写下来的是什么。一年半以后，有一天整理东西时，又看到了这张列明摧折我健康的6大烦恼。我一面看一面觉得很有趣，同时也学到了一些东西，因为我现在知道，其中没有一项是真正发生的。

这6大烦恼的发展如下：

1．我发现担心学校无以为继是无意义的，因为政府开始拨款训练退役军人，我的学校不久就招满了学生。

2．我发现担心我从军的儿子是无意义的，他毫发无损地回来了。

3．我发现担心土地被征去修机场是无意义的，因为附近发现了油田，因此不可能再被征用。

4. 我发现担心没水喂牲口是无意义的，既然我的土地不会被征收，我就花钱掘了口新水井。

5. 我发现担心车子在半路抛锚是无意义的，因为我小心维护，倒也维持下来了。

6. 我发现担心长女的教育经费是无意义的，因为就在大学开学前六天，像奇迹一般，有人提供给了我一份稽查的工作，可以用课后的时间兼职，这份工作帮助我筹足了学费。

我以前也听过人们谈起99%的烦恼都不会发生，我一直不太相信，直到我再看到自己这张烦恼的清单，我才完全信服。

虽然我白担心了这些烦恼，我还是觉得很值得，因为我学到了一个永生难忘的经验，让我体会到为了根本不会发生的事饱受煎熬是多么没有意义。

请记住，今天正是你昨天所担心的明天。问问你自己：我怎么知道我所担心的事真的会发生？

二、一小时内转变为乐观主义者

经济学家罗杰·班布森（Roger w. Babson）

只要我注意到自己有点儿消沉时，我总能驱除忧虑，让自己变得乐观。

我是这么做的，我进入书房，闭上双眼，走到只放历史书籍的书架旁。我还是不睁开眼睛就伸出手去取书，不晓得会拿到普雷斯科特（Prescott）的《征服墨西哥》，还是苏埃托尼奥（Suetonius）的《十二恺撒》。闭着眼睛，我随意翻开书，再睁开眼睛开始阅读一个小时，我读得越多，越能体会这个世界的苦难。人类的文明常处于摇摇欲坠的存亡之秋，历史的扉页记满了战争、饥荒、贫穷、瘟疫以及残酷的事实。读了一个小时的历史后，我总能体会不管目前状况有多糟，还是比以前好得多了。这让我能面对自己当前的处境，并往好处着眼，因为就整个世界来看，人类还是在不断进步中。

这个阅读历史的方法值得多加推广。从千万年历史的角度去看事情你会发现自己的困扰在永恒面前是多么微不足道。

三、如何消除自卑感

艾尔默·托马斯（Elmer Thomas）

我 15 岁时，常常因忧虑恐惧及自我意识所苦。我和同年龄的少年相比，实在长得太高了，而且瘦得像枝竹竿。我有 6 尺 2 寸高，却只有 118 磅的体重。除了身材比别人高之外，在棒球或赛跑各方面都不如人。他们常取笑我，封我一个"马脸"的外号。我的自我意识极重，不喜欢见任何人，又因为住在农庄上，离道路很远，也碰不到几个陌生人。我们的农庄离公路还有半英里远，平常我只能见到父母及兄弟姊妹。

如果我任凭烦恼与恐惧长期占据我的头脑，我可能一辈子都无法翻身。一天 24 小时，我随时为自己的高瘦自怜，什么别的事也不能想。我的尴尬与惧怕实在超过了文字所能形容的范围。我的母亲了解我的感受，她曾做过学校教师，因此，她告诉我："儿子，你得去受教育，既然你的体能状况如此，你只有靠智力谋生。"

可是父母无力送我上大学，我必须自己想办法。我利用冬季捉到一些貂、浣熊、鼬鼠类的小动物，春天来时出售得了 4 美元，再买回两头猪，养大后，第二年秋季卖得了 40 美元。用这笔钱，我到印第安纳州去上师范学院。住宿费一周 1 元 4 角，房租一周 5 角。我穿的破旧衬衫是我妈妈做的（为了不显脏，她有意用咖啡色的布），我的外套以前是我父亲的，他的旧外套、旧皮鞋都不合我用，皮鞋旁边有条松紧带，已经完全失去了弹性，搞得我走路时鞋子随时会滑落。我没有脸去和其他同学打交道，只有成天在房间里温习功课。我内心深处最大的愿望是，有一天我能在服装店买件合身体面的衣服来穿。

不久以后，却发生了几件帮助我克服自卑感的事。其中有一件，带给我勇气、希望与自信，改变了我后来的人生。这些事件的经过如下：

第一件：入学后 8 周，我通过一项考试，得到了一份三级证书，可以到乡下的公立学校授课。虽然证书有效期只有半年，但是这是有生以来，除了我母亲以外，第一次证明别人对我有信心。

第二件：一个乡下学校以一天 2 美元或月薪 40 美元的薪资聘请我去教书，更证明别人对我的信心。

第三件：一领到第一张支票，我就到服装店，购买了一套称心的服装。现在即使有人给我 100 万，我的兴奋程度也不及我穿上第一套新衣服时的一半。

第四件：我生命中的转折点，战胜尴尬与自卑的最大胜利，发生在一年一度举行的集会上。我母亲敦促我参加集会上的演讲比赛，对我来说，那好比是天方夜谭。我连单独跟一个人说话的勇气都没有，更何况是一群人。可是我母亲对我的信心是不容动摇的。她对我的未来有远大的梦想，把一生的期望寄托在我身上。她对我的信任鼓励了我去参加比赛。我抽中的题目，可说是最不适合我发表意见的，题目是："美国的美术与人文艺术"。坦白地说，我在做准备时，还搞不清楚人文艺术是什么玩意儿，不过反正听众也不懂什么是人文艺术，我想倒也没什么大不了的。我把演说内容都记熟了，而且对着树木与牛群演练了上百遍。为了我母亲的缘故，我渴望有出色的表现，因此，在演讲中，我真情流露。完全出乎意料的是，我竟然得了冠军。我太吃惊了，群众也开始欢呼。一些以前取笑我的男孩们跑来拍我的背说："我早知道你能办到的！"我母亲紧紧拥抱我。当我回顾我的人生，看得出来那次演说得奖确实是我人生的转折点。当地一家报纸以头版文章刊登了我的故事，而且看好我的未来。赢得演说优胜使我在本地得到肯定，更重要的是，它使我的自信倍增。如果不是那次的成功经验，我也不可能成为国会议员，是这次经历提升了我的勇气，开拓我的视野，并让我认识到我拥有一些从不敢想象的才能。其中最重要的，其实是那次的优胜为我赢得一年的师范学院奖学金。

我变得十分渴求得到更多的知识，因此过后的几年——1896 ~ 1900 年——我的时间完全贡献在教学与研究两方面。为了筹足进大学的学费，我夏季时到麦田、玉米田里工作，并参加道路工程。

　　1896 年，我虽只有 19 岁，却已做过了 28 场演说，鼓励人们投票选举布莱恩（Jennings Bryan）为美国总统。为布莱恩的助选演说，令人振奋，也促使我进入政界。进大学后，我主修法律及公众演说。l899 年，我代表学校与一所大学进行辩论，主题是："国会议员是否应开放全民投票"，因为我以前曾是演说冠军，因此被选为学校年刊及学校报纸的主编。

　　大学毕业后，我到俄克拉何马州开了一家律师事务所，接办一些印第安保留区的法律问题。我在州议会中服务了 13 年，并在下议院服务了 4 年。在我 50 岁那年，我终于完成了一生的抱负——成为俄克拉何马州的国会议员。我是在 1927 年 3 月 4 日就任的。自从 1907 年 11 月 16 日俄克拉何马与印第安保留区结合成一州，我常受到民主党的提名肯定，先是提名为州议员，后来成为国会议员。

　　我叙述这个故事，绝非为了吹嘘自己的成就，没有人会对我的成就感兴趣。我把它说出来，只是希望它能带给贫困子弟一些新生的勇气与信心，也许他们正像我小时候穿着父亲的旧衣旧鞋时一样的苦恼、害羞与自卑。

　　（附注：艾尔默·托马斯，年轻时因衣着破烂不合身，而深觉尴尬，后来却当选美国国会议员中的最佳服饰者。）

四、克服忧虑的五种方法

威廉·菲尔普教授（Willian Lyon PheIps）

　　1. 我 24 岁时，眼睛忽然无法看东西，阅读三五分钟后，眼睛像针刺般难受，即使不是看书，眼睛也对光线过分敏感，使我甚至不能面对窗户。我求诊过纽约最好的眼科医生，似乎没有什么好办法。每天下午 4 点以后，我就只有坐在墙角的暗处，等着上床就寝了。我十分惊恐，怕就因此放弃教学生涯。后来却发生了一件奇异的事，证明心智的力量可以战胜病痛。在我视力最恶化的那个难挨的冬天，我接受邀请去向一群大学生演说。大厅的天花板上挂着很大的瓦斯灯，刺得我眼睛疼得不得了，坐在台上的时候，我只能看着地面。可是演讲的那 30 分钟内，我一点儿都没有觉得疼痛，甚至我直视灯光也不用眨眼。演讲过后，我又开始疼起来了。

于是我想到只要把注意力集中在某件事上，不只是 30 分钟，说不定是一周，可能眼疾就痊愈了。很显然是心理战胜了生理上的病痛。

我在船上时有过一次类似的经验。当时我腰疼得不能走路，要直起腰来，简直疼得要命。即使在那样的状况下，我还是受邀在船上作了场演讲。我一开口说话，所有的疼痛都消除了，我站得笔直，随意移动，一直讲了一个钟头。演讲结束后，我轻轻松松地走回舱房。有一阵子，我以为自己没事了，不过那只是短暂的，后来腰还是疼。

这些经验都证明，一个人的心理态度是何等重要！也让我体会到了享受人生的重要性。所以，现在我把每一天都当做是我目睹的第一天，同时也是最后一天。日常生活也能令我兴奋，而处于兴奋状态的人是不可能做无谓的烦忧的。我热爱我的教学工作，我写过一本书，书名为《杏坛乐事》。教学对我而言，绝不只是一种职业，甚至不只是艺术，它更是一种热情。我爱教学，正如同画家热爱绘画，或歌手热爱歌唱一样。我早上一醒来，就先想到我那班可爱的学生。我一直觉得成功的人生来自于热忱。

2. 我还发觉阅读一本可以沉迷其中的书，也能克服忧虑。我 59 岁时，有一阵子精神状况不佳，我开始研读大卫·威尔逊（David Alec Wilson）的《卡莱尔的一生》。我完全被这本书所吸引，渐渐忘却了自己意气消沉，也因此逐渐痊愈。

3. 另一次我感到消沉时，我强迫自己每个小时都保持体能上的忙碌。每天早上，我打五六回合网球，冲个澡，午餐后，每天下午都玩 18 个洞的高尔夫球。周五晚上，我跳舞跳到凌晨 1 点。我很相信所有的挫折忧虑都会随着汗水流逝。

4. 我很早就学会了避免匆忙，不在压力下工作。我一直遵循威尔伯·克罗斯（Wilbur Cross）的哲学。当克罗斯担任康涅狄格州州长时，他告诉我："有时我觉得事情多得一下子处理不了，我就坐下来休息，抽我的烟斗，什么事都不做。"

5. 我也学会了时间与耐性可以解决很多问题。当我烦心某件事时，我试着去看我的问题将来会如何。我自问："两个月后，我就不会担心这件事了，那又何必现在来担心？何不让自己现在就换上两个月后的态度呢？"

总而言之，以下是菲尔普教授克服忧虑的 5 种方法：

（1）活得热忱："每一天都像是我能亲眼目睹的第一天，也是最后一天。"

（2）阅读一本好书："我精神状况欠佳时……开始读《卡莱尔的一生》……我完全沉迷其间，忘了自己的挫折。"

（3）做运动："当我意志消沉时，我强迫自己每个小时都保持体能上的忙碌。"

（4）轻松地工作："我早已学会了避免在匆忙及压力下工作。"

（5）我拉远眼光来看问题。我自问："两个月后，我就不会再担心这件事了，那又何必现在来担心？何不让自己现在就换上两个月后的态度呢？"

五、熬得过昨天，就过得了今天

多萝西·迪克斯（Dorothy Dix）

（美国专栏作家）

我曾历经贫病的深渊，人们问我是如何度过的，我常回答："熬得过昨天，就过得了今天，我绝不允许自己去想明天会如何。"

我深切体会过欲望、挣扎、焦虑与绝望，我总是不断超负荷工作着。当我回顾自己的过去，正如同满目疮痍的战场，充满了破碎的梦想与希望以及堕落的幻觉——一场极不利于我的战争，令我伤痕累累，提早衰老。

不过，我并不自怜，也从不为过去悲伤流泪，我也不羡慕比我幸运的人。因为我真正有血有肉地活过，不只是存在而已。我饮尽了生命之杯中的每一滴，而别人只是浅尝杯口的泡沫。我了解到了一些其他人永远不会知道的事，我看得很明白的事，别人却是盲目的。只有泪水冲洗过的眼睛，才能有真正开阔的视野。

在大学时代我已了解到了一种生活的哲理，那是养尊处优的人所不能体会的。我学会了只活在今天，而不去预支明日的烦恼。令人心生恐惧的是生命中不可知的部分。我之所以不先去担忧，是因为我由经验中得知，真正面对我所恐惧的事时，上天会赐给我所需要的智慧与力量。我不再为琐事心烦，当你目睹过整个人生在你眼前瓦解之后，你不会去在乎仆人忘了在盘下加垫子，或有人把汤洒在了你的身上。

我也学习到不对别人期望过高，因此，我仍能由对我不坦白的朋友或说闲话的朋友处得到快乐。而且，我已培养出了幽默感，一位遇到烦恼，能够以开玩笑代替歇斯底里的女人，已经坚强到刀枪不入了。我一点儿都不为自己受过的苦感到遗憾，因为我在痛苦中，真正体会到了生命的意义。这绝对是值得的。

多萝西·迪克斯以"活在今天的方格中"战胜了忧虑。

六、我几乎没有明天

J. C. 潘尼（J. C. Penney）

1902 年 4 月 14 日，一位年轻人以 500 元现金在怀俄明州的一个千人小镇上开了一家干货铺。这对年轻夫妇就住在店铺的阁楼上，用一个大木箱当桌子，小的空木箱就当做椅子。太太用毛毯包住婴儿放在柜台下层，她就站在旁边，帮助她丈夫招呼顾客。后来他成了全世界最大的连锁商店——J. C. 潘尼，1600 家店铺遍布全美各州。我最近与他共餐的一次机会中，他告诉了我他一生中最戏剧化的一刻。

——作者

几年前，我经历了一次最难忘的经验。我当时忧心忡忡，我的烦恼跟生意无关，生意十分顺利，但我个人在 1929 年经济大萧条前做了一个错误的决定，为这件无法负责的事，我成了众矢之的。我非常困扰，开始失眠，并罹患了一种非常痛苦的皮肤病——带状疱疹。我去看医生，艾格斯通医生是我小时到高中的同学。医生命令我上床休息，他警告我病情不轻，并开始治疗。可是却无任何起色，我一天比一天衰弱。我身心疲惫，陷入绝望，看不到一丝光明。我已失去了生存的斗志，我觉得自己没有任何朋友，连家人都弃我而去。有一晚医生开了镇静剂给我，但药效不久就过去了，我醒来后，强烈地感受到我已走到生命的尽头。我下床给我妻子、儿子写了诀别书，告诉他们，我已不可能再看到黎明。

第二天早上，我醒过来时，不敢相信自己居然还活着。走下楼去，听到小教堂传来早晨做弥撒的圣歌声。我至今仍记得他们唱的是："天主会眷顾你！"步入教堂，我心怀忧戚地听着圣歌，念着祈祷文。忽然间，奇妙的事发生了。我实在没法解释，只能说是奇迹，我体会到自己立即由黑暗的深渊被提升到温暖舒适的阳光下，就像由地狱被送往天堂。我第一次真正感受到上帝的神恩。我认清自己对这些烦恼是责无旁贷的，但上帝与他的神恩会协助我。从那一天起，我就不再有烦恼。现在我已71岁，这一生中最戏剧化，最光辉的20分钟，就发生在那座小教堂里："天主会眷顾你！"

J. C. 潘尼发现了克服忧虑的最佳疗法，因此他也立即脱离了烦恼的深渊。

七、运动可以解忧

艾迪·伊根上校（Colonel Eddie Eagan）

（纽约律师、纽约体协主席、奥林匹克轻量级拳击冠军）

每当我发现自己忧心忡忡，或为一件事反复无谓地思虑，像只漫无目的兜圈子的骆驼时，只有运动可以帮助我驱散这些忧虑。我可能去跑步，或者到乡间散步，击沙袋半小时，或打回力球。不管做什么，运动可以清理我心灵的渣滓。每到周末，我都做很多运动，例如绕高尔夫球场跑步、打板球，或滑雪。当我生理上觉得够累时，心理上就不再烦恼法律问题，而有一种新的活力滋生出来。

在我工作的纽约市，我常有机会到健身房去。没有人能一面玩回力球或滑雪，还能一面想心事的，他已经忙得没空去烦恼了。原来满天阴霾的烦恼，只剩下几朵乌云，新的想法与行动很快就让它烟消云散，万里晴空。

　　我发现运动是克服忧虑的最佳良方。当你烦恼时，多用肌肉，少伤脑筋，结果会出人意料得好。对我来说——当我开始运动时，也正是烦恼开始离去时。

八、我曾是忧虑的受害者

吉姆·勃塞尔（Jim Birdsall）

　　17 年前，我还是弗吉尼亚的军校学生时，就以多愁善感闻名，我常因忧虑过度而病倒。因为我常生病，医护室里有一张病床是专为我保留的，护士一看到我，会立刻跑来为我注射。没有一件事不叫我担心，有时我连自己在烦恼什么也想不起来。我担心分数不好，被学校劝退。我的物理不及格，还

弗吉尼亚的军校

有其他科也很糟，我知道起码得维持 75～84 分的程度。我更担心自己的健康，我常患消化不良及失眠等病症。我的财务状况也令我心烦，因为我总不能如我所愿地带女朋友去跳舞或买糖送她，因此我担心她会嫁给其他的追求者。不分日夜，我总是在烦恼着这些问题。

　　痛苦实在难挨，我只有把烦恼倾诉给企管课的贝尔德教授。

　　我跟贝尔德教授谈话的这 15 分钟，对我身心健康的帮助比 4 年大学学习所得还多。

他说："吉姆，你应该定下心来正视问题，如果你用忧虑的一半时间去想办法解决困难。你就不会有任何烦恼了。忧虑其实只是你的一个坏习惯罢了。"

他教给我三个改正忧虑习惯的方法：

第一条：找出你烦恼的真正问题是什么。

第二条：找出问题的原因。

第三条：立即采取建设性的行动，解决问题。

谈话过后，我做了一个建设性的计划。不再只是担心物理不及格，我现在自问为什么会考不及格。我知道不是因为我不聪明，因为我曾担任工程师刊物的主编。

我发现物理考不好的原因，是因为我对它不感兴趣，我看不出物理对工业工程有何帮助。不过，现在我调整了自己的态度，我告诉自己："如果学校当局规定，我通不过物理考试，就不能获得学位，我凭什么怀疑他们的明智决定？"

于是我重修物理，而且通过了。因为我不再浪费时间去担心它，反而非常用功地研读它。

为了摆脱财务困境，我接了一些工作来做，例如在舞会中卖鸡尾酒。有时向我父亲借钱，不过毕业不久，我就还清了。

为了解决爱情烦恼，我向我惟恐失去的女孩子提出求婚，她现在已是我的妻子。

现在回顾过去，我可以清楚看出，我的问题完全是因为混淆不明，无法找出烦恼的源头再实际地面对它的缘故。

吉姆·勃塞尔学会了克服忧虑，因为他开始分析问题。事实上，他用的方法正是本书前面讨论过的——"如何分析解决问题"。

九、影响我一生的一句话

约瑟夫·席祖博士（Dr. Joseph R. slzoo）

（作者是新泽西州神学院院长。该院创立于 1784 年，为美国历史上最早设立的神学院。）

几年前，我的整个生命似乎都不能由我自己控制，一切都是如此混乱不安。一天早晨，我偶然翻阅《圣经·新约》，看到一句话："送我来到世上的造物主与我同在——上帝并未舍弃我。"从那一刻以后，我的人生完全改变了，每一件事也都不同了。我没有一天不对自己重复这句话。这几年，常有人来求教于我，我也总是送他们这句话。从那天我看到这句话以后，它成了我生活的依靠，我与它同行，并在其中寻到了平安与力量。对我而言，这正是宗教的本质，它是一切的根本，使人生值得一活。这是我人生的金科玉律。

十、我赢得了最恶劣的挑战

泰德·艾力克孙（Ted Ericksen）

我曾是个忧虑虫，但现在我已不再忧虑。1942 年夏季的一次经历，使我可能一生都能免于忧虑，起码我希望能如此。那次的经验，使其他烦恼都显得微不足道。

我一直有个愿望，就是想到阿拉斯加的渔船上过一个夏天。于是我在1942 年由阿拉斯加驾着 32 英尺长的捕鲑船出航。船上仅有三名成员：船长负责督导，副手协助船长，另一位打杂的通常是北欧人，我就是那个北欧人。

由于捕鲑船必须利用潮汐，因此我一天得工作 20 个小时。有一次，我连续一周都是每天工作 20 小时，我还做所有别人不想做的事。我刷洗船身，我在狭小的舱房内用烧木材的火炉烧饭，热气熏得我几乎生病。我洗碗盘、修理船只、把鲑鱼铲到另一艘船里以便运往罐头工厂。在橡胶靴里的双脚永远都是湿的，因为靴里都是水，而我又忙得没空倒出来。可是所有这些工作比起我的主要工作来说，只不过是一些游戏。我的主要工作是站在船尾把网拖上来，理论上如此，实际上呢？渔网重得一点儿也拖不动，我只有使尽力气。每天如此搞得我几乎送了命，我浑身酸痛，而且酸痛了好几个月。

当我终于有机会休息时，我躺在一个潮湿、凹凸不平的垫子上，立即昏睡得像死了一样，实在是因为精疲力竭。

我现在很高兴我曾忍受那样的酸痛与疲倦，因为对克服忧虑很有帮助。现在我遇到问题，不再先去烦恼它，总会先对自己说："艾力克孙，这会像拖渔网那么糟糕吗？"艾力克孙不得不承认："不！没有什么比那更糟糕的！"于是我只有打起精神，鼓足勇气。我相信偶尔受点儿苦是很有帮助的。知道自己能够度过最艰辛的状况是很好的事，因为它使日常烦恼不足挂齿。

十一、世上第一愚人

波西·怀汀（Percy H. Whiting）

（《销售的五大金科玉律》作者）

我死过的次数比任何人都多，因为罹患各种疾病，我曾经死过或半死不活过。

我并不是忧郁症患者。我父亲开了一家药店，我实际上是在药房里长大的。我每天都跟医生护士聊天，所以我对疾病的名称、症状都了解得比一般人要多。我前面说过，我并非忧郁症的患者，可是我有同样的症状！我会为一种毛病担忧一两个小时，接着我就有了那种病的所有症状。我还记得有一次我们镇上流行白喉，我在药店里帮忙，每天卖药给那些有家人感染的顾客。接着，我所恐惧的恶魔降临到我身上了，我也得了白喉，我很明白我是患了白喉。我躺上床，把自己担心成白喉的标准症状。医生来看我，他检查过后说："不错，波西，你得了白喉！"我放心了。我从不担心我已得的病症，于是我翻个身睡着了，第二天我就完全没事了。

有好长一段时间，我专患一些极不寻常的疾病，换取了大量的注意及同情。我也因牙关紧闭症及狂犬症死过几次，后来我专注于癌症及恶性肿瘤。

现在我觉得很可笑，可是当时实在很悲惨。有好几年，我真心相信我是在生死边缘蹒跚而行。春天买新衣时，我总会自问："反正我也没机会穿它，何必浪费这笔钱呢？"

不过，我很高兴报告我的进步：过去 10 年来，我连一次也没死过。

我是怎么做到的？我开始取笑自己荒唐的幻想。每次我觉得有症状时，我就取笑自己说："看看你自己，20 年来，你已经为各种致命的疾病死过好几次了，而这并无损于你的健康状况，一家保险公司最近还接受你参保，你还不该把自己好好嘲笑一番吗？"

不久我就发现：一面担心，一面嘲笑是不可能办到的。所以，从那以后，我开始常常嘲笑自己。

重点在于：别把自己看得太严重，对一些荒唐的烦恼，何不一笑置之。

十二、永留退路

金·奥特里（Gene Autry）

（美国知名歌唱牛仔影星）

我认为大多数人的烦恼离不开家庭与钱财。我幸运地娶了一位与我有相同背景、相同嗜好的妻子，我们一直用心经营我们的婚姻，所以很少有家庭烦恼。

我用两种方法来减低财务烦恼。

第一，我遵循一条放诸四海皆准的原则，那就是我借的钱，一定悉数奉还。不诚实所引起的烦恼比什么都大。

第二点，尝试任何新事物前，我一定先留一手。军事专家建议，作战时一定要保持补给线通畅。我认为在个人事业的战场上，也一样正确。举例来说，在得州及俄克拉何马州长大的人，常见到干旱所带来的灾害。

金·奥特里

我们曾有过艰苦的岁月，穷困的父亲有时必须横越田野，用马匹去交换必需品。我要的是更多的安全感。于是我在铁路站找了一个工作，并利用工作余暇学会了发电报，后来我在铁路公司担任电报代班员。我被派到各个车站，代替请病假或休假的人，待遇是月薪 150 美元。后来不论我从事什么工作；我总觉得铁路公司的工作是非常安定的，我也总是保留一条后路，以便有机会再回铁路公司。它是我的补给线，除非我已在更好的新职务上稳定下来，否则我绝不切断这条退路。

举例来说，1928 年时，我在俄克拉何马州的铁路公司担任电报员，一个傍晚有人来发电报，听到我一面弹吉他一面唱歌，他说我唱得很好，建议我到纽约去发展，找机会登台或上广播节目。我当然是受宠若惊，而当我看到他在电报上的签名，更是惊喜得几乎停止呼吸，他正是西部歌曲明星威尔·罗杰斯（Will Rogers）。

我并没有立即整装前往纽约，反倒是前后谨慎地考虑了 9 个月。最后，我得到一个结论，那就是我到纽约发展，实在没有任何损失，只会更有收获。铁路公司发了证件给我，我可以免费乘坐火车旅行。我在车上睡觉，随身带着三明治、水果作为餐点。

我到达纽约后，住在一周 5 美元的小房间里，吃点儿快餐，在街上闲逛了 10 个星期，完全一事无成。如果不是想到回去还有工作的话，我一定会忧虑死了。我已为铁路公司服务了 5 年，我可以享受一些资深员工的福利，但为了保障这些权益，我不能离职超过 90 天。而我当时已在纽约市混了 70 天。我只有用铁路证件尽快赶回俄克拉何马，重操旧业，以保持我那条补给线。我一做又做了几个月，存了一点儿钱，再回纽约市放手一搏。这一次有突破了，一天，我正在录音公司等候面谈，对着接待小姐，我取出吉他，唱了一首《珍妮，我梦中的紫丁香》。正当我唱得起劲时，这首歌的作曲者刚好走进来。听到有人唱他的歌，自然令他十分愉快，于是他写了张便条，介绍我去维克多录音公司。我录了音，但不理想——我太紧张了，很不自然。于是我接受了维克多公司人员的建议，又回到铁路公司工作，白天上班，晚上到电台演唱西部乡村歌曲。这个安排很适合我，因为我没有后顾之忧，因此，我也没有烦恼。

我为一家地方电台演唱了 9 个月，在那段日子里，我与吉米·龙（JimmyLong）合写了一首曲子：《我的银发老爹》，这首曲子抓住了听众。美国录音公司总裁亚瑟·赛德利（Arthur Sattherly）请我录唱片。评价、反映不错，于是我又录了好多首歌，终于得到了在芝加哥一家电台演唱乡村歌曲的工作机会，周薪 40 美元。唱了 4 年之后，我的周薪调升到 90 美元，又因为有机会在戏院登台，而有 300 美元的外快。

1934 年，我得到了许多选择机会，电影协会组成了。好莱坞制片商于是决定开拍西部牛仔的影片，不过他们不要一般的牛仔演员，而要个会唱歌的牛仔。美国录音公司老板也是共和制片厂的股东，他向其他的股东建议说："如果要找会唱歌的牛仔，我正有一位为我们录音的歌手。"于是我进入了电影界，周薪 100 美元，我开始扮演歌唱牛仔。我实在非常怀疑我拍电影能成得了大器，不过我不用担心，反正我随时可以回铁路公司工作。

万万没想到，我的电影非常成功，我现在的年薪是 10 万美元，另加影片票房的一半红利。不过我很清楚，这绝非长久之计。我还是不必发愁，不管发生什么事——即使我完全破产，一文不名，我还可以随时回到铁路公司工作，我一直没有切断这条后路。

十三、我听到一个声音

斯坦利·琼斯（E. Stanley Jones）

（美国最活跃的演讲人，并为当代著名的传教士）

我在印度传教 40 年。刚开始时，我很难地忍受着当地的酷热以及工作的重大责任所带来的压力。前 8 年将尽，我因为心力交瘁，昏倒了不止一次，而是好几次。我听从指示前往美国休养一个月，回美国的船上，在主持一次船上的主日礼拜中，我又昏倒了，于是后来的整个旅程，我都只有遵从船医的指示，卧床静养。

在美国休养了一整年，我准备返回印度，途中在马尼拉停留，为大学生主持了几次布道大会。在一连串布道会的压力下，我又昏倒了好几次。医生警告我，如果这样回印度，只有死路一条。可是我不理会他们的警告，还是坚持回印度，当然心中是怀着隐忧回去的。当我抵达孟买时，已精疲力竭，只好直接上山休养了几个月才又回到我的工作岗位。可是没有办法工作，因为我又病倒了，只有再回到山上静养了一段很长的时间。当我再回去时，却发觉自己没有办法工作。不论身心两方面，我都完全枯竭，再没有能源可资利用，我担心后半辈子会成为废物。

如果得不到帮助，我只有放弃传教事业，回美国，在农庄上工作，恢复健康。当时实在是我生命中的黑暗时期。有一晚祈祷时，发生了一件改变我一生的事。祈祷时——当时我并非特别想到我自己——我似乎听到一个声音说："你自己准备好接受我派给你的工作了吗？"

我回答说："不！主呵！我完全没有力量。"

那个声音又说："如果你把它交给我，不再去为它操心，我会安排的。"

我立即回答："主呵，就这么办吧！"

我心中立刻涌起平安的感觉，我解脱了，那晚我轻飘飘地回了家，心中充满圣灵。过后几天，我几乎忘了我还有肉身。我从早工作到晚，上床时还在奇怪自己何必要睡觉，因为我丝毫没有倦意。因为基督在我心中，给我带来了生命与平安。

我一直犹豫应不应该把这件事说出来，不过我还是说了。从那件事以后，我辛苦工作了许多年，但是老毛病从没复发过。事实上，我感觉到了前所未有的健康。但这绝不是生理上的治疗，我的身、心与灵似乎都被注入了一个新的生命。那次的经验之后，生命对我而言，提升到了一个更高的层次，那不是因为我做了什么，我只是接受了它。

从当时到现在的许多年中，我旅行世界各地，通常一天有三场演讲，还能有时间及精力写《耶稣在印度》以及其他 11 本书。在那样的忙碌中，我从来没有误过一次事，也没有迟到过。当年击垮我的忧虑已全然消失，今年63 岁的我，不但充满丰沛的生命力，并以服务他人为乐。

改变我一生的那个经验，绝经不起理性或心理学上的解释。但是那一点儿关系都没有，生命本来就比所有的过程伟大得多。

我确知一件事：31 年前，在我最脆弱的时候，当我听到"把它交给我，不要再担心，我会处理的"！而在我回答"主呵，就这么办吧"时，我的人生从此就焕然一新了。

十四、警长找上我家门

荷墨·克罗伊（Hommer Croy）

我人生中最悲惨的一天发生在 1933 年，当时警长从前门进来，我从后门溜走。我失去了长岛的家园，那是我儿女出生、我们一起生活了 18 年的家。我不能相信这种事会降临到我头上。12 年前，我还志得意满，我把我的小说《水塔西侧》的电影版权卖给电影公司，价钱堪称好莱坞之冠。我们一家住在国外已有两年了。夏天我们到瑞士避暑，冬天在法国逍遥——正像个富翁一样。

在巴黎，我用 6 个月时间完成了一本小说，改编成剧本后，由威尔·罗杰斯（Will Rogers）主演，那是他的第一部有声电影。电影公司邀请我留在好莱坞为罗杰斯的电影再写几部剧本，可是我拒绝了回到纽约，我的麻烦也开始了。

我渐渐觉得自己有一种沉睡已久的潜能未加发展，我把自己想象成成功的生意人。有人告诉我约翰·亚士都（John Jacob Astor）投资纽约空地赚了几百万。亚士都何许人？不过是带着外国口音的一介移民，他都能做到，我为什么不能？我要发财！我开始阅读游艇杂志。

我只有一片愚勇，对房地产买卖的了解却并不会比一个爱斯基摩人多。我到哪里去筹钱来开始这个事业呢？答案很简单：把我家房子抵押掉，买下一块土地，等到好价钱时售出，我就可以过奢侈的日子了。对那些在办公室任劳任怨干活儿领薪水的人，我充满了同情。显然上天只赐给我这种理财的天分。

突然间，大萧条就像飓风一样地席卷了我。

一个月我得为那块土地缴 220 元美金。而每个月过得可真够快的，当然我还得支付抵押贷款，并维持全家温饱。我开始担心，我想为杂志写些幽默小品，可是下笔沉重，一点儿都不好笑，我什么也卖不出去，我的小说也卖

得很差。钱用完了，除了打字机及牙齿的镶金以外，再没有可以变钱的东西。牛奶公司不再送牛奶，煤气公司也断了气，我们只有改用露营用的小煤气罐，它喷出火焰时带着嘶嘶的声音，好像一只愤怒的鹅。

我们没有煤可以用，唯一取暖的地方是壁炉。晚上我会到有钱人盖房子的工地去捡拾木板木条，而我曾经是那些人中的一分子。

我担心得睡不着觉，常常半夜起来踱方步，把自己搞得很累再回去睡。

我不但损失了我买的土地，还赔上了我所有的心血。

银行扣押了我的房子，我和家人只有流落街头。

最后我们总算弄到一点儿钱租了一个小公寓。1933 年除夕我们搬进去，我坐在行李箱上看着四周，我妈常说的一句老话在耳边响起："别为泼翻的牛奶哭泣。"

可是，这不只是牛奶，这是我一生的心血啊！

呆坐了一会儿，我告诉自己："我已经糟糕到底了，情况不可能再坏，只会逐渐转好。"

我开始想想还有什么我尚未失去的东西。我还拥有健康与朋友，我可以东山再起，我不再为过去难过，我要每天提醒自己我妈妈常说的那句话。

我把忧虑的时间及精力投入到工作上，状况慢慢一点点地改善了。我现在要感谢我有机会经历那样的劣境，因为我从中得到了力量与自信。我现在知道什么是跌到谷底，我也知道那并不能打垮人。我更清楚我们比自己想象的要坚强得多。现在，再有什么小困难、小麻烦，我就会提醒自己坐在行李箱上对自己说过去说过的话："我已经糟糕到底了，情况不可能再坏，只会逐渐转好。"这点儿小事再也不会令我烦恼。

不要为过去的事烦恼！

接受不可避免的事实！

当你不能再下坠时，

就只有上升一途！

十五、忧虑是最凶猛的对手

杰克·登普西（Jack Dempsey）

在拳击生涯中，我发现比重量级拳手还难缠的对手就是忧虑。我体会到不能学会停止忧虑，就只有听任忧虑蚕食我的活力，影响到我的成功。因此，我逐渐摸索出一套方法，以下是我的一些心得：

1. 为保持在场内的勇气，我会给自己打气。举例来说，当我的交战对手很强时，我会不断告诉自己："什么也阻挡不了我，谁也伤不了我的，我不可能受伤，不管发生什么事，我都要坚持下去。"告诉自己一些积极的话，想积极的事对我很有帮助，它使我心里想着这些话，有时连打到身上的拳也没有感觉到。职业拳赛中，我曾嘴唇破裂、眼角破裂、肋骨断裂——对方一拳把我挥出场外，我摔在记者的打字机上，弄断了肋骨。可是我对他们的拳击几乎毫无所觉。只有一拳，我真正有感觉的，是约翰逊（Lester Johnson）有一次击断了我的三根肋骨。那一击对我损伤不大，但对我的呼吸影响不小。老实说，我在场中挨拳时真的没有感觉。

2. 我还不断提醒自己忧虑的后果。多半出赛前的训练是我最担心的时候，我常躺在床上几个小时睡不着，辗转反侧。我怕折断手臂、扭伤脚踝，或第一回合就眼睛挂彩，后面出拳就没法协调了。每当我这么神经兮兮时，我就下床照镜子，好好地给自己打打气，我会对自己说："你为还没有发生的事烦心，多笨呀！说不定它根本不会发生。生命是短暂的，你也不过有几年好活，你一定要好好享受人生。"我还告诉自己："没有什么比你的健康更重要的、没有什么比你的健康更重要的了。"我不断提醒自己，失眠、担心只会损害我的健康。我发现我不断重复这些话，一晚又一晚、一年又一年，它们终于融入我的身体里去了。

3. 第三件——也是最重要的一件事，是我常祈祷！当我在训练时，一天我会祈祷好几次。入场后，每一回合敲铃前，我也都会祈祷，祈祷帮助我怀着勇气及自信应战。晚上就寝前我从来不忘祈祷，每餐进食前，也从来不

十六、请保佑我不要进孤儿院

凯瑟琳·海特（Kathleen Halter）

我的童年一直笼罩在恐惧中。我母亲心脏不好，我常常看到她昏倒在地板上。我们都怕她会离我们而去，我一直认为没有母亲的小女孩都会被送到我们镇上的孤儿院。想到可能会住进孤儿院，就把我吓坏了。6 岁的我最常祈祷的就是："亲爱的上帝！请保佑我妈妈活到我大得不用进孤儿院的时候。"

20 年后，我弟弟梅纳受了重伤，死前两年一直饱受痛苦折磨。他自己无法进食，也不能翻身。为了减轻痛楚，不分日夜，每隔三小时，我得为他注射吗啡。我为他注射了两年。我在一所学院教音乐，邻居们一听到我弟弟痛苦的叫声，就会打电话到学校来，我就冲出教室，回家为他再做一次注射。每晚上床前，我把闹钟定在 3 个钟头以后，以便起床为他注射。冬天的晚上，我把一瓶牛奶放在窗外，它会冻得像冰淇淋，我很爱吃。闹钟响时，窗外的冰淇淋也会是一种促使我起床的力量。

在这两个经验中，我做了两件事使自己免于自怜、忧虑或怨天尤人。第一件是，我一天教音乐 12～14 小时以保持忙碌，这样我就没有什么时间忧虑了。只要我觉得自己快开始忧虑时，我就一遍又一遍地告诉自己："听着！只要你还能动、能吃、没有痛苦，你就应该是世界上最开心的人了。不论发生什么事，重要的是你还活着！千万不能忘了这一点。"

第二件是，我决心尽我所能地培养感恩的态度，不论是有意识的，还是潜意识的。每天早上醒来，我先感谢上帝，我能够下床走路，做早餐给自己吃。我不管有什么烦恼，都决心做全镇最快乐的人。我可能没有达到这个目标，但我确实做到了是全镇最能感恩的人——而我同事的烦恼应该不会比我少吧！

这位音乐老师运用了两项原则，她让自己忙得没时间烦恼，她盘算自己所得到的恩惠。这种方法对你也可能有帮助。

十七、折磨人的胃痛

柯麦隆·席普（Cameron Shipp）

几年来，我一直在加州华纳片场的公关部门工作得很愉快。我写特别报道，并在杂志报纸上为华纳公司写文章。

我突然得到晋升，成为公关副主任。事实上，由于行政体系的改变，我有个新头衔：特别助理。

我可以享用一个非常宽敞的大办公室，附有私人冰箱、两位秘书，管辖75位编剧及撰稿人。我极为兴奋，自己出去买了一套新西装。我开始言语高雅，建立档案系统，做出权威的决定，中餐以速食解决。

我自以为整个华纳公司的公关政策都落在我的双肩上。我相信自己掌握华纳旗下明星的公私生活，这些明星包括蓓蒂·戴维斯（Bette Davis）、奥丽薇·哈佛兰（Olivia De Havilland）、詹姆斯·贾克纳（James Cagney）、爱德华·鲁宾逊（Edward G. Robinson）、埃洛·弗林（Errol Flynn）、亨佛莱·鲍嘉（Humphrey Bogart）等等。

不到一个月，我发现自己得了胃溃疡，说不定还是胃癌。

我当时的主要职务是战时电影界的战事委员会主席，我乐于担任这份工作，因为开会时可以碰到很多朋友。可是这些聚会却变得很累人，每次开完会，我就觉得不舒服，我得在回家的半路上先停车一会儿，让我自己清醒了再开车。我有这么多事要做，可是时间却这么少，每件事都不能不办，我只觉得自己力不从心。

我现在可以坦白地承认，那是我一生中最最痛苦的一段日子。成天排得紧紧的，我的体重下降，开始失眠，常常胃痛。

我去看一位同事介绍的内科权威，同事说很多从事广告工作的人都是他的病人。

这位医生话不多，只要我告诉他哪里痛，及我的工作。他对我工作的兴

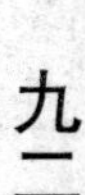

趣似乎比我的病痛还大，接着他说要用两周的时间，每天接受各种检查。最后，终于到了我去聆听结果的时间了。

"席普先生！"他说道，"我们总算做完了这些累人的检查，虽然我第一次看你，就知道你得的不是胃癌，但这些检查还是必需的。

"我很清楚像你这样的人，以及从事这类工作的人，除非我手上握有证据，否则你也不会相信，现在就让我给你看证据吧！"

于是他拿出图表及 X 光片向我解释，表示我并未罹患癌症。

这位医生又说："虽然你花了不少钱，但是很值得，我开给你的处方是——不要烦恼。

"我知道你暂时不可能做得到，所以我先给你开些药吃。这些药片是无害的，你要吃多少都没问题，吃完再来找我，它对你没有害处，不过可以令你放松自己。

"请你记住：其实你不需服药，你只要不再自寻烦恼就可以了。

"如果你又开始烦恼，就回来找我，我再收你一大笔费用，如何？"

我真想告诉你，我立即就停止忧虑了，但实际并非如此。有好几个礼拜，一觉得心烦时，我就吃药，好像立刻就觉得好些了。

可是吃药是件很难堪的事。我的体型庞大，大概像林肯一样高，起码有二百磅体重，却在服用这些小药片来放松自己。朋友问我服用什么药时，我实在羞于启齿。我开始嘲笑自己，我告诉自己："席普，你真像个傻瓜，你把自己的事看得太过严重了。贝蒂·戴维斯、詹姆斯·贾克纳在你负责他们的公关以前，早就赫赫有名了，如果你今天去世，华纳公司及它旗下的明星一定还是过得好好的。看看艾森豪威尔、马歇尔、麦克阿瑟将军，他们指挥作战，都不用靠药丸。你只不过是制片厂的公关委员会主席，就得靠药物来控制自己的胃病！"

我开始不吃药丸，恢复自信，不久之后，我丢掉药丸，每天晚上回家后，在晚餐前先小睡片刻。很快，我就恢复了正常生活，再也不用回去找那位医生了。

不过，其实我应该好好感谢那位医生，他教我自我解嘲。还不光是这些，最重要的是他教会我，世上没有什么值得操心的事。他很认真地处理我的状况，保留我的面子，他为我指引了一条出路。他当时已像我现在一样清楚，治愈我的不是药丸，而是我态度的转变。

这个故事是要劝告目前仍依赖药物的朋友们，好好阅读本书第七部分，并学会放松自己。

十八、洗碗的心得

威廉·伍德坡师（Rev. William Wood）

几年前，我饱受胃痛的折磨，每晚要醒来两三次，痛得厉害时只有彻夜不眠。我亲眼目睹父亲因胃癌逝世，我怕自己也会步其后尘，或者起码会得胃溃疡。于是我到医院去做检查，胃病专家帮我照了 X 光片，给我开了镇定剂好让我晚上能睡觉，并向我保证，我没有得胃癌，连胃溃疡也没有。他说我的疼痛完全是压力引起的。因为我是牧师，他问的第一个问题是："教会执事中是不是有难缠的家伙？"

他告诉我的事，其实我早已知晓了，那就是我想要完成的事太多了。除了每周日早上的礼拜，以及教堂的各式活动之外，我又担任红十字会主席、同济会会长。我每周还得主持两三次丧礼以及许多其他的活动。

我一直在压力下工作，从来不得休息。所以我也一直紧紧张张、匆匆忙忙、神经绷得死紧，我已经到了无事不烦的地步。我常常胃痛，以致我很乐意接受医生的建议——每星期一休假，并且开始减少工作负担。

有一天我清理书桌时，忽然有了个好点子。我在清理一堆旧的备忘条以及早就没用了的讲道重点的小纸片，我揉掉了纸片丢进废纸篓里。突然我停下来对自己说："威廉，你何不把你担心的事也一起丢到废纸篓里？"光是这个灵感本身，就令我有如释重负的感觉。从那一天到现在，我定下了一条规则，只要是我无能为力的事，我都置之不理。

后来有一天，我太太洗碗，我帮忙擦碗，我又有了另一个灵感。我太太一面洗碗一面唱歌，我对自己说："你看！威廉！你太太多么开心，你们结婚 18 年，她也就洗了 18 年的碗。如果你们结婚时，她就看到未来 18 年她得洗的碗，一定堆得连仓库都放不下，这种想法绝对会吓跑所有的女人。"

我又告诉自己，我太太之所以不在乎洗碗，是因为她每次都只洗当天的份。我找出了我的毛病所在，我总是想洗了今天的碗，还洗昨天的碗，甚至打算洗那些还没弄脏的碗。

我发现自己真够笨的！每个主日早上，我站在布道台上，教导别人如何生活，我自己却过着紧张忧虑的日子，我真觉得羞愧。

我不再被烦恼所困，也不再胃痛，失眠。昨天的问题我都抛弃不顾，更不再操心明天的脏盘子。

这本书前面提过的一句话，你还记得吗？"明天的烦恼加上昨天的困扰，再背上今天的问题，形成最巨大的障碍。"……我们何必如此？

十九、我找到了解答

德尔·休斯（Del Hughes）

1943 年，我摔断了三根肋骨，因肺部严重受伤而住入新墨西哥州的医院。事情发生在海军陆战队登陆夏威夷岛的演习时，我正准备由登陆艇跳下沙滩，一个大浪打来，登陆艇倾斜，把我摔落在海滩上，我跌下去时，感到断了的肋骨刺入了我的右肺。

住院三个月后，我遭受了一生中最沉重的打击，医生宣告我的病情十分严重。仔细衡量后，我发现我之所以好不起来是因为我太担心了。我的日子一直过得很累，躺在医院的这三个月，我一天 24 小时平躺着，什么都不能做，只有胡思乱想。我想得越多，就越担心——担心我是否能回复过去的日子。我更担心是否终生瘫痪，我还能结婚，过正常的生活吗？

我请医生把我调到隔壁病房，那个病房号称"乡村俱乐部"，因为病人几乎没有不能做的事。

在"乡村俱乐部"中，我开始对桥牌感兴趣，我花了 6 个礼拜学会这种游戏，跟同房病人玩桥牌，研读桥牌书籍。6 个礼拜后，我几乎每天晚上都打桥牌。我还对油画产生了兴趣，我每天下午 3～5 点跟一位老师学画。我的画好到你一看就知道我画的是什么，我也练习雕肥皂与木雕，并由研读此类书籍中得到了极大的乐趣。我保持忙碌，使自己没有闲暇去烦心我的病情，我甚至还拨出时间阅读红十字会送我的心理学书籍。三个月后，同一组医疗人员再来看我，并且恭喜我已有"惊人的进步"。这绝对是我这一生中所听到最美妙的语言，我开心得想大叫。

我想说的是：当我无所事事地躺在床上，一心只担忧着自己的未来时。我毫无进展，我的忧虑像对身体的一剂毒药，连断了的肋骨也无法愈合。但是，一旦我不再注意自己，而开始打桥牌、画油画、刻木雕时，医生才宣告我有了"惊人的进步"。

我目前生活正常，健康良好，我的肺与常人无异。

请记住萧伯纳说的："人生最大的不幸，是有余暇去顾虑自己过得是否幸福。"请保持活跃，保持忙碌！

二十、时间是最佳解药

路易斯·蒙唐（Louis T. Montant, Jr.）

忧虑使我浪费了 10 年大好光阴。这 10 年应该是生命中最丰富，生命力最强的时候——18～28 岁。

我现在体会到失去了这 10 年宝贵的光阴不能怪罪任何人，完全是我自己的错。

所有的事都会令我担心：工作、健康、家庭，还有自卑感。我羞于见人，为了怕跟熟人打招呼，不惜绕道而行。真在街上遇到朋友，我也假装没有看到他；因为我怕别人不屑理我。

我恐惧与陌生人会面，怕得在两周内连连失去三个工作机会，只因为我没有勇气告诉这三位老板我有胜任的能力。

8 年前某一天，我在一个下午克服了我的忧虑，后来也很少再烦恼过。那天下午我坐在一个人的办公室里，那个人所遭遇的问题比我麻烦得多，而他却是我所认识最开心的人。1929 年他发了财，接着弄得一贫如洗。1933 年，他又发了一笔财，可是又没保住。1939 年，他东山再起，却同样没有保住财产。他经历了破产，并被债主、仇家追得无处容身。这些打击足以令人崩溃，甚至于想自杀，但是他却举重若轻。

8 年前我坐在他办公室里，我真羡慕他，希望自己也能像他一样。

我们谈话的时候，他丢过来一封他当天早上收到的信，并说："看看这封信。"

那是一封愤怒的信，提出的都是一些令人难堪的问题，如果收到信的是我，那我一定如坐针毡了，我问："比尔，你打算怎么回这封信？"

比尔说："让我来告诉你一个小秘密，下次你再有什么烦心的事，拿起纸笔，坐下来把你忧虑的细节通通写下来。然后把这张纸放到你书桌抽屉的最下层，几个礼拜后，你再去看它，你看的时候，如果还是觉得很烦，就再把它放回抽屉，再过两个礼拜。它在抽屉里很安全，没有什么不妥。但同时，却可能有很多事影响到你所忧虑的事，我发现，只要有足够的耐心，那些想干扰我的烦恼，后来都会自动一一瓦解。"

他的忠告给我留下深刻的印象。我采纳比尔的做法也有好几年了，结果是，我真的很少再为什么事烦心过。

时间可以解决很多事情，时间也能摆平你今天所担心的事。

二十一、逃过鬼门关

约瑟夫·赖安（Joseph L. Pyan）

几年前，我身为一宗法律案件的目击证人，使我心理遭受了极大的压力与忧虑。那件案子终结后，我坐火车返家途中，生理上忽然不能支持，心脏出了问题，我几乎无法呼吸。

返家后，医生为我做了注射，我并不是躺在床上，因为我只是走到起居室就昏倒了。我醒过来后，看见神父已准备为我做临终祈祷了！

我看到家人脸上哀戚的表情，知道自己气数将尽。后来我得知医生告诉我太太，我可能会在半小时内去世。我的心脏虚弱到医生嘱咐我不要说话，连手指也不要动。

我绝不是圣人，但也早就学会不去跟上帝争辩。因此，我闭上双眼："就按你的旨意……如果就是现在，就按照你的旨意吧！"

我一有了这种想法，似乎全身就立刻放松了。我不再惊恐，我自问能发生的最坏状况是什么。也许会有一阵绞痛，然后一切就都过去了，我将回到造物主的怀抱里享受真正的平安。

我在起居室里躺了一个钟头，但没有再觉得疼痛。最后，我开始自问如果这次没死，我应该怎么样度过我的人生。我决心做各种努力来找回健康。我绝不再听任紧张烦恼折磨我，我要培养力量。

那已是 4 年前的事，我进步的情况连医生都不敢置信。我不再忧虑，我对人生充满新的热忱。不过，我得坦白地承认，如果不是曾经面对死亡，并想法努力改善，今天我也不可能还活着。如果我不能接受最坏的状况，我相信我会死于自己的惊恐。

赖安先生能活到现在，完全是因为他应用了一条魔术方程式：面对最坏的状况祈祷、放松。

二十二、排忧解烦—高手

欧德威·泰德（Ordway Tead）

忧虑是一种习惯——一种我早已革除的习惯。我之所以能革除这种习惯，我相信应归功于三件事：

首先：我太忙了。没有时间焦虑。我从事三项主要的工作——每一项都是全职的工作。我在哥伦比亚大学向团体作演讲，我也是纽约市高等教育委员会的主席，我还担任哈佛出版公司经济社会书籍部负责人。这三种工作让我没有余暇去烦恼。

第二：我很会解除烦忧。当我由一个工作换到另一项角色时，我把刚才的问题完全抛诸脑后。这样才能令我神清气爽地迎向下一个工作。这样做令我轻松，也使我能保持头脑清醒。

第三：每天工作结束时，我都要提醒自己不要把烦恼带出去，它们是持续不断的，总会有一些有待解决的问题等我去动脑筋。如果我每天把这些问题带回家，去为它们伤脑筋，我就是在摧毁自己的健康，同时，也是在摧毁我解决这些问题的能力。

欧德威·泰德是运用四个良好工作习惯的高手，你还记得是哪四个习惯吗？

二十三、停止忧虑令我长寿

康尼·麦克（Connie Mack）

（美国棒球名将）

我在职业棒球队已有 63 个年头。刚开始的时候，根本没有钱可领。我们在空地上赛球，常被空罐子或马具绊倒。球赛结束，我们就用空帽子向观众收点小费。可是要供奉寡母、养育幼小的弟妹，那点儿钱是绝对不够的，有时球队甚至要靠草莓果腹。

我有足够的理由担忧。我是唯一连续 7 年积分垫底的棒球队经理，也是 8 年里唯一输过 800 场球赛的棒球经理。以前一连串的挫败会令我忧心到茶不思饭不想。但我 25 年前就决定不再忧虑，我真心地相信，如果不是当时就停止忧虑，我恐怕早就进棺材了。

回顾漫长的一生（我出生于林肯总统时代），我之所以能克服忧虑是基于下列几个原因：

1. 我看出忧虑的害处，它对我毫无帮助，只能危害我的事业。

2. 我看出忧虑将危害我的健康。

3. 我一直忙于为未来赢球作策划，没时间去烦恼已输了的球局。

4. 我终于定出了一条准则，那就是绝不在球赛结束后 24 小时内批评球员的错误。早年时，我总是叫球员来训话。后来我发现，如果输了球，责备、争论都没有任何意义，只会增加我的困扰。在队友面前指责某位球员，只会令他不敢与人合作，只会令他心生怨怼。既然输球后，我无法立即控制自己的言辞，我规定输球后，绝不马上去看球员，我要到第二天才和大家讨论失败的原因。到第二天，我已较为平静，那些失误也似乎没有那么严重。我可以冷静地讨论，球员也不会冲动，只顾防卫自己。

5. 我总是以赞赏来激励他们，而不以找碴来打击他们，我尽量对每个人都言辞友善。

6. 我注意到自己疲倦时，会比较担忧。因此我每晚要睡足 10 小时，每天还要午睡，即使只有 5 分钟，也很有效。

7. 我相信远离忧虑，得享长寿的原因是我不断保持活跃。我现年 85 岁，但是除非我忘了自己说过什么话，否则我绝不轻言退休。到我真的把同一件事翻来覆去地说给人听的时候，我就知道自己老了。

康尼·麦克从来没有读过"克服忧虑"的书，他的准则全是自己定出来的，你何不列出你在他的经验中发现的克服忧虑的好办法？

1. ____
2. ____
3. ____
4. ____

二十四、我如何克服了胃溃疡

亚顿·夏普（Arden W. Sharpe）

5 年前，我因为忧虑挫折而病倒了。医生说我得了胃溃疡，叫我吃简单的饮食，并且每天喝牛奶、吃鸡蛋。可是我并未康复。有一天我读到一篇谈胃癌的文章，我疑神疑鬼觉得和自己的症状极为吻合。现在我不担心了，取而代之的是惊恐。当然我的胃溃疡只有更恶化了。24 岁时，陆军因为我体能不符标准而拒收，竟然在人生青年时，被人当做病夫，这对我打击不小。

我的心情跌落谷底，看不见任何转机。绝望中，我开始分析自己怎么会落入这样的困境。慢慢地我看出了一些端倪。两年前，我还是个开心健康的销售员，可是战时物资短缺，迫使我放弃了业务工作，到工厂谋了个差事。我一点儿都不喜欢工厂的工作，更糟糕的是，不幸又结识了一批最消极的人。他们对任何事都不满意，没有一件事是对的，他们不断地咒骂工作，诅咒待遇、工时、老板，以及每一件事。我发现无意中我也感染了这些负面的态度。

我越来越觉得我这胃溃疡可能是因为消极的思想、不满的情绪而引起的。我决定重返我喜欢的销售工作，尽量与思想积极的人往来。这个决定可能挽救了我。我有意结识乐观积极、没有烦恼和溃疡的朋友及同事，一旦我转换了情绪，我的胃的情况也不同了。一阵子过后，我差不多忘了我曾得过溃疡。我发现我很容易从旁人那里得到健康、快乐与成功，就像很容易得到忧虑、不满及失败一样。这对我是最重要的一课，真希望能早点儿学到这一点。过去我不只一次听过、看过这种说法，但我却必须以很艰辛的方式学会。我体会到耶稣的深意，他说："人在心中怎么想，他就会成为怎么样的人。"

二十五、找寻生命中的绿灯

约瑟夫·寇特（Joseph M. Cotter）

从我小时候、青少年到成年，我绝对称得上是一位专业的担忧者。我担忧的事千奇百怪、无所不包，有些是真实的，但大部分只是想象的。有时很难得的，我发觉自己没什么好担心的，可是我立刻开始担心自己是否忽略了什么。

两年前，我开始了一种新的生活方式，这表示我得自我分析自己的缺点——以及少数几个优点。这是一种自我调整，这一次，我忧虑的原因终于水落石出。

问题出在我没办法只面对今天，我总是悔恨昨天的差错，并担忧明天的事。

"今天正是我昨天所担忧的明天"，这句话我听了不知道有多少遍，可是一点儿用也没有。有人建议我执行 24 小时计划，也有人告诉我今天是我唯一可以控制的，并应尽量利用每天的机会。我更听说只要我照做，就会忙得没时间去为过去或未来烦恼。这些都非常合理，只是对我不管用。

忽然间，我找到了答案，你猜我在哪里找到了解答？我是在 1945 年 5 月 31 日早晨 7 点在西北铁路公司的月台上发现的。那对我真是关键时刻，也难怪我如此难忘。

我送朋友去搭火车，他们度完假准备搭火车回家，当时仍值战时，因此车站上人潮汹涌。我不想挤到火车上去，因此信步走到火车头旁边。我驻足看了一下又大又光亮的引擎，接着我看到了一盏巨大的信号灯，正亮着红灯。一瞬间它忽然转成绿色。就在一刹那间，引擎启动，铃声大作，并听到熟悉的"登车完毕"的喊声。几秒钟之内，火车就朝向遥远的旅程前进了。

我的脑子动了起来，有些想法灵光一闪，我正经历一个奇迹，我就在那一刹那想通了。火车技术帮助我找到了解答，火车司机虽然面对着漫长的旅程，但他只管面前的这盏绿灯。如果是我的话，我一定把整个旅程的所有的红灯绿灯都预见了。难怪我一事无成，因为我总是预见前程所有的麻烦与问题。

我思潮泉涌，火车司机并不去担心几里外可能遇到的麻烦。说不定等一下会误点、延迟，不过那也正是设立讯号系统的原因，不是吗？黄灯表示减速，不用急，红灯则表示前方有危险，应立即停止。好的讯号系统就是为了维持火车行车的安全。

我自忖，何不为自己的人生设立良好的讯号系统呢？我知道我与生俱来就拥有这一套系统，既然是上帝所赐，系统本身就不应该有问题。我开始找寻绿灯，到哪里去找呢？不过，既然上帝创造了绿灯系统，干脆就问他好了。

一直到现在，我每天早晨都做祈祷，希望找到我当天的绿灯。有时我也会得到要我减速的黄灯，还有的时候，我会得到禁行的红灯，以免情况恶化。

自从我两年前有了那样的发现之后，我就不再自寻烦恼。这两年中，我

人性的优点

生命中出现了很多绿灯，我不再担心下一站会是什么颜色的灯，这使我的日子变得轻松了许多。不论遇到什么颜色的灯，我都有把握应付自如。

二十六、洛克菲勒如何多活了 45 年

老约翰·洛克菲勒在 33 岁那年赚到了他的第一个 100 万，到了 43 岁，他建立了一个全世界最庞大的垄断企业——标准石油公司。那么，53 岁时的他又成就了什么呢？不幸的是，53 岁时，他却成了忧虑的俘虏，充满忧虑及压力的生活早已摧毁了他的健康。他的传记作者温克勒（John K. Winkler）说，他在 53 岁时，看来就像个手脚僵硬的木乃伊。

洛克菲勒 53 岁时因不知名的消化症，使他的头发不断脱落，甚至连睫毛也无法幸免，最后只剩了几根稀疏的眉毛。温克勒说："他的情况极为恶劣，有一阵子他只得赖人奶为生。"医生们诊断他罹患了一种神经性脱毛症，后来不得不戴顶扁帽。不久以后，他订做了一顶美金 500 元的假发，终其一生都没有脱下来过。

洛克菲勒原本体魄强健，他是在农庄长大的，有宽阔的肩膀，迈着有力的步伐。

可是，在多数人的巅峰岁月——53 岁时，他却已肩膀下垂，步履蹒跚。另一位传记作者说："当他照镜子时，看到的是一位老人。无休无止地工作、不停地操劳，透支体力，夜晚失眠，缺乏运动及休息，终于令他付出了惨重的代价。他是世界上最富有的人，却只能靠赤贫者都食不下咽的简单饮食为生。他每周收入高达百万美金——可是他一个礼拜能吃得下的食物要不了两块钱。医生只允许他进食酸奶与几片苏打饼干。他的皮肤毫无血色，只是包在骨头上的一层皮。他只能用钱进行最好的医疗，使他不至于 53 岁就去世。"

为什么？完全是因为忧虑、惊恐、压力及紧张，事实上，他已经把自己逼近坟墓的边缘。他永不休止全心全意地追求目标。据亲近他的人说，他赚了大钱，也不过是把帽子丢到地板上，跳一阵土风舞。可是如果他赔了钱，

他就会大病一场。有一次，他运送一批价值 4 万美金的谷物取道大湖区水路，保险费用要 150 美元，他觉得太贵了！因此没有保险。正巧，当晚伊利湖有暴风。洛克菲勒担心货物受损，第二天一早，他的合伙人一跨进办公室，就发现洛克菲勒正在来回踱步。

他叫道："快点儿！去看看我们现在还来不来得及投保。"合伙人奔到城里去找保险公司，可是回办公室时，发现洛克菲勒情况更糟。因为刚好收到电报，货物已安抵，并未受损！所以洛克菲勒更气了，因为他们刚花了 150 美元投保费用。事实上，他把自己搞病了，不得不回家卧床休息。想想看，他的生意一年营业 50 万美元，他却为了区区 150 元把自己折腾得病倒在床上。

他无暇游乐或休闲，除了赚钱及教主日祈祷，他没有时间做任何其他的事。他的合伙人贾德纳（George Gardner）与其他三个人以美金 2000 元合买了一艘游艇，洛克菲勒不但反对，而且拒绝坐游艇出游。贾德纳发现洛克菲勒周末下午还在公司工作，就求他说："来吧！约翰，我们一起出海，航行会对你有益，忘掉你的生意吧！来点儿乐趣嘛！"洛克菲勒警告说："乔治·贾德纳，你是我所见过最奢华的人，你损害了你在银行的信用，连我的信用也受到牵累，你这样做，会拖垮我们的生意。我绝不会坐你的游艇，我甚至连看都不想看。"结果他在办公室里待了整个周末的下午。

永远缺乏幽默，永远只顾眼前，是洛克菲勒整个事业生涯的写照。几年之后，他说："躺上床前，我从不忘提醒自己，我的成功可能转眼成空。"

即使坐拥百万财产，却永远担心可能随时失去财富。说忧虑摧折了他的健康，是再正确不过的了。他从没有闲暇去从事任何娱乐，从来没有上过戏院，从来不玩牌，也从来不参加任何宴会。马克·汉纳（Mark Hanna）说过："这是一个为钱疯狂的人。"

洛克菲勒住在俄亥俄州克里夫兰市时，曾有一次向邻居吐露真言说他"希望能被人爱"，可是他却是如此寡情与多疑，以至没有几个人能真正喜欢他。另一位财阀摩根（Morgan）拒绝与他有任何生意往来，因为"我不喜欢这个人，也不想跟他有任何生意往来"。洛克菲勒的亲弟弟恨他入骨，以至把自己孩子的遗体移出家族墓园。他弟弟说："我不会让我的骨肉埋葬在被约翰控制的土地里。"洛克菲勒的部属与合伙人都极畏惧他，讽刺的是：他也同样怕他们，他怕他们把公司的秘密泄露出去。他对人性几乎没有丝毫信心，有一次他与一位石油提炼专家签了 10 年的合约，他要那个人承诺不告诉任何人，包括他的妻子。他常挂在嘴边的一句话是："闭上嘴，好好干活！"

正逢他事业的巅峰，钱财源源滚进的时候，他个人的世界却崩溃了。标准石油公司灾祸连连——与铁路公司的诉讼、对手的打击等等。

在宾州油田上，约翰·洛克菲勒是最受憎恨的人。遭到无情打击的对手，没有一个不想把他吊死在苹果树下。威胁他生命的信件如雪片般飞入办公室，他雇用保镖防止敌人杀他。他很想忽视这些仇恨，他有一次解嘲地说："踢我、诅咒我！你还是拿我没办法！"但是他终究是个凡人，他无法忍受憎恨，也无法担负忧虑，他的健康开始恶化。对这个新敌人——由身体内部发出的疾病，他感到极为茫然与迷惑。开始时，他把偶尔的不适秘密处理，希望把病痛驱出体外。可是失眠、消化障碍及脱发，这些生理上的症状已不容忽视。最后，医生告诉他一个惊人的事实，他可以选择财富与忧虑，或者是他的生命。他们警告他：再不退休，就是死路一条。他终于退休了，可惜退休前，忧虑、贪婪与恐惧已经摧毁了他的身体。当全美最著名的女性传记作家艾达·塔贝尔（Ida Tarbell）见到他时，真是大吃一惊，她写道："他的脸上写满忧患，他是我所见过最老的人。"老？怎么会呢？洛克菲勒比麦克阿瑟反攻菲律宾时，还要年轻几岁呢！可是他的体能状况极差，以致艾达感到怜悯他。当时她正着手写一本挞伐标准石油公司的著作，她没有任何理由同情这位一手建立起这个超级石油帝国的首脑。然而，当她看见洛克菲勒教主祈祷时急切地寻求他人的支持时，她说："我心中涌起了一种未曾预期的感觉，而且那感觉十分强烈，那就是我为他难过，我了解他孤独的恐惧。"

医生竭尽全力挽救洛克菲勒的生命时，他们要他遵守三项原则——这三项原则，终其一生他都牢牢记住。这三项原则是：

1. 避免忧虑，绝不要在任何情况下为任何事烦恼。

2. 放松，多在户外从事温和的运动。

3. 注意饮食，只吃七分饱。

洛克菲勒谨守这些原则，也许因此捡回一命。他退休了，他学打高尔夫球，从事园艺，与邻居聊天、玩牌，甚至唱歌。

不过他还做了别的事，温克勒说："在失眠的夜晚，洛克菲勒有足够的时间自省。"

洛克菲勒

他开始想到别人，这一生终于有一次他不再想着如何去赚钱，而开始思考如何用钱去换取人类的幸福。简而言之，洛克菲勒开始把他的百万财富散播出去。有时候，这并不简单，他捐钱给教会时，引起全国神职人员的反对，他们称它为"脏钱"。不过他还是继续奉献，他听说密歇根湖畔的一家小学院，因付不出抵押贷款，面临关闭的命运。他插手帮忙，投入了几百万，把这所学院建成了世界知名的芝加哥大学。他也帮忙黑人，他捐助黑人大学。他甚至援助扑灭钩虫。当钩虫权威史泰尔（Charles W. Stiles）宣称治疗一个病人需美金 5 角时，谁能捐出大笔金钱，扑灭肆虐美国南方的钩虫？洛克菲勒率先捐出百万美金，拯救南方的民众。后来他更进一步，成立了世界性的洛克菲勒基金会——旨在对抗世界的疾病与无知。

我怀着感情谈到这一段，是因为洛克菲勒基金会曾经救过我一命。我记得很清楚，1932 年我在中国旅行时，北京流行霍乱，大批人死去。所幸，我们能向洛克菲勒医学中心申请疫苗，使自己免于瘟疫。中国人也跟外国人一样，可以得到救助。那也是第一次我真正感受到洛克菲勒的财富能造福世界。

洛克菲勒基金会在人类历史上是史无前例的，它可说是独一无二的。洛克菲勒了解世界各地都有具远见的人在从事一些有意义的活动，随时都有许多研究在进行，有人成立大学，有许多医生正努力与疾病作战——可是因缺乏经费而胎死腹中的情况却太常见了。他因此决心协助这些人类的先驱者，不是去收买过来，而是提供经费，帮助他们自助。今天，你我都应该为盘尼西林及其他数十种运用经费而完成的发明，真诚地感谢洛克菲勒。以前儿童罹患脑膜炎的死亡率曾高达 4/5，现在我们子女的生命不再受脑膜炎的威胁，这也是洛克菲勒的功劳。更因为洛克菲勒的资助，我们才有能力对肆虐世界的疾病如疟疾、肺结核、流行性感冒及白喉进行反击。

洛克菲勒自己呢？当他散尽千万财富之后，是否寻回了心灵的平静呢？答案是肯定的，他终于得到真正的满足。有人说："如果人们对洛克菲勒的印象还停留在标准石油公司的时代，那就大错特错了。"

洛克菲勒开心了，他彻底地改变了自己，已成为毫无忧虑的人。事实是，当他遭受事业重创时，他也不肯因此牺牲一晚睡眠。

这个打击是他一手创立的标准石油公司被勒令罚款，这是历来最大的一笔罚款。美国政府裁定标准石油公司垄断，直接违反美国反托拉斯法。诉讼纠缠了 5 年，全美最杰出的法律精英都加入了这场历来最冗长的司法战争，但终于，标准石油公司败诉了。

当法官宣布判决时，辩方律师都很担心洛克菲勒无法接受，他们显然并不了解他的改变。

那一晚，一位律师打电话通知洛克菲勒，尽可能平静地叙述这个判决，接着他说出心中的顾虑，"我希望你不要因为这个判决而难过，洛克菲勒先生，希望你今晚能安心睡觉。"

洛克菲勒立即回答："约翰逊先生，不要担心，我决心好好睡一觉。你也别放在心上，晚安！"

这几句话居然出自一位曾为 150 美元而失眠的人口中！洛克菲勒用了很长的时间才学会克服忧虑。53 岁时，他差点儿丧命——最后却能享寿 98 岁。

二十七、我曾慢性自杀

保罗·萨普森（Paul Sampson）

一直到 6 个月以前，我都像加足马力的汽车，到处赶来赶去。我老是紧张，无法放松。每晚下班回家，我都心力交瘁。为什么呢？因为从来没有人告诉过我："保罗，你是在慢性自杀，你为什么不慢下脚步，试着放松自己呢？"

我每天一早跳起身来，急急忙忙吃早餐、刮胡子、穿衣服，再匆忙开车去上班，我死命抓住方向盘，好像怕它会飞出去。我工作急速，下班赶回家去，到晚上上床时，都得急着入睡。

我去看底特律市著名的神经专家时，正是处于这种状态下。他告诉我要放松自己，要时时想着放松，在工作、进食、上床时都得想着放松。他还说，因为我不会放松自己，所以我等于是在慢性自杀。

从那次以后，我开始练习放松自己。晚上就寝时，我不再急着入睡，我要先有意识地放松自己的身体与呼吸。早上醒来时，觉得休息过了——这是很大的进步，因为我常常醒来时，仍处于疲倦紧张的状态。现在，我也能在进食、开车时放松自己。确切地说，我开车保持警觉，但只是用心，而不再用神经。最要紧的放松自己的地方是办公室，一天有好几次，我停下一切，察看我自己是否处于完全松弛的状态。电话铃响时，我不再跳起来去抢着接，有人跟我谈话时，我也能毫不紧张。

我得到的结果是什么？我的人生变得更有意思，再也不受神经紧张与忧虑所困扰。

二十八、一个真实的奇迹

约翰·伯格太太（Mrs. John Burger）

我已完全被忧虑所击败。我的心智混乱困扰，使我完全无法享受我的人生。我神经紧绷，晚上无法入睡，白天也不得放松。我有三名幼年子女，已分散到亲戚家去住了。我先生不久前才由陆军退役，正在外地筹设法律事务所。我深切体会战后时期，一切的不安全与不确定感。

我的状况影响到了我先生的事业，以及我子女快乐的家庭生活，同时更威胁到了我自己的人生。我先生在外地找不到住的地方，只有自己建一幢房子。一切的一切都得等我情况好转，可是越是这样，我越努力，就越怕失败。后来，我惧怕任何一种责任，我不再敢信任自己，我自觉彻底地失败了。

在一切暗淡无光时，我母亲为我做了一件令我终生感激的事。她督促我重整旗鼓，责备我如此软弱无力，她向我提出挑战，她说我不敢面对现实、脚踏实地的过日子，却只会逃避。

我被她激得开始与自己作战。那个周末我请父母回家去，因为我会自己起来照顾这个家。当时看来似乎是不可能的，但我却做到了。我独自一人照顾两名幼女，我能睡得着，也开始吃得多些，而我的精神也渐渐恢复了。我父母一周后来看我，发现我一面烫衣服，一面哼着歌。我觉得幸福，因为我开始作战，而且打赢了。这是难忘的一个教训……如果情况看来很难对付，你只有面对它，开始奋斗，绝对不要放弃。

从那时候起，我强迫自己工作，并在工作中忘却自己。后来，我终于能带着孩子，与我丈夫到新家团聚。我已有能力为我可爱的家人，做一位坚强快乐的母亲。我把全副精神放在为我们家庭、子女、丈夫及一切事情的计划上，不去顾虑自己。我忙得无暇想到自己，这才是奇迹真正的开始。

我越来越强健，以致早上常带着幸福的感觉醒来，那是一种能为新的一天计划的快乐，也是生命本身的喜悦。虽然偶尔难免有些小挫折偷偷溜进生活中来，特别是在我疲倦的时刻，我会提醒自己不要胡思乱想，或试着理出头绪。渐渐的，低潮的时刻越来越少，终至不再出现。

一年后的今天，我有一位快乐成功的丈夫、美丽的家园，我可以一天为它工作 16 个小时，还有三个健康活泼的孩子，至于我自己，我拥有的是真正平和的心境。

二十九、富兰克林如何克服忧虑

［本文是本杰明·富兰克林（Benjamin Franklin）写给约瑟夫·普里斯特利（Joseph Priestley）的一封信。担任图书馆长的普里斯特利向富兰克林请

教，富兰克林在回信中，叙述了他自己处理问题免于烦恼的方法。]

敬爱的先生：

关于你提出的重要问题，我无法告诉你决定选择哪一个，但是，我可以告诉你怎么做决定。当有难题发生时，主要的难处在于我们作考虑时，无法在心中兼顾正反两面。

有的时候，我们想一边的理由，过一阵子，可能又忘了这些理由，因为这样，所以令我们困扰的其实是那种不确定感。

为了避免发生这种情形，我的方法是用一条线把一张纸分成两部分，一部分是正面理由，另一部分是反面理由。在接下来的三四天中，只要想到任何一边的念头，我都立刻把它写下来。后来我再做个总览时，就能衡量出二者的比重。如果我发现两边的共同理由差不多势均力敌时，我就把这项剔除；如果一个赞成的理由抵得上两个反对的理由，就把这三个都剔除；又如果两个反对的理由抵得上三个赞成的理由，我就再把这五个都剔除。如此，最后我就能找到一个结论。再多给一两天考虑时间，发现并无任何重要因素需要加入，我就依照那个结论做成决定。虽然这种比较法并不能非常精准，但因为已做了个别性与相互性的考量，有助我看清全貌，做出更好的判断，也不会草率行事，事实上，我很能从这种"德智代数法"中得到裨益。

真诚地希望你能做出最明智的决定，我永远是你忠实的好友！

本·富兰克林

三十、忧虑使我 18 天茶饭不思

凯瑟琳·法默（Kathryne Holcombe Farmer）

三个月前，我曾忧烦到 4 天 4 夜未曾合眼，而且 18 天里没有吃过一口固体食物，甚至闻到食物的气味都令我极度不适。文字无法描述我心中承受的痛苦，我怀疑地狱的酷刑也比不上这种折磨。我觉得自己不是趋于灭亡，就是濒于疯狂。我很了解自己不可能继续那样生活下去。

生命中的转折点，发生在有一天有人送了我这本书的预售版。这 3 个月来，我确实与这本书共同生活，仔细研读每一页，急切地想找出一种生活的新方法。最不可思议的改变是我的情绪渐渐稳定，开始对未来怀抱希望。我已能接受每天的挣扎与奋斗。我现在才体会到，我过去几近发疯，并不是因为当天的问题，而是对昨天的事愤愤不平或不安，或对明天的某种恐惧所导致。

现在，只要我一发现自己开始担忧某件事，我就立刻停止担心，而开始找出本书中的某些原则来运用。如果我开始为今天必须完成的某件事紧张不安，我就让自己忙碌起来，立刻去做它，也自然就不会在心中记挂着它了。

一旦我能面对以前会把我逼疯的某些问题，我就可以平静地尝试运用本书第一部分第二章的三项解决问题的办法。首先，自问可能发生的最坏状况是什么。第二，我先想办法在心里接受它。第三，我集中心力在问题上，考虑如何能由我已接受的最坏状况上稍作改善。

如果我发现自己所担心的是一件不可改变的事而又不想去接受它——我就立刻停下手边的事，做个小小的祈祷：

祈求上天赐予我平静的心，

接受不可改变的事，

给我勇气，

改变可以改变的事，

并赐予我

分辨此两者的智慧。

自从看了本书后，我确实经历了一种新的、光明的生活方式，我不再听任焦虑摧毁我的健康与快乐。现在我一天可以睡 9 个小时，我欣赏食物的美味。我已拨云见日，打开心扉，有心情去发现并欣赏这世界的美。我感谢上苍赐给我生命，以及有幸生活在如此美妙的世界中。

我建议你也多多阅读本书，把它放在床头，用得上的部分先做个记号。研读它、应用它，因为它不只是一本常识性的"读物"，而是一本新生活的"指南"！

卡耐基励志经典

演讲与口才

[美]卡耐基·著

刘凯·整理

線裝書局

导　读

当众演讲并不是一门封闭的艺术，它也不像许多教科书中所说的那样，必须经过多年的美声以及十分艰苦的修辞训练之后才能取得成功。戴尔·卡耐基的教学生涯几乎全都致力于向人们 证明一点：当众演讲其实并不困难，只要你能遵循一些简单却又十分重要的规则，就可以做到这一点。

《演讲与口才》围绕如何与人交谈和交往，从而使自己成为一个受人欢迎的谈话高手这一主题，将卡耐基作品的相关内容汇编在一本书中，使读者领悟卡耐基的谈话技巧，为自己的社交铺平道路。

戴尔·卡耐基，世界著名成功励志大师，美国"成人教育之父"。29 世纪早期，美国经济陷入萧条，战争和贫困导致人们失去了对美好生活的愿望，而卡耐基独辟蹊径地开创了一套融演讲、推销、为人处世、智能开发于一体的教育方式，运用社会学和心理学知识，对人性进行了深刻的探讨和分析。卡耐基成人教育课堂上讲述的许多普通人通过奋斗获得成功的真实故事，激励了无数陷入迷茫和困境的人，帮助他们重新找到了自己的人生，过上了快乐的生活。

第一章　高效演讲的基本原则

每一门艺术中都会有一些基本原则和技巧。

在组成本书的各章中，我们会讨论高效演讲的基本原则和让这些原则产生实效的态度。

作为成人，我们会对快速容易的有效演讲感兴趣。快速产生实效的唯一途径，就是要有实现目标的正确态度和建立其上的坚实原则基础。

获得演讲的基本技巧

我于 1912 年，也就是"泰坦尼克号"沉没在北大西洋冰海的那一年，开始教授当众讲话这门课程。如今，已经有 75 万多学员从我这里毕业了。

当众讲话教程的第一堂课是示范表演。一些学员会上台讲他们为什么选这门课程，以及期望从这一训练中学到什么。尽管每个人都有不同的说法，但大多数人的原因和基本需求几乎如出一辙："面对众人讲话时，我会觉得浑身不自在，总担心不能清晰地思考，不能集中精力，甚至不知道自己究竟想说什么。我希望获得自信，能随心所欲地思考问题，逻辑清晰地归纳自己的思想，在商业场合和社交场合侃侃而谈，思路清晰而又不乏语言魅力。"

这番话听起来不觉得耳熟吗？你是否有过这种心有余而力不足的感觉？你不希望自己在演讲时口若悬河，侃侃而谈，令人折服吗？现在你正在翻开这本书，说明你也希望获得这种成功演讲的能力。

我知道你想说什么。我猜想你一定会问我："卡耐基先生，你真的认为我能培养自信，面对众人而口齿流利地对他们演讲吗？"

我这一生几乎全都用于帮助人们消除恐惧、培养勇气和自信。在我班上发生的种种奇迹，可以写出几十本书。因此，你问的问题不在于我"认为"；如果你能根据书中的方法和建议去练习，那么你一定能做到。

为什么站在众人面前就不能像坐着那样冷静地思考呢？为什么当众站起来讲话，你的胃部就会翻腾，身体就会不停地发抖呢？这些问题肯定是可以克服的，只要接受训练和练习，你就会消除面对听众的恐惧，并充满了自信。

这本书将帮助你实现这一目标。它不是一本普普通通的教科书。它既不罗列一大堆说话的技巧，也不教你如何出声发音，而是致力于用具体的方法来训练人们如何成功演讲。它以你现有的基础为起点，逐渐使你成为自己想成为的人。而你所需要做的就是合作——遵循书中的各种建议，并将它们应用于一切需要说话的场合，并且坚持不懈。

为了从本书获得最大教益，并对它有一个快速了解，以下 4 条指引十分有用。

一、学习别人的经验，激发自己的勇气

不论是否处于被囚禁的状态，没有任何一种动物是天生的大众演讲家。在历史上某些时期，当众演讲是一门精致的艺术，要求谨遵修辞法与优雅的演讲方式，因此想成为一名优秀的演讲家十分困难。但现在我们却将当众讲话看作一种范围有所扩大的交谈，从前过说边唱的演讲方式和如雷贯耳的声音已经永远过去了。我们无论是在晚餐聚会上，还是在教堂做礼拜，在家里看电视、听收音机，都更愿意听到率真的语言，根据常理来思考，诚恳地交流，而不是对着我们夸夸其谈。

当众讲话并不是一门封闭的艺术，它并不像许多教科书中所说的那样，必须经过多年的美化声音以及艰苦的修辞训练之后才能掌握。我的教学生涯几乎全都致力于向人们证明：当众讲话很容易，只要遵循一些简单却又重要的规则就可以。当我于 1912 年在纽约市第 125 大街的青年基督教会开始成人教育时，和最初的学员一样懵懂无知。我最初教这些课的方法和我自己在密苏里州华伦堡学院所接受的教育大同小异。但我很快就发现自己错了：我竟然将那些商场人士当成了大学新生。我发现以演讲大师韦伯斯特、巴克、皮特及欧·康奈尔等人为模仿的例子，对他们毫无裨益。我的学员需要的是在下次商务会议上有足够的勇气站起来，做一番明晰而连贯的报告。于是，我抛掉了教科书，站在讲台上，只教给他们一些简单的概念，直到他们的报告词达意尽，充满自信。这个办法果然有效，因为他们毕业后又回来学习了。

我希望大家有机会去我家或我在世界各地的代表的办公室，看看学员寄给我的信。这些信来自企业界的领袖，他们的大名常常见诸各大报纸，如《纽约时报》和《华尔街日报》，有的来自州长、国会议员、大学校长和娱乐圈明星，还有更多的信来自家庭主妇、牧师、教师和青年男女，他们全都是一些默默无闻的普通人，或者是企业中已经接受训练或尚未接受训练的主管人员、技术娴熟或生疏的工人、工会成员、大学生和职业女性。所有这些人都觉得自己需要足够的自信心和在公众场合表达自己的能力。他们在这两方面都取得了一定成效而心存感激，所以给我写信表示感谢。

当我开始写这本书的时候，有一个人立刻闪现在我的脑海里。在我教过的几千名学员中，我对他的印象很深。根特先生是费城一名成功的企业家，刚参加我的训练班不久就邀请我和他共进午餐。在餐桌上，他倾身向前，对我说："卡耐基先生，我曾有许多机会在公众场合说话，但我总是试图逃避。现在我是一家大学的董事会主席，必须经常主持各种会议。你认为我在迟暮之年是否还能学会当众讲话？"

由于在我的训练班上像他这样的人很多，因此，我向他保证，他一定能够成功。

大约3年后，我们又一次在企业家俱乐部共进午餐。我们在以前那个餐厅的同一张桌上吃饭，又谈起了从前谈过的话。我问他我的预言是否实现了，他微微一笑，从口袋里面掏出了一个红色的小笔记本，向我展示了未来几个月已经预定的演讲日程表。"有能力做这些演讲，"他承认，"演讲时所获得的快乐以及我能为社会提供更多的服务——这些都是我人生中最高兴的事。"

　　事情还远不仅于此。根特先生还得意地告诉我，他所在的教区曾邀请英国首相来费城演讲，负责向人们介绍这位旅美之行的杰出政治家的人不是别人，正是根特先生。

　　正是这个人，3 年前还在这张桌子旁问我，他将来是否能够当众畅谈自如？

　　还有另外一个例子：已故的格力屈公司董事长大卫·格力屈先生，有一天来我的办公室说："在我的一生中，每次面对众人讲话时总是惊恐万状。而我作为董事长，又不能不主持会议。我和各位董事都十分熟悉；大家围着桌子谈话时我能够对答如流。但是当我站起身时，就会有一种恐惧，一个字也说不出来。这种情况已存在多年了。我现在想知道你是否能给我一些帮助。我觉得十分严重，这种情况持续多年了。"

　　"噢，"我说，"既然你怀疑我是否能给你帮助，那你为什么还来找我呢？"

　　"只有一个原因，"他回答说，"我有一个会计，他专门为我处理私人账目。他原本是一个害羞的小伙子，每天进自己的办公室时必须经过我的办公桌。许多年来，他一直都是蹑手蹑脚的，十分小心，双眼紧盯着地面，也难得说一个字。但是他最近却改头换面了，变得神采奕奕，走进办公室时也敢抬头挺胸了，并且还大大方方地问候我。我对他的这种变化十分惊讶，于是问他为什么会发生这种改变。他告诉我说他参加了你的训练课程。正是因为我亲眼目睹了这个小伙子的改变，我才来寻求你的帮助的。"

　　我对格力屈先生说，如果他能定期来上课，并且按照我的要求训练，不出几个星期，他就敢在大众面前讲话了。

　　"如果你真的能改变我，"他回答说，"那我可真的是全美国最快乐的人了。"

　　他坚持上课，并且进步神速。3 个月后，我请他参加了一次宴会，地点是在阿斯特饭店舞厅，参加者有 3000 人。我让他谈谈在演讲训练中的获益情况。由于他事先有约会，他对自己不能前来表示歉意，但是第二天他又给我打电话说自己要来。他说："我把约会取消了。我很高兴为你演讲。我要告诉人们这次训练带给我的好处，用我自己的故事来激励人们，消除那正在摧毁他们生活的恐惧。"

我只让他讲 2 分钟，结果他面对 3000 人说了 11 分钟。

类似的奇迹，我曾在班上亲眼目睹过几千次。我看到了许多人的人生也因为参加了这项训练而得以改观：一些人获得了梦寐以求的提升，而另一些人则在商场、工作和沟通中大大获利。有时候，一场演讲就足以办成一件重要的事情。我们来看玛利欧·拉卓的故事。

几年前，我意外地收到了一封寄自古巴的电报。电报中说："除非你给我发电报阻止我，否则我将立即赶往纽约，接受演讲训练。"落款人是玛利欧·拉卓。我不知道这个人是谁，从前也没有听说过他。

拉卓先生到了纽约。他说："哈瓦那乡村俱乐部准备为创始人的 50 岁生日举行庆祝大会，安排我在晚会上担任主持人，并为他颁发纪念杯。虽然我是一名律师，但从来没有公开发表过演讲。一想到要当众讲话我就害怕。如果把事情办砸了，我和我太太该有多难为情啊！这将会大大影响我在我的委托人面前的形象。因此，我特意从古巴来向你求助。但我只能待 3 周。"

在那 3 周时间内，我让玛利欧从一个班换到另一个班，每晚都要作三四次演讲。3 个星期之后，他在哈瓦那乡村俱乐部的盛大宴会上发表了一场演讲，这场演讲如此精彩，《时代周刊》还专门在国外新闻栏目中做了特别报道，称他为"银舌演讲家"。

听起来像是奇迹，是吗？它的确是一个奇迹——20 世纪的人们克服恐惧的奇迹。

二、时刻不忘自己的目标

当根特先生说到他新掌握的当众讲话的技巧给他带来的极大乐趣时，我认为这也正是他获得成功的原因（这一因素比其他因素更为重要）。他的确遵循了我们的指导，毫不懈怠地完成了任务。但是，我相信他之所以能坚持下来，完全是出于一种自我需要，他想让自己成为一名成功演讲家。他将自己投入未来的良好形象中，然后不懈地努力，终于梦想成真。这也是你必须做的。

集中全部精力，时刻不忘自信与侃侃而谈的演讲能力，对你而言十分重要：想想由此结交的朋友在社交方面对你的重要性，想想自己为大众、为社会服务的能力将大大增强，想想它对你的人生和事业所产生的深远影响。总之，它将为你领袖群伦铺平道路。

国家现金注册公司董事会主席、联合国教科文组织主席艾林，在《演讲季刊》中发表了一篇文章《演讲与领导在事业上的关系》。他说："在历史上从事商业的人当中，有不少人是凭借在演讲方面的杰出表现而获得赏识的。许多年前，有一位青年，他当时主管堪萨斯一个小分行，但是当他发表了一场精彩的演讲之后，今天成了我们公司负责业务的副总裁。"我正好还知道，这位副总裁是现任国家现金注册公司总裁。

能够从容不迫地站起来演讲，将使你的前途不可估量。我的一名学员亨利·布莱克斯通是美国舍弗公司的总裁。他说："和别人进行有效的交谈，并争取他们的合作，是我们所寻找的追求进步的人应具备的宝贵财富。"

想想，当你充满了自信，站起来与听众们共同分享你自己的思想和感觉时，该是多么的满足和舒畅啊！我曾多次做环球旅行，深知一个道理，那就是用语言的力量影响全场听众的那种愉悦感是其他任何事物都不能相比的。你会有一种力量感、一种强大感。有一位毕业生曾这样说："在演讲开始的前两分钟，即使用鞭子抽打我也无法开口。但到结束前的两分钟，我情愿挨枪子儿也不愿停下来。"

现在，闭上你的眼睛想象一下：面对听众，充满自信地走上演讲台，听听开场后全场的鸦雀无声，感觉一下听众们在你深入浅出、一语中的时的那种全神贯注，感受一下当你离开演讲台时听众们掌声的温馨，并带着微笑接受大家对你的赞赏。请相信我，这里有一种魔力和一种永难忘怀的惊喜。

哈佛大学最卓越的心理学教授威廉·詹姆斯曾写过6句话，它们对你的一生可能会产生深远的影响。这6句话就是阿里巴巴勇探藏宝穴的开门秘诀：

不论什么课程，只要充满热情，就可以顺利完成。

如果你对结果足够关注，你就一定会得到它。

只要你想做好，你就一定能做好。

如果你渴望致富，你便会拥有财富。

如果你想博学，你就会学富五车。

只有真正地渴望这些事情，你才会心无旁骛，而不会白费心思、胡思乱想许多不相干的杂事。

学习有效地当众讲话，其好处不仅仅是可以做正式的公开演讲。事实上，即使你一辈子都不需要正式公开演讲，但接受这种训练仍有许多好处。例如，当众演讲训练可以帮助你培养自信。因为一旦你发现自己能够站起来，有条不紊地对着众人说话，那么当你和别人谈话时，一定会更有信心和勇气。很多来上我的"高效演讲"课程的人，大多是因为在社交场合中感到害羞和拘束。当他们发现自己站着和同事讲话天也不会塌下来时，便会发现自己的拘束是多么可笑。他们在训练中培养出来的自然洒脱，让他们的家人、朋友、事业伙伴和顾客刮目相看。许多毕业的学员也都是因为看到身边的人个性发生了巨大的变化才来上课的。如格力屈先生就是这样。

这种类型的训练，也会在不同方面影响人的个性，但不会立即显现出来。不久前，我曾问大西洋城一位外科医生、美国医学会会长大卫·奥尔曼博士，就心理和生理健康而言，接受当众演讲训练有什么好处？他笑着说："回答这个问题，最好是开一个处方，这个处方在药房里是抓不到药的，每个人得自己给自己配药；如果他认为自己不行，那他就错了。"

我桌上就放着这份处方，我每读一次，就觉得有所收获。以下便是奥尔曼博士开的处方：

努力培养一种能力，让别人走进你的脑海和心灵。试着面对单独的人，或者在大众面前清晰地表达你的思想和理念。当你通过这种努力获得进步时，你便会发觉：你——你真正的自我——正在塑造一个别人以前从未见过的崭新的形象。

你可以从这个处方中获得双倍的益处。当你试着和别人讲话时，你的自信心也会随之增强，你的性格也会变得越来越温柔、美好。这就意味着你的情绪已经渐入佳境。既然情绪渐入佳境，那么身体也就会随之好起来。在我们这个世界，不论男女老少都需要当众讲话。我并不清楚这在工商业中究竟会带来什么利益，但我听说它们有无穷的好处。不过我的确了解它对于健康的益处。只要一有机会，就对几个人或许多人说话——你将会越说越好，我自己就是这样。同时，你会感到神清气爽，觉得自己完美无缺，而这是你从前所感受不到的。

这是一种美妙的感觉，没有任何药物能给你这种感受。

因此，第二项指引便是想象你自己正在成功地做着你目前所害怕的事，想象你已经能够当众说话并且被接纳，由此获得了很多益处。牢记威廉·詹姆斯的话："假如你对结果足够关心，你一定会实现它。"

三、下定成功能决心

有一次在一个广播节目中，我被要求用 3 句话来说明我曾学到的最重要的一课。我是这么说的："我所学过的最重要的一课，就是我们的思想非常重要。如果我知道你的所思所想，就能了解你这个人，因为正是你的思想造就了你。通过改变我们的思想，就能改变我们的一生。"

你的目标已经指向了建立自信和进行有效交谈。那么，从现在开始，你就要积极地设想自己的这些努力终将会成功。你必须对自己当众演讲的努力成果保持轻松乐观的态度。一定要把你的决心烙在每个词句、每项行动上，竭尽全力培养这种能力。

这里有一个故事，可以作为这一观点的强有力证明：

任何人如果希望迎接语言表达的挑战，就一定要具备坚毅的决心。这个故事里的这个人，现在已经登上了企业最高层而成为商界的传奇人物。但是他在大学第一次站起来讲话时，却因为不善言辞而失败了。老师规定每个人 5 分钟的演讲，他讲了不到一半，就脸色发白，不得不含着眼泪匆匆走下讲台。

虽然有这样的不幸经历，但他不甘心被击倒。他决心要成为一个优秀的演讲家，并且不懈地努力，最终成了世人尊敬的政府经济顾问。他名叫克劳伦斯·蓝道尔。在他富有思想性的作品之一《自由的信念》中，他提到了当众演讲的情况："我的演讲安排十分紧凑，要参加各种聚会，如厂商协会、商务部、扶轮社、基金筹募会、校友会以及其他团体举办的聚会。我曾在密歇根州的艾斯肯那巴发表爱国主义演讲，谈到我投身于第一次世界大战；我还和米基·龙尼进行巡回慈善演讲，与哈佛大学校长詹姆士·布朗特·柯南及芝加哥大学校长罗伯特·哈钦斯进行教育宣传；我甚至还曾以糟糕的法语发表过一次餐后演讲。

"我认为我了解听众想听什么，以及他们喜欢听到这些内容如何被讲出来。对于肩负重任的人来说，这里面的窍门就是，只要愿意学，就没有什么学不会的。"

我与蓝道尔先生深有同感。成功的决心，正是决定了你能不能成为一个有效说话者的关键因素。如果我了解你的心思，知道你的意志强度以及你是否有乐观的态度，那么我就几乎可以准确地预测你在改进沟通技巧上会有多快的进步。

在我中西部的一个班上，一位学员在第一天晚上就站起来信心十足地说，他不满足于当一名房屋建造商，他要做"全美房屋建筑协会"的发言人。他最想做的是在全国各地奔走，将他在房屋建筑业中遭遇的问题与获得的成就告诉人们。乔·哈弗斯蒂真的说到做到，他也正是那种让老师高兴的学生，有着狂热的追求。

他想讲的，不仅仅包括地方性的问题，还包括全国性的问题。对于这个想法，他没有三心二意，而是详细地准备自己的演讲，并认真地练习，从没有耽搁一堂课，即使是遇上一年中最忙的时节，他仍然一丝不苟地按照要求去做——结果他的进步连他自己都感到吃惊。在两个月内，他就成为班上的佼佼者，被选为班长。

大约一年以后，在弗吉尼亚州的诺佛克市管理这个班的教师这样写道："我已经完全忘了来自俄亥俄州的乔·哈弗斯蒂。有一天早晨，我正在吃早餐，我打开了《弗吉尼亚指南》，里面竟然有一幅乔的照片和一篇称赞他的报道。前天晚上，他在一次地区建筑商的盛大聚会中发表了精彩的演讲。我看到这时的乔可不仅仅是全国房屋建筑协会的发言人，简直就是会长！"

　　因此，要想成功演讲，就必须有强烈的欲望：高度的热忱，翻越高山的坚强毅力，以及相信自己一定会成功。

　　当尤里乌斯·恺撒从高卢奔驰而来，穿越海峡，率领他的军团登陆英格兰时，他是怎样确保自己的军队成功的呢？他想出了一个非常聪明的办法：他把军队带到了多佛海峡的白岩石悬崖上，让士兵们望着自己脚底下两百英尺的海面上曾运送他们渡海的船只被火焰吞没。由于置身敌国，与大陆的最后联系已经断绝，退却的工具已经被焚毁，唯一可做的事情就只有前进！征服！恺撒和他的军团就这样成功了。

　　这正是不朽的恺撒精神。当你想征服面对听众的恐惧时，为何不把这种精神用于自己身上呢？把消极思想全都扔进熊熊烈火中，并把身后通往犹豫退缩的大门紧紧关上。

四、抓住一切练习演讲的机会

　　第一次世界大战前，我在第 125 大街青年基督教协会教的课程已经有了变化，不再像当年的情况。每年都会有新观念加入课程，而那些旧思想则被淘汰。但是有一点却一直没有改变，那就是每个学员至少要当众演讲一次，很多时候都是两次。为什么这样做呢？因为不当众说话，谁都不可能学会如何当众演讲，这好比一个人不下水就永远学不会游泳一样。就算你读遍了所有关于当众演讲的著作，包括本书，也仍然开不了口，对你也没有任何帮助。本书只是指引，你得付诸实践。

　　当有人问萧伯纳是如何获得气势逼人的当众演讲的经验时，他说："我借鉴了自己学滑冰的方法——固执地让自己一个劲儿地出丑，直到学会为止。"萧伯纳年轻时，是伦敦最胆小的人之一，当他去找人时，常常在走廊上徘徊 20 分钟或更长时间，才敢鼓起勇气敲门。他承认："很少有人仅仅因为胆小而痛苦，或者深深地为它感到羞耻。"

　　终于，他无意中使用了最好、最快而且最有效的方法来克服羞怯、胆小和恐惧。他决定把这个弱点变成自己最强有力的资本。他参加了一个辩论学会，只要伦敦有公众讨论的集会他都会参加。萧伯纳全身心地投入到社会主义事业中，四处演讲，终于把自己变成了 20 世纪上半叶最有信心，也最出色的演讲家之一。

说话的机会随处都有，你不妨参加一些组织，从事一些需要讲话的工作。你可以在聚会上站起来说上几句，哪怕只是附议他人也好。开会时不要躲在角落里。说话吧！去教堂为人讲道！或者做一个童子军的领队，或者加入一个有机会活跃地参加各种聚会的团体。你只要看看自己周围，便会发现没有哪个工作和活动是不需要开口说话的，甚至连住宅小区里的活动也是如此。如果你不说话，就永远不知道自己会有怎样的进步。

"这些我也都明白，"一位年轻的商务主管曾对我说，"可我总是担心学习的严峻考验。"

"严峻考验？"我说，"赶快丢掉这种想法。否则你永远不会用正确的、征服性的精神来看待这个问题。"

"那是什么精神？"他问。

"就是冒险精神呀！"我告诉他。接着我又对他谈了一些通过当众演讲而获得成功，并且使个性也因此开朗起来的真实例子。

"我也要试试，"他最后说，"我要去从事这项冒险。"

当你继续阅读此书，并将其付诸实践的时候，你也是在冒险。你将会发现，在这项冒险活动中，你的自我引导力量和观察力将会给你帮助。你还会发现，这项冒险会从里到外彻底改变你。

培养演讲的信心

"卡耐基先生，我 5 年前来到你举办演讲的饭店，走近了大门却不敢进去。我知道，如果进去参加了训练班，迟早就要当众演讲。因此我的手僵在门把上，不敢进去：最后，我只好转身离开了。

"假如当时我知道你能让我轻易克服恐惧，克服那种面对听众的恐惧的

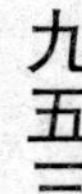

话，我就不会浪费这 5 年了。"

说这番肺腑之言的人不是在桌对面讲话，而是正在对大约 200 名听众大发感慨。这是纽约一个培训班的毕业聚会，这位学员发表讲话时，我对他的镇定和自信印象极深。我想，这个人一定能凭借他学到的语言表达能力和自信心，极大地提高处理各项事务的技巧。作为他的老师，我很高兴看到他能勇敢地战胜恐惧。想想吧，如果他在 5 年或 10 年前就战胜了恐惧，那么他现在肯定会有更多的成功和更多的快乐。

爱默生说："和任何其他事物相比，恐惧更能击溃人类。"这是多么让人无奈的事实啊！感谢上天，它使我有能力帮助人们从恐惧中解脱出来。我于 1912 年刚开始授课时，一点也不知道这项训练竟然是帮助人们消除恐惧和自卑的最好方法之一。我发现学习当众说话，是一种天然的方法，它可以帮助人们克服紧张，建立勇气和自信心。为什么呢？因为当众说话让我们控制了自己的恐惧感。

通过多年来的训练，我获得了一些方法，可以帮助你很快克服上台演讲的恐惧，在短短几周练习之后就会有信心。

一、了解当众讲话恐惧的根源

实情之一：害怕当众讲话并不只是个别现象。大学调查表明，上演讲课的学生十之八九刚上课的时候都会有上台的恐惧。在我的成人教育班里，课程刚开始的时候，学员登台的恐惧比例更高，几乎达到了百分之百。

实情之二：一定程度的登台恐惧是有利的。它是让我们具备应付环境挑战能力的自然方法。所以，当你感到自己的脉搏加快、呼吸急促时，一定不要紧张。这是你的身体对外来刺激保持的警惕，它正在为即将到来的行动做准备。假如这种生理上的准备正好适度，你会因此而思考得更快，话也说得更流畅，反而会比在普通情况下说得更精彩。

实情之三：很多职业演讲者都承认，他们从来都没有完全消除登台的恐惧。几乎每一次演讲前他们都会感到害怕，而且会持续到刚开头的几句话。要想当赛马而不当驮马，演讲者必须付出这样的代价。有些演讲者常把自己比喻成"像黄瓜一样冰凉"，其实更确切地说是像黄瓜一样皮厚和富有激情。

　　实情之四：你之所以害怕当众讲话，主要是因为你不习惯。鲁滨逊教授在《思想的酝酿》一书中说："恐惧源于无知与不确定。"对大多数人来说，当众讲话正是一个不确定的因素，因此心里就不免焦虑和恐惧。特别是对新手来说，这是一连串陌生而复杂的环境，这远比学打网球或开汽车困难。只有通过千万次的练习、练习、再练习，才能把这种恐惧的状况变得单纯而轻松。那时你就会发现，只要有了成功演讲的经验，当众讲话就不再是一种痛苦，而是一种快乐了。

　　杰出演讲家、著名心理学家阿尔伯特·爱德华·威格玛克服恐惧的故事，自我初读以后就一直激励着我。他说，在读中学时，他被叫起来做 5 分钟的演讲，一想到这件事他就非常害怕。他写道：

　　"当演讲的日子快要到时，我就病倒了。只要一想到那件可怕的事情，我就会血冲脑门，脸颊发烧，只好跑到学校后边去，把脸贴在那冰凉的砖墙面上，好让脸上的绯红尽快消退。读大学时我还是这样。

　　"有一次，我小心地背下了一篇演讲词的开头。但是当我面对听众时，脑袋里突然轰的一下，就不知身处何处了。我好不容易才勉强挤出开场白：'亚当斯与杰弗逊已经过世……'然后再也说不出一句话了，我只好向听众鞠躬，在如雷般的掌声中心情况重地回到我的座位上。校长站起来说：'唉，爱德华，我们听到这则悲伤的消息真是太震惊了。不过，我们会尽量节哀的。'接着是哄堂大笑。当时我真想以死来解脱，然后我又病了几天。

　　"我在这世上最不敢期望的，就是当一名大众演讲家。"

　　离开大学一年后，他到了丹佛市。1896 年掀起了一场"自由银币铸造"政治运动。他对"自由银币主义者"布莱安及其支持者的错误和空洞承诺很不满，因此他把自己的手表当了足够的盘缠，回到家乡印第安纳州。一到那里，他就自告奋勇地就健全的币制发表演讲。听众当中有不少人是他的老同学。"刚开始时，"他写道，"我在大学演讲'亚当斯和杰弗逊'的那一幕又掠过我的脑海，我感到窒息，讲话结巴，什么都忘了。不过，就如乔西·德普常说的那样，听众和我都勉强挺过了绪论部分，这小小的成功鼓舞了我，我继续往下说了自以为大约只有 15 分钟的时间。让我惊讶的是，我说了一个半小时。

"结果，在以后的几年里，我成了全世界最感惊奇的人。我发现我竟然把当众演讲当成了谋生的职业。我终于体会到威廉·詹姆斯所说的'成功的习惯'的含义了。"

阿尔伯特·爱德华·威格玛终于认识到，要想克服当众讲话的那种灭顶之灾的恐惧，最好的办法就是获取成功的经验，并以此为后援。

要学会当众讲话，应该有一定程度的恐惧，同时你也要学会凭借这种适度的恐惧感，使你说得更好。

即使这种登台的恐惧有时会一发而不可收，造成心灵障碍和言辞不畅、肌肉痉挛，你也不必绝望。这些症状在初学者中都很常见。只要你肯努力，就会发现这种恐惧很快就会减少到适当的程度，成为一种助力而不是阻力。

二、做好适当的准备

几年前，有一位地位显赫的政府官员在纽约扶轮社的午餐会上担任主讲人。大家都在等他介绍他部里的一些情况。

显然，他没有做好准备。他开始想发表一番即兴演讲，结果却不知该说些什么。于是，他从口袋里掏出一叠笔记。然而笔记非常杂乱，就像一卡车碎铁片。他手忙脚乱地翻着笔记，说话时更显得尴尬而笨拙。时间一分一秒地过去，他越来越绝望迷惑。他不停地向大家道歉，还想从笔记里找出一点头绪来。他用颤抖的手端起一杯开水，凑到发干的唇边。此情此景实在是惨不忍睹——他完全被恐惧击倒了，就因为他没有提前做好准备。最后，他只好坐下来。我看到的是一个最没面子的演讲家。他的演讲正像卢梭所说的某些人写的情书："始于不知何所云，止于不知己所云。"

1912 年以来，出于职业原因，我每年都要担任 5000 多次演讲的评委。这给我上了最重要的一课，就像圣母峰高于群山之上一样：只有做好充分准备的演讲者，才会拥有自信，这好比上战场却带着不能用的武器，或者不带半点儿弹药，又何谈攻城略地呢？林肯说："如果我无话可说，就算是年纪一大把也会难为情的。”

　　假如你想培养自信，为什么不为演讲做好充分的准备呢？圣约翰说："完全的爱，会将恐惧置之度外。"丹尼尔·韦伯斯特也说，如果他不做好准备就出现在听众面前，就像是没有穿衣服一样。

　　1. 不要逐字背诵演讲

　　"充分的准备"是逐字背诵演讲吗？当然不是。为了保护自己，以免在听众面前大脑一片空白，许多演讲者会首选背诵演讲词。一旦犯了这种毛病，就会浪费时间做这样的准备，而这只会毁掉整个演讲。

　　美国新闻评论家卡腾堡还在哈佛大学读书时，曾参加过一次演讲比赛。他选了一则短篇故事，题目叫《先生们，国王》。他把它逐字逐句背诵下来，并预讲了好几百次。比赛那天，他刚说出题目"先生们，国王"，然后脑子里就一片空白。岂止是空白？简直是一片漆黑。他差点儿吓蒙了。绝望之余，他只好用自己的语言来讲这个故事。当评委把第一名颁给他时，他简直不敢相信。从那天起，他再也不去背诵演讲稿了。这正是他在广播事业上取得成功的秘诀。他只做些简单的笔记，然后自然地对听众谈话。

　　写好演讲稿并背下来的人，不但浪费时间和精力，而且容易导致失败。我们平时与人说话都是很自然的事，从不会费心思推敲字眼。我们随时都在思考，当思想清晰时，语言就会像我们呼吸的空气，不知不觉地自然流出。

　　温斯顿·丘吉尔也是通过经验教训才学到这一课的。丘吉尔年轻时也会写讲稿、背讲稿。有一天，他正在英国国会背诵演讲稿，突然思路中断，大脑一片空白。他感到尴尬和羞辱。他重复了一遍上一句，但还是什么也想不起来，他的脸立即变成了猪肝色。他只好颓然坐下。从那以后，丘吉尔再也不背演讲稿了。

　　如果我们逐字背诵演讲词，面对听众的时候会忘记。而且即使没有忘记，讲出来可

丘吉尔

演讲与口才

能也很呆板。为什么呢？因为它不是发自我们的内心，只是出于记忆。我们私下与别人交谈时，总是会一心想着要说的事，然后直接说出来，并不会特别留心词句。既然我们平时都是这么做的，现在为什么要改变呢？如果我们非要写演讲稿、背演讲词，很可能会重蹈凡斯·布什奈尔的覆辙。

凡斯毕业于巴黎波欧艺术学校，后来成为世界上最大的保险公司之一——平衡人寿保险公司的副总裁。多年前，他应邀在西弗吉尼亚的白磺泉召开的平衡人寿公司代表会议中发表演讲，来自全美的两千名代表参加了大会。当时，他从事人寿保险才两年，可是已经非常成功，所以他被安排发表20分钟的演讲。

凡斯十分兴奋，他知道这会让他声望大增。然而，不幸的是，他却把演讲词写下来再去背。他对着镜子演练了40次，对一切都做了精心准备：每句话、每个手势、每个表情……他认为自己完美无瑕。

可是，当他站起来演讲的时候，他感到一阵恐惧。他说："我在本计划里的职位是……"然后大脑一片空白。慌乱之中，他后退了两步，想重新开始，但脑子里仍一片空白。于是他再退后两步，想再次开始，他这样重复了3次。演讲台有4英尺高，后边没有栏杆，距墙只有5英尺宽。所以，当他第四次后退时，掉下了演讲台，跌进了隔缝中。听众们哄然大笑，有一个人还笑得跌下椅子，滚到了走道上。在平衡人寿保险公司出现这种滑稽表演，可谓前无古人。更让人拍案叫绝的是，听众真的以为这是公司特意安排的助兴节目。平衡人寿公司的一些资深员工现在还津津乐道他的演出！

可是凡斯·布什奈尔的感受如何呢？他亲口对我说，那是他一生中最没面子的事。他觉得万分羞愧，当即写了辞呈。

但是凡斯的上司说服了他，撕掉辞呈，并帮助他重建自信。后来，凡斯成了公司数一数二的演讲高手。不过，他再也不背演讲词了。我们应该以此为鉴。

我听说过很多人都背演讲稿，却不知道有谁把演讲稿扔进废纸篓后，反而说得更生动、更有效果，也更富有人性。其实，扔掉演讲稿，或许会忘掉其中几点，说起来也有些散乱，但至少会更有人情味。

　　林肯曾说过："我不喜欢听枯燥乏味的说教。当我听人布道时，我喜欢看到他像在跟蜜蜂搏斗。"他喜欢听演讲者自由随意且激情澎湃的演讲。背演讲稿是绝不会表现得跟蜜蜂拼命似的。

　　2．预先汇集整理你的思想

　　那么，准备演讲的恰当方法是什么呢？很简单：要留心生活中那些有意义的、曾经给过你人生指导的经验，然后对这些经验中的思想、理念、感悟等进行汇集整理。真正的准备，是对演讲题目的思考。查尔斯·雷诺·布朗博士多年前曾在耶鲁大学演讲时说："谨慎思考你的题目，酝酿成熟之后，它会散发出思想的馨香……再把这些思想简要地写下来，表达清楚概念即可……通过这样的整理，那些零散的片断就很容易安排和组织了。"这听起来并不难吧？事实上也确实不难，只需要一点专注和思考就行了。

　　3．在朋友面前预讲

　　当你准备好之后，要不要试讲一下呢？完全必要。这可以保证万无一失。用日常交谈的话语，把你的想法告诉朋友或同事，没有必要全部讲出来，只需要在吃午餐时朝他倾过身去，这样说："乔，你知道我那天遇到了一件不同寻常的事。我想告诉你。"乔可能愿意听你的故事。这时你要观察他的反应，听听他的想法，说不定他会给你提出有价值的建议。他并不知道你是在预演，而且即使知道也没关系，他或许会说"聊得真痛快"。

　　杰出的历史学家艾兰·尼文斯对作家也有类似的忠告："找一个对你的题材感兴趣的朋友，把你的想法详尽地告诉他。通过这种方式，你可以发现可能遗漏的见解、无法预料的争论，并找到最适合讲述这个故事的形式。"

三、给予积极的暗示

　　在第一章，你可能还记得这句话被用来指导建立对当众讲话训练的正确态度。现在你又面临用同样的法则去完成特定的目标，那就是将每一次演讲的机会当成一次成功的体验。有3种方法可以实现这一目标。

　　1．确信自己的题目有意义

　　题目选好之后，根据计划进行整理，并和朋友聊聊，但这样的准备还不是很充分。你还要让自己确信这个题材是有意义的，必须具备坚定的态度，以此来激励自己，坚信自己。怎样才能让自己确信这一点呢？这就要详细研究题材，抓住更深层的意义，问你自己，你的演讲将如何帮助听众在听过你的演讲之后会成为更优秀的人。

2. 避免想那些使你不安的事情

举例来说，假如你设想自己可能会犯语法错误，或中间突然讲不下去，这些消极想法很可能会使你在开始之前便没有了信心。演讲之前，尤其重要的是要将注意力从自己身上移开。集中精力听别的演讲者在说什么，把全部身心放在他们身上，这样就不会给你造成过度的登台恐惧了。

3. 自己给自己鼓气

除非有可以为之牺牲的远大目标，否则每一位演讲者都会对自己的题材产生怀疑。他会问自己是否适合这个题目，听众会不会感兴趣等，因此很可能一念之间就更改题目。这时候，消极的思想极有可能彻底毁灭自信，所以你应该给自己打气，用清晰明确的话告诉自己：这次演讲很适合你，因为它来自你的经验，来自你对生活的思考；告诉自己，你比任何一个听众都更适合做这番特殊的演讲；你也会全力以赴把它说清楚。这是一种古老的自我暗示法吗？也许是。但现代实验心理学家们都同意，这种由自我暗示而产生的动机，即使是假装的，也会成为人们快速学习的最有力的诱因之一。那么，根据事实所做的真诚的自我激励，效果就会更好了。

四、表现得信心十足

美国最著名的心理学家威廉·詹姆斯曾作过这样一番论述：

"行动似乎产生于感觉之后，但事实上却是与感觉并行的。行动在意念的直接控制之下，通过制约行动，我们也可以间接地制约不受意念直接控制的感觉。因此，假如我们失去了自然的快乐，那么，变得快乐的最佳方法就是快快乐乐地坐着或者说话，好像快乐本来就存在一样。如果这种方法还不能让你快乐，那就没有别的办法了。所以，要让自己感觉很勇敢，就要表现得真的勇敢，运用所有的意念去达到这个目标，那么勇气就很可能会取代恐惧。"

接受詹姆斯教授的忠告吧。为了培养勇气，面对观众的时候，不妨表现得你已经拥有了勇气。当然，除非你做好了准备，否则再怎么表现也不起作用。如果你对自己要讲的内容已经了然于胸，那就轻松地走出来，做一次深呼吸。深呼吸30秒，可以给你提神，给你信心和勇气。杰出的男高音简·德·雷斯基常说，如果你气充于胸，可以"胸有成竹"，紧张就会消失。

身体站直，看着听众的眼睛，然后开始信心十足地演讲，好像他们每个人都欠你的钱，他们聚在那儿只不过是请求你宽限还债的时间。这种心理作用将会对你大有帮助。

如果你怀疑这种理论，可以找我班上任何一个同意这种观点的学员谈谈，不出几分钟，就会让你消除疑虑。如果你没有机会和他们交谈，就听听一个美国人说的话吧。他常常被视为勇气的象征。他也曾经非常胆小，通过这种自我鼓励的训练之后，才成为最勇敢的人——他便是反托拉斯斗士、常常左右听众、挥舞着巨杖的美国总统西奥多·罗斯福。

他在自传里说："小时候我总是病快快的，又很笨拙。年轻时，我最初既紧张又没有自信，因此不得不艰难而辛苦地训练自己，不只对身体，而且对灵魂和精神进行各种训练。"

幸运的是，他揭示了自己蜕变的经过："孩提时代，我在马利埃特的一本书里读到一段话，给我的印象极深。这段话中，一艘小型英国军舰的舰长向别人讲述如何才能做到无畏无惧。他说：刚开始的时候，每个人想有所行动，但都会感到害怕。应该学会驾驭自己，让自己表现得好像毫无畏惧。这样持之以恒，原先的假装就会变成事实，通过这种练习，就会在不知不觉中真的变成无所畏惧的勇者。

"这便是我训练自己的理论依据。刚开始的时候，我害怕的事情太多了，从大灰熊到野马，还有枪手，可是我故意假装不怕，慢慢地我就真的不再害怕。大家若是愿意，也能像我一样做到。"

克服当众讲话的恐惧，对我们做任何事情都会产生极大的影响。那些敢于接受这项挑战的人，会发现自己的人品正渐臻完善，战胜当众说话的恐惧

会使自己脱胎换骨，进入更丰富、更美满的人生。

有一位推销员这样写道："在班上站起来几次之后，我觉得可以应付任何人了。一天早上，我走到一个平时特别凶悍的买主面前，当他还没来得及说'不'时，我已经把样品摊开在他的桌上了。结果他给了我一份最大的订单！"

一位家庭主妇也说："原来我不敢请邻居来我家里，我怕和客人不能融洽地谈话。但是上了几次课并站起来讲话之后，我决定开一次家庭舞会。那次舞会非常成功，我往来于宾客之间，尽情地与他们谈笑。"

在一个毕业班上，一名职员说："我很害怕和顾客说话，每次总是战战兢兢的。在班上演讲几次之后，我觉得有自信而且从容不迫了。我开始理直气壮地说出不同的意见。我在班上演讲后的第一个月，销售业绩便上升了45%。"

他们发现，他们已经能够很容易地克服恐惧或焦虑；从前可能失败的事现在却成功了。你也会发现，当众讲话会让你满怀信心地面对每一天的献礼。你也可以获得一种新的胜利感，迎接生活的挑战。那么，那些曾经接二连三地袭来的困境，就会变成生活中增添情趣的愉快挑战。

简单而有效的演讲方法

我平时很少看电视，但最近有一位朋友建议我看看下午的某个电视节目，这个节目是专门针对家庭主妇的，收视率很高。这位朋友之所以让我收看，是因为他认为该节目中的观众参与可能会引起我的兴趣。的确如此，我看了几次，很欣赏那位主持人请观众参与谈话的方式，而观众的说话方式也引起了我的注意：这些人显然都不是职业演讲家，而且也没有受过什么沟通艺术方面的训练，甚至语法很差，还说错字。可是他们全都说得十分有趣，他们说话时似乎全没有那种上镜头的恐惧，还能吸引观众的注意力。

这是为什么呢？我找到了答案，因为我后来长期在训练中采用这种方法。这些普普通通的男人和女人，抓住了全国电视观众的注意力，他们谈的是自己：自己最困难的时刻，自己最美好的回忆，或是最初与自己的妻子或丈夫约会，等等。他们根本就没有想到什么绪论、正文和结论，也不在乎遣词造句，然而他们却获得了观众的赏识，他们完全倾注于他们所要说的事情。我认为，这正是当众讲话3个简单而有效的法则。

一、讲述自己的亲身经历或知识

那些男男女女自己活生生的故事，使那个电视节目变得生动有趣，他们谈的全都是自己的亲身经历和自己精通的知识。如果他们被要求解释共产主义或描述美国的组织结构，想象一下这个节目会有多么单调乏味！但这正是无数演讲者在许多聚会中常犯的主要错误。他们认为必须讲一些自己毫无个人经历或个人兴趣与关注的东西。他们会随便拿起一个如爱国主义、民主或公正的题目，然后花上几小时无头绪地搜索什么格言集或各种场合的演讲者手册，又将他们曾在大学上的政治课中记住的一些模糊不清的通俗性概念拼凑在一起，然后上台发表一次毫无意义的冗长演讲。这些演讲者不知道，听众可能对产生这些高扬在上的概念的真实故事更感兴趣。

几年前，卡耐基成人教育班的教师们在芝加哥的康拉德·希尔顿大饭店聚会。一位学员是这样开场的："自由、平等、博爱，这些都是人类词典中最伟大的思想。没有自由，生命就没有存在的价值。设想一下，如果我们的行动处处受到限制，将是一种什么样的生存状况？"

他讲到这儿的时候，指导教师立即请他停止，问他是否有什么证据或亲身经历可以支持他刚才所说的观点。于是，他讲了一个动人心弦的故事。

他曾是一名法国的地下革命者，他讲了他和家人在纳粹统治下受尽屈辱。他以生动形象的语言，描述了自己是如何躲过秘密警察的追捕逃到美国的。最后他说："今天，当我从密歇根街来到这家饭店时，可以自由地来去。我经过一位警察身边时，他也并不注意我。我可以不用出入卡就可以走进饭店。会议结束之后，我可以按自己的意愿去芝加哥的任何地方。因此，请相信，自由是值得奋斗的。"他刚一说完，就获得了全场起立欢呼。

1. 阐释生命对自己的启示

　　演讲者阐释生命的启示，绝不会没有人愿意听。但是经验也告诉我，这个观点很不容易让人接受——因为人们会极力避开个人经历，认为这些事情太琐碎、太局限。他们宁愿说一些一般概念或者哲理，可惜这些更让平凡的我们无法接受。这好比我们渴望新闻，可是他们却给我们社论。我们并不反对听社论，但是这应该由那些有资格的人来说，例如报纸编辑或发行者。因此，还是谈谈生命对你的启示吧，我将会成为你的忠实听众。

　　据说爱默生总是喜欢听人谈话，而不论其地位多么卑微，因为他觉得自己可以从任何人身上学到一些东西。我听过的成人谈话，或许比任何人都多。说实话，一个演讲者叙述生命给他的启示时，不论他说的多么琐碎、多么微不足道，我从不会觉得厌烦。

　　例如，几年前，我们的一位教师替纽约市一些资深的银行官员开了一门当众讲话的课程。当然，这些人的事情多得不能分身，常常感到要做好充分准备或他们心目中认为的准备很难。其实，他们一直都在思考自己的问题，有个人的信念，会从自身的角度看问题，而且积累了原始的经验。他们已经积累了 40 年的谈话资料，但他们有些人却不知道这一点。

　　在某个星期五，一位来自上区银行的先生来到训练班——因为某种原因，我们姑且叫他杰克逊先生——有 45 个人参加了这次训练。他准备讲什么呢？他离开办公室时，在报摊上买了一份《福布斯杂志》。在前往联邦储备银行上课所在地的地铁上，他看了杂志中的一篇文章《十年成功秘诀》。他读它并不是因为对它特别感兴趣，而是想找点谈资，以便上课时有内容可讲。

　　一小时后，他离开地铁，准备把这篇文章讲得妙趣横生。

　　可是结果呢？不可避免的结果是什么样的？

　　他并没有把阅读的东西消化，也没有吸收到自己想要说的东西。"想要说"这个词形容得很准确，因为他只是"想要"。他并没有想挖掘一些有深度的内容来谈，他的整个仪态和音调明显地透露了这一点。他怎么能期望听众比他自己更受感动呢？他不断地提到那篇文章，说那位作者如何如何。从他的演讲里，我们了解了《福布斯杂志》很多，遗憾的是对杰克逊先生自己的东西却了解太少。

他演讲完后，指导老师说："杰克逊先生，我们对你讲的那位作者并不感兴趣，他不在这里，我们也看不到他。我们倒是对你和你的观点感兴趣。不妨告诉我们你是怎么想的，不要谈别人怎么讲。把更多的有关你自己的事情放在演讲里，下星期再用同样的题目演讲好吗？请把那篇文章再读一遍，问问你自己是否同意那位作者的论点。如果同意，就以你自己的经验来论证。如果不同意，告诉我们为什么。就让这篇文章作为一个引子，引出你自己的演讲。"

杰克逊先生重读了那篇文章，发现自己根本不同意作者的观点。他从记忆里搜寻事例来反驳，并以自己担任银行主管的经验详尽阐述论证自己的观点。因此，他的第二次演讲不再是翻抄杂志文章的内容，而是充满了根据他自身背景所得的理念，他给我们的是他自己矿场里的矿石，是他自己铸币厂里铸造的钱币。你想这两场演讲哪一场更能给班上学员强烈的印象？

2. 根据自己的经历寻找题目

有一次，有人请教我们的指导教师，初学演讲者所遇到的最大问题是什么？据统计发现，"教初学者根据适合的题目演讲"是初学演讲者最常碰到的问题。

什么才是适合的题目呢？假使你的生活中经历过它，或者是你经过思考使它属于你的，你就可以肯定这个题目适合你。那又该如何找题目呢？不妨翻开自己的记忆，从自己的生活背景中去搜寻生命中那些有意义，并且给你留下深刻印象的事情。几年前，我们曾在班上就能够吸引听众注意的题目做了一次调查，发现最受听众欣赏的题目都与某些特定的个人背景有关：

早年与成长的历程：与家庭、童年回忆、学校生活有关的题目，一定会引起人们的注意，因为别人在成长过程中如何应对艰难的经历，最能引起我们的兴趣。不论何时，只要有可能，都应该把自己早年的故事融进演讲中。许多脍炙人口的戏剧、电影和故事讲的都是人们早年遇到的挑战，这就足以证明关于成长历程的题材是很有价值的，当然也适用于演讲。但是如何验证别人会对你小时候经历的事感兴趣呢？有个很简单的方法：多年以后，只要某件事情依旧鲜明地印在你的脑海中，随时都可能呼之欲出，那几乎可以保证听众会感兴趣。

早年出人头地的奋斗：这是充满了人情味的经历。例如，回忆自己早期为追求成功所做的努力，一定能吸引听众。你是如何从事某种特别的工作或行业的？是什么机遇造就了你的事业？告诉人们，你在这竞争激烈的世界创业时所遭遇的挫折、你的希望以及你的成功。如果谦虚地描述一些个人的真实生活，几乎是最保险的题材。

爱好及娱乐：这方面的题目可以根据个人的不同来定，因此，也是能引起听众注意的题材。讲一件完全是个人喜欢的事，一般不会出现失误。你对某一项特殊的爱好发自内心的热忱，有助于你把这个题目讲得生动有趣。

特殊领域的知识：如果你多年在同一个领域里工作，会使你成为这个领域的专家。如果你能用多年的经验或研究来讲述自己的工作或职业方面的事情，也会引起听众的注意与尊敬。

不同寻常的经历：你有没有见过名人？你有没有经历过战争？你有没有经历过精神上的危机？这些经历都可以成为最佳的演讲材料。

信仰与信念：你或许花了许多时间和精力去思考自己应该对当今世界所面临的重大问题持何种态度。那么，你当然有资格谈论它们。不过，在这样做的时候，你一定要举例子来说明你的论点，因为听众并不爱听空泛的演讲。千万不要以为随意读些报纸文章，就可以谈论这些题目。如果你自己所知的不比听众的多，还是避而不谈为妙。反过来说，既然你曾经投入了多年的时间研究某个问题，这显然是你该说的题目，因此你绝对要用它。

前面我已经指出，准备演讲并不只包括在纸上写些字，或者背诵一连串的字句，也不是从匆忙读过的书或报纸文章中抽取别人第二手的观点。而是要在你自己的脑海及心灵深处挖掘，并将贮藏在那儿的信念随时提取出来。不必怀疑那里有没有材料！那里当然有，而且贮藏丰富，正等待你去发掘。也不要以为这样的题材太个人化、太轻微，听众可能不会喜欢听。其实，正是这样的演讲才让我感到快乐和深受感动，甚至比我听过的那些职业演讲家的演讲更让我快乐，更让我感动。

只有讲那些你有资格谈论的事情，才能会使你达到学习快速有效地当众讲话的第二个要求。下面就是这一要求。

二、对演讲的题目充满热情

并不是你我有资格谈论的话题就一定会让我们充满热情。例如，我是一个天天干家务的忠实丈夫，我确实有资格谈谈关于洗盘子的事。可是我对此并没有热情，事实上我根本不愿想它，你想我能把这个题目讲好吗？但是，我却听过家庭主妇们把这个题目说得精彩极了。她们内心当中或许对永远洗不完的盘子有一股怒火，或许发现了一种新方法可以处理这恼人的工作——不管怎样，她们对这个题材更喜欢，所以他们可以对这个题目说得津津有味。

这里有个问题，可以帮你确认某个题目是否适合你演讲：如果有人站起来直接反对你的观点，你是否有百分之百的信心为自己激烈地辩护？如果有的话，这题目一定适合你。

我1926年曾去瑞士的日内瓦参观国际联盟第7次大会，后来对当时的情形做了笔记。最近我无意间翻看了这些笔记。以下是其中一段："在三四个死气沉沉的演讲者念完手稿之后，加拿大的乔治·佛斯特爵士上台发言。他没有带任何纸张或字条，我不禁大为欣赏。他对他要讲的事情非常专注，常常通过手势来强调他的观点。他很想让自己的思想被听众了解，热切地把那些珍贵的理念传达给听众。这种情形十分清楚，犹如窗外澄明的日内瓦湖。我一直在教学上倡导的那些法则，在他的演讲中展现得完美无缺。"

我常常想起乔治爵士的演讲。他真诚而热心。因此，只有对演讲的题目有真实感受，才会有如此的感情显露。富尔顿·辛主教是美国最具震撼力的演讲家之一，他从早年的生活中也学到了这一课。他在《不虚此生》一书中写道：

"我被选出来参加学院的辩论队。在一次辩论的前一晚，我们的辩论教授把我喊到办公室，责骂了我一顿。

"'你真是饭桶！本院有史以来还没有一个演讲者比你更差的！'

"'那，'我说，我想替自己辩解，'既然我是一个大饭桶，为什么还挑我参加辩论队？'

"'因为你会思考，而不是你会讲。'他回答道，'到那边去，从演讲词中抽出一段，把它讲出来。'我把这段话反反复复地讲了一个钟头，然后他说：'你看出其中的错误了吧？''没有。'于是接下来又是两个半钟头。最后我筋疲力尽。他说：'你还看不出错在哪里吗？'

"过了两个半钟头，我终于找到了问题的关键。我说：'看出来了，我没有诚意。我心不在焉，没有真实的情意。'"

就这样，辛主教学到了他永生难忘的一课：把自己沉浸在演讲中。他开始让自己对演讲的题材产生热情。直到这时，博学的教授才说："现在你可以讲了！"

如果我班上有学员说"我对什么事都不感兴趣，我过的是平凡单调的生活"，我们的指导老师便会问他闲暇时都做些什么。有人说看电影，有人说打保龄球，有人则说种玫瑰花。有一位学员告诉指导老师，他收集有关火柴的书籍。于是，老师继续问他这个不寻常的嗜好，他渐渐来了精神。不一会儿，他便兴致勃勃地描述起自己收藏火柴书的小书柜来。他告诉老师，他几乎收藏了世界各国关于火柴的书。等他对自己最喜爱的话题产生兴趣之后，指导老师打断他："为什么不谈谈这个话题呢？我觉得挺有意思的。"他说他从来没想到会有人感兴趣！这个人几乎耗尽了一生的心血，对自己这一嗜好充满了感情，几乎成了一种狂热，而他却否定它的价值，认为它不值一谈。指导老师告诉他，要想知道一个话题有没有趣味和价值，最好的方法就是问自己对它有多感兴趣。后来，他以收藏家的姿态兴高采烈地畅谈了一个晚上。后来我又听说他去参加各种午餐俱乐部，向人们演讲有关火柴书籍收藏的话题，因此得到了地方人士的推崇。

如果你希望迅速而轻易地学会当众讲话，那么这个例子正好可以引出第三条法则。

三、激发听众的共鸣

演讲由 3 种因素构成：演讲者、演讲内容和听众。本章的前两条法则讨论了演讲者和演讲内容之间的相互关系，但仅止于此，还不是真正的演讲。只有当演讲者把自己的演讲与听众发生联系以后，演讲才真正完成。演讲也许准备周详，演讲者也许对自己的话题充满热情，然而要真正演讲成功，却还有另一个因素必须考虑：演讲者必须使听众觉得他所说的对他们很重要。他不仅要自己对这个话题富有热情，还必须把这种热情传达给听众。历史上那些著名的雄辩家都具有这样的王婆卖瓜的本领，或者是传播福音之术。高明的演讲者总是热切地希望听众感受到他的感受，同意他的观点，并做他认为该做的事，与他一同分享他的快乐，一同分担他的忧愁。他会以听众为中心，而不是以自我为中心。他明白自己演讲的成败不是由他来决定，而是由听众的头脑和心灵来决定。

在推行节俭运动期间，我到美国银行学会纽约分会培训了一批人。其中有一个人无法和听众沟通。要帮助他，首先要让他对自己的题目燃起热情之火。我告诉他，先一个人静静地待在一边，把自己的题目反复想几遍，直到对它产生热情。我要让他记住这样一个事实：纽约遗嘱公证法庭记录显示，85% 的人去世时没有留下分文，只有 3. 3% 的人留下 1 万美元或更多的财产。我还让他明白，他现在不是去求别人施舍，或者要求别人做根本无法做到的事。他应该这样对自己说："我是在替这些人着想，要使他们老了以后衣食无忧，过上舒适安逸的生活，并且给妻儿留下安全的保障。"我还让他相信，他是在做一项了不起的社会服务工作。总之，他必须把自己当作一名斗士。

他考虑了这些事实，终于使自己热血沸腾，激发出兴趣和热情，并开始觉得自己的确是身担重任。于是，他外出演讲时，那满载信念的语言感染了人们。他将节俭的利益告诉大家，因为他热切地想帮助他们。他不再是个只知道陈述事实的演讲者，他已经成了一名为理想事业而改变信仰的传教士。

在我的教学生涯中，曾经非常依赖教科书中的教条。我只是照搬我的老

卡耐基励志经典

演讲与口才

师们长年灌输给我的一些坏习惯，而他们也没能从虚浮的演讲风气中有所突破。

我永远都忘不了我的第一次演讲课：老师让我将双臂轻轻地垂放在身体两侧，手掌朝后，所有手指都蜷曲一半，大拇指轻触大腿。然后，举起手臂，画出优美的弧线，以便让手腕优雅地转动。接着张开食指，然后是中指，最后是小指。当这一整套合乎美学的、装饰性的动作完成之后，手臂还必须回溯刚才的那道弧线，再放于双腿两侧。这整套表演显得虚假而做作，既没有意义，也不真实。

我的老师并未教我将个性融于演讲之中，也不让我像平常人那样富有朝气地与听众谈天说地。

请把这种机械的演讲训练方式与我在这一章所介绍的 3 项主要原则互相对比一下。这 3 项原则是我"高效演讲训练"全套方法的根本。你将会在本书中一再看到它们。

第二章　当众演讲的三大要素

本章我们要讨论演讲的三角关系——每次演讲中的3个方面。

首先，是演讲本身。我们知道，演讲的内容必须从我们的亲身经历中再创作出来。

其次，是演讲者本身。在这里我们要讨论思想、身体和声音的特性，它们必须使演讲的表词达意富有活力。

再次，是听众本身。听众是演讲瞄准的目标，而且是演讲者信息传递成功与否的最终裁判。

做好演讲前的准备

多年以前，有两个人同时参加了我在纽约的一个训练班。一个是哲学博士，在大学当教授；另一个是在街头流动的小摊贩，他年轻的时候曾是一名英国海军，为人豪爽而粗鲁。但令人奇怪的是，那位流动摊贩的演讲远比大学教授的更吸引人。这是为什么呢？大学教授上台演讲时，总是以漂亮的词汇发言，台风优雅，讲话条理清楚；但是他缺少了一个必备的因素——具体化。他的谈话太不明确了，太过空泛了。他从未用个人经历解释过什么观点。他的演讲只不过是用一条逻辑的绳子连接在一起的抽象的理念。

至于那位流动摊贩，却正好相反：他开口之后，就可以立即抓住问题的核心，内容具体而明确。他的演讲充满了生活气息。他说出一个观点，然后用他生意中发生的真实事件来证明。他讲了他与之打交道的人，以及遵守各项规则的头痛之事。他那男人的气质和新奇的词句，使他的演讲非常吸引人。

我之所以举这个例子，并不是因为它是大学教授或流动摊贩的典型，而是因为它正好说明只有充满生气、说话具体而且明确的人，才会吸引别人的注意力。

有4种组织演讲材料的方法，保证可以获得听众的注意。如果你在演讲时遵循这4个步骤，你就可以十拿九稳地调动听众的热切关注。

一、限定题材范围

演讲的题目一旦选好，第一步就是要确定演讲所包含的范围，并且把话题严格限定在其中。不要妄想讲一个无所不包的话题。例如有一个年轻人想用两分钟的时间就"从公元前500年至朝鲜战争时期的雅典"这个题目发表看法。这几乎是痴人说梦话！因为他刚讲完雅典城的建造就该下台了。他想在一场演讲中包含太多的东西，最终却只有失败，而且不明不白。当然，这只是个极端的例子。我曾听过许多演讲，都因为范围不确定，结果都出于同样的原因——包含了太多的论点，以致无法吸引听众的注意力。为什么呢？因为人们的注意力不可能一直放在一连串单调的事实上。如果你的演讲听起来像是一部世界年鉴，那么你根本无法长时间抓住听众的注意力。假设你选了一个简单的题目，如"黄石公园之旅"，那么大多数演讲者都会十分详细

黄石公园

地介绍公园中每个景色，不肯遗漏半点东西。虽然这样听众会被引导着由这一点到另一点，但最后只能记住一些模糊的瀑布、山岭和喷泉。如果演讲者

把自己的话题限定在公园的某一个方面，例如野生动物或者温泉，这场演讲将会令人难以忘怀！这样，你便有时间来介绍那些生动而有趣的细节，将黄石公园那鲜明的颜色和无穷的变化栩栩如生地展现在听众眼前。

这个道理用于任何题目都很有效，不论它讲的是销售术、烤蛋糕、减免税赋或者是炸弹。在演讲开始以前先对题材加以限制和选择，把题目缩小至某一个范围，这样就会适合自己的时间。

在短短的不超过 5 分钟的演讲里，我们只能期望说明一两点。就算是 30 分钟的演讲，但演讲者若想包含 4 个或 5 个以上的主要概念，也很少会成功。

二、深入思考题材

做浮光掠影的演讲，要比深入事实的演讲容易得多。但前者仅能让听众获得很少的印象，甚至全无印象。因此，在题目范围确定之后，下一步就要问自己一些问题，加深自己自的了解，使自己可以用权威的口吻来讲述这个题目："我为什么会相信这一点？我在现实生活中有没有看到？我究竟想要证明什么？它是怎样发生的？"

像这样一类问题的答案可以使你深入思考演讲题材，让听众集中注意力。据说植物界的天才路德·伯班克，为了寻找一两种高级品种而培养了 100 万种植物品种。演讲也是如此，围绕主题汇集 100 种思想，然后舍去其中 90 种。

"我总是搜集比我要使用的材料多 10 倍的东西，有时甚至达到上百倍，"约翰·甘德不久前这样说。他是畅销书《内涵》的作者。他在这里说的是准备写作或演讲的方法。

有一次，他的行动恰好印证了他的话。当时，他正准备写一系列关于精神病院的文章。他前往各地的医院，和院长、护士及病人分别谈话。我的一位朋友跟随他，为他的研究工作提供了一些小的帮助。后来我朋友告诉我，他们从这栋大楼到另外一栋大楼，不停地上下楼梯，日复一日地沿着走道不知走了多少路。甘德先生记录了许多笔记本。在他的办公室，到处都放了政府与各州的报告、私立医院的报告、各委员会的统计资料。

"最后，"我朋友说，"他写了4篇短文，简单而又趣味横生，是很好的演讲题材。写成文章的几张纸也许只有几盎司。可是，那些密密麻麻的笔记本以及其他材料，也即他创作出这几盎司产品的依据，却超过了20磅。"

甘德先生知道自己的回报不值一提，但他也知道自己不应该忽视任何一部分。他是这一行业的资深专家，他把心思全放在上面，然后筛选出金块。

我的一位外科医生朋友也说："我可以在10分钟内教会你如何取出盲肠。然而，要教你出了差错时该如何应付，却要花4年时间。"演讲也是如此：必须做好周密准备，以应付变化。例如，可能由于前一名演讲者的观点，你不得不当场决定改变自己观点的重心；或者是在演讲后的讨论时间里，回答听众关注的更多问题。

选好题目之后，应尽快对其深入思考。千万不能等到演讲的前一两天才去做。如果及早确定了题目，你的潜意识便能为你发挥很大的作用，这对你大有好处。在每天工作完成后的零散时间里，你可以深入思考自己的题材，提炼你想传达给听众的理念。在驾车回家的途中、在等候公共汽车或乘地铁时，你也可以将这些时间用来思考自己的演讲题材。也许灵光一闪的顿悟，正巧来自这段孕育的过程，因为你已经提前思考了题材，你的大脑早已对它做了潜意识的加工。

诺曼·托马斯是世界一流的演讲家，即使面对强烈反对他的政治观点的听众他也能驾驭自如，获得他们的敬佩。他说："如果一篇演讲真的十分重要，演讲者就应该和其主题或内涵融为一体。他必须在头脑里反复思考。他会惊讶地发现，不管是走在街上，还是在看报纸，或者准备睡觉，或者清晨醒来时，自己观点的例证和演讲方式就会自动涌现。平庸的思考只能产生平庸的演讲；这种不可避免的现象，正是因为对题目认识不清楚的结果。"

当你置身于这一过程中时，你会感到一种强烈的诱惑，总想把自己的演讲内容写下来。但千万不要这样做，因为你一旦写下来，它就成了一个固定的形式，你自己也许会觉得很满意了，就会停止更有价值的思考。而且，你甚至会陷入背诵的陷阱。

马克·吐温曾这样评论背诵讲稿："笔写的东西不是为演讲而准备的；因为它的形式是文学的，生硬而缺乏灵活性，无法再通过嘴来愉悦而有效地传达。如果演讲的目的是想让听众感到快乐，而不是说教，就需要把它们变得温和、简洁，使之尽量口语化，使用一种就像平时并不怎么经过认真思考就说出来的方式。否则，就会烦死整屋子的人，而不是让他们高兴。"

查尔斯·吉特林的发明天才促成了通用汽车公司的成长，他也是美国最著名、最真诚的演讲家之一。当他被问到有没有把演讲的内容部分或全部写下来的时候，他说："我认为，由于我要讲的话实在太重要了，所以我不能在纸上写下来。我必须把自己一丝一毫的东西都写进听众的脑子里，写进他们的情感中。在我和我尽力想感动的听众之间，纸条是没有存在的空间的。"

三、列举实例使演讲生动有趣

在《流畅的写作艺术》一书中，鲁道夫·弗烈奇在其中一章这样开篇写道："只有故事才真正具有可读性。"然后他引用了《时代杂志》和《读者文摘》来作为例子。他说，在这两份雄踞畅销排行榜首位的杂志中，几乎每一篇文章都充满了趣闻轶事。因此，在当众讲话中，要想具备驾驭听众注意的能力，也应该学习这两本杂志中文章的写作方法。

诺曼·文森特·皮尔牧师的讲道，曾通过收音机和电视机而被无数人接受。他说，在演讲中，他最喜欢举出实例来支持自己的论点。他对《演讲季刊》的采访者说："用真实的例子，是我知道的最好的方法。它可以使一个观点变得清晰而有趣，更具有说服力。我通常同时采用好几个例子来证明每一个主要论点。"

凡是看过我的书的读者很快也会发现，我同样喜欢用有趣的事情来概括总结我的观点。《人性的弱点》一书中的法则，列出来其实只有一页半，而其余230页全都是故事和例证，解释别人是如何使用这些法则取得实效的。

那么，在演讲中应该怎么做呢？概括起来有 5 种方法：人性化、个人化、翔实化、戏剧化和视觉化。

1. 使演讲富有人性

　　有一次，我要求一群在巴黎的美国商人以"成功之道"为题做演讲。他们大多数人都只列举了一大串抽象的东西，给了一大堆勤奋工作、持之以恒或者远大目标的说教。

　　于是，我打断了他们："我们都不想听别人说教，也没有人会喜欢。记住，你的话必须让我们感到愉快和有趣，否则不论你说什么我们都不会听的。同时要记住，世界上最有趣的事情，都是那些精致典雅、妙语连珠的趣闻轶事。所以，请说说你所认识的两个人的故事，并分析为什么一个人会成功，而另一个人却失败了。我们会乐意听这样的故事，会记住它，可能还会从中获益。"

　　这个班有个学员，他总觉得要提起自己的兴趣或激发别人的兴趣太难了。可是这天晚上，他就抓住"人的兴趣"的建议，给大家讲了他大学两个同学的故事：一个人小心谨慎，以至于买衬衫也要在不同的商店各买一件，并制出表格显示哪一件最经得起洗熨，穿得最久，以便让每一块钱的投资获得最大的效用。他的心思只在钱上。可是，这个人从工学院毕业后，自视甚高，不愿像别的毕业生那样从基层开始做起。因此当3年后同学聚会时，他仍旧在画他的衬衫洗熨表，还在等待好差事凭空降临，结果什么也没有等到。从那时候起，过了25年，那个人满腹怨恨与不满，一辈子都在一个小职位上。

　　然后演讲者将这个失败者与另一个同学相比。现在这个同学已经超越了当初的自我期望。他与人相处融洽，大家都喜欢他。他不乏雄心壮志，想成就一番事业，但却从绘图员做起。不过他一直在寻找机会。当时，纽约世界博览会正处在规划阶段，他知道那儿需要工程人才，所以辞去了费城的职务，迁往纽约。他与人合伙，搞起了承包工程的业务，承揽了很多电话公司的业务，最后被博览会高薪聘请。

　　我这里写下来的，仅仅是那位演讲者所说的概述。他本人的讲述中还有许多有趣而充满人情味的细节，使他的演讲妙趣横生。他不停地说着——这个人平时是说不了3分钟的——这次他却吃惊地发现自己讲了足足有10分钟。由于讲得太精彩了，大家似乎都觉得太短了。这也是他第一次演讲成功。

　　每个人都可以从这个故事中得到一些启示：如果平淡的演讲能穿插一些富含人性的趣味故事，将会引人入胜。演讲者应该只提出自己的论点，然后用具体的事例来作为例证。这样的演讲肯定能抓住听众的注意力。

　　当然，这种人性化故事最丰富的源泉，正是你自己的生活背景。不要因为觉得不该谈自己，便犹豫不敢说出来。只有当一个人满怀敌意、狂妄自大地谈论自己的时候，听众才会讨厌；否则，听众对演讲者说的亲历故事都会极感兴趣。亲身经历是抓住听众注意力最可靠的方法，千万不要忽视。

　　2. 用人名使演讲富有个性

　　如果讲故事的时候要提到某个人，那就一定要讲出他的名字。不过，为了保护别人的隐私，可以用个假名。即使用的是"史密斯先生"或"乔·布朗"这种不具个人特性的名字，也比使用"这个人"或"一个人"更能使故事生动有趣。姓名有证明和显现个体的功能，就像鲁道夫·弗烈屈指出的："没有什么更能比名字增加故事的真实性了。隐姓埋名是最虚假不过的。"试想一下，如果故事里的主角没名没姓，将是什么样子？

　　如果你的演讲中使用具体的名字与个人的代称，你的演讲将会有很强的可听性，因为它已经具备了人性化这一可贵的要素。

　　3. 使演讲充满细节

　　对此你可能会存有疑惑："这确实不错，可是我如何才能让我的演讲有足够多的细节？"有一个方法可以作个测试——即使用新闻记者写新闻故事时遵循的"5W"：何时（When）？何地（Where）？何人（Who）？何事（What）？为何（Why）？如果你依照这五要素来准备，你的举例便会详尽周到，栩栩如生。让我拿自己的一件趣事来加以说明吧。这则趣事曾刊登在《读者文摘》上：

　　"离开大学后，我在铁甲公司当了两年销售员，一直在南达科他州四处跑。我搭乘运货卡车来完成我的旅途。有一次，我正在莱德菲尔，两小时后才能搭上一列南行的火车。由于这里不是我负责的区域，所以我不能利用这段时间去推销。再过不到一年我就要去纽约美国戏剧艺术学院读书，所以我

决定利用这段空闲来练习台词。我漫无目的地走过车场，开始演练莎士比亚的戏剧《麦克白》中的一幕。我举起双臂，戏剧性地高呼：'难道我眼前所见是匕首吗？它的手柄正朝着我。来吧，让我抓住你！我抓不着你，但我依然看见了你！'

"正当我沉浸在表演中时，4名警察突然朝我扑来，问我为什么恐吓妇女？就算他们指控我抢劫火车，我都不会这么惊异的。他们告诉我，有一个家庭主妇在30米远的厨房窗帘后面一直看着我。她从没有见过这样的情况，所以打电话给警方。他们到达时，正好听到我在狼哭鬼嚎地表演关于匕首的情节。

"我告诉他们我是在演练莎士比亚戏剧，但是直到我出示了铁甲公司的订货簿以后，他们才放我走。"

请注意，这则故事是如何体现上述五要素的。

不过，细节过多又比没有细节更糟。每个人都会被冗长而肤浅的细节搞得厌烦透顶。你们看，我叙述自己在南达科他州差点儿被捕的经历时，对每一个要素只作了简明扼要的叙述。因此，如果你的演讲全是鸡毛蒜皮的事，听众必然会不耐烦，不会听你讲话。最糟糕的演讲，莫过于不能抓住听众的注意力了。

4. 利用对话使演讲戏剧化

假设你要举例说明自己如何应用人际关系的原则成功地平息了一位顾客的愤怒，你可能会这样开始：

"前几天，有个人闯进了我的办公室。他非常愤怒，因为我们上一周送到他家里去的洗衣机不能正常工作。我对他说，我们将竭尽所能弥补失误。过了一会儿，他平静下来，对我们全心全意要把这件事情做好显得很满意。"

这则小故事有个优点，就是十分详细。可是它缺少姓名、特殊的过程，而且最关键的是缺少能使这件事活生生地呈现在人们面前的真实对话。这里就给它添加一些对话材料：

"上星期二，我办公室的门砰的一声被推开。我抬起头来，只看见查尔斯·伯烈克逊先生怒气冲天。他是我的一位常客。我还没有来得及请他坐

下，他劈头就说：'艾德，我要让你帮我做最后一件事：你马上派一辆卡车去，把那台洗衣机给我从地下室运回来。'

"我问他出了什么事。他气急了，几乎无法清楚地回答。

"'它根本不能用，'他大吼道，'衣服全缠在一起，我老婆讨厌死它，烦死它了。'

"我请他坐下来，让他解释得更清楚些。

"'我才没时间坐呢。我上班已经迟到了！我想我以后再也不会来你这里买电器了。请相信，我再也不买了。'说到这儿，他伸出手来又是拍打桌子，又是敲我太太的照片。

"'听我说，查理，'我说，'你坐下来把情况都告诉我，我愿意替你做你要我做的一切事，好吧？'听了我这话，他这才坐下，我们总算平静地把事情讨论个清楚。"

当然，不可能每次都能把对话加进演讲。不过，你应该可以看出来，上面例子直接引用对话，对于听众有助于增加戏剧性。如果演讲者还有模仿技巧，把原来的声调语气表现出来，那么这些对话就更见效果了。而且对话是日常生活中的会话，可以使演讲更为真实可信。它使你听起来像个充满了真情实意的人，是在隔着桌子说话，而不是像个老学究在学富五车的学会会员面前宣读论文，或像个大演讲家对着麦克风穷吼。

5. 使演讲内容视觉化

心理学家告诉我们，85%以上的知识是通过视觉印象传递给我们的。这正好解释了电视成为广告与娱乐的主要媒介并收效显著的原因。当众讲话也是一样，是一种听觉艺术，同时还是一种视觉艺术。

采用细节来丰富演讲，最好的方法就是在其中加入有利于视觉吸收的展示。例如，你也许要花数小时告诉我如何挥动高尔夫球杆，而我却可能听烦了。可是，如果你站起来表演把球击下球道时该怎么做，那我就会全神贯注地听了。同样，如果你以手臂和肩膀来描绘飞机飘移不定的情形，我肯定会更关注你讲的故事。

我记得在一个工业界人士培训班上的一场演讲，其中的视觉细节实在是一篇杰作。演讲者模仿视察员和效率专家们检查损坏的机器时所做的各种手势与滑稽动作，比我在电视上所看过的一切都形象生动得多。这些视觉细节使那场演讲很难忘记——至少我是忘不了的。我也相信，其他学员至今一定还会谈到它。

问问自己"我怎样才能给我的谈话加入一些视觉细节"是个好主意。然后就会像古代中国人所观察到的那样，证明"百闻不如一见"的道理。

四、充分利用具体、熟悉的语言

演讲者的第一目标是把握听众的注意力。在此过程中，还有一项极为重要的技巧，然而，它却完全被忽视了。一般的演讲者似乎并没有注意到它的存在，恐怕也从未有意识地想到过它。我所指的这一技巧，就是使用能形成图画般鲜明景象的字眼。能够让听众听来轻松愉快的演讲者，最善于在听众眼前塑造鲜明的景象。使用模糊不清、繁琐乏味语言的演讲者，只会让听众打瞌睡。

景象！景象！景象！它就像你呼吸的空气一样，是免费的呀！可是当你把它点缀在你的演讲中时，你就更能让听众感到快乐，也更具影响力。

赫伯特·斯宾塞早就在他那篇著名的论文《风格哲学》中指出，优秀的文字能够激发读者对鲜明图画的联想：

"我们并不做一般性的思考，而是要做特殊性的思考……我们应该尽量避免这样的句子：

"'一个国家的民族性、风俗及娱乐如果残酷而野蛮，那么，他们的刑罚必然也很严厉。'

"我们应该把它改写成：

"'一个国家的老百姓如果喜爱战争、斗牛，并从奴隶公开格斗中取乐，那么他们的刑罚将包括绞刑、烧烙及拷打。'"

赫伯特·斯宾塞

《圣经》和莎士比亚著作中同样充满了图画般的字句，就像蜂蜜围着苹果汁一样多。例如，一位平凡的作家在评论某件事是多余时，他会说这种努力完全是想把已经很完美的事情再加以改善。但莎士比亚又会怎样表达呢？他可以写出不朽的图画般的字句："替精炼过的黄金镀金，替百合花上彩油，把香水洒在紫罗兰上。"

你有没有注意到，那些世代相传的谚语几乎全都具有视觉效果？"一鸟在手，胜过两鸟在林"；"不鸣则已，一鸣惊人"；"你可以把马牵到水边，却不能逼它喝水"。在那些流传了好几个世纪而且被广泛使用的比喻里，我们也不难发现同样的图画效果："如狐狸般狡猾"、"僵死得像一枚钉子"、"像薄煎饼那样平"、"硬得像石头"。

林肯也一直使用有视觉效果的语言来讲话。当他厌烦每天送到他白宫办公桌上的冗长而复杂的官方报告时，他并不是用毫无色彩的话来反对，而是用几乎不可能忘记的图像词句来反对。"当我派一个人出去买马时，"他说，"我并不想这个人告诉我这匹马的尾巴有多少根毛，我只希望知道它有什么特点。"你看，他并没有用那种平淡的语句来表达他的意思。

我们要用具体、耳熟能详的语言描绘出内心的景象，使它突出、显著、分明，就像落日余晖映照着公鹿头角的长影。例如，"狗"这个词一般会让人想起某种动物的具体形象——也许是只短腿、长毛、大耳下垂的小猎犬；也许是一只苏格兰犬；也许是一只圣伯纳犬，或者是一只波密雷尼亚犬。但是演讲者如果说出"牛犬"（一种短毛、方嘴、勇敢而顽强的犬）时，请注意你的脑海里浮出的形象会更加具体。"一只有斑纹的牛犬"是不是让你有了更鲜明的印象？"一匹黑色的雪特兰小马"，是不是比说"一匹马"形象得多？"一只白色、断了一条腿的矮种公鸡"，是不是比"鸡"这个词更能给人具体的图像效果？

小威廉·史特茨在《风格之要素》中说道："那些研究写作艺术的人，如果说他们的观点有一致的地方，那么这个观点就是：能够抓住读者注意力的最稳妥的方法就是要具体、明确而详细。像荷马、但丁、莎士比亚等最伟大的作家，他们的高明之处，就在于他们在处理特殊的情境和关键的细节时，他们的语句能唤起读者脑海里的景象。"

写作是这样，讲话也同样如此。

多年以前，我和参加"高效演讲"课程班的学员进行了一项实验：讲述事实。我们订了一个规则：演讲者必须在每个句子里加入一个事实、一个专有名词、一个数字或一个日期。这次实验极其成功。学员们拿它当游戏，彼此指出对方的毛病。没花多长时间，他们便不再说那些只会让人感到晦涩不明的语言了，他们说的全都是大街上普通人都能明白的活泼的语言。

法国哲学家艾兰说："抽象的风格总是不好的。在你的句子里，应该全是石头、金属、椅子、桌子、动物、男人和女人。"

日常对话也是如此。事实上，本章所说的一切有关当众讲话的技巧，同样也适用于日常交谈。正是细节使谈话充满了光彩。任何人要想成为一个高超的谈话者，只要牢记这些忠告，就会大有收获。销售员使用它，会发现它特有的魔力；那些公司主管、家庭主妇和教师也将会发现，自己在下达命令和传播知识、传达消息时，因为使用了具体、翔实的细节，效果会大大改进。

赋予演讲生命力

第一次世界大战刚结束，我就到伦敦，和罗维尔·托马斯共事。他当时正在为阿拉伯的阿伦比和劳伦斯发表一连串精彩绝伦的演讲，听众连连爆满。有一个星期天，我散步走进海德公园。在公园的大理石拱门入口附近，各种思想、种族、政治、宗教信仰的演讲者都可以畅所欲言，不受法律的干预。我先是听了一位天主教徒解释教皇无谬论，然后我又向前走，听到一位社会主义者在谈论卡尔·马克思主义。后来我又走到第三个演讲者那里，他正在阐释一个男人应该有4个妻子才算恰当！然后我站在远处，观察那3群人。

反正信不信由你，那个鼓吹一夫多妻制的家伙听众是最少的，屈指可数。另外两个演讲者身边的人群却越来越多。我问自己这是为什么？难道是因为不同的题目吗？我想不是。我观察后认识到，问题出在 3 位演讲者身上。那位大谈娶 4 个老婆如何好的家伙，自己却不像有兴趣讨 4 个老婆的样子；而另外两个演讲者，却针对所有对立的观点来阐释观点，沉浸在自己的演讲中。他们在拼命地演讲，舞动双臂做着激烈的手势，声音高昂而充满信念，散发出无穷的热情与活力。

生命力、活力及热情——这 3 种因素我一直认为是演讲者首先必须具备的条件。人们聚集在生龙活虎的演讲者四周，就像野雁围着秋天的麦田旋转。

那么，怎样才能做到这种富有活力的演讲，牢牢地吸引听众的注意力呢？本章将教你 3 个妙方，帮助你将自己的热情和激情融入演讲中。

一、选择熟悉的话题

在第一篇第三章一再强调，对自己的演讲题目要有深刻的感受。除非你对这个题目有特别的偏爱，否则别想让听众相信你。道理很简单，如果你对这个题目有实际接触和经验，对它充满了热情，或者是你已经对题目做过深入思考，有个人的关注（例如你的社区需要更好的学校），你就会满腔热情，不愁演讲时不会热心了。我至今还记得 20 多年前的一场演讲，因为演讲者的热忱而造成的说服力现在还鲜明地呈现在我的眼前，还没有一场演讲比它更精彩的。我听过很多令人心服的演讲，可是这个被我称为"兰花和山胡桃木灰"的演讲实例，却因为以热忱战胜常识而独树一帜。

原来，在纽约一家极具知名度的销售公司，有一位极优秀的销售员提出了一个反常的观点，说他已经能够使"兰花"在既无花种、又无草根的情况下生长。据说他曾将山胡桃木灰撒在新犁过的地里，然后兰花在眨眼间便长出来了！所以他坚信山胡桃木灰——而且只有山胡桃木灰——才是兰花草长出来的原因。

评论时，我温和地向他指出，如果他这种非凡的发现是真的，将使他在一夜之间暴富，因为兰花的种子价值不菲，而且这项发现还将使他成为人类历史上杰出的科学家。但是我告诉他，事实上没有一个人曾经完成，或有能力完成这个奇迹——从无机物中培植出生命。

这个错误是如此明显，以至于根本没有必要反驳，所以我平静地告诉了他这些。我说完后，其他学员也看出了他谈话的荒谬之处，但是他却不这么看。他想都没有想，立刻站起来告诉我说他没有错。他对自己的发现极其热衷，甚至到了不可思议的地步，他还大声说没有引用论据，只是陈述了他自己的经验而已。他知道自己在说什么。然后他继续往下说，并扩大了原先的论述，提出了更多的资料，举出了更多的证据，声音中透露出了完完全全的真诚。

我只好再次告诉他，他不可能是正确的，他正确的可能性是零。他马上又站了起来，提出要和我赌5美元，让美国农业部来解答这件事。

你猜想发生了什么？这个班的若干学员站到了他那一边，另外还有许多人犹疑不定。我相信，要是来一次表决的话，这个班有一半以上的商务人士不会同意我的观点。我问他们为什么改变自己最初的观点？他们异口同声地说，是演讲者的热忱和确信使他们对常识产生了怀疑。

既然这样，我只好给农业部写了一封信。我对他们说，问这样幼稚的问题很不好意思。他们当然回答说，要使兰花或其他东西从山胡桃木灰里长出来，是根本不可能的。他们还说收到了另一封同样的信，原来那位销售员真的很相信他自己的发现，因此也给农业部写了信。

这件事给了我一个永难忘记的启发——如果演讲者真的确信某件事，并充满热情地谈论它，便能让人们相信，即使是宣称自己能从尘土和灰烬中培植出兰花也没有关系。既然这样，如果我们大脑中归纳、整理出来的信念是正确的常识和真理，那该会多么令人信服啊！

几乎所有的演讲者都会对自己选择的题目能否引起听众的兴趣心存疑虑。其实，要让人们对你的题目感兴趣，方法很简单：激发你自己对题目的狂热之情，就不愁没有办法激发人们的兴趣。

不久前，我们巴尔的摩培训班的一位学员警告人们，说如果继续用现在捕捞奇沙比克湾石鱼的方法捕石鱼的话，那里的石鱼将会绝迹。他真的非常关注这个问题，因为这件事很重要。他的一言一行无不表明了这一点。在他讲话之前，我并不知道在奇沙比克湾有什么石鱼，我想大多数听众也所知甚少，而且也不怎么感兴趣。可是，由于他表现得如此热切，他还没有讲完，我们都愿意联名，向立法机关请求立法保护石鱼。

有人曾问美国前驻意大利大使理查·华胥本·乔尔德，作为一个意趣无穷的作家，他成功的秘诀是什么？他回答说："我非常热爱生命，所以不能静止不动。我只是觉得必须告诉人们这点罢了。"每个人都会被这样的演讲者或作家情不自禁地吸引。

我有一次在伦敦听人演讲，演讲完后，我的一个同伴本森先生评论说，这场演讲的最后一部分比第一部分更精彩。本森先生是位知名的英国小说家。我问他为什么，本森先生回答说："演讲者自己对最后一部分的兴趣似乎更大一些，而我一向都很注重演讲者的热情和兴趣。"

这里还有一个例子，说明了选择演讲题目的重要性。

有一位先生，我们姑且叫他弗莱恩先生，参加了我们在华盛顿的训练班。在课程开始的一天晚上，他要介绍首都华盛顿。他从一家地方报纸发行的一本小册子里匆匆忙忙地搜集了一些资料，然后为我们演讲。虽然他在华盛顿住了许多年，但却没有举出一个亲身经历来说明他为什么喜欢这个地方，所以听起来十分的枯燥、无序而生硬。他只是一味地陈述一连串枯燥无趣的事实，大家听了不舒服，他自己也很别扭。

但是在两个星期后发生了一件事情让他感触极深：他买的新车停放在路边上，被人开车撞坏了，并且驾车逃逸。弗莱恩先生不可能要求保险理赔，只得自掏腰包。这件事来自他的亲身经历。当他介绍华盛顿时语言枯燥，让自己和听众都很难受。当他说起自己的车被撞坏时，却讲得十分真切，滔滔不绝，好似维苏威火山爆发。两星期前，大家听他的演讲时还觉得枯燥无味，现在却发出了热烈的掌声。

我一再指出，如果演讲题目选好了，想不成功也很难。比如谈自己的信念这种题目，就很容易吸引听众！你对自己的生活必然会有强烈的信仰，因此你不必再四处寻找，它们通常就在你的意识当中，你时常都会想到它们。

不久以前，电视台播出了立法委员就死刑举行的听证会。许多证人出席了这次会议，对这个问题提出正反两方面的意见。其中一个证人是洛杉矶警员，他显然对这个议题很希想法。他有 11 位警察同事都死于和罪犯的搏斗中，所以他曾对这个问题再三思考，产生了需要死刑的强烈信念。他饱含真情地说出了自己的理由，引起了听证会上人们的轰动。

历来最伟大的雄辩都来自于演讲者的强烈信念和感觉。真诚是建立在信仰之上的，而信仰则出自内心当中对自己所要说的话题的热爱，出于头脑的冷静思考。"心灵会拥有连理性都不知晓的理性。"我在许多班上都曾见证了帕斯卡这句犀利的话。我记得有一位波士顿律师，他仪表出众，说话畅达，但是他演讲完了之后大家都说："好一个精明的家伙。"原来，他给人一种虚浮的表面印象，在他漂亮词句的背后人们看不到一点真的情感。同一个班上有一个保险公司的推销员，个子很小，长得毫不起眼，说话当中还不时停下来思索接下来该说什么。可是当他演讲时，没有人怀疑不是出自他的真心。

林肯在华盛顿福特戏院遇刺几乎有 100 年了，但是他的一生、他的言辞和真诚情感，却永远留在了我们的记忆里。如果只就法律知识而言，他同时代的许多人都远远超过了他。他缺少优雅、顺畅和精致，但是他在葛底斯堡、古柏联盟和华盛顿国会山上发表演讲的真诚，历史上却无人能够超越。

有个学员对我说，他自己没有强烈的信念和兴趣。对此我总是很惊讶。我对他说，让自己忙碌起来，让自己对事情产生兴趣！"对什么事，比如说？"他问我。我告诉他说："就鸽子吧。""鸽子？"他有些不明白。"是的！"我告诉他，"就是鸽子。你可以到广场上去看看它们，给它们喂东西，到图书馆去阅读有关鸽子的书，再回来讲你对鸽子的看法。"

他真的这样做了。当他回来演讲时，没有什么能阻止他了。他一开始便以养鸟者的狂热来谈鸽子。当我想要他停下来时，他正说到有关鸽子的 40 本书，他把它们都读了一遍！他作了我曾听过的最有趣味的演讲之一。

我还有一个建议：对自己认为很好的演讲题目，要尽量多了解一些。你对某件事了解越多，便会越热情。《销售的五大法则》的作者帕西·华廷告诉推销员，对自己推销的东西必须有所了解。他说："对一项优良产品知道得越多，便会对它越热情。”这同样适用于演讲题目——对它们懂得越多，你对它们也就越充满热情。

二、表达自己的真实感受

如果你想告诉听众由于你开车超速，警察把你拦下来的经历，你可以以一个旁观者的身份来讲述。但这事发生在你身上，你会有某种切身感受，这种感受会使你的讲述更加明确。以第三人称的方式表述，是不能给听众留下什么深刻印象的。他们想知道的是，当那个警察开罚单给你时，你是什么感受。所以，你越清楚地描述当时的情形和你当时的感受，你就越能生动逼真地表达自己。

我们去看话剧、电影的原因之一，就是因为我们想要见到或听到感情的表露。我们很害怕当众表露自己的感情，因此去看话剧，以满足这种感情表达的需要。

所以，当众说话时，你就可以根据自己倾注于谈话中的热心程度，来表现自己的热忱与兴趣。不要抑制自己的真挚情感，也不要在自己真实感人的热情上面加个闭气阀。要让听众们看到你对自己谈论的题目有多热忱，你就会抓住他们的注意力。

三、表现出十足的热情

当你走到听众面前准备演讲时，应该表现出对演讲的企盼神态，而不要像一个登上绞刑架的犯人。轻快的步伐也许大部分是假装出来的，但它却能为你创造奇迹，让听众感受到你有东西渴望交流谈论。演讲之前，再深吸一口气。不要靠着讲桌。抬起头，仰起下颚，告诉自己：你现在就要给听众讲一些有价值的事情，因此你全身的每一部分都应该清楚无误地让他们知道这一点。要把自己想象成大权在握，就像威廉·詹姆斯所说的那样，要表现得好像是这样。如果能将你的声音传到大厅的后方，这样的音效会让你更有信心。如果一开始就能使用手势，它们更能令你兴奋。

杜纳德和伊林诺·雷尔德把这项法则描述为“预热我们的反应”。它适用于任何需要心灵感觉的场合。在他们的著作《有效记忆的技巧》中，雷尔德夫妇认为西奥多·罗斯福总统是这样一个人："活泼而愉快地度过了一生，充满了雀跃、活力、冲撞和热情。这些正是他的标记。他总是对自己要处理的一切事情兴趣浓厚，浑然忘我，或者假装得就像这个样子。"罗斯福也的确是威廉·詹姆斯哲学"表现得热烈，你对自己所做的一切自然便会热烈起来"的活生生的阐释者。

总之，要牢牢记住这句话：表现出热切，你就会感受到热切。

与听众融为一体

鲁塞·康威尔著名的演讲《钻石宝地》，总共发表过近 6000 次。你或许会想，重复这么多次的演讲，可能已经根深蒂固地刻在演讲者的脑海里，演讲时的字句音调该不会再变了吧？事实却并非如此。康威尔博士知道，听众的情况各不相同，因此他明白必须让听众感到他的演讲是个性化的、活生生的东西，是特意为他们准备的。他是如何在一场接一场的演讲中成功地维系演讲者、演讲和听众之间轻松愉快的关系的呢？"当我到了某个城市或某个镇时，"他写道，"总是先去拜访那些邮政局长、理发师、旅馆经理、学校校长、牧师，然后走进店里同人们交谈，了解他们的历史和他们所拥有的发展机会。然后，我才发表我的演讲，对那些人谈论适合他们当地的话题。"

康威尔博士很清楚，成功的沟通有赖于演讲者使他的演讲成为听众的一部分，并且使听众成为演讲的一部分。这也正是《钻石宝地》成为最受欢迎的演讲，但我们却找不到一本演讲词的副本的原因。由于康威尔博士聪敏、洞察人性，而且又勤奋谨慎，所以这一相同的题材尽管已经给大约 6000 场的听众讲过，但同一次演讲不会说两次。

从这个例子中你应该有所领悟：准备演讲时，头脑里应该想着特定的听众。这里有一些简单的法则，可以帮助你建立起与听众之间和谐密切的关系。

一、根据听众的兴趣演讲

　　这正是康威尔博士采用的方法。他会在自己的演讲中加入许多当地俗谈和实例。听众之所以对他感兴趣，就是因为他的谈话与他们有关，与他们的兴趣有关，与他们的问题有关。这种与听众本身及其兴趣相关联的内在联系，能够牢牢抓住听众的注意力，保证沟通渠道的畅通无阻。艾力克·琼斯顿是美国前商会会长，现为动作电影协会会长，在他的每一场演讲中几乎都应用了这种技巧。下面来看看他在俄克拉荷马大学的毕业典礼上是如何巧妙地使用这个方法的：

俄克拉荷马大学

　　各位俄克拉荷马的公民，对于那些习惯危言耸听的小商小贩们应是再熟悉不过了。各位只需稍稍回想一下，便会想起来，他们一向将俄克拉荷马州排除在外，认为它是永远绝望的冒险。

　　噢，在 20 世纪 30 年代，所有绝望的乌鸦都告诉其他乌鸦，最好是避开俄克拉荷马，除非他们自己携带干粮。

　　他们认为俄克拉荷马是美洲新沙漠中永远难以改变的一部分。他们这样形容道："这里永远都不会有东西开花。"但是到了 20 世纪 40 年代，俄克拉荷马却成了花园，连百老汇也要举杯为它祝福。因为在那儿，"当雨后微风吹来，便有小麦波浪起伏，散发出清香"。

　　在短短的 10 年之内，这个曾经干旱肆虐的地区，到处都是茂盛的玉米秆。

这是信仰的结果——也是有计划地冒险的结果……

因此，我们在考察自己时代的时候，应该总是看到美好的远景，而不是停留在昨天的阴影之中。

当我准备访问这里的时候，我先看过了《俄克拉荷马日报》卷宗，知道了这里 1901 年春天的景象。我想体会一下 50 年前本地的生活。

结果我发现了什么？

噢，我发现它描述的全是俄克拉荷马的未来，重心都放在了将来的希望上。

这是一个根据听众兴趣来演讲的极好例子。艾力克·琼斯顿采用的这一有计划的冒险事例源自听众身边，使听众们觉得他的演讲不是油印出来的拷贝文件，而是特意为他们准备的。演讲者根据听众的兴趣来演讲，听众当然不会转移注意力。

要先问问自己 你的演讲如何帮助听众解决他们的问题，怎样才能达到他们的目标？然后开始讲给他们听，就会让他们全神贯注。如果你是个会计师，你的开场白可以这样："我现在要教你们如何节省 50 到 100 美元税收。"或者如果你是一位律师，你可以告诉听众如何立遗嘱。你肯定会让听众兴致勃勃。事实上，在每个人的知识积累中，必然会有某个题目能对听众有所帮助。

曾有人问英国报业巨子诺斯克利夫爵士，什么东西能够激发人们的兴趣，他回答说："人们自己。"他就是根据这一单纯的事实建立了一个报业帝国。

詹姆斯·哈维·鲁滨逊在《思想的酝酿》一书中，形容幻想是"一种出于自然的、最受欢迎的思想"。他接下去说，在幻想中，我们允许自己的思想各自沿着它的方向前进，而它的方向又取决于人们的希望或恐惧；取决于人们的成功或幻灭；取决于人们的喜、怒、哀、乐等情绪。世上再也没有比我们自己更令我们感兴趣的事了。

来自费城的哈罗德·杜怀特，在一次毕业宴会上做了一场非常成功的演讲。他依次谈到了桌边的每个人。他说刚上演讲课的时候，自己并不善于讲话，而现在进步多了。他一边回忆同学们所做的演讲和讨论过的题目，一边夸张地模仿其中一些人，逗得大家开怀大笑。像他这样的演讲，是不可能失败的，这是绝对理想的谈话题材。天底下没有什么题目比这更能令大家感兴趣的。杜怀特先生真是通晓人性。

几年前，我替《美国杂志》写过一系列文章，有幸和约翰·西德达先生交谈。当时他正主持杂志的《有趣人物》专栏。

"人都是自私的，"他说，"他们只对自己感兴趣。他们并不怎么关心政府是否应该把铁路收归国有，但他们却想知道如何才能获得晋升，如何才能得到更多的薪水，如何保持健康。如果我是这家杂志的总编辑，我将告诉读者如何保护好他们的牙齿，如何洗澡，如何在夏天保持清凉，如何找到一份好工作，如何应付雇员，如何买房子，如何记忆，如何避免文法错误，等等。另外，人们也总是对别人有趣的经历感兴趣，所以我会邀请一些大富翁谈谈他们如何在房地产中赚进几百万美元。我还要请一些著名的银行家及各大公司的总裁，谈谈他们是如何从底层奋斗到有权有势的地位的。"

不久，西德达真的当上了总编辑。当时这家杂志的销量很小。西德达立即按照自己的构想开展工作。结果怎样呢？情况发生了巨大变化，销售量急剧上升，达到20万份、30万份、40万份、50万份，以至于更多，因为它的内容是一般民众想知道的。没多久，杂志每个月销售量就达到了100万份，然后是150万份，最终达到了200万份。但它并没有就此停住，而是持续上升了许多年。西德达满足了读者们的兴趣，因此获得了成功。

当你下次面对听众时，要把他们想象成急切地想听你说什么——只要对他们有用就行。演讲者如果不考虑听众自我中心的天然倾向，就会发现自己面对的是一群烦躁不安的听众。他们会局促不安，表现出不耐烦，不时地看手表，并且渴望离开。

二、真心诚意地赞美听众

听众由单个的人组成，他们的反应亦如个人的反应。公然批评听众，必然会导致愤懑。如果你对他们所做的值得称赞的事情表示赞美，你就会赢得通往他们心灵的护照。但这常常需要你去认真研究。例如这样肉麻的句子"各位是我曾见过的最有智慧的听众"，也许会被大多数听众认为是空洞的谄媚而招致反感。

我想引用著名演讲家琼西·德普的话：你必须"告诉他们一些有关他们的事，这些事情他们没想到你可能会知道"。

例如，有个人最近要在巴尔的摩的基瓦尼俱乐部发表演讲，却找不到该俱乐部的特殊资料，只知道在该俱乐部会员里曾有一位出任国际会长、一位出任国际董事。这些情况对俱乐部的人来说并不是新闻。但这个人却使大家感到了与众不同的东西。他是这样开场的："巴尔的摩基瓦尼俱乐部是101898个基瓦尼俱乐部中的一个！"会员们听了有些奇怪：这个演讲者大错特错——因为全球只有2897个基瓦尼俱乐部。然后这位演讲者接着说：

"就算各位不相信，它仍然是事实，至少在数学方面是这样。各位的俱乐部是101898个当中的一个，不是10万或20万个当中的一个，而确实是101898当中的一个。

"我是如何计算出来的呢？不错，国际基瓦尼组织只有2897个俱乐部。但是，巴尔的摩俱乐部过去曾出过一位国际会长和一位国际董事。从数学的观点来看，任何一个基瓦尼俱乐部想同时出一个国际会长和董事的几率是1：101898。我有琼斯·霍普金斯大学的数学博士学位，可以证明我计算出来的数字的准确性。"

表示赞美的时候要确实出自真心诚意。没有诚意的话偶尔会骗过一两个人，却不能永远欺骗听众。例如"这样高度智慧的听众……"，"来自新泽西州霍霍柯斯的美女和侠士的特别聚会……"，"我真高兴在这儿，因为我爱你们每一位……"千万不要这样肉麻！如果你表示不出真心诚意的赞美，最好什么也别说。

三、与听众建立友谊的桥梁

演讲时，要尽快指出你正与之谈话的听众之间存在某种直接的关系。如果你感到被邀请很荣幸，不妨说出来。哈罗德·麦克米兰在印第安纳州绿堡的德堡大学跟毕业班学生讲话时，一开始就这样建立了沟通的纽带。

"我很感激各位亲切的欢迎词，"他说，"身为大不列颠首相，我应邀前来贵校，的确非比寻常。不过我感到，我现在就任的政府职位，恐怕不是各位盛情邀请我的主要原因。"

接着，他提到自己的母亲是美国人，出生在印第安纳州，而他的父亲则是德堡大学首届毕业生。

"我可以向各位保证，能和德堡大学有些关系，使我感到无上光荣，"他说，"并以能重温故乡的传统而骄傲。"

可以肯定，麦克米兰提到这所美国学校，以及母亲和身为该校先驱的父亲，立刻为自己赢得了友谊。

另一种建立友谊的方法，就是提及听众中某些人的名字。

例如，在一次宴会上，我紧挨着坐在主讲人边上。我很奇怪他对每一个人都非常好奇。他不停地向宴会的主人打听，比如那个穿蓝色西装的人是谁，或那位帽子缀满了鲜花的女士芳名叫什么。直到他站起来讲话时，我才了解他为什么好奇——他非常巧妙地把他刚才打听到的名字用到了自己的演讲中，我看到那些名字被他提到的人脸上洋溢着欢乐，而这个简单的技巧也为演讲者赢得了听众温暖的友情。

再来看看通用动力公司总裁小弗兰克·佩斯是如何使用几个名字便使演讲产生效果的。他在纽约美国生活宗教公司一年一度的晚宴上做的演讲：

"从很多方面来讲，今晚对我而言是一个愉快而且很有意义的晚上，"他说，"首先，我的牧师罗伯特·阿勃亚便坐在听众席中。他的语言、行为和领导，已使他成为我个人，我的家人以及我们所有听众的一种激励和启示……其次，路易·施特劳斯和鲍伯·史蒂文斯两人对宗教的热忱，已从他们对公共事业的热情支持上表露无遗，能坐在他们二位中间，是我莫大的快乐……"

不过有一点需要小心：如果你准备在演讲时用到陌生的名字，而这些名字是你通过询问得知的，那么你必须确保正确无误，必须确实了解自己使用这些名字的原因，而且只能以友好的方式提到它们，当然还得有一定的节制。

让听众始终保持高度注意力的另一个方法，就是在演讲中使用第二人称代词"你们"，而不是使用第三人称"他们"，这样可以让听众保持一种亲自参与的感觉。我在前面已经指出，演讲者如果想抓住听众的注意力和兴趣，是不能忽视这一点的。下面摘录了我们纽约培训班的一位学员题为《硫酸》的演讲词的几段来作为实例：

硫酸和我们的生活联系密切。如果没有硫酸，你们的汽车就不能行驶，因为提炼汽油和制造汽车时，必须用到硫酸。不论是你们办公室的电灯，还是你们家里的灯，如果没有硫酸就不会点亮。

在你们放水洗澡时，那镍质的水龙头在制造过程中也要使用硫酸。你们使用的肥皂也可能是用油脂和硫酸制成的。你们发刷上的鬃毛和假象牙梳子，如果没有硫酸也制造不出来。你们的刮胡刀在经过锤炼后，也一定要浸在硫酸中做处理。

你们下楼用早餐时，如果你们使用的杯子和盘子刚好不是纯白色的，那就更少不了它。如果你们的汤匙、刀又是镀银的，也要在硫酸中浸过。

总之，在一整天的时间里，硫酸会从各个方面影响你们。不管走到哪儿，你们都无法逃过它的影响。

这位演讲者通过巧妙地使用"你们"，把听众融入到具体的情景中，因此吸引了听众的持续注意。不过，有些时候使用"你们"却是很危险的，它可能不是在你和听众之间建立友谊的桥梁，而是会造成分裂。例如，当你以智者的身份居高临下地对听众讲话或说教时，这种情形便会发生。这时候，最好是说"我们"，而不是"你们"。

美国医药协会健康教育主任保尔博士在广播和电视演讲中就经常使用这种技巧。"我们都想知道如何选个好医生，是不是？"他在一次谈话中说，"如果我们想从医生那里获得最好的服务，我们是不是需要知道如何做个好病人呢？"

四、鼓励听众参与演讲

你是否想过，怎样用点小小的表演技巧，就能让听众紧跟着你的讲话？如果你在演讲时让听众协助你展示某个观点，或者把你的观点戏剧化地表现出来，那么听众对你的注意力就会明显提升。这是因为当听众中的一个人被演讲者带入"表演"中时，听众们就会敏锐地注意所发生的事。如果在讲台上的人和讲台下的人之间有一堵墙——就像许多演讲者说的那样——利用听众的参与就可以推倒这堵墙。我还记得，有个演讲者为了说明汽车在刹车后，还必须前进多长的距离才能够停住，请了前排一位听众出来，帮他展示汽车在不同速度下这个距离有什么变化。这个听众拿着钢卷尺的一端，沿着走道把它拉长到 45 英尺处演讲者示意他停下来的地方……在这位听众演示的过程中，我注意到其他听众也是全神贯注。我对自己说，那条卷尺除了能生动地展现演讲者的论点之外，还成了演讲者与听众之间一座沟通的桥梁。若不是使用这一展示方法，听众可能还在想着晚饭吃什么，或者晚上看什么电视节目！

我最喜欢使用的让听众参与演讲的方法，就是提问并让听众回答。我喜欢请听众站起来，跟着我重复一句话，或举手回答我的问题。帕西·华廷有一本书叫《如何在演讲和写作中运用幽默》，也提出了一些如何让听众参与进来的忠告。他建议让听众对一些事情进行表决，或邀请他们共同解决问题。"确保自己的思想是正确的，"华廷先生说，"正确的思想会让演讲不像在背诵，它可以引起听众的反应，把听众变成企业的伙伴。"我很喜欢他把听众描述为"企业的伙伴"。这是本章所讨论的重点。如果能让听众参与进来，你就把合伙人的权利送给了他们。

五、保持谦虚谨慎的态度

在演讲者和听众之间的所有关系中，真诚是最重要的。诺曼·文生特·皮尔给了一位牧师一些有用的忠告——那个牧师讲道时简直没有办法抓住听众的注意力。他让牧师问自己，他对每个星期天早晨都要布道的人们怀有什

演讲与口才

么样的感情——是否喜欢他们？是否愿意帮助他们？是否认为自己比他们智力高出一等？皮尔博士说，他登上讲坛时，每次都对即将面对的男男女女怀着强烈的感情。演讲者如果自认为在智力或社会地位上比别人高出一等，听众一听就会很清楚。所以，如果演讲者想得到听众的爱戴，最好保持谦虚谨慎的低姿态。

艾德蒙德·穆斯基担任缅因州参议员时，曾在波士顿的美国辩论协会的一次讲话中展示了这种技巧。

"今天，我被派来履行自己的职责，心里确实有一些担心。"他说，"首先，我很清楚你们全都是专家，我在这里是班门弄斧，在你们犀利的目光下只会暴露自己的愚蠢，不知我这样做是不是明智之举。第二，这是一次早餐会，而早晨又是一个人警觉性最差的时候，对于一位政客来说，如果失败，后果将不堪设想。第三，我要讲的题目是'辩论对我公仆生涯的影响'。由于我在政坛上比较活跃，这对我的选民的影响很可能会形成尖锐的意见分歧。

"面对这些担心，我感觉自己就像一只蚊子，无意间闯入了天体营，不知从哪儿开始才好。"

穆斯基议员就这样开始，发表了一场精彩的演讲。

阿德莱·史蒂文生在密歇根州立大学毕业典礼上的演讲，一开始也采取了低姿态。他说：

"在这样的场合，我总是感到心有余而力不足。我想起了有一次塞缪尔·巴特勒被问到如何充分利用生命时的谈话。他说：'我甚至不知道如何很好地利用下面的15分钟呢。'现在我对这20分钟也有相同的感觉。"

如果你想让听众敌视你，最好的办法就是让他们感觉你高高在上。演讲时，就如同把自己放在橱窗里展示，你人性中的每一侧面都暴露出来了，只要你稍稍有一点自夸，就注定要失败。但你若表现出患得患失、没有信心，那也是很糟糕的。你可以谦虚，但不能表现出患得患失、没有信心的样子。只要你表示出要尽力讲好，并说自己才识有限，听众就会喜欢你，尊敬你。

美国电视界竞争非常残酷，每一季收视率最高的演员都要陷入这种竞争。在这里能够保持常胜的演员只有艾德·萨利文。他不是电视专业人员，而是一位新闻从业人员。他在竞争激烈的电视圈里只算是个业余选手。他之所以能够在竞争中取胜，是因为他没有把自己看得很高，只认为自己就是业余的。他在镜头前会有些不自然的举动，别人也都可能会认为是一种失误，他会手撑下巴，弓着两肩，拉扯领带，说话结巴……但这些缺陷都无损于他；即使有人批评他，他也不计较。他每个季度至少要请一位模仿高手在电视里惟妙惟肖地模仿自己，并夸大自己的缺点。他会和别人一样对这些可笑的动作哈哈大笑。他欢迎批评，观众也因此而喜欢他。因为观众喜欢谦逊，厌恶自大自夸的卖弄者。

亨利和丹纳·李·托马斯在他们的著作《现代宗教领袖传》中这样评述孔子："他从不向人们炫耀自己的知识。他只是用自己的仁德之心，设法启迪人们。"如果我们能有这样的包容，我们便掌握了打开听众心扉的钥匙。

第三章　当众演讲的实用技巧

现在我们要详细介绍两种演讲技巧：有准备的演讲技巧和即兴演讲技巧。

本章介绍说服性演讲、说明性演讲和增强印象使人信服性演讲的相关知识。

首先讨论即兴演讲，它可能是说服、说明性演讲，或者是临时需要而做的即席演讲。

如果演讲者清楚地知道演讲的目的，就可以成功地使用有准备的演讲技巧或即兴演讲技巧。

激励性演讲的技巧

第一次世界大战期间，一位著名的英国主教在厄普顿营对即将奔赴战场的士兵发表讲话。只有一些士兵明白作战的意义，这一点我很清楚，因为我和他们聊过。可是，这位主教先生却对他们大谈什么"国际亲善"，以及"塞尔维亚在太阳底下应占有一席之地"，而士兵们有一半却对塞尔维亚在哪里都不清楚。所以，他不如发表一篇谁也不懂的"星云假说"的学术演讲，反正效果完全一样。不过，在他演讲的过程中没有一个士兵跑开的，因为有宪兵站在每个出口，防止他们跑出去。

我无意取笑这位主教，他是一位真正的学者，在宗教人士面前他很可能令人折服；但面对这些军人他却失败了，而且是彻底失败。为什么呢？因为他不知道自己演讲的真正目的，当然不知道怎么做了。

讲话的目的是什么呢？不论你自己是不是了解，任何讲话一般包括以下所列的 4 个目的中的一个。它们是什么呢？

　　1. 说服听众采取行动。

　　2. 说明情况。

　　3. 增强印象，使人信服。

　　4. 给人们带来欢乐。

我们就以林肯总统一系列具体的演讲为例来说明吧。

很少有人知道林肯曾发明过一种装置，它可以将搁浅在沙滩或其他阻碍物中的船只吊起来，并获得了专利。他在他的律师事务所办公室附近一家机械厂制作了这种装置的模型，每当有朋友来看模型时，他就不厌其烦地讲解它。这种讲解的主要目的，就是说明情况。

他在葛底斯堡发表不朽的演讲，第一次和第二次总统就职演讲，在亨利·柯雷去世时做的悼词……所有这些演讲的主要目的是增强听众的印象，使他们信服。

他对陪审团讲话时，想赢得有利的决定；发表政治演讲时，想赢得选票。这种演讲的目的，就是要让听众采取行动。

而在林肯当选总统的两年前，他曾精心准备了一场关于发明的演讲。他本想给人们带来一些欢乐，这至少是他的目的，可惜他在这方面没有成功。他原本想当一个大众演讲家，结果遭到了挫折。甚至有一次，竟然没有一个人来听他的演讲。

但是林肯的许多演讲获得了神奇的成功，其中一些演讲已经成为人类语言中的经典之作。为什么他能成功呢？因为在这些演讲中，他明白自己的目的，并且知道怎样达到这个目的。

但是有许多演讲者却不能把自己的目标与听众的目标相结合，所以手忙脚乱，说话结巴，演讲也就难免失败了。

有一位美国国会议员曾被强行轰赶下了纽约旧马戏场的演讲台，因为他很不明智地选择了要做一次说明性演讲。听众可不想听什么教训，他们只想得到快乐。他们刚开始时耐心而有礼貌地听他讲了 10 分钟，但在后 15 分钟，大家都希望他最好尽快结束。可是他却不理会这些，仍然没完没了地说

个没完。听众们再也不愿忍受了，开始有人嘲讽地喝彩，其他人接着起哄，立刻就有上千人吹起口哨，甚至大声吼叫起来。这位议员真是太愚蠢了，居然还感觉不到听众的心情，仍然继续讲他的话。这激怒了听众。一场战斗展开了。人们的不耐烦立即激化成怒火，他们决定让他闭嘴。于是，抗议声越来越大。最终，吼叫和愤怒淹没了他的声音——20英尺处都听不到他的声音了。他被吼叫和嘘叫声轰下了台，简直羞愧难当。

我们要以此为鉴，让自己的演讲适合听众和场合。那位议员如果事先斟酌一下自己演讲的目的是否适合前来参加政治集会的听众的目的，他就不会有如此惨败了。所以，一定要事先分析听众和场合之后，才可以从4种目的中选择一种来进行你的演讲。

为了让读者获得"搭建演讲架构"方面的指导，本章专门介绍如何"说服听众采取行动"。接下来的3章则着重讨论演讲的其他几个重要目标：说明情况；增强印象令人信服；带给听众欢乐。每一个目标都需要采取不同的组织方式，各自都有其易犯的错误和必须克服的障碍。首先，我们谈谈如何组织演讲素材，使听众乐意采取行动。

有没有什么方法，肯定可以把我们要演讲的材料组织好，让听众能轻松地抓住我们要求他们去做的事情呢？或者它只不过是一种偶尔有效的方法呢？

我记得在20世纪30年代曾和同事们讨论过这个话题。当时我的课程在全国各地开始受到欢迎。由于班上人数众多，我们便要求每个学员的演讲只有两分钟。如果演讲者的目标只定位在娱乐或说明情况，这个限制对演讲并不会造成影响。但是，当我们学习"鼓励听众采取行动"的演讲时，情况就不一样了。如果采用自亚里士多德以来就被演讲者遵循的传统的演讲模式——绪论、本论和结论，这种激励听众采取行动的演讲便无法展开。我们显然需要一些新鲜的东西为我们提供一个稳妥有效的方法，在两分钟之内得到结果，并从听众那里获得反应。

我们分别在芝加哥、洛杉矶和纽约举行会议，向所有的老师请教。他们当中有在名牌大学演讲系执教的；有在事业经营方面占有举足轻重地位的；

也有来自正在快速扩张的广告和促销界的。我们希望结合这些背景和智慧，找到一种新的组织演讲结构的方法——一个合理的、能反映我们时代需要的、符合心理学和逻辑学的方法，以影响听众并让他们采取行动。

天道酬勤，我们从这些讨论中终于研究出组织演讲结构的"魔法公式"。这个方法在班上采用后，我们一直使用到今天。这个"魔法公式"是什么呢？很简单：

一开始就描述实例的细节，生动地说明你希望传达给听众的意念；

其次，详细而清晰地表达你的观点，确切地说出你想让听众做什么；

第三，陈述缘由，向听众强调，如果按照你所说的去做，他们会获得什么好处。

这个公式非常适合当今快节奏的生活。演讲者不能再沉湎于冗长而闲散的绪论之中。人们越来越忙，他们希望演讲者以直接的言语，一针见血地说出要说的话。他们习惯于听精简而浓缩的新闻报道，使他们不必转弯抹角便能直接获得事实。他们全都被淹没在麦迪逊大街上铺天盖地的广告中。这些广告使用了招牌、电视、杂志和报纸上的一些鲜明有力的词语，把信息一股脑儿倾出；它们一字千金，没有半点儿浪费。所以利用这个"魔法公式"，可以保证引起听众的注意，并可以将焦点对准演讲的重点。它可以避免"我没有时间把这场演讲准备得很好"，或"你们的主席请我谈论这个题目时，我在想他为何要挑选我"之类毫无意义的开场白。听众对道歉或辩解不感兴趣，不论你的道歉或辩解是出于真心还是假意。他们要的是行动。在这个"魔法公式"里，你一开口便给了他们行动。

这套公式用于简短演讲时非常理想，因为其中有着某种程度的悬念。在你开始叙述时，听众就会被你的故事所吸引，但要等到两三分钟之后，他们才能知道你的重点。如果你希望听众照你的要求去做，这一招就很有必要。演讲者如果想让听众为某件事而慷慨解囊，却这样开口："各位女士，各位先生，我来这儿是想向各位每人收取 5 美元。"那么，不管这件事多么值得他们掏钱，他们一定会争先恐后地夺门而逃。相反，如果演讲者描述自己去探访儿童医院的时候，看到迫切待援的病例：一个幼童在偏远的医院里，因为缺乏经济援助而无法动手术，然后向听众呼吁救助，肯定会获得听众的支持。为期望中的行动铺路的，正是生动的故事和实例。

让我们再看看列兰·史脱先生是怎样通过事件或事例来打动听众，让他们支持联合国儿童救援行动的：

我祈祷自己再也不要为此而奔走呼吁了：一个孩子和死亡之间，只差一颗花生。请想想，还有比这更凄惨的吗？我希望在座诸位也永远不要这样奔走呼吁，永远不要活在这种悲惨的记忆里。如果某一天，你在雅典被炸得千疮百孔的工人居住区里，听到了他们的声音，见到了他们的眼睛……可是，我的记忆中所留下的一切，只有半磅重的一罐花生。当我费力地打开它时，一群群衣衫褴褛的孩子把我团团围住，朝我伸出他们的手。还有大批的母亲怀抱婴儿在推挤争抢……她们都把婴儿伸向我，婴儿那只剩皮包骨的小手抽搐地伸张着。我尽力使每颗花生都能起作用。

在他们疯狂地挤拥之下，我几乎被撞倒。我举目一望，只见上百只手：乞求的手、抓握的手、绝望的手——全都是瘦小得可怜的手。他们这里分一颗盐花生，那里分一颗盐花生。有6颗花生从我手里掉了下来，那些瘦弱的身体在我脚下争抢着。他们在这里分一颗，再在那里分一颗。数以百只的手伸向我，请求着；数以百只的眼睛闪射着希望的光芒。我无助地站在那里，手中只剩下一个蓝色的空罐子……啊，我希望这种情况永远都不会发生在诸位身上。

这套"魔法公式"还可运用于写商业书信和对员工作指示。母亲可以利用它来激励孩子，而孩子也会发现利用它向父母要求什么也很容易。你会发现它就像一把心理利器，在日常生活中，你可以通过它把自己的理念传达给别人。

即使在广告界，这套"魔法公式"每天也都被使用着。伊弗雷迪电池公司最近在广播和电视上做了一系列广告，就是根据这套公式设计的：

首先是主持人讲一个故事：某个人因事故而在深夜被困在一辆翻倒的汽车里。主持人绘声绘色地描述这个意外之后，又请出受害者告诉观众，他是如何通过使用伊弗雷迪电池的手电筒发出亮光，及时为他带来援助的。然后，主持人再回到他的目标，点出"重点和缘由"："购买伊弗雷迪电池，你就可以在类似的紧急事故中生存。"

这些故事都来自伊弗雷迪电池公司的真实档案资料。我不知道这套广告帮助伊弗雷迪公司卖了多少电池，但我可以确信这套"魔法公式"真的很有用，可以有效地向听众陈述你要他们去做或避免去做的事情。

现在，我们还是一步步地进行讨论吧。

一、用自己生活中的事件作例证

你生活中的事例是演讲的一部分，应该占你演讲的大部分时间。在这个阶段，应该描述曾给你带来启示的经验。心理学家说，人们学习的方式有两种：一是练习律，即让一连串的类似事件来改变人的行为模式；二是效应律，即让单一的事件产生强烈的震撼力，并造成人们行为的改变。我们每个人都有过这种不同寻常的经验，这是不需要花太多的时间去苦苦搜寻的。我们的行为也多半受这些经验的引导。如果能把这些事件重新组织起来，就可以把它们变成影响别人行为的事实基础。这一点我们应该很容易做到，因为人们对言辞的反应和对实际发生的事情的反应都差不多。

在举例的时候，一定要把自己经验中的东西重新改造，使听众产生与你当初一样的感受。为了达到这个效果，你可以把你的经验清楚地叙述出来，突出其特点，并使之富有戏剧化，让它们听起来更有趣，也更有力量。下面的建议，可以让你举例的步骤清晰有力，具有意义。

1. 根据个人经验举例

如果这种例子曾经是对你的生活造成强烈冲击的单一事件，将会很有威力。事情的发生也许不超过几秒钟，可是在那短短的一瞬间，你已经学到了难忘的一课。比如，不久前我们班上一个学员讲了他竭力从翻转的船边游上岸的可怕经历。我相信每个听众都会这样想，如果自己遇到了类似的情况，一定会听从他的忠告而留在船边，等待救援人员的到来。我还记得另一个演讲者讲的经历：这是关于一个孩子和一台翻转过来的电动剪草机的悲惨事件，这在我的脑海里留下了鲜明深刻的印象，以后只要有孩子在我的电动剪草机附近玩耍时，我就会提高警觉。

我们很多讲师，因为他们对在班上听到的事情印象深刻，所以回家后便立即采取行动，防止家庭再发生类似的意外。例如，有一个人因为听了一场关于烹饪意外而引起的火灾的演讲之后，就立即将灭火器放在厨房内。另一个人也从演讲中吸取教训，把家中所有装毒品的瓶子贴上标签，并特别留意把它们放在孩子们拿不到的地方。这是因为他听了一场演讲：一个母亲发现她的孩子不省人事地躺在浴缸里，手里拿着一瓶毒药。当时这位母亲真是心神发狂了。

一次使你永远都不会忘记的教训，是说服性演讲必备的条件。利用这种事件，可以打动听众并让他们采取行动——因为听众会这样推理，如果你会遭遇到，他们也可能会遭遇到，那么最好是听你的忠告，做你希望他们做的事。

2. 开门见山叙述事例的细节

在演讲一开始就进入举例阶段，这样做可以立即抓住听众的注意力。有些演讲者不能一开始就获得听众的注意，往往是因为只讲那些老套话或琐碎的道歉，听众对此当然不感兴趣。"敝人不习惯当众演讲"，这是不是很刺耳、讨厌？但是很多陈腐的开题方式也同样令人厌烦。如数家珍地详细描述自己如何选择演讲题目，或对听众说自己准备不充分（他们其实很快就会发现这个事实的），或像个牧师讲道似的宣布演讲的题目或主题……这些都是要在简短演讲中必须避免的。

请记住某位一流报纸杂志作者的一句忠言：直接开始你的例证，就可以立即抓住听众的注意力。

我在这里列出一些开场白，它们都像磁石一样吸引着我的注意力：

"1942 年，我发现自己躺在医院的病床上"；

"昨天早饭时，我妻子正在倒咖啡……"；

"去年 7 月，当我快速驾车驶下 42 号公路时……"；

"我办公室的门被打开了，我们的领班查理·冯闯了进来"；

"我正在湖中央钓鱼；我一抬起头，看到一艘快艇正朝我快速开来"。

　　如果在开场白中讲清楚了人物、时间、地点、事件和发生的原因，那么你就是在使用最古老的获取听众注意力的沟通方式。"从前"是一个很有魔力的字眼，它可以打开孩子们幻想的水闸。采用相同的趣味方式，你也能一开口就抓住听众的注意力。

　　3. 使事例充满相关细节

　　细节本身并不具备趣味性。例如，到处散置着家具和古董的房间并不好看，一幅图画全是不相关的细物也不能让人们停留注视。同样，无关紧要的细节太多，也会让当众演讲成为无聊的活动。所以，你必须选择那些能强调你的演讲重点和缘由的细节。如果你想告诉大家，在长途旅行前应该先检查车辆的性能状况，那么你应该详细讲述某次旅行前，因为你没有事先检查车辆而发生的悲剧。相反，如果你先讲怎样观赏风景，或者到达目的地后在什么地方过夜，就只会遮盖重点，分散听众的注意力。

　　如果你能围绕话题重点，用相关细节来渲染你的故事，这确实是最好的方法。它可以重现当时的情况，让听众感觉如在眼前。相反，只说你从前因疏忽而发生意外，就很难让听众小心驾车，因为这样的方法不会让人感到有吸引力。如果你把惊心动魄的经历转化为语言，使用各种辞藻来表达你的切身感受，那么就能把这件事深深地烙在听众的大脑中。

　　请看下面的实例，这是一个训练班的学员讲的例子，生动地指出了在寒冬时开车要多么小心：

　　1949 年圣诞节前一天的早上，我在印第安纳州 41 号公路上往北行驶，我的妻子和两个孩子也在车里。我们已经沿着一段平滑如镜的冰路，缓慢地行驶了好几个小时。稍稍触及方向盘，我的福特车就会任意打滑。很少有司机会离线超车，时间就这样一小时一小时地慢慢过去。

　　我们来到一处开阔的转弯处。这儿的冰雪已经被阳光照射得开始融化，所以我就加大了油门，想弥补失去的时间。其他人也和我一样，大家似乎都很匆忙，想第一个抵达芝加哥。由于不再紧张了，孩子们也开始在车后座上唱起歌来。

　　汽车突然走上一段上坡路，进了一处森林地带。当汽车急驰到顶端时，我突然看到——可是太迟了——北边的山坡因为没有阳光照射，所以路面的冰还没有融化。我看到我们前面有两辆车疯狂地侧翻了下去，然后我们的车也滑了下去。我们飞过路沿，完全失去了控制，然后落进雪堆里，仍然直立着。但紧跟着我们的车也滑了下来，正好撞到我们车的一侧，我们的车门被撞碎了，我们身上全是碎玻璃。

这个事例中丰富的细节，很容易让听众身临其境。毕竟你的目的就是要让听众看到你所看到的，让听众听到你所听到的，让听众感觉到你所感觉到的。而要做到这一点，唯一的方法就是使用丰富而具体的细节。正如本书第二篇第一章提到的，准备一场演讲就是回答如下问题：何人？何时？何地？如何？为什么？你必须用图画般的词汇去激发听众的想象力。

4. 叙述事例时让经验重现

除了运用图画般的细节之外，演讲者还应该让情景再现。演讲和"表演"有相近的地方。所有伟大的演讲家都有一种表演的天分，但这并非只能在雄辩家身上找到的稀有特质，孩童们大多具有这种才能。我们所认识的许多人也都有这样的天赋，他们富于面部表情，善于模仿或做手势，这都是表演的宝贵资质。我们多数人也都有这样的技巧，只要稍微努力和练习，就能有一定的发展。

在描述事件时，如果能加入越多的动作和激动的情感，就越能给听众留下深刻的印象。演讲不论多么富于细节，如果演讲者不能以再创造的热情来讲述，就是没有力量的。例如，你想描述一场大火吗？那不妨为我们讲述消防队与火焰搏斗时人们感受到的激烈、焦灼、兴奋、紧张的感觉，并把这些传递给我们。你想告诉我们你同邻居之间的一场争吵吗？那就把它再现出来，戏剧化地表现出来。你想描述在水中做最后挣扎时的惊恐情绪吗？那就让我们感受到你生命中那些可怕时刻的绝望吧。

举例的目的之一，就是让听众对你的演讲牢记不忘。只有让事例深刻在听众的脑海中，他们才会记住你的演讲，以及你希望他们去做的事。我们之所以记得华盛顿的诚实，是由于他小时候砍樱桃树的事情，已经通过韦姆斯的传记而深入人心。《圣经·新约》是嘉言懿行的丰富宝库，其中的道德操守原则都是通过富有人情味的故事来传达和强化的，例如"善良的撒马利亚人"的故事。

这种事例，除了可以让你的演讲更容易被记住之外，还可以使你的演讲更加有趣，更具有说服力，也更容易理解。生活教给你的经验，已经被听众重新感知：就某种意义而言，他们已经下定决心按照你的意思去做。这样，我们就到了"魔法公式"第二道门前。

二、直接提出问题，提出诉求

在说服听众采取行动的演讲中，举例阶段已经用去了 3/4 以上的时间。假设你只讲两分钟，那你就只剩下 20 秒钟来表达你期望听众采取的行动，以及他们采取这种行动会有什么好处。这时不再需要讲述细节了，该做直截了当的声明。这与报纸消息的技巧相反，你不是先说标题，而是先讲故事，再以自己的目的或对听众行动的诉求作为标题。这一阶段要注意 3 条法则。

1. 使重点简明扼要

要简明扼要地告诉听众，你希望他们做什么。人们一般只会做他们清楚地了解的事情。所以，你最好先问自己，你究竟要在听众听了你的例证之后，他们该做什么？像写电报稿一样把重点写下来，是个很不错的主意，应该尽可能精简字数，又要使其清楚明白。不要说："帮助我们本地孤儿院的病童吧。"因为这样太笼统。应该这样说："今晚就签名，下星期天集合，带 25 名孤儿去野餐。"

要求采取公开行动很重要，这个行动应该是看得见的，而不是心理活动，否则就太含混了。例如"时时想想祖父母吧！"就太含糊而不好采取行动；而这样说"本周末就去看望祖父母吧！"则要更明确些。再比如说"要爱国"，如果改成"下星期二就请投下你的一票"，就更明确了。

2. 使重点简单易行

不论问题是什么，不论人们是不是还在争论不休，演讲者必须把自己的重点和对行动的请求讲得让听众容易理解和实行。最好的方法之一就是要明确。例如，你想让听众加强记忆人名的能力，千万不要说"现在便开始加强你对人名的记忆"，因为这样太笼统了，让人无从做起。不如说："在你遇到下一个陌生人的 5 分钟之内，就把他的姓名重复 5 次。"

演讲者对听众给予明确的行动指示，比概略的言辞更容易成功地引发听众的行动。例如"去讲堂后面，在祝贺康复的卡片上签名"，要比劝听众寄一张慰问卡，或写信给一位住院的同学更好。

至于是使用否定还是肯定的语气来叙述，应该取决于听众的观点。这两种方式之间并没有好坏之分。例如，以否定方式说明应该避免的东西，就比用肯定陈述的请求更具有说服力。"不要做摘灯泡的人"是否定的措辞，这是若干年前为了销售电灯泡而设计的广告，它就收效很好。

3. 强烈而满怀信心地表明观点

演讲的核心是观点，因此你应该强烈而且信心十足地陈述出来。就像标题应该特别突出显著一样，你对听众行动的请求也应该通过激烈的演讲，直接表达出来。你现在就要给听众留下积极的印象，让听众感觉到你的诚意。你的请求不应有不确定或信心不足的语气，游说的态度也应该持续到最后一个词，然后再进行"魔法公式"的第三步。

三、说明原因或听众可能获得的利益

在这个阶段，简短扼要依然是必要的。在这第三步，你必须说出自己演讲的动机；或者告诉听众，如果按照你的要求去做，他们会有什么益处。

1. 使缘由与事例相关

本书已经阐述了很多当众讲话的动机。这是个范围很大的题目，对于想说服听众采取行动的演讲者很有用处。在这一章我们谈的只是关于"获得听众行动的简短演讲"，你所要做的，就是用一两句话把好处说出来，然后坐下。不过，最重要的是你所强调的好处应该是从你所举的事例引出来的。如果你想说自己买旧车省钱的经验，然后力劝听众买二手货，那么你必须强调他们买了二手车会有何经济益处。千万不可偏离事例，说有些旧车的样式比最新的汽车要好。

2. 必须强调一个理由，仅仅一个就足够

许多推销员可以举出半打理由，劝说你为什么应该购买他们的产品；你也能举出好几个理由，来支持你自己的观点，并且全都与你所使用的事例有关。然而，最好还是选一个最突出的理由或利益。说给听众的最后几句话应该清楚而明确，就像刊登在全国性的杂志里的广告词那样。如果你对这些融入了许多人的智慧设计出来的广告加以研究，你将会获得处理演讲中的"重点和缘由"的技巧。

没有哪个广告会一次推销两种或两种以上的产品或理念。在销售量很大的杂志中，也没有一个广告使用两个以上的理由来说明你为什么应该买某种商品。同一个公司也许会从一种媒介改为另一种媒介来刺激消费者的动机，如从电视改成报纸，但是同一家公司却很少在一个广告中做不同的诉求，不论是口头上的还是视觉上的。

如果你能研究一下报纸杂志和电视中的广告，分析它们的内容，你就会惊讶地发现，在劝说人们购买商品时，这一"魔法公式"被使用的次数实在是太多了。你可以由此体会到，"切题"是让整个广告成为一个统一整体的经纬线。

还有其他的方式来举例，例如陈列、展示、引述权威评论、比较和引用统计数字等。这些将在后面的章节详细介绍。本章中的"魔法公式"仅限于个人式的事例，因为在"获得听众行动的简短演讲"中，这套公式是迄今为止最简易、最有趣、最戏剧性而且最具说服力的方法。

说明性演讲的技巧

有一次，一位政府高级官员把美国参议院调查委员会搞得坐立不安，如坠雾里，也许就像你经常看到的某些演讲者那样。此人不停地说着，却含混不清，毫无重点，根本没有把他自己的意思讲清楚。整个委员会的困惑也逐渐增加。最后，一位来自北卡罗来纳州的参议员小撒姆尔·詹姆斯·艾尔文终于抓住机会，说了几句精彩的比喻。

他说，这位官员让他想起家乡一个男人来。这个男人通知律师，说要和他老婆离婚，不过他却承认她很漂亮，是个好厨子，而且还是个模范母亲。

"那你为何还要和她离婚？"律师问他。

"因为她总是说个不停。"这个男人说。

"她都说些什么呢？"

"就是这个让我讨厌呀，"男人说，"因为她从来没说清楚过。"

这正是许多演讲者（无论男女）的问题所在。大家根本不知道他们在说些什么，他们也从来没有说清楚过，也从来没把自己的意思讲明白过。

在上一章中，介绍了一套做简短演讲并从听众那里获得行动的公式。现在，我还要教给你一些方法，帮助你在告知他人某一信息时，把自己的意思表达清楚。

我们每天都要做许多说明性的谈话，比如提出说明或指示，提出解释和报告。每星期在各地举行的各种类型的演讲中，说明性演讲仅次于说服性演讲或获得行动的演讲。清楚说话的能力，其实也是打动听众采取行动的能力。欧文·杨是美国工业巨子之一，他也强调了清晰的表达能力在当今社会的重要性：

当一个人扩大了使他人了解自己的能力时，他也拓展了自己的作用。在我们的社会，即使是最简单的事情，也需要人们的彼此合作，所以他们首先必须相互了解。语言是沟通的主要传递媒介，所以我们必须学会使用它，不是粗略地学会，而是精确地学会。

本章的各项建议，将让你清晰、精确地使用语言，让听众毫无困难地了解你。罗德威·威根斯坦说："凡是可以想到的事情，都是可以清楚地思考的。而凡是可以说出来的事，也是可以清楚地表述出来的。"

一、限制演讲题材，以适合特定的时间

威廉·詹姆斯教授曾向一些教师指出，一个人在一次演讲中只能针对一个要点。他所说的演讲，是指那种时间限定为一个小时的演讲。而我最近却听过一位演讲者所做的 3 分钟的演讲，他一开始就说，他想谈 11 个要点。

平均用 16．5 秒钟来说明一个要点！怎么会有这样"聪明"的人，居然想做如此荒谬的事情，有些不可思议吧？当然，这也只是个别极端的例子，但是即使情况没有这么严重，对于任何新手来说，论点太大也注定会出差错。这就像一个导游，带着一群游客一天之内看完巴黎所有的风光，这当然不是办不到。但就像一个人也可以在 30 分钟之内看完美国国家历史博物馆一样，根本不记得看到了什么。许多演讲之所以讲不清楚，就是因为演讲者企图在指定的时间内创下世界纪录。因此，他就像只敏捷的山羊，飞快地从这一点跳到那一点。

假设你现在就以劳工联盟作为演讲的题目，你根本不可能在 3 分钟或 6 分钟内告诉我们这个组织成立的原因，它们所采用的方法，它们的建树和缺失，以及它们怎样解决工业争端等。如果你坚持这样做，没有人会对你所说的留下清晰印象。它将只是一片混乱和含糊，而且只是一些太过简单的大纲。

如果你只谈它的一个方面，并且仅此一个，对它进行详细讲述，这样做是不是更明智呢？当然是的。这样将给听众留下一个单一的印象，但透彻易懂，也容易记住。

有一天早晨，我去拜访一家公司的总经理，却发现他的门上挂着一个陌生的名字。这家公司的人事部长是我的老朋友，他告诉我为何换了人。

"他的名字害苦了他。"我这位朋友说。

"他的名字？"我不太明白，"他不是控制这家公司的董事之一吗？"

"我说的是他的绰号，"这位朋友说，"他的绰号叫'他现在在哪里？'人们都叫他'他现在在哪里'·琼斯。因为我们总找不到他，不知道他在哪里。他从来不肯花心思去了解公司的整个业务概况。他每天待在公司的时间很长，但是在忙什么呢？他只是这里蹿一下，那里蹿一下，这样打发漫漫长日。他认为看到船运部门的职员关掉一盏灯，或见到速记员拾起一张纸，比他研究一桩大买卖更重要。他很少坐在办公室，因此我们叫他'他现在在哪里'。"

"他现在在哪里"·琼斯让我想起很多演讲者，他们本来可以表现得更好些的。他们之所以不能表现得更优秀，就因为他们没有抓住原则。他们像琼斯先生一样，想包揽更大的范围。你听过他们的演讲吗？在他们演讲的时候，你有没有想过"他现在在哪里"？

即使是那些经验丰富的演讲者有时也会犯这样的错误。也许他们具备多方面的才华，所以看不到精力分散的危险。但你可不要向他们学习，而是要紧扣主题。如果你让自己清楚明了，听众就会说："我懂他所说的，我知道他现在在说什么！"

二、遵循一定的顺序

几乎所有的演讲题材都可以利用一定的时间顺序、空间顺序或者事物的逻辑顺序来展开。比如时间顺序，可以按照过去、现在、将来"三段式"的顺序来处理材料，也可以从某一天开始进行倒叙或向前叙述。演讲的过程，都是从最粗糙的原材料开始，然后经过各种各样的制造阶段，最后完成真正的产品。至于其中加入多少细节，就取决于演讲的时间了。

在空间顺序上，可以立足于某个点，然后由此向外拓展；或者按照方位来处理，例如北方、南方、东方和西方。假设你要描述华盛顿城，你可以领着听众，从国会山庄的顶端，按照各个方向来叙述有趣的地方。如果你要说明一架喷气引擎或一辆汽车，最好是把它分解成各部分的组成零件，再来逐一谈论。

而有些演讲题材本身就具有自己的内在顺序。例如，如果你要介绍美国政府的结构，不妨按照立法、行政、司法三部门的内在结构来介绍，效果必然很好。

三、逐一列举你的要点

要想让演讲给听众一种井然有序、条理分明的印象，最简单的方法之一，就是在演讲过程中明白地表示：现在你先讲哪一点，接下来再讲哪一点。

"我要讲的第一点是……"你完全可以这样开门见山地说。讨论完这一点，你可以明确地说将要谈第二点，就这样一直说到结尾。

拉尔夫·布切博士担任联合国助理秘书长的时候，在纽约罗切斯特城市俱乐部主办的一次重要演讲上，这样直截了当地说：

"今晚我选择的演讲题目是'人际关系的挑战'，是因为以下两个原因，"然后他又说，"首先……其二……"从头到尾，他都小心翼翼地让听众明白他的每一个重点。他引领听众，最后得出结论：

"我们不能对人类向善的天性失去信心。"

在美国国会联合委员会想方设法试图刺激一度停滞不前的商业会议上，经济学家道格拉斯以税务专家和伊利诺伊州参议员的身份演讲，巧妙而有效地使用了相同的办法。

他是这样开始的："我的演讲主题是：最迅速、最有效的行动方式，是对中低收入阶层减税，因为这些群体几乎会花光他们所有的收入。"

然后他继续说："具体说……进一步说……此外……有3个主要的理由：第一……第二……第三……"

他最后说："总之，我们需要的，是立即对中低收入阶层实行减税措施，以增加需求与购买力。"

四、将陌生题材与听众熟悉的相比较

有时候你会有这种感觉：你辛辛苦苦地忙了半天，仍然没有把自己的意思解释清楚。你本来是很清楚这件事的，可是要让听众也明白它，就需要深入的解说。这该怎么办呢？不妨把它和听众熟悉的事情相比较，告诉他们这件事和另一件事一样，和他们所熟悉的事一样。

假设你要介绍催化剂在化学中对工业的贡献。你如果告诉人们这是一种物质，它能让别的物质改变而不会改变其本身，这说起来很简单；但是如果你说它正像个小男孩，在校园里又跳又打又闹，还推别的孩子，而他自己却安然无恙，从没有被人打过、碰过，这不是更好吗？

还有一个令人惊奇而有趣的例子：

一些传教士在把《圣经》翻译成赤道非洲土著部落的土话时，面临着将

陌生语言翻译成他们熟悉语言的难题。是逐字逐句照翻过来吗？他们意识到如果那样做，这些句子对土著人将毫无意义。

例如，他们遇到了一句话："虽然你的罪恶一片鲜红，但它们终将白如雪花。"这一句怎样翻译呢？这些土著人从来分不清雪和丛林苔藓的区别，但他们经常爬椰子树，摇下椰子当午餐。因此，传教士就把陌生的词语和他们熟悉的东西联系起来，把那句话改译成：

"虽然你的罪恶一片鲜红，但它们终将白如椰肉。"

在这种情况下，再也找不到比这更好的翻译了，不是吗？

1. 将事实变成图画

月亮有多远？太阳呢？最近的星星呢？科学家们一般都会用一大堆数字来回答这些问题。可是科普作家都知道，这种方法很难让普通听众了解，因此他们经常会将数字转化成图画。

著名科学家詹姆·吉恩斯爵士对人们探测宇宙的渴望特别感兴趣。身为科学家，他自然懂得高深的数学，但是他也明白，自己在写作或演讲中若只偶尔用上几个数字，效果将会最好。

虽然太阳和我们周围的行星如此靠近，但我们并不了解在太空中旋转的其他物体离我们究竟有多远，因此他在《我们周围的宇宙》一书中这样写道："即使是最近的星（普洛西玛·森多里星），也在 25 万亿英里以外。"为了使这数字更鲜明些，他解释说："假如一个人从地球上起飞，以光速飞行——每秒 18.6 万英里——他也需要 4 年零 3 个月才能到普洛西玛·森多里星。"

他以这种方式来说明太空的广阔浩瀚，比我曾听另一个人解说阿拉斯加的面积这一类似问题时要真实多了。他说阿拉斯加的面积是 590804 平方英里，然后就丢下不管了，不再去解释它究竟大到什么程度。

这能给你美国第 49 个州的规模任何图像概念吗？显然不会。我是后来通过其他资料才知道这个地区有多大的。它比佛蒙特、新罕布什尔、缅因、马萨诸塞、罗得岛、康涅狄格、纽约、新泽西、宾夕法尼亚、特拉华、马里兰、西弗吉尼亚、北卡罗来纳、南卡罗来纳、佐治亚、佛罗里达、田纳西及密西西比等州加起来还要稍微大一点。现在这 590804 平方英里才有了新的意义，对不对？你会发现，在阿拉斯加还有许多土地可开发的。

几年前，我们训练班的一位学员曾惊心动魄地描述了高速公路上因车祸而死亡的人数多得可怕：

"你现在驾车横穿全国，从纽约前往洛杉矶。假设路边上立着的不是路标，而是一些棺材的话，每一具棺材里面就装有一个在去年公路大屠杀中的受害者。那么当你驱车疾驶时，每隔 5 秒钟就会经过这样一个阴森恐怖的标志，自这头至那头，每 1 英里立 12 个！"

因此，以后我每次开车都不敢离家太远，因为这一景象总会清晰地浮现在我的脑海里。

为什么会产生这样的效果呢？因为耳朵听来的印象不容易持久，它们就像雹子打在榉树光滑的树皮上，会随即掉落。但是用眼睛看到的印象呢？很多年前，我曾亲眼看到了一颗嵌入一幢位于多瑙河岸边老屋的炮弹，这颗炮弹是拿破仑的炮兵部队在乌尔姆战役中所发射的。视觉印象就像那颗炮弹，它们以排山倒海之势扑面而来，深深地嵌入了我的大脑，牢牢地附着在上面，驱走了一切反面的提示，就像拿破仑赶走奥地利人一样。

乌尔姆战役

2. 避免使用专业术语

如果你是从事某项技术性的专业工作——例如律师、医生、工程师，或是高度专业化的行业——那么当你向外行人演讲时，必须加倍小心地使用浅显易懂的语言来解释，同时还注意加上必要的细节。

之所以要加倍小心，是因为我的专业责任的关系。我已经听过几百场演讲，它们正是因此而失败，而且败得那么惨痛。这些演讲者显然完全不知道，一般听众对他们的特殊行业普遍缺乏了解。这样的结果会如何呢？虽然他们滔滔不绝地高谈阔论，用他们工作中常用的那些只对他们有意义的词句，但对于外行来说，却是云山雾罩，不知所云。

这时演讲者应该怎样做呢？他应该去读一读并留意印第安纳州前参议员贝佛里奇下面的建议：

一个好办法，就是从听众中选一个看上去最不聪明的人，然后努力让那个人对你的演讲感兴趣。你只能用清晰易懂的话语来叙述，并清楚地说明你的观点，才能做到这一点。另一个更好的办法，就是把你的演讲目标放在那些由父母陪着的小男孩或小女孩身上。

你要在心里对自己说——当然，你也可以大声对你的听众说出来，如果你喜欢的话——你会尽量讲得简单明白一些，让小孩子也能够了解并记住你的解释，而且会后还能够把你所讲的告诉别人。

我训练班上的一个医生在一场演讲中这样说道："用膈膜呼吸对肠子的蠕动将产生显著的帮助，这是对健康的一种恩赐。"他本想用这句话概括这部分内容，然后再讲述别的东西。但指导老师打断了他，并请那些听懂了膈膜式呼吸与其他呼吸方式有何不同、为什么它会对健康特别有益，以及蠕动作用是什么这3个问题有明确概念的听众举手。结果让这位医生大吃一惊。于是他回头重新讲解：

膈膜是一层薄薄的肌肉，它位于肺的底部和腹腔的顶部，形成了胸腔的底层。当胸腔呼吸时，它会收缩，像只上下倒置的洗涮盆。

在做腹腔式呼吸时，每一次呼吸都会迫使膈膜往下推，使它几乎成平面状，此时便会感觉胃肠受到了腰带的挤压。膈膜这种向下的压力会按摩并刺激腹腔的上部器官——胃、肝、胰、脾等。

当把气呼出时，胃和肠又往上挤迫膈膜，相当于再做一次按摩，这种按摩有助于排泄过程。

绝大多数疾病都来自肠胃不适。假如我们的肠胃因为膈膜的深呼吸而有适当的运动，那么大部分的消化不良、便秘以及体内积毒现象都会消失。

不论你如何解说，总是由简入繁最佳不过。比如，你想对一群家庭主妇解释为什么冰箱必须除霜，如果这样开始你可就糟了：

冷冻的原理，是蒸发器从冰箱内部吸收热气。当热量被吸出来的时候，伴随它的湿气就会附着在蒸发器上，形成厚厚的一层，造成蒸发器绝热，并使马达频频开动工作，以补偿逐渐增厚的霜层形成的绝热。

请注意，如果演讲者从家庭主妇们所熟悉的事物开始，就更容易让她们明白了：

各位都知道肉类应该放在冰箱的哪一层。那么，各位也一定知道霜是如何聚结在冰冻器上的。这些霜一天天越结越厚，最后冰冻器就得除霜，以保持冰箱运转良好。冰冻器四周的霜，就像你躺在床上时盖的毯子，或者像墙里用于隔热的石棉。这些霜结得越厚，冰冻器越难从冰箱中吸出热气，以保持冰箱的冷度。于是冰箱的马达就必须频繁开动，这样才能保持冰箱内的冷度。如果在冰箱里装一个自动除霜器，霜就不会结厚，马达运转的次数和时间也可以减少了。

关于这个方法，亚里士多德曾有一句名言："思维如智者，说话如常人。"如果你必须使用专业术语，那只有在给听众解释过后使用，这样才能让他们都听懂。所以，你需要一再使用的关键词更应该这样。

我曾听过一位证券经纪商对一群妇女演讲。这些妇女想了解一些银行与投资的基本原则。他使用了简单的语言和轻松的谈话方式让她们放松下来。本来他每件事情都说得清清楚楚的，但对于一些基本词却没说清楚，而这些词对她们而言却很陌生。比如他提到了"票据交换所"、"课税与偿付"、"退款抵押"以及"短期买卖和长期买卖"。结果，本来是一场精彩动人的讨论却变成了一团雾水，因为他不明白听众对他的专业术语不熟悉。

不过，有时候即使你知道某个关键词听众不会了解，也没必要避免它，只需在使用时尽快解释就可以。不要害怕这样做，你完全可以去查词典。

你对歌唱广告有意见要发表吗？或者对冲动式购物、文学艺术课程或者成本会计、政府津贴或逆向行驶汽车有什么意见？你愿倡导一种对待孩子的宽容态度，或评估价值的体系吗？不论上述什么题材，你都一定要让听众对这些专业术语或关键词的了解与你一样。

五、使用视觉辅助工具

通过眼睛通往脑部的神经，比从耳朵通往脑部的神经要多好几倍；而且科学实验发现，人们对眼睛暗示的注意力是对耳朵暗示的25倍。

日本有一句俗语："百闻不如一见。"

因此，如果你想清楚表达自己，应该用图像来描绘你的要点，把你的观点视觉化。这正是美国现金注册公司创始人帕特森采用的方法。他为《系统杂志》写了一篇论文，简要说明了他向工人和销售人员演讲时使用的方法：

我认为，一个人不能仅仅通过言语就希望别人了解他的想法，或是抓住别人的注意力。我们需要一些具有戏剧性的辅助工具，最好的方法是使用图片，用图片来表现对和错的两面。图表比仅用语言文字更具有说服力，而图片又比图表更具有说服力。表现某一主题最理想的方法，就是给每一部分配上图片，而语言文字只是与图片配合的手段。我很早就发现，和人们交谈时，一张图片往往要胜过我的任何话。

如果你使用一张图表，一定要让它足够大，让人们可以看清楚。不过，还要注意千万别做过了头。一长串的图表有时也会令人感觉无聊。如果是边讲边画，那就一定要在黑板上简单而快速地画，听众可对伟大的艺术作品并不都感兴趣。使用缩略语时，要写得大而容易辨认；在画图或写字的时候，不要停止你的讲话，要随时转身面对听众。

利用展示物时，要注意以下建议，这可以保证你能抓住听众的注意力。

1. 展示物应先藏好，直到使用时再拿出来。

2. 使用的展示物应该足够大，使最后一排的人都能看清楚。听众如果看不见展示物，展示物就不能起到应有的作用。

3. 演讲的时候，不要将展示物在听众中间传阅。你大概不想给自己找个对手进行竞争吧？

4. 展示物品时，把它举到听众看得见的高度。

5. 记住，一件能打动听众的展示物要胜过10件不能打动人的东西。所以如果可以，不妨先示范一下。

6. 演讲时不要紧盯着展示物——你应该与听众沟通，而不是和展示物沟通。

7. 展示完后，尽快收起展示物，不再让听众看见。

8. 如果展示物非常适合做"隐蔽处理"，就把它放在桌子边上，演讲时把它盖住。演讲时，不妨多提它几次，这会引发听众的好奇心——不过不要告诉听众它是什么。当你展示它的时候，你早就引发了听众的好奇心、猜想和真正的兴趣。

视觉材料在增强演讲效果方面，已显得越来越重要。除非你早就胸有成竹，否则与其用言词表达你的意思，还不如展示给听众看，除此之外没有更好的方法能保证听众会听明白。

有两位美国总统——林肯和威尔逊——同为语言大师。他们指出，清晰的表达能力是训练与自我控制的结果。林肯说："我们必须狂热地追求明晰。"他对诺克斯学院院长嘉利佛博士说了他在早年是如何培养这种"狂热"的：

我记得，当我还是个孩子的时候，遇到有人用我听不懂的方式跟我说话时，我就会非常不舒服。在我一生当中，还没有对别的事情生过气。可是，听不懂别人的讲话总会让我发脾气，现在仍然是这样。记得有一次，我在听邻居和我父亲欢谈了一个晚上之后，我走回自己的小卧室，大半夜里都在不停地走来走去，企图思考一些语言的确切意义。在我刚开始这样做的时候，常常是到了该睡觉的时间，可就是睡不着，直到我能把它用浅显易懂的语言说出来，自认为可以让我所认识的每个男孩都能了解才肯罢休。这是我的一种狂热，它一直紧紧地跟着我。

另一位杰出的总统伍德罗·威尔逊，有一些忠告正好为本章画上一个注脚：

我父亲是一位具有大智慧的人，我所受过的最好的训练都来自于他。他

世界传世藏书

卡耐基励志经典

演讲与口才

不能容忍含混隐晦。从我开始提笔写字到他 1903 年 81 岁高龄时去世，我总是随身携带自己写给他的所有东西。

他会让我大声读出来。这对我来说真是一件苦差事。他会时不时打断我："你这是什么意思？"我就会告诉他为什么这样说。为此我就得用比写在纸上更简洁明了的方式来表达。"那你为何不这样说？"他会继续训下去，"别用鸟枪来瞄射自己的意思，那样只会击得一片凌乱；要用来福枪瞄射自己想说的话，让人一听就明白。"

说服性演讲的技巧

有一次，一小群男女发现自己正置身于一场风暴的通路上。这并不是一场真正的风暴，但也可以这样来比喻它。说得清楚一点，这场风暴来自一个名叫毛里斯·格伯莱的人。他们中的一个人这样描述说：

我们围坐在芝加哥一张午餐桌旁。我们早听说过这个人的大名，他是一个声名远扬的演讲家。他站着演讲时，每个人都目不转睛地望着他。

他开始安详地讲话——他是一个整洁而儒雅的中年人——他首先感谢我们的邀请。他说他想对我们谈一件严肃的事，如果这打扰了我们，就请我们原谅。

接着，他像一阵龙卷风一样席卷过来。他身体前倾，双眼牢牢盯住我们。他并未提高声音，但我却似乎感觉到了铜锣爆裂的声音。

"向你四周瞧瞧，"他说，"彼此瞧一瞧。你们知不知道，现在坐在这房间里的人，将有多少死于癌症？55 岁以上的人中，每四个人就有一个。4 个人中就有一个！"

他停下来，但脸上散发出光彩。"这是常见而残酷的事实，不过不会长久这样，"他说，"我们可以找到办法，寻求治疗癌症的方法，研究它们产生的病因。"

他神情凝重地望着我们，目光绕着桌子逐一移动。"你们愿意共同努力吗?”他问道。

在我们脑海中，除了“愿意”之外，还会有别的回答吗?“愿意!”我想。事后，我发现别人和我的想法一样。

不到一分钟，毛里斯·格伯莱就赢得了我们的心。他已经把我们每个人都拉进了他的话题，让我们站在他那一边，共同投入到为人类谋求幸福的运动中。

不论何时何地，获得赞同是每个演讲者的目标。正如已经发生的情况一样，格伯莱先生有非常充足的理由要我们做出这样的反应:

他和他的兄弟纳逊白手起家，建立了一个连锁百货公司，年收入超过1亿美元。在历经长期的艰辛之后，他们终于获得了神话般的成功，不料纳逊却在短短的时间里因为患癌症而去世。这之后，毛里斯·格伯莱特意安排格伯莱基金会，捐出第一个100万美元给芝加哥大学癌症研究中心。他退休后，又把自己的时间投入到提醒民众共同抗癌的斗争中。

这些事实，加上毛里斯·格伯莱的个性，赢得了我们的心。这种真诚、关切、热情——这种火一般的热烈的决心，让他在短短的几分钟内就把自己展现给了我们，正如把他长期献身给这个伟大目标一样——所有这一切都让我们对他产生了一种赞同、友谊、感兴趣和被打动的感情。

一、以真诚赢得信心

公元1世纪罗马著名的演说家昆体良称演讲家是“一个擅长讲话的好人”。在这里，他指的是真诚和个性。本书已经说过和将要说的一切，没有一个能取代这一高效演讲的必要条件。约翰·皮尔庞特·摩根说，个性是获取听众信任的最好方法，同时也是获取听众信心的最好方法。

“一个人说话时的那种真诚态度，”亚历山大·伍柯特说，“会让他的声音焕发出真实的光彩，那是虚伪的人假装不出来的。”

如果我们的目的是想要说服别人，那就特别需要发自内心的诚挚的自信，以这种内在的光辉来宣讲自己的理念。我们只有自己先说服自己，然后才能设法说服别人。

二、获得听众的赞同

前美国西北大学校长华特·狄尔·斯科特说："每个新的意见、观念或结论被提出来时，都会被认为是真理，除非有相反的理念阻碍，则另当别论。"这其实就是要求争取获得听众的赞同。我的好友哈瑞·奥佛斯特里特教授在纽约社会研究中心的演讲中，很清晰地阐释了这种说法的心理背景：

有技巧的演讲者，一开始便能获得许多赞同的反应。他能够借此引导听众朝着赞同的方向前进。它就像撞球游戏中的弹子运动，把它往一个方向推动后，若想让它转一个方向就要费一些力气；如果想把它推到相反的方向，则需要花更大的力气。

在这里，心理的转变可以看得很清楚。当一个人说"不"，而且内心真的反对的时候，他所做的不仅仅是说"不"这个简简单单的字了。他的整个身体——腺体、神经、肌肉——都会把自己包裹起来，进入一种抵抗状态。通常，他会有微小的身体上的撤退，或做好撤退的准备，有时甚至表现得非常明显。这就是说，整个神经、肌肉系统都戒备起来拒绝接受。相反，当一个人说"是"时，他就绝无撤退的行为发生。这时他的整个身体会处在一种前进、接纳、开放的状态。所以，如果从一开始我们就能获得越多的"是"，就越有可能成功地抓住听众的注意力，让他们接受我们的建议。

获得听众的赞同，是非常简单的技巧，但往往容易被忽视。人们常常以为，如果一开始就采取一种敌对的姿态，似乎就能显示自己的重要性，于是激进派和保守派的人在一起开会时，不用片刻大家就都火冒三丈了。说实话，这样做究竟有什么好处呢？如果这样做仅仅是为了找点刺激的话，还情有可原；可是如果希望这样做能达成什么目标的话，未免太愚蠢了。

如果一开始就让学生、顾客、孩子、丈夫或妻子说"不"，然后再想把这种有增无减的否定转变为肯定，恐怕需要神一样的智慧和耐心了。

那么，怎样一开始就获得你所希望的"赞同反应"呢？这很简单。让我们看看林肯说的秘密：

"我展开一场讨论并最终获胜的秘诀，是先找到一个大家都赞同的基准点。"例如，即使在讨论尖锐、对立的奴隶问题时，他都能找到这种共同的基准点。《明镜》这家中立的报纸在报道他的一场演讲时，这样叙述道："前半个小时，他的反对者几乎会同意他所说的每一个词。然后，他会抓住这一点，开始领着他们向前走，一点一点地，最后把他们全部引入自己的目的地。"

演讲者与听众争辩，只会激发听众的固执，使他们拼命防守，几乎不可能改变他们的思想。这不是很明显的事实吗？宣称"我要证明这样是否明智"，是否明智呢？听众就会认为这是一种挑衅，并且无声地说："那咱们不妨走着瞧！"

如果一开始就强调一些听众和你都相信的事情，再提一个每个人都愿意回答的问题，这样是不是有利得多？然后，你可以带着听众一起去寻找答案。在这个过程中，把你十分清楚的事实陈列在他们面前，他们就会接受你的引领，同意你的结论。这种由他们自己发现的事实，会让他们有更多的信心。"看似一场解说的辩论，才是一流的辩论。"

在各种争议中，不论分歧有多大、有多尖锐，总会有一些共同的地方可以使演讲者和听众都产生心灵的共鸣。例如，1960 年 2 月 3 日，大不列颠首相哈罗德·麦克米兰曾向南非联邦国会的两院发表演讲。当时，南非当局采取的是种族隔离政策，而他必须面对南非立法团体，陈述英国无种族歧视的观点。他是不是一开始就阐述双方的这种分歧呢？没有。他开始只是强调南非在经济上取得了不起的成就，对世界做出了重大的贡献。然后，他才巧妙而机智地提出了双方有分歧的问题。但即使讲到这一点，他还是指出，他非常了解这些分歧都来自双方各自真诚的信念。这场演讲非常精彩，可以与林肯在苏姆特堡所发表的那些温和却坚定的言辞相比。

"身为大不列颠国的一位成员，"麦克米兰首相说，"我们真诚地希望，能给予南非支持和鼓励，不过希望各位不要介意我的直言：在我们大不列颠的领土上，我们正在设法给予自由人政治前途——这是我们坚定的信念，所以，我们无法在支持和鼓励各位的同时，不违背自己的信念。我认为，不论谁是谁非，我们都应该像朋友一样，共同面对一个事实，那就是我们今天还存在分歧。"

不论一个人多么坚决地想和演讲者对抗，但是若听到这样的言论，他也会相信演讲者公正的坦诚之心。

假设麦克米兰首相一开始就强调双方在政策上的差异，而不是提出双方共同的赞同点，后果将会怎样呢？詹姆斯·哈维·鲁滨逊教授在他富有启迪的《思想的酝酿》一书中，对这个问题做出了心理学上的解答：

有时，我们会发现自己在毫无抵抗、情绪毫不激动的状况下改变自己的思想。但是，如果有人说我们错了，我们就会讨厌这样的责备，便无论如何也不同意对方了。在信仰形成的过程中，我们不会刻意留心；可是一旦有任何人表示与我们的信仰不同时，我们就会对自己的信仰怀有偏激的狂爱。显然，我们所珍爱的并非理念本身，而是我们那正在遭受威胁的自尊……这小小的"我"，是人类最重视的一个词，可能也是人类智慧的起源。不论它是我的晚餐、我的狗、我的家、我的信仰、我的国家，还是我的神，都具有相同的力量。我们不仅憎恨别人指责我们的手表走时不准，或我们的汽车破旧不堪，甚至厌恶别人指责我们的某些观念，如火星运河论、某个字的发音或水杨酸的药效、萨尔恭王一世的年代需要修正……我们喜欢相信自己作为真理而接受的东西，因此一旦我们的任何假设受到别人的怀疑时，由此导致的愤怒会促使我们寻找一切借口来坚持它。这样，我们所谓的大多数"讲理"，其实就是找出一大堆借口来让自己继续相信已经相信的东西。

三、热情而富有感染力

当演讲者用富有感情和感染力的热情来讲述自己的信念时，听众很少会产生相反的想法。我说"感染力"，因为热情就来自于此。它会将一切否定和相反的理念抛到一边。你的目标是说服别人，因此请记住，动之以情比晓之以理的效果更好。情绪要比冷静的思维更有威力。要激发听众的情感，你自己必须先热烈如火。即使一个人能够编造精美的词句，能够搜集许许多多的例证，声音有多么和谐，手势有多么优雅，但若不能以真诚的态度来讲述，这些全都会变成空洞而无用的装饰。要让听众印象深刻，你自己就应该先有深刻的印象。你的精神会由于你的双眼而闪现出光彩，会由于你的声音而向四面辐射，会由于你的态度而自我抒发，于是它便得以和听众沟通。

每次演讲，特别是发表说服性演讲时，你的行为决定了听众的态度。你若冷淡，他们也同样如此；你若轻率而不够包容，他们会同样如此。"当听众昏昏欲睡时，"亨利·沃德·毕彻尔这么写道，"只有一件事可做：给服务员一根尖棒，让他去猛刺演讲者。"

有一次，我应哥伦比亚大学之邀担任"科蒂斯奖章"的 3 位裁判之一。有 6 位毕业生，他们在经过精心准备之后，急于好好表现自己。可是他们当中除了一人之外，都只想赢得奖章，因而很少有或根本没有说服听众的欲望。

哥伦比亚大学

他们之所以选择那些演讲题目，就是这些题目可以让他们滔滔不绝地说下去。可是他们对自己的话题却没有一点兴趣，他们一连串的演讲也仅仅是表达艺术的练习而已。

唯一的例外是一位来自非洲祖鲁族的王子。他选的题目是"非洲对现代文明的贡献"。他每个字里都饱含着强烈的情感，他的演讲不是在机械练习，而是出于自身坚定的信念和热情的宣言。他把自己当作本族人民的代表，当作他那片大陆的代表。他以自己的智慧、高尚品格和善良愿望，向听众诉说了他的人民的希望，并热切希望得到我们的了解。

虽然在讲话技巧方面他不一定比另外两三位竞争者表现得更好，但我们还是把奖章颁给了他。因为我们裁判看到的是他的演讲中的真诚之火，它闪现出了真实的光芒。同这相比，其他演讲都只不过是煤气炉上微弱的火苗。

这位王子以他自己的方式学得了一课：演讲中仅仅运用理智，而不把自己的个性展现出来，是没有说服力的；必须展现你对自己信念的诚挚之情。

四、对听众表示尊敬

"人类的天性需要爱，也需要尊敬，"诺曼·文生特·皮尔博士在谈到专业喜剧家时经常这样说。"每个人都有一种内在的价值感、重要感和尊严感。你若伤害了它，便永远失去了那个人。因此，当你爱一个人、尊敬一个人时，你也成就了他；而且，他也同样爱你、尊敬你。

"有一次，我和一位艺人同时表演一个节目。我和他当时并不十分熟悉，但自从那次以后，我从报纸杂志上得知了他正声誉下跌，陷入了困境。我想我明白其中的原因。

"当时，我安静地坐在他旁边，等待演讲时刻的来临。'你好像不紧张嘛？'他问。

"'啊，不，'我说，'每当我在听众面前站起来之前，总是稍微有点紧张。我尊敬听众，这种责任感令我略感紧张。难道你不紧张吗？'

"'不会，'他说，'为什么要紧张呢？他们是一群傻瓜，会照单全收的，他们全都是瘾君子。'

"'我不同意，'我说，'他们是你至高无上的裁判，是你的上帝。我对听众怀着莫大的尊敬。'"

当他得知有关此人声望下跌的消息时，皮尔博士确信，原因在于这人采取的是与听众敌对的态度，而不是赢得人心的态度。

因此，如果我们想让别人接受我们的观点，一定要记住这个教训。

五、以友好的态度开始演讲

曾有一位无神论者向威廉·巴利挑战，要证明宇宙中并不存在超自然现象。巴利非常安详地拿出他的怀表来，打开了表盒，说："如果我告诉你，这些小杆、小齿轮、小弹簧是它们自己制造出来，再把它们自己拼凑在一起并开始运行的，你是不是要怀疑我的智慧？当然，你一定会怀疑的。但是，

请抬头瞧瞧天空的那些星星：它们每一颗都有自己完美而特定的轨道和运动
——犹如地球与行星围绕着太阳，每天在太阳的周围以 100 多万英里的速度
运行一样。每颗星星其实也都是另一个太阳，它们都有自己的世界，在宇宙
中和我们的太阳系一样运行，却不必担心它们之间会碰撞、干扰或者出现混
乱，一切都安静而高效，而且很有节奏。这样的现象，你相信它们是自己发
生的，还是有人特意将它造成这样的？"

假设他一开始就反驳对手说："没有神？别再像头倔驴了，你根本不知
道自己在胡说些什么。"那么会发生什么呢？一定会引起一场咬文嚼字的大
战，而这根本于事无补。这位无神论者可能会在一怒之下，疯狂地为自己的
意见而战，就像一只被激怒的山猫。为什么？因为就像奥佛斯特里特教授所
说的那样，这是他自己的意见，他那珍贵而不可缺少的自尊受到了威胁，他
的骄傲已岌岌可危，所以他必须反抗到底。

既然骄傲是人性中一个基本的，而且容易被激怒的特性，如果我们足够
聪明的话，是不是应该充分尊重并利用这一点，而不是去和它作对呢？那该
怎样做呢？不妨按照巴利的做法，给我们的对手展示一下，我们的建议与他
已经相信的某些事情也很相似，这样他就容易接受了，而不至于拒我们于千
里之外。这可以使他们不致产生相反或对立的理念，从而破坏我们的演讲。

巴利对人的心理活动相当了解，然而大多数人都缺少这种进入对方充满
防卫的心理的本领。他们错误地认为，要攻占敌人的城堡，必须狂轰滥炸，
把它夷为平地。这会产生什么结果呢？这时，敌意一旦产生，对方的吊桥会
立刻收起，并且紧闭大门，身披盔甲的武士拉弓射箭——一场头破血流的战
争开始了。而在双方逞勇斗狠之后，总以平手结束，因为任何一方都难以说
服对方。

我现在推荐的这种方法其实并不新颖，它很早就被圣徒保罗使用过。他
在马斯山上对雅典人所做的著名演讲中就曾用过它——而且非常熟练，即使
是在过了 19 个世纪的今天，我们仍然赞叹不已！

保罗接受过完整的教育，改信基督后，他凭借自己激情洋溢的辩才，成
为基督教的主要拥护者。一天，他来到了伯里克利统治之后的雅典，此时的

雅典已经越过了光荣的巅峰，开始走下坡路了。据《圣经》记载："所有的雅典人和寄居在该地的异乡人，都把全部时间用在传闻和打听奇闻轶事上。"

没有收音机，没有电报，也没有新闻传播渠道，这一时期的雅典人总是在每日的午后不得不找点新鲜事来谈论。这时保罗来到雅典，他们当然也就有了新鲜事啦！他们挤在保罗的周围，觉得又好玩又好奇。他们带他到艾罗培哥斯，他们说："我们能不能知道你所说的新教义是什么？因为你为我们带来了新鲜的东西，我们想知道它究竟是什么。"

换句话说，他们在邀请他演讲。保罗一口答应下来。事实上，他正是因为这些才来的。他大概是站在一个拍卖台上或一方石块上，像所有优秀的演讲家一样，刚开始时有点紧张，或许双手还搓了几下，开口前还清了清嗓子。

然而，保罗却不能完全赞同他们的话："新教义……新鲜的事物"，这实在是可怕的东西。他必须让他们把这些概念彻底抛弃，否则他们就会成为宣传相反意见的支持者。他当然不希望把自己的信仰当成新奇的、怪异的事情来讲。因此，只有把自己的信仰和雅典人已经相信的事实联系起来，才能避免雅典人的异议。应该如何开始呢？保罗想了一会儿，然后展开了他那千古不朽的演讲："你们雅典人，我知道你们非常具有宗教热忱。"

有些《圣经》版本这样写道："你们都非常虔诚。"我认为这样说更好、更准确，因为雅典人信奉多神，非常虔敬，并且以此为荣。保罗先称赞他们，让他们喜欢，他们就会对他感到亲切。

高效演讲艺术中还有一条法则，就是要用例证来支持论点，保罗当然也这样做了：

"当我路过这里时，发现了你们的虔诚。我看到有一处神坛，上面题有'献给不知名的神'。"

你瞧，这就证明了他们非常虔诚。雅典人害怕忽略了任何一位神，竟然建立神坛献给不知名的神。这真有点像一种保险，也就是为一切没有察觉到的疏忽或无意识的遗漏提供保险。保罗提到了这座特殊的神坛，表明自己不是在奉承，而是说明自己的评论是经过观察后的真心赞赏。

这样，保罗就可以有一个再适合不过的开场了："对于你们一无所知但崇拜的这位神，我将把他宣示给你们。"

保罗对"新教义、新鲜的事物"只字未提。他只是向雅典人解释了有关某位神（基督）的一些事实，而这位神是他们早就信奉但还不了解的。你看，保罗把他们原本不相信的事情和他们已经狂热接受的东西联系在一起——这便是他的高明之处。

他在宣讲了基督教救赎与复活的教义之后，引述了希腊人自己一位诗人的一些诗句来结束他的演讲。有听众嘲笑他，但其他人却说："我们还想听听你讲这些事。"

在说服他人加深印象的演讲中，我们的问题只是：如果想把自己的理念灌进听众的心里，就要避免让听众产生相反或对立的想法。长于此道的人，说起话来魅力无穷，并且会深深影响他人。这就是我的另一本书《人性的弱点》中讲的一些法则可以派上用场的地方。

在你每天的生活中，几乎都可能会遇到和你意见不同的人并和他们进行交谈。你不想在家里、办公室、各种各样的社交场合赢得人心，并让别人和你的想法一致吗？那就想想你的方法有没有需要改进的地方呢？你应该怎么开始？你有没有使用林肯和麦克米兰的智慧？要是你的回答是肯定的，你就是一位少有的外交人才，是一位心思缜密的高手。请记住伍德罗·威尔逊总统的话吧：

"如果你对我说：'让我们坐下来谈谈吧。如果我们意见不合，先让我们寻找彼此的原因，究竟存在什么问题。'我们立即就会感到彼此之间没有了距离，感觉我们分歧很少，而共同点倒很多。而且我们会发现，只要我们有耐心，有诚意，希望彼此之间进行沟通，我们就会相聚相合。"

即席演讲的技巧

不久前，一群商界领袖和政府官员共同出席了一家制药公司新实验室的

演讲与口才

落成典礼。该公司研究处处长的 6 名属下逐一站起来做了发言，介绍了他们的化学家和生物学家们正在进行一些了不起的工作——他们正在研究抵抗传染性疾病的新疫苗、对抗过滤性病毒的新抗生素、缓解紧张的新镇静剂；他们先用动物做实验，然后在人身上做试验，结果都令人非常满意。

一位官员对研究处处长说："真是太神奇了，你的手下简直是魔术师。但是你为什么不上去讲呢？"

"我只能对着自己的脚讲话，而不敢面对听众。"这位研究处处长黯然神伤地说。

但是后来大会主席让他吃惊不小。

这位主席说："我们还没有听到我们的研究处处长讲话。他不喜欢发表正式演讲，那么就请他给我们随便说几句话吧。"

这真是令人尴尬。处长站了起来，很费劲地挤出了几句话。他为自己没有详细解说而道歉，而这就是他在台上所说的全部内容。

他呆呆地站在那里。像他这样一个在自己行业中杰出的人才，却与普通人一样显得笨拙而迷惘。其实本不该这样的，他本来可以学会即兴演讲。我还没有发现我训练班上任何一个有决心的学员不能学会这一招。他们一开始所拥有的，正是这位研究处处长所没有的——坚决而勇敢地击退失败的态度。然后，也许要花一定时间，需要一种毫不动摇的意志，无论多么困难都要坚决讲出来。

"若是先有准备并做好了练习，那就没有什么困难，"你可能会这样说，"可是如果在意料之外即兴讲话，我真的不知所措了。"

然而，在情急之下整理自己的思路并发表讲话，有时甚至比经过长时间准备的演讲更加重要。由于现代商业的需要，以及现代人口头沟通的自由随意性，使得这种即兴发言的能力不可缺少。这时，我们需要迅速组织自己的思想，并流畅地遣词造句。许多影响今天工业和政府的决定，都不是出于一个人，而是在会议桌上当场商定的。每个人都可以发言，然而在这群策群议的会议里，他的话必须强劲而有力，才能对集体决策产生影响。这也正是即兴演讲能力如此重要并发挥效力的原因所在。

一、勤加练习

任何能够控制自己的智力正常的人，都能够发表令人接受、有时还非常精彩的即席演讲——也就是"不假思索地说出来"的意思。我们当然有办法，可以帮助你在突然被人邀请讲几句话时，流畅地表达自己的思想。其中之一就是采用一些著名演员曾使用过的一种方法。

许多年以前，道格拉斯·费尔班克为《美国杂志》写了一篇文章，介绍了一种益智游戏，查理·卓别林、玛丽·皮克福和他有两年时间几乎每个晚上都玩这种游戏。这不仅仅是一种游戏，它还包含了所有演讲技巧中最困难的练习——站立思考。根据费尔班克写的，这个"游戏"是这样进行的：

我们每个人各自在一张小纸条上写下一个题目，然后把纸条折好，混在一起。当一个人抽出题目后，要求马上站起来，用那个题目说上一分钟。同一题目不会使用两次。一天晚上，我必须谈"灯罩"。如果你以为这很容易，那就试试。我好歹算过了关。

重要的是，自从我们开始玩这个游戏以来，我们全都变得思维敏捷了。对于五花八门的题目我们也有了更多的了解。但是，更有用的是，我们学会了在瞬间根据任何题目整理自己知识和思想，学会了怎样站着思考。

在我的训练班里，学员会经常被要求站起来即席演讲。长期经验告诉我，这种练习有两个作用：一是可以向学员证明，他们能够站着思考；二是这种经验可以使他们在做有准备的演讲时，更加沉着自信。他们知道，当他们在做有准备的演讲时，即使不幸大脑突然一片空白，他们还有即席演讲的基础，能条理清晰地谈话，直到重新回到原来的话题上。

所以，我们总会给学员这样的通知："今晚将给你们每个人不同的题目做演讲。直到站起来演讲时你们才会知道要讲什么。祝大家好运！"

结果如何呢？会计师发现自己要讲如何做广告，而广告销售员要讲幼儿园；也许老师的题目是谈论银行业务，而银行家的题目也许是学校的教学工作；员工也许要谈论生产，而生产专家则要讨论运输问题。

他们是不是觉得很难而放弃了呢？从来没有！他们没有把自己当权威，

而是在经过深思熟虑之后，把题目和他们熟悉的知识联系起来。他们刚开始也许讲得不是很好，可是他们有勇气站起来，并且开口讲话了！对此有些人觉得很简单，有些人觉得很困难，但他们没有放弃。他们都发现自己比想象的讲得好。这让他们很兴奋。他们发现自己竟然也能培养这种连自己都不敢相信的能力。

我相信他们都能做到这些，每个人也可以做到——用你的意志与信心——尝试越多，就会越容易。

我们训练学员站着讲话所使用的另一个方法，是即席演讲的联结技巧。这是我们训练班一个十分刺激的特点。我们会告诉一个学员，用他能想到的最奇妙的方式开始讲述一个故事。例如，他可能会说："前几天，我正驾着直升机。突然，一大群飞碟朝我飞来，我被迫下降。不料最近的一个飞碟里有一个小人开始向我开火。我……"

这时，铃声响起，这个人的时间到了，然后由另一个学员继续说这个故事。等到每个人都讲完之后，这个故事也许会结束在火星的运河边，或是在国会大厅里。

这种培养即席演讲技巧的方法很好。如果一个人获得这种练习越多，那么当他必须在商务或社交场合发表演讲时，就越能轻车熟路地应对可能发生的任何情况。

二、做好即兴演讲的心理准备

当你在毫无准备的情况下被邀请演讲时，一般是希望你对属于你的领域的事物发表一些看法。所以你此时此刻的问题是，要勇于面对这种情况，并决定在这短短的时间里谈些什么。要想成为这方面的高手，有个非常好的方法，那就是要从心理上做好准备。在开会时，不妨问问自己，如果你被邀请站起来讲话，你应该讲些什么？这时最适合讲哪方面的问题？对于你要谈论的问题，应该怎样措辞以表示赞同或反对？

所以我的第一个忠告就是从心理上做好在各种场合即席讲话的准备。

这就需要你去思考。思考才是世界上最难的事情。不过我确信，没有哪一位有"即兴演讲家"美称的人，是不需花费时间就能够做好准备的。他必须像一个飞行员，不断向自己提出任何可能发生的问题，以随时准备在紧急状况下做出冷静而精确的反应。一位令人瞩目的即兴演讲家，也是在经过无数次演讲以后，才使自己准备就绪的。其实，这样的演讲并不能算是真正的"即兴演讲"，而是平时就有所准备的演讲！

既然演讲题目已知，剩下来的便是怎样组织材料，以使它们适合时间、场合了。即兴讲演时间一般不会太长，因此首先要决定什么演讲题目适合这种场合。你不必道歉自己没有准备，这是意料之中的事情。要尽快进入主题。如果你还不能立即做到这点，那么一定要听听下面的忠告。

三、立刻举例说明

为什么这样做呢？有 3 个理由：

第一，你可以从考虑下一句应该说什么的困境中立即解脱出来，因为即使在即兴场合下经验也很容易复述；

第二，你可以渐渐进入状态，刚开始的紧张会慢慢消失，使你有机会把自己的题材逐渐酝酿成熟；

第三，你可以立即吸引听众的注意，因为正如本篇第一章指出的，事例是立刻抓住注意力的万无一失的良方。

听众聚精会神地听你讲述充满人情味的故事，在你最需要的时候会给你重新肯定——尤其是在演讲开始后的极短时间内。沟通是一种双向过程，善于吸引别人注意力的人会立即注意这一点。当他注意到听众接纳他的观点，并且如电流般在听众之间交流时，他就会感受到挑战，从而尽最大的能力来回应。演讲者与听众之间建立和谐关系，是一切演讲成功的关键——没有这种关系，真正的沟通就不可能出现。这就是我一直建议用事例开始演讲的原因，当人家请你说几句话时尤其要这样做。

四、保持蓬勃旺盛的精力

我曾多次讲过，如果你演讲时精力充沛，那么你蓬勃向上的朝气就会对你的心理过程产生非常好的影响。你是否注意到，在交谈的人群里面，如果有个人忽然指手画脚地讲起来，他很快就会头头是道地说个不停了，有时精彩纷呈，而且还会引来一群热心的听众？身体活动与心理活动是紧密相连的。我们常用相同的词来描述手和心理活动。比如，我们说"我们抓住了一个概念"，或"我们掌握了一个思想"。一旦身体充起电来——充满了蓬勃的生气，我们很快就能让心灵迅速开展活动，正如威廉·詹姆斯教授所说的那样。所以，我要给你的忠告是忘我地投入演讲中，你就很容易成为一名成功的即兴演讲家。

五、从此时此地开始

常常会有这样的情况，一个人拍拍你的肩头说："讲几句吧？"或者事先根本没有一点信号——当你正轻松愉快地欣赏大会主持人讲话时，却突然发现他竟然谈起你来了，于是每个人都望着你。你还没弄清楚是怎么回事时，主持人就介绍说你是下一个演讲者了。

在这种情况下，你的心思很容易混乱，就像斯蒂芬·里柯克笔下那位著名而迷惑的马术师那样，跳上马"四下里乱窜"。如果说有什么时刻最需要保持平静，那就是这个时刻。你不妨先向主持人致意，以争取喘息的机会。然后，最好是讲和这次大会关系密切的话题，因为听众只对自己和自己正在做的事情感兴趣。所以，你可以从下面三个来源抓取题材进行即兴演讲。

一是听众本身。要想让演讲轻松进行，千万要记住这一点。谈论你的听众，说说他们是谁，他们正在做什么，特别是他们对社会和人类做了什么贡献，等等。当然，还要用一个实例来说明。

二是场合。当然你也可以讲讲这次聚会的缘由，例如它是周年纪念日，还是表扬大会？是年度聚会？是政治性或爱国主义集会？

最后，如果你曾认真听了演讲，你可以表达对另一位演讲者在你之前谈到的某件事件很感兴趣，并将它再详述一遍。

最成功的即兴演讲，都是真正当场演讲的。它们所表达的内容，是演讲者内心对听众和场合的感想，做到了因地、因人制宜，就像手和手套这样关系密切。这种演讲是专为这种场合量身定做的，它们在特殊的时刻绽放，像昙花一现，花开之后很快就凋谢不见了。然而，听众享受到的愉悦却远不止于此，在你还没有想到之前，他们早就将你当成即兴演讲家了。

六、不要随兴而讲——要即兴而谈

上面这句话是有区别的。仅仅是不着边际地胡说八道，用不合乎逻辑的方式把那些根本不相关而且毫无意义的事扯在一起，这样做是行不通的。你必须围绕一个中心，把自己的理念进行合理的归纳。这个中心思想必须是你要说明的，你所举的事例要和这个中心一致。同时再提醒一次，如果你能以真诚的态度演讲，你就会发现自己在演讲时会精力充沛，效果显著，即使有准备的演讲也不能与之相比。

牢记本章的各项建议，即兴演讲就可以得心应手。同时，按照本章前面的课堂技巧，勤奋地进行练习。

遇到集会时，应该事前稍作计划，以准备随时可能被人邀请上台演讲。如果你认为自己可能会被邀请讲话，那么最好是仔细留心别的演讲者。设法把自己的理念概括成简洁的话，演讲时间一到，就尽量把它简单明了地讲出来。只要预先思考好了主题，现在只需要简明地说出来就可以了。

建筑师兼工业设计家诺曼·贝尔格德常常说，如果不站起来，他简直就不能把自己的思想表达出来。当他向同事们说明某个建筑或展览计划时，总是要在办公室来回走动才能讲清楚。他要学的是如何坐着讲话。当然，他学会啦！

至于我们大多数人，则恰好相反——我们得学会如何站着讲话。当然，我们也能学会，主要诀窍就是要有一个开端——例如做一次简短的讲话——然后再进行另一个开端，又一个，又一个……

只要坚持努力，我们将会发现，会一场比一场更轻松，一场比一场更精彩。最后我们终于明白，对着一群人即兴演讲，其实就像在自己的客厅里和朋友即兴谈话一样，只不过范围有所扩大而已。

第四章　当众演讲的沟通艺术

本章全是围绕演讲展开。

另外，如本书前面所说，压力建立在成功表达的基础上。表达就是准确把握，并渴望与听众分享信息的结果。只有这样，演讲才能流畅自然。

发表演讲的技巧

刚开始教当众演讲课的时候，我花了大量的时间来进行发声训练，为的是产生共鸣、增大音量、增强婉转活力。但是不久前，我开始认识到，教学员如何正确发音，如何产生"圆润"的声音，是绝对失策的。对他们来说，能够花三四年时间来提高演讲发音技巧固然不错，但是我意识到，我的学员只能靠天生的发音系统。我发现，如果把以前帮助学员"运气"，且偏离更重要目标的大量时间和精力，用来帮助他们从压抑和紧张的情绪中解脱出来，会有很快的成效，还会保持惊人的结果。感谢上帝，让我有了这样的智慧。

一、摆脱自我束缚

在听众面前保持轻松自然是不容易的。演员很了解。如果你是一个孩子，假如 4 岁，或许会站上讲台，自然地对听众演说。但如果你 24 岁或 44 岁，登上讲台演讲时，会发生什么呢？你会保持 4 岁时具有的天真烂漫吗？或许会，但将变得迂回、呆板、虚伪、机械，像乌龟一样缩进壳里。

教授演讲的关键不在于增加他们的特长，主要是消除他们的障碍，使之做到就算有人打扰，也能展现同样的自然本色。

有多少次，我中途打断他们演讲，恳求他们"像人一样说话"。有多少个夜晚，我回到家里苦思冥想，如何把学员训练得可以自然地表达。不，相信我，这可不像听起来那么容易。

有一次课上，我要求学员进行对话表演，有一些是用方言。我要求他们抛开顾虑，进入剧情。这时，他们才感到惊讶，自己像傻子一样在表演，却浑然不觉。面对某些学员展现出的表演才能，大家也相当惊叹。我的建议是，一旦你能在人群面前放松，那么不管面对个人还是群众发言，都不会感到压抑了。

突然感到放松，就如鸟儿飞出牢笼。你知道人们为什么聚集到剧院和影院——因为他们看到了演员们不受限制的表演，自由地表露情感。

二、不要刻意模仿别人，做你自己

我们都羡慕有些演讲家善用演讲技巧。对听众演讲时，他们无所畏惧地表达，大胆地运用独特、个性、富有想象力的方式。

第一次世界大战结束不久，我在伦敦遇到兄弟俩，罗斯爵士和基思·史密斯爵士。他们刚刚结束从伦敦到澳大利亚的旅行，这是他们生平头一回飞行，获得了澳大利亚政府授予的5万美元奖金。他们在英国制造了轰动，并获得英王的授勋。

著名的风景摄影师赫尔利上尉与这兄弟俩度过了一段旅程，还拍了一些动作照片，所以我帮他们准备了一份有插图的飞行游讲座，并教他们怎样表达。他们在伦敦的交响乐厅进行了4个月，每天两场演讲，安排在下午和晚上，每人负责一场。

他们经历相同，并携手飞遍了大半个世界。他们的演讲内容一样，几乎一字不差。然而，听上去完全不同。

演讲中除了用词外，还要注意一些其他的事情，也就是演讲的风格。说什么和怎么说是截然不同的两回事。

俄罗斯大画家布鲁洛夫有一次纠正学生的作业。那学生惊喜地看着修改的绘画，兴奋地说："为什么您只改动了一点点，效果却完全不同了？"布鲁洛夫回答："艺术就在于细微之处。"演讲就和绘画以及巴德列夫斯基的演奏一样，于细微处显示差异。

涉及用词时，也是一样。英国国会有一句俗语："演讲时，成败取决于方式，而非内容。"这是很久以前，英国还是罗马的 1 个偏远的殖民地时，由昆体良说的。

"所有的福特汽车都十分相像。"福特制造商说。"但是没有两个人是完全相像的。每一个新生命都是阳光下的新事物，以前不存在，以后也不会有。年轻人应该有自己的想法，探寻个性的火花，使自己与众不同，发展自己的价值观。社会和学校应该尽力纠正他们的不良习惯。他们趋向于把所有人看作同一种模式，但我认为不应该让这类激情少年消失。因为那是能说明你的重要性的唯一证据。"

上述建议对成功演讲是相当管用的。世界上没有一个人会和你一样。数十亿人都有两只眼睛、一个鼻子、一张嘴，但是没有一个人跟你长得完全相同，和你的特征、思考方式一样。也几乎没有人像你放松地演讲时那样说话和表达。换句话说，你是独一无二的。作为一位演讲者，这就是你最宝贵的优势，要坚持，要珍惜，要发扬。正是这个闪光点，会给你的演讲增加魅力和真实感。"那是能说明你的重要性的唯一证据。"我恳求你们，请不要把自己变成一种模式，因为那会失去你的特征。

三、和听众交谈

先说一个例子，它是大多数人谈话的一种典型风格。

我曾经在瑞士阿尔卑斯山的一个避暑胜地缪伦度假。我住在一家伦敦公司开的旅馆。他们经常每周从英格兰派出演讲者为旅客演讲。其中有一位是著名的英国小说家。她的演讲题目是《小说的未来》。她承认，这个题目不是自己选择的，所以显得无话可说，甚至不敢肯定它是否值得演讲。她草草地列了几项不着边际的要点。她站在听众面前，却忽视了他们，甚至根本不敢正视他们。她有时越过听众的头顶，凝视前方；有时盯着自己的笔记；有时看着地板。她用机械的声音念着每个字，眼神闪烁游离，声音飘忽不定。

瑞士阿尔卑斯山

那不是演讲，是在自言自语，没有一点沟通的感觉。成功演讲的首要条件是——沟通的感觉。听众必须感受到，有一个信息正在从演讲者的意识和心里传到他们的意识和心里。我刚才说的那个演讲可能适合于干涸的戈壁滩。事实上，这种演讲听起来好像是对荒漠，而不是对人。

无论是商务会中的十几个人，还是帐篷里的上千人，只要是一个现代听众，都希望演讲者能像聊天那样直截了当，采用的风格也像和某个人交谈一样轻松自然。形式可以一样，不过声音的力量要更大些。为了表现得自然，他必须耗费更多的能量，因为他面对的听众是 40 个，而不是 1 个。这就好比建筑物顶上的一座雕像，不得不显现出英雄的伟大，底下的参观者才能觉得它真切。

马克·吐温在内华达州的一个矿厂进行演讲。结束后，一位老矿工走近他，问：“这就是你平时演讲的风格吗？”

那正是听众想要的：“你平时演讲的风格！”再稍微增强一点。

增强这份亲切自然感的诀窍，唯一的方式是练习。在练习的时候，如果你发现自己的演讲有点虚伪，要马上停下来，对自己说：“这里！什么搞错了？清醒！要人性化。”然后，想象着从观众中挑出一个人，可以是最后一排的人，也可以是一点都不专心听的人，和他聊一聊。忘掉这里的其他人。只和选定的这位听众聊。设想他在提问，你在回答，你是唯一能回答的人。

假设他立论，你驳论。这个过程会立即、无一例外地把你的演讲变得更像交流，更自然，更直接。所以，可以想象当时会发生什么。

你可以切实地问一些问题，并给予回答。例如，在演讲时，你可以说："你们会问，我能为这种说法拿出什么证据？我有足够的证据，那就是……"然后继续提问。这件事可以做得很自然，它能打破一个人演讲的单调气氛，从而变得直接、愉悦、易于沟通。

在商会上发言，就应该像对老朋友聊天一样。什么是商会呢，不也是朋友的聚会吗？与单个朋友交流可行的方式，难道不可以同样用于一帮朋友吗？

前面讲了一位小说家的演讲情况。后来，在她曾经演讲过的大厅里，我们却非常愉快地聆听了奥利弗·洛奇爵士的演说。他的题目是《原子与世界》。半个多世纪以来，他致力于这个题目的思考、研究、实践和调查。有些东西已经成为了他内心、思想和生命中不可或缺的一部分，有些东西是他迫切想要说出来的。他忘了自己是在"演讲"。他根本不担心无话可说。他只是想告诉听众有关原子的一些情况，他的演讲准确、清楚、富有感情。他热切地要让我们看到他所看到的，感受到他所感受到的。

结果如何呢？当然是做了一场与众不同的演讲。这次演讲充满魅力，跌宕激昂，给人留下深刻的印象。他是一位能力超群的演讲家。不过，我确信他不一定会看到自己的这个闪光点。我敢说听过他演讲的人，没有谁会认为他是"公众演讲家"。

如果你做了一次当众演说，听众认为你是参加过专门培训的，那你就给老师丢脸了，尤其是我们培训班的老师。老师希望你演讲时表现得尽量自然，让听众想不到你是经过"正规"训练的。一扇好窗户不会引起别人的注意，它只会让阳光照射进来。一位杰出的演讲者也是如此。他会尽可能地放松，以至于听众根本不去注意他的演讲神态：因为他们只关心他的内容。

四、全身心地投入演讲

真诚、热情和高度的热忱也会有益于你的演讲。当一个人受到情感的影响时，他真实的自我就会浮上表面，一切障碍都会消除。他的热情会燃烧掉所有的障碍。他行动自然，演讲自然。他完全是出乎自然。

所以，最终即使是演讲的内容，还是要回到本书前面反复强调的——也就是全身心地投入到演讲中。

布朗校长在耶鲁大学神学院的演讲中说："我永远不会忘记，一位朋友向我描述的他曾经在伦敦参加过的一次教堂仪式。传教士是乔治·麦克唐纳。那天早晨，他读的经文是《希伯来人书》的第11章。布道时，他说：'你们都听过信徒们的事迹。我不准备告诉你们什么是信仰。因为神学教授会比我解释得更清楚。我在这里是要帮助你们去相信。'随后，他以简单、真诚、庄重的表现形式，表达出对看不见而又永恒存在的事物的信任，唤起在场听众从意识和心中对它们的信任。他全心投入演讲，收效甚好，因为演讲展现了他内在生命的真正的美。"

"他在用心演讲。"那就是秘密所在。然而，我知道这种建议是不受欢迎的，似乎太笼统了，听起来很模糊。一般人都想要简单的法则，明确的规定，可以触摸得到，就像驾车指南一样精确。

人人都想要那些，我也希望提供那些。这对他容易，对我也容易。这样的法则是有的，但是存在弊病：它们根本起不到作用。它们会让演讲失去轻松自然的感觉、生活的气息，以及演讲的精髓。我很清楚这点。年轻时，我浪费了大量的精力去寻找法则。它们不会出现在本书中，正如乔希·比林斯回顾一次辉煌的时刻时说："知道太多没用的东西也是枉然。"

埃德蒙·伯克写的演讲稿，逻辑、推理和组织上都相当有水平，甚至在今天这些稿件仍作为本土大学演讲范本在学习。但是，伯克作为一名演讲家，却是声名狼藉、一败涂地的。他没有能力展示自己的珍宝，使之有趣、有魅力，所以他被人称为下议院的"晚钟"。当他站起来发言时，其他人会咳嗽、拖着脚步走路、睡觉或者陆续出去。

你可能朝某人投掷一枚钢甲子弹，而不在他衣服上留下一丝痕迹。但随着蜡烛抛洒出去的香粉，却能够射穿松木板。我只能遗憾地说，与软弱无力、没有激情的钢铁般的演讲相比，含有香粉的蜡烛般的演讲更会给听众留下深刻的印象。

五、练习，让你的声音强劲而富有弹性

当我们真正同听众交流思想时，要充分利用各种语言和动作要素。我们可以耸耸肩，动动胳膊，皱皱眉毛，提高音量，改变音调，并根据场合与主题说得或快或慢。但最好记住，这些只是效果，不是原因。所谓的音调的改变或调节，都是受我们思想和情绪状态的影响的。这正好说明了为什么在演讲前一定要了解题目并对其产生激情，那也正是我们为何如此热切地与听众分享这个话题的缘故。

随着年龄的增长，我们大多数人会失去年轻时代的率真和自然，会陷入肢体和语言表达的固定模式。我们会发现自己不再愿意做手势，没了生气。说话时也很少抑扬顿挫，缺乏激情。总而言之，我们失掉了沟通的新鲜感和动力。我们可能会养成太快或太慢的说话习惯。除非仔细审查，否则我们的措辞也会变得散乱无序。在本书中，我反复告诉大家，注意表达要自然。你可能认为，我会因此原谅贫乏的词句和单调的演讲。正相反，我说的是我们要在表达思想的感觉上保持自然，要带有感情的表达。另外，每一位杰出的演讲家都不承认自己的词汇不用扩充，表意和措辞无需丰富，表达方式不必多样化，表达的力度不用加强。这些都是每个有志于自我提高的人努力完善的地方。

根据音量、变化和语速来自我测评，是一个好主意。这可以借助一台录音机来完成。另外，找个朋友帮你评估，是非常有用的。如果可以得到专家的建议，就更好了。不过，应该记住，这是脱离听众的训练。当你站在听众面前时，如果只关心技巧，对演讲的影响将是致命的。一旦站在讲台上，就要把自己融入演讲之中，集中全部精力，带给听众精神和情感上的冲击，你的演讲将会更强劲有力。

完善语言表达的技巧

对于任何一个想提高自己说话能力的人来说，当然渴望快速有效地提高自己语言表达的技巧。那么，究竟有没有办法做到这一点呢？当然有！只要遵循下面各项建议，就会收到理想的效果。

一、从书本中汲取精华

有一个英国小伙子，又穷又没有工作，他走在费城的街道上，一心想找一份工作。当他走进大富豪保罗·吉彭斯的办公室时，要求见吉彭斯先生。

吉彭斯先生用不信任的眼光看着窗外的陌生人，只见他衣衫褴褛，衣袖口被磨得发光，全身散发出一股酸臭气。吉彭斯先生一半出于好奇，另一半出于同情，答应和他见面。

吉彭斯先生原来只打算听对方说几秒钟，但随即几秒钟变成了几分钟，几分钟又变成了一个小时，而谈话仍然在进行。

谈话结束后，吉彭斯先生给费城另一位大富翁、狄龙出版公司的经理罗兰·泰勒先生打了一个电话，邀请他和这位陌生人共进午餐，然后为小伙子安排了一个很好的工作。

这个外表看上去穷困潦倒的小伙子，是如何在这样短的时间内影响了两位如此重要的人物的呢？

其实，秘诀只有一句话——他的语言表达技巧。事实上，这个小伙子是英国牛津大学的毕业生，他是来美国处理一项商业事务的。不幸的是，他没有做好这件事，结果被困在美国，有家回不了。在既没有钱，又没有朋友的情况下，他只有一件宝物——英语是他的母语，他说得既准确又漂亮，听他说话的人可以立即忘掉他那双沾满泥土的皮鞋、褴褛的外衣，以及他那不修边幅的脸孔。可以说，他的语言就是他进入美国最高商界的"护照"。

这个小伙子的故事虽然有点不同寻常，但它说明了一个真理：我们的言谈和语言表达技巧，正是别人评价我们的重要依据。我们所说的话，显示了

英国牛津大学

我们的修养，它是教育和文化知识的证明，能让听者判断我们的出身。

我们每个人和这个世界只通过 4 种方式接触。别人正是根据 4 件事情来评估我们，并把我们进行分类的。这 4 件事就是：

我们做什么？

我们看起来像什么？

我们说了些什么？

我们是如何说的？

然而，很多人却稀里糊涂地过了一辈子，他们离开学校后不知道努力增加自己的词汇，既不去掌握各种字义，也不能准确清晰地说话。他们习惯使用那些毫无意义的词句，也难怪他的谈话缺乏明确性和个性特点，也难怪他们在发音、文法方面错误百出。

我甚至听过很多大学毕业生说的话，他们满口说的是市井流氓的口头禅。你想想，连大学毕业生都犯这种错误，我们怎么能指望那些没有受过什么教育的人有更好的表现呢？

几年前的一天下午，我到罗马古竞技场游览，一个人在那里遐想。这时，一个陌生人向我走来。这是一位来自英国殖民地的游客。他作了一番自我介绍之后，对我大谈起他在这个"永恒之城"的旅游经历。但是他说了不到 3 分钟，就说出了一大堆"YOU WAS"、"I DONE"错误百出的话。

　　我可以看出他那天早晨出门时，特意擦亮了皮鞋，身上穿着一尘不染的漂亮衣服。也许他想以此来维护自己的自尊吧，可是他忘了装饰他的词汇，结果说出了那样的句子。当他和女士说话时，如果未摘下帽子，他会感到很惭愧；但他的文法出了错误却不会惭愧。他甚至连想都没有想到这一点——他冒犯了别人的耳朵。他所说的这些话完全暴露了他的无知，他的英语水平真是太可怜了，就像在向这个世界宣称他是一个多么没有修养的人。

　　艾略特博士曾担任哈佛大学的校长 30 多年，他宣称："我认为，在淑女或绅士的教育中，只有一门必修课，就是准确、优雅地使用他们的本国语言。"这是一句意义深远的话，值得我们深思。

　　我们怎样才能和语言产生亲密的关系，用优雅、准确的方式来表达自己呢？幸运的是，这种方法一点都不神秘，而且非常清楚，早已成为一个公开的秘密——林肯使用它，就获得了惊人的成就。至今还没有一个美国人能像林肯这样，把语言编织得如此美丽动人，说出如此无与伦比、富有音乐节奏感的语句："怨恨无人，博爱众生。"

　　林肯这个由懒惰文盲的木匠父亲和平凡的母亲生下来的儿子，难道就得到了老天的特别厚爱，天生就具有这种运用语言的天赋吗？我们没有找到能证明这一点的任何证据。他当选为国会议员后，官方记录中有一个形容词描述林肯所接受的教育："不完全。"

　　在林肯的一生中，接受学校教育的时间不超过 12 个月。那么谁又是他的良师呢？当时，林肯居住的地区根本没有固定的学校，只有巡回教学的小学教师从一个屯垦区流浪到另一个屯垦区，只要当地的拓荒者愿意用火腿和玉米交换，他们就会留下来教拓荒者的孩子们读书识字。林肯正是从这些流动教师们那里获得了一些启蒙。

　　林肯的生活环境对他的帮助也并不多。他在伊利诺伊州第八司法区结识的农夫、商人和诉讼当事人，也都没有特殊或神奇的语言才能。但林肯没有像这些人那样浪费时间。他和一些头脑聪明灵活的人，例如各个时代最著名的歌手、诗人等成了好朋友。这是怎么回事呢？

　　原来，他熟读了伯恩斯、拜伦、布朗宁的诗集，能够整本整本地背下来，他还写过评论伯恩斯的文章。在他的办公室里放了一本拜伦的诗集，家里也放了一本。办公室的那本由于经常翻阅，只要一拿起来，就会自动翻到《唐璜》那一页。

他当上美国总统之后，由于内战损耗吞食了他的精力，使他的脸上留下了深深的皱纹，但他仍然抓住点滴时间，翻阅英国诗人胡德的诗集。有时候他深夜醒来，也会随手翻开诗集，如果碰巧看到特别有启发或令他兴奋的诗，他就会立刻起床，穿着睡衣拖鞋，悄悄地找到他的秘书，将诗读给秘书听。

林肯还经常抽空阅读早已背熟的莎士比亚名著，批评一些演员对莎翁剧作的看法，并提出自己独特的见解。他曾写信给莎剧著名演员哈吉特说："我已经读过莎士比亚的剧本。《李尔王》、《理查三世》、《亨利八世》、《哈姆雷特》，特别是《麦克白》。我认为没有一本剧本比得上《麦克白》，它写得实在是太精彩了！"

林肯热爱诗歌。他不仅一个人私下里背诵朗读，还在公开场合背诵和朗读，甚至还尝试写诗。他在妹妹的婚礼上就朗诵过他创作的一首长诗。中年之后，林肯创作的作品已经写满了整本笔记簿——尽管他对这些创作并没有信心，甚至连最好的朋友也不允许翻阅。

鲁滨逊教授在他的著作《林肯的文学修养》中写道："这位自学成功的人，用真正的文化素材武装了他的思想，可以称之为天才。他的成功，和艾默顿教授描述文艺复兴运动领导者之一的伊拉斯莫斯的情况一样：离开学校之后，坚持以唯一的教育方法来教育自己，直至取得成功。这唯一的方法，就是永不停息地研究和练习。"

林肯这位拓荒者的后代，年轻的时候经常在印第安纳州鸽子河的农场里剥玉米、杀猪，每天的工资只有可怜的 31 美分，但他后来却在盖茨堡发表了人类有史以来最精彩的演讲。在盖茨堡战役中，有 10 万人参战，7000 人当场阵亡。林肯死后不久，著名演讲家索姆奈说："当这次战役从人们的记忆中消失之后，林肯的演讲却依然深深地烙在人们心里。如果这次战役一再被人们提起，最主要的原因一定是人们想起了林肯的演讲。"

谁能否认这句话呢？

著名政治家艾维莱特曾在盖茨堡一口气演讲了两个小时，但他的演讲早已经被人们遗忘；林肯的演讲不到两分钟，可是人们仍然记忆犹新。据说一位摄影师想拍下林肯当时演讲的情景，但他还没有来得及架起那架原始的照相机并调准焦距之前，林肯已经结束了他的演讲。

林肯的盖茨堡演讲全文，刻在一块永不腐朽的铜板上，现在被陈列在牛津大学图书馆，作为英语文学的典范，每一个学习演讲的人都应该背诵它：

"87年前，我们的祖先在这块大陆上建设了一个新的国家，孕育了自由，并且献身给一种信仰：所有人生而平等。现在，我们正在进行一次伟大的内战。我们在试验，究竟这个国家，或者任何一个持这种主张和信仰的国家，能不能长久地存在。我们聚集在这场伟大战争的伟大战场上。我们奉献出这个战场上的一部分土地，给那些为国家的生存而牺牲了生命的人作为永久安息的地方。我们这样做，是非常适合和正当的。但是从更广泛的意义来说，我们不能奉献这片土地，因为我们不能使之神圣，我们也不能使之有尊严。那些活着的和已经死去的、曾经在这里奋斗过的勇敢的人们已经使这块土地神圣化了，这不是我们能使之有所增减的。世界上的人们不会注意，更不会长久地记得我们在这里的讲话，但他们将永远不会忘记这些人在这里所做的事。相反，我们活着的人应该献身于在这里作战的人们英勇地推进但至今还没有完成的工作。由于他们的光荣牺牲，我们将更坚定地完成他们曾经奉献出宝贵生命的事业。我们在此坚决地表示，不让他们白白地死去；要让这个国家在上帝的保佑下，得到自由的新生；要让民有、民治、民享的政府不从地球上消灭。"

很多人认为，这篇演讲稿结尾的不朽句子是林肯独创的。但真的是这样吗？林肯的律师同事科恩登在盖茨堡演讲之前几年，曾送给林肯一本《巴克尔演讲全集》。林肯读完了全书，记下了书中这句话："民主，就是直接自治，由全民管理，所有权利属于全体人民，由全体人民分享。"而巴克尔的这句话又可能借鉴于韦伯斯特，因为韦氏在给海尼的一次复函中这样说："民主政府是为人民而设立的，它由人民组成，对人民负责。"而韦伯斯特则可能借鉴自门罗总统，因为门罗总统早在 30 多年前表达过相同的看法。

至于门罗总统又从谁那里学来的呢？在门罗出生之前 500 年，英国宗教改革领袖威克利夫在《圣经》的英译本序言中说："这本《圣经》，是为民有、民治、民享的政府所翻译的。"在威克利夫之前，也就是公元前 400 年以前，克莱翁向雅典市民发表演讲时，也曾谈到统治就是"民有、民治及民享"。而克莱翁究竟是从谁那里获得这一观念的，则难以考证清楚了。

可见，这个世界全新的事物实在太少了，即使最伟大的演讲家，也要借助阅读的灵感和书本材料。

书本！这正是成功的秘诀！

如果你想要增加和扩大文字储量，必须经常让自己的头脑接受文学的洗礼。约翰·布莱特说："当我到图书馆时，就会感到一种悲哀：生命实在是太短暂了，我根本不可能充分享受我面前这丰盛的美餐。"布莱特 15 岁就离开了学校，去一家棉花工厂工作，从此再也没有机会上学。然而，他却成为那个时代最出色的演讲家，以善于运用英语语言而闻名。他坚持阅读、研究、做笔记，背诵著名诗人的长诗，比如拜伦、密尔顿、华兹华斯、惠特尔、莎士比亚、雪莱等。他每年都要从头到尾看一遍《失乐园》，以增加他的词汇及文学资料。

英国演讲家福克斯也曾通过大声朗诵莎士比亚的作品，来改进他的风格。格累斯顿也把自己的书房称为"和平庙堂"，里面藏有 15000 册图书——他承认自己通过阅读圣·奥古斯丁、巴特勒主教、但丁、亚里士多德和荷马等人的作品，而且获益匪浅。荷马的史诗《伊里亚特》和《奥德赛》令他着迷不已，他因此写下了 6 本评论《荷马史诗》和他的时代背景的著作。

英国著名政治家、演讲家皮特年轻的时候，经常阅读一两页希腊文或拉丁文作品，然后将它们翻译成英文。他十年如一日，每天都坚持这样做，结果他获得了无与伦比的能力，他可以在不必事前思考的情况下，就能把自己的思想转化成最精简、最佳组合的语言。

古希腊著名演讲家、政治家狄摩西尼斯将历史学家修昔底德斯的历史著作抄写了8次，希望能学会这位历史学家华丽高贵而又感人的词句。结果，当威尔逊总统在两千年之后想改进自己的演讲风格时，就专门花时间研究狄摩西尼斯的作品。

英国著名演讲家阿斯奎斯也发现，阅读大哲学家伯克莱主教的著作，对自己是最好的训练。

英国"桂冠诗人"丹尼森每天都要研读《圣经》，大文豪托尔斯泰把《新约福音》读了又读，最后可以全部背诵下来。罗斯金的母亲每天逼他背诵《圣经》中的章节，又规定他每年要把整本《圣经》大声朗读一遍，"每个音节，每一词每一句，从创世纪到启示录"一点也不能少，罗斯金后来也把自己的文学成就归功于这些严格的训练。

在英语文字中，BIS被认为是最受人喜爱的姓名缩写，因为它代表着著名作家史蒂文森，他可以说是"作家中的作家"。他又是如何获得这种闻名于世的迷人风格的呢？我有幸从他口里得知了他的故事：

"每当我读到让我感到特别愉快的书或文章的时候，我一定会马上坐下来，模仿这些特点。这本书或文章很巧妙地讲述了一件事，提出了某种印象，或者含有某种显而易见的力量，或者在风格上表现出令人愉快的特征。不过，第一次我的模仿一般都不会成功，我就会再试一次。常常连续几次我都不会成功，但我至少从失败的尝试中获得了练习的机会。

"我曾用这种方法模仿海斯利特、兰姆、华兹华斯、布朗爵士、狄福·霍桑及蒙田。不管你是否喜欢，这就是学习写作的方法。不论我有没有从中得到收获，这也就是我的方法。大诗人济慈也是采用这种方法学习的，而在英国文学史上，再也没有比济慈更优秀的诗人了。

"这种模仿方法最重要的一点是：你所模仿的对象总有你无法完全模仿的特点。你不妨试试看，我想你一定会失败的。但'失败是成功之母'，这的确是一句古老而又十分准确的格言。"

上面举了很多成功人士的例子，这个秘诀已经完全公开。林肯曾写信给一位渴望成知的年轻律师说："成功的秘诀，就是拿起书本，仔细阅读研究。学习，学习，学习！这才是最重要的。"

二、养成阅读的习惯

你可以从班尼特的《如何充分利用一天 24 小时》开始。这本书将和洗冷水浴一样，对你产生很大的启迪和刺激。它会告诉你很多你感兴趣的事情，例如你每天浪费了多少时间，如何制止这种浪费，如何利用省下来的时间……这本书可以在一周之内轻松看完。你不妨每天看 20 页，把早上看报的时间缩短到 10 分钟，而不是习惯性地一看就是 30 分钟。

杰斐逊总统说："我已经放弃了读报纸的习惯，改为阅读古罗马历史学家塔西陀和古希腊历史学家修昔底德斯的著作。我发现自己变得快乐多了。"如果你学习杰斐逊总统把读报的时间缩短至少一半，几周之后你就会发现自己会比以前更快乐、更聪明。你相信吗？难道你不愿意尝试一下，把省下来的时间用于阅读更有价值的好书吗？当你等候电梯、公共汽车、送餐、约会的时候，为什么不取出你随身携带的书来看看呢？用这种方式来阅读一本书，不是比把它原封不动地放在书架上更好吗？

读完《如何充分利用一天 24 小时》后，你可能会对同一作者的另一本书感兴趣，那就是《人类机器》。读了这本书，可以让你和别人打交道时更得心应手，形成镇静和泰然自若的优点。我之所以推荐这些书，不仅仅是因为它们的内容，同时还因为它们的表达方式，我相信它们一定能增加和改善你的语言表达习惯。

另外再介绍几本对你很有帮助的书：佛兰克·诺里斯的《章鱼》和《桃核》，这是美国历史上最好的两本小说。《章鱼》讲述了一场发生在加利福尼亚的动乱和人类悲剧，《桃核》则描述了芝加哥股票市场上经纪人的明争暗斗。

汤玛斯·哈代的《黛丝姑娘》，是一本写得最优美的小说。

希里斯的《人的社会价值》，以及威廉·詹姆斯教授的《与教师的一席谈话》，也是两本值得一读的好书。

法国著名作家摩罗瓦的《小精灵——雪莱的一生》，拜伦的《哈罗德的心路历程》，以及史蒂文森的《骑驴之行》，也都应该列入你的书目单。

你应该每天让爱默生陪伴着你。你可以先阅读他那篇著名的评论《自恃》，在你的耳边轻声念出那些如行云流水的句子。

我们把最好的作者留到了最后。他们是谁呢？有人请亨利·欧文爵士列了一份书目单，写出他认为最好的100本书。

他说："面对这100本好书，我只会专心研究其中两种——《圣经》和莎士比亚。"亨利爵士说得很对，你必须到这两个伟大的源泉中汲取营养，而且要尽量多地汲取。你应该把晚报扔在一边去，去找莎士比亚，阅读罗密欧与朱丽叶的故事，或者阅读麦克白和他的野心。

这样做，你将会得到什么回报呢？你将会不知不觉地、渐渐却又是必然地改善你的辞藻，使它们变得美丽优雅。你将开始散发出这些精神伙伴的荣耀、美丽及高贵气质。因此德国大文豪歌德就说："告诉我，你谈了些什么，我就可以判断出你是哪种人。"

我上面所建议的阅读计划，实际上不必花多少精力，只需要一点节省下来的时间，并且每本花上5美元，买一套爱默生论文集和莎士比亚全集就可以了。

马克·吐温是如何培养自己灵巧而熟练地运用语言文字能力的呢？他年轻的时候，搭乘驿站马车，从密苏里州一直旅行到内华达州。这一旅程很长，而且必须同时携带人和马吃的食物，有时候还要准备饮用的水，路上非常艰苦。因此，超重可能预示安全与灾祸之间的距离，行李也按每盎司的重量来收费。

在这种情况下，马克·吐温却随身带了一本厚厚的《韦氏大辞典》。这本大辞典陪伴他翻越山岭，横穿沙漠，走过了土匪和印第安人出没的原野。他希望自己成为文字的主人，因而凭着独特的勇气及意志，为了实现目标而努力学习。

皮特和查特汉爵士也都读过两遍辞典，包括每一页的每一个词。伯朗宁每天翻阅辞典，为林肯写传记的尼克莱和海伊从辞典里获得了许多乐趣和启示，他们说，林肯常常"坐在黄昏的阳光下翻阅辞典，直到看不清字为止"。这些例子并不特殊，每一位杰出的作家及演讲家都有过类似的经历。

　　威尔逊总统的英文造诣很高，他的一些作品，例如对德宣战宣言的那部分在文学史上也占有一席之地。他讲了他运用文字的方法：

　　"我父亲绝对不允许家中任何人使用不准确的字句。不管哪一个小孩子说错了，都必须立即更正，任何生词都必须立即解释清楚。他还鼓励我们每一个人把这些生词应用在日常的谈话中，以便牢牢记住它。"

　　纽约有一位演讲家，就因为句子结构严密、文辞简洁优美而获得了很高的评价。在最近一次谈话中，他透露了自己准确使用文字的秘诀：

　　每当他在谈话或阅读时发现不熟悉的词，就立刻抄在一个备忘录上。晚上睡觉之前，他要先翻翻辞典，彻底弄清楚那个词的意思。如果白天没有碰到任何生词，他就阅读一两页费纳德的《同义词、反义词和介词》，研究每一个词的准确含义，以备日后使用。

　　"一天一个新词"——这就是他的座右铭，这也使得他一年至少可以增加 365 个额外的表达工具。他将这些新词全都记在一个小笔记本上，一有空就取出来复习。他发现一个新词使用 3 次以后，就会成为他的词汇中永恒的一部分。

　　使用辞典不仅是要了解某个词的准确含义，也是为了知道它的来源。在英文辞典里，每个单词的历史来源，一般都列在定义后面的括号内。千万不要认为这些单词只是一些枯燥、冷漠的声音，其实它们都充满了感情色彩，有着浪漫的生命。比如说"给杂货店打电话，让他们送些糖来"。即使是这样平淡的两个句子，我们也使用了许多从不同文字中借用过来的词。例如，"Telephone"（打电话）是由两个希腊字组成的，Tele 的意思是"远方的"，而 Phone 表示"声音"。Grocer（杂货商）是从法语中一个历史悠久的词 Grossier 转化而来的，而法文又是从拉丁文 Gross—Arius 演变而来，指零售和批发商人。Sugar（糖）来源于法文，法文又来源于西班牙语，西班牙语又从阿拉伯文借用得来，阿拉伯文最早又脱胎于波斯文，波斯文中的这个词 Shaker 是由梵文 Calkara 一词演变而来，意思是"糖果"。

　　再比如，你可能在某家公司上班，或是自己开公司。公司 Company 起源于法文的一个古字 Companion（伙伴）；而 Companion 则由 Corn（与）和 Panis（面包）两个词组成。也就是说，你的伙伴 Companion 就是和你共享面包的人，一家公司 Company 就是由一群想获得面包的伙伴共同组成的。

你的薪水 Salary，是指你用来买盐 Salt 的钱。早在古罗马时代，士兵可以领到买盐的津贴，后来有一位士兵把他的所有收入称为 Salarium（买盐钱），于是这个词成为一个广为流传的俚语，最后又演变为一个非常受尊敬的英语单词。

你现在手中拿着一本书 Book，而这个词的真正意思是指一种树木 Beech（山毛榉）。因为在很久以前，盎格鲁撒克森人把他们的文字刻在山毛榉树干上，或是刻在用山毛榉木做成的桌面上。

再比如，放在你口袋中的 Dollar（美元），它的实际意义是 Valley（山谷）。因为美洲最早的钱币是 6 世纪在圣卓亚齐姆山谷中铸造的。

再看 Janitor（看门人）和 January（一月）这两个词，它们都来源于意大利西部古国伊楚里亚的一个铁匠的姓氏。这位铁匠住在罗马，专门制造一种特殊的门锁和门闩。他死后被尊奉为异教徒的神灵，有两张脸孔，能同时看到两个方向，代表门的开启与关闭。因此，在一年的结束和新的一年开始之间的那个月份，就被叫做 January 或 Janus（这位铁匠的姓氏）。当我们谈到 January（一月）或 Janitor（看门人）时，我们等于是在纪念这位铁匠。他生活在公元前 1000 年，娶了一位名叫 Jane 的妻子。

同样，一年中的第七个月份 July（七月），是根据古罗马的 Juliu Caesar（恺撒大帝）命名的。随后的奥古斯都大帝为了不让恺撒专美于前，就把下一个月份命名为 August（8 月）。当时的 8 月只有 30 天，奥古斯都大帝不想以他的姓氏命名的月份比以恺撒的姓氏命名的月份少一天，于是他就从二月中抽出一天，加入到 8 月。你看，这种自负的心理痕迹在你天天都要使用的日历上，表现得多么明显啊！

只要稍加注意，你将发现，其实每个单词都有着一段迷人的历史。如果你有时间，试着从大词典里寻找这些单词的来源，找出它们背后的故事，你将发现它们更加多姿多彩，也更加有趣，你也会更有兴趣使用它们。

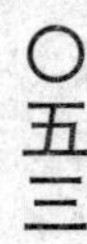

三、准确地表达思想

试着准确地表达你的意思，表达你思想中最微妙的东西，这可不容易做到，即使是有丰富经验的作家也不一定做得到。美国著名女作家芳妮·霍斯特曾对我说，她经常会一再修改已经写好的句子，甚至要改 50 次到 100 次。有一次她特意计算了一下，发现自己竟然把一个句子改写了 104 次。

另一位女作家乌勒也坦诚地说，为了从一篇即将在各大报纸上联合刊登的短篇小说删去一两个句子，她有时会花一个下午的时间。

美国政治家莫里斯曾描述了美国著名作家大卫是如何寻找一个准确用词的：

"他小说里的每一个词，都是从无数个词中挑选出来的。他所使用的每个词，经过一丝不苟的判断，必须经得起时间的考验。每个词、每个句子、每个段落、每一页，甚至整篇小说，他都这样改了一遍又一遍。他经常采用'淘汰'原则，例如他描述一辆汽车转弯驶进大门时，首先会进行繁琐的叙述，任何细节都不放过，然后再一一删除这些由辛苦思索出来的细节。每删一次，他就问自己：'我要描述的情景是不是仍然存在？'如果答案是否定的，他就把刚刚删除的细节再放回原处，并试着删改其他细节。如此逐一删改，若干次之后呈现给读者的就是一幅简洁而清楚的情景。正因为这样，他的小说和爱情故事才一直深受读者喜爱。"

显然，我们大多数人都没有时间和精力像他们这样辛勤地寻找适当的词句。我之所以举出这个例子，只是为了说明即使是成功的作家，也都十分重视准确使用语言和准确表达。同时，我希望学习演讲的人对语言和文字更有兴趣。当然，一个演讲者不应该在演讲的中途停下来，去寻找表达思想的准确语言，但他应该每天练习如何准确地表达自己的思想，直到他能够自然地表达为止。

你也应该这样做的，但你这样做了吗？我敢肯定的是，你并没有这样做！

据统计，大文豪密尔顿的作品共使用了 8000 个单词，莎士比亚的词汇更是达到了 15000 个。一本标准辞典的词汇是 45000 个单词，但根据初步估计，一般人只要学会 2000 个单词，就可以运用自如。通常你只要懂得一些动词，以及把它们连起接来的连词，再加上一些名词和经常被过使用的形容词，你就可以成为一位语言运用的高手了。

这样看来，学习语言也并不很难吧？

四、富于创新思想

你不仅要尽量表达准确，还要尽量有新思想和新创意。要有勇气把你对事情的看法说出来，因为"事情本身就是上帝"。例如，《圣经》在记载大洪水之后的事情时，一些最富有创意的人首先使用了这个比喻："冷得像条胡瓜"。这个比喻好极了，它极具新鲜感，因此即使后来相当长的一段时期内，这个比喻仍具有它原始的新鲜感。但如果在今天，一个具有创造力的人再重复这个比喻，难道不会感到羞愧吗？

我曾向女作家凯撒琳·诺利斯请教，怎样才能培养独特的风格。她说："阅读古典散文和诗集，并且毫不留情地删掉作品中没有意义的词句和老掉牙的比喻。"

有一位杂志编辑告诉我，每当他发现作者投来的稿中有两三处陈腐的比喻时，他就会立即退稿，不浪费时间看它。他说："一个在表达上没有创意的作家，根本不可能有任何创新思想。"

完善演讲的风格和个性

我们曾对 100 位著名的商界人士做过一次智力测验。这次测验的内容和美国陆军在二次世界大战期间使用的相似。研究中心在得出结论后郑重宣布：在促进事业成功的各项因素中，个性比智商更重要。

这是一个具有很有意思的结论，它对商人很重要，对教育家和专业人员也十分重要，对演讲者当然更是十分重要。

除了事前的充分准备之外，个性可能是演讲中最重要的因素了。著名演讲家艾伯特·霍巴德曾说："演讲中能获得听众信任的因素，是演讲的态度，而不是演讲稿的词句。"准确一点说，应该是态度加上观念。但个性是一种模糊而捉摸不定的东西，它就像紫罗兰的香气，即使是最出色的分析家也无法把握。它是一个人的素质总和，包括肉体、精神、心理上的；它又是一个人的遗传、嗜好、倾向、气质、思想、精力、经验、训练，以及全部生活的综合体。它就像爱因斯坦的相对论那样复杂，同样也只有少数人了解它。

个性由遗传和环境决定，一旦形成就很难改变。但我们可以强化它，使它变得更有力量，更富有吸引力。不论如何，我们都应该更好地努力利用大自然赐给我们的这奇异的东西，这对我们每个人都很重要。因此，尽管改善个性的可能性很小，但仍有必要谈论它。

一、保证充足的休息

如果你希望演讲时有最好的发挥，必须做好充足的休息。无论如何，一个疲倦的演讲者是不会吸引听众的。千万别犯这种最常见的错误：把准备和计划工作一直拖延到最后一分钟，才匆匆忙忙地去做，企图找回失去的时间。如果这样做，只会拖累身体，导致大脑疲乏。这是可怕的事情，它只会削弱你的活力，让你的大脑与神经变得同样脆弱。

假设你必须在 4 点钟向某委员会发表一次重要的演讲，你就应该先吃一顿午餐，如果时间许可的话，还可以小睡几分钟，以恢复精力。休息正是你需要的，不论是精神上或肉体上都需要。

吉尔拉廷·法拉常常会让她的新朋友大吃一惊，因为她晚上总是很早就向他们告退去睡觉，而让他们和她的丈夫继续聊天。这是因为她的艺术工作需要。

诺迪卡夫人也说，她当上了歌剧第一女主角之后，必须放弃她所喜爱的一切，例如社交、朋友、诱人的美食。

发表重要演讲之前，还要注意不能吃得太饱，要向那些圣徒学习，稍稍吃一点。如亨利·比丘在每周日下午 5 点时，只吃一些饼干，喝杯牛奶，不再吃其他东西。

默芭夫人说："如果我准备在晚上演唱，就不吃午餐，只在下午 5 点吃一些鸡肉，或一些鱼肉，或是一小份甜面包，一个苹果和一杯水。所以每次从歌剧院或音乐会回家后，我都发现自己饿得快不行了。"

默芭夫人和比丘的做法很明智。本来我也不了解这一点的，直到我有机会到处演讲，才明白其中的道理。最初，我常常是吃完一顿丰盛的大餐之后发表两个小时的演讲时，但是我经验告诉，当你咽下大量的酒和汤，以及牛排、炸薯片和沙拉、蔬菜、甜点之后，再一直站上一两个小时，那么你不但不能达到身体的最佳状态，也不能尽情地发挥演讲，因为本来应该输送到大脑中的血液，全都集中到胃里去消化你的食物了。

著名音乐家帕德列夫斯基说得对，如果在演奏前随心所欲地大吃大喝一顿，那么他的兽性就会占据上风，甚至还会渗透到指尖，从而破坏他的演奏。

二、衣着和态度得体

一位担任某大学校长的心理学家曾进行过一次大型的调查活动：服装会对人们产生什么影响？

被调查者几乎无一例外表示，当他们穿戴整齐、全身上下一尘不染时，他们会清楚地感觉到自己很整洁，并让自己信心大增，自尊心也随之增强。当人们的外表显得成功时，他们的思想也容易倾向成功，事实上也更容易达到成功。这种情况很难解释清楚，但它确实存在，这就是衣着服饰对人的心理的影响。

演讲者的衣着服饰会对听众会产生什么影响呢？我曾注意到一些有趣的现象，如果演讲者是位不修边幅的男士，比如他穿着宽宽松松的裤子、变形的外衣和鞋子，一支自来水笔和铅笔露在口袋外面，一张报纸、一个烟斗或一盒纸烟把西裤的外侧塞得鼓突出来；或者一位女士带着一个丑陋的大手提包，衬裙又露在外面——那么听众们对这样的演讲者根本不会有信心，他们会认为这样的演讲者头脑也一定是乱七八糟的，就像他蓬乱的头发、没有擦干净的皮鞋，或是鼓得变了形的手提包。

演讲与口才

当李将军代表他的军队，前往阿波麦托克斯向北方军队投降时，他整整齐齐地穿了一套新制服，腰上还系了一把珍稀的宝剑。而格兰特将军既没有穿外套，也没有佩剑，只是穿了一身士兵的衬衫和长裤。格兰特将军后来回忆说："相比之下，我一定是个十分怪异的家伙，而对方是一位衣着得体的男士，他身高2米，服饰整齐。"没有在这个历史性场合穿上合适的服饰，竟然成了格兰特将军一生中最大的遗憾。

华盛顿农业部一家实验农场中养了几百箱蜜蜂。每一个蜂巢上都装了一面很大的放大镜，只要按下按钮，蜂巢就被电灯照得通明，这些蜜蜂任何时候的一举一动都可以被仔细地观察。演讲者的情况也与此相似：被安置在放大镜下，被聚光灯照射，所有的眼睛都看着他。在这种情况下，他外表哪怕最微小的不协调，也立刻会被人们看出来。

几年前，我为《美国杂志》撰写纽约一位银行家的生平。我请了这位银行家的一位朋友讲述他成功的原因。这位银行家的朋友说，他成功的最大原因，是他那迷人的微笑。

乍听上去，这不免太夸张了，但我相信这是真的。比这位银行家拥有更丰富的经验、具有更为敏锐的判断力的人，可能有几十个甚至上百个，但这位银行家拥有那些人所没有的额外资产——最随和的个性，而他那温和的、受人欢迎的微笑，就是其中最大的特色之一。他能立即赢得别人的信心，立刻博取别人的好感。我们都愿意看到他获得成功，而且非常愿意支持他，不是吗？

中国不是有一句俗语叫"和气生财"吗？在听众面前展露的笑容，不也和柜台后面的笑容那样受人欢迎吗？这令我想起了我的一位学员。每次当他站起来时，全身会散发出一种气息，好像在说他很高兴能来这儿，并且很喜欢他即将开始的演讲。他总是面带微笑，露出十分高兴见到我们的样子。因此，听众很快感受到了他的亲切，所以他们对他也表示出热情的欢迎。

但我经常看到的却是另一副景象：演讲者冷淡地、用做作的姿态走出来，仿佛他很讨厌这次演讲，若是能快一点结束，他将会感谢上帝。当然，听众很快也会产生同样的感觉，要知道这种态度是很有感染力的。

奥佛斯特教授在《有影响力的人类行为》一书中说：

"喜欢可以产生喜欢。如果我们对我们的听众感兴趣，听众也会对我们产生兴趣。但如果我们不喜欢台下的听众，他们不论是从外表还是内心，都会对我们表示厌恶。如果我们表现得胆怯而慌乱，他们也会对我们缺乏信心。如果我们表现像个无赖，大吹胡侃，听众们也会表现出一种自我保护的自大情绪来。因此，常常是我们还没有开口说话，听众就已经对我们的好坏做出了评判。我有充分的理由说明，我们必须明白，我们的态度一定会引起听众强烈的反应。"

三、加强感染力

我经常在下午对那些稀稀落落地坐在大厅里的听众发表演讲，也经常在晚上去拥挤的小房间里为一大群人演讲。同样一个笑话，晚上的听众会开心地哈哈大笑，但是下午的听众只会露出浅浅的微笑；晚上的听众对每一段演讲都会热烈地鼓掌，而下午的听众们却毫无反应。这是为什么？

原因很多，但其中有一点必须清楚，下午的听众大多是年老的妇女或小孩子，他们的反应当然比不上晚上那些精力充沛而且有很高的辨别能力的听众。

事实上，另一个重要的原因是，当听众分散开时，他们就不容易被感动——广阔的空间、听众与听众之间的空椅子是最容易浇熄听众热情之火的。

因此，要注意加强对听众的感染力。亨利·比丘在耶鲁大学发表关于布道的演讲时说："人们经常问我：'你是不是认为，向一大群人发表演讲，比向一小群人演讲更有意思？'我说不是。我可以对 12 个人发表精彩的演讲，和面对 1000 个人一样精彩，只要这 12 个人能紧密地围绕在我的身边，彼此紧挨着身子。相反，如果 1000 个人分散开来，两人之间相隔一米远，那跟在空无一人的房子里演讲一样糟糕……必须把你的听众紧紧地聚集在一起，那你只需花一半的精力，就能打动他们。"

当一个人置身于大众之间的时候，容易失去自我，成为大众的一分子，比单独一个人更容易受到影响。他会和其他人一起开怀大笑，热烈鼓掌。但如果他只是五六个听众中的一个，虽然你说的是同样的内容，他也会无动于衷。

当人们成为一个整体时，你可以很容易让他们产生反应；相反，要让一个人做出反应，则是比较困难的事。例如，男人们在战场上一定会做出最危险而且最不顾后果的行动——他们希望大家聚成一团。在第一次世界大战期间，德国士兵上战场时，就彼此握住同伴的手紧紧不放。

大众！大众！大众！这是一种最奇特的现象。所有大规模的运动和社会改革，都必须通过民众的协助才能开展。对此，有一本极为有趣的著作，就是艾佛特·狄恩·马丁所写的《大众行为》。

如果你要向一小群人演讲，应该找一个小房间。把听众塞进一个狭小的空间，一定会比让他们分散在宽广的大厅里效果更好。

如果你的听众坐得很散，一定要把他们都请到前排来，让他们坐在靠近你的位子上。一定要让他们这么做以后，才开始你的演讲。

除非听众的确很多，而且也真的需要到讲台上去，否则不要这样做。你应该和他们站在一起，或者就站在他们身边。要勇于打破常规，和听众打成一片，让你的演讲和日常谈话一样。

四、保持演讲场所的环境整洁

首先要保持场所空气的新鲜。在演讲过程中，氧气是很重要的东西。不论是多么动人的演讲，或者音乐厅里的女高音多么迷人，都无法让身处恶劣空气中的听众保持清醒。如果我是演讲者，在开始演讲之前，我总是会请听众们站起来，休息两分钟，同时把窗户全部打开。

在过去 14 年，詹姆斯·庞德少校在美国和加拿大各地旅行，担任亨利·比丘的经纪人。当时，这位著名的布鲁克林传道师正大受欢迎。庞德经常在信徒到来之前，察看比丘传道的地点，认真检查灯光、座位、温度和通风情况。庞德是一位退伍的陆军军官，他很喜欢运用权威，喜欢大喊大叫。如果传道场所温度太高，空气不流通，而他又打不开窗子的话，他就会拿起书，把窗户玻璃砸得粉碎。他认为："对于一位传道者来说，除了上帝的恩典之外，最好的东西就是氧气。"

灯光也是影响演讲成功的另一个重要因素。除非你打算在听众面前表演招魂术，否则应该尽可能地让房间光线充足。要想在一个昏暗的房间里激起听众的热烈情绪，那简直是太困难了。

如果你看过著名制片商比拉斯科关于舞台表演的著作，你就会发现，一般的演讲者对于灯光的重要性，简直没有一点儿概念。

要让灯光照射在你的脸上，因为人们希望能看清楚你。要让你脸上一点点微妙的变化也要展现出来，这是自我表现的一部分，也是最真实的一部分。这种展现有时甚至比你的言语更能表达你自己。如果你站在灯光的正下方，你的脸上会有阴影；如果你让灯光从后面照过来，你的脸也一定会藏在阴影中。所以，在演讲之前，要先找一个光线最佳的地点，将自己完全展现给听众。

记住，也不要躲在桌子后面，因为听众同样希望看到演讲者的全身。他们甚至会从座位上探出头来，把你整个人看个清清楚楚。

好心的主持人一定会替你预备一张桌子、一个水壶和一个水杯。但是你不能要那水壶和杯子，这只是一些放在讲台上的毫无用处而且又难看的废物。如果你的喉咙很干，不妨先找一片柠檬含在口中，让你的唾液流出来，而且比尼亚加拉瀑布还会多。

百老汇大街上各种品牌的汽车展览厅都布置得十分漂亮、整洁、干净、令人赏心悦目。法国巴黎名牌香水和珠宝店的办公室，也全都是那么高雅豪华。为什么要这样布置呢？因为这些都是高档商品，顾客看到这些展览厅布置得如此美丽，就会对这些商品更为动心，更有信心，也更羡慕。

同样的道理，一位演讲者也应该有令人赏心悦目的背景。我认为最理想的布置，应该是完全不用家具，演讲者的后面也不能有任何吸引听众注意力的东西，连两边也不能有。也就是说，除了一幅深蓝色的天鹅绒幕布之外，什么东西都不要布置。

但是，一般演讲者的背后常常都有些什么东西呢？如地图、图表，也许还有积满灰尘的椅子。这会产生什么效果？只会产生粗俗、凌乱而不调和的

气氛。你一定要把这些没用的东西全部清除掉。

亨利·比丘说："演讲中最重要的是人！"

如果你是演讲者，一定要很突出地表现出你自己，就像少女峰白雪皑皑的峰顶与瑞士那蔚蓝色的天空相互辉映那样显眼。

有一次，我在加拿大安大略省的兰登市旅游，正好碰到加拿大总理在当地演讲。他演讲的时候，有一个工人正手持一根长木棒，从这个窗户走到另一个窗户，将它们一一调整好。结果，听众几乎全都忘记了台上的演讲者，反而专心致志地看着那位工人，仿佛他正在表演魔术。

不管是听众还是观众，他们都会忍不住去看那些运动的物体。演讲者只要能够记住这一真理，那么他就能避免一些不必要的困扰和烦恼。因此，有必要记住以下建议：

第一，克制自己，不要玩弄手指、拉扯衣服，或做一些削减听众注意力的小动作。

我记得曾有一位很出名的纽约演讲家，他演讲时不停地用手玩弄讲台上的桌布，结果听众们全都专心地望着他的手，足足有半个小时。

第二，如果可能的话，演讲者应该适当调整听众的座位，使他们不至于看到迟到的听众进来，这样可以防止他们分散注意力。

第三，不要安排贵宾坐在演讲台上。

几年前，雷蒙·罗宾斯在布鲁克林发表一系列演讲，他邀请我和另外几位贵宾一起坐在台上。但是我拒绝了，因为这样做对演讲者没有任何好处。事实也真的是这样：在第一天晚上，我就注意到有好几位贵宾移动身子，不时地把一条腿放到另一条大腿上，然后又放下来；他们只要有任何人稍微移动一下，听众的注意力就会从演讲者身上移到这位贵宾身上。第二天，我把这一种情形告诉了罗宾斯先生。在接下来的几个晚上，他就很聪明地一个人单独站在台上了。

比拉斯科先生不允许舞台上放红色的鲜花，他认为这样会吸引听众太多的注意力。那么，演讲者又怎么能允许在他演讲时，让另一位动个不停的人面对观众坐着？绝对不应该这样做，只要他稍微聪明一点的话。

五、保持良好的姿态

在演讲之前，不要面对听众坐着。应该以崭新的姿态进入会场，这可比听众眼前的老形象要好许多。

如果必须先坐下来，那么就要十分注意坐姿。你一定看过别人四处张望找空位子的情形，那非常像一只猎犬在找一处躺下来过夜的地方。他们会四处张望，发现一张椅子，就加快脚步跑上前去，然后像一个大沙袋一样，把自己的身体猛地砸进椅子里。

懂得坐的艺术的人，会先用脚背碰一下椅子，然后由头部到臀部保持直立的姿势，以优美的姿态缓缓坐下。

我们在前面说过，不要玩弄衣服或首饰，因为这会分散听众的注意力。另外还有一个原因，这样做会给人一种缺乏自我控制的印象。任何不应有的动作只会减弱听众对你的注意力，哪怕是很微小的动作也会吸引听众的注意力。所以，必须以静止的状态站着，控制好你的身体，这样将有利于听众对你产生信任和可靠的感觉。

当你准备站起来开始演讲时，不要急急忙忙开口，这正是业余演讲家的通病。要先深深地吸一口气，直视听众大约一分钟；如果听众中间有嘈杂声或骚动，要停下来，等到一切平静为止。

挺起你的胸膛。不要等到面对听众时才这样准备。为什么不每天做这样的练习呢？这样，当你站在听众面前时，就会很自然地挺起你的胸膛。

罗瑟·古利克在他的《高效率的生活》中说："在10个人中，也找不到一个能让自己保持最佳姿态的人……你一定要把自己的脖子紧紧贴住衣领。"

他建议人们每天都做这种练习："缓慢而平稳地吸气，但要尽量用力；同时，把你的颈部紧紧贴住衣领。即使是很夸张的动作，也不会有害。这样做的目的，是让两肩之间的背部能挺直，同时使胸部加厚。"

站直以后，双手应该如何放呢？最好是忘掉它们。如果它们能够很自然地下垂在身体两侧，那是最理想不过的。如果你觉得它们像一大串香蕉，就不要指望听众不去注意它们，或者自以为听众不会对它们有兴趣。双手只有轻松地下垂在身体的两侧，才不会引起听众注意。即使是最吹毛求疵的人，也不能批评这种姿势。当然，在需要时，它们还应该能自然地做出各种强调的手势。

但是，假如你很紧张，而把它们放在背后，或插入口袋中，或放在桌子上，这样能够减少你的紧张情绪的话，那该怎么办呢？这时，你要运用你的常识进行判断。我听过当今许多著名演讲家的演讲。他们在演讲时，也会偶尔把手插入口袋中，如布莱安会这样，德普会这样，罗斯福总统有时也会这样。即使像英国政治家狄斯累利这样注重仪表的绅士，有时也会向这种诱惑力投降。

不过，这并不是什么大不了的事，上天不会因此而塌下来。如果一个人准备好了有价值的题目，而且很有说服力地说了出来，那么，他究竟怎样放他的双手或双脚，就是小事一桩了。只要他的头脑充实，内心热情澎湃，那么，这些次要的细节一般都可以自然而然地解决。毕竟，演讲中最重要的是内容，而不是手或脚的姿势问题。

但是，许多大学上演讲课时，对姿势尤其注重。我认为这种课对学生不仅毫无用处，而且观念错误，非常有害。因为这种课程没有教会学生给演讲注入生命的活力，它只会让人感到像一架打字机一样机械，像隔年的鸟巢一样毫无生气，更像一部电视闹剧那样荒谬。

有一次，我看到20个人同时演示学校教的这些方法。他们做着完全相同的手势，显得那样荒谬可笑、做作。其实，你若想学会有用的姿势，只能自己去揣摩，从自己的内心出发，并根据自己的思想和兴趣来培养。唯一有价值的手势，就是你天生就会的那一种——一盎司的本能比一吨的规则更有价值。

手势完全不同于晚宴服装这种可以随意穿上或脱下的东西，它是内在情况的外在表现，如同亲吻、腹痛、大笑或晕船一样。一个人的手势，就像他的牙刷，是专属于他个人使用的东西。每个人都不相同，只要顺其自然，每个人的手势也可以各不相同。

不要让两个人训练完全相同的手势。你们可以想象一下，假如个子修长、动作笨拙、思维缓慢的林肯使用的手势，和说话快捷、身材矮胖，而且温文儒雅的道格拉斯使用的手势完全相同，那是多么的荒谬可笑啊！

曾经和林肯同行并为他写传记的柯恩登律师说："林肯做手势的次数，没有他用脑袋做姿势的次数多，他会经常用力地甩动头部。当他想强调他的某个观点时，这种动作尤其明显。有时候，这个动作会猛然打住，仿佛火花飞溅到了易燃物上。他从来不像其他演讲者那样猛挥手势，仿佛要把空气和空间切成碎片……随着演讲的进行，他的动作会越来越自由自在，最后渐臻完美。他拥有完全的自然感和强烈的特征，他也因此显得尊严高贵。他看不起虚荣、炫耀、做作与虚伪……当他把观点撒播在听众脑海中时，他右手的瘦长手指包含了一个极富意义而又特加强调的世界。有时为了表示喜悦与欢乐，他会高举双手，大约成50度角，手掌向上，仿佛要拥抱那种情绪。如果他想表现厌恶——例如奴隶制度——他就会高举双臂，紧握双拳，在空中挥舞，表现出真正崇高的憎恶感。这是他最富有效果的手势之一，表现了他最坚定的决心，显示了他决心把他所痛恨的东西拉扯下来，投进灰烬中。他总是站得很规矩，两脚脚尖在同一条线上，不会把某只脚放在另一脚之前。他绝不会扶住或靠在任何东西上。在整个演讲过程中，他的姿势和神态只有少许的变化。他绝不会乱喊乱叫，也不会在台上来回走动。为了使双臂能够轻松一点，他有时也会用左手抓住外衣的衣领，拇指向上，只用右手自由地做出各种手势。"

这就是林肯的方法。著名雕塑家圣·高登斯就根据他这种姿态，雕成了一座雕像，立在芝加哥的林肯公园内。

罗斯福总统则比林肯更有活力、更富激情，也更积极。他的脸孔因为充满感情而显得生气蓬勃。他握紧拳头，使整个身体成为他表达内心感情的工具。

政治家布莱安会经常伸出一只手，把手掌张开。

格累斯顿则经常用手拍桌子，或是用脚踩踏地板，发出很大的声响。

罗斯伯利则习惯高举右臂，然后用巨大的力量猛然下挥……

不过，这些动作先要求演讲者的思想和信念必须有相当的力量，才能使演讲者的姿势强劲有力，而且出于自然。

自然……有活力……这才是行动的最佳表现。英国政治家伯克的手势非常地笨拙而不自然。英国著名演讲家皮特总是用手在空中乱划，像个笨拙的小丑。亨利·欧文爵士是个跛脚，他的行动怪异。马科雷爵士在讲台上的行为，也令人不敢恭维。划时代的拉登也是这样，巴尼尔也一样。对此，已故的库尔森爵士曾评论说：

"答案显然是，伟大的演讲家有他们自己独特的手势。虽然伟大的演讲家一定要有漂亮的外表和优雅的姿态，但如果演讲者碰巧生得很丑，而且行动又笨拙，那也没有太大的关系。"

多年前，我听过著名的吉普西·史密斯传道。他的演讲曾使几千人信奉了耶稣，我非常佩服他。他也使用手势，而且用得很多，但不至于让人感到有任何不自然。这才是最理想的方式。只要你练习运用这些原则，你就会发现，你也是在用这样的方式来做出你的手势。我无法举出任何硬性的法则，这一切完全取决于演讲者的气质，取决于准备的情况，取决于他的热忱、他的个性，以及演讲者的主题、听众和会场的情况。

不过，下面还有一些建议，对你会大有帮助：

不要重复使用一种手势，那将会让人产生枯燥单调的感觉；

不要使用肘部做短促而急速的动作，由肩部发出的动作在讲台上看起来要好得多；

手势不要结束得太快，如果你习惯用食指强调你的想法，那么在整个句子中一定要维持那个手势。

一般人都会忽略这些，这是很普通却很严重的错误。它会削弱你所强调的力度，使一些不重要的事情反而变得仿佛很重要，而使真正的要点却显得不重要了。

总之，当你在听众面前进行演讲时，只使用那些发乎自然的手势。当你演讲时，你自己内心当中的冲动和欲望才是最值得信任的，比任何教授所能给你的任何指导都更有价值。

如果你忘记我们对手势的一切说明，而你又要上台演讲，请记住这一点：如果一个人非常专注地思考他的演讲题目，急于把他的观点表达出来，以至于忘掉了自己的存在，使他的谈话举止都出于自然，那么他的手势及表达方式将不会受到人们的批评。

第五章　接受成功演讲的挑战

在这一章，我们会介绍每一种演讲类型的规则和技巧，包括从社交谈话到正式当众演讲。

如果你现在要准备外出演讲，可能会碰到两种情况中的一种：向听众介绍另一位演讲者，或者自己发表长篇演讲。为此，我们各用一章来讲介绍词和长篇演讲。

最后部分再次强调，书中的法则不仅对当众演讲十分有用，在各种日常讲话中也如此。

介绍性演讲的技巧

当你被邀请当众发言时，你可以推荐另一个人，或者自己作一番介绍，以便向听众说明情况，取悦或者令他们信服。假如你是民间组织的节目主持人，或者某妇女俱乐部的成员，你就面临着介绍下次会议主讲人的任务。或许，你有机会在当地的家庭教师协会、销售小组、同盟会或政治组织中发表演讲。在第13章，我将给你们一些准备长篇演讲的提示。本章旨在帮助你们如何准备介绍词。我也会提供一些有关颁奖和领奖的实用性建议。

约翰·梅森·布朗是作家和演讲家。他生动的演讲赢得了全国各地的听众。一天晚上，他和一名主持人交谈。

"别为你的演讲担心，"主持人对布朗先生说，"放松点，我认为演讲不用准备。不用，准备没什么用，只会破坏美感，扼杀好的氛围。我只期望临场发挥——从没出过纰漏。"

这番安抚之词让布朗先生期待主持人会有一个精彩的介绍，他在《积习难改》这本书中这样回忆。但是，这位主持人站起来介绍时，却这样说：

先生们，能请您注意一下吗？今晚我们有个坏消息要告诉大家。我们原打算邀请艾萨克·马克森先生为大家演讲，但是他因病不能来了。（鼓掌）后来我们又邀请伯莱维基议员……但是他也很忙。（鼓掌）最后我们邀请堪萨斯州的劳埃德·葛罗根博士也未成功。（鼓掌）所以，在不得已的情况下，我们只能请——约翰·梅森·布朗。（沉默）

布朗先生回忆这次遭遇时，只说："至少我的朋友，那位灵感家，把我的名字念得一字不差。"

你肯定能看明白，这位坚信自己的灵感可以应付一切的主持人，如果稍加准备一下，是不可能会弄得这么糟的。他的介绍词已经背离了对待演讲者和听众的职责。尽管主持人的这类职责不多，却很重要。令人不解的是，有那么多节目主持人都没有意识到这一点。

介绍词的作用与交际介绍一样。它把演讲者和听众联系在一起，为的是建立良好的气氛，让彼此发生兴趣。认为"你不必说什么，只要介绍演讲者就足矣"的人，是不成熟的。没有哪种演讲比介绍词更容易被搞砸的，或许正是因为它不被许多主持人重视的缘故。

介绍——这个词由两个拉丁字组成。intro 表示内部，ducere 表示领导，意思应该是：带领我们充分深入事物的内部，听听要讨论的内容。它应该引领我们深入了解演讲者，并认为他足以胜任探讨这个特别的话题。换句话说，介绍应该是向听众"推销"演讲主题和演讲者。它应该以最简明的语言来介绍。

那就是介绍词所要做的。但是做到了吗？十有八九没做到——真的没做到。大多数介绍词都很平庸、不堪一击，更不充分。该做的他们没有做到。如果主持人意识到自己任务的重要性，并立即给予更正，他很快就会成为广受欢迎的典礼和仪式的主持人。

下面是一些建议，可以帮你较好地组织介绍词。

一、做好充分准备

即使介绍词很简短，甚至不到一分钟，也应该好好准备。首先，必须收集事实。这些事实可以围绕3点：演讲的题目、演讲者对该话题的资历及演讲者的姓名。有时再加上第四点——为什么演讲的题目特别有趣。

你一定要知道确切的演讲主题，以及演讲者对该主题的发挥。最尴尬的事情莫过于演讲者对主持人的介绍有异议，认为其中有与他立场不一致的地方。这种情况是可以避免的，只要主持人确切知道演讲者的主题是什么，且不妄加猜测。但是主持人的职责要求准确把握演讲主题，并指出它是听众感兴趣的话题。如果可能的话，尽量直接从演讲者那里获取信息。如果需要依靠第三方的帮助，节目主持人就应该在演讲开始之前，努力收集书面资料，并与演讲者进行核实。

但是，你准备最多的内容应该是演讲者的资历。如果演讲者是享誉全国或者当地知名的人物，你可以从名人录或者出色人物中获取准确的信息。如果他是当地的名人，你可以求助他的公众关系和单位的人事部门，也可以拜访他的好友或家人，主要目的是让你的信息准确。演讲者的亲朋好友一定会很乐意给你提供资料的。

当然，介绍得过多也会令人讨厌，尤其是没必要详细介绍演讲者所获得的各种学历。比如，如果已经介绍一个人是哲学博士，又说他获得了学士和硕士学位是多余的。同理，最好是介绍他最高和最近的职位，而不是说出他大学毕业后的各种职务。最重要的是，不能忽略他最杰出的成就，无关紧要的部分则可以省去。

例如，我曾经听过一位著名的演讲家——此人本应该更著名的——介绍爱尔兰诗人 W. B. 叶慈。叶慈准备朗诵一首自己的诗歌。3 年前，他获得了诺贝尔文学奖，这是授予文艺工作者的最高荣誉。我相信，只有不到百分之十的人知道这个奖项及其意义。但是无论如何，应该值得一提。即使别的内容不说，这些也应该说出来。但是主持人做了什么呢？他完全忽略了这些，而是去谈论神话和希腊诗歌。

最重要的是，牢记演讲者的姓名，当即熟悉它的发音。约翰·梅森·布朗说，他曾被人介绍成约翰·布朗·梅森，甚至约翰·史密斯·梅森。加拿大著名的幽默大师斯蒂芬·里柯克在他那篇轻快的散文《我们相聚在今晚》

中，提到了一位主持人对他的介绍：

在座的各位都热情地期待里罗德先生的大驾光临。通过他的书，我们似乎已经将他当作老朋友。事实上，我可以毫不夸张地说，里罗德先生的大名在本市是家喻户晓。我非常非常荣幸地向大家介绍——里罗德先生。

收集信息的主要目的应该明确，因为只有明确，才能达到介绍的目的——提高听众的注意力，使之接受下面的演讲。主持人如果准备欠佳，常常会发生下面这样含糊不清、令人昏昏欲睡的情况：

演讲者是这个论题公认的权威。我们都想聆听他的高见，因为他来自一个——一个遥远的地方。这让我很想一睹风采，现在有请——哦，这位——布兰克先生。

只要稍加准备，我们就能避免这类介绍给演讲者和听众双方造成的不良印象。

叶慈

二、采用 T-I-S 模式

对大多数介绍词来说，T-I-S 格式是一个很好的提纲，可以用来组织收集的资料：

T 表示主题。介绍词的开头要说出准确的演讲主题。

I 表示重要性。在这一部分，要建立起演讲主题和听众兴趣之间的桥梁。

S 表示演讲者。需要列举演讲者突出的资历，特别是那些与主题相关的部分。最后准确清楚地说出他的姓名。

这种格式提供了许多供你发挥想象的空间。介绍词未必是一成不变的。下面用一个例子说明，采用这种格式，而又全然不落俗套。下面是纽约市的一名编辑霍默·卓恩向一群新闻工作者对纽约电话公司总裁乔治·韦伯先生的介绍：

我们演讲者这次的题目是"电话为你服务"。

对我而言，世界上像爱情、赌马者的执著一样最神秘的事情之一，就是打电话时发生的神秘事件。

为什么你会拨错号？为什么有时拨通纽约到芝加哥的电话比一山之隔的两个镇要快？我们的演讲者知道这些答案，也能解答其他电话方面的问题。20多年来，这一直是他的工作：整理各种电话资料，让用户了解电话中的问题。现在他因工作出色而成为一家电话公司的总裁。

他将会介绍他们公司为我们服务的方法。如果大家对电话服务感到满意，就请把他当作一位仁慈的圣徒吧。如果你最近为电话而烦心，就让他做一个辩解人。

女士们、先生们，这位就是纽约电话公司的副总裁，乔治·韦伯先生。

可以看到，主持人多么巧妙地让听众想到了电话。通过提问，他燃起了听众的好奇心，然后指出演讲者将会回答这些问题，以及他们想知道的所有问题。

我不认为这份介绍词是事先写好了记住的。或者即使是在纸上写好的，它读起来也那么熟练自然。介绍词不应该死记硬背。

在一次晚会上，主持人介绍科妮莉亚·奥蒂斯·斯金纳时，把背的内容全忘了。于是她深吸了一口气，然后说："由于拜德上将要价过高，所以今晚，我们邀请了科妮莉亚·奥蒂斯·斯金纳小姐。"

介绍词应该是自发形成的，随即产生的，不受任何约束和局限。

前面引用过的介绍韦伯先生的例子，并没有"我荣幸地"、"我有幸为大家介绍"之类的陈词滥调。介绍演讲者的最好方式是说出他的姓名，或者说"我要介绍"后面加上他的姓名。

有一些主持人失败之处在于说得太多，让听众反感。另一些主持人则沉浸于高谈阔论之中，想让演讲者和听众留下深刻印象，证明自己的重要性。还有一些主持人会说些笑话，有的还很没品位，或者以幽默的方式来抬高或贬低演讲者的职业。所有这些做法都是极端错误的。如果主持人想要一个出色的介绍词，上面的错误就应该避免。

下面是一个遵从 T—I—S 模式的例子，完全彰显了它的个性。在介绍著名的科学家、教育家和编辑杰罗德·温迪时，埃德加·L·史纳迪采用了这个三段式。请特别注意他使用的方法：

我们演讲者的题目《今日科学》是一个非常严肃的话题。它让我们想起了某个精神病患者的故事，他幻想自己体内有一只猫。因为无法证明这是错觉，心理学家只好给他进行模拟手术。等他从麻醉中苏醒过来后，医生给他看了一只黑猫，并告诉他麻烦解决了。他却回答说："很抱歉，医生，可是折磨我的那只猫是灰色的。"

今天的科学也是如此。你要抓的是一只叫铀—235 的猫，却抓来一群小猫，镎、钚、铀—233 或别的什么。就像芝加哥的冬天，这些元素都被一一击败了。古时候的炼金术士，也是最初的核能科学家，在临终前还苦苦哀求老天，多给一天时间去探寻宇宙间的秘密。现在的科学家创造了宇宙间许多原本不敢想象的秘密。

今天的演讲者，通晓当今科学的情况和未来发展趋势。他是芝加哥大学化学系的教授，宾夕法尼亚学院的院长，也是俄亥俄州哥伦布巴德尔工业研究所的所长。他一直是政府部门的科学顾问，更是编辑和作家。他出生在艾奥瓦州的达文波特，在哈佛大学获得专业学位。他参加了军工厂的培训，还曾经遍游欧洲。

演讲者是几个学科的许多教科书的作者和主编。他最著名的书是《未来世界的科学》，此书出版时，他正担任纽约世界博览会的科技部主任。作为《时代》、《生活》、《财富》和《时局》等杂志的顾问，他对科学新闻的诠释吸引了一大批读者。他的《原子时代》于 1945 年出版，正是原子弹轰炸日本广岛后的第 10 天。他的口头禅是"最好的就要来了"。我很自豪地介绍，各位也一定会高兴地听到，《科学画报》的主编——杰罗德·温迪博士。

几年前，在介绍演讲者时，盛行过分追捧的风气。主持人会给演讲者增加许多光环。可怜的演讲者常常被过度的奉承弄得昏眩不堪。

密苏里州堪萨斯市著名的幽默大师汤姆·柯林斯曾告诉《主持人手册》

的作者赫伯特·普洛克罗："如果一个演讲者希望幽默风趣，对听众许诺，他们不久就会大笑不止地前俯后仰，这是相当致命的。当主持人开始支支吾吾地提到威尔·罗杰斯时，你就知道还不如回家割脉自杀，因为你已经完蛋了。"

另外，也不要贬低演讲者。斯蒂芬·里柯克回忆起有一次他不得不对介绍词进行反击。那次介绍是以如下方式结尾的：

这是今年冬天我们举办的首次演讲。众所周知，上次一系列的演讲开展得并不成功。事实上，我们去年年底已经出现了赤字。所以本年度我们开始采用一套新的思路，邀请要价稍低的人来演讲。现在请让我介绍里柯克先生。

里柯克先生沮丧地评价说："打上了'廉价人才'的烙印，缓步来到听众面前，想想会是怎样的感觉。"

三、充满热情

介绍演讲者时，表情和内容一样重要。你应该尽量表现得友善，愉快地进行介绍，而不必说出自己多么的高兴。如果你在介绍的过程中营造了热烈的气氛，那么最后你宣布演讲者姓名的时候，听众的期待会增加，也会给演讲者以更热烈的掌声。反过来，听众良好状态的表现，将有助于激励演讲者发挥最佳状态。

当你最后公布演讲者姓名时，切记要"停顿"、"中断"和"力度"。停顿，指的是在说出姓名前，稍作沉默，这样可以增加听众的期待。中断，指的是姓和名应该稍稍分隔，以便听众清楚地记住演讲者的姓名。力度，指的是姓名应该着重有力地说出来。

还有一件事要注意：请你——我恳求——当你大声说出演讲者姓名时，不要转向他，而是应该面对听众，直到说出姓名的每一个音节，然后再转向演讲者。我见过无数的主持人，介绍词讲得十分精彩，却因转向演讲者而功败垂成。这样等于是只对演讲者宣布姓名，而让听众感到被彻底忽视了。

四、表现出真诚

最后，必须要表现出真诚。不要滥用贬低之词或者不诚实的幽默。夸夸其谈的介绍总是令许多听众产生误解。要表现真诚。因为你处于一个社交环境，需要最高水平的策略和技巧。你可能与演讲者很熟悉，但是听众不一定。你的一些评论，尽管是无心的，却可能会造成误解。

五、认真准备颁奖词

"已经证实，人类心里最深的渴望是被认可——得到荣誉！"

作家玛约莉·威尔逊在书中写到这一点，表达了一个普遍存在的感觉。我们都希望和平共处。我们渴望被人欣赏。别人的评论，哪怕只有一个字——更不要说是正式场合下颁发的奖品，会鬼使神差地让人飘飘然。

网球明星阿尔泰亚·吉普森成功地把"人类心里最深的渴望"巧妙地选为她自传的标题。她称之为《我想做名人》。

当我们准备颁奖词时，可以确定，此人一定是名人：他因努力而获得成功，他值得褒奖。颁奖词应当简明，但也要谨言慎行。对那些经常获奖的人来说，可能没什么，但对不这么幸运的人而言，这可能很重要，会铭记一辈子。

因此在颁奖时，我们应该注意用词。这里是一个长盛不衰的公式：

第一，说明为什么要颁奖。或者是因获奖者长期的服务，或者赢得比赛，或者是一项重大的成就。简要地说明一下。

第二，说一些听众感兴趣的事情，如获奖者的生活和贡献。

第三，说明颁奖是多么有价值，大家对此人感到多么热切。

第四，祝贺获奖者，把每个人的祝愿转达给他。

对于这类演讲，没有什么比真诚更重要的。不用说，人人都知道这一点。所以如果被选来说颁奖词，那么和领奖人一样，也是很荣幸的。你的团队知道，你是值得信任的，能够完成这件费心费神的任务。这就要求你不能犯某些演讲者那样夸大其词的错误。

在这种场合下，很容易把获奖者的优点夸得言过其实。如果颁奖是值得的，我们必须说出来，但不应该过分吹嘘。过分赞美会让获奖者深感不安，也不能使了解实情的听众信服。

我们还应该避免夸大奖品本身的重要性。不要强调它自身的价值，应该着重于获奖者善意的感情。

六、答词的技巧

获奖感言应该比颁奖词要短。它不可能是预先背好的，但提前准备也很有好处。如果知道要领奖，听到要发表颁奖词后，我们就不会无所适从了。

只说些"谢谢"、"这是我一生中最幸福的日子"、"这是我有生以来最荣耀的事"之类的话，并不太好。和颁奖词一样，也存有夸大其词的危险。"最幸福的日子"和"最荣耀的事"太泛指了。如果用更加适中的词，可能会更好地表达心声。下面是一个参考模式：

第一，真诚地对大家"致谢"。

第二，把荣誉归功于帮助过你的人，你的团队、老板、朋友或者家庭。

第三，指明这个奖品或荣誉对你的意义。如果奖品是包起来的，当场打开并展示给大家。告诉听众它是多么有用，多么精致，以及你打算怎样用它。

第四，再说一些表示真诚感谢的话来结尾。

在本章，我们已经讨论了3种类型的演讲，每一种都可能在你的工作、组织或俱乐部中碰到。

我极力推荐，你在做这些演讲时，要认真遵循以上建议。在适当的场合说适当的话，你将会有满意的收效。

长篇演讲的技巧

明智的人绝不会不做计划就开始建房。但是为什么他在没有想好明确目的之时，就发表演讲呢？

演讲就好比有目标的航行，必须规划航线。一个从某处随意出发的人通常会毫无目标。

我想把拿破仑这句话铸成一尺高的大字，并染成火红的颜色，挂在世界上每个高效演讲班的门口——那就是"战术是一门科学，未经计划和思考就不会成功"。

演讲和射击一样。但是演讲者认识到这一点吗？如果认识到，又是否会付诸行动呢？他们不会。许多演讲不过是一件小事，演讲者对它的计划和安排比一道爱尔兰炖菜多不了多少。

怎样才是对既定题目最好、最有效的安排？只有经过研究才能了解。这是每一个演讲者必须反复问自己的一个既新而又永恒的问题。尽管我们不能给出一套完全正确的理论，但是，不管怎么样，我们还是能说出有关长篇演讲的3点注意事项：吸引听众注意力、正文内容和结论。每一方面都有一些历久弥新的方法。

一、开场白要立即引起听众的注意

我曾经问过西北大学前任校长林恩·哈罗德·哈夫教授，以他长期的演讲经验，最重要的事情是什么？经过片刻的沉思，他回答说："要有一个引人入胜的开场白，可以立即吸引听众的注意。"哈夫教授揭开了所有说服性演讲的核心问题：如何从一开始就让听众把自己"交给"演讲者。下面列出一些方法，只要巧妙使用，就会对你的开场白大有裨益。

1. 以实例开始

罗维尔·托马斯是一位誉满全球的新闻分析家、学者和电影制片人。在讲"阿拉伯的劳伦斯"时，他以下面这段话开场：

一天，我走在耶路撒冷的基督街上。这时我碰到一个人，身穿东方皇族的华丽袍子。在他腰侧，别着一把金制的弯刀。这种刀只有先知穆罕默德的后裔才有……

他以自己的亲身经历开场。那是吸引听众注意的话题。这类开场白通常是可行的，不会有什么问题。它鼓舞人心，引人入胜。我们之所以愿意继续听，是因为我们把自己看成是某个圈子的一分子，想知道接下去会发生什么事。我不知道还有什么方法比引用一个故事开场更有用。

我有一次演讲是这样开始的：

刚大学毕业时，一天晚上，我走在南达科他州的休伦街上，看见一名男子站在一只箱子上，对人群说些什么。我很好奇，所以也加入听众的行列。那人说："你们从没见过秃顶的印第安人吧？没见过秃顶的印第安妇女吧？现在，我告诉你为什么……"

不用停顿，无须作预热的陈述。直接以说笑的方式引用故事，你就可以轻易地抓住听众的注意力。

演讲者以他亲身经历的故事开场是有效的。因为他不用挖空心思去琢磨说什么，也不用担心主题的丧失。他所阐述的是自己的经历，是生活中娱乐的一部分，是身体中的肌纤维。结果呢？自信而轻松的方式会让演讲者在听众中建立友好的基础。

2. 制造悬念

在费城的佩恩运动俱乐部时，鲍威尔·希利先生的演讲是这样开始的：

82 年前，伦敦出版了一本小册子，讲了一个故事。这个故事注定是要流芳百世的。许多人称它"世界上最伟大的小书"。在它刚刚问世时，朋友们在斯特兰德大道或者帕码街碰到时，总会问："你读过它吗？"回答总是千篇一律："是的，上帝保佑，我读了。"

出版的当天，它卖出了 1000 册。两周内，销售量达到 1.5 万册。此后，它又进行了无数次再版，并被译成各种语言。几年后，J. P. 摩根以巨资买下了原稿。现在，它安坐在他富丽堂皇的艺术长廊之中。这本举世瞩目的书是什么？它是……

你想知道更多吗？演讲者抓住了听众的注意力吗？你是否感觉这样的开场已经吸引了你的注意，增加了继续听下去的兴趣呢？为什么？因为它诱发了你的兴趣，让你产生了悬念。

好奇之心，谁没有呢？

或许你也一样！你会问此书的作者是谁？这是一本什么书？为了满足你

的好奇心，把答案告诉你：作者是查尔斯·狄更斯，书名是《圣诞欢歌》。

制造悬念是让听众产生兴趣的一种必胜方法。请看我在演讲《人性的优点：怎样消除烦恼，开始生活》时，是如何制造悬念的。我是这样开始的：

"在1871年春，一个年轻的小伙子，威廉·奥斯勒，他注定要成为世界闻名的内科医生。他拿起一本书，读到21个字。它们对他的将来产生了重大影响。"

这21个字是什么？对他的未来又有怎样的影响呢？这些都是你的听众想知道的问题。

3. 讲述引人注意的事情

克利福德·亚当斯是宾夕法尼亚大学婚姻咨询服务处的主任。他在《读者文摘》中发表了一篇题为《如何择偶》的文章，其中就引用了一些令人震惊的实例，足以让你有语惊四座之感，营造了一个出色的开场氛围。他写道：

今天，我们青年人想通过婚姻来找到幸福的机会真是渺茫。离婚率的增长速度令人胆寒。1940年，每五六件婚姻会有一件失败。到了1946年，估计变成了1/4。如果这种趋势长此下去，要不了50年，离婚率就上升为1/2。

还有两个以"令人震惊的事实"开场的例子：

"国防部预测，原子能战争的第一夜，将会有2000万美国人丧生。"

"几年前，《斯克瑞普斯—霍华德》报社动用17.6万美元，调查客户不喜欢零售店的什么方面。这是有史以来对零售店问题进行的最昂贵、最科学、最彻底的调查。这次调查向16个城市的54047户家庭发送了调查问卷。有一个问题是：你不喜欢本市零售店的什么？

"关于这个问题，几乎有2/5的回答都是一样的：态度不好的店员！"

这种以令人震惊的陈述开场的方式，可以与听众有效地建立沟通，因为它能震撼人的思想。正是这种"震撼技巧"，采用出人预料的形式，使听众集中注意力来听你的演讲论题。

我们在华盛顿演讲培训班的一个学员，曾用过这种方法激发听众的好奇心，也一样有效。她的名字是梅格·希尔。她的开场白是这样的：

"我做了10年的囚犯。那并不是一个普通的监狱，而是由于我担心自己能力低、受批评而从心理上建造的监狱。"

对这段真实生活的插曲，你不想了解更多吗？

令人震惊的开场中，有一种风险应该回避，那就是避免趋于过分戏剧化或者太煽情。我记得有位演讲者，朝空中射了一枪作为开场。他当即吸引了听众注意，但是也震坏了他们的耳膜。

应该让你的开场彬彬有礼。要想知道你的开场是否得体，有效的方式是在晚宴上实践一下。如果它不够合宜，在餐桌上都通不过，那么多半也不适合你的听众。

然而，在许多时候，本该调动听众兴趣的开场白，事实上却成了演讲中最无趣的部分。例如，我最近听过一位演讲者是这样开场的："相信上帝，相信自己的能力……"多么说教而无趣的开场方式啊！但是第二句，越听越有趣，令人怦然心动。"1918年我母亲成了寡妇，带着3个孩子，没有钱……"为什么？哦，为什么？那位演讲者为什么不是第一句话就说，他寡居的母亲与命运抗争，养育着3个孩子呢？

如果你想让听众产生兴趣，就不要一开始就介绍细节，而应该直奔故事的中心思想。

弗兰克·贝特格做到了。他是《我是如何在销售中从失败走向成功的》一书的作者。他是一位语言艺术家，书中的第一句话，他就制造了悬念。我知道此事，因为在美国青年基督会的资助下，他和我一起就销售的话题进行了全国巡回演讲。我总是很钦佩他充满热情的、绝妙的开场方式。不唠叨、不训诫、不讲大道理、不笼统。弗兰克·贝特格开篇就点了题。他是这样饱含感情地开始的：

"我成为一名职业篮球队员之后不久，遇上了一生中最让我震惊的事。"

这样的开场会对听众产生什么样的效果呢？我知道，因为我就在现场。我看到了下面的反应。他立刻吸引了每个人的注意。大家都想听听他为什么，是多么震惊，以及如何处理的。

4. 要求听众举手参与

抓住听众注意力的一个绝好的方法就是要求他们举手回答问题。例如，在演讲"如何防止疲劳"这个题目时，我就以这个问题开始：

"请举手，让我看看你们中有多少人，在感到自己应该疲劳之前就已经疲劳了？"

请注意：当你要求听众举手时，应该带给他们一些提示，让他们知道你想做什么。不要开口就问："在座的各位有多少人认为税收应该降低？请举手！"在语言上，要给听众准备投票的机会。可以这样说："我想请大家举手来回答一个很重要的问题。这个问题就是：'你们中有多少人认为商业赠券对消费者有利？'"

要求听众举手参与的技巧可以得到宝贵的反应，即"听众参与"。当你采用这种方法时，你的演讲就不再是独角戏了。因为听众参与进来了。当你问"你们中有多少人，在感到自己应该疲劳之前就已经疲劳了？"每个人都开始寻思他关心的方面：自己、疼痛、劳累。他会举手，可能还会环顾一下会有谁举手。他忘了自己是在听演讲。他笑了，向邻座的朋友点点头。冷场的局面化解了。你，演讲者轻松自如，听众也一样。

5. 告诉听众如何获得他们想要的

抓住听众注意力，还有一种屡试不爽的方式，那就是承诺他们，采用你的建议，可以得到自己想要的东西。下面是一些例子：

"我会告诉你们怎样避免疲劳。我会告诉你们怎样做，能让你每天清醒的时间增加1小时。"

"我会告诉你们怎样从根本上增加收入。"

"我可以承诺，如果愿意听我说10分钟的话，我会告诉你们一种让自己成名的好办法。"

"承诺"的开场方式必定是能吸引听众注意力的，因为它直接调动了听众的兴趣。演讲者常常忽视把自己的话题与听众的兴趣联系起来。他们不去开启听众注意力的大门，反而用无趣的开场白将其封闭，追溯话题的来由，述说背景对理解主旨的必要性。

记得我几年前听过的一次演讲，论题本身对听众很重要：定期健康检查的必要性。演讲者是如何开场的呢？他是否通过一个有效的开场，增添了话题的自然魅力？不是。他是以对主题背景了无生气的叙述开始的，听众一开始就对他的话题没了兴趣。如果以"承诺"的技巧开场，一定相当有效。例如：

你知道自己能活多久吗？人寿保险公司将几百万人的寿命进行了汇总，制成了生命期望表，通过这种方式，可以预测人的寿命。你的寿命大约是你现在的年龄至80岁之间的2/3……那么现在，你是否觉得时间够长呢？不，不！我们都渴望活得更长一点，我们总想证明这个预测是错误的。但是，怎样才能做到呢？如何将自己的生命延续得比统计数据所说的那个骇人听闻的数字更长？当然有方法，有一种方法能办到。我会告诉你们怎样做……

你看，这样开场能不能引起听众的兴趣，能否让你想听演讲者讲下去？你必须听，因为他不仅在谈论你，谈论你的生命，也承诺会告诉你一切有价值的知识，而不是无趣地叙述无聊的事实！像这样的开场几乎是难以抵抗的。

6. 采用展示物

或许世界上抓住注意力最容易的方法就是举起一件东西，给大家看。从最低级到最高级，几乎所有生物都会注意那种刺激性的举动。即使面对最严肃的听众，这种方法有时也很管用。

例如，费城的 S. S. 艾利斯先生在我们的一次演讲培训班上，演讲前拇指和食指夹着一枚硬币，并将手举过肩膀。本能地，大家都盯着看。然后，他问："在场的各位，有谁曾在人行道上发现过这样的硬币吗？据说，拾到过的幸运者将可以在购置房产时享受许多免税政策。只要他能交出这枚硬币……"艾利斯先生接下来继续谴责这种误导和不道德的行为。

上述方法都是可行的。它们既可以独立使用，也可以相互组合。要知道，如何开场很大程度上决定了听众是否会接受你和你的演说。

二、避免引起不利的注意

我再三地请你记住，不仅要抓住听众的注意力，而且必须抓住积极的注意力。请记住我说的是积极的注意力。理性的人不会一开始就侮辱听众，或是说出令人不愉快的话。这势必会让听众对演讲者和他的话题产生反感。然而，通过使用下面的方法之一，演讲者通常就能抓住听众的注意力。

1. 不要以道歉开场

以道歉开场并不能让你有一个很好的开始。我们总是听说，有些演讲者想抓住听众的注意力，可是缺乏准备和能力。如果你没有准备好，不用道歉，可能听众也会察觉到。为什么要暗示听众，认为他们不值得你提前准备？你在火炉边听说的故事足以应付他们？这不是轻视他们吗？不，我们不想听到道歉的话。我们希望听到一些新闻趣事——感到有趣的事：记住这一点。要让自己第一句话就捕获听众的兴趣。而不是等到第二句、第三句，而是一开口！

2. 慎用"幽默"故事开场

你可能已经注意到，有一种开场方式很受演讲者青睐，那就是众所周知的所谓的"幽默"故事。由于某些不愉快的原因，初学者感到他应该借用一个笑话来渲染演讲气氛。他幻想马克·吐温的天赋降临在他的身上——千万不要掉在这个陷阱里。你很快会发现自己处于尴尬的境地。"幽默"故事可能把气氛搞得很惨——因为听众可能早就知道这个故事。

尽管对任何演讲者而言，幽默感都是一笔珍贵的资产，但演讲开始是否一定要气氛沉重、严肃？并非如此。如果你有能力调动起听众的幽默感，引用一些当前的实例，或者以往演讲家举过的例子或发表的言论，那么也是十分适宜的。观察一些不适宜的社会现象，然后加以夸大；相比陈芝麻烂谷子的笑话，这种幽默方法是很管用的。因为它事关当前社会，是新鲜事。

或许最简便的活跃气氛的方法是讲一个关于你自己的故事。可以描述你处于荒诞可笑、进退两难境地的情况。那样可以打下很好的幽默基础。

杰克·本尼将这个绝活用了多年。他是最早的广播喜剧演员之一，懂得以"嘲弄"自己来博得观众的欢迎。由于把自己拉小提琴的能力、吝啬和年龄等素材制成笑料，他成了一代幽默巨星，人气指数与日俱增。

如果演讲者有意贬低自己，说出自己的缺点和失意，当然是以幽默的方式，听众就会向他敞开心扉和思想。相反，如果将自己打造成"自命不凡"的形象，或者一副专家的样子，听众会表情冷漠，不愿接受。

三、突出主要论点

在做长篇演讲时，需要注意几点：越简明越好，而且一切都必须支持演讲题材。在前面我们介绍了一种支持论点的方法，即通过你生活中的故事、经历来说明，让听众去做你希望的事情。这类例子很受欢迎，因为它满足了人类基本的冲动，用一句话概括就是"人人都爱听故事"。意外和事件是一般演讲者广为使用的例子。但这绝不是支持你论点的唯一方法。你还可以引用统计数据，那不过是经过科学处理的图表、专家意见、类比、展示或者演示。

1. 使用统计数据

统计数据用来显示某类事情的比例结果。它们可以给人留下深刻印象，也令人信服，尤其可以作为一项证据，是单个的例子所不及的。索尔克的抗小儿麻痹症疫苗技术的有效性，在全美各州进行统计后得到证实。个别无效例子是许可之内的例外。因此，以这些例外为基础的言论，并不能让父母认为索尔克的抗小儿麻痹症疫苗技术不能保护他的孩子。

统计本身是枯燥的，应该理智地使用。用到它们时，应该穿上语言的外衣，使之生动形象。

这里有一个例子，如何通过把统计数据与我们熟悉的事情相比较，达到令人印象深刻的效果。

一位总裁认为纽约人不注意立即接电话，浪费了大量时间，为了支持这一观点，他说："在接电话前，每100个电话，有7个就要耽误1分钟。每天有28万分钟就这样浪费了。6个月，纽约浪费的时间，大约相当于自哥伦布发现美洲以来的所有工作日时间。"

光是数字和数量，是不能令人印象深刻的。还需要举例子。如果可能，例子应该依据生活经验来举出。

我记得在一座大坝的发电房，听过一位向导的解说。他本可以告诉我们房间的面积形状，但那样实在没有说服力。他告诉我们房间相当大，足可容纳1万人在标准场地观看足球赛，而且四周还能划出几个网球场地！

许多年前，我们布鲁克林中心基督教青年会的演讲培训班的一名学员，在一次演讲时，说到去年因火灾而损毁的房屋的数量。他进一步说，如果把这些被毁的建筑一个挨一个地排起来，可以从纽约延伸到芝加哥；如果把在火灾中丧生的人每隔半英里放一个，这条可怕的线路又能从芝加哥返回布鲁克林。

他给出的数据，我很快就忘了。但是这么多年过去了，不费吹灰之力，我依然能看见烧毁建筑的那条线路，从曼哈顿岛到伊利诺伊州的库克县。

2. 引用专家建议

引用一位专家的言论，你可以有效地支持自己演讲中的论点。不过在引用之前，必须先回答这几个问题：

第一，准备引用的话是否准确？

第二，它是否来源于专业知识领域？在经济学问题上引用乔·路易斯的话，显然是注重了他的名字而非专长。

第三，引用的话是否出自一位知名的、受听众尊敬的人士？

第四，你确信这些话是一手资料，没有掺杂个人兴趣和偏见？

多年前，布鲁克林商会培训班中有一个学员，谈到专业化的必要性时，引用了安德鲁·卡内基的话。他的选择明智吗？是的，因为选准了人，卡内基被听众尊为有资格谈论经商之道。现在，那段引言也值得一提：

我认为在各行各业中取得成功的正确途径是精通自己的业务。我不赞成分割自己精力的做法。依照我的经验，在制造业，我很少甚至没有遇见过，有人在赚钱方面很卓越，而在其他许多方面也饶有兴趣。凡有成就的人必是选准一条路，坚持做下去的。

3. 采用类比

根据韦伯斯特的观点，类比是"两个事物中相似的关系……所指的相似，不是事物本身，而是特征、环境或效果"。

采用类比是支持主题的很好技巧。担任内政部助理秘书时，C·吉拉德

·戴维森做过一篇题为《对更多电力的需求》的演讲，下面给出一段摘录。请注意他是怎样使用比较、类比来支持自己观点的：

繁荣的经济必须不断前进，否则就会衰退。就像是飞机，停在地面时，只是一堆毫无用处的螺母和螺钉的组合。可是在空中飞行时，它就变成了真正的自己，发挥了有效的作用。为了飞行，它必须前进。如果它不动，就会下落——它不会后退。

还有一个例子，可能是雄辩历史上最精彩的类比。它是在内战的一个关键时期，林肯用来回击批判者的。

先生们，我希望你们设想一下：假如把你所有值钱的财富换成金子，交到著名的走钢丝选手布洛丁的手里，让他带着这些金子走钢丝穿过尼亚加拉瀑布。那么当他走在钢丝上时，你会不会晃动绳索，或者冲他大喊："布洛丁，再低点！走快点！"不，我相信你不会。你会屏住呼吸，握紧拳头，直到他安全通过。现在，政府也处于同样的境地。它正背负着巨大的重担，穿行在狂风巨浪的海洋中。数不清的财富在手里攥着。它正在尽其所能地努力着。不要打扰它！保持安静，它会带着你安全渡过。

4. 使用展示物

当钢铁公司的主管与经销商谈论业务时，他们总是采用表演的形式，来说明燃料应该从底部而不是从顶部加入。他们找到了这种简单而又形象的说明方式。演讲者点着一根蜡烛。然后，他说：

"看这火苗多亮——多旺啊。其实是因为所有的燃料都转化为热量，不产生烟。

"蜡烛的燃料是从底部提供的，就像钢铁锅炉一样，也是从底部添加燃料。

"假如蜡烛是从上面加燃料，就像人工加料炉一样。（这时，演讲者把蜡烛倒过来。）

"注意火苗是怎么熄灭的。闻到烟味，听见噼啪声，看到火苗发红，这是由于不完全燃烧所致。最终火苗灭了，因为从顶部不能有效地添加燃料。"

几年前，亨利·莫顿·鲁滨逊为杂志《你的生活》写了一篇有趣的文章

《律师如何胜诉》。在文中，他讲述了一位名叫亚伯·胡莫的人的故事，此人在受理一家保险公司的伤害案时，是怎样进行技艺高超的展示表演的。

原告波斯特维特先生声称，由于电梯掉下来，他的肩膀严重受伤，胳膊都抬不起来了。

胡莫表示十分关切。他自信地说："现在，波斯特维特先生，你让陪审团看看你的胳膊能抬多高。"波斯特维特先生小心翼翼地，把胳膊举到耳朵的位置。胡莫催促着："现在，再让我们看看你受伤之前能举多高。"原告随即把手臂举过头顶说："这样高。"

从陪审团对这个示范动作的反应，你可以知道结果如何。

进行长篇演讲时，你可以列举3条，最多四条。这些要在一分钟之内说完。如果照着念下去，将是无聊而沉闷的。什么能让它们生动起来呢？那就是引入支持观点的材料。通过引用事例、类比和展示，你可以把主题思想变得生动鲜明；引用统计数据和名言，可以阐明真理，突出主题的重要作用。

四、在实践中检验

一天，我和企业家和人道主义者乔治·F·约翰逊聊了几分钟。当时他是实力雄厚的恩迪科特—约翰逊公司的总裁。不过令我更感兴趣的是，他是一位杰出的演讲家，能控制听众的悲喜情绪，并长久地记住他的话。

他没有专属于自己的办公室，而是在一间宽大而忙碌的工厂的一个角落办公。他处事态度就和那张旧书桌一样谦恭。

"你来得正好。"他起身招呼我说，"我正有一件特别的工作要安排。今晚对工人们说的结尾部分，我草拟了一下。"

"把要讲的东西从头至尾在脑海里过一遍，会让你觉得很轻松的。"我告诉他。

"哦，我还没有进行全面构思呢，"他说，"我只是搭了框架，还有一个专门的结尾。"

他不是一个职业的演讲家。他也从来不追求响亮的词语或者华丽的句子。然而，从实践中他学到了成功沟通的秘诀。他明白演讲要成功，必须有一个精彩的结尾。他认识到，要让听众印象深刻，演讲的结论应该将全文合理地推进得出。

结尾是演讲中最画龙点睛的一笔。演讲者结束发言之后，他说的最后一席话还能在听众耳边萦绕——这些话可能会被记住得更久。与约翰逊先生不同，初学者很少在意这一点的重要性。他们的结尾常常留下一些遗憾。

他们最常犯的错误是什么呢？我们来探讨一下，寻找补救办法。

首先，有人是这样结尾的："关于这件事情，这就是我想说的。到此，我想我该结束了。"这类演讲者经常放出一阵烟雾，心虚地说一句"谢谢各位"来掩盖自己未能令人满意的无能，那不是结尾，只会显示出你是个生手。那几乎是不可原谅的。如果你要说的说完了，为什么不立刻停止？什么都不用多说。这样做，效果会很好，听众自然明白你说完了。

还有的演讲者讲完之后，不知道怎样结尾。乔希·比林斯建议人们捉公牛时，要抓牛尾而不是牛角，因为牛尾更容易抓到。演讲者总是从正面去抓牛角，想努力甩开，却不能逃到附近的篱笆或树上。所以他最终只能是绕着原地转圈子，说着重复的话，给听众留下极差的印象……

如何补救呢？结尾必须提前构思，不是吗？你在面对听众的时候，是处于紧张和压力之下的，而且思想还集中在说话的内容上，那么这时你去思考如何结尾明智吗？如果预先在心态平和的时候去想，不是很好吗？

你打算怎样获得一个精彩的结尾呢？下面是一些建议。

1. 总结观点

长篇演讲包含很多的内容，以致到了最后，听众对主题都感到模糊。可是，很少有演讲者认识到这一点。他们被自己的假想误导了，因为这些要点在自己的脑海里透彻明了，所以认为听众也一样明晰。但事实并非如此。演讲者一直思考着他的观点。但是这些观点对听众来说是全新的，就像一梭子弹，突然掠过。有一些可能击中目标，但是大多数都错过了。用莎士比亚的话来说，听众可能"记得很多事情，但一件也记不清"。

据说，有位不知名的爱尔兰政客给出了一套演讲提纲："首先，告诉听众你想说什么，然后说出具体内容，最后对上面的内容进行总结。"最值得采纳的是："告诉他们，你刚讲了什么。"

有一个很好的例子。一位演讲者是芝加哥某铁道交通部的经理，他是这样总结收尾的：

总之，先生们，依据我们在自己后院使用这套设备的经验，以及在东部、西部和北部使用的经验，其操作原理简单，再有每年预防事故而又节省费用的实例——这些都让我强烈而又坚定地建议，立即在南部使用这套设备。

你们明白他的精妙之处了吗？你们不用听懂前面的演讲，可能就知道其内容了。他只用了几句话，几十个字，就概括出了全文所有的要点。

你不觉得像这样的总结很好吗？如果认同，不妨采用这个技巧。

2. 倡议听众采取行动

上面引用的那个结尾，也是以倡议行动结尾的好例子。演讲者想劝服听众有所行动：在铁路线南部地区安装一套设备。他请求行动是基于此设备可以预防事故进而节省费用。演讲者希望听众行动起来。他成功了。这不只是一个演讲练习，这次演讲是面对铁路部门董事会的，并取得了成功。

在演讲的最后几句话，要说明行动的时机已经到来。所以应该提出要求！倡议听众参与、捐助、投票、写信、去电、购买、抵制、赞助、调查、偿还，或者任何你想要他们做的。不过，一定要遵从以下原则：

要求他们做的事必须明确。不要说："请帮助红十字协会。"那太笼统了。可以说："请你今晚就把入会费送到美国红十字协会，本市的史密斯街125号。"

要求听众在能力范围之内有所行动。不要说："让我们投票反对酒鬼。"那样是没用的，因为当时我们不是在现场进行投票。你可以要求他们加入一个戒酒协会，或者向禁酒组织提供支持。

尽力让听众接受你的倡议。不要说："写信给议员，投票反对这项议案。"百分之九十九的听众都不会这么做。他们一点都不感兴趣，或者嫌麻烦，或者根本就忘了。所以要让事情轻松完成，该怎么做呢？你可以自己给议员写封信，说："我们联名，请您投票反对第74321号议案。"把此信和钢笔在听众间传递，你会得到许多签名——甚至会连笔都丢了。

在实践中应用

在最后一堂课，我经常会高兴地听到一些学员说，他们如何把本书的知识应用于日常生活之中。销售员增加了业务量，经理人获得了晋升，总裁扩大了权力范围，这些都归功于语言技能的增强。利用这个有效的语言工具，他们可以提供建议，并解决问题。

正如N·理查德·迪勒在《今日语言》中所说的："说、说的方式、说的长短，还有说的语气……是商务沟通的生命线。"R·弗雷德·卡内德在通用汽车公司负责卡耐基高效领导课程的培训，他也在这本杂志中写道："我们对通用汽车的口头表达训练感兴趣，原因之一是我们发现，这里每个主管都是老师，都有一定的水平。当他面试一位应聘人员时，会考虑此人以前的工作方式，会考虑对此人进行怎样的安排和提供可能的晋升。一位主管总免不了解释、说明、申斥、通知、指示、评论，还要和本部门中的每一个成员讨论各个项目。"

只要我们继续攀登口头沟通的楼梯，就会到达更高的境界，有能力参加一些会议，并当众演说、做决定、解决问题，阐明方法——我们还可以看到，正如本书中所讲的那样，高效演讲技巧还可以应用到日常表达中。当众高效演讲的法则，可直接应用到普通例会和领导会议中。

思想的组织表达、正确的遣词造句、充满热情和真诚，这些都是思想能够得到完美表达的要素。所有这些技巧都在本书中进行了详细的介绍，以后就要看读者们在各种场合如何灵活应用了。

你现在可能会想，什么时候开始应用前面各章中所学的知识。也许你会奇怪，因为我的回答只有一个词：立刻。

就算你根本用不着准备当众演讲，我敢肯定，你会发现本书中的法则和技巧每天都能用得上。我说现在就开始使用这些技巧，指的是从你说下一句话起就应用。

如果仔细分析你每天说的话，你会惊讶地发现，日常会话和本书中涉及的正式交流，其目的非常相似。

在第二篇第一章，我曾力劝你在当众发言时，要牢记 4 个目的中的一点，也就是传递信息、制造娱乐、说服别人同意你的观点，或者劝他们采取某个行动。当众演讲时，我们务必明确上述目的，也必须明确谈话的内容和表达方式。

在日常会话中，说话的目的并非一成不变，而是相互作用，不断变化的。也许在这一刻，我们可以肆无忌惮地聊天，下一刻突然要吆喝着兜售货品，或者劝说一个孩子把零花钱存到银行。将本书介绍的技巧应用到日常交流中，我们可以变得更加高效，也可以更好地表达自己的思想，巧妙地激励他人。

一、在日常交流中应用

就以其中的一个技巧为例。记得在第二篇第一章，我让你们说话时插入细节，这样你就能以生动形象的方式表达你的思想。当然，我这里指的主要是当众演讲。但是，难道使用细节在日常交流中就不重要吗？现在请想想你所熟悉的有趣的演讲家。难道他们不是在谈话中加入精彩生动的细节，不具有独特的演讲才能吗？

在展现你的演讲才能之前，你必须先要有信心。关于这一点，本书开始 3 章中几乎都有介绍。它很管用，能给你安全感，让你敢同别人打成一片，也敢在非正式的场合发表自己的观点。一旦你急于想表达自己的想法时，即使是面对一个很小的场合，你也会动手搜集一些资料，作为演讲素材。这样，一件伟大的事情就此发生了——你的视野变得开阔，你对自己的人生会有新的感悟。

家庭主妇的兴趣总是受到一些限制。可是当她们开始采用演讲技巧时，总是热衷于对小范围人群宣扬自己的心得体会。

"我能感觉到，刚找到的自信让我有勇气在社交场合大声发言。" R. D.

哈特夫人在辛辛那提时，对她的同学说，"我开始对时事发生兴趣。我不会再害怕与人交流，而是踊跃地加入。不仅如此，我还发现自己的各种经历能变为交流的资本。我感到自己对一些新活动越来越有兴趣。"

对一位传授演讲技巧的教师来说，哈特夫人的感激一点也不新鲜。一旦激发了学习和应用技巧的动力，它就会引发一连串的行为和交互作用，活跃整个人性，从此建立一个良性循环。就像哈特夫人一样，只要把本书介绍的某一条法则付诸实践，就能收获充实的感觉。

尽管我们大都不是职业教师，可是我们时常要对别人说明意图。比如，父母教导孩子，邻居间传授一种修剪玫瑰的新方法，游客对最佳线路交换意见，我们经常会碰到这些情况，这时需要清晰严整的思路，形象生动的表达。在《说明性演讲》这一章中介绍的演讲技巧也适用于这些场合。

二、在工作中有效地应用

接下来，我们谈谈演讲技巧对工作的影响。不论是销售员、经理、职员、主任、总裁、教师、牧师、护士、总经理、医生、律师、会计，还是工程师，我们都肩负着责任，解说专业知识，给出专业指导。以简单明了的语言进行解释的能力，通常是上司用来衡量我们工作水平的标准。如何敏捷地思考、流利地表达是一种技巧，可以从演讲的练习中获得。但是这种技巧绝不仅限于正式演讲——人人都能用，每天都可以用。今天，在企业界、政府机构和各职业领域中纷纷涌现的关于沟通交流的课程，更充分地说明了当今社会对清晰地进行语言表达的需求。

三、寻找当众发言的机会

把本书的法则运用到日常会话中，你会有一些意外的收获。不过除此之外，你还应该寻找每一个当众发言的机会。怎样做到这一点呢？可以参加一个俱乐部，在那里有一些当众演讲的活动。不要光做一个默默无闻的成员或仅仅是一个观众，应该投入进去，从事一些组织性的工作。这些工作的大部分内容是去请求别人。如果成为节目主持，你将有机会接触到周围的语言大家。你理所当然地要对他们进行一番介绍。

只要有可能，就应该争取连续二三十分钟的演说。注意采用本书的一些建议。让你的俱乐部或组织知道，你的演讲是经过准备的。你也可以到镇上的宣传部门去争取演讲的机会。募集基金的活动需要一些志愿者为他们代言。他们会教你一堆说话的技巧，这对于锻炼你的口才大有裨益。许多演讲家都是从这里开始的。他们中的一些人取得了巨大的成就。

以萨姆·利文森为例，他是广播和电视明星，也是一位演讲家，他的演讲受到全国人民的敬仰。他是纽约的一位高中教师。作为业余活动，他会以简短的方式，谈一些自己最熟悉的话题，比如家庭、亲戚、学生，还有工作。这些话题居然很受欢迎，不久他就被邀请到各处进行演说，甚至开始影响教学。而那时他还只是网络节目的嘉宾。不久，萨姆·利文森把他的全部精力都投入到了娱乐圈。

四、必须持之以恒

我们学习任何新事物，像法语、高尔夫球或者当众演说，都不可能一帆风顺。我们会遭遇波折，突遇障碍，甚至停滞不前。然后我们会有一段时间原地踏步，甚至倒退，还会丢掉从前占有的领地。对于这段停滞或退步的时期，所有心理学家都很清楚，并称之为"学习曲线图中的台阶部分"。练习演讲的学员有时会受到挫折，这个过程可能会持续几个星期。他们可能会感到困难重重，似乎没有办法克服。意志薄弱者会因绝望而放弃。那些意志坚定的人会坚持下去，他们会发现突然豁然开朗，在不知不觉中，他们取得了重大的进步。他们宛如一架飞机轻松越过高原。突然之间，他们不再腼腆，有了说话的力量和信心。

或许你会像本书中某些地方所说的，在刚开始面对听众时，会感到有些害怕、激动和紧张。甚至最伟大的音乐家，尽管经历了无数次的公演，也会如此。巴德列夫斯基坐在钢琴旁之前，总是神经紧张，不停地翻动袖口。但是只要他一开始演奏，所有的怯场都会烟消云散。

他的经历你也有。如果你能坚持不懈，相信很快就能战胜一切，包括最初的恐惧。也就是最初的一点恐惧，没什么大不了的。一旦说出前几句话，接下来你就能控制自己，就能轻松自如地说了。

有一次，一位想学法律的年轻人给林肯写信征求建议。林肯回信说："如果你下定决心要让自己成为一名律师，这件事就已经成功一半了……永远记住，要想成功，你的决心比其他任何事情更重要。"

林肯很明白。他早就经历了这些。他一生从都没有好好上过一年学。至于书，林肯曾经说，他每次都是走50英里路才借到的。小木屋里总是整夜点着一对柴火。他就借着这火光读书。小木屋墙上的木头上有许多裂缝，林肯常常把书插在那里。一到早上，天色亮得能够看书了，他就从树叶铺的床上爬起来，揉揉眼睛，抓起书就开始贪婪地读起来。

他会走二三十英里路，去听别人演讲。回来后，他会在每一个地方练习——田间、树林，以及吉利维尔村琼斯的杂货店那儿聚集的人群前。他参加了新塞勒姆和斯普林菲尔德的文学辩论社团，探讨时事。他在女人面前很腼腆。他向玛丽·托德求爱时，总是坐在客厅，害羞得一句话也说不出来，所以总是听她说。然而就是这样一个人，经过不懈地努力和勤奋地学习，终于使自己成为一名演讲家，还敢和当时最卓越的雄辩家道格拉斯议员进行辩论。就是这样一个人，在葛底斯堡发表第二次就职演说，精彩程度真是绝无仅有。

相比他所经历的艰难挫折和辛苦奋战，这实在不足为道。林肯写道："如果你下定决心要让自己成为一名律师，这件事就已经成功一半了。"

亚伯拉罕·林肯的画像挂在白宫总统的办公室。西奥多·罗斯福总统说："当我要对某件事做出决定时，尤其是那些很难应对的事情，它们牵涉到各方的利害关系，我就会看一看林肯，想想如果他在我这种处境会怎么做。这听起来有点不可思议，但是，坦白说，这会让我的难题更容易解决。"

为什么不试试罗斯福的方法呢？为什么不呢？在你努力想成为一名杰出的演说家时，如果受到挫折而打算放弃时，为什么不问林肯在这时会做什么呢？你知道他会怎么做。你知道他是怎么做的。在美国议会选举时，他败给斯蒂芬·A·道格拉斯之后，他安慰同伴不要"因为一次或一百次的失败而放弃"。

五、坚信付出就有回报

我多么希望能让你每天早晨都把这本书摊在餐桌上，直到你熟记威廉·詹姆斯教授的话：

年轻人不要为学历的高低而烦恼，不管它处于哪个层次。只要真正用好每一天的每小时，他就会得到最好的结果。他可以带着无比的自信，期待某个美妙的早晨，突然发现自己成了曾经追求的同辈中的佼佼者。

现在，借着著名的詹姆斯教授的这些话，我也想说，只要你勤于练习，就能自信十足地期望在一个美好的早晨醒来，发现自己变成了本市或社区中的一位演讲高手。

无论你现在听起来觉得有多么的异想天开，它却是一个普遍存在的真理。当然，例外也是有的。一个人如果心理素质很差、性格怯懦、知识匮乏，也就不可能成为像丹尼尔·韦伯斯特这样的杰出人物。但是，一般而言，这个观点还是适用的。

我举个例子吧：新泽西州前州长斯托克斯先生参加了我们在特伦顿培训班的毕业晚宴。他评论说，那天晚上听到的演讲，毫不逊色于在华盛顿的参议院和众议院上听到的。这些特伦顿的"演讲家"由商人组成，几个月以前他们还因为害怕听众而紧张得说不出话来。他们不是古代的西塞罗，只是新泽西州的商人，是美国任何一个城市都可见到的普通商人。然而，他们一夜醒来，发现自己成了本市，甚至可能是全美国著名的演说家。

我逐渐认识并且发现，成千上万的人正在尽力让自己增强当众讲话的信心和能力。成功者当中只有小部分是聪明绝顶的人，而绝大多数都是普通商人，但是他们坚持不懈。有点天赋的人有时会因气馁而不能坚持到底。但是普通人只要肯吃苦，肯坚持，最终都会到达顶峰的。

那是符合人类和自然法则的。你没发现在各行各业都有这样的事情吗？约翰·D. 洛克菲勒先生说，要在事业上取得成功，首要的是耐心和坚信付出终有回报。对于成功的演讲，这条法则也同样适用。

几年前，我想攀登奥地利的阿尔卑斯山怀尔德·恺撒峰。《贝德克尔旅行指南》说攀登很困难，所以对于一个业余登山员来说，有必要找一位向

阿尔卑斯山怀尔德·恺撒峰

导。我和一位朋友都没找向导，当然我们都是业余爱好者，所以另一个朋友问我俩是否能成功。"当然了。"我们回答说。

"你们凭什么这样自信？"他问。

"别人没找向导也成功了，"我说，"所以我知道一定行，而且我从来不会去考虑失败。"

那是做任何事都应该具备的正常心态，不论是演讲还是攀登珠穆朗玛峰。

你获得成功的大小，很大程度上取决于演讲前的思考。因此不妨想象一下，你正以极好的自控能力同别人谈话。

这是在你能力范围内容易办到的。相信自己会成功。坚信这一点，你才能做好成功路上的事情。

内战时期，海军上将都庞特为自己没把炮船驶入查斯顿港摆出了大堆的理由。法拉格上将专注地听着这些说辞。"但是还有一个原因你没提到。"他回答说。

"是什么？"都庞特上将问。

"你认为自己根本做不到。"

在我们演讲班中，大多数学员从训练中获得的最有用的东西，就是增强了自信心，对自己走向成功的一份额外的自信。在通常情况下，一个人要取得成功，更重要的是什么呢？

爱默生写道："没有热情，什么大事也做不成。"那不仅仅是一句措辞巧妙的文学用语，更是一幅通向成功的地图。

威廉·莱昂·费尔普斯可能是耶鲁大学最受爱戴和欢迎的教授。在他的《教书热》一书中，他说："对我而言，教书更胜于艺术和其他职业。那是一种激情。我热爱教书，就像画家喜欢绘画，歌唱家钟情歌唱，诗人爱好写诗。每天早晨起床之前，我总会热情洋溢地想着那群学生。"

一位老师对他的事业充满热情，对工作极具兴趣，并取得了成功，这奇怪吗？费尔普斯对他的学生产生了巨大的影响，主要是因为他在教学中投入了爱心和激情，还有热情。

如果你在学习如何有效演讲的过程中加入一点热情，就会发现前进路上的障碍会消失。把你全部的天赋和潜力都用来与人进行有效的交流，这是一种挑战。想想你可能会有的自信、肯定和镇定，以及吸引别人注意、煽动他人情感、说服众人采取行动所具有的控制力，你将会发现，自我表达的能力也会带来其他方面的能力，因为训练自己能言善辩是一条光明的大道，可以在工作和生活的各个方面获得自信。

戴尔·卡耐基课程的教师指南手册中有这样的话："一旦学员们发现，他们抓住了听众的注意力，得到了教师的表扬，以及同学的掌声，一旦得到这些，就会开发出以前从未有过的潜力、勇气和镇定。结果呢？他们尝试并完成了做梦也不敢想的事情。他们发现自己敢当众发言了。他们积极参加商业、专业和公共活动，并成为领袖人物。"

"领导力"一词在前面章节中频繁引用。在我们的社会中，清晰、有力、强劲的表达正好是领导力的特征之一。从私人会面到公众演讲，表达必须涵盖领导者的全部思想。巧妙地应用本书中的方法，将有助于你在家庭、教会、社区、公司和政府等领域发挥领导作用。

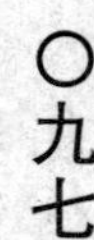

第六章　怎样增强记忆力

著名心理学家薛兆尔说："一般人在平时利用他的记忆力不及百分之十，这是因为他违反了记忆的自然法则，浪费了其余的百分之九十的缘故。"

你是否也是这样？如果是的，你一定感到在社会和商业上奋斗的困难，同时你对本章所述各节一定将感到很大的兴趣，你必须仔细读下去，它将使你获得很大的益处。本章所讲，是解释记忆的自然法则，并举出在商业和演说上应用的例子。

这些"记忆的自然法则"，就是"印象"、"复习"、"联想"三条。"记忆的系统"，便是建立在这三条上面的。

记忆的第一个要点，是抓住你对于预备牢记的事物的一个深刻生动而永久的印象。要做到这一步，非集中你的注意力不可。老罗斯福总统能有惊人的记忆力，便是能够做到这一步的缘故。他对一种事物有了一个印象，就像刻在钢板上一般地牢记不忘。他曾花了极大的心力训练他在杂乱的场合，把注意力集中于一事。一九一二年，芝加哥举行某种会议时，他住在一家旅舍的楼上，那时街上站满了狂乱的群众，摇旗高喊着欢迎他的口号，军乐高奏，政治人员很忙的来去奔走，因为会议快要开始了，他却安坐在房中的摇椅上，对这外面的喧哗像是没有听到一般，静读古代史学家希洛多忒斯的传记。如果换了别人，恐怕早已坐立不安了。又有一次，他旅行巴西的荒林中，拣了一株大树下的清静处，坐在一把小椅上读吉本的《罗马的衰落和灭亡》，当时，他已把整个注意力完全集中在书上，不久，天忽下起雨来，雨点打在树叶上窸窣作响，但他一点也没有发觉。他这样读书，当然是不易忘记了。

五分钟的注意集中，胜过不大关心的几天的苦功。毕锴先生说："一小时紧张的工作，胜过几年的恍惚生活。"伯利恒钢铁厂总经理葛寿斯先生每年收入在百万以上，他有一句名言："我学到一件比什么都重要的事，不论在哪种情形下我都每天照着去做，就是时时将注意力集中于手头的工作。"

这是获得"力"的秘诀之一，尤其是"记忆力"。

要养成精确的观察力

发明电灯的大科学家爱迪生，用着二十七位助手。这群助手在半年中，每天从电灯厂到研究所都是走着一条路，那路上有一株樱桃树，可是这二十七位助手被问到时竟无一人注意到此。

爱迪生说过："一般人脑中所记忆的事物，还不及他眼中所见的千分之一，从这里可见我们的观察力真是贫弱得可怜。"

平时当我们被同事介绍去认识两三位新朋友的时候，往往不到一两分钟后，就已把他们的姓名忘得一干二净。这就是因为我们一开始就没有集中注意力及不曾把他们精确地观察的缘故。也许你会自称记忆力太坏，其实你错了，这实在是你的"观察力"太坏。模糊中记事正如烟雾中拍照一样不会清楚。

纽约《世界杂志》总经理溥利善，他在编辑部每个职员的桌上写着"精确——精确——精确"，这是我们所十分需要的格言。你要记忆人家的姓名，就得依照这个格言。当你没有听清人家的姓名时，非问个明白不可，被问的人往往因你对他这样注意格外高兴回答，同时你也可以因为集中注意而记牢了他的姓名，并得到一个确切的印象。

在"闹市学校"中训练成的习惯

林肯年轻的时候，在一个乡校里读书，那所学校十分简陋，地板是用木棒铺成的，窗子上糊着涂油的旧报纸，教科书只有一本，先生高声诵读，学生也跟着高声的读，声音十分吵闹，因而邻居们给这乡校取了一个别名，叫做"闹市学校"。

在这"闹市学校"中，林肯养成了一个终身的习惯，就是他把要记住的事物，都高声读了出来。当他在春田市做律师的时候，每天早晨走进事务所，仰卧破榻，一条腿搁到椅子上，就拿起报纸开始高声朗读起来。他的一位同伴说："我每天被他吵得心烦脑胀，跑去问他为什么要这样高声朗读？他说，他这样做是在运用两种官能，一是'看着'自己在读什么，二是'听着'自己在读什么，这样可以使记忆力增强不少。"

林肯的记忆力很好，他说："我的脑子像一块钢板，不大容易在上面刻画事物；不过，已经刻上之后，也就很难磨掉了。"林肯的记忆秘诀是利用两种感官，我们何妨也来照样试试看？

其实对付最重要的事物，不但应该眼睛见到、耳朵听到，同时，还应该触到、嗅到、尝到。

最要紧的还是看到；因为我们的脑子，最易受视觉支配，凡是眼睛所见到的东西，印象一定比较牢固。举一个例子，譬如我们有时碰到一个人，常常觉得他的面貌很熟，可是想不起他的名字。这不是证明眼神经比耳神经格外灵敏吗？

试把你要记住的亲友的姓名和电话号码或演说大纲写下来，仔细默看一遍后，再闭目回忆，那些字将像霓虹灯一样的大而明显地出现在你脑中。

马克·吐温的记忆秘诀

马克·吐温是美国有名的幽默文学家，当年他一碰到要演说了，一定要带着演说稿上台，后来他想出了一种帮助记忆的简易妙法，以后上台演说，便不再带着演说稿了。他在《汉波》杂志上发表他的故事说："最难记忆的是数字，因为它既单调又没有显著的外形。如果你能在脑中把一幅图画和数字联系起来，记忆就容易多了。如果这幅图画是你自己想像出来的，那你更不会忘掉了。我曾经有过这种经验，在三十年前，每晚我都要演讲一次，所以我每晚要写一个简单的演说稿，把每段的意思用一个句子写出来，平均每篇约十一句。有一天晚上，忽然把次序忘了，使我窘得满头大汗。由于这次经验于是我想了一个方法：在每个指甲上依次写上一个号码，共计十个。第二天晚上我再去演说，便常常留心指甲，并为使不致忘掉刚才看的是哪个指甲起见，看完一个便把号码揩去一个。但是这样一来，听众都奇怪我为什么一直望自己的手指，结果，这次的演讲不消说又是失败了。

"忽然，我想为什么不用图画来代表次序呢？这使我立刻解决了一切困难。两分钟内我用笔画出六个图画，用来代表了十一个话题。然后我把图画抛开，但是那些图画已经给我一个很深的印象，只要我闭上眼睛，图画就很明显地出现眼前。这还是远在二十五年前的事，可是至今我的演说稿，还是得借图画的力量记忆起来。"

埃及首都开罗，有一所伊尔哈才大学，这是世界最大的大学之一。是一所回教的学府，学生有两万一千人，入学考试的科目之一，便是背诵全部的《可兰经》。这部回教经典的文字，和《新约》差不多长，一个人须三天才能背诵完毕。中国私塾里的学生，也要背整部的古书。中国学生和阿拉伯学生未必都是有特具的天才的，他们为什么能够记忆这许多的书呢？

这就是记忆的自然法则第二条——复习——所造成的效果。

无论怎样长的材料，如果你肯去充分复习，都不难牢记；所以，当你预备记忆事物时，最好把那事物多念几遍。你想记住一位新朋友的姓名，你可以常常多念他的姓名。当你预备和朋友谈话之前，最好多练习几遍你所要说的几个要点。如果你能常常这样做，你的记忆力一定将有惊人的进步。

最有效的复习

我们必须很聪明地运用复习，必须顾到我们在记忆力上所显的特性，万万不可盲目而机械地去干。

有一次，爱宾豪斯教授命令学生背诵许多枯燥无味的拼音字，他发现如果在三天中复习三十八次就可以背熟；但是如欲一气背熟，非复习六十八次不可。另外又有许多其他心理测验的结果，也都大致相同。

这是记忆学上的一个十分重要的发现。它使我们知道一口气读熟一段文字，所需时间，比用适当的间歇的复习时间要多一倍。

我们可以用两种理由来解释它：第一，在每次复习的间歇中，可以使我们的下意识，用"联想"来固定印象，正像詹姆斯教授说的"在夏天容易学溜冰，冬天容易学游泳"。第二，每次间歇，可使脑力得一休息的机会，不致因使用过度而疲惫。《天方夜谭》的译者曹却巴登能够讲二十七国的方言，而且讲得十分纯熟，可是他每次学习每种方言时，从不超过十五分钟；因为十五分钟后的脑力，已经渐渐失效了。

读了上面几个故事，当然不会再有人因为他的演说是延迟到隔夜才预备的而自夸了。如果他真个照他所夸口的去做，他的那篇演说，顶多也只能发生一半效果罢了。

我们为什么会忘掉事物？这里又有一个新的发现。据心理学屡次试验的结果，说一个人对于一件新知道的事物，在最初的八小时中，比一个月后更易忘怀。因此，当你去赴会议或去演讲之前，必须再把你的材料看过一遍，把事实想过一遍，使你的记忆力加深一层才好。

林肯会知道这个记忆力锻炼法的价值，而且还常常实际应用。有一次，甘第斯堡开南北战争烈士纪念大会，上议员艾弗粹特的演说，被规定在林肯的前面，当艾弗粹特快要把那篇沉长而郑重的演说结束的时候，林肯忽面现惶色。他每次继别人之后演说时都是这样的。他急忙扶正了眼镜，摸出演说稿来默读，把自己的记忆做最后一次的整理。

增强记忆力的秘诀

记忆的自然法则前两条——印象和复习——已经讲过不少，现在要讲的第三条——联想，也是记忆上少不来的要素。詹姆斯教授说："我们的脑子，原是一架联想的机器。……如果在一阵沉默之后，突然命令你说："记好！
回忆！"你当然将瞠目不知所对，因为你根本没有什么印象，记忆什么去呢？
这就是说，记忆必须有一个线索。如果我要你记忆自己的生辰，或是早餐吃
些什么，或是记住一曲歌谱，那你当然可以立刻回答出来，因为你有了联想
的线索。这联想的线索控制了我们的一切思想，我们运用脑子，无非是受了
这联想的线索的牵引，总之，凡是有了训练的记忆，都靠着一个有系统的许
多联想，而这联想的系统的好不好，又是靠着两种特性，一是联想的固定基
础，一是联想的数量。简括的说一句，'良好记忆'的秘诀，便是把我们要
记着的东西造下许多的联想。两个外在经验一样的人，谁能把自己过去的经
验记忆得最多而且是最有系统，便是谁的记忆力好。"

怎样把事实归拢起来

怎样把我们的经验，有系统地记忆起来呢？答案是找出意义而加以思
考。例如当你遇到一件新的事物时，你不妨自己提出下列五个问题来回答一
下：（1）它是怎样的？（2）它为什么是这样的？（3）在什么时候是这样的？
（4）在什么地方是这样的？（5）谁说是这样的？这五个步骤，可以使你把
一件新事物组织成一个连贯的系统。

比方要记住一位新朋友的姓名，我们第一要听得清楚。如果是普通的姓
名，可以联想到和某友的姓名相仿；如果生疏的姓名，我们不妨请问他这个
名字的意义是什么。同时再去记住这个人的面貌，把我们的注意力集中在他
的面目、身材、服装上面，并且还要细听他的声音和腔调，抓住他面目的特
点，成为一个深刻而生动的印象，再和他的姓名联在一处。这样，下次你见
到他的面目，就能想起他的姓名了。

你和某人见过两三次了，而且知道他在什么机关服务，可是，想不起他
的名字叫什么：这样的经验你有过吗？你要知道，这因为一个人的职业是固
定而具体的，好像是涂在布上的药膏。而他的名字，却像打在屋顶上立刻滚

落的冰雹，所以你要记住一个人的姓名，最好把他的职业和姓名联在一起。这方法是十分有效的。又如作者在费城运动员俱乐部的演说训练班上，二十位学员，初见面彼此都很生疏，于是想出介绍相识的方法来，便是请每人站起来说出他的姓名和职业，大家想出一句把他的职业和姓名联在一处的话来，结果，几分钟内，各人都能叫出各人的姓名来了。直到训练班结束，各人的职业和姓名都没有被忘掉：这便是因为两者联结在一处的缘故。联结的方法很容易，比方：许君是做大菜司务的，不妨叫他"许大使"，林宗是开帽子店的，因为"帽子"和"豹子"的音相像，"林宗"和"林冲"的音也相像，于是就叫他做"豹子头林冲"。

记忆年代的方法

要记忆一件事发生的年代，最好的方法，便是把它和已经发生重要事件的年代联在一处。比方苏伊士运河是在一八六九年凿成的，而美国的南北战争，结束在一八六五年，如果要美国的学生硬记住一八六九年，那是不大容易的，不如叫他们记住南北战争结束后的四年。美国的独立宣言，发表于一七七六年，而澳洲的殖民，开始于一七八八年，那么与其记一七八八年，不如记一七七六年后的十二年较为容易。

记亲友的电话号码，也可以和重要年代联在一起，例如笔者在欧战期间的电话号码是一七七六，这是谁都不易忘掉的。

记住演说要点的方法

我们要记起一件事情来，可以用两种方法：一是外界的刺激，一是和心中已有的事情一同记忆。如果把它应用到演说上，前者可以因外界的刺激而想起你演说的要点，后者可以因心中已有的事情记起了你演说的要点。不过，你最好把它们排成一个顺序，那么就可以从第一个要点自然地想到第二个；由第二个而第三个。

说起来好像很简单，可是一个初学演说的人，当他上台时，早已恐慌得失去了从容思索的能力，那么他该怎么办呢？唯一的补救办法，就是事先把你所要说的几个要点联在一处。比方你想记住"牛、雪茄烟、拿破仑、房屋、宗教"几个字，你不妨把它们联成可笑的"牛吸雪茄烟，用角触倒拿破仑，一所房屋在宗教的仪式下毁掉了"，这便容易记住了。

你学习时，可以用手掩住上一句的话，自问第三点该讲些什么？第五、第四、第二、第一又是什么？这样你不难渐渐体会到记忆的秘诀。在笔者班上的学员，大都用过这个方法，而获得很大的效果。

不论什么概念，都可以拿来联成一串，而且联得越是离奇有趣越易记得。

忘掉演说辞的救急法

一个演讲者，即使事先已经有了充分的准备和演习，但是上台之后，仍难免中途突然忘掉了讲辞，望着台下的听众大露窘色；同时又因为他不肯就此失去尊严，所以决不肯立刻自认失败，羞愧满面地退下台来。他自知也许只要容他有十几秒钟的静思，就可以记起一个或几个要点，继续讲下去了，但在听众面前静默十几秒钟也够难堪了。遇到这种场合该怎么办呢？美国有一位有名的参议院议员某君，有一次，也遇到了这种难堪的情形，他立刻向台下的听众问他的声音够不够高，后排的听众能不能听清楚？其实，他知道他的声音是已够高了，用不到再去征询听众的意见，他只是借此机会，思索十几秒钟，俾使继续讲下去罢了。

但有时碰到这种急难，也许可以这样挽救：利用自己刚才讲过的最后一句话或是一个概念，作为下一句的开头，就不难由此引出另一段滔滔不绝的话料来了。比方，你讲的题目是"怎么可以在商业上获得成功？"你讲完了"普通的商业雇员，他们所以不能晋级的原因，就是因为他们对于自己的工

作，很少有着真正的兴趣，很少表现他们的创造力"。这时你突然忘掉了接下去应该怎样讲，于是，你不妨从"创造力"三字上设法讲下去。也许你对此并没有要讲的概念，或没有由此结束的准备，但你仍不妨讲下去，结果一定会比整个失败好得多了。

"创造力是一种自发的能力，就是不需等待人家的授意而在自己内心想出来的能力。"

这解释当然不见得怎样高明，根本不能占有整篇演说的重要的一页，但是，这样一来，不是比了静默的发窘要好得多了吗？现在你再从上面那句"不需等待人家的授意"，接下去讲道：

"专等人家来授意或指导督促，不能自动想像出工作来的雇员，谁看见都不会欢迎。"

我们已经把这一点说完了，好吧，那我们再来试讲下去。这次我们要解释的是"想像"两字。

"想像是十分重要的。索罗蒙说：'没有想像的人，还是死了的好。'那些在商场上失败下来的雇员真是可怜极了，本来他们只要肯拿出一点忠厚、热诚和雄心来，就可以把他们在失败的阵线上拉过来的；但他们不肯这样做，他们还不肯承认那是他们失败的原因。"

演说者一面在说这些极浅显的道理，同时就应该去努力思索他原先计划要讲的话。

用这方法延长下去，有时演说者也许竟谈到吃蛋糕和看电影上去了，然而，这仍是因遗忘而发窘的唯一救急办法。当许多演说者，不幸而陷入遗忘的窘境时，这个方法真是一服救急圣水！

不要妄想记牢全部

本章对于增强记忆力的三个原则已经统统说过。其中最重要的就是联想，詹姆斯教授说："我们无法改进天生的记忆力，但我们可以借联想来增强记忆力。"例如，我们如果每天能够记住一句莎士比亚的名言，将来对于文学名著的记忆，一定将有惊人的进步。因为其中每一个名句，都可以使我们脑中增加不少供给文学上联想的材料。但是，即使我们把莎士比亚全部著作都能背诵出来，也不见得因此可以记住一切棉业市场或钢铁业上的应用知识。

请记住：常常实地应用本章所讲过的种种原则，是改进你的记忆力的最有效的办法。如果抛开这些原则，即使你下苦功去记住千万条棒球规则，也不会对于记忆股票交易知识有丝毫帮助。请再读一遍这句名言："我们的脑子应该是一架联想的机器。"

第七章　怎样使听众注意你

有一次，圣路易城的商会开会，我和谢蒙洛杰士先生同被邀去演说。按照次序，我先上台演讲，本来如果我有适当的借口，我讲完后，早已打算退席了；因为谢君只是一个木匠，我料他当然讲不出什么精彩的话。但因为我找不出什么退席的理由，所以只好坐下来等着听他的无聊话了。但真出乎意料之外，他所讲的竟是我过去听过的演说中最最精彩的一篇。

谢蒙洛杰士半生的精力，都是用在美国西部的森林里。他从来没有学过演说的法则或读过辩论方法的书，他讲的话非常朴实，不加修饰，但却很有力量；他的言辞缺乏机智，但却十分热诚。他的话有时犯了文法上的错误，或犯了演说上的诫条；可是实际一篇演说的评价，当然不应该在文法上，而是在内容上。

他所讲的，只是他生平做木匠和工头的真实经验，所以他的演辞毫无书本气，只觉得有一股真切的活力直向你面上扑来。因为这些演辞都是从他心中跳出来的热诚的事实，所以好像电力一般抓住了听众的注意力。

他这次能够成功，正是应用了一个惊人的成功秘诀，就是安麦生所说的："人类史中每一件大事，都是用热诚换来的一种胜利。"

热诚（Enthusiasm）是由希腊文 en 和（in）theos（god）两字组成的，所以从字义方面来说，就是神和我们都在（God in us）。那么，讲话而具有热诚，就等于是有着神力。

把你的热诚应用到广告和推销上去，便成为使你成功的最有效和最重要的元素。现在世上鼎鼎大名的广告家曹格林先生在三十年前到芝加哥的时候，身上只有五十元。现在这位曹君每年卖出口香糖的进益已达三十万元。他在办公室的墙上，挂着一个镜框，上面写着安麦生的格言："不论多么大的事没有热诚是不会成功的。"

过去，有一时我很信赖演说术的法则，但是几年之后，我便慢慢地信赖演说的精神了。

已经去世的美国大政治家柏寿安说："通常所谓口才流利，就是说那人说话是从心底里发出来的，里面充满了热诚。一个诚恳的演说者，不妨缺乏知识，一篇能够说服听众的演说，能够把自己的心与听众的心融合为一，而不是单单把自己的记忆移入对方的记忆。演说者要欺骗听众比欺骗自己都要难。两千年前，有一位拉丁诗人说：'如果你想引出别人的眼泪，必须自己先悲戚起来。'"

德国著名宗教改革家马丁·路德说："如果我要写作或是祈祷、讲道，我必定先要发怒，使我全身的血管都激涨起来，那时我的理解就会变得更加敏锐了。"我们也许不必真的发怒，但我们必须预先激起自己的真诚；因为一匹马尚且会被有力的讲话所感动，何况是我们人类！著名的兽类训练家伦尼氏说过，一声怒语，可以使马在一分钟内增加脉搏十跳。

马丁·路德

这是我们必须牢记的要点：听众的态度，完全可以由我们来操纵。如果我们忧闷，听众也就忧闷；我们平淡，听众便就漫不经心。如果我们讲的话极诚恳，确系发于内心而有自信力，听众一定将大为感动。

纽约名言论家李特登说："大家都爱说自己只受理智的支配，其实整个世界，都可以被感情所转移。如果一个人单单竭力装得严谨和敏锐，那他一定失败无疑；但是如果他的话是从心底里发出来的，就不会失败了。不管他在讲重大的政治经济问题，或是个人的旅行杂谈，只要他感到心里确有一番非说不可的话，那他的演说，就会像火一般的炙热了。"

具有恳切和热诚的演说家，他影响听众的力量之大，像膨胀的蒸气一样；即使他在修辞上犯了多少错误，也不会惨败的。

古代雅典的大领袖柏寿克里斯在每次演说之前，必定跪着向天神祈祷，不要在他的嘴里吐出一个没有价值的字来。所以他说出来的话，都是能够深入全国人民心中的真实的话。

惠赖凯珊是美国著名的女小说家，她说："热情是每位艺术家的秘诀——每位演说家都该是艺术家——这是一个公开的秘密。这正像一个英雄不能拿假的武艺冒充真的本领一样。"

当你把热情和活力大量渗进演说时，往往可使听众不再留心你的较小的错误。林肯演说时，声音高得刺耳，大演说家戴默生讲话口吃，胡克的声音太低，柯蓝讷讷不易出口，薛尔简直是锐声嗥叫，然而他们都用他们的热诚克服了这些障碍。

必须有急于要说的话

《纽约时报》发表过一篇马秀斯的文章，说："好的演说往往是演说者的一番急于要说的话。"

几年前，哥伦比亚大学请我去作柯蒂斯奖章演说比赛的评判员，当时共有三位评判员，参加比赛的是六个大学生。他们——竞赛者——事先已各自准备得十分纯熟，都坚信自己确有胜利的把握。可是，内中五人的努力，都是为了要获得奖章，并没有他们真正想说的话。他们各依自己的特长选取题材，可是他们对于自己所说的话并不感到多大的兴趣，当他们依次上台演讲时，只是在发扬几句漂亮话罢了。但其中另有一位演说者是非洲的苏鲁太子，他选了一个"非洲对于现代文明的贡献"的题目，当他演说时，每一句话都含着真切的情感，他正在从他的坚信和热诚中吐出话来，他像是代表了他的人民和整个非洲，全篇讲辞似乎都是他急于要说的话，因此，虽然语辞较人逊色，终于被他获得了一等奖章。我们三个评判员，不约而同地公认他的演说，确是具备演说者必不可少的真正的热诚，其他的几个参赛者，只是在说一些空话罢了。

许多演说者的失败，就是他们所发表的话，不是由自己的情感激发出来的，话的背面毫无自信力。

你会问："但是，我应该怎样发展你所称赞的情感自信力和热诚呢?"我告诉你，只要你不尚空谈。聪明的听众，谁都辨别得出演讲者是在说些肤浅的话还是从他心的深处所发掘出来的话。他们是不容你取巧的。

发掘吧！把你心里所埋藏着的宝藏发掘出来！

找出问题的事实中的事实，原因中的原因，集中注意去深思熟虑，让你自己和它发生密切关系。我们已经讲过了，演讲之前必须有充分的准备和适当的准备方法。准备时理智和情感必须同时运用。

我训练过几位美国银行学会纽约分会的会员，使他们有能力去作节约运动的宣传演说，其中有一个会员显得特别笨拙，他讲的话，都是被迫而发的，他并不热烈地感觉到节约的重要。训练时，第一步，我先设法把他的心温暖起来，使他对这问题渐渐感到兴趣，我请他记住纽约遗嘱检查所的报告，85%的人死后，没有财产留给子女；3.3%的人，留给子女万元以上的财产。我告诉他最应该记住的，是他并非在向人家求助或被迫去做他不愿做的事，他应该这样想："我是替这些人打算，老了有肉和面包吃，有衣穿和有屋住，并使他们的家人有了生活的保障。"他应该记住他出去是做一件重大的社会事业，应该受十字军的信心的启示，像是传耶稣基督的福音。

他想过了这些事实，就感觉到宣传这问题的重要，对此发生了很大的兴趣，同时也激起了他的热诚，知道他的使命的神圣了。当他再出去演讲时，所讲的话洋洋洒洒，十分动人，结果他那次的宣传演说，引起许多人注意，后来并被美国一家最大的银行聘去服务，旋又被派到南美的分行去工作。

一个成功的诀窍

"我需要活着！"这是一个青年向法国的大哲学家伏尔泰所喊的话，但是，那位大哲学家的回答是："我看不出你有活着的必要。"

　　事实上，你所讲的话，人们大都用这位哲学家的态度来观察的，他们觉察不到你有应当讲的必要。因此，如果你想成功，你非先竭力使你的话确有一吐的必要不可。

　　几年前我在巴黎开办了一个演说班，有一位学员，他是每天到班的，而且他的脑子里也有不少精确的题材。然而他每晚讲起话来，都是死板而无生气。他不能把藏在脑中的题材，和他热烈的兴趣交织起来，他缺乏一种精神的活力，他对于自己所讲的话，总

伏尔泰

像觉得没有一说的必要，自然听众也就更觉不出他的重要了。我常常当他讲话的时候，设法提醒他多放出一些活气来，但是结果好像想从冷的电扇上去喊出热气来一样毫无效力。最后，我说服了他，使他自己知道了他所用的准备方法的错误。我使他相信一种事实，就是理智和情感必须像电信般的互通款曲。我劝他讲起话来不应该单是报告一些事实，还该表明他对这事实的态度。

　　下星期，果然他有些有价值的意见讲出来了，不久，他已废寝忘食地酷嗜演讲，此后，他的演说，大为听众所称誉。这是一件突然成功的例子。这成功就是因为他在演说的基本部分产生了恳切的热诚的缘故。我们已经在第二章讲过了，预备一篇真切的演说，绝不是把一些机械的字句写上纸去，也不是记忆成语或是到报章杂志上采取一些人家的意思就完了。应该从你自己的心的深处，去发掘出一些真正属于你自己的信念和热诚。请记住："属于你自己的。"你有着这份潜力，只要你努力去发掘，是不难发展出来的。詹姆斯教授说，一般人大都不会把他的智力发掘10%出来，这比买了一辆八只汽缸的汽车，仅有一只汽缸可以用来行驶还要可惜！

　　一篇演说最着重的并不是枯燥的辞句，而是演说者的精神、活力以及辞句背面的自信力。最近英国下议院议员谢粹丹攻击哈斯廷的那篇著名演说，被当时在场听见的大演说家毕特傅克斯等人公认为英国有史以来演说中最流

利的一篇。然而，谢粹丹觉得他演说的最高价值，还是他的精神，因此当某书店愿出五千元代价向他买那篇演说拿来印成单行本时被他一口拒绝了。那篇演说的原稿，现在已经失却，但即使现在有人买到，无疑的，他一定将大失所望；因为那只是一篇空洞的遗迹罢了，好像一只死鹰的标本一般。

永远记住：你的演讲辞中千万不要失去了最重要的"你"。安麦生说："无论你用哪一种语言，你讲话永不会脱离了你自己。"这真是表现自己的一句至理名言。值得我们牢记勿忘的。

林肯怎样胜诉

一天，有一位老寡妇——她是美国革命战争时阵亡士兵的妻子——跌跌撞撞地走进林肯律师的事务室，哭着说她领取四百元的抚恤金时，那位付给者竟勒索两百元的手续费。林肯听了大怒，立刻为她起诉。

上法庭去辩论之前他开始准备起来，他先读一本《华盛顿传记》和一本《革命战争史》，用以加强他的热诚而燃烧起他的情感来。在开庭的那天，他首先追述当初美国人民怎样受到压迫，怎样鼓动一群爱国志士大家起来为自由而战。他诉说志士们经过多大的艰苦困难，锻铁谷一役，志士们忍饥耐渴，赤足流血地爬过冰天雪地。接着，他就突然盛怒地指着那位勒索的污吏，斥他不该剥削当年为国捐躯的一位士兵的遗孀的抚恤金。他那种怒斥的神气，几乎好像恨不得剥去被告的皮。后来，他总结起来说："现在时过境迁，一七七六年的英雄早已长眠地下，但是现在他的衰老而盲跛的遗孀正在我们面前，要求我们代她申冤。她从前也是美丽而健康的少女，但是现在贫困无依，不得不向享受革命先烈所争下的自由的我们请求援助和人道的保护，试问在座的诸位先生，我们该不该帮她一臂之力呢？"

林肯结束了这段雄辩后，听审的人中有的竟流出眼泪来了，大家一致主张万万不能让人剥削那老妇的抚恤金。林肯不但代她做了保人，代她付清旅馆房租以及回家的车费，并且代偿了她的诉讼费。

几天之后，林肯的律师同伙，在地上拾到一张破纸，那就是那次雄辩的草稿。他读了以后不禁大笑。

那纸上写的是：　"没有合同。——不该索取手续费。——无理的勒索。——被告霸占款项不给原告。——美国革命战争。——描述锻铁谷的惨状。——原告的丈夫。——怒斥被告。——结论。"

已经说得很透彻了，产生你的诚恳和热情的第一要件，就是努力准备，直至你觉得确已有了真正要说的话为止。

举止态度必须诚恳

在第一章里，我们已经讲过：詹姆斯教授指出行动和感情同时发生，从修养意志而产生的自我控制的力量，间接也可以统制非意志所能管辖的感情。所以，要使心中发生恳切情绪你必须随时做出诚恳热烈的态度来。你站着时不要把身体依在桌沿上，必须挺直稳定，也不要前后摇摆，或像疲马似的把身体的重量从这一条腿移到那一条腿。换一句简单的话来说，不要做出许多心神不宁的动作，叫人家看出了你的不自然。你应该用全力控制你的举止态度。挺胸而立，像一位壮健的运动家，很高兴的预备去参加四百米田径赛一样，在事先，作一次深呼吸，使你的肺中充满新鲜的氧气，两眼逼视听众，好像有许多急于要说的话要告诉他们一般。鼓起你的自信力，好像教员望着学生一般地勇敢地望着他们，本来听众就是在静聆你教益的学生。你尽管拿出自信力大胆地讲下去好了。"提高声音，不要骇怕。"老前辈伊塞已经说过了。

你尽管做出勇敢自信的姿势，不必去管是否美观，只要做得有力而自然。这并不是做给人家看，为的是表达出你自己来。即使你在无线电中播音，你也要有着这样的姿势，虽然无线电听众不能见到你的姿势，但是，他们一定能够从你的语气中感觉出来。因为勇敢的姿势，可以帮助你提高声音显得灵活有力。

我常常止住死气沉沉的演讲者，叫他使用他所没有想到去用的大胆的姿势。结果常能唤醒并鼓舞他自发的做出姿势来，那时他的脸上发了光，他的举动也显得比较诚恳而有力了。

"诚恳的举止态度，往往能感动他人，变得和你一样诚恳。"莎士比亚说："假使你缺少这种力量，不妨先自信确有这种力量，然后你自然会获得它的。"

最重要的，是放开你的声带大胆讲出来。美国最高法官魏克协姆说："一般人在公开演说时，很少能使三十英尺外的人听见的。"

这说得过火了吗？不，我新近听某著名大学校长演说，坐在前面第四排，已有一半听不清楚了。欧洲某大国的驻美大使，新近在某大学的毕业典礼中演说，声音也十分低弱，在台前二十英尺外就听不到了。

经验丰富的演说家，尚且要犯这毛病，初学者当然更是难免了，当他自以为已经用足气力讲话时，他的听众还在台下暗笑呢。

当你演讲时，决不会在与人对面谈天，你的声音非特别放得响亮不可，这好像你在离眼一尺的地方看报纸很清楚，但在一丈以外就只能看见一些大字的标题了。

怎样使听众兴奋不倦

某次，有一个乡下传道者，跑去问毕锴教士怎样在炎热的星期日下午使一班听教者不为睡魔所扰，毕锴先生很诙谐地回答他说，只要令仆人拿棍子把那个传道者痛打一顿就好了。

滑稽吗？不，这确是一个再好没有的办法，这两句短短的话所教给演讲者的秘诀，远胜于万卷专论雄辩艺术的书。

有许多著名伶人很知道在登台之前先把自己刺激一下的重要。像郝迪尼，当他从窗口跳进后台时，常握紧了拳头向空中用力乱挥，向假想的敌人拳斗；曼斯菲常常想出一种使自己发怒的借口，使精神奋张。有时我看见当他们在后台等候出场时，用力拍着自己的胸部。因此，我也常令快要临到演说的学员，先走到隔室去运动一下，直到全身血液畅流，脸上和眼中都发出了充满活力的光辉。我又常常令学员在演讲之前高声朗诵 ABC 字母，并尽其可能做出激怒而有力的姿势。

如果是可能的话，在你演讲之前，最好先作一些安适的休息；最理想的便是脱去衣服睡几小时，醒后用冷水洗澡，摩擦全身，能够作一次游泳，那当然是更好了。

著名戏剧家傅禄曼，常常喜欢雇用生气勃勃的伶人。因为傅禄曼知道要使演剧和演说得到成功，一样要用到脑力和体力。当我年轻时，也曾劈过木柴，也曾对听众接连讲两小时的话，我发现这两件事同样要使我耗费不少体力。上次欧战时，麦伦先生在纽约新世纪剧院对几千听众演讲，大声疾呼，接连有一个半钟头，到他的情绪达到顶点的时候，竟晕了过去，被人抬下讲坛而不自知。

薛尼斯密形容大演说家韦伯斯特说，"那是一架穿了裤子的蒸汽机"。

毕锴大教士说："成功的演说家，大都是富有活力和精神抖擞的人，他具有超越的爆发力，把他内心的情绪爆射出来。"

少说降低价值的话

讲话必须有自信力和决断力，当然"决断"并非"武断"；那些专爱在每句话的前面，加上推脱责任的"或者"、"我觉得"、"我的意思"等的演说者，只显得他是一个懦怯的人。

初学演说的人最易犯的毛病，并不是说话太武断，倒是容易用懦怯的话减损了语辞的力量。某次有一位纽约商人讲述他乘了汽车漫游康乃蒂克州时途中的见闻说："在路的左面，'似乎'遍地种着洋葱。"有就有，没有就没有，何必说什么"似乎"呢？路旁遍地种着洋葱，是一目了然的事，根本没有用"似乎"的必要。从这一点上，可见一个拙劣的演说者常常会讲出非常可笑的话来。

话中有了懦怯和歉恭，不但可因此失了自信力并使别人对你也失去了信心。一八九六年，柏寿安参加首次总统竞选时笔者还年幼无知，对于这位候选人在选举前坚决而郑重的说他一定可以当选，反对党麦金莱必定失败等话，十分惊奇。其实理由很简单，因为他知道如果他一再有力而坚毅的这样宣传，民众听惯之后自然会信以为然的。

古今世界诸大领袖，无不以自己的意见坚决而大声疾呼地训导民众，好像谁都不能指出他的话是无效的。释迦牟尼死的时候，他既不用规劝口吻，也不悲欢，更不辩论，只用当权者的口吻说："照我的命令去做！"

回教的《可兰经》，是几百万教徒的宝典，书中在第一篇祈祷结束之后，接着便以"本书绝无可以怀疑的地方，这是唯一的正路"一语开始。

囚犯问保罗："我怎样做才能得救？"保罗确定而有力地回答："相信你的主耶稣。"他并不用强辩或是双关语或是"我以为"、"我想应该这样"的一类话。

不过，演说者也应避免盲目的武断，因为在有些时候、有些地方、有些问题中和有的听众面前，武断的话说得太多反而是有损无益的。就一般的说，听众的知识越高，用有力的武断的话越难成功。有思想的人，他们愿被引导而不愿被驱使，他们愿意有事实摆在他们的前面，而由他们自己来作结论。他们愿意被人问以问题，不愿随便接受许多武断的话。

对你的听众发生兴趣

几年前我在英国征聘并训练几位公开演讲的人，经过了严格的测验后，三位被开除而一位被送回三千英里外的美洲。主要的原因，就是他们对听众没有兴趣，他们所最关心的是他们的薪金而不是他们的听众。这是谁都能够觉察的，他们对听众冷淡，当然听众也对他们冷淡，结果是失败无疑。

　　我研究林肯一生所作的公开演讲，觉得他是美国历来最受人爱戴的人物，他曾发表过美国最好的演说。这虽然有着他的天才，然而我认为一大部分的力量还是他对于听众十分亲切。他的太太曾经说过："他的度量的广博，正和他两臂的长一样。"他是学得了耶稣基督的秘诀。两千年前第一部关于演说术的书出版时，上面就说一位成功的谈话家，应当是一位有人格修养的人。

　　名歌剧家苏曼亨克夫人说："我的成功诀窍，就是绝对效忠观众。我爱他们，我觉得我和他们十分亲切。"让我们也来修养这种精神吧！

第八章　演说成功的几个诀窍

我初进教育界服务的时候，看见许多夜校学生，大都中途觉得乏味而辍学了，觉得十分惊奇。我想不到中途辍学的人数竟是这样多，这真是人类天性中最坏的一种表现。

本书已经讲了许多，我知道有些读者，已经渐渐觉得乏味了；因为他们读完前面内容后，仍旧没有克服他们上台演讲时的畏缩，并失去了自信力。这是很可惜的；因为他们缺乏"忍耐力"。须知一种缺点的更正，正如一个人有了病而得耐心医治一般，千万不能存着侥幸心理，希望药到立刻病除的。

第一个诀窍：坚毅

我们学习不论哪一种新的知识或是技能，像英文、球类运动或是演讲，决不会天天依次进步的。改进的程序，往往是经过相当修养，突然跃进，或偶然成功。因此有时我们也许会觉得自己似乎已经止步停留，甚或有些退步了。这是心理学家公认为必然的现象，叫做"学习曲线的丘阜"。学习演说的人，有时也会阻于这丘阜，随你怎样努力都无法越过。意志薄弱的人，往往因此失望中辍。只有意志十分坚强的人，仍能继续努力，终于在不知不觉中突然获得了极大的进步。他们像乘着飞机越过高山，像突然获取一件事物的要点，突然感觉到成功了。

当你站在听众面前的最初几秒钟，也许你永远会感觉到像本书前几章中常常提到的瞬息的惧怕和不自然；像英国的大政治家葛莱斯登和柏莱特他们都难免，其他的大演说家也常是这样的。就是大音乐家登台演奏了不知多少次了，还是免不来有这种情形。曾任波兰总统的世界大钢琴家裴德瑞斯基，每次刚坐到钢琴的前面，便要局促不安而一再弄着袖口。这种的例子，真是举不胜举；不过这种惧怕，像晨雾样瞬息要消逝了的。

上面这些人的经验，你也不难遇到。但是只要你有毅力，顷刻间就可以克服这些难关。

第二个诀窍：不屈不挠

有一个渴望学习法律的青年，写信给林肯请求指教，林肯复他的信说："如果你已经下了决心想做律师，那么你已经成功一大半了。……请你永远记住在所有成功秘诀中，决心是最最重要的条件。"

林肯深明这个道理，所以他一生都是这样做的。他生平没有上过一年以上的学校。但却酷嗜读书。有一次，他从家里走到五十英里外的地方去借他所借得到的书，到了晚上，便在小屋中燃起了柴火，借着火光读书。第二天一早醒来，就立刻揉揉眼睛再把书继续阅读下去。

他常常走二三十英里之远，去听名人演讲，回来后便私下里练习一番。他常常在田野中、树林里，或向约翰杂货店的买主们演说。他曾加入春田市的学术辩论会，把每天的事件，作为练习演说的题目，正像我们现在练习的一样。

一种不自然的心理，常常困扰林肯，尤其是在女性面前，他会羞涩得讲不出话来。他追求玛丽·杜德女士的时候，常常羞涩而默默地坐在客厅里，找不出话来谈，只是静听玛丽女士一人说话。但是当他在家自修苦练的结果，后来居然驳倒了演说家陶格拉斯上议员。居然在甘第斯堡纪念烈士大会和第二任总统就职时造成历史上演说最流畅的新纪录。

现在白宫的总统办公室中，悬着一幅林肯的画像，老罗斯福总统说："我碰到疑难不决的事，便抬头望着林肯的相片，想像他处在这种情况下会怎样办。你觉得有些好笑吗？但这是使我解决一切疑难最有效的办法呢。"

白宫的总统办公室

你为什么不去试用一下老罗斯福的办法呢？如果你正在努力练习成一位演说家，你碰到了困难，请不要心灰意懒，你可以想一下，当年的林肯，真比你要困难得多哩！林肯和陶格拉斯竞选上议员失败后，他告诉他的同伴说："即使失败一次甚或一百次我也决不灰心退缩！"

第三个诀窍：下一番苦功努力练习

下面是美国大心理学家詹姆斯的一段名言，希望你每天早晨都翻开来熟读一遍：

"青年不必愁自己所受的教育会不会落空。不论你干什么事业，只要你的工作每小时都忙累着，你总有一天清晨醒来，忽然发现自己是全世界能力最丰富的人之一。"

我可以套用詹姆斯教授的话来说：如果你以充分的热诚来研读本书，并勤于练习，你一定会有一天清晨醒来，忽然发现你已经是全世界最成功的演说家之一了。

这并不是妄想，是一条真确的原则！

自信力是演说成功的关键

史铎克斯是从前新泽西州的州长，他曾经参加过我在特仑徒城开设的演说训练班的毕业式。仪式中规定每个学员都得发表一篇演说。最后史铎克斯州长站起来说，他觉得各学员演说成绩的优良，实不下于美国参众两议院中各政治家的演说。这些学员都是商人，而且在几个月前，还都是怕听众而口吃讲不出话来的人，显得毫无演说的天才，但是他们有一天早晨醒来突然发现自己已经成为大演说家了。

你能不能成为一位演说家，问题只在于你有没有自信力和学习演说的兴趣。

詹姆斯教授说："无论你学习什么，只要有了诚意和决心，是永远不会失败的。只要你埋头苦干，绝无不成功之理。比如，你想发财，就可以发财；你想有学识，就可以有学识；你想有名誉，就可以有名誉。不过，你必须把全部精神和兴趣放到这件事情上去，否则一面想做这件事，一面又想干许多毫不相干的事，就永无成功之望了。"

詹姆斯教授很可以再加上一句话："如果你坚欲成为一个大演说家，就可以成为一个大演说家，不过你必须把全部精神和兴趣贯注上去。"

我观察过几千个打算获得自信力和在听众前讲话能力的人，发现其中的成功者，很少具有超特的天资，大都是一些普通的人。因为有小聪明的人，常先气馁，或者太醉心在赚钱，所以他们的成就并不大；倒是普通人，学了本书所说的各种方法后，肯下苦功练习，所以成绩特异。

这是非常平凡合理的事，在各种职业界中，到处都有很多这种例子，石油大王罗克斐勒说："成功事业的第一要素是坚忍。学习演说而希望成功，也非'坚忍'不可。"

法国福煦大将，曾经统率过世界最著名的雄兵，他说他只有一件特长，就是"永不气馁和绝望"。

一九一四年，法国的军队退到了梅恩地方，霞飞将军对他所指挥的二百万大军的各将领下令止退反攻，当时这场历史上最著名的血战已经继续了两天，福煦大将奉命扼守主要阵线，当时他给霞飞将军一封短札："我的中路已经打败，右翼也已后退，这是绝好的形势，我要进攻了。"这封信在军事记载上是十分动人的，而巴黎的得以保全，还是靠了这进攻的一仗。

亲爱的读者，你的中路已经打败，右翼也已后退，这真是绝好的机会。进攻！进攻！惟有趁此进攻才可以保全你最优秀的部队！

譬如攀登阿尔卑斯山

在几年前的夏天，我和一位朋友预备攀登奥国境内的阿尔卑斯山的某高峰。据说攀登那个山峰是十分困难的；如果不是内行人，最好是要找一位向导。我们是外行人，但也不想找向导，因此就有人问我们能不能成功。我们的回答是："当然能够成功。"他又问："为什么这样武断地说'当然'呢？"我回答："别人也曾不用向导攀登上去过，所以我认为我们当然也能够攀登上去，并且我也决不做'我以为一定失败'的事。"

是的，对于攀登阿尔卑斯山我是一点经验也没有；但是，做任何事都非先抱定"必可成功"的信心，学习演说也是一样。

你不妨试想读了本书之后一定有成绩；你不妨试想你站在十万听众面前一定能够像流水般的很自然的滔滔演说。你必须相信你确有这份能力，相信你一定会成功，任何困难都可迎刃而解。

当年，海军大将杜滂讲述他为什么不把炮舰驶进加斯登海港的各种原由，傅赖高大将望着静听。等到他讲完之后，突然说道："但是，还有一种原因你却不曾提及。"杜滂大将问："是哪一种原因？"傅赖高大将回答道："那就是你不相信你能够把炮舰驶进到加斯登海港去。"

决心方可打开胜利之门

著名学者贺霸特先生有一段名言说得很好，值得我们牢记勿忘，如果一般人在平日都能照这段话去做，那他的生活，定将愉快而顺利得许多。

"当你出门时，请把下颌收进，头额抬高，肺部吸满空气；碰着朋友，含笑向他打个招呼；和人家握手时要精神饱满，不要怕被人误解，不要浪费一分钟的光阴去想你的仇人，做事必须打定主意，不要常常改变方向，一直向着你的目标前进。把你的心，完全放在你所希望的光明而伟大的事情上去。如果你照这样做去，日子一久你自然会知道，你已经在无意之中抓住了完成你的欲望的机会了，正像珊瑚虫一样，从急湍的潮水当中，吸取了它所需要的物质。你的心中必须有一个模范人物，使你做事有了楷模。这样一来，你的思想，就会不知不觉地跟着渐渐改善，成为你所崇拜的人物了。思想是最有力量的，你必须保持正当的心理状态——勇敢，坦白，愉快地——去用你的脑子。一切事情，都是从欲望中来的，你有虔诚的祈求，就可以得到满意的答复。"

拿破仑、惠林顿、李将军、葛莱特、福煦大将以及所有的伟大的军事领袖，大都承认使一个军旅获得胜利的意志，以及对于获得胜利的能力的坚信，比任何决定胜利的要素都重要。

福煦大将军说过："九万败军，在战胜的九万军队面前退却，这完全是因为前者已经失掉了战胜的信心，失去了坚决的斗志的缘故。"换一句话来说，战败的九万士兵，他们并非因为受了外面的压迫，只是因为他们失去了勇气和自信。一个军队，碰到了这种现象是完全没有希望了；同样的，一个普通人有了这种现象，也是完全没有希望了。

第九章　怎样把语辞表达得格外动人

上次欧战结束后不久，我便在伦敦碰到飞行家史密斯兄弟，他们刚完成空前的由伦敦到澳洲的飞行，获得澳政府五千元的奖金，英王特别赏赐武士爵，这件事轰动了整个的大英帝国。

著名的风景摄影家霍莱大佐，他曾经随着史密斯兄弟俩沿途拍摄电影，所以，当我帮助他俩预备飞行经过的演讲时，便用影片来作解释的帮助，同时，还指导史密斯兄弟怎样来表达他们的演说。在伦敦的飞尔哈门尼克礼堂里，他们每天讲两次，一人在下午，一人在晚上，连续着讲了四个月。

他们两人并肩坐着一架飞机飞行了半个地球，他们两人有着同样的经验，所以他们发表的谈话，差不多每一个字都是一样的，但是，他们演讲的结果却各不相同。因为演说除了词句之外，还有一些更重要的，那就是演说时候的语气和姿态。你怎样的说法，有时比起你所说的是些什么还要重要。

有一次，我在音乐会中听裴德瑞斯基的钢琴演奏，我的邻座是一位年轻的女士，她也是会弹钢琴的。可是，她听了裴德瑞斯基的演奏不禁赞叹惊奇；因为他所按的音键，正是她奏那乐曲时所常按的；但是当她演奏时，只显得庸俗平凡，而裴德瑞斯基演奏起来却能十分动人。这不同并不在那所按的死板的音键，主要的还是方法、情绪、艺术和个性，因此奏出来的就有了天才和凡才的分别。

有一次，俄国大画家巴鲁洛夫代学生修改图画，学生在旁边看着惊异地说："怎么你稍微改动一两笔，就和我的原作完全两样了。"巴鲁洛夫说："艺术就是从这细微的地方起点的。"这理由正和演说以及裴德瑞斯基弹奏钢琴一样。

"任何题材，演讲得好或不好，完全在讲那件事的人怎样讲法，并不在所讲的是什么。"这是盛传于英国国会中的一句名言，是当年英国做罗马属地时著名政治家昆特莱所讲的。虽然我们不必完全相信这句名言，但是，讲得漂亮，确能把一个小小的题材发挥得意味深长。我常常留心各学校举行演说竞赛时，得到胜利的并不一定是预备着很好的材料的人，最大的要素，还是用漂亮的讲法，使所讲的材料娓娓动人。

茂莱爵士说得很有趣："演说有三个要件：一、演说者是谁，二、怎样讲法，三、讲些什么。这三条方法中，以第三条最为重要。"也许你觉得这话说得过于夸张，但是，如果你仔细想想，这话实在含着无穷的深意。

英国著名议员爱德曼巴克先生能够写出十分优美的演说辞，而且非常合乎逻辑和文法。所以欧洲有一半的大学和专校，采用为演说的标准教材。但是，当爱德曼巴克每次自己登台演讲时，总是失败而返，他一点也不能把他的精彩辞句讲得娓娓动听。因此，每当他站起来演说的时候，下议院的议员，便连声作咳，秩序大乱，纷纷退席了。

如果你用一粒钢弹掷在人家的身上，你当然不会打破了他的衣服。但是，你用火燃着一个极小的爆竹，它便会爆炸而使你大吃一惊的。所以，即使你有了钢弹一样的演说材料，如果使用不得法，还是没有用的。

"演说和谈话"的正确解释

有一次，我到瑞士境内阿尔卑斯山下面的消夏地慕伦去旅行，我宿在英国某大旅馆中，该旅馆向例每周要派两个演讲员对旅客谈话。这两个演讲员中，有一个是英国极负盛名的女小说家，她谈的题目是"小说的将来"。她自己承认这题目并不是她想要讲的，总之，她以为没有什么值得可说的。她只在匆忙中搜集了一些材料，而且对听众像是漠不关心的样子，常常忽而望望听众，忽而望望地板，忽而望着她手中的讲稿。这实在不能算是演讲，不过是自言自语，一点也不能够和听众的思想贯通。因为演说或谈话时最重要的，是讲话者设法使他的思想和听者相贯通，换句话说，就是使听者切实感觉到有一些东西从演讲者的心里传到了他的心里。这位女作家讲话的态度，好像是对着茫无边际的大沙漠讲，而并不像在对着一些活人讲。

讲述的秘诀

我们可以从书店中找到不少专讲辩才的书，但这些书大都不生效力。如今美国，各方面都已有显著的进步，但一般小学生仍在被迫读着古老的韦伯斯特和殷基索尔的演说术。这些书早已陈旧而不合时代了，现在再去读它，正像当年韦伯斯特夫人的帽子，现在又有人拿来戴在头上一样滑稽。

美国内战结束后不久，产生了一个新的演说学派。他们主张演说术应当和新时代的精神并进，要像目下最流行的杂志一般时代化，电报一般的敏捷，汽车广告一般的商业化。过去的演讲法，早已不被如今的听众所欢迎了。今日的听众，无论是十几个人的商业会议，或几千听众的学术演讲，他们都希望演说者应该像在和他们每个人直接对面谈话一般。

当然，说话时的态度，无论是在多少听众面前，都应一样，但是声调的高低，却非有分别不可。如果在大庭广众之前，仍用在小会议所用的声气说话，势将使一部分后排的人毫无所闻。所以为使不失讲话效果起见，对四十人讲话，声气必须远大于对一个人。

当你出席大会演说时，除了应该放大声气外，你的语调必须与对两三朋友的谈话一样。会场中的听众是谁？还不就是三三两两的朋友聚集而成的！你和朋友谈话，可以滔滔不绝，你对于群聚的听众，为什么不可以这样？

在前面说过的那位英国女小说家演讲后不多几天，又来了一位科学家罗滋爵士。他和旅客谈话的题目是"原子和宇宙"。他研究这个问题已经五十多年，很有许多重要的心得，他愿意把这心得讲出来，他忘了他是在演讲，他专心一致地要告诉听众关于原子的种种，他动了他的感情，急于要把他所见到的叫我们见到，他所感觉到的叫我们感觉到。结果，他所讲的，有声有色，给听众留下一个极深刻的印象。他真是一位演说天才，但是我敢说，他自己绝不会想到这一层，就是他的听众，也不会想到他是一位演说天才。

　　读者诸君：如果你对许多听众演讲时，人家疑心你是一定学过演讲术的，那对你并不是有利的。最好你能够讲得十分自然，十分恳切，使听众不会想到你是受过演说训练的人。好的窗户，并不要它的本身怎样使人注意，只要能够放进阳光来就得了；好的演说家也是如此，如果他讲得十分自然，听众决不会去注意到他的讲话的态度，只觉得他讲得十分出神入化。

福特的成功哲学

　　"在一年内所造的许多福特汽车，都可以一模一样，不差毫厘。但是，正如没有两人的面貌完全相同一样，每一个小生命出世就带来一种特点，找不出一个完全相同的先例。每个青年都应从自己身心中找出这个特点，努力去发展。社会和学校也许想把他的这种特点磨平了使所有的人都成为一个模式，但是你们千万要打定主意，不要失去这个最重要的成功关键，它是使你出人头地的一架梯子。"

　　上面是汽车大王福特的一番经验之谈，它特别适用于演讲方面。世上整千整万的人中，不会有两个鼻子、眼睛、嘴巴长得一模一样的人；更不会有两个在性格、气质和情绪上完全相同的人，就是你讲话的态度，也不会有人和你完全相同。换一句话说，就是一个人有一个人自己的个性。如果你想成为一位演说家，你尤其应该珍爱你的个性，始终坚守，努力发扬。它是增加你演讲力和感人力的要素，"它是使你出人头地的一架梯子"。

　　一个人讲话的态度，是他个性的重要特点之一，好像一个人的胡须或秃顶在他整个面貌上占有很重要的地位一样。

　　一八五八年林肯和参议院议员陶格拉斯在伊里诺州的辩论，是美国历史上有名的辩论。林肯的体格高大而拙笨，陶格拉斯的体格短小精干。他们两人的个性、智力、气质、人格的不同，正像他们外表的不同一样。

　　陶格拉斯是受过极高深的教育的，林肯是刻苦自修的；陶格拉斯举止文雅，林肯则很粗鲁；陶格拉斯庄严而毫不幽默，林肯是历来最会讲故事的人之一；陶格拉斯讲话很少用比喻，林肯的辩论最爱用比喻；陶格拉斯高傲自大，林肯极谦恭温和。陶格拉斯的思想力十分敏捷，林肯的思想力十分缓慢；陶格拉斯的演讲像猛烈的旋风，林肯则较为深沉而多周虑。两个人是这样的不相同，但两个人都是极能讲话的人；因为他们都有着勇气和主见。如果两人中有一人要去模仿另一个人的话，那是可以担保一定要失败的。因为他们各利用自己的特长，所以两人都能成为特殊人物。"你自己是怎样的，你就任其怎样好了！"

你以为这是很容易办到的吗？不，诚如福煦将军发表战术上的意见说："它的概念十分简单，然而实行起来是十分麻烦的。"

干练的演剧家都知道一个演员或演说者必须练习得站在听众之前态度仍旧能够十分自然，你在四五岁的时候，你可以到台上去对一大群的听众背诵一段故事，或是唱一支歌，但在过了二三十年后，有人请你登台讲话时，你仍能保持你在四五岁时的神态吗？也许你以为是能够的，但你必将多出许多不安、畏缩和呆纯的心情。

当众发言训练的目的，是在设法减少一切障碍，使发言者能够很从容地侃侃而谈，像无故被人推倒时起来和人理论一样，它的目的并不是要替自己增加一些什么特长。

我在演说训练班上，有几百次我把正在演说的学员的话中途打断，请他讲得更从容一些。我还不知道有过多少次，弄得晚上十分疲惫地回去，为了我要尽力训练学员从容说话。从这里你可以知道这是一件很不容易的事了。

使你演说时从容自然的唯一方法，就是练习。当你练习时，如果发觉你有讲话呆板或感到羞涩的情形，你可以立刻停下来问问自己："这是什么病？嘿！醒来吧，恢复你的常态吧！"然后你在听众中随便选出一个人来和他谈话，好像忘了其余的人一样。你不妨想像他正在向你发问，你正在给他答复；万一他真有问题问你，那你可以立刻答复，这一定可以使你说话要从容得多。

在演讲的时候，你不妨穿插一些自问自答的话，例如："你们要我证实这句话吗？我当然可以举出证据来……"接着就直接来答复这想像的问题。

这常常可以使你的态度显得很自然，而且可以消除一个人讲话的单调而枯燥的空气，加强你的演说的趣味。

真诚、热烈、恳切，可以给你很大的帮助。当你感情激动时，一切演说上的障碍，无不可以被你的热情的火焰完全烧毁。同时你的动作和谈话都可以显得很自然了。总之说话的方法，就是把你的情绪放在你的谈话中。

你当众演说时是不是这样做

在这里，我将提出几种使所讲的话格外明显和生动的自然的姿势来，讨论一下。读到这里，也许有人要说："哦，我明白了，你是想强迫我们照你所说的去这样那样的做是吗？"不，因为我很知道如果你受到强迫，只有使你更呆板更机械。

也许这里所说的几个方法，在你昨天和人家随便谈话的时候，已经不知不觉地用过了，好像你吃下去的饭，已经在不知不觉中完全消化了一般。

（一）以声调的轻重来表现语气的轻重

这是一件很平常的事；也许你在平日谈话中，早已用过千百次了。因为虽然一句随便说出来的话，字句的意义上总有重要和次要的分别；当你说到重要的字句，你的声音就提高些；不重要的，声音就放低些。比方："今天'我'做了一种'好'事。"当我们说这句话的时候，对于"我"和"好"两字，声音自然会比较高些。现在，且来试一下，把拿破仑说的"因为我'决心'要成功，所以凡是我做的事都得到了'成功'。我'胜过'一般人的地方，就是我做事'从不犹豫'"。请把''中的字特别提高声音来读，看看结果怎样？

当然，读这段话，并非一定要用这种语调，也许别个演说家的读法另有一种风格。总之，声音的轻重，并没有铁一般的法则，还得要照各人自己的意见去规定读音的轻重。现在，你且依着你自己的意见，来读一下老罗斯福所说的："在人类的特性中，最重要的要算是决断。一个孩子，他想在将来成为一位伟人或是事业上获得成功，他不但要克服千种的障碍，而且还要在千种的失败和挫折后获取成功。"

（二）变更音调

我们谈话，声调总有一高一低像海波样的变化无穷，这是什么缘故，从未有人回答，而且也从未有人注意。这是不需学习而且在小孩子的时候就会了的一种极自然的法则。但是当我们站在听众面前演说时，我们的声调，立刻变成平凡而单调，好像一片荒凉的沙漠了。

当你发觉你有了这种情形时，不妨停止几秒钟在心里自己责问自己说："这真是笨伯讲话的声调，快些讲得从容一点！"这结果也许可以使你借这几秒钟停顿的机会，把声调重新矫正过来。

你不妨随便指定一篇演辞中的几个单字或是短句，在读到这几个字句时就突然把声音提高或是放低，结果往往能特别引人注意。白鲁克林城的著名牧师凯德曼博士，他就是常常这样做的。英国罗滋爵士也曾这样做；老罗斯福总统和柏寿安国务卿都曾这样做，差不多每个演说家都是常常应用这个方法的。

现在请你把声调特别放低了，读下面''中的字句，看看结果如何："我只有一种特长，就是我'永不绝望'。"——福煦将军的话。"教育的最大目的，不是单单知道而已，'必须要做'。"——斯宾塞的话。"我已活了八十六岁，见到许多走上了成功之路的人，他们的能够成功，'最主要的是信心'。"——吉朋斯大主教的话。

（三）变更速度

平日我们和人随便谈话，常常改变语调的速度，这是我们在不知不觉中应用的一种很自然很有力的最好的说话方法。它可以使你整个意见的某一要点，特别明显地表白出来。

史蒂凡先生在他的名著《记者眼中的林肯》中说："林肯总统，常是很快的一口气讲出了许多字，遇到其中重要的字句，就把声音特别拉长或提高，然后再像闪电一般，一口气讲完了那句话。他常常使一两个重要的字所占的时间比六七个不重要字的时间长得多。"

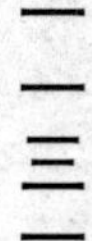

用了这种方法，可以抓住听众，这是毫无疑义的。当我当众演说的时候也常常爱用这个方法。现在请你把下面一段文字的''中的字句特别拉长了读一遍，看看结果如何？

吉朋斯大主教，他在快要逝世的时候说："我已经活了'八十六——年'，亲见'几百'人'走上了成功之路——'我从这上面发现所有能够成功的'重——要'因素中，'最重要的是信心——'。'一个失了信心的人，是万难成功的'。"

请你再做一实验：先用漫不经心的迅速语调说："三千万元。"然后用吃惊的口吻慢慢地说："三——万——元。"试细细玩味一下，是不是好像三万元的数目比了三千万元的数目要大得许多？

（四）重要意思的前后要略停

林肯每次演说碰到想把一个重要意思深印听众心里时，他就把他那高高的身体向前略倾，两眼钉住听众好久不发一言，这突然的沉静，和突然的一声巨响是有着同样的功效的：这功效，就是极能引起人家的注意。当林肯对陶格拉斯议员做著名的辩论时，他那惯有的一种忧郁神色，常常不利于他，使他讲出来的每一个字都带着一种凄凉的情味，因此当他将要结束的时候，早已露出失败的征兆，但他突然卷起两臂，两眼逼视台下那班似乎快要打瞌睡而又好像对他有些好意的听众，沉默许久，忽然用了一种特别的声调说："朋友们，我和陶格拉斯先生两人无论谁被选为上议院的议员，都是没甚重要的，可是，今天我要在诸君面前提出一个重大问题，它的重要远在我私人的利害或任何党派命运之上。朋友们！"说到这里林肯又停了下来，听众们对于每一个字，都是细心地听着，"那个问题，即使在陶格拉斯先生和我死后埋入土中，舌头已经腐烂，不会再讲话的时候，它也仍旧存在，而且仍在一切人的心中燃烧。"

"这几句短短的话和演讲时的态度，感触到每一听众的心的深处，"有一个预备替林肯作传的某君说："林肯演讲时，常常在一些重要的字句之后，突然停顿一下，他深知这一阵短短的静默，可以使他刚才所讲的重要意思完全送进听众的脑海中去。"

　　罗滋爵士也是常常如此的，他在每一重要字句的前后，总要停顿一下，甚至一句话中，会停顿至三四次。但是，他停顿得十分自然，毫不勉强做作。演讲时利用停顿，真是一个很聪明的方法；值得我们多多仿效。一般的学演说的人，往往没有注意到这一点，十分可惜。

　　现在，我把下面一段演讲辞中应该停顿的地方标了出来。不过，这所标的并不是不能改变的，也许你认为我标得不大高明，这是难免的，因为这种标示本来没有一定的法则，也许你今天以为应该在这个地方停顿一下，到明天再讲的时候，便以为不该在这地方停顿了。

　　当你开始试读时最好先不用停顿的读一遍，然后再照我标注停顿的地方用停顿的方法读一遍，两相对照，就可看出停顿的方法有些什么效果了。

　　"经商正像打仗（略停顿，使"打仗"两字，印入听众脑中），只有以战士的勇气才能在商场中获得胜利。（停顿）我们也许并不想这样做，然而，这种情况，并不是由我们造成，（停顿）而且也不能由我们去变更的。（停顿）如果你有一天加入了商战的阵线，你就得拿出勇气来。（停顿）要不然的话，（停顿一两秒钟）你干任何事业都将惨遭失败。（停顿）比方打球，（停顿）如果一个人想一棒把球打出去而可以使人跑完三垒，那就决不可对于对方的投手怀着畏缩心。（多停顿一下）请记牢这一点：（多停顿一下）那位竟能一棒把球击出球场以外，安然跑完全垒，稳得一分的球员（多停顿一下，使听众急着等待你说出是谁来），在他的心上，必定是早已有了坚决的意志，咬住了牙龈，准备做他那一棒惊人的事业了。"

　　一个有志学演说的人，也许会完全遵照我在本章所说的话去做，但仍旧错误百出。当他当众演说时，也许会和他与私人间的谈话一样，常常犯下错误或使人不悦。其实，就是我们平日谈话也应该改善方法才好。你不妨先改善了你平日谈话的方法，再去登台演说。

第十章　怎样使你演说的用意清楚

在上次欧战的时候，有一位著名的英国主教，他对那驻在长岛阿普塘兵营的一大队没有学识的黑人士兵演说。这一队士兵就要出发到前线去了，可是他们只有很少数的人，知道了为什么要派他们到战场上去。那位大主教对这群无知识的黑人，竟大讲其"国际的利益"这一类的话，我倒以为他还不如讲一些深奥的天文上的东西比较好一些。他在演讲的时候，并不曾有了一个士兵离开了场子，可是军警们还恐怕他们逃脱，所以拿了手枪在各门很严密地守着。

这位大主教，我并不是看轻他。我觉得他是一位大学者，如果叫他去对大学生们演讲，那他是有着极大的威力而成功的；可是对这一群黑人讲话，他是整个的失败了。他对听众并不明白，所以他不知道他应该讲些什么，怎样去获得成功。

每一篇演说，总是离不开下面的四个要点：

（1）说明事理。

（2）说服人家而使人受感动。

（3）得到行动。

（4）使人发生趣味。

现在，我们不妨举几个实例来证明：林肯对于机械很感兴趣，他曾发明一种把搁浅在泥沙中的船只举起来的机器，而且还获得了专利权。他在他的律师事务所近旁的一家机器厂中制造模型。这设计结果是失败了，但他依旧很热心的认为有成功的可能。如果有朋友到他的事务所中去看模型，他就不厌其烦地向朋友说明事理，他的目的，就是要使朋友们能够明白。当林肯在甘第斯堡发表着他那不朽的演说的时候，发表他就职第一任及第二任总统演说的时候，美国名政治家亨利克莱逝世而颂扬他一生的经历的时候，林肯的主要目的，就是说服人家而使人感动。当然，要说服人家，而使人感动，他就应该讲得十分清楚；但是，在这几种情况之下，清楚还并不是他的主要目的。他在向法官讲话的时候，是希望得到有利的判断；他在作政治活动的时候，是希望获得较多的选举票；换句话说，就是他的目的在得到他人的行动。还有他在当选总统的两年前，预备了一篇关于科学的演讲，目的是引起人家的兴趣。这虽然不是他的成功杰作，但可证明他也用过这一种演说的目标。

上面所提的几种演说因为各有他的目标并且知道怎样去达到目标，所以常常是成功的。有许多演说家，他们并不明白这一些，所以常常言语颠倒，结果是遭到了惨败。

欧战时，我见到过一位美国国会议员，他被听众叱骂而被迫走下旧纽约马戏场的舞台，因为他对听众所讲的是美国怎样的备战，他的演讲的目的，只在讲得怎样清楚，但是听众并不希望听他的教训，大家想得到一些兴趣，所以最初只是忍耐着，希望他快快的结束。可是，他太欠聪明，一些不能自觉，终于听众到了忍无可忍的时候，便有人恶意的鼓掌、欢呼、讽刺，大家都效法着，不到多少时候，场中不少的人在吹口哨和狂喊了。这位愚蠢的演说者，他不明白群众的心理，他依旧在继续的讲下去，于是把群众激怒了，喊声像巨浪似的，终于压倒了他的声音，他只好自认失败，十分羞愧的走下台去。

从这个例子我们得到一个教训，就是对于演说的目标，必须事先有聪明的选定，并决定怎样去达到这个目的。

因为这些需要特别和专门的知识，所以本书预备用四章来加以讨论：就是本章说的"怎样使你演说的用意清楚"，第十二章说的"怎样使听众对你感服"，第十三章说的"怎样使人感觉到兴趣"，第十四章说的"怎样使人听从你的意见"。

用比喻帮助

你不要把"清楚"的重要和艰难估价太低了。我最近听过一位爱尔兰的某诗人当众诵读他自己的诗，可是，听众懂得一半的，还不到十分之一。有很多的演说家，不论是公开或是不公开的演说，他们大都犯着和这同样的毛病。

英国的大物理学家罗滋爵士，他对大学生和公众演说有了四十年的经验，我和他讨论到演说的要素时，他十分郑重地指出两个要点：一是学问和预备，一是努力于说得清楚。

在普法战争初起的时候，德国的名将毛奇将军对部下的官佐说："无论哪种命令，因不清楚而有了可能被误解的地方，一定将被误解。"这一点，拿破仑也认为是十分危险的，所以对他的秘书一再的训斥"要清楚，要明白"。

耶稣的门徒问为什么讲道的时候总是用比喻，耶稣说："因为我所讲的东西他们看不见、听不到，我不用比喻，他们根本不会懂得。"

毛奇将军

当你对听众讲些他们完全生疏的题材时，你能够希望他们对你所讲的比耶稣所讲的更易了解吗？当然，这不是容易的事，那我们该怎么办呢？请记住，耶稣碰到这情形时，他就努力设法把这人家觉得生疏的东西，化成简单而显示一些形象，他用人所悉知的东西做比喻，把那生疏的事物形容得明明白白。

这里有一个很好的例子：有些牧师，想翻译《圣经》给非洲近热带的居民读。可是译到"你们的罪恶虽然是深红的，但也可以变成像雪一样的白"

的时候，难题就发生了。因为热带的土人，他们根本不知道雪是什么东西，雪的颜色和煤的颜色有什么不同。但是，他们常把椰子树上的椰子弄下来吃，因此牧师们就改译成"你们的罪恶虽然是深红的，但也可以变成像椰子肉一样的白"。

有一次，我在密苏里州的华伦斯堡师范学校中，听人演讲关于美国西北边陲上的阿拉斯加州地方的情形，我觉得那演讲者是失败了；因为他讲得不明白而且还没有趣味，他不能像上述的牧师，他竟忽略了去讲述那听众们所知道的事情。比方像他说阿拉斯加州的面积有五十九万八百零四方英里，人口有六万四千三百五十六人。我们要知道，在普通人，对于一方英里有多大并不熟习，五十多万方英里，他们不能确定是不是差不多等于梅恩或是得克萨斯州的面积。如果演讲者说，阿拉斯加和它附属的小岛，海岸线的长度比环绕地球一周的长度还要长，面积比美国东北部的纽约、梅恩、宾尼法尼亚等十八州加起来的面积还要大，这给听众对于阿拉斯加面积的概念不更清楚吗？他说的人口有六万四千三百五十六人，这一个数目，在十个人中间，未必有一个人能够记上了五分钟甚或是一分钟。因为，很快的说完"六万四千三百五十六"的一个数目，不能给人一个深刻的印象，只能给人留下一个像写在海边沙滩上的字的模糊不清的印象。这印象到了有第二个令人注意的地方时，就像沙滩上的字被一个海浪撤了一下一样地磨灭了。如果他用大家所熟悉的事去比喻，不是就要好得多了吗？例如：离华伦斯堡不远的圣约瑟夫城，这是听众们大半到过的，那时阿拉斯加的人口比圣约瑟夫要少一万，为什么不就用它来作比喻呢？"阿拉斯加的面积比密苏里州要大八倍，然而人口却只有我们华伦斯堡居民的十三倍。"这不可以清楚多了吗？

请把下面的例子比较一下，看看哪一个清楚？

（一）离开地球最近的星，中间的距离有 35，000，000，000，000 英里。

（二）要是一分钟走一英里的火车，要走到四千八百万年之后，才可以到达离我们地球最近的星球上。如在那星球上唱一只歌，要在三百八十万年之后，这声音才能传到了我们的耳中。如果用一根蜘蛛的丝，从地球上拉到那星球上，这些丝的总重量要有五百吨。

（一）世上最大的圣彼得教堂高二百三十二码，宽三百六十四尺。

（二）圣彼得教堂的高，有如华盛顿美国国会议事厅两座堆积起来的高。

有名的英国物理学家罗滋爵士，他对普通的听众，讲述原子的本质和体积，就是应用这一种方法。他对一群欧洲的听众说：一滴水中的原子，正像地中海中的水滴一样的多。这个例子举得真是恰到好处。因为听众中有不少是从直布罗陀海峡经过地中海而到苏伊士运河来的，所以极易对此了解。但他为了还要说得更明白些，所以另外又作一个比喻说，一滴水中的原子数，正像全地球上的草叶一样的多。

你以后讲话，可以应用这个原则。如果你要形容那金字塔的伟大，你要告诉听众有四百五十一英尺的高。然后你再用他们日常所见到的建筑物来作比喻。你可以告诉他们塔底的面积占着城内多少的街道和房屋。你不要对人家说这个有多少加仑，那个有多少桶，不妨说某种东西，多到可以装满这一个演讲的大礼堂；你要说某种建筑物的高，不妨说比这演讲的礼堂高着多少倍；你不要用丈里的数目来表示距离，应该说从这里的车站一直到某街一般的远，这不是比较更明白了吗？

避去专门名词

如果你的职业是律师、医生或是工程师一类属于专门性质的，你对普通人讲话，应该格外的小心，要避去专门的名词，而且对普通的名词还得加以详细的解释。为什么我要说应该格外的小心呢？因为，我听过了不知有多少的说演家，在这一点上得到了很惨的失败。这一班演讲者，只管说着专门名词，对于听众的不明白，似乎完全不曾觉得，仍是滔滔不绝地讲下去，在他们自己以为是极有意义了，而不知道普通的听众正像对着霪雨一样感觉得无味。

这样的演说家，应该怎样改善呢？他应该遵守美国参议员毕非粹兹的这句名言："从听众中去选一位像是最无知识的人，让他对你讲的话感到兴味，这是一种十分有益的练习。要达到这一个令那最无知识的人感到兴味的目的，你只有用清楚的字句来讲明事实和解释道理，才能有效。更好的方法，就是把你的谈话集中在和那父母同来的小孩身上，你所讲的话要简单明白，使孩子们都能够了解，并且使得散会之后，小孩们还能说出你所讲过的话。"

我记得有一位医生，他在演说训练班上说："横膈膜的呼吸，对于腹部的蠕动有着很大的帮助，而且也很有益于健康的。"他这样说了之后，立刻就去讲别的话，我便止住了他，要把他横膈膜的呼吸和其他的呼吸有些什么不同，为什么对身体特别有益，还有蠕动的动作是些什么，这些都进一步说清楚。这话使那医生十分的惊讶，于是他又重新解释说："横膈膜是一层很薄的膜，它的位置是在胸部和腹部的中间，当你的呼吸在静止的时候和你在做胸呼吸的时候，它的形状正像一只覆着的盆；你做腹部的深呼吸的时候，它被空气挤压着，差不多由弧形而变成了平面。在这时候，你可以感觉到你的胃压迫着你的腰。所以，横膈膜向下的压力，摩擦并刺激到你腹腔上部的各种器官，像胃、肝、脾以及上腹部的神经网等。当你呼出空气的时候，你的胃和各种上腹部的脏器被横膈膜推了上去，这一个摩擦，是帮助你的排泄作用的。凡是消化不良以及便秘等疾病，大都可以由横膈膜的深呼吸练习而消除了的。"

你对横膈膜的印象是不是要深刻得多？

林肯的秘诀

林肯对于他自己的意见或是提议，必须要使不论谁都能够十分的清楚明白，这是他的一种习惯。有一次，他对克诺克斯专科学校的校长高丽华博士解释他为什么喜欢用通俗平易的文字的理由，他说："在回忆中，记得我小的时候，如果有人对我讲话而我不懂，我就常常的生气。在我的一生中，我再不能想起还有别的什么能够使我更生气的了。我还记得当我听邻人和父亲谈了一夜的话以后，我回到小寝室中，就要全室的踱着，花了不少的时光去想他们所谈的我不明白的地方。当我要思索一件事的时候，即使我想去睡了，也是睡不着，必把那件事想出之后才能入睡。但是，即使想出了，还不能认为满足，还得再三地想，把这件事用通俗平易的字句讲出来，使不论哪一个孩子听了都能够明白。这差不多成为我的一种嗜好了，至今还是这样。"

是的，林肯对此确已成了一种"嗜好"了。新塞力姆城学校的校长葛拉罕说："我知道林肯常常花了几小时去思索一件事情，当他思索出来之后，还得把思索出的三句话中拣一句最好的说出来。"

为什么人们大都不能把一件最普通的事理说得十分明白易懂？为的是：他们所说的事情，连他们自己也模糊不清，好像一架摄影机，在烟雾中照不出清楚的相片一样。

百闻不如一见

在前面第四章，我们已经说过，眼睛看见所给我们的印象远较耳朵听见的深。科学的证明，说刺激我们眼睛而引起注意的事物，比刺激耳朵所引起的注意要多二十五倍。所以，你如果希望使人家明白，你最好把要点十分生动的描绘出来，把你的意见，形容出一个形象来给人"看"，这是已故纽约全国收银机制造公司的经理先生约翰巴特生所惯用的方法。他曾经发表一篇文章在《组织》杂志上，简略地说他对雇员讲话时所用的方法："我认为一个人不能单靠讲话去使人了解，必须把人家的注意力抓住，所以，实有使用一种戏剧方式的必要。如果是可能的话，最好用图画来帮助；因为表解比空口说白话易于说服人家，而图画则比表解更易使人深信。表达一个题目，最最理想的方法，就是把各个细目完全用图画来代表，文字不过是把它们的关系连在一处而已。我早已发现和人家交涉的时候，一幅图画比我所讲的无论什么话都有价值。就是一张十分拙劣的图画，也能发生很大的效力。我有一套卡通和'图表谈'，书上一个圆圈和一个 $ 可以代表一元钱，一只袋上画

一个 $ 可以代表一批巨额的钱。此外一个圆圈也可以产生无数面孔。我们只要在这圆圈中随便添上几笔，画成耳鼻口眼；把线条随便一改，就可以生出许多喜怒哀乐的表情来了。"

当然，图画并不是在不论什么题目和不论什么场合，都可应用的，不过，我们如有适当机会，不妨设法应用一下；因为它不但可以引人注意，使人感到兴味，并且可使我们的意思，格外使人易于了解。

石油大王所用的方法

在《组织》杂志上，石油大王洛克菲勒也曾发表过一篇文章，述说他怎样应用了视觉的方法，把科罗拉多州煤铁公司的经济状况解说清楚了："我发觉科罗拉多煤铁公司的伙计们，都在想像洛克菲勒家族曾经从该公司榨取了很大的利益。我解释给他们听确实的状况，并且明白地告诉他们，我们和该煤铁公司发生了关系以来的十四年中，对于普通股不曾发过了一分钱的官利。有一次，我们在开会的时候，我拿一些钱放在桌上，然后拨开一部分，表示我们支出工资的实数，因为公司支出的第一项便是工资。其次我又拨出一部分钱，表示职员薪金的支出数目，所剩下来的，算是经理和董事们的报酬，这样，就没有钱分给股东们了。于是我又说：'诸位，你们要知道，本公司是由你我员工理事以及股东四方面合股经营的，现在我们三方面多少得到了一些报酬，而股东方面不曾得到分文，这是不是可以称为公平的？'我解释完了，接着有一个工人站起来发表演说，要求增加工资，因此我就问他：'股东未得分文，你要求增加工资，这也能算公平的吗？'他承认这有些不公平，以后我便不再听到有要求增加工资的事了。"

用视觉来观察的实物，必须说得确定，而且把心中的图画，描绘得像在落日前看牡鹿角的侧影一样的清楚。比方我们说一只"狗"，虽然可以叫人家立刻想像到那是一只动物，但是，这究竟是一只哈巴狗还是别种什么狗呢？我们说"这是一只雪白的小哈巴狗"，这不是更清楚而引人注意吗？

把主要的意见用不同的字句做多次的重述

"重述是修辞学上唯一的原则。"——拿破仑言。你有了一种思想或学识只有你自己明白，别人未必会能抓得着头脑。因为理解一种新的观念，很需要一些时间，并且必须集中整个注意力。所以为使人家彻底了解，必须反复申说解释，但是不可以用一句完全同样的话，免被听众反对，最好用几种不同措辞，改换几种说法，你的听众，就不会当你重复了。

已故美国大政治家柏寿安说："如果你自己还没有明了那个问题，你绝对无法令人家来明了那个问题，反之，你对这个问题越是认识得清楚，你把这问题传达到人家的心里也越是容易。"

上面第二句话，就是第一句话的重述。当你说到第二句的时候，听众是没有工夫来细细地辨味一下它究竟是不是重复，反而觉得这样一解释，显得格外清楚了。

应用特殊的例证和一般的解说

利用特殊的例证和一般的解说，这是使你所说的要点能够明白的一种最妥善而容易的方法。究竟特殊的例证和一般的解说有了些什么的不同呢？照字面说，就是一是特殊的和一是一般的。现在，我们不妨引用具体的实例来解释一下。比方我说："有许多职业男女常常可以赚到惊人的巨额薪水。"这句话等于没有说一样，讲这句话的人，自己就不敢确定它将在别人心中唤起些什么。它可以使一位住在奥塞克山中的乡下医生想起一位住在城市中每年有五千元进款的同业。同时它也可以使一位有着相当成就的矿务工程师，想到他的同伴中有人一年能够赚到十五万元。总之，这句话说得范围太大了。太模糊了，实际上他应该详细注明他所指的职业是哪一种，怎样才算是"惊人的巨额"。下面一段演说就要清楚得多了：

　　"有许多律师、竞赛家、作曲家、小说家、剧作家、画家、戏剧演员和歌唱家，他们的进款比美国大总统的收入还要丰富。"但这里他只就一般人来说，他所指的"歌唱家"仍不能使人知道他指的是哪一个歌唱家。如果他再照下面一段那样举出一个个特殊的例子来，给人的印象就更加明显了！

　　"大律师桑姆尔安得来耶和马克斯史蒂他们两人每年的收入有百万元。拳击大王邓波赛，每年的收入有五十万元；没有受过多少教育的年轻的黑人拳击家约翰路易士他在二十多岁的时候，就可以有五十万元以上的进款。伊尔父柏林的乐队，据说一年可赚五十万元；西德尔金斯莱的剧本，一周有一万元的稿费；英国的史家韦尔斯在自传中承认他通过写作赚得三百万元。狄雅古寿华拉的绘画，一年也可以赚五十多万元，戏剧家恺撒琳康尼可，曾经再三的拒绝人邀他去得五千元一周的报酬而去演电影，电影明星势伦斯帖贝和葛丽丝慕尔两人每年的收入约有二十五万元。"

　　总之，你讲得愈确切，愈特殊，愈具体愈好。这样不但使你所说的可以更加清楚，而且还可以使听众所得的印象更深而且更觉有趣。

不要在短的时间解说多的要点

　　心理学家威廉·詹姆斯，有一次很郑重地对人说："在一小时的演说中，只可以提出一个要点来解说。"但是，我最近看见一位演讲者在限定三分钟的演说里，讲了十一个要点，算起来每要点只能讲十六秒半。这个例子，虽然也许我举得太过分了一点，但是一个初学演说的人，常常会有走入这种错误的倾向。好像一个向导在一天之中把整个巴黎完全指导给一位旅行家一般，又像一个人用三十分钟把美国自然历史博物馆完全走遍一样。结果不但认识不清，而且毫无乐趣可言。许多演说家不能把他们的演说表达得清楚明白，就是因为他们想在指定的时间内，把演说的范围扩大得造成世界的纪录，他们已经不在正式演说，而在用说话来跑马了。

　　作者令学生在演说班上练习时，因为时间短促，所以演说非常着重简

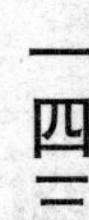

短。如果把美国的劳工协会作为讲题，想在限定的三五分钟内讲完劳工协会的产生经过、以往的一切成绩、过去的错误、纠纷的解决，决不能使听众得到一个清楚的印象，势必杂乱无章，模糊简略，至多不过等于举了一个大纲罢了。

反之，如果你只讲劳工协会的某一方面，把这方面说得详详细细，这才是一个聪明的办法。但如果在必不得已，你的题目非包括几方面不可的话，那么最好在末尾把全篇要点用简略明显的话来重复说明一下。

威廉·詹姆斯

第十一章　怎样使你的辞句动人

数年前，在费城的大街上曾踯躅着一个无业的英国青年，不论是清晨还是夜晚，他总得惹人注目地经过；要是有人试问他："你整天忙着干什么呢？"他就会这样答复你："我想找寻一个职业啊！"

有一天，他突然闯进了该城著名巨贾鲍尔吉勃斯先生的写字问，请求主人牺牲一分钟时间接见他，容许他讲一两句话，——这位陌生的怪客，真使吉勃斯先生感到惊奇，因为他的外表太刺目了：衣服已是破旧得连绒毛也磨光了，满身表示一种极度穷困的窘态，但精神倒是非凡饱满的！

也许是好奇，或者是怜悯吧，吉勃斯先生竟准许与他一谈。——起初原只想与他谈一两句话，想不到却谈了一二十句；在一两分钟后，又是一两刻，甚至继续到一点钟，而他俩的谈话还没有停止；结果呢，由吉勃斯先生立刻打电话给狄诺公司的费城经理泰勒先生，再由这位著名金融家泰勒氏，邀请这位陌生怪客去午餐，并且给予他一个极优越的职务！

你们稀奇吗？这么一个穷途落魄的异国青年，竟能在半天以内，获得了如此圆满的结果，究竟是谁促成他有此成就呢？

自然不会有谁肯帮助他的，他的成就秘诀，可以用一句简单的话答复："他会说流利动人的英语！"请千万不要小窥他，在过去，他原是一位"天之骄子"，当他在牛津大学毕业后，即参加一个商业调查团来到美国，不幸该团因经费用罄竟宣告解散，而他呢，随带的钱也用完了，就这么的被流落在纽约街头！总算他能够讲得一口漂亮的英语，使和他对话的人，都忘记了他那破鞋子，褴褛不洁的衣服，多日未梳洗的头脸……，——凭了他动人的"讲话辞藻"，居然使他能在优异的"商业圈"内通行无阻，使人不再对他表示怀疑，竟敢付托以重任，——你们以为吉勃斯、泰勒两位先生做事，有点太随便吗？

其实，吉勃斯、泰勒两位先生的办事，是最精细和审慎的，他俩从这位怪客的言语谈吐之间，已经深深地了解他、信任他了，所以才敢付托他重任呢！因此，我们可以得到一条广泛与基本的真理，那就是："我们所讲的话，可以判定我们每天的遭遇！"换一句话说："我们一天的祸福悲欢，往往决定于我们的言语！"因为，我们所说的话，可以表示我们的修养程度，要是遇到有鉴别力的听者，就可以明白我们常与哪一种人交往，——不错，言语原是我们的教育文化的标尺啊！

我们和人们接触的时候，有四件事情容易被人估定我们的价值，那就是：我们所做的，我们的面貌，我们所说的话，我们是怎样讲话。——可惜，许多人离开学校以后，为了种种琐事的繁忙，竟使他们忘记了最重大的事，缺少时间去锻炼他们的"讲话辞藻"，甚至竟不肯花费一分钟的时间去设想：如何充实自己的辞句？如何增加辞句的意义？如何使讲话准确清晰？——也许你们要以为，这也不过走错了一步而已；可是，你们要明白，他们的一生失败，正错在这一步上啊！

曾任哈佛大学校长三十多年之久的叶洛特博士，告诉过我们这么一句话："我仅承认一件事，是受过教育的男女们，在知识上所应得的收获，那就是：能够正确优美地使用其本国语言！"这是一个极重要的声明，我们在略加深思后，就可以觉得这话是多么的够我们回味啊！

或者你们要问，如何才能使文字熟练，并能优美准确地讲出来呢？——这是一件公开的秘密，所用的方法既不奇异，更非幻术，说穿了原是"平凡之至"！但林肯曾使用这方法，得到了惊人的成就！

历来的美国人，从来没有比林肯讲话所用的字句更优美了！他所书写的散文，有人曾这么的歌颂过："竟像音乐一般的悦耳！"随便举一个例吧：当他的二次总统就职演词中，曾说了这么一句话："with Malice towards none, with charity for all"（我们不妨如此试译："不要怨恨任何人，以慈爱加给所有的人！"）。

说起林肯，谁不知道他的父亲，是一个庸碌无识的木匠！他的母亲，也没有特异的学识。那么，林肯怎会有运用文学的特别才能呢？——要是你们真是这么问，连我也无法证明这个传说的事实！的确，我们皆知道，林肯所受的教育是"不完全的"，一生也不过进了不满一年的学校，这个在他被选为国会议员后，他自己也曾对此承认过。——谁是林肯的教师呢？我告诉你们吧：在肯塔基州森林地带有数位巡游的材儒学究，曾无意地帮助林肯得到了很多的长进，——要不是林肯青年时代的环境太恶劣，也许林肯的成就还要大一些吧？

　　林肯的教师还有哩：在伊里诺州第八司法区，他每天曾和许多农夫、商人、律师、讼棍，商讨着对于文字的运用；——请牢记吧，林肯的秘密成功方法是："每个人都可以做他的教师！"这和中国的孔夫子所说的"三人行，必有吾师"倒有点相仿佛呢！此外，他再也没有什么特别法术了！

　　不过，林肯是不愿意把智力浪费在和他智力相同或者较低的人们身上，他的最大的教师，皆是历代著名的学者、诗人与优秀的人物；他可以背讲拜伦的长诗，伯郎宁的诗篇也是他最爱阅读的，他还写过一篇关于诗人彭斯的演讲。——他要拜伦时时刻刻，做他的教师，所以，他预备了两本《拜伦诗集》，一本放在写字间里，另一本放在家里。在他办公的前后，或者休闲片刻的辰光，他总要去请教这册诗集，因此，连书皮都已被翻得破残了！

　　做了总统的林肯，以及在"南北战争"军务繁忙中的林肯，在每晚睡前，还是要读几页胡德的诗，——或者，他在午夜醒来，也要拿起诗集来念，当他发现了美好的句子，总使他兴奋得跳下床来，只穿上睡衣，连奔带跑地走过长厅，找到他的书记，他就一篇一篇地读给他那书记听！

　　林肯的记忆力很好，在白宫的时候，他能够背诵莎士比亚名剧的长段对话，他还能批评伶人，指出他们所念的对话的错误，还要加上他自己的解释。名伶哈凯特曾收到过林肯一封信，里面有一段说："……我曾细读过莎士比亚几部名剧，也许可比任何一位非专业的读者要熟悉，《李尔王》、《亨利八世》、《哈姆雷特》，尤其是《麦克白》，这几部剧本是我最喜爱的！我觉得《麦克白》一剧真是优美极了，再有哪一个剧本能比它更优美呢？……

　　关于韵文，林肯也曾加以相当的努力；他不仅可以记住，并且可以公开或私地背诵，而且还自己试写过韵文呢！——在他妹妹举行婚礼的时候，他曾宣读过一首自己作的长诗，替代他的贺词；后来，他在一册笔记本上，也写满了他自己所作的诗；不过，他怕羞得很，不肯以创作示人，甚至在他最亲爱的朋友前，也不愿公开这秘密呢！

《文人林肯》的作者罗宾逊，在该书中曾这么写着："这位自学成功者，以真纯文化教育的原料，装饰他的心智，称它为天才或智敏都可以；他的学识不是从学校讲室获得的，完全是使用他好学的精神，不断地自学与实验。"

你相信吗？是一位笨拙的先生，在伊里诺州的鸽溪村，替人们剥玉米和宰猪；每天仅赚三角一分钱，谁知他后来，在盖提斯堡发表一篇演说，竟被称誉为历史上最优美最不朽的一篇演词呢！——说起这有名的盖提斯堡大战，当中参加战争的有十七万人，并有七千官兵阵亡在那里，可是，如今还有谁再提起它呢？倒不如林肯在盖提斯堡所发表的那篇演说，直到现在，还被世界各国的人们传诵呢！（注）这正应验了美国十九世纪政治家萨姆尔的话："林肯那篇演讲，到盖提斯堡大战被人们遗忘以后，还是会存在的；并且，将来有一天，这战争被人们想起来，大半由于林肯那篇盖提斯堡的演词！"萨氏说话的时候，正当林肯被刺后不久，是一个"预言"，可是今天，这话确是实现了。你是否在听到"盖提斯堡"一名词时，便想到林肯的演说，比想到那次战争的机会更多？

最有趣的，那次参议员艾弗瑞特，曾滔滔不绝地演说了两小时之久，但他讲些什么，不但早被人忘记，并且也是无从可以知道了，而林肯呢，讲了不满两分钟，当一位摄影师想替林肯留下一个演讲姿势，在他尚未把那架原始笨重的摄影机对好光以前，林肯已是演讲完了！

到如今，我们到牛津大学图书馆里，还可以见到一块永不损坏的铜牌，上面正镂刻着林肯那篇演说。想不到这篇短短两分钟的演说，倒作了林肯一生不朽的纪念；我希望每一个与习演讲的人，应该把林肯这篇演说熟读，并且要能够背诵它，我深信至少会对你们有一些帮助！

许多人以为"民有，民治，民享"一句话是林肯最先讲的，你们以为对吗？——让我来告诉你吧：林肯有一位律师朋友唤做贺恩顿的，曾在数年前，给他一本美国十九世纪学者西道尔·派克的演讲稿，林肯读到了这么一句："Democracy is direet self-government，Over all the People by all the People，and for all the people."（我们可以试译为："民治主义就是直接的自治政府，在一切人民之上，受一切人民的管理，为一切人民谋幸福!"）就连忙在底下加上了许多铅笔线，表示其重要。——不过，派克这些话并非自己创造的，他是借用了四年前大政治家韦伯斯特答复海恩的一段话："The People's government，made for the People，made by People，and answerable to the People."（试译中文为："人民的政府，应该为人民而设立，为人民所管理并为人民谋福利!"）——可是，韦伯斯特也是抄袭前人的话，那是早他三十多年前，杰姆斯·门罗总统曾说过与此意义差不多的话。——但门罗总统也是借用来的，那是在他五百年前，一位英文圣经的翻译者，唤做威克里夫的，他在圣经序文里如此写："This Bible is for the government of the People，by People，and for the people."——我们索性再寻求威氏此语的来源吧，到底又是起于何时何人呢？那真远了，应该推到耶稣降生前四百年，古希腊名人克里昂对雅典人民演讲时，曾谈到一位统治者，应该"of the People，by the people，for the People"。——到底克里昂这句话是"创作"呢？还是"抄袭?"恕我们无法可以查考了!

请想啊，世界上真正的"新东西"，是多么的少啊！可见演说家们，从"博览群书"中所获得的益处，又是多么的多啊！

不错，书！就是真正秘诀的所在啊！你要增进自己的知识，充实你讲话所用的辞句，你首先应该多多阅读书本啊！让你的心永远浸在文学宝库中吧！英国大政治家约翰·伯莱特怎么对我们说呢？他觉得每逢走进一所图书馆，就愤恨人生太短促了，使他不能将心爱珍贵的书，去遍览一次！——我告诉你，伯莱特十五岁就被迫辍学，到一家棉纱厂中去作工，从此他便没有再返回学校的机会！可是他不但英语讲得流利纯熟，而且能把拜伦、米尔顿、雪莱等长诗熟读深思，又能将莎士比亚名剧背诵得很多；他每年总要温习一遍《失乐园》，来充实他的字句：他的努力，终于使他成为英国十九世纪最大的演说家。

再说，英国十八世纪政治家福克斯，曾朗诵莎士比亚的名剧，他想改善自己的作风。

葛莱斯通藏书最多，差不多近一万五千册，他告诉过人，圣奥古斯丁、巴特勒大主教，但丁，亚里士多德、荷马诸人的著作，都使他获得了最大的帮助！

毕特也是英国十八世纪的著名政治家，他的自修方法是，每天把一两页希腊文或拉丁文的作品读过以后，再试译为英文。他这么努力了十年，于是他夸口地说："现在，我已获得一种'无与伦比'的能力，不必费思想，就能把适当意见，恰宜字句，排列成序，决不会有一些紊乱或谬误……"

英国诗人腾尼逊，每天总要读圣经。尤其他喜读所罗门的《箴言》和《雅歌》。

俄国大文豪托尔斯泰最爱读"四福音书"，不知读了多少次，他还能背诵许多章呢！

罗希金幼小时代，总被他母亲强迫每天背诵若干节圣经，并在每年把《新旧约》全书六十六卷，总要从头至尾朗读一遍；所以，罗希金的文章作风与格式，皆是非凡的美，连他自己也承认，这完全是得力于每天朗诵圣经的训练！——他终于也成了英国十九世纪的一位有名作家。

鲁易斯·史蒂芬逊是英国著名的小说家，被称誉为"作家之作家"，他的写作经验，曾自己告诉过人们说："当我读到一本特别有趣的书，或者是一段文章，不管它是在说明一件事，或者在讲出一个恰当的意义，也不管它是文字有力呢，或者是笔法甚美；我总要立待坐下，开始自己摹仿这种作风。我明知第一次是不会成功的，第二次当然还不成功，或者好像是永远不会成功，但我决不灰心，至少这种努力，使我获得了实际的韵律，协调及文章构造的练习。——这样，我接连不断地摹仿着英国著名论文家莱穆、诗人渥尔华斯、名作家波郎狄福、英国作家霍桑、法国论文家蒙田等。我只当这是一个练习写作的方法，并没有记算到摹仿得相像与否：我也不希望由此获得什么进步，——虽然，我明白，这是英国浪漫诗人济慈所曾用过的写作方法，从文学上说，有谁所写的东西，能比济慈所写的诗更优美呢？——无疑的，这种摹仿最有价值的一点，就是尽管学习的人是如何努力，总无法摹仿得胜过原文；这样，就算你一次次摹仿下去，结果难免还要一次次的失败；可是，俗语所说"失败乃是成功之母"，真是说得不错，这一次次的失败，正是引导着你一步步往成功的唯一大路迈进啊！"

我已经讲了许多实例，早已把秘密揭穿了；记得林肯曾答复过一位急欲做一个"成功的律师"的青年人说："只有努力地研读，勤奋地工作，才是一条成功的捷径！"——林肯介绍给这位青年一册什么书呢，原来是耐特著的《每日如何生活》（How to Live on Twenty four Hours a Day，by Arnola Bennett）。这册书会给你一种近乎"冷水浴"的刺激！它会告诉你许多关系你的最有趣的问题，它会告诉你每天浪费多少时间，以及如何节省这些浪费，并告诉你利用这些多余时间的方法，这册书只有一百零三页，费不了一星期，就可以读完它了；请你每天清晨，撕下该书数页放在衣袋里，当你阅报的时候，不妨将每天二十分或半点钟的时间，减为十分钟，以便去阅读这册书。

美国第二任大总统杰弗逊说："我放弃了报纸，而去改读罗马希腊历史学家塔西伦和修昔底斯，以及科学家牛顿、欧基里德诸人的作品后，我方才觉得精神上是真的愉快了！"不错，减少读报时间来改读别的名著，只要试验一个月，你定会觉得比从前更快乐了，你为什么不试验它一个月呢？为什么不把阅报的时间，以及在写字间或在车子上休闲的时间，甚至等候电车或朋友时的余暇时间，将你衣袋中的书取出来阅读呢？——读破一册书，不是比一册新书，放在书架上好得多吗？

杰弗逊

你如果把《每日如何生活》读完了，那么该书的原作者，还有一册更使人感觉兴趣的名著："The Human Madhine." 告诉你应该如何应付人。你读过以后，定能改变你的处世态度。——我所以要介绍这两册书给你，不但是因为书的内容极好，并且笔调也是写得极其畅利优美，因此，你多读这两册书，还可以充实美化你的作文字句呢！

除了介绍你选读一些文学名著以外，我还希望你能多读莎士比亚剧本和《圣经》。曾有人请问过英国十九世纪著名伶人欧尔文爵士斯，世界上最值得阅读的一百册书是什么，他的回答是："我希望你在阅读一百册书以前，先读这两部书吧：《圣经》和莎士比亚的剧本。"不错，欧氏的"推荐"是极其难能可贵的，只有《圣经》和莎士比亚，才是英国文学的两大源泉啊！我也希望你从这两部书中每天吸取其精华！在你看晚报的时候不如拿起《罗密欧与朱丽叶》、《麦克白》两个剧本来读吧！在早晨，你就阅读《圣经》吧！

要是你真愿意听我的话，这么地遵照做了，那么，结果会怎样呢？——渐渐的，不知不觉的，也是必然的，你的作文修辞会突然变得美丽动人，你的作风，也渐渐有些近乎名人的风格了。正如德国大文学家哥德所说："请你告诉我，你阅读些什么书，我可以知道你是怎样一个人！"

不过，请你千万不要忘记，你应该要有"恒心"，要有"毅力"，并且要随时利用"余暇的时间"，能够这么地实行你的"读书计划"，我深信你定可获得"成功"的！

第十二章　怎样使听众对你感服

美国西北大学的校长史考特博士说："当我们一种主意输入他人脑中后，若没有引起相反的意见，就是那人相信它是真实可靠的证据，毋须再把那个意见的真实性说服他了。譬如我向你说'美国所造的汽车胎质料都很不错'，你心里若不曾生出和此相反的意见，那么，你当然是已经相信美国的汽车胎都是好的，我也不必再说什么证明了。"这真是一个十分重要的心理学上的发现。一切演说家，都可以用得着。

公元前三百多年，希腊大哲学家亚里士多德说："人是有理性的动物——他的行动是根据逻辑的。"其实他把我们夸奖得太过分了，我们的行动，完全合于纯粹的理性是少有的，多半还是由外界的建议和暗示而产生的。

提示的功用，是不必提出什么证据，而使人心里接受一种意见，比方我对你说："邓禄普的网球最是坚固耐用"时，我尽可不必加以证明，因为我只是提示你一个事实罢了。但如果我对你谈到制造网

亚里士多德

球的原料和著名网球家对于这种网球的意见时，那我便得用证据来证明我的话了。处世有术的人，他们常用提示的方法，造成比用辩论的方法为佳的结果。这种提示方法在售货术和现代广告术上也是十分重要的。

一个人相信一件事常较怀疑一件事容易。因为你对于某事发生怀疑，必须先对该事有相当的经验学识和考虑过。如果我们对小孩子说，圣诞老人是从烟囱中进来的，对野蛮人说，雷声是神的发怒，他们可以深信不疑，一直

到他们有了相当的知识，才会发生疑惑。几百万的印度人，他们都十分诚恳地相信着恒河的水是神圣的，蛇是神的化身，杀牛和杀人是同样的罪恶。他们这些思想，并不是经过了事实的证明的，他们只得到古人的提示，对它有了极久远极深刻的印象。我们不必耻笑这班愚蒙的人，其实如把我们所深信的一切来细加推究，结果大半是由于一种提示，而没有经过理智的推究。比方我们对于北平王麻子的剪刀，苏州陆稿荐山珍齐的酱肉，以及稻香村的糖瓜子，即使不是最好的，也会深信它是最好的。这深信的判断，毫无理由可言，更没有与别种牌子的货品去比较过。这只是一种不合逻辑的武断和偏见，我们所根据的只是从各方面得到的提示罢了。

人是一种接受提示的动物，这话谁都无法否认。如果我们生了不久，在摇篮里就被印度人抱到印度去抚育了，我们长大起来，自然也会和一般的印度人一样，从小就相信牛是神圣的，我们在街上碰到了牛，也会去和它接吻而对之崇拜，也会对猴神、象神、木神、石神叩头。

现在，我们再来举一个十分平凡的例子，来证明我们每天是怎样受着提示的影响。

你一定读过许多论饮咖啡之害的文章。也许你读了这些文章，便打算戒掉咖啡，你在踏进店之后，心中早已打定这个主意。但如这时有一个并不高明的女招待走来问你："你要咖啡吗?"你至少将在心里发生要和不要的冲突。虽然，结果，也许仍是你的自制力得到胜利。但如她说："你不要咖啡吗?"你一定将毫不犹豫地立刻回答"不要"。真不知有多少不曾受过训练的售货员，常常会对顾客说出这种愚不可及的反面的建议。最聪明的售货员，她常常这样问："你是现在要咖啡呢，还是再等一会?"这结果，常使本来不想喝咖啡的你，不知不觉地说："现在拿来吧。"原来她在这句问话中，已经表示你是一定要喝咖啡的，只是迟早问题罢了。这样一来你的心中便不易生出相反的意见来了。与这相类的情形不但作者常常碰到，就是读者也是常常碰到的；只要你仔细考察，可以看见这种情形一天中不知要发生多少次。美国百货公司训练售货员，叫他们对买客说："这东西你自己带去吗?"因为如果说："你要不要我们把这东西为你送去?"结果，买主常会点头称：

“好。”于是自己就得增加许多送货的费用了。

想感动听众先得感动自己

你曾否留心过，如果有人把一种主要的意见，用诚挚而容易令人感动的语气对你说出来，你的心里常会不易生出相反的意见。因此，如果你预备给人一个好的印象并使人赞同你，请记住：激起人的感情，比引起人的思考更为有效。一个人讲话时，不管他的修辞是怎样的好，搜集了怎样的例证，声音又怎样的好听，姿势又怎样的优美，但是，如果讲得一些也不诚恳热挚，必将完全无效。所以，如果你想感动听众，就得先感动你自己。那时你的精神，自会通过你的眼睛、你的声音而输入听众们的心底里。

让人家保住尊严来赞同我们

某次，有一位无神论的朋友，向英国的神学家裴莱说，上帝根本是没有的。他不但这样的说了，而且还要求神学家裴莱提出反证的意见来。裴莱牧师十分从容的取出一只表来，打开了表盖说道：“如果我告诉你，这表里的轮子、发条、杠杆等是它们自己生成，自己凑在一处而且自己会动的，你当然将说我是在说梦话了。但是，你瞧天上的星斗，它们各有固定的位子，各有行走的轨道，地球和太阳系的各行星绕着太阳转，每天要走一百万英里的远，每一个星完全和太阳系一个样子的，然而它们的运行，从不曾有了相碰、紊乱、纷扰，它们很安静的有条不紊，请问你：它们是自己生成的呢，还是有着造物主在主宰呢？”这段话说得多么动听！这位裴莱先生所用的方法，不外开始用了和人家相同的立场，使人家说出一个“是”字，像在本书第十章中所讲。然后再说出对神的信仰是一种极简单的必然的道理，正像相信一只表的有人制造一样。假定，他一开头就向对方用责备的口吻说：“什么？没有上帝，这真是傻子，你自己也不明白你所讲的是些什么。”这样，两方面必定要发生一场严重的争执，而那位主张无神论的朋友，一定要愈益固执他的主张了。诚如罗宾逊教授所说，那既是"他的"意见，他为了他的宝贵的意见将受威胁，他的尊严将受危险，当然将以全力争一雌雄了。

人的天性，都以为尊严是很重要的，所以我们最聪明的办法，就是让人家保住尊严，而来赞同我们。裴莱牧师就是用了这个方法，他使满含敌意的对方比较容易接受他的意见，而不致损伤对方的自尊。裴莱牧师，很懂得这种心理上的微妙作用，但世上大多数的人，都缺乏这种容易使他和人家携手，并使他的意见深入人家心灵的堡垒去的微妙手段。他们都有着一种错误的见解，就是他们一心的想去占据人家的心灵的堡垒。殊不知当你才开始进攻的时候，对方早已把心灵的大门紧闭，那时即使你用尽方法也休想再去说服人家了。

圣保罗的机智

在前面所讲的方法，算不得新奇；因为一千多年之前，圣保罗就用过了，——那时他在马尔斯山对雅典人讲那一篇极著名的演说。在一千九百年后的我们，对他用得那样的聪明圆滑，还是钦佩得很。他是一位受着高深的教育的人，他信奉了基督教，因了他的口才而使他成为基督教的领袖。有一天，他到了雅典，那时雅典已经由光荣的顶点慢慢地在趋向于衰落了，《圣经》上这样地记着："所有的雅典人以及到雅典去的旅客们，他们无所事事，只是每天讲一些或是听人家讲一些新奇的故事而已。"那时的雅典，没有无线电、电报、通讯社，他们极不容易在每天下午得到些新闻，忽然保罗来了，这是十分新奇的事。他们感到新奇愉快而把他拥到一个裁判立的小山上，问他："你可以再讲讲你的新教义吗？""因为你的解释一传入我们的耳朵，我们就可以完全明白它的意思了。"

对于这个请求保罗当然十分高兴的允许了，因为这正是他到雅典去的目的。他站到一块大石上，起初也和一般的大演说家一样感觉到一两秒钟的不自然，他把两手摩擦了一下，在开口讲话之前，把嗓子也先打扫清楚。但是，对于大家邀请他讲"新的教义和新奇的事"，他并不完全赞同；因为，那种措辞是有害的，他必须要把这些存于大家心里的意念完全消灭。换句话说，就是他不愿意把他的信仰说成新奇的事。他怎样去平服反对者的意见呢？他沉思了一下，找到了很巧妙的方法，于是开始了他那不朽的演说：

"你们对于一切的事，都是十分虔诚信仰的。"他一开头就这样称赞听众说，使大家都觉得十分高兴，并对他愈益欢迎，这原是当众演说的一个成功要素。"当我路过一座祭坛的时候，见到你们所供奉的，上面写着'奉献给未知的神明'这几个大字。"这是说他们十分虔诚的一个明证，因为他们深怕疏忽于某一个神，所以特设这样一个祭坛，来作他们偶或疏忽的救济。保罗指出这点的原因，并不是故意来奉承他们，不过表示他说的那一句话是从实地观察得来的。这样，他的开端，总算得到了圆满的功用了，于是他再继续地说下去："我要讲给你们听的，就是你们崇拜的未知的神明究竟是谁。"

他根本不谈"新的教义和新奇的事"，他纯粹来解释一下关于他们崇拜的未知的神明，这就是把他们所不信的来比做了他们所十分虔诚信仰的。这便是他的一种特长的技能。

他讲到"救世"和"再生"的教义的时候，他就引用希腊某诗人的话。他全篇的演说，不过只有两分钟，有的听众在笑，有的人说："他们愿意你再多讲一些。"

我们要知道，一个只有两分钟的谈话，它的好处，就是像圣保罗一样，有人下次会请你再说。美国费城的某政治家，他曾经对我说，在演说的时候，应当记住一个主要的规则，就是简短而生动。圣保罗的演说，这两项是都做到了。

在现代比较聪明的商人，他们在推销货物的广告和谈话上，也常利用圣保罗在雅典用的这一个方法。下面所举的例子，是人家在最近寄给我的商业信中所节录来的："老海姆斯费牌子的信笺，比了普通最便宜的信笺贵不到半分钱。你如果每年给一位顾客写了十封信的话，那老海姆斯费牌子的信笺的代价还不到一张电车票的价钱，比了你每五年请一位顾客吸一支雪茄烟的价钱还要少。"

　　每年代顾客付一张的电车票，或是每十年请顾客吸两支的雪茄烟，谁还好意思再来拒绝呢？"用老海姆斯费牌子的信笺，所费还不及一张电车票的数目"，这是阻止人家发生反对意见的最高明的语词。

以小喻大或大喻小法

　　用了和这相像的方法，可以使一个很大的数目，因为分配在长时间，并且和日常某种微小的费用相比的缘故，所以看上去像是很小了。像某一个人寿保险公司的经理，对他的属员讲保险费的轻微，他说："假使有一位不到三十岁的人，自己刮脸，每天省下了五分钱的刮脸费，存下作为保险费，他死后可以留给家属一千元。假使有一位三十四岁的人，他每天本要去吸两角五分钱的雪茄烟，现在，把这吸烟的钱省下来作为保险费之后，不但可以多活若干年，死后还可以留给家属三千元。"

　　在另一方面，用相反的步骤，把小数目加在一起，也可以显得是一个很大的数目。有一个电话公司的职员，曾把并不重要的一分钟积累起来，用以去感激纽约市不肯立刻去接电话的人们。他说："每一百个接电话的人，内中总有七个人听到铃声后要迟了一分多钟才拿听筒答话。每天，像这样耗损的时间有二十八万分钟，在六个月之内纽约市迟误的时间，竟把自从哥伦布发现新大陆以来，每天所有的工作时间完全牺牲了。"

怎样用数字打动人

　　数字和数量本身，是没有感动人的力量的。必须用实例来证明。最好用我们自己最近的经验来表示。美国的政治家雷勃斯，在伦敦市邑参事会演讲关于劳工的情况，讲到中途突然停了下来，取出他的表，站在那里眼看着听众有一分十二秒的长久，坐在椅子上的其他的参事员，都觉得奇怪，互相用着惊奇的目光，望望演说者再望望身旁的一同听讲者。这是怎么一回事呢？他忘掉了演说词一时讲不下去了吗？不，他继续再讲的时候说："诸位，方才大家都感到局促不安的七十二秒钟的长时间，就是普通每一个工人叠一块砖头所用的时间。"这方法有效力吗？它竟使全地球的报纸，都登载了这段新闻。

你看下面的两种说法，哪一种最有力？

"意大利的梵蒂冈宫，共有屋子一万五千间。"

"梵蒂冈宫的屋子，如果叫一个人每天换住一间，住了四十年还不曾完全住到。"

请读下面两种说法，看看哪一种给你的印象最深。

"在欧战之中，英国用去约七十万万金镑或是美金三百四十万万。"

"你不会吃惊吗？上次的欧洲大战，英国耗去的金钱的数目，等于一个人从哥伦布发现新大陆一直到现在，日夜不停地每分钟狂用三十四金元。等于从一〇六六年诺曼底公爵征服英国一直到现在，日夜不停，每分钟用去三十四金元。等于耶稣降生以来，日夜不停，每分钟用去三十四金元。换句话说，英国共用去三百四十四万万元，但耶稣降生到现在，还只有十万万分钟。"

重述复申法

把一件事情重复申述，这也是把反对我们的意见和不能和我同意的意见加以阻止而不使发生的一种方法。当十八世纪与十九世纪之间，爱尔兰有一位大政治家欧康尼尔，他有着很丰富的演说经验。他说："要使大家能够相信并且接受一种政治的真理，只讲一两次甚或是十次是不会成功的。"（记住这句话！）他又继续说："要使政治上的真理深印人心，必须要再三的申述；因为听众若是听着说那一件事，在不知不觉中就和这一个真理连在一起了。到了后来，他们把那一件事静静地安置在脑海中，就像信仰宗教一样的不再去怀疑了。"

美国参议院议员哈笠曼琼笙，就因为懂得这个道理，才得任了加利福尼亚州的州长达六个月之久。他在任州长之前，每次的演讲，差不多总是说着："朋友们，请记住这一点，我要做下一次的加利福尼亚州的州长。我做了州长之后，一定要令哈林的劣政以及南太平洋铁路公司滚蛋。"

美以美会的创始人约翰维斯烈的母亲，她也深懂这个道理，所以她的丈夫问她为什么老是把一件事要对儿子讲上二十次的时候，她就说："因为我说了十九次，他还没有学会。"

美国第三十八任总统威尔逊，他也深明这个道理，所以他的演说，常常是应用了这个方法的。下面一段话中的末两次的措辞完全是第一句话的重述："你知道近几十年来的大学生，他们并没有受到教育；你知道我们所有的教授方法并不曾教出了一个人；你知道我们所有的训导也不曾训练出来一个人。"

我们把重复申述的优点讲了不少，可是，我们还得警告没有经验的演说家：这重复申述，也是一个危险的工具。因为，你若不是有着十分丰富的不同的措辞，人们将会感到重复而讨厌的。你这弱点被听众抓住了，他们将不能再安心坐着，时时要拿出表来看看时间了。

一般的说明和特殊的例证

当你用着一般的说明和特殊的例证的时候，听众很少会感觉讨厌的。因为，这是有趣而容易引人注意的一种方法。这种方法，可以帮助你阻止听众发生与你相反的意见。像郗里斯博士在某一次的演讲中说："不服从是奴隶，服从是自由。"他这样地说了，觉得如果不加证实，那不但是不明白，而且也不容易感动人，所以又继续说："不服从水火和酸性物的法律，是要被处死刑的奴隶；服从了色彩的定律，艺术家就得到了一种技能；服从了演说的定理，雄辩家可以得到一种力量；服从了钢铁学的定律，发明家可以造出一

种用具。"这些解释，对他前面所说的那句话有着极大的帮助，而且也很能
使人感动。我们能不能再用实在的例子，来
使所说的更生动而有力呢？且看："服从了
色彩的定律，意大利名画家达·芬奇便完成
了他'最后的晚餐'的名画；服从了演说的
定理，毕镐牧师发表了在利物浦的有名的演
说；服从了钢铁学的定律，麦可米克发明了
刈禾机。"

达·芬奇

听众大都愿意演讲的人说出些名字和日
期，所以你说了出来，可以使人感动，可以
获得了人家对你的信任。比方我说："许多
富人过的日常生活是很简单的。"这一句话
并不怎样的动人，因为说得太空，像在书本上的字，决不会跳起来刺激了你
的眼睛，所以不久就在你的心中淡然消释了。而且，也许你会记起报纸上刊
载的富人的华贵生活的记载，而对我这句话生出了疑虑。所以我要使你相
信，最好是举出一些实例来。譬如把我亲眼见过的种种富人生活说出来，才
有使你发生和我同样结论的可能，而且你也不会来问我"这话是从何说起
的"了。举出实例来让人自己去求结论，比用现成的结论的力量要多三五
倍。关于这种例子我们随时都可以举出许多来，譬如：

石油大王洛克菲勒，在纽约百老汇街二十六号的办公室中有一只皮睡
椅，他每天中午要在上面小睡一次。

已经故世的富商穆尔，每晚九点钟睡，早晨六点钟起身。

经营了好几个大公司的贝克先生，他从不曾尝过可口可乐，而且只是在
逝世前几年才开始吸烟。

已经故世的纽约全国收银机制造厂的经理柏特生一生不曾吸过烟、饮过
酒。曾经做过一任美国某大银行行长的万德利朴，每天只吃两餐饭。

钢铁大王卡尼基最爱吃的是麦粥加牛乳。

《星期六》晚报和《妇女与家庭》杂志的老板柯提司，他对吃炒豆比了

任何东西都爱吃。

这些特殊的例子，在你脑海中发生了些怎样的效果？这不是把"富人的生活很简单的"那句话讲得十分明白了吗？不是像演戏一般地表演了出来，使你得到了真实的感动了吗？

用经验与思想来堆成原理

仅仅一两个特殊的实例，未必就会使你获得预期的效果。费利浦在《有效的谈话方法》一书中说："惟有把你的经验一层层地堆积起来，把你的源源而至的思想记忆集中到你的原理上去，才能使你所申述的原理深印他人脑海。"

上面一节所举的例子是应用堆积的方法，把特殊的例证去证明富人也是过着简单生活的。第三章中说过一篇获奖的演说，也是巧妙地应用了堆积的方法，证明费城是世界最大的工厂。下面，又是索斯登议员用了堆积的方法，证明惟有用武力才能去消灭人类的压迫和不平等。没有"一次为人道和自由的战争，不是靠了武力才获得胜利；没有一次对于不平等和不自由的抵抗不是用了武力，武力使英王签订宪法，武力使美国的独立宣言成为事实，解放黑奴的法律生了效力，武力使法国巴士底狱的铁门大开，造成法国的大革命；武力使美国革命的旗帜飘扬在巴克山，并使山顶的积雪上洒了热血。武力使北美联邦获胜，使美国的国旗飘扬至今，使黑奴得救"。

应用图表来解说

好几年前，我在伯鲁克林市青年会主办演说训练班，班上有一个学生讲美国在一年中被火灾所焚毁的房屋的数目。他说：如果把这些被焚的房屋，平排在一起，可以从纽约一直排到芝加哥；如果被火焚死的人每半英里放一个，可以从芝加哥一直放到伯鲁克林。他说的数目我已经不能记得了，但是，不论经过了多少年，我能够不假思索地想起他说的被焚的房屋可以从纽约一直排到芝加哥。这是什么缘故呢？因为耳朵的印象，最易消失，好像冰雹一落上树枝便滑掉了一样。可是眼睛所见到的印象便不同了。譬如数年前，我见到多瑙河畔某老屋上嵌着一枚炮弹，据传那还是拿破仑的炮兵在乌尔穆一战时所放射的。这印象至今存留脑海，历历如绘。

又如前面所举裴雷牧师答复那位无神论者的话，他也是利用了视觉的功能。英国政治家柏克，在痛斥美洲属地捐税繁苛时，也曾用过这种秘诀。他以预言家的态度说："他们是在剪狼毛而不是在剪羊毛。"

用名人的话来支持你的言论

我在做乡童的时候，常拿一根棍子，去横在一群羊要经过的门口来玩着。当前面几只羊跳过了棍子，我就把棍子拿去，后面的羊走到门口的时候，还是要跳一下，一如前面的羊跳过棍子一样。它们要跳一下的原因，就是因为前面的羊跳的缘故。这并不是羊特别的有着这一个倾向，差不多人也是这样的，大家常常在不知不觉中模仿别人的所作所为，信仰别人的信仰，并毫无疑问地接受名人所讲的一切。

有一位到我班上来学演说的学生，他是美国银行学会纽约支会中的职员，有一天他在讲节俭的题目时，说："美国的财政家和铁路公司首创者郗尔先生说：'你想知道你将来能不能成功，测验的方法就是你能不能节省钱财。如果不能的话，那你是只有失败了。'"

这短短几句话不但非常动人，并且有着阻止听众发生反对的意见的力量。不过，当你在引用名人的话的时候，必须牢记下面四个要点：

（一）要引证得明白确切。譬如：

"根据数字的统计，西雅图是一个世界上最合卫生的城市。"

"根据政府的全国死亡率统计，西雅图每年的死亡率是千分之九·七八；芝加哥是千分之一四·六五；纽约是千分之一五·八三；纽奥伦是千分之二一。”

以第一例中单单说了一句“根据数字的统计”，立刻使人发生是什么统计，谁搜集的，目的是些什么等疑问，这种疏忽非竭力避免不可。因为，听众是常常在防备一般说诳家利用数字来取巧的。

“许多有权威的人说”，这一句话是普通大家爱说的。然而，这一句话，却也真是空洞得可笑。因为，有权威的人是谁呢？你必须指出他的姓名来才对；要是你不知道他们是谁，那你怎么会知道是他说的呢？说得详明而确切，是获人信仰的唯一方法，是令人了解你究竟在讲什么的唯一秘诀。

（二）要引用“受人欢迎的”名人的话。一个人的好恶，对于自己的信仰有着很大的关系。有一次，著名政治家安得米耶在纽约的卡尼基大礼堂申斥社会主义时，听众大都对他“嘘”声反对。他讲得十分和平，十分客气，在我听来是很对的，但是，只因大多数的听众都是信仰社会主义的，所以他们全都反对他，即使他说二加二等于四，他们还是要反对的。

在另一方面来说；那位讲述节俭而引用郗尔的话的，就不会有人来反对了；因为那时的听众，是纽约银行支会的人员，而铁道大王和银行界的感情素来是好的，所以听了十分入耳。

（三）最好引用当地的名人的话。如果你在某地演讲你最好要引用该地方上的名人的话；因为，听众听了，会觉得特别的亲切而易于感动。

（四）要引用有资格讲那句话的人所说的话。你先应该向自己这样问道：这个人是不是被人家公认是对这问题的权威者？到底为了什么？他是不是有着武断？有着偏见？

我有一个学生，他在伯鲁克林的市商会中，演讲“对于职业应该专门化”的问题。他开头就引用了钢铁大王卡尼基说的“我相信，一个人要想在不论那一件的事业上获得了优良的成功，真实的法门，不外是使你对于那一项的事业有着一种专长。我决不相信一个人的智力是可以分在几处的。就我自己的经验来说，我只有碰到极少的人，他们能够把趣味分到几方面去。但真能在商业方面得到特别的成功的人，还是因为他选取了一种职业而努力去从事的缘故”。

他为什么要选讲这样的一段话呢？不用说，因为听众大家都是商人，而且对于钢铁大王向来是十分崇敬的。一方面钢铁大王又是一位事业的成功者，以他一生的经验和见解，已经足够有讲述事业的成功的资格了。

卡耐基励志经典

演讲与口才

第十三章　怎样使人感觉到兴趣

在中国，如果你被当地的一位富翁请到他的家里去吃饭，你在席间不妨把骨头之类的东西转过脸来唾在地板上，那是一种适当而又是十分平常的举动。因为你这样做了，是你对主人表示致意，证明着你知道了他的富有，他是有着很多的仆人，在散席之后可以收拾弃吐了的一切，所以他很欢喜你这样的做！

你在富翁的家里，对于佳肴的残余部分，可以不必爱惜，可是，在别的地方，虽然同样是在中国，但情形就不同了，穷人们连洗澡的水都看得十分珍贵，因为他们都是到老虎灶里去零买来的。

关于中国人的这种生活，你觉得有趣吗？你如果觉得有趣的话，可知道这到底是什么缘故？因为，这些都是平常而又十分奇异的事，而且又是吃饭洗澡等极普通的事实。

我们不妨再来举一个例子，你现在正在读着这本书而且现在正在读这一页的纸。因你已看过千万张不可计数的纸页，现在读着这一页当然感觉十分平淡了。你所看的这一页纸像是固体的，然而在实际上，它像蛛网的成分，比固体的成分还要大。物理学家知道物质是由许多原子所组织成功的，但是一个原子有多大呢？我们在第十二章中已经说过了，一滴水中所含的原子，正像地中海中的水滴一样的多，正像地球上的草叶一样的难以计算，这一页纸的原子是什么东西所组成的呢？是一种比原子更小的电子和阳电子。电子在原子的中心，阳电子在四周巡游，犹如月球和地球一般。它们各自按照着轨道移动，这个小天地中的电子，迁动的速度，大得令人难以置信，每秒钟竟能行一万里之多，所以，当你读上面这一句话的时候，那书中的电子已经移动，而所行的距离，恰等于从纽约到东京的路程。

在两分钟之前，也许你认为这页纸是静止的，然而，这是一种造物的秘密，它确是在动的。你现在已经感觉到兴趣了吗？那是因为你已经知道了关于它的一种新鲜而又奇异的事实，是使人感觉到兴趣的一种秘诀。在我们的日常生活中，对于完全新的事并不感到兴趣，但是完全旧的，那也不能吸引人们的注意，我们所欢喜听的往往是一些旧的新事情。举例说，如果你夸耀着纽约是怎样的热闹，那是不会使一个农民发生了兴趣的。因为这件事对他觉得太新毫无切身的关系。但是，你如果告诉他荷兰的农民在海平面以下耕田，他们掘沟为篱，筑桥为门；荷兰的农民，到了冬天，把牛拉进居住的屋子里，牛头常常从饰着花边的门帘中伸出来看着屋外的雪景，那时农民们定会对你的话发生兴趣，因为他们熟知着牛和篱笆，虽然是旧事情，却具有新的趣味，他还会惊奇地到处告诉他的朋友们。

下面，是一位纽约的演说训练班上的学员所讲的演说，你读了是否感到有趣味？如果是有趣味的，那你能说出感到趣味的原因吗？

硫酸和你日常生活的关系

"凡是液体，大都是用'品脱'、'夸尔'、'加仑'或'桶'作单位来量计的。普通我们说几夸尔酒，几加仑牛乳，几桶糖浆。譬如说某地新发现一处油井，我们称它每天的产量是多少'桶'。可是，有一种液体，因为是大量的制造和消耗缘故，所以我们就用'吨'的单位来称它了。这种液体就是我们这里所说的'硫酸'。

"在你的日常的生活中，硫酸对你的影响很大。如果没有硫酸，你就不能乘汽车，只好倒退回去过几世纪以前的那种旧式的老牛和破车的生活；因为煤油和汽油的化炼，都是要用着大量的硫酸的。还有，你的办公室、餐室以及寝室中的电灯，如果没有硫酸，那也是不行的。

"你早晨起来，扭动了镀镍的冷热水龙头，预备放水洗脸；可是这冷热水龙头的制造成分，中间就有着硫酸在内。即使是珐琅质的面盆，在制造的时候也是少不了硫酸的。你用的肥皂，在制造的时候必须和硫酸发生过作用。你用的毛巾，当你没有和它十分亲热的接触的时候，它已经先和硫酸发生关系了。

"梳头发的化学梳子，如果没有了硫酸也就无法制造；你刷头发用的发刷上的鬃毛，也是少不了硫酸；修脸的剃刀，在用高热度烧红而使它变柔之后，也得要把它放进硫酸的溶液里，然后再拿出来使用。

"我们所穿的，不论是衬衣或是大衣上的扣子，它们是漂白或者染色的，都是和硫酸发生过作用的，扣子的制造家，他早已知道了，如果没有硫酸，那是没法去造成的。你穿的皮鞋，当制革匠在制造皮革的时候，就得要用到硫酸。因了硫酸的功效，我们便能把一双满是尘埃的皮鞋擦得精光。

"当你从楼上下来，走进餐室，预备去用早餐，你又和硫酸有个纠葛了，那乘着早点的杯子和碟子，除了纯白的以外，不论是黄色的或是浅绿色的都得要用了硫酸，方能把花纹染了上去，因为，硫酸这东西是用来作为镀金或是制造其他的装饰的色彩的。如果你用的匙、刀、叉之类是镀银的话，那都是经过了硫酸的作用的。

"你吃的面包和饼干是用麦子来制造的。麦子种在田里，用的肥料是磷酸，但是，磷酸的制造，就得要靠硫酸。其他像用来做饼和糖浆的荞麦，在田里也是靠着这种的肥料而生长的。

"所以，经过了一个整天，不论从哪一方面讲硫酸和你随时随地都发生着关系的。你生存在这个物质世界里，你就不能和硫酸脱离了关系。没有硫酸，我们不能作战；没有硫酸，我们也不能太平过着日子，照此说来，对这和人类有着极大关系的硫酸，我们普通人是不能不熟悉的。然而，在实际上，恐怕知道熟悉的人不大多吧！"

人们最感兴趣的三件事

世界上最有趣味的三件事情是什么？我的答复是性欲、财产和宗教。这三件事情，第一件，我们靠了它制造生命；第二件，我们靠了它维持生命；

第三件，我们希望在未来的世界中能够继续存在。这三件是我们在各种事情中最感趣味的，然而这趣味还是集中在我们"自己"。

我们对于"在秘鲁怎样订立遗嘱"的演说，并不感觉到趣味，但如果题目改为"我们怎样订立遗嘱"，那我们就无疑的会感觉到趣味了。除非为了好奇心的驱使，对于印度的宗教，我们是不会发生趣味的，但是，对于那些足以保障我们有着无穷的快乐的宗教，那我们是感觉到极大的趣味了。

已经过世了的诺斯克利夫爵士，当他被人询问到什么是最能引起人们的趣味的时候，他的回答是"他们自己"。这个答复是对的，因为他是英国最富有的报纸大王。他当能知道每个人的心理。

你想知道你是一种怎样的人吗？好，我们现在就谈论到你。我们让你先照一照你的尊容，使你认识一下你自己本来的面目，然后再留意着你的幻想。幻想是什么意思呢？让詹姆斯·哈维·罗宾孙教授来回答吧！在他所著的《心的形成》中我们可以读到下例的话：

"当我们在清醒的时候，自己也感觉到我们的脑海是在不停的思想；当我们在睡着的时候，我们也知道仍在不绝的思想。这睡着时候的思想，和我们在清醒的时候的思想比起来，当显得更为愚蠢；我们常常呆在幻想的迷梦中，这是我们自愿而且是极爱好的一种思想，我们随我们思想的轨道进行，这轨道是由我们的情感所决定的。

"世间不会有比'我们自己'更有趣味的对象了。所有一切不加约束和指导的思想，都环绕着我们，如果你留心去观察自己和别人的心的趋向，这是十分有趣同时也十分可悲的。

"我们的幻想，是我们主要性格的指数。这些幻想，足以影响我们自大自尊的一切的思索的。"

所以，你应当记住，和你说话的人，他如果不想到自己的事业和职务，那么大都是在想自己的光荣和正直。人们对于自己的小事，比不论哪种重大的事都要关心。他对于自己的刮脸的刀片钝了不能刮胡须的事，比在某处飞机失事了的事件还要关心。他自己的脚趾肿痛，比在南美洲的大地震更重要。他听你谈论他本身得意的事件，比听你谈历史上一切大伟人的事迹更为高兴。

怎样成为一个受人欢迎的谈话家

有许多人，他们之所以被人认为是拙笨的谈话家的缘故，就是因为他们只注意于谈他们自己感觉有兴味的事情。而这些事情，也许人家都感觉到非常讨厌的。如果把这方法反过来应用，你去引导别人开始谈他所感觉兴味的事情，例如关于他的擅长的运动记录、他的成就等；如果对方是一位已有孩子的母亲，你不妨跟她谈谈她的孩子。你这样的做着，你就会给予人家一种亲切的趣味；即使你的谈话不多，你也将被人认作是一位成功的谈话家了。

在费城的演说训练班末一次集会的宴会席上，德维持先生曾经讲过一次十分成功的演说。他把席间的每一个人都谈到，谈他们在训练班开始的时候演说的姿势，怎样渐渐的获得了进步，末了还追述他们曾经发表过的演说，描摹他们演说时的神气，再把他们的特点加以夸大，使每一个人听了都捧腹大笑，都感到高兴。他用了这样的材料来说话，那是绝对不会失败的。天下再没有比这种题材更使人高兴的了，而德维持先生是能够知道到这一点的。他的确是一位成功的演说家。

《美国杂志》如何获得二百万的读者

《美国杂志》在几年之前突然间畅销起来，这是使整个的出版界惊天动地的一件事。所以致此的原因，完全是已经过世了的约翰·薛德尔主编一人的功绩。我初次和他见面的时候，他正主编着该杂志的"读者趣味栏"。我也曾替他写过几篇稿子。有一天，他坐下来和我谈了很长的谈话，他说："人们大都是自私的，他们所感觉到兴趣的，主要的还是在于他们自己。他们不会注意到铁道应不应收归国有，却极愿意知道怎样向上爬，怎样使自己的身体健康，怎样可以获得更多的薪金。如果我当了《美国杂志》的主编，我一定要告诉人家怎样去注意他们洁白的牙齿，怎样去沐浴，夏天怎样去乘凉，以及怎样去找寻职业，对付下属，购买地产，以及其他关于个人的一切。因为人生的故事，人们永远是听不厌的，所以我打算请富人们来详细地讲述他们经营地产怎样的获得了百万元的财产，凡是社会上有地位的银行家以及一切大事业的成功者，都来述说一下他们怎样由艰苦而达到了成功的故事。”

　　不久，薛德尔真的做了《美国杂志》的主编了，当时该杂志的销路并不广，因此他就照他所说的实行起来了。结果是销数得到了惊人发展，它由二十万而三十万、四十万、五十万……不久就到了一百万，不久又到了一百五十万，最后是达到了二百万。但未来的销数并不到此为止，一年年的仍在增加，这是因为薛德尔能够迎合读者自己的趣味的缘故。

《遍地黄金》如何引起了百万听众的兴趣

　　《遍地黄金》这一篇演说，是全世界最普遍而最受人欢迎的演说词，但是，它为什么能够这样？理由就是我们在前面所说的，能够投合个人的兴趣。关于这点，当约翰·薛德尔和我谈话的时候，也曾提到过的，我想他的成功和对于杂志的计划那必定是有着连带的关系的。

　　那篇《遍地黄金》的演讲，告诉人家怎样可以出人头地，怎样处在现环境下能够有着更大的发展。这并不是一篇机械式的讲说，康维尔博士，他为了要使在演讲的地方和他发生着直接的关系，所以他引用了当地所发生过的事实，使这一篇演说更为新鲜而生动，对该地的听众显得十分重要。他自述着说：

　　“我每去一个地方演讲，总是希望能够早几日到达该处，使我有着充分的时间去访问当地的邮政局长、理发师、报馆经理、学校校长以及教堂的牧师，然后再到几处的工厂里、商店中，和人随便的谈谈，借此彻底地明白当地情形，知道该处的过去的历史，然后再来开始我的演讲，演说词中尽量插入该地的实际情形。《遍地黄金》这一个意思，就是说地大物博的美国，每一个人都有机会去利用他自己的技能而获得财富，用了他自己的力量，和自己朋友们的协助，使在现环境下，有着更大的成功和更大的发展。"

永远引人注意的材料

你如果讲述一些刻板式的理论，说不定会令人生厌；你要是讲述一些普通的人事，也不大容易抓住听众。因为，人们每天在家庭里、饭馆里、茶室里、游戏场里，不知要说了多少的闲话，然而这些闲谈中最显著的特点，却是某人怎样的发财，某人怎样的倒霉，某夫人怎样的死盯住她的丈夫，以及某小姐近来和谁要好的一些街谈巷议。

作者曾在美国和加拿大对许多的小学生讲过话，不久得到了一个经验，就是要使他们感到兴趣。一定要讲一些关于人的故事，如果一讲到抽象的不切实际的事实，那七八岁的孩子就会在座位上顽皮起来，有的向人做鬼脸，有的投掷东西到甬道中去。不错，因为他们是小孩，缺乏理解的能力，可是欧战的时候，在军队中所施行的智力测验有了一件惊人的事实，就是美国人的智力年龄，百分之四十九是仅约十三岁左右的儿童，所以，如果一个人讲一篇趣味的人类故事，他是不会失败的。几百万人爱读的《美国杂志》、《侦探大观》、《星期六晚报》，便是靠这一类文字来吸引广大的读者群。

我有一次请一位曾在巴黎经商的美国人在演说训练班上讲"怎样成功"的一个题目，他盛赞着普通人惯说的"努力"和"奋勉"等等的美德，叫大家努力去学习，可是他谆谆的教训，听众并不感到兴趣，几乎讨厌得要睡觉了。于是，我就让他中止了，说道："我们不愿意听受教训式的演讲，教训是没有一个人高兴听的，你必须要使你的听众们高兴，否则是没有人会注意到你的演讲的。同时，请你记好，世上最大的趣事之一，便是高尚的美妙的闲谈。你应该讲述你相熟的人的故事给我们听，说明为什么某人会成功而某人会失败的，这是我们所乐意听的。记着这一些是有益的；因为我觉得讲述这些事情，比了讲述抽象的道理还容易。"

　　这一个演说班上有位学员，他向来是不容易使他自己或是听众发生兴趣的，有一晚他讲人类的故事了，他告诉我们在大学时代的两位同班的故事，一位十分的俭约，他买衬衫，从不会到同一家的商店中去买，他用笔记录着哪一家商店中所买的较为经洗耐穿，花了钱比较值得。他永远是在一两分钱上计算的，在学校里他读的是工科，到了毕业的那一年，他很高傲的认为自己是一个了不起的人物，不屑像别的同学样接了低微的职务而再慢慢上升。过了三年，举行校友联欢会的时候，他依旧在记录他衬衫的表格，还在等候优越的位置。这样一年年的过去二十五年之后，他不能坚持着他的高傲了，终于也去接就卑微的职位了。

　　那位演讲者他把这位失败的朋友的故事讲完之后，再讲他一位同班同学意外的成功的故事。这人的人缘极好，一面孔和蔼可亲的样子谁都对他怀有无限的好感，他虽然具有着做大事的野心，但是，在他初出校门的时候，却当一个工程的制图员。他并无怨言，他一直留心着在找机会，后来有人在巴法罗计划开一个博览会，他知道那里一定是需要工程的人才的，于是就辞去了费城的职务而跑到巴法罗去。到了那边，因为他有着讨人欢迎的脾气，所以不久，就和一位在巴法罗极有政治势力的人做朋友。他们两人合股经商，包做了电话公司不少的工程，后来他被电话公司出了很高的薪金聘去了。现在，他是一位有着千万家财的富商，也是西联电气公司的一位大股东。

　　在这里，我们不过把那位演说者所讲的粗枝大叶地叙述了一下，那次的演讲他还引用了许多极有趣味的人生故事，讲得异常动人。他在平时是连三分钟的演讲也找不到材料的人，这次他讲完之后，自己也惊异起来，他竟一口气讲了半小时以上的时间了。这篇演说十分有趣，谁都觉得他讲得很短，然而他是第一次真正的成功了。

　　从这种偶然的事件上，每一个学生差不多都可以得益的。如果一般的演说家，他讲述内容丰富的人生故事，那一定是可以动人的。演讲的人，应该提出不多的几条大纲，在讲完之后，就引用实例来详加解释。要是可能的话，最好还要讲述人们的奋斗史，讲他们怎样在斗争中获得了胜利的故事，

因为人们对于"奋斗"和"竞争"都会感觉到兴趣的。西洋有一句成语，说是全世界只爱一位情人。其实，全世界所爱的只是一场恶斗而已，大家都想看那两位情敌不顾生命而去争夺一位美女。试看每一部电影，开映到那位英雄克服了一切的障碍，而且把爱人拥抱在怀中的时候，一般的观众，都戴帽穿衣而预备散场了。这一个公式，差不多每部登在杂志上的小说都是按照这个方法而写作的，使读者喜爱的那位英雄或是女英雄有着一番热烈的事情而获得了成功。

一个人在事业上努力的挣扎而获得了成功的故事，这些是永远动人的。有一位杂志的主编，他告诉我说，世上最好的故事的题材，是每一个人一生中的真实经历，这句话很有意义，谁不曾有过奋斗和挣扎呢？如果他的故事是真实的，讲出来一定是很动人的。这是毫无疑义的。

"具体"与"确实"

在作者所教授的演说班上，同时有着两位知识程度相差很远的学员，一位是哲学博士，一位是三十年前当过美国的水兵的粗汉。博士是一位大学教授，那位过去当水兵的粗汉现在当着一家小型的运货车行的经理。说起来真是奇怪，粗汉的学问比博士浅得多，但在演说班上讲话的时候，却比那位哲学博士的演讲动听而受人欢迎。这为什么缘故呢？因为那位大学教授演说的时候，讲着一口漂亮的英语，清楚而又合逻辑，举止十分的文雅，但他的演说，缺乏了一种最主要的东西——具体，他说得太空泛而太笼统了，留给听众以一个模糊的印象。而那位车行的经理，虽然他不能很逻辑地把许多事实归纳成一条普通的道理，他说话的时候，马上讲到了他的生意方面，然而，这是具体而且是确实的。在这种特质上再加着他那勇气和有力的字句，所以他的讲话反显得处处动听了。

我之所以举上述这个例子，意思是表明凡是惯于讲具体而又确实的话的人，不管他所受的教育的深浅，他终是能够有着巨大的引人兴趣的力量的。

　　因为这一条原理十分的重要，所以我们应该举出几个实例来解释，使在你的脑中永久的留着印象，我希望你永不忘记而且也永不忽略这些宝贵的教训。

　　德国的宗教改革家马丁·路德，他在幼年的时候，我们说他是"顽皮而难于制服"，或是说他自认的"被先生在一上午竟鞭打了十五次"，究竟哪一种说法较好呢？自然是后者！"顽皮而难于制服"，这一类的字眼是抽象的，不大能够引人注意；而说一个孩子"被先生在一上午竟鞭打了十五次"是具体事实的表现，实在要动人得多。

　　老法的一篇名人传记，是赘述许多笼统的文字；新法却着重在叙述一些具体的事情，你的叙述能够具体化，自然就把一切表达明白了。旧方法写传记文，说约翰的父母，是"贫穷而诚实"的人，但是，新的写法一定要说约翰的父亲，穷得连一双套鞋都买不起，所以在下雪的时候，用粗麻反缠在脚上，用以取暖和避湿；然而他虽然这样的穷，在牛乳中他从不加水，从不把病马去当健马卖给人家，这不是表明他的父母是"贫穷而诚实"的吗？这种的表演方法，不是比"贫穷而诚实"更有趣吗？这种方法，用在写传记方面是有效的，用在演说方面，也同样是有效的。

　　让我们再来举一个例子。比方，你说在那尼亚加拉瀑布每天所耗的马力数量很是惊人，你说了这一句话后，你再加上一句：如果把这种消耗的动力来加以利用，用所得的金钱来购买生活的必需品，那么，许多的民众，大家都得到了衣食了。这种的说法，不是十分有趣吗？不，我们且看下面的一段文章，是从《每日科学新闻》上节录下来的，请看，这样的说法是不是动人？

　　"我们听说在国内有几百万的民众他们是胼手胼脚的过着日子，面目憔悴显得营养不足的样子，他们缺乏着面粉来充饥，可是，在那尼亚加拉地方，每小时却要无形中消耗去二十五万块面包相等的瀑布价值，我们可以想像到，每小时有六十万只鸡蛋越过了悬崖，变成了一块巨大的鸡蛋饼，跌落到湍流的瀑布中。如果从织机上织下来的白布，能够有四千尺的宽，它的价值，也等于那尼亚加拉瀑布所消耗的一样，我们能把这一个消耗，用在卡尼

基图书馆中，那么，在一两点钟之内，卡尼基的图书目录就要重编而充满了

尼亚加拉瀑布

九千万册珍贵的书籍的名称了。我们还可以想像，有一家极大的百货公司，每天由意瑞河的下流，把公司里所有的货品，完全跌落到一百六十尺的山涧中而成了粉碎，这是一个多么惊人的、巨大的消耗啊，对于这个无形的消耗有人主张拿出一笔款子来利用这一个巨大的水力，想不到竟也有些人来加以反对呢！"

要说得历历如画

在许多足以引人趣味的方法中，有一种十分重要的技巧，常常是被人忽略了的，即使是一个演说者，往往也对之不大感觉到，或者他们根本没有去思索过，这种技巧是指的什么呢？那便是本节所要讲"像画一般的字句"。一个会讲话的演说家，他会使他的话像一种影像浮映在听众的眼前；不会讲话的演说家，只是愚拙地利用模糊平淡而无声无色的一些东西而把你催眠入睡。

图画，像你呼吸的空气一般，可以任意的取用。你应该把图画用入你的

演讲中，用入你日常的谈话中，这样，你就更能使人家感到兴味，有着更动人的力量了。

我们再把上面所引《每日科学新闻》上那段关于那尼亚加拉瀑布的文字来细察一下吧，在那段文字里每句像是图画一般的跳跃在你面前。如像"二十五万块面包"，"六十万只鸡蛋越过了悬崖""变成了一块巨大的鸡蛋饼，跌落到湍流的瀑布中"，"从织机上织下来的白布，能够有四千尺的宽，也等于那尼亚加拉瀑布"。"卡尼基图书馆的书籍"，"一家极大的百货公司，所有货品完全掉在一百六十尺的山涧中成了粉碎"，等等，这不是一页页活生生的富有现实性的画面吗？

像这样的演说或是所写的文章，人们一定像是看电影一样的加以注意，并且感到兴趣的。

英国大哲学家斯宾塞，在他的名著《文体哲学家》中告诉我们：能够像图画般的鲜明的字句，是有着一种超越的能力的，而足以吸引人们的注意。他说："我们在思想的时候所想到的，不是一般的事而是某一件特殊的事。我们要避免着说：'这和一个国家的风俗习惯态度的残暴性是成正比例的，那个国家的刑法，也应该要特别严厉的。'我们应该换一种说法，说：'这和该国人民的爱打仗斗牛搏狮等风俗成正比例，他们犯了罪，应该受火烧、拷打的死刑。'"

在《圣经》中，以及莎士比亚的名作里，构成像图画一般的名词，正像蜜蜂围绕着苹果酒制造厂一样的众多。一个平常的作家，他以为叙述某一件事情是多余的，可是莎士比亚怎样表达了他同样的意思呢？他用了像画一般的不朽的字句，说："把真金再镀一层，把百合再涂色，把紫罗兰再洒上香水。"这真合了中国的成语"锦上添花"了。

你曾否细心留意过流传了几千年的东方和西方的成语？它们都是带有视觉色彩的。比方像西方的"在手里有一只鸟，胜过了在树林中有两只鸟"，"你只能够把马拉到水里，但你不能强迫它去喝水"。还有许多的比喻，都是带有图画的成分的，像"猛如狼"、"脸如重枣"、"静寂得像死一样"，这些现成的例子，是随处可以见到的。

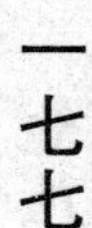

林肯是惯于用视觉的词语的，当他在白宫中被长而繁的各种报告窘着的时候，他说，"如果我派一个人去代我买一匹马，我并不希望他来报告我那匹马的尾毛共有几根。"这种生动的像画一般的字句你能忘掉的吗？

趣味是会传染的

使听众感觉到趣味的材料，我们已经讨论过不少。然而，有人机械地仿效着去演讲，结果还是呆板乏味。能够给予人家趣味的手段，这是十分微妙的一种感觉和精神上的问题。这是和应用一架机器是大不相同的，所以也没有一本书能够给你一个确切的定律。

趣味是具有一种感染性的，如果你心里有一件趣味的事情，而且你对于这件事情有着不吐不快的感觉，那样，你讲了出来，听众一定是感到有趣味的。在不久之前，巴地莫城的演说班正在上课的时候，忽然有一位先生站了起来，警告着听众说："如果克斯比克海湾照目前所用的捕捉石鱼的方法继续捉捕，那么，这种鱼类无疑是要绝种的。而且很快的就要绝种了，就在这几年之内……"只是因为他感觉他的题材十分重要，而且发生着一种急切的感觉，所以他就这么爽直的报告了。当他在立起来说话的时候，我还不曾知道克斯比克海湾有这么的一种鱼。我想听众当然和我一样地缺乏着这种常识，但他说完之后，我们都有一些关心这鱼的感觉。我们大概都感到有立刻向立法院请求通过保卫石鱼法令的必要。

有一次，我问一位驻美的意大使买尔德：使他成为一位令人感到趣味的作家的秘诀是什么？他说："我感觉到极度的兴奋，一时竟不能安静下来，只想把它告诉人家。"

我最近在伦敦听一位演说家演说，待他说完之后，和我一同在听讲的一位英国名小说家庞逊说，这一篇演说，他觉得后半要比前半动听得多。我问他为什么，他说："演说者自己像对后半特别感觉到兴趣，我一向依赖演讲者给我热诚和趣味的。"不错，我们的情感，的确是跟随着演说者的情感而转移的。

英国的大政治家马可来，他怎样去评定了英王查理第一的功罪？马可来不但用着像画一般的字句，而且还用着对比的句法，差不多永远能把我们的趣味抓住了。请你且看下面的一段文章：

"我们向他责备，说他不能遵守即位的宣誓，可是我们却听到了一种传说，说他对于结婚的誓约是十分能够遵守的。我们向他攻击，说他把民众交给了那残暴的主教，然而，有人曾幽默地为他辩护，说他把幼子抱在膝上热吻着。我们向他非难，说他破坏了他所允许的民权请愿书，但我们却又听到人家说他每朝的六点钟必定做着祷告的。我们可以相信，完全是在这一些，加上了他的维戴克式的花边的房形的衣领，和那美丽的面貌、尖尖的胡须、他的伪善、他的外表庄严的假面具，使他在现世纪受到不少的盲目者的爱戴。"

第十四章　怎样使人听从你的意见

如果说，你现有的各种能力，可以自由地去增加两倍或是三倍，请问，你愿意增加哪一方面的能力呢？你当然愿意把你影响别人的能力增加的，因为，这是使你有着更多的力量、利益和快乐的。

这是有关于我们一生成功的极重要的技术，我们是不是可能用一种方法获得它呢！还是只凭了盲目的本能，使之像捉迷藏一样的不可靠呢？

有一种根据了人类的特性的方法，作者自己屡次的试用过，而且还用来训练他人而都得到了成功。在前面的第九和第十四章里，我们已经有了详细的讲述，现在再综合起来作一次复习。

你必须要获得听众对你的信任；因为，不是这样，你所讲的话便不会使他们来相信。许多演讲者的失败，就是在这一点。在商业上，许多的广告、函件、雇员，他们的失败，也就是在这一点。这也就是许多人在他环境中不能发生影响的一个大原因。

怎样获得听众信任

要获得人家的信任，最要紧的还是你自己先应该具有信任性，银行大王摩根说，获得信任的唯一要素是个性。我对敏慧的演说家有过不少次数的留意，如果说，这是他们的特点，那么，比较起来，还不及迟钝的演说者所得的效果大。

作者所领导的某一届演说班有一次请一位名人来演说，他讲得十分的流利，所以讲完后大家都称誉他。可是，他仅留下了一个敏慧的表面的印象，不曾深刻到听众的心坎里，同时，有一位保险公司的代表，他立起来说话，但他的身材矮小，语调不大流利，有时还要讷讷地一个字一个字很吃力地说出来，然而，在他那仁慈的目光和中肯声音之中，确有一种深切的诚意流露出来，所以听众对他的演讲十分注意，有着一种说不出的热烈的对他的好感。

贾来尔在《英雄和英雄崇拜》中说："米拉波、拿破仑、克林惠尔以及别的英雄们，如果没有极高的热诚，那是绝不会有着如此成功的，所以人们最主要的就是诚恳。不论哪一位英雄，他最需要的特点，便是深切而又纯正的诚恳。不过，诚恳并不是自己说说的。自夸而自觉的诚恳，大都是虚伪而自欺欺人的，大伟人的诚恳，他们并不放在口头，而是极自然的流露出来，他们自己也并不感到的。"

在几年之前，有一位聪明的演说家死了。当他在幼年的时候，谁都对他有着很大的期望，预料他将来一定是有着极大的成就的；谁知，他死了，并不曾留下了一些可观的成绩。因为他把他的聪明误用了，他只是注意着怎样可以使自己发财便就怎样的做着。他得不到真诚的名誉，所以他的事业完全失败了。

韦伯斯特说，装出来的同情，那是不会发生效力的。

林肯对人家向来是同情的，他和参议员陶格拉斯辩论的时候，他的神情和言语都不及对方的漂亮。人家称陶格拉斯是"小伟人"，称林肯是"诚实的亚伯"。陶格拉斯是有着卓越的精神和活力的个性优美的人，但他对真诚有一些欠缺，他常把智谋放到原则上去，使法理来迁就政策，所以结果他并不有了多大的成功。林肯在讲话的时候，好像总有一些不加修正的风味，使他的演说有了一种诚恳的力量。大家都能够感觉到，他是有着和耶稣基督一样的热切而诚实的特性；果照法律的学识来讲，有很多人胜过了他，可是对于法庭证人的影响力量，就不大有人能胜他了。

你自己的经验

获得人家对你的信任，次要的就是你自己的经验。如果你提出来的意见，可以让人家来质问；你的谈话，只是现批现卖而完全从书本上看来的，那是你一定要失败的。但是，如果讲述你自己的经验，那是有着一种真诚的力量和可靠的特质的，而且也是听众所最欢迎的，那他们就会对你有着信任，你就获得了成功。

一段恰当的介绍词的妙用

有许多演讲的人，他们不能立刻引起听众的注意，这就是因为被介绍的时候，不曾介绍得恰当的缘故。"介绍词"是由两个拉丁字组成的，意思是引导进去。所以，一段介绍词，应当要把听众引导到问题的里面，使听众大家都愿意来讨论这一个问题。所以介绍词应该引导听众走进演讲者所讲的事实的内部去。换句话讲，就是把演讲者和所讲的题目的要点介绍给听众，而且还必须在极短的时间内把这一点做到。

介绍词应该如此才有效力，然而，在事实上，十九并不这样去做，大多数的介绍词都显得弱而无力，有着不可恕的不适当之处。例如，我曾听过一位著名的演说家，他介绍爱尔兰诗人叶芝，他说叶芝是预备诵读他自己的诗，叶芝在三年前曾经获得了诺贝尔的文学奖金。我相信，在当时的听众里面，有许多人不知道什么叫做诺贝尔文学奖金和这奖金的名贵。这些，无论怎样是必须加以说明的。即使把别的一些也不说，但是，对这两件不能不解释清楚的。可是，那位主席把这一点完全忽略了，他竟胡扯到神话学和古希腊的诗歌上去。毫无疑问的，他想在听众面前造成他博学的印象。

那位主席，虽然他是国际间有名的演说家，而且把自己曾经介绍过有了千余次，可是他介绍别人的时候是整个的失败了。像他这样有才学的人还要犯这样普通的错误，那么一般当主席的人更不用说的。我们怎样去防备主席犯这毛病呢？这防备的方法，就是在事前我们应该十分谦逊的去和主席谈一下，请他接受你的几点事实来作为他的介绍词。他接受了你的建议，然后再把你要烦他介绍的是哪几件事情告诉他，这些事是可以明了你为什么要讲那题目以及听众应当知道的几件事。但是，你告诉了他一遍，一回头他就会忘掉了一半，而且还有的一半他也会模糊不清的。所以，最好在事前写出几条交给他，希望他介绍你的时候作为参考。他能不能照办呢？大都是不能的，那你也只好由他了。

热诚是你感动他人的魔杖

某年秋季，我在纽约市各青年会领导公开演说班，有一位学员是某大公司的销货员。有一天晚上，他讲述了一件十分奇怪的事情，说是可以不用种子而长出青草。他说只要用核桃树的灰撒在土里，青草便不日生长了。他很坚决的相信，这青草是核桃树的灰长成的。他讲完之后，我就笑着指出他的偶然发现如成事实，他立刻可以成为一位著名的科学家，而且可以从培养青草出售而立刻成为一位百万富豪。我再告诉他自古以来不曾有过能够变出这样稀奇的事情的人。我再心平气和地对他说，因为我觉得这种错误太明显，所以用不到分辩的。我讲完后，全班都看出了他所说的是完全不对的，然而他本人还是看不出错误来。他还是说这并不是空话，是他亲眼见到的。他再继续的说着，并且还提出了不少的证明，一种深切的热情，从他的讲话声音中散播出来。可是，我们仍旧提醒他，那是万万不可能的，离着可能的路还不知其几千里呢！但他还立起来分辩，并愿出钱下赌，请美国农业部代为判决。在这时候，我留意一下同班的同学，他们竟有人慢慢地相信这句话是可信的了。这种轻信未免有些令人惊异，我问他们为什么竟然相信，他们的回答，说是被他那种热诚所感。照此看来，热诚是可以感人的，尤其是广大的听众。有自主思想的能力的人是很少的，所以虽然我们都有着感情，而我们的感情，每易被演说者的情感所影响。演说者有着极热烈的诚意讲述出来，即便说灰土可以生出青草，那也会有人去相信的，这是一个十分明显的例子。

在你获得了听众感到有趣味的注意和相信的时候，那你真正的工作就可以开始了，于是，第一步就讲出你的事实，去教听众来尊重你的意见。

使听众尊敬你的意见的方法

使你的听众，对你的意见有着诚意的尊敬，这才是你谈话的核心。在这里你应当用大部分的时间去讲述的。本书第七章中的各种方法以及第八章中各种姿态，你是应当学取的。你用心预备的一切材料，在这里是可以见到功效的，同时，你在事前缺乏预备也可以使你出丑。到了这时候，你是站立在火线上，正像福煦将军所说的"在战场上是不能再容许你有学习的机会的，一个人只能应用着他已经知道了的一切，因此他应该十分明白而且迅速地利用他的知识"。

在这里，你应该知道，你要的那个问题的材料，比实际要用着的应该多二十倍；如果你演讲的时候，自己感觉到预备的材料丰富，你就可以放心直说而不致出丑了。

如果你对一个商业团体或别的团体讲述一些影响及他们的话，那你不单是仅仅给他们指教，同时还要让他们来给你指教，你必须确实地探听到他们的心中怀着怎样的意见，不然，你即使讲了半天，也不会讲进到题目的深处，你必须让他们表达了他们的心意，答复了他们的异议，他们那才能安心地听着你讲。

纽约全国收银机制造公司的经理帕特生曾经用过这方法去顺利地解决了一个难题。因为公司为成本关系而想略增售价，但是，代理商和各商店的经理大都反对的，因此帕特生就召集各代表开会讨论这事。他首先请各人提出反对的意见，那些反对的意见，正像骤雨一样地向他射来，他就叫书记把这些意见一条一条地写下来，共计得到了一百多条。因为时间已晚，所以宣布散会。明晨继续开会，他就用数字和事实来把各人的意见一条一条的加以驳倒，结果，大家对增价的建议毫无异议的默认了。

以欲望攻克另一欲望法

　　我们所做的每件事，都是有计划和有感觉的，这是什么缘故呢？就是由于一些欲望的缘故。对于这道理，除非被禁在疯人院中的人，那是谁都适用的。可以激动我们的事件并不多，我们在每小时和每日夜只被极少数的渴求所统治着。一个演说家如果能够知道这些动机是什么，并且能够有着充分的力量去应用，那他将有着异常强大的权能。

　　举一个例子：一位父亲，发觉他的儿子时时偷吸纸烟，他就异常震怒，命令他的儿子以后不许吸烟，因为吸烟是有害身体的。如果他的儿子并不珍爱自己的身体，反而爱着纸烟的味道以及从口中吐出来的烟圈，那结果做父亲的忠告是要失败的。因为那位做父亲的，他还没有抓住打动儿子心里的动机，所以他是失败了。如果这位儿子在学校里想加入田径赛而获得锦标的话，那位父亲可以不必发着盛怒，只要诚恳地告诉他吸烟足以妨碍他的运动成绩，那他就可以很顺利的得到成功了。因为吸烟足以妨碍运动的成绩，这是确实的事实。就是牛津、剑桥两大学，他们在划船比赛前的练习期间，加入比赛的选手，一概是不准吸烟的。

剑桥大学

现代人类的一个极大的严重问题，就是人类和昆虫的斗争。在几年前，有一种果树害虫的飞蛾到了美国，那是跟了日本政府送给美国种植在华盛顿的某湖边上的几株樱花一同来的。这种飞蛾，繁殖的能力极速，对于美国的各种果树，都给以极严重的威胁。喷洒杀虫水的效力完全失掉了，没有办法，不得不向日本去借专吃飞蛾的某一种昆虫，这是美国农业专家所采的以毒攻毒的办法。

善于激发人家的人也是用这种技巧的。他找出一种动机去和另一种动机挑战，这方法灵验、简单、明显，人们会想像其应用是十分普遍的，但事实上完全相反，人们真能利用的并不多见。

作者有一次去参加某大城俱乐部的聚餐会，会中有人提议组织一个高尔夫球队，去和某邻城比赛。会员中签名愿意参加比赛的没有几人，而且人数还不够一队，因此会长十分的不快。因为，不足人数而无法出场比赛，这和他的面子是大有关系的。他想用一种方法去号召，使大家乐于参加这个比赛，但是他所说的话完全失效，因为他讲了一大堆请他们去参加比赛的话，他并不能去巧妙的处理人们的怨情，完全是发泄自己的感触，正像儿子偷着吸烟的父亲一样。

正确的说，他应当怎样做呢？他应该先在自己的心中计算一下，并且对自己这样的说："他们为什么大都不愿意去参加？也许有人怕花费车钱，也许有人忙得无暇来参加，我怎样能够去克服了这一切的困难呢？我应该提醒他们，说是天天无休止的埋头工作，并不见到有多大的功效，如果在公余之暇，到野外去运动一次，吸一口清新的空气，五天之内，可以完成了六天的工作。再告诉他们，花一些车钱，正是健康和快乐的投资。我应该引起他们郊外的幻想，使他们自己知道单单伏在城市中赚钱而不去领略野外的风景，那真是人生的一件憾事。"

请你默想一下这样的讲法，比对人说"我要你们去参加高尔夫球的比赛"究竟哪一个好呢？

人人都有他的欲望

操纵着我们行为的基本欲望是什么呢？如果能够知道了应用这欲望对我们的成就是有着密切的关系的，那让我们还是赶快来加以研究吧！这些动机中最强烈的是什么呢？就是想得到些什么。在我们的欲望中，比想获得金钱的动机还要强烈的那是"自卫的欲望"。因此，用"健全自己"来作为号召，是一个最好的引诱人们来参加比赛的办法。例如，某城市的宣传，就是该城处处地方适合卫生；食品公司宣传着它的出品，纯洁而又能增强体力；牛乳厂说它的牛乳卫生消毒而富有维他命；药商宣传着他的药品能治百病；宣传戒烟的人说吸烟足以杀身的……这样的宣传，足以引起我们爱护生命的一种欲望，而想用物质的力量加以挽救。

还有，就是让别人赞誉着他们自己，使他受人钦佩，自己感到光荣。这是有人认为比金钱的欲望更为重要的。为光荣而引起的罪恶不知有了多少！像过去中国女子的缠脚，现在非洲中部的女子，在嘴唇上穿着木环，这些都是为求光荣而发生在人世间的惨事。所以，使人企求光荣的欲望，如果运用得恰当，其力量足以相等于巨量的炸弹。

请问，你为什么要读本书？是不是想学会演说的技能，可以给予人家一个良好的印象，渴望着讲话漂亮？你不认为演说家能够居于领袖的地位是一种无上的光荣吗？

有一位函售学杂志的编辑，他曾经公开的对人说，在所有的售货的信函之中，凡是可以作为号召的理由，再也没有比用光荣和利益来号召更有效了。林肯曾经用了光荣的号召作动机而进行诉讼得到了胜利，那是在一八四七年塔兹卫尔的乡镇法庭上，有姓薛的兄弟两人，他们向开斯君买进了一块田和四头牛。这兄弟两人虽然未达成年，但开斯君倒很诚实，把这些东西向他们只收二百元的代价。后来，到了取款的日期，开斯君不但收不到分文，而且还当场受到了一场俏皮的讥诮，因此他就把这一件事请林肯律师代向法

卡耐基励志经典

演讲与口才

庭起诉。开庭的一天，薛姓兄弟辩称他们还不是法定年龄，所以订立的契约在法律上是无效的，这在原告方面当然也很明白的。林肯起立辩论，也承认他们未到法定年龄而订立的契约无效，他说："诸君，我承认这句话是对的。"照这样的说，不是林肯自认输了吗？然而，他转过头来，对那十二位的法庭见证人说："诸位证人，你们愿不愿意让这两位青年人在生活的开端就染上这种羞耻和不名誉的习性？"然后，再指说着这两兄弟说，如果不是误信了他们的律师的怂恿，那是绝不会有这种不良的行为的。并且再指出高尚的律师业，有的时候竟不但不主持正义，反而对正义来加以破坏。他竟严厉的攻击着对方的辩护人。他继续说道："诸位证人，现在，你们有着一种权力可以使他们兄弟两人走进了正常的轨道。"这些证人，当然不能用自己的名义来袒护罪恶的，林肯正是利用法庭上见证人的光荣的心理，所以结果竟全体一致的主张，两兄弟应该偿还开斯君的债务。

在这样的事例之中，林肯也曾把主持正义诉之于见证的人们。这主持正义，我们每个人都有这种心理的。比方，我们在街上见到一个大孩欺侮小孩，我们一定是帮小的。人是感情的动物，谁都爱适意和快乐的。我们喝咖啡，穿丝袜，上戏院，睡床而不睡地，这就是为的要适意。所以，如果你所建议的能够增加我们的适意，你便就触到了有力的动机了。

西雅图市称它是美国各大城市中死亡率最低的城市，这是一种极强的动机。世界上有许多的事是和感情有关的。爱国心也是基于这种动机而发生的。有时候别的方法都不能通行的时候，诉之于感情是可以达到目的的。这种例子，实在是不胜枚举。

教徒为什么信教

还有一种动机可以影响我们很大的，我们可以称之为宗教的动机；不过，这并不是指那纯粹的崇拜或是信奉某一种教义的条文。我们的意思，是指广泛的基督耶稣的教训、正义、忍耐、慈爱、服役而已。

谁都不会自己在内心承认了自己刻薄卑鄙，所以别人用慷慨、高尚这些词来形容我们，我们都很乐意的。青年会国际协会的秘书华德先生，他有许多年用了全副的精神去筹募建筑会所的经费。如果一个人签了一张一千元的支票去捐给青年会，这人并未能够增加了他的资产和势力，然而，大家愿意这样做的原因，正是为了要表现自己的尊贵、正直和慈善的缘故。

有一次，华德先生在美国西北部的某大城市发起募款运动，他去和一位向来不进教堂或是参加社会运动的著名商人接洽。照我们的猜想，要想希望这位商人放下他自己做生意的一星期的工夫而从事于募款，这是有着登天一样的困难的。可是，后来这位著名商人竟答允去参加首次的募款大会。他完全被华德先生用的尊贵和博爱所感动，真的竟用了一星期的光阴去热烈的募捐，而且这位商人向来是无神论者，他竟也祈祷着盼望这一次的募捐能够成功。

已故的美国铁路大王詹姆斯·郗尔。在当年曾有许多人去看他，请他沿着西北部铁路建立青年会的会所。这是要用到一笔巨款的，他们知道郗尔是一位精明的商人，所以对他劝说，说是青年会的会所建立以后，对于他的铁路公司是有着怎样的利益。郗尔先生听了他们的劝说后说道："你们还不曾说出那个真正可以使我允许的原因，那就是我愿为正义增加一种力量，去养成基督教的品格。"

为了一件久悬未决的边界纠纷，到了一九〇〇年，阿根廷和智利两国几乎要开火了。他们努力建造军舰，征集兵器，增加赋税，不惜用大牺牲来把这问题加以解决。在一九〇〇年的复活节，有一位阿根廷的主教，用了耶稣基督的名义向全国作和平的呼吁，而智利国有一位主教也起来响应，于是两国的主教，纷赴各乡村去向国人劝说维持和平，两国的人民应作兄弟一般的友爱。这种演说，起先只有妇女去听，后来感动了全国，结果由民意去迫使政府裁减军备。他们毁去了国内的炮垒，他们把军械铸成巨大的耶稣圣像，手里握着十字架，立在两国交界的安第斯山顶，基石上刻着："智利和阿根廷两国的人民，如果忘掉了耶稣脚下的神圣的誓言，此山便立即倾倒而化成泥土。"

这便是宗教动机的威力的表现。

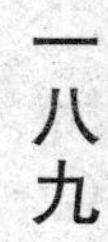

第十五章　怎样结束演说

在演说中，哪一部分最可以显出了你是熟练的还是没经验的？你是敏捷的还是笨拙的？你要知道吗？我告诉你，就是在开头和结尾。戏院中有一句老话："从上场和下场的精气上，就可以知道了他们的本领。"这句话虽然单指演员，然而对演讲者也很适用。

不论做什么事，开头和结尾，都是最不容易做得良好的。例如你去参加一个宴会，在进门时的寒暄以及告别时的态度，就可以看出了你是不是老练。在作商业的访问时，最难的是开头的顺利以及获得成功的结束。

在演说中，最重要的一点还是在结束上；因为最后的字句，虽然已经停止，但仍在听众的耳中萦绕，使人记忆最久。可是初学的人很少注意到这一点，他们的结束，常常是失之平淡而未能尽意。

现在，我们来讨论一下他们普遍的错误以及矫正的方法：

"上面是我对于这件事情要说的一些话，现在，我想停止了。"这并不是一个结尾，实在是一种不能原谅的错误。因为你的话既已说完，不妨就此坐下，表示你的话已经十分妥善，让听众自己去回味，而何必要说这么几句废话呢？

此外还有，一个普遍的易犯的毛病，就是当话已讲完，不知怎样停止时，常把一句话反复说上好几遍。记得约士比林斯教人捉牛不要握牛角而拉牛尾，因为牛尾容易放手。但这位演说者却是捉住了牛角，因此想尽方法不能放手，只好握住牛角转起圈子来，结果还是没有离开一步。一句话反复多说，徒然给人留下不好的印象。

矫正的方法，就是演说之前就应把尾语准备纯熟。因为你一开始演说后，你全副的精神早已贯注在所讲的话上，无暇临时去想应该怎样结束了。历代极成功的演说家如韦伯斯特、柏莱特、葛莱斯登等人他们也都是事先把结尾语写下来记熟了的。

初学演说的人，如能常常应用这些演说名家的步骤，是不易失败的。他应该把尾语早已想好，温习几遍，温习后虽然不必把字句完全一一背熟，但意思非完全记住不可。

即席演说，在讲的时候每多变更，因为需要删削以适合未能预料的变化，适应听众的反应。如果在事前能够预备好两三个不同的结束话，更是一个聪明的办法；因为这一个不适用那一个也许可以。

有些人在演说的中途，就随便的横讲开去，这好像一架汽车，中途突然乱走，不但大大地糟蹋了汽油狼狈地挣扎一阵，而且将得到一个不堪设想的结局。矫正的方法，就是要多多练习，多备汽油。

初次登台演说的人，每多犯着停止得太唐突的毛病。他们结束的方法未免太欠圆满了。其实他们并没有结束，只是突然的中止，就好像一位朋友正在谈话，突然鲁莽地站起来走了，连一句告别话也不说一样。

大演说家林肯，在就任第一次大总统时所草拟的演说辞也发生了这种错误。那篇演说，发表在非常紧张的时期，分裂和仇恨的乌云已经布满在上空，几星期后，血腥和破坏的暴风雨便吹遍全国了。他对南部民众的演说，本来预备的结束是："不满意的国人们，在你们的手里，握住了内战爆发与否的动力。如果你们自己不做侵略者，政府是绝不会攻击你们的。你们虽然不曾立下一定要推翻政府的誓言，我却有一种神圣的约言，要决心保护政府和扶助政府。在你们没有立誓不破坏政府之前，我绝不会畏缩而不去卫护政府。'战乎？和乎？'这个严重问题，完全操诸你们之手！"

林肯拿这篇演说稿交给国务卿席华德看。席华德指出了这结束太鲁莽一些，易于激怒听众，因此他代拟了两篇。林肯接受了其中的一篇，略加修改，然后发表，结果他就任第一任大总统的演说，不再有易招人怒的唐突，充满了优美的诗意而达到了友善的顶点。那结尾是："我们是朋友而不是仇敌，虽然我们的情绪，有时候很见紧张；但我们的友情，却不能因之而破裂，我们是绝对不应该成为仇敌的。神秘的音弦，将奏出全国统一的欢歌，通过每一战场和烈士的坟墓，到达广大地域的生存着的心灵和家园里。"

　　初学演说的人，怎样把自己的情绪，很恰当地用在演说的结尾呢？这是没有机械的规则的，它和一个人的修养一样微妙得很。它完全是一种感觉，但这种感觉是可以养成的，就是多多学习一般大演说家所用过的方法。下面有一个很好的例子，是韦尔斯亲王在加拿大帝国俱乐部演说的结尾：

　　"诸位，恐怕我说得离题太远了，并且关于我自己的话也讲得太多了。但是，我今天能和诸位听众说出了我自己的地位和责任，真是十分荣幸。我可以向诸位担保，我一定尽我的力去完成我重大的责任，不负诸位的诚意的信托。"

　　这一段话，即使一位瞎子听了，也会立刻知道他的演说已经结束，而不像一缕游丝似的仍在空中摇曳。真可说是圆满异常！

　　已故牛津大学校长，曾经对于林肯就任第二任大总统的一篇演说，赞誉备至，称之为"人类中最光荣而最可宝贵的成绩之一，是最神圣的人类雄辩的真金"，我们现在录在下面：

　　"我们对于大战灾祸能够早早结束，都很热诚祈求。但是，如果上帝仍欲使战争继续下去，并把世人辛苦了二百五十年积下来的财产完全化尽，受过鞭笞的身体还要受一次枪刀的残害，那我们还是说'上帝的审判，完全是真实而公平的'。不论对什么人，都要慈爱而不要怨恨，我们还是遵照了上帝的意思，坚持正义，继续努力完成我们的工作，——整顿我们已经残破的国家，纪念我们战死的烈士，以及因战争而造成的孤儿寡妇，以达到人与人之间的永久的和平。"

　　读者诸君，你们读了前面所引的我认为历来大人物口中的最美妙的演说结尾，你们感觉到怎样？你们能不能找出一些比这更仁慈更热情的结束语来？

　　惠廉·巴登在林肯的一生中说："林肯在甘第斯堡的演说已经十分伟大，然而他第二次就职总统的演说，比较还要伟大……这是林肯一生中最感人的演说，他因了这演说，使他的智慧和精神的威力达到了登峰造极之境。"

　　卡尔·岂尔兹说："这简直是一篇神圣的诗，美国历来的总统，从未对美国的民众讲过这样的话。而且美国的总统，也从不曾有过一位在他的心底里找出了这样的话来。"

当然你也许不会像美国的总统或是英国的首相那样，得到发表不朽的演说的机会。你的目的，也许是只要能够在一群听众面前，比较完满地结束一篇短短的演说！那么请照下面的话来试试看。

把你演说中的要点做一个总结

不消几分钟一位演说者往往也会讲到离题目极远的范围中去，到他讲完的时候，听众对于他那篇演说中的要点，早已看不清楚了。一般演讲者大都不明白这一点，他们以为他们的脑海中，对于自己演说中的几个要点十分清楚，所以听众们也应该和他们一样清楚。其实，演说者把他要说的话在事前已经有过多时的思量，所以他当然是十分清楚的，可是听众方面，他们是完全生疏的，所以演讲者的话，好像是抛到他们身上去的一把铁砂，他们虽然是被抛中了许多，可是，大部分还是滑落下来。他们虽然听到一堆话，但是他们对这一堆话始终没有一句完全了解地记入脑中。

有一位爱尔兰的著名政治家，曾为演说定下了一个要点，就是"你先对听众说，现在将要告诉他们一些什么了，然后，你再告诉他们；到了最后，你再告诉他们，现在已经告诉过了。"这方法是不错的。"你再告诉他们，现在已经告诉过了，"这是最可效法的一个总结秘诀。

这里有一个很好的例子。演说的人是芝加哥中部青年会边尔先生的一个演说班上的学生，也是芝加哥某铁路公司的运输部主任。他在公司的董事会议席上建议在火车经过的路口设置防险栅栏，他说："诸位，从我们自己车厂的防险栅栏上以及各州铁路上所得的经验，深知每年因出险事件的减少而节省的金钱数额之大，觉得我们的公司，也实在亟须有防险栅栏的设置。"这简单的几句话，把全部的要点完全总结了，你不必讲他前面所讲的是些什么，你就可以知道了他说话的意思了。你觉得这种方法怎样？如果你以为是很对的，不妨立刻让这种方法成为你自己的方法。

怎样使听众接纳你的结论

上面边尔先生的演说，是请听众依你的结论去实行的一个最好的例子。他演说的唯一目的，是在铁路线上设置防险栅栏。他现在以可以节省大量金钱和使不幸事件减少的理由向听众吁请，也无非希望他的主张能够实现。因此他在董事会议席上这样发表之后，结果获得多数人的同意，使他达到了目的。

在这里不过简单地说一下，到后面章节中，我们还要详细说说演说者获得听众同意的困难，和用什么的方法去解决。

使用诚挚简明的赞美

钢铁大王卡内基最得意的助手史可伯先生，有一次在纽约宾夕法尼亚协会演说，他的结论说："我们宾夕法尼亚州，应该领导推进时代的巨轮，因为它是出产钢铁最多的一州，也是世界最大的铁道公司的养育之母，就是农产物也在最富的各州中占着第三位。所以，宾夕法尼亚州是我们经商的基石，它的前途远大，做领袖的机会尤多，绝非别州所能及。"

史可伯用了这样的几句话来做结束，使听众们个个都感觉到高兴，这真是一个很好的结束方法。但是，要使这种方法生效，必须有着诚恳的态度。同时，又不可说得过分，以避谄媚之嫌。否则，稍露做作之态，难免被人看作虚伪，他们将像对付一张假钞票似的拒不接受了。

一个幽默的结论

乔治·柯赫说："你必须使'再见'说于听众的微笑中。"你能做到这一步，可以说结束的技巧已经十分纯熟。但是，怎样做法呢？这却没有成法可说，完全得由自己去斟酌了。

路易·乔治对一群公理会的教徒演说关于约翰·维斯莱坟墓的十分严重的问题，谁都不敢希望他在末了也会使听众发笑。然而，他竟很聪明的做到了。我们且看他是怎样说法的：

"你们大家都来动手修理他的坟墓，这是我十分高兴的。这一座坟墓，应该受着尊敬，而他是一位极端的厌恶不整洁的人。他曾说过：'永远不要叫谁见到一位衣装褴褛的公理会教徒。'由于他这个主张，所以至今诸君永不再见到衣装褴褛的人，（笑声）如果你们让他的坟墓倾颓，岂不太不像话了吗？他曾走过一家人家的门口，门内跑出了一位少女，向他喊着：'维斯莱先生，上帝保佑你。'他的回答是：'年轻的女郎，要是你的脸蛋儿和衣裙清洁些，那你的祝福当更有价值了。'（笑声）这就是他厌恶不整洁的一种表示，所以我们也不能让他的坟墓不整洁的。倘使他的灵魂在这里经过，见到了不整洁的坟墓，那他将比无论什么事都更令他伤心的。这是一座值得纪念而崇敬的圣墓，你们必须要好好地加以看护，这是你们的责任啊。（欢呼）"

引用诗文名句的结尾

演说结尾的各种方式，如果做得恰当，最容易讨好的，莫过于用幽默语和引用名句了。引用适当的诗文的名句来结束，是最理想的，最是显示你那高尚和清逸。

英国扶轮社的亨利陆德爵士，在爱丁堡大会席上对美国扶轮社的代表演说，演辞的结尾是："你们回去之后，就会寄我一张明信片的。即使你们不寄的话，我也得要给你们每位寄一张，而且你们很容易猜到是我寄的，因为在上面不贴邮票。（众笑声）我将在上而写着：

'季节自来自去，

万物按时凋零，

惟有那——我对你们的仁爱，

永远像鲜花般的艳丽芳芬。'"

这一首诗极合陆德的个性，而且也极合他全篇演说的旨趣。但如一篇严肃的演说的结尾，也来引用了这首诗，那也许会弄得不但不合，且极可笑。我讲演说术的年数越多，越觉得一般制定的法则想在各种情形下都能适用是完全不可能的，大半还得看事情、时候、地方以及听众的情形而更变。大家都应该像圣堡罗所说"各自去想救出自己的办法"才好。

名人的言语、古今的格言，都可用来增加你演说结尾几句话的力量。普通图书馆中大都藏有历代伟人的名言集，只要你去翻，立刻可以得到不少你所需要的材料。

步步加强的结尾法

"步步加强法"就是一层高一层，一句比一句有力量的一种结束演说的最普通的方法。不过，这方法不易运用，而且也不是一切的演说家对一切的题材都能合用的。但是，如果用得恰当，结果一定十分良好，请参看本书第三章里所引的那篇费城演说比赛得奖的演说的结尾，这是步步加强法的最好的一个例子。

林肯把那尼亚加拉瀑布作为题材的演说，就是用步步加强法的。我们看他怎样使一句比一句有力，他怎样把哥伦布、耶稣、摩西、亚当等的时代和这那尼亚加拉相比而获得了步步加强法的效力。

"远在很古以前，当哥伦布最初发现这一块大陆，当耶稣基督被钉在十字架上，当摩西率领了以色列人渡过红海，甚至亚当从创世主的手里出来，亘古至今，那尼亚加拉瀑布一直在这里发着怒吼。古代的伟人，像我们现代人一样，他们曾经见到过那尼亚加拉瀑布。比人类第一个始祖还要老的那时的那尼亚加拉瀑布和现在的瀑布同样的新鲜有力。前世纪的庞大的巨象和爬虫，也曾见到过那尼亚加拉瀑布。从那样久远的年代，一直到现在，那尼亚加拉瀑布从未有过一刻钟的静止，从不干涸，从不冰冻，从不睡去，从不休息。"

在五十年前，温德尔费利浦讲黑人杜桑将军的时候，也曾采用过这种技术，而且演说的结尾，常被许多演讲术的书籍采录着。这结尾十分的有生气而有活力，虽然重在实用的现在，看了好像太华丽一些，但还是十分有趣的。现在，我们也节录在这里：

"我要把拿破仑来称他，但是，拿破仑在食言毁约，造成了大流血的战争之后才获得了王位。他却不曾食言过。他的伟大的格言和一生的信条就是'不复仇'。他在临死时对他的孩子说：'我的儿，你忘掉法国曾经杀死了你的父亲，你终有一天还能回到圣多明阁的故乡的。'我要把克伦威尔来称他，可是，克伦威尔只是一位军官，而且建立的国家和他的枯骨同时埋进了坟墓。我要把华盛顿来称他，但是，这位弗吉尼亚州的伟大人物却使用奴隶，而他愿把国家的命运来冒险，但决不允许在他的领土内不论怎样小的村子里有了贩卖奴隶的事件发生。"

简洁明快地把话停止得恰到好处

你必须努力搜寻实验好几种演说开头和结尾，拣最妥善的拿来接在一处。

如果演说者，没有缩短他的演说的力量，来适合忙碌的听众，他不但不会受人欢迎，而且在有的时候还要使人发生反感。

像泰赛克斯那样圣贤的人，在这地方还免不掉弄下一个大错误。有一次，他在讲道的时候，一个青年，名叫尤迪克斯的，因为对他的演说不感兴趣，倦极入睡而竟被挤出窗外，身受重伤。还有一位医士，某晚在伯鲁克林市的大学俱乐部的席间演说，本来已是一个时间很长的宴会，所以一个一个人演说过后，轮到了他，已是早晨两点钟了。如果他聪明一些，就应该三言两语的快快说完，使听众可以早些回家。然而，他却用了四十五分钟的时间，发表一篇反对用活体的动物来解剖的激烈演说。他没有讲完一半，听众们都希望他也会像尤迪克斯一样被挤出窗外去，跌伤了什么。大家的目的，只要你停止演讲。

《星期六》晚报主编罗粹慕先生告诉我说，他把文章刊登到最受欢迎的地方就结束了，而读者还在渴望能够再多刊登一些。请你想想看，罗粹慕先生为什么要这样做？

当然，这主张也可以用在演说上。当听众听到最愉快的顶点，你就应该设法早些结束了。

耶稣的那篇最伟大的演说《登宝山训》，只消五分钟就可读完。林肯在甘第斯堡的演说，不过用了十句话。你的演说也应如此！必须简洁明快而不累赘。

约翰逊博士写过一本关于非洲原始民族的书。他和非洲的原始民族在一处住了四十九年，他说在这民族里如有一位演讲者在村中集会讲话讲得太多了，听众便要说"够了，不要再说了"，来阻止他。

据说有一种民族，他们只许演说的人一只脚站着讲话，站到觉得累了，即使还没有讲完，也要算讲完而停止下来。我们发展程度比非洲人高，生活比非洲人紧张，当然更不欢迎累赘冗长的演说了。

卡耐基励志经典

沟通的艺术

[美]卡耐基·著

刘凯·整理

綫装書局

导　读

　　日常生活中的任何沟通交流都需要人们克服畏惧、建立自信，这是实现更有效说话的前提。只有这样，人们才能够最大限度地发挥自己的潜在能力，在各种场合下发表恰当的讲话，博得 赞誉，赢得别人的喜欢，获得成功。

　　《沟通的艺术》是戴尔·卡耐基从 1912 年开始在纽约基督教青年会讲授演说术，后又根据多年的教学实践和经验完成的。本书不是一本教你如何发出悦耳之声、如何说出优美之句的手册，而是教你如何建立自信来提高自己的表达能力，如何通过有效的演讲扩大自己的影响力。它将让你步入幸福的生活，迈向成功的职业生涯。通过本书读者可以学到：有效说话的基本要素；演讲、演说者与听众；有备演讲与即兴演讲；沟通的艺术；有效说话的挑战。

第一章　具备卓越沟通力的八要素

突破自我，克服当众说话的恐惧心理

1912 年，"泰坦尼克号"巨型海轮沉没在北大西洋冰海里。正是在那一年，我开始教授当众说话这门课程，我当时的任务是为纽约基督教青年会夜校讲授"公开演讲"课。那段经历对我来说是非常宝贵的，因为，它使我积累了丰富的关于说话的知识，并促成了我的口才培训班的诞生。

"泰坦尼克号"巨型海轮

在纽约为商业界和专业人员开班时，我逐渐了解到，学员们不仅需要在说话方面受到训练，还迫切需要掌握日常商务和社交中与人交流的艺术。因为人们除了渴望健康以外，最需要的便是改善人际关系，学会为人处世的艺术，而这一切又都是以说话为前提和手段的，于是我决定在这方面进行深入的研究，并因此最终总结出一套比较全面实用的课程，这是很有意义的事情。"沉默是金"的谚语，应随时代的变迁而重新评估，因为如何发挥语言的魅力，决定了现代人能否由沟通走向成功。

20世纪初，心理学家和哲学家断言：普通人只用了全部潜力的极小的一部分。与我们应该成为的人相比，我们只苏醒了一半；我们的热情受到打击，我们的蓝图没有展开，我们只运用了我们头脑和身体资源中的极小的一部分。这是什么原因造成的呢？其实这就是人的恐惧心理。人的恐惧心理是很可怕的，所以，我常对自己的学员说："你要假设听众都欠你的钱，正苦苦哀求你多宽限几天；而你就是神气的债主，根本不用畏惧他们。"

在潜意识里，拒绝与人交流或者害怕当众说话，并不是某一个人独自具有的心理，大多数人都是这样，只不过程度不同而已。除了训练班的成员，对大学生我也进行过调查，80%～90%的学生都产生过不敢当众说话的恐惧感和与人交流的畏难情绪。

这好像是在说"恐惧交流"是人天生就具备的。的确如此，它是人与生俱来的一个弱点，并且和人的性格有很大的关系。心理学家认为，性格是一个人的行为表现较为稳定的基本特征。性格具有稳定性，也就是说，一个人的性格在一定的教育和环境的影响下形成后，是难以改变的，所以才会有"江山易改，本性难移"的说法。

有关专家曾对亚利桑那州的一对大学生孪生姐妹进行过观察研究。这对双胞胎姐妹外貌相似，先天遗传素质完全相同，家庭生活和所受教育的情况也相同。虽然这对姐妹一直在同一个小学、中学和大学接受教育，然而在遗传、教育和环境如此相同的情况下，姐妹俩的性格却很不相同：姐姐善于说话与交际，自信主动，果断勇敢，而妹妹却相反，缺乏独立自主意识，说话办事总是随同姐姐。有关专家找她们交谈时，也都是姐姐先回答，而妹妹只是表示赞同，不爱说话，或仅仅是稍作补充。总之，姐妹俩的性格完全不同。

这是为什么呢？原来父母在她俩中认定一个是姐姐，另一个是妹妹，从小就交待姐姐照管妹妹，对妹妹负责，做好妹妹的榜样，带头执行长辈委派的任务。这样一来，姐姐从小就形成了独立、自主、善交际、较果断的性格，而妹妹却养成了遵从姐姐的习惯。

这说明人的性格是受长期所接受的教育和环境的影响而形成的，但这并不适用于成年人。对于成年人来说，性格实际上是由心理状态决定的，也就是说，如果一个成年人能改变自己的心态，那么他就能改变自己的性格。

正像如何提高当众说话的能力一样，日常生活中的任何沟通交流，都需要人们克服畏惧、建立自信，这是实现更有效说话的前提。只有这样，人们才能够最大限度地发挥自己的潜在能力，在各种场合下发表恰当的讲话，博得赞誉，赢得别人的喜欢，获得成功。

任何说话技巧在实施之前，必须树立充分的自信心。因为自信心给人一种安全感，使你敢于与他人相处，并在任何非自由场合自由发表自己的看法。一旦你的思想表达中充满了激情，那么即使在很小的场合，你也会努力地搜索以前的经验，以此作为谈资。这样你的视野将会变得更加开阔，并对自己的生命产生新的认识。

在我的培训班开课之前，我曾做过一个调查，让人们说出上课的原因以及希望从这种口才培训课程中获得什么。调查的结果令人吃惊，大多数人的中心愿望与基本需要都是一样的，他们的回答是："当人们要我站起来讲话时，我觉得很不自在、很害怕，这使我不能清晰地'思考，不能集中精力，不知道自己要说的是什么。所以，我想获得自信，能泰然自若地当众站起来，能随心所欲地思考，能依逻辑次序归纳自己的思想，能在公众场所或社交人士的面前侃侃而谈，做到明晰且有说服力。"

我相信这是真实的，当你站立在听众的面前时，的确不能像坐着的时候那样细致地思考，但是这种现象可以通过训练加以改善。更重要的是：你一定要按照我所说的方法进行锻炼。

你首先应当认识到，当众说话时的恐惧感对人的交流是有益的，因为人类天生就具有一种应付环境中不寻常挑战的能力。当你注意到自己的脉搏和呼吸加快时，千万不要过于紧张，而要保持冷静。因为你的身体一向对外来的刺激保持着警觉，这种警觉表明它已准备采取行动，以应付环境的挑战。

假使这种心理上的准备是在某种限度之下进行的，当事者会因此而想得更快、说得更流畅，并且一般来说，还会比在普通状况下说的更为精辟有力！

那么，我要告诉你们的一个秘密就是：即使是职业演说者，也从来不会完全克服登台的恐惧——他们在开始演讲时也总是会或多或少地有些怯意。这些怯意都可以从他们开头的几句话里表现出来，只不过他们能很快地克服这种怯意，并进入镇定的状态。而我在开始说话的时候我也差不多也是这样。

所以，你大可不必胆小地躲在自己给自己设定的框框里，你应该采取热诚主动的态度去与人交往。否则，恐惧将一发不可收拾，它不但会造成你心灵的滞塞、言辞的不畅、肌肉的过度痉挛而无法控制，还会严重降低你说话的效力。

在最后，我有必要重复以下几点，这将对你克服恐惧，开口说话大有帮助：

第一，你害怕当众说话、拒绝与人交流并不是特例。

第二，某种程度的交流恐惧感反而会刺激和激励你，我们天生就有能力应付环境中不寻常的挑战。

第三，许多职业演说家从来都没有完全驱除登台的恐惧感。

培养自信，有针对性地进行自我训练

在我的班上，有很多学员在学完之后坐在一起谈自己的心得。有相当多的人都认为他们所学到的最重要的就是自信。也就是说，对自己成功多了一份信心。在某种程度上，没有什么比自信更加能够将一个人引向成功。

·《贝德克旅行指南》上说，业余登山员应该有一个向导带路，因为攀登阿尔卑斯山很困难。但是几年前，我和我的朋友来到了阿尔卑斯山的维尔德·凯塞山面前，想要征服这座传说中很危险的山。首先我们要声明的是我们俩都不是专业登山员，但是我们并没有请教向导，而且，我们取得了成功。

在我们登山之前，曾有一位朋友问我们是不是能够成功，我口气坚决地告诉他："一定能！"

"你怎么这样肯定呢？"那位朋友继续问道。

我说："也有人像我们一样没有向导而取得了成功。而且，我做任何事情都不会事先想到失败。"

要自信，这是你做任何一件事情都必须要有的正确心态。无论你是攀登珠穆朗玛峰，还是和别人说话，自信都是你成功的基本前提。所以，在你开始说话前，首先要树立你的自信心！

下面是针对你的自信开展的训练方法。

1. 做好充分准备，树立成功的信心

美国最著名的心理学家威廉·詹姆斯说过："行动好像是紧随感觉之后产生的，但事实上它是与感觉并行的。行动受意念的直接控制，通过意念来控制行动，我们也可以间接地控制感觉，但感觉却不受意念的直接控制。因此，假如我们失去了原有的自然快乐，那么，让你自己变得快乐的最佳方法，就是快快乐乐地坐下来，让自己表现得本来就很快乐一样。如果这种方法还不能让你觉得快乐，那就没有别的办法了。所以，让自己感觉自己很勇敢，而且表现得好像真的很勇敢，并竭力运用你所有的意念去达到这个目标，那么勇气就很可能取代恐惧。"

一个人达到成功说服的目的，跟说话之前所做的准备有很大关系。林肯说："即使是再有实力的人，如果没有精心的准备，也无法说出有系统、有水平的话来。"所以，你需要在说话之前广泛地搜集素材，并对你的主题进行深入细致的思考。当你确认自己准备充分之后，不妨设想自己正在以完全的控制力对他人说话。这是你很容易就能做到的。只有相信自己能够成功，并且坚定不移地相信自己，你才会成功。

请记住威廉·詹姆斯的忠告：为了培养信心和勇气，当你面对观众的时候，不妨表现得好像真的具有那种信心和勇气一样。（当然，前提是你必须做好充分的准备，否则再怎么表现也不能奏效。）

树立自信的第一种方法就是，如果你对自己所要讲的内容已经了然于胸，就应该轻松地大步走上台，然后做一次深呼吸。深呼吸30秒，可以给你提神，给你信心和勇气。著名男高音歌唱家简·德·雷斯基常说："你如果气充于胸，那么紧张感自然就会消失。"

还有一个方法，就是身体站直，看着听众的眼睛，然后信心十足地演讲，就好像每个人都欠了你的钱，他们在下面只不过是请求你宽限还债的时间。这种心理作用，对你稳定情绪将会大有帮助。

如果你怀疑这种理论，可以和我班上任何一个持有这种观点的学员交谈，很快你就会消除疑虑。如果你没有机会和他们交谈，就听听一个伟大的美国人所说的话吧——他常常被视为勇气的象征，但他也曾经非常胆小，后来通过这种训练之后，才成了最勇敢的人士。这个人便是反托拉斯斗士、常常左右听众、挥舞着巨杖的美国总统西奥多·罗斯福。

他在自传里说："小时候，我总是病恹恹的，而且很笨拙。年轻时，我既紧张又没有自信，因此不得不艰难而辛苦地训练自己，不只对身体，而且对灵魂和精神进行各种训练。"在谈到自己蜕变的经过时，罗斯福又说："孩提时代，我在马利埃特的一本书里读到一段话，给我的印象极深刻，总是萦绕在心。

如果能克服当众讲话的恐惧，对我们做任何其他事情都会产生极大的、潜移默化的影响。那些敢于接受这项挑战的人，将发现自己正渐臻完美，逐渐战胜当众讲话的恐惧，使自己脱胎换骨，进入更丰富、更美满的人生。"

我班上的一位推销员学员曾这样说道："在班上站起来几次之后，我觉得可以应付任何人了。一天早上，我找到了一个平时特别凶悍的买主，当他还没来得及说'不'时，我就已经把样品摊在他的桌上了。结果呢，他给了我一份最大的订单！"

一位家庭主妇也告诉我："原来我总是不敢请邻居来我家里，我怕我们之间不能融洽地谈话说笑。但是听过几次课、并站起来讲话之后，我决定开一次家庭宴会。那次宴会非常成功，我往来于宾客之间，尽情地和他们谈笑。"

在另一个毕业班的晚会上，一名店员这样说："最初，我很害怕和顾客说话，每次总是胆战心惊的。在班上演讲几次之后，我觉得有自信了，和顾客说话也从容多了。我开始敢于理直气壮地说出不同的意见。我上演讲课之后的第一个月，销售业绩就提高了将近一半。"

通过这种有效的训练，这些学员觉察到自己已经能够很容易地克服恐惧或焦虑；从前他们可能会失败的事，现在却成功了。他们从当众讲话中获得了自信心，并让自己满怀信心地面对每一天的工作。

你同样也可以获得这种胜利感，迎接生活的挑战。如果你能做到这一点，那些曾令你感到恐惧的问题，也就可以变成你生活中增添情趣的愉快挑战了。

2．针对自身不足进行纠正性训练

如果的确存在一些不足，你可以进行针对性的训练，克服这些困难和不足，从而树立自信。

名列古希腊"十大演说家"之首的德摩斯梯尼从小就有口吃的毛病，而且他在说话的时候总是一个肩膀高一个肩膀低，还不停地抖动。在那样一个崇尚口才的时代，这样的人理所当然地会受到歧视。他十分苦恼，并且有很深的自卑感。不过，他并没有被自卑打倒，而是以超常的毅力和吃苦的精神进行刻苦的训练。每天清晨他都站在海边，口里含着石子进行练习。针对爱抖

德摩斯梯尼

动的毛病，他对着镜子进行练习，并在两个肩膀上挂两把剑，这样就不会抖动了。经过刻苦的训练，正如我们现在所知道的，他成为了一个十分出色、受人尊敬的演讲家。

3．自我暗示，相信自己能成功

有位英国青年律师要和一群知名的律师在法庭上辩论，他做了充足的准备，但是仍然感到不放心。担心自己会把辩论搞砸。于是，他去请教法拉第

先生，他问法拉第："我的对手比我知道的多得多，我必败无疑。"

法拉第先生简单明白地告诉他说："如果你想成功，告诉自己，他们一无所知！"

很多人都会面临这位青年人一样的问题，他们真正的困难不在上面所提到的两点。因为我们绝大多数人并不会像德摩斯梯尼那么不幸，没有口吃的毛病，也没有其他方面的不足。

心理学上说，自卑或者羞怯感总是会不同程度地在我们身上存在着。美国的一个调查表明：在宴会上与陌生人接触时，大约有 3/4 的人会感到局促不安；同样，由于羞涩或者自卑感造成的演讲或其他说话失败的例子更是屡见不鲜。可以看出，一个人没有自信，并不是因为他自己真的天生不如人，而是他自以为如此。因此，只有完全克服这种感觉，你才能正常演讲甚至超常发挥。

你所有的准备，都是为了说话的那几分钟。不管你准备得如何，在一般情况下，说话的时候都可能会有不自信的感觉袭来。产生它的原因，可能是你担心自己还没有完全准备好——实际上你已经准备得相当充分了，但是你认为自己可能疏漏了什么，也有可能是因为你担心听众比你的水平高，而你所讲的东西对他们来说过于简单；或者你担心可能会出现什么突发事件，比如在你的说话过程中有人打断你等等。这些想法最致命的危害就是给你消极的自我暗示，你必须想办法把它们从你的心里赶出去。

当你说话的时候，看着对方的眼睛，然后信心十足地说话，就好像他欠了你的钱，而他听你说话，只是为了请求你宽限还债的期限一样。这种心理暗示作用，对你树立自信也同样具有很大的帮助。

要想在当众说话中获得成功，有必要给自己某些积极的暗示。试试下面的方法，这是经过多年来的摸索得出来的：

1. 确信题目有价值

演讲的题目选定之后，要根据情况进行汇集整理，并和朋友探讨。但这样的准备还不是很充分，还要让自己确信这个题材是有价值的，因此你必须具备坚定的态度，以此来激励自己，坚信自己。

怎样才能让自己确信这一点呢？这就要详细研究演讲的题材，抓住其中更深层的意义，暗示自己，你的演讲将有助于听众，他们听过之后会成为更优秀的人。

2. 不要想令你分心的事情

举例来说，假如你想象自己可能会犯语法错误，或中间突然讲不下去等等，这些消极想法很可能会使你在开始之前便失去信心。

说话之前，尤其重要的是要将注意力从自己身上移开。要集中精神，听别的演讲者在说什么，把你的注意力放在他们身上，这样就不会给你造成过度的登台恐惧心理了。

3. 进行适当的自我激励

任何一位演讲者都有可能对自己的演讲题材产生怀疑。例如，他会问自己适不适合这个题目、听众会不会感兴趣等，因此很可能在一念之间就更改题目。这时，消极的思想极有可能彻底毁灭你的自信，所以，你应该先给自己打气，用浅显的话鼓励自己：

这次演讲是很适合我，因为它来自我的经验，来自我对生命的看法；我将比任何一个听众都更适合来做这番特殊的演讲；我会全力以赴，把这个题目说得清清楚楚。

这种古老的方法真的管用吗？当然。现代实验心理学家们都同意，这种由自我暗示而产生的动机，即使是假装出来的，也会成为人们快速学习的最有力的动力。既然如此，那么根据事实所做的真诚的自我激励，效果自然也就更好了。

心理暗示，始终让自己保持积极的心态

自我暗示真的管用吗？是的。现代实验心理学家都同意这样一种观点：由自我暗示而产生的动机，即使是假装的，也会成为人们快速学习的最有力的诱因之一。因此，请对自己进行积极的自我暗示。

　　一个人上楼梯，分别以 6 层和 12 层为目标，其疲劳状态出现的早晚是不一样的。我发现，如果把目标定在 12 层，疲劳状态会出现得晚一些。因为当你爬到 6 层的时候，你的潜意识便会暗示自己：还有一半呢，现在可不能累啊！于是你就会继续鼓气往上爬。

　　也就是说，目标高低带来的自我暗示直接决定了我们行为能力的大小。进而我们可以得出这样的结论：意识不但会影响到你的心理状态，而且会直接影响到你的生理状态。这就是心理暗示的重要性。

　　威廉·詹姆斯曾说过这样的话："人们通常认为行动总是跟随在感觉之后，但实际上，这两者是并存的关系。行动为人们的意志所制约。借着制约行动，意志可以间接地制约感觉，而感觉并不受意志的直接控制。

　　因此，当我们感到不快乐时，唯一的改变办法就是：愉快地睡觉、吃饭、谈话，尽量从行动上表现出你很快乐。如果这样都不能改善你的心情的话，那么就再没有别的办法了。"让自己勇敢起来，即使只是从行动上表现出来，因为人们总是习惯于自我催眠。行动可以间接影响你的感觉，然后调动你所有的意志来达到这个目的。这样，勇气也就会取代恐惧了。"这就是一种心理暗示。如果你怀疑这种理论，你可以和曾看过这本书并且照着这个方法去做的人，或者上过我的训练班的学员去谈谈，你将会相信这一点的。

　　接下来我将举一个例子以证明这种心理暗示理论的正确性，这个人被视为勇气的象征。他也有过胆怯的时候，但他决心只依靠自己。于是，在不懈的努力之后，他终于成了受人敬仰的勇士。他就是反对托拉斯、以言论左右听众、手里挥舞着总统权杖的西奥多·罗斯福。在他的自传里，他这样写道："我曾是一个体弱多病而且笨拙的孩子。年轻的时候，我常常处于一种紧张的状态中，对自己也没有信心，因此不得不艰苦地训练自己。这种训练并不只是身体上的，也包括灵魂和精神上的。"

　　一个这样的孩子，是怎么变成勇士的呢？他在自传里解释了让他得以转变的原因："我在马里埃的书中看到过一段话，印象极为深刻，并把它时时记在心里。这是一个小型英国军舰的舰长向主角解释如何才能顶天立地、无所畏惧地生活的一段话。他说，最初要行动的时候，每个人都会紧张、不安，重要的是，不应让这种恐惧感延续下去。你应该采取的方法是：控制自己，表面上装做若无其事的样子。这样持之以恒，假装的就会变为现实。"他只不过是想练习坚强的意志，但这种练习让他变成了真正的勇者。

"这就是我训练自己的方法。一开始，从大灰熊到野马、猎枪，我什么都怕，可我尽量装出不怕的样子来。慢慢地，我不再恐惧。人们要是愿意，也可以像我一样。"罗斯福这样说。

在第二次世界大战期间，有一个犹太人想要活着走出纳粹集中营。人们都说这是不可能的——丧心病狂的纳粹分子随时可能把他们成批地拉出去枪毙，另外，恶劣的生存环境让人们生病、相互传染以至相继死亡。总之，人们都已经失去了生存的信心。但是，这位犹太人暗暗地告诉自己说："某月某日，联军一定会来拯救我们的。在此之前，我一定要好好地活下去。"结果，在他预定的那个日子来临之前，他的同伴一个个死去，但是他却坚强地活了下来！

从上述事例我们可以看出，心理暗示确实能够给我们带来勇气。积极的心理暗示可以使我们克服恐惧、战胜困难，对我们做任何事情都十分有利。那些敢于接受这项挑战的人将发现自己正脱胎换骨，享受更丰富、更美好的人生。

不断学习，向说话高手借鉴经验

每个人都想在众人面前侃侃而谈，拥有令人羡慕的谈吐功力。但是很多人却最终这样抱怨："我也知道自己需要鼓起勇气，但是当我想要开口说话的时候，这好像并不容易做到。"这个问题是大部分人在说话时都会碰到的问题。那么，让我们谈一谈关于如何鼓起勇气的话题。

顾立区公司董事长顾立区先生有一天来到我的办公室。他对我说道："我这一生每逢要说话时，没有一次不是非常恐惧的。但是身为董事长，我不能不主持会议。虽然与董事们都相识多年，但是一旦要站起来说话，我就一个字都讲不出来。这种情形已经有好多年了，我的毛病太严重了。卡耐基先生，我很难相信你能帮我克服这一毛病。"

"既然如此，你为什么还来找我呢？"我问他。

"这是因为发生了一件这样的事情。"顾立区先生回答道，"我的一个会计师，原来是个害羞的家伙。他走进自己的办公室之前，必须要穿过我的办公室。以前他都是看着地板，一个字也不说，蹑手蹑脚地走过我的办公室。不过最近，这种情况发生了改变。现在他总是下颌抬起，眼里闪着光亮，而且还主动和我打招呼，这令我十分惊讶。我问他：'是谁使你改变的？'他告诉我说：'卡耐基先生。'因为这件事情让我难以置信，所以我还是来找你了。"

"如果你希望跟这位会计师一样有所改变，"我对他说，"你可以定期上课。"

"你要是真能使我开口说话而不再恐惧，"顾立区先生说，"那我可就要成为最快乐的人了。"

顾立区先生果然来参加我们的训练了。事实上，他进步神速。3 个月之后的一天，我请他参加阿斯特饭店舞厅里的 3000 人聚会，并邀请他向客人们谈谈参加卡耐基口才训练班的感受。他很抱歉地说他不能来，因为他已经安排了一个重要的约会。但是，第二天，他又打电话给我说："卡耐基先生，我把约会取消了。我一定要来参加这个聚会，因为这是我欠你的。我要告诉人们卡耐基口才训练班给我带来的好处，它真的使我变成了这个世界上最快乐的人。我希望以自己的故事来激励人们，让他们彻底消除损害他们生命的恐惧。"

在聚会上，顾立区先生对着 3000 人侃侃而谈，足足说了 10 多分钟，而我本来只要求他说两分钟。当听众们被他的精彩演说所打动的时候，有谁会想到他原来一说话就会极为恐惧呢？

如果你希望像顾立区先生那样，你也可以在短期内掌握这门艺术。事实上，正如顾立区先生在讲话中想要告诉人们的那样，你完全可以从他的经历中认识到：说话并不是一件很难的事情。也就是说，你可以借用他的经历来鼓起自己的勇气。在你因为恐惧而无法开口说话的时候，你都可以想到：既然顾立区先生可以做到，我也一定能够做到。

在我们与那些重要人物进行交谈、进行商业谈判时，甚至只是在平常与人的交谈中，如果感到很害羞，你都可以借用别人的经验来鼓起自己的勇气。在不同的时候，你可以想到相应的故事，以达到鼓起自己勇气的目的。

我曾经对那些说话高手进行过调查，结果发现几乎所有的人都存在过害羞的心理，即使是现在——正如我前面所说——当他们发表意见、进行谈判或说服别人的时候，也还是没有完全祛除紧张的心理。在交际场上游刃有余地活动的钢铁大王安德鲁·卡内基常常对人说："虽然我天性很害羞，但是我却努力让自己成为一个说话高手。"

我希望你有机会去我家，我将为你展示我收到的来自世界各地的感谢信。写信的人有的是企业界的领袖，有的是州长、国会议员、大学校长和娱乐圈的明星，更多的则是企业中的主管人员、工人、工会成员、大学生、家庭主妇、牧师等，他们都是一些默默无闻的普通人。

他们的共同点是：都觉得自己需要表达自己的观点、与人沟通，以让别人了解和接纳自己，但是却缺乏足够的勇气、足够的自信心——也就是说，他们一开始都不擅言辞。正是因为取得了一定的成绩并实现了自己的目标，所以他们才心怀感激，特意给我写信表示感谢。

因此，当你需要鼓起勇气在酒会上讲话或跟你的客户谈判的时候——实际上，在一切需要你展现口才的时候——你都可以借别人的经验来激励自己。在你感到胆怯的时候，问一问自己："既然他们都取得了成功，我为什么不能呢？"

不断练习，不放过每一个锻炼的机会

萧伯纳向别人介绍自己提高口才的经验时说："我借鉴了自己学溜冰的方法——我让自己一个劲地出丑，直到学会为止。"无论你是想成为一个像萧伯纳那样出色的演讲家，还是只想在人们面前从容不迫地讲话，你都应该抓住每一个可以练习的机会，尽量让自己"出丑"。

我们都知道，一个人如果不下水，便永远也学不会游泳。说话能力也是如此。如果你不开口说话，即使学到了再多的关于口才或关于发音的知识，也不可能学会它。我前面举的所有说话高手的例子中，如果他们不经常说话，并且不思考怎么更好地说话，他们也是不可能取得成功的。

萧伯纳

第一次世界大战以后，我在 125 街青年基督协会所教授的课程已经改变，不再像当年一样。我每年都有新的观念加入课程，而有些旧思想则会被淘汰。但是有一点一直没有变化，那就是训练班的每个学员都被要求至少当众说一次话，更多的时候是至少两次。我认为，如果不经常练习的话，就算你读遍了所有关于口才的著作——包括我这本书，你也仍然学不会如何说话。所以，本书对你只是指引，你得有自己的实践才行。

每个人都会有理想的自我形象，希望别人以赞许的目光来看待自己。当他跟某个陌生人接触、与异性交往、与权威人士交谈或是当众说话的时候，他就会不由自主地意识到自我形象面临着某种威胁，担心自己一说话就错误百出、当众出丑，害怕别人说自己"笨蛋"、"没水平"或者"爱出风头"、"好表现"等。很多人由于对说话可能产生的结果的不确定性感到担心，因此不愿意开口。这种担心是完全没有必要的。你要知道，即使你没有说好，天也塌不下来，没有人会责怪你的。

说话的机会到处都是。看看自己的周围，你会发现没有一个地方是不需要说话的。你可以有意识地参加一些组织，从事一些需要讲话的工作；你也可以在聚会上站起来说上几句，哪怕只是附和别人的几句话，开会的时候，不要让自己躲在角落里，而是要命令自己勇敢地站起来说话。只有这样，你才会知道自己有怎样的进步，才会学会说话的本领。

当你开口说话的时候，一开始你可能连自己都不知道自己想要表达什么观点，更谈不上什么文采和修饰了，但这不是什么大事。最重要的是你已经成功地开口说话了，如果你能坚持下去，接下来你要关心的问题才是这些。不论你有多么渊博的知识、多么睿智的大脑，你都不要期望一开始就能把观点清晰明白地向别人表达出来。任何成功的说话高手都是从这一步走过来的。

"你说的这些道理我全都懂，"有一次，一位年轻的商务主管学员对我说，"可是我还是很犹豫，我似乎害怕学习的艰难和考验。"

"什么艰难、考验呢？"我说，"赶快丢掉这些思想吧！你为什么就不能用一种正确的征服性的精神来看待这个问题呢？"

"那是什么精神？"他问道。

"冒险精神。"我说。接着我又对他谈了一些通过说话获得成功，并且使自己的个性也发生了好的变化的例子。

"我一定要试试，我也要去从事这项冒险活动。"他最后说。

你正在读的这本书，是一本关于冒险行动的书。当你继续阅读本书、并打算付诸实施的时候，你也是在进行跟他一样的冒险。你将会发现，在这项冒险活动中，你的自我引导能力和敏锐的观察力将会给你带来帮助；你还会发现，这项冒险将会从内到外地改变你。

永不放弃，让提升口才成为前进的动力

有一个卡耐基训练班的毕业生说："开始说话的时候，我宁愿挨鞭子也不愿开口；但是临结束时，我却宁愿挨枪子儿也不愿停下来了。"几乎每一个人都渴望获得进行成功交谈的能力，想要体验这种"不愿停下来"的美妙感觉。

前文中提到的顾立区先生说，是卡耐基训练班使他说话不再感到恐惧，使他能够在 3000 人面前侃侃而谈，使他成为了"这个世界上最快乐的

人"——让说话成为一种快乐，这正是卡耐基训练班的目的。而我认为，这个目的远较其他目的更为重要。

顾立区先生之所以参加卡耐基训练班，之所以能够努力地做卡耐基训练班分派的功课，正是因为他已经预见到了说话的成功会给他带来乐趣。顾立区先生将自己投入未来的理想中，然后努力使自己梦想成真。如我们所看到的那样，最后他成功了。

钢铁大王卡内基死后，人们在他的遗物中发现了他 32 岁时所拟定的计划。他当时准备退休后到牛津大学接受完全的教育，并"特别注意于公开演说的学习"。那么，人们为什么要致力于提高自己的说话能力呢？也就是说，究竟说话的成功对人们有什么重要的意义呢？

我们不妨想象一下：面对多得难以计数的听众，自信满满地走上讲台，听听开场后全场的鸦雀无声，感觉一下听众被你的深入浅出、幽默诙谐的演说所深深吸引时的那种全神贯注，体会一下听众对你报以经久不息的雷鸣般的掌声时的成就感，然后你带着微笑接受大家对你的赞赏……

当然，提高自己的说话能力的好处，并不只是可以在正式场合发表成功的演说。继续想象一下：依靠你的口才，通过与对方机智地谈判，你赢得了一笔数额巨大的业务；依靠幽默和富有气质的口才魅力，你赢得了心仪的女孩的欢心，并且与她共同迈进了婚姻的殿堂；依靠极具说服力的口才，你使一个国家停止了对另一个国家使用武力，使亿万人民避免了战争的灾难，你受到了人们的尊敬……还有什么比这更加吸引人的呢？

许多来这里上口才训练班的学员，大都是因为在社交中感到胆怯和拘束，其中有政界要员、明星，也有普通人。他们以前多半是这样一种情形：当站起来说话的时候，他们会感到手足无措，需要在数量很多的人——即使是熟识的人——面前说话时，他们会连一句完整的话都说不出来。在这样的情形下，他们感觉自己好像不再是自己了，因为他们完全控制不了自己。

可是在完成训练班的课程之后，他们的改变令他们自己都难以置信。他们发现，让自己说话再也不那么为难了，都觉得自己以前的害羞和拘束其实很幼稚、很可笑。当然，他们在训练过程中培养出来的那种自然洒脱的气度，也让他们的朋友、家人或顾客另眼相看。他们开始在建立自己的信心的同时，游刃有余地处理和他人的关系，从而影响到他们的整个人生。

经过卡耐基口才训练后，这种口才能力的提升也会不同程度地影响到人的性格，即使不一定能很快地显现出来。大卫·奥门博士是大西洋城的一位外科医生兼美国医药学会的会长，我曾问他："就心理健康而言，接受当众说话训练有什么好处？"他回答说："回答这个问题，最好是开一个处方，这个处方必须每个人自己给自己配药。如果他认为自己不行，那他就错了。"以下便是奥门博士给我们开的处方：

卡耐基

努力培养一种能力，让别人能够走进你的脑海和心灵。试着面对单独的人，或在大众面前清晰地表达你的思想和理念。当你通过这种努力不断地获得进步时，你便会发现：你——你的真正自我——正在真正塑造一个崭新的形象，使你身边的人产生一种前所未有的惊讶。当你试着和别人说话时，你的自信心会随之增强，你的性格也会跟着变得越来越温和美好，而这就表示你的情绪已经渐入佳境：随之，你的情绪会使你的身体好起来。这个世界上的男女老少都需要讲话。即使我并不清楚在工商业社会中，讲话会带来别的什么利益，我也依然相信它有无穷的好处。不过，我的确了解它对于健康的益处。只要你一有机会，就对几个人或许多人说话——而你将越说越好，我自己就是这样。同时，你还会感到神清气爽，觉得自己完美无缺，这都是你以前所感受不到的。"这是一种舒畅而美妙的感觉，没有任何药物能给你这种感觉。"奥门博士如此形容。

哈佛大学最杰出的心理学教授威廉·詹姆斯的话正好能解释这一点，他说："不论哪种课程，只要你对它充满了热情，你就能够顺利完成，如果你对结果足够关心的话，你就能够实现它；如果你希望做好一件事，你就能够做好；如果你期望致富，你就能够致富；如果你想博学，你就会博学。只有那样，你才会真正地期盼这些事情，心无旁骛地一心期盼，而不会白费心思、胡思乱想许多不相干的杂事。"

"不要抱着投机的心态来学习，"沃特斯告诫我们说，"这种态度只会使我们一无所获。你应该首先给自己订立一个计划、确定一个目标，然后踏踏实实地为这个目标奋斗。当你把自己的精力和才能都用在这上面时，那么你离成功就不会很远了。而我所说的投机的学习态度，是指那种认为自己所学的东西在将来某个时候可能会带来好处而毫无方向的学习。"

想象你自己正在成功地做着你目前所害怕做的事情，想象你已经能够在各种工作和社交场合侃侃而谈，你的观点被大家所接受，并给你带来了许多好处。这对实现你的目标大有好处。因此，时刻铭记自己的目标是十分重要的。

集中你的全部精力，时刻不忘记自信和侃侃而谈的说话能力，对你而言是十分重要的。只要想想由此结交的朋友在社交方面对你的重要性，想想自己为大众、为社会服务的能力将大大增强，想想它对你的人生和事业将产生的深远的影响……总而言之，想想它将为你在以后实现自己的价值时铺平道路，你就能实现你的目标。

永不抱怨，始终树立成功的信仰

"如果你对结果足够关心的话，你就能够实现它。"这是威廉·詹姆斯的一句话，我在这里用这句话引入我的话题。在这里，你可以把"它"理解为一种必胜的信念。因为当你的目标对你的吸引力足够大时，你就会树立起一种必定要成功的信念。在任何时候，都要告诉自己：我一定要，而且能够成功。这样，你就能够成功。

恺撒成功的秘诀在于他使他的士兵们知道，他们必须取得成功，没有退路。当恺撒率领他的军队从高卢渡海而来，登陆现在的英格兰的时候，他把军队带到了多佛海峡的白岩石悬崖上，让士兵们望着位于自己脚底 200 英尺的海面上燃烧的船只。他让士兵们知道，他们与大陆的最后联系已经断绝，退却的工具已经被焚毁，唯一可做的事情就是前进、征服、胜利。就这样，恺撒和他的军队成功了。

当你想战胜面对听众所产生的恐惧，以及克服提高自己的说话能力必然要面对的困难时，为何不让自己拥有这种精神呢？把消极的思想全部扔到火里焚烧掉，并把身后通往犹豫退缩的大门紧紧关上，这样你就必将取得成功。

很多名人的成功正是得益于这种方法——耶鲁大学的乔治·戴维森教授就是依靠这种强大的信念取得成功的。

年轻时候的乔治有一个梦想，他希望能够改变世界、服务全人类。为了达到这个理想，他需要接受最好的教育，而美国是他最理想的去处。当时的乔治身无分文，要到遥远的美国去，简直就是天方夜谭，不过，他还是出发了。

他徒步从他的家乡尼亚萨兰的村庄出发，穿过东非荒原到达开罗，在那儿他可以乘船抵达美国。他一心想的是到达那个可以帮助他改变自己命运的国家，其他的一切他都可以置之度外。他一开始就遇到了极大的困难。在崎岖的非洲大陆上，他用了 5 天时间才艰难地跋涉了 25 英里（约 40 千米）。他的食物已经吃尽，水也已经喝完，而且，他身无分文。他还需要继续前进几千英里才能到达目的地。

回头吗？还是拿自己的生命赌一把？乔治知道，回头就是放弃，就是回到贫穷和无知中去。而他绝不想这样。他相信自己能够克服这些困难，达到自己的目的地。于是，他对自己说："继续前进，除非我死了。"就这样，他常常席地而睡，以野果和其他植物维持自己的生命。旅途使他变得瘦弱不堪。由于极度的疲惫和近乎绝望的灰心，几次他都想放弃。但是每当这时，他就自己给自己鼓气。终于，他战胜了自己的怯懦，充满信心地继续前进。

经过种种磨难和痛苦，1950 年 10 月，乔治终于用两年的时间来到了美国，骄傲地跨进了斯卡济特峡谷学院的大门。凭着对目标的专注和近乎神圣的成功的信念，乔治战胜了常人难以想象的困难。还有什么比这件事情更加难以办到的呢？

在一次广播节目中，主持人要我用 3 句话来说明我学到的最重要的一课。我是这么说的："我所学到的最重要的一课，是我们的思想对我们非常重要。如果我能了解一个人的思想，我就能了解他这个人，因为正是思想造就了我们。而如果我们能够改变自己的思想，也就能改变自己的一生。"

从现在开始，你就要积极地设想自己的努力最终会使你成功。为了达到目标，你需要建立足够强大的，自信和目标必将实现的信念，你必须对自己说话能力训练的努力成果保持轻松而乐观的态度。你应该想到，你努力的结果必然是，当需要在众人面前站起来说话时，你能够从容不迫地侃侃而谈、清晰明白地表达你的观点。你一定要把你的决心和信念落实到每个词句、每项行动上，并且竭力培养这种能力。

有一天，卡耐基培训班上一个叫乔·哈弗斯第的人站起来信心十足地对大家说，他不满足于做一名房屋建造商，他希望自己成为"全国房屋建筑协会"的发言人：他最想做的事是在全国各地奔走，把他在房屋建筑业中遇到的问题和获得的成就告诉人们。难能可贵的是，他不但对理想有一种狂热的追求，而且真的说到做到。

他想讲的，不仅仅包括地方性的问题，还包括全国性的问题。对于这样的想法，他并没有三心二意，而是用心地准备自己的演讲，并且用心地进行练习。在上课期间，他从没有耽误一次课；即使再忙，他也仍然一丝不苟地按照训练班的要求去做。结果他的进步十分迅速，令大家都十分惊讶。两个月之后，他成了班上的佼佼者，被选为班长。

大约一年以后，乔·哈弗斯第的老师这样写道："我几乎已经忘记乔·哈弗斯第了。一天早上，我正在吃早餐。当我不经意间打开《弗吉尼亚向导》的时候，书中醒目的位置上赫然有一幅乔的照片和一篇称赞他的报道。报道中说：前天晚上，他在一次地区建筑商的盛大聚会中发表了精彩无比的演讲。这时的乔已经不是'全国房屋建筑协会'的发言人了，简直就像是会长。"

乔·哈弗斯第为什么能够成功呢？因为他有强烈的欲望，保持了高度的热忱，具备了克服困难的坚强毅力，更加重要的是：他相信自己一定能够成功。

一个成功者不一定具有不同于一般人的本领和才智，但他坚信自己一定能够成功，并且，他会把全部精力用于追逐成功的行动当中。这样，成功的概率就会大大提高。

无论是谁都有无穷的潜在能力，因此你相信自己能够成功，那么你就必定能够成功。

愈挫愈勇，心中坚定必胜的信念

我们想要成功，那么我们在做任何事情的时候都需要有坚强的意志力。在本节里，我将专门来讲述关于意志力的问题。坚强的意志力要求我们在努力的过程中专心致志，拥有不达目的不罢休的韧劲以及克服困难的顽强精神。

英国政治活动家、小说家爱德华·立顿是一个成功者。他一生中走访了很多地方，所见甚广，也积极参与政界活动和各种社会事务；另外，他还出版了60本著作，而这些课题都是需要深入研究的。人们很奇怪，整日忙碌的他竟然还有时间来做学问，于是问他："你在百忙之中居然还完成了那么多著述，难道你有可以同时完成这么多工作的分身术吗？"

爱德华当然没有分身术，他拥有的是坚强的意志力。他通常每天只花3个小时甚至更少的时间来研究、阅读和写作，但是他却充分地利用了这3个小时。在这些时间里，他全神贯注地投入到他的学习和研究中，用心极为专一。正是这种坚强的意志力，使他只用了少量的时间就取得了巨大的成就。

在致力于提高自己口才的过程中，我们也需要像爱德华·立顿一样心无旁骛地进行训练。因为只有充分利用了自己有限的时间，专心致志地致力于提高自己的口才，才能最终取得成功。

我在前面举了乔·哈弗斯第成功的例子。乔·哈弗斯第成功的原因一方面在于他坚信自己能够成功，另一方面在于他有着坚强的意志力，在通往成功的道路上，他就是靠这种优秀的品质把困难赶跑的。在进行初始训练的时候，你不可避免地会遇到挫折、困难，这些困难会给你带来不同程度的创伤，会使你的信心动摇。

在你遇到困难的时候，不用去想为什么会有这些问题，因为本来就有这些问题。要知道，世上没有任何东西可以代替毅力和决心。许多人有才能但却失败了，就是因为缺少毅力和决心。我们要相信，最困难的时候，就是离成功不远的时候。成功的秘诀其实很简单，那就是无论何时，我们都不能允许自己有一点点的灰心。

我再举一个商界传奇人物的故事，故事的主人公叫做克劳伦斯·B·蓝道尔，如今已经登上了企业的最高层。蓝道尔先生在大学里第一次站起来说话时，像很多人一样，因为不善言辞而失败了。当时，老师规定每个人有5分钟的说话时间，但是他却讲了不到一半就脸色发白，不得不十分窘迫地走下讲台。

可是，他虽然有这样的经历，却并不甘心失败。他下定决心要成为一个说话高手，并且一直坚持不懈地努力，最后终于成为政府的经济顾问，受到了世人的仰慕。他写过许多对人富有启迪的书。在其中一本叫做《自由的信念》的书里，他提到了他当众说话的情形：

"我的演讲安排得十分紧凑，因为我要参加各种聚会，其中包括厂商协会、商务部、扶轮社基金筹募会、校友会以及其他团体举办的聚会。我曾经在密歇根州得艾斯肯那巴发表爱国演讲，慷慨激昂地投身于第一次世界大战，我还和米基·龙尼下乡进行慈善演讲，与哈佛大学校长詹姆斯·布朗特·柯南、芝加哥大学校长罗伯·M·胡钦斯下乡进行教育宣传；我的法语很糟糕，但是我却用法语发表过一次餐后演讲。"

蓝道尔说："我认为我了解听众们想要听什么以及他们希望这些内容如何被讲出来。对于演讲的人来说，这里面的窍门就是：只要你愿意学，没有什么是学不会的。"

成功的决心和信念，是决定你能不能成为一个说话高手的关键因素，这是从蓝道尔的故事中可以得到的经验和启示。如果我知道你的心思、知道你的意志的强度以及你是否有乐观的态度，那么我就可以准确地预测出你在改进当众说话技巧方面会有多快的进步。

任何人，只要他希望迎接语言的挑战，希望自己能够简单明白地表达自己的观点并让别人了解自己的才华，就一定要具备坚毅的决心。在那些成功地获得了说话技巧的人当中，只有极少数人是真正的天才，大部分人都是跟你我一样的普通人。但是，由于他们肯坚持，他们也同样获得了成功。至于较特殊的人，则有时会气馁，没有坚持下来，结果反倒庸庸碌碌。只要有胆量、有目标，走到路的尽头时，往往也就攀到了顶端。

第二章　成为说话高手的六项修炼

尊重别人，不当面指正他人的错误

无论你用什么方式指责别人，说他错了，你以为他会同意你吗？绝对不会！即使你搬用所有柏拉图或康德式的逻辑与他辩论，也改变不了他的看法，因为你伤了他的感情。

永远不要这样说："我要给你证明这样……"那就会把事情搞砸了。因为那等于在说："我比你聪明。我要告诉你怎样怎样，使你改变看法。"那是一种挑战，只会引起争端和反抗，使对方甚至根本不听你下面的话就和你争论起来。

西奥多·罗斯福人主白宫时，他就承认如果能有75%的时候不出错，就达到了他的最高期望标准。如果这位20世纪最杰出人物的最高希望也只是这样，那何况你我呢？如果你确信有55%的正确率，你大可以去华尔街，一天赚个100万美元。如果你没有这样的把握，你又凭什么说别人错了？

在我研究青年时代的林肯的时候，我惊奇地发现：胸襟博大的林肯一开始竟然是一个以指出别人的错误为乐的人。在他年轻的时候，他非常喜欢对别人进行评论，并且经常写信讽刺那些他认为很差劲的人。他常常把信直接丢在乡间路上，使别人散步的时候能够很容易看到。即使在他当上了伊里诺州春田镇的见习律师以后，他还是经常在报纸上抨击那些反对者。

1842年的秋天，林肯经历了一件令他刻骨铭心的事情。当时他写了一封匿名信发表在《春田日报》上，嘲弄了一位自视甚高的政客詹姆斯·希尔斯。这封信使希尔斯受到了全镇人的讥笑。希尔斯愤怒不已，全力追查写信

华尔街

人，最后查到是林肯写的那封信。他要求和林肯决斗，以维护自己的名誉。本来林肯并不喜欢决斗，但是却无可奈何，只能答应。他选择了骑士的腰刀作为他的武器，并且请了一位西点军校毕业生来指导他的剑术。

在接下来的日子里，林肯一直处在一种十分愧疚和自责的状态下，因为这一切都是他指责对方的错误而导致的。他在这样的心态下等待着那惊心动魄的时刻的到来。幸好——非常意外地——在决斗开始的前一刻，有人出面阻止了这场决斗。

由于指责别人的错误而被迫与别人一决生死，这是多么愚蠢的一件事。林肯终于省悟，并决定以后再不做这样的事情了。他不再写信骂人，也不再为任何事指责任何人。

内战期间，林肯好几次调换了波多马克军的将领，但是这些将领却屡次犯错。人们无情地指责林肯，说他用人不当。林肯并没有因此而指责这些将领，而是保持了沉默。他说："如果你指责和评论别人，别人也会这样对你。"他还说："不要责怪他们，换做是我们，大概也会这样的。"

1863 年 7 月 3 日开始的葛底斯堡战役是内战期间最重要的一次战役。7月 4 日，李将军率领他的军队开始向南方撤离。他带着败兵逃到了波多马克河边，他的前面是波涛汹涌的大河，身后是乘胜追击的政府军。对北方军队而言，这简直是天赐良机，完全可以一举歼灭李将军的部队，从而很快地结束内战。林肯命令米地将军果断出击，告诉他不用召开紧急军事会议。

为了确保命令的下达，他不仅用了电报下令，另外还派了专门人员传达口信给米地将军。结果呢？米地将军并没有遵照林肯的命令行事，而是召开了紧急军事会议。他借故拖延时间，甚至拒绝攻打李将军。最后，李将军和他的军队顺利地渡过了波多马克河，保存了实力。

当听到这个消息后，林肯勃然大怒——他从来没有这么愤怒过。失望之余，他写了一封信给米地将军。信的内容是这样的：

亲爱的米地将军：

我不相信，你也会对李将军逃走一事感到不幸。那时候，他就在我们眼前，胜利也就在我们眼前。而现在，战争势必继续进行。既然在那时候你不能擒住李将军，如今，他已经到了波多马克河的南边，你怎么取得胜利？我已经不期待你会成功，而且也不期待你会做得多好。机不可失，时不再来，我对此深感遗憾。

你可以猜测一下米地将军读到这封信的时候会有什么表情。但是，你可能会感到意外的是，他根本没有收到过这封信，因为这封信林肯并没有寄出去——人们是在一堆文件里发现它的。林肯忘记把这封信寄出去了吗？这是不可想象的。众所周知，这是一封十分重要的信件。

有人回忆了当时的情景：

"这仅仅是我的猜测……"林肯在写完这封信时，心里想道，"当然，也许是我性急了。坐在白宫，我当然能够看得更加清楚，也更加能够指挥若定。但是，如果我在葛底斯堡的话，我成天看见的是因为伤痛而嚎哭的士兵，或者成千上万的尸骨，也许那样，我就不会急着去攻打李将军了吧！我一定也会像米地将军一样畏缩的。现在，既然事情已经发生了，唯一能做的就是承认它。至于这封信，如果我把它寄出去的话，我想除了让自己感到愉快之外，将不会有任何其他的好处。相反，它会使米地将军跟我反目，迫使他离开军队，或者断送他的前途。这是大家都不愿意看到的。"

于是，林肯把那封已经装好的信搁在了一边。因为他相信，批评和指责所得到的效果等于零。

　　林肯总统从以前总爱指出别人的错误到后来如此宽容的巨大转变，给我们树立了一个榜样。他以自己的切身经验告诉我们：永远不要指责他人的错误。苏格拉底在雅典一再告诫他的门徒说："我只知道一件事，那就是我什么也不知道。"我可不敢奢望比苏格拉底更高明，所以，我也尽量避免别人说他们错了。我发现这么做很有帮助。

　　卡耐基现在已经不再像以前那样轻易地确定任何事了。20年以前，我几乎只相信乘法表，现在，我开始对爱因斯坦的书里所说的感到怀疑；而20年后，我或许也不再相信这本书里所说的话了。事实上，大多数人都不会进行逻辑性的思考，他们都犯有主观的、偏见的错误。多数人都有成见、忌妒、猜疑、恐惧以及傲慢的心理，而这些缺点将给他们的判断带来影响。

　　柏拉图曾经告诉人们这样一个方法："当你在教导他人时，不要使他发现自己在被教导；指出人们所不知的事情时，要使他感到那只是提醒他一时忽略了的事情。你不可能教会他所有的东西，而只能告诉他怎么处理这种事情。"英国19世纪的著名政治家查斯特费尔德对他的儿子这样说："如果可能，你应该比别人聪明，但绝不能对别人说你更加聪明。"

　　当然，如果一个人说了一句你认为肯定错误的话，而且指出来对你们的交流会有好处的话，你当然可以指出来。但是，你应该这么说："噢，原来是这样的。不过我还有另外一种想法，当然，我可能不对——我总是出错。如果我错了，请你务必毫不客气地指出来。让我们看看问题所在。"

　　如果你确定某人错了，就直截了当地告诉他，那么结果会怎么样呢？让我们来看看具体的事例，因为事例可能更有说服力。

　　F先生是纽约的一位青年律师，最近参加了一个重要案件的辩论。这个案件由美国最高法院审理。在辩论中，一位法官问F先生："《海事法》的追诉期限是6年，是吗？"

　　F先生有些吃惊，他看了法官一会儿，然后直率地说："审判长，《海事法》里没有关于追诉期限的条文。"

　　人们顿时安静了下来，法庭中的温度似乎降到了零度。F先生是对的，法官是错的，F 先生如实地告诉了法官。但是结果如何呢？尽管法律可以作为 F 先生的后盾，而且他的辩论也很精彩，可是他并没有说服法官。

F 先生犯了一个大错，他当众指出了一位学识渊博、极有声望的人的错误，所以他失败了。他这样做有益于事情的解决吗？事实证明，一点也没有。

即使在温和的情况下，也不容易改变一个人的主意，更何况在其他情况下呢？当你想要证明什么时，你大可不必大声声张。你需要讲究一些策略，使对方在不知不觉中接受你的观点。你可以用这类话，比如"我也许不对"、"我有另外的想法"等等，这样确实会收到神奇的效果。无论何时，无论何地，不会有人反对你说"我也许不对，让我们看看问题所在"。

詹姆斯·哈维·鲁宾逊教授在《决策的过程》中写了下面一段话，对我们也很有启迪意义。

"……我们会在无意识中改变自己的观念。这种改变完全是潜移默化而不被我们自己注意的，但是，一旦有人来指正这种观念，我们一般会极力地维护它。很明显，这并不是因为观念本身的可贵，而是因为我们的自尊心受到了伤害……我们总是愿意相信我们所习惯的东西。当我们所相信的事物被怀疑时，我们就会产生反感，并努力寻找各种理由为之辩护。结果怎样呢？我们所谓的理智、所谓的推理等等，就变成了维系我们所习惯的事物的借口了。"

我们在听到他人说话的时候，第一反应往往是进行判断或进行评价，而不是尽力去理解这些话。当别人说出某种意见、态度或想法的时候，我们总是会说"不错"、"太可笑了"、"正常吗"、"这太离谱了"等等评论性的话。而我们却很少去了解这些话对说话人有什么意义。在这样的情况下，我们得出的判断可靠吗？当然不可靠。既然自己都不能确信自己就是对的，我们还有资格对别人指手画脚吗？

在这一小节中，我并没有讲什么新的观念。在将近 2000 年前，耶稣就已经说过："尽快跟你的敌人握手言和吧！"而在耶稣诞生之前的 2000 多年前，古埃及国王阿克图给了他儿子一个精明的忠告："谦虚而有策略，你将无往不胜。"我们似乎也可以这么理解：不要同你的顾客或你的对手争论，不要指责他错了，不要刺激他，你需要讲究一些策略。所以，如果你想成为一位说话高手，请记住第一项修炼：尊重别人的意见，千万不要指责别人的错误。

坦承错误，以退为进掌握主动权

我当时住的地方，几乎处于纽约市的中心，但从我家中步行不到一分钟的距离，就有一片森林。我常带着我的波士顿哈巴狗瑞克斯到园中去散步，它是一只和善无害的小犬；并且因为在园中不常遇见人，我总是不给它套上皮带或口笼。

有一天，我们在公园中遇见一位骑着马的警察——一个急于要显示他的权威的警察。

"你让那狗不戴口笼不用皮带在园中乱跑，是什么意思？"他责问我，"你不知道那是犯法的吗？"

"是的，我知道那是犯法的，"我轻柔地回答说，"但我想它在这里不至于有什么伤害。"

"你想不至于！你想不至于！法律不管你怎样想。那狗也许会伤害松鼠，或咬伤儿童。这样，这次我放你过去，但如果我在这里再抓住这狗不戴口笼、不系皮带，你就得去和法官讲话了。"我谦逊地应许遵守他的命令。

而我的确也真实地遵守了几次，但瑞克斯似乎不喜欢口笼，我也不喜欢，所以我们决意去碰运气。起初什么都好，可是好景不长，我们就遇到了麻烦。一天下午瑞克斯同我跳过一个小丘，忽然间——我惊惶地看见了法律的权威——骑着一匹栗色马的那位警察。瑞克斯在前面奔跑着，正向着那警察冲去。

我知道没有办法了，所以没等到警察开始说话，我先发制人。我说，"警官，你已当场把我抓住了，我是犯了法，我没有推辞，没有借口。你上

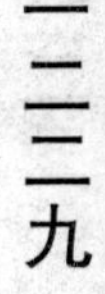

星期警告我如果我再把没有口笼的狗带到这里，你就要罚我。"

"哦，现在，"这警察用温柔的声调说，"我知道周围没有人的时候，就这样一只小狗在这儿跑，是一件诱人的事。"

"那真是一种引诱，"我回答说，"但那是犯法的。"

"像那样的一只小狗不会伤人。"警察辩护说。

"不，但它也许会伤害松鼠。"我说。

"哦，现在，我想你对这事太认真，"他告诉我说，"我告诉你怎样办，你只要使它跑过那土丘，使我看不见它——我们将这事忘却就算了。"

和平常人一样，这位警察先生也希望得到一种自重感，所以当我开始责怪自己的时候，唯一能增加他的自尊的方法就是对我表现得宽宏大度。但假如我为自己辩护的话，那结果又将会怎样呢？你是否与警察辩论过？（我想你也许会知道结果将是什么样的。）

我没有和他正面争论，我承认他绝对是正确的，我是绝对错误的，我爽快地、坦白地、真诚地承认这点。我站在他的立场上说话，于是他也就反过来为我说话。而仅在一星期之前，这位警察还曾以法律的制裁来恐吓我。

假如我们知道自己免不了要受到责备的话，为什么不抢先一步，积极主动地认错呢？难道自己责备自己，不比别人的斥责要好受得多？

乔治·华盛顿总统在很小的时候就显示出了许多优秀的品格。他家的种植园中种有许多果树。有一次，乔治的父亲华盛顿先生从大洋对岸买了一棵品种上佳的樱桃树。华盛顿先生非常喜爱这棵樱桃树，他把树种在果园边上，并告诉农场上的所有人要对它严加看护，不能让任何人碰它。

一天，华盛顿先生交给乔治一把锋利的小斧子，让他去清理杂树，然后自己就出去了。乔治十分高兴自己拥有一把锋利的小斧子，拿着它在种植园中乱砍杂树。可能是因为太高兴了，他一不小心就砍倒了那棵樱桃树。

那天傍晚，华盛顿先生忙完农事，把马牵回马棚，然后来果园看他的樱桃树。没想到，自己心爱的树居然被砍倒在地。他问了所有人，但谁都说不知道。就在这时，乔治恰巧从旁边经过。

"乔治，"父亲用生气的口吻高声喊道，"你知道是谁把我的樱桃树砍死了吗?"

乔治看到父亲如此愤怒，他意识到是自己的一时冲动闯了祸。他哼哼叽叽了一会儿，但很快恢复了神志。"我不能说谎，"他说，"爸爸，是我用斧子砍的。"

华盛顿先生这时候已经冷静了下来，他问乔治："告诉我，乔治，你为什么要砍死那棵树?"

"当时我正在玩，没想到……"乔治回答道。

华盛顿先生把手放在孩子肩上。"看着我，"他说道，"失去了一棵树，我当然很难过，但我同时也很高兴，因为你鼓足勇气向我说了实话。我宁愿要一个勇敢诚实的孩子，也不愿拥有一个种满枝叶繁茂的樱桃子树的果园。一定要记住这一点，儿子。"

乔治·华盛顿从未忘记这一点。他一直像小时候那样勇敢、那样诚实，因此受人尊敬，直至生命结束。

我们中的大多数人都像乔治·华盛顿一样，从小就被教育要诚实，但很遗憾的是，我们中的大多数人已经做不到这一点了。当然，我们可以找出各种理由来为自己辩解，来使自己能够既撒谎又心安理得。在多数情况下，我们为了维护自己的尊严，或者出于自我保护而拒绝承认自己的错误，即使承认错误不会给我们带来任何惩罚——拒绝承认错误好像成为了一种下意识的行为，就算我们并不清楚是为什么。

这是一种可怕的行为。如果你确认自己犯了错误，唯一能做的就是承认它。这并不会给你带来多么严重的后果。愚蠢的人，总会想办法为自己的错误辩解或者掩饰，而聪明的人却恰恰相反，他们通常会毫不掩饰地承认自己的错误，因为这会给他带来更多的东西。

一个有勇气承认自己错误的人，也可以得到某种满足感。这不仅只是消除罪恶感和自我辩护的气氛，而且有利于解决实质性问题。在纽约的一家汽车维修店里，曾经发生过一件员工勇敢地承认自己错误的事情。

布鲁士新进这家维修店不久，就因为热情的工作态度得到了老板和同事们的一致好评。

但是有一天，布鲁士由于一时大意，把一台价值 5000 美元的汽车发动机以 2500 美元的价格卖给了一位顾客。同事们给他出主意，让他立即追回那位顾客：如果追不回，还可以私下里垫上这 2500 美元。可是布鲁士觉得这些方法都不好，他决定向老板承认错误。那些同事阻止他，认为他这么做简直太蠢了，因为这会导致他失去这份工作，但是布鲁士却坚持自己的意见。

布鲁士拿着一个装了钱的信封来到了老板的办公室。"对不起，布朗先生，"布鲁士说道，"今天，由于个人的原因，我犯了一个很大的错误，使维修店损失了 2500 美元。我为我犯了这样的错误而感到羞耻，并打算辞去这份工作。在走之前，我打算把这笔损失补上。这是我的 2500 美元赔款，请您收下。"

老板听后，沉默了一会儿，然后对布鲁十说："你真的打算这么做吗？"

"是的，布朗先生，"布鲁上回答道，"我把发动机的价格搞错了，确实是我犯下了这个错误，因此只有我自己来承担这个责任。我本来可以去找那位顾客，但是这样会损害维修店的声誉，而我，对这件事情负有全部的责任。因此，我只能这么做。"

布鲁士这种勇敢承认自己错误的行为打动了老板。他知道，任何人都会犯错误，关键是要有承认和改正自己的错误的勇气。所以，老板并没有批准布鲁士辞职，而是给了他更大的发展空间，也更加器重他，而布鲁士则因为勇敢地承认自己的错误而获得了比 2500 美元多得多的东西。

任何傻瓜也会为他的错误做辩护——而且大多数愚蠢的人也正是这样做的。而敢于承认自己错误的人，都会获得别人的谅解，给人以谦恭而高尚的印象。

艾伯·赫巴是一位全国都为之敬仰的最有创造性的作家，他的讽刺性文字常引起别人强烈的反感。但是，赫巴却常常用他那罕有的待人处世技巧，变仇敌为朋友。例如，当一些恼怒的读者写信来表示不同意他的某篇文章，并在末尾痛骂他一顿时，赫巴就会这样回答对方：

"细想起来，我自己也不完全同意我自己。我昨天所写的东西，今天我也不一定全都满意。我很高兴知道你对这类问题的看法，如果下次你到附近来的时候，欢迎大驾光临，我们可以相互交流，遥祝平安。"

面对一个如此待你的人，你还能说什么呢？当我们是对的时候，我们要温和、巧妙地使别人赞同我们；当我们是错的时候，我们要迅速而诚挚地承认我们的错误。这不但能产生惊人的效果，而且在许多情形之下，要远远胜过你为自己辩护。

史狄芬是一家裁缝店的老板，由于他经营有道，裁缝店的生意很好。一天，一位叫哈里斯的贵妇人来到店里，要求赶做一套晚礼服。史狄芬做完礼服之后，却发现礼服的袖子比要求的长了半寸。不幸的是，他已经没有时间再进行修改了，因为哈里斯太太规定的时间已经到了。

当哈里斯太太来到店里取她的晚礼服的时候，她并没有发现有什么问题。她试穿上晚礼服，发现它为自己平添了许多气质，于是连连称赞史狄芬的高超手艺。不料，等她试完之后打算按照原定的价格付钱时，史狄芬却拒绝接受。于是，哈里斯太太问他为什么。

"太太，"史狄芬说，"我之所以不能收你的钱，是因为我犯了一个很大的错误——我把你的晚礼服的袖子做长了半寸。我很抱歉，我希望你能够原谅我。如果你能够给我一点时间的话，我将免费为你把它做成你需要的尺寸。"

哈里斯太太听完话后，一再强调她对这件礼服很满意，而且也不在乎袖子长那么半寸。但是，她却无法说服史狄芬接受这套礼服的钱，最后，她只得让步。

哈里斯太太回去对她的丈夫说："史狄芬以后一定会出名的，他认真的工作、精湛的技术、诚恳的态度使我坚信这一点。"

事实果然如此，史狄芬后来成为了世界有名的服装设计师。

不要忘记了这句智慧之语："用争斗的方法，你永远不会得到满足；但用让步的方法，你的收获将比你期望的更多。"这个道理人人都懂，只是实行起来有一些困难罢了。我想要强调的是，如果你确实想要成功，成为一位说话高手，请记住第二项修炼：如果你错了，就一定要迅速而坦诚地承认自

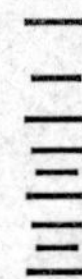

己的错误。

避免争论，反驳别人最令人反感

辩论产生的结果只能是失败，永远无法获胜。即使表面上你取得了胜利，实际上却与失败没有什么区别。因为就算你在辩论会上胜了对方，把对方驳得体无完肤，甚至指责对方神经错乱，可是结果又会怎么样呢？你逞了一时之快，自然很高兴，但是对方却会感到自卑，你伤了他的自尊，他会对你心怀不满。这就是本节我所要讲述的观点。

在第二次世界大战后不久，我在伦敦吸取到了一个极为重要的教训。那时，我是澳大利亚飞行家詹姆斯的经理人。在大战期间和结束后不久，詹姆斯成为了世界瞩目的人物。一天晚上，我参加了欢迎詹姆斯的宴会。在席间，一位坐在我右边的先生给我们讲了一个诙谐的故事，这个故事正好印证了这样一句格言："谋事在人，成事在天。"但是，这句话的出处，这位先生却记错了。

他指出这句话出自《圣经》，而我恰好知道这句话出自莎士比亚的作品。于是，为了显示自己的优越，我讨人嫌地、毫无顾忌地纠正了他的错误。然而那人却坚持他的说法："什么？那句话出自莎士比亚？不可能，绝对不可能！"他非常的自信，并坚持自己的说法。

当时，坐在我左边的是我的老朋友加蒙，他是一个研究莎士比亚的专家。我们让加蒙来决定我们谁是正确的。加蒙在桌子底下踢了我一脚，然后说："卡耐基，你是错的，这句话的确出自《圣经》。"

宴会之后我们一起回家。我责怪加蒙说："你明明知道那句话是出自莎士比亚之口，为什么还要说我不对呢？"

"是的，一点都不错，"加蒙说，"那是莎士比亚的《哈姆雷特》第五幕第二场中的台词。可是卡耐基，我们都是这个宴会上的客人，为什么我们一定要找出一个证据，去指责别人的错误呢？你这样做会让别人对你产生好感吗？你为什么不能给他留一点点面子呢？他并不想征求你的意见，也不想知道你有什么看法，你又何必去跟他争辩呢？你应该永远都不要和他人正面冲突！"

"永远不要和他人发生正面冲突，"说这句话的人现在已经不在这个世界上了，可是我会永远记住这句话。这个教训给了我极大的震动。我原来是一个固执己见的人，从小就喜欢跟人辩论。读大学的时候，我对逻辑和辩论十分感兴趣，经常参加各种辩论比赛。后来，我在纽约教授辩论课，甚至还计划着手写一本关于辩论的书。现在，我一想起这些事，就会感到十分羞愧。那天之后，我又聆听了数千次辩论，并且十分注意每次辩论会之后产生的影响。我得出一个结论，它也是一个真理：天下只有一种方法能得到辩论的最大胜利，那就是像避开毒蛇和地震一样，尽量去避免辩论。

我还发现，在辩论之后，十有八九，各人还是会坚持自己的观点，相信自己是绝对正确的。你赢不了争论！要是输了，当然你也就输了；但是即使你胜了，你还是失败的。为什么？如果你胜了对方，把他驳得体无完肤或千疮百孔，证明他毫无是处，那又能怎样呢？你也许会洋洋得意，但是他却因为受到了羞辱，而怨恨你的胜利。"一个人即使口头认输，但心里根本不服。"

多年以前，有一位争强好胜的爱尔兰人哈里先生参加了我的辅导班。他受过的教育虽然很少，但却非常喜欢与人争论！他曾给别人当过汽车司机，后来，他改行推销载重汽车，但是并不怎么成功，便到我这里来求助。我稍微询问了他几句，就可看出，他总是同他的顾客争辩，并冒犯他们。假如有某位买主对他推销的汽车有所挑剔，他就会怒火难抑，和对方大声强辩，直到把对方驳得哑口无言。

那时他的确赢过不少次争论。后来他对我说："每当我走出人家的办公室时，总对自己说：'我总算把那家伙教训了一次。'我的确教训了他，可是我什么也没有推销出去。"

因此，我的第一个难题不只是教哈里如何与人交谈，现在我立即要做的是训练他如何克制自己不要讲话，避免与人发生争执。现在，哈里先生已经

沟通的艺术

是纽约怀特汽车公司的一位明星推销员了。他是怎么取得成功的呢？下面是他自己叙述的经过："假如我现在走进一个顾客的办公室，而他却说：'什么？怀特汽车？它们可不怎么样！你白白送给我，我都不要。我只买某某牌的汽车。'我说：'请听我讲，老兄，那种汽车的确很不错，你买那种汽车绝对错不了。那家公司的汽车质量可靠，而且推销员也很优秀。'

"于是，他就无话可说了。他没有和我争辩的余地了。如果他说某某牌的汽车最好，我说确实不错，那么他就只好住嘴不说了。既然我同意了他的看法，他当然也就不能整个下午不停地说'某某牌的汽车最好'了。于是，我们不再谈某某牌的汽车，我开始向他介绍怀特汽车的优点。

"我若是在当年听到他那样的话，一定会大发脾气。我会立即和他吵起来，挑剔某某牌汽车。而我越是挑剔贬低它，我的顾客则会越卖力地辩护，他越这样辩护，就越坚信和喜欢我的竞争对手的产品。现在回想起来，我真的不知道我一辈子究竟能卖出多少东西。我把自己一生中的许多时间都耗费在与别人抬杠上了。现在我缄口克己，很是有效。"

正如睿智的本杰明·富兰克林常说的："如果你争强好胜，喜欢与人争执，以反驳他人为乐趣，或许能赢得一时的胜利，但这种胜利毫无意义和价值，因为你永远得不到对方的好感。"所以，你自己应该仔细考虑好：你宁愿要一个毫无实质意义的、表面上的胜利？还是希望得到别人的好感？要知道，你不能两者兼得。

巴恩互助人寿保险公司为他们的职员定下了这么一条规定：不要争辩。他们认为，一个好的推销员是不会跟顾客争辩的，即使是与最平常的意见不合，也应该尽量避免。因为人的思想是不容易改变的。

在威尔逊总统任职期间担任财政部长的玛度，以他多年的从政经验告诉人们一个教训："我们绝不可能用争论使一个无知的人心服口服。"而如果要我说的话，我认为：你别想用辩论改变任何人的意见，而不只是无知的人。

所得税顾问派逊先生，曾经为了一笔9000美元的账目问题和一位政府税收稽查员争论了一个小时。派逊的意见是：不应该征收人家的所得税，因为这是一笔永远无法收回的呆账，而那位稽查员却认为必须要缴税。派逊在讲习班上讲了后来的情形：

"他冷漠、傲慢、固执，跟这种人讲理，就如同在讲废话。越跟他争辩，他越是固执己见。后来我决定不再继续跟他争论下去，于是就换了个话题，还赞赏了他几句。'由于你处理过许多类似的问题，'我这样对他说，'所以这个问题对你来说肯定是小菜一碟，而我虽然也研究过税务，但不过是纸上谈兵。你当然知道，这些是需要实践经验的。说实在话，我非常羡慕你有这样的一个职务，这段时间让我受益匪浅。'"

释迦牟尼

"当然，我跟他讲的，也都是实在话。那位稽查员挺了挺腰，就开始谈他的工作，讲了许多他所处理的舞弊案件、他的语气渐渐平和下来，接着又说到自己的家庭和孩子。临走的时候，他对我说他打算回去再把这个问题考虑一下。三天后，他来见我，说那笔税按照税目条款办理，不再多征收。"

人性中存在着这么一个弱点，即人人都希望得到别人的认同。当派逊跟他争辩的时候，他显得十分有权威，希望以此来建立自尊，而当派逊认同他的时候，他就随即变成了一个和善的、有同情心的人，从而自然而然地停止了争论。

释迦牟尼说过："恨永远无法止恨，只有爱才可以止恨。"因此，误会不能用争论来解决，而必须运用一定的外交手腕和给予别人的认同来解决。

有一次，林肯曾经这样斥责一位与同事争吵的军官："一个成大事的人，不应处处与人计较，也不应花大量的时间去和他人争论。无谓的争论不仅会有损你的教养，而且会让你失去自控力，尽可能对别人谦让一些。与其挡着一只狗，不如让它先走一步。因为如果被狗咬了一口，就算你把这只狗打死，也不能治好你的伤口。"

林肯的这句话也应当成为你行动的准则，所以，要想成为说话高手的第

沟通的艺术

寻找话题，鼓励对方多说自己的事

如果你不同意他的观点，你可能会想阻止他，但千万不要这样做，那将是十分危险的。因为当他还有许多意见急着要发表的时候，他绝不会注意你的观点。所以，要有耐心，并以宽广的胸襟去倾听，要诚恳地鼓励对方充分地发表他的意见。

费利普阿穆曾经说："我宁愿成为一个说话高手，而不愿成为一个大资本家。"我们不妨相信他所说的话——他的话并不代表他不想拥有更多的钱，而是他认为：成为一个说话高手将使他成为资本家变得更加容易，或者成为资本家比不上拥有高超的说话技巧让他更加快乐。

的确，成为说话高手几乎是每个人梦寐以求的事情。所有的获取快乐的手段，都比不上能够随心所欲地表达自己的想法。我相信，如果让林肯在成为一个不会说话的天才和拥有卓越口才的普通人之间进行选择的话，他会更加愿意选择后者。不过，幸运的是，他同时拥有这两者。但是，毕竟像林肯这样的人不多，即使只是作为一个伟大的演说家的林肯——而不管他其他杰出的才能——也屈指可数，更多的是那些每天都为说话而苦恼的人。大多数人都不是说话高手——如果情况相反的话，我相信这个世界会变得更加迷人——他们有的由于无法与妻子沟通导致家庭破裂，有的在谈判桌上败下阵来，有的无法向朋友清楚地表达自己的感受，更多的则是兼而有之。

"如何让自己成为一个说话高手而不仅仅是会说话而已？"那些卡耐基口才训练班的学员在一开始经常问我这样一个问题。

"这并不难，"我说，"只要你们掌握了一些训练方法。"

几年前，美国最大的汽车制造公司之一，正在洽谈订购下一年度所需要的汽车坐垫布。三个重要的厂家已经做好了垫布的样品。这些样布都已经得到汽车公司高级职员的检验，并发通告给各厂家，说各厂家的代表可以在某一天以同等条件参与竞争，以便公司最终确定申请方。

其中一个厂家的业务代表 R 先生在抵达时，正患有严重的喉炎。"当我参加高级职员会议时，" R 先生在我班上叙述他的经历时说，"我嗓子哑了。我几乎发不出一点声音。我被领到一个房间，与纺织工程师、采购经理、推销经理以及该公司的总经理当面会晤了。我站起来想尽力说话，但我只能发出嘶哑的声音。他们都围坐在一张桌子边上。所以我在纸上写道：'各位，我的嗓子哑了，我不能说话。'

"'让我替你说吧，'对方总经理说。他真的在替我说话。他展示了我的样品，并称赞了它们的优点。围绕我的样品的优点，展开了一场热烈的讨论。由于那位总经理代表我说话，因此在这场讨论中，他站在我这一边，而我在整个过程中只是微笑、点头以及做几个简单的手势。

"这个特殊会议的结果，是我得到了这份合同，和对方签订了 50 万码的坐垫布，总价值为 160 万美元——这是我曾获得的最大的订单。我知道，如果我的嗓子没有哑，说不定我就会失掉那份合同，因为我对于整个情况的看法是错误的。我很偶然地发现，让别人多说话是多么有益！"

交易成功的关键在于，如果你希望别人买你的商品，最好的办法莫过于让他们自己说服自己。在很多情况下，你不能直接向顾客推销你的商品，而要让他们在心底里觉得你的商品确实很有优势，从而主动来买你的商品。

很多人急于让对方明白自己的意见，话说得太多了。要知道，有时候话说得太多跟不说话的效果差不多。大多数人想使别人同意他们的观点，可是他们自己的话却说得太多了。你难道比他们自己更了解他们吗？既然不是，为什么不让对方自己说出来呢？所以，在必要的时候，向他们提一些问题，让他们告诉你一些事情。这样做将会使你们的交流更加有效果。

如果你并不同意对方的观点，你可能想去反驳他。可是你千万不要这么做，因为这将是非常危险的。当一个人急于把自己的观点表达出来的时候，他绝对不会注意别人的观点。在这个时候，你要做的事情就是听听他有什么观点，鼓励对方充分地发表自己的意见。

让对方说话，并不只是在商业领域起到作用，也有助于别的方面。比

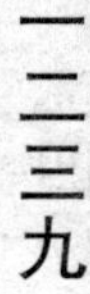

如，它可以帮助你处理家庭中的一些矛盾。

芭芭拉·威尔逊是卡耐基训练班的学员，她和她的女儿罗瑞的关系近段时间迅速恶化。罗瑞以前是个十分乖巧和听话的孩子，但是当她十几岁的时候，却与母亲产生了许多矛盾，拒绝与母亲合作。威尔逊夫人曾试图用各种方法威吓、教训她，但是都无济于事。

"她根本不听我的话，我几乎放弃了所有的努力。有一天，她家务活还没做完，就去找她的朋友玩。当她回来的时候，我照旧骂了她。我已经没有耐心了，我伤心地对她说：'罗瑞，你为什么会这样呢？'

罗瑞似乎看出了我的痛苦。她问我：'你真想知道吗？'我点头。于是她开始告诉我以前从未跟我说过的事情：我总是命令她做这做那，从来没有想过要听她的意见，当她想跟我谈心的时候，我却总是打断她。我认识到，罗瑞其实很需要我，但她希望我不是一个爱发命令、武断的母亲，而是一个亲密的朋友，这样她才能倾诉烦恼，而以前，我从未注意到这些。从那以后，我开始让她畅所欲言，而我总是认真地听。现在，我们的关系大大改善，我们成了好朋友。她告诉了我她的心事，我们的关系大大改善。她也再次成为一个愿意合作的孩子。"

这样的方法对于你的求职也很有帮助。

纽约《先锋导报》刊登了一则招聘广告，他们需要聘请一位有特殊能力和经验的人。查尔斯·克伯利斯看到广告后，把他的资料寄了出去。几天之后，他收到了约他面谈的回信。

"如果能在你们这家有着如此不凡经历的公司做事，我将会十分自豪。听说在 28 年前，当你开始创建这家公司的时候，除了一张桌子、一间办公室、一个速记员之外什么都没有，简直难以置信。这是真的吗？"在面谈的时候，克伯利斯对与他面谈的老板这样说。

实际上，每个成功的人都喜欢回忆自己早年的创业经历，并且十分高兴别人能听他讲下去。这个老板也不例外。他跟克伯利斯谈了很久，谈了他如何依靠 450 美元现金开始创业，每天工作 12 到 16 个小时，在星期日及节假日照常工作，以及他最后终于战胜了所有的困难。最后，这位老板简单地问了克伯利斯的经历，然后对他的副经理说："我想他就是我们正在寻找的人。"

克伯利斯成功的原因可能没有这么简单，但是有一点十分重要：他聪明地提出了一个对方十分感兴趣的问题，并且鼓励对方多说话，因此给了老板很好的印象。

法国哲学家罗司法考说过："如果你想结仇，你就要比你的朋友表现得更加出色；但如果你想要得到朋友，那就要让你的朋友表现得更出色。"他的意思是，当你的朋友胜过你时，他们就会产生一种自重感，但是如果相反，他们就会产生一种自卑感，并且开始对你猜疑和忌妒。这真是一个真理，我们看看一则发生在职场中的案例。

亨丽塔女士是纽约市中区人事局里与别人关系最融洽的工作介绍顾问，但是一开始有好几个月，亨丽塔在同事中连一个朋友也没有。

"我的工作干得确实很不错，我一直很骄傲，"亨丽塔在我的班上说，"奇怪的是，同事们不但不愿意跟我分享我的成绩，而且似乎很不高兴，而我渴望和他们做朋友。在上了这种辅导课之后，我开始按照它去做了，我开始少谈自己，多听同事们说话。我发现，其实他们也有许多值得夸耀的事。对他们而言，把他们的事情告诉我，比听我的自吹更能让他们高兴。现在，每次我们在一起聊天的时候，我都会让他们告诉我他们的故事，共同分享他们的故事。只有当他们问及，我才略微地谈论一下我自己。"

有时候，弱化我们自己的成就会使人喜欢你。在德国有句非常有趣的俗语，大意是：最大的快乐，便是从我们所羡慕的强者那里发现弱点，从而让我们得到满足。这也许正是因为人性的弱点。但是，你要相信，也许你的一些朋友会从你的挫折或弱点中得到更大的满足。

我们应该谦虚，因为你我都没有什么了不起的。你我都会死去，在百年之后完全被人忘得一干二净。生命如此短暂，我们不应对自己那小小的成就念念不忘，使人厌烦；相反，我们要鼓励别人多说话。想想吧！无论怎样，其实你也没有多少东西可以吹的。

一位律师在证人席上对埃文·考伯说："考伯先生，我听说你是美国最

沟通的艺术

著名的作家，是这样吗？"考伯回答说："我不过是徒有虚名罢了。"考伯的回答方法是正确的。你或许不知道是什么使我们不至于成为白痴，那并不是什么了不起的东西，只是你甲状腺中值5美分镍币的碘而已，而如果没有那点东西，我们就会成为白痴。我们都没有什么了不起的。因此，如果你希望别人的看法跟你一致，使你们的谈话进入佳境，如果你想成为说话高手，那么请记得第四项修炼法则：让对方多多说话，多鼓励他们谈论自己的事情。

心理引导，始终让对方做出肯定回答

詹姆斯·艾伯森发现，一旦让那个顾客开始就说"是，是"，顾客便忘了他们之间的争执，并且愿意做自己所建议的事。如果让人一开始说"不"，会有什么后果呢？我们来看看阿弗斯特教授在他的《影响人类的行为》一书中所说的一段话：

"一个'不'的反应，是最难克服的障碍。人只要一说出'不'，他的自尊心就会促使他固执己见。当然，也许以后他会觉得'不'是不恰当的，然而一旦他考虑到宝贵的自尊，他就会坚持到底。所以，一开始就让人对你采取肯定的态度极为重要。"

他接着说，人的这种心理模式显而易见。当一个人说了"不"以后，如果他的内心也加以否定，他全身的各个组织都会协调起来，一起进入一种抗拒状态；反过来，如果他说了"是"，情况就会恰好相反——他的身体就会随之处于前进、接受和开放的状态，这将有利于改变他的看法或意志，使谈话朝积极的方向发展。

如果一开始的时候就使一位学生、顾客或你的孩子、妻子说"不"，那么，即使你有神仙般的智慧和耐心，也无法使那种否定的态度变为肯定。正是这种"是，是"的方法，使得纽约格林尼治储蓄所的出纳员詹姆斯·艾伯森挽回了一位主顾，否则他就会失去这笔生意。幸运的是，詹姆斯·艾伯森在卡耐基培训课中接受了相关的培训，他懂得了这个方法。

“那天，”詹姆斯·艾伯森回忆说，“这个人走进来要开户，我让他先填写一些表格，其中有些问题他愿意回答，另外一些他根本不想回答。如果在以前，遇到这种情况，我会告诉这位顾客，如果他不向我们提供这些资料，我们就会拒绝为他开户。那样的'警告'使我很愉快，因为这好像在说只有我说话才算数。但是，显而易见，这样的态度将使我们的顾客有不被重视的感觉。

“因为上了训练班的有关课程，我决定不跟他谈银行的规定，而是谈顾客的需要，所以，我同意了他的做法。我告诉他说，那些他拒绝填写的内容并不是绝对必要的。

“'但是，'我引导他说，'假如你去世，你不希望把存在我们银行的钱转移给你的亲属吗？'

“'当然。'他说。

“'难道你认为，'我继续说，'将你最亲近的亲属的一些资料告诉我们，使我们能够在你万一去世的时候准确无误地实现你的愿望，不是一个很好的办法吗？'

“'是的。'他又说。

“就这样，最后他终于相信我们要这些资料的目的是为了他，他的态度就转变了。他不仅把他自己的全部资料告诉了我，还根据我的建议，开了一个信托账户，指定他的母亲为受益人，并爽快地填写了关于他母亲的详细资料。”

想得到对方的肯定其实并不难，只是人们忽略了如何去做。人们总是希望一开始对方就同意自己的看法，如果别人不同意的话，就急切地想驳倒对方，以获得对方的认同。他们或许认为这样做能够显示出自己的高明和突出。然而不幸的是，这种态度往往会适得其反。所以，最好的办法就是，一开始就让对方说"是，是"。

西屋公司的推销员雷蒙负责推销的区域内有一位富翁。雷蒙的前任和他花了 13 年的时间对这位富翁进行推销，但是直到最近，才使这位富翁答应购买了几部发动机。而当雷蒙再次去拜访他的时候，他却声称以后不会再订

沟通的艺术

购西屋公司的发动机了，原因是他认为这些产品太热，不能把手放在上面。

雷蒙知道如果与他争辩的话，无疑会是徒劳，于是雷蒙打算找出让对方说"是"的方法来。雷蒙对那位富翁说："史密斯先生，我完全同意你的看法。如果我公司的发动机确实过热的话，你不应该再买。你花了钱，当然不希望买到热量超过标准的发动机，是不是？"

"是的。"史密斯说。

"你知道，"雷蒙接着说，"电工行会的规定是，一架标准的发动机的温度不能比室内温度高 72 华氏度，是这样吗？"

"是的。可是你的发动机却高出了这一温度。"史密斯说。

"你工厂的温度是多少？"雷蒙问他。

"75 华氏度。"史密斯想了一会儿然后说。

"这就对了，"雷蒙笑着说，"75 华氏度加上 72 华氏度等于 147 华氏度。如果你将手放在 147 华氏度的水里，你会不会被烫伤呢？"

史密斯不得不说："会的。"

"那么，"雷蒙继续说，"我建议你最好不要把手放在 147 华氏度的发动机上面。"

"我想你是对的。"史密斯说。接着他们又谈了一会儿，最后，史密斯答应在下个月订购西屋公司 35000 美元的产品。

雷蒙总结说："我最后才知道，争辩不是聪明的办法。我们要站在对方的立场上去看问题，要设法让对方说'是，是'，这才是真正的迈向成功的方法。"

伟大的苏格拉底是历史上赫赫有名的思想家，他被成为"雅典的牛蝇"，是一个赫赫有名的老小孩，虽然如此，他所做的事情没有几个人能够做到，他彻底改变了人类的思想进程，同时也是最影响这个世界的劝导者之一。他的方法被称为"苏格拉底辩论法"，就是以对方肯定的答复作为这种方法的辩论基础。他提出的每一个问题，都会得到别人的赞同。然后，他连续不断地发问，直到最后，他的反对者不知不觉地发现，自己所得到的结论竟然是几分钟前还坚决反对的。

这是不是很神奇呢？是的，但是如果你愿意的话，你也可以做到。方法很简单，那就是记住一开始的时候，要不断地让对方说"是，是"，千万不要让他说"不"。

因此，在跟人交谈的时候，不要一开始就谈论一些可能有分歧的事，你应该先强调你们都同意的事，并且需要不断地强调。然后，强调你们双方都在追求同一目标，试着让对方知道，即使你们有分歧，那也只是方法上的分歧，而不是目标上的。你应当时刻记得这位"雅典的牛蝇"给予我们的智慧和

苏格拉底

启迪，首先问一个温和的问题——一个能得到"是，是"的反应的问题。中国有句充满了东方人悠久智慧的格言："轻履者行远。"这句话学问极深，聪明之极，积累了极其丰富的人生经验

因此，如果你想成为一位说话高手，请记得第五项项修炼方法：让对方立刻给予你"是，是"的答复。

重视对方，牢记对方名字并喊出来

要想记住别人的名字，有时的确是一件很难的事情，尤其是当这个人的名字不太好记的时候。一般人都不愿去记这种难记的名字，都会心想："算了，干脆就叫他的昵称得了，而且很容易记住。"可是，你是否想过，一旦你牢记别人的名字时，将会产生什么样的效果呢？

希德·李维是我的一位学员，他曾经拜访过一位顾客，这位顾客的名字特别难记，叫尼古德玛斯·帕帕都拉斯。由于这个名字太难记，别人都管他叫"尼克"。

李维告诉我说："在我去拜访他之前，我特别用心地记住了他的名字。

当我见到他时，用他的全名来称呼他。我这样对他说：'早上好，尼古德玛斯·帕帕都拉斯先生。'只见他一言不发地站在那里，愣了好几分钟都没有缓过神来。最后，他的泪水流了下来，声音颤抖地对我说：'李维先生，我在这个国家已经呆了15年，可是从来没有一个人愿意用我真正的名字，只有您这样称呼我！'"

有钱人常常出钱资助那些穷困的作家、艺术家和音乐家。他们希望这些文艺家能够把作品献给他们，使他们的名字随着这些作品得以流传。在我们的图书馆和博物馆里，最有价值的艺术品往往由那些希望人们记住他们名字的有钱人捐赠。比如，纽约图书馆里有埃斯德家族与里洛克家族的藏书，大都会博物馆则保存着本杰明·埃特曼与J·P·摩根德的签名书信，而几乎每一个教堂里都镶嵌上了彩色玻璃，用来纪念那些捐赠者。

这说明人们总是非常重视自己的名字，并希望别人能够记住。如果想要给人好感，最简单、最明显而又最重要的方式，莫过于能够随口喊出对方的名字。因为这样，你就给了别人受重视的感觉——而据我所知，每个人都希望拥有这种感觉。这种方法可以说是屡试不爽。

"钢铁大王"安德鲁·卡内基成功的原因是什么呢？尽管他被誉为"钢铁大王"，但是他掌握的钢铁知识并不多，而是有成千上万的人为他工作，他们在这方面都懂得要比他多得多。之所以会这样，就是得益于他与人交谈，懂得为人处世的原则，这正是他发财致富的奥秘所在。

卡内基10岁时，有一天抓到了一只母兔，不久就生了一窝小兔子，饲料因而不够食用，卡内基如何处理呢？他一点儿也不头痛，他的脑海里早有了很美妙的构想，他把邻近的孩子们集合起来宣布：谁能拔最多的草来喂小兔子，就以他的名字给小兔子命名。于是孩子们都争先恐后地为小兔子寻找饲料，卡内基的计划顺利地实现了。他始终没有忘记这一次的成功，终其一生，他就是利用人们的这种心理成功地领导着许许多多的人。

在商业界，他利用这种方法赚了好几百万美元。例如，他为了把钢铁轨道卖给宾夕法尼亚州铁路公司，就以该公司董事长区格·汤姆森的名字命名，在匹兹堡建立了一座大型钢厂。

　　有一次，卡内基控制的中央交通公司和普尔门控制的公司，都想得到联合太平洋铁路公司的生意，你争我夺大杀其价。一天晚上，卡内基在圣尼可斯饭店碰到普尔门，卡内基说："晚安，普尔门先生，我们岂不是在出自己的洋相吗？""你这话怎么讲？"普尔门说。卡内基把心中的话说了出来，他想把两家公司合并。他又把合作而不互相竞争的好处说得天花乱坠。普尔门专注地倾听着，最后问道："你这个公司要叫什么名字呢？"卡内基立即说："普尔门皇宫卧车公司。"问题就这样顺利地解决了。

　　卡内基这种记住以及重视朋友和商业界人士名字的方式，是他的卓越领导才能的重要秘密之一。他以能够叫出许多员工的名字而自豪，认为无法记住别人的名字就等于无法记住他的一项很重要的工作。

　　作为一个政治家，记住选民的名字，往往是他的第一堂课，而如果忘记了他们的名字，你将会很失败。在记住别人的名字方面，富兰克林·罗斯福总统是一个典范。众所周知，岁斯福总统是这个世界上最忙的人之一。但是他知道记住别人名字的重要性，所以舍得花时间去记住那些人。

　　所以，如果你想成为一位说话高手，请注意第六项修炼：记住别人的名字——这是别人听来最美妙的声音。

沟通的艺术

第三章　说服对方的说话技巧

间接地指出别人的错误

　　一天，查尔斯·史考伯经过自己的钢铁厂的时候，撞见几个工人正围在一起抽烟。他们显然忘记了公司禁止吸烟的明文规定，或者像很多犯错误的人一样存在侥幸心理。史考伯先生应该把他们揪出来，然后狠狠地批评他们吗？或者把那块"禁止吸烟"的牌子指给他们看？这都只会让对方感到难堪，并且对史考伯产生怨恨。只见他不动声色地走上前去，发给他们每个人一支雪茄，并对他们说："我们到外面抽去。"这些工人当然不会跟着史考伯一起出去抽烟，而是对他说："啊，我们忘记公司禁止吸烟的规定了。请你原谅。"然后赶快回到他们的工作岗位上去了。当然，我们能够体会到他们心里的那种复杂的感觉：既为犯了错误而感到自责，又为没有受到惩罚或指责而感到庆幸，同时对史考伯先生也越发尊敬。他们以后一定不会犯同样的错误了。

　　当你发现对方犯了一个很明显的错误时，为了使对方能够尽快地改正，于是你好心地对他说："看，约翰，你刚才说的有这样一个错误……"你满以为他会感激你，但是结果却让你很意外，甚至让你感到无法与之沟通——他坚决不承认自己犯了错误，更不用说感激你了。

　　你没有必要因此而责备对方，这种事情太常见了，几乎每个人都会有这样的毛病。当别人指出自己的错误，尤其是直截了当地指出的时候，一般人似乎都受不了。他会因此而产生一种让人觉得不可思议的强大的力量，正是这种力量迫使他拒绝接受你的批评或指正，即使他明叫知道你是为他着想的。

心理学家指出，这种强大的力量中有很大一部分是自我认同感在起作用。当自己所相信的东西被怀疑或否定之后，每个人都会产生一种焦虑，感到自己的自尊被伤害了，甚至感到自己的安全已经没有了保障。结果是，他会本能地拒绝承认自己的错误，即使他可能认为你说的是对的。因此，当你想要说服一个人，让他明白自己的错误的时候，千万不要直接指出对方的错误。

我相信，直接指出对方的错误，实际上就是在批评对方。任何人都不喜欢被他人批评，即使他明白自己确实做错了，但是人们却往往做这样的蠢事。在我们身边经常会遇到一些比较烦心的事情困扰着我们，但是很多时候只要我们换一种表达方式，也许就能轻易地达到我们的目的。

马吉·嘉可布太太请了几位技术非常好的工人加盖房子。头几天，他们总是把院子弄得乱七八糟，到处都有木屑。一次，等他们结束了一天的工作后，聪明的嘉可布太太不露声色地叫来她的孩子们，和他们一起把木屑处理干净，堆到院子的角落里。第二天，工人们来的时候，她非常高兴地对工人们说："你们昨天把院子打扫干净了，我非常高兴。老实说，这简直比我们以前的院子还要干净。"

听到这些话后，那些工人十分高兴，以后都把木屑堆在了院子的角落。试想一下，如果嘉可布太太摆出一副雇主的姿态，那些工人会怎么样呢？他们会毫不犹豫地换另外一份活儿的，因为像他们这么优秀的建筑工人毕竟很少。

从上面两个例子的结果来看，间接地指出对方的错误，是十分正确的。采用温和的语气，间接地指出别人的错误，这样就不会引起对方的反感。

确实，我们只要在指出对方错误的同时，注意维护对方的自尊，就很容易收到好的效果。这是十分符合人的本性的——正因为我们没有办法改变人性的弱点，所以只有使自己所做的事情符合人性。那些聪明的人总是会想方设法这么去做，因为他们知道这样做的效果比直接指出对方的错误要好得多。

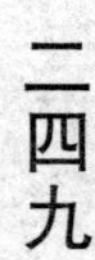

一些大公司或者机构的上层人物一般人通常很难见到，其中的部分原因固然是他们很忙，但是那些下属的"过滤"也是一个重要的原因：他们不愿意他们的上司被打扰，因此帮上司挡掉了许多看起来不那么重要的客人。这对那些上层人物来说并不一定就是好事，卡尔·佛朗在当佛罗里达州奥兰多市的市长的时候，就曾经遇到过这样的麻烦。

他奉行的是"门户开放"政策。当时他规定，市民如果有事的话就可以直接来见他，但是，那些造访的市民却常常被工作人员挡在门外。后来，为了圆满地解决这个问题，聪明的市长想出了一个高招儿：他叫人把他办公室的门给拆了。这样，他就是在明白无误地告诉工作人员不要再阻挡那些造访者了。另一方面，他用行动暗示了工作人员的错误，但并没有直接指出来，这就给他们保留了自尊。

美国陆军第 542 分校的士官长哈雷·凯塞在带预备役军官时，他面临着一个军队中普遍存在的问题。什么问题呢？在预备役军人和正规军训练人员之间，最大的差异就是理发，因为预备役军人认为自己只是老百姓，因此他们非常不愿意把头发剪短。如何解决这个问题呢？按照以前正规军的士官长一样，他可以向他的部队怒吼几声，或威胁他们。但他不愿这样做。

他这样说道："各位先生们，你们都是领导。当你以身作则地教导下属，那是最有效不过的办法了。你必须为你所领导的人做个榜样。你们应该了解军队对理发的规定。今天我也要去理发，而我的头发却比某些人的头发要短得多了。你们不妨对着镜子看看，如果你要做个榜样的话，是不是该要理发了？我们会帮你安排时间去营区理发部理发。"

结果是可以预料的。有几个人自动去镜子前看了看，然后下午去理发部按规定理了发。次日早晨，凯塞士官长讲评时说，他已经看到在队伍中有些人已经具备了领导者的气质。

1887 年 3 月 8 日，美国最富于口才的牧师、演说家亨利·华德·毕切尔去世了，用日本人的话来说，他到另外一个世界去了。在下一个星期日，莱曼·阿伯特应邀向那些因毕切尔去世而伤心不已的牧师演讲。他急于取得成功，把演讲词改了又改，并像福楼拜一样过分小心地进行润饰。然后他将演讲词读给他妻子听，但是演讲词写得并不很好，真的很糟糕。但是如果他妻子缺乏见识，她可能会这样说："莱曼，糟极了，绝对不能用。你会让那些听众都睡着的，那听起来像一本百科全书。你传道这么多年，应该能写得更好。天啊！你为什么不像一个普通人那样去讲呢？你为什么不自然点儿？你如果念那篇东西，一定会砸了自己的台。"

如果他是这样说的，结果会怎样可想而知。是的，她知道这样的结果。所以，她换了一种方式来说："亲爱的，如果这篇演讲词寄给《北美评论》，一定是一篇极好的文章。"

莱曼·阿伯特当然满心欢喜地接受了妻子的意见，你认为他会真的把自己的演讲稿寄给《北美评论》吗？不，阿伯特将他精心准备的底稿撕碎，后来连大纲都不用，很自然地作了演讲。阿伯特的妻子称赞了他的演讲词，同时又很巧妙地暗示丈夫不能用这篇演讲词去演讲，阿伯特当然知道这点，所以他照妻子的意思做了。

通过上面的这些案例我们可以知道，为了劝服别人同时又不伤害别人，你需要间接地指出他人的错误。

让对方觉得是自己的主意

没有人喜欢觉得自己是在被迫去买什么东西或被人命令去做某件事。我们宁愿觉得我们是自愿购买的，或遵循自己的意念在做事。我们喜欢别人关心我们的愿望、需要及想法。试想一下，你对于自己发现的思想，是不是比别人的思想更为信仰？哪怕别人的思想放在一只名贵而精致的盘子里递给你，你也不会慷慨地接受。

是的，每个人都有如此的想法。既然如此，那么你想将你的想法强塞进别人的头脑，岂不是太一厢情愿了？所以，提出建议，再让别人自己去想出结论，那样做不是更明智吗？

来自费城的鲁道夫·塞尔兹先生是我班上的一位学员，他有一次迫切地感到有必要给一群沮丧而散漫的汽车推销员鼓劲儿加油，于是他召开一次销售会议，鼓励他的部下如实说出他们内心对他的看法和希望。在他们说这些的时候，他将他们的想法全都写在黑板上。然后他说："我可以满足你们对我本人的全部要求。现在，请你们告诉我，我有权利从你们那里得到什么？"

大家的回答很迅速：忠心、诚实、主动进取、乐观、合作，以及每天 8 小时的热情工作。有一个人甚至自告奋勇地要求每天工作 14 个小时。会议开得十分成功，给人以新的勇气和新的激励。

塞尔兹先生说："他们实际上是在和我做一种道德交易。在我保证尽我所能时，他们也决定尽他们的能力。和他们商讨他们的愿望和希望，正是他们所需要的精神食粮。"

尤金·威森在懂得这一真理之前，不知损失了多少美元的收入。

威森替一家专门为时装设计师及纺织品制造商设计花样的画室推销图样。威森曾连续 3 年每周一次地去拜访纽约一位最著名的时装设计专家。"他从未拒绝见我，"威森说，"但也从来没有买过我的图样。他总是仔细地看我的图样，然后说：'不行。先生，我想今天我们不能要你的东西。'"

经历了 150 次失败以后，威森终于明白了问题所在：自己始终陷于以往的固定做法中，太墨守成规了。于是，他决定每星期用一个晚上的时间学习为人处世的技巧，努力发展新观念，创造新的热情。

不久，他受到了启发，开始尝试一种新的方法。他拿了 6 张画家们还没有完成的图样，跑到那位设计师的办公室。"我想请你帮我一个忙，"他说，"这里有一些还没有完成的图样，我想请你告诉我，我们应该怎样完成它们，才能使你满意？"这位设计师默默地看了图样一会儿，然后说："将图样放在我这里，你过几天再来找我。"

3 天之后，威森又去找他，听取了他的许多建议，然后取回了图件，并按照设计师的意见把它们画完。结果呢？它们全都被买下了。

那是 9 个月以前发生的事情，从那时起直到现在，这位买主又订了几十张图样，全都是按照他的意见画的——结果，威森从他那里赚了 1600 多美元。"我现在明白，为什么我这么多年不能和这位买主做成生意了，"威森先生说，"以前我一味劝他购买我认为他应该买的；而现在，恰恰相反，我请他告诉我他的想法，于是他觉得是他在创造图样，并且也的确是这样。我现在即使不向他推销，他也会主动来买。"

这种方法确实是卓有成效的，说服别人的技巧就在于你是否让他们满心欢心地接受你的意见，罗斯福总统用这种方法顺利地进行了一场改革。

当西奥多·罗斯福担任纽约州长的时候，他完成了一件不同寻常的业绩，他强有力地推行一些政府首脑所最不喜欢的改革方案。他是如何做到的呢？

当有重要职位空缺的时候，他就请政治首脑们给他推荐担任此职的人。"最初，"罗斯福说，"他们也许会提名一个软弱无能的党棍，即那种需要'照顾'的人。我就告诉他们，委任这样的一个人不是上策，因为公众不会赞同。

"然后，他们向我提出另一个无所作为的党棍，这是个碌碌无为的人，尽管他无可指责，却也没有什么值得称赞的业绩。我就告诉他们，这个人不能满足公众的期望。接下来我请他们想想，能否找到一个显然更适合这个职位的人。

"他们第三次提议的人还说得过去，但仍不十分理想。于是，我就谢谢他们，请他们再试一次。他们第四次提议的人就可以接受了——他们这时所提的正是我自己要提出的人。我对他们的协助表示了感谢，并委任了这个人——我还把这委任之功归于他们……我告诉他们，我这么做是为了让他们高兴，现在该轮到他们使我高兴了，而他们真的那样做了。他们支持我的各项法案，如《服役法》与《豁免税收法案》等。这使我很高兴。"

罗斯福就是用这种方法成功地执行了这项难以执行的改革方案，请切记，尽可能地向别人请教，并尊重他们的建议，让对方觉得那主意完全是他们自己决定的。这就是说服别人的秘诀，也是你成功的秘诀。

在商界中，长岛的一位汽车销售商也成功地运用了这种方法，将一辆旧车卖给了一对苏格兰夫妇。

当时，这位销售商让这对夫妇看了一辆又一辆汽车，但他们总是不满

沟通的艺术

意，说这辆不合适，那辆有损坏，而且价钱也太高——他们总是嫌价钱太高了。形势颇为无奈，于是一位旧车商——他也是我班中的学员，来请我给他帮忙。

我建议他不要再向这种"三心二意的人"推销，而是要设法使他们主动前来购买。我告诉他说，不要告诉他们该如何做，而是要反过来，让他们告诉你如何做。一定要使他们觉得是他们自己在拿主意。

这建议听起来相当不错，他是如何做的呢？在几天之后，当一位顾客希望把他的旧车换成一辆新车时，这位销售商决定可以尝试一下之前的建议。他知道这辆旧车或许能使这对苏格兰夫妇动心。于是，他给这对夫妇拨打了电话，希望他们给他一点建议——这辆旧车的估价和是否值得购买，就算是帮他一个忙。

当这对夫妇来了以后，这位车商说："你是一位很精明的买主。你了解汽车的价值。但是能不能请你看一看，试一试这汽车的性能，并请告诉我这车该折多少价？"男买主满面笑容，因为终于有人请教他的意见了，他的能力得到了承认。他驾驶这辆旧车上了大道，一直从牙买加区开到弗洛里斯特山，再开回来。"如果你能以 300 美元买下这辆车，"他建议说，"你就占便宜了。"

"如果我以那价格买下它，你愿不愿买它？这车商问道。"300 美元吗？当然买。"是的，这是这位男买主自己的主意，也是他的估价。于是这笔生意立即成交了。

爱默生在《依靠自己》这篇散文中说："在天才的每一项创造和发明之中，我们都看到了过去被我们排斥的想法；当这些想法再次展现在我们面前时，却显得相当伟大。"

爱德华·豪斯上校在威尔逊总统执政时期，在处理国内外事务方面具有很大的影响力。威尔逊对豪斯的秘密策划及建议的依赖，比他自己的内阁成员还多。豪斯上校是用什么方法影响总统的呢？我们有幸得知这个答案，因为豪斯自己曾对亚瑟·D·史密斯说过，而史密斯又在《星期天晚报》上披露了。

"认识了总统以后，"豪斯说，"我发现，要使他相信某一种观念的最好方法，就是将这一观念很自然地植于他心中，并巧妙地使他对这一观念产生兴趣，使他经常思考。这方法第一次发生效力，纯属巧合。"

"我曾到白宫去拜访他，劝他推行某项政策，而这种政策他似乎不太赞成。但几天以后，在一次聚餐的时候，我很惊讶地听到他把我的那个提议当做他自己的意见说了出来。"

爱德华·豪斯

豪斯是否阻止了他，说"那不是你的意见，而是我的"呢？哦，没有。豪斯绝不会那样。他非常精明，他不屑于居功，只求行事有效，所以他使威尔逊继续认为那意见是他自己想出来的。不仅如此，他还使威尔逊因为公开了这些意见而获得了世人的赞誉。

我们一定要记住，我们明天所要接触的人，也许正像威尔逊一样，具有人性的弱点，所以，我们就应采用豪斯上校的做法。

这种方法同样被一个住在纽勃伦斯维克的人应用于我的身上，由此得到了我对他生意的光顾。那时，我正计划去纽勃伦斯维克划船钓鱼，所以我写信给旅行社打听相关情况。我的姓名、住址显然是被列入了公开的信息中，因为我立刻就收到了从野营处与向导处寄来的几十封信件、小册子和印刷品，我差点儿被弄迷糊了，不知道该选择哪一家才好。

不久，有一位野营处的主任做了一件很聪明的事，他送给我几个他曾接待过的纽约人的姓名及电话号码，请我给他们打电话，让我自己调查他营中的情况。我很惊异地发现，我竟然认识其中一人。我打电话给他，打听了他对这个野营处的印象和感受，然后打电话给这野营处，告诉了他们我到达的日期。而其他人都强行向我推销，但这个野营处的主任却让我自己做出安排。因此，他胜利了。

沟通的艺术

帮助对方以客观的态度认识事物

事实上你所遇到的每一个人——甚至你在镜子里所见到的那个人——都会过高地估计自己，并认为自己是善良而不自私的人。摩根在他的一篇短文中分析说："一个人做任何事，通常有两种理由：一种是动听的，另一种是真实的。"

我之前说过，我现在已经不像以前那样确信许多东西了。这并不是悲观的论调，只是我现在能够更加客观地认识一些东西，不再像以前那样从狭隘的个人经验、个人知识、个人信仰和个人立场来看事物。但是很多时候，一些人还是在确信许多我以前确认、现在却怀疑的东西。想到这一点，我就会感到十分焦急。

有位号称"双枪"的杀人魔王科洛雷曾经和他的女友开车在一条乡村公路上兜风，他把汽车停在了马路中央。这时候，警察走过来请他出示驾照。他二话不说，掏出手枪就朝警察射击。当警察已经躺倒在地的时候，科洛雷跳下车，拔出警察的手枪，又对尸体射了一枪。这当然只是科洛雷的种种恶行中的一件，因为他生平杀人无数。

1931 年 5 月 7 日，警察把科洛雷围在他女友的公寓里，并朝屋内扔了催泪弹，试图把科洛雷从房子坐逼出来。但是即使在一个小时后，科洛雷还蹲在一个沙发后面朝警察开枪。当警察抓获负隅顽抗的科洛雷后，纽约市警察局局长马罗尼发表了公开讲话，他说："这是一个名副其实的杀人魔王，任何一件小事都会成为他杀人的借口。"

但是科洛雷自己却并不这么认为。他在自己的公开信里这样写道："没有人知道，我在凶恶的外表下藏着一颗疲惫和善良的心，我并不愿意杀害任何一个人。"

你相信他——这位杀人魔王的话吗？不会的，绝对不会有人相信的。但是他居然觉得自己没有什么错，难道是他故意为自己辩解吗？不是的。因为他从内心就没有意识到自己究竟错在哪里。对于这样的人，你想对他说些什么呢？

当你们在交谈的时候，常常遇到一些看起来十分顽固的人。这些很顽固的人，换个角度来看的话，我们可以称之为有着坚强信念的人。这些人不会轻易地改变自己的看法，只要是他们认定的事实，如果没有更加确凿、更加有力的证据的话，他们从来不会产生怀疑。

这些人其实和这位科洛雷先生非常相似。什么？拿他们和这位臭名昭著的杀人魔王对比？是的，请不要怀疑。他们的确有一些共同点的存在，就是同样固执的。只不过科洛雷先生让人看起来更加违反常规。我不想给这些人下评论，不论你有何种性格，"不及"和"过"可能是同样的效果，而对不同的事情而言，这种执著的信念往往会有不同的效果。比如，不应该坚持的东西，你却坚持了，这时候就是你的不对了：而有一些正确的东西，你越坚信它，对你来说就越好。

你确信自己的意见是对的，而别人的意见是错的。但你要让别人认识到这一点却并不是一件很容易的事情。你不能对他说："事实明明就摆在那里。"这样的话没有多少说服力，因为他也看到了事实，只是每个人看到的事实都是不一样的。但你明明知道他的意见是一种偏见，他是从你认为不正确的角度来看问题的。在这时候，你应该尽量使对方客观地认识事物，这样，他才会真正认识到自己所犯的错误。

正如前面这位杀人魔王的案例一样，这样固执的人群并不是仅限于他一位。因为工作需要，我曾经和纽约市辛辛监狱的监狱长通过几次信，他告诉我一些与我的想法截然相反的事情，"监狱里的犯人很少有人自责，他们认为自己和正常人一样。他们很擅长为自己辩解，他们会试图说明为什么必须撬开别人的保险柜，为什么会开枪朝路人射击。大多数人都能为自己找出理由，尽管他们的理由是荒谬的、违反逻辑的以及反社会的，但是他们却用这些理由来说明自己是不应该讲监狱的。"

在我们看来，这些罪大恶极的罪犯明明是错误的，但是他们为什么如此冥顽不灵呢？因为我们一直在用自己的价值观来衡量他们，用自己的道德观来评价他们。对于他们而言，他们也正从自己的角度来看事情，这就是为什么每个人都会在犯错后还不停地为自己找借口的原因。

他们犯错或者犯罪的原因很复杂，但是道理却很简单：他们都认为自己所做的事情是对的！这些人明显地犯了常识性的错误（或罪恶），都不能客观地看待问题，我们又怎么能够强求一般人——他们只是在一些相对来说并不重要或并不那么清楚的问题上不能客观地看待——完全正确地看待问题呢？

西奥多·罗斯福退出白宫之后，面对他的继任者、共和党人塔夫脱总统的保守作风，他感到十分恼火。于是，他不仅在公开场合对塔夫脱进行严厉批评，而且组建了"雄麋党"，打算再次竞选总统。他们的争论使共和党几乎土崩瓦解，直接导致了共和党在竞选史上的最大的一次失败。但是塔夫脱并没有为此自责，他在事后满含热泪地说："我想我并没有做错什么。"

我们姑且不去管这件事情的谁对准错，但是我却能发现，批评就像火星儿一样，它足以引爆人们心中的虚荣和自尊，并使人们不去管这样做可能会置人于死地。如果当年罗斯福能够站在塔夫脱的立场去考虑问题——假定是罗斯福对了的话，这既能让罗斯福更加客观地考虑问题，当然也能够说服塔夫脱改变自己的政策。而如果是塔夫脱对了的话，他也可以这么做。而他们却似乎只懂得批评、抱怨和责备对方，这种做法实际上是非常愚蠢的。

我们帮助别人客观地认识事物，首先要知道他是怎么想的，以及是如何得出这一想法的。每个人都会有一定的坚持己见的习惯。他们看问题当然是从自己的经验、自己的立场去作判断，而且认为这是对的。当有人怀疑他的正确性的时候，他会毫不犹豫地为自己的观点进行辩护，除非你能够指出他的致命的缺陷。所以，你必须站在他的立场去考虑问题，并进一步地反驳他。

我想以我自己的亲身经历来说明让别人客观地认识事物对于说服一个人的重要性。我通常在规劝或者说服他人去做某一件事情的时候，先停下来想一想"如何才能使他心甘情愿地去做"这个问题。这个方法使我受益匪浅。

我在一开始进行我的讲座的时候，租用了纽约市一家饭店的舞厅作为演讲地点。我的每期培训都需要租用 20 个晚上。一开始我并不为这件事情担心，因为这点租金是我可以承受的数额。但是有一次，在新的一轮演讲开始的时候，饭店方面突然打电话告诉我说必须付比以前高 3 倍的租金。我并不想改变演讲的地点，因为一切准备工作都已经就绪。我打算说服饭店的经理，使他打消这样的念头。我很清楚，他们想的只是自己的利益，但是我相信自己能够说服这位经理。

"你们的通知的确让我很吃惊。"我见到那位经理后，微笑着对他说，"但是我这次来并不是想责怪你。我知道，如果我是你，我也会这么做的。因为不这样做的话，饭店的利益就要受损，而你将会被辞退。那么现在，为饭店的利益着想，我们来分析一下这项决定的利与弊。"

我从我的包里拿出一张早就准备好的纸，在纸的中间画了一道线，作为"利"和"弊"的区分线。接着，我在"利"的那一边写下"可做他用"，然后跟他解释说："的确，你们可以把舞厅租给人家，用来跳舞或者开会。毫无疑问，这样肯定会比租给我的价钱要高；而租给我的话，相当于你们损失了很大一笔钱。"

再接着，我在纸的另一边写下"减少收入"和"广告效应"，然后对他解释说："首先，我因为付不起你们的租金，所以不得不另觅地方，这样一来，你们势必要空出这个舞厅一段时间。相对来说，这比现在算是减少了收入。其次，你们知道，我每次所举办的一系列讲座，都会吸引许多人——包括很多名人到你们饭店来居住，难道你不认为这是最好的广告吗？你们每次需要在报纸上花多少钱打广告呢？如果我猜得不错的话，5000 美元应该是必不可少的。而且，这些报纸上的广告的效果也未必有这么大。这对像你们这么大的酒店来说，价值是不是非常大呢？"

最后，我把这张纸交给尚在思考的经理，并且对他说："为了你们的利益，请认真地考虑一下，然后尽快通知我。"结果已经可以预料：第二天，饭店方面就通知我，我的租金只需要增加 50%，并不是之前决定的 3 倍。

我并不是在这里说明我的做法是多么的高明，我只是想以此来说明，我们在说服他人的时候，是完全可以用更加简单而有效的方法来做到这一点的

沟通的艺术

——让他人客观地认识事物。只要你能够保持理智和冷静，你也可以试着这么去做。

批评对方前先自我批评

我们每个人都有自尊，而有的人甚至达到了自负的地步。当你指出别人的错误、对别人进行批评的时候，一般的人都会下意识地去维护自己的尊严，从而对你的批评采取抵触的态度。这就是人性的弱点之一。我们必须要了解这个弱点，利用恰当的批评艺术，来达到我们批评的目的。如果批评者在谈话刚开始时就先谦逊地承认自己也不是无可指责的，然后再指出别人的错误，那么情形就会好得多。

数年前，我的侄女约瑟芬·卡耐基离开她在堪萨斯城的老家，来纽约担任我的秘书。她那时才 19 岁，高中毕业刚 3 年，几乎没有任何工作经验。理所当然地，她会犯一些错误，当有一次，她又犯了一个常识性的错误的时候，我正要批评她的时候，我对我自己说："且等一等，戴尔·卡耐基，且等一等。你的年纪比约瑟芬大一倍，经验比她多一万倍。你怎么可能希望她有你的观点、有你的判断、有你的经历呢——虽然这些都是很平凡的。等一等，戴尔，你在 19 岁时正干什么？还记得你那时呆笨的举动、愚蠢的错误吗？记得你……的时候吗？"

经过真诚而公平的考虑以后，我得出结论：约瑟芬 19 岁的能力，比我那时可要强多了——尽管如此，我很惭愧地承认，我并没有经常称赞约瑟芬。所以，从那以后，当我要让约瑟芬注意她的错误的时候，我就会这样开始说："约瑟芬，你做错了一件事，但老天知道，我所做的许多错事比这更糟糕。你当然不是天生就具有判断力的，那只能从经验中得来。而且你比我在你这年龄时强多了。我自己也曾犯过许多愚蠢的错误，所以我不愿意批评你或任何人。但如果你按某种方法去做的话，你想那不是更聪明吗？"

如果批评者在谈话刚开始时就先谦逊地承认自己也不是无可指责的，然后再指出别人的错误，那么情形就会好得多。风度优雅的布洛亲王早在1909年，就明白这样做的必要性了。

当时，布洛亲王是德国总理大臣，而德国皇帝则是威廉二世——傲慢自大的威廉，也是德国最后一位皇帝——他建立了海军和陆军，并自夸能征服一切。

于是，震惊世人的事发生了。这位德国皇帝出访英国时，口若悬河地说了许多令人难以置信的蠢话，例如他是唯一一位对英国友好的德国人，为了对抗日本的威胁他建立了一支海军，他一人挽救了英国，使之免于向俄、法称臣，由于他的征讨计划，使英国得以在南非战胜土著人，等等。最糟糕的是，他竟然允许伦敦《每日电讯报》将他这些丧失理智的自吹自擂之言公之于众。于是，这些爆炸性的新闻震动了整个欧洲，波及到了全世界。

在100多年的和平时期里，还从没有欧洲君王说过他这样的话。整个欧洲立即轰动了，如激怒的野蜂；英国也被激怒了，德国政治家更是惊骇万分。在这种形势下，德国皇帝也惶恐不安，他提议由总理大臣布洛来对处理此事。是的，他希望布洛亲王宣布这一切责任都是他的，是他建议他的君主说这些令人难以相信的话的。

"但是陛下，"布洛反对说，"在我看来，不论在德国或英国，绝对不会有任何人愿意相信我有能力建议陛下说这些话的。"布洛一说出这句话，就意识到自己犯了一个严重的错误。德皇果然大为恼火。他咆哮着说："你以为我是一头笨驴，只会犯你永远都不会犯的错误吗？"

布洛知道他应先称赞皇帝几句之后，再提出批评意见，但事已至此，仍不妨选择一个最佳方案。他在批评以后再予称赞。结果极其神妙——称赞常常会有这样的效果。

"我绝不会有那样的意思，"他恭敬地回答说，"陛下在许多方面都胜过我，这不只是就海陆军知识而言，尤为重要的是在自然科学方面。每次倾听陛下解释晴雨表、无线电报，或伦琴射线时，我总是对自己对所有各种自然科学一无所知而深感惭愧，我不懂化学或物理，不能解释最简单的自然现象，因此对陛下万分钦佩。但是，"布洛接着说，"作为补偿，我知道一些历

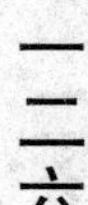

史知识，以及一些在政治上，特别是在外交上有用的知识。"

德皇脸上现出了笑容，布洛亲王称赞了他。因为布洛赞扬了他，而使自己显得卑微，这时的德皇已经能宽容任何事。"我不是常告诉你，"他热诚地说，"我们应互相取长补短，就可以闻名于世吗？我们应齐心协力，团结一致，而且我们愿意这样！"他与布洛握了握手，不只是一次，而是多次。那天下午，他尤其激动。他握紧双拳喊道："如果任何人对我说布洛亲王不好，我将一拳砸扁他的鼻子！"

布洛及时救了自己——但像他这样机敏的外交家，也还是犯了一个错误，其实，他应该一开始先谈他自己的短处和威廉的长处——而不要暗示德皇是一个智力不足的、需要保护的人。

如果仅仅说几句自我谦恭、称赞对方的话，就能使一位傲慢孤僻的德国皇帝变成一个牢固可靠的朋友，那你就可以想象，谦逊与称赞在我们的日常生活中，具有多大的作用。如果运用得当，它们必然有助于我们在人际关系上创造奇迹。

一个人即使还没有改正他的错误，但只要在谈话开始时就承认了自己的错误，就有助于帮助另一个人改变其行为。这句话是马里兰州提蒙尼姆市的克劳伦斯·周哈幸最近说的，因为他看到了他 15 岁的儿子正在尝试抽烟。

"当然，我不希望大卫吸烟。但我和他妈妈都吸烟，我们给他树立了一个不好的榜样。我向大卫解释，说我在他这么大时就开始抽烟，尼古丁最终战胜了我，使我上了瘾。我还提醒他，我的咳嗽很厉害。我并没有劝他不要吸烟，或警告他吸烟的害处。我只是告诉他我如何吸上烟并深受其害的。

"他想了一会儿，然后决定在高中毕业前不吸烟。直到现在他也确实没有吸过烟。那次谈话的结果，我也决定戒烟。由于家人的支持，我戒烟成功了。"

所以，如果你想说服别人而不触伤感情或引起反感，使自己成为一位受人欢迎的说话高手，不妨采用一些有技巧的方法，这样才能取得令人满意的效果。

用提建议的方式让别人接受

最近，我很荣幸地同美国最著名的传记作家伊达·泰波尔小姐一起吃饭。我告诉她我正在写作这本书，于是她和我开始讨论"为人处世"这个问题。她告诉我，她在写扬·欧文的传记时，访问了曾与扬先生在同一房间办公3年的一位先生。这人说，在那么长的时间内，他从未听到扬·欧文给任何人下达过直接的命令。他总是"建议"，而不是"命令"。例如，扬·欧文从未说过"做这个，或做那个"或"别做这个，别做那个"。他总是说："你可以考虑这个？"或"你以为那样合适吗？"当他口述一封信后，他常这样说："你认为如何？"在看完他的助手写的信以后，他常这样说："也许这样措辞会更好些。"他总给别人机会亲自动手做事，而从不告诉他的助手该如何去做事；他让他们自己去做，使他们从自己的错误中学习。

建议别人，而不是强硬地命令对方，不仅能维持一个人的自尊，给他一种自重感，而且能使他更乐于合作，而不是对立。像这种方法，能使人更容易改正他的错误。而一些长者的粗暴态度所引起的愤怒可能会持续更久，即便他所纠正的是一个很明显的错误，也会如此。唐·斯坦瑞利是宾夕法尼亚州威明市一所职业学校的老师，他说了一件事：

有一个学生因为违章停车而堵住了学校的大门口。有一位老师冲进教室，以非常凶悍的口吻问道："是谁的车堵住了大门？"

当那个学生起来回答时，那位老师怒吼道："你马上给我把车开走，否则我就用铁链把它绑上拖走。"

这位学生确实是错了，汽车不应该停在那儿。可是从那天以后，不只是这位学生对那位老师的举止感到愤怒，全班的学生也总是做一些事情给这位老师造成不便，使得他的工作更加不顺。

本来他可以用完全不同的方式来处理这件事的。假如他友善一点地问："门口的车是谁的？"并建议说："如果你能把它开走，那别人的车就可以进

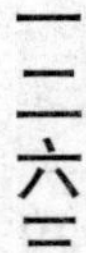

出了。”我想这位学生一定会很乐意地把车开走，而且他和他的同学也就不会那么生气了。

即使身为长者或上司，你也不能用粗暴的态度对你的晚辈或下属说话；否则你所得到的不是合作，而是激烈的对抗。同样，因为采用建议的方式可以让客户更好的接受和采纳你的意见，按照你的要求来做，满足你的需求。

在南非的约翰内斯堡一家小工厂，经理伊安·麦克唐吉有个机会接到一份大订单，但他知道自己没有办法按期交货。尽管工作已在工厂安排好了，可是这份订单所要求的完成时间实在太短了，使他不太可能去承接这份订单。他并没有催促工人们加速工作来赶这份订单，他只是把大家召集在一起，对他们解释这种情形，并对他们说，假如能按时完成这份订单，对他们和公司的意义将有多大。“我们有什么办法来完成这份订单吗？”“有没有人能想出别的办法来处理它，使我们能接这份订单？”“有没有别的办法来调整我们的工作时间和工作的分配，来推动整个情况？”结果，员工们提供了许多意见，并坚持让他接下这份订单。他们用一种“我们可以办到”的态度，终于获得了这份订单，并且按期交货。

向对方问一些问题，不但使得这家小工厂接到一张订单，更激发了工人们的创造力，促成了良好合作和融洽的氛围。

因此，要想说服别人而不伤感情和引起反感，就请注意你说话的语气，改变你说话的态度，不妨换一种方式来提出你的要求：建议对方，而不是直接下命令。

切勿使用指使的语气说话

纵使别人犯错，而我们是对的，如果没有为别人保留面子，就会毁了一个人。强势的态度不仅达不到我们预期的目标，而且还可能偏离得更远。

俄克拉荷马州一家工程公司的安全检查员乔士得的工作是检查工地上的工人是否带了安全帽。一开始，当他看到那些没有戴安全帽的工人时，他会立即批评这些工人，并且命令这些工人立刻戴上。但是这种方法收效甚微。工人当着他的面会戴上安全帽，但是当他走了以后，他们便会再把安全帽拿下来。

乔士得觉得自己的做法不合适，于是决定采用其他方式。当他看见没有戴安全帽的工人的时候，他就微笑着询问对方是不是觉得安全帽戴在头上不舒服、帽子的大小是不是不合适，然后他会对工人讲安全帽的重要性，建议他们为了自己的安全，最好把安全帽戴上。结果，这种做法收到了很好的效果。

前后不同的两种做法导致了工人们前后不同的两种反应，这就是人们的心理作用使然——排斥指使的态度和命令。之前乔士得采用了强势的方法，命令和指使工人应该如何去做，结果工人们不喜欢听乔士得的指使，这是他失败的主要原因；而后来乔士得之所以成功地说服了那些工人，同样也是因为他没有指使工人们怎么做。

同样的故事也发生在我身边。一年夏天，我和一位朋友驱车前往法国的乡下旅行，结果却迷了路。我们只得把车子停下来，向一群当地人问路。

我的朋友是一位大大咧咧的人，他冲上前去，对他们几乎吼着——我在几十米外都能清楚地听到——说："喂，到××镇怎么走？"

几分钟后，那位朋友快快地走了回来，向我愤愤不平地埋怨这里的农民没有礼貌、一点儿都不热情。我当然知道是怎么回事，于是微笑着走向那群农民，然后脱下帽子客气地向他们说道："我遇到了一个麻烦，需要你们帮一个忙。请问到××镇怎么走？"

结果我很快就得到了十分准确而详细的答案。他们显得很热情，回答得快速而有礼貌。等他们说完之后，我向他们表示了感谢，而他们也邀请我到他们的家里做客。我因为忙着赶路，因此答应下次有时间再去他们家。

对此，我的那位朋友很不理解我为什么会受到他们的欢迎，我说："没有人喜欢受人指使。"

你也许会说这仅仅是礼貌的问题。不错，礼貌确实有一定的影响，但是这绝不仅仅是礼貌的问题。而且，正是那种没有礼貌的语气使得你好像在对

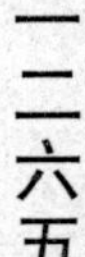

别人发号施令一样。的确，没有人乐意听从别人的指使，没有人喜欢让别人告诉他应该怎么做，应该怎么想，这似乎是人的天性。

在我班上有一个女学员道娜，她是一家公司的经理助理。一天，公司里来了一位客人，由新上任的经理接待。道娜像往常一样，正打算去给那位客人倒水，但是经理却突然对她说："去，倒杯水！"道娜却随口接道："我想去一下洗手间。"这种情况在我们身边也常常发生，比如你在酒店里就可能会遇到类似的情况，虽然服务员满口答应你，但是却迟迟不会把水打来。你可以投诉她服务态度不好，但是这样对你自己并没有什么好处。那么，你为什么不能换种语气来说呢？你可以这么对她说，"我现在需要一壶水，你能给我打壶水来吗？"她一定会非常乐意为你服务的。而这样做，难道使你损失了什么吗？

当我们在说服一个人的时候，我们也经常像是在指使别人："你应该这么做……"或者"你这么想才是对的……"我们经常使用的是命令或者强迫的语气，即使我们有时候并不具有那种权威。你应该让你的语气更加柔和和委婉一些。

遗憾的是，很多领导都喜欢指使下属做这做那，他们似乎想要用这种方式来体现自己作为领导的权威。而且多半的领导都在这么做，他们并没有意识到这有什么不对。即使对于大多数人来说，当某些人犯了错误的时候，我们也通常会以一种居高临下的姿态对他进行说教，指使他应该怎么做，而对方也很有可能会为了维护自己的尊严而不惜跟你争论。我们知道，在这种尖锐对峙的情况下，没有谁能够有办法说服对方。因此，最好的办法是维护对方的尊严，换一种方式指出他的错误，引导他应该怎么做。

沃德将军曾经担任过训练新兵的教官。一天，他驾着吉普车到新兵营去巡查，碰到一名士兵正领着女朋友在散步。那名士兵似乎没有看到他，而等他的车子经过的时候，那名士兵"碰巧"弯下腰来系鞋带。沃德知道是怎么一回事了，于是把那名不懂军规的士兵叫了过来。

"小伙子，"沃德说道，"难道你真的没有看到我吗？"

"看到了，将军。"那名士兵知道瞒不过去，只得承认。

"那么，你为什么不向我敬礼，而是装做在系鞋带没看到?"沃德问道。

士兵十分为难，没有办法回答。他看了看他的女朋友，苦着脸说："将军，如果你是我，带着你的女朋友在散步，你会怎么做?"

沃德被士兵逗乐了，笑着回答说："我会跟她说：'我想先给这个老家伙敬个礼，怎么样?'"

那名士兵听了之后，微笑着向沃德将军敬了一个礼。而沃德将军也不再说什么，回敬了一个礼，然后就开着车走了。

可以想象，如果沃德将军满脸怒气地对那位士兵说："你刚才所做的是错误的，你应该向我敬礼!"那么，士兵虽然会照办，但是却会从此怀恨在心，因为沃德使他在女朋友面前丢了面子。而沃德将军并没有这么做，他巧妙地指出了士兵的错误，告诉他应该怎么做，而且也顾及了士兵的面子。

我这里还有一个相同的案例，也是关于军人的故事。美国一个新兵营里最近接收了一批新兵。这些新兵有着坚强的毅力，这同样意味着他们不容易改变自己的一些习惯——那些坏习惯。教官发现，对这些文化程度较低的新兵并不适合讲大道理，当然，也不适合用强迫或命令的方法使他们改变自己的不良习惯——那样的话他们会很暴躁地跟你对着干。教官们对此很伤脑筋，所以想了很多办法来改变他们，以使他们成为合格的军人，但是都收效甚微。总之，这些士兵倔强地认为，用不着别人来指使自己怎么做。

最后，教官们告诉士兵们，他们应该给家里寄一些信，以免家人挂念。教官们印发了一些信件，作为他们写信的参考。这些参考信的内容大致是告诉家人他们已经在军队里养成了良好的生活习惯，以前的很多坏习惯都已经改正了，请家人不用担心。当他们把信写好寄出去之后，奇怪的事情发生了：这些很顽固的士兵慢慢地主动克服了以前的坏习惯，一个个都变得精神焕发、讲卫生、守纪律了，最后都成为了合格的军人。

用建议来代替指使，可以让人信服;用请求代替指使，可以让人高兴地执行;用商量来代替指使，有人会主动请缨;用赞美来代替指使，他们会用行动来证明你所说的是对的。既然有这么多的方法可以代替指使，既然指使对于达到我们预期的目的没有任何效果，那么我们为什么不尝试换一种方

沟通的艺术

式呢？

让别人对你产生信任感

1858 年，当林肯竞选美国上议院议员时，他需要到伊利诺伊州南部的一些地方演说，以赢取那里的选票。但是要达到这个目的却非常困难——那些地方的人们对他极不信任，甚至有敌对的心理。

这是因为，林肯是一个废奴主义者，而他们地方的农场主却拥有大量的黑奴，他们自然不会喜欢林肯当选。这种政见和利益的对立是十分尖锐的。他们甚至扬言，只要林肯一来，他们就会立即把他杀死——这些野蛮的当地人即使在公共场合也腰挂短枪、身带利刃。

面临如此巨大的危险，我们可以想象林肯当时作出决定时需要多大的勇气。结果是，这些威胁并没有阻止林肯前进的步伐，他说："给我几分钟，我就能说服他们。"

在演说之前，林肯与当地的极为重要首领一一握了手，然后发表了演讲：

"伊利诺伊的朋友们，肯塔基的朋友们，密苏里的朋友们！我来之前就听过一个谣言，说你们之间的某些人要跟我作对——如果有的话，那么这些人一定就坐在下面吧？但我不相信这是真的，因为你们没有理由这么做；因为我也像你们一样，是从艰苦的乡村中艰难地爬出来的，是一个爽快而直率的平民。那么，为什么我不能和你们一样发表自己的意见呢？朋友们！我了解你们比你们了解我要多得多！你们将来会知道，我是怎么样的一个人。我并不想跟你们作对，所以，你们也绝不会跟我作对的。现在，我站在这里，我们就已经成为了朋友。我相信你们会愿意交我这个朋友的，因为我是一个谦和的人。我诚恳地要求你们给我说几句话的时间。你们——勇敢而豪爽的人们，一定不会拒绝我这个朋友的这个小小的要求的。那么现在，就让我们开诚布公地讨论一下严重的问题吧！"

听完林肯的这段话之后，原本愤怒的人们开始为他喝彩。结果是，这里的大部分人后来成为了林肯的朋友——他们开始终生信任他。也正是这些人，后来帮助他成为了美国的总统。

由不信任到信任的差别如此之大，这正是林肯所意识到的。所以，他极力向这些人说明他和他们之间没有不可逾越的鸿沟，说明他和他们是朋友。所幸的是：他做到了这一点。

信任，是人们进行交往的基本前提。如果没有信任，即使人们在互相谈话，也称不上是真正的沟通。

我曾经受一家公司的委托，请我的一位学者朋友给他们帮忙。一开始，事情看起来似乎进展得很顺利，但是在就要开始工作的前几天，公司的有关负责人打电话给我，说不知道什么原因这位学者突然不愿意为他们公司工作了。公司方面对他进行了百般劝说，答应宽限上岗日期、减少工作时间、增加工资等，他却一直拒不接受。

我决定弄清楚究竟是什么原因使这位学者改变了态度，于是就和那位负责人一起去拜访了他。他见到我后依旧十分热情，并且跟我谈起了许多事情。我相信这些内容跟这件事本身都没有什么联系。

后来，我直接问他为什么会拒绝为这个公司服务。他说了一些理由，但是其中我认为最重要的是：他担心公司方面是否能履行这个合同，以及与公司配合得够不够默契等。

听到这里，我觉得继续对他进行说服已经没有什么作用了，因此便告辞了。在回家的路上，我对那位负责人说："我不知道为什么他会对你们公司产生这种感觉，但是你们必须要做的事情是，让他对你们信任起来。在此之前，任何工作都将无济于事。"

第二天，那位公司负责人打电话给我，说那位学者已经改变了态度。原来，他在离开学者的家后又回到了学者家的门口，并且拦了一辆出租车等待这位学者，之后送他上飞机。这种真诚的态度赢得了学者的信任。另外，负责人还利用空闲时间，向学者说明他们愿意提前履行合同中公司的义务。这使得学者答应回来后立即上班。

沟通的艺术

　　我们并不能责备这位学者的出尔反尔或者太势利，因为这本来就是一个十分复杂的社会。各种各样的人、各种各样的事，真相、假相，真诚的、虚伪的，都在这个世界上客观地存在。人与人之间已经不再是单纯的相互合作的关系，而是加入了相互竞争、相互欺诈的成分。因此，不信任感在人们的心里始终占据着一席之地。

　　我们无法想象一个对我们心怀戒备的人会听从我们的建议，有时候，这让我们不知所措。究竟怎么样才能取得别人的信任，从而让他们听从我们的劝说呢？

　　当你为这个问题苦恼的时候，请不用担心，实际上，我虽然没有在本书中直接指出来这种方法，但是每一章节中关于说话和沟通的方法已经能够帮助你如何取得别人的信任了。只要你按照我所说的方法来做，那么你也一定会给人留下真诚、值得信赖的印象。比如，最简单的方法就是微笑。微笑是最简单、最有效的与人沟通的方法。这个方法也能够帮助你取得别人的信任，因为这会让你看起来更加真诚；同样，我们勇敢地承认自己所犯的错误，这也能够使自己得到别人的信任，因为这表明你很诚实。

掌握说话的主动权

　　掌握说话的主动权才能最终达到说服对方的目的，正如大多数推销员一样，他们向客户推销自己的商品时，往往不能掌握住说话的主动权，所以才导致最终的谈话失败。

　　一位图书推销员敲开一户人家的门，对一个太太说："太太，我们的图书质量非常好，装帧也非常精美，您看有没有需要的书呢？"对于这位推销员的回答，我们会有什么样的反应呢？在大部分情况下，这位推销员得到的回答是"不需要"，然后门会被关上。看得出来，这样的推销员不是出色的推销员。

　　那么，作为一位出色的推销员，他会更加懂得推销时的说话艺术。让我们来推测一下一位优秀的推销员的推销情况：

  推销员："太太，早上好！你家的孩子都上学去了吗？"

  某太太："是的。"

  推销员："你的孩子上几年级了？"

  某太太："大的五年级，小的二年级。"

  推销员："他们一定都很聪明吧？"

  某太太："是的，当然。"

  推销员："他们平时喜欢看书吗？"

  某太太："有时候看。"

  推销员："我想我这里有些书他们可能会喜欢……"

我们可以想象，这位推销员成功的几率应该是非常高的。为什么？因为他掌握了很好的推销艺术，并且在谈话过程中很好地控制了话题。

如果想让我们的交谈变成一次卓有成效的谈话，那么你就要想方设法地引导对方，或者巧妙提问，或者选择对方感兴趣的话题，并暗中把谈话引向我们期望的方向，这样就能说服对方。

胡佛总统的沉默寡言让许多记者都望而却步，想让话从他的嘴巴说出来，简直比登天还要难。但是，一个芝加哥记者却轻易地做到了这一点，而且使胡佛总统谈了两个多小时。

那时候，胡佛是共和党的总统候选人。年轻的记者里尼提偶然地跟他坐同一辆列车，并得到了采访他的机会。一开始，当里尼提询问一些问题的时候，胡佛总是简单地回答"是"或"不是"，然后就长久地陷入沉思。里尼提觉得很尴尬，虽然他早就知道胡佛的习惯了，他不得不一边问问题，一边想办法解决这种状况。

当火车经过贫穷而荒凉的内华达州时，里尼提突然想到了一个很好的话题。他望着窗外，好像是自言自语地说："在这个地方，人们应该还是用那种古老的方法来采矿的吧？"这时候，胡佛马上说道："早就不用那种方法了，现在全国都在采用最新的采矿方法。"接着，胡佛的话匣子好像是被打开了一样，他滔滔不绝地谈了起来，从采矿到石油，从航空到邮政……当

沟通的艺术

时，那些跟胡佛同坐一列火车的人都是有名望的人，但是胡佛对他们都不理不睬，却偏偏跟里尼提讲了两个多小时。

里尼提本来是一个默默无闻的记者，但是却因为跟胡佛总统聊了一个合适的话题，使自己成为了和胡佛总统话谈得最长的记者。看来，话题对谈话确实起着至关重要的作用。如果没有找到合适的话题，不难想象，谈话的结果一定不会很理想。

有效地控制话题，对说服一个人来说的确十分重要。苏格拉底以擅长言辞而著称于世，他创立的问答法至今有着经久不衰的魅力，成为谈话的一种经典方式。问答法的核心内容是，我们在与人谈话的时候，如果想要说服对方，当不可避免地要面临一些有分歧的话题的时候，我们需要就这个话题的共同点（相对于分歧）对话题进行控制，一步一步地使对方作出肯定的回答。这样，就可以使谈话朝着对我们有利的方向发展。

我们来看看说话高手是如何用这种方法成功说服他人的。卡尔是一家汽车公司的推销员，下面是他与客户的一次谈话。

卡尔："你好，有兴趣看一看我们公司推出的吨位为 4 吨的汽车吗？"

客户："实际上我们已经有一辆 2 吨的汽车了，而且这更加适合我们。"

卡尔："嗯，至少就目前而言，2 吨的汽车确实比 4 吨的更加划算些，是吗？"

客户："的确如此。"

卡尔："我是否可以知道，你需要的汽车的平均载重量是多少呢？"

客户："2 吨。"

卡尔："这是个平均数吗？"

客户："是平均数。"

卡尔："嗯，也就是说，你有可能用它来运超过 2 吨的货物，是吗？"

客户："是的。"

卡尔："如果装着超过两个吨位的货物在丘陵地区行驶，你的汽车承受的压力比正常的情况要大，是吗？"

客户："的确如此，而且这很正常，因为我们经常在丘陵地区行驶。"

卡尔："据我所知，冬天一般是汽车运营的旺季，是这样吗?"

客户："是的。夏天一般生意很清淡，冬天却经常超载。"

卡尔："不幸的是，丘陵地区的冬天一般都特别长。"

客户："是的。"

卡尔："那么，也就是说，你的汽车经常处于超负荷状态了?"

客户："是这么回事。"

卡尔："这自然会影响它的寿命，你说呢?"

客户："是的。"

卡尔："那么，你会不会觉得，如果你拥有两辆汽车，让 4 吨的汽车在旺季的时候运营，而让 2 吨的汽车在淡季运营，两辆汽车的使用寿命是不是都会延长呢?"

客户："好像是那么回事。"

就这样，卡尔随后得到了一个订单。但是通过这段对话我们可以看出，一开始客户看起来好像并不需要购买汽车，因为他已经有一辆了，但是这并没有什么。卡尔就巧妙地运用了说服技巧，让谈话朝着对他有利的方向发展，最后终于取得了成功。这就是控制了话题的巨大作用，这种方法对于我们来讲也同样有借鉴意义。

第四章　条理清晰的思路和方法

一针见血，直入主题

每个人的时间都是非常宝贵的，他们希望讲演者说话不要太啰嗦，要直奔主题。"魔术公式"相对来说很适合如今的快节奏生活，这个公式可以让你在很短的时间内打动听众的心。

第一次世界大战期间，英国一位很有名望的大主教到厄普顿军营中给那些将被派往前方作战的士兵讲话。可是，大主教却根本不顾及这些背景，反而对他们发表了一番关于"国际亲善"和"塞尔维亚民族应该占有一席之地"的演说。令人感到可笑的是，大多数士兵连塞尔维亚究竟是个什么东西都不知道。在这种情况下，他倒不如给他们辞行。令人感到欣慰的是，在整个讲演中始终没有一个士兵离开现场，这倒不是说他们被演说吸引住了，而是所有的出口都有宪兵把守。

我并不想贬损这位主教，这位学者。如果他发表的演说是针对一群宗教人士，很可能会博得一片热烈的掌声；但现在他面对的是即将赶往前线的军人，那他的演说一定会败得一塌糊涂。为什么呢？因为，他对自己的听众没有足够的了解，他更不明白自己讲演的真实目的。

任何讲演，不论自己是否清楚，目的一般不外乎以下四个：

（1）说服别人采取行动。

（2）把情况解释清楚。

（3）让别人信服自己。

（4）为人们带去娱乐。

对于这些不同的目的，我们从林肯总统一生的演说中可以明白。

林肯曾经发明过一种装置并且还获得了专利，但是几乎很少有人知道这件事。那是一种可以吊起来放在沙滩或其他障碍物中的船只的装置。他还曾制造过这种装置的模型。如果遇上熟悉的人正好路过，他便会一遍遍地讲解装置的构造。他讲解的目的，就是为了将情况解释清楚。

当他在葛底斯堡发表讲演时，当他发表就职演说时，当他为亨利·克雷的去世而致悼词时，增强自己在听众心目中的印象，让别人信服自己，就是他讲演的主要目的。

当他作为律师辩护时，其目的是使判决尽可能地对他的当事人有利。当他在为拉选票而发表讲演时，其目的就是说服听众付诸行动。

林肯在就任总统的前两年，曾就那项发明发表过一次讲演。那次讲演的目的只是为了给人们带来娱乐，遗憾的是，那次失败了。此外还有一次，他抱着同样的目的，在一个小镇上演讲，但是却没有一个人去听。

与以娱乐听众为目的的讲演相比，他在别的方面的演说却相当成功，其中一些被人们奉为演讲中的精品。为什么呢？主要是他对这些演说的目标非常明确，并知道自己该怎么做。

许多讲演者正是因为没能把演讲的目标与听众的目标联系起来，所以到了讲台上才会败得那么惨。

以前曾有一个美国国会议员在纽约马戏场发表演说，就在他演说的过程中，吼叫声和嘘声不断地从观众席上传出来，最后他不得不狼狈地退了下来。原因何在？因为这种场合很不适合做说明性的讲演，而他犯的正是这种错误。他将美国正在备战的情况讲给他们听，可听众要的是娱乐。起初他们还比较有礼貌地忍耐了 10 分钟，15 分钟，心里祈祷着他能尽快结束表演。可是他仍然不识趣，丝毫没有停下来的意思。最后观众再也忍耐不下去了。有的人喝起了倒彩，不久口哨声便四处响起，有的人甚至大喊大叫起来。但这个讲演者居然毫不识相，丝毫不明白观众此时的心情，试图劝观众安静下

沟通的艺术

来，这下可惹恼了他们，于是狂烈的抗议声愈来愈大。最后，观众的抗议声淹没了他的声音，他只能放弃努力，颓然地离开会场。

这位议员的故事非常值得我们引以为鉴。它告诉我们，讲演的目的必须适合听众的需求和当时的场合。这位议员如果在演讲之前认真地考虑自己演说的目标，是否适合自己将要面对的观众的目标，如此惨败的局面就不会发生了。

"劝说别人采取行动"，将是本节主要阐述的对象。不同的演讲目标，其所采取的策略和题材的组织方式各不相同，每个方面都有容易出错的地方和必须克服的障碍。

首先，让我们从组织讲演素材做起，以达到使听众采取行动的目的。

记得在30年代，我就与同事们就这个问题讨论过一番。当时，我的训练课程已经响遍全国各地。由于参加训练的人数太多，我们只得将每个学生的演说时间限制在两分钟之内。这个限制，对于只是以欢娱或说明情况为目的的演说，还造不成什么影响。但是，对于以鼓励听众采取行动为目的的演说就不一样了。我们仍然按照自亚里士多德以来为众多讲演家所遵循的模式——从绪言、正文到结论，最终的结果将是听众不会采取任何行动。显然，一些新的和与众不同的东西需要我们融入到演讲中，以便在限定时间内达到预期的结果。

我们曾经就这个问题，在芝加哥、洛杉矶、纽约请教过很多有名的老师。他们当中有的是知名大学的演说专家；有的在事业上已很有成就；还有的来自广告促销界。我们这样做的目的就在于：想利用这些不同背景人士的智慧，为说服别人采取行动的演说，设计出一种新方法，而且这一方法必须反映时代的需要，并合乎心理学的规则。

付出最终得到了回报。"魔术公式"终于在这些讨论中诞生了。于是，我们马上在演讲培训班上对它加以运用，而且一直持续到今天。实际上，这个"魔术公式"很简单，具体而言，就是首先以一个实例引出主题，通过这个例子将你的想法传达给听众；接下来就需要你尽可能详细而清晰地表明自己的观点；然后，陈述理由，也就是再一次强调，听众如果按你的话去做，将会有很大收益。

这个公式，与今天快节奏的生活方式很匹配。讲演人的绪论绝对不可以太啰唆。现在的听众最喜欢听率直的语言，因此你要一针见血地表明自己的观点。他们已习惯了简洁明了的新闻报道和类似于麦迪逊大街的那种广告。那些广告有一个共同的特点：语句简短而鲜明有力，那些广告词总是惜字如金，没有半点浪费。

我们相信，"魔术公式"一定可以帮助你赢得听众的注意力。它能让你的开场白不再啰唆无味，不再会说"由于时间太紧迫，我准备得不很充分"，或"当主持人邀请我时，我还在纳闷，他为何要挑选我"。要记住，你的这些道歉或辩解是不会引起听众的兴趣的，不论你当时是一片真心还是仅仅为了客套。而"魔术公式"却能帮助你从这种困境中解脱出来。

当你用这套公式论述观点时，你的故事会紧紧地控制住听众的注意力，你也不需要在一开始就将演讲的重点和盘托出，而是先让他们暂时陶醉在你的故事中，等到故事将要结束时，才恍然明白了你讲演的重点所在。如果你演讲的目的是希望采取行动，那么这一招就非常灵验。试想一下，如果一位讲演者为募捐活动做演说，他的目的是希望听众能捐助某一弱势群体，而这笔钱是等着急用的。假如这位演讲者一开始就说："各位先生、女士，我今天的目的是想要各位从口袋里取出 5 块钱。"结果听众肯定无动于衷。大家会以为这是一种欺骗行为，他们将会拔腿而逃。相反，如果讲演者一开始就将自己所看见的"儿童医院"的情形讲出来，并深情地讲述这样一个故事：在一家偏远的医院，现在正躺着一个幼童，他因为家里贫穷而无法动手术。如果各位好心人向这孩子献出一份爱心，这个孩子还可以起死回生。这样的表述肯定会得到听众更大的支持！由此可见，故事和实例对这类演讲还是很有效的。

下面是一个来自尼兰·斯通的例子，他又是如何运用事件或实例，最终使听众支持联合国儿童的救援行动的呢？

　　我希望自己再也不要为了这样的事情而奔走呼叫了。想一想，一个孩子挣扎在死亡边缘，这可以说是世界上最凄惨不过的事了。我也非常希望在座的每一位也永远不要为这些事操心了，更不要再如此的悲伤。但是，这样悲惨的事情还是发生了。就在一月的雅典，一个工人区被炸弹炸得千疮百孔，我亲眼目睹了当时的凄惨情形。我的手里只有半磅重的一罐花生，当我打开自己的援助物时，我被无数个衣衫褴褛的孩子包围了，他们疯狂地伸着自己的手。更有成群的母亲怀抱婴儿夹在当中……于是，在我的眼前又多了无数只皮包骨头的小手。我尽力分配那点救助物，试图救活每一个饥饿的孩子。

　　在他们发疯般的拥挤下，我几乎站立不住了。面对那一双双瘦小而可怜的手，我只能从一点一点地分，降到了一颗一颗地分。当那数百只手拿到援助物时，一双双眼睛里闪现出了希望的光芒……最后，我无助地站在那里，只剩下蓝色的空罐子还握在手中……哎，我再也不想见到这种情形了，希望它再也不要发生了。

　　在写商业信件或对员工和属下作指示时，也可以用这套"魔术公式"。母亲激发孩子也可以使用这种方法，当孩子们想从父母那里得到衣物时，这种方法也可以帮助他们更容易地获得满足。它是一柄心理利器，在平日里，你也可以用它向别人传达自己的意念。

　　"魔术公式"在广告界也被广泛使用着。最近在广播和电视上有一系列很不错的来自Ｅ电池公司的广告，其设计就是广告代理人根据这套公式完成的。广告的真实场景是这样的：广告一开始，主持人着急地说道，在一个伸手不见五指的深夜，某人被困在一辆倾翻的汽车内。紧接着，主持人请出来车里的受害者，让他向观众讲述一下自己死里逃生的经过，原来是车里的Ｅ电池手电筒发出的光亮救了他的命。接着，主持人道出了广告的重点——Ｅ电池是你在类似的紧急情况下的救星。这个故事是一件真人真事。无法想象，Ｅ电池公司究竟会因为这个广告增加多少销量呀！当然我管不了那么多，但就从其效果来看，"魔术公式"是名不虚传的好方法，它可以让听众按照你的意愿采取行动。

直截了当，陈述主张

在进行说服性演讲时，阐述实例在整个演讲中大约要占去 3/4 的时间。假如你的整个演讲只有两分钟时间，而现在你只有二三十秒的时间去向他们说明采取行动将给他们带来的好处。这个时候，你应该直截了当地陈述自己的主张。这一做法正好与新闻报道相反。新闻报道，首先要标明大标题，然后再陈述新闻内容，而演讲却是先较为详细地叙述内容，然后再强调采取行动的好处。

这个阶段有以下三点需要注意：

（1）陈述应简洁、明了。

通常情况下，人们只有在完全了解一件事情后，才会采取相应的行动。因此，你在演讲之前，最好先搞清楚自己想让听众在听了你的演讲之后采取什么行动。用最简洁明了的句子把你的主张写下来。"请为我们孤儿院的孩子们献出一份爱心吧"，那太不具体了。你应该说："我们今晚就为下个星期天的郊游野餐登记一下人数，有 25 名孩子需要我们的照顾。"又如，"要经常想到你们的爷爷奶奶"，这句话也缺乏明确性，别人听了根本不知道具体该如何去做。如果换成"这个星期天就去看望你的爷爷奶奶"，效果将完全不一样，别人听了马上就能明白自己应该采取什么行动。

（2）主张不应给人虚无缥缈的感觉。

无论你的主张是否会引起别人的反对，你在陈述自己的主张时，都要做到明确、具体，以便听众容易理解并采取行动。如果你的主张是要听众加强有关姓名的记忆力，就不要虚无缥缈地说："你们现在就开始加强记忆姓名的能力吧。"那样会让人们不知所措。而如果改成："从今天开始，每次见到陌生人的时候，都要努力使自己在 5 分钟之内，反复五次默念那个人的姓名"，效果将会更好。

详尽地告知听众你希望他采取的行动，要比泛泛而谈更能鼓励听众采取行动。

至于你是以肯定的语气，还是以否定的语气陈述自己的主张，则要看你具体主张的是什么了。并不是说在陈述主张时就不能采用否定的说法。当你规劝听众不要采取某一态度或做法时，或许否定的说法会更有说服力。几年前，有一则促销灯泡的广告是这样的："别跟在别人后面抢灯泡"，这里就运用了否定的说法，其收效很不错。

（3）将自己的主张推销出去。

什么是"主张"呢？整个谈话的主题、观点、要点就是"主张"。因此，你一定要尽力推销自己的主张，最终达到被听众接受的目的。报纸为了突出大标题，通常会采用很快就能映入读者眼帘的黑体字；你在陈述主张时，也应该为了加强听众对主张的印象，而调节自己的声调和语气。在陈述主张的时候，决不能有任何的犹豫或胆怯。一定要把这种说服性的态度坚持到底！

陈述理由使听众采取行动。

在这个阶段你要陈述让听众如此做的理由，仍然要做到简明扼要。当你要使听众愿意接受你的论点，就得激发听众按照你的意愿采取行动的动机。具体来说，有以下几点需要注意：

（1）理由应与例证相匹配。

在这一节，我们谈论的只是日常说话，因此你在强调采取行动的好处时，只需要一两句话就可以了。但必须要注意的是，你所做的强调，应与你所举的例子有关。例如，你告诉听众，自己因为买了一部二手车而省下了一大笔钱，所以你建议听众也去买二手车。这时，买二手车能省很多钱，便是你强调的重点。如果你谈的是二手车的其他方面的事情，那就偏离主题了。

（2）一次只强调一个理由。

许多推销人员为了能够卖出自己的产品，通常会向顾客罗列出一大堆理由。所以，你在讲话之前，也应当多储备几个相关的理由，以便及时补充你的论点。但必须注意的是，要从储备的理由中挑选最恰当的一个来支持你的整个论点。你向听众最后所做的强调，要力求干净利落。如果你能认真地研究一下精雕细琢的广告，相信你一定会从中学到一些有用的技巧。通常情况下，在发行量很大的杂志里，由于受限制的原因，广告只能列出很少的理由来说服读者购买产品。

清楚地表达自己的意思

每天，我们都会不止一次地发表通告式的谈话，向别人说明具体情况，或指示别人怎么去做某件事，等等。与说服别人采取行动的能力相比，清楚地表达自己意思的能力更为重要。

有一次，一位高级官员到一个调查委员会通报情况。他对演讲技巧可谓一窍不通，只知道不停地说，他的思路模糊，表达不清楚，让人听了不知道他要强调什么。下边的委员们开始坐立不安了。最后，一位来自卡罗来纳州的议员萨莫尔·埃文实在无法忍受了，他站起来说，演说者使他想起了一对夫妻的故事：

有位先生要与他的妻子离婚，特请了一位律师。当然，他自己也承认他的妻子无论在长相上，还是烹调手艺上，或是为人母，都是无可挑剔的。

"那你还离什么婚呢？"律师问。

"因为她每天都没完没了地说话。"那位先生回答。

"她都说什么呢？"

"我从来就不知道她说了些什么。"那位先生又回答。

许多演讲人经常会犯意思表达不清的毛病，结果使听的人也不知道他们在说些什么。

美国著名企业家欧文·杨指出，在现如今，具备清楚表达能力是非常有必要的。他说：

如今，人与人之间愈来愈需要协作，因此，彼此之间的交流是必需的。语言是传递信息、增进理解的主要工具，所以我们必须懂得怎样灵活地使用

卡耐基励志经典

沟通的艺术

语言。

拉威格·维赞斯坦曾说过：

如果你有思考某一事情的能力，则一定要思考清楚；如果你有说出某一事情的能力，则一定要表达清楚。

一次，威廉·詹姆斯教授指出，在一场持续一个小时的演讲当中，最好只讲一个论点。但最近，一位演讲人一上台便宣称，他要在短短的 3 分钟内，讲述 11 个论点，具体来说就是，每 16 秒讲述一个论点。即使这样做的后果不是很严重，但对任何没有经验的演讲者来说，论点太多注定会在很大程度上影响演讲的效果。这就好像一天之内导游要带领游客游遍整个巴黎一样。当然，这是可以实现的事情，但结果肯定是忙于赶路，而对于周围的景色却无暇顾及，乐趣何在呢？

许多演讲者都是因为想在指定的时间内创下世界纪录，才导致演讲不清楚的。他们好像高山上的羚羊，快速地从一个论点跳跃到另一个论点上。

如果你现在将要到"劳工联盟"发表演讲，千万别试图在短短的几分钟内囊括太多的论点，如联盟的诞生、任务的完成，或是解决了哪些纷争，等等。这样的做法千万不要采取！假如你非要这样做，那么听众只会对每个主题有个模糊的轮廓，听得糊里糊涂。

所以，明智的做法是只选择一个主题。你可以在有关劳工联盟的多个题材中挑选出最合适的一个来讲演。然后多方面收集资料，进而详尽地描述。这样的谈话不但能突出主题，而且还能给听众留下更深刻的印象。一次，我准备去拜访一家公司的总经理，当我站在总经理办公室门前时，门上一个奇怪的名字，顿时引起了我的好奇心。于是，我就问我的老朋友——那家公司的人事主任，是怎么回事。

"总经理的这个名字可以说是非常贴切的。"我的朋友说道。

"他的名字？"我问道。

"这是他的外号，叫'在何方'先生。"我的朋友回答，"因为我们总是见不到他的踪影。他的职位是琼斯家族给他的，所以整个公司的经营状况他根本不用操心。他几乎整天都会在公司里度过，但是他总是东跑跑，西看看，不是看营销部人员修理电灯，就是看速记员挑选纸夹等，但对于销售计划这一类事从来不去研究，所以办公室里通常不会有他的踪影，'在何方'的雅号就是这样得来的。"

许多演讲人不也跟"在何方"一样吗？本来他们可以做得很好，但就是因为抓不住要点，反而适得其反。你是不是在听一些演讲时，也有过这样的感受呢？

"他到底想告诉我们哪个观点呢？"

许多有经验的演讲者都有这样的毛病，也许其他方面也是他们所擅长的，从而使他们没有觉察到自己正在犯一个严重的错误。你一定要从中受到启发，在讲话时一定要把握主题。

题材的安排要有顺序性。

几乎任何一个题材，如果你能在时间、空间或特殊话题等方面做出恰当的安排，效果一定会增强很多。例如在时间方面，你可以按过去、现在、未来的顺序安排题材；或者先说一个时期的事情，然后再向前或向后叙述。此外，所有对事件的说明，必须以第一手资料为起始点。

在空间方面，你可以按先中心，后四周的顺序安排，或者按方向逐次介绍。如果你想介绍华盛顿，可以先从白宫谈起，接着按方向依次介绍每一个有价值的地方。

当然，有时你不得不考虑一下题材的"既定关系"，例如你想介绍美国的政府机构，最好按照行政机关、立法机关、司法机关等这样的习惯构架来讨论。

——列举要点。

在演讲的过程中，还要注意把要点一个个地列举出来，这样可以给听众留下一个鲜明简洁的印象。

你可以像这样简单明了地说："首先我要说的是……，'在你阐述自己的观点时，可以十分清晰地告诉听众，刚才所说的是你的第一个论点，接着是第二、第三……直到把你所有的论点说完为止。

曾经的联合国秘书长助理拉尔夫·班切尼博士，在纽约罗彻斯特的市政俱乐部发表过一次演讲。他一上去，就十分明了地说道：

"今晚，我的演讲主题是'人际关系的挑战'，其要点有二。第一是……第二是……"在整个演讲中，他都将自己的论点逐一地展示给听众，然后才进入结论阶段。

"因此，我们一定要相信人类行善的潜在力量。"

经济学家保罗·道格拉斯在运用这一方法时，将其稍微改变了一下：

"我今天所要讲的重点是……"他这样开始，"减少中下阶层的纳税，可以刺激经济快速复苏。"

"其次……"他又继续说道。

"再次……"

"还有……"

"其原因有三。第一……第二……第三……"

"总之，我们只有减少中下阶层的纳税，才能使群众的购买力得以增强。"

谈论自己的亲身经历

我白天经常不看电视。但是近来，我被一个朋友邀请去看一个在下午才演播的节目。那是一个为家庭主妇量身定做的节目，很受大众欢迎。他认为这个节目一定会引起我的兴趣，因此一再坚持让我看。事实的确是这样！看过几次之后，我开始喜欢那个节目了，并且我也很赞同主持人的做法：他能够调动起观众发言的积极性。我很注意他们说话的方式。一看就知道，那些人不是职业演说家，更没有接受过沟通艺术方面的训练，其中一些人的语法也不正确，可是他们却讲得津津有味。他们并没有感到任何恐惧，而且很具吸引力。

他们是怎样做到这一点的呢？其中的技巧我已经在训练班里运用多年了。这些单纯而普通的人们吸引了观众的眼球，是因为他们将自己作为谈论的对象：自己那些难过的事情，美好的时刻，或是遇见自己的妻子或丈夫的经过。什么绪论、正文和结论他们根本没有想过，他们更不会思考什么用字措辞或语法结构等。然而他们却能引起观众的兴趣——完全陶醉在他们的描述中。

我们前面提到过，年轻男女通过讲述自己的亲身经历，致使那个电视节目充满了趣味性。因为他们谈的都是自己熟悉的事。

多年前，在芝加哥的希尔顿饭店，训练班的教师们举办过一次聚会。中途一位学员站起来发言，开头是这样的：

在人类字典中最伟大的思想，要数自由、平等和博爱了。没有自由，生命将无法延续。试想，如果人没有行动的自由，那样的生活将会是怎样的呢？

当他一说到这儿，老师就让他停了下来，并问他有什么证据或亲身经历可以证明他刚才所说的话。于是，他给我们讲了一个非常生动的故事。曾经的他是法国的一名地下斗士。他告诉我们，纳粹的统治给他和家人带来了很多磨难。他非常鲜明而生动地描述了他们逃过秘密警察来到美国的经过。他的结束语是这样的：

今天，来这家饭店时，我经过了密歇根街，我感觉到了随意和自由。警察也不会再注意到我这个从他身边经过的人。进饭店，我也不用出示身份证。我可以在会议结束后按照自己的意愿，到芝加哥的任意一个角落。因此，请相信，自由值得我们追求。

全场爆发了热烈的掌声，听众都起立为他鼓掌。

一个演说者曾这样说过：如果将生命的启示作为诉说的内容，听众绝对会喜欢听的。可是事实证明，使演说者接受这个观点并不那么容易——他们常常不用个人的经历，认为那会给人琐碎、局限的感觉。他们宁愿翻天覆地地去找一些再普通不过的概念及哲学原理。遗憾的是，那里空气稀少，凡夫俗子根本没办法呼吸。生命和自我是人们共同关注的话题，因此，当你将生命对你的启示作为诉说的对象时，听众自然会产生很大的兴趣。

据说，爱默生特别喜欢听别人谈论生命的启示——不论对方多么普通，因为他认为任何人都可以教给自己东西。恐怕关于成人谈话我比谁都听得多。坦白地说，当一个讲演者将生命给他的启示当做谈论的话题时，即使这个启示再琐碎与微不足道，我都会感兴趣的。

现在，让我对这一点进行一下说明。数年前，我们当中的一位教师特意针对纽约市立银行一些从事工作多年的官员们安排了当众说话的课程。自然，这些人整天都事务缠身，常常感到充分准备是件困难的事。他们一生都在运用自己的思想和信念，从特定的角度进行思考。40 多年了，他们一直在积累谈话素材，然而，他们当中一些人就是想不到这一点。

一个星期五，一个与上级银行有关联的先生，这里暂时叫他杰克逊先生——来到训练班，发现在座的一共有 45 人，而他要发表什么呢？之前，他曾走出办公室，买过一份题为《弗贝杂志》的报纸。在来联邦储备银行——上课所在地的地铁上，他读了一篇题为《10 年成功秘诀》的文章。他阅读的目的，并不是因为自己感兴趣，而是在课上轮到他演说时必须有点说的。

一个小时后，他从座位上站起来，想引用那篇文章的内容，从而引起不同的反响。可是，结果是注定了的。

他还没有将文章的内容消化掉，"想要说"的东西还没有完全吸收。是的，他只是"想要说"而已。尽管他很努力，但是他的仪态和声音都表明他所讲的东西很空洞。如此这般，他又怎么能期望赢得听众的赞美呢？他反复地提起那篇文章，说作者是怎样说的。他的演说，使我们感觉印象深刻的只有《弗贝杂志》，而关于杰克逊先生自己的东西实在是太少了。

等到他讲演结束后，老师说："杰克逊先生，那篇文章的作者并不在我们眼前，因此我们对他不感兴趣。可是，我们对你及你的看法很感兴趣。给我们讲讲你自己的想法吧，不要谈论别人怎么说。自己的东西才是最好的演说素材，下星期请继续讲这个话题好吗？再仔细阅读一遍这篇文章，看看自己是不是赞同作者的观点。如果是，就从你自己的角度出发，来说明这一观点。如果你不同意，请向我们说明为什么。将这篇文章作为你演讲的起点。"

杰克逊先生后来又仔细地读了一遍那篇文章，他发现自己并不赞同其中的观点。他在自己的记忆里不断地搜索，以发现可以证明自己不同观点的事例，他根据自己做银行主管的经验，经过推理来证明自己的看法。第二个星期，他的讲演就富含了自己的信念。他不再重复那篇杂志，而是在自己的亲身经历中，提炼了属于自己的观点。

现在你可以推测一下，哪场讲演更具强烈的冲击力呢？

一次，有人请我们的教师将初学演说者所面临的最大问题写在小纸条上。经过总结，我们发现，"引导初学者如何选择适当的演说题材"是上课初期最常遇到的问题。

什么题材才是适当的呢？假如你以前有过一些生活经历和体验，并从中提炼出了自己的观点，那么那个题材就适合你。如何去搜索题材呢？到自己的记忆里搜索，找那些有意义的而且能给你留下深刻印象的事情。若干年前，我们曾调查过那些能够吸引听众的题材，发现有关个人背景的题材最吸引听众，例如：

早年与家庭、童年、学校生活有关的题材，一定很受听众的欢迎。因为别人在成长过程中如何克服困难的经历，最能吸引我们。

不管什么时候，只要有可能，你都可以将自己的一些经历安排在讲演中。一些精彩的戏剧、电影和小说以及他人早年遭遇不幸的经历，都可以作为取材的对象。但是，我们怎样做才能判断出别人会对自己的经历发生兴趣呢？有个办法可以做到。如果某件事情在多年之后依旧非常清晰地印在你的脑海中，那差不多就可以确定听众会感兴趣了。

早年为寻求发迹所做的奋斗，是很有人情味的。例如，重述自己以前的奋斗史，也能引起听众的注意力。你从事某种特别的工作或行业的经历，或造就事业的过程，都很具吸引力。同时，在这个充满激烈竞争的世界中，你创业过程中的挫折、你的希望以及你的成功，都是听众所喜欢听的。其实，一个人的生平，可谓是最保险的题材了。

个人的爱好和娱乐——这个题材，依人而定，也是很不错的题材。最不可能出差错的题材，就是讲一件纯粹是因为自己意愿才去做的事。由嗜好引发的热忱，对你清楚地讲那方面的事情是很有好处的。

当然，当自己在一个特殊的领域里成为专家后，再谈论自己多年的经验或研究，也是一个很不错的题材。

不寻常的经历通常能引起别人的注意。你曾见过一些名人吗？你有过在战火下冒险的经历吗？你有过精神颓废的经历吗？这些都是很好的演说材料。

信仰与信念也是不错的演说材料。或许你曾努力地思考过，应该对当今世界所面临的重大事件抱什么态度。如果你曾花费许多精力来研究这些重大事件，自然可以将它们作为谈论的话题。不过在这样做时，一定要有能说明自己信念的事例。抽象而空洞的讲演听众是不会喜欢听的。千万不要轻易地从报章杂志里寻找可以谈论的题材。如果自己对某个题材知道的没有听众多，就最好不要说。但是，如果你为了研究一个问题花费了多年的时间，那肯定就是你应选择的题材了。

仅仅在纸上机械地写一些文字，或者背诵演讲稿，或从读过的报章杂志里抽取没有自己任何感想的观点，都不能算得上是在为演讲做准备，真正的准备必须是从自己的脑海及心灵中深掘而来的。不要对那里面有没有题材表示怀疑，材料肯定是有的，丰富的素材正等着你去发现。不要认为这样的题材属于个人问题，太没有分量，听众会对它们不屑一顾。其实，与我听过的许多职业演说家的演说相比，这样的讲演更能使我快乐和感动。

只有从自己的生活背景中找题材，才能全心地投入，快速而轻松地学会当众说话。

谈论听众感兴趣的事情

将自己的主题建立在听众最感兴趣的事情上，也就抓住了听众的注意力。如果你能这样做，就肯定能激起听众的兴趣，沟通起来也会畅通无阻。

罗素·康维尔几乎多达 6000 次演讲过著名的《如何寻找自己》。你或许会想，总是重复这个话题，讲演者应该熟记于心了吧？每次讲演的字句、声调等都应该相同吧？实际上，情况并非如此。康维尔博士深刻地认识到，每次的听众其知识程度与生活背景都是各不相同的，所以他认为每次的演讲都必须给听众独特的、活灵活现的感觉，演讲是为他们而安排的，并且是专门为他们安排的。

他是如何在一次次主题相同的讲演中，将讲演者、讲演与听众之间的关系处理得这么好呢？"当我访问一个城镇时，"他写道，"我每次都是尽可能提前到，好去拜访一下邮政局长、理发师傅、旅馆经理、学校校长、牧师等，如果有时间，我还要去一下店里，了解一下当地人的情况，然后我才选择适合当地情况的话题，开始演讲。"

通过康维尔博士的例子，我们可以得出：演讲者所选的素材能否成为听众的一部分，以及听众是否能成为其讲演的一部分，将决定沟通的成功与否。所以，尽管《如何寻找自己》被讲过上千次，但我们却发现不了这上千次的演讲之间有重复的地方。康威尔博士思想聪敏、洞察人性、勤奋细致，才使得将近 6000 场题材相同的讲演，场场给人以新鲜、活生生的感觉。这个例子足以给你启发：准备讲演时，一定要将听众装进脑子里。抓住兴趣，赢得成功。

康维尔博士很注意从听众的兴趣出发。在他的讲演里，经常可以发现当地人的谈话和实例。听众正是因为这个原因才喜欢上他的讲演的。如果你能做到从听众的兴趣出发，并抓住他们最感兴趣的事情，听众就一定会全神贯注地听你的演说。埃里克·琼斯顿曾经担任过美国商会会长，现在是电影协会会长，他的每场讲演都很注意运用当地人的兴趣。下面是他在俄克拉荷马大学的毕业典礼上的演说：

各位俄克拉荷马人：

大家都很熟悉，有些人最喜欢造谣生事了。不久以前，他们还造谣说俄克拉荷马州就如不毛之地一样永远没有希望。

传说在30年代，很多乌鸦都绝望地对其他乌鸦说，如果你没有携带足够多的口粮，最好不要到俄克拉荷马去。

他们认为，将来俄克拉荷马一定会成为新美洲沙漠的一部分，再也不会有什么发展了。然而到了40年代，俄克拉荷马却发生了翻天覆地的变化——一再被百老汇吟诵赞美。他们说这里"每当太阳在雨后重新普照大地，微风阵阵吹起，麦穗便随风摇摆起来，阵阵芳香更是扑鼻而来"。这个长久干旱的干燥地带，在短短的10年间，竟成了一大片玉米地，玉米秆长得又高又粗。

这就是信心的力量——当然也有不可避免的失败……

但是，我们也可以这样说：不管以前的情况如何，在我们的时代里，所有美好的愿望都有可能成为现实。

所以，我在来这里演讲之前，将1901年春季版的《俄克拉荷马日报》档案阅读了一遍，希望能在这50年前的事实中找到一些有用的东西。

俄克拉荷马的未来就是我从中发现的最引人注意的一件事，同时我也发现希望是我们最应该强调的。

以上这个演讲，就是演讲者从听众的兴趣出发的最佳例证。埃里克·琼斯顿根据听众的兴趣设计了自己的演讲，因此成功地吸引了听众的注意力。同时给听众一种非常真实的感觉。

你不妨自问：你的演讲主题对听众有什么益处？能否给他们带来帮助？能否实现他们的目标？然后再开始你的演说，效果必然会很好。如果你的职务是会计师，你的第一句就应该这样说："我今天要教给你们怎样省下50～100元的税款。"如果你的职务是律师，你的话题就应该是如何立遗嘱，听众一定会听得全神贯注。无论如何，都要保证你的话题对听众有所帮助。

在《思想的酝酿》一书中，詹姆士·哈维·罗宾森曾把幻想形容成"一种来自自然而相当受欢迎的思想"。他接着说道："在幻想中，我们的意念可以按照自己的路径任意遨游，由我们的希望和恐惧而定，自然欲望的实现与幻灭；喜、恶、爱、恨、憎、怨，都是这些路径的依据。每个人最感兴趣的永远都是自己。"

许多人之所以不能很好地与人交流，主要原因就在于他们谈论的只是自己感兴趣的事情，这怎能不让人感到无聊透顶呢？他人的兴趣、事业、高尔夫成绩、成就都可以成为你们谈论的好话题——如果对方是位母亲，她的孩子也将是一个不错的题材。如果你能这样做，你将成为有效谈话的高手——尽管你说得并不多。

在我们训练班举行的一次宴会上，费城的哈罗德·杜怀特发表了一场相当不错的演说。他谈到了在座的每一位，一一回忆了各位在刚开始参加训练时是如何讲话的，之后又是怎样改进的。他模仿其中一些同学的演讲，充分运用夸大的手法，逗得所有的人哄然大笑。像这样的材料，就注定了其成功的必然性，是最理想的题材。可见，杜怀特先生非常懂得如何去把握人性。

多年以前，有一件令出版界感到惊讶的事——《美国杂志》的销售量急增。其中的秘诀就在于已经离开人世的西德达办理杂志的科学理念。我刚刚认识西德达时，他正是这家杂志的"趣味人物"专栏的负责人。我为这个专栏写过几篇文章，一天，我们之间进行了一次长谈：

"自私是人的本性，人们只对自己感兴趣。政府是否应该把铁路收归国有并不是他们所关心的问题，如何获得晋升，如何提高薪水，如何保持健康，才是他们最希望知道的事情。如果我是总编，我会告诉读者怎样保持牙齿健康，怎样科学洗澡，怎样在夏天避开炎热，怎样找工作，怎样应付员工，怎样购买房子，怎样可以增强记忆力，怎样避免语法错误等诸如此类的问题。他人的生平故事总是能引起人的兴趣，所以我将邀请一些大富翁讲讲他们在房地产事业上发财的经历。我还要邀请一些地位显赫的银行家及大公司的总裁，谈谈他们白手起家的历程。"

不久以后，西德达果真成了这家杂志的总编，当时杂志的销售状况不太乐观。西德达上任之后，立即将自己的上述构想赋予了实际行动。在这一改革下，杂志的销量与日俱增，20 万份、30 万份、45 万份、50 万份……成绩越来越好，因为杂志的内容非常符合普通百姓的需要。不久，杂志的月销售量上升到了 100 万份，之后是 150 万份、200 万份。但这还不是销量的极点，之后好几年销售量一直都在上升。原因就是西德达抓住了读者的兴趣。

因此，当你下次当众演说时，想一想听众此时最想听什么。讲演者如果置听众的感受于不顾，听众很快就会表现得烦躁不安、局促不安，不住地看手表，目光不时地投向出口处。

第五章　示之以弱而乘之以强

耐心地听完对方的抱怨

一个老头儿怒火冲天地站在柜台边，这时，纽约电话公司的青年调查员布鲁莫站在老头儿的旁边，不知道自己该说什么。后来，布鲁莫成了西部电力公司的经理。布鲁莫从这个老头儿的一连串咒骂中发现了一个将来会帮助他成功的策略。

原来，这名暴怒的旅馆主人曾给电话公司写过一封对电话公司的服务不满、措辞严厉的投诉信。因此，公司指派布鲁莫来调查情况，解决这个问题。

布鲁莫说："听说我是电话公司的调查员，他的脸变得与那封信一样的阴沉。"

让老头儿把火山爆发一样的怒火归于平静就是布鲁莫此次的任务。这次，他偶尔用了一个好方法。他是这样描述的："忽然，我决定闭嘴了，让他痛快淋漓地往下说，我就站在一旁静静地倾听。终于，他埋怨完电话公司的服务，我只稍微说了几句动听点的话。在我说完之后，他拍拍我肩膀说：'年轻人，虽然我很讨厌那家电话公司，然而，你的话还真是挺对的。'

"于是，我说：'谢谢，可如果您不表示已经满意电话公司的话，我就回不去了。'

"他说：'好吧，我答应你，以后，再也不往你们公司写投诉信了，你看行吗？'

"后来，他还真那样做了。从这件事中，我学会了一个非常重要的教训：

尽量让一个人发泄出他的愤怒；要让他用语言把大部分怨恨发泄掉。"

通常情况下，大部人都会夸大自己的愤怒，在受了委屈后，人们往往会产生一种幻觉。事实上这是虚荣心使然，不是他们的"自尊心"受了委屈，就是他们想用愤怒显示出自己的威风。

因此，无论他有多凶狠、愚蠢，我们只能像布鲁莫一样，静静地听他说个够，以此向他表示我们愿意了解他，这样才能让他平静下来，即便我们不能同意他的做法，也应表示我们的同情。

差不多所有人都不会轻易认错，所以，你要花上许多时间才能让他们认错。一旦他们到了某种状态，想让他们回去就很难了，这是他们的"自尊心"使然。如果我们在起初就让他们知道他们有多愚蠢，那么，无意之中，我们就是在让他们顽固地坚持自己的观点。可是，如果我们一开始就表示我们很同情他们，很尊敬他们，我们就会很容易地让他们遵从我们的意见。

我们在推销产品或试图让他人做事之时，会碰到一些意外的挫折，这时，耐心地听完对方的抱怨就是一种很棒的对策。

博登和巴瑟在他们合著的书中说过："一名出色的推销员是善于根据他事先料定的反对意见来调整自己的用词的，有时，这甚至会比原先的话更有效。"拥有这项本领，我们不但能让他人信任我们，还能探知他们的意图，从而使对方的反击力度有所减弱。

假如他十分顽固的话，这个方法就相当有效了。除此之外，我们还能赢得思考如何对付他的那些反对意见的时间，这点也是十分重要的。

当他人反对我们时，最聪明的办法就是，在开始的时候就让他说出反对意见，这样，我们就可以早一些了解对方的真正意图，想出办法去应对。

约翰·帕特森甚至会在一些十分紧迫的时刻仍坚持让每个人都有机会说出自己的想法，比如，当他要强行实施某种计划而不惜以开除下属相威胁时；当他顶住所有反对的声音召集所有不良管理者，警告他们如果再不改正就马上辞退他们之时，等等。尽管他知道自己基本上不会听这些意见，但是这也没什么大不了。帕特森曾说："我总是喜欢让他人先把他们的反对意见说出来。"

当我们必须与反对意见争个高低时，这几乎是最明智的做法了。如果我们想平息反对的浪潮，这种方式是最有可能实现我们期望中的合作的。如果我们一定要说服他人，以顺利实行我们的计划，这个策略依然十分重要。

菲德舒兹被称为纽约电气事业的"沙皇"，他是官方的劳工纠纷仲裁员，他曾说过自己是如何对付员工们的愤怒和倾诉的：

"召集了争执不停的双方之后，我发现，他们都渴望他人的同情。我不是说我要承认哪方是对的，从而让他们感觉到他们的处境让你十分同情，而是承认他们的话是有倾听的价值的。如果他们的山羊被人牵走了，那么，就替被牵的山羊说几句惋惜的话。

"私下调解也好，合法仲裁也罢，倾听是我一贯的态度。我鼓励双方说出所有他们想说的话。我从来不禁止他人讲话，无论他们说得对还是错，无论他们说的话是否离题，我也从来不拒绝他们，也不轻易断言。

"没错，这是非常重要的。这样一来，双方不但有了一个公平的地位，还能让他们有自己被得到公平处置的感觉。每次即将结束调解时，我都会问他们是否还有话要说，不等他们自己承认那些纠纷已经得到解决，我早就把我的裁决准备好了。"

可能是因为许多人倾诉时都希望赢得他人的"同情"吧，因此许多长于统治的人就对这一点十分清楚，常常对那些情绪不对的下属表示真切的同情，从而让他们感觉他是可以亲近的。

戈瑟尔斯将军在开凿巴拿马运河时曾设立过被称为对"行政界一大打击"的著名的"星期日法庭"。在他手下的三万多人都可以把他们所有的不满发泄出来。

撒姆尔·夫克兰在担任鲍德温机车公司总经理时，认为"容忍职工心中的不满"是他最主要的任务，这样便可以使每一名雇员都觉得他是十分和气的。

萨宾是纽约保证信托公司的董事长，他曾说："我的办公室永远欢迎任何一名工人，我甚至可以暂停手头十分重要的工作来接待他们。"

为了能让每名有申诉愿望的职工都能马上见到他，英国大出版家诺斯克利夫爵士不但在办公室，还在伦敦的家中设立了一个能接待职工的固定电话。他还宣称是由自己或他十分信任的秘书来拆开信件。当信件比较多的时候，他总是先处理下属的信件。

这些聪明人时刻准备倾听下属的申诉。这种做法往往能让人们那颗敏感而被夸大的愤怒之心平静下来，这就是"兵不血刃"的道理。

比如，诺斯克利夫爵士运用的处理下属信件的策略就取得了十分理想的效果。实际上，6个月里，他收到的抗议信件还不到6封。

聪明人通常能预知并阻止发生申诉与反对意见的各种机会。可当这些事情不可避免地发生之后，聪明人最先用耐心听对方诉说的方法来对待他人，以表示自己愿意了解他，十分尊重他的意见。

对反对意见作些让步

海·约翰斯·哈蒙特被称为世界上最伟大的矿务工程师。让我们来看看他寻找第一份工作时的情形。他毕业于耶鲁大学，又在德国弗莱堡做了三年研究工作，现在，他要找工作了。

他想去找美国西部的大矿主威廉·仑道夫·赫斯特的父亲——参议员琼斯特。

哈蒙特只运用了一个小小的策略就找到了工作。

据福布斯说，那位参议员十分顽固，是个很现实的人，他从来都不信任那些长得十分斯文只能一味地讲理论的矿务工程师。所以，他粗暴地对哈蒙特说："我之所以不满意你，就是因为你曾在弗莱堡研习过一段时间，你的脑子里肯定充满了一堆理论。我可不需要什么文质彬彬的工程师。"

哈蒙特立刻接着说："我想跟您说个事儿，当然，这不能告诉我爸爸。"参议员点了点头。哈蒙特说："其实，在德国，我没学什么东西。"

于是，这位参议员马上就和他约定："那好，你明天就过来工作吧！"

在一个固执的人面前，哈蒙特怎么就能非常轻松地达到自己的目的呢?

事实上，他运用了一个非常普通的策略——被很多商界人士称之为"小让步"的策略。

在上文中，我们说过，倾听对方意见，以示即便我们不能同意，但仍很尊重对方的态度。这是应付一些意外的反对意见的最好办法。

可在某种情况下，我们还需要更进一步：先作点让步，才能控制那些反对意见，即"退一步海阔天空"。

聪明人在面对反对意见时，总能尽可能地作出让步。每当发生争执时，他们常常会想：如果在这方面作些让步，于整件事情是否有损呢？

通常情况下，他人会与我们争执那些他们以为对我们非常重要的问题，就像那位参议员对哈蒙特的偏见一样。发生这种事情时，对方只是想让你尊重他，使他的"自尊心"得到满足罢了。

一次，电气总公司董事会主席欧文·扬听说，他手下的一名年轻职员对公司很不满，因为他以前曾经十分成功地完成过一项工作，但他感觉自己并没有因此而得到更多的信任。他认为扬独占了所有荣誉。扬的助理凯斯告诉了我扬是怎样处理这件事情的。扬只是简单地退让了一步，他写信给那位年轻人，说："年轻的我们总会觉得他人根本不能全部认同自己的工作。可是，随着我们渐渐地成熟，我们会感觉到，其实，是他人过分信任了我们。"

李·艾维是美国著名的顾问，他是一位很有见地的人。查尔斯·施瓦伯、石油大王洛克菲勒以及其他许多声名显赫的聪明人，经常向他咨询一些重要的决策。前不久，他还非常妥善地处理了一件十分棘手的事件。

当时，李·艾维正在英国，他想邀请著名的阿斯特夫人参加位于纽约派克路的阿斯特利亚宾馆的奠基典礼。

阿斯特夫人说："十分抱歉，你只是想替那家宾馆做广告才邀请我的，我不能去。"

接下来，李·艾维的回答让她很是吃惊："没错。"

但他又说："可是，难道你就没有收获吗？借此机会，你可以接近更多的群众。"于是，他给她详细地介绍了这个典礼，说将会通过收音机向全国广播。而且，他保证只要她到场，她无须发表任何演说。之后，他又再三表达了他们的诚意。结果，这些话让阿斯特夫人愉快地应邀参加典礼。

从中，我们可以很容易地看出，李·艾维的方法之所以能产生作用，就在于他从一开始就坦白地承认了阿斯特夫人拒绝邀请的理由，在这一点上，他作出了让步，随后，又迎合她的意愿，最终成功地邀请到了阿斯特夫人。

斯朋特曾如此描述战时英国首相劳合·乔治的"圆融的劝诱术"。在别人都以为他不会成功时，他总能取得胜利。他懂得在适当的时候作出一些牺牲，以赢得全局的胜利。

有时，甚至需要创造出一个让对方获得一些小胜利的局面。我们可以故意准备一些并不影响全局的枝节来让对方对之反驳，我们则就此退让一步。就是因为这样，一位芝加哥广告商才故意在一只猫的脖子上画了一个让人哭笑不得的红圈儿。

一家大锅炉公司的经理将要来鉴定那只已经画好的猫，一见到这幅画，他就怒火冲天地喊："去掉那个红圈儿！"于是，广告商不动声色地去掉了那个红圈儿，之后，他就再没挑剔过什么。这是这位经理生平第一次如此迅速地认可一幅画，没再提出什么苛刻的修改要求。

因此，无论何时，只要可以做到，应对反对意见的最佳方法就是：同意对方的意见。在小处让步，我们就能争取大局上的胜利，有时，还须暂时完全收回你的意见。

不要过于较真

在罗斯福取代麦金利成为美国总统之后，亨利·弗莱秋想去华盛顿拜见罗斯福。

和西班牙战争时代特迪的众多骑士一样，弗莱秋不想错过与罗斯福相见的机会。前不久，他讲了自己在白宫与罗斯福见面时的情形："我的老朋友微笑着站在那儿，与从前在圣地亚哥时一样。

"他的手臂搭在我的肩膀上，对我说：'哦，你想要什么？'

"当他这样问我时放声大笑起来。可是，我想，他是在用笑来掩饰一些之前的不愉快。也许，我跟好多急于尝试政治生活的骑士们是不同的……因此，我也笑着说我什么都不需要。

"他好像松了口气，说：'不可能！在那些人中，你可是唯一的人才了，他们不是做了官就是进了监狱。'

"他对我的拜访感到十分满意，我知道，如果我提出与其他骑士一样的要求的话，我马上就能达到目的。可是，我想，如果我一无所求地告辞的话，我们之间的关系一定会更好。所以，我就此告辞了。我带着那本西班牙字典回了钱伯斯堡，开始准备今后的外交事务。

"大约一年后，我从报上得知，政府想派遣首位美国驻古巴大使，我想我的机会来了。我懂西班牙文，而且我想我早就表示过，我很熟悉古巴。在这种情况下，其他事就不难办了。于是，我又来到华盛顿，把我的想法和之前的学习经历告诉了他，于是，我又有了一次与他前往古巴的机会。"

正是通过这种方法，亨利·弗莱秋才能出任美国驻古巴大使，步入其悠久而光荣的外交生涯。

在感觉到罗斯福心中暗藏反感时，他能适时退出，再寻合适的机会。这才是罗斯福十分赏识他的原因。

我们在生活中经常会遇到这样的阻碍。也许是因为时机不够成熟而引起了对方的反感，在这种情形之下，聪明人便会马上退让。在处理某些事情时，小小地退一步反而能达到我们渴求已久的目的。这就是"以退为进"的道理。

基尔·布莱克是著名的保险业推销员。他曾说过，从这种诀窍中，他学会了一种重要的手段。"一天，为了推销保险，我闯进了一个写字间，结果，写字间的那个人颇有兴致地对我说，他已经在早晨见了四个保险推销员，我是第五个。所以，我便对他说，我明白他肯定不想听我说话。"

他说："是的，你倒挺聪明，我还没说，你就明白我的想法了。"

没过多久，当他再次拜访这个人时，就成功地拿到了订单。

亨利·弗莱秋说："我对他人想做的事没什么兴趣，但是，我经常会研

沟通的艺术

究他人在想什么，以作为我做事的参考。"这就是整个让步策略的要点。

这些聪明人主要是想让他人自愿地听他们的话，让他人有兴趣与之合作。当然，有时也避免不了会产生一些反感和冲突，但这并不是多么可怕的事情。只要时刻想着尊重他人，满足他人的需求，那么，你的诚意将会感动任何一个通情达理的人。但是，如果你刚愎自用，对他人的意愿随便地加以践踏，那么，你最终会为自己的固执付出代价。

如果你碰到了与你的事业发展密切相关的问题，那么无论你运用什么策略，最终都是为你自己的事业服务，以获得最大利益。

"一战"后，当克莱·门索主张在凡尔赛宫召开和平会议时，他得知劳合·乔治与豪斯上校更希望在日内瓦召开和平会议。于是，他就回避了这个问题，而是说留待将来讨论，因为他需要有布置自己的活动计划的时间。最终，他胜利了。

凡尔赛宫

大部分人都十分不愿意被勉强而让步。因此，推销员在每一次接触顾客时，一定要注意不要露出勉强他人的态度。你最好让他有机会端正自己的观点，以维护他的尊严。因为这些人往往会在事后觉得他的反对根本没有道理。由此可知，在当时，他的确是因为要强撑面子才会固执己见的。如果当时你能让他有马上自己改正意见的机会，那么，就可以很容易地解决问题。

柯南道尔是塑造福尔摩斯这一著名侦探形象的作家。在他第一次把戏剧权卖给号称"戏剧界的拿破仑"的查尔斯·弗罗曼时，曾附加过小小的限制，即：戏里的福尔摩斯不能与爱情有什么联系。

当时，弗罗曼一口气答应了这个条件。

但弗罗曼并没把这个条件告诉后来被聘将柯南道尔的小说改成剧本的威廉·吉勒特。于是，为了迎合美国观众的心理，吉勒特在其中加了点儿浪漫故事。

一年后，弗罗曼和吉勒特在英国会见了柯南道尔，将吉勒特的剧本交给他。但弗罗曼一点儿都没提那些恋爱的故事，终于，柯南道尔认可了这个剧本。

在这种情况下，弗罗曼故意避开了阻碍。在对方完全明白整个事实的真相后，这种阻碍也就不会起什么作用了。但是如果弗罗曼一开始就对柯南道尔说自己在其中加了一些爱情故事的话，柯南道尔肯定会想起之前自己的那个限制。事实证明，那个限制是不大合理，甚至是有点儿可笑的，这会让柯南道尔很尴尬，很可能就会造成这样的后果：要么弗罗曼彻底胜利，而使柯南道尔在面子上过不去；要么就是柯南道尔为了自己的面子而一味坚持之前的限制，这样事情肯定会陷入僵局。

"一战"时期驻比利时的大使布兰德·怀特罗克曾说："如果对许多问题不闻不问，自然就能够解决。正如许多信件一样，你把它放那儿不动，就等于已经回信了。"

的确，曾经有一位聪明人有一个特别的抽屉，那个抽屉里尘封着许多难以回答的信件，这就是一个避免争辩的最好的解决方法。

请问对方"您的高见是……"

纽约房地产商威廉·哈芒卖出过总价值超过 2 亿美元的房子。一次，他为了说明推销员的禁忌，就举出了一个大家都知道但总是忘记的例子。他对詹姆斯·戴利欧说："我想告诉你，推销员最大的禁忌就是与人争论。争论就是一种竞争，而你肯定不想在竞争中失败，是不是？"

如果你一定要迫使他人承认自己的错误，你往往会一无所获。也许，只有那些没有经验的新人或蠢材才会采取这种笨方法。

我们可以发现，许多真正的聪明人总会十分谦虚地请他人评判自己的意见，并因此使他人赞成自己。因此，管理大师莱芬维尔就会说："在我看来，那句机智的'您的高见是……'要比其他呆板的说法更有效。"

富兰克林影响过数千万人。在他年幼还住在费城时，就已经明白这一点。

与很多机智敏锐的年轻人一样，他十分骄傲，总是带着一种自信自傲的神气与他人说话。有一天，一位老人当面将他的这一缺点指了出来。

他说："你的所有意见对每一个与你意见不同的人都是一种打击。因此，谁也不喜欢听你说话，你的朋友们甚至觉得你不在时他们会更愉快。无疑，这是一件糟透了的事情。"

这句话大大打消了这位未来领袖的气焰。后来，经过认真的反省，他把自己的处事方式重新作了调整。

他立刻采取了一个完全不同的方法，他自述道："我用谦虚的态度表达我的意见，当我碰到一些可能引起争辩的话题时，我坚决不会使用'当然'、'无疑'这样一些表示肯定语气的话，而通常采用'在我看来'或'也许，我想是这样'或'据我想象，应该是这样的'或'如果我的看法是正确的话，那么，应该是这样的'等说法。"

富兰克林又说："在我发表自己意见，并想获得他人赞同时，这种习惯是很有好处的……我用谦虚的态度说出自己的意见，经常能增加我发言的机会，减少碰壁的机会……

"正是拥有这种习惯，所以，我才能影响我的人民……事实上，我是一个蹩脚的演说者，我没什么辩才，总是木讷地寻找一些合适的文字，发音还总不标准。不过，尽管如此，好在我还可以勉强表达我的想法。"

当然，某些时候，绝对、独断的见解有利于使我们的意见和计划易于让他人接受。我们知道，许多聪明人都是为了这个目的而引用它们的。

在某些情况之下，辩论确实是很有必要的。比如，律师上法庭为当事人辩护时，就需要与人争辩，抓住一切可能的机会击败对方。在这种情况下，你真正要折服的对象正是听众。

在两个乐于辩论的朋友之间，也许，对双方来说，一场"辩论"是有益而又使人愉悦的。那时，这就不是辩论，而是研究了。比如，威尔逊总统曾经一口气问了爱德华·博克一小时的问题，使博克只能支持与他自己的观点截然相反的意见。可到了后来，博克却大吃一惊：威尔逊告诉他，他改变了主意，在刚才的争论中，他能从另外的角度去观察这个问题了。

可是，这种策略在引起相互谅解上能起多大作用呢？这还是值得思考的。

总而言之，我们完全可以预料，他人也许会在一些问题上与我们意见不同，如果是这样，又有什么关系呢？

一名反对罗斯福的几项政策的新闻记者评价罗斯福道："如果想与他维持友谊，你不用时刻与他保持一致。当你与他意见不合时，他会说：'亲爱的朋友，你到这儿来与我争论这个问题，真是太好了。你是个很聪明的人，可是，我们在这点上有分歧，我们谈点别的事情吧。'

"于是，他就在你不知不觉中诱惑你放弃自己的想法，去接受他的意见。"

运用这种策略的例子简直太多了。

比如，在召开和平会议时，克莱·门索第一次与威尔逊见面，豪斯上校回忆道："他们都十分小心地绝口不谈那些会让谈判分崩离析的问题。"

休琴斯也说过："克利夫兰是一个绝妙的倾听者，当他的意见与来客的意见相反时，他也会礼貌地倾听客人把话说完。"

爱尔兰人帕内尔是英国政治史上最有权力的领袖之一。也是因为运用了同样的策略，他才能在旅行美国之时得到爱尔兰籍美国人的资助。在遇到各种挫折时，他总会采取这种倾听的策略。

有时，我们可以运用豪斯在日记中提到的方法来表示反对意见，那就是："当你想说出自己的反对意见时，你最好保持沉默以克制自己的情绪，

沟通的艺术

而倾听他人的谈论。"

不管那些聪明人运用哪些方法去控制他人，我们都可以发现，避免辩论是他们共同的策略。他们用迎合他人的意愿和防备反对意见来作为感化他人的策略。

不妨拿自己"开涮"

在某种情形之下，我们常常要面临如何拉近人与人之间距离的问题。这种特定情况是：我们面对陌生人，或是向熟人介绍自己的新想法。

有一种处理策略对我们有很大的益处，可我们都经常忽略它。而许多聪明人则常常能够利用这个策略，以获得显著的效果。

威尔逊初当新泽西州州长时，一次，他参加"纽约南社"举行的一次午宴，别人介绍他是"未来的美国大总统"。自然，对他来说，这是一种抬举。

讲了几句开场白后，威尔逊说："我感觉自己在某个方面与别人给我讲的一个故事中的人物特别像。我的一位朋友与一些人去加拿大钓鱼，其中的一位先生想尝尝名叫'松鼠'的威士忌酒。据说，只要喝了这种酒，就会壮着胆子去爬树，这也是'松鼠'酒之所以被称为'松鼠'的原因，他真是勇敢啊！

"这位先生喝醉了，在和别人一起坐火车时弄错了方向，原本他应该去北边，谁知他却上了南下的火车。

"他的伙伴想把他弄回家去，就给那列往南的火车上的管理员打电报说：'请把那个叫约翰逊的送到往北的火车上来吧，他喝多了。'

"列车管理员马上回了电报：'请告诉我他们的处所，车里有 3 个人，他们既不清楚自己的姓名，也不知道自己的目的地在哪里。'

"我的确是知道我叫什么的，可我不能像你们主席一样，确实知道哪里才是我的目的地。"

听众听了哄堂大笑。接着，威尔逊讲了一个他擅长的有意思的故事。

听众十分兴奋，心中十分愉快。威尔逊征服了他们。

然而，当时在座的发笑的人也许没有几个人真正知道自己有了什么变化。

人们认为值得一笑和能让人开怀大笑的笑话都是说笑话的人在拿自己打趣。

可威尔逊不仅要让听众们笑一下，事实上他是用一个最有力的方法来赢得了人们对他的支持，消除了原有的隔阂。他牺牲了"自我"，提高了他人的"自我"。

每当胜利者在接触人时，就进行自嘲或自批，这种事多常见啊！人们可以从中得到充分的愉悦，至少在当时，他们有一种比他更优越的感觉。

华盛顿的道斯副总统有一种能吸引群众的本领。他运用了各种策略，努力扩张自己的权力，把原本只是一种象征性的工作变成了一个十分重要的职务。他所运用的策略之一就是"经常在演说时讲一些他遇到的无数的笑话"。

有一天，菲斯克牧师意外地发现，听众们对他那天的布道显现出前所未有的诚恳，连他自己都感到十分奇怪。后来，他在一次布道中发现，当他开始在无意中说牧师们"装模作样"，致使很多人都不想去教堂，或者神圣的文字"未必总是真实的"，或者牧师们总是喊"宗教的口头禅"十分起劲，但实质上并没有什么进步，这样下去实在是很危险的事等类似的话时，观众的反应总是特别好。

这位聪明的牧师正是以这种有意批评自己的态度抓住了观众。

同样，著名的黑人领袖华盛顿因为体味出人们对他的反感，便开始"牺牲自己的种族，讲了个偷鸡的故事"，结果获得了意想不到的成功。

珀欣将军也是一样，当他在墨西哥边疆花了大量时间都一无所获时，一位穿红衣服的哨兵在众多新闻记者面前看了他一眼，说："将军，据我所知……人们已经包围了我们的村庄。"他却愉快地跟着别人大笑起来。

诺斯凯是美国航务局前任主席，也是一位广告商，有上百万的家产。一次，他恭维对他有敌意的理事会说："各位，我是一个广告员，一名犹太人，因此，你们得好好照顾我才行。"

沟通的艺术

　　赫金斯是一位优秀的执行官，后来他当了芝加哥大学的校长，当时他才30岁。可他在第一次向报纸公开发表自己的谈话时，却告诉人们要留意他的两大缺点：第一，作为一个30岁的人，他的学识太浅薄；第二，在许多地方，他都要依赖他的助手（代理校长）。这些话帮了他不少忙，在他开创自己新事业的路途上，使他克服了许多危险和困难。

　　平庸的人几乎不会用这种强有力的策略。他们只知道在哪儿显示自己有多伟大，或是有多聪明能干，然后嘲笑身边的人。

　　于是，像我们说过的那样，一位真正的聪明人的目光是很高远的。他以控制他人、扩展自己的影响力为目的。而自己则谦虚地退居幕后，让他人大步向前是他们的原则之一。

　　一次，一位有名的商店经理马克诺希南说，男人和女人都只是"长大了的小孩"而已。这句话切实地道出了做领袖的要旨。在任何时候，一位聪明人都不会只关注自己的感觉，他们看待众人就像在看长大的孩子一样，他关心他带给人们的是什么样的感觉。

　　自嘲或者自我批评是培养领袖风范的最有效方法，它不仅能赢得人们的友谊，还能化解仇怨。

世界传世藏书

【图文珍藏版】

卡耐基励志经典

[美]卡耐基·著

刘凯·整理

第四册

线装书局

第六章　潜移默化地掌握局面

没有人喜欢被强迫

你是否更愿意相信自己提出的观点，而不是别人早已提出的观点？如果是的话，把自己的意见强加于人是不是个错误的决定？为他人提供建议，让他人做出结论，不是更明智吗？

费城有位赛尔兹先生，他是一家汽车展销中心的销售经理，也是我讲习班上的学员。他忽然发现有必要给那些意志涣散、精神委靡的汽车推销员灌输一些工作热情。他召开了一个销售会议，要求他的员工准确地说出对他的

费城

期望。当他们谈完后，他就把员工的意见都写在黑板上。然后他说："我可以给你们所希望得到的，现在，我想我也有权说说我对你们的期望。"他很快就有了答案——忠心、诚实、乐观、进取、合作及每天 8 小时的热忱工

作。这次会议使员工们得到了新的勇气、新的激励，一位销售人员还自愿每天工作 14 小时——而且赛尔兹告诉我，公司的销售量也有了很大的提高。

"我和他们做了一次精神上的交易，"赛尔兹说，"在我对他们竭尽所能的同时，他们也必须尽最大的努力。跟他们商谈他们的愿望和需要，那才是他们愿意接受的。"

没有人喜欢强迫自己或是被人强行派遣去做一件事情。我们都喜欢随心所欲，我们喜欢谈我们的愿望、需要和想法。

以威逊先生为例，在懂得这个道理之前他损失了上千美元的佣金。他的工作是向那些设计师和面料生产商推销图样。3 年来，他几乎每个星期都要去纽约拜访某位著名的设计师。"他每次都接见我，"威逊说，"可他从来没有买过我的图样，他只是仔细地看我的图样，然后说：'不，威逊先生，我想我们今天还是不能成交了。'"

经过 150 次的失败后，威逊意识到自己一定陷入了一种心理定式。于是，他决定每星期利用一个晚上的时间去研究如何影响人的行为，以及如何建立新的理念，产生新的热忱。

他决定换个新方法。于是，他带着几张尚未完成的图样去拜访那位买主："如果您愿意的话，我想请您帮我一个小忙，请看看这几张尚未完成的图样，您能否告诉我，怎样做才能适合您的需要？"威逊说道。

这位买主仔细地看了一会儿图样，没作任何表示，最后他说："威逊先生，你把图样放在这儿几天，到时再来找我。"

3 天后，威逊又去了买主那里，在得到他的建议后把图纸拿回去按照买主的建议去修改，结果怎么样呢？这笔交易做成了。

从那以后，这位买主又从威逊那里订了 10 张图样，也都完全是按照他的建议修改的。"我认识到为什么这么多年来，我一直没卖出东西给他，"威逊说，"我总是强迫他买我认为他需要的图样。现在，我完全改变了想法，我请他提供他自己的意见，这使他感到他在创造自己所需要的东西。他的确是这样做的。现在，不用我要求，他就会自动向我订购图样。"

运用同样的技巧，一位 X 光仪器制造商把一批机械仪表卖给了布鲁克林市的一家大医院。这家医院准备扩充一个新的部门，要设置一套全美最好的X光仪器，而负责此事的L医生已被推销员们包围了，每个人都赞美自己公司的产品。

然而，有一位制造商比较聪明，他比其他人更了解人性。他给L医生写了这样一封信：

敝厂最近制成一套X光仪器。这种仪器的第一批货已运到我们办事处。我们知道，它们并不完美，而且我们也想改进这种仪器。所以，我们恳切地邀请您能抽时间来参观，在如何使它们更好地为您的系统服务方面提出您宝贵的意见。我知道您平时工作繁忙，请您告诉我指定的时间，我很愿意派车来接您。

"收到那封信后，我感到很奇怪，"L医生在课堂上讲述了当时的情形，"我既吃惊又高兴。以前，从没有X光仪器生产商询问过我的意见，他的做法使我感到自己很重要。那个星期的每晚我都很忙，我发现，自己对这些仪器研究得越深入，对它就越喜欢。为了看那套仪器，我还取消了一个对我来说很重要的晚餐约会。

"没有人向我推销，但我觉得替医院购进那套仪器是非常有必要的。我自己已经验证了它的高品质，于是我决定买下它。"

当威尔逊总统在白宫执政时，赫斯上校在国内和国际事务方面都发挥了重要作用。与其他内阁成员相比，威尔逊总统更愿意与赫斯上校秘密交谈。

在影响总统方面，赫斯上校究竟用了什么方法呢？幸好我们知道，赫斯上校自己曾向亚瑟·D·豪登·史密斯透露过原因。而史密斯则在《星期六晚上的邮件》一文中引用了赫斯的话。

"在我了解了总统之后，我便知道，改变他的想法的最好方式就是将某种想法不自觉地植入他的脑海中。要使他感兴趣，就要让他从自己的角度来考虑。我第一次运用这个方法纯属偶然。那天我去白宫拜访他，并针对一项政策提出自己的建议，他似乎并不赞成。在几天后的一个晚宴上，我却吃惊地听到他向人吹嘘那个建议，而且还说那是他自己的意思。"

赫斯是否打断他说："那不是你的主意，是我的主意。"不，那不是赫

沟通的艺术

斯。聪明的他不会那样做。因为他不求居功，只求结果。所以，他让总统感觉到那个建议就是他自己的意思，赫斯甚至还公开地赞扬总统想出的这些主意。

记住，我们所接触的每一个人都和伍德罗·威尔逊有着相同的人性特征。因此，我们不妨借鉴赫斯上校的方法。

使对方觉得那是他的主意

记住，别人或许完全错了，但他们并不这样想。不要斥责他们，只有蠢人才会那样做。试着去理解他们，只有睿智、宽容、优秀的人才能做到这一点。

如果你对自己说："如果我站在他的立场上，我会怎么想，会有什么样的反应？"你就会既节省了时间，又免去了烦恼。因为"越能理解他人这样做的原因，也就越可能接受这样做的结果"。而且，除此之外，你处理人际关系的技巧也会大大提高。

"停下一分钟，"肯尼恩·M·古德在《点人成金》一书中提过，"把你对自己事情的关心程度和对他人的淡然漠视作一个比较，这样你就会知道，世界上其他人也都是如此。然后，你就可以跟林肯、罗斯福一样，把握住人际关系的稳固基础，成功地处理人际关系，以同情的态度站在别人的立场上来考虑问题。"

我习惯在离我家不远的一个公园里散步、骑马，我像古代的高卢教徒一样，对橡树充满了狂热的喜爱。所以，当我看到小树和灌木丛被烧毁时，就会感到非常痛心。这些火灾不是由粗心的吸烟者造成的，而是由那些来公园游玩的年轻人造成的。他们在橡树下烤法兰克福香肠，或者煎蛋。有时候，大火烧得非常凶猛，必须要消防队来才能扑灭。

公园的偏僻处有一块儿警告人们不许纵火的公告牌，上面说，如果纵火将被罚款或坐牢。但这块儿牌子放在公园里人迹罕至的地方，很少有人能够注意到。公园里的警察似乎在维护公园治安，但他们却一点儿也不尽职，任由火灾一年年发生。有一次，我匆匆跑去告诉他有大火正在公园里蔓延，希望他通知消防部门。他却冷淡地说这不关他的事情，因为那不是他的辖区。自此以后，每当我来公园骑马，便自动履行保护公共财产的义务。起初，我从未顾及孩子们的想法，当我看到他们在树下生火做野餐时，我很气愤，急切地想主持公道，却做出了错误的举动。我以一种命令的语气去警告他们，说他们会因纵火被罚款或被抓进牢里，如果他们拒绝，我就威胁他们，说要把他们抓起来。我只是发泄了自己的怒火，却完全没有考虑到他们的想法。

结果如何呢？他们遵从了——很不情愿并充满怨恨。我一离开，他们又会重新起火并试图把整个公园都烧掉。

又过了几年，我学到了一些处理人际关系的知识和技巧。后来，我能站在别人的立场上来看事情。于是我不再命令他们，而是走到燃烧的火堆旁，开始这样说：

"过得很愉快吧，孩子们？你们的晚餐想要做些什么？……当我还是个小孩子时，我也喜欢点火。现在，我仍然喜欢。但你们知道，在公园里这样做是很危险的。我知道你们不想做任何坏事，但其他人不会像你们这么小心。他们来这里看见你们点火，于是他们也点一堆，回家时却没有把火扑灭，当火在于树叶中燃烧起来时，树也会被烧死。如果我们不小心的话，这里将不会再有任何树木，你们也会因纵火被抓进牢里。可我不想粗暴地打扰你们，我喜欢看到你们高兴。但你们能否把叶子离火远一点儿，在走之前用土把火苗盖起来呢？下次你们想找点乐趣时，可不可以在山那边的沙坑里点火呢？那儿不会有任何危险……非常感谢，孩子们，祝你们愉快！"

这种谈话方式与以往相比，其效果是多么的不同凡响啊！它使孩子们很乐意合作，且没有反感和怨恨。他们没有被强迫服从命令，还保全了面子。因为我是从他们的观点出发来处理问题的，这让他们和我的感觉都很好。

哈佛大学商学院院长迪安·多纳姆说："跟一个人会谈前，我愿意在那人办公室外面的走廊上来回走上两个小时。这样就会避免在我贸然闯入他的办公室时，没有一个完美而清晰的思路，也可以使我在回答他的问题时，能

沟通的艺术

激发他的兴趣。"

如果你读了这本书之后，只得到一样东西——一种更多地站在他人的角度去看问题的趋势，从别人的角度而不是你自己的角度——如果你能从本书中学到这一样东西，那么它也将会使你的事业更上一层楼。

让他人不知不觉上套

著名漫画家纳斯特给威廉·鲁道夫·赫斯特画了一张让后者不太满意的漫画。对此，赫斯特感到特别失望。

我们知道，如今的赫斯特已拥有 23 家报纸、12 家杂志，是著名的出版商。而在当时，他只在旧金山有一份报纸罢了。

有一次，适逢著名漫画家纳斯特来旧金山，赫斯特就想请他以漫画的形式帮助自己完成一个非常重要的计划——为了保险起见，他想发动人们敦促电车公司在电车前面装上保险杠。

可纳斯特替他画的第一幅画却令他不太满意。

怎样才能让纳斯特画出一幅真正的作品呢？那张失败的漫画肯定是要作废的，他必须让这位著名的漫画家重新画一张。可是，如何才能让纳斯特心甘情愿地为他重画一幅漫画呢？据温可勒的记载："一天晚上，在他们共用晚餐时，赫斯特大大夸赞了那幅漫画。接下来，他又说：'这儿的电车已经造成许多孩子或死或残。有时候，我觉得那些开车的司机就像吃人的妖精一样，根本不像人。他们好像从来不会思考，总是直接冲向那些当街玩耍的孩子们。'纳斯特跳了起来，惊讶地嚷：'天啊，先生，我保证可以画出一张出色的漫画，请把原来的那张撕掉吧，我重画一张。'"

于是，纳斯特兴高采烈地在宾馆挥舞着画笔，一直到深夜。第二天，他果然送来了可使电车公司屈服的杰作。

由此可知，实际上，纳斯特是在赫斯特的诱导下主动请求重画的，还按照赫斯特的想法辛苦了大半夜，重新画了一幅画。在纳斯特看来，他还以为自己在无意中有了一个绝妙的构思呢！赫斯特就是这样不动声色地用这种暗示的方法把自己的思想植入到纳斯特的头脑中去的。这个方法很常见，因为人们总是尽可能地去表达自己的思想。因此，如果你想让他人愉快地接受你的意见和计划，最好是让他们相信一切都源自他们自己的创作，而不是沿袭他人的思路。无论是对付我们的上司还是下属，这一策略都能满足他人的"自尊心"，让他们感觉到自己的重要。

这种用巧妙的暗示方法让人上套的事情简直数不胜数。

泰勒是一位著名的工程师。他也曾对自己的雇员使用过这种方法——让他们以为是他们自己构思出了那些别人逐渐灌输给他们的思想。

莱芬维尔是他的一个很有才干的手下。他说："泰勒对于自己的目的是十分明确的。他淡泊名利，只是想做好工作。而实际上，这种策略却让他以能感化他人而闻名。"

林肯主持白宫时，也是采用的这种策略，才使得一位很有能力的政治家查尔·撒姆纳听从他的指挥。林肯很巧妙地利用了他的虚荣心，让他相信是在他的谋划下，那些内阁们早有定论的议案才得以执行的。后来，格兰特继任林肯做总统时，就没有林肯这种高超的驭人技巧，对查尔·撒姆纳，他就有点儿无计可施了。

很多人都不愿意承认他人曾对自己的计划提过哪怕是多么微小的建议，这是一个很明显的道理。然而，在对付他人时，如果其他方法都不奏效时，你可以运用一下这个策略，放手让他人参与到我们的计划，这样不知不觉中，他就走进了我们的圈套之中。

巧妙地向他人灌输思想

威尔逊主持白宫时，只有豪斯上校能真正地影响总统。总统很少采纳他人的意见，有时根本不给别人进言的机会，而却能经常采纳豪斯上校的建议。史密斯这样记录豪斯的口述：

豪斯自己说："自从我认识了总统，我就发现，如果你想让他听从你的安排，你最好利用一个偶然的机会把这个计划事先以某种方式告知他，让他对此产生兴趣。这样，他自己就会思索。这是我在一个偶然的事件中发现的。一次，我去白宫拜访他，提出了一系列政治方案，当时，他很不赞成。但是，几天以后，他却把我的建议作为他自己的想法在一次宴会上发表出来，这让我非常吃惊。"

威尔逊

后来，豪斯一有什么意见，他就如法炮制，使总统认为那就是他自己的想法。于是，豪斯为总统做了很多计划，使他赢得了民众的拥戴。

比如，1914 年春，威尔逊曾慎重地赞同豪斯提出的积极参与第一次世界大战的计划。

但是，在 1915 年豪斯从巴黎写给威尔逊的信中却称这是威尔逊个人独创的计划。豪斯详细记录了与法国外交部长的谈话，在谈话中，他称是总统大无畏的勇气和先见之明才产生了整个计划。

也许就是因为这个特长，豪斯才能在把握住自满的威尔逊的同时，也能把握住其他人。

1912 年，最终获胜的民主党国家委员会的一位委员曾记载过豪斯上校的一段事迹。当时，虽然豪斯上校在总部的地位并不高，可所有人都承认，在那次竞选中，他才是最大的功臣。

豪斯经常会走进一间办公室，与你平和地说几句话，在他离开后，你总会忽然想起一个主意，然后把这个主意说给你的朋友或上司听，并受到他们的赞扬。可是，过一段时间，你就会察觉，那些思想其实是他在不知不觉中灌输给你的。他就像神枪手打靶一样，总是能给你灌输特别准确的思想。

上述行为便是在威尔逊执掌白宫时期，豪斯上校运用的主要策略。"这是一种从来未曾为办公室以外的人所运用过的力量，这是一种任何政治领袖或内阁大臣都没有的力量。"豪斯上校确实是一位"移花接木"的大师。

莱芬维尔是著名的管理工程师，我们来看看他是如何对待那种我们在日常生活中经常会遇到的刚愎自用的人的。莱芬维尔想说服一个分部负责人更换一种新式指数表，而这个负责人拒绝在自己的部门作任何改变。

莱芬维尔叙述这件事情时说："看来，我得想个法子了。我夹着一个新式的指数表去找他，手里拿着一些文件去征求他的意见。当我们讨论文件的内容时，我不断地把指数表从左腋换到右腋，如此反复。终于，他问我：'你夹着什么东西？'"

我随意地说："哦，是这个么？这只是个指数表而已。"

"我看看行吗？"

我假装要走，对他说："你不会想看这玩意儿的，这是专门给其他部门用的，你们用不着。"

"但我确实想看看。"

于是，我又故意装作很勉强的样子，给他看那个指数表。在他仔细端详这个指数表时，我非常随便但十分详尽地向他介绍了它的功用。

终于，他大喊了一句："谁说我们用不着？见鬼！我找这东西可找了好长时间了！"

就这样，莱芬维尔故意掩盖了自己真实的意图，巧妙地解决了这个棘手的难题。

这个聪明的人也曾和我们一样，因为不懂得如何运用正确方法而陷入过困窘之中。他对我们说，他的太太曾经嘲笑和责备过他，因为他想指导自己的太太如何高效地管理家务，节省时间。后来，他略施小计，才让太太乖乖地听他的话了。

比如，当他想让太太换一种洗衣方式时，他就会看似无意地说他是如何在公司解决类似问题的，从而让太太自己去思考。这样要比他直接说教有效多了。他太太自己也说："这招很管用。"

很多人都为自己的建议得不到认可而烦恼。在莱芬维尔看来，这是因为他们在向上司提意见时没有使用这种策略。他说："我们必须先思考一下自

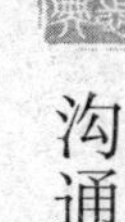

己的方法是否正确，然后才能向那个双眼放光、头脑顽固的老古董老板提意见。"

聪明的人都知道，通常来讲，让他人采纳你的建议没什么报酬，也谈不上愉快。但他们追求的是一种驾驭他人的力量。聪明的人经常愿意牺牲自己可以得到的名声，而使自己的主意能够执行下去。只要他人能完全采纳他的建议，他就会感到满足。

可里夫兰水压炼钢厂的创始人福斯特就是这样。如果他想在工人中间施行一个计划，哪怕这个计划是明显有利于工人的，他也会事先在一些工人心中播下"意见的种子"，让工人们相互讨论，让他们以为是他们自己提出的这个计划，而他只是帮个忙而已。

麦克·汉纳是美国最权威的政治领袖，在 1896 年召开的共和党会议上，他力扛所有的反对意见，将那条著名的"黄金党纲"收入到政纲之中。这一成功是颇费了一番周折的。当时，他警告政纲委员会的人说，如果他们不支持"黄金党纲"，他就会反对他们准备选为总统的麦金利！汉纳强硬地表达了自己的观点，给委员会的人施加了巨大的压力，最终取得了成功，不负他的追随者们的拥戴。

因此，如果你想要他人按照你的意见去做，那么，就让他们以为是他们自己提出了这个意见，并绝对信任他们，这才是最好的方法。这样，他们就会信心百倍地去执行你的意见了。

不给对方说"不"的机会

前不久，我曾向芝加哥著名的印度印刷所唐纳里父子公司的经理唐纳里请教过这样一个问题："你认为什么才是人际交往中最聪明的方法？"

于是，他讲了地产商弗利西根的故事。

唐纳里讲，地产商弗利西根准备帮唐纳里公司买一块儿地，还制定了最高价格标准。

这份共有八块儿地的地产属于八位业主。

于是，弗利西根先将这几块儿地的定买权买下来。

可八位业主的要价却两倍于唐纳里愿意支付的价格。很明显，在那些业主第一次开价时，弗利西根并没有还价，而是非常爽快地接受了他们的开价。

有人问弗利西根："这样做是为了什么呢？"可他并不表态，仍去购买土地的定买权，直到买到了八位业主的土地。

接下来，他把八位业主请到他在芝加哥的信托公司。他对那些人说，他们的开价太离谱。他提醒他们："也许，这是出售地产的唯一一次机会了。"他又告诉他们，公司方面能提供为这些土地提出的总价目，希望由他们自己去分配。

唐纳里说："这是我所知道的最聪明的办法了。"

于是，弗利西根几乎没有任何麻烦，没耽误一点儿时间就办妥了一件十分难办的事情。

在预定之时，他用一个标定的价格让那八位业主自动出售了自己的地产。他也运用了一个著名的推销方法。

起初，对每一位业主，他都抱定一个原则：尽量以他们应允为原则，避免他们提反对意见，先接近他们。

为了顺利完成其他交涉，便于日后的交涉，他先和八位业主分别进行了谈判，使他的意见能为他们所接受，这个工作是很重要的。

奥弗斯特在其所著的《有影响的人类行为》中，对这个方法有着十分生动的描述。他称这种方法为：获得肯定回答的艺术。他说："我们得到他人愈多的'是'，我们就愈能为自己的意见争取主动权。推销商品也好，其他的一切需要使他人信服的事情也罢，这一法则都很有效。这一法则的目的就是初步了解他人的需求。"

他在这本书中讲述了一个书商的故事，用来说明这种"获得肯定回答的艺术"。现在，我们来看看这个故事。

一个书商走上一级台阶，穿过一扇半掩的门，看见了屋里的女主人。

如果他不太聪明的话，他会直接问："你想买一套美丽的故事书给孩子吗？"

她肯定会说："不需要！"然后就用力把门关上。

可是，聪明的推销员是不会以这种方式开始与他人谈话的。他说："太太，你有一位少爷和一位小姐在中心小学读书吧？"

"是啊！"

好！这样就可以了，在不知不觉中，他已经接近了女主人。虽然，他不一定能从太太这里拿到什么订单，可是，至少他已经有了一个良好的开端。

当别人说"是的"或心里这么想时，我们就已经接近他了，因为我们非常了解他的需求，还特别尊重他。因此，他也同样会关注我们，并表现出十分温和的态度。

但是，当对方说"不是"或者心里在拒绝之时，事情就不一样了，当我们的问话看似与他一点儿关系都没有时，就相当于我们并不关心他想要什么，他肯定会生气的。

如果别人以"不是"回复了我们的建议，这就说明他认为已经没有继续谈下去的必要了。他的立场和"自尊心"都源于此。因此，有时，如果我们与他人打交道时得不到对方一个"是"的回应，我们最好想方设法地不让对方说出"不是"这个词。

我们都知道在加里与卡内基的努力均告失败后，查尔斯·施瓦伯成功地让摩根买下卡内基钢铁公司的方法。施瓦伯先准备了一个宴会，摩根为客，他则为演说者，在这种情形之下，摩根只好听他说而没有说"不"的机会，更没有时间去想怎样去说"不"。

通常情况下，让他人得不到发表的机会是非常危险的。因此，尽量让对方开口才是明智的选择。可是，一旦遇到像摩根那样的人，他相信自己已经完全洞察我们的想法并且拒绝我们的建议，在这种十分困难的情况下，就只能被迫采用如上策略了。

胡佛也曾采用过类似的策略使劳合·乔治采纳了一个有关战时比利时财政计划的重要建议。

据维里夫说："在读了胡佛的备忘录后，劳合·乔治认为这一建议并不合适，就请胡佛过来，想告诉他自己的意见。"

对于乔治可能有的态度，胡佛早就做好了准备。因此，在与乔治谈话之前，他就先让乔治陷入他的重围之中。在乔治准备给胡佛泼冷水之前，胡佛就很仔细地将他的想法和动机，以及计划的必要性与执行的方式向乔治进行了解释。他不断地陈述自己的想法，乔治根本插不进嘴去。乔治也只能听着……胡佛明白什么时候适合说话，什么时候应保持沉默，他很清楚，这次应该是劳合·乔治听他说话。

就在胡佛仍在滔滔不绝地说话时，劳合·乔治就已经改变了先前的主张。胡佛停止说话后，乔治静静地坐了很长时间，才说："本来，我请你来是想告诉你这件事情是根本行不通的。可现在我觉得可以实行，而且应该实行。因此，我会立即作一些必要的安排。"

胡佛就是发现自己在不能让乔治说"是"时，而立刻采取了第二个对策：阻止乔治说"不是"。

但是，在通常情况下，没有必要运用这种过于强迫的方法。在事情的开端就得到对方肯定的回应，也不是一件非常困难的事情。

在处理类似事情时，我们应该把自己置于"是"这一情景之中，将对方可能采取的反对意见铭记于心，同时，还应牢记我们所熟知的对方的观点。

乔治·霍普金斯是美国推销员协会的创始人。他曾说过，通常来讲，一名出色的推销员都是一个非常感性的人，而且，还有一个特点，就是能够判定顾客是否会买他的产品。当他感觉到顾客有此需要时，他肯定能做成这笔生意。因为，人的感觉是会传染的。

地产商威廉·哈蒙十分成功。有一次，他就与詹姆斯·特利安一起讨论过这个策略。哈蒙说："以肯定的说法开拓自己前程的销售员才是最好的销售员。比如，已经卖出八千块儿地，而我还想卖出一块儿地。我肯定会把有关这块地的价值的材料准备好，如置备一处房产的重要性、付款的方式等，然后才去拜访对方。

"于是，等我见到他后，我就会对他说：'嗨！史密斯，你是不是特别想

买一块儿地？我听说你们夫妇想建一幢房子，没有什么比这个更能吸引人的了。'

"接着，我就从他们的立场来阐述买下这块地有哪些好处。然后，我只需请他在空白的申请书上签个字就行了。

"可是，如果我对他说：'嗨！史密斯，你认为自己根本买不起一块儿地，是吗？'

"他一定会回答你说：'正是如此。'如果他这样说了，你再怎么说都没用了，因为如果你说他买不起，他就会认为的确如此，这样的话，其结果就是：他与你一样，都有胜利的机会。"

第七章　良语一句胜千言

首先要了解对方需要什么

到了夏天，我常常去缅因州钓鱼。我很喜欢吃草莓和奶油，可是我知道，鱼爱吃小虫。所以，每当我钓鱼的时候，我不会想我想要什么，而是想它们想要什么。我不会以草莓或奶油作饵，而是在鱼钩上挂一只蚯蚓或蚱蜢，然后说："你不想吃它吗？"

在我们与别人交往的时候，为什么不效仿这种策略呢？

劳埃德·乔治是一战期间英国的首相，曾有人问他，当其他战争期间的领袖威尔逊、奥兰多和克里蒙梭等退位后很快被人遗忘时，他是怎样保持自己的高位的？他答道："如果非要将这件事归功于什么，很重要的一点就是：想要让鱼咬钩，就得给它合适的饵。"

在这个世界上，唯一能打动别人的方法就是：关注别人的需求，且告诉别人如何才能去获得。

当你要求别人做一些事情时，请你记住上面的话。比如，当你不想让你的孩子吸烟时，不要责备他们，不要说你希望他怎么样；你可以提醒他，如果他吸烟，将影响他加入篮球队，或不能使他在百米竞赛中获胜。

其实，这不仅仅在孩子身上，甚至在小牛、猿猴等动物身上也能派上用场。

例如，爱默生和他的儿子想把一头小牛牵入牛棚，他们只按自己的想法去做，他儿子在前面拉，爱默生在后面推。但这头小牛也像他们一样凭自己的感觉行事，它也只想自己的需要。所以小牛倔犟地绷紧双腿，说什么也不离开草地。后来，一个爱尔兰女佣看到了他们的窘境。虽然她不会写散文和书，但至少在这一刻，她比爱默生更懂得牲口的感受，她知道牛所需要的。所以，她把拇指放进小牛的嘴里，让小牛吮吸，并温和地把它牵进了牛棚。

从人的本性看，自从你呱呱落地之日起，你的每一个举动都是为了自己的需要。你及时地给红十字会捐了一大笔钱吗？是的，按惯例你不会例外。你给红十字会捐赠是因为你想伸出援助之手；是因为你想做一件美好、无私、神圣的事情。

安德鲁·卡内基出生于一个贫困的苏格兰家庭，早年他的工资仅仅是每小时 2 美分。而他一生中捐献给别人的钱总共有 365 亿美元之多。在早年的生活中，他了解到唯一影响人们的方式就是"了解别人需要什么"。虽然他只接受过 4 年的学校教育，但他却学会了如何去处理自己与他人之间的关系。

安德鲁·卡内基

例如，卡内基的两个侄儿在耶鲁大学读书，他们因为忙于自己的事情，很久都未曾跟家里联系了，为此，他们的母亲忧郁成疾。

卡内基用 100 美元做赌金，打赌他能使侄儿们主动回信，有人应赌。于是，他给两个侄儿写了一封聊天式的信，轻描淡写地提及他给每人寄了一张 5 美元的钞票。

其实，他并没有把钱附寄出去。

信很快有了回复，两个侄儿都很感谢"亲爱的安德鲁叔叔"慷慨解囊，而且均在末尾加注：钱未收到。

所以，当你要劝说某人去做某件事情之前，先问问自己："我怎样才能使他去做这件事情？"

这个问题将避免我们陷入一种考虑欠妥的境地，可以让我们有足够的准备去跟别人谈及我们的愿望。

我曾想租用纽约一家饭店里的大舞厅，用于举行每一季度 20 个晚上的演讲培训课程。

在日期快到时，那家饭店突然给我寄来一份通知，要求我多付 3 倍租金。接到通知时，我们已经印好了票，公布了所有的通告。

当然，我也不愿意多付租金。可我怎样才能以恰当的言语告诉饭店我的需求呢？他们只想他们的需求。几天后，我便去会见那家饭店的经理。

我对他说："当我接到你的通知时，我一点儿都不怪你，如果我处于你的位置，我可能也会这么做。作为饭店经理，你的任务是如何使饭店赢得所有可能的利润，如果你不这么做，你可能就会面临被解聘的境地。现在，让我帮你分析一下提高租金给你带来的利与弊。"

我拿出一张纸，用一条线把纸划分为两栏，一栏写上一个"利"字，另一栏写上"不利"二字。

我在"利"的下边写着："舞厅空着"，然后开始说，"这样你便可以出租舞厅，作跳舞聚会之用，这是很有利的，你的收入显然也要比租给我们以演讲集会为用的收入多得多。如果我在这季占用你的舞厅 20 晚，这就意味着你将赢得一大笔利润。现在，让我们来看看不利之处。首先，你不能从我这里增加收入，你的收入将要减少。事实上，因为我不能付给你所要求的租金，你只能让它空出来，我们也被迫在别处演讲。

"对你来说，还有另一个不利之处，就是我这个演讲培训课程将吸引很多有教养、有文化的人士到你这家饭店来，对你来说，这是一次极具影响力的广告，不是吗？事实上，如果你花费 5000 美元在报纸上做广告，也不能像这些演讲一样能吸引那么多人来你的饭店。对饭店来说，这是超值的，不是吗？"

我说完后，在相应的标题下写下这两个不利因素，并把这页纸交给了经理。最后我说道："希望你能仔细考虑一下这其中的利与弊，尽快给我一个答复。"

第二天，我果然接到了那家饭店的通知，信中通知我说租金只增加 50%

而不是原来的 300%。

值得提醒你的是，我没有说一句我的需要就成功减租，而是一直在谈及另一个人的需要和他怎样去获得它。

如果我按照普通人的做法，冲进他的办公室并且说："当你知道我的票已经印了，通知也公布的时候，你临时增加 300% 的租金是什么意思？300%！太荒谬了！我不付……"

而结果又会怎样呢？一场争论即将开始并且沸腾至白热化，而且你不知道怎样让争论停止。即使我已经使他意识到他错了，但他的骄傲也使他很难面对和承认。

站在对方的立场看事情

关于人际交往的艺术，亨利·福特曾有一个最好的建议。"如果成功有秘密的话，"亨利·福特说，"那就在于一种站在对方的立场、从对方的角度而不是你自己的角度去看待事物的能力。"

这句话太精彩了，让我重申一下：任何人成功的秘密就在于一种站在对方的立场、从对方的角度而不是你自己的角度去看待事物的能力。

这是一个简单而明显、任何人都可以一眼看出的道理。可是，世界上90% 的人在90% 的时候都会疏忽这件事情。

举个例子，明天早上你的办公桌上放着一封信，一封由一家颇具规模的广告公司的主管写给各地广播电台经理的信，信中有很多违反常识的规则。下面括号中的内容是我对信中每段内容的看法：

亲爱的布莱克先生：

本公司希望在广播电台继续保持广告代理业务的领先地位。

（谁在乎你公司的要求？我正为我自己的事烦着呢？银行要取消我房产抵押的赎回权；害虫正破坏我的花草；交易市场昨天非常混乱；今天早晨我误了火车；乔妮家里昨晚的舞会没有邀请我；医生说我得了高血压和神经炎

等毛病。接下来发生了什么？我今天早上忧心忡忡地来到公司，打开我的邮箱，却发现纽约一个傲气十足的家伙在讲述他的公司要求。如果他只大声叫嚷，认为他的信会打动人，那么他根本就不懂广告，这样做无异于"摁羊喝水"。）

本公司在全国的客户都是广播电台的忠实拥护者，我们日后所需要的电台时间，将确保我们年年都处于领先地位。

（自大、炫耀、遥遥领先，对吗？那又怎么样？如果你像全国汽车公司、全国电气公司、美国陆军总部加起来的总和那么强大，我也不会理你。要是你也只是半懂不懂，那你就更应该知道，我只关心我自己的强大，而不是你的强大。所有你所谈论的你的巨大成功，我都没兴趣。）

所以，你可以将本公司列入你的优先名单。

（"优先名单"，你太自以为是了！你大言不惭地说你的公司，这令我感到厌烦……你想让我把你列入优先名单，却连个"请"字都不说。）

速回，将有关你最近的活动提供给我们，以彼此有益。

（笨蛋！你把一封普通的油印信分发到各地，多得像秋天的落叶。你要我在担心我的抵押、花草和血压的时候坐下来给你回信，而且要求"速回"，"速"是什么意思？你不知道我和你一样忙吗？或者，至少我喜欢这样认为。而且，另一方面，谁交给你的权力来命令我？你说这将"彼此有益"，直到最后，你才提到我的立场，可是对于如何使我受益，你却含糊其辞。）

你真诚的广播电台部门经理××

附言：随信附寄布莱克维尔报复印本，如果你愿意跟我们合作的话，以供参考。

（最后在附言中，你提到了一项有可能对我的问题有所帮助的事情，为什么不把它放在信的开头呢？但是它又有什么用呢？）

他是一个把一生都奉献给广告事业的人，他是人们购买欲望的广告专家。如果他都尚且如此，更不用说其他行业的人员所写的信了。

下面请看另一封信，这是一位大型货运站的总监给我的学生爱德华写的。这封信将会给收信人带来什么影响呢？看完这封信，我就会告诉你。

爱德华·瓦米伦执事先生：

敝处负责外运收货工作，由于大部分客户的货物都在傍晚送到，这给敝处带来极大困扰，经常引起货运停滞，延迟敝处员工的工作时间和卡车运送效率，导致交货缓慢。贵公司于 11 月 10 日交给我们 510 件货物，是在下午 4 点 20 分同时送达的。

为了避免运货迟交货物所产生的不良影响，希望贵公司在以后交运大批货物时，尽量用卡车提早送来，或者能在上午先送来一部分。

这样做的好处是，可使你们的载货卡车迅速返回，并且我们保证，收到你们的货物后将在最短的时间内发出。

你诚实的总监××

作为公司销售经理的爱德华看过信后，注上如下见解，交给我看：

"这封信所产生的效果与其原意恰好相反。在信的开端，表明货运站的困难，我们一般不感兴趣。接着对方要求我们的配合，可是他们不知是否能想到，这样对我们是否有所不便。在信末才提到，如果我们配合工作，卡车便可迅速返回，且使我们的货物可当日发出。

"如此说来，我们所关注的事情在最后才提到，不仅没有激发合作意向，反而引起了抵触情绪。"

让我们看看能否重写，以改进信的内容。不要在谈论自己的问题上浪费时间，正如亨利·福特所说："站在对方的立场和角度去看问题，而不是从自己的立场出发。"

下面是一封经过改写的信，也许它不是最好的，但效果是不是会更好一些呢？

亲爱的瓦米伦先生：

14 年来，贵公司一直是我们所欢迎的好客户。我们对贵公司的惠顾表示衷心的感谢，并且希望能继续为你们提供高效、便捷的服务。可是，有一件事情我们很抱歉。11 月 10 日，贵公司的卡车在傍晚时分来交运大批货物，给我们增加了很大的麻烦。为什么呢？因为其他客户也在此时交货，导致货物停滞，这就意味着使贵公司的运货卡车不可避免地受阻码头，使你们的货运迟延。

我们对此表示遗憾，但这种情况完全可以避免。如果可能的话，请贵公司把货物在上午时运送到码头。这样，运货卡车可迅速返回，所交货物也可迅速处理，我们的员工也可准时交班，早点回家品尝可口的饭菜。

当然，无论贵公司何时送来货物，我们都将竭诚为您提供高效的服务。

如果您业务繁忙，请不必赐复。

您忠诚的××

现在，有成千上万的推销员沮丧、疲倦地徘徊在路上，他们大都报酬低微，这是为什么呢？因为他们所推销的东西仅仅考虑了他们自己的需要，而并不考虑我们是否想买。如果我们需要，我们自己会去买，因为我们所注意的是解决自己的需要。假如推销员的服务和货物确实能够解决我们的问题，无须他们主动推销，我们就会买他的东西。

有的人做了一生的销售工作，却从来不会站在买主的立场考虑问题。

例如，多年前，我的家在纽约中心的林邱住宅区。有一天，我遇见一个在长岛做了多年房地产生意的人，他对林邱住宅区也很熟悉。所以，我问他我的房子所用的建筑材料是什么，他说他不知道，他只能说出一些我已经知道的东西。而我所问的问题，他则叫我去住宅区的咨询机构打听。

第二天上午，我接到他的来信，他告诉了我我想知道的信息吗？他本可以打一分钟电话直接告诉我的，但是他没有，而且他又一次告诉我，我可以通过电话获得这些资料，还要我把我的保险业务交给他去办理，你说我能放心吗？

正因为世界上充斥着太多的利己主义者，从而使少数能无私地为他人服务的人拥有了强大优势，他们面对的竞争也相对较少。美国知名律师和商业领袖欧文·杨曾说过："一个人若能站在别人的立场来了解别人的内心，他就无须担心自己的未来。"

如果看了这本书，你能领悟到这样一个观点：一直用别人的想法想问题，从别人的角度看事情。那么，这将是你一生事业的里程碑。

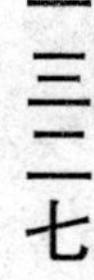

强烈激发他人的需求

很多人都在大学里读过维吉尔的诗、掌握了微积分的技巧，但从未真正地了解过自己的内心。比如：有一次，我给一些大学毕业的公司职员讲授"有效的演讲术"课程，有个年轻人要说服别人下课后一起去打篮球，他说："我们一起去打篮球吧！我想玩篮球。可是因为前几次去体育馆的人数不够，不能分队对垒。有一天晚上，我们两三个人做传球游戏……我的眼睛不小心被打紫了，不过我想打篮球，我希望你们明晚来。"

他提到去体育馆能满足你的需要了吗？当然，你会更有活力、增强食欲、醒脑，还可以娱乐、游戏、打球。但是，他却没能激起你的这些需要，相反地，你也不想去没人的体育馆，是不是？你不会关心他的需要，你也不想眼睛被打成紫色的。

再次重复欧费斯威特教授的名言："首先，要激起对方的需要，这样就可以让他做你所想做的，否则将要处处碰壁。"

在我的成人培训班上有一位学生，他很担心他的孩子。因为他的孩子不肯乖乖地吃东西，体重很轻。父母用那种最通常的做法，他们经常批评和唠叨："妈妈要你吃这个、那个！""爸爸要你快快长大成人！"

希望一个 3 岁小孩对三十几岁父亲的见解有所反应是不可能的。父亲最终看到了这一点：让他看到父亲珍贵的期盼是可笑的。所以父亲对自己说："孩子需要什么？我如何将我的需要和孩子的需要结合起来？"

当想到这点后，解决这个问题对父亲来说就很容易了。孩子有一辆脚踏三轮车，并喜欢在屋前的人行道上骑着玩。临街不远处有一家的孩子身体强壮，爱欺负人，常把其他小孩子的三轮车夺过来自己骑。很自然地，小孩子就会哭着跑回去找他妈妈，妈妈把大孩子推下三轮车，再让小孩子骑……这种情况几乎每天都在发生。

小孩子需要什么？这并不需要福尔摩斯来回答。他自尊而羞恼，他渴望被人重视。这些强烈的情感充斥在他小小的身体里，使他想要报复，痛击这个"很坏"的大孩子！后来，当他父亲告诉他，只要他每天多吃东西，就会很快长大，就能一拳打倒那个"坏孩子"时，这孩子就什么都爱吃了，菠菜、咸鱼、白菜及其他食物。因为他希望自己快快长大，打败那个"暴徒"。

解决了这个问题后，父母又面临着另一个问题：这小男孩还有一个坏习惯——尿床。

小男孩跟他的祖母一起睡，早晨醒来，祖母摸摸床单说："乔尼，你看，昨晚上你又干什么了？"

乔尼会说："没有，不是我干的，是你干的。"

打他，骂他，羞他，或者是反复告诉他，父母不喜欢他这样做，这些都无法使床单变干。于是，乔尼的父母亲自问："我们如何才能让乔尼主动改掉尿床的习惯呢？"

乔尼需要什么呢？首先，他想要一件像父亲那样的睡衣，而不是祖母那样的睡袍。由于他晚上总是捣乱，使祖母不能入睡，所以祖母愿意为他买一套睡衣，希望乔尼能改掉那些坏习惯。其次，他想要一张自己的小床，祖母也没有反对。

于是，妈妈带乔尼到一家百货公司，向女售货员示意着说："这位小绅士想买点东西。"女售货员庄重地说："年轻人，你要买些什么东曲呢？"

小乔尼踮起脚跟，高声说道："我想为我自己买张床！"

当售货员展示出一张令妈妈满意的床时，妈妈示意售货员说服男孩买下它。

第二天，床送到了家，当父亲晚上回家时，小乔尼奔到门口，大声地叫道："爸爸，爸爸，快来看，我买的床！"

父亲看着这张床，想到施瓦伯说过的话，父亲给予了儿子"衷心的嘉许和慷慨的赞美"。于是，他说："乔尼，你不会再将这张床弄湿了，对吗？""噢，不，不，我不会再弄湿这张床的。"出于自尊心，乔尼信守了自己的诺言，因为这是他的床，是他亲自买来的。现在他像个小男子汉一样穿着自己喜欢的睡衣。他想变成男子汉，而他的确做到了。

我还有一位叫达奇曼的学员，他是一位电话工程师。他的烦恼来自于他3岁的女儿从来不愿意吃早餐。对她来说，指责、哀求和哄骗等方法都无济于事。所以，父母自问："怎样才能使她自愿去吃早餐呢？"

女儿总喜欢仿效母亲，以获得自己已经长大成人的感觉。所以，一天早上，父母把她放在早餐桌前，让她自己做早餐，以满足她的心理需要。当父亲进来时，她就高兴地喊道："噢，快看，爸爸，今天早上是我做早餐呢！"

结果，那天早上，小女孩不需要任何哄骗，自己就吃了两大碗。因为她对此非常感兴趣。她获得了受人重视的感觉，找到了一个自我表现的机会。

威廉姆·温德说过："人性最主要的需要是表现自我。"但是，为什么我们不能把这种心理用在事业上呢？当我们有了绝妙的想法时，不要让别人认识到这是我们的想法，而是把它让给别人去思考和实践。这样，他们就会认为这些想法是自己的，并全身心地投入进去。

记住：首先了解对方需要什么，然后激发别人的需求，做到这一点，就能左右逢源，否则将孤立无援。

预测他人的真实需求

多年前，一个在铁路商店里打过工，一个小时才赚三毛钱的小伙计竟然发了一笔大财。

1924年，消费者忽然都十分喜欢新近问世的克莱斯勒汽车。成功的销售让汽车制造人一跃成为美国最大的汽车制造商中的一员，一时间名声大振。

华尔德·克莱斯勒是用什么方法让全国人民都喜欢他的汽车的呢？他曾说过一条任何管理者都能用得上的十分简单的妙计。

他说："像我们这种只有在客户完全满意的情况下才有机会发展事业的人，不妨把所有的客户都想成一个具体的人，从各个方面去探知人们想要什么。无疑，这是一个最好的方法。

"将整个营业对象都想象为一个人并不夸张，在相当长的时间里，它可能改变你整个事业的前景。严格说来，这不仅与一个人的满意相关，而且与你的所有客户都有着密切的关系。"

由此，我们得知，克莱斯勒是如何研究自己客户的兴趣和需求的：他以一名典型的顾客为例，然后以客观的观点、虚荣心、道德意识和习惯去设计汽车，修正自己的工作和推销政策。

无论是商人还是教师，无论是游手好闲的人还是工程师，无论是银行家还是作家，编辑还是制造商，他都知道自己面前是一群人。他要感化那些变化多端的人，可人们的需要是时时变动的，有时还很模糊。因此，无论谁都不能做到以成千上万的人为对象，清楚地想出一个应对的策略。如果你要这样做，只能被自己的需求和兴趣所左右，根本无法了解他人的需求。因此，假如你不能将成千上万的人看成一个集体来考察，那么，我们就对即将受我们引领的人毫不了解。

因此，为了不犯这样的错误，克莱斯勒制定了一个简单的标准以制约他所有的决定：选一名典型的男人和女人分别代表他所有的顾客。

一位十分成功的广告商也运用过同样的策略，在他的办公桌上有各种人物的照片，以代表他想对付的几种典型的人：如买橡皮鞋的农民，买优质咖啡的妇女，买办公用品的男人等。这样，他才能不拘于自己的观念，而能时时注意他人所感兴趣的问题。

法国名将福煦在"一战"中任联军总司令。当他刚刚走出军校的大门时，他不想像其他青年军官一样，为被派到条件优越的城堡而兴奋不已。相反，他自愿申请去条件艰苦的塔布。他有自己的想法。这个城市有各个种族的法国人，他们经常去赶马市，因此，在这里，他能很方便地观察那些人的不同的气质。毕业后，他一直都在研究人的性格。劳夫林说："他知道关于各种人的心理状态。对各种典型人物他都十分了解。他能自如地对付这些人，并能与之融洽相处。在这方面，他所做出的贡献可与他的军事天才相媲美。"

埃德温·克罗泽早年曾做过新闻记者，后来成了《波士顿日报》的发行人和大股东。有一次，他说，为了在纽约做好报纸编辑，他总是在深夜穿梭

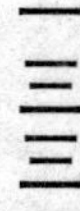

于城市拥挤的人群中；在台阶旁漫步，以听妇人们的闲谈；或者独自在人群旁休息，用递烟的方式加入到人群中去，以了解人们的真实想法……

以前，阿道夫·朱克曾做过工厂的工人，现在，他是派拉蒙特影片公司的大股东，他也运用过类似的策略。每天，他都站在自己戏院的过道中去研究人们的表情，听散去的观众如何评价戏剧。

可是，很多人都往往会在对待自己的老板时，忽略这一点。哈佛商学院院长多纳姆认为，这就是为什么有些人会失败的主要原因之一。他曾对布鲁斯·巴顿说："商界好像有许多看似聪明能干的年轻人，他们热爱自己的事业，为了公司的发展辛勤地工作着。他们因此而做到了主管或领班的位置，可是，也就到此为止了。这是为什么呢？我认为，这是由于他们不能从整个公司的历年经营和老板的立场出发去解决问题，总是从自己的角度去解决问题，这才是造成他们停滞不前的根本原因。他们根本没想到那个坐在老板位置上的人是怎么想的：他到底想怎样做，公司的发展方向和发展前景如何，如果我是老板，我应该怎样处理相关的人或事等。

美国国际公会会长马修·布拉什曾经做过报童。他说："我从所从事过的众多职业中学会的最大的一件事情就是如何迎合上司去做事。在每件事、每个动作、每个意愿上，我都力图赶上他，尽我所能甚至要做得比他好。我总是比他更早地上班，准备好他办公的写字台，为他当日要做的工作做准备。你要比你的上司更超前地想到一些事情，预测他接下来要干什么，如果你的行动显示你早就有所预料，那么就可表示你是十分机灵的。"

但是，有许多人甚至在请求升职这样的关键时刻还不注意，或是完全忽略老板的看法。多纳姆又说："人们也许会说：'我工作了好几年，肯定能做一些更好的工作。'或是：'我家又添了一个人，我想能多赚点儿生活费。'或是：'为什么你能给琼斯加薪，就不能给我加薪呢？'也许，这些话可以勾起老板对你的同情，但这并不能说明你在工作上很出色就能挣到更多的薪水或升迁到一个更高的职位。"

那些总能领会上司意图的人在要求升迁之前，都能找到很多能够满足自己需求的机会。由此可见，一个聪明的人是根本不用刻意找机会去谋得利益的，因为，对他来说，好处会自己送上门来，而不用劳烦他出口要求。

表达自己的同感

如果有这样一句神奇的话——它可以停止争辩、消除怨恨并且带来好感，使人们关注你，你愿不愿意做到呢？

真的有这样的话吗？是的，它就是："对你所感觉到的，我一点也不会责怪你，如果我是你的话，我也许会有同样的感觉。"

即使是世界上最狡猾、最固执的人听到这句话，也会软弱下来。可是你必须绝对真诚地说出这句话来。以卡邦的例子为证，假如因为遗传，使你的身体、性情、思想与卡邦完全相同，假如你也身处他的境地，有他那样的经历，那你也会成为像他一样的人，因为只有那些事情才是他沦为盗匪的原因。同样的，你不是响尾蛇，是因为你的父母不是响尾蛇。

你应当记住，你看到的那些恼怒、蛮不讲理的人，他会成为那样的人，并不都是他的错；而你成为你这样的人，也并不全是你自己的功劳。因此，要对可怜的人表示惋惜、怜悯和同情。要对你自己说："感谢上帝，如果不是您的恩赐，我也会走上与他同样的道路。"

你每天遇到的人中，有四分之三的人饥渴地需要你的同情，假如你同情他们，他们也会对你产生好感。

几乎每位居于白宫的要人都遭遇过人际关系学中的这类问题的困扰，塔夫特总统也不例外。他从经验中得出这样一个结论——同情是消除恶感的良药。塔夫特总统在他的作品《道德服务》里举了一个很有意思的例子，是关于他如何使一位满心失望的母亲平息了心中的怒火的故事。

"有一位住在华盛顿的太太，"塔夫特总统写道，"她丈夫在政界很有势力。她缠了我将近两个月的时间，要求我替她的儿子安排一个职位。她还说服了几位参议员，陪她一起为她儿子的事说情。可后来，我在有关主管的推荐下委派了另一个人，因为那个职位需要的是技术人才。随后，那位母亲来

信指责我，说我忘掉了别人施予的恩惠，她又指出，她曾经如何劝说她那一州的代表支持我的一项重要法案，而我却如此无情无义，连举手之劳都不肯帮。

"当你接到这样一封信的时候，你想做的第一件事情就是如何用严正的措辞去反击一个无礼而鲁莽的人。接着，或许你就动笔写信了，可如果你是一个聪明人，你就会把这封信扔进抽屉锁起来，两天后，当你再拿出这封信来看时，你就不会把它投入邮箱了，这就是我所采取的方法。在那之后，我

塔夫特

坐下来，尽力用最客气的措辞写了封信，告诉她，我知道，作为一个母亲，如果遇到这种情况会感到十分失望。我之所以接受那个主管的推荐选择其他人，并非因为我个人的好恶，而是因为这个职位确实需要一个合适的技术人才。我希望她的儿子能在原有的岗位上继续努力，相信他一定会有所成就的。她平息了怒火，并通过一封短信向我表示歉意。

"但我所委任的那个人短时间内还不能到岗。这样过了几天，我又接到一封署名是她丈夫的来信，可是信上的笔迹跟上两封信完全一样。这封信上说，他太太因为这件事情的打击已经卧床不起，患上了神经衰弱，而且胃中或许已经长瘤了，为了使她妻子尽快地好起来，他要求我将被委任者的名字改成她儿子的名字。我回了一封信给她，那是给她丈夫的，我对他说，我希望他太太的诊断结果是错误的。我深深地同情他所面临的困境，但是撤回委派的人是不可能的，过几天，那个人就会正式上任。然而，就在我收到信的第二天，在白宫举行的音乐会上，首先向我和我夫人行礼致敬的，就是这对夫妇，虽然他的妻子不久前还在装病呢。"

索尔·霍洛克称得上是美国首屈一指的音乐经纪人，半个世纪以来，他同许多著名的艺术家合作过，诸如嘉利宾、邓肯、巴甫洛娃等。霍洛克告诉我，他在与那些有着可笑、古怪脾气的艺术家打交道时，获得了一个宝贵的

经验：必须同情他们，对他们乖僻的脾气必须彻底地同情。

有三年的时间，霍洛克担任世界低音歌王嘉利宾的经纪人。而嘉利宾像一个被宠坏的孩子，使霍洛克大伤脑筋。用霍洛克的话说："他各方面都糟透了。"

比如，如果晚间有音乐会的话，嘉利宾常常会中午打电话给霍洛克，他会说："索尔，我喉咙哑得厉害，很不舒服，恐怕我今晚不能登台了。"霍洛克听他这样讲后，会同他争辩吗？不，霍洛克才不会这样做呢！作为一名艺术家的经纪人，霍洛克知道他绝对不能这样处理问题。相反，他会立即去嘉利宾住的旅馆，显得十分同情地说："太不幸了，我可怜的朋友……当然，你是不能再唱了。我得立刻通知大家取消今晚的演出。虽然你损失了几千美元的收入，可是跟你的名誉相比，那算不了什么。"

嘉利宾听霍洛克这样讲后，他会怀着感激的心情叹息地说："索尔，你等一会儿再来好了，下午 5 点钟来，那时再看看我的情形怎么样。"

到了下午 5 点钟，霍洛克先生再去嘉利宾的旅馆，他坚持要替嘉利宾取消节目。可是嘉利宾又会这样说："你再晚一点儿来看我，到那时或许我会好一点儿。"

直到 7 点半，这位低音歌王终于答应登台，但他坚持要霍洛克先生先走上台，向听众解释他患了重感冒，嗓子不好，霍洛克会假意答应，因为嘉利宾把这当成了他上台表演的唯一条件。

亚瑟·I·盖茨博士在他那本著名的《教育心理学》中曾这样写道："人类普遍追求同情，就像孩子们会急切地显示他受伤的地方，甚至故意割伤、弄伤自己，以博得大人们的同情。成人也有类似的情形。他们会到处向人显示他们的伤痛，说出他们的意外事故，所患的疾病，特别是开刀手术后的经过。'自怜'，实际上是所有普通人的习性。"

沟通的艺术

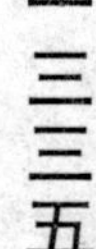

第八章　给人留下完美形象

示人以微笑

我参加了纽约的一个晚宴，在众多宾客中，有一位刚继承了一大笔遗产的妇人。她似乎急于给人们留下一个良好的印象，因此，她花了很多钱买了貂皮大衣、钻石和珍珠，但她却忽略了自己脸上的表情。她的脸上只流露出乖僻和自私。她没有注意到一个众所周知的事实——一个人的表情远比一个人的外表更加重要。

查尔斯·施瓦伯曾对我说，他的微笑值 100 万美元。他已经懂得了这个真理。施瓦伯今日的成就，源于他的人格、魅力和他那种讨人喜欢的能力。而在他的人格中，最可爱的因素无疑是他那令人倾心的微笑。

那是虚伪的笑容吗？不，因为它没有愚弄任何人。我们知道，虚假的笑是机械的。我们谈论的是真正的笑容，是一种发自内心的、温暖的笑容，这种笑容在市场上一定会价格不菲。

纽约一家大百货公司的一位人事经理曾说，他宁愿雇用一个小学没有毕业但是一脸笑容的女孩子，也不愿意雇用一个冷若冰霜的哲学女博士。

美国一家规模庞大的橡胶公司的董事长也曾告诉我，根据他的观察，一个人的事业成功与否，完全在于这个人对这项事业是否感兴趣，他不太相信那句老话——苦干才是开启成功之门的神奇钥匙。他曾这样说："我知道，有很多人在开始于事业时，都是怀着极大的希望和兴趣去做的，所以能够取得事业上的成功。而当他们对这项工作感到厌烦、沉闷，失去了原有的兴趣时，他们的事业也就开始渐渐下滑，直至失败。"

如果你希望别人用愉快的神情来接待自己，那么首先你自己要用这样的神情去面对别人。

我曾经向上千名商界人士建议，每时每刻都向他人展示微笑，一星期后回讲习班汇报它的效果。做得怎么样呢？让我们一起来看看。纽约证券交易所的斯坦因·哈特先生写来的一封信。他在信中所说的情况并不少见，属于上百个案例中比较典型的一个。

斯坦因·哈特的信是这样写的：

我结婚18年了，这些年来，我从起床直到准备好去公司的这段时间，很少向太太笑，我们也很少说话。我自己也成了徘徊在百老汇街头的最不快乐的人。

当你叫我用微笑的经历作一次演讲时，我想得需要尝试一星期。紧接着，第二天早晨我梳头的时候，对着镜子里自己那张绷得紧紧的脸孔说："比尔，你今天要扫掉脸上的愁容。你要展示出一副笑容来，就从现在开始。"当我坐下吃早餐时，脸上带着轻松的笑意，对着太太说："早上好，亲爱的。"

你曾告诉过我，她一定会十分惊奇，但你低估了她的反应。当时她迷惑了，她愣住了。我告诉她，以后她每天都可以期待得到这样的问候，我也会每天早晨都这样做的。

在之后的两个月里，我的态度的改变给我的家庭带来了更多的欢乐，这是我在过去的一年中不曾体会到的。

当我离开家去上班时，我笑着对电梯员说："早上好！"我用微笑跟守卫打招呼。在地铁站的小店里换零钱时，我对收银员也示以微笑。在交易所里，我对那些素不相识的人也示以微笑。

这样不久我就发现，每一个见到我的人都向我投来微笑，我也以和善的态度对待那些向我抱怨和诉苦的人，我微笑着倾听，帮助他们把苦恼的事情变得容易解决。我发现，微笑每天都能给我带来财富——很多的财富。

我和另一个经纪人在同一间办公室。他雇用了一个可爱的年轻人，我对自己最近所取得的成就感到欣喜，自然就对那个年轻人提到的"人际关系学"产生了浓厚的兴趣。然后，那个年轻人坦诚地告诉我，他初来这间办公室时，认为我是一个不近人情的家伙，而最近这段时间，他改变了对我的观感，他说我笑的时候真的很有人情味。

我也改掉了批评人的习惯，赞美、鼓励他人代替了斥责、批评他人。我不再谈论自己的需要，而是开始关注别人的观点。这一切逐渐地改变了我的生活，使我成为了一个快乐而富有的人。对我而言，友谊和快乐是我最宝贵的财富。

你觉得自己笑不出来吗？那么，下面两件事情，你可以尝试着去做。首先，令自己微笑。当你独处时，不妨吹吹口哨、唱唱歌，尽量使自己高兴起来，那就能使你真正地快乐起来。下面是心理学家兼哲学家威廉·詹姆士的见解：

行动似乎总是追随着一个人的感受。可是，真正的行动是和感觉共存的，人类的行为则比感觉更直接地受控于意志。人们可以通过对行为的直接调整而间接地调整自己的感觉。

因此，当我们不快乐时，可以用一个强制性的意志让自己快乐起来，那就是假装自己是快乐的，让自己的行动、语言表现出快乐来。

每个人都想知道如何才能快乐——有一个途径一定可以找到，那就是调整你的想法。快乐与否不依靠外部条件，而在于人的内心。

所以，快乐或不快乐不在于你拥有什么、你是谁、你在哪里或者你在做什么，而在于你在想什么。例如，有两个人，他们有着相同的地位，做着相同的事，收入也差不多，可是其中一个轻松愉快，另一个却整天愁眉苦脸。为什么呢？因为他们的精神状态完全不同。在最炎热的赤道附近，我曾看到那些贫穷的农民用他们简陋的工具在辛勤劳作。然而，我却在他们当中看到了许多愉快的笑脸，一点儿也不比我在纽约、芝加哥或洛杉矶的装有空调的办公室见到的少。

莎士比亚曾说："好与坏无从区别，那是每个人的想法使然。"

林肯也曾这样说过："每个人的喜怒哀乐都源于其内心的想法。"他是对的。最近，我找到了一个明证：

有一次，当我走上纽约长岛车站的石阶时，我看到正前方有三四十个行动不便的残疾孩子，他们正拄着拐杖一级一级很辛苦地走上石阶，有个男孩甚至必须由别人抱着才能上去。可是，他们的快乐和欢笑让我震惊了。我和这些孩子们的老师谈起这件事情时，他说："是的，当一个孩子意识到他将成为终身残疾是怎么一回事时，起初，他会非常震惊。可是当他克服了一切之后，他们会服从于命运的安排，并像正常的孩子一样快乐。"

我向那些残疾孩子们致敬，是他们教给我一个终生难忘的人生理念。

仔细品读随笔作家和出版家哈伯德的至理名言——请记住，你必须真正地去实行，否则，阅读本身是无法使你获益的。

他的建议是这样的：不管何时，当你外出时，请微收下颌，抬头挺胸；呼吸着阳光；向朋友们微笑致意，真诚地握手。别怕误会，别浪费时间去想你的仇敌。

试着在你的心目中确定你喜欢做的是什么，然后没有任何顾虑地向目标前进，把自己的精力集中在那些伟大而美好的事情上，那时，你就像珊瑚虫从流动的潮水中寻找它所需的营养一样，随着时光的流逝，你会发现自己已经不知不觉地抓住了你所渴望的机会。坚定的信念会把你塑造成一个有能力、有热情的特殊人才……信念的力量是巨大的。保持一种正确的心态——勇敢、诚实、乐观。正确的思想能启发创造力。因为有很多事情都是由欲望产生的，每一个虔诚的祈祷者都会得到报答。我们将成为忠于自己心灵的人。

下颌微收，抬头挺胸，我们就是明天的主宰者。

中国的古人是很有智慧的，他们有一句格言值得我们谨记："人无笑靥莫开店。"

几年前，纽约市的一家百货商店为了缓解在圣诞期间忙碌的员工的压力，在面向大众的广告中写下了下面这段朴实而有哲理的话：

圣诞节一笑的价值：

它无须花费什么，却能创造良多。

它使获者受益，施者无损。

沟通的艺术

它萌于瞬息，存于永恒。

富人因它而更满足，穷人因它而致富。

它是家庭的快乐使者，是生意场上的友好伙伴，是朋友间的善意天使。

它使疲惫者有了欢畅，使失望者获得希望，使悲哀者迎向阳光，使大自然解除了困扰。

它无处可买，无处可求，无法去借，更不能去偷。因为它是一种感觉，只有失去了才觉得珍贵。

如果在圣诞节最后一分钟的忙碌中，我们的店员因太疲倦而没能给您一个微笑，那您能留下您的微笑吗？

因为那些从没微笑过的人，是最需要微笑的人！

用心记住他人的名字

1898 年，纽约洛克兰村发生了一个悲剧。那里有个小孩儿去世了，出葬的那天，邻居们都准备去送殡。

法雷从马棚里拉出一匹马，当时地上积了厚厚的一层雪，空气十分寒冷。那匹马好多天没活动了，当它被拉到水槽时，就任性地转身，两腿也高高地扬起，正好踢在了法雷身上，法雷就这样被活活踢死了。就这样，这个小村子在那一个星期举行了两个葬礼。

法雷走了，留下了他的妻子、3 个孩子和几百美元的保险金。

那时，法雷的长子吉姆才 10 岁，他去了一家砖厂工作。他的工作是运送沙子并把沙子倒入模子，压成形，然后把砖竖放着再拿到太阳下晒干。吉姆没有机会受到更多的教育，但他身上那种善良的天性，使得人们都很喜欢他。以至于在他以后多年的政治生涯里，养成了善于记忆人名的特殊才能。

他从未上过大学，但当他 46 岁时，他已经先后被四所大学授予荣誉学位。他当选过民主党全国委员会主席、担任过美国邮电部部长。

我曾经专程拜访过吉姆先生，请他告诉我成功的秘诀。他说："苦干！"

然后我说：“别开玩笑了。”

然后他问我，在我看来他成功的原因是什么。我答道：“因为你能叫出10000个人的名字来。”

“不，你错了！”他说，“我大约可以叫出50000个人的名字。”

正是这种能力使得吉姆在1932年帮助罗斯福竞选时，使得罗斯福成功地入住白宫。

吉姆曾在一家石膏公司做过销售员，也曾在斯托尼波因特镇做过书记员，在那些年里，他就已经发明了这种记忆人名的有效方法。

一开始，他觉得这是件轻而易举的事情。无论何时，每当他遇到一个新朋友，都会问清楚对方的姓名、家庭情况、职业及对当前政治的见解，并把这些情况牢牢地记在心里。这样，当他下次再遇见那个人时，即使相隔一年多，他还能握着那个人的手，问候他的家人，甚至问及他家后院的花草。

在罗斯福开始竞选总统的前几个月里，吉姆每天都要写数百封信，分发给美国西部、西北部各州的朋友。然后，他搭乘火车，用了19天的时间走遍20个州、12000里的行程。他坐着破旧的马车、火车、汽车、轮船等，每到一个城镇，都去找熟人吃早餐、午餐、茶点、晚餐，和他们做一次推心置腹的谈话，接着又向下一段行程进发。

他一回到东部，又立即给在各城镇的朋友每人写了一封信，请他们把曾经谈过话的客人名单寄给他，名单上列了数以千计的人名。自然，名单上的每个人都得到了吉姆的亲笔回信，这些信都以“亲爱的比尔”或“亲爱的简”等开头，以“吉姆”署名，信中充满了感激和赞美的言辞。

吉姆很早就发现，一般人都很重视自己的姓名。如果能记住一个人的名字，并很自然地叫出来，那就是对他巧妙而有效的恭维。反之，忘记别人的名字或叫错别人的名字，会使自己置于一种十分不利的地位。

我曾经在巴黎组织过一个公共演讲的课程，我给所有居住在巴黎的美国人发了一封印刷信。其中有一名学员是一家美国银行驻巴黎的经理，他寄给我一封满是责备的信。原来，我雇用的那个法国打字员英文很差，把他的名字拼错了。

再例如，安德鲁·卡内基是如何成功的？

被人称作"钢铁大王"的他，却对钢铁生产的知识知之甚少。他有上千名员工为他工作，那些人对钢铁的制造比卡内基内行多了。

但他知道如何与人相处，这就是他致富的原因。年轻时，他就已经显示出卓越的组织才能和领导才能。在他 10 岁那年，他就发现人们十分重视自己的名字，并利用这一发现赢得了与他人合作的众多机会。

当他还是一个苏格兰小男孩儿时，他逮到过一只母兔，这只母兔很快下了一窝小兔。可是，卡内基没有东西喂养小兔。但他很快就想出了一个好主意。他对邻居家的小孩儿说，如果谁能采到足够多的苜蓿和蒲公英来喂养小兔子，小兔子就以谁的名字命名。

这个主意产生了奇迹般的效果，使卡内基永生难忘。

多年后，他在商业活动中运用同样的技巧，使他获得了数百万美元的收入。比如，他想把钢轨卖给宾夕法尼亚铁路公司的这件事情。卡内基先是在匹兹堡建造了一个大钢铁厂。因为当时，汤姆森是宾夕法尼亚铁路公司的总经理。所以，卡内基便将钢铁厂命名为汤姆森钢铁厂。聪明的你不猜也能知道：当宾夕法尼亚铁路公司采购钢轨时，汤姆森会购买哪一家的？

还有一次，卡内基在和布尔姆竞争一笔关于小客车的业务权时，他又想起了"兔子的技巧"。

卡内基旗下的中央运输公司和布尔姆经营的公司，为争夺联合太平洋铁路公司的卧车订单而互相排挤、不断削价，几乎到了不惜做赔本买卖的地步。在他们都去纽约参加联合太平洋铁路公司董事会时，一天晚上，卡内基在圣尼古拉斯大饭店遇到了布尔姆，他说："晚安，布尔姆先生，你不觉得其实我们两个都很蠢吗？"

布尔姆问："你这是什么意思？"

于是卡内基说出了他的想法——将双方的利益合而为一。他用美妙的言辞，描述了使双方都能获利的美好愿景，表示双方应以互相合作来代替相互对抗。

虽然布尔姆很注意地听着，但他并没有完全同意，最后他问："那么你想怎样命名这家新公司？"卡内基立即回答，"当然是布尔姆小型客车公司了！"

顿时，布尔姆的脸色明朗起来，他说："卡内基先生，请到我房里来，让我们详细谈谈。"就这样，美国的工业历史又掀开了新的一页。

谨记并尊重朋友和生意伙伴的姓名，是卡内基取得成功的秘诀之一。他为自己能叫出他钢厂的工人的姓名而自豪。

人们都为自己的名字感到骄傲，甚至不惜代价想方设法地让名字流传下去。即使是风光一时的马戏团老板——性格暴躁的老巴纳姆，因为没有儿子可以延续他的名字，在失望之余，他愿意出 25000 美元让外孙西雷改名为巴纳姆·西雷。

图书馆、博物馆里那些丰富的陈列品上都有一些不愿意被遗忘的捐赠者的姓名。几乎每个教堂都装饰着记录捐赠人姓名的彩色玻璃，很多大学的建筑物上也镌刻着为学校捐出巨资的捐赠者的名字。

普通人大概不会比弗兰克林·罗斯福更忙，但他却花时间记住了一个与他接触的技术人员的名字。

情形是这样的：罗斯福总统因为双腿瘫痪不能驾驶普通汽车，克莱斯勒汽车公司替罗斯福先生制造了一辆特殊的汽车，由张伯伦和一位技术人员将这部车子送到白宫。我有一封张伯伦的信件，里面记载了当时的情形。"我教罗斯福总统如何驾驶这辆有许多特殊装置的汽车，而他却教了我许多为人处世的艺术。"

"我刚到白宫时，"张伯伦先生写道，"总统显得非常愉快，他直呼我的名字，这使我感到非常舒服。当我讲解有关这部车子的每一个细节时，他都很专注地听着，这给我留下了特别深刻的印象。这部车子经过特殊设计，能完全用手驾驶。他对着围观的官员们说：'这辆车本身就是一个奇迹，你只要按下按钮，它就能自己开动，根本不用费力去驾驶。这辆车的设计实在是太奇妙了——我不知道它是怎样生产出来的，真希望有时间驾驶一下，看看它开起来怎么样。'

"当罗斯福的朋友们和白宫的官员们赞美这辆车时，他当着他们的面说：

沟通的艺术

'张伯伦先生，不知道你要花多少时间和精力才能设计出这样的好车，我向您表示衷心的感谢。它真的是太完美了！'他赞赏汽车的散热器、特制的后视镜、时钟、精巧的聚光灯、车内的装潢风格、司机坐椅的位置，甚至连车厢内那几个刻着他名字的手提箱也受到了赞赏。换句话说，他注意到了我花费心思所做的每一个细节。他还特别地把这些设备指给自己的夫人、劳工部长和他的女秘书看。他还对白宫的官员说：'乔治，你要好好地照顾这些经过特殊设计的手提箱。'

"驾驶课结束后，总统对我说：'非常好，张伯伦先生。不过，联邦储备金董事会的人已经等我 30 分钟了，我想我应该回去工作了。'

"我还带来一名技术人员与我同来白宫，他到达时也被引见给罗斯福总统。他没有同总统说话，罗斯福总统只听到过一次他的名字。他是个害羞的小伙子，一直躲在角落里。但当我们准备离开时，总统找到这名技术人员并叫出他的名字，跟他握手，感谢他来华盛顿。而总统对于他的感谢是真诚的而非例行公事，这个我们都能感觉得到。

"回到纽约后不久，我接到总统亲笔签名的相片和一封再次对我们的到来表示感激的谢函。他能从繁忙中抽出时间来做这件事情，使我感到非常惊讶。"

作为一名政治家所学的第一课就是："记住选民的姓名就是你的政治才能。如果你忘记了他们的名字，你也终将会被他们遗忘。"

在事业上、公关上跟在政治上记忆姓名的意义是同样重要的。

法国皇帝拿破仑一世的侄儿拿破仑三世，曾夸口自己除了背诵皇室职责之外还能记住他所见过的每一个人的姓名。

他的技巧是什么？其实很简单。如果他没有听清楚对方的名字，他会立即说："真对不起，我没有听清楚。"而如果是不常见的姓名，他会问："您的名字怎样拼写？"

在交谈过程中，他会在脑海中反复地将对方的姓名同对方的神情、言谈、外表联系起来。

如果对他而言，对方是个重要人物，拿破仑三世会更加深入地加以记忆。当他独处时，会将这个人的姓名写在纸片上，仔细地揣摩、记忆，努力地把它印入脑海，然后再将纸片撕毁。用这种方法，他在视觉和听觉上都会保留着对这个名字的印象。

虽然这样做很费时间，但正如爱默生所言："小小的牺牲可以塑造良好的习惯。"

全然注视，用心倾听

不久前，我参加了一个桥牌聚会。我和其中一位女士都不会打桥牌。她知道，我做过托马斯先生的私人经理，在托马斯先生从事无线电事业前，他曾在欧洲各地旅行，而我则帮他记下沿途的所见所闻。于是她说："卡耐基先生，您能给我讲讲您所到过的名胜古迹和看到的美丽风景吗？"

当我们在沙发椅上坐下后，她接着提到，最近她跟她丈夫刚从非洲回来。"非洲？"我惊异地说，"多有趣啊，我一直想去一次非洲，可从未如愿，除了在阿尔及尔停留过 24 小时。告诉我，你真的去了那个伟大的地方吗？真是太幸运了，我真羡慕你。你能给我说说关于非洲的所见所闻吗？"

在那次整整 45 分钟的谈话中，她再也没问过我去过哪里以及我的见闻，其实她并不想听我谈论我的旅行，她需要的是一个充满兴趣的倾听者。这样，她就可以表现自我，谈论她去过的地方。

她不同寻常吗？不，许多人都像她一样。

例如，我曾在纽约出版商举办的一次晚宴上遇到过一位著名的植物学家。以前，我从未和植物学家交谈过。我发现他说的话对我很有吸引力，我着迷地坐在椅子上听他讲有关奇异的植物、培育新品种植物及布置室内花园等事情（他还告诉我了一个关于粗糙马铃薯的神奇故事）。我有个小型的室内花园，他非常热心地解答了我所需要解决的几个问题。

我们是在宴会上谈话，晚宴上还有其他十几位客人，但我却失礼地忽略了其他人，而与这位植物学家谈了几个小时。

午夜来临，当我向每个人说晚安并准备离开时。这位植物学家在出版商面前极力夸奖我，称我是"最活跃的人"，说我如何如何好。最后结束时，他夸我是一个"最风趣健谈的人"。

风趣健谈？为什么？我几乎没说什么话。因为如果不转换话题，我几乎无言以对。基于我对植物学那点儿微乎其微的知识，我也无从谈起。但是，我做到了这一点：一心一意地倾听。因为我对谈话内容真的很感兴趣，所以就能专注地倾听，而且他感觉到了，自然也就愿意和我交谈。这种倾听是我们能给予别人的最高赞美。伍福特在他的《爱在异乡》一书中说："很少有人能抗拒全然的注视，这是一种含蓄的恭维。"而我做得比给予他全然的注视还要更多，我还给予了他"我发自内心的赞赏和慷慨的赞美"。

我告诉那位植物学家，我从他那里得到了很好的肯定与指导——确实如此。我告诉他，我希望拥有他那样丰富的学识——我真希望如此。我告诉他，我希望同他一起去田野散步——我们做到了。我告诉他，我希望能再见到他——我真的见到他了。

一个商业洽谈成功的秘诀是什么呢？正如哈佛大学前任校长爱利奥特所说过的："一个成功的商业洽谈没有什么神秘的诀窍……专心倾听讲话人的谈话是非常重要的，这比任何恭维的语言都有效。"

这很明显，不是吗？你无须花 4 年时间去哈佛大学研读这个问题。我们都知道，有很多百货商店的老板租用豪华的店面、降低进货成本、陈设新款漂亮的橱窗、花去几千元的广告费，可是所雇用的店员却不能成为良好的倾听者——他们打断顾客谈话、反驳顾客、激怒顾客，这些都会使顾客远离这家商店。

在一个怀着忍耐、同情的倾听者面前，即使是最激烈的批评和最长久的抱怨也会平静下来——在寻衅者像一条大眼镜蛇喷射出毒液一样发怒时，倾听者必须保持冷静。

有这样一个例子：

数年前，纽约电话公司碰上一个他们所接触的最厉害的顾客。他诅咒公司的客户服务代表，他咆哮着威胁说要把电话线连根拔起。他拒绝去付他认为有误的电话费，他还写信给报社，还向公共服务委员会提出无数次的抱怨，甚至准备起诉电话公司。

最后，电话公司派出一位精于此道的"纠纷调解员"去拜访这位厉害的顾客。这位"纠纷调解员"只是在那儿静静地听着，尽量让这位好争论的老先生发泄他满腹的牢骚，并回答："是！是！"而且还对他的委屈表示同情。

"那天，我听他咆哮了近3个小时，"这位电话公司的"纠纷调解员"在我们的讲习班上说出了他的经历，"后来我又去他那里听他发牢骚。我拜访过他4次。在第4次拜访结束之前，我已成为他创立的某个组织的一名特级会员。他把这个组织称为'电话用户保障会'，至今我仍是这个组织里的会员，而且据我所知，我是这个世界上除这位老先生外唯一的会员。

"在这几次访问中，我都是静静地听着，并对他所说的每一个理由都表示同情。在此之前，电话公司的人从没有这样跟他说过话，他对我的态度也逐渐友好起来。在前3次的会面中，我都绝口不提会面目的，直到最后在第4次，我彻底地结束了这场纠纷。他不仅付清了所有账款，还从公共服务委员会撤销了对电话公司的诉讼。"

无疑，这位先生把自己看成是保障公众权益的神圣讨伐者。实际上，他真正需要的是受人重视的那种感觉。一旦电话公司的代表给了他这种感觉，他想象中的那些委屈也就无影无踪了。

多年前的一个早晨，一个愤怒的顾客闯进朱利安·迪特茂的办公室。迪特茂是这家毛纺公司的创始人，这家公司后来成为全世界最大的毛纺批发公司。

"这位顾客欠我们一笔小额款项，"迪特茂先生后来解释说，"这位顾客否认欠了钱，可是我们知道他是错的。所以，我们信用部坚持要他付款，在收到我们信用部要他付款的信件后，他即刻收拾行装，来到了芝加哥，闯进我的办公室，告诉我，他不但不会付那笔钱，而且以后他再也不会买迪特茂公司1美元的东西。

"他说的时候，我一直耐心地倾听着。好几次，我都想打断他的讲话，但我知道，那是一种糟糕的对策，所以我任他发泄。最后，当他情绪慢慢平

沟通的艺术

息时，我平静地说：'感谢您特地赶来芝加哥告诉我这件事情。您帮了我一个大忙，如果我们公司信用部得罪了您，他们也会得罪别的顾客，那情形就不堪设想了。请相信我，我迫切地需要您来告诉我这件事情。'

"他绝对没想到我会这样说。我想他有点儿失望，因为他来到芝加哥是为了告诉我这件事情。但我没有辩驳，反而感谢他。我向他保证我们会从账面上把这笔钱划掉，因为他是一个十分细心的人，需要处理的只是一份账目，可是我们公司的职员却要处理成千上万份账目，所以我们的职员可能会弄错。

"我告诉他，我很理解他的感觉。如果我遇到同样的问题，我也会像他一样有这样的想法。由于他不再买我们公司的货物，我十分诚意地向他推荐了其他几家毛纺公司。

"过去他来芝加哥时，我们经常一起共进午餐，所以那天我也请他共进午餐，他勉强地答应了。但在我们回到办公室后，他给了我一个比以往还大的订单，并且心平气和地回家去了。由于我对他的友好接待和处理得当，这位顾客回去后仔细查看了他的账单，终于找出了那份他自己放错了地方的账单。后来，他给我们寄来了欠款和一封道歉信。

"再后来，他的妻子生下一个小男孩儿，他将儿子中间的名字取为'迪特茂'。在他去世前的 22 年里，他一直是我们公司忠实的顾客和很好的朋友。"

多年前，有一个荷兰籍的贫穷的小男孩儿，他每天放学后都替一家面包店擦窗户，以贴补家用。这个男孩儿就是爱德华·博克。他一生所受的教育总共不超过 6 年，可他却成为美国新闻界历史上最成功的杂志编辑之一。他是如何做到的呢？这是一个很长的故事。但我们可以对他最初的努力作一个简单的描述。

他在 13 岁时离开学校，在一个西联机构里充任童役，但他一刻也没有放弃学习，相反，他开始进行自我教育。他省下车费，不吃午饭，他用那些积攒起来的钱买了一部美国名人传记——后来他还做了一件人们闻所未闻的事情。他把这部传记详细研读之后，就写信给传记上的每位名人，请求他们多告诉他一点儿关于他们童年的事情。他写信给当时正竞选总统的吉姆士将军，询问他是否真的做过运河上拉船的童工，吉姆士回复了他。他又写信给格雷将军，询问有关一次战役的情形，格雷将军在回信中为他画了一张详细的地图，还邀请这个小男孩儿与他共进晚餐，并花了一个晚上的时间同他谈话。一个晚上的时间，这对于一名日理万机的将军来说，真是难能可贵。这从另一方面也证明了博克很小的时候就是一位出色的倾听者。

后来，博克还和国内一些著名的人物，像爱默生、布罗斯、朗菲洛、林肯夫人、路易斯、休曼将军、杰弗森·戴维斯等通信。他不只是跟这些名人通信，一有假期，他还去拜访其中的数位，并成为这些名人家里很受欢迎的客人。通过和这些名人的接触与交谈使他形成了一种无价的自信心，激发了他的理想和意志，改变了他以后的人生。

记者艾萨克·F·马可逊曾采访过上百位名人，他谈道："很多人之所以无法给别人留下良好的印象，是因为他们没有认真地倾听。他们总是极为关注自己接下来要说的，以至于没有注意倾听别人所说的话……许多著名人士曾对我说，他们更喜欢善于倾听的人而非健谈的人，但与其他美德相比，拥有这种倾听能力的人似乎更少。"

不仅重要人物喜欢善于倾听的人，普通人也是如此。

在内战进行到最白热化的时候，林肯写信给他在伊利诺伊州春田镇的一位老朋友，请他来华盛顿。林肯说，他有一些问题想与老朋友讨论。这位昔日的老邻居来到了白宫，林肯跟他说了几个小时关于发布《解放黑奴宣言》的必要性。林肯把这项行动的赞成和反对的理由都加以研讨，然后看了一些信件和报纸上的文章，其中有的谴责他不解放黑奴，有的谴责他解放黑奴。林肯自己说了几个小时后，甚至没有征求老邻居的意见，就与他握手告别，送他回了伊利诺伊州。林肯自己完成了全部的讨论，这样似乎也理顺了他的思路。这位老朋友后来说："林肯跟我谈过这些话后，似乎轻松了很多。"

林肯不需要建议，他需要的只是一个友好的、富有同情心的倾听者，可以使他自由地表达自己的观点。这也是我们在困境中所需要的全部，也通常是愤怒的顾客、不满的雇员或受伤的朋友所需要的。

沟通的艺术

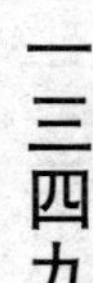

如果你想知道如何使人远离你、在背后嘲笑你甚至轻视你，这里有个办法：永远不要仔细听人家讲话，不断地谈论你自己。当别人正在讲话时，你突然要发表自己的见解，不等对方把话说完，就上前马上打断他。

你曾遇到过这种人吗？很不幸，我遇到过。奇怪的是，有些还是社交界的名人。

他们只谈论自己，永远只为自己着想。"只为自己着想的人是无知而不可救药的，"哥伦比亚大学前任校长巴德勒博士说，"无论他多么权威，仍然跟没有受过教育的人一样。"

所以，如果你想成为一个健谈的人，就要先做一个认真的倾听者。先对别人感兴趣，别人才会对你感兴趣。问别人所喜欢回答的问题，鼓励他们谈论自己和他们的成就。

关注他人嗜好，并投其所好

每一个曾拜访过西奥多·罗斯福的人，都会惊异于他广博的知识。无论来访者是一名牛仔还是骑士，是纽约的政客还是外交家，罗斯福都知道应该跟他们谈什么。他是怎样做到的呢？答案很简单，每当罗斯福要会见一个来访者时，他都会在前一天晚上熬夜，阅读一些他认为来访者会特别感兴趣的资料。

因为罗斯福和其他具有领袖才干的人一样，打动人心的最佳途径就是和他谈论他最感兴趣的话题。

散文家、耶鲁大学文学院教授菲尔甫斯早年就懂得了这个道理：

"在我 8 岁时，曾在一个周六去姑妈伊丽莎白·林斯利家度假。她家位于豪沙托尼克河之上的斯特拉特福德市。一天晚上，一个中年男子拜访了姑妈，他和姑妈礼貌地寒暄后，就注意到了我。那时，我对帆船非常感兴趣，于是，这位来访者以一种非常有趣的方式和我讨论了这个话题。他离开后，我兴奋地和姑妈谈起他——多了不起的人啊！姑妈告诉我，他是纽约的一名

耶鲁大学文学院

律师，他并不喜欢船舶——而且对帆船也没有什么兴趣。'可是他为什么一直说帆船的事情呢?'

"'因为他是一位绅士，他看到你对帆船很感兴趣，于是他就和你谈你感兴趣的话题使你高兴，也好使自己受到欢迎。'"

菲尔甫斯教授又说："我永远不会忘记姑妈所说的话。"

在我写这个章节时，面前有一封查尔夫先生寄来的信，他十分热心于童子军的工作。

"一天，我发现我需要帮助，"查尔夫写道，"童子军团体大会即将在欧洲召开，我想请美国一家公司的总裁资助一名童子军去欧洲的旅费。

"幸运的是，在我去见那位总裁之前，我听说他曾签出过一张 100 万美元的支票，并在支票兑现后将它装入镜框留念。

"所以，当我走进他的办公室时，我所做的第一件事情就是请他让我观赏那张支票。一张 100 万美元的支票！我告诉他，我从来没有听说过有人开过 100 万美元的支票，不过回去后，我可以跟我那些童子军们讲，我的确见过 100 万美元的支票了。他很高兴地取出来给我看，我表示赞美，同时请他告诉我，开出这张支票的经过。"

你注意了吗？查尔夫先生并没有一开始就谈到童子军或欧洲团体大会以

及他自己的需要，他只是在谈对方最感兴趣的事情。这就是最终结果：

"不一会儿，那位总裁问我：'哦，顺便问一句，您找我有什么事情吗?'于是我说出了我的来意。"

"让我惊讶的是，"查尔夫继续道，"他毫不犹豫地答应了我的请求，甚至给予了更多。我请求他资助 1 个童子军去欧洲，可他竟然愿意资助 5 个童子军和我一起去欧洲，他签了一张 1000 美元的信用证，叫我们在欧洲住 7 个星期。他又替我写了几封介绍信，吩咐欧洲各分行的经理为我们提供相应的服务。后来，他还在巴黎接待了我们，并带我们游览了全市。

"最后，他还为几个家境贫寒的童子军介绍工作。现在，他仍是我们团体中积极的一员。

"当然，我知道，如果我没有事先找出他的兴趣所在，使我们之间的关系融洽起来，我是不可能这么顺利地接近他的。"

在商场上，这不也是一种很有效的方法吗？不妨以纽约一家面包批发公司经理杜凡诺先生为例：

杜凡诺先生一直想把面包卖给纽约的一家大旅馆。4 年内，他几乎每星期都去找那家旅馆的经理，杜凡诺跟着那位经理参加相同的交际活动。为了获得生意，他甚至在那家旅馆租下一间房子来住，可还是失败了。

杜凡诺先生说："后来，在研究了人际关系之后，我才知道应该改变一下策略了，我决定找出他的兴趣所在——那些能使他热情起来的东西。

"我发现，他是一个饭店经理人社团的成员，这个社团名叫美国饭店迎宾者协会。他不只是这个协会的成员，他巨大的热情使他在担任此协会主席之余，还兼任了国际迎宾者协会的主席，无论在哪里召开会议，他一定会去参加。

"所以，当我第二天见到他时，我就开始和他谈论迎宾者协会。我得到了怎样的回应呢？真是激动！他兴高采烈地和我谈论了半个小时迎宾者协会的话题。他的语调中满是热情。我可以明显地看出协会不仅仅是他的爱好，更是他生活的一部分。在我离开他的办公室之前，他劝我加入他的协会。

"当时，我对面包的事只字未提。但是几天后，他旅馆的管事居然打电话，让我把面包的价目和样品送过去。

"'我不知道你对那个老家伙做了什么，'管事打趣地跟我说，'但他确实接受了你！'

"想想吧，为了做成这笔生意，我在他身上花费了 4 年时间。如果我没有找出他的兴趣所在，我还真不知道要跟他费多少唇舌呢？"

鼓励他人谈论他自己

麦克马洪是纽约的一位园林设计家，他说过这样一件事情：

"在我参加了'如何赢得朋友和影响他人'的演讲后不久，我替一位著名的司法官设计园景。我工作时，那位司法官出来提出一些他的建议，比如说在哪些地方种些石榴或杜鹃花。

"我说：'法官，您有一个很好的嗜好。我很羡慕您养了那么多漂亮的狗，我听说它们每年都会在麦迪逊广场花园的展览中赢得很多蓝丝带奖。'

"这个小小的赞美出现了惊人的效果。

"'是的，'这位法官答道，'我对养狗很感兴趣。你愿意参观我的狗舍吗？'

"他花了将近 1 个小时带我去看他的狗和它们所得的奖品。他甚至还拿出了它们的家谱，向我解释狗的血统与它们聪明漂亮的重大关系。

"最后，他问我：'你有没有小孩儿？'

"'是的，'我答道，"我有一个儿子。'

"'真的，他喜欢小狗吗？'这位司法官问道。

"'哦，是的，他非常喜欢。'

"'那太好了，我送他一只。'司法官说道。

"他开始告诉我如何豢养小狗。然后，顿了顿，他又说：'如果我就这样告诉你，你很快就会忘了。我写下来吧。'于是，那位司法官走进屋里，把送我的那只小狗的血统和喂养的方法用打印机很清楚地打印出来，然后他送

卡耐基励志经典

沟通的艺术

给我一只价值几百美元的小狗。他花了 1 小时 15 分钟的宝贵时间，只因为我真挚地赞赏了他的嗜好和成就。"

柯达公司的创始人乔治·伊斯曼发明了透明胶片，使活动画面的摄制成为可能。他获得了上亿美元的财富，并成为世界上著名的商人。虽然有着这样伟大的成就，但他仍然和你我一样渴望别人的哪怕一丁点儿的赞赏。

例如：

当伊斯曼在洛贾士德建造"伊斯曼音乐学校"和"凯本剧场"时，纽约高级坐椅公司的经理詹姆斯·爱达森想为剧场提供坐椅，于是他打电话给建筑师，约定去洛贾士德与伊斯曼面谈。

乔治·伊斯曼

当爱达森到达那里时，那位建筑师说："我知道您想得到坐椅的订单，不过我现在必须告诉您，您与伊斯曼先生的会谈时间不能超过 5 分钟。他是一个严肃的人，他很忙。所以，您要尽快说明来意然后马上离开。"

爱达森听后，就准备那样做了。

他被引进一间办公室，看到伊斯曼正埋头处理桌上的一堆文件。过了一会儿，伊斯曼便抬起头，摘下眼镜，向建筑师和爱达森走来，说："早上好，两位。我能为你们做点儿什么吗？"

建筑师介绍他们互相认识后，爱达森说："伊斯曼先生，当我们在等候您的时候，我就喜欢上您的办公室了。我是做室内木工生意的，可在我的一生中，从没有见过这样漂亮的办公室。"

乔治·伊斯曼回答说："要不是您的提醒，我都快忘了。这间办公室很漂亮，是不是？当初这间办公室布置完后，我喜欢极了。但来到这里之后，我的脑子里要想很多东西，有时我甚至一连几周都顾不上看它一眼。"

爱达森走过去，用手摸摸木质装饰板，说："这是英国橡木，是不是？它和意大利橡木品质上稍有不同。"

"是的，"伊斯曼答道，"这是进口的英国橡木，是一位专门研究上等木料的朋友替我挑选的。"

接着，伊斯曼陪他参观了整个房间。不时地评论着比例、颜色、手工雕刻和其他由他帮助设计并实施的部分。

他们参观着房间，对木工的手艺赞叹不已。他们在一扇窗前停了下来，伊斯曼用他谦虚、温和的方式谈到，为给社会尽一些绵薄之力，他资助过洛贾士德大学、大众医院、洛贾士德医院、互助会、儿童医院等。爱达森热诚地赞赏他这种用自己的钱财来减轻公众痛苦的善行。过了一会儿，伊斯曼打开玻璃橱，取出他拥有的第一架相机——那是他从一个英国人手里买下的。

爱达森详细地询问了他在商界的奋斗历程，伊斯曼感慨万千，讲起了他幼年时那种真实的贫苦感受。那时，他在一家保险公司做小职员，而他守寡的母亲则艰难地经营着一家寄宿公寓。可怕的贫困日夜折磨着他，他决心要赚足够多的钱，以便母亲不再辛苦地工作。他曾尝试过多种行业，在谈到实验室摄影感光板时，他告诉爱达森，他是如何没日没夜地在办公室里做实验的。只有当化学实验进行时，他才能小睡一会儿，有时甚至一连工作三天三夜，困了就和衣而卧。

爱达森进入伊斯曼的办公室时是上午 10 点 15 分，而且他被警告不能占用超过 5 分钟的时间；但是一个小时过去了，两个小时过去了，他们仍然在谈着。最后，伊斯曼向爱达森说："上次，我去日本买了几张椅子回来，我把它们带回家，放在玻璃门廊里。但阳光把上面的图案晒褪色了，我就买了些油漆自己漆好了。你想知道我是怎么漆的吗？好吧，你来我家，我们一起吃午饭，我让你看看。"

午饭后，伊斯曼把从日本买回来的椅子拿给爱达森看。那些椅子的价值不会超过几美元，而身为百万富翁的伊斯曼却认为很自豪，只因为那是他自己漆的。

剧场的坐椅订单总计是 9 万美元。你认为除了爱达森外，其他的竞争者谁还能得到订单呢？

从那时候开始，一直到伊斯曼去世，他和爱达森一直都是极亲密的朋友。

"和人们谈论他们自己，"英国的一位睿智的首相狄斯雷利说，"他们会和你谈上好几个小时。"

第九章　不动声色地改变对方

批评前先真诚地赞美对方

我的朋友曾受柯立芝总统之邀到白宫做客，当他走入总统的私人办公室时，正听到柯立芝在赞美他的女秘书说："今天，你穿的衣服很漂亮，你真是个美丽的女孩儿。"

平时，柯立芝总统是个惜言如金的人，他很少赞美别人，女秘书听到他的赞美后立刻脸红了，他却接着说："刚才的赞美是为了使你感到愉悦。从现在开始，我希望你能够对公文的标点更加注意一点儿。"

在这里，柯立芝总统巧妙地运用了心理学的原理：我们在听过别人的赞美后，会比较容易地接受一些不愉快的话。

1896 年，麦金莱在竞选总统时就运用了这个原理。有一位共和党的重要党员，费尽心思地写了一篇自认为非常出色的演讲稿，

柯立芝

他激动而兴奋地在麦金莱面前朗诵了一遍。这篇演讲稿有它的优点，但并不合适，因为它会引起众人的指责。麦金莱又不愿意辜负这位党员的一番热忱与心意，那他该怎么办呢？

"我的朋友，这真是一篇少见而又绝妙的演讲稿，"麦金莱说，"相信再也不会有人能比你写得更好了。当然，这篇演讲稿在很多的场合下也都很适

用，但在一些特殊的场合和情况下，它是否也合适呢？相信从你的立场出发，它是严谨和慎重的，但我更要从党的立场来考虑其所带来的影响。现在，请你回去按我提出的几点要求把稿子改好，并送给我一份。"

他欣然接受了麦金莱的修改意见。在那次竞选中，这位党员成了不可多得的助选员。

林肯写过两封很著名的信件，第一封信是写给毕克斯比夫人的，对她5个孩子的牺牲表示哀伤和悼念。第二封信是在内战最黑暗的时期写的。这封信或许是林肯在匆忙间的5分钟就写好的，但它却在1926年的公开拍卖中以12000万美元的高价卖出，顺便说一下，这笔钱比林肯辛苦工作半辈子赚到的钱还要多。1863年4月26日，林肯把这封信寄给了约瑟夫·胡克将军。那时内战已进行了18个月，联军屡遭惨败，国内人心惶惶。数以千计的士兵"开小差"，参议院的共和党议员也掀起内乱，他们要求重新投票，并逼迫林肯搬出白宫。林肯说："我们已走到毁灭的边缘，我感觉似乎上帝也在反对我们，我看不到一丝曙光。"这封信就是在这样黑暗、混乱的时期与背景下写的。

我引用这封信的目的，是用以说明林肯是如何说服这位关系战争成败的将军的。

这也许是林肯就任总统以来写得最尖锐的一封信了，但他仍然在指出这位将军的错误前，先赞扬了他。

是的，他做错了，可林肯并没有那么说他。林肯做得更保守、更有外交手腕。林肯写道："在有些事情上，我对你并不是特别满意。"说得多么老练！多么具有外交手腕！

这就是林肯写给胡克将军的信：

我任命你为波特马克军队的司令官。当然，我有充分的理由。但是，在有些事情上，我对你并不是特别满意。

我相信，你一直是一名睿智善战的军人。而我也不认为你会把政治与你的职责混在一起。你的自信是一种可贵而又具有价值的美德。

你有野心，我相信，这在某种范围内也是有益的。但在你阻挠伯恩赛德将军这件事情上，你对国家和一位优秀的同僚犯下了大错。

我听说，你最近说过，军队和政府需要一位专断独裁的领袖，但我并非因此才授予你军队指挥权。

专断独裁的资格只能给予那些在战争中获胜的将领，而我所期望的正是你在军事上的胜利。

政府会像支持其他将领一样支持你。我愿意竭尽所能地帮助你，消除你那种不信任上司的危险思想。

如果军中存在这种思想，就算是拿破仑在世恐怕也不能有所帮助。现在，不要急躁冒进，而应小心谨慎且不眠不休地赢得我们的胜利。

你不是柯立芝，也不是麦金莱、林肯，但你想知道这种哲理在日常商业中会不会有用？现在，我们以费城华克公司卡伍先生为例：

在费城，华克公司承建一座办公大楼，并且双方指定必须按时竣工。这项工程的每一件事情都进行得很顺利，眼看这座大楼就要完工了。突然，承包外面铜工装饰的商人说他不能如期交货。如此一来，仅仅因为这个承包商，所有的建筑工事都要停下来，这不仅会耽误完工日期，还要交付巨额罚款，这将给公司带来重大损失。

在长途电话里，激烈的争论对解决问题没有一点儿好处。于是卡伍被派往纽约，与那个人当面交涉。

卡伍走进这位经理的办公室，第一句话就问："你知道你的名字在整个市里是独一无二的吗？"这位经理听到这话后感到非常吃惊，他摇摇头说："不，我不知道。"

卡伍说："我今天查电话簿找您的地址时，发现在本市叫这个名字的只有您一人。"

这位经理说："我不知道。"于是他很感兴趣地把电话簿拿来查看，果然一点也不错。这位经理很骄傲地说："这个姓名不常见的。因为我祖籍荷兰，搬来纽约已有200年之久了。"接着，他们就开始谈论他的祖先和家世。

卡伍接着又称赞他有这样一间庞大的工厂。卡伍说："这是我听过的铜器工厂中最干净、最有序的一家。"

这位经理说："是的，我花了毕生的精力来经营这个工厂，我为此而骄傲。你愿意参观我的工厂吗？"

参观的时候，卡伍连连称赞工厂的组织系统优良，同时也称赞了几种特殊的机器。这位经理告诉卡伍，那几台机器是他自己发明的，他滔滔不绝地向卡伍介绍这种机器的使用方法和特殊功能。而且他还希望与卡伍一起共进午餐。有一点儿你必须记住：一直到现在，卡伍对他这次的来意与目的还只字未提。

午餐后，这位经理说："我们谈公事吧，我当然知道你来的目的。没想到我们的见面是这样愉快。请放心，即便不做别家的生意，我也保证准时运送你的订货。"

卡伍并没有任何要求，可是他很顺利地达到了自己的目的。随着材料的如期运到，那项工程也如期完工。

但如果当时卡伍选择与这位经理激烈争论的话，他会不会达到这个目的呢？

所以，如果要改变一个人的意志与看法，而又不使对方难堪和反感，就要真诚地赞美他。

间接地暗示他人的错误

有一天中午，施瓦伯经过自己的一家钢铁厂，看到几个工人在吸烟，而那些工人的头顶上正悬着一块儿"禁止吸烟"的牌子。施瓦伯是否走过去指着那个牌子对他们说："你们看不见吗？"不，那不是施瓦伯。

他走到那些工人面前，给他们每人一只雪茄，并且说道："嗨，弟兄们，如果你们到外面吸烟，我会更高兴的。"那些工人们知道自己犯了错误，可施瓦伯不但丝毫没有责备他们，而且还给他们每人一只雪茄作为礼物，使工人们觉得自己受到了尊重。谁不喜欢这样的上司呢？

约翰·华纳梅克也曾用过同样的办法。每天他都会去费城自己的大商店里巡视。一次他看见一名顾客等在柜台前，却没有一个售货员为他服务。那些售货员正挤在柜台远处的另一头说笑。华纳梅克什么也没说，自己进柜台后招呼了那位顾客，然后让售货员装好货物，就默默地走开了。

很多官员被批评不接待群众。这固然由于他们很忙，但有时却是因为助理对他们的过度保护。由于怕太多访客给官员造成负担，助理们常会拒绝一些访客。卡尔·兰·特，曾在佛罗里达州奥兰多市——迪斯尼世界所在地，当了多年市长。他常常告诉助理让群众来见他。他还宣布要实行"开门政策"。但是他的秘书和行政助理仍然常把来拜访他的群众挡在门外。

这位市长最终的解决办法是：拆掉了他的办公室大门，并让助理知道了此事。从此，这位市长真正做到了"行政公开"。

若要改变一个人又不使他生气，换两个字就能产生不一样的效果。

很多人都会在批评前先真诚地赞美对方，然后一定再"但是"开始批评。譬如，要想让一个孩子改变读书不专心的态度，我们也许会说："约翰，我们为你骄傲，这学期你成绩进步了。'但是'如果你的代数再努力点，成绩就更好了。"在听到"但是"之前，约翰可能会很高兴，而在听到"但是"之后，他可能立刻就会怀疑这个赞美的真实性。对他来说，赞美不过是为后来的批评设下的伏笔而已。由于真实性被误解，也许就很难达成改变他学习态度的目标了。

其实，面对这个问题，只需把"但是"变成"而且"，就容易多了。"约翰，我们为你骄傲，这学期你的成绩进步了，而且只要下学期你继续努力，你的代数就会比别人强了。"

由于没有失败的结论跟随在赞扬后面，约翰会高兴地接受赞许。而且我们暗示了我们希望他改的行为，因此他会更尽力地端正自己的学习态度。

对那些特别反感直接批评的人，间接地暗示他们的错误，会有更加神奇的效果。居住在罗得岛温沙克的玛姬·杰克在我们的课程中讲述了她使一群懒惰的建筑工人，盖完房子后又将其清理干净的故事。

最初几天，杰克太太回家后，总会发现满院子里都是木屑。她不想和那些工人争辩，因为他们把工程做得很好。因此每当工人离开后，她就和孩子

沟通的艺术

们一起捡起这些碎木块，并整齐地码放在屋角。第三天早晨，她把领班叫到旁边说："我很高兴昨天院子里这么干净，没有让邻居感到不便。"那天以后，工人每天都会捡起木屑堆放在一边，领班也每天都来检查。

后备军人和正规军人之间最大的不同就是理发，后备军人认为自己是老百姓，很不情愿理短头发。

美国陆军第 542 分校的士官长哈雷·凯赛任后备军官时，要求自己解决这个问题，他也可以学那些正规军的士官长，对自己的部下吼几声或威胁他们。但他不想这样做。

他这样说："各位先生，你们都是领导者。领导时的以身作则是最有效的方法。你必须为你的部下做个榜样。你们都了解军队对理发的规定，我今天就要去理发，让它比某些人的短很多。你们可以对着镜子看看，作为部下的榜样，你们是否需要理发了，我会给你们安排理发的时间的。"

结果是意料之中的。果然下午有几个人照过镜子后，自愿去理发部按规定理了发。第二天早上，凯赛评论说，他已经看到了队伍里具备领导者气质的那些人了。

1887 年 3 月 8 日，最善于布道的布道家亨利·比彻牧师逝世了。第二个星期日，莱曼·艾伯特牧师被邀请登坛讲道。他希望自己能在这次讲道中有完美的表现，所以他将稿子一再修改润色，然后读给他太太听。可是这篇演讲稿并不理想。如果他太太没有足够的修养和见解，她可能会说："莱曼，这篇演讲稿太糟糕了。你会让听的人睡着的。你布道这么多年，应该很清楚怎样讲话。为什么你不能像平常一样，自然一些呢？"

她当然可以向她丈夫这样说。可她实际上是怎么做的呢？

相信艾伯特太太一定意识到了这一点。于是，她只是巧妙地暗示丈夫，这篇演讲稿可能更适合拿到《北美评论》去发表。换句话说，这篇讲稿不适合去布道。艾伯特听懂了他妻子的暗示，就把那篇绞尽脑汁所完成的演讲稿撕碎，什么准备也没做，就去讲道了。

批评他人之前，先提及自己的错误

数年前，我的侄女约瑟芬离开家到纽约来做我的秘书。那时，她只有19岁，刚从一所中学毕业，没有办事经验。当然，她现在非常能干。但开始的时候，我看她实在有待进步和提高。有一天，当我想批评她时，我先对自己这样说："等等，戴尔·卡耐基，等等。你的年纪比她大一倍，怎么能要求她具有和你一样的处事经验、观点和判断力？你19岁的时候，不是也犯过一些愚蠢的错误吗？"

经过真诚而公平的思考后，我认为约瑟芬比我当年要好多了。所以，从此以后，当我提醒约瑟芬注意自己的错误时，我总是这样说："约瑟芬，你犯了点儿错，但并不比我当年所犯的错误更糟。我们需要从经验中提高我们的判断力。而且，你比我当年强多了。我并不想批评你，因为我自己也犯过很多可笑的错误。但是，我希望你知道，如果你这样去做，不是更明智些吗？"

如果提出批评的人能先谦虚地承认自己也不是十全十美的、不犯错误的，然后再指出别人的错误，这样就比较容易让人接受了。

1909年，圆滑的布洛公爵就曾使用过这种方法。

当时，德皇威廉二世在位，他目空一切，而且装备陆军和海军，想要与全世界为敌。

于是，一件令人惊奇的事情发生了。德皇说了一些令人震惊的话，震动了欧洲，甚至影响了世界。而且他在英国做客时，还当众把这些言论发表出来。同时，他还允许报纸照原意发表。诸如，他说作为德国人，他只对英国有好感。为了对付日本，他正在建造海军。德皇威廉二世还表示，只有他一个人能使英国不屈服于法、俄两国的威胁。他还宣称，英国洛伯特爵士在南非战胜荷兰人也是他的计划。

在一百年以来的和平时期，没有一位欧洲君主敢说这样惊人的话。那时，欧洲各国一片哗然。英国非常激愤，德国的政治家也大为震惊。德皇在这种情况下也渐感事态严重。他向布洛公爵暗示，要布洛公爵宣称一切都是他的责任——德皇之所以说出那些不可置信的话都是他的主意。

"可是陛下，"布洛公爵拒绝说，"恐怕不管德国人还是英国人，都不相信我有能力建议陛下说那些话的。"

话一出口，布洛公爵立刻发现自己犯了一个大错误。果然，这些话激怒了德皇。

他愤怒地咆哮着说："你是说，我犯了连你都不会犯的错误，像头蠢驴一样，是不是？"

布洛公爵知道如果要指出德皇的错误的话，就应该先做某种程度的赞美，可为时已晚，于是他尝试做第二步的努力。那就是在批评过后，再加以赞扬。结果，立刻出现了奇迹。

布洛公爵毕恭毕敬地说："陛下，我绝没有那个意思，陛下的很多方面远胜于我，无论是海军知识还是自然科学。当您说到风雨表、无线电报等科学理论时，我总是感到汗颜，因为我知道得太有限了。对于各门自然科学我都不懂，化学、物理更是一窍不通，我甚至不能合理地解释最普遍的自然现象。稍稍可以安慰的是，我对于历史方面的知识略微知道一点儿，而且也有一点儿政治上的才能，特别是外交上的才能。"

德皇脸上露出笑容来，那是因为布洛公爵称赞了他。布洛公爵在抬高他的同时降低了自己。经布洛公爵这样解释后，德皇原谅了他并热情地说："我常常告诉你，我们能够成名就是因为我们彼此的相辅相成和赤诚合作。"

那天下午，德皇紧握着布洛公爵的手说："要是有人说布洛公爵的坏话，我就一拳打碎他的鼻子。"

布洛公爵及时地保全了自己——但是，作为一名谨慎的外交官，他以后再也不会犯这样的错误了。他会首先承认自己的缺点并肯定威廉的优点——丝毫不会暗示德皇是一个需要人保护的傻瓜。

用这样几句贬低自己称赞对方的话，就可以将盛怒中的德皇变成一个热忱的朋友。由此可见，谦逊和称赞在我们的日常生活中有多么重要，在处理人际关系方面一定能发挥奇迹般的作用。

　　一个人即使还没改正自己的错误，但只要他承认错误，就可能改变另一个人的行为。这句话是生活在马里兰州提蒙尼姆市的克劳伦斯·周哈辛最近说的。因为他看到他 15 岁的儿子学抽烟。

　　"我当然不希望大卫抽烟，可是我和他妈妈都抽，一直都给他做了不好的榜样。我向大卫解释，当我和他这么大时，我就开始抽烟，尼古丁战胜了我，我现在上了瘾。我还提醒他，我咳嗽这么厉害就是吸烟造成的。

　　"我并没劝他戒烟，也没有警告他抽烟的害处。我只是告诉他，我是如何抽烟上瘾且深受其害的。

　　"他想了一会，然后决定：高中毕业前不再抽烟。现在，他还没想过再抽烟。而经过那次谈话，我也决定戒烟，最后也终于在家人的支持下成功了。"

　　要想不伤感情、不引起憎恨地改变他人，其规则就是：批评他人之前，先提及自己的错误。

多用协商，少用命令

　　最近，我与美国著名传记作家塔贝尔女士一起吃过饭。当我告诉她我在写这本书时，我们一起讨论一个重要的与人相处的问题。她告诉我，她在撰写欧文·D·杨传记时，曾访问一位跟欧文在同一间办公室一起工作三年的人。那人说，在这三年中，他从没听过欧文向任何一个人说出一句直接命令的话。欧文·D·杨经常是建议，而不是命令。比如，欧文·D·杨的措辞总是"你不妨考虑一下"或者是"你认为有用处吗?"而不是命令地说"去做这个，去做那个"或"不要做这个，不要做那个"。当他拟完一份信稿后，经常会这样询问："你以为如何?"如果他看过助理写的信后，他会这么说："也许我们这样表达会更好一些。"他从不告诉助手们该怎样去做，而是给他们自己做事的机会，要他们在修正错误的过程中获得经验教训。

沟通的艺术

像欧文的这种方法，很容易使人改正原来的错误。运用这种方法，既维护了对方的自尊，又使人有一种受人重视的感觉。这种方法也不会遭到对方的反抗或拒绝，反而很容易获得对方的好感。

长者粗鲁的态度可能会让愤怒更加持久，即使他纠正的是个很明显的错误也会如此。唐·斯坦瑞利是宾夕法尼亚州威明市一所职业学校的老师，他的一个学生因非法停车，堵住了学院的一个入口。

只见唐冲进教室严厉地问："堵住车道的是谁的车？"那个学生承认后，唐怒吼："马上开走，否则我用铁链把它拖走。"

很明显，是这位学生错了，车子确实不该停在入口。但那天以后，不只这位学生对那位老师感到愤怒，全班的学生都会尽量地做些令那位老师不方便的事情，使他的工作更加困难。

本来，他可以采用温和的方式处理的。假如他友善地问："入口的车是谁的？"并建议说，"如果你把它开走，其他的车进出就方便了。"这位学生肯定会很愉快地开走他的车。而且其他的同学也不会有那么强烈的抵触情绪了。

伊安·麦克唐吉是南非约翰内斯堡一家小工厂的经理，他有一个接到大订单的机会。但他认为自己无法如期交货。工厂已排定了工作，而且这张订单要求的完成时间，短得使他不敢接。

他并没有催促员工们为这张订单赶工，而是召集大家共同探讨这个问题，他说，如果能按时赶出这张订单，对公司及所有员工都有很大的意义。

"我们用什么办法能完成这张订单呢？"

"谁有别的办法来处理它，让我们能接下这张订单？"

"我们的工作时间和分配有办法调整吗？"

员工们提了许多建议，并坚持让他接下订单。他们用一种"我们可以办到"的态度，终于赢得了这张订单，并如期交货。

顾全对方的面子

　　数年前，美国通用电气公司遇到了一个难题。他们打算撤去斯坦米茨的部长职位。斯坦米茨是一位电学方面的一流人才，但他并不能胜任会计部长的职务。因为他是电学方面不可多得的人才且又比较敏感，公司觉得很为难。于是公司给他安排了一个新头衔——任命他为通用电气公司顾问工程师，而另派他人担任会计部门的部长。

　　斯坦米茨很高兴，通用电气公司的主管人员也很满意。因为他们没有发生任何不愉快，就在一种平和的气氛中调动了这位敏感的高级职员，他们顾全了斯坦米茨的面子。

　　为别人留足面子是多么重要啊！可有时我们很少能这样想。我们不留余地地践踏别人的情感，不留情面地指出别人的错误，甚至在别人面前批评他的孩子或是他的员工，一点儿也不考虑别人的尊严。其实，只要真诚地抱着理解他人的态度，花上几分钟时间斟酌一下自己的语言，就可以在很大程度上化解尖锐的矛盾。

　　下次如果我们需要辞退佣人或是雇员时，应当学会运用这个方法。

　　现在，引述会计师格雷琪写给我的一封信：

　　相信裁人的人和被裁的人都不会认为辞退员工是一件有趣的事情。但因为我所负责业务的季节性，每年三月，我都需要辞退一批员工。

　　在我们这行中，有这样一句俗语："没有人愿意掌管斧头。"结果，就形成一种习惯，愈迅速解决愈好。在辞退一位雇员时，我总是这样说："请坐，现在季节已过，我们似乎已不再需要你做什么了。当然，我相信你事前也知道，我们只是在忙不过来的时候才请你帮忙的。"

　　我所讲的这些话，带给他们一种失望的情绪。而他们中多数人是终身在会计行业工作的。他们对那些草率辞退他们的公司一点儿好感都没有。

　　最近，当我决定辞退那些额外雇员时，我就稍微讲究了一下方法。我把

每人在这一季中的工作成绩仔细看过后，才召见他们。我对他们的谈话是这样的："史密斯先生，你这一季的工作成绩很好（如果他真的完成得很好的话）。上次派你去纽瓦克城办的事虽然很难，但你仍然完成得很出色。像你这样能干的人才，一定会前途远大的。公司很感激你，希望有机会我们还能一起合作。"

结果怎么样呢？这些被辞退的人的心情似乎好多了，他们知道，如果以后这里再有工作时，我们还会请他们来的。当我们第二季又请他们来时，他们就会对我们这家公司有亲切感，从而对工作更有责任感。

宾州的佛雷德·克拉克谈到了发生在他们公司的一段插曲。

"有一次开生产会议的时候，副总裁提出了一个尖锐的问题，是有关生产过程的管理问题。由于他气势汹汹，矛头指向生产部总督，一副准备挑错的样子。为了避免在同事中出丑，生产部总督对问题避而不答。这使副总裁更为恼火，直骂生产总督是个骗子。"

"再好的工作关系，都会因这样的火爆场面而毁坏。凭良心说，那位总督是个很好的雇员。但是从那天开始，他再也不能留在公司里了。几个月后，他转到了另一家公司，据说表现很不错。"

安娜·玛桑也谈到相同的情形，但因处理方法不同，结果也不一样。玛桑小姐在一家食品包装公司当市场调查员，她刚接下第一份差事——为一项新产品做市场调查。她说道："当结果出来的时候，我几乎崩溃，由于计划工作的一系列错误，整个结果当然完全错误，必须从头而来。更糟的是，报告会议即将开始，我已经没有时间同老板商量这件事情了。

"当他们要求我做报告的时候，我吓得发抖。我尽量使自己不哭出来，免得又惹得大家嘲笑，因为太过于情绪化了。我简短地说明了一下情形，并表示要重新改正过来，以便在下次会议时提出。坐下后，我等待老板大发雷霆。

"但出乎意料地，他先感谢我工作勤奋，并表示新计划难免会有错。他相信新的调查一定会正确无误，会对公司有很大助益。他在众人面前肯定我，并说我缺少的是经验，而非能力。

"我挺直胸膛离开会场，并下定决心努力工作，决不容许类似的事情再次发生。

纵使他人犯错，而我们是对的，如果没有为他人保留面子，也会毁了一个人。

已故的马洛先生，有一种奇妙的才能，他专门劝解两个水火不兼容的生死仇家……他是如何做的呢？他很仔细地找出双方都有理的事实，对于这一点儿他加以赞许，直到双方满意为止。并且不论最后如何解决，他决不说任何一方有错。

世界上真正伟大的人物，他们不会只注意自己某方面的成就。例如有这样一件事情：经过数百年的敌对仇视，土耳其人在 1922 年，决定要把希腊人驱逐出境。

土耳其总统凯末尔，沉痛地向士兵说："你们的目的地，就是地中海。"就这样一句话，一项近代史上最激烈的战争开始了。这场战争的结果，土耳其获胜，当希腊的两位将军"铁考彼斯"和"狄阿尼"向凯末尔请降时，沿途受到土耳其民众的辱骂。

可是，凯末尔并没有以胜利者自居，而是显现出一副谦恭的姿态。

他握着他们的手说："两位请坐，你们一定感到疲倦了！"凯末尔谈过战争情况后，为了减少他们心理上的苦痛，就说："战争就像一场竞技比赛，有时候高手也会遭遇到失败的。"

凯末尔虽然获得了光荣的胜利，可是他记住了这项重要的规则，那就是：顾全对方的面子。

第十章　把话说到对方心里

显示自己的谦卑以抬高对方

曾经有一位一意孤行的爱尔兰老妇人使鲍尔文机车公司的一个重要工程受到了阻挠，她把撒默尔·夫克兰的计划彻底打乱了。当时，夫克兰还只是那家公司的小职员而已，而后来，他竟成了这家公司的总经理。

公司在夫克兰的建议下买了一块儿地，想建造一座急着投入使用的办公场所。

有100多家住户住在这块儿土地上，公司跟他们谈妥之后，他们答应搬迁。

可到后来，竟有一些住户在这个一意孤行的爱尔兰老妇人的煽动下坚持不搬迁。而且，由于她的煽动力特别强，使其他人一致支持这位老妇人的做法。

夫克兰对上司说："如果动用法律强迫他们搬迁，肯定会拖上几个月，而我们需要尽快破土动工。我们不想以不理想的方式将他们驱逐出去，那样会招致很多仇敌……公司是在我的建议下才决定在此建楼，所以我请求公司将此事交给我去处理。"

结果，他竟然让那些住户立刻主动搬离了此地。

这次行动的困难之处就在于那个一意孤行的爱尔兰老妇人身上。一天，她坐在巷子里一个带屋檐的门槛上，他们同时看见了对方。

老妇人口气很不友善，她对夫克兰说："你在这儿走来走去想干什么？"

他头戴旧草帽，身穿旧衬衫，像工人一样将两只衣袖一直卷到臂膀上。

他见这个老妇人主动问他，就走到她面前，嘲弄地说："你自己在这儿坐着，什么也不干，真是太遗憾了。像你这种有能力的人，就该劝你的邻居搬出去，去住条件好一点儿的房子。"

夫克兰只用这几句话就赢得了主动权。那老妇人的气焰也不那么嚣张了。

后来，夫克兰说："她马上成为那里最忙碌的女人了，她力劝她的邻居们搬离了那个地方。我却没花费多少精力就把事情办妥了。"

当一切都顺利结束后，临别时，老妇人对夫克兰说："为你帮忙是我的荣幸。"

对付这样一个难缠的妇人，他究竟用了什么方法呢？

实际上，他做的事也很普通。他只是勾起了她的兴趣罢了，这是一切胜利的源泉。

可这种方法的效果是十分出人意料的。这样一个困难而重要的业务问题竟让他在几分钟之内就顺利地解决了，还让一个满腔怨恨的生事者成了他的热忱的拥护者。

夫克兰胜利地降服这个一意孤行的老妇人，与富兰克林使一个反对者成为自己终身之友的方法是一模一样的：他们都激起了对方的"自尊心"。

他尊重老妇人的人格，十分诚恳地请她支援，还恭维地说凭她的才干足以胜任一名领袖的工作。

他让她感觉自己十分重要，而且具有卓越的领导才能。

这是让他人欢迎我们，并愿意主动与我们共事的良策。

换句话说，如果你想树敌的话，就故意伤害他人的"自尊心"，这是最有效的方法。

许多平庸的人遇到这种事情就只会想到利用权势、暴力，却没想到这样只会招来失败而已。如果他们想以自身的力量驯服他人，只能是伤害对方的自尊心。

比如，现在的历史学家们都认为，威尔逊总统事业会失败是因为他犯了两个明显的错误，这使他所依赖的支持者们的自尊心受到了伤害。

沟通的艺术

　　1918 年 11 月，威尔逊在休战条约签署后大获全胜，全世界都臣服在他的脚下。在美国，两大党联合拥戴他。世界各国的政治家和人民也在关注他的所有言行。可一年后，威尔逊的威望就完全丧失了，谁都不愿意再信任他。

　　也许，上议院否决国联和《凡尔赛和约》只是他的失败中的一小部分。比这更惨的，是使他在个人和政治生涯两个方面彻底崩溃的两次真正的失败。而这两次失败，完全是由他自己造成的。

　　威尔逊的第一个大错误是在休战条约签署的前些天，从他的手中签发了一封致命的信，他命令选民只能选择民主党议员。无疑，这种举动沉重地打击了那些忠心拥戴他的共和党人。这样，他的对手就有了可乘之机。结果，共和党在上议院反而获得了多数席位。

　　没过多久，他又犯了第二个大错误。他不顾朋友们的劝阻，没有安排哪怕一个上议院议员或者一个重要的共和党人，如鲁特、塔夫脱等人进入和平委员会。这对于共和党和上议院来说都是一个重大的打击。大家都知道，上议院的权力很大，只有上议院批准，威尔逊希望通过的条约才能生效。

　　事实上，他"一战"时在各国中的地位完全是由他的和平委员会帮他奠定的。

　　所以，在国内，等候他的将是狂怒的对手。上议院中，连民主党人都开始不再支持他了，更何况执掌着上议院大权的共和党人。于是，威尔逊几乎是自己点燃了毁灭自己的烈火。

　　在这样一个涉及千百人的大范围内，威尔逊的错误是任何领袖都应该避免的，即：伤害他人的自尊心。

　　威尔逊的失败与夫克兰的成功的对比是十分有趣的。因为威尔逊伤害了朋友们的"自尊心"，让朋友们远离了他；而夫克兰却因为满足了对手的"自尊心"而使之拥护自己。

　　所以，聪明人能够手握重权，使无数人追随其左右，大都是因为别人能从他这里获得足够的自信。

　　普莱思说："几年前，在西班牙战争爆发之前，在华盛顿的宾夕法尼亚街上，我曾碰到过一位刚从白宫出来的著名的国会议员。他踏着大步，帽子微向左斜，他面露微笑，非常高兴地挥着手杖……

"我说：'法官大人，今天你好像特别高兴啊！'

"他用手臂勾着我的肩膀对我说：'是的，我的朋友。刚才，我在白宫里见到了总统。他说："老兄，你是所有人中我最信赖的人了，这次全靠你帮忙去打胜仗了。"以前，在很多事情上我都不同意他的做法，可现在，我很支持他。他还得拜托我帮忙呢。'

"和他聊了几句后，我们就分手了，我心里由衷地佩服麦金利总统结交朋友的本领。我知道，除了这位国会议员，麦金利总统同时靠很多人的帮忙，取得的效果是一样的。在大家的共同努力下，他获得了胜利。"

很多人都不能像麦金利那样学会巧妙地赢得他人的友谊与合作。

钱瑟里·迪皮尤曾说："他有一个策略，他会邀请你去参加一个私人聚会，让你感觉到聚会的秘密性，感觉到他对你的言论的信任，这种方法最能达到恭维的目的了。"

《芝加哥日报》记者里奇曾经告诉我：在一个十分有趣而略嫌鲁莽的事例中，有一位新闻记者也成功地运用了这个原理。

里奇说："大约在 5 年前，我认识了一位在采访聪明人方面十分成功的新闻记者。他以引起聪明人的同情心来达到自己的目的。他脸颊红润，长得像天使一样。于是，他总是装成一个天真的记者，在刚开始说第一句话时就显得自己特别害怕，故意去引起聪明人的怜惜。事实上，虽然他只有 25 岁，可他已经是一个反应敏捷、经验丰富的老记者了。"

这一策略的关键之处就是：不强调自己是重要的，如果你想给他人留下一个对你来讲十分重要的印象，你就应该显示出自己的谦卑。这样，他就会对我们及我们要做的事情产生浓厚的兴趣了。

因为美国著名的政治家海·约翰十分善于运用这个方法，所以马可森称他为自己所见过的"最伟大的人物"。他说："他会让一个普通人在他面前很放松，就如同在自己家里一般。如果要说人际交往有诀窍的话，那么，这是一个真正让人受益终生的妙策。"

聪明人会让人们觉得他很平易近人，他也不想对人们说他的工作有多重要以至只有他才能胜任。这些夸口都是十分幼稚的表现，他们知道如何才能避免。那种过时的打肿脸充胖子、逢人便诉苦的事情他们是不会做的。最近，美国电报电话公司总经理福特在一次访问中对他人说，他认为他所做的事情都不是很难，没有什么了不起的。他是全国最大的公司的领导者，却还说他的工作很容易做！

因此，真正的聪明人根本没时间标榜自己，他们太忙了。不过，往往只有事实才是最有发言权的。

让对方提出可选方案

罗斯福任纽约市长之时，有一次，普兰特·马修斯请教他是怎样使那些政治头目乖乖地听他的话的。他想知道罗斯福是怎样做到既能赢得这些人的友谊，又能将他们所反对的一系列改革实行下去的。

罗斯福把他的策略说给马修斯听，这一策略虽然在原理上十分简单，但只有特别用心时才会想得出来。

罗斯福说，在他刚开始实行这个计划时，有一个机关缺人。他的第一招就是拜托那些政治头目"推荐"出一个人来。

罗斯福说："刚开始，他们也许会把一个很有嫌疑的人推荐上来，你须小心防范这个人。于是，我对他们说，恐怕人们不会赞成委任这样的人。接下来，他们肯定会另外派来一个走狗，一个顽固的官吏。虽然这个人不会让人讨厌，可也不会让人产生好感。我就对他们说，这也不是人们所希望任用的那个人，我请他们再推荐一下，看看是否还有人能胜任这个职位。

"他们再推举出来的人肯定也和前两类人一样，不算是特别好的人选。

"但是，我还是对他们表示感谢，让他们再试试；于是，他们推荐的第四个人肯定是能让人接受的人了，那个人正好就是我心目中的人选。于是，我对他们的帮忙再次表示感谢，立刻任用了这个人。我的这种举动会很容易让他们相信，我之所以能任用这个人，都是他们极力推荐的结果。"

特迪解释说："这种策略能使他赢得许多政治小头目的友谊。"罗斯福又说："我会告诉他们，为了取悦他们，我曾经做了这些事情，现在，是他们为我做一些使我愉悦的事情的时候了。"后来，罗斯福果然很高兴。比如，在文官职务改革案及特免税改革方案的推行上，他得到了那些人的支持。

就这样，罗斯福用他的才智使那些政治小头目俯首帖耳，他也和他们相处得十分融洽。

他会运用一种我们特别容易忽略的策略来应付真正的困难。他总是花许多精力去与人协商。他发现了一种任用他心目中人选的方法，可他还要感谢那些小头目的建议。看得出，当我们请他人提出一些意见的时候，他人一定会很容易地接纳你。这是让他人感觉到自己重要性的最简单的方法。但是，我们是否也要学学罗斯福，一遍又一遍地向我们所希望合作的人表示这种感谢呢？我们能把它看成一种策略吗？

有一句成语因特迪而闻名，而有很多人都忘记了它的上半句："如果你想走得更远，你需要带上一根手杖，然后温和地说话。"

罗斯福就因为会"温和地"说话，而替"粗手杖"拓展了自己的地盘，成为纽约市长。向对方请教他最感兴趣的问题，并和他商量解决的办法是获得他人好感的最稳妥的办法。

就是因为运用了这个策略，一个刚刚来自乡村的默默无闻的孩子才能与当时纽约最有权势的人见面。

年轻的法华尔在想尽办法进入雅阁普·阿斯特的办公室之后，他对这位大名鼎鼎的人物说："我想向您请教，怎样才能像您一样，成为一名百万富翁呢？"

听了这句话之后，阿斯特非常惊讶，也很高兴，他不仅耐心地和法华尔聊了起来，还把他介绍给当时的很多有才华的人，如费什、斯图尔特、贝内特等。

这句话听起来似乎漫无边际，可从这句话中我们看到了对于人性的一种敏锐的洞察，最终，这种洞察力帮助法华尔成为一位实业界的百万富翁。其实，我们很容易明白他的这种策略所遵循的原则。他只是十分成功地将他对人性的洞察力运用到一个实例中罢了。他的方法就是：咨询对方的意见，夸奖他们的才智，使其真正感觉到受到了恭维。

在各类人群中，那些有才干的人总会十分诚恳地向他人请教一些问题。这确实是一种最有效的方法，他们可以通过这个方法确保其职员对他们的忠诚。

只要有希望，聪明的领导者都想让下属认为那些计划是他们自己提出来的。他非常喜欢听取下属的意见，并按照下属的意见来做事，而不会表现出其实这些意见是他自己提出来的。

约翰·沃纳梅克对待职员的著名格言中有一条是这样说的："就算是一个外行来向你提出一个意见，哪怕这个建议根本不能被采用，你也得鼓励他几句。"

从上面的众多事实中，我们可以看到，有才华的人都会用各种方法满足他人的自尊心，让他们感觉自己是很重要的。

建立私人之间的信任

我们来看麦克·汉纳是如何结交上他的克里夫兰公交公司的一个司机的。

乘车时，为了能跟司机聊天，汉纳总喜欢坐在靠近驾驶室的地方，所以，他几乎认识公司的每一位司机。

可彼得·考克斯却总是不喜欢和他说话。

一次，汉纳在游泳时不慎摔伤。不久，他已经能拄着一根木棍上车了。这一次，他得到了考克斯的祝贺，祝贺他不用使用两支拐杖了。这就让汉纳有机会跟他聊天了。

他就把他所遭遇的意外事故详细地告诉了考克斯。考克斯后来说："他当时的仪态特别友爱，他讲得很详细，就像我是他十分亲密的朋友一样……

无论雇员的地位如何，在自己的雇员面前，他总是很轻松，说话也很随和。"

由于汉纳手下的员工对汉纳的人格魅力的认同，公司的业务蒸蒸日上，25 年间从未发生过一次罢工风潮。在这个故事中，我们可以看出汉纳的待人方法：以出人意料的信任去恭维他人。

我们明白，通常情况下，这种私人之间的信任最能激发人的"自尊心"。这种信任可以让他人觉得他是一个特别重要的人。此外，当我们只为使自己心境平和，就把自己的事情倾诉给他人之时，我们也就使他承担了一种责任——有时候这还是一个让他必须去担负的责任，他得承受这种责任的考验。

因此，当我们向他人倾诉之时，当我们像汉纳一样用我们的坦诚、直爽、信任去恭维对方之时，我们就使他们的自尊心得到了满足。这是聪明人常用的策略。

1924 年，当查尔斯·道斯为拉选票去新英格兰做巡回演讲时，对于他不认识的那些新闻记者，他行动的第一步就是竭尽所能地和他们交谈。他坦率地讲了很多笑话，还有他参战时一些可信而有趣的故事。他以这种方式让记者们明白，对于他们的评判能力，他是抱着绝对信任的态度的。

还有一个更简单，却经常被我们忽略的满足他人自尊心的方法，那就是：向他人表示自己诚挚的敬意。

劳伦斯主教有一幅罗斯福总统在应用这种策略时的特写照片，同时，我们还要展示一幅卡伯特·洛奇的照片以兹对照。

劳伦斯主教说："当他们站在一起接受人们的致意之时，细心的人就会看出他们的差别，洛奇脸上的笑容总是很勉强，他尽他那洁癖所允许的最大限度跟那些鞋匠和农夫们打着招呼，与人们'热烈地'握手，然后，为了修饰这样虚伪的集会，他再说几句冠冕堂皇的套话。而罗斯福却肯定会先环视一下四周，然后再走上前去，像见到久违的老朋友一样，与每个陌生人打着招呼。他的谈话技巧是那样的高超，使人们都以为自己就是总统经常惦念的人。"

因此，一直到现在，还有许多人在愉快地回忆罗斯福那著名的、发音特别的"dee lighte"。

　　我们经常会对那些表示出他见到我们真的特别高兴的人感到特别亲热！反之，我们也会对那些以一种冷淡而随便的态度来跟我们打招呼的人感到非常失望。

　　可是，我们在生活中遇见他人时，不也总是忽略向他人表达我们的喜悦之情吗？

　　罗斯福却从未犯过这种错误。像他这样的聪明人都是利用诚恳而热情的招呼这个简单的方法来赢得朋友的。

　　在自己的事业刚刚起步时，撒莫尔·夫克兰就发现了这个策略。年轻时，他做过车床工。有一次，法庭命他必须偿还4000元的债务，这让他很是惭愧。可是，一个与他只是点头之交、叫希林的犹太衣料商却给了他一个不小的惊喜，希林主动提出替他承担这笔为数不小的债务。接受了他的帮助后，夫克兰问这位商人为何要帮助他。希林说，在艾尔土那城中，只有三四个人肯在街上和他很热情地交谈，而夫克兰就是其中之一。不管我们用什么方法，满足他人自尊心的根本原理就是：表示我们对他们十分在意，对他们的事情也确实抱有浓厚的兴趣。

　　每次我们微笑地面对他人时，就传递给他人这样的信息。最近，《芝加哥日报》的发行人斯特朗告诉作者："通常来讲，一个微笑比一分钟内说几千句话都有效。"

　　在这个世界上，也许没有什么东西比微笑更能表达我们对他人的满意或是尊重了。

　　英国海军上将戴维·贝提是日德兰战役的胜利者，他拥有"磁石一样"的人格，千千万万的士兵都受他感化，对他十分忠诚，当时有一名美国海军军官称其微笑为"打败德国海军的神秘武器"。

　　聪明人都会自觉地运用这种策略，在许多连他们也会忽略的琐事中，他们使他人的"自尊心"得到了充分的满足。

日德兰战役

努力记住他人的癖好

曾经有一位年轻的商人兼政治家十分不喜欢马可·汉纳，他甚至都不想见汉纳。

当时，马可·汉纳是克里夫兰的大商人，几乎是世界闻名的美国政坛的风云人物了。麦金利正是在汉纳的帮助下，才于1896年顺利当选为总统的，并且是他的坚持才使美国采用了金本位制。

尽管如此，在年轻而骄傲的纽约商人、政治家威廉·比尔眼里，汉纳也不过就是个"笨蛋"，一个克里夫兰的"红发妖魔"而已。有一次，比尔为了信仰而专门到圣路易斯参加议会会议，偶然间，他看到了一家报纸上登有诋毁汉纳的报道，于是便感觉汉纳十分恶劣，视汉纳如瘟疫，避之惟恐不及。

后来，有朋友劝比尔，如果想在政坛上有所作为的话，最好还是见一下这位共和党领袖。权衡利弊之后，比尔才决定退让一步，登门拜访汉纳。

于是，比尔在南方某个宾馆的一间拥挤而喧哗的房间里见到了汉纳。当时汉纳十分沉静，穿着一身灰色的衣服，安静地坐在椅子上，旁边放着一杯水。

　　经过介绍之后，汉纳就开始"进攻"这位对自己有所不满的人，他滔滔不绝地说了很多话，多得不让他人有插嘴的余地。

　　出乎意料的是，比尔发现汉纳从头到尾讲的都是与他自己有关的事情：关于他父亲（一位民主党法官）的事情，还有他自己对政纲的意见。汉纳说："你来自俄亥俄州吧？……你父亲是不是比尔法官？"比尔目瞪口呆。"嗯，你父亲可害得我几个朋友在一次石油生意上损失了很多钱呢！……"讲到这儿，汉纳概括地说："其实很多共和党的法官都远远不如民主党的法官……我想想……你是不是有一位在阿需兰的伯父？……好，现在……你对我的政纲有哪些看法呢？"

　　就这样，这位就在前不久还鄙视汉纳的年轻而高傲的政治家开始说话了，当他讲完了自己想说的话时，已经口干舌燥了。

　　汉纳说："不错。"

　　几天后，威廉·比尔就成了汉纳忠诚的支持者。

　　在此后的几年中，为自己曾经最厌恶的汉纳服务是威廉·比尔最愿意做的事情。

　　查尔斯·施瓦伯是著名的锦标赛冠军骑师，他还曾建立了佩恩莱亨钢铁公司，他也这样认为：做一名成功人士的公认的利器便是对他人怀有浓厚的兴趣。

　　"一战"期间，查尔斯·施瓦伯担任紧急装备军舰公司的领导，他就曾运用了这样的策略，使一个下属听从自己的指挥。

　　当时，他对担任火克岛造船所所长的海军司令说，如果他能提高军舰的制造数量，从 30 艘提高到 50 艘，他就能得到一头"全美最棒的泽西牛"。海军司令听后十分兴奋，日夜赶工，果然创造了造船史上的最高纪录。所有的功劳都得益于施瓦伯事先了解到那个海军司令平生最喜欢泽西牛的事实。

　　英国著名外交家弗利德里克·汉密尔顿爵士在他的事业起步之时，也曾运用过类似的策略来对付一位十分难缠的老绅士。

　　汉密尔顿在外交界的最初工作是与里斯本的意大利主教普里·农希奥这位老绅士攀交情。

事先，汉密尔顿已经打听到，这位主教对一般人是绝对不会注意的。但是，他有一个特殊的嗜好：喜欢美味佳肴与高超的烹调技术。于是，汉密尔顿悉心收集了很多意大利烹调方法，在与主教交谈时，他表现出对烹调十分感兴趣，这方面知识也很丰富。

汉密尔顿说："自此以后，我就成了主教最受欢迎的客人。我们总会探讨有关烹调的事情，直到主教双眼发光，大流口水为止。"

当汉密尔顿将要结束他的任期时，他回忆着："我的上司——英国大使曾兴奋地对我说，主教说我是他认识的年轻人中学识最渊博的人，而且我的谈话能让他很开心。在这个基础上，我所遇到的很多棘手的事情都变得很容易解决了。"

关于这一策略的具体实施，不同的人会有不同的方法。

弗利特·凯里是著名的新闻记者。他说，他认识一位十分出色的推销员，那个人有很多详细记载他的客户的嗜好的小卡片。

沃尔特·蒂尔·斯科特也说过有这样一位经理，他有一个记事簿，上面记录着他的每个员工的生日，以便他能在员工生日那天给他们加薪。

当我们出其不意地给他人一个惊喜时，这种策略就显得十分有效。因此，我们应当对我们所知的他人的嗜好善加利用。

休·富乐敦告诉我们，当他与罗斯福会面时，每次一说到棒球的话题，罗斯福就会特别高兴，罗斯福经常问他："现在棒球怎么样？安松还打棒球吗？"

无论是对聪明人还是普通人，这种策略都同样有效。

新闻记者马可森以访问聪明人而闻名，他告诉我们："聪明人最喜欢的就是你提起你们上次谈话时他说过的话。"

银行行长劳伦斯·怀廷是芝加哥金融界一位十分敏锐而博学的人物，前不久，一位广告商曾说起过他的一些事情。

他明白如何适当地去向他人发问。在交谈中，他总会在适当的时刻顺便问一两句你的私人的事情，以表示他在记挂你正在做的事情、你的喜好以及那些你认为他早就该忘记了的小事情。对他来说，我并不重要，他只是认识我而已。可当我登门拜访时，他常常会笑着问我："最近，你还打牌吗？""你又去那什维尔了吗？""你的那个孩子又赢了几次赛马？"

这个方法实施起来是十分容易的，也许正是如此，人们才最容易忽略它。对于我们来说，我们不总是只记得与自己有关的事情，而忘记他人的事情吗？

因此，伟人之所以被称为伟人，就是因为他们能够竭力地关注他人，对于与他人相关的事情，他们都能加以关注，这也是他们解决问题的一种策略，同时，他们也赢得了人们的好感。

到什么山就要唱什么歌

在很长的一段时间里，威廉·霍华德·塔夫脱每个月都会用几乎 20 个夜晚很敏捷地扭动着自己肥胖的身体，与一些脚步轻盈的女人愉快地跳舞。

西班牙战争爆发后，紧接着菲律宾也开始出现暴动。身为菲律宾全国委员会主席的他不停地在各省之间奔波，向那些对政府有仇恨情绪的人宣扬政府的新政策。为了让人们接受自己，他特地学会了利戈顿舞。因此，他几乎每天晚上都要与那些皮肤微黑的女人们跳舞。奥斯卡·戴维斯说："他魅力无边。菲律宾人脾气乖戾，而且总是存着怀疑之心……可他却能成为他们最好的朋友。"

为了对菲律宾的本地习俗表示尊敬，塔夫脱就专门学习当地的舞蹈，以达到接近本土居民进而取得他们信任的目的。

卡尔文·柯立芝也曾这样做过。为了表示自己入乡随俗的亲近之意，他拍了一张身穿工作服手拿干草叉的照片。他总是戴着一个装饰着鸟羽的头巾向印第安人致敬，这种装束极富乡土气息，为他以后在争取农民的选票上立下了汗马功劳。

当克舍尔司将军受命去开凿巴拿马运河之时，他脱下将军服，穿上了平民的衣服。起初，对他的这一举动很多官兵都感到吃惊，但很多平民和工程师却十分高兴，他们折服于克舍尔司平易近人的领导作风。通过这样一个简单的方法，克舍尔司赢得了更多的支持者。

本杰明·富兰克林是美国最富有民心的大外交家。在遭遇第一次挫折后，他就学会运用这个策略了。

以前，他曾在一个印刷厂里干活，他想破除厂里的陈规陋习。按照不成文的规定，排字房里的老工人要对每个新工人征收一些不合法的"税"，可富兰克林拒绝支付这笔"税"。于是，在很长一段时间里，他的压力都很大。富兰克林后来说："要让那些无知的工人心悦诚服，就只能与他们打成一片，以赢得他们的欢心。"就这样，后来居然有很多工人都很拥戴他。

那些想成为聪明人的人必须先对其所属的团体的习惯表示尊敬，无论是一个俱乐部、一家商店、一所学校，还是一个国家。那些平时不太注意我们习惯的人，我们不也是冷淡地对待他们的吗？有时候，也许还会充满怀疑。因为他们轻视我们所尊崇的东西，所以我们也会如法炮制。富兰克林这一生只犯过一次这样的错误。

在出任美国驻法大使初期，他并不认为入乡随俗有多么重要，因此在与他人谈话时，他仍使用自己的母语。于是，他的工作出现了许多本不应该出现的麻烦。在他对这个问题有所认识之后，他马上就想办法解决。几年后，他的法语已经与法国人不相上下了，这使得他在法国大受欢迎，没有哪个美国人能像他那样受法国人的欢迎（直到后来大战期间，他受法国人欢迎的程度才被麦仑·赫利克超过）。

有谋略的人经常会用各种方法来表示自己对他人所重视的东西的尊崇。

曾经出现过这样的场景：新教教徒那特·伍德走在古巴的一条被太阳烤得灼热的大街上，一个大主教的香炉正在庄严地晃动，一个天主教的华盖遮在他这个新教教徒的头顶上，他的身边有一个头戴法冠的主教伺候着，围观的群众热烈地欢呼着。当时，西班牙战争刚刚结束，伍德将军任古巴总督，他想使这些暴躁而多疑的古巴人安静下来，把这个狂热而混乱的岛国治理成一个自由民主的国家。以上的场景就是他对古巴人所信仰的宗教表示尊崇的策略。

卡耐基励志经典

　　第一次世界大战后，英国政治家阿瑟·鲍尔弗来到美国时，也曾以这种方法表示自己友好的态度。他在公共场合称赞胡佛、詹姆斯·杰勒德、美国的天气；他出口必称"民主主义"，还经常讲些笑话。为表示他信仰"民主主义"，他出门就驾着一辆自由式汽车。像威尔逊一样，他也说自己爱看侦探小说。在开始演说时，他就告诉听众，自己也是某个自由集会中的一员。

　　如今拥有数百万资产的大实业家小威廉·里克利在刚做推销员时，也是运用这种策略去从事他的毕生事业的。最近，他告诉作者："在去一个地方推销商品之前，我一定会先打听一下此地的风土人情和民俗，并在与那些商人交谈时尽量使用他们的本地话。"

　　比如，他想把肥皂卖给法属加拿大人时，每到一家商店，他都会拍着他的货箱说："Jovan Mineral！"他只会说这句关于这种矿质肥皂的法文，然后，他就开始讲英语，而这简单的法文居然也能起到巨大的作用。听了家乡话，那些商人都十分高兴，而别的推销员却很少能有意识地去注意这种小小的礼节。

第十一章　让你的语言更动听

运用事例，避免呆板的说教

鲁道夫·弗里奇曾在一本有关讨论写作方法的书中，将这样一句话作为一章的开头："只有故事才能真正畅达可读。"关于这条法则的运用，他接着列举了《时代》与《读者文摘》中的两个例子。他说，这两份影响力很强的杂志，差不多所有的文章都是纯粹的叙述文字，或者将趣闻逸事穿插在慷慨的陈辞中。你无法否认，在当众说话中，故事绝对具有吸引听众注意力的功能，这跟给杂志写作是一样的。

诺曼·文森特·皮尔在收音机和电视机中的布道演说，吸引了成千上万的听众。他说，列举实例以支持自己的论点是他讲演的一大特色。一次，他对《演说季刊》的一位采访人说："在我看来，使用真实的例子是最佳的方法。它可以使观点变得清晰、有趣而有说服力。通常，为了说明一个主要的论点，我总是要举好几个例子。"

关于我喜欢用趣事来推演思想的特点，相信我的读者也会很快察觉。《人性的弱点》一书里的原则只占用了一页半的空间，而故事和例证就占了其余的几百页。

我们如何才能学会列举实例的技巧呢？人性化、个人化、翔实化、戏剧化和视觉化这五种方法可供选择。

如果你总是谈论一些单调而死板的观念性问题，别人很快就会感到厌烦，但如果你将谈论的重点放在"人"上，效果就绝对不一样了。每当新的一天来临的时候，在全国各地，会有几百万次的交谈隔着后院的篱笆或在茶几和餐桌上进行着，大多数人又在谈论什么呢？人。有人说，某个太太做了这件事，我亲眼看到了；他发了一笔"横财"，等等。

在美国和加拿大各地的许多学生聚会上的演说中，我很快得出了一条原则：只有说些跟人有关的故事，才能引起他们的兴趣。每当空泛和抽象的观念出现在我的演讲中时，孩子们就会显得有些不耐烦：约翰坐立不安，在座位上扭动着身子；汤姆对同桌扮着鬼脸；比利把一件东西丢向另一排座位。

一次，在巴黎的训练班上，我安排了一些美国商人发表有关"成功之道"的讲演。他们当中的绝大多数都只列举了很多抽象的特征，并且大谈特谈诸如努力工作、坚持到底和远大抱负的价值。

因此，我用以下这番话，中断了训练课：

说教是不受任何人喜欢的。请记住，一定要让听众感到开心和有趣，不然，你的演讲是不会引起我们的注意的。同时，也请记住，在这个世界上，只有精炼雅致、妙趣横生的名人逸事才是最有趣的。所以，请告诉我们你所熟悉的两个人的事例，他们当中的一个会成功，而另一个却失败了的原因。那样，我们将会很感兴趣。同时，我们或许还能得到很多启发。

那个班里的一个学员，错误地认为，要激起自己或听众的兴趣，是一件非常难的事情。可是这一晚，他却明白了"人性故事"这一原则，向我们讲述了两个大学同学的故事。

其中有一位，总是爱斤斤计较，他想帮助城里的商店卖衬衫，就非常精细地绘制图表，以显示哪件衬衫最耐得住洗熨，穿得最久，如何才能使每一块钱发挥最大的价值。毕业后的他自视甚高，不愿像别的毕业生那样从最基本的事情做起。因此，等到两年后的同学聚会时，他还在画衬衫洗熨表，坐等更好的差事来找自己。结果，一直到现在，1/4世纪已经过去了，而这个人一直都在怨恨，仍然担任着小职位。

然后，这个讲演者又讲了另一个同窗的故事：这个同学后来的成就已经超越了当初的期望。他很好相处，每个人都很喜欢他。虽然他也很有志向，但他却愿意从绘图员做起。并且他从未停止过寻找机会的脚步。当时纽约世界博览会正处于计划阶段，他听说那里的工程人才有个位置空缺，便从费城辞职，前往纽约。在那里，他与人一块儿干起了承包工程的业务。他们将承揽的重点放在电话公司的业务上，结果"博览会"高薪聘请了他们。

在这里，我只是对这位讲演者所说的进行了一下概括。他的讲演妙趣横生，其中有许多有趣而充满人情味的细节。他继续说着，说着——这个平常为做 3 分钟讲演而找不到资料的人，等到演说结束时却大吃了一惊，自己足足讲了 10 分钟。由于演说精彩的缘故，每个人都觉得演讲太短了，有种意犹未尽的感觉。这是他第一次真正意义上的胜利。

这件事可以给我们每个人以启发。普通的讲演如果能将富有人情味的故事穿插进去，必然会感动听众。讲演者应该将精力集中在少数的重要观点上，并且寻找相关的事例来支持自己的观点。用这种讲演方法，一定会达到引人入胜的效果。

只要有可能，就应该谈谈个人的奋斗，以及通过奋斗而取得胜利的过程。我们每个人都对他人的奋斗有着较浓厚的兴趣。有句老话说"世人都爱情人"，其实不是这么回事，世人都爱看别人打架。两个男士为追求一位女性而大打出手，更能吸引我们的眼球。如果你想证实一下这个说法，不妨随便去读一篇小说、杂志上的短篇故事，或是去看一场电影。当男主角克服了所有的障碍，终于追到了女主角时，观众们会立即取下帽子和外衣——为离去做准备。5 分钟后，清扫的妇女就会一边打扫戏院，一边议论纷纷了。

这种方式几乎被所有杂志大加运用。所有的作者都在尽力提高男、女主角的吸引力，安排他或她去热烈追求一些事物，而那些事物又不是轻易可以获得的，然后再描述男、女主角是如何如何努力而得到了那些事物。一个人如何在条件非常差的情况下，在某个事业或行业中努力打拼，最终取得成功，这类故事向来最能引起人们的注意并激动人心了。有一次，一位杂志编辑告诉我，每个人的真实生活都很富有情趣。如果某个人有挣扎与奋斗的经历——这种经历几乎每个人都有过——只要真实地讲述自己的故事，人们必然会很感兴趣，这基本上是无可置疑的。

当然，只有自己的生活背景，才是这种人情趣味材料最丰富的源泉。不要因为自己的错误认识，便犹豫着不敢讲述自己的经历了。只有当一个人充满敌意或过分自负地讲述自己时，听众才会反感。否则，听众会很喜欢讲演者亲身经历过的故事，因为这些最能吸引他们的注意力，一定要牢记这一点。

如果在你讲故事的过程中，需要牵涉到别人，一定要指出他们的姓名。假如你并不想将他们的身份告诉大家，不妨临时用个假名。即使是"史密斯先生"或"乔·伯朗"等再普遍不过的名字，也比"这个人"或"某个人"要好得多。姓名具有增强事情真实性和体现个性的作用，正如鲁道夫·弗里奇所说：

名字是最能增强故事的真实性的；任何掩盖姓名的行为都是虚假的表现。试想，故事里的主角没有姓名，会给人什么样的感觉。

因此，如果出现在你讲演中的人物都有名有姓，你的演说将会变得值得一听，因为你的讲演，已有了异常宝贵的人情趣味。

关于"有足够的细节"这一点，你也许会说："那当然好啦。但是，我怎么才能知道在讲演里已经有了足够多的细节呢？"下面这个方法，可以帮助你。利用新闻记者写新闻故事时所遵循的"5W 公式"：什么时候（When）？哪里（Where）？谁（Who）？什么事（What）？为什么（Why）？如果你也能按照这个公式来做，那么你的例子将会充满生机、多姿多彩了。一则曾刊登在《读者文摘》上的趣事可以证明：

大学毕业后，在铁甲公司做销售员的时候，我把两年的时间都用在了搭乘运货卡车奔波于南达科达州。一天，我必须在莱德菲尔逗留两小时，才能搭上往南行驶的火车。

由于我负责的区域不包括莱德菲尔，因此我无法在这段时间做我的推销业务。再有不到一年的时间，我就要到纽约的"美国戏剧艺术学院"念书去了，所以我决定充分利用这段时间来练习说话。我毫无目的地走过停车场，开始练习莎士比亚《麦克白》里的一个片段。我一边用力举起双臂，一边非常戏剧性地大声说道："摆在我眼前的是一把匕首吗，它的把手为何正朝着我？来吧，让我把你握在手中：虽然我抓不住你，但我依然能看见你！"

当我正陶醉在这一幕中，迎面走来了四名警察，问我为什么要恐吓妇女。我非常吃惊，即使他们说我抢劫火车，我都不会吃惊成这个样子。他们告诉我，在 100 码开外的地方，有个家庭主妇一直从厨房的窗帘后面窥视我。她从未见过这样的行为，便报了警，而他们到达时，我正在高呼有关匕首的事。

我一再向他们解释，自己是在练习"莎士比亚"，然而直到我将铁甲公司的订货单出示给他们看，他们才允许我离开。

在这则趣闻里，我们一定要注意它是如何回答"5W"公式里的各个问题的。

自然，与没有细节相比，细枝末节过多要好得多。但是细节过于冗长、肤浅而不切题，也会令听众厌烦的。请注意，我在向你们讲述自己在南达科达州某镇险些被捕的时候，我都是非常简短扼要地回答 5W 问题的。如果演讲中全是乱糟糟的琐事，听众反而会由于不能全神贯注而忽视了你的许多重要片段。记住，听众的不专注最能抹杀一个人的讲演了。

运用能制造心理图像的字眼

要想吸引别人的注意力，在此，有一个很有效的小技巧，可能会对你有所帮助。然而，人们却忽视了这一技巧。它的存在并没有引起人们的注意，甚至没有被感觉到过或想到过。这个技巧就是关于如何运用能制造心理图像的字眼的。能引起对方注意力的人，一定能够很好地制造心理图像，让对方马上在脑海里产生视觉联系，并领会其中的意思。如果你使用的字眼模糊、平庸、毫无色彩，只会将讲话变成"催眠曲"。

图像，图像，无处不在的图像！把它们作为讲演的点缀品，你的谈话将变得更有趣味，影响非凡。

例如，你想说明，尼亚加拉大瀑布每天浪费掉的潜在能量达到了惊人的程度。如果你仅仅是直接说出这句话，然后再说：如果能够充分地利用这些能量，并将得来的钱购买生活用品，结果会帮助很多人解决温饱问题。这样的表达会有趣吗？肯定没趣。那么，爱德文·斯洛森在《每日科学新闻公报》中对这件事是如何报道的呢？

众所周知，美国境内吃不饱、穿不暖的穷人就有几百万。但是，在尼亚加拉瀑布，平均每小时浪费的能量却能换来 25 万个面包。我们可以想象，每隔一小时就

尼亚加拉大瀑布

有 60 万颗新鲜的鸡蛋掉下悬崖，随后一个大蛋卷就在旋涡中成形了。如果有一架像尼亚加拉河那样宽达 4000 尺的织布机，那也就意味着，和它所织同样数量的印花布将被浪费掉了。如果瀑布底下就是卡耐基图书馆，整座图书馆大约在一两个小时之内就能被装满各种好书。或者，我们也可以联想，一家大百货公司每天从伊利湖上漂流下来，160 英尺下的岩石上全是冲落下来的商品。

这一景象极为有趣和壮观，其吸引力绝不亚于目前的尼亚加拉瀑布，而且不用为维护花费钱财。不过，某些人会认为这种情况是极大的浪费，就像目前有人反对利用瀑布流水的能量一样。

很明显，与上面那几句平淡的描述相比，这段文字要精彩多了。再看看这里面哪些词句可以像图画一样生动？它们跳跃在每一个句子中，多得就像澳洲草原上的野兔："25 万个面包"、"60 万颗新鲜的鸡蛋掉下悬崖"、旋涡中形成的大蛋卷、花布从像尼亚加拉河那样宽达 4000 尺的织布机里跑出来、瀑布下的卡耐基图书馆、书籍、一个漂浮的大百货公司被冲落、160 英尺下的岩石、瀑布……

这样一场演说或一篇文章使你不得不感兴趣，就像你不得不注意电影院银幕上正在放映的电影一样。赫伯特·斯宾塞在写著名的论文《风格的哲学》时已经指出，精彩的文字可以在读者的脑海里形成鲜明的图像，他这样

写道：

我们应该少做一般性的思考，多做些特殊性的思考……这样的句子我们应该尽量避免：

"一个国家的民族性、风俗及娱乐，越是残酷、野蛮，他们的刑罚也越是严厉。"

我们应该换一种表述方式：

"如果一个国家的老百姓喜欢战争、斗牛及享受奴隶公开格斗中的乐趣，那么绞刑、烧烙及拷打将出现在他们的刑罚中。"

《圣经》及莎士比亚的著作中，随处可以见到能使读者制造心理图像的佳句。例如，一位非常一般的作家会说，某件事是没有必要的，就像再次改善已经很完美的事情一样。而莎士比亚会怎么表达呢？他会这样写道："在精炼过的黄金上再镀一层黄金，在美丽的百合花上再刷油彩，在紫罗兰上再洒上香水。"

你是否留意过，那些被世世代代传诵的谚语，几乎都可以找到视觉效果的影子？例如：

一鸟在手，胜过两鸟在林。

不雨则已，一雨倾盆。

牵马河边易，逼它饮水难。

同样的图画效果，在那些流传多年且广为运用的比喻里也可以发现。例如：

狡猾得像只狐狸。

僵死得像门上的钉子。

平得像薄煎饼。

像石头一样硬。

林肯的语言一直都很注意视觉效果。每当他面对白宫办公桌上那些冗长、复杂的官样报告时，他便极为不赞成。但是，他在反对时不会采用那种平淡的词句，而是使用一种让人很受启发而又印象深刻的字句。"当我命令一个人去买马时，"他说，"他不应该告诉我这匹马的尾巴长有多少根毛。而

应该告诉我，它有什么特点。"

明确、特殊的东西才是眼睛的最爱，因此你不妨在脑海中描绘出赫然突出、显著分明的心灵图像，就像衬映着落日余晖的公鹿头角一样。例如，每当你听到"狗"这个词时，这种动物的明确图像几乎都会出现在你的脑海里——也许是只腿短、毛长、大耳下垂的小猎犬，一只圣伯纳犬，一只苏格兰猎犬，或是一只彼米雷尼亚犬。而如果演说者说到"牛犬"（一种毛短、嘴方、顽强、勇敢的犬），在你脑海里形成的图像肯定要鲜明得多。同理，"一匹黑色的雪特兰小马"的逼真度，要比"一匹马"好得多。"一只个头小、白羽毛、断了腿的公鸡"，一定会比"鸡"更为逼真。

小威廉·斯特朗在一本名为《风格的要素》的书中说道："如果说研究写作艺术的人，有一个共同点的话，那就是：能通过详细、明确而具体的描写，抓住读者的注意力。如荷马、但丁、莎士比亚等这些最伟大的作家，他们杰出的原因，很大程度上都是因为他们取材新颖别致，而且尽可能将细节描绘得详尽一些。他们的用语能唤起读者心理上的图像。"这个道理也适用于说话。

用悬念激起听众的好奇心

鲍威尔·希利先生很善于在演讲的一开始制造悬念，他在宾州费城的一家运动俱乐部做讲演时，就是这样做的：

82 年前，大约也是这个时候，有一本讲述了一段故事的小书在伦敦出版了，它注定要流芳百世。许多人称它为"世界上最伟大的小书"。它刚一出版便引起了轰动，朋友们彼此遇到总会问："你读过那本小书了吗？"而回答总是出奇得一致："是的，我读过了。"

上市的第一天，它的销售量就突破了 1000 本。两星期之内，需求量便达到 15000 本。之后，它又多次出版，并且被翻译成各种文字畅销全球。若干年前，杰·皮·摩根出高价买到了该书的原稿。而就在他那庄严伟岸的艺术馆里，同样还收藏着许多其他的无价之宝。这本举世闻名的书到底是什么呢？

听到这儿，你一定对它产生莫大的兴趣，并急于想知道更多的东西。讲演者的这段开场白已经牢牢地抓住了你的注意力，并且你的兴趣随着情节的推进而不断增强。为什么？因为它为你设置了悬念，进而激起了你的好奇心。

尽管你当时不在现场，但当你看到这段介绍辞时，或许就已经感到很好奇了。你会问是谁写了这本书？这本书的名字是什么？就让我告诉你答案吧：本书的作者是查尔斯·狄更斯，书名是《圣诞欢歌》。

一次，我在一片树林里逗留，发现鸟儿出于好奇地绕着我飞了将近一小时，它们一直在观察我。我认识一位猎人，他曾用一条床单将自己围住，然后在阿尔卑斯高山上爬行。他这样做是为了引起羚羊对他的好奇心，进而缩短与羚羊的距离。此外，小狗、小猫、灵长类等所有的动物都有好奇心。

因此，你的第一句话就要努力引起听众的好奇心，然后你就可以控制他们的注意力了。

我在讲述劳伦斯上校在阿拉伯的冒险经历时，开场白就采用了这种方式：

劳伦斯上校被劳合·乔治评价为现代最浪漫、最多彩多姿的人。

这段开场白有两个地方做得比较好：第一，它引用了一位著名人物的话，而这个人广受大众欢迎。第二，它激起了听众的好奇心。听众的脑海里自然会想到："到底有多浪漫？"，还有"怎么样个多彩多姿？""我怎么以前从来没有听说过这个人……他是干什么的？"

一位学生在演讲时，第一句话就这样问道：

大家知道吗？在如今，世界上还有 17 个国家有奴隶存在。

这句话无疑能够引起听众的好奇。他们会想"奴隶"？"现在"？"17 个国家"？简直太难以置信了。"都哪些国家有？"听众自然会一直追问下去。

我们可以先列举一段事实以引起听众的好奇心，然后使他们非常急切地想知道事情的真相。下面就是一位学生的开场白：

近来，一位议员先生曾发表演说，他在会议上要求通过一项法律，剥夺所有距离学校 1 英里以内的蝌蚪变成青蛙的权利。

当你听了这段话之后，一定会觉得演说者在开玩笑，你会问自己："真有这回事吗？"于是，你迫切地想听个究竟。

《星期六晚邮》杂志上有一篇名叫《论歹徒》的文章，它的开头是这样写的：

歹徒是不是真的有组织？从某方面来看，他们的组织确实存在。怎么说呢……

这位作者只用三言两语就揭示出了他的主题，并激起了你的好奇心，使你非常想快点知道歹徒的组织是怎么建立起来的。这是一种非常棒的手法。每位想在演说方面有所成就的人，都应该学习这位作者的技巧。它能够告诉我们如何做好演说的开场白，其效果要远胜于你研究那些演说稿全集。

还有一个类似的例子，我在写作《人性的优点——如何停止忧虑开始生活》时，由于想制造一些悬念，于是我就这样写道：

1871 年春天，一位注定会成为扬名内外的青年医生威廉·奥斯勒，无意中捡到了一本书，其中的 21 个字引起了他的注意，结果它们帮他走向了成功。

那这 21 个字究竟是什么呢？它们又是怎样影响他的呢？这些都是促使听众继续听下去的理由。

创造一个惊人的开头

克里夫·雷·亚当斯曾在宾西法尼亚州立大学婚姻顾问部担任主任一职，他的文章《如何挑选配偶》曾在《读者文摘》发表。在文章里，他的叙述是通过一些惊人的事实来展开的，读者在读这些事实时都屏息凝气，这时他们的注意力当然是最集中的：

今天，我们的青年中很少有几个人能从婚姻中获得快乐。因为我们的离婚率已经达到了惊人的程度。1930 年，在 5~6 个婚姻中，就有一个会破裂，到了 1940 年，我们预计能达到 4 个。如果按照这样的增长速度继续下去，到 50 年代，离婚率几乎能达到百分之百。

一家期刊的创始人麦克鲁说："只有一连串的惊吓，才能造就一篇好的杂志文章。"

这样的文章能使我们突然惊醒，并牢牢地抓住我们的注意力。下面这些例子就是很好的证明。

例如一次巴尔的摩的柏朗顿就"广播的奇妙"这一主题发表演讲时，一开头就说：

各位可知道，无线电可以将一只苍蝇在纽约玻璃窗上爬行的轻微声音传到中非洲，而且还能将它扩大成惊人的声响，就像尼亚加拉大瀑布一样。

哈里·琼斯先生——纽约哈里·琼斯公司的总裁就"犯罪形势"发表一次演讲时，同样运用了惊人的事实作为开场白：

塔夫脱——美国最高法院前任首席大法官曾说过这样一句话："现在的刑事执法，是对文明社会的羞辱。"

他的这一开场白有两处值得称道：它不但能带给人震惊，而且这段惊人的声明更是从一位司法权威那儿引用过来的。

保罗·吉本斯——费城乐观者俱乐部的前任会长，在一篇题为"犯罪"的演讲中也说出了一段令人十分震惊的话：

美国人是人类文明历史上犯罪行为最猖狂的民族。在俄亥俄州克里夫兰，因犯杀人罪而进监狱的人数是伦敦的 6 倍。犯了抢劫罪的人数相当于伦敦的 170 倍。在克里夫兰，每年遭到歹徒抢劫或攻击的人数，比在英格兰、苏格兰和威尔士等地有同样遭遇的人数总和还多。在圣路易市，每年被歹徒杀害的生命比英格兰与威尔士的总数还多。纽约市谋杀案的起数超过了法国全国的总数，同时也超过了德国、意大利和英国全国的总数。而令人感到悲哀的是：罪犯并没有受到应有的惩罚。杀人犯被处死的几率不到 1%。想必各位都是追求和平的好公民，但你们因患癌症而死亡的机会，却是你因犯了杀人罪而被处死的机会的 10 倍。

这段开场白体现出了无比的力量与热诚，而且富有活力和生命力。不过也有其他学生在演讲犯罪问题时，一开始也说了类似的例子。但开场白却没有这样的感觉，甚至是出奇的平淡。为什么？因为他们的语言太空洞了。虽然他们的结构是无懈可击的，但却没有任何实质性的东西，根本原因就在于他们的态度出了问题。还有几个例子，也是以"惊人的事实"作为开场白的：

据国防部推测，原子战争的第一个晚上，2000 万美国人会受到生命的威胁。

数年前，斯格利·霍华的报纸为了调查顾客们对零售商店的什么地方感到不满意，竟耗资 17.6 万美元。

这是迄今对零售问题所作的最彻底的一次调查，但也是最昂贵、最科学化的一次。来自 16 个城市的 45047 个家庭接受了调查。问题之一是：你对本镇商店的哪里感到不满意？

对于这个问题，几乎有 2/3 的回答是一致的：不够礼貌的店员！

讲演一开始就引用惊人的事实，能够使听众产生思想的震撼，进而建立起与听众的沟通，这是一种"震撼技巧"。

在华盛顿，我们的训练班上一个名叫美格·希尔的学生，也使用过这种"震撼技巧"。以下是她的开场白：

在过去的 10 年里，我一直都是一名囚犯。我不是待在通常意义上的监狱里，而是被围在了认为自己低劣、惧怕别人批评的大墙里。

惊人的开头要避免过分戏剧化和过分地耍噱头。我还记得，有个家伙为了吸引人们的注意，在开始时就对着空中射击了一枪，可结果非但没有达到自己的目的，还震破了听众的耳膜。

开场白应该像与人促膝而谈一样自然。为了检测你的开场白是否能做到自然，你最好在餐桌上试讲一下。如果你的开场白上不了餐桌，那就说明不够平易近人。

遗憾的是，经常有这种现象：本来开场白是应该激起听众兴趣的，结果却成了讲演中最枯燥无味的地方。我最近就听到类似的一个开场白：

要信任上帝，并相信自己的能力……

这样的开场白，说教的味道太浓。可是，他的第二句话就带有了一股让心脏悸动的力量：

1918 年，我父亲去世，母亲一个人要养育三个孩子，而她却身无分文……

这个讲演人犯了一个严重的错误，他应该把第二句话放在开头说。因此我们应该想到，如果想引起听众的兴趣，最好不要以空洞的说教开始，而应该从叙述一件惊人的事实开始。

《我如何在销售行业中奋起成功》的作者弗兰克·贝杰就是一位悬念大师，他经常能够在演讲的一开始便留下悬念。我之所以认识他，是因为他和我曾在美国工商会的赞助下，在美国的全国各地做过巡回讲演。他的讲演充满了"热情"，开场白的方式更是无可挑剔，令我十分敬佩。在他的开场白里既没有讲道，也没有训话，更没有说教和概括性的言论，他一开始就跃入故事的核心。下面是他的一段开场白：

在我正式加入职业棒球队后不久，就遇到了一件有史以来最令我震惊的事情。

这样的开场白使听众立即有了听的兴趣，他们急切地想听听他为何会震惊，以及他采取了什么行动。

演说者生活经历中的故事通常能引起听众的兴趣。罗素·康威尔那篇曾讲过 6000 多次的演讲"如何寻找机会"给他增加了数百万美元的收入。这篇著名的演说是怎样开头的呢？

1870 年，我们为了在底格里斯河一带旅游得更加尽兴，特地在巴格达雇了一名导游，请他为我们介绍波斯波里斯、尼尼维及巴比伦等名胜古迹。

这段故事就是他的开场白，然而他成功地吸引了听众的注意力。这种开场白几乎没有任何闪失，它促使听众紧随其后，想要知道后边将有什么事情发生。

在一期《星期六晚邮》中，有两篇文章的开头都引用了故事，摘录如下：

沟通的艺术

一把左轮手枪发出的尖锐枪声，打破了寂静。

7月的第一个星期，在丹佛市的山景旅馆里发生了一件可大可小的事。为什么说是可大可小呢？因为就其性质来说，它只是一件小事，但从可能带来的影响来说，就是一件大事。旅馆经理格贝尔在好奇心的驱使下，把这件事告诉了山景旅馆的老板史蒂夫·法拉雷。几天后，这件事又从法拉雷先生这儿传到了他属下的另外6家旅馆的人员那里。

不知你是否留意到，这两段话中都有行动，它们能立刻激起你的好奇心。使你迫切地希望读下去，以了解更详细的信息。

只要能掌握这种技巧，进而引起听众的好奇心，那么即使你是个初学演讲的新手，也能创造出一个成功的开场白。

名人的话永远不会失去魅力

名人的话一向是备受关注的。因此你在演说时，也不妨引用他们说过的话。下面这一段话，是一篇题为"商业成功"的演讲的开场白：

"这个世界上只有一种东西，才可以同时得到财富和荣耀两种奖赏。"艾伯特·胡巴德说，"它就是进取精神。进取精神究竟是什么呢？我可以告诉各位：进取精神就是在没有人要求你行动，也没有人告诉你怎么做的情况下，你自行做出了最正确的行动。"

这段开场白，有几点可取之处。它的第一句话就激起了我们的好奇心，在它的引导下，我们想要知道得更详细。如果演说者在报出"艾伯特·胡巴德"的名字后稍微停顿一下，将会使悬念的气氛更加浓厚。

我们一定会问："这个世界有什么东西可以同时得到财富和荣耀双重的奖赏呢？"听众开始非常急切地想知道答案，第二个句子立刻把我们带到了问题的中心上。第三个句子通过发问邀请听众一起参与讨论，并采取一些行动。而这正是听众一向所喜欢的。第四个句子则指出具体什么是"进取精神"。在开场白结束之后，演说者又引用了一个非常有趣的故事，来具体而形象地说明这种"进取精神"。这篇演讲结构严密，不愧为一篇杰作。

开场白应给人自然的感觉。

下面是玛丽·雷奇蒙向纽约妇女选民联盟的年会发表的演说，需要说明的是，当时美国还没有开始禁止早婚：

昨天，当火车经过附近一个城市时，几年前在那儿发生的一起婚姻事件浮现在我的脑海，这个婚姻是那样的草率与不幸，由于目前的许多婚姻也是如此，因此今天我要在这里详细地叙述一下这个例子：

12月12日那天，在那个城市有一个还在念高中的15岁的少女，与附近一所学院的三年级男生一见钟情。那位男生刚到法定年龄。就在他们相遇不到三天的时间，也就是12月15日，他们领了结婚证书。他们撒谎说，女孩儿已经到法定年龄了，不用再征求父母的同意。他们取得证书后，立刻去请求一位神父当他们的证婚人（那女孩子是天主教徒），但他们遭到了拒绝。后来不知什么原因，消息传到了少女的母亲那里。但是，没等母亲找回自己的女儿，他们已经找了一个地方上的保安官员为他们证婚。然后，新郎和新娘一起在一家旅馆住了下来，并度过了两天两夜。但是第三天，新郎就抛下了新娘，扬长而去，再也没有回来。

我个人就非常喜欢这段开场白。因为它首先就提出了一段令人感兴趣的回忆，使得我们能够安心地坐下来，直到弄明白这件往事的所有细节。除此之外，自然也是这段开场白的一大特点。它不像研究报告那样正经严肃，也不会给人那种经过刻意安排的感觉。"昨天，当火车经过附近一个城市时，几年前在那儿发生的一起婚姻事件浮现在我的脑海。"这句话使人感觉自然而不造作，听起来就像两个人在私下里谈论一段很有趣的故事一样。但这样做时，很容易使叙述过于详细，流露出你的一番苦心，结果只能适得其反。要知道，只有看不出任何痕迹的艺术才是真正的艺术。

以上提到的各种方法，可以视情况而定。可以分开运用，也可以放在一起用。

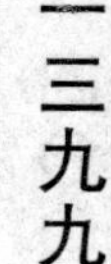

第十二章　塑造独特的表达风格

施展你独特声音的魅力

我们的每一个动作、每一个神情，甚至每一个词句都是对我们自己的展示。我们每个人的声音都是与众不同的。在演讲台上，在宴会上，在面试中，甚或在谈判桌上，说话高手常常都具有这样一些特征——甚至是必须——他们让说出去的每个词、每句话都带着自己独有的风格，他们自己的风格，形象鲜明且深入地抵达对方的耳朵里，以此紧紧地吸引住对方。

声音是你讲话内容的载体——你的感觉、你的心情以及现在的状态，都会如实的反映出你的声音。说话的风格是你说话中强有力的不可或缺的工具。说话高手总是善于树立只属于自己的说话风格。他们的声音与众不同、语调生动有趣、举止落落大方……凡是与他们有关的东西，他们都能够用声音和说话展现其魅力。相对说话高手来说，真正有价值的，只有这些风格才是。为了让你拥有自己的说话风格，你需要进行一系列重要且必要的基础训练。

当我们面对听众，跟他们交流思想的时候，许多发音组织和身体的各个部分都被调动起来。比如，我们会做出这样的动作：耸肩、挥动手臂、皱眉、提高音量、改变高低调门和音调，并且根据场合与题材的不同而变换语速，从而发出不同的声音来。然而需要注意的是，我们要的不是声音的产生，即物理品质，而是所强调的声音的效果。物理的品质，属于自身具备的，已经无法改变，而声音的效果则是受说话者的情绪、状态影响的。这也就是我强调说话者必须要热情的原因之一。因此，你需要让你的声音，一出口就独具一格。

　　遗憾的是，随着年龄的增长，我们大多数人失去了幼时的纯朴与天真，在不知不觉中，被固定的、我们所习惯的沟通模式所支配。这样的结果，很显然，我们的说话，越来越没有生气，如同枯木。更重要的是，人与生俱来的沟通行为动作，如手势，抑扬顿挫的提高或者放低声音，我们也渐渐地不会使用。总之，我们真正交谈时，我们正在逐渐失去本身的鲜活和自然——我们独特、富有个性的自我失去了。

　　在我们的生活中，会有太多错误的习惯，需要我们去改正。比如，我们养成的说话的语速不协调；我们的用词会混乱，等等。我经常强调，当你说话时，一定要自然。可是这样，你也许会认为就可以胡编乱造，或以百无聊赖的方式去表达——只要做到了自然。事实上不是如此。我要求大家讲话的时候保持自然，是要你把自己的意思用词语完完整整地表达出来。换一个角度来解释，也许你能更容易理解。说话高手可以再增添词汇，运用想象和比喻，多样表达的形式，以此增强表达的效果，使自己的意思表达得更加贴切完美。追求完美的人都乐于这样去做。

　　想要学会说话技巧，对于很是急切的人来说，首先要学会的，就是塑造自己的讲话风格。你最好注意一下这些东西——自己说话时的音量，音调的变化以及语速——这些技巧非常实用。你也可以录下你自己说的话，请朋友给你指出问题症结；当然，如果能有专家给你训练的话，那就更好了。值得一提的是，这些练习，都没有针对说话的对象，而实际与人说话时，则完全是两码事。当别人一旦站在你的面前，你就要竭尽全力将技巧用到讲话之中，从而引起对方的共鸣。

　　对于说话的声音，也是你必须要选择好的——你的个性、表达的场合以及你所要表达的感情，你必须因地制宜。一般情况下，起码要做到发音清脆而洪亮。说话清晰明亮，不偏不倚，才能显示出你的自信心、目的明确和善于表达，这会让对方觉得你的从容不迫，产生可靠的感觉。但是，在公众场合，如果别人对某些说题争论不休，你站起来，语句简短，声音洪亮的说一句话，则能产生激动人心的效果。

对于说话的音量，如何控制呢？在你讲话时，每个人都能听清你的声音吗——我指的是，你的声音足够大而且清晰。如果是三两个人把臂而谈的场合，你可能轻松自如地做到这一点。事实上也如此，如果在这种场合，你的音量过大，反而会使人误以为你在跟人吵架。但是，如果是人山人海的听众呢？比如，站在广场上发表演讲，你就应该努力让更多的人听到。因为如果他们听不到你的话，他们就会忽略你所说的内容，而不是提醒你，你应该大声讲或者重新讲述。因此，你要因时而异，适当调整你的音量。

重音的变化，可以让相同的一句话，表达出不同的含义。当你需要强调某一个重点的时候，你就可以在强调的地方提高音量。在重要的地方提高音量的目的，是借此提醒大家注意。当然，有的时候，适当地降低音量，也能达到强调的目的。切记：不论你在何种情况下，音量的变化都是为了突出重点。

我们不妨来看一则例子——林肯如何利用重音的变化巧妙地为自己解围。

有一次，林肯低着头，正擦自己的靴子。恰巧，一位外国外交官看见了这一幕，他嘲讽林肯说：

"总统先生，你经常给自己擦靴子吗？"

"是的，"林肯答道，"你经常给谁擦靴子？"

林肯这句话的妙处，在于很巧妙地转移了对方的重音，成功的将原本是让自己尴尬的处境，转嫁给了对方，使得自己脱离了被嘲讽的境地。如果你能机智转移别人说话的重音，那么你也能像林肯一样，利用一种幽默，轻松化解不必要的麻烦。

除此之外，声音富有变化和层次感，以及声音的高低都会刺激听者产生不同的情绪。假如你一直保持高音来说话，有谁会愿意听这样尖锐甚或是刺耳的声音呢？并且，普遍的高音使用，会让你的声音显得单调而枯燥。所以，你需要在音高的变化上掌握技巧，这样才能够让你的声音变得悦耳且更加鲜活。与调节音量一样，在你阐明观点时音调的变换也能发挥积极的效用，从而更加丰富地传达信息。当你阐明某个观点，你可以采用略高或略低的声音，来表示你对其重视程度。

平时，在与人交谈时，我们的声音会像海浪一样，高低起伏不断变化。原因是什么呢？无人知晓，也没有人关心这个问题。但是值得一提的是，这种方式显然能令我们感到愉快，而且它本身也是一种极其自然的方式。可是，当我们开始某种正式的讲话的时候，我们的声音就变得死气沉沉，毫无生机。这种状况，一旦发现，就应该反省了。

对说话和声音的掌控，我们需要避免下面这几种错误的方式。

第一，你必须使对方感觉到你所讲的内容，并且你是非常自信的。颤抖或者犹豫的声音，会让对方以为你对你所说的没有把握。如果是这样，就会连你自己都不能对自己所说的有把握，又怎么能要求对方对它产生兴趣，还有信心呢？

第二，你的话听起来不像是在自言自语。过低或者模糊的声音，同样让人听了之后会觉得你似是而非。也许，你的本意是不打算让对方听到，但是他们还是模糊地听到了，只是不清楚你所讲的内容，那么，他们就会对你所说的真正内容产生怀疑，甚至怀疑你正在说一些对他们不利的东西。

第三，不要用鼻音说话。用鼻音说话导致的最大问题，就是发音含糊不清。当你说话的时候，牙齿紧咬，或者更加糟糕些，双唇像腹语者一样紧闭不动，这些会让对方认为你是在抱怨。而你的精神面貌也会显得非常消沉，毫无生气。

第四，不要让你的声音如同飞机着陆时的制动声。过高的声音会使你的讲话具有攻击性，听者会以为你正在用一种立场压倒、胁迫他们，而这是他们所不愿意的，听者因此会感到你十分厌恶，而出现抵触情绪，不去听你讲话。因此，这时候，即使你喊着要大家听你的话，也不会有人愿意听从你的。

第五，最好不要夹杂方言，以使声音娓娓动听。当然，如果你确实要用的话，你必须运用一些方法加以说明，而不要让人们产生一种误会，以为你的发音不地道。

第六，不要含有消极的情感因素在你的声音里。不管你的意图是什么，

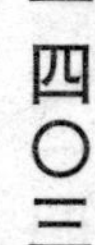

它都会通过声音表达出来。如果傲慢、蔑视或者其他负面的情感因素出现在里面，会让听者觉得你不尊重他，因此而伤害听你讲话的人。

当你的情绪处于一种消极状态，如果你又将它含混到你的声音中，听者会无意地放大这种消极，会把它想象得比真实情况要严重得多，尽而分散自己的注意力。比如，你稍微表现的挫折感，可能会被放大成为歇斯底里；而你的小小的失望，则很可能被理解为绝望。因此，你必须将你的状态调整好，才能在你的语调中流露出来，这样才能更积极地去抓住听者的注意力。

语调可以让语言生动有趣

第一次世界大战后不久，由于同事德玛斯的缘故我逗留在阿拉伯。有一天，我闲逛进了海德公园，走到了大理石拱门附近——我知道经常有各式各样的人聚集在那里，他们谈论各种和宗教信仰、政治等有关的话题，于是，我打算听听他们的谈话。当时我看到一位天主教徒，正向人们解释教皇无谬论，之后又听了一位社会主义者对卡尔·马克思发表演说。最后，我还听了一个男人的宏论，是关于多妻制的。

我注意到在这三位主讲人周围，听众的人数有着变化。一开始，听众最多的是那位鼓吹一夫多妻制的演讲者，但是到后来，他的听众越来越少，而周围围绕的人越来越多的，却是另外两个演讲者。你知道这是什么原因吗？难道只是因为话题的原因？

我仔细观察后，发现：那位鼓吹多妻制的人，对讨三四个老婆，似乎并没有多大的兴趣，他的语调听起来也显得不大高兴，因此人们觉得他讲得很枯燥无味。那位天主教徒和社会主义者，虽然拥有完全对立的观点，却都沉浸在自己的演讲当中——他们挥动着手臂，情绪高昂，声音高亢而充满激情，散发着热情和生气，人们受到了这种热情的感染。原来，听众人数的变化，正是由于演讲者不同的态度和语调引起的。

说话人的语气和声调的变化结合在一起就是语调，话语中包含的情感皆由语调表达。语调实际上是你说话内容的一部分，当你在说话的时候，你需要让语调表现出更多的言外之意。比如，你的语调听起来很真诚，那么你实际所表达的含义便是："我所想的就是我所说的，我所说的就是我所想的，我这样做实际上是对你的尊重。"这样一来，对方自然会更加相信你所说的话。

像那位鼓吹一夫多妻制的演讲者的讲话，我相信你也听过，他平淡、生硬的语调缺乏激情，他本身没有表现出多大的兴趣在自己所讲的题目上，就像生硬地念书稿一样，有气无力。换位想一想，如果是你，你会被这样的说话方式吸引吗？当然不会。

为什么很多人讨论有吸引力的话题，却没有达到预期的效果呢？实际上，语调传达的信息之丰富，远超过我们的想象。就如同说话者的表情一样，语调向对方传达着某种言外之意。当一个人给你打电话，如果他的口气热烈，那么可以判断出他很高兴，即使你没有见到他；但是如果他的口气很平淡，即使他将一件很高兴的事告诉你，你也会认为这没什么好高兴的。

我们常说的懂得说话的人，就是要塑造自己的个性声音，使其悦耳动听，而且他们的语气和语调也很有感染力，总能拨动人的心弦，引起对方的共鸣。据说，一个意大利演员朗诵阿拉伯数字时，用悲怆的语调，竟使听的人被感动得潸然泪下。而一位中国艺术家朗诵菜谱则像诗歌一样动听。又比如，"啊"这个普普通通的语气词——运用不同的语调，则可以表达"我明白了"、"没听清"、"惊讶"、"终于知道了"等诸多含义，这正是语调使得你的说话变得如此声情并茂。

还有一种错误的认识，很多人认为语调和嗓音一样，都是天生的，而语调存在的问题，却并没有意识到。正是由于这种不当的声音会让对方麻木，并同时对说话内容失去注意力，从而没有心思去思考你说的内容，这时需要注意的问题就是，有语调的声音则会产生截然不同的效果。

同时，我们也走入了另一种思想误区——很多时候，我们在寻找说话的内容上费很多的心思，但是我们的语调却最终让我们功亏一篑。当我们拿起听筒，听到一个"喂"字，无需再多说什么，从这一个字里，我们就已经可以知道众多的讯息：男朋友对我的激情是否依旧如火，母亲昨夜的觉是不是没有睡好，好友的考试是不是已经顺利通过了……这一切都蕴藏在声音的变化——语调中。

"嗓音展示着身体的音乐，语调构筑了灵魂的音乐"，这句话说得很对。当我们悲伤来袭，语调是苍白空洞的；经过一夜狂欢，语调变得有气无力、气若游丝；享受一个星期的沙滩阳光，语调又重新激发了青春和活力。

语调的问题，你注意到了么？无论是慷慨激昂，还是抑扬顿挫，或者是平和舒缓，在不同的场合选择合适的语调，运用得好，都可以让你的声音展现出丰富的表情。

节奏张弛有度，不拖泥带水

富有节奏的说话，该快的时候快，该慢的时候慢，该落的时候落，该起的时候起，这样有快慢轻重的起伏，才会形成有乐感和悦耳动听的语言，否则，话语就失去情感，不感人、不动人。

有规律性的变化，就是节奏。在口语中，有了节奏上的变化，语言因而就生动起来。否则会呆板。有位意大利的音乐家，他上台之后并不唱歌，而是把数字1到100有节奏地、有变化地数下去，结果让所有的听众倾倒，甚至有的人感动得流下了眼泪。可见在生活中，节奏是至关重要的。

干练、明快，你肯定希望自己给人的印象是这样。那么，说话的节奏就是你必须要掌握好的，这就是说话节奏的最大魅力。说话节奏的影响因素主要有两种：讲话速度的快慢和说话内容的繁简。如果你说话的速度，都快到某些词语模糊不清，你所说的东西别人自然也听不懂，让人紧张和焦虑；节奏太慢的话，又会表明你过于拖沓，过于迟钝。在语言交流中，信息的传达是受讲话的快慢程度影响的。

在《记者眼中的林肯》一书中，华特·史狄文思这样写道：

"他（指林肯）会说出几个字，以非常快的速度，但是当遇到一些词句他希望强调时，就会将声音拖长，说得很重，一字一句。接着，他会把整个句子都说完，像闪电一样的迅速……对于所需要强调的字句，他会尽量延长时间，差不多相当于他说其他不重要的句子五六句。"

现在，你可以尝试着说出下面这句话："今天要向大家介绍的就是我们公司的这款商品。"当你在说这句话的时候，你可以先说到"公司的"这三个字，使用平缓略低的声音，稍作停顿，然后热情大声地说出"这款商品！"使用这种技巧，你一定能够收到意想不到的效果。

但是有一点需要注意，为了突出一些内容（这是由你的音调决定的），刻意拖延某些词句的速度，我虽然并不反对，但是，有一件事我则建议你千万不要做，那就是如果你将整篇话或者大部分篇幅都这样做的话，会让人非常厌烦，最终不堪忍受。如此，预期的效果，绝对不会是你想要的。

社交语言简洁、精练，并尽可能地传达更多和更有用的信息，这是我们在说话中需要明确的一个目的。因为只有这样，你说话的节奏才能明快起来，才能让听众觉得你的果断、直接和对说话内容的肯定。如果一味地空话连篇、言之无物，你说话的节奏必然拖沓，显得很犹豫，好像在极力回避着一些东西的样子。

了解了这一点，那么你就会知道，有些人在表达自己观点的时候，结果注定是要一塌糊涂的。因为陈述的太多，而且持续的时间太长。林肯在葛底斯堡讲话中，只用了两分钟，全篇讲话仅仅226个字；而在同样的讲话里，爱德华·伊韦瑞特却讲了两个小时。作为竞争对手，结果可想而知，成功青睐了林肯。

所以，确保自己的信息简短、直接，说话时不要拖泥带水。为了更好地表达自己的想法，你可以参考以下几种方法：

直接表达信息

你所要表达的意思，为了方便对方了解，可以开门见山直奔主题。这样的表达，会让你所表达的信息听起来更加简洁明了。但是很多人却不这样，他们总喜欢曲线救国，殊不知，这种做法容易让对方的注意力分散，难以集中。

用最简洁的词汇

对于重要观点的陈述，你需要记住这一点：词汇或句子越精简越好。用一句老话，可以清楚地表达我的意思："我问你时间几点钟，你不需要告诉我表的工作原理。"

虽然话这样说，实际的事实却并非如此。明明用少数词句就可以将一个观点表达清楚，很多人却总是喜欢堆砌辞藻，甚至将主题分散在一堆的故事、人物、数字里——过多的修饰，只会歪曲你的本意。

有一位父亲在他十几岁的孩子第一次参加正式的舞会的时候，这样教导他说："在今晚的舞会之前、之中或之后，你也许不应该喝酒。"

这句话中父亲所犯的错误在于：首先，"也许"这样不确定的词缺乏说服力，叫人听了之后，不能确定你所要表达的意思到底是什么，甚至你所肯定的是什么，对方也可能不明白；其次，"之前、之中或之后"这么多的修饰词语，目的无非一个，就是表达不允许他喝酒。但何须这么复杂？这样反而给人的印象是不果断、不直接和不坚决，使得表达本身也变得冗长拖沓。

明确的中心思想

在你所说的话中，你也许想要一次表达多个主题。无可厚非，但是这样的结果常常会是什么呢？你和对方的精力都被分散。事实上，把一个主题讲得透彻，就是件十分困难的事情，所以把每个主题都讲透，那更不可能。如果一定要这样做，那么每个主题就只能逐一涉猎，因为你表达的主要观点和对方讨论的每一话题都会对其产生影响。

除此之外，注重细节的描述，是很多人都喜欢的。这并没有错，但是有一个前提，你必须注意，即你表达的主题不能被影响。如果这些细节耗费了你的精力和时间，那么，你的信息重点就会不突出。不要期待对方在分析解读你的观点上花费更多的努力、精力或时间，因为大多数人都不愿意这么去做。因此，用你的表达，让重要的信息被对方直接获得，才是最重要的。

通俗易懂让人容易接受

我有一位学员是医生，在班上，他曾经有过这样开始的一段讲话：

"横膈膜是这样一种东西，如果用它来呼吸的话，对肠子的蠕动有明显的帮助，而这一点，对健康的好处是很大的。"

还有其他的话，他想继续讲，但是被老师打断了。老师让大家举手，示意听懂了这句话，结果出人意料，没有一个人举手。这说明，他的话没有一个人听懂。针对那句话，老师要求他做出解释，并且告诉他，在急着往下说之前，必须先让大家知道，那东西的样子究竟怎样以及如何工作。那位医生于是解释道："横膈膜实际上是一种肌肉组织，它非常的薄，在胸腔底部和腹腔顶部之间的位置。当胸腔和腹腔呼吸时，它会随之变化。胸腔呼吸的时候，它就压缩，像一个洗刷盆倒置过来；腹腔呼吸的时候，它就会被往下推，变成一个平面，从而挤压肠胃。而这种下推的力量，会使腹腔的上部器官受到按摩和刺激，比如胃、肝、胰等。人们在呼气的时候，横膈膜又会受到胃和肠的向上推压，如此一来，就相当于第二次按摩。这种按摩对人体排泄有利。许多人身体不舒服的原因，主要就是肠胃不适，而一旦横膈膜进行适当的推压，肠胃因而就会得到适当的运动，那么大部分的不舒服都会自动消失。"听完他的解释，学员们都明白了他上面一段话的意思，尽管有一点点麻烦。

在讲话的时候，我们很多人都会犯和这个学员一样的错误——讲自己很了解的东西，理所当然地以为听众也一定会了解。其实，这个问题解决起来并不难，只是说话者常常忽视了而已。

因为职业的原因，我听过无数次演讲，一些演讲者都是疏忽大意导致演讲失败。失败的原因，不是他们的专业知识不丰富，恰恰相反的，而是他们只讲与自己专业相关的———一般听众缺乏对他们行业的了解，显然他们完全不知道。结果可想而知，尽管他们使用了大量的工作中常用的词汇，高谈阔论，然而他们所说的话，对外行的听众而言，却如同天书一般。

其实，这种情况不仅仅只是存在演讲中，实际上，这样的问题，凡是涉及谈话者谈话的，不管从事什么样的行业都有。谈话本来应该有的效果，皆因这不小心的疏忽而失去了，所以，要想大家都能轻松地理解你说的话，你就必须让你的语言变得通俗，人人能懂，这样说话的最终目的，你就算是达到了。也就是说，为了让更多人听明白，你所说的话必须通俗易懂。

那么，如何更加通俗地说话呢？专业词汇，也即是前面所说的"术语"的使用，是很多人面临的最大问题。因为这些词汇只有一部分人能够真正理解，他们必须是与某项工作有关或者某个在特定研究领域的人。还有，一些只有本行业人员才懂的缩略语，也会被行业创造，这些语言通常是仅由单词的首字母组成的。运用这些词汇的时候，不熟悉它们的人，很可能不会明白你所要表达的意思。而种种原因所致，很少会有人站起来说他没有听懂，他们最大的可能是微笑，而后困惑地离开。所以，在必须使用专业术语的情况下，你一定要确保他们理解了你的术语。

比如，面对一位家庭主妇，你给她讲解冰箱为什么需要除霜，有可能会是这种情形："冷冻的原理是这样的：冰箱内的热量被蒸发器吸收，然后散发到冰箱外面。这时候，散发出来的热量伴随湿气，这些湿气在蒸发器上附着，就会形成厚厚的一层霜，致使蒸发器绝热，而且使马达不得不间断工作以进行补偿。"

对家庭主妇而言，说这段话可能相当于什么都没说。你大可以这样说："蒸发器就跟吸风机的作用一样，它把冰箱里的热量都吸出去，那么你的东西就能被冰箱冰冻了。在打开冰箱的时候，有一层霜结在冰箱放肉的那一层上，各位一定发现过，这些霜就是结在蒸发器上的。就好像裹一层石棉一样，霜越结越厚，就会阻隔蒸发器和冰箱里面的空气，从而吸热就没有办法正常进行。这样，冰箱的冰冻效果就会越来越差。这时候，马达只有不停地运转，才能保证冰箱里的冷度，但是这样冰箱的使用寿命就会减少。所以我们必须要想办法把这些霜除去，马达运转才会慢一些，冰箱才不会那么吃力。如果装一个自动除霜器在冰箱里，这一点就可以轻松做到了。"

　　在一些场合说话，当你面对更多人的时候，让人理解和听懂你所说的话，如何确保做到这一点呢？下面是印第安州前参议员比佛里吉提到的关于解决此问题的建议：

　　"最好的办法，在你所有的听众对象中，选取一个看上去最不聪明的人，然后尽量使他明白你所说的话。讲述的时候，你只能用最通俗的语言，让你的观点尽可能简单易懂，这样他才能听明白。还有一个方法，也非常有效，就是找那些有父母陪同的小孩，将他们锁定成目标。然后，你需要时刻提醒自己，当然，你也可以向对方说出来——简单明白，是你要努力做到的，让你的解释能被所有人理解，并且记住它，而且你讲的东西你还可以讲给别人听。"

　　有一次，我去听一场演讲，演讲的人是一位证券交易所的经济师，听众都是一些家庭妇女，她们想了解一些关于银行和投资的知识。这位演讲者用的是简单通俗的语言和幽默轻松的方式开始的，这样，她们就可以放松下来。对她们所关心的问题，他都说得清清楚楚，更加重要的是，他把一些比如"票据交易所"、"课税"和"偿付"等专业术语，都解释得简单通俗非常清楚。最后，这场演讲空前的成功。人们非常感激他，有投资方面的事情，都主动找他咨询。

　　如果其他人不能理解你所说的话，或者他们的理解不在你说话的范围内，这无疑对双方都是一种折磨。曾经有一个传教士，想用他传教地方的语言翻译《圣经》，其中有这么一句：你的罪恶即使一片鲜红，但它终将如雪花洁白。这句话在一般情况下都是会按部就班翻译的，但是现在有一个问题却摆在了他的面前。对雪的印象，这些土著人脑子里根本没有，甚至连"雪"这个字都不认识，雪和煤炭有什么差别他们都不知道。但是传教士最后却把"雪花"和"椰子肉"联系了起来，因为当地有椰子树，而且人们都很熟悉。最后，那句话被翻译成：你的罪恶即使一片鲜红，但它终将如椰肉洁白。就这么一句巧妙的改动，对方就很容易理解了。

　　还有一件绝对值得一提的事，只要你用心一点，把话说得更通俗一点，那么耗费在这方面的精力和时间就会得到相应的回报。即使语言有千差万别，语言的表达方式也各不相同，但表达你的想法时不是用许多母语或者想当然，而是使用最通俗的语言，这一定是最好最成功的做法。

良好的措辞可以造就精彩

别人可能随时对我们的言谈大加评价。我们的谈吐是我们修养程度的体现，也是我们所受教育及文化程度的证明，听者基本上可以由此判断出我们的出身。

世界上任何事物都不可能是全新的。即使再出色的演说者，也有很多东西是来自阅读过的书本之中。因此，我们必须经常接受文学的洗礼，以求增加和扩大自己的文字储存量。

有一位失业的英国人，身无分文，只得在费城的街道上找一份工作糊口。他来到了一位大商人保罗·吉本斯的办公室里，想寻求一份工作。当时吉本斯先生不信任地打量着他。他的外表很寒酸，衣衫褴褛，袖口已经磨破了。最后，吉本斯先生在好奇心和同情心的驱使下，答应与他谈一谈。

一开始，吉本斯只是想给对方几秒钟的时间，但是时间在不知不觉中流逝了，最后，一小时过去了，而谈话依旧进行着……谈话之后，吉本斯先生给费城的大资本家之一罗兰·泰勒打了电话，泰勒先生是狄龙出版公司在费城的经理，泰勒接过电话之后，盛情款待了这位陌生人，并给他安排了一份很不错的工作。

这位外表很寒酸的男子，究竟是怎样在短时间内征服了两位如此重要的人物的？那就是凭借他在英语方面出色的表达能力。原来他是一名牛津大学的毕业生，他是为了完成一项商务活动才来到美国的。最后，计划的失败给他带来了厄运，他身无分文，没钱离开美国，过着既没钱又没朋友的日子。好在他的英语说得非常漂亮——他非凡的谈吐，掩盖了他外表上的不足，包括他那双沾满泥土的皮鞋、褴褛的外衣，以及满是胡须的脸孔。他打动了听他说话的人，并把他带到了商界的顶层。

这位男子的故事比较特殊。但它也证明了一个道理，那就是：别人可能随时对我们的言谈大加评价。我们的谈吐是我们修养程度的体现，也是我们所受教育及文化程度的证明，听者基本上可以由此判断出我们的出身。

前面曾经说过，在这个世界上我们是通过四种方式接触的，他人也是根据这四种方式来评价我们的：我们做过什么事，我们给人什么样的印象，我们说了什么话，我们是怎样表达的。然而，有很多人却虚度一生。在上学期间，他们不懂得努力扩大自己的词汇，也不下工夫掌握各种字义，更不会花时间思考怎样正确而积极地说话。他们早已经习惯了那些既不规范又没有头脑的话。难怪在他的谈话里找不到清晰和鲜明的影子呢！难怪他的发音经常不正确，总有病句出现！很多大学毕业生都会将市井俗人的一些口头语挂在嘴边。如果大学毕业生都这么没涵养、没品位，那么对于那些因为种种原因没有接受过多少教育的人，我们又怎么能希望他们有修养呢？

几年前的一个下午，我静静地站在罗马的古竞技场里遐想。这时，一位来自英国某个殖民地的游客向我走过来，他先做了一下自我介绍，然后向我谈起了自己在这个"永恒之城"的游历经验。我们的谈话还没进行到3分钟，他就开始满嘴都是"You was"、"I done"之类的说法了。那天早晨，他特地把皮鞋擦得亮亮的，衣服也是一尘不染，企图以此树立自己良好的形象，并得到他人的尊敬。遗憾的是，他却没有注意自己的谈吐。当他和某位女士谈话时，如果有什么地方说得不恰当，他既不会脱帽致礼，也不会说任何表示惭愧的话，因为他根本不懂得惭愧。他的话暴露了自己所有的缺点，他的语文水平是如此的差，等于是在大声地告诉全世界，自己是一个没有文化修养的人。

艾略特博士是哈佛大学的校长，在他担任这一职务长达1/3世纪之后，说道："我认为，在我们每个人的教育中，正确而优雅地使用自己的本国语言，是唯一一项必修的智力技能。"

这句话包含的意义非常深远，值得大家深思。

但是你也许会问：我们怎样才能熟练地掌握语言？怎样才能将它们用美丽而且正确的方式表达出来？我可以很坦诚地告诉你，这种方法是个公开的秘密，没有什么神秘的地方。林肯的惊人成果就得益于这个方法。在所有的美国人中，林肯是唯一一个能把语言编织得如此美丽的人，也是唯一一个能使语句富有音乐节奏感的人。林肯的身世并不是很好，他的父亲是一个很普通的木匠，他的母亲也是一位很平凡的女子，没有高深的学识。难道他那种语言方面的天赋是受上苍垂爱不成？这种想法在现实中找不到任何证据。他当选国会议员后，在华盛顿官方的登记中，曾用"不完全"来形容自己所受教育的程度。在他的一生当中，只接受过 12 个月的正规教育。那么，他的良师是谁呢？他们就是一些巡回讲学的小学教师：肯塔基森林内的萨加林·伯尼和卡里伯·哈吉尔，印第安纳州鸽子河沿岸的亚吉尔·都赛和安德鲁·克诺福。他们不停地在屯垦区之间流浪，他们教导孩子们"读、写、算"的报酬只是一些火腿和玉米。当然，他们对林肯的帮助和启蒙也不是很多。

此外，他在伊利诺州第八司法区也认识了一些农夫、商人、律师及诉讼当事人，但是他也没从他们身上获得多少帮助。好在林肯没有在这些才能与他相等或比他低的同伴身上花费太多的时间，相反，他的大部分时间都与一些跨时代的最著名歌手、诗人在一起。下面是他与这些人结交的故事，你不妨看看。他能够把彭斯、拜伦、布朗宁的诗集完整地背诵出来。他还写过一篇评论彭斯的演讲稿。还把拜伦的诗集在办公室和家里各放了一本。他在办公室里经常翻阅那本诗集，最后只要一拿起来，书就会自动打开到《唐璜》那一页。当他当选为总统后，他几乎为内战耗尽了心血，皱纹深深地刻在了他的脸颊上。尽管如此，他仍然抽空翻阅英国诗人胡德的诗集。有时，他会在深夜醒来拿起这本诗集翻看，当他看到一些非常精彩的诗句时会立刻起床，穿上睡衣和拖鞋，到白宫的房间里吟诵。他有时会叫醒他的秘书，让秘书做他忠实的听众。他也会不断地阅读已经非常熟悉的莎士比亚名著，并常常指出一些演员对莎剧的不恰当念法，提出自己独到的看法。他曾在给莎剧名演员哈吉特的信中说："莎士比亚的一些剧本我比较熟悉，其中有《李尔王》、《理查第三》、《亨利八世》、《哈姆雷特》，特别是《麦克白》。我认为，《麦克白》是写得最好的一个。"林肯对诗词有一种狂热。他经常在私下里及一些公开的场合背诵、朗读诗歌，甚至还试着去写诗，他曾把自己写的一首长诗拿到他妹妹的婚礼上朗诵。在中年时期，他自己的作品就有满满一笔记本了。当他对自己的作品仍缺乏信心时，他甚至不允许自己最好的朋友去翻阅。

罗宾森在他著的一本名为《林肯的文学修养》中写道："这位靠自学成才的伟人，他的思想是用真正的文化素材包装起来的。他是名副其实的天才。他接受教育的情形，与伊拉斯莫·爱默生教授描述的文艺复兴运动领导者之一的情况很相似。尽管不能在学校接受教育，但他仍然坚持自学，并获得了成功。这个方法就是终身钻研与练习。"

林肯是一个拓荒者，年轻时曾是印第安纳州鸽溪谷农场的临时工，他在那里的工作是剥玉米叶子、杀猪，一天的收入是三角一分钱。但就是这样一位相貌平平的人，后来却在葛底斯堡发表了一场让人拍案叫绝的演说。在南北战争期间，参加葛底斯堡战役的有 17 万大军，大约 7000 人在战场上牺牲了。林肯死后不久，著名演说家索姆奈曾这样说过，即使最后人们已经忘记了那次战斗，但是林肯的演说却仍然深深地刻在人们的脑海里。而且，即便人们再次回忆起那次战斗，也主要是因为他们想到了林肯的演说。索姆奈的这段预言是非常正确的。

当时，在葛底斯堡演讲的还有著名政治家爱维莱特，他的演讲长达两个小时之久。但是，人们早已记不清他曾经说过什么了。而林肯的演说虽然不到两分钟，却给人们留下了深刻的印象。有位摄影师准备在他发表演说时给他拍张照片，但当他刚把老式照相机架起再调好焦距时，林肯的演说已经结束了。

林肯这次演说的全文，已被刻在了铜板上，作为英语文字的典范，陈列于牛津大学的图书馆。研习演说的每一位后来人，都应该将它熟记于心：

87 年之前，在这块大陆上成立了一个新的国家，她为自由而生，而且，在这块土地上，所有的人都为平等而生。

眼下，这里正在发生一场巨大的内战，这是对这个国家的考验；考验这个国家，或任何一个有这种信仰的国家，是否能长久地生存下去。我们今天的集会，就是为了从这个战场上划出一部分，奉献给那些为国家的生存而英勇献出生命的人，当做他们的安息之地。这是我们应该做的，而且是合情合理的。

可是，从更广泛的意义上来说，奉献、圣化、神化这块土地是我们力不能及的。那些曾在这里洒过热血的人们，已经圣化了这块土地，这是我们这点微薄之力所不能增减的。我们今天在此地所说的话，在世界上所有人们的心目中不会留下什么永久的记忆。然而，这些勇士在这里所做过的事却会永远地刻在他们的心中。

相反，我们应该继续向前推进这些勇士们尚未完成的事业。我们应该向这些可敬的死者学习他们宝贵的献身精神，以完成他们还没有完成的事业。我们不能让烈士们的鲜血白流，我们应该下定最大的决心，努力使我们的国家重获自由，使我们这个民有、民治、民享的政府永远生存下去。

一般人都会认为，这篇演说稿最后那句不朽的句子是由林肯自己创造出来的。事实上，在这次演说的几年前，林肯的律师合伙人赫司登就曾送过林肯一本巴克尔的演说全集。这本书中的一句话引起了林肯的兴趣，这句话是这样说的："民主就是直接自治，由全民治理，它属于全体人民，并由全体人民分享。"不过，如果要追究这句话的渊源，或许能从巴克尔这里追究到韦伯斯特，再到门罗总统、英国宗教改革家威克利夫，直到追究到克莱温那里，但至于克莱温究竟是从哪位祖先那儿借来的，就无从查考了。

的确，世界上任何事物都不可能是全新的。即使是再出色的演说者，也有很多东西是来自阅读过的书本之中。

一个人要想扩充自己的文字存储量，就必须不断地从书本中学习，经常接受文学的洗礼。约翰·布莱特说："每当我走进图书馆，都会有种悲哀感：因为自己的生命是如此的有限，我根本没有充足的时间来享受眼前这一丰盛的美餐。"布莱特15岁时就失去了上学的机会，开始到一家棉花工厂打工。令世人惊叹的是，他最后却成了当时最受人欢迎的演说家。他以出色的英语表达而闻名。他经常反复阅读一些著名诗人的长篇诗句，并用心研究，对于一些精彩的句子他都能熟记于心。其中拜伦、弥尔顿、华兹华斯、惠特曼、莎士比亚、雪莱等大诗人都是他学习的对象。他每年都要从头到尾地看一遍弥尔顿的《失乐园》，以达到增加词汇量和文学素养的目的。

英国杰出演说家福克斯通过大声朗读莎士比亚的剧作，以求改进自己的措辞。格莱德斯顿将他自己的船书房称为"太平宫"，里面有 15000 册藏书。格莱德斯顿本人曾说过，阅读圣奥古斯汀、巴特副主教、但丁、亚里士多德和荷马等人的作品对改进自己的措辞有很大帮助。他尤其喜欢荷马的史诗《伊里亚特》和《奥德赛》，在他的作品中有 6 本书是有关荷马的史诗及其产生的时代背景的。

英国著名政治家及演说家皮特，在年轻的时候，每天都会坚持阅读希腊或拉丁文作品，通常只是阅读 1~2 页，然后再把阅读过的段落翻译成英文。他的这一习惯一直坚持了 10 年之久。通过努力，他在措辞方面达到的程度无人能比，甚至不需要预先思考，就能达到语出成篇、妙语连珠的境界。

著名历史学家修昔底德的很多措辞都非常华丽、高贵和感人，因此古希腊名演说家及政治家狄摩西尼为了学习他的措辞能力，亲笔将这位历史学家的著作抄写了 8 遍之多。结果功夫不负有心人，他终于掌握了一流的写作技巧，后人一直把他的作品作为学习的范本，甚至在他去世 2000 年之后，威尔逊总统还专门去研究他的作品，以改进自己的演说风格。此外，英国名演说家阿斯查斯也有同感，他发现自己通过阅读大哲学家伯克莱主教的著作，措辞能力得到了很大改进。

英国桂冠诗人丁尼森把《圣经》读了又读，大文豪托尔斯泰每天研究《新约福音》，最后都达到了能够长篇背诵下来的程度。罗斯金的母亲每天都要求罗斯金背诵《圣经》，还规定每年都要大声朗读一遍《圣经》，甚至包括每个音节和词句，从《创世纪》到《启示录》不能漏掉一个字。罗斯金坦诚地表示，是母亲的严格训练，造就了他在文学方面的成就。

BIZ 是苏格兰名作家史蒂文森姓名的缩写，这个缩写被公认为是英国文字中最棒的姓名缩写。史蒂文森是杰出的作家，他有着闻名于世的迷人风格。有关这一点，他亲口说道：

每当我遇到精彩的作品或文章时——它们有很多值得我们学习的地方，有的则在风格上很有迷人的特征——我一定会马上坐下来，努力模仿这些特

沟通的艺术

点。当然第一次不一定能够成功，但我会连续不断地尝试下去，至少从这些失败中，我会在文章的韵律、节奏、各部分的协调与构造方面有所改进。

另外，对于海斯利特、兰姆、华兹华斯、布朗爵士、霍桑及蒙田的作品，我也是用这样的方式去模仿的。

不管你是否喜欢，我就是以这种方法学习的。英国文学史上被公认的气质最优美的大诗人济慈也曾用过这种方法。

丁尼森

这种方法最重要的一点是：学生总有一些特点不能完全模仿。于是，我们不可避免地会失败，好在"失败是成功之母"，这句名言给了我们继续下去的勇气。

我们已经列举了大量成功人士的例子，这已经是一个完全公开的秘诀了。在林肯写给一位非常希望成名的年轻律师的信中，有这样一段话："成功的秘诀就是拿起书来，仔细地阅读并研究。努力，努力，再努力。"

卡耐基励志经典

人际交往的艺术

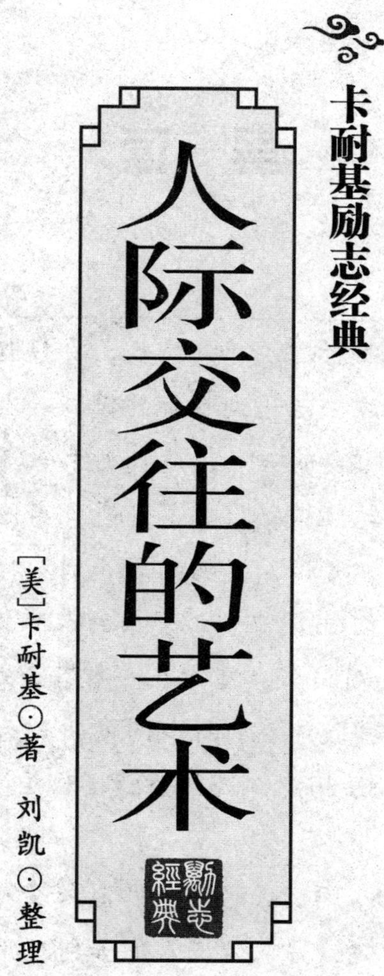

[美] 卡耐基 ⊙ 著

刘凯 ⊙ 整理

线装书局

导　读

一个人有了正确的目标、端正的态度，要想取得社交的成功，还要讲究一些方法，良好的方法是达到目标的保证。当然，社交成功的方法是多种多样的，其中很重要的一点，是取决于一个人的口才。在现代社会中，人们的交流越来越频繁，谁都不可能脱离他人过着离群索居的生活，无论是工作、生活、爱情，我们都要和别人接触，都要和别人说话交流。拥有好口才，我们就能在错综复杂的人际关系中游刃有余，就能在激烈的社会竞争中脱颖而出，就能在斗智斗勇的谈判桌上侃侃而谈、屡出奇招；拥有好口才，就能在针锋相对的辩论台前巧舌如簧、雄辩如虹，就能在难以测定的情场中挥洒自如、胜券在握。也就是说，好口才就是成功的敲门砖。

戴尔·卡耐基的《人际交往的艺术》以社交与口才为基点，把语言与人性有效地结合在一起，旨在传授人们如何运用口才在社会交往中立于不败之地。同时，这还是一本教会人们如何克服畏惧、建立自信，扩展自己人脉关系的书。它对于开阔我们的视野，顺乎自然地发挥自己的潜在智能，在各种场合下发表恰当的谈话，博得赞誉，获得成功，将有宝贵的启示和借鉴作用。

第一章　突破社交心理障碍

迈出孤独的阴影

在现代化器械和神奇药物推动医学突飞猛进的同时，本世纪却诞生了一种新的疾病——孤独症。

加利福尼亚州奥克兰市米勒学院的院长小林恩·怀特，曾在出席基督教女青年会的晚宴时发表了这样一番讲话："孤独是20世纪最严重的疾病。戴维德·瑞斯曼认为，我们是'一群孤独的人'。随着人口数量的急剧增长，人们的联系逐渐变得密切，形成了一片广阔的人的海洋，明确的邻里乡亲的观念已经逐渐被人们淡忘。冷漠的人际关系，公司或机构规模的不断扩大，以及人们搬迁的日益频繁，这一切都决定了人们很难在某个地方付出或获得深厚的友谊。在这个比冰川世纪更冰冷的时代，人们的灵魂也被冰冻了，而上述这些只是令人心寒、让人悲伤的几个方面而已。"

如果我们要战胜孤独，就必须冲破自怨自艾的枷锁，沐浴在灿烂的阳光下，结识新的朋友。但要是你一味地将自己囚禁在孤寂的牢笼中，你的命运终将只有一个结局——不幸。

5年前，我朋友的丈夫去世了。从那时起，她就变得和成千上万的美国人一样，陷入了一种孤独和悲痛的泥沼。

这样的日子持续了一个月后，一天晚上，她向我求助："我该怎么办呢？我应该在哪里住？我的生活还能幸福吗？"

我安慰她，五十几岁失去自己的丈夫当然是一件不幸的事，但是事已至此，就算每天以泪洗面，哀伤度日，丈夫也不会活过来，就应该尽快地清除

自己内心的阴霾，早日寻找属于自己的快乐。

她哭着摇头说："我还能快乐吗？我已经老了，孩子们都已经成家了，不再有人需要我了。"事实上，此时的她已经患上了严重的孤独症，而且不知道应该怎样医治。一晃几年过去了，她的情况一点也没有好转。

后来，她终于决定搬去和女儿一家一起住。但是，她仍然无法走出那段悲痛的经历，和女儿冲突不断，直至翻脸。无奈之下，她只好搬到儿子家住，但也是争吵不断。后来，她独自一人生活，但情况似乎更严重了。

有一天，她对我哭诉，全世界都抛弃她了，就连孩子们也厌恶她了。她真的再也没有产生过快乐的感觉，因为她一直认为全世界都亏欠她。这个既自私又可怜的老妇人虽然已经61岁了，心智却和小孩子差不多。

深受孤独之苦的人都不知道，友爱永远不会从天而降。无论是谁，要想得到他人的欢迎和喜爱，就必须付出很多努力，甚至是代价。不管遇到任何事情，遭遇任何苦难，都不能成为你不快乐、不幸福的理由。幸福和快乐是要自己去争取的，它们从来不会主动送上门。

我还听说过这样一个故事：

一艘邮轮正徜徉在地中海碧蓝的水面上，上面有很多正在度假的夫妻，单身的男性或女性也不在少数。他们听着动听的音乐，欢快地翩翩起舞。其中，一位60多岁的单身女性尤为引人注目，因为她显得那么快乐、和善。但事实上，她和我的那位朋友一样，也遭受了丧夫之痛，但现在，她已经重新找回了快乐。

她的丈夫曾是她生命的全部，是她活下去最大的理由。丈夫去世后，她一度感到绝望，幸好她喜欢画水彩画，于是把画画当成了精神寄托。

在很长一段时间里，她几乎与外界绝缘了，甚至连一个吐露心声的对象都没有。她不断地问自己：怎样才能成为受欢迎的人，怎样才能让别人接纳她。

后来，她找到了答案。为此，她主动地奉献了自己的一切，而不是被动地等着别人施舍的同情。从那时起，她开始忙碌而开心地生活。她专心地画画，脸上始终带着微笑。她经常拜访亲朋好友，给每个人都带去欢乐的同时，却绝不久留。很快，她成了大家欢迎的人，经常有人邀请她吃晚餐，或参加各种聚会。她还在社区的会所里举办了个人画展，深受好评。

自从参加了这次"地中海之旅"，友善、和蔼、快乐的她给很多人留下了深刻的印象，很多人成为了她的好朋友。她所到之处，留给人们的都是快乐和欢笑。这就是人们对她最好的评价和最大的赞赏。

同样的遭遇，却有着不同的境遇，这两位命运截然不同的老妇人共同说明了这样一个道理：幸福对于每个人都是公平的，只有你内心深处真正地、深切地渴望得到幸福，并为之付出百分之百的努力，幸福之神才会降临。

好几年前，我认识了两个女孩，她们在纽约东区合租了一间公寓。两个女孩都长得很漂亮，都有一份光鲜亮丽的工作，并且希望通过自己的努力能在这个大都市闯出一片天地。其中一个女孩，在我看来，正在做聪明人应该做的一些事。她认为大都市的单身女孩必须认真地规划自己的生活，并制定合理的奋斗目标。她经常去一家教堂，踊跃地参加各种各样的集体活动。她还加入了一个研讨会，并报名参加了一门改善自己个性的课程。她的薪水，大部分花在了人际交往和各种各样的生活内容方面。

她的休闲生活快乐而有节制，她洁身自好，从不与任何男人暧昧不清。

刚到纽约时，她和所有的女孩一样感到寂寞、孤独，但她是聪明人，及早地制定了自己的目标并坚持不懈地努力。后来，我和她成为了好朋友，我经常去看望她。她的丈夫是一位极具聪明才智的年轻律师，结婚后生活得很幸福。她终于达成了自己的目标——她得到了幸福快乐的人生。

另一个女孩最初也觉得寂寞难耐，却不知道自己该怎么办。后来，她频繁地出入一些游乐场或酒吧，最后成为了一个俱乐部——帮助酗酒者戒酒的俱乐部的成员。

包括上帝，没有人来赐予你幸福，如果你真的渴望幸福，唯一的途径就是用你的真诚、友善之心去赢取他人的欢迎和喜爱。一个被大多数人欢迎和喜爱的人，才能拥抱真正的快乐。

扫除内心的恐惧

许多人过着孤独的生活，并不是因为他们本性孤僻，而是因为他们存在着恐惧和自卑的心理。但我认为这一切都是可以改变的。事实上，我一直在做这样的事情。

在《我与马依得荷林的生活》这本书中，古欧吉特·勃布朗为我们描写了一个比利时普通女孩的巨大变化。书中这样写道：

饭店里绰号叫作"洗盘子的玛希"的女孩给我送饭来了。因为最开始的时候她的工作就是洗盘子，因为她长得丑：斜眼、八字脚、看起来很笨的样子。

有一次，她给我送的是通心粉，我对她说："玛希，你没看到自己内在的光华。"

她早已经习惯了各种不敬的言语，好像面临着危险的样子，站在那儿发呆，后来才想起来把装通心粉的盘子放在桌上，然后纯真地叹了口气说："我永远都不相信我有这东西。"她没追问我是谁，只是不停地重复着刚才我说的话离开了。她认为我不是在跟她开玩笑。但不久之后，人们一点点看到她的变化，她也渐渐被人们尊重了。因为她确实相信，自己心里是有些内在的光华的，于是她开始注意自己的形象，终于显示出少女应有的光华。

事情过去了才两个月，玛希就宣布自己要嫁给大厨师的侄子了。她说："我要成为一名淑女。"她还跑来感谢我。就因为我给了她一个鼓励，她的命运就这样改变了。

"洗盘子的玛希"只是得到了一顶美丽的帽子，她光辉灿烂的人生就由此开始了。

鲍丁火车厂的董事长撒慕尔·华克莱说："要是你对某个人表示尊重。那么你就很容易引导他，尤其是当你对他的某种能力表示钦佩时。"换句话说，要是你想改变某个人的某个方面，首先要对他这方面的素质表示认同。

正如莎士比亚所说："要是你缺少某种品行，那你就装作自己有就行了。"更令人称奇的是，跟对方说他有你所期待他有的那种品行，给他"一项好帽子"，他就会努力向着你所希望的方向努力。

这个方法被我运用到了实际的工作中，结果我帮助许多人清除了心理障碍，让我们重新融入了团体当中。

在我的培训班开课之前，我曾进行了一项调查：让每个人说出来上课的原因和希望从口才训练课中得到的收获。结果显示，大多数人的愿望和需要竟然惊人的一致，他们的回答是："每当我站起来讲话时，我就觉得浑身不自在，心怦怦乱跳，我的头脑变得模糊起来，无法集中精神思考问题，甚至不知道自己在说什么。所以，我想变得自信，能在任何人面前侃侃而谈，能说服任何我想说服的人。"

经过我的耐心指导，我的很多学员都迈出了恐惧交流的怪圈。一个公司的董事长顾立区说，是我的培训班让他不再感到恐惧，使他能够在3000人面前慷慨陈词，并使他成为了"世界上最快乐的人"。而卡耐基培训班的目的，正是让说话成为一种快乐。

有一天，顾立区先生走进我的办公室，对我说："不管在什么场合，我说话时总是感到恐惧。但作为董事长，我知道当众说话是不可避免的事。就算在相识多年的董事面前，我也会紧张得声音发抖，手心冒汗，一个字都说不出来。这种情形已经持续了很多年，我简直是病入膏肓了。卡耐基先生，你真的能帮我改掉这恼人的毛病吗？"

"既然不相信我，那你为什么还来找我呢？"

"因为我亲眼看见了一个害羞的家伙的惊人变化。他是我公司里的一个会计师，生性害羞。他走进自己的办公室前，必须要穿过我的办公室，而此时他总是盯着地板，生怕踩死一只蚂蚁似的悄悄地走进自己的办公室，更不用说主动和我打招呼了。但最近，我发现他像变了一个人一样，从我面前经过时总是昂首挺胸的，而且还大胆地主动和我打招呼。天啊，到底发生了什么事？我问他是谁让他改变了，他告诉我是卡耐基先生你。这就是我来找你的原因。"

"如果你也想有所改变，那么请你按时来上课。"

"假如我真的能在当众讲话时不再恐惧，那么我就成了世界上最快乐的人了。"

顾立区先生说到做到，果然来上课了。三个月后，我邀请他参加一场3000人的聚会。并在来者面前谈谈参加卡耐基培训班的内心感受。为了告诉人们卡耐基训练班的好处，他推掉了早已定好的约会。在聚会上，他侃侃而谈，足足讲了10多分钟，远远超过了我原先设定的两分钟。他的演说深深地打动了在场的所有人，简直和当初那个胆小怯懦的人是天壤之别了。

正是参加了这个培训班，顾立区的生活发生了翻天覆地的变化。说话对他而言不再是一项酷刑，而是一件令人愉悦的事。

还有一名卡耐基培训班的毕业生也说："开始说话时，我有一种宁死也不愿开口的感觉，但是真正体会到说话的快感时，就算是被人用枪指着脑袋，我也不愿停下来。"

即使是职业演说家，也很难完全克服登台时的恐惧心理。他们在开始演讲时，也免不了心生怯意，并且这种怯意往往会在最初的几句话里就表现出来。但不同的是，他们尽力克制了内心的恐惧，强迫自己保持镇定。我最初其实也是这样的。

钢铁大王安德鲁·卡内基也常常对人说："虽然我生性胆小害羞，但我仍然凭借自己的努力变成了一个说话高手，因为我相信自己一定能做到。"

我希望你有机会去我家，我将为你展示我收到的来自世界各地的感谢信。写信的人有的是企业界的领袖，有的是州长、国会议员、大学校长和娱乐圈的明星，更多的则是企业中的主管人员、工人、工会成员、大学生、家庭主妇、牧师等，他们都是一些默默无闻的普通人。

安德鲁·卡内基

他们的共同点是：都觉得自己需要表达自己的观点、与人沟通，以让别人了解和接纳自己，但是却缺乏足够的勇气、足够的自信心——也就是说，他们一开始都不善言辞。正是因为取得了一定的成绩并实现了自己的目标，所以他们才心怀感激，特意给我写信表示感谢。

因此，当你需要鼓起勇气在酒会上讲话或跟你的客户谈判的时候——实际上，在一切需要你展现口才的时候——你都可以借别人的经验来激励自己。在你感到胆怯的时候，问一问自己："既然他们都取得了成功，我为什么不能呢？"

下面是借鉴别人的经验以建立自信的具体方法：

（1）要想克服当众说话那种灭顶之灾的恐惧感，最好的办法就是首先获取成功的经验，并以此不断地激励自己。

（2）你可以选择一个让你印象深刻，或者跟你一开始的情形差不多，但是后来却成功了的人的故事来鼓起你的勇气。你应该想到，每个人都是从胆怯开始的。当你感到恐惧时，想一想别人已经成功应对过这种恐惧了。

（3）了解别人克服恐惧的方法，如心理暗示法、肌肉训练法、深呼吸法等，有意识地加以训练。或者干脆把自己想象成别人，把自己的恐惧想象成只是别人的一段经历——而他最后成功了！

培养自己的信心

在我的班上，有很多学员在学习完了之后坐在一起谈自己的心得。有相当多的人都认为他们所学到的最重要的东西就对自己的信心。也就是说，对自己成功多了一份信心。在某种程度上，没有什么比自信更加能够将一个人引向成功。

《贝德克旅行指南》上说，业余登山员应该有一个向导带路，因为攀登阿尔卑斯山很困难。但是几年前，我和我的朋友来到了阿尔卑斯山的维尔德·凯塞山面前，想要征服这座传说中很危险的山。首先我要说的我们俩都不是专业登山员，但是我们并没有请教向导。而且，我们取得了成功。

在我们登山之前，曾有一位朋友问我们是不是能够成功，我口气坚决地告诉他："一定能！"

"为什么这么肯定呢？"那位朋友继续问道。

我说："也有人像我们一样没有向导而取得了成功。而且，我做任何事情都不会想到失败的。"

那么，应当如何具体操作，来培养自信心呢？你可以按照下面的训练方法，有针对性地来提高你的自信心。

第一，做好充分准备，树立成功的信心。美国最著名的心理学家威廉·詹姆斯说过："行动好像是紧随于感觉之后产生的，但事实上它是与感觉并行的。行动受意念的直接控制，通过意念来控制行动，我们也可以间接地控制感觉，但感觉却不受意念的直接控制。因此，假如我们失去了原有的自然的快乐，那么，让你自己变得快乐的最佳方法，就是快快乐乐地坐下来，让自己表现得本来就很快乐一样。如果这种方法还不能让你觉得快乐，那就没有别的办法了。所以，让自己感觉自己很勇敢，而且表现得好像真的很勇敢，并竭力运用你所有的意念去达到这个目标，那么勇气就很可能取代恐惧。"

一个人达到成功说服的目的，跟说话之前所做的准备有很大关系。林肯说："即使是再有实力的人，如果没有精心的准备，也无法说出有系统、高水平的话来。"所以，你需要在说话之前广泛地搜集素材，并对你的主题进行深入细致的思考。当你确认自己准备充分之后，不妨设想自己正在以完全的控制力对他人说话。这是你很容易就能做到的。只有相信自己能够成功，并且坚定不移地相信自己，你才会成功。

请记住威廉·詹姆斯的忠告：为了培养信心和勇气，当你面对观众的时候，不妨表现得好像真的具有那种信心和勇气一样。（当然，前提是你必须做好充分的准备，否则再怎么表现也不能奏效。）

树立自信的第一种方法就是，如果你对自己所要讲的内容已经了然于胸，就应该轻松地大步走上台，然后做一次深呼吸。深呼吸30秒，可以给你提神，给你信心和勇气。著名男高音歌唱家简·德·雷斯基常说："你如果气充于胸，那么紧张感自然就会消失。"

还有一个方法，就是身体站直，看着听众的眼睛，然后信心十足地演讲，就好像每个人都欠了你的钱，他们在下面只不过是请求你宽限还债的时间。这种心理作用，将会对你稳定情绪大有帮助。

如果你怀疑这种理论，可以和我班上任何一个同意这种观点的学员交谈，很快你就会消除疑虑。如果你没有机会和他们交谈，就听听一个伟大的美国人所说的话吧——他常常被视为勇气的象征，但他也曾经非常胆小，后来通过这种训练之后，才变成了最勇敢的人。这个人便是反托拉斯斗士、常常左右听众、挥舞着巨杖的美国总统西奥多·罗斯福。

他在自传里说："小时候，我总是病恹恹的，而且很笨拙。年轻时，我既紧张又没有自信，因此不得不艰难而辛苦地训练自己，不只对身体，而且对灵魂和精神进行各种训练。"在谈到自己蜕变的经过时，罗斯福又说："孩提时代，我在马利埃特的一本书里读到一段话，给我的印象极深刻，总是萦绕在心。"

如果能克服当众讲话的恐惧，对我们做任何其他事情都会产生极大的、潜移默化的影响。那些敢于接受这项挑战的人，将发现自己正渐臻完美，逐渐战胜当众讲话的恐惧，使自己脱胎换骨，进入更丰富、更美满的人生。

我班上的一位推销员学员曾这样说道："在班上站起来几次之后，我觉得可以应付任何人了。一天早上，我找到了一个平时特别凶悍的买主，当他还没来得及说'不'时，我就已经把样品摊在他的桌上了。结果呢，他给了我一份最大的订单！"

一位家庭主妇也告诉我："原来我总是不敢请邻居来我家里，我怕我们之间不能融洽地谈话说笑。但是经过几次上课并站起来讲话之后，我决定开一次家庭宴会。那次宴会非常成功，我往来于宾客之间，尽情地和他们谈笑。"

在另一个毕业班的晚会上，一名店员这样说："最初，我很害怕和顾客说话，每次总是胆战心惊的。在班上演讲几次之后，我觉得有自信了，和顾客说话也从容不迫了。我开始敢理直气壮地说出不同的意见。我上演讲课之后的第一个月，销售业绩就提高了将近一半。"

通过这种有效的训练，这些学员觉察到自己已经能够很容易地克服恐惧或焦虑；从前他们可能会失败的事，现在却成功了。他们从当众讲话中获得了自信心，并让自己满怀信心地面对每一天的献礼。

你同样也可以获得这种胜利感，迎接生活的挑战。如果你能做到这一点，那些曾令你感到恐惧的问题，也就可以变成你生活中增添情趣的愉快挑战了。

第二，针对自身不足进行纠正性训练。如果的确存在一些不足，你可以进行针对性的训练，克服这些困难和不足，从而树立自信。

名列古希腊"十大演说家"之首的德摩斯梯尼从小就有口吃的毛病，而且他在说话的时候总是一个肩膀高一个肩膀低，还不停地抖动。在那样一个崇尚口才的时代，这样的人理所当然地会受到歧视。他十分苦恼，并且有很深的自卑感。不过，他并没有被自卑打倒，而是以超常的毅力和吃苦的精神进行刻苦的训练。每天清晨他都站在海边，口里含着石子进行练习。针对爱抖动的毛病，他对着镜子进行练习，并在两个肩膀上挂两把剑，这样就不会抖动了。经过刻苦的训练，正如我们现在所知道的，他成为了一个十分出色、受人尊敬的演说家。

第三，自我暗示，相信自己能成功。有位英国青年律师要和一群知名的律师在法庭上辩论，他做了充足的准备，但是仍然感到不放心。担心自己会把辩论搞砸。于是，他去请教法拉第先生，他问法拉第："我的对手比我知道的多得多，我必败无疑。"

法拉第先生简单明白地告诉他说："如果你想成功，告诉自己，他们一无所知！"

很多人都会面临与这位青年人一样的问题，他们真正的困难不在上面所提到的两点。因为我们绝大数人并不会像德摩斯梯尼那么不幸，没有口吃的毛病，也没有其他方面的不足。

心理学上说，自卑或者羞怯感总是会不同程度地在我们身上存在着。美国的一个调查表明：在宴会上与陌生人接触时，大约有 3/4 的人会感到局促不安；同样，由于羞涩或者自卑感造成的演讲或其他说话失败的例子更是屡见不鲜。可以看出，一个人没有自信，并不是因为他自己真的天生不如人，而是他自以为如此。因此，只有完全克服这种感觉，你才能正常甚至超常发挥。

你所有的准备，都是为了说话的那几分钟。不管你准备得如何，在一般情况下，说话的时候都可能会有不自信的感觉袭来。之所以会这样，可能是你担心自己还没有完全准备好——实际上你已经准备得相当充分了，但是你认为自己可能疏漏了什么，也有可能是因为你担心听众比你的水平高，而你所讲的东西对他们来说过于简单；或者你担心可能会出现什么突发事件，比如在你的说话过程中有人打断你等等。这些想法最致命的危害就是给你消极的自我暗示，你必须想办法把它们从你的心里赶出去。

要想在当众说话中获得成功，有必要给自己某些积极的暗示。试试下面的方法，这是经过多年来的摸索得出来的：

（1）确信题目有价值。演讲的题目选定之后，要根据情况进行汇集整理，并和朋友探讨。但这样的准备还不是很充分，还要让自己确信这个题材是有价值的。因此你必须具备坚定的态度，以此来激励自己，坚信自己。

怎样才能让自己确信这一点呢？这就要详细研究演讲的题材，抓住其中更深层的意义，暗示自己，你的演讲将有助于听众，他们听过之后会成为更优秀的人。

（2）不要想令你分心的事情。举例来说，假如你想象自己可能会犯语法错误，或中间突然讲不下去等，这些消极想法很可能会使你在开始之前便失去信心。

说话之前，尤其重要的是要将注意力从自己身上移开。要集中精神，听别的说话者在说什么，把你的注意力放在他们身上，这样就不会给你造成过度的登台恐惧了。

（3）进行适当的自我激励。任何一位演讲者都有可能对自己的演讲题材产生怀疑。例如，他会问自己适不适合这个题目，听众会不会感兴趣等，因此很可能在一念之间就更改题目。这时，消极的思想极有可能彻底毁灭你的自信；所以。你应该先给自己打气，用浅显的话鼓励自己：

这次演讲很适合我，因为它来自我的经验，来自我对生命的看法；我将比任何一个听众都更适合来做这番特殊的演讲；我会全力以赴，把这个题目说得清清楚楚。

这种古老的方法真的管用吗？当然。现代实验心理学家们都同意，这种由自我暗示而产生的动机，即使是假装出来的，也会成为人们快速学习的最有力的动力。既然如此，那么根据事实所做的真诚的自我激励，效果自然也就更好了。

有自信就有魅力

我的朋友都40岁了还是单身，好在最近他终于订婚了。未婚妻要他去学跳舞，他跟我发牢骚说："我的上帝！我可不想学跳舞，自打20年前我开始跳舞后，我一直都是这么跳的。可之前给我上课的舞蹈老师说，我跳舞的方法根本不对，必须把我20多年的习惯扔掉，再重新学。这让我很沮丧，一点学跳舞的兴趣都没有了，干脆不去学了。

"第二个教我的老师却不是这样说的，我很容易就接受了。这个老师说，我跳得有点过时，不过基础还不错，只要我再学一点新东西就很完美了。我第一位老师，总是说我不好的地方。这让我沮丧。而第二个老师，则经常夸我好的地方，把我不好的地方看得很淡。比方说，她会称赞我韵律感好，天生是块跳舞的料。其实我心里清楚得很，我不可能是位真正优秀的舞者，但我还是喜欢跟第二位老师学跳舞。虽然她这样说可能是因为钱的缘故，但我不在乎。因为我觉得，就是因为她说我天生有韵律感，才有我现在的进步，这都是她鼓励的作用，是她让我有信心解决自己的问题。"

要是你对自己的孩子、爱人、下属说他们在某方面缺少天赋，那你就犯了致命的错误。这样会令他们丧失学习的积极性。反之，要是你大度一点，给他们以充分的鼓励，让他们相信他们能干好，自己还有很大的潜力，他们就会不断努力，不停地进步。

人际关系专家罗维尔·托马斯就用了这个方法给人以信心和勇气。一次，我跟托马斯夫妇共度周末，他们请我玩桥牌。可是我却真的一点也不懂得怎么玩，我看桥牌简直就是一个谜，所以我很坦白地对他们说我一点都不懂桥牌。戴维斯却说："不会这样的。戴尔，桥牌很简单的，只要你记住并做出判断就行了。真的，戴尔，这对你来说太容易了，你连写记忆文章的经历都有，这点绝对难不倒你。"

不知不觉，我就坐到了牌桌前。是托马斯让我鼓起了信心，让我觉得桥牌确实很容易。

说到桥牌，我又想起了艾利·库柏森。他曾写过有关桥牌的书，被译成十几种语言在世界各地出版发行，销量达数百万册以上。但他告诉我，他今天的成就都来自一位年轻女士的鼓励，否则自己的人生肯定又是另外一个样子。

1922 年他刚来美国的时候，想找一份教哲学和社会学的工作，却没机会，后来就卖煤，又卖咖啡，但都失败了。在做这些工作之余他也玩桥牌，但他从没想过把这当作终身职业。当时他玩牌的技术还很差，而且又比较固执，玩一圈就提出问题，还不停地跟人讨论，因此大家都不愿意跟他玩。

后来，他认识了美丽的桥牌老师约瑟芬·迪伦。他们相爱了，结婚了。约瑟芬发现，自己的丈夫总喜欢用心研究自己的牌，就对他说，你在桥牌方面有很大的天赋和潜力。就是这样的鼓励，让他决定把桥牌当作自己的职业。

俄亥俄州辛辛那提卡耐基班上的导师琼斯，为我们讲了这样一个故事，他就是用这个道理改变了自己的儿子。

"我儿子大卫 15 岁了，自从他来到辛辛那提后，一直跟我生活在一起。他过去的经历很坎坷。12 年前的一次车祸，使他的头部受伤，现在额头上还留有一道难看的疤。我和他妈妈离婚了，他跟着妈妈到德州的达拉斯生活。来我这之前，他是达拉斯特别班里的学生，学习有些迟钝。学校认为他的大脑受过伤害，造成了学习上的障碍，所以让他留级了两次，因此到现在为止，他还是七年级的学生，他不会背诵乘法口诀，数数的时候用手指，而且朗诵的时候也不流畅。

"好在他也不是一无是处，他喜欢研究收音机和电视机，梦想成为一名电视机技师。我非常支持他这唯一的爱好，我对他说，要想实现梦想，就需要先学好数学。于是我就帮他补习数学，给他买了包括加减乘除的四组彩色卡片，我跟他一起看卡片，让他把正确的答案放在空白栏里。要是他弄错了，我会说他是对的，然后再放到正确的位置。花费了好大的时间和精力，他终于都放对了。此后每晚我都让他再完整地放一次，并为他计时。我告诉他，要是他只用8分钟时间就能把所有的卡片放到正确的位置，那就不用每天都做了。当时这对他来说根本是不可能的事。第一次他用了52分钟，第二次用了48分钟，后来。45分钟，40分钟，41分钟……

"他每有进步，我们就庆贺一番。后来他已经用不了40分钟了，我把他的妈妈叫回来，我们抱着儿子跳起吉格舞来。之后奇迹出现了，到月底，他已经能在8分钟之内正确地放完所有的卡片。我不断地鼓励他再进步，他终于发现。学习不再是一件困难的事了，取而代之的是对学习的乐趣。

"他的数学成绩因此不断地进步。没多久，他就拿回一张成绩为B的数学成绩单，这对以前的他来说简直是个童话，可现在竟然实现了！与此同时，在其他方面，他也有了惊人的进步，阅读能力提高了，还表现出绘画的天赋。期末的时候，他在科学老师的建议下筹备参加一个展览比赛，他利用杠杆的原理，设计并制造了一个高难度的模型，充分展示了他的绘画和动手技巧，而且显示了自己在数学、物理上的才能。这次科学展览比赛，他获得了第一名。他接着参加了辛辛那提市科学展览的比赛，又获得了全市第三名。"

正是鼓励让大卫做到了这一切。这个曾经留级两年的学生、被学校认为大脑有问题的学生、同学口中的"现代原始人"，当他发现学习并不是一件困难的事时，奇迹一个个出现了。从那时一直到高中毕业，他都高居荣誉榜。在高中期间，他还被全国荣誉协会选中。

　　当大卫发现学习不是一件困难的事时，他的整个人生都为此改变了。

　　找出让你感到不自信的根本，并竭尽全力解决它们。自信具有化卑微为高尚、化丑陋为美丽，化软弱为强壮的神奇魔力，时刻在心理默念："我是最棒的！"你很快就会发现，你的生活正在或者将要变得更加美好。大多数成功的人都曾经历过自卑的阶段，自信能成为他们成功的原因，必然也能成为你成功的原因，但前提是你想要成功。

人际交往的艺术

第二章　塑造社交良好形象

站到最平凡的位置

在现代西方文化中，人们似乎已经淡忘了谦逊的价值。世俗的观点认为，谦逊在形形色色的现实问题面前显得心有余而力不足，对我们的生活没有什么帮助。人们错误地把骄傲和无所畏惧当成了人类最大、最应该具有的美德，却将真正伟大的美德——谦逊当成了软弱可欺。或许在他们看来，谦逊就等同于自卑或懦弱，但事实上，谦逊的真正含义并非如此。

真正的谦逊正好完全相反。真正的伟人都是十分谦逊的，因为只有谦逊的人才配得上伟人这个称号。人类历史上所出现的最受人尊敬的那些伟人都承认，他们身上的伟大光辉，并非来源于他们本身，而是他们身上的另一种更强大的力量作用于他们身上而产生的结果。真正谦逊的人，正是那些甘愿隐藏自己的光芒、将自己置于平凡位置上的人。

世界上最伟大的自然科学家伊萨克·牛顿在垂暮之年曾发出了这样的感慨："如果把未知的真理比作无边无际的汪洋大海，那么我简直就渺小得像是一个在沙滩上玩耍的小孩。"无独有偶，另一位伟大的自然科学家爱因斯坦也谦虚地把自己比作懵懂无知的孩子，因而著称于世。还有沃尔特·拉塞尔博士，这位在多个领域取得了举世瞩目成就的科学家也提出了自己的观点："只有当你真正地忘却了自我后，才能真正地发现自我。久而久之，个人的狭隘的自我，最终会被宇宙的自我所替代，直至消失。"

让我们变得伟大的唯一办法，就是时时刻刻做到谦逊。只有当我们在谦虚的道路上越走越远的时候，我们才能真正明白谦逊的深刻内涵。谦逊地承认我们未知的事情，在我看来并不是一件丢脸的事情。如果一位医生能谦逊地承认自己并非知晓所有的疾病、症状和治疗方法，那我们为什么不能承认我们并非上知天文下知地理呢？连聪明的苏格拉底都敢大胆地承认自己只是个傻瓜，我们还有什么好顾忌的呢？

谦逊的人秉承的是低调做人的态度。事实证明，只有放低自己，才能做得更好。

牛顿

新泽西州的亚伯特讲述了自己在圣地亚哥一艘驱逐舰上担任机长时，对人生新的认识和感受的经历。

"或许是海军的一贯传统，他们竟然把我这个愚笨的会计师调去负责舰上那些锅炉室、轮机室和其他所有机械及设备的工作。

"要知道，我一辈子也没去过轮机室几次，上舰前的一个月我一直是提心吊胆的，上舰后几个星期的时间里我也依然不适应。后来证明，我这些担忧简直就是多余的，机械设备一切运转正常，世上没有克服不了的困难。

"我们在舰上干了大概一个月的活儿后，获得了三天的周末休假。在向手下的人宣布这个好消息时，我告诉他们，能获得这个特别假期完全是由于他们在过去一个月里的优良表现。所有人都尽职尽责，我们的轮机部门变得无比坚强，这是我们共同努力的结果。

"当时讲这话时，我并没有想过其中蕴含着什么含义，几天后，我才顿悟到，这其实正是一个事实啊！大家表现优异，各尽其责，并且做好了我一度没有把握的事。

"我原本认为是自己一人承担了全部责任呢！现在却明白，我们完全没有必要去担心整艘舰船会因为我们而被炸毁，更不用担心我们或许不能按时完成任务。我知道我们并不是孤立无援的，我们身边总是有很多好心人，在我们需要帮助的时候给我们伸来援助之手，一如我们帮助他人一样。"

是啊，这个世界上到处都有好人。当然，在人生中我们也不免会遇到骗子、恶棍、盗贼、流氓等。可是我们要知道，当然只有一个人相当成熟后他才会顿悟到，偶尔遇到一两个坏人并不表明全世界都是坏人，正如有燕子飞来并不表明春天已经来临一样。

他人的行为和态度时常会对我们造成影响，这使得我们变得愤世嫉俗，武断地认为"这世上就是没有好人"。

几年前，我来纽约开展一项新事业，就曾有过一次痛苦的并为之付出昂贵代价的经历：数百万美元被我赔光了。很长一段时间我都气愤难耐，当然对此我也无可奈何。于是，我就开始相信一些肮脏的商业伦理故事，开始相信自己是中了奸商的计，白白地成了商业欺诈行为的牺牲品。

直到后来，我才慢慢想通了，要是当时我稍微有点头脑的话，就不会出现那样的结局了。这一切只是我个人的愚蠢造成的，要怪也只能怪自己，跟别人没有什么干系。

当然，相信我们是因他人的恶行而受害，要比承认失败是由于自己愚蠢造成的相对容易得多。"我是个傻瓜"被世人认为是最难说出口的一句话。可是，如果我们想成熟，想摆脱感情上的婴儿期，那么我们一定要勇敢地说出这句话来。

记住，谦逊永远不会贬低你的人格，把你变成不可知论者，反而会突显你的诚实和谦虚，让更多人喜欢和你交往。

保持自己的本色

"对于这个世界来说，你是全新的，以前从没有过，从天地诞生那一刻一直到现在都没有一个人跟你完全一样，以后也不会有，永远也不可能再出现一个跟你完完全全一样的人。根据遗传学原理，你之所以成为你，是你父亲的23对染色体和你母亲的23对染色体相互作用的结果，这46对染色体加在一起决定了你的遗传基因。"据阿伦·舒恩费教授说，"每一条染色体里可能有几十个到几百个遗传因子。在一定的条件下，每个遗传因子都能改变人生。"你看，我们就是这样"既可怕又奇妙"地诞生的。

即使你的父亲和你的母亲注定要相遇并结婚生子，但生下你的机会也只是三十亿分之一。也就是说，如果你有三十亿个兄弟姐妹，你可能与他们完全不同。这不是科幻片，这是科学事实。

要是你想就这个问题更多一些了解，我推荐你看一本书，阿伦·舒恩费的《遗传与你》。在这里，我只想与你探讨一下有关保持本色这个问题，因为我对此深有感触。对于这个话题，我曾付出了惨重的代价，有过一段痛心的经历。

年轻时，我从密苏里州老家走出来，到纽约这样的大城市，成为美国戏剧学院的一名学生。我当时的想法是成为一名演员，而且我认为这是一条成功的捷径。我想得很简单，而且觉得自己的计划很完美，我很奇怪为什么成千上万富有野心的人发现不了这一点。

我是这样想的，我先去学当时名演员的演技，将他们所有人的优点都学会，这样我就成了一个集所有人的优点于一身的全能演员。这是多么愚蠢、多么荒谬的想法，我居然为这个理想浪费了那么长时间。最后我才明白，我不可能成为任何人，保持本色才是我最大的成就。

经历本该让我成长，但事实绝非如此。我仍没有吸取教训，以至于不得不再接受一次教训。几年后，我打算写一本书，我希望这本书成为公开演说中最好的一本书。

在创作的过程中，我又犯了与演戏时一样的错误，竟计划将所有作者的观点都搬过来，全部放进一本书里，让我的书成为一部包罗万象的百科全书。为此，我买了十几本公开演讲的书，用了一年时间提炼所有的概念。到最后我才发现，自己又干了一件蠢事，这本拼凑观念形成的书很做作，既无聊又沉闷，没有可读性。不用说，我把一年的心血全部丢进了垃圾篓，一切都要重新开始。这次经历后，我对自己说："你一定要活出自我，无论怎样，都不要变成别人。"

在儿童教育领域曾经写过 13 本书和数以千计文章的安古罗·派屈则认

为："世上最痛苦的事，莫过于想做其他人，或者除自己以外其他的东西了。"

好莱坞尤其流行做和自己迥然不同的人。好莱坞最著名的导演之一山姆·伍德说，他最头疼的事情就是启发一些年轻演员，让他们保持自己的本色。每个人都愿意做二流的拉娜透纳、二流的克拉克·盖博，而这是最让观众们无法忍受的套路。为此，他不得不整天提醒他们："你们需要更新的东西。"

在导演《万世师表》和《战地钟声》之前，山姆·伍德曾在房地产打拼多年，由此知道很多推销技巧。在他看来，同样的道理在其他生意或电影事业中同样适用。要是你

山姆·伍德

亦步亦趋、人云亦云，反而有画虎不成反类犬的坏效果。他说："我的经验是，最好的方法就是丢开那些装腔作势的家伙。"

我曾问素凡石油公司人事部主任保罗先生："你觉得求职者最常犯的最大错误是什么？"保罗先生曾与六万多个求职者面谈过，出版过《求职的六种方法》一书。他回答道："那就是不能保持本色，不能以自己的本来面目示人。他们对待招聘者并不坦诚，老是回答一些自以为对方想要的答案。"这种做法当然没有一点儿好处，谁也不喜欢聘用一个伪君子，就像谁也不想收假钞一样。

一个女孩子历尽艰辛才明白了这个道理。她的理想是成为一名歌唱家，但是她长得不够漂亮：脸长、嘴大、牙齿暴露。她第一次公开演唱是在新泽西州的一家夜总会，其间她一直试图拉下上嘴唇盖住暴露的牙齿，希望显得漂亮些，效果刚好相反，结果她出尽了洋相。

她认为自己的歌唱生涯就这样终止了，不过当时在夜总会听过她唱歌的一个人发现了她，认为她很有天分，对她说："我一直在欣赏你的表演，知

道你想掩盖自己的缺点，你是不是觉得暴露着牙很难看？"她点了点头。他继续说："龅牙其实一点儿也不难看，没什么值得羞耻的。大胆地张开你的嘴，要是你不这么在乎的话，观众可能也会喜欢的，也许那些你想掩饰的东西反而可以给你带来好运。"

女孩接受了他的忠告，不再刻意掩饰自己的牙齿，演唱时只想着观众。她张开嘴巴尽情地欢唱，最终成为了一位明星。许多演员到现在还在刻意地模仿她呢！

著名心理学家威廉·詹姆斯认为，大多数人只活在自己体内有限空间的一小部分里。我们有很多能力，但不懂得怎样利用。

爱默生的短文《自我信赖》中有这样一段话：

"一个人总有一天会懂得一个道理，嫉妒是最愚蠢的行为，而模仿他人的人就像是在自杀。因为不管好坏，能帮我们的只有自己，只有耕种自己的土地，才能收获累累硕果。上帝赐予了我们每个人与众不同的天赋，只有在你尽可能地发挥或运用时，你才能真正知道自己的能力有多强。"

我们都有这样的能力，因此不要浪费一秒钟为自己不是别人而苦恼。否定自我的本色和价值、迷信他人和外在的光辉，而寄希望成为其他的什么人，将使你变得混乱而毫无理性，如此幸福生活自然与你无缘。相反，你能够认同自己的价值，保持个人的本色，你就会变得自信起来，而你的生命也将焕发生机和活力。

时刻不忘表达友善

"如果你握紧两个拳头来找我，"威尔逊总统说，"对不起，我敢保证我的拳头会握得和你一样紧。但如果你到我这儿来说，'让我们坐下来商量，看看为什么我们彼此的意见不同'，那么不久我们就会发现，我们的分歧其实并不大，我们的看法同多异少。因此，只要我们有耐心相互沟通，我们就能相互理解。"

　　最欣赏威尔逊这些至理名言的要数小约翰·洛克菲勒了。1915 年，洛克菲勒还是科罗拉多州一个最受人轻视的人。美国工业史中流血最多的罢工潮在科罗拉多州持续动荡了两年的时间，愤怒而粗野的矿工要求科罗拉多煤铁公司增加薪水，而这家公司正归洛克菲勒所有。当时，房产被毁坏，军队也被调动出来，发生了多起流血事件。罢工的工人遭到镇压和枪杀，许多尸体遍体鳞伤。在那样一种充满仇恨的情况下，洛克菲勒却要使罢工者接受他的意见，而且他真的做到了，运用的正是这种方法。

　　他先是花了数星期的时间和工人交涉，然后又对工人代表发表演说。这篇演说可算得上是一篇杰作，而且产生了惊人的效果：它不仅平息了恐吓者要把洛克菲特吞下去的仇恨，而且使他赢得了许多赞赏者。他用极友善的态度来阐明事实，使罢工工人回去工作，而不再提增加薪资的事。这是那篇著名演说的开始部分，且看它的字里行间所流露出来的友善精神。要知道，听洛克菲勒这次演说的人，几天前还打算将他吊死在酸苹果树上。然而面对这些人，他却再仁慈、再友善不过了。他的演说内容如下：

　　"今天，是我一生中值得纪念的日子，这是我第一次这样幸运地会见这家伟大公司的劳工代表、职员及监督们。说心里话，我很荣幸能到这里来，而且在我有生之年绝不会忘了这次聚会。如果这次聚会在两个星期前举行，我对你们中大多数人来说一定是一个陌生人，而且我也只认识少数的面孔。上星期我有机会访问南矿区所有的住户，除去外出的代表，我差不多和所有代表谈过话，我见过你们的家人，看到了你们的妻子儿女。我们今天在这里见面，不再是陌生人，而是朋友。也正式在这种互相友善的精神中，我很幸运有这种机会同你们讨论我们共同关心的问题。

　　"这是由公司职员及工人代表参加的集会。我之所以能来这里，全都是因为你们的厚爱。尽管我既不是公司职员，也不是工人代表，但我仍然觉得与你们关系亲密。因为从某方面说，我代表了股东及董事双方。"

　　……

　　假如你生气时，对人家发一顿火，你固然会觉得舒服了，但对方又会怎样呢？他也能分享到你的痛快吗？你那充满火药味的声调、仇视的态度，能使他赞同你吗？小约翰·洛克菲勒的故事不正是一个化仇敌为朋友的最理想的例子吗？假如洛克菲勒采用别的方法，假如他和那些矿工争论，态度强硬地当着他们的面举出毁坏矿场的事实来，假如他用暗示的语气告诉他们，说他们是错的，假如他运用逻辑规则来证明他们是错误的，那么结果会如何？那必然会激起更多的愤怒、更多的仇恨和更多的反抗。

瑞典艾普苏耶的乔治·罗纳写信告诉我，他多年来都在维也纳做律师，他是在二战期间逃到那里的。

当时他一分钱也没有了，急需一份工作。他会好几种外语，因此想在进出口公司找到一份秘书的工作。但是，战争期间很多这样的公司都不需要人手。不过有公司答应，将他的名字存档。可在他所有收到的回信中，还有这样一封："你对我们的生意一窍不通，你还这么蠢笨，我才不要你这样的秘书呢！即使需要，我也不会要一个连瑞典文都写不好的人，因为你给我们的信简直是错字连篇。"

乔治·罗纳看到这封信时气坏了。那人竟然说他不懂瑞典文，说他的字写错了，于是他想回信气气对方。但等冷静下来后，他又想："我怎么知道他说的不对呢？虽然我学过瑞典文，但毕竟不是我的母语，可能我真的犯了很多错。如果真的像他说的那样，要想找一份好工作，我就得好好学习。也许他这样指责我是出于一片好心，虽然他的话很难听，但我还是应该写封信感谢他。"

他撕掉了已经写好的充满谩骂的回信，重新写了一封感谢信："衷心地感谢你不辞辛劳写信给我，虽然你不需要秘书，但还是花时间给我写了回信。我为不懂得贵公司的业务而感到抱歉，我回信是想告诉你，我听别人说你是这个行业的佼佼者。很惭愧，我竟然不知道自己的信中有那么多文法错误。谢谢你的提醒，我一定会更加努力学习瑞典文，改掉以前的错误。"

不久，乔治·罗纳就意外地收到了那人的回信，并得到了一份梦寐以求的工作。通过这件事，他明白了一个道理：温和的回应最能消除怒气。

大约在100年前，林肯就曾对此发表过自己的看法，他是这么说的："一句古老的格言说：'一滴蜂蜜比一加仑胆汁能捕捉到更多的苍蝇。'对人也是这样。如果你要让别人同意你的观点，你就要先让他相信你是他真正的朋友。这就犹如一滴蜂蜜，用一滴蜂蜜赢得了他的心，那么，你就能使他走在理智的大道上。"

如果一个人因为与你不和，并对你怀有恶感而对你心怀不满，那么你用任何办法都不能使他信服于你。责骂的父母、强硬的上司及丈夫，以及唠叨不休的妻子们应该明白：人们不愿改变他们的想法，不能勉强或迫使他们与你我意见一致。但如果我们温柔友善——非常温柔、非常友善，我们就能引导他们和我们走向一致。

现在越来越多的人认识到这一点，更多的商人们也正日渐明白，对罢工者态度友善是很值得的。

当华特汽车公司的 2500 名工人为增加工资而组织工会举行罢工的时候，公司经理伯莱克没有生气、责罚和恫吓。相反，他还称赞罢工者。他在《克里夫兰报》上登广告，颂扬他们"放下工具的和平情形"。当他看见罢工纠察队的人闲得无聊时，他还给他们买了棒球棍及手套，请他们在空地上打棒球。为了讨好那些喜欢打棒球的人，他甚至为他们租了一间棒球室。

伯莱克经理的友善态度，即刻产生了良好的效果，唤起了罢工者内心的友善精神。于是，罢工者借来扫帚、铁铲、垃圾车，开始清扫工厂的场地。在美国罢工历史中，这种事情从未听到过。那次罢工事件在一星期之内和解结束——没有任何怀恨或厌恶情绪地结束了。

丹尼尔·韦斯特相貌出众，是一位能言善辩而且非常有成就的辩护律师。他善于用友善温和的词句在法庭上表达他那强有力的观点。比如，他会说"这一点应该请陪审团考虑"，"诸位，这也许值得想一想"，"诸位，这几件事实，我相信你们是不会忽略的"，或者"由于你们对人性的了解，很容易看出这些事实的重要"。

没有威逼，也没有高压的手段，他从不将自己的意见强加于人。韦斯特用轻声细语和安详友善的方式为人做辩护，而这正是他闻名遐迩的原因。

当然很多人永远也不会去面对和调节罢工潮，或对陪审团发言，但是你或许会希望房东将你的房租减少。那么，这种友善的方法对你也会有很大的帮助。

我的班上有一位叫史德伯的工程师，曾经一段时间生活很拮据，因此，他希望自己的房租能够降低。但他知道房东是一个非常难缠的人，"虽然如此，我还是想尝试一下。"史德伯在班上的一次演讲中这样说，"于是我就写了一封信给他。通知房东，合约期已满，我会立刻搬出去。但事实上，我当时并不想搬走，如果租金能减少，我愿意继续住下去，但看来这并不可能。其他房客也都尝试过各种方法——包括警告甚至恫吓。大家都对我说，房东很难打交道。但是，我对自己说，我正在学习如何与人相处，所以我要对他试一试，看看是否有效。"

史德伯的房东一接到他的信，就同秘书一起找到了他。史德伯站在门口欢迎房东的到来，充满了善意和热忱。交谈的开始，史德伯并没有谈房租太高，而是强调自己是多么地喜欢他的房子。史德伯称赞房东管理有道，并表示自己很愿再住一年，可是却实在负担不起昂贵的房租。

"他显然是从未见过一个房客对他如此热情，他简直不知道该怎么办才好。"史德伯这么描述当时的情景。接下来，房东对史德伯开始诉苦，抱怨房客，说其中的一位给他写过 14 封信，内容太侮辱他了。另一位房客则威胁如果不能制止楼上那位房客打鼾的话就要退租。"有你这种满意的房客，多令人轻松啊！"房东对史德伯称赞道。

当然，最终的成果是令人满意的。在史德伯没有提出要求之前，房东就主动要减收一些租金。"但这还是一个比较高的数字"，史德伯说出了自己能负担的数字，而房东什么都没有说就同意了。当他离开时还转身问道："有没有什么要为你装修的地方？"

"如果我用了别的房客所用过的方法来迫使房东将房租降低，我确信我必然会遇到和他们一样的困难。而这种友善的、同情的、欣赏的方法使我达到了自己的目的。"

如果一个人认识到友善的方式能够更好地改善身边的人际关系，那么他在日常言行中也会表现出温和友善的态度来。强暴粗鲁的方法永远不可能赢得好人缘，只有友善的方法才能征服别人的内。

每天花点时间整理自己

我的档案柜中有一个私人档案夹，标示着"我曾做过的蠢事"。里面记录了我做过的一些蠢事。虽然有时候我会口述让我的秘书做记录，但往往觉得这些私事并不十分光彩，不好意思透露给他人，因此只好亲手写下来。

每当拿出那份"愚蠢档案"，重温我对自己的批评时，我都能清楚地知道，最难解决的问题其实就是自我管理。

我曾把自己的麻烦归咎于他人，但随着年龄的增长，我渐渐地明白，我最应该责怪的人其实不是任何人，而是我自己。拿破仑被放逐到圣海伦岛时也认识到了这一点，所以深有感触地说："我的失败完全是我咎由自取，与任何人无关。直到现在我才知道，我最大的敌人其实是我自己，这正是我陷入如此悲惨境地的最主要原因。"

让我们来看看豪威尔先生的故事。他最初只是一个乡下小店的售货员，最终却凭借自己的努力成为了美国财经界的领袖人物，曾担任美国商业信托银行董事长，并兼任几家大公司的董事。因此，当他于 1944 年 7 月 31 日在纽约大使酒店遇刺身亡时，在全美国引起了巨大的震惊，更在华尔街引起了骚动。

有一次，我请教豪威尔先生成功的秘诀，他说："我有一个记事本，上面记载了一天中的约会时间。家人从不指望我周末晚上会在家，因为他们早就知道，周末晚上是我固定的自省时间，对我这一周的工作表现进行总结和评估。晚餐后，我单独待在房间里，翻开记事本，回想一周来的面谈、讨论和会议过程。我自问：'我当时错在哪里？''哪些事做对了，还有什么地方需要改进？''我能吸取什么经验教训？'这种检讨总是让我很不开心。有时，我会对自己鲁莽的言行感到惊诧。但是，随着年龄的增长，这种事情发生得越来越少。自我检讨的习惯我保持了很多年，对我的帮助非常大。"

豪威尔先生自省的做法和富兰克林差不多。不过，富兰克林每天都要自我反省。经过认真地分析，他发现了 13 项严重的错误，包括：浪费时间、关心琐事、与人争执。富兰克林知道，如果不改正这些缺点，就不可能有大的作为。所以，他制订了详细的计划，确定了每周需要改正的缺点，并且每天都记录下赢的一方。如果成功地改正了一个缺点，下周就会继续攻克另一个难题。在整整两年里，他的生活其实是在与缺点不断地斗争中度过的。现在。你应该知道富兰克林为什么能成为伟人，有些人却只能庸庸碌碌的真正原因了吧？

哈佛大学的心理学家罗伯·怀特在他的一本名叫《进步的生活：性格自然成长的研究》的书中就谈到在我们身边流行的一种观念，他说："每个人都要调整自己来适应周边的环境，这种观念使人们错误地认为，得体就是尽自己最大努力来适应外界固有的生活方式、规则以及限制，或者屈从于成熟感的压力。然而这样做的后果只会让人迷失方向，丧失成长、自身的创造力和发展的潜力。"

对于怀特博士的观点我很赞同。现实生活中很少人有标新立异的勇气，很少人知道自己能代表什么。整个社会和经济群体支配着我们的思想和行为，使得我们必须和周围的人有着相似的生活和思想，否则的话就患得患失，周身不舒服，甚至茫然，不再喜欢自己。

从自省的行为习惯中，我们可以领悟到另一种很好的社交技巧，那就是自我批评。当一个人能够自我批评的时候，往往能够赢得信任。

如果有人骂你愚蠢，你会怎么办？林肯的军务部长爱德华·史丹顿就曾大胆地骂过总统。事情是这样的：林肯为了得到一些自私自利的政客的赞同，签署了一次调动兵团的命令。史丹顿不仅拒绝执行总统的命令，还指责他愚蠢至极。有人告诉了林肯这件事，以为林肯会愤怒，林肯却冷静地说："史丹顿骂我愚蠢，那就证明我真的很笨，因为他几乎从来不做错事。我会亲自和他谈谈的。"

林肯说到做到，真的去找史丹顿，并最终收回了成命，因为他感受到了史丹顿的真诚和好意。连伟大的罗斯福总统和爱因斯坦这样的人也不敢保证自己的每一次决策都是正确的，那我们这些凡人怎么可能永远是正确的呢？

中国有句古话，叫"当局者迷，旁观者清"。如果你遭到了恶意的攻讦而怒不可遏时不要急着为自己辩解或反击，而应该先告诉自己："这个世界上本来就没有十全十美的人。连爱因斯坦也承认自己的结论 99% 都是错误的，那么我至少有 80% 的时候是错误的。"对你而言，当批评不再仅仅是指责和辱骂的时候，你就应该谢天谢地了，因为只要你足够清醒，就一定能从中得到某种益处。

大多数人会因为他人严厉的批评而愤怒，甚至失去理智，真正有智慧的人却会想办法从中学习。

如果自己是正确的，可以使用一定的技巧，委婉而友好地让别人同意自己的看法。但一旦发现是自己的错误，就要赶紧真诚地承认，这要比为自己争辩好得多。

我在纽约的中心地区住，从我家步行一分钟可以看到一片树林。春天的时候，黑草莓中间长满了白色的花儿，松鼠在此快乐地生活，草跟人几乎一样高，这片原始的林地就是森林公园，看样子就像名副其实的森林。

一天下午，我第一次来到森林公园，我的惊奇不亚于当年哥伦布发现新大陆。从此，我就跟我的小波士顿斗牛犬雷斯到这里散步。我的雷斯很听话，它没有咬过人，而且公园里的人也很少，所以我就没有给它拴狗链或戴口罩。

我们正在散步，过来了一位骑马的警察，他似乎急于显示自己的官威，一来就叱责我："你为什么不给它拴上狗链，还让它这样到处乱跑。难道你不知道这是违法的吗？"

"啊，我知道这个，"我用温和的语气对他说，"但我的雷斯是不会咬人的。"

"你以为不会！法律不允许你这种自以为是的想法。它可能会咬死这里的松鼠，可能还会咬伤小孩。要是下次我再看到你没给它拴狗链，那你就自己去找法官说吧！"

我很礼貌地就答应了。

我试着为雷斯拴了几次狗链，但它每次都很不耐烦，于是我就不让它再受罪了，我们又像原来一样出去散步了。没想到几天后就出问题了。

这天下午，我正跟雷斯在一座小山坡上赛跑，突然那位骑马的警察又过来了，雷斯不由分说就向他冲去。这下麻烦可大了。好在我已经有了心理准备，不等他开口就先发制人："警官大人，我刚好被你抓个正着，我不会再找什么借口了，这都是我的错，您上个星期已经警告过我的。"

"没关系，"没想到，这位警察竟然变得温和起来，"这里又没什么人，谁都愿意带这样可爱的狗出来散步的。"

"话是这样说，"我说道，"可这毕竟是犯法的啊！"

"这狗这么小应该不会咬人。"警察反而为我开脱了。

"也许它会咬松鼠。"我这样说。

"没那么严重，"他又说道，"这样，你让它跑过这座小山，只要我眼睛看不到，就没什么罪。"

警官也是人，他也想得到别人的尊重，我开始自责的时候，也就是满足他自尊心的时候。所以，不必为自己辩护，也没有必要跟警察争执。

不跟他起正面冲突，因为这时候我肯定是错了，警官绝对没错；相反，我爽快地承认自己的错误，他反而为我开脱。原因在于我为他说话的时候，他也会为我着想，事情就在这样温和的气氛中解决了。当我们无法避免叱责时，就抢先认错吧，自责总比被人责备要好一些。

要是你知道谁想责备你，可以在他说话之前就抢先说出他想说的话，那他就无计可施了。相反，他会对你的过错表示宽宏大量，原谅你的失误，就像那警察对我和我的雷斯一样。

达尔文也是这么做的。早在完成《物种起源》时，他就意识到这一革命性的学说一定会震惊整个宗教界和学术界。因此，在世人严厉地批评他之前，他主动开始自我批评，并在漫长的 15 年里不断查证资料，向自己的理论发起挑战，对自己的结论进行批评。

福特汽车公司为了了解管理与作业上的缺失，特地恳请员工提出批评。

我认识一位香皂推销员，他甚至主动请求别人对他提出批评。最初，他在推销高露洁公司生产的香皂时订单很少，为了保住这份来之不易的工作，他分析后得知问题出在自己身上。如果推销失败，他总是会认真地反省自己哪些地方做得不好，需要在哪些地方改进。有时候，他甚至会折回去，再次拜访那些商家，恳求他们的意见和指正。

这种执着的态度给这个推销员带来了什么好处呢？他后来成为了当时最大的香皂公司——高露洁公司的总裁，他就是力特先生。

请记住，平安快乐的原则是：

（1）一丝不苟地记下自己做过的蠢事，不放过任何自我批评的机会，因为每一次自我批评对你而言都将是一次促进。

（2）再伟大、再聪明的人，也不能保证自己所做的每一件事、每一次抉择都是正确的。所以每天花至少5分钟的时间反省一下。

（3）敌人对我们的看法，比我们对自己的认识更彻底，更接近事实。

（4）不要以为只能向喜欢你、仰慕你、赞同你的人学习，反对你、批评你的人反而能教你更多。

让微笑深入人心

我最近在纽约参加了一个宴会。客人中有一位女士，可能她刚刚获得了一笔巨额遗产，又可能是急于给每个人留下良好的印象。她买了名贵的貂皮、钻石、珍珠来装扮自己，不惜花费大量的金钱。但是她的面部表情充满了尖酸刻薄以及自私，很显然，除了衣着装饰，她对自己的面孔却没有下过什么工夫。她并不明白男人们心中所想的——那就是一个女人面部的神情，要远远比她身上所穿的衣服更重要（对了，你最好别忘了这句话，假如下次你的妻子要买皮大衣，这句话也许用得着）。

对于微笑，美国最著名的心理学家威廉·詹姆斯曾表示："行动好像是紧随于感觉之后产生的，但事实上它是与感觉并行的。行动受意念的直接控制，通过意念来控制行动，我们也可以间接地控制感觉，但感觉却不受意念的直接控制。因此，假如我们失去了原有的自然的快乐，那么，让自己变得快乐的最佳方法，就是快快乐乐地坐下来，让自己表现得本来就很快乐一样。如果这种方法还是不能让你觉得快乐，那就没有别的办法了。所以，让自己感觉自己很勇敢，而且表现得好像真的很勇敢，并竭力运用你所有的意念去达到这个目标，那么勇气就很可能取代恐惧。"

史考伯说，他的微笑能值 100 万美元。他大概是在向我暗示，因为史考伯的性格、魅力以及他那使别人喜欢他的才能，几乎正是他卓越成功的全部原因，这简直是一条真理。而那能够打动所有人的微笑，正是他个性中最可爱的因素。

有一天下午，我和莫里斯·雪弗莱待在一起。坦白说，起初我感到很失望——和我所期望的完全相反，他一直保持缄默，怏怏不乐。幸运的是他终于有了微笑，这微笑犹如太阳穿透了乌云。我想如果不是因为他的微笑，可能雪弗莱还在巴黎，像他的父亲及兄长那样，继续做一个木匠——当然也可以说是家具制造者。

做一个微笑者，微笑会让人明白："我喜欢你，你使我快乐，我很高兴见到你。"

这就是狗之所以讨人喜欢的原因。它们见到我们时总是那么高兴，以至于迫切到心几乎都要从肚子里跳出来似的。因此，我们看到它们就会很高兴。

一个孩子的微笑也有相同的效果。你是否曾在医院的候诊室待过？一般来说，你会看到四周的人都阴沉着脸，一副非常苦闷的样子。住在密苏里州雷顿市的兽医史蒂芬·史波尔曾对我说过这样一件事：

有一年春天，在他的兽医候诊室中挤满了带着宠物准备注射疫苗的人。也许每个人都在想该干些什么，而不是坐在那儿浪费时间，所以没有人在聊天，气氛非常沉闷。

这时进来一位女士，她带了一只小猫和一个大概 9 个月大的孩子。她坐在一位男士的旁边，而这位男士已经等得很不耐烦了。可是当他朝旁边看时，他发现那个孩子正注视着他，并咧着嘴天真无邪地朝他笑。你猜这位男士会有什么样的反应？

正如我们想象的那样，他也对那个孩子笑了笑，然后他就和那位母亲攀谈了起来。他们聊起了她的孩子、他的孙子和天气。很快，原本乏味僵硬的候诊室开始活跃起来，大家开始相互聊天，每个人的等待都成了一种愉快的体验。

那小孩的笑是否是不诚意的笑呢？绝对不是。不诚意的笑是骗不了人的。那种笑是机械的，我们都讨厌它。我们所讲的微笑是一种真正的微笑、热心的微笑、发自内心的微笑，只有这样的微笑才在人际交往中极具价值。

"我所认识的一些人，"一家大橡胶公司的董事长说，"他们起初成功了，是因为他们当时对自己的事业非常感兴趣；但是后来，我看见他们开始变成工作的奴隶，工作对他们而言变得异常无聊，他们失掉了工作中的乐趣，于是一步步走向了失败。"

威廉·史坦哈是一个表情严肃的人，即使在家里也很少笑。这让人觉得他的生活很沉重，或者说很苦闷。

一次，在参加继续教育培训班时，史坦哈被要求准备以微笑的经验发表一段谈话，于是他决定亲自试一个星期。去上班的时候，史坦哈会对大楼的电梯管理员微笑，说一声"早安"；他以微笑跟大楼门口的警卫打招呼；他对地铁的检票小姐微笑；当他站在交易所时，他对那些以前从没见过自己微笑的人微笑。

很快，史坦哈发现每一个人也对他报以微笑。他微笑着面对那些满腹牢骚的人。他一边听他们发牢骚，一边微笑着，问题很快就解决了。他惊讶地发现，自己为此得到了更多的收入。

回家后，史坦哈微笑着和妻子说话，也不再板着脸和孩子说话，沉闷的家突然被一种温馨的气氛笼罩。不可思议的是，这一切看似很难，却来自于简单的微笑。

白德格曾经是卡狄纳的第三棒球名手，转行后成为美国最成功的保险商。他在讲述自己的成功经历时说到，会微笑的人永远是最受欢迎的。所以，在走进一个人的办公室前，他总是会回想一下自己应该感谢的人或事，引出一个发自内心的真诚的微笑后，在微笑渐渐从脸上消失时迅速进去。他相信，这就是他获得巨大成功的重要原因。

弗莱契在为考林公司撰写的广告语中也充分体现了微笑的重要性。

圣诞节一笑值千金

它不用花费一分半厘，却能收获一座金山。

它既能使获得者受益，也能使付出者不损失一分一毫。

它发生于刹那间，却能将瞬间的记忆凝聚为永恒。

再富有的人也不能没有它，贫穷的人却不会因为它而致富。

它让家庭欢声笑语，让生意顺风顺水，让朋友亲密无间。

它是人疲倦时的短暂休憩，是人失望时的巨大安慰，是大自然消除灾难的一剂良方。

你买不到它，求不到它，偷不到它，也借不到它，因为在被丢弃之前，它对任何人来说都是一文不值的。

密歇根大学的心理学家詹姆斯·麦克奈尔教授谈及他对笑的看法时说，笑容比皱眉头更能传达你的心意。总是带着笑容的人在管理、教育、推销上更容易有成效，也更容易培养快乐的下一代。所以在教学上，我们赞同以鼓励和微笑代替处罚。一家纽约大百货公司的人事经理谈及招聘的时候告诉我说，他宁愿雇用一名有可爱笑容，即便没有念完中学的女孩，也不愿雇用一个面孔冷淡的人，哪怕他是一个哲学博士。

第三章　如何开展一场人际交往活动

　　我们所相处的对象，并不是绝对理性的，而是充满了情绪变化、成见、自尊和虚荣的人。我们想要在人际交往中收获友谊，就要尽量去了解人类本质中最殷切的需求，设身处地为别人着想，表现出你的善意和真诚，才能让别人对你产生好感，愿意与你展开交往。

注意照顾别人的颜面

　　在和别人相处时，一些人总是会非常挑剔、苛责，根本不去考虑别人的"面子"问题。在指责或者批评别人的时候，一些人也是非常直接，甚至通过践踏别人的情感来满足自己的虚荣心。这样做，是很容易让别人受伤的。如果你犯过这样的错误，一定要改正过来。

　　在与人相处时首先要做到的就是尊重对方，使对方有一种自尊感和自重感，这一点对于我们是否能和别人愉快地、融洽地相处有着至关重要的作用。实际上，别人这种自尊感和自重感就是我们平时所说的"面子"。因此，我在这里必须要向各位再一次强调这一点，保全别人的面子是很重要的。

　　可是，我不得不遗憾地说，这似乎并没有引起大多数人的注意。人们更乐于直接指出别人的错误，采用一种践踏他人情感、刺伤别人自尊的方法来满足自己的虚荣和自尊。很多人都很少考虑别人的面子，他们更喜欢挑剔、摆架子或是在别人面前指责自己的孩子或是雇员，而并不是认真考虑几分钟，说出几句关心他们的话。事实上，如果我们能够设身处地地为别人想想，然后发自内心地对别人表示关心，那么情景就不会那么尴尬了。

　　几年前，著名的通用电气公司曾经碰到过一个非常棘手的问题，因为他们不知道该如何安置那位脾气古怪、暴躁的计划部主管乔治·施莱姆。通用公司的董事们必须承认，乔治·施莱姆在电气部门称得上是一个超级天才。

对于他来说，没有什么是不可能的。董事们非常后悔，后悔当初把乔治调到计划部来，因为在这里他完全不能胜任自己的工作。虽然有人提出直接告诉乔治这个调换职位的决定，但公司的董事们并不愿意因此而伤害到他的自尊，因为他毕竟是一个难得的人才，更何况这个天才还是一个自尊心非常强的人。最后，董事们采用了一种很婉转的方法。他们授予乔治一个公司前所未有的新头衔——咨询工程师。实际上，所谓的咨询工程师的工作性质和乔治以前在电气部门的工作性质完全一样。但是，乔治对公司的这一安排表示非常满意，没有向上级部门发一点的牢骚。这样一来，公司的高层领导非常高兴，因为他们庆幸自己当初选择了保留住乔治面子的做法，否则这位敏感的大牌明星准会把公司闹个底朝天。

可见。有些时候批评他人或是惩罚他人并不一定非要直白地进行，我们完全可以委婉地、间接地达到自己的目的。如果能够在保住别人自尊的情况下指出别人的错误，也许他们更能够接受你的意见。

诸如解雇员工这样的事情其实并不是一件轻松的事情。我的朋友苏菲曾经给我讲起她的经历：

"会计师这一职业是有季节性的，因为我们的业务就是这样，我不可能在没有业务的情况下雇用那些有能力的会计师。"苏菲有些无奈地说，"说真的，戴尔！你知道吗？解雇一个人并不是什么十分有趣的事，事实上我也知道，被别人解雇更是一种没趣的事。但是我没有别的选择，我必须在所得税申报热潮过后对很多人说抱歉。其实，我们都不愿意面对这样的现实，我们这一行还有一句笑话：没有人愿意抡起斧头。是的，谁也不愿意去解雇任何人。不过，做我们这行的都知道，自己迟早是会面对的，躲是躲不过去。因此，大家似乎都已经变得没有了感觉，心里只是希望能够早一天赶走这种痛苦。大多数时候，人们都会以这样的方式说话：'你知道，现在旺季已经过去了，所以我们没有再继续雇用你的必要。你放心，当旺季再一次来临时，我们还会继续雇用你，所以你只好暂时失业。'这对于别人来说真是太残忍了，而且往往那些人不会再回来为你工作。因此，我从来不对人这么说。”

我对苏菲的话非常感兴趣，追问道：“那么你是怎么和那些会计师说的呢？”

苏菲有些得意地说：“我从不做这种伤害人自尊的傻事，当我不得不去解雇某些人时，总是委婉地说：‘某某先生，您的工作做得非常好，我也非常地满意。我记得有一次您去纽约，那里的工作简直太令人厌烦了，可是您却把它处理得井井有条。我很难想象，您居然一点差错都没出。我希望您知道，您是我们公司的骄傲，我们对您的能力没有一丝的怀疑，我希望您能够永远地支持我们，当然我们也会永远地支持您。’”

“然后呢？”我不解地问。苏菲笑了笑说：“然后就给他结了账，让他离开了。事实上，作为一名会计师，每个人都非常清楚，到这个时候自己肯定会面临失业。他们在面对本来就会发生的事情的时候，更希望获得的是一份尊严。我给了那些会计师们尊严，而他们也非常乐意再一次回到我们这里帮我继续工作。”

我想各位已经体会到了保留他人面子的重要性。是的，它往往会使你得到意外的收获，也会让你的人际关系变得融洽、自然、和谐。

有些人可能会认为我是在危言耸听，我们不去保留他人的面子，无论如何也不能就此说毁了一个人。事实上，我并不是在故意地夸大其词，因为如果你有意地伤害了别人的自尊，那么真的有可能使他永远不能回头。

自持自制，说话适可而止

有句久经时间考验的名言：“你如果没有好话可说，那就什么也别说。”这句话应该作为大家一天之中该说些什么话的座右铭，这真是一句金玉良言。我在这里先讲一个故事，有一位国王要求他的两个大臣去寻找世界上两样东西：一件是世界上最好的，一件是世界上最坏的。两位大臣分别出发并按照国王指定的时间回到宫中，把他们找到的并认为是最合适的东西呈献给国王。第一位大臣打开盒子，展示出世界上最好的东西，里面是一条人的舌头；另一位大臣也把盒子打开，展示出世界上最坏的东西，里面放的也是一条人的舌头。

人的舌头可以说是世界上最好的东西，也可以说是世界上最坏的东西。因为在不同的场合中有人使用一句话就使得整场气氛热闹起来，也有人用一句话就破坏掉整个的气氛。《雅各书》中就说道："颂赞和诅咒从一个口中说出，这是不应当的。"如果说出的话对人对己是没有益处的，那还不如不说，与其说出来增加不必要的麻烦，不如"沉默是金"。因此，说话之前一定要三思，话到嘴边停一停，要首先想明白自己要说的话是好话还是坏话。

有智慧的人总是会管住自己的舌头，防止自己说错了话，以至于让流言四处传播。

一个人急急忙忙地跑到一位哲学家那儿，一见面就说："我有个消息要告诉你……"

"等一等，"哲学家打断了他的话，"你要告诉我的消息，用三个筛子筛过了吗？"

"三个筛子？哪三个筛子？"这个人不解地问道。

"这三个筛子，第一个叫真实。你要告诉我的消息，是真实的吗？"

"不知道，我是从街上听来的……"

"现在你用第二个筛子。你要告诉我的消息如果不是真实的，至少也应该是善意的。"

那人踌躇地说："不，正好相反……"

哲学家又打断了他的话："那么你再用第三个筛子。我要问你，使你如此激动的消息是重要的吗？"

"不算重要。"那个人很不好意思地回答。

"既然你要告诉我的话既不真实，也非善意，更不是重要的，那么就别说了吧！如此，那个消息就不会干扰你和我了。"哲学家说道。

有些人就是喜欢这样，平时不能够堂堂正正、诚实善良，却喜欢整天道听途说、搬弄是非，为一些鸡毛蒜皮的小事喋喋不休。这无论对于说话的人

人际交往的艺术

卡耐基励志经典

人际交往的艺术

还是听话的人来说都是一种困扰，是没有益处的。这种人不是小人就必定是一个庸人。因此，会说话的人说话前要慎重地考虑一下，你所说的话是否对于事情的进展有利，或者是可以达到自己想要的目的和效果。

大卫的父母离婚后，他被判给了母亲，由母亲来抚养照顾他。由于手头拮据，母子二人只好搬到另一个城市去。大卫于是也要到一所新的学校去上课，并开始重新结交认识新的朋友。这些变化让他伤透了心。

他开始对那些父母没有离婚的孩子感到反感，而且经常因为很小的缘故或无缘无故跟人打架。在这种痛苦的生活中，他养成了对人过分苛求的习惯。他几乎对谁都没有一句好话。

一天，有个对大卫的情况十分了解的同学走到他身边。"我父母也离婚啦。"他轻声地说，"我知道你心里难受。不过，你得抛弃你的怒气和痛苦。你跟别人过不去，这只能伤害你自己。要是你没法说点儿什么好话，那你最好什么也别说。"

由于痛苦，大卫最初的确很难接受这位同学的建议，但既然情况似乎变得越来越糟，他就对自己的谈吐变得比较谨慎了。他经常把马上就要冲口而出的话咽回去，若是在以前，他的这些伤害人、挖苦人的话简直是没遮没拦的。他开始意识到他从前对身边同学的关心是多么不够。随着理解的扩大，他开始明白，像他一样遭受家庭变故的不只他一个人，许多其他孩子也经历过令人难堪的家庭解体。大卫开始想办法去鼓励他们，帮助他们处理好自己的痛苦与茫然。到学期结束时，大卫的态度产生了 180 度的根本转变，并获得了那些当初由于他管不住自己的脾气而与他疏远了的同学的好感。

无论是谁，在家里、学校里或工作中，都可能经历过精神上受到压抑的情形。当事情进展不顺利时，我们就往往忍不住责怪别人，我们或许认为，找别人的错，能使我们对自己所处的状况觉得好受点儿。但也可能是这样想的："我不好过，你也别想好过。"

破坏性的语言，往往会产生破坏性的结果。在我们每个人都曾经历过的"沮丧"时刻里，如果我们不能对人说有益的好话，那我们最好还是什么也别说。要知道，除了会给周围的人造成不必要的痛苦之外，从我们口中说出的那些消极性的话语往往只会使问题变得复杂起来。

我们没有任何理由来说粗野和伤人的话，哪怕是我们在生活中遇到了难以应付的挑战也是没有道理这么做的。正如前面提到的那个父母离了婚的孩子，受着许许多多他无法理解、无法解决的感情和情绪的折磨。但他终于还是发现，贬低和伤害他人并不是解决问题的办法。通过客气和富有理解的言辞，或干脆怀着同情听别人说话，他终于学会了帮助他人；反过来，他又受到了周围人们的帮助，而他终于在自己身上找回了生活的勇气。

多包容而少指责他人

在崇尚"名"和"权"的社会风气影响下，似乎，我们在看一件事情的时候，总习惯性地站在自己的立场上，很少能为对方着想。

曾经，见过很照顾自己丈夫的妻子，任劳任怨，可丈夫依然不高兴，有不顺的地方，劈头盖脸就是一顿指责。或者丈夫很爱护妻子，可是，妻子依然不满足，总是感觉丈夫配不上自己，不能像别人一样有出息，满腹的不平与委屈。

其实，这样的指责，不管对谁，都会感到难过。要想与人建立一种融洽的伙伴关系，其关键就是要多一份包容，少一份指责，以及本着解决问题出发的正确的沟通方式。

西奥多·罗斯福入主白宫时，他就承认如果能有75%的时候不出错，就达到了他的最高期望标准。如果这位20世纪最杰出人物的最高希望也只是这样，那何况你我呢？如果你确信有55%的正确率，你大可以去华尔街，一天赚个100万美元。如果你没有这样的把握，你又凭什么说别人错了？

在我研究青年时代的林肯的时候，我惊奇地发现，胸襟博大的林肯在年轻的时候非常喜欢对别人进行评论，并且经常写信讽刺那些他认为很差劲的人。即使在他当上了的见习律师以后，他还是经常在报纸上抨击那些反对者。

1842 年的秋天，林肯经历了一件令他刻骨铭心的事情。当时他写了一封匿名信发表在报纸上，嘲弄了一位自视甚高的政客詹姆斯·希尔斯。这封信使希尔斯受到了全镇人的讥笑。希尔斯愤怒不已，全力追查写信人，最后查到是林肯写的那封信。他要求和林肯决斗，以维护自己的名誉。在接下来的日子里，林肯一直处在一种十分愧疚和自责的状态下，因为这一切都是他指责对方的错误而导致的。他在这样的心态下等待着那惊心动魄的时刻的到来。幸好在决斗开始的前一刻，有人出面阻止了这场决斗。

由于指责别人的错误而被迫与别人一决生死，这是多么愚蠢的一件事。林肯终于决定以后再不做这样的事情了。

内战期间，人们指责林肯，说他用人不当。林肯并没有因此而对手下的人进行指责，而是保持了沉默。他说：“如果你指责和评论别人，别人也会这样对你。”他还说，“不要责怪他们，换作是我们，大概也会这样的。”

1863 年 7 月 3 日开始的葛底斯堡战役是内战期间最重要的一次战役。

由于米地将军的重大失误导致李将军和他的军队顺利地渡过了波多马克河，保存了实力。

当听到这个消息后，林肯勃然大怒失望之余，他写了一封信给米地将军。信的内容是这样的：

“亲爱的米地将军：

我不相信，你也会对李将军逃走一事感到不幸。那时候，他就在我们眼前，胜利也就在我们眼前。而现在，战争势必继续进行。既然在那时候你不能擒住李将军，如今，他已经到了波多马克河的南边，你怎么取得胜利？我已经不期待你会成功，而且也不期待你会做得多好。机不可失，时不再来，我对此深感遗憾。”

你可以猜测一下米地将军读到这封信的时候会有什么表情。但是，你可能会感到意外的是，他根本没有收到过这封信，因为这封信林肯并没有寄出去——人们是在一堆文件里发现它的。林肯忘记把这封信寄出去了吗？这是不可想象的。众所周知，这是一封十分重要的信件。

有人回忆了当时的情景：

　　"这仅仅是我的猜测……"林肯在写完这封信时，心里想道，"当然，也许是我性急了。坐在白宫，我当然能够看得更加清楚，也更加能够指挥若定。但是，如果我在葛底斯堡的话，我成天看见的是因为伤痛而号哭的士兵，或者成千上万的尸骨，也许那样，我就不会急着去攻打李将军了吧！我一定也会像米地将军一样畏缩的。现在，既然事情已经发生了，唯一能做的就是承认它。至于这封信，如果我把它寄出去的话，我想除了让自己感到愉快之外，将不会有任何其他的好处。相反，它会使米地将军跟我反目，迫使他离开军队，或者断送他的前途。这是大家都不愿意看到的。"

　　于是，林肯把那封已经装好的信搁在了一边。因为他相信，批评和指责所得的效果等于零。

　　林肯总统从以前总爱指出别人的错误到后来如此宽容的巨大转变，给我们树立了一个榜样。他以自己的切身经验告诉我们：永远不要指责他人的错误。

　　柏拉图曾经告诉人们这样一个方法："当你在教导他人时，不要使他发现自己在被教导；指出人们所不知的事情时，要使他感到那只是提醒他一时忽略了的事情。你不可能教会他所有的东西，而只能告诉他怎么处理这种事情。"英国 19 世纪的著名政治家查斯特费尔德对他的儿子这样说："如果可能，你应该比别人聪明，但绝不能对别人说你更加聪明。"

柏拉图

　　当然，如果一个人说了一句你认为肯定错误的话，而且指出来对你们的交流会有好处的话，你当然可以指出来。但是，你应该这么说："噢，原来是这样的。不过我还有另外一种想法，当然，我可能不对——我总是出错。如果我错了，请你务必毫不客气地指出来。让我们看看问题所在。"

　　如果你确定某人错了，就直截了当地告诉他，那么结果会怎么样呢？让我们来看看具体的事例，因为事例可能更有说服力。

F先生是纽约的一位青年律师，最近参加了一个重要案件的辩论。这个案件由美国最高法院审理。在辩论中，一位法官问F先生："《海事法》的追诉期限是6年，是吗？"

F先生有些吃惊，他看了法官一会儿，然后直率地说："审判长，《海事法》里没有关于追诉期限的条文。"

人们顿时安静了下来，法庭中的温度似乎降到了零度。F先生是对的，法官是错的，F先生如实地告诉了法官。但是结果如何呢？尽管法律可以作为F先生的后盾，而且他的辩论也很精彩，可是他并没有说服法官。

F先生犯了一个大错，他当众指出了一位学识渊博、极有声望的人的错误，所以他失败了。他这样做有益于事情的解决吗？事实证明，一点也没有。

即使在温和的情况下，也不容易改变一个人的主意，更何况在其他情况下呢？当你想要证明什么时，你大可不必大声声张。你需要讲究一些策略，使对方在不知不觉中接受你的观点。你可以用这类话，比如"我也许不对"、"我有另外的想法"等，这样确实会收到神奇的效果。无论何时，无论何地，不会有人反对你说"我也许不对，让我们看看问题所在"。

詹姆斯·哈维·鲁宾逊教授在《决策的过程》中写了下面一段话，对我们也很有启迪意义。

"……我们会在无意识中改变自己的观念。这种改变完全是潜移默化而不被我们自己注意的。但是，一旦有人来指正这种观念，我们一般会极力地维护它。很明显，这并不是因为观念本身的可贵，而是因为我们的自尊心受到了伤害……"

在人际交往中，尊重别人是赢得别人喜爱的一个重要因素。对每一个人来说，他都有这样一个愿望：那就是使自己的自尊心得到满足，使自己被了解、被尊重、被赏识。如果你满足了别人的自尊心，他就会对你所做的一切表示感激，进而喜欢你。

赞美是人际交往中最好的礼物

很多人之所以出现交际的障碍，就是因为他们不懂得或者忘记了一个重要的原则——让他人觉得自己重要。每个人都有值得称赞的地方，只要你发现他的这一点，那么他们对你的态度立刻就有了转变。

有一次，我在纽约第 33 大街和第 8 大街交叉路口附近的邮局排队，准备寄一封挂号信。我注意到那位邮局工作人员好像对他的工作很是不耐烦的样子，因为他成天称信、取邮票、找零钱、开收据……这样年复一年地做着单调而重复的工作。于是我对自己说："我一定要让他喜欢我。显然，要让他喜欢我。我必须说些让他感到高兴的话。不是关于我的，而是关于他的。"

我问自己："他有没有什么值得我真心赞美的地方呢？"

当你面对一个不熟悉的人时，这个问题可不好回答，但是这次却很凑巧，我很快就发现了他身上一个值得我赞美的地方。就在他给我称信的时候，我热情地对他说："我真的希望自己也能有您这样一头好头发。"

他抬起头来看着我，显然有些惊讶，但很快脸上就露出了欢欣的微笑。"不过现在没以前好了。"他很谦虚地说。我诚恳地对他说："虽然它比以前稍减光泽，但还是很好。我真的很羡慕您。"他显得非常高兴。于是我们愉快地谈了起来。最后，他对我说："有许多人都说我的头发好。"

我敢打赌，他那天吃午饭时心情一定非常愉快；那天晚上他回家后，一定会很高兴地把这件事告诉他的妻子；他甚至还会对着镜子自夸："我的头发实在太漂亮了。"

我并不是喜欢自我炫耀的人，但是我会用这些实例告诉别人人际交往的原则。有一次，我在某个公共场所讲起了这件事。有一个人问我："你这样做，那你又从他那里获得了什么？"是的，我想从他那里获得什么呢？我又从他那里得到了什么呢？假如我们是如此地自私，一心只想得到回报，那么我们就不会给人任何快乐，不会给人任何真诚的赞美。假如我们的气度如此狭隘，那我们只会遭到应有的失败，而不会有任何成功和幸福。

你希望周围的人赞同你，希望自己的价值得到别人的认同，希望自己能得到别人的重视；你不愿听到不值钱的卑贱的谄媚，但渴求得到真诚的赞美。你希望你的朋友和同事都能像施科瓦所说的那样，"诚于嘉许，宽于称道"。我们大家都希望这样。那么，就让我们自己先遵守这条法则：你希望别人如何对待你，就如何去对待别人。

我曾向无线电商厦一位导路员打听舒维尔先生的办公室在哪里。这位导路员穿戴整齐，口齿十分清晰地说："舒维尔，（他稍作停顿）18 层楼，（又稍作停顿）1816 号房间。"他显然对自己回答问题的方式非常自豪，胸挺得笔直，头高高地抬着。

我走到电梯边上，很快又转了回来，对那位导路员说："你回答我的方法实在是太美妙了，为此我要真心感谢你，向你表示祝贺。你的回答非常清楚准确。你真像一位艺术家，太了不起了！"他听了我的话之后，精神焕发，显然高兴到了极点。他告诉我为什么他每次都稍作停顿，为什么每说一句话都会那么准确……你看，我短短几句话就让他如此得意，以至于将头抬得高高的。我突然感到自己那天下午也算是为人类的幸福做了一点有益的事情。

千万不要忘记爱默生曾说过的话："凡是我所遇见的人，都有比我优秀之处。在这个方面，我正好可以向他学习。"凡是你听见过的人，你可能都会觉得他在某些方面要比你要强，这是一个不容否认的事实。只要我们承认这一点。承认对方的重要性，并由衷地表达出来，就会使你得到他的友谊。

但让人感到愤怒的是，那些无所作为却自以为很成功的人，整天都在用令人恶心的浮华夸饰之词来掩饰他们内心的不安。这种人正像莎士比亚所说的："人！狂傲的人！借着那么一点儿才能，竟然在上天面前胡作非为，骗得天使们都流下了眼泪。"

康涅狄格州的律师向我讲述了奉行这条法则发生在自己身上的成功案例，但是他不想让别人知道他的姓名，我们暂且就叫他 G 先生吧。

G 先生来我班上接受培训之后不久，就和他妻子驾车去长岛，看望她的几家亲戚。他妻子将他留下来，陪同她年迈的姑妈聊天，而她自己则去看望另几家亲戚。由于 G 先生要在班上做一次关于如何运用赞美法则的演讲，于是他打算从这位老太太这里开始训练自己这方面的才能。

G 先生在老太太的房子四周仔细巡视了一番，希望能找到一些他可以真诚赞美的东西。"您这栋房子是建于 1890 年前后，对吗？"G 先生问老太太。

"是的，"老太太回答说，"正是那一年建的。"

"它使我回想起我出生的老家的房子。"G 先生说，"它真是太好了，真漂亮，里面真宽敞！您知道，人们现在再也不建这种房子了。"

"一点都不错，年轻人！"老太太也表示同感，她说，"现在的年轻人可不怎么在乎漂亮的房子。他们所想要的，不过是一小套公寓和一个电冰箱，然后无忧无虑地开着汽车，到处去兜风闲逛。"

"这是一所凝聚了理想和希望的房子。"老太太的声音有些颤抖，陷入了回忆中，她充满柔情地说，"这房子是我和我丈夫爱情的结晶。我丈夫和我在建这栋房子之前，设计构思了许多年。我们并没有请建筑师，它完全是我们自己设计的。"

然后，老太太领着 G 先生参观了这所老房子。房子里放满了老太太在世界各地旅行时搜集到的纪念珍品：波斯披肩、英国老茶具、威格瓷器、法式寝具、意大利油画，以及曾风靡于法国封建王朝时期的专用于古堡装饰的丝帷。她对这些东西一直视如生命般宝贵。G 先生对这些东西表示了真诚的赞美。

"老太太领我参观完房子之后，"G 先生说，"她又把我带到车库去。那里放着一辆几乎是全新的别克高级汽车。"

"这辆车是我丈夫在去世前不久买的。"老太太慢声细语地说，"他离我而去之后，我再也没有用过它……年轻人，你很会欣赏美丽的东西，我准备把这辆车送给你。"

"哦，不！姑妈！"G 先生说，"您这可让我不知如何是好了。对于您这番盛情，我当然感激不尽。可是我怎么能接受这么贵重的东西呢？我不是您的直系亲属，而且我自己有一辆汽车。再说许多亲戚也很喜欢这辆别克车呢。"

"亲戚？"老太太激动地大声喊道，"是的，我确实有亲戚。可是他们都正等着我死呢，这样他们就好得到我这辆汽车了。但他们谁也甭想得到它。"

"如果您不愿将它送给他们，那您可以把它卖给旧车专营公司。"G 先生告诉老太太。

"卖掉它？"老太太叫了起来，"你以为我想卖掉它吗？你以为我愿意让那些和我素不相识的陌生人坐在我丈夫给我买的车中，到处跑来跑去吗？年轻人，我做梦都不会卖的。我只想把它送给你，因为你是个懂得欣赏美丽东西的人。"

G 先生尽力拒绝接受老太太的汽车。然而他最后不得不收下它，因为他的拒绝只会使她更加伤心。

这位老太太一个人孤独地住在这栋空荡荡的老房子里，她所拥有的只是她的波斯披肩、各种英国和法国古董，以及她的回忆。她所渴望的，正是像 G 先生这样的赞美和欣赏。她也曾经年轻而美丽，拥有许许多多的追求者。她曾经和她的丈夫共同建了这所房子，这里面有他们永恒的、温馨的爱情，他们还从欧洲各国搜集到各种珍品来装饰这个爱情的巢窝。可是现在，她已经老了，在这年老孤寂的环境中，她渴望得到一点人性的温暖，得到一点真诚的赞美，但没有人给她所需要的东西。现在 G 先生给了她这一切，她的心犹如久旱逢甘露的大地一样，充满了感激，使她体会到了久别的情怀。一旦她得到这一切，那么即使将那辆别克车送给 G 先生，也绝不能完全表达她对他的感激之情。

看了上面的故事之后，你和我应该如何运用这种赞美他人的黄金法则呢？答案是：随时随地实践，这样它就会给你带来神奇的功效。

喜欢对方，对方才会喜欢你

我常听到许多人埋怨"我性情过于羞怯，很难引起别人注意"、"没有人会对我感兴趣"，或是"别人并不想认识我"等。不错，别人为什么要喜欢你呢？这世界并没有义务非要喜欢你或我，或任何一个人。有什么特别理由别人会特别选中你（无论是工作或社交的理由）？除非我们具有他们所要的特质，否则，他们没有必要特别注意到你。

玛丽安·安德逊曾经很生动地描述她早期的生活，她那时事业失败，整个人很不得志，几乎就要放弃歌唱生涯。后来，凭借祈告和心灵的追求，她才逐渐恢复勇气和信心，准备继续为自己的事业奋斗下去。有一天，她兴致勃勃地向母亲说道："我要再唱下去！我要每个人都喜欢我！我要继续追求完美！"

母亲回答道："很好啊！这是很好的志向，但是，要知道，人在成就伟大的事业之前，必须先学会谦卑。"玛丽安听了深受感动，因此决心在音乐造诣上"力求"完美，而不是"想要"完美。"谦卑先于伟大"，这是母亲给她的最好赠言。

著名作家荷马·克洛维是我的好朋友，十分懂得交友之道。凡是碰到他的人，无论是清道夫、百万富翁、妇孺老幼，都会在与他相处 15 分钟之内对他产生好感。小孩会爬到他的膝上，朋友家的仆人会特别用心为他准备餐点，而且假如有人宣布："今晚荷马·克洛维会到这里来！"则当天的宴会一定没有人缺席。除朋友间深厚的感情之外，荷马·克洛维的家人也都十分敬爱他。他的妻子、女儿，还有好几个孙儿女，全都对他称赞不已。

究竟这位作家是如何赢得这种幸福的？他既不年轻，又不英俊，更不是百万富翁，他有什么魅力可以吸引人呢？说来也很简单，就是待人诚恳、热爱他人而已。他一点也不矫揉造作，并且能让别人感觉到他真的喜欢、关心他们。对他来说，对方是什么人，或做什么事，他都不会在意。只要是身为一个人，对他便意义重大，值得付出关爱。每次他遇见陌生人，很快就能像老朋友一样交谈起来，并不是专谈自己的事，而是尽量谈对方的事。他借由问问题，可以知道对方是从哪里来、做什么事、有没有什么家人等。他也不会唠叨个不停，只是向对方表示自己的兴趣和关心，借以建立起友谊。

当然，为了要得到友谊和情爱，我们必须先认清"施与比受用更有福"，然后把这种认知用实际行为表现出来。我们不能只是把金矿藏在内心，黄金必须使用才能显示其价值，像《圣经》所说的："由所结的果子，便可认出他们来。"这种方法，连最爱嘲笑人生的人，都会像阳光下的花朵一样吐露芬芳。正像约瑟夫·格鲁大使所说的："外交的秘诀仅在5个字——我要喜欢你。"

由此我们知道了得到友谊的最佳方法是必须注重施与，而不是获得，但应该是亲自赢取得来的，而不是靠一时的吸引或哄骗。所谓赢取友谊的能力，并不是指勾肩搭背、与人攀谈、动作滑稽或讲些逗趣的笑话等。那应该指的是一种心境、一种处世的态度或是一种愿意把自己的爱、兴趣、注意力及服务精神献给他人的愿望。

好几年前，我准备发表演讲，当时的听众据说相当难缠。我事前与一位好朋友共餐，免不了流露出紧张的情绪。"假如听众不同意我讲的话怎么办？"我神经兮兮地问这位朋友，"假如他们不喜欢我，该怎么办？"

"不错，"朋友回答道，"他们为什么要喜欢你呢？你能给他们干什么？你认为自己要讲的话很重要吗？"

"我承认那些东西对我来说，的确意义十分重大。"我说道。

"很好，"她继续说道，"我倒不觉得听众喜不喜欢你有什么重要。重要的是你有没有把要讲的信息传达出去。至于他们喜欢或讨厌你，又有什么关系呢？至少，你已完成了任务。"

朋友的这番话，改变了我对演讲的整个看法。现在，每当我准备发表演讲的时候，都会在事前先静心祷告"传达出对这些听众有益的信息来，让他们有所收获，满心欢喜地回家"。这样的祷告对我十分有用，而我也的确希望能对听众有帮助。这样的祷告使我谦卑地体会到自己只不过是个传达某些信息的演讲员，而不是要显露自己的学问或者风采。我的目的是要带给听众一些鼓舞性的思想，以期对他们的生活有助益。

同理，我们总希望别人先来喜欢我们，却不曾想到要如何才能让别人喜欢。现在就让我们着手去做所有能激发爱和友情的事吧。在这方面，威廉·奥斯勒爵士的话很值得我们思索，他说："我们应该做的不是张望缥缈的未来，而是脚踏实地做好眼前的事。"

谈论对方最感兴趣的话题

每一个拜访过罗斯福总统的人，都会对他那渊博的知识感到惊讶。"不论是牧童还是骑士，或纽约的政客和外交家，"研究罗斯福的权威作家伯莱特福这样写道，"罗斯福都知道该和他说什么话题。"

罗斯福究竟如何具备的这种魅力呢？很简单！不论罗斯福要见什么人，他总是会在对方到来的前一个晚上稍晚些睡，翻阅一些对方特别感兴趣的知识。罗斯福和所有领袖人物一样，深知接触对方内心思想的妙方就是和对方谈论他最感兴趣的事情。

似乎成功人士都懂得这个道理，耶鲁大学原教授菲利普先生谈到了自己早年时的故事。

"我8岁那年，有一次去姑妈家，那是一个周末，"菲利普在一篇谈论人性的小品文中这样写道，"有一个晚上，一位中年人来到姑妈家。在和姑妈随便聊了几句之后，他就把注意力转移到了我身上。当时我对船很感兴趣，而这位来访的客人和我谈论了这方面的知识，当然令我产生了特殊的兴趣。他离开之后，我还对他赞赏不已。他是纽约的一位律师，本来他对有关船的事情是不应该如此热心的，甚至是根本不会有兴趣的。""可是，他为什么自始至终都在与我谈论船的知识呢？""因为他是一位高尚的人。他见你对船很感兴趣，就谈论这些你关注并感兴趣的话题。通过这种方法，他使自己成了一个受欢迎的人。"

最后，菲利普教授又补充说："我永远也忘不了我姑妈对我说的这些话。"

查立夫先生和我保持着联系，他是一位对童子军事业非常热心的人。在他的信中他对我提到了发生在他身边的故事。

"有一天，我感到我需要别人的帮助。"查立夫先生在信中写道，"欧洲将举办童子军夏令营活动。我想邀请美国某大公司的经理出钱，赞助我和一位童子军的旅行费用。幸运的是，在我去拜访这位经理之前，我听说他曾开出了一张 100 万美元的支票。要知道，这可是 100 万美元！于是，见到他之后，我告诉他，我这一辈子从来都没有听说有人开过数额如此巨大的支票；我还要告诉我的童子军，说我的确看到过一张 100 万美元的支票。结果，这位经理非常愉快地把那张支票递给我看。我一直赞叹不已，并请他把开这张支票的详细情况告诉我。"

请注意，查立夫先生在刚开始时，并没有和对方谈有关童子军或欧洲夏令营的事，也没有谈他想要对方帮忙的事。他只是谈对方感兴趣的话题，让对方愿意和他谈话。于是，出现了查立夫先生下面所说的情况。

过了一会儿，我所拜访的那位经理问我："哦，请问你来找我有什么事？"我就把我的事情告诉了他。令我吃惊的是，他不但立即答应了我的请求，还十分大方地给了我更多的资助。我本来只请他出资赞助一名童子军去欧洲的，可是他慷慨地资助了 5 名童子军和我本人，给我开了一张 1000 美元的支票，并建议我们在欧洲玩上 7 个星期。然后，他又给我写了一封介绍信，把我引荐给他在欧洲分公司的经理，请他到时候帮助我们。

查立夫先生又说："但是我也很清楚，如果当时没有找到他感兴趣的话题。让他高兴起来，那么这件事不仅不会办得这么容易，我想大概连 1/10 的机会都没有。"

这就是这个方法的奇效，可以形成良好的沟通效果，打开你的人际关系。

维也纳已故著名心理学家阿德勒写过一本书叫《生活的意义》。在那本书中，他说："对别人漠不关心的人，他的一生困难最多，对别人的损害也最大。所有人类的失败，都是由这些人造成的。"也许你读过几十卷关于理学方面的书，但是却再也找不到比这句话对你和我更重要的了。我并不喜欢重复，但阿德勒这句话太具有深意了，所以我希望重录于下："对别人漠不关心的人，他的一生困难最多，对别人的损害也最大。所有人类的失败，都是由这些人造成的。"

如果我们想要交朋友，并成为受人欢迎的说话高手的话，就要用热情和生机去应对别人。

查尔斯·华尔德是纽约市一家大银行的员工，他有一次受命准备一份关于某公司的机密文件。他知道某个人掌握了他所急需的这些材料。

于是，华尔德就去拜见这个人，他是一家大实业公司的董事长。正当华尔德被引进董事长办公室时，一位青年女子从门外伸进头来，告诉董事长说她今天没有什么可给他的邮票。

"是这样的，"董事长对华尔德解释道，"我正在为我 12 岁的儿子搜集邮票。"

华尔德向他介绍了自己的来意，开始问他一些问题。这位董事长的回答十分含糊不清——很明显，他不愿讲话，没有什么事情能够引起他的兴趣并令他开口的，因此这次会谈变得简短而枯燥。

"说实话，我当时不知如何是好，"华尔德在我班上讲这件事时说，"然后，我想起他的秘书对他说过的话——邮票，12 岁的儿子……同时我又想起我们银行的外汇兑换部经常收集邮票——世界各地寄来的信上取下的邮票。

"第二天下午，我再次前去拜访这位董事长，并请人传话进去，说我有些邮票要给他的儿子。结果呢，我是不是受到了热烈的欢迎呢？当然是的，先生。即使是他要竞选国会议员，也不可能那么热情地握着我的手了。他发出善意的微笑，说'我的乔治肯定会喜欢的'。他抚摸着邮票，不断地说，'看这张！这可是无价之宝啊'。

"我们花了一个小时谈论邮票，并看了他儿子的照片。然后，他用了一个多小时的时间，谈到了他所知道的一切情况，又把他的下属叫进来询问。他还给他几位常有来往的人打了电话——他把所有的事实、数字、报告以及信件全都给了我。用一位新闻记者的话来说，我得了一个'大丰收'。"

在公元前 100 年，古罗马著名的诗人西拉斯就曾说过："我们对别人产生兴趣的时候，恰好是别人对我们产生兴趣的时候。"所以，与人相处的重要一条原则就是：真诚地关心他人，讨论对方感兴趣的话题。

把握好首次交谈的时间

掌握好交谈的时机，在恰当的时候告别会给别人留下深刻的印象，达到交谈的目的。如果一味地交谈，就会让自己的魅力打折。这是很多成功人士交际中的小秘诀。

以前曾参加我课程训练班的学员詹姆斯感到自己学到的东西还不够用。就又一次进了我的课程训练班，要求再进行学习。我对他表示欢迎之后，问他："你认为自己目前最大的问题是什么？"

詹姆斯老老实实地回答道："说实在的，我自己也不知道。从你那儿我确实学会了热忱、自信、勇气以及如何赞扬别人……这一切都使我获益匪浅。"

我也奇怪了，就继续问他："你一定赢得了许多朋友吧。"

"是的，确实如此，但朋友们不欢迎我第二次上他们家做客。"

"这是为什么呢？"

"我不知道。"詹姆斯接着往下说，没想到他从朋友的性格一直说到阿拉斯加的天气、风土人情……口若悬河地讲了近三个小时。我早已满脸倦意，不过这下我可知道詹姆斯的朋友不欢迎他的原因了。詹姆斯太健谈了，毫无休止，根本不懂告别的艺术，于是我打断詹姆斯的话说："詹姆斯先生，我已经明白你的朋友不欢迎你的原因了。"

"噢，那太好了，你赶快教教我吧。"詹姆斯兴奋地叫道。

我不忍当场说出他的缺点，使他没面子，就婉转地说："明天你来上培训课吧，看看其他学员怎么做，你就会明白的。"

詹姆斯急切地问道："你能今天就告诉我吗？我实在是太想知道了。"我微笑着劝道："不要着急，明天知道对你有好处，反正也不在乎这一天半天的了。"

詹姆斯见我把话说到这个分上，只好恋恋不舍地戴好帽子，遗憾地说：

"哎，要等到明天才能知道。"

第二天，詹姆斯来到班上。我给学员们布置任务，让他们训练说话的艺术，互相赞美对方。詹姆斯见我一直没有说他的事，就有点坐不住了。但我微笑着示意他不要动。他只好耐着性子在那儿看其他学员们练习。下课的时间到了，有些学员站起来向我告别，有些学员仍留在教室里：其中有一位女学员走过来问一个问题。

我仔细地倾听着，一边给那位学员做解释，我已经把她当成屋子里最重要的人了。女学员离去后，又有几位学员过来把我围住向我请教问题。我一一作了简明扼要的回答，给他们留下很深的印象。

詹姆斯实在熬不住了，就走过来对我说："您可以告诉我我的问题了吧?"我说："你的谈话很有魅力，充满了艺术性，是个很容易赢得他人喜欢的人。"詹姆斯听了这话，非常高兴。我继续赞扬地说："你充分运用了热忱和勇气的原理。并且极富有绅士风度，令所有人都对你着迷。"詹姆斯被我说糊涂了，忙不迭地问道："那我的问题究竟出在哪儿?"

我慢悠悠地说："难道你刚才没有注意到那些学员是如何向我告别的吗?"

"没有。"

"这正是你的缺点所在，你从不观察别人是如何告别的，你不懂告别的艺术。"

"难道问题在这里?"詹姆斯若有所思地说。

我这才向他谈到聪明的人晓得如何利用时机提出告别，并详细地讲述了告别的艺术。此后，詹姆斯按照这种方法来做，成为一名受人欢迎的社交家。由此可见，掌握告别的技巧在你的交际中意义重大。

让别人对你产生信任感

1858 年，当林肯竞选美国上议院议员时，他需要到伊利诺伊州南部的一些地方演说，以赢取那里的选票。但是要达到这个目的却非常困难——那些地方的人们对他极不信任，甚至有敌对的心理。

这是因为，林肯是一个废奴主义者，而那些地方的农场主却拥有大量的黑奴，他们自然不会喜欢林肯当选。这种政见和利益的对立是十分尖锐的。他们甚至扬言，只要林肯一来，他们就会立即把他杀死。这些野蛮的当地人即使在公共场合也腰挂短枪、身带利刃。

面临如此巨大的危险，我们可以想象林肯当时做出决定时需要多大的勇气。结果是，这些威胁并没有阻止林肯前进的步伐，他说："给我几分钟，我就能说服他们。"

在演说之前，林肯与当地的极为重要首领一一握了手，然后发表了演讲：

"伊利诺伊的朋友们，肯塔基的朋友们，密苏里的朋友们！我来之前就听过一个谣言，说你们之间的某些人要跟我作对——如果有的话，那么这些人一定就坐在下面吧？但我不相信这是真的，因为你们没有理由这么做；因为我也像你们一样，是从艰苦的乡村中艰难地爬出来的，是一个爽快而直率的平民。那么，为什么我不能和你们一样发表自己的意见呢？朋友们！我了解你们比你们了解我要多得多！你们将来会知道，我是怎么样的一个人。我并不想跟你们作对，所以，你们也绝不会跟我作对的。现在，我站在这里，我们就已经成为了朋友。我相信你们会愿意交我这个朋友的，因为我是一个谦和的人。我诚恳地要求你们给我说几句话的时间。你们——勇敢而豪爽的人们，一定不会拒绝我这个朋友的这个小小的要求的。那么现在，就让我们开诚布公地讨论一下严重的问题吧！"

听完林肯的这段话之后，原本愤怒的人们开始为他喝彩。结果是，这里的大部分人后来成为了林肯的朋友——他们开始终生信任他。也正是这些人，后来帮助他成为了美国的总统。

由不信任到信任的差别如此之大，这正是林肯所意识到的。所以，他极力向这些人说明他和他们之间没有不可逾越的鸿沟，说明他和他们是朋友。所幸的是，他做到了这一点。

　　信任，是人们进行交往的基本前提。如果没有信任，即使人们在互相谈话，也称不上是真正的沟通。

　　我曾经受一家公司的委托，请我的一位学者朋友给他们帮忙。一开始事情看起来似乎进展得很顺利，但是在就要开始工作的前几天，公司的有关负责人打电话给我，说不知道什么原因这位学者突然不愿意为他们公司工作了。公司方面对他进行了百般劝说，答应宽限上岗日期、减少工作时间、增加工资等，他却一直拒不接受。

　　我决定弄清楚究竟是什么原因使这位学者改变了态度，于是就和那位负责人一起去拜访了他。他见到我后依旧十分热情，并且跟我谈起了许多事情。我相信这些东西跟这件事本身都没有什么联系。

　　后来，我直接问他为什么会拒绝为这个公司服务。他说了一些理由，但是其中我认为最重要的是，他担心公司方面是否能履行这个合同，以及与公司配合得够不够默契等。

　　听到这里，我觉得继续对他进行说服已经没有什么作用了，因此便告辞了。在回家的路上，我对那位负责人说："我不知道为什么他会对你们公司产生这种感觉，但是你们必须要做的事情是让他对你们信任起来。在此之前，任何工作都将无济于事。"

　　第二天，那位公司负责人打电话给我，说那位学者已经改变了态度。原来，他在离开学者的家后又回到了学者家的门口，并且拦了一辆出租车等待这位学者，之后送他上飞机。这种真诚的态度赢得了学者的信任。另外，负责人还利用空闲时间，向学者说明他们愿意提前履行合同中公司的义务。这使得学者答应回来后立即上班。

　　我们并不能责备这位学者出尔反尔或者太谨慎，因为这本来就是一个十分复杂的社会。各种各样的人、各种各样的事，真相、假象、真诚的、虚伪的，都在这个世界上非常积极地活动。人与人之间已经不再是单纯的相互合作的关系，而是加入了相互竞争、相互欺诈的成分。因此，不信任感在人们的心里始终占据着一席之地。

　　我们无法想象一个对我们心怀戒备的人会听从我们的建议，有时候，这让我们不知所措。究竟怎么样才能取得别人的信任，从而让他们听从我们的劝说呢？

实际上，在本书中虽然我没有直接指出来这种方法，但是每一章节中关于说话和沟通的方法已经能够帮助你取得别人的信任了。只要你按照我所说的方法来做，那么你也一定会给人留下真诚、值得信赖的印象。

第四章　如何让对方心悦诚服

我们该如何说服别人，这是一个很大的问题。社会心理学家经过研究发现，说服别人不但要有好的口才，其实更是一种微妙的心理互动，是心理需求和心理动机在不断改变的过程。因此，你必须掌握一些心理学知识，才可以让你的说服有声有色，让听者在良好的情绪下愉快地接受你的观点。实现情况是：当我们面临说服障碍时往往会变得怒不可遏，不知道该如何去表达自己的想法，并说服他人也接受自己的想法。也许，这一章的内容可以帮助你。

懂得从对方的角度看问题

有一次，爱默生和他儿子想使一头小牛进入牛棚，他们就犯了一个一般人都常会犯的错误：只想到自己所需要的，却没有考虑到小牛的立场。于是，爱默生用尽全力在后面推，他的儿子则在前面用力地拉扯小牛，而小牛也跟他们一样，只坚持自己的想法，只见它挺起它的腿，强硬地拒绝离开那块草地。双方就这么僵持着，谁也不肯让步。

爱尔兰女佣人看到了这一幕，虽然这个女人并不懂得如何写文章，但是她却非常熟悉牛马牲畜的感受和习性，因此，她立刻就想到了这头不听话的小牛究竟想要的是什么。女佣人走近小牛，把自己的拇指放进小牛的嘴里让它吮吸，小牛立刻变得非常温驯和听话了，顺从地跟着女佣人进入了牛棚。

瞧，面对倔强的小牛，聪明的爱默生也不如一位普通的女佣，因为他始终没有站在小牛的立场上来思考，而女佣却做到了。从我们来到这个世界的第一天起，我们的每一个举动、每一个出发点都是为了自己，为了我们的需要而做。

那么，试着使自己真诚地站在别人的立场来思考问题，站在别人的立场来说话。假如你对自己说："如果我处在他的情况下，我将有什么感受，会做出什么反应？"那么你就可以避免浪费时间和不必要的烦恼，因为"如果对原因发生兴趣，我们就不会讨厌结果"。

哈雷·欧佛斯托教授，在他一部颇具影响力的书中谈道："行动是由人类的基本欲

爱默生

望中产生的……对于想要说服别人的人，最好的建议是无论是在商业上、家庭里、学校中、政治上，在别人心念中，激起某种迫切的需要，如果能把这点做成功，那么整个世界都是属于他的，再也不会碰钉子，走上穷途末路了。"

当我们迫切要说服某个人时，不妨在开口前自问一下："我怎样使他要做这件事？"这样可以阻止我们不要在匆忙之下去面对别人，最后导致多说无益，徒劳而无功。我们看看别人是如何成功做到这点的。

芭芭拉·安德森原本在纽约银行工作，但是为了儿子身体的缘故，想要迁居到亚利桑那州的凤凰城去。因此，她提前写了 12 封信分别寄给了凤凰城的 12 家银行。她的信是这么写的：

敬启者：

我在银行界的 10 多年经验，也许会使你们快速增长中的银行对我感兴趣。

本人曾在纽约的"金融业者信托公司"，担任过许多不同的业务处理工作，现在则是一家分行的经理。我对许多银行工作，诸如与存款客户的关系、借贷问题或行政管理等，皆能胜任愉快。

今年 5 月，我将迁居至凤凰城，故极愿意能为你们的银行贡献一己之长。我将在 4 月 3 日的那个礼拜到凤凰城去，如能有机会做进一步深谈，看

能否对你们银行的目标有所助益，则不胜感谢。

芭芭拉·安德森谨上

安德森太太是否如愿以偿呢？结果，凤凰城的 11 家银行表示愿意面谈，因此，她还可以从中选择待遇较好的一家！为什么会出现这样的结果呢？安德森太太并没有陈述自己需要什么，只是说明她可以对银行有什么帮助。她把焦点集中在银行的需要，而非自己。这就是她成功的原因。

站在对方的立场说话，就这么简单。但是却有很多人，终其一生不知从对方的角度去看事情。

多年来，我常会到离家不远的公园中散步。公园边上有一块布告牌，上面写道："凡引火者应受罚款及拘禁。"但这布告竖在偏僻的地方，很少有儿童看见它。负责看管这一片的是一位骑马的警察，显然这位警察先生对自己的职务不大认真，火灾时常发生并且经常蔓延。

有一次，我跑到警察那里，告诉他公园里有一处地方失火了，火势正在蔓延，要他立即通知消防队。但是他却对此非常冷漠，说不关他的事情。为此，我自发地保护起公园的公共财产。

最初，我根本不了解这些放火的孩子们的观点。当我看到他们起火时，我非常愤怒，急于做好事。我骑着马冲上去，向这些孩子们警告，说这样会引起火灾并会被拘禁。我还用权威的口气命令他们把火扑灭，而且如果他们拒绝，我就威胁他们要把他们抓起来。

我发泄了心中的愤怒，全然不顾他们的感受，结果怎么样呢？那些儿童遵从了——怀着一种反感的情绪遵从了。但当我离开他们以后，这群反叛而充满仇恨的孩子们又重新生火，并恨不得烧尽公园。

许多年后，我对人际关系的知识有了更多的了解，更懂得从对方的角度看问题。于是，我不再下命令了，我会骑马来到放火的孩子面前，然后对他们这样说："孩子们，玩得高兴吗？你们在做什么晚餐？当我还是孩子时，我也喜欢生火——我至今还很喜欢。但是你们知道，在公园中生火是很危险的。我知道你们会小心谨慎，但是别的孩子可不像你们这样小心。他们看到你们生火，也会照做，但是他们也许就忘记扑灭火，结果造成公园火灾，烧光树木。我希望看到你们快乐地生活，但是请你们把树叶拨得离火远些，好不好？在你们离开之前，你们要小心地多用些泥巴把火盖起来，好不好？那样就不会有危险了……多谢了，孩子们！祝你们玩得快乐。"

这种说法起到了很好的效果，孩子们非常合作，他们没有怨恨，也没有反感。因为我考虑到了他们的想法，他们能够接受，所以他们照做了。

欧文·杨是个著名律师，也是美国有名的商业领袖。他说过："能设身处地为他人着想，了解别人心里想些什么的人，永远不用担心未来。"

"注意别人的观点，引起别人的渴望"，这并不能解释为"操纵别人，使他去做对你有益，而对他却有害"的事，而应该是说"双方都能因为此事而获利"。在安德森太太发给凤凰城 12 家银行的信里，双方都因处理事务的方式得当而彼此获利。

一个电话工程师，他无法叫 3 岁大的女儿吃早餐，无论怎么责备、哄骗或要求，都无济于事。这个小女孩喜欢模仿母亲，喜欢觉得自己已长大成人。所以，有天早上，这对父母就把小女孩放在椅子上，让她自己准备早餐。果然小女孩弄得十分起劲，一看见父亲进到厨房便叫道："爸爸，看，今天早上我自己调麦片！"她吃了两份麦片，完全不用哄骗，因为这不但使她兴趣盎然，更使她觉得"深具重要性"。她完全在调制麦片的过程当中，找到了自我表现的途径。

当我们想出一个好主意的时候，别让其他人以为那是我们的专利。不妨让他们自己去调制那些观念，他们会认为那是自己的主意，也会因特别喜爱而多摄取了好些的分量。

我们应记住，要首先引起别人的渴望。凡能这么做的人，世人必与他在一起。这种人永不寂寞。如果你读完本书后，只学到一件事情——培养自己从对方角度去思考，如同从你自己的立场出发一样——如果你只学到这一点，就足以为你的生活道路打开新的一页。

先说自己错在哪里，然后再批评别人

我们每个人都有自尊，而有的人甚至达到了自负的地步。当你指出别人的错误、对别人进行批评的时候，一般的人都会下意识地去维护自己的尊严，从而对你的批评采取抵触的态度。这就是人性的弱点之一。我们必须要了解这个弱点，利用恰当的批评艺术，来达到我们批评的目的。如果批评者在谈话刚开始时就先谦逊地承认自己也不是无可指责的，然后再指出别人的错误，那么情形就会好得多。

数年前，我的侄女约瑟芬·卡耐基离开她在堪萨斯城的老家，来纽约担任我的秘书。她那时才 19 岁，高中毕业刚 3 年，几乎没有任何工作经验。理所当然地，她会犯一些错误。当有一次，她又犯了一个常识性的错误的时候，我正要批评她的时候，我对我自己说："且等一等，戴尔·卡耐基，且等一等。你的年纪比约瑟芬大一倍，经验比她多一万倍。你怎么可能希望她有你的观点、有你的判断、有你的经历呢——虽然这些都是很平凡的。等一等，戴尔，你在 19 岁时正干什么？还记得你那时呆笨的举动、愚蠢的错误吗？记得你……的时候吗？"

经过真诚而公平的考虑以后，我得出结论：约瑟芬 19 岁的能力，比我那时可要强多了——尽管如此，我很惭愧地承认，我并没有经常称赞约瑟芬。所以，从那以后，当我要让约瑟芬注意她的错误的时候，我就会这样开始说："约瑟芬，你做错了一件事，但老天知道，我所做的许多错事比这更糟糕。你当然不是天生就具有判断力的，那只能从经验中得来。而且你比我在你这年龄时强多了。我自己也曾犯过许多愚蠢的错误，所以我不愿意批评你或任何人。但如果你按某种方法去做的话，你想那不是更聪明吗？"

如果批评者在谈话刚开始时就先谦逊地承认自己也不是无可指责的，然后再指出别人的错误，那么情形就会好得多。风度优雅的布洛亲王早在 1909 年就明白这样做的必要性了。

当时，布洛亲王是德国总理大臣，而德国皇帝则是威廉二世——傲慢自大的威廉。也是德国最后一位皇帝——他建立了海军和陆军，并自夸能征服一切。

于是，震惊世人的事发生了。这位德国皇帝出访英国时，口若悬河地说了许多令人难以置信的蠢话，例如他是唯一一位对英国友好的德国人，为了对抗日本的威胁他建立了一支海军，他一人挽救了英国，使之免于

威廉二世

向俄、法称臣，由于他的征讨计划，使英国得以在南非战胜土著人，等等。最糟糕的是，他竟然允许伦敦《每日电讯报》将他这些丧失理智的自吹自擂之言公之于众。于是，这些爆炸性的新闻震动了整个欧洲，波及到了全世界。

在100多年的和平时期里，还从没有欧洲君王说过他这样的话。整个欧洲立即轰动了，如激怒的野蜂；英国也被激怒了，德国政治家更是惊骇万分。在这种形势下，德国皇帝也惶恐不安，他提议由总理大臣布洛来应对处理此事。是的，他希望布洛亲王宣布这一切责任都是他的，是他建议他的君主说这些令人难以相信的话的。

"但是陛下，"布洛反对说，"在我看来，不论在德国或英国，绝对不会有任何人愿意相信我有能力建议陛下说这些话的。"布洛一说出这句话，就意识到自己犯了一个严重的错误。德皇果然大为恼火。他咆哮着说："你以为我是一头笨驴，只会犯你永远都不会犯的错误吗？"

布洛知道他应先称赞皇帝几句之后，再提出批评意见，但事已至此，仍不妨选择一个最佳方案。他在批评以后再予以称赞。结果极其神妙——称赞常常会有这样的效果。

"我绝不会有那样的意思，"他恭敬地回答说，"陛下在许多方面都胜过我，这不只是就海陆军知识而言，尤为重要的是在自然科学方面。每次倾听陛下解释晴雨表、无线电报，或伦琴射线时，我总是对自己对所有各种自然

科学一无所知而深感惭愧，我不懂化学或物理，不能解释最简单的自然现象，因此对陛下万分钦佩。但是，"布洛接着说，"作为补偿，我知道一些历史知识，以及一些在政治上，特别是在外交上有用的知识。"

德皇脸上现出了笑容，布洛亲王称赞了他。因为布洛赞扬了他，而使自己显得卑微，这时的德皇已经能宽容任何事。"我不是常告诉你，"他热诚地说，"我们应互相取长补短，就可以闻名于世吗？我们应齐心协力，团结一致，而且我们愿意这样！"他与布洛握了握手，不只是一次，而是多次。

那天下午，他尤其激动。他握紧双拳喊道："如果任何人对我说布洛亲王不好，我将一拳砸扁他的鼻子！"

布洛及时救了自己——但像他这样机敏的外交家，也还是犯了一个错误，其实，他应该一开始先谈他自己的短处和威廉的长处——而不要暗示德皇是一个智力不足、需要保护的人。

如果仅仅说几句自我谦恭、称赞对方的话，就能使一位傲慢孤僻的德国皇帝变成一个牢固可靠的朋友，那你就可以想象，谦逊与称赞在我们的日常生活中具有多大的作用。如果运用得当，它们必然有助于我们在人际关系上创造奇迹。

一个人即使还没有改正他的错误，但只要在谈话开始时就承认了自己的错误，就有助于帮助另一个人改变其行为。

所以，如果你想说服别人而不触伤感情或引起反感，使自己成为一位受人欢迎的说话高手，不妨采用一些有技巧的方法，这样才能取得令人满意的效果。

用问问题来取代直接要求

没有人乐意听从别人的指使，没有人喜欢让别人告诉他应该怎么做，应该怎么想，这似乎是人的天性。

俄克拉荷马州一家工程公司的安全检查员乔士得的工作是检查工地上的

工人是否戴了安全帽。一开始，当他看到那些没有戴安全帽的工人时，他会立即批评这些工人，并且命令这些工人立刻戴上。但是这种方法收效甚微。工人当着他的面会戴上安全帽，但是当他走了以后，他们便会再把安全帽拿下来。

乔士得觉得自己的做法不合适，于是决定采用其他方式。当他看见没有戴安全帽的工人的时候，他就微笑着询问对方是不是觉得安全帽戴在头上不舒服、帽子的大小是不是不合适；然后他会对工人讲安全帽的重要性，建议他们为了自己的安全，最好把安全帽戴上。结果，这种做法收到了很好的效果。

前后不同的两种做法导致了工人们前后不同的两种反应，这就是人们的心理作用使然——排斥指使的态度和命令。之前乔士得采用了强势的方法，命令和指使工人应该如何去做，结果工人们不喜欢听乔士得的指使，这是他失败的主要原因。而后来乔士得之所以成功地说服了那些工人，同样也是因为他没有指使工人们怎么做。

同样的故事也发生在我身边。一年夏天，我和一位朋友驱车前往法国的乡下旅行，结果却迷了路。我们只得把车子停下来，向一群当地人问路。

我的朋友是一位大大咧咧的人，他冲上前去，对他们几乎吼着——我在几十米外都能清楚地听到他说："喂，到××镇怎么走？"

几分钟后，那位朋友怏怏地走了回来，向我愤愤不平地埋怨这里的农民没有礼貌，一点儿都不热情。我当然知道是怎么回事，于是微笑着走向那群农民，然后脱下帽子客气地向他们说道："我遇到了一个麻烦，需要你们帮一个忙。请问到××镇怎么走？"

结果我很快就得到了十分准确而详细的答案。他们显得很热情，回答得快速而有礼貌。等他们说完之后，我向他们表示了感谢，而他们也邀请我到他们的家里做客。我因为忙着赶路，因此答应下次有时间再去他们家。

对此，我的那位朋友很不理解我为什么会受到他们的欢迎，我说："没有人喜欢受人指使。"

你也许会说这仅仅是礼貌的问题。不错，礼貌确实有一定的影响，但是这绝不仅仅是礼貌的问题。而且，正是那种没有礼貌的语气使得你好像在对别人发号施令一样。的确，没有人乐意听从别人的指使，没有人喜欢让别人告诉他应该怎么做、应该怎么想，这似乎是人的天性。

在我班上有一个女学员道娜，她是一家公司的经理助理。一天，公司里来了一位客人，由新上任的经理接待。道娜像往常一样，正打算去给那位客人倒水，但是经理却突然对她说："去，倒杯水！"道娜却随口接道："我想去一下洗手间。"

这种情况在我们身边也常常发生，比如你在酒店里就可能会遇到类似的情况，虽然服务员满口答应你，但是却迟迟不会把水打来。你可以投诉她服务态度不好，但是这样对你自己并没有什么好处。那么，你为什么不能换种语气来说呢？你可以这么对她说："我现在需要一壶水，你能给我打壶水来吗？"她一定会非常乐意为你服务的。而这样做，难道使你损失了什么吗？

当我们在说服一个人的时候，我们也经常像是在指使别人："你应该这么做……"或者："你这么想才是对的……"我们经常使用的是命令或者强迫的语气，即使我们有时候并不具有那种权威。你应该让你的语气更加柔和与委婉一些。

遗憾的是，很多领导都喜欢指使下属做这做那，他们似乎想要用这种方式来体现自己作为领导的权威。而且多半的领导都在这么做，他们并没有意识到这有什么不对。即使对于大多数人来说，当某些人犯了错误的时候，我们也通常会以一种居高临下的姿态对他进行说教，指使他应该怎么做，而对方也很有可能会为了维护自己的尊严而不惜跟你争论。我们知道，在这种尖锐对峙的情况下，没有谁能够有办法说服对方。因此，最好的办法是维护对方的尊严，换一种方式指出他的错误，引导他应该怎么做。

沃德将军曾经担任过训练新兵的教官。一天，他驾着吉普车到新兵营去巡查，碰到一名士兵正领着女朋友在散步。那名士兵似乎没有看到他，而等他的车子经过的时候，那名士兵"碰巧"弯下腰来系鞋带。沃德知道是怎么一回事了。于是把那名不懂军规的士兵叫了过来。

"小伙子，"沃德说道，"难道你真的没有看到我吗？"

人际交往的艺术

"看到了。将军。"那名士兵知道瞒不过去，只得承认。

"那么，你为什么不向我敬礼，而是装作在系鞋带没看到？"沃德问道。

士兵十分为难，没有办法回答。他看了看他的女朋友，苦着脸说："将军，如果你是我，带着你的女朋友在散步，你会怎么做？"

沃德被士兵逗乐了，笑着回答说："我会跟她说：'我想先给这个老家伙敬个礼，怎么样？'"

那名士兵听了之后，微笑着向沃德将军敬了一个礼。而沃德将军也不再说什么，回敬了一个礼，然后就开着车走了。

可以想象，如果沃德将军满脸怒气地对那位士兵说："你刚才所做的是错误的。你应该向我敬礼！"那么，士兵虽然会照办，但是却会从此怀恨在心，因为沃德使他在女朋友面前丢了面子。而沃德将军并没有这么做，他巧妙地指出了士兵的错误，告诉他应该怎么做，而且也顾及了士兵的面子。

我这里还有一个相同的案例，也是关于军人的故事。

美国一个新兵营里最近接收了一批新兵。这些新兵有着坚强的毅力，这同样意味着他们不容易改变自己的一些习惯——那些坏习惯。教官发现，对这些文化程度较低的新兵并不适合讲大道理，当然，也不适合用强迫或命令使他们改变自己的不良习惯，那样的话他们会很暴躁地跟你对着干。教官们对此很伤脑筋，所以想了很多办法来改变他们，以使他们成为合格的军人，但是都收效甚微。总之，这些士兵倔强地认为，用不着别人来指使自己怎么做。

最后，教官们告诉士兵们，他们应该给家里寄一些信，以免家人挂念。教官们印发了一些信件，作为他们写信的参考。这些参考信的内容大致是告诉家人他们已经在军队里养成了良好的生活习惯，以前的很多坏习惯都已经改正了，请家人不用担心。当他们把信写好寄出去之后，奇怪的事情发生了：这些很顽固的士兵慢慢地主动克服了以前的坏习惯，一个个都变得精神焕发、讲卫生、守纪律了，最后都成为了合格的军人。

用建议来代替指使，可以让人信服；用请求代替指使，可以让人高兴地执行；用商量来代替指使，有人会主动请缨；用赞美来代替指使，他们会用行动来证明你所说的是对的。既然有这么多的方法可以代替指使，既然指使对于达到我们预期的目的没有任何效果，那么我们为什么不尝试换一种方式呢？

用提建议的方式让别人接受

最近，我很荣幸地同美国最著名的传记作家伊达·泰波尔小姐一起吃饭。我告诉她我正在写作，于是她和我开始讨论"为人处世"这个问题。她告诉我，她在写扬·欧文的传记时，访问了曾与扬先生在同一房间办公 3 年的一位先生。这人说，在那么长的时间内，他从未听到扬·欧文给任何人下达过直接的命令。他总是"建议"，而不是"命令"。例如，扬·欧文从未说过"做这个，或做那个"或"别做这个，别做那个"。他总是说"你可以考虑这个"或"你以为那样合适吗"。当他口述一封信后，他常这样说："你认为如何？"在看完他的助手写的信以后，他常这样说："也许这样措辞会更好些。"他总给别人机会亲自动手做事，而从不告诉他的助手该如何去做事；他让他们自己去做，使他们从自己的错误中学习。

建议别人，而不是强硬地命令对方，不仅能维持一个人的自尊，给他一种自重感，而且能使他更乐于合作，而不是对立。像这种方法，能使人更容易改正他的错误。而一些长者的粗暴态度所引起的愤怒可能会持续更久，即便他所纠正的是一个很明显的错误，也会如此。唐·斯坦瑞利是宾夕法尼亚州威明市一所职业学校的老师，他说了一件事。

有一个学生因为违章停车而堵住了学校的大门口。有一位老师冲进教室，以非常凶悍的口吻问道："是谁的车堵住了大门？"

当那个学生起来回答时，那位老师怒吼道："你马上给我把车开走，否则我就用铁链把它绑上拖走。"

这位学生确实是错了，汽车不应该停在那儿。可是从那天以后，不只是这位学生对那位老师的举止感到愤怒，全班的学生也总是做一些事情给这位

人际交往的艺术

老师造成不便，使得他的工作更加不顺。

本来他可以用完全不同的方式来处理这件事的。假如他友善一点地问："门口的车是谁的？"并建议说，"如果你能把它开走，那别人的车就可以进出了。"我想这位学生一定会很乐意地把车开走，而且他和他的同学也就不会那么生气了。

即使身为长者或上司，你也不能用粗暴的态度对你的晚辈或下属说话；否则你所得到的不是合作，而是激烈的对抗。同样，采用建议的方式可以让客户更好地接受和采纳你的意见，按照你的要求来做，满足你的需求。

在南非的约翰内斯堡的一家小工厂，经理伊安·麦克唐吉有个机会接到一份大订单，但他知道自己没有办法按期交货。尽管工作已在工厂排定好了，可是这份订单所要求的完成时间实在太短了，使他不太可能去承接这份订单。他并没有催促工人们加速工作来赶这份订单，他只是把大家召集在一起，对他们解释这种情形，并对他们说，假如能按时完成这份订单，对他们和公司的意义将有多大。"我们有什么办法来完成这份订单吗？""有没有人能想出别的办法来处理它，使我们能接这份订单？""有没有别的办法来调整我们的工作时间和工作的分配，来推动整个情况？"结果，员工们提供了许多意见，并坚持让他接下这份订单。他们用一种"我们可以办到"的态度，终于获得了这份订单，并且按期交货。

向对方问一些问题，不但使得这家小工厂接到一张订单，更激发了工人们的创造力，促成了良好合作和融洽的氛围。

因此，要想说服别人而不伤感情和引起反感，就请注意你说话的语气。改变你说话的态度，不妨换一种方式来提出你的要求：建议对方，而不是直接下命令。

让对方觉得是自己的想法

没有人喜欢觉得自己是在被迫去买什么东西或被人命令去做某件事。我们宁愿觉得我们是自愿购买的，或遵循自己的意念在做事。我们喜欢别人关心我们的愿望、需要及想法。试想一下，你对于自己发现的思想，是不是比别人的思想更为信仰？哪怕别人的思想放在一只名贵而精致的盘子里递给你，你也不会开心地接受。

是的，每个人都有如此的想法。既然如此，那么你想将你的想法强塞进别人的喉咙，岂不是太一厢情愿了？所以，提出建议，再让别人自己去想出结论，那样做不是更明智吗？

来自费城的鲁道夫·塞尔兹先生是我班上的一位学员，他有一次迫切地感到有必要给一群沮丧而散漫的汽车推销员打气加油，于是他召开一次销售会议，鼓励他的部下如实说出他们内心对他的看法和希望。在他们说这些的时候，他将他们的想法全都写在黑板上。然后他说："我可以满足你们对我本人的全部要求。现在，请你们告诉我，我有权利从你们那里得到什么？"

大家的回答很迅速：忠心、诚实、主动进取、乐观、合作，以及每天 8 小时的热情工作。有一个人甚至自告奋勇地要求每天工作 14 个小时。会议开得十分成功，给人以新的勇气和新的激励。

塞尔兹先生说："他们实际上是在和我做一种道德交易。在我保证尽我所能时，他们也决定尽他们的能力。和他们商讨他们的愿望和希望，正是他们所需要的精神食粮。"

尤金·威森在懂得这一真理之前，不知损失了多少美元的收入。

威森替一家专门为时装设计师及纺织品制造商设计花样的画室推销图样。威森曾连续 3 年每周一次地去拜访纽约一位最著名的时装设计专家。"他从未拒绝见我。"威森说，"但也从来没有买过我的图样。他总是仔细地看我的图样，然后说'不行。先生，我想今天我们不能要你的东西'。"

经历了 150 次失败以后，威森终于明白了问题所在：自己始终陷于以往的固定做法中，太墨守成规了。于是，他决定每星期用一个晚上的时间学习为人处世的技巧，努力发展新观念，创造新的热情。

不久，他受到了启发，开始尝试一种新的方法。他拿了 6 张画家们还没有完成的图样，跑到那位设计师的办公室。"我想请你帮我一个忙。"他说，

"这里有一些还没有完成的图样，我想请你告诉我，我们应该怎样完成它们，才能使你满意？"这位设计师默默地看了图样一会儿，然后说："将图样放在我这里，你过几天再来找我。"

3 天之后，威森又去找他，听取了他的许多建议，然后取回了图件，并按照设计师的意见把它们画完。结果呢？它们全都被买下了。

那是 9 个月以前发生的事情，从那时起直到现在，这位买主又订了几十张图样，全都是按照他的意见画的——结果，威森从他那里赚了 1600 多美元。"我现在明白，为什么我这么多年不能和这位买主做成生意了，"威森先生说，"以前我一味劝他购买我以为他应该买的。而现在，恰恰相反，我请他告诉我他的想法，于是他觉得是他在创造图样，并且也的确是这样。我现在即使不向他推销，他也会主动来买。"

这种方法确实是卓有成效的，说服别人的技巧就在于你是否让他们满心欢喜地接受你的意见。罗斯福总统用这种方法顺利地进行了一场改革。

比如，当有重要职位空缺的时候，他就请政治首脑们给他推荐担任此职的人。

"最初，"罗斯福说，"他们也许会提名一个软弱无能的党棍，即那种需要'照顾'的人。我就告诉他们，委任这样的一个人不是上策，因为公众不会赞同。

"然后，他们向我提出另一个无所作为的党棍，这是个碌碌无为的人，尽管他无可指责，却也没有什么值得称赞的业绩。我就告诉他们，这个人不能满足公众的期望。接下来我请他们想想，能否找到一个显然更适合这个职位的人。

"他们第三次提议的人还说得过去，但仍不十分理想。于是，我就谢谢他们，请他们再试一次。他们第四次提议的人就可以接受了——他们这时所提的正是我自己要提出的人。我对他们的协助表示了感谢，并委任了这个人——我还把这委任之功归于他们……我告诉他们，我这么做是为了让他们高兴，现在该轮到他们使我高兴了。而他们真的那样做了。他们支持我的各项法案，这使我很高兴。"

罗斯福就是用这种方法成功地执行了这项难以执行的改革方案。请切记，尽可能地向别人请教，并尊重他们的建议，让对方觉得那主意完全是他们自己决定的。这就是说服别人的秘诀，也是你成功的秘诀。

爱德华·豪斯上校在威尔逊总统执政时期，在国内外事务方面具有很大的影响力。威尔逊对豪斯的秘密策划及建议的依赖，比他自己的内阁成员还多。豪斯上校是用什么方法影响总统的呢？我们有幸得知这个答案，因为豪斯自己曾对亚瑟·D·史密斯说过，而史密斯又在《星期天晚报》披露了。

"'认识了总统以后，'豪斯说，'我发现，要使他相信某一种观念的最好方法，就是将这一观念很自然地植于他心中，并巧妙地使他对这一观念产生兴趣，使他经常思考。这方法第一次发生效力，纯属巧合。我曾到白宫去拜访他，劝他推行某项政策，而这种政策他似乎不太赞成。但几天以后，在一次聚餐的时候，我很惊讶地听到他把我的那个提议当作他自己的意见说了出来。'"

豪斯是否阻止了他，说"那不是你的意见，而是我的"呢？哦，没有。豪斯绝不会那样。他非常精明，他不屑于居功，只求行事有效，所以他使威尔逊继续认为那意见是他自己想出来的。不仅如此，他还使威尔逊因为公开了这些意见而获得了世人的赞誉。

我们一定要记住，我们明天所要接触的人，也许正像威尔逊一样，具有人性的弱点，所以，我们就应采用豪斯上校的做法。

设法使他立刻说"是"

我们知道，如果一开始的时候就使一位学生、顾客或你的孩子、妻子说"不"，那么，即使你有神仙般的智慧和耐心，也无法使那种否定的态度变为肯定。

詹姆斯·艾伯森发现，一旦让那个顾客开始就说"是，是"，顾客便忘了他们之间的争执，并且愿意做自己所建议的事。如果让人一开始说"不"，会有什么后果呢？我们来看看阿弗斯特教授在他的《影响人类的行为》一书中所说的一段话：

"一个'不'的反应，是最难克服的障碍。人只要一说出'不'，他的自尊心就会促使他固执己见。当然，也许以后他会觉得'不'是不恰当的，然而一旦他考虑到宝贵的自尊，他就会坚持到底。所以，一开始就让人对你采取肯定的态度极为重要。"

他接着说，人的这种心理模式显而易见。当一个人说了"不"以后，如果他的内心也加以否定，他全身的各个组织都会协调起来，一起进入一种抗拒状态，反过来，如果他说了"是"，情况就会恰好相反——他的身体就会随之处于前进、接受和开放的状态，这将有利于改变他的看法或意志，使谈话朝积极的方向发展。

正是这种"是"的方法，使得纽约格林尼治储蓄所的出纳员詹姆斯·艾伯森挽回了一位主顾，否则他就会失去这笔生意。幸运的是，詹姆斯·艾伯森在卡耐基培训课中接受了相关的培训，他懂得了这个方法。

"那天，"詹姆斯·艾伯森回忆说，"这个人走进来要开户，我让他先填写一些表格。其中有些问题他愿意回答，另外一些他根本不想回答。如果在以前，遇到这种情况，我会告诉这位顾客，如果他不向我们提供这些资料，我们就会拒绝为他开户。那样的'警告'使我很愉快，因为这好像在说只有我说话才算数。但是，显而易见，这样的态度将使我们的顾客有不被重视的感觉。

"因为上了训练班的有关课程，我决定不跟他谈银行的规定，而是谈顾客的需要。所以，我同意了他的做法。我告诉他说，那些他拒绝填写的内容并不是绝对必要的。'但是，'我引导他说，'假如你去世，你不希望把存在我们银行的钱转移给你的亲属吗？'

"'当然。'他说。

"'难道你认为，'我继续说，'将你最亲近的亲属的一些资料告诉我们，使我们能够在你万一去世的时候准确无误地实现你的愿望，不是一个很好的办法吗？'

"'是的。'他又说。

"就这样，最后他终于相信我们要这些资料的目的是为了他，他的态度就转变了。他不仅把他自己的全部资料告诉了我，还根据我的建议，开了一个信托账户，指定他的母亲为受益人，并爽快地填写了关于他母亲的详细资料。"

想得到对方的肯定其实并不难，只是人们忽略了如何去做。人们总是希望一开始对方就同意自己的看法，如果别人不同意的话，就急切地想驳倒对方，以获得对方的认同。他们或许认为这样做能够显示出自己的高明和突出。然而不幸的是，这种态度往往会适得其反。所以，最好的办法就是，一开始就让对方说"是"。

西屋公司的推销员雷蒙负责推销的区域内有一位富翁。雷蒙的前任和他花了 13 年的时间对这位富翁进行推销，但是直到最近，才使这位富翁答应购买了几部发动机。而当雷蒙再次去拜访他的时候，他却声称以后不会再订购西屋公司的发动机了，原因是他认为这些产品太热，不能把手放在上面。

雷蒙知道如果与他争辩的话，无疑会是徒劳。于是雷蒙打算找出让对方说"是"的方法来。雷蒙对那位富翁说："史密斯先生，我完全同意你的看法。如果我公司的发动机确实过热的话，你不应该再买。你花了钱，当然不希望买到热量超过标准的发动机，是不是？"

"是的。"史密斯说。

"你知道，"雷蒙接着说，"电工行会的规定是，一架标准的发动机的温度不能比室内温度高 72 华氏度，是这样吗？"

"是的。可是你的发动机却高出了这一温度。"史密斯说。

"你工厂的温度是多少？"雷蒙问他。

"75 华氏度。"史密斯想了一会儿然后说。

"这就对了，"雷蒙笑着说，"75 华氏度加上 72 华氏度等于 147 华氏度。如果你将手放在 147 华氏度的水里，你会不会被烫伤呢？"

史密斯不得不说："会的。"

"那么，"雷蒙继续说，"我建议你最好不要把手放在 147 华氏度的发动

机上面。"

"我想你是对的。"史密斯说。接着他们又谈了一会儿，最后，史密斯答应在下个月订购西屋公司 35000 美元的产品。

雷蒙总结说："我最后才知道，争辩不是聪明的办法。我们要站在对方的立场上去看问题，要设法让对方说'是'，这才是真正的迈向成功的方法。"

有趣的"苏格拉底辩论法"，就是以对方肯定的答复作为这种方法的辩论基础。他提出的每一个问题，都会得到别人的赞同。然后，他连续不断地发问，直到最后，他的反对者不知不觉地发现，自己所得到的结论竟然是几分钟前还坚决反对的。

这是不是很神奇呢？是的，如果你愿意的话，你也可以做到。方法很简单，那就是记住一开始的时候，要不断地让对方说"是"，千万不要让他说"不"。

因此，在跟人交谈的时候，不要一开始就谈论一些你们可能有分歧的事，你应该先强调你们都同意的事，并且需要不断地强调。然后，强调你们双方都在追求同一目标，试着让对方知道，即使你们有分歧，那也只是方法上的分歧，而不是目标上的。你应当时刻记得这位"雅典的牛蝇"给予我们的智慧和启迪，首先问一个温和的问题——一个能得到"是"的反应的问题。

第五章　如何与难缠的人物打交道

如果与你发生冲突的人很较真，该如何防止对抗升级？如果遇见一个不苟言笑的执法者，你该如何应对？处理好当下的现实情境，学会更成熟地处理和不同性格的人之间的关系，对于建立积极的伙伴关系和解决问题将尤为重要。当你能够灵活地运用一些与人相处的技巧，今后不愉快的情况就会越来越少，给你造成的破坏性影响也会越来越小。

来者不善时要友善

"如果你握紧两个拳头来找我，"威尔逊总统说，"对不起，我敢保证我的拳头会握得和你一样紧。但如果你到我这儿来说，'让我们坐下来商量，看看为什么我们彼此的意见不同'。那么不久我们就会发现，我们的分歧其实并不大，我们的看法同多异少。因此，只要我们有耐心相互沟通，我们就能相互理解。"

最欣赏威尔逊这些至理名言的，要数小约翰·洛克菲勒了。1915 年，洛克菲勒还是科罗拉多州一个最受人轻视的人。美国工业史中流血最多的罢工潮在科罗拉多州持续动荡了两年的时间，愤怒而粗野的矿工要求科罗拉多煤铁公司增加薪水，而这家公司正归洛克菲勒所有。当时，房产被毁坏，军队也被调动出来，发生了多起流血事件。罢工的工人遭到镇压和枪杀，许多尸体遍体鳞伤。在那样一种充满仇恨的情况下，洛克菲勒却要使罢工者接受他的意见，而且他真的做到了，他运用的正是这种方法。

他先是花了数星期的时间和工人交涉，然后又对工人代表发表演说。这篇演说可算得上是一篇杰作，而且产生了惊人的效果：它不仅平息了恐吓者要把洛克菲勒吞下去的仇恨，而且使他赢得了许多赞赏者。他用极友善的态度来阐明事实，使罢工工人回去工作，而不再提增加薪资的事。这是那篇著名演说的开始部分，且看它的字里行间所流露出来的友善精神。要知道，听洛克菲勒这次演说的人，几天前还打算将他吊死在酸苹果树上。然而面对这些人，他却再仁慈、再友善不过了，好像是在对一群传道士演讲。他的演说内容如下：

"今天，是我一生中值得纪念的日子，这是我第一次这样幸运地会见这家伟大公司的劳工代表、职员及监督们。说心里话，我很荣幸能到这里来，而且在我有生之年绝不会忘了这次聚会。如果这次聚会在两个星期前举行，我对你们中大多数人来说一定是一个陌生人，而且我也只认识少数的面孔。上星期我有机会访问南矿区所有的住户，除去外出的代表，我差不多和所有的代表谈过话，我见过你们的家人，看到了你们的妻子儿女。我们今天在这里见面，不再是陌生人，而是朋友。也正是在这种互相友善的精神中，我很幸运有这种机会，同你们讨论我们共同关心的问题。"

"这是由公司职员及工人代表参加的集会。我之所以能来这里，全都是因为你们的厚爱。尽管我既不是公司职员，也不是工人代表，但我仍然觉得与你们关系亲密，因为从某方面说，我代表了股东及董事双方。"

假如你生气时，对人家发一顿火，你固然会觉得舒服了，但对方又会怎样呢？他也能分享到你的痛快吗？你那充满火药味的声调、仇视的态度，能使他赞同你吗？小约翰·洛克菲勒的故事不正是一个化仇敌为朋友的最理想的例子吗？假如洛克菲勒采用别的方法，假如他和那些矿工争论，态度强硬地当着他们的面举出毁坏矿场的事实来；假如他用暗示的语气告诉他们，说他们是错的；假如他运用逻辑规则来证明他们是错误的，那么结果会如何？那必然会激起更多的愤怒、更多的仇恨和更多的反抗。

大约在100年前，林肯就曾对此发表过自己的看法，他是这么说的：

"一句古老的格言说'一滴蜂蜜比一加仑胆汁能捕捉到更多的苍蝇'。对人也是这样。如果你要让别人同意你的观点，你就要先使他相信你是他真正的朋友。这就犹如一滴蜂蜜，用一滴蜂蜜赢得了他的心，那么，你就能使他走在理智的大道上。"

如果一个人因为与你不和，并对你怀有恶感、对你心怀不满，那么你用任何办法都不能使他信服于你。责骂的父母、强硬的上司及丈夫，以及唠叨不休的妻子们应该明白：人们不愿改变他们的想法，不能勉强或迫使他们与你我的意见一致。但如果我们温柔友善——非常温柔、非常友善——我们就能引导他们和我们走向一致。

丹尼尔·韦斯特相貌出众，是一位能言善辩而且非常有成就的辩护律师。他善于用友善温和的词句在法庭上表达他那强有力的观点。没有威逼，也没有高压的手段，他从不将自己的意见强加于人。韦斯特用轻声细语和安详友善的方式来为人作辩护，而这正是他闻名遐迩的原因。

当然很多人永远也不会去面对和调节罢工潮，或对陪审团发言，但是你或许会希望房东将你的房租减少。那么，这种友善的方法对你也会有很大的帮助。

我的班上有一位叫史德伯的工程师，曾经一段时间生活很拮据，因此，他希望自己的房租能够减低。但他知道房东是一个非常难缠的人，"虽然如此，我还是想尝试一下。"史德伯在班上的一次演讲中这样说，"于是我就写了一封信给他。通知房东，合约期已满，我会立刻搬出去。但事实上，我当时并不想搬走，如果租金能减少，我愿意继续住下去，但看来这并不可能。其他房客也都尝试过各种方法——包括警告甚至恫吓——大家都对我说，房东很难打交道。但是，我对自己说，我正在学习如何与人相处，所以我要对他试一试，看看是否有效。"

史德伯的房东一接到他的信，就同秘书找到了他。史德伯站在门口欢迎房东的到来，充满了善意和热忱。交谈的开始，史德伯并没有谈房租太高，而是强调自己是多么地喜欢他的房子。史德伯称赞房东管理有道，并表示自己很愿意再住一年，可是却实在负担不起昂贵的房租。

"他显然是从未见过一个房客对他如此热情，他简直不知道该怎么办才好。"史德伯这么描述当时的情景。接下来，房东对史德伯开始诉苦，抱怨房客，说其中的一位给他写过 14 封信，内容太侮辱他了。另一位房客则威

胁如果不能制止楼上那位房客打鼾的话就要退租。"有你这种满意的房客，多令人轻松啊！"房东对史德伯称赞道。

当然，最终的结果是令人满意的。在史德伯没有提出要求之前，房东就主动要减收一些租金。"但这还是一个比较高的数字。"史德伯说出了自己能负担的数字，而房东什么都没有说就同意了。当他离开时还转身问道："有没有什么要为你装修的地方？"

"如果我用了别的房客所用过的方法来迫使房东将房租减低，我确信我必然会遇到和他们一样的困难。而这种友善的、同情的、欣赏的方法使我达到了自己的目的。"

如果一个人能够认识到友善的方式能够更好地改善身边的人际关系，那么他在日常言行中也会表现出温和友善的态度来。强暴粗鲁的方法永远不可能赢得好人缘，只有友善的方法才能征服别人的内心。

与其纠缠不休，不如少说为妙

辩论产生的结果只能是失败，永远无法获胜。即使表面上你取得了胜利，实际上却与失败没有什么区别。因为就算你在辩论会上胜了对方，把对方驳得体无完肤，甚至指责对方神经错乱，可是结果又会怎么样呢？你自然逞了一时之快，自然很高兴，但是对方却会感到自卑。你伤了他的自尊，他会对你心怀不满。这就是本节我所要讲述的观点。

在第二次世界大战后不久，我在伦敦学到了一个极为重要的教训。那时，我是澳大利亚飞行家詹姆斯的经理人。在大战期间和结束后不久，詹姆斯成为了世界瞩目的人物。一天晚上，我参加了欢迎詹姆斯的宴会。在席间，一位坐在我右边的先生给我们讲了一段诙谐的故事，这个故事正好印证了这样一句格言："谋事在人，成事在天。"但是，这句话的出处，这位先生却记错了。

他指出这句话出自《圣经》，而我恰好知道这句话出自莎士比亚的作品。

于是，为了显示自己的优越，我讨人嫌地、毫无顾忌地纠正了他的错误。然而那人却坚持他的说法："什么？那句话出自莎士比亚？不可能，绝对不可能。"他非常地自信，并坚持自己的说法。

当时，坐在我左边的是我的老朋友加蒙，他是一个研究莎士比亚的专家。我们让加蒙来决定我们谁是正确的。加蒙在桌子底下踢了我一脚，然后说："卡耐基，你是错的，这句话的确出自《圣经》。"

宴会之后我们一起回家。我责怪加蒙说："你明明知道那句话是出自莎士比亚之口，为什么还要说我不对呢？"

"是的，一点都不错，"加蒙说，"那是莎士比亚的《哈姆雷特》第五幕第二场中的台词。可是卡耐基，我们都是这个宴会上的客人，为什么我们一定要找出一个证据，去指责别人的错误呢？你这样做会让别人对你产生好感吗？你为什么不能给他留一点点面子呢？他并不想征求你的意见，也不想知道你有什么看法，你又何必去跟他争辩呢？你应该永远都不要和他人正面冲突！"

"永远都不要和他人发生正面冲突"，说这句话的人现在已经不在这个世界上了，可是我会永远记住这句话。这个教训给了我极大的震动。我原来是一个固执己见的人，从小就喜欢跟人辩论。读大学的时候，我对逻辑和辩论十分感兴趣，经常参加各种辩论比赛。后来，我在纽约教授辩论课，甚至还计划着手写一本关于辩论的书。现在，我一想起这些事，就会感到十分羞愧。那天之后，我又聆听了数千次辩论，并且十分注意每次辩论会之后产生的影响。我得出一个结论，它也是一个真理：天下只有一种方法能得到辩论的最大胜利，那就是像避开毒蛇和狂犬一样，尽量去避免辩论。

我还发现，在辩论之后，十有八九，各人还是会坚持自己的观点，相信自己是绝对正确的。你赢不了争论！要是输了，当然你也就输了；但是即使你胜了，你还是失败的。为什么？如果你胜了对方，把他驳得体无完肤或千疮百孔，证明他毫无是处，那又能怎样呢？你也许会扬扬得意，但是他却因为蒙羞而怨恨你的胜利。"一个人即使口头认输，但心里根本不服。"

多年以前，有一位争强好胜的爱尔兰人哈里先生参加了我的辅导班。他

人际交往的艺术

卡耐基励志经典

受过的教育虽然很少，但却非常喜欢与人争论！他曾给别人当过汽车司机。后来，他改行推销载重汽车，但是并不怎么成功，便到我这里来求助。我稍微询问了他几句，就可看出，他总是同他的顾客争辩，并冒犯他们。假如有某位买主对他推销的汽车有所挑剔，他就会怒火难耐，和对方大声强辩，直到把对方驳得哑口无言。

那时他的确赢过不少次争论。后来他对我说："每当我走出人家的办公室时，总对自己说'我总算把那家伙教训了一次'。我的确教训了他，可是我什么也没有推销出去。"

因此，我的第一个难题不只是教哈里如何与人交谈，现在我立即要做的是训练他如何克制自己不要讲话，避免与人发生争执。现在，哈里先生已经是纽约怀特汽车公司的一位明星推销员了。他是怎么取得成功的呢？下面是他自己叙述的经过：

"假如我现在走进一个顾客的办公室，而他却说：'什么？怀特汽车？它们可不怎么样！你白白送给我，我都不要。我只买某某牌的汽车。'我说：'请听我讲，老兄，那种汽车的确很不错，你买那种汽车绝对错不了。那家公司的汽车质量可靠，而且推销员也很优秀。'

"于是，他就无话可说了。他没有和我争辩的余地了。如果他说某某牌的汽车最好，我说确实不错，那么他就只好住嘴不说了。既然我同意了他的看法，他当然也就不能整个下午不停地说'某某牌的汽车最好'了。于是，我们不再谈某某牌的汽车，我开始向他介绍怀特汽车的优点。

"我若是在当年听到他那样的话，一定会大发脾气。我会立即和他吵起来，挑剔某某牌汽车。而我越是挑剔贬低它，我的顾客则会越卖力地辩护，他越这样辩护，就越坚信和喜欢我的竞争对手的产品。现在回想起来，我真的不知道我一辈子究竟能卖出多少东西。我把自己一生中的许多时间都耗费在与别人抬杠上了。现在我缄口克己，很是有效。"

正如睿智的本杰明·富兰克林常说的："如果你争强好胜，喜欢与人争执，以反驳他人为乐趣，或许能赢得一时的胜利，但这种胜利毫无意义和价值，因为你永远得不到对方的好感。"所以，你自己应该仔细考虑好：你宁愿要一个毫无实质意义的、表面上的胜利，还是希望得到一个人的好感？要知道，你不能两者兼得。

巴恩互助人寿保险公司为他们的职员定下了这么一条规定：不要争辩。他们认为，一个好的推销员是不会跟顾客争辩的，即使是与最平常的意见不合，也应该尽量避免。因为人的思想是不容易改变的。

在威尔逊总统任职期间担任财政部长的玛度，以他多年的从政经验告诉人们一个教训："我们绝不可能用争论使一个无知的人心服口服。"而如果要我说的话，我认为，你别想用辩论改变任何人的意见，而不只是无知的人。

所得税顾问派逊先生，曾经为了一笔 9000 美元的账目问题和一位政府税收稽查员争论了一个小时。派逊的意见是，不应该征收人家的所得税，因为这是一笔永远无法收回的呆账。而那位稽查员却认为必须要缴税。派逊在讲习班上讲了后来的情形：

"他冷漠、傲慢、固执，跟这种人讲理，就如同在讲废话。越跟他争辩，他越是固执己见。后来我决定不再继续跟他争论下去，于是就换了个话题，还赞赏了他几句。'由于你处理过许多类似的问题，'我这样对他说，'所以这个问题对你来说肯定是小菜一碟。而我虽然也研究过税务，但不过是纸上谈兵。你当然知道，这些是需要实践经验的。说实在话，我非常羡慕你有这样的一个职务。这段时间让我受益匪浅。'"

"当然，我跟他讲的，也都是实在话。那位稽查员挺了挺腰，就开始谈他的工作，讲了许多他所处理的舞弊案件。他的语气渐渐平和下来，接着又说到自己的家庭和孩子。临走的时候，他对我说他打算回去再把这个问题考虑一下。三天后，他来见我，说那笔税按照税目条款办理，不再多征收。"

人性中存在着这么一个弱点，即人人都希望得到别人的认同。当派逊跟他争辩的时候，他显得十分有权威，希望以此来建立自尊，而当派逊认同他的时候，他就随即变成了一个和善的、有同情心的人，从而自然而然地停止了争论。

"恨永远无法止恨，只有爱才可以止恨。"因此，误会不能用争论来解决，而必须运用一定的外交手腕和给予别人的认同来解决。

有一次，林肯曾经这样斥责一位与同事争吵的军官："一个成大事的人不应处处与人计较，也不应花大量的时间去和他人争论。无谓的争论不仅会有损你的教养，而且会让你失去自控力，尽可能对别人谦让一些。与其挡着一只狗，不如让它先走一步。因为如果被狗咬了一口，就算你把这只狗打死，也不能治好你的伤口。"

林肯的这句话也应当成为你行动的准则！

倾听比倾诉更容易得人心

最近我在纽约著名的出版家格利伯举行的宴会上，遇到了一位著名的植物学家。我以前从来没有和植物学家交谈过，但是我觉得他具有极强的诱惑力。我一直坐在椅子上，静静地听他介绍大麻、大植物学家玻尔本以及室内花草等。他还告诉我许多关于廉价马铃薯的惊人事实。由于我自己有一个室内小花园，所以我经常会遇到一些问题，因此他非常热情地告诉我如何解决我的问题。

我已经说过，我们这是在宴会中。当然，在座的还有十几位客人，但我违反了一般的礼节，没有注意到其他人，而与这位植物学家谈了好几个小时。到了深夜，当我向众人告辞的时候，这位植物学家转身面对主人，对我大加赞扬，说："卡耐基先生真是一个最富激励性的人。"然后他又极力称赞我在某方面这样这样，我在某方面那样那样……总之，他最后说我是一个"最有魅力的谈话家"。

我？一个有魅力的谈话家？可是我在这次交谈中几乎没有说什么话。事实上，如果我不改变话题的话，即使让我来说，我也说不出什么来，因为我对于植物学所了解的知识，就像对动物解剖学一样全然不知。

但是请注意，我已经做到了认真地倾听他的谈话。我专注地倾听着，因为我真的感兴趣。当然，他也察觉到了这一点，这显然让他很高兴。

类似的故事还同样发生在我的另一次聚会中。那次，我应邀参加一次桥牌聚会。由于我不会打桥牌，就坐在一边。恰好我身边也有一位美丽的女士不会打桥牌，当她知道我在罗维尔·托马斯先生从事无线电广播这个行业之前，曾经担任过他的私人助理，而且我曾随同托马斯到欧洲各地旅行，由我来替他做即将播出的生动的旅行演讲时，她高兴地叫道："啊！卡耐基先生，你能不能将你所见过的旅游名胜告诉我？"

于是，我们在沙发上坐下来。她告诉我说，她同她丈夫最近刚从非洲旅行回来。"非洲，"我说，"这可是一个非常有趣的地方！我总想去看看非洲，但我除了在阿尔及利亚待过一天之外，没到过其他任何地方。告诉我，你是否到过野兽出没的国度？是吗？你真是太幸运了！我可真是太羡慕你了！请问你能告诉我非洲的情形吧！"

结果，我们那次谈话持续了 45 分钟。那位女士不再问我到过什么地方，也不再问我看见过什么东西。其实，她并不是真的想听我谈我的旅行，她所想要的不过是一个真诚的倾听者，她可以借此机会来讲她所到过的地方，以扩大她的自尊感。

她这样做很特殊吗？不，其实许多人都是这样的。例如，伍德福德在他的《相恋的人》一书中写道："很少有人能拒绝那种带有恭维的认真倾听。"而我却比这还要更进一步。我告诉这位植物学家，我已经得到了极其周到的款待和指导，事实上我也感到如此。我告诉他，我真的希望自己能有他那么丰富的知识，而且我也确实希望如此。我还告诉他，我希望和他一起去田野中漫游，这也是我的真实希望。我还告诉他，我必须再见到他——我真的必须再见到他。就因为这样，才使得这位植物学家认为我是一个善于谈话的人。但我实际上不过是一个善于倾听的人，并鼓励他谈话而已。

在几年前，我曾去一位女士家里做客，这位女士现在已经当了奶奶，她告诉了我她是如何因为善于倾听而获得男士欣赏的经历。她对我说：

"卡耐基先生，我要告诉你一件我从来没有跟任何人说过的事情，甚至连我丈夫也不知道的事。

"我出生在费城一个很穷困的家庭里，我幼年和少年时的最大悲剧就是我家很贫穷。我不能像其他的女孩子那样有许多的娱乐，我的衣服料子从来

都不是最好的，加上我长得太快，衣服总是没办法合身，而且也不是流行的式样。我一直觉得很丢脸，也很委屈，结果常常哭着进入梦乡。最后，我在绝望之中想出了一个办法，就是每次参加晚宴的时候，我总请我的男伴将他自己过去的经验以及他的一些看法，还有他对未来的计划告诉我。

"我之所以这么做，并不是因为我对他的话特别感兴趣；我这样做，只是不想让他注意到我穿着难看的衣服。可是奇怪的事情很快发生了，当我听这些年轻人跟我谈话，并对他们有了较多的认识后，我真的开始对他们说的话产生了兴趣。有时候我的兴趣会浓厚到忘记我自己的穿着打扮。可是最让我吃惊的事情，是因为我能倾听别人谈话，而且能鼓励那些男孩子谈他们自己的事情，这使他们非常快乐，于是我渐渐成为我们那里最受欢迎的女孩子，最后竟然有 3 个男孩子一起来向我求婚。"

善于倾听别人的话竟然会成为说话的高手，成为最受欢迎的人。这还不够，在商业会谈中被誉为"神秘的秘诀"，也正是"专心致志地倾听正在和你讲话的人"。至于成功的商业交往，并没有什么神秘的，没有别的东西比这更令人开心。

这个道理很明显，是不是？你根本不必去哈佛大学读书才能领悟这个道理。但是你和我也都知道这种情况：有的商人租用豪华的店面做生意，橱窗的设计也很到位，完全可以打动人心，他们还不惜投入巨资大做广告，可是他们雇用的服务员却不知道做一个倾听者。这些服务员甚至会打断顾客的谈话，反驳他们的观点，激怒他们，有的甚至还将顾客赶出去。

沃尔顿在新泽西州靠近大海的纽瓦克市一家百货商场买了一套西服。可是他穿上这套西服之后，却非常地失望，因为上衣褪色，把他的衬衫领子都弄黑了。于是，沃尔顿先生将这套衣服带回商场，找到售货员，告诉他有关的情况。可是他还没有说完，就被对方打断了。

"这种衣服我们已经卖出了好几千套。"这位售货员反驳说，"你还是第一个来挑毛病的。"

这是售货员说的话，而他说话的声调听起来比这更让人难以接受。他那满是火药味的声音好像在说："你说谎。你想欺负我们，是不是？那好，我可要给你点颜色看看。”

正在两个人吵得不可开交的时候，男一个售货员加入进来。他说："所有的黑色衣服起初都会褪颜色的，这是很自然的事。这种衣服就这种价格，当然会那样。那是颜料的关系。"

"到这时候，我再也不能忍受了，顿时火冒三丈。"沃尔顿先生说，"第一个售货员怀疑我的诚实；而第二个却暗示我买了一件低档货。我当时就恼火了。我正想骂他们，这时售货部经理走了过来。显然，他很懂得自己职务的重要性，也正是他完全改变了我的态度，使我由一个恼怒的顾客变成了一位满意的顾客。"

他又是怎么做的呢？"他首先是静静地听我从头至尾讲了一遍经过，没有插一句话。在我说完之后，那两个售货员又想说他们的意见，但是这位经理站在我的立场，反驳了他们。他不仅指出我的领子显然是被西服弄脏的，并且坚持说如果商品不能让顾客满意，他们商店就不应该出售。最后，他承认他不知道毛病的原因所在，并坦率地对我说'你希望我如何处理这套衣服？你说什么我们都可以努力做到'。

"几分钟以前，我还想让他们将那套衣服留给他们自己，但我现在回答说'我只想听听你的意见。我想知道这种情况是暂时的，还是毫无解决的办法'。于是，他建议我将这套衣服再穿一个星期。他说'如果到时候你仍不满意的话，我们一定换你一套满意的。这样给你添麻烦，我们非常抱歉'。

"我满意地走出了这家商店。一星期后，这套衣服再也没有什么毛病，我对那家商店的怒火也完全消失了。

"你看，那位管理员之所以当上售货部经理，正是因为他深谙说话的艺术。而至于他的两位下属员工，我认为他们应该终身停留在店员的地位。哦，不，他们应该降到包装部去，永远也不要和顾客打交道。"

这就是为什么同样的问题，由不同的人来解决竟然出现不同结果的原因。问题的关键就在于你是否是对方忠实的观众。

喜欢挑剔的人，甚至那种最激烈的批评者，也常常会在一个具有忍耐心和同情心的倾听者面前变得态度软起来。当怒火万丈的寻衅者像一条大毒蛇张嘴咬人的时候，这位倾听者应当保持缄默，而且只是认真地倾听他的谈话。

纽约电话公司在几年前不得不想办法去安抚一位曾凶言恶语咒骂接线员的顾客。他那可是真的咒骂。他骂起来有些歇斯底里，甚至威胁要毁掉电话线路。他不仅拒绝支付某些费用，认为那是不合理的，还写信给各家报纸，还多次向公众服务委员会投诉，并好几次向法院起诉这家电话公司。最后，电话公司派了一位经验丰富的调解员去见这位喜欢找麻烦的顾客。

这位调解员到了这位顾客家中之后，没有说任何话，只是静静地听他说话。无论对方说什么，他都静静地听着。这位电话公司的调解员认真地倾听着，并不断说"是"，同情他的冤屈。

"他继续毫无顾忌地说他的话。我静静地听了将近3个小时，"这位调解员在我的培训班上叙述他的经历时说，"以后我又多次去他那里，并再静静地听他诉说。我总共见过他4次，而在第4次访问即将结束之前，我已经成为他正在创办的一个组织的主要会员了。他将这个组织称为'电话用户权益保障会'。我现在仍然是这个组织的会员。然而，除了这位老先生之外，据我所知，我是他这个组织唯一的会员。"

"后来，"这位调解员说道，"在这几次拜访中，我始终都是倾听他谈话，并且赞同他所谈的任何一件事。以前从来没有电话公司的人像我这样和他谈话，这使得他变得几乎友善起来。我在第一次访问他时，并没有提到见他的目的，在第二次、第三次，我也没有提到我的目的。但在第四次，我使这个问题有了完美的结局——老先生将所有的欠费都付清了，并使他自从与电话公司作对以来，第一次撤销了他向公众服务委员会的投诉。"

显然，这位老先生自认为是在为公益而战，是在保障公众的权利不被剥夺，但他实际上是在追求一种自重感。他先是通过挑剔和抱怨来得到这种自尊感，一旦他从电话公司的代表那里得到了自重感时，他那所有并不真实的冤屈立即消失了。

所以，如果你希望自己成为一个善于谈话的人，首先就要做一个善于倾听别人的人。要做到这一点其实并不难，你不妨问问别人一些他们喜欢回答的问题，鼓励他们开口说话，说说他们自己以及他们所取得的成就。

如果是你的错，立即断然承认

我当时住的地方，几乎处于纽约市的中心，但从我家中步行不到一分钟的距离，就有一片森林。我常带着我的波士顿哈巴狗瑞克斯到园中去散步，它是一只性情温和的小犬，由于在园中不常遇见人，没有给它加皮带或口笼。

有一天，我们在公园中遇见一位骑着马的警察——一个似乎要显示他的权威的警察。

"你让那狗不戴口笼、不用皮带在园中乱跑，是什么意思？"他责问我，"你不知道那是犯法的吗？"

"是的，我知道那是犯法的，"我轻柔地回答说，"但我想它在这里不至于有什么伤害。"

"你想不至于！你想不至于！法律不管你怎样想。那狗也许会伤害松鼠，或咬伤儿童。这样，这次我放你过去，但如果我再在这里抓住这狗不戴口笼、不系皮带，你就得去和法官讲话了。"我谦逊地应许遵守他的命令。

而我的确也真实地遵守了几次，但瑞克斯似乎不喜欢口笼，我也不喜欢，所以我们决意去碰运气。起初什么都好，可是好景不长，我们就遇到了麻烦。一天下午瑞克斯同我跳过一个小丘，忽然间，我又看见了法律的权威——骑着马的那位警察。瑞克斯在前面奔跑着，正向着那警察冲去。

我知道没有办法了，所以没等到警察开始说话，我先发制人。我说："警官，你已当场把我抓住了，我是犯了法，我没有托词，没有借口。你上星期警告我如果我再把没有口笼的狗带到这里，你就要罚我。"

"哦，"这警察用温柔的声调说，"我知道周围没有人的时候，让一只小狗在这儿跑，是一件诱人的事。"

"那真是一种引诱，"我回答说，"但那是犯法的。"

"像那样的一只小狗不会伤人。"警察辩护说。

"不，但它也许会伤害松鼠。"我说。

"哦，现在，我想你对这事太认真了，"他告诉我说，"我告诉你怎样办，你只要使它跑过那土丘，使我看不见它——我们将这事忘却就算了。"

和平常人一样，这位警察先生也希望得到一种自重感，所以当我开始责怪自己的时候，唯一能增加他的自尊的方法就是对我表现得宽宏大度。但假如我为自己辩护的话，那结果又将会怎样呢？

我没有和他正面争论，我承认他绝对是正确的，我是绝对错误的，我爽快地、坦白地、真诚地承认这一点。我站在他的立场上说话，于是他也就反过来为我说话。而仅在一星期之前，这位警察还曾以法律的制裁来威吓我。

假如我们知道自己免不了要受到责备的话，为什么不抢先一步，积极主动地认错呢？难道自己责备自己，不比别人的斥责要好受得多？

乔治·华盛顿总统在很小的时候就显示出了许多优秀的品格。他家的种植园中种有许多果树。有一次，乔治的父亲华盛顿先生从大洋对岸买了一棵品种上佳的樱桃树。华盛顿先生非常喜爱这棵樱桃树，他把树种在果园边上，并告诉农场上的所有人要对它严加看护，不能让任何人碰它。

一天，华盛顿先生交给乔治一把锋利的小斧子，让他去清理杂树，然后自己就出去了。乔治十分高兴自己拥有一把锋利的小斧子，拿着它在种植园中乱砍杂树。可能是因为太高兴了，他一不小心就砍倒了那棵樱桃树。

乔治·华盛顿

那天傍晚，华盛顿先生忙完农事，把马牵回马棚，然后来果园看他的樱桃树，没想到，自己心爱的树居然被砍倒在地。他问了所有人，但谁都说不知道。就在这时，乔治恰巧从旁边经过。

"乔治，"父亲用生气的口吻高声喊道，"你知道是谁把我的樱桃树砍死了吗？"

乔治看到父亲如此愤怒，他意识到是自己的一时冲动闯了祸。他哼哼唧唧了一会儿，但很快恢复了神志。"我不能说谎，"他说，"爸爸，是我用斧子砍的。"

华盛顿先生这时候已经冷静了下来，他问乔治："告诉我，乔治，你为什么要砍死那棵树？"

"当时我正在玩，没想到……"乔治回答道。

华盛顿先生把手放在孩子肩上。"看着我，"他说道，"失去了一棵树，我当然很难过，但我同时也很高兴，因为你鼓足勇气向我说了实话。我宁愿要一个勇敢诚实的孩子，也不愿拥有一个种满枝叶繁茂的樱桃树的果园。一定要记住这一点，儿子。"

乔治·华盛顿从未忘记这一点。他一直像小时候那样勇敢、受人尊敬，直至生命结束。

我们中的大多数人都像乔治·华盛顿一样，从小就被教育要诚实，但很遗憾的是，我们中的大多数人已经做不到这一点了。当然，我们可以找出各种理由来为自己辩解，来使自己能够既撒谎又心安理得。在多数情况下，我们为了维护自己的尊严，或者出于自我保护而拒绝承认自己的错误，即使承认错误不会给我们带来任何惩罚——拒绝承认错误好像成为了一种下意识的行为，就算我们并不清楚是为什么。

这是一种可怕的行为。如果你确认自己犯了错误，唯一能做的就是承认它。这并不会给你带来多么严重的后果。愚蠢的人总会想办法为自己的错误辩解或者掩饰，而聪明的人却恰恰相反，他们通常会毫不掩饰地承认自己的错误，因为这会给他带来更多的东西。

一个有勇气承认自己错误的人，也可以得到某种满足感。这不仅只是消除罪恶感和自我辩护的气氛，而且有利于解决实质性问题。在纽约的一家汽车维修店里，曾经发生过一件勇敢地承认自己错误的事情。

布鲁士新进这家维修店不久，就因为热情的工作态度得到了老板和同事们的一致好评。

人际交往的艺术

但是有一天，布鲁士由于一时大意，把一台价值5000美元的汽车发动机以2500美元的价格卖给了一位顾客。同事们给他出主意，让他立即追回那位顾客：如果追不回，还可以私下里垫上这2500美元。可是布鲁士觉得这些方法都不好，他决定向老板承认错误。那些同事阻止他，认为他这么做简直太蠢了，因为这会导致他失去这份工作。但是布鲁士却坚持自己的意见。

布鲁士拿着一个装了钱的信封来到了老板的办公室。"对不起，布朗先生，"布鲁士说道，"今天，由于个人的原因，我犯了一个很大的错误，使维修店损失了2500美元。我为我犯了这样的错误而感到羞耻，并打算辞去这份工作。在走之前，我打算把这笔损失补上。这是我的2500美元赔款，请您收下。"

老板听后，沉默了一会儿，然后对布鲁士说："你真的打算这么做吗？"

"是的，布朗先生，"布鲁士回答道，"我把发动机的价格搞错了，确实是我犯下了这个错误，因此只有我自己来承担这个责任。我本来可以去找那位顾客，但是这样会损害维修店的声誉。而我对这件事情负有全部的责任。因此，我只能这么做。"

布鲁士这种勇敢承认自己错误的行为打动了老板。他知道，任何人都会犯错误，关键是要有承认和改正自己错误的勇气。所以，老板并没有批准布鲁士辞职，而是给了他更大的发展空间，也更加器重他，而布鲁士则因为勇敢地承认自己的错误而获得了比500美元多得多的东西。

很多人也会为自己的错误做辩护——而且大多数愚蠢的人也正是这样做的。而敢于承认自己错误的人，都会获得别人的谅解，给人以谦恭而高尚的印象。

艾伯·赫巴是一位全国（指美国）都为之敬仰的最有创造性的作家，他的讽刺性文字常引起别人强烈的反感。但是，赫巴却常常用他那罕有的待人处世技巧，变仇敌为朋友。例如，当一些恼怒的读者写信来表示不同意他的某篇文章，并在末尾痛骂他一顿时，赫巴就会这样回答对方：

"细想起来，我自己也不完全同意我自己。我昨天所写的东西，今天我也不一定全都满意。我很高兴知道你对这类问题的看法，如果下次你到附近来的时候，欢迎大驾光临，我们可以相互交流，遥祝平安。"

面对一个如此待你的人，你还能说什么？当我们是对的时候，我们要温和、巧妙地使别人赞同我们；当我们是错的时候，我们要迅速而诚挚地承认我们的错误。这不但能产生惊人的效果，而且在许多情形之下，要远远胜过你为自己辩护。

史狄芬是一家裁缝店的老板，由于他经营有道，裁缝店的生意很好。一天，一位叫哈里斯的贵妇人来到店里，要求赶做一套晚礼服。史狄芬做完礼服之后，却发现礼服的袖子比要求的长了半寸。不幸的是，他已经没有时间再进行修改了，因为哈里斯太太规定的时间已经到了。

当哈里斯太太来到店里取她的晚礼服的时候，她并没有发现有什么问题。她试穿上晚礼服，发现它为自己平添了许多气质，于是连连称赞史狄芬的高超手艺。不料，等她试完之后打算按照原定的价格付钱时，史狄芬却拒绝接受。于是，哈里斯太太问他为什么。

"太太，"史狄芬说，"我之所以不能收你的钱，是因为我犯了一个很大的错误——我把你的晚礼服的袖子做长了半寸。我很抱歉，我希望你能够原谅我。如果你能够给我一点时间的话，我将免费为你把它做成你需要的尺寸。"

哈里斯太太听完后，一再强调她对这件礼服很满意，而且并不在乎袖子长那么半寸。但是，她却无法说服史狄芬接受这套礼服的钱，最后，她只得让步。

哈里斯太太回去对她的丈夫说："史狄芬以后一定会出名的，他认真的工作、精湛的技术、诚恳的态度使我坚信这一点。"

事实果然如此，史狄芬后来成为了世界有名的服装设计师。

不要忘记了这句智慧之语："用争斗的方法，你永远不会得到满足；但用让步的方法，你的收获将比你期望的更多。"这个道理人人都懂，只是实行起来有一些困难罢了。我想要强调的是，如果你确实想要成功，成为一位说话高手，请记住第二项修炼：如果你错了，就一定要迅速而坦诚地承认自

指出他人的错误要委婉

一天，查尔斯·史考伯经过自己的钢铁厂的时候，撞见几个工人正围在一起抽烟。他们显然忘记了公司禁止吸烟的明文规定，或者像很多犯错误的人一样存在侥幸心理。史考伯先生应该把他们揪出来，然后狠狠地批评他们吗？或者把那块"禁止吸烟"的牌子指给他们看？这都只会让对方感到难堪，并且对史考伯产生怨恨。只见他不动声色地走上前去，发给他们每个人一支雪茄，并对他们说："我们到外面抽去。"

这些工人当然不会跟着史考伯一起出去抽烟，而是对他说："啊，我们忘记公司禁止吸烟的规定了。请你原谅。"然后赶快回到他们的工作岗位上去了。当然，我们能够体会到他们心里的那种复杂的感觉：既为犯了错误而感到自责，又为没有受到惩罚或指责而感到庆幸，同时对史考伯先生也越发尊敬。他们以后一定不会犯同样的错误了。

当你发现对方犯了一个很明显的错误时，为了使对方能够尽快地改正，于是你好心地对他说："看，约翰，你刚才说的有这样一个错误……"你满以为他会感激你，但是结果却让你很意外，甚至让你感到不可理喻——他坚决不承认自己犯了错误，更不用说感激你了。

你没有必要因此而责备对方，这种事情太常见了，几乎每个人都会有这样的毛病。当别人指出自己的错误，尤其是直截了当地指出的时候，一般人似乎都受不了。他会因此而产生一种让人觉得不可思议的强大的力量，正是这种力量迫使他拒绝接受你的批评或指正，即使他明明知道你是为他着想的。

心理学家指出，这种强大的力量中有很大一部分是自我认同感在起作用。当自己所相信的东西被怀疑或否定之后，每个人都会产生一种焦虑，感到自己的自尊被伤害了，甚至感到自己的安全已经没有了保障。结果是，他会本能地拒绝承认自己的错误，即使他可能认为你说的是对的。因此，当你想要说服一个人，让他明白自己的错误的时候，千万不要直接指出对方的错误。

我相信，直接指出对方的错误，实际上就是在批评对方。任何人都不喜欢被他人批评，即使他明白自己确实做错了，但是人们却往往做这样的蠢事。在我们身边经常会遇到一些比较烦心的事情困扰着我们，但是很多时候只要我们换种表达方式，也许就能轻易地达到我们的目的。

马吉·嘉可布太太请了几位技术非常好的工人加盖房子。头几天，他们总是把院子弄得乱七八糟，到处都有木屑。一次，等他们结束了一天的工作后，聪明的嘉可布太太不露声色地叫来她的孩子们，和他们一起把木屑处理干净，堆到院子的角落里。第二天，工人们来的时候，她非常高兴地对工人们说："你们昨天把院子打扫干净了，我非常高兴。老实说，这简直比我们以前的院子还要干净。"

听到这些话后，那些工人十分高兴，以后都把木屑堆在了院子的角落。试想一下，如果嘉可布太太摆出一副雇主的姿态，那些工人会怎么样呢？他们会毫不犹豫地换另外一份活儿的，因为像他们这么优秀的建筑工人毕竟很少。

从上面两个例子的结果来看，间接地指出对方的错误是十分正确的。采用温和的语气，间接地指出别人的错误，这样就不会引起对方的反感。

确实，我们只要在指出对方错误的同时，注意维护对方的自尊，就容易收到很好的效果。这是十分符合人的本性的——正因为我们没有办法改变人性的弱点，所以只有使自己所做的事情符合人性。那些聪明的人总是会想方设法这么去做，因为他们知道这样做的效果比直接指出对方的错误要好得多。

一些大公司或者机构的上层人物一般人通常很难见到，其中的部分原因固然是他们很忙，但是那些下属的"过滤"也是一个重要的原因：他们不愿意他们的上司被打扰，因此帮上司挡掉了许多看起来不那么重要的客人。这对那些上层人物来说并不一定就是好事，卡尔·佛朗在当佛罗里达州奥兰多

市的市长的时候，就曾经遇到过这样的麻烦。

他奉行的是"门户开放"政策。当时他规定，市民如果有事的话就可以直接来见他。但是，那些造访的市民却常常被工作人员挡在门外。后来，为了圆满地解决这个问题，聪明的市长想出了一个高招儿：他叫人把他办公室的门给拆了。这样，他相当于在明白无误地告诉工作人员不要再阻挡那些造访者了。另一方面，他用行动暗示了工作人员的错误，但并没有直接指出来，这就给他们保留了自尊。

美国陆军第 542 分校的士官长哈雷·凯塞在带预备役军官时，他面临着一个军队中普遍存在的问题。什么问题呢？在预备役军人和正规军训练人员之间，最大的差异就是理发，因为预备役军人认为自己只是老百姓，因此他们非常不愿意把头发剪短。如何解决这个问题呢？按照以前正规军的士官长一样，他可以向他的部队怒吼几声，或威胁他们。但他不愿这样做。

他这样说道："各位先生们，你们都是领导。当你以身教导时，那是最有效不过的办法了。你必须为你所领导的人做个榜样。你们应该了解军队对理发的规定。今天我也要去理发，而我的头发却比某些人的头发要短得多了。你们不妨对着镜子看看，如果你要做个榜样的话，是不是该要理发了？我们会帮你安排时间去营区理发部理发。"

结果是可以预料的。有几个人自动去镜子前看了看，然后下午去理发部按规定理了发。次日早晨，凯塞士官长讲评时说，他已经看到在队伍中有些人已经具备了领导者的气质。

1887 年 3 月 8 日，美国最富有口才的牧师、演说家亨利·华德·毕切尔去世了。在下一个星期日，莱曼·阿伯特应邀向那些因毕切尔去世而伤心不已的牧师演讲。他急于取得成功，把演讲词改了又改，并像福楼拜一样过分小心地进行润饰。然后他将演讲词读给他妻子听，但是演讲词写得并不很好，真的很糟糕。但是如果他妻子缺乏见识，她可能会这样说："莱曼，糟极了，绝对不能用。你会让那些听众都睡着的，那听起来像一本百科全书。你传道这么多年，应该能写得更好。天啊！你为什么不像一个普通人那样去讲呢？你为什么不自然点儿？你如果念那篇东西，一定会砸自己的台。"

如果他是这样说的，结果会怎样可想而知。是的，她知道这样的结果。所以，她换了一种方式来说："亲爱的，如果这篇演讲词寄给《北美评论》，一定是一篇极好的文章。"

莱曼·阿伯特当然满心欢喜地接受了妻子的意见。你认为他会真的把自己的演讲稿寄给《北美评论》吗？不，阿伯特将他精心准备的底稿撕碎，后来连大纲都不用，很自然地作了演讲。阿伯特的妻子称赞了他的演讲词，同时又很巧妙地暗示丈夫不能用这篇演讲词去演讲。阿伯特当然知道这点，所以他照妻子的意思做了。

通过上面的这些案例我们可以知道，为了劝服别人同时又不伤害别人，你需要间接地指出他人的错误。

帮助对方客观地分析问题

我之前说过，我现在已经不像以前那样确信许多东西了。这并不是悲观的论调，只是我现在能够更加客观地认识一些东西，不再像以前那样从狭隘的个人经验、个人知识、个人信仰和个人立场来看事物。但是很多时候，一些人还是在确信许多我以前确认、现在却怀疑的东西。想到这一点，我就会感到十分焦急。

有位号称"双枪"的杀人魔王科洛雷曾经和他的女友开车在一条乡村公路上兜风，他把汽车停在了马路中央。这时候，警察走过来请他出示驾照。他二话不说，掏出手枪就朝警察射击。当警察已经躺倒在地的时候，科洛雷跳下车，拔出警察的手枪，又对尸体射了一枪。这当然只是科洛雷的种种恶行中的一件，因为他生平杀人无数。

1931 年 5 月 7 日，警察把科洛雷围在他女友的公寓里，并朝屋内扔了催泪弹，试图把科洛雷从房子里逼出来。但是，即使在一个小时后，科洛雷还蹲在一个沙发后面朝警察开枪。当警察抓获负隅顽抗的科洛雷后，纽约市警察局局长马罗尼发表了公开讲话，他说："这是一个名副其实的杀人魔王，任何一件小事都会成为他杀人的借口。"

　　但是科洛雷自己却并不这么认为。他在自己的公开信里这样写道："没有人知道，我在凶恶的外表下藏着一颗疲惫和善良的心，我并不愿意杀害任何一个人。"

　　你相信他——这位杀人魔王的话吗？不会的，绝对不会有人相信的。但是他居然觉得自己没有什么错，难道是他故意为自己辩解吗？不是的。因为他从内心就没有意识到自己究竟错在哪里。对于这样的人，你想对他说些什么呢？

　　当你们在交谈的时候，常常遇到一些看起来十分顽固的人。这些很顽固的人，换个角度来看的话，我们可以称之为有着坚强信念的人。这些人不会轻易地改变自己的看法，只要是他们认定的事实，如果没有更加确凿、更加有力的证据的话，他们从来不会产生怀疑。

　　这些人其实和这位科洛雷先生非常地相似。什么，拿他们和这位臭名昭著的杀人魔王对比？是的，请不要怀疑。他们的确有一些共同点的存在，就是同样地固执。只不过科洛雷先生让人看起来更加违反常规。我不想给这些人下评论，不论你有何种性格，"不及"和"过"可能是同样的效果，而对不同的事情而言，这种执着的信念往往会有不同的效果。比如，不应该坚持的东西，你却坚持了，这时候就是你的不对了；而有一些正确的东西，你越坚信它，对你来说就越好。

　　你确信自己的意见是对的，而别人的意见是错的。但你要让别人认识到这一点却并不是一件很容易的事情。你不能对他说："事实明明就摆在那里。"这样的话没有多少说服力，因为他也看到了事实，只是每个人看到的事实都是不一样的。但你明明知道他的意见是一种偏见，他是从你认为不正确的角度来看问题的。在这时候，你应该尽量使对方客观地认识事物。这样，他才会真正认识到自己所犯的错误。

　　我们帮助别人客观地认识事物，首先要知道他是怎么想的，以及是如何得出这一想法的。每个人都会有一定的坚持己见的习惯。他们看问题当然是从自己的经验、自己的立场去作判断，而且认为这是对的。当有人怀疑他的正确性的时候。他会毫不犹豫地为自己的观点进行辩护，除非你能够指出他的致命的缺陷。所以，你必须站在他的立场去考虑问题，并进一步地反驳他。

我通常在规劝或者说服他人去做某一件事情的时候，先停下来想一想"如何才能使他心甘情愿地去做"这个问题。我想以我自己的亲身经历来说明让别人客观地认识事物对于说服一个人的重要性。

我在一开始进行我的讲座的时候，租用了纽约市一家饭店的舞厅作为演讲地点。我的每期培训都需要租用 20 个晚上。一开始我并不为这件事担心，因为这点租金是我可以承受的数额。但有一次，在新的一轮演讲开始的时候，饭店方面突然打电话告诉我说必须付比以前高 3 倍的租金。我并不想改变演讲的地点，因为一切准备工作都已经就绪。我打算说服饭店的经理，使他打消这样的念头。我很清楚，他们想的只是自己的利益，但是我相信自己能够说服这位经理。

"你们的通知的确让我很吃惊。"我见到那位经理后，微笑着对他说，"但是我这次来并不是想责怪你。我知道，如果我是你，我也会这么做的。因为不这样做的话，饭店的利益就要受损，而你将会被辞退。那么现在，为饭店的利益着想，我们来分析一下这项决定的利与弊。"

我从我的包里拿出一张早就准备好的纸，在纸的中间画了一道线，作为"利"和"弊"的分区。接着，我在"利"的那一边写下"可做他用"，然后跟他解释说："的确，你们可以把舞厅租给人家，用来跳舞或者开会。毫无疑问，这样肯定会比租给我的价钱要高。而租给我的话，相当于你们损失了很大一笔钱。"

再接着，我在纸的另一边写下"减少收入"和"广告效应"，然后对他解释说："首先，我因为付不起你们的租金，所以不得不另觅地方，这样一来，你们势必要空出这个舞厅一段时间。相对来说，这比现在算是减少了收入。其次，你们知道，我每次所举办的一系列讲座，都会吸引许多人——包括很多名人到你们饭店来居住，难道你不认为这是最好的广告吗？你们每次需要在报纸上花多少钱打广告呢？如果我猜得不错的话，5000 美元应该是必不可少的。而且，这些报纸上的广告的效果也未必有这么大。这对像你们这么大的酒店来说，价值是不是非常大呢？"

最后，我把这张纸交给尚在思考的经理，并且对他说："为了你们的利益，请认真地考虑一下，然后尽快通知我。"结果已经可以预料：第二天，饭店方面就通知我，我的租金只需要增加50%，并不是之前决定的3倍。

我并不是在这里说明我的做法是多么地高明，我只是想以此来说明，我们在说服他人的时候，是完全可以用更加简单而有效的方法来做到这一点的——让他人客观地认识事物。只要你能够保持理智和冷静，你也可以试着这么去做。

第六章　增加友谊的方法

每天做一件让人高兴的事

伟大的心理学家阿尔弗雷德·阿德勒常常对那些精神忧郁症患者说："如果你遵照我开的处方去做的话，你的病会在两周之内治好。我的处方就是每天想一想你怎样才能让别人高兴。"

为什么每天做一件让别人微笑的事，就能给人带来这么大的影响呢？因为当我们试着使别人高兴的时候，就不再会只想到自己。如果只想到我们自己，就会产生忧虑和恐惧，以及忧郁症。

有一句老话这样说："把玫瑰给你的手，你总能沾点香。"

住在华盛顿州西雅图的已故博士佛兰克·陆培，他因为患有风湿病而在床上躺了 23 年之久，但是《西雅图报》的记者史德华·怀特豪斯写信告诉我说："我曾访问过陆培博士好几次。我从未见过哪个人能像他那样不自私，那样好好地过日子。"

像他这样躺在床上的废人，怎么能好好地生活呢？我让你猜两次。他是否一天到晚地埋怨和批评别人呢？不是的……他是不是充满了自怜，想让他成为所有人注意的中心人物，要求每个人都来照顾他呢？也不是。他的做法是把威尔斯王子的名言"我为人民服务"作为他的座右铭。他搜集了许多病人的姓名和住址，给他们写充满快乐、充满鼓励的信，使他们高兴，并激励他自己。事实上，他创立了一个专供病人通信的俱乐部，使他们能够彼此通信联络。最后，他创办了一个全国性的组织，即"病房里的社会"。

他躺在床上，每年平均要写 1400 封信，由别人捐赠给这个组织的收音

机和书籍，为成千上万的病人带来了快乐。

陆培博士和别人最大的不同是什么呢？就在于他有一种内在的力量，有一个目标，有一项任务，知道自己是在为一项高尚而重要的理想服务，并从中获得快乐；他不会做一个像萧伯纳所说的"以自我为中心、又病又苦的老家伙，一天到晚地抱怨这个世界没有好好地使他开心。"

我在开始写这本书的时候，提出了 200 美元的赏金，以"我如何快乐起来"为题。征求一则对人最有帮助、也最能激励人心的真实故事。

这次征文比赛的 3 位评审委员，是东方航空公司的董事长艾迪·雷肯贝克、林肯纪念大学的校长史德华·麦克柯里南博士，以及广播新闻评论家卡坦波恩。但我们最后征收到两篇非常好的故事，连 3 位评审委员也没有办法选出第一名来。于是我们让两名作者平分了这笔奖金。

下面就是得到一等奖的故事之一——作者是住在密苏里州斯普林菲尔德的波顿先生。

林肯

"我 9 岁时没了母亲，12 岁时又没了父亲，"波顿先生写道，"我父亲死于车祸，我母亲在 19 年前的某一天离家出走，从此以后我就再也没有见过她，也没有见过被她带走的我那两个小妹妹。直到离家 7 年之后，她才给我写了信。我父亲在母亲离家 3 年之后死于一次车祸。他和一个合伙人在密苏里州的一个小镇买了一间咖啡店，这个合伙人趁他出差的时候把咖啡店卖了，然后卷款潜逃。一个朋友给我父亲发去电报，叫他赶快回家。我父亲在匆忙之下，在堪萨斯州沙林那城的一次车祸中丧生。我有两个姑姑，她们又穷又老，而且病魔缠身。她们把我们 5 个孩子中的 3 个带到她们家里去。

"没有人要我和我最小的弟弟，我们只好依靠镇上的人帮忙度日。我们都很怕被人家叫孤儿，或被人家当孤儿来看待，但我们所担心的事情很快就发生了。我和一个贫民家庭在镇上共住了一段时间，但日子很艰难，那一家的男主人不久又失了业，他们没有办法再供养我。后来罗福亭先生和他太太收留了我，让我住在他们一个离镇子 11 里远的农庄里。

"当时罗福亭先生 70 岁，得了俗名'缠腰龙'的带状疱疹，躺在病床上。他告诉我说，只要我不说谎，不偷窃，能听话做事，我就可以一直住在那里。这三项要求成了我的圣令，我完全遵照它们。我开始上学了，可是第一个星期我就像一个婴儿似的躲在家里号啕大哭起来。其他孩子都来找我麻烦，取笑我的大鼻子，说我是个笨蛋，还说我是个'小臭孤儿'。我伤心得想揍他们一顿，可是收养我的罗福亭老先生对我说：'你要永远记住，能走开而不打架的人，要比打架的人伟大得多。'所以我一直没有和人打过架。最后，有一天，有个小孩在学校的院子里抓起一把鸡屎朝我脸上扔来。我狠狠地揍了他一顿，结果交上了好几个朋友，他们都说那家伙是自找苦吃。

"我非常喜欢罗福亭太太给我买的一顶新帽子。有一天，有个大女孩把我的帽子扯了下来，在里面装满了水，弄坏了帽子。她说她之所以往里面装水，是想让那些水弄湿我的大脑袋，好让我那玉米花似的脑筋不要乱爆。

"我在学校从来没有哭过，但我常常回家之后号啕大哭。然后，有一天，罗福亭太太给了我一些忠告，使我消除了所有的烦恼和忧虑，并使我的敌人都变成了我的朋友。她说：'罗夫，只要你对他们表示感兴趣，而且注意观察你能够为他们做些什么的话，他们就不会再来捉弄你，或叫你"小臭孤儿"了。'我接受了她的忠告。我开始努力学习。虽然我不久就得了第一名，但从来没有人妒忌过我，因为我总在尽力帮助别人。

"我帮过好多男同学写作文，我还为好几个男同学写过完整的报告。有一个孩子不愿让他的父母亲知道我在帮他，所以常常告诉他母亲，说他要去抓田鼠，然后跑到罗福亭先生的农场来，把他的狗关在谷仓中，让我教他读书。我还替一个孩子写过读书报告，还花了好几个晚上的时间帮另外一个女孩子学习数学。

"死神很快就来到我们附近：两个年纪很大的农夫都死了，另一位老太太的丈夫也死了。在这 4 户人家中，我是唯一的男人，我帮助那些寡妇们度

过了两年的日子。我上学放学的路上，都会去她们的农庄，帮她们砍柴、挤牛奶，给她们的家畜喂饲料、喂水。现在，大家都很喜欢我，不再骂我，每个人都把我当成他的朋友。当我从海军退伍回来时，他们向我表达了他们对我的真正感情。

"我到家的第一天，有 200 多个农夫赶来看我，其中还有许多人甚至从 80 里以外开车过来。他们对我的关怀非常真诚，因为我一直很高兴帮助其他人，所以我没有什么忧虑。而且 13 年来再也没有人叫过我'小臭孤儿'了。"

如果你是一位男士，就可以跳过这一段不看，因为你可能不会有兴趣的。这里讲的是一个满怀忧虑的、很不快乐的女孩子如何使好几个男人来向她求婚的故事。而这个女孩子现在已经是一位祖母了。

我几年前曾去她家里做客。当时我正在她所住的小镇上演讲，第二天早上她又开车送我到 50 里外的地方去搭车，好让我转车到纽约中央车站去。我们谈起了如何交朋友的事，她对我说："卡耐基先生，我要告诉你一件我从来没有跟任何人说过的事情——甚至连我丈夫也不知道的事。"

她告诉我说，她出生在费城一个很穷困的家庭里，"我幼年和少年时的最大悲剧，"她说，"就是我家很贫穷。我不能像其他的女孩子那样有许多的娱乐，我的衣服料子从来都不是最好的，加上我长得太快，衣服总是没办法合身，而且也不是流行的样式。我一直觉得很丢脸，也很委屈，结果常常哭着进入梦乡。最后，我在绝望之中想出了一个办法，就是每次参加晚宴的时候，我总请我的男伴将他自己过去的经验以及他的一些看法，还有他对未来的计划告诉我。

"我之所以这么做，并不是因为我对他的话特别感兴趣；我这样做，只是不想让他注意到我穿着难看的衣服。可是奇怪的事情很快发生了，当我听这些年轻人跟我谈话，并对他们有了较多的认识后，我真的开始对他们说的话产生了兴趣。有时候我的兴趣会浓厚到忘记我自己的穿着打扮。可是最让我吃惊的事情，是因为我能倾听别人谈话，而且能鼓励那些男孩子谈他们自己的事情，这使他们非常快乐，于是我渐渐成为我们那里最受欢迎的女孩子，最后竟然有 3 个男孩子一起来向我求婚。"

如果我们打算像德莱塞所宣扬的那样"为他人改善一切"，那么我们就应赶快去做，时间不容浪费。"这条路我只能走一次，所以我能做到的任何好事，以及我所能做的任何仁慈之举，都现在做吧。不要让自己拖延，也不要让我忽视，因为我不会再经过这条路了。"每天都要做一件能给别人的脸上带来快乐微笑的好事，这样的人生还有什么不快乐的呢？

不要忘记表达真诚

我常听到许多人埋怨："我性情过于羞怯，很难引起别人注意"，"没有人会对我感兴趣"，或是"别人并不想认识我"等。不错，别人为什么要喜欢你呢？这世界并没有义务非要喜欢你或我，或任何一个人。有什么特别理由别人会特别选中你（无论是工作或社交的理由）？除非我们具有他们所要的特质，否则，他们没有必要特别注意到你。

玛丽安·安德逊曾经很生动地描述她早期的生活——她那时事业失败，整个人很不得志，几乎就要放弃歌唱生涯了。后来，凭借祷告和心灵的追求，她才逐渐恢复勇气和信心，准备继续为自己的事业奋斗下去。有一天，她兴致勃勃地向母亲说道："我要再唱下去！我要每个人都喜欢我！我要继续追求完美！"

母亲回答道："很好啊！这是很好的志向——但是，要知道，人在成就伟大的事业之前，必须先学会谦卑。"玛丽安听了深受感动，因此决心在音乐造诣上"力求"完美，而不是"想要"完美。"谦卑先于伟大"，这是母亲给她的最好赠言。

名作家荷马·克洛维是我的好朋友，十分懂得交友之道。凡是碰到他的人，无论是清道夫、百万富翁、妇孺老幼都会在与他相处 15 分钟之内对他产生好感。小孩会爬到他的膝上，朋友家的仆人会特别用心为他准备餐点，而且假如有人宣布："今晚荷马·克洛维会到这里来！"则当天的宴会一定没

人际交往的艺术

有人缺席。除朋友间深厚的感情之外，荷马·克洛维的家人也都十分敬爱他。他的妻子、女儿，还有好几个孙儿女，全都对他称赞不已。

究竟这位作家是如何赢得这种幸福的？他既不年轻，又不英俊，更不是百万富翁，他有什么魅力可以吸引人呢？说来也很简单——就是待人诚恳、热爱人类而已。他一点也不矫揉造作，并且能让别人感觉到他真的喜欢、关心他们。对他来说，对方是什么人，或做什么事，他都不

荷马·克洛维

会在意。只要是身为一个人，对他便意义重大，值得付出关爱。每次他遇见陌生人，很快就能像老朋友一样交谈起来——并不是专谈自己的事，而是尽量谈对方的事。他借由问问题。可以知道对方是从哪里来、做什么事、有没有什么家人等。他也不会唠叨个不停，只是向对方表示自己的兴趣和关心，借以建立起友谊。

当然，为了要得到友谊和情爱，我们必须先认清"施与比受用更有福"，然后把这种认知用实际行为表现出来。我们不能只是把金矿藏在内心，黄金必须使用才能显示其价值。

由此我们知道了得到友谊的最佳方法是必须注重施与，而不是获得——但应该是亲自赢取得来的，而不是靠一时的吸引或哄骗。所谓赢取友谊的能力，并不是指勾肩搭背、与人攀谈、动作滑稽或讲些逗趣的笑话等。而应该是一种心境、一种处世的态度或是一种愿意把自己的爱、兴趣、注意力及服务精神献给他人的愿望。

通用制造公司的董事长哈瑞·布利斯在大学期间靠推销缝纫机为生，他总结说："要想在推销员这个岗位上取得成功，就要忽略自己渴望销售出去的数量，而应该集中心思向客户介绍自己能提供什么样的服务。"他的经验也正是所有有经验的推销员都认同的真理，对自己能否成功推销产品的担心

会给心理造成障碍，这样会影响自己适当地介绍产品。

如果一个人将精力用在为他人服务上，就会充满难以抗拒的力量。你怎么会拒绝一个企图帮你解决问题的人呢？

布利斯先生说："我对推销员说，如果他们一天到晚想的都是'我今天要尽力多帮助一些人'，而不是'我今天要尽力多卖出一些产品'的话，就会发现接近买主不是那么困难了。然后推销业绩会出奇地好。能够帮助同胞获取快乐、轻松生活的人，是最高级的推销员。"

打高尔夫球时，会有人叮嘱我们不要让眼睛离开球；向成年人传授说话技巧时，我们告诫学生要集中心思在他想要传达的信息上。紧张、害怕都是担心结果的表现，这是不可取的。我自己就是从吃过的苦头中学到这一点的。我曾经是一个害羞的人，天生不善于公开讲话，要我面对一群听众就好比要一个普通人面对国会调查委员会一样费力。

好几年前，我准备发表演讲，当时的听众据说相当难缠。我事前与一位好朋友共餐，免不了流露出紧张的情绪。"假如听众不同意我讲的话怎么办？"我神经兮兮地问这位朋友，"假如他们不喜欢我，该怎么办？"

"不错，"朋友回答道，"他们为什么要喜欢你呢？你能给他们干什么？你认为自己要讲的话很重要吗？"

"我承认那些东西对我来说，的确意义十分重大。"我说道。

"很好，"她继续说道，"我倒不觉得听众喜不喜欢你有什么重要。重要的是你有没有把要讲的信息传达出去。至于他们喜欢或讨厌你，又有什么关系呢？至少，你已完成了任务。"

朋友的这番话，改变了我对演讲的整个看法。现在，每当我准备发表演讲的时候，都会在事前先静心祷告："神啊，求你帮助我传达出对这些听众有益的信息来，让他们有所收获，满心欢喜地回家。"这样的祷告对我十分有用，而我也的确希望能对听众有帮助。这样的祷告使我谦卑地体会到自己只不过是个传达某些信息的演讲员，而不是要显露自己的学问或者风采。我的目的是要带给听众一些鼓舞性的思想，以期对他们的生活有所助益。

《狗明星"强心"》的主演，好莱坞著名的喜剧之星 J·艾伦·布恩，在观察"强心"表演的过程中学到了不少东西。他后来把这些学到的东西编写成《给"强心"的信》，并成为一本畅销书。布恩先生介绍，这是一只很了不起的狗，总是欣然地执行他的命令，在电影中表演为剧情所需的各种动作。难的是它这么做，从来不是为了得到报酬，而是出于爱和享受把事情做好而带来的快乐。有好几次，"强心"都曾纯粹是为了自身的乐趣而表演。这也许正是它能成为电影明星的原因。

布恩先生还曾谈到有一次他面对一个跳舞的年轻女孩。她第一次试跳的时候，紧张得像新娘出嫁，怕自己会失败。于是他安慰她："不要在乎结果，只当是纯粹为了享受跳舞的乐趣而跳，为了上帝而跳吧。"很快地，女孩的心态来了个彻底地转变。

同理，获得友谊的全部秘诀也在于不要担心结果，不要在意别人是否会喜欢我们，现在就着手去做所有能激发爱和友情的事。在这方面，威廉·奥斯勒爵士的话很值得我们思索，他说："我们应该做的不是张望缥缈的未来，而是脚踏实地做好眼前的事。"现实的情形是：当我们还是处在做梦年龄的时候，常常梦想有朝一日要写出最伟大的小说来。想象别人是如何欣赏那本书，如何听到掌声，如何得到那永远的荣耀。想象自己要穿什么样的衣服，所到之处，别人是如何赞美、追求，不断引用自己讲过的话。我们想了许许多多，就是从来不曾想过可能会遭遇的困难，或是那些沉闷辛苦的工作，那些在创作过程中所要流出的泪和汗。我们想的都是有关荣耀的报偿，而不是如何努力去赢得这份荣耀。像这种幼年土气的幼稚行为，可以说是典型的"一颗寂寞的心灵想要得到友谊"，或是"想要与他人建立良好关系"的心理表现。只是，我们把次序弄错了——我们是希望别人先来喜欢我们，却不曾想到要如何才能让别人喜欢。

为此，我们如果想要赢得更多人的喜欢，营造更广的人际关系，就应当认清这条真理："真心地喜欢对方。"

如果你不知道如何与人相处时，请记得：

（1）凡不关心别人的人，必会在有生之年遭受重大的困难，并且大大伤害到其他人。也就是这种人，导致了人类的种种错失。

（2）天底下只有一种方法可以促使他人去做任何事——给他想要的东西。

原谅别人就是放过自己

多年前的一个晚上，我旅行途经黄石公园。一位骑着马的森林管理员，告诉了我们这群兴奋的游客许多有关熊的事情。他说：有一种大灰熊几乎可以击倒西方所有的动物，除了水牛和另一种黑熊之外。但在那天晚上，我却注意到有一只小动物——只有一只——那只大灰熊不但让它从森林里跑了出来，还与它在灯光下其进晚餐。那是一只臭鼬！大灰熊很清楚，只需扬起它

黄石公园

的巨掌，就可以一掌打死这只臭鼬，但它并没有那样做。为什么呢？因为它从经验里学到，那样做，对它来说划不来。

我也知道这个道理。当我还是个孩子的时候，曾在密苏里州的农庄抓过这种4只脚的臭鼬；当我长大成人后，在纽约的街头也碰过几个像这种臭鼬一样的两只脚的人。我从这些不幸的经验中发现：无论招惹哪一种臭鼬，都不是明智之举。

当我们痛恨我们的仇人时，就等于给了他们取胜的力量。那种力量能够影响我们的睡眠、我们的食欲、我们的血压、我们的健康和我们的快乐。如果我们的仇人知道他们是如何让我们担心，让我们烦恼，让我们一心只想报

卡耐基励志经典

人际交往的艺术

复的话，他们一定会高兴得手舞足蹈的。我们心中的恨意完全伤害不到他们，可是却使我们的生活变成地狱。

"要是自私的人想占你的便宜，就不必理睬他，更不必报复他。当你想跟他扯平的时候，你对自己伤害的，远比对那家伙的伤害更多……"你猜这是谁说的？这段话听起来好像是什么理想主义者所说的，其实不然。这段话来自一份警察局通告。报复为什么会伤害你呢？它对你伤害的地方可多了。根据《生活》杂志的一篇报道，报复甚至会损害你的健康。"高血压患者的主要特征，就是容易愤怒，"《生活》杂志说，"愤怒不止的话，长期性高血压和心脏病就会随之而来。"

怨恨之心甚至会毁坏我们享受食物的美味。圣人说："怀着爱心吃蔬菜，也会比怀着怨恨吃牛肉要好得多。"假如我们的仇人知道我们对他的怨恨，使得我们精疲力竭，使得我们紧张不安，使得我们的外表受到损伤，使得我们心脏病发作，甚至可能使我们寿命减短的时候，他们难道不会拍手欢呼吗？

即使我们不能爱我们的仇人，那我们至少也要爱我们自己。我们不能让仇人控制我们的快乐、我们的健康和我们的外表。这正如莎士比亚所说的："不要因为你的敌人而燃起一把怒火，结果却烧伤你自己。"

有句老话说："不会生气的人是笨蛋，而不生气的人才是聪明人。"这也正是纽约州前州长威廉·盖诺所坚持的策略。当他被一份街头小报攻击得遍体鳞伤之后，又被一个疯子打了一枪，几乎送了命。他躺在医院，生命垂危，但是他仍然说："每天晚上我都原谅所有的事情和所有的人。"

最近，我的一个朋友心脏病发作，他的医生要求他躺在床上，不论发生任何事情都不能生气。作为医生，都知道患有心脏衰竭症的人，一发怒生气就可能送命。

几年前，在华盛顿州的斯泼坎城，有一家餐馆的老板就因为生气致死。我面前现在就有一封寄自华盛顿州斯泼坎城警察局局长杰瑞·施瓦脱的信。他在信中说："几年以前，有一个叫威廉·崔堪伯的人，他已经68岁了，在斯泼坎城开了一家小餐馆。因为他的厨师坚持用茶碟喝咖啡，而将他活活气死。

"事情发生的时候，那个小餐馆的老板非常恼火，抓起一把左轮手枪去追那个厨师，结果因为心脏病发作而倒地死去——而他手里还紧紧地抓着那支手枪。验尸员报告说：'他因为愤怒而导致心脏病发作。'"

有一次，我问艾森豪威尔将军的儿子约翰，他父亲是否一直怀恨别人。"不，"他回答说，"我父亲从来不去为那些不喜欢的人而浪费他一分钟。"

因此我想说的是，如果你要培养平安和快乐的心境，请记住：我们永远不要去试图报复我们的仇敌，如果我们那样做的话，将会深深地伤害自己，所以，请不要把时间浪费在去想那些我们不喜欢的人身上。

站在他人的立场上想问题

当对方的做法不符合我们的预期，先不要批评，应该静下心来想一想，他为什么会那样思考，会那样行动？他的理由是什么？如果你能找出那个隐藏着的原因，你就找到了理解他们的行为和人格的钥匙。

试着使你自己真诚地站在别人的立场上来思考问题。

假如你对自己说："如果我处在他的情况下，我将有什么感受，会做出什么反应？"那么你就可以省去许多时间与不必要的烦恼，因为"如果对原因产生兴趣，我们就不会厌恶结果。"而且除此之外，你还可以大大增加你的为人处世技巧。

肯尼斯·古德在他的作品《如何使人变得高贵》中说："暂停一分钟，将你对自己事情的浓厚兴趣，和你对别的事的漠不关心做一做比较，然后你就会明白，世界上任何其他人也都是同样的态度。以后，你就能像林肯、罗斯福一样，把握住除看守监狱以外的任何工作的基础和机会。换句话说，为人处世之成功与否，全在于你能否以同情之心接受别人的观点。"

萨姆·道格拉斯住在纽约州汉普斯特市，他以前总是数落他的妻子，说她在修整家中的草地、拔杂草、施肥和剪花草方面浪费了太多的时间。他批

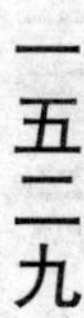

评她每个星期这样做两遍，可是草地看上去并不比四年前更好看。道格拉斯这种话当然让他妻子十分不高兴，因此每当他这样批评她时，那整个晚上家中都会笼罩着一层乌云。

在参加了我的辅导班之后，道格拉斯先生认识到了他这些年来犯的大错。他从来都没有想过，她在修整草地时，也会从中获得快乐，以及由此而得到的夸奖。

一天晚上，吃完晚饭之后，妻子说要去除杂草，并想道格拉斯去陪她。道格拉斯先是没有答应，但过后他想了一下，又陪她出去帮她拔草。她显得非常兴奋，两个人一同干了一个多小时，度过了一个愉快的夜晚。

从那以后，道格拉斯经常陪妻子修整草坪，并夸奖妻子，说她把草坪修整得很好看，而且院子里的泥土地整得像水泥地一样光滑。结果他们俩都从中获得了快乐，因为他学会了从妻子的角度来看事情。

吉拉德·利奥德在他的作品《深入他人之心》中评论说："当你认为别人的观念、感觉与你自己的观念和感觉同等重要，并向对方表示这一点时，你和别人的交谈才会轻松愉快。在谈话开始的时候，要尽量使对方提出这次谈话的目的或方向。如果你是个听者，你就要克制自己不要随意说话。如果对方是听者，你接受他的观点，将会使他大受鼓舞，能够与你开怀畅谈，并接受你的观念。"

当个人的问题显得更加急迫的时候，如果能从别人的观点来看问题，那么也能在一定程度上缓解紧张的气氛。例如，澳洲南威尔士的伊丽莎白·诺瓦克已有 6 个星期没有支付分期购车的钱款，这使她遇到了一些麻烦。

"在某个星期五，"伊丽莎白说，"一位负责分期付款购车的男人给我打来电话，很不礼貌地告诉我，如果我在下周一早晨还不缴付 122 美元的话，他们公司将采取进一步措施。由于到了周末，我自然筹措不到这笔钱，因此，到了星期一时，我一大早就接到了那个男人气冲冲的电话。不过我并没有对他发火，我是从他的立场来看这件事的。我首先真诚地向他道歉给他带来了这么大的麻烦，而且我已经不是头一次逾期未付款，因此我一定很让他为难。听了这些话，他的语气立即缓和下来，并说我根本不是令他头疼的顾客。他还举了好几个例子，说有些人更不讲理，不仅信口胡说，还躲着不见他。

"我没有说更多的话，就让他说出了心中的不愉快。然后，根本不需我请求，他就说即使我不能立刻缴付欠款也问题不大；还说如果月底之前我能先缴付 20 美元，然后在手头方便时付清余额，一切都好说。"

所以，当你明天请人熄火，或请他买一瓶你推销的"雅福达"清洁剂，或捐 50 美元给红十字会以前，为什么不先停一下，闭上眼睛，从对方的角度将整个事情想一想？问问你自己："他为什么要这样做？"当然，那要费许多时间。但那能使你赢得朋友，培养情谊，并且减少摩擦，少惹麻烦。

"在与人会谈以前，我情愿在那个人办公室外的过道上多走两小时，"哈佛大学商学院院长唐哈姆说，"而不愿贸然走进他的办公室，如果我对于我所要说的，以及他——根据我对他的兴趣及动机的认识来推断——可能会做出什么答复都没有很清晰的认识的话。"

如果你读完这章之后，只学到了一件事——经常培养自己从对方的角度去思考，能从他人的立场出发，如同从你自己的立场出发一样——如果你从这章中只学到这一点，就足以为你的生活道路打开新的一页。

所以，请记住这一点：如果你要使别人同意你的意见，请真诚地从对方的角度来看待事情。

第七章　让你充满吸引力

谈论他人喜欢的话题

纽约电话公司曾对电话中的谈话内容做过详细研究，以了解哪些字在电话中是最常用的。结果发现用得最多的字是"我"。在 500 次电话谈话中，这个词曾被用过 3990 次。

当你看一张包括自己在内的团体照片时，你会先看谁呢？如果你以为别人对你很关心，那么就请回答下面两个问题：

"假如你今晚死去，将会有多少人来参加你的葬礼？"

"如果你不关心别人，别人会关心你吗？"

假如我们只想让别人注意自己，让别人对我们感兴趣，我们就永远也不会有许多真挚而诚恳的朋友。朋友，真正的朋友，不是用那种方法交来的。

维也纳已故著名心理学家阿德勒写过一本书叫《生活的意义》。在那本书中，他说："对别人漠不关心的人，他的一生困难最多，对别人的损害也最大。所有人类的失败，都是由这些人造成的。"

也许你读过几十卷关于理学方面的书，但是却再也找不到比这句话对你和我更重要的了。我并不喜欢重复，但阿德勒这句话太具有深意了，所以我希望重录一下："对别人漠不关心的人，他的一生困难最多，对别人的损害也最大。所有人类的失败，都是由这些人造成的。"

如果我们想要交朋友，并成为受人欢迎的说话高手的话，就要用热情和生机去应对别人。当别人给你打电话时，你也应该用同样的心理学。你和他说话的声音，要表示出你是如何喜欢他给你打电话。

纽约电话公司开设了一门课程，专门训练公司的接线员，要求他们在说"请问您要拨什么号码？"时，要向对方表达出"早安，我很高兴为您服务"的语气。明天我们接电话时，也要记住这一点。

每一个拜访过罗斯福总统的人，都会对他那渊博的知识感到惊讶。"不论是牧童还是骑士，或纽约的政客和外交家，"研究罗斯福的权威作家伯莱特福这样写道，"罗斯福都知道该和他说什么话题。"

阿德勒

罗斯福究竟是如何具备这种魅力的呢？很简单！不论罗斯福要见什么人，他总是会在对方到来的前一个晚上稍晚些睡，翻阅一些对方特别感兴趣的知识。

罗斯福和所有领袖人物一样，深知接触对方内心思想的妙方：就是和对方谈论他最感兴趣的事情。

查立夫先生和我保持着联系，他是一位对童子军事业非常热心的人。在他的信中他对我提到了发生在他身边的故事。

"有一天，我感到我需要别人的帮助。"查立夫先生在信中写道，"欧洲将举办童子军夏令营活动。我想邀请美国某大公司的经理出钱，赞助我和一位童子军的旅行费用。幸运的是，在我去拜访这位经理之前，我听说他曾开出了一张 100 万美元的支票。要知道，这可是 100 万美元！于是，见到他之后，我告诉他，我这一辈子从来都没有听说有人开过数额如此巨大的支票；我还要告诉我的童子军，说我的确看到过一张 100 万美元的支票。结果，这位经理非常愉快地把那张支票递给我看。我一直赞叹不已，并请他把开这张支票的详细情况告诉我。"

请注意，查立夫先生在刚开始时，并没有和对方谈有关童子军或欧洲夏令营的事，也没有谈他想要对方帮忙的事。他只是谈对方感兴趣的话题，让对方愿意和他谈话。于是，出现了查立夫先生下面所说的情况：

"过了一会儿，我所拜访的那位经理问我：'哦，请问你来找我有什么事？'我就把我的事情告诉了他。令我吃惊的是，他不但立即答应了我的请求，还十分大方地给了我更多的资助。我本来只请他出资赞助一名童子军去欧洲的，可是他慷慨地资助了 5 名童子军和我本人，给我开了一张 1000 美元的支票，并建议我们在欧洲玩上 7 个星期。然后，他又给我写了一封介绍信，把我引荐给他在欧洲分公司的经理，请他到时候帮助我们。

"当我们抵达欧洲时，他又亲自去巴黎接我们，带着我们游览了这座美丽的城市。从此以后，他就对我们童子军事业非常热心，经常为家庭贫困的童子军提供工作的机会。"

查立夫先生又说："但是我也很清楚，如果我当时没有找到他感兴趣的话题，让他高兴起来，那么这件事不仅不会办得这么容易，我想大概连 1/10 的机会都没有。"

这就是这个方法的奇效，可以形成良好的沟通效果，打开你的人际关系。

似乎成功人士都懂得这个道理，耶鲁大学原教授菲利普先生，是一个非常和蔼的人。他谈到了自己早年时的故事。

"我 8 岁那年，有一次去姑妈家，那是一个周末，"菲利普在一篇谈论人性的小品文中这样写道，"有一天晚上，一位中年人来到姑妈家。在和姑妈随便聊了几句之后，他就把注意力转移到了我身上。当时我对船很感兴趣，而这位来访的客人和我谈论了这方面的知识，当然令我产生了特殊的兴趣。他离开之后，我还对他赞赏不已。他是纽约的一位律师，本来他对有关船的事情是不应该如此热心的，甚至是根本不会有兴趣的。"

"可是，他为什么自始至终都在与我谈论船的知识呢？"菲利普问姑妈。

姑妈说："因为他是一位高尚的人。他见你对船很感兴趣，就谈论这些你关注并感兴趣的话题。通过这种方法，他使自己成了一个受欢迎的人。"

最后，菲利普教授又补充说："我永远也忘不了我姑妈对我说的这些话。"

当然，你也许更关注这种方法在商业活动中是不是也有价值，那么我再举个例子，大家看一看纽约一家高级面包公司杜弗诺公司的经理杜弗诺先生是怎样做的吧。

杜弗诺先生一直想把自己的面包推销给纽约某家大饭店。连续 4 年，杜弗诺先生几乎每个星期都要去拜访这家饭店的经理，并且经常参加由这位经理举办的各种社交聚会。为了促成这笔生意，杜弗诺先生甚至在这家饭店租了一个房间住在那里。但是，尽管杜弗诺先生用尽了各种方法，还是没能让这位经理的大笔在合同书上签字。

"后来，"杜弗诺先生说，"我研究了有关人际交往的知识，决定改变策略。我决定找到这个人的兴趣所在，寻找他最关心、最热衷的事业。

"我发现他是美国饭店业协会的会员。不仅如此，由于他对这项事业抱有如此浓厚的兴趣和热情，使他被推举为这个组织的主席。每次只要开会或举行什么活动，他不管有多忙，都会毫不犹豫地赶来参加。

"于是，当我再次去拜访他的时候，我开始和他谈论有关饭店业协会的事情。你猜他怎么反应的？我得到的反应之良好，简直令人吃惊！他花了半小时和我谈论饭店业协会的事情，整个谈话过程中，他都精神饱满，充满着热情，而且声音也非常洪亮。我由此看出他感兴趣的正是饭店业协会的事情，可以说他将自己的全部精力都投入在这上面。就在我离开他的办公室之前，他劝说我加入这个协会。

"在这次会谈中，我没有对他提有关面包的半个字。可是没过几天，我就接到他饭店主管人员的电话，让我把面包的货样和报价单送过去。'我真不知道你对这老先生用了什么魔法，'这位主管人员在电话中对我说，'他可是真的被你打动了！'

"试想一下，我和这位经理打了 4 年交道，一心想把面包卖给他，可是一直没有成功。如果不是我设法找到了他所感兴趣的事，了解到他愿意讨论的话题，恐怕我现在还在和他死磨硬泡，却一无所获呢！"

可见，人人都对自己感兴趣，只要你能表达出你对别人的兴趣，主动引导对方说出自己感兴趣的话题，你就不仅仅是一位说话的高手，更是一位操控人心的高手。

这种哲学在商业中管用吗？让我们来看下。

查尔斯·华尔德是纽约市一家大银行的员工，有一次，他受命准备一份关于某公司的机密文件。他知道某个人掌握了他所急需的这些材料。

于是，华尔德就拜见这个人，他是一家大实业公司的董事长。正当华尔德被引进董事长办公室时，一位青年女子从门外伸进头来，告诉董事长说她今天没有邮票可以给他。

"是这样的，"董事长对华尔德解释道，"我正在为我 12 岁的儿子收集邮票。"

华尔德向他介绍了自己的来意，开始问他一些问题。这位董事长的回答十分含糊不清——很明显，他不愿讲话，没有什么事情能够引起他的兴趣并令他开口的，因此这次会谈变得简短而枯燥。

"说实话，我当时不知如何是好，"华尔德在我班上讲这件事时说，"然后，我想起他的秘书对他说过的话——邮票，12 岁的儿子……同时我又想起我们银行的外汇兑换部经常收集邮票——世界各地寄来的信上取下的邮票。

"第二天下午，我再次前去拜访这位董事长，并请人传话进去，说我有些邮票要给他的儿子。结果呢，我是不是受到了热烈的欢迎呢？当然是的。即使是他要竞选国会议员，也不可能那么热情地握着我的手了。他发出善意的微笑，说：'我的乔治肯定会喜欢的。'他抚摸着邮票，不断地说，'看这张！这可是无价之宝啊！'

"我们花了一个小时谈论邮票，并看了他儿子的照片。然后，他用了一个多小时的时间，谈到了他所知道的一切情况，又把他的下属叫进来询问。他还给他几位常有来往的人打了电话——他把所有的事实、数字、报告以及信件全都给了我。用一位新闻记者的话来说，我获得了一个'大丰收'。"

在公元前 100 年，古罗马著名的诗人西拉斯就曾说过："我们对别人产生兴趣的时候，恰好是别人对我们产生兴趣的时候。"所以，与人相处的重要一条原则就是：真诚地关心他人，讨论对方感兴趣的话题。

向人表达真诚的赞美

很多人之所以出现交际的障碍就是因为他们不懂得或者忘记了一个重要的原则——让他人觉得自己重要。每个人都喜欢自我表现，夸大吹嘘自己，如果在事情办成后，首先表现出的是自己有多么劳苦功高，做出了多大的贡献。这样其实就在证明别人确实不太重要，无形之中就伤害了别人。

在人类行为中，有一条至为重要的法则，如果我们遵守它，就会万事如意；实际上，如果我们遵守这条法则，将会得到无数的朋友，获得无穷无尽的快乐。可是，如果我们违背这条法则，就会招致各种挫折。这条法则就是："永远尊重别人，使对方获得自重感。"

正如杜威教授所说的："自重是人类天性中最强烈的冲动和欲望"；也正如詹姆斯教授所说的："在人类天性中，最深层的欲望就是渴望得到别人的重视。"我也曾指出，这种冲动正是我们区别于动物的特征，正是这种欲望才推动了人类文明的发展。

千百年来，哲学家们一直在思考人类关系的准则，终于悟出一种观念。这种观念并不是什么新的东西，早在 3000 多年前的波斯、2000 多年前的中国，以及印度和耶路撒冷等地，先哲们就在传播这种观念，这就是中国先哲孔子所说的："己所不欲，勿施于人；己所欲者，亦施于人。"

你希望周围的人赞同你，希望自己的价值得到别人的认同，希望自己能得到别人的重视；你不愿听到不值钱的卑贱的谄媚，但渴求得到真诚的赞美。你希望你的朋友和同事都能像施科瓦所说的那样，"诚于嘉许，宽于称道"。我们大家都希望这样。那么，就让我们自己先遵守这条法则："你希望别人如何对待你，就如何去对待别人。"

那么，你应该如何去做呢？答案是：随时随地实践，这样它就会给你带来神奇的功效。

我曾向无线电商厦一位导路员打听舒维尔先生的办公室在哪里。这位导

人际交往的艺术

路员穿戴整齐，口齿十分清晰地说："舒维尔，（他稍作停顿）18 层楼，（又稍作停顿）1816 号房间。"他显然对自己回答问题的方式非常自豪，胸挺得笔直，头高高地抬着。

我走到电梯边上，很快又转了回来，对那位导路员说："你回答我的方法实在是太美妙了，为此我要真心感谢你，向你表示祝贺。你的回答非常清楚准确。你真像一位艺术家，太了不起了！"他听了我的话之后，精神焕发，显然高兴到了极点。他告诉我为什么他每次都稍作停顿，为什么每说一句话都会那么准确……你看，我短短几句话就让他如此得意，以至于将头抬得高高的。我突然感到自己那天下午也算是为人类的幸福做了一点有益的事情。

这条法则并没有什么特权，也没有等级限制，它是任何人任何时候都可以奉行的法则。你大可不必等自己当上大官，或发了大财之后，再去奉行这条法则。你几乎每天都可以运用它，例如，我们进餐馆，要了一份法式炸薯条，而女服务员却端给我们一盘薯泥，这时我们不妨说："对不起，给你添麻烦了。但我更喜欢法式炸薯条。"女服务员会说："不用客气，一点也不麻烦。"由于我们对她表示了尊敬，所以她会很高兴地给我们换炸薯条。

"对不起"、"给你添麻烦了"、"让你多费心"、"请你……"、"能不能……"、"谢谢"——这些细微平常的礼貌短语，就像是每天单调的生活中的润滑剂，会给我们的生活平添几分色彩，增进我们的人际关系，而这同时也是你我优良品质的体现。

每个人都有值得称赞的地方，只要你发现他的这一点，那么他们对你的态度就会立刻发生转变。

有一次，我在纽约第 33 大街和第 8 大街交叉路口附近的邮局排队，准备寄一封挂号信。我注意到那位邮局工作人员好像对他的工作很是不耐烦的样子，因为他整天称信、取邮票、找零钱、开收据……这样年复一年地做着单调而重复的工作。

于是我对自己说："我一定要让他喜欢我。显然，要让他喜欢我，我必须说些让他感到高兴的话。不是关于我的，而是关于他的。"

我问自己："他有没有什么值得我真心赞美的地方呢？"

当你面对一个不熟悉的人时，这个问题可不好回答，但是这次却很凑巧，我很快就发现了他身上一个值得我赞美的地方。就在他给我称信的时候，我热情地对他说：“我真的希望自己也能有您这样一头好头发。”

他抬起头来看着我，显然有些惊讶，但很快脸上就露出了欢欣的微笑。“不过现在没以前好了。”他很谦虚地说。我诚恳地对他说：“虽然它比以前稍减光泽，但还是很好。我真的很羡慕您。”他显得非常高兴。于是我们愉快地谈了起来。最后，他对我说：“有许多人都说我的头发好。”

我敢打赌，他那天吃午饭时心情一定非常愉快；那天晚上他回家后，一定会很高兴地把这件事告诉他的妻子；他甚至还会对着镜子自夸：“我的头发实在太漂亮了。”

我并不是喜欢自我炫耀的人，但是我的这些实例总能告诉别人人际交往的原则。有一次，我在某个公共场所讲起了这件事。有一个人问我：“你这样做，那你又从他那里获得了什么？”是的，我想从他那里获得什么呢？我又从他那里得到了什么呢？假如我们是如此的自私，一心只想得到回报，那么我们就不会给人任何快乐，不会给人任何真诚的赞美。假如我们的气度如此狭隘，那我们只会遭到应有的失败，而不会有任何成功和幸福。

不错，我确实是想从他那里得到某些东西，这是一些难以用金钱来衡量价值的东西，而我也的确得到了！你看，我赞美了他，让他得到了幸福的感觉，可是他对我却难以回报。这种感觉是无价之宝。这件事情过去许久之后，你仍然可以在记忆中想起它，得到一种美妙的体验。

康涅狄格州律师向我讲述了奉行这条法则发生在自己身上的成功案例，但是他不想让别人知道他的姓名，我们暂且就叫他 G 先生吧。

G 先生来我班上接受培训之后不久，就和他妻子驾车去长岛，看望她的几家亲戚。他妻子将他留下来，陪同她年迈的姑妈聊天，而她自己则去看望另几家亲戚。由于 G 先生要在班上做一次关于如何运用赞美法则的演讲，于是他打算从这位老太太这里开始训练自己这方面的才能。

G 先生在老太太的房子四周仔细巡视了一番，希望能找到一些他可以真诚赞美的东西。“您这栋房子是建于 1890 年前后，对吗？”G 先生问老太太。

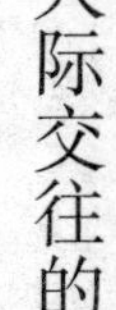

卡耐基励志经典

人际交往的艺术

"是的，"老太太回答说，"正是那一年建的。"

"它使我回想起我出生的老家的房子。"G先生说，"它真是太好了，真漂亮，里面真宽敞！您知道，人们现在再也不建这种房子了。"

"一点都不错，年轻人！"老太太也表示同感。她说，"现在的年轻人可不怎么在乎漂亮的房子。他们所想要的，不过是一小套公寓和一个电冰箱，然后无忧无虑地开着汽车，到处去兜风闲逛。"

"这是一所凝聚了理想和希望的房子。"老太太的声音有些颤抖，陷入了回忆中。她充满柔情地说："这房子是我和我丈夫爱情的结晶。我丈夫和我在建这栋房子之前，设计构思了许多年。我们并没有请建筑师，它完全是我们自己设计的。"

然后，老太太领着G先生参观了这所老房子。房子里放满了老太太在世界各地旅行时搜集到的纪念珍品：波斯披肩、英国老茶具、威格瓷器、法式寝具、意大利油画，以及曾风靡于法国封建王朝时期的专用于古堡装饰的丝帷。她对这些东西一直视如生命般宝贵。G先生对这些东西表示了真诚的赞美。

"老太太领我参观完房子之后，"G先生说，"她又把我带到车库去。那里放着一辆几乎是全新的别克高级汽车。"

"这辆车是我丈夫在去世前不久买的。"老太太慢声细语地说，"他离我而去之后，我再也没有用过它……年轻人，你很会欣赏美丽的东西，我准备把这辆车送给你。"

"哦，不！姑妈！"G先生说，"您这可让我不知如何是好了。对于您这番盛情，我当然感激不尽。可是我怎么能接受这么贵重的东西呢？我不是您的直系亲属，而且我自己有一辆汽车。再说许多亲戚也很喜欢这辆别克车呢。"

"亲戚？！"老太太激动得大声喊道，"是的，我确实有亲戚。可是他们都正等着我死呢，这样他们就好得到我这辆汽车了。但他们谁也甭想得到它。"

"如果您不愿将它送给他们，那您可以把它卖给旧车专营公司。"G先生告诉老太太。

“卖掉它?!”老太太叫了起来，“你以为我想卖掉它吗？你以为我愿意让那些和我素不相识的陌生人坐在我丈夫给我买的车中，到处跑来跑去吗？年轻人，我做梦都不会卖的。我只想把它送给你，因为你是个懂得欣赏美丽东西的人。”

G先生尽力拒绝接受老太太的汽车。然而他最后不得不收下它，因为他的拒绝只会使她更加伤心。

这位老太太一个人孤独地住在这栋空荡荡的老房子里，她所拥有的只是她的波斯披肩、各种英国和法国古董，以及她的回忆。她所渴望的，正是像G先生这样的赞美和欣赏。

她也曾经年轻而美丽，拥有许许多多的追求者。她曾经和她的丈夫共同建了这所房子，这里面有他们永恒的、温馨的爱情，他们还从欧洲各国搜集到各种珍品来装饰这个爱情的巢窝。可是现在，她已经老了，在这年老孤寂的环境中，她渴望得到一点人性的温暖，得到一点真诚的赞美——但没有人给她所需要的东西。现在G先生给了她这一切，她的心犹如久旱逢甘露的大地一样，充满了感激，使她体会到了久别的情怀。一旦她得到这一切，那么即使将那辆别克车送给G先生，也绝不能完全表达她对他的感激之情。

看了上面的故事之后，你和我应该如何运用这种赞美他人的黄金法则呢？为什么不从我们自己的家庭开始？我不知道还会有什么地方更需要它。你的妻子肯定会有她的优点，或者至少你曾认为她有某些优点，要不然你会娶她当你的妻子吗？可是，自从你上次赞赏她至今已有多久了？你还记得吗，有多久了？记得时刻去赞美他人，让他觉得自己很重要，你不仅没有损失什么，而且也会因此收获更多。

伟大的小说家凯恩拥有成千上万的读者，但是凯恩只是个铁匠的儿子，一生只上过8年学，但他去世时已成为这个世界上有史以来最为富有的作家。他是怎么创造财富的呢？让我们听一下他的事迹。

由于凯恩酷爱诗，所以他将大诗人罗斯迪所有的诗都读了一遍。他还写了一篇演说辞，来歌颂罗斯迪在诗歌方面的艺术成就，并将它送给了罗斯迪本人。罗斯迪当然十分高兴，“任何一个青年能对我的才华有如此高深的见解，"罗斯迪说，"一定是个非常聪明的人。"

于是，罗斯迪将凯恩请到家中来，让他担任自己的秘书。这对凯恩来说，可是改变人生道路的难得机会——因为他凭借这一新的身份，接触了许多当代著名的文学家，从他们那里接受有益的建议，并受到他们的鼓励和激发，开始了他自己的写作生涯，最终名闻世界。

凯恩的故乡是英国曼岛的格里巴堡，它现在已经成为世界各地旅游者观光赏景的胜地。他留下来的财产高达 250 万美元！可是，又有谁知道，如果他当初没有写那篇真诚赞美罗斯迪的演说词，他或许会穷困潦倒地死去呢！这就是发自内心地真诚赞美的力量，这是一种伟大的力量！罗斯迪认为自己很重要，这并不是什么新鲜事——几乎每个人都认为自己很重要，非常非常重要。

千万不要忘记爱默生曾说过的话："凡是我所遇见的人，都有比我优秀之处。在这个方面，我正好可以向他学习。"凡是你听说过的人，你可能都会觉得他在某些方面要比你强，这是一个不容否认的事实。只要我们承认这一点，承认对方的重要性，并由衷地表达出来，就会使你得到他的友谊。

随时喊出对方的名字

要想记住别人的名字，有时的确是一件很难的事情，尤其是当这个人的名字不太好记的时候。一般人都不愿去记这种难记的名字，都会心想："算了，干脆就叫他的昵称得了，而且很容易记住。"可是，你是否想过，一旦你牢记别人的名字时，将会产生什么样的效果呢？

希德·李维是我的一位学员，他曾经拜访过一位顾客，这位顾客的名字特别难记，叫尼古德玛斯·帕帕都拉斯。由于这个名字太难记，别人都管他叫"尼克"。

李维告诉我说："在我去拜访他之前，我特别用心地记住了他的名字。当我见到他时，用他的全名来称呼他。我这样对他说：'早上好，尼古德玛斯·帕帕都拉斯先生。'只见他一言不发地站在那里，愣了好几分钟都没有缓过神来。最后，他的泪水流了下来，声音颤抖地对我说：'李维先生，我在这个国家已经待了 15 年，可是从来没有一个人愿意用我真正的名字，像您这样称呼我！'"

有钱人常常出钱资助那些穷困的作家、艺术家和音乐家。他们希望这些艺术家能够把作品献给他们，使他们的名字随着这些作品得以流传。在我们的图书馆和博物馆里，最有价值的艺术品往往由那些希望人们记住他们名字的有钱人捐赠。比如，纽约图书馆里有埃斯德家族与里洛克家族的藏书，大都会博物馆则保存着本杰明·埃特曼与 J. P. 摩根德的签名书信，而几乎每一个教堂里都镶嵌上了彩色玻璃，用来纪念那些捐赠者。

这说明人们总是非常重视自己的名字，并希望别人能够记住。如果想要给人好感，最简单、最明显而又最重要的方式，莫过于能够随口喊出对方的名字。因为这样，你就给了别人受重视的感觉——而据我所知，每个人都希望拥有这种感觉。这种方法可以说是屡试不爽。

"钢铁大王"安德鲁·卡内基成功的原因是什么呢？尽管他被誉为"钢铁大王"，但是他掌握的钢铁知识并不多。他有成千上万的人为他工作，他们在这方面都懂得要比他多得多。之所以会这样，就是得益于他与人交谈，懂得为人处世的原则，这正是他发财致富的奥秘所在。

卡内基 10 岁时，有一天抓到了一只母兔，不久就生了一窝小兔子，饲料因而不够食用，卡内基如何处理呢？他一点儿也不头痛，他的脑海里早就有了很美妙的构想，他把邻近的孩子们集合起来宣布：谁能拔最多的草来喂小兔子，就以他的名字给小兔子命名。于是孩子们都争先恐后地为小兔子寻找饲料，卡内基的计划顺利地实现了。他始终没有忘记这一次的成功，终其一生，他就是利用人们的这种心理成功地领导着许许多多的人。

在商业界，他利用这种方法赚了好几百万美元。例如，他为了把钢铁轨道卖给宾夕法尼亚州铁路公司，就以该公司董事长区格·汤姆森的名字命名，在匹兹堡建立了一座大型钢厂。

有一次，卡内基控制的中央交通公司和普尔门控制的公司，都想得到联合太平洋铁路公司的生意，你争我夺大杀其价。一天晚上，卡内基在圣尼可斯饭店碰到普尔门，卡内基说："晚安，普尔门先生，我们岂不是在出自己的洋相吗？""你这话怎么讲？"普尔门说。卡内基把心中的话说了出来，他想把两家公司合并。他又把合作而不互相竞争的好处说得天花乱坠。普尔门专注地倾听着，最后问道："你这个公司要叫什么名字呢？"卡内基立即说："普尔门皇宫卧车公司。"问题就这样顺利地解决了。

卡内基这种记住以及重视朋友和商业界人士名字的方式，是他的卓越领导才能的重要秘密之一。他以能够叫出许多员工的名字而自豪，认为无法记住别人的名字就等于无法记住他的一项很重要的工作。

作为一个政治家，记住选民的名字，往往是他的第一堂课，而如果忘记了他们的名字，你将会很失败。在记住别人的名字方面，富兰克林·罗斯福总统是一个典范。众所周知，罗斯福总统是这个世界上最忙的人之一。但是他知道记住别人名字的重要性，所以舍得花时间去记住那些人。

因此，如果你想成为一位说话高手，请注意：记住别人的名字——这是别人听来最美妙的声音。这个小细节可以获得大成效，你应该不断提醒自己，记住别人的名字：

（1）叫出别人的名字比你费九牛二虎之力去做其他事情更加有效，它将是一件事半功倍的事情。

（2）在你的谈话中直接称呼对方的名字，这样不但会使你对这个名字更加有印象，而且能够拉近你们的距离。

（3）你要明白，记住别人的名字是一件十分重要的事情，这样你才会注意做这件事。

（4）如果你忘记了别人的名字，在下次见面之前，先通过一些途径打听到他的名字，并且把他记住。

使谈吐风趣幽默

美国心理学家保尔·麦基认为，幽默感对于人的社交能力的发展起着举足轻重的作用。在交际场合，幽默的语言极易迅速打开交际局面，使气氛轻松、活跃、融洽。在沟通中，幽默的语言则如同润滑剂一般，可以有效地降低人与人之间的"摩擦系数"，化解冲突和矛盾，任何问题都能迎刃而解。

幽默感的内在构成，是悲感和乐感。悲感是幽默者的现实感，就是对不协调的现实的正视。乐感是幽默者对现实的超越感，是一种乐天感。悲感让幽默者可以鼓足勇气面对现实，正视人性的弱点。乐感让幽默者在别人或者我们自己的弱点面前产生"突然的荣耀感"，给幽默者以信心和勇气，在困境中树起胜利的风帆。

幽默是一种乐观豁达的人生哲学，只有超越了现实，才能俯视现实，淡定、从容地面对现实。积极乐观的生活态度，是培育幽默感的温床，悲观厌世的人是无法说出与幽默相关的只言片语的。

俄国著名寓言作家克雷洛夫生活穷困。他租了一间房子，房东要他在租房契约上注明，一旦失火，烧了房子，他就要赔偿 1.5 万卢布。克雷洛夫看了看租约，不动声色地在 1.5 万后面加了一个零。房东高兴地说："什么，15 万卢比？"克雷洛夫大笑道："不管多少钱，我都赔不起。"

幽默是生活历练的一种折射，是智慧的产物，更是一种胸怀、一种境界。幽默的人，即使不会始终面带微笑，却能在举手投足间让人感受到快乐的气氛。没有人会拒绝和一个幽默的人交往，因为这本身就是一种对感官极大、极好的刺激，是一种美好的享受。幽默不是说几句玩笑话那么简单，更应该是幽默者的个人智慧和生活经验的一种综合展示，远远超出了引人发笑的高度。

英国文豪萧伯纳是个瘦子，这是尽人皆知的。一天，一位大腹便便的资本家用讥笑地语气对他说："先生，看到您，我就知道现在世界上正在闹饥荒。"

萧伯纳淡淡地回敬道："而我一见到您，就知道世界上为什么会闹饥荒了。"

马克·吐温在美国的密苏里州办报时，有一次，一位读者在他的报纸中发现了一只蜘蛛，便写信询问马克·吐温，看是吉兆还是凶兆。

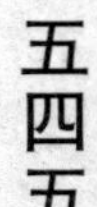

马克·吐温是这样回答的："亲爱的先生，您在报纸里发现一只蜘蛛，这既不是吉兆也不是凶兆。这只蜘蛛只不过是想在报纸上看看哪位商人还没打广告，好到他家里去结网，过安静日子罢了。"

一天，爱因斯坦不慎跌倒了，一位路人笑道："您没有跌倒，而是地球倾斜了一下，用您的相对论理论解释刚才发生的事情，对吗?"

"我同意您的说法，可惜这两者的感觉对我来说没什么区别。"爱因斯坦答道。

一位青年作家向诺贝尔文学奖获得者海明威请教："您的作品语言简洁流畅，请问您是怎么做到的?"

"有时，我故意穿一件薄薄的衣服在凛冽的寒风中写作，冻得瑟瑟发抖；有时，我故意不吃饭写作，饿得肚子咕咕直叫；还有时我故意金鸡独立般写作，累得满头大汗、腿不停地发抖。为了尽量减少这些不愉快的感受，我不得不强迫自己少写些废话，这就是你想要的答案。"海明威诚恳地回答。

幽默的力量不容小觑，一些小幽默、一则小故事、一段小品文、一句警句或妙语，往往具有扭转乾坤的魔力，让人们心甘情愿地去做原本不想做的事情，接受原本不想接受的东西。如果我们想在社交活动中树立良好的形象，就必须运用幽默，得体的幽默会为你的魅力加分，请记住，是得体的幽默。不合时宜、与身份不符或失了分寸的幽默，往往会伤害感情，招致他人的反感。因此，什么样的幽默才符合得体的标准呢?

第一，内容高雅。

幽默的内容取决于幽默者的思想情趣与文化修养。粗俗或低级的语言虽然有时能博人一笑，但很快就会变得乏味。而内容健康、格调高雅的玩笑所产生的幽默。不仅能给对方启迪和美好的精神享受，而且也是对自己美好形象的一次重塑。

第二，态度友善。

与人为善不仅是做人的准则，也是幽默的标准之一。幽默的过程，应该是人们相互交流感情的过程，应该是快乐的，如果以开玩笑为借口对他人冷嘲热讽，就违背了幽默的初衷。受到侮辱的人必定会觉得颜面大失而针锋相对，最终甚至可能背道而驰。这样的人，哪怕真的才华横溢、能力非凡，也没有人愿意与其交往。

第三，看人说话。

受性格等多种因素的影响，每个人对玩笑的承受能力都不同。比如，有些玩笑能对同辈人开，但如果对长辈开了，就会被戴上"没大没小"的帽子；有些玩笑只能对同性开，如果对异性开了，就会引起不必要的麻烦；有些玩笑只能对性格外向的人开，如果对性格内向的人开了，就可能产生误会。

第四，看场合说话。

幽默不是要你在任何场合都表现得幽默，而应该根据不同的场合适时改变自己的行为。不合时宜的幽默还不如不幽默，很有可能让你陷入无尽的麻烦之中。比如，在庄重严肃的场合，就决不能开玩笑。

不看场合，随心所欲，信口开河，说话不经大脑，这是愚蠢者的表现。在不同的场合，面对着不同的人，不同的事，从不同的目的出发，用不同的方式说话，这样才能达到预期的目标。

仔细倾听他人的心声

最近我在纽约著名的出版家格利伯举行的宴会上，遇到了一位著名的植物学家。我以前从来没有和植物学家交谈过，但是我觉得他具有极强的诱惑力。

我一直坐在椅子上，静静地听他介绍大麻、大植物学家玻尔本以及室内花草等。他还告诉我许多关于廉价马铃薯的惊人事实。由于我自己有一个室内小花园，所以我经常会遇到一些问题，因此他非常热情地告诉我如何解决我的问题。

我已经说过，我们这是在宴会中。当然，在座的还有十几位客人，但我违反了一般的礼节，没有注意到其他人，而与这位植物学家谈了好几个小时。到了深夜，当我向众人告辞的时候，这位植物学家转身面对主人，对我大加赞扬，说："卡耐基先生真是一个最富激励性的人。"然后他又极力称赞我在某方面这样这样，我在某方面那样那样……总之，他最后说我是一个"最有魅力的谈话家"。

一个有魅力的谈话家？我？可是我在这次交谈中几乎没有说什么话。事实上，如果我不改变话题的话，即使让我来说，我也说不出什么来，因为我对于植物学所了解的知识，就像对动物解剖学一样全然不知。

但是请注意，我已经做到了认真地倾听他的谈话。我专注地倾听着，因为我真的感兴趣。当然，他也察觉到了这一点，这显然让他很高兴。

可见，这种认真倾听对方的谈话，正是我们对他人的一种最高的恭维。类似的故事还同样发生在我的另一次聚会中。

那次，我应邀参加一次桥牌聚会。由于我不会打桥牌，就坐在一边。恰好我身边也有一位美丽的女士不会打桥牌，当她知道我在罗维尔·托马斯先生从事无线电广播这个行业之前，曾经担任过他的私人助理，而且我曾随同托马斯到欧洲各地旅行，由我来替他做即将播出的生动的旅行演讲时，她高兴地叫道："啊！卡耐基先生，你能不能将你所见过的旅游名胜告诉我？"

于是，我们在沙发上坐下来，她告诉我说，她同她丈夫最近刚从非洲旅行回来。"非洲，"我说，"这可是一个非常有趣的地方！我总想去看看非洲，但我除了在阿尔及利亚待过一天之外，没到过其他任何地方。告诉我，你到过野兽出没的国度，是吗？你真是太幸运了！我可真是太羡慕你了！请问你能告诉我非洲的情形吗？"

结果，我们那次谈话持续了 45 分钟。那位女士不再问我到过什么地方，也不再问我看见过什么东西。其实，她并不是真的想听我谈我的旅行，她所想要的不过是一个真诚的倾听者，她可以借此机会来讲她所到过的地方，以扩大她的自尊感。

她这样做很特殊吗？不，其实许多人都是这样的。例如，伍德福德在他的书《相恋的人》中写道："很少有人能拒绝那种带有恭维的认真倾听。"而我却比这还要更进一步。我告诉这位植物学家，我已经得到了极其周到的款待和指导，事实上我也感到如此。我告诉他，我真的希望自己能有他那么丰富的知识，而且我也确实希望如此。我还告诉他，我希望和他一起去田野中漫游，这也是我的真实希望。我还告诉他，我必须再见到他——我真的必须再见到他。就因为这样，才使得这位植物学家认为我是一个善于谈话的人。但我实际上不过是一个善于倾听的人，并鼓励他谈话而已。

善于倾听别人的话竟然会成为说话的高手，成为最受欢迎的人。这还不够，在商业会谈中被誉为"神秘的秘诀"，也正是"专心致志地倾听正在和你讲话的人"。至于成功的商业交往，并没有什么神秘的，没有别的东西比这更令人开心。

这个道理很明显，是不是？你根本不必去哈佛大学读书就能领悟这个道理。但是你和我也都知道这种情况：有的商人租用豪华的店面做生意，橱窗的设计也很到位，完全可以打动人心，他们还不惜投入巨资大做广告，可是他们雇用的服务员却不知道做一个倾听者。这些服务员甚至会打断顾客的谈话，反驳他们的观点，激怒他们，有的甚至还将顾客赶出去。

沃尔顿在新泽西州靠近大海的纽瓦克市一家百货商场买了一套西服。可是他穿上这套西服之后，却非常失望，因为上衣褪色，把他的衬衫领子都弄黑了。

于是，沃尔顿先生将这套衣服带回商场，找到售货员，告诉他有关的情况。可是他还没有说完，就被对方打断了。

"这种衣服我们已经卖出了好几千套。"这位售货员反驳说，"你还是第一个来挑毛病的。"

这是售货员说的话，而他说话的声调听起来比这更让人难以接受。他那满是火药味的声音好像在说："你说谎。你想欺负我们，是不是？那好，我可要给你点颜色看看。"

正在两个人吵得不可开交的时候，另一个售货员加入进来。他说："所有的黑色衣服起初都会褪颜色的，这是很自然的事。这种衣服就这种价格，当然会那样。那是颜料的关系。"

"到这时候，我再也不能忍受了，顿时火冒三丈。"沃尔顿先生说，"第一个售货员怀疑我的诚实；而第二个却暗示我买了一件低档货。我当时就恼火了。我正想骂他们，这时售货部经理走了过来。显然，他很懂得自己职务的重要性，也正是他完全改变了我的态度，使我由一个恼怒的顾客变成了一位满意的顾客。"

他又是怎么做的呢？"他首先是静静地听我从头至尾讲了一遍经过，没有插一句话。在我说完之后，那两个售货员又想说他们的意见，但是这位经理站在我的立场，反驳了他们。他不仅指出我的领子显然是被西服弄脏的，并且坚持说如果商品不能让顾客满意，他们商店就不应该出售。最后，他承认他不知道毛病的原因所在，并坦率地对我说：'你希望我如何处理这套衣服？你说什么我们都可以努力做到。'

"几分钟以前，我还想让他们将那套衣服留给他们自己，但我现在回答说：'我只想听听你的意见。我想知道这种情况是暂时的，还是毫无解决的办法。'于是，他建议我将这套衣服再穿一个星期。他说：'如果到时候你仍不满意的话，我们一定换你一套满意的。这样给你添麻烦，我们非常抱歉。'

"我满意地走出了这家商店。一星期后，这套衣服再也没有什么毛病，我对那家商店的怒火也完全消失了。

"你看，那位管理员之所以当上售货部经理，正是因为他深谙说话的艺术。而至于他的两位下属员工，我认为他们应该终身停留在店员的地位。哦，不，他们应该降到包装部去，永远也不要和顾客打交道。"

这就是为什么同样的问题，由不同的人来解决竟然出现不同结果的原因。问题的关键就在于你是否是对方忠实的观众。

喜欢挑剔的人，甚至那种最激烈的批评者，也常常会在一个有忍耐心和同情心的倾听者面前，变得态度软起来。当怒火万丈的寻衅者像一条大毒蛇张嘴咬人的时候，这位倾听者应当保持缄默，而且只是认真地倾听他的谈话。

纽约电话公司在几年前不得不想办法去安抚一位曾凶言恶语咒骂接线员的顾客。他那可是真的咒骂。他骂起来有些歇斯底里，甚至威胁要毁掉电话线路。他不仅拒绝支付某些费用，认为那是不合理的，还写信给各家报纸，还多次向公众服务委员会投诉，并好几次向法院起诉这家电话公司。最后，电话公司派了一位经验丰富的调解员去见这位喜欢找麻烦的顾客。

这位调解员到了这位顾客家中之后，没有说任何话，只是静静地听他说话。无论对方说什么，他都静静地听着。这位电话公司的调解员认真地倾听着，并不断说"是"，同情他的冤屈。

"他继续毫无顾忌地说他的话。我静静地听了将近3个小时，"这位调解员在我的培训班上叙述他的经历时说，"以后我又多次去他那里，并再静静地听他诉说。我总共见过他4次，而在第4次访问即将结束之前，我已经成为他正在创办的一个组织的主要会员了。他将这个组织称为'电话用户权益保障会'。我现在仍然是这个组织的会员。然而，除了这位老先生之外，据我所知，我是他这个组织唯一的会员。"

"后来，"这位调解员说道，"在这几次拜访中，我始终都是倾听他谈话，并且赞同他所谈的任何一件事。以前从来没有电话公司的人像我这样和他谈话，这使得他变得几乎友善起来。我在第一次访问他时，并没有提到见他的目的，在第二次、第三次，我也没有提到我的目的。但在第四次，我使这个问题有了完美的结局——老先生将所有的欠费都付清了，并使他自从与电话公司作对以来，第一次撤销了他向公众服务委员会的投诉。"

显然，这位老先生自认为是在为公益而战，是在保障公众的权利，不愿意无情地被剥夺，但他实际上是在追求一种自重感。他先是通过挑剔和抱怨来得到这种自尊感，一旦他从电话公司的代表那里得到了自重感时，他那所有并不真实的冤屈立即消失了。

所以，如果你希望自己成为一个善于谈话的人，首先就要做一个善于倾听别人的人。要使别人对你感兴趣，首先就要对别人感兴趣。要做到这一点其实并不难，你不妨问问别人一些他们喜欢回答的问题，鼓励他们开口说话，说说他们自己以及他们所取得的成就。

千万不要忘记，那个正在与你谈话的人，只会对他自己、他的需要、他的问题最感兴趣，这要比对你及你的问题胜过上百倍。倾听比倾诉更容易，也更得人心。

第八章　婚姻与爱的艺术

让你的爱变得成熟

爱是世界上人们谈论最多，也是最难弄明白的课题之一。艺术家可以通过爱来激发创作灵感，爱也被认为是婚姻幸福和家庭美满的基础。失去或缺乏爱，会导致人格破碎或影响人格的正常发展。

我们大多数人对爱的理解都是狭隘的、偏激的，而且都局限于家庭或性关系的角度，同时还常把这种情感与占有、自负、姑息、依赖等混为一谈。

直到最近，爱才被人们定性为一个严肃的科学课题。如今，情况发生了转变。许多心理学家、医生和科学家开始投入大量的时间、精力来研究和思考"爱"的问题，把爱看作是人类的基本需求和从未探索过的影响人类事务的力量源泉。因此，我们发现对于爱的一些传统观念必须要修正和扩充了。

爱跟成熟到底有什么关系呢？让我们来看看罗洛·梅伊博士在最近的新书《人的自我追寻》中发表的意见："衡量一个人是否具有完全人格的标准就是看他是否能够付出和接受成熟的爱。"

梅伊博士还认为一般人对爱的理解很幼稚和暧昧，所以大多数人还达不到这个标准。

如果一个女人把自己的一生都献给了丈夫和子女，几乎与世上的一切完全隔绝，并不能说这个女人伟大，只能说她的占有欲强于她的爱。她不明白，爱的真谛不是局限，而是延伸。如果一个男人崇拜一个女人到再也找不出另一个女人能与她相提并论的程度，也不表明这个男人就是个"有爱心的"男性典范。这只说明他的感情发展受到了限制，以至于强迫自己停留在婴儿时期的依赖状态。他不知道依赖不是爱。

如果我们先搞清楚什么不是爱，那么对于理解那种促使人格趋于完善的成熟或许会相对容易些。

首先，爱并不等同于电影中玫瑰加香槟式的浪漫故事，也不等同于作家笔下关于性剥削的激情。要知道，爱不只是年轻貌美者的专利。

泌尿科专家、美国婚姻顾问协会主席亚伯拉罕·斯通博士是这样指导我们的，我们所谓的"我爱"的真实含义通常是"我要"、"我渴望拥有"、"我从……中获得满足"、"我利用"，甚至"我深感罪恶"。这些被科学家们称为"假爱"。

很多家长把"爱"作为放纵孩子的借口。而事实上，他们只是在溺爱孩子，这对孩子的成长根本不利。纽约杜布斯波克的儿童村，近年来一直致力于重新训练需要指导的问题儿童。机构的理事哈洛德·史泰龙说："每天我们都要处理一些父母们因混淆'爱'与'姑息'而造成的伤害事件。"

有很多父母时常因为女儿想要嫁到某个遥远的地方而对女儿的婚姻产生抱怨。有一个母亲曾这样悲哀地说道："简为什么非要找一个那么远的男人结婚，你说她要是找个本地的该多好啊，这样我们也能经常见到她了。唉！我们为她奋斗了一辈子，而她却这样答谢我们，非把自己嫁到千里之外的地方！"如果你对这个母亲说她这样做不是真正爱自己的女儿，她一定会惊讶不已的。她不知道，她把占有和满足自我跟"爱"搞混了。

爱的真谛不是紧紧抓住自己所爱的人不放，而是给他自由，任他飞。作家普瑞西拉·罗伯逊在《竖琴家》杂志上曾这样给爱下定义："爱，就是给你所爱的人他所需要的东西，为了他的利益而不是你自己的。用心想想别人把你所需要的东西送到你手里时的感受。爱不是所谓的'家长主义'的剥削和专制，爱包含给予孩子他们所需要的独立。爱也包含各种性关系，但并不是对自负或青春的狂乱追求的那种性格的利用。我的定义还包含你给予那些曾经让你知道自己是哪种人、你会成为哪种人的少数几个人——老师或朋友的爱；它亦包含善良——对整个人类的关怀，而不是把石头投给一个需要面包的人，或者在他不需要面包而需要理解时却硬塞给他面包。"

爱不是强迫，而是肯定。如果我们的内心充盈着占有、嫉妒和支配这些因素时，那么我们对他人真实的爱就会消失。如果我们任由荒草蔓延而不及时清理，即便是最美丽的花园，也一样会荒芜。

当你像爱自己一样对别人付出爱时，一定会得到爱的反馈。纽约市的罗瑞就对这一点深信不疑。

罗瑞原本是一家工厂的老板，却突然遭遇了变故——在毫无征兆的情况下，工厂被两个生意人用所谓的法律手段夺走了。当时，他被惊呆了，咨询律师无果后也只能听天由命。他将此事告知了所有的员工，并且依依不舍地和他们道别。

但新老板接收工厂时，一件意外的事情发生了：尽管新老板承诺满足他们的一切条件，但所有的员工都毫不犹豫地辞职了。就算无法领到救济金，员工们也不愿再回工厂做事。

新老板和员工们陷入了僵持，五个星期后，工厂竟然奇迹般地回到了罗瑞的手中。更让他欣慰的是，第二天一早，所有的员工都回来上班了。

每当回忆这段往事时，罗瑞总是激动不已，他说："在失去工厂的那一刻，我难过得简直想一死了之。我变得一无所有，唯一拥有的只是员工和我之间真诚的尊重和理解。在危难关头，他们对我如此忠诚，工厂才会重新回到我手中。我永远无法忘记他们对我的爱，对我来说，我们之间已经不再是老板和员工的关系，而是朋友关系。"

中国有一句老话，叫"人非草木，孰能无情"。当你真正地爱一个人，并愿意为了他付出一切，一如爱你自己一样，就一定会得到他的尊重和喜爱。如果每个人都能为别人付出真挚的爱，那么我们的世界将会变得更加美好。

爱不能没有细心

很多男人不注意在细节上关心自己的妻子，于是爱情就在这些细节的地方消失了。

一直以来，鲜花就是爱情的象征。它们不贵，购买也很方便，但是，却很少有丈夫记得下班回家给妻子买花，哪怕是便宜的水仙。

不要到她生病住院的时候，你才想起来买花给她。平常你完全可以买花送她。效果就是不一样。百老汇的大忙人乔治·柯汉每天都记得给妈妈打电话，虽然并不是总有话对她说，他仍要通过这样的方式表达对母亲的关心。他的母亲自然觉得很幸福。

女人通常很看重自己的生日和结婚周年纪念日，这就是她们这个物种的特点，没有人知道她们为什么喜欢这些日子。很多男人一辈子记不住几个纪念日，但有两个日子一定要记住，那就是妻子的生日和他们的结婚纪念日。

芝加哥的一位法官约瑟夫·沙巴斯，他曾处理过 4 万件婚姻危机的案子，并使 2000 对夫妻和好如初。他说："很多夫妻的矛盾是由于疏忽了细节，如丈夫上班时，妻子不记得跟他说再见之类的细节。"

芝加哥

著名的诗人夫妇劳勃·伯朗宁和伊丽莎白·巴瑞特·伯朗宁，他们的结合可能是有史以来最美妙的婚姻了。无论他多忙，都不会忽略细节上的关心和赞美。是他的爱，让残疾的她自豪地说："我觉得我就是位天使。"

很多男人意识不到在细节上关心的重要性。盖诺·麦德斯在《画报评论》上说："美国家庭需要搞一些好玩的新鲜事，比如说在床上吃饭，可能会很讨她的欢心。"婚姻本身就是由一桩桩小事和细节构成的，不重视细节，婚姻就会出现问题。艾德娜·文森特曾作诗说："爱情消失了，从一个个细小的细节中渐渐地消失了。"

加拿大安大略的杰克·杜蒙先生曾经给我寄了一封信，对我说了一些他对婚姻生活的感悟。他在信中说道：

我好不容易娶了一位理想中的妻子，她聪明、美丽，而且温柔，可以说是完美女人的化身。结婚之后，为了使我们的家庭更加幸福，我开始把几乎全部的精力放在了我的工作上，所以事实上把维持婚姻和家庭幸福的任务全部交给了我的妻子。

一开始，我并没有觉得有什么不妥，只是感到我的家庭生活并不像想象中那么幸福。妻子常常跟我吵架，但是用不了几个小时，我们就会和好。对这样的事情，我并没有放在心上。但是一天，我那刚满 4 岁的儿子突然对我说："爸爸，你不喜欢妈妈吗？我觉得她很好啊。"他那么说好像我是一个大坏蛋似的。他的话让我突然体会到"妈妈"这个词的分量，然后我也体会到她作为"妻子"的分量。我当然是很爱我的妻子的。她一直默默无闻地为我们这个家做着很多事情，而我却没有任何表示。

每天回家之后，我吃着她精心做的可口的晚餐，把一天的疲倦都驱散掉；第二天又穿着她洗烫的衣服，精神抖擞地去上班。我觉得这一切都是应该的，一切都很自然。可能在我妻子的心里，在某些时候，也会有和我儿子一样的想法：难道杰克不再爱我了吗？难道我做错了什么吗？她会产生这些想法，都是我的过错。我虽然是爱她的，但是我却不能原谅自己。在过去的 5 年里，她从没有体会到什么是幸福的家庭生活。

于是我找了一个合适的机会，邀请我的妻子参加只有我们俩的约会，并且跟她谈了一次心。我非常郑重地告诉她，我很爱她，就像以前一样，但是我在之前却做了许多傻事，并请求她的原谅。我的妻子原谅了我，她也把自己的一些想法告诉了我。她的想法原来跟我料想的一样，她的确存在过我不再爱她的疑虑。她对我说，作为一个妻子，她却不能完全了解和信任她的丈夫，这使她十分愧疚。

那次谈话之后，我们的婚姻生活发生了明显的变化，我的妻子显得比以前快乐多了。因此，以后我又经常找时间跟我的妻子谈心，每个星期至少一次。谈心确实使我们的婚姻保持了活力，我们现在跟刚结婚的时候是一样的。

爱情往往就毁在日常生活中的琐碎小事上。很多婚姻的破裂，正是那些琐碎的小事导致的，而不是那些触礁般的大事件。

雷诺有好几家法庭，每周有 6 天时间开庭办理结婚和离婚手续，来办理离婚的人数竟然是办理结婚人数的十分之一。他们离婚的原因，只有很少是因为不可调和的大矛盾。而他们分开的最重要原因，就是忍受不了鸡毛蒜皮的小事。他摘录下这段话，把它放在比较显眼的位置，为的是便于自己常常看到：

稍不注意，很多宝贵的东西就从我们手中溜走了。因此要及时做对人有益的事，及时表达你对别人的关心。不要等待，及时去做，不要让它们趁我们疏忽的时候溜掉。

随时表达你的温柔

在婚姻的殿堂上，我们听到了那熟悉的婚礼仪式用语："从此以后，不论更好或更坏，贫穷或富有，疾病或健康，你们都会彼此相爱，一直到死亡的那一天。"然而，在这此后的生活中，我们却发现这种誓言并不可信。我们知道了，即使在我写下这些文字的这一刻，也有无数的家庭正在争吵，有无数的男女正在伤心。如果我们把视野放得更加宽广的话，可以把我们的观察结果变成一句话：有人的地方就有矛盾和冲突——家庭自然也不会例外。

虽然这个结果可能听起来让人有些沮丧，但是却大可不必如此。能够和和气气、相亲相爱当然好，但是即便有一些冲突，也会使我们的婚姻生活变得更加有意思。冲突是由不同的意见、不同的观察角度甚至不同的解决办法所引起的，而拥有亲密关系的夫妻也自然会存在这方面的问题。

也许你觉得你的妻子不化妆的话看上去可能会更加舒服，你想让她接受你的观点，但不幸的是，她坚持认为自己化妆后更加动人，甚至认为不化妆就会感觉不自信，结果两个人争论不休。当这样的家庭冲突产生的时候，我们会想办法去处理，同时，我们总是希望两个人都对这个处理结果满意——从这一点来看，关于化妆这个问题，上面一开始的解决办法是不恰当的。面对生活中这些不可避免的冲突，我们应该如何解决呢？

我所提倡的方法是，你不能用强迫的语言去说服对方或者命令对方做任何事情——就像我前面所提到的那样，因为这样做的结果只会对你们不利。

我想很多人都听过这个古老的故事。风因为想证明自己比太阳强大，于是对太阳说："我比你强大多了，这一点我可以轻易地证明给你看——我能很快地脱去那个人的衣服。"风让太阳躲起来，自己开始施展威力。但是，风刮得越大，那人把自己的衣服裹得越紧。

最后，风不得不放弃了它的努力。这时，太阳从乌云后面出来，晒得人身上暖洋洋的。那人开始出汗了，于是把外套脱了下来。

太阳对风说："温和的力量，永远都比强迫的力量更加强大。"

确实，强迫经常不能达到目的。有一句古话说："你无法用一把枪去套住一个男人。"当然，这样说可能有些片面，因为你也无法用一把枪套住一个女人。它的意思是，你不能强迫你的妻子或丈夫去做什么事情。如果你不在乎什么影响，比如给你们的家庭带来裂痕，那么我无话可说。

不久前，我跟一位大企业的总裁单独进行了一次交谈。他是一位年轻的成功人士，因为工作十分出色，他的相片经常出现在美国各大报纸显要的版面上。一开始交谈的时候，他一直非常兴奋，但是当我们谈到他那位美丽的妻子的时候，他却开始愁眉苦脸、唉声叹气。

"唉！"这位总裁先生说道，"我的妻子总是不理解我。我给了她需要的一切东西，希望她能够变得更加有教养和有素质，但是她非但不感激我，还好像对我的行为十分不满。"

"你是怎么做的呢？"我问他。

"哦，"总裁回答道，"我想送她去纽约大学念书——我认为这是她急需做的事情。我打算送她去那里读一年书，然后跟我一起管理公司。”

据我了解，他本人受教育程度很高，精通企业管理的知识，更加重要的是，他对这项工作十分感兴趣。但是我并不知道他是否确定他的妻子也跟他一样对企业管理有很浓的兴趣。我向他问起了这个问题。

"毫无疑问，"这位先生非常肯定地说，"她既然跟我结了婚，并且和我一起生活了将近 5 年，她怎么会对这些不感兴趣呢？"

我虽然并不能肯定他的判断是错的，但是我知道，他的妻子之所以对他的决定不满意，一定会有兴趣方面的原因。和大多数人一样，这位先生也犯了一个十分容易犯的错误，那就是他仅仅依据对方是他的妻子这个事实，就判定他们有着相同的兴趣和爱好。

因此，他是在强迫他的妻子接受他的建议——这时候似乎变成了一种命令。如果用我以前提到过的道理来分析的话，即使他的妻子原来想听从他，但是当她发现自己是在被命令之后，她也会无意识地产生一种反抗的心理。

这样的道理不一定只有心理学家或婚姻专家才知道。那些过着幸福生活的人们，都懂得这样的道理，他们从不对自己的妻子或丈夫使用强迫性的语言。他们从不说"你应该怎么做"或者"你不应该这么想"，而是用更加巧妙的方式表达自己的观点。

强迫性的语言似乎无时无刻不在上演。大多数人都对他的顾客小心翼翼，生怕说错一个字，但是面对妻子的时候却大吼大叫，像一个暴君一样。他们总是习惯于指使自己亲密的爱人怎么去做事、怎么去说话。无怪乎迪克斯说："说伤人的话最多的，就是我们的家人，这的确让人吃惊。"奥利弗·哈姆斯在他的《早餐的独裁者》一书中描述的就是这样一种情境。但是哈姆斯本人却并不这样，他从不让妻子看自己的脸色，即便心情不好，他也不迁怒于人。

桃乐斯·迪克斯曾经评论说，有半数以上的婚姻都是失败的。依她看来，婚姻失败的很大一部分原因都与强迫性的语言有关。她提出疑问说：

"让太太们感到疑惑不解的是，既然他们完全可以采用温和的手段取代强迫，为什么他们不能够更加温婉地对待太太们呢？

“男人明明知道，奉承可以使太太不顾一切地去做任何事情：他知道。只要称赞太太管家有方，她就会把自己的最后一分钱都贴补家用；他知道，只要赞美太太穿上去年买的过时的衣服非常漂亮，她就不会去想巴黎的高级时装；他知道，他的亲吻能够让太太宁愿自己的眼睛变瞎、喉咙变哑。这一切方法，太太已经毫无保留地告诉他了，可是他为什么却好像一点儿都不知道呢？”

身为男人，我可以肯定地告诉妻子们，这些方法同样适应于她们。因此，为了家庭的幸福，所有人都应该放弃使用强迫性的语言，因为我们都知道，这种强势的态度永远不会让对方屈服的。

注意下面几个要点：

（1）尊重对方，平等沟通，不使用强迫性语言。

（2）记住，在丈夫和妻子之间，没有人是处于领导地位的。

（3）不要认为你们的冲突是绝对的，实际上，就没有绝对的冲突，关键是解决冲突的方法要恰当。

（4）不要为无谓的小事而大发脾气，不一定非要在小事上争出胜负，这绝对是毫无意义的行为。

别让唠叨侵蚀你的爱

日本人针对婚姻生活不美满的原因进行了调查，结果发现丈夫对妻子不满的因素中，位居前三位的依次是：唠叨不休（27%）、性格不好（23%）、不懂得持家（14%）。也就是说，导致人们婚姻不美满的很大一部分原因是女士的唠叨不休。

拿破仑三世爱上了全世界最美丽的尤琴·德伯女伯爵，并娶她为妻。他的顾问们认为，她不过是一位不重要的西班牙伯爵的女儿。但拿破仑三世辩答说：“那又怎么样？”她的优雅，她的青春，她的诱惑，她的美貌，使他充满了神仙般的幸福。“我已经喜欢了一位我所敬爱的女人，”他说道，“她不是一位我不了解的女人。"

　　拿破仑三世和他的新婚妻子拥有健康、财富、势力、名誉、美貌、爱情与信仰一切幸福的条件，但是，他们婚姻的圣火从未发出过更加光亮的炽热。而且没过多久，那炽热的圣火就熄灭了，直至化为灰烬。拿破仑三世可以使尤琴成为皇后，可以倾尽美丽的法国的所有，或献出他爱情的全部力量，甚至他皇位的势力，但他无法做到一点：无法使他的女人停止喋喋不休。

拿破仑三世

　　出于嫉妒和多疑，尤琴轻慢他的命令，甚至不许他有秘密。正当他从事国政的时候，她闯入他的办公室，阻挠他最重要的讨论。她拒绝他独处，永远怕他与别的妇人交往。她常常到她姐姐家抱怨她的丈夫。抱怨、哭泣、喋喋不休，甚至恫吓，并强行进入他的书房，向他发作、谩骂。

　　拿破仑三世，这个法国的皇帝，纵然有许多富丽堂皇的宫殿，但却不能找到一个小橱，以让自己在那里安定自己的心。尤琴如此而为所造成的后果是什么？在莱因哈德精心著作的《拿破仑三世与尤琴：一个帝国的悲喜剧》一书中就有这段记载："以后拿破仑三世常在夜里，从一侧门偷偷地出去，戴一软帽，将眼遮起，由一亲信随从，真的前往等待他的美女那里去，或像古时似的遨游于这大城中，见些见不到的东西，吸些可能吸的空气。"

　　而这一切都是喋喋不休的尤琴所造成的。她坐在法国的皇位上，又是世界上最美丽的妇人；但在喋喋的气氛之中，皇位与美貌都不能保持爱情的存在。这是她自己找来的，可怜的妇人，由她的嫉妒及唠叨所带来的。

　　在所有一切烈火中，地狱魔鬼所发明的狞恶的毁灭爱情的方法中，喋喋不休是最致命的。它像毒蛇的毒汁一样，永远侵蚀着人们的生命。

　　托尔斯泰伯爵夫人也发现了这一点——可惜她知道的太迟了。在她去世以前，她对她的女儿们承认："你们父亲的死，是因为我的缘故。"她的女儿们都痛哭了起来。她们知道母亲说的是实话，知道是她用不断地抱怨、永久地批评、不休地唠叨将父亲害死了。

托尔斯泰伯爵及其夫人理应因享受优越的环境而快乐。托尔斯泰著名的《战争与和平》和《安娜·卡列妮娜》在世界文学史上永远闪烁着光芒。他非常有名望，他的崇拜者甚至终日跟随他，将他所说的每句话都速记下来。甚至连"我想我要就寝"这样的话也一字不漏地记下。除名誉外，托尔斯泰与他的夫人还有财产，有地位，有孩子，没有别的婚姻比这更美满了。

起初，他们饱尝幸福的甜蜜，以至他们一同跪下，祈祷万能的上帝继续赐予他们所有的快乐。但是此后的不久，一件惊人的事情发生了，托尔斯泰渐渐地像变了个人似的。他对他所著的伟大著作感到羞辱。从那时起，他专心著作小册子，宣传和平、停止战争与消灭贫穷。他承认在青年时曾犯过各种罪恶，为了赎罪，他将所有地产给了别人，自己过着贫苦的生活。他种田、砍木、堆草。他自己做鞋，自己扫屋，用木碗吃饭，并尽力爱他的仇敌。

托尔斯泰的人生是一个悲剧，而悲剧的原因，是他的婚姻。他的妻子喜欢奢侈，但他追求简朴；她渴求名誉与社会称赞，但这对他毫无意义；她贪图金钱与财产，但他视财富及财产是一种罪恶。多年的时间里，她常常责怪叫骂，因为托尔斯泰坚持要放弃他的书籍出版权，不收任何版税；而她要那些书能产生金钱。当他反对她，她就发狂地躺在地上打滚，并拿一瓶鸦片放在嘴边，声称要自杀，还恫吓要跳井。

在他们的人生中，有一件事是历史上最悲惨的一幕。在他们最初结婚的日子里，他们非常快乐；但 48 年以后，他不能忍受与她见面。有时晚上这位年老伤心的妻子，基于求情，跪在他的膝前，求他朗读几十年前他在日记中所写的关于她艳美的爱情之语。当读到那些他们已永远失去的美丽快乐的时光时，他俩都痛哭了。生活的现实与他们好久以前一并所做的爱情之梦是何等相异。

最后，82 岁的托尔斯泰不能再忍受他家庭的不幸了，于是在 1910 年 10 月的一个雪夜中，从他妻子那里逃了出去——在寒冷黑暗中漫无目标地走着。11 天后，他患肺病死在一个车站上，他临死的请求是不要让她来到他的面前——这也许是托尔斯泰夫人因唠叨抱怨所付出的代价。

也许我们会想，或许她确实有许多事可以唠叨。我们可以这样去想，也可以承认这一点，但问题是，唠叨给了她什么好的帮助呢？"我想我真是神经失常。"那是托尔斯泰伯爵夫人后来对自己的评价。

在纽约家事法庭任职11年之久的海勃格，曾查阅过数千宗离婚案件。他说："男人离家的一个主要原因就是因为他们的妻子们喋喋不休。"也许婚姻正像《波士顿邮报》所说的："许多做妻子的，不断地一点一点地挖掘，造成她们自己婚姻的坟墓。"

林肯一生中最大的悲剧，也是他的婚姻。在婚后23年来的每一个白天和黑夜，林肯是什么处境呢？正像他律师事务所的同事赫恩所说的，是"婚姻不幸的苦果"。

其实，说"婚姻不幸"还是过于轻描淡写了，因为林肯的夫人这20多年来一直在对他喋喋不休，让他难得安宁。她总是抱怨一切，总是批评自己的丈夫。她数落他走路没有弹性，姿势不优雅。她会模仿他走路的样子来讥笑他。并纠正他走路时应先将脚尖着地，就像她从克莱星顿市孟德尔夫人的寄宿学校学到的那样。她还不喜欢他那两只大耳朵和他的头长成直角的模样，甚至告诉他，说他的鼻子不直，嘴唇前突，而且外表看上去像个痨病鬼，手和脚太大，而头却又太小，等等。

林肯和他的夫人几乎在每个方面都完全相反——教育、背景出身、性格、爱好以及思想观念上，全都是相反的。他们常常会厌恨对方。

"林肯夫人那高而尖锐的声音，"当代最著名的林肯研究权威专家、已故参议员阿尔伯特·贝弗里奇说道，"在街的对面都能听得见。她怒气最盛时的不停责骂声，所有邻居家都能听到。而且她的暴怒常常不只是通过言语来表达，她发泄暴怒的方式真是太多了，难以一一道清。"在此，我们列举他们生活中的一则案例来说。

林肯夫妇结婚不久，和欧莉夫人住在一起——欧莉夫人是斯普林菲尔德地区一个医生的遗孀，由于生活所迫而不得不出租房屋维生。一天早上，林肯夫妇正在吃早餐时，林肯可能做错了某件事，立即使他夫人暴跳如雷。究

人际交往的艺术

竟是为什么，现在已经没人记得了。只见林肯夫人在盛怒之下，将一杯热咖啡泼到了丈夫脸上，而当时还有许多房客在场。

林肯忍气吞声地呆坐在那里，一言不发。欧莉夫人进来后，用一块湿毛巾替他擦净了脸上和衣服上的咖啡。

林肯夫人的行为是如此的愚蠢和凶暴，以至于让人难以相信。我们只要读到她在公众场合所做的这些有失风度的事情——即使是在多年后的今天看到这些——也都会让人惊讶不已。最后她终于精神失常。对于她这个人，我们用一句最宽容的说法，只能认为她是"性情使然"，她大概一直受到精神病的折磨。

所有这些唠叨、斥责和发怒，是否改变了林肯呢？从某些方面来说，确实使林肯有所改变，那就是改变了他对她的态度，使他后悔自己婚姻的不幸，并竭力避免和她见面。每当星期六来到时，其他律师都会尽量赶回家中，和家人共度周末的美好时光。林肯却不想回去，他害怕回家。林肯就这样年复一年地生活。尽管乡村旅馆的条件非常恶劣，但林肯也情愿待在这里，而不愿回家面对他妻子那喋喋不休的话语。

这就是尤琴皇后、托尔斯泰伯爵夫人、唠叨不休所获得的结果。她们给自己的生活所带来的，除了悲剧之外，什么也没有。她们毁坏了对她们来说最珍贵的一切。

真的，唠叨和挑剔带给家庭的不幸，甚至比奢侈和浪费还要厉害。关于这一点，你可以不必马上相信我的话，还是先听听专家的话吧。

莱伟斯·M·特曼博士是一位著名的心理学家，他对 1500 多对夫妇进行了详细地调查研究，结果显示，丈夫们都把唠叨、挑剔列为他们太太最大的缺点。盖洛普民意测验也得出了相同的结论：男人们都把唠叨、挑剔列为女性缺点的第一位。詹森性情分析——这是另外一个著名的科学研究——也发现没有其他的个性会像唠叨和挑剔那样，给家庭生活带来这么大的伤害。

然而，似乎从远古的穴居时代开始，太太们就想尽办法要用唠叨和挑剔的方式来影响自己的丈夫。但是从古至今，这种方法从没有发生过效用——除非太阳从西边出来。

　　一位老朋友告诉过我，他太太总是轻视和嘲笑他所做过的每一项工作，他的事业几乎要被他的太太毁掉了。刚开始的时候，他是一位推销员，他喜欢自己的产品，并且很热心地向人们推销这些东西。当他晚上回到家的时候，本来很希望得到太太的一些鼓励，但是他太太却用这些话来迎接他："好啊，我们的大天才，今天的生意不错吧？你带回来不少佣金了吧？或是只带回来推销部经理的一番训话？我想你一定知道，下个星期我们就要付房租了吧？"

　　这种情况接连持续了好几年。虽然不时受到太太的嘲笑，这位男士还是坚持努力奋斗。现在，他已经在一家全国著名的公司担任执行副总裁的职务了。至于他那位太太呢？噢，他早就和她离婚了，又娶了一位年轻的、能够给他爱心和支持的女孩，而这正是他第一位妻子所不能给他的。

　　事实上，他的第一位太太并不知道自己为什么会失去丈夫。"我省吃俭用，吃了这么多年苦，"她告诉她的朋友，"结果，当他不再需要我为他做牛做马以后，他就离开我，去找比我更年轻的女人了。男人竟然会是这样！"

　　如果有人告诉这位女士，使她丈夫离开她的并不是另外一个女人，而是她自己的唠叨和挑剔，想必这位女士一定不会相信的。但这的确是她先生离开她的真正原因。她以一种轻视的方式来唠叨和挑剔——而这对于男人的自信心和自尊无疑是一种长期的打击和折磨。

　　唠叨是一种疾病。诉苦、抱怨、攀比、轻视、嘲笑、喋喋不休——喜欢唠叨和挑剔的女人，在这些残酷的待人方式之中，如果不是专精于其中某一项，就会变成兼而有之的全能"专家"了。唠叨就像麻醉药，你学不来，也改不掉，它是在习惯中养成的。女孩子在20岁当新娘的时候就常常唠叨，那么等她到了40岁的时候，她一定会变成一个无可救药的、对任何事情都难以满足的、毫不可爱的抱怨专家了。

　　弗吉尼亚大学教授沙姆·W·史蒂文博士在最近的一次演讲中，呼吁美国的丈夫们应该享有四种新自由：免于被唠叨和挑剔的自由，免于被呼唤支使的自由，免于消化不良的自由，以及在一天的繁忙工作之后换上旧衣服放松放松的自由。

为什么女人要对她们的丈夫唠叨不停呢？理由还真不少。有时候，唠叨是一种身体不舒服的症状。经常找医生做定期的健康检查，可以使我们身体健康，这就像定期检查汽车，使它们能够保持良好的驾驶性能那样。

长期的疲乏，常常会转变成一种喜爱唠叨的倾向。最好的治疗方法是，把你个人的生活安排得更有效率，找出造成疲乏的原因，并且消除它。心理学家分析说，人受到压抑和打击常常会变得唠叨。婚姻问题、性的挫折、爱的失落，以及内心对生活的不满——这些都是人生中沉重的打击，女人常常会以唠叨、埋怨或诉苦的方式发泄出来。分析一个人的心理，找出这些挫折，并且引导它们使之发泄出来，这就是消除它的最好方法。而用唠叨的方式来发泄不满，只不过是在火上加油。

有不少的事例都说明了唠叨不休对婚姻的破坏作用。《电信世界》中曾经有一篇文章报道了这样一件看起来很离奇的事情：一个已经50岁的维修员一连雇用了三名杀手，最后终于杀死了他的妻子，其原因竟然是他忍受不了妻子的唠叨。据这位丈夫说，他的妻子总是能够围绕一件不起眼的小事说上三天三夜，这都快要把他逼疯了——事实上，从他做出的这件事情来看，他已经疯了。

一名32岁的坦桑尼亚男子曾经用一瓶驱虫剂过早地结束了自己的生命。人们在他的尸体旁发现了一个药瓶和一封信，他在那封信里写道：我决定立即结束我的生命，因为我的妻子总是喋喋不休。

我无意把婚姻生活不美满的原因全部归结到女人们的唠叨上——实际上，在所有这样的事情当中，另一个人同样也可能犯很严重的错误——我想说明的只是，如果你确实意识到自己喜欢唠叨不休，并且这种唠叨正在破坏你的婚姻生活，那么，你应该毫不迟疑地结束它。

控制情绪，而不是让情绪控制你，你可以参照以下方法：

（1）动脑筋想一想，看看还有没有其他办法。不可能只有一种方法能使对方听从你，唠叨不应当是你的首选。

（2）尽量只把话说一遍——如果确实很重要的话，不要超过三遍——然后忘了它。

（3）用理智来控制你的情绪，不要随意爆发你的感情。每个人都受不了这样的处理方式。

礼貌是婚姻的润滑剂

美国杰出的演说家，曾是总统候选人的詹姆斯·布莱恩把自己的女儿嫁给了瓦特·杜鲁芝。小两口的日子非常幸福，他们有什么秘诀呢？

杜鲁芝太太说："婚后我们可以说相敬如宾，我希望年轻的夫妻们在婚姻生活中也要做到以礼相待，无论怎样，蛮横不讲理都是一件令人头疼的事。"

蛮不讲理是爱情的致病菌。人们都知道这点，但也常常忽视它。你会注意到，很多时候，我们对待陌生人，比对待自己的家人还有礼貌。跟陌生人谈话，人们没有随便地打断，更不会偷看别人的信件，但对于家人，人们却做不到这点。

詹姆斯·布莱恩

关于礼貌对婚姻和家庭的重要性，亨利·克劳说过："礼貌就是婚姻的润滑剂。"奥利佛·哈姆斯在《早饭的独裁者》这本书里描写的情景，可能在很多家庭里都存在，但他自己家里的情况却不是这样的。他就是喜欢为别人着想，从不让家人看自己的脸色，哪怕自己的心情很不好，他也喜欢一个人忍着。

哈姆斯这样做到了，我们一般人呢？我们中的大多数人，工作上遇到了麻烦，通常的做法就是回家向自己的家人发火。

荷兰人有个好习惯，回家进屋前，先把自己的鞋子脱下来放外面。这是我们应该学习的，这就是说，不能把外面的麻烦带到家里来。

威廉·詹姆斯写过一篇文章，题目是《人的某种忽视》，这是一篇值得我们好好看的文章。他这样写道："现代人老是忽略了动物和人的感情，但我们就是因为这种忽视而备受折磨。"

工作时很多人不会对工作伙伴发火，但很多人，却常常粗暴地对待自己的妻子。也许他没有意识到，婚姻比工作与幸福的关系更密切。

徜徉在幸福婚姻中的人，通常比单身的天才更幸福。俄国伟大的小说家、在世界文学史上有不朽地位的屠格涅夫曾说："要是有个女人真正关心我，让我下班后回家吃晚饭，我情愿放弃所有作品和我写作的才能。"世上有多少幸福的夫妻？在桃乐丝·狄克斯看来，幸福的婚姻不足一半。但保罗·波皮诺博士却说："跟事业相比，男人更容易在婚姻上取得成功。十分之七进入杂货买卖行业的男人会失败，但十分之七和女人结婚的男人会成功。"

对于这样的言论，桃乐丝·狄克斯会怎么认为？

她说："人生的旅途上，相对于婚姻来说，事业只是一段插曲，死亡更是微不足道的小事。女人们就无法理解，为什么男人不能把和用在事业上一样多的精力花费在婚姻上。

"对男人而言，一位满意的妻子和一个幸福的家庭比赚 100 万美元更值得，但 99% 的男人却不会慎重而真诚地对待婚姻。他的主要精力，都用在他的事业上了。这让妻子们无法理解，事业就跟赌博一样，需要不停地奔波，还要经历挣钱、赔钱的折磨，为什么他们还如此痴迷而不匀出来时间爱护自己的妻子呢？

"男人们都知道，他的妻子希望他夸自己两句，为此她心甘情愿地为他做任何事。他也知道，要是他对她理家的才能赞美上两句，她就能更节约、更勤奋地打理家务；他还知道，他赞美一下她去年买的衣服，她就不会再花钱买新的了；他还知道，他能把妻子吻得闭上眼睛，不管任何不顺心的事；他还知道，他能吻得让她什么牢骚也说不出来。

"妻子们也知道丈夫们了解这些，但他们就是不这样做，反而用花钱的方式来表示，比如，请她出去吃饭，买新衣服给她穿，买新车给她开，等等，就是不愿意赞美两句，体贴一下，这让她分不清楚，他对她的爱是不是真的。"

蒙哥马利是英国历史上著名的军事家。他在 38 岁的时候，仍旧是一个光棍。直到 1926 年，他的生活才因为遇到了卡菲尔夫人而发生了改变。

没有人想到这个声名显赫的将军会爱上一个军人的遗孀，但是蒙哥马利并不在乎这一点，他在乎的只是他对卡菲尔夫人的爱情。一年后，他们在齐奇克教区的一个教堂里举行了婚礼，正式开始了他们幸福的婚姻生活。

蒙哥马利并不像一般的军人那样脾气暴躁，在整个婚姻生活中，他几乎没有什么粗鲁和没有教养的言行，相反，他对自己的妻子从来都是礼貌有加，而且似乎有说不尽的甜言蜜语。当贝蒂·卡菲尔做了一件家务的时候，他总是会对妻子说一声"谢谢"；他总是赞美他的妻子很漂亮，在平常的日子里，他也总是说一些话来逗她开心。他千方百计地使他的妻子感到幸福和满意，自己也因此得到了满足。

1937 年的春天——这时候，他们的婚姻已经进入了第十个年头——贝蒂在海边散步的时候，不幸被一只毒虫咬了，因为毒性发作而被送往当地的乡村医院。蒙哥马利赶到医院，寸步不离地守护着贝蒂。最后，贝蒂在蒙哥马利的怀里安然逝去。在她临死前的几分钟，蒙哥马利还在为她朗诵《圣经》和赞美诗，但是再也不能唤醒他亲爱的妻子了。

应该说，贝蒂是幸运的——我指的不是蒙哥马利在她死后没有再娶，她是他唯一的妻子——我想说的是，这个世界上的大多数女人好像都不如她那么好运，她们的婚姻生活似乎并没有那么幸福、浪漫。

有些男人婚前婚后判若两人：婚前甜言蜜语、殷勤体贴，婚后却冷若冰霜、置之不理。对此，康奈尔大学文理学院院长列奥纳多·S·柯瑞尔博士认为，幸福的婚姻只属于那些心灵成熟、了解自己、善于和他人建立良好关系，而且任何事情都能为他人的幸福着想的、富有责任感的人。他还提出了保持婚姻完美幸福的秘方，他说："一家人是通过内在价值，例如，情爱和伴侣等的满足而结合在一起的，这种内在价值是无法强求的。"

适当地对妻子表现出殷勤，并不会给男人的公共形象造成任何损害，反而会促进夫妻之间的感情。

"婚姻是我们个人是否成熟的最好试金石，"国际婚姻指导委员会主席、德鲁大学人际关系学教授大卫·R·梅斯说道，"如果你不想关心别人，任何人都可以单独生活。但是，你若想和另外一个人亲密地共同生活，就必须具备关心他人的能力……这是一个人成熟与否的标志。婚姻有两种结果，或者让我们变得成熟，或者让我们承受不成熟所结出的苦果。"

因此，要想生活幸福，请记住下面这个原则：

多点礼貌，多点殷勤。

卡耐基励志经典

领导的艺术

[美]卡耐基·著

刘凯·整理

线装书局

导　读

　　每个人都可以成为领导人，只要你了解人性。戴尔·卡耐基的《领导艺术》就是一本教你怎样发现自己的领导才能的书，你不需要有特殊的才艺，也不需要刻意改变自己，只要在工作生活中多关注一些你以往注意不到的事，你就能改善自己的人际关系，使自己拥有领导魅力。

　　《领导的艺术》以卡耐基的人际交往准则为核心，结合当代的社会情况加以论述阐发，浅显明快的语言，生动有趣的实例，使阅读没有一丝枯燥，就如领导艺术本身，并没有什么深奥的道理，然而准确、直击人心，你会发现，领导艺术就该是那样，来自于生活本身，来自于你自己，人人都能做到。全书运用社会学和心理学知识，通过真实故事，对领导艺术进行讲解，以激励无数陷入迷茫和困境的人，并帮助他们重新找到自己的人生对领导的统驭术、处世术、协调术、语言术和交往术做了精辟的论述。并将语言和实践相结合，通过大量的事实和名人的实践经验，总结出了实用的领导艺术，对当今处于领导岗位和将要走向领导岗位以及普普通通的人们的社会交往，将是一本不可多得的好书籍。

本书缘起

　　随着二十一世纪的临近，世界正经历着经济剧变和发展动荡，充满着无限可能，在短短几年内，我们见证了后工业化社会的曙光，信息时代的到来，计算机的飞速发展，生物技术的产生，还有其中最重要的一样，人际关系的革命。

　　冷战结束之后，经济环境明显紧张起来，竞争越来越全球化、白热化。商人们无法再忽视顾客的需求；经理们无法再仅凭发号施令就能让员工无条件服从；走后门无法再大行其道；公司无法再仅仅关注产品质量的提高；人的创造力也不会再停滞不前。

　　想在新时代生存，成功的企业、政府以及非赢利组织，必须有一个重大的观念转变，只有观念转变了，人们才能更敏捷地思考、更有效率地工作、更有创造力。新观念在很多方面影响着人们。其中最重要的一条是，它会选择全新的领导人，一个跟现在大多数人的顶头上司都不同的领导人。现在已经不是军事化管理横行的时代了。

　　新时代的领导人脚踏实地，明确知道自己将把公司带向何方，他们比以前的那些领导人更有感染力和号召力，他们的智慧足以应对那些不断变化的形势，最重要的是，他们善于挖掘每一个员工的才能和创造力。

　　剧变可以追溯到二战后的那段日子，战后的美国公司似乎不管做什么都能发达，欧亚地区的经济因为战争带来的损失而举步维艰，发展中国家缺乏经济发展的有利条件。实力雄厚的美国公司，上有强有力的政府支持，下有庞大的劳工队伍为保障，毫无顾忌地用自定的标准去衡量别人。这些美国公司也许并没有优秀的管理体制——它们根本不需要。分明的上下级制度，严格的职务分类，目空一切的工作态度，使这些公司在二十世纪中期运作良好

——员工富足，愉快，个个赚得盆满钵盈。

这些公司给员工们提供了怎样一幅漂亮的远景：一份终身制的体面工作——就像政府公务员一样，而且有着更丰厚的薪水和福利。

失业？那些穿着职业套装去上班的人，谁听过"失业"这两个字？也许只有厂里的工人对此才不那么有信心。人们经常谈论的是"走向成功的阶梯"，以及怎样在事业上更进一步，怎样能处在一个恰到好处的位置。直到最后我们才知道，那种财富来得太容易的日子，终究要结束。

当美国在享受着战后的成果时，日本却更有远见。日本的经济尤其是基础产业在战争中几乎全毁，而这只是日本人需要克服的第一个困难。当时他们还被制造伪劣产品、给顾客提供次等服务的名声所累。

但所有的压力他们都承受了，日本人做好了从错误中吸取教训的准备。他们毅然斩断过去并且雇用了能找到的最好的顾问，比如爱德华·戴明，一位曾在战时美国陆军质量管理中心工作的统计学家。

戴明告诉日本人：不要照搬美国公司那种复杂的模式，而要建立一种适合日本的新风格——致力于员工的归属感、质量的提高以及顾客满意度的获得——并团结所有的员工向着这个目标努力。

虽然变化并非一朝一夕，但日本企业获得了重生，日本成为技术革新的龙头，产品的质量和服务显著提高，不仅能够与它们的国外竞争者并驾齐驱，甚至在很多重要的工业领域实现了超越。他们不再局限于国家周边，而是开始全球跨期买卖，向德国，斯堪的纳维亚半岛，远东，以及太平洋沿岸。至于美国，很不幸，是最后被日本赶上的国家之一，危机感的延迟使得后来付出的代价更大。

在当时的美国，资源正以缓慢而不易察觉的速度向外流失，六七十年代，战后经济的繁荣景象掩盖了不同的声音，使渐增的弊端难以暴露。

石油价格上涨，通货膨胀，利率增长，竞争的压力不再仅仅来自振兴的日本和德国，很多以往经济并不景气的海外国家，突然拥有了新的竞争实力，不久之后，它们开始分食被通用、真利时、IBM、柯达等商业巨头占据的市场份额。

八十年代中期，越来越多的弊端已经让人不能忽视，房地产崩溃，公司债务、财政赤字激增，股票市场波动异常，到九十年代初，衰退的程度让人日夜不安，世界已经完全不同。

对于那些身临其境的人，变化来得实在太快，假如公司不能接受资产重组或者获得新资金的投入，那么它们将濒临资金冻结和破产，解雇失业随之而来，并不止是蓝领，白领们也不得不面对黯淡的前景，而且他们不知道该怎么办。

可以预料，剧变将带来空前的不满和恐慌，并迫使人们思考他们自己和职业的未来。

一些人相信高科技，认为人们可以从琐事中解放出来，技术的贡献毋庸置疑。

"我走进我在纽约的办公室，在相同的时间跟一个大洋彼岸的日本人处理相同的数据。"桑德斯·卡普公司的合伙人托马斯·桑德斯三世说道，"我们一天二十四小时使用同一种数据处理系统，世界各地的人们被比所有人想象中都要复杂的网络联系到一起，政府已经不能完全控制资本市场和货币市场，我已经不需要一张报纸来告诉我市场的情况。"

"怎么看工业革新带来的利润？怎样在短时间内将潜力挖掘到最大？"药品研究学者乔纳斯·索尔克说，"我们能在短期内组织更多的人合作，但拥有更多的资源，你就需要更多的手段。"

"还记得电脑刚出现那时候吗？"马尔科姆·福布斯，这位以他的家族姓氏命名的经济杂志的主编说，"人们害怕它会成为政府控制民众的工具，也害怕电视成为政府宣传的手段，但是，感谢高科技吧，它们带来了相反的效果。电脑变得更小更便于携带，性能飞速提高，人们不再受到局限。"

"芯片拓展了人脑的能力，就像十九世纪机器代替了人的体力，软件就好比钢筋混凝土，光纤和数字显示屏就像用来运输的铁路和高速公路，而信息就是原料。"

领导的艺术

"如今，"福布斯继续说，"你可以把你仅两磅重的电脑放在大腿上发送信息，你可以在任何地方做这件事，只要找到一个插头或者无线网络。"其结果就是，更多的人有更多的途径可以得到更多的信息，"人们可以看到世界上发生的任何事，"福布斯总结道，"电脑网络对大众的影响非常广泛。"

柏林墙

柏林墙的倒塌，苏联的解体，拉丁美洲和加勒比的民主运动，不断发展的工业化——所有这些变化标志着一个崭新的工业化的自由社会，以及一个崭新的认知，那就是世界成为一体。变化中的每个人都在借助着更广泛的交流渠道继续前行。

老一套的工人运动影像用电波传往全世界，中国学生在照相机前挥动用英语写的标语，萨达姆·侯赛因——说到这个，美国军队参谋长——和萨达姆一样，都用电视网络关注着波斯湾战争。

但仅有技术是不够的，因为光有便于合作的工具并不意味着人们就能合作愉快，这种条件下的合作甚至经常失败。这是现代化的一个讽刺：极好的合作工具，惨败的合作结果。如果人们不懂得分享利用这些信息，那么这样大量的信息又有什么用？

不久以前哈佛商学院在学生、校友和员工里做了个调查，结果不出意料。"我们所发现的，"哈佛商学院教授约翰·凯尔卡亚说，"对于毕业生来说是一个重要的衡量标准。"

这些聪明的年轻人能够处理数字，分析市场，设计商业计划，但在人际关系能力上却有所欠缺，凯尔卡亚的调查显示出哪些领域需要提高，"口头与书面沟通，团队精神，以及其他人际关系能力。"

这些能力是判定这些年轻的商业领导者是否成功的最终标准。

当然，精密的技术对于世界的发展仍然很重要，但这仅仅是新的商业竞技场的入场券，最终，成功者与失败者的区别不在几张芯片上。成功者应当是有着聪明的、创造力出众的领导者的团体，这些领导者知道怎样有效地合作和相互激励，不管是对内还是对外。

"出色的人际关系能力可以使人由被领导者变为领导者，"纺织业龙头米利肯公司的发展部主管约翰·瑞姆佩认为，人们在尝试改变，"从指挥到引导，从竞争到合作，从保守秘密到分享信息，从被动接受到主动冒险，从把员工视为成本到把员工视为资产，"他们学习怎样"将人生态度由充满埋怨变成知足常乐，由冷漠待人变成懂得关怀，从而使人生由失败走向成功。"

这些能力并非与生俱来的，"发展人际关系不是件容易的事，"世界知名的智威汤逊广告公司的总裁伯特·曼宁说，"很少有人天生人际交往能力出色，大部分人在这一方面都需要培养。他们需要接受培训，就好像汽车公司的工程师想要设计出更好的活塞也必须接受培训一样。"

曼宁还说："这些公司必须培养出一批知道怎样提高公司竞争力的领导者，必须了解人际关系能力才是区别成败的关键。"

戴尔·卡耐基没有活到看见近几年爆炸性的改变，因而他也未能见证新人际关系革命的到来。但是，在很久以前，在人们还没有听过"公司愿景"、"员工授权"、"质量管理"这些词的时候，卡耐基提出的那些开创性的基本人际关系理念，已经是这些新名词的核心了。

一九一二年，卡耐基来到纽约，这个来自西北密苏里州的年轻人尝试寻找适合自己的生活道路，最后他在第 125 大街的基督教青年会找到一份工作：给夜校的成人班讲授公众演说。

很多年后，卡耐基写道："最初我仅仅是教他们公众演说，培养他们的临时反应能力，使他们的语言表达更清晰、更有力，在面试以及面对听众时更镇定。但是渐渐地，随着时间流逝，我发现他们不仅需要训练演讲才能，他们更需要学习在商业以及社会活动中与人交际的能力。"

于是，卡耐基在课程中加入关于人际关系的内容，他没有教科书，没有教学大纲，没有学员手册，但他渐渐总结出一些实践性的技能，并每天身体力行着这些技能，以测试这些技能的效果。

"尝试从别人的角度看问题，"他告诉他的学生们，"表达出诚意与善意，真诚地关怀他人。"他向学生演示怎样将这些人际关系能力的基本理念运用到实践中去。

开始，卡耐基只是潦草地将自己的想法记录到几寸大的卡片上，很快这些卡片换成了信纸，信纸又换成一本本小册子，每本都比上一本更厚。在十五年辛苦的实践后，卡耐基终于把关于人际关系的观点理念汇集成书。《怎样赢得朋友与影响他人》，这本书出版于一九三六年，是戴尔·卡耐基指导人们如何成功与别人相处的著作。

这本书出版以后，印刷了三千万份，《怎样赢得朋友》成为史上最畅销的著作之一，翻译成几十种文字，脍炙人口至今。

卡耐基成立了一个公司，"戴尔·卡耐基公司"，将他的人际关系理念传播给全世界，他定期在广播和电视里演讲，教别人怎样讲授他的课程，并又写了两本人际关系方面的著作，《成功有效的团体沟通》和《如何克服忧虑，开创人生》，同样畅销。虽然卡耐基在一九五五年就已去世，但他的种种理念却一直流传下来。

今天卡耐基训练课程已经遍及美国的上千个城镇，并且拓展到世界上的七十多个国家，全世界每周有三千多人报名，《财富》杂志公布的世界500强企业中有四百多家都由卡耐基机构训练员工。

在每个新阶段，卡耐基理念都会重新界定自己以适应新时代的需求，这真是一种神奇的能力。跟别人有效地沟通，激发出他们的潜力，发现每个人的领导才能——这些是戴尔·卡耐基理念的中心。在如今这个混乱中求秩序的世界，卡耐基的时代再次来临。本书其他章节，将讨论卡耐基的人际关系理念怎样使人们适应当今社会。

这些原则都很基础，易于理解，不需要专门的教育背景和专业能力，只需要实践和诚恳的学习态度。

你做好准备挑战你的某些成见了吗？你想要更轻松有效地处理你的人际关系吗？你想让自己珍贵的财产——在生活和工作中接触到的人们——增值吗？你希望发掘自己的领导才能吗？

如果你做好了准备，那就开始阅读吧，你读到的也许会改变你的人生。

第一章　发现你的领导才能

弗雷德·威尔彭是纽约大都会棒球队的总裁，一天下午，威尔彭带着一队学童参观棒球场，他让他们站在本垒后面找感觉，带他们到球员休息区，领着他们从贵宾通道进俱乐部，最后，威尔彭将他们带到投手练习区。

但当他们想进门的时候，一位穿制服的保安拦住了他们。

"练习区不对公众开放，"保安对威尔彭说，显然不知道他是谁，"我很抱歉，但是你们不能进去。"

威尔彭大可当场发作，严厉斥责这个如此对待像他这样的大人物的可怜保安，也可以选择更富戏剧性的方式，亮出自己的身份，让这些学童们见识见识自己的威风。

但威尔彭没有这么做，他只是带着孩子们绕到球场的另一头，从另一道门进去了。

他为什么要选择更麻烦的方式呢？因为他不想让保安难堪，那位保安只是忠于职守而已，就在当天下午，威尔彭甚至写了张便条，感谢那位保安的尽职。

如果威尔彭当时大吼大叫，那位保安将会怀恨在心，工作热情毫无疑问也会大打折扣，所以威尔彭选择的和善方式相比而言有效得多，保安对于赞扬一定会感到十分高兴，而且下次再碰面的时候，他一定会认得威尔彭先生。

威尔彭的威望并非来自他的地位，他是一位真正的领导者，因为他知道怎样有效地与人互动。

过去人们从未深思过领导的意义，老板就是老板，他主宰一切，通常没有什么好商量的。

"

　　人们只会说"运作良好的公司"，却不会说"领导良好的公司"，过去那些公司都是军事化管理，上级发出命令，然后一级级传达下去。

　　这样的公司如果用漫画手法表现，那就是这样一幅情景：上级一声令下，下级就像乞怜的小狗一样跑进他的办公室。过去很多公司就是这样管理的，不用军事化管理的公司，甚至谈不上有管理。这些公司凭借这样的管理，也安然地在市场上占据了一席之地，许多年来也没遇上什么挑战，人们抱着这样的观点："又没有坏，干嘛要修呢？"

　　那些坐在办公室里的经理们用他们所知道的方式去管理，人们对他们唯一的期望也只是"管"。或许他们会把管理的方向盘往左往右调上几度，但通常他们只会处理看上去很明显的问题，然后这一天的任务就算是完成了。

　　环境没有现在这么复杂的时候，这种管理没什么问题，这样一成不变的日子也就这么过来了。

　　但现在，简单的"管"已经不够了，这种古板的方法无法应对如今这个动荡多变、难以预测的世界，当今世界需要更有效的管理方式，也即领导能力。领导能力可以帮助人们完成他们力所能及的事，构建出未来的愿景，激励、指导人们，建立、保持成功的人际关系。

　　"过去商业环境稳定的时候，简单的管理还能奏效，"哈佛商学院的教授约翰·奎尔奇说，"但现在的商业环境如此多变，你需要远远超过你想象的更复杂的应变能力，领导能力将会成为成败的关键。"

　　"变化已经来临，但我不知道是不是所有的公司都做好了准备，"半导体制造商的龙头 SGS 汤普森微电子公司的负责人比尔·马卡希拉希拉说，"'经理'这个职务估计将来会消失，'领导能力'也需重新界定，现今公司们都在经历这种蜕变，他们认识到，在他们开始裁汰冗员提高产量的时候，这种协调能力是多么重要。良好的沟通，出色的人际关系能力，指导示范，组建团队——要做到这些，就需要更多更好的领导人。"

　　"你不能再仅靠发号施令办事，你需要的是影响力，而影响力来自于人际关系能力。"

很多人对领导能力的认知仍然很狭隘，说到"领导者"他们想到的就是"将军"、"总统"、"首相"、"董事长"等词，当然，身居高位的人需要发挥领导能力，他们的领导能力也各有不同。但是，领导能力并不局限于高层，平常人的工作与生活中同样需要领导能力，甚至更加需要。

组建一个工作队伍，保证后勤，或者让家里气氛愉快——这些都需要领导能力，而领导从来都不是简单的事，不过还有一个事实能让人感到欣慰，那就是我们每个人都有成为领导者的潜力。

小组带头人、中层主管、财政经理、客服人员、收发处人员……每个需要与人交流的人都有足够的必要学习怎样领导。

人的成就感和喜悦度很大程度上来自于他们能否成功地运用领导能力，而且并不仅仅在工作中，家庭、慈善团体、球队、民间组织、俱乐部……任何你可以叫得出名字的组织，都迫切需要有活力的领导方式。

史蒂文·乔布斯和史蒂文·沃采克原来是加利福尼亚州的牛仔，一个二十一岁，一个二十六岁，他们没有钱，没有接受过任何商业培训，却希望能无所凭借地开创一种新行业。

一九七六年，大部分人对家用电脑还没有概念，只有少数几个痴迷电脑的怪杰才会购买个人电脑，因此，当乔布斯和沃采克卖掉一辆货车、两部计算器，凑了三千美元在乔布斯的车库里开张专卖电脑的苹果公司时，他们离成功似乎十分遥远。

但这两个年轻的企业家很有远见，对自己的事业有一个清晰的构想，"电脑并不仅仅是给发烧友设计的，"他们宣传说，"它将会像自行车那么普及，低价位的电脑将来每个人都会有一台。"

从苹果公司创立的那天起，这两位创始人就坚守他们的理想，并时时刻刻不忘宣传，他们雇用能理解接受这一理想的人，与这些人共同分享所得。他们谈论这个理想，身体力行这个理想，甚至以此理想为生存的理由。即使在业务停滞不前、零售商停止销售、供货商停止供货、银行停止贷款的艰难时期，苹果公司这两位目光远大的领导人也没有退缩。

时机终于成熟了，六年以后，苹果公司个人电脑的年销量达到六十五万台，沃采克和乔布斯是超越了他们的时代的出色领导人。

不过，并不是只有新公司才需要有远见的领导人。八十年代早期，康宁公司遭遇痛苦的紧缩期，本来"康宁"这个品牌在厨房用具里还算叫得响，现在却越来越不行了。技术过时，市场份额下降，顾客纷纷转向外国品牌，对此公司平庸的管理层似乎束手无策。

康宁公司的总裁詹姆斯·霍顿认为公司需要的是一个全新的愿景，然后他自己提出了一个构想。后来他回忆说："我们请了一个顾问，让他跟我以及一个新的小组合作，他是个出色的促进者，不断向我们强调质量的概念，而这正是我们所需要的。"

"有一次，在我们召开那些糟糕的小组会议时，每个人都很沮丧，我打起精神，宣布我们将投入一千万美元成立自己的质量管理机构，虽然我们根本没有一千万，但是我们势在必行。"

"当时我们还有很多事要做，但我仍然坚持推行质量管理，我并不十分清楚推行质量管理具体有多重要，我只是有种直觉，这条道路是正确的。"

霍顿知道康宁必须提高产品质量以及加快交货速度，这位总裁采取了一个冒险的做法，他从世界上最好的专家——自己的员工那里听取建议，而非仅仅询问经理和工程师们，他把工人代表召集起来，与他们讨论如何重新设计康宁的生产流程——这是挽救公司的关键。

经过六个月的讨论，他们决定重新设计工厂，以减少生产线的缺陷，并使机器加快更新。同时，小组也设法减少库存，使资金流动更快，最后的结果是惊人的。当霍顿做出这些改变前，光纤包涂的不规则率为每一百万件里有八百件，但四年之后这个数字降到了零，两年之内，交货的周期由几周缩短为几天，四年后康宁的税后盈余是以前的两倍，霍顿的策略成功了，公司重新焕发了活力。

经济理论学家沃伦·本尼斯和伯特·那努斯研究了几百家成功的大小企业，总结出他们的领导方式。"一个领导者，"两个人记录道，"首先要为公司勾画出一幅理想的愿景，可以如梦想般模糊，也可以如目标使命般具体。"而其中的关键，本尼斯和那努斯又解释说，"要表现出逼真度、可靠性、吸引力，让人们觉得这个愿景在某些重要方面比现状好很多。"

领导者会问：这个团队的发展前景如何？这个部门以什么维持？我们的服务对象是什么人？我们要怎样提高我们的工作水准？答案因人而异，最重要的是要有人提出这些问题。

领导并不只有一种套路，领导人有很多种类型，有的活跃，有的内敛，有的幽默，有的严肃，有的坚韧，有的温和，有的强悍，有的羞涩，不拘泥于年龄、种族、性别和阶层。

你不必找个优秀的领导人，然后亦步亦趋地模仿，那样的话你不过是个可怜的仿制品，真正能发挥效用的领导方式，一定是以你自己的特点出发而形成的。

作曲家弗雷德·埃伯是东尼奖得主，曾为百老汇名片《酒店》、《蜘蛛女之吻》、《芝加哥》、《左巴》等作曲。常有年轻的作曲家来向埃伯请教，"我总是告诉他们欧文·博林和乔治·格什温的故事。"埃伯说。

博林和格什温初见时，博林已经是著名的作曲家，而格什温才刚出道，每周只挣三十五美元，博林了解格什温出众的才华，愿意出三倍的薪水雇用他为自己的音乐秘书。

"但是，"博林对格什温说，"一旦你接受这份工作，你也许只能做一个二流的博林，而如果你坚持自己的风格，总有一天你会变成一流的格什温。"

格什温听取了博林的意见，美国的流行乐也因而更上一个台阶。"不要模仿他人，"埃伯告诫年轻的作曲家们，"坚持做你自己。"

弗雷德·埃伯

当然，首先你得搞清楚自己是什么样的人，然后设法将自己的特点运用到工作里——这是个值得沉思的问题，你得直截了当地问自己：我有什么样的特质？这些特质怎样变为领导能力？

罗伯特·格兰德，AMR 公司的总裁，他的领导特质是他出色的先见能力，带领着美国的航空业进入一个新的时代。

玛丽·卢·雷顿，奥林匹克体操冠军，她的能力来自于她天生的热忱，这使她从西弗吉尼亚州的一个小城来到了世界这个大舞台上。

休·唐斯，美国广播公司一个经验丰富的新闻记者，他的领导特质来自于他谦虚的态度，这使他不但能在竞争激烈的新闻界立足，而且保持了谦谦君子的形象。

不论你拥有什么样的特质——永不放弃的坚强也好，钢铁般的意志力也好，丰富的想象力也好，积极的态度也好，强势的价值观也好——都把他们变为领导能力吧。而且要记住：不要光说不做。

阿瑟·阿什是世界级的网球高手，同时也是个成功的父亲——这是个需要领导力的角色，他也认为言传不如身教。

"我和我妻子常讨论我们六岁的女儿，"阿瑟在去世前的一次采访里说，"孩子们更注意你的举动而不是你说的话，在那个年纪的孩子面前，你不得不诚实，就算你一直讲道理，但只要有一次你没做到，他们就会当着你的面指出来。"

"我叫她吃饭时不要把手肘放在桌上，那样不礼貌，结果吃饭时我自己把手肘搁在了桌上，她马上说，'爸爸，你的手肘在桌子上。'你必须很有勇气地承认，'你说得对。'然后把手肘放下去。事实上，这种学习比光听更有效，这意味着她理解了所听到的，并且在看见的时候马上辨识出来。但要达到这种效果，光说是不行的，你得身体力行。"

领导人总是制定标准然后严格遵守，比如道格拉斯·华纳三世，就一直坚持他所说的"完全透明化"。

"如果你要进来向我提出一个建议，"担任摩根银行总裁的华纳说，"先假设你要说的明天就会登在《华尔街日报》上，在这种完全透明化的条件下，你仍有信心提出这个建议吗？如果答案是否定的，那一切免谈，我们先得弄清楚问题出在哪里。"这就是一种领导力的标志。

专注、自信的领导能力能把愿景变为现实。特蕾莎嬷嬷年轻的时候，在印度加尔各答中上层社区的高中教课，但她一直关注着街道上的麻风病人，"我在他们的眼中看到恐惧，"她说，"他们害怕不再被爱，害怕没有条件治疗。"

那一幕幕在她心中挥之不去，她知道自己必须离开安全的修道院，走上街头，为麻风病人建立一个安全的居所。多年来，特蕾莎修女会已经照顾了十四万九千个麻风病人，给予他们治疗和无条件的爱。

有一年十二月，特蕾莎嬷嬷在造访美国时，去了纽约郊区一家看守最严密的监狱，在与四个患有艾滋病的囚犯谈话后，她立刻发现这些艾滋病人就是现代的麻风病人。

圣诞节前，她回到纽约市，直接前往市政府拜访纽约市长爱德华·科奇，她问市长是否可以打电话给州长马里奥·科莫，在电话打通后，她对州长说："州长先生，我刚刚从星星监狱返回，那里有四个囚犯是艾滋病患者，我想建立一个艾滋病患者中心，您能把他们交给我吗？我希望他们是这个中心的第一批病人。"

"嬷嬷，"科莫说，"我们整个州立监狱里有四十三个艾滋病人，我可以把他们全部交给你。"

"好的，"特蕾莎嬷嬷说，"我打算从这四个人开始，我要跟您说说我想建的这个中心，您愿意支付费用吗？"

"没问题。"科莫说，这个回答显然是慑于修女的魄力。

特蕾莎嬷嬷又转向市长科奇："今天是星期一，我希望在星期三开张，我们需要几张许可证，您愿意帮忙吗？"

科奇看着站在他办公室里的瘦小修女，连连点头："当然可以，只要开张的时候您别让我去刷地板就行。"

第二章　保持自我的本色

北卡罗莱纳州的爱迪丝·阿尔雷德太太曾给过我一封信。她在信中写道：

我是一个极为敏感羞怯的女孩。我长得太胖，两颊丰满，这使我看起来更胖。我的母亲非常古板，她认为把衣服穿得太漂亮是一种愚蠢，而且衣服太合身容易撑破，不如做得宽大一点，她也让我如此打扮。我从不参加任何聚会，也没有什么值得开心的事。上学后，我也不参加同学们的任何活动，甚至运动项目也不加入。我害羞至极，总觉得自己跟别人"不一样"。

长大后，我嫁了一位比我大几岁的先生，但我还是没有任何改变。我丈夫的家是一个稳重而自信的家庭。我想要像他们那样，但就是做不到。我努力模仿他们，也总是不能如愿。他们几次尝试帮我突破自己，却总是适得其反，把我推到更坏的处境。我越来越紧张易怒，害怕见到任何朋友，一听到门铃声我都会惊慌。后来我是彻底地失望了。

我对自己很清楚，只怕丈夫有一天会发现真相，所以每次在公共场合，我都尽量显得开心，甚至装得过了头。我知道自己表现过度，因为事情过后的几天里我都会累得半死。最后，我实在怀疑自己是否还有继续生存的必要，于是我开始想到自杀。

那么是什么事改变了这位几乎自杀的妇人呢？只是一句偶然的话。爱迪丝太太继续写道：

改变我一生的只是偶然的一句话。有一天，我的婆婆和我谈到她是如何教育子女的，她说："不论遇到什么事，我都坚持让他们保持自我本色……""保持自我本色！"这几个字像一道灵光闪过脑际，我发现所有的不幸都起源于我把自己套入了一个不属于自己的模式中去了。

一夜之间我变了！我开始保持自我本色。我努力研究自己的个性，认清自己，并找出自己的优点。我学会怎样配色与选择衣服样式，以穿出自己的品位。我主动结交朋友。我加入一个团体——开始只是一个小团体——当他们请我主持某项活动时，我也很害怕。不过我每次上台，都得到了更多的勇气。这是一段相当漫长的过程——但现在我比过去快乐很多。当我教育我自己的儿女时，我一定把这些历经苦难才学到的教训告诉他们：不论发生什么事，永远保持自我本色。

保持自我本色这一问题，"与人类历史一样久远了。"詹姆士·戈登·基尔凯医生指出，"这是全人类的问题。"很多人有精神、神经及心理方面的问题，其隐藏的病因往往是他们不能保持自我。

安吉罗·派屈写过13本书，还在报上发表了几千篇有关儿童训练的文章，他曾说过："一个人最糟的是不能成为自己，并且在身体与心灵中保持自我。"可是这种模仿他人的现象在好莱坞就相当严重。好莱坞著名导演山姆·伍德曾说过，最令他头痛的事是帮助年轻演员克服这个问题：保持自我。

他们每个人都想成为二流的拉娜·特勒斯或三流的克拉克·盖博。"观众已经尝过那种味道了，"山姆·伍德不停地告诫他们，"他们现在需要点新鲜的。"山姆·伍德在导演《别了，希普斯先生》和《战地钟声》等名片前，好多年都在从事房地产，因此他培养了自己的一种销售员的个性。他认为，商界中的一些规则在电影界也完全适用。完全模仿别人绝对会一事无成。"经验告诉我，"山姆·伍德说，"尽量不用那些模仿他人的演员，这是最保险的。"

我也问过保罗·伯恩顿，一家石油公司的人事主任，求职者所犯的最大错误是什么。他面试过的人超过6000人，也写过一本《求职的六大技巧》，所以他应该很清楚。他回答说："求职者所犯的最大错误，就是不能保持自我。他们常常不能坦诚地回答问题，只想说出他认为你想听的答案。"可是那一点用也没有，因为没有人愿意听一种不真实的、虚伪的东西。

　　我知道有一位公共汽车驾驶员的女儿就是很辛苦才得到这个教训。

　　她想当歌星，但不幸的是她长得不好看，嘴巴太大，还长着龅牙。她第一次在新泽西的一家夜总会里公开演唱时，一直想用上唇遮住牙齿，她企图让自己看来显得高雅，结果却把自己弄得四不像，这样下去她就注定要失败了。

　　幸好当晚在座的一位男士认为她很有歌唱的天分，他很直率地对她说："我看了你的表演，看得出来你想掩饰什么，你觉得你的牙齿很难看？"那女孩听了觉得很难堪，不过那个人还是继续说下去，"龅牙又怎么样？那又不犯罪！不要试图去掩饰它，张开嘴就唱，你越不以为然，听众就会越爱你。再说，这些你现在引以为耻的龅牙，将来可能会带给你财富呢！"

　　凯丝·达莱接受了那人的建议，把暴牙的事抛诸脑后，从那次以后，她只把注意力集中在观众身上。她开怀尽情地演唱，后来成为电影及电台中走红的顶尖歌星，现在，别的歌星倒想来模仿她了。

　　威廉·詹姆斯曾说过，一般人的心智能力使用率不超过10%，大部分人不太了解自己还有些什么才能。与我们应该取得的成就相比，其实我们还有一半以上是未醒的。我们只运用了身心资源的一小部分。人往往都活在自己所设的限制中，我们拥有各式各样的资源，却常常不能成功地运用它们。

　　既然你我都有这么多未加开发的潜能，又何必担心自己不像其他人。你在这世上是独一无二的。以前既没有像你一样的人，以后也不会有。遗传学告诉我们，你是由父亲和母亲各自的 23 条染色体组合而成，这 46 条染色体决定了你的遗传，每一条染色体中有数百个基因，任何单一基因都足以改变一个人的一生。

　　事实上，人类生命的形成真是一种令人敬畏的奥妙。

　　即使你父母相遇相爱孕育了你，也只有 300 万亿分之一的机会有一个跟你完全一模一样的人。也就是说，即使你有 300 万亿个手足，他们也都跟你不同。这只是猜测吗？当然不是，这完全是科学的事实。如果你不相信，那就读读这方面的书。

领导的艺术

　　我很有资格谈这个主题，因为我自己就有过深切的体会，而且是一次痛苦昂贵的经历。当我由密苏里州的玉米田来到纽约时，我报名美国戏剧学院。我向往成为一位演员，我当时有个自作聪明的主意，通往成功的捷径，这么简单易行的道理，真搞不懂别人怎么会想不到。这个主意是，好好研究当时的几位名演员，把他们的优点都集合起来变成我自己的。

　　多蠢啊！害我花了好几年时间模仿别人后，才发现我学不了任何人，我只能成为我自己。那样的惨痛经验总该让我一辈子不模仿别人了吧！但是，不，我实在太愚蠢了，我得再经历另外一次痛苦。几年后，我写一本有关公众演说的书。我又有了同样愚蠢的想法，就是借用其他书的一些主意，汇编成一本书，一本包罗万象的书。于是我弄来一批有关公众演说的书，花了一年的时间吸收他们的想法，变成我的文章。最后，我再次发现自己又当了一次傻瓜。把别人的想法变成自己的文章，只会把文章弄得枯燥乏味，不会有人读的。于是我把这一年的工作成绩全丢进废纸篓里，从头再来。

　　所以我想说的是：你在这个世界上是一个崭新的自我，为此而高兴吧！聪明的领导者懂得善用自己的天赋，他知道所有的一切都是自我的体现。因为你只能唱你自己、画你自己。

第三章　真心对他人表示兴趣

《职场女性》杂志的主编林恩·波维奇，曾在《新闻周刊》工作了二十五年，开始是做秘书，后来升为研究员，最后成为《新闻周刊》的第一位资深女编辑。在这个职位上，她必须督导作者与编辑，而之前她做研究员时，这些人是她的上级。"这是个有趣的逆转。"波维奇说。

大部分同事都认可了她的升职，六个部门里只有一个同事不以为然，波维奇回忆说："他一开始就不赞成——并不是因为他不喜欢我，而是因为他认为我能得到这个职位只是因为性别而非真材实料。他没对我说过什么，我是从别人那里听说了他的想法。"

波维奇尽量不去为这件事烦恼，全身心投入到新工作中，她帮忙想出写作的新点子，花时间与作者沟通，对负责的每个部门都表现出浓厚的兴趣——医药、媒体、电视、宗教、生活方式和理念。

然后终于有一天，大概是波维奇被任命之后的六个月，那位挑剔的同事走进她的办公室，坐在她对面对她说："我有话要对你说，我之前很反对你的调动，我觉得你太年轻，没有经验，我以为你得以升职只是因为你的性别。"

"但现在我要说我错了，我很欣赏你的工作态度，你对作者、对同部门的编辑，都是真正地用心，之前你那个职位有过四个资深编辑担任，他们给我的印象就是他们只是把这个职位当做踏脚石，而不是真的关注这个职务。但你完全不同，你是真的对这个职务感兴趣，对每个人都感兴趣。"

毫无疑问，波维奇将她的这种工作方式带入到她在《职场女性》的新工作中，"你要关注他人"，她说，"首先你要有热情的态度，要经常与他们接触。我经常到处走动，与人们交谈，我们有一套聚餐系统，所以每个同事都知道每周自己会有机会跟我谈话，他们有时间说出想说的话，我是对他们有用的人，我对他们在做什么感兴趣，我对他们的工作感兴趣，我对他们每个人都感兴趣。"

对他人表示出真正的兴趣——这是让他人对你感兴趣的最好方法。人们会对别人的真诚关切有所回应，他们没办法不回应。

这其实有着深刻的心理学基础，别人对我们的关注会使我们受宠若惊，让我们感觉自己是特别的，让我们觉得自己重要，我们愿意跟对我们感兴趣的人来往，我们愿意跟他们交朋友，我们也愿意对他们表现出兴趣以报答他们对我们的关切。

汤姆·哈特曼是纽约长岛罗马天主教会的一个传奇人物，多年来，他一共主持了三千八百多场婚礼，一共为一万多名婴儿施行洗礼，为什么人们都喜欢找他？难道他们没有别的神职人员可以选择了吗？当然不是，只是别的神职人员都不像哈特曼这样，对别人表现出浓厚的关切之意。

哈特曼从不千篇一律地主持婚礼，他会对当事人做针对性的研究，真正了解这一对来找他证婚的新人。他请他们到自己的住所，或者上门去拜访他们。在婚礼前的几个月里，他经常引导他们谈论自己。通过这种方法，他可以办出一个符合他们个人兴趣和需求的婚礼。

他会对新人说："我答应主持这场婚礼，但我不想只走个形式，我想发掘这其中的奥义，我希望为你们办出一场最出色的婚礼。我需要了解你们，我得与你们谈谈诸如你们对彼此关系的看法、你们有多爱对方之类的问题，我想知道你们曾经面临过哪些挑战以及你们是怎么克服这些挑战的，我在你们的婚礼上会提到这一点。"

一场哈特曼式的婚礼要举办并不容易，但他对新人的关注，使新人能更好地了解彼此，"当人们看到我对他们人生中的大事如此关切时，他们在其他方面也会听取我的意见。"哈特曼说。

哈特曼以同样的方法为婴儿施洗，他会先了解家庭，包括这个婴儿，以及一切使婴儿的诞生具有特殊意义的事情。有一次为了给一位单身妈妈的孩子施洗，他甚至陪着这位单身母亲去上拉玛泽自然分娩课程。

他认为，这种关切能增强他说服准爸爸们陪着妻子一起上分娩课程的可信度，因为连他自己都去，哈特曼说："我会对他们说，去吧，你会接触到真正的奥秘，很多人之后都告诉我，他们很激动，如果他们没有参加，那他们永远都是局外人。"

对别人表示兴趣有很多种方法，而且大部分比参加拉玛泽课程容易，有时仅仅是用高兴的语气打电话。接到别人的电话时，用"我很高兴接到你的电话"的语气通话；在商场里见到熟人，对这次巧遇表示真心的高兴。这都是对别人表示兴趣的方式。

对人微笑，记住别人的名字，弄清楚怎么写、怎么拼，还有他的头衔。记住朋友的生日，问候他的家人。"我永远记得克莱伦斯·米凯利斯先生是在必治妥公司工作，"一家投资经济公司威灵顿公司的首席财务官戴维·S·泰勒说，"见到他的时候，我就会自然地想起来，在我的记忆中，他和他的职业是连在一起的，不过似乎不是每个人都有这种能力。"

你无法想象记住别人的名字会有多大的便利，泰勒在饮料业当经理时认识到了这一点。"那时我在加拿大饮料公司工作，"他说，"听上去可能很奇怪，但我认为认识航空界的人很重要，因为他们是大客户，例如格鲁曼公司就员工众多，他们装了很多饮料售卖机。"

"这就有了突破口，你可以打电话过去，说：'我关于什么和什么有个想法。'这种时候，记住他们的名字和相关信息对于生意就有极大的帮助。"

泰勒运用记名字的方法与人建立真诚的关系，他花时间去记住人们的名字和工作，也常运用这种能力帮助人们解决困难。

不要只关切对你重要的人，他们有更多机会得到足够的关怀。不要忘记那些秘书、助理、接待人员和通讯人员，他们使你的生活有序，却常常被忽略。跟他们聊聊，问问他们得意的事——这么做是绝对有利的，以后信件放到你办公桌上的速度会快得让你惊讶。

对人表示关怀一直是斯卡拉曼丝绸公司的总裁安德里亚娜·比特的沟通

法宝，有一天，比特路过壁纸部门时，无意中听见壁纸部门的主管正在跟一位员工谈话。

"最近好吗，路易?"那位主管问。

"哦，不尽如人意，"路易回答说，"我有点心烦。"

"为什么会心烦?"比特进去问他。

"我一直有恐高症和幽闭恐惧症，"路易解释说，"但这个圣诞节我不得不飞到波多黎各去度假，想到这里我就觉得很害怕。"

比特又问了几个问题，最后她说："我想你最好还是去看看医生。"

"我曾找过一位医生，但他的诊所在三十二楼，我不敢上去。"

"也许你最好找一位诊所在一楼的医生。"比特说。

"其实我前几天做了个梦，比特女士，"路易说，"我梦见我很害怕，然后你过来给我一个拥抱，叫我不要担心。"

于是比特给了他一个拥抱："别担心，路易，都会过去的，做几个深呼吸放松一下。"

他们又聊了一会儿，最后路易终于露出笑容，他问比特："你愿意跟我一起坐飞机吗?"

比特和他一起大笑起来。

几天后比特谈起这件事时说："路易昨天启程了，我想他不会有什么问题。"

没人会对这样的温馨关怀无动于衷的，所以一定要真诚。真诚、衷心的关切是需要时间培养的。

打开话匣子有个好办法——即使是谈公事，也最好先留意一下与谈话对象有关系的事物，或者是挂在墙上的一幅画，或者是放在桌上的一个儿童做的笔筒，或者是竖在墙角的一支壁球球拍，你可以先对此表示一下兴趣、钦佩或是致意，然后问问关于这些事物的问题："你挂在墙上的画好漂亮，画家是谁呀?"或是，"好体贴的礼物，是你的孩子送的吗?"或是，"壁球? 很难学的吧?"这些简单的问题没有什么内涵，但能对他人表现出基本的兴趣，同时这也是一种积极有趣的方式。

对他人表现出兴趣是成功的人际关系的基础，它表示出："你对我很重要，我很感兴趣，我很关切。"很少会有人不动心。

韦瑟夫妇可谓事事顺心，丈夫斯蒂芬从事保险业非常成功，他们在郊区有一座出色的住宅，斯蒂芬同时也是位热心的慈善家，他们的大女儿是耶鲁大学的新生，双胞胎儿子在高中里成绩优异。

一个星期六的晚上，斯蒂芬在饭店和妻子罗宾共进晚餐时，突发心脏病去世，这时他年仅四十五岁。

斯蒂芬的葬礼上，有几百人前来吊唁——他的朋友、同事，还有他资助过的慈善团体的工作人员，其中很多人甚至登门致哀。

与斯蒂芬的去世同样意外的，是他妻子在葬礼那天晚上说的话："斯蒂芬从来不知道他有这么多朋友、有这么多人爱着他，真是遗憾啊！"

斯蒂芬·韦瑟会不知道？有这么多朋友、做了这么多慈善工作斯蒂芬会不知道？显然，这些人中没有几个表现出了他们的感情。

不要再犯同样的错误。如果你关注某个人——朋友、配偶或者同事，那就对他说出来，一有机会就说出来。

比感到兴趣更重要的是表现兴趣。哈里森会议服务公司是一家筹办各种会议、讲座的公司，做好一切后勤工作，使顾客可以专注于会议的主题。哈里森公司这样的公司的生存之道，就是训练员工对顾客一而再、再而三地表现兴趣。

在提供精美的会议设备上，哈里森公司做得很好，安排会议室、一流的餐点、高科技视听设备，甚至多样化的休闲选择，但这些远远不够。除非让顾客真正感到被重视和尊重，否则他们完全可以把生意交给另一家公司去做。

"我记得有次筹办国际会议时，有位贵宾是中国人，"哈里森的总裁沃尔特·格林回忆说，"我们的一个接待人员听到他说想吃中国菜，而这位接待人员刚好会做中国菜，于是她第二天回到家精心烹调了一些中国菜肴，然后带到会场。我简直无法形容那位中国贵宾对于这样贴心的照顾有多么受用，以及他与同桌贵宾分享中国菜时的兴奋。"

这位接待人员的行动清楚地表示："我们关心你，我们真的关心你。"谁能对这样的关注不感激？

值得庆幸的是，对人感兴趣其实是一种很容易培养的习惯，只要认识到这种习惯的重要性，再加上一点实践就可以了。再遇到下一个人时，不妨试着问他："你在夏天打算买的那幢房子，后来怎么样啦？"或是，"你窗外的风景真好，你怎么能管住自己不往窗外看呢？"

一旦你开始第一步，它很快就会成为你生活中最自然的一部分，在你意识到之前，你就会自觉地对别人表现出兴趣，表示出关切，最后真的对周围的人越来越感兴趣。附加的好处是，一旦对别人感兴趣，你就会把注意力从自身身上移开，免得沉浸在自己的问题里，钻了牛角尖。

你越注意别人，你的人缘就越好，你自己的消极想法也会越少，对别人说几句好话，得到的回报就这么多，实在很划算。

商业畅销书作家哈维·麦凯是做信封生意起家的，他畅销书中的很多实例都是那时得来的，"我坚信有创意的礼物效果惊人，"麦凯说，"不过我说的礼物，与档次和价格无关。"

"我曾经雇用过一位业务员，"他回忆说，"一开始他在我心目中的评价只是勉强及格，但有一次他告诉我，他的一位客户生了个女儿，于是他买了一份礼物去探望，令人惊奇的是，这份礼物并不是给新生儿，而是给新生儿一岁半的小哥哥，这男孩正为父母的重心都转移到妹妹身上而感到不高兴。我还记得那时我感到的冲击，然后立刻对他刮目相看，现在，他是我们最重要的业务经理。"

对别人表示真诚的关怀对于新人尤为重要。比尔·克林顿似乎在上幼儿园第一天时就知道这一点，他的老师回忆时说，克林顿天生友善，对其他小朋友极感兴趣，没有戒心。

他会跑来跑去跟小朋友打招呼："嗨，我是比尔，你叫什么名字？"听起来很老套？也许吧，但当他当选为美国总统时，阿肯色州他以前班上的同学没一个觉得惊讶。

当你刚进一家公司，或者刚开始开发一项生意时，开朗、友善、关切的态度就更为重要了，你要传达的消息不能是：我来了，你能为我做什么？而是：我来了，我能为你做什么？

对于居住的社区，也有很多方法表示"我关心这个地方"。譬如，当医院志愿者，当少年棒球队的教练，加入家庭教师协会，参与一些慈善活动。这些活动有助于你在一个宽松的气氛下认识新朋友，既有趣，又能让你对自己更满意，还能帮你发展新的人际关系，增强自信，扩大舒适范围。

戴尔·卡耐基相当了解这一点。他写道："如果你想让别人喜欢你，想发展你的人际关系，想要助人且自助，那就照这个原则做：真诚地关心他人。"

在这一点上卡耐基真正做到了身体力行，甚至在居家生活中也一样。卡耐基的女婿、卡耐基公司的现任总裁奥利弗·克罗姆第一次见到自己的岳父时就注意到了这一点。

"当时我将要面见岳父的心情，用紧张都不足以形容，"克罗姆回忆说，"不过，见到他的几秒内，他就让我觉得很轻松，他和我谈到我自己，他用的方法是问我问题。"卡耐基仅仅是对女儿带回家的这位年轻人表示关注而已。

"我说的第一句话是，'你好，卡耐基先生，我非常高兴见到你。'然后他说，'噢，叫我戴尔就行了，"卡耐基先生"听上去太正式了。'然后他又说，'我听说你是在内布拉斯加州尤宁市出生的。'我回答说，'是的，没错。'然后他说，'我以前在那儿办过卡耐基训练，那儿的人都很友善，现在还是那么好吗？'我说，'是的。'他又说，'那么，让我们来谈谈那儿的人吧，还有你自己。'于是他自然地让我开始谈论我自己和尤宁市的一些事情。"

"之后一切进展顺利，我跟他一起去公园散步，一起到他的玫瑰园干活，一起去看戏。我们一起乘地铁进城，看电影《七年之痒》，当时那部电影在

领导的艺术

百老汇上演，剧情我已经不大记得了，但我仍然记得，当我们看完电影去附近的小公园散步时，他认得公园里的每一个人。他认识警察，认识那些遛狗的人，能叫出他们的名字，而他们都会停下来问候他。我那时还不清楚这有多么不寻常，来自美国中西部小城市的我，还以为这儿的人都这么友善呢。"

美洲银行的副总裁斯蒂芬·吉赛尔斯则是受了不少磨折，才懂得了对人感兴趣的重要性。

吉赛尔斯早年一帆风顺，平步青云。二十世纪八十年代末，刚从大学毕业的吉赛尔斯就在一家大型投资公司任主管，他在洛杉矶拥有住宅，开着一辆奔驰轿车，而他那时不过才二十五岁。他说："那时我认为自己要什么有什么，目空一切，而且在人前也毫不掩饰自己这种自大的态度。"

"但好景不长，一九九〇年经济衰退，有一天老板把我叫进办公室，对我说，'斯蒂芬，你的能力没话说，但你的态度有问题，公司里没有人愿意跟你一起工作，我恐怕必须请你离开这家公司。'"

"真是晴天霹雳，我这么个成功人士，居然被炒了鱿鱼。我以为用不了多少时间，就能另找到一份高薪的主管职位，但是我完全错了，迎接我的是经济萧条！"

"经过几个月的求职挫折，我以前那种自负的态度已经层层剥落，只剩下一层厚厚的恐惧，有生以来我第一次丧失了自信，被深深的恐惧攫住。我以前疏远别人，现在倒过来变成没有人和我说话。我当时非常孤独。"

一直到那时，吉赛尔斯才明白应该关注别人。他开始学着聆听，开始关心除了自己以外的其他人，他渐渐意识到自己的问题所在，并开始帮助那些处境比自己还糟的人。他敞开心胸，变得更有人情味、更可爱、更能共事。

"我开始用另一种态度去待人，"他回忆说，"我觉得自己变了，我的恐惧减轻了，我的心胸开阔了，周围的人们也开始注意到。我的生活质量变得更好，尽管我已经没有豪宅和名车。"

"三年之后，我又回到了高级主管的位置，不过这一次在我周围的都是真心朋友。"

第四章　正确地做事与做正确的事

创设遍及全美的事务公司的亨瑞·杜哈提说，不论他出多少薪水，都不可能找到一个具有两种能力的人。这两种能力是：第一，能思想；第二，能按事情的重要程度来做事。

在工作中，如果我们不能选择正确的事情去做，那么唯一正确的事情就是停止手头上的事情，直到发现正确的事情为止。由此可见，做事的方向性是至关重要的。然而，在现实生活中，无论是企业的商业行为，还是个人的工作方法，人们关注的重点往往都在于前者：效率和正确做事。

实际上，第一重要的却是效能而非效率，是做正确的事而非正确做事。"正确地做事"强调的是效率，其结果是让我们更快地朝目标迈进；"做正确的事"强调的则是效能，其结果是确保我们的工作是在坚定地朝着自己的目标迈进。

换句话说，效率重视的是做一件工作的最好方法，效能则重视时间的最佳利用——这包括做或是不做某一项工作。

"正确地做事"是以"做正确的事"为前提的，如果没有这样的前提，"正确地做事"将变得毫无意义。首先要做正确的事，然后才存在正确地做事。正确做事，更要做正确的事，这不仅仅是一个重要的工作方法，更是一种很重要的工作理念。任何时候，对于任何人或者组织而言，"做正确的事"都要远比"正确地做事"重要。

正确地做事与做正确的事是两种截然不同的工作方式。正确地做事就是一味地例行公事，而不顾及目标能否实现，是一种被动的、机械的工作方式。工作只对上司负责，对流程负责，领导叫干啥就干啥，一味服从，铁板一块，是制度的奴隶，是一种被动的工作状态。在这种状态下工作的人往往不思进取，患得患失，不求有功，但求无过，做一天和尚撞一天钟，混着过日子。

而做正确的事不仅注重程序，更注重目标，是一种主动的、能动的工作方式。工作对目标负责，做事有主见，善于创造性地开展工作。这种人积极主动，在工作中能紧紧围绕公司的目标，为实现公司的目标而发挥人的能动性，在制度允许的范围内进行变通，努力促成目标的实现。

这两种工作方式的根本区别在于：是只对过程负责，还是既对过程负责又对结果负责；是等待工作，还是主动地工作。同样的时间，这两种不同的工作方式产生的区别是巨大的。

我来给你举个工作中的例子，比如说某客户服务人员接到服务单，客户要装一台打印机，但服务单上没有注明是否要配插线，这时，客户服务人员有3种做法：

第一种做法：照开派工单；

第二种做法：打电话提醒一下商务秘书，是否要配插线，然后等对方回话；

第三种做法：直接打电话给客户，询问是否要配插线，若需要，就配齐给客户送过去。

第一种做法，可能导致客户的打印机无法使用，引起客户的不满；第二种做法，可能会延误工作速度，影响服务质量；第三种做法，既能避免工作失误，又不会影响工作效率。

你觉得，哪种做法最好呢？相信大多数人会选择第三种做法。第三种做法就是在做正确的事，第一、二种做法就是在正确地做事，这两者的区别就在于结果的不同，其原因是没有把公司的目标与自己的工作结合在一起。

若要集中精力于当急的要务，就得排除次要事务的牵绊，此时需要有说"不"的勇气。

我的妻子曾被选为社区计划委员会的主席，可是既放不下许多更重要的事，又不好意思拒绝，只好勉为其难地接受。后来她打电话给一位好友，问她是否愿意在委员会工作，对方却婉拒了，我的妻子大失所望地说："我那时也能拒绝就好了。"

这不是说社区活动或社会服务不重要，而是人各有志，各有优先要务。必要时，应该不卑不亢地拒绝别人，在急迫与重要之间知道取舍。我在一所规模很大的大学任教时，曾聘用一位极有才华又独立自主的撰稿员。有一天，有件急事想拜托他。他说："你要我做什么都可以，不过请先了解目前的状况。"他指着墙壁上的工作计划表，显示超过20个计划正在进行，这都是我俩早已谈妥的。

然后他说："这件事至少占去几天时间，你希望我放下或取消哪个计划来空出时间？"他的工作效率一流，这也是为什么一有急事我会找上他。但我无法要求他放下手边的工作，因为比较起来，正在进行的计划更为重要，我只有另请高明了。

我的训练课程十分强调分辨轻重缓急以及按部就班行事。我常问受训人员：你的缺点在于：

（1）无法辨别事情重要与否？

（2）无力或不愿有条不紊地行事？

（3）缺乏坚持以上原则的自制力？

答案多半是缺乏自制力，我却不以为然。我认为，那是"确立目标"的功夫还不到家使然。而且不能由衷接受"事有轻重缓急"的观念，自然就容易半途而废。这种人十分普遍。他们能够掌握重点，也有足够的自制力，却不是以原则为生活重心，又缺乏个人使命宣言。由于欠缺适当的指引，他们不知究竟所为何来。

以配偶或金钱、朋友、享乐等为重心，容易受第一与第三类事务羁绊。至于自我中心者则难免被情绪冲动所误导，陷溺于能博人好感的第三类活动，以及可逃避现实的第四类事务。这些诱惑往往不是独立意志所能克服的，只有发乎至诚的信念与目标，才能够产生坚定说"不"的勇气。

第五章　从他人的角度看问题

　　伯特·曼宁在纽约麦迪逊大道任职之前，一直想当一名作家，不是文员，而是一名真正的作家。因此，年轻的曼宁每天都在打字机前埋头苦干，写一些短篇文章和小说。但是像大多数年轻作者一样，曼宁的作品连他自己都养不活，他必须另找一份工作。

纽约麦迪逊大道

　　上门直销在他看来是个不错的主意。他卖过大英百科全书，卖过高级厨房用品，还在老家芝加哥卖过墓地。

　　最后这项是最赚钱的——但不是一开始就赚钱，而是不断努力后的结果。曼宁每天白天在打字机前敲了一天字后，晚上就会西装领带的打扮完毕，拎着手提箱出去推销。他以最大的热情向开了门的住户说明为什么墓地是最值得投资的产业：芝加哥人口骤增，必定带来墓地的短缺，他公司的五年收购保证使这项投资不会有风险……

　　"那真的是一项很好的低成本投资，我自己也这么认为，但我一笔生意都没做成，因为我没有站在他们的立场来看，我强调的都是财务方面的观念，而没发现他们真正想要的。就那样的商品而言，肯定还有很多相关的东西我没想到。"

曼宁没有留意到最基本的问题："这些人到底关心什么？他们跟我认识的人的观点有什么不同？我要说什么才能让他们觉得对他们和他们的家人有好处？"

一旦提出问题，答案也就随之而现了。

"他们都是家庭观念很重的人，"曼宁回忆说，"家庭纽带对他们来说非常重要，亲戚之间关系密切，来往频繁，他们不希望离开老家。"

甚至去世之后也不愿分开，曼宁猜测。于是曼宁不再从财务的角度下手，而改为谈论家人之间的亲密关系。那些墓地，曼宁回忆说，"给他们提供了一个机会，让全家可以葬在一起，这样他们不用走上两百英里去为祖父或曾祖父扫墓，对他们来说，这是个值得考虑的方面。"

"开始我并不了解，"曼宁说，"以为只要提供一个好的投资理由就行了，结果他们一点兴趣也没有，他们不会为了投资去买墓地。"

"一旦我知道了他们在乎什么，想要什么，就可以轻易让他们知道，他们的愿望有多容易实现，"曼宁回忆说，"因此我的业绩颇为出色。"

曼宁后来成为智威汤逊广告公司的总裁，获得了巨大的成功，他很幸运地在早年就明白了这个道理：从别人的角度看问题。这是开启成功最关键的钥匙。

就曼宁而言，"别人"指的是芝加哥那些家庭主妇和她们的丈夫。但"别人"还可能指的是老板、同事、下属、顾客、配偶、朋友或是子女。任何人都有可能。永远试着从他人的角度来看问题——这条基本原则在任何人身上都有效。

"未来对领导人的需求会越来越迫切，"世界知名的半导体制造商 SGS 汤普森公司的副总比尔·马卡希拉希拉预测说，"不管你是门卫还是接待人员，你都要学习怎么跟人相处，如果你认为身居高位就能有驾驭人的权威，那你就错了，这已经行不通了，你必须以他人的兴趣为考虑的出发点。"

马卡希拉希拉注意到，一旦公司内部出现了这种变化，那么全新的交流方式就会形成。"一旦你学会以老板的兴趣为出发点，你们就有了共同话题。不要只想着你自己，不要只想着你自己的需要。想想别人的需要，再想想问些什么样的问题才能更了解他们的需求。"

这对于你的人际关系的影响是惊人的，美国凤凰城的一位杰出企业家维恩·劳恩回忆说："不久前我四岁的小孙子乔丹到我家来跟我和我老伴共度夜晚，当周五早晨他醒来时，我正开着电视放新闻，同时又在读报，乔丹发现我并没有在听新闻，于是就想看动画片。"

"乔丹对我说，'爷爷，要不要先关掉电视，然后你才好专心看报?'我察觉到他想看动画片，于是我说，'你去把它关掉吧，或者换个你喜欢看的。'"

"几秒钟之内，他找到了遥控器，然后立刻调到动画片的频道。他只有四岁，却能先想到，'爷爷要什么? 然后，我才能得到我想要的。'"

纽约有限公司的乐娜品牌市场部副总裁芭芭拉·海斯对于这一原则的运用结果印象深刻，她的工作是零售业，那么"别人"就是她的顾客。

海斯认为整个过程开始于顾客走进商店之前，"在一些大商场里，我们有七尺高的橱窗，"她说，"因此顾客平均会用八点五秒来决定是否进来，"这决定性的一刻乘上几百万次，就决定了乐娜的成功与否，正如海斯所说，"我们只有八点五秒。"

竞争激烈的零售业，的确可以成为从顾客角度来看世界的领导人代表。

我们都进过很糟糕的商店，营业员们聚在一起聊天，根本不来管你，让顾客觉得自己是个误进一家私人俱乐部的冒失鬼。服务? 你还想要服务? 那些营业员自己的事都烦不完了，哪还有空提供什么服务。

所幸那种不把顾客当回事的时代已经过去了，不受顾客欢迎的商店在快速变动的商业潮流中很难生存，那些营业员也无法再冷漠了。

已故的山姆·沃尔顿曾为他的沃尔玛超市雇用全职的迎宾人员，这些迎宾人员的主要工作是站在门口欢迎顾客，向他们打招呼，为他们指路。为什么要这么做？这可不是因为沃尔顿特别讲究礼数，而是因为他足够敏锐，能从顾客的角度考虑问题。顾客来了，走进宽敞明亮的大商场，到处都是商品，琳琅满目，他们需要有人指引一下方向。因此，他们对商家的这项服务会非常感谢。而且，如果他们顺利找到合意的商品，他们也会比较想购买。能令顾客开心的事，就一定有利于商家，开心的顾客对任何商店来说都是求之不得的。

"超越顾客的期望。"这是山姆·沃尔顿坚持的信条，"假如你做到了，他们就会变成回头客甚至老顾客，给他们他们需要的，然后再多加上一点。"

零售业中价位较高的诺思通连锁店，在二十世纪八十年代末到九十年代初的经济退潮中，仍能屹立不倒，靠的就是这家企业的第一条守则：从顾客的眼光看问题。

"诺思通是世界上最惊人的百货店，"商业顾问丹尼斯·维特利说，"我妻子苏珊，已经把它当做不可缺少的伙伴，她曾有一次在诺思通买了两双鞋，两周后她退了回去，因为有一双不太合脚，诺思通二话不说就把这两双鞋收了回去，顾客是永远的上帝，理当被尊重，这就是他们的工作之道。"

尽管如此，维特利还是没有料到有一天晚上他会在家里接到一个电话，对方是个和蔼的女士。

她说："你好，请问苏珊·维特利女士在吗？我是诺思通百货的顾客服务代表玛莎。"

"玛莎，你一定是想要做点额外的生意吧？我们正准备吃晚饭，不希望有人打断我们用餐，你找苏珊有什么事？"

"我们商场新进的鞋子里，有苏珊想要的尺码和颜色，我下班后，可以把它们带过来。"

"我记得你住在城南吧？我们住在城北，不顺路。我们五分钟后就要开始吃饭了，你也来不及送到。不过，还是谢谢你的好意。"

领导的艺术

"我打的是移动电话，我现在正在你们家门外的车道上。"

"噢，那么请进吧。"

于是诺思通做成了生意，也给维特利留下了深刻的印象，这家商场的确是从顾客的角度出发看问题。

现在已经不能用对我们而言最方便的方式做生意了，而是要以对顾客而言最方便的方式，尽一切努力满足顾客的需要——这是所有问题的出发点，而要满足顾客的需求，就要先从顾客的角度出发看问题。

邓白氏公司每推出一项产品前，都会为它建立一个"顾客委员会"。

邓白氏的总裁约翰·伊姆利说："在得到顾客委员会的建议之前，我们不会随便生产产品。他们有一张优先次序表，我们也有一张，列出了产品的外观和功能，我们希望更有竞争力，而他们希望更能满足他们的需求，他们提出要求，我们则以能解决他们的问题、满足他们的要求为荣。"

这在邓白氏被认为是做生意的基本步骤，而不是一种浪费，"我们不能做顾客不满意的产品，"伊姆利宣称，"在象牙塔里造出来的产品，能好到哪里去？"

这样的高瞻远瞩不应该只停留在顾客服务上，也可同样运用在员工、供货商，甚至你每天接触的每个人身上。

承销意大利农产品的霍尔曼公司的销售部门主管戴维·霍尔曼有一次遇到个难办的事情，他必须告诉一位供货商：蔬菜的价格比预期的跌了一半。

对方的反应不出预料，整个吓呆了，霍尔曼发现情况十分严重，于是开了两个小时的车赶到农场，亲自跟那位农场主讨论。

当他到达农场时，农场主下地看作物去了，地里潮湿泥泞，于是霍尔曼借了双橡胶长靴，走到田里去找农场主。

"你还好吗？"霍尔曼关切地问他。

然后他怀着同情听农场主诉说农民的心血和汗水，在作物上投入的时间，这几年农业的不景气，以及他对市价的失望。

霍尔曼完全了解对方说的，知道他面临的困境。霍尔曼向他表达了自己的关怀之情，仅仅是这样，出乎他意料，他还没提到收购价格的事，农场主就说："我知道你是真的关心我，我也理解你的立场，我接受你的收购价格，只希望不久之后情况能够好转，这样我们两人都能好过一点。"

所以，站在别人的立场想想吧，没有什么比这更容易解决棘手问题的了。

对顾客服务的重视对任何商业活动来说都是一件生死攸关的大事，在哈里森会议服务公司，这可能指的是提供更舒适的设施，或是为女士提供一份更健康的菜单，这些都不成问题，一定能办得到。

不过，如果只是守在投诉箱旁边处理投诉信，那是远远不够的，重要的是永远比顾客超前一步，聪明的领导人永远会想到顾客下一步想要什么——几天后，几周后，或是几个月后。这些都必须基于别人的立场来考虑，而不是我自己能得什么好处。

虽然现在商业出版物很多——报纸、书籍、刊物、网上资源、传真报告，应有尽有，但马丁·埃德尔斯顿认为这些资料没有提供商业人士真正需要的实用信息："它们是或多或少提供了一些信息，但它们没有告诉你，在团队中如何与员工相处，以及怎样降低成本，它们会谈保健问题，但从来不会深入探讨。"基于这种情况埃德尔斯顿建立了董事会报道公司，填补这一空白。

这其实不需要什么天才去无中生有，只需要领导人时不时问问自己："顾客对我们的商品满意吗？顾客的下一个需求是什么？"

只要按照这条路走，几乎任何公司都能从中获益。

北欧航空的总裁詹恩·卡尔森说："每年我们都有上千万的顾客，每个平均会跟五个员工接触，接触平均时间为十五秒，这五千万个关键时刻决定了我们公司能否成功。"

从别人的角度看问题并不是天生的，虽然你提出的问题不难，但前提是你得提出来，不管是在什么场合，工作、家庭、社交场所……都可以，然后你就能站在别人的立场上看问题了。

谈话中，对方受到了什么人生经历的影响？他希望得到什么？他希望避免什么？对方希望怎么招待别的顾客？怎样才能让对方觉得这是一次成功的接触？

不同的公司对这些问题有不同的答案，尽管有些问题毫无疑问会重复发生，然而不管真正的答案是什么，重点不是我们事事都能满足对方，重点是我们要真心诚意地去满足对方的需求——尽一切努力，就像戴尔·卡耐基说的："如果你能帮别人解决问题，这个世界就都是你的。"

康宁公司的戴维·卢瑟在收到一封愤怒的投诉信后，才发现他自以为的好点子对顾客来说不是好点子，当时康宁公司正在做普遍的顾客调查，这封来信言简意赅，毫不留情，"康宁公司烂透了！"顾客写道。

卢瑟采取了一位高级主管一定会做的举动，他将那位投诉者请来，让他到自己的办公室聊一聊，"请问，为什么说康宁公司很烂？"卢瑟问那位投诉者，那人是个仓库管理员，仓库里堆满了康宁公司的货物。

"因为你们公司贴的标签。"

"哦，我知道了，"卢瑟恍然大悟地说，"你一定是把我们公司的标签跟别家的弄混了，我们公司的标签是用计算机印制的，上面标明了厂家、产地、仓库名、日期，你想知道的一切上面都有。"

那人缓缓摇头说："年轻人，你进过仓库吗？"

"进过啊，"卢瑟回答说，"事实上，我在仓库工作过十年呢。"

"那你进过我管的仓库吗？"

卢瑟承认他没去过。

"跟我来。"那人对他说。

于是他们两人一起前往仓库，卢瑟发现货物堆得远比他在美国工作的仓库高，事实上，最高的几层，比他的脑袋还要高很多。

那人指着最上面一层给他看："我们把康宁公司的货物放在那儿，你能看得见标签吗？"

"不能，"卢瑟只能承认，"我真的看不见。"

那人说："就是这样，看不见啊！"

这就是他写"康宁公司烂透了"的原因。

卢瑟那天学到了宝贵的一课，他说："你一定要深入顾客的公司内部去了解情况，想想一个仓库管理员，一会儿有人要这个，一会儿有人要那个，看不清标签的话，多么麻烦。"但如果你不开口，你永远无法发现问题。

如果想要跟你的顾客、家人、朋友建立成功的人际关系，就试着从他人的角度看问题吧。

第六章　发挥你的领导潜质

微笑管理蕴藏的潜在力量

我最近在纽约参加了一个宴会，看到有一名宾客，那是一个获得遗产的人，为了想留给人一个良好的印象，她在衣着打扮上很是费心，花费了大量的金钱，穿黑貂皮大衣、戴钻石和珍珠等首饰。但是，她的表情尖酸、自私。她不知道每一个男人所认为的，那就是：一个女人面部的表情，比她身上所穿的衣服更吸引人。（是的，或许这句话可以帮上一些男士的忙，在你太太要买一件貂皮大衣的时候。）

查尔斯·史考伯曾告诉我，他的微笑可以值一百万美金。或许他只是随便说说而已，但史考伯的性格，他的魅力，他那使别人喜欢他的微笑，几乎是他卓越成功的整个原因。在他的性格中，他那动人的微笑就是令很多人喜欢他的一项主要因素。

行动比言语更有力量，面带微笑就是向别人传达："你让我很快乐，我很喜欢和你相处。"这也是狗受欢迎的原因，它们见到主人是多么地高兴。

你有没有在医院的候诊室里待过，看着那些病人和他们沉郁的脸？一位密苏里州雷顿市的兽医史蒂芬·史包尔博士曾提到，有一个春天，他的候诊室里挤满了顾客，带着他们的宠物准备注射疫苗。没有人在聊天，也许每一个都想了一条以上该做的事情，而不是坐在那儿浪费时间。大约有六七个顾客在等着，这时又有一位女顾客进来了，带着她九个月大的孩子和一只小猫。然后，她就坐在一位先生的旁边，而这位先生已是等得很不耐烦了。可是他发觉，那个孩子正抬着头注视着他，并咧着嘴对他天真地笑着。这位先生有什么反应呢？当然，他也对那个孩子笑了笑。然后他就跟这位女顾客聊起她的孩子和他的孙子来了。不一会儿，整个候诊室的人都聊了起来。整个氛围不再乏味、僵硬，而让人感到很愉快。

一种真正的微笑，可以令人心情温暖，可以让人心情愉快，那是一种发自内心的微笑。

密歇根大学的心理学家詹姆士·麦克奈尔教授谈及他对笑的看法说，有笑容的人在管理、教育、推销上较会有功效，更可以培养快乐的下一代。笑容比皱眉更能传达你的心意。这就是在教学上要以鼓励代替处罚的原因所在

密歇根大学

了。一个纽约大百货公司的人事经理说，他宁愿雇用一名有可爱笑容而没有念完中学的女孩，也不愿雇用一个摆着扑克面孔的哲学博士。

所以，你见到别人的时候，一定要保持愉快，这样也能使他们很愉快地对待你。我告诉许许多多的商人，经常地花时间，从早到晚，都对别人面带微笑，然后再谈谈所得到的收获。结果是什么呢？

让我们来看看威廉·史坦哈写来的一封信，他是纽约证券股票场外市场的一员。他的例子并不是唯一的。事实上，他代表着其他好几百个人。

　　"我都已经结婚快 20 年了，"他在信上这样说，"但是，从我早上起来，到我要上班的时候，我几乎很少对我的太太微笑，或者跟她说上几句话。其实我过得并不快乐。

　　"在听了您的建议以后，我想照这样试试。于是，我在第二天早上起床梳头的时候，看着镜中的愁容，告诉自己：'威廉，不要再这样了，从现在起不要表现愁容，你要微笑起来。从现在就开始微笑。'当我坐下来吃早餐的时候，我微笑着对我的太太打招呼：'早安，亲爱的。'

　　"哦，上帝啊，你知道吗？她对我的微笑糊涂了，感到非常地惊讶。我告诉她，以后她会经常看到我这样的态度。我真的每天早晨都这样做，都快两个月了。

　　"在我这样做了之后，这两个月的时间，我们家所得到的幸福比去年一年还要多。

　　"当然，在我去上班的时候，也会对大楼的电梯管理员微笑着，说一声'早安'。我微笑着跟大楼门口的警卫打招呼。我对超市的出纳小姐微笑。当我站在交易所时，我对那些以前从没见过我微笑的人微笑。

　　"我很快就发现，当我对他人微笑时，每一个人也对我报以微笑。而且我以一种愉悦的态度，来对待那些满腹牢骚的人。我一边听着他们的牢骚，一边微笑，于是问题就容易解决了。我发现微笑带给我更多的收入，每天都带来更多的钞票。

　　"我的办公室是跟另一位经纪人合用的。他有一个很讨人喜欢的职员，那是一个年轻人，我很喜欢他，就把我最近所学到的做人处世的哲学告诉了他。他承认说，当我最初跟他共用办公室的时候，我给他的感觉是一个非常不快乐的人。但是，现在他改变了看法。他说当我微笑的时候，我很慈祥。听到这些话我也很高兴。

　　"我也不再批评别人了，我现在只欣赏和赞美他人，而不蔑视他人。我现在试着从别人的观点来看事物。我所做的这一切，真的是改变了我的人生。我变成一个完全不同的人，一个更快乐的人，一个更富有的人，在友谊和幸福方面都很富有——这些也才是真正重要的东西。"

别忘了，写这封信的是一位老练、足迹遍达世界各地的股票经纪人，他以在纽约场外证券交易市场买卖证券为生——这一行可不那么容易做，相信每一百个就有九十九个会失败。可见，笑具有很大的影响力。遍布美国的电话公司，有个项目叫"声音的威力"，提供使用电话来推销他的产品和服务。在这个项目里，电话公司建议你在打电话时要保持笑容，你的"笑容"能够由声音来传达开去。

有一家俄亥俄州辛辛那提的电脑公司，他们的经理讲述了他们是怎样找到一个合适的人选来填补一个空缺的职位的。

"为了找这样一位电脑博士，我几乎快累坏了。当然，最后还是让我找到一个非常好的人选。这是一个学生，就快要从普渡大学毕业了。我和他在电话里交谈了几次，了解到还有其他几家公司也希望他去任职，那些公司都比我的公司大而且有名。最后他答应了我的职位，我感到很高兴而且有些意外。当他上班以后，我问他，是什么原因让他放弃了其他的机会而选择了我们公司。他想了一下说：我感觉是这个原因，其他公司的经理在电话里都是冷冰冰的，商业味太浓，给人只是一种生意上交往的感觉。但你给我的感觉就是，你的声音听起来似乎真的希望我能够成为你们公司的一员。你应该相信，我在听电话时是笑着的。"

你喜欢微笑吗？如果不喜欢，那怎么办呢？这里有两个方法：

第一，强迫自己微笑。如果你是一个人的时候，强迫自己吹口哨或唱歌。

第二，表现出你很快乐的样子。

目前美国最成功的推销保险人士之一富兰克林·贝特格，他是当年圣路易红雀棒球队的三垒手。他对我说，许多年前他就发现一个面带微笑的人永远受欢迎。因此，当在进入别人的办公室的时候，他总是停下片刻，想想他必须感激的许多事情，展现出一个大大的、宽阔的、真诚的微笑，然后当微笑正从脸上消逝的刹那，走进去。

他相信，这种简单的技巧，与他推销保险如此成功有很大的关系。仔细读一读艾勃·哈巴德曾说过的一段贤明的忠告，对你是有用的：

在你每次出门的时候，缩起你的下巴，把头抬高，让肺部充满空气；沐浴在阳光中；对你的朋友们露出微笑，每次和他们握手都使出力量。不要担心被误会，不要浪费一分钟去想你的敌人。在心里想想你所喜欢做的是什么；然后，在清楚的方向之下，你会径直地达到目标。心里想着你所喜欢做的伟大而美好的事情，然后，当岁月消逝的时候，你会发现自己掌握了实现你的希望所必需的机会。这就好像珊瑚虫从潮水汲取所需要的物质一样。想象自己是一个有办法的、诚恳的、有用的人，这样，任何时候你都会把你转化为你想成为的人……思想是至高无上的。保持一种勇敢的、坦白的和愉快的态度，这是正确的人生观；思想正确，就等于是创造。我们心里想什么，就会变成什么。缩起你的下巴，把头抬高。明天的神仙将是我们。

你的笑容表现出了你的好意，它可以照亮所有看到它的人。你的笑容就像透过乌云的阳光，照亮了那些整天都皱着眉头、愁容满面、视若无睹的人，尤其对那些受到上司、客户、老师、父母或子女的压力的人。微笑能使这些人感到一切都是有希望的，也就是世界是有快乐的。如果你想做生意，弗兰克·尔文·弗莱奇在他为欧本·海默和卡林公司制作的一则广告中，为我们提供了一点实用的哲学。微笑在圣诞节的价值，它不要任何代价，却创造了很多成果。它娱乐了那些接受的人，又不会使那些给予的人贫穷。它产生在一刹那之间，但有时给人一种永恒的记忆。

没有人富得不需要它，也没有人穷得不会因为它而富裕起来。它在家中制造了快乐，在商业界建立了好感，而且是朋友间的口令。它是疲惫者的休息，沮丧者的白天，悲伤者的阳光，又是大自然的最佳妙方。

但它却无处可买，无处可求，无处可借，无处可偷，因为在你把它给予别人之前，没有什么应用的价值。而假如在圣诞节最后一分钟的急忙购物中，我们的店员累得无法给你一个笑容时，我们能请你留下一个笑容吗？因为不能给予笑容的人，最需要笑容了！我建议所有领导者，如果你要别人喜欢你的话，其法则就是：面露笑容。

让员工凸显自身的重要性

你是否用心想过，如何让你的员工乐意去做你安排给他的工作呢？

天下只有一个方法，能够驱使任何人——当然包括你的员工——去做任何事情。这究竟是什么方法呢？——那就是让员工自己乐意去做那件事。记住，除此之外，别无办法。

当然，你可以用解雇来威胁员工，迫使他听你的话，哪怕你并不在他的身边。但这种粗暴的方法显然只会导致员工强烈的反感。能够使别人做任何事情的唯一方法，就是满足他的需要。那么，人到底需要什么呢？20世纪最著名的心理学家弗洛伊德博士说："人类所做的任何事情，都起源于两种动机：性的冲动以及成名的野心。"

美国大名鼎鼎的哲学家杜威教授的观点则稍有不同。杜威博士说："在人类天性中，最深刻的冲动就是成为重要人物的欲望。"记住，是"成为重要人物的欲望"，这对于理解人的行为是非常重要的。

人类到底需要什么呢？其实并不多。每个人所需要并且迫切渴望的，不过是下面这些东西，而且几乎每个正常人也都需要：健康与长寿、食物与睡眠、金钱和金钱能买到的东西。

在一般情况下，除了其中一种欲望之外，这些需要基本上都能得到满足。这种像食物或睡眠一样重要却很难满足的欲望，就是弗洛伊德所说的"成名的野心"和杜威所谓的"成为重要人物的欲望"。

林肯曾在一封信的开头说："每个人都喜欢听恭维的话。"威廉·詹姆斯也说："在人类天性中，最深层的本性就是渴望得到别人的重视。"在这里，他用的不是"愿望"、"欲望"或"希望"等中性的字眼，而是用了"渴望"这个带有强烈感情色彩的词。

受人重视是一种深藏在每个人体内的令人痛苦而且迫切需要解决的饥

饿，能真正满足这种人类饥饿的人实在是太少了。如果一个人知道如何满足别人内心的这种饥饿的话，他就知道如何驾驭别人。

受人重视是人类与生俱来的欲望，是人与动物之间的主要区别之一。对此，我可以用一段有趣的往事来说明。

当我还是密苏里州的一个乡村少年时，我父亲饲养了一种良种猪和纯种牛。我们经常在中西部的集市及家畜展销会上出售我们的猪和牛。我们还多次在牲口展览会上获得过冠军奖。我父亲把所有的奖章用针别在一块白布上，每当有朋友或客人来我家时，父亲就取出这块白布，为客人展示各项奖章。

其实，猪和牛对自己所得到的荣誉并不以为然，但是我父亲却以此为荣，因为这些东西给他带来了一种受重视的感觉。假如没有这种受重视感的强烈冲击的话，我们的祖先就无法创造出辉煌灿烂的文明；而没有文明，我们和动物就没有什么区别。

正是这种渴望受重视的强烈欲望，推动着一位没有受过什么教育、极其贫困的杂货店店员，他翻遍了整个杂货店，找到了几本法律书，并下决心研究它们。也许你已经听说过这位杂货店的伙计，他的名字叫林肯。

正是出于同样的动机，激励着狄更斯发愤写作，完成了不朽的作品；激励着英国著名建筑师克里斯托福·雷恩设计出了伟大的作品；促使"石油大王"洛克菲勒创造了他一辈子也花不完的无数财富。

也正是这种欲望，促使城里那些大富豪们建造起一栋栋别墅，而这些别墅远远超过了他们的实际需要。也正是这种强烈的欲望，促使许多人去穿最时髦的衣服，驾驶最新款式的汽车，和别人谈论子女的聪敏伶俐。

也正是这种欲望，诱使许多青年成了匪徒。"如今的青年犯罪分子非常自负。他们被捕后的第一个反应不是别的，而是要求看那篇登载他的'英雄'事迹的报道。他们只想看见自己的照片与那些名流，例如拉加迪、爱因斯坦、林肯、托斯卡尼或罗斯福等人的照片是否同样大小，至于是否会被判死刑，他们却毫不在乎，认为这似乎是不可能的事情。"纽约前警察总监马洛尼如是说。如果你告诉我，你是如何满足自己的受重视感的，我就能说出你是怎样的人。了解自己属于哪种性格，对每个人来讲是非常要的事情。例如，"石油大王"洛克菲勒出资建造了设施优良的新式医院，为许多他从来都没有见过，而且今后也永远都不会见到的贫民治疗疾病，以此来满足自己的受重视感。

相反，狄林格之所以要去当强盗，去抢劫银行和杀人，也是想以此来获得他的受重视感。当警察追捕他的时候，他闯进明尼苏达州的一个农民家中，甚至以自己是"头号公敌"而感到荣耀，说："我是狄林格……我不会伤害你，我是狄林格！"

是的，同样是为了满足自己的受重视感，但狄林格与洛克菲勒所采取的方法却有天壤之别。在历史上，一些名人为了获得受重视感，就上演了许多有趣的事情。例如华盛顿总统也愿意别人称他"至高无上的美国大总统阁下"；哥伦布为了得到"海军上将兼印度总督"的头衔而不惜远涉重洋；俄国女皇凯瑟琳则拒绝拆阅那些没有称她为"女皇陛下"的信件；而林肯夫人曾在白宫冲着格兰特将军的夫人大声怒吼："在我请你坐下以前，你竟敢在我面前坐下！"

拜德大将去南极探险时，那些百万富翁都出钱赞助他，但有一个条件，那就是用他们的名字来命名冰山。法国大作家雨果平生的最大愿望就是将巴黎换成他的名字。连"名人中的名人"莎士比亚先生，为了显示自己的名声，也想方设法要为他的家族弄到一枚象征贵族的盾形徽章。

有时候，人们为了博得同情和获得受人尊敬的感觉，还会故意装病。例如，麦金利总统的夫人曾强迫她担任美国总统的丈夫放下手中重要的国家事务，斜倚在床旁怀抱着她，抚慰她进入梦乡，以此来满足她的受重视感。当她去看牙齿的时候，坚持让丈夫陪着她，以此来满足她希望受到重视的强烈欲望。有一次，由于麦金利总统和国务卿海·约翰有要事相商，而不得不让她一个人待在牙医那里，竟然惹得她大发雷霆。

总而言之，你所遇见的每个人都渴望自己能成为重要角色。因此，如果你能抓住这一点，并满足他的这种强烈愿望，那么你就已经朝成功管理迈进了一大步。

用倾听主动去了解

在纽约书商举办的一次晚宴上，我遇见了一位著名的植物学家。此前我从未与植物学家交谈过，我发现他令我着迷。我端坐在椅子边缘，听他讲述外国植物，还有开发植物和室内花园新品种的实验。我有一个小小的室内花园，便向他讨教，他非常和善地告诉我解决问题的办法。

我前面说过，我们当时是在一次晚宴上，旁边还有十多位宾客。但我冒犯了所有礼貌的天条，忽视了其他人，独占那位植物学家达几小时之久。

午夜来临，我向大家道别后离去。然后，植物学家转向晚宴的主人，言过其实地夸了我好几句。他说我最善于鼓舞别人，我如此这般，如此那般。最后他说我是一位最有趣的谈话家。一位有趣的谈话家？

我压根儿没说什么话。如果不改变话题，我根本无法说任何我想说的话，因为我对植物一无所知，并不比我对企鹅的解剖结构了解得更多。但是，我专注地倾听。我这么做是因为我发自内心地对他的谈话感兴趣。他感觉到了这一点。自然，我的反应让他很高兴。那样的倾听是我们所能给予别人的最高的赞美。因此，他认为我是一位优秀的谈话家，实际上我只是一个优秀的倾听者，在鼓励他谈话。

其实往往在这个时候，有两条极好的理由倾听别人谈话：你可以从中学到东西，人们对倾听自己谈话的人报以良好的回应。这听起来不难理解，冷漠而僵化地坐在那里看上去很傻。但要知道，我们当中大多数人在大部分时间里都忘记实施倾听原则。

休·唐斯是个幸运儿。长期主持 ABCD 的 20/20 节目的经历，使他在荧屏生涯的早期就发现了倾听的重要性。回溯到收音机时代，当时唐斯初涉职场，担任实况转播的采访记者。他亲眼见证了一个小小的倾听失误使最有经验的同事马失前蹄。

"他正在访问一名逃离克里姆林监狱的 30 多岁的男子。"唐斯回忆道，"受访者告诉他囚犯们是怎样挖出一条通往外界的地道的。他们挖啊挖啊，满嘴灰尘。他们事先设法从狱外偷运了一把锯子进来。当他们计划好通往监狱围墙外的地道的走向，他们就开始挖掘。这是一个非常生动的故事。

"然后，那天午夜，他们已做好了逃脱囹圄的最后准备。他们已经锯通了头顶上的木台。但当一名囚犯从木台的口子将头伸出去一看，他被眼前的景象吓呆了。'当我上去的时候，'受访者告诉记者，'我发现我正好站在约瑟夫·斯大林办公室的中央。'

"你知道接下去我的记者同事说了什么吗？"唐斯问道，继续回忆久远以前的那一天，"你有什么嗜好吗？"

他没有问："你不是在开玩笑吧？约瑟夫·斯大林的办公室？"或"我希望斯大林当天夜里没有在办公室加班。"也没有问："那么，请告诉我，你是否很想扑通一声落在斯大林的椅子上，将他的雪茄点燃一支？"以上问题无疑正是听众想问的。如果这位记者真正在倾听，他就会知道应当问以上任何一句话。但记者走了神。他所能控制的一切都那么荒谬，而非顺理成章。他的听众则被夺走了一个引人入胜的故事的高潮。

"这个故事是真的。"唐斯说，"我还听说过其他采访中也发生过类似的事，也是记者没有在听。令人惊奇的是什么样的人会犯这种错误。我把这种事称为'口是心非的采访'。"

当然，倾听的重要性不仅仅适用于专业采访。它对于任何人、任何地方、任何事情都至关重要，只要你希望与其他人交流。

倾听是所有沟通技巧中最重要的一项。它比下达命令的行为更重要，比充满权威的声音更重要，比用多种语言表达的能力更重要。它甚至比舞文弄墨的本领还要重要。良好的倾听确实是有效沟通的起步。很奇怪，很少有人真正好好去听，但成功的领导者却往往是那些懂得倾听的价值的人。

"我并非坐在山顶上居高临下，对下属指手画脚。"摩托罗拉公司的质量总监理查德·C·布图说，"我必须从其他人那里获得信息。我必须大量倾听。"

即便是布图这样一位杰出的沟通者，大家都认为他能够在任何所到之处流畅自如地描述和传播摩托罗拉的愿景，也必须懂得什么时候应当不说话。用他自己的话来说："你得关掉你的话筒，听别人说——打开接收器，让其他人表达想法，并鼓励他们。"

这一理解是布图作为商业领袖的自我形象的核心部分。他从不谈论自己。比如从不说自己是重要的战略家或久经世故的公司贤达。他将自己比作一只信鸽。

"我在摩托罗拉不解决具体的质量问题。"他解释道，"如果你叫我去做硬件，我要做的第一件事情是递给你负责硬件的那个人的电话号码。我所做的是采纳我听到的好点子，然后到处推行。"这背后的真理是不言而喻的：人不可能无所不知。倾听他人的声音是最好的学习之道。

这意味着倾听下属、顾客、朋友和家人的声音——甚至是最刺耳的批评。这并不意味着要受制于他人的意见，但确实意味着要听得进意见。对他们的许多观点，你应当心存感激。

乔治欧·马希图是智利利华包装消费品公司的常务董事。该公司在南美经营着一系列连锁工厂，包括一家大型牙膏生产厂佩索顿。装牙膏的钢罐经常需要清洗，工厂的生产进度总是被打断。一天，一名流水线操作工提出一条建议，马希图敏锐地采纳照办。

"我们只有一座钢罐可用。"他回忆道，"这名操作工建议我们装配第二座钢罐。如果我们清洗第一座钢罐时，就无须为此停止生产了。这里上一根插销，那里再装一座小钢罐，我们就将调整生产的时间减少了70%，并显著地提高了产量。"

从同一处来源——工厂地面上——马希图获得了与上述建议同样重要的第二条关于牙膏生产的建议。历年来，这家工厂在牙膏传送带下使用的是一套精密而昂贵的天平。天平的作用是，确保每一个牙膏盒里面都确实装着一管牙膏。但高科技的天平从未恪尽职守过。"以前，"马希图说，"我们有时会将空盒子封上口运出厂。"

"这条流水线上的一名工人提出个主意：将所有昂贵的天平拆掉，在牙膏的必经之道上装上一个小喷气嘴，对着盒子喷出事先调校好的压缩空气。如果盒子里是空的，空气的力道刚好足够将空牙膏盒吹下传送带。"

许多人认为倾听是消极的，而发言是积极的。甚至人们在交谈中用的陈词滥调——"休息一下，听我说"——都暗示了人们对真正倾听的含义存有这种根深蒂固的误解。仅仅在听别人说话是一种相对被动的行为，但投入的、有效的倾听是一种高度主动的运动。

其实关于倾听还有一条真理：人们乐于有人倾听自己。无论在商界，在家庭中，还是在我们生命中遇见的每一个人身上，这一条真理都所言不虚。

"影响别人的秘诀不在于你说得有多好，而在于你听得有多好。"我曾经写道：

"大部分竭力想让别人遵循自己思路的人都过多地谈论自己。让别人谈谈他们自己吧。他们对自己的生意或问题比你了解得更多。让他们告诉你几点见解吧。

"如果你不同意对方的看法，你也许很想打断他们。但是，别那么做。那有风险。当他们还有很多想要强烈表达的观点的时候，他们不会注意到你。因此，敞开心扉，耐心倾听吧。要真心实意地听。要鼓励他们说出所有想说的话。"

敢于承认过错

一个有勇气承认自己错误的管理者，可以得到某种满足感。这不只是消除罪恶感和自我辩护的气氛，而且有利于解决实质性问题。

布鲁士·哈威是新墨西哥州阿布库克市一家公司经理，他在给一位请病假的员工核准薪水时犯了个错误，给了他全薪。他发现这个错误之后，告诉

这位员工他有必要纠正，而且在下次发放工资时再予减扣。这位员工说这会给他带来严重的困难，因此请求分多期扣除多发的工资。但这必须由总经理批准。

"我知道这样做，会使老板大为不满。"哈威说，"当我考虑如何更好地处理这个问题时，我意识到这一切都是由我的粗心造成的。因此我必须向老板承认错误。"

"我走进老板的办公室，把这个错误告诉了他，但他大发脾气地说这应该是人事部门的错误，而我坚持说这是我的错误；他又大声指责这是财会部门的错误，我仍说这是我的错误；他又责怪办公室另外两个人，但我仍然坚持这是我的错误。最后，他对我说：'那你就去改正这问题吧！'结果，这个错误改正过来了，而且没有给任何人带来麻烦。我自认为很不错，因为我可以处理这种紧急事件，而且有勇气承认自己的错误。从那以后，老板更重视我了。"

任何傻瓜都会为自己的错误辩护，而且大多数愚蠢的人也正是这样做的。而敢于承认自己错误的人，不但会获得别人的谅解，而且能给人谦虚而高尚的印象。例如，美国历史上有一个极好的例证，这是关于李将军的一件事。

他把毕克德进攻葛底斯堡的失败完全归咎于自己，并为此而深深地自责。

毕克德的那次进攻，无疑是西方历史上最辉煌显赫的一次战斗。在7月的一个下午，毕克德率领南方军队冲向北方联军，发起了进攻，南军士气大振，将士们不禁为毕克德喝彩起来。他们一路欢呼着跟随他，军旗飞扬，刺刀闪烁。那雄伟而壮丽的一幕以及那支勇敢出色的队伍，连北军也不禁为之赞叹。

毕克德率领军队迅速向前挺进，尽管北军大炮一直向他们发起猛烈回击，但他们毫不退缩，勇往直前。突然，一支北军从山后面冲出来，朝毕克德的军队开火。几分钟以后，毕克德所有的旅长除一人幸存之外，其余的全部阵亡，5000 名士兵死了 4000 人。

南方残军拼死冲杀，用刺刀和枪托与敌人展开了肉搏，终于把南军的军旗插上了北军的阵地上。南军的旗帜只在北军阵地上空飘扬了一会儿，但这短暂的一会儿毕竟是南军的辉煌纪录。然而，毕克德的这次进攻却是战争进入尾声的转折点，南军虽然获得了光荣和勇敢的荣誉，但李将军最终失败了，南方失败的命运也由此注定了。

李将军悲痛万分，向南方同盟政府总统戴维斯提出了辞呈，请求另派得力将军。如果李将军要将毕克德的冲锋所导致的惨痛失败归罪于其他人的话，他可以找出数十个借口，例如有些师长不称职、马队到得太迟、不能协助步兵进攻……总之，他可以找出任何理由来为自己辩解。

但是李将军太高尚了，他没有责怪别人。当毕克德的残兵败将从前线退回来的时候，李将军单人骑马，亲自出去迎接他们，并谴责自己说："这都是因为我的错误才导致的。"他承认说："是我，我一个人在这场战斗中战败了。"

历史上有几个将领有他这种勇气和情操，敢于承认自己的过失的？如果管理者能像李将军那样，敢于承认自己的错误，而不是将责任推给别人，那么他不仅能赢得上司的赏识，还能得到下属的感激，使得自己的工作更容易进行。

几年前，我的侄女约瑟芬离开老家，来纽约给我当秘书。她那时只有 19 岁，高中毕业刚 3 年，几乎没有任何工作经验，但是她现在成了一位非常称职的秘书。在刚开始时，她很敏感。

有一天，我正要批评她的时候，我对自己说："且慢，戴尔·卡耐基，且慢。你的年纪比约瑟芬大一倍，经验比她多一万倍。你怎么能希望她有你的观点，有你的判断，有你的精力呢？虽然这些都是很正常的。等等，戴尔，你 19 岁时正在干什么？还记得你那时呆笨的举动、愚蠢的错误吗？记得你那些……吗？"

经过一番考虑，我得出了结论：约瑟芬 19 岁的能力，比我那时可要强

多了。尽管如此，我还是要惭愧地承认，我并没有经常称赞约瑟芬。

所以，从那以后，每当我要让约瑟芬注意她的错误的时候，我就会这样开始说："约瑟芬，你做错了一件事，但老天知道，我以前也经常这样。你当然不是天生就具有判断力的，那只能从经验中得来，我在你这年纪时还不如你呢。我自己也曾犯过许多愚蠢的错误，所以我不愿意批评你或任何人。但如果你那样去做的话，岂不是更好？"

如果管理者一开始就谦逊地承认自己也并非十全十美，然后再指出别人的错误，那么情形就会好得多。德国的布洛亲王风度优雅。他早在 1909 年就明白了这样做的道理。当时，布洛亲王是德国总理大臣，而德国皇帝则是傲慢自大的威廉，也就是德国最后一位皇帝——他建立了海军和陆军，并自夸所向无敌。

不久，震惊世人的事情发生了。这位德国皇帝出访英国时，竟然说出了许多令人难以置信的蠢话，例如他是唯一一位对英国友好的德国人；为了对抗日本的威胁，他建立了一支海军，是他一个人挽救了英国，使英国免于向俄、法称臣；由于他的征讨计划，使得英国在南非战胜了土著人，等等。最糟糕的是，他竟然允许伦敦的《每日电讯报》将这些丧失理智的话公之于众。于是，整个欧洲都震动了，甚至波及到了全世界。

100 多年来，和平时期的欧洲君王还没有哪一位说出过他这样的话。整个欧洲立即像被激怒的大马蜂一样轰动了，英国也被激怒了，德国政治家更是惊恐万分。在这种形势下，德国皇帝也惶恐不安，于是他提议由总理大臣布洛来处理此事——是的，他希望布洛亲王来承担这一切责任，承认是他建议德皇说出这些令人难以相信的话的。

"但是，尊敬的陛下，"布洛亲王反对说，"在我看来，不论在德国或英国，都不会有人相信，我会建议陛下说这些话的。"

一说出这句话，布洛亲王就意识到自己犯了一个严重的错误。德皇果然大为恼火。他咆哮着说："你以为我是一头笨驴，只会犯你永远都不会犯的错误吗？"

布洛亲王知道他应该先称赞皇帝几句之后，再提出批评意见，但现在事已至此，他只能选择一个最佳方案，那就是在批评之后再称赞。他这样做的结果也极其神妙——称赞常常会有这样的效果。

"我绝不会有那样的意思，"他恭敬地回答说，"陛下在许多方面都胜过我，这不只是就海陆军知识而言，尤其是在自然科学方面。每次听陛下解释晴雨表、无线电报或伦琴射线，我就很惭愧自己对各种自然科学一无所知。我既不懂化学或物理，也解释不了最简单的自然现象，因此对陛下万分钦佩。"

"但是，"布洛亲王接着说，"作为这些缺陷的补偿，我幸好知道一些历史知识，以及在政治特别是外交上有用的知识。"

德皇的脸上有了笑容。因为布洛亲王称赞了他，而使自己显得卑微。这时的德皇已经能容纳任何事情了。"我不是常告诉你吗?"他热情地说，"我们俩应该相互取长补短，这样我们就可以闻名于世吗? 我们应齐心协力，团结一致，而且我们愿意这样!"

他与布洛亲王握了握手，不只是一次，而是多次。那天下午，他尤其激动，握紧双拳喊道:"如果有谁对我说布洛亲王的坏话，我就一拳砸扁他的鼻子!"

虽然布洛亲王及时拯救了自己，但像他这样机敏的外交家也仍然犯了一个错误:他应该一开始就谈自己的短处和德皇威廉的长处，而不是暗示德皇是一个智力不足的、需要保护的人。如果说几句自我谦卑的话和称赞对方的话，就能使一位傲慢乖戾的德国皇帝变成一个牢固可靠的朋友，那你就可以想象得出，谦逊与称赞在我们的日常生活中有多大的作用! 如果运用得当，它们必然能在你的日常管理中创造奇迹。

高效管理的智慧

欧乐威·梯德是纽约高等教育委员会主席，每天都有许多工作等着他去

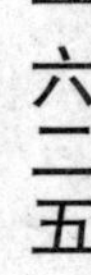

做决策。你也许以为他会被一大堆工作包围着吧？恰恰相反，他不但没有被工作捆住手脚，反而以高效著称。

那么，梯德又是如何做到高效管理的呢？下面就是他的做法，他说：

忧虑是一种习惯，而我在许久以前就打破了这种习惯。我认为我之所以能解除烦恼，应当归功于下面三项举措。

1. 我太忙了，以至于根本没有时间沉溺于那些自我毁灭的焦虑之中

我有三项主要活动：在哥伦比亚大学讲课，同时担任纽约市高等教育委员会主席，又掌管哈泼出版公司的经济及社会丛书部门。每一项活动的本身实际上就是全天性的工作。这三项主要工作，使我根本没有时间去自寻烦恼。

2. 变换新的活动

我是一个很放得开的人。当我放下一项工作去干另一项工作时，我会完全抛开以前所想的问题。我发现，变换新的活动可以令人振奋，使我得到休息，神志为之一清。

3. 剔除大脑中的烦恼

当我离开办公桌之后，我就训练自己把所有的烦恼从大脑中剔除出去。这些问题都是连贯性的，如果我每天晚上都把这些问题带回家，并且为它们而烦恼的话，那我的健康就全完了，同时也将失去解决烦恼的能力。

欧乐威·梯德这三项很好的工作习惯，对你是否有借鉴意义？

和梯德有着类似经验的还有棒球老将、美国某棒球俱乐部经理康尼·迈克。迈克在职业棒球界已经活跃了 63 年多，当他首次加入球队时，完全没有薪水，只能在空地上打球，常常被地上的废弃物绊倒。比赛结束之后，他们就摘下帽子，传过去向大家收钱。但是这些钱对他们来说，实在是太少了。

尤其是迈克，还得承担养活寡母及弟弟、妹妹的责任。有时候，球队为了赚钱，必须做一些逗笑的演出，才能使球赛继续比下去。但是，这些困难并没有吓住迈克。他通过自己的勤奋努力，不仅成为美国历史上著名的棒球

运动员，后来还当上了俱乐部的经理，将一支三流的俱乐部带进了一流队伍。

那么，迈克又是如何做到这些的呢？他后来回忆说：

有许多原因值得我去烦恼。例如我曾是连续 7 年都排在最后一位的唯一一位棒球俱乐部的经理，而且曾在 8 年之内输了 800 场球。经过这一连串的失败，我愁得吃不下饭，睡不着觉。但是，我认为自己必须找到一种新的管理办法。后来我真的找到了，结果我在 25 年前就不再烦恼了。我相信，如果我不停止烦恼，那么我早就进棺材了。

现在回忆起我漫长的生命历程（我是在林肯总统时代诞生的），我认为我之所以能够征服所有烦恼，并且快乐地活到现在，是得益于下面这些方法：

第一，我认为烦恼对人毫无益处。除了对我的棒球生涯造成威胁之外，烦恼对我毫无帮助。

第二，我认为烦恼会损害我的健康。

第三，我让自己忙着计划筹备如何在将来的比赛中获胜，因此没有时间为已经失败的球赛去自寻烦恼。

第四，我给自己定了一个规则：在球赛过后 24 小时内，我不得批评球员所犯的过失。以前我总是和球员们一起穿衣、更衣。如果球队在比赛中输了，我总会忍不住批评球员们，而且毫不留情地与他们争论为什么会失败。后来我发觉这样只会增加我的烦恼；而且在其他球员面前批评某位球员，只会使他以后更不愿合作，因为我确实使他太丢面子。因此，我决定既然我没有把握在球赛刚结束时控制我的舌头和我自己，那我只好给我自己立下一个规则：在比赛失败之后，绝不能立刻和球员见面；一直要等到第二天，我才和他们讨论为何失败。到那时候，我已经头脑冷静下来，不会扩大错误，而且我可以和球员们冷静地讨论事实，球员也不会因此而生气，或为自己辩护。

第五，我会赞扬球员们，激励他们，而不是像以前那样总是挑他们的毛

卡耐基励志经典

领导的艺术

病。我想对每个人都说些好听的赞扬的话。

第六，我发现，当我身体疲倦时，烦恼就更多。所以，我每天晚上要休息 10 小时，每天下午还要午睡一小会儿。即使是 5 分钟的小睡时间，对我来说也大有帮助。

第七，我相信，由于我不断地忙着，已经不再受各种烦恼的干扰，因而延长了我的寿命。现在我已经 85 岁了，但我还不想退休。等到我把同样的故事讲了一遍又一遍时，我才知道自己确实已经老了。

在我看来，康尼·迈克并没有读过《克服忧虑快乐生活》这一类书，但他能够给自己订下一些规则，使自己成为一位高效管理者，那你为什么不能做到这一点呢？你是不是可以像他那样，把你以前觉得很有帮助的一些事情，也给自己列成一张规则表呢？

使员工乐意接受你的建议

在这里，我给大家讲几个故事，让大家明白几个技巧，作为一个管理者，如何能够更好地让员工接受你的建议，也只有这样才能让你的管理工作更加顺畅。

1. 霍斯上校的秘诀

1915 年，美国人心惶惶。仅仅一年时间，欧洲各国就相互残杀，规模之大在人类血战史上从未有过。和平能实现吗？没有人知道。但伍德罗·威尔逊总统决意一试。他派了一位私人代表作为和平特使，与欧洲列强磋商。

国务卿威廉·布莱恩是和平倡导者，他很希望做这件事。他认为这是一个建功扬名的大好机会。但威尔逊派了另一个人——他的挚友和智囊霍斯上校。对于霍斯来说，这可是一件麻烦事，因为他必须将这不好的消息告知布莱恩，还不能让他不高兴。

"当他听说我要去欧洲做和平特使时，布莱恩极其失望，"霍斯上校在他的日记中写道，"他说他早就打算亲自去斡旋……

"我回答说，总统认为任何人以官方身份去正式处理此事都不合适。如果派他去，将会引起许多人的注意，人们会觉得奇怪，为什么布莱恩去那里……"

你看出内在含义了吗？霍斯实际上告诉布莱恩他太重要了，以至于不适合那项工作——于是布莱恩满意了。霍斯上校老于世故，遵从了处理人际关系的一项重要规则——永远使别人乐于做你建议的事。

威尔逊总统在请麦卡杜担任他的内阁成员的时候，也运用了同一策略。任何人与总统共事都会觉得是一种荣誉，但威尔逊的方法更使人觉得自己加倍重要。下面是麦卡杜自己叙述的经过："他（威尔逊）说他正在组阁，如果我能接受内阁中的某个位置，担任财政部长，他会非常高兴。他说话令人愉快，而且给人一种印象，如果我接受这个荣誉，就帮了他一个大忙。"

不幸的是，威尔逊并没有一贯运用这种技巧。如果他能这样做，历史或许要重写。

麦卡杜

例如，在美国加入国际联盟这件事上，威尔逊没有让参议院及共和党满意。因为威尔逊拒绝让罗德、休斯或洛奇这些著名的共和党领袖同他一起参加和平会议，相反他只带了自己党内的无名人士。他驳斥共和党人，说加入国际联盟不是他们的主意，而是他自己的主意，而且不让他们参与此事。这种粗暴处理人际关系的结果是，威尔逊毁坏了自己的政治生涯，损害了他的健康，更缩短了他的寿命，并使美国未能加入国联，改变了世界的历史。

2. 拒绝的技巧

我认识一个人，他必须拒绝许多演讲邀请、来自朋友的邀请，以及来自盛情难却的人们的邀请，但他做得很巧妙，使对方感到很满意。他是怎样做

领导的艺术

的呢？他是不是说他太忙、太这样或太那样呢？

不，他会在拒绝邀请并对此表示感谢与致歉后，会提议一位代替他的人。换言之，他不会让对方对他的推辞感到不快。他会立刻让对方想到可以邀请别人做演讲。

他会说："你为什么不请我的朋友罗格斯？他是布鲁克林《鹰报》的编辑，他可以为你演讲。"或者建议说："或许你已经想过要请海考克。他曾在巴黎住了15年，这位驻欧记者有许多奇闻逸事可说。你为什么不请朗费罗？他有许多在印度打猎的极其精彩的影片可供欣赏。"

美国著名的双日出版社就一贯遵守这一规则，使对方乐于做它所提议的事。这家出版社极为擅长此道，因此，小说家亨利说，双日出版社可以拒绝采用他的一篇小说，但他们会用一种委婉而带有欣赏的方式来告诉他，使他觉得双日出版社拒绝他的一篇小说甚至比别的出版社接受他的小说还要令人愉快。

3. 赠与下属名誉或头衔

冈特·斯密特上了我们在西德的课，讲了他管理的一家食品店的一位员工常把价签和陈列的商品贴错。这造成了混乱和顾客的抱怨。提醒、责备、对抗，都不管用。最后，斯密特先生把她叫到办公室，告诉她他将任命她为整个商店的价签监督员，她必须让所有货价上的商品标价准确。这项新的工作和头衔完全改变了她的态度，从那以后她的工作都很令人满意。

是不是孩子气？或许是。但当拿破仑创立荣誉勋章，并给他的士兵颁发了15000枚这样的勋章，提升他的18位将军为"法国元帅"，称他的部队为"大陆军"的时候，人们也说有些孩子气。还有人批评拿破仑把"玩具"赠送给那些久经沙场的勇士，而拿破仑却回答说："人就是受玩具支配的。"

这种给人以名誉和头衔的方法能为拿破仑所用，也能为你所用。例如，我一位朋友、住在纽约斯加斯台尔的琴德夫人，因为孩子们经常在她家的草地上乱跑、毁坏草地而烦恼。她批评、哄劝都不管用。然后，她试着授予这些孩子中最坏的一个孩子一个头衔，让他有权威的感觉。她让他当她的"侦探”，管理她的草地，不让别人践踏。于是，一切都解决了，她的“侦探”在后院生一堆火，把铁棒烧得红红的，威胁说谁要践踏草地，就会用铁棒烫谁。

4. 优秀领导者的策略

作为一位优秀的领导者，要想改变别人的态度或举止，应该把下面的大纲记在心里：

（1）诚恳待人。不要答应无法办到的事，忘掉自己的个人利益，专心为别人的利益着想。

（2）要确切地知道你希望别人做什么。

（3）有同情心。问你自己别人真正需要什么。

（4）要想想如果别人照你的建议去做会得到什么。

（5）将那些利益与人们的需要协调起来。

（6）当你提出你的要求时，要让别人感到他将会因此而获益。

我们可以这么说："约翰，明天将有客人来，我希望仓库干净些。所以，请你把它打扫一下，把货物摆好放在货架上，把柜台擦干净。"或者我们可以另换一种方式，让他知道从中得到的利益："约翰，我们有一件事必须马上完成。假如我们现在做好了，以后就不必做了。我明天会带一些客人来参观我们的设备，我想带他们参观一下仓库，但那儿很乱，如果你能打扫一下，把货物摆好放在架子上，并擦擦柜台，这样我们看起来就很有效率，你也为公司的良好形象尽了一份力。"

约翰会按照你建议的去做吗？可能他不会很快乐；但假如你不说出其利益，他会更不高兴。假如你知道约翰以仓库的清洁为荣，并对公司形象很在意的话，他会更乐意合作的。这也能让约翰知道，这件工作是一定要做的，如果他现在做了，以后就不用做了。

如果你以为用这些方法都会得到愉快的反应，那可就太无知了。但大多数人的经验显示，用这个方法比不用这个方法更能改变人的态度。假如你只增加了 10% 的成功，那你就比原来提高了 10% 的领导效率——而这正是你的利益所在。

如果你使用了这种方法，人们更有可能做你想让他们做的事。

因此，在我看来，作为管理者，要想影响并改变员工，请注意使用这项规则：使员工乐意做你所建议的事。

第七章　聆听是学习之道

我们应该聆听别人说话的理由起码有两个：通过倾听别人说话我们才能学习；别人只对听他们说话的人感兴趣。

理由如此明显，似乎愚蠢的人才会漠视，但其实这么明显的问题大多数人都记不住。

休·唐斯是幸运的，这位美国广播公司的资深主持人在工作初期就很了解聆听的重要性。当时还是听广播的年代，唐斯刚刚在电台担任采访记者，亲眼目睹了一个资深同事因为没有仔细聆听而犯错丢脸。

"他采访的是一个二十世纪三十年代从克里姆林监狱成功越狱的人，"唐斯回忆说，"被采访者诉说囚犯们是怎么花了几个月时间越狱的，他们打算挖条隧道逃走，他们挖啊挖啊，甚至吃过泥土，他们设法搞到一把锯子，当他们终于觉得隧道已经挖到监狱围墙外面时，他们开始往上挖。这是个很有戏剧性的故事。"

"一天午夜，他们终于挖得差不多了，于是他们用锯子锯开了头顶的木板，但当这位囚犯探出头时，他所看到的景象把他惊呆了，他告诉我的同事，'当我上去时，我发现我正在斯大林办公室的中央！'"

"然后你猜我那位同事是怎么回答的？"唐斯回忆着当时的情景，"他问，'你有什么爱好？'"

"他没有问：'你没开玩笑？斯大林的办公室？'或说，'我希望斯大林那天没有工作到很晚。'或问，'告诉我，你当时想不想一屁股坐进这个屠夫的办公椅里然后再点燃他的一根雪茄抽抽？'如果我那位同事认真听了被采访者的话，那么问出这些紧扣话题而且听众毫无疑问很感兴趣的问题是一点也不难的，但我那位同事走神了，结果提出了这么个牛唇不对马嘴的问题，剥夺了听众听到一个有趣故事的机会。"

"这是个真实事件，"唐斯说，"其他采访者有的也发生过类似状况，他们没有认真听，结果漏掉的部分还真是惊人，这种采访我称它为'嗯啊'采访。"

当然，聆听的重要性不止体现在采访中，对任何人，在任何地点、任何时间，只要想与人交流，那么聆听就是关键。

聆听是交流手段中最重要的一种，胜于滔滔雄辩，胜于有力的声音，胜于精通多国语言，甚至胜于写作的才能。

专注地聆听是成功交流的起点，但令人惊讶的是很少有人能做到这一点，不过成功的领导者，大多数都会认识到聆听的价值。

"我不会高高在上，独自设定出一个应该达到的前景，"摩托罗拉公司的质量总监理查德·布伊托说，"我会从别人那儿找意见，也就是说我得常常听人说话。"

即使像布伊托这样的沟通高手，也随时随地要与人交流摩托罗拉公司的愿景，他知道什么时候不该说话，用他的话说："你得关上自己的发送功能，打开接收功能，让别人表达他的观点，培养他们的能力。"

这种认知是布伊托作为一个商界领导者的核心，他从不谈论自己，从不把自己当成公司的决策者或是元老，他通常把自己定位为信鸽。

"我在公司没有解决过任何质量问题，"布伊托解释说，"如果你问我关于硬件的问题，我会立刻给你负责硬件问题的人的号码，我所做的就是收集好点子，然后让大家都认同。"

这么做的原因不言自明：没有人会懂得任何事，聆听别人说话是最好的学习之道。

这意味着你要聆听你的员工、你的顾客、你的朋友和你的家人说话——哪怕听的是最严厉的批评。这并不意味着你成为别人观点的俘虏，但只有专注地聆听，才能让他们把观点说出来，你会感谢他们说出这些观点的。

位于南美洲智利的利华公司负责一系列的产品经销，其中包括著名的培梭丹特牙膏厂，负责人乔吉奥·马基图发现生产流程常常会被打断，因为钢槽需要清洗，一天一个流水线操作员提了一个建议，马基图觉得很有道理，欣然接受。

"我们只用一个钢槽，"他回忆说，"那位操作员建议我们再加一个钢槽，这样我们在清洗其中一个钢槽时，可以用第二个钢槽，这样就不必为了清洗钢槽而耽误生产。这边加一个螺栓，那边加一个小钢槽，节省了百分之七十的转换时间，对生产力起到了很大的作用。"

马基图得到的第二个关于生产牙膏的建议也是来自生产线，与前一个同样重要。多年来，工厂一直在牙膏传送带下装设精密昂贵的仪表，以确保每个纸盒里都装上了一管牙膏，不过这种高端仪器并不好使，马基图说："我们有时还是直接把空纸盒封起来就送了出去。"

"那位操作员的意见是把这些昂贵的仪表都撤掉，然后只要在传送带旁装上一台小型的空气喷射器，把气压设定好，这样气压一旦喷到空纸盒上，就能把空纸盒吹到传送带之外。"

很多人认为聆听是消极的，只有说话是积极的。人们常说"别说话，听他说"，这正是聆听被普遍误解的体现。机械地听人说话是一种被动的行为，但全心投入的、有效的聆听却是一种非常积极的行为。

南美一家计算机系统公司桑达公司的总裁安德烈·纳瓦罗用他的母语西班牙语来说明这两者的区别。"在西班牙语里，"纳瓦罗说，"有 oir 和 escu-char 两个词，翻译出来就是'听'和'闻'，很多人听而不闻，他们在听别人说话时，往往在想自己应该怎么回答，而不是真的仔细去听别人的说话内容。"

积极的聆听者在谈话中总是全神贯注的，他们甚至会积极参与对话，这当然不容易做到。需要集中力，真心的投入，并要善于提问以鼓励对方多说，包括反应快、有思考、不离题、精简等特点。

积极参与对话的方法很多，没必要总是插嘴，用不着招招精通，出色的聆听者会采取几种合适自然的方式，重要的是有效。

可以是偶尔点点头，或者响应一下。有些人会换个姿势或是倾身向前，目光接触是体现你是个好的谈话者的重要途径，因为目光交流可以强有力地表示："是的，我在非常仔细地听你说的话。"

然后在别人停顿的时候，问一些跟刚才的话题密切相关的问题。

重点不在于你选择什么样的聆听技巧，没有技巧是生搬硬套就能奏效的，只是在感觉不错时可以选择几个方式，这会让其他人更乐意跟你说话。

埃尔默·维勒在二十多年前写过一本关于销售的著作《心动销售术》，其中就提出了类似的观点："好的聆听者总是倾身向前，他对你说的每个字都全神贯注，他的注意力一直在你身上，在适当的时候点头或微笑，他的聆听拉近了双方的距离。"维勒的建议绝不只是针对销售人员，他写道："这是一条能让人在社交和商场上成功的有效原则。"

"一个真正积极聆听的人，"汤普森微电子公司的人力资源副总裁比尔·马卡希拉希拉说，"通常是会问问题并静等回复的人，这跟那些直接下命令的人截然不同，员工只有在确信你不会直接下命令的时候，积极的聆听才会发生。"

马卡希拉希拉所说的是个非常重要的概念，于是他为公司管理层设了一个积极聆听奖，为了判断是否积极聆听，他设置了一个三道题的测试：

1. 你是否提出问题后静等回复？

2. 你回答问题是否快速直接？

3. 别人是否能感受到你的积极聆听？

内布拉斯加州奥马哈市的人寿保险顾问克里斯·康威是个单亲父亲，独自带着两个男孩，他从大儿子那里学会了如何聆听。

康威说："我大儿子丹加入了一个有十五个成员的青少年团体，每周和一对较年长的夫妇谈论时事，表达年轻人对时事的看法，那对夫妇起到组织促进谈话的作用，我问丹他对加入这个团体的看法。"

丹回答的口气异常热烈，他说他敢肯定团体的领导人对他们所说的观点是真的感到兴趣，因为他们听谈论的时候非常专注。

“丹，我也听你说话啊。”康威说。

“我知道，爸爸，”丹答道，“但你听我说话时，总是一边做着晚饭、洗着盘子，或是做些别的什么，你对我说的话最多也就回答些‘是’、‘不好’、‘我也这么认为’之类的话，你并没认真听我说话，而那些人把脸对着我，用手托着下巴，他们在认真地听我说话。”

之后的五个星期，克里斯·康威都专注地听两个儿子说话，“当我把食物堆到他们盘子上的时候，我自己只拿了几根蔬菜，不管两个孩子说什么，我都立刻放下叉子，转向他们认真地听，结果是我的体重减轻了十五磅，晚饭时间也由平均八分钟延长到平均四十五分钟。”

一个好的聆听环境是首要的，恐惧、焦虑、紧张的情绪下都不可能有效地聆听，这就是为什么优秀的教师总会把教室的气氛经营得舒适友好的原因。

“我知道，当我紧张的时候，我也听不进去别人说的。”幼儿园老师芭芭拉·哈默曼说，“因为我担心我自己。以此类推，当教室里的小孩子们感到紧张的时候，他们也没法认真地听讲。”

畅销全球的31冰激凌及酸奶公司的卸任董事长威廉·萨维尔曾被雀巢公司派驻日本负责市场销售。

“我做的第一件事就是拜访几家在日本有分公司的美国公司。”萨维尔回忆说。他学习说日语，睡在日本旅馆，吃日本菜，他采取一切措施使自己能融入到周围的日本环境中。

“重要的是聆听，”萨维尔说，“在开口向别人表现你有多么聪明之前先专注地聆听，你首先要学会闭嘴，你要先去了解别人，跟他们接触，千万不要表现得高人一等，到处走走，跟所有人都说说话，用心聆听，不要太快做决定。”

简单地说，就是每个人都喜欢被聆听，他们也一定会对聆听自己说话的人作出回应，对对方表现出尊敬是最好的聆听技巧之一，那意味着我们认为对方是个重要人物，等于在说：“你所想的和所做的对我来说非常重要。”

领导的艺术

奇怪的是，聆听别人的意见通常是说服别人赞同你的想法的最好办法，美国前总统约翰逊的国务卿丁·鲁斯克在几十年与全世界最顽强的政治领袖斡旋交涉中悟到这个道理，"聆听是以你的双耳去说服别人。"确实如此，聆听的确是说服别人赞同你的看法的强有力的工具。

桑德斯·卡普公司的银行家汤姆·桑德斯说："关键在于先了解对方，知道他的价值观以及他怎么看待投资，再决定你是否诚实地说出你的投资看法对他而言是正确或有用的。"

桑德斯为大公司的巨额投资提供建议，他的首要能力是什么？就是聆听。"一切都从聆听开始，"他说，"他到底怎么想的？为什么他不同意？这后面的真正原因是什么？"

"我跟 AT&T 的关系已经维持了二十五年，而且相处得很好，我认为这要归功于聆听。"

桑德斯继续说，"我可以印刷精美的小册子，制作运用幻灯片，但我仍然要弄清楚，别人真正的兴趣所在。他在意什么？他的想法是怎样？他看事情的角度是什么？"

要想做一个积极有效的聆听者，首先就是要认识到聆听的重要性，其次是要有聆听的意愿，最后，必须练习聆听的技巧。

"我的学习过程不怎么愉快，"家居用品业巨头乐博美公司的总裁沃尔夫冈·施密特回忆说，"年轻时的离婚经历给了我一个教训，我是个事业至上的人，当关系不对的时候，为了避免离婚，我们去找了一位顾问，那是我第一次知道聆听是多么至关重要，当时我正在试图挽回一件对我来说很重要的东西——我的婚姻，那也是第一次有人当面对我这么直接地说话。"

是关于聆听吗？"并不仅仅是聆听，"施密特说，"而且要进入别人的感受，了解他们的想法，并且把它投射回去，证明对方对你的重要。"

在摩托罗拉公司，小组成员被鼓励发表他们的看法，公司的高层们则安静地坐着听他们说，"我坐着听几百个小组谈论他们的各种问题和解决方法。"摩托罗拉的理查德·布伊托说。而摩托罗拉的未来，其实就是在这几百次的讨论里规划出来的。

那种形式的小组讨论会——由高层主持但他们并不发表意见——对于公司内部的聆听极有价值。模拟设计公司的董事长雷·斯塔塔发明了一种新方式，他称其为 CNA 圆桌会议。会议定期举行，公司每部门的员工被邀请来，与斯塔塔以及其他高层一同讨论。主题是"创造一个九十年代的新模拟公司"（Creating a new Analog for the'90s），简称 CNA，也是公司当时的内部标语。

"那并不仅仅是简单的问答，"斯塔塔解释说，"我会在讨论进行了一段时间后问他们，'现在我想问问各位，希望你们每个人告诉我，你的建议是什么？你原来有什么想法？'这样我就可以坐收丰富的信息。"

"那就叫做聆听，"他说，"然后我会把听到的内容做个总结，写到备忘录上。"

乔·布克在钢铁进出口公司阿勒根尼公司得到一个质量改进负责人的职位，很快他满腔的热情就变成了恐惧，"这项工作已经在公司内推行了一年半，两千个员工反应冷淡，既然参与是自愿的，我怎样才能让他们认识到质量改进的必要呢？他们以前用自己的方式也成功过许多次。"

经过一些思考，布克认识到要使别人信服，就得先让人相信他是个合格的团队成员，他发现要做到这一点，重心在于聆听。

"我开始去拜访六个部门中的每一个，了解每个人对质量改进的看法，"他说，"我尽量避免去为质量改进的问题争论，而只是引导谈话，了解那个人对于质量提高活动的重要性，渐渐地我在每个部门都有了同盟者，他们会鼓励别人一起加入到活动中来，接受赶上世界一流质量的挑战。"

"如今我们厂是公司内部参与程度最高的，我们都知道公司的其他部门就相当于顾客，这就是好的聆听和交流带来的直接收获。"

康宁公司的戴维·卢瑟也发现了同样的道理，"当我开始沟通前，我会先自问，要多久你才会想到'聆听'这个词？大部分沟通似乎都是'让我告诉你这个'或是'让我告诉你那个'之类。"

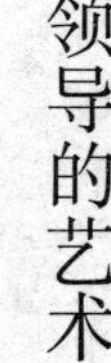

在康宁公司，卢瑟把聆听发展为实际的质量提升工具，他解释其中具体的操作时说："我们到工厂，安排两个小组，每组十五人，然后告诉他们我们需要准备五个小时，我们进去后，会发现工会主席在，他有个助理，我也有个助理，我和一位工会人员主持一组，我的助理和另一个工会人员主持另一组，因此，我们每组有两个主持人。"

"我们按照程序进行，我们会先问，'我们的质量好在哪里？还记得十年前是什么样子吗，你认为现在的质量在哪些方面变好了？好的，让我们写在墙上的白纸上。'"

"然后第二道步骤是：'我们的质量不好在哪里？除了不能抱怨经理，其他的尽可以谈。'然后我们再把谈话的内容写在墙上的白纸上。"

"接着我们把两个步骤里的谈话总结起来，列出十或十二条，这里面总有重复的，我们就尽量避免重复。'现在我们开始投票，这里有十二项条目，每人可以投三次票，然后我会一项一项地指下去，你们觉得哪项最重要，就举手。'"

"这样投完十二项后，大概有半数一票都没有，两三项有几票，然后也许有两项票数最高，那么我们就来讨论这票数最高的两项。"

"我们把两组人合起来，每组选出一个发言人，第一组也许站起来说，'这是我们小组的投票结果，我们跟工厂经理没有交流。'然后第二组说，'工厂经理从来不跟我们交流。'就算再迟钝的工厂经理也会发现这是个大问题，事情都摆上桌面，你必须立刻跟厂里的人取得协调，我们不采取发问卷的形式，而是让大家都关心的事放在眼前，让所有人都亲眼目睹，虽然两个小组不清楚对方讨论的情况，但结果往往都很巧合，这样的会议我们大概已经举行了五十次。"

这些都是很精彩的方法，许多其他公司也形成了一套内部的方法，记住，这些方法都有两条基本原则：

1. 聆听是最好的学习之道。

2. 人们对愿意聆听他们的人作出回应。

　　人们喜欢别人听他们说话，这是永远不变的，不管是在工作场合还是在家里，对任何人都一样。

　　"影响人的秘诀不在表达，而在聆听，"戴尔·卡耐基写道，"大部分人滔滔不绝地想要说服别人，有这时间不如多问问题，听听别人怎么说，他们对自己的工作比你懂得多。"

　　"假如你不赞同他的意见，你也许很想打断他的话，不过不要这么做，这是件危险的事，当他们在表达完自己的观点之前不会注意你，所以请保持开放的心态，耐心地聆听，真诚地鼓励他们说完。"

　　这样他们一定忘不了你的，你也可以增长一点见闻。

第八章　领导者必须懂得战胜忧虑

让自己保持忙碌

　　我永远都忘不了几年前的一个晚上，我班上的一个学员马利安·道格拉斯告诉我们，他家里遭受到的不幸悲剧——不止一次，而是两次。第一次，他失去了 5 岁的女儿，这是他非常珍爱的孩子。他和他的妻子都以为他们无法承受这个打击，可是，正如他所说的："10 个月之后，上帝又赐给我们另一个小女儿，但是她只活了 5 天就死了。"

　　这接连而来的打击，几乎使人无法承受。"我承受不了"这个父亲告诉我们说，"我睡不着吃不下，也无法休息或放松。我精神上受到了致命的打击，信心全没了。"最后，他去看了医生。有一位医生建议他吃安眠药，而另外一位医生则建议他去旅行。他试了这两个方法，可是对他都没有用。他说："我的身体犹如夹在一把大铁夹子里，而这把铁夹子愈夹愈紧，愈夹愈紧。"那种悲哀带给他的压力太大了——如果你曾经因为悲哀而感觉麻木的话，那么你就知道他的感受是什么了。

　　"不过，感谢上帝，我们还有一个孩子——一个 4 岁大的儿子，他教我们找到了解决问题的方法。一天下午，我悲伤地呆坐在那里，他问我：'爸爸，你肯不肯给我造一条船？'当时，我实在没有心情给他造船。事实上，我根本没有心情做任何事情。可是我的儿子是个很会缠人的小家伙，我不得不按着他的意思去做。

　　"造那条玩具船，我大概花了 3 个小时。等到船造好之后，我发现这造船的 3 小时，竟成了我这段时间以来第一次心情放松的时间。

"这个大发现使我从恍惚中惊醒过来，也使我想了许多——这是我几个月来第一次认真思考。我发现，如果你忙着做一些需要计划和思考的事情的话，就很难再有时间去忧虑了。对我来说，造那条船时我的忧虑全都消失不见了，所以我决定让自己不停地忙着。

"第二天晚上，我看了看每一个房间，把所有要做的事情列成一张单子。有许多小东西例如书架、楼梯、窗帘、门钮、门锁、漏水的龙头等需要修理。让人意想不到的是，我在两个星期里竟然列出了 242 件需要做的事情。

"在过去的两年里，这些事情大部分都已经做完了。此外，我还给我的生活增加了富有启发性的活动：每个星期抽出两个晚上到纽约市参加成人教育班，并参加了小镇上的一些活动。现在我是校董事会主席，参加过很多会议，并协助红十字会和其他组织机构募捐。现在我忙得几乎没有时间去忧虑。"

没有时间去忧虑，这也正是丘吉尔曾说过的，当时战事紧张，他每天要工作 18 个小时。当别人问他是不是对如此沉重的责任感到忧虑时，他说："一个人太忙了，根本就不会有时间忧虑。"

查尔斯·柯特林在发明汽车自动点火器的时候，也碰到过类似的情形。柯特林先生一直担任通用汽车公司的副总裁，主管世界知名的通用汽车研究公司，不久前才退休。可是，当年他穷得只能租堆稻草的谷仓做实验室；全家的生活开销，也只靠他太太教钢琴所赚来的 1500 美元。后来，他又不得不用他的人寿保险做抵押借来 500 美元。我问他太太，她在那段时期是不是很忧虑？"当然，"她回答说，"我担心得睡不着，可是我的丈夫一点都不担心。他整天沉浸在工作里，根本没有时间去忧虑。"

伟大的科学家巴斯德也曾经谈过"在图书馆和实验室所找到的平静"。为什么会在那儿找到平静呢？因为在图书馆和实验室工作的人，通常都埋头于他们的工作，没时间为他们自己担忧。做研究工作的人也很少精神崩溃，因为他们没有时间来享受这种"奢侈"。

为什么"让自己忙着"这么简单的一件事情，就能够把忧虑从你的思想中赶出去呢？因为有这么一个定理，这条定理就是：一个人不论多么聪明，都不可能在同一时间想一件以上的事情——这是心理学所发现的基本定理之一。让我们来做一个实验：假定你现在靠坐在椅子上，闭上双眼，试着在同一个时间去想自由女神以及你明天早上打算做什么事情。

你会发现，你只能轮流想其中的一件事，而不可能同时想两件事情，对不对？就你的情感来说，也是如此。例如，我们不可能充满热情地想去做一些令人兴奋的事情，同时又因为忧虑而拖延下来。一种感觉会把另一种感觉赶出去——也就是这么简单的发现，使得军方一些心理治疗专家能够在战时创造出医学奇迹。

当有些人因为在战场上受到打击而退下来的时候，他们都患上了一种"心理上的精神衰弱症"。军队医生对此大都采取了"让他们忙着"的治疗方法。除了睡觉的时间之外，这些在精神上受到打击的人每时每刻都在活动，例如钓鱼、打猎、打篮球、打高尔夫球、拍照片、种花或跳舞，等等，根本不让他们有时间回想那些可怕的经历。

"职业性治疗"是近代心理医生发明的新名词，也就是拿工作当做治疗疾病的药。这并不是什么新方法，因为在耶稣诞生的 500 年以前，古希腊的医生们就已经使用这种方法为人治病。

在富兰克林时代，费城教友会的教徒也使用过这种方法。1774 年，有一个人去参观教友会办的疗养院，当他看见那些精神病人正忙着纺纱织布时，他大为震惊。他认为那些可怜而不幸的人正在被剥削。后来教友会的人向他解释说，他们发现那些病人只有在工作的时候，病情才能真正好转，因为工作能让他们安定。

随便哪个心理治疗医生都会告诉你：工作——不停地忙着，是治疗精神病的最好良方。著名诗人亨利·朗费罗先生在他年轻的妻子去世之后，也发现了这个道理。有一天，他太太点燃一支蜡烛来熔化一些封信封的火漆，结果衣服着火烧了起来。朗费罗听见她的叫喊声，立即赶过去抢救，但她还是因为烧伤而离开了人世。有很长一段时间，朗费罗都忘不掉这件可怕的事情，几乎发疯。幸好他 3 个幼小的孩子需要他照料。他虽然很伤心，但还是要父兼母职。他带他们出去散步，给他们讲故事，和他们一同做游戏，把他们父子之间的亲情永存在《孩子们的时间》一诗里。他还翻译了但丁的《神曲》。所有这些工作使他忙得完全忘了自己，思想上也重新得到了平静。这正如班尼逊在他最好的朋友亚瑟·哈兰死的时候曾经说过的那样："我一定要让自己沉浸在工作中，否则我就会在绝望中忧虑苦恼。"

对大部分人来说，当日常工作使他们忙得团团转的时候，"沉浸在工作中"大概不会有多大问题。可是一旦下班以后——也就是我们能够自由自在地享受我们的轻松和快乐的时候——忧虑之魔就会开始袭击我们。这时我们常常会想各种问题，例如我们的生活有什么成就、我们有没有干好工作、老板今天说的那句话是不是"有什么特别的意思"，或者我们是不是开始秃头了……

当我们不忙的时候，大脑常常会变成一片真空。每一个物理专业的学生都知道"自然界中没有真空状态"。例如打破一个白炽灯泡，空气立即就会进去，充满了从理论上说来是真空的那一块空间。

萧伯纳说得很对，他把这些总结起来说："人们之所以忧虑，就是有空闲时间来想想自己到底快乐不快乐。"所以，要想消除忧虑，就不必去想它，要在手掌心里吐口唾沫，让自己忙起来，这样你的血液就会开始循环，你的思想就会变得敏锐——让自己一直忙着，这是世界上治疗忧虑的最便宜、最有效的良药。

要改掉你忧虑的习惯，记住这条规则："让自己不停地忙着。忧虑的人一定要让自己沉浸在工作中，否则只有在绝望中挣扎。"

萧伯纳

不要为小事而忧愁

下面这个故事也许会让你终生难忘，而且很富有戏剧性。讲述这个故事的人叫罗勃·摩尔。

"1945 年 3 月，我学到了我人生当中最重要的一课。"他说，"我是在中南半岛附近 276 英尺深的海底学到的。当时，我和另外 87 个人一起在贝雅 S. S. 三一八号潜水艇上。我们从雷达上发现正有一小支日本舰队朝我们这边驶来。在天将亮的时候，我们浮出水面，发动攻击。我从潜望镜里发现了一艘日本驱逐护航舰、一艘油轮和一艘布雷舰。我们向那艘驱逐护航舰发射了三枚鱼雷，但是都没有击中目标。那艘驱逐护航舰并不知道它正遭受攻击，仍旧继续向前驶去。我们又打算攻击最后面那艘布雷舰。

"突然，它转过头，径直朝我们驶过来——原来有一架日本飞机从上空看见我们在深水下，把我们的位置用无线电通知了那艘日本布雷舰。我们立即潜到 150 英尺深的地方，以免被它探测到，同时做好准备应付深水炸弹：我们在所有的舱盖上都多加了几层铁栓，同时为了让我们的潜艇在沉降时保持绝对的稳定，我们关掉了所有的电扇和整个冷却系统、所有发电设备。

"3 分钟之后，突然天崩地裂——有 6 枚深水炸弹在我们四周爆炸，把我们直压到海底深达 276 英尺的地方。我们全都吓呆了，在不到 1000 英尺深的海水里受到攻击，是一件很危险的事情——如果不到 500 英尺的话，几乎全都难逃厄运。而我们当时却在不到 500 英尺一半深的水下受到了攻击，如果从安全角度来说，水深等于只到了人的膝盖部分。那艘日本布雷舰不停地往下投深水炸弹，连续攻击了 15 个小时。如果深水炸弹距潜水艇不到 17 英尺的话，炸弹爆炸的威力可以在潜艇上炸出一个大洞来。大约有 10 到 20 颗深水炸弹就在离我们 50 英尺左右的地方爆炸，我们奉命'固守'，也就是静躺在床上，保持镇定。我当时吓得几乎无法呼吸，心想：'这下死定了。'我一直不停地对自己说着：'……这下死定了……这下死定了。'电扇和冷却系统全都关闭之后，潜水艇内的温度几乎高达华氏 100 多度，可是我却害怕得全身发冷，身上虽然穿了一件毛衣，还有一件带皮领的夹克，可还是冷得发抖。我的牙齿不停地打战，全身冒出一阵阵的冷汗。

"日本布雷舰的攻击持续了 15 个小时之久，然后突然停止。显然，那艘日本布雷舰用光了它所有的深水炸弹，这才离开。这 15 个小时的攻击，感觉上就像是 1500 万年。我过去的生活都一一呈现在我眼前，使我记起了以前做过的所有坏事，以及我曾经担心过的所有细小事情。在我加入海军之前，我是一个银行职员，曾经为工作时间太长、薪水太少，而且没有多少升迁机会发愁。我曾经因为没有办法买自己的房子、没有钱买新车、没有钱给我太太买好的衣服而忧虑过。我非常讨厌我以前的老板，因为他老是给我找麻烦。我还记得，每天晚上回到家里的时候，我总是又累又困，常常因为芝麻小事而跟我的太太吵架。我甚至还为我额头上因为一次车祸而留下的伤痕发过愁。

"在多年以前，那些令人发愁的事看起来好像全都是大事，可是在深水炸弹就要夺走我生命的那一刻，这些事情又是多么地荒谬和微不足道。就在那时候，我答应自己，如果我还有机会再见到太阳和星星的话，我永远永远也不会再忧虑了。永远！永远！永远也不会！在潜艇里的那 15 个可怕的小时里，我所学到的生活道理，比我在大学 4 年所学到的要多得多。"

我们通常都能很勇敢地面对生活中的重大危机，可是却会被那些小事情搞得焦头烂额。例如，萨姆耳·白布西在他的日记里写到他曾目睹了哈里·维尼爵士在伦敦被砍头的事：当维尼爵士走上断头台的时候，他没有请求别人饶他的性命，却要求刽子手不要一刀砍中他颈项上那痛伤之处。

这也正是拜德上将在又冷又黑的南极洲的夜晚所发现的另外一点——他手下那些人常常为一些小事情而发火，但对于大事却不在乎。例如他们能够毫无怨言地面对危险而艰苦地工作，在零下 80 度的寒冷中工作。"可是，"拜德上将说，"我却知道他们之间有好几个同在一办公室的人彼此不讲话，

领导的艺术

因为他们怀疑对方乱放东西，占了他们自己的地方。我还知道队里有一个人非常讲究，他坚持空腹进食、细嚼健康法，每口食物一定要嚼过 28 次才吞下去；而另外有一个人，一定要在大厅里找一个看不见他的位子坐着，才能吃下饭。"

"在南极的营地里，"拜德上将说，"任何事情都可能把最训练有素的人逼疯。"其实，拜德上将还可以加上一句话："小事"如果发生在夫妻生活里，也会把人逼疯，甚至还会造成"世界上半数的伤心之事"。

至少，这话是权威人士说的。芝加哥的约瑟夫·沙马士法官在仲裁过 40000 多件不愉快的婚姻案件之后说："婚姻生活之所以不美满，根本原因通常都是一些细小事情。"纽约郡地方检察官吉法兰克·荷根也说："在我们的刑事案件里，有一半以上都是由于一些很小的事情引起的：在酒吧里逞英雄，为一些小事情而争吵，讲话侮辱人，措辞不当，行为粗鲁，等等。就是这些小事情，结果引起了伤害和谋杀。很少有人真正天性残忍，即使那些犯了大错的人，也都是因为自尊心受到了小小的损害，或受到一些小小的屈辱，或虚荣心得不到满足，结果造成了世界上半数令人伤心之事。"

据说罗斯福夫人刚结婚的时候，"每天都在担心"，因为她的新厨子做饭很差。"可是，如果事情发生在现在，"罗斯福夫人说，"我就会耸耸肩，把这事给忘了。"太好了，这才是一个成年人的做法。就连凯瑟琳这位最专制的俄国女皇，在厨子把饭做坏了的时候，她也通常只是付之一笑。

有一次，我们到芝加哥一个朋友家里吃饭。在他分菜的时候，有些小事情没有做好。我当时并没有注意，而且即使我注意到了，我也不会在乎。可是他的太太看见了，她立即当着我们的面跳起来指责他。"约翰，"她大声叫道，"看看你在做什么！难道你永远也学不会如何分菜吗？"

然后她对我们说："他老是犯错，简直就心不在焉。"也许他确实没有好好地做，可是我却实在佩服他能够跟他这样的太太相处 20 年之久。老实说，只要能吃得很舒服，我情愿只吃一两个抹了芥末的热狗，而不愿一面听她唠叨，一面吃北京烤鸭和鱼翅。

在碰到那件事情之后不久，我夫人和我请了几位朋友到家里来吃晚饭。就在他们快来的时候，我夫人发现有 3 条餐巾和桌布的颜色没办法相配。

"我冲到厨房里，"她后来告诉我说，"结果发现另外 3 条餐巾送出去洗了。客人这时已经到了门口，我没有时间再换了；我急得差点哭了出来。我当时只想：'为什么我会犯这么愚蠢的错误，毁了我整个晚上？'然后我又想到，为什么要让它毁了我呢？于是，我走进去吃晚饭，决定好好地享受一下。而我真的做到了——我情愿让我的朋友们认为我是一个比较懒散的家庭主妇，"她告诉我说，"也不想让他们认为我是一个神经兮兮、脾气暴躁的女人。而且据我所知，根本没有人关心那些餐巾的问题。"

大家都知道一条法律名言："法律不管那些小事情。"人也不该为这些小事而忧虑，如果他希望求得心理平静的话。在大多数时间里，要想克服由小事情所引起的困扰，只需把看法和重点转移一下就可以了——那就是让你有一个新的、能使你开心的看法。

几年以前，我去了一趟怀俄明州的提顿国家公园。和我一起去那儿的是怀俄明州公路局局长查尔斯·谢费德，还有他的一些朋友。我们本来想一同去参观洛克菲勒在那个公园里建的一栋房子的，可是我坐的那辆车转错了一个弯，迷了路。等我到达那座房子的时候，比其他车子晚了一个小时。谢费德先生早就到了，但他没有打开那扇大门的钥匙，所以他在那个天气又热、蚊子又多的森林里等了一个小时，等我们到达。那里的蚊子多得会让圣人发疯，可是它们不能战胜查尔斯·谢费德。在等我们的时候，他折下一小段白杨树枝，做了一根小笛子。当我们到达的时候，他是不是正忙着驱赶蚊子呢？没有，他正在吹笛子，纪念一个知道如何不理会那些小事的人。

因此一定要在忧虑毁了你之前，先改掉忧虑的习惯。请记住下面的规则："不要让自己因为一些应该抛弃和忘记的小事而忧虑，要记住：生命如此短暂，不要再为小事而烦恼。"

领导的艺术

发现事物积极的一面

　　当我在写这本书的时候，有一天我去芝加哥大学向罗勃·梅南·罗吉斯校长请教如何获得快乐。他回答我说："我一直都在试着按照一个小忠告去做，这是西尔斯公司已故的董事长屈利亚斯·罗森沃告诉我的。他说：'如果只有柠檬，就做一杯柠檬汁。'"

　　这是一个伟大的教育家的做法，而傻子却正好相反。要是他发现命运只给他一个柠檬，他就会自暴自弃地说："我完了，这就是命。我没有任何机会。"然后他就开始诅咒这个世界，使自己沉溺在自怜之中。而聪明人拿到一个柠檬的时候，他会说："我可以从这件不幸的事情中学到什么呢？我怎样才能改善我的状况，怎样才能把这个柠檬做成一杯柠檬汁呢？"

　　伟大的心理学家阿尔弗雷德·阿德勒花了毕生精力研究人类未曾开发的保留能力之后，认为人类最奇妙的特性之一，就是"把负面改变为正面的力量"。

　　下面是一个很有趣也很有意义的故事。这个故事的女主角我认识，她正是如此去做的。她的名字叫瑟玛·汤普森。

　　"在战争期间，"她告诉我她的经验，"我先生在加州莫嘉佛沙漠附近的陆军训练营驻防。我为了离他近一点，也搬去那里。我很讨厌那个地方，可以说到了极点，我从未这么烦恼过。我先生被派往莫嘉佛沙漠出差，我一个人留在那间小破屋里。那儿热得难以忍受——即使有大仙人掌的阴影遮挡，温度也高达华氏 125 度。除了墨西哥人和印第安人之外，没有人和你谈话，可是这些人又不会说英语。风不停地吹，所有吃的东西和呼吸的空气中全都是沙子！到处都是沙子！沙子！沙子！

　　"当时我真是难过得无法描述，我难过地给我父母写了封信，告诉他们我忍受不了，想要回家。我说我连一分钟也住不下去了，还不如住到监狱里去。我父亲的回信只有两行字，这两行字一直留在我的记忆当中，它改变了我的生活。

"'两个人从监狱的铁栅栏里向外看，一个只看见烂泥，另一个却看到了星星。'

"我把这两行字念了一遍又一遍，觉得非常惭愧。我下定决心，一定要找出那儿还有什么好地方，我要去看那些星星。

"我和当地人交上了朋友，而他们的反应更令我惊奇不已。当我对他们织的布和做的陶器表示出兴趣时，他们就把那些他们最喜欢的、不肯卖给观光游客的东西送给我当礼物。我仔细地欣赏仙人掌和丝兰的迷人形态，还知道了土拨鼠的故事。我看到了沙漠上的日落，还去寻找贝壳——这里在300万年前还是海床。

"是什么使我产生了如此惊人的改变呢？莫嘉佛沙漠没有丝毫变化，那些印第安人也没有什么改变，可是我变了——我改变了我的态度。在这种变化中，我把那些令人颓废的境遇变成了我生命中最具刺激的冒险。我所发现的这个崭新的世界，使我非常感动，也非常兴奋，我为此高兴地写了一本小说《光明之辕》……我从自己设下的监狱向外望，终于看到了星星。"

瑟玛·汤普森还意识到了古希腊人在耶稣基督降生之前500年所教的一条真理："最好的正是最难得到的。"

在20世纪，哈瑞·艾默生·福斯狄克又重复了这句话："快乐的大部分并不是享受，而是胜利。"不错，这种胜利来自于一种成就感，来自于一种得意，也来自于我们能将柠檬做成柠檬汁。

我曾拜访过一位住在弗吉尼亚州的快乐农夫，他甚至把一个"有毒的柠檬"做成了"柠檬汁"。他当初买下那片农场的时候，非常颓丧。那块地太差了，既不能种水果，也不能养猪，只能生长白杨树和响尾蛇。然后，他想出了一个好主意，把他所拥有的变成一种资产——他打算好好利用那些响尾蛇。他的做法让大家都很吃惊，因为他开始做起了响尾蛇肉罐头。当我几年前去看他的时候，我发现每年来这里参观他的响尾蛇农场的游客将近两万人。

他的生意做得很大。我看到从他饲养的响尾蛇口里取出来的毒液被送到各大药厂制造蛇毒血清。我还看到响尾蛇皮以很高的价钱卖出去，用来做女人的皮鞋和皮包。我还看到由响尾蛇肉做的罐头被运送至世界各地的顾客手里。我还买了一张明信片，它上面印有那个地方的照片，我在当地邮局把它寄了出去。现在这个村子已改名为弗州响尾蛇村，以纪念这位先生把"有毒的柠檬"做成了甜美的"柠檬汁"。

因为我一次又一次地在全国各地来回旅行，使我有幸见到许多男人和女人表现出他们"把负面变成正面的能力"。

《十二个以人力胜天的人》一书的作者，已故的威廉·波里索曾经这样说过："生命中最重要的，就是不要以你的收入为资本。任何一个傻子都会这样做，真正重要的，是要从你的损失里去获利。这就需要聪明才智，而这一点也正是聪明人和傻子的区别。"

波里索说这些话的时候，早已经在一次汽车灾难中摔断了一条腿。但我还知道有一个断了两条腿的人，也把他的负面变成了正面。他的名字叫本·福特生。当时我在佐治亚州大西洋城一家旅馆的电梯里碰到了他。在我进入电梯的时候，我看到这个看上去非常开心的人却断了两条腿，坐在电梯角落的一张轮椅上。当电梯正好停在他要去的那一层楼时，他开心地问我是否可以给他让一下，让他出去。"真对不起，"他说，"这样给您添麻烦。"——他说这话的时候，脸上露出一种非常温暖的微笑。

当我出了电梯回到房间时，除了这个开心的残疾人之外，我再也想不起其他事情——这个人甚至连小学都没有读完，他家里非常穷，当他父亲去世的时候，还是由他父亲的朋友募捐，才把他父亲安葬的。他父亲死后，他的母亲在一家制伞厂上班，一天要干 10 个小时，还要带一些活回家，一直干到晚上 11 点。

这个在这种环境中成长的男孩，曾参加过由当地教堂举办的一次业余戏剧表演。演出时他觉得非常开心，因此他决定去学演讲。结果这种能力又引导他步入政坛，30 岁时，他就当选为纽约州议员。可是他对这项职务一点准备也没有。事实上他还告诉我，他甚至不知道这是怎么回事。他开始研究那些他必须投票表决的冗长而复杂的法案——可是这些法案对他来说，就好像是用印第安文字写的。他当选为森林问题委员会委员时，因为他从来没有走进过森林，因此既惊异又担心。

当他当选为州议会金融委员会委员时，他同样既惊异又担心，因为他甚至不曾在银行开过户。他告诉我，他当时紧张得差点儿从议会辞职，但他羞于向他的母亲承认他的失败。在绝望之中，他决心每天苦读 16 个小时，把那种他一无所知的柠檬变成一杯饱含知识的柠檬汁。结果，他从一个当地的政治家变成了一个全国知名的人物，而且使他自己变得更加优秀，以至于《纽约时报》称他为"纽约最受欢迎的市民"。

我上面说的是艾尔·史密斯。

当艾尔·史密斯开始这种自我教育的政治课程 10 年之后，他成了对纽约州政府一切事务最有发言权的人。他曾 4 次当选为纽约州州长，目前这是一个空前绝后的纪录。1918 年，他成为民主党总统候选人，还有 6 所大学——其中包括哥伦比亚和哈佛大学——赠给这个甚至连小学都没有毕业的人名誉学位。

艾尔·史密斯亲口告诉我，如果他当年没有一天工作 16 个小时、把负面转化为正面的话，所有这一切都不可能发生。通过这些例子，让我想起尼采所说的一句话："不仅能够在必要的情况下忍受一切，而且还要喜欢这一切。"

态度决定你的生活质量

我在几年以前参加了一个电台的广播节目，他们希望找出"你所学到的最重要的一课是什么？"

这个问题对我来说很简单，我所学到的最重要的一课，就是"思想的重要性"。只要知道你在心里想些什么，就可以知道你是一个怎样的人，因为

每一个人的性格特征都是由他的思想造成的。我们的命运也完全取决于我们的心理状态。爱默生就曾说："一个人就是他成天所想象的那种样子……他怎么可能成为另一种样子呢？"

我现在可以肯定地说，你和我所必须面对的最大的问题就是如何选择正确的思想——事实上这几乎可以算是我们需要应对的唯一问题——如果我们能够做到这一点，就可以解决一切问题。马尔卡斯·阿理流士——这位曾经统治罗马帝国的伟大哲学家，把这些总结成一句话——一句可以决定你的命运的话："生活是由思想形成的。"

不错，如果我们所想的都是快乐的东西，那我们就可以获得快乐；如果我们所想的都是悲伤之事，那我们就会悲伤；如果我们所想的是一些恐怖的情况，那我们就会恐惧；如果我们所想的是不好的念头，那我们恐怕就不得安宁了；如果我们所想的全都是失败，那我们就会失败；如果我们沉浸在自我哀怜之中，那别人都会有意躲开我们。"你并不是，"诺曼·温森·皮尔说，"你并不是你想象中的那种样子，而你却会是你所想的那种人。"

我这么说，是不是在暗示我们都应该用习惯性的乐观态度去应对一切困难呢？当然不是的。很不幸的是，生命不会像这样简单化，但我却鼓励大家要尽力采取积极正面的态度，而不要采取消极负面的态度。换一句话说，我们必须关注我们所面临的问题，但是不能为此而忧虑忡忡。关注和忧虑之间的区别又何在呢？让我说得更明白一些吧：例如，每当我要通过交通拥挤的纽约市街区时，我对正在做的这件事就会很注意，可是我并不会忧虑。关注指的是要了解问题出在哪里，然后镇定自若地采取各种办法解决它；而忧虑却是盲目而疯狂地转圈子。

一个人可以关注一些很严峻的问题，但他同时可以将花插在衣襟上昂首阔步。我就曾看过罗维尔·汤马斯这样。

有一次，我协助罗维尔·汤马斯主演一部著名电影，这是有关艾伦贝和劳伦斯在第一次世界大战中出征的内容的。他和几个助手在几个战争前线拍摄了战争的镜头，用影片精彩地记录了劳伦斯和他统率的那支多姿多彩的阿拉伯军队，同时还记录了艾伦贝征服圣地的经过。他那贯穿于整部电影中的著名演讲——"巴勒斯坦的艾伦贝和阿拉伯的劳伦斯"，轰动了整个伦敦和全世界，伦敦的歌剧节也因此而向后推迟了 6 星期，以便让他在卡尔文花园皇家歌剧院继续讲述这些冒险故事，并放映他的影片。他在伦敦获得巨大成功之后，又成功地去了好几个国家旅游。然后，他花了两年的时间，准备拍一部关于在印度和阿富汗生活的纪录片。

不幸的是，在经过一连串的令人难以置信的打击之后，不可能的事情发生了——他发现自己已经破产了。当时我恰好和他在一起。我还记得我们那时候不得不去街头的小饭店吃很便宜的东西。要不是一位苏格兰著名的画家——詹姆士·麦克贝借给汤马斯钱的话，我们几乎吃不起那点菲薄的食物了。

下面正是这个故事的焦点：当罗维尔·汤马斯面临庞大的债务，并陷入极度失望的时候，他很关切此事，可是他并不忧虑。他知道，一旦他被霉运击垮的话，他在别人眼里就一钱不值了，尤其他的债权人更会这么看他。所以，他每天早上出门办事之前，都要给自己买一朵鲜花插在衣襟上，然后昂首走上牛津街头。他的内心积极而勇敢，绝不让挫折击垮他。对他来说，挫折只不过是整个事情的一部分——是你要攀上高峰所必须接受的有益锻炼。

我们的精神状态也会对我们的身体和力量产生令人难以相信的影响。英国著名的心理学家哈德菲曾在他那本只有 54 页的小册子《力量心理学》中解释了这种情况。"我请来了三个人，"他写道，"以测试心理受生理的影响。我们采用了握力计来测量。"

他要求他们在三种不同的情况下，竭尽全力抓紧握力计。在一般的清醒状态下，他们平均的握力是 101 磅。第二次实验时，则将他们催眠，并告诉他们说他们非常虚弱。结果，他们的握力只有 29 磅——而这还不到他们正常力量的 1/3。

不要想着报复别人

多年前的一个晚上，我旅行途经黄石公园。一位森林管理员骑着马，告诉了我们这群兴奋的游客许多有关熊的事情。他告诉我们：有一种大灰熊几乎可以击倒西方所有的动物，除了水牛和另一种黑熊之外。但在那天晚上，我却注意到有一只小动物——只有一只——那只大灰熊不但让它从森林里跑了出来，还与它在灯光下共进晚餐。那是一只臭鼬！大灰熊很清楚，只需扬起它的巨掌，就可以一掌打死这只臭鼬，但它并没有那样做。为什么呢？因为它从经验里学到，那样做对它来说很划不来。

我也知道这个道理。当我还是个孩子的时候，曾在密苏里州的农庄抓过这种4只脚的臭鼬；当我长大成人后，在纽约的街头也碰到过几个像这种臭鼬一样的两只脚的人。我从这些不幸的经验中发现：无论招惹哪一种臭鼬，都不是明智之举。

当我们痛恨我们的仇人时，就等于给了他们取胜的力量。那种力量能够影响我们的睡眠、我们的食欲、我们的血压、我们的健康和我们的快乐。如果我们的仇人知道他们是如何让我们担心，让我们烦恼，让我们一心只想报复的话，他们一定会高兴得手舞足蹈的。我们心中的恨意完全伤害不到他们，可是却使我们的生活变成地狱。

你猜这是谁说的？"要是自私的人想占你的便宜，就不必理睬他，更不必报复他。当你想跟他扯平的时候，你对自己伤害的，远比对那家伙的伤害更多……"这段话听起来好像是什么理想主义者所说的，其实不然。这段话来自一份警察局通告。报复为什么会伤害你呢？它对你伤害的地方可多了。根据《生活》杂志的一篇报道，报复甚至会损害你的健康。"高血压患者的主要特征，就是容易愤怒，"《生活》杂志说，"愤怒不止的话，长期性高血压和心脏病就会随之而来。"

现在你该明白耶稣所说的"爱你的仇人"，不只是一种道德上的教导，而且是在宣扬一种医学。当他说"要原谅70个7次"的时候，他正是在教导我们如何避免患高血压、心脏病、胃溃疡和其他许多疾病。最近，我的一个朋友严重心脏病发作，他的医生要求他躺在床上，不论发生任何事情他都不能生气。作为医生，都知道患有心脏衰竭症的人，一发怒生气就可能送命。

　　几年前，在华盛顿州的斯泼坎城，有一家餐馆的老板就因为生气致死。我面前现在就有一封寄自华盛顿州斯泼坎城警察局局长杰瑞·施瓦脱的信。他在信中说："几年以前，有一个68岁的威廉·崔堪伯，在斯泼坎城开了一家小餐馆。因为他的厨师坚持用茶碟喝咖啡，而将他活活气死。当时，那个小餐馆的老板非常恼火，抓起一把左轮手枪去追那个厨师，结果因为心脏病发作而倒地死去——而他手里还紧紧地抓着那支手枪。验尸员报告说：他因为愤怒而导致心脏病发作。"

耶稣

　　当耶稣说"爱你的仇人"的时候，他也是在告诉我们应该如何改进我们的外表。我想，你也和我一样认识一些女性，她们的脸颊因为怨恨而布满了皱纹，因为悔恨而变了脸形，甚至表情僵硬。不管她们如何做美容，使她们的容貌更美丽，也不能让她的心里充满宽容、温柔和爱。

　　怨恨之心甚至会毁坏我们享受食物的美味。圣人说："怀着爱心吃蔬菜，也会比怀着怨恨吃牛肉要好得多。"假如我们的仇人知道我们对他的怨恨使得我们精疲力竭，使得我们紧张不安，使得我们的外表受到损伤，使得我们心脏病发作，甚至可能使我们寿命减短的时候，他们难道不会拍手欢呼吗？

　　即使我们不能爱我们的仇人，那我们至少也要爱我们自己。我们不能让仇人控制我们的快乐、我们的健康和我们的外表。这正如莎士比亚所说的：

领导的艺术

"不要因为你的敌人而燃起一把怒火，结果却烧伤你自己。"

当基督耶稣说我们应该原谅我们的仇人"70 个 7 次"的时候，他也是在教导我们如何做生意。让我举个例子吧。

当我写这一段文章的时候，在我面前有一封乔治·罗纳寄来的信，他住在瑞典的艾普苏那。乔治·罗纳在维也纳当了很多年的律师，但是他在第二次世界大战期间逃到了瑞典，身上没有分文，急需找一份工作。因为他会说并能写好几国语言，所以希望在一家进出口公司找到一份秘书的工作。但绝大多数公司都回信告诉他，因为现在正在打仗，他们不需要这一类人，不过他们会将他的名字存在档案中……不过，有一个人给乔治·罗纳写回信说："你完全不了解我的生意。你既蠢又笨，我根本不需要任何人来为我写信。即使我需要，也不会找你，因为你甚至写不好瑞典文，你的信里全是错字。"

当乔治·罗纳看到这封信的时候，他简直气疯了。那个瑞典人自己的信就错误百出，可是他竟然写信来说罗纳不会瑞典文，是什么意思？于是乔治·罗纳也写了一封信，想使那个人大发一顿脾气。但他接下来对自己说："慢。我怎么知道这个人说的不是对的？我学过瑞典文，可这并不是我的母语，也许我确实犯了许多我并不知道的错误。如果真是那样的话，那么我要想得到一份工作，就必须再努力学习。这个人可能给我帮了一个大忙，虽然他的本意并非如此。他用这么难听的话来表达他的意思，并不表示我不欠他的。所以我应该给他写封信，对他表示感谢。"

于是乔治·罗纳撕毁了他刚刚写好的那封骂人的信，又另外写了一封信，说："你这样不嫌麻烦地给我写信，实在是太好了，尤其是你并不需要一个替你写信的秘书。我弄错了贵公司的业务，对此我觉得非常抱歉。我之所以给你写信，是因为我向别人打听到的你，而别人之所以把你介绍给我，因为他说你是这一行的领袖人物。我并不知道我的信中犯了些文法错误，我觉得很惭愧，也很难过。现在我打算更努力地学习瑞典文，改正我的错误，谢谢你帮助我走上改进之路。"

没过几天，乔治·罗纳就收到了那个人的回信，他请罗纳去他那里。罗纳去了，而且得到了一份工作。由此，乔治·罗纳发现"温和的回答能消除怒气"。也许我们不能像圣人那样爱我们的仇人，但为了我们自己的健康和快乐，至少我们要原谅他们，忘记他们。如果我们能这样做，实在是聪明之举。有一次，我问艾森豪威尔将军的儿子约翰，他父亲是否一直怀恨别人。"不，"他回答说，"我父亲从来不去为那些不喜欢的人而浪费他一分钟。"

有句老话说："不会生气的人是笨蛋，而不生气的人才是聪明人。"这也正是纽约州前州长威廉·盖诺所坚持的策略。当他被一份街头小报攻击得遍体鳞伤之后，又被一个疯子打了一枪，几乎送了命。他躺在医院，生命垂危，但是他仍然说："每天晚上我都原谅所有的事情和所有的人。"

这样做是不是有些太理想了呢？是不是过于轻松、过于美好了呢？如果是这样的话，就让我们来看看德国伟大的哲学家、"悲观论"的作者叔本华的理论。他认为生命就是一种毫无价值而又充满了痛苦的冒险，当他走过生命中每一刻的时候，全身似乎都散发着痛苦，可是在他绝望的深处，叔本华说道："如果可能的话，不应该对任何人产生怨恨。"

因此我想说的是，如果你要培养平安和快乐的心境，请记住：我们永远不要去试图报复我们的仇敌，如果我们那样做的话，我们将会深深地伤害自己，不要把时间浪费在去想那些我们不喜欢的人。

驱逐烦恼的方法

耶鲁大学的费尔普教授在逝世之前不久，我曾和他畅谈了一个下午。下面就是他驱除烦恼的 5 个方法，这是我在那次会谈中记下来的。

方法一：

在我 24 岁时，我的视力突然变得很差。看书不到三四分钟，眼睛就觉得扎满了针一样，即使不看书的时候，眼睛也十分敏感，甚至不敢面对窗口。我去向纽哈芬和纽约市最出色的眼科大夫求医，但收效甚微。

每天下午 4 点以后，我只能坐在房子里最暗的角落的椅子上，等着上床睡觉。我真的吓坏了，害怕自己必须放弃教师职业，去西部当一名伐木工人。接着，发生了一件很奇怪的事，显示了人的精神意志对肉体疾病的奇迹般的影响。

在那个悲惨的冬天，我的眼睛实在是差到了极点，我接受邀请，前去为一个大学作演讲。当时，演讲厅的天花板上悬挂了许多大灯，强烈的灯光刺得我的眼睛疼痛难忍，当我坐在台上，等待被介绍上去演讲之前，只能被迫盯着地板。

然而，当我 30 分钟内作演讲时，我完全忘了疼痛，同时我还可以直接看那几盏灯却不眨眼。但在演讲结束之后，我的眼睛又开始疼痛了。当时我就想，如果我能专心致志地做某件事——不是短短的 30 分钟，而是一个星期的话，也许我就可以痊愈。很明显，这是心理上的兴奋战胜了肉体上的不适。

后来，我有一次乘船经过大西洋时，又有一次类似的经历。那一次，我的腰部突然痛得很厉害，甚至走不了路。如果我站直身子，更是痛到极点。正是在那种情况下，我应邀在甲板上作了一次演说。当我开始演讲时，所有的疼痛都不见了，好像离开了我的身子。我站得笔直，完美地表达自己，一连讲了一个小时。演讲结束之后，我轻松地走回我的房间。这时，我以为自己的腰痛已经痊愈了。但那只是暂时性的，腰痛不久又来了。

这些经历使我深深领悟到，人的心理状态的绝对重要性。它们教导我，要尽一切可能享受生活的美好。所以，我现在都在努力地生活着，把每一天都当做我一生中的第一天，同时也是最后一天。对于每天这种新奇而冒险的生活，我一直都很兴奋，而一个情绪兴奋的人，则是永远都不会有烦恼的。

我很喜欢我每天的教学工作，我还写了一本书《教学的乐趣》。对我来说，教学不仅仅是一种艺术或职业，它更是一种深深的爱好。我像画家喜爱绘画、像歌手喜爱唱歌一样，喜爱着教学。我每天早上下床之前，只要想到我的学生，心里就充满了无限的喜悦。我一直以为成功的最大因素就是"热情"。

方法二：

我发现我可以通过一本吸引人的好书将烦恼抛除。在我 59 岁那年，曾经历了相当长时间的精神崩溃。在那段日子里，我开始阅读大卫·威尔逊的伟大作品《克莱尔传》。这给了我极大的精神帮助，因为我读得十分专注，所以忘记了我精神上的消沉。

方法三：

还有一次，我的精神十分沮丧，因此我强迫自己必须每天每小时做一次剧烈的运动。我每天早上都要打五六场激烈的网球，然后洗澡，吃中午饭，接下来再打 18 洞的高尔夫球。星期五晚上，我会一直跳舞跳到凌晨 1 点。我强迫自己流了许多汗，发现沮丧和忧愁全都随汗水流走了。

方法四：

我在很早以前就知道如何避免匆忙，如何避免在紧张的心情下工作。我一直想学习威伯·克洛斯的生活哲学。当他担任康乃特州的州长时，他曾对我说："我有时候会同时处理很多工作，那时我就会先坐下来，放松一会儿，抽根烟。在这一个小时之内，什么事也不干。"

方法五：

我也知道，耐心和时间能解决我们的烦恼。当我为某事而烦恼时，我就从正确的角度来看待这些烦恼。我会告诉自己："两个月以后，我就不会再为这事烦恼了。所以，我现在又何必为它烦恼呢？为什么我现在不采取我将在两个月以后采取的那种态度呢？"

领导的艺术

第九章　尊重他人是建立信任关系的唯一途径

唐·蒙蒂十六岁时，他的家人得到一个灾难性的消息：唐得了白血病，医生预测他只能再活两个星期。

"我们在医院唐的病房里，"他的母亲提娜·蒙蒂回忆说，"那时诊断书刚刚出来，我们不想让他知道自己患了绝症，我们请他的医生汤姆·德冠什么都别说，我们想维持现状。"

那天晚上唐的父母决定不顾医院的规定，在病房里做儿子最喜欢的食物，"他喜欢意大利面，"他的妈妈回忆说，"我们关上门，用一小罐酒精燃料为他做意大利面，这时有人敲门进来，是德冠医生，我屏住呼吸，心想：'噢，他会怎么说？'我完全没经历过这种场面。"

"德冠医生看过来，然后说：'这是我最喜欢的食物。'他坐下来，接过我们递给他的意大利面，我们根本就没有'他是医生我们是病人家属'的感觉。"

当德冠医生走进唐的病房时，他完全可以打官腔，说："难道你们不知道医院的规定？"或是，"你们怎么可以在病房里做饭！"或是，"意大利面可不在医院提供的食单里。"

但德冠医生尊重了病人和病人家属的自尊，没有拉下脸来教训人，他只是坐到他们旁边，把他们当一般人看待。要建立互相信任的关系，尊重别人是唯一的方法。

位于麦迪逊大街的著名广告公司智威汤逊公司的董事长伯特·曼宁不久前被邀请去为一些年轻的广告文字撰稿人演讲，这些年轻人都只有二三十岁，刚刚在竞争激烈的广告业中起步，因此他们十分渴望从广告界传奇曼宁身上学几手绝招，曼宁站在顶峰的时间几乎跟他们的人生一样长。

麦迪逊大街

"头脑、天分和精力都只是这场比赛的入场券，"曼宁对这些目光明亮的听众说，"没有这些条件，你首先就没法进入这个领域。"

但光有天分是不够的，只依靠天分不是长远之计，"想要赢得竞争，你还需要更多条件，"曼宁说，"你必须知道成功的秘诀，并让它成为自己生活的一部分，成功的秘诀其实很简单，就是：你希望别人怎么对你，你就怎么对别人。"

这着实是条金科玉律，即使是在麦迪逊大街这样的地方也能通行，超越了宗教、伦理、自我，甚至是非对错，虽然这些也都很重要。曼宁说完后，又给了年轻人们另外一条准则：金科玉律是永不会过时的。

这个经验丰富的广告商说："哪怕你是个最自私的人，即使你一心只想着自己的利益和前途，坚定不移地遵循这条原则仍是最稳当的成功之道。"

不管你是公司的总裁、学校的老师，还是超市的收银员，只要你遵循这条简单的、经时间验证过的原则，你就能做得更好、走得更远、完成得更出色、更有自信。你希望别人怎么对你，你就怎么对别人。或者用流行的话说，就是你尊敬别人，别人自然也会尊敬你。

当今世界已与过去大不相同，尤其是在商界，妇女、同性恋者、残疾

领导的艺术

人、不同种族背景的人——都在日渐获得平等的地位。

想在这个变化万端的环境里成功，那就必须得跟不同的人和睦共处，不管对方是什么文化背景。"在未来的二十一世纪，应聘工作的人中大概只有百分之十五到百分之二十不是少数民族、女性和移民，"康宁公司的董事长詹姆斯·霍顿预测，"我的意思是，除非你打算从剩下的百分之十五中去找人才，否则你最好尽快适应这种多样化。"

尊重别的文化的最好方法，就是尝试去了解它。退役的网球选手阿瑟·阿什也是因为这一点，才成为一流的网球明星。"我知道网球选手要多旅行，"他说道，"这也是我所向往的，我想去那些地方，我想去看看那些我在《国家地理》杂志上看到的地方。我期待有机会去了解它们。"

"现在回头看看，"阿什在生前一次采访中说，"跟不同文化背景下的人的交流，已成为我最珍贵的回忆。"

"你可以从两方面来看待这件事，"阿什说，"你可以为自己国家的文化骄傲，你可以瞧不起别的文明，然而它的历史可能比你的国家长几千年。也许它的科技不发达，也许你觉得你的国家的制度更好，但如果以另一种眼光看，你也可以这么想：'他们的物质条件的确不太好，但他们却有丰富的宗教和文化遗产，他们世世代代在这里生活，多少都懂得些你不懂的东西。相比之下我们的历史只有两百年而已。'我更愿意从第二种角度看世界。"

即使是相邻的两个国家也会有很多不同，这些不同必须得到认同和尊重，而不能任意贬低。这也是赫尔穆特·克林斯在德国和瑞士之间来回搬家后所发现的，克林斯是德国人，世界顶级的计算机制造商太阳微系统公司中欧分部的副总裁。

"我避免互相比较，"他说，"也很少提起德国，因为人们最恨你总说自己的国家这里对那里对，这就好像在暗示人家不对一样。"

所有人都希望自己国家的文化和语言得到尊重，这是很自然的事。比利时副首相梅尔吉奥尔·沃斯莱特在比利时的法语区长大，在他的早期政治生涯中，沃斯莱特决定学习另一种官方语言——佛兰德语，以缩小在本国的语言隔阂，这让他成为比利时政界第一个能流利说这两种语言的人。他表示了对全国人民的尊重，这也使他成为全国统一的象征，从此平步青云。他知道怎样包容多样化。

怎样才能和公司、学校、商店、公共场所以及政府里遇到的形形色色的人交往呢？第一步要做的，就是设身处地地为他人着想。其他人也像你一样在这个世界上生活，他们也承受着家庭的压力，他们也渴望成功，他们也希望被人尊敬、理解。

佛利特银行的董事长托马斯·多尔蒂说："平时待人是最重要的，每个人都希望被当成独特的个人对待，在我三十年前刚加入银行界时是如此，一百年后，我相信这一点也不会改变。"其原因多尔蒂认为不言而喻："因为我们是人。"

多尔蒂认为："重要的是以尊敬的态度对待别人，例如说'早上好'、'谢谢'这些小事，也同样是表示尊敬的方式。我个人觉得，管理者的职责就是创造一个让人们能高度发挥自己才能的氛围。"一个让人们觉得自己是被当成独特的个人来尊重的氛围，而不是让人觉得自己仅是个符号。

大部分成功人士都从经验中了解到，表达尊重绝不是靠一两个特别的举止，这是个通过各种日常接触所积累起来的过程。

斯卡拉曼丝绸公司的安德里亚娜·比特就有亲身体验。二十世纪八十年代末九十年代初纺织业不景气，但斯卡拉曼公司还是在员工的齐心协力下渡过了难关。比特说："我们的员工表现得难以置信的出色，他们跟我一起走出低谷，我认为他们做得太棒了，我想这都归功于我们之间亲密的关系，如果没有这样亲密的关系，他们为什么要这样帮我？如果你想要别人为你做什么，你就先得付出，这就是我们的哲学。"

怎样才能建立这种亲密的关系呢？向同事表示尊重和同情，不管是在工作中还是在下班后。在比特的公司，这表现为来访者被要求称呼工厂的工人为技师，表现为比特在巡视工厂时，鼓励一位恐惧飞行的设计师，使他安心去旅行，表现为董事长办公室的门总是开着，随时欢迎光膀子的技师们进来，谈谈关于工作的问题，表现为比特努力学习西班牙语，以便于跟员工更方便地交流。

弗雷德·西沃特在纽约人寿保险公司工作，这是个跟纺织业完全不同的部门，但在与人相处这一点上，道理却是一样的，跟员工的日常小接触很重要，因为在保险业，业务员非常重要，要是业务员业绩不佳，公司也就无法办下去，道理就是这么简单。

很多年前西沃特曾在一家国际保险公司麦卡比公司工作。当公司搬到一座新的办公大楼时，那里面还有几家别的公司。西沃特不希望到了一个新环境后，原有的人际关系也随之混乱，于是他第一天上班时，做的第一件事就是走到安保人员台前。"当时有十来个安保人员，围绕在我身边，"西沃特回忆说，"他们甚至不知道自己从事的是保险业，只知道公司的名字，我对他们说，'我们在底特律市有几位很重要的业务代表，如果你发现进来的是位业务代表，一定要给他隆重的接待，不管怎么样都要使他觉得受到重视，如果要你带他到七楼去找人，也请你务必帮忙。'后来我就听到业务代表们谈论他们在这里受到的招待，那让他们很高兴。"

所有这些小事加起来，就会有个很不错的结果：人们会对自己很满意。人们一旦觉得公司相信他们，理解他们的需要，他们就会很乐意地努力工作，以达到公司的目标来作为回报。

戴尔·卡耐基有次说了个关于吉姆·法利的故事，法利是罗斯福总统的竞选总策划，他要求自己能够记住所有跟他接触过的人的名字，这常常意味着他要记住几千个名字。在罗斯福竞选连任时，法利乘船坐车四处奔波，从这个城市到下个城市，每站都要接触几百个人，在几周的忙碌后，他回到家，不管他有多累，在休息之前他都会完成一项他认为最重要的任务：寄一份私人信件给他在竞选途中见过面的每个人。而且每封信他都会这么开头："亲爱的比尔"或"亲爱的丽塔"。

如今人们仍会对这些小事作出回应吗？他们当然会。回复一个电话、记住一个名字、礼貌地对待他人——这些都是领导者应该做到的最重要的事。

用广告人伯特·曼宁的话说："这些基本的事才是最重要的，这让人感到自己是芸芸众生中那个特别的人，继续做这些小事吧，不要停下来。"

有一次，一位访客到曼宁的办公室，就因为一件小事而留下了深刻的印象。曼宁的办公室里只有一个衣架，曼宁把访客的外衣挂在了上面，自己的外衣则挂在了门把上。这也许是件琐碎的小事，但别以为不会被注意到。这些微小的举动传达出一个信息：我关心你，你在意的就是我在意的，这是我们两个人的事。用这种方法，可以创建出真正积极的团队氛围。

想要做到这一点，就得遵循金科玉律第二条：把下属当做同伴，千万不能对他们颐指气使，随意斥骂。他们是你的同事，而不是你的仆人或可以随意相处的老友。所以要友善地对待他们，承认每个人都是公司的一份子。高高在上的老板只会招来怨恨，而无法激励员工。

为何有那么多经理会对员工呼来喝去呢？原因常常是他们本身很自卑。"经理们常常处在所有人的目光下，"佛利特银行的母公司佛利特财团的执行副总裁约翰·鲁宾逊说，"这实在不是个轻松的角色，于是我常常看到经理们采取不正常的手段。多年来，我见过的许多粗暴的经理其实本身并不是粗暴的人，他们变成这样只是为了掩盖自己的不自在。"

而这有用吗？没有。"他们喜欢骂人，以命令的语气武断地要求别人为他们做事，"鲁宾逊解释说，"结果往往适得其反。原因很简单：没人会对威胁有正面的回应。"

让你的下属觉得你也只是个普通人要有效得多。对人要公平，员工是公司的资产，而不是机器上的零件。汤普森微电子公司的比尔·马卡希拉希拉认为："有效的做法应该是把自己从过去的地位、头衔等等成见中抽离出来，其实每个人对公司都有贡献。"

对一些商界领导者来说，这意味着一种对老板和员工之间关系的全新理解。在进行开放的沟通之前，必须先奠定尊重的基础。约翰·鲁宾逊相信："我想我们起码得做到一件事，那就是保持谦逊的心态。在商界，我们的地位越高，就越容易迷信自己的地位和聪明。"鲁宾逊年轻时找到一个摆正心

卡耐基励志经典

领导的艺术

态的好办法，提醒自己除了显赫的头衔，其他方面和别的同事也没什么区别。"我在三十出头的时候，就成为一家银行的总裁，我那时觉得自己很重要，"他回忆说，"但等我回到家，却得给宝宝换尿布，这立刻把我拉回了普通人的生活，我的孩子让我维持了心态的平衡。"

设身处地地为他人着想。不要轻视他人。这两条都很重要。金科玉律第三条是：邀人参与。向他们提出挑战，邀请他们加入，鼓励他们合作。

工作对大部分人来说，是生活的重要部分。人们渴望被邀请参与，渴望接受挑战，渴望发挥自己的才能。他们不希望自己的意见被忽视。

热情参与的人往往表现出色。正如模拟设计公司的董事长雷·斯塔塔所说："人们想要被重视的感觉，希望自己能有影响力。"

怎样才能使人有这种感觉？不外乎授权给你的下属，向他们提出挑战，让他们参与公司的计划。斯塔塔说："我想最重要的，就是把跟员工能力相当甚至超出他们能力范围的工作任务交给他们，我觉得这是激励最重要的部分，因为这是真正的挑战，能够激发出他们的潜能，表现出对他们能力的期待。"

乐博美公司在更早的时候就发现了这一点。这家公司在放权上做得相当彻底。二十世纪八十年代初，乐博美打算设计一套价值几百万的设备时，老板并没有包揽这项工作，整个过程都由实际操作机械的员工们主导。沃尔夫冈·施密特解释说："我们组建了一个六人的小组，其中有一位是管理人员，其他都是制造部门的人。他们去了好几家制造这种机械的公司，以定出标准。提出采购建议的是他们，去德国培训的也是他们。他们带着供货商的人回来一起安装，他们控制着整个流程，定出时间表，监督质量，并完成了售前服务。"

乐博美公司的这种做法意义深远，该公司的员工绝少跳槽，而且工作尽心尽力。从一九八二年到一九九二年，乐博美对投资者的回报率平均在百分之二十五点七左右。

比尔·马卡希拉希拉描述他对下属的最重要的一次放权，那并不是件容易的事，需要帮员工逐渐建立起信心。"帮他们理清思路，并将思路牢牢打进他们的头脑里，这样他们才能在执行任务和发挥才能时感到自信。"就像马卡希拉希拉所做的，整个过程陪在他们身边，支持他们做决定，但决不越俎代庖。

"我认为决定没有什么对错之分，"他说，"我会给他们充分的权力做决定，如果这个决定并不是最好的，我们就继续讨论，假如这个决定就是最好的，我会帮他们加深印象，并让他们认识到这一点。"

授权不是件容易的事，但结果证明这是很有用的，员工会对自己的工作更投入。雷·斯塔塔说得好："我想对于受过教育、有知识、专业技能出色的员工来说，最重要的就是自我实现和自我满足。每个人不断的成长与进步是激励的最大成果。"

友善平等地对待员工，邀他们参与公司的工作进程。创造工作场所的尊严的最后一条原则是：使公司事无巨细全面地人性化。

象征性的举动可以起到很大的作用，例如哈蒙公司的乔伊斯·哈维，每次在她的办公室开小型会议时，她总是从办公桌后面走出来。"我们围坐在一起谈话，"哈维说，"我们常常利用中午开会，我也习惯性地为每个中午留在这里的同事准备一顿午餐，这让谈话显得不那么正式，更加轻松，也显得我们关心和尊重他们的私人时间。"

康明实验服务公司的董事长马丁·吉布森，更是超越了这种形式化的做法。他认为公司的人性化是非常重要的一件事，而公司的规模就是个关键。"我想在一个几万人的公司里工作真是个灾难，"吉布森说，"我的意思是，我无法想象自己每天下了汽车，走进一个多达几万的人群里，我不得不问自己，'要是我消失了，这儿会有人记住我吗?'显然，没有。他们最多只会说，'那个叫什么的老头儿上哪儿去了?'"

一个怀有疏离感的员工显然无法很好地融入公司。康明实验服务公司针对这一点，提出一个解决方法：这家公司有三十二处厂房，除了其中一个最大的——有九百个员工——其余的都在三百到六百左右。

结果怎样呢？"当人们每天早晨走进公司时，他们叫得出每个人的名字，"吉布森说，"如果谁不见了，其他人会立刻发现，你知道同事会关注你，因为你在一个人很少的单位，每个人都知道你的名字，这很让人振奋。"

乐博美的沃尔夫冈·施密特同意这一点。也正因为如此，他才把工厂的人数控制在四百到六百之间。为什么都是这个规模呢？为了节省经费吗？倒不完全是。"我们的想法对于人际关系至为重要，"施密特解释说，"当公司人数超过四百到六百这个范畴时，对个人的了解、理解和同情心就很难产生，你不得不人为地创造这种氛围。所以不管是从人性化的角度还是从纯粹经济的角度，把人数控制在这个范围内都实在是个精明的做法。"

施密特在向员工咨询后，证实他们对这样的公司规模感到很满意。"我们发现维持这样的规模，员工们就更有参与感，彼此的关系也更亲密。"

这些都是极为重要的方法，不光是高级主管们需要学习，我们所有人，不管在哪个职位上，都会因为尊重别人——不管他们是什么职位、背景以及跟我们的关系如何——而表现得更出色。

这其实并不是什么新观念。很多年前戴尔·卡耐基就开始教人们应用这些方法了。"你是否觉得你比日本人出色？"卡耐基问，"但事实上，日本人认为他们比你出色得多呢。你是否觉得你比印度教徒优越？你当然有权这样想，但一百万印度教徒坚信他们比你优越很多。"

"每个国家的人都认为自己比别的国家优越，这种思想是狂热的爱国主义和战争的温床。"

毋庸置疑，每个人都觉得自己在某方面比别人优越。获得人心的最好方法莫过于让他们体会到你承认他们的重要性，并对这一点坚信不疑。

第十章　懂得换位思考的领导者

站在对方的立场之上

在你与人交往时，不要把对方自己都不在意的错误牢记在心，也不要指责别人，傻子才会那样做；而要尽量了解别人，那才是明智大度、超凡不俗的人。对方之所以会那样思考，会那样行动，自然有他的理由。如果你能找出那个隐藏着的原因，你就找到了理解他们的行为和人格的钥匙。

试着使你自己真诚地站在别人的立场来思考问题。

假如你对自己说："如果我处在他的情况下，我将有什么感受，会做出什么反应？"那么你就可省去许多时间与不必要的烦恼，因为"如果对原因发生兴趣，我们就不会厌恶结果"。而且除此之外，你还可以大大增加你的为人处世的技巧。

"暂停一分钟，"肯尼斯·古德在他的作品《如何使人变得高贵》中说，"暂停一分钟，将你对自己事情的浓厚兴趣和你对别的事的漠不关心做一做比较。然后你就会明白，世界上任何其他人也都是同样的态度。以后，你就能像林肯、罗斯福一样，把握住除看守监狱以外的任何工作的基础和机会。换句话说，为人处世之成功与否，全在于你能否以同情之心，接受别人的观点。"

萨姆·道格拉斯住在纽约州汉普斯特市，他以前总是数落他的妻子，说她在修整家中的草地、拔杂草、施肥和剪花草方面浪费了太多的时间。他批评她每个星期这样做两遍，可是草地看上去并不比 4 年前更好看。道格拉斯这种话当然让他妻子十分不高兴，因此每当他这样批评她时，那整个晚上家中就会笼罩着一层乌云。

在参加了我的辅导班之后，道格拉斯先生认识到了他这些年来犯的大错。他从来都没有想过，她在修整草地时，也会从中获得快乐，以及由此而得到的夸奖。

一天晚上，吃完晚饭之后，妻子说要去除杂草，并想道格拉斯去陪她。道格拉斯先是没有答应，但过后他想了一下，又陪她出去帮她拔草。她显得非常兴奋，两个人一同干了一个多小时，度过了一个愉快的晚上。

从那以后，道格拉斯经常陪妻子修整草坪，并夸奖妻子，说她把草坪修整得很好看，而且院子里的泥土地整得像水泥地一样光滑。结果他们俩都从中获得了快乐，因为他学会了从妻子的观点来看事情。

吉拉德·利奥德在他的作品《深入他人之心》中评论说："当你认为别人的观念、感觉与你自己的观念和感觉同等重要，并向对方表示这一点时，你和别人的交谈才会轻松愉快。在谈话开始的时候，要尽量使对方提出这次谈话的目的或方向。如果你是个听者，你就要克制自己不要随意说话。如果对方是听者，你接受他的观点，将会使他大受鼓舞，能够与你开怀畅谈，并接受你的观念。"

多年以来，我常在离家不远的公园里散步、骑马，以此作为我主要的消遣。和古代高卢人的传教士一样，我很喜欢橡树，所以每当我看见小树苗和灌木被火灾毁灭时，就非常痛心。这些火灾并不是由粗心的吸烟者造成的，它们大都是那些到园中来过野外生活，而在树下做饭烧烤的孩子引发的。有时这些火烧得太大，不得不出动消防队。

在公园的一个角落里，有一布告牌，上面写着："凡导致火灾的肇事者，将处以罚款及拘禁。"但这布告牌放在少有人迹的地方，很少有人能看到它。虽然有一位骑马的警察在公园中巡逻，但他很不尽职。因此火灾时常发生并向四周蔓延。有一次，我跑到那个警察那里，告诉他说公园里有一处失火了，火势正急速地蔓延，要他立即通知消防队。但他却冷漠地回答说，那不关他的事，因为那不是他的管辖区域。我立即急了，从那以后，每当我骑马去公园时，便自成"单人委员会"，来保护公园的公共财产。

最初，我根本不想了解孩子的观点。当我看见树下起火时，便非常不高兴，我急于做好事，但结果却做错了。我总是骑马过去，向这些孩子们警告，说这样会引起火灾并会被拘禁。我还用权威的口气，命令他们把火灭了，而且，如果他们拒绝，我便威胁要将他们抓起来。我只顾发泄我的怒气，全然不理会他们的想法。

结果呢？这些孩子虽然表面上遵从了，但心中的厌恨却更大。在我骑马跑过山后，他们很可能又重新生火，并极想把整个公园烧光。许多年过去以后，我对人际关系的知识有了更多的了解，更懂得从对方的观点来看事情。于是我不再下命令了，我会骑马来到火前，然后这样说：

"孩子们，玩得高兴吗？你们在做什么晚餐？……当我还是个孩子时，我也喜欢生火——至今还很喜欢。但你们知道，在这公园中生火是非常危险的。我知道你们这些孩子会很小心谨慎的，但别的孩子可不像你们这样小心。他们走过来见你们生了火，于是他们也点起火来，回家的时候也忘了扑灭，结果火在公园中蔓延，烧毁了树木。如果我们不再加小心些，我们这儿的树就会被烧得精光了。因此，生了这堆火，你们可能会被捕入狱。但我不想多说，也不希望干涉你们，扫你们的兴。我喜欢看到你们快乐地生活，但请你们立刻将旁边的枯树叶拨得离火远些，好不好？在你们离开以前，你们要小心地多用些泥土把火盖起来，好不好？那就不会有危险了……多谢了，孩子们。祝你们快乐。"

这种说法有了很好的效果，孩子们非常合作，他们没有怨恨，也没有反感。他们并没有被强制服从什么命令，他们保住了面子，他们觉得能够接受，我也觉得很满意，因为我先考虑了他们的想法，再来处置这件事情的。

当个人的问题显得更加急迫的时候，如果能从别人的观点来看问题，那么也能在一定程度上缓解紧张的气氛。例如澳洲南威尔士的伊丽莎白·诺瓦克已有 6 个星期没有支付分期购车的钱款，这使她遇到了一些麻烦。

领导的艺术

"在某个星期五，"伊丽莎白说，"一位负责分期付款购车的男人给我打来电话，很不礼貌地告诉我，如果我在下周一早晨还不缴付 122 美元的话，他们公司将采取进一步措施。由于到了周末，我自然筹措不到这笔钱。因此，到了星期一时，我一大早就接到了那个男人气冲冲的电话。不过我并没有对他发火，我是从他的立场来看这件事的。我首先真诚地向他道歉给他带来了这么大的麻烦，而且我已经不是头一次逾期未付款，因此我一定很让他为难。听了这些话，他的语气立即缓和下来，并说我根本不是令他头疼的顾客。他还举了好几个例子，说有些人更不讲理，不仅信口胡说，还躲着不见他。

"我没有说更多的话，就让他说出了心中的不愉快。然后，根本不需我请求，他就说即使我不能立刻缴付欠款也问题不大；还说如果月底之前我能先缴付 20 美元，然后在手头方便时付清余额，一切都好说。"

所以，当你明天请人熄火，或请他买一瓶你推销的"雅福达"清洁剂，或捐 50 美元给红十字会以前，为什么不先停一下，闭上眼睛，从对方的角度将整个事情想一想？问问你自己："他为什么要这样做？"当然，那要费许多时间，但那能使你赢得朋友，培养情谊，并且减少摩擦，少惹麻烦。

"在与人会谈以前，我情愿在那人办公室外的过道上多走两小时，"哈佛大学商学院院长唐哈姆说，"而不愿贸然走进他的办公室，如果我对于我所要说的，以及他——根据我对他的兴趣及动机的认识来推断——可能会做出什么答复都没有很清晰的认识的话。"

如果你读完这本书后，只学到一件事——经常培养自己从对方的角度去思考，能从他人的立场出发，如同从你自己的立场出发一样——如果你从这本书中只学到这一点，就足以为你的生活道路打开新的一页。如果你要使别人同意你的意见，请真诚地从对方的观点来看待事情。

看到对方的优点

在我以为，看到别人身上的优点，并给予真诚的赞赏，也是"石油大王"洛克菲勒与人打交道的成功秘诀。

例如，当洛克菲勒的合伙股东爱德华·贝德福德有一次在南美做生意失败了，给公司造成了上百万美元损失的时候，洛克菲勒并没有对爱德华大加指责，因为他知道爱德华的确尽了最大的努力，并收回了 60% 的投资。他找到了爱德华，安慰道："幸亏你保住了我们一半以上的投资，这已经很不错了。我们不可能保证每件事情都称心如意。"

洛克菲勒

齐格菲尔德是百老汇最有名气的歌舞剧团老板，他总是能让一个其貌不扬、默默无闻的普通女子在一夜之间扬名四海而享有盛誉。那些人们不愿意多看一眼的不很出色的女子，在经过他的训练之后，总是能够魔幻般地变成舞台上富有魅力的名角。这是因为他深谙赞赏的力量，总是会用那种热切的殷勤和体贴的关怀，来使那些女子相信自己的美丽。

为了增加她们的自信，他不仅为那些歌女增加薪金，从每星期的 30 美元增加到 175 美元，还会在演出的晚上向表演的姑娘发电报表示祝贺，并向每一位表演的舞女赠送美丽迷人的玫瑰花。

记得我有一次曾迷上了当时流行的节食运动，竟然六天六夜没有吃东西。其实，这并没有想象中的那么难受。尤其是在第六天结束时，反而没有第二天那么饿了，但是我知道，而且你也知道，如果有人让家人或雇员六天不吃东西，那这就是在犯罪；然而，如果 6 天、6 个星期，或者 60 年都不给家人或雇员任何赞赏，那么这又算不算犯罪呢？

当年阿尔弗雷德在《再见维也纳》一剧中担任主角时，曾这样说："我最需要的东西，就是赞美。"

我们为孩子、朋友和雇员提供生活方面的需要，并认为这是天经地义的，但我们往往会忽略他们的自尊心；我们为他们提供牛排、土豆，以增加他们的体力，但我们却不知道给他们以赞赏的语言，而这恰恰是生活中的晨曲，将会永远珍藏在人们的心灵深处。

有些读者读到这些话时，也许会说："老一套！这种阿谀奉承、拍马屁的方法我已经试过了，根本不管用。这对那些受过教育的人来说根本就没有任何用处。"

当然，对于明白人来说，拍马屁是很难起作用的。因为拍马屁不过是肤浅、自私和虚伪的东西，它不可避免地会遭到失败。可是，有些人确实非常渴望得到别人的赞赏，甚至到了饥不择食的地步。

这使我想起了穆迪·维尼兄弟。为什么他们能够屡次结婚，又为在婚姻的交易中获得巨大的成功而引人注目呢？为什么这两位绰号叫"花花公子"的人能先后娶到两位美丽而著名的电影明星、一位世界著名女歌星、一位拥有数百万巨额财产的百货商店女商人呢？他们又是如何获得这些女人的青睐的呢？

"许多年以来，穆迪·维尼兄弟对女人的魅力，"在《自由》杂志的一篇文章中，圣约翰这样说道，"……对许多人来说，一直都是一个谜。博拉·尼格雷是一位女艺术家，她对男性问题有其独到的见解，有一次她对我解释道：'和我所遇见过的任何其他人相比，维尼兄弟都更深通恭维之道。而在这真实幽默的时代，这一点早已经被人们所遗忘。我可以向你保证，这就是维尼兄弟吸引女性的秘诀所在。'"

当然，这种赞赏是出自真诚的，而不是像谄媚那样虚伪的；是发自内心的，而不是停留在口头上的。赞赏没有丝毫自私的目的，而且将会得到天下人的钦佩。

在此，我绝不是要教人谄媚！绝对不是。我只是在提倡一种新的生活方式。让我再说一遍，我只是在提倡一种新的生活方式。英国的白金汉宫里，也刻着乔治五世国王的六条格言，其中有一句格言说："不要恭维他人，也不要接受肤浅的赞美。"谄媚就是那种"不值钱的赞美"。

"无论你用什么语言，"爱默生说，"你所说的归根到底是你自己的写照。"

在现实生活中，当我们没有思考某个具体问题时，常有95%的时间是在考虑自己的事情。现在，如果我们暂且不想我们自己，而是去想别人的优点，那么我们就不会，也没有必要刻意说出那些虚假的恭维之词了。

其实，只要我们静下心来想想别人的优点，正确地了解了别人的优点之后，自然就不会流于轻浮的奉承，而是发自内心地赞美别人了。爱默生说："凡是我们遇见的人，都有值得我们学习的地方。"连爱默生尚且如此，那么对你我来说，不更应该这样去做吗？

作为管理者，且先别忙着表述自己的功绩和自己的需要，而是要先看看员工的优点，然后给他们以真挚的赞赏。就像施瓦布那样真心诚意地赞赏员工，那么员工将会把你的每一句话视为珍宝，终生不忘；即使你自己早已淡忘了，但员工仍然会铭记在心。

将困难当做幸运的开始

我很佩服一个人，他叫爱德华·特霍，靠开出租车为生。爱德华·特霍多才多艺，思想活跃，而且乐于助人，懂得如何倾听别人的谈话。

一天，我们谈到了一些战胜逆境，并为世界作出了伟大贡献的人。爱德华问我："您听说过纳撒尼尔·鲍迪奇其人吗？"我说："我知道鲍迪奇，他是个航海家。"

"一点也没错！"爱德华说，"纳撒尼尔·鲍迪奇出生在1733年，活了65岁。他10岁就开始自学拉丁文，研究牛顿数学理论。21岁时，鲍迪奇就已经成为一位数学家。他出海研究航海知识，还教会了所有船员观察月亮，以确定航船每天的位置。他写了一本航海书，成为经典名著。他在那些没有受过多少正式教育的人当中，是不是很伟大？"

"当然。"我表示了赞同。因为对于鲍迪奇博士来说，他根本不知道什么是困难。他并没有想到大学教育是成为科学家的首要条件，而是坚韧不拔地勇往直前，获取一切必需的知识。纳撒尼尔·鲍迪奇在大海上航行，与爱德华·特霍在城市的街道上穿行一样，"困难"这个词在他们的词典中是找不到的。

但是，一个人如果想逃避失败的责任，"困难"这个词当然可以派上用场。也许有人会说，他们没上过大学，常常会遇到各种困难；但即使上了大学，他们也可能因为自己未能在人生的战场上占有一席之地而找到诸多的借口。而成熟的人，只会想到如何去排除困难，从不会用困难作为自己失败的借口。

有一次，著名发明家亚历山大·格拉汉姆·贝尔博士向他的朋友、华盛顿特区美国国立博物馆馆长约瑟夫·亨利抱怨说，他工作中遇到了困难，因为他不懂电学方面的知识。但是亨利却没有同情贝尔，也没有安慰他，而是说："的确很遗憾！小伙子，你没花时间学习电学方面的知识，真是太可惜了！"

你猜一下，亨利接下来会向贝尔说些什么？他没有说贝尔需要一份奖学金，或是需要父母的帮助；相反，他只是告诉贝尔："那就去学吧！"

结果，亚历山大·格拉汉姆·贝尔真的去学了，他掌握了这门知识，并研究出了电话，这可以称得上人类通信史上最伟大的贡献之一。不错，贫穷的确是一种障碍，但我们有理由因为贫穷而逃避责任、甘愿俯首认输吗？

美国前总统赫伯特·胡佛，只是依阿华州一个铁匠的儿子，他的父亲死得很早。国际商用机器公司（IBM）的总裁托马斯·J·沃特森曾是一个小小的书记员，每周只能挣到两美元，一部机器都没有。

电影界泰斗阿道夫·朱柯起初也只是一位毛皮商的助手，刚开始时经营着他的第一家小游乐场。

　　上面这些人，从没有强调他们受到贫穷的阻碍，他们只是想着如何克服困难，而从没有将时间浪费在自怜自艾上。

　　著名作家罗伯特·路易斯·斯蒂文森，从小就体弱多病，但他并没有因病而厌弃生活和工作。在他的精神里面焕发出许多积极向上的东西——阳光、力量、健康和成年人的活力，在他的作品里有一种旺盛的生命力。斯蒂文森战胜了病痛的折磨，也在文学界赢得了一席之地。世界上还有很多虽然遭遇困难，却仍然值得仰慕的伟大人物：

　　文学家拜伦是个跛脚；政治家朱利阿斯·恺撒患有癫痫症；作曲家贝多芬的耳朵后天失聪；军事家拿破仑身材矮小；音乐家莫扎特为哮喘病所苦；政治家富兰克林·D·罗斯福患有小儿麻痹症；社会活动家兼作家海伦·凯勒在盲聋中度过一生；歌唱家珍妮·弗洛曼因飞机失事而严重受伤，但她奋力康复，终于重放异彩；女演员苏珊·鲍尔虽然因为截去一肢而影响了幸福的婚姻，却在电影界大获成功。

拜伦

　　这些人都是不甘屈服于困难的人，他们才是心智成熟的人，虽然身处黑暗之中，但是仍然能对自己负责。他们不求乞为生，也不绝望，更不为自己寻找借口。

　　罗伊·L·史密斯曾经写过一本《圆满的一生——死神门前的徘徊》的传记，这本书非常富有启发性。它写的是艾莫·何姆斯的故事：

　　艾莫·何姆斯出生在俄亥俄州的韩特斯维尔，曾有一个乡村医生断定说："这孩子不可能活下来。"但是他说错了，艾莫·何姆斯忍受着生命中不断遭受折磨的痛苦，承载着他的受到严重伤害的右肺，顽强地活了下来，而且享年90岁。他干不了重活，只好转向阅读。1891年，28岁的他成为卫理公会的牧师。虽然有两次旧病复发，却都不能夺取他继续生活的勇气。巧克力制造商约翰·S·胡伊勒开始关注艾莫·何姆斯，为他提供金钱，帮助他治疗疾病。几个月以后，这个被断定必死的人康复了，离开了疗养院。

艾莫·何姆斯又来到教堂，通过传道来筹集基金，资助各所大学和医院，结果筹募到 300 多万美元。当他 69 岁退休时，传道 1000 多次，写了两本书，为宗教和慈善机构筹募了 50 万美元，还担任了 20 家机构的董事，他自己还捐出了 5 万美元，在加州大学附近建了一座教堂。

艾莫·何姆斯从没想过什么是"困难"。他只是紧抱着生命和生命的目的，不舍昼夜地生活了 90 多年，可以说他的名字就是"勇气"的代名词。

在这个过分强调"年轻"的国家和时代，许多老年人渐渐感觉到了年龄的障碍，他们经常会产生一种被架空或被抛弃的感觉。例如几年前，我的学员中有一个 74 岁的矮个子老夫人，她就不知道如何度过剩下的日子。

这位老夫人退休前曾是一位教师，但是她没有什么积蓄，她需要继续工作，好给她的精神和经济带来帮助。她说："除了教书之外，我还能给小朋友讲故事听，还能为故事配上精心挑选出来的幻灯片。"

我觉得这正是她应该做的事情啊，为什么她不重新开始她的事业，去讲她的故事呢？

我向她讲了我的想法。老夫人备受鼓舞，重新兴奋地投入到事业中去。她不再认为年龄是障碍；相反，她的能力甚至超过了年轻的时候，而且由于有了丰富的经验，她的故事讲得更为动人。

她亲自找到福特基金会，这个组织曾为促进美国文化作出了许多贡献，宣传她为幼儿园小朋友制订的各种"说故事时间"的计划。她找的人都要求她"证明给我看"，于是她介绍了她的计划，说服了他们。她故事中蕴涵的温情、戏剧性和诉求的力量，正是他们接受她整个计划的关键所在。

如今，这位老夫人像个年轻人，满怀热情和信心。通过讲故事，她给无数孩子送去了欢乐。对于她来说，年龄不再是借口，她不会说："我太老了，不能赚钱了。"她重新衡量自己的才能与经验，制订了详细的计划，运用它所拥有的才能和经验，脚踏实地地营造着她的梦想。74 岁，她不是变老了，而是变得更加成熟了。一般人认定的障碍，也就是她的年龄，对于她来说却是一种激励和诱因。

萧伯纳十分鄙视那些总是抱怨环境阻碍的人。"老是抱怨环境只能使他们成为今天这样，"他写道，"我不相信环境之类的借口。世界上有所成就的人，都是主动寻找适宜他们的环境的人，如果找不到这种环境，他们会自己去创造。"

其实，如果刻意去找的话，我们每个人都可以找到各种值得抱怨的困难。例如，我年轻时，就为自己的烦恼找到了一个理由：我当时比大多数同学都要高。但是过了几年之后，我认识到这非常可笑，个子高可能是个短处，也可能是个长处，这全靠你如何去看这个问题了。

与我们的邻居相比，如果我们只有一条腿而他有两条；如果我们比他更穷或比他更有钱；如果我们肥胖、瘦弱、美丽、丑陋、金发、黑发、内向或外向……只要我们想给自己制造障碍，只需找出我们和别人之间的任何一点不同之处，就可以如愿以偿了。

不成熟的管理者，总是愿意把自己和别人的不同之处当做障碍，渴望别人对自己特别加以考虑。相反，那些成熟的管理者，能认清自己不同于他人的特征，或者改进自己的不足，以求进步。因此，能够走向更加成熟的管理者，他们不要在乎困难，也许它是一种幸运的开端。

将批评看成是对你的恭维

1929 年，美国发生了一件震惊全国教育界的大事。有一个名叫罗勃·霍金斯的年轻人，依靠半工半读从耶鲁大学毕业，经过短短的 8 年，他就被任命为全美国第四富有的大学——芝加哥大学校长。

他多大了？30 岁！真让人难以置信。老一辈教育人士都大加反对，人们对他的批评就像山崩落石一样打在这位"神童"头上。

在罗勃·霍金斯就任的那一天，有一个朋友对他的父亲说："我今天早上看见报纸社论攻击你的儿子，真把我吓坏了。"

"不错，"霍金斯的父亲回答说，"攻击得很厉害。可是请记住，从来没有人会踢一只死狗。"

不错，这只狗越贵重，踢它的人就越可以获得满足。后来成为英王爱德华八世的温莎王子（也即温莎公爵），他的屁股也被人狠狠踢过。当时，他在帝文夏郡达特莫斯学院读书。温莎王子那时只有 14 岁，一天，一位海军军官发现他在哭，就问他出了什么事。他开始不肯说，但最后终于说了真话：他被学院的学生踢了屁股。指挥官把所有的学生都召集起来，他想弄清楚为什么这些人要如此对待温莎王子。

大家相互推诿了半天之后，终于承认说：如果他们自己将来成了皇家海军的指挥官或舰长的时候，他们希望能够告诉别人，他们曾踢过国王的屁股。

所以，如果你被别人踢了，或者是被别人恶意批评了，请记住，他们之所以这样做，是因为这能使他们获得一种自以为重要的感觉，而这通常也意味着你已经有所成就，并且值得别人注意。有许多人在骂那些接受教育比他们高，或者在各方面比他们优秀得多的人的时候，都会获得某种满足感。例如，在我写这部分内容的时候，就接到一个女人的来信，痛骂创建了救世军的威廉·布慈将军。

这个女人给我写信，说布慈将军侵占了她募集用来救济穷人的 800 万美元的捐款。尽管这种指责非常荒谬，可是这个女人并不想找到事情的真相，她只是想击垮一个比她高贵的人，以此来得到满足。我并不能从她那封信里看出布慈将军是什么样的人，可是却对她有了非常清楚的了解。叔本华多年前曾说过："庸俗者可以从伟人的错误和愚行中，得到很大的快感。"

大概很少会有人认为耶鲁大学的校长是一个庸俗之辈，但确实曾有一位担任过耶鲁大学校长的先生提摩太·道特，他显然以敢于斥责一个美国总统候选人为乐。

这位耶鲁大学的校长警告说："如果这个人当选总统的话，我们就会看见我们的妻子和女儿成为合法卖淫的牺牲者。我们就会大受羞辱，受到严重伤害，我们的自尊和道德都会消失殆尽，并且人神共愤。"

听上去这些话是在骂希特勒，对不对？但并不是，这些话是在骂汤玛斯·杰斐逊！是哪一个汤玛斯·杰斐逊呢？大概不是那位伟大的汤玛斯·杰斐逊吧？是那个起草《独立宣言》的，代表民主政体的人物吗？一点也不错，骂的正是这个人。

你是否想到过哪一个美国人曾经被别人骂作"伪君子"、"大骗子"、"只比谋杀犯好一点点"呢？但的确有家报纸上的漫画，画着他站在断头台上，一把大刀正准备砍下他的头，在他骑马从街上走过的时候，一大群人围住他又叫又骂。他是谁呢？这人正是美国国父乔治·华盛顿。

这些都是很久很久以前的事了，也许从那时开始，我们的人性已经有所改进。就让我们拿震惊全球的探险家佩瑞海军上将做例子。

他于 1909 年 4 月 6 日乘雪橇到达北极——几百年来，无数勇士为了实现这个目标而挨饿受冻，甚至送命。佩瑞上将也几乎因为饥寒交迫而死去，他的 8 个脚趾因为冻僵受伤而不得不切除，他在路上所碰到的各种灾难都使他担心自己会发疯。但是，在华盛顿的那些高级海军官员们却因为佩瑞大受欢迎和重视而忌妒他。于是他们诬告他，说他假借科学探险的名义敛财，然后"无所事事地去北极享受逍遥"。而且他们可能真的相信这句话，因为人们几乎不可能不相信他们想相信的事情。他们想羞辱和阻挠佩瑞的决心如此强烈，以至于最后必须由麦金利总统直接下令，才使佩瑞上将能在北极继续他的研究工作。

如果佩瑞上将当时只坐在华盛顿的海军总部办公桌边，他会不会遭到别人的批评呢？不会，因为那样他就不会变得如此重要，以至招来别人的忌妒了。

格兰特将军的经历比佩瑞上将更糟。在 1862 年，格兰特将军赢得了北军第一次决定性的胜利，这使得他立即成为全国的偶像，甚至在遥远的欧洲也引起了强烈的反响。这场战争的胜利，使得从缅因州一直到密西西比河岸，大家都敲钟点火，以示庆贺。但是在这次伟大胜利的 6 个星期之后，他却被逮捕，兵权也被剥夺，使他遭受羞辱而失望地哭泣。

为什么格兰特将军会在胜利之巅被捕呢？绝大部分原因是他引起了那些傲慢的上级对他的忌妒与羡慕。

所以，如果我们因为遭受不公正的批评而忧虑的时候，请记住规则的第一条：不公正的批评通常是一种经过伪装的恭维。记住，从来没有人会踢一只死狗。

失败也是一种胜利

纵人类历史上的伟人和杰出人物，他们中的相当一部分人曾经有过艰辛的童年生活，甚至还备受命运的虐待，但强者总是善于找到生命的支点。他们及时调整了自己的心态，坚韧地承受着生活的艰辛，在一贫如洗的岁月里安然走过，并用恒久的努力打破了重重的围困，在脱离了贫穷困苦的同时也脱离了平凡，造就了卓越与伟大。

要是你曾仔细地反省自己，并研究那些你所钦慕的成功者的一生，你就会发现，所有最好的机会都发生在处于逆境的时候。因为只有在面对失败的可能时，才会想要做一根本的改变，从险中求胜。当你经历一些暂时的挫折，你也知道这只是暂时的，你就可以抓住逆境带来的机会。

有一天，两个强盗偶然路过一座吊死犯人的绞架，其中一个便叫起来："如果没有这该死的吊死人的绞架，我们的职业是多么好呀！"另一个强盗接着说："呸！你这笨蛋，好在有这架子，如果没有的话，人人都要做强盗了，哪轮得到你我？"

其实，世界上的各种职业、技艺与事业，莫不如此，都是因为困难吓退了一些庸碌的竞争者。斯潘琴说："许多人的生命之所以伟大，都来自他们所承受的苦难。"最好的才干往往是从烈火中冶炼的，都是从坚石上磨炼出来的。

世界上有许多人因为没有经历苦难的磨炼，激发不出他们体内潜伏着的力量来，因此他们的才能竟然得不到淋漓尽致的发挥。而只有努力奋进才能帮助人们达到成功的境地，只有尽力奋斗的人才会获得自己心中期望的东西。苦难与障碍并不是我们的仇人，而是我们的恩人。因为我们人人都有一种逆反的心理，这种逆反的心理在人体里发展了反对的力量。正是苦难与障碍的出现，使得我们体内克服障碍、抵制苦难的力量得以发展。

这就好像森林里的橡树，经过千百次暴风雨的摧残，非但不会折断，反而愈见挺拔。正像暴风雨吹打橡树一般，人们所承受的种种痛苦、折磨和悲伤，也在启发人们的才能，都在锻炼他们。

芝加哥北密契根大道的一个地区现称为"富丽里"。1939 年，那里的办公楼群可说是日暮途穷了。一座座大楼只有空荡荡的地板。一座楼出租出去一半就算是幸运的，这正是商业不景气的一年。消极的心态像乌云一般笼罩在芝加哥不动产商的心头。那时，你常可以听到这样一些论调："登广告毫无意义，根本就没有钱。""我们没有必要工作了。"然而就在这时，一位抱着积极心态的经理进入了这个景象荫翳的地区。他有一个想法，他立即行动起来了！

这个人受雇于西北互助人寿保险公司，前来管理该公司在北密契根大道上的一座大楼。公司是以取消抵押品的赎取权而获得这座大楼的。他开始担任这项工作时，这座大楼只出租了10％。但不到一年，他就使它全部租出去了，而且还有长长的待租人名单送到他的面前。这其中有什么秘密呢？新经理把无人租用办公室作为一个挑战，而不是作为一个不幸。我们访问他时，他介绍了他所做的事情：

"我清楚地知道我要干什么，我要使这些房间100％地租出去，在当时的情况下，要做到这一点是很难的。因此我必须把工作做到万无一失，必须做到下列5点：

（1）要选择称心的房客。

（2）要激发吸引力，给房客提供芝加哥市最漂亮的办公室。

（3）租金要不高于他们现在所付的房租。

（4）如果房客按为期一年的租约付给我们同样的月租，我就对他现在的租约负责。

（5）除此以外，我要免费为房客装饰房间。我要雇用富有创造性的建筑师和内装工，改造我们大楼的办公室，以适合每个新房客的个人爱好。

我通过推理，可以得到下列结果：

（1）如果一个办公室在以后几年中不能出租，我们就不能从那个办公室得到收入，但如果照我的方法做，我们到年底可能得不到什么收益，但这种情况总不会比我们没有采取任何行动时的情况更糟。而我们的境况应该会好，因为我们满足房客的需要，他们在未来的年份中会准时如数地交付房租。

（2）出租办公室仅以一年为基数，这是已经形成了的习惯。在大多数情况下，房间仅仅只空几个月就可接纳新的房客。因此，得到租金的希望就不至于太落空。

（3）在一所设备良好的大楼里，如果一个房客一定要在他租约满期的那一年的末期退租，也比较易于再租。免费装饰办公室也不会得不偿失，因为这会增加全楼的股票价值，结果极好。每一个新近装饰过的办公室似乎都比以前更为富丽堂皇。房客都很热心，许多房客花费了额外的费用。有一个房客在改建工作中就花费了 2.2 万美元。

"这座大楼开始时只租出 10%，到年底便 100% 地租出去了。没有一个房客在他的租约满期后想走的。他们很高兴住上了超摩登的新办公室。第一年的租约期满后，我们也没有提高租金；这样，我们就赢得了房客的信任和友情。"

现在让我们回顾一下这个故事的始末。有一个人面临着一个严重的问题。他手上有一座巨大的办公大楼，可是这座大楼 9/10 的办公室都是空闲未租。然而，在一年内这座大楼便 100% 地出租了。现在，就在它的隔壁左右，仍有几十座大楼是空荡荡的。

这两种情况之间的差别当然就是每座大楼的经理对这个问题所持的不同的心理态度。一种人说："我有一个问题，那是很可怕的。"另一种人说："我有一个问题，那是很好的！"

如果一个人能够抓住他的问题尚未显露出真相的好机会，洞察它并寻求解决，那么他就是懂得积极心态之要义的人。如果一个人能形成一种行之有效的想法，并紧接着付诸实行，他就能把失败转变为成功。

简单地说，已经得到第一名的人，不会有比得到第一名更荣耀的事了，对他而言，顶多只能继续保持第一名而已，而且还有可能会降到第二名或第三名的不幸事件。相反地，得到最后一名的人，对他来说，最坏的结果也只是最后一名而已，但有进步为倒数第二、第三名的可能。困境对我们来说反而是一种刺激，而且可以激励我们的成长与进步。

这里所指的贫穷或富裕，当然不单独指经济上的因素，也可以说是失败和成功、堕落和成长，也就是一般人常说的"顺境与逆境"。日本著名的作家谷口雅春先生，在他的著作《你是无限能力者》一书中曾说过"坠落才是机会"，其意义也是相同的。这些话，都是我们应该好好体会的。的确，如果一粒麦子不落地死亡，怎能再结出许多麦子呢？经历了越激烈的痛苦，在精神上、人格上，也会越早成熟、越早进步。

因此，一旦当我们面临困境时，不要畏惧退缩，心中只要牢牢记住一件事：不要被逆境所吞噬。纵使你面临着前所未有的激烈痛苦，也不要因此而被淹没。要知道如果太过于沉溺于自怜自艾之中，将会因为这一次的堕落而失去一切，永不得翻身。我们应该庆幸逆境来临，因为这正是我们考验自己的最佳良机，坚强地渡过危险之后，一条坦荡的康庄大道将展现在我们面前。

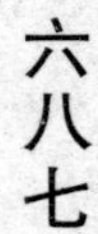

第十一章　真诚地关心自己的员工

向罗斯福总统学习关爱

西奥多·罗斯福总统的好人缘也是世所公认的。他受到人们异常爱戴的秘诀之一，就是对别人的关心。他的黑仆詹姆斯·阿默森曾写过一本关于他的书，名叫《仆人眼中的西奥多·罗斯福总统》。在这本书中，阿默森写到了这样一件事情：

有一次，我妻子问总统鹌鹑是什么样子的，因为她从来没有见过这种鹌鹑。总统不厌其烦地给她作了详细描述。没过多久，我屋里的电话响了（阿默森和妻子住在白宫的一间小屋里）。我妻子去接电话，原来是总统打来的。

罗斯福

他告诉她，在我家窗外正好有一对鹌鹑，如果她向窗外面看的话，也许可以看见。像这样许许多多的小事情，无不体现出他关心别人的特点。每当他经过我们屋的时候，不管他是否看见了我们，总是会热情而温和地和我们打招呼。作为仆人，怎么会不喜欢这样的人呢？谁会不喜欢他呢？

有一天，卸任的罗斯福去白宫拜访塔夫脱总统，恰好塔夫脱总统和夫人出去了。于是，他就去看白宫原来的伙计，甚至连干杂务的女仆他还能记住名字，和他们打招呼问好。

当他看见厨房的女仆艾利斯时，就问她是否还在做玉米面包。艾利斯告诉他说，她有时候做给仆人们吃，但楼上的人已经不再吃了。

"是他们没有口福，"罗斯福大声说道，"等我见到总统时，我一定会告诉他的。"

艾利斯拿了一块玉米面包放在托盘上，递给了他。他边走边吃着，一直朝办公室走去。途中，他遇到了一些园丁和仆人，便向他们打招呼问好。他对待每个人，正如他从前所习惯的那样。大家都很兴奋，彼此低声谈论这件事。

一个名叫艾克·胡佛的仆人，眼中含泪地说："这是我们最近两年来最快乐的日子。我们认为这是金钱都买不到的。"

查尔斯·W·伊利亚特博士之所以能成功地管理哈佛大学，当上哈佛校长，也正是因为他具有这种深切关心他人的品性。从美国内战后第四年起，直至第一次世界大战前 5 年止，他一直担任哈佛大学校长。下面就是关于他的为人的一个简单例子：

一天，一位一年级新生克兰顿来到校长办公室，想申请 50 美元贷款。克兰顿后来回忆说："这次贷款得到了批准，我表达了我的万分感谢，然后正想要退出来，这时伊利亚特校长说：请再坐一会儿。我大吃一惊，只见他庄重地说：'我听说你自己做饭吃，是吗？我认为这没有什么不好的，如果你不偏食，又没有浪费粮食的话。我上大学时也这样做。你做过萝卜汤吗？如果将小牛肉煮得烂烂的，味道可是很不错的。而且这样做既经济又实惠。'接着，他又告诉我如何切肉，如何慢慢地煮，何时加入调味料等。"

根据我多年来的经验，如果我们诚心关心别人，那么，不论对方多么忙，也会抽出一点时间来帮助你的。

这里就是一个非常具有说服力的例子：多年前，我准备在布鲁克林文理学院开设小说创作研习班。我们都想听听当时一些知名作家，如凯瑟琳·诺里斯、凡尼·哈斯德、艾伊达·塔贝尔、阿尔伯特德恩·罗伯特·休斯传授宝贵的写作经验。于是，我们联合了 150 名学员签名给他们写信，讲了我们

领导的艺术

对他们作品的羡慕，并真诚地希望获得他们的指导，向他们学习成功的秘诀。

我们当然知道他们很忙，没有时间准备演讲稿。所以我们在信的末尾附上了一份问卷，介绍他们自己及他们的工作方法。这个方法果然奏效。我们做得如此周到，谁会不喜欢呢？他们都特意从家里赶到布鲁克林，来给我们提供帮助。

后来，我们又用相同的方法请到了西奥多·罗斯福总统内阁的财政部长莱斯利·M. 萧、威廉·H. 塔夫脱总统内阁的司法部长乔治·维卡萨以及威廉·拜伦、富兰克林·罗斯福等名人来给我班上的学员演讲。

想要交到知己并不难，关键是我们应该去为别人效劳，要毫不吝惜地为别人花时间和精力，甚至达到忘我的境地。例如，当温莎公爵爱德华还是英国王储的时候，曾计划去南美旅行。出发之前，他花了好几个月的时间学习西班牙语，结果他到了南美之后，受到了前所未有的热烈欢迎。

因此，如果管理者能向罗斯福总统、伊利亚特校长以及温莎公爵学习，真的关心员工的话，就一定能得到员工的拥护和爱戴。

对员工要有足够的热情

多年以来，我一直都在打听我朋友们的生日。怎样才能做到这点呢？尽管我根本就不相信占星术，但我总是会和对方闲聊生日和人的性格，然后趁机请他告诉我他的生日。

例如，如果对方告诉我是 11 月 24 日，我就会在心里反复默念几遍；等他转过身时，我会立即用笔记下来，回家后再誊到我那个生日簿上。每年年初，我会将这些生日写在我的日历上，遇到某个朋友生日的那天，我会根据情况给他写信或发电报。当他们收到我的祝福时，他们是多么地兴奋啊！我敢打赌，对于有些朋友来说，我可能是这个世界上唯一记得住他的生日的人。

　　同样，管理者若想成为员工的敬仰对象，就要用热情和真诚的态度对待员工。例如，管理者在打电话时，就必须用欢快的声音和员工说话，表示你很高兴接到他给你打来的电话。纽约电话公司开设了一门课程，专门训练公司的接线员，要求她们在说"请问您要拨什么号码"时，必须向对方表达出"您好，很高兴为您服务"的心情。

　　其实，对待一般的员工又何尝不应该如此呢？

　　只要稍微改变一下自己的态度，整个事情也许就会大大改观。这种方法在商业管理实践中有用吗？请看下面这个例子：

　　查尔斯·华尔德是纽约市某大银行的员工。

　　有一次，他奉上司之命到某下属公司进行信用调查。当华尔德被引进董事长办公室刚刚坐定时，一位女秘书从门外探进头来，告诉董事长说："很抱歉，我今天没有邮票给您。"

　　"是这样的，"董事长对华尔德解释道，"我12岁的儿子正在收集邮票。"

　　华尔德向他介绍了自己的来意，开始问他一些问题。这位董事长却始终含糊其辞。显然，他不愿讲话，因此华尔德只好知趣地告辞了。

　　"说实话，我当时有点儿不知所措，"华尔德回忆当年的情形，在我班上讲这件事时说，"然后，我想起他说过的话——邮票和他12岁的儿子。同时，我又想起我们银行的外汇兑换部经常收到从世界各地寄来的信，信封上当然有各国的邮票。

　　"第二天下午，我再去拜访这位董事长，请人转告他说我有些邮票要送给他的儿子。结果，我受到了热烈的欢迎。根据当时的情况来看，即使是我支持他竞选国会议员，他也不会那么热情地和我握手的。当我将邮票交给他时，他面带微笑地说：'太好了，我的乔治肯定会喜欢的。'他抚摸着邮票，就像获得了稀世珍宝似的，不断地说：'看这张！太有价值了！'

　　"我们一起谈论了半个小时的邮票，他还给我看了他儿子的照片。然后，还没等我开口，他就主动谈了他所知道的一切情况，用了一个多小时的时间，并把他的下属叫进来询问。他还给几位朋友打了电话请教，把所有的事实、数字、报告以及信件全都给了我。令我没有想到的是，我只用几张邮票就圆满地完成了任务。我得了一个大丰收。"

其实，华尔德并不是发现了什么新的真理，早在公元 100 年以前，古罗马一位著名的诗人西拉斯就曾说过："我们对别人产生兴趣的时候，恰好是别人对我们产生兴趣的时候。"

所以我在很多场合演讲时都会告诉听众，管理者如果要使员工拥护和爱戴自己，就必须真切地关心自己的员工。

给员工以同情

有这样一个神奇的句子，它既可以阻止争执，消除人们相互之间的厌恶感，又可以带来和谐融洽，使对方注意倾听。这就是那个神奇的句子："我一点都不奇怪你有这种感觉。如果我是你，也会和你的感觉一样。"

这样一句话，可以让最固执、最暴躁的人软化下来。而且你完全要发自内心，因为假如你是对方，你的感觉当然会同他完全一样。凡入主白宫的人，差不多每天都会遇到各种棘手问题。塔夫脱总统也不例外。他深刻地感到了同情对于中和厌恶感的极大价值。在他的《服务伦理》一书中，塔夫脱举了一个很有趣的例子，详细说明他是如何让一位野心勃勃却又满心失望的母亲从愤怒变得缓和的：

华盛顿有一位妇人，她丈夫在政界颇有影响。她来找我，纠缠我 6 个多星期，要我给她儿子安排一个职位。她得到了多位众议员的支持，并请他们一起来见我，讲了他们对她的支持。然而，她所要求的这个位置需要技术能力，而且我已经根据该部部长的举荐，安排了另外一个人。

于是，我接到了这位母亲的信，说我是这个世界上最忘恩负义的人，她还进一步抱怨说，她与她的州代表费了九牛二虎之力，为我特别关注的一项行政议案赢得了所有的投票，而我却这样来报答她。

当你收到这样一封信时，你想到的第一件事，就是不必计较一个不讲礼甚至有些鲁莽的人，你可能会写一封回信。然后，如果你是个聪明人，就应该把信锁抽屉里，过两天之后再拿出来——当你经过这几天时间再取出信来时，就不会把它寄出去了。

我所采取的正是这种做法。于是，我给她回了一封措辞委婉的信，告诉她我很清楚一个做母亲的人在这种情况下会很失望的。但这件事实在不能只凭我的个人好恶来决定，我必须选择一个有技术资格的人。我还向她表示，希望她的儿子能在他目前的职位上好好干，以满足她对他的期望。这封回信终于平息了她的愤怒。

但我所推荐的人选当时还没有确定下来。过了一段时间，我接到另一封信，据说是她丈夫写的，但笔迹却和她前两封信完全相同。信中告诉我说，因为她对这件事情过度失望，导致神经衰弱，卧床不起，并得了严重的胃癌。信中问我能不能撤掉第一个人的名字，换上她的儿子，以使她恢复健康。

我不得不再写一封信，这次是写给她丈夫的。我说，我希望这次诊断是误诊，想必他夫人的病情让他严重担心，我对此深表同情，但撤回已经送报的名字是不可能的。不久，我任命的人选终于通过了。在接到那封信的两天之后，我在白宫举行了一次音乐会。在音乐会上，最先向我夫人和我致意的，就是这对夫妇，虽然这位夫人不久前差点儿"重病而死"！

S·修罗克可以说是美国第一位音乐经纪人。他和世界上一些著名艺术家，如查利亚宾、邓肯和潘洛弗等人有过 20 多年的密切往来。修罗克先生告诉我，要和这些性情无常的艺术家打好交道，最重要的第一课就是必须同情——对他们那些荒谬可笑的古怪脾气必须表现出更多的同情。

查利亚宾是最伟大的男低音歌唱家之一，大都会歌剧院那些高贵的观众都被他迷倒过。但查利亚宾就像一个被宠坏了的小孩子。用修罗克先生的话来说："他是一个各方面都令人头痛的家伙。"

例如，查利亚宾可能会在将要举行演唱的那天中午，给修罗克先生打电

领导的艺术

话说："沙尔，我觉得很不舒服。我的喉咙撕裂了，今晚我不能演唱了。"

修罗克先生是否同他辩论呢？哦，没有。他知道自己作为艺术经纪人，不能那样处理。于是，他赶到查利亚宾住的宾馆，对他表示同情。

"多么不幸！"他会忧伤地说，"多么不幸！我可怜的朋友。当然，你不能唱了，我会立即取消这场演唱会，你不过损失两三千美元，但这和你的名誉相比又算得了什么？"

此时，查利亚宾会叹息地说："也许你下午最好再来一趟。看看到 5 点时，我感觉如何。"

到了 5 点钟，修罗克先生就再次来到宾馆，对查利亚宾表示同情。他一再坚持取消演唱会，查利亚宾又会叹气地说："好吧。你再晚点儿来看我！到那时我或许会感觉好一点呢。"

到了 7 点半，这位伟大的男低音歌唱家总算答应上台演唱了，但有一个条件，就是修罗克先生要登上大都会歌剧院戏台，向观众宣布查利亚宾患有重伤风，嗓子不太好。修罗克先生会谎称照他说的去办，因为他知道，那是唯一可以让这位男低音歌唱家上台的方法。

亚瑟·盖茨博士在他的名著《教育心理学》中说："人类普遍渴求同情。例如，小孩为了展示他所受到的伤害，甚至会故意割伤或弄伤自己，以此来获得大量的同情。出于同样的原因，成年人也会向别人显示他们的伤害，叙述他们的意外、疼痛，特别是动手术开刀的详情。为真实的或想象中的不幸而'自怜'，这实际上是一种普遍的心理现象。"

我更加觉得，明智的管理者会对员工或他人善用同情的威力，使自己成为优秀的管理者。

学会善待员工

假如你生气时对人家发一顿火，你固然会觉得舒服了，但对方又会怎样呢？他也能分享到你的痛快吗？你那充满火药味的声调、仇视的态度，能使他赞同你吗？

"如果你握紧两个拳头来找我，"威尔逊总统说，"对不起，我敢保证我的拳头会握得和你的一样紧。但如果你到我这儿来说：'让我们坐下来一起商量，看看为什么我们彼此意见不同。'那么不久我们就会发现，我们的分歧其实并不大，我们的看法同多异少。因此，只要我们有耐心相互沟通，我们就能相互理解。"

我最欣赏威尔逊这些至理名言。同样，小约翰·洛克菲勒也一样。

1915 年，洛克菲勒还是科罗拉多州一个最受人轻视的人。美国工业史中流血最多的罢工潮，在科罗拉多州持续了动荡不安的两年。愤怒而粗野的矿工要求科罗拉多煤铁公司增加薪水，而这家公司正归洛克菲勒所有。当时，房产被毁坏，军队也被调动出来，发生了多起流血事件。罢工的工人遭到镇压和枪杀，许多尸体遍体枪伤。

在那样一种充满仇恨的情况下，洛克菲勒却要使罢工者接受他的意见，而且他真的做到了。他又是怎样做的呢？大致的情形是这样的：

他先是花了数星期的时间和工人交涉，然后又对工人代表发表演说。这篇演说可算得上是一篇杰作，它不仅平息了恐吓者要把洛克菲勒吞下去的仇恨，而且使他赢得了许多赞赏者。

要知道，听洛克菲勒这次演讲的人，几天之前还打算将他吊死在酸苹果树上。然而面对这些人，他却再仁慈、再友善不过了，好像是在对一群传道医生演讲。他的演讲如下：

"今天，是我一生中值得纪念的日子，"洛克菲勒说道，"这是我第一次这样幸运地会见这家伟大公司的劳工代表、职员及监督们。说心里话，我很荣幸能到这里来，而且在我有生之年绝不会忘了这次聚会。如果这次聚会在两个星期前举行，我对你们中大多数人来说一定是一个陌生人，而且我也只认识少数的面孔。上星期我有机会访问南矿区所有的住户，除去外出的代表，我差不多和所有代表谈过话，我见过你们的家人，看到了你们的妻子儿女。我们今天在这里见面，不再是陌生人，而是朋友。也正是在这种互相友

领导的艺术

善的精神中，我很幸运有这种机会，同你们讨论我们共同关心的问题。

"这是由公司职员及工人代表参加的集会。我之所以能来这里，全都是因为你们的厚爱。尽管我既不是公司职员，也不是工人代表，但我仍然觉得与你们关系亲密，因为从某方面说，我代表了股东及董事双方。这不是一个化仇敌为朋友的最理想的例子吗？"

假如洛克菲勒采用别的方法；假如他和那些矿工争论，态度强硬地当着他们的面举出毁坏矿场的事实来；假如他用暗示的语气告诉他们，说他们是错的；假如他运用逻辑规则来证明他们是错误的，那么结果会如何？那必然会激起更多的愤怒、更多的仇恨和更多的反抗。

人们不愿改变他们的想法，不能勉强或迫使他们与你我意见一致。但如果我们温柔友善——非常温柔，非常友善——我们就能引导他们和我们走向一致。其实，大约在 100 年前，林肯就曾有过上述看法。下面是他的原话：

"一句古老的格言说：'一滴蜂蜜比一加仑胆汁，能捕到更多的苍蝇。'对人也是这样。如果你要让别人同意你的观点，你就要先使他相信你是他真正的朋友。"

一个人如果能认识到"一滴蜂蜜比一加仑胆汁，能捕到更多的苍蝇"这个道理，那么他在日常言行中也会表现出温和友善的态度来。马里兰州路德维尔市的盖尔·康纳先生就证明了这句话的真理性。

有一次，康纳先生买了一辆新车，可是 4 个月之内这辆车却进维修厂家那里做了 3 次维修。他在我班上说："很明显，和维修厂的经理谈话、说理，或指责他，都不能圆满地解决我的问题。

"于是，我进入汽车展销大厅，要求见他的老板怀特先生。我稍等了一会儿，就被人领进了怀特先生的办公室。我先做了一番自我介绍，向他说明我之所以买他公司的汽车，是由于我朋友的推荐。因为他们都买了他公司的汽车，认为价格合理，而且服务也很出色。

"怀特先生听了这些之后，满意地笑了起来。然后，我又向他说明我的问题。我向他进一步指出：'我想你一定会非常关心那些不利于你公司声誉的事情。'他感谢我告诉他这件事，并向我保证一定会解决我的问题。后来，他不但亲自为我处理好了这件事，而且还在我的汽车送修期间将他自己的车借给我使用。"

伊索是希腊克里萨斯王宫中的一名奴隶，在基督降生之前600年，他就说过许多不朽的寓言，其中有关人性的真理，现在仍适用于波士顿和伯明翰，正如它在25个世纪以前适用于雅典一样。太阳能比风更快地使你脱下大衣；和善、友谊及赞赏，远比任何强权暴力更容易改变人的心意。不要忘记林肯所说的："一滴蜂蜜比一加仑胆汁，能捕到更多的苍蝇。"

我认为只要是管理者，当你希望别人同意你的意见时，不要忘记用善良的方法去赢得员工的心。

给员工一颗真诚的心

维也纳已故著名心理学家阿德勒写过一本书叫《生活的意义》。在那本书中，他说："对别人漠不关心的人，他的一生困难最多，对别人的损害也最大。所有人类的失败，都是由这些人造成的。"

也许你读过几十卷关于心理学方面的书，但是却再也找不到比这句话对你和我更重要的了。我并不喜欢重复，但阿德勒这句话太具有深意了，所以我希望重录于下："对别人漠不关心的人，他的一生困难最多，对别人的损害也最大。所有人类的失败，都是由这些人造成的。"

我曾在纽约大学选修一门关于短篇小说写作的课。在这个班上，《科莱尔杂志》的一位编辑为我们上课。他说当他每天拿起他桌子上送来的几十篇小说的任何一篇，只需要读完几段，就能感觉出作者是否关心别人。"如果作者不喜欢别人，"他说，"别人也不会他的小说。"

这位阅历很深的编辑在他的讲课中曾停下来两次，为他所讲的那些大道理道歉。"现在我告诉你们的，"他说，"和你们的牧师告诉你们的一样，是完全相同的东西。但是，请记住，如果你要做一个成功的小说家，你就必须关心别人。"

如果写小说是那样的话，那么在待人接物、为人处世方面，显然就更应该如此了。塞斯顿被认为是魔术家中的魔术家，是"魔术之王"。当他最后一次在百老汇上台献艺演出时，我曾去他的化妆室待了一整晚。他前后周游世界共40年，一再创造出各种幻象，令观众如痴如醉，使人惊奇不已。总共有超过6000万的人掏钱观看他的表演，而他也得到了大约200万美元的收入。

我请塞斯顿先生将他的成功秘诀告诉我。当然，他的学校教育与此毫无关系，因为他在幼年时就离家出走，成了一个流浪儿。他沿途搭乘货车，睡在草堆上，一路乞讨，是靠坐在车上观看铁路沿线的标志而学会了认字的。

是他的魔术知识高人一筹吗？并不是。他告诉我，当今世界关于魔术的书已经有几百种，而且有几十个人知道的魔术同他一样多。但他有两点使其他人望尘莫及：

首先，他在舞台上能够展现自己的个性，有打动观众的独特风格。他是一位表演天才，了解人类的天性。因此他的每个手势、每种声调、每一次提起眼眉，都是提前演习好了的。而他的每一个动作也都配合得不差分秒。

但除此而外，塞斯顿还有一点就是对人有热情。他告诉我，许多魔术家会面对观众，而心里却说："下面是一群笨蛋，一群乡巴佬。我可以把他们骗得团团转。"但塞斯顿却完全不同。他告诉我，他每次上台时，他都会对自己说："我很感动，因为这些人看我的表演，是他们使我过上了舒适的生活。我一定要尽力为他们演出最好的节目。"

他告诉我，他每次走到台前时，总会对自己说："我爱我的观众。我爱我的观众。"可笑吗？荒诞不经吗？你可以做任何评价。但我只不过是不加评论地把有史以来最著名的魔术家所用的一种方法传授给了你。

苏曼·海克夫人也对我说过同样的话。即使生活中充满了饥饿和伤心等许多悲剧性的事情，使她有一次差点儿将她的婴儿和她一起杀死——尽管这样，她还是坚持了下来，不断地唱下去，最终使她的歌唱事业达到顶峰而技艺惊人，直至成为最著名的瓦格纳作品演唱家。而她自己也承认，她成功的秘诀之一，就是她对别人具有极大的热情。

下面还有另外一个例子：

多年来，费城的克纳夫尔先生一直想将煤推销给一家大型连锁公司，但这家公司的经理不予理睬，仍旧愿意经过克纳夫尔先生的办公室门口，向市外一个煤商采购燃煤。一天晚上，克纳夫尔先生在我的班中作了一次演讲，对这家连锁公司大加指责，认为他们的行为是国家的一颗毒瘤。

可是，他依然不知道他为什么不能把煤卖给他们。于是，我建议他试试采用其他手段。简而言之，后来的情形是这样的。我将班上的学生分成两支队伍进行辩论，辩题是"连锁公司的广泛分布对国家是否害多益少"。

按照我的建议，克纳夫尔先生加入反对方，他同意去为连锁公司做辩护。于是，他径直去找那家被他大加指责的连锁公司的经理，对他说："我来这里，并不是向你推销煤的。我只是来请你帮我一个忙。"

于是他告诉这位经理他要参加一场辩论赛，并说："我来请你帮忙，因为我想没有什么人会比你更适合为我提供我所需要的材料。我非常想赢得这场辩论赛，无论你能给我什么帮助，我都将非常感激。"

下面是克纳夫尔先生对后来的情况的介绍："我请他给我一分钟的时间。由于讲了这个条件，他才答应见我。但是当我说明了我的来意之后，他让我坐下，和我谈了 1 小时 47 分钟。他还叫进来另一个曾写过一本关于连锁经营的书的高级职员向我介绍相关情况。他还给全国连锁公司联合会写信，替我要了一份关于这方面的资料。他觉得连锁公司是真正为人们服务的，他对于能够为成千上万的人服务而倍感自豪。他谈话的时候，精神焕发，眼睛里放射出我从未见过的光芒。

"而我也必须承认，他开阔了我的眼界，使我看见了我以前连做梦都没有梦想过的事，他改变了我的整个想法。当我离开的时候，他把我送到门口，搂着我的肩，祝我辩论胜利，并请我再来看他，将辩论的结果告诉他。他最后对我说的是：'请你在春末的时候再来看我。我愿意订购你的煤。'

"对我来说，这几乎是一件不可思议的事。我对于卖煤一个字都没有说，可是他却要买我的煤。我只不过因为对他及他的问题有真实的兴趣，因此在不到两个小时内所得到的成果，比我在过去 10 年当中试图让他对我及我的煤发生兴趣所得的还多。"

克纳夫尔先生的案例是一个非常好的教材，我在这里也告诉大家："如果你想让别人喜欢你，就真诚地关心别人。"

第十二章　制定有效的计划和目标

戴尔·卡耐基并没写出伟大的小说，但他成为一个伟大的教师，同时也是一个成功的企业家，还写出了很多人际关系学著作，启发了世界上成千上万的人。他能有这样的成就，是因为他为自己确定了目标，并且随着环境的变化不断调整，对下一步要做什么了然于心。

玛丽·卢·雷顿当年只是个普通高二学生，来自西维吉尼亚州这个从没出过世界级体操运动员的地方。

"当时我什么都不是，"她说，"即使我已经是本州的体操冠军。"雷顿十四岁那年，在内华达州的雷诺市参加一场比赛，就在那一天，指导过奥运会金牌得主娜迪亚·科马内奇的著名体操教练贝拉·卡洛里找上了她。

"他是站在体操界顶点的人，当时已经六十三四岁，"雷顿回忆说，"居然会向我走来，拍着我的肩膀，带着很重的罗马尼亚口音对我说，'玛丽·卢，跟我来吧，我会使你成为奥运会冠军。'"

雷顿的第一个念头就是："这怎么可能。"

不过，在这次内华达州的比赛中，贝拉·卡洛里只注意到了她。"于是我们坐下来谈话，"雷顿还记得当时的场景，"他跟我的父母交谈，跟他们说，'我不能保证玛丽·卢将来是否能参加奥运会，但我知道她是块好材料。'"

这是怎样一个目标！参加奥运会是她自孩提时就怀有的梦想，当听到这个目标从这么一个伟大人物的嘴里说出来的时候，雷顿就觉得这个目标变得像磐石那么坚定。

"那对我来说是个风险很大的选择，"她说，"我得离开我的家人和朋友，住在不认识的人的家里，跟一些陌生女孩一起训练，这么重大的选择让我有些害怕，我不知道未来会发生什么，但我很激动，那个人要训练我！微不足道的我，从维吉尼亚州那么名不见经传的地方来的我，居然被他挑中了！"

她不能让卡洛里教练失望，而当时距离玛丽·卢·雷顿以两次满分的成绩为美国赢得奥运会金牌也不过两年半时间，从此之后，她的名字家喻户晓。

目标让我们有努力的对象，让我们的精力能够集中，让我们看到成功的可能性。

所以制定目标吧，制定一个既具有挑战性而又切合现实、清晰可见的目标，短期的或者长期的，都可以。

当你达到一个目标，就给自己一点鼓励，然后向着下一个目标努力，用已经完成的成就给自己打气。

纽约慈善家尤金·朗有次为一群六年级小学生演讲，这个班的孩子都是基本没指望上大学的，甚至连上高中都成问题。在演讲的结尾，朗说了句令人震惊的话："你们中的任何一个人能从高中毕业的话，我都会资助他读完大学。"

结果，那天听演讲的四十八个学生里，有四十四个顺利从高中毕业，四十二个上了大学，本来，在那个学校，大概有百分之四十七的学生没法从高中毕业，更不要说上大学了。

能有如此成就，光有金钱的支持显然是不够的，朗同时还保证他们初高中六年的求学中，一直能得到监督和辅导。那个很具挑战性的目标，在学生们的能力范围内被界定得很清楚，使他们以前想都不敢想的目标变得可以达到，使他们能通过自己的努力让梦想成真。

商业畅销书作家哈维·麦凯是这么说的："目标就是有兑现期限的梦想。"

农产品公司"阳光世界"的董事长霍华德·马古列斯是加利佛尼亚的新生代农民，他的成功就来自不断制定目标和实现目标。多年来马古列斯看遍了农产品市场的起伏——有旺季也有淡季，几乎无法预测和控制，起码，所有人都认为农业就是这样。

　　但马古列斯有一个目标：开发出一种独一无二的产品，以不受顾客购买潮流影响为目标。马古列斯的理由是："这个产业其实跟房地产很类似，如果市场不景气，那么除非你有独一无二的资源，否则你就麻烦大了。农业也是这样，如果你只种莴苣、胡萝卜、橘子之类的作物，跟别人没有任何差别，那只有在产量不足的时候你才能卖个好价钱，如果产量很足，你就赚不到钱了。而我们尝试与别人不同，以独特性占领市场。"

　　他想出的点子是培育一种更好的胡椒，是的，更好的胡椒，如果他可以开发出一种比别人种的胡椒更美味的胡椒，马古列斯确信，商店一定会比较愿意收购这种特别的胡椒。

　　于是他做到了，他开发出一种"皇家红椒"，马古列斯说："这是一种长形三叶式的胡椒，别人一直对我们说：'你们得种方形胡椒才能卖得出去。'但当我们尝过这种红椒后——包括颜色、味道各种方面——我们知道我们成功了，我们接下来只要抓住时机，做好广告推销等工作，再为它取一个名字。人们会喜欢它的，一旦他们吃过后，他们就会继续购买它。"

　　马古列斯从中学到的一点是："永远不要放弃开发新事物的机会，不要轻易满足于现状，应当不断寻找新方法改善现状，甚至被认为离经叛道也无所谓。"

　　那些无法独立为自己制定目标的人，用马古列斯的话说，不过是世界上的跟屁虫党，这些人无法领导，只有在景气好的时候才能生存，当境况艰难时，他们必然会惨遭淘汰。

　　马古列斯的观点有道理，人们只有制定目标——值得挑战而又力所能及的目标——才能真正掌握未来，也才能真正做出不凡的成就。

　　运动鞋制造商锐步国际公司为自己制定了一个公司目标：请沙奎尔·奥尼尔做公司的代言人。这位奥兰多魔术球队的球星可不容易请到，许多大公司排着队等着请他呢。

　　锐步的董事长保罗·费尔曼说："我们下定决心要说服他，我们可以给出最好的条件，并为他度身打造一套方案，这是别的公司做不到的。"

　　全公司都为这个目标铆足了全力。"在他来之前，我们就制定了一个广告方案，这是特别为他定做的，我们花了钱，也投入了很多精力，我们就是一心要请到他，这是一场赌博，我们下了注，并做好了冒险的准备。我们投入了金钱、时间和精力。"有时候制定目标就是这么回事。

"如果我们失败了，那大家肯定会有很大的负面情绪，因为已经投入了这么多的心血，"费尔曼说，"但如果我们做不到这一步，我们也不可能请到他。"

目标并不是仅对公司重要，也是个人事业成功的基石。

杰克·盖勒佛在一家家族轮胎企业工作，他在那儿几乎包揽了每一项工作——会计、出纳、制造、出售，全都包了，轮胎业中的所有经验只教会了他一件事：他再也不想干这行了。

一天盖勒佛遇到一个高中同学，那位同学正在本地一家医院当行政助理，盖勒佛对自己说："这才是我想要的生活。我喜欢帮助别人，我想做大事，我希望能带着一群人去做正确的事。"以盖勒佛目前的情况，想在医院谋个行政职位，中间还有不少障碍——首先得有一张医院行政专业的毕业证书，其次得在医院找到工作。但盖勒佛认定了这个目标，他立刻开始一一排除这些障碍。

他进入耶鲁大学读书，并从凯洛格基金会申请到一笔资助，还从当地银行申请到贷款，晚上就到北岸大学附属医院打工，拿到毕业证书后，他就向北岸大学申请行政职位。

盖勒佛回忆说："医学的董事长杰克·豪斯曼与我面谈，时间只有三分钟，他问了我一个怪问题，他知道我已经结婚并且有了三个孩子，于是他问：'你怎么养家呢？'当时住院行政人员的年薪只有三千九百美元。"

盖勒佛记得他当时的回答是："豪斯曼先生，在我来之前我已经考虑了很长时间，在这段时间我得把家里的一切都安排好，才能继续向医院的行政职位努力。"

他定下了目标，每个细节都制定了计划，然后努力地向这个目标前进，如今他终于成为北岸医院的执行总裁。

歌手兼作曲家尼尔·西达卡的流行乐历经三十年而不衰，从小时候开

耶鲁大学

始，他就学会了怎么制定目标。西达卡在纽约环境恶劣的布鲁克林区长大，但他从来就不是个狠角色。他早年的目标看起来不难理解：讨人喜欢，然后才能活着念完高中。

"我不是个好斗分子，"西达卡后来想起那段经历时说，"于是我得让自己招人喜欢。你知道，你得避免自己卷入争斗里。"然后他发现这是有助于自己追求个人目标——音乐的好办法。

他回忆说："当时林肯高中旁边有家糖果店，里面有台自动点唱机，那些穿着皮夹克的小混混总是霸占着那里，听猫王的歌曲，那时正是摇滚乐刚刚兴起的时候，于是我写了一首摇滚乐，然后唱出来，那些小混混便把我视为英雄，甚至让我参加那个糖果店的集会。"

重点不在于西达卡为何要在意那些小混混，高中生本来就很看重这种事。重点在于西达卡本能地知道如何与这些人来往，并知道怎样才能做到对他来说重要的事。对西达卡来说，高中时的目标成为他终生的职业，正是早期的成功给予了他自信，使他去追寻光明的未来。

已故的网球世界冠军阿瑟·阿什也有过类似的经历。阿什是打破网球界种族限制的唯一特例，在他之前，网球界里只有白人。在生命的最后时光，他跟艾滋病魔做着艰苦搏斗，以唤起人们对这世纪病毒的重视。

他的一生就是制定目标与完成目标的过程，早年在网球场上他就开始这么做，他知道怎样享受成就感，一次只完成一个目标。

阿什去世前接受本书作者的采访时说："打破障碍，制定一个目标然后完成，这就是一个不断增强自信的过程。"

这就是阿什的生活方式，一直到他去世之前。他制定一个目标，等这个目标完成，就再制定下一个。为什么呢？阿什解释说："我相信，自信能改变一个人，并能扩散到生活的各个方面，自信不仅使你对自己的专长更有信心，在其他方面的信心也会随之提高，同样的原则可以用在其他任务或者其他目标上。"

目标必须现实，而且必须力所能及，不要以为你自己一天之内就能做完所有事，也许你今年无法完成这个目标，那就制定一个缩短与最终目标之间距离的中期目标。

阿什用这种不断前进的方法，成为世界冠军，阿什解释说："我早年的几位教练，就喜欢制定明确的目标让我完成，这些目标不是要我赢得比赛这种，而只是让我克服一些遇到的困难，如果我完成这些目标，那就一定有所收获，我再强调一遍，不是只有赢得比赛才可以作为目标，在一个个小目标完成之后，我会突然发现：'嗨，原来我离奖杯已经那么近了。'"

阿什一直用这种方式参加比赛，"在比赛里，你想进入决赛，或者在比赛里，你希望自己的失误反手球不超过一个数字，或者你希望提高自己的耐力，好在天气太热时不至于精疲力竭。这些小目标可以帮你完成那些长期的远大目标——赢得比赛或是成为世界第一。"

大部分挑战都是由一系列中期目标组成的，中期目标是一种更能鼓励、激励人的过程。

冷泉港实验室的主任詹姆斯·沃森博士一生都在寻找癌症的疗法，这是他唯一的目标吗？当然不是。否则谁能受得了这个挫折。沃森为自己和同事制定了一系列渐进的短期目标，他们每年实现一些目标，这样就向最终的目标更靠近了些。

因为发现了 DNA 结构而获得诺贝尔奖的沃森解释说："癌症有太多种，我们希望能够治愈其中的一些，如果可能的话，治愈其中的大部分。"

　　"但你一定要定出中期目标，"他说，"不是明天就治愈结肠癌这种，我们先要了解这种癌症，之后还有许多步，没人希望身陷挫折之中，每次完成一个小目标会让你快乐。"

　　这是有效的方法，制定小目标，然后完成，然后再制定新的大一点的目标，再完成，这就是成就。

　　在卢·霍尔兹担任圣母橄榄球队的教练之前，他只是想自己玩玩，但当他为高中橄榄球队出赛后，他发现自己太轻了，只有一百一十五磅。

　　霍尔兹知道这样不行，但他仍然想打球，于是他制定了一个计划。他清楚地记得十一个队员在场上的位置，这样，不管哪个队员受伤，他都可以立刻冲上去补位，这样他就有十一个机会，而不是只有一个。

　　"如今在商业活动中也是这样，"作家哈维·麦凯说，"如果你在办公室工作，你可以主动了解通话系统，主动学会电脑操作，如果你从事销售工作，你更应该了解电脑。"这样当机会来临时，你就比别人更有可能抓住它。制定目标使你变得对你的团队来说更有价值，就像卢·霍尔兹所做的。

　　制定目标后，就要尽全力去完成它。有时你正好完成了预期的目标，有时你比预期的完成得还要出色，但有时你也会没能达成预期的目标。有些事不会像预想的那样顺利，重要在于要继续制订计划，坚持不懈地努力，这样终有一日能够达到目标。

　　斯卡拉曼丝绸公司的安德里亚娜·比特说："也许我们有时制定的目标太高，看起来无法完成，但我们至少可以一级级往上攀登。"

　　没有具体目标的人生容易随波逐流，没有具体目标的人难以控制自己的人生。没有紧迫感也容易浪费时间。没有完成期限，没有今天必须做完的事，这种没有明确界限的事最容易被拖延，所以我们需要目标，目标能带给我们方向，能让我们专注。

　　康宁公司的戴维·卢瑟对于现代人的缺乏目标很警惕，他担心自己的孩子也会受到这种影响，于是他经常跟孩子们谈论制定目标的重要性。

　　他提醒他们："有时我们会被琐事缠住。"说得轻松，该怎么应对这种情况呢？卢瑟认为："重点在于你要了解你自己，你要考虑诸如你懂得什么、

领导的艺术

想要做什么之类的问题，先不要去管钱的事，想想当你到了父母那个年纪时，你希望自己是什么样的？"

怎样制定聪明的目标？通常是一点思考，加上一些提高注意力的有用技巧。你可以问自己一些卢瑟要求他孩子自问的问题："我真正想要的是什么？我想过什么样的生活？我现在努力的方向正确吗？"不管在你职业生涯的哪个阶段，这些提问都是有意义的。

一旦你制定了目标，那就应该安排好先后顺序。不是每件事都得立刻完成，于是你得问自己，哪些应该第一个做完？哪个目标对我来说最重要？然后再依照先后顺序规划你的时间和精力，这通常是最具挑战性的部分。

《圣迭戈商业日报》的发行人泰德·欧文为了定出他的目标的先后顺序，遵循了一位心理学家朋友的建议。"他让我拿一张纸，然后在中间画一道线，左边写上序号，我写了十个，然后再写上退休之前我想做成的十件事。"

"这十件事，可能包括你想有个好的退休计划，想要一个和睦的家庭，想要一个幸福的婚姻，或者想要健康的身体，不管是哪十个，都写在左边，然后再在右边，把这十件事的先后顺序列出来。"

这太简单了？也许吧，但是很有用。通过这个过程，欧文发现了他以前从未发现的一些事。"我发现，一份工作，一份待遇好又稳定的工作，能让我有成就感的工作，居然只排在第七位。"一旦你确定了先后顺序，制定目标就变得容易多了。

目标会随着时间而改变，这很正常。索尔克生物研究所的研究教授罗纳德·埃文斯博士说："我在结婚之前，周末喜欢到研究所来看看报纸，反正我没什么别的事可做，我喜欢待在实验室里，它就像另一个家，研究工作是会上瘾的，它很具挑战性，并能考验你智慧的极限，一旦你有所发现，那种快乐简直无法形容。"

但是人生会变，压力会变，于是目标也要相应地作出调整。欧文继续说："现在我结婚了，虽然改变多年来的习惯是件很困难的事，但是我做到了。你得承认自己不是万能的。"

公司像个人一样需要目标，公司制定目标也应该遵循同样的基本原则：

清楚、简单，一次不要制定太多个。

摩托罗拉这样的大公司一年只有三项具体目标，并且用精确的数字来表示：每两年以十为倍数的改进计划；倾听顾客的声音；五年中将业务流程缩短为原来的十分之一。

如果你看不懂上面的三个目标，也不要担心，因为它们不见得适用于你的公司。重要的是公司要有目标，这些目标要是公司内部员工都能了解的，它们要有挑战性但也不能遥不可及，进步要容易衡量，假如这些目标达到了，公司的表现必定是杰出的。

三项具体目标就能勾画出一幅远景，就能让整个公司全力以赴。想象一下，要是一个人有三项同样清楚、具体的目标，他的人生将会受到多大的影响！

第十三章　专注与自律

　　撒切尔夫人带领英国度过了最艰难的时期——马岛战役、世界范围的经济衰退、还有不停歇的社会动乱。那个时代毁了多少政治家的职业生涯，而身为英国首相的撒切尔（而且她是第一个坐上这个位子的女性）却能连任。英国政坛的所有人都不得不承认：铁娘子从未软化过。在那么大的压力下，她是怎么保持精力的呢？

　　撒切尔夫人在卸任后不久说："如果你领导的是英国这样的强国，不管世界形势怎么变化，好或是坏，英国都必须是个可靠的盟国，身为领导人绝对要有钢铁般的意志。"

撒切尔夫人

　　这位前任首相认为这并不复杂，只是要集中心力，有很强的自律性，并极度渴望成功。"任何身居高位的人也必须努力，"她继续说，"这是必要条件，虽然不一定能让你成功，但总能让你接近成功。"

　　撒切尔夫人对这一点非常了解。心里有清楚的目标，明确真正想做的事，相信自己的能力，坚持不懈，决不允许自己分心。在商界、家庭、体育界、政界，这些简单的原则都适用，并能让你成功的几率大大提高。

　　伊凡·斯图尔特是个有目标的人。他一生的梦想就是参加长途越野赛车的比赛——三百英里、五百英里、一千英里的那种，得穿过多变的地形，需要高度的集中力和精力。但斯图尔特在一家建筑公司当主管，有一个妻子和三个孩子要养，还要供房，身上责任很重。这些对实现他的梦想都很不利，所幸他有周密的计划和足够的精力来追逐梦想。

"我想参加比赛，于是我在每天下班后以及周六周日都会去赛车场工作，后来我终于得到一个参加比赛的机会，只是参加，那时完全没有想到是否能成为职业赛车手，只要参加就很高兴了。"

他的机会终于来了。斯图尔特为之工作的赛车手比赛前摔坏了胳膊，而赛车已经准备完毕而且进场了，赛车手没办法只好让斯图尔特代替。

斯图尔特的朋友厄尔·斯塔尔坐在副座上，他俩开始了比赛。每件事似乎都很不顺，他们陷进了泥坑里，其他车辆从他们身边嗖嗖开过，斯图尔特的这次机会似乎就要不可挽回地失去了。

后来他回想起自己的第一次赛车经历时说："那时我们落在最后，每个人都开过去了。他们每半分钟发一辆车，比赛一共有六七十辆，每辆车都从我们身边开过，只剩下我和厄尔，我俩是最后一名。我们开了十英里，或是十五英里，或是二十英里，差不多就是那样的距离。我那辆车用的是大众汽车公司的引擎，它的一条连接油门踏板和汽化器的电线居然断了，这下我开都开不动了。我说：'厄尔，去拿个扳手来。'厄尔从工具箱里取出了扳手，我抽出断了的电线，发现长得能绕在扳手上，我们修得很快，不到十分钟我就可以操作手动油门了，但方向盘没动力，而我下了决心，不管怎样我都要继续开。"

"我对厄尔说：'我需要你帮我换挡。'因为这辆车的变速器有四挡，'我需要换挡的时候就用胳膊肘碰你一下。'因为我只能用手按油门，于是开始我俩搞得一塌糊涂，我踩了离合器，按下油门，他却换错了挡。不过，很快我们的配合就好起来了，我踩下离合器，然后用手肘碰他一下，他就帮我换到高挡。很快他就知道我下一步要做什么。之前会搞得乱七八糟，是因为我想要高挡时他给我换成了低挡，或是我想要低挡时他给我换成了高挡，但后来我们合作得不错。我们开始赶上别的车了——那是三百英里的长途比赛，我们赶上了一辆，又赶上了一辆，在团队合作上，我们着实做得不错。最后我们赢了那场比赛，赢了那场三百英里的比赛。"这样的专注与自律，能赢得人生中的任何一场比赛。

斯图尔特后来成为顶级的赛车手，赢得了这个领域的最高荣誉铁人杯，这个奖他获得了太多次，以至于粉丝们干脆就叫他"铁人"。斯图尔特在四十七岁的时候——这个年纪在以年轻人为主的赛车界算是老古董了——还跟丰田汽车公司签下了一纸为期三年的合同。

斯图尔特说："他们知道我已经老了，并不断有年轻人加入这个领域。"但这不过是另一项挑战，没理由放弃。谁敢断言铁人六十岁时不能再参加比赛呢？那种专注与努力就是有作为者与无作为者的区别。

桑德斯·卡普公司的托马斯·桑德斯三世也认为这是赚大钱的最大秘诀。

他回忆说："几年前我为摩根·斯坦利公司筹措基金时，我们的任务是两亿美元，结果我们筹到了二十三亿美元，这是为单一基金筹措金额有史以来的第二高。我想这样的成功来自于紧盯目标，决不放弃。我们绝不接受拒绝，即使被拒绝，也要重来。这是一种不断努力的意愿，一种即使别人说'不'我们也要说服他改口的意愿。"

弗雷德·西沃特是纽约人寿保险公司的财务总监，他从父亲身上学到了什么是坚持不懈。西沃特在谈到他父亲时说："他一生的最爱是吹小号，他跟一些顶尖的乐队合作过，比如哈里·詹姆斯、阿蒂·肖和杰克·迪加登等乐队，他是一位杰出的小号演奏家。"

但即使是这样杰出的演奏家，每天也没忘了基础的练习。西沃特说："他每天都练习音阶。他当时已经是全国最优秀的演奏家之一，为什么还要练习音阶呢？他不练习新的长调，而只是练习音阶，一个小时接着一个小时、日复一日、年复一年地练习这些不同的音阶，他告诉我，如果他能熟知这些音阶，并能把它们快速吹奏出来的话，那吹什么曲子都没问题。"

有两位来自美国南方的州长，之间虽然相隔十六年，却都因为拥有不可动摇的毅力而进驻白宫。一位是佐治亚州种花生的吉米·卡特，另一位则来自一个名不见经传的小地方——阿肯色州霍普市，他的名字是比尔·克林顿。

卡特在一九七六年竞选时，国内很少有政治家看好他，出了佐治亚州，也几乎没人听说过他，他面对的是一群强势的民主党选手，竞选的第一站在新罕布什尔州，离佐治亚相当之远。

一九九二年克林顿竞选时，也不被看好——原因跟卡特很相似。他比卡特多一点知名度，不过也没好到哪儿去，当时在任的总统老布什刚刚赢得了海湾战争。

如果你相信那些专家的话，那这两个人没有一个有机会当上总统，他们应该在竞选早期就卷铺盖回老家。但结果却非如此，当然，这其中有很多原因，但最重要的，应该就是这两位候选人的专注与自律。

在累死人的竞选过程中，两个人都有充足的理由放弃。对卡特来说，除了口齿不清的毛病外，还受到泰德·肯尼迪的威胁，很多人认为肯尼迪才是真正的民主党代表，而卡特不是。而克林顿则被绯闻困扰，被媒体攻击，面前是在任总统的强大势力，背后还有另一位名为佩罗的候选人在虎视眈眈。

这些劣势未能在一九七六年阻止卡特，也未能在一九九二年阻止克林顿，最大的原因就是他们两人的全力以赴。他们清楚地知道他们想要做的事，这是一个具体的目标，一个他们自孩童时就有的梦想，因此他们受到超乎寻常的激励。他们紧盯目标，不懈努力，最后终于获得了胜利。

与专注同样重要的是毅力，在确定目标后，你就要相信你自己，然后向着这个目标努力，失败了再站起来，永不退缩。

世界最大的广告商之一智威汤逊公司的总裁伯特·曼宁是从广告文字撰稿人起步的，他曾是公司顶尖的"创意人"，为一些大公司诸如福特、利华、凯洛格、柯达、固特异等撰写过广告词。

诚然，天分与创造力在广告业激烈的竞争中举足轻重，但如果没有专注与毅力，如果不能坚持到底，那再多的天分与创造力都没有用，这是曼宁在职业生涯早期学到的第一课。

他为他的第一个大客户舒立滋啤酒公司想出一句他认为很棒的广告词："没喝过舒立滋，就等于没喝过啤酒。"曼宁自己很兴奋，但舒立滋公司却不这么想，他们认为这句广告词的切入点是消极的，他们要求曼宁另想比较积极的广告词。

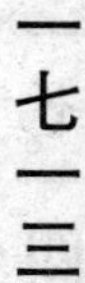

曼宁不打算放弃，他一次又一次地去找顾客，说明他的构想，一共去了六次，他回忆最后那一次时说："我之所以能去那么多次，是因为我跟顾客关系不错，不然早就被扔出办公室了，到了第六次时，他终于说：'好吧，我还是不觉得这词有多好，但你既然这么坚持的话，那就试试看吧。'"

结果，那句广告词成为广告史上极有名的一句。曼宁的天分与创造力固然使他想出了这句一流的广告词，但如果不是他的努力与坚持，这句广告词就不得面世。戴尔·卡耐基将这条原则明确地写下来："耐心与毅力能完成聪明才智做不到的事，记住这一点，任何困难都难不倒你。"

"不要灰心丧气，坚持下去，永远不要放弃，大部分成功的人都是如此，当然，一定会有挫折，重要的是去战胜它，只要你能做到，世界就是你的。"

具体地说，你必须坚守基本的目标——不管你是要推销广告词、赢得汽车越野赛、还是竞选美国总统，等你想清楚目标，那就一心一意向着目标前进吧！

一定要坚持不懈，这不容易做到，但你必须训练自己，让自己每样工作的每个过程的每个细节都做到位，这样的人对公司更有价值，对团队更重要，对他的同事和朋友来说也更值得信赖。

"当我走进一间办公室，看到桌上有一大堆待回电话的时候，我就会想，'这个人一定是个不认真的人。'"康明实验服务公司的马丁·吉布森说，"如果你连电话都不能及时回复，那你的可靠性恐怕有点问题。"

那些值得信赖的人一定会证明他们有多么值得信任，吉布森说："人们知道可以信赖你，他们托你做一件事，之后就不再追问你，他们知道你能完成，千万不要不回电话，或者接到董事长交办的一个纸条，一时不知怎么回答就扔到一边忘了，董事长不免会怀疑：'这个家伙整天做什么去了？'"

这些小事——几百几千小事积累起来决定了成败。哈蒙公司的乔伊斯·哈维说："这些都是传统的价值观，比如说提早赴约、信守诺言、对工作有荣誉感，如果你开出一张支票，你就一定要遵循所有的步骤，不能遗漏其中一项，错误的代价是很大的，不要只顾着赶进度，要时时检查细节，保持注意力。"

罗斯·格林伯格在一九九○年巴斯特·道格拉斯击败拳王泰森的拳击赛中，了解到专注与纪律的重要性。泰森当时稳坐重量级拳王的宝座，道格拉斯虽然也很厉害，但开始时并不被看好。

格林伯格是美国家庭影院体育栏目的执行制片人，在泰森对道格拉斯的这场拳赛前，他已经制作过上百场电视拳击赛，但即使老到如他，也不免因为突发的戏剧性事件而影响了注意力。

格林伯格回忆说：“大概是第二局的时候，形势已经很明显了，道格拉斯气势十足，而泰森则情形不妙，当泰森正面吃了三四个拳头时，我和我的摄影师都立刻抓住了那个镜头。”到目前为止，工作都进行得不错。

“第四局时，道格拉斯加大火力，泰森立足不稳了，这时通信线路上传来一阵尖叫，转播车上的每个人这才忽然意识到正在目睹的是历史改变的一刻，我们被赛局吸去了注意力，而忽视了手头的工作，我清楚地记得那一幕，身边的每个人都激动起来，我意识到这一点，赶紧说：‘大家别紧张，我们正在工作呢，要是只顾看比赛，手头的工作谁做？’他们立刻回了神，重新投入到工作里——马上回放刚才的精彩镜头。”

电视实况转播容不得一点疏漏，格林伯格说：“如果我当时只顾注意道格拉斯，我就没法操作剪带机，插播广告了。我的助理导播也就不能抓住这几个镜头以便日后回放了，而这些都是我们的本职。”

不过格林伯格承认连他自己都差一点走神去看那场令人难忘的比赛，“我忘不了——永远都忘不了泰森倒下来的那一刻，那一刻我仿佛在阅读重量级拳击史上关键的一页，在那一秒钟内，那一页翻了过去，翻到新的章节，新的重量级拳王就要诞生了，这是我人生中的重要时刻，对于泰森和道格拉斯的这一战，我可以说：‘我见证了历史。’”

全神贯注并非只对体育赛事转播重要，对于斯科特·科因医生来说，同样的专注与自律，关系着生与死。

科因是一位研究过神学的放射学家，一个一月的夜晚，一架波音727在他长岛的家附近坠毁了，他是第一个赶到现场的医生，也是开始一个小时在现场的唯一一位医生。

领导的艺术

他照看一个又一个伤员，安慰他们，让他们镇定下来。当时每个伤员他只能给一到两分钟，而且语言也不通。飞机上的大部分乘客都是哥伦比亚人，不会说英语，而科因也基本不会说西班牙语，只知道西班牙语的"医生"怎么发音，科因说他全神贯注以了解伤者的情况，最后他找到了一个方法。

"我身上带着听诊器，"科因回忆着那个不寻常的夜晚，"不停地用西班牙语说'医生'，有些人在哭喊，我不知道他们是因为害怕还是因为伤痛，我只能用触摸脸部来交流，从他们看你的样子，你可以知道他们伤得有多重。"

"我在他们耳边低语，我不得不保持镇静，我捧住他们的脸，让他们看清我的表情，用这种方式使他们安心，我不可能得到任何人的病例，也没法问他们哪里痛，只能把每个人从头到脚检查一遍，然后我发现了一些奇怪的骨折情形，我从未见过这样的骨折，腿骨就像挂在那儿一样，你只有检查这些骨折，尽你所能先固定，然后再去检查下一位伤者，也是从头到脚检查一遍，他们无法告诉你情况，而你的话他们也不懂，这真是段离奇的经历，任何人在这种时候，精神都一定高度紧张。"

无比专注，百分之百地集中精神，科因医生就是这样度过那个夜晚的。

当时科因的注意力集中到对周围的事一无所知，后来他在一场压力控制研讨会里谈到那次紧急事件时，才发现自己当时是何等的专注。其他人都在描述当时的混乱场景：救护车、救火车、扩音器、呼喊的生还者、急救人员彼此喊话……而科因什么都没听到。

"我只记得那时有多安静，一切都是静静的、有条不紊的。我什么都没听到，就好像进入到一个与世隔绝的状态里。我只记得我在极度的安静里走来走去，什么都听不见。我唯一听到的声音是一个小时后的直升机，直升机是来接一些伤者去医院的。"

专注，就是一种不分心、专心只做一件重要的事的本领，对于科因医生来说，专注就是那晚全力地救助生命。

第十四章　享受平衡的生活

汤姆·哈特曼当牧师已经二十多年了，他把整个人生都献给了上帝和需要帮助的人，他的生活被诸如帮助病患、指点迷津、宣扬教义等事务塞得满满的，不过在这张日常工作表上，漏了重要的一项。

一天晚上汤姆的父亲打电话给他，那段时间，汤姆被派到纽约长岛的教区工作，而他父亲在法明德。哈特曼从小到大，没听过父母说过任何消极灰暗的话，但在这个晚上的电话里，他听到父亲的声音有点不悦。

"汤姆，我得坐下来跟你谈谈。"

"好啊。"汤姆答应下来，两人约了个时间。

他们一见面，他父亲就忍不住立刻说出心里的话："汤姆，我跟你妈都以你为荣，我们常听别人说你做的一些善事，我们都为你骄傲。但我想你太忽视你的家庭了，我知道你得帮助许多人，但这些人大部分都来来去去，而一直陪伴你的，是你的家庭。每次有事发生的时候你才会打电话找我们，你忙得连跟我们说话的时间都没有。"

哈特曼一时找了个理由为自己辩护："爸爸，我是以你为榜样，我小时候，你一周工作七十个小时，我很佩服你，你知道我只是在效法你。"

但他父亲并没有被这个理由说服："你没注意到，你的工作比我重得多，我每天干完活就回来跟家人在一起，你呢？"哈特曼无言以对，不过他父亲也没要他立即回答，只是说，"我希望你能好好想想。"

哈特曼被这次谈话弄得心神不宁，于是推掉当天所有的安排，打电话给他的兄弟姐妹。从电话中他发现："当我打电话给他们，聊了三四分钟后，他们无一例外地问：'你有什么事吗？'这时我不得不承认父亲的话是对的。"

即使像哈特曼这样时常提醒别人生活要平衡的人，也还要别人来提醒他，他自己并没做到自己所说的，这样的错误我们每个人都可能会犯。

维持生活的平衡、给工作之外的事一点空间对我们来说十分重要。这样做不仅能令人的日常生活更快乐，也能使人工作时更有活力、更专注、效率更高。

哈里森会议服务公司的总裁沃尔特·格林将平衡、有效率的生活呢称为"多脚凳"，格林相信太多人的生活都太单一，他们只专注于工作。

格林说："我遇到过很多生活单一的人，我对他们的建议就是把人生活成一张'多脚凳'，一面给你的家庭，一面给你的朋友，一面给你的业余爱好，一面给你的健康。我见过很多人在三四十岁或者五十岁时发现他们的工作不尽如人意，对于那些生活单一的人来说，这意味着他们的人生很失败。"

这对于事业很成功的人来说也是个问题，"在你人生的某些阶段，"格林继续说，"你会想要些别的，中年以后再开始交朋友、培养兴趣也不是不可能，但想想看，一个人到了五十岁才第一次学骑车会多么吃力啊！"

平衡的重要性——对于个人和雇用他们的公司来说——都是需要全面了解的一件事。不过，目前世界各地的优秀公司都在尝试帮助他们的员工享受平衡的人生。

总部位于纽约市的老虎管理公司是一家跨国财务管理企业。这家公司在总裁办公室旁边设了一间设备齐全的健身房，鼓励全部员工使用。

"健身房正准备扩建为原来的三倍，"老虎公司的总裁朱利安·罗伯逊自豪地说，"我发现公司里的年轻人下班后都会到健身房来，而不去外面的健身俱乐部了，这对我们来说是个好消息，因为他们会彼此交谈、交换想法，这对公司来说真的很有好处。"对员工来说，好处则是双方面的，身心都受益。

智利桑达公司的总裁安德烈·纳瓦罗说："我不认为一个人生不平衡的人能当好经理或主管。"他举了个很形象的例子，"比如你想当运动员，去投标枪，光有强壮的胳膊是不够的，体格也得很健壮才行。"

同理，你想成为优秀的领导人，那你人生的各个方面都得状况良好，纳瓦罗解释说："一个决策果断、能赚大钱的出色经理回家之后却不能跟妻子孩子好好相处，那他的人生就缺失了至关重要的一部分，如果你想要做一个好的领导人，那你就得先做一个完整的人，而人生最重要的就是家庭。"

福特汽车公司的理查德·芬斯特马赫也在同事中宣传类似的观点，他说："我们常告诉同事：'你的人生起码要是二维的。'如果你发现你的一切都属于公司，那说明你对你的家庭没有尽到责任。"

不可否认，现在大部分领导人都无法完美地做到各方面平衡，手里扔着好几个杂耍球，要想不掉下来是很难的，通常较有雄心的人都会把重心放在事业上，因为事业看起来更有紧迫感、更有压力，又似乎更加重要。

纽约人寿的弗雷德·西沃特虽然在安排时间上颇有一套，但他还是得承认，要合理安排生活中各种互相矛盾的利益实在是很困难。他说："我每天都在奋力打造平衡的人生，但我很容易就把所有的时间都投入到工作里而忽视了其他的一切，要维持平衡真的很难。"

的确如此。模拟设计公司的雷·斯塔塔也认为：合理分割工作与休闲的时间是"最大的挑战"。然而完成这个挑战却是极有价值的。

佛利特财务公司的约翰·鲁宾逊已能认识到幸福家庭带来的好处，他说："对我来说什么最重要是毫无疑问的，不是显赫的头衔、丰厚的薪水、股票和乡村别墅，而是我自己、我妻子以及我的家庭。"

具体地说就是，"我对两者之间的平衡很注意，如果我发现我在工作上投入太多而对家庭重视不够的话，我就会对自己说：'我不能再这样下去，我得推掉那个晚宴，我不能拿我的家庭去交换。'"

大部分人，如果直接问他这个问题，那他的回答应该跟鲁宾逊差不多，认为家庭更重要，休闲也是很重要的，但大部分人也只是说说而已。他们不会把平衡的生活放在首位，他们习惯于应付工作中随时的压力，而通常忽视满意的个人生活所带来的长期的欢乐。

汤姆·哈特曼发现家庭出现了问题之后，就学会了怎样"浪费"时间。哈特曼解释说："我尝试每天拿出一个小时什么也不做，把这时间拿来跟上帝、跟别人、跟自然在一起，我开始换一种眼光看世界，我看到人与人之间的联系，比起推动这种关系，单纯地欣赏是一种更为重要的生活方式。"欣赏你的家庭，你的朋友，你周围的环境，你自己，欣赏任何能让你从工作中分散注意力的事。

迈克尔和南希住在美国西部的圣迭戈郊区，他们把周六完全留给家人。早晨，南希还在美梦中时，迈克尔和女儿妮可就已经开始做薄饼，这是妮可最喜欢的早点。然后他们会去花园，查看一下草莓的生长状况，再浇浇花，喂喂鸟。迈克尔会给妮可讲故事，故事主角是他俩一起编出来的。

"除了旅游和加班，我们每个周六都这样度过，"迈克尔说，"看见她的眼里闪烁着喜悦，我也非常开心。"

乐博美公司的沃尔夫冈·施密特常在晚上跟家人一起散步，他说："我们常去散步，如果我们四个大些的儿子在家，他们也会跟我们一起来，小儿子因为住在家里，所以一直跟着我们，我们会散步四十分钟，或者一个小时，在附近随意走走，我们的散步风雨无阻。"

施密特也常找时间独自待着。"运动有益健康。扫落叶，砍木柴，种树，这些杂活都很有意思。"

汤普森公司的比尔·马卡希拉希拉每天都要省下个人时间，哪怕这意味着他得凌晨三点起床。他解释自己为什么这么早起床："我从早到晚都很忙，通常在公司待到晚上七八点，然后我知道我早上又要重到这儿来。我也不知道为什么现在我常常在早晨静坐冥想，那时那么安静，我可以放松我自己，思维变得活跃，正好可以阅读或者反思我日间的行为。"

好处是立竿见影的。他说："当我冥想时，我觉得我心里很平静，充满了自信，哪怕当天我得面对最棘手的问题也一样。"

康宁公司的戴维·卢瑟喜欢慢跑。他跟妻子孩子一年旅游四次，去滑雪或者去海边，他确保自己不阅读任何跟工作有关的东西，如果这种尝试失败的话，"我就走出去，坐在甲板上，仰看天上的鹰。"

一旦你找到业余时间的休闲方式，就可以把同样的情绪带到工作中，谁规定办公室生活就得死气沉沉？

福特公司就不是那样的公司，即使在经理的办公室里气氛都很轻松，公司的北美市场总监理查德·芬斯特马赫解释说："每当有人进入董事会，他们就会送给新人一只米老鼠手表，在他进办公室之前送给他，每个人都围在他周围，有人会对他说几句话，例如：'你不必工作满二十五年才能拿到一块手表，这是你的手表，当你看到这块手表的时候，我们希望你能记起工作中也要开心，这就是为什么我们选择米老鼠手表的原因。'"

桑德斯·卡普公司的汤姆·桑德斯把工作开心放在一个很重要的位置："我们常常浪费时间，如果我们有点空闲时间，我们就会互相开玩笑，我时常笑话他们，然后他们笑我笑得更厉害，我无时无刻不开他们的玩笑，我们很快乐，从来不把玩笑当真。"

电视新闻记者休·唐斯借鉴了丘吉尔白天休息的方式，再根据自己的情况做一些调整。他说："我跟伟人有一个共通点——只有这一点——就是只要小睡片刻就能立刻恢复精神，我坐在椅子上眯个三五分钟，醒来后就像睡了一整夜一样。每次当我把所有准备工作做好之后，我就会到更衣室休息，嘱咐别人'等到了上演播台之前的两分钟再把我叫起来'，他们就真的那个时候把我叫醒，然后我就精神奕奕地出去，上演播台报新闻。"

"我妻子时常笑我，"唐斯继续道，"她说，'哪怕你被判了死刑，两个小时后就要行刑，我看你还是会拿前一个小时来打盹，以面对第二个小时要发生的事。'这话似乎没错，如果第一个小时没什么事，那我干嘛不打个盹呢？"

不管是在办公室、家里，还是在路上，任何时候都能保持生活的平衡是件很好的事。正如佛利特财务公司的约翰·鲁宾逊所说："要参加其他的活动，有很多方法，每次你多点业余的活动，你的人生就更平衡一点，不管这些活动是跟教会有关，还是跟社区有关，或是跟学校有关。我想这样可以避免极端。"

歌手兼作曲家尼尔·西达卡有两个从小一起在布鲁克林区长大的亲密朋友，那是一对年轻的夫妇，很有雄心，但也希望能过上快乐的日子。这些年来他们在事业上大获成功，赚了一大笔钱，但这一路他们丢掉了一些重要的东西，那就是平衡的人生。西达卡为这两个朋友写了首歌，歌曲名为《饥饿的年代》，后来大红大紫。

西达卡回忆说："他们努力奋斗登上巅峰，为了成功和金钱。但当他们最终做到的时候，他们发现他们更怀念以前白手起家的日子，怀念以前到邻居家串门、一起打拼的日子。"

"这就好像，你想要一幢价值五百万美元的房子，但当你最后得到了并且搬进去，几个月后，你却茫然了，'这就是全部？就是这样？'你开始怀念以前的岁月，因为你发现你已经失去了生活中的喜悦与平衡。"物质的成功没什么不对，但仅有物质却不足以支撑起一个快乐的生活。

怎样才能平衡你的人生呢？第一步是改变你的态度，你不能再把花在家庭、运动或是休闲上的时间当做浪费，有成就的人在休闲的时候容易觉得愧疚，不要这么想，"休闲"并不是个罪恶的字眼。

然后才能谈到第二步：你得为休闲活动匀出时间。我们多半会过分投入工作，也许现在正是重新调整的时候，下个决心，把你制订工作计划的劲头拿出来制定休闲计划。

第三步是采取行动，加入一些与工作无关的活动会让你更开心、更健康，注意力也会更集中，成为更出色的领导人。

第十五章　培养积极的人生态度

丹尼斯·波特文是纽约麦迪逊广场最遭人憎恨的人，那天晚上刚进冰球场，这位纽约岛人冰球队队长就招来一片嘘声，而这还只是开始。

麦迪逊广场

麦迪逊广场是岛人队的死对头纽约骑兵队的主场，波特文在冰上强悍的气势、直率的个性、出色的技巧使他成为骑兵队粉丝最恨的人。

"情况糟到我的队友们都不知道怎么办，"波特文回忆说，"出场之前，在更衣室里，有几个队友想出些话来说，比如：'让我们出去把他们打个落花流水！'你可以想象他们是想说些话来鼓劲，然后他们又沉默了，对一个在接下来的两个半小时里最遭人讨厌的人，你能说什么呢？"波特文的大部分队友都没吭声。

"我记得那个晚上，比赛开始前我们站在蓝线后面，唱国歌时周围很暗，只有两束光打在歌手和国旗上。"但后来麦迪逊广场冰球比赛开赛前，就不再这样安排了，原因就是那个晚上发生的事。

　　"我站在那儿，"波特文回忆说，"像往常一样摘掉头盔，这时粉丝们开始往场内扔东西，我感到有什么擦着我的耳朵飞了过去，让我浑身一阵战栗，我不知道那是什么，但我很害怕，真的很害怕，当灯光亮起来的时候，我滑过去一看，发现是一节九号电池，大大圆圆的那种，从上面的某处扔下来的。"它很有可能直接砸中波特文的脑袋。

　　在那一刻这位冰球巨星有两种选择，他可以屈服于现场粉丝的敌意，因为毕竟有两千人在向他表示着憎恨，他大可因恐惧和愤怒而离开球场，但他也可以不惧这些愤怒甚至危险的人群继续比赛。

　　波特文选择了继续比赛，他在全场观众的敌视中入场，并把这种敌意当成了对他的个人挑战，将所有负面的能量都化为积极正面的力量，这些当然都是在波特文的内心完成的。

　　"那简直是一种祝福，"波特文说道，回顾着那个充满敌意的夜晚，"那晚我发挥得非常出色，而且从那时起，每次到了麦迪逊广场，我都会打得很好，我被强烈的信念激励着，因为我唯一能回报那些人的就是在麦迪逊广场赢球。"

　　"当我控球时，他们嘘我，当我进球时，他们嘘我，当我撞倒对方球员时，他们对我的嘘声更大，然而我开始爱上这种感觉，真的。我在突然之间感到一股比我本人还要强大的力量。从此麦迪逊广场成为全美冰球比赛中唯一一个能让我一进去就找到比赛感觉的地方。"

　　"我站在冰上，就好像面对着哥利亚那个巨人的大卫，看上去渺小，但大卫杀死了哥利亚，而我也控制着比赛的局势，我对这份控制力运用自如，在场上的每时每刻都是全心应战。"

　　这就是心态，是我们心灵的力量，可以仅凭思想戏剧性地改变现实。

　　听起来有点难以相信。"想些快乐的事，然后你也会快乐；想着你会成功，那么你就会真的成功。"或者像波特文的例子，"把挡在面前的巨大敌意化为积极的动力。"戴尔·卡耐基不会打冰球，但他跟波特文殊途同归，他们都知道心态的力量。决定你是何种人的，不是你的吃穿，而是你的思想。

　　跟大多数人相信的相反，外在的影响并不是人是否快乐的决定因素，最重要的是你对那件事怎么想，采取的态度是正面的还是负面的。

马歇尔与莫林·科根夫妇在事业上十分成功。马歇尔是一家很大的投资银行的合伙人，莫林则是出版业冉冉升起的新星，不久即将成为《艺术与拍卖》杂志的主编，他们的三个孩子都在私立学校上学，成绩很好。科根一家在城里有套漂亮的公寓，又在郊区盖了一座度假别墅。那是一座靠海的现代化建筑，非常引人注目。这座房子赢得过好几次建筑设计奖，被不止一家本地杂志报道过。科根夫妇和他们的孩子都非常喜欢这座房子。

但不久麻烦来了。马歇尔厌烦了投资工作，决定开创自己的事业。虽然同事和朋友都对他抱有很高的期待，在他身边鼓励他，马歇尔的新事业却没能成功。他的创业时机很糟糕——正赶上经济衰退。几乎一夜之间，马歇尔投入事业的钱全都打了水漂，他期望的进项当然也不可能再有。而这还不是厄运的终点：就在他拼命维持事业的关键时刻，他病倒了，医生诊断他患了肝炎，起码得在家卧床休息一个月。

马歇尔贷款的银行很同情他的遭遇，但在条款上却一步也不能退让，他们要求他："你得卖掉那幢房子。"马歇尔无法接受这个想法，这个消息对他的妻子和孩子来说太残忍了，他无法想象他们会有什么反应。

其实他没必要担心，"那我们就把房子卖了吧。"莫林听完之后说。

于是科根夫妇卖掉了那幢别墅，连同里面的每件家具。他们所能做的，就是把衣服和孩子们的玩具打包带走，然后关灯锁门。

在新主人搬进来的前一天，莫林对马歇尔说："我们应该把孩子们带到这儿来，给他们每人一个垃圾袋，让他们把玩具放进去，一起带回城里。"

马歇尔不赞同："我不想让孩子们看到这一幕，我不希望他们参与这件事，这是我和你的事。"

"不，"莫林对他说，"他们应该来，他们会看到什么是挫折，他们会理解的，因为他们会看到你东山再起，于是他们会了解到如果有朝一日他们也遇到挫折，他们也一定能克服得了。"

"于是夫妻俩达成了共识，全家都坐进了汽车，开到海边别墅里。父母收拾衣服和一些其他个人用品时，孩子们也把自己的房间收拾干净了，离开的时候，他们站在门外台阶上，看着莫林锁上了门。"

五个人又上车回到城里，莫林平静地对马歇尔说："我们以后不会去加勒比海度假，也不会再住在海边的别墅里，但日子还是可以照过。"

她又同样平静地对孩子们说："我们失去了别墅，但我们仍然有舒适的公寓，我们一家人仍然在一起，爸爸很健康，很快就可以开始新的事业，一切都会好起来的。"

的确如此。孩子们不需要换学校，那年夏天还参加了夏令营。很快马歇尔就回到老本行，干得很出色。最重要的是，他们都被上了一课，这一课的影响甚至延伸至二十年后。

莫林解释说："我的大儿子遭到过一次挫败，他创业后不久，就不得不结束失败的生意，免得破产，这对他来说是个沉重的打击，那时他很年轻，只有二十五岁，我记得我问他，'你还好吧？'他回答说，'很糟，结束前我还得熬上几个月。'他并不希望破产，他想付清债务、结束生意后再离开。"

"但是他说，'我记得那时爸爸身上发生的事，我会好起来的。我会熬过去，我知道我可以做到，因为以前爸爸也熬过去了，我记得那时的事。'"

怎样才能培养出淡定的心态？怎样才能改变对外在事物的反应？

我们应该重视它，每天都想着它。伍斯特毛刷公司的总裁斯坦利·威尔蒂解释说："每天早晨我们起床时，这一天过得是快乐还是糟糕就已经由你的想法决定了，我们要么就快乐享受人生的每一天，要么就整天沉浸在负面情绪里。"

"人生中不以意志为转移的不利事件当然令人敬畏，但即使是在最不利的情况下，我们对于怎样生活仍然拥有很大的决定权，所以没办法的时候，请笑对人生。有时候除了摊开双手一笑了之外，也实在没什么办法了。"

在这种情况下，幽默感至关重要。别忘了幽默感这一简单要素可以保持希望。威尔蒂也同意这一观点："眼光放长远一点，当事情不顺时，放轻松，慢慢来，想想接下去会怎么发展，以及你的反应，告诉你自己，退后几步，就可以看清楚下一步怎么走。"

成千上万的事可能激怒你，让你烦恼、厌恶，别让它们得逞，别让这些小事打倒你。

《圣迭戈商业日报》的发行人泰德·欧文就像大多数加利福尼亚的南方人一样，每天要花很多时间在路上，他说："如果你在高速公路上被人超车，你只能做两件事，你可以咒骂那个司机，再对他比个不雅的手势，你也可以耸耸肩，对自己说：'像他那样的开车方式，要不了多久就会把车撞成一堆垃圾。'"

这两种方式都不能让你更快地赶到公司，但对这种事耸耸肩一笑而过会让你心情更好，做事效率更高，说不定还能让你多活几年。

欧文并不是生来就这样豁达，他以前是个神经紧张的人，但这些年来他渐渐认识到紧张生活的危害，当他准备接下发行人职务时，他就得定期评估其他经理的工作表现，他决定最好先解决自己的态度问题。

他观察到："我们大部分人都凭本能反应，有时反应过度，自从接下这个工作，我就再没在工作时发过火，我会在其他地方发火，但在工作时，一次也没有。"于是人们的反应也与以前截然不同了。

经过多年的奋斗，玫琳凯·阿什的生活似乎一切都好起来了，她再次结婚，孩子们也长大了，她和新丈夫用存款开了一家小化妆品公司，这是她多年来的梦想。

可是她的梦想却差点破灭，阿什回忆说："就在我们开公司的前夕，我丈夫在吃早餐时忽然心脏病发作去世，他负责的是公司的行政工作，而我对行政工作一窍不通，甚至现在也还是这样。我们的每一分钱都投入进去了，我们一共只有五千美元，听起来很少，但那时的五千美元相当于现在的五万美元。"

"葬礼那天，我们一分钟都不能浪费，我的两个儿子一个女儿跟我坐在一起，商量该怎么办，我应该放弃还是继续下去？我的梦想似乎就要粉碎。"

但玫琳凯相信自己，她不想放弃，她的儿子理查德，当时只有二十岁，提议说："妈，我打算搬到达拉斯市来帮你。"

玫琳凯有些犹豫："我在想，我要把所有积蓄都交给一个二十岁的小伙子来打理吗？我猜他最多能帮我搬搬箱子，他大概连开订单都不会，我的意

领导的艺术

思是，他不过是个刚被我带大的孩子。"

但阿什不是个会被怀疑难倒的人，更不是个容易被打败的人，她挺了过来。"公司就这样开始了，理查德说到做到，第二天就带着新婚两个月的妻子搬到达拉斯来，律师们对我说：'你把钱扔进水里还能听见个响，这样肯定是开不下去的。'华盛顿的数据显示每天有多少家化妆品公司倒闭。"

但她积极的态度支持她渡过了所有难关，她一直对自己说："我想人们会支持的，我肯定能做到的，我一定得试试。"有这样的态度，她能成功又有什么好奇怪的呢？

这种积极自信的心态不但能使你做得更好，而且能让其他人更加亲近你，我们都会对别人的态度作出回应，所以吸引我们的往往是那些人生态度乐观的人，我们都希望周围的朋友或同事快乐有活力，那些拥有"什么都能做到"、"一切都没问题"态度的人更能讨人喜欢，基于同样的理由，那些经常抱怨的人人缘就不怎么样。

为什么会这样呢？不论是积极的态度还是消极的态度，都会对周围的人有影响，想做一个成功的领导人，就得记住这至关重要的一点，没有什么能比积极的态度更能激励人。

我们都知道，许多公司里都有大群员工不快乐，他们为什么会这样？本来只是有一小撮员工情绪消极，然后慢慢传开来，就造成这样的局面。领导者应该抵抗这种消极情绪的传播，用积极的情感代替那些消极的。

康宁公司的质量总监戴维·卢瑟从一位聪明的底特律工会领袖身上学到了专注于积极态度而忽视掉消极态度有多么重要，这位工会领袖是生产林肯汽车和雷鸟汽车的工厂的工人代表。

卢瑟说："那是个很大的工厂，而且质量一直很有保障。这位工会领袖站起来说：'我只在意那百分之九十持赞同意见的人，而不去操心剩下百分之十持反对意见的人。'这是个聪明的做法，因为很多工会谈判都因为那百分之十的反对者而僵持不下，人们总是说：'我们得改变他们的想法。'而这位工会领袖更加聪明，他会说：'这是不对的，我要跟那些百分之九十希望继续前进的人一起工作。'他就是这样做的，非常精明的做法。"

卢瑟把这种做法带到康宁公司，他说："也许最后，我能改变几个反对者的想法，但有百分之九十的人已经愿意配合，他们就在门外等着，而机器也已经开始运转，你不应该为了剩下的几个反对者就把门锁上，去花工夫说服他们，而让大多数人在外面空等。"

领导人最重要的职责之一，就是用积极自信的声音告诉大家：我们绝不会失败。

当恺撒大帝率领大军从高卢渡过海峡登陆现在的英国时，为了确保胜利，你知道他做了什么吗？他做了件聪明的事：命令士兵站在海边悬崖上，眼睁睁看着两百英尺的下方，载他们渡过海峡的船只在海面上——烧毁。

这些士兵身陷敌国，与欧洲大陆的联系已被割断，唯一的交通工具现在又化为灰烬，除了继续前进，他们还能做什么？除了征服，他们还能做什么？除了全力作战，他们还能做什么？最后他们正是这样做的。

积极的态度并非只在这样的生死关头才重要，那些士兵的态度其实是被绝望所迫。积极的态度该是自发的，是快乐人生和成功事业的秘诀，也是领导力的基石。

休·唐斯就相信这点。这位老练的美国广播公司新闻主播与节目主持人说："你用不着那么不厚道。"唐斯记得以前电视台的一位同事一个极有攻击性、野心勃勃的人，"他几乎有点病态，一心踩着别人往上爬，完全是个损人利己的人。"

那个人开始时，事业是有些进展，但那些在他一心往上爬的过程中被他挑拨、辱骂、轻视的人，不会忘记他所做的。他们全部强烈憎恨他，当他不顺利时，所有人都在旁边看着，没有一个去帮他，只等着看他跌倒。

唐斯说："我从来不会采取那么笨的方法。"那么，他是怎么升职的呢？他以耐心代替野心。他注意到："你得一直留心，当门打开一道缝隙时，你就立刻闪身进去，如果你用暴力踢开门，门很可能反弹回来打在你脸上，我刚才说到的那个人，就发生过两三次这种情况。我一直认为你不用那么做，但你得留着点心，抓住每个有利的机会。"

长远地看，唐斯的态度给他带来许多好处，因为他的同事都乐意帮助他成功，唐斯说："我最珍惜的一件礼物，是汤姆·墨菲先生送给我的。"墨菲是美国广播公司的董事长，"我已记不清在什么场合，我想大概是我进入广播界的五十周年，他送给我一座时钟，上面刻着一句让我受宠若惊的话——'好人从不赶尽杀绝。'"

"我觉得公司高层能这么想真是太好了，这句话是对的。对于那些为了成功不择手段的人，我深表遗憾。这种方法就算能带给他们成功，也是不长久的，最后只会导致痛苦，因为你在往上爬的过程中，树立了太多敌人。"

对这样的成功，你一定不会喜欢。

第十六章　挖掘员工最大的潜能

真诚地赞赏对方

很多人之所以出现交际的障碍，就是因为他们不懂得或者忘记了一个重要的原则——让他人觉得自己重要。每个人都喜欢自我表现，夸大吹嘘自己，如果在事情办成后，首先表现出的是自己有多么劳苦功高，作出了多大的贡献。这样其实就是在证明别人确实不太重要，无形之中就伤害了别人。

每个人都有值得称赞的地方，只要你发现这一点，那么他们对你的态度立刻就有了转变。有一次，我在纽约第 33 大街和第 8 大街交叉路口附近的邮局排队，准备寄一封挂号信。我注意到那位邮局工作人员好像对他的工作很是不耐烦的样子，因为他成天称信、取邮票、找零钱、开收据……这样年复一年地做着单调而重复的工作。于是我对自己说："我一定要让他喜欢我。显然，要让他喜欢我，我必须说些让他感到高兴的话。不是关于我的，而是关于他的。"

我问自己："他有没有什么值得我真心赞美的地方呢？"

当你面对一个不熟悉的人时，这个问题可不好回答，但是这次却很凑巧，我很快就发现了他身上一个值得我赞美的地方。就在他给我称信的时候，我热情地对他说："我真的希望自己也能有您这样的一头好头发。"

他抬起头来看着我，显然有些惊讶，但很快脸上就露出了欢欣的微笑。"不过现在没以前好了。"他很谦虚地说。我诚恳地对他说："虽然它比以前稍减光泽，但还是很好。我真的很羡慕您。"他显得非常高兴。于是我们愉快地谈了起来。最后，他对我说："有许多人都说我的头发好。"

　　我敢打赌，他那天吃午饭时的心情一定非常愉快；那天晚上他回家后，一定会很高兴地把这件事告诉他的妻子；他甚至还会对着镜子自夸："我的头发实在太漂亮了。"

　　我并不是喜欢自我炫耀的人，但是我会用这些实例告诉别人人际交往的原则。有一次，我在某个公共场所讲起了这件事。有一个人问我："你这样做，那你又从他那里获得了什么？"是的，我想从他那里获得什么呢？我又从他那里得到了什么呢？假如我们是如此地自私，一心只想得到回报，那么我们就不会给人任何快乐，不会给人任何真诚的赞美。假如我们的气度如此狭隘，那我们只会遭到应有的失败，而不会有任何成功和幸福。

　　不错，我确实是想从他那里得到某些东西，这是一些难以用金钱来衡量价值的东西，而我也的确得到了！你看，我赞美了他，让他得到了幸福的感觉，可是他对我却难以回报。这种感觉可是无价之宝。这件事情过去许久之后，你仍然可以在记忆中想起它，得到一种美妙的体验。

　　在人类行为中，有一条至关重要的法则，如果我们遵守它，就会万事如意；实际上，如果我们遵守这条法则，将会得到无数的朋友，获得无穷无尽的快乐。可是，如果我们违背这条原则，就会招致各种挫折。这条法则就是："永远尊重别人，使对方获得自重感。"

　　这正如杜威教授所说的："自重是人类天性中最强烈的冲动和欲望。"也正如詹姆斯教授所说的："在人类天性中，最深层的欲望就是渴望得到别人的重视。"我也曾指出，这种冲动正是我们区别于动物的特征，正是这种欲望才推动了人类文明的发展。

　　千百年来，哲学家们一直在思考人类关系的准则，终于悟出一种观念。这个观念并不是什么新的东西，早在3000多年前的波斯、2000多年前的中国，以及印度和耶路撒冷等地，先哲们就在传播这种观念，这就是中国先哲孔子所说的"己所不欲，勿施于人；己所欲者，亦勿施于人"。

　　你希望周围的人赞同你，希望自己的价值得到别人的认同，希望自己能得到别人的重视；你不愿听到不值钱的卑贱的谄媚，但渴求得到真诚的赞美。你希望你的朋友和同事都能像施科瓦所说的那样，"诚于嘉许，宽于称道"。我们大家都希望这样。那么，就让我们自己先遵守这条法则：你希望别人如何对待你，就如何去对待别人。

那么，你应该如何去做呢？答案是：随时随地实践，这样它就会给你带来神奇的功效。我曾向无线电商厦一位导路员打听舒维尔先生的办公室在哪里。这位导路员穿戴整齐，口齿十分清晰地说："舒维尔，（他稍作停顿）18层楼，（又稍作停顿）1816 号房间。"他显然对自己回答问题的方式非常自豪，胸挺得笔直，头高高地抬着。

我走到电梯边上，很快又转了回来，对那位导路员说："你回答我的方法实在是太美妙了，为此我要真心感谢你，向你表示祝贺。你的回答非常清楚准确。你真像一位艺术家，太了不起了！"他听了我的话之后，精神焕发，显然高兴到了极点。他告诉我为什么他每次都稍作停顿，为什么每说一句话都会那么准确……你看，我短短几句话就让他如此得意，以至于将头抬得高高的。我突然感到自己那天下午也算是为人类的幸福做了一点有益的事情。

这条法则可并没有什么特权，没有等级限制，它是任何人任何时候都可以奉行的法则。你大可不必等自己当上大官，或发了大财之后，再去奉行这条法则。你几乎每天都可以运用它，例如我们进餐馆，要了一份法式炸薯条，而女服务员却端给我们一盘薯泥，这时我们不妨说："对不起，给你添麻烦了。但我更喜欢法式炸薯条。"女服务员会说："不用客气，一点也不麻烦。"由于我们对她表示了尊敬，所以她会很高兴地给我们换炸薯条。

"对不起"、"给你添麻烦了"、"让你多费心"、"请你……"、"能不能……"、"谢谢"——这些细微平常的礼貌短语，就像是每天单调的生活中的润滑剂，会给我们的生活平添几分色彩，增进我们的人际关系，而这同时也是你我优良品质的体现。

伟大的小说家凯恩拥有成千上万的读者，但是凯恩只是个铁匠的儿子，一生只上过 8 年学，但他去世时已成为这个世界有史以来最为富有的作家。他是怎么创造财富的呢？让我们听一下他的事迹。

由于凯恩酷爱诗，所以他将大诗人罗斯迪所有的诗都读了一遍。他还写了一篇演说词，来歌颂罗斯迪在诗歌方面的艺术成就，并将它送给了罗斯迪本人。罗斯迪当然十分高兴，"任何一个青年能对我的才华有如此高深的见解，"罗斯迪说，"一定是个非常聪明的人。"

于是，罗斯迪将凯恩请到家中来，让他担任自己的秘书。这对凯恩来说，可是改变人生道路的难得机会——因为他凭借这一新的身份，接触了许多当代著名的文学家，从他们那里接受有益的建议，并受到他们的鼓励和激发，开始了他自己的写作生涯，最终名闻世界。

凯恩的故乡是英国曼岛的格里巴堡，它现在已经成为世界各地旅游者观光赏景的胜地。他留下来的财产高达 250 万美元！可是，又有谁知道，如果他当初没有写那篇真诚赞美罗斯迪的演说词，他或许会穷困潦倒地死去呢！这就是发自内心真诚赞美的力量，这是一种伟大的力量！罗斯迪认为自己很重要，这并不是什么新鲜事——几乎每个人都认为自己很重要，非常非常重要。

千万不要忘记爱默生曾说过的话："凡是我所遇见的人，都有比我优秀之处。在这个方面，我正好可以向他学习。"凡是你听或见过的人，你可能都会觉得他在某些方面要比你要强，这是一个不容否认的事实。只要我们承认这一点，承认对方的重要性，并由衷地表达出来，就会使你得到他的友谊。

但让人感到愤怒的是，那些无所作为却自以为很成功的人，整天都在用令人恶心的浮华夸饰之词来掩饰他们内心的不安。这种人正像莎士比亚所说的："人！狂傲的人！借着那么一点儿才能，竟然在上天面前胡作非为，骗得天使们都流下了眼泪。"

康涅狄格州律师向我讲述了奉行这条法则发生在自己身上的成功案例，但是他不想让别人知道他的姓名，我们暂且就叫他 G 先生吧。

G 先生来我班上接受培训之后不久，就和他妻子驾车去长岛，看望她的几家亲戚。他妻子将他留下来，陪同她年迈的姑妈聊天，而她自己则去看望另几家亲戚。由于 G 先生要在班上做一次关于如何运用赞美法则的演讲，于是他打算从这位老太太这里开始训练自己这方面的才能。

G 先生在老太太的房子四周仔细巡视了一番，希望能找到一些他可以真诚赞美的东西。"您这栋房子是建于 1890 年前后，对吗?" G 先生问老太太。

"是的，"老太太回答说，"正是那一年建的。"

"它使我回想起我出生的老家的房子。" G 先生说，"它真是太好了，真漂亮，里面真宽敞！您知道，人们现在再也不建这种房子了。"

"一点都不错，年轻人！"老太太也表示同感，她说，"现在的年轻人可不怎么在乎漂亮的房子。他们所想要的，不过是一小套公寓和一个电冰箱，然后无忧无虑地开着汽车，到处去兜风闲逛。"

"这是一所凝聚了理想和希望的房子。"老太太的声音有些颤抖，陷入了回忆中，她充满柔情地说，"这房子是我和我丈夫爱情的结晶。我丈夫和我在建这栋房子之前，设计构思了许多年。我们并没有请建筑师，它完全是我们自己设计的。"

然后，老太太领着 G 先生参观了这所老房子。房子里放满了老太太在世界各地旅行时搜集到的纪念珍品：波斯披肩、英国老茶具、威格瓷器、法式寝具、意大利油画，以及曾风靡于法国封建王朝时期的专用于古堡装饰的丝帷。她对这些东西一直视如生命般宝贵。G 先生对这些东西表示了真诚的赞美。

"老太太领我参观完房子之后，" G 先生说，"她又把我带到车库去。那里放着一辆几乎是全新的别克高级汽车。"

"这辆车是我丈夫在去世前不久买的。"老太太慢声细语地说，"他离我而去之后，我再也没有用过它……年轻人，你很会欣赏美丽的东西，我准备把这辆车送给你。"

"哦，不！姑妈！" G 先生说，"您这可让我不知如何是好了。对于您这番盛情，我当然感激不尽。可是我怎么能接受这么贵重的东西呢? 我不是您的直系亲属，而且我自己有一辆汽车。再说许多亲戚也很喜欢这辆别克车呢。"

"亲戚?"老太太激动地大声喊道，"是的，我确实有亲戚。可是他们都正等着我死呢，这样他们就好得到我这辆汽车了。但他们谁也甭想得到它。"

"如果您不愿将它送给他们，那您可以把它卖给旧车专营公司。" G 先生告诉老太太。

"卖掉它？"老太太叫了起来，"你以为我想卖掉它吗？你以为我愿意让那些和我素不相识的陌生人坐在我丈夫给我买的车中，到处跑来跑去吗？年轻人，我做梦都不会卖的。我只想把它送给你，因为你是个懂得欣赏美丽东西的人。"

G 先生尽力拒绝接受老太太的汽车。然而他最后不得不收下它，因为他的拒绝只会使她更加伤心。

这位老太太一个人孤独地住在这栋空荡荡的老房子里，她所拥有的只是她的波斯披肩、各种英国和法国古董，以及她的回忆。她所渴望的，正是像 G 先生这样的赞美和欣赏。她也曾年轻而美丽过，拥有许许多多的追求者。她曾经和她的丈夫共同建了这所房子，这里面有他们永恒的、温馨的爱情，他们还从欧洲各国搜集到各种珍品来装饰这个爱情的巢窝。可是现在，她已经老了，在这年老孤寂的环境中，她渴望得到一点人性的温暖，得到一点真诚的赞美——但没有人给她所需要的东西。现在 G 先生给了她这一切，她的心犹如久旱逢甘露的大地一样，充满了感激，使她体会到了久别的情怀。一旦她得到这一切，那么即使将那辆别克车送给 G 先生，也绝不能完全表达她对他的感激之情。

看了上面的故事之后，你和我应该如何运用这种赞美他人的黄金法则呢？为什么不从我们自己的家庭开始？我不知道还会有什么地方更需要它。你的妻子肯定会有她的优点，或者至少你曾认为她有某些优点，要不然你会娶她当你的妻子吗？可是，自从你上次赞赏她至今已有多久了？你还记得吗，有多久了？记得时刻去赞美他人，让他觉得自己很重要，你不仅没有损失什么，而且也会因此收获更多。

成为一个激励高手

我曾经看到过许多濒临破产的企业，他们的员工都是懒洋洋的，没有一点儿工作热情。我并不想讨论企业的濒临破产是不是他们这么消极导致的，但是我敢说，如果能够激发他们的热情的话，这些企业中 90% 都可以起死回生。

我并没有高估这种威力，有很多人也是这么认为的。近来，越来越多的企业家热衷于领导艺术的研究了。他们开始致力于研究这样一种方法，即如何使员工发挥出自己的潜能，从而走向事业的成功。他们发现，只有激发员工的这种工作热情，企业才能走向成功。

激励别人获得成功是一件非常美妙的事情，激励的作用常常可以创造一些看似不可能的奇迹发生。

意大利的那不勒斯有个 10 岁的男孩，一直渴望能成为歌唱家。但是他的第一个老师却浇他的冷水。"你还是放弃吧，"那位老师说道，"你的音质不好，听起来像是风吹在百叶窗上一样。"

但是男孩的母亲却不这么想，她是个贫穷的乡下农妇，常常搂着男孩并赞美他的歌声。她知道男孩会唱歌，也一定能继续改进。于是这位母亲省下每一文钱让男孩去学唱歌，男孩在母亲持续的鼓励和赞美之下，终于成了一代有名的歌剧演唱者。这个男孩就是歌王卡罗素。

19 世纪初，英国伦敦也有个年轻人，满怀大志想成为一个作家。但事事显得极不顺利。他的父亲因为不能偿还欠款被判入狱，而这个年轻人只受过不到 4 年的正规学校教育。不仅如此，他还常常忍受饱尝饥饿的痛楚。后来，他在一处破旧工厂仓库，找到一份粘贴标签的工作，晚上则与另两名贫民窟的男孩睡在一处阴暗的小阁楼里。

他对自己的写作能力实在没有信心，每次都是三更半夜才偷偷溜出去把稿子投进邮筒里，因为他怕别人知道了会取笑他。他写了又写，但没有一篇被采用。他永远忘不了这伟大的一天，他的作品被采用了。虽然，他并没有收到一文稿费，但那名编者写了一封信称赞他。年轻人因这突来的认可而显得十分激动，他漫无目的地在街头游走，泪水滚落面颊。

这次投稿所得到的称赞和认可，使年轻人的生命整个改变了。假如不是那位编者的鼓励，他很可能终其一生在那间破旧的工厂里粘贴标签。这个年

领导的艺术

轻人就是英国著名作家查理·狄更斯。

还有一个故事，一个伦敦男孩在一家杂货店当店员，他早上 5 点钟就得起床，然后清理店面，接下来就是奴隶般地忙碌 14 个小时以上。每天都是如此，男孩十分厌恶这样的苦差事。两年之后，他实在忍不住了，便在某天清晨，连早饭都不吃，徒步行走了 15 里路来到母亲打杂的地方向母亲诉苦。

那样的生活几乎使他发狂，他向母亲哀求、哭诉、发誓，若送他回去便要自杀，等等。接着，他写了一封信给以前的老师，把自己的惨况告诉了他。而那位老师也回了他一封信，不但加以慰勉，而且认为他的聪明才智应该配得更好的工作，于是便请他到学校去任教。

这封称赞的信彻底改变了男孩的一生，也影响了英国文学的历史。此后，这个男孩勤于写作，所发表的作品都十分轰动，并因此成了百万富翁。他就是 H·G. 威尔斯。

上面这些案例正是我所要表达的，只要你善于利用激励，找对激励的方法，那么你就可能促成别人走向成功，同时也促使了自己的成功。正是这样，很多企业里管理者们都懂得运用激励机制来调动员工们的积极性和创造性。那么，我在这里列举几项他们激励别人走向成功的方法：

时时赞美对方

赞美是激起员工积极性的一个非常直接、有效的方法。安德鲁·卡内基非常善于运用这个方法去激励他的下属。他的下属之一、造船厂的总经理修韦伯曾经这么描述过他："公司里的重要人物、那些能干的人，基本上都是因为他的称赞而成功的。在我见过的大人物（其中包括不少优秀的企业家）中，他是最擅长于使用称赞而使人获得进步的。这种方法的确很有效，正是它成就了很多人的事业。它也是卡内基先生获得成功的一个重要原因。"

修韦伯本人也是运用赞美取得非凡效果的人之一，他从我这里学到了赞美的方法。作为一个造船厂经理，他的职员的工作热情几乎都非常惊人。在卡莫狄的工厂中，一项工作纪录才刚刚产生，马上就被另一项纪录打破了。

比如，在建造塔卡特号轮船的时候，他们只用了 27 天就完成了任务，这又是一项新的纪录。修韦伯和所有员工举行了一次庆祝大会。他作了一番赞美他们的演讲，并且送给每一个职工一枚银质奖章和一份威尔逊总统贺信的复印件，他还送给船厂每一位质量管理员一块金表。

相信我，赞美的力量的确不同凡响，如果你尝试一下，你就会知道我说的是多么地正确。

挑起竞争意识

挑起员工的竞争意识，这是激起他们积极性的又一个绝好的办法。

一天，查尔斯·史考伯在下班时被一位分厂厂长拦住了。他对史考伯说：

"我不知道这是怎么回事。我用了各种办法去激励我们厂的员工，但是他们却总是不能完成生产任务。"

"我很奇怪，"史考伯说，"你是一个能干的领导者，竟然也不能使他们热情地工作？"

"确实，"那位厂长哭丧着脸说，"我已经用了能想到的所有办法。我苦口婆心地引导他们、激励他们，甚至威胁和责骂他们，可是他们却无动于衷。"

于是，史考伯跟那位厂长一起去了工厂，当时正是他们厂白班和夜班的交替时间。史考伯拦住一位正准备下班的员工，问他说："你们今天生产了多少台机器？"

"6台。"那位员工回答说。

史考伯点了点头，向厂长要了一支粉笔，然后在地板上写了一个大大的"6"字，什么也没说，就一声不响地离开了。

那些上夜班的工人看到地板上的字很奇怪，于是就问那些上白班的人是怎么回事。

"刚才，史考伯先生来过了，"上白班的人回答道，"他问我们生产了多少台机器，然后就在地板上写下了这个字。"

当第二天史考伯再次到来的时候，地板上的字已经被上夜班的人擦掉，改成了一个大大的"7"字。史考伯满意地笑了，然后又一声不响地离开了。那些上白班的人来的时候，看到这个"7"字，感到这好像是在说上夜班的

领导的艺术

人比他们强。他们当然不甘示弱，于是他们加紧工作。到下班的时候，他们得意地在地板上写了一个"10"字。而结果是，到了月底，他们超额完成了生产任务。

我们看到，史考伯先生在整个过程中，从没有对那些员工说过要努力工作，但是他究竟使用了什么样的魔法，使他们积极主动地工作呢？很简单，他激起了员工的一个十分重要的竞争意识，就是那种相互超越的欲望。事实证明，这种欲望的力量是强大的。

给别人一个美名

莎士比亚曾经说过："如果你希望拥有一种美德，不妨先假定你已经拥有了它。"每个人都有一个理想化的自己，而这个理想化的自己拥有几乎所有的美德。所以，你如果按照这种方法去做，事先给了对方一个美名，那么他会竭尽全力去做到这一点，好像他们就要做给你看似的。

莎士比亚

我的朋友钦特夫人最近雇用了一个女佣，并告诉她星期一上班。然后，钦特夫人打电话询问这位女佣以前的情况，她以前的雇主说她的表现不是那么让人满意。

但是要换人已经是不可能的了，因为钦特夫人已经雇了她。于是钦特夫人想了一个办法，即通过给她一个美名来使这个女佣得以改变。

星期一的时候，女佣准时到达。钦特夫人对她说："我昨天打了电话给你以前的雇主。她告诉我，你是一个诚实、勤劳的女孩；你的菜做得很好，而且很会照顾孩子。她说你唯一的缺点就是做事有点随便，屋子收拾得不是很干净。不过，我并不相信她说的话。因为你穿得十分干净和整洁，怎么可能不爱干净呢？"

这段话改变了这个女佣。她和钦特夫人相处得很好。这个本来不爱干净的女佣，为了维护自己的美名，每天勤快地打扫，不惜多花费几个小时。

既然这种方法如此有用，又不会使你少点什么，相反，它还能使你成为一个善于激励的管理者，那么，为什么不照做呢？

始终树立成功的信仰

"如果你对结果足够关心的话，你就能够实现它。"这是威廉·詹姆斯的一句话，我在这里用这句话引入我的话题。我们已经知道，他说过：在这里，你可以把它理解为一种必胜的信念。因为当你的目标对你的吸引力足够大时，你就会树立起一种必定要成功的信念。在任何时候，告诉自己：我一定要，而且能够成功。这样，你就能够成功。

恺撒成功的秘诀在于他使他的士兵们知道，他们必须取得成功，没有退路。当恺撒率领他的军队从高卢渡海而来，登陆现在的英格兰的时候，他是怎样取得胜利的呢？他把军队带到了多佛海峡的白岩石悬崖上，让士兵们望着位于自己脚底 200 英尺的海面上燃烧的船只。士兵们知道，他们与大陆的最后联系已经断绝，退却的工具已经被焚毁，唯一可做的事情就是前进、征服、胜利。就这样，恺撒和他的军队成功了。

当你想战胜面对听众所产生的恐惧，以及克服提高自己的说话能力必然要面对的困难时，为何不让自己拥有这种精神呢？把消极的思想全部扔到火里焚烧，并把身后通往犹豫退缩的大门紧紧关上——你就必将取得成功。

很多名人的成功正是得益于这种方法——耶鲁大学的乔治·戴维森教授就是依靠这种强大的信念取得成功的。

年轻时候的乔治有一个梦想，他希望能够改变世界、服务全人类。为了达到这个理想，他需要接受最好的教育，而美国是他最理想的去处。当时的乔治身无分文，要到 1 万千米外的美国去，简直就是天方夜谭。不过，他还是出发了。

他徒步从他的家乡尼亚萨兰的村庄出发，穿过东非荒原到达开罗，在那儿他可以乘船抵达美国。他一心想的是到达那个可以帮助他改变自己命运的国家，其他的一切他都可以置之度外。他一开始就遇到了极大的困难。在崎岖的非洲大陆上，他用了5天才艰难地跋涉了25英里（约40千米）。他的食物已经吃完，水也已经喝完，而且，他身无分文。他还需要继续前进几千英里。

回头吗，还是拿自己的生命赌一把？乔治知道，回头就是放弃，就是回到贫穷和无知。而他不想这样。他相信自己能够克服这些困难，达到自己的目的地。于是，他对自己说："继续前进，除非我死了。"他继续孤独地前行。他常常席地而睡，以野果和其他植物维持自己的生命。旅途使他变得瘦弱不堪。由于极度疲惫和近乎绝望的灰心，几次他都想放弃。但是每当这时，他就自己给自己鼓气。终于，他战胜了自己的怯懦，充满信心地继续前进。

经过种种磨难和痛苦，1950年10月，乔治终于用两年的时间来到了美国，骄傲地跨进了斯卡济特峡谷学院的大门。凭着对目标的专注和近乎神圣的成功的信念，乔治战胜了常人难以战胜的困难。还有什么比这件事情更加难以办到的呢？

在一次广播节目中，主持人要我用3句话来说明我学到的最重要的一课。我当时是这么说的："我所学到的最重要的一课，是我们的思想对我们非常重要。如果我能了解一个人的思想，我就能了解他这个人，因为正是思想造就了我们。而如果我们能够改变自己的思想，也就能改变自己的一生。"

从现在开始，你就要积极地设想自己的努力最终会使你成功。为了达到目标，你需要建立足够强大的自信和目标必将实现的信念，你必须对自己说话能力训练的努力成果保持轻松而乐观的态度。你应该想到，你努力的结果必然是，当需要在众人面前站起来说话时，你能够从容不迫地侃侃而谈、清晰明白地表达你的观点。你一定要把你的决心和信念烙在每个词句、每项行动上，并且竭力培养这种能力。

有一个叫乔·哈弗斯第的人曾经在卡耐基培训班接受培训。有一天，他站起来信心十足地对大家说，他不满足于做一名房屋建造商，他希望自己成为"全国房屋建筑协会"的发言人：他最想做的事是在全国各地奔走，把他在房屋建筑业中遇到的问题和获得的成就告诉人们。难能可贵的是，他不但对理想有一种狂热的追求，而且真的说到做到。

他想讲的，不仅仅包括地方性的问题，还包括全国性的问题。对于这样的想法，他并没有三心二意，而是用心地准备自己的演讲，并且用心地进行练习。在上课期间，他从没有耽误一次课；即使再忙，他也仍然一丝不苟地按照训练班的要求去做。结果他的进步十分迅速，令大家都十分惊讶。两个月之后，他成了班上的佼佼者，被选为班长。

大约一年以后，乔·哈弗斯第的老师这样写道："我几乎已经忘记了来自俄亥俄州的乔·哈弗斯第了。一天早上，我正在吃早餐。当我不经意间打开《弗吉尼亚向导》的时候，书中醒目的位置上赫然有一幅乔的照片和一篇称赞他的报道。报道中说：前天晚上，他在一次地区建筑商的盛大聚会中发表了精彩无比的演讲。这时的乔已经不是'全国房屋建筑协会'的发言人了，简直就像是会长了。"

乔·哈弗斯第为什么能够成功呢？因为他有强烈的欲望，保持了高度的热忱，具备了克服困难的坚强毅力，更加重要的是：他相信自己一定能够成功。

一个成功者不一定具有不同于一般人的本领和才智，但他坚信自己一定能够成功，并且，他会把全部精力用于追逐成功的行动当中。这样，成功的概率就会大大提高。

因为，人——无论是谁——本身都有无穷的潜在能力，但能否开发出来，往往取决于每个人自己的态度。如果你相信自己能够成功，那么你就必定能够成功。

鼓舞与激发员工的热情

专家研究认为，有些人因为在苛刻的现实世界中得不到受重视的感觉，的确会精神失常，会陷入癫狂的梦境中。这也是美国精神病患者越来越多的原因。

在美国的医院中，精神病患者要多于其他一切患者的总数。在纽约，精神病患者和正常人的比例是1：200。人为什么会患上精神病呢？

这个问题可不容易回答。不过，我们知道有些病，例如梅毒，就能够使脑细胞受到损伤，从而造成精神病。事实上，大约有一半的精神病是由于生理原因，如脑部受伤、醉酒、中毒以及躯体受到创伤而造成的。但剩下的另一半患精神病的人，在脑细胞等机体上并没有明显的毛病。在对这些人死后所进行的尸检中，即使用最精细的显微镜检查他们的脑部神经，也难以查出有什么问题，他们的脑部神经和正常人的并没有什么区别。

那么，这些脑组织正常的人，为什么会发疯呢？

最近，我曾向一家精神病院的一位著名医生请教了这个问题。这位医生曾因为在精神病方面的突出贡献而获得过最高的荣誉及最著名的奖章。他坦率地对我说，他也不知道有些人为什么会发疯，根本就没有人知道确切的原因。不过他又说："许多患上精神病的人，能够在疯狂中找到真实世界中难以获得的受重视感。"

他向我讲述了这样一个真实的故事：

"我现在有一个病人，她的婚姻其实是一个悲剧。她渴求爱情、孩子和高尚的社会地位。但她所有的希望都被现实生活打破了——她的丈夫不爱她，甚至连和她一同吃饭都感到厌烦，她不得不独自在楼上的房间吃饭。她也没有孩子，没有社会地位。最后，她疯了。在她的精神幻想中，她以为自己已经和丈夫离婚了，并且恢复了婚前的姓名。她相信自己现在已经嫁给了一位英国贵族，并坚持让别人称她为史密斯夫人。

"至于她所希望的孩子，现在在她的幻想中也已经有了。每当我去看她的时候，她都会说：'医生，我昨晚生了个孩子。'"

残酷的现实曾击碎了这个女人生活中所有美妙的幻想，但在癫狂的状态中、在想象的阳光灿烂的美丽海岛边，她已经实现了自己的梦想，她所有的希望之船都已驶入港湾，即使风吹雨打也毫不动摇。

你认为这个故事很悲惨吗？我也不知道。不过那位医生对我说："即使我能轻易地治好她的精神病，我也不愿那样做。她现在这样生活，我认为反而会更加幸福。

"总体而言，那些精神失常的人比你和我要更加快乐，甚至有许多人更愿意装疯而从中取乐。为什么他们不能这样呢？你看，通过这种方式，他们在现实世界的麻烦都不存在了。他们可以轻易地给你开出一张百万美元的支票，或者给你开一封介绍信，让你去见一位大人物。总之，他们在自己创造的梦境中，找到了自己渴望得到的受重视感。"

试想一下，既然人们如此渴求获得重视，甚至有人真的变成了疯子，那么在一个人还没有变疯之前，就满足他受重视的感觉，将会创造出什么奇迹呢？

据我所知，有史以来只有两个人得到过百万年薪，这两个人就是华德·克莱斯勒和奎理·施瓦布。为什么付给施瓦布100万美元的年薪，也就是一天3000多美元的薪水呢？

施瓦布是天才吗？不是！或者是他的钢铁知识比别人更渊博吗？也不是。施瓦布自己就曾告诉过我，他手下比他更在行的人并不在少数。施瓦布说，他之所以能获得这么高的薪水，主要是他出色的为人处世及管理才能。我问他是怎么做的，他亲口说出了自己的秘密——我认为这些话应该刻在铜牌上，悬挂在全国的每个家庭、学校、商店以及办公室中；这些话每个孩子都应该背下来，这将比浪费他们的时间去背诵拉丁动词的变形或巴西每年的降雨量要有意义得多。如果我们真的能够按照这些话去做的话，必然会发生彻底的改变。

施瓦布说："我认为我拥有的最大的资本，就是鼓舞和激发员工热情的能力。这种能力是无法用金钱来衡量的财富。而充分发挥一个人才能的方法，就是赞赏和鼓励。在这个世界，批评最容易扼杀一个人的进取心了。我从来都不批评任何人。当我希望别人勤奋工作时，我最先选择的是激励，而不是指责。我更加乐于称赞，而不喜欢挑剔。当我对别人的工作感到满意时，除了由衷地褒奖之外，我不知道还能说什么。"

领导的艺术

这就是施瓦布的做法。但一般人又是如何做的呢？他们的做法和施瓦布的正好相反，如果他们不满意别人的工作时，就会竭力挑剔毛病；而如果他们感到满意的话，也会吝啬得一句褒奖之词也没有。

施瓦布

"我经常和世界上的著名人物打交道，"施瓦布说，"我发现所有的人，无论他如何伟大，地位如何高，没有不希望得到赞美的。"

其实，我创造出惊人成就的一个重要原因，是在任何时候都不会吝啬鼓舞与激励别人。

了解员工背后的动机

从你来到这个世界的第一刻开始，你的一举一动都是出自你的需求。

你为什么会捐给红十字会 100 美元呢？不错，是因为你也有这种需要——因为你和其他人一样，也想为别人提供某种帮助，你想做一件有益的事情。

《圣经》中这样说："为穷苦人做事，也就是为我们自己做事。"当然，那些认为行善所得的快乐比不上金钱价值的人，是绝对不会捐款的。而那些碍于情面不好意思拒绝捐款的人，或因为一个主顾的请求而不得不捐款的人，有一点是可以肯定的，那就是他们是为了满足某种需要而捐款的。

美国著名心理学教授亚弗斯特在《影响人类的行为》这本书中说："人的每一种行为背后都有其内在的动因……无论是在商场、家庭、学校中，还是在政治圈内，都要牢记一条原则：那就是首先要激发对方最迫切的需求，只有这样，才能劝服别人，得到别人的支持，否则就办不成任何事情。"

我出身贫寒，刚参加工作的时候，每个小时只能挣两美分，可是我后来却向社会捐赠了3. 65亿美元。我只读过4年书，但我知道如何与人相处。我很早就明白，影响人的唯一方法，就是关心对方的需要，并由此着手。

我在这里给你们讲一个我与亲人之间的故事：

我有两个侄子，他们都在耶鲁大学读书，但却只是一味忙着自己的事情，连信都不给家里写，而他们的母亲写给他们的充满焦虑的信，他们也不愿回复。他们的母亲因此忧劳成疾。

《圣经》书影

于是，我同焦虑的嫂子打了100美元的赌，说我不必请他们回信，就能让他们立即回信。我给两个侄子写了一封信，在信里面只是随便谈了一些家庭琐事，然后在信的结尾加了一句："随信给你们每人寄一张5美元的钞票当零花钱。"

不过，我并没将钱装入信封里面。结果呢？他们果然回信了，信上写道："谢谢亲爱的叔叔给我们写的来信，但……"

至于下面的内容，我想读者一猜就知道了。

我班上有一位学员叫斯坦·诺瓦克，他来自俄亥俄州的克利夫兰市，他的亲身经历是关于他儿子的，但是同样适用于员工管理实践。一天晚上，斯坦下班后回到家中，发现小儿子迪米在客厅的地板上哭天抢地地闹腾。

原来，迪米明天就要上幼儿园了，但是他不想去。如果换在平时，斯坦肯定会凶巴巴地将迪米叫到房间，命令他最好还是去幼儿园，因为他别无选择。但是这天晚上斯坦并没有这么做，他认为这样做并不能让迪米心情愉快地去上幼儿园。

于是，斯坦坐下来，心想："如果我是迪米，怎样才会高高兴兴地去上幼儿园呢？"

斯坦和夫人一起将迪米将在幼儿园喜欢做的事情列成了一张表，其中有

领导的艺术

用手指画画、唱歌、交朋友等。做完这些之后，他们开始采取行动。

斯坦说："我和我夫人、我另一个儿子鲍勃开始在厨房的桌子上用手指画画，而且真的享受到了其中的乐趣。不多久，迪米就站在墙角，偷偷地看着我们，然后要求参加我们的活动。

"'不行，你必须先去幼儿园学习如何画手指画。'我对他说。我又以最大的热情，用他所能听懂的话，向他解释了那张表上列出来的各种有趣的事情，并告诉他将会在幼儿园得到这些乐趣。

"结果，第二天早上，我起床走下楼后，本以为我是第一个下来的人，可是没想到迪米竟坐在客厅的沙发上，他在那里睡了一个晚上。我问他为什么睡在这里，他说：'我在等着去幼儿园。我可不想去晚了。'你看，我们全家已经将迪米的强烈愿望激发出来了；但是，如果我们采取讨论或强迫的办法，是根本做不到这一点的。"

可见，在说服员工之前，不妨先问问自己："怎样才能激发他的热情，使他心甘情愿地'要'做这件事?"只有这样，管理者才不会冒冒失失、毫无结果地去同员工谈论各种事情，也不会在事后听到员工的抱怨和牢骚。

让对方觉得是自己的主意

没有人喜欢觉得自己是在被迫去买什么东西或被人命令去做某件事。我们宁愿觉得我们是自愿购买的，或遵循自己的意念在做事。我们喜欢别人关心我们的愿望、需要及想法。试想一下，你对于自己发现的思想，是不是比别人的思想更为信仰？哪怕别人的思想放在一只名贵而精致的盘子里递给你，你也不会慷慨地接受。

是的，每个人都有如此的想法。既然如此，那么你想将你的想法强塞进别人的喉咙，岂不是太一厢情愿了？所以，提出建议，再让别人自己去想出结论，那样做不是更明智吗?

来自费城的鲁道夫·塞尔兹先生是我班上的一位学员，他有一次迫切地感到有必要给一群沮丧而散漫的汽车推销员打气加油，于是他召开一次销售会议，鼓励他的部下如实说出他们内心对他的看法和希望。在他们说这些的时候，他将他们的想法全都写在黑板上。然后他说："我可以满足你们对我本人的全部要求。现在，请你们告诉我，我有权利从你们那里得到什么？"

大家的回答很迅速：忠心、诚实、主动进取、乐观、合作，以及每天 8 小时的热情工作。有一个人甚至自告奋勇地要求每天工作 14 个小时。会议开得十分成功，给人以新的勇气和新的激励。

塞尔兹先生说："他们实际上是在和我做一种道德交易。在我保证尽我所能时，他们也决定尽他们的能力。和他们商讨他们的愿望和希望，正是他们所需要的精神食粮。"

尤金·威森在懂得这一真理之前，不知损失了多少美元的收入。

威森替一家专门为时装设计师及纺织品制造商设计花样的画室推销图样。威森曾连续 3 年每周一次地去拜访纽约一位最著名的时装设计专家。"他从未拒绝见我。"威森说，"但也从来没有买过我的图样。他总是仔细地看我的图样，然后说：'不行。先生，我想今天我们不能要你的东西。'"

经历了 150 次失败以后，威森终于明白了问题所在：自己始终陷于以往的固定做法中，太墨守成规了。于是，他决定每星期用一个晚上的时间学习为人处世的技巧，努力发展新观念，创造新的热情。

不久，他受到了启发，开始尝试一种新的方法。他拿了 6 张画家们还没有完成的图样，跑到那位设计师的办公室。"我想请你帮我一个忙。"他说，"这里有一些还没有完成的图样，我想请你告诉我，我们应该怎样完成它们，才能使你满意？"这位设计师默默地看了图样一会儿，然后说："将图样放在我这里，你过几天再来找我。"

3 天之后，威森又去找他，听取了他的许多建议，然后取回了图件，并按照设计师的意见把它们画完。结果呢？它们全都被买下了。

那是 9 个月以前发生的事情，从那时起直到现在，这位买主又订了几十张图样，全都是按照他的意见画的——结果，威森从他那里赚了 1600 多美元。"我现在明白，为什么我这么多年不能和这位买主做成生意了，"威森先

领导的艺术

生说，"以前我一味劝他购买我以为他应该买的。而现在，恰恰相反，我请他告诉我他的想法，于是他觉得是他在创造图样，并且也的确是这样。我现在即使不向他推销，他也会主动来买。"

这种方法确实是卓有成效的，说服别人的技巧就在于你是否让他们满心欢喜地接受你的意见，罗斯福总统用这种方法顺利地进行了一场改革。

当西奥多·罗斯福担任纽约州长的时候，他完成了一件不同寻常的业绩，他强有力地推行一些政府首脑所最不喜欢的改革方案。他是如何做到的呢？

当有重要职位空缺的时候，他就请政治首脑们给他推荐担任此职的人。"最初，"罗斯福说，"他们也许会提名一个软弱无能的党棍，即那种需要'照顾'的人。我就告诉他们，委任这样的一个人不是上策，因为公众不会赞同。

"然后，他们向我提出另一个无所作为的党棍，这是个碌碌无为的人，尽管他无可指责，却也没有什么值得称赞的业绩。我就告诉他们，这个人不能满足公众的期望。接下来我请他们想想，能否找到一个显然更适合这个职位的人。

"他们第三次提议的人还说得过去，但仍不十分理想。于是，我就谢谢他们，请他们再试一次。他们第四次提议的人就可以接受了——他们这时所提的正是我自己要提出的人。我对他们的协助表示了感谢，并委任了这个人——我还把这委任之功归于他们……我告诉他们，我这么做是为了让他们高兴，现在该轮到他们使我高兴了。而他们真的那样做了。他们支持我的各项法案，如《服役法》与《豁免税收法案》等。这使我很高兴。"

罗斯福就是用这种方法成功地执行了这项难以执行的改革方案，请切记，尽可能地向别人请教，并尊重他们的建议，让对方觉得那主意完全是他们自己决定的。这就是说服别人的秘诀，也是你成功的秘诀。

在商界中，长岛的一位汽车销售商也成功地运用了这种方法，将一辆旧车卖给了一对苏格兰夫妇，我想不出用这种方法为什么不会成功。

当时，这位销售商让这对夫妇看了一辆又一辆汽车，但他们总是不满意，说这辆不合适，那辆有损坏，而且价钱也太高——他们总是嫌价钱太高了。形势颇为无奈，于是一位旧车商——他也是我班中的学员，来请我给他帮忙。

于是，我建议他不要再向这种"三心二意的人"推销，而是要设法使他们主动前来购买。我告诉他说，不要告诉他们该如何做，而是要反过来，让他们告诉你如何做。一定要使他们觉得是他们自己在拿主意。

这建议听起来相当不错，他是如何做的呢？在几天之后，当一位顾客希望把他的旧车换成一辆新车时，这位销售商决定可以尝试一下之前的建议。他知道这辆旧车或许能使这对苏格兰夫妇动心。于是，他给这对夫妇拨打了电话，希望他们给他一点建议——这辆旧车的估价以及是否值得购买，就算是帮他一个忙。

当这对夫妇来了以后，这位车商说："你是一位很精明的买主。你了解汽车的价值。但是能不能请你看一看，试一试这汽车的性能，并请告诉我这车该折多少价？"男买主满面笑容，因为终于有人请教他的意见了，他的能力得到了承认。他驾驶这辆旧车上了大道，一直从牙买加区开到弗洛里斯特山，再开回来。"如果你能以300美元买下这辆车，"他建议说，"你就占便宜了。"

"如果我以那价格买下它，你愿不愿买它？"这车商问道。"300美元吗？当然买。"是的，这是这位男买主自己的主意，也是他的估价。于是这笔生意立即成交了。

爱默生在《依靠自己》这篇散文中说："在天才的每一项创造和发明之中，我们都看到了过去被我们排斥的想法；这些想法再次展现在我们面前时，却显得相当伟大。"

爱德华·豪斯上校在威尔逊总统执政时期，在国内外事务方面具有很大的影响力。威尔逊对豪斯的秘密策划及建议的依赖，比他自己的内阁成员还多。豪斯上校是用什么方法影响总统的呢？我们有幸得知这个答案，因为豪斯自己曾对亚瑟·D. 史密斯说过，而史密斯又在《星期天晚报》披露了。

"'认识了总统以后，'豪斯说，'我发现，要使他相信某一种观念的最好方法，就是将这一观念很自然地植于他心中，并巧妙地使他对这一观念产生兴趣，使他经常思考。这方法第一次发生效力，纯属巧合。我曾到白宫去拜访他，劝他推行某项政策，而这种政策他似乎不太赞成。但几天以后，在一次聚餐的时候，我很惊讶地听到他把我的那个提议当做他自己的意见说了出来。'"

豪斯是否阻止了他，说"那不是你的意见，而是我的"呢？哦，没有。豪斯绝不会那样。他非常精明，他不屑于居功，只求行事有效，所以他使威尔逊继续认为那意见是他自己想出来的。不仅如此，他还使威尔逊因为公开了这些意见而获得了世人的赞誉。

我们一定要记住，我们明天所要接触的人，也许正像威尔逊一样，具有人性的弱点，所以，我们就应采用豪斯上校的做法。

这种方法同样被一个住在纽勃伦斯维克的人应用于我的身上，由此得到了我对他生意的光顾。那时，我正计划去纽勃伦斯维克划船钓鱼，所以我写信给旅行社打听相关情况。我的姓名、住址显然是被列入了公开的信息中，因为我立刻就收到了从野营处与向导处寄来的几十封信件、小册子和印刷品，我差点儿被弄迷糊了，不知道该选择哪一家才好。

不久，有一位野营处的主任做了一件很聪明的事，他送给我几个他曾接待过的纽约人的姓名及电话号码，请我给他们打电话，让我自己调查他营中的情况。我很惊异地发现，我竟然认识其中一人。我打电话给他，打听了他对这个野营处的印象和感受，然后打电话给这个野营处，告诉了他们我到达的日期。而其他人都强行向我推销，但这个野营处的主任却让我自己做出安排。因此，他胜利了。

U0789599

世界传世藏书

【图文珍藏版】

卡耐基励志经典

[美]卡耐基·著

刘凯·整理

第五册

线装书局

第十七章　热忱的力量

如果热忱能让一群精明的生意人忽视基本的自然规律，那么假如有人本就在理，再加上热情的态度，威力该有多惊人。

热忱有个特性，就是它具有感染力，能让人不由自主回应。不管是在教室、董事会还是竞选活动里，都是这样，甚至在冰球比赛里，都需要热忱。如果你自己对一件事没激情，别人也不可能有。假如公司领导人自己没有一腔热忱地相信公司的目标与方向，那就不要指望员工、顾客或者股市能相信。想使任何人对一个想法、一个计划或是一个活动兴奋起来的最好办法，就是你自己先兴奋起来，而且要表现出这种兴奋。

汤米·德拉芬在加利佛尼亚一家进口公司卡尔佛电子销售公司找到了一份业务员的工作，根据公司的传统，德拉芬得到了一份潜在客户名单，其中一家公司以前是卡尔佛公司的大客户，不过已经很多年没来往了。

"我决定把跟他们做成生意当做我个人的一次挑战，"德拉芬说，"我得先说服我老板我们能把这个客户挽回来，老板不是很相信我说的，不过他不想打击我的积极性，于是同意我去拜访那家公司。"

德拉芬将这个任务视为一项使命，他提供了保证价，缩短了交货期，以及承诺更好的服务。他向那位采购主管表示"卡尔佛会尽一切努力使你满意"。

在德拉芬第一次与那位采购主管面对面交谈时，他的热忱就发挥了关键的作用，他面带微笑走进会客室，说："很高兴你们回来，让我们来共同合作。"

德拉芬从未想过他可能做不成生意，他完全忽视公司已经丢掉这个客户的事实，他用乐观的、充满热情的态度说服客户，卡尔佛公司已经准备好再为他们服务。

"后来生意就做成了，采购主管告诉我们老板，他们考虑我们公司的唯一原因就是我的热忱。他们跟我们签的订单每年有五十万美元的金额。"

在继续讨论热忱这个话题之前，让我们先澄清一个常见的误解，热忱并不等于喧闹，用力拍桌子、上蹿下跳、傻里傻气都不是热忱的表现，虚假的热忱带来的坏处远大于好处。

热忱是一种源自内心深处的感觉。这个概念很重要，值得再强调一遍，热忱是一种源自内心深处的感觉。而不该跟大肆的喧闹混为一谈。

当然，发自内心的热情，有时也会伴随更显著的肢体动作和更响亮的言语表达，但有的人过度亢奋——你知道，就是那种"我很棒，你很棒，我们大家今天都很棒"的样子——那就有点不对劲了。

模拟设计公司的董事长雷·斯塔塔说："领导能力来自于完全的正直与信用，所以你要让自己变得可信，你得做个说到做到、令人信任的人，我想这是开放交流的先决条件，而不是只靠些小窍门就能做到。"

真正热忱的人往往能本能地了解到这一点，在二十世纪五十年代，乔纳斯·索尔克对于研究小儿麻痹症疫苗满怀热忱，他投入数年的生命去研究，每个跟他接触的人，只要一提到研究上，索尔克的眼里就会立刻迸射出幸福的光芒。他从早到晚都待在实验室里，他研究的成功启发了起码两代科学家。索尔克当然是满怀热情的，但他从不大声宣扬。后来，他本着同样的热情又去研究 HIV 滤过性病毒的疫苗，HIV 是导致艾滋病的病毒。

一九六九年，尼尔·阿姆斯特朗对于登月计划也抱着相同的热情，这一点甚至从他的俄亥俄州口音中都能感受得到。"这是我的一小步，却是人类的一大步。"阿姆斯特朗不需要把这句话大声喊出来，也没必要在回到阿波罗号前跳上一段舞，他的这句名言本身就已足够显示出他的满腔热情。

一九九一年，海湾战争开始时，诺曼·施瓦茨科普夫将军并没有靠大吼大叫让士兵明白他们的使命，人们所能看到的只是美国有线电视新闻里五秒钟的一则简讯。

满怀热情的人不用大声喧哗，就能让所有人都毫不怀疑他们对工作的感受。

真正的热忱是由两个部分组成的：渴望与自信。对某件事感到强烈的兴趣，并表现出有能力做成这件事的自信。这就是热忱。不管是对公司、计划还是一个想法有这两种感觉，你的热忱都会具有极大的感染力。你有热忱，其他人都知道你有热忱，过不了多久，我保证其他人也会有热忱的。

奥运体操金牌得主玛丽·卢·雷顿说："热忱似乎是我天生就拥有的，我是个非常积极的人，而且我也总是与积极的人为伍，这对我而言很重要。"

玛丽·卢·雷顿

正是这种积极的态度支持着雷顿熬过辛苦非常的训练，"有时候我们的教练心情不好，就会对我们特别严厉，我会努力让队里的四五个女孩保持积极，但是只要有一个女孩退缩了，说'唉，我不想做这个动作'，那就会把别人也传染得灰心起来，我最恨这种情况。哪怕有十个积极的人肯努力，但只要有一个消极的人，就会影响全队的心情，所以我总是尽量远离这种人。"

"应该永远与快乐成功的人为伍，"商业畅销书作家哈维·麦凯也同意这一点，"我不跟消极的人来往，如果你的朋友、同事、你尊敬的人和你的偶像都是乐观、热情、自信、自重的人，那么慢慢地你也会变成这种人。"

热忱的力量是不容低估的，"美国文明之父"拉尔夫·瓦尔多·爱默生有次说："每一个伟大的时刻都是热忱带来的胜利，任何丰功伟业都不能缺少热忱。"这句话在美国民权运动中得到了证实，美国的建立也可以证明这句话的正确，在今天，所有的大公司都能证明这句话的真实。

热情跟卓越的能力、努力的工作一样重要，我们都认识一些聪明但一事无成的人，只有热爱工作、投入热情的人才会有所成就。

戴尔·卡耐基有次问一个朋友该怎样遴选高级职员，这些人的能力关系到他事业的成败。朋友的回答令人惊讶："成功者与失败者的智力和能力通常相差不大。"纽约中央铁路公司的总裁弗雷德里克·威廉森说："如果两个人各方面条件相似，那个热忱的人一定会更快获得成功。一个能力平庸但满怀热忱的人，往往会胜过能力出众却缺乏热忱的人。"

智商测试最大的不足，就是无法测试一个人的热忱程度和情绪动力。几十年前，智商测试刚出现时，被视为一种预测未来的神奇工具。只要测试一个人的"智商"，就可以相当精确地预测到这个人的成就——智商测试公司如此宣称。

如果人生这么简单就能被预测，倒的确很有吸引力，特别是在那个科学至上的年代里，于是标准化测试这一行业应运而生，大学招生人员完全按照智商测验分数来决定某个学生值不值得招收，学校也运用智商测验分辨学生有没有潜力，军队更是依靠智商测验来决定谁可以当军官，谁只能当个勤务兵。

不可否认，智商很重要，有些人就是得天独厚，比别人聪明，做事也比别人轻松，创造力、运动细胞以及其他一些才能真的是生命赐予的珍贵礼物，但这些天生的才能只不过是人生的一半而已，另一半还要我们自己去完成。

新泽西州的教育测试服务公司提供很多现代化的标准测试，但即使是公司的员工也会花很多时间来说明，他们的测试结果并不绝对。学校招生人员也被严厉警告不得完全按照测试结果招生，其他因素也应该被列入其中——其中热忱应该放在首位。

冰球明星丹尼斯·波特文曾经率领纽约岛人队四次获得斯坦利杯，他对热忱颇有体会。

这位前岛人队队长回忆说："当我开始集训时，我就酝酿情绪，使自己兴奋起来，一般球员都会在冰上训练整个夏天，他们以为我也是这样，其实我刚好相反，我不想在冰上训练太多。"

"所以，当我开始集训时，我的状态不如其他人那么好，我知道我得额外努力，不过，有一点我知道我胜过他们，那就是能再站到冰球场上让我真的非常兴奋，这是我职业生涯中的第十五个赛季，我却觉得我还像个刚打冰球的孩子那样兴奋。"

你没法假装热情，但你可以创造热情，你也可以培养热情并把它运用到工作里。戴尔·卡耐基对此过程的解释是："激发热情的方法是先相信自己，相信自己能够做到，并有完成任务的意愿，这样热情就会像日夜更替一样自然产生。"

那么如何开始这个过程呢？"告诉自己，自己喜欢做什么不喜欢做什么，尽快跳过不喜欢做的部分，跳到喜欢的部分，然后充满热情地去做，告诉别人这件事，让他们知道你为什么这么感兴趣，只要你做出对工作感兴趣的样子，你就会真的对它感兴趣，这么做还能减少疲劳、紧张和焦虑。"

当你真正有了目标、有了想做的事时，热情很容易产生，只要做到这一点，热情就会从你心底涌起。

早晨醒来时，先花一分钟想想今天会发生的一件开心的事，不必是什么了不得的事，也许只是你一向喜欢的某种工作，也许只是约了一位朋友共进午餐，也许是全家出游，也许是跟朋友们一起喝一杯，也许是打一小时壁球或进行有氧运动……不管是什么开心的事，重点在于：人生并不是那么单调沉闷，人生是可以变得有趣的。我们都需要有目标，有值得向往的东西。有些事能给人推动力，即使只是想想这些事，也会有种全新感受。人们可以打破自划的界限，换句话说，就是人们可以活得更有激情。当你做到时，结果会难以想象的好。

智利桑达公司的总裁安德烈·纳瓦罗相信："现代企业最需要的，就是怀有热忱的领导人。其实领导能力的定义差不多就是——有能力把热情传给别人，让所有人一起为同一个目标努力。如果你希望同事在这两天能对一个项目抱有热情并开心地工作，光在备忘录上写'明天起所有人都要热情起来'是没用的。你必须自己先热情起来才行。"

"如果你自己都没热情，你怎么把热情传给其他人呢？也就是说，如果你想改变环境，那你就得先改变自己。如果你自己不先改变的话，你连子女都改变不了。如果你希望自己的儿子对踢足球产生兴趣，那你自己得先是个足球爱好者。"

"热情是通过你的眼睛、你的动作、你全天的行动传递的，而不是记在备忘录上就有用的。事实上，我认为每个人都会对某些事怀有热情，如果你对什么事都提不起劲，你跟死了也没什么区别。一旦你发现你做某些事时很有劲，那很容易也激发起你对其他事的热情。"

拥有热情几乎就能保证成功，这听起来有些难以相信，但确实是有证据的。

例如利华公司的前总裁戴维·韦伯，只要看他走进办公室的样子，就知道他是个热忱的人。他并非很引人注目，但他总是昂首挺胸，目光中透着热情，步伐中透着积极愉快，这些听起来都是细节，但是比我们想象的要有力量得多，这不是偶然的。

韦伯说："人们总是在电梯里研究你，你无时无刻不在表现自己的价值观，人们的记性是很好的。"

"这一点我是从联合利华公司的董事长戴维·奥尔那里学来的，"韦伯继续说，"我到印度去接替他的职位，他是市场部门的主管，认识每一个人，到过每一个地方，我们的经销商网络庞大，到每一个经销商那里去，都会受到招待，我在印度旅行，想找出一个戴维·奥尔没有拜访过的经销商，起码墙上没有挂着他的照片，结果我发现，印度境内的业务员，居然没有一个是他不认识的。"而所有人都记得戴维的热忱。

韦伯上了这一课，直到升任利华公司总裁之后，也未曾遗忘。他回忆说："我要在三个月内见见公司的每个业务员，一共大概有七百五十位，他们都认识我，可以随时跟我联系，我有时候出去跟他们开开玩笑，大家在一起很开心。我真的喜欢这些公司里的人，我找不出一个我不喜欢的人。"

当诺士达银行的区域金融机构被佛利特财团并购的时候，托马斯·多尔蒂正当着诺士达银行的高级主管。并购之后，多尔蒂留了下来，管理佛利特银行在整个纽约的业务。

多尔蒂的同事们对公司易主都感到很紧张，"这很正常，"多尔蒂说，"你的顾客、家人、朋友一定会问你：'你对并购怎么看？'如果你的反应很热烈，那他们也会高兴起来。我认为热情的态度是人人都追求的东西，假如你每天拉长了脸去上班，人们马上就会察觉。可是如果你跟并购之前完全一样地在电梯里跟人打招呼，他们也同样会注意到，他们会想：'嗨，他看起来充满热情，我何不也努力试试看？'"

这个方法，前提是假设你很喜欢自己的工作。而你是否喜欢自己的工作，这件事是需要一点自省的。虽然大部分工作都有可爱之处，但有件事实也是不能掩盖的：有些工作真的是很糟，或是完全不对你的胃口、能力和目标。如果是这种情况，那你最好做点什么。你对你的工作完全提不起兴趣的话，你是绝不可能取得成功的。很多人不断跳槽以求找到适合自己的工作，这没什么不对。真正遗憾的是，你明明厌恶自己的工作，却又不采取行动改变它或是干脆另换一个。

如果你觉得生活很无聊，你周围的人也会提不起精神；如果你用挖苦敌对的态度对待别人，别人也会这样来对待你；如果你无精打采，别人当然也兴奋不起来。

所以保持热忱吧，看看这会给你周围的人带来多大的影响，他们会效率更高，会更乐意跟随你。记住，热忱永远比冷冰冰的说教更有力量。真正的热忱是极具感染力的。

永远不要低估热情的威力。

领导的艺术

第十八章　管理中不可或缺的沟通能力

一切从沟通开始

西奥多·罗斯福的子女非常爱戴他，这不是没有理由的。有一次，罗斯福的一个老朋友沮丧地来找他，说自己年轻的儿子离家出走，去跟姑姑一起住了，老友抱怨着儿子，指责着儿子的不是，说没有一个人能跟这个野孩子相处。

罗斯福道："胡说，我不觉得你的孩子有什么不好，假如一个孩子在家得不到公正的对待，那么他自然要到别的地方寻找。"

几天后罗斯福遇到了这个孩子，问他道："我听说你离家出走了，这到底是怎么回事？"

"是这样，上校，"那孩子说，"每次我去找我爸，他总是对我发火，他从不听我把话说完，我总是错的，总是被责骂。"

"孩子，"罗斯福说，"也许你现在无法相信，但是，你父亲是你最好的朋友，你对他来说比整个世界都重要。"

"也许吧，罗斯福上校，"那孩子说，"但我希望他能用另一种方式表达。"

然后罗斯福去拜访那位父亲，告诉他几件令人震惊的事，结果那位父亲果然像他儿子所说，暴跳如雷。"你看看，"罗斯福说，"如果你对你儿子说话也像刚才对我这样，那我真是一点也不奇怪他为什么要离家出走了。他居然能忍到现在才出走，我还感到惊讶呢！你真应该去跟他多谈谈，多了解了解他。"

从这个例子我想大家可以看出沟通的重要性。

缺乏沟通是企业的通病，尊卑、矛盾、斥骂、贬抑，以"我是老板，你不过给我打工"的态度对待别人……

不久以前，即使在最大最有名的公司里，这些现象也是司空见惯的，"骂人权"似乎成了经理们的特权，这种特权还包括窗边的办公桌和两小时的午餐时间。家庭、学校以及其他机构，很不幸也都是这个样子。很多年来人们认为大声吼叫就是强悍，顽固不化等于无所不知，争论不休就相当于诚实。我们所有人——主管与员工、父母与孩子、老师与学生——都应该感谢那段日子终于过去了。

克莱斯勒公司的前副总裁杰瑞·格林沃德将企业里旧的交流方式比作一种小孩子游戏："两个住在隔壁的孩子想要来往，只要其中一个走过草坪，他们就能交谈。但如果他们属于同一公司的两个部门，那么其中一个孩子会把要传达的消息先告诉自己的哥哥，哥哥再去告诉妈妈，妈妈再告诉爸爸，

克莱斯勒公司

然后爸爸到隔壁，把这事告诉另一个孩子的爸爸，等最后另一个孩子终于听到了那个显然已经变形了的消息，他会问：'隔壁那家伙到底想对我说什么？'"

"在克莱斯勒，我们尝试打破所有藩篱。"格林沃德还在任时曾说，"如果你在流水线上工作，需要三百步外的另一个人配合，那就直接走过去告诉

他，别告诉工头，否则工头再告诉领班，领班再告诉主管，这样的话，半年之后那个你想叫他帮忙的人还不知道你要找他做什么。"

越来越多的人，在商界或者别的地方，开始了解沟通有多么重要。有良好沟通能力的人才能成功激励别人，才能把好点子变成切实行动，才能让行动落实。

沟通从理论上来说，并不复杂。每个人每天都在与人沟通，从小就开始。我们都认为我们有沟通能力。但真正、有效的沟通，在成人中却很罕见。

学习沟通没有什么秘诀，只有几条基础概念。以下是成功沟通的三条基本原则，做到这些，你就算起步了：

（1）视沟通为第一要务。

（2）用开放的态度对待别人。

（3）建立有利于接纳的沟通环境。

不管你工作有多忙，你都要挤出交流沟通的时间。再高明的点子，不拿出来与人分享，也是一钱不值的。完成交流有很多方式——开会、与同事面对面讨论、与人一起走过走廊、一起在饮水机旁接水，或者利用在餐厅用餐的半个小时，最重要的是，要记住沟通永无止境。

美国航空公司的母公司 AMR 的总裁罗伯特·克兰德有一间很大的会议室，每周一，他都会在这间会议室里待上大半天，跟公司各部门主管交流，倾听他们的意见，与他们交谈。就在不久前，克兰德说："就像昨天早上，高管和各部门派出八到十个同事，他们来自三四个层级，一起到会议室做复杂的分析工作。

"我们想要弄清楚，公司目前的转运系统在这一行快速变化的情况中还能否有好的经济效益，当初我们设计这个系统时，世界与现在完全不同，这将直接影响到客户的运送量，当然也因此影响到成本，最后我们无法确定这个系统还有没有价值，因为这其中的分析太复杂。

"分析需要大量的数据，昨天整整花了我们三四个小时，我们从不同的角度对此进行了讨论，最后我们指派了三四项任务，接受任务的同事要在几周内总结出进一步的数据，然后我们坐下来进行进一步的讨论：'我们做错了吗?''我们能在工作中做出什么改变?'最后我们希望能找到走出困境的方法。"

这种讨论的好处是两方面的，克兰德能从专家处获得数据，专家也能帮着一起建立美国航空公司未来的愿景。这种交流是建立互相信任关系的基础。当然，交流并不一定要在大会议室里进行，很多公司里最成功的交流往往是非正式的，哈里森会议服务公司的总裁沃尔特·格林，用的就是一种"一对一"的交流方式。格林说："很不幸我们公司已经有了固定的结构，总裁、副总裁和许多层级，一对一的方式可以消除障碍。我通常在午餐时间见我想见的人，这些谈话不会被记录在案，这样我才会知道对他们来说什么是重要的，他们对公司感觉如何，他们对他们的工作感觉怎样。我希望把他们当做独立的个人看待，更人性化地对待他们，我也希望他们能向我提出些关于公司的问题。所有这些在'一对一'里都会更容易。"这些谈话的结果是：格林对公司有了更远大的理想。

摩根银行总裁道格拉斯·沃纳将这种直接交流的方式引进这家古老的银行，"我们必须到处走走，"沃纳说，"下去看那些员工，而不是叫员工们都走进我们的办公室里谈话。"

摩根银行

每周，沃纳和他的高级助理总要和银行里的三四十位高级主管喝上几次咖啡，用沃纳自己的话说，是"面对面的交流，直接而非正式"。即使像摩根这样的大银行，也开始了解这种谈话的价值。这种模式在经理们之间也同样适用。"我们有三百多个经理，每天中午一起到餐厅聚餐——除了纽约本地的，还有海外的经理们，这样每天都能讨论。"

康宁公司的质量主管戴维·卢瑟跟我描述他们公司的做法："就好像向下撒网，到公司底层去问询，正在发生些什么事？他们在为些什么事烦恼？他们在说些什么？他们反对什么？我能为他们做什么？"

有效的交流并非只在办公室里进行，在家庭、学校、教堂甚至科学殿堂里都可以见到。在每个得跟他人打交道的领域，沟通都是关键。人们之间的沟通有种普遍的现象：他们不愿意说出心中所想，也不愿以接纳的态度聆听别人说的——除非相互之间已经建立起信任，或是有共同利益。沟通时，你没办法虚假，你对沟通的真实感触是什么，你是否放开胸怀，都会清晰有力地表现出来，不论你说了什么。

"你可以立刻知道一个人的态度亲近与否，"奥运会金牌得主玛丽·卢·雷顿说，"你可以从他的肢体语言和一些无言的迹象中获知他的想法，一个单独站在角落里的人，你可以很快从他身上读出'我不想跟人说话'这个信息。"

怎样才能避免给人以这种印象？对人表示开放和友爱，并让别人了解到你的这种态度。你可以试试雷顿的建议："放下身段、态度谦恭非常重要。我会设法使人放松，对谁都一样。我会把每个人视为同等的，无论你是公司的总经理还是普通售货员，须知这两者的差别只是职业的不同。"其实，建立有利于接纳的沟通环境，说穿了也就是一句话：使人放松。在过去，沟通不像现在这么困难，后来当了电视记者的前棒球明星乔·盖拉基拉回忆以前队员与粉丝之间面对面地接触是多么普通频繁："当我们结束比赛后，通常跟几个小时前为我们加油的粉丝同乘一辆地铁回家。"

"如果有粉丝直接问'嗨，乔，为什么你第三棒要击球呢'也不是什么稀罕的事儿，现在粉丝与球员已经没有那种直接的个人接触，最多也就是通过报纸，了解到自己喜欢的球员签了份六七百万的合同。"

高性能集成电路制造模拟设计公司的董事长雷·斯塔塔从他的朋友——长期担任波士顿凯尔特公司总裁的瑞德·奥尔巴赫那里学到了重要的一课。

斯塔塔回忆说："当他论及领导力时，他总是说，我爱他们。他认为那是领导力的前提，而且他一定要让他们知道。如果你能创立一种氛围，让人们真正相信在工作了一天后你是真心关心他们，那么你就创立了一种对他们而言真正有意义的关系。"只有这样，沟通才有了一个有效良好的准备。当然，这需要努力才能做到。

谈论对方最感兴趣的事

每一个拜访过罗斯福总统的人，都会对他那渊博的知识感到惊讶。"不论是牧童还是骑士，或纽约的政客和外交家，"研究罗斯福的权威作家伯莱特福这样写道，"罗斯福都知道该和他说什么话题。"

那么，罗斯福又是如何做的呢？很简单！不论罗斯福要见什么人，他总是会在对方到来的前一个晚上稍晚些睡，翻阅一些对方特别感兴趣的知识。罗斯福和所有领袖人物一样，深知接触对方内心思想的妙方，就是和对方谈论他最感兴趣的事情。

耶鲁大学原教授菲利普先生，是一个非常和蔼的人。他在早年就学到了这个道理。"我 8 岁那年，有一次去姑姑家，那是一个周末，"菲利普在一篇谈论人性的小品文中这样写道，"有一个晚上，一位中年人来到姑姑家。在和姑姑随便聊了几句之后，他就把注意力转移到了我身上。当时我对船很感兴趣，而这位来访的客人和我谈论了这方面的知识，当然令我产生出特殊的兴趣。他离开之后，我还对他赞赏不已。他是纽约的一位律师，本来他对有关船的事情是不应该如此热心的，甚至是根本不会有兴趣的。"

"可是，他为什么自始至终都在与我谈论船的知识呢？"菲利普问姑姑。姑姑说："因为他是一位高尚的人。他见你对船很感兴趣，就谈论这些你关注并感兴趣的话题。通过这种方法，他使自己成了一个受欢迎的人。"

最后，菲利普教授又补充说："我永远也忘不了我姑姑对我说的这些话。"就在我正写作这部分章节的此时此刻，我的面前陈放着查立夫先生写来的信，他是一位对童子军事业非常热心的人。

"有一天，我感到我需要别人的帮助。"查立夫先生在信中写道，"欧洲将举办童子军夏令营活动。我想邀请美国某大公司的经理出钱，赞助我和一名童子军的旅行费用。幸运的是，在我去拜访这位经理之前，我听说他曾开出了一张 100 万美元的支票。要知道，这可是 100 万美元！于是，见到他之后，我告诉他，我这一辈子从来都没有听说有人开过数额如此巨大的支票；我还要告诉我的童子军，说我的确看到过一张 100 万美元的支票。结果，这位经理非常愉快地把那张支票递给我看。我一直赞叹不已，并请他把开这张支票的详细情况告诉我。"

请注意，查立夫先生在刚开始时，并没有和对方谈有关童子军或欧洲夏令营的事，也没有谈他想要对方帮忙的事。他只是谈对方感兴趣的话题，让对方愿意和他谈话。于是，出现了查立夫先生下面所说的情况：

"过了一会儿，我所拜访的那位经理问我：'哦，请问你来找我有什么事？'我就把我的事情告诉了他。令我吃惊的是，他不但立即答应了我的请求，还十分大方地给了我更多的资助。我本来只请他出资赞助一名童子军去欧洲的，可是他慷慨地资助了 5 名童子军和我本人，给我开了一张 1000 美元的支票，并建议我们在欧洲玩上 7 个星期。然后，他又给我写了一封介绍信，把我引荐给他在欧洲分公司的经理，请他到时候帮助我们。

"当我们抵达欧洲时，他又亲自去巴黎接我们，带着我们游览了这座美丽的城市。从此以后，他就对我们童子军事业非常热心，经常为家庭贫困的童子军提供工作的机会。"

查立夫先生又说："但是我也很清楚，如果我当时没有找到他感兴趣的话题，让他高兴起来，那么这件事不仅不会办得这么容易，我想大概连 1/10 的机会都没有。"

这种方法在商业活动中是不是也有价值呢？我们就举个例子，来看看纽约一家高级面包公司杜弗诺公司的经理杜弗诺先生是怎样做的吧：

杜弗诺先生一直想把自己的面包推销给纽约某家大饭店。连续 4 年，杜弗诺先生几乎每个星期都要去拜访这家饭店的经理，并且经常参加由这位经理举办的各种社交聚会。为了促成这笔生意，杜弗诺先生甚至在这家饭店租了一个房间，住在那里，希望能做成这笔业务。但是，尽管杜弗诺先生用尽了各种方法，还是没能让这位经理的大笔在合同书上签字。

"后来，"杜弗诺先生说，"我研究了有关人际交往的知识，决定改变策略。我决定要找到这个人的兴趣所在，寻找他最关心、最热衷的事业。

"我发现他是美国饭店业协会的会员。不仅如此，由于他对这项事业抱有如此浓厚的兴趣和热情，使他被推举为这个组织的主席。每次只要开会或举行什么活动，他不管有多忙，也会毫不犹豫地赶来参加。

"于是，当我再次去拜访他的时候，我开始和他谈论有关饭店协会的事情。你猜他是怎么反应的？我得到的反应之良好，简直令人吃惊！他花了半小时和我谈论饭店业协会的事情，整个谈话过程中，他都精神饱满，充满着热情，而且声音非常洪亮，我由此看出他感兴趣的正是饭店业协会的事情，可以说他将自己的全部精力都投入在这上面。就在我离开他的办公室之前，他劝说我加入这个协会。

"在整个这次会谈中，我没有对他提有关面包的半个字。可是没过几天我就接到他饭店主管人员的电话，让我把面包的货样和报价单送过去。'我真不知道你对这老先生用了什么魔法，'这位主管人员在电话中对我说，'他可是真的被你打动了！'

"试想一下，我和这位经理打了 4 年交道，一心想把面包卖给他，可是一直没有成功。如果不是我设法找到了他所感兴趣的事，了解到他愿意讨论的问题，恐怕我现在还在和他死磨硬泡，却一无所获呢！"

所以，如果你想要别人喜欢你，请记住人际沟通的这项技巧：谈论对方最感兴趣的话题。

生动表达你的语言

第一次世界大战后不久，我因为同事德玛斯的原因逗留在阿拉伯。一天，我闲逛进了海德公园，走到了大理石拱门附近——我知道经常有各式各样的人在那里谈论关于各种宗教信仰和政治的话题，并且想听听他们的谈话。当时我看到一位天主教徒正向人们解释教皇无谬论，之后又听了一位社会主义者对卡尔·马克思的意见。最后，我还听了一个男人关于多妻制的高论。

我注意到在这三位主讲人周围的听众人数的变化。一开始，那位鼓吹一夫多妻制的演讲者的听众最多，但是到后来，他的听众越来越少，而围绕在另外两个演讲者周围的人却越来越多。你知道这是为什么吗？难道是因为话题的原因吗？

我对这个问题进行了研究。我发现：那位多妻制的鼓吹者，自己好像对讨三四个老婆并没有多大的兴趣，他的语调听起来也一点都不高兴，人们因此觉得他讲得很枯燥无味；那两位拥有完全对立观点的天主教徒和社会主义者，却都沉浸在自己的演讲当中——他们情绪高昂，并且挥动着手臂，声音高亢而充满信念，散发着热情和生气，这种热情感染了人们。原来，正是演讲者不同的态度和语调引起了听众人数的变化。

语调就是说话人的语气和声调的变化结合，它表达了话语中包含的情感。在说话的时候，你需要让语调来表现出比你说话的具体内容更多的信息，或者说，语调实际上也是你说话内容的一部分。比如，当你的话听起来很真诚的时候，你实际上是在对对方说：“我所想的就是我所说的，我所说的就是我所想的，我这样做实际上是对你的尊重。”这样一来，对方自然会更加相信你所说的话。

我相信你也听过类似于这位鼓吹一夫多妻制的演讲者的讲话，他们的语调平淡、生硬，没有激情，他们对自己所讲的题目没有表现出多大的兴趣，好像在有气无力地念书稿一样。这样的说话方式能吸引你吗？当然不能。

为什么很多人讨论的话题是很有吸引力的，却并没有起到预期的效果呢？实际上，语调传达的信息远比我们想象的要多得多。语调就像说话者的表情一样，向对方传达着某种言外之意的感染力。当你听到一个人的电话的时候，如果他的口气热烈，那么你即使没有见到他，也可以判断出他很高兴，但是如果他的口气很平淡，那么即使他告诉你一件值得高兴的事，你也会认为这没什么好高兴的。

懂得说话的人，不仅会塑造自己的个性声音，使其悦耳动听，而且他们的语气和语调也很有感染力，总能拨动人的心弦，引起对方的共鸣。据说，一个意大利演员用悲怆的语调朗诵阿拉伯数字，听的人居然被感动得凄然泪下，而一位中国艺术家朗诵菜谱则像诗歌一样动听。又比如，普普通通的一个语气词——啊，运用不同的语调，可以分别表达"我明白了"、"没听清"、"惊讶"、"终于知道了"等诸多含义——这正是语调使得你的说话变得声情并茂。

很多人存在这么一种错误的认识——他们认为语调和嗓音一样，都是天生的，并没有意识到自己的语调存在着问题。要注意的问题是，这种不当的声音会让对方很麻木，并同时失去对说话内容的注意力，从而没有心思去思考你说话的内容——而有语调的声音则会产生完全相反的效果。

我们走入了这么一种思想误区——很多时候我们花费更多的心思寻找说话的内容，但是最终搞砸我们的却是我们的语调。拿起听筒，听到一个"喂"字，无须再多说什么，从这一个字里，我们就已经知道男朋友是不是还对我们拥有火一般的激情，母亲是不是没有睡好觉，好友是不是已经顺利通过了考试……如此众多的讯息，都在这么一个声音的变化——语调中。

"嗓音是身体的音乐，语调是灵魂的音乐"，这句话说得很对。我们悲伤的时候，语调是苍白空洞的；经过一夜狂欢，我们的语调变得有气无力、底气不足；一个星期的海边度假，又可以让我们的语调重新恢复活力和弹性。

你注意到你声音的语调了吗？是慷慨激昂的，还是抑扬顿挫的？或者是平和舒缓的？选择合适的场合运用好你的语调，你可以让你的声音同样表达出丰富的表情。

委婉地提醒对方的错误

查尔斯·施瓦伯有一天中午经过他的一个钢厂，看见几个工人正在吸烟。而在他们头顶上方就悬挂着一块"禁止吸烟"的牌子。施瓦伯是否指着这块布告牌说："你们不识字吗?"不！没有，施瓦伯绝对没有这么做。他走到这些人跟前，发给每人一支雪茄，说道："孩子们，如果你们到外边吸这些雪茄，我会感激不尽。"他们知道他们违反了规定——但他们赞赏他，因为他什么也没有说，还送给他们一点小礼物，使他们感受到了尊重。你能不喜欢像施瓦伯那样的人吗?

约翰·华纳梅克也使用过同样的方法。华纳梅克经常去他在费城的大百货店中巡视。有一次，他看见一位顾客在柜台前无人服务，而店员正在聊天，于是他一声不响地轻轻走入柜台后面，自己接待了这位顾客，然后将商品交给售货员包扎，自己就走开了。

例如，官员们经常被批评不接见民众。他们虽然非常忙碌，但有时候是由于助手们过度保护他的上司，为了不使他的上司接见太多的来访者，以免给上司造成负担。卡尔·兰福特曾担任迪士尼世界所在地——佛罗里达州奥兰多市的市长，而且他当了许多年的市长。他时常告诫他的部属，要让民众来见他。他宣称自己打算推行"开门政策"。

然而，当他社区的民众来拜访他时，都被他的秘书和行政官员阻挡在了门外。

最后，这位市长总算找到了解决的好办法。他拆掉了办公室的大门。他的助手们也知道了这件事。于是，从此之后，这位市长真正做到了"行政公开"。

若想不惹人生气并改变他，只要换两个字，就会产生不同的效果。许多人在开始批评之前，都先真诚地赞美对方，然后接下来一定会说"但是"，再开始批评。例如，要改变某个孩子读书不专心的态度，我们可能会这么说："约翰，我们真的以你为荣，这学期你成绩有了进步。'但是'，假如你的代数再努力一些的话，就会更好了。"

在这个例子里，可能约翰在听到"但是"之前，会感觉很高兴。但当他听到"但是"时，马上就会怀疑这个称赞的可信度。对他而言，这种称赞只是批评他失败的一种开头而已。由于可信度遭到了曲解，我们也许就不能达到我们要改变他的学习态度的目标。对于这个问题，只要把"但是"改为"而且"，就可以轻易解决了。

如："我们真的以你为荣，约翰，这学期你的成绩有了进步；而且，只要你下学期继续努力，你的代数成绩就会比别人好了。"这样一来，约翰就会接受这种称赞，因为你没有把失败的推论放在后面。我们已经间接地让他知道我们想使他有所改变，因此，他会尽力去实现我们的期望。

对那些不愿接受直接批评的人，如果能间接地让他们去面对自己的错误，就会收到非常神奇的效果。住在罗得岛温沙克的玛姬·杰克在我班上讲述了她是如何使得一群磨洋工的建筑工人帮她盖好房子之后清理干净的。最初几天，当杰克夫人下班回家之后，发现满院子都是锯木屑。她不想找那些工人们争论，因为他们的工程做得很好。所以当这些工人走了之后，她跟孩子们捡起碎木块，并整整齐齐地堆放在屋角里。次日早晨，她把领班带到旁边说："我很高兴昨天晚上地上这么干净，又没有让邻居感到不方便。"从那天起，工人每天都会捡起木屑堆在一边，领班也每天都来看看。

在预备役军人和正规军训练人员之间，最大的差异就是理发，因为预备役军人认为他们只是老百姓，因此非常不愿把他们的头发剪短。

美国陆军第 542 分校的士官长哈雷·凯塞在带预备役军官时，他面临着如何解决这个问题的任务。跟以前正规军的士官长一样，他可以向他的部队怒几声，或威胁他们。但他不愿这样做。

他这样说道："各位先生们，你们都是领导。当你以身教导时，那是最有效不过的办法了。你必须为你所领导的人做个榜样。你们应该了解军队对理发的规定。今天我也要去理发，而我的头发却比某些人的头发要短得多了。你们不妨对着镜子看看，如果你要做个榜样的话，是不是该要理发了？我们会帮你安排时间去营区理发部理发。"

结果是可以预料的。有几个人自动去镜子前看了看，然后下午去理发部按规定理了发。次日早晨，凯塞士官长讲评时说，他已经看到在队伍中有些人已经具备了领导者的气质。

1887 年 3 月 8 日，美国最富有口才的牧师、演说家亨利·华德·毕切尔去世了，用日本人的话来说，他到另外一个世界去了。在下一个星期日，莱曼·阿伯特应邀向那些因毕切尔去世而伤心不已的牧师演讲。他急于取得成功，把演讲词改了又改，并像福楼拜一样过分小心地进行润饰。然后他将演讲词读给他妻子听。演讲词写得并不很好，就像大多数的演讲词一样。

如果他妻子缺乏见识，她可能会这样说："莱曼，糟极了，绝对不能用。你会让那些听众都睡着的，那听起来像一本百科全书。你传道这么多年，应该能写得更好。天啊！你为什么不像一个普通人那样去讲呢？你为什么不自然点儿？你如果念那篇东西，一定会砸自己的台。"

她可能会这样说的。而如果她真的这样说了，她也知道结果将会怎样。所以，她只那样说：如果演讲词寄给《北美评论》，一定是一篇极好的文章。换言之，她称赞了这篇演讲词，同时又很巧妙地暗示丈夫不能用这篇演讲词去演讲。阿伯特看出了这点，干脆将他精心准备的底稿撕碎，后来连大纲都不用，很自然地作了演讲。

我想大家是可以从我所讲的当中看到，要想更好地说服他人，请记住人际沟通中，对于别人的错误，间接地提醒别人注意他的错误。

用友善的方式交谈

现在越来越多的人认识到友善的交谈方式的重要性，更多的商人们也正日渐明白，对罢工者态度友善是很值得推崇的。

当华特汽车公司的 2500 名工人为增加工资而组织工会举行罢工的时候，公司经理伯莱克没有生气和责罚、恫吓。相反，他还称赞罢工者。他在《克里夫兰报》上登广告，颂扬他们"放下工具的和平情形"。当他看见罢工纠察队的人闲得无聊时，他还给他们买了棒球棍及手套，请他们在空地上打棒球。为了讨好那些喜欢打地球的人，他甚至为他们租了一间地球室。

伯莱克经理的友善态度，即刻产生了良好的效果，唤起了罢工者内心的友善精神。于是，罢工者借来扫帚、铁铲、垃圾车，开始清扫工厂的场地。

在美国罢工历史中，这种事情从未听到过。那次罢工事件在一星期之内和解结束——没有任何怀恨或厌恶情绪地结束了。

丹尼尔·韦斯特相貌出众，是一位能言善辩而且非常有成就的辩护律师。他善于用友善温和的词句在法庭上表达他那强有力的观点。比如，他会说"这一点应该请陪审团考虑"，"诸位，这也许值得想一想"，"诸位，这几件事实，我相信你们是不会忽略的"，或者"由于你们对于人性的了解，很容易看出这些事实的重要性"。

没有威逼，也没有高压的手段，他从不将自己的意见强加于人。韦斯特用轻声细语和安详友善的方式来为人作辩护，而这正式他闻名遐迩的原因。

当然很多人永远也不会去面对和调节罢工潮，或对陪审团发言，但是你或许会希望房东将你的房租减少。那么，这种友善的方法对你也会有很大的帮助。

我的班上有一位叫史德伯的工程师，曾经一段时间生活很拮据，因此，他希望自己的房租能够减低。但他知道房东是一个非常难缠的人，"虽然如此，我还是想尝试一下。"史德伯在班上的一次演讲中这样说，"于是我就写了一封信给他。通知房东，合约期已满，我会立刻搬出去。但事实上，我当时并不想搬走，如果租金能减少，我愿意继续住下去，但看来这并不可能。其他房客也都尝试过各种方法——包括警告甚至恫吓——大家都对我说，房东很难打交道。但是，我对自己说，我正在学习如何与人相处，所以我要对他试一试——看看是否有效。"

史德伯的房东一接到他的信，就同秘书找到了他。史德伯站在门口欢迎房东的到来，充满了善意和热忱。交谈的开始，史德伯并没有谈房租太高，而是强调自己是多么地喜欢他的房子。史德伯称赞房东管理有道，并表示自己很愿再住一年，可是却实在负担不起昂贵的房租。

"他显然是从未见过一个房客对他如此热情，他简直不知道该怎么办才好。"史德伯这么描述当时的情景。接下来，房东对史德伯开始诉苦，抱怨房客，说其中的一位给他写过 14 封信，内容太侮辱他了。另一位房客则威胁如果不能制止楼上那位房客打鼾的话就要退租。"有你这种满意的房客，多令人轻松啊！"房东对史德伯称赞道。

当然，最终的结果是令人满意的。在史德伯没有提出要求之前，房东就主动要减收一些租金。"但这还是一个比较高的数字"，史德伯说出了自己能负担的数字，而房东什么都没有说就同意了。当他离开时还转身问道："有没有什么要为你装修的地方？"

"如果我用了别的房客所用过的方法来迫使房东将房租减低，我确信我必然会遇到和他们一样的困难。而这种友善的、同情的、欣赏的方法使我达到了自己的目的。"

如果一个人能够认识到友善的方式能够更好地改善身边的人际关系，那么他在日常言行中也会表现出温和友善的态度来。强暴粗鲁的方法永远不可能赢得好人缘，只有友善的方法才能征服别人的内心。

请不要喋喋不休

日本人针对婚姻生活不美满的原因进行了调查，结果发现丈夫对妻子不满的因素中，位居前三位的依次是：唠叨不休（27%）、性格不好（23%）、不懂得持家（14%）。也就是说，导致人们婚姻不美满的很大一部分原因是女士的唠叨不休。

拿破仑·彭纳派德是拿破仑三世的侄子，他与最美丽的女子郁金妮·德伯女伯爵相爱成婚。他的顾问们认为，她不过是一位不重要的西班牙伯爵的女儿。但拿破仑辩答说："那又怎么样？"她的优雅、她的青春、她的诱惑、她的美貌，使他充满了神仙般的幸福。"我已经喜欢了一位我所敬爱的女人，"他说道，"她不是一位我不了解的女人。"

拿破仑和他的新婚妻子拥有健康、财富、势力、名誉、美貌、爱情与信仰一切幸福的条件，但是，他们婚姻的圣火从未发出过更加光亮的炽热。而且没过多久，那炽热的圣火就熄灭了，直至化为灰烬。拿破仑可以使郁金妮成为皇后，可以倾尽美丽的法国的所有，或献出他爱情的全部力量，甚至他皇位的势力，但他无法做到一点：无法使他的女人——郁金妮·德伯停止喋喋不休。

出于忌妒和多疑，郁金妮轻慢他的命令，甚至不许他有秘密的表示。正当他从事国政的时候，她闯入他的办公室，阻挠他最重要的讨论。她拒绝他独处，永远怕他与别的妇人交往。她常常到她姐姐家抱怨她的丈夫。抱怨、哭泣、喋喋不休，甚至恫吓，并强自进入他的书房，向他撒泼、谩骂。

拿破仑，这个法国的皇帝，纵然有许多富丽堂皇的宫殿，但却不能找到一个小橱，以让自己在那里定一下自己的心。郁金妮如此而为所造成的后果是什么？在莱因哈德精心著作的《拿破仑与郁金妮：一个帝国悲喜剧》中就有这段记载："以后拿破仑常在夜里，从一侧门偷偷地出去，戴一软帽，将眼遮起，由一亲信随从，真的前往到等待他的美女那里去，或像古时似的遨游于这座城中，见些见不到的东西，吸些可能吸的空气。"

而这一切都是喋喋不休的郁金妮所造成的。她坐在法国的皇后位置上，又是世界上最美丽的妇人；但在喋喋不休的喧嚣的气氛之中，皇位与美貌都不能保持爱情的存在。这是她自己找来的，可怜妇人的不幸，均由她的忌妒及唠叨所带来的。

在所有一切烈火中，地狱魔鬼所发明的狞恶的毁灭爱情的计划，喋喋不休是最致命的，它像毒蛇的毒汁一样，永远侵蚀着人们的生命。

托尔斯泰伯爵夫人也发现了这一点——可惜她知道得太迟了。在她去世以前，她对她的女儿们承认："你们父亲的死，是因为我的缘故。"她的女儿们都痛哭了起来。她们知道母亲说的是实话，知道她用不断的抱怨、永久的批评、不休的唠叨将父亲害死了。

但托尔斯泰伯爵及其夫人理应享受优越的环境而快乐地生活。托尔斯泰著名的《战争与和平》和《安娜·卡列妮娜》在世界文学史上永远闪烁着光芒。他非常有名望，他的崇拜者甚至终日跟随他，将他所说的每句话都速记下来。甚至连"我想我要就寝"这样的话也一字不漏地记下。除名誉外，托尔斯泰与他的夫人还有财产、有地位、有孩子，没有别的婚姻比这更美满的了。

起初，他们饱尝幸福的甜蜜，以致他们一同跪下，祈祷万能的上帝继续赐予他们所有的快乐。但是此后的不久，一件惊人的事情发生了，托尔斯泰渐渐地变成一个完全不同的人。他对他所著的伟大著作觉得羞辱。从那时起，他专心著作小册子，宣传和平、停止战争与消灭贫穷。这位曾承认在青年时犯过各种可想象的罪恶的人，要真实遵从耶稣的教训。他将所有地产给了别人，过着贫苦的生活。他种田、砍木、堆草，他自己做鞋，自己扫屋，用木碗吃饭，并尽力爱他的仇敌。

托尔斯泰的人生是一个悲剧，而悲剧的原因，是他的婚姻。他的妻子喜欢奢侈，但他追求简朴；她渴求名誉与社会称赞，但这对他毫无意义；她贪图金钱与财产，但他视财富及财产是一种罪恶。多年的时间里，她常常责怪叫骂，因为托尔斯泰坚持要放弃他的书籍出版权，不收任何版税；而她要那些书能产生金钱。当他反对她，她就发狂地躺在地上打滚，并拿一瓶鸦片放在嘴边，声称要自杀，还恫吓要跳井。

在他们的人生中，有一件事是历史上最悲惨的一幕。在他们最初结婚的日子里，他们非常快乐；但 48 年以后，他不能忍受与她见面。有时晚上这位年老伤心的妻子，基于求情，跪在他的膝前，求他朗读几十年前他在日记中所写的关于她艳美的爱情之语。当读到那些他们已永远失去的美丽快乐的时光时，他俩都痛哭了。生活的现实与他们好久以前一并所做的爱情之梦是何等相异啊！

最后，82 岁的托尔斯泰不能再忍受他家庭的不幸了，他在 1910 年 10 月的一个雪夜中，从他妻子那里逃了出去——在寒冷黑暗中漫无目标地走着。11 天后，他患肺病死在一个车站里，他临死的请求是不要让她来到他的面前——这也许是托尔斯泰夫人因唠叨抱怨所付出的代价。

也许我们会想，或许她确实有许多可以唠叨。我们可以这样去想，也可以承认这一点，但问题是，唠叨给了她什么好的帮助呢？"我想我真是神经失常。"那是托尔斯泰伯爵夫人后来对自己的评价。

在纽约家事法庭任职 11 年之久的海勃格，曾查阅过数千宗离婚案件。他说："男人离家的一个主要原因就是因为他们的妻子们喋喋不休。"也许婚姻正像《波士顿邮报》所说的："许多做妻子的，不断地一点一点地挖掘，造成她们自己婚姻的坟墓。"

林肯一生中最大的悲剧，也是他的婚姻。在婚后 23 年来的每一个白天和黑夜，林肯是什么处境呢？正像他律师事务所的同事赫恩所说的，他品尝着"婚姻不幸的苦果"。

其实，说"婚姻不幸"还是过于轻描淡写了，因为林肯的夫人这 20 多年来一直在对他喋喋不休，让他难得安宁。她总是抱怨一切，总是批评自己的丈夫，认为他的一切都是不对的：他伛背缩肩、走路难看，抬脚放步简直呆板得像个印第安人。她数落他走路没有弹性，姿势不优雅。她会模仿他走路的样子来讥笑他，并纠正他走路时应先将脚尖着地，就像她从克莱星顿市孟德尔夫人的寄宿学校学到的那样。她还不喜欢他那两只大耳朵和他的头长成直角的模样；甚至告诉他，说他的鼻子不直，嘴唇前突，而且外表看上去像个痨病鬼，手和脚太大，而头却又太小，等等。

林肯和他的夫人几乎在每个方面都完全相反——教育、背景出身、性格、爱好以及思想观念上，全都是相反的。他们常常会厌恨对方。

"林肯夫人那高而尖锐的声音，"当代最著名的林肯研究权威专家、已故参议员阿尔伯特·贝弗里奇写道，"在街的对面都能听得见。她怒气最盛时不停的责骂声，所有邻居家都能听到。而且她的暴怒常常不只是通过言语来表达，她发泄暴怒的方式真是太多了，难以一一道清。"就列举一个他们生活中的一则案例来说。

林肯夫妇结婚不久，和欧莉夫人住在一起——欧莉夫人是斯普林菲尔德地区一个医生的遗孀，由于生活所迫而不得不出租房屋维生。一天早上，林肯夫妇正在吃早餐时，由于林肯可能做错了某件事，立即使他夫人暴跳如雷。究竟起因是为什么，现在已经没人记得了。只见林肯夫人在盛怒之下，将一杯热咖啡泼到了丈夫脸上，而当时还有许多房客在场。

林肯忍气吞声地呆坐在那里，一言不发。欧莉夫人进来后，用一块湿毛巾替他擦净了脸上和衣服上的咖啡。

林肯夫人的忌妒是如此地愚蠢和凶暴，以至于让人难以相信。我们只要读到她在公众场合所做的这些有失风度的事情——即使是在 75 年后的今天看到这些——也都会让人惊讶不已。最后她终于精神失常。对于她这个人，我们用一句最宽容的说法，只能认为她是"性情使然"，她大概一直受到精神病的折磨吧。

所有这些唠叨、斥责和发怒，是否改变了林肯呢？从某些方面来说，确实使林肯有所改变，那就是改变了他对她的态度，使他后悔自己婚姻的不幸，并竭力避免和她见面。每当星期六来到时，其他律师都会尽量赶回家中，和家人共度周末的美好时光；林肯却不想回去，他害怕回家。林肯就这样年复一年地生活。尽管乡村旅馆的条件非常恶劣，但林肯也情愿待在这里，而不愿回家面对他妻子那喋喋不休的话语。这就是林肯夫人、尤琴皇后、托尔斯泰伯爵夫人唠叨不休所获得的结果。她们给自己的生活所带来的，除了悲剧之外，什么也没有。她们毁坏了对她们来说最珍贵的一切。

真的，唠叨和挑剔带给家庭的不幸，甚至比奢侈和浪费还要厉害。关于这一点，你可以不必马上相信我的话，还是先听听专家的话吧！

莱伟斯·M. 特曼博士是一位著名的心理学家，他对 1500 多对夫妇进行了详细的调查研究，结果显示，丈夫们都把唠叨、挑剔列为他们太太最大的缺点。盖洛普民意测验也得出了相同的结论：男人们都把唠叨、挑剔列为女性缺点的第一位。詹森性情分析——这是另外一个著名的科学研究——也发现没有其他的个性会像唠叨和挑剔那样，给家庭生活带来这么大的伤害。

然而，似乎从远古的穴居时代开始，太太们就想尽办法要用唠叨和挑剔的方式来影响自己的丈夫，但是从古至今，这种方法从没有发生过效用——除非太阳从西边出来。

一位老朋友告诉过我，他太太总是轻视和嘲笑他所做过的每一件工作，他的事业几乎要被他的太太毁掉了。刚开始的时候，他是一位推销员，他喜欢自己的产品，并且很热心地向人们推销这些东西。当他晚上回到家的时候，本来很希望得到太太的一些鼓励，但是他太太却用这些话来迎接他："好啊，我们的大天才，今天的生意不错吧？你带回来不少佣金了吧？或是只带回来推销部经理的一番训话？我想你一定知道，下个星期我们就要付房租了吧？”

　　这种情况接连持续了好几年。虽然不时受到太太的嘲笑，这位男士还是坚持努力奋斗。现在，他已经在一家全国著名的公司担任执行副总裁的职务了。至于他那位太太呢？噢，他早就和她离婚了，又娶了一位年轻的、能够给他爱心和支持的女孩，而这正是他第一位妻子所不能给他的。

　　事实上，他的第一位太太并不知道自己为什么会失去丈夫。“我省吃俭用，吃了这么多年苦，”她告诉她的朋友，“结果，当他不再需要我为他做牛做马以后，他就离开我，去找比我更年轻的女人了。男人竟然会是这样！”

　　如果有人告诉这位女士，使她丈夫离开她的并不是另外一个女人，而是她自己的唠叨和挑剔，想必这位女士一定不会相信的。但这的确是她先生离开她的真正原因。她以一种轻视的方式来唠叨和挑剔——而这对于男人的自信心无疑是一种长期的折磨，对于他男性的自尊也是一种沉重的打击。

　　唠叨是一种疾病。诉苦、抱怨、攀比、轻视、嘲笑、喋喋不休——喜欢唠叨和挑剔的女人，在这些残酷的待人方式之中，如果不是专精于其中某一项，就会变成兼而有之的全能“专家”了。唠叨就像麻醉药，你学不来，也改不掉，它是在习惯中养成的。女孩子在 20 岁当新娘的时候，如果只知道常常唠叨，而不知什么时候才能住进像邻居那么好的新房子，那么等她到了40 岁的时候，她一定会变成一个无可救药的、对任何事情都难以满足的、毫不可爱的抱怨专家了。

　　为什么女人要对她们的丈夫唠叨不停呢？理由还真不少。有时候，唠叨是一种身体不舒服的症状。经常找医生做定期的健康检查，可以使我们身体健康，这就像定期检查汽车，使它们能够保持良好的驾驶性能那样。

　　长期的疲乏，常常会转变成一种喜爱唠叨的倾向。最好的治疗方法是，把你个人的生活安排得更有效率，找出造成疲乏的原因，并且消除它。“受到压抑和打击，”心理学家分析说，“常常会造成唠叨。”婚姻的不幸、性的不和谐、爱的失落以及内心对生活的不满——这些都是人生中沉重的打击，女人常常会以唠叨、埋怨或诉苦的方式发泄出来。分析一个人的心理，找出这些挫折，并且引导它们使之发泄出来，这就是消除它的最好方法。而用唠叨的方式来发泄不满，只不过是在火上浇油。

有不少的事例都说明了唠叨不休对婚姻的破坏作用。《电信世界》中曾经有一篇文章报道了这样一件看起来很离奇的事情：一个已经 50 岁的维修员一连雇用了 3 名杀手，最后终于杀死了他的妻子，其原因竟然是他忍受不了妻子的唠叨。据这位丈夫说，他的妻子总是能够围绕一件不起眼的小事说上三天三夜，这都快要把他逼疯了——事实上，从他做出的这件事情来看，他已经疯了。

一名 32 岁的坦桑尼亚男子曾经用一瓶驱虫剂过早地结束了自己的生命。人们在他的尸体旁发现了一个药瓶和一封信，他在那封信里写道：我决定立即结束我的生命，因为我的妻子总是喋喋不休。

我无意把婚姻生活不美满的原因全部归结到女人们的唠叨上——实际上，在所有这样的事情当中，另一个人同样也可能犯很严重的错误——我只想说明的是，如果你确实意识到自己喜欢唠叨不休，并且这种唠叨正在破坏你的婚姻生活，那么，你应该毫不迟疑地改正它。

第十九章　领悟商务谈判的精髓

谈判前要做好细节准备

谈判总是会让参加者感到很紧张，这可能是因为谈判的结果直接跟自己的目标，或者更加直接地说，跟自己的利益有很大的关系——那些为自己的公司或者国家谈判的人也同样如此。谈判的成功与否跟谈判者的表现有很大的关系，因此谈判总是充满着悬念。正是这种悬念给了那些出色的谈判者展现自己才能和智慧的机会。

谈判一般分为几个阶段：准备阶段、商谈阶段、建议阶段和决策阶段。这几个阶段毋庸置疑都是十分重要的。但是，在正式谈判之前的准备阶段既是影响到后面几个阶段的重要阶段，也是谈判者完全能够把握的阶段。虽然不能说谈判前的几天甚至几个月的准备工作可以完全决定谈判能否成功，但是有一点是可以确定的：一般而言，不经准备就开始谈判是很难获得有利于自己的谈判结果的——这一点在下面关于谈判前的细节准备的一些说明中也可以得到证明。

对于谈判前的准备有两种理解方式。我更加偏向于这样一种理解，即将谈判前的所有时间都算入准备阶段。在这样一个准备阶段中，我们需要从以下一些方面去考虑其细节。

1. 提高谈判者的能力

正如我在前面所说的那样，谈判的成功与否在很大程度上取决于谈判者的能力和素质。谈判作为一种说话艺术和说服艺术，对谈判者的表达能力、判断能力、应变能力以及学识等有很高的要求。谈判是一种即时性与尖锐性相结合的说话，能够较好地处理谈判的只有那些有很高素质和能力的谈判者。

谈判者的表达能力当然十分重要。一般而言，谈判双方必须在相对较短的时间内达成一致；并且，如果谈判人数过多的话，那么每个人发表意见的时间一定不是很多，这就更需要谈判者在有限的时间内把自己的观点简洁有力地表达出来。

为了实现谈判目标，谈判者所发表的任何言论都应该有利于自己的目标的达成。另外，谈判需要鼓动对手以及打动对方，所以要求言辞具有强大的感染力。这些都需要谈判者具有十分高明的说话艺术。

谈判者的判断能力十分重要。结合你得到的关于对手的信息，判断出哪些是有用的和重要的，哪些是没有参考价值的和次要的，并从这些信息中判断出对手的实力、要求和可能运用的谈判方法等，这些都需要你具有较高的判断能力。在谈判的过程中，需要通过对手的表现、言语对谈判局势进行整体的判断，进而采取有针对性的应对办法。要根据自己的目标和对方的目标以及双方的共同利益，提供最适当的备选方案，达成最终的谈判协议。这些都跟谈判者的判断力息息相关。

应变能力对谈判者来说也很重要。应变能力是建立在谈判者的判断能力基础上的另一种能力，它使谈判者能够基于自己的判断得出一定的应变办法。在谈判的不同阶段，谈判者需要采取不同的应变措施，使淡判朝自己的目标发展。针对对方不同的反应，适时调整应变措施，甚至适时调整自己的谈判"底线"。这些都需要谈判者具有相当强的应变能力。

除了以上这些能力之外，学识、经验等对谈判者来说也都很重要。遗憾的是，一些谈判者以为只要在谈判之前的几天甚至是几个小时之内做好准备，就能够取得谈判的成功。这种想法太天真了。从某个角度来说，即使在谈判之前没有做好准备，那些综合能力较强的谈判者也能游刃有余地和对手进行谈判，因为这种能力更加基础，也更加重要。

因此，谈判者应该努力提高自己的各种能力。也许对你来说这不是一个好的建议，因为谈判马上就要开始了，现在做这种准备已经太迟了。那么你只能在现有能力的基础上，尽可能出色地发挥，但是我并不能保证你一定成功。当然，如果你打算选择一位谈判者去和别人谈判，拥有这些能力的人选是最合适的。

2. 尽可能了解对方更多情况

在谈判之前，通过详细调查尽可能多地了解对手，对谈判者来说也很重要。既了解自己，也了解别人，这一点可以帮助你使谈判走向成功。

了解对方的情况有助于你做好充分的思想准备，提前研究对策，进而使你在将要进行的谈判中掌握主动权。如果是商业谈判的话，你要了解的信息包括对方公司的业绩、经营状况、资金等，还包括对方谈判者的一些基本信息，如相关经历、性格特征。你可以通过你了解的信息判断出对方可能采取的对策以及可能设置的底线。当然，这些东西都需要在接下来的谈判中加以修正或补充。

一些谈判者认为没有必要这么麻烦。他们相信，对对手一无所知的不足，可以通过试探和了解对方来弥补。这么做的缺点显而易见，不仅表现在时间有限、机会有限，更加重要的是，你的试探可能会给你带来不利的影响。如果你能够在谈判开始之前就了解对方，显然是更加适当的。当然，在谈判的过程中你也的确需要去更深一步地了解对方。

3. 确立自己的目标

实际上，对一个谈判而言，你要做的就是两件事情：确立自己的目标和达成自己已经确立的目标。确立目标是一件十分复杂的事情，因为你要考虑的东西太多，并且目标不一定是确定不变的。

最好的方法是，设定你的底线。实际达成的结果只会在你的底线和对方的底线之间浮动，因此应该把你的目标确定在这两个底线之间。剩下的事情就是不断地使你的目标朝对方的底线方向移动。

为了更加有效地在谈判中达成你的目标，你需要分解你的目标。在多数的谈判之中，整体目标并不是一次就得以实现，而是通过一个个分解的目标来实现的。这些分解的目标会更有可操作性。

4. 调整谈判心态

不论对方是多大的公司或者地位多高的人，还是与他们的合作对你来说多么重要，都不要有不利于谈判的态度和心态。对方能够坐到谈判桌前和你进行谈判，绝对是因为你们有着共同的利益，而且你能够给他一定的好处。这就表明，实际上，你们的地位是平等的，你们正在商量解决问题的方法。因此，你大可不必战战兢兢，让对方感到你在求他。

而如果情况正好相反——你认为自己的地位高过对方或者公司的规模大过对方，他们正有求于你，这对你也是不利的。对方可能会因为你的态度傲慢而拒绝跟你友好地协商，而一旦如此，受到损失的一定也包括你。这个道理跟上面是一样的。

不卑不亢的心态才是谈判者应该有的。这种心态能够使你最大限度地促成谈判的成功，达到自己的目标。

谈判要讲究策略

对于一个谈判者而言，他考虑的是在对方同意的情况下，得到自己想要的东西，这时谈判技巧的运用就显得极为重要。我们先看一个谈判失败的例子，也许这更加能够说明问题。

劳资之间的矛盾一直在我们国家存在着。一次，某一家钢铁公司的劳资双方由于第一轮谈判的失败，使情况变得十分糟糕。当时，正像在通常情况下一样，其中的一方说："我们需要更多。"这当然就意味着对方要给予得更多。这样一来，双方都不会轻易同意谈判条件。工人们最后实行了罢工。而实际上，即使工会取得了胜利，他们所得的补偿也将远远低于自己罢工期间所损失的工资。而对公司来说，他们因为罢工也遭受了很大的损失。对双方而言，他们都是受损的。

在大多数情况下，一次失败的谈判会使双方都遭受损失，而如果运用一定的谈判策略，就能达到一种双赢的效果。

比如，在劳资之间的谈判中，工厂方面答应给对方提高薪水、改善工作环境，而工人们则答应做出更好、更优的产品，提高生产效率，这样就为对方都带来了利益。

一位职员走进老板的办公室，对老板说："在这样的工作环境中工作，我要求加薪水。"老板多半会对这个要求表示厌烦，从而拒绝这个要求。但是如果他对老板说："我希望能够改善工作环境，这样我可能会有更高的工作效率。"老板则会选择为他加薪水。

谈判策略对谈判的成功的确具有很重要的作用。在谈判过程中，应该运用以下的谈判策略：

1．就事论事

跟你谈判的人，绝不会是你的敌人——如果是的话，你们已经没有谈判的必要了。把对方和你们所谈论的问题分开，否则你将没有办法理智、客观地看待这个问题。不管事实如何，都要想象你的对手是一个理智、有礼貌和讲道理的人，你们正在就共同的利益达成一致的意见，而不是在相互争夺利益。你们正在商量，而不是在争论。

把注意力放到事情上，而不是你个人的感觉和情绪上。不要想当然地认为事情如何，你应该看到实际情况，因为那些主观性的东西往往会影响甚至决定一个人对某件事情的看法。

你们正在处理分歧，因此你需要保持开放的头脑，而不要被成见和思维定式所束缚。就这件事情本身，用正确的方法去思考，而不能你以前怎么样判断或解决这件事情，现在还要那样做。每一件事情都会有它的特殊性——虽然也有不少的共同点，关键在于，你不知道决定这件事情性质的究竟是哪种特点。

因此，你最好实事求是地从讨论的事情本身去思考解决的办法。

2．告诉对方自己很了解他

在谈判的过程中，许多人担心自己的观点没有很好地被对方所了解。如果你能够让对方知道你对他的观点已经十分了解，甚至告诉对方你知道他观点背后的一些想法，那么效果一定会很好。

要做到这一点，首先需要从对方的立场去思考问题。移情是常用的一种思考方法，它可以帮助你了解对方。试着把自己想象成对方，想象他处在这样的情境之中会有什么想法和感觉、想要得到什么，以及会想什么办法来得到这些东西。但是，千万不要以自己的心理来随意猜度别人。

积极地倾听对方的意见，这一点至关重要。他的语言代表了他部分重要的思维，而他所表达的信息是你了解他的思维的重要渠道。即使他没有把自己的真实想法表达出来，你也可以从语言中找出一些蛛丝马迹。倾听对方的意见当然是了解对方的最直接的手段。

最后，你需要用真诚的态度表示自己很了解他，并且很理解他。如果有必要的话，你可以适当地复述一下他的观点或陈述他的需求。

3. 坦白自己的需求

在谈判的过程中，坦白自己的想法是一个争取别人信任和同意的好办法。每个人都希望别人能够把心里话表达出来，并且坦率地和自己分享他的想法、感受和需要。任何人都喜欢跟真诚、坦率的人打交道，而且这也并不是什么见不得人的事情。

比如，当你在面试的时候，你对主考官说："我没有什么经验，但是这对工作没有很大的影响。我认为对一个人来说，最需要的是能力和奉献精神，而这两点我并不缺。我需要一个证明的机会。"当你毫无保留地把自己的想法表达出来的时候，谈判可能会让你收到意外的好效果。

4. 挑明对方将得到的利益

直接挑明你们的共同利益和对方的利益，这一点胜过千言万语。冲突和矛盾当然意味着一些立场的对立，但是更多的却是共同利益的存在，而这正是人们进行谈判的原因。有时候对方坚持某项要求，并不是因为这项要求很重要，而是因为这种坚持的象征意义很重要。因此，你需要了解哪些是对方真正感兴趣和觉得很重要的利益。在你了解了对方的需求之后，最好反复强调能够满足他需求的那些利益。

5. 运用迂回策略

如果你在谈判的时候遇到了很大的困难，不要灰心丧气，你可以运用迂回的方法，来达到你的目的。英国人哈利说："在战略上，迂回的包抄常常是达到目的的最佳途径。"这句话恰好说明了迂回的重要性。有时候，直接的方法可能会使你失去方向，而间接的方法却能够达到你的目的。

的确，如果你只想用直接的方法去达到你的目的，有时候会十分困难。当大路走不通的时候，为什么不走小路试试看呢？

6. 列出合适的选项

列出选项意味着谈判进行到了最后，将要进行决策了。对一次谈判而言，这是最关键的时刻。这时候，你已经对谈判的方向非常了解，并且通过深思熟虑已经得出了一些解决的办法。这些选项应该是符合双方的共同利益的——如果仅仅是从你的立场出发，那么它们不会给你带来任何好处。

在列出选项的时候，应该抛弃那种蛋糕只有一种最佳分法的想法，而应该考虑各种方法；甚至你不应该限定蛋糕的大小，而应该想办法使蛋糕变得更大。另外，你也不应该认为只有自己才能取得最大的那份蛋糕，因为这可能使你失去更多。总之，你应该考虑得更加长远和全面一些。

掌握谈判中的应答技巧

有问必有答。如果说提问已经成为贯穿在整个谈判过程中的重要组成部分的话，那么跟它相匹配的应答也有着同样的地位。关于应答的重要性，我们已经在前面说过。而由于谈判在某种程度上具有强烈的针对性，因此应答在谈判中也显得更加重要。

在《新约》里有这样一个故事：犹太人和法利赛人带来了一个通奸的女人，他们当众问耶稣："按照摩西的法律，应该用石头打死这个女人。你说应该怎么办？"这是一个圈套——如果同意的话，耶稣身为一个"救世主"就要为这个女人的死负责任；但是如果不同意，那么他就违反了摩西的法律。于是耶稣说："你们中如果谁没有犯过错的话，谁就用石头打死她吧！"众人扪心自问，都觉得自己并不干净，于是就走开了。而那个女人也就得救了。

在谈判的时候，有些问题可能不见得比耶稣面对的问题更难回答。耶稣凭借自己的聪明机智巧妙地回答了问题，而有些谈判者却倒在了那些问题面前。

那么，在谈判中该如何回答问题呢？这里，我把我所了解的一些应答技巧告诉你们，并且希望你们从此能够从容地应答所有问题。

《新约全书》书影

1. 留下充分的时间进行思考

在回答问题之前，你应该给自己留下充分的时间对对方的问题进行思考。不过，一般来说，在谈判的过程中，对方不会给你充裕的时间让你从容地思考。因为他知道，时间越长，你越能给出对你自己有利的回答。在这种情况下，即使他催促你立即回答，你也可以礼貌地告诉他，你必须对这个问题进行思考，并且需要一些时间。

2. 对问题进行分类

你思考的第一点应该是对对方提出的问题进行分类。也就是说，这个问题是友善的还是不好回答的，甚至是带有敌意的。这三类问题应该有不同的应答方法。第一类问题，像你一些基本的信息等，由于对方并没有敌意，而且说出来对你也并没有什么影响，如果你还闪烁其词的话，就显得不够真诚了（甚至有可能是对方拿已经掌握的信息对你进行的试探）。第二类问题虽然没有敌意，但却是你不想回答、不便回答的问题，对方可能是无意之中问的，也有可能是故意这么问的。

总之，回答这类问题应该把握好分寸，看是否会对谈判有影响。我在后面谈论的方法基本上都属于这一类（除非特别指出来的）。第三类问题是发生在你们的矛盾很严重的时候，对方可能因为对你的行为有所不满，对你有敌意，所以问这样的问题。回答这种问题时应该礼貌，不应该采取针锋相对的态度，然后把握好回答的分寸。

3. 转移话题

在有些谈判中，对方可能会直接问你底线问题。如果你回答了这样一个问题，那么你会很明显地陷入被动。对于底线这样的问题，你自然不想这么直接地告诉他，因为在一般情况下，无论哪一个谈判者都不希望谈判结果只是底线。而你一旦告诉了对方你的底线，就已经失去了继续谈判的意义。

对于这样的问题你必须想办法进行转移。比如，对方问你，产品的价格最低是多少。你可以跟他说，你提供的价格绝对不会过高，在你告诉他之前，你打算先介绍一下你们产品的一些优越的性能。这样，你就把话题转移了，从而也为自己赢得了主动权。

4. 模糊回答

对那些不得不回答，但是却难以立即作出回答的问题，你可以使用模糊语言。模糊语言即那种给对方不确定的答案的语言。比如，对方问你价钱最低多少的时候，你可以说："不会高于你能承受的价格。"这种模糊语言显得十分巧妙，既回答了问题，又没有使你陷入被动。

模糊语言能够为自己留有足够的余地。比如在应聘的时候，面试人员问你："你的期望工资是多少？"你不能给对方一个确定的答案，但可以说："2500 到 3500 之间。"这样，显然有可能与对方能给你的工资符合。

5. 延迟回答时间

当对方要求你立即回答某个你不想回答的问题的时候，你可以拖延回答的时间。比如，你可以对对方说："我想，现在还不是谈论这个问题的时候吧！"或者"我现在没有第一手的资料，我想等我查阅完第一手资料的时候再给你一个详尽而准确的答复，这样可能会更好些。"这些理由都具有不可辩驳的说服力，因此你将不会再遇到同样的问题。

不过，延缓时间只能是暂时的。如果你这一次拖延了回答对方问题的时间的话，下一次你就不能再借故拖延了。因此，你最好找一个更好的办法来解决这个问题。

6. 适当地处理对方的错误

在谈判的过程中，由于沟通上的问题，对方可能并没有完整地理解你说

卡耐基励志经典

领导的艺术

的话，因而产生了误解。这是谈判中经常会出现的情况。

一些谈判者在对方误解了自己的情况下采取了观望的态度——如果这种误解有利于自己，他们就视而不见、将错就错；而如果对自己不利，则马上指出对方的错误。这是一种只看眼前而不顾长远的做法。他们害怕自己会受到损失，于是忽视了谈判实际上是以坦诚为基础的，而绝不应该相互欺骗和隐瞒——即使这是被动的。

在这种情况下，正确的做法是，不管对方的误解对自己有利还是不利，都应该委婉地向对方提出来。你不用担心你会因此而遭受损失，那些东西可能并不是你应该得到的。而如果你隐瞒了真实信息，那么等对方发现的时候，你会得不偿失的。

掌握谈判中的说服技巧

谈判在某种程度上是一种要求很高的说服术。一般的说服术预设了一个前提，即你要么能说服对方，要么不能说服对方，而对方一般不会反过来说服你。但是在谈判的时候，由于谈判双方地位的平等，你需要做到的是，在对方说服你之前先说服对方。

许多人认为要在谈判中说服对手太困难了，因为双方的利益冲突实在是很激烈。为了解决这个问题，我先举一个小例子：

我和一位同事曾经到曼哈顿出差。在我们吃早餐的时候，因为点完菜之后还剩下不少时间，于是同事出去买报纸。大概 10 分钟之后，他两手空空地回来了，嘴里似乎还在咒骂着谁。

"怎么回事？"我问他。

"该死！"他回答道，"我到马路对面那个报刊亭去买报纸，当我拿到报纸后，递给了那家伙 10 美元。他居然不接我的钱，而是把我手里的报纸拿走了。之后他还教训我说，他的工作不是在上班高峰期为别人找钱。"

"这的确让人不高兴。"我说。

“这个傲慢无礼的家伙！”那位同事接着说，“我敢打赌，像他这种爱发脾气的人是绝不会给别人兑换 10 美元的。”

“虽然我不喜欢跟人打赌，”我说，“但是我愿意接受这一挑战。我待会儿就去和那个老板谈判。”

于是，我在吃完饭后就去了同事所说的那个报刊亭，而他在饭店门口看着。当那个报刊亭的老板注意到我的时候，我用一种胆小的外地人的声音对他说道：“先生，不好意思。我不知道你能不能帮我一个忙。”

那位老板随口问道：“什么事？”

“我是外地人，”我说，“我需要一份《纽约时报》，但是我只有一张 10 美元的票子。我该怎么办呢？”

还没等我把话说完，对方就递给我一张报纸，说：“拿去吧，这不是什么大事！”

我的同事亲眼目睹了这一幕，他后来称这件事情为“54 街上的奇迹”。

很多谈判者都像我的同事一样，把在谈判时说服别人当做一件十分困难的事情。他们都把谈判对手想象得过于固执。我对我的卡耐基口才训练班的学员多次提到：“这并不困难，只是需要技巧而已。”

的确如此。既然谈判双方都坐到了谈判桌前，就必定有着共同的利益。双方深知，如果要对方满足自己的要求，那么自己就一定也要满足对方的要求。为了达到说服别人的目的，你只是需要一定的技巧罢了。

那么，谈判者需要什么样的说服技巧呢？以下是比较重要的几种方法：

1. 满足对方的需求

在此之前，你已经对你的谈判对手作了一定的了解；而在谈判的过程中，相信你也已经对对手有了更进一步的了解。在此基础上，你首先要确定他的需求，然后针对他的需求进行说服。

你只有告诉对方自己的意见能够满足对方的需求，才更加容易让对方接受。任何人都只对自己感兴趣——在谈判中尤其如此。他所有的善意举动可能都是为了你能满足他的需求。因此，这一点特别重要。

2. 针对对方的实力

如果对方的实力足够强大的话，他们可能就会对那些蝇头小利没有太大的兴趣。大企业或者实力较强的人，一般更加注重的是品牌或荣誉。因此，尽量满足对方这些方面的要求，这样对你的说服可能大有裨益。而如果对方的实力较小，他则更加需要现实的利益，他往往对价格、价值、服务更加关心。只有针对不同实力的谈判对手采取不同的策略，才会最大程度地得到对方的认同。

3. 赢取对方的信任

信任是使对方同意你的观点的第一步，同时也是最重要的一步，对那些陌生的谈判者来说尤其如此。尽量消除对方的不信任感，消除对方的担忧或恐惧，这会使你更加容易说服对方。

4. 寻找共同点

尽量找出你们的共同点，即使是谈判者个人方面的，这样可以拉近彼此之间的距离，也会使对方不至于抗拒你的意见。你可以从你和对方的职位、兴趣以及许多看法中找出一些共同之处，这样更加容易拉近彼此之间的心理距离。另外，共同利益应该是你们始终关注的，因此，在谈判的过程中要不断强调这一点。

5. 态度要诚恳

使用礼貌而且谦虚的态度说服对方，不要因为你的观点比较高明就轻视对方甚至否定对方的意见。在你说服对方之前，你需要的是对对方的尊重，而不仅仅是摆出你的意见。

6. 不要指责对方

无论对方提出了多么愚蠢的意见，你都要把你的态度放在心里，而不要把它显露出来。你应该对对方提出的意见给予称赞，并找出其中一些值得肯定的地方，然后再说出自己的想法。不要指责对方犯了错误，这样只会使他坚持自己的意见，而不会听从于你。另外，在谈判中，最好不要使用否定性的语言。

掌握打破僵局的口才技巧

谈判似乎总是要经历双方都不愿意见到的局面：谈判气氛似乎都凝固了，双方都沉默不语，默默注视着对方，好像都心怀鬼胎一样；或者双方为某个问题发生了争执，面红耳赤地进行辩论。这种局面是不知不觉地发生了的，它使双方都陷入了尴尬的境地。最后的结局可能是，双方在沉默中不欢而散。

这就是谈判中的僵局。僵局在某种程度上象征着谈判的破裂，是对谈判双方的极大伤害。为什么会产生僵局呢？那是因为双方都不肯在某个方面让步，从而无法达成一致的意见。这是一般的情况。然而，有一些谈判高手喜欢利用僵局来促成谈判的成功，因为人们一般都不喜欢僵局。他们可能会在许多次要的问题上让步，而当谈到主要问题、原则性问题的时候，则利用僵局来实现他们的目的。他们可能会对对方说："我们已经作出了最大的让步，已经充分地表达了我们的谈判诚意。现在，我希望你们也能够作出一点让步，否则的话，我们只能对这样的结局表示遗憾。"如果是这种情况，谈判的僵局可能更加难以打破。

但是，为了谈判的成功，大多数谈判者还是希望能够尽快打破僵局。那么，如何打破僵局？

1. 调整情绪

很多谈判者因为想要坚持自己的意见、改变别人的看法，会变得非常激动。我们知道，当人们在激动的时候，往往会失去理智。也许在演讲之前他就已经想好了该怎么处理僵局，但是当僵局真正出现的时候，他们却忘记了之前想好的做法。另外，有一些谈判者似乎已经做好了最坏的心理准备：既然对方能对他们的要求不依不饶，恐怕自己的目的已经达不到了，也没有希望获得谈判的成功了。这使得他们放弃了原来的礼貌和谦逊，口气开始变得咄咄逼人，甚至开始指责对方。总之，不论因为何种原因，他们都已经对谈

领导的艺术

判失去了信心。

由于我们之前已经预测到谈判僵局可能出现，那么等它真正出现的时候，就不应该使其成为谈判的终结。无论如何，你都应该尽自己最大的努力促成谈判的成功。你应该做的是，慢慢地平息自己激动的情绪，对谈判的成功恢复信心，然后采取积极的对策。消极回避对谁都没有好处，所以，你应该积极地寻找解决方案。

2. 换个话题

当对方不论你怎么解释都不同意你的要求的时候，你不妨转换一个话题。转换话题并不是再也不提你们发生争执的话题，而是将其暂时搁置，到适当的时候再进行讨论。转移话题的作用非常明显，它可以缓解紧张的气氛。只有这样，才能使双方平心静气地展开讨论，不再发生争执，才有利于谈判的成功。对你来说，最重要的事情是缓解谈判的紧张气氛，因为这对谈判而言是致命的威胁。

然而，转换话题并不是一件容易的事情。它并不是消极地回避，而是积极地争取机会。在适当的时候，你的话题还是要回到你们产生争执的地方上来。因此，在你们谈论别的话题的时候，你要对你们的僵局进行反思，并寻找问题所在，然后采取有针对性的方法。

转移的话题必须跟你的主题有关，只有这样，才能保证你随时都能够把话题转换回来。不要谈那些不着边际的话题，这会让对方认为你在故意拖延时间，而且你也无法成功地转回到原话题。转移话题之后，要使话题自然而然地朝正题靠拢，从而让对方在不知不觉中接受你的意见。

3. 更换主谈人

谈判者可能会因为情绪问题而影响自己的判断，而且可能会在很多问题上形成成见——正是这些成见使谈判陷入了僵局。对对方而言，现在的谈判者及其各种做法和想法可能正是刺激他的主要原因。因此，如果可能的话。更换主谈人也是一个打破僵局的合适的方法。

选择那些对本次谈判比较熟悉的、具有较强能力的谈判者参与谈判。当然不能选择那些对本次谈判完全不了解、没有多少谈判技巧的人来继续谈判，因为如果你们更换了谈判者，说明你们已经作出了让步，而这样的谈判者无法掌握谈判的方向。

4．扩大双方的利益

如果可能的话，可以适当地扩大双方的利益，即自己在某个问题——即使是原则问题——上作出让步，而对方也能在某些重要问题上作出让步，这样双方都能够得到更多的益处。不过，这自然是建立在作出一定牺牲的基础上的。

必须要注意的是，务必使自己得到的益处比作出的让步多，这样才有让步的必要，否则你失去的将会更多。你的目的并不只是要达成协议，而应该是达成对你有利的协议。另外，不要要求对方作出太多让步，这样你也将达不到目的，而且可能会在另一个问题上造成僵局的出现。

5．调整自己的策略

僵局出现的一部分原因是谈判策略不当。有经验的谈判高手甚至认为，没有不合适的目标，只有不合适的策略。他们的意思是，只要你的策略合适，那么无论你的目标有多高也都可以实现。这样说虽然有些夸张，但是却的确表明了策略的重要性。

我在前面已经说过了谈判中的策略问题，它们并不都是并行不悖的。实际上，对一次谈判、一个谈判对手而言，可能只有一种合适的策略。因此，如果你发现这种策略不合适，可以换另一种更加合适的策略。

6．心理置换

心理置换要求用一种换位思考的方法来处理谈判。很多时候，由于经验、学识、立场和价值观不同，不同的人对同一个问题的看法会存在很大差异，甚至会相互对立。如果你能够从对方的角度来看一些问题，对这些差异你可能变得更加容易接受。当然，你也可以要求对方从你的角度和立场来考虑问题，前提是你要告诉对方，你已经从对方的角度思考过这个问题了。然后，采取一种合适的、折中的方案来解决使你们陷入僵局的问题。

领导的艺术

必要时可以妥协退让

电器设备供应商泰茨公司生产的电机产品在国际上都处于先进水平，而且型号齐全、服务完善。当公司打算进军波士顿的时候，那里的市场已经被另一家电机生产公司——肯德公司占领了。泰茨公司一直在努力争取，却没有能够占领一席之地。后来，他们了解到伍德公司正打算引进电机设备，于是就派了业务员和对方进行谈判。为了能够打破肯德公司的垄断地位，泰茨公司在价格上作出了很大的让步，最终和对方达成了协议。这种让步虽然让他们开始进入波士顿市场，但是在波士顿的产品价格却比在其他地方的价格低了很多，而且提价也变得十分困难。

这个案例给了谈判者一个印象，那就是在谈判中不能让步，否则对自己会很不利。他们认为，泰茨公司完全可以依靠自己性能先进的产品和完善的服务跟肯德公司竞争，最后也一定会取得胜利。

的确，在谈判中，泰茨公司在价格方面的大幅让步，使得他们以后的经营陷入了不利的局面。但是，他们公司的做法的错误之处，不在于在谈判中作出了让步，而应该在于他们在价钱方面作出了让步。因此，不能因为这个案例否认让步在谈判中所起的作用。我们完全可以想象，如果泰茨公司咬紧牙关一点儿都不让步，他们肯定就无法进入波士顿市场。

实际上，在谈判的过程中，谈判的双方不可能都没有让步，否则就无法达成一致。既然是谈判，那么就必然存在可以沟通的空间。正如我们前面所说的那样，谈判者只是在尽量争取使达成的协议朝着对方的底线运动，而并非一成不变地进行交谈。可以说，正是让步使谈判变得有意义。

必须强调的是，谈判者的让步也不是没有目的、毫无意义、无原则的妥协退让。有的谈判者在谈判的过程中，不打算作出让步；而与此相反的是，有的谈判者为了达到某个目标，进行了毫无原则的妥协退让。两种做法导致了不同的结果，但是对谈判者来说却都不是好事。前一种做法使谈判者失去了和对方达成协议的机会；后一种做法尽管更加可能和对方达成协议，但是这种协议对己方来说是不利的。

在谈判的过程中，有些时候应该坚持自己的观点，有些时候则应该作出一定的让步。把握好这个分寸是十分困难的。因此，我们在谈判中必须讲究一定的策略，即在必要的时候让步。谈判者在谈判中让步，一般都是希望对方也同样能够作出让步。这样做有两种作用：一是用自己的让步来满足对方的需求，对方才会满足自己的需求；二是表达自己的歉意，表示自己希望协议达成。

在谈判的过程中，应该把让步当成是谈判整体策略的一部分，当成是为了达到自己的最终目标作出的一点儿牺牲。因此，应该有计划、有步骤地进行让步。在谈判开始之前的准备过程中，谈判者应该对自己可以作出的让步和对方可以作出的让步有清醒的认识，而不应该毫无头绪。正如我前面所说过的那样，要考虑对方的底线和自己的底线，因为这两条底线是让步的最终参考对象。

是否让步、如何让步，这是关于让步的两个基本因素。下面我简单地介绍一些在让步时必须掌握的原则：

1. 最好不要首先让步

在谈判的初始阶段，不要因为急于达成协议而匆忙让步。在大多数情况下，首先让步的人会处于被动的局面，因为这似乎说明他更加希望达成协议，这个谈判对他来说更加重要。在这种情况下，对方一定会更进一步提出自己的要求，在谈判的心理上也会占有优势。

因此，尽量不要首先对对方让步。你必须保持对自己产品或服务的信心，让对方感到自己的实力。当然，在适当的时候，你应该通过让步来表示自己的谈判诚意。但是，你必须让对方明白，自己是不得已才作出让步的——只有这种让步才是积极的让步。

2. 只能在次要问题上让步

因为让步是无关于原则问题的，是为了达到自己的整体目标，是谈判整体策略的一部分，所以，可以在一些次要的问题上进行让步。这样的让步不

领导的艺术

会使你作出太大的牺牲，而只会赢得最后的胜利。

与此相对应的是，不能作出原则性的让步。这种让步会使你失去自己的目标，最后无法达成有利于自己的协议。这就好像你跟对手谈了一个小时，结果达成的协议却对自己完全没有好处。这种无原则的让步当然是不可取的。

3. 在损失很小的时候让步

如果那些在次要问题上的让步会导致你损失很大，那你也一定不要让步。在特定的情况下，次要问题的让步可能会带来比原则性问题的让步更加严重的后果。不能简单地用主要还是次要的标准来分析。在很多情况下，次要问题也可能会给你带来无法承受的损失。

4. 每次让步小一点

如果你让步过大，对方可能会错误地估计你的底线，因此你会更加难以取得效果。比如，作为卖方，你如果作了较大幅度的降价，这必然会让对方怀疑你的产品并没有想象中的那么好；而如果你每次都只是采取很小的让步，对方会认为他差不多已经使你达到了底线。你们更加可能较快地达成协议。

5. 估计自己的让步的价值

自己每作出一定的让步，就要判断自己的让步在对方心目中的价值。在此之前，你已经掌握了对方的一些信息，了解到了对方的策略和底线等一些重要的问题，因此，你可以准确地预测到自己的让步所产生的影响。有时候，对你来说是很小的让步，而对方却很在意，这种让步是理所当然应该选择的，而那些连对方看来都并不重要的让步，你也就没有必要让步。

6. 拒绝对方让步的要求

当对方提出让步的要求时，你应该对要求进行仔细的考虑，务必做到慎重地作决定。有时候对方所提的要求对你而言并不是什么大问题，但是有时候却与你的原则相冲突。在后一种情况下，你应该拒绝对方的要求。

不要因为你需要达成协议就轻易答应对方的要求，因为对方也有同样的需求，否则你们就不会坐到一起来谈判了。

结语

往窗外看看，注意到这些年世界上有多少改变正在发生吗？

战后的繁荣已经成为泡沫，全球性的竞争迫在眉睫，顾客越来越难缠，质量已经成为一种必需，一些产业兴起，另一些在重组，还有一些渐渐消失。两个超级军事大国的对立似乎也已成为历史。

东欧巨变，欧洲正在整合，第三世界国家努力发展经济，近代资本主义带来的轻松舒适和白领们稳定的工作都将受到强烈的冲击。

戴尔·卡耐基预料到今天的这些改变了吗？当然没有，没有人能看得那么长远。

但卡耐基做了更重要的事，他留下了一套经久不衰的人际交往准则，即使在今天重要性也丝毫不减，仍然适用于目前这个瞬息万变的世界。

从别人的角度看问题。

给予别人真诚的肯定和赞美。

善用热情的能力。

尊重他人。

不要苛求。

客观地评价他人。

使你的生活快乐而平衡。

这些智慧的火花影响了几代人，而且每天都有更多的人因它们而获益。

卡耐基的这些准则能这样历久不衰，并不令人惊讶，因为它们并非植根于某个特定的时期，世界是变化不休的，而卡耐基的准则经过长久的考验。流行来来去去，股市上上下下，科技不断进步，政党改朝换代，经济更是如钟摆，不断在繁荣、衰退、繁荣、衰退之间摇摆着……

但卡耐基的观念屹立不倒，这些原则只等着人们去运用，它们完全是从人性的根本出发，因此永不过时。在旧社会中它们有效，在不断变化的新社会里同样能行得通。只不过，现代人对卡耐基准则的需要比以前更为迫切。

所以，遵循这些原则，运用这些技巧，让它们成为你日常生活的一部分，把它们运用在你的朋友、家人和同事身上，看看它们带来的改变吧！

运用卡耐基准则，不需要研究心理学，也不需要深刻的人生经验和思考，只要你愿意实践、愿意付出精力，只要你强烈希望活得更好。

"我们归纳的这些原则，并不只是理论或臆测，"戴尔·卡耐基有次谈到他用一生时间来向千万人传授的这些原则时说，"它们的效力犹如魔法，听上去似乎不可思议，我却亲眼看到这些原则的运用使成千上万人的生活都发生了革命性的转变。"

卡耐基励志经典

伟大的人物

[美]卡耐基·著

刘凯·整理

綫装書局

导　读

　　人类历史中所诞生的巨匠，永远在感召着我们。我们能够聆听到他们的声音，感受到他们的魅力。我们会听从他们的教诲，使自己趋于尽善尽美；我们也会激昂于他们的精神之下，令自己百折不挠，奋勇向前。

　　《伟大的人物》"在所有的成功励志书籍中，伟大人物的传记是最有力量的读本。"上世纪30年代，美国哥伦比亚广播公司邀请戴尔·卡耐基做一个每期5分钟的节目，由他讲述世界名人的传奇人生故事。没想到节目播出之后受到美国民众近乎狂热的欢迎。数年后，这些伟人们的故事被出版商收集在一起，按照所述人物的类别组织篇章，付梓发行，成为了一部流传广泛并影响深远的传记作品。书中写到的爱因斯坦、甘地、丘吉尔、哥伦布、莎士比亚、迪斯尼、海伦·凯勒等世界名人，至今仍在塑造和影响着我们的生活，他们的奋斗精神经由卡耐基的精彩描述，更加耐人寻味。

第一章　名扬后世的艺苑奇葩

"米老鼠之父"迪斯尼

《米老鼠》和《猪小弟》的作者沃尔特·迪斯尼，可以说是美国最为著名的人物之一。然而，你是否知道他在 20 多岁时，还只是一个无名的穷困潦倒的小子，可是到了 30 多岁时，他已成为家喻户晓的人物了？全世界的人们都喜爱《米老鼠》卡通片，在阿拉斯加的某个地方，影迷们甚至还组织了"米老鼠会"，在雪屋中聚会。

迪斯尼

确实不错，他曾经穷得身无分文，但他后来却十分富有。他把自己多余的钱全部投入了自己的事业上，因为相对于储蓄的利润而言，摄制影片所得的利润更多。

少年时代的沃尔特·迪斯尼，曾前往美国堪萨斯城谋生，当时他的志愿是想成为一个艺术家。他刚开始是到堪萨斯的明星报社应聘，想在那里找一份工作。该报社主编审读过他的一些作品以后，认为作品缺乏新思想而没有录用迪斯尼，这使他感到万分失望和颓丧。

后来，他终于找到了一份工作，就是替教堂作画。可是，这份工作的报酬非常低，他根本支付不起租用画室的租金，于是他只好借用父亲的汽车库作为他的临时办公处。当时，他还认为这样的生活十分艰苦，但是他后来却再也不这么想了，他反而认为这座充满汽油味的车库对他具有重要的影响，其价值至少可值 100 万美元。

迪斯尼是如何走向成功的呢？有一天，当他和往常一样在汽车库工作的时候，忽然看见一只老鼠在地板上跳来跳去。他赶紧跑回家，拿了一些面包屑给它吃。渐渐地，迪斯尼和这只老鼠之间混得很熟悉，有时候那只老鼠竟然会大胆地爬上他正在作画用的画板，并有节奏地跳跃着。

不久，迪斯尼被介绍到好莱坞，帮助摄制一部以动物为主角的卡通片。但是不幸得很，这次他失败了，结果他不仅因此而穷得身无分文，而且再度失业。

正当迪斯尼走投无路之际，他突然想到了堪萨斯家中汽车库里那只在画板上跳来蹦去的老鼠。他立刻画出了一只老鼠的轮廓，米老鼠的卡通片就这样在灵感刺激下诞生了。谁又能想到，那只在堪萨斯城汽车库里已经死去很久的老鼠，竟然会成为《米老鼠》这部在世界上最负盛名影片的祖宗呢？不但影迷给米老鼠写的捧场信要比任何演员的都多，就连米老鼠足迹所至的国家，其他任何演员也望尘莫及。

在《米老鼠》影片中的米老鼠配音，总是由迪斯尼自己负责，同时其他许多动物的配音也大多由他担任，所以沃尔特·迪斯尼需要花不少时间到动物园去研究各种动物的声音。

迪斯尼手下有 134 位助手，他们能够帮助他管理一切，不论处理什么事情，例如画稿、制作字幕、配音乐等，都不用他一个人操心。

迪斯尼尽量利用空余时间研究新的计划。每当他的研究有了心得之后，他就会和助手们一同公开讨论。有一次，他曾向他的助手们提出建议，希望他把幼年时母亲讲给他听的《三小猪》和《大坏狼》的故事搬上银幕，但是他的助手们都不赞成。迪斯尼本想就此取消这一计划，但"三小猪"的形象总是在他的脑海里打转，使他难以抑制地又提了好几次，但仍然没有得到他的助手们的同意。

终于，他的助手们做出了些许让步，说："好吧，我们不妨试试吧！"他们之所以这样回答，无非是不忍心拂逆迪斯尼的诚意，而事实上他们对这项计划根本没有信心。

本来一部《米老鼠》影片的制作完成，总共需要3个月的时间，因此他们不愿耗费那么多时间去摄制《三小猪》，于是他们只用了两个月的工夫就草草完成了这部影片。这些助手们没有一个人相信这部影片能赚到钱，但他们没想到的是，《三小猪》问世之后，竟然震惊了整个美国。接着，各地的人们都在哼唱那首"谁怕那只大坏狼，大坏狼，大坏狼……"的新歌了，这部无人看好的《三小猪》竟获得了无上的荣誉。

据迪斯尼自己告诉我，这部影片在某些戏院前后曾重映达7次之多，而这是自有动物卡通片以来所取得的最好业绩。

一般人都猜测迪斯尼公司摄制这部影片至少可以获利30万美元，但迪斯尼亲口对我说，公司只赚了12.5万美元。

总之，迪斯尼所设计的卡通片，确实都有不朽的价值。而且事实也告诉我们，在几十年以前摄制的米老鼠，现在还有一些戏院在重映呢！

然而，最值得我们称颂的是，迪斯尼终身为动物卡通片做出了不懈的努力，据他自己说，这是由于"兴趣"，而不是为了"赚钱"。

我知道他没有任何不良的嗜好，喜欢每天下午打打棒球或马球。

"说谎大王"利波里

你知道谁是世界上收到信件最多的人吗？是克拉克·盖博？是梅蕙丝？还是普迪·温利？不对！都不对！你完全猜错了。

你听说过罗伯特·利波里这个名字吗？我可以告诉你，他每年至少会收到100万封信，而在1932年，他竟收到了从世界各地寄来的300万封信。换一句话说，他平均每天可以收到8000封信——或者说，就在你讲一句话的时间之内，他可以收到28封信。

许多认识他或者知道他的人，都认为他是这个世界上最大的"说谎家"。对于人们赠予他的这个头衔，他不但不生气，还觉得很自豪和光荣。

有时候，他收到的信封上面并没有写出他的名字，只是写着"寄给世界上最大的说谎者"，但是邮局会毫不迟疑地送给他。这一点信不信由你。

罗伯特·利波里最擅长做一些让人惊讶的事情，他也正是倚仗着这一点"本领"为生的。最使我感到惊异的是，有一次他说要给我看两封信，一封是写在人皮上的信，而另外一封信则竟是写在一根头发上。这不是太荒诞了吗？一根头发上怎么可以写信呢？我以为他又在骗人了，但他却不慌不忙地取出一个显微镜来——我仔细一看，天啊，真的是一封信！和写在纸上的信一样清楚！我还有什么话好说呢？

接着，他又给我取出另一封奇怪的信，那是写在一粒米上面的信。他说这是薛尔文尼亚省阿达拉地方一位读者写给他的信，虽然我们用肉眼看不清楚，但用显微镜就很容易看出来。我亲眼看见了这封信，也清清楚楚地算过，在这一粒米上竟然一共写了 705 个单词，也就是写了 2864 个字母，这也只能信不信由你了！

他还告诉我许多我难以置信的事情，如滑铁卢血战的发生地并不是在滑铁卢，薛尔文尼亚并非承袭威廉·本的名字，甚至"水牛"比尔也并未射杀过水牛。

最后，他又说了一些更令我吃惊的话：他说他将在半夜时分趁我不注意时杀害我，凡是知道这个消息的人都会在 12 分钟之内告诉另外两个人……这些人这么不断地传下去，不到次日天明就可以使全世界的人都知道这件事情了。

我觉得罗伯特·利波里正像他的讽刺画一样，有些令人不可思议。

利波里的父亲是个木匠，他曾警告过利波里，如果他想成为一个艺术家，将来一定会连饭都吃不饱，甚至会饿死。这位老木匠当然希望他的爱子能成为一个瓦匠或铅锡匠，因为这最起码可以养家糊口，不愁吃穿。

可是又有谁能够想到，从来没有学过绘画的利波里，后来竟会成为世界上最著名、最受人欢迎的讽刺画家呢？

这位一代怪杰，连他的行为举止也有点古怪。他曾旅行过全世界，主要是想要拜访一些伟人的坟墓。不过说出来你也许不会相信的是，格兰特将军之墓离他家只有 3 英里远，可是他却从来没有去瞻仰过。

虽然他常常离家出远门，可是他在 6 年中只去过在纽约的办公处 3 次。这是为何呢？据说他最怕处理行政业务，所以他宁愿委托别人在这方面为他效力，而他则可以一个人待在画室里，静静地作画。

如果你到过他的画室，你可以看到报纸、书籍、画稿、古玩、鲜花……这些东西杂乱无章地堆满了整个房间，甚至连谢了的花瓣也没有清扫。我相信，我在这么杂乱的地方一天也待不下去。可是利波里对此却说得很有趣："明明知道这个房间已被堆放得难以收拾了，那我就干脆不去收拾它了。"不错，他是一位真正的艺术家，他愿意过这样随意的生活。他整天穿一件衫裤工作，一点也不觉得困倦。

利波里一直喜爱各种运动，他平生第一志愿是想当一个职业棒球运动员。他曾经和纽约最著名的职业棒球队签过协议，但是很不幸的是，他在投球时摔伤了手臂，因此不得不放弃了这一运动职业，改为从事绘画工作。他还出版过一本关于手球和一本关于拳术的书呢！

1918 年圣诞节前的一个星期，他一个人静静地坐在画室里，竭尽全力思考，想找到一个讽刺画的题材。就在他这么冷冰冰地坐了两小时之后，仍然没有什么收获，这使他失望之极。后来，他想到用发生在运动界的几件令人吃惊的事情作为画的题材，题目经过再三修改之后，决定叫"信不信由你"。

谁知道就是他在这样一个阴郁寒冷的下午所想出的一个不起眼的绘画题材，竟成为他一生的幸运转折点。从那天开始，他一步一步地朝着震惊世界、获得莫大荣誉的征途前进了。

经过这样 10 年的不断努力，利波里每个星期都要画两幅"信不信由你"的讽刺画，可是当时他还并不怎么引人注目，这正如他有一次亲口对我说的："我努力奋斗了 10 年，可是却不知道成名只需要 10 分钟！"

不错，这可不是利波里的夸大之辞。在 1928 年 9 月的某一天，他用 10 分钟时间画的一幅讽刺画，令全国数百万读者震惊不已。它的震撼力比他埋头 10 年的努力还要大得多。

我在这里想大概地说一说这幅画的内容。真的，这实在是太令人惊讶了

——利波里竟然宣称：林白是第 67 个飞越大西洋的人。于是人们一致抨击他这是无稽之谈，认为他又在耍他那套说谎把戏，而他却板起脸一本正经地指出：勃朗和阿尔科克两人曾没有停留地飞过大西洋，这不是在林白之前很早的事吗？而英国的 R-3d 型飞机和德国的 ZR-3 型飞机，不是也曾做过这样的试验，而且获得了成功吗？英国飞机曾载过 31 人，德国飞机也曾载过人，这样算起来，林白不是第 67 个飞越大西洋的人吗？你们批评我这是"无稽之谈"，其实错的不是你们自己吗？

维康·鲁道夫看见了这幅画之后，赞赏称颂不已，于是特聘利波里每天为他的报纸专门画一幅讽刺画。利波里从此也就平步青云，出人头地了。

也许会有人想问他，每天要画好几幅讽刺画，会不会有题材断绝的时候？其实，我们大可不必替他担心。他所拥有的题材，可能连他一辈子都用不完，何况还有许多人在不停地写信给他，告诉他许许多多奇怪的事，你想他还怕题材缺乏吗？所以，利波里说有好几百万人在帮他工作。

毫无疑问，利波里所知道的奇异之事比世界上任何一个人都要多！可是，信不信由你——他连自己画室的电话号码都不知道！

幽默明星罗吉尔

你知道谁是美国每年赚钱最多的人吗？不过我要事先声明的是，我并不是指工商界的人士，而是指那些不必从事交易或买卖而获得高额收入的人士——他不必雇用职员，也不需要什么助手，他只需依靠自己的特殊才能就可以大把大把地赚钱。

你可能会说，这个人一定是查理·卓别林？但他自己还创建了一家电影公司，因此我的回答非常干脆："不是他！"

那么这个人是葛莱特·嘉宾了？也不是他！

莫非是阿莫斯·安迪吗？也不是他！

那大概是普迪·万里吧！也不是他！

你全都猜错了！这个人可不像你所想的那么好。他不但没有受过什么教育，而且只会说一些粗俗的英语。他穿的是那种你不喜欢的旧式的衣服，他与人约会时常常迟到，他喜欢嚼口香糖——他是一个彻头彻尾的不修边幅的人。他的名字叫罗伊·罗吉尔。

他每年只拍摄 3 部影片，却能获得 37.5 万美元的巨额报酬。他每天为一家报纸写一段短文，但从中可以得到 400 美元的稿费。要是他在公共场所讲一则幽默故事，他就可以获得 3000 美元的演讲费。至于他在电台播音的待遇就更高了，每分钟可以获得 333 美元。

他在美国大选的那天出生，只活了 50 多岁，是在一次飞机失事中遇难的。

你大概会认为他是美国人吧？那你又错了。他并不是在美国直辖的 13 个州境内出生的，他生在印度，他出生时的那栋小屋子还保留在那里。罗伊·罗吉尔的父母都带有一些印度血统——他母亲约有 1/4，父亲约为 1/8。

说到罗吉尔第一次到纽约的情形，可真是太滑稽了。当时他开着一辆旧货车，上面全是体型庞大的牛，从俄克拉荷马出发，一路上疲倦了，他就和这些牛睡在一起。当他到百老汇游玩的时候，穿的是牧牛鞋和土里土气的破衣裳，没有一个人不笑他的。有一个顽皮的孩子甚至抓起他的破帽子开他的玩笑。可是，当他在几年后重到百老汇时，却十分气派，他是乘飞机来的。当他走在街上时，每个人都向他行注目礼，围绕着他，请他和他们合影，还说他是"天之骄子"。

他年轻的时候，为了增加见识，便决定出外远行。他的第一个目的地是南美。为了节省旅费，他一路上都坐下等舱。抵达南美以后，他找到了一份放牛的工作，每个月只有 4 美元的报酬。

波埃尔战争爆发之后，罗吉尔匆匆忙忙地乘坐运牛的远洋轮船到了南非，在英国骑兵队里找到了一份喂马的工作。

战争结束以后，他的生存成了一个问题，于是他只好和士兵们住在一起，吃别人的残羹剩饭。后来，他加入了一个马戏班，担当在车子上杂耍的角色。这样，他才跟随马戏班回到了美国。而他在马戏班杂耍时的那种幽默

伟大的人物

和怪腔调，竟被一个著名的星探看中，他从此进入美国电影界，成为一颗逐渐上升的世界明星。

说到他的婚姻，他的妻子叫碧蒂·布兰克，是一位善良贤淑、美貌如花的女性，她出生在阿克萨斯。他第一次遇到她时，她正在喝柠檬汁，而他正好骑一辆新买的脚踏车路过那里。他一眼瞥见了她，就好似前生姻缘注定似的，他再也不愿离开她了。为了获取这位陌生姑娘的欢心，他就在车子骑近她身旁时，故意表演他那出神入化的车技，想借此卖弄一下自己。可是很不幸的是，他突然一不小心，从车上掉下来受了伤。心地善良的布兰克小姐立刻跑过去，把他扶起来，替他擦洗干净伤口。这是他们初次相遇的插曲。她后来便成为罗吉尔夫人，替他生了 3 个孩子。

罗吉尔的一生充满了传奇色彩。他曾有机会拜见过多位皇帝、皇后，以及其他尊贵人士，可是你一定不敢相信，他一辈子没有做过一件礼服，连平时穿的衣服也很随便，只有在拍戏时，导演为了需要强迫他，他才勉强给自己打扮修饰一番。他虽然每年赚这么多钱，但他的口袋里永远至多只带 5 美元，而且他一辈子都没有买过一辆汽车。

贫穷的音乐大师莫扎特

俄国已故的李奥·波阿尔是世界上最著名的教授之一，他的学生遍及世界各国，由他提拔和训练出来的人才数不胜数。有一次，他对我说过一句我永难忘怀的不朽的话："如果你想成为一个卓越的音乐家，那么，你生来就应该是贫穷的。"他担心我听不懂他的话，又补充说道："在贫困者的内心当中，有一种说不出来的极其神秘、极其美丽，可以使人们增强力量、思考、同情和仁爱之心的因素。"

李奥·波阿尔说得太对了。莫扎特就是这么一个贫穷的人，他甚至没有钱买木炭来给他居住的破屋取暖。在寒冷的冬天，他只好把双手插进穿在脚上的毛袜子里取暖片刻，然后再接着进行作曲创造。只有这样的人，才具备天生的音乐天才，才能创造出许多伟大的歌曲，才能永垂不朽，名垂万世。

饥寒交迫、缺乏营养滋补品，这些都使莫扎特的寿命大大缩短，使他在 35 岁英华正茂时因肺痨而死。

莫扎特的葬礼是最简单、最俭朴不过的，一共只花了 3.1 美元。起初，还有 6 个人抬着他那简陋的棺材送殡，可是走到中途时，突然下了一阵大雨，竟把这 6 个人也冲了回去，可是莫扎特的灵柩永远孤零零地、孤零零地……

莫扎特

你认为莫扎特的遭遇是不是太可怜了？不，许多伟大的音乐天才，他们的身世和莫扎特差不多。据桑弗德告诉我，他的密友维克多·赫伯特第一次来美国时，身上只有一件衬衣，因此他不论冬夏，每天都只能穿着它，当他的妻子为他洗烫那件衬衣时，他只好躺在床上等。但是，他不也是一代大音乐家吗？

在第一次世界大战时，欧洲曾流行一首歌曲 "It's long, long way to tip-per—ary"，我们都很喜欢唱它，这是一支有史以来最普遍、最受欢迎的战歌。可是，这首歌的曲作者贾克·贾奇却非常贫困，他必须白天卖鱼，晚上还得在台上演戏才能维生！

还有一首著名歌曲 "Silver Threads Among the Gold"，不也是广受人们的欢迎吗？但是它的作者哈特·邓克斯却穷困潦倒，他曾将此歌献给他的妻子，并以 15 美元的代价将它卖给出版家。后来，他和妻子因意见不合而分开了。他一个人孤独地死在费城一间破陋的小屋中。他死时的景象十分凄惨，而他的遗嘱只有一句写在一张便条上的话，他将它放在床边的桌子上："年老孤独的滋味最苦。"

"Humoresque" 也是一首著名的歌曲，可是它的曲作者却是一个屠夫的儿子。更奇怪的是，这首曲子竟是作者趴在糖房和猪栏里写成的。他是德国人，名叫安东尼·德瑞克。

德瑞克刚到美国时才 15 岁，由于他讨厌纽约的繁华，他看中了城外一个荒僻的小村庄，这个小村庄和外界的"文明"隔绝，没有车马的喧闹，于是他迁到那里定居下来。

德瑞克在 100 多年前出生于欧洲波希米亚的一个小村庄。他没有机会接受高深教育，曾有很长的一段时期，他不得不跟随父亲在屠宰场工作，可是他的心地善良，心中蕴藏了美妙歌曲的种子。在几经挣扎之后，他终于脱离了屠宰场的生活，到了捷克的东城学习音乐，开始实现他的理想和志愿。然而，他身上当时只有可怜的几便士，连最贫贱地区的最破陋的小屋也租不起。幸运的是他人缘还不错，他找到了另外 5 个穷学生，和他们合住在一起。在这种饥寒困苦中，他谱出了许多世间难得的美妙歌曲。

所以像莫扎特、德瑞克这一类的人，正是因为穷困，才能充分发挥自己的天才。

天才作曲家乔治·杰斯文

我曾拜访过美国的著名作曲家乔治·杰斯文，并向他请教过他之所以成功的秘诀。他告诉我，他的成功非常简单，因为他知道自己的需要，然后按照这个"需要"坚持不懈地努力，直至实现目标。

最让我惊异和钦佩的是，杰斯文在功成名就之后还不断地努力，并且坚持每星期学习 3 个小时。这种勤奋好学的精神，真是太值得我们学习了。

杰斯文的处女作仅卖了 5 美元，可是谁又会猜想到，在 9 年后，他替好莱坞一家电影公司的一部片子创作的一支新曲，竟收到了 50000 美元的巨额报酬。

当杰斯文第一次到戏院表演时，听众们全都讥笑他。后来，他接受了纽约第 14 街福克斯城戏院的聘请，担任该戏院的乐师，每星期的报酬只有 25 美元。在他第一次上台参加演奏时，他非常羞涩，面红耳赤，脑子也有些昏昏然的，结果也就可想而知了——他演奏得糟不可言，就连台上的演员也在嘲笑他，台下的听众们更是大笑不止。他愤怒羞愧极了，不顾一切地冲出戏院。他对我说起这件往事时，还一再说这是他平生的最大耻辱。

杰斯文最初的志愿是想当一名画家，可是后来却出乎意料地成为一位伟大的音乐家，这个结局无疑要归功于他的母亲。

据说，有一天杰斯文的舅妈带了一架新买的钢琴来他们家做客，这使他的母亲心中极其不高兴，认为这是对她及家人的一种有意的侮辱；于是，她不顾经济能力有限，也忍痛替儿子杰斯文买了一架二手钢琴。由于发生了这件突如其来的事，使杰斯文得以有机会接触音乐，并由此发展他的音乐天赋，为世人创造出许多美妙的歌曲，甚至推动了美国音乐的突飞猛进。因此，杰斯文的成功首先应该感谢这架旧钢琴和他的母亲。

杰斯文是靠《天鹅》一曲而成名的。但是说起这首成名曲的经过来，却又十分的离奇，几乎连杰斯文自己也有些莫名其妙！在 1918 年，杰斯文首次在百老汇的光陆舞台演奏他的新作《天鹅》时，并没有引起听众们的强烈关注。但当时著名歌唱家阿尔·约翰逊也在座，他听完该曲后，认为杰斯文很有音乐天赋，说他是一个可以造就的天才。9 个月后，在一次规模盛大的集会上，有人请求阿尔·约翰逊唱一支新歌，以推动会场的气氛，阿尔起初婉言推辞，但后来觉得不应该辜负众人的诚意，就引吭高歌了一曲杰斯文的《天鹅》，结果大受欢迎，大家一致认为该曲优美绝妙——就在这短短的 5 分钟内，阿尔·约翰逊把一支被人们早已经淡忘的歌曲唱红了，杰斯文由此而一举成名。

一个月后，《天鹅》曲响遍各大酒店、影院、舞场、娱乐场所……几乎人人都会唱这首歌曲了。这反而使杰斯文万分惊奇，他很纳闷这首《天鹅》曲怎么会突然风行起来呢？更使他惊异的是，竟有出版商愿意出 6 万美元的高价购买他这首《天鹅》曲。天啊！他自己现在一星期才只有 25 美元的报酬啊！凭空第一次有这么一大笔钱飞进他手里，他真以为自己是在做梦了。

但是我们也都明白，杰斯文的成名并非偶然。他虽然从未涉足剧场，但确实是剧场中最需要的人物。

他创作了许多迷人的曲子，使情侣们随着乐声舞得如醉如痴。可是，谁

伟大的人物

又会相信他自己竟然从不跳舞呢？

杰斯文烟酒不沾。他每天晚上总要工作到深夜，但第二天不过中午他是不会起床的。他还有收藏名画的爱好，尤其是对法国的作品情有独钟。他患有神经衰弱症，所以在家中建了一个健身房，并且每星期去神经专家诊疗室治疗两次，接受精神疗法。

在 1924 年的林肯诞辰纪念日——这个日子现在更成为音乐界一个很重要的纪念日了，杰斯文这一天向世人播出了他生平最成功的一支曲子《忧郁者之歌》。

你必然会认为这支《忧郁者之歌》是杰斯文经过积年累月的工夫才创作出来的吧？不！事实上，他的杰作大都是在偶然之中完成的。当保罗·惠特曼约请杰斯文为他写一首爵士乐曲，以便在他的音乐会中演奏时，杰斯文随口答应了，可是他并没有将这件事放在心上，后来被其他事情一打搅，这件事他完全忘记了。等他后来从报纸上读到一条新闻，说他将要谱写一首爵士乐曲时，他觉得有些莫名其妙。他想了许久，这才想起了惠特曼的请求，于是他对自己说："我应该为他写的，而且要写得和一般人不同，使人们对爵士乐产生尊贵的感觉。"于是，他写了一首曲子，并在很短的时间内完成了，这就是《忧郁者之歌》——这首被音乐界赋予了无上荣誉的杰作。

当这首曲子演奏的那天，听众像潮水般涌进戏院。演奏的时候，听众们都被深深地感动了，有些人甚至流下了眼泪。无疑，这次音乐会获得了空前的成功，掌声和喝彩声始终不断。

《忧郁者之歌》不但在美国音乐界划出了一个崭新的时代，更使杰斯文的大名震惊了全世界。

第二章　执著勇敢的探险家

"新大陆发现者"哥伦布

哥伦布发现美洲新大陆，是历史上的一件大事，所以每年的 10 月 12 日，我们都会举行一次例行的纪念活动。其实，哥伦布并不是在 10 月 12 日发现美洲的，我们应该将其更正为 10 月 23 日，因为我们现在使用的历法，是由克里高利大主教所发明的，距离哥伦布时代已经有 100 多年了，美洲直到 1752 年才采用这种历法，我们也就跟着效仿。这种历法和哥伦布时代，整整相差 11 天，由此推算，哥伦布真正发现美洲的日期应该是 10 月 23 日。

哥伦布在年轻的时候，曾当过海盗，这在当时并不是什么值得惊奇的事，因为当时一些条件较好的家庭都愿意把孩子送到海盗船上去工作，这样好使孩子多增长一点见闻，经历各种事情，而且还可以多赚一点钱。在他们看来，这种事情只要不被官方捉住，也就无所谓羞耻卑贱；要是真的不幸被逮捕了，也只好自叹时运不济了。

哥伦布

哥伦布还在上学的时候，偶然读到过一本毕达哥拉斯的著作，知道地球是圆的，他就把这一点牢记在脑海里。经过很长一段时间的思索和研究后，他大胆地提出，如果地球真的是圆的，他只需经过极短的路程就可以到达印度了。

当然，许多有学识的大学教授和哲学家们都嘲笑他这种想法，因为他想朝着西方行驶再到达东方的印度，难道不是痴人说梦吗？他们告诉他，地球不是圆的，而是平的，而且还警告他，说他如果一直向西航行，他的船将航行到地球的边缘而掉下去……这样岂不是走上自杀之途吗？

然而，哥伦布对这个问题很有信心，只可惜他的家境贫寒，没有钱让他去实现这个大胆而冒险的理想。他想从别人那里获得一笔钱，好帮助他实现梦想，但一连等了 17 年，他还是失望了。所以，他决定不再为这个"理想"而努力了。由于使他忧虑和失望的事情太多了，以至于他的红发也完全变白了——虽然当时他还不到 50 岁。灰心丧气的哥伦布这时只想进西班牙的修道院，去度过他的后半生。

正在这时候，罗马教皇去拜见了西班牙女皇伊莎贝露，劝说他帮助哥伦布。教皇先送了 65 个银币给哥伦布，算是他的路费；但哥伦布感觉自己的衣服过于破旧，就先用这些钱买了一套新装和一头驴子，然后启程去见伊莎贝露女皇，沿途穷得竟以要饭度日。

女皇很赞赏他的理想，并答应赐给他船只，帮助他从事这种冒险的工作。但困难的是水手们都怕死，没有人愿意跟随他去。于是哥伦布鼓起勇气，来到海滨，捉住了几位水手。他先是向他们哀求，接着又劝他们，最后只好采用恫吓的手段逼迫他们随他前去。然后，他又请求女皇释放了狱中的死囚，答应他们如果冒险成功，就可以免去死罪并恢复自由。一切准备就绪之后，1492 年 8 月 3 日（星期五）天明之前的一个半小时，哥伦布率领 88 位水手，分乘 3 条船，开始了一个划时代的航行。

哥伦布的探险成功了，但在新大陆建立起来的殖民地，却令他十分失望和痛苦。因为殖民地的人都被印第安人杀了；另外，殖民地的主管嫉妒他的功劳，故意控告他贪财失职，用铁链把他锁起来，送回了西班牙。虽然哥伦布一到西班牙就立刻恢复了自由，但是他所遭遇的失望和痛苦，足以让他伤心和感叹的了。

哥伦布就这样无声无息地在 60 岁时死去，而且是死在一间简陋而黑暗的小屋子里，墙上还挂着一条粗大的铁链，这也算是他曾当过囚犯的一种纪念。这条铁链好似在向每一个人说："世情是丑恶和冷酷的。"一代英雄竟沦落潦倒了一生，虽然他完成了人类历史上一件最勇敢而惊人的壮举，但他又得到了什么呢？不仅他希望由此得到发扬的理想破灭了，连他临死时的景象，也和乞丐毫无两样。

他曾被授予"海上总司令兼印度总督"的头衔，但对哥伦布来说，这只是虚有其名而已。直到他去世为止，他从没有正式获得过什么"实权"，甚至没有享受过一天的"荣耀"。最令人感到不公平的是，他所发现的新大陆竟然没有采用他的名字来命名，相反倒用了一个绘制地图者的名字阿美利加来命名。还有什么好说的呢？他发现新大陆的报酬，除了"伤心"和"羞辱"之外，并没有别的。

假如哥伦布知道自己发现的是新大陆，至少他的精神上也可以得到快慰，可惜的是他临死都不知道这一点。他还以为自己只不过发现了一条到达印度的新航线而已，所以他把居住在美洲的红皮肤的土人也称为"印度人"——他做梦也想不到自己已经发现了新大陆！

哥伦布生前是那么的穷困潦倒，谁又能想到他死后，"幸福"竟突然接踵而至呢？全世界都称颂他是"第一个发现美洲大陆的人"。其实，他应该是第三个发现美洲的人：在他 1000 年之前，中国有一个叫慧深的和尚，他是第一个发现美洲的人；在哥伦布 500 年前，有个叫李夫埃·列森的挪威人，他第二个发现了美洲。在马萨诸塞州的哈佛大学附近的查尔斯河岸，考古学家和历史学家都相信有李夫埃·列森曾居住过的遗迹。

我们姑且不论哥伦布是否是第一个发现美洲的人，可是他那种大无畏的、勇敢而百折不挠的精神，实在是值得我们作为楷模来学习。当水手们畏惧退缩的时候，只有他还在勇往直前；当水手们恼羞成怒地警告他如果再不折回的话，便要叛变杀了他时，他的回答还是一句话：

"前进！前进！前进！向前进！"

"北极探险第一人" 史蒂文森

我曾和一位在北极圈内居住了 11 年，其中 6 年完全靠肉和水两种东西生存的人交谈过。他是中世纪一个海盗的后裔，又是一位有银灰色头发的帅气挪威人，他的名字叫做史蒂文森。他是第一个敢于从没有粮食和燃料的北冰洋前往北极探险的人。

当他第一次提议前往北极探险时，许多人都认为他疯了。他们警告他，如果他真的想这么做，他肯定会饿死在路上！究竟会不会饿死呢？连他自己也不敢断定；不过，他是一个科学家，不论什么事，他都要经过事实的验证后才肯相信。所以，他终于在两位勇敢的助手的陪同下，带着枪弹火药等东西，向北极出发了。

他告诉我说，他们在北冰洋时，就在漂动的浮冰上过了好几个月。这些浮冰有的只有足球那样大，有的却像海岛一样巨大，有的厚度只有一两英寸，有的却厚达 100 多英尺。这些冰块都在大约深达 1 英里～3 英里的北冰洋内漂荡。他们在冰上的最初 40 天，还有自己带的食物可吃；但是到后来，他们的食物吃完了，只好射杀海豹和北极熊来充饥；渴了就用鲸鱼脂取火，融化冰块来喝。

他对我讲了他的探险经历中最惊人的一段故事：他们跟随浮冰在北冰洋中漂流了 700 多英里，不但没有像一般人所担心的那样饿死在半路上，反而在 97 天当中体重增加了几磅。他说要是真的专吃瘦肉的话，他们或许真的会饿死，但北冰洋中有的是肥美的海豹和北极熊，不但生吃很鲜美，有时烤熟了这些肉来吃，更是鲜美无比，所以他们的身体仍然非常棒。

史蒂文森喜欢抽纸烟。有一次他的烟瘾大发，但他带来的纸烟全被助手们抽完了，他竟急得咀嚼装纸烟的布袋，并将布袋翻转过来找寻里面的纸烟碎屑，这成为他的一段探险趣话！

他们的探险食品，除了海豹和北极熊外，还有各种动物，如野鸭、野鹅、鹧鸪、枭鸟等等，据说其中味道最美的是枭鸟。此外，史蒂文森有一次在饿极时，还吃过皮鞋上的生牛皮。他说，一块煮熟的牛皮滋味真是非常的棒，和猪蹄一样好吃！

史蒂文森幽默地说：在寒带地方，皮衣比毛织品更有用，因为人在饿极了的时候，可以将牛皮煮熟后饱餐一顿。

正因为这样，我也要和你说一句笑话：当你们家里清理杂物时，如果发现了一双破旧的皮鞋，请千万不要抛弃，因为也许有那么一天，你们还需要吃它呢！

史蒂文森回到纽约后，向人们宣称他们有 6 年多时间只靠肉和水维持生存，立刻就有许多人斥责他们，说他们荒谬透顶，认为他们是最卑鄙无耻的说谎者。因为这些人根据科学和卫生经验，认为这是绝对不可能的事情。史蒂文森为了洗清这种无名的冤屈，为了证明他们所说的话不是虚构的，便决定和一位助手除了吃肉类和水以解饥渴外，再继续肉食一年，同时他们还照常工作，想让这些人看看是不是真有这么回事。

于是，这项有趣的试验在比利维医院的赞助和监视下展开了。在整整一年时间内，史蒂文森和他的助手时刻都要接受医生的严格检查。他们的血液每天都要做一次分析，每星期都要记录一次血压，甚至从肺里排出的气体也要检测。结果没有检查出有什么不好的现象。尽管他们天天吃肉，但他们的一举一动还是和平常人一样。

在这项试验进行的过程中，史蒂文森的助手血压起初很高，并且脱了不少头发，而且又患上了伤寒病。当许多人正要为这个试验将要失败而庆幸时，不料这位助手的血压在 90 天之后又恢复正常了，不但不再脱头发，连伤寒病也痊愈了。

试验的结果，当然是他们俩胜利了。而且在这一年之内，他们俩都没患过龋齿病。史蒂文森还说，从前住在爱斯基摩一带的居民，因为他们所吃的99%是肉类，所以没有人患龋齿病，但是自从他们学到并采用了文明社会的食谱后，龋齿病也开始在那里流行开来了。

空中飞行将军拜德

1900 年，有一个 12 岁的孩子，他十分羡慕那位到北极去探险的海军大将柏瑞的壮烈经历，于是他买了一个日记本，偷偷地在日记本上写道："我决心成为第一个飞抵北极的人。"他暗地里立下了这个宏伟志向。他明白，要去北极，必须先做好各种冒险的准备，还要有百折不挠的吃苦耐劳精神，所以，他开始以古代斯巴达的精神来训练自己，即使是在严寒的冬天，他也只穿一件单薄的衬衣。他需要磨炼在寒带地区生活的耐力，需要与风雪抗争。

千万别小看这个 12 岁的孩子！在经过许多年的准备和奋斗之后，他终于完成了当年在日记上所写的志向——他的确成为第一个飞抵北极的人，而且他还第一个飞抵了南极呢！他的名字也因此震惊了全球，他就是海军大将李屈林·拜德。

据拜德将军自己说："南极地区的巨大冰块已经在逐渐缩退。我相信，有一天事实会证明，这被覆盖在冰原底下的数百万亩土地是极其宝贵的。"由于我曾在北极圈 600 英里之内发现过煤矿，所以我同意拜德将军的意见，更何况有许多的地质学家也相信，南极附近全都是丰富的煤矿，说不定还能找到油矿呢。

如果要写拜德将军的一生经历，那的确会很动人。尤其值得一提的是他在孩提时代就具有坚强不屈、排除一切障碍的精神和魄力，这是多么不易啊！

他最喜欢旅行，并渴望去一些奇异的地方，所以他从 14 岁开始，就环游世界。旅游归来之后，他开始进学校读书。他对拳术、角力，以及足球之类的运动十分酷爱，但不幸的是，他在 28 岁那年，因为剧烈的运动而折断了脚踝，成了跛子，因此被迫离开海军，这让他伤心极了。但是，他并没有灰心，他总是这样想："我虽然因残疾而离开海军，但我还有健全的手和大脑，还有强壮的体魄，至少我还可以投身于航空界，将来还会有所成就的。我从未听说过飞机驾驶员是站着的——不错，飞行员都是坐在驾驶座上的，那么我的跛腿也就没有什么不利的了。"有志者事竟成，拜德后来果然进入了航空界，而且还创造了惊人的事迹。

为了试验自己空中冒险的耐力，拜德决定驾机飞往北极，但他的计划曾多次因为特殊原因而受到阻挠。起初他驾"圣纳德"号大型飞机向北飞行，不幸中途飞机出了故障。然后他要求政府允许他驾机横飞大西洋做试验，结果又因为他的腿伤而遭拒绝。后来他又要求政府允许他驾驶阿莫森计划飞渡北冰洋的那架飞机，但由于他这时已结婚了，所以仍然没有结果。紧接着，他又受到第二次重大刺激——政府因为他的腿伤，命令他再次从海军退役。

但拜德并没有把自己的腿伤放在心上。他认为一个有智力和勇气的人，即使他是个跛子，但仍然比一个身强体健而缺乏头脑和勇气的人要强得多。所以，他私下里筹集了一笔款项，开始了他冒险的计划。终于，他完成了震撼世界的丰功伟绩：

他驾飞机横渡大西洋，从北极上空投下了一面美国国旗；然后他又飞至南极上空，同样又投下一面国旗。当他返抵美国的时候，所有地方全都万人空巷地欢迎他。他已成了一代伟人！

连美国政府当局也承认他的伟大功绩，授予他"大将"的荣誉——因跛足而两次被海军拒绝的他，竟然成了著名的海军大将。

卡耐基励志经典

第三章　传奇几神的文学巨匠

法国文学大师大仲马

你认为哪一部描写历险的小说是最通俗、最受人欢迎的？是《鲁滨逊漂流记》，还是《金银岛》呢？当然，每个人的喜爱不尽相同，但是我最喜欢的是《三剑客》。

《三剑客》是一本十分畅销的书，它长时间以来拥有广大的读者。也许你祖母还是个小姑娘的时候，就已经在戏院看过该剧而深受感动呢。至于现在，就在我向你提起这本书时，或许正有不少人在读它呢。《三剑客》的销路之广，可以说世界各国几乎都有它的译本。

《三剑客》的作者是法国人大仲马，他曾经不无炫耀地说，他有 500 多个孩子。这话有一半的可信度，因为他长得虽然像肥猪一样怪模怪样，但他和女人之间浪漫的风流韵事却不少。

最有趣的是，他曾三番两次公开宣称，他一辈子都不娶妻结婚，这使得他的一位家境富有的恋人十分恼火，她最后出高价收买了他欠别人的债券，威吓他必须和她结婚。根据那个时代的法律，欠债的人会被关入监狱。这使富

大仲马

有浪漫精神的大仲马不得不慎重考虑：到底是银铛入狱呢？还是和这个女人结婚？结果，他选择了和她结婚！

　　说起大仲马的身世，确实有不平常之处——因为在他身上流动的血液，有 3/4 是白色的，还有 1/4 是棕色的。他的祖母叫玛丽·大仲马，她是印度人，曾在西印度农场当过奴隶。她不但贫穷，而且也没有接受过什么教育，她出生在贫贱之家，又嫁给一个贫贱者，到死还是地位卑贱。可是，谁又会想到她的孙子竟会成为深受那些太子、伟大的诗人，甚至财阀所赞颂拥戴的人呢？

　　大仲马的外表有点像他的祖母。他的皮肤白如雪花，眼睛像西印度的天空一样蓝，他的嘴唇很厚，鼻孔扁而宽，头发虽然像毛草一样黄，但其卷曲杂乱的样子又极其酷似他的祖母。

　　也许你们不会相信，如此丑陋的大仲马竟然是一位超级"美食家"。他亲手烹调的酱油烤鸭，和他的小说一样有名。他的胃口极佳，但从来不喝酒和咖啡，也不喜欢抽烟。在他写作的时候，对饮食并不十分注意，甚至常常会忘了这方面的需求。如果有朋友在他正工作的时候拜访他，他往往不愿意说话，只是用左手打手势招呼一下对方，右手却毫不停留地写作。

　　这位文坛怪杰，连写作时所用的纸和笔也有些特异之处：他不用蓝纸会写不出小说，不用黄纸就写不出诗；假如他要为一家杂志写一篇短文，那就非用玫瑰色的稿纸不可；而且所用的笔也各不相同。他从来都不用蓝色墨水，而且也不会规规矩矩地坐在写字台边上写剧本。他每次都必须躺在沙发椅上，在肘下放一个柔软的枕头，他的文思这才会浪潮般涌来，一部部伟大的剧本就这样写成了。

　　你认为这一切惊奇可笑吗？不错，但更让你感到惊奇的还在后面。你猜，他一共写过多少部著作？你可能猜不到吧？我告诉你，他一共写过 100 部剧本。近年来经过许多作家和历史学家的考证和搜集，他的作品总共有 1200 部之多呢！你所知道的知名作家如约翰·高尔沃斯、萧伯纳、史蒂文森、玛丽罗伯兹·蕾妮哈特、珍尼·格兰等，他们所有人的作品加起来，才只有大仲马所写作品的 1/3。

　　照这样看来，大仲马的稿酬实在太可观了，事实上他所得到的稿费总共有 500 万美元之多，与他同时代的任何一位著名作家都望尘莫及，即使有史以来也只有少数几个作家能和他相比。不过，当他的处女作剧本搬上舞台表演时，他还穷得没钱买一条白色领带呢！

这位体型肥胖的文坛巨子，在家中是一位孝子，对他的母亲非常敬重。就在他的处女作剧本初次上演的前3天，他的母亲患了严重的中风，这使他着急万分。当大仲马在巴黎首露锋芒的那天晚上，他还没忘了在每一幕戏闭幕的中场休息时间，拼命跑回家赶到母亲的病床边探望老人，问她要什么东西。也就在那一天晚上，大仲马的名字震惊了全巴黎，而他当时却在母亲床前挨到了天亮。

大仲马作品中的人物都非常形象，栩栩如生，即使我们现在读了，仍不禁深深地感受到一种亲切。有时他在写作时也会禁不住哈哈大笑，好像他笔下的人物正出现在他面前似的。许多小说家都认为写作是一件可怕的事，而大仲马却运用他的生花妙笔，很自然地吐出了如丝一般绵长而灿烂的故事。

大仲马身体强壮，思想力更是丰富，他每天要为一些报纸杂志撰写5篇小说连载稿，以至于实在没有时间读他自己的作品，但他却有时间用剑和手枪参加20次决斗。

然而，晚年的大仲马完全堕落了，他沉醉在美酒、女人和歌唱的温柔之乡……他和女人们之间确实有一些荒唐之事。当时，巴黎原本就是一个淫荡场所，也难怪大仲马会丑态毕露。据说在大仲马的住所，常有淫荡妇女陪伴着他。这些女人是真的爱大仲马吗？绝对不是！说起来也够他伤心的，她们所爱的只不过是他的钱财而已。等他的钱财都被骗光之后，她们就再也不理睬他了，所以，大仲马的晚年非常窘迫，有时为了房租，甚至不得不将外衣拿去典当。若不是他的儿子替他还债的话，他或许会被饿死。

在他临死的前几天，大仲马还读着自己的《三剑客》。他的儿子见了之后问他："父亲，你满意这部书吗？"他毫不迟疑地说："不错，这书真好！"

真好吗？

不错，我也说过这本书真好。我希望你能再重读一遍。继《三剑客》之后，大仲马又接连出版了许多小说，但不久都被人们淡忘了，只有这部《三剑客》，直到今天还常常被许多人提起。

跛脚文学家韦尔斯

我要告诉你们一件往事：

在伦敦郊外，有一群顽皮的儿童正在玩耍嬉戏，其中一个年龄较大的孩子举起了一个叫韦尔斯的小弟弟，将他抛向空中，但当韦尔斯落下来时，那个大孩子一时失手，没有接住他，这位名叫韦尔斯的小弟弟摔伤了一条腿。

这位韦尔斯小弟弟在床上痛苦地躺了好几个月，但他的腿骨始终没有完全复原，随时都有再度裂开的危险，这是一件多么可怕的事啊！这位小弟弟一想到自己的前途，就感到万分恐惧和悲伤。

可是，这位小弟弟并不悲观，他后来竟成为世界上著名的作家——他就是赫伯托·乔治·韦尔斯！他一共写了80多部作品。

他认为幼年时摔伤腿对他来说是最幸运的一件事，并且成就了他的一生。因为他自从摔伤腿以后，有一年的时间不能出门，为了解除寂寞，他只有读书解忧。结果，他对书产生了极大的兴趣，对文学有了一种巨大的嗜爱。摔伤腿对他可真是一生的一大转机。

赫伯托·乔治·韦尔斯的稿酬收入很高，每年至少有100万。而他原本出身贫穷，他的父亲曾是职业曲棍球员，曾开过一家小规模的瓦器店，可是生意并不太好。他就在那家小店的内室里降生的。这间小房既是卧室，又兼做厨房，不但狭小，而且又脏又暗，只能从墙壁的破砖缝里射进一点点亮光。韦尔斯最不能忘记的是，他童年时从这条破砖缝里看到了许多来来往往的人的腿。许多年后，他以他所观察到的"腿"为题材，写了一篇有趣的文章——他认为从一个人穿什么鞋子，可以断定他是怎样的一个人。

韦尔斯幼年穷困潦倒的生活，从他家小瓦器店倒闭的那年就开始了。他的母亲为了全家生活，不得不给一个富商家当看门女佣，和一般仆人住在一起。韦尔斯当时经常去探望母亲，这使他有机会窥见英国上层社会的隐秘，并领悟下层社会的生活情况。

这位世界名著《未来世界》的作者韦尔斯，从13岁时就开始踏入社会：在别人的介绍下，他最初在一家杂货店里担任记账员，每天早上5点就要起床，把店铺打扫得干干净净，并生好火，一天必须工作14小时，没有空闲时间。他认为这是一种低贱的工作，并看不起这种生活。一个月后，经理辞退了他，说他不太整洁，不修边幅，不会接待顾客，总是一副忧郁的表情。他气愤地离开了这家杂货店，暗中庆幸用不着自己辞职。接着，他又进了一家药店，仍然做记账的工作，但一个月后他又被辞退了，这次老板连辞退的理由也没有向他说。

终于，他又在另一家杂货店找到了一份工作。这一次，他体会到了生活问题的严重困难，不再随意耍性子，开始好好干了下去。但他仍然经常趁着无人防备的时候，一个人偷偷地躲到地窖里，翻读他所心爱的赫伯托·斯宾塞的作品。

他这样熬了两年，再也不愿苦挨下去了。于是，在一个星期天的早晨，他连早饭都没有吃就溜了出来，空着肚子走了15公里，去见他的母亲。他跪在母亲的脚前痛哭，并情绪激昂地说，如果再强迫他在那里工作，他只有自杀了结一生。

他偷偷地写了一封凄怆动人的长信给他以前的老师，向对方倾吐他目前的遭遇，并说出了自己想自杀的意思。想不到这封信打动了那位老师，他给韦尔斯回了一封信，请他去学校担任教员。这可以说是韦尔斯一生的第二次重大转机。

不过，韦尔斯认为幼年在杂货店的工作，也并不全都是毫无意义，因为他一向十分懒惰，经过在杂货店的两年多锻炼，使他知道一个人要想成功，必须奋发图强的道理。

韦尔斯在执教后数年，又遭遇到一次突如其来的危难。事情是这样的：他当时正担任一场足球比赛的裁判员，当比赛正激烈进行时，他突然被球员冲倒，随即又被后面冲上来的球员踩踏而过，他肺部和肾部严重受伤，使他奄奄一息。到了医院之后，许多名医都认为无法挽救，只好听凭病情自然发展，结果谁也没有想到他竟侥幸地活了过来。不过，他已变成了一个半残废的人，并且接下来过了 12 年恐怖的生活。但正是这 12 年的痛苦生活经历，使他成为一位举世闻名的作家。

在这 12 年内，他曾不断地疯狂写作 5 年。可是，他写出来的东西实在太贫乏无味了，他自己也很清楚，所以毅然将整个手稿付之一炬。

虽然他已成了一个半残废的人，但是又另外找到了一份教书工作。在生物班上有一个美貌的女学生，韦尔斯对她的兴趣竟超出了对生物学的研究。这个女孩子和韦尔斯一样娇弱，他们最后终于结合到了一起，开始很愉快地共同生活。

韦尔斯虽被球员踩伤，并侥幸地逃过了一死，但他并不因此而灰心丧气，每年都会完成长篇巨著。在他的努力之下，这些著作终于放射出了光芒，照遍了世界的每一个角落。

他写作的地点并不固定，或在伦敦的办公处，或在车上，或在一望无际、白浪涛涛的地中海畔。总之，他随时随地都可以进行创作。他在法国租了两幢别墅，一幢专用来写稿，另一幢则作为会客使用。他只在晚上会客，因为白天他要专心投入写作。

当韦尔斯的大脑中突然涌起什么灵感时，他就立刻将它记在一个小本上。这个当年曾被杂货店经理辞退的懒孩子，曾夸口说他那个本子所搜集的材料，足够他写 150 年的作品。

忧郁的天才诗人艾伦·坡

以擅写十四行诗及神秘小说而闻名的艾伦·坡，是世界文坛上最著名而又最浪漫的天才文学家之一。虽然命运注定让他"忧郁"一生，但是在美国文学史上，却留下了这位巨人的辉煌篇章。

艾伦·坡的遭遇确实很不如意：当他在弗吉尼亚州立大学上学时，因为贪赌酗酒而被开除。后来他考进了"西点"军校，有一次学校要求学生持枪在操场练习，他却一个人躲在房子里写诗，结果被教官发现，送交军事法庭审判，于是被再次开除。

　　艾伦·坡从小就是孤儿，被一个富有的烟草商人收为养子。可惜的是，他难以博得养父的欢心，终于被养父用棍棒逐出门，和他断绝了关系；甚至这位养父在遗嘱上连一分钱也没有留给艾伦·坡。

　　说起艾伦·坡的婚姻，更是文学史上最为多彩的佳话。他26岁时，爱上了比他年轻许多的亲表妹维琴妮亚，并且不顾一切地和她结婚，在他们结婚时，他穷得身无分文——不过他从来就没有钱，也永远不会有钱。

艾伦·坡

　　他和年仅13岁的表妹恋爱时，许多人就劝他早点结束这种悲剧，但事实上，他的恋爱获得了成功，他们结婚了。于是，又有人斥责他肯定是疯了，因为他唯一的妹妹已有些疯癫，所以他们以为他也疯了。但是，艾伦·坡是真心爱恋、崇拜他那幼年的太太。而她也对艾伦·坡有一种难以动摇的爱情，他们的婚姻是最幸福美满的，在她的启发之下，艾伦·坡写出了很多优美的诗句。

　　请不要轻视艾伦·坡所写的小说与诗句，因为这些作品都值得被称颂为"文学的光荣"和"世界的珍品"！然而，最使我们感到不公平的是，这些不朽的佳作竟不能为他换来足够的面包，这个世界是多么的残酷啊！

　　在他那篇不朽的名诗《乌鸦》中，艾伦·坡写道：

　　有一只乌鸦，它不再振翅，

　　只是安静地卧着，

　　安静地卧着。

　　在我门上悬挂着一尊智神塑像，

　　它卧在他苍白的胸上。

　　如梦中所见，

它那眼睛像恶魔般

充满了凶险。

映照下来的灯光，

在地板上映出了它的影子。

艾伦·坡写了又写，改了又改，足足花费了 10 年的时间，可是只换来 10 美元稿酬——如此说来，一年工作的代价仅值 1 美元吗？

据说好莱坞电影明星 1 分钟的收入，都比艾伦·坡 10 年的收入还要多。这是真的吗？难道影片比诗更值钱？

谁会想到，艾伦·坡耗尽了 10 年心血写成的《乌鸦》，仅卖了 10 美元？而且谁又会想到，这首诗的原稿在最近几年售价竟然高达数万美元？为什么我们的天才要在活着时忍饥挨饿？又为什么在他死后以惊人的高价出卖他的原稿呢？

在纽约的"大汇流"区，现在都盖满了华丽堂皇的楼房，但是当年这里还是郊区，一座将塌的茅屋位于中心，房子的四周都种上了苹果树。每到春天，花香扑鼻，鸟语欢歌，蜜蜂也鸣奏着天然的乐谱，这实在是一个富有诗意的人间仙境啊！艾伦·坡曾以每月 3 美元的租金租下这间屋，和他那年幼的太太一同住在这里。可是，他大部分时间穷得连饭钱都没有，更别提付房租了。他的太太生病在床，但他也没有钱替她买些食物。有时候，他俩一整天饿着肚子。当院子里车前草开花时，他们便煮一些车前草来充饥。仁慈的邻居可怜他们，有时会送他们几筐食物。他们怜爱他的诗歌天才，也爱怜他那伟大的爱心。他们尽管穷，但精神上仍是快乐的。

维琴妮亚最终没有战胜饥寒，离开了她心爱的丈夫，死在这个小破屋里。这虽然是好多年以前的一幕悲剧了，但我还是想把它追记下来：

那是维琴妮亚临终前的几个月……

她躺在一条草褥上，虽然想得到一点保暖的衣物，结果还是失望了。她冷得实在不能支持下去了，她母亲给她摩擦双手，艾伦·坡替她摩擦着双脚，又找到一件当年曾在"西点"军校穿破了的军衣，勉强盖在她冻得发抖的娇躯上。到了晚上，他让一只猫睡在她的脚下。

她死后，艾伦·坡也没有钱来埋葬她。如果不是邻居们的慈悲，她肯定被葬身荒野了。

终于，这座小茅屋被纽约州征用为公产，并把它改造为一座祠堂。后来，连这座祠堂也不见了，矗立着的全都是华丽的洋房。可是我一想起艾伦·坡，一想到维琴妮亚的死，就仿佛看见一座"梦中茅舍"。这个充满了阴森忧郁的故事，永远也难以从我的心头抹去。

维琴妮亚是在 1 月份去世的，接着春天来到，明月重又升上苹果树梢，星光依然闪烁，可惜已经"物是人非"，这如何不让艾伦·坡伤心呢？他整天呆坐着想念维琴妮亚，从白天到夜晚——从夜晚直到梦中——从梦中又到白天……在这样的思念之下，他终于写出了一首前所未有的丈夫对于太太的《爱的称颂》：

每次望见明月，

我会重温美丽的旧梦；

每夜看见星光，

像是我那美丽的新娘的眼睛。

我要整天整夜躺在

我的爱，我的爱，我的生命——

我新娘的身旁；

凭吊海边她的坟墓，

凭吊海浪拍响的海边的坟冢。

讽刺小说家马克·吐温

你欠过债吗？你是否因投资而遭受过损失呢？假如你真的遭遇过这种不幸，大可不必灰心。要知道，许多著名人士，在从事投资活动时，也同样有过失败经历。如著名的讽刺小说家马克·吐温，他的生花妙笔可以使人喜怒哀乐。他实在是一个天才！可是，当他和"投资"沾上关系时，他就遭到了和你我一样的失败。

1929 年，马克·吐温曾大量投资于如蒸汽机、电报机，以及改良印刷业的最新印刷机等等，结果损失了 10 多万美元。后来，他又投资研发新式电话机，结果更是出乎他的意料，他的资产因此损失殆尽，家中最后只剩下厨房的烟囱。

他的朋友、美孚石油公司经理罗杰斯，打算帮助他还债，但被他直爽地拒绝了。还有许多他的钦佩者，自发地联合起来为他募

马克·吐温

捐，于是支票从全国各地纷纷寄来，但都被马克·吐温原封不动地退回。因为他不愿依靠别人的力量来还债，他想自己来还债。

马克·吐温本来最轻视演讲，可是为了还债，他开始到世界各地旅行，白天公开讲演，晚上就住在旅馆中。他忍受了一切烦闷和思乡之情，计划在6 年之内还清所有的债务，并终于圆满完成了这一目标。

美国的格兰特将军不是很有威望和才能吗？他在美国南北内战时，曾征服了对手、南方的李将军，获得了巨大的胜利，并因此而当上美国总统。可是，你们是否相信，当他和操纵金融界的华尔街来往时，就显得非常愚蠢？他晚年时，曾听信了两个骗子的谎言，投身于金融活动，而这些杂种却利用他的名声，在外面招摇撞骗，结果骗走他 1600 万美元。虽然格兰特在这件事中是毫不知情的受害者，但他把名誉看得比金钱重要，所以他承担了赔偿这笔损失的责任。他的田园、在纽约和费城的房子、甚至国家赐给他的代表最高荣誉的奖牌和刀剑，也全都变卖之后用来偿还债务。结果，他成了一个穷光蛋，连一美元都没有了。可是祸不单行，他后来又患了严重的毒瘤。

他知道自己将不久于人世了，并深知自己死后年迈的妻子在生活上一定也会有困难，于是决定口述一部回忆录。就在快要完稿的时候，毒瘤扩展到了他的喉部，他再也不能出声说话了。他只好忍着疼痛，用铅笔写完全稿。最后一章他只用了 3 天的时间。马克·吐温买下这本书付印出版，付给格兰

特夫人 55 万美元的稿费。

另外，像费伯斯特这么伟大的人，也因为粗心大意地收到一张不能兑现的支票，而和别人在法院打起了官司。

著名小说《魏克费尔特牧师传》的作者奥利沃·高尔·史密斯先生，也曾因拖欠租金而被逮捕。

巴尔扎克不是法国极为有名的小说家吗？可是他也因为债台高筑，每当听到门铃响时，他总是害怕得不敢出去开门。

更有趣的是，连英王查理二世也曾因为债务所迫，而不得不把现在的本薛尔文尼亚以 7500 英镑的低价钱卖给了威廉·本。

林肯不是世界上的大伟人吗？但青年时代的林肯，曾经在一家杂货店当过店员，并和一个酒徒交上了朋友。后来，那间杂货店不幸倒闭，那个酒徒也欠了一屁股债死去，所有的债权人都来向林肯讨债。如果林肯那时想远走高飞，并没有多大困难，所有的债务他也可以不还。但身为大丈夫的林肯当然不想这样干，他决定由自己来承担这些债务。经过 11 年的努力，他不但还清了全部债务，还付了利息。

林肯后来做了总统，因为为政清廉，又欠下不少债务。等到林肯被刺，林肯夫人也因为债务所迫时，她只好把她所有的珍宝、皮货、服装等变卖还债。等到离开白宫之后，她因为急需用钱，只好把丈夫林肯的一件绣有亲笔签名的衬衫也卖了。

再说惠斯勒吧。他是美国艺术界中的著名人物，但他也曾为债务所迫，不得不向朋友四处借钱，并把自己的作品都典当出去了，结果旧债未清新债又来，只好眼睁睁地看着那些债主们将屋子里的东西搬走抵债。每当一位债主在他家里拖走一张床或一张椅子时，他就在地板上画一张床或一张椅子。

100 多年前，英国的社会改革在布罗麦尔的管理下进行得有条不紊，但又有谁知道他竟不会管理自己在银行的存款呢？他曾经教威尔士王子如何修饰打扮，却不能教会自己如何不用人扶着就可以下车或下马。当英国郡长率领随从士兵冲破他家的大门捉拿他时，他不知设法脱逃，而是躲进衣柜里，终于被擒，最后被送入监牢——因为他也欠了别人的债。

布罗麦尔从大牢出来之后，成了一个穷光蛋，只能穿破旧的衣服。但他以前对于衣着非常在意，曾不遗余力地斥责过衣着不整的人。可是他没料到自己也有穿破旧衣服出门的一天，因此看见他的人莫不对他大加讥笑嘲讽，甚至辱骂。

希腊哲学家苏格拉底是最聪明的人，但他往往穷得吃不饱饭。当他临死时，仍然记得自己曾借了别人家一只公鸡还没有还，所以他在临终的遗言之一，就是要求他最亲近的一位朋友代他偿还"鸡债"。

如此说来，欠债并不能算耻辱，唯有欠债不还的，那才是奇耻大辱！所以，我们应该学习马克·吐温，不依靠他人，以自己的力量来偿还自己的债务。

高产作家辛克莱

阿波顿·辛克莱一生至少完成了 48 部巨著，还有 500 多部小型作品。他虽然是美国人，但他的作品在欧洲所受到欢迎程度反而超过了在他的祖国。据调查，他的作品在俄国的销售最大，总数已超过了 300 万册，在德国的销量也至少有 200 万册。有一次，我在法国一家书店里看书，发现所有英、美作家的作品总数，加起来还没有辛克莱一个人的多。他是当代最受欢迎的作家，他的著作至少已被翻译成 44 个国家的文字了。

辛克莱从 16 岁就开始写作，他的作品如果以字来计算的话，一定比《新约》、《旧约》的总字数还要多。

他的父亲是一个卖威士忌酒的小商贩，而且又嗜酒如命，因此少年时代的辛克莱几乎每天都要跑遍全市的各家小酒店去寻找父亲。等找着父亲后，还要扶他回家，然后母亲检查父亲的口袋，把剩下的钱拿出来，好留作第二天开支。

他们一家人住在一间阴暗肮脏的屋子里，由于付不起租金，他们不得不经常搬家。辛克莱极力主张禁酒，因为他受到威士忌酒的刺激实在是太深了。因为正是这威士忌酒曾使他的家庭动荡不安，也曾夺去了他童年的欢乐；而且威士忌酒还使他的两位知己朋友早亡，因此，他不但不喝酒，不抽烟，连稍有刺激性的茶或咖啡也一点都不沾。

辛克莱

由于家庭经济困难，辛克莱在 10 岁以前一直未能进学校读书，但他却独自利用空闲时间努力自学，因此在入学以前，他对于著名作家狄更斯等人的伟大作品早已读得烂熟，甚至连百科全书也读熟了一大半。所以，在他进入普通学校两年之后，就跳级直接接受高等教育了。

辛克莱升入高等学校后，身上穷得连 1 美元也没有，可是他还得照顾母亲的生活。在这种情况下，他终于想到了一个办法。他跑遍了纽约各专门学校和哥伦比亚大学，和他们谈定一种投稿协议——以 1 美元一份的代价，出售他自己写的滑稽故事。此外，他还以低价替杂志撰写小说。他每天晚上可以写 8000 字——也就是说，他每个月可以完成两部 10 多万字的小说。可是，他每天还得在哥伦比亚大学上 8 小时的课。这样的多产作家确实少见，也许在 100 万人中还不一定有这么一位天才！

辛克莱大学毕业之后，仍然以这种写作方式为儿童杂志写故事，这样他每星期可以获得 70 美元的稿酬。在美国，一个年仅 20 岁的作家每星期能赚 70 美元，已经非常了不起了。不过，辛克莱并不纯粹是为了钱而写作，他写作的最大目的，是和贫穷及不公平做斗争。

尤其可贵的是，他后来为了实现自己的理想，竟然抛弃每星期 70 美元的收入，跑到纽杰赛地区，搭了一座帐篷，开始以全新的姿态从事写作，希望能写出一些可以改变世界的作品来。他这样埋头写了 5 年，写成 5 部小说，但一共卖了 1000 美元，也就是说他每年只赚了 200 美元，每天还不到 60 美分。但是他毫不介意，虽然他还有一个身体很差的妻子和一个小孩需要他抚养。

　　不过，不论辛克莱对于钱财看得如何轻淡，但全家人时常挨饿确是事实。有一次，他的太太忽然变得大方起来，花了 30 美分在一个商店买了一张棋盘格子花纹的台布，结果还是被辛克莱强迫退回去了，因为这点儿钱已够他们一天的生活开支了。

　　当他在帐篷里完成了第六部著作《丛林》后，辛克莱的名声立刻震惊了全世界，他也由此获得了至高无上的荣誉，并且得到了 3 万美元。你们也许会以为贫穷的辛克莱得到这么一笔巨款之后，一定会大大地享受一番了？但是辛克莱却没有这么做，他把所有的钱都捐给了一个组织，这个组织是由贫困的艺术家、音乐家等组成的。因此，辛克莱可说是一个不爱钱的硬汉。

　　辛克莱不想做事则已，一旦他想去做的话，他一定会像哈巴狗追猫一般的执著，不达目的誓不罢休。例如，有一次他忽然对钢琴产生了兴趣，于是，他连续 3 年毫不间断地每天练习 8 小时。后来，邻居们受不了他的这种整天骚扰，向他提出了抗议，他什么也没说，只是微笑地提着四弦琴，一个人奔向丛林里，去给鸟儿和松鼠们演奏了。

　　辛克莱曾经 4 次入狱，但每次被捕的原因说起来都非常有趣。例如，有一次是因为他在星期天打了网球，结果被送进监狱，在里面待了 18 个小时。

因祸得福的作家欧·亨利

　　你听说过欧·亨利这个名字吗？也许你已经读过他的作品，他的书已经卖出了 600 多万册以上，他的著作几乎在每个国家都有译本，是有史以来最伟大的短篇小说家。他出生在 100 多年前，可惜他没有留下真名，欧·亨利只是他月的笔名。

　　替欧·亨利写传记可以说是一件有趣的事，因为他的一生极其感人，他曾经与许多困难苦恼作斗争，结果都获得了胜利。

　　接受教育太少是欧·亨利一生当中最大的遗憾。他从没有进过高等学校，甚至连大学是什么样子都不知道。然而，他写的故事却被许多大学奉为经典之作。

身体虚弱也是欧·亨利常常感到烦闷的，有的医生还认为他会死于肺痨。因此，他离开家乡前往泰塞斯，在那儿放羊。后来，有许多远方的游客要来拜访他的"牧羊场"。他们将汽车停在牧场边上，然后毕恭毕敬地踏上欧·亨利当年放羊的地方。

但最不幸的是，他曾经含冤被捕入狱，并且被判处 5 年徒刑。事情经过是这样的：

欧·亨利的身体恢复健康以后，放弃了放羊生活，到泰塞斯一家银行担任会计。但有一次监管人员查库的时候，发现钱币少

欧·亨利

了，于是担负保管之责的欧·亨利，就无缘无故地被捕了。尽管他确实未偷一文钱，但他最终还是在监狱中待了 5 年之久。

"下狱"原本是最为羞耻的一件事，但对于欧·亨利来说，却可以说是"幸运"的了。因为假如他不曾入狱当囚犯，他怎么会安心写作而名垂后世呢？

我曾访问过监狱长罗伊斯，根据他的观察，监狱里的人活动受限制，所以很多人几乎都愿意终生从事写作，虽然这里面真正成功的人很少，可是许多著名的作家曾在狱中完成过杰作，则是无可否认的事实。

随便举些例子：如历史上最著名的花花公子瓦尔特雷利，他把自己的鞋镶上宝石，耳上饰珍珠，把新大衣铺在地上，让伊丽莎白女王在上面踏过，可是他也曾在狱中写作呢！由于政治上的原因，他曾在铁窗中待了 14 年。他在既简陋狭小又污秽不堪的牢狱中，眼看着墙上一直流淌不尽的泥水，终于因为风湿太重而手脚变得僵硬。但他忍受住了一切痛苦，在监狱中完成了一部伟大的世界史，现在还被许多大学和专门院校选作教材。

约翰·伯彦也曾因为传教而被逮捕，坐了 12 年的牢。起初，他为了照顾外面的妻子和 4 个可怜的孩子的生活，不得不在狱中辛勤地编织花边，以

换点钱贴补家用。但他大脑中的伟大思想逐渐涌起，他再也按捺不住，开始在又冷又湿又霉的监狱中写作。《天路历程》这部惊人巨著由此完成，现在这本书世界各国都有译本，它可能是《圣经》之后，在世界上销售最广的书。

塞万提斯的不朽作品《唐·吉诃德传》，也是在狱中完成的。此外，伏尔泰、英国文人王尔德，以及尤金尼·代博斯等人，都曾在狱中写过作品。根据这些，我们也许可以得出一个结论：如果你想写一部杰作，最好请你到街上去，随便打伤一个人，这样你就有机会"入狱"写作了。

生活在285年前的理查·罗维雷斯，也曾在英国被捕，结果他在里面写出了一首不朽的英文名诗，连他曾待过的那座监狱也因此"成名"。这是他从狱中写给爱人的情诗：

狱中寄给雅蒂碧

石墙怎么能算监狱？

铁栅未必是牢笼。

天真无邪的人，

应该来这里隐居片刻；

只要我还有爱的自由，

谁也拘束不了我的灵魂。

歌颂吧！

只有天上的天使，

才享受这样的自由。

永不言弃的小说家南根里

南根里之所以值得我们学习，是因为他在失意潦倒中苦苦地挣扎奋斗了5年，终于成为当代举世闻名的大作家。

成名之后，杂志的编辑为了邀请南根里写一篇连载小说，往往会付给他

7．5 万美元的稿酬；甚至在他未动手写作以前，这一大笔酬金就提前预付给他了。可是，又有谁会相信，他写作初期的几部小说，即使他只想卖 75 美分，都没有人肯替他出版呢？

我曾拜访过几位出版商，据说他们在连续 3 年内，每年至少卖出 100 万册南根里的书。然而，我们也相信，他初期的作品确实不怎么优秀，所以他只好忍受饥饿和寒苦的煎熬。

他的父亲曾坚持让他学牙科，但南根里自己却宁愿做一个煤矿工人。不过，他最终还是听从了父亲的命令，进了牙科医学院。毕业后，他在纽约开设了一家诊所，整天和人们的牙齿打交道。

当然，他对于这种违反意愿的职业感到十分枯燥乏味。他每天早晨到诊所之后，心不在焉地给人看病，就像遭受鞭打一样难受。

终于，他毅然放弃了原来的职业，决心改行。不过，他并没有再去当什么煤矿工人，他现在有了一个新的愿望，打算开始学习写作，希望成为一名作家。于是，他搬到了生活水平较低的乡村住，开始了他的写作计划。在疲倦的时候，他就用打猎和钓鱼来调剂身心。

他写作的态度十分严谨，一部小说总要花好几个月的时间，而且常常修改，如改变故事情节，或修改人物的性格。当写完一部小说之后，他便极其兴奋地重读一遍，自以为写得很动人。他相信自己将来一定会成为大作家的，可是除了他自己之外，没有任何人这样看他，因为整个纽约没有一个出版商愿意出版他的作品。

他这样坚持了 5 年，在这 5 年当中，他从来没有靠写作赚过一分钱。虽然他有时候也会获得少数的收入，但那是他在夏季充当职业棒球队员的报酬，和写作根本没有关系。有一次，他在纽约推销他的小说时，碰巧遇到了巴夫罗·琼斯上校。琼斯上校想找一位作家和他一同去西方旅行，以便把沿途的见闻记录下来。南根里欣然允诺，因为这是一次旅行兼写作的大好机会，他高兴得手舞足蹈，欣喜若狂。

在西方，南根里和一群牧童及野马共同待了 6 年，返回故乡后，立即写出了一部叫《乱世英雄》的作品。这一次，他怀着极大的希望，自以为一定会成功。他把原稿寄给了哈泼出版公司，但等了两个星期，却音信杳无。他再也忍耐不住了，跑到纽约去见那位出版商。

他虽然找到了那位出版商，但不幸的是，那位出版商把一卷原稿退还给南根里，并且对他说："十分抱歉，虽然我们已经认真拜读了你的作品，可是我们觉得没有一点地方使我们可以相信，你有任何写作方面的经验。"这无疑使南根里很难堪，就像是被泼了一盆冷水，他失望到了极点，变得非常颓丧。告别那位出版商之后，南根里越想越气愤，终于倚在路边的灯杆旁痛哭起来。不过，他不愿抛弃自己的手稿，他深信不是自己的作品不好，而是那位出版商势利。

南根里这次受到的刺激确实太深了。回家以后，他再也无意从事写作。5 年来，他一直依靠妻子的一点积蓄生活，但连这一点钱也花光了。而且他们又添了一个孩子，这更加重了家庭负担。他一心想在小说写作上谋求发展，现在这个理想却成了泡影，他怎么能不气恼呢？幸而他妻子非常贤惠，她竭力鼓励他再写一部小说。

当他再度开始写小说时，正值严寒的冬天。屋子里只有一个小火炉取暖，他的手指被冻得发麻，因此只有在写作几分钟后，打开炉门，把手伸过去取暖。

这部小说整整写了一个严冬，直到第二年的夏天才完成。他再次拿到出版商哈泼那里，结果还是碰壁。于是，他又将书稿拿到其他出版商那里，但接连失望了 6 次。最后，他重新找到哈泼，请求他把原稿带回家中再读一遍。哈泼被他的诚意所打动，应允下来。两天后，哈泼满面笑容地对南根里说："我夫人昨天晚上花了一整夜的时间，阅读了你的小说。她认为内容很好，所以我们决定接受你的作品，打算将它出版。"

这部小说就是"Heritage of the Desert"，出版之后大受读者欢迎，南根里的大名也因为这部小说而广为人知了。

经过 5 年时间的奋斗，在各种打击与失败的挫折下，南根里终于实现了自己的愿望，成了第一流的作家。

第四章 卓绝不凡的科学奇才

"相对论"鼻祖爱因斯坦

几年前，我和一位朋友结伴旅行，到了德国南部的一个小城。当我们经过一家杂货店的时候，我的朋友忽然停下脚步，指着楼上的一间小房说："你知道吗？这间简陋的小楼，就是大数学家爱因斯坦诞生之地。"

那天下午，我去拜访了爱因斯坦的叔父，但结果令我很失望，因为他并没有告诉我有关爱因斯坦任何不同于常人的地方。相反，他极兴奋地对我讲了许多爱因斯坦小时候的愚蠢，例如举止迟钝而害羞，说话也结结巴巴，他的父母担心他的智力不及常人，连学校的教师也对他摇头绝望，叫他"笨蛋"，认为他没法教育。可是，谁又能想得到这么一个奇笨无比的孩子，后来竟被全世界公认为当代最杰出的聪明伟人、古往今来最伟大的思想家之一呢？

爱因斯坦

翻遍人类史册，像爱因斯坦这样轰然雷鸣般地闻名于世，确实是一件不可思议的事。最值得惊异的是，他以一位"数学教授"的身份，竟如此迅速地"走红"，成为全球报刊文章的重要宣传对象；以"科学家"身份，竟能像拳王乔·路易般名闻遐迩，这又有谁会相信呢？但事实上你又不得不信！

可是，更稀奇的事还有呢！爱因斯坦的名字虽然早已经"红得发紫"，可是他自己竟然还不知道，直到后来他才突然"发觉"了。有一次他在回答新闻记者的提问时，还说自己"成名"得有些"莫名其妙"。

当我们研究爱因斯坦的"相对论"时，至少可以领略这位大数学家"古怪"思想的一部分。可是对爱因斯坦来说，没有任何一件事物可使他过于"喜爱"，也没有任何一件事物使他过于"憎恶"。大多数人所急切追求的名声、富贵和奢华，他都看得非常轻淡。

据说，有一次某艘轮船的船长为了优待爱因斯坦，特意将全船最精美的房间让出来给他，没想到却被他严词拒绝了。因为他不愿意接受这种特别优待，而甘愿睡在最下等的船舱里。

德国当局为了表示对爱因斯坦的厚爱和敬重，在他过 50 岁的生日时，特意在普斯丹城为他建造了一座半身铜像，还赠送给他一套精致的住宅和一艘小游艇。

然而，爱因斯坦的遭遇实在是太不幸了，希特勒上台后，他不得不亡命国外，有一段时间住在比利时。他的财产全部被没收，他的家门也被上了锁，还有一位警探每夜睡在他的床边——这一切都只因为他是犹太人。

当他接受美国纽约普林斯顿大学的聘请，前往该校讲学时，为了避免新闻记者访问时带来麻烦，爱因斯坦预先嘱咐他的朋友在船还没有靠岸以前，先悄悄地用驳船驶到半路上去接他，然后换汽车开到学校。虽然解释爱因斯坦"相对论"学说的书籍现在已至少出了 900 部以上，但据爱因斯坦自己说，真正了解他的"相对论"的人，却只有 12 人。

爱因斯坦曾用过一个简明的例子解释他的"相对论"：当一个美丽的姑娘陪着你对坐一个小时的时候，你会觉得只有一分钟；但如果你在火炉上坐上一分钟的话，你会觉得有一个小时那么久。初听起来，这好像是很对了，而这就是相对性。其实，让我们实验一次就明白了，谁都愿意和美人对面而坐，却不愿意坐在火炉上。

爱因斯坦一生结过两次婚，他的第一任太太还替他生了两个聪明的孩子。

最有趣的是，爱因斯坦的夫人却不懂他的"相对论"；不过，她知道应该如何当一个太太，应该如何侍奉好丈夫。

比如，当她邀请朋友在家里聚会时，她想要求丈夫也参加盛会，但爱因斯坦往往会严厉地回答："不！不！我不能忍受这样的骚扰，这会使我不能安心工作。我要立刻离开。"

这时，爱因斯坦夫人就会耐心地等他发怒完毕，再和他说几句好话，使他服服帖帖地跟她下楼参加她们的聚会，而爱因斯坦也可因此得到一些舒适的休息。

据爱因斯坦夫人说，她的丈夫在思想上是极其愿意遵守秩序的，但在日常生活上，他倒愿意"随便"而不想受到约束，想做什么就做什么，喜欢什么时候做就什么时候做。他给自己订了两条规则：一条是不要任何规则；另一条是不受任何人意见的支配。

爱因斯坦的日常生活非常简单。他平时总是穿一套不整齐的旧衣服，经常不戴帽子，在浴室里常常吹着口哨或哼着歌曲。他虽然打算解决复杂的"宇宙之谜"，但他同时也认为不能将人生的享受搞得过分复杂。所以，他在洗澡后刮胡子时，总是用洗澡肥皂而不用刮面香皂。他认为用两种肥皂太浪费了。

爱因斯坦确实是一个极其懂得享受快乐的人。他的快乐主张便是一种很好的哲学，也许还要胜过他那著名的"相对论"呢。因为他的快乐很简单，不需要从任何人身上获取；他淡泊金钱名利和礼赞，可是他能够从工作中得到快乐，可以从小提琴上或划船上得到快乐——爱因斯坦的小提琴确实占据了他生命中的重要一环，还有什么事能比小提琴更使他感兴趣的呢？

爱因斯坦的奇闻轶事还多着呢！例如，有一天他在柏林市的公共汽车上和售票员争吵起来，因为他以为对方将零钱找错了。于是售票员把钱重数了一遍，当售票员知道错的是爱因斯坦之后，又把零钱交还给他，并说了一句嘲讽的幽默话："这一次的错误，是因为先生您不会数钱。"

"发明大王"爱迪生

有一次，我在纽约的温德比尔特饭店吃饭，发现一个女孩的记忆力很好，她是替顾客管理衣帽的职员。当我把衣帽交给她之后，她却没有给我号牌。我很奇怪地问她为什么不给我，她笑着说："不必多此一举了，因为我会记住。"接着，她兴奋地告诉我，在这家大饭店吃饭的顾客常常有一两百人，他们的衣帽都挂在一起，但当他们离开饭店时，她从来没有错递过他们的衣帽。当然，我并不能完全相信她的话。但是，当我和饭店经理谈到这件事情时，这位经理也得意地说："她吗？啊！这15年来，她还从来没有弄错过一次呢！"

这使我想起了记忆力最坏的电灯发明者爱迪生。这位伟人的幼年时期，正是以健忘而闻名。他在学校里会把所学到的东西全都忘掉，而且他在全年级中的成绩也是最差的，连教师们也对他没有办法，没有一个人不抱怨说他又蠢又笨。甚至有些医生在检查他的大脑时，发现有特殊的怪异现象，于是他们竟武断地预言，他必将死于脑部疾病。

据熟悉爱迪生的人说，他一生只在学校读过3个月的书，以后完全在家中接受母亲的教育。他的母亲实在是一个聪明人，谁会想到她竟能够把她的儿子——许多人都认为不堪造就的小家伙，教育成一代伟大的发明家呢！

不错，我们相信爱迪生幼年时的记忆力极坏，但我们也无法否认的是，他对于今天科学界做出了划时代的贡献。

爱迪生究竟健忘到了什么样的地步呢？这里有一个小故事：有一次他到税务局去纳税时，正全身心地思索科学上的一个重要问题。当时纳税的人极多，排成了一条长龙，人们按顺序依次到柜前付款。等轮到他的时候，他竟说不出自己的名字，虽然他竭力思索了好长时间，无奈他已忘得一干二净。结果，还是他的邻居告诉了他，他才记起来自己的名字叫汤玛斯·爱迪生！这个笑话立刻传开了，直到今天人们还没有忘记呢！

爱迪生努力工作的程度也是令人吃惊的，他经常整天整夜地埋头于实验室做研究。有一天早晨，仆人送来早点，他正在睡觉，仆人不敢惊动他。这时，他的助手们已经吃完了早餐，他们趁着片刻的休息时间，想戏弄他一次。于是，他们把空碟子放在爱迪生面前，等他醒来时，看见这些空碟子、喝干了的咖啡杯和满桌子的面包屑，爱迪生竟怀疑地擦了擦自己的眼睛，想了一下，认为自己的确已经用过了早餐。于是，他照例吸完一支香烟后，又开始工作。直到他的助手们哈哈大笑时，他才知道自己被他们愚弄了。

爱迪生

由爱迪生的健忘，使我又想到了不少有关伟人"记忆力"的传说：

美国最著名的植物学家亚沙·葛雷，能够记住25000多种植物的名字，恺撒也能够记住他几万名心腹士兵的姓名。但是棒球明星贝比·鲁斯却记不住别人的相貌和姓名！

查理·卓别林曾有一位私人秘书7年不离其左右，但让人感到奇怪的是，据这位秘书说，卓别林并不知道他姓什么。

埃及的默罕辛顿大学有一条惯例，那就是每年新生入学考试时，必须背诵整部《古兰经》。这部经书，几乎与基督教的《新约》一样长，是伊斯兰教的经典。背诵一次，至少要3天的时间。然而，每年都有20000多人能够一字不漏地背完，这种记忆力是多么惊人啊！

英国著名诗人拜伦曾自夸能背诵他所写的全部诗句。但华尔特·斯考特的记忆力却糟透了，他竟会忘记他自己所写的诗篇。有一次，他就把自己的作品误认为是拜伦写的，并对它热烈地赞美呢！至于英国的散文家、哲学家培根，也能够一字不错地默写他自己一部最著名的作品。但美国的舞台明星约瑟夫·贾弗森虽然连续13年表演某部作品，可他还是经常忘记台词。就拿拜伦和华尔特比较、培根和约瑟夫比较，人的记性的好坏真有如天壤之别。

林肯曾说过一个"记忆秘诀"：当你想牢牢记住什么的时候，不妨高声朗读，这样可以同时对视觉和听觉产生影响力。

英国历史学权威麦考雷的记忆力，有点像中国俗语所说的"一目十行，过目不忘"。凡是他读过的任何一本书，只要他读过一遍就可以背诵。他写过许多历史巨著，但却从来没有用过什么"参考书"之类的东西。

美国的老罗斯福总统的记忆力也值得我们称赞。他在接见宾客时，尤其喜欢注意对方的小节、相貌和举止，他只要见过你一次，就永远不会忘记你。当他第二次再见到你时，他可以马上叫出你的名字来，往往使你欢喜得说不出话来。这无疑会对他的政治活动提供极大的帮助，从而产生"意想不到的效力"。有一次，他见到了一位阔别15年的日本银行家，使这位日本银行家最感到惊奇的是，他们一见面，老罗斯福便大谈15年前他们初次会见时所谈过的一件事情。

在距今90多年前，英国一位名叫乔治·彼得的富翁，他还只有10岁的时候，有人请他计算一道难题："现在有4440英镑的存款，每年利息4.5便士，4440天之后，应得多少利息？"他不慌不忙地只费了两分零一秒的时间，就算出了答案。

好几年前，"铁路杰克"的死讯传出之后，全世界的报刊都竞相刊登了这一消息，并且痛惜哀悼，因为他是美国一位罕有的人才，而且又是一个极聪明、极有趣的人物。他的记忆力异常惊人，他曾有将近20年时间经常到设有大学的乡村去旅行。他经常会十分得意地跑进学生们的餐厅喊道："你们认识我'铁路杰克'吗？请你们随便问我一些历史上的琐碎事情，我保证会很乐意地答复你们。"那些喜欢争强好胜的学生们当然不肯放过他，更有些学生想乘机表现自己"见多识广"，于是他们莫不争先恐后地向他提问。而他们所提出的问题，有许多是荒谬可笑的，比如"苏格拉底的太太是几岁时结婚的？"但他却毫不迟疑地立刻回答："苏格拉底在40岁之前还没结婚，40岁后他才娶了一个黄花闺女，而她才19岁呢！"或者会有人问他："枪刺是在什么时候、什么地方发明的？"他也会很快回答说："1689 年 7 月 27 日，苏格兰发生战争时，第一次用枪刺作为杀人工具。"至于他的报酬，往往是由学生们请他一同聚餐，或者是凑钱来买一身新衣给他，或补助他的旅费。甚至连汽车大王亨利·福特也很钦佩他的博学，并因此主动送他一辆汽车，以便于他继续前往各地旅行。不过，"铁路杰克"有个怪脾气，他不愿开这么华贵的新车出去旅游。有人猜想，或许他认为自己不该平白无故地受人赏赐，所以，他还是骑他那辆旧式的两轮车出游。这车子旁边醒目地写着"历史学界的高才——铁路杰克"。

他在一所古老的房子里去世，享年 79 岁。他在遗嘱上要求把遗体捐赠给密歇根大学做实验，以便明白他的脑部构造，为什么会有那么强大的记忆力。我曾写信给这个大学的心理系主任比尔斯教授，问他有关"铁路杰克"记忆力强的原因。他回答说，他相信现代人类大多都有这种神奇的记忆力，虽然有少数人的记忆力十分差。而"铁路杰克"的成就，也无非是把所有精力都花在记忆所有的史实上面，因此可以说他的秘诀是一部分一部分逐渐累积起来的；因此，这一切说穿以后，也就没有什么惊奇和神秘的了。

最后我想说，假如你认为自己的记忆力很差，那也不必悲观，例如李纳·杜拉芬这位世界著名人士，如果他不把重要事件都记在便条上的话，就会在转眼之间忘得一干二净；有时候，虽然他已记在便条上了，但他又会把这张便条遗失，并且再也记不起来放在什么地方了。所以，我认为记忆力好坏并不影响你的事业，也并不减损你的伟大，爱迪生便是一个极好的例证。

无线电发明者马可尼

我觉得能和一位对我们的日常生活做出了巨大贡献的伟人相见，并且交谈一个小时实在是荣幸之极。他使我们只用 1/7 秒的时间，就可以联络世界各地，也可以使我们坐在家里，从收音机中收听总统在白宫的演说或著名乐队演奏的动人乐曲。这位伟人，就是发明无线电的马可尼。

谁都知道，马可尼是意大利人，因为马可尼的父亲是意大利人。不过，马可尼却有一头浅色的头发和一双淡蓝色的眼睛，并且能说一口很流利的英语，虽然稍带一点伦敦土音，但他看起来更像一个英国人。马可尼的母亲是生长在伦敦的爱尔兰人，所以马可尼也带有爱尔兰人的血统。他的右眼因车祸而失明，但他却在左眼戴了一副英国式的单片眼镜。

马可尼

我一见这位伟人，就觉得他和蔼可亲，说话诚恳，而且态度谦虚，使我几乎怀疑自己不是坐在一位世界伟人面前。记得我还是个孩子的时候，就曾读过一则消息，说意大利发明了无线电报，后来有一天，我和罗维尔·汤玛斯在伦敦的一家饭店中，才第一次看见这种新奇的玩意儿，谁知创造这一奇迹的伟人，此刻就坐在我的面前。这一切真是恍然如梦。

我们的谈话开始的形式很奇特。我先问他怎么会对无线电研究感兴趣，而他绕了一个大圈子回答我：他起初说自己年轻时，愿意找一种可以使他有机会环游世界的工作。接着，他告诉我，他时常陪母亲一同出去旅行，如从意大利到伦敦去探亲访友。每一次途经法国，看到冰雪覆盖的高山，或者是波涛汹涌的大河、富有诗意的田园时，就更增加了他对于旅行的兴趣。最后，他告诉我，只有继续努力研究无线电，他或许才有机会到更远的地方去旅行。他不愿意被关在屋子里工作，因此他的工作几乎全都是在旅途中完成的。他说他已经横渡大西洋 87 次了。

马可尼年轻时，已经在家里成功地完成了无线电的传递实验，并渐渐将距离扩展到了两英里远的地方，这当然更激发了他继续研究的兴趣。虽然他的父亲曾为此而批评过他，认为这种没有意义的实验只是浪费时间，但他经过几年的努力，终于研究成功了，并以 25 万美元的价格将专利品卖给了英国政府。这当然令他的父亲感到特别惊异，就连他自己也觉得这是一笔意想不到的收入。

我好奇地问他将那笔款项怎么花的。他回答说，他先是买了一辆自行车，立即匆匆忙忙地骑着它回家继续做研究工作。在事业成功后能够更进一步做研究，这实在太可贵了。

1901 年，马可尼认为实现他的宏伟计划的时机已经成熟了，于是他迫不及待地渡过大西洋，十分自信地期待一次更大的成功——他希望能在大西洋彼岸的美国接收到从英国拍发的电报。

他在纽芬兰登岸后，先放起一只用丝竹做成的飞机形状的风筝，但却被大风撕裂了。他又放起一个气球，但也被大风刮到海里去了。他最后放起一只做工很结实的风筝，终于飘上了天空。他屏息静气地听了好几个小时，急切地盼望能得到从英国拍来的讯号。但他渐渐地失望了，因为他连一点声息也没有收到。他开始灰心丧气，认为实验已经失败，计划显然已经没有希望实现了。

然而，就在他已极度失望之际，最激动人心的时刻到来了。突然间，他听到了一些极其微弱的滴答声。滴答，滴答……他自言自语地说："对了，就是它。这不是电报拍发员所用的 3 个 S 信号吗？"他觉得自己的努力很有意义，他也相信这项成功的实验可以永载史册而名垂万世。但是，他虽然满心欢喜和兴奋，却不敢立即跑出来跳上屋顶，向众人大声宣布这一奇迹，因为他担心人们不信他的话。在 48 小时之内，他没有告诉第二个人这个秘密。

终于，他放大了胆子，去拍发电报，将这一秘密透露给了伦敦当局，这个消息立刻震惊了全世界，各地的报纸纷纷以大字标题予以报道，科学界更是欣喜若狂。马可尼由此开创了一个新时代，他为我们发明了无线电，让我们的消息可以在即刻之间传递到全世界去。而他这时才只有 27 岁！

马可尼发明无线电后，受到了许多严厉的反对和攻击。许多幻想家给马可尼写信责备他，甚至警告他不应该发明无线电，因为他们认为电波会经过他们的身体，这样将会毁坏他们的神经，使他们不能够安睡。还有一个法国人给马可尼写信，声称为了保障人类的安全，他决定要刺杀他，并说他已从法国起程赶到英国。马可尼连忙将这封信交给苏格兰警察局。幸亏英国政府及早采取措施，拒绝这个怪人上岸，马可尼才幸免于难。

飞机发明者莱特兄弟

在俄亥俄州曾发生了一件极其平凡的事情——至少在当时被认为非常平凡。但是谁都没有想到，这件平凡的事情对于我们的一生，甚至我们的孩子，以及孩子的孩子，都会产生极大的影响！

这件事应该从何说起呢？不错，有一天，虽然我们已记不清楚到底是哪年哪月哪日，但这的确是一个值得纪念的日子。那一天，飞机的发明人奥维尔·莱特去了雷顿的一个图书馆，他随意翻了一本书，看到书中讲述的一个故事，说的是一个名叫李利安·米尔的法国人，借助一个巨大的风筝飞上了天空。虽然李利安·米尔并没有利用发动机之类的机器，但有一个事实是他已经飞了起来。

那天晚上，奥维尔·莱特独自思考着这个有趣而惊奇的故事，直到半夜也难以入睡。第二天，他把这件事告诉了他的哥哥韦伯，没想到立即得到了他的热忱赞助，于是他们就开始秘密地研究起飞机来，并且终于完成了这个最大胆的设想，从而使他们兄弟俩的名字永垂不朽。

他们两个人没有受过什么高深教育，也没有进过什么高等学校，但他们凭借着两种比"大学文凭"还要宝贵的东西获得成功，那就是"智力"和"热情"。

他们在孩提时代，就跑到乡间捡死马死牛的骨头，将这些东西卖给肥料制造厂；他们也曾捡过破铜烂铁，卖给收购旧金属的人。年龄稍大些后，他们合作办过印刷厂，发行过周报，也开过一家修理自行车的小店。总之，不论做什么，他们都在梦想着制造飞机，每逢星期天休息时，他们就仰卧在太阳照耀的山脚下，察看在天空飞翔的各种鸟儿的姿势。

这样经过了好多年之后，他们用巨大的风筝作了无数次试验，经历了一次又一次的失败，进行了一次又一次的改良，终于把自己制造的发动机装在了"飞机"上，试验能否飞行。

1903 年 12 月 17 日是一个值得纪念的日子。他们兄弟俩打赌，看谁能先飞上天。结果奥维尔·莱特获胜，"飞机"飞起来了。这一天，天气寒冷，天色阴沉，温度差不多降到零摄氏度以下，在一旁观看他们飞行的 5 个人，都在跳动取暖，可是他们俩却连外衣也没有穿就上了"飞机"，以免给"飞机"增加重量。

奥维尔·莱特登上"飞机"，启动发动机起飞的时刻，正好是 10：35，这神奇的东西竟然真的飞上了天空，还从排气管里冒出白烟，在空中摇摇晃晃地停留了 12 秒钟，然后降落在离起飞点 100 英尺的地方。这真是值得大书特书的事——人类的梦想已经实现了，这是人类第一次像飞鸟翱翔在空中，这真是世界文明发展的一大进步啊！

可是，当时又有谁注意到了这些事呢？莱特兄弟希望自己制造的发动机能够帮助这种鸟形的怪物飞行，这确实没错，而且它已经飞起来了，但也不过"仅止于此"而已，大家都以为这种像做游戏的平凡事，并不值得予以重视。

莱特兄弟的成功，当然使当时那些目光短浅的人惊异得难以置信，但更使我们奇怪的是，奥维尔·莱特虽然是第一个驾驶飞机上天的人，但他却没有获得飞行证，这是何等荒谬的事啊！他从 1914 年起就不再驾驶飞机或乘坐飞机了。原来，他 1908 年在弗吉尼亚州有一次试飞时，飞机不幸失事坠地，撞死了一个观看的人，并且他也受了重伤，虽然走路还和常人一样，但连一点极微小的震动也受不了，所以他再也不能驾驶飞机或乘坐飞机了。

奥维尔十分内向，也很讨厌夸大其辞，所以他既没有写自传，也不愿接见新闻记者，甚至不喜欢照相。他的哥哥韦伯最了解他，曾说过这样的话："鹦鹉虽然是鸟类中最善于说话的，但却不能飞得很高很远！"最可惜的是，韦伯在 1912 年就去世了，这对奥维尔来说，无疑缺少了一个得力的助手。

韦伯也是一个不爱虚荣的人。有一次，他从口袋里掏手帕时，却掏出了一条红丝带，直到他姐姐一再问他，他才毫不在意地说："哦！我忘了告诉你，这是今天下午法国政府颁发给我的荣誉奖章。"

他们兄弟俩的宗教信仰极为虔诚，无论如何，他们在星期天都不会驾驶飞机。有一次，西班牙国王曾要求他们在星期日驾机前往，他们毫不迟疑地拒绝了。

他们的父亲曾这样忠告过他们：因为家庭经济困难，结婚和从事飞行研究这两件事是不能同时进行的；结果他们选择了飞行研究，并且始终没有结婚。

舍己救人的名医格林菲尔

格林菲尔是拉伯利多地区的名医。他整天都往返于寒风之中，在冰雪中行进，使他的双手变得非常粗糙。他曾遇到过四次冰山撞船的危险，也曾整夜躺在浮冰上睡觉，还有一次几乎被冻死在拉伯利多的荒野。又有一次，他饿到极点，就割开了由海豹皮做的皮靴来吃。他终生没有一点儿积蓄，可他却是世界上最快乐的人之一。

你为格林菲尔医生担心吗？那你可就错了，你大可不必为他担心，相反你应该嫉妒他，因为他比你和我更幸福。他已经获得了世界上最宝贵的东西，那就是"快乐"和"知足"！

格林菲尔毕业于牛津大学，后来在伦敦一个贵族居住区开了一家诊所，渐渐有了名气，成为伦敦的名医，但他并不骄傲自满。他觉得自己需要休息与修养，于是决定到拉伯利多去过夏天。

拉伯利多位于加拿大东岸，南起纽芬兰，北至哈得逊湾，长 1500 英里，是一个严寒荒凉的地区，每年有 9 个月以上被冰雪覆盖，直到 7 月还没有解冻。因为这里是不毛之地，所以居民只能用鱼儿喂他们的牲畜。这儿有的是咸鳖鱼和鲸鱼尾。

但让格林菲尔医生感到惊讶和不安的是，生活在这荒凉的海岸边的渔民，要是不幸患病，他们就只好"听天由命"了，因为这里没有一个医生。

他竭尽所能地为渔民们服务了一整个夏季。然后，他按照原定的计划在秋天返回伦敦。但他已厌恶替有钱人开药看病的生活，不愿像以前那样混日子，他甚至看不起所谓"名医"的声誉。他知道，北方正急切地需要他。于是，他终于又返回拉伯利多。他在那里服务了45年而不畏劳苦，全世界都知道他是一位仁慈的名医，连英王乔治也钦慕他，封他为爵士，以奖励他的忘我与壮烈的事迹。

我曾拜访过格林菲尔医生，他告诉了我许多不平凡的事：有一次，他为一位不幸被冰块砸断腿的老妇看病，因为病菌已经侵入骨头，所以必须割去她的大腿。这位老妇虔诚地信守旧约的戒律，以为这是上帝要她遭受一点痛苦，因此她就应该忍受，这样才不愧为基督的信徒。她的意志是如此坚决，她让格林菲尔医生在动手术时，绝不可使用麻醉剂。这可真让这位慈爱的医生为难了，他请来她那5个已长大的儿子，要求他们在他硬起心肠施行手术时，要紧紧抱住老妇。等到手术做完之后，格林菲尔医生的心都快要碎了，但这位勇敢的老妇反而连一点呻吟也没有。

格林菲尔医生实在是太慈爱了，所以没有一个人不喜欢他。常常会有人送给他礼物，如书或衣服。他有一次还收到了一双渔人捕鳖鱼时所穿的大短脚绊，还有人送过他一件红色的猎衣和一顶丝帽。他还收到过一件极珍贵的礼物，那是一本在100多年前出版的有关礼仪的书，但他却把这本书拆开了，像贴墙报似的贴在墙上，让渔民们可以自由阅读。

拉伯利多的渔民能够吃苦耐劳，但他们也很迷信。有一次，某个村子里的居民接连几个星期只吃面和糖水混合的稀糊充饥，快要饿死了；可是，这村子有的是肥猪，但他们却不敢宰来吃。据说，因为那群猪曾冲进教堂，吞吃了一本《圣经》，所以，他们认为这些猪已经变得神圣而充满圣灵，绝对不能屠杀。

在格林菲尔一生的事迹中，有一幕最为悲壮伟大。那是1908年的复活节，为了尽快拯救在一个60英里远的即将死亡的病人，他急急忙忙地备好雪车，用4条狗来拖车。为了节省时间，他抄了近路想越浮冰而过，但没想到突然风势转变，浮冰随着海浪流去，4条狗尽管努力向前冲，也无济于事，结果全都掉进了寒冷的海水中。

　　这时，形势非常危急，而格林菲尔医生却很镇静。他取出随身携带的利刃，先剪断了勒狗的绳子，让狗脱离雪车，游到了一块浮冰上。可是雪车在沉向海里的时候，把他的毛衣也带了下去，他身上的衣服浸了水，再也不能御寒了。这时，寒风刺骨，黑夜也已经来临，他被冻得几乎失去了知觉，他知道自己可能要被冻死了。

　　终于，他想出了一个最后挣扎求生的方法。他抽出利刃，忍痛把 4 条忠诚的狗宰了 3 条，把它们的尸体堆放在周围御寒，然后再剥下它们的毛皮披在身上。他整夜卧在浮冰上，一直到次日天明。第二天，他又用死狗的骨骼作船桨，想将浮冰划近海岸；虽然希望很渺茫，但他仍坚持最后的奋斗。

　　忽然，他在晨光下看到了船的影子。起初他以为是自己眼花了，但立刻就证实那的确是一条船在海面上驶过。他高兴得向对方狂喊求救。于是，他获救了。

第五章　世界楷模的一代名人

印度"圣雄"甘地

你是否还记得，好多年前，在印度有一个穿着破旧衣服、身材瘦小的棕色人，他躺在一张帆布床上，宣布绝食，并劝其他人也吃素，一直等到他死。当时这件事轰动了全世界，各大报纸都将它当作重要新闻，争相用大标题来刊载——因为这个绝食的人，正是莫汉达斯·甘地，他是 20 世纪的一位世界性伟人。

从物质上来看，甘地是非常贫穷的人，曾有人给他估算过，即使将他的全部家产变卖，也值不了 75 美分。然而，全世界的富翁又有哪一位能有甘地的权力大呢？

印度民族不是占地球人口的很大一部分吗？然而，他们数百年来都沉睡在梦中，因此尽管人口众多，可是这又能怎么样呢？任凭你长得高大，又有什么本事呢？但是，像甘地这样一位瘦小得不满百磅的人，他振臂一呼，却把印度人都唤醒了。

关于甘地，有许多值得记述的传闻，例如他那副假牙，他不吃东西的时候总是将它放在他那破旧的衣服里，只有吃东西时他才把它安放在嘴里；吃完之后，立刻又拿出来洗一洗，仍旧放在他那破旧的衣服里。

由于最初教甘地英语的是一个爱尔兰人，因此甘地的英语略带一点爱尔兰口音。

甘地通常穿着一件半长的破旧衣裳，但他当初在伦敦时，也常戴一顶丝质帽子，穿一件大礼服，手里还拿着手杖，挺有绅士风度的。

甘地曾肄业于伦敦大学，并且当过律师。这又使我记起了一件关于他的事：他第一次在法庭为人辩护时，感到非常害怕，因此两条腿不自觉地嗦嗦发抖……他的律师生活在此之后，也就"寿终正寝"了。

你认为这是甘地缺乏办事才能的一个明证吗？你的猜测只是对了一半，他虽然缺乏当律师的才能，但却做过一件对人类十分有益的事情，并因此而每年获得 15000 美元，这不证明你的猜想不太正确吗？

那么，你可能又会猜想他对于自己每年

甘地

能获得这么一笔巨额收入，一定感到很快乐吧？——那你又猜错了！因为他同情那些还在贫困中挣扎的同胞们，又看到许多同胞在饥饿中死亡，所以他认为自己的成就实在微不足道，并把他所获得的钱全部用于救济穷人，他立志要终生为那些贫穷的人服务，尽自己的力量去帮助他们。

尽管甘地所吃的食物价钱都很低廉，但却都营养丰富，如鲜果、羊奶、橄榄油等等。

甘地提倡的"不合作主义"，可以说起源于美国人大卫·梭罗的思想。梭罗从哈佛大学毕业后，自己花了 28 美元在一个偏僻的海滨建造了一间茅屋，开始过起了隐居生活，并且拒绝向政府纳税。因此，他曾遭到逮捕，但他出狱之后却写了一本书，一再主张"每个人都不应该纳税"的观点。后来甘地读到了这本书，他大为叹服，并决定采用这一策略。他觉得英国政府没有使印度真正独立，所以大声疾呼，警告英国，并呼吁印度民众："宁可入狱，也不纳税！"并且掀起了一阵抵制英货的运动。当英国政府向他们开征盐税时，他们就跑到海边自己晒盐。

从印度教的教义来看，印度有好几千万人是永远被视为卑贱的。这该如何解释呢？我们不妨以你来打个比方：假如你生长在印度，而你的祖先在千百年前曾干过一件不光彩的事，因此根据印度教，不仅你的祖先是卑贱无耻的，连千百年后的你，甚至你的子子孙孙，也永远卑贱，永远没有抬头的机会——那甘甜的泉水你是没有资格去喝的，你只配喝那污秽的臭水。

奇怪的是，你渐渐地也会自以为卑贱了：你不敢进商店买东西，小心谨慎地站在很远的地方，等待人们把东西扔给你。你既没有资格进学校，更不配进入讲公理的法庭，你会遭受千万人的诅咒。如果你的影子投到了某些食物上，这些食物就只有被抛弃，再也没有人吃它了。

在印度，过着这种可怜生活的人竟然有好几千万。伟大的甘地决定为这些人争取自由。他先以身作则，认养了一个正过着这种可怜生活的小女孩为养女，并将她好好地抚养成人，对待她如自己的亲生女儿一般。

甘地，有人尊重他为圣人，还有人相信他就是印度神的化身。

谈话高手仲马斯

有一次，西方联合电报公司在电台广播说："某天下午，凡是打给罗维尔·仲马斯的电话，可享受免费。"这一消息传出后，那一天下午该公司的电话突然忙乱起来。你相信吗？在 1 小时内，竟有 25 万个电话打进来。

仲马斯是一个杰出的人才，他的著作之丰富，甚至连他自己都记不清楚他所写过的书名。他具有演说的天才，曾和 400 万人面对面讲过话。他最适合担任电台播音工作，差不多全世界任何一个国家都有他的听众。

我记得曾经一连好几个月，整个伦敦的人都在疯狂地购买入场券，使得各个繁华路口的交通受阻。我起初也不清楚他们买什么票，难道是去看大明星盖博吗？后来我才打听到，这么多人买票，不过是想听听仲马斯讲一些历史上的故事而已。

许多人都想知道仲马斯到底是怎样的一个人。我可以在这里给你提示一些零星的印象：他曾当过金矿工人、牛场烙印员、新闻报告员、刊物主笔和大学教授。他曾到过欧洲、亚洲、非洲、阿拉斯加、澳大利亚和各大海洋中的各个岛。他不但陪同威尔士王子到过印度，并且是第一个获得美国政府许可进入阿富汗荒漠探险的人。

他擅长摄影。第一次世界大战时，他和他的摄影助手曾拍摄了英、法、比、意、塞和美国等国家的参战情形。在印度时，为了拍摄印度的珍奇景物，印度政府曾给他派了许多车辆、汽船、大象，全由他指挥使用。

他曾在普林斯顿大学讲授"日常会话"课程，是一个最擅长讲话的人。他的工作就是把每天的重要新闻报告给美国的数百万民众，并播送到全球各地。不论是澳洲山脚下的牧羊人，或是关在监狱里的囚犯，全都是他的听众。甚至连远在南非钻石矿中工作的工人和新加坡的船长，也都给他寄过"捧场信"呢！

总之，无论他在哪里说话，总会有许多人在倾听。

他既然有这么大的成就，那么在你的想象中，他大概至少和萧伯纳一样有着花白的胡须吧？其实，他在40多岁的时候，一根灰色的头发都没有。

我第一次遇见罗维尔·仲马斯是在二三十年前。他当时正在普林斯顿读书，一贫如洗，也没有什么名气。可是等他成名之后我再碰见他时，他依然和过去一样和善、热心而谦逊，并没有因为自己的成功而骄傲。

仲马斯在纽约有一座华美的房子，但他却更喜欢在乡村的田园里消磨时光。

他每晚一定会回到田园，这似乎已成了他的习惯。他每天晚上7点钟在电台播音完毕，最后的一班车，通常就在5分钟以后发出，因此尽管他每次都尽快赶到车站，但车却经常在他到达以前已开走了。后来，纽约中央铁路局特意发出通告："每晚7：05的班车，在仲马斯没有登车之前，绝对不准发出。"由此可以想象得出仲马斯受人景仰的情况！

仲马斯10岁的时候，曾在科罗拉多州克利尔河畔的大赌场和酒楼中当过卖报童。虽然这些地方都是有名的魔窟和罪恶的源泉，但值得我们颂扬的是，仲马斯并没有因此而染上种种不良习性。他既不抽烟，也不喝酒，而且痛恨赌博。他的夫人科罗拉都是一个贤惠的女子。他们结婚之后，从未发生过争吵，家庭充满了快乐和幸福。他的儿子叫萨耐，也是个聪敏的孩子。

如果有社交场所请仲马斯讲一个晚上的节目，就该送给他500美元的酬金。仲马斯虽是一个善于讲话的人，但在各种不公开的场合里，他往往保持沉默，愿意静听别人谈话。在寒冷的冬夜，他往往伴同他的爱犬坐在火炉边，出神地望着烧得通红的炭火，好几个小时都一声不吭。

据说，仲马斯在学生时代，因为家境不宽裕，只好半工半读地完成了学业。他曾管过炉灶，当过厨师和服务生，还曾替一位教授喂过牛。因此，仲马斯常常对别人说，如果他当年没有做过这些卑贱的事情，他的生活经历就不会这么丰富，他也就不会成功。

不错，仲马斯是一个大忙人，每天都有许多事情等他去做，有许多话需要他去说。然而，最难能可贵的是，他却能够永远不慌不忙、沉着冷静地工作，应付好一切。

在一个冬天的早晨，有一次我和他从他的田园出发，赶一列开往纽约的火车。根据我当时的估计，我们只有 7 分钟的时间吃早餐，其余的时间就得匆匆忙忙地赶路了。谁知他却很从容地走进饭厅，亲自动手点着了炉火，然后一面悠闲地观赏火焰，一面和我闲谈进餐。

最后，我想告诉大家的是，仲马斯确实不会开汽车。然而，他却会驾驶飞机，这一点信不信由你。

童话作家道奇森

在 100 多年前的某一天，英国泰晤士河上泛着一叶小舟，船上有一个害羞而柔弱的年轻人，还有 3 个活泼天真的小女孩。他们在平静的河面自由漂荡。显然，船上那个年轻人是个默默无名之辈。但是，当游船回来之后，他就已经不知不觉地加入了 19 世纪名人之列。

他叫查理·道奇森。这个名字虽然说出来使人觉得很生疏，但确实是他的真名。有人叫他道奇森牧师，也有人叫他道奇森教授，因为他平时在牛津大学教数学，星期天便去教堂讲道。

他是一个最害羞的人，和成年人交谈时总觉得内心有点胆怯，因此态度也就显得十分狼狈，往往不能说出心中想说的话。可是，谁又能想到，他在小女孩们面前，竟敢讲一些近乎荒谬的动人故事呢？所以，那一天的下午是一个值得纪念的时刻，当他们泛舟于泰晤士河上时，他就给这 3 个小女孩编造了一个极其生动的故事。

这个故事确实很有趣，也很动人，讲的是一个小女孩梦游仙境的经过，情节离奇之极，使 3 个小女孩都惊讶得瞪大了眼睛，静静地听他讲故事。听完以后，她们又天真地要求他把这个故事写出来，而且不达"目的"不肯罢休。他感到不能辜负她们的诚意，又心想写给儿童们看看也没什么不好的，于是在这天晚上，他花了整夜的工夫写完这个故事。因为 3 个小女孩中有一个名叫爱丽丝，他就给这个故事取了一个近乎玩笑的名字——《爱丽丝漫游仙境》。

但他认为这个故事毫无价值，似乎不会再有人想重读它，所以就随意地把它扔在一边，甚至连他自己也忘记了此事。

几年以后，这故事的原稿被他的一位朋友在废纸堆中发现了，这时已是布满灰垢。那位朋友好奇地翻开来阅读，不觉大为惊异——这故事太让他神往了，所以他怂恿道奇森立即把它出版。

这使道奇森恼怒得直跳起来："什么？你要我去出版这种给小孩子读的荒谬故事？这是牛津大学教授所应该写的东西吗？这不是太有损我的尊严吗？不能，决不能！"道奇森十分固执地拒绝了。

可是，《爱丽丝漫游仙境》最终还是出版了。不过，道奇森不愿意暴露他的真名，因此他在"作者"的下面随便编了一个名字：路易斯·卡洛尔。

谁知道这本书出版之后，竟然使全世界任何会说英语的地方大为震惊！并且它很快被译成好几十个国家的文字。而且年复一年，该书越来越畅销，印刷厂忙得昼夜不停地开工印刷。

这一巨大的成功连道奇森自己都莫名其妙，他始终怀疑，这本书到底"成功"在哪里呢？

自学成才的牧师卡德门

我在纽约时，常常从我住的地方出发，渡过伊斯特河，去派克斯·卡德门牧师那里闲聊，往往是天不黑不回家。卡德门博士在纽约是很有名望的人，如果你想接近他，有很多机会，只要你有一台收音机就行了，因为他每天总在电台做播音节目。

他有着 10 多年的播音历史，的确算得上播音界的元老。

你是否经常抱怨工作太忙了？那就请你看看卡德门博士每天要做多少事情吧：

他每天早上 7 点钟起床，要写二三十封信，写一篇 150 字左右的报刊短文，准备一篇演讲词，探望五六位教区居民，还要参加两三个地方的集会，然后匆匆忙忙地回到家，再读一本新书……直到凌晨两点，他一天的工作总算完成，这才上床睡觉。

他这么繁重的生活，我可能只要过两天就会感到头痛。然而，卡德门先生却这么很淡然地一天天过下去。

他曾对我说，他从英国著名政治家格累斯顿那里得到了一个很有价值的教训：当格累斯顿担任维多利亚女王的首相时，他的办公室里摆着 4 张写字台，分别用于文学、商业、政治、阅读书报等。根据格累斯顿的经验，经常变换分配工作，才不会使大脑厌倦困乏。卡德门很谦逊地说，他每天的工作虽然很多，却不觉得繁忙，也就是效仿了格氏的办法。

卡德门阅读的书籍也常更换。他认为读书和吃饭一样，应该时常变换口味，所以他每个星期都要阅读两三本侦探小说。如果谁看到卡德门先生正拿着一本哲学方面的书，就推测这位学识渊博的牧师喜欢研究哲学，那是很幼稚的。

有一次，我去拜访他时，看见他的桌上正放着 4 本书：一本是《食谱指南》，一本是格兰费尔著的《拉伯瑞多罗曼史》，一本是《路易十四宫廷回忆录》，还有一本则是刚出版不久的暗杀小说。

最令我敬佩的是，卡德门先生 11 岁的时候，就敢于到英国某处的煤矿工作，并将每天工作 8 小时的报酬全部补助家用。他这样连续 10 年而毫无怨言，终于把幼小的弟妹抚养成人。

卡德门的童年遭遇是如此的不幸，他把宝贵的青春都消磨在煤矿中，似乎再也没有机会接受高深教育了。但是，谁又能想到，他却是全美国读书最多的人呢？

卡德门的自学精神值得我们敬佩。当他在煤矿工作时，即使是一两分钟的闲暇时间也不肯轻易放过，他总是会从口袋里掏出一本书来，凑到昏暗的灯光下阅读。虽然他每次最多只能读两小时，但他工作时总会带上一本书。他曾对人说过，他可以一餐饭不吃，却不能一本书不带。

他当时很明白，要想脱离煤矿生活，就必须努力读书。他在煤矿中干了 10 年，总是尽力向别人借书来读，据说大概有 1000 多册。10 年努力的结果，他总算达到了目的，满足了自己的求知欲，不仅获得了大学学历，并且还获得了伦敦立蒙大学的学位。

他每个星期都要公开讲道，听众超过了 500 万人。凡是认识他的人，无不对他的学识和才能表示钦佩。他真是一位卓越的著名牧师！有一次，他收到了一封从南极拍来的电报。原来，拜德将军在南极探险时，曾从收音机听到他的演讲，将军听了非常感动，因此特意发电报来向他致谢。

不过，卡德门最初来美国开始讲道时，只有 150 人听讲。虽然这些人想每年凑集 800 美元酬金给他，但还是没办法凑足，于是大家只好都以送粮、送菜的办法替代现金。例如有一个农民曾送过他一堆草，还有人送给他小青豆或苹果等东西。

卡德门是英国人，出生在一个小城市，它名叫老公园。那是一个著名的产煤区。他年幼时，因为生得浓眉大眼，所以有一位老邻居曾再三警告卡德门的父母，让他们好好管教他，还说这个孩子将来或许会堕落，说不定还会沦为盗贼。假如这个老邻居知道卡德门日后会成为赫赫有名的人物的话，不知他又会说什么！

卡德门一生中最敬佩的伟人是林肯，而且他承认自己受林肯的影响最深。此外，他最崇拜的小说家是萨克莱，最崇拜的诗人是伍尔沃兹和泽尔顿。

卡德门还是一个经验丰富的收藏家。无论是珍贵的图书，还是雕刻品，他都很乐意搜集。他曾对我说，他还藏有一本"罪恶"的《圣经》——因为当初这本《圣经》排印时，竟然将"十诫"中的一条遗漏了"不可"两个字。

评论专家辛泰尔

十几年来，辛泰尔每天照例要写一篇评论，送给 498 家报纸同时刊载，每天的读者多达 2000 万人。他给这些文章冠了一个总标题，称之为《每日纽约》。

辛泰尔是纽约评论界的权威，然而他从小生长在密苏里河畔，因此，他对纽约的情况并不十分熟悉，直到 34 岁时，他才第一次真正见识了纽约。

在纽约千百万人中，辛泰尔是一个最负盛名的人物。如果你想给辛泰尔寄一封信，不必在信封上写明他的姓名和地址，只要随便从哪里剪下他的一张相片贴上，然后投到邮筒里，他就会收到你的信。像这么奇怪的信，他每个星期总要收到十多封。

关于辛泰尔个人的奇闻趣事可不少。例如他天天写《每日纽约》的评论，每个星期可以获得 2150 美元的报酬，但他一生之中曾和付款的人最多只有 3 次当面谈过话。

他每年的稿酬都在 10 万美元以上，但他从不雇用速记员，他的文章都是自己，用打字机打出来的。

虽然他的收入比美国总统还多，但说出来也许你不相信，他竟然不知道写字间是什么样的，他当然有自己的写字间，但他从未去过一次，总是一个人在家里工作。

他的个性确实和常人不同。有一年曾有 31 家电台聘请他，但他却毫不动心，婉言谢绝了。甚至有一家电台请求他，只要他在他纽约的写字桌边上装一台播音机，每播音一分钟，就可以酬谢他 500 美元，可是他还是让他们失望了。

辛泰尔除了无意于播音外，也不愿在银幕上露面。虽然好莱坞几家著名电影公司都曾争先恐后地聘请过他，尤其是华纳公司更用尽了各种办法和他洽商，希望他能够出任某部影片中一个纪念会主席的角色，而他每次的答复总是一个"不"字。后来，华纳公司又寄给他一封信，并在信中附了一张带有空白支票的合同。信中承诺说："请你随便写下你所希望的酬金数额，并请签好字，然后寄还给我们。"

他的确按照他们的吩咐做了——也就是说，他将合同寄还给他们了，但他仍然没有在合同上签字。

我曾问他为什么要拒绝这一难得的机会？他的回答是："这个吗？只因为我不擅长谈话。"接着他告诉我，他曾去洛杉矶参加一个朋友的宴会，他在席间想说几句话，谁知道一站起来，却又害怕又心慌，气喘吁吁的，结果连一句话也没有说出来。

他笑着对我说，如果他真的在电台播音或者在摄影场拍影片的话，说不定会当场晕倒呢。

辛泰尔出生于密苏里河的利波雷斯堡。他父亲曾在该地开过一家小店，在他 3 岁时他母亲就不幸去世，是他的祖母历尽千辛万苦，才将他抚养成人的。

这个乡下孩子竟能有如此伟大的成就，其原因何在呢？他曾对我说过："当我还是一个小孩子的时候，我们村子里来了一个巡回眼科医生。他是从纽约来的，为我的祖母配了一副眼镜。我非常羡慕他那丝质的帽子和时髦的衣服。我睁大双眼呆呆地望着他，直望得我的眼睛十分疼痛……这是我第一次看见衣服上饰有花边的人。我觉得他伟大极了。"

从这段话里，我们不难明白，辛泰尔童年时对于伟大人物的崇拜，使他自己也成为一个伟大的人。

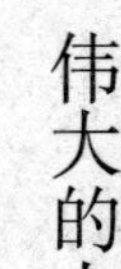

　　这个乡下孩子后来被人介绍到利波雷斯堡，在一家旅馆担任夜班书记员。这使他的生活发生了极大的转变，他开始接近许多举止阔绰的人，听他们畅谈百老汇的风光。他是如此羡慕他们，因此决意到各地去旅行，以增加他的见闻。

　　虽然他贫穷，并且没什么人帮助他，但他有的是青春朝气和烈火一般的野心。他开始朝着理想的目标努力，先是读遍了所有关于纽约的书籍；接着，他又在奥欧一家报馆工作了7年，然后又转到曼哈顿的《波顿》杂志工作。谁知他到达该地只有3个月，这家杂志社却不幸倒闭了。后来他虽然也在每晚邮报社找到了一份工作，可惜因为身体太弱而被辞退了。

　　失业后，他开始去实践那伟大的理想——"卖文"度日。他每天都要写一篇纽约见闻，但却没有人愿意替他发表，这使他十分失望。

　　他年轻的时候神经异常衰弱，往往是只写了一会儿，就需要休息3小时，谁知他的身体后来反而强壮起来了。

　　另外还有一件很奇怪的事。辛泰尔虽然住在全世界人口最稠密的大都会中，但他却非常怕繁杂，甚至害怕在人群中逗留。他还告诉我，每次他接待陌生的客人时，内心总是十分恐惧。曾整整有一年，他从未走出过他居住的旅馆大门，虽然朋友们用尽了各种方法，也不能把他骗出来。而他在有生之年，从未进过一次戏院。

　　这位纽约的典型人物，既不吸烟，也不喝酒。他最爱嚼口香糖，常常以散步代替运动。

　　他的衣服全都是巴黎著名设计师设计的，有人曾称赞他足可以与威尔士亲王相媲美。不过，他写作的时候却总是穿着一身睡衣。

　　他一生的罗曼史，只需一句话就可以概括："他结过婚了。"

　　他最崇拜的电影明星是威尔·罗杰斯；他最爱读的书是"Of Human Bondage"；而他最喜爱的歌曲是《印度之歌》。

第六章　世界杰出的女性名人

埃及女王克娄巴特拉

埃及皇后克娄巴特拉，被誉为"尼罗河女神"，这位著名的古代尤物据说是最能够勾引起男人们贪欲之火的女人，而且也是一个最富浪漫色彩和诱惑性的女人。

在距今两千多年以前，这位美貌绝世的艳后自杀了。这实在是一幕悲剧，是人类的悲剧！

她死的时候只有 39 岁。人生短暂，但她却只跑了这短暂旅程中的一小段。可是，她曾使古代最负盛名的恺撒大帝和马克·安东尼拜倒在她的石榴裙下，并曾得到他俩真正的爱情。

克娄巴特拉雕像

恺撒是古代历史上最著名的英雄，他不是几乎征服了整个西方世界吗？但是，身材娇小的克娄巴特拉却征服了他。她究竟是如何征服恺撒的？这是古代最生动有趣的一段故事，你想不想听呢？

好了，我来告诉你吧。在公元前 48 年，恺撒到达亚历山大城的时候，克娄巴特拉正处在最艰难的状况之中：她不但被赶下了台，而且身上一文不名，生命也几乎朝不保夕。原来，她曾嫁给本族的兄长，后来与他意见不合而发生争吵，双方都不肯退让。于是他向她宣战，她不幸战败。为了保全性命，她只好忍痛抛弃一切，偷偷地逃出埃及，又一个人悄悄来到了亚历山大。

恺撒早已听说过她的名字，因此十分仰慕她的才貌。现在，他更同情她的不幸遭遇；他愿意见她，更愿意救助她。于是恺撒传令要见她。这可不是开玩笑的事！在亚历山大城，到处都有她族兄的侦探，如果她不小心被捕，岂不白白送了性命吗？因此，她预先安排妥当之后，趁着黑夜溜进了一条小渔船中。然后，由她的仆人把她迅速地卷在大块地毯里。当地毯在恺撒的宫殿里展开的时候，美丽的克娄巴特拉出现在恺撒的眼前。

她故意在他面前欢歌笑语。她决定要尽量利用她那富有诱惑力的玉体，来勾起恺撒激荡的欲火，好让他为自己报仇。

已经54岁的秃顶恺撒，见了只有21岁的克娄巴特拉之后，被她的美丽惊呆了。所谓英雄惜美人，美人爱英雄，这两人一见钟情，心中都激荡起了爱欲的烈火。她的美丽和智慧，更令恺撒驯服地拜倒在她的脚下。

恺撒向克娄巴特拉宣誓，一定要为她报仇，要好好教训那些暴徒。于是，他率领那支称霸一世的罗马军队，只轻轻一击，就打败了埃及军队，把他们杀得全军溃败，片甲不留。她的族兄也狼狈地逃窜到尼罗河畔，最后前无去路，后有追兵，终于只能投河自尽。

于是，克娄巴特拉恢复了过去的光荣，她又成了埃及美丽至尊的皇后，重又"唯我独尊"了。

一年之后，她替恺撒生了一个孩子，这也是恺撒唯一的儿子。不过，恺撒在罗马还有一个原配夫人，这使得他们的婚姻不方便正式公布。

为了自己，也为了儿子的将来打算，克娄巴特拉深知这样混下去不是办法，她需要设法立刻公开他们的关系，以便为自己确立正式的名分。她终于想出了一个巧妙的办法：她给许多主教下令，要求他们称颂恺撒绝对不是一个常人，而是一个神，是太阳神阿蒙的化身，他降临人世的最大任务，就是要给皇后留下一个男孩……

如果我们在今天听到这种荒谬绝伦的话，肯定认为这实在是太美好、太肉麻、太无耻了，尽管克娄巴特拉自己认为这一招安排得非常巧妙，但如果是在今天，一定会遭到严重的惨败。可是，生活在两千年前的埃及人，却是绝对地信仰这些话的。

　　不久，恺撒不幸遇刺身亡。继他之后称霸罗马的，是粗暴的酒鬼马克·安东尼。当安东尼率领部下快要抵达肥沃的埃及时，他曾扬言说："好啊！就要到埃及了。让我们割下克娄巴特拉的项上人头吧。"

　　这使克娄巴特拉心惊胆战。她犹豫不决，不知该用什么方法来阻止安东尼：用战船，还是用刀枪？她明白这些都难以抵挡安东尼的铁军。不错，只有用情爱去引诱他，或许还可以挽回安东尼那铁石心肠。

　　当克娄巴特拉决定去见安东尼的时候，她准备好了一艘华丽的船，船身上装饰的全是华贵的丝绸和珠宝。她还将自己装饰打扮得妖冶动人，再配上她那富有诱惑力的身材，真有点像维纳斯。她的身旁还陪衬了许多身体娇美而且善于献媚的少女，再加上醉人心魄的音乐……够了，这已足够了。如果你是安东尼的话，面对这种情景，你又该如何处置呢？

　　果然不出克娄巴特拉所料，粗暴的安东尼也被她诱惑得如羊羔一样驯服，终于爱上了她，并娶她为妻。如果两千年后的我们能想到横眉大眼、丑陋不堪的安东尼，竟然能够得到温柔美丽的克娄巴特拉朝夕侍奉，真会为他赞叹不止了。

　　安东尼被她诱惑得有点昏了头，神经也有些反常，竟将整个腓尼基海岸作为礼物送给她；后来，安东尼又接连把费里冠省、塞波拉岛、克里特岛……都当作礼物送给了她。最后，安东尼干脆把整个亚洲的管理权，也都送给她了。

　　这当然激起了罗马人的极大愤怒。他们苦战流血所换来的领土，难道就这样像玩具一样送给了这个埃及女人的手中吗？他们决定从安东尼那里收回赠送给她的礼物。收回的方法没有别的，只有战争。这也是克娄巴特拉的末日该到了：罗马大军很快就攻上了安东尼和克娄巴特拉的船只，安东尼不愿被俘受辱，又不愿离开克娄巴特拉，最终只能拔剑自杀，倒在她的身旁，好像这么一死，他就永远不会再离开她了。

　　克娄巴特拉也曾对安东尼发过毒誓，绝不能被罗马人擒获，免得在罗马街上丢人出丑，受尽嘲笑和捉弄。因此，当他自杀以后，她并不怎么悲伤，反而幽默地说："安东尼啊！你为什么要死得这么急呢？罢了，你等等，我也来了。"当天晚上，她真的自杀了。她是用什么方法自杀的呢？这个问题到如今还是个疑问。甚至在她死后的 20 分钟，第一个发现她尸体的人也不能回答这个疑问。我们也许可以这样猜想：她先是用牙咬伤自己，再将毒液从伤口注入身体；也有人认为，她是让毒蛇咬伤致死的。她死后，被埋葬在安东尼的墓旁。我们只知道她被埋在埃及的亚历山大城，但具体位置连考古学家也找不到。如果你能找到他们的墓址，那你一定会大发一笔财，全世界所有报纸的第一版上，也都会争相用大号字刊载你的名字。

女沙皇凯瑟琳

凯瑟琳是沙皇俄国时代的一个女皇，但她的真名并不叫凯瑟琳，而且她也不是俄国人。

凯瑟琳无疑是俄国帝王宝座上最著名的一个女皇，但是一般的历史学家却不愿意承认她的伟大。

她原来是德国一位穷困潦倒的公主，流浪到俄国的时候，就像一个乞丐一样，没有人瞧得起她。可是，谁也想不到正是这么一个无钱无势的女人，后来竟利用一切手段，达到了和彼得大公爵结婚的目的，这实在是一件出人意料的事。

这位彼得大公爵，虽然是俄国皇族的后裔，但是却粗鲁凶暴，满脸的痘疤，而且呆头呆脑，连睡觉也不脱鞋子。所以，他并不是什么很聪明的人。

彼得大公爵当了皇帝以后，旧态不改，常和仆人们一起酗饮，甚至亲手鞭挞他的士兵。他在寂寞的时候，会独自找女人陪他解闷，在地板上玩。虽然他掌管一国的大权，可是因为他不尊重自己，所以也没有人尊重他。

凯瑟琳替彼得大帝接连生了好几个小孩，但是没有一个孩子能获得彼得大帝的爱宠，因为他认为这些孩子都不是他亲生的，所以他也从来不把他们当自己的儿女对待。

虽然凯瑟琳侥幸嫁给了彼得大帝，并且她的丈夫又幸运地做了皇帝，可是彼得大帝并不喜欢她，甚至常常会当着许多客人的面侮辱她，故意用粗俗难听的话骂她。可是，谁相信骂这种话的人是一位"皇帝"，而被骂的人又是"皇后"呢？

他不仅恨她，经常恐吓要和她离婚，而且还想把她送进修女院去了结她的一生。他这样轻视她，自然也就难怪她厌恶他了。终于，她在暗中指使他的部下叛乱，并嘱咐她的一个佣人在彼得大帝所饮的麦酒里放了一点儿砒霜。但是身体强壮的彼得大帝并没有马上咽气，凯瑟琳又索性将手中剩下的砒霜塞入他的喉咙，想使他快点死去。就在这一天，凯瑟琳皇后登上了最高宝座。

凯瑟琳治理这个大帝国共达 34 年之久。许多人都很佩服她的才能。的确，她有治国的天才，称得上著名的女皇。还有人称颂她，说她能为彼得大帝守节数十年而不改嫁。其实，这可就错了，她没有改嫁吗？但事实上她曾有数十个恋人。不，也许有数百个之多呢！

我认为这个世界上最富有的女人，要算凯瑟琳。但是，她的生活却是非常简单。据说，她每天只吃两餐，而且并不丰盛。虽然她吃的饭菜都用精美的金碟子盛着，但厨师如果不小心把肉烤焦了，她也不过一笑了之，也照常吃下去。

她虽然是历史上最淫荡的女人，可是，她最会保养自己的身体了。她从来滴酒不沾，也不喝其他有刺激性的饮料。她爱喝葡萄汁，每天晚上临睡前都要喝一点咖啡。她从来不抽烟，但却喜欢闻鼻烟。

她非常骄傲，据说那些没有写"女皇陛下"的信，她是永远都不拆阅的。曾经有个男子在酒醉后对人扬言，说自己是凯瑟琳的丈夫，结果女王恼怒地割掉了他的鼻子。

后来，她的体重日增，胖得和老母猪差不多，这使她的两腿难以支持，连走路也渐感困难。她成天为此而忧虑，直到有人为她设计了一辆轮车代步，她才不再烦恼。

她在晚年时，连牙齿都掉了，可是浪漫的灵魂依然燃烧着春天的欲火——她竟然爱上了一个年轻男孩子。从年龄上来说，她可以当他的祖母了。她在位的最后几年，竟放任这个无知又无能的小糊涂虫，让他像皇帝一样治理俄罗斯。

好莱坞女影星嘉宝

据我所知，有两位著名的人物都曾在理发店工作过，他们知道如何把肥皂和水搅和在一起，涂在顾客脸上，然后等理发师给顾客们刮去胡须。这两个人，就是嘉宝和查理·卓别林，他们起初都曾受生活的压迫，从事过这一职业。

嘉宝

嘉宝刚到美国时，不过是一个 19 岁的少女。她离开了祖国瑞典，孤身一人踏上了她羡慕已久的"黄金之国"，没有一个人认识她，而且她也不会说英语。

然而，在十几年之后，她却成为世界上最负盛名的女性之一。

幼年时代的嘉宝，就已经充分展现了她那与众不同的个性。她最恨枯燥乏味的学校生活，所以经常逃学，有时到了学校，她会趁教师不防，一个人偷偷地溜了出来，跑到戏院后面的走廊上看戏，因为站在这里是不必买票的。当她看得兴奋的时候，就会急急忙忙跑回家中，取出平时玩耍用的水彩，把自己满脸涂得五颜六色，说自己是在模仿法国著名演员普萨瑞·哈特。

在她 14 岁时她父亲就死了，因此家境日益贫困，她也就只能辍学，到一家理发店工作。不久，她又转到斯德哥尔摩市的一家商店当推销帽子的职员。为了促销，这家公司的售帽部决定拍一部影片宣传帽子，嘉宝有幸被选为模特。这原来是一件极普通的事，可是谁也没想到这件事却使嘉宝从此脱离了黑暗，开始走向光明之路。甚至嘉宝后来也说："这是我做梦也想不到的。"

原来，这部宣传帽子的促销影片，被一位著名导演看到了，他觉得片中的模特嘉宝很有演戏天赋，尤其是她那种近乎神秘而又不乏天真的诱惑力，更是难能可贵。所以，他竭力怂恿她放弃现在的工作，进入戏剧学校学习，将来必有惊人成就。嘉宝这时候才 16 岁。

要嘉宝放弃已有的固定职业，放弃原来的薪水，再花钱进入戏剧学校学习，的确是一次困难的抉择。假如她没有远大眼光和巨大勇气，她是绝对不能这样做的。嘉宝确信自己对戏剧极其感兴趣，自己将来必有成功的希望，于是听从了这位导演的劝说，毅然辞去了工作，开始向理想目标迈进。

我们相信，如果没有这位导演对嘉宝天才的欣赏，恐怕嘉宝还是一个普通的售帽部职员。

有一次，瑞典著名导演马莱斯·史蒂勒来这家戏剧学校选一个女孩子，担任某部影片的配角，嘉宝荣幸地获得了这个机会。那时候她还不叫嘉宝，叫葛丝塔·福生，但是由于这个名字既缺乏诗意，又不动人，而且也不容易记住，所以，史蒂勒导演就给她取了一个令人心动的名字——嘉宝。

嘉宝是一位世界闻名的神秘女郎，凡是和她一同工作过的人，无不承认她的神秘。随便举几个例子吧：

华莱斯·皮雷虽然和她在同一家公司里共事过许多年，可是，他从来没有遇见过她。尤其让他惊奇的是，他和她曾一同拍过一部叫"大饭店"的影片，于是他以为这一次一定可以碰到她了，谁知还是没有见到她。原来，他们被派往不同的场景拍片，而这些场景又是在不同时间拍摄的，所以他当然没办法见到她了。

有一次，美国最著名的评论家亚莎·白利斯伯专程赶往好莱坞，希望参观嘉宝拍戏，但没想到却被这位瑞典小姐十分干脆地拒绝了。她说："我很钦佩白利斯伯先生写的文章。不过，有他在场，我就拍不好戏。"

更有趣的是，有时候嘉宝拍戏甚至会请求导演离开，这无异是在说：除了摄影师之外，谁也不许看见她。你说她是不是很神秘呢？

这位有幸陪同嘉宝的摄影师叫甘廉·达尼斯，他最了解嘉宝的心理，嘉宝也最愿意与他合作。他们原来并不认识，当嘉宝在美国主演第一部影片时，公司派他负责摄影，他俩这才认识的。他发现嘉宝是一个美丽动人却又局促不安的女子，所以在该片拍完以后，就极力称赞她，并向她道贺。然后，他对她说："我希望能再次和你合作。"这使嘉宝大受感动，几乎要哭了出来。从此，她就把他当作知己，所以在她以后主演的影片中，差不多都是由他摄影的。当嘉宝返回欧洲以后，公司从未接到过她的信件，甚至连一张明信片也没有收到，倒是她的摄影师达尼斯收到过她的一封电报。

全世界有千百万的影迷羡慕嘉宝，但是，由于她不善交际，所以朋友很少。虽然她的名气很大，可是被介绍给陌生人时，她经常会不自觉地战栗起来。

她喜爱孤独，每年都是一个人安静地在家里独自吃着圣诞晚餐。她家里没有收音机，笑声也很少，连电铃和电话声也很少听到。

嘉宝的住址可以说是个大秘密，恐怕全美国知道的人也不过数十个。她甚至瞒过邻居们，使他们做梦也想不到，她就住在他们的隔壁。有一次她搬了新家，而且先支付了 3 个月的房租，但是在第三天时，不知是谁泄露了秘密，竟有一个摄影记者来采访她，当她送走这位记者之后，她就立刻搬家了。

据说，能够知道她的秘密住址，并且经常去拜访她的，只有两个人，他们可能是她的密友。

嘉宝也很节俭，据说她驾驶的是一辆破旧得"不可收拾"的汽车，但她还总舍不得抛弃！她家里只雇了一个车夫、一个女佣和一个厨子；她每个星期的收入达到了 7500 美元，但消费却只有 100 美元。

她最喜爱动物，散步的时候如果碰到了狗或者马时，她总要停下来看看，然后用手去抚摸它们，拿些食物去喂它们，并且还和它们讲话。她还在游泳池内养了许多金鱼和青蛙。有一次，我的朋友去访问她时，她恰巧在玩一只青蛙，于是他们的这次谈话，就完全集中在青蛙身上了。

说出来你也许不信，她在美容方面是很不在意的。她从来不抹胭脂，也不涂唇膏，连指甲上也不涂彩油。她鼻子两旁有些黑斑，但她也不想用粉去掩饰。即使是在拍戏的时候，她也反对把自己打扮得过分浓妆艳抹。

她有一个特殊怪癖，那就是喜欢穿水手的衣服散步，但有时她着急找不到水手装时，就用短衣替代。

嘉宝的脚很大。其实和她身高相比，这双脚并不算大，因为她身高有5.6英尺，但也只穿7号鞋。

她常常这样自夸："我有生以来，从未看过牙医。"真的，她有满口漂亮的牙齿，颗颗光滑洁白，就像是象牙镶嵌而成的！

"苹果酱"是她最初学会的英文，如果你请她用一个词来描述好莱坞，也许她仍会说出这个词："苹果酱。"

俄国女公爵玛丽

我曾有机会和俄国女公爵玛丽相见，并有幸成为她的"座上客"，使我觉得非常荣幸。

可以说玛丽女公爵是西半球最著名的皇族后裔，因为俄皇亚历山大三世是她的伯父，而俄皇尼古拉二世是她的堂兄。

在见到她之前，我就不断地猜想：她是否美丽动人？是否活泼友爱？或者是冷酷无情呢？

当我见过她之后，发现她是一位既活泼又美丽，而且富有吸引力的友爱的女公爵。

她诚恳地告诉我：她虽然已步入中年了，但是每当回忆起年轻时代的时候，却依然如发生在昨天一样；她那时是个最怕羞、最柔弱的女孩子，并且常常自以为能力不如别人。

在俄国，大罗曼诺夫家族曾掌握该国政权达300年之久，也是最富有的家族之一。她有幸诞生在这个家族，所以从小就被当成了"金枝玉叶"，常常神气十足地坐在一辆用黄金装饰的由 6 匹白马拉着的车里。还有许多穿红制服的骑兵在两旁保护，仿佛一个"天之骄子"。

当她的金车经过时，常常有成千上万的老百姓悄然无声地站在路旁静候，以能见她一眼为荣幸之事。虽然她是俄国的公主，是最尊贵的女公爵，但是她却非常内向怕羞，当她被人围观时，连头都不敢抬起来。

她在一岁半时母亲就去世了，所以从小就在保姆、监护人和教师等不相识的人的抚养下长大，从来都没有享受过什么慈母之爱。

由于她的保姆都说英语，她的那些老师也教她英文，所以她到 6 岁时，一个俄国字还不会说。

她幼小时的生活非常俭朴，吃的食物也都很平常，晚餐只不过是面包和牛奶。尽管她住的地方挂满了名画和无价之宝，她家里的东西也都很值钱，但她的衣着很朴素。她在结婚以前，穿的还是布衣、纱质手套和袜子。她笑着告诉我，她小时候有一个最大的愿望，就是盼望结婚，因为她结婚后就可以穿丝袜了。

她幼年时在伯父伯母的抚养下长大，她的伯母很不喜欢她，讨厌她住在他们家里，所以，如果她在吃饭的时候迟到了 1 分钟，或者不能愉快地和客人们谈话，她伯母就会大发脾气。她伯母还不许她在别人面前大笑，认为孩子的笑是最蠢俗、最令人讨厌的。

玛丽女公爵在伯父伯母家中从来没有享受过快乐的生活，可以说她是在孤独痛苦中长大的。唯一能给她安慰的，只有她的外祖母，也就是希腊皇后奥尔卡。她会经常给玛丽女公爵一些精神上的抚爱和一些物质上的满足。

当她 16 岁时，曾十分渴望得到一把琵琶，但她不敢向伯父要，而她自己又没有钱买。终于，她鼓起了勇气，请教师代她去向伯父开口。

伯父说："可以的……"

但是伯父这句话还没说完，突然，有人向她伯父抛了一枚炸弹，把他炸成了数段……

她感叹地说："想不到，我伯父的最后遗言，竟是允许我买一把琵琶。"

《小妇人》作者阿尔科特

在许多年以前，当《小妇人》影片在纽约卖座达到盛况之际，即使是放映到了第 17 天，等候买票的人还是排成了长蛇形队伍，以至于堵塞了好几条马路——这是纽约有史以来都不曾有过的现象，因此震惊了整个美国影坛。

由《小妇人》影片，我不禁想起了这部名著的作者阿尔科特女士，以及她写这部名著的经过。

阿尔科特年轻的时候，是一位十分喜欢吹口哨的顽皮小女孩，颇有些男子气概。她长大成人之后，从事写作工作，但是因为对女性不感兴趣，所以她的作品里从不涉及女性。后来，因为经不起出版商的强烈要求，她才提笔着手写《妇人》这部作品，可是因为没有兴趣，她在写作中间又停了好几次。

《小妇人》完稿后，阿尔科特认为这是她最失败的一部作品。但她想不到的是，这部作品出版后销售一空，仅仅在美国，就拥有 2000 万以上的读者。一些文学家曾公开评论说："《小妇人》是全世界最受女性欢迎的一部杰作。"她自己这时被弄得莫名其妙，在些怀疑地说："这到底是怎么搞的？"

她有了这样卓著的声誉，不但出乎她自己的意料，连一些熟悉她生平的人也感到出乎意料之外。因为她幼年时，由于性格粗野，和普通女孩子不同，曾被许多神经过敏的人预言她将来不会有善终。

她的志向并不在写作上面，但是因为父亲不会赚钱，她不得不承担起抚养母亲和几个妹妹的重担，于是才逼迫自己从事卖文生涯。起初，她的作品到处碰壁，有人劝她干脆放弃写作，改当缝纫师。幸亏她没放弃努力。

在阿尔科特女士的故乡康科特，矗立着一栋古老的白色房子，现在每年都有好几万人去瞻仰它，因为这里正是她的诞生地。

记得有一次，我看见一位妇人在参观这座古老而破旧的白色房子时，忽然哭了起来。有人好奇地问她为何这样，她说："我想起了《小妇人》中的4位主角：梅格、绍尔、佩斯和艾美，她们不都曾在草屋中共同经历过悲欢吗？书中的绍尔不正是阿尔科特小姐自己的遭遇吗？看了这么动人的书，又见了书中常常提到的白色房子，我能忍住不哭吗？"

《小妇人》的伟大动人，又得到了一个有力的证明。

当然，《小妇人》还在不停地再版，每年的读者也在不断地增加，这使得拜访康科特那座白色房子的人也在不断地增加。许多人都承认，康科特已成了一处圣地。

被逼卖文的女作家蕾妮哈特

玛丽·罗伯丝·蕾妮哈特的作品，现在至少拥有100万以上的读者。她开始写作时，已经是3个孩子的母亲了。她一生中至少写了44部以上的著作，而且在报纸杂志上发表过上千万文字。

她真的成名了。然而，她的写作动机最初却是为贫穷所迫。

她的处女作只得到34美元酬劳，但是后来同样的一部作品，至少要卖34000美元，而那些出版商们还都乐意向她争购。

她是美国著名的多产作家，也是当代稿酬最丰厚的作家之一。但她是如何看待这件事的呢？她说："写作是一种最辛苦、最艰难的贱役。"

起初，她把已经写好的剧本成捆成捆地卖给电影公司，但是每捆只能卖75美元。后来，当她成名之后，好莱坞一家电影公司愿意每年付给她50000美元的报酬，请她专门为自己编写剧本，谁知道竟被她拒绝了。

许多人都担心她的健康，因为她经常生病。但她自己却毫不在乎，有时尽管生病了，她还是继续不断地写作。无论在床上、病椅上，甚至在医院里，她都不停地写。有一次，她的白喉症才刚刚痊愈，就开始写诗。由于她担心病菌传染，就先将诗稿消毒之后，再寄给编辑先生。这可说是一段别具风味的文坛佳话。但是让她感到遗憾的是，这篇消毒过的诗稿，竟被编辑先生退稿了。

另外，她曾替孩子们写了一首长诗，为了找到出版社，她亲自从彼得斯堡跑到纽约，谁知道她找遍了所有的出版商，连脚底都跑出了水泡，却没有人愿意出版。这真使她伤心极了，甚至想从此放弃写作。幸亏她在 3 小时后又执笔继续写作了，否则，她怎会成名呢？

蕾妮哈特常常对人说：要是她不经常生病，她就不会老是躺在床上，那么她也许就不会写出这么多的作品了。

我前面说过，她的写作完全是为贫穷所迫。不过，她本来是很富有的，但是有一天，就像遭到飓风的袭击一样，她竟突然破产了。不错，因为这一天之内，发生了金融危机，使她失掉了所有的钱财，并且还负了 12000 美元的债。在她心中，12000 美元就像是 1200 万美元；可是，她又能怎么办呢？

她的丈夫是一个普通医生，以前不论他赚多少钱都可以，因为不用他的钱来维持家用；然而现在，她丈夫的收入成了全家仅有的收入了，何况他们还欠了那么多的债？她急需找一份工作，以减轻丈夫的负担，但是她又能做什么呢？

她突然想起来了，她可以从事写作。但是她一天忙到晚，一到了晚上就疲倦得直打瞌睡，而且在夜里还要常常起来热牛奶给孩子喝，她哪有时间来写作呢？

有一天，丈夫告诉她一件很奇怪的事：最近他给一个精神失常的老人治病，这个老人自以为是个年轻力壮的少年，而且不认识自己的太太了。曾有人和他开玩笑，指着在屋子里跳跃的孩子们，说他们是他的亲生子女，他高兴得哈哈大笑。

蕾妮哈特觉得这位老人很有趣，以此为题材，当晚就写好了一篇短篇小说，将它寄给一家文艺刊物。使她兴奋的是，该刊不但录用了这篇小说，还给她寄一张 34 美元的支票，更有一封编辑先生写给她的信，请她多替他们写些小说。

于是，她开始利用空闲时间写小说。

你以为她一定有很多的空闲时间吧？其实正好相反，她每天都要做许多事。早晨，她要把寝室收拾干净，还要照顾丈夫和 3 个孩子起床。虽然家里雇了女佣，但她坚持亲手准备一日三餐。就连丈夫和孩子们的衣服等等，也都是她一手操办的。她不仅替丈夫保管账簿和核算账目，还要帮助丈夫进行各种慈善工作。还有，她十几年来，一有空闲的时候总要去照顾她年老孤独的母亲。除了每晚丈夫外出为人治病，她没有时间写作。

可是，蕾妮哈特的写作速度很快，她在一年之内竟写出了 45 篇小说，得到了 8000 美元的稿酬。

当蕾妮哈特的丈夫去世后，她和孩子们搬进了他的办公处居住，她住在他死去的那间房子里。然而，奇怪的事情开始接连不断地发生了：例如电铃时常无故地响，房门往往会自动打开，在门窗都关闭的时候，竟会有鸟儿时常出现；到了深夜，床头会有东西沙沙作响，房门也老是有东西敲击；打字机没有人使用，却会自动打起来；偶然闯入家里的狗，也会立刻惊恐地逃出，而且吓得狂吠不止；花盆里栽的花，有时竟被连根拔起，抛在 30 米之外，而花盆却仍在原地没动；有时候桌子、椅子也会自行跳动，每天晚上还可以隐约地听到恐怖的喊声……

蕾妮哈特实在是害怕极了，每晚都不能安睡。有一位相信幽灵的朋友劝她，如果再发生这种怪事时，她应该和幽灵们对话，并且问他们究竟想要什么，并答应帮助他们。这天晚上，房屋的窗户又忽然自行打开，她十分恐惧，偷偷地从床上爬起来，又慢慢地走到墙角，然后发抖地问："你们究竟想要什么？"

她的话声未停，忽然铃声大响——她几乎吓得晕倒了，她错疑是幽灵们在发怒。但她马上神志清醒过来，原来她自己靠在墙上时碰到了电铃。

她绝对不相信人死了真的会变成鬼，但她却无法解释她所经历的怪事，因此她只好这么说："我想，看不见的世界中，或许会有些小鬼跳出来戏弄我们。"

但也有人说："因为她写的神怪小说太多，所以才招来了这么多的鬼怪。"

著名女作曲家邦德夫人

在几十年前的一个严冬之夜，在北部密歇根茂密的丛林附近，发生了一幕惨剧：佛兰克·邦德医生摔倒在冰天雪地里，不久就死了。

自从这位仁慈的名医佛兰克·邦德携家属居住在这丛林地带以后，这里的一些贫苦的患者犹如找到了一位"慈父"。他们从此不再畏惧病魔，即使生病也不再害怕了，因为这里已经有了"救星"。过去这里的人们不知道"医生"，也不知道"病"是可以医治的，他们只能等其自然痊愈，一旦不幸病重死了，他们也认为这是"天意"。而一般医生也不愿到这种地方来。

这天晚上，邦德医生又被病人家里请去拯救一个危急的病人。当他准备妥当，吻了吻他的妻子，又说了几句夫妻之间的私话之后，就匆匆忙忙地出门了。

谁想到这几句话竟是他最后的遗言。5 分钟后，这位仁慈的名医就摔死在冰冻而坚实的地上。原来，有一个淘气的孩子想和邦德医生开一个玩笑，就在他背后偷偷地用雪球打他。谁知道，邦德医生因此摔倒在地上死了。

4000 美元保险费，一个独生子，以及巨额的负债——这就是邦德医生遗留给他可怜的遗孀卡丽杰考白·邦德的全部财产。

向来体弱多病的她，突然间遭此惨变，怎么会不悲恸欲绝呢？但她现在必须开始独自一人肩负起家庭的重担。可是，除了一点儿管理家庭和抚养孩子的经验以外，她还能做什么呢？如果让她去经商，不更是没有经验吗？

许多人可怜她，也愿意帮助她，但都被她婉言谢绝了。她带着唯一的爱子，来到芝加哥，终止了和各亲友之间的往来，准备和命运抗争。

她起先做了些买卖，结果完全失败了。后来，她开始写些歌曲，但出版商们不愿出版。

15 年后，邦德夫人完成了一首新曲《一日终了》，想不到她从此一鸣惊人。此曲在很短时间内便卖出了 600 万份，她也因此而一次获得 25 万美元报酬。

你们羡慕她吗？但是要知道，这可是她经过 15 年的艰苦而长期的奋斗才得到的啊。她刚开始作曲时，即使 5 美元一曲也没有人要。那时，她付不起房租；到了冬天，因为天冷而整天不敢离床，因为她连买木柴的钱都没有。从此以后，她更穷了，每天只能吃一餐饭，而讨债的人却接连不断，搬走了她屋中的全部家具，只给她留下一点点的生活费。

她坚忍地在艰苦的环境下奋斗，依然不间断地作曲。在此期间，她完成了许多名曲，《我真的爱你》便是其中之一。

她穷得买不起稿纸时，就用包东西的纸作曲子；她没钱买油点油灯时，就在微弱的烛光下写作。

有一次，她想在一家音乐杂志上刊登一则小广告，为自己的作品宣传，可是她没有那么多钱，于是她忽然异想天开，主动替该杂志的女主笔缝纫衣服，以此来折付广告费用。

当她第一次参加演出时，唱了自己写的歌曲，但整整一个晚上的报酬只有 5 美元。后来，她的声誉逐渐提高，被英国知名人士佛兰克·麦凯夫人聘请前往伦敦，她只演唱 12 分钟，就得到了 100 美元，而且路费还没算在内。

可是，她永远也不能忘记的是，在她第一次去游艺会演唱时，竟遭到了听众的辱骂，这太让她难堪了。她立刻从后台溜到街头，既没戴帽子，也没有穿大衣，伤心得泪流满脸。但她并没有灰心，而是更加努力地督促自己。10 多年后，她终于实现了目标，真正扬眉吐气、芳名远传了。

至于她那首不朽的名曲《一日终了》，又是如何写成的呢？

那是在一个风和日丽的日子，邦德夫人和几位朋友一同出去郊游。当他们经过南部加州的花丛时，只见两边全都长满了常春藤，玫瑰花含苞待放，一阵阵清香扑鼻而来，使她的内心激荡起一种说不出的喜悦和快感。黄昏时，他们站在山顶上看落日和晚霞，又有一种说不尽的诗情画意。等到橙红色的太阳朝神秘的太平洋落下时，她不禁感慨地自语道："真的，这是一日的终了啊！"

于是，那美丽的词句犹如狂潮般在她心头涌起。她立刻随口吟诵了两节优美动人的诗句。略加修改之后，很快就完成了一首新曲。

　　她作这首新曲的经历就这么简单，也没费什么力气。可是，这首歌曲无疑已是一支名曲，也是一支震惊世界的不朽名曲了。它的销路之广，受欢迎之盛况，的确打破了有史以来歌曲界的纪录。

　　无论是在老罗斯福总统时代，还是在哈定总统时代，邦德夫人都曾被邀请到白宫中，为贵宾们演唱她那首名曲《一日终了》，而且还不止一次。

女传教士安蜜瑟

　　安蜜瑟·波尔·麦弗森是一位神秘女郎。她的名字被登载在各大报纸头版的机会，有史以来比任何著名女性都要多。有时哪怕是一家普通的小报，只要能够及时披露麦弗森的消息，也会引起众多读者的注意。据说，几年前，洛杉矶的一家报纸仅仅因为刊登了一条有关麦弗森染发的消息，报纸发行量竟立刻增加了数千份。

　　不错，麦弗森一生的事迹，犹如一个"天方夜谭"故事。我相信这些故事谁都乐意听。

　　她的原名叫安蜜·瑟波尔·麦弗森·何顿，但所有认识她的人都喜欢叫她"安蜜姐"。

　　"安蜜姐"出生在加拿大昂塔利亚城附近的一个小村庄里。在孩童时代，"安蜜姐"每天总是骑着一匹小白马，到5英里之外的一所学校上学，晚上回家就帮助母亲做些洗碟、挤牛奶、喂小牛的杂务。

　　有一年的秋天，一位贫困的牧师下乡布道，来到她们村中。这位牧师叫罗伯瑟·波尔，过去当过烧汽锅的锅炉工人。他的讲道，就像是烧汽锅似的逐渐地加热，使听众们大受感动，纷纷向他流泪忏悔，痛改前非。

　　当时年仅17岁的"安蜜姐"也不例外。她被这位充满热情的牧师所感动，愿意嫁给他，并且和他一同前往中国，为"天国"工作。

　　两年后，这位青年牧师不幸去世，他留给"安蜜姐"的只有一个儿子。

至于钱，却连分文也没有。

这位年轻的寡妇，才只有 19 岁，却被孤独地抛弃在举目无亲的中国，这使她不知该如何是好。在许多同情人士的帮助下，她总算重新回到了纽约，并且和一位年轻的商人再婚。

但不幸的是，他们在 6 年后又离婚了，年轻的商人临走时给她留下了第二个儿子。

她一个人带着两个儿子，驾驶一辆破旧的汽车，开始向西方前进，朝她理想的道路前进。一路上，她不论是经过城市还是乡村，总是把车停下来，呼喊道："天国近了，你们要悔改。"她向听众们阐释天堂的福音，劝告那些犯罪的人尽早悔悟。

有时，她因为在黑夜中开车而不小心陷入了泥坑中，但她也不着急，就在车里一直睡到天亮，然后请过路的人帮她把车从泥坑中推出来，再继续前进。在途中，她和孩子们经常会没有食物，有一次在科罗拉多还差点儿被冻死。

这是一个值得纪念的日子——这位神秘女子驾驶她的破汽车，第一次进了洛杉矶——这座被誉为"天使之城"的大城市，开始了她那令人不可思议的生活。

是的，她在洛杉矶没有什么朋友，也没有亲戚，只有两个饿得面黄肌瘦的孩子和一辆破汽车以及 100 美元。但是，你也许不敢相信的是，在 18 个月后，她竟然成为加州最有名的女性，而且有了价值上百万美元的财产。

有人认为她在洛杉矶所做的事，的确是被赋予了圣灵气息。她到处为"天国"作宣传服务，进行公开讲道，听众们非常踊跃，以至于连加州南部最大的礼堂都容纳不下那么多人，于是，有人向她提出建议，请她改到拳击场去讲道。可是，拳击场仍然容纳不了那么多人。最后，她又改在露天广场和公园中讲道，结果还是挤得水泄不通，只好动用警察维持秩序，但是也十分困难。

自从她到洛杉矶的那一天开始，整个洛杉矶的人都像着了迷般地进行忏悔，呼喊"哈利路亚"的声音传遍了每个角落，每个人也都愿意激发对天国的热忱——这是"天使之城"前所未有的盛况。

她在洛杉矶待了 1 年。当她准备离开这座城市的时候，崇拜她的信徒要求她永远住在洛杉矶。他们出资 150 万美元，为她建了一座宏伟壮丽的天使堂，并将它署在她的名下，完全由她来处置，犹如她自己的财产一样。他们还为她购买了一台大风琴，其价格和法国最大的天主教堂那台大风琴相当。她又组织了一个私人的唱诗班，添置了全套设备，进行完善的训练，其名声超出了纽约最大、最著名的唱诗班。

1926 年 5 月 18 日，一个惊人的消息传遍了整个加州：这位被信徒拥戴的"安蜜姐"，突然穿着一件深绿色的泳衣，跳进了太平洋，从此不见踪迹。她的信徒大为震惊，他们全都聚集在海滨，伤心地望着碧波浩渺的海面，可是全无音讯。他们像疯了一般，唱着、哭着，又祈祷着，整整 30 天，从未停止过。有一个女孩子甚至因为悲恸欲绝而自杀了，还有许多想跳水自杀的人被救。"安蜜姐"的伟大之处再次得到证明，许多人愿意为她牺牲自己的生命。

世界各地的报纸都竞相刊登了"安蜜姐"失踪的消息，全世界的人无不关心她是死是活。天使堂还悬赏 25000 美元寻找"安蜜姐"，而且无论死活，凡是能够找到的都有重赏。为了打捞到她的尸身，渔民们在海里日夜不停地打捞；一些擅长潜水的人，也都到海底去寻找；航空人员也全体出动，飞翔到空中搜寻。可是，一个月过去了，关于她的消息还是没有一点眉目。

然而，在失踪后第 31 天，"安蜜姐"竟安然无恙地出现在墨西哥境内的一个小村庄里。这使大家欣喜若狂，纷纷向她道喜，并询问她失踪的经过。

"安蜜姐"说："我被迫当了 30 多天的俘虏！5 月 18 日那天，我到海里去游泳完后，上岸时遇见了一位妇人。她恳切地请求我，为她的孩子祈祷。对此我有什么不愿意的呢？于是我就跟随她前往。可是我们走了没多远，就被埋伏在路边的暴徒擒住了。他们把我拖入一辆汽车内，并用迷魂药薰我。此后的事情我就记不清楚了。等我清醒过来之后，发现自己已被囚在沙漠地带的一间小茅屋里，就这样过了 31 个昼夜。终于，我趁着黑夜，冒险偷偷地爬出茅屋，凑近一个装番茄的铁筒，割断了绑我的绳子，我这才得以恢复自由。第二天，我忍受烈日的暴晒，在沙漠中跋涉了 10 多个小时，才到了这里……"

人们听完她有声有色的描述，惊疑交加：她既然在烈日暴晒下的沙漠中走了 18 英里路，那她为什么不会被晒死呢？还有人指出，她的衣服还和以前的一样整齐，连她的头发一点也不乱，她的鞋子也很干净，而且她一点疲倦饥饿的样子也没有。

尽管有人怀疑她，也尽管有人骂她不纯洁，但这并不能降低她的声誉，因为她以前的确是做过许多伟大的事情——何况还有许多信徒对她敬仰有加呢！

戒酒女先锋娜逊

1901 年 1 月 21 日，一个古怪的老妇人出现在美国堪萨斯州的威其塔市。她手持利斧，口中唱道："我是基督精兵……"你们会厌恶这个古怪的老妇人吗？但你是否知道她竟是美国历史上最著名的女性之一？

她走到杰姆彭斯酒店的门前，挥舞着手中的利斧说："我要把你们这些酒鬼拯救出地狱之门。这是上帝的旨意。"于是她冲进门去。谁敢拦阻这个古怪的女人呢？他们全都吓得从后门溜走了。

这家酒店的经理躲在桌子底下，他眼看着玻璃柜、窗户、门板、酒瓶、酒杯全都被这个古怪的女人用利斧劈得粉碎。几分钟后，酒店已经乱得一塌糊涂，好像遇到了飓风袭击一般。这位经理真是有苦也说不出来。

不错，娜逊足迹所到之处，正如同一阵飓风降临一般。于是，这位怪女人的名字立刻传遍了全世界，各国的报纸都在刊登有关她的消息，称她为"反对饮酒的斗士"。还有人称颂她为"禁酒先驱"。

她的行为得到了许多人的深切同情。终于，政府于 17 年之后，颁布了"禁酒令"。

为什么凯丽·娜逊要和酒店作对呢？她当然有充分的理由了：她家因为

威士忌酒而破产；她丈夫也因为饮酒过度而死亡，不仅没有给她留下一文钱，反而要她负责抚养一个孩子。起初，她凭着信心，希望可以通过祈祷使堪萨斯州的所有酒店倒闭；她还常常把一台旧风琴放在马路边的酒店门前，替酒店主人的灵魂祈祷歌唱。可惜这个方法太慢了，只有很少数的酒店倒闭，而全城新的酒店却又增加了不少。她逐渐明白她的计划失败了，于是她决定变用新的方法，改而借助武力。她手持利斧，开始和酒店作斗争。

她当然明白自己这种行为是违法的。可是，她认为开设酒店本来就是违法的，何况堪萨斯州 20 年来一直是赞成禁酒的地方。

她曾被人打倒在地，用脚踢她，用鞭子和木棍打她，导致骨折，几乎送掉了性命。你以为她会因此而害怕了吗？不，她是永远不会害怕的。她治疗痊愈之后，依然坚毅地继续反对酒店的斗争，并认为自己这是直接奉了上帝的旨意。

有人主张把她关进监狱，但是这又有什么用呢？因为她在监狱中经常唱歌祈祷，大声呼喊赞美上帝，使监狱长见了她都大感头痛。

于是，又有人把她告上了法庭。但是，当法官说她违反了堪萨斯州某条某条法律时，她总是大声叫喊着替自己辩护。她说："这个案子不能引用堪萨斯的法律，应该按照宗教的法律审判。"

然后，她就会十分严肃地站起来，开始诵读《圣经》。如果法官一再命她坐下，她就会愤怒地斥责法官说："怎么，你敢命令我坐下吗？我的年龄够做你的母亲了。"

这位反对饮酒的怪女子，还有许多奇怪的事情呢。她的丈夫死后，她靠教书维持生活，除了抚养孩子以外，还要照顾年老的婆婆。但她在 4 年后不幸失业了，她跪在地上祈祷说："上帝啊！求你帮助我！我再也没有能力抚养我的孩子和婆婆了。如果你的旨意要我再嫁，那我一定遵命照办；但是我还没有看中合适的人。上帝啊！求你指引我……"

就在几个月后，她和一家报社的主笔兼乡村牧师大卫·纳逊结婚了。她相信这就是上帝的旨意，同时她自己也十分满意这桩婚事，因为大卫·纳逊此时正新任堪萨斯某个教堂的牧师。

　　不过，娜逊总觉得她丈夫的布道经验比不上她，所以，她总是忙着帮丈夫选择布道的题材，甚至替丈夫写布道词；每逢主日，她丈夫登台布道时，她总是会坐在下面的第一排椅子上，暗示他讲道的各种姿势，以及声调的高低。要是她认为讲道时间过长了，她就会站起来说："大卫，可以结束了吧？"如果她丈夫依然讲下去，她就会直接走上台去，替他合上《圣经》，把帽子递给他，和他一同回家。就这样过了几个月，教会当局感到很不满意，终于撤了大卫。但大卫并不在乎，因为他已经厌倦了这种生活。

　　几年后，她向他提出离婚，因为她觉得丈夫大卫的性格太迟钝了，和她实在"太不合适"。

　　娜逊确实是一个怪女人，我对她的印象极其深刻。我曾经有好几次亲眼目睹了她和别人斗气，那种举动真有点令人"不可思议"。

　　我第一次看到她这些笑剧似的表演，是在一座教堂里。原来，那天牧师布道时，有几句话和她的意见有些不同，她就立刻当着众人的面站起来，来回不停地踱着，发表她自己的观点，还把那位牧师教训了一顿。另有一次，我在马路上看到她急步走向一个正在吸烟的人。她一巴掌击落那人嘴上的卷烟，还让他自己反省一下，说烟味留在身上和狗的味道一样难闻。还有一次，我看见她正在街上劝阻那些少女们，告诫她们不要和小伙子们一起乘车——她可真是个古怪的老太婆。

　　她虽然对任何事物都没有什么好感，可是她从来都不反对赛马。因此有许多人怀疑她是否酷爱赛马——的确不错，她出生在赛马之乡奇特克凯，所以她从小就对赛马有浓厚的兴趣。

　　她的一生的确做了许多令人钦佩的事。当她父亲去世时，给家里留下了巨额的债务，但15年后，她完全还清了。

　　她在去世以前，因为做公开演讲而获得了许多金钱，但她全部赈济了穷人，还建了一所房子，专门收容那些无依无靠的人。所以，她虽然死了，感激她的人仍然很多。

　　在堪萨斯州有一条叫"娜逊路"的铁路，它的标识就是一把斧头。这是当地人为了纪念她当年禁酒的功绩而命名的。

拿破仑的妻子约瑟芬

在这里，我要给你讲一个贫穷女孩子的故事。

她的名字叫玛丽·约瑟夫·萝西·达丝·尼宾西莉，但人们通常都叫她"约瑟芬"。她出生于西印度一个渔村的炼糖厂附近的一间污秽而黝黑的小屋，但她却嫁给了历史上最著名的人物拿破仑。

约瑟芬比拿破仑要大 6 岁。当他们第一次见面时，她已经 33 岁了，但拿破仑才 27 岁。

她患有经常性的牙痛，而且面貌也并不很漂亮，还欠了一屁股的债，以及两个幼小的孩子——这些都使约瑟芬终日苦恼。

然而，约瑟芬值得骄傲的是她有一份极宝贵的资产，这份资产是每个女人都拥有的——那就是她懂得如何驾驭男人。作为一个寡妇，我们相信她的确具有这种经验和能力。

约瑟芬

当她的第一位丈夫被法国的革命者送上断头台杀死时，她曾一度悲恸欲绝，担心从此失去了保障，再也没有人可怜她、帮助她了。所以，她决定效仿一些聪明的寡妇们所走过的路，准备为自己再找一个丈夫。

有一次，她听到一个朋友讲拿破仑的事情，因而十分钦佩他。虽然拿破仑这时候还没有什么名气，也没有什么钱财，但他刚从战场上归来，正渴望成名，而约瑟芬也相信他一定能够成名。所以，约瑟芬很希望能见上他一面。

但约瑟芬根本不认识拿破仑，那她又是如何见到他的呢？原来，聪明的约瑟芬想出了一条妙计：她让她 12 岁的儿子先去拿破仑那儿，问拿破仑是否有他死去的父亲的一把刀？拿破仑当然是个聪明人，他明白这突如其来的一问肯定有很深的含义，于是就回答"有"。

第二天，约瑟芬满脸泪痕地去见拿破仑，向他表示谢意。

这使拿破仑深深地感动了。她那坦率的行动、特有的风韵、富有魅力的姿态，以及异于常人的谈话——总之，她所有的一切，都令他迷恋而动情，他深信她的学识一定会高过自己。

当约瑟芬请拿破仑吃茶点的时候，拿破仑更是为她倾倒。约瑟芬在茶点座上对他说："我相信，你将来一定能成为历史上最伟大的将军……"

3 个月以后，许多人都得到了他俩将要结婚的消息。

拿破仑是一个最守时的人，他常常说"时间万能！时间万能！"而且他还说："在我的一生中，也许会打几次败仗，但我绝不会毫无意义地浪费时间。"但是，他和约瑟芬举行结婚典礼的时候却迟到了，使得她在圣坛前着急地等候了两个小时。

拿破仑在新婚 48 小时后，又重返意大利前线督战。尽管他的军队素质良莠不齐，而且在久战之后极度疲惫，但在他的"只许前进，不准后退"的强制命令下，经过几次激战之后，竟然获得了最辉煌的战绩。这使得全欧洲的人莫不对拿破仑的才能表示叹服，并认为这一战是欧洲近千年来所未有的激战。拿破仑的威名也从此传遍了全世界。

今天，最值得我们惊奇的并不是拿破仑作战勇敢，因为拿破仑的威名早已成为过去。最让我们感兴趣的，是拿破仑在军情万分紧急的战场上，竟会有心情给约瑟芬写信。尤其难得的是，他的信中充满了烈火一般的热情。我们不知道拿破仑究竟写了多少封这样的信，但我们知道已经陆陆续续发现了 8 封，在 1923 年的伦敦拍卖场拍卖时，这些信的售价高达两万美元。

我曾有幸读过这些信，觉得确实也值那么多钱。让我选择其中一封信的前两段作为例子吧：

我亲爱的约瑟芬：

是你激发了我的爱情，并夺走了我的魂灵，使我吃不下饭，睡不着觉。

我既不愿再注意我的朋友，也不愿留恋战场，但我现在要争取胜利，因为我知道你是欢迎胜利的。如果不是为了这个原因，我会立即离开军队，急忙赶回巴黎，跪在你跟前。

是你的爱激发了我，令我不得不狂热，不得不兴奋。我每时每刻不在用我的嘴遮盖你的……

我们读过拿破仑的日记，也读过许多拿破仑写的东西，但是当我们再次读到上面这封信时，确实会觉得拿破仑变了，使我们不再敢相信他就是那个勇敢盖世的英雄，反而会觉得他是一个温柔而驯服的情郎。这封信的确写得太痴情了，大多数女性读了，都会燃起火一般的热情。

可是，约瑟芬读了之后，并没有什么感想，她只不过淡然处之而已。

这是不是太让拿破仑失望了呢？不错，这确实太令拿破仑伤心了。而约瑟芬此时正和另一个男子热恋着，一封信也不肯给拿破仑回。这怎么能不让拿破仑恼怒呢？

拿破仑回到法国之后，他们之间难免争吵。结果，拿破仑把她锁在房外，而拿破仑的姐妹们也嫉妒约瑟芬，认为她的待遇比她们还要优裕，然后，她们又发生了剧烈的争吵。她们嘲讽她，称她为"老太婆"，还怂恿拿破仑和她离婚，另娶一位美貌的少女。

但拿破仑对约瑟芬总是百般宽恕，因为他难以抑制心中对她燃烧着的爱情。

最后，拿破仑终于下定决心和约瑟芬离婚，而离婚的唯一原因，是他想另娶一个妻子给自己生一个儿子。这件事让拿破仑太伤心了，当他在离婚协议上签字的时候，不禁失声痛哭。

3天后，他一个人沉默地坐在宫殿里，拒绝见任何人，也没有心情做任何事。

离婚不久，他又与奥国的玛丽·露易丝小姐结婚了。但是对于这一次婚姻，拿破仑比前一次更烦闷。

原来，这位玛丽·露易丝小姐和其他的奥国人一样，一直很看不起拿破仑。她曾向上帝祷告说："我不想嫁给他，可是为了政治上的缘故，我父亲强迫我嫁给他，而我却没有见过他一面就和他结婚了。我对他没有任何感情，这让我如何活下去啊？上帝啊！求你指引我……"当拿破仑屡战皆败的时候，这位玛丽·露易丝小姐不但抛弃了他，并且还教唆他的亲生儿子恨他。

因此，我们可以说在拿破仑一生中，最初的爱人是约瑟芬，最后的爱人也是约瑟芬，唯一的爱人仍然是约瑟芬。在约瑟芬死后，拿破仑曾到她的坟墓前痛哭说："我亲爱的约瑟芬，是我错了。凭良心说，你确实没有抛弃我。"

据说，拿破仑临死前的最后一句话，还是喊着"约瑟芬"。

卡耐基励志经典

人性的光辉

[美] 卡耐基 ⊙ 著

刘凯 ⊙ 整理

綫装书局

导　读

　　《人性的光辉》为美国著名的励志学作家戴尔·卡耐基的励志经典丛书之一，是卡耐基描述林肯总统一生事迹及精神品格的专著，畅销全球67年，是人类出版史上的奇迹。全书以其感人 至深的笔触，用生动的语言和独到的观察角度向读者介绍了林肯个人的积极力量，描述了林肯这位史上最伟大的美国总统和美国同胞心目中的第一人那具有传奇色彩的一生，着重记录了林肯 总统由一个内心忧郁的青年，如何凭借百折不挠的精神、高尚的品格和充满宽容的内心修养而面对现实人生的，使一个神情忧郁、百折不挠、品德高尚、满怀仁慈之心的林肯形象在我们面前 呼之欲出，栩栩如生。

本书缘起

几年前的春天，有一天我在伦敦的戴萨特酒店吃早餐，就像往常一样，我正打算从《晨报》的那些专栏里搜罗一些美国新闻。通常我都是一无所获，但就在那个幸运的早晨，我却收获了意外之喜。

已故的 T. P. 奥康纳当时被誉为"下议院之父"，他在《晨报》开设了一个题为《故人与往事》的专栏。从那个特别的早晨开始，一连几天，泰·派伊的专栏讨论的都是关于亚伯拉罕·林肯的话题，可是内容并非围绕着他的政治活动展开，而是谈论一些私人问题：比如他的悲哀，他的屡次失败，他的贫穷，他对安·拉特利奇那份伟大的爱，还有他与玛丽·托德的不幸婚姻。

我饶有兴趣地将该系列文章都阅读了一遍，结果让我很是意外。我二十岁之前就是生活在离林肯的故乡不远的中西部地区，而且我一直对美国历史抱有浓厚的兴趣，按理说，我应该是相当了解林肯生平的，但是读完之后，我发现其实并非如此。实际上是，我——一个美国人，来到伦敦，阅读了刊登在报纸上的、由一位爱尔兰作家撰写的系列文章，然后才意识到林肯的人生堪称所有人类史书中最具传奇的故事。

难道只有我这么可悲，这么无知？我很好奇。然而，这个疑问很快得到了解答，因为我立刻就和我的同胞们展开了讨论，结果发现他们和我如出一辙。他们对林肯的了解也就只有这些：他出生于一个小木屋里，借书都要走几公里的路，然后晚上展开四肢躺在壁炉前的地板上阅读；他劈过栅栏，当过律师，讲的故事很有趣，曾说过做人要脚踏实地，大家都叫他"诚实的亚伯"；他曾与道格拉斯法官辩论；他曾当选为美国总统，喜欢戴一顶丝质礼帽，废除了奴隶制；他曾在葛底斯堡发表演说，并声称想知道格兰特将军喝的是什么牌子的威士忌，好给其他的将军们也都送一桶；他在华盛顿的一家

人性的光辉

剧院被布斯枪杀。

《晨报》的专栏文章激发了我的浓厚兴趣，于是我便去大英博物馆的图书室，阅读了大量关于林肯的书籍。阅读得越多，我就越是对林肯的故事着迷。最后，我决定自己撰写一本有关林肯生平的书。我知道自己并未接受过专业的培训，也不具备专业的水平，更别说带着激情去为学者和历史学家们创作一部学问高深的论著了。此外，其实我觉得多一本类似的著作也没有什么必要，因为现有的作品都已经相当优秀了。但是，在读了很多有关林肯的故事之后，我又觉得对于那些忙碌的市民来说，的确需要一本关于林肯生平中最吸引人的故事的书。而我希望，我努力撰写的就是这样一本书。

创作这本书的初期，我在欧洲花费了整整一年的时间，之后在纽约又花费了两年的时间。但是最后，我把这段时间的所有手稿都撕毁了，扔进了废纸篓。之后，我去了伊利诺伊，在那片林肯曾经怀揣梦想并为之奋斗的土地上，重新开始撰写林肯的故事。我和那里所有与林肯有关的人一起生活了几个月，他们的父辈们曾经帮助林肯开垦土地、修建篱笆以及把猪赶到集市上去出售。我也试图通过那些古老的书籍、陈旧的信件、演讲稿、模糊的报纸和发霉的法庭记录，来更进一步地了解林肯。

我在彼得斯堡的小镇上度过了一个夏天。我之所以去那里，是因为它距离新塞勒姆城重建的乡村仅一英里之遥，而林肯就是在那里度过了一生中最幸福、最重要的时光。他在那里经营小作坊和杂货店，在那里学习法律、当铁匠、做斗鸡和赛马裁判，也是在那里坠入爱河，因爱而心碎的。

即使在鼎盛时期，新塞勒姆的居民也从未超过一百个居民，而它存在的时间总共也就十年左右。林肯离开之后不久，这个村落就废弃了。蝙蝠和燕子在糟烂的木屋里搭窝，大半个世纪以来，只有牛群在那里生活。

然而就在几年前，伊利诺伊州政府把那个地方管制了起来，建成了一座公园，还建造了几间小木屋，就和一百年前的一模一样。所以，现如今新塞勒姆那个荒芜的村庄，看起来倒是颇具林肯时代的韵味。

一样的白橡树依然耸立在那儿，林肯就曾在那树下学习、摔跤、谈情说爱。每天清晨，我总是要带上打字机，从彼得斯堡开车到那棵树下，写上几段故事。那里真是一个惬意的工作场所！我的前方，流淌着蜿蜒的桑加蒙河水，我的周围，风吹着林木和干草，仿佛在和北美鹑合唱；树林里时而飞过蓝鸦、黄鹂还有红雀。我仿佛感觉林肯就在那里。

每个夏夜，当夜莺沿着桑加蒙河畔的树林开始欢叫，当月光在天空中映射出拉特利奇酒馆，我便会独自一人前往那里。这些总是让我不由自主地幻想着一百年前，就在这样的一个夜晚，年轻的亚伯拉罕·林肯和安·拉特利奇手拉着手在月光下并肩漫步，聆听夜莺美妙的歌声，编织着令人神往却注定无法实现的梦。直到现在，我仍坚信，正是在新塞勒姆，林肯找到了他前所未有的、唯一的幸福。

当我写到关于林肯心上人的章节时，我带着小折叠桌和打字机，驾车行驶在乡间小路上，一路经过养猪场，又经过奶牛牧场，最后来到埋葬安·拉特利奇的这片静谧的土地。这里现在已经完全荒废，杂草丛生。为了接近她的坟墓，我修剪了这里的杂草、树丛和藤蔓。而这里就是林肯曾默默拭泪、寄托哀思的地方。

本书许多章节都是在斯普林菲尔德镇完成的。一部分章节是在林肯度过十六年不幸时光的老房子里写成的，一部分章节是在他创作第一次就职演讲的办公桌上写的，还有一些章节是在他和玛丽·托德争吵的法院写的。

第一章　先辈的历史

据美国历史书记载，哈洛德堡的安·麦克金提和她的丈夫，是第一个把猪、鸭子和纺车带到肯塔基州的人，而且，她也是这片到处血腥味的野蛮之地上第一个开始了奶油制造的妇女。然而，这些都不是她闻名天下的真正原因。

真正让她出名的，是她在经济上创下的一个奇迹。

这片神秘的印第安人居住区是长不出棉花的，也没有人在这里卖棉花。附近有很多狼，常常会吃掉居民们养的绵羊，这样一来，几乎没有了可以制作布料的原料。安·麦克金提是个天才发明家，她来到这里以后，发现当地有丰富的荨麻和野牛资源，于是，她用荨麻纤维和野牛毛做原料纺织成布。这种布，被人们称为"麦克金提"。

当地的妇女知道了这件事，不畏长途跋涉，走了 150 英里，来向她请教这项创造性的新技术。她们坐在一起，一边纺布一边谈天，聊的内容除了手中的布和原料之外，还有各种当地人们的八卦传闻。过了没多久，安·麦克金提住的地方几乎变成了专供人们交流丑闻的场所。

在那个时候，通奸是一种严重的罪行，是可以被起诉的。结婚前生下小孩更是一种不可饶恕的罪过。向大陪审团揭发少女的失身行为是安·麦克金提感兴趣的事情，也许是因为在她的生活当中从来就没有新奇的事情，致使她过得毫无乐趣可言，因此，她把窥探他人隐私并且将它们上报给法院作为自己生活里唯一有趣的事。在哈洛德堡的法庭记录里，少女通奸案件的秘密举报人中，安·麦克金提的名字出现得特别多。1783 年的春季，当地法庭一共受理了 17 个起诉案件，其中，有 8 个案件被告的罪名是通奸。

大陪审团在 1789 年 11 月 24 日提交了一封起诉信，在信中，对露西·汉克斯的通奸行为进行了举报。

这个叫露西的女孩不是第一次犯这样的罪了。很多年以前，她在弗吉尼亚第一次犯了通奸罪，现在，人们都已经不太完整地记得那件事情了。

汉克斯是在弗吉尼亚州的拉帕汉诺克河和波多马克河之间的狭长土地上居住的一个家族。华盛顿家族、李氏家族、卡特家族、冯特洛伊家族等很多著名的家族都居住在这个地方。这些名门望族每周都要去教堂做礼拜，贫穷而没有文化的汉克斯家族也和他们一样，每到周日，就去教堂做礼拜。

1781 年 11 月的第 2 个周日，法国将军拉法耶特受乔治·华盛顿将军的邀请，作为贵宾到教堂去做礼拜。在那之前不久，拉法耶特将军曾经帮助华盛顿将军在约克镇俘虏了英军司令康华里斯爵士和他的军队，百姓们都睁大了眼睛，渴望一睹这个著名的法国将军的模样。

那个周日，礼拜的最后一首圣歌完毕了，坐在下面的教徒们一个接一个走到台前，和华盛顿、拉法耶特两位将军握手。

除了精通战争和政治，拉法耶特将军还对漂亮的年轻女孩有强烈的兴趣，每当对新认识的女孩有好感时，他都会走到那个女孩面前，献上问候的吻。那个周日早上，他在教堂里一共这样吻了 7 个年轻的姑娘，这个举动引起了人们的强烈反映，连牧师传布福音时受到的回应都远远比不上它。而这 7 个好运的女孩之一便是露西·汉克斯。

拉法耶特将军帮美国打的所有仗所带来的影响和他的这些吻相比，似乎也逊色了不少。那个时候，教徒中有一个阔农场主的儿

拉法耶特

子，他一直都是单身，早就对汉克斯家族的贫穷无知了解得很清楚，因为他觉得自己的家族比汉克斯家族的地位要高，所以他对露西·汉克斯没有任何

好感。可是，那天早上拉法耶特将军对露西·汉克斯的吻，让他改变了态度，他发现拉法耶特将军吻露西·汉克斯时有一种不同于其他人的热情。

这个单身汉对拉法耶特将军军事方面的才能和选择美女的眼光非常敬佩，从那天起，他开始了和露西·汉克斯的梦中约会。他明白，有很多显赫一时的美女都是贫苦出身，有的甚至还不如露西的地位高。汉密尔顿夫人和杜巴瑞夫人就是最好的例子，杜巴瑞夫人是一个贫穷裁缝的私生女，她没有文化，几乎不认得字，可是就是这样一个女人，在法国国王路易十五背后统治着整个法国，这些事实让人欣慰，也让这个单身汉觉得自己的欲望高贵了一些。

转天是周一，他认真思考了整整一天。周二一大早，他骑着马来到汉克斯家住的建在泥地上的小屋子，雇了露西当他家的佣人。实际上，他家里的佣人早就人满为患了，再也不用增加一个人了，可是他却把露西雇来，只让她在房前屋后做些简单轻松的事情。

那个时候，弗吉尼亚有很多有钱的家庭把家里的男孩送去英国读书。那个单身汉也曾经在牛津大学读过书，他家里有很多珍贵的藏书，都是他从英国带回来的。有一天，他想去书房看书，一进屋，就看见露西攥着一块抹布，正坐在椅子上看一本有插图的历史书，简直入了迷。

这样的行为肯定是违反了佣人的规矩。但是他并没有责骂露西，反而还将书房的门关上，坐在她旁边为她讲解书上的内容。露西津津有味地听了他的讲解，然后出人意料地说她想去读书和写字。

弗吉尼亚州在 1781 年的时候还没有免费学校，这个州的农场主有半数连自己的名字都不知道怎么写，在转交土地所有权时，这些农场主都是用画押代替签名。但是现在，这个女佣竟然说她想去读书和写字！就算整个弗吉尼亚州心肠最好的人，不把这件事当做造反，也会把它当做是荒谬至极的行为。但是那个单身汉却兴致勃勃地自愿当起她的老师。那天晚饭结束后，他们在书房里开始了学习，他认真地教她认识字母，过了几天，他开始握着她的手教她写字了。就这样，很长一段时间，他们都在一起学习。

说实在的，那个单身汉的确是个好老师。直到现在，露西的笔迹还保留着，可以看出，她写的花体字一点都不拘谨，显得潇洒而且自信。她的字显得很有生气，有着鲜明的个人特色。她写过"批准"这个词，而且拼得没有任何错误。然而在那个时候，就算是乔治·华盛顿这样的人都可能会拼错单词，所以，露西取得的成绩可以算是很棒了。

晚上，阅读和单词拼写课结束后，露西和单身汉老师肩并肩坐在书房的桌子前，壁炉里的火苗闪闪发光，月亮缓缓爬上树梢……她发现自己爱上了她的老师，而且对他深信不疑。然而，就是因为她太相信他了，在之后的几周里，她无法控制自己的忧愁，吃不下饭，睡不着觉。最终，她隐瞒不下去了，只好向他坦白了自己怀孕的事情。他的确曾经想要娶她，但是，每当想到家庭、朋友和自己的社会地位，还有娶了露西会带来的各种困扰，他就会觉得这个事情很不现实，况且，他对露西已经没有了新鲜感。于是，他给了她一笔钱，把她打发走了。

时间慢慢过去，人们开始在背后对露西说三道四，而且一看见她，就唯恐避之不及。一个周日早上，她不得不带着自己的私生女一起去教堂，这引起了很大的骚动。正在做礼拜的人中有很多正派的女人都对此感到气愤，她们纷纷站起来要求这个"娼妇"离开教堂。

露西的父亲看到女儿的委屈，不希望她再过这样的生活，于是，汉克斯一家把仅有的一点财物放进篷车，驾着车子从康伯兰山脚下长满荒草的小路驶过，走到肯塔基州的哈洛德堡，在那里定居下来。因为在这个地方，没有人知道他们的事情。

在新的地方，露西的生活很艰苦，但是这并没有减少她的魅力。她依然散发着美丽的光芒，男人们想尽办法接近、讨好她。她又一次陷入爱情，可是最终却是和以前同样的结果。对这种事情，人们的兴趣比什么都高，没过多久，这件丑闻就在安·麦克金提家传播开了。

就像前面说的，最后，大陪审团起诉露西犯有通奸罪并提起诉讼。可是警察长根本没将这个事情放在心上，他把传票往口袋一塞，就带着手下的人上山打猎去了。

这个事情发生在 1789 年的 11 月。1790 年 3 月，另外一个女人向法院揭露了露西的罪行，并且要求法院让露西为自己的罪行付出代价。于是，法院又开出了一张传票，而露西却大胆地把传票撕碎，把纸屑全部扔在送信人的脸上。5 月，法院计划为这个案件开庭，可是最终，露西没有走上法庭，这要归功于一个年轻人。

这个名叫亨利·史帕罗的年轻人对露西说："露西，我对外面的传闻一点都不感兴趣，而且我也不在乎，因为我爱你，我愿意娶你为妻。"

但是，露西不希望别人以为史帕罗的结婚是被逼迫的。她说："亨利，我们一年后再做决定吧，我要证明给每个人看，告诉他们我也可以过普通的生活。到了那个时候，如果你还爱着我，我会和你结婚的，我会等着那一天的。"

1790 年 4 月 26 日，亨利·史帕罗领到了结婚许可证，传票的事情再也没有被提起过了。一年之后，他们结婚了。

虽然安·麦克金提以及其他一些人都非常肯定地说他们很快就会离婚，亨利·史帕罗也劝露西再搬到更靠近美国西海岸的地方，但是她不肯为此低头。她说自己不是个坏人，没有必要逃避，并且下定决心在哈洛德堡努力生活下去。

她说到做到，留在了哈洛德堡，和史帕罗一起将 8 个小孩抚养长大。她的两个儿子长大后做了牧师，她的私生女为她生下一个外孙，外孙长大后做了美国总统，名字叫亚伯拉罕·林肯。

上面讲的，主要是介绍一下林肯家族里和他辈分比较近的长辈。林肯的外公受过很好的教育，是个有文化、有教养的人，林肯非常敬重他。

威廉·H·荷恩敦是林肯年轻时的合作伙伴，他们曾经一起开了 21 年的律师事务所，1888 年，威廉·H·荷恩敦出版了一套三大本的《林肯传》，在第 1 册第 3 页到第 4 页有这样一段话：

在我的记忆中，林肯先生对于他的身世以及他的先辈只说起过一次。应该是在 1850 年，那个时候，我正坐在他的小马车里，我们要到伊利诺伊州的梅纳德郡去打官司，那个官司可能和遗传问题有关系。在前往法院的路上，他对我说起他的妈妈，说她是露西·汉克斯和弗吉尼亚一个农场主的私

生女，他觉得自己在思维能力和进取心方面不同于家族里的其他后辈，他说
这些都要归功于他的外公。他认为私生子总是会比其他孩子要更加聪明、强
壮。他想起了自己已经去世的妈妈。马车颠簸着向前奔跑，他叹了口气，小
声说道："愿上帝保佑我的母亲，我拥有的全部，和我渴望拥有的全部，都
来源于我的母亲。"在那之后的路程，我们都沉默着，没有再说一句话。他
神情悲哀，显然是回忆起了往事。他仿佛和外界隔离开来，我没有胆量冲破
阻隔。他的话以及悲伤的神态给我留下了深刻的印象，让我永生难忘。

人性的光辉

第二章　童年

　　林肯的母亲南施·汉克斯是由姨妈和舅舅抚养长大的。从她签署文件时以画押代替签字来看，她很可能根本没上过学。

　　南施住在黑黝黝的丛林深处，交往的朋友很少。22 岁的时候，她嫁给了全肯塔基州最没教养的粗人汤玛士·林肯，他是个粗俗无知的人，靠打零工或猎鹿为生。那些住在偏远的丛林深处的人都叫他"流浪者"。

　　汤玛士·林肯是个一事无成者，一年到头四处游荡，只有在饿得活不下去的时候，才随便找一份工作挣点钱。他曾干过修路、砍树、猎熊、垦地、种玉米、建木屋等活。据说他曾三度受雇于政府，手持猎枪看守犯人。1805 年，肯塔基州的哈丁郡以每小时 6 美分的酬劳，雇他捕捉及鞭打顽抗的奴隶。

　　他对金钱毫无概念。虽然他在印第安纳州的一个农场住了 14 年，却没有钱支付每年 10 美元的土地租金。他是如此贫穷，以至于他的太太不得不用野荆棘来缝衣服，而他自己却毫无计划地在肯塔基州伊丽莎白城一家店铺赊账买了一条丝质裤带。不久，他又在一次拍卖会上以 3 美元买了一把剑。他这样一贫如洗，却买一些无关紧要的东西，实在是太令他的太太失望了。

林肯雕像

　　婚后不久，被人昵称为汤姆的汤玛士搬进城里，打算靠做木工维生。他找到了一份建磨坊的差事，但是他锯出来的木材有的不够方正，有的长度不对，雇主因此不肯付他工资，还和他打了 3 场官司。自幼生活在林间的汤姆，马上看出自己只能属于丛林区，于是他带着妻子，回到森林旁边一处多石而贫瘠的农场，此后再也不曾离开农场。

离伊丽莎白城不远之处，有一大片没有树木的土地，印第安人在那里居住了数代之久，他们放火烧掉了原来的森林、灌木和矮树，让青草在太阳下滋长繁殖，供他们养的美洲野牛吃草打滚。

1808 年 12 月，汤姆以每英亩 66 美分的价格，买下这块"不毛之地"中的一块农田。农田中有一座猎人搭建的简陋小屋，周围全是野生的山楂树，诺林溪往南的支流就在半英里之外，那儿春天开满了山茱萸花。夏天来临的时候，老鹰懒洋洋地在天空盘旋，长长的青草随风摇曳，恰似一片漫无边际的绿海。由于很少有人在那儿定居，所以到了冬天，这里就成了全肯塔基州最寂寞、最荒凉的地区之一。

1809 年冬天，亚伯拉罕·林肯出生在荒地边缘的一栋猎人小屋里。那是一个星期天的早上，他诞生在一张铺着玉米皮的圆柱床上。小屋外面是一片白色世界，雪花被二月的寒风吹进木板的缝隙里，落在南施母子所盖的熊皮上。9 年后，南施承受不住生活的艰苦，终于积劳成疾去世，那年她才 35 岁。她的一生根本没有什么享受与幸福——无论她搬到哪里，"私生子"的闲话总是紧追不舍。可惜她不能预知未来，亲眼看到感恩的民众在她生下亚伯拉罕·林肯的地点修建大理石圣堂。

当时，在那些蛮荒之地流通的纸币，价值极不稳定，所以猪、鹿肉火腿、威士忌、树狸皮、熊皮和农产品被人们当作交易媒介。有时牧师也收威士忌酒作为信徒给他们的报酬。1816 年秋天，也就是亚伯拉罕 7 岁时，汤姆把他的农场换了 400 加仑左右的威士忌酒，举家迁往印第安纳州的荒野林地。离他们最近的邻居是一位猎熊者，这里的乔木、灌木、葡萄藤和矮林长得实在太密了，所以必须用刀砍出一条进出的通道来。就在这个被丹尼斯·汉克斯形容为"丛林礼赞"的地方，亚伯拉罕·林肯将要度过 14 年的光阴。

林肯一家抵达的时候，初冬的雪花已经降下了，汤玛士·林肯匆匆忙忙地搭了一间"三面帐篷"，也就是今天所谓的棚屋。这个屋子既没有地板，也没有门和窗户，除了三面墙以外，只有圆柱和灌木搭成的屋顶，第四面则完全敞开，任由风雪、冰粒和寒风吹打进来。现在，印第安纳州的农民甚至不会把他们的牛或猪安置在这么差的房子里过冬，可是在 1816～1817 年的漫长冬天，汤玛士·林肯却把自己和家眷安置在这儿，这可真是有史以来最严酷、最难熬的一个寒冬。

南施和她的儿女们就像小狗一样，蜷缩在棚屋一角泥地上的树叶和熊皮堆中。他们没有奶油，没有牛奶，没有鸡蛋，也没有水果和蔬菜，甚至连马铃薯也没有，只靠野生的猎物和坚果度日。

汤玛士·林肯想养些猪，可是饥饿的野熊逮住猪后就活活吃下去。

亚伯拉罕·林肯就在这里住了许多年，过着比他日后所解放的黑奴还要穷困得多的生活。

这个地方的人们几乎不知道世上有"牙医"，就连最近的医生也住在 35 英里之外，所以当南施牙痛时，汤姆也采用其他拓荒者的土办法，把一个胡桃木钉的末端顶在病牙上，用石块猛敲钉头。

中西部的拓荒者从拓荒初期开始，就饱受一种名叫"牛乳症"的怪病侵害。牛、羊、马染上之后必死无疑，有时候整个地区的人也全体病死。100 年来，没有人知道这种病的病因，医生也束手无策。直到本世纪初，科学家才查出原因，是动物吃下一种白蛇草之后中毒发病，毒素再由牛奶传染给人。这种茂盛的白蛇草遍布森林牧场和绿茵峡谷，至今仍有人因它而丧命。伊利诺伊州农业部门每年都在法院张贴布告，警告农民如果不根除这种有害植物，就会受到死亡的威胁。

1818 年秋天，可怕的疾病传到了印第安纳州的鹿角山谷，许多人都染病身亡。离南施家半英里远的猎熊户彼得·布龙纳的妻子也传染上了，没过多久就死了。南施照料过她，不久也突然患病，头昏脑胀，腹部绞痛，呕吐得很厉害，她被扛回家中，放在破破烂烂的树叶和熊皮床上。她的手脚冰冷，但是体内却像烈火燃烧般炙热。她不断地喝水，喝了又喝。

汤姆十分相信奇迹和凶兆。在南施生病后的第二天晚上，有一只狗在屋外悲号了很久，这是不祥之兆，汤姆于是放弃一切希望，他相信南施是死定了。

最后，南施病得连头也抬不起来，说话也有气无力。她招手把亚伯拉罕姐弟叫到床边来。他们都俯身聆听她的教诲。她要求儿女们相亲相爱，记住她平日的教导，而且要敬畏上帝。

说完这最后的遗言之后，她的喉咙和身体逐渐麻痹，开始陷入长时间的昏睡之中，终于在第七天——1818 年 10 月 5 日逝世。

汤姆在亡妻的眼皮上放了两枚硬币，以使她瞑目；然后又从森林中砍来树木，切成许多块凹凸不平的木板，做成了一个粗糙的棺材，将南施这个苦命女人的疲惫尸身放进棺材内。

他两年前用雪橇带着她来到这个屯垦区，现在又用雪橇将她的遗体运到附近的密林山峰，没有举行任何仪式，就将她埋了。

亚伯拉罕·林肯的母亲从此与世长辞。我们不知道她长相如何，也不知道她是个什么样的女人，因为她短暂的一生大部分是在荒僻的丛林深处度过的，见过她的人太少了，留下的印象因此也就十分模糊。在林肯死后不久，有一位传记作家去访问少数还健在的曾见过她的人。当时她已死了半个世纪，人们对她的记忆就像一场已经褪色的梦，连她的外貌也都众说纷纭，莫衷一是。有人说她是一个"结实而矮胖的女人"，也有人说她的身材长得"苗条纤细"；还有人记得她的眼睛是黑色的，不过也有人说是淡褐色的，还有人则十分肯定地说一定是蓝绿色的。她的表兄丹尼斯·汉克斯曾与她在一起生活了 15 年，他起初说她有一头"浅色的头发"，可是后来他再回想时，却又改口说她的头发是黑的。

在她死后 60 年以来，人们连一块石碑都没有为她立，今天我们才知道她的坟墓大概是在她的舅舅和姨妈旁边，但是我们难以确定这 3 座坟墓中哪一座是她的。

就在南施去世之前不久，汤姆新建了一座四面有墙的小木屋，但是仍然没有地板和窗户，也没有门，门口挂了一块脏兮兮的熊皮，使得屋子里充满了恶臭和昏暗。汤姆大部分时间都在树林中打猎，而两个没有母亲的孩子留下来自己照顾自己。莎拉负责做饭，亚伯拉罕则照料炉火，并且到一英里外的溪流中取水。他们没有刀叉，吃饭时就用手指取食。由于取水很不容易，又没有肥皂洗手，他们的手指很难洗干净。南施生前可能自制过一种软肥皂，可是留下的那点儿早就用光了，孩子们不懂得制作方法，汤姆又不肯做，于是他们的生活更加贫困而肮脏。

在整个漫长的寒冬，他们既不洗澡，也很少洗脏衣服。树叶和兽皮铺的床污浊不堪，小屋没有阳光照射，唯一的光源就是火炉或猪油灯。只需看看有关当时屯垦区情况的文字记载，就可以想象没有女人的林肯家是一副什么样子……整个屋子臭味弥漫，跳蚤与害虫横行。

一年以后，汤姆再也受不了这种肮脏和浊乱，他决定再娶一个妻子来照料这个家。

13 年前，在肯塔基州时，汤姆曾向一个名叫莎拉·布希的女子求婚，但她拒绝了汤姆，嫁给了哈丁郡的一个狱卒。后来这个狱卒死了，给她留下 3 个孩子和一大笔债务。汤姆觉得此时再向她求婚很有希望，于是他来到溪水中洗了个澡，用沙粒刷洗他那污浊的双手和面孔，洗完之后挂上宝剑，穿过浓密的丛林，回到肯塔基州。他先去伊丽莎白城买了一条丝质吊带裤，然后吹着口哨去找莎拉·布希。

这一年正是 1819 年，整个世界都在改变，新奇的事情接连发生，每个人都在谈论各种变化和进步。有一艘轮船在这一年完成了横越大西洋的创举。

第三章　求学若渴

　　林肯直到 15 岁的时候才开始识字，虽然很吃力，但也总算稍能阅读了，至于写作能力，那就根本谈不上了。1824 年秋天，一位在森林中流浪的教师沿着鸽子溪，来到这片屯垦区，设立了私人学校。林肯姐弟俩每天早晚都要走 4 英里的林间小路，去新老师阿策尔·多尔西的学校上课。多尔西老师相信只有大声地朗读，才可以看出学生是否认真。他会在教室里走来走去，谁若不开口，就用教鞭打他一下。因此，每个学生都尽量比别人念得更大声些，朗朗读书声在很远的地方也清晰可闻。

　　林肯上学时，头戴一顶松鼠皮帽，身穿鹿皮马裤，这马裤短得离鞋面还有相当距离，因此只能让胫骨裸露在外，任凭风吹雨淋。

　　学校的小屋又矮又简陋，老师在里面几乎站不直腰，教室四面各省去一根圆木，在这个位置贴上油纸当窗户。地板和座位则是由圆木劈开做成的。

　　学生们上课采用的教材以《圣经》章节为主，用华盛顿和杰斐逊的笔迹作为练字范本。林肯的字写得既清晰，又和这两位总统的很相似，不但引得众人议论纷纷，连附近不识字的邻居都步行几英里，来请亚伯拉罕·林肯代他们写信。

　　林肯对于上学逐渐热衷起来。由于上课的时间太短，他就把功课带回家里做。当时的纸张又贵又少，于是他就用炭棒代替笔，在木板上书写。他家的木屋是用劈开的圆木建成的，他就在圆木光平的一面做算术题，如果这一面全都布满了字迹和图形，他就用刀削去一层，重新使用。

　　他穷得买不起算术书，只好向别人借来一本，用信纸大小的纸抄下来，然后用麻线缝在一起，做成一本自制的算术书。他去世时，他的继母手头上还留有这种书页的一部分。

　　他开始表现出与众不同的特质。他不仅想写出自己内心的思想，有时甚

至写些诗句，并且把自己的诗句和文章拿去向邻居威廉·伍德请教。他背下这些诗句，再背给别人听。而他的文章更是引人注目，有一位律师对他谈论国政的文章印象很深，就自愿帮他寻求发表机会，俄亥俄州一家报纸就曾刊登了林肯的一篇文章《论自我克制》。

不过，这些都是以后的事情。林肯在学校的第一篇作文，是他看了伙伴们残忍的游戏之后有感而发写出来的。他当时经常和伙伴们一起去抓甲鱼，抓到甲鱼之后，伙伴们就把燃烧着的煤炭放在甲鱼背上，以此来取乐。林肯求他们不要这样做，还赤着脚把煤炭踢开。他的第一篇作文就是为动物请命而做的，足见他自幼就显示出特殊的怜悯贫弱之心。

5 年后，林肯以不定期上课的方式去另一所学校求学——他自称那是"一点一点学的"。

林肯所受的正规教育就到此结束了，他上学的日子总共加起来只不过 12 个月左右。

直到 1847 年当选国会议员，林肯在填写履历表时，在"教育程度"一栏内，他的回答仍是"不全"。

在被提名为总统候选人以后，林肯曾说："即使我在有了相当年纪时，知道的东西也并不多。不过我能读能写，略懂算术，仅此而已。此后我就再也没有上学了。在如此贫乏的教育基础上，我之所以能够有现在这一点点成就，完全是日后出于需要，通过自学而取得的。"

至于曾经当过林肯的老师的那些人，他们都是一些信仰巫术、相信地球是扁平状的无知流浪教员。然而，即使在这种断断续续的求学过程中，林肯却养成了热爱知识、渴求学问这一人类最珍贵的特质——甚至大学教育的目的亦不过如此。

学会阅读之后，林肯见到了另一个新的神奇世界——一个他从来都没有梦想过的世界。这彻底改变了他的整个人生道路。他的视野开阔了，开始有了梦想，而且阅读始终成为他生命中最热爱的事情之一。他的继母给他们带来了 5 册藏书：《圣经》、《伊索寓言》、《鲁滨逊漂流记》、《天路历程》以及《水手辛巴达》。小林肯将它们视为无价珍宝，认真阅读。他把《圣经》和

《伊索寓言》放在伸手可及的地方，反复阅读。后来，不论他的文风、说话方式，还是提出的论点，都深受这两本书的影响。

除了这些书之外，林肯渴望有更多的读物，但是却苦于无力购买，他只好向别人借书报和任何印刷品来读。他沿着俄亥俄河往下走，向一位律师借阅修订版的《印第安纳法典》；接着，他又借读了《独立宣言》和《美国宪法》。

他还向一个经常请他帮忙挖树桩、种玉米的农民借阅了两三本传记。由威姆斯牧师撰写的《华盛顿传》正是其中之一。林肯看了这本书之后十分入迷，直到傍晚看不清为止，临睡之前把书塞进圆木缝中，当第二天早上阳光一照进小屋时，就拿起书来看。有一天晚上，下起了暴雨，书被浸湿了，书的主人不肯罢休，林肯只得以无偿为对方割捆 3 天的草料来赔偿他。

在林肯所借阅的书中，最有价值的莫过于《史考特教材》。这本书教他如何公开发言，引导他认识了西塞罗（古罗马的雄辩家）和莎士比亚名剧中的精彩演说。

他常常手捧这本《史考特教材》，在树底下走来走去，朗读哈姆雷特对伶人的吩咐，复述安东尼在恺撒遗体前所做的演说："各位朋友、罗马同胞、乡亲们，请听我说句话：我来是要埋葬恺撒，而不是来赞美他。"

每当读到特别吸引他的段落时，如果手边没有纸，林肯就用粉笔抄在一块木板上。后来，林肯自己做了一个粗陋的抄写本，写下所有他喜爱的句子，随身携带，一有时间就拿出来仔细研读，很多长诗和演讲词就这么背熟了。

在田地中劳动的时候，林肯也将书本带在身边，当马儿在谷堆后面休息时，他就坐在围墙的顶栏上看书。中午时，他不与家人一同进餐，而是一手拿着玉米饼，一手捧着书，躲在草堆上，两脚高举过头，看书报看得入了迷。

法庭开会期间，林肯就徒步走上 15 英里，到河边的城镇去听律师的辩论。和别人一起下田劳动时，他偶尔会放下锄头或草耙，爬到围墙上，将他在洛克港或布恩维尔的律师那里听来的话复述出来。此外，他还模仿顽固的浸礼派牧师星期日在小鸽溪教堂发表的演讲。

林肯也把《奎恩笑话集》带到田间，当他休息时，就跨坐在圆木上为大家朗读笑话，听众的哄然大笑声响彻森林。不过，这么一来，谷物中间就会杂草丛生，田里的小麦也因为被耽误而发黄了。

雇用林肯的农夫总是抱怨他太懒，说他"懒得可怕"。林肯坦承这种指责，他说："我父亲只教我干活，可没教我喜欢它呀。"

林肯的父亲老汤姆终于断然命令，林肯必须停止一切愚行。可惜他的命令并未起作用，林肯继续在干农活时说笑演讲。有一天，老汤姆当着众人的面，打了林肯一记耳光，还把他打倒在地。林肯哭了，却什么也没说。他们父子之间的隔阂由此产生，而且终生都未能改善。林肯虽然在他父亲晚年时资助过他，可是当1851年老汤姆卧病垂危时，林肯并没有去探望。他说："如果我们现在碰头，我想恐怕不但不会太愉快，反而会很痛苦。"

1830年冬天，"牛乳症"再度蔓延，死亡的阴影又笼罩在印第安纳州的鹿角山谷上空。

喜欢搬家的老汤姆感到既害怕又灰心，赶紧处置家里的猪和谷物，将那长满树木的田地以80美元的价格出售，打造了一辆笨重的篷车——这是他拥有的第一辆车子——将家人和家具全都搬上车，由林肯手持皮鞭吆喝公牛，动身前往伊利诺伊州一处印第安人称为"山嘉蒙"的山谷，也就是"粮食丰富的土地"之意。

公牛缓慢地前进，笨重的篷车吱吱嘎嘎地翻越过印第安纳州的山丘，穿越密林，横渡无人居住的伊利诺伊荒凉大草原。在骄阳的炙烤之下，他们在长满6英尺高的枯萎黄草的荒原上足足跋涉了两个星期。

抵达文生斯时，21岁的林肯第一次见到了印刷厂。

当全家人到达迪卡特之后，就在法院广场上搭了一个营帐。26年后，林肯指着当年停放篷车的地点说："那时我真的想不到自己竟然会有当律师的智慧。"

荷恩敦在《林肯传》中这样写道：

"林肯先生曾向我描述过那次远行的经过。他说，当时路面上的积雪白天融化，晚上重新冻结，走起来又慢又累；再加上与牛群同行，一路上更是艰辛。河上没有桥，除非绕路行走，否则非涉水不可。有一天，在车后随行的小狗掉了队，直到大家都过了河，它还在河对岸，慌得乱叫乱跳，眼望着河水流过破冰边缘却不敢过河。大家此时都急着赶路，不愿再涉水回去，于是决心抛下它，继续向前走。林肯回忆道：'但是我连一只狗也不忍心抛弃。于是，我脱下鞋袜，涉水过河，得意洋洋地夹着这只发抖的小狗赶上队伍。尽管吃足了苦头，但是小狗的快乐和种种感恩的表现，使我感到很值得。'"

就在公牛拖着林肯一家穿越大草原的同时，美国国会正在激烈地辩论州政府有没有权利退出联邦政府。在这次辩论中，丹尼尔·威伯斯特从参议员席位上站起来，用低沉而嘹亮的声音发表了一篇演说——它日后被林肯称为"美国最堂皇的演说范本"。那篇演说名叫《威伯斯特答海涅书》，后来，林肯将它的结束语奉为自己的政治信仰："自由和团结永远是一体而不可分割的！"

谁也没有想到，美国的分裂问题要到30几年后才得以解决，而解决这一难题的，既不是伟大的威伯斯特、才华横溢的克雷，也不是著名的卡豪恩，而是由一个笨手笨脚、分文不名、当时正赶着牛车前往伊利诺伊州的小伙子林肯实现的。而他此刻正头戴松鼠皮帽，身穿鹿皮马裤，起劲地唱着：

"万岁！哥伦比亚，快乐的园地！

"你若不肯开怀畅饮，那我可真罪过。"

第四章　积累信心和勇气

　　林肯一家在伊利诺伊州狄卡特旁边的一片林地里定居下来，林地四面是断崖，从那里可以俯视到山嘉蒙河。

　　刚搬来的那一年，林肯帮着家里干活，砍树、劈柴、盖屋子、搭篱笆、清除灌木和杂草，赶着两头牛开垦出 15 英亩的田地用来播种……

　　第二年，他到附近的农夫们那里当佣工，为他们做些杂事，比如耕地、耙草、宰猪、劈木头条……

　　搬到伊利诺伊州的第一年冬季，林肯一家就遇到了那里从未有过的严寒。草原上积起 15 英尺厚的雪，牛、野鹿和野火鸡没有几只能熬过寒冷，都纷纷死掉了，连人都逃不过，有的人被活活冻死了。

　　这个冬季，林肯计划给别人当佣工，劈 1000 根木材，这样就可以换到一条用白胡桃树的树皮染成棕色的牛仔裤。每天，他走 3 英里的路去干活。有一天，他划着独木舟横渡山嘉蒙河的时候，因为水流太急，独木舟被冲翻了。他掉进了河水中，冰冷刺骨的水冻僵了他的双脚，他坚持着往前走。但是，还没有走到离得最近的瓦尼克少校家，他的两脚就完全没有知觉，再也走不动了。那之后的一个月，他的双脚都无法活动，不能走路，只好住在瓦尼克少校家，躺在火炉前一边烤着冻伤的脚，一边给大家讲故事。他还读完了一本《伊利诺伊州法规》。

　　那段时间，林肯喜欢上了少校的女儿，并且追求过她，然而少校却不同意，他觉得这个笨手笨脚、没文化、没财产又没前途的穷劈柴工简直是在做白日梦，他根本配不上他们瓦尼克家族的女孩。

　　没错，林肯没有财产，也没有自己的土地，而且他也根本不想拥有土地。22 年的耕种生活，让他对土地产生了厌倦，他真的想摆脱这样的日子，做些真正伟大的事业，有更广阔的交际面，而不是在田地里耐着枯燥和寂寞，面朝黄土背朝天地过下去。他想找一份能让他有露脸机会的工作，他想为人们讲故事，并且带给他们欢乐。

以前，林肯在印第安纳州居住的时候，曾经为别人干过把平底船顺流漂送到新奥尔良去的活。他非常喜欢这个工作，觉得它很有挑战性，非常有趣，于是，他打算再找一个类似的工作。然而，一天夜里，一群黑人歹徒举着刀和木棍劫下林肯他们的船，扬言要把船员全部杀死，把他们的尸体扔进河里，再把船漂送到位于新奥尔良的匪徒聚集地去。船员们没有惊慌，全都起来反抗歹徒，强壮的林肯举起一根木棍，把3个歹徒打进河里，其他几个吓得逃上了岸，林肯被一个歹徒举着的刀砍到了额头，右边眼睛上方留下了一道深深的伤疤，这道伤疤跟随了他一辈子，一直到他去世。

就算是老汤姆也无法逼迫自己的儿子在农田里长久死守着。

林肯在河边找到了一份工作，和他一起做这份工作的还有他同父异母的兄弟以及几个远房亲戚。他们砍伐木材，把圆木劈开，扔进河里，让木材顺着河流漂到锯木厂去。在那里，这些木材会被制造成长达80英尺的平底船，装满腌肉、玉米和猪，运到密西西比河下游去。干这份工作，每天可以挣到50美分，除此以外，还有提成。

在船上时，林肯有时负责开船；闲暇时间里，为大家做饭、讲故事；有人玩纸牌，他就去帮忙记分，大家疲惫的时候，他就给大家唱歌。他曾经唱着这样的歌："土耳其人戴着头巾，自以为是目中无人，卷曲的胡子是他的骄傲，除了他自己，他谁都看不起。"

这段在河上漂流的生活是林肯难以忘记的重要经历。荷恩敦在《林肯传》中这样写道：

林肯第一次亲身体会到奴隶制度的恐怖，是在新奥尔良，他亲眼目睹了黑奴被用铁链捆绑起来遭到鞭刑。这种极不人道的行径，让正义感强烈的林肯非常愤怒，他的良知让他将听到的看到的都牢牢记在心中，"从那时候开始，奴隶制度的刀子，在他脑海里刻下了痕迹。"林肯的朋友这样说道。一天清晨，林肯和两个同伴一起在街上散步，路过一家拍卖奴隶的市场时，刚好看到一个身体健康、五官秀美的黑白混血女孩在等着被卖出去。中意她的

人性的光辉

买主正在对她进行全面检查，他们用力拧她的肉，让她疼得像小马一样满屋乱跑，以便证明给买主看，她确实很健壮。这样的情景让人觉得恶心，林肯无法控制内心的憎恶之情，匆匆离开那里，再也不想多看一眼。他对同伴们说："上帝啊，我们快点离开这地方吧。如果有机会，我一定要让那些东西（奴隶制度）消失掉。"

雇佣林肯的丹顿·奥福特先生很欣赏林肯，他喜欢让林肯讲故事或者念笑话给他听，林肯诚实守信的作风也让他赞不绝口。奥福特先生在伊利诺伊州的纽沙勒镇用圆木搭建了一间杂货店，让林肯在那里当店员。纽沙勒镇位于山嘉蒙河上游高地，那里长年多风，建筑物很少，只有 15 间到 20 间小屋子。林肯在那里住了 6 年，管理一家谷粉厂和一家锯木厂，这 6 年的时光，对他今后的生活有着深远的影响。

在纽沙勒镇，有一群被当地人称为"克拉瑞丛林帮"的地痞流氓，他们粗暴、凶残、好斗，他们吹嘘自己是全伊利诺伊州酒量最大、最会骂街、打架、摔跤的帮派。其实，他们内心忠厚、胸怀宽广、同情弱小，并不是坏人，只是争强好胜、爱出风头罢了。因此，当多嘴多舌的丹顿·奥福特先生在众人面前对自己的雇工林肯大加赞赏时，"克拉瑞丛林帮"就下定决心要让林肯尝尝他们的厉害了。

比赛结束，"小力士"林肯在短跑和跳远两个项目中取得了胜利。这还不是林肯的最强项，如果比赛投大锤子或者掷炮弹，他那两条又长又健壮的胳膊肯定让他轻而易举就获胜。况且，他在讲故事方面也是如此拿手，各种各样的丛林趣闻，能让大家乐上几个钟头。

那天下午，纽沙勒镇的全体镇民都聚在橡树下观看他们的比赛，在摔跤比赛中，林肯大败了"克拉瑞丛林帮"的首领杰克·阿姆斯，取得了光荣的胜利。从那开始，"克拉瑞丛林帮"甘拜下风，之后一旦有赛马或者斗鸡活动，他们都请林肯来给他们当裁判。当林肯无家可归时，他们争着让林肯到自己家来，帮他解决吃住问题。就这样，林肯的名声在纽沙勒镇简直好得不得了。

多年来，林肯一直希望能有机会克服恐惧的心理，在众人面前发表言论，在纽沙勒镇，他找到了梦寐以求的机会。在印第安纳州那个穷困潦倒的地方，他只能在田里干活时，跟农民们说说话。而纽沙勒镇却有一个独立的文学社团，每到周六傍晚，文学社团里的成员都要聚集在鲁勒吉酒店的餐厅，针对文学，畅所欲言。林肯当然不会放弃这么好的机会，他加入文学社团后没多久，就成为了社团里的主力。聚会的时候，他讲故事给大家听，当众朗读自己写的诗歌，从山嘉蒙河的航运到政治时事，无论什么话题，他都能当即发表评论。

这种宝贵的经验，不但让林肯增长了见识，还让他越发地自信起来。他发觉自己能够通过演讲来影响别人，这一重大发现，让他一下子充满了勇气和信心。

林肯打算竞选州议员，几个星期内，当地教师曼塔·格拉汗帮助林肯构思了他人生中的第一篇公开演讲的稿子。演讲的内容涵盖了内政、航运、教育、司法等方面。

林肯以这样的话，作为这篇演讲稿子的结尾：

我出生在社会的最底层，长大后参加竞选，也没有可以帮助我的亲戚，但是，我对失望已经习以为常了，如果诸位觉得我不适合出头，我也不会因此而怨恨的。

过了几天，一个骑士冲进纽沙勒镇，他带来了一个让人震惊的消息：印第安萨克族名叫"黑鹰"大酋长正率领着他的手下，沿着洛克河行进，一路上烧杀抢夺，恶贯满盈。

这个消息迅速传播开，人们都惶惶不安，雷诺州长张贴了征召志愿军的告示。"没工作没名气的公职候选人"林肯报名了，在从军的一个月里，他还被选为了队长，负责"克拉瑞丛林帮"的训练。对于林肯的命令，"克拉瑞丛林帮"的成员经常大喊一声"去你的"来回应。

荷恩敦说，在林肯心目中，参加抵抗"黑鹰"的战役不过是假期里的休闲和冒险游戏，事实上，也确实像他说的那样。后来，林肯在国会演讲时，宣称他从来没有对印第安人进行过攻击，也没有见到过印第安人，只是"打过野葱头"，或者"和蚊子进行过很多次血淋淋的斗争"。

那次战役结束后，林肯又开始忙着他竞选的事情了。他敲开每一户的家门，和见到的每个人问好、聊天，他对所有的观点都表示赞同；见到人们聚集在一起，他就要凑过去趁机进行一番演讲。

很快就到了选举的日子，纽沙勒镇一共收到208张选票，其中有205张都写着林肯的名字，然而就算是这样，林肯最终却没被选上。

两年后，林肯又一次参加竞选，终于实现了他的愿望，他当选为伊利诺伊州众议员。他为了到议会工作，特意借钱为自己买了一套新衣服。

那之后的3次竞选，分别在1836年、1838年和1840年，林肯连续当选。

那个时候，纽沙勒镇有个名叫杰克·基尔索的人。他可以说是个一事无成的人，他的妻子收了些房客，以此挣些小钱谋生，而他自己却不在乎这些，每天不是钓鱼、拉琴，就是念诗。纽沙勒镇的镇民们几乎都觉得杰克是个失败的人，可是林肯却非常欣赏他，他们俩是无话不谈的好朋友，杰克对林肯的影响极其深远。

在结识杰克之前，莎士比亚和伯恩斯对于林肯来讲，只是普普通通的人名，没有什么不一般的含义。然而现在，当林肯听杰克朗诵《哈姆雷特》或者《麦克白》的片段时，他体会到了那其中蕴藏的深厚的文采、智慧和情感，语言的神奇魅力让他深陷于此。

如果说莎士比亚得到的是林肯的敬畏的话，那么罗勃·伯恩斯得到的，便是林肯的热爱和共鸣。伯恩斯也曾经如此贫穷，出生在一间小木屋里，小时候的生活环境也和林肯相似，他也曾干过农活，也是个有怜悯心的人，耕地时挖到田鼠窝，也会为此写一首悲伤的诗，这些都和林肯太像了，因此，林肯甚至觉得自己或许同伯恩斯有些血缘关系。通过伯恩斯和莎士比亚的诗篇，林肯进入了一个全新的天地，那里的一切都是那么的多姿多彩、情感丰富，显得如此可爱。

最让林肯觉得不可思议的是：莎士比亚和伯恩斯竟然都未曾读过大学，受过的正式教育甚至都不会超过林肯自己。

这让林肯对人生充满了渴望，他坚信自己虽然是个文盲的儿子，但依然可以做伟大的事业，而不是一生碌碌无为，只卖些杂货或者当个匠人。

从此，伯恩斯和莎士比亚成为了林肯心目中最重要的作家。他阅读莎士比亚的作品用掉的时间，比阅读其他作家的作品用掉的时间的总和还要多。后来，林肯在写作上的风格深受莎士比亚的影响。在林肯当上总统之后，即便是为美国内战忧愁得满头白发的时候，他依然会抽出大量的时间，用来阅读莎士比亚的作品。就算每天的工作非常繁重，他依然要请来专家一起针对莎士比亚的剧本进行请教和探讨。就在他被枪杀前不久，他还曾在朋友的聚会上，当众朗诵了《麦克白》。

所以，我们甚至可以下这样的结论：纽沙勒镇默默无闻的渔民杰克·基尔索的影响力，简直可以到达白宫。

纽沙勒镇的创始人、酒店老板詹姆士·鲁勒吉是从南部地区来到这里的，他有一个长得十分漂亮的女儿，名字叫"安妮"。安妮的眼睛是蓝色的，一头褐色的头发又长又密，她不仅长得好看，待人也真诚大方。19 岁那年，安妮和纽沙勒镇最有钱的商人订下婚约，然而这个时候，林肯却爱上了她。

安妮同意了约翰·麦克奈尔的求婚，但是他们约定好，等安妮两年后从专科学校毕业了再结婚。

没过多久，镇子上发生了一件奇怪的事情：麦克奈尔将他商店里的全部家当都卖掉了，说要去纽约州把父母和家人接到伊利诺伊州来。他向安妮告别，并且保证会经常给她写信，不会和她失去联系。

那个时候，林肯正在做纽沙勒镇的邮递员工作。每个星期有两天，公共马车会送来信件，虽然是根据邮寄路程的远近来定邮资，但价格也是比较贵的，所以写信的人并不多。每次林肯去领取全镇的信件，就把信件全都放在帽子里面顶在头上，遇到有人问他是否有自己的信，他就把帽子摘下来一封一封查看。

每到送信件的那天，安妮就迫不及待地向林肯打听是否有她的信。就这样，过了 3 个月，安妮才收到麦克奈尔寄来的第一封信。在信中，麦克奈尔对他迟迟没有联系安妮做了解释。他说，他在穿越俄亥俄州的时候发了高烧，病得很厉害，一直处于昏迷状态，躺在床上 3 个星期才得以恢复，所以

人性的光辉

没能早点联系她。

麦克奈尔的第二封信是在那之后又过了 3 个月才到达，信写得很潦草，语气很是冷漠，只有短短几行，只说他在照看生病的父亲，而债主们又整日跟在他屁股后面，这样下去，不知道什么时候才能再回纽沙勒镇了。

又过了好几个月，安妮再也没收到过麦克奈尔寄来的信。她开始问自己，他是不是真的爱过她？

林肯不愿意看到安妮如此伤心的样子，他说他愿意帮助她去寻找麦克奈尔。但是被安妮拒绝了，她说："不必了，他知道，我一直都在这里等着他。如果连给我写信他都不肯，那我也不会去找他的。"

然后，安妮告诉了林肯一个秘密：麦克奈尔离开之前曾经对她说，其实他的真名是"麦克纳玛"，而不是"麦克奈尔"。他的父亲在纽约州做生意赔得一塌糊涂，欠了很多债，他作为家里的长子，决定到西部来做生意挣钱。在赚到很多钱之前，他不想透露自己的真实身份，免得家人打听到他的下落会跑来找他，给他带来难以承受的压力。现在，他已经发了财，有能力养家了，于是，他决定把父母接到伊利诺伊州来享受。

这个秘密很快就在镇子里传开了，人们都惊呆了。大家纷纷指责麦克奈尔是个骗子，即便是这些话，也都是骗人的，鬼才知道他到底披着什么样的皮。有的人猜测说他可能已经结过婚了；有的人说他或许有好几个老婆；有的人说他可能是个强盗；还有的人猜想他也许杀过人。各种各样的猜测越来越多，唯一可以肯定的是，他把安妮抛弃了。但是，这真应该感谢上帝！

这些都是镇上人的看法。林肯没有对这件事发表任何言论，他有自己的心思。

对于林肯来讲，这简直是个大好的机会。

第五章　初恋的痛苦

鲁勒吉酒店是一栋饱经风霜的粗糙房子，它与林立在边疆的千百栋木屋并没有什么区别，一般人也根本不会多看它一眼。然而，林肯却整天盯着它，心思也围着它打转。对他而言，这栋房子屹立于地面，异常高巍，他每次跨过门槛时，心跳总是会加快几分。

林肯向杰克·基尔索借了一本莎士比亚名剧，躺在杂货店的木柜台上，反复诵读下面几行：

柔柔的！

是什么光从那边的窗户透进来？

那是东方，

朱丽叶就是太阳。

他合上书，静静地躺着，回想起安妮昨天晚上对他所说过的每一句话。

当时这一带十分流行缝被聚会，安妮每次都去参加，她那纤纤玉指做针线活时，又快又精巧。林肯早上常常骑马送她去聚会的地方，到了傍晚再去接她回家。有一次，他大着胆子走进内屋——这种场合男人是很少走进的，并且坐在她身边。他心跳得很厉害，安妮脸上浮出了红晕，手中的针也开始走得不稳，那件棉被在多年之后仍展示出了当年安妮的心神慌乱。

仲夏之夜，林肯和安妮并肩在山嘉蒙河岸散步，树上的怪鸟连声鸣叫，萤火虫在夜空中编织成一道道金丝线。

到了深秋时分，橡树如烈火般红艳，胡桃纷纷掉落到地面上，林肯他们则在树林里闲逛。

冬日，下雪之后，天气晴朗，他们携手穿过一片银白色的森林，漫步在银色的世界。此时此刻，一株株橡树、胡桃木都披上了连伯爵也穿不起的貂皮大衣，连榆树上最穷的枝头也缀满了晶莹闪亮的珍珠。

卡耐基励志经典

人性的光辉

卡耐基励志经典

在这对恋人的眼中，这个世界是如此的温柔美丽，人生也充满了神圣的意义。每当林肯的目光凝视安妮的淡蓝色眸子时，她的芳心犹如一只快乐的鸟儿在婉转地唱歌；而每当安妮那双玉手轻触林肯时，他就会兴奋得几近窒息，仿佛得到了世界上最大的幸福。

在这之前不久，林肯和一个牧师的儿子、酒鬼贝利合伙做生意。他们在小小的纽沙勒镇买下3家残破的小木屋，开了一家杂货店，重新整理之后，合并成一个店铺。

有一天，一位驾着篷车准备迁往艾奥瓦州的过路人在"林肯和贝利杂货店"前面停了下来。由于路面稀软难行，拉车的马疲惫不堪，为了减轻负担，他打算把一个木桶卖给林肯。尽管那些破铜烂铁对林肯毫无用处，但是林肯对疲惫的马儿心生怜悯，于是他给了对方50美分，看也不看就收下了木桶，把它滚到了店铺的后面。

两个星期之后，林肯突然想知道自己上次究竟买了些什么，于是他把那个木桶里的东西全都倒在地板上，终于在一堆废物底下发现了一部布莱克·斯通著的《足本法律评注》。当时正是农忙季节，杂货店里的顾客很少，林肯就利用空闲时间读这本书，并且越读越感兴趣，一口气把4册书全都读完了。

读完这部书之后，林肯立志要当一名律师，他想让安妮以他为荣。安妮也十分赞成他的计划，并且约好等他读完法律课程正式执业时，两人立刻结婚。

林肯读完了布莱克·斯通的巨著之后，穿过草原，到20英里以外的斯普林菲尔德镇（又意译为春田镇），向一位律师借阅其他法律方面的书籍。在回家的路上，林肯捧着书边走边读。遇到有困难的段落，林肯就放慢脚步，有时干脆停下来专心研究，直到完全弄懂了为止。就这样，林肯又看了二三十页，直到天已经黑了，星星升起，他觉得肚子也饿了，这才加快步伐赶路回家。

林肯不断地钻研书本，心无旁骛。他白天仰卧在小杂货店旁边的榆树下看书，一双光脚丫子翘在树干上。到了晚上，他在制桶店中看书，利用堆放在四周的废料点灯照明。他时而大声朗读，时而合上书本默写，直到完全弄懂文句为止。

不论是沿着河边散步，还是在林间徘徊，或者是到田野工作——无论何时何地，林肯总是在腋下夹一本契蒂或布莱克·斯通的作品。

林肯撰写《解放黑奴宣言》

有一天下午，雇他砍柴的农夫发现林肯正坐在谷仓的角落里，坐在柴堆上研读法律。于是这位农夫把这件事告诉了当地的教师曼塔·格拉汗。格拉汗对林肯说："若想在政界和法律界出人头地，非懂文法不可。"

于是林肯问他："哪里可以借到文法书？"

格拉汗告诉他，住在 6 英里远的一个名叫约翰·凡斯的农夫，有一本《科克汗文法》。林肯立刻站起身来，戴上帽子就去借书了。

林肯很快就通读了整本的科克汗文法规则，其速度之快使得格拉汗大吃一惊。30 年后，格拉汗回忆说，他曾教过 5000 多个学生，而林肯是他所见过的人当中"追求知识和研究学问最勤奋、最用功，也最爽快的小伙子。"他又说："我还知道，他曾花好几个小时的时间，反复比较 3 种表达方法，看哪一种是最好的一种。"

在熟读了科克汗文法之后，林肯接着又读完了吉朋的《罗马帝国衰亡史》，洛林的《古代史》，一册美国军人传记，杰斐逊、克雷和威伯斯特的传记以及汤姆·伯恩的《理性时代》。

已故的阿尔伯特·毕佛瑞吉是著名的林肯研究专家，他在林肯的传记

中说：

　　这位与众不同的年轻人身穿"蓝棉布做成的外套，脚上是粗重的皮鞋和一条浅蓝色的斜纹绒条裤——他全身的衣着都不协调，而且裤脚悬空，离袜子还有一两英寸远"。他在纽沙勒镇上逛来逛去，看书、诵读、做梦、讲故事，人缘非常好，"所到之处，必结交一群朋友"。

　　"林肯不仅凭借自己的机智、善良和学问吸引了人们，他那古怪的装束和少见的笨拙姿态也成了他的特有标志，尽管裤子短得令人发笑，但是没有多久，'亚伯拉罕·林肯'就成了大家常常挂在口头上的名字了。"

　　"林肯和贝利杂货店"终于破产了。由于林肯一心啃读书本，而贝利这个酒鬼整天喝得烂醉如泥，因此破产是难免的。林肯没有钱付餐费和住宿费，只得做些粗活挣点钱：他替人砍灌木，耙干草，修围墙，剥玉米粒，到锯木厂打工，还一度当过铁匠。

　　后来，林肯在曼塔·格拉汗的协助下，又埋头学习三角和对数，想当一名土地测量员。他赊账买了一匹马和一副罗盘，然后又砍下一条葡萄藤当测索，到镇上为人们测量土地。每测量一块地，林肯就收取 37.5 美分的费用。

　　此时，鲁勒吉酒店也破产倒闭了，安妮去给一位农场主家当烧饭女工。林肯很快就在同一处农场找到了一份耕地的工作。晚上，他在厨房帮安妮洗盘子。只要能在她的身边，他就会感到快乐极了，而他后来再也没有感受到那种狂喜和满足感。在去世前不久，林肯曾向一位朋友说，他在伊利诺伊州当赤足农场工人，比当白宫的主人更加快乐。

　　然而，好景不常。1835 年 8 月，安妮生病了。她先是感到非常疲倦，但仍旧照常工作，可是有一天早上，她突然无法下床了。她开始发烧，从纽沙勒镇请来的爱伦医生给她作了诊断，查出她得了斑疹伤寒。她的身体热得像火，可是双脚却冷冰冰的，必须用烧热的石头取暖。她一直叫嚷着要喝水。现代医学认为斑疹伤寒应该用冰袋退烧，而且要尽量多喝水，可惜当时爱伦医生却不知道这些。

　　可怕的几周在缓慢地度过。最后，安妮病得连放在床上的小手都举不起来了。爱伦医生要求她完全休息，不准接见来访的客人，林肯也同样被阻隔在屋子外面。可是在接下来的两三天，安妮一直不停地念着林肯的名字，频频地呼唤他，于是她的家人特意把林肯请来。林肯走进屋之后，关好房门，走到安妮的床边，和安妮默默对视，谁都没想到这一刻是他们最后一次见面了。

第二天，安妮失去了知觉，开始昏迷不醒，最终走向死亡。

安妮死后数周是林肯一生中最悲伤的日子。他吃不下睡不着，一个人孤零零地远离人群，见了人也不说一句话，目光凝视着远方，仿佛他的灵魂早已随着安妮而去，只剩下一副躯壳，完全失去了生存的意志。朋友们担心林肯会自杀，不但拿走了他的小刀，还小心防范他跳河。

安妮被葬在5英里外的"协和公墓"，林肯每天都要步行去墓地陪伴她，有时候他一个人在那儿待得太久了，关心他的朋友们就不得不去劝他回来。如果遇到暴风雨袭来，林肯就泪痕满面地说，他不能让安妮的坟墓被狂风暴雨侵袭……

还有人看到林肯东倒西歪地在山嘉蒙河边乱逛，漫无目的，口中含混不清地念着一串不连贯的字句。大家担心他会精神崩溃，于是请来爱伦医生为他治疗。爱伦医生认为林肯必须找点事情做，这样才能让工作转移他对安妮的思念。

林肯有一位很要好的朋友伯林·格林，他住在城北一英里的地方，他愿意担负起照料林肯的责任，把林肯带回到自己家中。那是一个很幽静的地方，屋后山崖林立，一直向西延伸；屋前是一片平洼地，一直通往绿阴围绕的山嘉蒙河畔。格林的夫人南施请林肯帮她干活，不停地砍柴、挖马铃薯、摘苹果、挤牛奶，甚至在她纺纱的时候，也叫林肯帮着扯线，故意让林肯忙得团团转，没有多余的时间胡思乱想。

日子就在这种忙碌中飞逝。1837年，也就是安妮去世两年之后，林肯对州议会的一位同僚说："别人以为我已经大致恢复，可以痛痛快快地享受人生了。其实，我在私底下依旧沮丧，甚至到了不敢随身携带小刀的地步。"

安妮之死使林肯几乎变成了另外一个人，他成了全伊利诺伊州最忧郁的

卡耐基励志经典

人性的光辉

人。日后与林肯合伙的荷恩敦律师说："20 年间，林肯没有过上一天快乐的日子……他走路的样子，简直忧郁就要从他身上淌下来似的。"

从这时候开始，林肯对于描写悲伤和死亡的诗篇几乎偏爱到了着魔的程度。他常常默默无语地静坐几小时，一副无精打采、冥想出神的样子，然后又突然念出《最后一片叶子》中的诗句：

长满青苔的大理石

盖在被他吻过的

红润的樱唇上；

他心爱的名字

多年前早已经刻在

墓碑上。

在安妮死后不久，《噢，人类何必骄傲》这首死亡诗成了林肯最心爱的诗篇。每当四周无人的时候，林肯就念给自己听，他还曾在伊利诺伊的乡村旅馆里念给别人听，在公开演讲时引述它，或对白宫的客人复述它，并抄下来送给朋友。他还说："我愿意拿出我所有的财物，甚至不惜欠债，只求能写出这样的好诗来。"他最喜欢这首诗的最后几句：

啊！希望和灰心，欢乐和痛苦，

交织在阳光和雨水中；

笑声与泪水，甜歌与挽歌，

仍相继而来，后浪推前浪。

健康的红晕成了死亡的惨白，

金色的沙龙变成了棺木和尸衣，

这些只在一眨眼、一吐纳之间。

噢，人类何必骄傲？

安妮·鲁勒吉安葬的"协和公墓"是一块安详静谧的土地，坐落在一个农场，三面被麦田包围，另外一面是牛羊觅食的绿草牧场。现在，这块墓地上长满了灌木和藤蔓，很少有人前来参观。春天，鹌鹑会来这里筑巢，偶尔出现的羊鸣鸽啼会突然打破一片寂静。

　　安妮·鲁勒吉在这里安息了 50 多年之后，到了 1890 年，当地一个殡葬业者在 4 英里外的彼得堡建了一个新公墓，由于当时彼得堡已经有了一处美丽而又宽敞的"玫瑰山公墓"，所以新公墓没有人购置。这个殡葬业者为了打开销路，竟然打起了把安妮的遗骨迁到新公墓的主意。

　　于是，在 1890 年 5 月 15 日左右，他掘开了坟墓。

　　有一位住在彼得堡的老太太，她是安妮·鲁勒吉的堂兄麦克格拉蒂·鲁勒吉的女儿。麦克格拉蒂·鲁勒吉经常和林肯一起下田劳动，帮助林肯测量土地，并和林肯同吃同睡，因此他非常清楚林肯对安妮的感情。在某一个宁静的夏日黄昏，麦克格拉蒂·鲁勒吉的女儿，即那位老太太坐在门廊的摇椅上，告诉本书作者说："我常听爸爸说，安妮死后，林肯经常走 5 英里的路到安妮的坟前，久久不归。爸爸担心他会出事，就去接他回来……是的，安妮的坟墓被挖开时，爸爸跟那个殡葬业者都在现场，他说安妮已经尸骨无存，他们只发现从她衣服上掉下来的 4 颗珍珠纽扣。"

　　于是这位殡葬业者把挖出来的 4 颗珍珠纽扣和一些泥土带走，放在彼得堡的新公墓中，并对外宣传说安妮·鲁勒吉就葬在那儿。现在，每到夏天时，数以千计的香客都会赶到该地凭吊安妮的芳冢，我就亲眼看见他们对着她的墓碑低头垂泪。那 4 颗珍珠纽扣摆放在一个盒子里，纽扣上方有一座美丽的花岗岩纪念碑，上面刻着艾德嘉·李·马斯特斯的一首诗：

微不足道而且默默无闻的我，

演奏出不朽的音乐旋律——

不存丝毫歹念，与人广施慈怀。

恕道在芸芸众生之间流传，

一张张仁慈的面容，

闪耀着正义和真理的光芒。

安妮·鲁勒吉埋骨于荒草之下，

生前蒙受亚伯拉罕·林肯的热爱，

生虽不能同衾，

死别却灵魂永远结合。

　　安妮的遗骸仍然留在老"协和公墓"，那位贪财的殡葬业者并没有带走她的遗物。北美鸽娇啼，玫瑰花盛开，亚伯拉罕·林肯的泪水润泽着那块土地，亚伯拉罕。林肯的心也一同埋在那块土地中，安妮·鲁勒吉长眠在那块土地之下。

第六章　获得玛丽的芳心

　　1837 年 3 月，也就是安妮·鲁勒吉去世两年之后，林肯离开纽沙勒。他骑着一匹借来的马，走进春田镇，开始他的"实习律师"生涯。

　　他把自己所有的财产都装在马鞍袋里。而所谓"所有的财产"也不过是几本法律书、几件衬衫和内衣内裤罢了。他还带了一只蓝色的旧袜子，里面塞有 10 多美分的硬币——那是纽沙勒邮局重新开张前，由他代收的邮资。到春田镇的头一年，林肯手头非常拮据，他本来可以先挪用这笔钱的，以后只需补足就可以，可是他觉得这样做不诚实。所以，当邮局查账员终于来找他结账时，林肯不仅如数交出了那笔钱，而且交出来的硬币也正是他前一两年担任邮递员时收到的那几枚。

　　林肯骑马抵达春田镇的那一天，不但身上没有一分钱，而且还负了 1100 美元的债务——这是杂货店破产后，他的合伙人贝利酗酒致死所留下来的债务。

　　本来林肯可以声明，由于生意失败，请求法院判定分摊责任，或者随便钻一个法律漏洞来躲过这笔债务，但他没有这样做，反而自动找到那些债主，表示只要他们肯给他足够的时间，他保证连本带利偿还他们每一块钱。大家都答应了他，只有彼得·冯伯金立刻提起了诉讼，而且他也获得胜诉，结果法院公开拍卖林肯的马和测量工具来抵债。其他的人则耐心地等了 14 年。林肯为了履行对大家的许诺，省吃俭用地坚持还债。直到 1848 年当选国会议员之后，他还将部分薪水寄回家乡，向债主们偿还这笔旧债的余款。

　　林肯抵达春田镇的那天早晨，把马拴在公共广场西北端的约西亚·F·史匹德日用品商店前面。下面是史匹德的亲口叙述：

　　"他骑着一匹借来的马进城，准备向村中唯一的家具匠订做一个床架。他走进我的店里，把马鞍袋放在柜台上，向我打听床架材料的价钱。我拿出石板和铅笔来帮他计算，全部材料总共要花 17 美元。他说：'还算便宜吧！不过，不论多么便宜，我都没这笔钱买。你若答应让我赊账，等到圣诞节时我的律师业务做成功了，我就可以还你这笔钱；如果我失败了，我可能一辈子都还不起。'他的语气十分忧郁，我的同情心油然而生。我抬头看了看他，心中暗想我这辈子从来没有见过像他那么阴沉而忧郁的面孔——直到现在我仍然这么认为。我就对他说：'我有一个很大的房间，里面有一张大床。如果你不嫌弃的话，欢迎你来跟我分享。'他问我：'你的房间在哪里？'我说：'在楼上。'并指指店铺后面通往卧室的楼梯。他一言不发地把马鞍袋抱上楼，放在地板上后，再走下来，满面笑容地对我说：'太好啦，史匹德，我非常感激你。'"

在这以后的 5 年半时间里，林肯跟史匹德同住在这个店铺的楼上，同睡一张床，而且未付分文租金。

另一位朋友威廉·伯特勒则不仅给休肯提供了 5 年的伙食，还替他买过很多衣服。

当林肯稍有财力的时候，他可能会向伯特勒付一点钱；但是双方并没有讲明收费多少。这一切纯粹是朋友之间的友情，大家互相帮助而已。

林肯十分感谢上帝把这两个好朋友赐给他，如果没有伯特勒和史匹德的帮忙，他的律师事业绝不可能成功。

林肯和一位律师史都华合伙。史都华把他的大部分时间都投入到了政治上，事务所的例行公务全都托付给林肯。但是例行公务并不多，办公室内的陈设也并不怎么好，包括一张脏兮兮的小床、一件野牛皮毯子、一张椅子和一条长凳，另外还有一个书架，上面摆了几本法律书籍。

根据事务所办公室的记录，他们开业的头 6 个月只挣到了 5 笔律师费：一笔是 2. 5 美元，两笔为 5 美元，还有一笔为 10 美元，有一件案子他们甚至收了一件大衣抵做部分酬劳。

有一天，心灰意冷的林肯在春田镇的佩吉·伊顿木匠店前停下脚步，他想放弃法律工作，改行当木匠——几年前，林肯在纽沙勒研读法律的时候，也曾经考虑过要抛下书本，改行当一个铁匠。

林肯在春田镇的头一年相当寂寞。他只认识晚上偶尔到史匹德商店聚谈政治的男人，星期天也不去教堂。他自称，在春田镇那优美的教堂中，他不知道该怎么办。

在这第一年，只有一个女人和林肯说过话，从他写给欧文斯小姐的信中，我们可以知道，"若非必要，她是不会开口的"。

到 1839 年，不但有个女人跟他说了话，而且还开始转而追求他，希望能嫁给他。她就是玛丽·托德。

曾有人问林肯，"托德"的姓氏为什么是那样拼的，他就调侃地答道：想必是"上帝"（God）只用一个字母"d"就够了，而托德（Todd）家的人却需要两个吧！

托德家族常常自夸他们的家谱可以追溯到 6 世纪。玛丽·托德的祖父辈、曾祖父辈和叔伯舅公辈都有人当过将军和州长，其中还有一位当过海军大臣。玛丽在肯塔基州莱克星顿市的一家法国学校读过书，这个学校是维多利亚·夏洛蒂·里克瑞·曼特尔夫人和她的丈夫开办的。他们夫妇俩是法国贵族，在法国大革命期间，从巴黎逃了出来，躲过了被送上断头台的厄运。他们教会玛丽说一口巴黎口音的高级法语，还教会她跳法国贵族只在凡尔赛宫跳的 8 人舞和塞加西亚圆圈舞。

玛丽有一种特别高傲的气质，自以为比别人优秀，而且始终相信她会嫁给一个日后要当美国总统的人——这一点说来真是令人不可思议。然而，她不但深信这一点，还公然对别人说出来。大家对她百般嘲笑，却动摇不了她的信念。玛丽的亲姐姐谈到她时，也说她"喜欢光彩、炫耀、虚饰和权力"，是"我所认识的最有野心的女人"。

然而，玛丽的脾气却出奇的坏，常常控制不住自己的情绪。1839 年的某一天，她和继母吵架之后，砰的一声关上大门，气冲冲地走出家，跑到了出嫁到春田镇的姐姐家住。

她若决心嫁给未来美国的总统，那她可真是找对地方了，全世界没有一个地方更容易比伊利诺伊州的春田镇能实现她的愿望。当时，这里只不过是一个脏兮兮的边疆小镇，位于没有树木的草原上，既没有石板车道，也没有电灯和人行道，更没有排水沟。牛儿随意在镇上乱逛，猪儿在大街的泥坑中打滚，一堆堆腐化的粪便使那里臭气熏天。当时镇上的总人口只有1500人，可是1860年的两名美国总统候选人，在1839年时都住在春田镇——他们一个是代表民主党北派的史蒂芬·阿诺德·道格拉斯，一个是代表共和党的亚伯拉罕·林肯。

这两个人都认识玛丽·托德，而且两人同时追求她，两个人也都曾拥抱过她；她也宣称这两个人都向她求过婚。

当别人问她打算嫁给哪一个人时，玛丽总是回答说："我要嫁给最有希望当上美国总统的人。"

她这句话就等于明指道格拉斯，因为当时道格拉斯的政治前途看上去似乎比林肯要光明上百倍。道格拉斯年仅26岁，拥有"小巨人"的雅号，而且已经是美国国务卿；而林肯此时只是个艰苦奋斗的律师，还借住在史匹德店铺楼上的阁楼里，有时连伙食费都付不起。

在亚伯拉罕·林肯默默无闻的时候，道格拉斯在美国政坛上早已经是举足轻重的人物了。事实上，即使是在林肯当选总统的两年前，一般的美国人对林肯也根本毫无印象，他们只知道他曾和有才有势的史蒂芬·阿诺德·道格拉斯辩论过。

亲戚们都认为玛丽更喜欢道格拉斯，而不喜欢林肯，事实上也可能的确如此，因为道格拉斯是个善于向女性献殷勤的男人；而且他的外表也更有吸引力，政治前途比较光明，社会地位也比林肯要高。

此外，道格拉斯还有一副低沉的好嗓子，他留着波浪状的西式发型，华尔兹舞跳得棒极了，还曾向玛丽·托德献过许多小殷勤。

因此，可以说他是玛丽心目中的完美男人；有时候她会对镜自语："玛丽·托德·道格拉斯。"叫得既顺口又好听，幻想自己有朝一日跟道格拉斯在白宫翩翩起舞……

当道格拉斯正热烈追求玛丽的时候，有一天，他在春田镇的公共广场和一位新闻编辑打了一架——而这个人正好是玛丽的一位密友的丈夫。也许玛丽曾为了这件事和他发生了争执，也可能玛丽批评过他在公开宴席上喝醉酒，爬上桌子大跳华尔兹，又大喊大唱，把酒杯、烤火鸡、威士忌酒瓶和肉汤盘子踢到地上的失态行为。

在他们交往期间，如果玛丽知道他带了别的女孩子去跳舞，她就会和他大闹一场，搞得两人都很不愉快。总之，他们的交往最后并没有什么结果。对此，毕佛瑞吉参议员曾说："虽然事后有人说，道格拉斯曾向玛丽求婚而被她拒绝，其实这只是玛丽为了保住面子而说出来的话；精明、机灵、见多识广的道格拉斯可从未要求玛丽·托德嫁给他。"

玛丽失望到了极点，于是转向了道格拉斯的政敌亚伯拉罕·林肯，对他大献殷勤，想通过这一点来引起道格拉斯的嫉妒。可是，她这一招并未奏效，她没有挽回道格拉斯，反而真的俘获了林肯。

玛丽·托德的姐姐爱德华夫人描述他们交往的经过时说："他们坐在屋里的时候，我碰巧多次在场；他们之间的话题总是由玛丽先开始，林肯先生只是坐在她旁边听。他很少说话，只是看着她，仿佛被一股无形的力量所吸引。他为她的聪明机智而倾倒，为她的高贵漂亮而着迷。可是他无法和玛丽这种千金小姐作长时间交谈。"

那年 7 月，人们议论了数月之久的共和党大会在春田镇召开。这次大会把小镇搞得天翻地覆，人们从几百英里之外涌进这里，旗帜招展，乐队一路演奏乐曲。芝加哥代表队还拖着一艘双桅官艇前来，船上乐声飘扬，少女们在上面跳着舞，大炮喷出火焰，直冲云霄。

民主党成员曾批评共和党候选人威廉·亨利·哈里森像个住在小木屋中喝苹果酒的老太婆。于是共和党就故意在车轮上装了一间小木屋，由 30 对公牛做前导，拉着它在春田镇的街道上游行。小木屋的旁边还有一棵胡桃树摇摆不定，树狸在树上玩耍，木屋的门口则放着一桶苹果酒。

晚上，林肯在摇曳的火炬光下发表政治演说。

在一次聚会时，民众曾指责林肯所属的共和党是贵族党，说他自己穿着高雅的服装，却要求平民投票给他，林肯对此答辩道："我初来伊利诺伊州的时候，一贫如洗，不认识一个人，无亲无故，而且没有读过什么书。我先是在一艘平底船上打工，月薪只有 8 美元，身上只有一条马裤，而且还是鹿皮制的廉价品。鹿皮裤溅湿了，被太阳一晒就会缩水；我的裤子一缩再缩，结果在裤子下面和袜子上面之间都露出好几英寸的腿肉来。我逐渐长高之后，裤子也变得更短更紧了，以至于在我的小腿上箍下一圈蓝纹，直到今天这圈蓝纹还看得出来。如果这就是你们认为的衣着考究的贵族，那我也无话可说了。"

人们听了大吹口哨，大喊大叫，对林肯表示赞许和支持。

林肯和玛丽一同去了爱德华家，玛丽告诉林肯，说她为他感到骄傲，还说他是一个大演说家，有朝一日必将登上美国总统宝座。

月光下，林肯俯视站在自己身旁的女子。玛丽的态度已向他表白了一切，于是他伸手抱住她，轻柔地亲吻她……

他们决定在 1841 年的元旦结婚。

此刻离婚期只剩下短短的 6 个月，这时却又生出不少枝节来。

第七章　新郎不在的婚礼

玛丽·托德和亚伯拉罕·林肯刚订下婚约没多久，就想对他进行彻底的改造。她讨厌他穿的衣服，总是拿他的衣着和她父亲作比较。一直以来，每天早上，玛丽都要看着她的父亲罗勃·托德在莱辛顿的大街上漫步，手里是一根金头的拐杖，身上是高级的蓝色尼龙外套和白色亚麻长裤，裤脚扎在皮靴里面。然而林肯在炎热的天气里根本就不想穿外套，有的时候甚至不戴硬领。让玛丽更受不了的是，林肯往往只用一根背带吊住裤子，如果扣子掉了，就干脆削一根木头钉子草草应付。

林肯这种大大咧咧、很随意的作风，让玛丽觉得很没面子。她直截了当地对林肯说出自己的想法，而且说得非常不留情面，一点都没有想过这些话会让林肯多么尴尬。

玛丽在莱辛顿时，在维多利亚·夏洛蒂·里克瑞·曼特尔夫人办的学校上学，虽然她掌握了高雅的巴黎八人舞，却对为人处世的技巧一窍不通。她的唠叨、挑剔和自以为是的态度，让林肯很不自在，只想躲得远远的。后来，他不再像以前那样隔一两天就去见她一次，有时他甚至半个月都不会去她家找她。玛丽毁掉了他们之间的感情，然而她却在信中抱怨说是林肯冷落了她。

没过多久，镇上来了个身材高大、相貌端庄美丽的金发碧眼女孩玛蒂妲·爱德华。她是玛丽·托德的姐夫尼尼安·W·爱德华的堂妹，和她堂兄一起住在了宽敞的爱德华公寓。一次偶然的机会，林肯去和玛丽约会时，见到了引人注目的玛蒂妲。虽然她不会讲巴黎腔的高级法语，也不会跳八人舞或者塞加西亚圆圈舞，但是她知道怎么与人相处，所以林肯十分喜欢她，有时竟然不知不觉看她看得入了迷，无论玛丽·托德对他说什么，他都听不见了。这让玛丽分外恼怒。

卡耐基励志经典

人性的光辉

　　林肯有一次带玛丽去参加舞会，可是他当时并不想和玛丽跳舞，任由其他没有舞伴的男士来邀请玛丽，自己却坐在舞厅的一个角落里与玛蒂妲聊天。

　　玛丽指责林肯，说他爱上了玛蒂妲，对此，林肯并没有否认。于是，玛丽失声痛哭起来，要求他以后再也不能看玛蒂妲一眼。

　　他们不断争吵，两个人都对对方有诸多不满，本来是一桩幸福甜蜜的婚事，现在却变成了令人遗憾的事情。

　　林肯看出来自己在各方面都和玛丽相差甚远：无论是教育水平、家族背景、性格脾气、兴趣爱好，还是对事物的看法，都截然不同。他们经常生对方的气，林肯觉得他们有必要解除婚约，否则就算结了婚，也会相处得一塌糊涂。

　　玛丽的姐姐和姐夫也是这样想的。他们劝玛丽打消嫁给林肯的念头，多次说他们俩不般配，结婚后不可能过得幸福。

　　然而这些话对于玛丽来说根本不起作用。

　　林肯想把分手的决定告诉玛丽，他思前想后好几周，一个傍晚，他来到史匹德的商店，坐到火炉旁边，从口袋里掏出一封信递给史匹德看。后来，史匹德这样回忆道：

　　那封信是给玛丽·托德写的，在信里，他很清楚地说明了自己的心情，他说他已经认真而且慎重地考虑过这个事情了，他觉得并不是那么地爱她，所以不能让女方就这么跟他结婚。他请我帮他把那封信转交给玛丽，然而我没有同意。他说他会再找别人帮忙。我提醒他说：这封信一旦到了托德小姐的手里，优势就会被她占去了。我这样对他说："私底下的谈话可以让人忘记或者推脱掉，然而一旦变成了文字，就成了永恒的证据，对你非常不利。"说完这话，我就把那封信扔进了火炉里。

　　参议员毕佛瑞吉这样说："我们无法确切地知道林肯对玛丽说过什么，然而从他给欧文斯小姐写的绝情信里，我们很容易就能猜测出他写给玛丽·托德那封信的内容。"

　　现在，让我们来简单地插叙一下林肯和欧文斯小姐之间的事情。那件事情发生在 4 年前。在纽沙勒镇，林肯结识了本奈特·阿贝尔太太，欧文斯小姐则是阿贝尔太太的妹妹。1836 年的秋季，阿贝尔太太打算回到位于肯塔基州的老家去看望亲戚，她对林肯说，如果他愿意和她妹妹结婚，她就让她妹妹和她一起来伊利诺伊州。

3 年前，林肯曾经见过欧文斯小姐，并且给她留下了非常好的印象。很快，欧文斯小姐就跟随阿贝尔太太一起来到了伊利诺伊州。她长得很漂亮，看上去是个文静的女孩，接受过良好的教育，家里也很有钱。然而林肯却不想和她结婚，他说"她也太过主动了一些"。而且，她比他大几岁，身材矮胖，林肯说她"和莎士比亚名剧里的吹牛胖子福斯塔夫极其般配"。

林肯对别人说："没办法，我真的一点也不喜欢她啊！"

虽然阿贝尔太太特别期待林肯能够娶她的妹妹，然而林肯却很不情愿，他很后悔自己没有经过深思熟虑就答应了阿贝尔太太，说他对和欧文斯小姐结婚感到恐惧，就如同"爱尔兰人对绞绳的恐惧"。

因此，林肯给欧文斯小姐写了封信，用委婉的语气向她坦白了自己希望能够和她解除婚约的想法。

从这封写于 1837 年 5 月 7 日的信中，我们就能够猜出林肯写给玛丽·托德那封信的内容。这封信的内容是这样的：

亲爱的欧文斯：

我曾经两次写信想寄给你，然而第一封我觉得措辞不够严肃，而第二封又太过严肃了些，于是，我把那两封信都撕掉了，而这第三封信，不管怎样，我都要寄给你。

斯普林菲尔德的生活是无聊又乏味的，至少在我看来是这样的。我无论住在哪里，都会感到寂寞。自从我到了这个地方，和我说过话的女人只有一个，而且那是个不到关键时刻不轻易开口的人。

我没有进过教堂，而且在短时间内我也不想去教堂。之所以会这样，是因为教堂太过优美，会让我不知所措。对于你要来斯普林菲尔德居住的事情，我们进行过讨论。我认真地考虑过，觉得你也许会不喜欢这里的生活。斯普林菲尔德有很多坐马车亮相的活动，而你肯定是不能忍受这样的生活

的，只能在旁边看看。你将逃都逃不掉。你认为你能够忍受这些吗？如果哪个女孩愿意和我厮守到老，我必将尽我所能给她快乐和幸福，而如果这一切的努力都没有换来好的结果，那便是真的会让我再伤心不过了。我知道，如果你嫁给了我，我的生活将会比现在快乐得多——假如你不嫌弃的话。

以前的事情，或许你是在开玩笑，或许是我误会了。如果真是那样，就让我们把它全忘掉吧。如果不是这样，希望你仔细考虑清楚再做决定。我已下定决心，如果你不希望我违背承诺，我当然很愿意这样做。然而我觉得这样对你太不公平了。你不能习惯艰苦的生活，而嫁给我或许会让你过上难以想象的艰苦日子。我知道你是个聪明的人，只要你静下心来思考一下，无论你做什么决定，我都愿意听从。

请你收到此信后，务必给我写封回信，也许你觉得没有必要回信，然而，在这个枯燥荒芜的地方，写信也可以排遣寂寞。请转告你的姐姐，我再也不想听到卖掉资产然后搬家这样的话了，这让我十分心烦。

林肯敬上

林肯和欧文斯小姐之间的事情就到此为止了。我们再返回去说说他和玛丽·托德的婚事。

史匹德把林肯给托德小姐写的信扔进了火炉里，对他说："林肯，如果你能像个真正的男人那样有勇气，就亲自去跟玛丽说吧。假如你不喜欢她，就跟她说明白，告诉她你不想跟她结婚。但是你一定要小心，不要说过了头，最好早点结束。"

史匹德说："他听了我的话，穿好大衣，面带坚定的神情走出了我的商店。"

在《林肯传》中，荷恩敦写道：

那个夜晚，史匹德没有上楼睡觉，他找个借口，说自己想看看书，于是，在一楼的店铺里坐着等林肯回来。10点了，林肯还没有回来。过了11点，林肯才悄无声息地走进商店，史匹德见林肯和玛丽谈了这么长时间，就知道了他没有按照他的话做。

史匹德对他说："回来啦！老兄，你是不是按照我教你的去做的？"

林肯想了想说："是的，我按照你说的做了。我对玛丽说我并不爱她，然后，她号啕大哭，几乎从椅子上跳了起来。她使劲地拉扯着自己的手，看上去很痛苦的样子，嘴里说着些什么骗人的人自己反而被骗了。"

史匹德继续问林肯："你还对她说了什么？"

林肯接着说："说真的，史匹德，我可招架不住她这一招。我的泪水夺眶而出，一把抱住她，亲吻她。"

史匹德带着嘲笑的语气说："难道你就想用这样的方式解除婚约？你这样做，不但当了一次傻瓜，而且相当于是再次确认了跟她的订婚。目前看来，你已经没有任何退路了。"

林肯缓缓地说："算了，我认命了。既然事情已然如此，我只好遵守承诺了。"

日子就这么一天一天过去了，离他们约定的婚礼日期越来越近了。裁缝为玛丽·托德赶制出嫁衣。爱德华公寓也请来粉刷匠进行了重新粉刷和装饰，卧室里焕然一新，铺上了新的地毯，家具擦得一尘不染而且换了新的位置。

林肯那时候却是一副心不在焉、失魂落魄的样子，看上去真是无法形容，可以说他不是一般的难过，或许已经到了危及身心的程度。他的身体一天天衰弱下去，精神也似乎快要崩溃了。后来，他的心理好像也受到了这几个星期痛苦经历的影响。

虽然他答应和玛丽·托德结婚，然而他的内心却饱受煎熬，很想躲起来，逃避这一切。他经常呆呆地坐在商店二楼的卧室里，不去办公室上班，也不去出席州议会的会议。有的时候，半夜3点，他会起床到楼下的店铺去生起壁炉的火，一个人盯着炉火坐到天明。他吃不下饭，脾气一下子变得很暴躁，总是发火，不想见任何人，也不愿意开口说话。

婚礼的日子马上就要到了，林肯越发地恐惧和退缩了，他觉得自己好像掉进不见光亮的深渊，不停旋转跌落，差点就失去了理智。他给美国西部最著名的医生——辛辛纳提大学医学系主任的丹尼尔·德莱克教授写了一封长信，在信中，他详细描述了自己的情况，并且请教了解决方法。然而德莱克医生却在回信里说，这种情况他不负责亲自检查，而且也不能帮他解决什么。

他们的结婚日期是在 1841 年的元旦。那天天空一片晴朗，在这个新春之日，斯普林菲尔德的上流社会人士坐着雪橇穿梭在大街小巷，走亲访友。拉雪橇的马急促喘息着，鼻子里呼出一阵阵湿气，脖子上的小铃铛响个不停。

这个时候，爱德华公寓里一片繁忙的景象，送货的小孩子敲开了后门，手里捧着最后一分钟才订的货物匆匆赶来。玛丽家里还特意请来了一个大厨师，因为是喜宴，所以不用旧的铁质烤炉放在火上烹调，而是使用新发明的烹饪炉。

终于，到了元旦的傍晚。烛光柔和地照射着，冬青树花编成的花环挂在窗子上。玛丽的家人都按捺住激动的心情，静静地期待着。

晚上 6 点半的时候，客人们都陆陆续续地来了。不一会儿，带着教堂行礼用具的牧师也来了。各种各样的植物和鲜花摆满了房间。所有人都在用愉快而亲切的声音交谈着。

7 点的钟声敲响了，林肯没有来。7 点半，林肯还是没有来。

时间一分一秒地过去了，门厅里的钟表咯哒咯哒地转着，15 分钟过去了，30 分钟过去了，新郎还是不见踪影。爱德华太太走下车道，面带紧张和担心的神情。这究竟是怎么了？难道林肯会……不！这太难以想象了！这绝不可能！

客人们开始议论纷纷，压低声音交头接耳地交流着。

玛丽·托德头上戴着白色新娘纱，身上穿着丝袍，一直一动不动地坐在房间里等待着……她摆弄着插在头发上的花，表情很紧张。好几次，她走到窗子旁边，焦急地朝街上张望。她两眼直勾勾地盯着时钟，手掌捏出了汗水，眉毛上也挂着汗珠。又是一个小时过去了。他是答应过她的……真是这样的……

9 点半，客人们陆续告辞了，他们悄声离开，这样的气氛太尴尬了，他们一脸惊讶，而且不知所措。

最后一个客人也离开了。准新娘玛丽终于忍不住了，她一把扯掉头上的白纱，拉掉头发上的花，哭着跑上楼，栽倒在床上，她太伤心了。上帝啊！人们将会怎样看待她啊？嘲笑、怜悯、说三道四，她哪里还有尊严，哪里还敢走出家门？

她感觉自己被伤心和耻辱吞噬掉了。此刻，她多么希望林肯能在她身边，拥抱她，安慰她；然而，她又多么想一见到他就立即杀掉他，以此来报复他给她带来的耻辱和伤害。

林肯到底去哪了？他是不是被人绑架了？是不是发生了什么意外？他不会是逃跑了吧？难道是自杀了？这一切，没有人知道答案。

夜深了，男人们组成了一支搜索队，一个个都举着灯笼。有的到镇上林肯经常去的地方寻找，有的对通往乡间的道路进行仔细搜查……

第八章　和不喜欢的女人结婚

人们分头找了一个晚上，直到天亮之前才发现林肯一个人坐在办公室里，嘴里正喃喃地说着什么。朋友们担心他神志不清，玛丽·托德的亲戚则说他已经疯了——这是他们对他没有出席婚礼所作的最好的解释。

林肯对人们说他要自杀，人们立即找来亨利医生，并让史匹德和伯特勒随时注意他。大家还拿走了他的刀子，一切就像安妮·鲁勒吉去世时的情形一样。

亨利医生希望林肯找点什么事情做做，他建议林肯去参加州议会的会议。林肯作为议会领袖，应该经常参加各种会议。可是根据州议会记录，他3个星期以来只出席过4次，而且每次只去一两个小时。1月19日，约翰·J. 哈定正式向议会宣布林肯生病了。

林肯逃婚3周后，给他的合伙律师写了他一生中最悲惨的一封信：

"我现在是这个世界上最悲哀的人了。如果将我的这种悲哀平分给全人类，世上就没有一张愉快的面容了。我不知道自己是否会好转，但也不能总是这样继续下去。如果我不能好转，就只有死了。"

已故的威廉·E. 巴顿在他写的《林肯传》中说，这封信"表示亚伯拉罕·林肯已经精神错乱……他深恐自己会发疯"。

林肯在这段时期经常想到死亡，也渴望死亡，他还写过一首以自杀为题材的诗，发表在《山嘉蒙期刊》上。

史匹德怕林肯自杀，就带林肯到路易斯维尔附近史匹德母亲的家里，并给了他一本《圣经》，让他住进一间面向小溪的安静小屋。小溪弯弯曲曲地流进一英里以外的森林。每天早上，会有一个黑奴把咖啡端到床上送给林肯喝。

玛丽的姐姐爱德华太太说，玛丽"为了澄清别人对她的误解，也为了使林肯先生安心，曾给林肯写信，表示愿意和他解除婚约"。她这样做，一方面是为了解除他的心理负担，另一方面是"如果林肯愿意，仍有权恢复婚约"。

恢复婚约当然是林肯最不愿意的。他不想再见到玛丽。即使在逃婚一年以后，林肯的好友詹姆士·马森尼还认为"林肯有自杀的可能"，由此可见林肯对这桩婚姻的惧怕有多么深刻。

从1841年那"致命的元旦"算起，林肯几乎有两年的时间没和玛丽·托德交往过，他希望她能把他忘掉，看中别的男人。但是这事关她的骄傲和她宝贵的自尊，她决心向自己和那些轻视她、怜悯她的人证明，她可以嫁给亚伯拉罕·林肯，而且她嫁定了亚伯拉罕·林肯。

而林肯却决心不娶她，所以不满一年他就改向别的女孩子求婚。当时他32岁，那个女孩子的年龄只有他的一半。她叫莎拉·理卡德，是4年来一直为林肯提供伙食的伯特勒太太的小妹妹。林肯向她说明了自己的情况，他说自己名叫亚伯拉罕，而她名叫莎拉，显然他们是天造地设的一对。

但是林肯的求婚却被女方拒绝了。后来，莎拉在给一位朋友的信中吐露道：

"我现在年纪还小，还不到16岁，根本没有想到结婚的问题。我并不讨厌他做我的朋友。不过你知道，他那古怪的外表和态度很难让一个芳心初动的少女看上眼……他和我姐姐很熟悉，我总把他当作大哥来看待。"

由于林肯常常为当地的《春田日报》撰写社论，因而与该报社总编西米昂·法兰西斯结为密友。不幸的是，法兰西斯夫人十分喜欢管闲事。她虽然已经年过四十，但还没有小孩，自称为"春田镇的媒婆"。

1842年10月初，法兰西斯夫人写信给林肯，请他于次日下午到她家去一趟。这个邀请很古怪，虽然林肯想不通是什么用意，但他仍旧应约前往。他刚一到，就被迎入会客室。意外的是，玛丽·托德就坐在他前面。

当时林肯和玛丽·托德说了些什么话，他们的语气和表情如何，他们做了些什么……历史上并无记载。不过，可怜而又心软的壮汉这次完全没有逃脱的余地。只要她一哭——她最擅用这一招了——他马上就向她投降了，低声下气地为自己的逃婚而向她道歉。

后来，他们每次见面时，总是偷偷摸摸地在法兰西斯家里进行。起初，玛丽甚至不让她姐姐知道她又与林肯来往。当姐姐发现了他们的来往以后，问玛丽："为什么你要瞒着别人？"

玛丽说："既然已经发生过那些事情，我认为彼此交往最好能避人耳目。万一再出了问题，也不会被别人知道。"

说得明白些，她已经接受过一次教训，这次她决心保密，直到林肯愿意娶她为止。

这一次，托德小姐要使出什么伎俩呢？

詹姆士·马森尼说，林肯常常告诉他说"他是被迫结婚的，托德小姐说林肯在道义上非娶她不可。"

对此，荷恩敦应该比谁都清楚，他曾说：

"我总觉得林肯娶玛丽·托德完全是出于道义，他曾经很彻底地自我分析过，他很清楚自己并不爱玛丽，但是他又确实答应过娶她。面对道义与幸福的冲突，他选择了前者……就像一场噩梦一般，多年的折磨和纠缠，使他永远失去了家庭的幸福与安宁。"

在下定决心之前，林肯曾写信给史匹德，问他是否曾在婚姻中找到了幸福。林肯催促他："请赶快回信，我急着要知道你的答案。"

史匹德回信说，他所获得的幸福要远远超过期望中的幸福。

于是，第二天下午——1842 年 11 月 4 日，星期五——林肯怀着忐忑不安的心情，勉强向玛丽·托德求婚。

玛丽希望当天晚上就举行结婚仪式。林肯犹豫而惊慌，没想到事情会进展得那么快。他知道玛丽十分迷信，就说当天恰好是星期五不吉利。可是玛丽有过上回的教训了，她连 24 小时都不愿再等。何况那天正好是她的生日——她 24 岁的生日——于是他们匆匆忙忙来到夏特敦珠宝店，买了一枚结婚戒指，刻了"爱之永恒"。

那天下午，林肯请詹姆士·马森尼当他的男傧相，并说："吉姆，我非娶那个女孩子不可。"

傍晚，林肯在伯特勒家中穿上了他最好的一套衣服，擦亮了皮鞋，伯特勒的小儿子问他要去什么地方，林肯答道："我猜想是要下地狱吧。"

玛丽上次为婚礼赶制的嫁衣已被她绝望地扔掉了。现在，她只好穿一件简单的白色衣服出嫁。

一切安排都那么仓促。爱德华太太说她直到婚礼前两个小时才接到通知，只好匆忙烤好结婚蛋糕。蛋糕端上桌的时候，上面的糖霜还热热的，不太好切。

查尔斯·德雷瑟牧师为他们宣读圣公会礼拜诗，但是林肯似乎一点也不高兴。男傧相说他"就像要上屠宰场就戮似的。"

对于这桩婚姻，林肯只评说了一句话。这句话是在他婚后一星期左右写给山姆尔·马歇尔的业务信函中的一则"附启"。这封信现在归"芝加哥历史协会"所有。

林肯在信中说："除了我结婚之外，这边没有什么新鲜事。我觉得婚姻真是一件非常奇怪的事情。"

中篇　向胜利前进

第一章　慈义

当我为了编写此书而居住在伊利诺伊州的纽沙勒镇时，我的好朋友——在当地做律师的亨利·庞德曾经多次提醒我说："你应该去拜访吉米·迈尔斯叔叔。他的舅舅荷恩敦律师是林肯的合作伙伴，他的姨妈经营着一家提供三餐的旅馆。林肯夫妇曾经在那里住过一段时间。"

于是，7月的一个周日下午，庞德先生开车带着我来到了纽沙勒镇旁边的迈尔斯农场，当年，这里是林肯去斯普林菲尔德借法律书的必经之地，他经常在这里休息一下，给农场里的人讲几个故事，换得一杯果汁。

我们到达了目的地后，吉米叔叔便将三张摇椅搬到前院的大枫树下，接下来的几个小时，我们三个坐在那里，聊得非常开心，几乎忘了时间。小火鸡和小鸭唧唧喳喳地在我们周围的草地上跑来跑去。吉米叔叔给我们讲了一件关于林肯的逸事，在那之前，没有人知道这件事，那简直是一场发人深省的悲剧。

事情的经过是这样的：

迈尔斯先生的姨妈恺撒琳和名叫雅各·M·尔莱的医生结了婚。在林肯到了斯普林菲尔德之后一年，也就是1838年8月11日的晚上，一个陌生的骑士敲开了尔莱医生家的门，医生来到了门口，骑士举起一支双管猎枪，将他一枪击中，然后跳上马，像一阵风似的逃走了。

当时，斯普林菲尔德还是个巴掌大的地方，仅有的居民中，没有人有杀害医生的嫌疑。这个命案一直到现在都没有调查清楚。

尔莱医生留下的财产非常少，他的遗孀——迈尔斯先生的姨妈只好把空

林肯就职演说现场

房间租出去，并且提供搭伙的三餐来维持生活。亚伯拉罕·林肯夫妇结婚后没过多久就成了尔莱太太家的房客。

吉米·迈尔斯叔叔说，他经常听他的姨妈说起这样一件事：一天早晨，林肯夫妇正在吃早餐，不知林肯做了什么让妻子发火的动作，林肯太太怒气冲冲地将一杯热咖啡泼到林肯脸上，这一幕，当时在场的每一位房客都看到了。林肯一声不吭地呆坐在那里。尔莱太太拿来一条湿毛巾，帮他把脸和衣服擦干净。从这件小事就可以看出林肯夫妇之后 20 多年的婚姻生活。

当时，仅在斯普林菲尔德这个小小的地方，就有 11 名律师，所以，想让他们全都留在当地开业是根本不可能的，于是，他们经常骑着马，在县与县之间奔波。大卫·戴维斯法官无论在第八司法区的哪个地方开庭审案，他们都会紧随其后。除了林肯以外，当地每个律师一到周六，总要想尽办法赶回家，为了和家人一起度过周末，而林肯却对回家感到恐慌。春季和秋季，总共 6 个月的时间，他连续在外地办案，从不靠近斯普林菲尔德。

就这样，一年又一年，他宁可在环境恶劣的乡下旅馆里凑合住着，也不愿意回到家去听妻子唠叨或者乱发脾气。林肯太太的大嗓门和坏脾气已经是众所周知的了，他的邻居都说"林肯被她折磨得不像样子，像丢了魂似的"。

参议员毕佛瑞吉说："林肯太太的声音又高有尖，对面街道上住的人都能听得一清二楚。住在附近的所有人都听过她一连好几个小时的呵斥和谩骂。而且，关于她施行暴力的传言特别多，人们都对此深信不疑。"

人性的光辉

荷恩敦觉得自己对玛丽的心理很了解，他说："林肯被玛丽弄得晕头转向，还经常要忍受她的怒火轰炸，因为林肯让她颜面尽失，她的骄傲被粉碎了，在人们面前无法抬起头来。她要疯狂地报复，以至于丧失了理智和感情。"

林肯在她看来没有一点顺眼的地方：他驼背，走起路来跛脚，笨拙得很，像个印第安人。她指责他的步伐不矫健，动作不优雅，还故意夸张地模仿他走路的样子；她对他指指点点，叫他走路的时候要脚趾向下，就如同当年她在曼特尔夫人的女校中所学到的那样。

林肯的一双大耳朵直角般贴在脑袋上，这让她非常厌恶。她挑剔他的鼻子不够挺拔，下唇向外突出，脸色看上去好像患了肺痨，手脚太长，脑袋又太小……

林肯本人从来都不在意自己的外貌，然而玛丽却是个敏感又要面子的女人，对此，荷恩敦说"其实，林肯太太并不是没有道理地胡乱指责"。例如，有的时候，林肯走在街上，一只裤管塞进皮靴里，而另一只耷拉在皮靴外，他都不在意。他的皮靴脏兮兮的，几乎从来都没擦过油。硬领已经黑了，恐怕洗都洗不干净了，大衣也早就该洗洗了……

做了林肯家的邻居很多年的詹姆士·高莱也这样说："以前，林肯先生经常到我家做客，每次来时，都穿得非常随便，脚底下是一双又大又松的拖鞋，身上是一件颜色几乎掉光了的长裤，只系了条背带。"

天气好一些的时候，林肯会到更远的地方去走走，"把一件肮脏的亚麻外罩当做大衣，外罩的背上像地图一般一块一块的，都是干掉了的汗渍。"

有个年轻的律师曾经在乡村旅馆目睹过睡觉前的林肯，他"身穿一件自己缝制的黄色法兰绒睡衣"，下摆长到"膝盖和脚踝之间"，这个年轻律师不无感慨地说："我一生中从没见到过像林肯这样邪门的家伙。"

林肯一生从未用过剃刀，而且他去理发的次数远远少于玛丽对他提出的要求。他的头发又粗又密，像马鬃一样，这让玛丽非常恼火。即便她帮他打理好头发，用不了多久，又会恢复成老样子，因为林肯已经养成了把存折、信件、文件放在帽子里再戴在头上的习惯，头发不被压乱是不可能的。

有一次，林肯在芝加哥照相，摄影师劝他"修整一下外貌"，然而林肯却说："如果那样，斯普林菲尔德的人们绝对不会承认那是我。"

在餐桌上，林肯更是不拘小节：餐具握法不正确，用过之后摆放位置也不对。他几乎对如何用刀叉吃鱼和面包一窍不通。有的时候，他把碟子弄歪了，整块的猪排都滑进了大盘子。他甚至会用餐刀来切奶油。林肯太太忍无可忍，经常为此和他吵架。有一次，他把吃剩的鸡骨扔进了盛莴苣的小碟子里，玛丽气得差点昏过去。

每当有女客人来到林肯家，林肯既不懂得站起来迎接，也不知道应该接过她们的大衣；客人离开时，他也不懂得要把客人送到门口，为此，玛丽再一次大发脾气，把他臭骂了一顿。

林肯喜欢躺着看书。每天从办公室回到家，他就立即把大衣、鞋子、硬领、背带一股脑脱掉，把放在楼道的一张椅子翻倒在地，拿来个枕头垫在椅背上，伸直了身子躺在上面看书。

他就这样连续躺着几个小时看书。有的时候是看报纸，有的时候是在《阿拉巴马的脸红时刻》里挑出一个他觉得很有趣的故事来看，还会经常读读诗歌，无论是读什么，他都会放开声音朗诵出去，这便是印第安纳州的"出声朗读"学校培养的习惯，不仅如此，林肯认为出声的朗读可以在记忆时从听觉和视觉上双管齐下，比单纯利用视觉的记忆要深刻得多。

有的时候，他躺在地板上，闭着眼睛背诵莎士比亚、拜伦或者爱伦坡的诗歌。

有个曾经在林肯家住了两年的亲戚说，有天傍晚，林肯正躺在大厅的地板上看书。这时，来客人了，他没等佣人去接待，自己就去开门，把客人请进会客厅了，然而他身上只穿着一件衬衫，他说他这么做是想"愚弄愚弄女人"。

当时，林肯太太正在隔壁的房间里，她看见那些女客人走进屋子，而林肯却对她们说一些荒唐可笑的话。她顿时怒火冲天，跑到会客厅去把他弄得很尴尬。所以，林肯乐得逃出家门，一直到半夜才蹑手蹑脚地从后门溜回来。

　　林肯太太是个特别爱吃醋的人，林肯的密友约述亚·史匹德是她最讨厌的人，因为她怀疑林肯当初做出逃婚的决定，就是史匹德教唆的。他们结婚前，每次林肯给史匹德写信时，总会在结尾附一句"替我问候芬妮"。结婚后，林肯太太作出规定，必须将这句问候语改为"替我问候史匹德太太"。

　　林肯的优点之一，就是从来都不会忘记别人的恩惠。为了表示对好朋友的感激，他曾答应将长子的名字取为约述亚·史匹德·林肯。玛丽·托德知道此事后火冒三丈，她觉得她生的孩子，名字自然应该由她来决定，他绝对不允许将约述亚·史匹德的名字用在她儿子身上！结果，他们的第一个儿子的名字取为了罗勃·托德·林肯，罗勃·托德是她父亲的名字，她要以此来纪念她的父亲。

　　很明显，他们长子的名字最终当然是罗勃了！林肯一共有 4 个孩子，除了罗勃，其他孩子都小小年纪就去世了：1850 年，年仅 4 岁的艾迪死于斯普林菲尔德；12 岁的威利是在白宫死掉的；1871 年，18 岁的泰德死在芝加哥。1929 年 7 月 26 日，罗勃·托德·林肯死于佛蒙特州的曼彻斯特，享年 83 岁。

　　林肯太太抱怨她的院子一棵花草树木都没有，这样既没有颜色也没有生机，于是，林肯种了几株玫瑰。然而他对园艺一窍不通，没几天，这几株玫瑰就枯死了。玛丽又不停催他开垦出一个花园。终于，有一年春天他照办了，可是花园最终却因为疏于管理而长满了杂草。

　　虽然林肯不喜欢做体力活，然而他却亲自喂养他心爱的马儿"老公鹿"，他为它梳洗鬃毛，不仅如此，他还"亲自喂母牛，挤牛奶，锯木料"。一直以来，他都是这样做的，即使是选上了总统以后也是如此，直到他离开斯普林菲尔德。可是，林肯的表兄约翰·汉克斯却曾经说过"除了做梦，亚伯什么工作都做不好"。对此，玛丽·托德很赞同。

　　林肯经常是一副心不在焉的样子，这个世界的任何存在似乎都无法触动他。周日，他经常把小孩放在小篷车里，在屋子前面的人行道上来来回回地推着他。因为人行道的地面凹凸不平，小孩有时不小心滚下车，林肯却没有注意，还继续推着空车向前走，眼睛直勾勾地盯着地面，似乎一点都听不到小孩的哭声。直到林肯太太走出家门看到这一幕，气愤地对着他大喊大叫，他才一下子回过神来。

有的时候，林肯在办公室待了一天，回到家，见到玛丽却装作看不见，觉得没有话可说。林肯对食物也没什么兴趣，玛丽准备好晚餐后，总是要费尽力气才能让他走进餐厅。可是，林肯即使是坐到了餐桌旁边，眼睛却无神地望着远处某个地方，动都不动餐具，玛丽只好一次又一次地提醒他。

吃完晚饭，他会坐在那里半个钟头一声不吭地盯着炉火。孩子们想和他玩，爬到他身上拉他的头发，和他说话，他一点反应都没有，直到他突然醒悟过来，便立刻露出笑容，给他们讲个笑话或者背首诗。

林肯太太责怪他不懂得如何教育孩子，说他把他们都宠坏了。她说："孩子们犯了错误，他从来都看不见也听不见，然而，孩子们表现好的时候，他都不忘一一赞赏一番。他总是这样说'我愿意我的孩子们能够无忧无虑、快乐自由，不受父母的束缚。爱是一根锁链，将孩子和他的父母连在一起。'"

林肯对孩子们实在是太放任了。例如，一次，他正在和最高法院的一位法官下棋，罗勃跑来告诉父亲到了吃晚餐的时间了。林肯嘴里答应着："好，好。"可是当时他正下得兴致高涨，根本没有意识到自己说了什么。

过了一会，林肯太太再次让罗勃过来催促林肯。林肯依然满口答应，可是却立刻就忘了。

罗勃第三次过来催促时，林肯还是像之前一样。这时，小家伙终于耐不住性子了，猛然退后一步，一脚踢翻棋盘，棋盘冲到了天上，棋子被弹得到处都是。

林肯站起来微笑着说："好啦，法官，看来我们只好改时间再把这盘棋下完啦。"

林肯从不觉得有纠正孩子错误行为的必要。

到了傍晚，林肯的孩子们经常藏在篱笆后面，将一根竹竿从篱笆孔里伸出来，打落来往行人的帽子。有一次，林肯回家时路过篱笆，孩子们误打下了他的帽子，而林肯却只提醒他们以后要小心些，告诉他们也许有的人会因此不高兴的！

　　林肯什么宗教都不信，也不和朋友们谈论宗教问题。但是他曾经对荷恩敦说过：印第安纳州的教堂聚会上，曾经有个名叫葛伦的老人在演讲时说："我的信仰就是：每当做善事的时候，我的心情就很好，每当干坏事的时候，我的心情就很坏。"林肯说他和这个老人对于信仰的看法是一样的。

　　等到孩子们长大了一些，到了周日，林肯经常一清早就带着他们出去散步。一个周日，他和玛丽去"第一长老会"教堂，把孩子留在了家里。儿子泰德醒来后在家里找不到爸爸，就沿着街道跑到了教堂，从布道间冲了进去。那时，泰德的头发乱蓬蓬的，鞋带松开着，长袜卷在脚踝，脸上手上都是泥土。打扮得很高贵的林肯太太吃了一惊，显得十分难堪，而林肯只是微笑着伸出手，把泰德拉进自己的怀里。

　　到了周日早上，林肯偶尔也会把他的孩子们带到位于城里的他的办公室去，任由他们在里面嬉戏撒野。"几个孩子在办公室里乱翻书架、抽屉和箱子，把他的金笔笔尖弄坏……还把铅笔扔进了痰盂；墨水被打翻，墨汁流在桌子上，屋子里到处撒满了信件，他们还在上面跳舞打闹，"荷恩敦说，"然而他作为一个父亲，从来没有呵斥过孩子们，甚至连眉头都没有对他们皱过。我从未见过像他这样宠爱孩子的父亲。"

　　林肯太太很少去林肯的办公室。这也难怪，因为他的办公室简直脏乱不堪，林肯太太才不会到那样的地方去。林肯曾经把一堆文件捆起来，在上面贴了张写着"如果在别处没有，就在这里找找"的便签。

　　史匹德说得没错，对于林肯来讲，他的规矩就是"没规矩"。

　　在林肯办公室的一面墙壁上，有一块巨大的黑色斑点，那是一群学生来他这里做客玩的时候，一个法律系学生和同学打闹时，扔墨水瓶留下来的痕迹。他的办公室几乎从来没有打扫过，到处积满了厚厚的尘土，摆在书架上的几颗花种子竟然都因此长出芽来。

第二章　穷苦的律师生涯

　　玛丽在许多方面都堪称春田镇最节俭的家庭主妇，但是在某些方面，她却十分奢侈。按照林肯此时的收入来说，还用不起马车，可是玛丽不但买了一辆，还以每个下午 25 美分的价格雇了一个邻家少年为她驾车，载她到镇上去拜访朋友。其实，春田镇只不过是个小镇，玛丽可以步行或者雇车去那里，但是她认为这不符合她的身份。所以，尽管家里穷，她还是照样要买昂贵的衣裳来摆阔。

　　1844 年，林肯夫妇以 1500 美元的代价买下了两年前替他们主婚的查尔斯·德雷瑟牧师的房子。这栋房子有起居室、厨房、客厅和几间卧室，后院还有一个柴堆、一间小屋和林肯安置母牛及爱马"老公鹿"的棚子。

　　起初，玛丽把这幢屋子看作是人间天堂——与刚刚迁离的那间搭伙宿舍比起来，两者确实有天壤之别，更何况这栋房子还有产权，这无疑给玛丽带来了喜悦和自尊。可是，新居的优点在玛丽眼中很快就褪色了，她不断地挑这栋房子的毛病。因为她姐姐住的是一栋两层楼的大洋房，而这栋房子只有一层半。她经常对林肯说："住一层半房子的人可不会有什么出息。"

　　平常玛丽向林肯要任何东西时，他都答应说："你知道自己要什么，就买吧。"可是这次他却反驳说："家里人少，房子够住就行了。何况我是一个穷人，结婚时只有 500 美元，后来也没有增加多少。我们还没有钱扩建房子。"这一点她也知道，但是她仍然一再催促和抱怨。

　　最后，林肯为了安抚她，就叫来一个建筑商估价，并故意让他把价格估高一点。

　　当他再把估价单拿给玛丽看时，她吃惊得目瞪口呆。林肯以为问题就此解决了，但是，他未免太乐观了。当他出门巡回办案时，玛丽竟找来另一位工匠为她估价，并立刻把房屋重新整建好。

等林肯回到春田镇时，他简直认不出自己的房子了。他故作严肃地问一位朋友："陌生人，你能不能告诉我，林肯先生住在什么地方？"

林肯当律师的收入并不多。按照林肯自己的说法，他常常得为了付账而"辛苦地凑钱"。如今家里又多了一笔庞大和不必要的建筑费用。

对于林肯的抗议，林肯太太以她一贯的方式来回答——主动进攻，先发制人，骂他没有金钱观念，不懂得理财之道，律师费收得太低。关于这一点，倒是有很多人支持玛丽的说法。

别的律师经常为林肯的低收费而感到十分气愤，他们认为林肯打乱了行情，害得整个律师界穷困不堪。1853 年，林肯 44 岁，此时距离他入主白宫只有 8 年，他在麦克林巡回法庭处理了 4 个案子，但总共只收了 30 美元。

对此，林肯说有许多当事人和他一样贫苦，他不忍心收他们太多钱。有一次，一个当事人付给林肯 25 美元的律师费，他却退还对方 10 美元，还说对方太慷慨了。

另有一次，一个骗子霸占了一位精神病少女 10000 美元的财产。林肯只花 15 分钟就打赢了这场官司。一个小时之后，他的合伙人华德·拉蒙来跟他均分 250 美元的律师费，却遭到林肯的严厉斥责。拉蒙争辩说律师费是两人事先讲好的，何况这位少女的兄弟也很乐意支付这笔钱。

林肯反驳说："也许她的兄弟很乐意，但是我并不乐意。这笔钱是从一位可怜的疯女孩口袋里掏出来的。我宁愿饿死，也不愿这样诈取她的钱。你至少要退还一半，否则分给我的钱我一文都不要。"

还有一回，一个抚恤金代办人替一位军人遗孀争取到了 400 美元抚恤金，却要收她一半的钱当酬劳。林肯鼓动那位年老体衰、一贫如洗的老妇人控告那位抚恤金代办人，并且替她打赢了官司，他不仅不收她半文钱，还代付了她的旅馆账单，又拿钱给她买车票回家。

有一天，寡妇阿姆斯太太的儿子杜尔夫被控告喝醉酒打死人，她求林肯去救她的儿子。

林肯在纽沙勒时就认识阿姆斯一家人，小时候杜尔夫躺在摇篮里，林肯还曾摇过他入睡呢。虽然阿姆斯一家人粗鲁凶暴，但是林肯喜欢他们。杜尔夫的亡父杰克·阿姆斯以前曾是"克拉瑞丛林帮"的领袖，在一场摔跤赛中曾败给林肯。这件事载在历史中，是有记录可查的。

林肯欣然接受了阿姆斯太太的请求，来到陪审团面前，发表了一篇十分感人的演说，把这个年轻人从绞刑架边缘救了下来。

为此，阿姆斯太太打算把她仅有的40英亩土地无偿转让给林肯，林肯对她说："汉纳大婶，多年前我一贫如洗、无家可归时，你收容了我，给我饭吃，还为我补衣服。现在我不能收你一文钱。"

然而，林肯绝非好讼成性之徒。有时候，他会劝当事人庭外和解，化解一场纷争，也不收任何顾问费。有一次，他拒绝指控某一个人，他说："他那么穷，又是个跛子，我真的很为他难过。"

仁慈和善良虽然可贵，但换不来金钱。玛丽整日为此唠叨，恨自己的丈夫出不了头。别的律师都能靠打官司或其他投资发财，大卫·戴维斯法官和洛根就是最好的例子。还有史蒂芬·阿诺德·道格拉斯。道格拉斯在芝加哥投资房地产，发了大财，然后捐出10英亩的土地给芝加哥大学建楼房，摇身一变而成为人人皆知的慈善家。此外，他还是全国数一数二的政治领袖。

玛丽每次想起他时，多么希望当初嫁的是他啊！她若成为道格拉斯太太，一定会活跃在华盛顿的社交界，穿着巴黎的服装，经常到欧洲去旅行，与皇亲贵戚们共同进餐，将来还可能会住在白宫里……

而当林肯的太太，简直是前途黯淡。她认为林肯这一辈子大概只会如此了：每年骑马出巡6个月，把她孤零零地留在家里，既不宠爱她，也不关心她……

现实生活与她求学时代的浪漫理想相差那么远，真是叫她伤心啊！

第三章　毫无乐趣的婚姻

　　林肯太太对自己的精打细算颇以为荣，连一日三餐的饮食都要克扣，当然不会有足够的残羹剩菜来喂猫，因此林肯家也是不养狗的。

　　她买过一瓶又一瓶香水，每次开封试用之后，又都退回去，借口说是东西不好，或是商家送错了。由于她经常这样重施故伎，结果当地的商人都不肯再给她送货了。现在我们还可以看到这些账本，上面用铅笔写着："林肯太太退回的香水。"

　　对玛丽来说，和商家争吵是家常便饭。例如她觉得冰块商梅耶斯送来的货斤两不足，于是上门尖声大骂对方，连半条街以外的邻居都跑到门口来看热闹。当她第二次指控斥骂对方时，梅耶斯发誓，直到她下地狱都不再卖冰块给她。他说到做到，此后就不肯再送货给她。然而冰块是非用不可的，玛丽只好给一位邻居 25 美分，请他进城代为谈和，劝梅耶斯继续给她送货。

　　林肯的一位朋友办了一份《春田共和主义者》的小报。他在镇上奔走，请求资助，林肯答应他订阅。当第一份报纸送进家门时，玛丽气得要命，骂个不停——她拼命节省，林肯却浪费钱订一份没有价值的废纸。为了安抚她，林肯只好说他并没有叫人送报纸来。他这话倒也不假——他只是答应要付订阅费，却没叫报社送报纸来。他可真是个善辩的律师！

　　当天晚上，玛丽背着丈夫写了一封极为无礼的信给报社主编，说了她对这份报纸的看法，并要求停止订阅。

　　主编就在报纸专栏中公开答复她，然后写封信给林肯，要求他做出解释。林肯为这件事难过得甚至生病了。他只好给对方写了一封屈辱的回信，向主编解释说这一切都是误会，并尽量向他道歉。

　　有一次，林肯想请继母来家中过圣诞节，却遭到玛丽的反对。她看不起老人，更看不起汤玛士·林肯和汉克斯家的亲戚。她以他们为耻，于是这次邀请只好作罢。23 年间，林肯的继母就住在春田镇 70 英里远的地方，林肯曾去探望她，可是她却从未进过林肯的家门。

林肯婚后只有一个亲戚曾到过他家，这是一位名叫哈丽叶·汉克斯的远亲，她是个讨人喜欢又懂事的姑娘，很得林肯的疼爱。她来春田镇上学的时候，林肯请她到家里来住。没想到玛丽却把她当成佣人使唤，因而招到了林肯的反对，结果又闹出一场大风波。

林肯太太还经常跟"雇来的女仆"发生纠纷。她每发一两次脾气，女仆们就会立即卷铺盖离开，由此先先后后一共走掉过一大串仆人。她们纷纷向同行们示警，所以林肯家很快就上了女仆们"拒绝受雇"的"黑名单"。玛丽又气又急，大谈她雇用过的"野爱尔兰人"，因此所有到她家工作的爱尔兰人，马上就被冠上了一个"野"字。她公然夸口说，若她比丈夫活得长，余生就搬到南部去住，到她生长的莱辛顿家乡去，因为那儿不容许佣人们这么无礼。那儿的黑奴如果不好好干活，立刻会被送到公共广场，被绑在柱子上受鞭打。托德家的一位邻居就曾活活打死过 6 名黑奴。

"大个子"朗·雅各是当时春田镇家喻户晓的人物。他拥有两头骡子和一辆破车，经营一间他所谓的"快车行"。他的侄女曾到林肯家工作，没有过几天，主仆二人就吵翻了，女孩一扔围裙，收拾好皮箱，"砰"的一声关上大门就离开了。那天下午，朗·雅各赶着骡子到第八街和杰克逊街的转角处，跟林肯太太说来拿他侄女的行李。林肯太太立刻大发雷霆，痛骂他们叔侄，扬言他若再敢上门，就要把他打出去。雅各非常愤慨，冲进林肯的办公室，要求林肯太太向他道歉。

林肯听完他的控诉，凄然地说："我听到这件事很遗憾。不过老实说，我 15 年来每天都要忍受这一切，难道你就不能忍耐几分钟吗？"这番话反而使得朗·雅各同情起林肯来了，他只好说抱歉打扰了他。

但是，也有一个女仆在林肯家干了两年多没走。邻居们对此都很惊讶，其实原因很简单。林肯曾和这位女仆暗中约定，他坦白地告诉她将会受到什么样的待遇，他对她表示衷心抱歉，并说他无能为力，只请女仆一切都别放在心上。林肯答应她，若她肯担待，愿意每周多付给她 1 美元。

　　尽管女主人的脾气依旧，可是女仆有了林肯这秘密金钱的支持，始终坚忍不拔。每次林肯太太痛骂她一顿之后，林肯总会趁别人不在场的时机，悄悄溜进厨房，拍拍她的肩膀劝道："没关系。玛丽亚，请别走。继续留在她身边，继续留在她身边。"

　　后来，玛丽亚嫁人了，她丈夫在格兰特将军手下当兵。南方的李将军投降后，玛丽亚赶到华盛顿去申请她丈夫的退役令。林肯见了她很高兴，坐下来跟她叙旧，并想请她留下来吃顿饭。由于玛丽没有答应，林肯于是送给她一篮水果和一些钱，让她第二天再来取，以便发给她一张通行证。可是到了第二天，她并没有去，因为就在那天晚上，林肯被暗杀了。

　　这么多年来，林肯太太一再大发脾气，而且惹来一大串麻烦和不愉快，有时候她的言行简直像一个疯子。玛丽的父母是表兄妹，也许近亲结婚对孩子有些影响吧，托德家的人都有些古怪的癖性。包括玛丽的医生在内，有人怀疑她有轻微的精神病。

　　林肯以基督般的耐心，忍受了这一切，很少指责她。不过，他的朋友们可没有他这么驯良。荷恩敦骂玛丽是"野猫"、"母狼"。林肯的一位崇拜者透纳·金恩则称玛丽为"恶棍女人"。他说自己曾看见过林肯一次又一次地被他太太赶出家门。在华盛顿首府任总统秘书的约翰·海伊给她取的绰号更加不雅，因此不宜在此公布。春田镇卫理公会教堂的牧师就住在林肯家附近，他和林肯也是朋友。这位牧师太太说林肯夫妇的"家庭生活很不愉快，林肯太太常常用扫帚把丈夫赶出门"。在隔壁住了16年的詹姆士·高莱说，林肯太太"心中有恶魔"，她常常发生错觉，附近的人全都听得见她像疯子似的又哭又闹。她甚至要派人在房子四周看守，口口声声说是有人要攻击她。

　　她发怒的次数一天比一天多，脾气也越来越暴躁。林肯的朋友们都深深地替林肯感到难过。林肯毫无家庭之乐可言，为了避免发生不愉快的事情，他从不敢邀请朋友到家里吃饭——连荷恩敦和戴维斯法官也不例外。他自己则尽可能躲着玛丽，傍晚总是和别的律师在法律图书馆聊天，或者在狄勒的店里给人们说故事。

　　到了深夜，他一个人四处乱逛，穿过人烟稀少的街道，脑袋低沉在胸前，犹如丧家之犬。有时候他会说："我讨厌回家。"朋友就会带他回自己家过夜。

荷恩敦最清楚林肯夫妇悲剧性的家庭生活了。他在《林肯传》第三册中写道："林肯先生没有心腹之交，无人可以吐露心声。他从不跟我诉苦。就我所知，他也没有对别的朋友说过。这是很大的心理负担，可是他却毫无怨言地承受着这一切。他苦闷的时候，即使不说我也看得出来。他很少在早上9点以前来办公室。我大约总比他早到一个小时。不过，有时候他7点就来了，我记得有一回他天不亮就来了。我到办公室时，发现他也在，就知道准出事了。他不是躺在沙发上看天空，就是坐在椅子里，双脚放在后窗的窗台上。我进门时，他连头也不抬，我向他道'早安'，他只是哼了一声算是回答。我立刻忙着写字或翻书，可是他那忧郁苦闷、异常沉默的样子，使得我也很不安，于是我就借口要去法院，走出了办公室。

"由于办公室的房门只装了半截玻璃，因此上面挂了一截门帘。此时，我一定得拉好帘子。我楼梯还没走完，就听见门上的钥匙'咔'的一转，林肯把自己一个人锁在暗室中。我去法院书记办公室待了一个小时，又去邻近的店铺晃了一个小时，才掉头回去。这时候也许有客户上门，林肯正向他们提供法律方面的建议；也许他愁云已散，正忙着背一则印第安人的故事。午饭时间到了，我回家吃饭。其实他家和办公室只隔了几个广场——一个小时后我再回来时，发现他还在办公室里，正在吃他从楼下店铺买来的一片乳酪和一堆脆饼干。到了傍晚五六点，我要回家了，而他不是坐在楼梯脚的箱子上和几名混混闲聊，就是在法院台阶上打发时间。天黑之后，办公室里还有灯光，可见他一直待到入夜。等世间万物都睡了，这位日后成为美国总统的人，才在树木和房屋的阴影中回家，悄悄地溜进一栋朴实的木头房子——照传统的说法，我们就姑且称为他的家吧。

"有人也许会认为我言过其实，渲染得太过分了——若是如此，我只能说他们并不知道实情。有一次林肯太太很野蛮地攻击丈夫，很长时间都不肯住手，连'对任何人都不怀恶意，对全人类怀着慈悲'的林肯也失去了自制力，他抓住她的手，硬把她从厨房推到门口，并说：'你会毁了我的一生。你把这个家弄得像个地狱。现在，该死的，你给我滚出去。'"

第四章　地狱样的悲伤

如果当初和林肯结婚的是安妮·鲁勒吉，那他很有可能会幸福地度过一生，却当不上总统。无论从思想上还是行动上看，他都是迟缓的，而安妮也不会逼迫他争名夺利。而与此相反的是，玛丽·托德一心向往住进白宫，因此，他们刚结婚没多久，玛丽就逼着林肯去争取共和党的国会议员候选人的提名。

竞选十分残酷激烈，因为林肯不属于任何教会，所以他的政敌称他是异教徒；又因为他的妻子是高傲的托德和爱德华家族的人，所以指责他是被财阀和贵族利用的工具。虽然这些头衔都十分可笑，但却能够危害到林肯的政治前途。面对批判者，他反驳道："自从我到了斯普林菲尔德，来看过我的亲戚只有一个，他还没出城，就被人指控偷了一只口琴。如果这也算得上是贵族家庭的一员，那我的确是当之无愧。"

这一次，林肯落选了。这是他政治生涯中首次遭受挫折。两年后，林肯再度出马，终于当选了美国国会众议员。玛丽无法控制喜悦的心情，她坚信林肯的政治生涯还有很长的路可走，现在只是起步。她特意订制了一款最新式的礼服，并且发疯般地练习法语。林肯一到华府，她就立即给她"可敬的亚伯"写了封信，说她也想到华盛顿居住。

跻身社交名流之列是她一直以来的渴望。然而当她到达华盛顿和林肯会合后，才发现事实再次让她大失所望。林肯实在是没有钱了，在领到政府的第一笔薪金之前，他只得先向史蒂芬·阿诺德·道格拉斯借钱维持生活。因此，林肯夫妇只能暂时借住在位于杜夫格林街史布里格太太的宿舍里。这间宿舍门前的街道上并没有铺上石板，人行道上也满是泥土和砂石，房间里光线很不好，显得阴森恐怖，也没有安装水管设施。后院有一间小屋子、一个鹅栏和一个菜园；邻居家的猪常常闯进菜园来吃菜，每到这时，史布里格太太的小儿子举着木棍跑过来把它们赶走。

当时，华盛顿市政府并没有安排为市民收集垃圾这项服务，因此，后巷堆积了很多垃圾和废品，经常有牛、猪、鹅过来寻找食物。

华盛顿的社交圈非常排外，林肯太太根本不被那里的社交圈接纳。她被人冷落，只好孤独地坐在阴暗的卧室里，陪伴她的，只有她那被宠坏了的儿子。她经常感到不舒服，尤其是听到史布里格太太的儿子呵斥那些吃菜的猪时。

这样的情景让人甚是失望，然而比起当时潜伏着的政治风险，这些根本不算什么。林肯进入国会时，美国正在和墨西哥打仗。这是一场可耻的侵略战争，历时 20 个月，由国会里提出蓄奴主张的人挑起。为了把奴隶制度扩大到更广阔的范围，并把赞成蓄奴的参议员选了出来。

那场战争为美国带来了两项利益：第一，原属墨西哥的得克萨斯州被割让给了美国；第二，墨西哥将近一半的领土被美国夺取，改设为新墨西哥州、亚利桑那州、内华达州和加利福尼亚州。

在格兰特将军心里，这次战争位居历史上邪恶战争之首，他无法原谅自己也参与其中。许多美国军人都反而投向敌方，圣塔安那军中有一营的士兵全是美国逃兵。

林肯和许多共和党人一样，在国会中大胆地发表自己的见解，谴责总统发起的战争是"掠夺和谋杀交织，毫无光荣可言的"，并宣称上帝已经"将保护无辜弱者的使命忘记，任由杀手和强盗以及来自地狱的恶魔摧毁着和平，男人、女人和孩子被大量屠杀，这使正义的土地已经伤痕累累"。

林肯当时还不过是个没什么名气的普通议员，华府根本没有理睬他的这篇演说，然而它却在斯普林菲尔德掀起了一股飓风。因为，伊利诺伊州有 6000 人参加了那次战争，他们认为自己都是为神圣的自由而战的，然而他们选出的代表如今却在国会中说他们是魔鬼、是杀手或者强盗。人们愤慨不已，公开集会，对林肯进行指责，说他"卑贱"、"懦弱"、"不知廉耻"……

在集会上，人们纷纷表示"从没见过林肯做如此丢人的事"，"把邪恶

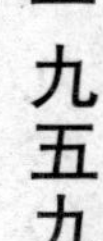

的帽子扣在勇敢的生还者和光荣的殉国者头上，这样的行为，只会引起每一位正直的伊利诺伊州人的怒骂"。

这种仇恨意识十几年都没有得到平复，一直到 13 年之后，林肯竞选总统时，还有人站出来用这些话语指责他。

林肯对他的合伙律师说："我现在是在政治自杀。"他在此时此刻没有胆量回到家乡面对那些选民。他想通过获得"土地局委员"的职位在华盛顿待下来，却失败了；他希望被提名为"俄勒冈州州长"，以便将来该州加入联邦时，他也可以成为首任参议员，然而这事也没有成功。

于是，他只好重新回到了斯普林菲尔德那间又脏又乱的律师事务所，再次坐在由他的爱马"老公鹿"拉着的小破马车里，到第八司法区去巡回办案。而今，全伊利诺伊州最消沉的人非他莫属，他已经下定了决心，要放弃政治，专心于他的法律事业。

为了让自己的推理和表达能力得到锻炼，林肯买了一本几何学的书，每次去外地工作，都带在身上看。

在《林肯传》中，荷恩敦写道：

我们在乡下小旅馆住宿时，通常都挤在一张床上睡觉。那些小床总是太短，以至于无法容下林肯高大的身体，他只好把脚悬在床外面，露出一截小腿，即便是这样，他也仍旧把蜡烛立在床头的椅子上，看上几个钟头的书才睡。和我们同住一屋的几个人早就开始做梦了，可是林肯还是在以这样别扭的姿势读着书，直到凌晨两点。每次在外工作，他都会这样做。后来，一套六册欧氏几何学中的全部定理，他都能够轻松地推理证明出来。

几何学读完了，林肯又开始钻研代数，接着是天文学，甚至到后来，他还写了篇关于语言发展的演讲稿。然而，最吸引他的，还是莎士比亚的名著。纽沙勒镇的杰克·基尔索为他培养成的文学嗜好依然没有改变。

从这个时候开始，一直到去世，那深刻得无法用语言来形容的悲伤和忧愁神情，是亚伯拉罕·林肯最明显的特征。

耶西·维克在帮助荷恩敦准备《林肯传》一书的资料时，觉得有关林肯忧愁的记载似乎太夸张了些，于是，他找到了林肯以前的几个好朋友，有史都华、惠特尼、马森尼、史维特和戴维斯法官，针对这一问题，向他们请教。

直到这时，维克才坚信"未曾见过林肯的人，永远都无法体会到他身上的忧郁气质"。荷恩敦也同意这点，而且他还补充了我曾经引用过的那段话：

20 年以来，从来没有一天，林肯是带着愉快的心情度过的。那永恒的悲伤忧愁神情，是林肯最明显的特征。连他走路时的样子都让人感觉到好像有一种忧郁似的东西要从他身上往下滴落。

在外地办案的时候，和林肯睡在同一个房间的律师们，经常一大早就被他的自言自语声吵醒。他起床后会点起炉火，坐在那里，呆呆地望着火光，一坐就是几个小时，或者背几首他喜欢的诗歌。

有的时候，林肯在街上行走时，迎面有人跟他打招呼，他都看不见似的。和别人握手时，他也无法集中注意力。

林肯的崇拜者约纳森·伯区说："在布鲁明顿出庭时，林肯显得情绪很不稳定，他一会儿把审判庭、办公室或者街上的听众逗得忍不住大笑，一会儿却又陷入沉思，没有人敢打扰他……有的时候，他坐在靠墙的椅子上，把两只脚搭在矮梯的横栏上，弓着腿，把下巴搁在膝盖上，双手抱膝，帽子向前歪着，眼睛里满是忧愁，显得没有一点精神。我曾经看见他这样连续几个小时呆坐着，连和他关系最好的朋友都不敢过去打扰他。"

毕佛瑞吉参议员对林肯一生的研究非常深刻，大概没有人能比得上他，他说："从 1849 年到他去世前，他的悲伤和忧愁一直都是那么的深，乃至人们都无法估算和测量。"

不过，出色的幽默感和讲故事能力也是林肯的特色，和他的悲哀一样突出，让人无法忘记。

林肯甚至能让戴维斯法官暂停审理案件，专心听他讲笑话。荷恩敦说，"经常能见到有二三百人围在他周围"，连续几个小时大笑不停。有一位亲身经历过的人说：林肯讲故事讲到精彩的地方，男人们会笑得从椅子上摔下来。

和林肯关系密切的朋友都认为，有两个原因造成了他那"地狱样的悲伤"，一个是政治上的不成功，一个是婚姻生活上的不快乐。

林肯就这样过了艰辛的 6 年，他几乎已经放弃了自己的政治前途，然而就在这个时候，突然发生了一件事，让他一生的方向都发生了改变，也促使他向着总统之路前进。

这事关玛丽的旧情人——史蒂芬·阿诺德·道格拉斯。

第五章　密苏里折中方案

　　1819 年，密苏里希望加入联邦，成为可以蓄奴的州，然而却遭到了北方人士的强烈反对。于是，双方都进行了折中和妥协，签订了《密苏里折中方案》。方案规定允许密苏里州成为蓄奴州，然而密苏里南疆以北的西部地区，从此不允许再设奴隶制度。双方都对方案的内容表示赞同，并且签订下来，这样，奴隶制度之争才稍稍有所缓和。但是，30 多年之后，史蒂芬·阿诺德·道格拉斯花费了好几个月时间，为了争取撤销这一方案，他不停地争辩、哀求，有的议员甚至跳到桌子上和他进行激烈的辩论。1854 年 3 月 4 日，参议院终于通过了他的提案，让奴隶制度在密苏里州以西相当于东部 13 州面积总和的土地上再度横行起来。

　　大局已定，报纸在头版刊登了这一消息，海军造船厂发出了轰隆隆的炮声，这宣布着另一个新纪元开始了，那将是一个满载血雨腥风的新纪元。

　　道格拉斯这么做的原因是什么？没有人知道。这一话题至今仍是历史学家争论的焦点。我们唯一可以确认的是，道格拉斯希望在 1856 年当选总统，而这一折中方案的撤销，刚好能够帮助他争取到南方蓄奴州的选票。然而北方各州会有什么反应呢？

　　对此，道格拉斯表示："我知道，北方一定会因此引起轩然大波。"实际上，他的这种说法还是保守了，这件事引起的不仅仅是轩然大波，还把美国两大政党搞得四分五裂，甚至最终让全国陷入了内战。

　　无论城市还是乡镇都如同野火一般蔓延着愤怒的抗议。史蒂芬·阿诺德·道格拉斯被冠以"叛徒阿诺德"的罪名。人们称他为"现代犹大"，说是只要给他钱，他就能把主人出卖。还有人把一条绳子当做礼物送给他，劝他主动去上吊。教会的反应也十分狂热。新英格兰的 3050 名神职人员"奉全能的上帝和圣灵之名"，写了一封联名抗议书并且寄给了参议院。社论中的

林肯纪念馆

言辞更是在大众的怒火上浇油。在芝加哥市，甚至连道格拉斯所属的民主党的报刊都对道格拉斯进行了严厉的指责。国会在 1854 年 8 月休会，返乡途中的道格拉斯，对一路上见到的景象诧异不已。事后，他描述说，从波士顿到伊利诺伊州，随处可见他的画像被民众吊起来烧个精光。

大胆又厚脸皮的道格拉斯竟然宣布要在芝加哥发表公开演讲。家乡父老们对他的憎恨之情达到了顶峰。报纸纷纷对他进行猛烈的攻击，教士们愤怒地要求他永远都不许"用奸诈的气息污染了伊利诺伊州纯净的空气"。不到傍晚，全城所有五金店里的左轮手枪都被男人们买光了。有人发誓，绝对不让道格拉斯有活着为自己的罪行辩护的机会。

道格拉斯一进城，整个港口的船舰全都降半旗志哀：20 座教堂的钟声一起敲响，对"自由"的死亡表示哀悼。

那天，芝加哥经历着从未有过的炎热。男人们把椅子放到大街旁边坐着，依然热得汗流浃背。女人们则向湖边涌去，想睡在凉爽的沙地上，有的人甚至在途中热得晕倒了。套着马具的马也热得倒在了大街上，奄奄一息。

虽然天气如此的热，但是仍然有数以万计的男人无法控制自己激动的情绪，他们把左轮手枪放在口袋里，赶去听道格拉斯的演讲，以至于芝加哥找不到能够装得下这么多人的大厅，演讲只好在室外举行。人们聚集在广场上，还有一些站在附近民宅的阳台上，或是骑在房子的屋顶上。

道格拉斯刚刚张开嘴巴，观众们就用怒吼和嘘声回复他，然后，吆喝声和嘲笑声从四面八方不停响起，有的人唱起了带有侮辱字眼的歌曲，有的人骂起了不堪入耳的脏话，这让演讲无法再继续下去。

道格拉斯的助手气得想跳下去和观众打架，然而道格拉斯制止了他，表示要自己来控制局面。可是，虽然他一再尝试稳定暴民的情绪，但是却无济于事，观众反而越发的激动了。他说的每一句话都遭受着反对，他对《芝加哥论坛报》大加贬斥，民众们就赞美那家报纸。他对民众说，如果他们不让他把话讲完，那他就一整晚都站在那里不离开，于是观众们又一起唱道："天不亮我们不回家，天不亮我们不回家。"

那天刚好是周六。道格拉斯浪费了 4 个小时，什么都没得到。在饱受侮辱后，他看了看手表，对着台下拥挤的人群大声叫道："现在已经到了周日凌晨了，我要去教堂了，你们去下地狱吧。"然后，他一脸疲惫地走下台，这是"小巨人"生平第一次遭受如此的挫折和屈辱。

第二天早上，报纸对这件事情的整个经过进行了报道。此刻，一个住在斯普林菲尔德的棕色头发的中年胖妇人，看了报纸后十分得意。15 年前，她的梦想是当道格拉斯太太；这些年，他政途平坦，步步高升，成为全国最受欢迎、最有权势的政治领导人，而她的丈夫却一次又一次地在这条道路上接连遭受屈辱和挫折，这一切她都看在眼里，她早就愤恨于命运的不公平了。

感谢上帝，这个骄傲又讨厌的道格拉斯现在终于完蛋了。大选马上就要到了，他却连家乡人的支持都得不到。对于林肯来说，这无疑是个难得的好机会。玛丽坚信，这一次，林肯在 1848 年失去的民心一定可以夺回来了，他能够重新开始，当选为国会参议员。没错，虽然道格拉斯的任期还有 4 年，然而再过几个月，他的同事希尔斯就要改选了。

高傲而好斗的爱尔兰人希尔斯和玛丽也有一些旧账。1842 年，因为玛丽写来的一些没有礼貌的信，希尔斯邀请林肯和他进行决斗。他们俩手持佩剑，带着助手，在密西西比河的一个沙洲上的决定地点会合，准备决一死战。最后一刻，如果不是朋友的出面调解，他们很可能会发生流血事件。从那以后，在政坛上，希尔斯步步高升，而林肯却直线下降。

现在，林肯已经下降到了最低点，开始向上反弹了。撤销《密苏里折中方案》这一事件把林肯沉睡已久的心唤醒了，他再也不能沉默下去了，他决定要将自己的整个灵魂和全部身心投入到战斗中去。于是，他开始着手准备演讲稿，泡在州立图书馆里好几周，查找了很多资料，并且研究了参议院针对这一法案的激烈辩论。

10 月 3 日，伊利诺伊州的博览会在斯普林菲尔德召开。几千名农夫涌向镇上，男人们把最好的谷物还有猪、马或者别的牲口带来了，女人们则把亲手制作的果冻、果酱、糕点和蜜饯带来了。然而另外一个最吸引人的节目让博览会本身黯然失色——几周前，大会宣传道格拉斯将在博览会开幕当天发表演讲，所以，该州各地的政治领导人都赶来听他演讲。

那个下午，道格拉斯的演讲持续了 3 个多小时，他把他的报告重新读了一遍，并且提出了很多辩解和带有攻击性的观点。对于别人评价他时说的"使奴隶制度在某一区域内合法化"，或者"消除某地的奴隶制度"实际上是要让各地人民自己决定处理奴隶问题的方式，他都进行了一一否认，他说："既然堪萨斯州或内布拉斯加州的人民有能力自治，那么他们也一定有能力把那些可怜的黑奴管理好。"

此时，林肯就坐在最前排，他认真地听着道格拉斯所说的每个字，揣摩着他的每个论点。道格拉斯的演讲一结束，林肯就当众宣布："明天，我将要把他的错误全都指出来。"

第二天早上，整个镇子和各展览会场都散布着传单，林肯对道格拉斯的答辩吸引着人们。不到两点，演讲厅就已经人满为患。没过多久，道格拉斯走了出来。他坐在讲台上，依然穿着干净整洁的衣服，打扮得非常得体。

那天早上，玛丽特意为林肯把外套刷干净，将他最好的一条领带熨烫了一遍。可是那天天气实在太热了，林肯知道演讲厅里的空气一定不流通，所以，他干脆没有穿外套、马甲和硬领，领带也丢在一旁，只把一件大衬衫松松地罩在他消瘦的身体上，将瘦长的脖子露在外面。他就这样大步走上讲台。他的头发乱蓬蓬的，皮鞋又脏又烂，不合身的长裤被一条编织的吊带勉强吊住了。玛丽坐在观众席上看到他的样子，差点哭了出来，她真是又失望又气愤。

当时谁都不会想到，在那个炎热的下午，这个让自己的妻子感到羞耻的丑陋男人，竟然开始了一场使他千古留名的演讲。如果把他那个下午之前和之后做过的所有演讲分别编成两本书，你一定不会相信它们是出自同一个人。那个下午，站在台上的是一个崭新的林肯，那是因邪恶和正义而动容的林肯，为受压迫的人民请命的林肯，被道德和尊严触动着的林肯。

他对奴隶制度的历史进行了一次深刻的反思，提出了 5 条针对要害的反对理由。然而他的表现仍然极具包容性。他是这样说的：

我对南方没有任何的偏见。如果我们是生活在南方，肯定也会做出这样的决定。如果从来就不曾有过奴隶制度，南方人也不会主动创立；如果整个社会已经风行奴隶制度，那么就算是北方人也不会轻易决定取消。

南方人觉得奴隶制度的责任不该全都推到他们身上，这一点我赞同；废除现存的奴隶制度不是件容易的事情，这一点我也能够体谅，因为，即便我拥有了全世界的权力，对于此事，我也束手无策。

他演讲了 3 个多小时，汗水从额头上不断地流下来。他继续针对道格拉斯的言论进行答辩，并指出他的错误，证明出对方是在诡辩。这次演讲深深地印在了人们的脑海中。道格拉斯一再不安地站起来将林肯的话打断。

选举在即。民主党中激进的年轻一辈开始到处拉选票，对道格拉斯进行猛烈的攻击。伊利诺伊州选民投票揭晓后，道格拉斯率领的这一派全军覆没。

当时的参议员是由州议会选举产生的。1855 年 2 月 8 日，伊利诺伊州议会在斯普林菲尔德开了投票会。林肯太太特意买了一套新衣服和新帽子，她的姐夫尼尼安·Ｗ·爱德华也愉快地在那天晚上为参议员候选人林肯安排举行招待会。第一次投票，林肯的票数领先于其他候选人，然而比第二名只多出了几票，而且很快距离就拉近了。到了第十轮投票，林肯落后于他人，当选的是利曼·Ｗ·楚门布尔。

利曼·Ｗ·楚门布尔的太太朱丽叶·雅涅在玛丽·林肯结婚时当过她的

女傧相，同时也几乎是和林肯太太关系最好的朋友。那个下午，玛丽和朱丽叶并排坐在代表厅的阳台上，观看参议员的选举活动。当朱丽叶的丈夫被大会宣布当选时，林肯太太立即转身离开了。

林肯失落地回到那间阴暗、脏乱、书架上长出嫩芽的律师事务所。一周后，他再次坐上小马车，驾着"老公鹿"到偏僻的乡村巡回办案，然而此时，他的心思早已不在办案上了，他的悲伤忧愁也比以往更加深重了。

一天晚上，林肯和另一位律师在乡村旅馆里挤在同一张床上休息。黎明时，林肯依然身穿睡衣坐在床头发呆。他开口后，说的第一句话便是："我告诉你，一半奴役一半自由的状况在这个国家不可能永存。"

没过多久，斯普林菲尔德有一个黑人妇女找到林肯，向他诉说了自己的悲惨经历：她的儿子在一艘轮船上工作，却在轮船抵达新奥尔良时被抓进监狱，他的身份本来是自由人，可是没有可以证明这一点的文件，所以他至今仍在监狱里。现在，轮船早已开走了，为了抵付监狱的开销，他将要被公开拍卖为奴隶。

林肯向伊利诺伊州州长提出这个案子，但州长却表示他没有权力决定这件事。林肯又给路易斯安那州的州长写了信，对方也回答说没有任何办法。于是，林肯只好再次求见伊利诺伊州州长，请他解决此事，而州长却根本不理睬他。

林肯从座位上站了起来，义正词严地说："州长大人，如果你不下达释放这个年轻人的指令，那么我将让奴隶制度无法再继续下去。"

第六章　美国历史上的大辩论

1858 年夏天，亚伯拉罕·林肯参战了。他参加了美国历史上一场著名的政治战争，而且从此挣脱了偏执的观念和默默无闻的状态。

他现在已经 49 岁——奋斗多年，可是有什么成果呢？

在事业上他是个失败者。

在婚姻上他一点都不幸福。

尽管他是一位成功的律师，年收入达 3000 美元，但是他的政治生涯却屡遭挫折与惨败。

他承认："在野心的竞赛中我失败了，而且是彻底失败。"

可是从现在开始，事情的进展却顺利得出奇，快得令人目不暇接。尽管他在 7 年之后就去世了，而在这 7 年间，他却赢得了不朽的名声和荣耀。

林肯的对手仍是史蒂芬·阿诺德·道格拉斯。道格拉斯现在又成了全国的偶像，他的声望几乎达到了顶点。

《密苏里折中方案》撤销后的 4 年间，道格拉斯卷土重来，打了一场精彩而壮观的政治仗，重新为自己赢得了威望。事情的经过是这样的：

堪萨斯要求成为蓄奴州之一，但道格拉斯认为"不行"，因为草拟该州宪法的议会是不合法的议会，它的议员们是靠狡计和猎枪当选的。反对成为蓄奴州的堪萨斯人则在摩拳擦掌，准备斗争，他们忙着行军、操练、挖战壕、堆土垛，把旅社改成了城堡。既然选举不公平，他们就要用子弹来争取权利。

史蒂芬·阿诺德·道格拉斯

卡耐基励志经典

人性的光辉

　　此后，砍杀和射击事件层出不穷，"流血的堪萨斯"一词也因此载在史册中。

　　史蒂芬·阿诺德·道格拉斯认为，由冒牌议会草拟的宪法根本一文不值，所以他要求再举行一场诚实而公正的选举，以投票来决定堪萨斯州是该成为蓄奴州还是自由州。

　　他的要求十分正当。但是美国总统詹姆士·布坎南和华府那些支持蓄奴的政客们却不肯容忍他这一提议。

　　于是布坎南总统和道格拉斯吵了一架。

　　总统说要把道格拉斯送上政治屠场，而道格拉斯则反唇相讥："皇天在上，他詹姆士总统是我一手捧出来的，我也可以毁了他。"这句话不仅是威胁，也改变了美国的历史。

　　道格拉斯为了自己的信念，也为了每一个北方人的信念，无私地奋斗，不顾自己的政治前途。虽然他因此埋下了 1860 年总统选举中民主党的大难，使得林肯有机会入主白宫，但他却因为坚持伟大的原则而得到了伊利诺伊州人民的爱戴。

　　1854 年他进城时，曾经下半旗、敲丧钟赶走他的芝加哥市，现在却派出专车、乐队和接待委员会欢迎他回家返乡。在他进入市区时，得尔本公园发射了 150 响礼炮，成百上千人争相和他握手，女人们把无数鲜花抛在他的脚下。人们还用他的名字给儿子取学名。若说有人愿意为他赴汤蹈火而在所不辞，大概也不算夸张。即使在他死后 40 年，仍有人以"道格拉斯派的民主党员"标榜自己。

　　道格拉斯光荣地进入芝加哥之后几个月，伊利诺伊州的民主党员自然提名由他来参加国会参议员的竞选，而共和党推举的则是一个叫林肯的无名小卒。

　　竞选战中一系列的辩论使林肯渐渐出名。他们的辩论充满了火药味。人们越来越激动，简直到了疯狂的地步。空前庞大的人潮使得任何会议厅都容纳不下，于是演讲只好改在树林或原野中举行。记者忙着采访，报纸更是用巨大的篇幅热烈报导这场轰动一时的竞赛。不久，全国民众的耳朵都竖了起来。

林肯两年后之所以能入主白宫，这些辩论可以说为他做了极佳的宣传。

林肯在竞选之前好几个月就开始准备了。每当脑子里出现一个思想、概念或词汇时，他立即写在手边的纸片上，如信封背面、报纸边缘、破纸袋等等。他把这些东西放在高顶丝帽内，随身带着，最后又重新誊一遍，边写边念，一再进行修正、改写。

林肯的第一篇演讲初稿完成后，他邀了几位密友来到州议会图书馆，关起门来听他念演讲稿。每念完一段，他就停下来，要求朋友们批评指教。在这篇讲稿中，有几句传诵一时的嘉言：

"内部分裂的房屋绝不可能屹立。"

"我们的政府不能容忍奴役与自由共存。"

"虽然我不希望国家发生内战，导致联邦瓦解，但是我更不愿意国家继续分裂下去。为了更长远的和平与团结，为正义而战是值得的。"

林肯的朋友们听到他这些言论时，既惊讶又惶恐。他们说这些话太激进了，"是要遭到天杀的傻话"，一定会把选民吓跑的。

最后，林肯慢慢站起身来，向大家表明他决心已定，他再次强调"内部分裂的房屋绝不可能屹立"是人间至理，颠扑不破。

林肯说道："这是举世皆知的真理。我要用最简单的话表达出来，让人们了解时局的危险性。现在，已到了该摸着良心说真话的时刻，我决定不再改变我的主张。如有必要，我愿意为伸张正义而死。如果这次演说使我失败，那就让我与真理一同被埋葬吧。"

8月21日，第一次大辩论在芝加哥城75英里外的奥泰华镇举行。前一天晚上，民众就陆续抵达这里。不久，旅店、私人住宅和马车行到处都人满为患；方圆一英里以内的山谷和低地灯火通明，仿佛小镇被军队包围了似的。

道格拉斯乘着由6匹白马拉的高级马车，穿行在城镇中。民众的叫好声震天响。林肯的支持者也不甘示弱，他们用两头白骡子拉着一个旧干草台，载着他们的候选人满街跑动。后面的一个干草台上则坐着32位姑娘，每位姑娘身上挂有一个写着州名的大标语。

演说家、委员团和记者们挤了半小时，好不容易才越过人山人海，挤到演讲台上。

演讲台上搭有木制的遮阳棚，有20多人爬上凉棚顶，结果把凉棚都给压垮了，木板落在了道格拉斯的委员团成员身上。

不论从哪一方面来看，这两位演讲人都截然不同：

道格拉斯身高5尺4寸，林肯是6尺4寸。

大块头的嗓门细细的，属于次中音；而小个子反而声音嘹亮，是一个出色的男中音。

道格拉斯举止优雅而殷勤；林肯却又难看又笨手笨脚。

道格拉斯具有大众偶像的风采，而林肯那毫无血色又布满皱纹的面孔则充满忧郁，他的外表没有任何吸引力可言。

道格拉斯的打扮像个富裕的南方农场主，身穿条纹衬衫、深蓝外套、白长裤，头戴一顶白色宽边帽；林肯的打扮则显得有些粗野，令人忍俊不禁：旧黑外套太短，布袋似的长裤太短，高高的烟囱帽饱经日晒雨淋，早已经脏兮兮的了。

道格拉斯讲起话来一点都不幽默，而林肯却是有史以来最诙谐的人物之一。

道格拉斯翻来覆去，只会说那几句同样的老话；而林肯则绞尽脑汁，话题不断变化翻新。

道格拉斯十分讲究排场，善于虚张声势。他乘一辆披着红旗的专车，车后部架上一门铜炮，所到之处，大炮一声声轰鸣，似乎向大家宣布大人物来了。林肯则讨厌"烟火和爆竹"，他只乘坐普通客车和货车，手提一个松松垮垮的旧手提包和一把手柄已经断落的绿色棉布伞，而且这把伞还必须用一条带子绑着，以免弹开。

道格拉斯是个机会主义者，正如林肯所说，他没有"固定的政治伦理"，求胜才是他的宗旨。林肯则是为大原则而奋斗的人，只要正义能够伸张，他认为谁赢都无所谓。

　　林肯曾说："人家都说我有野心，天知道我是多么诚挚地祈求不要展开这场野心战。我不敢自诩不在乎荣誉，但是，今天《密苏里折中方案》若能恢复，原则上反对扩张奴隶制度，哪怕只是暂时容忍现存的陋规，那么，我衷心赞同道格拉斯法官永不退位，我也永不任职。

　　"道格拉斯法官或我本人当不当选国会议员，都不成问题。我们都无足轻重，但是问题本身远比任何人的切身利益或官运重要得多。即使当道格拉斯法官和我离开人世之后，这一问题仍然存在。"

　　道格拉斯在辩论中一再强调，如果大部分州民都主张蓄奴，那么不论何时何地，任何一个州都有权蓄奴；他不在乎蓄奴与否，他最著名的口号是："让每个州管好自己的事，不要干涉别人。"

　　林肯则明确地站在反对立场。他说："道格拉斯法官认为奴隶制度是对的，而我认为它不对，这正是整个论战的差异所在。

　　"他主张任何地区只要想蓄奴就可以蓄奴。如果蓄奴没有错，那当然很好。但是如果蓄奴是错的，为什么可以任由人们去做错事呢?

　　"道格拉斯不在乎奴隶制度的废存，认为这就好像邻居要在农场上种烟草还是养牛羊一样，完全可以凭个人喜好。可是大多数人跟道格拉斯法官不同，因为他们有是非观念，他们认为奴隶制是不道德的大坏事。"

　　道格拉斯往来各地，一次又一次说林肯是在主张给予黑人平等的社会地位。

　　林肯则竭力反驳道："不，我只是在替黑人提出一项要求：你若不喜欢他们，就随他们去吧。如果上帝只愿意给他们很少的福佑，就应该让他们享受那一点点属于自己的福佑。黑人在许多方面都跟我们不平等，但他们至少也享有生命、自由、追求幸福的权利，也享有把自己赚来的口粮放进嘴里的权利……他们在这一点上跟我平等，也跟道格拉斯法官平等，跟每一个人都平等。"

　　道格拉斯还多次指控林肯要让白人"和黑人通婚"。

　　林肯只得一次又一次否认："若说我不主张让黑人女子为奴，就表示我一定要娶她为妻，我当然反对这种推论。我活到50岁，从未用过一名黑奴，也没有娶过黑人为妻。这个世上有足够的白种男女可以婚配，也有足够的黑人男女可以嫁娶。看在上帝的分上，让他们顺其自然吧！"

在辩论中，道格拉斯企图回避重点，混淆人心。林肯则指责他的论据薄弱，说他"用一些似是而非，异想天开的言辞，指鹿为马，鱼目混珠"。

林肯又说："答复道格拉斯这些根本不算辩辞的辩辞，使我觉得自己像个傻子。"

道格拉斯并没有说真话，连他自己心里也明白这一点。

林肯说："如果有人主张 2 加 2 不等于 4，而且反复这么说，我也不能阻止他。我不能卡住他的脖子不让他说。我不愿指责道格拉斯法官在扯谎，可是除此之外，我实在不知道还能用什么来形容他。"

这种辩论进行了一周又一周。许多人也都加入到论战中来。利曼·楚门布尔说道格拉斯在撒谎，说他"是有史以来最厚颜无耻的人"。著名的黑人演说家菲德烈·道格拉斯也来到伊利诺伊州，加入了攻击道格拉斯的行列。布坎南派的民主党员也恶狠狠地贬斥道格拉斯。火暴的德裔改革家卡尔·舒兹则在外国选民面前告发道格拉斯。共和党报纸更是用大字标题称道格拉斯为"伪造者"。政党分裂加上腹背受敌的道格拉斯此时以寡敌众，四面楚歌。他在绝望中发电报给好友伍修·F. 林德说："我有恶犬追咬。拜托林德，来帮我对付他们。"

发报员把这份电报的抄本卖给了共和党员，上了 20 家报纸的头条新闻，成为当时一个极大的笑柄。

道格拉斯的政敌乐昏了头。从此以后，伍修·F. 林德直到去世仍被人们戏称为"拜托林德"。

然而，道格拉斯还是赢了这次竞选。

选举之夜，留在电报局阅读统计表的林肯知道了自己失败的结果后，就动身返家。当时外面正下着雨，到处一片漆黑，通往他家的小路滑溜溜的。突然，林肯的一只脚绊住另一只脚，但他立即稳住了身体，并说："失足却没有摔跤。"

不久，伊利诺伊一家报纸的社论中提到林肯，说："可敬的亚伯·林肯真是伊利诺伊州从政者中最不幸的人了。他在政治上的每一次举动都不顺利，他的计划经常失败，换了任何人，都无法再支撑下去。"

回家之后，林肯看到有那么多人去听他和道格拉斯的辩论，于是自以为可以靠演说赚一点钱。他准备以"发现与发明"为题发表演说。他在布鲁门顿租了一间大厅，又请来一位小姐在门口卖票——结果没有一个人去听，连一个鬼影子都没有。

于是他只好再度回到黑乎乎、墙上有墨水印、书架上长出花芽的律师事务所。

他回来的正是时候，他已经撇下律师业务6个月了，没赚到一文钱。现在他的基金早已用完，手头的现金甚至不够支付肉铺和杂货店的欠款。

于是他又将"老公鹿"套上破马车，再度在原野中巡回出庭。

当时正好是11月，天气突然转寒。大雁越过头顶灰色的天空，飞向南方，大声啼叫；兔子冲过路面；野狼在树林里悲号。可是马车上的忧郁男子对这一切无动于衷。他继续往前赶路，头低垂在胸前，冥思苦想，充满了绝望。

第七章　总统竞选

　　1860 年春天，新成立的共和党在芝加哥召开大会，准备提名总统候选人。谁都没有想到亚伯拉罕·林肯还有机会上榜。就在不久以前，他自己还给一位报社的编辑写信说："说实话，我认为自己并不适合当总统。"

　　当时人们都一致看好长相英俊的纽约政客威廉·H. 西华。前往芝加哥的代表曾在火车上进行了一次试验投票，结果西华得到的票数是其他候选人得票总数的两倍。许多车厢中根本没有一票是投给林肯的，而且某些代表可能还不知道有他这么一个人呢。

　　大会正好与西华 59 岁生日同一天召开。他十分肯定自己将会获得提名，并打算以此作为生日贺礼。他信心十足地跟国会参议院的同事们道别，并邀请亲朋好友到纽约奥本城的家里来参加庆祝宴会，还租了一门礼炮，拖进院子里，装上炮弹，准备届时向镇民报喜讯用。

　　如果大会从星期四晚上开始投票，那门礼炮一定会按时发射，美国的历史也会因此而改写。可是为了等计票所需的纸张，而那位负责发选票的人在前往会场的途中，大概停下来喝了一杯啤酒……总之，他迟到了。结果星期四晚上所有与会代表全都坐在那儿干等着。大厅里蚊虫十分猖獗，天气又热又闷，因此那些饥渴交加的代表们决定等到第二天早晨 10 点再开会。

　　这中间耽搁的 17 小时虽然不长，却足以毁掉西华的美好前途，把林肯送上总统宝座。

　　西华的失败主要在于荷瑞斯·格里莱。

　　格里莱并非真心拥护林肯，但是他对威廉·H. 西华和西华的经理人梭尔罗·韦德心存怨恨。他苦苦等了 6 年，如今报复的良机终于来了。这次共和党提名大会在芝加哥举行，休会的那个星期四晚上，他整夜未睡，逐一拜访了每个代表团，对他们晓之以理，动之以情，再加上威逼利诱，一直从日落忙到天亮。由他主持的《纽约论坛报》销路遍及北方，比其他报纸更具有影响力，因此他也算是个名人，他所到之处，大家都静下来听他说话。

他从各个角度提出了充分的论据，指出西华曾一再抨击共济会，曾通过反共济会的票源当选 1830 年州参议员，结果造成了长远而广泛的不平等。

后来西华当选纽约州州长时，又赞成废除公立小学基金，提出为外国人和天主教徒分别设立学校，结果又引起另一番憎恨之火。

格里莱还向这些代表们指出，往日强大的"无知派"曾强烈反对西华，他们宁愿投票给一只狗，也不会投给西华。

不仅如此，格里莱还指出这位"奸诈的鼓动者"一向过于躁进，说他曾提出过"血腥计划"，打算制定一部高于宪法的法规，这一举动吓坏了边境各州的人，他们一定会极力反对此人。

格里莱保证说："我可以带边境各州的州长候选人来见你们。他们会向你们证实我所说的话。"

他当然说到做到，把人们的情绪都鼓动起来了。

宾夕法尼亚州和印第安纳州的州长候选人都握拳发誓，说他们这几州一定不支持西华，如果提名西华，共和党将会遭到惨败。而共和党若想在竞选中取得胜利，一定要稳住这几州的票源。

于是，拥护西华的人潮突然间开始退却。林肯的朋友们这时也依次拜访各个代表团，劝那些反对西华的人转而投票支持林肯。他们说民主党一定会提名道格拉斯，而在全国没有一个人比林肯更适合迎战道格拉斯的了，因为林肯的准备最周全，应付道格拉斯驾轻就熟，何况林肯是肯塔基人，他可以在立场不明的边境各州赢得许多选票。而且他在西部地区是最受欢迎的候选人，因为他从劈木条、垦草皮奋斗起家，最了解民众。

当这些话打动不了这些代表的时候，他们又改用别的策略。他们答应让卡勒布·B. 史密斯在内阁任职，说服了印第安纳州的代表们；又保证西米昂·卡美龙将来会坐在林肯的右首，因此争取到了宾夕法尼亚州的 56 张代表选票。

星期五早晨，投票开始了。

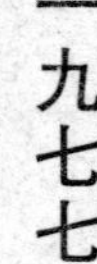

在第一轮投票中，西华领先；第二轮时，宾夕法尼亚州投了 52 票给林肯，形势顿时逆转。第三轮，林肯势如破竹。

全城百姓欣喜若狂，荷瑞斯·格里莱看到了以前趾高气扬的梭尔罗·韦德心酸地掉下了眼泪。格里莱终于报了旧仇。

此时，春田镇的情况又如何呢？那天早晨，林肯仍和往常一样去律师事务所处理某个案子。他心神不宁，无法静下心来，于是将文件推开，到一家店铺后面去打了几分钟的篮球，然后又打了一两局弹子球，再到《春田日报》去打听消息。电报局就在报社的楼上。当林肯正坐在一张太师椅上和别人讨论第二轮投票的成绩时，电报员突然冲下来叫道："林肯先生，你获得提名了！你获得提名了！"

此时，林肯的下唇微微颤抖，面孔泛红，有好几分钟都没有缓过神来。

经过 19 年凄凉的挫折和失败，林肯突然被捧上了令人炫目的胜利高峰。这真是最精彩的一刻。

男人们在街上跑来跑去，大声传递这一消息。镇长下令发射 100 响礼炮。几十位老友围着林肯，又笑又嚷，纷纷和他握手，将帽子抛到空中，兴奋地狂喊。

林肯不得不哀求他们："伙伴们，请原谅，第八街还有个小妇人在等着听我这个消息呢！"

他飞奔而去，外套的下摆在身后来回晃动。

春田镇的街道上燃起了庆祝焰火，满镇红光，酒店则通宵营业。

不久，所有的人都在唱道：

老亚伯·林肯来自荒野，

来自荒野，来自荒野，

老亚伯·林肯来自

伊利诺伊州的荒野。

第八章　告别家乡

　　林肯能够踏进白宫，多亏了史蒂芬·阿诺德·道格拉斯先生，是他使得民主党内部发生了分裂，让形势变得有利于林肯。

　　因为对手的内部分歧，在竞选初期，林肯就知道了他会获得胜利，让他担心的不是对手，而是自己家乡的人不给他投票。有个委员会事先就在斯普林菲尔德挨家挨户地对投票方向进行了调查，最终的结果让人难以置信：镇上的 23 名牧师和神学学者中有 20 名把票投给了林肯的对手道格拉斯。对此，林肯抱怨说："他们装成信仰《圣经》的样子，总是把自己是信奉上帝的基督圣徒这样的字眼挂在嘴边，但是他们的投票却把他们毫不关心奴隶制度存废的本性暴露了出来。但我知道，上帝会关心这件事，有正义感的人也会关心，谁不关心，那他肯定是没有理解《圣经》。"

　　就连林肯的父系亲戚也都把票投给了对手，他的母系亲戚里支持他的也只有一个人。发生了这样的情况，是因为他们都是民主党员。

　　林肯当选的票数低于半数，对手的票数几乎相当于他的一倍半。因此可以说林肯的胜利是区域性的，他所获得的 200 万张选票中只有 2.4 万张来自南方。哪怕只要 1/20 的选票发生改变，那么美国就是道格拉斯的天下了。这样一来，将会由众议院决定选举结果，那么南方必定在这场选举中取得胜利。

　　南方 9 个州没有一个人把票投给共和党。试想，亚拉巴马州、阿肯色州、佛罗里达州、路易斯安那州、密西西比州、北卡罗莱那州、田纳西和得克萨斯州，投给亚伯拉罕·林肯的票数为零。这真不是个好兆头。

　　如果想搞清楚林肯当选后美国国内的形势，我们先要回顾那个像飓风一样遍布北方的废奴运动。有一个用了 30 年准备内战的一心想废除奴隶制度的狂热组织，他们印发了无数极有煽动性的宣传小册子和书籍，他们的演说家则从南往北到每一个城镇巡回演讲，给人们展示奴隶穿的破旧衣服、锁铐他们的锁链和手铐，以及血迹斑斑的鞭子、铁钉和惩罚奴隶的其他刑具。他们还让逃跑的奴隶现身说法，在全美境内讲述他们所见到的血腥场面，以及他们所受到的残酷暴行。

1839 年，美国反蓄奴协会发行了一本小册子，名为《美国奴隶制度现状——1000 名目击者的证言》，内容包括奴隶的手被带到按进烧得滚烫的开水里、身上被烧红的烙铁烙上印记、牙齿被敲掉，或者被刀刺、被猎犬撕扯皮肉、被皮鞭抽死，或是被绑在木桩上活活烧死，母亲哭闹着目送自己的孩子被带到奴隶市场上去拍卖。女人因为生不出更多的小孩而遭到鞭打，身体强壮的白人如果愿意和黑人女子同居，就能够得到 25 美元的报酬，因为皮肤颜色较浅的黑种小孩更值钱，尤其是女孩。

废奴主义者们使用最多的控诉词是"种族混淆"。他们指责南方人维护奴隶制度是因为他们要"放纵他们的淫欲"。文戴尔·菲利普说："南方是个庞大的妓院，有 50 万女人被皮鞭驱使着去卖淫。"

在这本小册子中，废奴主义者介绍了一些肮脏荒淫的故事，指责奴隶主连自己的混血女儿都强暴，然后再把她们卖给其他男人。史蒂芬·S·佛斯特说："在南方的卫理公会中，有 5 万名黑人女信徒被鞭子驱使着做些不道德的事情，而该区卫理公会的牧师自己也想纳妾，所以才会支持奴隶制度。"

林肯和道格拉斯辩论时也如是说：1850 年，美国已经有了 40 多万的黑白混血儿，他们几乎全部都是黑人女奴隶和白人奴隶主生的。

因为宪法中有些内容也涉及保护奴隶主的权利，所以，废奴主义者都咒骂这部宪法是"和死神订下的盟约，和地狱签下的协议"。

有一位贫穷的神学教授的太太在餐桌旁边撰写了一本小说《汤姆叔叔的小屋》，这本小说带动着美国废奴主义文学达到高潮。她一边写一边哭，带着激动的情绪写下了整个故事。最后，她说这本小说是上帝写出来的。小说中生动再现了黑人奴隶在奴隶制度下的悲惨生活，受到了数百万读者的喜爱。是美国有史以来销路最广、影响最大的一本小说。

林肯经人介绍，认识了这本小说的作者哈丽叶·毕歇尔·斯陀，并且给了她"引起大战的小妇人"这样的称号。

北方废奴主义者发起这样充满善意却又荒诞的运动，带来了什么样的结果呢？南方人会因此承认自己的错误吗？肯定不会的。废奴主义者只能将双方的仇恨激发出来。南方人打算和这些态度傲慢又爱管闲事的批评家翻脸。而真理总是被这种政治化或情绪化的气氛埋没，在"梅逊与狄克逊分界线"——自由州与蓄奴州分界线的两侧就曾经多次发生悲剧，甚至是流血事件。

1860年，"黑色共和党"将林肯提名为竞选总统的候选人，这时，南方人对奴隶制度的废除更加坚信不疑了，所以，他们唯一的出路就是在奴隶制度和退出联邦之间作出选择。可是他们最终为什么没有选择退出联邦呢？他们不是有退出的权利吗？

这个问题在半个世纪里早就已经被反复争论了很多次，各个州也都曾经表示要退出联邦。例如就在1812年的战争期间，新英格兰各州就一致通过要成立一个独立的国家，康涅狄格州的议会也通过一项决议，对外宣布自己是一个自由的主权独立联邦国。

就连林肯自己也曾经支持各州政府有脱离联邦的权利。在国会演讲中，他曾经说：

无论是任何地区的任何人民，只要他们愿意并且能够做到，他们便有脱离现存政府的权利，成立更加适合他们的新政府。这种权利是最宝贵、最神圣的。我们希望并且相信这样的权利能够解救全世界。

并不是只有现存政体的所有人民才有这样的权利，不管是谁，只要他有能力，都可以起来革命，守护他们自己的领土。

1848年时，林肯确实说过上面的话。然而到了1860年，这种想法他已经不再提倡了，可是南方人却依然坚信着。林肯当选总统仅仅6周，南卡罗来纳州就通过了"分离条例"，蔡斯顿城军乐齐鸣，爆竹震天响，民众在大街上跳着喜悦的舞蹈，以此来庆祝新的《独立宣言》的诞生；其他6个州也立刻跟上了要求脱离联邦的步伐。就在林肯从斯普林菲尔德出发前往华盛顿之前的两天，杰斐逊·戴维斯当选上了新国家的总统，而所谓的"奴隶是黑人最自然且正当的身份是大真理"这样的理论是这个新国家建立的依据。

因为即将退位的布坎南总统领导的政府没有实施任何一种有效的措施来控制这样的局面，林肯只好束手无策地在斯普林菲尔德坐等了3个月，眼睁睁看着联邦的瓦解，美利坚合众国即将崩溃。而这时，南方邦联正在大量购买枪械，搭建碉堡，进行训练和演习。林肯明白，到了现在，只有内战才能挽救这个国家。

他十分烦恼，夜晚无法入睡，过度的焦虑让他整整瘦了40磅。

林肯是个有点迷信的人，他相信可以从梦境和一些预兆中看到未来。1860年，他被选为总统的第二天下午，他回到家，坐在写字台对面的沙发里，他无意间从写字台上的旋转镜里看见自己有两张脸，其中的一张异常苍白恐怖。他吓得从沙发里跳了起来，幻影便消失了。他重新坐进沙发里，幻影又出现了，比刚才还要苍白恐怖。这件事让他焦虑不安，玛丽则坚信这预示着林肯将要连任，那张苍白如死人一般的脸预示着他将于第二届在任期间去世。

没过多久，林肯便相信他去华盛顿是送死。他也确实收到了几十封画着绞刑架和刀剑的信，每一封信的内容都是威胁要让他死。

大选过后，林肯对一个朋友说："我不知道如何处理我的房子。我不想卖掉它，以至于以后无家可回。可是如果租出去，过些年这个房子肯定会被弄得非常破旧，无法再使用了。"

他最终找到了一个他觉得能够把他的房子照料得很好的人，将房子以90美元一年的价格租给了他，并在《春田日报》上登了这样的广告：

第八街和杰克逊街转角住宅的全部家具，包括客厅和卧室组件、地毯、沙发、椅子、衣橱、写字台、床、炉子、瓷器、陶器、玻璃器皿等出售。有意者面谈。

邻居们都跑来看了看，有的人把几把椅子和一个火炉买走了，还有的人询问床的价格。

对此，林肯一概答道："你们喜欢什么就都拿走，你们觉得值多少钱就给多少。"

　　结果，他们都用很低的价钱换走了很多东西。"西部大铁路"局长提尔顿买走了大部分家具，后来，它们被带到了芝加哥。1871 年，一场大火把它们都烧毁了。

　　几年后，一个旧书商收购了留在斯普林菲尔德的几件家具，并将它们带到了华盛顿，摆放在林肯去世前居住的公寓里。林肯遇刺的福特剧院就位于那栋公寓的对面。现在，那栋公寓已经改造成国立圣殿和博物馆，是属于美国政府的财产。

　　当年，林肯的邻居以低廉的价格买到的旧家具，如今可比相同重量的黄金还要值钱。只要是林肯生前触碰过的东西，现在都受到了人们的尊崇，身价变得非常昂贵。例如，1929 年，林肯被布斯射杀时坐的那把黑色胡桃木摇椅在拍卖会上以 2500 美元成交。他手书的任命胡克少将为"波多马克军总司令"的信件，在最近的一场公开拍卖会以 10000 美元成交。如今，归布朗大学拥有的战时他拍发的 485 封电报原稿，价值也高达 25 万美元。还有人在最近以 8000 美元得到了一份林肯的没有签名的普通谈话记录，而林肯亲笔书写的葛底斯堡演讲稿更是达到了几十万美元的高价。

　　1861 年，斯普林菲尔德的人们并没有觉得林肯以后会干出多大的事业，也没想过他将来会变成什么样。很多年以来，几乎每到早上，林肯就要围上领巾，拎起菜篮，到肉铺或者杂货店去买东西。每天傍晚，他都要到城郊的牧场将母牛赶回家，还亲手挤牛奶，照顾他的"老公鹿"，为它洗刷马厩，烧火劈柴。

　　林肯在去华盛顿之前 3 个星期就开始着手为第一次的总统就职演讲做准备了。他需要一个人安静独处的空间，便把自己反锁在一家杂货店楼上的储物间里。他自己的书很少，然而他的合伙律师拥有一间图书室，林肯托荷恩敦帮他找到一本《宪法》，还有安德鲁·杰克逊撰写的《反对各州不服从国会法令宣言》，1850 年亨利·克雷的演讲稿，以及威伯斯特的《威伯斯特答海涅书》。在杂乱的储物间里，这篇著名的演讲稿诞生了，结尾对南方各州的请求感人至深：

　　我并不希望我们之间发生战争。我们是朋友，不是敌人，我们不能互相敌视。虽然情绪会伤了感情，但是我们的关系是不会被阻断的。神秘的记忆之弦从全国每一个爱国志士的坟墓和战场上延伸进所有爱好和平的人的心灵深处。善良的本质一旦被触碰到，每一座炉火边就会弹奏出洋溢着团结的合唱曲。

在离开伊利诺伊州之前，林肯特意走了70英里的路到他继母那里去道别。他依然喊她"妈妈"，她紧紧抱住他，一边哭一边说："亚伯，你不要去当总统，你不要去当总统。你一定会出事的，我知道，这辈子我再也见不到你了，我们只好在天堂里再见面了。"

在斯普林菲尔德居住的最后几天，林肯经常回忆起往事，想起纽沙勒镇和安妮·鲁勒吉。有一个从纽沙勒镇来的拓荒者到斯普林菲尔德来和他叙旧告别，他们聊天时说到了安妮。林肯说："我曾经深深地爱着她，而今，我还常常想起她。"

离开斯普林菲尔德前，林肯最后一次去那间阴暗的律师事务所，把业务上的几项琐事处理完。荷恩敦回忆说：

那些事都处理完以后，林肯踱到房间的另一侧，躺在墙边破旧的沙发上，脸朝向天花板躺了一会儿。我们都沉默了很久，然后，他问我："比利，我们在一起有多长时间了？"

我回答道："已经超过16年了。"

"这么多年，我们俩没和对方说过一句气话吧？"他问。我回答："没有，真的没有。"

然后，林肯又回忆起了在他从事律师事业时发生的几件事，又说起了出巡时遇到的很多荒唐官司，说得兴致勃勃……他把一捆要带走的书和文件收拾好，就要离开了。临走前，他对我提了个不可思议的要求——不要换掉楼梯下面那块生锈的事务所招牌。

他压低声音，严肃地对我说："别动它，就让它一直挂在那里，我要让客户们知道，林肯虽然当上了总统，但是他和荷恩敦的事务所依然存在，只要我活着，早晚都会回来的。到了那个时候，我们还是合作伙伴，就当做我从来都没有被选上过总统。"

　　他又在事务所里待了一会，好像有些依依不舍。然后，他走进了狭窄的楼道。我把他送下楼的时候，他说起了总统工作中遇到的不高兴的事情。他抱怨道："担任公职的生活已经让我厌倦了，每当想到那些有待处理的事情，我就忍不住发抖。"

　　林肯当时拥有的财产只有 1 万美元左右，可是他身上的现金很少，去华盛顿所需的路费还是向朋友借的。

　　林肯一家在契拉瑞宾馆度过了他们斯普林菲尔德生活的最后一周，离开前，他们的所有箱子、盒子都被搬到了旅馆一楼的大厅里，林肯亲自用绳子把它绑好。他向旅馆职员要了旅社的卡片，在背面写上"华盛顿市总统官邸 A．林肯"，贴在了行李上。

　　第二天早上 7 点半，一辆又脏又破的汽车开到了旅馆门口，林肯一家人上了车，摇摇晃晃向着火车站驶去，一辆专列正在那里等着载他们到华盛顿去。

　　虽然雨下个不停，但是月台依然挤着 1000 多个林肯的老邻居。他们排着长长的队，缓缓地凑到林肯周围，握住他瘦骨嶙峋的大手。最后，引擎的铃声响了，到了上车的时间，林肯从前面的台阶走进了专用车厢，然而，过了一分钟，他又走了出来，站在了车尾的平台上。

　　本来，他没有计划演讲，也通知了报社，他没有什么要说的话，所以记者们不必到车站去。然而当他最后一次望着老邻居们熟悉的脸时，觉得有些话必须要说出来。那天早上，他说的话虽然无法像在葛底斯堡的演说或者第二次总统就职演说那样精彩，但是这篇道别演讲十分优美，简直可以和《大卫王赞美诗》相媲美，那蕴涵在其中的情感和悲伤，是任何一篇演讲词都无法相比的。

　　在林肯一生的演讲中，他只哭过两次，那天在告别斯普林菲尔德时所作的演讲便是其中之一。

亲爱的朋友们：

　　一个人如果不处于我这种情况，一定无法理解我现在的心情。我现在得到的一切。都要归功于这里以及这里善良的人们。在这里，我住了四分之一个世纪，从小伙子变成了老头子。我的孩子都在这里出生，其中的一个还在此长眠。这次离开后，何时回来，是否还能回来，我都无从知晓。如果没有上帝的帮忙，我是不会成功的。因为有了他的帮忙，我才不可能失败。请信奉他，这样他才会与我同行，也会守候在你们的身边，他无所不在，让信奉他的人永远充满信心和希望，一切安好。我将你们托付给上帝，也希望你们能在平时的祷告中为我祈福。我现在真心诚意地来和你们道别。

第九章　就职典礼

　　就在林肯前往华盛顿就任的途中，美国特工人员和私家侦探都发现了一个阴谋，有人要在林肯通过巴尔的摩的时候暗杀他。

　　林肯的朋友得知后十分惊慌，要求他放弃原来预定的行程，连夜化名赶往华盛顿。对于这种过于胆小的办法，林肯坚决反对。但禁不住大家的苦劝，他终于决定秘密地完成剩下的旅程。

　　林肯太太听说行程计划要改变，坚持要和林肯一同走。大家都说她应该坐后面的一班车，以至于她大发脾气，高声抗议，差点儿泄露了机密。

　　在此之前，有关方面已经宣布，林肯将于 2 月 22 日在宾夕法尼亚的哈里斯堡发表演讲，并且在那里过夜，然后于第二天早晨再前往巴尔的摩和华盛顿。

　　林肯按预定的时间在哈里斯堡发表了演说，但是却没有按原计划在那里过夜。傍晚 6 点，他从旅店的后门溜了出来，穿上一件旧外套，戴着一顶从未戴过的软羊毛帽，上了一节没有灯光的火车。几分钟之后，这列火车就载着他前往费城。哈利斯堡的电报线这时也立即被切断，以免消息传到刺客那里。

林肯邮票

　　林肯一行人在费城苦苦等候了一个小时，等着安排换车。为了避免被人认出来，林肯和著名侦探亚兰·平克顿乘上一辆暗乎乎的出租马车，在市区的街道上来回穿梭。

　　10 点 55 分，林肯靠在平克顿的肩膀上，从侧门走进车站，并故意弯着身子，以降低高度。他的脑袋向前弯着，用一条旧围巾裹得紧紧的，几乎遮住了整个面孔。他就这样乔装打扮地上了最后一节卧铺车厢的后段。平克顿的一位女助手早已在车厢后段拉起了一块厚厚的布帘，与前段隔开，谎称是为她"生病的兄弟"准备的。

林肯当选总统后，曾收过几十封恐吓信，威胁他不可能活着走进白宫。陆军总司令温菲尔·史考特将军十分担心林肯会在就职演说上遭到暗杀，另外还有许多人也为此而担忧。

华盛顿有很多人甚至不敢参加这次就职典礼。

于是，史考特将军派了 60 名士兵，站在林肯要读就职演说的国会厅东侧平台下，国会厅的后面也设了站岗卫兵，又派卫兵在前面围着观众。

就职典礼结束后，新总统林肯踏进一辆马车，由宾州大道回去，史考特将军在四周的建筑物附近都安排了穿绿袄的狙击手，街上则有一排排上了刺刀的步兵巡逻。

最后，林肯未挨一枪一弹，安全地进入白宫，许多人感到惊讶，但也有人感到失望。

1861 年以前，国家陷入财政衰退已有好几年，情况十分凄惨，政府不得不派兵到纽约市阻止饥民闯入国库。

林肯就职的时候，成千上万个憔悴而绝望的人仍然在找工作。他们知道共和党首度上台，一定会辞退所有由民主党担任的公职人员，连周薪 10 美元的小职员也不例外。因此，每一份工作都有几十位求职者争抢。林肯进入白宫还不到两小时，就被求职者团团围住。他们在大厅中穿梭，挤满了走廊，完全占据了东室，有的人甚至侵入私用客厅。

乞丐们缠着林肯，向他讨一顿午餐费。还有一个人要求林肯送他一件旧短裤。

有一个寡妇来替一个男人求职，因为她若能替他找一份养家糊口的工作，他就答应娶她。

还有几百个人来找林肯签名留念。一位开旅馆的爱尔兰妇女冲进白宫，请求林肯帮她向一位政府雇员催讨伙食费。

只要有一个公务员生病，立刻就有几十个人来找林肯，"万一他死了"

就把职位给他们。

每个人都带了求职证明书，可是林肯连 1/10 都不可能看完。一天，有两个人申请同一个职位，他们都把大捆信件塞进林肯手中。他没有拆封，就直接将两个包裹放在天平上，让包裹较重的那个人担任公职。

有几十个人曾一再来见林肯，要求给他们一份工作，因遭到拒绝而痛骂不绝。这些人中有很多是无业游民。有一个女人来替她丈夫找工作，因为她丈夫喝酒醉得太厉害了，自己不能来。

他们的贪婪和自私令林肯吓一大跳。他们常常在林肯去吃午餐时拦住他，或在林肯走过街道的时候冲上他的马车，拿出学历证明来，要求一份工作。直到林肯当了一年总统，全国已打了 10 个月的内战，成群的暴民还不依不饶地缠着他。

他惊叹地说："难道他们永远不肯死心吗？"

扎卡里·泰勒当总统不足一年半，就被这些疯狂的求职者害死。哈里森当上总统不到 4 个星期就忧愁死去。林肯一方面要忍受这些求职者的折磨，另一方面还得领导战争。就是铁打的身子也会被累垮，他染上了天花。他说："叫所有的求职者马上来吧，现在我倒是有一样东西可以给他们每一个人。"

林肯进入白宫不到 24 小时，就遇到了一个严重的问题——守卫南卡罗来纳州查尔斯顿港的苏姆特堡军队没有粮食了，若不立即供应粮食，这个地方就会落入南方联盟手中。

陆军和海军顾问都对林肯说："千万不能送粮食去，你一送去对方就会开火。"

7 位阁员中有 6 位都这么说，可是林肯知道，如果他放弃苏姆特堡，就等于承认并鼓励南北分离，使联邦陷于瓦解境地。

林肯在就职演说中说，他曾郑重地"向上帝发誓"，要"保存、保护和保卫"联邦，他一定要遵守自己的誓言。

所以他下令"波哈顿号"轮船载着咸肉、豆子和面包前往苏姆特堡，但是没有送枪械、人员和弹药。

南方联盟的杰佛逊·戴维斯"总统"听到这一消息，立即给鲍里贾德将军发电报，指示在必要时攻击苏姆特堡。

该堡的南方军队指挥官安德生少校传话给鲍里贾德将军说：若肯再等4天，北方守备队将因饥饿而撤退，因为他们除了咸肉以外，已经没东西可吃了。

但是鲍里贾德将军却不愿再等。他为什么不肯等呢？大概因为他的顾问们觉得，"若不当着人民的面洒几滴血"，退出联邦的几个州也许会重回到联邦的怀抱。他们认为，只有射杀几名北方佬才能激起南方联盟的热忱和团结。

于是，鲍里贾德下了一道悲惨的命令，4月12日早晨4点半，一颗子弹划破晨空，射入了要塞附近的海里。

这次攻击连续34个小时没有间断。

南方联盟把这件事当成一场社交盛事：勇敢的青年们穿着新制服，猛射礼炮；社交名媛则在码头和营地散步，热烈地为他们喝彩。

星期天下午，联邦军人把城堡和4桶咸肉交给了敌军，在迎风招展的星条旗和"笨蛋北方佬"的军乐声中，乘船撤退回到纽约。

南方的查尔斯顿堡尽情庆祝了整整一星期。他们在大教堂中齐唱"谢恩赞美歌"，规模庞大，群众上街游行，酒店和客栈的客人纵情地饮酒、唱歌、狂欢。

炮轰苏姆特堡虽然没有造成什么人员伤亡，但是这场战役的影响却非同小可——它拉开了美国南北战争期间一连串空前惨烈战役的序幕。

下篇　最伟大的总统

第一章　初战失利

　　战争开始了，林肯下达命令召集7.5万名青壮年男子。全国掀起了一股爱国主义的狂潮，成百上千座礼堂和广场举办着盛大的聚会，鼓乐齐鸣，旗帜飘扬，演讲家们在众人面前发表演说，爆竹震天响，男人们放下手中的工作，成群结队地加入军队。

　　10周之后，19万新兵开始了操练和行军。然而这些军队该由谁来率领呢？这是林肯面临的一个大难题。当时，军中有个名叫罗伯特·E·李的人，是大家公认的军事奇才。他是个南方人，林肯却打算让他担任联邦军的司令。如果李将军接受了这一任命，整个战争将会大不相同。李将军一度对接受任命进行过深思熟虑，仔细斟酌，诵读《圣经》，祈祷跪拜，在办公室里整夜踱步，想作出一个公正的决断。

　　他对很多问题的看法和林肯很接近。例如，李将军跟林肯一样讨厌奴隶制度，他早就把自己的奴隶释放了。他也像林肯一般热爱联邦，相信联邦将会是"永久性的"，而退出联邦将会给国家带来"致命的灾难"。

　　可是问题在于，他是个弗吉尼亚人，是骄傲的弗吉尼亚人，是把"州"看得比"国"更重要的弗吉尼亚人。200年以来，这块殖民地和州的命运一直被他的祖辈们掌握着。他父亲"轻骑兵哈利"曾经协助当时的大陆军总司令华盛顿追击英国国王乔治二世的红袄军，后来还当过弗吉尼亚州州长，他教育儿子罗伯特要把"州"看得比"联邦"重要。

　　弗吉尼亚州加入南方邦联后，李将军终于下了决定："我不能成为我的亲人和家乡的敌人。家乡的苦难需要我去分担。"

或许"南北战争"多打了两三年就是因为他做出了这样的决定。

现在，林肯应该向哪个人求助呢？那个时候北方军队是由陆军总司令温菲尔德·斯科特直接指挥的。在 1812 年斯科特将军曾在伦迪巷战役中依靠卓越的战争才能一战成名。可如今已经是 1861 年了，距他成名的那次战役已相隔了 49 年之久。斯科特将军现在身体已变得很差，思维也变得相当迟钝，他年轻时候那股勇往直前的劲头早已经在他身上消失殆尽了。

况且斯科特将军还有严重的脊椎病。他自己说："近 3 年以来，我已经不能骑马了，甚至连每欠走路也只能走两到三步，并且还伴随着钻心的疼痛。"除此以外，将军还有其他的病——水肿病和头疼病。

林肯竟然把南北战争的希望寄托在一个早就应该住进医院，让护士看护的老弱病夫的身上。

1861 年 4 月，林肯政府招募的服役期为 3 个月的 7.5 万名士兵，到 7 月服役期就满了；就这样到了 6 月下旬时，北方联军里"开战！开战！"的呼声日益高涨。

《论坛报》主编荷瑞斯·格里莱在他的报纸社论版头条，每天都用巨大的字母印着"全民呼吁开战"、"解放里士满！"的标题。

那时，全美商业萧条。所有银行都不敢随便贷款，就是林肯政府借钱也得支付 12% 年的利息。焦急不安的情绪弥漫整个社会，人们随时能听到这样的言论："喂，听好了，再这样僵持下去毫无用处。我们北方军队不如主动出击，狠狠地打击南方，俘虏李将军，漂亮干净地结束这场肮脏的内战。"

这种激进的言论听起来是非常鼓舞人心的，因此听到这种言论的人都非常赞同。可真正的军事专家们心里明白：如果这时北方联邦军队战略准备不够充分的话，那么和南方军队开战只能是一败涂地。但是林肯总统最终还是听从了大多数民众的呼吁，下达了进攻南方邦联的命令。

于是在 7 月一个晴朗而又炎热的日子，麦克威尔将军率领 3 万多北方联军对驻扎在弗吉尼亚州布尔溪的南方军队发起了进攻。那个时候，在美国还从来没有一个将军指挥过一支如此庞大的军队作战过。

可很明显，这支看似庞大的军队是一群乌合之众！他们毫无作战经验，战术训练也不充分，他们中有好几个团的士兵入伍时间还不超过 10 天，那些人根本不懂得军纪军规。

负责指挥某旅的谢尔曼指挥官抱怨地说："部队行军时，我极力约束自己的那些部下，可是我阻止不了士兵们沿路采摘黑莓、取水、喜欢做什么就做什么的行为。这些刚刚入伍的士兵，他们毫无军纪意识，随便离开行军队伍。"

那时候，法国东方籍轻步兵被人们看做是非常优秀的战士，因此，不少北方联盟军队里的士兵都学他们的举止和打扮。这样一来，在北方军开往布尔溪作战的队伍中有好几千士兵头戴红头巾，身穿红衣红裤，让整支军队看上去好像是一个滑稽搞笑的马戏团，一点都不像去向死神挑战的勇士。

甚至还出现好几个头戴丝帽的众议院的官员坐着自己的马车，携带妻子和爱犬，带上一篮子一篮子三明治和波尔多葡萄酒去看打仗的事情。

在 1861 年 7 月底一个炎热的上午，10 点钟，美国南北战争的第一次战役最终还是打响了，而这次战役的结果到底怎样呢？

北方联邦军队一看到炮弹从头上落下来，马上就有人大声尖叫，吓得口吐鲜血扑倒在地，尤其是在宾夕法尼亚军团和纽约炮兵团服役的士兵，马上就想起了他们 3 个月的服役期满了，他们要求就地退役。他们当场就退伍了！据指挥官麦克威尔写给林肯的报告，这些退伍的士兵"顺着南方军的跑声一直往后方奔逃"。

北方军其他的队伍却一直英勇奋战到下午 4 点半，突然，南方军增派 2300 人全速出阵，参加战斗。

于是，"约翰斯顿的军队打来了"的传闻传遍了整个北方军队。

恐慌情绪弥漫了战场上的联邦军队。2500 名士兵对命令充耳不闻，向四面八方逃散，战场乱成一片。麦克威尔率领几十名军官拼命围堵他们，然而没有任何效果。

南方军全速进攻，对道路进行炮轰，此时，北方军逃兵、运粮车、救护车和看热闹的议员们乘的马车在路上你推我搡。女人们高声尖叫着晕在地上，男人们则破口大骂，摔倒的人们任由其他人踢来踩去。有一辆马车在桥

人性的光辉

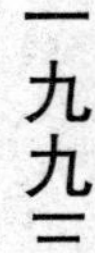

上被挤翻了，阻塞了道路。人们更加恐慌了，场面也更加混乱了。

他们以为是南军的骑兵追上来了，就纷纷大声喊道："骑兵来了！骑兵来了！"他们被自己的喊叫声吓得半死。这场罕见的战争真是有史以来的第一次。

联邦军队被吓破了胆，他们就像是在被凶神恶煞追赶似的，扔掉枪弹、外衣、帽子、皮带和刺刀，疯狂逃窜。有的人累得扑倒在地上，后面的马和车子冲上来碾死了他们。

那天是周日，林肯正在教堂里做礼拜，他听到20英里以外的一阵阵炮声。礼拜仪式刚刚结束，他就赶快跑到国防部，阅读那些陆续来自各个战场的电报。带着这些零散的资料，林肯匆忙赶去斯科特将军那里和他探讨。而当他到了老将军的住处时，却发现他正在睡午觉。

斯科特将军被叫醒后，一边打着哈欠，一边揉着睡眼，此时，他的身体已经衰弱得无法自己站起来了。他用力抓住天花板上的滑车吊带，拉直自己肥胖的身体，再把两只脚从躺椅移到地上。

他用缓慢的语气对林肯说："我对这次战场一点都不了解，我不知道战场上有多少人？地点在哪？使用什么武器？装备怎样？他们能做些什么？没有人告诉过我，我什么都不知道。"而这位一问三不知的斯科特将军，却是整个联邦军的统帅！

老将军读了几封来自战场的电报，让林肯没有必要担心，然后他说他背痛，就又躺下睡了。

深夜，联邦的残兵败将们凌乱地挤上了长桥，穿越波多马克河，涌进了华盛顿。

人们迅速在人行道上搭起了餐桌，摆出一车一车的面包，女人们站在冒着热气的汤锅和咖啡壶旁边，为将士们分配吃的和喝的。

麦克威尔十分疲惫，写电文的时候，手里攥着铅笔，然而刚写了一半，就困得睡倒在树下。士兵们则累得什么都顾不上了，倒在流淌着雨水的人行道上，死睡过去，有的人睡着的时候，手里还紧紧握着枪。

那个晚上，林肯整夜听着报社通讯员和目击者对联邦军队溃败的经过的报告。

　　人们惊慌失措，荷瑞斯·格里莱作出立即无条件停战的建议，他非常坚定地说他们无法征服南方。

　　伦敦的银行家们也一直认为联邦政府肯定会瓦解，因此他们派驻华盛顿的代理人不顾一切地冲进财政部，要求美国政府立即为 40000 美元的贷款提供抵押物做担保。联邦当局不得不让他星期一再过来，说是或许到时候联邦政府还没倒呢！

　　失败对于林肯来说不是什么新鲜事，因为他的一生都在不断的失败中度过的，但他从未放弃过。他仍然相信成功最终会到来的。他走到军队中，和沮丧的士兵们握手，不停说着："上帝保佑你们。上帝保佑你们。"他反复鼓励大家，陪着他们吃豆子，希望他们看到美好的未来，让他们衰退的斗志能够重新点燃。

　　现在，林肯看出了在短期内，这场战争不可能结束，所以，他要求国会征调 40 万兵员。国会召集到了 10 万人，并且授权给他征召 50 万人服役 3 年。

　　谁能够领导这些士兵呢？是无法走路、下床要拉滑车吊带、打仗时却睡得香甜的斯科特老将军？肯定不行的，他已经没有能力。

　　此时，一位历史上最令人失望的将军就要登场了。

　　对于林肯新政府来讲，困难并没有结束，甚至才刚刚开始！

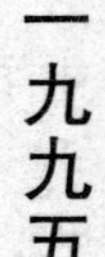

第二章　空谈的将军

　　南北战争刚刚开始的那几个星期里，北方军队里有一个年轻英俊的将军叫乔治·麦克莱伦，他带着20门大炮和一个手提印刷机与自己的部队，突袭了西弗吉尼亚，并打败了驻守在那里的少量南方军队，虽然这次战役只是一场小规模的战争，但是这是北方军队首次在南北战争里的胜利，因此这次战役就显得格外意义非凡。

　　麦克莱伦在这次小战役胜利之后，他就更加刻意地制造他指挥的这次战役胜利的声势，派出手下的人用他随军携带的手提印刷机印刷几十份写得精彩又夸张的战报，回北方散布他带兵打败南方军的胜利消息。

　　麦克莱伦的这种荒唐行为或许再过几年就会受到知道事情真相的人们的耻笑，但是在那个时期，战争对于整个美国还是件新鲜的事情，从来没有打过胜仗的北方人，由于持续不断的战事早就让人们心烦意乱，他们期盼出现一个能领导他们在战争中取胜的领袖人物，因此，对于这个对自己战绩过于夸大的年轻军官的自我评价非常相信。联邦国会就此专门嘉奖了麦克莱伦，那一时期人们都叫他为"小拿破仑"。因此当北方军队在布尔溪战役失败之后，林肯总统将他请到了华盛顿白宫，请他担任了波多马可军团司令。

　　从表面上看，麦克莱伦这个人是个天生就具有领袖才能的人物，他的士兵们只要看到他骑着白马飞奔而来的时候，就会忍不住为他鼓掌欢呼。再说他非常勇敢地接受了刚从布尔溪战役中惨败下来的部队，为恢复这些人的自信，重新鼓舞他们的士气，麦克莱伦对他们进行严格的军事训练。做这样的事情在北方联邦军里没有人比他做得更好的了。到1861年10月的时候，北方联邦军的军队规模在整个西方世界里已经算得上是一流的军队了，麦克莱伦手下的士兵人人都士气高涨，大家都期盼着尽快地与南军进行作战。

　　战士们个个都嚷着要和南军作战，但身为军团总司令的麦克莱伦将军却

华盛顿白宫

不这么想。林肯总统也一再催他趁势出击，但他还是下不了决心。麦克莱伦忙着举办游行集会，大谈未来战争的计划，一切都仅止于此——他不过是一味地在空谈罢了。

麦克莱伦寻找各种各样的借口拖延、耽搁转瞬即逝的战机，他就是不让他士气很高的部队对南军进行突袭。

有一次，他对林肯总统说，他的军队正在休整，暂时不能对南军进攻。林肯总统就问他的军队到底做了什么事情，竟然会累得需要这么长的时间休整。

"安蒂坦战役"之后，麦克莱伦统帅的军队战败。可是当时麦克莱伦手里的军队数量远比南方李将军的部队多得多。当时要是麦克莱伦率领军队主动出击的话，说不定就能活捉李将军并彻底打垮南方军队，从而结束这场内战。在那个转瞬即逝的有利战机面前，连远在后方的林肯总统也接连几个星期地催促他乘胜追击战败的李将军，他不断地写信、发电报，甚至派出特使前去敦促麦克莱伦。可这位将军最后竟然以他的战马累了、他口腔发炎作为借口拒不执行林肯的命令。

在打"半岛战役"的时候，南方的马格鲁德将军，只用了 5000 名士兵，就阻挡住了麦克莱伦所统帅的 10 万大军。当时，麦克莱伦不敢命令他的部

人性的光辉

队往前攻击，而只是在原地修筑起防御工事，并发报一再要求林肯增派军队前来。

事后林肯总统说："要是我真的派出 10 万军队去给麦克莱伦增援，在援军到达后，他会答应明天开向里士满。可是，等到明天，他又会拍电报来说，他的侦察兵探知敌军有 40 多万人，在没有新的后援到来之前，他是无法开展进攻的。"

当时担任国防部长的斯坦顿也说："假如麦克莱伦手上有 100 万的军队，他就会发誓说敌军有 200 多万，然后一屁股坐在泥地上，叫嚷着要 300 万人的军队去增援他。"

这个一步登天被人们称为"小拿破仑"的家伙，像喝醉酒的人一样昏了头，他自己自私自大到了极点，竟然说林肯和他的内阁成员是"运气不好的人"、"猎狗"、"我见过的几只笨鹅"……

麦克莱伦对林肯总统的态度也十分傲慢无礼。林肯总统去看望他时，竟然让总统在客厅前厅等了半个小时之久。有一次，他外出时，深夜 11 点才回家，他的佣人告诉他林肯总统在这已经等他几个小时了，有急事要见他。麦克莱伦却从林肯总统坐着的房间门外经过，对林肯不理不睬，自己径直上楼去了，然后再派用人下楼对林肯说他已经上楼睡觉休息了。

这件事不久就被报纸大肆宣扬出来，整个华盛顿议论纷纷。林肯太太泪流满面地恳求林肯撤换掉这位"可怕的空谈将军"。

林肯总统回答说："我明白这是他做得不对。但在这一特殊时期，我不能只顾自己个人的喜好，随便撤换军队的将领。只要麦克莱伦能够为我们打胜仗，就是让我为他提鞋我都情愿。"

夏去秋来，秋去冬来。1862 年的春天很快又到了，可喜好空谈的麦克莱伦将军仍旧没采取行动，他只是每天训练士兵、检阅部队、和手下空谈。

由于麦克莱伦的消极行动，全体国民情绪激愤，林肯总统也因此受到了各方的责难和批评。

林肯总统在给麦克莱伦将军的一份公文中说："你一再拖延进攻的时机，这样做只会毁了我方的有利形势。"

　　到这个时候，麦克莱伦若再不采取军事行动，他就必须自己辞职了。于是，他起身赶往哈普渡口，下令军队立即跟随他准备向南方军队开战。他计划从奇沙比克和俄亥俄运河运来船只，搭建成浮桥，连接波多马克河的两岸，然后从这攻打南方守军的弗吉尼亚州。但是，直到最后一刻，才因为船只的宽度过宽，无法穿过运河的水闸，只好将这一计划整个放弃掉。

　　麦克莱伦把这次行动向林肯报告，接着又说浮桥尚未搭好，进攻行动只能再延迟几天。忍耐他多时的林肯终于发脾气了，他用多年前在印第安纳州乡间学会的粗话说："浑蛋，为什么还没搭好？"

　　这一刻，全国的百姓也在用相同的语气质问相同的问题。

　　1862 年 4 月，"小拿破仑"终于学着大拿破仑的样子，向士兵发表了一篇冠冕堂皇的演说，然后率领他的 12 万军队，高唱着拿破仑（这个法国皇帝，曾率领法国军队多次打败欧洲联军，成为美国军人的偶像）的战歌《我留在后方的姑娘》出发了。

　　这个时候，南北双方的战争持续了一年。麦克莱伦在刚统领北方军队时，曾吹牛说他要立刻解决战争，让士兵们回家后还能赶上种谷物和玉米的时间。林肯总统和斯坦顿也乐观地给各州州长拍电报，让他们不要再征召志愿兵，结束征兵处的工作，卖掉库房里面的公物。

　　但千万别忘了普鲁士国王腓特烈大帝说过的一句军事格言："认识你的对手"。李将军和斯通威尔·杰克逊完全了解，他们要对付的是一个优柔寡断的"拿破仑"，而且这个"拿破仑"不仅胆怯恐惧，而且从没有上过战场打仗，因为这个"拿破仑"看到流血就会受不了。

　　因此，李将军花 3 个月的时间，慢慢将自己的军队潜伏到里士满，等麦克莱伦的军队开进到连教堂的钟敲几响都听得见的地方时，突然发起一连串猛烈的袭击，仅用了 7 天的时间，就把麦克莱伦和他的军队逼得退回避难所，损失了 1.5 万人。

　　麦克莱伦所谓的"大军事行动"，就这样成了一场惨烈而又可笑的败仗。但是，麦克莱伦照常批评"华盛顿的那些叛徒们"给他派的军队不够，是他们的"怯懦和愚蠢"才使他在这次军事行动中遭到了"惨败"。因此，现在他对林肯和内阁成员的憎恨，似乎比对南军的轻蔑还要强烈得多，指责他们的行动是"有史以来最为可耻的"。

事实上，麦克莱伦的军队比他的敌人的军队要多得多，可他却一再要求增兵、增兵。他先是要求增加 1 万兵力，然后又要求增加 5 万兵力，最后，更要求增加 10 万兵力。他知道这是北方政府所不可能做到的事，林肯总统当然也知道这样的要求他不可能满足麦克莱伦。林肯说麦克莱伦的这种要求"简直荒谬"。

麦克莱伦失败后，给斯坦顿和林肯总统发了一封极为无礼的电报。他在电文中像疯狗一样地指控林肯和斯坦顿摧毁了他的军队，麦克莱伦的电报员甚至不肯为他发出这封无礼的电报。

这次军事行动的失败，招致了国民的恐慌，整个华尔街一片混乱，人们甚至认为国家前途一片黯淡。

消瘦而憔悴的林肯总统当时这样感叹地说："我简直成为了这个世界上最忧伤、最绝望的人了。"

这时，身为麦克莱伦的岳父，又是林肯资深的幕僚长的马西却认为，在这样的情况下除了投降，就再也没有别的办法可想了。

林肯听到这个消息后，气得满面通红，立刻派人把马西找来。林肯对他说："我的将军，我听说你用了'投降'一词来评价我们这次战役的失败。你应该知道这一个词是不宜跟我军放在一起使用的。"

第三章　千钧一发

　　林肯在纽沙勒学到的经验告诉他，租一栋房子、办些杂货很容易，可是要想赚钱，却需要一些他和他那位酒鬼合伙人都欠缺的才能。

　　这几年的战争也更证实了一点：要找 50 万敢死的士兵，或 1 亿美元购置步枪、子弹和军毯也容易，可是打胜仗需要好的军事领导人才，而这简直不可能找到。

　　林肯叹道："军事全靠一个主宰的灵魂人物！"所以他一再下跪，请求上帝给他一位罗伯特·李、约瑟夫·E. 琼斯顿或斯通威尔·杰克逊之流的人才。

　　他说："杰克逊是个勇敢、正直的军人。只要有这样的人来领导联邦军队，国家就不必遭受这么多的灾难了。"

　　但是该去哪里找得到另一个斯通威尔·杰克逊呢？谁也不知道。在爱德蒙·克劳伦斯·史台德曼所写的一首诗中，每节的末尾都以哀求的口吻写道："亚伯拉罕·林肯，请给我们一个人才吧！"这不仅仅是一首诗中的叠句，这是流着鲜血、心情纷乱的全体国民的心声。

　　总统看了这首诗后，难过得流下泪来。

　　两年来，他一直在寻找国家所渴求的将领。他曾把联邦军队交给一位将军，由他带兵去白白送死，害得三四万名寡妇和孤儿们在全国各地号哭。于是原来的将军被撤职，又换上另一位同样无能的将军，再牺牲 1 万人……林肯则穿着睡袍和毛拖鞋，整夜踱来踱去。当报告送进来的时候，他一遍又一遍嚷道："老天啊！国人会说什么？老天啊！国人会说什么？"

　　林肯又接着再换一位将军指挥军队，无谓的牺牲依旧同样继续下去。

　　某些批评家认为，麦克里兰虽然一再出错，而且出奇的无能，但他还算是最好的"波多马克军"司令！而其他人就更无能了。

麦克里兰失败之后，林肯试用约翰·波普。波普在密苏里作战时表现甚佳，曾攻占了密西西比河的一座小岛，俘获了好几千敌军。波普还有两个特点和麦克里兰很相似：相貌英俊，喜欢吹牛。他自称司令部就在他的"马鞍里"，还发布了许多夸张的文告，不久人们就叫他"爱发文告的波普"。

波普率军进入弗吉尼亚，大战就近在眼前，因此他必须尽可能掌握军队。林肯把波普的电报拿给麦克里兰看，要求他火速派军支援波普。

但是麦克里兰肯服从这一命令吗？不。他激烈地为自己申辩，拖延，抗议，借口不断，最后召回已经派出的部队，"用尽了各种恶毒的诡计，使波普得不到增援"。并且他还说："让波普先生自己解围吧！"

于是，李将军在牛径溪旧战场击溃了波普的军队，联邦军队伤亡惨重，再次惊慌奔逃。

第一次"牛径溪战役"的情形重新上演：伤亡溃散的北方败兵再度涌进华盛顿。李将军乘胜追击，连林肯都以为首都就要失陷了。河上的炮艇，华盛顿的所有人——包括平民和政府职员——都奉命武装起来，准备保护都城。

战争部长史丹顿吓坏了，急忙打电报给北方六州州长，请他们立即用专车把所有民兵和志愿军送来。他还准备将政府迁往纽约，下令拆卸工厂，把一切设备往北方运。

财政部长查尔斯下令，将国家的金银火速搬到华尔街的国库里去。

林肯又疲倦又泄气，边呻吟边叹息说："我该怎么办呢？……我该怎么办呢？……输了！输了！盆底塌了，盆底塌了！"

大家都认为麦克里兰渴望看到"波普先生"垮台，希望他的军队被击败。连林肯也把他叫到白宫，说民众指控他叛国，坐视华盛顿失守，让南方得胜。

史丹顿部长气冲冲地到处咆哮，他的脸孔因为愤慨和怨恨而涨得通红。人们都说当时如果麦克里兰走进战争部的话，史丹顿一定会冲上去把他打倒在地。

查尔斯更气愤，不过他不愿打麦克里兰，他说这个人应该枪毙。这绝不是夸张。他真的希望将麦克里兰蒙上眼睛，贴靠在石墙上，让十几发子弹射穿他的胸膛。

可是，林肯生性体谅别人，又有基督般的胸怀，他并不想责怪谁。不错，波普是败了，但是他不也尽力了吗？林肯自己也经过多次挫败，他当然也不怪别人会失败。

于是他派波普到西北方去镇压反叛的印第安人，将军队大权再度交还给麦克里兰。为什么呢？林肯说："军队中没有人整顿军队的才能比得上他……他虽不能领军作战，却可以为别人作好开战的准备。"

查尔斯

恢复"小麦克"的指挥权，使林肯遭到了最严厉的指责。史丹顿和查尔斯甚至说他们宁愿华盛顿被李将军攻陷，也不愿看到这个卑鄙的叛徒重新指挥联邦军队。

面对他们激烈的反对，林肯沉痛地表示内阁若要他辞职，他愿意照办。

又过了几个月，也就是"安蒂坦战役"之后，麦克里兰再一次违背林肯追击李将军的命令，于是林肯又解除了他的兵权，麦克里兰的军事生涯就此结束。

林肯冒险地将军队指挥权交给本塞将军。本塞自知不能胜任，拒绝过两次，但林肯硬要派他，他哭了。后来，他仓促率军攻击李将军的菲特烈堡防御工事，白白损失了 13000 人，却一点战果也没有。

军官和士兵开始大量逃走，本塞也被解职了。这回军队交到另一位吹牛大王"斗士"乔·胡克的手里。胡克吹嘘道："愿上帝对李将军发慈悲，我是不会放过他的。"他率领他所谓的"全球最好的军队"攻打李将军。他的兵力是南军的两倍，可是李将军在塞勒维尔把他挡回到了河对岸，杀死了北军 17000 人。

这是南北战争中最凄惨的一仗。总统的秘书记录着这一切。在那几个可

卡耐基励志经典

人性的光辉

怕的不眠之夜，总统在卧房内踱来踱去，猛喊道：“输了！输了！一切都完了！”可是最后他却到菲特烈堡去为“斗士乔”打气，鼓励大军继续斗争。

林肯为一连串无谓的牺牲遭到了来自各方的抨击。举国上下都垂头丧气。

然而，军事失利的同时，林肯的家庭也跟着发生了不幸。

林肯常常在夏日的傍晚溜出去陪他最喜欢的两个小儿子泰德和威利玩“城球”，他们会在基地间奔跑。有时候他由白宫陪他们一路打弹珠打到战争部的办公室。晚上，他时常趴在地板上，跟他们玩打滚游戏。在晴朗暖和的日子里，他会去白宫后面跟孩子们及两头山羊玩耍。

泰德和威利两个小家伙使得白宫热闹非凡。他们举办吟游诗人表演，让仆人演练军技，在求职者之间跑进跑出。他们如果喜欢某一位求职者，就会立刻安排他去见“老亚伯”，若在前面找不到他，他们还知道去后门找。

他们跟他们的父亲一样不重礼法，有一次他们闯进内阁会议厅，打断议程，告诉父亲说母猫在地下室生下了小猫。

有一回，生性严厉的财政部长查尔斯正在与林肯讨论重大的国家金融问题，泰德先是爬到林肯身上，最后竟爬上林肯的肩膀，跨骑在父亲的脖子上，气得查尔斯说不出话来。

有人送给威利一匹小矮马。他不管天气如何，都坚持着要骑马，因此在一个下雨天淋得又湿又冷，患了重感冒，一直发高烧。林肯每天晚上都坐在他的床边照看他。小家伙去世后，父亲哽咽着：“我可怜的孩子！我可怜的孩子！他太好了，上帝不让他活在世间。上帝召他回天国了。他死了，我真难过，我真难过！”

当时凯克莱太太也在房间，她回忆道：“他双手抱头，高高的身躯发抖……林肯太太看到儿子惨白的面孔，不断地抽筋。由于伤心过度，她未能参加儿子的丧礼。”

威利死后，林肯太太一看到他的照片就受不了。凯克莱太太说：“她不能看见任何他喜欢的东西，连一朵花也不行。曾有人送给她昂贵的花束，可是她却打着冷颤，极力避开，把花摆在她看不见的地方，或者干脆扔出窗外。她把威利的玩具全部送人了……他死后，她从未踏进他去世的客房和他住的卧室一步。"

林肯太太找来一位自称"科尔契斯特爵爷"的所谓招魂专家。这个人是个地地道道的骗子，当他的身份被揭穿以后，被赶出城外，而且不许再进城从事欺骗活动。可是伤心的林肯太太在白宫接见了这位"科尔契斯特爵爷"。在幽暗的房间里，她竟相信那些刮壁板的声音、拍墙的声音、敲桌子的声音都是她亡儿捎给她的口信。

她伤心地哭了。

林肯伤心而绝望，无精打采，几乎无法办公，信件和电报堆在桌子上也没有处理。医生一度担心他会无法复原过来。

林肯有时候坐在办公室朗读几个小时，让秘书或武官当他的听众。他读的大都是莎翁作品。有一天，他读《约翰王》给武官听，读到康士坦斯为亡儿哭泣的段落，林肯合上书，背诵道：

红衣主教神父，我曾听你说

我们将在天堂看见亲友，且互相认识；

若是如此，我将与我儿重逢。

总统问道："上校，你可曾梦见一个死去的朋友，觉得你跟他心灵相通，却又凄然发现那不是真的？我常常这样梦见我的儿子威利。"林肯把头趴在桌上，啜泣出声。

第四章　总统和内阁的关系

　　林肯发现，在他的内阁成员之间也存在着和军中一样的纷争和猜忌——几乎每一位内阁成员都认为自己比林肯更优秀。他们认为那个粗鲁、笨拙、爱说笑的林肯当上总统，只不过是一桩政治意外，他只是一个侥幸成功，登上大位的西部人。

　　首席检察官贝兹在 1860 年被提名竞选总统的希望也很高。他在日记中这样写道：共和党提名"缺乏意志和目标"、"没有指挥能力"的林肯，是一项"致命的错误"。

　　财政部长查尔斯也曾有希望取代林肯获得提名，他至死仍对林肯怀着"一种近乎慈悲的轻蔑"。

　　国务卿西华对林肯更是愤愤不平。有一次，他在屋里踱着方步，对一位向他抱怨的朋友大声说："失望？你跟我谈失望？我本来有资格成为共和党提名的总统候选人，结果却被迫让开，眼睁睁地看一位伊利诺伊州的小律师当选！你还来跟我谈失望？"

　　西华知道，若非荷瑞斯·格里莱当初捣乱，他一定会当上总统。他深谙管理之道，而且已有 20 年的丰富从政经验了。

　　林肯管过什么呢？他只管过纽沙勒的一间杂货店，还"管得一塌糊涂，负债累累"。

　　噢，是的，林肯还接触过邮政——但是他把信函放在帽子里带着走。

　　这位"草地政治家"的行政经验也仅仅只有这么一点儿。

　　现在，笨拙而心慌意乱的林肯坐在白宫，任由形势浮沉，什么事也不干，整个国家正在急速地走向混乱。

　　西华认为他被任命为国务卿是治理国政的需要，林肯只不过是个傀儡。大家都称西华为"总理"，他很高兴。他相信拯救美国全靠他了，而且非他

林肯故居

莫属。

他在接受这一任命的时候说："我会尽力维护自由，拯救国家。"

林肯到职不满 5 个星期的时候，西华就送了一份备忘录给他，里面的内容十分无礼。在美国历史上，还从未有内阁成员敢呈送这么傲慢的文件给总统。

西华在文件开头中说："我们已当政一个月，可是却没有丝毫内政或外交的成绩可言。"接着，他以知识优于林肯的口气批评这位来自纽沙勒的小杂货店员，教他如何执政。最后，他更厚着脸皮，建议林肯从此只需坐在幕后，让他——能干的西华——掌权，免得国家坠入地狱。

西华甚至还提出了一个荒唐古怪的建议，令林肯大为吃惊。由于西华看不惯当时法国和西班牙在墨西哥的横行无状，于是他建议林肯，要求这两国对自己在墨西哥的行为做出解释，还有大英帝国和俄国也一样。如果"未收到满意的解释"又该怎么办呢？你猜他打算干什么？

——宣战。

这位能干的政治家觉得打一场战争还不够，他希望同时进行几场轰轰烈烈的战争。

卡耐基励志经典

　　他真的拟好了一份傲慢的通知，打算送给英国。这份通知中满是警告、威胁和侮辱的字眼，若非林肯删掉了其中最严重的段落，又把其他句子的语气改得缓和了一些，也许真的会引发一场战争。

　　西华说他乐于看到将会有一支欧洲势力帮助南卡罗来纳州，这样北方就会猛攻外国军队，南方各州也会协助攻打外国敌人。

　　结果，美国差点儿就要和英国打起仗来。一艘北方炮艇在公海上拦截了一艘英国邮轮，从上面带走了两个要前往英国和法国的南方联盟官员，把他们关进波士顿监狱。

　　英国开始备战，用船运送几千名士兵横越大西洋，在加拿大登陆，准备攻击北方军队。林肯不得不交出那两位南方联盟官员，并公开道歉。

　　林肯对西华的某些荒唐想法非常震惊。从上任一开始，他就知道自己没有足够的经验应付眼前的大局，他需要帮助，需要知识和引导。因此他任命西华，指望能从他那里得到这些。可是结果呢？整个华盛顿的人都说是西华在执政掌权！这触动了林肯太太的自尊心，她产生了强烈的愤怒。她满眼凶光地催促谦卑而自持的丈夫给西华一点颜色瞧瞧。

　　林肯向她保证：“我也许不善于管理自己，但是西华也比我好不到哪里去。我唯一的主宰就是良心和上帝，人们早晚会知道的。”

　　大家终于知道了。

　　查尔斯堪称是林肯内阁中的“契斯菲尔德爵爷”。他长相英俊，身高6尺2寸，一看就是天生的领袖人物。他很有教养，是古典学者，精通三国语言，他女儿更是华盛顿社交界最迷人、最受欢迎的公主。老实说，他见到林肯这位白宫主人居然不懂得如何点菜时，相当震惊。

　　查尔斯是个虔诚的基督教徒，他实在想不通，一个总统居然会端着阿提莫斯·华德或比托林·纳斯比的作品上床。

　　不论在任何时刻、任何场面，林肯都幽默得起来。查尔斯尤其气愤他这一点。有一天，一位老朋友从伊利诺伊州远道来白宫求见林肯。看门人以鄙夷的眼光上上下下地打量了他一番，并对他说内阁正在开会，林肯不能见客。

来客说："开会也一样。你只要告诉亚伯，说奥兰多·凯洛格来了，我想跟他说说口吃法官的故事，他就会接见我的。"

林肯立刻叫人请他进来，热情地跟他握手，并转身对内阁成员们说："绅士们，这是我的老朋友奥兰多·凯洛格，他想要告诉我们口吃法官的故事。这可是很好听的故事，我们暂时搁下公务吧！"

于是这一群大政治家们只好搁下国事，听完奥兰多说的故事，只有林肯一个人哈哈大笑。

查尔斯颇感不满。他为国家的前途深感担忧。他抱怨林肯"拿战争当笑话"，致使国家走向"破产和毁灭的边缘"。

查尔斯的醋劲就像一个中学女生那么强烈。他曾指望当上国务卿。可是他为什么没当上呢？他为什么受到了冷落呢？为什么这一光荣的职位会落到傲慢的西华手里？他自己为什么只能当财务大臣？他为此而愤愤不平。

不错，现在他只是坐在第三把交椅上，可是他想要让人们瞧瞧。1864 年快到了，到时候又有一次大选，他决心入主白宫。他一心想着这件事，全副精力都集中于追逐总统职位——即林肯所谓的"查尔斯对总统职位的疯狂追求"上。

他在林肯面前假装是他的朋友，可是一等林肯走出他的视线范围，查尔斯就成了他的大仇人。由于林肯经常做出一令权势人物不满的决定，因此查尔斯连忙去找那些不服林肯的受害人，向他们表示同情，说他们才是对的，以此来加深他们对林肯的愤慨。他还向他们保证，如果他查尔斯入主白宫的话，他们一定会得到较好的待遇。

林肯说："查尔斯就像苍蝇一样，在每一个腐烂的地方都要下点卵。"

对这一切，林肯早已了然于胸，但是他一向都不计较自己的权利和得失。他说："查尔斯是个非常能干的人，但我认为他对于当总统的事有点走火入魔。最近他的言行不太检点，有人对我说：'现在该把他挤出去了。'唉，我不赞成把任何人挤出去。如果一个人能做好某一件事，我主张就让他去做。所以只要他能干好财政部长的工作，我决定不计较他的'白宫热'。"

可是情况越来越严重，查尔斯一有不顺心的事，就立刻提出辞呈。他前后辞过 5 次，林肯一再挽留他，赞美他，劝他留下来帮助他。可是，即使是坚韧异常的林肯也终于受够了。他们开始互相反感，见了面也很不愉快。当查尔斯第六次提出辞职时，林肯真的照查尔斯辞呈上的意思，批准了他的请求。

查尔斯大吃一惊。他的辞职竟被林肯接受了。

参议院的财务委员集体赶往白宫，他们齐声向林肯抗议，声称查尔斯辞职将是一大不幸，是国家的一大灾祸。

林肯静静地听着，让他们把话说完。然后，他对大家讲了他与查尔斯数次交涉的痛苦经验，说查尔斯一直想掌权，对他的权威愤恨不满。

林肯说："他也许是存心气我，也许是想让我拍他的肩膀劝他留下来。我认为自己不该这么做。我只好接受他的要求。他作为一名内阁成员的职权已经结束了。我将不再继续维持这种关系。如有必要，我愿意辞掉总统的职位，我宁可回到伊利诺伊州的农庄，靠耕田和养牛谋生，也不愿再忍受目前的处境了。"

林肯对于查尔斯这个羞辱他、侮慢他的人，评价又如何呢？他说："在我所认识的大人物中，查尔斯比其中最好的一位还要强。"

尽管彼此之间有嫌隙怨恨，林肯却采取了最高贵、最宽宏的态度。他将美国总统所能颁赐的最高荣誉给了查尔斯，让他当美国最高法院的审判长。

不过，跟性子火暴的史丹顿比起来，查尔斯只不过是一只温驯的小猫罢了。史丹顿的身材矮胖，像个圆球，而且生性凶猛、残酷。几年后，他的爱女露西去世，他伤心欲绝，在她下葬 13 个月之后，还把她的尸体掘出来，在他的卧室里摆了一年多。史丹顿太太去世后，他夜夜将亡妻的睡衣和睡帽摆在身边的床上，相对垂泪。

他可真是个怪人，有人说他已经半疯了。

林肯和史丹顿是在处理一项专利案件时认识的，他们俩和费城的乔治·哈定同时受雇担任被告的律师。林肯曾仔细研究案情，作了精心的准备，想要好好发言。可是史丹顿和哈定都以他为耻，他们漠视他，羞辱他，在法官审案时故意不让他说话。于是，林肯把自己准备的讲稿交给他们，他们却认为那是"一文不值的废物"，连看都不肯看一眼。

从法院回来时，他们也不跟林肯同行，不邀请他到他们的房间，甚至不肯跟他同桌吃饭。

史丹顿曾说："我可不愿跟那么一头笨拙的长臂猿来往。我若不能跟外表像绅士的人一起办案，我宁愿放弃这个案子。"这话林肯也听说了。

林肯说："从来没有人像史丹顿那样残忍地对待我。"他回家之后，深深地感到了屈辱，再次陷入了可怕的忧郁之中。

林肯当上总统后，史丹顿对他的轻视和厌恶更深了。他称林肯为"讨厌的白痴"，说他没有能力管理政府，应当被赶下去。史丹顿一再说："杜夏露何必跑到遥远的非洲去找大猩猩？原始的猩猩此刻正坐在白宫里抓耳搔痒呢！"

史丹顿还在写给布坎南的信中痛骂林肯，所用的词句实在不堪入目。

林肯上任 10 个月后，丑闻传遍了全国：政府的几百万美元不见了！有人在投机！说是存在不实的战争契约等等。

除了这些麻烦之外，林肯和原战争部长西蒙·卡美龙对于武装奴隶的问题也有很深的分歧。林肯叫卡美龙辞职，他必须派新人来主掌战争部。林肯知道国家的前途由他的选择而决定，他也知道自己需要什么样的人。所以林肯对一位朋友说："我决心抛下个人的一切自尊，任命史丹顿为战争部长。"

事实证明，林肯的任命是再恰当不过的了。

为了达到统一国家的目标，林肯什么都能忍受。

有一天，一位国会议员劝林肯下令调动某些兵团。林肯答应了他，他拿着总统的命令跑到战争部，把它放在史丹顿的办公桌上。史丹顿厉声说他不答应。

这位议员抗议说："你忘了我这边有一份总统的命令。"史丹顿立即反驳道："总统若下这种命令，他是天杀的傻瓜。"

这位国会议员跑回去找林肯，指望林肯会愤而辞退战争部长。没想到林肯静静地听完之后，只是眨眨眼，对他说："如果史丹顿说我是天杀的傻瓜，那我一定是。他通常都是对的。我这就亲自去看他。"

　　林肯到了战争部，史丹顿指出他的命令错误之处，于是林肯就撤回了那道命令。

　　林肯知道史丹顿讨厌别人干涉他的工作，因此通常都让他自己做主。他说："我不能给史丹顿先生添麻烦。他的工作是世界上最困难的。军中有几千人因为未能晋升而责怪他，又有几千人因为未能任职而责怪他。他所受到的压力无法测量，没有止境。他就像海岸上的一块磐石，浪涛不断打在他的身上。他必须抵挡怒海，使海水不至于淹没陆地。而他竟然还能活下来，没有粉身碎骨。没有他，我肯定完蛋了。"

　　不过，总统偶尔也会"站稳立场"——这是他自己的说法——此时，如果"老战神"史丹顿若说他不做某一件事，林肯会静静地说："部长先生，我已经决定了，你非做不可。"

　　结果史丹顿当然做了。

　　有一次，林肯给史丹顿写了一份命令说："别用'如果'、'而且'或'但是'，我要你派艾略特·W．莱斯上校担任美国联邦军陆军准将。"

　　还有一回，他写信让史丹顿派职务给某一个人，他在信中写道："无论他知不知道恺撒大帝的头发是什么颜色，都要任命他。"

　　后来，史丹顿、西华和大多数原来辱骂及轻视林肯的人，开始渐渐地尊敬他。

　　当林肯奄奄一息地躺在福特戏院对门的一栋出租公寓里时，以前骂他是"讨厌的白痴"的铁汉史丹顿说："这儿躺着一位有史以来最完美的统治者。"

　　林肯的一位秘书约翰·海伊曾生动地描写林肯在白宫的工作情形："他非常不讲求方法。尼克莱和我花了4年工夫，才使他稍稍适应某些系统化的规则。可是每一项规定刚刚立好，他马上又打破了。虽然民众不合理的牢骚和请求几乎把他给气死，但是阻止民众接近他的所有规定他全都不赞成。

　　"他很少写信，收到的信50封中难得看上一封。我们开始还设法叫他看，可是最后他把事情完全交给我，让我以他的名义回信。我写的信他看都不看就签了名。

"他自己一周可能写 6 封信——绝不会超过这个数。若是华盛顿以外的地方有伤脑筋的事情需要总统亲自处理，他也很少写信，总是派尼克莱或我去。

"他平常在 10 点到 11 点之间上床就寝……第二天很早起床。他住在乡下的'军人之家'时，不到 8 点钟就起来更衣，吃早餐。他吃得非常俭约，只吃一个蛋，一片烤面包，一杯咖啡。他骑马进华盛顿。冬天住在白宫时，他不会那么早起床。他睡不着时，在床上逗留一会儿……

"冬天中午，他只吃一块饼干，喝一杯牛奶；夏天则吃些水果或葡萄……他饮食有度，食量比我所认识的任何人都要少。

"他只喝水，不喝别的东西。这没有什么特殊的原因，只因为他不喜欢喝别的……

"有时候他想要稍微休息一会儿，就跑去听演讲，听音乐或者看戏……

"他很少读书。除非我叫他注意某一篇特殊的文章。他几乎从不看报，他经常说：'这事我比他们更清楚。'如果说他谦虚，简直太荒谬了。没有一个伟人是谦虚的。"

人性的光辉

第五章　解放黑奴

林肯小心翼翼地实施着这个世界上最美好的希望——他慢慢地签署好解放奴隶的文件。

如果你随便问一个美国人，南北战争是怎么打起来的？他们很可能会这样回答你："为了拯救被欺压的黑人奴隶而战。"

事情真的是这样吗？

我们可以看看下面的这句话，这是林肯第一次当上总统时，在他的就职演讲中所说的话："我无意干涉蓄奴州的现有奴隶制度。我相信依照法律我是无权干涉的，而且我也不打算干涉。"

事实上，在大炮隆隆、南北持续战乱了将近 18 个月后，林肯才发布他的《解放奴隶宣言》的。在那段时间里，主张废除农奴的激进派和温和的废奴主义者都在催促他立刻行动，并通过报纸对林肯进行抨击，还经常在公开的演讲中指责他。

有一次，一群来自芝加哥的牧师代表团出现在白宫前，并带来了所谓的"上帝即时释奴令"。而林肯对他们说，如果上帝要给他忠告的话，就一定会直接到白宫来，而不会让别人从芝加哥绕路送来。

荷瑞斯·格里莱对林肯在解放奴隶的问题上，拖延不行动的行为感到异常气愤，他写了一篇文章名为《两千万人的祈祷》，直接抨击林肯总统。文中全都是尖刻的牢骚话。

林肯立刻对格里莱的文章作出了回应，这篇回应格里莱的文章，后来成为南北战争期间的经典之一。它内容简洁明了，充满活力，还有一个让人难忘的结尾：

在这么一场内战里，我最终的目标是拯救我们北方联邦，并非是保全或摧毁南方的奴隶制度。如果不解放一个奴隶就能拯救我们北方联邦的话，那么我就不会去解放任何一个奴隶；要是因为通过解放了南方奴隶的这个做法才能拯救我们北方联邦的话，那么我愿意解放南方的所有的奴隶；如果我们通过解放一小部分奴隶，再又保留一大部分奴隶的做法，也能拯救我们北方联邦的话，那么我也一样会这样去做的。若是我在任的政府对现今的奴隶制度和有色人种采取了某些政策上的措施，那么也是因为我相信这些措施的实施是能够拯救我们北方联邦的。在某些方面我一定会保持宽容的态度，因为我相信宽容是会有助于拯救我们北方联邦的。当我觉得我自己的一些政策措施会不利于拯救我们北方联邦的这一目标时，我绝对不会去做；而当我觉得我多做一些事情能对拯救我们北方联邦这个目标有所利益时，我就一定会愿意多做。每当一个政策的实施被证明是错误的时候，我一定就会尽自己一切的努力去休整，每当某些政策的实施被证明是正确的，我就会立刻按照这种意愿去接受它。现在我完全是站在公众的立场上来进行这个发言的，我个人时常对自己说"愿一切的人都能获得他个人的自由"，我并不想改变让任何人获得他个人自由的这个想法。

那时林肯相信拯救了北方联邦，并防止奴隶制度的蔓延，到时候，奴隶制度自然就会消失。而如果北方联邦灭亡了，那么奴隶制度还将会延续数百年。

当时有4个蓄奴州是与北方联邦站在同一战线上的，林肯知道如果过早宣布《解放奴隶宣言》，就会把那4个蓄奴州，逼入南方邦联，这样就会增加南军的势力，甚至有毁掉北方联邦的危险。当时有一句谚语："林肯希望上帝站在他这边，但肯塔基他是非得抓住不放的。"

所以当时林肯只能静待时机，并小心做事。

他岳父家，就是一个拥有许多奴隶的南方庄园主。而林肯太太获得的处理她父亲地产的资金，有一部分就是通过拍卖奴隶而得来的。他唯一真正的最好的朋友约述亚·史匹德也是出身于一个蓄奴家庭。林肯总统自己也非常能理解南方邦联的立场。况且他本身就是律师出身，很懂得人人都应该尊重宪法、法律和产权。所以在这个方面，他并不愿意苛刻地对待那些对他的政策持有反对想法的人。

　　林肯认为美国奴隶制度的产生，北方人和南方人都应该各自负有一些责任，而要在当时美国从根本上解除奴隶制度，就要经南北双方的共同努力才能得以实现。最后，林肯制定出一项非常重要的政策。依照这个政策，当奴隶主每释放一个黑奴，他就能从政府那里得到400美元的经济补偿。要照这样去做的话，奴隶就会慢慢地被奴隶主释放。因此，林肯把华盛顿周边的各州代表召集起来到白宫开会商讨，并十分诚恳地请求这些代表接受他的这项建议。

　　在那次会议上，林肯对各州代表说："这个计划温和得就像露珠一样，它不会损及你们当中任何一个人的利益。你们难道不同意吗？自古以来没有一件事能如此为人带来这么大的好处。现在正是该你们行动的时候了，还是顺从天意吧，否则在不久的将来你们会后悔的。"

　　然而各州代表拒绝接受林肯的这项计划，林肯对他们这样的决定感到非常失望。

　　他说："我必须尽最大可能来保全这个政府。我不妨直截了当地告诉大家，我会不惜任何手段，也绝不放弃这个计划……我认为解放奴隶、武装黑人现在已成了我们军事上势在必行的措施。我不得不在解放奴隶与联邦退让二者间作出选择。"

　　他必须立刻采取行动了，因为南方邦联很快就要被英法两国承认了。

　　就法国而言，拿破仑三世娶了世界公认的第一美女西班牙女伯爵欧仁妮·德·蒙蒂诺为妻，这位君主正急切地想在老婆面前炫耀一番，表明他能够像他叔叔拿破仑皇帝一样能干。他看到当时美国各州忙着互相残杀，认为他们一定没有功夫实施门罗主义，便派一支军队从墨西哥登陆，并杀死了几千名当地土著，征服了墨西哥，把它纳入法国殖民地，让马克西米林大公去那里就任墨西哥总督。

　　拿破仑三世相信在美国南北战争中如果南军打赢，那将对他的新殖民地有利，如果北军打赢，那么已经统一了的美国就会立刻采取行动，把法国人赶出墨西哥。因此，他很希望南方能成功地脱离联邦，而在他的能力范围之内协助他们。

南北开战初期，北方联邦的海军封锁了一切南方港口，监视了 189 个港口，巡逻 9614 海里的海岸线、海峡、港湾和河流。这么大的封锁线在当时的世界上都算得上是首屈一指的了。

北方的海军封锁了一切南方港口的行动让南方邦联彻底绝望了。因为他们无法将丰收的棉花卖出去，也不能在境外买到所需的武器弹药、药品、生活日常品和食物了。在那段被封锁的日子里，南方邦联的人民只能用煮栗子和棉花籽来代替他们日常喝的咖啡，用黑莓叶与黄樟根炖汤来代替茶水。因为物资的缺乏他们只能将新闻印刷在壁纸上，他们还把熏肉房的被咸肉淹出来的油汁弄得很脏的地板挖起来提炼日用的食盐。所有教堂的钟都被他们熔掉，用来铸造大炮。里士满的街车轨道那个时期也被拆卸下来做炮艇的甲板材料。

南方的运输几乎停顿，南军买不到新装备来修筑铁路，佐治亚州一桶 2 美元的谷物在里士满要卖到 15 美元。整个弗吉尼亚州的人都在挨饿。

在这种危机四伏的时刻，必须要立刻想出办法来解决所有的问题，所以南方向拿破仑三世开出条件：如果他承认南方邦联，并派遣法国舰队来解除北军的封锁，他们就给他 1200 万美元的棉花。此外，他们还答应给法国大量订单，这足以让工业发达的法国每一座工厂的烟囱昼夜冒烟。

就是出于这样的情形，法国的拿破仑三世便怂恿俄英两国，密约他们和法国一同承认南方邦联是美国的合法政府。那些在当时英国执政的贵族们兴奋异常地听着拿破仑三世的建议。如果让美国变得富强起来，这可不是他们愿意看到的事。因为他们喜欢看到的是美国南北的长期分裂，北方联邦政府的瓦解。除此之外，他们自己更需要得到美国南方的棉花，来缓解当时自己国内经济萧条的现状。那个时候，英国国内的几十家主要的工业支柱工厂因棉花的短缺已被迫停产，100 多万工人不仅失业，还处于赤贫的状态。那些失业者的孩子们没有食物可吃，成百上千的人即将因为食品的匮乏而有被饿死的危险。英国国内有不少慈善人士不得不跑到世界最偏远的角落——甚至遥远而又贫困的印度和中国去募捐，为英国那些失业的工人买回活命的食物。

　　现在英国只有一个办法可以得到棉花，而且这是弄到棉花的唯一的办法，就是同拿破仑三世一起承认南方邦联，并帮助解除海上港口的封锁。

　　如果那样的话，美国将会面临怎么样的局面呢？首先，南军会得到枪炮、弹药、贷款、食物、铁路设备；其次，就是南军的信心和士气会迅速上升。

　　而北方会面临什么呢？徒增了两个强大的新敌国，使本来就已经恶劣的情势变得更加无法收拾。

　　没有人比总统亚伯拉罕·林肯更了解这一点。1862 年，林肯自己承认："我们几乎打完了最后一张牌，现在是我们必须采取措施的时候了，否则我们就会输掉整个战争。"

　　在英国人眼中，组成美国的原先的 13 个殖民地都是由他们那里分割出来的。现在南方殖民地要脱离了北方而独立，因为这个北方政府才和他们打仗，为的是镇压他们。田纳西州和得克萨斯州接受华盛顿还是里士满的统治，这对那些伦敦政客或巴黎的王子来说又有什么差别呢？没有，在他们眼里，这场战争本身就没有一点意义。

　　卡莱尔在他的书中写道："在我们这个时代所发生的战争里，没有一场战争比这场南北战争显得更加愚蠢的了。"

　　林肯认为他必须改变欧洲对现在美国这场南北战争的看法。他知道，在欧洲大约有 100 万人读过《汤姆叔叔的小屋》，他们一边读一边流泪，同样也痛恨奴隶制度带来的痛苦和灾难。亚伯拉罕·林肯总统意识到他发表《解放奴隶宣言》，关系到欧洲人对这场战争的态度，双方将不再为了欧洲人毫不关心的联邦存废问题而战；战争将反而升华为摧毁奴隶制度而发起的圣战。到了那个时候，欧洲政府将没有胆量承认南方的独立。因为舆论不允许一个国家和政府帮助一群靠武力争取延续奴隶制度的人。

　　因此，到了 1862 年，林肯终于作出向南方邦联发动战争的决定，并对外发布了战争宣言，但那一年，林肯的军队统领麦克莱伦和波普却在最近的几次对南方作战中刚打了败仗。林肯的国务卿西华德告诉他此刻发布战争宣言的时机不很适合，应等到北方联邦军在战争中取得一场胜利后再发布为好。

西华德的建议听来似乎很有道理，于是，林肯决定静待时机。两个月过去了，胜利的消息终于传来。于是，林肯立刻召集内阁开会，讨论自发布《独立宣言》以来最振奋人心的文件。

这本是一个重大而严肃的场合。林肯在这次会议上是否表现得庄严肃穆？没有！林肯有个习惯，每当他看到一个好故事时，总喜欢和大家一起分享。他平常爱拿一本阿提莫斯·华德的书上床在睡觉前阅读，每读到幽默好笑之处，他就立即起床穿着睡衣，穿过白宫的各个厅堂，来到秘书办公室，朗读给他的秘书们听。

在内阁召开会议讨论《解放奴隶宣言》的头一天，林肯刚刚拿到一本华德最新出版的书。这本书的里面有一个《乌蒂克的专制暴行》的故事，他觉得很有意思。于是在开会之前，他就忍不住先读给大家听了。

林肯笑够了之后，随手就把华德写的那本书放在一边，神情立刻变得严肃起来，他郑重地对他的内阁成员们说："南方叛军驻扎在菲德烈城时，我就决定等我们把他们赶出马里兰后，就马上发布《解放奴隶宣言》。这件事我从来没和你们中任何一个人提到过，但那时我对自己发过誓——也对仁慈的上帝许诺过。如今，南方叛军已被我军从菲德烈城赶了出去，因此我要对自己实现过去的承诺。今天我把你们召集起来，听我讲我已经写好的这篇宣言。宣言整体的方面我个人不希望做任何修改，因为我已决定这样去做了。这些文字，我都是经过反复推敲之后才决定的。不过在措辞或某些细节方面，你们当中要是哪一个认为该修改一下，我也非常乐意接受。"

首先，西华德提出对《解放奴隶宣言》的一些措辞进行略微修改的建议，可不到几分钟，他又提出了另一建议。

林肯问他，你为什么不同时把两个建议提出来呢？接着林肯便停止了讨论修改《解放奴隶宣言》的会议，给他的内阁们讲起了一个故事。他说，有一位印第安纳州的雇工告诉农场主，他最好的两头公牛死了一头。过一会儿，雇工又向农场主报告说："您的另外一头公牛也死了。"

农场主很郁闷地问道："你为何不同时告诉我两只公牛都死了呢？"

卡耐基励志经典

雇工想了想，回答道："噢，我只是不希望同时告诉你太多的坏事，以免让你难过。"

林肯是在 1862 年 9 月，向内阁提出了《解放奴隶宣言》的，可要等到 1863 年 1 月 1 日这个宣言才能生效。1862 年 12 月，国会开会时，林肯恳请国会支持宣言。在他向国会提出请求时，说了句十分壮美且蕴涵一些诗意的话。

在谈到北方联邦的未来时，他神情庄重地说："我们要么把高贵保全，要么是悲伤地丧失世间最后且最好的希望。"

1863 年 1 月 1 日的那天，林肯在白宫和来访的客人一一握了几个小时的手。那天下午，他回到了自己的办公室，把鹅毛笔浸满墨水，准备签署那份《解放奴隶宣言》。他神情略带迟疑地对国务卿西华德说："如果奴隶制度没有错的话，那么在这个世上就没有错的事了。我从来没有比现在更确定自己这个决定是正确的了。不过，我从早上 9 点钟去接见来访的客人，和他们一一握手到现在，手都有一些僵硬和麻木。这份签名在未来将会被人密切关注，如果被他们发现我在签名时字迹有些歪斜的话，恐怕他们会说：'林肯的良心有点不安了！'"于是，他让手臂好好地休息一会，才慢慢地在文件上签字，解放了美国数百万黑人奴隶。

这份宣言当时并未得到人们很大的欢迎与赞许。林肯的密友奥维尔·H·布朗宁在回忆当时的情形时写道："它唯一的效果，就是让南方邦联变得比以前更加空前的团结和愤怒，而让北方联邦政府变得意见分歧、精神涣散。"

北方联邦军队中发生叛变。原因是不愿为了解放黑奴而挨枪弹，让黑人社会地位与白人相等。成千上万的现役士兵叛逃，而各地的新兵补员额明显减少。

当时林肯十分希望民众支持他，可结果适得其反，多数原来支持他的人都背离了他。在秋季的总统大选中，林肯的支持率直线下降。连他家乡的伊利诺伊州当时也选择不支持共和党。总统选举中的失利，战场上接连不断的失败消息又接踵而来，在菲德烈堡的那场战役中，北方联邦军再次损失了

13000 人。这种糟糕的情形持续了 18 个月之久，又好像要没完没了，永远没有停止的一天。听到北方联邦军战败的消息举国惊骇，人民对这场战争绝望到了极点。因此林肯总统也受到全国各个阶层猛烈的批评和指责。林肯的下届总统选举失败了，他军队的将军失败了，他正在实施的政策也失败了，美国人民再也无法忍耐他的领导了，就连现任参议员的共和党党员也对他发起了反击。他们或想要逼林肯退出白宫，或要求他改变政策，并强烈要求林肯解散他的内阁。

林肯神情黯淡地说："他们想将我从白宫赶走，其实我自己也真想随他们的心愿。"

这个时候，就连荷瑞斯·格里莱也在后悔 1860 那年中因为他的原因促使共和党提名了林肯这件事。

荷瑞斯·格里莱说："这是一个无法挽回的错误，在我一生所犯的错误中，这个错误最大也最致命。"

于是，格里莱伙同另一群激进的共和党发起了弹劾林肯的运动，其目的就是逼迫林肯辞职，把副总统哈姆林扶正入主白宫，然后逼迫哈姆林把联邦军的指挥权交给罗斯克兰斯将军。

那时连林肯自己也不得不承认："现在我们已在濒临毁灭的边缘上了。我自己甚至也感觉到连上帝都和我作对，我几乎看不到一星半点胜利的希望啊！"

第六章　嘉言懿行

1863 年春天，李将军正为他那一连串耀眼的胜利而洋洋自得，他打算主动攻入北方。他决定占领富裕的宾夕法尼亚州，作为生产中心，这样他可以为衣衫褴褛的军队获取食物、药品和新衣服，说不定他还可以占领华盛顿，并逼法国和大英帝国承认南方联盟。

这真是一次大胆而又冒险的行动。可是南军夸口说一个南方人可以打赢 3 个北方佬，他们对此深信不疑，所以当军官们告诉士兵，到了宾州每天可以吃两顿牛肉的时候，他们便巴不得马上就出发。

在离开利其蒙之前，李将军收到了一封让他忧虑的家信。他的一个女儿在课堂上看小说，被老师逮了个正着。大将军为此而感到苦恼，他回信说让女儿多看看柏拉图、荷马等古典名作家的作品以及普鲁塔克的"传记集"等书。写完信后，李将军照例读了一会儿《圣经》，然后跪地祷告。接着他吹灭了蜡烛，进去睡觉……

很快他便带着 75000 兵力出发了，饥饿的军队渡过波多马克河，举国陷入恐慌之中。农民赶着马匹和牲口逃出了康伯兰山谷，黑人们吓得眼睛翻白，惊慌四逃，怕再次被拉回去当奴隶。

李将军的大炮在哈利斯堡前面隆隆作响，忽然得知联邦将要由后面切断他的后援了。于是他猛然掉转回头，像愤怒的公牛被狗咬了一下它的后腿一样，公牛和狗在宾州一个沉睡中的小村庄里交战。小村庄属于葛底斯堡，当地有个神学院，两军在那里打了一场美国历史上最著名的战役。

战斗的开始两天，联邦军损失了 2 万人。第三天，李将军命令乔治·匹克特将军率领新增援的兵力猛烈发起攻击，一举歼灭敌军。

这是李将军的新战略。在此之前，他的军队都是躲在墙后面或者在树林里打仗，而现在他准备开始猛攻。

　　李将军手下的得力助手朗斯翠将军对此感到十分惊慌。

　　他惊叫道："老天！李将军，你看我们的军队与北方佬之间有多少差距。他们有陡坡、大炮、围墙。我们是在以步兵来对抗他们的炮兵。我们要冲过没有遮掩的一英里路，完全处在他们的霰弹筒和榴霰弹攻击线之内。有史以来还没有15000名战士能占领那个据点。"

　　可是李将军坚持要打。他答道："以前的军队没有像我们这样的战士。如果有恰当的领导，他们什么地方都能去，什么事情都能做。"

　　李将军坚持原先的计划，但也犯下了一生中最严重的错误。

　　北军已经在沿着神学院的山路上布下150门大炮。今天你若到葛底斯堡参观，还可看见留在那儿的大炮，位置和当时的一模一样——由这些大炮所形成的保护网，在当时是无敌能战，滴水不漏的。

　　这一回，朗斯翠的判断胜过了李将军。他相信这次反击只会造成无谓的牺牲。他低头沉默，不肯发布命令。结果另一位军官代他下令，即乔治·匹克特将军，他服从军令，率领军队作了一次最精彩、最悲壮的进攻。

　　这位带兵攻击联邦战线的将军是林肯的一位老朋友。事实上，他进西点军校还是林肯帮忙的。

　　匹克特的队伍小跑着前进，穿过果园和玉米田，穿过草地，越过小溪。此时北军的大炮在他们的行伍间轰炸出了一个个可怕的坑洞，但是他们仍然继续往前冲，迅速地往前冲。

　　突然间，联邦的步兵由石墙后面蹦起来，接二连三地射击那些没有防卫力量的队伍。整个山顶变成了火海、屠场，变成了一座座发光的火山。几分钟后，匹克特手下的旅长全部倒下，只有一位幸存者。5000名士兵也倒下了4/5。

　　在炫目的烈焰和窒息的烟雾中，残兵们闯过一架架炮台，与阿米斯台一起冲越防线。阿米斯台率军正在作最后一击，只见他往前奔跑，跳过石墙，把帽子顶在佩剑上端挥舞道："战士们，杀了他们！"

　　战士们这样做了。他们跳过石墩，用刺刀厮杀敌人，用棒状的枪把打裂对方的脑壳，并把南军的战旗插在公墓岭上。

旗帜只在那飘扬了一会儿。时间虽短，却属于南军战役的高潮。

匹克特率领的这场进攻尽管光辉而英勇，但它却是南军覆灭的开始。李将军必将失败，他无法攻入北方，他自己清楚这一点。

南军的失败大局已定。

匹克特的残兵挣扎着往回奔。李将军亲自骑马去迎接，给他们打气，以不失身份的庄严口吻问候他们。

他自责道："这一切都怪我，是我输了这一仗。"

7月4日晚上，李将军开始撤退。当时正下着大雨。他到达波多马克河时，由于水位太高，他们无法渡河。

李将军就此被围困，前面是过不去的河流，后面是乘胜追击的北军。看来他要任梅德摆布了。林肯很高兴，他认为现在正是联邦军猛攻李军的侧翼和后翼的好时机，击败并俘虏他的残兵就可以结束这场战争。如果当时格兰特将军若在场，可能就会有这种结果。

可惜自负而博学的米德不像格兰特将军一样充满斗志。林肯每天都催促米德进攻，整整催了一星期，但是由于米德太谨慎又很胆小，他不想打仗，总是犹豫不决，在电报中提出种种借口，拒绝召开战争会议——整日什么事都不干。于是当大水退去时，李将军便逃走了。

林肯对此非常气愤。

他喊道："这是怎么啦？老天！这是怎么啦？南军就在我们的掌握之中，只要我们伸手就可以轻易地逮到他们。可是我无论说什么、做什么都无法让军队行动。在那种情况下，几乎任何军队都能打败李氏。即使我去战场，也可以击溃他。"

林肯失望到了极点，他坐下来写一封信给米德，内容如下：

"亲爱的将军，我想你不了解李氏逃脱是多么大的不幸之事。他在我们的掌握之中，如果我们击败他，加上最近我们的连番胜利，就可以结束这场战争。但是现在战争还将延续下去。你在上星期没有打倒李氏，那么等你到了河的南面，兵力只及当时的2/3，你还能做得到吗？我若指望你还会有多大成果，未免有些失当，我也不敢指望如此了。你的好时机过去了，我为此痛心到了极点。"

　　林肯读这封信时，眼睛茫然地望着窗外，心中暗暗地思考。他沉思道："如果我处在米德的立场，脾气又跟他差不多，又听了一些胆怯的军官提的忠告，假如我像他一样，常常半夜醒来看到大量鲜血，可能我也会放走李氏。"

　　那封信并未寄出，米德也从未看到过它，直到林肯死后，在他的文件堆中才发现了这封信。

　　葛底斯堡战役发生在 7 月的第一个星期，战场上留下了 6000 具尸体和 27000 名伤兵。教堂、学校和谷仓都改成了医院，痛苦的呻吟声惊天动地。每一个钟头都有数十人死去，由于暑气袭人，尸体迅速腐化。埋葬队不得不加紧工作，他们没有太多的时间挖坟坑，所以常常只在尸体上面盖上一点土，就地掩埋了。一阵大雨过后，许多尸体又半露在外面。政府从临时的坟墓中挖出联邦士兵的尸体，另行改葬。第二年秋天，公墓委员会决定举行一场神圣的葬礼仪式，并邀请美国著名的演说家爱德华·艾佛瑞特来作演讲。

　　他们还正式邀请了总统、内阁成员、米德将军、参众两院的议员、几位德高望重的平民和外交使节团的成员参加这一仪式。然而接受邀请的人很少，很多人甚至不承认自己收到邀请函。

　　万万没有想到的是总统会亲自参加。事实上，他们并未给总统亲笔的请帖，他只收到了一张印刷的卡片。他们以为总统秘书不会给林肯看，就把它丢进废纸篓。

　　所以当他回信说要出席仪式的时候，委员会感到非常吃惊，而且有些尴尬。他们该怎么办呢？请他讲话吗？有人说林肯太忙了，不可能有时间准备演讲稿。另外还有人坦白说："算了，就算他有时间，他有能力吗？"他们很怀疑林肯。

　　噢，是的，林肯可以在伊利诺伊州发表政治演说，但是要让他在公墓的圣礼中作演讲？那可就不同了，这不合林肯的风格。于是他们给林肯回信，说艾佛瑞特先生演讲完后，希望总统能够说"几句适当的话"。他们就是这么写的——"几句适当的话"。

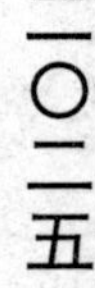

　　这封邀请函简直可以算是在侮辱总统，但是林肯却接受了。为什么呢？这其中还牵涉到一件趣事。前一年的秋天，林肯曾到过安蒂坦战场。有一天下午，他和一位从伊利诺伊州来的朋友华德·拉蒙驾车出去，总统请拉蒙唱一首"小哀歌"。那是林肯最心爱的歌曲之一。

伊利诺伊州

　　拉蒙说："在伊利诺伊州巡回办案的时候以及在白宫的时候，我和林肯单独在一起的时候，我一唱这首小曲子，就看到他流泪。"

　　这首歌的歌词如下：

　　我流浪来到村庄，汤姆；

　　我坐在校舍操场上

　　那棵为你我遮阴的树下；

　　可是很少有故人问候我，汤姆，

　　很少有人知道20多年前

　　是谁陪我们在绿地玩耍。

　　小溪边，榆树上，你知道我刻过你的名字——

　　下面再刻你情人的芳名，汤姆；

　　你也同样刻过我的名字，

某个狠心的坏蛋剥掉了树皮——它慢慢地死去，

正如 20 年前你刻过的那个芳名，她已经死亡。

我的泪水早就干涸，汤姆，

泪水却又再次浮上我的眼眶，

我想起深爱着的她，想起早断的情缘，

我来看望旧坟，

带些鲜花

撒在 20 年前我们心上人的坟前。

拉蒙唱这首歌的时候，林肯大概是想到他唯一爱过的女子安妮·鲁勒吉，想到她冷冷清清地长眠在伊利诺伊草原的荒冢里。辛酸的回忆使他流出眼泪。拉蒙为了排解林肯心头的忧郁，就又唱了一首幽默的黑人歌曲。

这件事原本就是如此简单，仿佛无伤大雅，然而林肯的政敌却对此加以歪曲，添油加醋，把它说成是全国的耻辱，视为对死者的大不敬。《纽约世界报》天天登载这件丑闻，连刊了将近 3 个月。林肯被控在"大队人员埋葬死者"的战场上讲笑话，唱滑稽歌。

事实上他根本没有说笑话，也没有唱歌，事情发生时他离战场有好几英里远，而且死者早就下葬了。可是他的政敌们不理会实情，他们渴望别人流血，举国上下响起一片批评声。

林肯很伤心，那些攻击他的文字令他难以忍受，但他感到自己不能答辩，否则只会抬高政敌的分量。所以他默默地承受这一切，当葛底斯堡公墓献祭仪式的邀请函送过来时，他很高兴。这正是他渴望的能够封住政敌的嘴巴，并向死者致敬的好机会。

由于邀请函送得太晚，他必须在短短的两周内准备好演说辞。他尽量抽空思考——利用更衣、刮胡子、吃午餐的时间，以及往来于史丹顿办公室和白宫之间的时间。当他躺在战争部的沙发上等最新的电报时，还在推敲讲稿。他把初稿写在一张浅蓝色的纸上，放在帽子里带着走来走去。演说前的礼拜天，他说："我重写过两三次，不过还未完成。我要再改一下才能放心。"

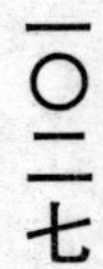

他在祭礼的前一天抵达葛底斯堡。平常只有 1300 人的小镇，如今挤进了将近 3 万人。天气晴朗，夜色清明，一轮明月高高地挂在天上。只有少数人才能找得到床铺睡觉，成千上万的人只得在街上闲逛，等待天明。人行道很快就被堵得走不通了，于是几百人手挽着手，在泥街上边走边唱赞歌。

林肯整个晚上都在改他的演讲稿。11 点，他到隔壁西华的住处，大声读着讲稿给他听，并请他批评。第二天吃完早餐后，林肯继续斟酌着，直到笃笃的敲门声，他才想起该到公墓去了。

游行开始了，他开始还坐得很直，但不久他的身子就往前倾斜，脑袋垂在胸口，手臂软绵绵地垂下……他思考入神，正在重温他的讲稿，是否要"再改一下"……

重要的演讲家爱德华·艾佛瑞特在葛底斯堡演讲时犯了两项错误——而且是很严重的错误，都是不应该有的错误，首先他迟到了一个钟头；其次，他演讲了两小时。

林肯读过艾佛瑞特的演讲稿，知道对方快要讲完了，就要轮到他演讲了，自觉准备不够充分，于是他开始有些紧张，在椅子上晃来晃去，从大礼服的口袋中抽出手稿，戴上落伍的眼镜，迅速将其温习一遍。

很快，他拿着演讲稿走上前，发表了一篇 2 分钟的小演说。

那是一个柔和的 11 月的下午，观众知不知道他们正在听着有史以来最伟大的演说呢？不，大部分听众只是对此好奇罢了，他们从未见过也没有听过美国总统说话，他们伸长着脖子盯着林肯，发现他原来这么高，声音却这么尖细，而且带着南方腔。他们很惊讶，忘记了他是肯塔基人，南方腔是在土生土长的那个州学来的。他们以为他刚说完介绍辞，正要开始作演说——他却坐下了。

怎么啦！他是忘词了吗？还是他打算只说这么少的话？大家既吃惊又失望，居然没有鼓掌。

当年，在印第安纳州，林肯家常用一个生锈的犁具，它一被泥土粘上就弄得一团糟，"擦不亮"这个词就变成当地民众常用的词汇。在其一生中，林肯在形容某件事情失败时，就经常用这句话。现在，林肯转身对华德·拉蒙说：

"拉蒙，这次演说完全弄糟了。擦不亮，大家好像很失望。"

他说得对，人人都觉得失望，就连跟总统同坐在台上的爱德华·艾佛瑞特和国务卿西华也不例外。他们都相信他弄糟了，都为他感到难过。

林肯十分苦恼，头剧烈地疼了起来，因此在回华盛顿的路上，他不得不躺在火车的特别车厢里，以冷水洗头。

林肯至死仍认为他在葛底斯堡的那次演讲完全失败。如果就当时现场的反应来说，他的确是失败了。

林肯本性谦虚，认为世人"不太会注意也不会永远记得"他当时所说过的话，但是人们却永远也不会忘记烈士们的作为。如果他知道他最受人称颂的演说正是在葛底斯堡的"擦不亮"的那篇，不知道他会如何惊奇。他如果发现在南北战争已被人遗忘之后，自己在那里所说的十句不朽嘉言，还被尊为古今文学上的奇观，他一定会很惊讶。

林肯的葛底斯堡演说并不仅仅是一篇演讲，那是一个心灵在受苦后提升成为伟人的神圣表现。它是在不自觉的状况下写出来的散文诗，具有史诗般的壮丽与深刻：

"87 年前，我们的先祖们在这块大陆上建立了一个从自由中孕育，致力于'全民面前平等'主张的新国家。如今我们正在从事一场伟大的内战，究竟这个国家和任何一个孕育着如此目标的国家能不能长存于世。我们在这个大战场上相逢，献出了战场上的一部分土地给那些献出生命来保护国家的人，作为他们最终的安息之所，我们这样做将百分之百适宜，而且百分之百恰当。

"但是从广义上来说，我们无法供奉——我们无法献祭，我们无法使这块土地变得神圣。曾在这儿奋斗过的勇士和烈士们，已使这块土地圣洁无比，我们微弱的力量远不能与之相比。世人不大会注意，也不会永远记得我们此刻所说过的话，却永远忘不了烈士们的光荣事迹。

"我们这些幸存者，应当担负起他们未完成的事业。我们应当献身于眼前的伟大使命——那么，对这些光荣的先烈们为之献身的目标，我们才能继

承遗志，我们才能就此断言，他们的牺牲并非是枉然。

"这个国家要在上帝的引导下，获取新生的自由，而民有、民治、民享的政府才不会从世上绝迹。"

第七章　不可"临阵更换将领"

　　1864 年 5 月，为了立即结束内战，几次指挥北方联邦军击败南军的格兰特将军率领着 122000 人的大军横渡拉庇丹河准备彻底击败李将军的军队。

　　李将军也率领他的南方军在弗吉尼亚州北部的荒野里迎战。那个地方到处都是起伏的山丘和沼地林，到处都是长得茂密的再生松树、橡树和灌木，茂密得就连美洲的白尾灰兔都无法钻过去。就在这种凶险的地方，格兰特将军带领他的北方军与李将军率领的南军激烈地打了一场恶战，双方在战斗中的死伤人数多得惊人。那次战役导致丛林突然着火，有数百名伤兵被火焰吞噬。

　　战斗打响的第二天，就连钢铁一般的格兰特也感到了浑身无力，他从前线退回到帐篷中，突然哭泣起来。

　　可是在过去的每一次战役到最后关头，无论战果怎样，他都要这样下达命令："进攻！给我进攻！"

　　南北双方的军队血战到第六天的时候，他给林肯总统拍了一封著名的电报，内容是："我打算将这场战斗打到底，哪怕赔上整个夏季。"

　　结果，这一仗不但打了整整一个夏季，而且还打完了整个秋季，整个冬季，并一直延续到第二年的春天。

　　格兰特的军队的数量是敌人的两倍，况且北方联邦政府还有源源不断的人力供他调用，但南方李将军率领的军队的兵源和生活补给则就要被消耗殆尽了。

　　格兰特当时断定说："叛军已连摇篮里的小孩和垂死老人都派上用场了。"他认为结束这场内战唯一的也是最快的办法，就是继续与叛军作战，逼迫他们投降。哪怕南军损失一个人，北军就要死两个，都不要紧。格兰特有不断的兵源，而李将军却没有。所以格兰特继续指挥他的军队拼命射击和屠杀南方军队。

6 个星期内，格兰特的军队损失了 54926 人，这个数字相当于南军在整个战争中所有的损失。

仅在冷港的战役中，北军每一个小时就损失 7000 人，比葛底斯堡战役三天内双方死亡的人数总和还多 1000 人。

这么惨重的死伤代价帮格兰特将军换来了什么呢？

格兰特自己的回答很肯定："没有任何成绩。"

攻击冷港战役是格兰特将军一生中所犯的最严重的失误。南北双方长期内战的消耗使得他军队的士气低落，军队差一点就发生叛变，他手下的军官们甚至都准备倒戈。

格兰特将军手下的一名团长说："36 天以来，每天从我身边不间断地经过出殡队。"

战争造成大规模人员的伤亡让林肯也很伤心，但他明白，除了继续战斗下去，已没有别的办法可行了。所以他发电报给格兰特让他"像斗犬一般死守不放"。接下来他又下令再召集 50 万士兵，服役期为 1 至 3 年。

林肯的这一召集令使全国震惊，国民的情绪再度陷入绝望的深渊。

林肯身边的一位秘书在日记上这样写道："现在举国笼罩在一片黑暗、怀疑与沮丧的情绪之下。"

1864 年 7 月 2 日，国会通过了一项决议——决议内容就如同《旧约》中希伯来的哀歌——国家要求每一个国民"承认并为他们的各种罪孽而忏悔，恳求上帝的同情和宽恕，请求世界的主宰者不要毁灭我们这个民族"。

这一时刻，北方和南方的人民都在诅咒着林肯，说他是篡位者、叛徒、暴君、魔鬼以及妖怪。

甚至有人提出该把林肯杀死的建议。有一天晚上，林肯骑马到"军人之家"总部时，他戴着的礼帽被一名刺客开枪射穿了。

几个星期后，宾夕法尼亚州梅德维尔城一家旅馆的主人，在收拾房间时，发现一张纸条上写着："亚伯·林肯 1864 年 8 月 13 日中毒身亡。"而前一晚上，住在这个房间的客人是一位名叫约翰·威尔克斯·布斯的著名演员。

1864 年 6 月的时候，共和党曾提议让林肯继任总统。可现在他们却为此而懊悔不止。党内几位元老都力劝林肯退位，另一些人则要求重新选举，取消林肯的总统候选人提名，换上另一个得票数最多的总统候选人。

1864 年 7 月，林肯的密友奥维尔·布朗宁在他的日记中也写道："现在国民需要的是一位更有能力的领袖。"

甚至连林肯自己也觉得没有希望了。他已放弃了竞选连任的想法。因为他知道在政治上他失败了，在战争中他的将军失败了，连他的整个战略也失败了。他的人民已对他的领导失去了信心，他担心联邦就此也要瓦解。

他在后来描述当时的心情时说："连天空都是灰色的。"

终于，有一大群对林肯政策不满的共和党激进分子另行开了一次党员大会，约翰·C·福利蒙被提名为总统候选人，共和党自此开始了分裂。

当时如果不是福利蒙退出竞选，民主党候选人麦克莱伦将军一定会在这场竞选中取得胜利，那样的话，美国的历史就得被改写了。

即便是在福利蒙退出竞选后，林肯也仅比麦克莱伦多拿 20 万票。

尽管形势是这样的不利，林肯仍然竭尽全力地干下去，毫不理睬那些尖酸的指责。

他说："有一天当我不再掌权，如果这个世界上的每一个人都抛弃了我，至少还有一个人会留下来，那个人将深驻在我的灵魂中……我并不是非要取得胜利，但我一定不能做错什么，一定得遵从我的良知。"

那个时期里，他疲惫而又沮丧，经常拿着一本小《圣经》躺在沙发上，读《约伯记》来安慰自己。

1864 年的夏天，林肯像变了一个人，他不再是三年前那个来自伊利诺伊草原的壮汉了。他脸上的笑容一天天减少，皱纹逐渐加深，肩膀下垂，两颊凹陷。他患上了慢性消化不良症，两条腿总是冷冰冰的，夜里失眠睡不着觉，面带凄惨的表情。他对朋友们说："我觉得我永远都无法快乐起来了。"

看见 1865 年春天完成的林肯半身雕像后，著名的雕刻家奥古斯特·圣高丹斯还以为那是在林肯死后的样子，因为当时林肯的脸上已经有了死亡的阴影。

曾因为画《解放奴隶宣言》一画的艺术家卡本特，在白宫住过几个月，他在日记里这样写道："荒野战役开始后的第一个星期，总统几乎没有合眼。有一天，我经过家居部的大厅，看见他在房间里焦虑地在走来走去，眼圈乌黑，头垂在胸前。好几天，我一看到他的样子，就忍不住要流泪。"

有一天，来访者发现林肯累得瘫倒在椅子上，人们喊他时，林肯不抬头也不吭声。

林肯后来回忆说："我好像觉得那些访客都在不停地用手指把我的精力挖走。"

他对《汤姆叔叔的小屋》的作者斯陀夫人说，在他的有生之年，恐怕不可能看到和平了。

"这场战争将会置我于死地。"林肯当时说。

朋友们曾劝林肯去休养一段时间。他回答说："两三个星期的休假对我没有一点用处。因为我无法逃脱自己的思绪。我甚至不知道该怎样去放松自己，忧愁占据着我的身体，怎么都驱赶不走。"

他的秘书说："林肯的耳畔总是回响着寡妇和孤儿的哭声。"

每天都有哭哭啼啼的母亲、妻子，来白宫为判了死刑的囚犯请求特赦。无论多么疲乏和劳累，林肯都会认真倾听，并答应她们的请求，因为女人的哭泣会让林肯受不了，尤其是当她们怀里还有个婴儿的时候。

他说道："在我死后，希望有人会这样形容我：'在每个能够开花的地方，拔去荆棘，种下花种。'"

将军们破口大骂，国防部长斯坦顿火冒三丈，他们觉得林肯的慈悲将会给军纪带来负面影响，他不应当插手军务。可是林肯厌恶正规军的专制，看不惯旅长们的残酷行径。他热爱的是那些能够打胜仗的志愿军——他们都是从森林和农场走出来的人，和林肯一样。

假如有人因为怯弱而被判枪毙，林肯肯定会谅解他，因为他说："我相信，如果是我自己上了战场，恐怕也会弃枪逃亡。"

如果志愿军逃走是因为想家，他就会说："就算枪毙他，也无法让他不想家啊。"

如果士兵站岗时因为疲惫而打瞌睡，被判了死刑，林肯会说："没准我自己也会有这种情况。"

于是，林肯列出的特赦名单长达数页。

有一次，他给米德将军发电报说："我不希望看到有 18 岁以下的男孩子被枪毙。"而当时在联邦军队里小于 18 岁的年轻人至少有 100 万。16 岁以下的有 20 万，15 岁以下的有 10 万。

那个时期里，林肯有时候也会在颁布最严肃的命令时带点幽默感。例如，他曾发电报给上校说："如果还没有枪毙巴尼·D，就请别下手。"

林肯经常因遭遇丧子之痛的母亲们而动容。1864 年 11 月 21 日，他写出了平生写过的最优美最著名的信。牛津大学将这封信的抄本挂在墙上作为"优美句法的典范"。

虽然这封信是以散文形式写成的，但依然是一首能够引起人们共鸣的诗。

华盛顿总统官邸

1864 年 11 月 21 日

致马萨诸塞州波士顿的毕克斯贝太太

亲爱的女士：

我从国防部的档案中看到一份麻省准将的报告，得知你有 5 个儿子光荣牺牲在战场上。你遭遇的损失太大了，我觉得没有任何话能够安慰你，因为这都是枉然的。可是我忍不住要代表您的儿子们为之献身的共和国对你表达感激之情，希望您以您的儿子们为荣。我祈求上帝能够减轻您的丧子之痛，保留您对故子们的美好回忆，以及在自由祭坛前你享有的一切荣誉。

林肯诚意敬上

有一天，诺亚·布鲁克斯拿了一本奥利佛·温德尔·福尔摩斯的诗集给林肯。林肯翻开诗集，朗读了一首《莱辛顿》，当他读到"烈士们葬身于绿野！他们没有寿衣和墓碑，只好就地安息……"时，林肯的声音哽住了，他把诗集还给布鲁克斯，低声说："你读吧，我读不出了。"

几个月之后，他在白宫里为朋友们一字不漏地把整首诗背诵了出来。

1864 年 4 月 5 日，林肯收到一封宾夕法尼亚州华盛顿郡的女孩寄来的信。她说："经过漫长的担忧和犹豫之后，我终于鼓起勇气，决定向你讲述我的烦恼。"原来，她的男友已与她订婚多年，在从军之后，他曾获得过一次回家参加选举的批准，而那次他们有了"愚蠢的纵情"。现在"若没有你可怜我们，他就不能请假回来与我结婚，而我们的孩子就会是非法所生……我向上帝祈祷，希望你对我不会抱有轻蔑之心，而毫不理睬这封信"。

看完这封信，林肯注视着窗外，泪水模糊了他的眼睛……

他用笔在信的末尾写了一行批示，把信交给了斯坦顿，并说："不管怎样，都要让他回到她的身边。"

恐怖的 1864 年之夏结束了，好消息随着秋风传来，已攻下大西洋城的谢尔曼将军，正要从佐治亚州通过。通过一番激烈的海战，海军上将法拉古现在也攻下了摩比湾，正在墨西哥湾加强封锁。在雪南道山谷的谢利丹将军也获得了一场辉煌的胜利。如今格兰特将军正打算攻占彼得堡和里士满，而李将军又不允许北军越雷池一步，南方邦联此时几乎到了山穷水尽的地步。

一份份捷报使北军的士气日益高涨，也证明了林肯的战略指挥无误，他在 1864 年 11 月迎来了连任。而林肯并不把功劳归因于自己。他说：显然，人民认为在此时不能"临阵更换将领"。

南北战争持续了 4 年，林肯对南方人却没有一丝恨意。他一再重复说道："那些不必审判的事情，请不要审判。站在对方的立场上，我们也会做出相同的举动。"

南方邦联在 1865 年 2 月已几近瓦解，此时距李将军投降只剩下 2 个月，林肯建议联邦政府解放南方各州的奴隶，为此要付出 4 亿美元的赎金，可是因为每个内阁成员都强烈反对，他只好暂时放下了这个提议。

林肯在 1865 年 3 月再次就任总统，此次发表的就职演讲，被已故的牛津大学校长科松伯爵誉为"是圣神而并非人类所说的金玉良言"。

那天，林肯向前几步，亲吻了一下在第五章翻开的《圣经》，像戏剧里的伟人那样，开始了演说。

　　作家卡尔·舒兹说过这样的话："林肯的演说像一首赞美诗，而从来就没有一位领袖曾对他的人民说过这样发自肺腑的话。"

　　按照这个作家的看法，林肯这次演说的结尾部分是整个人类发出的最为高贵、最为美好的心声。在人们阅读时，这篇演讲稿总能令人想到从圣洁的大教堂里传出的美妙琴音：

　　我们抱着乐观的态度希望，并热切地祈求这场大浩劫一般的战争可以尽快结束。但如果上帝要让这场战争继续，直到瓦解了250年来奴隶们无偿劳动所累积的财富，直到以刀剑刺出的鲜血，来偿还被皮鞭打出的每一滴鲜血，那我们仍然要说："上帝做出了完全公正的审判。"

　　我们不要怨恨任何人，而要在天下遍洒慈悲之心，按照上帝的指引行事，坚持正义，尽全力完成我们的目标，为国家包扎伤口，让伤员、遗孤和寡妇得到照料——为追求国内和国际间永远的公正与和平，用尽我们所有的力量。

　　在两个月后，在斯普林菲尔德林肯的葬礼中，这篇演讲稿被再次宣读。

第八章　伟大的胜利

　　1865 年 3 月下旬，弗吉尼亚州的利其蒙市出现了反常的现象：南方联盟总统杰佛逊·戴维斯的夫人卖掉了拉车的马儿，把私产寄在一间绸缎店中出售，收拾其他的行李物品南行……看来将有事情要发生了。

　　格兰特包围南方联盟的首都已经有 9 个月。李将军的军队衣衫褴褛，饥饿不堪，无饷无粮，好不容易领到的薪水也是南方联盟的纸币，早就一文不值了。此时，物价飞涨，货币贬值，买一杯咖啡也要 3 美元，一根木柴要 5 美元，一桶面粉更是索价高达 1000 美元。

　　退出联邦的要求失败了，南方的奴隶制度土崩瓦解。李将军知道这一点，他手下的人也知道这一点。南军之中已有 10 万人弃军私逃。甚至有整个军团一起收拾行李出走，有的人转而向宗教寻找慰藉和希望。几乎每个帐篷都举行祈祷会，人们喊叫、哭泣、出现幻影，出战前军团全体跪在地上。

　　尽管如此虔诚的祈祷，利其蒙依旧摇摇欲坠。

　　4 月 2 日，星期天，李将军采取坚壁清野的政策，放火烧掉了城里的棉花和烟草库房，烧毁兵工厂，毁掉了码头上完工一半的船只，趁熊熊烈火还在黑暗之中怒吼的时间，连夜逃出城外。

　　他们一出城，格兰特就带着 72000 人猛追不舍，由两侧和后面攻击南军，谢利丹的骑兵从前面拆掉铁路，拦截南军的补给车。

　　谢利丹发电报向总部报告："我想形势继续发展下去，李氏非投降不可。"

　　林肯回电说："那就让它发展下去吧！"

　　形势果然发展下去了。格兰特追击 80 英里，终于把南军团团围住。李将军明白，再流血也是枉然。

　　此时，格兰特剧烈头疼，双眼半瞎，落在了队伍的后面。星期六傍晚，他在一家农舍中歇脚。

他在回忆录中记载道："那天夜里，我把脚泡在热水和芥末里，手臂和颈背涂上了芥末糊，希望天亮以后身体能稍有好转。"

次日早上，他果然好了。治愈他的不是芥末糊，而是一位从路上奔来报讯的骑士，他带来了李将军的求降书。

格兰特写道："这位报讯的军官走到我的身边时，我还正在头痛。可是一看到信的内容，病就全好了。"

那天下午，代表南北双方的两位将军在一栋砖砌的小客室里会谈。格兰特同以前一样，穿得十分随便：鞋子脏了，没带佩剑，和士兵穿一样的制服——不过肩上挂的 3 颗银星表明了他的身份。

这跟戴串珠长手套，佩挂镶珠宝剑的李将军相比，正好形成强烈的反差！李氏就像从版画中走出来的高贵征服者，而格兰特则是一个进城卖猪仔和猪皮的十足的密西西比农夫。格兰特第一次为自己的外表而惭愧，他向李氏道歉说自己穿得不够庄重。

20 年前，美国跟墨西哥打仗时，格兰特和李将军同为正规军的军官。他们回忆起往事，谈起了"正规军"在墨西哥边界过冬，谈到了他们整夜打扑克牌，还谈到他们演出《奥赛罗》，格兰特扮演女主角德丝底蒙娜的有趣往事。

格兰特说："我们谈得十分愉快，几乎忘了我们这次会谈的目的。"

最后李氏谈到了投降的条件，格兰特草草答应了一声，思绪很快又回到了 20 年前，想起基督圣体节，想起 1845 年冬天，狼群在原野中悲号……

若非李氏打断，再度提醒他谈投降的正事，格兰特也许会这样回忆一个下午。

格兰特要来纸和笔，草草写下了受降的条件。这次不会有 1781 年独立战争那样，华盛顿对约克城英军要求的屈辱的投降仪式，也没有败兵解除武装游街，也不会出现两边排着一长串得意洋洋的征服者。这次也不会有报复行动。在过去的 4 年中，北方激进派一直要求以叛国罪将李氏和其他西点毕业的叛军军官处以绞刑。可是格兰特写出的条件一点也不苛刻。李氏手下的

人性的光辉

《奥赛罗》剧照

军官获准保留武器，士兵则在宣誓后任其返家，他们的马或驴子都可以骑回农场或棉花田，再度加入耕种的行列。

这次投降的条件为什么这么宽容呢？因为这些条件全是亚伯拉罕·林肯亲口所述的。

一场死亡50万人的战争就在弗吉尼亚州一个名叫"阿波马托克斯院舍"的小村庄结束了。投降仪式在一个温馨宁静的春天下午举行，空气中充满了紫丁花的香味。

当天下午，林肯乘"河上女王号"返回华盛顿。他向朋友们宣读了一篇莎翁作品，读了好几个小时。他读到《麦克白》中的下面一段：

邓肯躺在他的坟墓中了。

在度过了阵阵狂热的一生之后，他安息了；

叛逆者已经放下了最恶毒的手，

钢刀毒药、内忧外患，一切都不能伤害到他了。

林肯对这几行诗的印象特别深刻。他读了一遍之后，停下来，双目凝望窗外许久，接着又大声朗读。

5天后，林肯便遇刺去世了。

第九章　凶悍的总统夫人

让我们回顾在利其蒙陷落之前发生的一件事情。由这件事可以清楚地看出，林肯默默忍受了 20 多年的家庭生活是怎么样的。

事情发生在格兰特将军的总部附近。将军邀请林肯夫妇去前线附近共度一周。

他们当然很乐意前往，因为总统自从进入白宫以来，就没有度过假，他几乎要累垮了；而且他很渴望能避开那些反复纠缠他不放的求职者。

于是，林肯夫妇上了"河上女王号"，顺着波多马克河航行，穿过奇沙比克湾的低地，又越过古老的"安慰岬"，上溯到詹姆士河，来到崎岬城。格兰特将军正坐在一座高出水面 200 英尺的石崖上，抽烟发愁呢。

几天后，一大群来自华盛顿的名人加入了总统的度假行列——其中包括法国大使乔福洛先生。由于客人们都急着要参观 12 英里之外的"波多马克军"战线，所以第二天他们就迫不及待地出发探险——男士们骑着马，林肯太太和格兰特太太则坐半敞篷马车随行。

格兰特的秘书兼副官——他也是格兰特的密友——亚当·巴锋将军奉命随侍两位夫人。他坐在马车的前座，目击了一切事情的发生经过，以下将引述他在《和平时的格兰特》一书的部分内容：

"言谈之间，我偶尔提到前线所有军官的太太都奉命迁往后方——可见要施行作战计划了。我说，除了查理士·葛里芬将军的太太，任何女士都不能留下来——因为葛里芬太太曾得到过总统的特许。

"林肯太太听了这话，立刻强烈抗议。她惊呼道：'先生，你这话是什么意思？你是说她竟然单独会见总统？你知不知道，我可是从来不许总统单独会见女人的？'

"她的占有欲可真强烈。

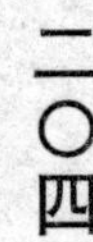

"我赶紧辩解，说了些安抚她的话。可是她的怒火更甚。她叫嚷道：'先生，你笑得真暧昧，立刻让我下车。我要去问总统，他是不是单独会见过那个女人？'

"葛里芬大太——她后来成为伊斯特海齐女伯爵——在华盛顿是出了名的高雅贵妇。她本姓卡洛尔，跟格兰特太太私交甚好，不论格兰特太太如何劝总统夫人，可都是白费工夫。林肯太太再次让我停车，我犹豫不决，她的手就越过我身旁，伸到马车前面，抓住了车夫。幸亏格兰特太太终于说服了她，让她等所有人全都下马以后再说……

"晚上，我们回到营房之后，格兰特太太跟我谈及这件事，要我们千万别再提起，至少我必须完全保持缄默，而她只把这件事告诉格兰特将军一人。可是，到了第二天，我就不必再守口如瓶了，因为更严重的事还在后头呢。

"第二天早上，一行人到河的北面探访詹姆士军，该军由奥德将军指挥。一切安排和头一天差不多。我们乘轮船逆流而上，然后男士们骑马，林肯太太和格兰特太太坐马车。我照旧奉命当她们的伴护人，可是我要求再找一个伴。由于有了先前的经验，我不希望车上只有一个军官，所以荷瑞斯·波特上校奉命加入了我们。奥德太太是陪着她丈夫走的，因为她是指挥官夫人，所以不必遵守军眷必须返家的命令。可是我相信，那天还没过完，她就巴不得自己是在华盛顿或者其他地方了。由于车子坐满了，她只好骑着马，有时候走在总统旁边，这一来就比林肯太太先行一步了。

"林肯太太知道后，立刻大发脾气。她大声说道：'那个女人骑马走在总统旁边，她是什么意思？她敢在我前面，她以为总统要她陪吗？'

"她激动的言语和动作越来越狂乱。

"格兰特太太想安抚她，但却引来林肯太太的迁怒。波特和我只能尽量使场面不至于更加恶化。我们担心她会跳下车子，对别人大喊。

"她气愤得发了疯一样，对着格兰特太太说：'我猜想你自以为会入主白宫，对不对？'格兰特太太十分镇定，十分庄重，她只说自己对目前的身份很满意，远比她期望中的高多了。可是林肯太太却大声说：'哼，你若有机会，是绝不会轻易放过的。你还挺美的哩！'然后她又骂起奥德太太来。格兰特太太甘冒使总统夫人更加生气的危险，极力为她的好友辩护。

"纠纷暂停之后，奥德将军的幕僚军官之一、国务卿的侄儿西华少校正好骑马上前，想说几句笑话。他说：'林肯太太，总统的马儿可真风流，硬要走在奥德太太的旁边。'

"这一来，当然是火上加油！

"林肯太太叫嚷道：'先生，你这话是什么意思？'

"西华发现自己犯了大错，立即乖巧地落在后头，躲开了一场风暴。

"一行人抵达目的地后，奥德太太走到马车旁边来。林肯太太当着一群军官的面，用粗俗的脏话骂她，侮辱她，问她穷追总统是什么意思？委屈的奥德太太忍不住落下泪来，完全不明白自己究竟做错了什么。林肯太太还是不肯罢休，直闹了好一会儿才作罢。格兰特太太仍想为朋友辩护，大家都吓坏了。事情总算结束了。不久，我们回到了崎岬城。

"那天晚上，总统夫妇在轮船上请格兰特将军夫妇和将军的幕僚用餐。林肯太太又当着我们大家的面，对总统痛骂奥德将军，催总统把他换掉。她不仅说奥德将军不称职，还认为他太太更是如此。坐在邻位的格兰特将军全力维护他手下的军官，奥德将军当然也没有被撤换。

"在这次访问期间，类似的场面一再重演。林肯太太为了葛里芬太太以及奥德太太的事情，反复在军官们面前攻击她的丈夫，我看到身负国家重任的元首，正处在危机时期，竟遭受这种难似形容的屈辱，我真为他感到委屈和心痛。但他却像基督般忍了下来，那种痛苦和悲哀的表情真是令人心碎，但他却又十分安详而庄重。他仍像平时一样叫她'大妈'，用眼光和语气向她哀求，努力为别人解释和辩护；而她对丈夫则凶悍得像只母老虎，林肯只好默默地走开，藏起他那张高贵而丑陋的面孔，免得被人们看见他悲惨的表情。"

薛尔曼将军也曾亲眼目睹过几次这样的插曲，他曾将这些写在他的回忆录中。

荷诺·威尔西·莫罗在她的《玛丽·托德·林肯传》中写道："随便问

一个美国人，'林肯太太是什么样的女人？'百分之九十九的人肯定都会说，她是个泼妇、祸根、下流的傻瓜，是个神经病。"

林肯一生最大的悲剧不是被暗杀，而是他娶了玛丽·托德。

布斯开枪的时候，林肯还不知道是什么东西击中了他；可是 23 年来，他几乎天天要尝荷恩敦所谓的"婚姻不幸的苦果"。

巴锋将军说："在政党仇恨和反叛斗争中，在十字架一般的极度痛苦中……林肯还得忍受家庭不幸的苦果。他也说过：'天父，宽恕他们吧。他们不知道自己在干什么。'"

薛尔曼

伊利诺伊州的参议员奥维尔·H. 布朗宁是林肯当总统时的好友之一，他们认识已有 20 多年。布朗宁经常参加白宫举行的餐宴，偶尔也会在白宫过夜。他有很详细的日记，但是大家只能瞎猜他是如何描写林肯太太的，因为他要求任何看原稿的人必须先发誓，绝不泄露任何会有损玛丽·林肯人格的内容。最近，这本日记被出售供人出版，但是附带的条件是必须先删掉一切有关林肯太太的资料，然后才准印行。

在白宫的公开接待会上，总统依例要选妻子以外的女士绕场开舞。可是林肯太太却不管什么惯例和传统，她硬是不许这样做。什么？让另外一个女人在她前面？而且让她挽着总统的手臂？休想！

她的一意孤行，在华盛顿社交界被传为笑柄。

她不但不准总统跟别的女人绕场开舞，甚至与别的女人讲话她都会用嫉妒的眼光死死地盯着他，厉声斥责他。

参加公开接待会以前，林肯必须先去向他善妒的妻子请教他可以跟谁讲话。林肯太太会提到一个又一个女人，并且说她讨厌这个、憎恨那个。

林肯不得不说："大妈，我总得跟人讲话吧。我总不能像个傻瓜站着不开口吧。你若不能告诉我能跟谁讲话，就请告诉我不能跟谁说话好了。"

她说出的话林肯非做到不可。有一回，她威胁林肯，若不提升某一位军官，她就要当着大家的面躺倒在泥地上。

还有一次，她在一次重要的访谈时间冲进林肯的办公室，滔滔不绝地说了一大堆话。林肯并不答腔，只是静静站起来，抓住她的手，带她走出房间，之后再回来，锁上门继续工作，只当没发生过这回事。

有一个"招魂家"告诉玛丽，说内阁成员全是林肯的仇人。她竟然十分相信，因为她对他们都没有好感。

李将军投降后，格兰特夫妇来到华盛顿。城内灯火光明，群众唱歌，点燃烟火，尽情地喝酒作乐。林肯太太写信给格兰特将军，邀请他与总统夫妇一同乘车兜风，到城里"看看灯火"。

但是她没有邀请格兰特太太。

不过，几天后她安排了一次戏剧欣赏，邀请格兰特夫妇和史丹顿夫妇坐在总统包厢里。

史丹顿太太一收到请帖，就赶快跑去找格兰特太大，问她去不去。史丹顿太太说："除非你也接受了邀请，否则我会谢绝。你若不在场，我可不愿跟林肯太太坐在一个包厢里。"

格兰特太太可不敢去。她知道当格兰特将军走进包厢时，观众一定会喝彩欢迎的。到时候谁知道林肯太太会如何反应呢？她也许又会闹出丢脸和伤感情的事情来。

于是，格兰特太太婉谢邀约，史丹顿太太也婉谢了。她们这一拒绝，也许正好救了她们丈夫一命哩。因为就在那天晚上，布斯溜进总统包厢刺杀了林肯，如果史丹顿和格兰特在场，他可能也会一并杀了他们。

第十章　总统遇刺

　　1863 年，弗吉尼亚州的一些蓄奴大奴隶主们为暗杀林肯，组建了一个秘密组织。1864 年的 12 月份，一张在亚拉巴马州西尔玛城公开发行的报纸竟然刊出悬赏暗杀林肯的广告，在广告中号召民众捐款支持这一暗杀行动。除此之外，为同一个目标，南方邦联旗下的报纸也宣布将为此提供大笔基金。

　　可是，最后刺杀林肯的那个叫约翰·威尔克斯·布斯的凶手，他对林肯痛下杀手的原因既不是出于他对南方家乡的热爱，也不是受经济利益的诱惑，而仅仅是为了让自己出名的这个变态理由。

　　那么这个叫布斯的到底是个什么样的人呢？他只是一个有非凡魅力和英俊外表的演员。林肯的秘书们说他是"帅气得像月亮女神心爱的人儿——他是所有女人喜爱着的宠儿"。弗朗西斯·威尔逊在他的《布斯传》中写道："他是这个世界上在女性心目中少有的大众情人

林肯遇刺

……当他走在街道上时，街上的所有女人都会停下脚步，情不自禁地回过头来失神地盯着他看。"

　　布斯 23 岁的时候已成为日场戏中的偶像人物，他最喜欢表演的角色是罗密欧。不管他在何种场所演出，他都会招惹来无数多情少女寄给他大量的甜言蜜语的情书。有一次，他去波士顿演出，惹得那里成群的妇女挤在特里蒙宾馆前的街上，为的是一睹她们心目中情人的样子。

他的情妇——女演员亨莉塔·阿尔文跟其他爱慕他的女人争风吃醋，有一次，竟然在晚上他们睡觉的旅馆房间里捅了他一刀，随后企图自杀为他殉情。

在布斯枪杀林肯的次日早上，一个住在华盛顿的名叫爱拉·托纳的妓女听说自己的情人变成了杀人凶手，虽然他已安全逃到城外，但这个消息让她感到万分地伤心，她把他的照片紧贴在自己的胸前，随后服毒自杀了。

可是，生活里众多女性的溺爱并没有为布斯带来多少快乐，因为那时他只是拥有内地的较低层次的观众，而他的最高目标却是要赢得大都会上流社会观众的欣赏。

但在上流人士聚集的纽约的那些戏剧批评家都轻视他。甚至他在费城演出时也曾被那里的观众赶下过舞台。

最让布斯生气的是他家里的其他成员，在戏剧舞台上比他更受欢迎。父亲朱尼斯·布鲁特斯·布斯是一流的戏剧明星，在美国红了 30 多年，他饰演莎翁名剧的演技受到全国民众的称赞。在美国舞台史上，还没有谁能赢得比他父亲还高的声望。他父亲老布斯一心想培育爱子接班，因此，布斯也对自己有了过高的期望。

事实上布斯在表演上并没有什么才华，身上仅有的那点才气也没有得到完全发挥。他英俊、骄纵，却懒惰不思学习。在少年时期他整天骑马，在马里兰农场的森林里奔驰，对树木和松鼠发表英雄演说，用一根曾在墨西哥战争中用过的旧茅往空中乱刺。

老布斯先生不准家人吃肉食，也告诫儿子们不可杀生，就连响尾蛇也不能杀。可是小布斯显然不听父亲那一套。他喜欢打猎和杀生，有时候他会枪杀奴隶们养的猫和狗，还有一次杀掉了邻居养的一头母猪。

后来，他去奇沙比克湾当了海盗，然后又变身成了一个演员。26 岁时，他成了中学女生们的偶像，但他觉得自己做得还远远不够。哥哥爱德温则获得了他期待已久的盛名，这让布斯十分嫉妒。

经过一番苦思冥想，他决定要让自己一夜成名。

他的初步计划是，要在某一天晚上跟踪林肯去剧院，等他的同谋者灭掉瓦斯灯之后，他就冲进总统包厢，用绳子将林肯捆住，再把他扔到下面的舞台，接着从后面带林肯出去，趁夜色逃走。

之后，他能够在天亮前抵达烟草港旧城，然后划船渡过宽广的波多马克河，南下穿过弗吉尼亚州，把林肯这个北军的领袖交到里士满的南军手里。

事情结束后，南军当然可以提出条件立刻结束这场战争。而一切功绩将归于他这位才子约翰·威尔克斯·布斯。他将比他的哥哥爱德温名声更大，而且超过他一百倍。他将在历史上获得抗暴英雄"威廉泰尔"的美誉。这就是他的梦想。

为此，他竟然放弃了剧场里一年2万美元的高收入。金钱对他来说意义不大，他需要的远比物质更重要。他拿出了所有的积蓄，从巴尔的摩和华盛顿的南方同情者中寻找一些人，资助他们成立组织。布斯还打赌说他们每个人都会发财并且成名。

布斯带着这批末流的阵容，却要扮演一个最伟大的角色。为了策划细节，他花费了大量时间和金钱。他买了一副手铐，并安排好最佳地点，以便快马换班。又买了3艘船，停靠在烟草港溪专门等待时机，把船桨和划手准备好，以便随时登船。

1865年1月，他坚信这一伟大的时刻终于到来了。人们都知道，林肯将于1月18日前往福特剧院看爱德温·福瑞斯特·布斯主演"杰克·凯德"，布斯当然也知道了。那天晚上，他带着绳子，满怀希望地在附近徘徊，然而林肯却始终没有出现。

两个月后，听说林肯某天下午要坐车出城到附近的军营看戏剧表演，于是布斯又和他的同谋者骑着马，身上带着猎刀和左轮枪，埋伏在马车将要路过的地方。然而白宫的马车驶了过去，林肯却不在车上。

布斯再度受挫，他气得发誓诅咒，使劲拉扯自己的黑胡须，用马鞭抽打皮靴。他受够了，不想再受挫折。既然抓不到林肯，那就杀掉他！

几周后，李将军投降，南北战争结束了。布斯明白这时绑架总统已没有了意义，于是他决定刺杀林肯。

布斯并没有等待很久。有一次他去理发，到福特剧院取东西时，听说晚场节目有一个包厢已留给总统了。

布斯大声说："什么？那个老无赖今天晚上要来这儿？"

舞台工人正在做演出前的准备工作。布斯买通一个舞台工人，叫这名工人按他要求的位置摆放椅子。他希望将摇椅摆在包厢最靠近观众的一角，这样他进场时就不会有人看见了。他在摇椅后面的内门挖出一个小洞，然后在特等座通往包厢门后面的灰泥上挖了一个缺口，用木板拦住通路。一切准备好后，布斯回旅馆给《国民通讯报》写了一封信，表明他是为"爱国而策划暗杀"，他的行为将受到后代子孙的尊崇。签名之后，他把信交给一位演员，叮嘱他次日再寄出去。

然后，他在一家马车出租行，雇了一匹栗色小母马，它号称"健步如猫"，然后便召集刺客们上马。他发给阿切罗特一支枪，让他负责射击副总统，又将一把手枪和一把刀交给包威尔，让他负责杀死西华德。

那是复活节前的星期五（1865 的 4 月 14 日），一年当中最不适合看戏的夜晚就在这一天。然而城内依旧挤满了军官和士兵，他们都想一睹林肯总统的风采，而且大家还在热烈地庆祝战争的结束。宾夕法尼亚州大道上的凯旋门还没有拆除，当晚，总统乘车去福特剧院，街上有跳舞的火炬行列，大家都兴高采烈地向总统欢呼。福特剧院早已客满，数百人只好失望地回家了。

第一幕戏的中间，总统一行进场了，时间刚好是晚上 8 点 40 分。所有演员向总统致敬，衣着华丽的观众也一齐欢呼。管弦乐团演奏起《领袖万岁》，林肯鞠躬答礼，撩开外套尾部，坐在了覆盖着红布的胡桃木摇椅上。

坐在林肯太太右边的，是她请来的客人、宪兵司令部的拉斯彭少校和他的未婚妻，她是纽约参议员伊拉·哈里斯的女儿克拉拉·H·哈里斯小姐。她在华盛顿社交界还只是一位新人，这正好适合林肯夫人挑剔的要求。

这是罗拉·基恩最后一次演出著名喜剧《我们的美国表亲》。场面既热烈又欢快，以致观众席上不断传来阵阵笑声。

那天下午，林肯曾和太太兜风许久。事后她回忆说，多年来，林肯从未像那天一样快乐。这是因为和平、胜利、团结、自由，全都有了。那天，他跟玛丽谈起他第二任总统届满后离开白宫的计划：首先，他们要用一大段时

人性的光辉

间到欧洲或加利福尼亚州好好休息一下，然后也许要在芝加哥开一家律师事务所，或者回到斯普林菲尔德；晚年则在草原上度过巡回办案生涯，这是他一直喜爱的。那天下午，几位来自伊利诺伊州的老朋友来白宫做客，林肯和他们谈笑风生，差点没听到林肯太太叫他吃饭。

前一个晚上，林肯曾做了一个奇怪的梦。第二天早上他对内阁成员说："我好像在一艘无法描述的奇怪的船上，向着黑暗而模糊的岸边急速行驶。每当大事发生前，或胜利之前，我都做过这种不寻常的梦。安蒂坦之役、石河之役、葛底斯堡之役、维克斯堡之役前都做过。"

他相信这是个吉兆，预示着将有好消息传来或者有好事发生。

10点10分，喝过威士忌的布斯满脸通红，他穿着黑色马裤、皮靴，带着一根马刺，最后一次走进剧场仔细地查看总统的位置。

他手拿一顶黑色垂边帽，登上通往特别包厢的楼梯，挤过一条摆满椅子的甬道，来到包厢外面的走廊上。

一名总统卫兵拦住布斯。他镇定地出示了一张身份卡，说是总统要见他。没等批准，他便推开走廊的门，进去之后又立即把门关上，从乐谱架上拿了一根木棍把门顶上。

他从总统包厢后面那扇门上之前挖好的小孔往里观察，计算好距离，然后悄悄地把门推开，将手枪的枪口对准林肯的脑袋，扣下扳机，然后迅速地跳到下面的舞台上。

林肯的脑袋突然向前垂下，然后歪向一旁，身子瘫在了椅子里。

他一点声音都没有发出。

观众开始还以为枪击和跃向舞台的动作是整个剧情的一部分。包括演员在内，没有人想到总统已遭暗杀了。

一串女人的尖叫声突然响彻剧院，观众的目光都转向了总统包厢。拉斯彭少校举着鲜血淋漓的一只手臂，大声叫道："拦住那个人！快！他杀了总统！"

现场肃静了几秒钟。只见一缕烟雾从总统包厢飘出。

悬疑打破了，观众突然被一阵巨大的恐怖和疯狂的刺激所驱使，他们冲出座位，推开椅子，爬过栏杆。他们都想拥上舞台，把别人拉下来，老弱被踩在地上，甚至有人被踩断了骨头，女人尖叫着晕倒在地，痛苦的叫声中夹杂着狂呼："吊死他！"……"枪毙他！"……"烧掉剧院！"……

有人嚷着剧场会爆炸。剧场里充满了恐怖。一群士兵迅速冲进剧场一边用刺刀攻击观众，一边喊着："给我出去！给我滚出去！"

一位医生为总统检查伤势，发现他有生命危险。为了不使垂死的林肯在石子路上颠簸，四名军人将他抬起，两人抬肩膀，两人抬脚，把他瘦长的身体抬出了剧院，走上大街。从林肯的伤口滴下来的鲜血染红了人行道。有个人跪在地上，用手帕去沾这血，他终生都保存着手帕，临死时更当做无价珍宝，传给了自己的子孙。

骑兵手持闪亮的军刀清理道路，士兵小心地扛着虚弱的总统走过街道，来到一位裁缝所开的廉价出租旅店，把总统那瘦长的身体斜放在一张不够长的凹床上，然后把床抬到昏黄的煤气灯旁。

那间厅堂长约 9 英尺，宽 17 英尺，床头上挂了一幅罗莎·彭胡画的"马展"廉价复制品。

悲剧的消息像潮水一样迅速淹没了华盛顿，另一件惨案也紧随其后发生了：在林肯遇刺的同一时间，国务卿西华德在床上被刺，生命垂危。伴随着这两件不祥的祸事，谣言四起：副总统安德鲁·约翰逊被杀，斯坦顿也被暗杀，格兰特将军受到枪击……这一切弄得人心惶惶。

这时，人们认为李将军的投降完全是个骗局，南军已经潜入华盛顿，打算将联邦的所有政要一举消灭，南方邦联又开始备战了，比以前更惨烈的战争又要开始了。

神秘的使者跑遍了华盛顿所有的住宅区，在人行道上敲锣，三次两短声，这是"联邦同盟"秘密组织设定的危险信号。听到信号声，成员们惊醒过来，抓起步枪，疯狂地跑上街头。

拿着火把和绳索的暴民占据着城市每个角落，他们大声嚎叫道："烧掉剧院！"……"吊死叛徒！"……"杀掉反贼！"

美国从来没有过如此疯狂的夜晚。

电报发出后，全国顿时处于一片混乱之中。南方的同情者和同路人的身上被涂满了柏油，他们被架上围栏，身上还黏上羽毛，有些人则被铺路石砸得头破血流。民众认为巴尔的摩的照相馆内藏有布斯的照片，于是大肆破坏。在马里兰，人们还枪杀了一位谩骂过林肯的编辑。

总统快要死了，副总统安德鲁·约翰逊却在床上烂醉着，头发上沾着烂泥。国务卿西华德也遇刺，生命垂危。国家大权立刻被脾气暴躁的国防部长爱德华·M·斯坦顿掌握了。

斯坦顿认为政府的高官都会成为凶手谋杀的对象。他坐在垂危的总统床边，激动不已。他发出一连串的命令，加强戒备，全力追捕凶手。

布斯的子弹从林肯左耳的下方，斜穿大脑，停在距离右眼半英寸的地方。如果是体力较弱的人肯定当场就死了，然而林肯又坚持了 9 个小时，他在重重地呻吟着。

林肯太太被拦阻在隔壁的房间里不能出来，她不停要求去看林肯，她边哭边叫："啊，上帝，难道我只能这样等着丈夫死掉吗？"

有一次，她抚摸着他的面庞，将满是泪水的脸颊贴在他的脸上。他突然开始呻吟，喘息声比之前更响。心绪烦乱的林肯太太尖叫一声，向后退去，晕倒在地。

斯坦顿闻声立即冲进房间，大喊："把那个女人带走，别让她再进来。"

1865 年 4 月 15 日上午 7 点刚过，呻吟声停止了，林肯的呼吸渐渐平稳下来。在场的一位秘书回忆说："他那疲惫而憔悴的五官浮现出难以形容的平静表情。"

有时候，他脑中会闪过一丝意识的知觉，但瞬间又消失得无影无踪了。

最后的时刻是平静的，快乐的回忆可能曾断断续续地在他的心头浮现，那都是消失已久的画面：在印第安纳州鹿角山谷里，有一间敞棚木屋，晚上柴火烧得很旺，山嘉蒙河在纽沙勒镇的水坝流过；安妮·鲁勒吉在纺车边唱歌；爱驹"老公鹿"嘶鸣求食；奥兰多·凯洛格在讲着口吃的法官的故事；斯普林菲尔德的律师事务所墙上留下的墨水印，书架顶上冒出了花芽……

在死神手中挣扎的几个小时里，军医利尔医生一直在总统身边握着他的手。7 点 22 分，林肯的手再也没有脉搏了，医生将它叠起，并在他眼皮上放置两枚 50 美分的硬币，让它们闭合起来，又用手帕将他的下巴绑好。一位教士提议大家做祷告。屋顶上的雨水在滴答地流着。巴尼斯将军用一条布单盖在总统的面孔上，斯坦顿哭着拉下百叶窗，不让黎明的光线透进来，他讲了一句那个晚上唯一令人难忘的话："现在，他属于千秋万代。"

第二天，白宫，小泰德问来访的客人，他父亲是否真的上了天堂。对方答道："我相信这是真的。"

泰德说："他走了，我很庆幸，因为他在这里一直没有快乐，他不适合在这里。"

尾声　永远的怀念

　　丧车载着林肯的遗体，回到伊利诺伊州，大群的民众夹道志哀。丧车包着皱绸，火车头也和拉灵车的马一样，盖上了一块点缀着银星的大黑毯。

　　火车烟气腾腾地向北前行，铁轨两边聚集的民众越来越多，表情也越来越悲哀。

　　火车到达费城车站以前，先通过了几英里的密密麻麻的人墙；驶入市区之后，成千上万的人又挤上街头。哀悼者的队伍从独立大厅向外延伸了 3 英里长。他们一步一步地向前挪动了 10 个小时，只为了瞻仰林肯总统的遗容 1 秒钟。星期六半夜，厅门关了，哀悼者久久不肯离去，他们整夜留在原地。到了星期日凌晨 3 点，人潮更挤了，有些小伙子甚至以 10 美元的价格出售他们所排到的位子。

　　士兵和骑警尽力维持交通，避免阻塞。几百名女性晕倒在地。曾参加过葛底斯堡战役的市民奋力维持秩序，有些人累倒了。

　　丧礼预定在纽约举行。事前 24 小时，游览列车日夜不停地开进城，载来该市有史以来规模最大的人潮。旅社很快就住满了，于是人们涌进私人住宅，冲到公园和轮船码头上。

　　第二天，16 匹由黑人驾驭的白马，拉着灵车走上百老汇。伤心的女人们沿路抛撒花朵。后面传来哗拉哗拉的声音——那是 16 万送葬的群众手拿摇摆的旗帜，上面写着"遗憾，悲伤！"……"安静，要知道我是上帝"。

　　50 万群众互相拥挤，想参加长长的游行队伍。面向百老汇的二楼窗口，每一个座位要 40 美元租金，窗子全都取了下来，以便尽量容纳观礼的人。

　　唱诗班穿着白色长袍，站在街道一角唱圣诗；乐队一边走一边奏哀歌；100 门大炮每隔 60 秒就在城市上空回响一次。

　　群众在纽约市政厅的棺材边啜泣，很多人跟死者说话，还有人想去摸他的面孔。有一个女人趁卫兵不注意，低头吻了遗体。

纽约市政厅

　　星期二中午，棺材合上以后，成千上万未能瞻仰到遗容的人匆匆赶车西行，前往灵车将要停留的另外几个地点。灵车尚未到达春田镇以前，始终被丧钟和礼炮包围着，白天通过长青藤和鲜花做成的拱门，经过孩子们挥舞旗帜的山坡；晚上，为它照明的火炬和焰火，照亮了半个北美大陆。

　　举国激动得发狂。在美国历史上还从未出现过这样的葬礼：到处有因过度疲劳而崩溃的人。一位纽约青年甚至用剃刀割断喉管，大叫："我要去陪伴亚伯拉罕·林肯。"

　　暗杀发生48小时之后，有一个委员团从春田镇赶到华盛顿，恳求林肯太太将丈夫葬在他的家乡。她先是严厉拒绝，因为她自己知道，她在春田镇几乎没有朋友。虽然她有3个姊妹住在那儿，可是她讨厌其中的两位，又瞧不起另外一位，而且她对春田镇这个小地方充满了轻蔑。

　　她对她的黑人裁缝说："上天！伊丽莎白，我永远也不回春田镇！"她计划将林肯埋在芝加哥，或者放在国会议堂原先为乔治·华盛顿建造的坟墓里。

　　然而，禁不住大家七天的苦苦哀求，她终于同意将林肯的遗体送回春田镇。小镇筹募了一笔公共基金，买下一块有 4 条街廊的土地。州议会则派人日夜施工，整理成一个墓园。

5 月 4 日早晨，灵车终于进城了。墓园已经建好，数千位林肯的老友聚在一起，正要举行仪式，林肯太太这时突然大发雷霆，推翻了原定计划，不让遗体葬在已建好的坟墓里，而要下葬在两英里之外树林中的橡岭公墓。

她决定的事不准有任何更改，一切都只好按照她的意思去做；否则，她就要采取"强烈"的手段把遗体带回华盛顿。而她反对的理由更是十分荒谬——坟墓建在春田镇中央的"马瑟街"，而林肯太太瞧不起马瑟家族。几年前，马瑟家的人曾冒犯了她，现在，面对丈夫的遗体，她仍不忘旧恨，坚决不同意让林肯在马瑟家族的人沾染过的地下安息。

这个女人和"不要怨恨任何人"、"将慈悲之心广布天下"的丈夫在同一个屋檐下生活了 20 多年。可是她的冥顽不化，使她什么都没学会，而且什么都改不了。

于是，11 点钟，遗体又被取了出来，搬到橡岭公墓的一个公共存骨堂去。"斗士"乔·胡克骑着马在灵柩前面开路，后面是林肯的爱驹"老公鹿"，它身上盖的红、白、蓝三色毯子上绣有"老亚伯的爱驹"等字样。

"老公鹿"回到马厩之后，身上的毯子早已连一块碎片都找不到了：争夺纪念品的人把它剥得精光。他们又像秃鹰一般突袭灵柩，争先抢夺披棺布，直到士兵带着刺刀冲向他们，他们这才肯罢手。

暗杀事件发生之后，林肯太太躺在白宫哭了整整 5 个星期，日夜不肯离开闺房一步。

在这期间，伊丽莎白·凯克莱一直守在她床边，凯克莱太太写道："我永远忘不了那个场面——令人心碎的号哭、奇异的尖叫、恐怖的抽搐、发自灵魂深处的哀嚎。我用冷水为林肯太太洗头，尽力安抚她的情绪。

"泰德跟他母亲一样悲哀，可是母亲情绪失控的那种恐怖状，吓得小男孩不敢作声。泰德夜里听见母亲的哭声，常常会穿着白色睡衣爬下床，走到母亲床边说：'别哭，妈妈！你哭我睡不着！爸爸很好，他到天堂去了。他在那边很快乐。他和上帝，还有威利哥哥在一起。别哭，妈妈，要不我也哭了。'"

　　由于各种原因，林肯的遗体曾被移动了 17 次。今天，棺材安放在坟墓地板下 6 英尺深的一个钢铁和水泥大球里，那是在 1901 年 9 月 26 日放下去的。

　　开棺那天，人们最后一次俯视林肯的面孔。当时看到的人说他看起来十分自然。虽然他已去世 36 年，但是涂油师做得很好，除了脸色稍微黑了一点，黑领结一侧有点发霉之外，林肯看上去和生前差不多。

卡耐基励志经典

成熟的人生

［美］陶乐丝·卡耐基⊙著

刘凯⊙整理

綫装書局

导　读

　　陶乐丝·卡耐基是 20 世纪最伟大成功励志导师成人教育学家戴尔·卡耐基的第二任妻子，1944 年与卡耐基结婚，并成为他的忠实信徒和事业的继承人。现在，卡耐基的教学模式已在全世界广泛推广，由卡耐基创始的造福人类和社会的事业正日益受到世界人民的关注。人们从卡耐基身上看到了自己的成功未来，人们从卡耐基教学中受到的启发和教育，又促使他们向着更加美好的人生去追求、去奋斗。显然，这一切和陶乐丝的积极努力和奉献是分不开的。

　　凝练和诠释陶乐丝·卡耐基人生经验和思想智慧精华的《成熟的人生》是她的经典著作，是奔向幸福和快乐人生的实用指南。《成熟的人生》秉承了卡耐基的哲学，强调改变态度的益处。她建议不要因年轻而烦恼，对成长及智慧寄予关注是获得成熟的代价，教你如何了解你自己、喜欢你自己、活你自己，让你看到生命中的每一天都是一个新鲜的世界。

本书缘起

有一份报纸摘要，其内容大致是这样的："芝加哥大学的科学家已经在尝试用'成熟度'来衡量一个人的年龄。他们发现，许多人并不是年龄越大就越成熟。"

"成熟"一词本来不是褒义词，只是直到最近一段时期才略有改变。按照从前的理解，如果说一个女人"成熟"，就如同说她肥胖、邋遢、缺乏魅力一样，会让她感到非常的不舒服。

从美国的经济和社会角度来看，年轻一直受到人们的重视，因此，每个女人也都梦想着自己永远只有 25 岁。例如，女售货员最想听的恭维话就是"年轻"；大部分广告宣传的出发点也只有一个，即容貌、举止、感觉都要显现出年轻。

虽然男人们不曾公开表现他们的欲望，但他们梦想青春永驻的渴望和女性相比起来，其实一点也不差。你看，每到周末，高尔夫球场上那些 40 多岁的男人都无不渴望恢复到 20 岁的腰围——而且他们和自己的妻子一起进行饮食节制活动。

保持年轻现在已经成为一种深入人心的、固有的观念。目前，从经济上来讲，它已经越来越不可或缺，工商业界规定一个人的退休年龄是 65 岁，但是对于一般工薪阶层的人而言，他们到了 35 岁以后就开始很难找到工作了。

美国人都崇尚青春。但是，在一些传统的文明古国中，中年女性仍然被认为是美丽、迷人而充满魅力的，男人年过六十也依然充满了智慧，备受人们的尊敬。我认为我们之所以会产生这种态度，同我们国家的历史较短有关。不过，抛开所有的原因，我们的结论是：我们每个人都在自欺欺人，近乎稚气地不肯长大、不愿意成人，而这肯定会失去成熟给我们所带来的丰厚回报。

"年轻"固然有其吸引力，但它毕竟只是成年的准备期，只是人生的一个过渡阶段。企图永远活在年轻的阶段，而主观地拒绝成年的到来，实际上就是在逃避责任、逃避人生。

相反，希望有所成就并展现自己的能力，这都是渴望成熟的体现。成熟，就需要不断的成长，而一旦我们停止了成长，可怕的衰老就会随之而来。"变老"与"成长"是相对的。通过不断地学习、发展、奉献、创造或享受人生，我们就能不断地成熟；无论我们的具体年龄是多少，只要我们积极向上，我们就不会衰老。

这本书就是要给你的人生关键阶段提供一些必要的指导，比如为你提供一些必要的处理社会和婚姻关系的成熟方法，并探讨我个人认为的成熟的人生所必须持有的态度。

我的出发点是关注成熟的结果，同时告诉一些如何走向成熟的途径，从而激励人们明白人生需要不断地进步和成长，否则就会真正走向衰老。所以，我可以肯定地说，"成熟"是我们大家都努力探求的目标，为了达到这一目标，我们必须付出智慧，并制定相应的计划。

我将尽量用真实的例子来证明我的观点，这些例子大部分是"卡耐基人际关系演讲课程班"的学生的，在此我还要对他们表示深深的感谢。

我相信，书中所描述的观点将能够取代"让我们保住青春"的流行说法；同时我们相信，一个新的时代——精神和灵魂的本质会像青春的笑脸和健壮结实的肌肉一样令人着迷的时代——必将到来。和看起来要年轻十岁相比，成熟睿智显然更令我们快乐，而且也不会有人自己认为，或是被别人认为老得无法做他想做的事。

我相信，如果这种快乐的情况能实现，我们就不再会害怕变老。到那时，我们也将会变得成熟！

陶乐丝·卡耐基

第一章　勇于承担责任

不要将责任推给别人

我的小女儿唐娜·戴尔刚刚学会走路。有一天，因为她想爬到冰箱上去，于是她就搬了一把小椅子到厨房里去。我急忙跑过去想扶住她，但是来不及了，她已经跌倒在地。

当我把她抱起来后，她狠狠地朝那把椅子踢了一脚，骂道："破椅子，都怪你！"

其实，这样的事情常有发生。小孩子比较任性，明明是她自己犯的错误，却要迁怒于那些没有生命的东西或是无辜的旁观者，甚至认为这种行为是很正常的。

但是，如果我们学小孩子的做法，也把这种行为带入成年，那可就麻烦大了。自古以来，一直就不乏将自己的失败和过错推到别人身上的例子，就连亚当也曾责怪夏娃说："由于这个女人的诱惑，我才吃了禁果的。"

成熟的第一步，是要勇于承担责任。我们都已经脱离了将自己的跌倒迁怒到椅子的孩童阶段，我们应该直面人生，自己对自己负责。不过，这样做的确比较困难；而怪罪我们的家长、老板、师长、环境、丈夫、妻子、子女则容易得多，而且如果有必要的话，我们还可以怪罪祖先、政府，或者我们还可以有一个最好的借口，那就是责怪幸运之神的不公平。

不成熟的人，总能为他们的缺点和不幸找到各种理由——没错，这些理由仍然是他们自身之外的理由——例如：

他们的童年很悲惨；

卡耐基励志经典

成熟的人生

他们的父母太贫穷或太富有；

他们的父母对他们的管教过于严厉或过于放纵；

他们缺少教育；

他们身体虚弱，饱受疾病的折磨；

……

总之，她（或他）们会埋怨丈夫（或妻子）不了解她（或他）们，认为命运之神跟她（或他）们过不去，总是让她（或他）们缺少运气，仿佛整个世界都在与自己为敌。其实，她（或他）们是在为自己的过错寻找替罪羊，而不是去想方设法克服困难。

我们班上有一位女学员，有一天下课后她来找我。那天的课程是训练记忆人名。

这位小姐对我说："我希望你不要奢望我能记住一个人的名字。这是绝对不可能的。"

我问她："为什么？"

"遗传！"她回答说，"我们家里没有一个人的记忆力是好的，这来自我父母的遗传。所以，你要知道，我在这方面是不可能有什么进展的。"

"小姐，"我说，"这并不是什么遗传问题，而是一种懒惰。与提高你的记忆力比起来，责怪你的父母显然要容易得多。来，我现在就给你证明这一点。"

仅仅几分钟，我就帮这位小姐进行了几个简单的记忆训练，由于她非常专一，当然效果也不错。

经过一段时间的训练，她消除了以前的观念，觉得可以通过训练来提高记忆力。对此我很高兴，因为她已经学会了积极改进自己的记忆力，而不再为自己寻找任何借口。

父母如果只是因为糟糕的记忆力而遭到子女的责怪，这还算是幸运的。小到脱发，大到遭受挫折，将一切都怪罪到父母头上，这好像已经成了儿女们最好的借口。

还有一个女孩子，她也谈到她母亲对她生活的影响：她刚出生不久，她母亲就成了寡妇，但是她母亲能力不凡，加上工作又勤恳努力，很快就成为一位女实业家。

有了这样一位了不起的母亲，她注定会备受疼爱与呵护，并接受良好的教育。但是，这并不是最主要的——她说她还要承受一种巨大的压力！

你猜这种压力来自哪里？竟然是来自她母亲的成功！这个女孩子说："我从青年时期就生活在母亲的阴影里，因为我感觉到自己跟母亲之间存在一种'竞争'。"

对此，她的母亲很困惑。这位母亲说："我一直都不能理解她。多年来，我辛辛苦苦地工作，为她创造了比我当初好得多的条件，没料想却给她造成了心理上的阴影！"

如果换成是我，我真想打这女孩 30 大板，但可惜为时已晚。

乔治·华盛顿同样有着良好的出身、富裕的家境，可是他却成为美国第一任总统，我们曾听到他抱怨父母给他造成了什么心理压力吗？

再看一个相反的例子：

亚伯拉罕·林肯虽然出身贫寒，却能超越这种极其不利的环境。林肯从来不怪罪他人，他在 1864 年发表的声明中说："我要对所有美国人、对基督、对历史，以至对上帝负责。"

乔治·华盛顿

在人类所发出的一切声明中，这是最勇敢的声明。如果不能以同样的精神为上帝和人类承担起责任，我们就永远不能说自己成熟了。

绝不寻找任何借口

为了逃避自己的过错和责任，我们通常都会去看心理医生，舒适地躺在医院的长椅上，谈自己和自己之所以变成这样的原因。这样做显然比较昂贵，也比较奢侈。

如果有人这样对你说："你所有的烦恼都是因为你幼年时期近乎病态地迷恋保姆，或者是因为你的母亲占有欲过强，或者是你的父亲对你要求过于严厉。"

假如你听了这话觉得很有道理，那你就去看心理医生吧！如果你不在乎治疗费用，你就一辈子依靠它吧！而且这显然又是你的一个很好的借口。

威廉·考夫曼博士有一篇文章《愚人的精神病医学》，它揭露了那些利用大众的愚蠢来发横财的"心理分析医生"。考夫曼博士还指出，那些去看心理医生的病人总是借口说"他们的弱点和古怪行为是因为心理有问题，需要借助心理分析"。

精神病学也乐于为那些面对成人生活显得手足无措的人提供合理的解释，人们也更是乐于接受这种解释，于是所有的困难都可以归咎于外部因素了。

以前，也就是 16 世纪，当人们面对迷惘或失败时，总是将怪罪的对象推到星座上，例如说：

——"我出生在一个坏星座"；

——"对发展没有帮助的星座"。

但是莎士比亚在《恺撒大帝》中借卡西阿斯之口大胆地宣称："亲爱的布鲁特斯不是我们的星座，正是我们自己，使我们位卑人低。"

在英国历史上，都德王朝的王子有自己的"替罪男孩"。这是因为王子不能受惩罚挨打，所以不论幼年的王子多么调皮，当他因为调皮而必须接受惩罚时，就只能花钱雇一个小孩，来替王子受罚挨打。当时有许多人都渴望得到这个替身的职位，因为其薪水极高，又能获得晋升的特权和机会。尽管"王子的替罪羊"这个传统早已消亡，但是那些不成熟的人仍然具有寻找"替罪羊"的本能的冲动。如果他们找不到合适的人，便迁怒于他人，或者就会说现代生活不稳定、不安全，或者说这个世界太混乱——总之，他们会给自己找到各种合适的借口。

前不久，我陪同一位对现代艺术很有研究的朋友去参观一个艺术展。在一幅看上去很另类的画前面，我因为无知而对朋友说："我的女儿刚 3 岁，画得都比他要好。如果这也算是艺术，那人人都可以成为艺术家了。"

我的朋友立刻回答说："难道你不理解精神折磨这回事吗？这幅画反映的是原子时代给人造成的压力和困惑！"

不错，任何画家缺乏才气，都可以说这是因为自己生活在原子时代。但是，有一点可以确定的是，如果原子时代能给人类带来希望和成就，而不是相反的负面影响，那么一个坚强而成熟的人、一个愿意并能够对自己和自己的行为负责的人，才是这个时代所需的。

因此，一个渴望成熟的人一定要记住：对自己的行为负责，要勇于承担责任，绝不寻找任何借口！

面对困难无所畏惧

我很佩服一个人，他叫爱德华·特霍，靠开出租车为生。

爱德华·特霍多才多艺，思想活跃，而且乐于助人，懂得如何倾听别人的谈话。一天，我们谈到了一些战胜逆境，并为世界做出了伟大贡献的人。爱德华问我："您听说过纳撒尼尔·鲍迪奇其人吗？"我说："我知道鲍迪奇，他是个航海家。"

"一点也没错！"爱德华说，"纳撒尼尔·鲍迪奇出生在 1733 年，活了 65 岁。他 10 岁就开始自学拉丁文，研究牛顿数学理论。21 岁时，鲍迪奇就已经成为一位数学家。他出海研究航海知识，还教会了所有船员观察月亮，以确定航船每天的位置。他写了一本航海书，成为经典名著。他在那些没有受过多少正式教育的人当中，是不是很伟大？"

"当然。"我表示了赞同。因为对于鲍迪奇博士来说，他根本不知道什么是困难。他并没有想到大学教育是成为科学家的首要条件，而是坚韧不拔地勇往直前，获取一切必需的知识。纳撒尼尔·鲍迪奇在大海上航行，与爱德华·特霍在城市的街道上穿行一样，"困难"这个词在他们的词典中是找不到的。

但是，一个人如果想逃避失败的责任，"困难"这个词当然可以派上用场。也许有人会说，他们没上过大学，常常会遇到各种困难；但即使上了大学，他们也可能因为自己未能在人生的战场上占有一席之地而找到诸多的借口。

而成熟的人，只会想到如何去排除困难，从不会用困难作为自己失败的借口。

有一次，著名发明家亚历山大·格拉汉姆·贝尔博士向他的朋友、华盛顿特区美国国立博物馆馆长约瑟夫·亨利抱怨说，他工作中遇到了困难，因为他不懂电学方面的知识。但是亨利却没有同情贝尔，也没有安慰他，而是说："的确很遗憾！小伙子，你没花时间学习电学方面的知识，真是太可惜了！"

你猜一下，亨利接下来会向贝尔说些什么？他没有说贝尔需要一份奖学金，或是需要父母的帮助；相反，他只是告诉贝尔："那就去学吧！"

结果，亚历山大·格拉汉姆·贝尔真的去学了，他掌握了这门知识，并研究出了电话，这可以称得上人类通讯史上最伟大的贡献之一。

不错，贫穷的确是一种障碍，但我们有理由因为贫穷而逃避责任、甘愿俯首认输吗？

美国前总统赫伯特·胡佛，只是艾奥瓦州一个铁匠的儿子，他的父亲死得很早。

国际商用机器公司（IBM）的总裁托马斯·J.沃特森曾是一个小小的书记员，每周只能挣到两美元，一部机器都没有。

电影界泰斗阿道夫·朱柯起初也只是一位毛皮商的助手，刚开始时经营着他的第一家小游乐场。

上面这些人，从没有强调他们受到贫穷的阻碍，他们只是想着如何克服困难，而从没有将时间浪费在自怜自艾上。

著名作家罗伯特·路易斯·斯蒂文森，从小就体弱多病，但他并没有因病而厌弃生活和工作。在他的精神里面焕发出许多积极向上的东西——阳光、力量、健康和成年人的活力，在他的作品里有一种旺盛的生命力。斯蒂文森战胜了病痛的折磨，也在文学界赢得了一席之地。

世界上还有很多虽然遭遇困难，却仍然值得仰慕的伟大人物：

文学家拜伦是个跛脚。

政治家朱利阿斯·恺撒患有癫痫症。

作曲家贝多芬的耳朵后天失聪。

军事家拿破仑身材矮小。

音乐家莫扎特为哮喘病所苦。

政治家富兰克林·D. 罗斯福患有小儿麻痹症。

社会活动家兼作家海伦·凯勒在盲聋中度过一生。

歌唱家珍妮·弗洛曼因飞机失事而严重受伤，但她奋力康复，终于重放异彩。

女演员苏珊·鲍尔虽然因为截去一肢而影响了幸福的婚姻，却在电影界大获成功。

再看看女演员"伟大的莎拉"——莎拉·巴恩哈特，又怎么样呢？她是个小时候遭尽了别人白眼的丑陋的私生女，本来她可以把早年的恶劣环境当作逃避的最好的借口，但是她却走上了演艺界的成功道路。

再来看另一个普通人，他是我朋友的高大英俊的儿子巴比。

巴比从小就患有口吃，但是他学习很努力，朋友们都很喜欢他，他每次考试成绩都是出类拔萃的。读小学期间，我朋友曾带着儿子去找过许多治疗口吃的专家和精神病医生，希望能纠正儿子的口吃毛病，但都无功而返。

有一天放学，巴比宣布他将代表全校毕业生，上台致毕业典礼告别辞。他一路欢跳着跑上了楼，回房间做准备。我朋友夫妇俩对巴比的告别辞提出了一些建议，但没有指出他发言时可能会遇到困难之类的事情。

到了毕业典礼那天晚上，小巴比走上讲台，代表毕业年级致告别辞。他挺直了腰板，耸了耸肩膀，开始致辞。听众们都凝神倾听，因为他们当中的许多人都知道他有语言障碍。

他满怀信心，慢慢抬起头来，接着在 15 分钟内果断流利地讲完了告别辞。

从准备告别辞开始，巴比就决心战胜语言障碍。这时，所有到场人士掌声如雷，这正是对他成就的肯定和奖赏。

这里还有一个真实的故事，讲的是一个人从一只导盲犬身上有所领悟的故事。

新泽西实业家约翰·卡里顿·葛瑞菲斯有一次开车经过莫瑞斯城，正好有一个人要横穿路口。葛瑞菲斯发现那是一个年轻女子，但是她由导盲犬领路，显然是个瞎子，于是葛瑞菲斯就远远地停了车。这时，一个人走过来向他解释说自己是那个女子的指导员，然后说："今后请不要再远远地停车。这只狗就是要接受训练，来帮助她避开车辆的。如果开车的人远远地停车，时间长了这狗就会习惯这种情况，以为这是正常的。那么总有一天，会有盲人因为汽车没有停下来而被撞死。"

我对这个故事的印象尤其深，因为不仅是那个指导员的话非常有道理，而且我还从中了解到现在的盲人，在一些动物的帮助下可以过上正常的生活，例如穿过马路，到一些公共场所去。

这些人都是不甘屈服于困难的人，他们才是心智成熟的人，虽然身处黑暗之中，但是仍然能对自己负责。他们不求乞为生，也不绝望，更不为自己寻找借口。

罗伊·L·史密斯曾经写过一本《圆满的一生——死神门前的徘徊》的传记，这本书非常富有启发性。它写的是艾莫·何姆斯的故事：

艾莫·何姆斯出生在俄亥俄州的汉特斯维尔，曾有一个乡村医生断定说："这孩子不可能活下来。"

但是他说错了，艾莫·何姆斯忍受着生命中不断遭受折磨的痛苦，承载着他受到严重伤害的右肺，顽强地活了下来，而且享年 90 岁。他干不了重活，只好转向阅读。1891 年，28 岁的他成为卫理公会的牧师。虽然有两次旧病复发，却都不能夺取他继续生活的勇气。

巧克力制造商约翰·S.胡伊勒开始关注艾莫·何姆斯，为他提供金钱，帮助他治疗疾病。几个月以后，这个被断定必死的人康复了，离开了疗养院。

艾莫·何姆斯又来到教堂，通过传道来筹集基金，资助各所大学和医院，结果筹募到300多万美元。当他69岁退休时，传道1000多次，写了两本书，为宗教和慈善机构筹募了50万美元，还担任了20家机构的董事，他自己还捐出了5万美元，在加州大学附近建了一座教堂。

艾莫·何姆斯从没想过什么是"困难"。他只是紧抱着生命和生命的目的，不舍昼夜地生活了90年，可以说他的名字就是"勇气"的代名词。

在这个过分强调"年轻"的国家和时代，许多老年人渐渐感觉到了年龄的障碍，他们经常会产生一种被架空或被抛弃的感觉。

例如几年前，我的学员中有一个74岁的矮个子老夫人，她就不知道如何度过剩下的日子。这位老夫人退休前曾是一位教师，但是她没有什么积蓄，她需要继续工作，好给她的精神和经济带来帮助。她说："除了教书之外，我还能给小朋友讲故事听，还能为故事配上精心挑选出来的幻灯片。"

我觉得这正是她应该做的事情啊，为什么她不重新开始她的事业，去讲她的故事呢？

我向她讲了我的想法。老夫人备受鼓舞，重新兴奋地投入到事业中去。她不再认为年龄是障碍；相反，她的能力甚至超过了年轻的时候，而且由于有了丰富的经验，她的故事讲得更为动人。

她亲自找到福特基金会，这个组织曾为促进美国文化做出了许多贡献，宣传她为幼儿园小朋友制定的各种"说故事时间"的计划。她找的人都要求她"证明给我看"，于是她介绍了她的计划，说服了他们。她故事中蕴含的温情、戏剧性和诉求的力量，正是他们接受她整个计划的关键所在。

如今，这位老夫人像个年轻人，满怀热情和信心。通过讲故事，她给无数孩子送去了欢乐。对于她来说，年龄不再是借口，她不会说："我太老了，不能赚钱了。"她重新衡量自己的才能与经验，制定了详细的计划，运用它所拥有的才能和经验，脚踏实地地营造着她的梦想。74岁，她不是变老了，而是变得更加成熟了。一般人认定的障碍，也就是她的年龄，对于她来说却是一种激励和诱因。

萧伯纳十分鄙视那些总是抱怨环境阻碍的人。"老是抱怨环境只能使他们成为今天这样，"他写道，"我不相信环境之类的借口。世界上有所成就的人，都是主动寻找适宜他们的环境的人，如果找不到这种环境，他们会自己去创造。"

其实，如果刻意去找的话，我们每个人都可以找到各种值得抱怨的"困难"。例如，我年轻时，就为自己的烦恼找到了一个理由：我当时比大多数同学都要高。但是过了几年之后，我认识到这非常可笑，个子高可能是个短处，也可能是个长处，这全靠你如何去看这个问题了。

与我们的邻居相比，如果我们只有一条腿而他有两条；如果我们比他更穷或比他更有钱；如果我们肥胖、瘦弱、美丽、丑陋、金发、黑发、内向或外向……只要我们想给自己制造障碍，只需找出我们和别人之间的任何一点不同之处，就可以如愿以偿了。

那些不成熟的人，愿意把自己和别人的不同之处当作障碍，渴望别人对自己特别加以考虑。相反，那些成熟的人，能认清自己不同于他人的特征，或者改进自己的不足，以求进步。

摆脱生活中的不幸

1945 年 8 月，第二次世界大战对日作战胜利纪念日之后的第三天，玛丽·艾丽丝·布朗夫人回到她位于渥太华的家中，独自站在空寂的房间里，出神发呆。

她丈夫在几年前因车祸身故，接着与她相伴的母亲也死了。布朗夫人这样描述当时的情况说："钟声与哨笛宣布了和平的到来，可是我的独子唐纳却不在了。我的丈夫和母亲在那之前也死了，整个家里就只剩下我一个人。离开孩子的葬礼回到家中之后，那种难以言喻的孤独寂寞感，是我这一辈子都忘不了的——没有哪里比我家更空寂的。我差点儿让悲伤和恐惧窒息了。

现在，除了学会一个人生活之外，我还要改变生活方式。而我最大的恐惧，则是怕自己因伤心而发疯。”

接连好几个星期，布朗夫人都深陷在悲伤、恐惧和孤独之中，痛苦和惶惑使她感到茫然无措，不愿意接受现实。

她说：“我相信，时间会帮助我抚平创伤的。但是，时间过得太慢了，我心想，必须找点事情来打发时间，于是我就出去工作。

“就这样，时间慢慢地消逝，我发现我对生活、同事、朋友们又重新产生了兴趣。我渐渐明白，不幸的事情已经离我悄然远去，未来的一切正在渐渐地变好。而我曾经是那么的愚蠢，埋怨上天对我不公平，不肯接受现实。但是，是时间改变了我。

“虽然这一天来得很缓慢，不是几天，也不是几个星期，它是逐渐来到的；但最重要的是，我终于学会了如何面对残酷的现实。

“现在，每当我回忆起这些往事时，就觉得自己像一艘航船，在历经风雨之后，终于航行在平静的大海上。”

正如布朗夫人所亲身经历的，有些哀痛的确到了常人所难以承受的程度，但我们最终还是要接受。当布朗夫人做出决定，准备接受亲人离世的不幸事实时，她已经做好了准备，让时间来治愈自己的这种伤痛。但她起初只是抗拒和埋怨命运，结果难以自拔，时间也无法为其治疗。

失去亲人当然是不幸的，我们只能接受它。有时，我们的生活被割裂得七零八散的，也只有时间才能将它缝合，但前提是我们必须给自己时间。当悲剧刚刚降临时，世界仿佛也停滞不前了，我们的悲痛将会一直持续下去。但是，我们一定要克服悲哀，继续上路。只要回忆那些快乐的往事，我们就会感到幸福终将会到来，取代我们内心的悲痛。因此，我们应该在心中停止悲伤和怨恨，勇于接受无法逃避的不幸事实，时间自然会帮助我们摆脱这些不幸。

有时候，不幸也不完全是坏事，它会成为一种动力，促使我们采取行动，提高我们自身的素质，我们的智慧也将因此而变得更加敏锐，从而促使我们最终摆脱困境。

成熟的人生

据说印度的讫哩什那神说过一句箴言：

"人生真正的圆满，并不是平静乏味的幸福，而是勇敢地面对所有的不幸。"

人性会因为"英勇地面对所有的不幸"而变得深邃和顽强，并从中获益匪浅。"不幸"可以激发潜藏在我们体内的能量，如果不是情势所逼，需要我们对这种潜能善加运用，我们将有可能永远埋没自身所具有的这种巨大能量。

哈姆雷特的不朽名言"行动起来！对抗所有的困难，将它们排除出去！"这是摆脱不幸的第二种方法。

我再来举一个例子，我称之为"沙尘之祸"。

在美国西南部的沙尘暴肆虐地区，无情的风沙经常席卷农场，夺走人的生命。生活在沙尘暴地区的人，每天所见、所闻、所吃的无不和沙尘有关。下面是一个人亲身经历的故事：

《哈姆雷特》剧照

一个年轻人，他在 21 岁的时候就成了一家之主。他就住在沙尘暴地区，他的父母在与风沙和干旱进行了一辈子的艰苦搏斗之后，最终离开了人世。

一天，这个年轻人也终于一无所有了：土地上既没有收成，谷仓里也没有一点儿存粮，家里一点儿能吃的东西也没有了。他懊丧地坐在家里，沙尘落在屋瓦上，一筹莫展。

突然，门被推开了，他 8 岁的小妹妹领着她的同学走进屋来。

"吉米，"她饥渴地看着她的兄长，"你能给我一个银币吗？我们想买些饼干吃。"

吉米愣在那里，久久不能回答。他能从哪里弄来一个银币呢？

他双手伸进口袋，可是什么也没有掏出来。"小家伙，"他满脸温柔而不无歉意地说，"对不起，我实在没有。"

吉米那天晚上无法入睡，因为他的眼前一直闪现着小妹妹那失望的表情。他已身处绝境，竟然连一个银币都拿不出！吉米只能以沉默来承受这一切！父母的去世、农活的劳累、被摧毁的庄稼，这一切都怪那可恨的沙尘。而拿不出小妹妹向他要求的银币将是最后一个不幸，这件事迫使吉米振作起来，决定采取行动。

天将破晓，吉米终于下定了决心。他本打算当一名教师的，但是父母死后，他又觉得自己应该继续留在家里经营农场。然而，沙尘像击败他的父母一样，接着又击败了他，因此他必须试试其他的途径了。

第二天，吉米在城里找到了一份工作。为了实现教书的梦想，他每天借书回家，等弟弟妹妹晚上睡着后再看书。后来，吉米获得了当地乡村学校的教师职位，乡亲们都很尊敬和羡慕他。

正是一个小女孩向她的哥哥讨要一个银币而未能如愿的这种"不幸"，激发了吉米，使他振作起来，并发愤图强，逐渐摆脱了困境。

理智的行动也能够帮助我们，减少因所爱之人的离去而给我们带来的痛苦。密西西比州的奈丽·柯文顿夫人为我们提供了一个例子：

柯文顿夫人的 3 个孩子生病后，才刚刚度过危险期，这时候医生又告诉她，说她丈夫的心脏病很严重，随时都有生命危险。

"我害怕极了，整天心急如焚，"柯文顿夫人在信中这样告诉我，"我根本睡不着觉，没过多久就掉了整整 15 磅肉。医生说，我这样下去将会精神崩溃。

"一天晚上，我又失眠了。我问自己：'忧虑能解决什么问题？'第二天早上，我就开始进行计划。我丈夫很会做家具，所以我向他提出我想要一个小床头柜，希望他能给我做一个，但是他让我先画出图纸给他看。第二天，我将设计图给了他，他只用了几个下午就做好了。事实上，他很高兴做这项工作。于是，他又为我的朋友们做了很多件小家具。

"然后，我们把花园种满了蔬菜和鲜花。我们把最好的蔬菜送给朋友；凡是能够给别人带来帮助的事情，我们都尽量去做。只要我们一有空，就会坐下来讨论在花园里种些什么东西。

"终于有一天，我丈夫突然离开了我。也正是那时，我才终于感觉到过去的一年是我生命中最快乐的一年，而不是恐怖压抑、随时为我的丈夫离开我而担心的一年。面对悲剧，我已经作了最大的努力。"

柯文顿夫人勇敢地面对不幸，使她的丈夫在生命的最后一年度过了最快乐、最有意义的时光，而且为她自己留下了美好的回忆，他们夫妻俩共同参加了各种有意义的活动，这使他们的那段生活充满了爱。

减轻不幸所造成的痛苦的最保险的途径之一，就是帮助别人，从而使自己得到升华。

我认识威斯康星州的一个女人，对于社区居民来说，她是一个富有激励性的人物，因为她超越了个人的悲伤，给那些有同样烦恼的人带去了安慰。

她 25 岁的儿子在第二次世界大战中牺牲了，虽然她悲痛异常，但她并没有让别人怜悯她，正如她所说的：

"我了解那些从不知道什么是真正意义的幸福的母亲。在她们当中，有些人的子女得了神经痉挛性麻痹，有些人的子女因为精神或身体上的障碍而不能为国尽忠，还有许多女人渴望养育子女却未能生育。而我曾有过一个出色的儿子，他和我一起度过了 23 年的快乐时光，我的余生就拥有了这 23 年的美好回忆。因此，我必须顺从上帝的旨意，尽我所能地去帮助那些有儿子在军队中服役的母亲。"

她不仅做到了这一点，而且毫不厌倦地给那些有儿子在军队中服役的父母以及正在军队中服役的军人带去安慰。她知道走向成熟的重要方法，将心思和精力用于帮助别人，让自己没有多余的精力为自己的烦恼和不幸而忧虑。

人生的旅程并不是幸福欢乐绵延不断的，它既有光明也有黑暗，既有高峰也有低谷，既有阳光也有阴影。烦恼可不会因为我们扯上被子蒙住双眼、拒绝面对它而放过我们，它也是人生的一部分。我们成熟与否，和我们对待烦恼、不幸的态度有密切的关系。不成熟的人有一个共同的弱点，那就是在出了差错之后便退却下来，躲在营帐中独自生闷气，就像荷马史诗中的希腊英雄阿契留斯一样。骄纵的孩子在做游戏时，如果知道自己赢不了时就不会再玩了；而成熟的人即使在形势非常不利的情况下，仍然顽强坚持，继续努力。

住在康涅狄格州诺威尔奇的梅尔·西蒙先生有个大学同学杰克，这是个热衷业余戏剧表演、整天朝气蓬勃的青年。西蒙先生向我讲了杰克的故事，他没有因为遭遇不幸而自甘堕落。西蒙先生说：

"杰克为人很热心，而且精力充沛。在他的体内流淌着演员的血，在读大学时，他曾负责所有戏剧演出的幕后工作，还能上场表演。他不仅是年度各项表演的导演之一，还在乐团中担任鼓手。毕业后，杰克来到一家电视制作公司，后来又到某家电视台当节目制作人，他还做了许多其他的工作。由于他工作努力，积极肯干，所以他的生活过得非常的充实。

"一天，我的一个朋友在电话中告诉我说杰克死了。他是死于一种罕见的绝症，而且他早就知道自己得了病。早在上大学时，他就知道自己没有几年可活的了。每当想到杰克的热情、欢笑、幽默和精神时，我就想到了他带给我的启示，那就是'坚持到底，永不言弃！'"

杰克珍惜生命、善待生命的生活态度，激励了所有认识他、了解他的人。他勇敢地选择了最成熟的方式，面对生命中难以避免的不幸。

我班上的一个学员为我们讲述了另一个与上面相似的故事，故事的主人公叫迈克。

1948 年，21 岁的迈克参加了以色列和阿拉伯战争。在一次战斗中，他的双眼受伤了，痛苦在瞬间降临到他身上，但他仍然乐观地生活着。在军队医院，他和其他的病人谈笑，还经常把分给他的香烟和糖果送给其他的病友。

医生为了治好迈克的眼睛，几乎尽了全力。一天早上，主治医生来到迈克的病房对他说："你好，迈克，我不喜欢对病人隐瞒实情，欺骗他们。迈克，我想告诉你一个很不幸的消息，你将永远失明了。"

迈克沉默了，时间也仿佛在这一瞬间凝固不动了。过了一会儿，迈克平静地说："哦，医生，我想我早有准备。谢谢你为我做了这么多努力。"

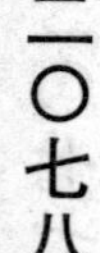

几分钟之后，迈克转过头来，对他的朋友说："毕竟我还找不出绝望的理由来。虽然我失去了视觉，但是我还能听能说，还有脚能走路，而且我还有一双手，政府也会帮助我，让我学会一门技艺，能够独立地生活下去。我要改变自己，迎接新的生活。"

迈克就是这样一个人，虽然他的眼睛失明了，但他对未来却充满了梦想，他宁愿为幸福而努力，也不愿意诅咒那不幸的残酷事实。如果进行成熟测试，他一定能获得满分。我们每个人迟早都会遭遇这种或那种不幸，那时，我们将接受真正的考验。

或许有人会这样问："为什么这种不幸的事会发生在我的身上？"

我想他只能得到一种回答："为什么就不能呢？"

因为上天不会偏爱任何人，只要是人，就免不了要历经各种痛苦和欢乐。生活就是要教会我们明白，在痛苦这个民主国度中，每个人都是平等的。当悲伤、死亡、烦恼和不幸降临时，国王和乞丐、诗人和农民，他们所经历的都是同样的折磨。一些年轻人和那些虽然已经不年轻但却仍旧不成熟的人，往往只会怨恨和愤懑，他们不会明白，悲剧的产生就像人的出生、死亡以及缴税一样，都是生活中不可或缺的一部分。

第二章　用行动证明自己的成熟

坚定的信念是行动的基础

如果说在美国到处都有机会，每个人都可以尽情地施展自己的才能，你是否会赞同我所说的呢？也许你会大声赞同。但是，对此你能确信到何种程度呢？如果你处于失业、破产或者找不到工作的情况下，那么你对我的话还抱有信心吗？

我认识一个人，他能够坚持信念、矢志不渝。这个人来自密苏里州，名叫里奥纳德·A. 崔吉亚。1928 年，父亲留给崔吉亚价值 10 万美元的财产。但是 10 年之后，崔吉亚破产了。

这一过程非常简单，崔吉亚先生给我来信写道：

"我父亲非常有钱，出手也很大方。当我还在读高中时，只要我没有钱花了，他就会让我去银行，从他的名下取出一张支票。到我上了大学之后，我更是可以随便往支票上填数额了。虽然大学毕业了，我仍不懂得金钱有什么价值，而我自己也不会赚钱，只知道如何开支票。

"当我父亲去世时，我对生活没有做好任何准备。他给我在密苏里河下游靠近密苏里州里辛顿的地方留下了一片肥沃的土地，我就开始经营农业。在经济大萧条席卷全美国的第一年，我的账户就出现了赤字，我只好用一块土地做抵押，用来还债，并重新补充我的存款。由于经济继续萧条，我只好卖掉了那块被抵押的土地，用来还了贷款。我就这样生活着，需要用钱时就继续抵押或是出卖土地。

"我破产的这一天终于来了，我不再拥有任何财产了。我必须找一份工作，赚钱过日子，否则我无法继续生活下去。然而，我这一辈子根本没有做过什么事情，我急得几乎难以入睡——曾经作为支柱的支票已经没有了，求助也找不到人了。

"一天晚上，我终于想清楚了，那就是我必须面对现实。'好日子一去不复返了，我的朋友，'我对自己说，'作为一个成年人，你应该表现得像一个成年人。成熟起来，去找一份工作吧！'

"我开始思考我的处境，尤其是我的一些信念。我一直相信这句话——'只要你愿意努力，在美国，机会总是均等的。'但是，我从来都没有亲自去验证过这句话。虽然当时的整体环境不好，工作机会也大大减少，但是我有我的长处：我身体健康，是大学毕业，又接受过职业培训，而且我的失败和错误给了我宝贵的经验教训。现在，我需要做的就是避免将时间浪费在抱怨和悔恨上，立即开始行动。

"我安排好生活，理清了我的思想。要知道，当时要找一份工作可不是件容易的事情——无论找什么工作。一旦颓丧情绪涌现出来时，我就强迫自己消除怀疑和恐惧的想法，增强自己的信念，让自己相信：对于每一个有信念的人来说，美国都是一个可以找到自己位置的国家。我必须坚守这个信念。

"我的信念终于赢得了回报。我在堪萨斯城的联合财务公司找到了工作。我在那里愉快地工作了4年，然后辞职又回到农业方面来。这一次，情况出现了转机。我慢慢地建立起信誉，拓展了我的业务。我不仅从事农场买卖业务，还兼顾做些其他的生意。经过这些努力，我获得了非凡的成功。不过，这些都受益于我的失败，是失败给了我宝贵的教训，使我做好了迈向成功的准备。

"我赎回了我的财产，这是靠我的努力赚回来的。更可贵的是，我获得了可以留给我两个儿子的伟大真理——我们必须拥有信念，但是如果我们有信念却不采取行动的话，这信念就跟没有一样——这一真理远远超出了金钱的价值。"

崔吉亚先生的故事，正是一个人如何走向成熟过程的例证。在此过程中，崔吉亚先生从一个被宠溺而不负责任的孩子，成长为一个抱有信念、坚持信念，并将信念付诸实践的男人。在初受挫折时，崔吉亚先生曾像孩子一样逃避现实，但信念却使他像一个真正的男人那样，敢于面对现实。

《如何度过一年365天》这本书的作者约翰·A.辛德勒博士曾说过："成熟需要通过学习才能达到，而且往往要经历痛苦方能见效。"家住加拿大的丽莲·海德莱恩夫人走向成熟的过程，正是这一真理的极好印证。

海德莱恩夫人是一个普通的家庭主妇和母亲，但是她性格开朗乐观。一天，海德莱恩夫人开车外出，不小心翻进了一条深沟中。

海德莱恩夫人的脊椎最初被误诊为已经摔断，但是从X光照片上看不出她的脊椎折断的情况，不过能看到骨刺脱离了外面的附着物。医生认为海德莱恩夫人至少需要卧床休息3个星期，并将这个不幸的消息告诉了她。

"做好心理准备，"医生说，"你的脊椎已经严重硬化。也许在5年之后，你就不能动弹了。"

下面是海德莱恩夫人回忆的当时的情形：

"当时，我被吓坏了。我一直都是活泼开朗的人，喜欢克服一切困难，可是现在却遇到了一个无法克服的困难，我的勇气和斗志也因为卧床的时间从3个星期向无限期延长而逐渐丧失了。我的内心越来越恐惧，也越来越软弱。

"有一天早上，我的神智十分清醒。我对自己说：'5年时间并不短啊！我还能帮助家人做很多的事情呢。如果配合医生的治疗，再加上我的决心，或许我的病情能有所改善。我不想未经奋斗就投降，我要尽一切努力，行动起来。'

"一旦有了这种信念和决心，我突然有了力量。我要马上行动。软弱和恐惧已经不复存在！我挣扎着下了床……就这样，我的新生活开始了。

"我不断地用这个字来激励自己：'继续！继续！继续！'

"大约5年半以前一个清爽的早晨，我重新照了X光，发现即使再过5年，我的脊椎也不会有什么问题。医生建议我要积极乐观，对生活充满兴趣，勇敢地活下去；而我也正是保持这种念头，只要身上有一块肌肉还能活动，我就要继续活下去。"

海德莱恩夫人的故事，又是一个因为拥有信念、坚持信念而走向成熟的具有启发性的实例。当然，仅仅拥有信念还不足以使人走向成熟。勇敢的确比怯懦要好，但是，假如我们面临考验时却转身而逃，那么勇敢就失去了作用；除非我们能够坚守信念，否则所有理论都将毫无价值。

有时候，我们会言行不一，当面说一套背后却另做一套。例如，有一个妇女因为一位女店员多找给她50美分而暗自高兴，她把这件事情告诉了我，我就问她是否将钱退还给了那位女店员，没料想她却很生气。她对我说："当然没有！是她自己犯的错误，应该让她自己来赔。如果她少找钱给我，我也会遭受损失的。"

如果有人严肃地对这个女人的诚实提出质问，她肯定会蒙羞受辱，但她似乎对于这种因别人的过失而使自己占便宜的小事非常得意。然而，无论她从外表看去社会地位有多高，但这种小事表明她基本上不是一个诚实的人。

有一个会计师给我讲述了他的一次经历：

这位会计师去应聘一份有机会经手大笔现金的工作。那家公司请了心理学家和他见面，以便多了解一些他的人品和性格。心理学家问了他这样一个问题："假如你有机会偷偷溜进电影院，不需买票就能看一部你非常想看的电影，你会那样做吗？"很明显，一个小处不够诚实的人，只要他认为有可能占便宜就占的话，那么当他面对大笔金钱时是不会不动心的。

我们的信念是否起作用，关键在于我们如何去做事。基督耶稣说："观其果而知其因。"重要的是我们如何去做。如果我们不采取行动去做的话，那么即使再深刻的哲理对于我们都不会起作用，我们的生活将处处充满了虚伪，不再真实。如果我们拥有坚定的信念，就必须坚定信念，做好每一件事情。

先分析再行动

对于那些做事喜欢冲动的人来说，"知而后行"是最好的指导思想。一定要先"知"！从做决定到决定去做事，这正是走向成熟的过程，但做事之前必须小心谨慎地分析论证，以掌握和你的决定有关的一切因素。

"三思而后行"以及"投资之前先调查"，这并不表明我们已陷入犹豫和彷徨，而是要求我们应该抽出时间进行认真的分析和思考，以避免采取违背事实的仓促行动。这好比医生还没有对病人进行确诊就给病人做紧急手术，所以结果就难免不理想了。的确，类似这种事情，直接行动非常必要，但行动的结果往往取决于医生的前期诊断。

我们来看一个例子：

西奥图·E·考斯夫人住在新墨西哥州阿尔布魁克市。几年前，为了维持卧病在床的母亲的医药费用，她曾伤透了脑筋。一直在经济上资助她们的舅舅曾打来电话，问考斯夫人能不能缩减开支，比如减少两位护士的薪水。但考斯夫人认为这并不是解决问题的最好办法。她告诉舅舅，说她需要考虑一会儿，并对他深表感谢，也愿意减轻他的负担。

"我善于把思考的内容写出来，"考斯夫人说，"我将母亲的收入列成了一张表，包括那些有价证券的收入，以及我舅舅资助的钱；我又将她的一切支出列成另一张表。我发现母亲在吃和穿方面的开支并不大，但她有一幢大房子，加上两位护士，还要支付其他的一些费用，如税金、保险费等等，因此支出非常惊人。显然，这幢房子应该处理掉。

"我唯一的顾虑就是母亲的健康状况越来越差，我担心移动她会对她的身体不利，况且她也不愿意离开她那幢房子到别的地方度过余生。我不知道该怎么办，只好去找一位医生朋友，请他帮我出出主意。他建议我去找一家私人疗养院的女主人，她离我自己的家很近。

"这个女人既仁慈又能干，她接受了我预算之内的价格，答应照顾我母亲。于是，我决定将母亲送进这家疗养院。

"事后证明，这是一个明智的选择。母亲一直不知道她已住进了疗养院，还以为她仍住在家里；而我也能天天而不是一个星期才去看她一次。她被照顾得很好，我舅舅的财务困难也很自然地解决了。这是我的经验，一旦遇到了问题，我就将它写在纸上，进行分析，然后努力去解决。我一直在使用这个方法。"

考斯夫人的例子说明，如果事先详细地分析，就没有解决不了的问题。假如考斯夫人事先没有经过分析就直接采取行动，那么她很可能会使她母亲的福利遭受严重损害，更不要说财务问题能得到妥善解决了。

这世上谁没有遇到过经济上的困难呢？如果你在财务上遇到了困难，也最好是将你的收支列在一张纸上，每一笔账都清楚地摆在你眼前，这一点是十分必要的。

我们再来看看住在伊利诺伊州奥尔尼市的杰克·吉姆夫妇，他们又是如何应付这种问题的？

刚结婚的吉姆夫妇还没有度完他们的蜜月，就开始为尚未支付的账单而苦恼了。当时正值第二次世界大战期间，杰克马上就要参军了，可是他们却欠了一大堆债务。杰克·吉姆告诉我说：

"当然，我们知道烦恼是没有用的，我们最好坐下来清算一下。结果我们发现，镇上每个商人我都欠了不多的钱，但是这些钱加起来却超出了我入伍前能清偿的能力。因此，我们正大光明地去找这些商人，告诉他们我们只能每个月还一部分钱。

"最难的是面对第一个商人。当我告诉他，说我马上就要离开了，但是我无法还清对他的欠款，我只能每个月还他一小笔钱时，他深表同情地接受了。我这才长出了一口气。其他的商人也都很仁慈。就这样，我逐渐还清了我的债务。当我战后回家时，还有一个商人来我家，感谢我的诚实。

"对困难进行分析，有利于我们成功地做出决策，然后果断地行动，而且这样的决策通常都是正确的。"

然而，没有多少人能像杰克·吉姆那样，愿意坐下来正视问题，所以他们总是愁眉不展，犹犹豫豫，拖拖拉拉，不能做出决定；直到无法再拖时，才在诚惶诚恐中仓促采取行动。他们总是不敢直面现实，不愿意认真分析问题，所以永远都不能摆脱艰难的处境。

有一次，我去拜访哥伦比亚大学哥伦比亚学院的已故院长霍伯特·E·霍克斯先生，发现霍克斯院长这样的大忙人的办公桌上竟然见不到任何文件或档案，我当然非常惊讶。

"有这么多学生的问题需要处理，"我说，"您一定是经常要做决定的，可是您却非常沉着冷静，不慌不忙。请问您是如何做到这一点的？"

"哦，"霍克斯院长说，"是这样。如果我需要做什么决定的话，我会先收集我所需要的一切资料，我是唯一的资料收集委员会委员。无论我的决定是什么，我只分析跟问题有关的一切事实。这样，决定自然会自己产生了。你看，很简单，对吧？"

是的，这种方法的确很简单，而且效果也非常明显，但是这也如同许多常识一样容易被人忽略。

只靠情绪、偏见而匆匆忙忙地采取行动，而不分析事实，这也是不成熟的表现，这和小孩子"现在就要"的任性欲望没有什么区别。

有一次，一位妇女向我说出她的担心：她怀疑丈夫对自己不忠，但是她不知道如何和他谈这个问题，有时她干脆带着孩子离开他，回娘家去住。

"为什么你相信他有别的女人？"我问她。

"啊，"她说，"他最近做事和平常有些不一样。以前他很容易相处，可是现在他却总是骂我，批评我；他还说他下班太晚，所以很累，没有精力陪我逛街。很多小事也表明了这一点。他甚至不记得我们的结婚纪念日。他完全变了！"

这听起来确实有些奇怪，但我劝她还是不要鲁莽行事，而是先查明一些情况。我首先建议她去找医生，为她丈夫安排一次身体检查；然后，我又建议她想办法查查他是否在工作中出了差错。

我的第一个建议起到了帮助。结果医生检查出他身体有病，需要紧急动手术。手术康复之后，他又恢复了以前和善的面目，而他太太也消除了对他的怀疑。

可是，这个女人不久以前还差点因为多疑而仓促地采取偏激的行动，抛弃她的婚姻和家庭呢。

行动能力的强弱，是人的心灵走向成熟的一个标志。我们必须通过我们现有的知识，在经过分析之后再采取行动，而不能想到什么就做什么，这只是鲁莽和草率的表现。

成熟的人生

积极行动是成功的基础

1946 年，住在加拿大尼亚加拉瀑布边上小镇的一个青年 C. W. 卡斯特罗从军队退役回了家。不久，他在安大略水力发电公司找到了一份机械工的工作。18 个月后的一天，老板找到了卡斯特罗，说他将被升为本公司重型柴油机械部的工头。

"可是我当时却非常担心，"卡斯特罗先生说，"我原来当机械工的时候感到很快乐，然而我现在却成了一个可怜的工头，因为责任就像一股无形的压力，无论白天还是晚上，是在家里还是在工厂，忧虑就像影子一样紧跟着我。

"终于，我一直担心的可怕事件发生了。当时，我正走向一个砂石场，那里有 4 台牵引机正牵引 4 台巨型挖掘机工作，可是现场却安静得让人感到很不正常。我快速检查了这 4 台牵引机，发现它们全坏了。

"我连日来的担心和这突如其来的情况相比，简直不值一提。当我向上司报告当时的情况时，我感觉我的整个头都要炸裂了。在报告完之后，我等着天塌下来，心想干脆把我压死算了。

"然而，天并没有塌下来。相反，我的上司满脸微笑，他只说了一句话：'修好它们！'——假如我能活到 1000 岁的话，我也不会忘了这句话。

"我的担心、恐惧和忧虑在这一瞬间烟消云散，世界又恢复到了以前的样子！我开始修理那几台机器。'修好它们'这句神奇的话，彻底改变了我的生活，改变了我处理工作的方法。也正是从那一刻起，我开始感激我那位上司。我热心地工作着，决定无论出了什么差错，我都要动手去解决它，而不是做一些毫无意义的担忧。"

正是由于那位上司超越常规的提拔和常识，才使得 C. W. 卡斯特罗在瞬间变得成熟了。

一个人在必要的时候，必须拥有行动的能力，而做决定和执行决定则是走向成熟的重要一环。当然，我们还要学会从不同的角度分析和研究问题，这样我们才能采取正确的行动。

　　许多人由于害怕承担做决定和执行决定的责任，所以他们情愿逃避因为出现差错而受责怪的恐惧，也不愿意争取获得成功的希望。因此，他们总是尽可能地不去做那些需要肩负责任的工作；如果必须做决策，他们就会觉得自己处于担忧、恐慌和迟疑的无底深渊。然而，对于必要的行动如果采取拖延做法的话，只会在内心引起冲突和迷乱，直至身心崩溃，从而造成自己一直担心的严重后果。要想克服这种心理，就必须强迫自己去做自己害怕而不敢做的事。一个人在年轻时能有这样的经历，将是幸运的。

　　印第安纳州波利斯市的西奥图·泰德·斯坦坎普先生，应该算是这样的一位幸运者。他不仅是一个深知明确行动之价值的父亲，而且他还能以一种永生难忘的方式来教育他的孩子。事情的经过是这样的：

印第安纳州波利斯市

　　当泰德·斯坦坎普还只有 12 岁时，他曾受到邻家的一个孩子欺负，所以他决定不再出去，因为这样就比较安全和保险。几天之后，由于泰德帮父亲割了草，为了奖励他，父亲特意给了泰德一些零钱，让他去看电影、买冰淇淋吃。虽然泰德是那么渴望去看电影，但是他把钱放进了口袋，并没有去看电影，因为他怕遇见那个邻居的孩子。

　　"我父亲以为我病了，"泰德·斯坦坎普说，"我含糊地回答了他问我的

卡耐基励志经典

成熟的人生

话。第二天傍晚，我到巷子里去玩弹珠。这时，我发现我的敌人正向我冲来——此时的他就像《圣经》中被大卫王杀死的巨人菲利斯丁那样令人恐惧。我吓得立刻调过头来，拼命地跑回我家的车库。可是没料想，我父亲此时正站在我面前。他问我究竟是怎么回事，我就向他撒谎说我们正在玩捉迷藏的游戏。这时，传来一个声音：'滚出来，胆小鬼。'

"我父亲手中突然多了一条两英尺长的厚厚的汽车皮带。他语气平静地对我说，如果我不敢出去面对那个大块头的家伙，我就必须等着挨他的皮带抽打。我稍一犹豫，皮带就打在了我屁股上，那种疼痛可比我打架时曾经挨过的拳头要厉害得多。

"我像炮弹被发射出膛一样地冲出车库，出其不意地奔向那个家伙。在他还没有心理准备的时候，我朝他打出了第一拳；接着，我又狠狠地揍了他几拳，结果他只有狼狈逃窜。

"接下来的几天，成了我童年时代最快乐的记忆。勇气带给我的报酬是一种享受——我重新获得了自尊，而且我也由此得出了一条有用的结论：那就是永远都不能逃避现实，而是要勇敢地面对它。正是一条汽车皮带和一位睿智的父亲，让我明白了一条真理。"

做出决定进而采取行动的能力，是做好自我保护的必备要素之一。虽然大多数人在大部分时间都循规蹈矩地生活，但是没有谁能预料到何时会出现紧急情况，所以我们应该做好时刻行动的准备，并养成权衡利弊、选择最佳方案付诸实施的习性，这在将来的某天可能会成为掌握我们自己以及以我们为支柱的人的生活转折点。

类似的情况，艾尔·拜瑟普就经历过，他是俄亥俄州斯普林菲尔德镇人。

拜瑟普夫妇开车带着 3 岁的小女儿去过圣诞节时，在路上遇到了暴风雪。高速公路上挤满了汽车，他们想调头回去，但是暴风雪已将退路阻断了。"我们在焦躁不安中等待了一个小时，"拜瑟普先生回忆道，"随着黑夜的降临，天也越来越冷，雪花被风吹落到我们汽车顶上，积得越来越厚。我看着我的妻子和女儿，我知道如果我们还不想办法的话，我们将难以活命了。

　　"我回想起我们在路上曾经过一家农舍，如果我们能回到那里，我们就会得救了。于是，我抱着小女儿，行走在雪地里。那是一段艰难的路，当时雪已经下得齐腰深了，我们每走一步都非常吃力，但我们最终还是赢了！

　　"后来的 24 小时，我们以及另外 33 个遭受同样命运的人一起在那家农舍里躲避暴风雪。在当时陷入困境后，如果我们不敢果断地采取行动，那么我们必将在冰冷的雪堆中惨死。"

　　的确，当我们遇到某些突发紧急事件时，除了冷静思考和分析之外，还需要其他的东西，这时也许只有果敢而坚决的行动才是最有效的。

　　当我们需要付诸行动的时候，绝不能犹豫不定，绝不能浪费时间为自己寻找借口。

　　要振作起来，投入行动！

第三章　如何保持精神健康

你是世界上独一无二的人

如果我们看过玫瑰花的话，总会觉得那些玫瑰花看上去好像都是一样的，对吧？可事实却不是这样！如果仔细分辨，你就会发现，虽然这些花在颜色和品种上都一样，但是它们之间仍然存在细微的差别，例如生长速度、花瓣的卷曲程度、颜色的鲜艳程度等等，几乎每一朵花都存在细微的不同。

自然界到处都充满了多样性，而人类自身更是千差万别。原英国科学促进协会主席、古人类学专家亚瑟·凯斯爵士曾说过："没有任何人曾经或即将与另一个人度过完全相同的人生旅程……每个人的人生经历都将是独一无二的。"

不错，每一个人的人生经历都是独一无二的，即使我们的本质都是由相同的材料组合而成。

要想获得成熟的智慧，就必须认识并理解这个事实，这是一座引导我们和我们的同胞之间进行沟通的桥梁。在我们尊重对方是个"个体"，就好比我们知道自己是个"个体"之前，我们无法与对方沟通，或与对方建立起任何有意义的联系。

这话听起来似乎很容易，但要真正做到却非常困难。虽然我们喜欢自认为是一个已经废除了阶级意识的国家，可实际上我们仍然受着阶级意识的支配。我们创造出来的一套特殊的用语，就反映出我们不喜欢把一个人当成个体来看待，而是愿意将他纳入我们认为他应该归属的阶层，例如在统计栏或调查问卷中，就有"普通人"、"中下阶层"、"普通消费者"、"低收入群体”、“白领阶层”、“蓝领阶层”、“咖啡座人士”等等，这一切“标签”无不显示出我们不愿或缺乏将他人看成是“个体”的倾向。

事实上，我们已经被分门别类，然后被归属于某一个群体当中。在现实生活中，我们的每个方面都在接受别人的调查。社会调查员对我们再熟悉不过：我们喝几杯咖啡、多少人拥有汽车以及什么牌子的汽车、听什么广播或看什么电视，甚至包括我们每年要过多少次性生活以及过得如何，等等。

大家都在强调“调整适应”、“群体整合”和“社会机动性”，都在削弱自己的个性，以适应他们所属的群体。绝对的“个人主义”已不复存在，怪不得我们总觉得自己已经失去了独立性，一旦自己的思想和行为与别人的思想和行为出现差异时，心里就会感到很不舒服。然而，每个人在内心当中还是希望自己能够独一无二地生活的。分类的压力、认同的压力，这些并不能阻止人们在内心深处渴望与别人有所不同，一旦这种渴望通过外在表现挣脱出来时，我们也许就会被带进精神病医生办公室的长椅，或者被关进精神病院，或者沉迷于酒色和毒品。若是这样的话，我们就永远无法找回迷失的自我了。

那么，我们该如何解决这个问题呢？我们如何才能做一个与众不同的个体呢？我们如何才能得到一种相对成熟的自觉呢？在此，我们有 3 条建议。

1. 在孤独和退隐中认识自己

过度紧张的生活容易使人失去自我反省的机会，因此我们必须为孤独创造机会。

不同的人对“孤独”的含义有不同的理解。有一个朋友就说，如果他需要思考，就会到街上做长距离散步，让自己消失在人群中，“在这种情况下思考问题，我就可以避免分心了”。

当我住在纽约时，我经常去附近的一家教堂，因为那里非常安静，这样我就能获得内心的平静，使自己保持活力，让精神更加振奋。

我最难得的孤独时刻，便是沉浸于大自然的那一刻。我很少做长距离散步或进行户外活动，但是我经常在花园中散步，因为在那里我至少还能不时地抬头望一眼那棵大树或天空。对我来说，四季的更迭真是个永恒的奇迹；

成熟的人生

方寸大小的土地和广袤的田野也可以让我体验到欣赏自然的乐趣。此时，我会感到自己已经和大自然交融于一体了。

或许有的人喜欢一个人待在安静的房间里，或者只是让肉体孤独地存在，但是不管怎样，每天都要创造一段孤独的时光，抛弃一切电话和干扰事物，则是我们探索自己的生活、信念和行动所必须做到的。许多哲学家和思想家都强调过孤独的价值，耶稣、佛陀、施洗者约翰、笛卡尔、蒙田、班扬等人，也正是在孤独中获得了启示的。

2. 摆脱习惯的枷锁

有谁愿意被习惯和惰性的枷锁套住，而整天沉闷无望地苟且活命呢？但是我们已经被活活地埋在习惯和无聊的事物里面，只有通过异常的努力，才能把我们解救出来。

我有一个年轻的女学员，她对我讲了她和她丈夫破除习惯枷锁的故事：

"我丈夫和我都喜欢看电视，"她说，"我们每天下班后所做的第一件事情就是打开电视机，一边看电视节目一边吃晚饭，直到困得必须睡觉才罢休。为了不错过那些好节目，我们既不去看朋友，也不看书，当然也不一同出去享受美好的时光。当别人来拜访我们时，我们也巴不得他快点走，以便继续看被中断的电视节目。有一天，我和我的朋友们一起吃午饭，但是我发现我已经和她们无法交谈了，因为我根本插不上嘴。我哪儿都没去过，也没看过什么书，没做过什么事。我生命的黄金时期都被那间黑屋子里的电视机浪费了。

"回家后，我劝我丈夫说，既然有的人都能成功地戒掉毒瘾，我们也应该能从电视节目中解脱出来。他很赞同我的意见，于是我们开始努力去做其他的事情，以便转移我们的精力。我们报名参加了成人教育课程班，还经常去打保龄球，出门去拜访朋友；我们还从图书馆借来许多书，然后互相读给对方听。我很满意我们能戒除掉电视瘾，我们的工作和婚姻也因此得到了改善。我们感受到了生活中的许多乐趣，而且无论对自己还是对别人来说，我们的生活价值都提高了。"

这两个曾被习惯活埋的人，终于获得了解放，而他们却曾经被自己包裹得紧紧的。

    3．发掘生活中最满意的东西

心理学家威廉·詹姆斯在 1878 年写给妻子的信中，有一段最为精彩的描述："……我坚持认为，要正确评价一个人的人格，最好的时机就是观察当他处于最活跃、最满意时刻的精神或道德状态，因为这时他的内心所传达出来的声音是'这就是真正的我！'"

这句话简单地说，就是当人们处于兴奋状态时，"真我"自然就浮现出来，因为当一个人处于"最活跃、最满意"的状态时，也是他最兴奋的时刻；不论他是对哪种想法、对哪个人或对哪种情况的哪种形式的兴奋，都会使他摆脱无聊的事情、习惯和压力，从而形成对真我的刺激。

兴奋是使我们的工作走向成功的最基本要素，它还能激发我们的热情，使我们发挥最大的潜力。伟大的物理学家、诺贝尔奖获得者爱德华·维克多·艾波顿爵士曾说过一句话，这句话听起来颇令人吃惊："谈到科学成功的秘诀，我甚至要将'热情'放在专业技术之前。"

当然，爱德华爵士并不是说专业技术在科学研究中不重要，而是说"热情"——"兴奋"——会激励一个人更充分全面地掌握专业技术。

我根据自己 44 年的演讲和成人教育经验，得出了"演讲的效果取决于演讲者对他的演讲题目的兴奋程度"这一结论。无论演讲者是讲氢弹，还是讲他的岳母大人，或者是讲埃塞俄比亚地区的降雨量，他对听众的冲击力总是与他对演讲题目的感受力成正比。

一个人的性格很难改变，要想找出我们身上有别于其他人的宝贵优点，我们就必须从心底里抛弃恐惧、畏缩、猜疑、迷惘、恶习，等等，而兴奋正是烧毁这些东西，使我们的真性情、真性格得以显露出来的大火。

兴奋的形式多种多样。爱就是这样一种形式，它可以使我们敞开自我。凡是看过电影《玛蒂》的人，都能体会到原本孤独无聊的人是如何通过爱而得到改造，并进而开创他们崭新的世界的。

兴奋是人们不断刺激自己工作和活动的源泉。耶鲁大学教授威廉·里昂·费尔普斯有一本书《工作的兴奋》，这本书到处洋溢着他对工作的兴趣。

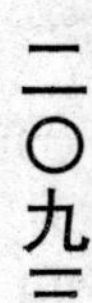

生活危机也能刺激一些人，使他们重新活跃起来。例如，规模较大的战争、洪水或地震等灾难降临时，会对人们产生强烈的刺激；而家庭危机等较小的危机往往能对那些和子女同住、看上去已经老朽的人产生一种力量，对他们发挥重要作用。

本章介绍了三种使我们和他人区别开来、培养自己独特个性的方法。心灵的成熟需要不断地自我发掘，这将是一个持续不断的过程。如果我们不能了解自己，也就无法了解别人。

"了解自己"，正是智慧的源头，这就像苏格拉底所说的，"你是这世界上独一无二的你"。

尝试着喜欢自己

斯曼莱恩·布兰顿博士有一本书《爱，或者寂灭》，书中这样写道："适度的自爱，是一个人健康的反映；适度的自重，对工作和成功都将大有裨益。"这话说得很对。"爱自己"是健康成熟地生活的一个重要标志，这不能理解成自以为是。

爱自己，就是要接受自己，要冷静、客观、怀着自尊心和人类的尊严感来接受自己。

心理学家马斯洛在《刺激和性格》这本书中，也曾提到人类需要自我接受："……要自然舒放、自我接受、冲动知觉、自满自足。"

一个成熟的人，根本不会有时间去想自己在哪些方面不如别人，例如他不会因为自己不具备比尔·史密斯的自信或缺乏吉米·琼斯的积极态度和进取精神而担忧；他总是能进行自我批评，也清楚地了解自己的弱点，但是他也知道自己具有基本的目标和动机，然后他会花精力去改进自己的弱点，而不是空自哀叹；无论是对自己还是对别人，他都有同样的宽容之心，因此他一个人独处时不会有什么苦恼。

那么，喜欢自己和喜欢别人是不是同样重要呢？心理学家们认为，如果我们不能喜欢自己，那么我们就不会喜欢别人。仇恨一切事物和别人、厌弃和虐待自己同胞的人，必然也会更强烈地表现出自我厌弃。

哥伦比亚大学教育学院的教育学教授亚瑟·T. 杰西尔博士也指出，应该通过教育来帮助儿童甚至成年人了解自己，帮助他们建立起自我接受的成熟态度。他在新作《当教师与自己面对面时》中写道："教师的生活和工作，充满了奋斗和欣慰、希望和苦痛，自我接受对于教师来说尤其重要。"

马斯洛

现在，医院一半以上的病房都被那些自我厌弃的人占据着，而成千上万遭遇感情和精神困扰的人则还在外面排队等候——这些人都是不能自处的人。

我在这里并不想分析产生这种不幸情况的原因，我只是觉得，在我们生活的这个激烈竞争的社会里，只强调物质上的成功和社会地位的价值，以及赶超别人、让自己成为所有人的目标，这些都是造成现代人精神疾病的根源。

哈佛大学心理学教授罗伯特·W. 怀特在《进步的生活：性格自然成长的研究》一书中，曾这样写道：

"现在普遍流行的一种观念认为，任何人都应该调整好自己，使自己适应周围的环境。"怀特博士说："然而，这种观念却误导了人们，认为最理想的人都善于调整自己，以适应原来固定的生活模式、乏味的生活规则、苛刻的外界限制，或者是屈从于成就感的压力，尽一切可能去努力适应周围环境。事实上，这样做的结果只能使人迷失方向，失去成长和创造的可能性。简而言之，就是让人屈服于压力，丧失自身的创造力与发展的潜力。"

我非常赞同怀特博士所说的。很少有人具备卓越超群的勇气或清楚地知道自己能代表什么，我们的行为由社会和经济群体支配着，我们与我们的邻

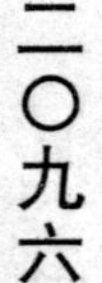

居有着相似的生活和思想，一旦我们任由自己的个性和周围的环境发生冲突，我们就会神经过敏，患得患失，迷茫失措，从而不再喜欢自己。

几年前，我们的一个女学员就曾因为这种冲突而感到困惑。她那当律师的丈夫是一位野心家，喜欢积极进取，做事尤其独断专行。他们的社交圈子也由那些和他类似的所谓名流人士所组成，他们喜欢以社会地位来衡量一个人的成就。这位夫人看上去很文静、很谦虚，但是她在这种圈子里只感到一种压抑和卑微，而周围那些人也不懂得欣赏她所具有的优良品质。这使她变得异常沮丧，失去了自信，因为她觉得自己总是达不到别人对她的要求。她也越来越不喜欢自己。

其实，这个女人大可不必这么苦恼。她不应该改变自己去适应环境，而是应该适应她自己，愉快地接受自己，而不要企图改变自己，并忘记这种压力。她还应该明白"天生我才必有用"的道理，知道每个人只能按自己的性格行事，而不是照搬别人的路子。

对于她来说，重塑自我的第一步，就是不要用别人的标准来衡量她自己，而是要建立起她自己的价值观，并把它应用到自己的生活中去；同时，她还要学会独处，少进行自我批评。

不喜欢自己的人，总喜欢挑剔自己身上的毛病。虽然适度的自我检讨可以促进人的健康，并且富有建设性，也是提高自我所必需的，但是绝不能让它成为一种强制性的观念，否则将会使我们陷入困境，妨碍我们积极行动。

一天晚上，我讲完课之后，班上一位女学员来找我，抱怨说她讲话总是没有预期的水平。

"一登上讲台，"她告诉我说，"我就感到特别心虚和别扭。别的同学看起来都是那么沉着自信，而我一想到自己的缺点就泄气，这就使我更说不出事先准备好的话来了。"

听完她的抱怨，我只用了一句很简单的话来回答她的问题："把你的缺点放在一边，导致你的演讲失败的不是它的缺点，而是因为它缺乏优点。"

不错，一篇演讲、一个人或一件艺术品的失败，往往并不是由缺点导致的。在莎士比亚的戏剧中，历史和地理方面的错误比比皆是；狄更斯小说中的某些段落也描写得过于煽情。然而，又有谁在意这些呢？这些伟大的作品仍然长盛不衰，并闪耀着光芒；它们的优点掩盖了缺点，使这些缺点可以被忽略。同样，我们结交朋友也是因为他们有某些优点，我们大可不必考虑他们有什么缺点。

要想获得进步、突出自我，就要集中精力发挥自己的优点，展现自己最优秀的一面，抛开自己的缺点。当然，我们一定要纠正自己的错误，并迅速忘掉它们。同样，负罪感和自卑感也是万万不可有的心态。如果我们陷入了这两种心态之中，就不可能尊重或喜欢自己。我们要做的就是彻底和过去决裂，重新开始。

在尝试喜欢自己的过程中，我们必须要培养出能容纳自己缺点的气度。当然，这并不意味着对自己降低标准，任由自己变得懒散或消极。我们都明白，没有人能永远做到最好，因此强行要求别人达到完美既不符合实际，苛求自己完美也就更是以自我为中心了。

几年前，我曾参加了一个组织，其中有一位绝对完美主义的女士，凡是由她经办的每一件事都必须尽善尽美，毫厘不差；可是在别人看来，她所做的工作却很少是成功的，例如，即使是一份简单的报告，她也要斟酌好几个小时才能交上去；发表演讲时，她会围绕演讲题目毫无休止地说下去，让听众觉得厌烦劳累；她家从来不欢迎那些不速之客；举办宴会时，她会事先安排好所有的细节。

尽管这位女士费尽了心思，达到了近乎机械式的完美，但是她却以付出欢乐、自然和温暖为代价，所以这样的完美并没有多少实际用处，反而让人觉得无聊之极。

要求自己不断追求完美，这其实是一种冷漠无情的自负。这种人不能忍受自己只是和别人一样好，他们要求自己一定要超越别人，一定要令人瞩目。他们不是把精力放在全力以赴地做好每一件事，而是一心只顾着如何超过别人，把自己置于完美的架子上。

完美主义者也是凡人，所以他也会像其他人一样遭遇失败，但是他无法容忍自己的失败，而是想极力超越失败，一旦不能如愿以偿时，结果就只有

成熟的人生

痛苦。因此，对待自己不要太苛刻，如果能偶尔停下来作一番自我解嘲的话，也许你将会更喜欢自己。

我曾经提出每天给自己一段独处的时间，以便于我们能够了解自己，这是很有必要的，因为孤独对于尝试喜欢自己有着巨大的帮助。马里兰州巴尔的摩谢尔顿精神病学会董事里奥·巴蒂梅尔博士曾说："过去的人们习惯于晚上入睡之前，反省自己当天的所作所为。现在看来，这种方法仍不失为了解如何善待他人和自己的好方法。"

如果我们连自己都容忍不了自己，就更不要指望别人会高兴我们待在他们身边了。哈瑞·艾默生·福斯狄克曾说："忍受不了独处生活的人，就像被风吹拂的池塘，风不停歇，就永远无法平静，不能展现自己美好的东西。"

在尝试独处时，我们可以为心灵找到一个驿站、一个参照物、一个让我们和外界保持联系的本垒位置。安妮·莫洛·林伯格在《来自大海的礼物》这本书中说过一句话："一个人只有在与自己的内心发生联系时，才能找到与他人的联系。我认为，孤独能让我最快地找到我的内心和我的内在本质。"

孤独为我们提供了一个观察生活的相对客观的条件。"安静下来，同时体会我就是上帝。"这是《圣经》诗篇中的建议，也是一个好建议。孤独对于灵魂的益处，犹如新鲜空气对身体的益处。

将满足和快乐寄托在别人身上，就好像将重担压在我们所爱的人身上，然后从中获取快乐，两者毫无区别。喜欢、尊重和欣赏我们自己，与喜欢、尊重和欣赏别人一样，都是健全人格的一部分。

永远不要做顺从主义者

"想要做人，就要永远做一个不服从主义者。最终你将获得心灵的完美，除此之外，一切都不再神圣……我之所以犯下无数的错误，都是因我放弃了自己的立场，而从别人的视觉来看待事物所致。"

这是拉尔夫·华托·爱默生这位伟大的不服从主义者说过的话，这对于那些喜欢"从别人的视觉度来看待事物"的人来说，无疑会产生极大的震撼作用。

我们可以试着将爱默生这句话的意义进行延伸："可以从别人的视觉来看待事物，但是一定要从你自己的视觉出发去做事。"

如果说成熟有什么益处的话，那就是它能发掘我们的信念，并赋予我们根据这种信念去做事的勇气。

那些年轻而缺乏经验的人，总是害怕自己和别人不同。例如，他们害怕自己的穿着、言行或思想不能被他所属的群体所包容……青少年子女的中年家长们总是会受到下面这些问题的困扰：

"莎莉的母亲强迫她擦口红。"

"我们这样年龄的女孩子都出去和男孩子约会。"

"哦！你们想把我变成怪物吗？没有谁会在 11 点以前回家的。"

……

小孩子都活在他的群体中，同学和朋友们如何看他以及他们对他的接受程度如何，这正是他最看重的一个社交现象。这个群体的标准和父母希望他遵守的标准之间所产生的差距，恰好构成了孩子们青春期的最大障碍。无论对父母还是孩子来说，这都是一个很难处理的问题。

假如我们置身于一个不熟悉的环境，而且毫无经验可以借鉴时，如果我们很明智的话，就应该遵循被广泛认可的标准，并等待我们的信念和标准足以使我们产生经验和信心的那一刻的到来，只有傻子才会在还不清楚自己反叛的事物和反叛的原因之前就起来反叛。

然而，我们终有一天会形成自己的价值观。例如，我们知道诚实的确对我们有莫大的帮助，我们从小就这样接受大人的教导，长大后我们能更深地体会到诚实的重要性。幸运的是，大多数人都能遵守最基本的原则进行生活，否则我们会一直生活在无政府状态中。当然，最基本的原则有时也会受到挑战，这时，那些不盲从一般思想的人会成为推动文明前进的动力。这就好比奴隶制度，在激进分子主张废除奴隶制之前，奴隶制度一直正当地存在着，而没有人提出过任何反对意见；当时，可怜的童工、残酷的惩罚、可恶的仿冒品等一系列不合理的现象也曾被人们普遍愚蠢地接受。只是在少数意志坚定的人极力抗争之后，这些现象才逐渐减少，奴隶制度才最终被废除。

不盲从一般人的思想，并不是一件轻松容易的事，它往往会给人带来不愉快，甚至是生命危险。正因为如此，大多数人宁愿紧紧地地跟在大众后面，由大众保护着，接受大众的指引，既不怀疑也不抗争。然而，殊不知这种安全感是在自欺欺人，因为最容易受到伤害的恰恰是这些追随大众而毫无主见的人。

如果完全顺从和趋利避害，那么人就会变成奴隶。只有勇敢地接受生活的挑战，投入到生活中去努力奋斗，敢于参加任何决议的讨论，这样的人才能获得真正的自由。著名的战地记者和作家艾德格·莫瑞先生曾说过这样的话："在这个世界上，任何男女都不能靠拥有'隐忍'这种美德（例如自我调整适应、未雨绸缪或知足常乐等），来达到诚实、正直的理想状态……他们必须通过重重难关才能达到卓越（或幸福的极致），完美的人都曾经踏上我们祖先走过的路，在历经磨难之后，成长壮大。"

我们曾说过，勇于承担责任正是一个人成熟的标志。长大成人，就意味着离开父母的羽翼保护，开始步入一个更加广阔的天地。因此，如果我们能真正成熟起来，就不必因害怕而盲目顺从，也不必在群体中掩藏我们的个性，更不必毫无主见地接受别人的思想。

能够安排自己的人生、具有使命感的人，不需要别人来提醒他在必要时坚持立场、与全人类抗争的重大意义，相反，他一定会狂热地全力以赴，而不做其他的选择。因为在他的内心当中，有一股强大的力量在鼓舞他，使他能够排除所有的障碍，勇往直前。

但另一些人——比如我们——却常常会被群体的力量所控制。我们往往会这么认为，既然有这么多人不赞同我们，那我们当然是错的，于是我们迫于人数的压力而放弃了自己的信念。也就是说，当反对的人数达到足够多时，我们就会对自己的判断缺乏甚至失去信心。

成熟有利于我们建立自己的信念，并奉行不渝。为了自己、为了人类、为了上帝，我们每个人都有义务选择最佳的方式，尽心尽力为人类谋取幸福。我最欣赏爱默生在这方面所坚持的立场。爱默生之所以一直支持反对奴隶制的重大运动，这是因为他认为这些工作能为社会做更多的贡献。正是这一崇高的思想，激励他不停地为废除奴隶制度而奋斗。他的态度正是源于自己的原则，他也愿意为了这种原则而失去虚名。

坚持不被大众认可的目标，或站在大众的对立面，这些都需要勇气；一个不盲从大众思想、处于劣势而依然能坚守信念的人，才是最勇敢的人。

我最近参加了一场社交聚会。当时，人们的话题都聚集在近来经常见诸报纸的一个争议纷纷的问题上。除了一个人很有礼貌地回避谈论它之外，几乎所有的客人对此都持相同的观点。这时，有一个人要他说出自己的看法。

"我本来希望您最好是不要问我的，"这位客人微笑着说，"因为我和大家持截然相反的观点，而这又是社交场合。不过，既然您问到我了，我也就只好说说我的观点了。"

于是，他大概谈了谈他的观点，果然遭到了众人的围攻，但是他并没有退让，即使没有任何人支持他，他也坚持自己的观点。虽然他没有赢得一个人的赞同，但人们对他非常尊敬，因为他在完全可以附和大多数人观点的情况下，坚持了自己的信念。

从前的人为了生存，完全依靠自己的判断进行决策。例如，那些当初到西部去的拓荒者，他们根本找不到专家给他们指导，或可以追随前人的足迹，如果遇到了危机或紧急状况，他们只能靠自己去解决：

病了怎么办？那里根本就找不到医生，他们只能根据常识，使用自制的药品。

印第安人来偷袭怎么办？在这大草原上可找不到一个警察，他们必须靠自己的力气和谋略来保护自己。

如何为家人搭建庇护所？那里找不到建筑承包商，他们只能靠自己的双手和技术。

到哪里去找食物呢？他们也只能靠自己去种植或寻找。

……

几乎生活中所有的问题都需要他们自己来决定，事实上他们也解决得非常好。可是现在呢？在我们生活的这个时代，因为有了专家的存在，所以我们已经习惯于任何事情都去听取这些权威的意见，结果我们渐渐失去了独立发表意见或建立信念的信心，而那些专家似乎也习惯了这一切。这种结果，其实正是我们拱手相让所导致的。

我们现在的教育，奉行的是先入为主的人格模式理念。例如"领导统率训练"风靡一时，却忽略了一个事实，那就是我们大多数人只是追随者，而不是领导者。虽然我们有必要接受关于领导统率的训练，但我们更有可能被人领导，更需要知道如何做人，更需要知道如何聪明而富有思考地追随领导者，而不是像一群牛那样盲目地走进屠宰场任人宰割。

对此，教育家华尔特·B. 巴伯曾这样评论说："我们的后代正在接受训练，以发展他们外在的人格特征，接近我们国家理想中的完美人格，例如群居性强、受人欢迎、善于适应群体等。这使得那些胆小畏缩的孩子无处容身。他们的胆小畏缩，是因为感情上不适应。

"每个孩子都应该参与游戏，而且要想当领导；每个孩子都应该对讨论的问题提出自己明确的意见；每个孩子都应该争取让别的孩子喜欢他。在我们的教育制度下，若想培养出最快乐、最有潜质的公民，就必须让那些孩子——他们不盲从一般思想、对阅读的兴趣超过打棒球、对音乐的兴趣超过踢足球——有一个可以容身的地方。我们必须鼓励这类孩子与众不同，而不被训练成适应不良习性的孩子。"

把孩子送到公立学校接受教育，需要孩子的父母具备很大的勇气。遇到这种情况时，有人会建议他们向教育专家请教。但是，这时有一个年轻人却挺身而出，对他儿子接受教育的方式提出了异议。他没有盲从一般的做法，而是对自己的信念充满了信心。他毫无保留地说出了他的疑问，并在一天晚上的集会中争取到了教育改革的权利。一年之后，他成为社区的一名教育委员。现在，包括他自己的子女在内的数百个孩子从中获得了益处。

可是，我们平常所见到的普遍现象却是这样的：儿科医生会教我们如何喂养、照顾孩子；儿童心理专家会教我们如何帮助孩子养成适当的行为模式；商业顾问会教我们如何经营生意；参政议政时，我们不是代表自己，而是以某个政党成员的身份进行投票；甚至我们的爱情生活也已经有专家介入其中，当它被研究之后，将会被描绘成一些图表，然后详细地给人们分析，而人们也认可那些结果，并把它应用于自己的爱情生活。

人们敢于承认自己就是世界上最权威专家的时代已经成为历史了。我实在是佩服有些人在"专家"的指引去追赶潮流，这就像一场鼓舞人心的演说，但我真的是难以苟同。

艾德格·莫瑞曾通过他的书对我们生活在其中的"兽群国家"提出了忠告："不要否定个人至高无上的价值。"他在《周六文学评论》的一篇文章中这样写道：

"这种否定，就像纳粹主义的专制。如果美国人的个性会因为威胁恐吓或贿赂收买而放弃的话，那么他们对以普通百姓为基础的政府的敬意又从何而来呢？"莫瑞先生文章的结论这样说道："即使你做不成天使，但是也不能做蚂蚁。"

现在，"成为你自己"这个目标是我们最难实现的了。在我们这个以生产过剩、科技发达和教育一体化为基础的社会中，要想了解我们自己已经很难了，而要想"成为你自己"当然也就更难了。我们已经习惯于按照一定的类别来划分人，例如："他是工会的人"、"她是公司职员的妻子"、"他是自由派人士"或"一个持不同政见者"。这就像孩子们玩的"警察捉小偷"的游戏，我们不仅给自己贴上了标签，也给别人贴上了标签。

普林斯顿大学校长哈罗德·W. 杜斯先生非常担心"不顺从"会屈服于"顺从"，所以他在1955年6月发表的普林斯顿大学毕业生训词中，选择了"作为个人而存在的重要性"作为题目。杜斯校长告诫毕业生说：

"不论强迫你顺从于他人的压力有多大，如果你能够真正成为你自己的话，你就能体会到，无论你对于屈服做多么合理的解释，你都不会成功，除非你愿意舍弃你最后的资本——自尊。"

杜斯校长的结论也是发人深省：

"人类只能在自己的内心当中找到答案：他为什么来到这个世界，他在这个世界上应该做什么，以及他将去往何处。"

澳大利亚驻美国大使帕西·斯宾德爵士，曾担任过纽约基尼克塔迪联合学院和联合大学的名誉校长。他曾说：

"只有拥有生命，我们才能完全施展我们的才华。我们对国家、社会和家庭，都有应尽的特殊义务，因为我们知道，如果我们想让自己的生命富有价值，那么履行适当的义务就是正当的；而且，如果我们能够承担起这些义务，那么在这个注重秩序的社会，我们也就有权利和机会去表现我们的才能和个性，进而在为我们自己和我们所爱的人、我们的同胞，以至全人类创造幸福的过程中发展自己的特性。"

只有成熟的心灵才更容易感知这种潜能，也只有成熟的人才有可能拥有"宁可只比天使低一点，也不能只比猴子高一点"的自豪感，顽强而勇敢地活下去。

对于成熟的心灵和成熟的人来说，"顺从"将只是一个遥远的概念，它只不过是那些茫然无从者的护身符，而成熟的人的心灵则早已和爱默生达成了一致："个人心灵的完美，是最为神圣的。"

不要做令人讨厌的人

有的人总喜欢故意侮辱他人，这种故意愚弄别人的行为让人觉得讨厌无聊，可是你会发现，许多人每天都在这样做。在社交中，最大的威胁往往来自这类无聊乏味的人。可悲的是，对于这种人我们目前除了逃避之外，还没有找到有效的途径使其绝迹，在法律上也找不出条款来制裁这些无聊乏味的人。尽管我们能有效地隔绝口蹄疫，却无法隔绝这种"无聊乏味"的病，或者控制它蔓延。我们可以从广告中了解治疗脚癣、口臭、便秘、喉痒、头痛、鸡眼和脱发等各种疾病的药物，可是却没有人能为我们治疗让我们感到讨厌无聊的疾病。

如果对于这种疾病来说，预防是最好的治疗的话，就让我们先来了解一下这些严重的"无聊乏味症"有哪些症状。如果你的行为和这些症状中的任何一种相吻合的话，你就能明白为什么柯雷尔太太上次举行宴会时不邀请你了。

1．不停地谈论孩子或其他自己感兴趣的话题

"孩子们都好吧？"这句简单的礼节性问候语就足以引出无聊乏味的人滔滔不绝的话题，可是他说的全都是废话。然而，谁又让你打开了这个水龙头呢？这时，你只能身不由己地坐下来，任由那滔滔口水将你淹没在其中，例如：

"啊，乔尼吗？你知道，他是我家最小的。不知为什么，他最近就是不吃麦片，昨天他还把整整一大碗麦片扣在了头上。你觉得好笑？我打电话问我们的儿科医生。'医生，'我说，'我试过了各种办法，但他还是把麦片吐出来，或倒在地上，有时还弄得自己全身都是。'

"他问我是否试过将麦片和香蕉混在一起喂他吃。但是，庄尼他从来就不喜欢吃香蕉的。他会俏皮地把香蕉称做'兰妮'。'我不要兰妮！'他说，然后一边挥动小胖手一边打哈欠。

"当然，他比我们家附近的孩子都早熟，他们没有一个能像他那样富于表达，这是多令人惊奇呀！你瞧，前天他还把桌布扯了下来，还瞪着又黑又亮的大眼睛说：'庄尼把桌上的东西都弄掉到地上了。'他爸爸和我简直都笑死了。"

唉！遇到这种没完没了的唠叨，这时你可能会厌烦死了，而不是像她那样笑死吧？

这些人总有本事将那些毫不沾边的话题，扯到他自己感兴趣的话题上去。例如，也许你正在和他谈论政治或艺术，但是他（她）真正感兴趣的是他（她）的孩子。

我就认识这样一个人，即使我们谈论的是国际关系或牛肉价钱上涨，她也能神奇地把话题扯到她的女儿黛芬妮上面来。她会说：

"的确没错！你根本无法相信那些俄国人。去年夏天，黛芬妮的大学同学邀请她一同去欧洲旅行。她们并不想去参观俄罗斯，她们只想去西柏林。黛芬妮征求我的意见：'我……您觉得怎样？'我就告诉她……"接下来就

是没完没了的啰唆。

准确地说，令人感到无聊乏味的人基本上都不成熟，他们不明白，交朋友首先就应该替别人着想。

不幸的是，并不只有那些过度溺爱孩子的父母才让人感到无聊乏味。例如，一个汽车轮胎推销员完成了一次成功的巡回推销之后，刚从水牛城回来，他所做的第一件事就是毫无遗漏地向我讲了他如何和一家百货公司签下一万美元业务的整个过程。

还有，你是否曾被一个桥牌玩家强行拉住，向你讲述他在某次玩牌时如何打出一个小满贯的复杂过程的？不过，最可怕的还是那些影迷，他喜欢一滴不漏地向你描述一部最新的悬念电影的情节，以至于你厌烦得想把台灯砸到他头上。

不仅仅是上述这些，无聊乏味的话题数不胜数：可能是某个人喜欢翻新家具的嗜好，或者是某个人如何给水果保鲜；也可能是与他哥哥的工作有关，或者希望你能同情他表妹罗拉的可怜遭遇；也可能是小狗或小猫的一些趣事。有一次，我甚至被某个人绊住 20 多分钟，让我停下来听她没完没了地讲她家的金丝雀的肠子如何作怪。

2. 没有主题，不着边际

马克·吐温曾写过一篇文章，嘲弄一个无聊乏味的人：

"我有没有对你说过我曾去西部看赫必族印第安人的事？我们是在休假时到那里去的，那是一个星期五的早晨——哦，不，是星期四——你记得，艾拉，我之所以决定星期四出发，是因为我必须在星期三去看牙医，是吧？我上面一排假牙有点松动，我想让他为我固定。天啊，那个牙医太啰唆了，他的话一说起来就没完没了。好在他的医术还不错，真的！我还向我的老板提到过他

马克·吐温

呢。我那个老板可真有趣。告诉你吧，他什么事都离不开我，总是神不守舍

的。我那天对一位同事说：'如果我现在就辞职不干了，你想老板会怎样?'没想到她竟然说：'比尔，如果你走了，我马上回家把我妈妈找来!'真是太逗了!"

他就一直这样说下去，你永远也别想从他那里知道赫必族印第安人是什么样子——不过这样反倒好了，否则你还不知道要听到什么时候呢。

3．木讷呆板，不善言谈

这类人虽然也让人觉得无聊乏味，但比唠叨啰唆的人要少让人心烦，这正是他唯一可取之处。

当你和他交谈时，你必须极力寻找话题，表示你对他非常感兴趣，以便让他开口说话，可是你会发现自己这一切都将徒劳无功，你的辛苦和努力只会换来他冷漠的面孔和偶尔一两声的"嗯"。即使是最幸运的——可惜我从来没遇到过这种幸运——你会赢得他一句"是吗?"作为对你的报偿。

他是个凡事无动于衷、彻彻底底的呆板木讷之人，要想从他那里得到哪怕是一点点聪慧或礼貌的回应，也比登天还难。他那张马铃薯一样的脸永远不会有任何表情，他就是威廉·史泰格笔下的卡通人物在生活中的翻版——如果我们还可以把他称为"活人"的话。

4．对任何问题都喜欢争论

和这种类型的人交谈，无论什么话题都会遭到他的反驳和争论，结果让你措手不及。

这种人自以为懂得一切，所以他往往非常武断，不希望别人和他讨论，如果你的观点和他不同的话，他会不假思索地说你的观点是荒谬错误的。

例如，他会冲着你大声吼道："你疯了! 我的朋友，难道你不知道这个事实已被证明了吗……"

如果赶上他比较温和时，他会说："不，很显然是你错了! 我可以告诉你……"

这种人最令人讨厌之处在于，他作为结论的那些明显、武断而粗俗的话，都是你特别不喜欢听到的。

遇到这种人时，最好的办法就是同意他所说的一切观点。因为只要你稍做反驳的话，你就会陷入一场势不两立的论战。对于这种人来说，讨论或交换彼此之间的看法是根本不可能的，因为他只想以"摩西十诫"般的权威迫使你同意他的观点。

5．永远意志消沉

这类人的行事原则只有一条，那就是世上众生都已深陷地狱，生命完全是多余的、失败的，整个人类是由傻子、骗子和懒鬼组成的，凶恶的命运之神已经盯上他们了。在他看来，甚至连气候也变得越来越糟。

你只要和这种人待在一起一刻钟，就会不知不觉地有一大堆的不幸要向他表达，因为你已经被他这种想法感染了。本来你的心情还很好的，可是和这种天生的意志消沉者交谈之后，却会被搞得颓废懊丧。

我认识的一个女人正是这种人的典型。我们每次相遇时，她总是没完没了地向我倾诉她最近的遭遇——当然，她所说的全是坏事。

"我去买窗帘，"她可怜巴巴地说，"可是我等了10多分钟，售货员这才过来应酬我。其实她们一点都不忙，她们觉得我没钱，所以不怕得罪我，所有的商店都一样。你看，我的生活简直糟透了！你再看看我的健康状况！医生说，他不相信我竟然还能活到现在。我的整个消化系统都不行了，一遇到这种天气，我全身就会疼痛得很。你可能会想，我的家人总该知道关心体贴我吧？但那只是我的奢望罢了！"

上面只是"无聊乏味症"患者的几种类型而已。类似这种人不胜枚举，例如感情丰富的女孩子、身体壮硕的大男人，都有可能是"无聊乏味症"患者，而人们对此也已习以为常。但是，最可恶的是，这些无聊乏味的人却毫无自知之明，他们不知道自己有多无聊。他们还自以为是社会活跃分子、消息灵通人士，或受人欢迎的人，并以此而感到自豪。更恐怖的是，也许我们自己就是无聊乏味的人，却丝毫没有察觉。

幸运的是，如果我们能仔细观察，还是可以从某些迹象和征兆中得到暗示，分辨出哪些行为是让人觉得无聊乏味的。

1．听者流露出凝固的微笑和灰暗的眼神

当我们谈论所谓的有关孩子的趣事时，如果听者的身体仿佛已经凝滞，微笑和眼神都变得呆板时，那么我们就应该立即停止，不要继续讲下去了。

2．注意观察听者暗中看手表的动作

如果在交谈中听者不断地摇晃手表，然后把它贴近耳朵去听，很显然他已经开始在诅咒我们了。优秀的演说家对这种动作就非常敏感，这也是令人无聊乏味的人应该注意避免的。

3．听者的眼光游移不定

如果遇到这种情况，就是对方在提醒我们，我们所说的话已经失去吸引力了。例如，当我们应邀参加宾朋满座的鸡尾酒会时，偶尔会在某个角落捕获谈话的对象，使对方成为我们啰唆唠叨的牺牲品。对方借以逃脱的希望全部寄托在那急切恳求的眼光中，他可能会用目光向每一个经过的人求救。但是这并不管用，谁会愿意替这个傻瓜受罪呢？这时，我们不妨设身处地地替对方着想，应该立即住口，不要再折磨对方了。

一些善于诡辩的人可能会反问：“‘无聊乏味症’和成熟、心灵健全又有什么关系？”没错，一个极其无聊乏味的人，也许同时是一个生活美满、关爱家人、依法纳税、资本雄厚的人，不过这种人毕竟还是少数。为什么这么说呢？因为一个人既然被称为“无聊乏味症”患者，就表明他的智慧、他的想象力和敏感性一定会很贫乏，而这些正是一个人建立健全的人格、获得他人良好反馈的最基本要素。

无聊乏味的人，既不可能了解自己，也不会喜欢自己，当然也就更无法成为他自己。他不知道自己需要什么，因此也不知道别人在人际交往中需要什么。他的全部精力都放在那些无聊而且微不足道的生活琐事上，让这些琐事进驻内心，填补心灵的空虚。他根本不善于构筑自己的心智，他的言谈就像他的心智一样无聊乏味，他正是现代人迷失自我的悲剧性象征。

“无聊乏味症”不过是一种人格上的疾病，它是拒绝成长的病态人格的症状之一。而不断成长和成熟的人，由于善于化平凡为神奇，所以虽然无所不谈，但绝不会令人厌烦。相反，从成熟的人口中说出来的本来光芒四射的话题，一旦由无聊乏味的人口中说出来时，就会变得无聊乏味，了无生气。

这个社会存在无聊乏味的人或许有一个好处，那就是他们也许正是我们所需要的、促进我们成熟的催化剂，因为他们可以成为我们的参照物，如果我们不努力的话，我们就有可能沦为和他们一样的人。

学习是走向成熟的良方

《纽约时报》曾刊登了一篇对依萨克·普莱斯勒的专访：

普莱斯勒先生白天在一家百货公司当售货员，他花了4年时间，完成了高中阶段的夜校教育之后，又进了布鲁克林学院读夜校，准备完成大学课程之后继续攻读法律。在大学一年级一篇《快乐是什么？》的论文中，普莱斯勒先生写道：

"获得高中文凭，进入大学，然后期待着当一名律师——这就是我最大的快乐……这种期待能增添我内心的快乐。大学要花5年或更长的时间，这主要取决于我努力的程度；然后，法学院的学习还要花5年时间。"

在年轻人看来，这个计划是不是充满了抱负？但依萨克·普莱斯勒是在刚刚度过60岁生日之后才上大学的。他深知，对于一个成熟的人来说，学习是一种快乐，任何年龄的人都可以体验到这种快乐。

教育不应该被局限在校园范围之内。哈佛大学原任校长A. 劳伦斯·罗维尔博士曾说过："大学教育或教育培训制度所能教给我们的，只是如何帮助自己。我们必须学会自己教育自己。教育是一个贯穿于成长之中的整体过程，是一种心灵所需的自发运动，还是一个扩充心灵、促进其发展的过程。"

一旦我们了解了这些，那么无论我们处于生命中的哪个阶段，自我教育和自我改善就能够成为值得追求的、令人兴奋的体验，再也没有什么投资能比乐于在晚年继续获取知识更好的了。

我最尊敬、最钦佩的人，就是美国人最喜欢的新闻评论员罗维尔的父亲罗维尔·托马斯博士。托马斯博士是一位具有高深的文化修养的绅士，他为人睿智，喜欢钻研，知识非常广博。诺曼·文森·皮尔博士曾谈到了托马斯博士晚年拜访他的经过：

当时，托马斯博士的身体虽然已经患病而且衰老，但他的心灵还像年轻时一样敏锐。见面之后，经过一番礼节性的问候，托马斯博士就问皮尔博士："诺曼，我想听听你对亨利八世有什么看法？"

皮尔博士稍稍有些惊讶，之后他承认说："我对亨利八世研究甚少。"

托马斯博士接着说，他那段时间一直在研究这位君王，他认为历史学家对于这位君王的评价有失偏颇，然后他又说了他自己对亨利八世的看法。

可见，虽然托马斯博士身体已经衰朽，但他的心灵仍在自由地游弋，而且穿越了好几个世纪。

在我们的机体中，心灵是最重要、最基本的器官，如果我们能够勤于滋养并善加运用它的话，它就会自然成长；相反，如果我们对它滋养不够而又缺乏运用的话，它就会因为发育不良而萎缩退化。

如果只对心灵施以教育还不够，我们还必须妥善地应用它，使它对教育的影响产生良性反应。我们加入读书俱乐部，去听课、听戏剧或听演讲，这些活动只能为我们参加聚会时增加一些谈资，除此之外并没有什么更深远的目的或意义，每个人也只能借此获取一件薄薄的文化外衣——这件外衣如同休息日的衣服，可以随意穿脱。而在这件薄薄的文化外衣之下，我们的心灵仍然难以成熟发展；唯有知识，才能促进心灵的成长。

路易斯·曼福德曾经针对我们的教育，提出了一些应该努力达到的目标："所有实际活动的目的，最终都是文化。成熟的心灵、完善的人格、逐步获得的智慧和成就感、个人能力的应用、获取广博知识的兴趣和感情上的愉悦……所有这些都是自我教育的各个阶段应该努力达到的终极目标。"

一天，一位女士来找我，她希望能得到帮助。她那沮丧的神色就像一条刚挨了揍的狗儿，原来她丈夫对她的爱正渐渐消失。她的丈夫是一位成功的经理，兴趣非常广泛，文化水平很高，她也知道自己越来越配不上他了。她哀叹自己没有上过大学，孩子却一个接一个地生；她根本没有时间去欣赏音乐，也没有时间去学习艺术和文学方面的知识，然而这些却正是她丈夫最欣赏的。

"他对我已经厌倦了，可是这公平吗？"她问道，"就因为我和他以及他那些知识分子朋友们没有共同的语言？”

于是我就问她，既然她的孩子都已经结婚了，那么她现在是如何安排她的闲暇时间的。她告诉我说，她除了打桥牌之外，每个星期还去看两场电影，有时候还读一些书，但主要是言情类小说。

显然，这个女人并没有真正去努力改善自己的处境。她并不是没有机会，她所缺乏的是一种精神和动力——她情愿将时间花在打桥牌、看电影上面，也不愿扩展她的兴趣，这就难怪她跟不上她丈夫了。

那些不努力自我发展的人，将会被这个世界遗忘。他们只会抱怨时间太迟，说自己太老，并且将“老年”当作生命的终点而接受它；他们其实并不明白，对于一个渴望获得知识的人来说，生命就是一场永远没有终点的精神之旅。

在以前，大学很少，是专门为少数人而开设的，而且距离又远，学费也很贵，有的大学甚至连书也不容易买到。“夜校”这个概念则更是从前的人想破了脑瓜也不会想到的；但是到了现在，无论谁想接受教育都能如愿以偿，即使当了奶奶的人获得大学文凭也不再是什么稀奇的事情了。

得克萨斯州一位律师的妻子，她同时也是 5 个儿子的母亲，当她的儿子们接受大学教育和职业技术培训，并成为自己专业和生意上的负责人之后，已经 50 多岁、做了祖母的她竟然上了得州大学，4 年后以优异的成绩从大学毕业。

现在，虽然她已经 70 多岁，成了一个寡妇，但是你的同情心大可不必滥用到她身上！她是那么的机敏可爱，整天忙着社区的工作，她有许多的朋友和仰慕者，凡是和她接触过的人都认为她能给他们极大的激励和启发。她的儿孙们也都非常敬爱她，虽然他们和她在一起的机会非常少，但他们都很珍惜每一次机会。显然，她已经为自己培养了成熟的心灵，她现在享受的正是这种丰硕的果实。

美国舆论调查机构的创始人和罗德奖学金新泽西委员会的主席乔治·盖洛普曾说过：“有很多人获得文凭以后，就不再学习了。其实，学习应该是一个持续不断的、从出生到死亡一直都不可停顿的过程。”

　　大学只为我们提供了学习研究的时间和场所，还有许多问题有待我们自己去解决。所以，无论学校教育多么完善，若想充实和丰富你的心灵，以免到了晚年孤寂无聊，你首先就要明白"活到老学到老"的意义。

　　至于那些没有上过大学或夜校，但又渴望完善自我的人，该怎么办呢？没错，他可以自学。

　　英国工党杰出领袖赫伯特·莫里森在谈到"我所得到的最好忠告"时，讲了他15岁时在伦敦一家杂货店工作的经历：有一天，一个走街串巷的骨相师为莫里森摸过骨后，问他都看过哪些书。

　　"大部分是描写恐怖谋杀案的书，还有短篇故事。"莫里森回答道。他所说的书，就是在书报摊上花一个硬币就可以买到一本的恐怖故事。

　　"看这些无聊的书总比什么都不看要强些，"骨相师说，"不过，你有这么聪明的头脑，你应该看些历史、传记方面的书。你可以

赫伯特·莫里森

根据自己的喜好去阅读，但是一定要养成严肃的阅读习惯。"

　　骨相师的这番话成了莫里森的人生转折点，他由此明白即使只有小学文化水平，也能通过阅读来完善自己。莫里森开始频繁地去图书馆看书。结果，终于有一天，他进入英国下议院的梦想成为现实。

　　"以前，我每天都要浪费好几个小时听广播、看电视，"他说，"但是我觉得没有任何一个节目的价值比得上一本好书的。"

　　据美国舆论调查机构的调查显示，和其他的英语国家相比，美国读书的人正在逐渐减少，大多数美国人去年整整一年竟然连一本书都没有看完。接受调查的人中，60%的人除了《圣经》之外没读过一本书，甚至在大学毕业生中也有1/4的人做出了同样的回答。

　　我们竟然让自己的心灵荒废到了这种地步！尽管我们在物质上过着世界

上最高水准的生活，可是我们在知识方面却堕入了无比贫乏的深渊。帮助我们取得成就的知识和智慧全都在书本中，我们渴望学习和知道的东西，也都能从图书馆、书店或朋友的书架上找到；书本可以让我们和世界上最伟大的心灵相沟通，能让我们穿越时空，遨游于心灵所创造出来的世界；浩瀚的知识海洋任由每个人尽情地遨游，图书馆的大门也永远对每个人敞开着，而我们却能忍受这种心灵的饥饿。

新泽西州布鲁菲尔市初中教师兼阅读专家弗朗克·C. 詹宁斯曾说过："文学创作是对人类生活最具深远影响的、能够塑造人的心灵的大事件：它可以通过聚会、说书人而使文化获得繁衍生息；它让我们在几千年后仍有机会聆听柏拉图和耶稣的教诲；它能将心灵和时间紧密结合起来，让我们有能力管理和控制这个宇宙；它既像'善'的概念一样抽象，也像门闩一样精确而实用；它正是人类通往高尚优雅境界的黄金法则。"

不错，一切都藏在人类智慧、愿望和抱负之结晶的书本中，书籍就是人类伟大精神的奇葩。即使我们有机会认识我们这个时代的伟人，但是通过他们的书籍将更能让我们了解他们。和苏格拉底一同散步，或与雪莱一同做梦，与萧伯纳争论，或像马克·吐温一样开怀大笑……同这些伟大的心灵交谈，是我们大多数人梦寐以求的事情，但是只要我们走进最近的一家图书馆，我们就能如愿以偿。

人类先天被局限在宇宙的一个狭小空间之中。和永恒比起来，60 年或 70 年，甚至 90 年时间又算得了什么呢？如果我们再将自己封闭起来，我们还能知道什么呢？离开了书籍，没有对知识的渴求，我们就注定只能畏缩于一个狭小的时空单元——"现在"和"这里"。

罗马十二大帝时代的人是怎样思考问题的？伦敦瘟疫流行时期的情况又怎样？这些我们都可以通过书籍找到答案。书籍让我们感受到的绝不是冷冰冰的事实，而是活生生的人类的经验，也即人生的样本。

例如，对于俄罗斯这块曾经那么神奇的土地，通过陀思妥耶夫斯基、屠格涅夫和托尔斯泰的作品，我们仿佛看到了一个逐渐从内部腐烂的国家，正是这些不朽的作家记下了腐败的种子终将结出艳丽的革命之花。通过这些伟大的作品，我们为现在找到了多么富有价值的借鉴啊！

H．G．威尔斯曾说："我不敢确信 H·G. 威尔斯的肉体或他这个人会不朽，但是我敢断言，思想、知识和意志的成长，是一个永不间断的过程。"

如果我们愿花更多的时间去阅读，那该多好啊！时间会自然淘汰书中的垃圾，保留下人类思想和经验中的精华。真正的好书应该是经得起时间考验而历久常新的，这绝不是那些畅销书所能相比的。

泰迪·罗斯福就不喜欢被评为"本周畅销书"的书，他曾这样写道："我情愿看那些曾经是'前年畅销书'的书。如果前年的书现在还有人看的话，就说明它还值得看，至于那些只能成为'本周畅销书'的书，它最好的去处应该是垃圾桶。"

阅读《战争与和平》可能比看一本新小说花的时间要多些，但是它将融入你的生命，一生陪伴着你，让你陶醉其中。我并不是盲目夸大经典对我们的作用。当你老了之后，你的精神会自然而然地传给你的后代；因为你的成熟和洞察力，你也将体会到它重新散发出来的光芒。那时，你将懂得什么是"成熟的心灵"。

不要在意按照怎样的顺序读书，我就从来不制定什么阅读计划，而是随手翻开一本书，这样也许能带来意外的收获，而且还获益匪浅呢。这就好比一个人第一次出国旅游，事先没有计划就已经漫游在古老的王国，当他凝神注视希腊的雅典女神神殿或埃及的金字塔时，内心反而会因为未经准备而多了一种发现的兴奋，因而给自己平添了几分快乐。

有的人也许会抱怨说，许多古典名著都因为教授们的强迫研读，或因为沉闷乏味的讲授方法而使人毫无阅读兴趣。但是我却从来没有过这种感受，我上大学时，大部分时间是看足球赛和谈恋爱，还来不及做知识的积累。我是在比较成熟的年龄之后，才不怀偏见地接触各种古典名著的，在仔细阅读之后，它们对我的心灵给予了巨大的满足。因此，我想在此大声宣布我的观点：阅读伟大的作品，是一条促进自我完善和自我成熟，并获得圆满和幸福的人生之路。

我很高兴通过《周六文学评论》结识了菲丽丝·麦金利小姐，她和我一

成熟的人生

样因为阅读古典名著而享受到了愉悦。麦金利小姐这样写道：

"不良教育总是会招致非议。我所接受的教育无论从哪个角度来看，都不容乐观，但是当我在悲观中思索了几年之后，终于发现即使是一无所知，却也还有它光明的一面。

"世界上真的存在文学这道风景！我就像一个好奇的陌生人，踏进了文学的风景圈，走进了英文古典名著的世界。那些经人引导而进入这个国度的人，是无法了解一个陌生人如何安排好自己的日程、徒步走完这一旅程的。"

在文章的最后，她说出了如何把握自我启蒙和成长的要领："当我们还对狄更斯、奥斯汀和马克·吐温充满敬意，并初次接触他们时，对于每一位读者来说，这都是最大的福分。"

阅读固然是自我完善的最重要方式，但是对音乐、美术、戏剧、社会服务或政治活动逐渐产生兴趣，也是扩展我们视野的好方法。

再比如，我对亚伯拉罕·林肯的研究已经有很多年，可以说林肯是个非常迷人的人，我还写过一本关于林肯的传记。虽然这本书我没有赚到一美元，但是我在创作这本书的过程中却变成了一个更完善、更快乐的人。

我们可以尝试忘掉自己没有受过良好教育的借口，重新开始学习。虽然我们一年比一年老，虽然我们会失去朋友和健康，但是我们完全可以让引人入胜的兴趣充实我们的内心。这样，我们就永远不会再感到寂寞无聊，或许我们还会更喜欢自己呢！

第四章　婚姻是成熟心灵的选择

如何与妻子相处

"男人一旦娶妻生子，就意味着失去了财运和机遇。"这是弗兰西斯·培根对婚姻的观点。他不赞成男人结婚生子、背负家庭的重担，认为他们那样做就要承担命运之神随时夺走家人生命的风险，是一种"很愚蠢"的行为。

虽然这表现了培根对已婚者的悲观态度，但是它也从反面暗示了一个道理，那就是男人结婚是需要勇气的。过去的看法认为，单身男子更勇敢而无所顾忌，而那些结了婚的男人则显得谨慎呆板；但是现在看来，这个观念需要加以修正了。

事实上，单身男子和已婚男人相比，更显得拘泥呆板，这一点可以从他们不敢冒险去婚姻登记处、以避免破坏他们拘谨的计划中看得出来。他们谨小而慎微，性情捉摸不定，就像未婚女性向你描述的那样；他们更不敢跳入婚姻的海洋，只是在海滩上散步，偶尔用脚试探一下海水，一旦遇到大浪涌来时，他们就会立即逃到安全的地方去。

至于结婚的男人，则具备了独行大盗杰西·詹姆斯那样的胆子、具有受伤的犀牛那样的勇气和赌徒那样的性情。那些在蒙特卡洛因赌博而破产的人和这种赌徒般的性情相比，只能算小儿科，因为他们把自己的生命、未来和金钱等赌注全都押在一个女人身上，并保证让这个女人永远快乐。他的对手就是命运之神，他把一切都抵押给了命运之神，然后还冲着命运之神做怪脸。

我们在此并不想批评这些已婚男人，而是向他们提出一些小建议，以增加他们婚后生活的快乐，表达对这些富有冒险精神的男人的敬意。康奈尔大学文理学院院长列奥纳多·S. 柯瑞尔博士曾给美好的姻缘设计了一幅蓝图：

"幸福的婚姻只属于那些心灵成熟、了解自己、善于和他人建立良好的关系，而且任何事情都能为他人的幸福着想的、富有责任感的人。

"一家人是通过内在价值，例如情爱和伴侣等的满足而结合在一起的，这种内在价值是无法强求的。"

柯瑞尔院长这里所说的内在价值，是可以通过一些手段加以培养、呵护和增强的。以下是我们搜集到的关于"妻子的情报"，可以作为丈夫如何与妻子相处的几点建议。

1. 不断地感谢和赞美她

假如你必须节省开支维持生活的话，也千万不要吝惜给你妻子"嘴上的蜂蜜"。如果你总是夸奖她，称赞她是多么的贤惠，那么她就会对你报以忠心，无论你是失业，还是变得又老又胖，她都会坚持留在你身边，即使一年到头总穿一身旧外套也不会有任何怨言。但可惜的是，在那些聪明的男士当中，不了解女性这一特点的人可不在少数。

他们认为他们能娶她，算是她一辈子的福气。这些男士们一点也不知道，妻子是从不会厌烦丈夫赞美她们的。男人们都很容易获悉自己在各方面的地位如何，例如工作上出现了失误会有上司来提醒他；成交了一笔大买卖会有加薪或红利，或至少是上司当众予以嘉奖。可是成天待在家里的妻子又如何呢？如果丈夫不告诉她的话，她根本就不知道自己的表现如何。因此，丈夫的赞美就是对她最好的奖赏。

你不妨仔细观察一下你所熟悉的那些幸福快乐的丈夫们，以及那些由贤惠的妻子料理家务而尽情地享受人生乐趣的丈夫们，他们之所以快乐，全都是因为他们深谙赢得女人芳心的技巧——让女人愿意永远为他们效劳的最有效、最妥当的方法，就是毫不吝啬地、经常性地给予她们真诚的赞美。

罗伯特·N. 普拉尔是我的朋友，他是纽约《世界电报》的专栏作家，也是曾经勇敢地揭露都市腐败现象的《大贿赂》一书的作者。罗伯特最令人美慕的地方，就是他拥有一个几乎所有男人都想得到的理想妻子；而他的妻子珍妮也认为，他就是这个世界上最伟大的男人，而且她逢人就夸自己的丈夫。

罗伯特有的是让妻子保持良好感受的方法。例如，当出版商将封面由手工精制的特别赠本送给罗伯特时，罗伯特会当场在书上题写赠言："献给珍妮——我亲爱的妻子和我的生命。"这样的赠言显然要比在支票上签名更容易让女人心花怒放，因为这是对她成功地料理家务的真诚而由衷的赞美。

2. 对妻子要慷慨和体贴

许多男人错误地认为，慷慨大方就是当女人有需要时，就应该不假思索地帮她付账单，并且经常给她一些零花钱。可是现在我要告诉你的是，金钱和女人所看重的慷慨大方只不过是附属关系，她们更在意你这样对她说："好的，亲爱的，接你妈妈过来，和我们共度一段美好时光吧。"这样表现出来的慷慨大方对她们也许更有效。她们希望丈夫能在公共场所多关心体贴自己，就像他对一个陌生的美丽女子应该表现的那样，关怀和尊重自己。

你是否在餐厅里玩过猜测哪一对男女已经结婚的那种游戏？你应该找时间试一试：

两个人默默地坐在一起，男士只是专注地看着他盘中的小牛排和服务员，而女士则无聊地翻弄盘中的食物，这一对乍看上去好像互不相识，其实他们必然是已经结了婚的一对；相反，男士小心谨慎地为女士拉开椅子，让她坐下，仿佛她是玻璃制品，话题也是事先精选过的，那么这位男士如果不是在追求这位女士，就是在陪一位女客户吃饭。

有一次，我参加了一次欢迎某位名人的宴会，这位名人对几乎所有人都表现得异常热情——可是除了他的夫人，因为他甚至没看过她一眼，好像她根本不存在似的。其实，适当地对妻子表现出殷勤，并不会对他的公共形象造成任何损害，反而会促进他们夫妻之间的感情。后来他们离婚了，当然这一结局在任何人看来都不是什么值得惊讶的。

就像爱一样，体贴、仁慈和善良，应该先从自己的家人开始。

3. 保持衣着整洁

许多男士总认为，只有女人才应该保持迷人的风采和适宜的仪表。例如，女人总会受到这类警告：不要涂冷霜、不能带着满头发卷上床睡觉，还有就是不能有体臭、不能手指粗糙、体重超常和懒散成性。女人之所以如此在意年轻和身材苗条，是因为害怕自己一旦失去青春，就会失去自己的丈夫。

但是那些男人又怎么样呢？也许他是个时装模特儿，可是回到家里一看，他就像一张没有清理的床。到了周末，他会怡然自得地穿一件衬衫埋头看报纸，穿着奇臭无比的拖鞋到处走动，既不洗澡也不刮脸，还自以为是地认为自己俏得很，他夫人能嫁给他真是她的福分。

再从妻子的角度来看：她不会在意她丈夫穿的是粗布工作服还是笔挺的西装，而且无论如何她都会爱他。但是，即使丈夫在家闲着没事干的时候，她也愿意看到丈夫洗了澡剃过胡子，穿着和居家生活相协调的衣服。

虽然外表决定不了一个男人的地位，但是它能改变女人眼中的男人形象。下面提供的一份问题清单，是那些企图博得女孩子（包括自己夫人）青睐的男士应该注意的：

及时理发，不要拖延。

不要在大白天留着胡子不刮，除非你陪孩子到湖边去钓鱼。

一定要保持仪表的整洁，要知道香皂和除臭剂不是专门为女人生产的。让你的裤子保持笔挺，只有颓废丧气的男人才会容忍自己的裤子皱巴巴的。永远保持皮鞋的光亮，袜子要穿挺直了，脸上要常带笑容。

4. 了解妻子的工作

现在，不少女性对挣钱和安排生活都有切身体验，随着职业女性越来越多，她们在婚前或婚后对工作的压力和要求也都或多或少地有了一定的了解。

因此，男士们就应该对以前曾习惯于在厨房、菜市场和洗衣店之间奔忙的主妇的世界多了解一些。他必须体谅妻子，要知道她比他更容易受环境的限制，她的日子过得并不比他轻松，她也要为这个家庭的各种日常需求而操劳。

做丈夫的，至少应该明白每天做那些例行家务是多么的枯燥乏味。此外，妻子还要照顾孩子，如果家中有人病了就更离不开她们；有时，她们还要安排全家的娱乐活动。她们常常是终年劳累过度，而最大的动力和回报，也只不过是家人的幸福和赞美。

妻子需要和外界多多接触，以增加对她的刺激，消除因工作枯燥而产生的无聊乏味。做丈夫的也应该经常带妻子出去，和别家的主妇进行交流。男人由于工作上的关系，使得他有机会参加各种社会活动，因此他希望通过休闲来获得宁静。这时，就要求丈夫把自己的需求和妻子所需要的富有刺激性的社交活动协调起来，将两者处理得相对平衡。要做好这一点，完全看他如何合理地安排。

5. 支持妻子，做她的后盾

我的一个朋友曾向我谈起她经历的一次小小的危机，那是她最亲爱的姑妈第一次到她家时发生的：

我朋友的姑妈才到她家，她孩子就得了支气管炎，病得只能躺在床上，结果招待客人的所有计划都泡汤了。

"如果不是汤姆，"她告诉我说，"我真的不知道该怎么办才好。他每天晚上都陪我的葛瑞丝姑妈出去散步，让她感觉过得很愉快。到了周末，他们就一起出去看风景。姑妈玩得高兴，这样也减轻了我的心理压力。虽然汤姆有些缺点，可是如果到了紧急关头，因为有他在身边，我就觉得自己有了依靠。"

当遇到麻烦时，如果我们有一个可以全身心依靠的丈夫，那将比浪漫小说中的英雄救美还要强过百倍。因此，丈夫不仅要在妻子遇到重大危机时能挺身而出，即使是日常小事上也要多多支持和帮助妻子。例如：

参加家长会和妇女俱乐部的各种活动时，妻子需要得到丈夫的支持和鼓励。

参加教堂唱诗班或缝纫班的活动时，妻子也同样会有这样的需求。

教育孩子时，妻子需要丈夫的帮助。

在社交场合，妻子希望丈夫能成为她的骄傲；她愿意看到他玩得愉快，而不是洋相百出。

她需要知道，无论出现什么紧急情况，无论发生什么事情，他都能永远和她站在一起，让她的内心有一种安全感。

6. 分享妻子的嗜好

婚姻的成功与否，取决于夫妻双方的"分享"和"合作"。当两人在处理家庭问题时，必须试着把"你"和"我"转变成"我们"。例如，我们去哪里度假？我们的椅套和电视机是否都要换成新的？诸如此类。一旦夫妻双方了解对方在生活中所扮演的角色之后，所有问题都能迎刃而解。

也许男人会认为，买礼物、做家务之类的事情让他们参加的话，会有失男性的尊严。但是，如果他想使家庭常葆温馨和睦，就应该先放下股市行情分析，尽量帮妻子做一些家务。既然他希望妻子对他提升为销售经理而高兴，那么他为什么不能关注一下妻子今天说的一些家务事，对她在旧货市场捡到的一个大便宜感兴趣呢？

安德烈·莫罗斯是一位善于洞悉人情世故的作家，他在建议男人如何与女人相处时说："对女人认为重要的东西表示感兴趣，例如她们的穿着、她们为家庭所做的努力、她们对感情和人物深入细致的分析……当你有空时，不妨陪夫人去逛逛街、买些东西……在某些事情上为她出谋划策……对生活中的小事表示感兴趣，多和她交流，例如养育孩子的经验、她所参加的俱乐部、她的朋友，等等。如果她喜欢音乐、美术或读书，就要设法了解她的嗜好。相信过不了多久，你就会惊奇地发现，你也对她的嗜好感兴趣了。"

7. 向妻子表达你的爱

作家维奇·鲍姆曾说："得到爱的女人，更容易获得成功。"丈夫一定要保证爱他的妻子，这可不像将结婚戒指戴在她手指上那么简单，而且要做到只要她高兴，他就应该每天都将结婚戒指戴在她的手指上。"男人喜欢感觉到他被爱着，"梅托·德这样写道，"而女人却喜欢男人说他爱她。"

不知为什么，许多丈夫在刚刚度完蜜月之后，就会对向妻子说"我爱你"感到尴尬。其实，你完全可以放松，即使你不必像欧洲的男人那样殷勤，也照样可以打动你的妻子。作为女人，她们总是有其独特的感知力，她们能通过无数种无言的暗示来感受到你的爱，例如你能在满屋子的人当中找到她，在电影院里紧握着她的小手，出乎意料的拥抱，温柔体贴，等等。

然而，很多女人却弄不明白，为什么男人在婚前对她追得那么热烈，可是婚后却不愿对她表露他的爱。我办公桌上就放着一封信，它来自安大略多伦多市的一个青年，他名叫杰克·F. 坦蒙，他在信中就承认自己犯了这样的错误：

"我妻子是我精心挑选出来的理想而完美的女性。我们结婚后，我一心忙于工作，我们生活的全部事情则由我妻子承担。

"然而，这种生活模式显然行不通。我们婚后5年是不幸和失败的。终于有一天，我和妻子吵了一架，我4岁的儿子问我：'爸爸，你难道不喜欢妈妈吗？我相信她是个好妈妈。'

"我突然明白，原来自己是个彻底的笨蛋。我其实真心真意地爱着我孩子的母亲。我既爱她这个人，又爱她为我所做的一切。正是有了她的精心照顾，我们的儿子才长得那么健康可爱，而我却一直没有承担起一个做父亲和丈夫的责任。

"我受到惩罚是应该的，但我决定尽力弥补错误。我找到我妻子，希望她能帮助我，使我成为一个称职的丈夫和父亲。

"感谢上帝，她成功了。现在我们又过起了真正意义上的婚姻生活，这种生活是建立在互敬互爱基础上的。她又为我生了一个女儿，我们的幸福价值千金。

"现在，我的孩子再也没有问过我为什么不喜欢他们的妈妈了！"

爱一个女人，绝不只是有火热的感情就足够了，它还应该涵盖许多内容，例如理解、殷勤、敏感和尊重。可是那些不懂得如何经营爱情的男人总喜欢寻找借口，说什么"没有人能真正了解女人"。他们顽固地认为，男人用的是直流电，而女人则用的是交流电，双方永远没有沟通的可能，于是他们就可以省掉许多尝试的麻烦。

我在这里只想敬告这些先生：女人可不是来自外层太空，也不是用另一种波长做事，她们更不是什么怪物。她们虽然性别不同，但仍然是人。女人并不是什么难解之谜，很多男人都已经了解了女人，而且都是在他们结婚之后做到这一点的。

但是，假如你真的想了解你的夫人，就最好由爱她开始做起，并且让她知道你爱她。否则，婚姻对你们双方都不是什么好事。

对于美国的女性来说，无论你指责她有什么缺点，她都不会介意，但是你不能说她自大或自满。她非常希望能改善自我，由此形成了一个涵盖面极广的咨询市场。例如，会有人指导她如何吸引男人、如何挑选丈夫、结婚以后该做什么、如何养育下一代、如何将家务料理得井井有条，如果她真的还能腾出 10 分钟空闲来的话，她还要咨询在闲暇时间该干什么。她不但要去听演讲，还要订阅各种刊物来为她的生活提供有意义的指导，参加各种自我完善的课程……此外，90％的广告产品都是针对她们这种人的。

我们再来看看她们的丈夫：这些男人也会积极进修，但通常只是局限于如何多赚一些钱，使自已在工作中超出他人，成为一个优秀人物。至于如何处理与家人的关系，他只希望维持原状。他们很少读书看报，也很少去听演讲，也不关心如何吸引妻子或者维持与她的感情常新的。在他们看来，增进夫妻之间的感情是那些小女人的事。至于如何适应对方的个性，这些男人永远只会说："应该让女人来适应我们。"

男人也许会这样解释说：他们要养家糊口，必须出去赚钱，必须将全部的心思和精力放到改善工作上，而不是如何更好地扮演丈夫这个角色。然而，无论是男人还是女人，婚姻并不能只靠钱来维持。衣食无忧只是男性责任的开端，而不是全部，而且事情也不完全局限于此。

几年前，米尔斯学院院长利恩·怀特写了一本很好的书《教育我们的女儿》，他在这本书中批评了学校教育，认为将女人和男人完全等同起来教育的做法是不对的。他提出，应该在课程中安排一些适合女性实际需要的内容——也就是说，教育不能脱离这个现实，那就是大多数女人总是要成为妻子和母亲的。

他的提议的确收效不错，但这并不能为幸福的婚姻提供一个样板。我们将女儿教育成为一个好妻子和好母亲，却让她们嫁给那些只知道赚钱养家的业余丈夫和父亲，这又有什么用呢？为什么不将我们的女儿嫁给一个有着丰富经验、知道如何做一个好丈夫和好父亲的男人呢？

法国伟大的小说家巴尔扎克曾这样写道："大多数已婚男人都会让我想起那些'想拉小提琴的大猩猩'。"

假如我们将婚姻当成男女双方都需了解的事，那么我们就可以了解婚姻，那些已婚男人就不会再像大猩猩，而是应该像著名小提琴家弗瑞斯·克莱斯勒了。

"家"自古以来就一直是人类的基本单位，它不仅能让人保持对未来的希望，维持目前的现实，还能保卫、滋养和教导人类。家，其实就是一座神圣的城堡。

为什么只有男人才能承担起保护家庭的重要担子呢？虽然女人待在家里的时间比男人多，但这并不等于男人就不需要家。

家不仅仅是一个物质概念，它还包括温暖、分享、欢笑、眼泪、幸福和忧伤等诸多精神方面的含义，而且正是这些精神含义为家增添了丰富的意义和价值。显然，只靠女人是无法创造这一切的，它是男女双方共同携手、努力创造的结果。

所以，我真诚地告诫男人，要给女人一个机会，好好思考自己该如何扮演"丈夫"和"父亲"这个特殊的双重角色，将自己创造成功事业的才智和精力适当地分给家人一部分。

"婚姻是我们个人是否成熟的最好试金石，"国际婚姻指导委员会主席、德鲁大学人际关系教授大卫·R.梅斯写道，"如果你不想关心别人，任何人都可以单独生活。但是，你若想和另外一个人亲密地共同生活，就必须具备关心他人的能力……这是一个人成熟与否的标志。婚姻有两种结果：或者让我们变得成熟，或者让我们承受不成熟所结出的苦果。"

做一个称职的父亲

这是不久前在一个社区的教育委员会召开的一次秘密会议：一个上高中的16岁男孩由于旷课太多，教育委员们正在讨论决定是否将他开除。他每一科的成绩都很差，其中还有两科成绩不及格。

男孩及其父母都被带进会议室接受问话。尽管男孩子的脸上满是年轻人犯错误之后那种常见的卑屈和悔恨表情，但也遮掩不住他的帅气。男孩的母亲在接受问话时显得紧张而尴尬，但她始终在解释自己确实尽了最大的努力。而这个男孩子的父亲——这是一个59岁的很体面的生意人——却一直保持沉默，直到有一位委员问他和他的儿子关系如何。

这位父亲就开始解释说他非常忙，几乎所有的时间都是在工作。"我吩咐我夫人要管好孩子！而且，"他接着说，"督促孩子学习并设法通过考试，应该是学校的职责所在啊！"

于是这些全都做了父亲的教育委员又问他是否看过他儿子的成绩单，以及采取了什么措施？这位父亲说他看过了，而且他也给校长打过电话。"可是，"他补充说，"电话占线，所以我就没再打过。"

这家人离开之后，校方经讨论决定，再给那个男孩子一次机会。他们认为，究竟哪里出了差错已经是很明显的事情，如果再给那个男孩子一次机会，也许他就能改好了。

然而，还是来不及了。这孩子的坏习惯已经形成，他父母的疏于管教才是问题的关键所在。没过多久，这孩子就被开除了。但令人感到可悲的是，这孩子的父亲却一直都没有真正弄清楚他为孩子做了哪些，或者准确地说是他没有做到哪些，而这正是导致他儿子被开除的原因。

在这里，我并不是要说什么行凶少年因为抢劫或杀人而被逮捕的案子，只是想分析这位父亲因为忙得没有时间关心他儿子是否按时上学，结果导致儿子被开除的原因。

令人遗憾的是，这样的故事到处可见。越来越多的孩子正在缺乏父亲关爱的环境下长大。虽然他们有父亲，但那个父亲只是一个住在他们家里的男人，除此之外并没有太多的实际意义。他们总是见不到他，和他的感情也不深。父亲每天总是早出晚归，有时还要加班，实在忙不过来就把文件带回家来处理。总而言之，他很忙很累，不得不躺下来看晚报，直到孩子们都睡了还在忙他的事情。他的休息时间也很少留给孩子，因为他平时要和公司的同事出去打保龄球，周末则要出去打高尔夫球，或者陪客户参加什么鸡尾酒会。

可是对于女人呢？如果女人为了工作和事业而放下家庭和孩子不管，就会招来各种非议。所有人都会这么说，会有什么工作既高尚又报酬丰厚，竟然值得她们付出如此大的代价而使孩子失去关怀、遭受冷落呢？

然而，在这个世界上却很少有人会指责经常不在家的父亲，只要他保证自己的家庭能够衣食无忧，就不会有人在意他是否应该从道德和感情上对孩子负有什么责任。这种只承担经济上的责任而抛弃其他做父亲的所应负责任的男人，在我们周围是如此常见，以至于人们都认为这是一种合理的存在。

我认识一家大公司的一位高级主管，他说他事业上的成功完全归功于他的夫人。因为他的妻子为他营造了一个异常温馨的家，那种祥和宁静的家庭气氛足以减轻他所有的工作压力。她还能非常周到地款待他的朋友和同事。

我问他，他的两个儿子之所以让他感到自豪，一定和他们在学校和军队服役时的优良表现有很大关系。

"哦，不，不，"他说，"抚养孩子的事情全部由我夫人来管，我从不插手。我只需把养育他们、让他们接受教育的钱交给她就可以了。"

这位受人尊敬的成功男士，对自己没有养育儿子并不感到尴尬，也不为没有亲自帮助儿子们获得，优良的成绩而觉得惭愧。如果这种冷漠的态度是由两个孩子的母亲表现出来的，那么人们一定会认为不可思议。

如果孩子在成长过程中只需要获得物质上的满足，那么这个世界就可以不需要父亲或母亲。然而，人的成长还有感情的需要，所以父亲的存在就像母亲一样，不可或缺。

辛辛那提大学医学院儿童精神病科诊疗所理事理查德·E. 沃尔夫博士是这样诠释父亲的作用的，他说：

"孩子需要自己的父母亲，而且需要他们各自扮演好自己的角色。无论对男孩还是女孩来说，父亲所代表的首先是一种男人的力量和智慧，他将会影响到子女对外部世界的认识，教会子女如何借助外界经验进行各种判断。在家庭的重要决定中，子女需要他和母亲有共同的声音，而且一直需要他成为母亲和他们的保护者和供养者。他们希望从父亲身上看到理想男人的典范，从他身上学习男人如何对待女人。所有这些该由男人来做的事情如果都是母亲来完成，做父亲的只顾忙着他自己的事情的话，那么子女将可能对自己的身份感到困惑，而这也必将影响到他们长大成人之后的人际关系。"

在产业革命之前，丈夫、妻子和孩子全家人都在家里工作。无论在广场还是在田间劳动，男人总不离开家人的视野范围。因此，当时的家庭成员之间存在一种身体上的亲近感，而这种亲近感在现在的工业社会已经不复存在了。如今，大多数男人和妻子儿女在一起的时间比和同事在一起的时间还要少，虽然他们不能增加在家里待的时间，却可以决定他在家时的质量。例如，一位已经很疲倦的父亲在周末带着孩子去看一场球赛，以作为他经常不

在家陪孩子的补偿，但他从内心觉得这样很无聊，结果看球赛对孩子来说也毫无乐趣可言。曾引起轰动的《养儿育女常识大全》一书的作者本杰明·史伯克博士说，如果每个父亲每天能抽出 15 分钟，将心思专注地放在孩子身上，比起一整天都没精打采地陪孩子逛动物园要更有质量。

和母亲相比，父亲陪孩子的时间必然更少，这是不容置疑的事实，所以父亲和孩子相处的每一分钟都变得更加重要。父亲不应该认为这是一种繁累的义务，而是要把它当作促进父子之间感情的良机。

妻子在某种程度上能帮丈夫做一个称职的父亲。例如，她可以在白天处理关于孩子的教育问题，而不必等到丈夫晚上回家时让他来处理；她可以怀着爱和尊敬与丈夫共同探讨孩子的问题，孩子也会因为母亲对待父亲的态度而受到影响；她可以试着和孩子交朋友，以增加家庭成员之间的亲密感；她还可以组织野餐、安排家庭旅行，使丈夫和孩子乐意共同生活。

我就认识这样一个家庭，这家人的关系因为一次露营而彻底改变。

12 岁的儿子和 10 岁的女儿已经纠缠了父亲好几个星期，吵着要父亲带他们去露营，然而每天忙于工作的父亲实在是太累了，一直都没有答应孩子。

结果还是母亲促成了这件事。她悄悄地租好了营帐，买好了地图，又准备好了露营所需要的各种工具。于是，孩子的父亲只好惋惜地告别了他的周末计划表，启程前往露营地，同意带他们去露营了。孩子的母亲则一个人待在家里，焦虑不安地等待着。

第二天傍晚，当他们 3 人回来的时候，虽然全身都是脏兮兮的，但却异常兴奋，他们都在反反复复地谈论那些有趣的事，例如他们是如何发现那片湖泊的，还有那令人讨厌的蚊子、风吹垮了帐篷，以及爸爸煎的鸡蛋。

事情就到此结束了吗？不，这还只是个开始。孩子的母亲很快也加入进来了。这家人后来每年夏天都要去离露营地不远的一处民居度假。他们购买了小船和滑水板，一到周末，孩子的父亲就特意从纽约赶来和家人团聚，他当然没有带公文包。

这个从前忙得抽不出时间陪孩子玩的男人，在一夜之间变得成熟了，他开始明白为人父的意义。他的这种成熟，都是母亲精心策划的结果。

现在到了我们这些家长转变不成熟的观念的时候了，我们都应该改变思维，将"你的事"和"我的事"当作"我们的事"。虽然父亲和母亲的角色对孩子来说的确不同，但他们的最终目标以及从中获得的满足应该是相同的。他们在孩子的成长和教育中分别扮演着各自不同的角色，但是无论哪一方推卸责任，都会使家庭关系变得糟糕。

"能做个好父亲，就能做个好丈夫。"《婚姻——永恒之爱的艺术》这本书的作者大卫·R. 梅斯曾这样说。他曾因为第一个女儿出生而获得灵感，写下了这样的诗句：

我有两个爱人，尽管有些不可思议。

我爱第二个越深，第一个就爱我越多！

没错，对于女人来说，最开心的时刻正是看着孩子跑到门口，扑进下班回家的爸爸怀里的那一刻。

那么，父亲对于孩子的成长能做出什么特殊贡献呢？儿童研究协会理事甘纳·狄波瓦博士认为，作为一家之长，父亲不仅对所有家庭成员具有重要的意义，而且对全社会也有同样重要的意义。让我们来看看他的一些观点：

"对于孩子来说……去教堂的意义可能也不过是随着父亲去做一件很普通的事，但是这件事能培养孩子的共同参与感，孩子很可能在今后培养出自己的宗教兴趣。同样道理，孩子还可以有机会从父母那里学会如何欣赏文学、美术和音乐。一般情况下，都是母亲先参与到孩子们的兴趣中来……然后是父亲加入进来，并赋予它们更丰富的内涵和更深远的意义……"

狄波瓦博士认为，作为父亲，还有义务向孩子解释他为之工作的团体：

"他应该带孩子到办公室去、休息天去参观工厂、一起坐卡车去送牛奶……让孩子对父亲的工作有一个更加直观的感受……孩子可能不明白父亲为什么要去那里做那些事，但是他将明白，父亲所做的不仅对他，同时对别人也是有益的事。"

如果一个男人想做一个真正意义上的父亲，就应该抽出时间来陪孩子，必要时还要付出自己。不错，他是有工作要做，但工作不是逃避做父亲的责任的借口。那些总是忙得没时间陪孩子的父亲，就像 H. L. 门肯活着时所说的："那些将工作当作逃避痛苦的人……他们的工作和他们的玩乐有着同样的作用，都不过是他们逃避现实的可笑符咒罢了。"

戈登·H. 史克罗德在《基督教先驱论坛报》开展的一次调查中说，他曾连续两个星期让 300 个读初一和初二的男生记录下他们和父亲待在一起的时间，结果竟然令人恐怖，因为平均每个星期父子相处的时间才 7 分半钟。

这一结果似乎可以为严厉批评社会现象的评论家菲利浦·威利的评论提供证据了。他说："绝大多数的美国男人，都是不合格的父亲。"

威利先生曾作过估计，即使是那些最忙的人，每个星期也必须花 57 个小时去吃饭、休息，或做自己喜欢做的事情。而在这 57 个小时中，他肯定能抽出 7 分半钟来陪自己的孩子。"但是爸爸不在家，"威利先生有些伤感地说，"他不会回家，除非他明白一个男人一生最大的幸福首先应该是做一个好父亲，然后才是成为最好的高尔夫球手，或事业成功的风云人物。"

在父亲的身份中，还隐含着一个成人的身份，它是男人们在身体达到成熟之后的外在表现。然而，不幸的是，从对待孩子角度来说，这个父亲的心灵和精神却不一定会像他的身体一样成熟，这种成熟是需要男人通过努力才能获得的。

是的，爸爸们，该回家了！

就像生孩子是两个人的事一样，要想培养出一个健康愉快的孩子也需要两个人——母亲和父亲——共同在精神上对他施加影响。

如何与丈夫相处

我最喜欢的一个现代人是奥格登·纳屈尔，他在《献给女婴之父的颂歌》中抒发了一种感慨之情，说是在这个世界的某个角落，有一个男婴正在长大成为娶走他可爱的小女儿的男人。既然大多数可爱女婴的父亲都与纳屈尔有同样的感想，那我们就不妨勇敢地面对它；但是对于一个女人来说，比一辈子容忍男人的任性更可悲的则是没有男人可以让她去容忍。

为什么我要这么说呢？要知道，这个世界上有一半人是男性，所以如何与男人相处，成为每个女人都要面临的问题。女人一生中要接触无数的男人，例如丈夫、父亲、儿子和女婿，或者老板、客户、朋友、追求者和色情狂，或者医生、律师、军人和职员，或者屠夫、面包师和工人。

既然男人和女人之间存在差异，我们也不得不接受这个事实，那么作为女人，多考虑一下如何与男人相处应该不是一件坏事。

男人希望女人能为他做什么事呢？

当然是舒适！你可能会认为我是从一群喝腻了香槟酒、又老套又落伍的花花公子那儿得来的答案吧？错了，让我来告诉你一个事实吧：

第二次世界大战结束时，那些继续留在军中服役的男人曾接受过一次问卷调查，其中有一个问题问："你希望婚姻生活给你带来什么？"几乎所有人都给出了同样的答案——既不是令人心荡神摇的富有女性魅力的女人，也不是刺激，更不是兴奋，而是普通意义的舒适！

这个答案也许会让那些盲目迷信化妆品和香水广告的小姐们失望透顶。但是，既然男人只需要舒适，为什么不给他们舒适呢？显然，对男人来说，一盎司的舒适比一磅的性感更加值钱。不过，男人理想中的舒适究竟是什么呢？是某个让他所有的感官都能放松的女人，还是一个知书达理的贤惠女子，或者是像玛丽莲·梦露那样的性感尤物呢？

一些参加了某项课程的女士们，根据她们与男人在一起的经历，经过讨论之后，总结出以下几条行之有效的规则，这些规则完全可以作为女人如何与男人相处的有效法则。

1. 要有一个好性情

家庭问题专家陶乐丝·迪克斯曾说过："男人选择女人的第一个要求，就是女人要有一个好性情。"任何女人如果想和男人愉快地相处的话，那么无论这个男人是她的丈夫、她的老板、水电工，还是她只有 3 个月的儿子，她都应该多注意自己的性情，而不必刻意注重自己的过失，因为男人们情愿在愉快的气氛中吃罐装的青豆，也不会乐意面对一个满脸愁容、唠叨不休的女人吃牛排。

一个单身汉曾经这样坦率地说，如果他有机会在一个快乐、温柔、性情温和的女人和一个愁苦、愚钝、性情暴躁的女人之间进行选择的话，他将会选择前者！

　　我曾雇用过一个速记打字的女职员，如果仅从职业技能来看，她不能算合格——她的拼写很差，打字的速度又慢，而且经常会出错误。但是她却能一直保住她的工作，甚至干到结婚和退休，这完全得益于她那快乐天使般的性情。

　　她不害怕别人的牢骚、抱怨和批评，就像是办公室里的阳光一样令人感到温暖。只要有她在，即使她不做任何事情，你也会觉得应该给她付薪水。我不知道她做饭的手艺是否比速记打字的能力强，但是我经常见到她和她丈夫在一起；而且每当他看着她时，脸上总是光彩四溢——显然，他并不在意她能不能做一手好饭菜。

　　2. 做个好伴侣

　　美国高尔夫球公开赛冠军杰克·弗里克曾为纽约《世界电报》撰写文章，介绍了他如何克服不利局面、获得艾奥瓦州达文波特两个市立高尔夫球场特许经营权的经过：

　　当时，摆在杰克面前的是一项艰巨的任务，他既要保住特许经营权，又不能放松比赛训练。幸运的是，他娶了芝加哥的丽·伯恩斯泰做妻子，她给他带来了好运气。丽成了杰克的事业帮手，这使得他可以专心练习球技了。

　　后来，也就是1952年，杰克一家开始奔赴全国各地。丽负责照顾13个月大的儿子克瑞罗，而杰克则参加巡回公开赛。杰克说："我从来都不让丽跟我进赛场。你们没有见过邮差带着妻子去送信的吧？"

　　这个妻子虽然没有积极参与杰克·弗里克挚爱的球赛事业，但是她总留在他附近，使他没有了后顾之忧。像丽这样的女人，才是男人真正的好伴侣。

　　弗洛伦斯·梅纳德住在纽约州北部的一个小镇，她是一个普通的家庭主妇。在过去16年的婚姻生活中，她只会做一些家务，所以她总觉得自己的生活似乎缺少了什么东西。后来，她终于知道那是伴侣的亲情。然而，梅纳德夫妇的共同兴趣和爱好实在是太少了，梅纳德夫人开始采取行动，以改变这种状况。

　　"我丈夫的一项主要爱好就是职业曲棍球，"梅纳德夫人说，"所以，我首先要培养自己这方面的兴趣。当我对曲棍球的知识十分精通之后，我对这项运动也有了浓厚的兴趣。我和我丈夫怀着同样的热情去观看曲棍球比赛，还记下了电视转播曲棍球比赛的时间。从此，我不仅喜欢上了这项有趣的运动，而且还发现自己有事情可做了。我从中所得到的，不仅仅是陪丈夫欣赏这项运动的乐趣，而且还包括充实的生活——我再也不会一个人无聊地坐在家里无事可做了……除了曲棍球之外，我现在又找到了一些新的兴趣，我又可以和我丈夫一同分享更多的乐趣了。"

3. 善于倾听

几乎所有男人都认为女人的话太多，他们这话的意思是指女人抢走了他们说话的机会。

许多女人错误地认为，听男人说话就是默不作声地坐在那里，耐心地听男人说个没完。其实，听人说话也要表现出积极的态度，如果你是一个善于倾听的人，就会在适当的时刻加入到谈话当中去。

倾听别人谈话，首先要集中精力。眼神不能飘移不定，或神色紧张、坐立不安。如果你真的能集中思想，或许还能学到许多东西。

倾听别人谈话的时候，表情要尽量放松，而且要随着对方所讲的内容有所变化。一个面无表情的听众，是最让说话的人觉得扫兴的。对于舞台导演来说，最困难的工作就是训练演员如何表演好倾听其他演员说话的形象。如果你想成为一个令人满意的听众，就要努力训练自己吧。

成功的倾听还需要集中心思和积极配合。以前曾有人戏称，一个女孩子如果想赢得男人的欢心，只需要在他介绍自己某次成功的生意时，目光专注地看着他，并适时地插上一句"你真是太棒了！天啊，你简直是个天才！"之类的话就足够了。她表现得越笨拙，他就越喜欢她。不过，现在这种情况有了些许变化：许多女孩子也能在生活中取得成功，她们觉得很难完成从精明的女强人向愚蠢的小女孩角色的转变；而男人们也比以前精明多了，他们能分辨得出谁是真正懂得倾听的女孩，谁又是故意装傻、吹捧奉承他的女孩。因此请记住，当一个男人真正需要一个女孩听他说话，而你又想赢得这个男人的心，并希望影响他时，就不要再玩"假装倾听"那一套老把戏。

这时，最好的沟通办法就是不时地问他一个问题，以表明你正在听他说话，而且想知道一些更详细的情况；有时候，你还可以偶尔提出你的不同见解。如果你支持他的说法，并且在某方面颇有经验的话，就不妨在他停下来的间隙提出来，但是要注意一定要简洁，然后再将主导谈话的权利交给他。

像这样的倾听，就不是单调的独白，而是一种积极的双向沟通。然而，大多数人都不是理想的听众，因为他们不了解沟通的规则。不过这些都是能通过练习加以改进的。

女人一旦掌握了倾听的艺术，就会与男人相处得更加愉快，进而与其他人相处得更融洽，而这也将会促进女人的成熟——这正是获得成熟的途径之一。

4．学会适应男人

也许我们似曾见过这种场面：

"今晚我们请吉米和玛贝尔来家里吧，我们有很长时间没见到吉米了。"一家之主的丈夫说。

"好的，"妻子回答说，"但是，最好也请海伦和汤姆来，因为最近我们已经去他们家做过两次客了。"

然后——

"噢，天啊——海伦的妹妹在她那儿住，我们还得再找一个男宾来陪她。你去熟食店多买些啤酒和乳酪脆饼。我负责打电话，然后化妆换衣服，再收拾收拾房间。我换衣服的时候，你最好用吸尘器清理一下地毯。"

这时，丈夫真希望当初自己没开口。他原本只想安静地陪一两个朋友聊聊天，没想到却招来了一屋子的客人。

不知为何，女人一般都不会因为一时的兴起而去做某件事情，除非是为了给自己买一顶帽子——这一点是男人无论如何都弄不明白的。他不明白的事情还有，例如女人去看一场戏为什么要花几个星期的时间做准备，或者当他临时提议去乡下过周末时，女人为什么会说没有合适的衣服，等到下个周末再说，以及好让她有机会通知送奶工人……

不错，男人的一时兴起有时的确会让那些喜欢按计划办事的女人厌烦，但偶尔做出"好的，我们……"而不是"好的，但是……"的回答也不会有任何损失。我就认识一个非常快乐的妻子，她嫁给了一个喜欢度短假的丈夫。丈夫经常是在看过一份旅游广告之后，就给妻子打电话说："收拾好行李，亲爱的！明天早上我们去洛杉矶。"这时，早已习惯的妻子会很快收拾好放了泳装的手提箱，请邻居帮忙照顾她的小鹦鹉，然后将所有的约会推掉，等着第二天早上上船。她还会说："这没什么大不了的。任何一个女人，只要稍加训练，都可以做到的。"

我年轻的时候流行的风气是这样的：如果女孩子直到最后时刻才有男孩子来约她，她就会被认为是很不招男孩子喜欢的女孩。也许成为一个难约的女孩可以给她留下一个好名声，但作为女孩子，她同时也失掉了许多乐趣。不过，如果那个男孩子约过别的女孩子之后再来约请你的话，你该怎么办呢？这就给了你一个极好的机会，你可以向男孩子证明他的第二次选择才是最佳的。要学会适应男人的心情，这是女人赢得男人青睐的最好办法。

当男人突然产生一个想法时，他喜欢立即付诸实施！假如女人不能适应男人的这种冲动，无疑会令他们感到气愤。只有很早就学会适应男人情绪的女孩，才能在与男人相处的道路上迈出成功的一步。

5. 能干但不失女性魅力

有一次上课时，一位女学员对我说，她因为太能干而失去了一个出色的男人。

这个女孩在公司担任主管，总是负责制定计划，发号施令，一切都是尽职尽责。但是在社交场合，她可没有这么一帆风顺。

"我经常是，"她说，"当我男朋友还没有打开雨伞时，我就叫好了出租车；我总是要比他早一步按下电梯按钮；共进晚餐时，我会推荐他点肝脏和熏肉，以预防他的高血压；他从没有机会帮我拉开椅子或为我脱下外套、替我穿上鞋子。因为我是如此能干，总是抢先做好了一切。我不只是能干——而是太能干了，所以我失去了他，这一切都是我造成的。"

现在出来工作的女孩子实在是太可怜了。她们为了嫁给一个自己喜欢的丈夫，除了要追求成功和独立之外，还要时时刻刻提醒自己做一个富有女人味的女孩。可是现在的男人已经被宠坏了，他们想娶的女人不仅要具备女性的魅力，还要有足够聪明的头脑去发现他——如果可能的话，最好还能帮助他增加家庭收入。

让你中意的男人看上你，并让他觉得你就是他理想中的女孩，这并没有什么困难的。你可以这么做：工作时充分展现你的才能，争取老板的赏识；下班之后，则要让那个与你约会的男人觉得你是女人，而不是一部高效运转的机器。

和前面提到的那个女孩一样，海伦也是从一个逃之夭夭的男士那里学到这一点的。

多年以前，海伦结识了一个年轻男子，他会经常陪伴她，至少有一段时间是这样的。那段日子，海伦对她所在地方的政治产生了浓厚的兴趣，经常在休息时间参与这项活动。在不用帮人竞选或去参加集会时，海伦和男友谈论的全是政治类的话题，例如某某法官说过什么话，或行政管理上存在什么问题，等等。

最后，男友忍无可忍，大声对海伦说："你原来是个女孩子，可是现在你却成了一份活的竞选宣传单。如果我需要政治或哲学方面说教的话，我会给国会议员写信的。而我现在需要的，是能够给我的夜晚增添愉快气氛的好女人。"

后来，男友终于离开了海伦，娶了一个美丽动人的金发女郎，她既能把家料理得有条不紊，还会做一个玲珑可爱的小女人。

6. 做真正的自己

最让男人感到滑稽可笑的，就是见到一个老女人穿着紧绷绷的少妇衣服，还戴着一头假发，蹬一双 3 英寸高的高跟鞋，戴着连傻子都骗不过的假乳在大街上横冲直撞了。在所有让人感到悲哀的事情中，拒绝接受成熟的女人可能是最可悲的。她会固执地认为，女人的魅力全在于年龄，只要肯努力，没有人会知道她已经过了 39 岁。如果看到这样的女人妩媚做作，用她那早已失去性感和魅力的身体向男人大献殷勤时，真会令人恶心。

除此之外，还有一些看起来文静典雅的女孩子会突发奇想地以为，通过超常规的怪诞举动可以显示自己不拘小节的魅力；其实恰好相反，男人可没有她想象的那么笨，他们清楚得很，知道如何去判断一个女孩子。

还有许多表面上很聪明的女人，她们也都不成熟地认为，女人可以通过打扮来"偶尔改变性格"，把男人弄得神魂颠倒。然而，本质才是最好的东西，既然上帝赐予我们现在的性格，又有什么不好的，为什么要掩饰呢？

　　我们要做的就是剥去伪装，让它重见天日。我们可以发挥自己的特性，克服自己不能吸引人的缺点，就可以达到最佳的自我状态。只要努力，任何人都可以做到这一点，无论男人还是女人。

　　7. 乐于做女人

　　提出"两性之间的战争将一直存在"这个危言耸听的论点的人，一定是个争强好胜的人。我一直弄不明白，为什么男女之间的性别差异会成为他们彼此斗争的原因？在我看来，还有许多其他的事更值得去斗争呢。

　　无论如何，视所有男性为敌人的女人，一定是受到了自然和人类的欺骗和利用，因此她们很少有机会得到男人的青睐，对此她会说："反正我恨男人。"

　　想和男人建立和谐关系的女人，首先必须乐于接受当一个母亲的角色，承认母亲在人类社会担任的是一个特殊的角色，同时了解女性的基本作用。而那些拒绝接受母亲角色的女人，并不仅仅限于所谓的未出嫁的"老姑娘"，还包括一些已婚女性，她们总是抱怨"身为女人就低人一等"、"自然在创造男人和女人时实在太偏心"，等等，这正好为"两性战争"提供了证据。

　　一个人能否坦然接受自己的性别角色，和结不结婚并没有多大关系，它是态度端正、感情成熟的自然结果。如果不能接受这种基本思想，男人和女人在一起时就不会得到幸福，结果就可能出现男人和女人之间的战争了。

　　如何与男人相处，很难总结出一套精确的公式，因为人与人之间的性格总是存在各种差异。但是这里提出来意见，至少可以指导你加深对男人的了解。

　　在我们理想的美好世界中，男人和女人将不会像天生就作对的敌人，而是携手并进、在友谊和爱情中共同工作、共同游乐、爱到永远的一对。

享受真正成熟的爱

　　"爱"是世界上被人们谈论最多，也是最难弄清楚的问题之一。它既可以激发艺术家的创作灵感，又是婚姻幸福和家庭美满的基础。如果失去了爱

成熟的人生

或缺乏爱，都会使人格破碎，或影响人格的正常发展。

　　然而，我们大多数人对爱的理解都是狭隘的，而且总是脱离不了家庭或性关系；同时，这种情感常常与占有、自负、纵容、依赖等纠缠在一起。直到最近，爱才被定性为一个严肃的科学课题，情况这才有所转变。许多心理学家、医生和科学家开始投入大量的精力，对"爱"这一课题进行思考和研究，把它当作人类的基本需求和影响人类发展的力量源泉。因此，我们将不得不对"爱"的传统观念加以修正和扩充。

　　那么，爱和成熟究竟有着怎样的关系呢？劳罗·梅伊博士在他的新著《人的自我追求》中说："能够付出和接受成熟的爱，是衡量一个人是否具备完全人格的标准。"梅伊博士还肯定地指出："大多数人都达不到这个标准。一般人对爱的理解，既暧昧又幼稚。"

　　例如，一个女人将毕生都奉献给了她的丈夫和子女，以至于和这个世界完全隔绝，这只不过是她的占有欲超过了她的爱。爱的真谛并不是限制，而是向外延伸。

　　再比如，一个男人对某个女人是如此的崇拜，以至于找不出可以与之相比的其他女人，这个男人也不能算有爱心的男人的榜样；相反，他是感情发展受到局限，强迫自己仍然停留在婴儿时期、保持依赖心态的典型。这是一种依恋，而不是爱。

　　也许只有先弄明白了什么不是爱，再来理解那种有助于人格完善的"成熟"就会相对容易了。首先，爱并不等同于电影中经常出现的男女约会、玫瑰加香槟式的浪漫故事，或作家笔下关于性剥削的激情。

　　泌尿科专家、美国婚姻顾问协会主席亚伯拉罕·斯通博士曾指出：大多数人所谓的"我爱……"，其真实含义往往是指"我要……"、"我渴望拥有……"、"我从……获得了满足"、"我利用……"或者"我深感罪恶"。科学家们认为，这些都是不真实的"假爱"。

　　还有许多父母把"爱"当成了放纵孩子的借口。实际上他们这样做只是溺爱，对于孩子的成长并没有什么好处。纽约的杜布斯波克儿童村，一直致力于重新训练那些需要指导的问题儿童。该机构主任哈罗德·P. 史泰龙说："我们每天都要解决好几起因为父母将'爱'与'姑息'搞混淆而导致儿童受伤害的事件。"

　　成熟的爱，就是耶稣所说的"爱邻如爱己"，也是柏拉图在《对话录》中所阐释的爱："从对一个人的关系开始，延伸到全人类和整个宇宙。"无论是夫妻之间、父母与子女之间，还是个人与全人类之间，爱的要素都是永远不变的。人与人之间的真爱不会阻碍人的成长，它肯定了人类其他方面的人格，有助于促进人的成长和发展。

　　我就认识这样一些父母，他们常常对女儿的婚姻感到不平——没别的，就因为他们的女儿想要嫁到某个遥远的地方。我还记得

柏拉图

有一位母亲曾悲叹说："为什么詹妮就不能找一个本地的男孩子结婚呢？那样我们也能常常见到她啊。你看，我们为她操劳了一辈子，而她却这么来报答我们，嫁给了一个把她带到千里以外地方去的男人！"

　　如果你说她这样做不是在爱她的女儿时，她一定会很吃惊的。的确没错，她混淆了"占有"和"满足自我"与"爱"之间的区别。

　　爱的真谛，不在于紧紧守住自己所爱的人，而是放手让他远走高飞。一个成熟的人，不会占有任何人的感情，他会让自己所爱的人得到自由，就如同让自己获得自由一样。"爱"是存在于自由之中的。

　　作家普瑞西拉·罗伯逊曾给"爱"做过这样的定义：

　　"爱，包含了给你所爱的人需要的东西，是为了他，而不是为了你自己，想想当别人把你需要的东西送给你时的感受吧；爱，包含了给孩子们所需要的独立，而不是那种'家长作风'式的剥削和专制；爱，包含了各种性关系，但这并不是对自负或青春期的狂乱追求的利用。我的定义还包括爱那些曾经让你了解自己是哪种人、你会成为哪种人的少数几个人，例如你的老师和朋友。它还包含了善良，包含了对全人类的关怀；它不是在一个人需要面包时投之以石头，也不是在他需要理解时给他面包。

　　"我们认识许多自作聪明的'善心'人，他们总是把我们不想要的东西

硬塞给我们，而把我们需要的东西愚蠢地留着不给。我认为，这些人不应列入有爱心者行列；而且我认为，心理学家们也会得出这样的结论，那就是他们无用的爱心在不经意间制造了敌意。"

人们总是说"爱是盲目的"，这句老话其实是最容易误导人的，我们只有擦亮爱的眼睛，才能看清楚身边的人。在我们身体内部，都有一个"冷漠的自我"，一个因为担心受到伤害或误解而宁愿隐藏起来的"敏感而封闭的自我"，我们会采用各种方式来伪装和保护它，例如沉默、害羞、进取、坚

哈佛大学

强等等；然而，我们内心却又一直希望能有人帮助我们发掘这种内在的真正自我。爱就具备这种力量，它可以透视人心，具有特殊的洞察力，能为"她爱他什么？"这个永恒的问题找到答案。

要想学会爱，我们就应该关心我们所爱的人的成长和发展，肯定和鼓励他们个性化的存在，尊重他们的本性，创造自由自在的气氛——这些都是"爱"所应具备的态度。爱，可以为他人提供在"爱"中成长的土壤、环境和营养。

"嫉妒"经常被人们拿来和"爱"相提并论。实际上，嫉妒是人们缺乏激发自己情爱能力的结果，是占有和驾驭他人的消极欲望。如果用付出来取代这种消极欲望，我们就能克服嫉妒。

我们来看一个女人是如何克服嫉妒、学会爱别人的。这个女人在我班上说：

"10 年前，我陷入了嫉妒的深渊而难以自拔。我担心失去我的丈夫，虽

然他并没有任何迹象值得我嫉妒的。如果真是这样的话，我反而不会那么痛苦了，因为这样一来，我就可以减轻自己因为恐惧和神经质而想象出来的羞辱感。我就像所有愚蠢可笑的妻子做的那样，搜查丈夫的口袋，检查他的汽车烟灰缸里的东西。我还经常整夜整夜地哭，到了白天又会产生新的猜忌。

"一天，我一照镜子，突然看见了一个令人讨厌的人，这个人就是我——头发乱糟糟的、脸色灰暗、衣服像套在一个扫帚把上的大袋子！

"'海伦，'我问自己，'你担心丈夫离开你。可是，这是他的过错吗？你该怎么办？'我决心制定计划，来改变自己。

"我开始减少做家务的时间，更加注意自己的仪表。我每天还会适当地休息，好增加自己的体重。我还找到了一份化妆品推销的工作，学会了如何使用化妆品。当我的外表开始出现变化时，我内心的感觉也逐渐变得好起来，我的态度也渐渐改变了。

"我丈夫也看出了我的各种变化，他做出了相应的反应，彻底打消了我的疑虑。就这样，我将原来浪费在嫉妒上的精力放在了别处，使自己成了丈夫希望看到的妻子。"

这个女人在明白了爱不是强迫，而是需要肯定之后，又重新获得了爱的能力。

当占有、嫉妒和支配之类的消极因素占据我们内心的时候，我们对他人真实的爱就会逐渐消失。这就好像任由野草蔓生而不去清除，那么世界上最漂亮的花园也会一片荒芜。

家庭关系中的一个悲剧，就是我们会经常在无意之中以"爱"的名义对他人造成伤害。例如，我们经常可以见到的现象是：苛求的父母会说，他们之所以那样做，全都是"为了孩子好"；宠爱孩子的父母也会说，他们这样做也全都是为了孩子的"幸福"。俄亥俄州哥伦布城的 S. F. 艾伦夫人就给我们讲了一个这方面的动人故事：

几年前，艾伦夫人和她的丈夫离婚之后，面临着独自承担照顾自己和两个孩子的责任，她顿时被压得喘不过气来。在她看来，要想培养好孩子，就需要严厉的管教。

"我定下了规矩，"艾伦夫人说，"绝不听他们找的任何借口。我从不找孩子商量，不愿听取他们的意见，而且还规定他们什么时候应该做什么事。他们没有机会独立思考，有的只是一套必须遵守的规矩。

"于是，我们家开始出现微妙的变化，孩子们总想躲开我。他们还对我任何爱的表示进行躲避。我知道，他们是怕我，是怕我这个当母亲的！

"我开始自我反省，明白了我所做的一切根本不是为孩子着想，而不过是把离婚所造成的压抑情绪发泄到了他们身上——是我让孩子们在无形中承担因为我自己的过错而造成的苦难。怪不得他们会有那么明显的反应，虽然他们还不明白这些。

"我开始努力消除他们身上这种无形的压力。我祈求上帝，试着从新的角度来对待我的孩子。首先，我把他们当作人来看待，而不是当作负担或责任。我放弃了一些家务，抽出时间来陪伴孩子，和他们一起做游戏，或者是去一些有趣的地方玩。我学会了如何指导他们，而不是只会对他们下命令。

"当我的心情放松之后，欢笑和歌声又重新回到了我们中间。爱、亲情与快乐，这些都反映在了我和孩子们的身上。我们的关系恢复了，而且正在日益加强。有了这样的气氛，所有的问题也都变得简单而容易解决了。"

艾伦夫人不仅学到了"爱"，而且学会了用"爱"来治疗家庭生活中的创伤。

爱的能力，不仅决定了我们和家人的亲密程度，而且决定了我们和其他人的关系。例如，我们对朋友、工作、居住地以及世界的态度，也往往和我们在家庭中付出和受到的爱成正比关系。

心理学家弥尔顿·格林布拉特说："如果一个孩子能接受爱的教育，那么他就能懂得自爱和爱他的家人，直至他能够以博爱的胸怀去真诚地爱所有的人。"

亚希莱·孟德斯博士在他的著作《人类发展的方向》中指出，几乎所有的宗教都认为，"生活"和"爱"其实是同一个概念。他总结指出："现在看来，人类能够依赖的、能够指引他们未来发展方向的主要原则，很明显，只能是爱。"

那种只把"爱"留给家人和好朋友的观念是错误的，因为我们越是爱别人，就越容易获得爱的能力。爱，是存在于整个人格之中的，它是给一切活动送去光辉的伟大能源。有爱心的人，对工作、对同胞和生命总是充满了热情，他们能够健康长寿。

对于我们每个人来说，拥有成熟的爱的观念非常重要。在美国，每年有40 万对夫妻离异，还有成千上万桩婚姻到了破裂的边缘。就全世界来讲，则一直存在国家分裂、种族对抗、国家与国家之间的对立和战争。如果人类还想继续存在，就必须学会爱，学会和谐相处。

第五章　友谊有助于促进成熟

不要跌入孤独寂寞的陷阱

5年前，我的一位朋友的丈夫去世了。从此，她开始了饱受寂寞之苦的日子。

在她丈夫去世一个月之后的一天晚上，她来问我："我该怎么办呢？我应该住在哪里？我怎样才能重新得到快乐？"

我向她解释说，她的焦虑都来自她所遇到的灾难，她应该及时摆脱忧虑。我建议她，尽早走出忧愁的阴影，重新建立新的生活和新的快乐。

"不，"她回答说，"我不会再有快乐了。你看，我已经老了，子女们也都结了婚，我没有地方可去。"

这位可怜的母亲患上了可怕的自怜症，可是她对这种病症的治疗方法又了解不多。在这5年当中，我一直关注我这位朋友，结果很不容乐观。

"要知道，"我有一次对她说，"你不能老是让别人来同情你、可怜你吧？你可以重新开始生活，结识新的朋友，培养新的爱好，来取代那些旧的。"

但她只是听着，并没有真的记在心里。她太自怜了。最后，她决定把自己的快乐寄托在子女身上。于是，她搬到女儿家住了。

然而，这实在是一个错误的决定，她们母女俩后来竟然反目成仇。她只好又搬到儿子家住，结果也是很不愉快地分手。

她的子女别无选择，只好让她搬到一层公寓中独自居住。但这解决不了根本问题。一天下午，她哭着告诉我，说她的家人抛弃了她。

她想让全世界的人都可怜她，她当然永远得不到快乐。她是个不可救药的自私女人，虽然她有 61 年的人生经历，但就感情而言，她还是个小孩子。

寂寞的人永远不明白，爱和友情是不会像包装精美的礼物那样被送到手上的，受欢迎和被接纳从来也不是那么能轻易到手的。人应该努力去赢得别人的喜欢，爱、友情和美好时光是不能通过谈判获得的。我们要面对这些现实！

配偶死了，但是法律并没有剥夺活人享受快乐的权利。不过他（或她）必须明白，快乐并不像救济金或施舍品那样，是他（或她）理所应得的。我们必须努力，让自己成为受人喜爱、受人欢迎的人。

下面这个真实的故事就讲了这样一位老妇人，她通过自己的努力，使自己成为一位受人欢迎和受人尊敬的人。

克劳伦斯夫人这是第一次出海旅行。她乘坐的客轮正在地中海航行，许多快乐的夫妇和未婚的情侣都在这艘轮船上度假。而 60 多岁的克劳伦斯夫人就穿梭在这些欢乐的游客之中，虽然她一个人独自出门，却满面春风，神情愉悦。

这次旅行，也是克劳伦斯夫人第一次在海上验证寻找快乐的诀窍。克劳伦斯夫人是一个寡妇，也曾像我前面讲过的那位朋友一样伤心难受，但有一天早上，她猛然醒悟过来，摆脱了悲伤，开始投入到新的生活。

这是克劳伦斯夫人经过一番深思熟虑之后做出的决定。克劳伦斯夫人的丈夫曾是她全部的爱和生命，但是他死了，留下她一个人在这世界上，她必须让这一切成为过去。

于是，她原来的绘画爱好重新进入了她的生活，成了她生活中最重要的活动。正是绘画陪伴她度过了那段悲伤的日子，还带给她最大的回报，那就是她自己独立的事业。

因为失去了丈夫这个伴侣和力量，克劳伦斯夫人在最初那段时间根本不愿意出门。她怕见任何人，而且觉得自己长相平凡，又囊中羞涩，所以在那段被怀疑和绝望包围的日子里，她问自己能做什么、怎么做才会被人们接受，并受人欢迎。

答案终于找到了！要想被别人接受，就必须乐于付出，而不是乞求别人的给予。

成熟的人生

克劳伦斯夫人开始以微笑替代悲哀。她辛勤地作画，出门去看望朋友。当她做这些事情的时候，她会经常提醒自己，要露出欢乐的表情。因此，在和别人相处时，克劳伦斯夫人总是谈笑如常，又从不过多地停留。不久，朋友们开始争相邀请克劳伦斯夫人去参加各种晚宴，社区活动中心也邀请她办个人画展。

几个月后的一天，克劳伦斯夫人在傍晚登上了这艘开赴地中海的客轮。在客轮上，克劳伦斯夫人很快就成为最受欢迎的游客：她对任何人都是那么善良友好，同时又保持一种超然的态度，从不介入别人的私事，也绝不依附任何一个人。

第二天，客轮就要靠岸了。这天晚上，全体游客在克劳伦斯夫人的房间举行了一次最快乐的聚会，克劳伦斯夫人则谦逊地回报大家的邀请。

后来，克劳伦斯夫人又好几次出海旅行。每次旅行时，她都是这样做的，她也因此成为受人欢迎的人。

克劳伦斯夫人已经懂得，若想得到别人的友谊，自己首先必须热爱生活，并愿意奉献自己。因此，无论她到哪里，都能制造出和谐的氛围，受到人们的热情欢迎。

尽管我们在医药方面的研究一直进步神速，但我们所生活的这个世纪却出现了一种新的疾病，那就是"大众寂寞病"。加利福尼亚州奥克兰米尔斯学院的李思·怀特院长，曾针对这个问题向出席基督教女青年会晚宴的听众们做了一场精彩的演讲，他说：

"20世纪的主要疾病，是寂寞。正如大卫·雷斯曼所说的，'我们都是寂寞的人'。随着人口的迅速膨胀，人们之间患难与共的真情已经逐渐消失……我们生活在一个毫无个性的世界。我们的事业、政府的规模、人们的频繁迁徙，等等，这一切导致了我们在任何地方都无法获得持久的友谊，而这还只是令数百万人备觉寒冷的新冰河时代的开端。

"对上帝和同胞的爱，都可以被称为纯真的热情。只要有了爱，我们就能对抗腐败灵魂的侵蚀，就能摆脱宇宙的孤寂，营造出善良友爱的精神氛围。"

如果想要克服寂寞，我们就必须努力创造怀特博士所说的"精神氛围"。

无论我们走到哪里，都要通过自己的努力，创造出温暖而友爱的环境。

对我们来说，要想克服寂寞，就不能再继续自我怜悯，应该走进光明，结识新的朋友，和他们一道分享快乐——虽然这需要很大的勇气，但是很多人都做到了。

根据调查显示，就夫妻而言，大多是妻子比丈夫要长寿。从表面看，妻子一旦失去了丈夫，就不再容易开拓新的生活。男人因为工作的关系，会强迫自己努力奋斗，所以从自然规律来讲，他们的确比女人强壮，也更富于进取；而女人因为要尽到她们的"职责"，例如照料好她们的家庭和家人，所以她们很少有心理准备，当她们守寡之后，必须独自走完人生道路，并快乐地走下去。不过，只要她们能学会成熟，就一定能做到这些，而不是空度余生。

当然，并不只有寡妇、鳏夫才会感到寂寞，即使是那些单身汉或选美皇后，也有可能患上这种孤独寂寞的大众病。在一定程度上，这种疾病或许更青睐都市里的陌生人和乡间教堂的独奏者。

几年前，年轻英俊的单身汉约翰独自来到纽约闯荡世界。他英俊潇洒，又受过很好的教育，而且曾周游过各地，因此对自己的未来充满了希望和信心。

进入纽约这个大都市后，在白天，约翰有许多销售会议要参加，可是到了晚上，他却陷入了孤独寂寞之中。他不习惯一个人吃饭，也不喜欢一个人去电影院看电影，当然更不想去麻烦住在城里的已婚朋友——而且，我们不妨明说了吧，他也不喜欢那种主动投怀送抱的女孩子。

显然，约翰想要的是那种好女孩子，但她绝对不能是从乡村酒吧里出来的。约翰也不愿加入"寂寞者俱乐部"，或者去社交服务中心解决他的这一特殊问题。最后，寂寞难耐的约翰只好无可奈何地离开了这个他原本企图寻求发展的城市。

我知道，城市可能反而比乡间小镇更容易让人感到寂寞孤独。一个在城市生活的男人也许要付出比在乡村更多的心力，才能被人接受、受人欢迎；他必须事先想好，自己下班之后应该有什么样的生活和兴趣，然后再去寻找那些场所。他一定渴望能找到趣味相投的朋友，但这都要靠他自己去主动争取。

　　一个人刚来到城市时，有许多事情可以做。例如，他可以加入教会，或者去与他的特殊兴趣相符合的俱乐部寻找友谊；他还可以在成人教育班上找到志同道合者。但是，独自一人去餐厅吃饭或去酒吧喝酒，是永远找不到他所热切渴望的友谊的，他必须自己想办法解决自己的问题。

　　我在几年前认识了两个女孩，她们在纽约市的东区合租了一套公寓。她们是两个非常可爱的女孩子，也都有一份好工作——当然，她们也都渴望受人欢迎。

　　其中的一个女孩子对待生活很认真，可以说她的智慧超出了她这个年龄所应有的。作为一个单身女孩，要想在大城市里幸福地生活，必须计划缜密。于是，她加入了一个教会，所有活动从来没有缺席过。她不仅参加各种讨论会，还选修了关于人格修养的功课。她努力结交那些好人，用自己的努力换来了健康幸福的生活。

　　她总是有理智和节制地享受娱乐，小心谨慎地安排她的社交生活，避免人们将她和哪个男孩子联想到一起。当然，初来纽约时，她也曾感到过孤独寂寞。她当然不喜欢这样的生活，所以她采取了行动。

　　现在，我们成了常常见面的朋友。她幸福地嫁给了一位年轻而能干的律师。是她亲手造就了自己的幸福生活——请注意，我用了"造就"这个词。

　　至于她那位室友，情况又如何呢？她当然也和她一样孤独寂寞，但是选错了道路。

　　这位室友也交了朋友。不幸的是，她所结交的朋友全都是常常泡在酒吧里的人。终于，她也不得不加入这样一个俱乐部——戒酒俱乐部！

善于发掘人性中善良的本质

　　纽约市的琼·李·罗瑞给我来信，告诉了我一些有趣的人和事：

　　"一天上午，大约是在 11 点钟左右，在我毫无心理准备的情况下，我的公司突然被两个生意人用所谓的'法律手段'夺走了。我一下子惊呆了，立即去找我的律师。在向律师咨询之后，我不得不接受事实。要知道，我自打出生以来，从来都没有像这次这么恐惧过。转眼之间，我就失去了一切。下午2点左右，我来到工厂，向生产部经理路易斯小姐讲了事情的经过，然后和其他员工一一道别。这些人大都是从一开始就跟着我做事的。

"但是，在新老板接手的时候，竟然发生了令人难以想象的事情：整个公司的所有人全都收拾好了自己的东西，他们辞职了。新老板向他们保证，如果他们留下来，他会给他们满意的条件。他还特意找到路易斯说，只要她肯回去，就答应给她一份终身职务。但是路易斯回答说：'我并不是非得靠你们这种人才能活下去。'

"新老板都快急疯了。因为他们有大量的库存和机器，可是又没有人懂生产技术，也找不到愿意为他们工作的人。

"我的那些员工去政府部门申请失业救济金，但是当政府部门打电话到公司核实时，新老板却说：'这些人在我们这里有事情做，可以让他们回来上班。'但是员工们没有接受，他们当然也没有得到救济金。我不能为他们做什么，我自己现在已经分文全无了，我的一切都归公司所有。

"接连5个星期，情况都没有任何变化。我心里着急那些员工们靠什么生活，因为他们总是很快就花完当月的工资。但是到了第六个星期时，新老板不得不投降，他们只是得到了公司的一个空壳，因为他们根本就无法开工。那天下午4点钟左右，公司又合法地回到了我手中。第二天一大早，所有员工又全都回来上班了。

"当我失去公司的那一刻，的确出现了最糟糕的情况。我无能为力，只剩下员工和我之间相互真诚的尊重、欣赏和理解。在危急关头，正是他们以最真诚的忠心对待我，使得新老板没有选择，只能把公司归还给我。我永远感激他们，这个世界上不会有人像我这样幸运，拥有这么多可爱的朋友。"

这是一个多么感人的故事啊！

那些成熟的人，正在不断地发现我们人类的可爱之处。至于那些只会说搞政治的人全都是骗子、大公司都缺少人情味、当老板的都是奸商的人，显然还没有达到成熟。

来自西弗吉尼亚州的达尔·帕里，也在1944年从海上的一艘自由轮船中学到了这有用的一课。他的经历完全可以作为我们学习的范例。

当时，帕里先生还是航海学校的一名学员，他是以甲板水手的身份在轮船上当实习生。这是轮船上最低的职位，船上几乎任何一个人都可以对他发号施令，而他绝对不许违背，否则不管谁提出对他不利的报告，他就得回部队去。帕里先生说：

"那位船长对于这种实习制度根本不屑一顾，而且他对于来自商业航海学院的所有人和事也都不以为然。因此，我的日子过得并不好。

"当我和这些冷酷无情的人一起度过4个星期之后，我的功课落了许多。本来，我每天要花6个小时温习功课的。现在，我不得不想办法了。我决定去找船长谈一谈。一天晚上，我手上拿着一本书，小声地敲了敲船长的门。

"'是谁啊?'他大声问。

"'是我，帕里。船长，我——'

"'你他妈的究竟想要干什么?'他生气地问我。

"'是这样的，船长，不知道您是否能帮我解释一下我遇到的棘手问题，我想我会深表感激的。我相信，凭借您多年来的出海经验，一定遇到过不少类似这样的问题，知道该怎么处理的。'

"'当然没错。'船长说，'让我看看。'

"当我走出船长的房间时，他答应我每天可以有4个小时的时间专心复习功课，还有两个小时在甲板上服务，4个小时执勤。船长变成了一位善解人意的大好人。"

只要我们用心观察，消除心中的忧虑，我们将会发现这些可爱的同胞是多么的善良、仁慈而慷慨。

有一年夏天，康涅狄格州的梅德河洪水成灾，如果不是靠勇气和邻里之间的相互鼓励，住在那里的人们有几个能幸存下来呢?

每当有死亡和灾难降临时，我们都能从中学到一些关于人生的新知识。我有一个朋友，他曾因为参与镇上的派系斗争，结果和自己的邻居闹得势不两立。后来，他因为车祸受了重伤，被送进医院治疗。

圣诞之夜，我这位朋友躺在医院里，内心觉得非常凄凉。这时，他的两个邻居前来看望他，而他原以为他们会对他非常痛恨的。他们给他送来了一份圣诞礼物，这是一只装满了礼物的巨大的蓝色圣诞袜。

我认为我已经没有必要费更多的笔墨，去评论我的朋友是如何通过这件事改变了他对人们的看法了。

我始终认为，大多数人的本性是善良的。如果我发现自己对此有所怀疑时，就会走进书房，打开书桌中的那个小抽屉，读一封我一直珍藏的信。这封信是梅伊·卡莱夫人写给我的。她在信中写道：

"在我12岁那一年，我父亲借给一个邻居1800美元，使他保住了他的农场。几年以后，尽管那个邻居已经有能力还钱了，可是他一直没有还这些钱。

"有一次，那个邻居喝醉了酒。他突然想到如果我父亲死了，他也就不必还那笔钱了。于是，就在我父亲晚上开车进城时，他故意开车撞向我父亲的车子，结果我父亲被当场撞断了3条肋骨和一条胳臂，另一只手也受伤严重。那个邻居若无其事地开车扬长而去，把我受伤的父亲丢在路上不管。

"一个住在城里的朋友知道了这件事之后，找到了我的父亲，带他进城去了医院。当我父亲一手扶住受伤的肋部，坐在路边等医生叫他时，那个喝醉的邻居又出现了。他丧失人性地一脚踢在我父亲下巴上，结果我父亲的下巴又严重受伤，而且还导致腺体受损，甚至连体内其他一些腺体也受到感染。

"不久，医生带警察赶来了。可是我父亲并没有让警察把那个邻居带走，说他是因为喝醉了酒才这样做的。他还说，如果逮捕那个人，只会给他的家人带来更多的麻烦。

"父亲住进了城里的一家医院，接受了各种治疗。但是一年半以后，他还是没能活下来。在去世之前，父亲把我们5个子女叫到他身边，显然是有话要嘱咐我们。

"父亲紧紧地握住我的手，说：'答应我，永远不要和邻居的任何一个孩子为敌。要让他们像你一样，长大后成为社区受人尊重的人。心中只有仇恨的人，是绝不会有快乐的。'

"这对于一个小孩子来说，实在是最难信守的承诺。但是我做到了。30年来，我一直信守着这个承诺，而那个邻居的孩子现在成了我最好的朋友。"

这个像上帝一样的父亲，是多么富有同情心和谅解心啊！他的邻居借了他的钱，还使他受伤，以至于丢了生命，但他并不怨恨对方，还要求他的家人不要因为这件事而怀恨对方及其家人。

来自加州格兰德尔的威拉德·柯罗斯莱医生也给我讲了他的一次经历。当时他还在医学院读三年级，他认为这是一次非常有趣而又富有教育意义的经历。

一个星期六的上午，院长要做一堂关于药理学的重要讲座，但是柯罗斯莱却偷偷地逃了出去，和一个漂亮的金发护士约会去校外野餐。

就在柯罗斯莱准备为女友吟诵诗歌时，突然有人向他们走过来。

"我一抬头，"柯罗斯莱医生说，"正好遇到了院长的眼光。他是带他的女儿出来收集药草的。我当时既不敢站起来，也说不出一句话，我想我一定吓坏了。但是院长只是看了我一眼，然后就皱着眉头走开了。

"他一离开，我立刻就慌了。什么野餐、什么金发女友，再也提不起我任何兴趣了，我心里只想着自己就要结束这3年的医学院生活了，我将会被开除。

"回到学校交谊厅之后，我把这件事告诉了我的一些好朋友，他们也都说这件事不容乐观，甚至还有一个人拍着我的背说：'啊，也许你不想当医生了吧？'还有人来问我的书多少钱才肯卖给他们。我就这样悲惨地度完了我的周末。我决定星期一上午去找院长。

"我找到院长后，说：'院长，我想为我上个星期六的无理表现向您道歉。我遇见您时，既没有站起来，也没有向您问好，我确实太没礼貌了。'

"院长似乎觉得很好笑，他说：'威拉德，我在年轻的时候，也做过你那样的事。别担心。对了，你们玩得还好吧？'

"我这才放松下来。原来院长是这么一个富有人情味的人，他知道年轻人是怎么生活、工作和娱乐的。我认为，这也许正是他能当院长的原因吧！"

柯罗斯莱医生说的没错，这正是好人通过培养自己的成熟，来发现快乐、获得成功的内在原因，也正是光明和黑暗的区别所在。

来自新泽西的J．W．阿尔伯特先生，也讲了他被召回海军服役时所获得的对人的新认识和感受。当时，他正担任在圣地亚哥执勤的一艘驱逐舰的轮机长。

　　"像是海军的一贯传统做法，"阿尔伯特先生说，"他们竟然让我这个愚笨的会计师去负责舰上的那些锅炉室、轮机室和其他所有的机械设备，而我对这些根本是一窍不通。

　　"我这一辈子都没去过几次轮机室，因此在上舰前的一个月我就非常担心，上舰后也有好几个星期一直不适应。后来证明，我的这种担心完全是没有必要的，因为没有什么困难克服不了的，一切也都运转正常。

　　"在舰上大约干了一个月之后，我们得到了3天的周末假。当我向手下人宣布这个好消息时，我非常愉快地告诉他们：'我们之所以能得到这个特别假期，完全得益于你们在过去一个月的优异表现，因此我非常感谢能有机会和你们合作。你们所有人都能尽职尽责，正是这种共同努力，使我们的轮机部门变得坚强无比。'

　　"当时我说这些话时，并没有想过其中有什么特殊的含义。直到过了几天之后，我才有所领悟。其实这是一个事实啊！这些人都尽到了自己的职责，都表现优异，而且正是他们做好了我一度没有把握做好的事情。而我原以为是我一个人承担了全部的责任！

　　"我当即明白了我们根本不必担心会因为我们的失误而使得整艘舰船被炸毁，也不必担心我们不能及时完成任务。我还知道了我们并不是孤立无援的，因为总是有很多好人在我们身边，他们会帮助我们，如同我们帮助他人一样。"

　　是的，这个世界上到处都有好人。当然，骗子、恶棍、盗贼、流氓也会隐藏在人群当中，我们在人生道路上也难免会遇到这类人。这就像有燕子飞来并不代表春天已经到来一样，即使偶尔遭遇一两个坏人，也并不代表全世界的人都是坏人。当然，这需要一个人相当成熟，才能领悟这个道理。

　　我们自己的行为和态度经常造成他人的一些行为反应，使得我们变得愤世嫉俗，武断地认为"这世上就没有好人"。

　　当我几年前来到纽约开展一项新事业时，也曾因为一次痛苦的经历而付出了高昂的代价，结果我白白地搭进去好几百万美元。

　　在很长一段时间里，我心中的怨气一直难以平息，可是也无可奈何。我开始相信人们以前讲的关于大都市里肮脏的商业伦理故事，认为这些全都是可信的，我本人是中了奸商的诡计，成了商业欺诈的牺牲品。

后来我慢慢想通了。如果我当时能稍微动动大脑想一想的话，整个事情可能根本就不会出现那样的结局，全都是我自己的轻信和愚蠢造成了那样的后果，我只能怪自己，和别人毫不相干。

当然，我们情愿相信自己是因为他人的恶行而受害，也不愿意承认因为自己的愚蠢而导致失败。所以在现实生活中，人们最难说出口的一句话就是"我是个傻瓜"。但是，当我们长大成熟，脱离了感情上的婴儿期时，我们就一定能对自己说这句话。

任何一个小孩子都能告诉你人性中的丑陋面，例如自私、愚蠢、贪婪和自负。只有具备了成熟的洞察力，才能感知人类善良的本性，才能发掘人性中所蕴含的巨大资源和潜能。

如何赢得友谊

当我 15 岁的时候，还是个爱幻想的孩子。我常常想自己总有一天会写出一部全美国最伟大的小说，于是，我就开始沉浸在梦想中：似乎已看到周日报纸上连篇累牍的好评，似乎听到了经久不息的掌声，似乎闻到了袅袅传来的香火味。我还幻想着去巴黎参观时应该穿什么样的衣服，高兴地看到人们到处引用我的文字，凡是我所到之处总有人追随和敬仰我。

就在我做这些梦的时候，我根本没有想过创作必须付出血泪和汗水，必须用辛劳来换取。在我梦想的天堂中，有的只是荣耀，而没有荣耀背后的付出。

所以，你们不可能在美国伟大作家的名录中找到我的名字。我也渐渐明白，伟大的作品都是由那些只顾埋头写作，而不图任何回报的人创作出来的。

我在年轻时曾有一种愚蠢的心态，既渴望友情，可是却又只愿意和别人保持某种比较满意的关系。我这种心态正好和许多人一样：既想要别人对自己感兴趣，但是却不肯花精力让别人来接受自己。

在我的成人教育课程培训班上，我发现许多人都很自卑，他们总是这么想："我过于害羞胆小，不能吸引别人的注意"；"看来没有人愿意对我感兴趣"；"别人并不渴望认识我"……

别人凭什么要对你感兴趣呢？在这个世界上，也没有人有义务去必须喜欢别人。无论是做生意还是在社会交往中，假如我们不能拿出别人想要的东西，我们就没有任何理由让别人来主动讨好我们。

中国的思想家孔子曾经说过："不患人之不己知，患不能也。"因此，要想赢得别人的友情，就必须甩掉包袱，不要担心别人是否会喜欢我们，而且要尽量发掘我们身上潜藏的基本素质，激发别人来赏识我们。

著名女歌唱家玛丽安·安德森曾对她生命早期的某个阶段做了感人的描述。在那段日子里，她因为深陷失败和颓丧的心境而难以自拔，她觉得自己将永远不能唱歌了。但是，经过一番祈祷和心灵的探索之后，她逐渐找回了继续奋斗的信心和勇气。

一天，她满心欢喜地对母亲说："我想要歌唱！我希望大家都能爱我！我渴望追求完美！"

母亲郑重地对她说："这是一个伟大的目标。但是，孩子，在这个世界上，即使是我们最完美的主，也没有赢得每一个人的爱。要知道，恩宠是永远位于伟大之前的。"

玛丽安·安德森

母亲的话深深地刻在了安德森的心中。她重新开始了歌唱事业，并为实现完美这一目标而奋斗不止。她并没有停留在空想阶段，她明白了"恩宠先于伟大"的道理。

J. 艾伦·布恩是好莱坞著名喜剧片《狗明星"强心"》的主演。在观察那条名叫"强心"的明星狗表演的过程中，他学到了不少东西，又为此而特意写了一本书《给"强心"的信》，结果大为畅销。

根据布恩先生介绍，强心是一只很了不起的狗，它总是能非常愉快地执行他的各种命令，在电影中表演剧情所需的各种动作。更难得的是，强心这么做并不是为了得到什么报酬，而是出于爱及享受做好事情所带来的快乐。有好几次，强心纯粹为了自身的乐趣而表演。布恩认为，这也许正是强心能成为电影明星的原因。

布恩先生还谈到了他曾接触过的一个跳舞蹈的年轻女孩子。当她和他第一次试跳的时候，紧张得就像新娘子出嫁，生怕自己会失败！

于是布恩轻声地安慰她说："不要在意结果，你就只当纯粹是为了享受跳舞的乐趣，是为上帝而跳。"

结果，女孩的心态很快就发生了彻底的改变。

同样的道理，获得友谊的全部秘诀，也在于不要担心结果，不要在意别人是否会喜欢我们，而是要立即行动，努力去做所有能激发爱和友谊的事情。

在这方面，威廉·奥斯勒爵士的话很值得我们深思，他说："我们应该做的，不是观望那虚无缥缈的未来，而是要脚踏实地，做好眼前的每一件事情。"

作家荷马·克洛伊是我最要好的朋友之一，他的人缘非常好，凡是和他接触过的人——无论是清洁工还是百万富翁，无论是男人、女人还是小孩——当他们和他在一起待了 15 分钟之后，就一定能感受到他的温情，因为克洛伊能让他们迅速知道一件事，那就是他真的喜欢他们。

小孩子们都喜欢和克洛伊玩，朋友家的佣人也愿意极力施展厨艺，为他做各种好吃的饭菜。如果主人说"荷马·克洛伊要来！"没有人会感觉不愉快的。回到家里时，荷马·克洛伊也是深受夫人、女儿和孙子爱戴的对象。

尽管克洛伊如此深受欢迎，但是他的秘诀说出来却非常简单，那就是他真诚地爱别人。这个人是什么身份、做什么工作，他都觉得无关紧要；在他看来，只要他们属于人类这一点就足够了。

当克洛伊和一个陌生人相遇时，总是能立即和对方交上朋友。他靠的不是吹嘘标榜自己，而是询问那个人的一切，甚至是一些听起来很琐碎的问题。他并不是一个琐碎的人，但是他的确对每一个新结识的人都感兴趣，而且是真心想了解他们。

我就曾亲眼见过一些倔强而玩世不恭的人，他们在和克洛伊初次接触之后，就像花儿见到阳光一样立即盛开。这正如约瑟夫·格洛大使所说的："外交的秘诀可以概括为一句话：'我喜欢你。'"

荷马·克洛伊从来没有对交朋友的事情而烦恼过，他把每一个人都当作朋友，而且他并不在意别人是否喜欢他这样做，他只是集中心思去喜欢别人，而没有浪费精力去思考这样做将会产生什么结果。

对于一个富有经验的推销员来说，他知道如果担心自己不能成功地向客户推销产品的话，将会给自己造成心理障碍，从而会影响他适当地介绍产品。

通用制造公司前董事长哈瑞·布雷斯在大学期间，曾靠推销缝纫机为生，他总结说：

"要想在推销员这个岗位上取得成功，就不能刻意去想自己能推销出去多少产品，而是要集中精力，向客户介绍自己能为他提供什么样的服务。

"如果一个人将精力用在为他人更好地服务上，就会拥有难以抗拒的力量。想想看，你怎么会拒绝一个想要帮助你解决问题的人呢？

"我对那些推销员说，如果他们一天到晚心中想的都是'我今天要尽力多帮助一些人'，而不是'我今天要尽力多推销出去一些产品'，那么他们将会发现，要接近客户并不是什么难事，然后他们的推销成绩也会好得出奇。能够帮助同胞获得快乐、轻松生活的推销员，才是最棒的推销员。"

打高尔夫球时，教练会叮嘱我们眼睛不能离开球；向成年人传授说话技巧时，我们也会告诫学生，要将心思集中在他想要表达的信息上。紧张、害怕都是因为担心结果而导致的，所以当然也是不可取的。

我自己就曾吃过这种苦头，并学到了这一点。我年轻的时候，曾是一个腼腆害羞的人，天生就不善于在公开场所讲话，如果让我面对一群听众说话，简直比让一个普通人面对国会调查委员会还要难。

有一次，我的一个最要好的朋友看到了我紧张的样子，因为过两天我就要面对一群特别挑剔的听众做一场演讲。我是如此的担心，于是我就去找这位朋友商量。

"如果他们反对我的看法，我该怎么办才好？"我神色紧张地问我的朋友，"如果他们不喜欢我呢？"

"哦，"他说，"他们为什么要喜欢你？你能为他们做什么呢？你认为你要告诉他们的事情很重要吗？"

我说："当然。我认为我要讲的内容是很重要的。"

"那好吧，"他直截了当地告诉我，"你不妨把你想要讲的内容全部讲出来，我觉得这与他们如何看待你个人并没有什么关系。只要你把要讲的讲清楚了，即使他们不喜欢你也无关紧要，因为你已经做了你该做的事。"

在朋友的启发下，我终于放松下来，成功地做了这次演讲。

我相信，由于担心自己是否受人喜欢、是否受人赞美而导致不能发挥正常水平，这种经历可能每个人都曾遇到过。但是，要想赢得友谊，就像其他任何一种成功一样，也必须付出全部努力，而不能只靠被动的等待和接受。它必须靠我们主动去赢得，而不是被动地吸引。赢得朋友的能力和善于交际应酬的能力并没有什么关系，它更多的是一种心态，是一种面对生活和别人时的态度，还是一种想要付出的欲望。

《史诺普郡的少年人》一书的作者 A．E．霍斯曼，可以说是英国最伟大的知识分子之一。他是一位诗人、评论家、演讲家和教师，他对于自己敢蔑视教会教条和被他称为"宗教民俗"的东西而感到骄傲。

但是，当霍斯曼在牛津大学发表题为《诗名与诗性》的演讲时，他这样说道："我认为，人类最深刻、最真实的话，就是'吝惜生命的人，必将失去生命；而为我失去生命的人，则必将获得生命'。"

霍斯曼这篇演讲主要讲的是艺术和美学的关系。他提醒艺术家们，要致力于创作，而不要贪图创作可能带来的报偿。其实，他的这些话不仅对艺术创作来说是确切中肯的，而且对于获得事业的成功、对于获得友谊、对于所有人类的努力也都同样适用。

我们必须弄清楚"因"和"果"之间的关系：我们要想获得爱，首先必须付出爱；要想获得友谊，必须先待人友好；要想吸引别人，使别人对我们感兴趣，就必须先向对方表达我们的兴趣。

如果我们为了获得友谊和真情，已经采取了付出而不是接受的态度，那么我们接下来要做的就是把这种态度表现出来，使它获得实效。光凭心灵的纯真善良还远远不够，只有这样付诸实践，我们才能获得令自己满意的效果。

我们就以夫妻为例来说明这个问题。虽然夫妻双方的感情不必每天都用言语表达出来，但是，如果我们不用某种合适的方式来表达的话，这种感情就有可能因为缺乏滋养而渐趋枯萎。我们不就经常听到一些做妻子的说，她只希望自己的丈夫能偶尔夸奖一下她在某些小事上的贡献吗？

当然，还有许多形式可以帮助我们表达这种赢得朋友的态度，例如敏锐地获悉他人的需要，待人慷慨、热情机敏，等等，这些都是内在态度的外在表现。如果能做到这些，你也就能获得友谊。友谊确实是要经过赢取才能获得的。

爱是人类不断进步的基础。我们与别人的友谊如何，也是衡量我们的感情是否成熟的一个标准。我们必须明确别人的感受；我们还必须明白，当我们伤害他人的同时，我们自己也会受到伤害。这样，我们就能成为心理学中的"神人"，也即与他人的"同感"，这也是成熟的一个基本要素。友谊正是对"人类之爱"真实含义的领悟，是人与人之间感情的契合，它划清了文明和野蛮的界限。如果我们带着成熟与他人交往，就一定能获得这种友谊。

第六章　自觉做到老有所为

老年是人生的第二高峰

"我怕的并不是人会变老这一事实，"我的一位朋友不久前对我说，"而是担心人一旦老了，就会表现出一些令人不快的言行，例如自怜、埋怨、软弱、变成'老小孩'、喜欢追忆往事。如果真是这样，我倒觉得还不如死掉算了！"

谁又不是像他这样怀着同样的心理呢？但事实是，我们未必都会变成那样！除非我们患了老年痴呆症，否则我们就没有理由不允许80岁的老人仍然保持20岁、30岁或40岁时的优雅、风趣和价值。

我们先来了解世界上一些杰出人物的真实例子，看看他们是如何渴望成熟而不是变老的：

身材瘦小、性情豪迈的英国哲学家伯特兰·亚瑟·威廉·罗素在90多岁时，抱怨的居然是自己已经不能毫不觉得疲倦地一口气走5英里以上的路！他这样说："我发现，大多数退休的人，都是在退休之后没过多久，就因为枯燥无聊而死掉的。即使是一个天生就很活跃的人，虽然他相信轻松地度过一生

签署《凡尔赛合约》

会很快乐，但他还是会发现英雄无用武之地的生活是令人难以忍受的。我也承认，那些善于享受人生的人更容易活下去，但是对于一个生命力足够旺盛

的老人来说，除非他能保持活跃，否则他也未必能生活得很快乐。"

再比如，缔结《凡尔赛和约》的意大利已故首相维多瑞奥·艾曼纽尔·奥兰多在 94 岁时，每天仍然能工作 10 个小时。他一人身兼多职，有意大利议会议员、一家法律顾问公司的成功合伙人、律师公会理事长和罗马大学教授。

伟大的外科医生拉斐尔·巴斯安里利博士在 90 岁时，仍然每天坚持执行一个连那些年轻人都不敢涉足的工作计划。他每个星期都要在他的私人医院为病人做 3 例手术，每天安排固定的上班时间，坚持进行研究工作，他甚至自己开车或驾驶私人飞机。他的这些做法一直坚持到第二次世界大战。巴斯安里利博士还成功地用自己的行动证明了精神能战胜肉体——他从 30 岁开始就饱受风湿性关节炎、胃病和失眠症的折磨。

哲学家班尼狄特·格罗斯在 89 岁时，还能每天坚持工作 10 个小时，尽管他在几年前得过中风。

另一位意大利首相法兰西斯·尼蒂，也是一位每天坚持工作 10 个小时的老人——他已经有 100 岁了。

英国已故国王乔治的医生贺德伯爵，在 80 岁时还每天工作 12 个小时，而且工作之后还能收拾花园或写诗。

有些老年女性也表现出了不亚于男性的充沛精力：

英国的艾丽丝·海伦·鲍尔博士，是英国科学院临床心理学部的第一位女性领导，但是她竟然住在一间没有水电和煤气的小平房里。鲍尔博士 84 岁时，还坚持每天工作，忙得没有一点儿空闲。她每天下午休息一个小时，然后一直工作到凌晨 2 点才能睡觉。

著名翻译家奥莉维亚·罗塞蒂，到了 80 岁时还每天工作 16 个小时。她一天只睡 6 个小时！

在美国，不知疲倦的老人还有伟大的指挥家亚图罗·托斯卡尼尼。他担任国家广播公司交响乐团的首席指挥，直到 87 岁那年才放下了心爱的指挥棒。

诗人卡尔·桑德堡 80 岁时，还不断地有佳作问世。

摩西祖母，直到 78 岁才开始学画画，结果成为一个受人欢迎的画家。在 96 岁高龄时，她的手里还拿着画笔。

芝加哥大学生理学荣誉教授、国家科学院医学研究中心负责人安东尼·朱利斯·卡尔逊博士 80 岁时，还能每天花 9～10 个小时研究老龄化问题。这还是因为他考虑到自己年事已高，才采取了这种照顾自己的行为；而在以前，他每天工作的时间是 15 个小时！

我不想再继续罗列一大堆人物的名单了，因为这样的人实在是太多了。

我们或许会说，这些杰出人士的证据并不能说明什么，他们只不过是特例或另类，因为他们是天才。如果真是这样的话，那些不是天才或极其普通的人、那些不愿年华老去而变成废物的人，他们的经历能不能说明问题呢？

洛杉矶的 J. W. 琼斯顿老人，100 岁时还能每天干木匠活。在琼斯顿老人看来，将 100 磅重的盖屋顶用的材料搬上 20 英尺高的梯子不是什么难事。他还说，他从来就不知道生病是什么滋味。

家住宾夕法尼亚州特拉克斯维尔市的里昂·华兹特夫人已经 70 岁了，她的体重只有 96 磅，而且因为患有神经炎和静脉瘤而常年疼痛难忍。她曾做过 13 次手术。即使是处于这样的状态，华兹特夫人的儿子告诉我说，华兹特夫人不仅每天心情舒畅，而且忙个不停。她坚持自己收拾那套有 9 个房间的平房，家中总是保持得井井有条、纤尘不染；她还要修剪大花园里 4 坛漂亮的灌木和花树，而且亲自下厨房制作精美的糕点，她的糕点可以说是远近闻名的。

俄克拉荷马州普华尔有一个名叫 W. A. 格拉汉姆的老人，他活了 100 岁。格拉汉姆先生非常富有，是所在社区的大恩人。临终前，老人的身心还保持着活跃的状态。平时，他每天坚持步行 10 英里，以证明他坚信不移的格言："一个站着的人，顶得上两个坐着的人。"

新罕布什尔州的威廉·霍尔先生，在 100 多岁时还能帮儿子经营农场。他的儿子负责照管奶牛，老人则负责煮饭干家务。

家住缅因州马奇亚斯波特市的尤妮丝·H. 巴尔马老夫人已经 103 岁了，她对于如何享受晚年生活颇有心得。她说："保持忙碌，让你根本没有时间去考虑你的烦恼和病痛。"

上面这些人比大多数人活得都要长，但是他们却都没有表现出老朽、"老小孩"或大多数老年人常见的其他令人讨厌的特征与迹象；相反，他们达到了马丁·甘伯特博士所说的"人生第二高峰"，这是人到 70 岁以后再现出来的活力。

甘伯特博士说："直到最近我们才发现，老年阶段自有其独特的创造力和激情……我想，如果我们能发掘老年阶段有待挖掘的宝藏，那么每个人的生活都将变得更丰富、更快乐。"

既然有的人能跨越年龄的障碍而走向成熟，并不只是空度岁月，那么我们也能做到这一点。如果我们能驱除心中的恐惧，将全部精力用于培育心灵成长和精神成熟上，那么即使我们的身体日渐衰老，我们也能让心灵永远保持年轻的状态。

社会学家大卫·雷斯曼曾说过一句对我们颇有帮助的话，他说："像伯特兰·罗素或托斯卡尼尼这样的人，他们因为能够在精神上保持基本的活力，从而使得他们的肉体也一直处于活跃的状态……弗洛伊德得了口腔癌而导致饮食困难，可是他仍然能够精力充沛地面对生活，过着活跃而又独立的生活。"

是的，专家和学者们正在不断地获得证据，以改变我们原来认为的"年老就是衰退"的观念。人到了老年，不但不会削弱其原来具备的各项能力，反而会重新获得年轻时曾经梦寐以求的创造力和成熟的人格。如果我们能把获得成熟作为目标，就能真正体会到我们的晚年就像罗伯特·布朗宁所说的："前半生是为后半生做准备的。"

享受活到 100 岁的乐趣

佛兰德斯博士和他哥哥法兰西斯——这两位邓巴家的兄弟——曾率先进行了医学领域一项独特的关于百岁老人的研究。美国现在约有 1500 多位 100

岁以上的老人，邓巴兄弟及其同事正在对其中20%的人进行研究。

邓巴兄弟选择的这些研究对象虽然都已百岁高龄，但是他们全都非常健康，而且热爱生活，能够自己照顾自己，他们对生活的乐趣超过了对死亡的恐惧。除了年龄，他们一点都不老。

在伦敦举行的第三届"国际老龄化现象"研讨会上，他们提交了一份研究报告。在这份报告中，他们推翻了一些传统的关于老年问题的观念。他们认为，一个人是否长寿和遗传并没有什么关系，但和这个人的人格以及情感素质却有很大的关系；如果一个人健康、独立、勇敢、善良、富有爱心、热爱工作，他也有可能活到100岁，而且能从中体验到快乐。

我认为，邓巴兄弟的这份报告鲜明地证实了没有"变老"之说，而是我们的拒绝成长导致了我们的变老。我们的成熟程度决定了这个不断成长的过程：如果我们不再渴望学习，中断人格的发展，我们就会开始衰退，变老落伍，就会躺进摇椅或废物堆中。

邓巴兄弟的报告还明确指出："健康、愉快的老年，和相应的心理及精神状态密切相关。"

所有的百岁老人几乎都有一个共同特征，那就是保持忙碌。邓巴兄弟研究后发现，那些退休后不再找事做的人，根本进不了他们的老年人名单！据此，他们得出推论说："退休和强制休闲制度使得他们不能继续从事他们的工作，但是他们在65岁以后还依然很健康，他们都渴望能继续工作，他们的健康也正是因为他们能不断地工作。当这些百岁老人从某一项工作退休以后，又都能找到另一项工作。"

再从感情角度来看：这些百岁老人没有一个是脾气暴躁、性格反复无常、蛮横任性或难以相处的；相反，他们全都性情温和、心情愉快、无忧无虑、身体健康，根本不必为健康担忧。例如，有一位百岁老人竟然不知道她私人医生的名字，因为她从来就没有看过病；还有一位老人说，她113岁时头一次患了感冒，因此她的孙子再也不让她在雨天出家门了。

虽然这些百岁老人在饮食、烟酒等方面的习惯各不相同，但是他们没有一个是毫无节制的，他们都懂得适当地克制自己。

在接受调查的百岁老人中，98%的人已婚，而且他们很少离婚。他们生养的孩子是美国平均水平的 1．6 倍，平均每对夫妻生育子女 3．9 个，其中还有人生了 10～20 个孩子。他们认为抚养孩子是一种乐趣，而不是什么麻烦，他们也从来不抱怨养育孩子多么劳累。

坚持独立自主，是这些百岁老人的另一大特征。他们大多不会选择和子女住在一起，更乐于帮助后代，而不是由后代来赡养他们。

他们沉醉于生活忙碌的乐趣，根本不会有时间考虑死亡。他们当中的许多人谈起未来时，似乎觉得自己还能活几十年。

他们善于接受新思想，乐意改变旧观念。他们有很多朋友，能够包容一切，富有幽默感，而且很少追忆以前的美好时光。

总之，邓巴兄弟关于百岁老人的研究报告，给我们带来了希望。无论我们是否能活到 100 岁，但我们至少可以培养一种勇于尝试的态度，度过一个幸福而不是困苦的老年。

生理学家的研究表明，我们身体里面的各个器官并不是以相同的速度衰退。马里兰州巴尔的摩市医院的纳森·W．萧克博士对此曾做过一项研究，他指出："老化并不是在一瞬间完成的，它是在我们停止成长之后才开始的。"

加拿大麦基尔大学的 N．J．伯瑞尔博士也说："没有人会在突然之间所有的器官全都变老。例如，一个 65 岁的人，可能由 40 岁的心脏、50 岁的肾脏和 80 岁的肝脏组合而成；一个 90 岁的人，也可能具有 30 岁的神经传导速度、60 岁的肾脏、80 岁的知觉和 90 岁的新陈代谢功能。显然，他不可能像他看上去的那么苍老。"

我们大可不必担心，到了老年会逐渐失去智慧。萧克博士和他的助手们经过研究发现，凡是拥有高度智慧的人，他们的智慧会随着其年龄的增长而增加；相反，那些愚蠢的人则会变得越来越愚蠢。

虽然我们的反应速度到了 60 岁以后会逐渐衰减，但是心智功能却不会受任何影响。就肉体而言，我们几乎刚学会走路就开始老化了，但我们的智力却会在 40 岁之前骤然上升，然后趋缓直至 60 岁。伯瑞尔博士就曾指出："甚至到了 80 岁，人的智力仍然能像 35 岁时一样敏锐。这时候人的心智和

加拿大麦基尔大学

35 岁时有所不同，但并不等于比 35 岁时差……大多数人错误地认为，年龄变大导致了他们学习能力的降低，但事实并非如此，其实是他们的心智已经僵化而不肯接受新东西。俗话说'刀不磨会生锈'，只有经常加以应用，心智才会机敏如常。"

没有任何科学研究证明，人到了老年会成为我们自己和社会的负担。老年人的确有部分机能受到损害，但肯定不是全部机能都受到损害；疾病可能会偏爱老年人，但它有时候也会袭击年轻人；老年人可能会遇到经济和财务困难，但是在人生当中，有哪个阶段不会遇到困难呢？

"大多数人都白白浪费了他们的成年时期，这实在是太可惜了。"美国老年问题研究专家 A．J．卡尔博士说，"我们任由自己陷入错误的观念和竞争之中，固守那些过时而偏执的看法，却错过了生命的巅峰时期，然后只剩下一具空壳。接下来，我们只好准备做一个令人讨厌的、无知而无助的老人，终年承受各种病痛的折磨而难以自拔。"

毋庸置疑，对于我们的人生来讲，老年时期的确是最丰富多彩的时期：它既是我们享受经验和智慧、积累成熟的丰收时期，也是我们享受由于早年的奋斗和压力而失去的某些生活的时期——简而言之，它是我们享受成熟的回报时期。

在过去的半个世纪里，科学已经攻克了许多疾病，使人类的寿命延长了20年左右，而且它还在不断地发展，以帮助我们享受和利用这些被延长的寿命。

工作是人生受益的源泉

马可·H. 赫林德和斯坦利·A. 弗兰克医生在《健康世界》杂志上介绍了一位81岁的老妇人，她住在堪萨斯市，说她把女儿送给她的一张摇椅退还给了女儿，并附言说："我太忙了，没有时间坐摇椅。"

这位母亲懂得了成熟之道，她明白只有工作才是对生活和健康最有益的东西。

如果你认为幸福就是毫无止境的休闲，如果你希望退休之后可以一直躺在摇椅里，那么你就进入了愚者的行列。要知道，懒惰是人类最大的敌人，它只会制造悲哀、早衰和死亡。适量的、不会让人过度紧张的工作，不仅不会对人造成伤害，还会对人的健康有益。

现在，有许多医生都在批驳"辛苦的工作有害健康"这种说法。据我所知，英国伯明翰大学医学教授 W. 梅尔维尔·安诺特博士就曾站出来说："过多的休息，会导致身体出现有害的变化。就我们所知，没有任何工作会伤害健康的身体组织。即使你的工作非常辛苦，但如果不是很危险，也不妨碍你的睡眠和营养供给……而且你又有足够的休息时间来恢复体力的话，那么这样的工作就是无害的。请相信我，工作是有益的。"

可见，工作可以缓解年老对人造成的不利影响。德国脑科学研究中心的欧·弗格特博士，也在不久前召开的一次老年问题国际研讨会上提出："脑细胞的剧烈运动，可以延缓老化的进程。过度工作不仅不会伤害人的神经细胞，反而可以延缓人的老化过程。"

弗格特博士还将他所做的正常人的脑神经细胞显微研究结果公之于世。他重点观察了人脑随年龄而产生的变化，在两位分别于 90 岁和 100 岁去世的女性的大脑中，他发现她们的脑神经细胞的老化都比较缓慢。

弗格特博士还说："我们通过观察还得知，那种认为过度工作会加速神经细胞老化的观点，是没有科学依据的。"

没错，辛苦的工作不会置人于死地，但是忧虑和高血压却会害死人。和传统的观点恰恰相反，那些步履匆匆、肩负重任的工商业主管们之所以突然死去，或者患有各种溃疡，并不是因为他们的过度工作。他们每天的工作消耗不了什么精力，但是随工作而一起到来的各种因素，例如紧张的气氛、巨大的压力、痛苦的失眠、害怕竞争的失败、永无休止的焦虑，等等，这一切却会恶性循环，疯狂地吞噬他们的生命力。他们只能求助于酒精、安眠药、镇静剂，或者去打高尔夫球、在手球场上疯狂地运动，以逃避工作的压力，但是他们的身体和神经系统最后只能以死亡或精神崩溃来结束这种折磨。

现在，美国所有医院的病床，几乎一半以上都被那些患有各种精神疾病的人占着，这一数字远远高于小儿麻痹症、癌症、心脏病和其他病人的总和。这一可怕的事实表明，一定是什么地方出了问题，而导致这些问题的原因，绝不是工作的辛苦。

美国是世界上生活水准最高的国家。科学的进步使我们摆脱了辛苦的工作，而我们的祖先则认为这是生活的必要组成部分；即使是技术含量很低的工作，其环境也有了改善，工人的劳动时间大大缩短，机器取代了以前由人力或畜力来完成的工作。而且我们的休闲时间也比以前更多了，因此，我们不能说是因为工作的辛苦而使我们陷入了痛苦的境地。

更重要的是，劳动是人生中必不可少的部分，它不仅仅维持人的生计，而且人如果不活动的话，肌肉就会萎缩甚至衰亡，心灵当然也同样如此。工作也并不像古老的观念所说的"是对原罪的惩戒"；相反，工作是一种酬劳，它是人类征服地球的手段，是统治者的身份象征。我们今天的文明，也正是人类建设、创造和辛勤劳动的结果，是人类劳动最重要的表现。

如果我们把工作看作是一种忍受，并且由于经济因素的考虑而被迫忙碌，直到终老，这实在是在剥夺我们享受人类最大满足的权利。工作本身的益处、它良好的效果和治疗作用、它与性格发展的关系，无不使其成为我们生活中必不可少的要素。

只要稍做分析，其实所有的工作最终都是服务。我们制作食品、清扫地板、装配零件，或纠正某个舞步，最终的目的都是要将我们的生活建设得更美好、更方便、更快乐，因此这些活动都是富有创造性的。如果我们想要享受到工作的乐趣，或从工作中获益的话，就应该用这种创造性来鼓舞我们。对此，英国著名的电影导演J. 亚瑟·兰克曾比喻说：

"人们常常忘记自己所从事的行业存在一个最基本的问题，那就是'为什么'。例如，一家制造椅子的工厂，不仅要制造椅子以从中获取利润，还要制造人们喜欢坐在上面的椅子。如果制造商忘记了这一点，那么，当他有一天醒来时，他将会发现，他的椅子以及椅子所创造的利润全都不见了。"

有人认为，现代工业文明的迅猛发展已经扼杀了工作本身的创造性；他们认为，工作就是一些机械化的动作，就是不断重复一个动作，所以这种不必了解整个过程的工作有什么好得意的呢？他们还说，当一个人痛苦不堪地忙着在生产装配线上干活时，他又能从哪里获得足以自傲的成就感呢？

为了回答这一问题，我想讲一个真实的故事，这故事的主人公就是我现在的夫人。

我夫人曾有好长一段时间在一家大公司工作，她在那里做的是统计打字员的事，那里有许多打字员。我夫人的工作是负责在一台装有特制长台架的打字机上打各种无穷无尽的财务报表。她几乎每个小时、每一天都在打，在不停地打。像这种工作，精确才是最重要的，然后才是速度。我夫人谈不上喜欢这份工作，因为它确实太辛苦、单调、乏味了。

但是，我夫人对自己能尽力做到完美而感到非常自豪。虽然这份工作也是所谓的机械式的，而且不过是一项大工程中的一个小环节，但却需要高度的技巧，所以她很满意自己在工作上达到的高水准，它让她体会到了精确以及精益求精地做好每一件事的重要性。我夫人说，这份工作对她后来的成长和个性成熟来说，还是很有益处的。

我夫人的经历，也验证了G. K. 契斯特顿的话，他说："摆脱当秘书的命运的最好方法，就是做一个成功的秘书。"换一句话说，就是我们内心对待工作的态度，很大程度上决定了我们是否能对它做出正确的判断——它究

竟是令人沮丧的辛苦劳作，还是让我们的灵魂感到愉悦的快乐之事

有些主妇就认为，像每天刷盘子洗碗之类的例行家务是讨厌而卑贱的奴仆工作。但是，我所认识的一个叫波姬儿·戴尔的女人却认为，这是一种难得的享受。

波姬儿·戴尔是一位职业作家，写过一本自传，而且还为多家杂志写稿。达尔小姐一生中的大部分时间都是在黑暗中度过的，直到做了一系列手术之后，她的视力才得以部分恢复。她说，自从那以后，她就将每天洗碗当作是感谢上帝创造的奇迹。

"我站在厨房的小窗户前面，可以望见一小片蓝天，"波姬儿·戴尔小姐说，"那些飞舞的七彩肥皂泡，我怎么也看不厌倦。失明多年以后，能在干家务时看到这么多美丽的东西，令我的内心感激不已。"

然而，不幸的是，我们许多视力正常的人却对周围美好的东西视而不见。这是因为我们不具备戴尔小姐所拥有的成熟的想象力，不懂得珍惜工作给我们带来的价值。

没有什么药物能比工作更有效地治疗我们的疾病。得克萨斯州慕尔休市的丽达·琼斯夫人说，正是工作把她从精神崩溃的边缘拉了回来。

1941 年，琼斯夫妇带着他们的两个孩子，搬到了新墨西哥州一个方圆30 英亩的农场。但是到了之后，他们才发现那里是一个令人恐怖的蛇窟，到处都有响尾蛇的踪迹，琼斯夫人猜想全得州的蛇一定都聚集到那里了。

"虽然在我们那里没有水电和煤气，生活非常不方便，但是这些却不是我最担心的。我最感到害怕的，是每时每刻都在担心，万一家人被蛇咬伤了该怎么办？我常常会做噩梦，见到自己抱着孩子，从家里跑到镇上去找医生。我丈夫到地里去干活时，只要有几分钟看不到他，我就会陷入深深的恐惧之中。

"这种不断袭来的忧虑和恐惧，迫使我不得不无休止地工作，否则我就会精神崩溃。由于我们的生活非常艰苦，所以辛勤工作显然是很必要的，而正是这种辛勤工作挽救了我。

"我在 30 英亩的地里全部种上了黍米，累得双手长出了老茧；我自己动手为孩子做所有的衣服；制作了足够我们吃 5 年的罐头食品……我每天都工

作到疲惫不堪的程度，累得只想着上床睡觉，再也没有时间和精力去想其他的事情了，当然也包括没有多余的精力去考虑蛇的问题。

"一年的时间过去了，我们家没有人被蛇咬过，我们后来搬走了。后来，我再没机会那么辛苦地工作，但是我一直感激那一年的辛苦工作，正是它挽救了我，使我得以摆脱精神崩溃的困境。"

我们应该像琼斯夫人那样，充分利用辛苦的工作为自己创造力量，度过各种生活的危机。如果仅仅从养成工作的习惯而言，这种习惯有时候就能帮助我们摆脱一时的消沉、挫折或失望；当我们面临灾难、个人的悲惨遭遇或失去了自己所爱的人时，辛苦工作也经常能成为支撑我们的力量。

爱德蒙·伯克曾说过："永远不要陷入绝望。但是，一旦你产生了绝望的情绪，就去工作吧。"他这话并不是在瞎说，因为他自己就曾有过亲身经历。

爱德蒙·伯克曾失去了最心爱的儿子。在经历了痛苦的折磨之后，他深信这个世界快要毁灭了。逐渐地，工作填充到他的生活中来。工作对他来说，就像对其他许多人一样，成为这个疯狂世界唯一清醒的标志。因此，他不断地工作，即使在绝望时也没有停止过。

是的，工作是生活的法则之一。无论我们出于什么原因而离开工作，我们都将会受苦。现在，"工作疗法"已经在一些机构，例如在精神病院、监狱、疗养院以及任何必须将人隔离的地方广泛应用。

"退休的人早死"，这句话听起来真实得实在是令人感到悲哀。从活跃、忙碌、有益的活动状态突然间进入到虚度光阴或漫无目的地打发日子，这种剧变会破坏人的生命力，降低人的承受力，以致造成人的早死。只有那些仍然把退休当作只是换个工作的人，才能永远保持快乐。

65 岁退休制度是旧时代的产物，它已经成为所有进步国家的一种羞耻。人到了 65 岁就得退休，这个年龄标准借鉴自 1870 年铁路员工实施的退休制度，1937 年的社会生活保障制度首先采用了它。但是，人的预期寿命自 20 世纪以来，平均增加了 20 年左右，所以，现在一个人并不是到了 65 岁就应该躺进摇椅或被送进殡仪馆；相反，许多人此时正值人生的巅峰时期。然而，我们却不顾这一事实，仍在沿用过时的 65 岁退休制度。

　　托马斯·格林斯是研究退休问题的权威人士，他是芝加哥《每日新闻报》专栏主撰稿人，还是《黄金岁月》一书的作者，大约有 90 家报纸开辟了专栏，联合刊载他的《黄金岁月》。

　　格林斯先生认为，强迫一个人在 65 岁时退休，是一种"残酷的行为"。他说：

　　"经过 7 年来对 65 岁左右的人进行的采访，我发现了一个事实：在美国，即使是将这种强制退休的制度用于马或狗身上，也是一种无法忍受的残酷行为。至少，马在临死前会被带到有草可吃的地方，而每一条狗也几乎都能自然死亡。

　　"然而，这种残酷还不只是它会对人的生存造成威胁……它更是对 65 岁的人能力的怀疑，以至于对他们的精神造成难以治愈的创伤。因为一个人一旦被认定为已经衰老得不能做任何事时，将是非常可怕的。而当我们想到一个人被剥夺了工作、收入和自尊时，情况就会变得更加可怕。因此，要想改变这种状况，除非我们现在就彻底废除这一退休制度。"

　　很明显的一个事实是，几乎所有正在工作的人都不愿到 65 岁时就被强迫退休！仅仅在印第安纳州，我们就发现 90% 的人都希望 65 岁以后仍然能够继续工作；而在一些大工厂，这个比例还要增加 5 个。可是，为什么政府就从来不征询极力主张废除这种退休制度的人——这些 65 岁的工作者的意见呢？

　　令人欣慰的是，有很多 65 岁以上的人在外面为自己找到了新的工作。朱丽艾达·K. 亚瑟是从事社会福利研究的权威，她的调查显示："有一个最值得注意的就业事实，那就是 75 岁以上的老人，约有几十万仍在继续工作。在他们当中，很多人都是那种没有雇主的自由职业者。"

　　大都会人寿保险公司曾公布了一项调查报告，具体数据如下：

　　65～69 岁之间的男人，3/5 在工作；

　　70—74 岁之间的男人，2/5 在工作；

　　75 岁以上的男人，1/5 在工作。

　　在这些人中，大多数从事自由职业。

　　这些数字再一次有力地证明了一个事实，那就是人的工作能力和意愿，并不是在 65 岁生日到来之际突然丧失的。

　　事实上，只要有能力，大多数人仍然愿意继续工作，而不愿因为某个养老金计划的制定者说他们应该退休就退休。越来越多的工作者已经开始抗议这种不公平的强制退休制度，而且收到了一些良好的效果。例如，一些公司就延长了退休年龄，或者让这种年龄限制变得更加具有弹性。可惜的是，这样的公司还是很少。不知道我们还要等多久，才能不再因为年龄的增高，不顾我们的需要、能力和意愿，而被无情地剥夺工作的权利？

　　不久前，在纽约举行的一次老年问题研讨会上，杰出的老政治家伯纳德·M. 巴鲁克先生给大会发来了一份电报，大会当场宣读了这份电报。

　　巴鲁克先生在电报中强烈呼吁，要废除这种强制退休的制度。他说："这种制度对那些虽然年龄很大，但仍然愿意而且有能力继续工作的人来说，并不是什么恩惠；一个人是否应该退休，不应从他的年龄来考虑，而是从他的能力来考虑"。

　　巴鲁克先生还说："年龄越大的人，他所获得的丰富经验就越是无法取代，而这种经验正是一种宝贵的资产。"

　　亨利·S. 柯特斯博士已经 83 岁，但还在担任密歇根州老年问题研究委员会的委员。作为美国在这方面的权威人士之一，他的话直指那些不公平地歧视老年人就业的现象：

　　"强迫退休，这是工商业界的一个严重失误，因为它使许多最佳的人才被闲置浪费了，而且也使被雇佣者想在晚年继续做好工作的热情受到了打击。无论对有能力而且愿意继续工作的人，还是对众多的纳税人来说，这种强迫退休制度都是严重的错误。工作权利是一项基本人权，65 岁退休制度的存在，根本就是人类的一大错误。"

　　说得太精彩了！柯特斯博士！

　　真希望那些制定计划的人和官僚们能听听他这种反对"强迫退休制度"睿智而强烈的呼声。

　　"65 岁退休制度，"柯特斯博士又说，"是独断的、专横的。无论从生理学还是从心理学方面来看，都没有理论能够证明，一个人的工作能力会在他

65 岁时突然丧失。任何年龄都可能变得软弱，这要因人而异。如果我们停止用手工作，我们的双手很快就会变得不再灵敏；如果我们停止用大脑思考，我们的大脑很快就会衰老。每一个工作者，在他自认为不能胜任他的工作的时候，都有权利选择退休，而不再工作。"

工作是让我们获得成熟的快乐途径，这是年轻人所无法想象的。无论是体力劳动还是脑力劳动，都是大自然赋予我们的、让我们不断成长而不变老的最神奇的力量。

一个人如果想要避免因变老而带来的危险，最好能像前面提到的那个 81 岁的老妇人那样——退掉摇椅，忙碌起来！

卡耐基励志经典

写给女人的忠告

[美]陶乐丝·卡耐基⊙著

刘凯⊙整理

线装书局

导　读

  幸福是女人一生追求的目标。陶乐丝·卡耐基《写给女人的忠告》是帮助女性获得事业成功、婚姻美满、家庭幸福的心灵书。它将帮助女性读者走出迷茫、走向成功和幸福，成为令人羡慕的幸福女人。

  《写给女人的忠告》汇集了卡耐基思想的精华，总结了许多让女性行之有效的保持身心健康的秘方。它曾为成千上万的女性答疑解惑，从恋爱到婚姻，从工作到事业，从社交到处世等每一个环节，只要你遵循卡耐基提出的方法和准则，就一定可以拥有美满的生活和恒久的幸福。它将帮助女性打开潜藏在身边已久的秘密，为其创造好运，从而改变心态，改变思维，步入永不抱怨的世界。请随我们走进《写给女人的忠告》，细细品读世界上最伟大的人生导师献给女性的幸福忠告吧！这些智慧之火将引领你走出迷茫，走出困境，走向你渴望的绚丽舞台！

本书缘起

几年前，我在一所商业学校给那些 17 至 20 岁的女孩子上课，讲的是关于人格发展的课程。

有一次，我为了收集一些资料，准备了一份简短的问卷，对每个学员进行匿名的问卷调查。其中有个问题是："你认为自己在十年内会结婚吗？"毫无例外，答案是如此的统一："会的！"另一个问题是："如果你必须在事业和婚姻之间选择，你会选择什么？"又是一样的回答："婚姻。"

这个结果对于做老师的我来说，意义十分重大！于是，我不再对她们强调未来在事业上要如何成功，而是开始给她们讲，能够使她们在老板眼里变得重要的因素，同样可以使她们变成贤良的妻子。这样真的把她们的注意力抓住了。从前面的答案就可以看出，大部分的女人都把婚姻看成人生的首要"目标"。

世界上所有的女人都一样，祈祷自己的婚姻幸福——而且祈望自己的丈夫会获得事业的成功。那么，我们是不是可以找到一些方法，引导所有的妻子都达到这些目标呢？我想肯定是有的。

在主持卡耐基妇女讲习会（开设包括人格发展、人际关系与说话技术的课程）的工作中，我接触到各式各样的女性问题，也使我对一个事实感触颇深：她们只需要运用一些简单的原则，就能够帮助丈夫取得事业的成功，并给家庭带来和睦的气氛。

于是我把这些基本的方法整理出来，让每一位女士可以比较容易地了解和应用。我尽可能用自己的生活经验来讲述这些方法。所有的故事都真实而亲切，因为故事的主人公都是卡耐基讲习会的学员。

我很感谢这些杰出的男士和女士给我这个权利说出他们的私事；也很感谢他们接受我的访问并且允许我摘录他们的谈话。

有些读者也许会产生一个错觉，以为我把一个幸福家庭的责任完全放在女人的肩上。其实，我认为男人也有着同等的责任，只是我这本书是从女人的这个角度来讲的。女人是婚姻中的帮手之一，我就教给她们一些如何尽自己的义务帮助丈夫成功的方法。

我需要先给"成功"这个词下个定义：一个成功的男人，就是能从事带给自己满足感和成就感的工作，并且能使自己和妻子以及整个家庭维持和谐的人际关系的人。

社会学家、精神学家和其他专家们，可能会反对我所列出来的方法，认为这些公式并不能一概适用——如果丈夫是酒鬼、无业游民、恶棍和天生的蠢材，那怎么办呢？

当然，世界上没有一种方法可以百分之百地通用。我是为多数的读者而写的，他们拥有一般的愿望、才智和能力，那些特殊个体的问题就该由专家们去解决了。当然，本书所讲述的方法大约90%还是有效的——无论如何，这也算是很高的比例了。我把这些方法用简洁的话语说出来，目的是让这些方法确实有用。

我真希望可以向你保证：如果你按照这些方法去做，最终你能够帮助丈夫取得成功。这种事情并不是不可思议的。虽然现在要积累一大笔财富已经很难，而且一个人爬得越高，路就变得越窄，但是我可以向我的读者保证：任何女人，只要明智而灵巧地运用这些方法，就可以越过很多障碍，不会让自己的丈夫老在人生的低处仰望；而且她一定还能发挥很大的力量，激励丈夫发挥潜能，在社会上最大限度地展示自己的才华，成为她可以放心依靠的幸福男人。

陶乐丝·卡耐基

第一章　独一无二的玫瑰

认清自己的个性

每个人的生活都是独一无二的。尽管人们都是由同一种物质构成的，但每个人的生命都很奇妙地与他人区分开来，自成一家。心灵的成熟过程，是持续不断地自我发现、自我探险的过程。我们只有先了解自己，才能去了解别人。我们的事业能否成功，其中很重要的一个因素就是我们是否有热情，热情就是促使我们前进的动力。

我的丈夫是一位园丁，他对这种工作很有热情，他设计了一个玫瑰园，我们二人从这个园子里得到了不少乐趣。一天，我们一块儿欣赏我们的玫瑰时，他对我说："也许看上去所有的玫瑰长得都一样，对不对？其实它们是不一样的！你仔细看看，就是一样的品种，颜色也一样，但每株玫瑰开的花都有不一样的地方。比如生长的速度、花瓣儿的卷曲程度、颜色的均匀程度都不一样，它们都有自己的独特之处。"

人类社会比自然界丰富多了。阿瑟·基思爵士曾担任过英国科协主席，他对古人类很有研究，因而十分有名。他说："无论是过去、现在还是将来，从没有人与别人一样有相同的人生经历……每个人都有一段独特的生命历程。"

没错，每个人都有一段独特的生命历程。尽管我们看上去没什么区别，但每个人都是独一无二的生命个体。

如果我们想成熟、想增长智慧，我们必须明白这样一个事实。它是沟通人类生活的桥梁。只要我们认识到，对方和我们同样都是普通人，我们就能伸出手去，与别人建立有意义的沟通。

这听起来似乎很简单，可做起来就难了。我们经常说，美国没有阶级概念，事实上，美国社会仍旧等级森严。我们发明了一种专有名词，我们用这些专有名词把人以数字的形式表现出来，或是在调查报告中区别开来，这种行为反映出我们并不尊重每一个生命个体。"普通人"、"中上阶级"、"中下阶级"、"流浪者"、"白领"、"蓝领"、"灰领"等等，所有这些名词都反映出我们不愿意把他人看成是独特的个体，我们宁愿把人看成一类人里的一个，面目模糊，只有代号而已。

我们陷入这种分类的泥沼中不能自拔。人的生命的每个阶段均清清楚楚地反映在调查信息里。社会工作者们掌握着这些信息，他们知道我们所有的事：我们喝多少咖啡，有多少人拥有什么样的车，我们愿意看什么电视节目，喜欢听什么广播，甚至每年以什么方式做爱多少次等等。

社会总是强调"适应"、"群体意识"和"社会化流动"。淹没自己的个性、服从整体意志的人被当成精英，而有强烈个性的人则被看成是另类。我们是一个独立的人，可我们经常迷失自己的意志。当我们的想法、行为与别人不同时，我们恐惧得要死。

现代人没有这样的意识，我们应意识到自己应该做一个独特的人，让自己拥有一个与众不同的个性。尽管要承受别人异样的眼光，要忍受着步调一致的束缚，但每个人的心里还是藏着一个秘密：他知道自己是与众不同的，他也希望自己与别人有所区别。我们渴望个性的张扬，这种渴望却把我们送进了心理医生的诊所、精神疾病研究中心。我们酗酒、吸毒或者做其他无谓的事，这些徒劳无功的努力让我们更加迷失了自己。

哪里才有解药？自己如何能更明白自己？我们要怎样才能成熟长大？下面是几个建议：

首先，要让自己独自待一会儿，静静地熟悉一下自己。紧张的生活使我们找不到机会与自己交流，我们需要找个机会独处。

每个人都有自己的独处方式。一个人告诉我说，他以在大街上散步的方式来思考问题，他让自己淹没在人群中。他说："我丝毫不会分心，我就这样，直到想明白了为止。"

我先生住在纽约时，习惯去附近的教堂。他说，教堂能使他放松自己紧张的神经，使心灵得到净化，使自己振作起来。

我喜欢的独处方式是把自己投入到大自然中去。我没时间长久地散步，也没时间长久地做户外活动，我只是在自己的院子里走走，不时抬头看看外面的树木和天空。季节奇迹般发生着奇妙的变化。即使在一小块土地上，也可以窥见大自然的美景。通过这种方式，我融入了大自然。

还有人喜欢在安静的房间里独处，或是与外界隔绝。无论怎样，每天都给自己留出一点空闲时间，不接电话，拒绝干扰。独处必不可少，它对思考自己的内心世界和生活方式、树立自己的信心、约束自己的行为都很重要。独处的价值曾经得到许多伟大的哲学家、思想家的肯定。耶稣、佛陀、笛卡儿、蒙田、班扬等人都发现，他们在独处一段时间后变得更有力量了，在之后的工作和生活中，他们热情十足。

冲破生活的惯性是第二种回归自我的方式。我们习惯地过着习惯的生活，我们感到十分苦闷。只有强烈的愿望才能把我们释放出来。每天，我们中间的大多数人都在疲惫地拖着身体过日子，人们在习惯和惰性的束缚下单调而乏味地过着每一天。

在我的演讲班里有一个俄克拉荷马州的学生。她给我讲了一个故事，那是关于她和丈夫如何冲破习惯的束缚的故事。

她说："我和我丈夫都爱看电视，每天下班回家的第一件事就是把电视打开，一边吃饭一边看电视，到睡觉关掉它。我们不拜访朋友，不读书看报，也不出去玩，就怕错过好的节目。朋友们来家里拜访我们，我们也是不安稳，老是想着那些节目。一天中午，在和几个老朋友吃午饭的餐桌旁，我发现我们已经无话可说了，我对此很难过。我哪儿也不想去，什么书都不读，只想看电视，把自己最好的岁月都浪费在电视面前。

回家后，我对先生说，别人都能把毒瘾戒掉，我们为什么不把电视瘾戒掉呢？他也赞同我的想法。就这样，我们开始着手给自己找点事干，不再一直看电视。我们报名参加了夜校的成人班，如果晚上有空，就去保龄球馆，要么就去朋友那儿，或者去图书馆借书，然后给朋友大声朗读。最后，我们彻底戒掉了电视瘾。我们的生活在离开电视的日子里得到了更多的乐趣，我们的工作和婚姻都得到了改善，我们相亲相爱，和朋友接触也更频繁了。"

他们的个性在这个不良习惯中被消磨得所剩无几，终于，他们在自己的努力下摆脱了这种困境。

寻找生活中最让自己满意之处是第三种回归自我的方式。1878年，心理学家威廉·詹姆斯曾就这个问题在给他妻子的信中写道："我时常在想，如果一个人遇见某种机会时突然变得十分激动，热血沸腾，那么，这个人的个性、道德观、世界观就会在这时很好地展现出来。此时，人们在内心深处喊着：'这才是真我！'"

也就是说，高涨的情绪让人浮出水面，感觉到"十分激动，热血沸腾"，这就是兴奋。

也许，我们在为一种思想而兴奋，为某个人或者某件事而兴奋。这都无所谓，重要的是，兴奋刺激我们远离苦闷的情绪，让我们冲破习惯的束缚，思想上放轻松，做真正的自己。

兴奋在某些工作中是成功的最基本条件。兴奋点燃我们的热情，让我们竭尽全力。诺贝尔奖获得者、伟大的物理学家爱德华·阿普尔顿爵士曾说："我之所以能在科学研究上有所成就，重要的是，我不光有工作技能，还对自己的工作充满了热情。"

很明显，爱德华爵士不是说工作技能不重要，他的意思是说，工作热情能激励人们去学习掌握工作技能。

我丈夫教了 44 年的公众演讲学。他发现，演讲者本人对其演讲内容的兴奋程度决定着演讲的效果。无论演讲者是讲 H 导弹、讲他岳母还是讲埃塞俄比亚的降雨量，他对讲演的内容是否感兴趣都决定着他能影响听众的程度。

每个人的个性都有待发掘。我们要摆脱不良习惯，拒绝恐惧、迟疑、迷惘、怯懦，去发掘我们个性的潜在力量，去探究为什么我们会与众不同。哪些东西束缚了我们个性的发展，使我们看不清别人，更看不清自己。兴奋是点燃真我的火焰，它能敲开我们个性的硬壳。

兴奋的形式有很多种。对有些人来说，爱打开了人内心最深处的世界。电影《马丁》中，爱为一名妓女和一个孤零零的人展开了一个新世界，爱改变了他们的命运。

对另外一些人来说，某种创作、工作或活动让他们兴奋。耶鲁大学教授威廉·莱昂·范博斯曾写过一本名为《兴奋地教书》的书。在书中，他描述了他从自己的职业中得到的欢乐。

危机也能带来兴奋，使人们发现自己隐藏已久的个性。像战争、洪水、地震这种非人力的灾难中，总会出现许多英雄。所以，人们常常在面临危机时才能全力发挥出自己的能量。这种能量与品格还体现在一些小事上。比如，很多老人退休后都跟孩子一起住，老人们觉得自己已经一无是处了。可当家庭出现危机时，比如疾病或者突然的打击，倾刻之间，他们的能力就会像灯塔放出的光明一样耀眼。

我们可以用下面的三种方法认清自己的个性：

每天都让自己有时间独处。

摆脱不良习惯的束缚，认识真实的自我。

用自己的兴奋和兴趣找到真正的自己。

心灵成熟的过程是一个不间断地发现自我的过程，我们只有在了解自己的时候才能理解别人。苏格拉底说，智慧的起点就是"了解你自己"，而"只有你像你自己"正是这句格言的现代版。

爱一个不完美的自己

斯迈利·布兰顿博士写过一本名为《爱与死亡》的书，他在书中说：

"每个健康的人都有一定程度的自恋，这是正常的。自信是完成工作和取得成功所应具备的必不可少的因素。"

布兰顿博士说得棒极了。一个健康而成熟的人有自己的人生态度，其中最重要的就包括"爱自己"。这不是在倡导骄傲自满。这是在要求我们对自己有清醒的认识，看清我们的本来面目；同时要自爱，维护自己的尊严。

心理学家 A. H. 马斯卢曾在自己的《动机和个性》一书中提及"接受自己"这个概念。他说："新动力心理学中有几个主要概念，那就是：自主性、释放、人性、接受自我、推动意识和满足感。"

成熟的人不会在夜里辗转反侧地把自己的缺点同人家的优点相比，担心自己缺少比尔·史密斯的那种自信，或是没有吉姆·约翰斯那种进取精神和毅力。他会正视自己工作上的失误和自己的缺点，但他对自己的目标十分明确，对自己的干劲也十分满意。他不仅了解自己的缺点，还试着花时间去改正它。他像宽容别人一样宽容自己，不让自己在痛苦中挣扎。

我们像喜欢别人一样喜欢自己很重要吗？心理学家说，我们不喜欢自己

就没办法喜欢别人。有些人厌烦任何东西，憎恨所有人，其实，这正表现出他对自己十分没有信心，有强烈的自弃倾向。

哥伦比亚大学师范学院的教授阿瑟·杰希德博士认为，教育工作应该帮助人们接受自己，培养他们健康的人生观。最近，他写了一本名为《当教师面对自己时》的新书。他在书中说，教师们的生活中充满了挣扎、满足、希望和头痛等情绪。可见，认识自我对每个人都有同等的重要性。

美国医院一半以上的病床上都躺着神经科病人，他们对自己有很严重的厌弃感。还有很多人忍受着精神或神经方面的折磨。甚至有一些病人想不开，不想活下去。

造成这些不幸的原因千差万别，可现在我不想讨论这些。我认为，造成我们灵魂生病的原因就是在这个竞争异常激烈的社会中对成功和名望的渴求，总想超过别人，所以强逼自己拼命地工作。我坚信，我们之所以情感错乱是因为我们对上帝缺乏坚定不移的信仰。

《不断进步——研究个性的自然发展》一书的某些观点十分引人注目，这本书是哈佛大学心理学家罗伯特·W. 怀特先生写的。在书中，他说到现在很流行的"调整自己，适应周围的压力是人的分内之事"的观点。怀特先生说："这种惯性思维从产生的那天起，一直流行到今天，这使得有些人超过了某个人而使自己变得很狭隘，思维方式僵化，思想受到束缚，使自己被迫充当某种人生角色。但是，成功是需要靠自己的力量去成长、去完善、去实现、去创造的，你要脚踏实地、有创建性地去行动。一句话，成功靠的是自己开创性的行动。"

我对怀特先生的话十分赞同。很少有人能勇敢地独自站出来；也没有几个人懂得，我们所支持的东西到底有何意义。很多时候，社会和自己的经济地位决定着我们的行为。我们做日常之事的方式几乎与我们的邻居一样。如果我们感觉自己不适应周围的环境，就会感觉非常痛苦，就开始神经过敏，感到失落和迷惘，甚至厌弃自己。

几年前，有一个学生参加了卡耐基妇女讲座。以前，她就卷入过这种冲突中。她的丈夫是一名成功的律师，有能力，有野心，而且控制欲也很强。先生的朋友主导了家里的社交活动。在丈夫和他的朋友的眼中，在社会上有显赫的名望就是成功的标准。她为人谦虚而温和，在这样的气氛中，她感觉自己很渺小。没人会看到，也没人懂得欣赏她所拥有的美德。她开始怀疑自己是否有能力，日复一日，她感觉越来越压抑，他们的那种标准是自己永远无法企及的，她开始厌弃自己。

解决这个问题的办法就是：不去改变周围的环境、改变自己，摆脱那种根据别人的标准改变自己的压力，自信地面对自己。要知道，每个人活着都有某种特定的意义。要相信，人并非是为了别人活着，而是要为自己活，活出自己的价值，这样，她才会充满自信。

找回自信的第一步就是：不要用别人的标准来审视自己。她明白自己的价值，按自己的标准去生活，学会如何轻松地对待自己，不要过于批评自己。

那些人之所以厌弃自己就是因为他们过分地批评了自己。我们知道，适度的自我批评是健康而有建设性的，自我完善十分必要。但是，如果超过了一定的度就会适得其反，从而阻碍我们前进。

多年前的一天晚上，我去了我丈夫教课的地方。下课后，一个女学生对他说自己讲得一点都不好，离自己的期望总是很远。

她对我丈夫说："我一开始讲话就立刻意识到自己不像班里的其他人一样镇定而自信，我又害怕又害羞。当我想到自己的那些毛病时，就更没信心了。最后，我根本无法把心里想说的话说出来。"

对于她的弱点，她又讲了另外一些细节。讲完后，我丈夫对她说了一番我到现在仍记得的话，他说得十分简单：

"别老想你的缺点，你讲演的失败在于你缺乏对自己理性的审视，而不在于你有缺点。"

不，不是我们的缺点毁了一次演讲或一个艺术创作。莎士比亚的剧本里有很多史地方面的错误，狄更斯的小说里有很多无病呻吟的伤感句子。可是，那些缺点完全不能影响这些伟大作品的美。与它们震撼人心的美相比，它们的缺点显得那么的微不足道。我们爱朋友也是因为他们的美德，而不是他们的错。

要实现自己的抱负就得靠我们的长处。我们必须克服困难，改正缺点，然后忘记那些缺点，轻松地上路。

耶稣基督不会像考官似的问那些身体和精神备受摧残的人为什么会这样。他也不会只是无谓地同情他们，他从不说："哦，你真可怜，你真命苦。

写给女人的忠告

你适应不了周围的环境。你是怎么开始堕落的呢?"

不,耶稣基督会直截了当地切中问题的要害:"我赦免了你的罪,去吧,现在,你清白了。"

以往的错误和现在的弱点使我们有很深的负罪感和自卑感,这是一种十分糟糕的心理状态。当陷入这种情绪之中时,我们羡慕别人,厌弃自己。我们应该做的是抛开所有过往,勇往直前。

首先,要想学会欣赏自己,就要能容忍自己有缺点,这并不是要我们要降低标准,不负责任地混日子,而是要我们明白:包括我们自己在内,没有人总能保持十全十美的状态。这么期望别人不公平,这么期望自己就是十足的愚蠢。

几年前,我参加过一个协会,协会里有一位女会员,她是个十足的完美主义者。她挑剔自己做的每一件事。工作上,她在对手面前是骄傲的胜利者。她会花上几个小时苦思冥想每一份报告。发言时,她没完没了,搞得下面的听众精疲力竭。那些不请自来的客人在她家从来都得不到热情的招待,她总是在家中有聚会前事先安排好每一个细节。通过努力,这位女士在每件事上都做到了冰塑般的完美。她牺牲了快乐和温暖换取了她那乏味的完美。

强迫自己保持完美和自虐并无区别。我们和别人一样好还不行,我们还一定要超过别人,我们要像黑暗中闪烁的星星那样发着闪亮的光。我们是在和别人比试,而不是在以自己的才能去工作,我们只会在意别人是不是像崇拜偶像一样崇拜我们的完美。完美主义者也和普通人一样会失败,但他们不能面对自己已经失败的现实,他们憎恨自己,却不能战胜失败。

做一个充满爱心的女人

住在纽约市的乔妮·洛厄里给我写来一封信,她给我讲了关于一个好人的故事,信的开头写道:"大约在一天上午的 11 点钟,我的公司没了,事先一点征兆都没有。

"两个生意人以技术上完全合法的手段把我的公司抢走了,我完全懵了。我向律师咨询,结果是,我没有任何办法可以挽回。相信我,我还从来没有如此的担心和害怕过。我所有的财产都一干二净了。大约两点钟时，我走进车间，向生产经理露易斯诉说了这件事。然后，跟在场的每个雇员道别。从我建立公司的那天起，他们中的很多人就一直跟着我。

"我离开的时候，发生了一件不可思议的事。工厂的每个人都收拾好自己的东西，也离开了。新老板许诺说，如果工人们肯回来，他可以答应任何条件。他还跟露易斯说，如果她肯回来，就终生雇佣她。但露易斯说：'你这样的人没资格让我为你工作。'新老板束手无策。他们手里有一堆订单，可因为没人愿意给他干活，所以生产不出一件产品。

"工人们去申请失业救济。新老板接到调查电话，老板说：'我们可以给他们提供工作，让他们回来上班吧。'工人们不肯。当然，这样，他们也就领不到失业救济金了。我对此无能为力，我把自己的钱都投进公司了，我现在也是个穷人了。

"五个星期过去了。说实话，我不知道这些工人是怎样熬过这些日子的。平时，很多人都是'月光族'，到月底就没钱了。这时候，新老板挺不下去了。没有产品，他们得到的只是公司的空壳而已。一天下午四点的时候，从法律上讲，我又收回了我的公司。第二天一早，所有的工人又都回到了公司。

"当我的公司不属于我的时候，所有可能发生的事都发生了。我一点办法也没有，只有眼睁睁地看着公司归了别人。这时，工人们的理解、信任和尊重支撑了我。这种关系在我和我的工人之间已经存在很久了。当灾难来临之时，正是他们极大的忠诚让我要回了我的公司。我满怀感激地对他们为我做的一切表示感谢和敬意。世界上没有人能和我的雇员相比，他们是我最好的朋友。"

多精彩的故事啊！一直以来，都是具有成熟人格的人在发现人类的精彩之处的。只有那些不具有成熟人格的人才会说，政治家都是骗人的，大公司没有一点人情味，他的老板愚蠢得很。

戴尔·佩里在弗吉尼亚州的西点军校受过训。1944 年，他随自由轮出海，他有幸学到了这一课。那时，佩里先生做着船上级别最低的甲板见习准尉。他听所有人的指令，却无权下传指令。

佩里先生说："船长很反感军官候补制度，他憎恨和商船学院有关的任何东西。所以，我的处境就十分悲惨了，我就像生活在地狱里一样。船长对

西点军校

我比‘邦笛’号上的布莱船长对他的船员严厉得多。

"经过了四个星期难挨的折磨，我意识到，我应该为我自己做点事情。在学习上，我落后很多，每天，我都拿出六小时用来学习。最后，我决定，我要毛遂自荐。那天晚上，我拿起一本书，忐忑地敲响了船长的门。

"'谁啊？'他威严地吼道。

"'船长，我是佩里，我——'

"'你想干什么？'他咆哮着。

"'先生，我很敬佩您，有一个问题我不懂，如果您能帮我解答，我将感激不尽。我知道，以您在海上丰富的经验，您一定对这种情况很熟悉，您知道应该如何去应对。'

"船长干脆地说：'好吧，咱们一块儿看看。'

"当我离开时，船长已经决定，为了让我专心学习，每天拨出四小时给我，每天两小时在甲板上工作，站岗四小时。船长变成了一个很好的、十分关心别人的人。"

如果我们的双眼还没有被愁眉遮住的活，那么，只要是我们目之所及的地方，都能看到好心、善意和慷慨这些美好的品德，它属于我们称之为同类的人。

最近，我的一个朋友卷入了一场极其痛苦的政治纷争，在他居住的小镇里，因为政见不同，他和所有的邻居都疏远了。几个月后，他在一次事故中受了很重的伤，住进了纽约市的一家医院。

圣诞节的夜晚是医院最悲凉的夜晚。他躺在病床上，抬头的时候，突然看见了他的两个邻居。一直以来，他都以为他们是恨他的，而此刻，他们就站在他的身边。他们拿着一个足有五英尺长的蓝色的圣诞节袜子，袜子被包装精美的礼物塞得满满的。

如果我想说我的朋友对人的看法怎样被这件事改变了，我也许要花上一整天的时间。我相信，在我们居住的地方，大部分人是好人。当我偶尔对此表示怀疑的时候，我就会走到家中的书房里，打开一个小小的抽屉，抽出那封梅·卡利夫人写来的信，再读一遍。

她说：

"我 12 岁时，我父亲是个农民，邻居向我父亲借了 1800 美元，保住了他的农场。几年过去了，邻居没有还钱，父亲也没有强迫他。

"有一次，那个邻居在醉酒后说，如果他杀了父亲，他就不用还钱了。结果，一天夜里，父亲开车进城时，那个邻居故意开车从路边冲出来撞父亲的车。他自己没伤着，开车跑了，把受伤的父亲孤零零地留在那里。

"有个城里人听说了这件事，开车找到了父亲，带父亲进城去看医生。父亲用一只手按住受伤的肋骨，坐在路边等着医生的到来。那个喝得大醉的邻居走过来，用皮靴猛踢父亲的下巴。父亲的脸被踢出了一个大口子，下巴内的几条腺体被撕断了，导致身体里的其他腺体感染。

"很快地，医生到了，警察也来了。但我父亲拒绝控告那个邻居，他说邻居喝多了，对自己干了些什么事情根本不清楚。父亲说，如果那个男人进了监狱，他们家就会毁掉的。

"父亲住进了医院。一年半后，父亲在医院里去世了。临终前，他把五个孩子分别叫到床边嘱咐着。轮到我的时候，他拉着我的手说：'答应我，别辱骂或是打那个邻居的孩子，这样，他们才能像你一样正常地成长，成为受人尊敬的好市民。心中有恨的人是不会活得幸福的。'

"对一个孩子来说，这个保证是很难做到的。这件事过去了 30 年，我可以高兴地说，我没有辜负父亲的嘱托，我还和那个邻居的孩子成了朋友。"

这个男人是多么高尚啊！他拥有多么博大的胸怀和同情心啊！邻居借钱不还，还让他因此送命，但他却对邻居无半点怨言，他甚至要家人保证不要报复邻居。

维拉德·克罗斯利博士住在加利福尼亚州，他曾经告诉我一件不仅有趣还让他很受启发的事。他在医科大学上大学三年级时，一个星期六的上午，系主任要给他们上一堂很重要的药理学课。他不想上课，想和一个金发护士去野餐。当他正要给那位金发护士朗诵一首诗的时候，他听到了啪嗒、啪嗒的脚步声。

"维拉德·克罗斯利博士写道："当我抬头的时候，我意外地发现原来是系主任和他的女儿，他们一起出来采草药。我一动没动，一句话也说不出来，我已经目瞪口呆了。他皱着眉头看了我一眼，径自走开了。他离开后，我立刻害怕起来。我没心思野餐了，对那位漂亮的小姐，我也没了兴趣。我满脑子想的都是：这么辛苦地读了三年医书，现在也许要被除名了。

"我跑到学生会去问我的那帮朋友，他们都说这事弄得太大了。其中一个朋友拍着我的肩膀说：'你可能天生就不是吃医生这碗饭的料。'其他的人问我，我的那些医学书要多少钱才肯卖。我忐忑不安地过了一个周末。

"星期一早晨，我决定找系主任好好谈谈。我找到他，说：'主任，上个星期六，我很不礼貌，我为此来向您道歉。我既没有站起来，也没跟您打招呼，但我确实是无心的。'系主任被逗笑了，说：'我也年轻过，克罗斯利，我也做过这种事。不要再想它了。重要的是，你玩得高兴吗？'

"我的心马上放松了下来。我知道了系主任也是一个平凡的人，他知道年轻人是怎么生活、学习和玩的。他之所以能做系主任，也许就是因为这个原因吧。"

没错，克罗斯利博士，这就是他做到了系主任的原因。这就是众多成功人士通过培养自己成熟的人格，从而获得幸福和成功的原因。因为有了它，我们在人生的旅途上逐渐走向光明。

住在新泽西州的 J. 阿博特坦率得很，他告诉我们，他是会改变对人的看法的。在他在海军服役期间，曾经发生过一件事。那时，他在一艘要到圣易戈执行任务的驱逐舰上当总工程师。

阿博特说："真的，海军通常都是这么做的，他们选中了我这样的沉默寡言的工程师负责火药舱、机械舱和舰艇上所有的仪器和设备。

"想想我得怕成什么样啊！我这辈子也没进过几次机房。临出发前的那个月，我怕得要死。上船后的那几个星期，我越来越担心。

"在船上工作了三个星期后，上级给我们放了三天的长假。我召集了部下，告诉他们这个好消息。我说，按理说，因为前段工作做得比较好，所以大家有机会放假。我很感激他们对我的工作的配合，他们每个人都很负责，所以，才打造了我们这个坚实的工程部。

"我没想过这番话会有什么作用。几天后，这些话给了我大大的刺激。真的很神奇！我的部下真的扛起责任，尽心尽力地工作，把我担心的那些工作做得井井有条。

"一直以来，我都以为是我独自肩负重担。从那个时候和那个地方开始，我才明白我错了。我不再担心我们会把船炸上天，也不再担心在我们临出发时工作还没有做好。从这件事中，我知道，我不是在一个人苦苦支撑。有很多出色的人站在我们的周围，当我们需要他们的时候，他们愿意贡献出他们的力量，正如我们愿意帮助别人一样。"

没错，这个世界到处都有出色的人。不能否认的是，这个世界上也有无赖、骗子、小偷、笨蛋、流氓等各式各样的邪恶的人。人在世上走一遭，几乎不可避免地会遇见几个这样的人。只有拥有成熟人格的人才会明白，片面地看待世界并不能看清整个世界；偶尔几只苍蝇不会使整个人类世界受到干扰。

有时，我们的态度和表现会刺激别人的品行和行为，我们却会因此而变得满腹质疑，然后总结说："世界上没一个好人。"

几年前，我在纽约开始做生意。我经历了一件很让人痛心的事，代价很沉重。在之后的很长时间里，这件事都困扰着我，使我的怨恨越来越强烈。我想，原来《邪恶之城》里讲的那些经商的人都是真的，我被小偷包围了，他们狠狠地宰了我一刀。

后来，我渐渐明白，是我自己愚蠢，才造成了我的损失。如果我有一点最基本的常识，整件事都不会发生。从逻辑上讲，我除了怨我自己，不能怨任何人。

我们更愿意相信是别人邪恶的行为导致自己受到了侵害，而不愿意承认是自己愚蠢的行为导致了厄运的降临。"我像个傻瓜一样。"这是世界上最难说出口的话了。实际上，如果我们拥有成熟的人格，我们就会有许多机会把这句话再重复一遍。

任何孩子都能告诉你人类的弱点在于自私、愚蠢、贪婪和以自我为中心。但只有拥有成熟人格的人才有能力认清人类的精彩之处，发现人类个性的源泉和无限的能力。

爱占据了人的人格的全部，并将它的光辉散布到所有人的行为中。拥有爱心的人，他对工作、身边的每个人和生命都充满了热情。

在男人的跟中，一个充满爱心的女人，才是最迷人的妻子。

没人喜欢你为别人而活

我说过，每天都要给自己留点独处的时间，这样会让我们更了解自己。独处也可以使我们欣赏自己。莱昂·巴特梅尔先生在马里兰州巴尔的摩市赛顿心理学研究所工作，他写道："入睡前最好花点时间想一下自己这一天都干什么了，这种习惯可以帮助我们更好地与人与己相处。"

如果我们期待别人愿意和我们在一起，我们就要先学会独处。哈里·爱默森·福斯狄克曾经观察过那些不能自己陪伴自己的人，说他们"就像被无休止的狂风吹着的一潭水一样，从来没平静地映出过美丽的风景"。

我们会在独处中找到自己心灵的彼岸，它是我们向外发展人际关系的基地。安妮·莫罗·林博格的著作《大海的礼物》写得十分优美，在书中，她说："人们只有先和自己联系，才能与外界取得联系。对我来说，我只有通过独处才能找到属于自己的精神世界。"

独处的洞察力可以让我们更客观地认识我们的生活。《圣经》的《诗篇》给了我们一句忠告："静静地体会一下，我就是你们的神。"这句忠告非常好，如同我们离不开新鲜的空气一样，我们的灵魂也需要独处。

为别人而活不但给那些我们喜爱的人增加了负担，也使彼此之间关系乏味。健康人格的一部分就是：我们能像欣赏别人一样，喜欢、尊重和欣赏自己。

别让妥协侵蚀了你的信念

伟大的不妥协主义者拉尔夫·埃森默说过："想成为一个成熟而有魅力

的人，就不能妥协。正直的心是世界上最神圣的东西……我犯了错误是因为我对自己产生了动摇，我想看别人是怎么想的。"

这番话无疑会深深地震撼一些人，一直以来，这些人都认为，要想维护良好的人际关系，首先必须站在别人的立场看问题。

也许，我们可以这样理解埃森默的话："我们可以站在别人的立场上看问题，但是一定要以自己的观点作为行动的依据。"

如果说，成熟可以带来一些好处的话，那么，其中的一条就是：成熟的人有自己的信念，无论结果如何，他都有根据信念行事的勇气。

年轻而没有经验的人在穿衣、玩乐、说话办事等各个方面都害怕脱离自己的圈子，一切都得按圈子里能接受的方式进行。这些孩子就会同人到中年的父母不时地发生冲突，而只是为了那几个令人难堪的问题："莎丽的妈妈都同意她涂口红，为什么您就不允许？""像我这么大的女孩子跟男孩子出去约会是一件很平常的事。""为了皮特，您能别让我打扮得像个怪物一样吗？""有谁规定晚上 11 点就必须回家的？"等等。

对生活在同龄人的世界里的孩子来说，他的朋友、他的玩伴怎么看他、是否接受他是最重要的交际问题。他那个世界的行为标准和他父母的标准不同，这种冲突成了孩子与父母之间最大的障碍。这令他们双方都很头痛。

当处在陌生的环境中，又没有经验可以借鉴时，最明智的选择就是：让自己的行为符合公众所能接受的标准。直到我们有十足的经验和信心时，再去按自己的标准和信念去生活。明智的人不会去挑战他根本不明白的事物，只有傻瓜才会做这种冒失的事。

总有一天，我们会形成一整套自己的价值观念，比如说诚信。我们发现，最明智的行为就是诚信了，这来自于别人的指点，也来自于我们自己的经验、观察、智慧，我们通过这些事例也证实了没有诚信就没有回报的道理。幸运的是，在我们的社会里，大家对生活中的几个最基本原则问题的答案还是大致相同的。不然，我们就将生活在永无宁日的混乱里。

有时候，人们也会对基本原则问题产生一些分歧。这时，坚持信念的人就将肩负着推动文明发展的重任。几百年来，奴隶制度一直被权威的意见说成是合理而必要的，没有人反对这种意见，直到某天，有几个激进分子站出来大声反对。面对严刑逼供、使用童工、体罚、劣质产品这一系列伤害，众

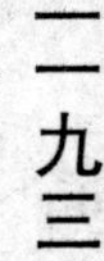

人曾毫不犹豫地接受了这一切，直到一小群绝不妥协的人站出来，反复强调说：那些人所做的是错的。

通常情况下，不妥协既不舒服，也不愉快，甚至还会遭遇危险。所以，大部分人宁愿温顺如绵羊一样地活着。在他们看来，隐藏在人群中才更安全，他们从不质疑"牧羊人"的指令，那种离谱的事他们想想就恐惧得发抖。我们对这种安全的欺骗性从没有这样的觉醒：羊群是最脆弱的群体，他们一受惊就可能全线崩溃。

妥协的结局就是被人奴役。要想获得真正的自由，只有主动去迎接生活的挑战。我们要跳入生活的大海里，努力奋斗，为自己开拓道路。埃德加·莫尔是著名的战地记者和作家，他曾说过："如果消极的态度，比如圆滑、稳妥，或者是逃避困难等左右了我们的个性，那么，无论我们是什么人，都不能算是一个正直的人。人只有在接受了重任时才能体现出自己的价值，那时，我们才拥有了最大的幸福。我们的祖先说过，在困苦中成长的人才是健康的。"

我曾说过，接受责任是塑造成熟人格的首要条件。长大就意味着自己脱离了父母的羽翼，独自迈步走向广阔的成人世界，长大就意味着这种转变的实现。

如果我们真的拥有成熟的人格，我们就不应该妥协，不应该躲在人群中，也不应该不加审视地、盲目地接受别人的思想。

一个人肩负着某种使命会始终有一种使命感。必要时，他不用别人游说，自己就会不假思索地站起来，大声疾呼，挑战整个世界。神圣的热情鼓舞着他，他别无选择，他内心的激情驱使他不作任何妥协地面对各种障碍。

但我们之中的大多数人却和墙头草没什么两样，我们总是在想：那么多的人不认可我，我肯定错了。于是，我们轻易地妥协了。大众的观点压制着我们自己的信念，使我们在如此重压下窒息。面对强大的习惯势力，我们丧失了自信。

在有些人眼里，那些固执己见的人就和怪人一样，或者就认为他们是企图出风头的浅薄的人。那些留着一脸胡子，光着脚丫满街走的人，那些参加正式会议时故意穿着 T 恤衫的人以及那些在公共场合里吸烟的时尚女郎，并没有独立而自由的灵魂，相反，这种行为是幼稚的。从精神层面上讲，他们和动物园中的动物是一样的。

我们在成长的过程中逐渐树立起人生的信念和理想，成熟了的我们按照自己的信念生活。我们对任何人都保证我们会认真工作，以既利已又利他的方式发挥自己的聪明才智。

在这方面，我十分欣赏埃森默的坚定。在他生前，别人一直劝他参加反对奴隶制度的运动，游说他去支持当时的一些重要活动。他都没有答应，因为他相信自己肩负着一种特别的使命，他只要一直坚持就可以对社会作出自己独特的更大的贡献。他对那些运动十分同情，他衷心地祝愿那些运动能顺利发展下去，但他始终认为自己不能分散精力去做那些事。他宁愿使自己失去声名鹊起的机会，只是因为他有自己的生活准则。

人要有足够的勇气去支持一种非主流事业，或是站在潮流的对立面。在这种时刻，一个有着坚定信念的人为了自己的理想，站起来大声疾呼，这是最勇敢的表现。

最近，我参加了一个集会，集会偏离了主题，转到一个颇具争议的问题上去了。除了一个人外，所有客人的观点都一致。这个人始终客气地回避可能发生的争执，直到有人正面地问他如何看待这个问题。他笑着说："我希望您没有问过我这个问题，这是公共场合，而我和在座各位的意见是根本不一样的，可您既然问到了，我就说几句。"接着，他依次亮出了他的观点。他在与人们的辩论中被各种反对声音包围着，他是孤立无援的，但他寸步不让，坚持自己的想法。他说服不了别人，但因为他的毫不妥协，他也赢得了人们对他的尊重。对他来说，附和别人的观点似乎更容易一些，可他没有那样做。

不久前，人们还要靠自己的判断，靠自己的双手活下去呢。对于那些到西部拓荒的人来说，没有专家可以咨询，没有人可以商量，遇到紧急的事或者危机，他们只能靠自己。生病的时候没有医生，他们只能依据医疗常识或者用一些土方治疗。印第安人来打劫时也没有警察来帮助他们，他们只能靠自己的力量和智慧去解决这些灾难。那里没有建筑商给他们盖房子，如果他们想给家人一个家，只能靠自己的一双手。缺乏食物时自己去种地或者去采集。他们对生活中的每一个重大事件都独自作着决定，而且，他们做得相当不错。

　　如今，我们的身边到处都是专家，我们一有什么事就希望专家给个所谓权威的意见，渐渐地，我们失去了信心，我们不相信自己有作判断的能力，不敢在某个问题上坚持自己的信念，专家在我们的授意下替我们作决定。当我们条件开始优越时，我们就放弃了作决定的权利，失去了作决定的信心。

　　当前，预先确定被教育者的个性模式已经成了教育界的时尚，比如，教育机构费尽心思地培养"未来的首领"。事实上，最后，大多数人没有成为领袖，而是成了被领导者。我们需要领袖训练，但我们更想知道怎样跟在领袖后面做一个有思想、有头脑的跟随者，我们不希望像一群走向屠宰场的牲畜一样盲目地跟着走。

　　教育家沃尔特·芭比说，人们常培养孩子表面化的品德，如合群、大众化、调整自己服从群体的要求等那些按照社会理想要求的个性培养他们。芭比先生说，我们却从来没给那些孤僻的孩子留有任何余地。退出则被视做情绪失控，每个孩子都得和大家玩游戏，每个人都得当船长，每个孩子对问题都必须有固定的看法，每个孩子都得同别的孩子一样。

　　芭比先生还说，如果我们的学校想培养出未来最幸福的、最好的公民，就必须给特殊的孩子留一点空间。那个孩子可能不喜欢棒球，他只喜欢读书；他不喜欢足球，只喜欢音乐。我们应该允许他的与众不同，而不应认为这些特殊的孩子不能适应社会。

　　如果有家长斗胆大声疾呼，告诉学校应该如何教育他的孩子，那么，他就是位勇敢的家长。而家长经常听人劝告道：行了，把问题交给专家吧。我就认识这样一个人，那是一位住在郊区的青年，他抗议学校教育他儿子的方式。他是个十分自信的人，从不妥协，他不断地提出问题，抨击流行的教育理念。一年后，他成了所在社区的教育委员会的代表。现在，他的孩子和社区内的几百个孩子都成了教育改革的受益者。正是在那个晚上，改革的思想被提了出来，在会上，他面对整个社区的人说出了他的想法。

　　我们有医生供我们咨询如何喂养、关心和照顾孩子；我们有儿童心理学专家来指导我们如何培养孩子良好的行为习惯；我们还有商务咨询公司教我们如何做生意。在政治上，我们是某一派中的一员，我们几乎不以个人的名义投票。甚至我们最温馨、最隐秘的爱情生活也有无孔不入的专家在观察着。他们将爱情分类，然后向大众兜售他们的意见。我们把专家的结论当成万能的福音书。

自己是主宰自己的主人的时代已经过去了，我们已经不能主宰自己。在我看来，仅仅因为"专家"的同意或者因为流行便去做某件事，完全是病态的表现。

埃德加·莫厄尔常常告诫我们，我们必须警惕这种被剥夺了个人的崇高价值的状况。

莫厄尔在《星期六文学周报》上说："这种剥夺是可怕的纳粹主义的核心。在它的刺激下，会产生冷酷、灭绝人性的行为，促进法西斯专制行为的发展。它完全背叛了'自由精神'。"

美国建国初就在致力于维护国家独立的同时，保护个人的一切权利不受侵犯。可是，只要人们再受专家的摆布，或继续接受这种教育，或继续放弃个人的权利，那么，想号召人们站出来向多数人支持的政府表达他们的不同意见就会十分困难了。

在文章的结尾处，莫厄尔说："人们不能做天使，但这绝不意味着他们就必须要去做一群蚂蚁。"

我们必须承认，"做回自己"是摆在我们面前的最难完成的指令。

了解自己固然很难，可在这个到处充斥着批量生产、大众传播和流水线式教育模式的社会里，想要做回自己则更是困难。我们惯于把人分成各个阶层："他是哪个工会的人"，"她在某个公司"，"他是民主党人"，或"他是保守党人"等等。大部分人都有自己的标签，也不会提出任何异议地给别人挂上某种标签。看起来，我们和小孩子一样，正在玩"警察抓小偷"的游戏。

"妥协与不妥协"所引发的冲突引起了普林斯顿大学校长哈罗德·多德兹极大的关注。1955 年夏，在普林斯顿大学的学士学位授予仪式上，他发表了题为"做一个独立思考的人"的演说。

他告诫毕业生们："你们在压力下妥协，改变不符合所谓常理的东西。可是，无论压力有多重，如果你有一个真正独立的灵魂，你就会发现，妥协只会给你带来失落感。你为了让自己的让步更有理由而作了许多努力，事实证明：那一切都是徒劳的。除了丧失自己的自尊以外，你没有任何收获。即使妥协可以给你带来短暂的满足，但是，你没能主宰自己。如果你是一个真正的人，你的那些被放弃的愿望、对随波逐流做法的抵制情绪会不时地让你的内心无法平静。"

多德兹校长接着说道："人早晚会明白来到这个世界是为了什么，在这个世界上应该做些什么，今后，应该朝哪个目标奋进。"

1955 年，纽约州斯克内克塔迪市的联合大学聘请澳大利亚驻美国大使爵士珀西·斯潘塞为荣誉校长。他在就职仪式上说：

"生命给我们将自己的才能发挥到极致的机会。我们欠着国家、社会和自己的家庭的债，生来我们就是来还债的，如果我们不想白活，我们就该义不容辞地偿还我们的债务。如果我们不履行自己的责任，我们就没有现在这种秩序井然的社会环境，我们也就不能把自己的个性表现出来，也不能把自己的才能发挥出来。我们在追求幸福的旅程中，有权利去完善、发展自己的个性。我们为我们自己，也为那些我们爱的人，为我们的同伴，去完善自己。总而言之，我们为了全人类去完善自己。"

《圣经》的《诗篇》第八篇是我想说的话的最好的诠释。在那里，诗篇的作者问神，人在上帝的眼中是不是像茫茫宇宙里的一粒沙一样渺小？人是否没什么大意义？

我看着你指头所造的天空，

还有你陈设的明月和灿星，

便说：你凭什么要眷顾人？

世人算什么，你凭什么要眷顾他？

你使他比天使微小一点，

赐他荣耀尊贵的冠冕。

你派他替你管理你手所造的，

你让万物都臣服于他。

只有拥有成熟人格的人才有能力去欣赏别人潜在的力量。只有拥有成熟心智的人才会自豪地说，他只比天使低一点儿，而不会说自己比猴子高很多。对这样的人来说，妥协不会成为一种现实，它只是一个词。因为像他这种人始终坚信：心灵是完整无缺的，独立的灵魂是神圣而不可侵犯的。

世界传世藏书

【图文珍藏版】

卡耐基励志经典

[美]卡耐基·著

刘凯·整理

第六册

綫装書局

你就是你，不要失去个性

　　北卡罗来纳州的伊迪斯太太曾写给我一封信。"我曾是一个极为感性而羞怯的女孩，"她在信中写道，"我一直很胖，双颊丰满，这使我看起来更显肥胖，我母亲是个古板不开通的女人，她觉得把衣服做得太漂亮，穿着像白痴，而且衣服太贴身容易撑破，最好做得宽大一点，她让我也如此装扮。我从没有参加过任何社交活动，也没有令我开心的事。上学后，我从不参加集体活动，甚至体育运动也不参加。我害羞极了，总觉得自己和别人不一样。

北卡罗来纳州

　　"成年后，我和一位年长于我几岁的先生结婚，但我并未有一丝一毫改变。丈夫的家人都相当镇定从容，我希望能像他们那样泰然自若，但我并没有。我试图模仿他们的行为举止，但总失败。而家人每次也试图帮我突破自己，却反倒让我更深地躲进自己的世界。我变得越来越紧张、烦躁易怒，躲着不见任何朋友。甚至听到门铃声我都会惊慌失措地躲进自己的世界！我是彻头彻尾地失败了。我很清楚，担忧我先生有一天会发现真相。所以只要在公共场合，我都尽量装作很开心，甚至假装得有些过分。我知道自己表现过火，每次会客过后的几天，我都会感到精疲力竭。终于，我实在忧愁到怀疑是否还要继续生存。我甚至想到自杀。"

后来发生什么事使这位妇人转变了呢？只是偶然的一个评论。

伊迪斯太太继续写道："偶然的一句话转变了我的一生，有一天婆婆谈到她如何教育子女，她说：'不论任何事，我都坚持让他们个性独立！'这几个字在我脑中一闪给了我灵感，所有这些苦恼都源于我使自己进入一个并非适合自己的生活模式中去了。

"一夜之间我就变了！我开始找回自我。我试着发掘自己的个性，努力挖掘自我潜能，并努力凸显自己的强项。我研究布料颜色，衣着款式，找出适合自己的风格，表现出自己的独特品位。我主动与新朋友结识，并开始参加团体活动——先是一个小型团体——当我主持某项节目时，我紧张害怕。不过每次开始发言时，我的勇气都得到增强。这段过程相当漫长——不过这样的生活使我比过去快乐很多。在我教导自己的儿女时，我一直把自己经过痛苦的历程才学到的经验告诉他们：不论情况怎么变化，永远做自己。"

这个坚持自我的问题，"从盘古开天女娲造人时就存在了，"基尔凯医生指出，"任何人都存在这个问题。"多数精神障碍、神经疾病及心理问题，追根究底的病因往往是不愿意坚持自我。帕特里在报纸上发表了几千篇有关培养儿童的文章，他出版过 13 本书，曾说过："没人会悲惨到不能坚持自己的思想个性，并且被迫去变成他人。"

好莱坞这种模仿他人之风最盛行了。好莱坞著名导演萨姆·伍德曾说过，现在他最头疼的问题是帮助年轻演员改掉这个模仿习惯，从而坚持自我。这些年轻人都想成为二流的拉娜·特纳或三流的克拉克·盖博，"观众已经品味过那种风格了，"萨姆·伍德一直不停地告诫他们，"他们想要尝到其他新鲜味道。"

萨姆·伍德从事导演前好多年都在从事房地产行业，因此培养出一种营销人员的性格。他认为商业圈中的一些原则在电影业也完全适用，模仿别人的方式绝对不会一炮而红的。"经验告诉我，"萨姆·伍德说，"不去模仿其他演员，坚持自己的个性的演员会成名较快。"

我询问过朋友保罗，他是一家石油公司的人事主任，求职时人人常犯的最严重错误是什么。在这方面他极有经验，他面试过的人超过 6000 人，还曾写过一本《求职六招式》的书。他答道："求职者易犯的最大错误，就是不能坚持自我。他们常常不够坦率，所回答的问题都是他认为你想听的。"可是这没用，因为没人想要虚伪而不实在的员工。

我知道有一位公车售票员的女儿，历经艰辛痛苦才接受这种教训。她一直梦想当歌手，但是她的容貌是她最大的失败，她的嘴太大，还是暴牙。她第一次登台演唱时——在新泽西的一家夜总会里——试着拉下上唇遮住牙齿，以使自己显得很高雅，结果却显得相当荒唐可笑，这就注定她要面对失败了。

幸运的是，当时夜总会有一位男士在座，并认为她很有歌唱天分，他很坦率地对她说："在这里我看了你的表演，我看出你要掩饰什么，因为牙齿很难看，很羞愧对吧？"那女孩听了感觉很尴尬，不过那人继续说，"暴牙又怎么了？暴牙又不犯罪！不要刻意去掩饰，张嘴唱歌，你越随意发挥个性，听众越会喜欢你，再说，你现在千方百计要遮掩的暴牙，将来可能正是你的财富呢！"

凯丝·达利接受了那人的建议，把暴牙忘得一干二净，从那以后，她集中精力全神贯注在取悦观众上。她尽情歌唱，后来成为电影及电台最受欢迎的流行歌星，现在别的歌星倒想来模仿她了。

威廉·詹姆斯曾说过，普通人的大脑开发运用的程度不超过20%，多数人不太了解自己有哪些才能，不知道如何充分发挥。他写道："与应该达到的使用标准比较，其实人们还有一半以上的潜能未被彻底挖掘出来。我们仅仅运用了一小部分头脑的能力，可以说人被自己定的标准限制住了，我们天生被赋予了丰富的资源，却常常无法运用自如。"

既然诸多未开发的潜能我们与生俱有，别再浪费一分钟担忧自己不像其他人。在这个世界上，你是独一无二的，前无古人，后无来者。基因遗传学告诉我们，人是分别由父母的24对条染色体组合而成，就是这48条染色体决定了你的遗传特征，数以百计的基因存在于每一条染色体中，任一基因改变都足以引起一个人一生的改变。真的，人的形成是个无比奇妙的过程。

就算你父母相遇结合孕育了你，那也只有三百亿分之一的机会出现一个跟你完全雷同的人，这就是说，即使你有三百亿个同胞兄弟姐妹，他们和你也不会有多少相似。这是不是胡说？不是，它完全有科学依据。

谈坚持个性的主题我很有发言权，因为我对此感悟深刻，有切实的经历，而且是个痛苦而高代价的经历。从密苏里州的玉米田刚到纽约来时，我想报考美国戏剧学院，我对成为一名演员充满热情。当时我窃喜自己眼光独到，想出这么绝妙的主意。这是通往成功的捷径，如此简单的道理，真不明白别人怎么没想出来。我的好主意是，仔细琢磨当时的几位当红演员，集中他们的优点于我一身，那样多明智啊！其实这样真有点傻，我浪费了好几年时间在模仿别人，最后才发现我学的任何人都不怎么样。

如此悲惨的经验总该使我回心转意，重新找回自我吧！但是没有，我实在是超级蠢蛋！我竟然重蹈覆辙。几年后，为了写一本有关公开演讲的商业书，我又产生了同样愚蠢的念头，就是借用其他作者的一些观念，编纂成一本书，一本演讲方面的书。于是我找来数本有关公开演讲的书，用一年的时间吸收其中的理念，把它们变成自己的手稿。最后，我再次发现自己又犯了一次傻。把别人的理念改编成自己的文章，反而使得自己的文章枯燥而平淡无奇，没有书商对此感兴趣。于是我把这一年的辛勤努力全丢进废纸篓里，重整旗鼓，这次我告诉自己："你就是戴尔·卡耐基，凭自己的有限智力来创造吧！别人你是做不了的。"于是，我放弃组合他人思想的念头，开始凭自己的能力，亲历的经验及细致的观察写成了公开演讲的课本。希望这一次我能永远像沃特爵士（他是英国牛津大学的文学系教授）所说的："我写不出莎士比亚风格的书，但是我可以写出自己的书。"

坚持自我。美国作曲家艾文·柏林给后起之秀的作曲家乔治·盖希文的忠告也是如此。柏林与盖希文初次会晤时，柏林已蜚声乐坛，盖希文却只是个默默无闻的年轻晚辈。对盖希文的才华，柏林相当欣赏，柏林支付给盖希文目前薪水的三倍请他做自己的音乐秘书。可是柏林也提醒盖希文："最好拒绝这份工作，如果你接受，再努力也是在艾文·柏林之下。要是你坚持自我的创作个性，有一天你终将成为一流的盖希文。"

盖希文接受忠告，并逐渐成为当时贡献卓越的美国作曲家。

还有查理·卓别林这样的名人，及其他一些人都曾经学过这一课，而且多数人都为此牺牲了一些代价。

卓别林开始演电影时，导演让他模仿当时的著名笑星，结果他毫无发展，直到他开始坚持自己的个性，才渐渐成名。鲍伯·霍普也经历过类似的过程，多年前他曾经为歌舞剧献力，直到发挥自己幽默的独特本领才真正走红。

玛丽·玛格丽特第一次上电台表演，是试着模仿一位爱尔兰笑星，但惨遭失败。直到她表现出真正的自我——作为一位来自密苏里州乡下来的纯真朴实的姑娘——才赢得纽约市最受欢迎的广播主持称号。

金·奥特瑞一直想摆脱原来的得克萨斯州口音，穿着也模仿城里人，甚至对外宣称自己是纽约人，结果惹得别人在他背后讥笑讽刺。后来他重抚三弦琴，演唱他的故乡乡村歌曲，于是奠定了他在广播影视界牛仔风格的基础。

在这个世界上，每个人都是独一无二的个体，为此庆幸吧！善待你的天赋。归根究底，所有的艺术都类似一种自传。你只能唱出自己的特点、勾画出你自己。人的经验、环境及遗传因素造就了你。无论如何，你必须用心经营属于自己的小花园，也不论好坏，你必须在生活的交响乐中演奏好自己的乐章。

爱默生在他的散文《自信》中说过："人总有一天会明白，最无用的情感是嫉妒，邯郸学步无异于自杀；无论结果好坏，自力更生才是出路，尽管宇宙充满幸福美好的事物，那也只有辛勤耕耘自己的田地，在收获季节才能大丰收。上天赋予每人的能力都是全新不二的，只有自己尝试开发运用，才能充分了解自己所具备的天赋。"爱默生是如此表述的，而另一位名家道格拉斯是用诗句表达的：

假如你做不了山巅的青松，

就做低谷中的灌木吧！不过，

最好的灌木紧邻山溪；

就做一株灌木吧！

如果做不了大树。

假如你连灌木也做不了，

不妨做一棵小草；为枯燥的高速路增添一点生气！

假如你没当成麋鹿，那当一条小鱼也很好！
而且在湖中最活泼！
并非每一个人都能当船长，当船员也好，
总有任务适合我做。
无论职务轻或重，
总得完成手中活。
做不了高速路，那就安心当条小路，
太阳做不成，不妨成为星星；
成败不在大小——
在乎是否竭尽所能。

第二章　体验柔弱的魅力

独处时的美

　　并非所有的聚会都令人欢愉，并非所有的约会都值得珍藏。独处也是美，独处也是值得珍藏的时刻。

　　夏天是卡罗琳最企盼的时光。夏天里有个暑假，当教师的丈夫和调皮捣蛋的儿子都要回乡下去。她为他们打点好行装，看着车门在他们身后轻轻地闭合，全身竟似闲云野鹤般的轻松。此时的卡罗琳，异常超脱，不再是丈夫的妻，娇儿的母，不再受平庸琐碎所烦扰。夏天的夜晚，煮一杯咖啡，面对如银的月辉，斜斜地靠在沙发上，听一曲肖邦的钢琴曲，任舒缓轻柔、晶莹剔透的旋律漫过心田。旧日的岁月如春日池塘里的蝌蚪跃出水面，想起自己对生命的许多次承诺，咀嚼无数个童年的记忆，一切都是那么酸涩而温馨。

　　其实，我们每个人都需要独处。静心沉思，想想心事，抚平心头凌乱的思绪，而不希望有人打搅。这是我们享有的自由和权利。倘若此时有人问："你在想什么？"回答经常是含糊其辞："噢，没什么。"因为我们知道，假如真的告诉别人自己在想什么，只会徒增烦恼和压力。因为我们总免不了要考虑别人的反应和想法。经常静静地独处一段时间，对维护健康的心理机能很有帮助。生活中，每个人都需要独处。独处给我们机会和可能，去思考筹划生活，甚至做些白日梦。独处中，我们恢复疲倦的体力，平衡倾斜的内心，稳固我们与亲密朋友们之间的友谊。

　　但是我们大多数人经常对为自己安排时间独处内疚万分，女性表现得尤其强烈。女性在成长过程中，被不断告诫要适应他人，女性的直觉就是应该首先满足他人的需要。当这个目的未达到时，则表现自责自怨的心理，认为自己过分自私。

坎蒂丝是个秘书，丈夫是推销员，经常外出，他们有两个孩子。她说："我先生常常是星期五晚上回家，一周都泡在外面。他希望有个轻松愉快、温馨恬静的周末。就是说，他在家时我也要继续照料孩子们。两年中，内疚使我不敢提出单独享受几个小时，我不断提醒自己，他在外面很烦很累，在家安安静静是应该的。我们在一起的时间本来就不多。我实在不敢抱怨，怕把好好的周末搞糟。"但在去年，坎蒂丝实在忍无可忍。"那一周两个孩子都生病，我精疲力竭。他不但不帮忙，反倒睡觉去了，起床后又去散步。我终于发脾气了，并告诉他我的感受。于是他建议我每周六到外面独自享受几个小时。"

要求独处而被人误解，是我们常遇到的问题。他人的反应常常是狐疑的目光，以为你有意卖弄，伤害他人感情以及拒人千里之外。其他人或许以为你傲气十足，不友好或性格古怪。一对夫妇常常如胶似漆好上几周。之后，妻子好几天看不到丈夫的影子。妻子想知道究竟怎么回事。但丈夫总是说："没什么，我只想独自待一阵子。"起初，妻子怀疑丈夫另有新欢。但当妻子理解了丈夫后，便不再多问，让他拥有个人的小天地。

为什么我们中间有一些人，要求独处比别人多呢？这与人的性格、气质、职业和生活习惯有关。外向性格的人对独处要求不是很强烈，而且有事喜欢说出来。内向性格的人则需要较长时间的独处，有事愿意自己默默沉思。一位女性在一家商场的顾客服务部工作，整天听别人不停地抱怨。她说："我认为美好的晚上是绝对的安静。没有电话、电视机的吵闹，丈夫、孩子最好也不要在身旁。"而另一位女性则相反，她说："整天坐在打字机前寂寞难熬，电话铃声或朋友来访，都会使我欣喜若狂。"

专家们认为人类需要独处的本能，可以追溯到幼儿时期。夫妻之间在独处时间长短问题上发生冲突时，互相协商以至彼此妥协是唯一的办法。这就需要彼此开诚布公，坦诚相见，关键在于解释清楚为什么你要独处，你的配偶就会更好地理解你。一位妻子说："丈夫和我结婚 4 年，过去常抱怨我'抛弃'了他。他理解我要离家几个小时，但他不明白为什么我不愿意他像标签一样贴着我。当我对他说，独处使我放松时，他抱怨我们没有像以前那样经常一起外出。"作为妥协，妻子减少了独处时间。

新婚燕尔，夫妻都急于稳固两个人的感情，对独处非常谨慎，避免提到。许多人误以为，如果你爱她（他），你就应该始终陪伴她（他）。但事实上，一天 24 小时始终在一起，恰恰表明是一种不健康的依赖。专家建议，夫妇双方在新生活开始时，就谈好各自所需。

太少的独处将会使人产生各种不良情绪，如压抑、暴躁、沮丧等，而且为原本良好的关系带来不必要的影响。但是独处并不意味隐藏自己所有的思想和感情。倘若如此，便误解了独处的真谛，而会被视为性格古怪，令人敬而远之。生物学家保罗·布雷恩说："合理的独处使人身心健康，但过分孤立自己将导致心理障碍疾病。"所以，拥有适度的独处，对你和你所挚爱的人们，至关重要。

摒弃平等的神话

自古以来，男人的力量和女人的生育，成为维系人类生存的两大基石。传统的两性关系，也是这两个基石上的建筑物。工业革命之后，机器取代了大部分粗糙工作，医学革命也大大减轻了女人生育的负担。正是这两大革命撤销了加在女性身上的自然限制，为男女平等的实现创造了条件。

女人从男人的附庸一跃成为家庭中重要的一员，具有和男子同样的就业权利，从而改变了女人无经济地位的状况。政治地位、经济地位与男子的平等，这是社会进步的标志。然而有些时候"平等"则是不宜提倡的。

一些事业型妇女，虽然是女性，可最鄙视女性，追求所谓的"平等"，处处模仿男人做事。平时着装就是牛仔裤、王子裤、男式衬衫、夹克服、各式礼帽……做派也学男人的样子，又硬又冷，干干巴巴，没有一点儿柔劲儿。

另一些女性，是从内心深处坚信"男女都一样"，"男人能做到的事，女人一定也能做到。"她们一心扑在事业上，不知道事业以外还有其他，比男人事业心还强，如同一个工作狂，却自称为"女强人"。

还有一些女人，由于讨厌婆婆妈妈的女性，看不惯同性那种儿女情长，于是自己立志"不谈身边琐事"。只和男人谈学习、谈工作、谈思想、谈国家大事，从来不交流感情。一位朋友说，他的妻子好像是他的兄弟，夫妻俩也挺和睦的，只是没有异性的相互吸引。他外出时妻子也会想着为他准备旅行用具、衣物，不回来时也想他会不会出意外。可那只是惦记，只是不放心，并不是想念他，盼他快些回来。

追求"平等"的女人还有一个特征就是不理家政、不操持家务，仿佛干家务会影响她"女领导"、"女专家"、"女强人"的形象。从来不提着篮子到超级市场，她们认为这些"女活儿"都是家庭妇女干的，"平等"的女人不应当为此浪费时间。如果碰到这种妻子，丈夫岂不是很痛苦吗？

首先，你要明白平等并不意味着事事与丈夫争高低。平等是对夫妻间的地位而言，你不能要求各方面必须都这样。男女间互相尊重，相互沟通，恩恩爱爱，这是平等的必要前提。但有的女人则错误地认为，平等就是与男人平起平坐，家务各分一半，男人有什么女人必须有什么。这种观点是十分错误的，这样做不仅会损害女人的形象，还会使男女感情出现隔膜。

平等绝不是这样的平等，人与人的身体状况、性格爱好多有不同，如果你要追求这种硬性的平等很不利。男女组成家庭后，由两个个体组成一个群体，不应这般斤斤计较，男女各有短长，若不问青红皂白，苛求二人的统一，这简直是自找烦恼。从感情上讲，男女要相互关心、相互体谅，尽量少去计较经济问题和家务劳动问题，因为你们之间不应该存在吃亏占便宜的事，在这些方面求对等、争高低是不明智的。

其次，平等不是事事按自己的意愿做。有的女人这样认为，平等必须要先制伏男人，让男人事事按自己的意愿去办，像对待孩子，吃喝穿戴全由一个人说了算，不许男人插言。事事按照自己的意愿去做，不是平等，也不是对等，这样做是在扼杀你们间的感情。

男人也是一个血肉之躯，有自己的思想，也有自己的主见，女人的专横跋扈只能造成男人的反感，极易伤害夫妻感情。在处理问题上，每个人都有一定的思维定式，处理问题必然会产生片面性。如果凡事二人商议着办，那么两人的智慧必然会胜过一个人。那种死命地"压制"一方而追求对等，的确是愚蠢之举，更是"妇人之见"，是极不可取的。

　　另外，平等是心理上的平等而不是形式上的平等。任何形式平等的追求是心理失衡的表现。人的心理有许多奇怪的念头作祟，个子矮的人爱在人前走来走去，以求引起人们的注意；有口吃的人爱说话，越口吃反而越爱说。这都是心理自卑感引起的反常行为。在男女生活上，女性在幼年和少年时期受到严格的管束，心理上产生女不如男的卑怯心理。然而当成家之后，一种强烈的占有欲会在卑怯的背后出现。往往会有这种规律，卑怯心理越重，要求"对等"的愿望就越迫切，甚至有些女人的做法已近乎病态。

　　平等不是形式上的平等，也不是经济占有的对等，而是要求你从内心尊重男人、疼爱男人，从而获得男人的尊重和爱，有了这种感情，就会有平等。

体验柔弱的魅力

　　当法国皇帝拿破仑被问及最喜欢女人的哪种品格时，答案是"柔弱"。这个回答恐怕也是绝大多数男人的回答。对女人柔弱品格的喜欢与其说是男人们的喜好，不如说是男人们的一种需要。喜好可以没有，需要却不能缺少。

　　男人们喜欢呼风唤雨，喜欢显示自身的伟大和力量，这是性别所决定的。然而现实生活中能够满足男人们这种天性的机会并不多，处于一呼百应的领导地位的男子毕竟是极少数，而绝大多数男子则处于被指挥、被役使甚至被压抑的地位。于是，天性被扭曲了。这种扭曲无情地折磨着男人。而能够缓解减轻这种折磨的，唯有女人的柔弱。

拿破仑

　　当女人对男人说，"我佩服你"、"你是我的靠山"、"我离不开你"……在女人来说，这只不过是简简单单的一句话，举手之劳而已，但在男人，这句话则如一枚巨大的宽心丸，可以让他们获得极大的心理满足。这时，女人便可以从男人这里得到百倍的呵护和缕缕的温情。这是男人对女人柔弱的回报。

柏妮丝的丈夫以前是一个十分"火爆"的人。他在事业上受到挫折和打击，回家就摔东西，冲着柏妮丝发火，还要把宝贝女儿打骂哭了才罢休。遇到这种时候，柏妮丝只好默默地承受着、压抑着要爆发的怒火。把女儿哄睡，重新做些饭菜端到他面前，用理解的眼神凝视着他的眼睛，他低下了头，哭了起来。这时候，柏妮丝紧挨着他坐下，默默地为他擦干眼泪，一只手放在他的背上，再在他的耳边加些温柔、鼓励、振作的话语。丈夫的坏情绪就在这温言暖语中被驱走，他会脸上带着无比的惭愧向柏妮丝道歉。

不可否认，在男女相互吸引的因素中，男性向往甜蜜、温馨、柔弱的性感世界，女性则倾慕于雄健、粗犷的雄健世界。基于女性在情爱之中的被动角色，柔弱是在异性占有欲下的一种填充和吸引。研究婚姻家庭的专家曾对报纸上的征婚广告做过统计，女性的广告中至少有30%的人自述性情温柔，而在男性的征婚广告中，也有30%的人希望找个温柔内向的伴侣。"女人是一个柔弱的世界"，这不是言过其实的话。

男性的雄健、躁动是女性所匮乏的，女性的柔弱、美丽也是男性所不具备的。从对立的特点中寻求自己没有的来补充自身，这是情爱中的心理特性，也是人类的原发性和本能性。你怎样把握柔弱，是维系爱恋的重要一环。对大学生的一次调查表明，女大学生为恋人所吸引的地方，首先是柔弱的气质，其次才是气度、整洁感、工作能力和健康等。

人的房屋能遮风避雨，为人们提供安全舒适的休息和活动场所。当一对男女组成家庭后，女人有一种安全感，就像船舶停靠进避风港一样；男人有一种舒适感，如同乳儿躺进母亲的怀抱。"安全感"赖以雄强来支撑，"舒适"自然要仰仗柔弱了。有位丈夫这样说，不论工作多忙、身体多么疲惫，只要回到家，听到妻子燕语莺声的问候、看到她那含情脉脉的眼神，就感觉像有一只柔软的手按摩全身，熨帖极了。

从性格上看，男子有超越自己的尊严，这在日本体现得最为突出。日本人的妻子是世界上最温柔的了，丈夫回到家中，看到温柔可人的妻子就能忘掉上司的严厉，同行的倾轧、工作的劳累，凡是周围给不了他的，妻子这里都有。

女人的柔弱像一张网，等待着男人，就像猎手等待猎物那样。张大你的柔弱，男人永远会蜷伏在女人的"网中"。

女人的柔弱能避免与丈夫不必要的正面冲突。如果女人性格刚烈，男人性格暴躁，冲突是不可避免的。必要的冲突也不是不好，但不必要的小冲突必然会造成双方不快。柔弱就像一堵橡皮墙，即使你发疯般地向它撞去，也会被反弹回来，双方都不会受任何伤害。当对方情绪宣泄完之后，一切又会恢复平静。

水是天下最柔和的了，石头很坚硬，然而水滴能穿石。女人的柔弱也有水滴石穿功效。有位丈夫曾这样说："我的妻子最温柔不过了，即便她对我做的事情不满意，也从不大吵大闹，最后常常是我像打架找不到对手那样败下阵来。她的最佳武器就是柔弱。"

绳锯木断，水滴石穿。柔弱是一种棉里藏针法，可以平息激怒，也可以缓和矛盾，更是以守为攻的策略，这些要看你的运用之妙了。

保持真实的天然本色

女人总要追求漂亮。但"漂亮"没有统一的标准：有的女人是含蓄的内在美，有的女人富有坦率外露的美，有的妩媚、有的端庄、有的丰满、有的苗条、有的成熟、有的天真、有的调皮、有的稳重……

当然，女人可以是漂亮的，可以是温馨的，可以是天使，也可以是圣母。追求美是无可非议的好事。但人毕竟是人，不是女神，不是画家笔下的美女，更不是雕塑家刀下的作品，所以也就不会有"完全的美"。不完全美是真实，是现实，是绝对的真理。

把人类一切美好的文化教养全化为真实的自我，天然的本色，这样的女人，便是真实的美。我们知道，每个人都是独特的，尤其是现代社会中的女人，每一个都犹如一朵正在开放的鲜花，即使是同一种花卉，每一朵也都有着各自不同的娇艳之处，每一个女人身上都有绝不同于他人的美丽。然而，很多时候，尽管我们也想拥有自己独特的个性，将真实的一面展示给他人，

可事实上，要真正做到这一点，并不是那么容易。

在人际交往中，我们总想给别人留下一个良好的印象，使别人能喜欢自己、信任自己。可是，在我们尽量使自己变得可爱的同时，也改变了自己的行为举止、言谈习惯，在别人眼里，我们成了一个做作、不自然的人。

没有人喜欢一个做作的女人，尽管你的初衷只是为了博得别人的好感，结果却只能适得其反。因为人们只喜欢从里到外都真实可爱的女人。

那么，在社交场合里，人们所表现出来的那种风度也是一种"做作"吗？没有人会这么看。人们都知道，在社交场合中，必须遵循一定的礼仪，这是一种特殊的场合，你应尽量表现出优雅的举止、得体的言语，以获取别人的好感和认同，这是无可厚非且再正当不过的事。

但问题在于，当你尽力做出某种自我改变时，你可能在刻意模仿或取悦于别人，你变成了一个"演员"！很多人都有过这种感觉，当某个公众人物在电视或报纸上露出靓丽容颜时，他们显得那样"完美"，并说一些谁都不得罪、人人都爱听的话，他们的衣着谈吐、举手投足，一切都是无可挑剔。可我们并不是在所有的时候都喜欢他们，因为你非常清楚，在有的时候，他们是在刻意取悦于大众。

当他们说"我已经努力去做了，可唱片的发行量并不是我最关心的事"时，你一下子就知道他们在撒谎。相反，那些说"十分希望大家能买张我的新唱片来听听"的艺人，可能让人觉得更可爱一些。其实，那些真正有个性的艺人，并不希望人们觉得自己是个对金钱不在乎的完人。

我认识一个节目主持人奥尔瑟雅，她所播报的新闻评论节目一直是同类节目中收视率最高的。从她 25 岁成为女主播算起，已经有 14 年了，她享受着工作带给她的荣誉和自由，可她也付出了沉重的代价。奥尔瑟雅一直想要一个自己的孩子，随着年龄的增长，这种感觉越来越强烈，看着朋友的孩子都快要上中学了，她感到自己依然孤独地生活着。奥尔瑟雅结过婚，可她先生觉得她"名利心"太重，离她而去。熟悉奥尔瑟雅的人都知道，在她坚强的外表之下是一颗脆弱而孤独的心，她最渴望能过普通女人的生活：有一个幸福的家庭，有自己可爱的孩子。

年轻时，奥尔瑟雅没有要孩子是担心自己的事业受影响，在新人辈出的时代，也许只要她休息一年半载，主播的位置就会迅速为别人所有。当她坐稳了位置，得到了观众的欣赏时，她不愿离开。在节目成功之后，奥尔瑟雅更是留恋自己来之不易的成功，担心生孩子之后，观众对她的态度会有改变。

如今，每当别人问及这件事时，奥尔瑟雅都会说："我为了事业，为了观众，没有自己的小孩子，一点儿都不遗憾。"可了解她的人都觉得她很可怜。

对绝大部分女性来说，你要活得率真，你就一定不要企图变成别人，不要以放弃自我为代价来讨好任何人，更不要为了一时的虚荣心，掩盖自己真实的一面，放弃自己的内在气质，把自己变成一个交际工具。

有的女人为了引人注意，为了让自己看起来更有活力，常常要求自己说话时神采飞扬，走路时特别快，这固然让人觉得像一个白领女性，可是有时又不免让人觉得有些滑稽。有些女人为了让自己看起来富有一点儿，会戴上一些仿制首饰。有些女人为了显示自己有品味，明明是到楼下便利店买东西，一碰上熟人，就马上改口说自己正要去歌剧院看演出。

本来可以简单、幸福的生活被人为地复杂化了，当你无法以轻松的心态做你自己（一个人做自己当然也是需要努力的），你就不得不花心思去思索别人会喜欢你是什么样子。既然你不做自己，那就是饰演别人了，做一个演员是很费力气的，不然的话，那些演员们怎么会赚那么多钱呢？可你却除了烦心之外，不会得到任何报酬。这样做是可悲的，总有一天你会发现，自己为此而失去的东西已经太多。

自然流露的羞怯之美

当你在茫茫人海中遇见了梦中的他，你该如何去打动他，吸引他呢？女性如何征服男性或女性之所以能征服男性，靠的只有两个字：魅力。除了具有性感和美感的梳妆打扮能够有效地吸引男性的视线外，从心理学的角度来看，女性在和男性的交往过程中所显示的最大魅力，往往是羞怯。

若把女人的羞怯作为一种美，有人会认为，扭扭捏捏、羞羞答答的有什么美，这是对人心理的不熟悉。作为男子，羞怯是缺乏男子汉阳刚之气的体现，作为女子，羞怯常伴随着高尚的亲昵之谊，则是娇媚动人的优长。

或许有人认为害羞是少女的专利，诸如男女二人初次见面，女性目光羞怯，表情腼腆，一般的男人会觉得是正常的。如果女性一见如故，羞颜尽扫，男人会觉得对方是情场老手，不像少女。那么做了妻子之后，是否就应百无禁忌地开放自己，丝毫不必害羞了呢？

古希腊有个神话故事，是说众神之王宙斯爱上了斯巴达王后利达，就化身为天鹅前去引诱。利达后来生下两个蛋，蛋中出来一男一女。这桩人神之间的风流韵事曾经吸引了三位文艺复兴时期的意大利画家，于是人们面前出现了三幅题材相同而风格迥异的绘画。米开朗琪罗的利达魁伟而严肃，高雷琪奥的利达放纵而销魂，达·芬奇的利达则被天鹅用翅膀搂着，低垂眼睛，不胜羞涩。她含羞的表情与人体姿态构成的曲线，给作品带来一种典雅细腻之美。

羞怯是女性的天性，也是女性自身的一种情感防御和保护，羞怯可以禁锢女性的浪漫和风骚，可以避免发生被人欺骗的事。正如康德所说："羞怯是大自然的某种秘密，用来抑制放纵的欲望：它顺乎自然的召唤，但永远同善、德行和谐一致，即使太过分的时候也仍然如此。"然而它又是赢得异性青睐的法宝之一，如果一位女性毫无顾忌地与人谈情说爱，年轻的男子会产生不信任感。有一名比利时的男青年这样表示："感觉自己被女人追逐或知道有一个女人想钓住你，对男人来说，确实是最不愉快的事了。"所以，一名女性若无羞怯感，就有男性化的趋向，她的女性魅力也就减弱甚至消失了。

爱情和婚姻是一对很复杂的问题，正如一位社会学家所言："我们同时要求妇女健康、充满活力，丰满，贞洁，无异于说，要她们既热情又冷淡。"这就是说，在特定的场合下应充满活力，而在另一些场合下，石榴裙下的贞洁、羞涩又是必不可少的。掌握好羞涩的尺度和场合，是在丈夫眼中保持魅力不可忽视的关键。

当妻子与丈夫做爱，以及在无第三人在场时，有的妻子百无禁忌，将外面听来的、看到的，一古脑地倾倒出来，不论"荤素"均不忌口。诚然，每个丈夫与妻子做爱时，希望妻子是放荡的，然而这种"放荡"仅仅是特定的一刹那。如果妻子无半点儿羞涩感，认为夫妻无非就是那么一回事，这等于身上没有了少女的羞涩，以及少妇半推半就的柔媚，一切变得"赤裸裸"的，如果丈夫对妻子"一览无余"，没有含蓄朦胧的美，恐怕做爱也是"例行公事"。

在这种场合下保持一种羞怯感，丈夫总会有些初婚的味道。爱情也需要潺潺溪水般、千折百绕淙淙而下，不应是大川泻瀑，顷刻殆尽。许多丈夫抱怨婚后生活无滋味，恐怕一部分原因是妻子没有了"羞怯"。

如遇生人或提及碍口的事不妨来些羞怯。有的女性，一结婚似乎像逐渐长大的幼儿离开母乳一样，把羞怯扔到一旁。常有这种情况，老同学几年后相见，会发现以前腼腆害羞的她，突然变得大方起来，说说笑笑、手舞足蹈的，如果谈到这方面时，她往往会说："都当了妈妈了，还有什么不好意思的。"害羞自然是少女不成熟的表现，但并不意味着没了羞怯就成熟了。

永远忘不了启蒙时代的一位女同窗：白白净净斯斯文文的，她只是静静地念书、羞涩地笑。尽管我与她同桌几年，她与我竟没有说过几句话。前段时间与她邂逅街头，那天，她领着差不多齐她肩高的女儿，她轻声对女儿说："叫叔叔。小时候叔叔保护过妈妈呢，不让淘气鬼往妈妈身上扔稀泥弄脏妈妈的新衣裳。"说完便又羞涩地笑了，原先那两个好看的酒窝依旧如花朵灿烂地盛开着。我不愿问及她现在的情况，但是我猜想她一定生活得很幸福，并且知道她一定是位好妻子、好母亲和好女人。于是一种女人羞涩似金的感慨又陡然在心中升起，并暗自祈愿：但愿我以及像我一样的男人们都能找到一位这样温馨恬淡的女人。

当然，羞怯不仅仅作用于爱情生活。心理学家沃伦·琼斯研究认为，善于表现出羞怯情态的人，还能给人以诚实可靠，又保守秘密，不喜欢出风头的好感。因此，一般人乐于与其成为知心朋友，容易择其为工作中的搭档。由此可见，羞怯之态还是一种社交优势呢。

我有个朋友蓓姬，跟人说话总是轻声细气，脸微微发红，是一个较为典型的害羞之人。照许多人的说法，像她这样的人是不能够在交际活动中成为中心人物的。然而恰恰相反，每天晚上，她的房间总是欢歌笑语不绝，而且她的朋友都是些有见识有教养之人。为什么会出现这种现象呢？照她朋友的说法是她聪明，有思想，谦虚务史，尊重人，这样的人值得信任。

害羞之人给人一种可以信任的感觉。具体表现在她能够自尊自爱，谦虚憨厚，不说东道西。不像有些夸夸其谈的人，给人一种虚假的感觉。在社交场合中，害羞者还显得爱听别人说话，尊重人，给人印象深刻。她们在跟别人说话时大都默默倾听，专心致志，这样会使别人认为她尊重他，别人当然愿意以心相交，把心里话向她倾诉，这样便能加深友谊。

羞怯情态当然以自然流露为美，并以把握住表现这种情态的时机、场合和分寸为好。装腔作势是令人不快的，不分时机、场合和分寸的忸忸怩怩也会令人讨厌。有些丈夫对妻子怀有不满，就是因为感到妻子羞怯中的生硬，影响了他爱慕的情绪，长此以往，夫妻之间会感到冷冰冰的，减少了亲昵的欲望和企盼。

与其被爱，不如去爱

爱一个人，渴望见到他，与他共度一段时光，让他快乐，让他渴望再见到你，而你也因此感到快乐，感到幸福。这就是爱，是你在爱。见到了一个让你快乐的人，被他吸引，渴望再见到他，渴望再享受他曾经给你的快乐。这不是爱，而是等待被爱。

女性常常处于等待之中，也确实有许多女性等到了幸福。我要问你的是：你用什么来守住这个幸福？你有什么？

你漂亮？也许吧！但漂亮不是永恒的，青春短暂，花开花谢不过一春。

你清纯？没错！但女孩子到了一定的年龄，只被人以可爱来描述，未必是一句赞语。有一位作家说过：白色不算色彩。

你聪明？好像是！但你是小聪明还是大智慧？

你会打毛衣？

你会撒娇？

你会布置情调晚餐？

所有这些回答都比不上一句：我有能力爱他，而他愿意被我爱！爱需要力量，这个力量使你能让你爱的人感到幸福。

一个阿拉伯贵族看上了一个漂亮的平民姑娘，娶了她。开始，姑娘感到幸福，但很快又产生了疑惑，不知道丈夫是不是爱她，丈夫对此问题不屑回答。姑娘愈发疑惑，想出种种办法试探他，他都无动于衷。后来，她毫不掩饰地与丈夫的一个部下做偷情状，想以丈夫是否吃醋来判定他是否爱自己，最后弄假成真，丈夫仍然无动于衷。她气急败坏，责问丈夫该怎么处置自己。丈夫把部下叫来，问："你是否曾与我的夫人偷情？"部下不敢承认，但敢于说"不"，丈夫对妻子说："你看，没有这回事儿，所以我不能处置你。"姑娘气得发疯，只好自杀了。

这个姑娘是等待被爱的典型。她只会等待别人来爱她，而不会去爱。一个敢于爱并有能力爱的女孩子处于这种境地首先不是问丈夫是否爱自己，而是问自己是否爱那个与自己朝夕相处的人。如果不爱，那就想办法解脱自己。如果爱，那么去爱，让他感到快乐，让他感到你的力量。事实上，没有别的姑娘比她的机会更好。

在生活中有不少人认为：爱人是痛苦的，被爱则是幸福的，因此在寻觅爱的征途上，人们便更注重于怎样被人爱，为了达到被爱的目的，故意掩饰自己，甚至不惜做出言不由衷的虚伪行为来激发别人对自己的爱慕。其实，被爱有时是一种沉重的负担。

塞西莉亚告诉我说："男友与我同龄，在一家公司做业务员，各方面条件都不错，我们认识两年后就过起了同居生活。或许是投入的感情太多吧，他在感情方面特别敏感，我不在他身边时，必须一天给他打两次电话。只要时间允许，两人就相守在一起。为了这份感情，我自然也牺牲了一些东西，比如冷落了朋友、家人，放弃了一些业务等。的确，男友给我的关怀可谓无微不至，但是他疑神疑鬼，过多地占用我的时间，这让我少了一份自由，多了一份烦恼。他的心情我能理解，他害怕失去我。但是一个人的感情生活是多方面的，如果因为爱我，就把我封闭在他的圈子中，那么我不是成了他的私有物了吗？我珍惜两人之间的情缘，但我更希望他能为我保留一点儿自由的空间。"

真正懂得爱情真谛的人，会抱着真诚的心主动地去爱对方。爱情是一种

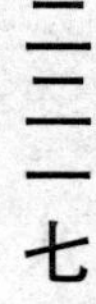

主观的愿望，假如遇上值得去爱的人却迟疑再三，一是会失去机会，二是会在等待的过程中削弱自信。如果故作矜持与高傲，就会让对方敬而远之。

有位女性曾说过这样一段话："遇上他时，我认为上天赐给了我一个好机会，我期待着他向我表白，但是，我没有等到。我恨自己没有勇气让他知道我的心。假如还有下一次，我不会错过。"这位听众的话就说明，爱与被爱并不重要。重要的是面对喜欢的人，能不能找到恰当的表达方式。

爱是人内心自然生发的一种情感，如果在真爱的人面前故意违背自己的意愿，显然这份情感掺杂着不少"杂质"，其看重的，可能是情以外的东西。常听有人说，爱情的最高境界就是结婚，虽然说婚姻是为了爱情而建立的，但婚姻又不等同于爱情。

一位学者在他的书中写道："恋爱，连孩子都会，结婚非成年人不可。对于太幼稚的人来说，结婚是负担，结婚要讲伦理、负责任，要有很强的实际生活能力。"所以，无论是爱人还是被人爱必须有一个前提，这个前提就是正确地认识爱情，而真正的爱情就是向对方无私地奉献自己，不计回报，主动给予，而不是等着接受对方的爱。

爱与被爱，其实就是选择与被选择，谁主动谁就早一步接近心中的理想。如果总是处于被动地位，很有可能会失去一个又一个找到最佳伴侣的机会。

坚定信念是成熟的标志

如果我问你，你是不是相信这个时代充满了机会，只要你有能力、有信心，就能得到你想要的结果？也许你会说："是的，我相信我能做到。"肯定的回答像彩旗一样迎风招展着。但是，你真的相信？如果现在你失去了工作，身无分文，而且再就业似乎也遥遥无期，你还会很有底气地说"我相信"吗？你是否会根据你的信条行动起来呢？

伦纳德·特伦查德就做到了。他住在密苏里州，1928 年，特伦查德继承了他父亲价值十万美元的遗产。可在 1938 年，他破产了。事情是这样的：

"我父亲富有而不吝啬，"特伦查德先生写道，"我上高中时，我一需要钱，他就给我一张支票让我随便填写。我读伊利诺伊州立大学时对签支票已经十分在行了。大学毕业后，我压根就不懂钱有什么用，也不知道该如何赚钱。我所会的，只是用父亲的银行账号签支票而已。我所会的谋生本领就是这个。父亲去世后留给我许多钱，还有沿密苏里河尽头靠近莱克星顿、密苏里的广阔的土地。起初，我独自料理着农场，很快，经济的萧条席卷了全国。打理农场的第一年，我就入不敷出了，无奈之下，我只好把一块土地抵押了出去，然后到银行借钱重开账户，付账单。形势每况愈下，我只好赔钱卖掉作抵押的土地。我就用同样的方法经营着我的农场，一旦我没钱了，我就把土地抵押出去，或者把农场卖掉。

"终于，在算总账的那一天，我忽然发现自己已经一无所有了。如果我要生存下去，就必须出去找份工作。你想想，我这辈子哪儿干过活啊！我慌得一夜一夜地睡不着。我只会签支票，而我现在签不成了，我不知道自己还应该怎么过以后的日子。

"一天夜里，我从噩梦中惊醒，我开始仔细思考自己所面临的困境。我对自己说，你没有退路了，小伙子，你已经长大了，你应该像个真正的男人一样自己去干点活了。

"我在想，除了困难，还有什么事是我可以想的，我想到了我一直坚信的东西。我说过，这个世界到处是机会，只要你努力，你就会有所收获。尽管经济形势不好，没有太多的工作机会，可我仍然有我自己的优势。

"我身强体壮，大学毕业，还做过生意，在失败中，我汲取了大量的经验教训。我现在应该做的就是：不要继续抱怨自己，那根本就是在浪费时间。我要重新站起来，我必须有所行动。

"我把自己的生活重新作了调整，改变了自己的思想。可是，找工作却很难，无论什么工作都不是很容易就能找得到。每当我想放弃的时候，我都强迫自己不要怀疑自己，不要怀有恐惧的心理，要坚信自己的想法，相信一个像我这样锐意进取的人一定能找到适合自己的工作，这种信仰支撑我继续走下去。

"我的信仰没有辜负我。在堪萨斯州联合保险公司，我找到了一份工作。在那里，我快乐地工作了四年。之后，我辞职回到农场，继续做我喜欢的行业。这一次就比较顺利了。时间一点一点地过去，我的信誉度渐渐提高，我慢慢地扩大了自己的经营范围，买卖农场，还勇敢地涉猎了其他行业。此刻，我远比自己当初想像的还要成功。我得感谢我年轻时的那些失败的经历，如今，我明白我应该怎样做事了。

"我把父亲留给我的产业折腾得精光，现在，我又把它赚回来了。这次，我是靠自己的努力把它赚回来的。更重要的是，从这些事中，我明白了一个伟大的真理，我要把这个真理教给我的两个儿子，相比之下，金钱远远不如它珍贵。

"我的经历让我明白，我们必须有信仰，但不能空喊口号而无任何行动。这种做法和从来就没有信仰没有什么区别。"

特伦查德先生的经历是人类成长中励志的典型——一个娇生惯养的男孩在现实面前突然长大了，他懂得了必须用行动去实践他信仰的道理。之前，特伦查德也曾拒绝面对现实。是他一直坚持的信仰帮他面对现实，让他成为一个真正的男人。

约翰·A. 斯琴德莱曾写过一本叫《如何度过一年中的每一天》的书，在书中，斯琴德莱说道："成熟通过学习而得。"人们大多都是在逆境中成熟起来的。

莉莲·海德理太太住在加拿大萨斯喀彻温省，她就是这样学会成熟的。同其他女人一样，她是一个幸福的妻子和慈爱的母亲。也许，她一生的生活都是这么简单而宁静——如果没有那场从天而降的车祸的话。有一天，她坐在车上，而车突然翻到了深沟里。

起初，医生认为她只是脊椎骨骨折而已。从 X 光片可以看出，她的脊椎骨虽然没有骨折，可脊椎骨上的骨刺跟周围组织的连接却已经断了。医生建议她躺三个星期，还说不能保证她会好起来。

医生说："您要有个心理准备，您的脊椎硬化非常严重，也许在五年后，您一点都不能动。"

在谈到那段日子时，海德理太太说：

"听到这个消息，我惊呆了。一直以来，我都是一个快乐而活跃的人，我喜欢到处走。尽管我小时候就知道遇事不能慌乱，我也是这么长大的，可在那种情况下，我怎么能无动于衷呢？这样，三星期、四星期、五星期、六星期，我所有的勇气和乐观就这样在漫长的等待中被消磨掉了。我感到无比恐惧，我觉得自己越来越脆弱。

"有一天早晨我醒来，头脑异常清醒。我对自己说，五年是一段不短的时间，我要在这有限的五年内尽量帮助家人。也许，我依靠医疗手段，凭着乐观的心态和坚强的意志还能恢复健康呢。我不想就这样放弃自己。疾病没对我有过这样的威胁，就算有一点希望，我也要紧紧抓住。在这种信念下，我马上打起了精神。我得为此想个办法。于是，我感到不再那么虚弱和恐惧了。为了改变自己的生活，我挣扎着从床上爬起来。

"我脑子里无数次地对自己说：向前走，向前走，向前走！

"事情已经过去五年半了。最近，我又去拍了片子，就算再过五年，我的脊椎也没有任何问题。医生们告诉我，要我继续保持乐观的生活态度，向前走。这就是我最大的信仰，只要我依旧可以行动，我就不会停止前进的脚步。"

海德理太太是我们的榜样，她的故事激励着我们每一个人，她的信念使她迅速成熟，并按照自己的信念勇敢地向前走。

我们的成熟人格的形成并非要依靠信念本身。教条是没有任何用处的，只有我们在信念的指导下去改变我们的生活，我们的信念才是有价值的，才能塑造出我们成熟的人格。

我们总认为自己有坚定不移的信念，可有时，我们的行为会告诉我们，我们并没有这种信念。有个女人曾告诉我，商店的收银员多找了五十美分给她。她对这件事很得意。我问她是否告诉了那位收银员，然后退回多余的钱，她立刻生气了：

"那怎么可能，"她脱口而出，"是她做错事了，她应该自己赔这些钱。如果她少找给我五十美分，那就是我吃亏了。"

如果人们很较真儿地问她的这种行为是否就是欺骗，也许，她会觉得受到了侮辱，她让无辜的收银小姐背负这种欺骗行为的后果。尽管她表面上像个上层社会的人，人们却从她低劣的行为中知道：她是个地道的骗子。

有一次，一位会计师告诉我，他去面试时想应聘一个掌管巨额资金的职位。公司的心理学家对他的性格和人格单独进行了测试。其中的一个问题是这样的："如果你有一场特别想看的电影，恰巧电影院有一个偷溜进去免费看电影的机会，你会偷偷进去吗?”心理学家很清楚，如果一个人能在小事上骗人，他肯定也不会放过可以携款潜逃的机会。

我们的行动反映了我们的信念。耶稣说："从其结的果实可以看到其本身。"是的，行为证明了一切。世界上高尚的人生哲学有很多，如果我们没有在它的指导下生活，我们就没有从中得到任何教益。我们的生活之果是苦涩的，我们的生活是有一定的欺骗性的。

我们应该按照我们那些坚定的信念来确立我们前进的方向。

保罗·莫里哈隆是一位住在檀香山的地产商，他坚信自己的信念——决不放弃，并将之贯彻于行动之中。后来，他成了一位成功人士。

檀香山

1931 年，莫里哈隆想找一份工作，他在各个建筑工程公司之间来回奔走。他年少而没什么经验，他也没机会去获得那些必要的工作经验。他四处碰壁。那时，正是经济萎缩时期，谁都不需要工程师或是绘图员，连有经验的人还经常失业呢，实在没什么工作职位等着他。

莫里哈隆先生说："那时，我很难过，后来，我想，与其四处碰壁，还不如自己做老板。我用从亲戚那里借的五百元作为初期投资，自己开了一间小型建筑公司。

"艰难吗？也许，你可以想像得出来，这样一个没有经验又没有任何业绩的人开公司，有谁放心让我去盖房子呢？但我决定像抓住救命草一样坚持下去。在这种信念的支持下，我时时能接到一点小活儿。

"我的第一个活儿是建造一栋两千五百美元的房子。由于没有报价的经验，我还赔了两百元。这个损失在以后的工作中才慢慢地补上去。我能走出那段艰难的日子完全是因为我坚持了我的信念。"

轻言放弃不是信念。我们应该成为无论如何艰难都始终坚持永不放弃的人。

第三章　永远高雅地微笑

让幽默为你增添吸引力

如果我们想在人际关系中给别人一个好印象，那么幽默是最好的方法。无论是做客人还是主人，我们都可以充分利用幽默的力量。看起来健康快乐、满脸笑容的人肯定比一个一脸怒气或是郁郁寡欢的人更受欢迎。

也许，在一些人的眼里，幽默没多大用处，它既不会让你长得更高，也不能帮你减掉多余的肥肉，不会给你付账，不会帮你工作，更不会让别人一见钟情于你。即便是在你伤心的时候，它也不能马上让你开心起来。但它确实是很有用的！

如果你懂得幽默，你将会轻松地面对现实，坦然地接受自己的身高、体重等等；在幽默的支撑下，你会重新去对待经济问题给你带来的烦恼，进而意识到：其实，生活并不像你想像中的那样令人难以忍受。

也许，让别人立刻喜欢你不是一件容易的事。但是，当众人被你逗得开心地欢笑时，你会在众人的欢笑中更加看清你自己，从而对别人更加坦诚。于是，你就可以拥有温暖而和谐的友情，甚至，你可以和只见一面的人成为很好的朋友。这就是幽默的力量。很明显的是：如果你能让你的邻居对你产生好感，那么，你也能让所有邻居都对你产生好感，你甚至可以让全世界的人都对你产生好感。

用轻松的心情面对生活，用幽默、自嘲的方法去化解问题，才能使许多小小的烦忧消弭于无形之中，避免产生更大的忧虑，你也就更能承受生活带给你的压力。

我们可以用微笑来面对我们在生活中遇到的那些让人难过的小事，这样，那些难过很快就会消失。在和别人一起欢笑过后，你就能把小事摆在适当的位置，你会发现，那些小事和你的整个生活相比是那么的渺小。同时，你让别人明白，他们可以和你一样轻松地面对生活。

你可以在寒冷、酷热或者过于潮湿的天气里讲一些有关天气的笑话，使人们振奋起来。在生活里试试这样的"催化剂"吧。

"天气预报上说，今早会有大雾。果然，早上我出门时，就看到邻居们在大雾里挣扎徘徊呢。"

"我办公室里冷透了，就像每个地方都结了冰一样，办公桌椅只好装上防滑链了。"

当你在超市等着结账或在银行排队时，如果你能幽默一下，让别人和你一样开心，这不是比只是站在那儿焦急地等待要好一些吗？

"我没去排的那队总是动作比较快——这是自然法则。"

"速度快不一定是最好的。如果是这样，应该由兔子统治世界才对。"

"本来我买了三条比目鱼，可排了这么长时间的队，也许，结账的时候我买的其实是三条鱼干呢。"

你用轻松幽默的方式为他人营造了一个温暖的气氛，告诉他们，那些小事也可以让人们开心，因此，你也给别人留下了深刻的印象。

米罗是纽约一家著名的时装公司的董事长，他说过："客人发出的最美妙的声音就是笑声了。"

和优雅的言行一样，幽默能帮助我们在社交中应对自如。无论何时何地，幽默都能让人魅力十足，使你与他人的沟通更加顺畅。

在你去参加朋友的婚礼时，新郎新娘可能会有点紧张，你完全可以适当地开个玩笑，使他们的心情放松下来。

如果你在无意间说错了什么话，或者做错了什么事，当然会让你很尴尬，不过，在你接受了现实，平静下来的时候，你不妨讲个笑话，或者说点俏皮话，这样就能让气氛轻松起来。

在一次聚会上，一个根本不会唱歌的女人坚持要唱《我的肯塔基老家》。唱完之后，女主人见一位年老的客人竟然潸然泪下，于是十分同情地问他："您是肯塔基人吗？"这位老人说道："不是，我是个音乐家。"

写给女人的忠告

斯曼莱·布兰顿博士在他的一部著作中写道："若要看一个人是否心理健康，就要看他是不是能适度地自爱。对于工作和事业来说，适度的自爱就更重要了。"

他说的没错，喜欢自己是我们是否能健康、成熟地生活的标志之一。喜欢自己并不是自以为是或孤芳自赏，而是快乐地接受自己的缺点和优点。有缺点并不可怕，可怕的是缺乏优点。缺乏优点也会毁掉女人的魅力。

只因为气质超凡脱俗，一个身材并不完美的女孩就能迷倒众多出色的男孩。男孩们在看到她的第一眼时，就被她的魅力所倾倒了，怎么可能在鸡蛋里挑骨头，仔细琢磨她的身高是1.59米还是1.62米呢？

有些既定的事实是不能改变的，比如，我们的身高、长相、智商等等。即便如此，只要你善于发现、培养和发扬自己的优点，让你的优点展现在众人面前，我们仍然可以不断地增添自己的魅力。

不要对自己过于苛刻，有时候，我们得让自己轻松一点，或自我调侃一下。比如说，如果你在两个小时内三次丢掉了钥匙，或者找不到钱包，或者把衣服弄上咖啡渍，你可以试着对自己说："哎呀！可真有意思！我都创吉尼斯世界纪录了。"甚至当你独占鳌头、发表一篇成功的演说时，或者刚找到一份理想工作，你也不妨调侃一下自己："哎呀！可真有意思！我在这方面还是很强的。"这样，你对自己会更有自信的。

下面这则使气氛由尴尬转为融洽的故事也可以证实我的说法。

一个年轻女孩希望能在订婚宴上给未婚夫的家人留下个好印象。于是，她笑容满面地走进了屋子，不料，她不小心把一座灯绊倒了，灯又把小桌子弄翻了，结果，她正好跌在了小桌子上，摔得十分狼狈。

她马上跳起来，挺直身体说："看！我还能表演杂技呢！"

她的自嘲扭转了尴尬的气氛，表现出了她的自信。她不但消除了别人的紧张，而且，也如其所愿地给未婚夫的家人留下了好印象。用幽默来处理突发事件不是比小题大做好得多吗？

幽默感也可以像其他技巧一样培养出来。你可以用以下方法提高自己的幽默水平：

建一个专门收集好玩的卡通书和笑话的收藏库。

把有趣的东西贴在随时看得见的地方，这样，你就能在每次看到这些东西时笑出来。

把你最喜欢的滑稽电影、滑稽书收集在一起。

回忆自己做过的事，把它们写成一些有趣的佚事或可笑的故事，以今天的眼光来看，那些过去让你辗转反侧的事也许是十分可笑的。

我的一个朋友是如此理解这点的：她八岁的儿子杰里米是一个十分聪明的小男孩。有一天，他不想上课了，于是在给老师的便条上这样写道："很抱歉，今天中午，杰里米不能上学。"他还模仿他妈妈的笔迹署上了"杰里米的妈妈"几个字。我的朋友接到了老师打来的电话，马上大笑起来。

面带笑容。这似乎是老话了，但研究表明，如果你在其实不是想笑的时候笑了，你的面部表情会影响你的情绪，使你轻松起来。相反，如果你皱眉，与皱眉有关的情绪就会跟上来：担忧、压抑、沮丧。

想一想一个幽默的角色是如何处理问题、解决危机的。朱莉叶·德赖弗斯会怎么处理呢？《周六夜生活》中的蒂娜·菲伊呢？

每天在自己和别人的行为中寻找一些好玩的事。跟别人讲好玩的事情的时候，要是别人真的开心了，他会和你一起笑；不要像一个滑稽演员一样，执意把自己的观点强加于人而使人不开心。

只要你觉得故事比较有意思，你就应该微笑，或者大笑。记住，最重要的是你要自然地表现出你的幽默，不要强迫自己。你的幽默感是你的魅力人格的重要组成部分，自信地表达出你的幽默感吧！

激情让你的魅力四溢

当激情不再时，我们还能找到魅力的所在吗？

你还记得是什么时候最后一次狂喜地拥抱一个人吗？你还记得刚刚恋爱时，你是多么地想把自己的快乐与所有的女友分享是在什么时候吗？还记得看过一本书、一部电影、一次展会或者一场演唱会后，你兴奋得只想说这些事是在什么时候吗？

对于大多数人来说，这些事情也许已经很遥远了。而且，就像香槟酒里

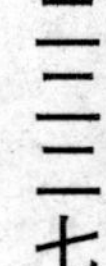

的气泡一样，在这些事情中所表现出来的那种激情只是在某个时段显得有些生气。

孩子却和我们不同，他们常常满怀激情，他们能为一件小小的事情而开心不已，甚至在一些比较不顺的境地里，也能找到让他们开心的事。

这几天的天气很糟糕，一直下着雨。几乎我遇到的所有人都在向我抱怨这个糟糕的天气。前天下午，我在邻居伊莎贝尔家喝茶闲聊。那时，一场足足下了一个小时的倾盆大雨终于停了。突然，门铃响了，伊莎贝尔那 8 岁的儿子罗恩站在门前，浑身上下都是泥水。他高兴地跟我们吹嘘："男子汉就是健壮，我骑着自行车过了好多水洼呢！"我们被他逗得大笑起来。

我们也曾有过孩子们的这种激情，时光流逝，我们的激情渐渐消退了。当然，这也许与父母的教育有关系。

小时候，我们总会因为接触到新的事物而兴奋异常。这时候，我们需要的是称赞、谅解和支持，可我们得到的却总是善意的规劝。记得我 9 岁时，邻居佩拉家的猪生了几只小仔，佩拉说可以给我一只。我蹦蹦跳跳地跑回家告诉母亲，母亲却说："亲爱的，这怎么行！把小猪放在屋子里会熏臭整个屋子的。再说，如果我们出去玩的话，就不能照顾小东西了。咱们不要好不好？"我只好放弃了这种想法，等第二次再遇到这种情况时，我就能强迫抑制住自己的想法，再也不会提出那种要求了。

那时候，大人们也常常会批评我们表达激情的方式。当我们因为激动而大声地说话时，父母常常会说："别大声嚷嚷，你得学会慢条斯理地说话。"当我们过于兴奋时，父母经常会提醒我们："慢点，慢点，别跑那么快！"我小时候就是这样，那时，我一高兴就什么都忘记了，我父亲就会对我说："孩子，你要学会克制。"结果，我果然学会了克制。长大后，每当我遇到让人兴奋的事，也只是淡淡地说些"真奇妙啊"或者"难以置信"之类的话，如此而已。

大人们常常以他们成人的优势，以教育的名义压抑孩子的激情，却不去强化孩子的激情，长此以往，激情就很难保持了。长大后，我们越来越冷静，我们学会了客观地权衡利弊。我们认为自己已经看透了一切，几乎不提出什么问题。

如今，我们的生活没什么滋味，似乎没什么可以让人兴奋的：工作不过是例行公事，乏味至极；我们总是守在家里；丈夫的吸引力也在渐渐消退……但是，每个女人都知道，激情可以增添魅力。当我们与活力四射的人待在一起时，我们的情绪会有所转变，即便是内向或胆怯的人，也会变得情绪亢奋、眼睛明亮、声音高亢。我们几乎摆脱不了这种魅力。

我们的确应该表现出更多的激情来增加自己的美丽。有什么办法可以使我们变得活泼和热情洋溢呢？看看下面的例子吧。

马克·吐温在《汤姆·索亚历险记》中曾描写过小汤姆的伙伴是如何被汤姆的激情感染的。

炎热的夏季，汤姆很想去河边游泳，可姑妈波莉却让他给长长的花园篱笆刷漆。总有去河边游泳的伙伴经过他身边，对汤姆来说，这简直就是一种折磨。为了不让伙伴们同情或讥笑他，他脑子里产生了一个充满创意的想法。他开始专心地干活，就像刷漆是一件很好玩的事一样，而对于伙伴们的玩耍就像没看见一样。有个小伙伴有意刺激汤姆："你慢慢刷啊，不管怎么说，我都是要去游泳的。"汤姆没搭理他，继续开心地刷漆。小伙伴对此很不理解，就问汤姆："你好像很愿意干活呢。"汤姆充满热情地说："没错，我们每天都可以游泳，可我们很少能像大人一样干刷漆的活。"于是，小伙伴被汤姆感染了，也想来刷漆，答应给汤姆一块口香糖。别的小伙伴也求汤姆能给他们一个机会。结果，汤姆一点都没费力气地把篱笆换了个样子，而且，小伙伴们给他的口香糖之类的报酬把他的口袋装得鼓鼓的。

再讲一遍这个故事不是让我们学会找朋友帮我们干活的方法，而是说，我们完全可以在那些看上去根本没什么吸引力的工作中找出一点激情来，或者，我们可以喜欢那些我们原本不喜欢的事情。也许，你会认为这是在自己骗自己，不过，换个角度来看，这样做也可以激发自己的热情。

古希腊的一位哲人说过："生活的本身是怎样的并不是问题的关键所在，我们如何看待生活才是关键。"换个角度看事物，你就可能看到生活中令人兴奋的、令人感兴趣的地方。

关于这点，我上学时半工半读的经历就是一个很好的证明。我所做的许多工作都不是我喜欢的：自上学以来，我最烦见到数字了，可我却干过会计；我在饭店当过服务员，学会了笑容满面地讨客人喜欢。从客观上看，这好像都是让人难以提起兴趣的挫折。但是，在那时，我就开始不由自主地运用汤姆·索亚的方法了。我对自己说：我可以从这些工作里认识生活，接触一些从前很难了解的事情。

在人们所处的环境中，总有好的方面等待你去发掘，如果你尽了力，你就会找到那些隐藏在生活中的闪光点。如果你整天抱着"反正我不想做这事儿"的态度去工作，你肯定不会有任何激情的。

试着做一天世界上最温柔的情人、最完美的妻子、最负责的同事。你会惊讶地发现，在很大程度上，你的这种做法都改变了你的态度，在你认为根本不能产生激情的地方，你发现了激情。

那种与我们的气质契合、符合我们的个性和价值原则的、发自内心的爱好是真正能使我们着迷的、激发我们热情的东西。

如果不对这种完全属于个人的爱好加以保护的话，这种爱好是很容易被埋没或隐藏的。如果想不起自己有什么爱好，就想一下你小时候喜欢做哪些事情。在深夜贪婪地看惊险小说？还是给布娃娃缝衣服？或者给自己化妆在那里自导自演？当然，我并不是要你去再看一遍小说，但是，你是否可以试着探索一条新的旅游路线，去尝试一次刺激的度假呢？说不定，你会找到小时候看惊险小说时的乐趣。你小时候不是很爱看木偶戏吗？现在，尝试用针线缝一个木偶也很有趣啊。

不要轻易放弃你新培养起来的爱好。你要明白，我们的激情会被一个小小的理由轻易打消的。比如：忙，没人陪，别人不同意，等等。这样的言论是有很多的：登山太危险，有天赋才能去学画画，看言情小说就是在逃避现实……把这些言论抛在脑后吧，重要的是，在我们的生活里，要有事情能真正地激发我们的热情，这些事情是我们快乐的源泉，魅力的源泉。

特莉莎喜欢驾驶帆船，不过，这需要花很多钱。她什么都不舍得买，也不舍得吃，只为了购买新船或者测量用的仪表。同时，她苦练技术，希望能早日熟练掌握驾船的技术，拿到驾照。她周围的人都为她的热情所感染，在她生日时，她收到了女友给她预定的一年的帆船杂志，这个特别的礼物让她喜出望外。以前，她男朋友总戏称她是"倔强女士"，后来，居然也和她一起学习帆船了。不久前，他们在一次帆船比赛中获得了很好的成绩。

前不久，已经做了祖母的玛瑞莉报名参加了业余大学的流苏花边编织技术课程。她很喜欢用彩色毛线编织出各种图案，很快她又学会了凸纹编织法。她很满意自己的创意，她把自己的家布置得十分温馨，编织了许多壁毯和其他编织品。不过，有时，她一编织起来就会忘记周遭的一切，这使她的丈夫常常要去提醒她应该休息了。

不仅发展内心的爱好和做喜欢做的事可以产生激情，做日常生活中的小事也能产生激情。不过，这要求有敏锐的感官。我们的感官不仅可以使我们过上平安的生活，也可以使我们体会生活的美好。我想，以下的建议会把你的感官锻炼得更敏锐。

注意观察季节的变化。世界在不同的季节所呈现出的色彩是不一样的。橘黄色的南瓜和美丽的鲜花会使你开心起来。

清晨的时候，你可以起个早，呼吸一下新鲜的空气。

你有过月光浴的经历吗？一位作家曾在自己的日记中记载了月光浴的感受，我们可以想像，笼罩在柔和清朗的月光里是一件多么让人陶醉的神秘事情啊！

即使我们不信上帝，也可以去一下教堂，教堂的宁静祥和能让你的身体放松下来，唤醒你的感官。

无需任何理由，如果朋友们都有时间，你可以将你的 CD 和一些古老的、经典的密纹唱片拿出来，举办一次音乐会。无论怎样，音乐都很容易激发人的激情，而我们心里十分明白，哪种音乐能使我们释放激情。我们的那些郁郁寡欢、伤心失意的情绪会在西班牙博莱罗舞曲、钢琴爵士舞曲的刺激下一扫而光。

玩纸牌，要么就做游戏。我们会在自己赢了游戏的时候特别开心！我们还可以去玩小时候玩过的游戏。我们可以通过玩游戏的方式增强自己的洞察力，我们会挣脱习惯的束缚，给已经少得可怜的激情注入新的活力，这都是好的开端。

应该把激情讲给别人听，而不是留给自己独自去享受，要有意识地与别人共享激情。

推销员们信奉着这样一句话："只有自己有激情，才能使别人产生激情。"即对销售人员来说，只有对自己想要推销的产品有信心，并把他的信心讲给顾客听，才能赢得顾客。这句话也适用于日常生活：如果我们表达出了自己的激情，我们就会感染他人。

别在意别人的看法，勇敢地表达出自己的激情。

当然了，凡事都有个度。如果一个人就同一个话题兴趣十足地谈了几个小时，或者不厌其烦地给别人讲述参加某个重要典礼的细节，人们不仅不会感觉她很有魅力，反而会认为她很讨厌。我们可以开朗热情，但也要注意对方有什么反应，对方与你产生共鸣了吗？你们撞击出心灵的火花了吗？如果是的话，我们的激情就是增添我们魅力的砝码。

自信的魅力是永恒的

有一次我和一位朋友聊天，她已经结婚35年了。她说："我丈夫从来没见过我不化妆的样子。每天，我都把闹钟的闹铃定在清晨四点半，这样，当他睁开眼睛时，我已经打扮好了。"我能想像出那样的情景，她丈夫起床后，邋里邋遢地在她身边晃荡，那简直就像是在上演《美女与野兽》一样。

当然，对我来说，我不可能清晨四点半就起床打扮，那样是有点夸张了。但是，我仍然同意她的观点——尽量把最好的一面展现给别人。

我曾就美丽的话题写过一篇文章。在文章中，我这样写道："许多女人对自己的外貌、体重、头发、皮肤和模样等有着不切实际的主观期望。我想，女人们是不是应该放弃这种幻想？人只有在最有自信的时候才是最美丽的，这个道理人所共知，却又经常被忽略。真的，我们感觉自己是什么样的，我们就是什么样的。这是绝对的真理。"但这并不是说，即便我们邋里邋遢的时候也认为自己是美女。

生活告诉我们，我们要爱惜自己，要注意自己的外在，因为形象能使我们的生命充满活力。我喜欢在人们的心中留下自信的印象，而打扮是十分重要的。当我们看到一个衣着得体的女子时，通常，我们会在心里涌起这样的念头："这个人衣着得体，品味很高。她一定十分在意自己。"其实，两个相遇的人都在打量着对方。所以，一名女性一定要注意尽可能选择合适的衣服。出门之前，要先把自己收拾得干干净净的。这样，你就会给所有你见到的人都留下一个良好的印象，哪怕只是潜意识的。

从一次失败的爱情中，我开始特别在意自己在所爱的男人眼里的形象。15 岁时，我交了第一个正式的男朋友，他叫朱利安。很多人都认为朱利安让人感觉他是个失败的人，现在看来，那时的话是对的，但在当时，虽然我只有 15 岁，可我已经疯狂地爱上了他，根本不理别人的看法。从一开始，我的父亲就认为朱利安实在太普通了，于是有一天，当时我正和朱利安狂热地陷入爱河，父亲在吃晚饭的时候突然对我说：

"陶乐丝，难道你没有注意吗？朱利安总是从两颗门牙之间的缝隙啐口水。"我父亲是个牙医，所以他对牙齿特别敏感。好，就是这句话。从此，我一看朱利安，就会下意识地注意他那两颗咧开的门牙，还不由自主地想像他从牙缝里啐口水的样子。至于结果，你也想像得出来，很快地，我们就分手了。

然而，我却从这件事上得到了一个教训，从此，我很在意自己在所爱的男人眼里的形象。所以，在丈夫面前，我尽量展示自己最好的一面，最完美的我。还有一个充分的理由让我这么做。这个道理人所共知：两人热恋时，对方什么都是好的；一旦发生一点冲突，也许，我们就会回想起所有不愉快的日子。5 年，10 年，甚至是 20 年前发生的事，我们都能全部回忆起来，甚至还能记起具体的日期、时间，当时的对话内容、动作和说话的神态，并对此念念不忘。

女人们会把丈夫所说过的每句坏话、每件错事都牢牢记住，丈夫也一样，在我看来，也许，这就是人的本性吧。当夫妻开始出现冲突时，丈夫们会本能地在记忆深处找出妻子曾表现出的不好的一面，从而让他们有借口讨厌自己的妻子。

如果我和我丈夫之间发生了什么冲突，我可不愿他这么想我：那是个刚从床上爬起来、蓬头垢面的黄脸婆。为什么要给他这样的理由让他攻击自己呢？

所以，每天早晨我都在丈夫起来之前就起床，然后认真地梳洗打扮，再

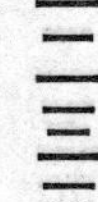

涂点口红。这样，当他睡眼朦胧地醒来时，看到我就会很开心，同时，我也会更自信。

这里有一点需要补充和提醒，你是为了自己才把自己收拾得美丽动人的。所以，即便是你丈夫，你也不要按照他的喜好来决定梳什么样的头发和穿什么样的衣服。你一定要明白，你是否把自己最好的一面展现给别人并不是最重要的事，重要的是你为了自己打扮，而不是为别人打扮。就算你要独自呆一天或者更长，也不能早上赖床不起，不洗漱，不化淡妆。你应该像平时一样，梳梳头，穿上一件干净、舒服、漂亮的衣服。要知道，你这么做不是为别人，而是为自己。这样做可以让你充满自信、机敏、振作、清新、生气勃勃，准备好好地过这一天。

许多女性并不明白什么叫做自信，从开始到现在，她们一直认为，娇嗔蛮横是由自信导致的。有的女性甚至认为，自信只不过是"飞扬跋扈"的比较温和的代名词而已。长久以来，她们在一种简单的态度下长大："我不想冒险，我害怕冒险"，"让别人来当领袖好了，我一定是个非常棒的追随者"，"女人太强悍是找不到丈夫的"，等等。这些想法让她们行动迟缓，个性也变得犹豫起来。因为她们很少自信地表达自己，所以，经常给别人留下一种无能、不善思考的"傻姑娘"的形象。

事实上，真正的自信可以与文雅、谦恭和善良同在，任何女人都可以自信而充满魅力。可以这么说，一个有魅力的女人一定也很自信。

发挥声音的魅力

有人说，女人的声音比容貌更重要。

当电话铃响了的时候，对方拿起听筒，说了一声"喂"。也许不用再多说什么，你就能从这一个字中得到许多信息。他是不是还在想你，是不是渴望与你见面，远方的家人一切是否顺利，最亲密的好友是不是失恋了。

嗓音是身体的音乐，语调是灵魂的音乐。我们的音调总在不经意间透露出我们的心情，当你伤心痛苦的时候，你的声音听起来底气不足，毫不连贯，而当你心情好的时候，你的声音听起来非常爽朗，即使是隔着一个太平洋，也能让人分享到你的快乐与幸福。

冷冰冰的声音往往能拒人于千里之外，使那些本想与你聊聊天的人也三缄其口，而虚情假意、装腔作势的声音，更会让人听了浑身不自在，只有那些热诚、充满了吸引力的声音，才能使人产生信赖感。

人的声音有一部分是天生的。譬如，许多家庭成员之间的声音非常相似，让人很难分辨。另外，这也与他的家庭环境以及个人性格息息相关。一个从小受到宠爱的孩子，说起话来，总显得理直气壮，而那些家庭教养好的孩子，可能说话总是彬彬有礼。其实，你的声音就是你的另一个"签名"，它能反映出你的性格、年龄与职业习惯等方面的内容。

大多数流连于梳妆台前的女孩，对自己的外貌、服饰很感兴趣，也很有信心，但她们却很少能留意自己的声音。我们常会看到一些容貌姣好、衣着入时的漂亮女孩，说起话来却直叫男士们摇头。倒是那些面貌普通，但说话不快不慢、抑扬有致的女孩较能给人"舒服"的印象。所以，你若想使自己更迷人，除了一切外在条件，还得注意你的声音。

声音不单是吸引异性的重要条件，而且与你个人工作顺逆成败也有关。也许你还很年轻，可你的声音听起来却非常苍老。你的朋友们可能因为认识你本人，同时也习惯了你的声音，并不觉得有什么不妥。可是，对于你的工作伙伴，甚至那些可能根本没有见过你本人的人呢？他们通过电话与你联络，你的声音会让他们产生错觉。

我的一位朋友凯普瑞丝小姐在一家出版社从事版权贸易，平时与各出版机构联络大多是通过电话。许多不是很熟悉的工作伙伴称呼她为"夫人"，他们并不知道凯普瑞丝小姐还没结婚呢。其实，问题就出在凯普瑞丝的声音上面，她的声音较粗一点儿，又显得不够活泼，所以才被别人误认为是年龄较大的女性。

艾丽雅夫人也曾经遇到过同样的问题，只是情形和凯普瑞丝小姐刚刚相反罢了。艾丽雅夫人声音较细、较轻，工作好几年了，有时还被认为是高中女生。为了让自己的声音听起来成熟一些，艾丽雅夫人常常要求自己在与别人交谈时，尽量让自己的声音稍稍粗一些，柔和一些，与她本人年龄相配。这种自我训练非常有效，艾丽雅夫人渐渐地摆脱了那种小女生的腔调，变得

写给女人的忠告

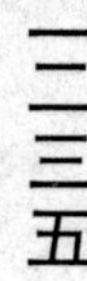

成熟而自信了。

如果你认为你的声音也需改进的话，你可以试着从以下几个方面着手。

给你的声音赋予温暖的感觉。

如果你对别人怀有亲切的情感，你的声音就会充满温暖。不论什么时候都尽力保持这种情感，即使在你拒绝别人时，也不要让你的声音成为刺伤他人的利剑。

保持柔和、自然的声音。

不要尝试与你的天生音质完全不同的发音方式，你应充分了解自己的声音特色，尽可能地取长补短。不要刻意抬高嗓门或压低声音讲话，那会让别人产生不舒服的感受。让你本来的声音，散发出特有的魅力吧。

你的语调可以变得更好。

不要将自己的声音完全归咎于先天的遗传，所以对其采用顺其自然的态度。事实上，声音的速度、节奏、粗细等等，都是可以加以改进的。只要你意识到了自己的声音存在问题，你就可能通过自我训练来加以改变。不过，不要将这种希望寄托在别人身上，也不要期望有什么速成的方法。如果你改变得太快，可能还会让别人吓一跳呢。所以，你的改变往往要经过一个别人无法察觉的过程，因此你完全不必操之过急，只要每天都用一点儿心，提醒自己一下就行了。

想做一个"声音美人"吗？那就从现在开始训练自己美妙的声喉吧。

切忌做潦草的女人

几年前，曾看到赛珍珠在一篇文章里谈到自己的写作生活，她每天的生活非常有规律，更让人不可思议的是，她每天起床，都要认真地梳洗打扮，化上淡妆，然后走进书房，开始写作。这中间除了吃饭，她几乎不见任何人。可是，即使一整天都面对冰冷的稿纸，她一样要认真地为自己化妆。

今天的大部分女人可能已经做不到这一点了，上班族每天穿着光鲜地出门，那是出于职业的要求。可如果能在生活中同样保持足够的整洁度，那可不是容易做到的一件事。

我知道有些在家工作的女人，由于不用上班，穿着非常随便、马虎，脚上一整天都穿着拖鞋，就连衣服也是抓到哪件穿哪件。她们的家里也乱得够呛，东西到处乱放，冰箱里的食物可能放了一周还没有清理。

如果你的丈夫看到在家工作的太太三天都穿着同一件衣服，桌上的咖啡杯一天都没有动过的话，他很可能建议你重新去当上班族。至少那时候，你每天衣着鲜亮，精心地修饰自己，即使有时候你回家比他还要晚一些，他可能也不会太在意。

很多女人看起来似乎永远不修边幅，除了结婚那天，可能再也没有化过妆。其实，女人的容貌是很容易被岁月消损的，只有很少的女人才懂得如何珍视自己的羽毛，她们从不潦草，永远光鲜、精致、优雅。

潦草的女人和精致的女人之间的差别到底有多大，年轻的时候你也许不觉得，因为年轻的你有时也不修边幅，可看起来却别具狂放的美，可人到中年，一切将会不同。这也是我们为什么经常看到，很多地方的女人总是年纪越大，打扮得越精细。而那些年轻女人常常到哪里都是牛仔裤、运动鞋，保持一副素面朝天的缘故。

在以前，女人必须化妆，才能表示对别人的足够尊重，如果你素面朝天地和别人见面，可能被视为对他的不敬。当然，现在很少有人再这样想了，化妆与否，通常要看她所处的场合，在办公、商谈、约会等场合化妆可以让你看起来精神焕发，让别人对你产生足够的重视。而在另一些场合，如度假、休闲、运动时，你大可以以最真实的面目示人，让肌肤得到自由的呼吸。

事实上，不管是在哪一种情形下，你都不要做潦草的女人，你的任何一种打扮，都符合你当下的情形。而且，你从不会为自己的外表感到不安。你的衣着永远是和谐的，无论家居还是在办公室，你的一切都是无懈可击的。

没有一个男人会喜欢潦草的女人。如果你对自己都马马虎虎，又怎么能给家人照顾，你也不会将自己的家营造成一个温馨的港湾。

有些女人，看上去永远是那样整洁、和谐，即使是普通的休闲装，也搭配得非常得体。她们优雅、自信，让每一个看见她的人都感到一种来自心灵深处的笃定与成熟。人们会不知不觉地被她吸引，受她的感染。

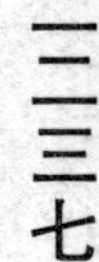

　　这可能就是我们通常所说的"气质"，你很难用确切的词来形容那到底是什么，可是你却能真切地感受到它的存在。

　　气质不是一天两天就能形成的，可它会伴随你的一生。它能让一个女人在青春不再的时候，还散发出迷人的魅力。

　　在法国著名女作家杜拉斯的名著《情人》里，女主人公衰老的面孔，让爱她的人依然着迷。这可能就是所谓的气质的力量。如果你现在只有 18 岁，你可能还感觉不到它的神奇，可随着时间的流逝，它的作用就会显现出来，你就能感受到它神奇的魔力。

　　如果你想让自己永葆魅力，你就不能对自己太马虎。做一个潦草的女人是最不可取的，那样的话，你将会使你的青春大为打

杜拉斯

折，也许不到年老，你就失去了你应有的魅力。不管男人还是女人，谁又愿意与一个毫无魅力、生活潦草的女人相处呢？

　　活跃在现代社会的美女精英们，纵使她们的容貌不能让男人惊艳，也会凭借她们的魅力使男人一眼看去就不能忘怀。那么，她们有什么秘诀吗？

　　首先是既要保持流行，又要穿出个性，懂得以不变应万变的智慧。每套衣饰都会有一些流行元素，但切忌太多。真正的搭配高手可以用夸张的饰物、鲜艳的色彩，甚至一双别致的鞋子突出个性。简单地说，一般人觉得漂亮但又不太好搭配，轻易不会穿的东西，如果能鲜明地加以表现，那就是你的个性。

　　其次是搭配和谐。不同风格的衣服，应以不同的鞋子、饰物，甚至香水来搭配。衣不在贵，和谐就能创造出一个美妙优雅的世界。

　　另外还要擅用色彩。与暗色相比，鲜艳的衣饰更能增加肤色的亮度，也更能渲染气氛，愉悦心情。只要选择适合自己的色系，就能穿出自己的特色。

水远高雅地微笑吧

一位诗人说："我最喜欢的一朵花是开在别人脸上的。"微笑就是盛开在人们脸上的花朵，微笑是升起在人们心中的太阳，是一个人能够献给渴望爱的人们高贵的礼物。微笑能展示女人的品味，微笑能让人们觉得生活的美好，女性一定要时常把微笑挂在脸上。微笑的女人，让人倍感亲切，她能够和周围的人相处得很好，她能看到别人的优点，她很容易与别人进行心灵上的沟通。发自内心的真诚微笑，会为一张平常的脸增添动人的光彩。

前一阵子，我曾为俄亥俄州与横跨附近几个州的乳制品大联合企业的业务员们，举行了一场有关微笑的正确方法以及所产生的惊人效果的讲演。最近，我遇见了这个公司里的一位女秘书，她兴奋地告诉我她的亲身体验：

她听完我的演讲，兴起了一个不妨一试的念头。第二天，她去买东西的时候，就把我讲的"微笑是一种力量"的论点付诸行动。那是一个大雨滂沱、气郁心躁的日子，即便如此，商店里仍然挤满了人。她开始有些担心买不到自己想买的五样东西——必须在三个不同的店的五个卖场寻找才行。

她运用了我所说的：在还没有讲话之前，流露出笑容。她微笑着点头，向店员先打招呼。结果花了不到 30 分钟，就把要买的东西全部购置妥当，使她心满意足。她从来没有在这么短的时间内买足这么多的东西，而且无论走到哪一家商店，那里的人都对她关切备至，以至于她在 30 分钟里都是心情欢愉的。有一个大卖场里挤了许多女顾客，每个人都像要把店员吞吃了似的焦躁、粗鲁，脸上丝毫没有笑容。但是，这位女秘书只要一接触到店员的眼神，就马上露出快乐的微笑，结果店员优先接待她，使她首先买好了物品。

从心底发出的微笑，能够告诉对方许多事情："我喜欢你，我是你的朋友。""也请你喜欢我。"这是一种具有自我能动性的信号，这个信号能够有效地传导给对方一些信息。主动地告诉了对方一些什么，比别人要你告诉，或是对方考查你要好得多。

微笑传达的另一个重要意义是："你是一位能够接受微笑的人。"柏娜露

·欧伯史特里女士在她所著的《了解他人与自我的潜在恐惧》一书中说，我们如果对人微笑，对方也会回以友好的笑颜。这种回报式的笑容背后，还有更深一层的意义，那就是对方想用微笑告诉你，你让他体会到了幸福。由于我们的微笑，使得对方感觉到自己是一个值得别人向他表示友好的好人，所以他也会快乐地对你微笑。我们因此让他觉得他是被从群众中挑选出来的人，确定了他在群体中的地位，使他获得一种被肯定的幸福感。

世界上的语言有千百种，笑容却是全世界共同的语言。也是最受欢迎的语言，一个发自内心的笑容可以拉近人和人之间的距离，它是一种良性的循环，如果你用微笑的方式对待你的上司，表达对他的敬意，上司也会用同样的方式对你，感谢你为他所提供的服务。同时，也不要忘了用微笑对待你周围的人：你的丈夫、亲人及工作中的同事。在我们的生活中，微笑的力量不可忽视，它可以使紧张变得轻松。

美国西海岸婚姻顾问珍·尼尔森因为过于忙碌，精神烦闷，寡言少语，有时因为一点儿小事就大发脾气，导致全家都不愉快，影响了与丈夫和孩子的关系。后来，她为了改变这种情况，决定用"笑料调剂"。于是，她在客厅里、在床头处、在镜子上、冰箱门上等处放置了一些滑稽可笑的字条或漫画。在家人过生日或结婚周年纪念的日子，她不买贺卡而是作一些打油诗。家里其他人在她的影响下也这样做。一天早晨，她醒来后心情很不好。这时，她的儿子戴着一个小丑的大鼻子走进房间来看她。她不禁大笑，苦闷的心情顿时改变。就这样全家充满了欢乐，使她重新焕发了青春的活力。

西方一位心理学家做过微笑训练的实验，要求参加者每天坚持对人微笑。一个月后，有位女士感激地说："我每天坚持这样做。刚开始时，大家感到惊讶，后来习惯了。这个月家庭中得到的快乐，比过去一年中得到的还多。现在我已养成了习惯，而且我发现人人对我微笑，以前对我冷若冰霜的人现在也显得热情起来了。"

微笑是一种习惯和态度。你必须真诚地感激别人，而不是虚情假意。时常怀有感恩的心情，你会变得更谦和、可敬且高尚。每天都用几分钟的时间，为你的幸运而感恩。所有的事情都是相对的，不论你遭遇多么恶劣的情况，都还可能更糟，所以你要感到庆幸。因为我们的笑容，我们和朋友亲近了，人缘变好了，心情自然愉快，更可以在朋友的笑容里充实我们的自信心，使自己无形中散发出吸引人的魅力。

你是否了解自己的笑容具有哪些特征？这是你首先要了解的。一般人在照镜子时总是很严肃，因而无法发现自己的笑容到底好不好。但是模特儿和女演员却不一样，她们必须了解自己的特征，而且随时训练自己露出最迷人的笑容。

请把你最近的照片都摆出来，从中挑出一张露出笑容的正面照片，如果没有的话，也可以请人帮你照一张。然后再分析你微笑时是否露出了牙齿？是否紧抿嘴唇？口型如何？眼角下垂吗？笑后是怎样的呢？再在镜子前面，试着摆出同样的笑容，看看这种表情是否好看，是否能留给别人好感？如果你有很多面露笑容的照片，可请朋友和你一起看看，找出你自己和朋友都认为美丽的几张。有时你自认是百媚千娇的笑容，别人也许会嗤之以鼻呢？

嘴角两端平均地向上翘起，是展示美丽笑容的一大要诀。如果你发现自己微笑时，两嘴角并不是平均地上翘，那就要好好地进行训练才行。如果你微笑时拉起嘴角的一端，会使人有虚伪的感觉，而抽着鼻子冷笑，更会令人感觉危险，这些都不能留给人好印象。因此，一定要练习嘴角两端的上翘，具体做法是一面念"一"的发音，一面用力抬高嘴角两端，但要注意下唇不要太用力。如果你感觉嘴角两端不能均等向上，可以用两手将嘴角两端拉起，同时用力鼓起双颊的肌肉，然后把手放下，保持嘴角两端不下垂，双颊肌肉鼓着不动。一会儿之后，再放松面颊，使肌肉恢复原来的样子，反复练习几次之后，就可以达到掌握面部、颌部肌肉的水平了。这种训练还可以防止年龄大时脸部肌肉的松弛，能使脸部肌肉习惯于向上拉紧，避免面颊下垂而显出无精打采的老态。

有些女孩子在笑的时候，喜欢用手掩嘴，其实这个动作很不好，笑原本是很有魅力的，坦诚的笑可以使对方感动，吸引对方的心。但是以手掩面就是自认为笑容不美，其实只要是发自内心的笑就一定会给人开朗愉快的好印象，任何人都应有这个自信心。

笑容唯有出自内心才是真实的，当你快乐、感激或幸福时，都会自然地流露笑容，这是勉强不得的，如果非要压抑这种笑容，看起来反而难看。所

写给女人的忠告

以，千万别太在意自己笑时破坏面容的美丽，"自然"才是最美丽的表情。

不去违心地迎合别人

女人在人际交往中，总是会特别在意别人对自己的看法。你会为了让别人称赞自己可爱，让他们喜欢你，收敛起自己的真实个性与想法，从不愿违背朋友的意见，对他们有求必应，甚至还主动为他们做许多事。

你总是想让自己看起来显得恬静、亲切、善良，好像对自己的喜好漠不关心，而对别人的要求却考虑得十分周到，你随时都在做着自我牺牲。你的无私让你的生活不为自己所左右，因为你为别人花去了大量的时间，由于你的善良，你的朋友有事都喜欢来麻烦你。

长久以来，你的内心可能早已变得疲惫不堪，友谊和爱情对你而言简直变成了一种负担，只不过由于习惯，你不敢轻易做出改变罢了。你担心，一旦你开始对别人说"不"，一旦他们了解了你的真实想法，你们的友谊可能就不复存在了。

事实的确如此。有时候，人们之间的友谊建立在非常实用的基础上。你的朋友喜欢你，很可能就是因为你对他们慷慨、有求必应。可是，如果你们的友谊总是要求你做出牺牲，而对方总是受益者，那样对你是不公平的。

我们不应担心朋友了解你的真实想法，尤其是你们对某些事的不同感受。乔蒂是雷思丽的朋友，她喜欢一个味道特别的餐馆，所以，每次她们出去吃饭，乔蒂都会提议去那里。而雷思丽对此感到很为难，因为她对那种有点儿特别的"口味"一点儿都不喜欢，可雷思丽为了不扫乔蒂的兴，还是同意了。就这样，乔蒂以为雷思丽是喜欢那里的，所以以后的很多次，乔蒂都还是会提议去老地方，而雷思丽只好说"好"。就这样，本来很轻松美好的事情变成了一种负担，而乔蒂对雷思丽的"牺牲"也许还一点儿都没有察觉到呢。

你总是习惯于附和别人，同样的活动，别人从中得到的快乐却比你多。所以，从现在开始，当你的朋友问你"周末去哪里玩"时，你不能像以前那样说"你说呢"，而是说出一个你最想去的地方。你和你的恋人一起就餐时，不要他点什么你就吃什么。当他问你"想吃什么"时，将自己想吃的东西说出来，不要怕不好意思。因为奥里森·马登说过：自私像是需要勤加锻炼的肌肉，最简单的第一步，就是开口说"不"。

周末的晚上，梅薇思哪里都不想去，忙碌了一周的她就想好好地洗个泡泡浴，听听音乐，翻几页书，或是看看电视，然后早早睡觉。可梅薇思的朋友打电话来，请自己一起看电影。听着她充满渴望的声音，梅薇思还是答应了。看完电影梅薇思很想直接回家，重新开始她的计划。可梅薇思的朋友显然很兴奋，她强烈要求去酒吧喝一杯，梅薇思不愿扫她的兴，只好去了。梅薇思回家已经很晚了，也感到很累，她周末夜晚的美丽计划就这样泡汤了。梅薇思懊恼地想，为什么不在她打电话来的时候，就对她说出自己的计划呢？或者看完电影之后，就不要再答应去酒吧……

为了让别人的日子不至于太孤单，你一次又一次违心地当起了那个配角。长久以来，你的朋友都习惯了你的这种牺牲，她们将这一切视为理所当然，有时候甚至不征求你的意见，就直接替你做出决定。如果你学会说"不"，可能会让一些人离开你，不过也会让真正珍惜你的朋友重新认识你，他们会为你感到高兴的。另外，你也不要担心男人的眼光，对他们来说，一个会说"不"的女人，往往比一个总是说"好"的女人更有吸引力。

做一个"自私"的女人，就是不要违心地去迎合别人，要保持自己独立的性格和情趣，你可以从下面的几点做起：

大声说"不"。

有时候，尽管你会拒绝别人的请求，可你的表现却不总能让自己满意。你表现得好像自己做了什么亏心事似的，比那个被你拒绝的人还要难受。其实，你大可不必这样，拒绝与接受，这是你的权利，作为你的朋友，他应当能接受任何结果。对你不喜欢参加的活动，不喜欢用餐的餐馆，不喜欢接听的电话，你都要理直气壮地说"不"。你很快就能体验到说"不"带来的好处，你的时间会多起来，你终于可以做自己喜欢的事情了。

让别人知道你的容忍度。

如果你处处做"老好人"，你的朋友可能以为你的耐心是无穷的，进而不再顾及你的感受，你的恋人不会忽视你为他付出的一切。就像小孩子为了引起大人的注意，常常违背大人的心意和安排，执拗地坚持自己的主张一样，你也要在必要的时候，对你的朋友"唱唱反调"。

需要什么不妨直说。

不论是在学校，还是在职场，或是休闲运动的时候，每个人都希望自己能从中得到些东西。在人与人之间的互动中，"平衡"是非常重要的。当别人从你这里得到他们需要的东西之后，他们自然也很想知道你的想法。有时候，如果我们能直接说出自己的想法和要求，不仅能让自己满意，也会让那些和你在一起的人心情放松。

尽可能多地了解别人。

友谊和善意有时候有很大的伪装性，别人可能在利用你的好心，这时你应睁大眼睛，对你的朋友进行甄别。不要轻信别人的花言巧语，对那些刻意取信于你的人，更要多加提防。

自私不等于不做善事。

人们习惯于将自私的人看成是心肠很硬，只为自己着想的家伙。事实上，做善事并不一定就代表你是一个心地善良的人，而一个自我标榜自私的人所做的善事，更可能是出于自己的真心。所以，你应该是一个将自己放在第一位的"自私"女人，可在必要的时候，你又应该是一个无私的人，将自己的善意恰当地传给了他人。这种发自内心的善意，不带任何勉强的成分，同时也更能让你体会到作为一个施予者的快乐。

善待自己。

你对自己的呵护，应该是无微不至的，你了解自己，爱护自己，更知道如何尊重自己和把握自己。"自私"的你，更能赢得平等的友谊和爱情，这让你能够无拘无束地享受生活。在如今这个充分张扬个性与自我的年代里，你的好心和随和往往得不到你想要的东西，不仅如此，它还会成为别人漠视你的理由。

因此，"自私"的女人，常常最有魅力。

给自己更多的宠爱

　　在现代社会里，女人全面参与社会生活，她们的成功不仅来自于家庭，还更多地来自于社会对其个人能力的认可与评价。如今的女人，感到了前所未有的自由，同时也面临着前所未有的巨大压力。

　　聪明的女人，在努力展示自身潜力的时候，应该懂得如何宠爱自己，从而获得幸福与高品质的生活。从这个意义上讲，正是"自私"让女人得以在完成社会与他人向你提出要求的同时，充分地关照自己、宠爱自己，有一个良好的心态。

　　每个女人爱自己的方式都会有所不同，不轻易放弃你喜欢的东西，合理地满足自己的愿望，事业的进步与成功，生活中的小小乐趣，每天给自己多一点的快乐与少一点的烦恼，这都可看做是你对自己的宠爱。

　　如果你一直觉得自己的生活是以别人为中心的，不论这个人是你的丈夫还是孩子，或是你的工作，你都该好好地反省一下自己。你可能长期生活在紧张与抱怨之中，你认为自己已经透支了，却没能得到应有的回报与理解，你一直压抑着自己的愿望与诉求。如果任由这种状态持续下去，你的更年期很可能会提前到来。你不再神采飞扬，而是变得萎靡不振，由于你的心态失衡，你可能会变成一个爱发牢骚、婆婆妈妈的怨妇。

　　不同的心态与生活方式，会在一个女人的外表上打下很深的烙印。正如我们平时所看见的那样，许多女人年过 40 岁，却依然年轻靓丽、光彩照人，时间对她们来说，丧失了原有的魅力。而对另一些女人则不然，她们像不停燃烧的蜡烛，变得琐碎憔悴，不等时间来催她老，她自己就放弃了自己。

　　懂得如何宠爱自己的女人，会平衡自己的生活，不让他人来破坏自己的生活，不让自己的容颜被岁月悄悄地侵蚀，她们总是按照自己的意愿来调适人生。

　　其实，每个女人的内心，都充满了宠爱自己的欲望，只不过由于你向来对自己"放任"惯了，你可能一时找不到从哪里做起。

　　我这里有一些建议，你不妨照此施行。

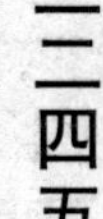

首先，永远不要折磨自己。在你的生活与工作中，压力无时不在，很多女人可能还没有意识到，正是那些你认为不得不去承受的、日积月累的压力破坏了你的生活，让你在重压下喘不过气来。现在，你需要重新认识那些带给你压力的事情，并下决心来消除它们了。

如果你的压力来自感情上（这是很有可能的），你需要一个彻底的了断。许多女人在面对情感危机时，总是显得优柔寡断，或是毫无理智。

一年前，当我听到奥蒂莉亚准备和男朋友分手时，我曾对她说，你也许早就该这样做了，并为她终于做出决定而高兴。因为奥蒂莉亚的爱情似乎已走进了死胡同，她对那个男人早已失去了感觉，可又没有勇气重新开始。时间一年年过去，她仍然维持着现状，守着她如死灰一般的爱情，她想有个家庭，有个孩子，可又不敢肯定身边的这个男人是否是自己正确的选择。眼前的男人，成了奥蒂莉亚生活中的一块鸡肋，食之无味，弃之可惜。如果你的感情生活也是这样一种状态，你又怎么开心起来呢？与相恋多年的男友分手，并不是一件容易的事。可是，一旦你认为这个男人并不是你最想要的，你就不该再拖泥带水。记住，你的未来永远比过去重要。

如果你的压力是来自工作，那么你应当做出某种调整，除非你觉得你已没有选择的机会。事实上，我们永远都有选择的机会，而且这种机会往往不止一个，只是你不敢做出改变罢了。你首先要相信自己能改变现状，同时也能改变自己。你可以要求调换工作，或是辞职，或者转行。还有，如果你觉得自己在某些方面需要系统的学习，你还可以选择读书，为自己充电。

如果你的压力来自于家庭，如果你有永远做不完的家务，或者是挑剔的你无法让家里时时保持你所要求的整洁。这时，你不妨请一个钟点工来分担一部分，一般说来，这种花费很少，却让你有一种很大的解脱感。

其次，让自己快乐。你肯定有让自己感到特别轻松愉快的事，只是你已经很久没有这样做了。烦琐的工作与生活加剧了你的惰性，你忘了自己也曾有过单纯的快乐与感动。请努力回忆一下那些曾带给你快乐的事情吧，并确信它们至今仍对你有着吸引力。然后，拿起笔将它们记下来，至少要记下3项。

快乐不是抽象的，它源自于你对生活的热爱与参与。因为只有你自己才知道如何才能让自己快乐，也许是一件心仪已久的漂亮首饰，或者是一次从容的旅行，或许只是静静的独处时光。除此之外，包括美食、运动、游戏在内的很多东西都可能是带给你快乐的东西，所以千万不要小瞧它们。

另外，要保持好你的健康。从来都不要忽视自己身体的小小变化，一旦有什么不适，你要尽早地寻求对策。这样才能让自己的健康保持在良好的状态。同时，你也知道如何调适自己的心理，以及消除各种心理问题的困扰。

管理自己的健康，需要一个完整的计划，当我们处在健康状态时，我们往往忽视自己的身体。为了你的健康你最好给自己做以下的事情：

每年做一次全身健康体检。请医生为你的身体状况做出总结。

了解你的家族病史，即使你目前尚没有任何症状，也要对此十分小心。

每天定时做不少于 30 分钟的运动，另外，还要利用空闲时间舒展身体。

当然，影响一个人身体健康的因素很多，其中有很大一部分是我们所不能控制的，比如遗传因素。科学家们指出，一个人患病与否，在很大程度上是由基因决定的。不过，后天的因素同样是非常重要的，在同样的条件下，一个善于管理自己健康的女人，看起来会更有活力和生气，当然也更出众与有魅力。

最后，要掌握你的现状，把握你的未来。一个懂得宠爱自己的女人，不会让自己陷入麻烦之中。不要在 25 岁时向银行举债，买下一幢你根本不需要的大房子。事实上，单身的你仅仅需要一间小公寓就足够了。你的未来有很多种选择，过早的债务负担，会影响你生活的质量。

你要很有主见，能清醒地做出任何与自己有关的决定。你需要清晰地了解自己的目标与愿望，并尽力使自己得到满足。要对自己的长处、短处都很了解，并能充分地扬长避短。

不要找自己的麻烦，在对自己提出要求的同时，也要充分宽容自己。这两点看起来有些矛盾，其实不然。要求自己努力去做，但在必要时，你要承认自己的确有做不到的事情。

一个会宠爱自己的女人，往往也是职场上的赢家、让男人动心的追求对象、称职的妻子与母亲，生活对你来说总显得井井有条。因为你对自己的宠爱，所以你总能保持极佳的状态，你会将自己的活力与热情传递给你的同事、你的家人，并深刻地影响他们，这样你的自我感觉会非常好！

第四章　礼仪之花悄然绽放

闲聊中的学问大

一天，一位叫海伦的女孩来找我寻求帮助，但却不是由于那些为人熟知的原因。她并没有遭受什么巨大的身心痛苦，她也没有受到什么令人紧张、焦虑的困扰，那些根深蒂固难以打破的坏习惯在她身上一点儿也找不到。事实上，所有认识海伦的人都认为她是一个生活中的成功者。她目前正在一所声望极高的大学攻读硕士学位，而出色的学习成绩为她的职业生涯争得了一个光辉灿烂的未来。她并不漂亮，但她也不丑陋或令人讨厌。总之，对海伦来说，她的一切都相当乐观。但有一件事除外，海伦没有朋友。她在家里有许多亲戚，在校园里有许多熟人，但却没有一个她能称之为朋友的人。

通过与海伦的交谈我知道，原来她不喜欢参加社团组织、出席一些晚会，她觉得没事闲坐在那儿，挖空心思地搜寻有意义的话题，是一件令人头疼的事。她总是想不出说什么话好，并且认为人们也不会有兴趣听她说。至少她知道别人所说的那些东西一点儿都不吸引她，那样做似乎是徒劳无益、枉费力气。

对你来说社交是不是很难？你是否发现从事于那种通常被称为"聊天"的活动既没有意思又令人生厌？

法国作家伏尔泰曾说过："如果一个人无话可说，那么他的谈话一定很无趣。"闲聊与沟通往往是别人了解你、认识你的最快方式。无论是与他人建立新的联系，还是与旧友联络感情，闲聊都是最重要、最直接的方式。建立人脉，离不开与他人的沟通与闲聊。如何与他人进行恰当的、有趣的闲聊，不让别人认为你是一个语言乏味之人，是需要好好学习的一种技巧。

　　人与人之间建立联系的第一步，往往是从闲聊开始的，所以闲聊的艺术是值得我们推崇的。闲聊绝不是无聊时的胡说八道，而是认识别人、建立人脉的第一步。如何与他人开始一段闲聊，也是需要费心思量的。

　　要与他人闲聊，你首先就要克服羞怯，无论是你主动与别人聊天，或是别人与你攀谈，都是极自然的一件事。朋友是一扇窗，人与人总是由陌生变熟悉的，如果不跨出第一步，你可能会错过最美丽的风景。

伏尔泰

　　其次，要寻找有趣的话题。天气、新闻或者是周围的景致，都可以成为闲聊的话题。

　　据说在美国，每年有一万多对夫妻是在高速公路堵车时聊天认识的。在拥堵的高速路上，无论回家的还是赶着去上班的人，心情都是极为焦急的。这时，如果有谁主动摇下车窗与旁边车上的人打招呼，相信不会遭到拒绝。这样，从闲聊开始一段美丽的情缘，想想都是让人觉得浪漫的事情。

　　大部分人认为，当他们处于新认识的人群中时，最聪明的办法是向别人提些问题。例如，"你对今天晚上的发言人有何看法？""你认为选举结果会怎样？'"你是哪儿的人？""你加入这个组织多长时间了？""你认识史密斯很长时间了吗？"这些大都是与别人进行闲聊的开头语。然而，问题也可能是无聊单调、令人生厌的。如果它们是每个人都提的一些老掉牙的问题，那么社交谈话就会发展成那种无聊之极的老调重弹。

　　用些时间想一想，你怎样才能改进自己的闲谈或提问，以便引起别人的兴趣和积极的反应。练习提出那些你认为会促使别人思索的创造性问题。必须注意的是，不要连珠炮般一个问题接一个问题地发问，就好像你在主持一场审讯或进行一次雇佣会见似的。不要忘了在你的问题之间点缀一点儿能表明你自己的观点、背景、兴趣和感受的话。还要给对方留有提问题的机会和余地。

　　光提问题是不够的。如果你想通过提个问题插进人群之中，那么你可能会发现没人对你的问题做出反应。即便有反应，也都是一些敷衍了事搪塞性的回答，于是你还是像以前一样感到窘迫为难。此时，你必须学会讲故事，讲自己的或其他人的经历，或是你在报纸、杂志、电视、广播中看到或听到的什么东西。

在聊天时，你完全可以轻松自然地把你的故事引入大家的谈话之中。通常情况下，这种闲聊式的交谈往往是杂乱无章、漫无边际的。它经常是一种从一个话题转入另一个话题的漫谈，其间没有什么东西把这些话题汇拢在一起，它们只是松散地联结着的。为了向大家介绍你想讲述的经历，你可以简单地说："这使我想起了今天我在商业中心看到的一件事……"或者说："由于某种原因，你刚才所讲的使我想到了我的医生昨天告诉我的一件事……"这就是你为了把你的故事引入其中而需要做的全部介绍。

如果你牢牢记住在闲谈时你有权改变话题（如果你喜欢的话），那么你就能解决这个由那些腼腆的、性格内向的人们提出的问题："对于别人正在谈论的话题，我想不出任何话好说。"我是这样回答这个问题的，"好吧，那么改变一下话题，没有人会介意的。"请注意，这种改变话题的许可证只能适用于闲聊，在其他类型的谈话中，你必须遵循更为严格的规则。

很多女人在闲聊中容易犯的一个错误就是过于详细地描述某件事。当你抑制不住自己的兴奋，希望尽可能详尽地描述昨天的派对或者与自己男友相关的事情时，可能没有考虑到他人的感受。事实上，这样做是很不礼貌的，因为你无视别人的存在，只顾自己讲得高兴。不要喋喋不休地描述与自己相关的事情，那样会让你的形象大打折扣的。参加闲聊的人都要参与到话题中来，气氛才会最好。不要企图由你自己完全控制谈话，这样做毫无益处。

在与人闲聊正欢时，幽默可以让你锦上添花。当话题沉闷时，幽默会是一件救命稻草，使谈话瞬间变得生动起来。一个有幽默感的女人，势必是聪明的女人。不过要切记，如果你是一个缺乏幽默感的人，最好不要轻易开玩笑。

为了与别人闲聊，你可以告诉他们一些有关自己的信息，但不要一下子讲得太多。与他人建立联系需要时间，如果是初次认识的人，你完全可以透露一点儿你的个人信息。譬如你在哪个行业任职、你读大学的地方或是学校，只要一带而过就行了。对许多工作上的伙伴或朋友，你也可以谈一点儿个人的情况，但不要让关系变得私人化，"交浅言深"是应当避免的。

宴会中必知的礼仪

几个亲密的朋友聚在一起举办家庭宴会是一件愉快的事情。这种宴会不仅可以在圣诞节或生日的时候举办，用任何一个理由都可以举行。

如果自己应邀去参加家宴，不管你与对方多么亲密，都要带上礼物。一般可以带大家都能饮用的酒或者果汁，以及能作为甜食的点心或者糕点前去赴宴。如果有拿手菜，那么大家每人带一份亲手烹调的菜肴作为自助餐也是很好的。

另外最好按照当天约定的时间到达。如果比约定的时间提前，而主人的准备工作还没有做完，那将是十分尴尬的。如果去得太晚，导致大家无法按时吃饭也是非常失礼的。如果因为工作需要晚到的话，必须提前打电话。

除了家庭宴会以外，如今我们常会应邀参加一些正式的宴会，但一些人在宴会上言行不拘小节，虽无恶意，却也给宴会带来不和谐，使主人难堪，他人也无法尽兴。为此，这里对宴会上的一些礼节加以提及，但愿能对朋友有所帮助和启示。

若没有特别指定穿什么衣服的话，穿普通衣服加上一些装饰品，就可以制造出华丽的效果、优雅的仪态。鞋子宜穿高跟鞋，皮包则应用跟上班时不同的小皮包。此外，一部分宴会是站着用餐的，脚部比较容易累，所以不要穿过高的高跟鞋。如果宴会上是站着享用餐点，应有意识地注意一下自己的站姿，最好能保持轻松的站姿，又不弯腰驼背。

化妆方面，可以比往常多用一点儿色彩，将你的气质生动地衬托出来，头上也可以使用一些发饰等。在这个时候可以让别人看到你不同于工作时的一面。在宴会中常要拿着杯子到处走动，因此手部也会格外地引人注目。虽然不需刻意地装饰它，但是戴个戒指及手链的话，会使你的整体装扮更加出色。

当你是主办者一方时，最好于宴会前先稍微进食，宴会时只是形式上用一点儿就好。要记得自己还有招待客人的任务，别光是用餐，同时尽量少喝酒。

在宴会上见到陌生面孔时，首先要走近对方，亲切地表示问候，问候完毕，可以再问她的近况，称赞一番她的衣服品位等。除了与客人聊天之外，互相介绍、招呼一下用餐的客人也是不可忘记的事。在宴会中，从头到尾进行一对一的交谈是很不礼貌的行为，只要足以使对方留下印象即可，因为还有其他的客人需要你去招待。最理想的状态就是兼顾八方，如招呼晚到的客人、将新朋友介绍给大家认识等等。

若是被爱闲聊的人捉住不放，等到话题告一段落时，立刻说"很抱歉，那边还有一位不能不招呼的客人"或者"今天轮到我当'值日生'，所以有较多的事要做"。离开客人时，别立即转身就走，先后退一步，然后转身离开，如此才能更加显出你的气质出众。

当你是客人时，懂得享用餐点才是礼仪。如果你以客人的身份出席的话，可以稍微空着肚子赴宴，津津有味地享受餐点也是一种礼貌。刀叉是西餐中最主要的进餐用具，习惯用法是左手持叉，右手握刀。左手用叉按住食物，右手将食指按在刀背上，用刀把食物切成小块。然后将刀斜放在盘子上，腾出右手改持叉子将小块食物送入口中，甚至可以将叉齿向上，把食物铲着送入口中，然后，叉子再改用左手持，右手再持刀切割，周而复始。你要注意的是：必须切割一块吃一块，而不能将盘中食物先全部切碎，再持叉一块接一块吃。有的食物如用叉子可以分割，就不一定非用刀不可。

宴会是联络人际关系的绝佳时机，别从头到尾跟你的死党粘在一块儿，尽量鼓励自己和初次见面的人谈话。一句"你好！"就可以开始聊天，为了使话题不枯燥无味，最好事先准备可提供话题的材料，能从最近热门的话题中挑选出来是最好的。聆听对方谈一些自己的志趣也是很重要的。适时发问和热切的反应，会使对方说得更尽兴，也会使对方对你产生好感。当双方都结束话题时，说句"今天真高兴能和你谈话"之后就换另一位继续聊类似的话题。若能交换一下名片，制造下一次见面的机会，也是很不错的。

以客人的身份参加宴会时，临时有事必须中途离席并非不可，只是要避免在别人演说时离开。回去时一定要记得和招待的人打声招呼，但尽量别打断别人的交谈。几天后，若能打电话或写张明信片给邀请你的人，说两句再次致谢的话，会让人对你更加有好感。

当然，宴会中的这些礼节并非要一一照办，可因时因事变通，但万不可"为所欲为"。

魔法之词——"谢谢"

一位外国总统问一位 104 岁的老太太长寿秘诀时，老太太回答说，一是要幽默，二是学会感谢。从 25 岁结婚起，她每天说得最多的两个字便是"谢谢"。她感谢父母、感谢丈夫、感谢儿女、感谢邻居、感谢大自然给予她的种种关怀和体贴，感谢每一个祥和、温暖、快乐的日子。别人每对她说一句亲切的话语，每为她做一件平凡的小事，每送给她一张问候的笑脸，她都忘不了说声"谢谢"……80 年过去了，是"谢谢"二字使老太太的快乐长久，使老太太的幸福长久，使老太太的生命长久，使老太太一切的一切长久。

原来，"谢谢"二字有这么大的魔力呀！

但是在生活中，有的人虽然说了"谢谢"，却没有收到期望的效果，有时甚至被误解。原因何在？就是没有正确运用这两个字的结果。那么应该怎样运用，才能使"谢谢"这两个字具有魔力呢？

"谢谢"必须是诚心的。你确实有感谢对方的愿望再去说它，并赋予它感情和生命。不要使人听起来很死板，成为应付人的"客套话"。说"谢谢"时还要有一定的体态，头部要轻轻地一点，目光要注视着你要感谢的人，而且还要伴随着真诚的微笑。

说"谢谢"时，要注意对方的反应，如果对方对你的道谢感到茫然时，你要及时地用简洁的话语道出向他致谢的原因，这样才能使你的道谢达到应有的目的。

"谢谢"要选准对象。"谢谢"可以对一个人说，也可以同时对着几个人，这要根据当时的情况来定。比如对象是一个人，谈完话，为表示感谢，你可以一边跟他握手告别，一边说"谢谢"。如果要感谢几个人，那么临走时，你可以挥手或拱手说："谢谢大家"。如果条件允许的话，还要一同大家握手告别。

当别人赞美你的时候，快乐地对他说声"谢谢"。传统的观念认为，接受别人的赞美就是一种自傲的表现。当别人称赞我们时，我们总是很快转开话题，顾左右而言他，或东拉西扯一些不相干的人，转移别人的注意力。我们好像自认从不沽名钓誉，也痛恨引起别人的注意。其实每个人都可以改掉那种妄自菲薄的习惯。只要简单地微微笑笑说一句"谢谢您"即可。不管赞美的诚恳程度有多大，你从容的微笑总比你局促的躲闪更能增加你的风度。

当别人对你说"请"时，你应该回答"谢谢"。别人请你做客或送礼物给你时，你更应该道谢。朋友请你看电影或邀你去他家玩，如你有事而不能应邀的话，也应说"不啦，谢谢！"来婉言谢绝，切忌只生硬地说个"不"字，那样就显得不礼貌。再有，不管是在什么情况下，与什么人交往，只要对方为你做了有益的事或说了有利于你的话，你就都要说声"谢谢"。如果对方赞扬你，你除了说"谢谢"之外，还要说"您过奖了"或"承蒙您夸奖"以示谦恭之意。

当别人没想到或感到未必值得感谢时，一句"谢谢"具有更大的力量。回想一下，有时你从别人那里得到一声友好的"谢谢"，而过去在同样的情况下你根本不会得到它，想到当时的心情，你就会明白这条规则的意义了。不久前我因事到堪萨斯州，一位少年向我走过来，要求我买一支铅笔。我摇摇头说"不要"，他态度诚恳地回答："好吧，不过我还是谢谢你！"我吓了一大跳，立刻从口袋里掏出钱，向他买了一支铅笔。之后，我望着他离开，还不到街底，他已卖掉半打铅笔了。

道谢是为了表达感激之情，如果使施惠者反而因此窘迫便违背了本意。为了不致使人窘迫，道谢要考虑时间、地点和对方的特点。比如被谢者不希望局外人知道自己帮了你，你就应尊重对方的意愿。如果恰巧在大庭广众下遇见对方，就要含蓄地表示谢意，或者小声地耳语，甚至可借握手之机，用热情有力的动作，加上含笑的眼神来表示。也可以说："我有一点儿小事想同您单独说几句。"借此离开人群，找个合适处再坦诚相谢。

读了上面的文字，你可能已经明白，对帮助你的人道声"谢谢"，这不仅仅使你的感激之情溢于言表，而且使对方感到乐善好施之后的心理平衡，从而加深人际之间的和谐关系。那么，夫妻之间需不需要这种语言呢？

前不久，艾伦出差去外地，看到许多年轻女性都穿着式样新颖、图案别致的羊毛衫，便到商店为妻子挑选了一件，想博得她的高兴。可是，回到家里艾伦将毛衣拿给妻子看。结果她不仅不喜欢，还数落艾伦不会买东西，嫌颜色老气，图案俗气，最后把毛衣胡乱塞到橱子里。艾伦心里顿时凉了半截，说道："我出差在外，不仅心里想着你，还为你买了这件衣服，却连一句好听的话也没听到。"妻子不以为然地说："还用我感谢你吗？"

恰巧第二天是周末，妻子先是忙着到街上买菜，然后又照着菜谱一一加工制作，忙了一上午，一桌色香味俱全的饭菜做好了。艾伦开一瓶葡萄酒，给她也斟了一杯。妻子边吃边问艾伦："味道怎么样？""马马虎虎，还有点儿咸。"艾伦随口答道。妻的脸顿时晴转阴了，嘟着嘴，不吃也不喝。艾伦于是顺水推舟，提起为她买羊毛衫的事情。她想了想，不好意思地笑了。

如果妻子拿起艾伦买的羊毛衫，说一声"真好看，谢谢你！"之类的话，也不至于使艾伦心凉半截。如果艾伦吃着妻子精心制作的饭菜，夸赞一声："好手艺，味道真好！"之类的话，她也不会气得不吃饭。夫妻间的肌肤之亲代替不了感情上的互相沟通，而几句赞美或致谢的话，便可以制造一种融洽的气氛，就能够增进夫妻之间的感情。

不探究他人隐私

倘若一个精神正常的人走在路上，无端地被人扯住，要扒光其衣服，他将如何？不需说，他会紧紧护住自己，高声呵斥并寻求他人的帮助。目击者自会站在被扯住一方，协助其自卫反击。道理极浅显：人岂能忍受大庭广众之下被展示裸体的羞辱？

人要穿衣以维护自尊。可是，你是否想到了，人还有一种自尊要维护，即隐私——不宜公开的属于每个人自己的秘密。倘若像扒光衣服一样，撕掉人的这种自尊呢？相信这羞辱和愤怒会让你一辈子耿耿于怀，无论对方是有意还是无意的，你都不会原谅他。可见传播别人隐私是多么不道德，多么伤害人与人之间的关系。

打听和传播别人的隐私，是人性中最坏、最难克服的弱点之一。多少年的积淀，使它成为人际关系的一大顽疾。特别不幸的是，这一顽疾几乎把每一个人都传染上了，即使是极富修养的人都难于免俗，都有这一不能示人的"阴暗心理"。因为是大家都有的毛病，所以才称之为人性的弱点，令人难堪的弱点！检讨一下自己，许多人都经历过这种事——

"跟你说件事，千万别告诉别人。"

"你放心吧，这么多年你还不了解我。什么事这么神秘？"

"咱们经理和克洛怡关系不正常。"

"真的？"

"公司里都传遍了，开始我还不信，那天我到经理屋里送文件，克洛怡正和经理咬耳朵，两人靠得特别近，见我进来马上分开了，表情很不自然，一看就不是一般关系。"

"我说呢，经理怎么老带她出差。"

"你听说没有，经理老婆有病。"

"什么病？"

"妇科病。"

"是吗，要真是那样，男人可没有几个能熬得住的。经理老婆到底是什么病？"

"我有一个朋友在医院妇科，打个电话就知道了。"

经理和克洛怡的关系到底如何，经理老婆到底得的是什么病，这都属于个人隐私，是不宜打听和传播的。但是，许多人热衷于此，且隐私的级别越高就越富有传播价值，越让人趋之若鹜。隐私的魅力像罂粟花，美丽、有毒、难戒。

有则圣经故事讲到占卜者巴拉姆去诅咒以色列人，可是一看到他们的营地，他就为他们祈祷了。学者们是这样解释的：巴拉姆看到以色列人的帐篷并非彼此正对，他认为他们尊重彼此的隐私，所以为他们祈祷。犹太人把对隐私的高度尊重诉诸法律，防止对隐私做任何方式的探查。

也许有一天，你兴冲冲地闯进了朋友的家里，一面甩着自己头发上的雨珠，一面高声喊叫，而你的朋友却慌慌张张地藏着什么东西。此时，请你不要追问，因为这是他独有的秘密，你更不要因此认为他有意疏远你、不相信你。朋友要保守秘密并不是对你的不信任，而是对自己负责。你同样也需要保守自己的秘密，这一切并不证明你和好友间的疏远；相反，明智的人会认为，如此做双方的友谊更加可靠。当然，有时为了表示自己的关切，问一问也未尝不可，但一定要他（她）自愿告诉你，切不可像个孩子似的打破砂锅问到底。即使是人家愿意告诉你，也不能如获至宝地到处乱讲。别人能把私事告诉你，那是对你的信任，你若再蜚短流长，那就是做人的原则问题了。

当你的朋友愤怒的时候，不要试图安慰他；当尸体还停在他面前的时候，不要试图消弭他的悲伤；在他祷告的时候，不要向他提问；在他不幸的时候，不要坚持去看他。任何人不能没打招呼就到别人家里去。我们可以从上帝那里学到这种礼貌。书上写着，上帝在伊甸园外面对亚当说："你在哪里？"当你借债给邻居的时候，你不能闯入别人的家里去拿抵押。你要在外面等着，直到他自己拿着抵押品出来给你。

夫妻之间也是应该有秘密的，两个独立的人，各自拥有独立的思想和行为，哪能没有秘密呢？问题在于，什么是应尊重的正常隐私，什么是危害婚姻的祸患。夫妻间的隐私主要表现在两个方面：

经济问题。一般来说，新婚夫妻的第一次吵架80%与钱有关。一个家庭的夫妻双方应该共同分担家庭开销，也就是说大部分钱应该是共同赚，共同花的。但是每个人都有各自的爱好和打算，譬如买点儿高档化妆品，或是买根高尔夫球杆，所以小金库在没有侵蚀到家庭总金库的时候，是可以存在的。

异性朋友。这应该分为两个阶段，一个是婚前那段，应纯属隐私，不能要求不愿说的一方坦白。但婚后这段，尤其是异性朋友这种敏感问题，应以自己的妻子（丈夫）为主，如果对方理解，可以继续保持。但如果你的丈夫（或妻子）就是看你的朋友不顺眼，还是注意为好。

夫妻双方要懂得一个道理，人与人之间，不论关系如何亲密，都应允许有各自的隐私，就如英国作家夏洛蒂·勃朗特说的："每个人都有他自己的一份权利。"包括自己的隐私在内，应该尊重每个人的隐私。

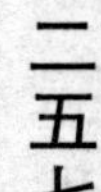

　　任何人都有保留自己隐私的权利，夫妻之间应该自觉地不去探求对方的隐私，不去怀疑对方的隐私是不是有什么对自己不利，或有什么问题瞒着自己。越是追问对方的隐私，越是产生隔阂，就越破坏双方的感情。

为善不张扬

　　善良，就像是女人会选择穿在身上的外衣。不管你如何变换穿法，竖起衣领，用丝巾扎出腰际，还是再挂上一件外套，它都不能改变我们身着外衣的事实。这件外衣贴身并且保暖，样式大方并且质地优良，是女人最常披挂上身的衣服之一，同时也是男性颇为欣赏的女性外衣之一。

　　在男性的眼中，善良应该是每个女性必备的要素，所以善良也被精细地划出了三六九等。他们通过自己执著的"大男子主义性情"鉴定得出，善良是发自内心的甜美微笑，可以不去计较他们在生活细节的一次次失误，比如忘了爱人的生日或者是结婚纪念日；善良是豁达开朗的宽容态度，可以理解他们不定期的朋友聚会以及偶有发生的彻夜不归；善良是持久不减的细心照顾，可以像母亲一样坚定而执著地对他们呵护备至，同时没有任何抱怨；善良是永远优雅，不与争比的超凡气度，可以使他们不至于长期处于喋喋不休的压力之中，而是专心于工作和自己的兴趣。

　　善良应该是所有女性必备的情愫，而女性也是演绎善良的最佳人选。可是女人的结论和男人的稍有不同。女人觉得善良不光是自己身上最大的优点，也是自己身上最大的缺点。女人一旦过于善良，就会令自己闭上明辨是非的眼睛，从而深受欺骗。不过善良也使得女人远离了不必要的争斗和莫须有的贪婪，使女人变得快乐并且明媚。

　　伪善往往喋喋不休，而真善无需表白。面对恶意的伤害，表白是愚蠢的；面对无意的伤害，表白是多余的。海明威说得好，重要的是做人。智者知道何时沉默和如何沉默，一个心地善良的人即使不说一句话，我们也能闻见人性的芬芳。

　　女性很容易陷于枕边的爱情故事，对于情节紧张的部分，我们在阅读的同时，也会不自觉地皱紧眉头，攥紧手心。有时候，我们也会不自觉地融入到故事之中，随着女主角的喜怒哀乐来选择开始吃饭还是继续往下看。我们也永远是支持正义和同情无辜受害者的多情观众，当书中有慷慨激昂的部分在我们手中快速流动的时候，我们也会按捺不住心中澎湃的热情，站起来激动地挥舞拳头。而当我们手中的书一页一页慢慢翻过的时候，我们也会抑制不住感动的眼泪，任它沉重有力地浸染书面。这是一个细腻温婉的时刻，也是我们并不要求必须和别人分享的时刻。

我们也会关爱动物，像母亲倾注耐心守护我们一样。对待比人类弱小的动物时，我们也会付出许多令长辈都自叹不如的爱心。如果哪天你发现了一个驻足宠物市场的细小身影，那多半是个女孩子；如果哪天你又看到某个大雨瓢泼的深夜，还有人在街头呼唤自己的爱犬，那也多半是个女孩子。有人曾说："女性和毅力，就像两条永不交叉的平行线"，可是在毫不造作的善良的面前，女人常常能够表现出超乎想像的执著态度。

我们也不会主动与人结怨。但凡是伤害，都会产生痛苦，都会给别人的生活带来深刻的影响，这是我们不希望见到的事情。当有人心怀痛苦在我们面前流露无助的神情时，我们就会不自觉地想要帮助他，以减轻他的痛苦。

美国芝加哥的一家报纸曾在一个普通的感恩节前夕，向一位年轻的小学女教师约稿，希望得到一些家境贫寒的孩子的图画，图画的内容是这些孩子想要感谢的东西。于是孩子们高兴地在白纸上描画起来。女教师猜想这些贫民区的孩子们想要感谢的东西是很少的，可能大多数孩子会画上餐桌_卜的火鸡或冰激凌等美味食物。

可是，当一位名叫小道格拉斯的小朋友交上他的画时，女教师吃了一惊，因为他画的是一只大手。这会是谁的手呢？这个抽象的表现令老师迷惑不解，孩子们也纷纷猜测。一个说："这准是上帝的手。"另一个说："是农夫的手，因为农夫喂养了火鸡。"女教师走到小道格拉斯身旁，这是一个皮肤棕黑，又瘦又小，头发卷曲的男孩子。老师低头问他："能告诉我你画的是谁的手吗？""这是你的手，老师。"孩子小声答道。老师也终于回想起来，在放学以后，她常常拉着小道格拉斯黏糊糊的小手，送孩子们走一段。小道格拉斯家很穷，他的父亲常常酗酒，母亲身体多病，没有工作，小道格拉斯破旧的衣服总是脏兮兮的。虽然，老师也常拉别的孩子的手，可这只老师的手对小道格拉斯却有非凡的意义，所以这成了小道格拉斯要感谢的内容。

当我们意识到别人需要帮助的时候，最主要的还是需要我们进一步付出行动。女性似乎在这方面具有本能，并且颇具毅力和耐心，能够主动地为别人着想。对很多给予者来说，这种给予或许微不足道，可是它的作用却大于给予的本身。有人说："赠人玫瑰，手有余香"。当我们在享受左边朋友的付出时，我们也可以微笑着告诉右边的朋友："我可以给你帮助。"这正是女性的迷人之处。

赠送令人愉快的礼物

作家查里斯·沃纳曾写道，"一件礼品的意义不在于其价值的大小，而在于这件礼品是否恰如其分。"在日常生活中，我们往往要给朋友或亲人送上一件漂亮的礼物。当然，这并不是一件很困难的事，只要我们动动脑筋就能做好。然而，很多人却不管对方喜欢与否，就随意地买下，一送了事。

当你在挑选礼物时，不妨问一下自己，什么东西对对方是比较重要和有特别意义的。其实，你对对方情况的进一步了解和价值观的审视，本身就是一件极其珍贵的礼物。巴巴拉是一位医生。有一次，在做完一个手术，拖着疲惫的身体下班回家时，发现餐桌上的装饰物变了样。原来，这是她的两个儿子为了迎接妈妈下班而准备的礼物。巴巴拉看到后，心情一下子就变好了很多，也不觉得那么疲惫了。巴巴拉说，她有一个小本子，上面记着家人平时讲话时流露出来的对礼物的想法。所以，在她的家里经常能听到这样一种声音："妈妈，你怎么知道我想要的是这个？"

有时，你可能比对方更了解他真正需要的是什么东西。罗恩·梅斯曾对母亲给他买的高中毕业礼物很不满意并说道："什么？公共演讲教程！你知道我前些日子学习压力有多大吗？我想要一辆汽车。"现在，罗恩意识到了，那个公共演讲课程使他掌握了成为一名职业发言人所需要的很多技巧。

如果一件礼物中闪耀着的是你精心努力的成果，那它是任何昂贵的东西都无法比拟的。就像怀特拉·德尔那样，在她母亲 65 岁生日时，他将母亲的照片从一个个小盒子里取出，一张张地放进影集里，然后和她母亲一起，边看照片边回忆母亲过去的美好时光。

黛安·沃格尔在生日时收到了她的继女琼尼的一份非同寻常的礼物。当黛安和琼尼爸爸结婚时，琼尼已 14 岁。婚后，他们的家庭气氛一直不好。直到琼尼 20 多岁时，送给黛安一本书，书里有多种证明和卡片，如食品采购卡、洗熨证、床上早餐图等。"这都是一些她可以帮我做的小事，可在我们还不是母女关系时，她无法给我做这些，她想把那一段时间弥补上。"黛安这样解释道。

朋友之间需要礼物，那么夫妻之间呢？如果这是一个问答题，恐怕一半以上的妻子会回答："夫妻之间还送什么礼？那样是不是太客套了？"

其实，即便是夫妻之间，也少不了必要的客套。人不仅仅只靠物质生活，还必须有许多无形的东西给以支撑。若人与人之间见面不客气地道声"你好"、"你早"，就会倍感生疏；如过节不互相拜年就有"老死不相往来"的生分。家庭与家庭是这样，就是家庭小圈子内共同生活的夫妻俩，也需要些"礼"来调节生活，增进爱情。"礼"在夫妻生活中，实用性会大大降低，但它能体现尊重、热爱、关心之情。

丈夫的生日是送礼的最佳时间。倘若你忘记丈夫的生日，那会使丈夫感到不愉快。丈夫眼中的你应该比他的母亲更了解他。每到丈夫的生日除举行家宴庆贺一下外，你还可以送些"礼物"。这礼物多半是平日要用的东西，在这个时候送给丈夫，无形中使本来平常的东西，蒙上了"礼物"的色彩，如衣服、鞋帽、丈夫喜欢的饰物等。如果丈夫有其他爱好，就投其所爱，爱集邮的送上一本集邮册，爱花草的送上一盆好花，嗜好烟酒的也可以送上条好烟、一瓶名酒。此外再加上一些祝辞，丈夫会异常兴奋，更会从心底涌出无限的爱。

丈夫有了喜庆事不妨送礼物以表庆贺。从大处说，丈夫在学术科研及工作等方面取得成绩，这值得庆贺；从小处说，丈夫有了高兴事，甚至多得了奖金，也可以买些东西。这些东西名曰给丈夫，只不过把钱从右口袋挪到左口袋罢了。有这么一位善解人意的好妻子，丈夫会十分欣慰的。

除有名目的送"礼"外，对丈夫的一些行动予以褒奖，也可以送礼物。一位丈夫经过几番周折，终于戒烟成功，聪明的妻子买了一台半导体给丈夫，作为戒烟后的奖励，丈夫十分高兴。其实这些钱是家庭投资，而丈夫却会认为这是你对他发自内心的情感，"礼物"仅是一种点缀而已。

有的女性很聪明，时常给丈夫一个意外惊喜。比如下班时给他带回一枝上面写着"我爱你"的玫瑰花等。平时送上一点儿小礼物，其潜在的意思是："你对我非常重要。"

一件礼物可以是简单的，也可以是复杂的，但重要的不是礼物本身，而是它代表的特殊意义，是你用心良苦的选择，是你一片真挚的心意。

真诚赞美的艺术

莎士比亚曾经说过这样一句话："赞美是照在人心灵上的阳光。没有阳光，我们就不能生长。"心理学家威廉·詹姆斯也说过这样一句话："人性最深切的需求就是渴望别人的欣赏。"在人与人的交往中，适当地赞美对方会增强这种温暖而美好的感情。赞美具有一种不可思议的推动力量，对他人的真诚赞美，就像荒漠中的甘泉一样让人心灵滋润。

塞西莉亚想让母亲为她买一条裙子，但怕遭到母亲的拒绝，因为她已经有了一条裙子了。在这种情况下，母亲是不可能满足她的要求的。于是塞西莉亚采用了一种独特的方式，她没有像其他孩子那样苦苦哀求或耍赖，而是一本正经地对母亲说："妈妈，你是世界上最好、最漂亮的妈妈，你有没有见过一个孩子，她只有一条裙子?"这颇为天真的问话，一下子打动了母亲。事后，这位母亲谈起这事，说到了自己当时的感受："女儿的话让我觉得若不答应她的要求，简直对不起她，当时我想，哪怕在自己身上少花点儿，也不能太委屈了孩子。"

这是赞美所产生的直接效果。女儿通过赞美母亲，达到了自己的目的。通过上述事例，我们认识到，适时的赞美，可以让女人减少前进道路上的阻碍。

一提起赞美，可能有人马上就会把它与巴结讨好、阿谀奉承联系起来。尤其是对女性，如果她善于赞美，甚至可能招致流言蜚语。其实，赞美和阿谀奉承完全是两回事，赞美是为了协调人际关系，以表达自己对别人的尊重和欣赏，增进了解和友谊，更重要的是交上朋友好办事。

喜欢听好话受赞美是人的天性之一。对来自社会或他人的赞美，每个人都会感到自尊心和荣誉感得到满足。而当我们听到别人对自己的赞赏并感到愉悦和鼓舞时，不免会对说话者产生亲切感，从而使彼此之间的心理距离缩短。因此，对于他人的成绩与进步，要肯定、要赞扬、要鼓励。当别人有值得褒奖之处，你应毫不吝啬地给予赞许，以使得人们的交往变得和谐而温馨。

当然，仅仅赞美是不够的，你的赞美还必须是真诚的、实事求是的，而不是夸张的、虚伪的赞美。赞美实际是向对方表示一种肯定、理解、欣赏和羡慕，对方从我们的话中领会到的就是这些。如果赞美不当，就如隔靴搔痒，起不到什么作用。如果不是真心赞美或赞美过火，可能会让人反感，觉得我们是在拍马屁。实际上，那些喜欢别人过分夸奖的人，也未必适合作为你的朋友。只有当你真的发现了别人身上的某些优点时，你再把它直截了当地说出来。这种优点并不一定要惊天动地，一些细微处的赞赏可能更能感动别人。

赞美自古有之，但绝不同于吹嘘。吹嘘的东西往往不切实际，刻意夸大，而赞美则是有根有据，只要你能用"金无足赤，人无完人"的眼光，多看朋友长处，少找缺点，则会发现这个世界上值得你赞美的东西实在太多了。

要成就事业的女性，除了表现自己，让周围的人注意到你以外，也别忘了给身边的人鼓励与肯定。说到这里恐怕有人会说，妻子不会或顾不上赞美，而丈夫也没有可赞美之处，那怎样赞美呢？

这里有一个赞美加引导的艺术。倘若你不欣赏丈夫的某一点，可以加以引导。比如丈夫某次接待客人时表现得文雅而不粗俗，妻子可以大加赞美，这样丈夫往往喜欢迎合妻子的赞美，做出妻子欣赏的事来。如果赞美是出于真情实意，就能激发对方沉睡在心底的爱，夫妻之间就很少有厌倦感，这种依恋之情是夫妻的粘合剂，是总也不会乏味的情爱。赞美应该像光照在镜子上一样，必须要折射回来。妻子赞美丈夫是限制、激励其行为的方法，而让丈夫赞美的妻子，才能得到温情蜜意，才能唤醒心底的爱。

男性经过女性赞美后，将变得更具信心，更乐于付出。向男人请教，是提高男性尊严的好方法。男人喜欢扮演智者的角色，当你征询他们的意见时，他们觉得被需要、被尊重，也就乐于提供各种意见和建议。

26 岁的黛芙妮是保险经纪人，在向男同事请教的过程中，她发现自己获益匪浅。她觉得，女性柔弱的特质，在男性眼中绝对是优点，而且也是督促他们努力表现的最佳原因。对于男性，要让他们得到足够的敬重。懂得这些道理的女性，相信即便身处被男人包围、竞争激烈的职场上，也能如鱼得水，打出一片大好河山，成就一番大事业。

赞美人最要不得的是只当着甲的面来恭维和赞美甲，他可能不吃这一套。假如你当着大家的面来赞美他，为他做一次义务宣传，他一定很高兴，只要你说得不过火，大家也不会觉得你是有意吹捧的。最好的方式是在背后赞美他。一传十，十传百，总有一天会传到他耳朵里，他会不由得感激你。作为一种情感上的回报，时机一到，他也会反过来赞美你，并不会忘记正是你使他美名远扬。在背后称扬他人是一种至高的手段，在各种恭维的方法中，要算是最能使当事人高兴、最有效果的了。德国的铁血宰相俾斯麦，为了拉拢一个敌视他的属下，有计划地在别人面前赞扬这个属下。他所说的话最后传到那个敌视他的属下的耳朵里，后来两人成为无话不说的政治盟友。背后赞美别人的确是一种巧妙的驭人术。在背后赞美人，会使人感到更真实，如果传话的人再夸张点儿，那就更悦人，更能产生奇效。

我们赞美别人，就是明白地告诉他（她），我们认同你、欣赏你。你有值得他人赞美的美好一面。一句赞美的话，会使对方拥有信心、勇气和爱心，一种美好的品德可能会由于赞美破土而出，一种深藏的恶意可能会因为得到其他鼓励而胎死腹中。因此，我们不应该吝惜对别人真善美的感动，不应该吝惜将它说出来。

一声赞美或许微不足道，但会使生活美丽无比。赞美，就是生活里一朵温馨的小花，开出赏心悦目的风景。生活会因为赞美，花开不败。

拒绝时要迅速、有礼

　　生活在这个社会上，我们不可避免地会遇到亲友真诚地向自己诉说的难处，请求帮助。人们求助别人办某件事并非是盲目的，往往是经过周密的分析，认为你有可能办成才开口的。假如你确如朋友分析的那样有"手到擒来"的本事，亲友会觉自己分析得不错。假如你的能力并不像朋友所估计的那样（而这一点你比谁都清楚），你怎么办？是硬着头皮接下来？

　　当然，这样也许当时不会伤了你们之间的和气，然而却是后患无穷。一旦事情办不成，你的朋友也错过了另求别人的时间和机会。因为你不好意思拒绝，而把一件别人可能办成的事情给耽误了，那朋友们会对你作何感想呢？如果当时你能直言相告或婉言拒绝，使他知道你在办这件事上的种种不便和种种不利，以及成功的可能多么小，虽然你的朋友对你的诚意产生怀疑，但当他们了解到实际情况之后，不但会理解你的处境，还会对你的坦率表示敬意，相比之下，你又会失去什么呢？

　　很多人在想要拒绝对方的时候，会产生一种"不好意思"的心理，这种心理阻碍了人们把拒绝的话说出口。由于这种矛盾的心情，态度上就不那么热心，说话吞吞吐吐，欲说又止欲藏又露。在这种心理的制约下，最终往往是依照对方的意图行事。即使拒绝对方，其态度也容易使对方产生误解，认为你成心拿架子，不够朋友。因此，要想使自己在工作和社会交往中，不至惹出许多麻烦，首先要克服这种"不好意思"的心理障碍。

　　研究拒绝艺术的专家强调，要建立这样一种意识："你有权力说'不'，你不必因为拒绝了别人而感到不好意思。"这样，你在拒绝时就会心情坦然、举止大方、态度明朗，避免被误解和猜疑。即使对方开始会对你的拒绝产生一点儿失望和遗憾，但由于你的态度表情向对方表明你是坦诚的，使对方受到感染，容易弱化对方心中的不快。如果你自己都觉得拒绝不应该，心里发虚，那么你的态度表情就会迟疑不决，对方也会觉得你拒绝的理由是不可信的。

　　在时装店，你在挑选一件裙子，样式和做工都令人满意，但在价钱上你却觉得不够理想，但看到售货员的热情服务，使你不好意思不买它。售货员就是利用你的这种心理，越是看到你在犹豫，就服务得越热情越周到，帮你量好尺寸、试大小，甚至动手包装好，放进你的购物袋里，造成既成事实。

初次交男朋友，你也许会感到左右为难，因为他的长相实在让人爱不起来。但是，由于是你的上司介绍的，或者是上司的儿子，使你在拒绝上产生了犹豫。虽然每次会面都使你感到不舒服、不愉快，恨不得马上逃得远远的，但你一想到小伙子的身份，上司的威严，你就不得不仔细斟酌。小伙子却对你一见倾心，脉脉含情，你的上司也觉得好事可成。随着时间的推移，你一再丧失拒绝的机会，勉强自己，这样成就的婚姻是不会幸福的。

不知生活中有多少人因为不好意思说出那个"不"字，而买了不称心的裙子，嫁给了自己不喜欢的男人，答应了自己办不到的事情。

那么，遇到应该表示拒绝的时候，怎样才能不伤朋友的面子呢？

有经验的人们告诫我们，坦诚直率地表明态度，只是拒绝的开始而不是结束。如果要使对方不积怨，仅仅说出"不"字还远远不够。在可能的情况下，要尽量申明拒绝的理由：因为自己力不胜任，现在没有时间，有某种为难之处等等。

当然，对方求助于你，事前多半思考过你有应允和不应允两种回应，而应允的可能性较大，才来求你。因此，你只有说明你不能应允的理由，才能改变他们的心理定势，对你的拒绝表示谅解。在你申明理由时，可信度越高越好，千万不要随意编造虚假的理由。因为这里潜伏着一种危险：一旦对方发觉你在撒谎，认为你不够朋友，你们之间的友谊马上就会结束，甚至招致积怨难消。

拒绝别人时，要坦诚明朗，不要优柔寡断。当然，这并不是主张在任何情况下，对任何人都直来直去地说出这个"不"字。对于那些自尊心较强、反应敏感、或是"脸皮薄"的人来说，只婉转地表述拒绝的理由，而不说出拒绝的话会更好一些。因为对方会从你的话音中体察到你拒绝的意图，做出相应的反应来。这种拒而不言不、不言推的方式，可以避免对方感到下不来台，丢面子，避免破坏交往的友好气氛。

比如，当别人在你正要出门时来访，你在表示欢迎的同时可以说一句：

"你来得真巧，稍晚一会儿定会扑空！"这等于暗示对方，你马上要出门办事。如果对方是知趣的人，便会简短地说明来意后很快告辞，或者另约时间再访。这比由你发出明确的"逐客令"要好得多。需要注意的是，你的暗示必须含义清楚，使对方易于觉察。

当对方确有为难之事求助于你，你又无力承担或不想插手时，你可以用为对方寻找其他出路的方法，来弱化可能产生的不愉快。比如，"这件事我实在没有时间帮你去办了，你不妨去找某某试试。""这份资料我这几天还要用，不过图书馆里还有一份没借出去，你赶快去还可以借到。"因为对方有了其他出路，就会对你的拒绝不在意了。

但是，我们不要轻易地拒绝别人。每个人一生中都有许多需要别人帮助的事情，也常常会无意识地打扰对方。你求助别人的时候，还会很多的。

另外，在你拒绝对方的求助之后，不要以为这件事已经到此结束了。许多善于交往的人常常会事后问对方他那件事办理得怎样了，以示关心，顺便再次表示歉意。

要说出表示拒绝的话。的确不是一件容易的事，尤其是面对老朋友。但是，为了你的声誉，为了你的利益，为了彼此都能正常地生活，为了大家都不至于误解和猜疑，有话还是明说好，有一说一，有二说二，不要打肿脸充胖子，因为那样做后果不知会变成什么样。

学会拒绝别人就像学会向别人倾诉一样，给你带来的益处，就是你能坦坦然然地做人，愉愉快快地生活。

让友情帮助你

友情，是人际间最宝贵的关系，女性之间的友情尤为如此。"人群是一位女人"，女人的合群性，使得她们比男性有更强的亲和需求。女性间的友情，是软化社会的清香剂，使生活更富有魅力，使女人变得更加美丽。

在男性眼中，女人们在各自的生活中千差万别，却能够长久地互相信赖，见了面便没完没了地倾诉，那么亲密又那么随意，简直是件不可思议的事情。这是因为女性容易交心。女性在友情中，强调自我表露，倾向于情感

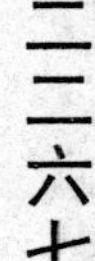

上的分享。所以较之男性，女性更非功利化，更接近于自然。女友间的推心置腹，坦诚相见，互相给予感情上的安慰和爱抚，彼此分担忧虑与烦恼。

女性之间喜欢打电话。身为职业女性，既要招架社会，又要招架家庭，个中的酸甜苦辣，只有同性才能完全体味。于是，我们会隔三差五便拨通电话，絮絮而语，一吐为快。有人说，女人在电话中有本事说上几个钟头，电话筒没有受热融化是个奇迹。女性也喜欢结伴逛街、购物，共同品评一件衣服，互相参谋一双鞋子，在女性特有的乐趣中闲话各自的生活。或者忙中偷闲，在公园、咖啡厅以及快餐店里约会，倾吐她们的隐秘、失意和得意。

一次会面畅谈后，精神上便获得一种满足感和充实感。因为这种女性间的情感交流，实际上是对自己生活的一种调整和补充——调整心理的平衡，消除压力和紧张感，补充养分与活力。依心理学家分析，友情的建立始自人际的吸引，并随着相互吸引力的增强而逐渐深化。

女人最了解女人。女性特有的善良与同情，女性的坦诚与真实，女性历尽沧桑后的成熟、大度与雍容……我们身边有如此众多美丽的、优秀的、充满魅力的女性，令女人目不暇接，令女人自己相见恨晚。

听过一位朋友描述，她所供职的一家杂志社，女性居多，平时不坐班，每逢上班日，楼道走廊里便笑语盈盈，暗香浮动，女性间互道亲切，一身新装束，一个新发型，都会引来真挚的感叹。一天紧张的工作，就这样在温馨的氛围中开始了。

到了婚恋时期女人自会消失一阵子。这时的女人被爱情包围着，沉湎于二人世界，全身心地操持着自己的爱，很难"分心"兼顾朋友，因为女人爱得太深、太纯粹，也太投入，这是可以理解的。但是，一旦生活出现变故，朋友们就会重新出现在你面前。

"上午11：00，我和丈夫办理了离婚手续。下午5：00，我坐在空荡荡的房间里哭泣，心情难过到极点。晚上7：00，我开始翻电话簿，多么希望身边有好友的陪伴安慰。

晚上8：00，没有约到朋友，安妮在给新男友庆祝生日，可是她是什么时候交的新男友呢？艾瑟儿在加班，她升职了，却没有告诉我。尤妮丝怀孕6个月了，老公不放心她晚上单独出门。天啊，朋友们的生活发生了如此之多的变化，我却一无所知。

晚上 11：00，我接到妈妈打来的电话，女儿病了，需要送医院。平时都是老公开车带我出门，今晚，我却只能独自在冷清的街头等待出租车。我觉得自己非常孤独无助，我又给尤妮丝打了电话，在电话里我泣不成声。

午夜 12：00，安妮、艾瑟儿、尤妮丝和她的丈夫，我所有的朋友都在医院陪伴我。安妮帮我联系医生，艾瑟儿跑去交费，尤妮丝的手一直紧紧地抓着我冰凉的手。有朋友的感觉真好，原来我并不孤独。

凌晨 2：00，女儿输完液沉沉睡去，朋友们依然不肯离去，她们拉着我一起去吃宵夜，望着她们关怀备至的眼神，我知道自己从来没有被朋友遗忘过。反而是我，有了自己的家庭和孩子以后，越来越疏远了朋友。"

这是 32 岁的伊芙琳一天的日记，描述了在她的生活出现变故以后，友情失而复得的情景。虽然这样的变故不是人人必经，但这样的特别感受却是你也曾有过的。在拥有了爱人和孩子以后，你的心灵被幸福溢满，似乎没有了朋友的位置。也许在过了很久以后，才发现当初与闺中好友的默契和亲热已经荡然无存。所以当你每每抱怨朋友离你越来越远的时候，低头看看自己的脚步，是不是早已偏离了你们最初的友情轨迹。

如果你现在正在为失去的友情追悔莫及，下面的几个小技巧，将让你重新体会来自朋友的温暖！

不必等到节日，今天就去挑选一张温馨的问候卡，亲笔写上问候的话语，寄给久未联系的好朋友，告诉她你很想念她。也可以给久未见面的朋友发去一张你的近期照片，告诉她你剪了个新发型，减肥成功了，眼角发现了一条小皱纹。虽然只是生活细节，却让她有亲切如初的感受。

在给朋友的信里，不要一味讲述你的遭遇，也要真诚地问候她的生活，回忆你们在一起的有趣细节，让她感到你从未忘记过她，在真心地惦念她。尽可能回忆一下有关她的情况，如果她的父母身体不好，你"顺便"的问候会令她感动；如果她工作不顺，你尽可能少提及自己在事业上的春风得意，体贴的友谊是谁也无法拒绝的。

也许你的朋友曾经在你这里寄存了一些物品，哪怕她已经忘记了，或者是因为你搬家才翻出来的，你也要仔细询问她是否需要继续保存，让她感到你对她的重视。

　　整理你的电话簿，把好朋友的电话和客户电话分开，如果有不能确定的电话，要及时问清楚。即使再忙，也要隔段时间给朋友打个电话问候。接到朋友打来的电话，无论多忙也要注意说话的语气态度，你可以说："我也正想找你，但我现在很忙，忙完后我会立刻给你打电话。"

　　你刚从他人处得知的一些老朋友消息，也是你和她恢复联系的好借口。她的生日、她孩子的生日或各种节日，都是你与她恢复联系的好日子。如果她也做了母亲，你可以装作向她请教一些育儿问题与她联系，并"顺便"告诉她孩子让你忙得团团转，相信她就会对你的疏于联系给予谅解。

　　更多地了解朋友，如果她喜欢看书，把你正在看的好书推荐给她；如果她喜欢音乐，送她最想收藏的 CD；如果她喜欢摄影，和她一起去你刚发现的新景区。这些都不用花费你太多的心思和精力，却可以给她深深的感动。如果你逛街时看到朋友非常喜欢的小物品或适合穿着的衣服，不妨大方地买下来送给她，东西有价而情义无价嘛！

　　如果你准备去见老朋友，不妨把钱包里和老公的合影换成你和她的合影，一个小心思就可令她开心很久。下次你去医院进行妇科检查时，不妨提醒她同去，这样细心周到的关怀是只有女性朋友间才有的。孩子是母亲眼中的宝贝，赞美她的孩子，给她的孩子买礼物，都是促进你们关系的润滑剂。

　　如果知道她遇到了困难，即使她没有告诉你，也要主动打电话问候；如果她不想让你知道，你可以不提此事，但来自朋友的问候总可以温暖她的心。即使是交情很好的老朋友，如果她帮了你的忙，你也要真诚地表达你的谢意；如果你不小心说错话伤害了她，一定要及时表示你的歉意。坦诚相对是维系友谊的根本。

第五章　心底光芒灿烂的气质

保持身姿端正

对于女人来说，比美貌更重要的是体态。体态不仅仅是气质的外在表现和依托，也影响着气质。不雅的体态，会磨灭一个人的气质；优雅的体态则可以与丰富的内涵相得益彰，凸现气质。优雅的体态充分显示一个人的教养，同时也是她充满自信的完美表达。美好的体态，会使你看起来富有活力，还能决定你的着装效果。有些女孩面貌虽然普通，却因为有优美的体态而楚楚动人。

优雅端庄的坐姿能体现一个人的静态美感。优美的坐姿，从入座的动作开始。气质女人入座时动作轻缓，一般会从椅子的左边入座，同样，起立时也会从椅子左边起立。落座后，应该尽量坐端正，不要弯腰驼背。也不可前贴桌边后靠椅背。上半身应与桌椅保持一拳左右的距离。当然，姿态不能太僵硬，要自然一些。

保持身姿端正

坐姿的关键在于双腿与双脚的摆法。两腿应当自然弯曲、并拢，两脚平行。也可以两腿并拢斜放一侧，前后稍稍分开，即若两腿斜向左边，则右脚放在左脚之后；若两腿斜向右方，则左腿放置右腿之后。这样坐可以使双腿看上去修长一些，也显得颇为娴雅，是穿短裙时的最佳坐姿。但切勿将双腿交叉伸向前，或一前一后呈内八字状。双手应掌心向下相叠或两手相握，放于身体的一边或膝盖之上，如果你坐的是沙发，可以将手轻轻搭放在沙发扶手上。

与人交谈时，应将身体微微转向对方，眼睛自然平视说话者，要显得落落大方。左顾右盼或低头看自己的脚尖，是没有礼貌、拘谨和缺乏风度的表现。

"当你舒服地坐着的时候，不要降低你的身份。"有气质的女人，绝不会为了舒服而采取这样的坐姿：两腿叉开，腿在地上抖，脚翘得很高。无论在什么场合，她们都不会这么做。只有在椅子太高时，你才可以翘腿而坐。其翘法是将左腿微向右倾，右大腿放在左大腿上，两小腿相靠，脚尖朝向地面，切忌右脚尖朝天。人坐在椅子上可以不时地变换一些姿态。但不管如何变，都要端坐，挺直，头、上体与四肢协调配合。

典雅的站姿能衬托出美好的气质和风度。正确的站立姿势应该是身体自然直立，重心落在双足的后部。双肩稍向后放平，两臂自然下垂置于身体两侧。

脊柱是构成女性形体曲线美的根本。因此要做到站立时下腹微收，胸脯挺起，只有这样，女性特有的曲线美才会显露无遗。同时，还要注意收腹收臀，提气拎腰，使身体的重心尽量向上拔高。重心向上显得精神饱满，风姿绰约；重心偏低会显得衰老和懒散，无精打采。倘若你想使自己的站姿更柔美妩媚一些，可以采取这样的站姿：身体微侧，前脚脚尖向前，后脚与前脚成45度，面部朝向正前方，挺胸直腰，双手自然下垂，腹和臀部尽量向内收缩。这样的站姿既显得体态修长、苗条，又能使你看起来精神饱满。

不正确的站姿不但损害女性的仪态美，而且对健康产生不良影响。女性如果站立时低头含胸，天长日久会造成重心偏后，产生探颈、扣肩、驼背、臀部肌肉下坠、膝盖突出以及两腿过粗等现象。职业女性经常要穿着高跟鞋工作，一天之中难免会有疲惫的时候，这时不要随意倚靠在墙上或其他什么地方，这会使你的仪态大打折扣。你可以一腿支撑，一腿稍稍弯曲，双腿交替变换站立姿势，但上身始终要保持挺直。

优美的走路姿态，给人一种风姿绰约、婀娜多姿的感觉。有些女性，不太重视走路姿势，形成了不正确的行姿，结果毫无风姿可言。女性正确的行姿是：抬头，挺胸，收紧腹部，直腰；腰部以上至肩部应尽量减少动作，保持平稳；肩膀往后靠，手要自然地放在两边，轻轻地摆动；两腿迈步要自然、飘逸、轻盈、匀称，落地时脚跟先着地。腰胯配合着轻微的扭动是完成柔美行姿的点睛之处，否则整个行姿就会显得十分僵硬，缺少女人味。

女性行姿是否富有神韵之美，还取决于步位和步幅。如果步位和步幅不合标准，那么全身摆动的姿态就失去了协调的节奏。步位是走路时脚踏地的落点，走路时最好的步位是两只脚所踩的是同一条直线，而不是两条平行线。迈八字步会让你的步态神韵荡然无存。

步幅是指行进时前后两脚之间的距离。标准的步幅是，前脚迈出一步落地时，脚跟离后脚尖恰好是一只脚的长度。当然，视不同的情况而有所不同。身材修长的女子，步幅自然大些；身材玲珑的女子，步幅相对就小些。同时，女性的步幅大小也受制于穿着。穿长裙、一步裙时，宜迈碎步，以显端庄，切不可大步流星；穿牛仔裤、休闲裤时，步幅可以适当大一些，从而显得青春活泼。不过，最大步幅最好不要超过标准步幅的三分之二。

在日常生活中，女性在做一些常见动作时也应该保持体态优美。搭乘轿车时的体态是气质女人最应该重视的。一些着装得体、温文娴雅的女子，却常常在这一点上犯错误。她们或者一只脚先踏入车内，或者低头钻进车内，弯腰翘臀，然后双脚轮流跨入，如同爬行，下车也是先探头后钻出车，这些不雅的体态破坏了她们在别人心中的美好形象。优雅的上车姿势应该是先侧着身体让臀部坐在位子上，再将双腿一起收进车里，然后双膝并拢。下车时，应将双腿先行移出，再侧身出来。

在拾捡掉落地上的东西或取放低处物品时，有气质的女人不会为了省事，站得直直的，只弯下腰，臀部向后撅起。她会走近物品，然后弯下膝盖，单腿下蹲，臀部向下，上身保持直线，这样就典雅优美了。气质女人会用双手接物，五指并拢，两臂适当内合，自然将手伸出。递物时她懂得一只手拿着物品是对他人的不尊重，因此会用双手将物品拿在胸前递出，物的尖端从不指向对方。上楼梯时，气质女人会保持身体挺直，眼睛平视正前方，绝不会低头看楼梯。而且，她落脚会很轻，重心一般位于前面一只脚的前部，以保持身体的平衡。

　　不论是对坐姿、站姿、行姿，还是其他体态的要求，似乎有些琐碎，但正是由于平时对每一个细微之处着力训练，才逐步养成了动人心弦、仪态万千的迷人举止。

能做常规致辞

　　在这个社交日益频繁的时代，致辞的机会也越来越多。同学会、同业联谊会、校友会，接风洗尘、送旧迎新等等，在这些联欢、宴会场合，每一个人都可能被邀请致辞。然而，不少女性似乎都将致辞视为畏途，有人慨然叹道："如不要听我演说，集会将是多么快乐。"其实致辞是一个让周围的人认识我们自己的好机会。人们之所以会逃避致辞，是因为不少人不明了致辞的意义，或是缺乏表达能力。

　　在集会中邀请人致辞的目的在于增添集会的热烈气氛，使参加者彼此相互认识、了解，以建立良好的人际关系。因此，当有人请你致辞时，不要过分拘谨、严肃，只要以自然、冷静的态度，即可完成从容的致辞。

　　恰当的致辞话题应是适合集会性质、与出席者切身相关的或是当场发生的或与之有关的事情，应避免毫无价值的自我标榜和吹嘘、对特定对象的批评或攻击、迫使参加者挺身驳辩的话题、可能引起大家讨论的话题、可能造成不愉快的话题。

　　人们并不是为了听演讲来参加集会，而是因为要参加集会才听演讲。致辞仅是集会中的附带项目，以此来烘托热烈气氛，使集会更充实而有意义。因此，切忌长篇大论，只要每人说几句话，表示自己也是参加的一分子，达到同欢共乐的目的就可以了。时间一般控制在 3 至 5 分钟，大型国际活动和一些特殊情况下的致辞时间可视具体情况而定。但越是简短的话越是难以措辞，所以要想说得言简意赅，精彩绝伦，触景生情，妙趣横生，必须经过一番准备，才能在三言两语中完整地表达出自己的意念。

　　陈旧刻板的内容不适合大家欢聚的场合，致辞应竭力避免重复别人说过的内容，雷同是致辞的大忌。致辞应有新意，要想别人未想，敢说别人未曾说过的话，摒弃陈词滥调和八股文，给人以身心为之一振的清新感。在这里适当地引用名人名言不失为一种简便的方法。

致辞重在祝贺、勉励、欢迎，因此，要多说喜庆的话以起到鼓舞人心的作用。即使在丧葬仪式上的致辞也要鼓励与会者学习死者的某种精神，化悲痛为力量，以实际行动来纪念已故之人。在致辞中切忌谈及人们的过失和不幸，也要避开引发人们对缺点、遗憾的联想的话语。这样，才能与氛围相协调，与交际目的和交际情景相一致。致辞虽然不必太严肃，但是也不可流于嬉笑诨骂。纵使话题必须引人快乐，但是，也要有分寸，不要成为轻浮的杂谈，否则将给听者留下空洞的印象，过耳即忘。因此诙谐而不失庄重的致辞方属上乘。

例如，1948 年，美国电影明星珍惠曼因在影片《心声泪影》中成功扮演了一个聋哑人而获奥斯卡最佳女演员奖。在颁奖仪式上，她的致辞上有一句话："我因一句话没说而得奖，我该再一次闭嘴了，谢谢!"话音刚落，全场响起热烈的掌声。

在说话的开端，如能引起听众的兴趣，则此兴趣可以延续到末尾。不能吸引听众，就无法掌握他们的心理。然而若结尾松散无力，此番致辞最终也不能产生好的效果。因此，要真正做到"虎头熊腰豹尾"必须花一番力气。可以首先叙述结论及大要，也可以利用现场所发现的事物、生活中的新鲜材料、不同凡响或标新立异的话题、当天发生有趣的新闻、谚语、格言、名句作开场白。结尾时最好综述内容大要或反复提出要点，或引用诗词和圣贤名言，或表明志愿和希望。

在不同场合针对不同对象的致辞，既要体现致辞语言的共性，还应当有自己鲜明的个性。

宾客莅临和离去，学生入校和毕业，单位增添新成员和某人因工作需要调离，照例要集会，进行欢迎和送别仪式。一般性欢迎辞的主要内容有：对欢迎对象表示诚挚的问候，盛情的接纳之意；表达增添新成员的喜悦与日后团结共事的愿望；客观评价欢迎对象的特长并表示赞赏；简单介绍本单位的情况；希望来者在新天地里施展才干，做出成绩。欢送时，则应充分与肯定被送者的成绩和优点，勉励被送者继续进步，表达依依不舍的心情。无论是欢迎辞还是送别辞均应热情、诚挚，以互相勉励为主。

在喜庆宴会、授奖大会、欢迎及送别会上，在致辞以后，一般应由当事人致答谢辞，以示对组织的关怀、支持和对同志、朋友的友谊和帮助的感谢，这就是答谢辞。答谢辞的内容主要应包括：叙说对方对自己的关心、支持、帮助的具体（或概括）的事实以及产生的效果，热情赞颂对方的可贵精神并加以致谢，简单说明自己的打算和决心。答谢辞的语言要求感情真挚、实事求是，切忌说套话，或言不由衷的话。

祝酒辞，是表示祝酒者的美好愿望和真挚的情，适用于寿宴、聚会、宴请、庆典等。祝酒辞要求简短、凝练、有趣，表达对过去的美好回忆和未来的向往。注意避免消极、颓废和庸俗的情调。

新婚致辞。新婚致辞可突出姻缘之美满，并祝愿新婚夫妇相亲相爱，白头偕老。语言应幽默风趣，以增添欢乐气氛。

联谊致辞，联谊活动的目的在于融洽感情，增进友谊。在致辞时主客双方要分别为客人的莅临与主人的热情表示荣幸或感谢；同时双方都应畅述友谊，展望未来更密切地合作，祝贺联谊活动圆满成功、与会者健康快乐。联谊致辞要有鼓动性，语言或庄或谐，以"雅俗共赏"为佳。

无论在什么主题的礼仪活动上的致辞，都必须热情、欢乐、言辞恳切、感情真挚，充分表达自己的美好祝愿或关切之情。同时，致辞内容要有针对性，应根据活动宗旨、活动要求，表明自己的态度和观点立场。总而言之，任何性质的致辞都必须有感而发，诚恳的态度在这里起着很重要的作用。

有品格的说话方式

作为女性，我们中的许多人从小姑娘时起就学习用一种讨人喜欢的，不自以为是的口气说话。善良的家长和大人们总是教导我们不可出言不逊。所以"对不起"成了我们的口头禅。我们的教养使我们养成了暗示和拐弯抹角的习惯，从不直截了当地要求我们所要的。

然而教养并不就是命运本身。被人忽视的滋味不好受，不过并不是没有办法让别人重视你的话。口才训练专家山姆·齐瓦特认为，女人应该学会用一种明确的方式说话："我知道我说的是什么，你们也能听到我的话。这对我来说很重要。"

　　45 岁的蓓蒂·奥利弗记得有一段时间她拿起电话时用的是一种口型和声音都很小的"喂?"简直就像耳语一样，仿佛在说："瞧，我是个可怜的微不足道的老家伙，我乏味得很。"

　　但是当奥利弗决定在离开职场 20 年之后重新开始工作时，她不得不要求自己用一种提高了的声音和充满自信的语气说话。现在，她接电话时用的是充满活力的"早安，我是奥利弗。"

　　谈话时除了声调低和有气无力以外，女人们经常提高嗓门以强调她们的观点。但这种幼稚的口气给人的感觉是被动和无把握的。为了使声音变得抑扬顿挫同时减少过高的语调，齐瓦特建议模仿那些说话掷地有声的名女人。"我们都是很好的模仿者，只是自己不知道罢了。"另一种使你的谈话显得有力的办法是避免使用"上扬式"的句子，即避免提高最后一个音节的倾向，因为那使你的话听起来更像问句。你本来的意思也许是"您说是吧?"可传达过去的信息却是"我是不是这个意思连我自己也不知道。"

　　黛安娜·布赫在她的著作中讲述了这样一个故事。一位行政助理表现欠佳，她的女老板决定再给她一次机会，于是给她分配了一个新的任务。老板在谈话时没有使用批评的口吻，而是告诉她把她分配去做另外的工作是为了更好地发挥她的长处。可是老板的话讲得太过动听了，最后竟使这位助理产生了飘飘欲仙的感觉，她竟试图借此向老板提出加薪的要求!

　　为了避免伤害别人的感情，你可能把你的意思表达得过于委婉，因而使对方误解，甚至根本充耳不闻。劳拉·波曼·福特冈，前女演员，现在纽约经营一所交际技巧培训学校。她举了一个非常简单的例子，"也许这多多少少是个好办法吧?"这句话中把肯定的意思丢掉了。"你必须先有一个自己的愿望或观点，然后把它直截了当地说出来。"劳拉再次重申了直接表达的重要性。

　　有些女性的问题在于说起话来滔滔不绝，离题万里。36 岁的达娜·扬在德克萨斯州的考利维耶开了一家小店。她记得有一次一位顾客在电话里对她说："我简直不相信我离开您的商店以前竟然没有检查我的包，回到家以后我才发现我买的是大号内裤，可我要的是中号。而我最近又不打算到商店附

近那一带去，所以能不能……"

这位顾客真正的意思是想让达娜·扬到她家去一趟，把中号的内裤换给她。但在说出这个请求之前，却啰嗦了一大堆容易招人反感的话。

我的建议是把话说得短而中听。女性讲话时喜欢罗列修饰成分，比如"如此"，"非常"，"那么"以及好多形容词和副词，实际上抽去这些东西以后的句子也完全能够表达所要说的意思。

你可以在打电话这类不需暴露姓名且没有危险的情境中试验自己新的形象。接下来，你可以把改进了的语言和风格的实例综合运用到面对面的谈话对象——比如售货员或侍者——身上。最后，在家人和朋友中试一试你的技巧。你可能觉得自己有些盛气凌人。但实际上这根本不会引起不同寻常的反应。即使人们注意到了你身上的某些变化，他们问的也多半会是这样的问题：你在你的头发上试验了什么新花样？

倾听就是对男人的恭维

多年前，事业飞速发展的比尔·琼斯从芝加哥的楼顶上跳了下来。因为他的经营陷入了危机，所有银行的支票都不能如愿兑现，债权人又不断地上门讨债，这让比尔感到十分忧虑和恐惧。还有就是，他认为自己的妻子承受不了这些灾难，因为她一直都为他而感到骄傲，毫无疑问，这些事情会让她从幸福的巅峰掉进痛苦的深渊。他实在没有勇气对太太说这些事。

双重的压力使比尔走上自己的仓库屋顶。几乎没有任何迟疑，他就跳了下去。按照常理，他根本没有活的可能，他是从五层楼跳下去的，把一楼窗户上的遮阳蓬撞了个大洞，然后摔在人行道上。但是，发生了令人难以想像的奇迹，他全身上下只有大拇指的指甲受了伤。更好笑的是，他无须去医院只需赔偿被他撞破的遮阳蓬。

当他发现自己还没死时，激动极了，觉得所有的烦恼都不重要了。几分钟以前，他还觉得人生走到了尽头，生命已经是毫无用处的垃圾了呢。比尔连忙赶回家把整件事告诉了妻子。他太太只是为他从未说过他的这些麻烦而慌乱，很快地，她就平静地开始考虑如何解决问题。比尔·琼斯在妻子的影响下第一次停止了忧虑的思考，从而作出了正确的决定。

现在，比尔·琼斯不仅还上了所有的欠款，自己的事业也发展得十分顺利。最让他高兴的是，他知道了要与太太同甘共苦。但跳楼时的比尔·琼斯却不知道妻子一定会和他共度难关，差一点丧了命。

比尔·琼斯的事例证明，如果丈夫对自己的妻子不够信任，那么，不是妻子的错误。一些男人认为，他不应该把事业上的麻烦带给妻子，这个看法是不对的。这就像从前的比尔·琼斯一样，他们希望让妻子过上丰富的物质生活，想成为事业成功的大男人。如果他的事业受挫，他们不希望自己的妻子知道，害怕她们承受不了这个打击。他们不愿承认自己已经面临失败。他们从来没有意识到，无论出现什么样的状况，他们都应该和妻子共同面对这些问题。

不过，我们也经常看到另外一种情形。一些丈夫很想把自己面临的烦恼说给妻子听，但妻子却对此不感兴趣，或者完全不知道如何去排解丈夫的苦闷。

有一家公司曾对员工的太太做过一项调查，调查报告刊登在《福星》杂志上，报告里引用了一位心理学家的话："让丈夫尽情地倾诉他在工作之中不能宣泄的苦恼是妻子应该做的很重要的事情。"如此尽职的妻子将被赋予"镇静剂"、"共鸣器"、"加油站"等荣誉称号。

同时，这项调查也指出，男人们需要的不是劝告，而是妻子积极地、有技巧地倾听他们的倾诉。所有在外面工作过的女性都应该知道，无论一天的工作是好还是不好，如果家中的男人能和她好好谈谈是很幸福的。办公室里通常没有可以发表意见的机会。即使我们遇上了十分令人开心的事，也不能在那里高兴地唱歌；如果我们面临一堆让人心烦的事，也不能向同事倾诉，他们的麻烦也很多。所以，当我们回到家里时，就需要大声地把白天的烦恼发泄出来。

这样的场面经常会出现在生活中：比尔匆匆忙忙地回到家中，连一口气都顾不上喘就兴奋地向妻子说："亲爱的，你知道吗？今天是个值得庆祝的日子！董事会叫我过去汇报我做的那份区域报告，而且要我提出自己的见解，还有……"

写给女人的忠告

梅贝显然想着别的事情，她淡淡地说："是吗？挺好的。亲爱的，你想吃酱肉吗？今天早上修火炉的人说得更换一些地方。吃完了以后，你去检查一下吧。"

"亲爱的，没问题。刚才我说，我终于让董事会注意到我了，他们让我对董事会说出自己的建议。说真的，我真的有些紧张，都有些发抖了，不过情况很好，甚至连董事长都十分赞赏我，他觉得……"

梅贝打断他的话，说："比尔，我认为他们完全不了解你，也不重视你。托尼的老师想约你谈一下，这学期，托尼的成绩实在太差了，如果他能用点心的话，完全可以学得更好的。我对儿子真是一点办法都没有了。"

这时，比尔终于明白，自己已经在这场争夺发言主动权的战争中输得一塌糊涂了。他唯一能做的就是把他事业上的得意和酱牛肉一起咽到肚子里，然后把火炉的事弄好，还要解决托尼的成绩差的问题。

难道梅贝就是自私，只想别人倾听她的问题吗？当然不是，她只是没分清场合而已。这对夫妻都需要别人听自己倾诉，比尔急于把自己的兴奋告诉妻子，只要妻子能听完比尔在董事会里所受到的重视之后，她就可以说炉子和儿子的问题了，这时，比尔也会十分愿意听妻子的倾诉的。

一名善于倾听的妻子能带给丈夫最大的安慰。可以想一下，一个温柔自然的女性正在认真地听别人的倾诉，而她所提出的问题，又说明她已经听懂对方所说的每句话，她当然最受欢迎啦。无论男人还是女人，都会喜欢这种女性的，因而她也就获得了成功，在无形中，她就拥有了不可估量的资产。

杜狄·莫尼以机智而闻名。他认为一个成熟的男性应该是这样的："一个外行人把他最精通的事情胡说一通时，他仍然表示对对方的话非常感兴趣。"这句话同样适用于多数的女性。

有时候，一些无聊的事也会把一个善于倾听的人弄得满脑子郁闷。但是，他们总会从倾听中学到一些东西，例如，他能进一步了解很多人和事。

蒙娜·萝依是一名演员，她曾做过联合国教科文组织的代表，她在写给纽约《先驱论坛报》的文章里说过这一点。她说："经过与各个国家的许多代表交谈之后，我能了解到各个国家的各个问题，我的口号就是：倾听和学习。"

萝依说："当然，有时，对于一些无聊的谈话，还得去忍受。但是，别人把你当成一个好的倾听者总比自己一个人自闭要好。"

如何才能学会倾听呢？我认为，至少要具备以下三个条件：

不要只用耳朵听，要全身心地投入谈话中。

全神贯注地倾听。假如我们在认真地听别人讲话，身体会自然地稍微向前倾斜，双眼锁定对方的眼睛，面部表情也随着谈话内容而改变。

玛乔丽·威尔森是这方面的权威。她说："当一个人讲话时，发现对方没有任何表情，他很少能继续说下去。如果你为一句话而感动了，你就应该用行动表示出来；当对方让你恍然大悟时，你就应该变换一下坐姿。"

如果你想做一名很好的倾听者，你就应该表现出对对方的话十分感兴趣才行，所以，我们必须让自己的身体能迅速地表达出自己的想法。如果你想学会如何才能面带表情地倾听别人的谈话，你就仔细观察一下在老鼠洞外等着捉老鼠的猫。

学会提出诱导性问题。

所谓诱导性问题就是：在问题当中已经灵活地暗示发问人倾向的问题。有时，直接的问题会让人觉得十分冒失，但这种诱导性的问题却可以推动谈话的继续。

比如，直接提出的问题是这样的："史密斯先生怎样解决雇员和雇主之间的矛盾呢？"

而诱导性问题则是这样的："史密斯先生，你也认为在某些范围内让雇员和雇主相互妥协是十分有可能的，是不是？"在这个问题当中，发问人正暗示雇主需要作一定的妥协。

任何想做一个优秀的倾听者的人必须具备适时提出诱导性问题的技巧。

丈夫不想听别人的劝告，妻子倾听丈夫讲话时，使用诱导性提问则是一个屡试不爽的方法。做法很简单，我们只要这样说就可以了："亲爱的，你认为加大广告的投资力度是会拓展你的销路，还是更近似于冒险呢？"这个问题没有直截了当地劝告他，但效果却是与劝告相同的。

人在与陌生人交谈时可能会紧张，所以，正确的提问方式就是打破沉闷状态的最好的工具。当人们不去谈无关紧要的话题，而深入地谈自己的想法时，谈话氛围就十分融洽了。通常，一个好的诱导性问题可以引出另一个想法。

保守秘密。

有些男人觉得自己的妻子不能坚守秘密，把他们的每件事都说了出去，随时会把工作上的事情说给她的朋友听，所以，他们从来不和妻子谈自己的工作。

妻子在桥牌桌上随口说："约翰希望能在维吉先生退休以后得到他的经理职位。"第二天，约翰对手的太太就接到了电话，于是，约翰就莫名其妙地被暗中排挤了。

有一次，一个总经理在接受我的访问时说，有一回他在家里谈论公司的问题，最后竟会流传出去，使他的职员失去了信心。他厌恶地说："饶舌的女人是最令人讨厌的，特别是那些在超市和鸡尾酒会里胡说公司业务的人。"

有的妻子甚至把丈夫对她的信任作为武器在以后的争论中攻击丈夫。这种情况发生了几次，丈夫就发现自己竟然让妻子有机会攻击自己，再也不会跟她说公司的事了。

妻子不要以为了解了丈夫的工作才是一名良好的倾听者，能使丈夫得到满足。如果丈夫从事的是绘图的工作，他就不希望妻子了解自己工作的每个细节，而是希望她能把注意力放在自己身上，同时有同情心。

我的一个朋友是一名会计师，和我不了解化学一样，他的妻子也对会计这门学问一窍不通。可我的朋友却说："我甚至可以跟她说公司里发生的最具技巧性的事，因为她能凭直觉领悟到问题的关键之处，她太聪明了。我很喜欢在她身边的感觉，她会很耐心地听我说话。"

确实如此，会倾听的女人是很可爱的，她给了丈夫信心，让丈夫高兴，就算特洛伊城的海伦也比不上她美丽的一分。

批评是对男人的致命打击

格雷斯东是狄斯瑞利在公众生活中的强劲对手。他们两人是一遇到国家大事就会争辩一番，顿起冲突的。可是，他们有一件事却是一模一样的，那就是：他们私人生活都十分幸福。

格雷斯东夫妇共同度过了 59 年美满的家庭生活。我们可以想像，地毯围绕着炉子，这位英国尊贵的首相拉着他太太的手在唱着歌。

在公共场合，格雷斯东是一个强劲的对手，可在家中，他却不批评任何人。清晨，当他下楼用早餐时，通常会看到家里还有人赖在被窝里不肯起来，他不会去责备他们，而是用一种温柔的方法代替。

他敞开嗓门唱出一首歌，让他的歌声遍布屋子的每个角落……他用这种方法告诉仍未起床的家人，英国最忙的人独自一人在等候他们一起吃早饭呢。格雷斯东有自己的外交手腕，可是他体贴别人，尽量避免在家中批评别人。

俄国女皇凯瑟琳也是这样做的。她统治着世界上的一个拥有辽阔国土的帝国，手握千万民众的生杀大权。在政治上，她好大喜功，喜欢接连不断的战争。只要她一句话，敌人就上了断头台。她是个残忍的暴君。尽管如此，如果她的厨师烤焦了肉，她却一句话也不会说，微笑着吃掉它。她这种容忍应该是普天下的男人所应效法的。

陶乐丝·狄克司是美国研究不幸婚姻原因的权威人士。她提出的见解是：一半以上的婚姻都很不幸。为什么许多甜蜜的美梦，会在婚后全都变了样子呢？其中的原因就是，那些无用的、令人心碎的批评毁掉了原本应该美满的婚姻。

如果你想批评你的孩子，你认为我会劝阻你别批评孩子吗？不是这样的。我只是想告诉你，在你批评孩子之前，你可以先看看《父亲所忘记的》这篇文章。这篇文章刊登在一本家庭杂志的评论栏上。经作者同意后，特地转载在这里。

虽然《父亲所忘记的》是一篇短文，可它却引起了无数读者的共鸣，也成了任何人都可以翻印的文章。前些年，这篇文章第一次刊登出来后，就像本文作者雷米特所说：

"它在数百种杂志和全国各地的报纸上刊出，同时被翻译成各国文字出版。我答应过许多人把这篇文章在学校、教会、讲台上，以及不计其数的空中广播中宣读。

卡耐基励志经典

　　"令人惊讶的是，不光大学杂志采用了这篇文章，就连中学杂志也采用了这篇文章。有时候，一篇短文会产生一种惊人的效果，就像这篇短文一样。"

　　雷米特在《父亲所忘记的》中写道：

　　"孩子，你静静地听着：

　　"我悄悄地进入你的房间，在你酣睡时，我这样说，你的小手压在你的小脑袋下面，汗水弄湿了你金色的头发，乖乖地贴在你的额头上。几分钟前，我在书房看书的时候，心里忽然一阵后悔，使我心情澎湃，失去了抗御能力，所以，我自责地来到你的床前。

　　"孩子，我想，也许，我对你太严厉了。早晨，你穿衣上学的时候，只用毛巾随便地擦了下脸，我就责备了你；因为你没擦干净鞋，我也责备了你；当我看到那些东西被你胡乱地丢在地上时，我也大声地责备了你。

　　"吃早餐时，我挑剔着你。我说你哪儿都不对。你把胳臂放在桌上，在面包上敷了太多的奶油。当你开始去玩，而我去赶火车的时候，你转过身跟我挥手道：'再见！爸爸。'我又皱起眉头说：'快回家！'

　　"午后，这一切又重新上演。当我从外面回来时，发现你跪在地上玩石子，袜子上有很多破洞，那些小朋友都在羞辱你，我立刻叫你跟我回来。买袜子是要花钱的，如果需要你自己去花钱的话，你一定就会特别小心的！孩子，你想想，我一个当父亲的，竟然说出这种话！

　　"你还记得吗？后来我在书房看报时，你满脸悲伤、畏怯地走了进来。当我抬头看到你时，以为你又来打扰我，感到很不耐烦。我恼怒地问：'你又想干什么？'

　　"你什么也没说，突然跑过来，投进我的怀里，用手臂搂住我的脑袋，吻了我……你用小手紧紧地搂着我，满是作为一个孩子对父亲的孺慕的热情。这种热情，是上帝栽种在你心里的，它像一朵美丽的鲜花一样，虽然是被人忽略了，却不会枯萎。你吻了我后，就放开我，跑到楼上去了。

　　"孩子，你走后不一会儿，我的报纸就从手上滑下来了，突然之间，一种可怕的痛苦和恐惧袭击了我。习惯让我整天只知道责骂你，憎厌你；吹毛求疵地挑你的毛病。难道这是我对你的奖励吗？孩子，不是爸爸不爱你，不喜欢你，是因为我对你的期望太高了，我是在用自己的年纪来衡量你。

"其实，你有很多令人喜爱的优点，你幼小的心灵就像晨曦中的一线曙光一样。

"这些都从你突然进书房来吻我、说晚安的真情上表现了出来。孩子，在这夜深人静的晚上，我悄悄来到你房里，十分内疚地向你忏悔，我是一个不懂事的、可怜的父亲。

"如果你还没有睡，在你小小的心里，也不会了解我对你说出的这些话。可是，明天我一定会做一个真正的好父亲。你笑的时候，我也跟着你笑；你痛苦的时候，我陪着你一起痛苦。

"当我沉不住气要责骂你时，我阻止自己说出这些话。我会不断地对自己说：'是的，他还只是一个小孩子而已，他还是个小孩子。'

"也许，我已经把你看作一个成年人了。现在，我看到你疲倦地酣睡在小床上，我明白了，你还只是个小孩子而已。昨天，你还躺在母亲的怀里，把头脸靠在她的肩上。没错，你还只是个依恋着母亲的小孩子，我对你的要求实在太多了……太多了！"

所以，如果你想拥有美满而快乐的家庭生活，那么，就不要随意批评别人。

深情热烈地爱一次

纽约市少年家庭董事会秘书、社会工作研究专家爱希尔·H. 白特先生在市社会工作讨论会上说："孩子缺少家庭的关爱是少年犯罪的主要原因之一，孩子们觉得谁都不爱他。"我和丈夫都认为这种说法十分正确。在奥克拉禾马州的爱尔雷诺市有一个联邦少年感化院，他人的关怀是这里的不幸的孩子们最基本的渴望。在这里，我们曾给孩子们讲授人际关系的课程。

有个孩子在学了课程后给自己的母亲写信，而他的母亲是从来都不给他写信的。他说他正在学习一些课程，他觉得自己的一些坏毛病已经被这些东西改变了。很快，他的母亲给他回了信。母亲说，她认为他不可能变好，他只适合在监狱呆着。还有一个叫汤米的 19 岁男孩在孤儿院和感化院至少住了十年以上。他说："我最渴望的就是有人能爱我，可是没有人爱我。16 岁以前，没有任何人关心我，也没有人在圣诞节送我礼物。"

爱是最好的精神食粮。只有爱，一个人才能生存和成长；如果没有爱，一个人的心灵就会扭曲。这些少年像一个被饿急了的人一样，当他饿了的时候，就会吃下对身体有害的东西。所以，他们经常是在缺乏爱的关怀下才开始走上犯罪的道路的，他们试图用其他方法找到他们所缺失的东西。

著名的心理学家戈登·W. 阿尔伯特说："通常情况下，从来不能从别人的爱那里得到满足是普通人能够做的最正确的事。"没错，在人类的生活中，爱情的潜力可与原子能媲美。每天都有爱出现，每天它都创造着奇迹。如果你真的爱你的丈夫的话，你就能为了他的成功或是让他幸福而心甘情愿地竭尽所能去做每一件事。所以，你的丈夫是否能够成功在一定程度上也取决于你对丈夫的爱。

夫妻之间的爱情对儿女的幸福也有着很大的影响。保罗·珀派罗博士是美国家庭关系协会的会长，他在全国教师家长联谊会上说："如果我们能在这里完全不谈孩子的事情，而是讨论用什么样的方法能使夫妻之间更恩爱，也许会让孩子更幸福。"

下面的建议是很重要的，只要我们照着去做，就能加深彼此的爱情。

每天都要表现爱心。

我丈夫的老朋友吉姆的遗孀曾经写过一封信给他。她在信中说到过去的许多事情，她悲伤地说："我从来都没有跟吉姆说过我爱他，我很需要他。"人生最可悲的事莫过于失去之后才想珍惜。现在，那些日子再也不会回来了，吉姆永远都听不到了。

这位女士的例子简直太普遍了。路易斯·M. 特尔曼博士研究过 1500 多对已婚夫妇。他发现，许多男性认为，妻子不懂得如何表达爱情是仅次于唠叨的第二个造成婚姻不和谐的最普遍的原因。

许多女性都能对突如其来的危机应付自如。比如丈夫失业，患上严重的疾病或者犯罪被判刑，这个妻子完全可以像直布罗陀海峡的岩石一样坚强地给予丈夫不断的帮助。但是，当生活稳定时，她就把一切都忘了，也忘记向丈夫表达他最渴望的爱情，她忘记告诉他：他在自己心目中的地位是多么的重要。出现这种情形是十分可悲的。

有人说现代女性可能是为了安全感、拥有自己的家和孩子，甚至是为了避免成为老处女才结婚的。但是，有百分之九十的男性只是因为恋爱了才会想结婚。你安静地仔细想过这句话吗？

我的经验是，大多数女性都认为，丈夫应该爱护自己才对，他们应该时常对自己说些甜言蜜语。一般来讲，那些抱怨丈夫不重视自己，不懂得欣赏她们的女性也很少重视自己的丈夫。威廉·珀林其尔博士描述过这种神经质、喜欢挑剔和批评别人的女性，他说："有些人实在是太自私了，她们不想对别人表达一丁点的爱意。"换句话说，只有能够体贴地爱别人的女人才能得到丈夫的欣赏。

德罗西·狄克思是专门研究婚姻关系的专家，他说："很多丈夫都认为妻子的存在是理所当然的；从不注意她们身上穿了什么，也不赞美她们；也不会向她表示任何的爱意。所以，很多妻子为此埋怨自己的丈夫。但是，这些妻子也是如此对待她的丈夫的，然后，她们很奇怪丈夫的行为，为什么他们会喜欢那些总是称赞他们倜傥潇洒和魁伟奇妙的女人。不仅女人渴望爱情，男人也是如此。"

因为男性会渴望爱情，所以，就有些女性故意用这点来要挟丈夫，以此得到自己想要的东西。马里兰高等法院就有这样的一个案例：一个妻子想让丈夫给她她想得到的钱，丈夫拒绝了她。于是，她就不和丈夫说话。法院认为，爱情是不可以像商品一样定出价钱的。于是，判决这个女性败诉。

曾经有人这样比喻过夫妻之间的爱情：爱情的冷淡就像"精神食粮不够"一样。丈夫不是只吃面包就能存活的，有时，他还需要一块撒了糖的蛋糕——爱情的蛋糕。

拒绝绝对完美主义。

要严加管束孩子们顽劣的行为；要做出营养而美味的晚餐；要把家里打扫得一尘不染，一个负责的妻子总是犯完美主义的错误，她太注重细节，却忽略了身边重要的大事。要以良好的心态去接受不好的事情，不要把事情看得那么严重，这样，反而能加深夫妻间的感情。

乔治·吉恩·那森说："当我看到一个纤尘不染的家时，我总会觉得，而且很快就发现，夫妇间的爱情已经像他们机械化的家一样，快要冻成冰了。从某种意义上来讲，温暖的爱情和伴随爱而来的幸福就像一个凌乱的家给人的感觉一样。从经验中，我遗憾地发现，爱情永远不能和完美的家庭环境并存。这真是太遗憾了，一个深深地挚爱丈夫的女性无论如何也成不了一个完美的家庭主妇。"

从那森先生这种有趣的夸张说法里，我们可以猜到，他肯定还是个单身。但是，他的话却有着某种真实性，我们应该认真思考一下才行。尤其是那些要求完美的主妇，请不要注视着某棵树木而忽视了整片森林。

胸怀宽广。

毋庸置疑，相互深爱的人一同步入教堂是世界上最令人幸福的事情了。爱情就是丰富慷慨的给予，许多妻子在大事上做出了牺牲，却总是在小地方不能做到宽容。比如，她不能冷静地对待丈夫从前的女友。假如丈夫在无意中提到他碰见了过去的女友，做妻子的应该做的是赞美她的好处，把你所知道的全部说出来；如果你一点都不知道，那么，也应该编造一些。

如果你满腹酸气地问，那个女性是不是还像以前一样，扎着辫子说着幼稚的话，那你就太不大度了。

我记得，我的父亲在与母亲结婚之前，曾经与一个漂亮的红发少女订过婚。每当母亲称赞那个女孩又迷人、人又好的时候，父亲总是一面装作满不在乎，一面不好意思地偷着笑。因为父亲觉得母亲更漂亮，母亲也明白。但是母亲能够夸奖父亲的眼光，这总让父亲十分高兴。

感谢丈夫做的小事。

如果丈夫带妻子去看戏，度过了一个愉快的夜晚；如果他送了一束玫瑰花给妻子；甚至他只是每天早晨倒个垃圾而已，妻子都应该感谢丈夫的做法。如果妻子认为丈夫就应该那么做，那么，这个丈夫肯定很快就不会做这些事企图使妻子高兴了。我们习惯了丈夫每天做点小事，所以并不知道他到底做了多少。以前，我认为丈夫什么都没帮过我——他不会给孩子换尿布，不会把那个漏水的水龙头拧紧点儿，所以，觉得让他倒杯水也是一件了不起的事。可是，有个夏天，他去了欧洲，我才惊讶地发现，其实，他每天都做了许多不起眼的事情，可我从来都没感谢过他，现在，我只能自己去做了。

　　一个深爱着丈夫的妻子，应该首先满足丈夫每天工作回来后的需要，然后再考虑自己有什么需要。如果丈夫想换上拖鞋休息一会儿，妻子却穿戴整齐地想出去，这是不可以的。

　　我懂得这个事实也是费了很多力气的。我们的蜜月是在奥克拉荷马城度过的。当时，我幻想着能有美国传统的蜜月旅行：烛光、小提琴的优美演奏声，浪漫的环境和情调，还有甜言蜜语。可是他要在那儿做一周的系列演讲。最后，我独自一人在寂静的旅馆里，而我的新婚丈夫正和委员们坐在一起，一边和赞助人商讨，一边琢磨自己的演讲稿。我必须得事先预约才能见到忙碌的他。在我们能够相处的短暂日子里，我对他发泄着我的嗔怒和不满。当时，他容忍了我，直到我从一个娇纵的小孩子变成了一名成熟的女性。所以，我觉得自己特别幸运。婚姻只适合于成熟的人。

　　也许，有人会觉得妻子所做的努力都是毫无回报的。丈夫会感激她对丈夫奉献的全部的爱吗？我完全可以保证，丈夫肯定会感谢的！现在，华威克·C.安哥思在写给我的信中说："我可爱的妻子让我觉得自己比任何男人都幸福。如果时光倒流到32年前，就算我不知道现在的事情，只要她愿意与我共度一生，我仍然心甘情愿地娶她为妻。我之所以能有今天的成功，是因为她在我的身边，这是我能给她的最大的赞赏。"其他幸福的丈夫们也同样想说这些话。由此可见，一个付出努力的妻子是一定会得到丈夫的爱戴的。

　　如果你对丈夫深切的爱情让他感到宁静而幸福，那么，他就会更有成功的机会，从而让你生活得更加幸福。如果缺乏爱情，成功又有什么意义呢？没有爱情的权势和金钱等同于毫无用处的垃圾。

心底光芒灿烂的气质

　　海因斯夫妇于14年前在肯塔基州走进了教堂。海因斯太太承认，因为胆怯，自己受到了很多的限制。她说："我远离人群，不想和陌生人接触，因为我实在太害羞了，所以几乎不参加公开的宴会。"

　　海因斯先生是名年轻律师，在当地的政治圈很活跃，是个很有前途的律师。因为工作的关系，他经常要与人打交道，参加各种社交活动。可是他的

新娘却对这些场合感到十分恐惧。海因斯太太想，如何才能克服自己羞涩的缺点，适应丈夫工作的需要呢？她决定为克服自己的缺点去做点什么，可又不知道怎么做。

一天，她偶然在杂志上看到了一段话："人类对自己是最感兴趣的。所以，你可以在谈话中把注意力尽量放在对方身上，让他倾诉自己的烦恼或得意，这样你就会专心地听他说话。"她决定按照这段话去做，结果发现这个方法很有效。

她说："现在，我已经敢于参加社交活动了，我还希望多认识一些新朋友，到别人家去做客，我和他们相处得十分融洽。我发现，他们也和我有着一样的困扰。当我真正了解他们之后，就更喜欢他们了。我并没有因为自己参加一定的社交生活而使丈夫在事业上有所困扰，这是最让我开心的事情。现在，他已经当上州参议员了，我经常陪他到别的地方去。"

做妻子的已经具备这种能力最好。如果不具备这种能力，就一定像海因斯太太那样逼着自己学会这些东西。太太有责任增强自己这方面的能力以帮助丈夫在事业上成功。如果妻子能和别人相处得比较愉快，那么，无论丈夫做什么工作，都可以帮助丈夫加快迈向成功的脚步。

一位美国某州州长出生于"遥远的海外"，在城市的贫民区长大。他曾私下里对我说，他的成功大部分都要归功于他那美丽聪明而有教养的太太。

他说："如果我娶的是一位普通的女孩，我想自己不会那么想上进，也就不会成功。但是，多亏了上帝让我的妻子弥补了我所缺乏的每种东西。无论是与皇亲贵族打交道，还是接触社会的底层人群，她都应付得十分轻松。"

假如你认为现在丈夫只是从事着一些基本的工作，他无须你来帮助他，那就错了。任何人都不是一开始就成功的，那些工商界和其他领域的名人之前也只是默默无闻的年轻人。说不定，多少年之后，你的丈夫已经是个顶尖人物了，你为自己的丈夫获得一个好名声做好准备了吗？那么，马上就动手吧。

假如你认为自己像海因斯太太一样羞怯，就一定要克服自己的羞怯心理；如果你不是很聪明，或者有点笨拙，你就应该学会尊敬和欣赏他人；如果你觉得自己的知识面太窄，你就不应该借口自己没有上大学的机会而不去学习，你应该想办法增加自己的知识，比如去夜校学习；如果你没什么钱的话，你可以借助附近的图书馆来拓展自己的知识面。

如果妻子因为跟不上丈夫的脚步而被丈夫落在身后了，那么，人们也不会可怜她。这样的妻子要么太懒，要么就是不肯对扩大自己的知识面下一些工夫，哪怕她身边的机会有很多她也不会这样做。

爱利科·乔斯敦是美国电影协会的会长，他的夫人在文章中写道："跟上丈夫不断前进的脚步是婚姻幸福的关键。"乔斯敦夫人劝告妻子们，只有她们不断地参加社交活动，使自己的交际能力不断得到提高，不局限在某个小圈子里，她才能跟得上丈夫的脚步。

她说："也许你会认为，你的丈夫并不需要你去为了他而拓展自己的社交圈子。我们结婚之时，他也不需要我来做这些，那时，他做着挨家挨户推销吸尘器的工作。那时，我们都不知道我们的未来是什么样的，我只是明白，无论如何，他一定会成功的。"

谁也不能预测未来，但是聪明的人会为未来做好充分准备，以等待机会的降临。在你的丈夫抓住这个机会之前，你应该提前学习怎样去结识新朋友，以及如何与朋友们相处得更融洽。无论你的丈夫做什么工作，无论他有着怎样的社会地位，你的这种做法总有一天会帮到丈夫的。如果他是一个不着急的人，妻子就可以弥补他这方面的不足之处；如果他的社交能力很强，在自己的圈里如鱼得水，仍然需要妻子的帮助，因为有时候，他也许会表现得十分离谱。

为了写这本书，我曾经采访过美国最大公司之一的人力资源部经理。他骄傲地跟我说："有时候，我过于专心自己的工作，也许会不注意别人的感受。但是，我的太太总是对我很好，她不会因为我太忙而借口不理我。"

"每个人都很欣赏我的太太，几天前，我匆忙地跑进洗衣店，跟老板喊，告诉他我的衣服必须这么洗，不准有半点差错。他皱着眉头，过了一会儿才说：'如果你太太也像你这样，我也能接受。'"

这位经理接着说："我妻子是个充满爱心的女人，待人又非常和气。她对别人关心得无微不至，又不会让人觉得她絮烦。我们的邻居来自各个地方，各个国家。当我们走到希腊人的商店时，她就和店主说希腊语，走到街

写给女人的忠告

头拐角意大利人的水果摊时，她又会和摊主说意大利语。那些人向来都不理我，因为是我的太太不怕麻烦地学会了他们的语言，而不是我。当然，我太太也认为自己从这些事中收获了许多。"

我并不认识经理的妻子，但是，我真的很想认识这位太太。难道你就不想认识她吗？

因为工作繁忙的关系，男人总是不能建立一种和谐的人际关系。如果他的妻子温柔善良，他就是一个相当幸运的人了。这样的女性是十分难得的，不管她在哪儿，她都能使周围的气氛变得融洽起来。这样的太太就是丈夫的亲善大使，无论丈夫的事业如何发展，她都会紧跟其脚步。这种技术和大部分的技术同样需要太太们多加练习。这种技巧都十分简单，女性可以轻松地学会它，从而为丈夫打下良好的社会基础。

汉斯·V. 卡夫珀夫人可算是这方面的权威了。她的丈夫是美国新闻广播人协会的会长。在接受我的采访时，她说："我的直觉是很强的，我知道怎样才能巧妙地把话头岔开，因此，我甚至已经被人称做'打岔专家'了。在一次晚宴上，大家的话题渐渐地变了味儿，都不太高兴，所以，我就在一个恰当的时机说：'汉斯，那位某某将军现在怎么样了？'结果，大家的神经立刻就松下来了。"

她还懂得如何才能让她那极度受欢迎的丈夫轻松一点。每次卡夫珀先生的演讲结束后，很多人都想和他握手，还要和他交谈一阵，这对他的健康是很有损害的。所以，卡夫珀夫人会在适当的时机岔开话头，比如："我们的车子还停在外面呢"，或者"我们恐怕要在下一个约会上迟到了"。一次，卡夫珀先生在市政厅演讲结束后，听众围住了他，提出了一大堆问题。卡夫珀夫人知道，如果谈话就这样继续的话，她的丈夫就要崩溃了。所以，她站起来说道："对不起，我想问个问题。请问，卡夫珀先生什么时候能回家吃午饭？"听众都笑了，也理解了，于是，卡夫珀先生顺利地冲出了重围。

另外一件太太们要做的事就是：一定要防止成功了的丈夫自满，这是十分重要的。如果能做到这一点，太太们就能打造出她们所希望的理想的丈夫了。但是，一定要懂得运用技巧做这件事，否则，将产生很糟糕的后果。

我已经讲过很多关于建立男性上进心的方法。但是，我们应该明白，有时，女人们也是应该要挫挫男人们的傲气的。当然，前提是要有一个比较恰当的时机，夫妻也要拥有足够的爱心。

"她说得对极了，听了她的话之后，我的骄傲像肥皂泡一样被捅破了。要不是这样，我就要变成一个自私自利、夜郎自大的跳梁小丑了。因此，我对我的太太十分感激，她让我明白，自己那些努力其实是微不足道的。"

前面提到的那些妻子——海因斯夫人、乔斯敦夫人、卡夫珀夫人，都知道怎样和丈夫生活，并让他们感到荣耀。她们就是凭借自身的能力去结交朋友，自如地应付任何一种社交场合的。而且，在丈夫骄傲自大时，能让他们明白他们的不足，从而踏实地去做事。

只要女性能做到这些，她就不用担心自己会跟不上丈夫的脚步了。

第六章　发掘属于你的璞玉

发掘属于你的璞玉

如果问及女性："你认为令人满意的单身者之中，男性和女性谁更多?"结果大多数女性会异口同声地表示："女性过剩，男性短缺。"实际上据多方面的统计，男性与女性的比例总是大致相当的。然而这个问题的重点并不在于它的数字比例如何，而是其中"有价值"的男性究竟占多大比例。

女性的问题并不仅仅止于找到男人就行了，她们要的是一个令她们觉得特殊的男人。因此，我们深信，今天的问题并不在于男性的多少，而是"拔尖"的男人严重不足。我们说的所谓"拔尖"，意味着除了实质上的成功之外，还要有迷人的特质，这才是女性心目中的理想对象。

如果以另一种方式来表示，那么可以说80%的单身女性只会对20%的有价值的男人感兴趣。即使在单身女性与单身男性比例相当的情况下，能够通过女性精挑细选的"拔尖"男士实在少之又少。综观以上因素，我们认为，女性若是真想找寻一位长久的亲密伴侣，那么她有必要注重实际。

纳德第一次去女友家吃饭时的情形十分狼狈。他好不容易喝完了饭前酒，但在喝汤时又弄脏了领带。他是在紧张得满头大汗的情况下结束这顿晚餐的。然而在给病人看病的时候，他却俨然换了一个人似的。他不再是晚餐席上不知所措的傻瓜，而是个充满自信的医生。为了使工作进行顺利，他会极有耐心地询问他的小病人，这是孩子们的痛苦时间，也是他心疼的时刻。

渐渐地，纳德的女友对他的笨拙表现不再那么介意。她知道他相貌平平，严重地害羞和焦虑。但她的好友鼓励她继续和他交往，多花些时间去了解他。在看过纳德对那些病童的悉心照顾以及乐于助人的行为之后，她不得不对他重新评估。那些害羞、笨拙等缺点也不再那么重要了。

有许多男人表面上看来有某些缺点，如面对两性关系时可能觉得不安——或者是拙于言词，或许是长得不怎么样，或者是太急躁了，但这都是很普通的现象，他们不过是一群"待琢的璞玉"罢了。

36 岁的达莲娜是个女经理，她办事果断而干练并且非常善交际。她自认唯有最好的男人才配得上她，事实也是如此。一位朋友迪得莉把安东尼奥介绍给她。

"我在午餐时告诉迪得莉，即使安东尼奥再提出第二次邀请，我也不想再见到他了。为此，我还编造了一个故事。因为我不想伤害迪得莉，安东尼奥毕竟是她的朋友。但是她立刻拆穿了我的谎言，并且说了我一顿。她所说的那番道理我并不是不知道，但还是第一次听人这么对我说。她说：'我知道你为什么不愿再和安东尼奥见面，因为他没能达到你的标准——长得英俊，谈吐轻松、自信，而且还要有点儿狡猾。安东尼奥虽然有些害羞，但若撇开这一点不谈，他可以说是我认识的人当中最聪明、风趣的。他虽然不是你喜欢的那种运动健将，但是他性情温和、有趣，而且对感情一向很认真。我要告诉你的是，你忽略了一些非常重要的东西。你所期望得到的那种男人，一旦你真正了解他们之后，对他们的感觉会愈来愈糟。但安东尼奥却是那种使你觉得像是甜甘蔗的男人。'"

有许多人（包括男人和女人）表露自己的速度是十分缓慢的。这些人通常是由于过去在感情上受过伤害，再加上害羞的个性，才导致这种情况。聪明的你应该知道如何在他们笨拙的外表之下觅得一处属于你的宝藏。

大多数时候我们都会对人妄下断言，尤其是在涉及感情时。初次见面，我们对一个人的判断往往是根据我们所看见的，以及对方所表达的信息。多数人认为，如果在第一眼不能产生或多或少的"化学作用"，那么他就要被淘汰下来。

当我们初见某人的时候，虽然内心紧张得要命，言谈之间也要表现得非常自在从容。因为如果不能在短时间内吸引住对方的活，这段罗曼史就得结束了。有很多的例子显示，最好的男人往往不在这批"幸存者"的名单之中。

　　虽然有些女性十分相信自己对别人的第一眼反应，但是她们也应了解，有些优秀的男人给予她们的第一印象并不一定是最好的。这些男人遭到拒绝的原因，不是本身条件不如人，而是他们在最初的几分钟内没能吸引住女性。

　　"璞玉型"的男性虽然称不上完美（因为世上根本没有十全十美的人），但他本身无疑比外表看来好多了。或许正由于这种男人太平淡无奇了，所以女性在选择对象时，经常忽略了他们。

　　事实上，这种男人是十分特殊的。他的品性、人格发展相当实在，而不是表面的。假使他所表现的态度不如别人积极而敏感，那是因为他不会伪装，而是较能坦诚地与人相处。你可能会这样形容他："跟他在一起的时候，我觉得自在又安全，但就是没有一点儿'触电'的感觉。"事实上，这种所谓的"触电"感觉和不安、紧张是同义词，然而许多女性却对它产生了误解。其实并没有什么值得紧张、担心的，觉得和一个男人在一起很自在、很安全，也没什么不对。毕竟，这是一个良好而稳定的关系中所不可或缺的。

　　女性无法了解"璞玉型"男人的原因很多，其中之一即是她们有时忽略了男人除了表现在外的一面，还有属于"自我"的一部分。

　　36 岁的安得鲁是位害羞的物理学家，他热爱他的工作，然而却不是女性的最佳伴侣。艾伦——一所中学的教师——和他约会过几次之后，便开始觉得乏味了。但是她并没有结束这段关系，反而决心努力不懈。她和他在一起时试着以幽默与自然的方式对待他，终于把他那机智而自信的一面引了出来。接下来果真产生了"化学作用"，他们很快便处于热恋之中。

　　在真正能够欣赏"璞玉型"男人之前，一个女人必须重新衡量她用以评估男人的标准，必须抛弃"善良即是软弱"的旧有观念。

　　有趣的是，女性在回答什么样的男人较能吸引她时，总是说"刺激"、"触电"之类的话，但是一问到她们认为两性关系中最重要的是什么时，她们又异口同声地提到温柔、亲密这些字眼。因此，我们建议你不妨冒险一试，试着多看那些被你忽视的男人一眼或两眼，试着多花些时间和他相处，千万不要心存太多的期望。你会发现你会多么的自在，而且慢慢地，他会让你了解他的一切，接着他也会对你表白。或许会令你惊讶的是——你发觉自己已经喜欢上他了。

别用自己的思维推测男人

　　从孩提时代起，家长就开始带着性别色彩来教育和影响自己的儿女。他们为自己的男孩提供飞机、汽车、刀枪、坦克之类的玩具，对他们进行的是雄性教育。女孩子的家长则为她们提供布娃娃、成套模拟餐具等玩具。

　　两种不同的教育，造就了两种不同的性格。男人刚毅，感情炽烈、外露，女人温柔，感情细腻、含蓄。西蒙娜·德·波伏瓦提到过在发掘被火山熔岩和灰烬所掩埋的庞贝城时发现的一个事实："被烧焦了的男尸都处于反抗状态，仿佛他们是在与天抗争或者试图逃避，而妇女却蜷缩着，匍匐在地上，忍受着疼痛。"

　　由于男性刚毅的性格，所以他们的爱和妻子不大相同。反映在婚姻生活中，他们的爱像大海一样，是豪放的、粗犷的、热烈的、敢于显露在众人面前。他们把这种爱奉献给妻子，同时也希望自己的妻子以同样的爱回报自己。然而由于女性特有的温柔、羞涩，她们的爱多是含蓄的、委婉的、细腻的、希望和对方独享的，也就自然不会按丈夫希望的那样去做。此时，如果双方对爱的要求不能达到一致，而且又都不愿启齿表明各自的心意，那么，不快就会像乌云一样笼罩在家庭上空。

　　由于男女各自的性格特点所决定，人们还会发现，男性的爱急切猛烈，爱时如狂风暴雨，爱后便雨过天晴，具有明显的"阶段性"。他们很少在干着工作的同时，想着妻子，惦记着儿子。即使是想念至极，他们也有毅力克制自己，只有在工作结束之后，回到家里，才意识到自己的为夫、为父之爱。

　　女人则希望自己的耳边常常呢喃着爱的絮语，这样，她们的心里便会产生一种稳定感。反之，她们便会觉得不知所措。而男人由于有着充分的自信，他们并不在乎女人是否总在自己耳边说些爱的词句。当然，他们也并非不愿意听，有时甚至比女性更需要。但他们很清楚，一百句爱的表白，也不如一次爱的行动。他们需要的是妻子给予自己的掷地有声的爱。所以，判断爱与不爱，男人多看对方的行为，女人多看对方的语言。

另外，就爱的内容和爱的程度来说，男性和女性也有差异。通常男性注重性爱，渴望实实在在的肉体接触，以为只有性欲的满足才是真正的夫妻之爱。而女性则不然，她们一般比较注重情爱，渴望丈夫温存地爱抚自己。如果能常常依偎在丈夫怀里，和丈夫说上一阵悄悄话，她们就会感到自己幸福，就会从心理上得到极大的满足。

女人神经系统比较敏感，感情极易波动，而男人则比较稳定，不会轻易动情。"身为男子汉，任意地哭显示其意志不够坚强，但是稀罕的哭，却有恰到好处之感"。所以，只有在特别悲惨的场合，或极其悲伤的时候，他们才会流泪。一旦痛哭失声，他们还很难马上平静下来。

女性愿为男性献出一切，而男性则相反，他们不愿将自己的一切献给女性。在热恋中，他们也曾屡次地向女方发誓，"我的一切都属于你"，"我什么都可以失去，唯独不能失去你"等等。可是婚后，男人的表现则与婚前的誓言相去甚远。为了工作和事业，他们常常忘掉妻子、忘掉孩子、忘掉家庭，妻子只是给他做饭洗衣的女佣，家庭只是供他休养生息的屋子。妻子发怒了："原来的甜言蜜语敢情都是骗人的鬼话！什么唯独不能失去我，是唯独不能失去你的工作！"

其实，这既不是骗人，也不是受骗。不可否认，热恋时，男性是在运用策略，博得女性的欢心和好感，再加上人在冲动的时候，很容易说出一些偏激的语言，如果不是道德败坏者，这并不是他们的过错。做妻子的只要回想一下当时的背景、情境，便可息怒了。

和女性正好相反，男性的天地在事业，在追求。他们不是不希望有一个美好的家庭，但是家庭只是他生命中的一部分，而不是全部，所以，他们也只是把自己生命的一部分给予家庭，给予妻子。妻子也应该清醒地认识到，只有这样的丈夫才信得过，靠得住，而绝不应该苛求丈夫放弃事业，把一对腾飞的翅膀系在家庭的藩篱上。

女人心目中的交流是抽象的，男人心目中的交流是具体的；女人感兴趣的多半是事情的内容，男人感兴趣的多半是事情的本质。所以交流中，女人多以唠叨见长，男人多以寡言为乐。女性愿结伴，愿把喜怒哀乐向他人倾吐出来，而男性则较孤独，常把忧愁烦恼埋在心里。他们不愿意被人窥探到自己的内心世界，他们相信自己的能力，相信自己的力量。他们往往以表面的沉默、冷静来掩饰内心的不安和激动，并竭尽全力扭转困境。他们宁愿在没有人的地方哭泣，也不愿随便张口求人。除非到了万不得已的时候，他们是不会轻易向别人求助的。他们自豪地认为，只有这样，才能体现男子汉的尊严。

可是，如果妻子不了解男人的这些特点，就会数落丈夫窝囊、没用，关键时连个朋友都没有。有时，因为做丈夫的不向妻子透露自己的心思，反而引起妻子的猜忌和不满。其实，做妻子的应该允许丈夫在他需要的时候"孤独"一会儿，因为这并不是指"孤单"，而是指自由、轻松、不受任何约束。

所有女人都知道男人需要柔情，但并非所有女人都理解男人心目中对柔情的定义。表层意义上的柔情指的是温情脉脉，而深层意义上的柔情却需要以力量为内在的支撑和律动。饱含力量的柔情，是维系男人爱情于不败的法宝。习惯接受别人付出的女人往往欠缺"给予"的训练。但如果女人真心爱上一个男人，在爱里，所有的付出都是无怨无悔的。每一个成功男人的背后都有一个伟大的女人。因此，发挥你的智慧，做一个既能柔情似水又能通晓大义的女人，成为他生命中的掌舵人吧！

别把你的爱人当做盆景

盆景是以植物、石料、土壤、水体、风、雨、雪、配景、盆、几架等为材料创作而成的，是经过高度概括和提炼，集中表现大自然优美风光的一种特殊艺术品。婚姻犹如盆景，风景各有不同。但有的盆景只是乱石堆积，不仅粗粝，而且了无生趣；有的却诗意灵动，激情奔放，让人爱不释手。要制作出好的盆景，除了丰富的想像、学识以及修养外，独到的眼光和生命的智慧都不可少，更重要的还要有动手的能力，但千万不要把你的爱人当做可以随意被修剪的盆景。

有些家庭里，有人似乎想改造对方成为自己想像中的人，便满脑子以自己为中心地要求对方，企图让对方顺从自己。其实，这种确定一方主宰，另一方处于被支配地位的想法和作法，容易使被支配一方失去个性，失去独立的人格，造成心理压力，乃至有沉重的感觉。一旦超出或失去承受能力，就会产生矛盾，甚至导致婚姻的破裂。

心理学家认为，一对夫妻在家庭里应处于一种平等的地位，不仅反映在经济地位上一方不应依附于另一方，而且在心理和感情上也是如此。如果夫妻的一方，总想改造对方，而不想改造自己，实际上就是将自己凌驾于对方之上，这显然是难以实现夫妻平等的。最让人难以接受的，有些女人恨不得将爱人脱胎换骨，变成她心中的理想爱人，为了这个目的，她会监督爱人的一言一行，并且发表评价，把爱人从头型到服饰，从说话习惯到爱好，从交友到工作等等，无不加以评论。

邻居有两对差异很大的新夫妇。一对都是刚从医科大学毕业的医生，丈夫专攻外科，妻子专攻内科，两个人并肩上班，携手下班，亲亲热热，形影不离，令人羡慕。另一对情况就不同了，新郎也是医大毕业生，但小儿麻痹后遗症使他成为一个残疾人，而且瘸得很厉害，新娘是位护士，身材矮小，还不足1.5米。人们背地议论说：前一对是天生的一对幸福夫妻，而后一对是凑合婚姻，担心他们的婚姻能否幸福美满。

一年之后，意想不到的事情发生了：后一对小夫妇生活得十分美满，而前一对却办了离婚手续。不知内情的人在议论纷纷，都感到疑惑不解。可是，我作为他们的邻居，对他们的不同结局并不感到意外。那一对人们认为美满的婚姻之所以破裂，矛盾是从相互挑剔与责怪开始。丈夫嫌妻子太注重穿戴，买时装及化妆品开支太多；妻子怪丈夫太懒，什么家务活也不做。两个人相互责怪，从冷言恶语到讥讽挖苦，由争吵不休到拳脚相加，终于导致婚姻破裂。另一对被认为凑合的夫妻则恰恰相反，小夫妻相互体谅。丈夫行走不方便，家里力气活妻子全包，可丈夫又怕妻子身小力薄，又争着做。在他们的心目中，自己的爱人是世界上最完美的人！

真正的夫妻是相互理解，相互尊重，相互接纳的。即使双方生活习惯不同，性格各异，爱好不同，只要他们相爱，彼此就会有极大的相容性。即使一方明显地看到另一方的缺点，也不急于改变对方，不单方面地强求对方，目的是帮助对方自己去实现，去改变。或者，自己先做出表率，以求对方适应。

有一位妻子婚后没多久便发现丈夫失去了往日的英姿和魅力。她想起在恋爱和新婚的日子里，丈夫早晨起床去跑步，三天洗一次澡，晚间必然坚持看两小时的书籍。可是后来，他变得懒散了，那令人敬仰的习惯消失了。她想来想去，莫非是自己的不良习惯感染了他，自己早晨睡懒觉，晚上看电视，不看书，在丈夫面前也不再像以前那样注重修饰了。为了将那良好的习惯追回来，她决意热化已经冷却了的爱。首先，她从自身做起，用自己的眼、自己的心去和他交谈，给他以希望和幸福。激发丈夫复苏追求新生活，追求美的勇气。由于这位妻子的良好处理，她丈夫在无任何压力下改变了坏习惯，又恢复到从前那令人敬慕的生活中来。她们再度得到了婚姻的幸福。

作为妻子，你要对丈夫的缺点做客观地分析。有些人表面上看毛病一大堆，其实，许多都是不应该列为缺点的"缺点"。比如，属于生理上的弱点，像个子矮些、胖些或瘦些，或身体某处有点缺欠；属于心理上的急性子、慢性子、好发脾气，或倔犟、寡言少语、性格内向等。这些"缺点"可以说是天生的，必须采取完全不去计较和坦然接受的态度。切忌采取挖苦、讽刺和报怨，千万不能损伤爱人的自尊心。

有些人的缺点或不足是在生活中长期、逐渐形成的，如不良的习惯或嗜好——生活懒散，好睡懒觉，不大讲究卫生或吸烟、嗜好饮酒，迷恋跳舞、玩牌等。这些缺点应该改，但不可操之过急，要慢慢来。看待缺点也可以换个角度，有些缺点也有它的可取之处。比如，笨一些的人，多厚道实在，待人诚恳；慢性子的人，办事多稳重而细致；急性子的人，办事则麻利而果断；脾气大者多直爽、坦率；粗心者待人多宽厚，不斤斤计较……如果每个人都能这样看待爱人的缺点，会感到爱人的缺点也是那么可爱！

别做他永久的母亲

从呱呱坠地那一刻起，男性就对母亲有着相当程度的依赖。身为母亲者，她传统的职责便是发现并满足儿子的需求，她照料他，试图使他朝最好的性情上发展。及至成人之后，当他和女性有了亲密的接触时，他的心情是既欢喜又恐惧——喜的是有个女人可以照顾他、怕的是自己会被依赖的无助感所淹没。

瑞克36岁，从事环境美化工作。他说："每次我和某个女孩坠入情网，到最后总觉得有些恐惧。但这种感觉只是一晃而过，没多久我又把她当做生活的中心。当她早上要出门上班时，我总不愿让她走，到头来我觉得自己愈来愈软弱。最后，我不由自主地退缩了，因为我不希望任何女人对我造成威胁。"这是一个男人一再摆脱约束的最佳例证。他曾经和母亲十分亲近，也许就是因为太亲近了，使得他害怕再度陷入对女性的依赖而成为一个软弱无能的男子。瑞克之于母亲的情感对他与异性交往造成了不幸的影响。

若说男人对亲密关系心存恐惧，似乎是不恰当的。事实上，我们相信男人极需要亲密关系。只是，他们实在不知该如何处理伴随公然需要女人扶持而来的无助感。他们唯恐自己的女人不如母亲，或者不如自己所期望的那样。我们的意思并不是说所有的男人都在寻找一个"代理母亲"，而是男人会在女性身上找寻自己母亲所拥有的特质。事实上，多数的男人并不希望时时表现得如此坚强。因此也只有在他们需要抚慰时能给予他们满足的女人，才能得到他们的信任。也就是说，即使只是短暂的时间，男人也有渴望得到女性温柔抚慰的时候。

我们深信，那些无视于男人需求的女性必定会做出错误的选择。要知道，男人十分注意女人是否具备母亲的潜能。如果他们没有在女性身上找到这些特质，他们会立刻起戒心。

39岁的马克是一位银行放款员，他描述自己的心态时说："我发觉自己对女人的要求是多方面的。我喜欢独立而坚强的女人，但我同时也希望她具有温柔而悲天悯人的一面，当我需要抚慰时，她会像母亲一样地对待我。我并不愿以此自诩，但是在我对一个女人说出'我爱你'之前，我必须先领受到这份保证。"

母亲在儿子心目中的万能形象，无疑地会影响他们成年之后与异性的关系。一个女人当然不可能改变这种影响，但至少她能够试着去了解它。

有些男人为了克服对女性权势的恐惧，通常居于被动的地位。他们不设法克服它，反而宁可屈服于"妈妈"的照料之下。不管男人或女人都有被照顾的渴望，而有些男人正是选择了这条路。然而问题依然存在，只不过被隐藏起来罢了。

这样的男人对他所依赖的女人（虽然外表上看不出来）有着永远难以满足的需求，有时候甚至还要靠酒和药物来补充不足。他们任由自己接受女人的照顾，而这些女人也就成了他们的救星。不幸的是，她也欣然地接受了，并认为他只是一时运气不佳而沮丧，在她的悉心照顾下，他必定能重振雄风。于是，这些可怜的女人们便开始了她们拯救男人的行动。

鲍勃是个推销员，有时还算是个精力充沛的男人，但是他的热度持续没多久就辞职。事实是，他喜欢没有工作的生活。如此一来，他可以有更多的时间去滑雪、泡妞儿、喝酒、吸食迷幻药，而且通常都是浩浩荡荡的一群人。蜜雪儿明知鲍勃是个酒瘾很大的男孩，但是她仍不由自主地爱上了他。她也清楚地了解到他对于生活、工作甚至他们的关系是如此的漫不经心，又是如此的好逸恶劳。但她相信他的本性不坏，于是她决心"拯救"他。最后，鲍勃搬去与蜜雪儿同住，而他的要求也愈来愈多了。对他而言，她犹如一位母亲或大姐姐。她的朋友曾警告她，鲍勃永远不可能成为一个尽责的丈夫，但是蜜雪儿总认为鲍勃这些问题只是短暂的。她一再坚信他总有一天会振作起来。但是事实却相反，鲍勃愈变愈糟，甚至整天喝得醉醺醺，无理取闹。有一天她终于忍无可忍，把他赶出门去。这时候她终于认清一个事实——鲍勃的问题不是她能处理或改变的。

采取守势的男人拥有一颗敏感的心，也拥有未被人知的能力与潜能，但往往也正由于那种被动的心态而致一败涂地。有些女性就是被他的敏感所吸引，但是她们不仅不愿接受事实，反而宁可充当一位好母亲，以期使他们认清自己所拥有的潜能，进而将它发挥出来。而这些男人多半对此心存感激，也就顺着别人为他安排的计划前进了。

不幸的是，有些男人不但被动，而且是"侵略性的被动"。也就是说，他们外表看似被动，事实上内心是愤怒的。他们不喜欢别人对他们太专断，并且会竭尽所能地破坏任何企图改变他的事情。最后，他们会像背叛自己母亲一样地做出令他们的女人发疯的事。

27 岁的吉米一踏出校门即开始了他的会计工作。但是不论如何努力，他就是无法有所进展。他所欠缺的是开发新客户的积极态度与信心。每当受到挫折，他就会提早回家躺在床上看书。而他的女友辛吉和他完全相反，她十分有进取心，将一家财务顾问公司经营得有声有色。在她的鼓励下，他们开始订下一个目标：积极学习和广招生意。他只是坐在那儿笑，仿佛他也有着相同的目标，但是事实上并没有。在他的一生中一直有女人想帮助他改变，虽然他表面上很顺从，但是他却暗自为她们不肯接受他原来的样子而生气。辛吉也终于了解，她若是真想和他在一起，唯有放弃改变他的期望。

但是这并不表示两性关系中的所有冲突都告化解，尤其是当此关系包含着一个被动的男人和一个专断的女人时。过于被动、消极的男人当然知道自己是什么样子，但是他们的配偶却往往天真地相信他们必有不为人知的良好本性。这些女性所应认清的是，她们并非由于某个男人拥有潜在能力才选择他，而是因为她们在两性关系中扮演强者角色能使她们更有安全感。

有时候一个极为被动的男人会对女人产生嫉妒和怨恨。就拿妮恩的例子来说吧！妮恩年近而立，三年前结婚。她丈夫的迷人之处在于他的敏感及创造力，但是他从来没有成功过。直到近来，妮恩才发觉他是如何厌恶她事业上的成功，并且还暗地里扯她后腿。他从不努力发展自己的事业，尽管妮恩毫不吝啬地帮助他、鼓励他，他仍对于她的成功心存怨恨。她得知这个事实之后，悲伤多于气愤，因为她觉得自己的付出从未被他认可。

在一种正常关系中，男女双方是应该彼此照应的。因此女性应尽量避免扮演永久的母亲，因为男孩子在长期依赖母亲之后会心生厌恶而离开她，转而寻找女朋友的。

过分依赖他的后果

罗丝是位很有天分而又极具抱负的商业画家，住家与工作地点都在闹市区。她曾经和多位男士交往，但都没有一位能持久。据她自己说，她希望独立发展事业，因而对于与异性进一步交往没有太大的兴趣。但是唯独葛瑞能赢得她的芳心。他稳重而可靠，是个房地产掮客，表面上看来和罗丝不十分相配。他深深为她着迷，而她则引导他走进艺术的领域，使他了解他所不曾接触的事。经过 6 个月的交往，她搬进了他坐落于郊区的豪华牧场。

罗丝搬进葛瑞的牧场之后，顿时觉得压力减轻了许多。她这才了解自己过去是如何地焦虑，如何为了生活而忙碌，既然搬出了原来的住所，她的生活费也多了个分担的人。生平第一次，她不在乎收入有多少。她同时发现，她花在工作上的时间愈来愈少，而花在做三餐的时间却一日多过一日。她放缓了原来急促的步伐，无数个下午都在看书或者种植花木中度过。但就在她逐渐爱上家庭生活的同时，葛瑞却对她日益疏远，因为她已经不再是他所欣赏的那个满怀抱负的女孩，他有种受骗的感觉。

一个男人，当他所爱的女人有了极大的改变时，他有何反应？他必然是不满的。让我们来探索一下其中的原因。

首先要提出的是，男人在与女人交往之初常误以为她们就是刚开始所表现的样子，终其一生都不会有所改变。这些女性在经历过身心交瘁的工作压力之后，好不容易遇上一个可以依靠的男人，她们便认为可以放松自己了。以男性眼光看来，开始时她们是有意隐藏"小女孩"的一面，而在共同生活之后逐渐露出真面目来。

事实上，男人也同样渴望有个人可以让他倚靠，或者照顾他。不同的是，男人除了自立之外别无选择。但是由于他们仍有着那份渴望，因此他们也就格外地嫉妒那些想找寻避风港的女人了。

雷依在谈及他和狄娜的关系时，表现了他的不满。"我之所以被她所吸引，是因为她漂亮、风趣、有活力，是个很有个性的女孩。我们约定先行试婚一年，再决定是否结婚生子。她说她想开一家发廊——她是位发型设计师——而我们也谈到了如何存钱买房子和开发廊。好了，我们房子也买了，但是事情却在一夜之间改变了。过去，她每个星期总要工作三四个晚上，但是现在她却为了做晚饭而取消了所有晚间的工作。接着她开始对工作厌烦，终于辞职了。她说要尽快跟我结婚，接下来的每一个月我都以为她会告诉我说她怀孕了。现在她没事做了，但每当我拒绝洗碗或帮忙整理屋子时，她就骂我是'大男子主义的猪'。我想，她希望同时拥有两种待遇——既想被当成孩子般呵护，又想当个女人。"

雷依难以适应狄娜的要求，正如他所说："这么一来，她像是同时拥有两个世界中最美好的部分，而我就活该接受最差的部分。"

希望有个人能倚靠并不为过，因为这正是一对爱侣、一个家庭的每一分子，以及亲密的朋友之间所存在的关系。当然，男士们也明白女人一旦有了家庭或孩子，免不了要辞去工作。但是如果这种动机不是在一开始就公然呈现在他们面前，而是在日后生活中突然冒出来的，他们就会因此遭致极大的困扰。

许多女人学会了将依赖心隐藏起来，以极为自立和自信的姿态出现，并且努力寻找能够接受及肯定她们价值的男人。这些女性在她们的"女强人"姿态瓦解时，她们自身的惊讶程度并不亚于男人。她们天真地以为这种小女孩的姿态能够完全操纵男人，以为他们不会对这种依赖有所怨言。但是事实上，他们怨声四起。他本以为爱上了一个独立的女人，却不料是个依赖心极重的小女孩。

所幸这种潜藏性的依赖有着警告讯号。其中最明显的警告讯号是：当你梦想婚姻会带给你百分之百的安全感时，即使明知婚姻不可能绝对保障自己的生活，却仍会不由自主地做着这类的白日梦。

也许有不少女性会发现，当她拥有一个能给予她经济方面保证的男人时，她会突然渴望脱离得来不易的事业。她们会兴起重回学校或发展自己与生俱来的才能的念头。女人所不能了解的是，男人也和她们有着相同的想法。然而，他们没有如此幸运，可以随心所欲地做点有意义的事（通常是回报微薄甚至没有酬劳的）或继续接受教育。因此毫无疑问地，男人必定万分痛恨女人为了满足自己的欲望而辞去工作，因为那正是他们所日夜期盼而不可得的。

虽然道理已讲得很明白，但是实际上恐怕女性不可能在短时间内改变自己的目标，改变期望男人支持她们的心理。如果你是聪明的女人，起码要有修正这种期望与生活计划的清醒认识。

不要过度地索取爱情

幼儿与父母的关系是一种无形的依赖，他们的爱是自私而单向的。在日益成长的过程中，他们才逐渐学会在接受爱的同时也付出爱。每个孩子都有不一样的爱的经验，较幸运的孩子有父母给予他们爱和价值的肯定，但是多数人在孩提时期所接受的爱是不完整的。孩提时期所受到的爱的创伤可能导致日后爱他人的能力有所障碍，以至不但不能给予别人那份爱，甚至拒人于千里之外。悲哀的是，愈是需要爱的女性愈难真正找到爱，因为她们经常在无意间使男人打了退堂鼓。女人为了求得爱而奋不顾身，对男人而言可能是痛苦的深渊，这使他们感到恐惧。虽然她们没有明白表示自己需要爱，但那份渴望似乎已写在脸上："爱我！请你爱我！"

为了解男人，女士们应该有些基本上的认识。在我们的男性中，有好多满足、自信而可靠的人表示，他们由于儿时受母亲形象的影响而渴望自己的伴侣是有教养、温和而敏感的。虽然他们并不见得会依此模式来慎选女人，但这却是个明显的事实。

尽管今天的男性已能坦然承认他们的确拥有这些"柔"的需求，但他们绝不愿展现弱者姿态以求达到目标。尽管他们否认自己需要温和而亲密的感情，却否认不了他们的恋母情结。一旦女性缺乏这些特质，他们便会批评她们自私或不择手段。为什么呢？因为他们认为女性缺少这些特质，便表示她只会需求而不知付出。

男人是非常敏感的，当一个女人在关系刚开始时便快速而密集地投入她的情感时，他便感应到了那份疑似"奋不顾身"的讯息。当爱的表白或亲密举动来得太快时，他们会联想到对方必定有所求。一个求爱心切的女人往往在彼此关系尚未生根之前，即会要对方做某些保证，而那只会加速关系的恶化。

有些女性否认有此渴望，而当爱人突然离她们远去时，她们甚至不明白何以如此。她们回忆当初相遇的情景，发现自己并没有说错话或做错事，但他为何不再给她打电话呢？

黛比称得上是好女孩，她唯一的困扰是始终未能与异性维持一个成功的关系，这使得她更加渴望那份爱。但问题是，尽管她自认掩饰得很好，那些男士却仍感受到了她的渴求，因而一个个地逃之夭夭。有些条件很好的女性既有爱人的能力，也值得人去爱，但男士们就是对她们敬而远之。由于一再

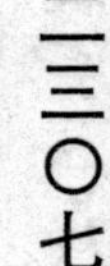

地受挫，内心那份失望感也就相对地增加，而正因如此，所表现出来的急切往往更让男人退避三舍。

在保险公司负责理赔的罗恩，谈到他和女友吉妮（他的同事）交往的情形。"我并不真正了解我离开她的原因。我很喜欢她，吉妮是个友善、性格外向而迷人的女孩，不过我想大概是她太主动了一点儿，才使我离开她的。有几次我们出去看电影或吃晚餐，她都表现得很高兴的样子。她一再地问我，她的穿着是否得当，然后在第二次约会时她便和我上床了。现在我一看到她就想逃，而她却还是那副和善的模样！"

尽管罗恩一再表示他不了解何以会有如此反应，但事实上他是被她的求爱心切吓住了。对爱如饥似渴的女人向来是男人所畏惧的，而愈是遭到拒绝，她们的渴望也就愈是相对地增加。若不是这些女性太急切了点，我想男士们会更有可能爱上她们。当然，这好比叫一个饿坏了的人"不要像饿死鬼似的狼吞虎咽地吃饭"一样不合情理。我们所要强调的是，过于急切只会降低个人的自尊，对于未来只有更悲观。唯一的解决之道，是女性本身应该建立起自信心，先让自己感觉到自己的可爱。缺乏自信的女人才需要别人确认她的价值，并愚昧地以为只有找个合适的男人才能弥补感情上的欠缺。这不仅解决不了问题，还会促使男人更加疏远你。

因此女性处理这个问题的第一步便是认清并承认自己的欲求可能失去控制，然后维持现状——既不要否认，也不要压抑。最主要的是要建立自信心，让感情稳步、茁壮成长。

然而，要控制那份渴望却也不是件容易的事。这必须对自己十分忠实，等待自尊增强之时，成功也会随之而来。事实上自信正是控制和减低那份渴望的最佳手段。

依赖性的需求对男性与女性所造成的困扰是相同的，尤其是他们试图否认时。很明显，他们将之视为不当的行为。当一个女人和异性的关系步入更深一层时，她应将这种需求与缺乏安全感告知对方，然后以双向沟通的方式来得到满足。

不可否认，也有些男人喜欢女性依赖他们，以满足自己的男性尊严。更进一步地说，这样的男人只有当自己以勇士姿态出现时，才会觉得舒服。但是千万要小心，这种男人必定有专制的一面。他会千方百计地阻挠一个女人的独立，而且几乎是神不知鬼不觉的。

让他享受被爱的乐趣

浪漫对于男人与女人的意义有着一些重要的差异。男人通常将两性关系分为"求爱"与"虏获"两个阶段，一旦将女人追到手，他们的求爱行为便会减少。男人在猎艳期间通常很罗曼蒂克，可能还十分迷人，有思想又敏感。在这段时间，他们十分注重细节。他们对于女性的感觉及需求很敏感，可能在一次浪漫约会的隔天就送给她一束鲜花或一张爱的卡片。而当男人感觉到对方开始喜欢他们时——亦即猎艳成功之后，他们的态度就变了。他们会逐渐将注意力由浪漫转为寻求安全、信任与亲近了。这时他们又会回到工作岗位上，而浪漫的气息也消失了。一旦浪漫气息消失了，女人便会感到失望。当浪漫的行为逐渐褪去时，女人总觉得被男人"欺骗"了。

浪漫是一种达到目标手段，还是生活追求的一种目标？真是令人左右为难。难道浪漫一点儿希望也没有吗？当然不是的。一个具有约束力的关系绝对不能没有热情或期望。假使你是个希望以罗曼蒂克的形式拥有一个男人的女人，你千万别强迫他去听音乐会或做一些足以令他紧张的亲密行为。因为那可能会使他感觉到压迫感及罪恶感，如此一来，你所要的罗曼蒂克就更不可能出现了。就算他妥协了，并且从花店带了一打玫瑰回家，那也只是因为他不得不屈服罢了。而聪明的女性都应该知道，屈服是浪漫的死敌，因此最聪明的做法就是让他尽情地享受被爱的乐趣。

"谁在乎他有什么感觉或是不是自在？我需要的是浪漫！"有个解决的方法。首先你必须了解人类心理，即"局部增援"。也就是说，你可以偶尔嘉奖一个人的行为，却不能老是嘉奖他。就拿实验鼠来说吧，如果你给它一颗食物药丸作为工作勤奋的嘉奖，它会工作得很卖力。但如果你再以换空间来嘉勉它的话，它必定更卖力地工作。对未来的不确定使得它辛勤地工作，因为它不知道下一次人们将用什么来奖赏它。

同样的道理，这一套在男人身上也是挺管用的。一个女人偶尔爽约或晚归，会使他急得发疯。这种不确定可以刺激他回到浪漫的气氛中。

记住，浪漫是男人的一种手段，除此之外就只有女人捉摸不定的情感能使他产生些许的浪漫气息，关键就在于"不定"二字。在这段期间，男人会格外关心他们的外表、体重甚至衣着。当他们处于不确定的情况时，他们在周末的时候就知道要刮胡子、讲究穿着，而且会擦上一些古龙水。还有最重要的一点是，他们会发现自己变得罗曼蒂克起来了。

有位女士说道："我已经知道要使男人表现得罗曼蒂克，只需要让他觉得有些不平衡就行了。我会故意装作比平常没用，或者出去和朋友看电影——甚至看完了电影还去喝酒，等我回家时已经是微有醉意了。我很爱他，也不愿做出伤害他或背叛他的事来。但是偶尔来点儿神秘的举动也挺有趣的。虽然他说他恨透了这种游戏，但依我看，他是很喜欢的。"

或许你会认为：我才不要玩这种愚蠢的游戏！我为什么要故意制造不确定来激起男人的兴趣？为什么两个人的关系要由我一个人来承担义务？当然，你没有义务这么做，你也不必做任何一件事。要是你和他能够好好地坐下来谈谈彼此的需求与期望，那是再好不过了。但是在现实生活中，这种例子太少。如果我们把男女之间的跳舞当做一种策略，那也没什么不对。我们所谈的不是谁操纵谁的问题，而是相处之道。聪明的男性和女性会彼此维持一定的兴趣与刺激，而聪明的女性更不会忘记他们的关系之中需要安定、保障与张力。

既然不确定在两性关系中是如此的有价值，那么究竟该以何种方式去实现呢？主要的原则在于不要失去你的自主和自立心。而有时候或许是基于爱、习惯或需求，一个女人会开始将自己的生活形态套在她的伴侣身上，那么不管她的动机是否出自真心，她对那个男人必定会产生一种特定的影响。他不会对她有任何的怀疑，因为他并没有所谓的"不确定"感，而一旦他确定这份感情，他对她的怀疑和好奇也就逐渐地减弱了。

我们愿意提出一些建议，使女性在刺激男人好奇心的同时，又能维持本身的特性。以下就是对维持爱情与不确定之平衡的建议：

信任及表现自己。

先了解自己的特点和长处，之后再将它们带入你的关系之中。当一个男人体验出这一点时，他会认为这是独特而刺激的，而这种特质能够带来惊奇与兴趣，进而维护两人的关系。据男士告诉我们，女性总是要求他们"带动"一切，使得他们的心理负担异常沉重。因此女性不仅要让自己高兴，也该让男性喘口气，不要将全部重心集中于他身上。男人在受到这种"重视"之初会显得陶陶然，但是到了最后也就成了烦人之事。

尊重对方隐私权。

过于公开容易使人失去兴趣，而尊重一个人的隐私权无损于彼此的亲密。更进一步说，它可使你因慢慢认识对方而产生更多的乐趣。事实上，隐私就如同一座蓄水池般，是用来贮存未来进一步了解的地方，它能增加新鲜感。

维持那份不安全感。

维持你的不安全感和对安全的需求，是非常重要的。已经掩藏了的某些事物突然又出现了，于是男性的不确定感又在他们心中升起，直到事情确定之后它才会平息。男人和满怀自信而吸引人的女性在一起时，他们会感到轻松自在，因为她们不会急于要求男人和她们结婚。

维持个别的兴趣。

拥有共同的兴趣在任何关系中固然都有它的价值存在，但是过多的相同点很可能使得生活显得呆板。个别的兴趣能够带来不同的经验，而不同的经验正是产生新鲜与刺激的源头。我们都希望对方能欣赏、喜欢我们的特点，如果能够有些新的体验，那将是极令人兴奋的。

避免一成不变的公式化。

当我们不如意或不允许有任何无法预期的事情发生时，我们只有依循着旧有的轨迹行事。然而尝试及冒险却可以带来更大的冲击，所以，你何不冒险一试呢？对男人而言，稍微的不平衡反而显得更吸引人、更具挑战性。诚如一位男士所说："她最让我深爱的一点就是，当我以为自己已经完全了解她时，她却出其不意地道出她的新观点或新兴趣。"

第七章　在爱里接纳不公平

走出"完美情人"的陷阱

28 岁的仙蒂担任的是秘书工作，她和她那位记者男友奥布里分手已经两年。从那时候开始，她又和许多男士约会过，但就是没有一个比得上奥布里。仙蒂相信，奥布里是唯一适合她的男人。他练达，而且家人都颇有成就，似乎所有的好处他都具备了。她爱他的家人，把他们当做自己的亲人看待。她也喜欢奥布里的一些朋友，从艰苦奋斗的艺术家到高谈阔论的理论家都有。

奥布里在的时候，仙蒂自觉有种成就感。她觉得自己更有女人味，也更充实。然而，当她独处时，她不得不承认，奥布里的完美其实只是她的一种渴望罢了。实际上，奥布里离"完美"还有一大段距离呢！

奥布里对工作有种狂热，唯有激烈的采访或长达一个月的任务指派才能使他精神大振。相对地，他们的关系反倒退居其次了。仙蒂谈的总不过是希望和他共同组织一个小家庭，奥布里却总是兴致勃勃地谈论到国外工作的可能性。当奥布里真的接受了那份工作时，仙蒂的满怀希望顿时化为了失望和沮丧。

在离开她的第一个月里，奥布里大约每星期写给她一封信，而仙蒂也都一一回复了。两人都表现得毫不在乎，字里行间也都未曾谈到未来的计划。接着，信的内容愈来愈短，然后愈来愈少，终致完全断绝。仙蒂强迫自己去交别的男友，以冲淡对奥布里的思念，但她却总觉得，没有一个人能像奥布里那样燃起她心中热情的火。

仙蒂说得不错，她总是拿那些男人和奥布里比。结果没有一次能维持长久的。她也了解自己想在他们之中寻找奥布里的影子，但是他们是根本不存在的。她无法将那些男人当做一个个体。他们身上若是没有奥布里的影子，那么她便难以认可他们的存在。

令人感叹的是，仙蒂相信奥布里不仅是她所爱的人，也是"唯一"能使她尝到爱情的美妙与迷情的男人。"我甚至还幻想着他会回到我身边，我们可以重新开始。我知道这种想法太不切实际，但事实就是如此。"

当一个女人与某人坠入情网时，她必会将之归因于对方具有魔法似的特质。她们对于男性的反应极为强烈，以至于将所有近乎魔法般的特质都一股脑地加在她们的"爱人"身上。这里之所以用"魔法"二字，是基于这些女性对他们的感觉，认为她心目中的"他"是独一无二的。诚如仙蒂所说的："他是独一无二的，我相信再也找不到第二个这样的男人了。有时候，我觉得继续找寻下去是很傻的，因为没有任何人能拥有奥布里那些令我迷恋的特质。"

奥布里或许是个有趣的人，但他实际上并不是仙蒂最理想的人选。当他们在一起时，他对她并不是很好，到最后还是结束了这段关系。由于仙蒂愚昧地相信内心那份完美的感觉，因此对奥布里的缺点竟视而不见，全心全意地专注于他的特点上，如此她才会觉得快乐。造成她无止境哀伤的原因在于她拒绝观察其他男人迷人及不同于他人的一面，而是妄想有一天能和奥布里重拾旧日情怀。

这种女性有一个重要的共同点，那就是：每个人都在无止境地缅怀逝去的爱。而当这段情感的经历愈是万分痛苦而糟糕时，也就愈容易弄巧成拙。在这缅怀的过程中，最大的难题是，她所寻找的并不真正是一个完美的男人，而是那份完美的感觉。

虽说这种哀伤终会成为过去，但我们相信，对于自欺欺人、缺乏自尊的女性而言，痛苦将会伴她一生。

一般说来，女性较男性容易有这方面的问题。当然，这并不表示男性较少遭到感情上的挫折，抑或他们不那么痛苦。男性与女性的不同之处，全在于解决问题的方式。男人即使是和他深爱的女人分手，他也会极力泰然处之，甚至很快地又和另外一个女人交往。女性则有意无意地对离她们而去的男人心存幻想，企盼他们会回心转意——这真是自暴自弃而痛苦的抉择。由于女人将爱情视为生活的重心，因此她们会竭尽所能地重建已经决裂的关系。

当我们失去某个人时，难过是十分自然而正常的。遭到遗弃可能比死还要残酷，因为痛苦包含着个人自尊与自信的丧失。虽然因此而减低自信是正常的现象，但是一味地沉湎于无止境的伤痛之中，则又是另一同事。造成这种悲伤的原因，便是由于女性所赋予男性的权力——亦即确认她是否能成为好情人、好女人甚至好人的权力——的丧失。

一个女人实在不应给予男人左右她对自己感觉的权力。不论在何种情形下，任何人都没有这种权力。然而我们却发现，许多女性因为情感受挫而自觉一无是处。

这些沉溺于无尽哀痛中的女性，其一举一动受生活因素影响甚于自身的能力。她们觉得自己是受害者。男人让她们自觉特殊，而一旦男人离去后，这种感觉也一并随之而去了。于是她们不仅不认为那个男人有什么缺点，反而认定自己是错的一方，心想她们一定做错了什么。这种自责一点儿用处也没有，只有徒增痛苦罢了。

如果要这些人放弃她们对爱的渴望，她们必定会感到沮丧和空虚。因此最适当的时机，便是她们对自己的痴迷感到厌烦时，唯有在这时候做出改变才有可能成功。

长久以来，女性一直渴望由两性关系中寻求刺激、满足与确认，因此若要克服痴迷倾向，就必须试着从其他方面寻求快乐与个人的认同。但是要找出一种代替品并不容易，或许这世界上再也找不出比恋爱更令人振奋的事情，但却有许多和恋爱一样可以带来欢愉的事。譬如多花些时间在与女性朋友的交往上，如果你们所谈论的话题不围绕着男人打转的话，那将对你有所助益。即使话题离不开男人也无所谓，至少那是十分有趣的。

那个常常让你微笑的男人

你眼中的好男人是体贴的丈夫，还是可依靠又依恋着你的那个大男孩？

或是那个仪表堂堂、性感张扬且身居高位的大哥大。你是更注意男友的品行，还是他的学识能力？尽管很多女孩子口头上不承认，但实际上，她们在找的是个又英俊又富有又专一又浪漫的男人。

"我想要一个在我撒娇发脾气的时候宠我爱我的男人，我想要一个在我无助的时候能洞悉我所有的男人，我想要一个可以依赖把我当女儿的男人，我想要哪怕一个眼神就可以看透我……"如果这样，我只好告诉你，你要的人在我们的世界上基本上没有，就是有，也不一定能让你碰到。你应该清楚你所需要的好男人是哪种，什么对你来说是最重要的。他可能很有事业心，但同时可能会终日忙于工作顾不上你；他可能对你很专一，但同时却一点儿都不浪漫，让你觉得乏味；他可能既有事业心又很专一，但没钱；他可能很温柔却有点儿丑……世间的男子千千万万，每个人要的都各有不同，好男人的定义本就无从考证。

柯林回忆道："我结婚之后，经常想撮合我所认识的男、女性朋友，但是过了不久，我就打消了这个念头。因为我发现，在我的男性朋友中，根本找不到配得上那些女人的！我知道，她们并不要和她们并驾齐驱的男人，而是要比她们好的。比如说，我有个职位尚属中等的朋友，我想把我的一位女性律师朋友介绍给他。他们的收入差不多，但是她却拒绝了。当我问她原因时，她对我说，'那位男性可能会觉得我的事业将给他带来威胁。'我知道那位男性不会如此，而我也很清楚，我的律师朋友眼睛长在头顶上。她的朋友也都认为，她理当找一个更强的人。"

事实上，这些女性对眼前的恋爱对象和理想中的恋人形象进行的是不适当的比较。她们往往美化理想中的恋人形象，给他们抹上了一层神秘的理想色彩，而忽视了身边有价值的东西。其实要的越多就越会斤斤计较、百般挑剔，弄得彼此都很累，反倒不那么幸福了。别把爱情看得那么复杂，简单地说，常常让你微笑的男人就是好男人！

布雷特高中时最向往的是成为一名运动明星。他是个很好的听众，学校里所有的漂亮女孩他都认识。他比其他男孩都要了解她们，因为她们觉得跟他在一起很"安全"。他是这些女孩的好朋友，但是绝不会有任何女孩要做她的男朋友。这种形象一直延续到成年之后，布雷特对许多女性而言，都是个极容易相处的朋友。殷勤、自信、善良而讨人喜爱——但就是缺乏热情。他和不少女性约会过，但最后都成了朋友而不是情人。

黛安打电话给布雷特时，心情极为沮丧。她4岁的儿子发高烧，而当她打电话给她的家庭医生时，又逢医生不在，于是她只好求助于她的男友。她的男友只在电话里安慰她几句，但是以黛安身兼父职的心情而言，她对儿子的关怀自然比一般母亲更甚。最后她决定亲自开车送孩子去急诊室求医，但偏偏她的车子汽油用完了，于是她又打了一通电话给她的男友。不料却因此惹恼了他，他说她"太歇斯底里、太宠孩子、太小题大做。"这时她想起了布雷特。他们去年曾一起工作过，彼此相处得很愉快，但是她从不曾将他列入约会的对象。布雷特在电话中听到了黛安焦虑的声音，立即刻不容缓地赶到她家，将她高烧不退的儿子送到医院去。医生向她保证，那只是发烧而已，因此她取了药后就回去了。

尽管布雷特并不是黛安欣赏的那种男人，但是她对他产生了一种新的情感，仿佛有一股强大的力量吸引着她。他与孩子相处的情形以及他对她的怜爱，都使她为之心动。那一瞬间，她笑了，发自内心安然的微笑。许久许久，不曾接受一个男子带给她的慰藉。她欣赏他那毫无怨尤的奉献，以及自我控制的冷静态度，这使她有一种前所未有的安全感。最终，她敌不过一个男人带来的心灵上的温度。她认为，这是最后一个能让她快乐的男子，她不能错过。于是他们开始约会，最后两人都坠入了情网。

女人图什么，就图个暖心人，有一个能让你常常微笑的男人就够了。

别逼男人去当英雄

智慧的女人，亲手建立家庭；愚蠢的女人，亲手拆毁家庭！

男人们总想着，自己的妻子要是白雪公主就好了！女人们总想着，自己的丈夫要是白马王子就好了！但世界上90%以上的人，都只不过是平凡人而已，难道，平凡的人就不能结婚了吗？那是不可能的！

结婚前，两个人总认为对方是天底下最棒的！但女人一旦成了太太，甜蜜的时间一过，就容易出现问题了。总觉得自己选错了丈夫，总觉得丈夫太平凡，不是赚的钱不够多，就是笨得出奇……

十全十美的丈夫天下难找，女人又很容易从别人的丈夫那里发现闪光点。同事的丈夫赚钱多，电视剧里的男人很性感……要是自己的丈夫能集众家之所长该多好！在这种情况下，有太多的女人，希望自己的男人能变成自己心目中的英雄！但作为女人的你，可曾想过适得其反呢？

一个爱你的男人，他一定想从自己妻子那里得到肯定！如果男人从自己妻子身上得不到肯定，弄不好他就要去别的女人身上找"肯定"。太多女人懂得这一点，可似乎很少有女人这么做！作为男人，压力本身就比女人大！在仕途上没有混个的一官半职，业务上也无大的成就，你还经常呛他一顿。女人没钱，可以有一千个理由；男人没钱，却只能表明他没有本事。

男人表面上看很坚强，其实内心是非常脆弱的，他们有着很强的自尊心，他们有着远大的理想和抱负，他们有着强烈的责任心！在这高科技高尖端的时代，他们为了适应社会、立足社会，已经很累了，回家还要面对女人的苦瓜脸，不但如此，女人还要加上一大堆的要求："你为什么，就不能报一个学习班呢？这样，对你的升职很有帮助！""你为什么？就不能……这样，你就会有更大的成功！"……

也许，你对丈夫的要求不是赚更多的钱，而是想让他长得更帅。所以，你给他买了很多的名牌用品，还给他办了男人保养的月卡！不过，过不了多久，事实就会证明，你的丈夫会被你弄得无精打采的！因为，你只想到了自己，你忘记了男人们也有自己的思想，你伤了他的自尊，是你没有办法让他去爱你！无论你想把你的丈夫变成哪一类英雄，都是不可取的！

女人想要把自己的丈夫变成自己心目中的英雄，已经成为了现在太多男人不敢回家的原因。家不再是他们放松的地方，简直成了地狱。妻子也不再是温柔体贴的可人儿，简直比他们无情的上司更可怕！

为了家庭的幸福，为了丈夫的健康，不要过分地苛求生活的完美，不要往他本已沉重的担子上加砝码了。不要再给男人施加压力了，过重的压力会让他们的身心受到伤害！而且，男人压力增加，心态就会变老，即使他选择留在你身边，你们的激情也是很难找到的！

不是丈夫没有进取心，而是太太们太有虚荣心？换一个老公，是不是就能解决问题？未必。其实只需太太们换一种眼光，所有的问题都迎刃而解。那就是，换"挑剔"为"欣赏"，欣赏自己的丈夫。

女人要想幸福，一定要懂得欣赏自己的丈夫。每一个男人都会因为女人对自己的欣赏而感谢她，继而由衷地爱慕她。那些家庭被插足的女人，就是自己的丈夫被别的女人欣赏了。"第三者"通常会说："我没错啊，他也很好，是你自己不会欣赏。"回头再看，那个即将离开自己的人，的确优点不少。为什么一定要在这样的情况下才去欣赏？悔之晚矣。

女人学会了欣赏丈夫，生活充满了阳光，你就会快乐幸福。但也请你记住，欣赏丈夫绝不是委曲求全，委曲求全的人是没有快乐幸福可言的！付出总有回报，相信每一位善良的女人都会得到丈夫的关心体贴疼爱的！男人最大的压力是如何成就事业和养活家庭。女人最大的压力是如何完善爱情和保持魅力。我想大多数男人都是会选择温柔贤惠的妻子，因为只有这样的女人，才会让他们有一个真正的"家"。男人们渴望爱人能够关心自己的，他们希望寻找到一种强烈的归属感觉。男人们不需要女人不停地告诉他们应该如何去努力赚钱。他们需要女人的爱，这种爱不但可以让你和丈夫的关系美好。丈夫还会因为你如此让他疼爱，而心甘情愿地为这个家去付出，去当英雄。虽然有很多时候，他也未必能做到！不过，这不就是你想要的吗？所以，不要再逼他去做英雄了，那样只会适得其反，到最后，还会弄得自己筋疲力尽，结果，却没有你想像中的好！

在爱里接纳不公平

有的女性习惯于寻求爱情中的公平，而当公平并不出现时，往往会愤怒、忧虑或沮丧。实际上，在爱情中寻求公平如同寻求长生不老一样，因为公平并不存在。从前不存在，将来也不会存在。公平是一个没有实际意义的概念，在人们追求幸福与满足中，尤其如此。但是，我们当中把公平看成是爱情中固有标准的人，实在是太多了。

"这是不公平的"，"我要是不能做那件事，你也无权去做"，"我会对你干出那种事吗"，等等，这些就是我们经常使用的话语。我们寻求公平，在没有公平的时候就会不愉快。寻求公平这种行为并不是病态的，只是当你强烈要求公平而又未看到公平的迹象，因而情绪消沉时，这才变成一个误区。

如果你的伴侣爱上了另一个人，他并不是在做"不公平"的事，而仅仅是在生活。如果你认为这是不公平的，你很可能最终要努力找出原因。在这方面，有一个很好的例子，我的一位求诊者发现丈夫在与别的女人私通，她大发雷霆，执意要找出其中的原因。她总是在问，"我哪个地方不好？""我做错了什么事？""我配不上他吗？"以及类似的怀疑自己的问题。她对丈夫的不忠行为耿耿于怀，认为这太不公平，有时甚至想以牙还牙，自己也去同别人私通。她经常哭泣，要么愤怒，要么悲伤。

这位女士名叫海伦，带给她不幸的正是她对公平的追求，而这种追求使得她在家庭关系中被压抑得喘不过气来。她因丈夫的私通而心烦意乱，同时她又在用丈夫的行为作为借口，来做长期以来她可能想做，但因为这件事不是公平的而没有做的事。海伦坚持要有严格的公平，这可能意味着假如她先同别人私通，那么丈夫必然会要进行报复。

或许他仅仅是追求新鲜感，或许是为了感受妻子以外的人的爱，也可能是要证实自己的男子汉气概或推迟自己的衰老过程。但无论出于什么原因，都与海伦毫无关系。她可以把私通事件看做是丈夫和那个女人之间的事，并不是针对她来的。只有靠她自己才能平息她的烦恼。

要知道世界上的万事万物是有机地联系在一起的。知更鸟吃虫子，对于虫子来说是不公平的；蜘蛛吃苍蝇，对于苍蝇来说也是不公平的；美洲狮捕食小狼，小狼捕食獾，獾捕食老鼠，老鼠捕食蟑螂，蟑螂……。只要你看看大自然，就会明白，在这个世界上，并无公平可言。公平不过是一个神话学概念。这个世界以及世界上的每天都处在不公平之中。你可以选择幸福与不幸福，然而这与你在周围见到的不公平现象毫无关系。

我的一位求诊者，一个富有魅力的年轻女士朱迪，就是这种自我毁灭性思维的典型代表。她抱怨说，结婚5年了，可是她总是感到不幸。在一次询诊中，她向在座的各位展示了她的家庭纠纷。当一个扮演朱迪丈夫的青年说了一些令朱迪不愉快的话时，她立即反驳说："你为什么说这些？我可从不对你说这种话。"当他提到他们的两个孩子时，朱迪说："那不公平，我吵嘴时从不把孩子牵连进去。"当他们把话题转到一个预期的晚间文娱活动时，朱迪还是说："那不合理，你总往外跑，让我在家带孩子。"

朱迪把她的家庭生活中的每一件事都平均分摊，你一半，我一半，事事都要做到公平合理，我这样做，你也得这样做。因此，她经常伤心和怨恨是不足为怪的，她更关切的是纠正她所想像的不合理现象，而不是如何检查自己的婚姻状况，想办法让它更美满。

朱迪对公平的追求是病态的，只会走人死胡同。她是在根据自己的行为衡量丈夫的行为，根据她丈夫的行为来评估她的幸福。只要她停止这种无休止的追求，而去追求不对他人欠债的她所向往的东西，那么她的家庭生活就会大为改观。

那么，消除这一"要求公平"的误区可以采取哪些办法呢？

将你所认为的不公平现象统统列在一个清单上，以此作为自己采取有效行动的指南。向你自己提出这样一个重要问题："这些不平等现象会因为我烦恼就消失吗？"显然不会。通过向带给你烦恼的错误思维发起进攻，你将会以自己的方式逃离"公平陷阱"。

根据你的意愿建立你自己在家庭中的处事标准，让丈夫也这样做。然后，看看在每个人的权力不受侵犯的情况下，这样做是否行得通。假如你希望每周在外面度过三个晚上，但因为要有个人照看孩子而办不到，那么你做决定的时候不必考虑公平问题。你们可以找个人临时看看孩子，也可以带孩子一块儿出去，或做出一个双方满意的安排。但如果不厌其烦地说"那不公平"，那就肯定会引起他的不满，只好还是待在家里。要当一个实干家，而不要先是抱怨不公平现象的存在。对于你所遭受的不公平待遇，都会有一个不会导致你消沉的解决办法。

从现在起，不再让男人的所作所为影响你的情感，这样，当他未按你的意愿行事时，你就不会被痛苦的锁链所束缚。

在平凡生活中发现爱情

现在的女性所肩负的责任，远比过去沉重得多，复杂得多。因此，在人生的旅途上，要想找到一位理想的伴侣携手并进，的确不是一件容易的事情。然而，我们不能就此认为世上就没有好男人。事实上，那些抱怨自己"遇不到好男人"的女性，只能怪自己做了错误的选择。我们经常可以发现，愈是智慧高人一等、圆熟世故的女性，在情感方面的失败率与犯错误率也愈高。我们相信，这些错误的发生，乃是源于女性对男人的误解。更进一步地说，她们对于异性期望过高，深信她们可以找到一个各方面都令人满意的男人，她们理想中的伴侣要像一件裘皮大衣那样华丽高贵。

男女双方都希望从婚姻关系中寻得安全的港湾与爱的滋润，同时借以免于孤独。但是有些女性对婚姻的要求还不止于此。她们还希望加进一些欲求、冒险及个人认定等等。男人也一样会对异性做出种种幻想，但是他们表现的方式不同于女性。女性寻找的是"白马王子"，以及不可能存在的浪漫、理想化的关系。因此，许多女性成了爱情与浪漫的俘虏。有些女性甚至一味沉醉于罗曼史所带给她们的短暂刺激之中。

德博拉上大学时曾是同学们心目中的"小太阳"，她纯情、开朗又有才华。也许因为从小喜爱文学的缘故，她的头脑中总是充满了浪漫的幻想。在一次舞会上，她认识了风度翩翩的亚摩斯。德博拉的心被一种强大的异性磁场所慑服了。亚摩斯那诙谐幽默的谈吐、豪爽大方的举止处处吸引着她，搅得她的心无法平静。很快，两人就进入了花前月下的热恋中。然而，几个月后，德博拉意外地发现，亚摩斯是个善于玩弄女性感情的骗子，他与她不过是逢场作戏。她非常气愤，下决心和他断绝关系。但可悲的是，她怎么也无法从心中抹去他的形象。她总是回味他们在一起的时候，沉湎在其中不能自拔。

其实，两性关系的成败，完全在于自己。只要你不先以一种世俗、虚幻的价值观来衡量，而是以坦诚、客观的目光去观察，就能真正了解他们的内心世界。也许，华丽高贵裘皮大衣并不适合你，因为它娇气不好保养，穿的时候不能挤地铁、不能上自由市场，除了小心翼翼之外还得应付其他众多女子觊觎的眼神。贴身棉袄就不同了，它既柔软暖和又容易打理，随便往包里一塞不怕起皱，落在公车上也不一定有人乐意捡回家。

"我并不是说米奇很乏味，而是觉得他太含蓄了。"安吉，这位漂亮的姑娘说。她 28 岁，在一家大公司担任高级秘书，喜欢凡事比她强的男人。"米奇不是我所喜欢的类型。他虽然不胖，但是一张脸圆得像个娃娃。"安吉喜欢瘦一点儿的男孩。"看起来营养很好。而且，他是个地地道道的美食主义者，不仅饮食方面是如此，做其他事情也都要求最好。他最初给我的印象就像是个不受欢迎的孩子。他喜欢做个胜利者，而他成功的原因，往往是因为他不轻易放弃，因此他才能成为一个出色的工程师。他还精通绘画，甚至钢琴也演奏得很出色。他的成功绝非昙花一现，而是扎扎实实的。初认识米奇时，我觉得他跟其他人站在一起简直难以比较，但是直到现在我才发现，他跟过去我所认识的男人不一样的地方——那些男人一旦让你看透，你会发现他们肚子里空空如也，但是米奇却正好相反，他是个极有内在价值的人。"

有些男人对自己不完美的外表不以为意，克里斯就是这样。当你第一眼看到他，一会认定他是个乡巴佬——操着浓重的口音。一头乱蓬蓬的头发。他又高又黑，外表上看起来实在是太粗犷了。即使有人批评他衣着古板，他仍然不为所动。但话说回来，这也成了他最大的特色。他在一家律师事务所工作，其中不乏衣着华丽、精明能干的老手。克里斯虽然不是拥有客户最多的律师，但却是很稳当的。在法庭上，他是位百战百胜的辩护律师；出了法庭。他便是个忠实、值得信赖而又有耐心的朋友。但遗憾的是，他离许多女性心目中的"好男人"尚有一段距离。克里斯是个有自信心的人，因而他并不在乎自己的外表如何，但也因此减少了许多恋爱的机会。终于有个女人发掘了这个宝物，她发现克里斯能够忍受她的许多缺点，这并不表示他软弱，而是他具有内在的美与包容力。这股力量在一开始时曾被视为无趣，然而她现在却不能没有他。

爱情是神奇的火，可以让人创造奇迹，也可以令人陷入盲目。脱离实际的幻想，超乎现实的理想化，注定使爱情失去真正的生活色彩。裘皮大衣——再美丽也仅仅是一个梦而已。

放弃控制反而拥有力量

埃尔文是个一家公司的小职员，他的妻子布兰琪是上下班坐小车的公司高管，但这位女高管在丈夫面前却给我一种小妹妹的感觉，温顺和气。最令我吃惊的是，有一次我上他家做客，埃尔文发现家中无烟，就指使她去买烟，她二话没说就去了，回来还征求丈夫的意见，看买得合适不。能当上公司高管的女人绝对会有强者的一面，在公司的威风也会影响到她的日常行为和语言，像这位朋友的夫人在家庭生活的表现，确实令人感动。

女性能靠自己的努力获得事业的成功就够令人佩服了，如果她能处理好家庭关系就更令人尊敬了。她既懂得承担自己的社会责任，又懂得承担自己的家庭责任，知道自己应该在什么场合扮演什么样的角色，该收敛时收敛，该表现时表现，该当配角时当配角，该当主角时当主角。

但是也有一些女性不是这样，她处处要表现自己，在丈夫与朋友谈话甚至讨论专业问题时，不断插嘴，要显示她是无所不知的。还有的女性在公众场合，朋友之间处处显示自己对丈夫的控制能力，这就更不得体了。受损害的是自己，也包括丈夫。

我总结了一下，大致上，爱控制丈夫的女人有四种不同的类型。

公主型——美丽聪明，自小是父亲可爱的小女儿。这种自觉使公主身份的女人认为应该得到别人的欣赏及赞美，一切好的事物都应该降临在她的身上。她会用策略来争取婚姻关系的控制权，譬如，她会先同意丈夫提出的计划，然后慢慢改变它。丈夫建议假期去露营，她起初会说："噢，这提议真好。"但当假期渐近时，她开始挑剔这个度假计划，直至最后改为另一个完全适合她兴趣的计划。

调查官型——这种不信任人的女人大概是生长于没有安全感的家庭，父亲不值得信任。她会不时打电话查问丈夫的行踪，不时搜看他的衣袋。其实在心灵深处她觉得丈夫爱她不足，希望她是丈夫唯一的一个女人。

救世主型——这种女人喜欢把丈夫当做孩子看待并控制他，但与此同时，又会批评他幼稚。

破坏乐趣型——这种人本身不快乐，便有意无意间想控制丈夫令他也不快乐，她会事事看不顺服，喜欢批评丈夫。

我的朋友鲍勃告诉我，他的妻子奥萝拉手脚真是利索，没有难住她的事儿，家里的事全靠她料理。鲍勃对她不满意的地方，就有一条：蛮横、强制，什么都得由着她。她说东，你不能说西，她说行，你不能说半个不字。

因为奥萝拉比鲍勃小几岁，头几年鲍勃总让着她，不过心里很不舒服。没想到，奥萝拉却得寸进尺，反而老想制服丈夫。鲍勃让着她，她以为是蔑视她、小瞧她，反而更伤害了她似的，她非要丈夫心服口服、服服帖帖不可。奥萝拉总想强迫丈夫改变已经习惯了的生活和交往方式。比如鲍勃习惯早睡早起，可奥萝拉晚上磨磨蹭蹭，早上贪睡不起，有时她也醒了，只是不肯起来。鲍勃不要求她跟自己一样，但奥萝拉却强迫鲍勃跟她一样，为这件事闹了几次别扭，很伤夫妻感情。

有些女性总喜欢以自己的好恶去规范控制对方，还以此表示关心对方，意思是为对方好。但是她们忘了，夫妻之间感情再好，各自仍然是有个性的个体，凡个体皆有差异，不承认这种差异，忽视这种差异，就是忽视对方，爱情的上空就会出现阴云。

一位女士阿尔娃向我诉说她的苦恼："我很爱我的丈夫，结婚七八年倒也算和美，但我心里总有一件事犯嘀咕，不大痛快。"听到这，我凭经验以为她有不便启齿的事，无非是丈夫婚前有过什么，或者有婚外情之类，不待我"动员"，她倒痛快，乍听也平淡无奇——"丈夫爱跳舞，可是我最反感跳舞。"我说了一番跳舞是正当的娱乐，有益的活动的道理，想从观念上改变她，并让她放下对丈夫因跳舞而可能对她不贞的担心。她对此还是有些自信的："我丈夫不会有'什么'。可是别的女人有'什么'的话怎么办？——还是有点担心。"我问她："你们恋爱时知道他喜欢跳舞吗？如果知道，你为何不反对？"她很坦白："那时不是没结婚吗？我没理由干涉得太厉害。"言下之意，没结婚时他是独立的个体，要尊重他的爱好。结了婚，他的独立性就不复存在了，也就可以不尊重他的爱好了。这正是这位女士的错处，烦恼也就因此而产生。我告诉她："爱他，就让他去做他喜欢的事。用你的尊重，换来他对你的感激，常怀感激之情，爱情更深沉。即使别的女人有'什么'，你也不必担心。反之，你越反对他喜欢的事，他得不到尊重，或许真会有'什么'呢！"沉吟片刻，阿尔娃接受了我的观点。我还建议她也试着学学跳舞，拜丈夫为师，偶尔也伴他一曲，肯定你和他的感觉是"味道好极了"。她被我的调侃逗笑了。

　　你要记住：给对方足够的空间自由，尊重对方的独立人格，时时想着对方的爱好，并满足其爱好，婚姻的品位一定会提高。放弃对丈夫控制的女性是最聪明的女人。表面上好像她们尊重、理解的是丈夫，实际上表现的是自己的人格、修养、智慧。放弃控制，你会发现你拥有更大的力量。

大声说出你的需要

　　爱葛妮丝是我的朋友，非常诗意非常典雅的女孩，她曾经和一位非常优秀的男孩谈恋爱，后来却分手了，原因竟出自于衣服。原来男孩出差去巴黎，"服饰之都"啊！得知这一信息的瞬间，爱葛妮丝已心花怒放。她心里想，他一定会给自己买几套果色含香的新潮衣服吧。直到飞机飞入了云层，爱葛妮丝还在琢磨：苹果色、橘子色还是香蕉色呢？爱葛妮丝认为十拿九稳，感觉男朋友像揣着神圣使命出发似的。

　　等呀，盼呀！结果呢？果色含香的衣服还挂在巴黎的衣橱架上，男朋友一脸懵懂，一脸惶惑："买衣服？你没给我说过呀！再说那么多颜色，看得眩晕，青苹果的颜色，红苹果的颜色？绿橘子、金橘子，还是黄香蕉、白兰瓜，究竟你喜欢哪一种颜色？"

　　爱葛妮丝只感觉眼眶内发洪水了。"其实，哪一种果色我并不在乎，我在乎的是爱人的心，爱心才是最重要的颜色。"爱葛妮丝绝望地离开了自己的男友。

　　年过 30 岁的她，历经男女之爱的风风雨雨，突然感悟到那个单纯且过分认真的大男孩比起自己周围的大多数男孩都值得信赖，可以托付一生。

　　"你自己如果都不在乎的事情，我为什么要帮你在乎？"这是一位男性朋友告诉我的看法，我觉得很震撼也很有道理。常常听男人抱怨自己的伴侣："我爱人最大的缺点就是她从不告诉我她的想法。"对此，女性的反应常常是勃然大怒："我们那么亲密，那么相爱，他怎么可能不知道我想要什么，还要我讲？一点儿都不贴心。"

　　其实，有时候我们对于感情总是要求得太严苛，也不只是爱情，甚至是友情、亲情都是这样子。我们被教导不去抱怨，好像抱怨一件具体的事情是婆婆妈妈的表现，忍让下来才算优雅。我们也不喜欢去教导男生怎么对待我们，一切都只诉诸于莫须有的感觉，要他们时时战战兢兢配合我们的感觉或行动。

可是相反的，他们就会告诉我们：

"我希望每一天可以吃到你做的早餐。"

"我不喜欢你迟到那么久，下次你可不可以尽量准时呢？"

"我不喜欢你穿得那么暴露，我会因此而不高兴。"

女生们就老是不讲，等到有一天忍无可忍，才开始大发雷霆："你为什么不在乎我的感觉？"问题是，大家每一天要忙的事情已经这么多了，脑袋里多半都是工作或生活上的琐事，事实上，到底多少人有这等能力再去摸索对方的感觉，满足她永不说出口的需要呢？我觉得，很多时候，不了解对方、做不到对方的要求并不是爱不爱的问题，而是能力的问题。

放过别人，也放过你自己。因为大家的能力都有限，就算再怎么了解、体谅对方，也会有力不从心或疏忽的时候，这个时候，最需要你的帮助。把你的需要说出来，但是不要用耍性子的方式。因为，不是任何表现都直接和他爱不爱你有关的。

去告诉他，你很想买一件衣服，可是这个月实在太拮据了，你很希望他给你买；去告诉他，你讨厌他和某个多嘴的女孩子走得太近；去告诉他，你希望他每天晚上 12 点钟打电话给你，哄你睡觉；去告诉他，周末的时候你想去看电影，请他一定要陪你去。

不要一个人闷在家里等他打电话来，等他决定要不要和你一起出去，还是待在家里看电视；不要一个人三更半夜回家却不打电话请他来接送，体谅他白天上班辛劳却一个人孤单无依又委屈；不要为了怕他可能想跟好久不见的朋友聚聚，就不打电话"吵他"问他现在在干什么，晚一点儿可不可以陪陪你。

你可以最后选择体谅他而退让，但是万万不能不说出你的"期望"，呆呆的还没说出口就先为他找借口放弃自己可能得到的东西。因为，你不说他不会知道，也不会这么神奇地帮你想到。

以前，爱玛总是抱怨丈夫什么都做不好，然后命令他做这做那，比如接送孩子上下学，但这些抱怨与命令从来都没有起过任何积极作用。大约一年前，爱玛改变了自己说话的方式，她对丈夫说："今天我要赶一份文件，估计会做到很晚才能完成，我可能不能去接贝蒂了。"那天他二话没说，早早地就去幼儿园把贝蒂接回了家。事实上，在接下来的一周里，他有好几天主动去接孩子。现在他已经完全承担了接送孩子的任务，不用爱玛再插手了。几个月前，爱玛曾去接过一次孩子，他竟感激地对她说："谢谢你帮我接孩子。"

别再犹豫了，对丈夫说出你的需要，也许是一个假期，也许是一套新家具，或者给孩子上的钢琴课，当然也可以是给自己一点儿时间，或者是你想要生个孩子。我这样告诉你，并不是在为男人的粗心大意找借口、逃脱责任，我只是很希望，你可以少一点儿不快乐。当你可以选择快乐的时候，就不要选择自伤。

写给女人的忠告

第八章　帮助丈夫走向成功的第一步

帮助丈夫实现梦想

1. 成功的男人都有清晰的目标

1910 年，有两个年轻人合租了纽约市一所廉价寄宿公寓的一间房子。其中一人名叫戴尔·卡耐基，他是一个来自于密苏里州玉米种植区的幻想家，他没有见过什么世面，现在就读于"美国戏剧艺术学院"。另外一个年轻人是来自麻州乡下的孩子，名叫惠特尼。

惠特尼出身农村。他和其他穷困的乡下孩子唯一不同之处是：他决心将来要成为一家大公司的老板。

惠特尼在城市找到的第一份工作，是为一家大食品连锁商当零售店员。惠特尼工作十分努力。为了更好地了解业务状况，他便利用午餐时间到批发部门去工作。他这样做虽然不会得到别人的感谢和额外的薪水，但给老板留下了良好的印象。当一个更好的工作出现空缺时，老板就想到惠特尼而把工作给了他。

惠特尼从零售店员升为业务员，然后是部门主管、区域经理。随着时间的消逝，惠特尼渐渐地升了上来。尽管人们认为他已经很成功了，但他不免会有失望和挫折感。在为这家公司服务多年之后，他感到自己到了尽头，因为总裁在公司里有太多的亲戚了，这些人的能力却根本不如他。在另一家公司，他发现晋升的依据是年资，因此，他知道他到死都无法成为公司决策性高级职员。

但是他一直没有忘记自己的目标。当他成为"橘子包装公司"的总裁后，终于实现了他的梦想。后来，他又创设了"蓝月乳酪公司"。

　　当年，惠特尼初进城时，曾对公寓里的室友戴尔说："有一天我要成为一家大公司的总裁。"这句话并不是痴人说梦，他是在坚定自己的内在信念，为自己定下一个目标，以此来鼓舞他人生当中的每一个行动。

　　为什么惠特尼轰轰烈烈地成功了，而那么多的人却失败了呢？虽然他工作努力——可是别人也和他一样努力。他只在工作之余自修，所以学历应该也不是问题的答案。问题关键是，惠特尼知道他的目标。当他加班，当他换工作，当他学习业务上的新知识时——他所做的一切都是为了这个目标。而其他人呢？他们却缺乏这种清晰的目标。

　　茫无目的是这些不能成功者的咒语。他们茫茫然地找个工作——茫茫然地结婚生孩子——他们蹉跎岁月，一直在彷徨地期望事情会有所改变，心里却缺乏清晰的欲望和理想。

　　2. 找出丈夫对生命的渴求和希望

　　纽约市新温斯登饭店成立了一个"易职诊断处"，创办人及指导员是安·海沃德，她专门为对自己的工作不满意的人士提供参考意见。我花了好几个下午和安小姐讨论失业的问题。她告诉我，大部分上门来求教的人的主要问题，就是不明白自己在追求什么。因此，她所做的第一件事，就是帮助他们澄清自己内心当中的希望和野心。

　　每一位妻子所能帮助丈夫的，首先便是帮助她丈夫找出对生命的渴求和希望，然后她才能与丈夫精心合作，实现这些梦想。

　　合著《婚姻指南》的塞默和伊瑟克林，相信快乐的婚姻需要夫妻具有共同的梦想。至于梦想是什么并不重要——例如一幢新房子，一趟欧洲旅行，或是一个大家庭——共同拥有一个梦想才是最重要的。

　　"关键在于，"他们说，"对眼前的生活有所希望，然后尽其所能去实现它。快乐、情趣、参与感都会从构思、梦想和希望中获得，从共享胜利与失望、成功与失败中获得。"

　　堪萨斯州的威廉·葛理翰夫妇的成功便是基于他们有一个共同的梦想。在威基塔，威廉·葛理翰油料公司是一个逐渐受人重视的公司，负责人威廉·葛理翰便是它的主要功臣。在还不到50岁之前，他就已经从油料经营和投资中赚得了可观的利润。同时，葛理翰和他的夫人玛瑞丽也拥有许多令人

世界传世藏书

卡耐基励志经典

写给女人的忠告

美慕的婚姻成果：6个健康的孩子，富有、漂亮的家居，成功的事业——这一切使他们对未来的岁月充满了希望。

我认识威廉·葛理翰已有多年，当我请教他成功的最大因素时，他回答说："是我们夫妻长期计划和协调工作。"

他们刚结婚没多久，玛瑞丽就知道了丈夫的梦想和计划，于是他们共同工作，开始做房地产生意，介绍房屋买卖，从中抽取佣金。除了成功的信念和埋头工作之外，他们没有其他后援。他们将办公室设在一幢办公大楼的废弃通道末端，玛瑞丽在这里负责联络，威廉便四处拉生意。

开始的时候，业务进展很慢，这对年轻的夫妇经常得精打细算，否则全家便要饿肚子。

当业务出现转机之后，他们便自己出钱买房子，再倒卖出去，从中赚上一笔。然后，他们就开始自己盖房子。这时，由于经营状况太好了，威廉觉得他应该加入一些新行业，以便获得更大的发展机会。

经过几次协商，他们夫妻俩觉得做石油生意最适合威廉。因为他渴望业务成长和更多的机会和挑战。于是"威廉·葛理翰石油公司"诞生了，这个公司一直是非常成功的实例。

目前，威廉正在制定新的计划。他和玛瑞丽正考虑在国外投资的可行性。只要他们有了决定，他们便会将它付诸实现。

当葛理翰夫妇为自己制定计划和选择目标时，总会考虑到威廉所受过的训练、倾向和性情。玛瑞丽说，一旦威廉实现了一个目标，一定会立刻再寻找另一个富有挑战性的难题，以免自己失去生活的乐趣。在这种共同面对挑战的过程中，他们建立了亲密的感情。

葛理翰夫妇的成功是两个人共同订下计划、实行计划、直达目标的极好证明。没有人能够不瞄准靶心便能打中的。即使我们会有一点偏失，但是这样至少比闭上眼睛盲目射击更接近靶心。

3．和丈夫朝向一个方向努力

"混淆不清，"哥伦比亚大学已故著名教授狄恩·海伯特霍基斯说："正是忧虑的主要原因。"

混淆不清不只是忧虑的主要原因，它还是成功的最大绊脚石之一。因此，帮助丈夫出人头地的第一步，便是鼓励他找到生命的重心，制定下一个目标。

作为妻子，你首先应该明白，成功对你丈夫及你的意义是什么：它意味着财富？名望？安全感？权力？为大众服务？满意的工作？

这正是你和你丈夫应该共同回答的一些问题。因为成功对不同的人有着不同的意义。只有找出成功对你们的意义，才能决定你们共同生活的目标。

做妻子的应该清楚地了解丈夫的目标，如果你想要帮助他实现那些目标的话。不幸的是，有许多例子指出，当双方都有所准备打算着手实施时，却发现两人的方向相左。

假如你丈夫已经明确了自己的志向，不要认为这就足够了。你也应该加入他的长期计划中去。

"相爱并不是双目对视——而应该是朝同一个方向投视。只有这样，爱才会延续下去。"我不记得这句话是谁说的，但是它的确是对有抱负的夫妇最好的忠告。

记住，成功的第一步是："帮助你的丈夫实现他的梦想。"

共同追求新的目标

1. 婚姻生活的最大乐趣

婚姻生活的最大乐趣，就是夫妇两人共同实现一个又一个目标。在携手实现这些目标的过程中，你们的感觉会像再次度蜜月一样，甜蜜无比。

尼克·亚历山大最渴望实现的目标是上大学。因为他从小在孤儿院长大——那是一种老式的孤儿院，孤儿们从早上5：00工作到日落，伙食既差，量又不够，尼克根本没有条件上大学。

尼克是一个聪明的孩子——太聪明了，因此他14岁就从中学毕业。为了生存他开始步入社会谋生。

他所能找到的工作，是在一家裁缝店里操作一架缝纫机。14年来，他一直在这家裁缝店工作。然而，尼克始终没有攒足上大学的钱。

虽然如此，尼克·亚历山大还是幸运地娶了一个女孩，她愿意帮助他实现上大学的梦想。但事情可并不如他们想象的那么容易。在他们结婚之后没多久，也就是 1931 年，裁缝店开始裁员，尼克丢掉了工作。于是，这对年轻的夫妇决定自己去闯天下。他们把存款聚集在一起，开了一家"亚历山大房地产公司"。尼克的太太特丽莎甚至把订婚戒指也卖掉了，以便增加他们那笔小小的资本。

在两年之内，他们的生意十分兴隆，于是特丽莎坚持让尼克去上大学。在他 36 岁的时候，尼克终于获得了学位——这是他在人生道路上所抵达的第一个里程碑。

尼克又回到了房地产事业——成为他夫人的生意合作伙伴。不久，他们又有了一个新目标——海边的一幢房子。终于，他们也实现了这个梦想。

他们就这样坐下来享受轻松了吗？呵，才不会呢。他们还有一个小女孩需要教育。如果他们能把他们商业大楼的分期付款缴清，并把大楼变成公寓出租，那么所得到的租金就能支付他们孩子上大学的费用了。因为他们一心一意要达到这个目标，后来他们也终于做到了。

亚历山大夫人告诉我，他们目前正在为他们的退休保险金努力。现在尼克单独主持事业，特丽莎则照顾自己的家。

亚历山大夫妇过着一种忙碌、幸福、成功的生活，因为他们前面总是有一个目标，使他们有一个努力的方向。他们已经发现了萧伯纳这句话的真理："我厌弃成功；成功就是在世上完成一个人所做的事，正如雄蜘蛛一旦授精完毕，立即被雌蜘蛛刺死一样。我喜欢不断地进步，目标永远在前面，而不是在后面。"

2. 为丈夫制定奋斗目标

许多男人一辈子迷迷糊糊，因为他们没有真正的目标，他们得过且过。而那些从人生中收获最多的人，都是警觉性高、积极等待机会，机会一到马上就能看出来并抓住它的人。他们都有一个明确的目标。

为了帮助丈夫制定长期计划，妻子最好是把每 5 年划分为一个阶段。你可以这么计划："在 5 年之内，拿到他的大学文凭，准备好升迁；在十年内，他就可以升为业务主管了"。

上一章我们提到的安·海沃德引用了她一位顾客所说的话："我希望我

丈夫永远不会感到自我满足而停滞下来。我们结婚 5 年了，每年都有一个目标——首先，是他的学位；接着是进修课程；然后是一年的自由投稿工作；现在是他自己的事业。他对自己充满了自信，我也相信他能成功。而一旦他告诉我他的钱够了，教育够了，经验够了，我就知道蜜月已经结束了。"

有一句古语说："不论你抓在手里的是什么，别忘了最终的结果，那你就不会失去什么了。"

当一个目标实现之后，马上定下另一个新目标，这才是成功的人生模式。因此，我们要跟自己的丈夫合作，共同追求新的目标。

激发丈夫的工作热忱

1. 热忱：迈向成功之路的指南针

诺贝尔奖获得者工作时都需要热忱，你的丈夫当然也需要。

佛里德利·威尔森——纽约中央铁路公司已故总裁——有一次在广播采访中，被问到如何才能使事业成功，他回答说：

"我深刻地认为，一个人的经验越多，对事业就越认真，这是一般人容易忽略的成功秘诀。成功者和失败者的聪明才智，其实相差并不大。如果两者的实力相当的话，对工作富有热忱的人，一定比较容易成功。一个具有实力而富有热忱的人，和一个虽具有实力但不热忱的人相比，前者的成功也一定会胜过后者。"

一个热忱的人，不论是在挖土，或者经营大公司，都会认为自己的工作是一项神圣的天职，并对它怀着浓厚的兴趣。对自己的工作热忱的人，不论他所面临的工作有多么困难，或需要多大的训练，他始终会用不急不躁的态度去进行。只要抱着这种态度，任何人都一定会成功，也一定会实现目标。

爱默生说过："有史以来，没有任何一件伟大的事业不是因为热忱而成功的。"事实上，这并不是一段单纯而美丽的话语，而是迈向成功之路的指南针。

如果你读了这本书，只体会到对工作具有热忱是最重要的事，而没有其他收获的话，也没有关系。仅此一点，就可以帮助你的丈夫走上成功之路了。因为，对工作热忱，是一切希望成功的人——如创造杰作的艺术家、推销肥皂的人、图书馆管理员，以及追求家庭幸福的人——所必须具备的条件。

2. 培养丈夫的工作热忱

对工作热忱的人，具有无限的能量。耶鲁最著名而且最受欢迎的教授之一威廉·费尔波，在他那本富有启发性的《工作的兴奋》中这样写道：

"对我来说，教书凌驾于一切技术或职业之上。如果有热忱这回事，那么我认为这就是热忱了。我爱好教书，正如画家爱好绘画，歌手爱好唱歌，诗人爱好写诗一样。每天起床之前，我就兴奋地想着有关学生的事……人在一生中之所以能够成功，最重要的因素就是对自己每天的工作抱着热忱的态度。"

因此，要让你丈夫在工作中变得愉快，你必须帮助丈夫培养对工作的热忱态度。你可能会问我，应该如何培养呢？我准备在下一章告诉你6个方法。不过，你必须先让你的丈夫认清自己的工作，对它抱热忱的态度，使他全身心投入进去，这是一个相当重要的观念。

你不妨告诉你的丈夫，他的工作十分重要。任何一个公司的老板，都知道雇用对工作充满热忱的员工的重要性，也知道这种人难以物色。亨利·福特说过："我喜欢具有热忱的人。他热忱，就会使顾客热忱起来，于是生意就做成了。"

亨利·福特

"十分钱连锁商店"的创始人查尔斯·华尔沃兹也说过："只有对工作毫无热忱的人，才会到处碰壁。"查尔斯·史考伯则说："对任何事都热忱的人，做任何事情都会成功。"

当然，这也是不能一概而论的。例如一个对音乐毫无才气的人，不论他如何热衷和努力，都不可能变成一位出色的音乐家。但是，凡具有必需的才气，又有着可能实现的目标，并且具有极大热忱的人，做任何事情都会有所收获，不论是物质上还是精神上都如此。

即使你的丈夫从事的是需要高度技术的专业工作，也需要这种热忱。

爱德华·斯皮尔顿是一位伟大的物理学家，他曾协助发明了雷达和无线电报，并因此而获得了诺贝尔奖。《时代》杂志引用过他一句极具启发性的话："我认为，一个人想在科学研究上有所成就的话，热忱的态度远比专业知识重要。"

如果这句话出自普通人之口，可能会被认为是一句外行话，但它出自斯皮尔顿这种权威性的人物，那么它的意义就很深长了。既然热忱的工作态度在科学研究上都这么重要，那么对于普通的职员来说，热忱的工作态度岂不是占有更重要的地位吗？

3. 弗兰克·贝特格的成功启示

著名的人寿保险推销员弗兰克·贝特格的成功经历也证明了"热忱"的巨大作用。他那本《我如何在推销上获得成功》的书一经出版，就打破了以往任何一本有关如何推销的书籍的销售量。

这本书为什么这么畅销？因为它揭示了一个秘密：缺乏热忱——这正是许多人不能成功的巨大障碍。以下是贝特格在他的著作中所列出的一些经验之谈：

"当时是 1907 年，我刚转入职业棒球队不久，就遭到了有生以来最大的打击——因为我被开除了。我打球时没有劲，因此球队的经理有意要我走。他对我说：'你这样慢吞吞的，一点劲都没有，好像是在球场上混了 20 年。老实跟你说，弗兰克，离开这里之后，无论你到哪里做任何事，如果你不打起精神来的话，你将永远不会有出路。'

"本来我的月薪是 175 美元。被开除之后，我参加了亚特兰斯克球队，月薪减为 25 美元。薪水这么少，我对比赛当然更没有热忱了，但我决心努力试一试。

"大约 10 天之后，一位名叫丁尼·密亨的老队员把我介绍到新凡队去。在新凡队的第一天，我的一生有了一个重大的转变。

"因为在那个地方没有人知道我过去的情况，我开始下定决心，想把自己变成新英格兰最富有热忱的球员。为了实现这一目标，我当然必须采取行动才行。

"我每次上场时，就好像全身充满了电。我强有力地投出高速度的球，使接球的人双手都麻木了。记得有一次，我猛烈地冲入三垒，对方那位三垒手吓呆了，球被漏接，结果我破垒成功。当天气温高达华氏100度，我在球场冲来跑去，极有可能会中暑而倒下去。

"这种热忱所带来的结果，真令人吃惊，它产生了极大的积极作用：我心中所有的恐惧都消失了，而发挥出意想不到的技能；由于我的热忱，其他的队员也跟着热忱起来；我也没有中暑，我在比赛中和比赛后，感到从没有如此健康过。

"第二天早晨，当我读报的时候，兴奋得无法形容。报上说：'那位新加入的贝特格，无异于一个霹雳球。全队的人，都受到了他的影响，全都充满了活力。他那一队不但赢了，而且是本赛季最精彩的一场比赛。'

"由于我的热忱态度，我的月薪由25美元提高为185美元，多了7倍。

"在往后的两年时间里，我一直担任三垒手。薪水也加到了30倍之多。为什么呢？就是因为我有一股热忱，而没有别的原因。"

后来，贝特格的手臂受了伤，他不得不放弃打棒球。接着，他到菲特烈人寿保险公司当保险推销员，可是整整一年多他都没有什么成绩，因此他很苦闷。但他后来又变得热忱起来，就像当年在新凡棒球队打棒球那样。

目前，贝特格是人寿保险界的大红人。不但有人请他撰稿，还有人请他演讲介绍自己的经验。他说："我从事推销，已经有30年了。我见过许多人，由于他们对工作抱着热忱的态度，他们的收入也成倍数地增加了。我也见过另一些人，他们由于缺乏热忱而走投无路。我深信，唯有热忱的态度，才是成功推销的最重要因素。"

4. 让你的丈夫变得富有热忱

如果热忱对任何人都能产生这么惊人的效果，那么对你丈夫也应该会有同样的功效。从上面所提到的那些人看来，我们可以得出如下结论：

热忱的态度，是做任何事所必需的条件。请让你的丈夫深信这一点。任何人，只要他具备这个条件，都能够获得成功，他的事业也必将会飞黄腾达。

曾有人采访乐队指挥鲍勃·克劳斯贝的儿子，问他父亲和他的叔叔平·克劳斯贝每天的生活情形。他回答："他们永远都在愉快地工作。"

"那你长大之后希望怎样生活呢？"这个采访者又问他。

"也和他们一样愉快地工作。"年轻的克劳斯贝毫不迟疑地回答。

对工作具有热忱的人，都会愉快地工作着。这一点还能感染你周围的人。

因此，如果你希望自己的丈夫出人头地，从今天开始，你就应该使他建立对工作认真的观念，也就是认清热忱态度的重要性，再帮助他实行下一章我所介绍的6个方法。

提高丈夫的"成功商数"

你对你丈夫应该做的，是伸出双手帮助他。你不必埋怨你丈夫不够优秀，因为每一个好男人都是由一个伟大的女性一手培养出来的。如果你不相信，就请试试下面我要介绍的提高男人"成功商数"的6种方法。

我知道这6种方法很有效，因为我看过它们一次又一次地被应用而走向成功的结果。

请你的丈夫试验看看，这些方法保证可以提高他的"成功商数"。以下就是这6条规则。

1. 培养责任感

许多人觉得自己只是依附在一个大的、没有人性的机器上的一个小小齿轮，因为他们并不知道自己特定工作的重要性——同时，也因为他们除了别人要他们天天做的工作以外，并不想学习任何新的知识。

不知你还记得这个古老的故事吗？

有人问两个在一起工作的人，他们正在做什么。其中一个回答："我正在砌砖块。"而另一个回答道："我正在建造一座大教堂。"

尽可能地了解一项工作或产品，可以增加你的信心和热心。

著名记者塔贝尔曾说过，她有一次花了好几个星期，为一篇500多字的文章搜集资料——虽然她只用了这些资料的一部分。她解释说，那些没有使用的资料，将会增加她的实力。因为她知道的东西比写这篇文章所需要的更多，所以她能够写得更轻松、更有信心，也更具有权威性。

本杰明·富兰克林小时候就懂得培养工作责任感的重要性。那时，他在一家臭味冲天的肥皂工厂打杂。由于他竭尽所能地学会了整个制造程序，所以他对于自己为公司所做的微薄贡献，也有了相当的成就感。

工厂训练推销员的时候，应该把产品的制造过程教给他们——虽然这些知识在推销的时候很少派上用场。但是，对自己的产品了解越多，就越使得推销员对顾客推销的时候能够更有权威和热心——由此也使产品有更好的销路。

我们对任何一件事知道得越多，就越会对它产生强烈的热心。所以，如果你的丈夫对他的工作不够热心，责任感不够强烈，你就要找出原因。很可能是因为他对自己的工作知道得不够多——或是不了解自己对整个程序所做的贡献。

2. 制定目标。耐心地完成

一个人如果立志要成功的话，必须具有执著的精神。他必须知道他正在为什么目标而工作，然后他才会像一只猎犬追逐野兔那样紧追不舍。一个知道自己目标的人，是不会因为挫折和失败而泄气的。

本杰明·富兰克林写道："每个人都应该确认他特殊的工作和职业，而且耐心地去做，如果他想要成功的话。"

英国诗人撒母耳·泰勒·柯尔雷基恐怕是最需要接受这个劝告的人了。他遗留给后代的诗，大部分都是没有完成的。他把自己的才华分散得太细而浪费掉了。他只是生活在一个不真实的梦幻世界里，因此在他死后，查理·兰姆写信给朋友时说："柯尔雷基死了，听说他留下了4万多篇有关形而上学和神学的论文——可是没有一篇是完成的！"

因此，你应该和你丈夫讨论他对于未来的目标，帮助他弄清楚他的目标和抱负；鼓励他尝试完成明确的目标，而不是去做那些模糊的、不可能成功的白日梦。

3. 每天都给自己加油打气

这个方法孩子气吗？也许。但许多相当成功的人士都发现这是一个建立热心的好方法。

新闻分析家卡腾堡说，他年轻时经验很少，曾在法国当过推销员，每天走访一户又一户的人家，每天出发以前他都要对自己说一番鼓励的话。

魔术大师荷华·塞斯顿也经常在他的化妆室里跳上跳下，一次又一次地大声喊道："我爱我的观众。"直到他的血液沸腾起来，然后他才走到舞台上，为观众们献上一次充满活力和愉快的表演。

我们大部分人都是半醒半睡地活着。为什么你不在每天早上让你丈夫对自己说："我爱我的工作，我将要把我的全部能力完全发挥出来。我很高兴这样活着——我今天将要百分之百地活着。"

4. 树立"为别人服务"的思想

亚里士多德提倡"开通的自私"——这对于每一个追求进步的人来说，无疑是个好方法。

一个以自己为中心的员工，工作时一只眼睛注视着时钟，另一只眼睛则注视着他的薪水。这样的人必定很厌烦、很懒散，而且注定不会成功。

为别人服务也会产生热忱——许多有能力的人选择低薪的社会服务和传教工作，而不去从事那些以自我为中心的职业，以赚取更多的钱，这就是例证。

亚里士多德

打游击战术也许暂时会获得成功，但最后都会失败的。最好是让大家都伸出援助的双手，而不是把他们的脚伸出来绊倒别人。

5. 结交热心的朋友

"我最需要的，"爱默生说，"是有一个人来推动我去做我能做的事。"

结交优秀的朋友会使人变得更加优秀，因为良好的品格会相互影响，并排除不良品格。

"开放我的心怀。"

换一句话说，就是找一个热心朋友进行自我鼓励。

你也许没有办法控制丈夫的工作环境，但是你可以尝试培养丈夫的朋友和活力，以刺激丈夫更富有创造力地思考和生活。

如果你希望丈夫散发出热情，就让他处于对生命充满活力而且清醒的朋友的影响之中。每一个团体都有这种人——要把寻找这种人当作你的职责，并且帮助你的丈夫和他们交往。然后你要密切注意这种接触，看看在他身上引起了多少火花，并激发出多少梦想。

还有一些相对的建议——这是帕西·H. 怀亭先生在《销售的五大原则》一书中提出来的极有价值的忠告。他说："避免和那些闷闷不乐的人交往，避免和那些缺乏热心、那些把他们的脚步和心思消磨在天天不变的例行工作上的人交往。"

6. 强迫自己热心地工作

这是我的主张吗？噢，不是的。威廉·詹姆斯教授在我还没有出生以前，就在哈佛大学教导这个哲理了。

"如果你想要获得一种情绪，"詹姆斯说，"你就假装已经有了这种情绪，并那样工作。而你假装已经有了这种情绪，就必定会使你真的拥有这种情绪。如果你想要快乐，就快乐地工作。如果你想要痛苦，就痛苦地工作。如果你想要热忱，就热忱地工作。"

弗兰克·贝特格也说，任何一个人都可以应用这个原则改变他的一生。显然，他是不会说错的——因为这是他自己的经验。

第九章　成为丈夫的好帮手

做一个"善于倾听"的太太

1．与丈夫共渡难关

1950 年 12 月，一个名叫比尔·琼斯的男人，从芝加哥一栋 5 层高的楼顶上跳下来。他跳楼的原因是忧虑和害怕。他那曾经兴旺一时的事业遇到了危机。因为他扩展得太快了——债权人全都来催逼他，他的许多支票在银行无法兑现。最糟糕的是，他觉得他不能和他太太一起承受这些灾难——他的太太一直都以他的成功为荣，所以他没有勇气告诉她这些事，他害怕这些事会使她远离幸福，掉进羞耻和绝望的深渊之中。

比尔·琼斯的困境，使他走上了他自己仓库的屋顶。他犹豫了一下——然后跳向空中。他跌下 5 层楼，穿过了底楼窗上的遮阳篷，掉在了人行道上。从常识来判断，他必死无疑。但是，让人不敢相信的是，他所受到的最大伤害也只是擦破了大拇指的指甲。最让人觉得滑稽的是，他所穿破的遮阳篷是他唯一完全付清款项的东西。

当比尔·琼斯意识清楚地醒过来，发觉自己还活着时，他感到很兴奋。和这一奇迹相比，他从前的麻烦没有一件是重要的了。5 分钟以前，他还觉得自己的生命是一种毫无用处的污秽——而现在，他却因为自己还活着而感到激动。

他赶忙回到家里，把整个事情说给了他太太听。他太太似乎有点儿慌乱——但这不过是因为他从前没有把他的麻烦告诉他太太而已。她开始坐下来和他一同想办法，为他解决困难。好几个月以来，比尔·琼斯这才真正放松心情，做一些正确与有用的思考。

现在，比尔·琼斯有了成功的事业，不再有欠债了。更重要的是，他已经学会了如何和他的太太一起共渡难关，就像他们一起分享胜利那样。然而，比尔·琼斯也极可能送了自己的性命——因为他不知道自己的太太也能和他一起渡过难关。

比尔·琼斯的故事告诉我们，如果丈夫不信任自己的太太，这不能完全算是太太的过失。有些男人，例如以前的比尔·琼斯，他们有一种错误的观念，认为用事业上的忧虑来麻烦自己的太太是不妥的。他们想带给太太所有美好的东西，想成为事业上的成功者，想成为把上等毛皮大衣带回家的大男人。当事情不顺利的时候，他们想方设法瞒住自己的太太，以免让她们的小脑袋里装满害怕与不安。他们耻于承认自己的失败和挫折是会被征服的。他们从没有想到，不论好坏，他们也都应该让他们的太太和自己共同来面对并解决这些难题。

2. 妻子最重要的职责

可是，我们更常看到的是，一些男人很想把他们的困扰说给自己的太太听，但是太太们却不想或者不知道该如何去听。

1951 年秋天，《财富》杂志刊出了一篇调查报告，这是专门针对公司员工的妻子所做的。他们引述了一位心理学家的话说："一个男人的妻子所能做的一件最重要的事情，就是让她的丈夫把他在办公室里无法发泄的苦恼全都说给她听。"

能够尽到这种职责的妻子，无疑是丈夫的"安定剂"、"共鸣板"、"哭墙"和"加油站"。

这份调查研究报告还指出，男人需要的是妻子主动、灵巧地倾听，他们通常不想听妻子的劝告。

任何一个曾经在外面工作过的女人都会了解到，如果她可以和家里某个人谈谈这一天所发生的事情，不管是好的或坏的，对她来说都是很值得欣慰的事。在办公室里，人们常常没有机会对所发生的事情发表意见。如果我们的事情特别顺利，我们也不能在那里开怀唱歌；而如果我们遇到了困难，我们的同事也不想听这些麻烦——因为他们自己已经有太多的困扰了。结果，当我们回到家时，我们就会觉得自己必须痛痛快快地发泄一番。

　　然而，我们在现实中最常见的事情是这样的：

　　比尔回到家，上气不接下气地说道："老天，梅尔，今天这真是一个伟大的日子！我被叫进董事会，去讲解我所做的那份区域报告。他们要我把建议说出来，而且……"

　　"真的吗？"妻子梅尔说，一点也不关心的样子。"那真好，亲爱的。先吃点酱牛肉吧。我有没有告诉过你那个早上来修理火炉的人？他说有些地方需要换新的。你吃过饭后去看一下，好不好？"

　　"当然好，亲爱的。噢，像我刚才所说的，老索洛克蒙顿要我向董事会说明我的建议。刚开始我有一点儿紧张，但是我终于引起他们的注意了。甚至连毕林斯都很激动，他说……"

　　梅尔："我常认为他们并不够了解你，也不够重视你。比尔，你必须和咱家小儿子谈一谈他的成绩了。这学期他的成绩太糟了，他的老师说如果他肯用功的话，成绩一定可以更好的。我对他已经没有办法了。"

　　这时，比尔发现他在这场争夺发言权的战争之中已经失败了，于是他只好把他的得意和酱牛肉一起吞到了自己的肚子里，然后去完成太太交给他的有关火炉和小儿子成绩的任务。

　　难道梅尔自私得只希望有人听她的问题吗？不是的，她和比尔同样都需要找个听众，但是她把时间搞错了。其实她只要全心全意地听完比尔在董事会里的得意之事，比尔就会在自己的情绪抒发完了以后，很乐意地听她大谈家事了。

　　善于倾听的女人，不仅能够给自己的丈夫带来最大的安慰和宽心，同时也拥有了无法估量的社会资产。一个文静的、不虚饰做作的女人对别人的谈话着了迷，她所提出的问题足以显示她已经把谈话中的每个字都消化掉了，这种女孩子最容易在社会上成功——不只是在她丈夫的朋友群中成功，而且也在她自己的朋友群中成功。

　　以机智闻名的杜狄·摩尼描述一个懂礼貌的男人时说："当他自己最清楚了解的事情被一个完全不懂的门外汉说得天花乱坠时，他仍旧很有兴趣地听着。"其实，大部分女人也都适合于这一描述。

　　事实上，一个善于倾听的人，有时候也会被一些无聊的事情弄得心烦意乱的。但是，机灵的倾听所得到的收获，通常可以增加许多自己所没有的知识。

女演员蒙娜·罗伊在一篇写给《纽约先锋论坛报》的文章里，提到她接任联合国教科文组织代表的工作以后，"倾听和学习"就成为她的口号了。她说，跟来自不同国家的许多代表谈话，增加了她对那些国家的了解。

"当然，"罗伊小姐解释说，"在许多时候，你也必须在谈话中忍受那些无聊的话题。但是我觉得，被人们当作一个具有智慧的好听众，总比把自己完全封闭在一个毫无意义的话题之外要好得多。"

3. 成为丈夫的"好听众"

那么，怎样才能成为丈夫的"好听众"呢？至少要有下列 3 个条件——这 3 件事是一个好听众所必须做到的。

方法一：用眼睛、脸孔、整个身体倾听——而不是只用耳朵

如果我们真正热心地倾听别人说话，我们就会在他说话时专注地看着他，我们还会稍微向前倾着身子，我们脸部的表情也会有反应。

认真倾听，当一个好的听众，不仅可以给说话者积极的暗示，倾听者也可以从中获得许多知识。

玛乔丽·威尔森是魅力训练方面的权威，她说："如果听众没有什么反应，很少有人能够把话讲得好。所以，当一句话打动了你的心，你就应该动一下身体。当一个主意适时地感动了你的时候，就像你心里的一根弦被震动了，这时你就该稍微改变一下坐姿。"

如果我们想要成为一个好听众，就必须做得好像我们很感兴趣——我们必须训练我们的身体，机敏地表达自己的感情。

注意那只在老鼠洞外等待老鼠的猫，如果你想知道如何才能有表情地倾听的话。

方法二：问一些诱导性的问题

什么是诱导性的问题？诱导性的问题就是在发问中灵巧地暗示发问人内心当中已有的一个特殊答案。直截了当的问题有时候显得粗鲁无礼，但是诱导性的问题却可以刺激谈话，并且可以继续推动话题进行下去。

"你如何处理劳工和主管问题的？"这是一个直截了当的问法。"史密斯

先生，你难道不觉得，让劳工和主管在某些范围内获得相互妥协是很有可能的吗？"这就是诱导性的问法。

诱导性的问话，是任何一个想要成为好听众的人所必备的技巧。如果你要聆听丈夫的谈话，并且不直接提出他不想听的劝告，那么诱导性的问话就是一个不会失败的技巧。

我们只需这样发问："亲爱的，你认为做更大的广告可能会增加你的销路，或者将有可能是一种冒险吗？"你提这种问题并不是真的在给他劝告，但是这种问法常常会得到相同的结果。

当我们遇到陌生人时，正确的提问方法是克服羞怯，或打破沉闷的最好工具。当人们开始谈到自己的想法，而不是谈天气、谈棒球，或谈某人的疾病时，他们就会说得忘我了。

方法三：永远不要泄露秘密

有些男人从来不和他们的妻子讨论事业问题的一个原因是：这些男人不能保证他们的妻子不会把这些事情泄露给她的朋友或美发师。他们讲给自己太太听的每一件事情，都有可能从她们的耳朵进去，然后又从她们的嘴巴说出来。

"约翰希望在维吉先生退休以后马上得到公司的经理职位。"这是丈夫在桥牌桌上随便说出来的话，但是第二天就有人打电话给约翰对手的太太了——于是，约翰就在完全不知道原因和真情的情况之下，被暗中排挤掉了。

我曾访问过的一个公司总经理告诉我，他在家里谈论公司里的问题，竟也会流传到公司，甚至使他的职员丧失信心。"我很讨厌在超市或鸡尾酒会上大谈公司的业务。那些女人真是太多嘴了！"他轻蔑地说道。

甚至还有一些女人，会利用丈夫对自己的信任，而在以后的夫妻争论中拿出来作为打垮他的工具。例如下面这种情况：

"你自己亲口告诉过我，你曾经只因为一纸契约，就买下了那些过量而不必要的剩余物品——而现在你却说我浪费太多钱去买衣服。难道只有我奢侈？哈哈！"

像这样的场面多发生几次，这个小女人就不会再受到她先生向她大谈业务的"骚扰"了。她丈夫将会发现一个事实：自己对妻子倾吐过多的实情，只不过是给了她一些打倒自己的把柄而已。

成为一个好的听众的最佳条件是：妻子不必以为，越了解丈夫工作的细节，越能使他得到满足。如果她的丈夫是个绘图员，他就不会希望他太太了解如何绘制蓝图。但是，当他工作的时候，她要对发生在他身上的事情具有同情心、有兴趣，并且提高注意力。

我所认识的一个会计师娶了一个女人，她对于会计的了解，就像我对于分子理论那样一窍不通。但是我的朋友却说："甚至在我公司发生的最技巧性的问题，我都可以向她说个痛快，而她似乎也都很直觉地领悟了。回到她的身边，知道她将会灵巧而有耐心地听我讲话，这是多么奇妙啊。"

真的，一对敏感而受过训练的耳朵，将会使一个女人更加可爱，并使她有一张比特洛伊城的海伦还要美丽的脸孔——而且为她的丈夫带来更多的好处。

赞美和激励你的丈夫

1．爱丈夫，就赞美他

向丈夫说"你无论如何也不会成功"的妻子，只会使这句话更快实现而已。

"每一个男人事实上都是两个人，"查士德·斐尔爵士写道，"一个是他真正的自己，另一个则是理想中的自己。"只有优秀的女人，才能将这两种形象合二为一。

没有一个男人不希望成功的。如果一个男人本来是羞怯的，他就想要勇敢些；如果他并没有广受欢迎，他就想要被大众所喜欢；如果他缺乏信心，他就渴望成为毫不惧怕的人。

作为妻子的职责，就是帮助她的丈夫成为他理想中的那个人。要做到这一点，需要相当的智慧：不要挑剔他，也不要拿他来和隔壁的某某人相比，也不要设法使他工作过量，而是应该温柔地鼓励他、赞赏他，给他加油打气。

当男人受到妻子的赞美，当他们听到"你真了不起，我很以你为荣，我真高兴你是我的"这种话的时候，几乎没有人不会高兴得跳起来。

许多成功的男人都可以证明这种说法的真实性。有一位派克斯先生，他拥有自己的公司——派克斯货运和装备公司。

"我确信，"派克斯先生在给我的信中写道，"一个男人不但可以成为他理想中的人，而且还可以成为他太太所期望的人。这些年来，我曾雇用过许多人，但是在我和他们的太太谈过话以前，我绝不会把一个需要信任或需要负责任的职位交给他。妻子的人生观，以及她是否愿意鼓舞她先生干劲的程度，可以决定一个男人在事业上的成败。我自己的经验就是一个例子。

"我太太在嫁给我以前，要什么有什么——她的父母亲很有钱，她也接受过良好的教育，有一个快乐的家。我既没有钱，而且只受过很少的教育，没有什么资产——除了想要自己闯天下的欲望，以及她对我的信心与信任之外，我什么也没有。

"在我们婚后最初那几年艰难的日子里，当我面对失败与挫折而奋斗的时候，她的理解和不断的激励，始终是鼓舞我继续努力的动力。

"在我的生命中，如果有了什么成功，这全都是由于我太太不断给我支持的结果。过去几年来，她患了重病，但是她从来没有失去她的快乐。她的第一个想法仍然是要帮助我。早晨，当我离家的时候，她从不会忘了问我'鲍勃，有没有什么事要我今天办好的？'当我回家的时候，她就要听听我说这一天的情况。我祈祷上帝，永远不要让她失望。"

不幸的是，有些女人并不像派克斯太太，她们一心想要自己的丈夫超过他本身的能力范围，而成为她们想象中的那个人。这种女人总是渴望比某某人的家里更富有，想开新车子，穿更昂贵的衣服，加入独特的俱乐部，于是她们的丈夫就永远没有希望满足她们的需要了。

2. 使丈夫成为他理想中的样子

使男人进步的方法，并不是要求他，给他压力，而是激励和鼓舞他。

妻子应该怎样鼓励丈夫，使他成为他理想中的样子呢？要给他嘉勉和赞赏，要找到他最能够施展出来的才华。

如果丈夫需要建立信心，你可以指出他所做过的有勇气的事情来。"记得那一次，你告诉老板如何减少你部门中的浪费吗？那实在需要很大的勇气

——你真了不起，你做到了啊！"

就连最怯弱的男人，如果有个女人向他表示她觉得他是镇静而且能干的话，他也会敞开他的胸怀去努力。更进一步地，他还会开始觉得，也许他实际上比自己表现的更勇敢——于是他将会表现得更好了。

用这种技巧，难道不比告诉他"我不知道你为什么这么没用，你从来都不能替你自己讲话。你甚至不敢对一只鹅说一个'哼'字"要更好吗？你必须给男人一些东西去鼓舞他。

作为妻子，永远不可以对她的丈夫说，"你真没用！"玛格丽特·卡金·芭宁在写给《四海杂志》的一篇文章里如此劝告我们。"如果他真的失败了，他的老板将会毫不迟疑地告诉他。但是在家里，在吃早餐的时候，在床上的时候，妻子应该勉励他，认为他一定能够成功。向丈夫说'你无论如何也不会成功'的妻子，只会使这句话更快地实现而已。"

这是千真万确的。一个女人说出来的经过明智思考的话，可以改变一个男人对自己的整个看法，使他变得更好，并使他对生命产生全新的看法。就拿汤姆·琼斯顿来说吧——他是一个二次大战之后退伍的年轻人。

汤姆·琼斯顿在战争中受了伤，他的一条腿有点残疾，而且疤痕累累。但幸运的是，他仍然能够享受他最喜欢的运动——游泳。

有一个星期天，也就是他出院以后不久，他和他的太太去汉景顿海滩度假。在做了简单的冲浪运动以后，琼斯顿先生在沙滩上享受日光浴。不久，他发现大家都在注视他。从前他并没有在意过自己这条满是伤痕的腿，但是现在他知道这条腿太惹眼了。

到了第二个星期天，琼斯顿太太提议再到海滩去度假。但是汤姆拒绝了——他说不想去海滩，而宁愿待在家里。他太太的想法却不一样。"我知道你为什么不想去海边，汤姆，"她说，"你开始对你腿上的疤痕产生自卑了。"

"我承认了我太太的话，"琼斯顿先生说。"然后她向我说了一些我将永远也不会忘记的话，这些话使我的心里充满了喜悦。她说：'汤姆，你腿上的那些伤疤正是你勇气的徽章，你光荣地赢得了这些疤痕。不要想办法把它们隐藏起来，而是要记住你是怎样得到它们的，而且你一定要骄傲地带着它们。现在走吧，让我们一起去游泳。'"

　　汤姆·琼斯顿立即同意了，他的太太已经消除了他心中的阴影，甚而让他会有更好的开始。

　　3. 真诚的赞美值得尝试

　　真诚的赞美对于推销员也会产生积极的影响。

　　波士顿商会的销售代表俱乐部，主办了一个有关推销术的课程。这个课程总共 5 个晚上，大约有 500 名推销员和营业人员参加了这一课程。在这个课程的最后一个晚上，这些销售代表的太太们都被邀请前来参加。这些太太们欣赏了一个特别的节目，这个节目告诉她们一些方法，去鼓励她们的丈夫变得更有智慧，而且能得到更好的销售成果。

　　其中，有一位演讲者是大卫·盖·鲍尔博士。他是一名销售顾问，还担任西·鲍尔斯协会会长，而且是《过个新生活》一书的作者。鲍尔斯博士勉励每一位太太，在每天早晨送她先生出外工作的时候，使他充满信心而且心情愉快。如果她希望她先生提高销售业绩，该怎么做呢？鲍尔博士说：

　　"让他觉得自己已经成为他理想中的那个人。对他说他多么潇洒——即使他所喜欢的装扮早已经过时了。赞美他所喜爱的领带。称赞他的风度，而不要提起前一天晚上他在宴会上所说过的失礼的话。告诉他，你相信他正要去征服所有的顾客——最后，他一定会做到的！"

　　如果像鲍尔博士这么杰出的销售顾问都相信这种方法是有效的，那么你和我为什么还不试试看呢？我们将要获得的东西——更快乐和更热心的丈夫——是非常值得我们付出这些小努力的。《人文学年鉴》中充满了由失败而神奇地变成世界知名人物的例子，他们也是由一些赞赏的话而走向成功的。

　　你认为这很夸张吗？让我们再看看艾礼·赫伯逊的例子吧。

　　赫伯逊先生是一个杰出的桥牌手。有一次，赫伯逊先生在访问中告诉我丈夫，说他在 1922 年刚到美国的时候，不论做什么事都以失败告终，甚至是个最差劲的桥牌手。但是当他娶了一位名叫约瑟芬·狄伦的迷人桥牌老师以后，他的运气开始改变了。她说服他，使他相信自己是一个很有潜力的桥牌天才。他太太的鼓励，终于使他选择桥牌作为自己的终身职业。

　　是的，真诚的赞美和激励，是值得妻子尝试，而且一定能使男人发挥出最大能力的有效方法。我们完全尽力了吗？没有人知道。但只要我们给予真诚的赞美，相信你的丈夫一定会变得更优秀、更成功。

做丈夫忠实的信徒

1. 亨利·福特的忠实"信徒"

19 世纪末，密歇根州底特律市的电灯公司以周薪 11 美元雇用了一名年轻的技工。他每天工作 10 小时，回到家以后，还常常花半个晚上在屋后的一间旧屋子里工作，想要设计出一种新的引擎。

他的父亲是一个农夫，老父亲确信他的儿子正在浪费自己的时间。邻居们也都说，这位年轻技工是个大笨蛋。每个人都在取笑他，没有人认为他笨拙的设计能够造出什么东西来。

除了他的太太之外，没有人相信他。当白天的工作做完以后，他太太就在小屋子里帮助他研究机器。冬天，天色很早就暗了，他太太在一旁帮他提着煤油灯，好让他继续工作。他太太的牙齿在寒冷中颤抖着，手也被冻成了紫色。但是她始终相信他先生的引擎终有一天会设计成功，所以她先生称她为自己的"信徒"。

他们在旧屋子里艰苦工作 3 年以后，这个异想天开的东西终于成功了。1893 年，在这个年轻人 30 岁生日的前几天，他的邻居们被一连串奇怪的声音吓了一大跳。他们跑到窗口，看到那个大怪人亨利·福特和他的太太，正坐在一辆没有马的马车上，在路上摇摇晃晃地前进。

美国一项新工业在那天晚上诞生了——一个将会对这个国家产生深远影响的工业。如果亨利·福特是这个新工业之父，那么福特夫人这位"信徒"，当然就有权利被叫做新工业之母了。

50 年以后，福特先生——这位相信灵魂轮回再生的人——被问到他下一次出生时希望变成什么，"我不在乎，"福特先生说，"只要能够和我太太在一起。"他终生都称他的太太为"信徒"，而且希望永远和她在一起。

2. 每个男人都需要一个"信徒"

每一个男人都需要一个信徒——一个在环境不利的时候，忠诚地护卫着他的女人。当什么事情都不对头的时候、当处于危机之中的时候、当遭遇失败的时候，男人需要一个能够建立起他的抵抗力和信心的太太，让他知道没有任何事情能够动摇她对他的信任。如果连他的妻子都不信任他，还会有谁信任他呢？

信任是一种主动的特质。它不会承认失败，只会继续恢复失去的信心。

罗伯特·杜培雷的经验就是一个很好的例子。

罗伯特·杜培雷一直想当一个推销员。1947 年，他的机会来了，他开始推销保险。但是不论他多么努力，事情都没有什么好转。他有点忧虑——对没有卖出的保险感到担忧。他开始紧张而痛苦；最后，他觉得必须辞职，以免精神崩溃。我面前就有一封杜培雷先生写给我的信，他告诉了我这个故事。

"我觉得我完全失败了，"罗伯特·杜培雷写道。"但是我太太桃乐丝，她坚持认为这只是暂时的挫折。'下一次你将会成功，'她不断告诉我，'不要担心，罗伯特。我知道你一定会成为一个成功的推销员。'"

罗伯特在一家工厂里找到了新的工作，桃乐丝也找到了工作。她要罗伯特注意自己的衣着和谈吐。

"在接下去的一年半之中，"罗伯特说，"桃乐丝不断地赞美我的美好气质，并且指出我具有适合推销工作的天赋——这是一些甚至连我自己都不知道的才华。如果不是她持续不断的鼓励，我可能已经放弃再试一次的想法了。桃乐丝不希望我放弃。'你具有这种能力，'她一次又一次对我说，'只要你努力，就能够办到！'

"我怎能违背她对我这么深的信任？她成功地在我身上建立了对我的信心。当我离开工厂重新回到推销工作时，这一次我开始信任自己了——因为我身边有了一个信徒。

"我仍然有一段很长的路要走。但是，得感谢桃乐丝，至少我已经上路了。她已经使我深信，只要我真想实现梦想，我就能够实现。"

如果我要雇用推销员，我认为拥有像桃乐丝·杜培雷这种太太的男人，是最值得雇用的。这种信徒不会让她们的丈夫承认失败。她们会在丈夫遭受失败以后，及时鼓舞她们的丈夫，清除掉他们的秽气，然后把他们重新送回激烈的竞争中。

3. 激发丈夫心理上的引擎

西盖·洛克曼尼诺夫，这位伟大的俄籍音乐家，在 25 岁的时候就是一位成功的作曲家。然而，由于过分自负，他写了一首很不成功的交响曲。结果，批评纷纷涌向他，使他觉得十分泄气，并为此而度过了许多沮丧失望的日子。最后，他的朋友带他去看尼古拉斯·达尔医生，这是一位心理专家。达尔医生一次又一次地反复告诉他这个想法："你的身上潜藏着伟大的东西，正等待着你向全世界宣示。"

这个想法渐渐在洛克曼尼诺夫心中生下根，终于唤起了他对自己的信心。在第二年还没有过完之前，他就完成了那首伟大的 C 小调第二号协奏曲——并且他把这首曲子题献给达尔医生。当这首曲子首次公演的时候，听众们都听得如痴如狂，于是洛克曼尼诺夫再次回到了成功之路。

是的，对于男人而言，鼓励犹如燃料对于引擎那样重要。鼓励使得男人的引擎继续发动。它能使人们的心理和精神重新充电，将失败转为成功。

厄运有时候会挫减每个人的锐气，严重的打击有时还会使我们挺不起腰来。但是如果我们所喜欢的人这样告诉我们："别放在心上。这样的事情是打不倒你的。我知道你一定会赢！"那么事情就会大不一样了。

《圣经》告诉我们："信心是大家都希望得到的东西，是我们所看不到的东西的佐证。"

这就是有信心的妻子对于她的丈夫的一种信任。她以一种特殊的视觉，看到了丈夫身上别人看不出来的特质。她不仅在用眼睛看，还用内心的爱去看。

但是，如果信心没有用语言表达出来，也就毫无作用了。妻子必须运用技巧来表达对丈夫的信心——要用鼓励、赞美与爱的语言行动去表达。

第十章　给丈夫额外的推动力

做丈夫事业的帮手

1. 成为丈夫不可缺少的伙伴

一天早上，纽约市一辆公共汽车里的乘客全都伸长着脖子，看到了一个活泼敏捷、衣着入时的女士扛着一把猎枪跳上了车。

这是一个广告噱头，还是一个怪女人？许多乘客都在他们的座位上感到不安，直到这位女士到了她的目的地，平静地扛起武器跳下车去。所有乘客，包括公共汽车的司机在内，大家可能同时松了一口气。

这只不过是爱多丽亚·费云在帮她丈夫忙，她正为他的顾客把这支赊账买来的猎枪送回原来的店里去。

梅尔·费云是一家家用电器公司的优秀推销员。他的太太爱多丽亚曾经想出了许多方法来帮助他扩展工作，所以他称他太太是他的"星期五女郎"。

"我先生的生活、吃饭、睡觉与呼吸，无不充满了对工作的热忱，"费云太太告诉我，"而我自然也能感受到这种兴奋。过去25年来，我已经想出了许多小方法帮助他——我很喜欢这些工作。"

费云太太想帮助她丈夫发挥最大的能力，去处理工作上的大事，扩大生意，照顾顾客，增加销售。她想，如果她能够帮助她丈夫处理一些细小但必要的杂务，他将能够发挥出全部的才能。

例如费云先生有许多信件，这些信件他必须在家里处理；所以爱多丽亚学会了打字。开车跑遍30个州，这对一个男人来说也是很费力的，所以爱多丽亚学会了开车。

"我曾开车把梅尔从纽约时报广场送到了旧金山的金门大桥，"她骄傲地说，"这对他来说，是一件很简单的事，但对我来说可就是一次奇妙的体验了。"

费云太太即使连培养自己的个人嗜好，也都是为了她丈夫的事业而设想的。她收集了许多旧熨斗——其中有些已经有150年的历史了——而且为她丈夫画了许多彩色海报，在销售会上作为展览和陈列品。

由于爱多丽亚·费云付出的努力，所以她从她丈夫的成功之中获得了更多的兴奋。有一次，当费云先生在田纳西州一次销售会中讲完话以后，观众之中有个人问他："我不知道，今天晚上谁会对你的演讲最感兴趣——是推销员还是你的太太呢？"

妻子给丈夫的迷人的注意力，是一种最好的广告。难怪费云先生会把他的太太当成自己不可缺少的伙伴了。

2. 给丈夫工作动力

许多女人没有想过帮丈夫去做费云太太曾做过的事。"他雇女秘书是干什么用的？"她们会这么说；或者说："当公司愿意支付我薪水的时候，我也可以给他当帮手。"

许多女孩会认为，这只是男人的前途，而不是她自己的。但是，有时候从太太那儿来的一点额外帮助，确实可以给男人一种动力，使他走得更快、更高。

进一步说，你能帮你的丈夫哪一种忙，这要看他工作的性质而定。也许他需要你帮他做点文书工作：例如打字、写报告、处理信件；也许是接电话，为他开车，查阅图书或杂志资料……这些工作都可以减轻他的负担，使他有更多的精力做更有价值的工作。

如果你希望能够帮助你的丈夫，但是却不太清楚从哪里着手，那不妨请他给你出个主意。

很显然，如果你希望每一个有许多家务事要做，又有几个小孩需要照顾，而没有请人帮佣的女人能够帮助她的丈夫而成为他的"星期五女郎"，那未免太可笑了。可是有些女人确实能把这些家务事都做好，又有效率地帮助自己的先生，她们的动机是——给她们的丈夫一个额外的推动力。

当年轻的彼德·阿塔多从第二次世界大战服役中退伍以后，他用一辆汽车和 800 美元资金创办了亚斯坎·来蒙欣汽车服务公司。

当计程车公司的业务发展到了忙得无法满足所有顾客需求的时候，有些人就转而叫彼德的车子了。彼德的服务快速、热忱而且有效率，于是大家就经常叫他的车子服务了。由于不能同时开车子和接听电话，所以彼德的妻子罗丝就自告奋勇地替先生接听电话，于是彼德在家里装了一部业务电话分机。电话分机装好之后，罗丝就担负起电讯发送的责任了。

现在，彼德的工作实在太忙了，他必须另外请一位司机合伙。但是当彼德外出的时候，罗丝仍然要接听他的电话。除此之外，她还必须照顾 3 个小孩，并且做完所有的家务。

彼德说："不管我花多少薪水，也雇不到一位像罗丝这样有兴趣为我的顾客服务的人来接听电话。罗丝和我一样清楚地知道老主顾的姓名和住址——她从他们的惠顾之中得到了许多乐趣。他们知道罗丝不会给他们不准确的消息，不会在我跑长途的时候想办法拖延他们。如果我实在没有空，她甚至会替他们到别的计程车公司叫辆车子。我不能没有这个女人！"

而罗丝也说："如果丈夫需要的话，没有一个女人会忙得没法帮助他的。如果她想要帮她先生的忙，她可以做我做过的事，把家务安排得富有效率，留下时间来帮他了。"

有些女人家里没有孩子需要照料，她们就可以直接到先生的办公室，或是她们先生营业的地方，为她们的先生提供很有价值的帮助。

贝拉·德拉斯太太就是这样做的。她的丈夫是一家诊所的医生，当他缺助手时，她便补了上去，直到他找到了一个合适的助手。她工作得非常好，仿佛她以前一直就在那儿工作一样。她上午处理家务，下午则帮助她的丈夫处理工作。

"对路易丝来说，这不仅仅是一件工作，"她的丈夫解释说，"对于每一位要我出诊的病人，或是到诊所来就医的病人的健康，她和我同样关心。"

3．"星期五女郎"

是的，对于妻子来说，她为丈夫所做的任何工作，都具有额外的特性。他们的兴趣会紧紧地结合在一起，不只为了工作，也为了生活。他们是共同体，她没有办法不对她的工作付出更多的精力。

写给女人的忠告

像这种"星期五女郎"的妻子们，已经减轻了许多男人的工作，并使他们获得了成功。安东尼·特洛罗柏是一位英籍小说家。他说，在他的原稿付印之前，除了他太太之外，没有人曾经看过或批评过一个字，"她的鉴赏力给了我最大最大的好处"。

法国作家阿尔冯云·道狄最初不敢结婚，因为他害怕婚姻会使他的想象力变得迟钝。后来，他认识了朱丽·亚拉得，这才逐渐改变了他的想法。他的一些最好的作品，都是在和朱丽结婚之后创作出来的。

朱丽有着很强的文学鉴赏力，道狄非常认可她的评论。他的兄弟说："道狄写好的稿子，几乎没有一篇未经朱丽改过、修过并润饰过的。"

哈柏是瑞士伟大的博物学家以及蜂类研究权威，他17岁的时候就失明了。他的妻子鼓励他研究博物历史，并且依照他的思想，用自己的眼睛和观察帮助他成名。

如果对自己丈夫的工作或职业没有一些常识或了解，而想给他提供适当的帮助，这几乎是不可能的事——我们了解得越多，就越能帮他的忙。

即使太太对丈夫的工作并不能帮上什么特殊的忙，但她如果能对他的工作需求有大概了解的话，也可以使她对丈夫更有同情心和耐心，从而成为一位更加聪慧的伴侣。

在詹姆斯·马修·巴里爵士可爱的戏剧《每一个女人都知道的事》中，有一个场景：玛姬·伟利上床时，手上抱着一些她的未婚夫正在看的深奥法律书籍。她对她的兄弟们解释说："我不想让他知道我不懂，我也要对这些有所了解。"

4. 做丈夫最重要的盟友

妻子对她丈夫工作的了解程度，已经被公认为对丈夫的成功有着很大的激励作用，所以许多公司现在正努力使他们雇员的太太们获得这些常识。

从前，想要使一个大公司职员的太太在知道他先生工作的单位以外，还要多了解一些他工作的事情，实在是太难了。然而现在已经不再是这种情况了。"公司太太们"现在正受到各种不同方式的知识轰炸：影片、演讲、小册子、公司出版物。

道斯谢先生是利里—杜礼柏茶杯公司的总经理，《福星杂志》引述他的话，说他正计划每两个月出版一份有关公司业务的小册子，提供给职员的太太们。"如果她们看了这些小册子，"道斯谢先生说，"就会情不自禁地对公司的业务感到兴奋。"

"对公司业务感到兴奋"的妻子，是她的丈夫及她丈夫的雇主最重要的盟友。

瑞士欧尔利康市的某机械制造公司，曾安排公司职员的太太们参观访问公司。在这几天中，太太们参观了整个公司，并且听他们解释各种制造程序。不久，公司经理就发现，这是一项非常实用的政策，因为他们经常可以从这些太太们那儿得到改进的建议。

许多美国公司也采取了类似做法，对公司员工的太太们大开其门，他们也得到了相同的效果。例如，美国布雷克皮鞋公司曾安排员工的太太们去工厂访问，鼓励这些太太们对公司的计划和政策提出自己的看法和建议。

在《今日女性》杂志中，马丁·萧尔提到一位女人，她参加了中西部一家制造家用器具公司主办的一次参观访问。当她看到她先生在他的机器旁工作的时候，她产生了一个想法。

那天晚上，她问她丈夫，为什么他的机器不用脚踏板来替代那个高过人头的杠杆——因为用脚踏板将会节省许多时间和不必要的动作。她丈夫觉得这个建议很合理，于是把这个建议告诉了他的老板。当这个建议付诸实施后，他的生产力增加了大约20%，而这个创意也使他得到了350美元的奖金。

男人把他生命的大部分时间都奉献在工作上。作为他的妻子，你有特权来分享任何一种占据了他大部分时间的职业。作为妻子，在必要的时候付出她的关怀和帮助，不仅可以帮助丈夫获得成功，而且她自己也得到了分享报酬的权利。

每当我阅读托尔斯泰的不朽文学名著《战争与和平》时，就会想起一件事情——他太太居然曾把这部不朽的作品亲手抄写过7遍。她可真是个"星期五女郎"。

所以，如果你想要给你先生一个额外的推动力，就别忘了这么做：

首先，尽你所能去了解他的工作。

写给女人的忠告

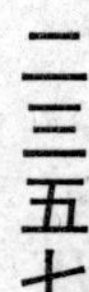

然后，帮他做任何一种他最需要帮助的特别工作，使他的工作做得更出色。

与丈夫的女秘书友好相处

如果女孩子最要好的朋友是自己的母亲的话，那么男人在工作中最亲近的朋友，就是他的女秘书了。一个好的秘书，应该努力提高她老板的利益。她不仅要忙于帮助老板顺利进行工作，还要照料许多做不完的琐事。她不但要注意老板的意念，并且要随着他的情绪，消除他所受到的打击。女秘书的工作范围，可能包括从削铅笔到接见访问者。如果没有女秘书周到的服务，美国商业界的巨轮就不会运转得这么平稳了。

所以，毫无疑问，一个好秘书的确是男人事业成功的重要助手。

那么，对一个尽责的妻子来说，这种说法有什么意义呢？这只是说，女秘书和妻子这两个女人都有一个共同的目的，就是要使男人的事业更加远大。这两个女人都同样关心他最终的成功。如果她们能够互相合作，朝着一个共同的目标而努力，而不是互相对立的话，那么她们就可以把分散的效率加倍，并更快实现共同的目标。

但事实上，妻子和女秘书常常依照相反的目标来行事。例如一方可能会在暗中产生猜疑，或是两个人同时嫉妒对方的贡献或影响。女秘书也许会觉得妻子自私或多管闲事；而妻子则可能会埋怨自己的丈夫，认为他更依赖另一个女人。

就我个人的亲身经历来说，我对这两方面的观点同样重视。但是经验也使我相信，想要维持良好的关系，妻子的态度更具决定性。女秘书为了保住她们手上的工作，本来就希望和每个人愉快相处。

记住这些以后，我相信每个当妻子的人都可以找到一些规则，以减少摩擦，加强和丈夫女秘书的友善关系，并且提高和丈夫女秘书的合作。

1. 不要随意猜疑

虽然我们认为自己的丈夫很有吸引力，值得追求，但这并不是说，他的女秘书就一定会把他当成追求的目标。女秘书欣赏的只是老板的工作能力，而在感情上通常都是不会动真情的。我在工作中认识了许多女秘书，但是我只见过一个喜欢抢夺别人丈夫的女秘书。依我看来，这个女孩子不论做什么工作，都会做出这种事情来的。

当业务上出现问题，迫使丈夫需要加班工作时，就更需要妻子的谅解了。这时，妻子一定要知道，她的丈夫和女秘书正在绞尽脑汁，而不是跑到夜总会去喝香槟了。如果丈夫有女秘书和他一起工作，而不是独自一个人待在办公室，当妻子的应该感到庆幸才对，因为她知道有人会在适当的时候提醒他到外头吃点东西。

2．不要心怀嫉妒

在外头工作的女孩子，打扮得漂亮一点，是出于业务上的需要。作为妻子，如果你也想要打扮得同样漂亮，那也是没人阻止你的——通常她们有更多的时间和金钱花费在自己的打扮上。如果你想要嫉妒丈夫的女秘书，倒不如把自己打扮得同样时髦和迷人。

大部分正常的男人都喜欢漂亮迷人的女孩子，不欣赏乏味而且没有吸引力的女秘书。在迷人的环境里工作，这可是人的自然的欲望——这并不像是一头野狼，瞪大了它贪婪的眼睛。一个漂亮的女孩子，就像一束玫瑰花那样，可以使办公室焕然一新。

有些太太则嫉妒女秘书的工作。她们总认为女秘书太轻松了，整天只是打扮得漂漂亮亮，坐在舒服的办公室里，除了对男人甜言蜜语之外，什么事也不会做，而她居然还能拿那么高的薪水。

然而，这些太太们多半不知道，许多聪明伶俐的女秘书，其实都很羡慕太太。在社会上工作的女孩，都期待有一天结婚之后不再工作，来照顾家庭和养育孩子。

更进一步说，女秘书的工作并不容易。好的女秘书必须像家庭主妇那样辛劳地工作，但是她们却没有得到像家庭主妇那样多的报偿。

3．不要随便支使女秘书

如果老板的妻子要女秘书利用吃午餐的时间为她买一卷丝线，或去排队买戏票，或是其他类似的杂务，这都是不好的。这种做法往往令女秘书不好意思拒绝，只好不太情愿地牺牲她在繁忙的一天中仅有的一小段休息时间。

女秘书由于领取薪水，也常常要为自己的老板做许多私人杂事——例如替老板选购送给家人的礼物、安排业务上的应酬招待、预订旅行中的旅社房间，等等。但是，女秘书们所领取的薪水中，并不包括替老板的太太服务，除非老板曾经特别要求她这样做。

4．不要傲慢对待女秘书

虽然"我是太太，你是佣人"的态度已是最陈旧的观念了，但是仍然有一些老板的太太故意奚落自己丈夫的女秘书，以此来显示自己的地位。通常，在这种场合里，女秘书都比这种空摆架子的太太要更有教养和更受人欢迎。

对于一个自尊心很强的女秘书，过分的亲密也同样不合适。作为妻子，你应该依照《圣经》上的金律，修饰自己的态度，并且设身处地为女秘书着想，用良好的风度和态度对待丈夫的女秘书。

5．与女秘书愉快相处

每个人替别人做了事，都喜欢听到赞赏和感谢。任何一个女秘书都会做一些对老板的妻子很有帮助的事，虽然她并没有私下要求过。

例如，我丈夫的女秘书玛丽琳·勃克小姐常常在我们度假的时候为我们预订旅社房间，在我们去餐馆吃饭之前替我们预订餐位。她还为我们预订过戏票。虽然玛丽琳把这些工作当成她工作的一部分，但是我却从她那里获得了许多方便。

女秘书同样也是人，她们当然也喜欢受到赞赏。给她打一个电话——亲切地说声谢谢——或者是送给她一件细心挑选的礼物——这些小事都可以表示出你对她的谢意。

和丈夫的女秘书保持良好的外交关系，是我们能够帮助丈夫的一个重要方法。

我有一个朋友勃兰克太太，她的丈夫是一家大房地产公司的会计主任，当她的丈夫碰到特别麻烦的事情时，她都会接到女秘书打来的电话。

"我想你一定希望知道，勃兰克太太，"她会说，"政府的税务人员整天都在我们这儿，勃兰克先生受到了许多精神压力。在后面的四五天里，我们将会忙着整理我们的账目。我所能帮的最大忙，就是请勃兰克先生中午多休息一会儿，好好地吃完三明治和咖啡。”

于是，当勃兰克先生回家的时候，勃兰克太太就会对他特别耐心和灵巧。她取消了所有不必要的社交应酬，特别费心地为先生准备食物，照料着勃兰克先生，帮他度过这段辛苦的日子。

这种特意的照料，并不是随时都需要的，也不是天天都必要。但是在我这位朋友的例子里，她真是配合得太巧妙了。而这其中的关键是，勃兰克太太和她丈夫的女秘书都认为，她们两人是帮助勃兰克先生以最高的效率工作的共同盟友。

尽管有些当妻子的从来没有机会和丈夫的女秘书见面认识，但是我认为大部分妻子迟早都会和丈夫的女秘书接触的。这时，我们内心的态度就会流露出来。所以，为了和丈夫的女秘书相处愉快，我们应该记住上面介绍的 5 条规则。

鼓励丈夫勤做“学生”

1. 你丈夫做好晋升准备了吗

你的丈夫已经做好了晋升的准备了吗？如果还没有，他目前正在为晋升做些什么努力？而你作为他的妻子，又做了多少努力呢？

大家都希望在工作 5 年、10 年或 15 年之后，能够如愿以偿地获得晋升，但是很少有人在刚刚步入社会的时候，就已经具有担任高级职位的能力。他们必须一面工作一面学习，同时善于从经验和特殊训练之中学习。

社会学家 W. 罗伊特·华纳说过，美国的理想是建立在每个人都能“成功”这个信念之上——而一个人若想要出人头地，主要方法就是接受教育。华纳又说，经营公司的人，必须利用人事考核、训练计划以及晋升规定，来提供各种进步的机会。

许多成了名的人士，都是因为曾经利用空闲时间进行学习才获得成功的。

查理斯·C. 佛洛斯特，原来是佛蒙特州的一名鞋匠，由于他每天都利用一个小时学习，后来竟成为一位著名的数学家。

约翰·韩特以前是个木匠，他利用工作之余研究比较解剖学，每天晚上只睡4个小时，终于成为比较解剖学方面的权威学者。

忙碌的银行家约翰·拉布克爵士，也在休闲的时候努力研究，最终成为著名的史前学专家。

乔治·史蒂芬森在担任机械师值夜间班的时候，努力研究，结果发明了火车头。

詹姆斯·瓦特一面靠制造工具维生，一面研究化学和数学，结果发明了蒸汽机。

类似上面的例子太多了。如果这些人都对现状感到满足，这对于社会将是多么大的损失。如果人们总是安于现状，只是领取薪水而不再学习，那么在这个竞争激烈的社会中，这种人是不可能成功的。

当丈夫努力研究、勤于学习以争取晋升的时候，妻子们应该扮演怎样的角色呢？这时，妻子的态度将会影响到丈夫改进自己的一切努力。

2. 学会一个人独处

瓦特

我曾在一些夜间学校教课，其中许多是已婚的男士。他们每个星期花两个晚上至5个晚上的时间来上课，这些人无疑是有抱负的人，他们想在自己目前的工作上，或者是他们正准备从事的其他行业方面，表现得更有成就。

作为他们的妻子，在这段时间就必须学会如何独处。她们必须使自己适应孤独，并利用自己的活动来填补这个空当。

如果她们不能适应这种生活，丈夫就会因为妻子的不愉快而感到内心不安，他在学习、研究时也就无法专心。有时候丈夫干脆就放弃了他的学习，只因为太太抱怨被冷落在家里。这种女人通常不知道，她们的丈夫之所以不能成功，她们必须承担一部分责任——因为正是她们使得自己的丈夫想要努力学习时，却感到左右为难。

这些太太们应该看看她们周围的变化，才能够了解那些成功的男人并不是生下来就有那种能力的，他们必须学习技术，以获取足够的知识。即使有些男人运气很好，在结婚以前就有了这些才能，但是为了跟上时代的发展潮流，适应新的法规，以及熟悉他的对手所采取的策略，他们也通常在婚后需要继续研究与学习。

我认识的一位医生曾告诉过我，如果他要花足够的时间去看他所应该研究的有关新发明、新技术的文章，那么他就没有时间去照顾他的病人了。

事实上，并不是每个人都能够得到理想中的高级职位，有些男人必须在这个世界上做那些他们不太想做的工作。但是令人振奋的是，如果他愿意训练自己，使自己具备更强的能力，他就不会永远停留在低级的工作岗位上了。

3. 海威希的故事

这里有一个例子——是关于一位年轻律师的故事。他曾经因为没有受过什么训练，只能给人挖壕沟过日子。他的名字叫海威希。他刚踏入社会的时候，在堪萨斯城一家贸易信托公司当小职员。后来，他移居到俄克拉荷马州的马歇尔市，进入壳牌石油公司工作。他爱上了市长的女儿爱芙琳·英格，并且两人很快结了婚。

不久，发生了经济大恐慌——海威希和许多职员一样被解雇了。由于他受过的训练和经验都不够，难以担任一般书记以外的工作，而这种书记工作在当时并不缺人去干。他只好接受了他所能做的唯一一份工作——以每小时40美分的代价，在石油管道工程里挖壕沟。

他曾把他的故事说给我听，其后半段是这样的：

"我想尽一切办法来改善生活，经营了一家小型高尔夫球场；再加上我太太在一家商店里工作的收入，我们那几年的日子总算还过得去。后来，我又被壳牌石油公司雇用了，转到俄克拉荷马州的吐萨市工作。我的工作是在会计部门处理有关投资的文件工作——但是我对于会计工作一窍不通。

"只有一个办法帮助我，那就是学习。所以我去了俄克拉荷马法律会计学校的夜校上会计课。这是我所做过的最聪明的一件事，因为这些课程使我了解到，我可以利用晚上的时间，来弥补我学问上的不足。

"经过3年的学习，我的薪水也加倍了。于是我马上进入吐萨大学夜校

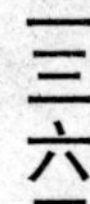

上法律系的课，4 年内我修完了全部学分，不仅得到了学位，还通过了律师资格考试而成为一名合格的执业律师。

"但是我仍然不满足，所以我又回到夜校去学习，准备参加会计师资格考试。研究高等会计 3 年多以后，我又学习了一项当众演讲的课程。最重要的是，这么多年以来的夜校学习，已经使我的薪水比 12 年前挖壕沟的时候多了 12 倍。"

海威希先生除了在自己的律师事务所执业以外，还在俄克拉荷马法律和会计学校给学生授课——而他自己以前曾经是该校的学生。

海威希先生的故事告诉所有的妻子，男人只有通过学习，才能获得成功——任何一个愿意付出时间和努力的男人都可以做到这一点——而且他的太太必须非常合作。

一个男人整天工作，而且连续几年每个晚上都要学习，这不是一个轻松的计划。他需要从妻子那里得到所有他能够得到的鼓励，以支持他不致半途而废。他常常会感到厌倦、失望，并且会怀疑这些努力是不是在浪费时间。

因此，当个好妻子并不容易，尤其是在刚结婚那几年，她也往往是最需要自我改进的时候。作为这样一个"夜校寡妇"，应该如何保持安定的心情呢？最聪明的办法就是，拟订一个自己的学习计划。

4. 和丈夫一同学习

如果经济许可，妻子可以和丈夫参加同样的训练课程，使自己能更灵巧地帮助丈夫工作。妻子还可以学习一些相关的科目，以补充丈夫的知识。或者妻子还可以学习一些完全不同的功课，纯粹只是为了乐趣，或是扩展自己的兴趣。

无论如何，如果夫妻两个人一同去上课，那么学习起来必定会很有意思的，你也不会感到寂寞和孤独了。

如果你丈夫正在花费他部分或全部的晚上改进自己的能力，以便抓住机遇，争取成功，那么你也不必因为孤独而难过，平白浪费了那些时间。你应该把那些时间当成是一个机会，有效地利用它们。例如你可以去图书馆办理一张借书证，人类累积起来的智慧就在那儿等待着我们去探索。

当你丈夫在学校里学了 4 年，或是获得了学位，并不表示他已经完成了所有的教育；教育是一个不断进步的过程。你丈夫如果想抓住每一个机会，就必须在一生之中使用各种方法不停地学习——而且你也必须如此。他所学习、研究的东西，会由他所做或是他所想做的工作来决定，而你却有较大的范围可以选择。最重要的是，妻子必须了解，如果丈夫想在社会上出人头地，那么，他必须不断地学习，而且妻子在这个计划中的完全合作，也是绝对必要的。丈夫花在学习上的时间和金钱，对于家庭的前途是一种有意义的投资。

作为妻子，你不应该怀疑自己所受的这些孤独和对于娱乐与享受的牺牲是否值得。如果你知道这种牺牲多半可以得到成功的报偿，你就会体谅的——因为这个国家仍然是属于自立奋斗而成功的人的天下。

你感到怀疑吗？那就请你看看下面这些人，他们都是最近获得美国大学与学院联合会所颁发的何拉休·亚尔杰奖的杰出人物。

前任总统赫伯特·胡佛，他是艾奥瓦州一个铁匠的孤儿；亨利·克隆上校，他曾经当过电话接线员，现在是华道夫·亚士托和亚董事会的主席；托马斯·J.沃森是IBM公司的董事长，他当初担任图书员管理员的时候，周薪才两美元；保罗·G.霍夫曼，曾经当过行李搬运工，他现在是史都德贝克公司董事会的主席。

你的丈夫也可以抓紧他能够参加的各种教育机会，不断提升自己的能力，最终获得成功——当然，还要加上你的支持和鼓励。

男人如果想要更优秀，就会更想要扩展自己的知识和才能。美国驻联合国大使欧尼斯·格罗斯有一天晚上在宴会上对我说，他正在参加一个夜校的速读课程，以便更有效率地处理他所收到的大批信件。

所以，如果你的丈夫正在做"学生"，你应该为此而感到高兴，并且还要鼓励他继续努力。这样做将会大大增加他的成功机会。

A.劳伦斯·洛威博士，生前是哈佛大学最伟大的校长之一，他曾说过这段话：

"只有一种方法能够真正地训练一个人，就是这个人自动使用自己的脑子。你可以帮助他，你可以引导他，你可以暗示他，而且你还可以激励他。但是，只有他自己努力获得的东西才是最有价值的；而他所获得的成果，必

写给女人的忠告

然和他所付出的努力成正比。"

共同迎接挑战

1. 在必要时挺身而出

约瑟夫·艾森堡在一家洗衣店当了25年的送货员，但是他在突然间被老板解雇了。

像他这样一个没有受过特殊职业训练的人，想要再找个工作是很困难的，对中年人来说尤其不容易。当艾森堡夫妇正在为找不到工作而发愁的时候，恰好有一家面包店准备转让。价钱还算合理，但是他们却必须把自己所有的积蓄都投进去。

这还只是刚开始。艾森堡太太知道，在生意还没有做稳之前，他们是没有能力雇人帮忙的，于是她便全身心投入进来，努力拓展这个新业务。

那时候，除了做家务以外，她还必须在面包店中长时间工作，帮丈夫招待客人。除了打扫卫生、洗刷碗柜、做饭之外，她每天还要在面包店里站上8~10个小时——这些劳累就已经足以使任何一个人感到泄气了。

"但是，"珍妮·艾森堡说，"我高高兴兴地做着这些事，因为我知道，这是我丈夫重新闯出一片天下的大好机会。

"现在，我们的面包店已经开业5年了，生意十分好。我们的经营很成功，而且扩展到了足够应付一切需要的规模。我们能够以自己的努力来开展这个事业，实在很值得骄傲。"

然而，有许多家庭在碰到了像艾森堡先生失业的这种难题以后，由于妻子不愿意帮助丈夫渡过难关，以致家庭的整个经济开始走下坡。

许多女人都认为，丈夫应该肩负所有的责任，而不论他的处境是好是坏。然而她们忘了，夫妻是一个共同体，有时候为了拖出陷在泥潭中的车子，当妻子的也需要付出额外的努力。

这儿还有另一位女士的故事，她也是在必要的时候付出了自己所有的能力。

威廉·R.柯门太太不仅帮助她丈夫的生意，还同时拥有自己的事业，使他们的家庭有了很好的经济基础。

柯门太太是一名护士。当她嫁给比尔·柯门先生的时候，比尔白天在公司工作，晚上则去夜校上课，以便获得高中毕业证书。为了使比尔不放弃在夜校的学习，柯门太太婚后仍然继续当护士。她很希望丈夫保持不缺课的纪录，所以她在生下小女儿的那个晚上，她仍然坚持让丈夫送她到医院以后再赶去上课。在6年之中，比尔从没有错过一堂课——终于，在他的母亲、妻子和女儿骄傲的注视中，他得到了毕业证书。

当比尔找到了推销不锈钢厨具的工作以后，他的妻子就充当他的助手。他们一起举办示范餐会，妻子做菜，比尔则在一边向人们推销。

后来，比尔的父亲去世了。在此之前比尔和他的兄弟承包了一家印刷厂，这时，比尔和妻子便从比尔的兄弟那儿买下了这家印刷厂。为了付款，他们必须向银行借一笔钱。于是柯门太太又去当护士，帮助丈夫偿还这笔债款；而每个晚上和周末，她都在印刷厂给比尔当助手。

"我很高兴，"她写道，"如果我们能够继续健康地工作，那么在5年以内，我们就可以付清房子和生意上的债款。然后我将辞掉工作，为比尔和孩子们做好家务。"

柯门太太的确是一个能够在关键时刻和丈夫一起工作，并且善于为丈夫工作的好妻子，就像艾森堡太太那样。由于这种助手只是临时的，因此她们的工作效率都特别高。

2. 为家庭创造新的生活意义

家庭生活里的某些危机，例如欠债、疾病，或是丈夫失业，常常需要妻子暂时到外面去工作。这时，作为妻子，你就需要挺身而出，因为你是在为家庭的幸福而工作，而不是想以拥有自己的事业来获得自我满足。

我认识一位女士，她在这种情况下做得很好，甚至为整个家庭创造了新的生活意义。她就是乔纳森·威特·史坦太太，她和她先生及5个孩子住在新泽西州。

史坦先生是推销员。好几年前，一场重病的袭击，使他没有办法去全力工作。为了养活这个大家庭，他妻子必须和他共同面对挑战。

史坦太太很快把她拿得出手的本事回顾了一遍：她对于办公室的工作没

有任何经验，也没有才能；她做得最好和最喜爱做的事情，就是特制餐点，例如小孩子的生日点心、结婚蛋糕、宴会甜点。她以前常常替朋友们做一些特别的餐点，但那只是因为她喜欢做而已。于是玛格丽特·史坦把她心里的想法告诉了一些人，当她的朋友开宴会的时候，都特意请她去帮忙。她做出来的精致而不寻常的餐点，总是这么可口，她很快得到了人们的称赞——更多的订单开始源源而来，她不得不训练助手来帮助她。由于所有的餐点都是在她自己的厨房做的，所以她的丈夫和孩子们全都来帮她。后来，她的生意越做越大，玛格丽特就成为一个专为酒席制作餐点的名人，并且担任了她所在城市的宴席顾问。

现在，她的生意已经发展到必须长期雇请一位帮手的规模了。她把自己最著名的开胃菜做好包装后，送到冷冻食品市场去卖，并且为半径50英里之内的宴会准备餐点。

玛格丽特·史坦取得了如此的成功，史坦先生也全身心投入到了她的事业中来，现在已经当上了营业经理，可以说他和他的妻子有最完美的合作。

"我讨厌价钱、成本和开账单，"史坦太太说，"我忙着创造新的方法，来准备供应我的特制餐点。我只能让我的丈夫来照料所有生意上的细节，这可真是一项最伟大的事业。"

家庭主妇无法预料将会发生什么意料之外的困难，使家庭的经济来源突然中断，迫使自己必须亲自去赚取部分或全部的家庭开支。那你为什么不马上寻找自己可以应用的才能？一旦将来发生意外，你就会有足够的准备，去面对这个紧急变化。

第十一章　如何面对现实问题

快快乐乐地搬家

一些男人经常抱怨说，由于他们的妻子不愿意离开熟悉的环境，便要把她们的丈夫束缚在一个固定的地方和工作中。佛恩·L. 艾略特是费城大西洋精炼公司的总经理，他把这种妻子称做"爱哭的小孩"，并且认为她们是阻碍丈夫成功的一个大绊脚石。

另外一位总经理也告诉过我，他公司有一个很有前途的年轻职员，由于他妻子的原因，他只好伤心地放弃了一个他好不容易才争取到的晋升机会——他的妻子舍不得离开自己的父母亲、老朋友、教室和心爱的客厅。

当一个家庭刚开始在某个地方适应下来的时候，如果要他们再搬到一个陌生的环境去工作，确实需要很大的勇气。必须有很好的婚姻基础，才能适应这种变迁。例如在第二次世界大战期间，有许多在战争中结合的年轻夫妇，由于妻子没有办法适应从一个军营不停地迁移到另一个军营的劳累，而且她们也缺乏在动荡不安的环境和时代中建立家庭的能力，导致许多婚姻最后破裂。

但如果是一个适应能力很强的妻子，就应该能够轻易地克服这些障碍。弗吉尼亚州诺福克市的雷伦德·克西纳太太就是这样一个好妻子。在一篇文章里，克西纳太太写道：

"两年前，我的丈夫应征要到海军去服役。离开我们新近布置好的家，带着我的小儿子跑遍全国各地，这个念头似乎对我来说实在是最糟的事了。未来的两年看起来像个又巨大、又浪费时间的空白。当我迁移到我们第一个驻地的时候，我相信我将会过得很伤心。

"但是现在，我们已搬了好几次家，我觉得过去的想法实在是太孩子气，太娇生惯养了。我丈夫马上就要退伍了，我们正计划永久定居下来——我们都希望如此。虽然我对于未来的日子感到很激动，但是我必须承认，当我要告别这种生活方式的时候，我确实是有点伤心的。在过去的两年，我感到非常愉快，因为我已经学会生活在许多不同类型的人群之间，学会了容忍和了解那些想法和做法与我不同的人。当我所盼望的某些事情落空的时候，我学会了忽视它们。而且我更加深刻地了解到，一大堆器具和用品并不能建立一个快乐的家庭，更主要的是你自己要意识到爱心、谅解和温暖，而且在任何情况下都要尽自己最大的努力去做好。"

如果你也面临从熟悉的环境中离开而搬到一个新地方的困扰，希望你记住下面这4条建议。

1. 不要期望新环境和旧环境一样好

环境和工作内容与人一样，都是不能完全相同的。如果你丈夫在原来的职位好像比新职位更有地位一些，你也不必为此而泄气。因为新的工作岗位可能会给他带来更多的发展机会。

2. 尽快适应新环境

尽你所能去做，试试你自己的胆识，也许你会得到意外的惊喜。

有一年夏天，我丈夫到怀俄明州立大学暑期班去授课。由于当时找不到房子，我们只好住到专门为结婚的退伍军人和他们的家眷建的简陋的房子里。我承认，我那时对这个地方真的提不起一点兴致。

但是住在那个地方一段时间之后，它竟然渐渐变成我生命中最丰富、最值得纪念的经验之一。那里的房子很容易清理，而且我们的邻居都很好。那些年轻的男人和女人一同去学校上课，共同养育自己的孩子，并且愉快地把他们并不怎么富裕的生活用品做了最大的发挥。这使得我对于自己当初的行为感到非常惭愧。

那年夏天，我们结识了许多好朋友——而且也了解到，成功和幸福与人们的生活水准并没有什么关系——只要生活过得去就可以了。

3. 多一点容忍和耐心

我有一个朋友和她的丈夫一起迁到一个小工业城去。这是她丈夫期待已久的一次晋升。但是她只在这个小城里待了 24 个小时，就迫不及待地整理行装回到他们原来的家里。她丈夫所加的薪水只够多请一名女佣，最后她先生只好申请调回原来的工作——这都是因为我那位朋友不愿意好好地尝试她先生调职后的新生活。

4. 尽量利用新机会

如果你搬到了一个新地方，就必须下更大的功夫去结交新朋友，到新教堂做礼拜——或者参加新的俱乐部和各种民众团体——让你自己和新环境中值得交往的人打成一片。与其抱怨你所不喜欢的事情，还不如设法改变自己，尽快适应新环境。如果你改变不了，就一笑置之吧。因为在这个世界上，本来就找不到一个十全十美的地万。

罗伯特·瓦特森夫人和她丈夫已经在世界上每个角落待过，因为她丈夫是卡特尔石油公司的地球物理专家。瓦特森夫妇和他们的 4 个孩子，曾住过世界上最荒凉遥远的地区，但是他们却过得很舒服快乐。我认为很难找到比他们更幸福、更和谐的家庭了。

瓦特森太太认为，家庭是心灵和精神的休憩所。"调职命令一下来，我就马上整好全家的行装，准备出发，"她说，"我们家每个人都发现，这世界上的任何一个地方都可以供我们学习、享受和成长——如果你用心去寻找它们的话。"

"当我们住在巴哈马群岛的时候，我们知道有一位著名的潜水比赛冠军正在那里教潜水课。这是我们家'美人鱼'苏西的一个大好机会，她可以从专家那儿得到真传了。

"结果，她进步很快，并在潜水比赛中得了奖。如果我们住在别的地方，也许她就不会有这个好机会了。还有一次，我听一位总经理提起，"瓦特森太太继续说，"他的公司必须选派几位职员到国外去服务，但他们的太太一定能够适应才行。其实，适应新环境的最好方法，是在那个陌生的地区，尽量利用最佳的机会，多获取新知识，而不是整天抱怨过去的家里是多么好。"

所以，如果你丈夫的工作需要你和他一起搬来搬去，那么你应该记住上面的建议，要愉快地跟着他到处跑。

总之，搬来搬去又有什么不好的？谁愿意老是住在同一个地方发霉呢？

写给女人的忠告

让你的丈夫全身心投入工作

几个月以前，有一位老朋友顺路来看我们。他看上去很疲倦，也很不快乐。

"我不知道该怎么办，"他告诉我们，"6 个月来，我一直加班工作，想替我们公司设立一家分公司。每天晚上我都很晚回家。等我做完这件艰难的工作之后，我就可以在正常的时间回家了。但是海伦对于我晚上不回家吃饭，以及我们不能一起出去逛街很不高兴，这也使我提不起精神来。建立这个新公司，对我们两人都非常重要，但是我没有办法让她了解这一点。我非常担心，几乎没有办法全心全意做我的工作。"

我这位可怜的朋友正受到工作和家庭两方面的压力，难怪他会这么筋疲力尽。

他的问题使我想起以前，当时我丈夫正在赶写一本书。我几乎搞不清楚，在那段期间内，我们两人究竟谁更辛苦。虽然他待在家里写作，而我却很少看到他，因为他把自己关在书房里，总是埋头写到深更半夜——而且几乎每天晚上都是这样。

在此期间，我们不能一起出去参加社交活动。他为了赶进度，我们不能一起娱乐，或是到什么地方去玩。幸运的是，我们的朋友都很能理解。

那段时间我很孤独，但是我却一直很注意戴尔有没有适当地吃东西、休息和呼吸新鲜空气。我还参加了一些俱乐部，经常去看看我们的朋友，并且培养了自己更多的兴趣。

真不可思议，他那本书就这样写完了，而我们又可以一起过以前那种生活了。

对于太太来说，在某些异常辛劳的日子里，当然不像野餐那么愉快——虽然这些工作对她们的先生来说，可能是必要的或者是很让他着迷的。作为妻子，这时应该站在丈夫的旁边，像一个护士、保镖和精神支柱那样——静静地咬紧牙关，盼望过正常生活的那一天早日到来。成功的嘉奖鼓舞着我们的丈夫，使得他们对于手头工作以外的任何事情都变得又聋、又哑、又瞎。

但是我们并没有感受到这种奖励。这时我们应该怎么做，才能使自己适应这种不寻常的日子呢？我们应该如何帮助自己的丈夫，让他尽可能轻松地度过这些日子呢？

以下这些想法曾经帮了我很大的忙，相信对其他人也会有效。

1．准备相应的食物，适应他额外的工作

常常给他东西吃，但一次不要给太多。如果他必须抢时间迅速吃完晚餐，并且一直工作到很晚时，你就要在他拖着疲惫的身子回到家之后，为他准备好容易消化的小点心。烤苹果、果汁、蛋糕、沙拉、芹菜和胡萝卜……这些东西都比较容易消化，而且又富含维生素。

如果他在家里吃晚饭，就不要强迫他在整夜的工作之前吃许多不容易消化的食物。你还要看一些关于营养的书，或是找你的医生商量如何为他准备增加体力的食物。

2．替你自己安排一些娱乐计划

你要学会如何使自己在社交上变得有分量，即使不依赖你丈夫，你也可以成为一个受欢迎的客人。在许多情况下，你会成为一名多余的女士，你应避免这种不合适的场合。而在其他的集会上，你将会像5月的阳光那么受人欢迎。

你应该尝试做些你以前没有时间做的事情，例如参观画廊，听听音乐会，替教堂或政党做些事，参加一个自修课程，或是去某些夜校学习。

这样的计划，将会给你带来许多好处，并且使你的丈夫不必担忧你的寂寞。

3．让你的老朋友们知道你的情况

他们就会了解为什么你的丈夫暂时离开了社交圈。这样，你就会让他们觉得你是在全心全意地支持你的丈夫，并且你是支持他、赞成他所做的事的。

4．让你的丈夫知道你对他的支持

让你的丈夫知道你对他的全力支持和鼓励，这样会使他的工作进行得更顺利，而且使他更加喜欢你、体贴你，加深你和他之间的感情。

5．提醒你自己这只是暂时的

如果你证实了自己可以轻松地完成这些事，那么在这个大工程完成以后，你们将可以过着有如第二次蜜月般的甜蜜生活。

学会适应不平凡的丈夫

1. 坦然接受丈夫特殊的工作时间

我认识一个女人，她强迫她的丈夫放弃了心爱的工作，因为她没有办法忍受他在晚上工作。这位丈夫在一个著名的管弦乐团担任演奏家。他们的音乐会大都在晚上举行，这个男人很喜爱自己的工作，而且薪水很高。

但是他的太太却一直不能适应他的工作时间。最后，她说服了自己的丈夫，让他放弃乐团的职位，换了一个推销家庭用品的工作——由于他做的是完全不适合自己的工作，所以赚的钱更少了。对此他不满足，不但他成功的机会减少了，而且这还对夫妻婚姻的幸福造成了隐患。

必须在非正常的时间工作的男人，或者是工作上有特殊需要的男人，都更加需要一个能够适应他的妻子。如计程车司机、铁路或轮船职员、飞行员……所有这些需要特殊适应能力的职员的妻子，必须能够适应自己丈夫的工作，才能维持婚姻的美满。

许多著名的演艺人员，都尝到过婚姻破裂的滋味，因为他们的太太不能够——或是不愿意接受她丈夫在那个圈子里的成功。

在职业上有特殊需要的男人的太太，必须具备的重要观念就是，她不能拥有自己想要的每件事情，而且要坦诚面对这些情况，接受这些情况，并且在设法维持家庭稳定的情况下，快乐地生活。

许多女人羡慕那些在所谓"迷人"的职业圈内大出风头的男人的妻子——例如电影明星、歌剧演唱家、作家或音乐家的妻子。我 16 岁的时候，曾梦想嫁给一位著名的探险家。可是，我们之中很少有人会静下心来想一想，作为这种人的妻子，除了穿名家设计的新时装，以及在照相机前摆笑脸之外，还需要有更多的负担。

2. 向汤姆士夫人学习

罗维尔·汤姆士夫人可以告诉你，这种事可不像想象中的那么简单。在国际上，很少有男人比她的丈夫更加出名。她丈夫的事迹可以说和天方夜谭中的故事一样吸引人，而且多姿多彩。

作为一名资深的新闻广播员、探险家、投资者、作家、大学讲师、运动家，罗维尔·汤姆士在喜马拉雅山野外的家里，和他待在新闻影片摄影机前面所花的时间是一样多的。

弗兰西斯·汤姆士是他的太太，她是一个具有伟大才华和魅力的女人，她能够像一只变色蜥蜴那样，多才多艺地按照她丈夫的需要来改变自己。例如，在第一次世界大战以后，她跟着她丈夫跑遍了全世界，当时她丈夫正在各处讲授"阿拉伯的劳伦斯"以及"阿伦比在巴勒斯坦的战役"——而她在此期间也做了许多事，如为回教徒的祈祷作曲，以及充当旅行中的助理经纪人。

当他们返回美国，在乡下定居以后，弗兰西斯·汤姆士就成为全美国最忙的女主人之一了。她要忙个不停地在家里招待不断前来拜访的、在她丈夫的书里出现的许多人物，其中包括探险家、激进派的飞行员、幸运的军人以及其他许多杰出人物。汤姆士家的周末，常常因为有 50～200 位宾客参加宴会而显得热闹非凡。

当丈夫外出的时候，弗兰西斯·汤姆士就必须忍受许多忧虑的时刻——例如在第一次世界大战以后，德国革命期间，她从报社的电话听说她丈夫在采访一场巷战时受了致命的重伤。

另外，在 1926 年，当罗维尔·汤姆士所乘坐的飞机在西班牙安达鲁西亚的沙漠中失事之后，弗兰西斯也只能远在巴黎等待消息。

不久以前，罗维尔·汤姆士经过西藏的一处山区时，受了重伤。他被当地人背在肩上走了 20 多天，最后才离开喜马拉雅山。在所有这些受尽精神折磨的日子里，弗兰西斯·汤姆士除了听说她丈夫受到严重的伤害之外，什么消息也不知道。在这种痛苦的折磨之下，你或我能忍受得了吗？

最近几年，罗维尔·汤姆士的独子小罗维尔·汤姆士也追随他父亲，迈出了探险的脚步。于是汤姆士夫人又要等着听她儿子探险的消息了——在靠近法军前哨的地方，或者是在毛毛族人暴动达到高潮的肯尼亚。

这时，你还会觉得做个像罗维尔·汤姆士那种富有刺激性人物的太太，

写给女人的忠告

是一件轻松愉快的事吗？有关这些妻子困扰的一个简要统计将会告诉你，只有那些不平凡的女人，才配得上不平凡的丈夫。

3．只有不平凡的女人，才配得上不平凡的丈夫

当你挤在人群里看州长游行的时候，你是不是也曾经想过要和州长夫人换个位置，两手抱满了玫瑰花坐在车上，在满眼羡慕的人群面前走过？

根据马里兰州州长夫人席尔德·麦凯丁夫人的说法，她这个位置也是非常困难和不舒服的。麦凯丁夫人是她活跃、健壮的丈夫最完美的太太：她很文静、温柔、娴雅，具有一切女性的特点。但是她曾告诉我，自从她家搬进州长官邸之后，整个生活情况完全改变了。麦凯丁州长很早起床，而且很晚才睡觉。他整天忙着处理公事，为那些重要的公务忙得没有一点儿空闲，连他的太太都难得看到他。

麦凯丁夫人说，只有在陪丈夫旅行，或是到城外演讲的时候，她才能消除这些忧虑。"我们发觉，在那些旅途中一起享受到的乐趣，远比有许多时间在家里共处的夫妇得到的乐趣更多。这就像是一个令人兴奋的假期，我们分享着在旅程上所发生的每一次奇妙经历，旅行使得这些经历更宝贵和更难忘。"

像罗维尔·汤姆士和麦凯丁州长这样的男人，是很幸运的，他们的太太不仅能为他们争光，而且还能忍受名声和地位所带来的种种不便。

如果你丈夫的工作也很不平常，并且还会带来一些不便，你可以设法应用下列几项原则：

第一，如果这种情形只是暂时性的，你不妨笑一笑，姑且忍耐一下。每个人都可以在短时间内忍耐任何一件事的。

第二，如果这种情形是比较长期性的，你就得接受它，并设法改进它——就像麦凯丁夫人那样。

第三，要提醒自己，丈夫的成功也就是你的成功。如果这种工作对于他的成功是必要的，那么你也应该接受这种情况。

第四，要记住，这世界上从没有，也将不会有一个工作是完全只有快乐和幸福的。每一种生活方式，都有它的优点和缺点。总是抱怨生活中的缺陷的人，即使拥有最理想的环境，也是得不到满足的。

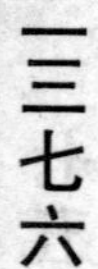

适应丈夫在家里工作

1．让家庭成为工作和娱乐的好地方

如果你丈夫每天只在办公室或工厂工作 8 小时，你可以不看这一章。和那些丈夫在家里工作的太太相比较，你的适应工作可以说简单多了。但是，聪明的你还是看看这一章吧，因为没有人知道什么时候，也许事情会有变化呢。

如果丈夫长期在家里工作，而他妻子又必须在他边上处理家务，这样的妻子特别值得丈夫赞赏。想想看，你必须踮起脚跟，静悄悄地在你先生工作的隔壁房间里行走；你还必须接受他的请求，关掉你正用到一半的真空吸尘器；你也不能邀请你的朋友来家里吃饭，因为嘈杂声会妨碍你这位一家之主。

话虽这么说，如果你嫁了一个必须在家里工作的男人，那就真的需要你来适应他了。只要你对你的丈夫拥有足够的爱心，时常保持良好的心情，并且下定决心去努力，你就一定可以成功。有许多妻子都已经做到这一点了。让我们来看看凯瑟琳·吉里斯的例子吧。

凯瑟琳的丈夫唐·吉里斯是一位作曲家，而且担任了 NBC 交响乐团广播音乐会的制作指导。唐·吉里斯的交响乐作品，曾经被美国和欧洲每一个主要交响乐团演奏过，他的乐曲也曾经被亚瑟·费德罗和阿图罗·托斯卡尼尼这些大师指挥演出过。当他还很年轻的时候，就在一个著名的职业乐团中取得了令人惊异的成功。

吉里斯夫妇是我们在纽约弗农山的邻居。他们的朋友都知道，凯瑟琳·吉里斯在她先生光辉的生涯中，扮演了一个十分重要的角色。

唐·吉里斯的大部分音乐作品都是在家里创作完成的。虽然他在三楼有一间书房，但是他却更喜欢在餐厅的桌子上创作。温柔、娴雅的凯瑟琳并不在乎这一点，就像她所说的，她只不过是"在他身边工作"而已。另外，她还要照料两个小家伙，如果他们太吵了，她就会让他们去做一些不会转移旁人注意力的事情。

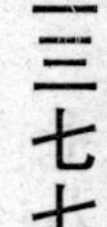

卡耐基励志经典

在凯瑟琳·吉里斯的努力下，他们的家变成了工作和娱乐的好地方。她是一个烹饪好手，冷冻箱里经常备有许多自制的冰淇淋、甜美的蛋糕以及其他点心。但是她却严格地控制家里食物的消耗。当她认为需要过俭朴生活的时候，她就会把冷冻箱锁起来，把钥匙藏好，以限制家人的食物热量。

正如许多艺术家那样，唐·吉里斯也受到了财政预算和家庭经济的困扰，所以凯瑟琳也是他的非职业性业务经纪人。她帮丈夫决定接受哪一份合约，家里应该节省多少钱，以及如何增加家庭收入。当唐需要一套新衣服的时候，当然也要由他的太太来提醒他，并且帮他去订做。

我请来凯瑟琳·吉里斯给我提一些意见，说明做妻子的应该怎么做才能成功地处理好丈夫在家里工作的问题。

"一旦你习惯了以后，"她说，"事情不但很容易，而且也会变得很有意思。如果唐在录音室工作，整天都不在家时，我会非常想他，我是多么习惯有他在我身边啊。"

2. 帮助丈夫在家里有效率地工作

下面就是凯瑟琳提出来的帮助丈夫在家里有效率地工作的几个简单规则：

第一，尽你的能力使丈夫觉得舒服，然后放下他，去做你自己的工作。暂时先抑制你想要进去看他的冲动，过一会儿再进去看他的工作进展得如何。

第二，在丈夫工作的时候不要打扰他，不要让他去开门、照顾小孩，或给送货来的小孩付账。你应该自己去做这些事，就像他不在家那样。除非这幢房子着火烧起来了，这个规则是毫无例外的。

第三，不要太容易心慌意乱。当丈夫的工作进行得不太顺利的时候，他可能会很紧张不安。你可以帮助他，让他保持冷静和温和的心情。

第四，配合丈夫的时间来安排你的社交计划。除非你家的房子大得足够把他完全隔离开来，否则你就不应该在他工作的时候招待你的朋友到家里来。

第五，帮助丈夫安排好他的工作时间，使孩子们有时间痛快地玩耍而不会被制止。正常而健康的孩子，不可能整天都静静地待着——讲道理的父亲，当然也不希望这样。如果大家的权利都受到重视，每个人就都会更快乐了。

我可以告诉你，这些规则都是很有效的。我们结婚 8 年以来，我丈夫所有的写作都是在家里完成的，所以我很了解这些规则。如果你有个一天 24 小时都待在家里的丈夫，不妨试试凯瑟琳·吉里斯的秘诀。

如何应对你和丈夫的事业冲突

1. 女人最有价值的职业生涯

如果你有自己的工作或事业，但你若放弃它可以带给你丈夫更多的好处，你愿意放弃吗？如果你不愿意，你就不必看我这本书了。你一定只想使自己有成就，而不是要帮助丈夫取得成就。

帮助丈夫获得成功，这本身就是一项非常需要专业精神的工作。除非你相信帮助丈夫是一件非常重要，而且必须付出你所有精力的事，否则你就没有办法帮助你的丈夫。

碧眼金发的查泰·威尔斯女士，是著名探险家卡维士·威尔斯先生的太太，当她认识自己未来丈夫的时候，已经有了非常令人羡慕的职业。

查泰是一位成功的广播与演讲经纪人，她在业务上与许多名人的接触使她获得了乐趣。卡维士·威尔斯也是因业务关系而认识她的，最后他爱上她并且和她结了婚——根据查泰的条件，她可以继续从事她喜欢的工作，而且完全可以独立自由。

婚礼在 3 月举行。6 月，卡维士·威尔斯就要动身前往苏俄和土耳其，准备攀登阿拉拉特山。查泰本来希望留在家里工作，但是等到时间快到的时候，她竟然没有办法自己一个人独自留下来。

"这一次和你一起去吧。"她说。于是他们就一同出发去探险了。那是一个艰难而充满挫折的梦魇——虽然这次历险使卡维士写出了那本畅销书——《卡普特》。

当查泰重新回到自己的工作岗位以后，她发觉这些工作和上一次的探险比起来，真是太没有意思了，她曾经和卡维士共同出生入死过啊。于是，在一年半以后，她又和卡维士一同前往墨西哥去爬山。这又是一次严酷的体能考验。查泰和丈夫大部分的时间都在寒冷、饥饿、疲惫和无知的惊吓之中度过。但是她同时也感受到了前所未有的兴奋。

那座山峰上冰冷的寒风，吹走了查泰坚持要独立做事的最后一丝念头。此时她深刻地了解到，作为卡维士·威尔斯的妻子，比在她自己的工作上所能得到的任何成功，都更有价值。当他们从墨西哥回来以后，查泰就关掉了自己的办公室。她现在有时间跟她的丈夫到地球最远的一端去——而这也正是她所做到的事。马来半岛的丛林、非洲、日本、冰岛、喀什米尔山谷——威尔斯夫妇游历各地，他们的生活就像是一部彩色的游记。

查泰·威尔斯说："那时候我认为，拥有自己的事业是非常重要的事，我很奇怪自己那时候为什么会那么孩子气。和我与卡维士共享的这些丰富经验相比，我自己的生活是多么的乏味和狭窄啊。我把我的兴趣和他的结合起来，和他共享胜利和成功；而当失望和麻烦来临的时候，我们就共同面对它们。

"我想，我曾经接受到的最大嘉勉，就是卡维士在他那本《卡普特》书上写给我的献辞：'献给我最好的朋友——我的妻子查泰。'从没有人给我的赞赏像丈夫给我的这样，它使我感到了巨大的成功和满足。"

查泰·威尔斯是在很戏剧化的情况下改变她的心意的。许多女人发现，增进心爱的丈夫的幸福与最大的利益，正是任何一个女人认为最有价值的职业生涯。查泰就是一个典型的例子。

2. 帮助丈夫也是一项重要的工作

我并没有忽略许多由于环境的驱使而被迫离开家庭去外面工作的妻子和母亲。我要以最深的敬意，向她们致意。我相信妇女们应该有能力，用她们自己的努力来赚钱维持生活。因为生命是变化无穷的，我们之中没有人能够预知自己将来会在什么时候变成担负全家生计的人，要一个人负责家庭的食物、房租以及衣物。生病、死亡、失业和灾祸可能会摧毁原先已经制定好的计划。

我们在这里只讨论妻子帮助丈夫成功的各种方法，切不可以忘记，帮助丈夫本身就是一个很大的工作，这件工作大得需要妻子全心全力去做。如果一个妻子尽职尽责地把她的努力放在自己的职业上面，她就不会有额外的能力为她的丈夫效力了。

当然，每一件事情都会有例外，但观察和经验使我相信，如果夫妻双方的目标和兴趣一致时，丈夫与婚姻成功的机会就更大了。

所以，下一个你必须接受的重要原则就是：如果你的工作和你丈夫的幸福与最高利益发生了冲突，你最好是心甘情愿地放弃自己的职业。

不要落在丈夫后面

1．训练你的适应能力

肯塔基州的海因斯夫妇在 14 年前结婚的时候，据海因斯夫人说，她因为胆怯而受到了许多限制。她是这样说的："我很害怕和陌生人接触，我很害怕站在人群中，参加公开的宴会。我害羞到了不可救药的地步。"

年轻的海因斯先生是个很有前途的律师，他在当地的政治圈中十分活跃。他需要和人们见面，参加各种会议、集会，以及社交活动和娱乐节目。然而，雪莉·海因斯——他的新娘——却很害怕面对这些场面。她该怎么做才能克服这种害怕、羞怯心理，并符合她丈夫地位的需要呢？

雪莉·海因斯决定克服自己的困难——可是她该怎么做呢？她并不知道。直到有一天，她从某份杂志上看到了这些话——"人类只对他们自己最感兴趣。所以，你在谈话中可以把注意力集中在别人身上。让他谈他自己，谈他的困扰和他的成功。把你的注意力集中在他身上，你就会忘记自己的存在。"

这些话改变了雪莉·海因斯的整个看法，她决定试试这一忠告，而这个方法也真的见效了。

"渐渐地，"她说，"我因为对别人产生兴趣而不再害怕了。我发现他们也都有自己的困扰和烦恼。当我更加了解他们之后，我就开始喜欢上他们了。现在，我很希望认识新的朋友，我和他们会相处得很愉快。我喜欢在自己家里玩，也很喜欢和我的丈夫去别的地方，他现在已经是州议会参议员了。"

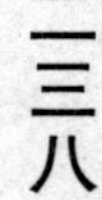

"最重要的是，我很高兴并没有因为自己不能担负起在社交场合中的责任而使他无法成功。"

每一位妻子都有责任训练自己，以适合丈夫事业上对她的社交能力的需要。无论丈夫的职业是什么，妻子如果有能力和旁人友好相处，并且对社交有足够的适应力，她就可以大大增加丈夫成功的机会。

如果你天生就有这种能力，那实在是太好了。如果你没有，就必须学会这些能力，就像海因斯太太那样。

美国某州的州长，曾在私下里告诉我，他成功的最大原因，是他娶了一位机智而有教养的、迷人的妻子。他说自己出生在"远在天边的海外"，是在一个大城市贫困的移民区长大的。

"如果我娶了一个邻居的女孩子，"他说，"我将会怀疑自己是不是有机会出人头地。我的妻子，感谢上帝，她有着我所缺乏的每一件东西。她有教养、有地位。不论我的工作是需要我们周旋在皇亲贵族之间，还是要去受到不平等待遇的人群中，她都可以应付任何一种情况。"

2. 为丈夫建立一个好名声

你不能因为你丈夫现在做的只是比较低级的工作，就以为不必帮他什么大忙了。未来能够在商业界、工业界成名的领导人物，目前也许都是毫无名气、没人知道的年轻人。没有人一开始就是站在最高峰的。你现在是否已经准备好为你丈夫在10年、20年或是30年后建立一个好名声？到那时候，他可能已经是个领导人物了。

马上就开始吧，如果你觉得羞怯，像雪莉·海因斯那样去做，准备消除这些羞怯吧。如果你有点笨拙，或是不够机灵，你就应该学会喜欢、尊敬和欣赏别人。如果你觉得自己的教育不够，那就更不应该躲在那句老掉牙的借口"我从没有机会上大学"后面。你可以去夜校学习。如果你付不起学费，就赶紧跑到最近的一家公众图书馆去借书来看。

因为不能赶上丈夫的事业而被丈夫丢在身后的妻子，并不是一个值得同情的人。这种人通常不是太懒，就是不肯用心地利用围绕在我们身边的、毫无止境的机会来改进自己。

3. 跟上丈夫前进的步伐

"跟上丈夫事业中随时前进的步伐，是婚姻幸福的真正关键。"艾立克·琼斯顿夫人写道，她是美国电影协会会长的夫人。

琼斯顿夫人劝告那些想要赶上丈夫事业的太太们，要积极参加社交活动，以扩大自己的交友范围，而不要把交往的范围局限在一个小圈子里。

"也许你会认为，"琼斯顿夫人写道，"你的丈夫并不需要你随时赶上他前进的事业步伐。刚开始的时候，艾立克也没有这种事业。我们刚订婚的时候，他正挨家挨户地推销真空吸尘器。那时我们两个人谁也不知道艾立克将会闯出一条什么路子来。但我所知道的是，无论如何他将会成功。"

没有人知道未来会是什么样子，但是聪明的人会做好准备，等待机会的来临。学习如何结交朋友并如何与朋友和睦相处，是在你的丈夫得到重要职位以前事先做好准备的一个基本方法。这是一种可以永远帮助你丈夫的技术，不论他的职业或社会地位是什么。如果他自己在待人接物方面有些笨手笨脚，那么他机灵的妻子就可以帮助他弥补粗心导致的过错；如果他在自己的朋友圈中已经相当机警圆滑了，有时也仍然需要妻子的帮助，以免他让人觉得太荒谬可笑。

当我为这本书搜集资料的时候，曾和美国一家最大公司的人事主管有过一次愉快的会谈。他告诉我，他有时候会因为太专注于自己的工作而忘记注意别人的感觉。

"但是我的妻子，她永远不会因为自己太忙而忘了对我好。"他很骄傲地告诉我。

"就在前几天，我气冲冲地跑到洗衣店里向老板吼叫，我希望我的衣服按我的要求去洗，而不准有丝毫偏差。他皱着眉看了我一会儿，然后才答道：'如果是你的太太来，我总会觉得好过一点。'

"每个人都更喜欢我太太，"这位主管继续说，"她既有爱心，又很和善。她真的很关心别人，并且不会让他们感到厌烦。

"当我们走过邻居开的店铺时，我的妻子就用邻居的母语希腊语和他打招呼。在街尾的另一个拐角，她则会用意大利语向那个卖水果的男人打招呼。他们根本都不理我，他们为什么要理我呢？因为不怕麻烦地学会了他们的话并愿意和他们打招呼的，是我太太，而不是我。这就是她得到愉快的有效方法。当然，她也获得成果了。"

我不认识这位太太，但是我真想认识她——难道你不想认识她吗？

表现友善与和气的女人，是男人的无价资产。工作繁忙的男人，常常因为太专注于工作，而没有办法和别人建立增进感情的、温暖的人际关系。如果他有一个好妻子，无论她走到哪里都能够制造出一种温暖人心的气氛，那么他将是多么的幸运啊！像这样的女人，在她丈夫事业向前迈进的时候，永远也不会被甩在丈夫后面的。她是她丈夫选派到世界各地去的"亲善大使"。

4. 巧妙地帮助丈夫走向成功

有许多简单的方法，可以使一个亲切而友善的女人为她丈夫建立良好的社会基础。就像大部分的技术活那样，这个技术也需要经常练习。

汉斯·V. 卡夫柏夫人，她丈夫是"美国新闻广播人协会"的会长，她在帮助丈夫方面真是绝顶聪明。她说她已经被称为"打岔专家"了，因为她有一种第六感，知道应该何时打岔，以及如何打岔。

当我访问她的时候，她告诉我，如果晚宴上的话题说错了方向，她就会抓住一个适当的时机说："汉斯，为什么你不谈谈有关某某将军的事情呢？"这使得每个人都有时间冷静下来，转移不太愉快的话题。

卡夫柏夫人还知道，如何使她广受欢迎的丈夫不至于过度劳累。每次她先生演讲结束之后，许多人都想和他握手，并且和他站在那儿谈上半天。这对他的健康很不利。卡夫柏夫人会在适当的时机引开他们，比如告诉他说他们的车子正在外面等着，或他们已经赶不上下一个约会了。

有一次，在市政厅演讲完后，卡夫柏先生被听众的许多问题包围了，卡夫柏夫人知道如果演讲不马上结束的话，她的丈夫将会累惨的。于是她站起来说："对不起，我有个问题。"然后她接着说，"卡夫柏太太想要知道，卡夫柏先生什么时候可以回家吃中饭。"听众们都一致附和她——于是卡夫柏先生这才能回家吃中饭。

还有另外一个重要的方法，可以帮助妻子造就出一个成功的丈夫——或者造就出一个她希望将来会成功的丈夫。但是，首先需要双方有足够的爱心、足够的敏感和适合的时机。如果这件事做得不够巧妙，就可能会带来相反的后果——这就是妻子要防止丈夫对于成功产生自满心态。

我们已经提过许多建立男人进取心的方法，但是每一个女人也都知道，有时候男人也需要受点打击，才能克制他的冲动，而不至于变成一个昏头昏脑的自大狂。能够成功地做到这一点的女人，是永远值得感激的——事实上也的确如此。狄斯累利曾说他的太太是他最严厉的批评者，而且他也因此而赞美她。因为她使得自己的丈夫能够永远脚踏实地地写作。

另一位当代的成功人士也告诉我，他太太会在适当的时候对他进行温和的批评，这对他的成功可以说有着最重大的贡献。他的名字是里曼·比彻·斯陀。他是一名作家、大学讲师、责任编辑。他的祖母荷里特·比彻·斯陀写过著名小说《汤姆叔叔的小屋》，又名《黑奴吁天录》。

"当我刚开始到大学教课的时候，"斯陀先生说道，"非常幸运的是，我的学生都很喜欢我。当他们在课后围在我的身旁，说我是如何如何好的时候，我真有点飘飘然了。那时我对于自己的工作真的是醉得难以形容。我几乎不能再等一分钟，急着要回家去告诉希尔达——我的太太，说她嫁给了一个多么伟大的天才。

"以前，每当我想尝试别的行业，或者想接下一个新工作的时候，希尔达总会帮助我建立自信心，所以当她对我这些得意的情况反应不够热烈的时候，我非常奇怪。'你做得这样好，我真为你感到高兴，里曼，'她这么说。'但你千万不可被谄媚冲昏了头脑。除非你以后仍然努力，用心保持你的水准，否则这些称赞过你的人，必将会遗弃你而离开你。'

"我还记得，有一次在某大厦的奠基典礼上，我在一大群人面前演讲。我觉得我在这个场合已经完全把自己表现出来了。我觉得自己是从威廉·杰林斯·布里昂以来最伟大的演说家，于是我乐飘飘地回家中。

"我把我心中的得意说给了希尔达听，并且把演讲的高潮再次给她表演了一次——后来我又一直把得意的细节重复说了好几次。然后，我坐下来，等待希尔达的赞美。

"她对我微笑着说道：'真是太棒了，亲爱的。但是那些出资盖这座大厦的人又会怎样呢？我觉得他们似乎是更值得赞美的人——你的演讲只不过是在对他们表示敬意而已。'

"她说得太对了。我的骄傲心态立刻像肥皂泡那样破裂了。我发觉我差一点就变成了一个自私自利、自大自负的小丑了。这真要感谢我太太的爱心和敏感。我开始了解我自己以及我微薄的能力了。"

海因斯夫人、琼斯顿夫人、卡夫柏夫人，还有斯陀夫人——这些女人都知道如何和她们的丈夫一起生活，并且替她们的丈夫增光。

她们的做法是尽自己的能力，到处为丈夫赢得友谊，在任何一种社交场合都能从容应对，而且使自己的丈夫脚踏实地，不会凭空自满，有了这样的太太，做丈夫的不成功也难。

任何一个女人如果能够做到这些，就不必再担心会被丈夫甩在身后了。

第十二章　防止夫妻之间的陷阱

唠叨只会让男人远离家庭

1．不要挑剔和唠叨

"一个男人的婚姻生活能不能幸福，"桃乐丝·迪克斯写道，"他太太的脾气和性情，比其他任何事情都更加重要。一个女人可能拥有全天下每一种美德，但是如果她脾气暴躁、唠叨不休，喜欢挑剔和个性孤僻，那么她所有的其他美德全都等于零了。"

"许多男人之所以失去冲劲，而且放弃了奋斗的机会，"她接着写道，"是因为他太太总是对他的每一个希望和心愿猛泼冷水，她永无休止的挑剔，不停地想要知道为什么她的丈夫不能像她所认识的某个男人那样有许多的钱，或者是她的丈夫为什么写不出一本畅销书，或谋不到某一个好职位。像这样的太太，只会使丈夫太丧气了。"

真的，唠叨和挑剔带给家庭的不幸，甚至比奢侈和浪费还要厉害。关于这一点，你可以不必马上相信我的话，还是先听听专家的话吧。

莱伟士·M.特曼博士是一位著名的心理学家。他对1500多对夫妇进行了详细的调查研究。结果显示，丈夫们都把唠叨、挑剔列为他们太太最大的缺点。盖洛普民意测验也得出了相同的结论：男人们都把唠叨、挑剔列为女性缺点的第一位。詹森性情分析——这是另外一个著名的科学研究——也发现没有其他的个性会像唠叨和挑剔那样，给家庭生活带来这么大的伤害。

然而，似乎自从远古的穴居时代开始，太太们就想尽办法要用唠叨和挑剔的方式来影响自己的丈夫。传说，苏格拉底曾经花费自己大部分时间躲在雅典的树下思考哲理，以此来逃避他那脾气暴躁的太太兰西勃。连法国皇帝拿破仑三世和美国总统亚伯拉罕·林肯这样杰出的大人物，也都受尽了妻子唠叨的痛苦。奥古斯都·恺撒和他的第二任妻子离婚，也是因为他实在"不能忍受她那暴躁的个性"。

女人总是想用唠叨的方式来改变自己的丈夫。但是从古至今，这种方法从没有发生过效用——除非太阳从西边出来。

一位老朋友告诉过我们，他太太总是轻视和嘲笑他所做过的每一件工作，他的事业几乎要被他的太太毁掉了。刚开始的时候，他是一位推销员，他喜欢自己的产品，并且很热心地向人们推销这些东西。当他晚上回到家的时候，本来很希望得到太太的一些鼓励，但是他太太却用这些话来迎接他："好啊，我们的大天才，今天的生意不错吧？你带回来不少佣金了吧？或是只带回来推销部经理的一番训话？我想你一定知道，下个星期我们就要付房租了吧？"

这种情况接连持续了好几年。虽然不时受到太太的嘲笑，这位男士还是坚持努力奋斗。现在，他已经在一家全国著名的公司担任执行副总裁的职务了。至于他那位太太呢？噢，他早就和她离婚了，又娶了一位年轻的、能够给他爱心和支持的女孩，而这正是他第一位妻子所不能给他的。

事实上，他的第一位太太并不知道自己为什么会失去丈夫。"我省吃俭用，吃了这么多年苦，"她告诉她的朋友，"结果，当他不再需要我为他做牛做马以后，他就离开我，去找比我更年轻的女人了。男人竟然会是这样！"

如果有人告诉这位女士，使她丈夫离开她的并不是另外一个女人，而是她自己的唠叨和挑剔，想必这位女士一定不会相信的。但这的确是她先生离开她的真正原因。

她以一种轻视的方式来唠叨和挑剔——而这对于男人的自信心无疑是一种长期的打击和折磨，对于他男性的自尊是一种沉重的打击和折磨。

最近，另外一位老朋友的儿子也体会到了相同的经历。

这是个20多岁的年轻人，他在一家广告公司找到了一份工作。由于业务竞争非常激烈，他需要太太的安慰和爱心来保持奋斗的勇气。尽管他的太太非常积极而充满野心，但是她却很不耐烦地认为她的丈夫动作太慢了。

在他太太不停的嘲笑与指责之下，他的勇气逐渐消失了。他告诉我，令他最难以忍受的事情是，他太太已经逐渐地把他的自信心腐蚀掉了——就像不停滴落的水珠，将会侵蚀掉一块石头那样。他开始对自己的工作失去信心，最后，他丢掉了他的工作。而他的妻子不久就和他离婚了。

与妻子离婚之后，他又渐渐地重新获得失去的自信，就像一个生过病的人自己摸索着重新恢复健康那样，走向了成功。

最具破坏力的唠叨、挑剔方式，就是拿自己的丈夫去和别的男人相比。"为什么你赚不到更多的钱？比尔·史密斯已经连升两次了，而你才只有一次。""我哥哥给他的太太买了一件毛皮大衣——那当然了，因为他知道怎么赚钱呀。""如果我嫁给赫伯特，我一定能过得更豪华舒适些的。"……这些都是最高明的杀人不见血的方法。

2．唠叨是一种疾病

诉苦、抱怨、攀比、轻视、嘲笑、喋喋不休——喜欢唠叨和挑剔的女人，在这些残酷的待人方式之中，如果不是专精于其中某一项，就会变成兼而有之的全能"专家"了。唠叨就像麻醉药，你学不来，也改不掉，它是在习惯中养成的。

女孩子在20岁当新娘的时候，如果只知道常常唠叨，而不知什么时候才能住进像邻居那么好的新房子，那么等她到了40岁的时候，她一定会变成一个无可救药的、对任何事情都难以满足的、毫不可爱的抱怨专家了。

在婚后的共同生活里，夫妇之间很少有不吵架的。心理健全的人，可以忍受一般的争执而不会产生感情的裂缝。但是从无休止的、毫不放松的长期唠叨所产生的压力，常常会拖垮最具进取心的男人。不论一个男人曾经做过什么大事业，如果他每天晚上回家之后面对的都是那个爱唠叨挑剔的太太，相信他一定会被从宝座上拉下来的。

弗吉尼亚大学教授沙姆·W．史蒂文博士在最近的一次演讲中，呼吁美国的丈夫们应该享有4种新自由：免于被唠叨和挑剔的自由，免于被呼喊支使的自由，免于消化不良的自由，以及在一天的繁忙工作之后换上旧衣服放松放松的自由。

为什么女人要对她们的丈夫唠叨不停呢？理由还真不少。有时候，唠叨是一种身体不舒服的症状。经常找医生做定期的健康检查，可以使我们身体

卡耐基励志经典

写给女人的忠告

弗吉尼亚大学

健康，这就像定期检查汽车，使它们能够保持良好的驾驶性能那样。

长期的疲乏，常常会转变成一种喜爱唠叨的倾向。最好的治疗方法是，把你个人的生活安排得更有效率，找出造成疲乏的原因，并且消除它。

"受到压抑和打击，"心理学家分析说，"常常会造成唠叨。"婚姻问题、性的挫折、爱的失落，以及内心对生活的不满——这些都是人生中沉重的打击，女人常常会以唠叨、埋怨或诉苦的方式发泄出来。分析一个人的心理，找出这些挫折，并且引导它们使之发泄出来，这就是消除它们的最好方法。而用唠叨的方式来发泄不满，只不过是在火上加油。

有时候，甚至法律也会把唠叨当成减轻刑罚的依据。曾有一份从瑞典斯德哥尔摩发出的电讯，报导了瑞典国会对于谋杀罪的一个十分令人惊奇的处置——此项修正法案把预谋杀人的罪行判成过失杀人，而不是谋杀——如果能够证明受害者是一个喜欢唠叨的人的话。

在佐治亚州最高法院的一个判例中，如果丈夫为了躲避妻子的唠叨而把自己锁在客房里，将是无罪的。法庭对此的解释是："所罗门王说过：'住到阁楼上的角落里，总比在大厅里受女人的闲气要好过多了。'"

一位英国法官批准了一个男人和他妻子离婚——他妻子已经跟人私奔，但是却把丈夫所要求的赔偿金从700镑减为210镑。这位法官解释说："由于双方不和，妻子对于丈夫的价值，早已经一年一年地减低了。"

在纽约的《美国新闻》杂志中，专栏作家哈·波义尔曾对这个判决提出了批评："有哪一位妻子愿意看到法律书上写着，她的价值会因为夫妻不和而一年一年地减低呢？这并不是一个什么值得称赞的判例。如果人们养成了这种观念，也许会有很多丈夫跑到法院来，说：'法官，我要离婚，但请不要判我负担那毫无道理的赡养费。我老婆和我已经长期不和了，她早就不值一文了，我只要让她恢复自由就可以了。"

对于喜欢唠叨的太太，有些男人不但愿意让他太太恢复自由，甚至还愿意花钱想方设法摆脱她——无论用什么方法都行。

纽约最近一期《电信世界》杂志中，刊登了一篇故事，说的是一位不择手段的男人犯罪的经过———一个 50 多岁的卡车技工，雇了三名流氓杀死了自己的太太。为什么他要这样做？原来，他太太一直不停地对他唠叨和挑剔。

3. 改掉唠叨的习惯

如果你也相信唠叨对男人的工作和成功是一个巨大的障碍，那你是不是也想知道，有没有什么补救的方法？是的，如果爱唠叨的人能够了解唠叨所带来的痛苦，并且真心想要改正的话，就一定会有办法的。

以下 6 条建议可能对你有益。

第一，取得丈夫和家人的合作。每当你快要发怒、想下达严格的命令，或是对细小的问题喋喋不休的时候，请他们罚你 25 美分。

第二，任何话只讲一遍，然后就忘掉它。如果你必须很不耐烦地提醒你的丈夫六七次，说他曾经答应过要去割草却没有去，想必他现在大概也不会去割了，那你为什么还要浪费口舌？唠叨只不过会让他更想要拒绝，并下定决心绝不屈服于你。

第三，用温和的方式实现目的。"用甜东西抓苍蝇，要比用酸东西有效多了。"我们的老祖母常常这么说。其实，这句话直到今天还是很正确的。

"如果你愿意去割草，亲爱的，我将烘好你所喜爱的水果饼，让你在晚饭时吃。"或者是："亲爱的，我真高兴看到你把我们的草地修得这么整齐。艾莲·史密斯说，她真希望她的丈夫也能够像你这样勤快。"

这些方法，以及其他类似的方法，都将有助于你的希望更容易实现。

第四，培养幽默感。幽默感将会使你常常保持良好的心情。只有傻子才会在悲伤的时候傻笑。但是对任何小事都不高兴的人，早晚会精神崩溃的。例如有些太太在催丈夫到浴室去拿浴巾的时候，竟然也会大动肝火，其严重程度可以和父母哀悼自己死去的孩子相比。

一个有理智的女人绝不会对一件便宜衣裳付出法国舶来品的价钱；然而，我们之中有些人却常常浪费精力，紧绷着脸，为了一些微不足道的琐碎小事，而把爱情转变成怨恨。

第五，冷静地讨论不愉快的事件。当发生不愉快事件的时候，想办法在纸条上写下来。在它发生的时候不要说什么话；然后，当你和你的丈夫都很冷静和安宁的时候，再把它拿出来共同讨论。如果它只是微小而不重要的事情，你们一定会不好意思再提它。你们必须理智而且不意气用事地讨论自己之所以发怒的主要原因，看看能不能通过相互信任和合作来消除矛盾。

第六，不需唠叨也能达到目的。学习和训练人际交往的艺术，学习激励别人去做你想让他去做的事，而不要驱使别人。根据查尔士·史考伯的说法，这就是操纵男人的秘诀。当然，他的话是绝不会错的——因为他具备了这种能力，安德鲁·卡内基才会付给他一百万美元的年薪。

你不能用一支枪套牢一个男人——当然，你也不能用唠叨的话来套住他。那样做，只会破坏他和你的感情，毁灭你自己的幸福。

不要干预丈夫的工作

1. 不要当丈夫的非正式顾问

在最近一次晚宴中，我坐在某家公司公共关系部经理的旁边。我向他请教，太太们应该怎样做，才能帮助她们的丈夫获得成功。这位经理说：

"我相信，有两件最重要的事情，可以使妻子帮助丈夫在事业上成功：第一件就是爱他，第二件是让他独自去闯。一个可爱的妻子，将会给她的丈夫创造愉快舒服的家庭生活。而如果她够聪明的话，就能够让她丈夫不受干扰地处理业务，她丈夫就一定能发挥出全部才能而获得成功了。

"妻子可用这个'不干扰政策'，来处理和丈夫的工作关系，以及和丈夫的业务伙伴的关系。

"但是，妻子常常会严重地干扰她丈夫的工作，有些妻子喜欢劝告、干预和影响自己的丈夫，并反对和他一起工作的人，或者抱怨丈夫的薪水、工作时间和责任，把自己当作丈夫工作上的非正式顾问。这种妻子常常会扼杀丈夫的成功，而其他的事情很少会有如此的严重性。"

许多做妻子的都做美梦，想要机灵地帮助自己的丈夫爬上经理的宝座。她们想了一些"策略"，还提出了许多暗示和建议；她们试探、尝试，并且和丈夫的同事培养友谊。然而，她们的计策却往往使得自己的丈夫丢掉工作，而不是升职加薪。

我曾看过这种事：有一次，我工作的公司请了一位经理。他很聪明，看上去很适合这个职位，但令人不解的是，他接任新工作以后，他妻子竟然一直干预他。每天早上，她都和她先生一起来办公室，记下她先生的话，交给外面的打字员，而且还准备变更她先生的整个工作系统。这可不是我捏造出来的，这是真正发生过的事。

于是，办公室的工作情绪全被破坏了。有一个女孩子辞职，其余的人也都在静观其变。这位新经理到任整整3个礼拜之后，他被叫到总裁办公室去，总裁礼貌而肯定地告诉他，不能再留他了。结果他走了——是带着他的太太一起走的。

妻子对丈夫工作的干预，即使是出于最好的动机，也难免会变成一件危险的事——这比大多数人所知道的事实都更加严重。

最近，有个朋友告诉我，他公司一位最受器重的经理，在服务多年以后被迫辞职了，其原因就是因为他的妻子坚持要干预他的业务。她绞尽脑汁地设计了许多秘密计划，来对抗公司的其他几位经理，因为她认为他们是她丈夫的敌手。她经常在这些经理的太太之间挑拨离间，有计划地散布谣言，攻击其他经理。她的丈夫没有办法控制她的暗中活动，只好做了他所能做的唯一一件事：他辞掉了自己相当引以为荣的工作。

2. 避免愚蠢的举动

如果你相信幕后操纵力的话，我将告诉你一些更简单有效的操纵丈夫的方法。下面列出了十种方法，你可以照此去做，保证你能拉住你丈夫的后腿，把他从正在上升的阶梯上拉下来，使他再也爬不上去。如果依照以下指示去做，你还无法使你的丈夫失业的话，至少你也可以让他变得精神崩溃。

（1）对丈夫的女秘书恶言恶语

尤其对那些年轻而漂亮的女秘书，更不应该客气，随时利用机会提醒她，她只是佣人。虽然她并不一定把你的丈夫当成是值得追求的、镀金的天才，但你也不能因此而放过她。失去一个好的女秘书，对一个有事业上进心的男人来说固然是个很大的打击，但是如果她辞职了，你也不必担心，因为你丈夫还可以用一架记录机器帮他记文件。

（2）每天多打几次电话给你的丈夫

告诉他，你做家务时所碰到的困难，问他中午饭是和谁一起吃的，不要忘了给他开一大堆东西的单子，要求他在回家的路上顺便买回来。发薪水那天，不要忘了去办公室找他。这时，他的同事将会马上发觉，谁在家中才是一家之主，而且他对于自己工作的注意力，就会像秋后的蚂蚱那样低了。

（3）在他同事的太太之间制造一些摩擦

这种情况是不会终止的，因为那些太太们没有一个是好人。你可以在她们之间散播一些闲言碎语，说老板曾经怎样谈过她们的丈夫，以及你丈夫对她们丈夫的看法。再过不久，整个办公室就会分裂成许多派系——而你的目的马上就会达到了，大小姐。

（4）抱怨他的工作和薪水

告诉你丈夫，他的工作太多，可是薪水太少，而且办公室里没有人看重他。不多久，他就会开始相信你的话，而他的工作也将真的会变成你所说的那样。然后，他会去找更适合他的工作。

（5）支使他应该如何工作

不断地告诉他，他应该如何改善工作，如何增加销售，以及如何奉承自己的上司。要他摆出坐在摇椅上的总经理态度来——你应该明白，毕竟他只是在办公室里办办公而已，你才是公司真正的战略家和策划人。

（6）不断地挥霍

举行豪华的舞会，花大笔的钞票，过着人不敷出的生活，好像你的先生已经成功了那样。你将骗不了任何人，但是你却可以享受到许多乐趣，只要你继续这样做的话。

（7）暗中侦察

组织好你自己家里的秘密警察计划，长期侦查你丈夫和他的女主顾、女秘书以及同事太太们之间的问题。这样，女士们因为工作必须留下来，而男士们为了避免和她们有过多的来往，将只能在男士的房间里工作，于是你就达到目的了，因为你早就知道那些女孩子个个都是喜欢勾引男人的野女人。

（8）对丈夫的老板献媚

每当你有机会向丈夫的老板眉目传情的时候，你就尽量使出女性的魅力吧。如果在你努力以后老板还没有开除你丈夫的意思，老板的太太也会特意为你的先生找个新上司，让你再试试你的手段的。

（9）在公司宴会上大出风头

在公司举办的宴会里，你不妨多喝一些酒，以表现你是个多么风趣的人。还不妨说一些你丈夫在度假时如何玩乐，以及他穿着睡裤上床的事，这些有趣的小事将会给宴会带来许多笑料。你将会变成宴会中最出风头的人物——拿你的丈夫来寻开心，你将有说不完的东西来表现你自己。

（10）不让丈夫加班出差

每当你的丈夫必须加班，或者是出差办公的时候，你就哭着向他抱怨和唠叨。你要让他知道，你才是他最重要的东西。你最值得他照料，而且应该受到他的照料，任何其他代价都可以牺牲。

如果你想使用一流的手腕，毁掉你丈夫升级的机会，大小姐，你就尽管依照上述 10 条规则去做吧。结果肯定是——他将失去他的工作，而你将失去你的丈夫。

不要用你的野心改变你丈夫

1. 不要改变男人的个性

当珍妮·威尔斯在 1826 年嫁给汤姆士·卡莱尔的时候，她的许多朋友都认为，她已经把自己的幸福给断送掉了。珍妮是个漂亮的女孩子——而且

是一大笔遗产的继承人，大家都认为她可以嫁一个更好的丈夫。汤姆士·卡莱尔非常聪明，但是却非常粗鲁、笨拙，而且有些怪癖。他没有一文钱，似乎也没有什么前途——他有的只是聪敏和才华。

珍妮·卡莱尔的婚姻，以及她那冷峻而严厉的苏格兰丈夫，早已经成为一个传奇了。她不仅看着自己的丈夫当上了爱丁堡大学的校长，在伦敦受到了偶像般的崇拜，而且看着他成为《法国革命》和《克伦威尔》这些古典文学名著的知名作者。他们的家也变成了当时所有文学天才的聚会场所。

珍妮·卡莱尔本来是一个很有才华的女诗人，但是她为了有更多的时间去帮助丈夫，竟放弃了自己的写作。珍妮离开了家庭和朋友，和丈夫来到一个与世隔绝的苏格兰乡村，这样她的丈夫才能够不受干扰地写作。

她自己缝制衣服，甘心做一个节俭的家庭主妇，照料着丈夫的慢性胃病，并且排解了他长久以来的郁闷。当她丈夫的作品开始引起公众注意以后，她就和欣赏她丈夫才华的人交往。在社交圈里，许多美丽的女人都很仰慕她的丈夫，但她也能忍受她们，因为她们能够使她丈夫的作品更受关注。

但是，珍妮·卡莱尔最难能可贵的修养是：她从来没有想过要改变她丈夫的个性。她曾在一封信中这样写道："……我不愿意鼓励每一个人都变成同一种类型，我宁愿用粉笔在每个人的周围画一个圈，劝告他们不要踏出圈外，而尽力发挥独特的自我。"

少数女士们可能会想改变卡莱尔先生一些不随和的个性——当然，女士们都认为，这是为他好。但是珍妮只是帮助他培养自己的个性。她不仅喜欢她先生本来的样子，而且她希望世界上每一个人都能够接受她先生本来的样子。

真的，帮助一个男人了解他自己的能力，和硬逼迫他去做超出他能力的事，这两者之间存在着一种微细的界限。至于如何确定一个男人的能力限度，并且不逼迫他去做超出能力的事，这就要靠出色的女人来完成了。

对珍妮·卡莱尔来说，她先生本来就是一个很有智慧的天才，而她并不想把他改造成一个彬彬有礼的交际专家。她很尊重卡莱尔笨拙的个性，以及他的执著不屈，所以珍妮只在她先生的"粉笔圈"内生活。

每个妻子不见得都这么了解她的丈夫。在现实中，许多男士都因为被迫去干超过自己能力的事而感到精神崩溃——通常都是因为他有一个野心的妻子。有许多男人在低层职位上工作得很称职，也很快乐，一旦他的太太强迫他去争取不适合的高职位，就会使他烦恼得患上胃溃疡或是提早进入坟墓，因为由此导致的压力和责任的增加，并不是他的神经系统所承受得了的。

2. 让丈夫做适合他的工作

成功的意义，是指我们把适合自己的心理、体力和个性的工作做得很好。欧里森·史威特·马登写道："一流的扛砖夫，比其他任何行业的二流人物都要更出色。"

大自然创造了人类，但它并不希望每个人都成为将军或是董事长。然而，由于人们对高头衔人物的敬仰，使得那些满足于次一级职位的人，通常会被认为不求上进。一旦他的妻子感觉到这种无言的压力之后，就会开始刺激他。她会要求他，不只是要赶上张三、李四的地位和收入，并且还要像疯子那样赶超过他们。

"你们之中有谁能够，"耶稣曾问，"因为苦思和忧虑而使自己的身高增长一点点呢?"

没有人办得到。然而，每天仍然有许多悲剧发生，因为还有许多太太认为她们可以办得到。

我认识一个女人，她已经努力了 20 年，想让她的丈夫成为白领阶层。当她嫁给他的时候，他还是个快乐而且高明的水管工人。但她耻于让朋友看到自己的丈夫只带个便当做午餐（即使装满了最好的菜），而朋友们的丈夫却夹着公文包（虽然里面空无一物）去上班。所以她就插手进来，对丈夫提出要求了。

为了使太太高兴，这个可怜的家伙就去一家大公司当书记员。多亏他太太的这个决定，几年来，他在困难重重之中竟然也升了好几级。但是如果他继续当水管工人的话，他们的收入可能会更高。老天有眼，他太太高兴地看着他现在已经手拿笔杆，再也不用拿螺丝起子了。他太太这才觉得自己可以抬起头了。可是，他对自己现在的工作感到厌烦，从生活中也得不到多少乐趣，而他的妻子却有许多时间去告诉她的女伴们，说她是如何把自己的丈夫从劳工阶层中拉上来的。

写给女人的忠告

　　过分逼迫一个男人，不仅会迫使他放弃自己喜爱的工作，勉强从事不喜爱的工作，有时候还会促使他离开已经很合适的工作，硬着头皮往上升。而这样做的结果，有时候却会带来不幸。

　　警车巡逻员西瓦次曼在他的小女儿生下来不久，就被调到另一个部门。在这个新职位上，他虽然加了薪水，但同时也需要更长的工作时间，而且压力也更大。他几乎没有时间照顾自己的太太和孩子。但是作为一个有责任心的警察，他仍然接受了这一职务，而且想要努力做好新的工作。

　　他看上去似乎过得还不错——直到他慢慢开始变瘦，晚上睡不着觉，觉得苦恼和脾气暴躁。西瓦次曼就去找他的医生检查身体。医生是他的私人朋友，在他身上找不出什么毛病，但是在经过一次长谈以后，医生认为西瓦次曼的困境是他自己造成的。于是，这位医生打电话给警察局长，说西瓦次曼再这样下去，就会倒下去再也起不来了，除非他被调回巡逻部的老岗位上，否则警方就要失去一个好职员了。

　　西瓦次曼又被调回来了——他的健康也马上得到改善。他开始能够正常地吃饭睡觉，又胖了起来，脾气也好转了。

　　"我从中得到了教训，"西瓦次曼说，"对于我来说，做一件我所喜欢的工作，比领取高薪重要得多。健康、幸福和满足，比金钱更加重要。"

　　西瓦次曼能够很幸运地及时得到这个教训。而有些人却没有这种机会——直到时机已逝还不知道。

　　3. 野心太大将造成严重后果

　　读过约翰·马宽特的小说《没有退路的据点》的朋友，一定还记得，在那个社会里，"高级"学校、俱乐部、衣服和生活方式，远比个性更加重要，所以书中主人公的妻子就不断地怂恿丈夫，要他一层层地往上爬，以满足她追求社会名誉的欲望。这位丈夫虽然不怎么热衷于功名地位，但他对妻子的计划还是很合作，直到最后他想回头时，已经太迟了，他发现自己已经站在一个没有退路的据点——他已经深陷进一个不适合他本性的社交圈里。

　　野心太大，甚至会造成更严重的后果。在最近一期的《时代周刊》里，有一行标题吸引了我的注意力："美国官员的自杀和野心有关。"

　　报导中说，一位41岁的国务院官员上吊自杀了，原因正如警方所说的，他是由于"野心受到了挫折"。一位负责调查的警官说，这位不幸的自杀者的最大野心是当一位外交官，但是他在国外服务考试中已经连续失败两次，或者是 3 次了。

所以，一定要满足于我们能力范围以内的工作，而不要因为野心和贪欲，害了我们自己或我们的丈夫。不要费尽心力去追求超出丈夫能力之外的成就。

彼德·史坦克隆博士在《如何停止谋害你自己》的书中，责备了那些过分逼迫自己丈夫的妻子们——她们要自己的丈夫永无休止地努力，以赚取比她们的邻居更多的钱、更好的名声和更高的生活水准。

"这种女人"，史坦克隆博士说，"天生就是追逐名利的人，或是因为受到熏陶才养成了这种个性。我曾经看过这种人，破坏了许多家庭的幸福。"

因此，请让你的丈夫去发挥他那天赋的自我吧！不要强迫他进入我们所预见的、属于"成功"的概念模式里。

"一个作家不可能写好各种小说，"安德鲁·英洛伊斯在《生活的艺术》一书中说："一个政治家不可能将每一个小节改革好，一个旅游家也不可能走遍每一个乡村。"

我再强调一次，一个人对不适合自己的计划，必须坚决而肯定地推辞掉。

如果你希望你的丈夫获得更高的成就，你就应该鼓励他、爱他、刺激他，和他一起工作。但是一定要当心，别把他逼得太紧，或者是强迫他做超越他能力的工作。

鼓励丈夫冒险和尝试

1. 和丈夫一起尝试新的机会

19 世纪 80 年代，我祖父查理士·劳勃特森在堪萨斯州的农庄长大。他打算迁到印第安·泰里特利去，看看自己在这个边界殖民区里能干出一番什么事业。于是，他和他的妻子哈丽特整理好他们的行装，放进一辆敞篷马车里，带着孩子们朝着未知的前途出发了。

写给女人的忠告

他们在锡马龙河岸定居下来。这个地方就是现在的俄克拉荷马州东北部。我的祖父建造了一栋小木屋，用篱笆围起了一片属于自己的土地。不久，他又借了一些钱，在这个小乡村开了一家小商店，这个小乡村就是现在的俄克拉荷马州吐萨市。

我的祖母哈丽特过着十分艰苦的生活，她要照顾9个孩子，身体也不太好，而且生活很不方便。她只能用旧报纸来糊那间最早盖起来的木屋窗口。那里没有医生，有一个只有一间教室的教会学校，小孩子全在一起念书。艰苦的生活、债务、寒冷的冬天和炎热的夏天，这就是他们全部生活的写照——但是以当时边疆的生活水准来说，查理士·劳勃特森是成功的。哈丽特在世的时候，看到她的丈夫成了一位成功的、受人敬重的居民，她的儿女们也都幸福地结婚了，而印第安·泰里特利也变成了联邦政府的一个州。

联邦政府这些州的发展，不仅是因为有查理士·劳勃特森这种男人的眼光，他们开拓了新的天地，并且扩展疆界，而且还因为有了这些勇敢的妻子，如哈丽特这样的女性，她们勇敢地尝试新的机会。这些女人信仰上帝，信仰她们的丈夫，而且信仰她们自己，她们时刻面对着危险、困苦、疾病和死亡。当她们朝西部前进的时候，有没有怀念过她们以前舒适的家？有没有后悔过离开朋友、父母、财富以及从不匮乏、从不害怕和劳苦的生活？如果说她们没有后悔过，那她们就没有人性了。

但即使是这样，拓荒的女士们也毅然跟随着自己的丈夫，来到了这些荒凉地区，写下了美国历史上光辉的一页。他们给自己的儿女留下了一笔巨大的遗产，包括土地、城市、辽阔的大地，以及一种不屈不挠的勇气和毫不动摇的光荣传统。

盼望丈夫成功的妻子，必须发扬我们前辈拓荒的刻苦精神。妻子必须心甘情愿地让自己的丈夫去做他最喜欢的任何事情，即使他的做法是很冒险的。不论遇到了什么挫折，她必须深信她的丈夫，而且毫不畏惧地支持他。只有能够不顾安全，努力实现进取心和创造心的人，才不会为了其他的原因而退缩。

2. 不要阻挠丈夫的兴趣

我认识的一个男人，他在自己不喜欢的职位上工作了一辈子，就只因为他的太太宁愿牺牲任何代价，也要保住安定的生活。

刚开始的时候，他是个记账员，后来他赚够了钱，可以开一家自己的汽车修理厂了。这时，他结了婚，而他新婚的太太认为，在他们还没有买下房子以前，他最好不要辞去工作。等他们有了房子之后，他们正准备生第一个孩子，于是他的妻子又认为，独立开创自己的事业将是一件非常辛苦的傻事。于是，日子就这样一天天过去了。

他的薪水已经足够家庭开销，还有保险可以供孩子接受教育。有必要去开创自己的事业吗？他妻子认为这简直太可笑了！如果他失败了该怎么办？他可能会失去在公司里的年资、公司的退休金、疾病津贴，以及一份中等而固定的薪水。

于是在他妻子的利害分析之下，这位男士就失去了创业的机会，因为他的妻子不愿意给他一次尝试的机会。现在，他是个对生活感到厌倦的、庸庸碌碌的中年人，他把空闲的时间只用来保养或修补自己的汽车。他的脸上流露出一种失意的神色，而且患有胃溃疡，此外再也没有什么东西值得回忆的。

生命就这样过去了。他生命中绝大部分的时间都用来控制他对于工作的不满，他对自己的工作没有真正的兴趣，也没有热心，更没有以前的野心——而这些全都是因为他的太太不愿意给他尝试的机会。

如果他放弃了自己本来不喜欢的工作，尝试去做自己喜欢的工作而失败了，事情又会怎样呢？至少他将会因为已经做过自己想尝试的工作而感到满足了。而且一旦他尝够了失败的痛苦的话，他终究会成功的。

然而，使人感到沮丧的是，愿意鼓励丈夫冒险和尝试的妻子似乎只是少数。在雪佛酿酒公司最近的一项调查中，有6000名不同年龄的家庭主妇接受了调查。其中有一个问题是，如果她丈夫想从一个他不太喜欢但比较安定的工作，转到另外一个比较不安定而且薪水较低，但是却能够激发他兴趣的工作上去，太太们会不会赞成？结果接受访问的太太们半数以上说，她们不愿意让自己的丈夫改行。

3. 鼓励丈夫快乐地工作

我曾经替一位叫查尔斯·雷诺兹的人工作过一段时间，他是俄克拉荷马州吐萨市一家大石油公司的财务助理。他是一个活泼、能干而又讨人喜欢的年轻人，他看上去一定可以一帆风顺地往上爬。他有太太、3个孩子以及光明的前途。

空闲的时候，查尔斯·雷诺兹喜爱绘画，他的许多风景油画，都悬挂在公司办公室的墙上。有时候他也把自己的油画卖给公司外面的人。

虽然雷诺兹先生喜欢自己目前的工作，但是他更渴望自己能有更多的时间来画画。他一直很喜爱新墨西哥州的陶斯城，因为那儿是艺术家的乐园，他想放弃自己的工作，长久移居到那里。

当他和他的太太露丝谈到这件事的时候，她说："太好了！我们可以卖掉这里的每一件东西，去那里开一家绘画用品店。我们还可以卖画框，我照看店面，你就可以专心画画了。我相信我们一定可以成功的。"

由于太太的热心鼓励，查尔斯·雷诺兹下定决心辞掉了工作，开始专心作画了。他们全家人都有了开创新事业的精神，他们的孩子小查尔斯放学之后也会来帮忙。雷诺兹画得非常好，终于成为西南部最成功的画家之一。他的作品曾经在美国各地区展览过；他还在许多画廊举办过个人展。现在，他当上了陶斯城画家协会会长；在新墨西哥州陶斯城著名的济特·卡森大街上，他还建造了自己的画廊和画室。这都归功于他和他的妻子有勇气去尝试一个新机会。

这种冒险所获得的成功并不值得惊讶——因为他们成功的可能性是很高的。如同范狄格里夫特将军经常在打仗前对他的军队所说的："上帝只偏爱那些勇敢而坚强的人。"

最适合某个人的工作，或能够使他感到快乐的工作，并不一定会让他富有或过上好日子。然而，除非一个人的工作能够带给他内心的满足，否则就不能算是真正的成功。作为妻子，你需要有精神上的耐力，才能够让你的丈夫自由自在地去做他所喜爱的工作，放弃他所不满意的、不喜欢的、薪水较高的职位。

许多男人创造出来的伟大成就，可能都是因为他们无私的妻子愿意和丈夫一同尝试新的机会，而且愿意放弃物质享受，因此她们的丈夫才能够去做更适合他们个性的工作。

4. 成功的真正意义

著名的救世军不只是它伟大的创始人威廉·布斯的活纪念碑，而且也是威廉最具爱心的妻子凯瑟琳·布斯的活纪念碑，因为她曾奉献了巨大的精力来推广这一运动。

威廉·布斯把传道当作自己的天职，他在伦敦的贫民窟为穷人、残疾人和流浪汉讲道。他、他的妻子和孩子们都忍受着寒冷、饥饿和嘲笑；他努力帮助穷人，以至于损害了自己的身体健康。他的妻子凯瑟琳·布斯也从小就身体不好，患有脊柱弯曲症，必须使用脊柱支柱。她还受到肺结核的威胁，晚年又受到了癌症的折磨。她临死前说："我从来就不知道有哪一天不是生活在痛苦中的。"

然而，这位瘦弱而多病的妇人，除了做饭、洗衣和照顾他们的8个子女之外，还要帮助她的丈夫，为那些比他们更穷困的人奉献出自己的慈爱。她也和丈夫一样传教讲道。到了晚上，经过白天的劳累之后，她还要去贫民窟帮助那些饥饿、生病或是遭遇困难的人。她为那些怀了私生子而未出嫁的姑娘准备饭菜，为她们寻找安身的处所。她还和那些小偷、流浪汉、妓女谈话。

你一定会想，只要有适当的机会，凯瑟琳·布斯一定会想离开这个悲惨的地方的。这种机会确实有过。有一次，当地的牧师会议受布斯的真诚感动，就在一个比较富裕的地区留给他一个很舒服的讲道工作——这样一来，他就可以放下他在贫民窟的工作了。

但是，他们忽视了威廉的妻子的感受。凯瑟琳·布斯马上站起来反对道："不要！不要！"

多亏她有不怕艰难的精神和坚决的信心，现在才有了救世军在各处的发展。我真希望凯瑟琳能够活得更长一些，亲眼看到她为丈夫所做的贡献所产生的成果。我真希望她现在能知道，在威廉·布斯的葬礼中，当他的灵柩经过的时候，伦敦街头上挤满了6.5万多人向他表示敬意，连伦敦市长也来为他送行。欧洲的宫廷和美国总统也都给他送来花圈。在他的灵柩后面，有5000名年轻的救世军成员跟随着，并齐声唱着赞美诗歌，歌颂他们伟大的领袖。我宁愿相信凯瑟琳已经都知道这些了——这位瘦弱的女人完全不顾自己的安全，毅然加入了她丈夫伟大的献身工作，这才有了她丈夫的成功。

是的，成功的真正意义，就是找到你所热爱的工作，并努力去做——在奋斗的过程中，必须不顾自身的安全与幸福，只有这样，才是获得我们真正想要的东西的唯一方法。

"上帝啊，请赐给我一个年轻人，他必须有足够的胆识，去做别人心目中的傻事。"罗伯特·路易斯·史蒂文森说。

而莎士比亚则这样说："疑虑是我们心中的叛逆者，由于害怕去追求，将会使我们失去我们通常能够获得的东西。"

上帝的确是偏爱勇敢而坚强的心灵的。如果你希望自己的丈夫在他觉得最有意义的工作中获得成功，你就该鼓励他去尝试每一个机会——而且你要有足够的勇气，和他共同克服危机。

第十三章　让你的丈夫幸福快乐

做一个"温柔可爱"的女人

1. 学会让你丈夫快乐的方法

著名作家 E．J．哈地曾经写过，在新西兰某个地方的墓地中，有一块陈旧的墓碑，上面刻着一个女人的名字和这些字："她是如此的温柔可爱"。

我不知道这些字会给你什么感受，但是，根据我个人的感觉，我实在想不出有什么其他更好的碑文让我更想拥有的，或更值得拥有的了。这位伤心的丈夫，把这些字刻在他妻子的墓碑上，想必他一定拥有数不尽的幸福回忆：当他回家的时候，妻子微笑地等着他，热腾腾的饭菜早已摆在桌上，即使讲一个过时的小笑话也会有人附和大笑，家庭永远充满爱心和舒适，等着他回家。

做个"温柔可爱"的女人，以及有一个成功的丈夫，这两件事其实是很有关系的。根据专家的说法，男人的太太如果能够使他快乐幸福，他就有更好的机会获得事业上的成功。

令人非常惊讶的是，许多深爱着自己丈夫的女人，并不知道如何让她们的丈夫获得快乐和幸福。她们内心当中虽然有全世界最具爱心的愿望，但是却总做出一些错事：应该让丈夫出门的时候，她却仍然像水蛭那样缠住他不放；应该安静地听丈夫说话的时候，却仍然喋喋不休；管家时，又像个军事教官。

虽然要讨男人的欢喜并不很困难，但最起码也要像准备举办一次舞会那样，不但要机灵，还要有脑筋和肯努力——不过不必像一般的女人那样花费那么多的时间去打扮自己。

我并不是说我们不应该尽量使自己的外表显得更迷人，而是因为我们之中有许多人只是注意自己的装饰，反而忘了该表现出内心的关怀。学会了博取丈夫欢心艺术的女人，永远不必担心在失去迷人的青春和娇好的身材之后，把握不住丈夫的心了。

每一位第一流的女秘书，都知道如何使她的老板喜欢她。她会去研究老板的嗜好，知道他喜欢什么，也知道什么东西会让他生气，以及在怎样的环境下可以把工作做得最好。她会改变一些自己个人的嗜好，让老板觉得更舒服，例如她会改用无色的透明指甲油，如果这是她的老板最喜欢的颜色的话。

作为妻子，你也可以从女秘书的工作秘诀中学到一些技巧。当然，你也一定可以像女秘书替老板工作那样，为你的丈夫做同样多的事情。

最引人注目的成功婚姻，都是建立在这一基础之上的——妻子能够体贴地想到，要学会并采用使丈夫快乐的方法。

当我访问伊莲娜·罗斯福总统夫人的时候，她告诉我，她的丈夫总喜欢让她安排儿女中的一个跟随他们出去做演讲旅行。这种安排不仅会使总统感到高兴，而且也有助于他在吃力的行程压力之下放松自己。罗斯福夫人说，孩子们通常轮流和父母外出旅行，每隔两个星期就换一个。"在那些旅途中，总是有许多家庭趣事，"她告诉我，"我们经常是有说有笑。这使得我丈夫更容易胜任他那沉重的工作。"

另一位总统艾森豪威尔的夫人也说过，通过记住许多小事来为别人创造幸福，是一个女人最主要的工作。

2. 放弃个人的部分爱好

也许这些小事情并不是真的那么小。查斯特菲尔德不是说过"要养成最好的风度，总是先要做些小牺牲"吗？而这也是美满婚姻的秘诀之一，情愿放弃一些自己个人爱好的妻子，她所得到的报偿和那些小小的牺牲比起来，是很值得的。

奥嘉·卡巴布兰加夫人就认为上面的说法很对。她是约瑟劳尔·卡巴兰加先生的遗孀。她先生曾经是古巴外交官和国际著名的西洋棋冠军。卡巴布兰加先生是一个聪明、灵巧而且到处受欢迎的人。就像许多能力不凡的男

人那样，他对自己的想法总是非常的固执。

但是，他们的婚姻却非常美满，他们享有浪漫的爱情，能够相互尊重。奥嘉·卡巴布兰加带给她的丈夫这么多的快乐，所以她丈夫有时候也会高兴地放弃一些他自己本来十分坚持的意见，以博取她的欢心。

她是如何获得这种奇迹的？她只不过是做了一些"小小的牺牲"而已。当卡巴布兰加先生心情不好而一句话不说的时候，她就让他一个人去思考，而不会用唠叨话来激怒他。她本来喜欢参加舞会，但是她的丈夫却喜欢大部分时间待在家里，所以她心甘情愿地放弃了许多迷人的社交聚会。如果她丈夫不喜欢她穿在身上的衣服，她就会马上换一件他喜欢的。她丈夫是一位喜爱哲学和历史的文人，奥嘉本来只喜欢比较轻松的书，然而她还是细心地看着她丈夫喜欢的书，正如她告诉我的那样，这是为了"赶上他的思想，并且欣赏和领会他的谈话"。

她的丈夫有没有因此而感激她呢？你只要看看他们下面的发展就明白了。卡巴布兰加先生本来认为，赠送礼物是一件非常可笑和做作的事。但是有一次在情人节那天，他却像个小学生那样，红着脸送给他太太一盒很大的、漂亮的巧克力，这是他刻意对他心爱的妻子表示的一番爱心。她当时高兴得无法形容，因为她根本不会想到她那理性的丈夫竟然会送给她这件完全没有理性的礼物——而且她丈夫真的是喜爱这份礼物。

自从那次经历之后，送礼物给自己的太太就成为卡巴布兰加先生最大的乐趣之一了。有一次，他花钱请一名商店职员加班两个小时，用各种大小不同的盒子把一小瓶香水包装起来，只是为了要看看他太太打开这些盒子时脸上展现出来的笑容。

卡巴布兰加太太是如此用心地为她先生的幸福创造条件，而她的先生也在博取她的欢心的同时得到了许多快乐。这就难怪他们的婚姻会如此成功了。

3．丈夫的回报

带给自己丈夫幸福的妻子，也会从丈夫那儿得到幸福，就像卡巴布兰加太太那样。伟大的狄斯累利的妻子也是这样，她曾告诉她的朋友："真要感谢我丈夫对我的体贴，我的生命一直是一种单纯而永恒的幸福。"

想要使一个男人快乐幸福，只需让他感到舒适，并让他按照自己的意愿去做他必须做的事，这就足够了。这也许需要你依照丈夫的喜好来改变自己的个性，或者是参加他的消遣和娱乐方式。但是不论怎么做，你都应该了解，只要使你的丈夫快乐幸福，你就等于为他的成功做了最重大的贡献了。

然而，最美好的事情是，当你们一起过了 40 年或 50 年之后，他仍然说："她是多么温柔可爱。"

共同分享丈夫的嗜好

1. 夫唱妇随

和丈夫共享每一件东西——不论是一片面包或是一个思想——都可以使你和他的关系更加亲密。和你所爱的人共同分享特殊的嗜好和娱乐，这是在夫妻关系之中获得幸福的最主要方式之一。这是专家告诉我的。佐德豪斯先生曾经对 250 对有着幸福婚姻的夫妇做过调查研究，他发现，夫唱妇随是这些婚姻最终成功的主要因素。

夫唱妇随的基础是什么？是他们有共同的朋友、共同的嗜好和共同的理想——这些东西能够把两人结合在一起。

现在，让我们来看看实际情况吧。我要说的第一对夫妇非常有名——

他们是亚瑟·摩雷和他的妻子凯瑟琳。他们很可能是有史以来教过最多舞蹈学生的老师。摩雷夫妇已经结婚 28 年了，他们一直在一起工作。

我问凯瑟琳·摩雷："你们这样亲密地在一起工作，是如何避免陷入单调重复的生活方式的呢？难道你们不觉得，要把你们的事业和私人生活分开，是一件很困难的事情吗？"

"一点也不困难，"摩雷夫人说，"只要我稍稍努力就行了。我总是想办法打扮得很漂亮，这只是为了一个原则——我宁愿让 10 个男人看到我没有化妆的样子，也不愿让我丈夫看到。但更重要的是，我们共同享有一些嗜好：我们都喜欢游泳和打网球。只要有可能，我们就利用假期一起去参加这些运动。上星期我们就到百慕大去做了一次简短的旅行。共享我们的乐趣，可以使我们在不同的基础上也能相处融洽，而且为我们的生活加入新的变化和活力。”

是的，整天只知道工作而没有娱乐，会让婚姻变得索然无味。如果妻子学会分享一些丈夫喜爱的嗜好，就可以增加她"夫唱妇随"的愿望。

"在成功的婚姻生活中，"哈里·C. 史坦因梅兹在《临床心理学杂志》中写道，"对于对方嗜好的适应能力，比夫妻双方本来就相同的嗜好和习惯，更加重要。"

克娄巴特拉——这位古代尼罗河畔的埃及艳后，她从没有学过临床心理学，但是她却精通不少控制别人的方法——这些方法对男人最有效用。布鲁塔克曾告诉我，克娄巴特拉的美丽并不是举世无双——但是她和别人共享快乐和特殊嗜好的才能，却使得她所向无敌。

她通晓埃及所有附属国的方言，而她的祖先中从没有人费心思去学会这些话。当这些附属国的使节前来朝贡的时候，克娄巴特拉不需要翻译人员，她就用他们的方言和他们说话，于是便赢得了他们的忠心支持。

马克·安东尼喜欢钓鱼，于是喜欢奢侈豪华的克娄巴特拉就不再举办大宴会了，而是跟安东尼一起去钓鱼。有一次，安东尼好几个小时都没有钓到一条鱼，她就叫了一个奴隶潜到水底，把一条大鱼挂在他的鱼钩上，和他开了一次玩笑。

有时候，克娄巴特拉为了博取安东尼的欢心，甚至化装成平民，跑到亚历山大城内的贫民区和下级赌场去狂欢作乐一番。马克·安东尼喜欢做的每一件事情，对于娇美的克娄巴特拉来说，也都是非常喜欢的。

然而，我们之中却有多少人愿意穿上长筒鞋和粗布衣，不怕淋湿、肮脏和寒冷，陪自己的丈夫去钓鱼呢？

2. 与丈夫共享欢乐

我认识一些寂寞而且不快乐的太太，她们常常抱怨自己的丈夫把大部分周末时间浪费在高尔夫球场上。其实，她们早就应该学学我朋友佛露莲丝·尚梅克的做法。

已故的里昂·尚梅克先生是一位著名的工程师，他在纽约城设计了许多大马路和大桥。他是一位杰出的业余运动员——好几届奥林匹克运动会剑术代表团的成员，以及高尔夫球比赛冠军。他的妻子佛露莲丝嫁给他的时候，

写给女人的忠告

连这些运动最浅显的术语都还弄不明白。但是她后来不仅学会了打高尔夫球，而且还3次获得全国女子剑术比赛的冠军，又多次入选参加奥林匹克运动会比赛。如果她不是这样不怕麻烦地学习，和她的丈夫共享兴趣与嗜好，可能她的丈夫就必须放弃生命中一部分最有价值的生活，或者她只好在丈夫出去参加活动的时候，独自过着寂寞的生活。

艾德加·华莱士是一位著名的神秘小说家和冒险小说家。他的工作非常繁重，赛马是他最喜爱的消遣活动。华莱士太太对他这种贵族式的运动没有特殊的兴趣，但是她知道丈夫需要有一个松弛的机会，所以她每次都陪着丈夫去看赛马，并和他一起欣赏那些名驹，以鼓励他花更多的时间来放松。

妻子如果学会从丈夫的休闲娱乐之中获得乐趣，就不会被丈夫撇下不管了。这时，你的丈夫会一个人去别的地方玩乐，而留下你在家吗？如果是这样，他就是一个无可救药的自私自利者了。

弗兰西斯·休特太太刚结婚的最初那段日子过得很不愉快，因为她的丈夫还保持着单身时代的习惯，在休闲的时候都和他那些男伴们出去玩。休特太太希望他能够经常留在家里，但是她并没有对他唠叨、哭泣、抱怨他忽视自己，或是跑回娘家去。相反，她开始研究丈夫的嗜好，并且为他准备好这些娱乐。

休特先生很喜欢下国际象棋，而且达到了职业棋手的水准。所以休特太太就劝丈夫教她下棋，后来她就达到了相当高的水平。休特先生喜欢与人交往和参加舞会，所以休特太太就尽量让自己与他们的小家变得非常吸引人和舒适，于是她丈夫就很自豪地把朋友带回家来，而不再经常跑到外面去了。

这种做法非常有效。休特夫妇结婚已经40年了。自从那些日子以后，休特先生就不再认为必须离开家到外面去找朋友玩了。事实上，休特太太还说，即使她现在想拉他出去，还有许多困难呢。

"我认为，"休特太太告诉我，"妻子能够为丈夫做的最大事情，就是使他快乐。我生平最大的一个愿望，就是能够与人愉快相处。"

休特太太精通了做个好伴侣的方法，你不妨也来分享你丈夫的嗜好！

让丈夫单独享有一种嗜好

1. 满足丈夫的个人嗜好

和丈夫共享他的嗜好，是让他快乐的一个方法。但是，让丈夫单独享有一些完全属于他自己的特殊嗜好和兴趣，也是很重要的。

"没有一对婚姻能够得到幸福，"安德烈·摩里斯在《婚姻的艺术》一书中说，"除非夫妇之间能够相互尊重对方的嗜好。更深一层说，如果夫妻双方希望两个人有相同的思想、相同的意见和相同的愿望，这是很可笑的想法。这是不可能的，也是不受欢迎的。"

所以，你应该让你丈夫有私人的空间去做他的工作，如集邮，或是其他任何他所喜爱的事情。在你眼中，他的嗜好也许不怎么高雅，但是你千万不要阻止它，或是厌恶它。你应该迁就他。

威尔·罗杰斯

为威尔·罗杰斯写传记的荷马·克洛伊，在写威尔的电影剧本的时候，经常住在加州杉塔·蒙尼卡罗杰斯的农场中。克洛伊先生告诉我，有一次他住在农场的时候，威尔·罗杰斯突然想要一种外形凶猛、杀伤力很强的南美大刀。

罗杰斯太太不了解她丈夫为什么要这种刀，她的第一个反应是劝他不要去买。因为他要这么一把大刀，到底是想做什么呢？难道只是拿来看一两眼，就把它搁到一边忘了吗？

想了一会儿以后，罗杰斯太太决定满足丈夫。她甚至还走了一段很远的路来到城里，亲自为他买回一把大刀。这使得威尔高兴得就像是过圣诞节的孩子那样。

在威尔心爱的牧场里，有一片长满了多刺的矮树丛。他经常带上这把大

写给女人的忠告

刀，在矮树丛里砍伐几个小时，清理出一条供马和行人通过的小路。每当他遇到难题时，他就会提着他的这把大刀，独自走出去，像疯子那样在矮树丛中大砍一番，当作自我消遣。过了一段时间以后他回来了，全身流着大汗，不仅他的困难解决了，他的牧场也更漂亮了。

他时常说，那把大刀是他曾收到的最好的礼物之一。罗杰斯太太想起她那时能够满足丈夫相当可笑的愿望，总是感到非常高兴。

这就是一种嗜好所带给男人的好处了：让他能够精神爽快、冷静而热心地回到自己的工作上来。

2. 良好嗜好带来的好处

养成一些良好的嗜好，不仅能使丈夫得到好处，妻子也通常可以获得助益。

我的表姐詹姆斯·哈里斯夫人嫁给一家大石油公司的地区审计员。詹姆斯·哈里斯在休闲时喜欢装饰室内和修理家具。当然，他的妻子非常欣赏他漂亮的手艺，由于他有这种良好的嗜好，他们家显得非常吸引人。

他还有另外一种嗜好，给每个人带来了许多乐趣：他教他家的苏格兰种小猎狗马克演把戏，虽然马克是业余演员，但是很受观众喜爱。它最拿手的绝活是弹钢琴，开始的时候用前脚弹，然后用后腿弹——有时候还四条腿并用一齐弹。

请记住，妻子如果能够鼓励丈夫培养一种有趣的嗜好，就不必担心他去追别的女人了。只有那些对生活感到厌倦的丈夫，才会掉进狐狸精的陷阱里。

职业心理学家警告我们：当男人开始对他的嗜好和消遣比本来的职业更热心的时候，妻子就应该特别注意了。这表示有些事情不对劲。他正在利用他的嗜好来逃避工作，这里面可能有什么原因使他不再对工作感兴趣。如果这种情况发生了，你就要想办法帮助他分析情况，找出问题所在。嗜好的真正作用，是帮助人们改变繁忙的工作步伐，舒缓紧张的心情。我们应该利用嗜好来恢复工作的兴趣，而不是用它来代替工作。

依照人的自然本性培养出来的嗜好，还有很大的治疗价值。艾力克·G.克拉克夫妇的经验就是一个相当好的例子：第二次世界大战期间，他们曾被关在日军俘虏营。

克拉克先生是中国上海股票交易所的职员，他和他的妻子露丝于1941年被关押在华南。他们在那儿关了30个月，和另外近两千名英籍、美籍俘虏过着困苦、饥饿和难受的生活。

在《基督科学箴言报》的访问里，克拉克先生说："那段经历告诉我们，虽然一个人能够被剥夺家庭财产，甚至他的特长，但是如果他对无法毁灭的东西具有深厚的兴致和修养，他的精神就不会被破坏了。当然，我指的是依照天性培养出来的嗜好，例如一个人对于音乐和文学的爱好，或是其他人的努力成果，都是不可能被剥夺的。"

克拉克夫人是中国玉石和纺织方面的权威。她在俘虏营中为朋友们讲授这些知识，使他们忘记了自己所处的悲惨环境。

克拉克先生的嗜好是圣乐。他在战争之前，曾经组建了上海圣乐合唱团。现在，他又在俘虏营中推广唱诗班。克拉克夫人想办法在她被准许带进俘虏营的一些东西里夹带进了许多乐谱，所以俘虏营里的合唱团在克拉克先生的指挥下，能唱从圣诞颂歌到吉伯特与苏利文的轻歌剧。

由于有了这些经验，克拉克先生就可以很权威地讲出嗜好的价值了。"我愿意鼓励每一位男士和女士，"他说，"培养出一种消遣或嗜好。在无事可做的退休状态下，嗜好可以带来许多幸福，不论这种退休是自愿的或是被强迫的。"

为什么不鼓励你的丈夫接受克拉克先生的劝告，在某些有价值的嗜好中培养出一种兴趣呢？

3. 让丈夫发展个人嗜好

丈夫有了特殊的嗜好以后，我们还必须让丈夫独自去做他喜爱的事，使他觉得有了真正属于自己的东西。这对于每一个人都会很有好处。

有一位单身男士告诉过我，如果他能够找到一个女孩子，愿意陪伴他，而且在他希望单独待一会儿的时候，能够尊重他的这种愿望，让他独自去做自己喜欢的事，那么他就会马上和这个女人结婚。

家庭主妇都有许多独处的时间，所以她们通常无法理解这种奇怪的男性愿望。一个被"撇下不管"的男人，并不意味着真正的寂寞——这只是说，他从女性的需求和拘束之中获得了自由，拥有了独自支配自己灵魂的机会，并且至少享受到了自由独立。

有些丈夫会在某个晚上离开家出去打打保龄球，或是和一群男士玩纸牌，由此获得自由独立的感觉。有些人则是去钓鱼，还有人把自己关在车库，把汽车仔仔细细地检修一番，或是读一本侦探小说。不论丈夫把这些快乐的自由时间做了什么特别的安排，如果妻子能够尽心促成这些事情，那就是最聪明的女人了。

我从自己的经验里了解了这件事。20 年来，我丈夫一直有个习惯，每个星期天下午都要和他那位作家老友荷马·克洛伊在一起。戴尔认为，不能因为他已经结婚了，就必须放弃这个乐趣。整个礼拜的其他时间我们都在一起了。后来我终于学会安排我自己的星期天下午。而我丈夫和荷马在星期天下午得到了许多乐趣：在森林中散步，无拘无束地轻松一番，到平常不可能去的餐馆吃一些平常不可能吃的东西，或把冰箱里的东西吃个精光——这是在享受一种自由的、轻松的、孩子气的乐趣。然后，他们都会回到自己的妻子和工作身边，感到非常愉快、平静和新鲜。

毫无疑问，丈夫时常需要从束缚他的皮带中挣脱出来。如果妻子能够帮助和怂恿他们培养一些有趣的嗜好，并且给他们合理的机会享受完全的自由，那么我们就是在做一些使他们快乐的事。

一个幸福快乐的男人，一定会比一个害怕太太、受到骚扰和挫折的男人工作得更好，而且更有希望获得成功。

培养你自己的嗜好

做个好太太的另一个方法是，作为妻子，你要有一些自己个人的嗜好。

使我们感到疲倦的，并不是繁重的工作，而是生活的厌烦和单调。许多人在游玩的时候，会和赚钱一样的卖力，这就是因为活动内容的改变，可以消除我们疲倦的心情。

1. 发挥你的特长

与丈夫一样，妻子也要培养自己的嗜好，发挥自己的特长。尤其是家庭主妇，必须消磨许多独处的时间，如果能够利用休闲时间和别人联系交往，那将非常有益。

华尔特·G.芬克伯纳太太在她的孩子上学以后，就到圣鲁克圣公会教堂的主日学校去教课。她发现她对于照顾小孩很有天才，所以她又去圣鲁克日间部学校教幼儿园班。

"这件工作带给我许多惊喜，"芬克伯纳太太写道，"我以前对于家务过分苛刻，每一件小事情都必须严厉苛责。现在我的眼光宽多了。早上我提早一个小时起来整理家务，然后驾车送孩子们上学。接着我到自己的学校去上班。

"我是孩子们的保姆。星期三晚上，我陪丈夫和一些朋友打保龄球。星期四晚上有空时，就参加我们教堂的一个讨论会。这个讨论会在心理上和精神上给了我许多好处。再加上每星期3天的教课，我的工作表就排满了。

"这些家庭以外的工作使我有了很大的收获，给我们家人的晚餐时刻增加了不少乐趣。我曾经读过一篇描述一个精神病患者的文章。他小的时候，由于父母亲经常把餐桌当战场，互相争论各种问题，所以他现在想要吃东西的时候，就会把每一口食物都吐出来。现在我们家有个规矩，吃饭的时候只能谈那些愉快的话题。晚餐就是综合汇报时间，我们大家都可以分享到这一天的趣事。而我这个具有创造性的工作计划，让我有更多有趣的事情来和大家分享。

"这些工作也给了我更好的价值观。我不再计较从前困扰我的小事情，而把精力集中在较大、较重要的事情上——如把我们家变成一个和平与爱的天堂，让每个人都感到舒服、愉快。"

如果选择适当的工作计划能够带给芬克伯纳夫人这么多的好处，那同样可以带给你或我这些好处。

2. 带给双方更多的乐趣

至于哪一种兴趣或嗜好可以带给你好处，这就要看你有什么特殊的天分或嗜好了。想想看，有什么东西是你一直想拥有或想做的。

以我个人来说，我从纽约城莎士比亚俱乐部的活动中得到了许多乐趣。这个研究性团体总是讨论一些我很喜爱的题目，使我在思考20世纪问题的

写给女人的忠告

时候有了一种新鲜的感观，而且使我除了与丈夫谈谈牛排的价格以外，也有了一些新的话题。

我丈夫对于亚伯拉罕·林肯的人生有着特殊的兴趣，而我则对莎士比亚很有兴趣。我们相互学习，对于对方心目中的英雄人物就有了更多的了解了。我们有许多讨论的机会，有时候发生争执，但也得到了许多乐趣。如果我们都只是喜爱相同的东西，就得不到这么多乐趣了。由于各有不同的爱好，我们互相拓宽了对方的眼界，带给双方更多的东西。

沙慕尔和艾瑟·克林在他们合著的《婚姻指南》中说："结婚后的夫妇过着非常亲近的生活。他们在一起做每一件事情，结果常常给双方的关系造成了窒闷的影响。培养不同的兴趣和嗜好，可以形成经常性的变化，帮助他们保持婚姻的新鲜和活力。"

所以，如果你觉得你的婚姻已经单调得需要添加点调味品了，就想想你有什么嗜好吧，看看你是不是已经成为你先生最好的伴侣了。

第十四章　做一个优秀的妻子

做个优秀的家庭主妇

1．妻子的角色

有一位杰出的社会学家告诉我，女人已经不再认为处理家务有什么重大的意义了。然而，世界上没有其他的工作会比创造和维持一个家庭，以及养育这个家庭的孩子们更加值得尊敬，对个人和社会更加重要，以及更有意义了。

一个女人把她全部的时间和精力奉献给了她的家庭和家人，她应该感到自豪。她所扮演的角色，比一个女演员在一次职业表演中所需要的各种技艺还要多。你有没有想过，一个家庭主妇需要表现多少专业技术？她必须是洗衣妇、厨师、裁缝、护士、保姆、打杂专家、兼任司机、书记员和记账员、购物专家、公共关系专家、女主人、人事主管、顾问、牢骚发泄对象、总经理和主管……

当然，只有这些还不够，她还必须保持自己的吸引力和魅力——如果她想要在丈夫的心目中保持闪烁光芒的话。

我从没有听说过哪一个老板自己打扫办公室、记账和亲自回信。但是家庭主妇却必须干这些，甚至还要更多。我真希望设立一种年度奖，颁给这一年最有效率的家庭主妇。依我看来，她比所有的电影明星、职业妇女以及最会打扮的女人都更有能力和才华。

你作为家庭主妇的工作，对你丈夫的成功有多少影响力呢？玛丽妮亚·范韩与佛狄南·伦得柏格博士——他们是《女人——被忽视的性别》这本书的著名作者——说："研究结果很明显地指出，由于妻子在家里做了大部分的工作，便不必再雇人了。因此，丈夫收入的有效运用价值，便增加了30%～60%。"

《生活杂志》在一期特刊中估计过，如果男人要请外人到家里来做一个家庭主妇的工作，他每年要花费大约1万美元。

许多最著名的男士，也都是因为妻子的帮助才获得成功的，这些妻子都认为做个好的家庭主妇是非常崇高和有意义的。艾森豪威尔总统就是一个例子。

2. 艾森豪威尔夫人的信念

玛蜜·多特·艾森豪威尔在《今日女性》杂志发表了一篇名为《如果我现在又当了新娘》的文章。在这篇文章里面，艾森豪威尔夫人说出了她最崇高的信念：

"生命带给女人的最伟大职业生涯，就是做个好妻子。

"洗小孩子的袜子和全家人的脏衣服，这是很厌烦的事。永远都做不完的琐事，有时候看起来像是一些毫不重要的、可有可无的小工作，尤其当你的丈夫带回来许多重要消息，并且问你'你今天做了什么事，亲爱的'的时候，而你所能说的只是'噢，我今天付了瓦斯费——'

"就在这些时刻，你一定很想到外面找个工作，融入人群中，同时赚些外快。但是如果你不向那个诱惑屈服，你的生命将可以获得更多的报偿。相反，如果你向这个诱惑屈服了，20年后，你将发觉你自己除了一个职业以外，什么东西也没有；或者你会发觉，你的家庭一直是被你和你的丈夫所遗弃的，而且你们不知道如何去珍惜它。

"如果我现在才结婚，我还是愿意像以前那样做个家庭主妇。我将会努力去做，善用我丈夫微薄的薪水来照料家务，多结交一些朋友，每天早上都看着他吃完热腾腾的早饭之后去上班，我要尽我最大的能力，帮助他实现他的理想。

"家庭主妇是我的工作和我的乐趣。想尽办法尽我的能力，使艾克的家永远保持平稳和安定，这是我感到最奇妙、最有价值、最繁忙而快乐的生活。"

作为家庭主妇，玛蜜·艾森豪威尔做得真是太出色了，因为她已经帮她的丈夫进入了这世界上最大的房子——美国总统的白宫。

给丈夫一个休憩的港湾

当你的丈夫忙碌了一天以后，回到家里看到的是怎样一种气氛呢？哪一种家庭才能使他在每个早晨提高工作兴趣、恢复精力去努力工作呢？这些问题的答案，和你丈夫事业的成功具有密切的关系。

为了使丈夫能够以最高的效率工作，你必须为他创造一个舒适的港湾。以下就是 5 项基本原则。

1. 轻松自在

一个男人不论多么喜爱他的工作，他的工作总会带给他某种程度的紧张。在他回家以后，如果能够消除这些紧张，他就能够为自己加油打气，在第二天开始新鲜而热忱的生活。

每个女人都想要做个出色的家庭主妇，但有时候男人在家里得不到休息和放松，就因为他的太太是个过于出色的家庭主妇：她的孩子不能把朋友带回家，因为他们可能会弄脏地板；她的丈夫不能在家里抽烟，这可能会使窗帘沾上烟味；如果她的丈夫看完一本书或报纸，必须准确地放回原处。在这种家庭，丈夫怎么能得到放松？

乔治·凯利所写的《克莱格的妻子》，在几年前获得了普立策奖。它之所以会普遍受到欢迎，就是因为许多女人都很像哈丽莱特·克莱格。哈丽莱特生活的主要重心，就是保持家里的绝对干净。她甚至连放错了坐垫也无法忍受。朋友们来访也不受欢迎，因为他们会把东西搞乱。而她认为她那在我们眼中很正常、不拘小节的丈夫是个破坏专家，因为他会扰乱了她所创造出来的完美。

当丈夫把星期天的报纸、烟头、眼镜盒和其他各种东西随便乱丢在客厅的时候，妻子不要破口大骂，而是应该记得，家才是他能够放松的唯一地方。

2. 舒适温馨

装饰和布置家庭通常是妻子的工作，你必须记住，舒适才是男人最大的需要。干净的桌椅、精致的织物、一堆一堆的小装饰品，在你眼里也许是迷人的，但这些东西只会让一个疲倦的男人讨厌，他需要一个地方搁脚，放烟灰缸、报纸和烟斗。

如果你想知道男人所喜欢的布置方式，不妨研究研究单身汉整理房间的情况。

我们的家庭医生路易斯·C. 派克医生，最近又重新装修了他的办公室。他的办公室是家的一部分。那天我在他那儿，一些在候诊室的男病人都很感兴趣地看着他那覆盖着皮革的桌子、宽敞的沙发、巨大的铜灯，以及笔直地下垂的没有一点儿皱折的窗帘。

另一位很会布置自己房子的单身汉，就是华特尔·林克，他是新泽西州标准石油公司的主任地质学家。他的工作使他必须跑遍全世界最偏远的角落，而他在纽约拥有一栋超现代化的公寓。他利用旅行带回来的纪念品装饰这个房子——如爪哇的手工染布、刚果的木雕，以及东方的象牙雕塑品。林克先生的公寓由于明亮、宽敞和舒适，以及富有个性趣味而显得特别迷人。

难怪这些有资格结婚的家伙现在仍然做单身汉了，因为很少有女人能够使他们像自己服侍自己那样舒适。

当我们布置家庭的时候，常常会忽略男人对于舒适的要求。如果你的丈夫对于你辛苦布置好的家庭似乎会带来破坏，这很可能是因为你布置的方式不适合他。他会把报纸满地乱丢吗？那可能是茶几太小，或上面放满了装饰品，他根本找不到地方放报纸。

他在家时，会烟灰"到处乱弹"而使你无法忍受吗？那你就要给他买个最大的烟灰缸，而且要多买几个。他常常把脚搁在你心爱的脚凳上吗？那就把这个脚凳拿到客厅去，另外替你丈夫买个坚固的塑胶脚垫。

让一个男人在家里感到舒适，是让他留在家里的最好方法。

3. 有序而清洁

大部分男人宁愿住在一间收拾整齐的帐篷里，也不愿住在一栋凌乱不堪的漂亮房子里。如果开饭很少准时、早餐的盘子到了吃晚饭的时间还放在水槽里不洗、浴室中堆满了废弃物、卧室不整理，这些现象只会使男人跑到棒球场、酒吧以及妓院去。对男人来说，除了自己的凌乱以外，似乎没有办法忍受任何人的不整洁。

任何一个有修养的丈夫，对于偶然发生的错失都是能够体谅的。他会在大扫除时愉快地吃剩菜，当我们碰到一些不寻常的问题必须应付的时候，他也会帮我们解决——但是一定要记住，这种事情不能经常发生。

4．愉快安详的气氛

家里的气氛，主要是女人的责任。你的丈夫在工作上的表现，将会受到你所创造的家庭环境的影响。

作为妻子，你不会希望丈夫完全被他的工作占据，或是身体和精神完全被工作控制。但是，你又希望他在工作上有最好的表现。如果你能创造一个快乐而安详的气氛，等着他回到家来，你就能够使他在这两方面都如愿以偿了。

保罗·波帕诺博士是洛杉矶家庭关系协会会长。他认为，家庭应该是男人的避难所，它应能使男人从业务的纠缠中得到安宁。

"在现代商业中，"他说，"并不像野餐那样轻松愉快。他必须整天和对手竞争，在各种情况下都是这样。当下班铃响的时候，他就会渴望安详、和谐、舒适、爱情……

"在公司，大家都只看到或是想办法找他错误的地方。只有在家里，有个天使看到他最美好的一面；这位天使不会把她自己的困扰加给他，也不会替他制造一些新的困扰。她恢复了他的能力，保护了他的精神，在情感上使他愉快，使他在第二天早晨充满了精力和热忱。

"在家里创造出那种气氛的妻子，"波帕诺博士说，"她能够在丈夫的生活中尽到妻子的责任，可以说是最了解自己职责的人了！"

5．创造夫妻共同的家

让丈夫觉得在他家里像个国王，而不是在娇艳的女性王国里当个笨拙的破坏专家，这种努力对于妻子来说是很值得的。

当你的家庭需要一件新家具，或是重新装饰的时候，你应该征询他的意见，两个人共同决定，而不只是把付款单交给他而已。为了买你丈夫所想要的摇椅，你应该放弃你心爱的古典式沙发。也许你会埋怨，但是，你通常会发现，他对家的喜爱和你是同样深的，而且，如果他对于家里的事情拥有更多的决定权，家对他的意义将会更大。

男人对于家庭的关心，和你是同样的——他需要一种感觉，觉得家庭没有他就不完全。

我认识一个女孩子，她擅长花很少的钱来装饰屋子，所以她的房子充满精致、迷人、近于完美的味道。可是，这个女孩子却嫁给了一个高大的、浓眉粗发的、烟斗不离口的男人。她的丈夫在这个女性化的环境里，完全格格不入。他爱他的妻子，但是他在自己的家里觉得非常不自在，所以他只有和他的朋友去钓鱼，或到他可以表现自我的森林里去玩。妻子不停地抱怨丈夫，但是她仍然坚持把家布置得只适合她自己。

妻子不能陷进庞杂单调的家务中，忘了家庭的真正目的——为我们最爱的丈夫创造出一个温情的、安全而舒适的港湾。

我们只要记住上面这些基本规则，就可以使我们的丈夫变成快乐的人。

绝不浪费时间

1. 有效利用时间

伊莲娜·罗斯福是罗斯福总统的夫人。她每天的活动排满了整张行程表，但大部分比她年轻一半的女人也难以胜任这种繁忙的工作安排。我问她如何能够安排好这么多事情时，她的回答很简单，也很容易了解："我绝不浪费时间。"

她告诉我，她在报上发表的许多专栏文章，都是在约会和会议的空当之间完成的。她每天都工作到深夜，清晨就起床。

保罗·波帕诺博士在他所写的《如何创造婚姻生活》这本书中写道："家庭主妇大都觉得家务占去了太多的时间。这种看法值得检讨。如果任何一位女人愿意把她一星期内的时间详细记下来，结果可能会使她大吃一惊。"

你也应该试试，把一星期内你所做的事情都记下来。如果你诚实，你也许会很惊讶地发现，像下面这样的项目太多了："10：00～10：45，和马贝尔在电话中聊天"；"13：00～14：00，和隔壁邻居聊天"；"15：00～16：30，吃过午餐后，和哈丽叶特逛街。"

这个记录，将会明白地指出，你在日常生活中如何浪费了时间。然后，你可以将这些时间计划好而不至于浪费。

有些人就懂得如何有效地利用时间。已故的哈尔兰·F. 史东，是全美最高法院的首席法官，有一次他告诉一个大学毕业班的学生说："这世界上的许多重要事情只需用 15 分钟就可以完成，而这段时间通常都被人们浪费掉。"

"万事通"专家约翰·基尔南是一位著名的地铁乘客。如果你看到他坐在地铁里专心地看着济慈的诗集，或是有关鸟类生态的论文，这都是很平常的事。

西奥多·罗斯福当美国总统的时候，他的桌上总翻着一本书，这样他就能够在两次约会之间的两分钟到 3 分钟的空当念书。小西奥多·罗斯福曾经说过，他父亲的卧室里有一本诗集，所以他经常能够在穿衣服的时候背下一首诗。

可是，我们之中许多女人并不像美国总统一样忙碌，但是她们却常说"没有时间看书"。其实，我这本书的大部分，也是利用白天孩子午睡以后的两小时空当写下来的。许多必须阅读的资料，是我在美容院的吹风机下面看完的。我还发现，如果把一本书摆在化妆台上，我就可以在化妆的时间里看完许多书。

已故的福南克·吉尔布雷斯是一位工程师，他是动力科学研究的先驱。他和他的妻子莉莉安·吉尔布雷斯博士致力于把节省时间和劳动力的方法带进商业界和工厂，同时也把它带进家庭管理中。

吉尔布雷斯夫妇共有 12 个孩子，他们从小就认为时间是一种天赐的礼物，必须很有效率地利用它。在吉尔布雷斯的家里，时间从不会被浪费。孩子们早上刷牙准备上学的时候，甚至可以从他们父亲放在浴室中的海报上学会许多新单词。

沙尔瓦多·S. 盖塞狄是一位很有经验的顾问工程师，他的妻子提娜·盖塞狄也是他的助手。她把他在事业上所使用的高效率方法应用到了家庭管理中。

除了料理家务以及照顾 3 个儿子以外，盖塞狄太太还要做秘书、记账员、人事经理，并且为她的丈夫担任研究助理，同时她还要参加地方社团与家长教师联谊会的工作。以下是她写给我的信：

"我们的信念是，清除掉杂草，我们就可以天天欣赏到花朵。那就是说，尽可能在最短的时间内做完基本工作，这样我们就可以有更多的空闲去做我们所喜欢的事情。

"有3个活泼的小家伙，以及一间庞大的房子和花园需要整理，还有社团活动、做我丈夫的秘书，再加上其他社会活动，我所有的时间都必须做两倍的工作。我还要想办法帮助我丈夫，找出一些他可能漏掉的文章，提醒他必须参加的集会，为他构思一些改进的方案。

"我曾经在洗碟子或是替孩子热奶的时候，想出了许多增加工作效率的方法。例如我们在游玩的时候，和孩子们一起做运动，我们大家都在一起玩。

"我们的工作进度表是有弹性的，并非一成不变。有时候我们会把例行事务抛开，专心去做一件特殊的事情。

"这样在一起工作，和丈夫共享各种看法，以及扩展我们视野的欲望，使得我们的生活充实而富有变化，而且充满了幸福。这种生活是很有趣的，因为我们的目标是一样的，我们能够有始有终地做下去。"

你看，盖塞狄夫妇懂得如何生活，如何工作，以及如何把生活和工作协调进行，进而获得完满的结果。

你也许已经注意到，你所认识的最忙碌的女人，做最多事情的女人，总是比懒女人要有更多的时间。这是因为她们学会了安排自己的时间和家务——重视我们大家都拥有的宝贵金矿——时间。

2. 发挥时间效用的方法

浪费时间比浪费金钱还要悲惨。金钱失去了还可以赚回来，然而时间是永远回不来的。

以下这些规则，将会帮助你把宝贵的时间发挥出更大的效益。

第一，反省你每天使用时间的方式。这个工作至少要做一个星期，看看你的时间浪费到哪里去了。

第二，每星期为下一周做一次时间计划。为下一周每天的工作安排合理的时间，可以消除神经紧张、疲乏和混乱。如果这个方法适合于大公司总经理，它就应该对你、对我和别人有好处。由于意料不到的事情，你也许需要改变这个工作计划。但是，把这个工作计划表作为原则性的工作指示图，将会使你的日子更有收获。

第三，设计好省时省力的方法。例如，每天只跑一次杂货店买东西，而不要跑许多趟，这就可以节省下许多时间。通常这种做法也是更加经济的。事先计划好一个星期的菜单，可以节省下许多时间。和每天拟菜单比起来，这样更能为你家人的营养需要提供满意的计划。

第四，好好利用每天"浪费掉的时间"。马上开始一个计划，去做一些你从没时间做的有价值的事情，而且只能用你的休闲时间来完成这些事。试试这个方法，看看效果如何。

第五，利用你的时间做两倍的工作。盖塞狄太太就这样做了：当她替孩子温奶的时候，她也替丈夫的工作做计划。当你等待着烤箱的铃声响起，或是在烤肉之前，可以处理完许多文书或做好计划。带小孩在公园玩的时候，你可以顺便做些缝补的工作，这就是利用一小时做完两小时的工作。

第六，利用现代化的省时省力方法。不要劳累你的筋骨。日报上的商品广告、消费者调查公告，以及从商店带回来的邮购小册、电话、邮政，所有这些都可以节省你的时间。

第七，聪明地买东西，节省逛街的时间。了解货品的价值，利用特价商品的好处，大批购买某些东西。当你知道如何买东西以后，将会把你的时间和金钱做到最大的发挥，使你获得许多好处了。

第八，避免不必要的工作中断。只要有点经验，你就能够学会在你努力做好一件事的时候，暂时不理会电话和门铃。不久，你的朋友就会在某些特定时间打电话给你——她们也会因为你讲求效率而更加尊敬你。

亚尔诺德·班尼特在《如何利用一天 24 小时》这本书中告诉我们："时间的赐予，真是每天的奇迹……你在早晨醒来时，哦！像变魔术那样，在你的生命世界中，还有这没有使用的 24 小时！这 24 个小时是你的。这是最珍贵的财产。

"我们之中，有谁充分使用了每天 24 个小时呢？我们之中，有谁在他的

一生中没有对自己说过：'如果我的时间多一点，我一定可以做得更好?'

"我们将永远得不到更多的时间。我们拥有，事实上我们早就有了所有的 24 小时。"

处理家务也要技巧

1. 重新审视你的工作方法

当今最著名的女性美学与仪态专家玛格丽·威尔森是《你想要成为的女性》和《如何超越你的平凡》等书的作者。对于她所倡导的原则，她本人就是一位最出色的模范代表。她的工作非常繁重，而在她的公寓里，她还要做许多的家务事，然而，当她和朋友们聚会的时候，她仍然表现得很美丽、高雅和从容。

最近，我丈夫和我到玛格丽的家里，参加一个周末的自助餐晚宴。晚宴上一共有 8 位宾客，其中包括好几位著名的政治家。这是个灿烂夺目的宴会，大家谈笑风生，宴会的布置十分迷人，而我所要说的是"一种气氛"。玛格丽请我们吃了一顿精美的晚餐，她看起来很轻松、从容，炸鸡、大碗鳄梨和柿子沙拉、热狗、青豆蘑菇、自制的水果冻和甜美的水果冰淇淋。

宴会里没有仆人帮忙，后来我问玛格丽，她是如何独自安排好这样一个精美的餐宴。"很简单，"她告诉我，"所有的东西都是采用简捷的方法做出来的。在客人到达以前，我就开始炸鸡；当我们喝鸡尾酒的时候，我把炸鸡放在烤箱里保温。水果沙拉是用罐头水果在事前就混合好了的。我用的是冷冻青豆——下午煮好的青豆，和蘑菇一起放进炖锅里。在快要上菜以前，才把这些东西一起炖好。甜点心是事先把冷冻水果混合好，再撒到冰淇淋上面。这一切没什么麻烦的！"

然而，有一些女人仍然认为，请客需要好几小时的烹调、烘烤，还需要精致或不常见的盘碟以及特殊的服务。等到宾客们到达的时候，繁忙的女主人看起来总是很忙，仿佛她已经累坏了。

1948 年，在欧洲的时候，我丈夫和我到我们初识的一位大学教授的家里赴宴。当我们到达时，都为没有看到这位教授的妻子而惊讶。他解释说，他的太太正在监督仆人准备晚宴。当她出现的时候，只是坐下来闲谈了几分钟，可她的心思仍然留在厨房里，不久她又不见了。

晚宴的菜做得非常出色而可口。但是我从来没有见过有人对于吃东西要花费这么多精神。每道菜吃完以后，我们的女主人就会跑回厨房里监督下一道菜。当这种精致而令人不舒适的晚餐结束以后，我们才大大地松了一口气。我们大家都宁愿到餐厅吃这顿饭，那样就能和这位女士一起享受相聚的乐趣。她可能从来没有听说过"简捷方法"——也许她听说过了，但是可能她不愿意那样做，因为欧洲的传统一向都是如此。

利用自己的脑筋和创造力，使美国的家庭主妇发现了许多奇妙的简捷方法——冷冻食品，包装好的什锦菜，以及种类繁多的家庭用品。为什么不好好利用这些东西，使得自己在最花费时间和精力的家务事情上发挥出最大的潜力——做个更好的妻子和母亲？

我并不是说，什锦水果饼比自己亲手做的那些饼味道更好——虽然我不同意人们说它们的味道不同。但是，任何一位丈夫必然更期待在每天晚上看到一位气色俱佳、神采奕奕的妻子，而不愿看到他的妻子花了好几个钟头去煮饭和清洗，疲倦得使人对她提不起兴趣——而她自己也毫无兴致。

研究报告指出，无法提高工作效率，是家庭主妇最大的缺点。吉尔布雷斯所研究出来的一项成果，叫做"节省行动"，使我们了解许多处理家务事的简捷方法。你有没有在5个步骤能够完成的工作上用去了16个步骤——使用4个动作去做2个动作的工作？反省你处理日常工作的"方法"，然后看看能不能改进你的工作效率。最快捷的方法往往就是最好的方法。

例如，做早餐的时候，如果你一次性地从冰箱里把你所需要的东西一起拿出来，你就会节省许多的时间、精力和燃料——切忌第一次拿出鸡蛋，然后再走一趟拿出奶油，最后又走一趟去拿奶酥。

把海绵和抹布放在房子各处的主要角落里，是个节省时间的重要方法。如果在浴室里放有海绵，就可以每天随手擦洗一遍瓷制的浴缸，轻松地保持浴室清洁——这比起积留所有的脏物，一个星期大洗一次要简单许多。运用这种"走到哪里，扫到哪里"的方法，你就不会在6天里沮丧地想着第七天有许多洗不完的工作等着你。在一幢二层楼的房子里，把某些常用的清扫用具同时储存在楼上和楼下，是很有用处的——例如抹布、肥皂、刷子、拖把以及其他东西。

当我的孩子还很小的时候，起初我在浴室的盥洗台上替她洗澡——因为家里没有地方可摆婴儿洗盆。由于我个子很高，在整个过程之中我必须弯着腰身。结果呢？我的背痛了好久。于是，我开始在厨房的水槽替她洗澡。这种方法可真妙，我可以舒服地站着——在台上替她脱衣服——而水槽对小孩子来说是更宽敞了，很容易保持清洁和卫生。水槽甚至还连有一个小喷雾器，可为她冲浴呢！

许多忙碌的女人，总是在晚上洗晚餐盘子和碟子的时候就顺便摆好了早餐的东西。这样可以省去把碟子拿去收好而在隔天清晨再把它们拿出来的麻烦，也可以使早餐吃得更加从容舒适，不至于像是精神紧张的赛跑一样。

2. 简捷实用的技巧

对一般女性来说，上街购物是最浪费时间的事情——除非她知道那些"简捷方法"。以下就有一些。

（1）某些主要的日常用品，要大量购买

例如卫生纸、纸餐巾、纸毛巾、化妆纸、肥皂、洗手剂、牙膏、清洁剂和防臭剂等等，这些东西可以使用邮政或电话订购。而且大量购买使我们享受便宜价格和专程送到府上的好处，这就节省了时间和金钱。

（2）购买以前，要先做好计划

例如，如果你知道自己需要一件冬天穿的大衣，那么在你走进商店以前，就要先想好它的颜色、质料、样式以及你负担得起的价格。这样你就可以节省时间，也不会因为不知道究竟想要什么而买下一件毫无用处的东西。

（3）加入一家消费者服务社

我所加入的这家服务社，一年的费用大约6美元——但是，它为我所节省的钱有好几倍。这种服务社每个月寄给你一本商品说明书，一年给你一本目录。目录里记载着市面上所有的商品，从汽车到牙膏都有——服务社依照科学试验的结果，告诉你这些商品的等级。其实最贵的商品，并不一定就是最好的。有一年，我发现一种售价4.9美元的洗手剂，是市面上最好的牌子，然而我所使用的1美元的洗手剂，等级就差了很多。单单这一部分的节约，对我来说，就换回参加服务社的花费了。

（4）学习使用杂记

我在办公室工作的几年里，养成记杂记的习惯。杂记是节省时间的最好方法之一，除非你具有超强的记忆力。无论你要安排一个宴会，或是上街购物，订购用品，或是计划年度的预算，你都应该养成习惯把它写在纸上。为什么你要那么辛苦地工作的同时，脑子里还要填满比莎士比亚的十四行诗，或是你丈夫上司的名字更加不重要的事情呢？（可以说我丈夫和我如果没有杂记，就都没有办法进行思考了——我们屋子里的每一个抽屉，都放有小纸条和铅笔以供记录。）

这一章谈到了一些简捷方法，如果能激励你使用一种改进效率的眼光，去分析你自己的家务事处理方法，那么，除了能完成它以外，还会带给你更多的好处。只要你细心地检讨一番，你会很快地找出提高工作效率的方法，你将可以找回许多被浪费掉的时间——甚至可能是一整天——把它拿来进行你的计划，或者是和你的丈夫有更多相处的机会。以下有 3 个步骤，可引导你减少你所不喜欢的工作。

（1）分析你的工作方法

在某些工作上面，计划你所花费的时间。找出自己在哪里浪费了精力或时间。细心地检讨你特别讨厌的杂事——很可能因为你做事不得法，这些事情才会变成令你不愉快的杂碎琐事。

（2）对于你最不喜欢的工作，看看有没有改进的方法

如果你被它难倒了，可以请朋友们给你提些建议。请教你的丈夫——男人对于这种"简捷方法的科学"有很大的贡献，或者写信给你订阅的报纸或妇女杂志的家庭专栏，请他们帮忙想办法。

（3）设法改进你的工作经验和技术

有一次，亚历山大·格拉罕·贝尔向他的朋友——史密斯尼安协会秘书约瑟夫·亨利抱怨说，由于缺乏电学知识，他的工作已经受到阻碍。亨利先生对此并不表示同情，他所说的仅是："学习它！"

你不必因为某件事情做得不好而感到抱歉。如果一件事情是值得做的，那就必须要把它做好。任何一位具有普通才能的女人，如果她想要努力，她

写给女人的忠告

一定可以做好基本的家务工作，甚至如果你能雇请佣人，你也不必因为她们不知道应该如何做好自己的工作而放任她们。

有一件事要注意：不要把你真正喜爱的工作放弃了。除去杂草，你才能够欣赏花朵——但不要一时兴起，连花朵都一起拔了。对于你比较不喜欢的工作，要使用简捷方法——如此，你就可以对你喜欢的工作花费较多的心思。

有些女人能够从缝纫、烹调特殊菜肴，或者是使家具像苹果般的发亮等工作中得到很大的满足。不管你的特殊爱好是什么，要享受它——不要放弃做好一件工作的满足感。在家里使用现代效率的技巧，主要目的是要给你腾出空闲，做你所喜欢的、有益的活动。

第十五章　让大家都喜欢他

使你的丈夫受人欢迎

P. T. 巴南自称是个"欺骗大王"——因为他以愚弄大众而出名。有一次他大肆宣传说他有一匹头尾倒生的怪马，每人收费两角五分观看怪马，吸引了一大堆观众。然而这头怪物其实只不过是一头普通的马，它的尾巴被绑在食槽这头，倒退着走进马厩里。

又有一次，巴南很成功地怂恿一群头脑简单的家伙去观看"一只樱桃色的猫"。这只猫是黑色的，但是依照巴南的解释，有些樱桃也是黑色的。

已故的福洛连兹·齐格飞，曾经是一位出色的艺人。他不使用怪物招徕观众，但他可以使女孩子变得漂亮。据说，他能够使任何一位身材美好、仪态高尚的女士在使用他的装置和设备后，就会变成耀眼的美女。在上演的夜里，他总是送上一大束花朵，给他剧场里的每一位表演女郎。他使女士们感觉自己很漂亮——她们像美女一般地受人对待，自然就会产生额外的光彩。

演艺人员能够使用普通的猫和马来吸引大家，能把一个好看的女孩子变成维纳斯，聪明的太太们也可以使用演艺人员的方法，使她的丈夫受到大家普遍的喜爱。

妻子很少有机会在工作业务上帮助丈夫，但是只要她尽力，就能使丈夫在社交上受到别人的重视。

社交接触常常会找到很有价值的商业伙伴，因为大部分的人都喜欢和朋友合作共事，而不喜欢和陌生人在一起。无论他是卖贝壳鞋带或保险，开飞机或者是经营小本生意，为名人写专栏或者是主持一家大公司，一个人只要受到别人的喜爱，就会获得许多事业上的好处。

我们能够帮助丈夫结交朋友，而且使之受到大家普遍的喜爱。怎么做呢？以下有 3 个方法。

1．使丈夫受人喜爱

几年前的一个晚上，我丈夫和我到后台去拜访牛仔歌星吉尼·奥特利，那时候他正在麦迪逊广场花园里主唱。在节目休息的时间，我们正要和吉尼以及吉尼美丽的太太伊娜一起去吃晚餐。但是，有一群要求亲笔签名的年轻小伙子在出口处把我们挡住了。他们想要吉尼的签名。虽然晚餐的时间很短，但是吉尼还是很乐意地和年轻人打招呼，在他们的节目单上签名。

我看了一眼奥特利太太，以为她可能会因为这个延误而感到懊恼。她注意到了我的眼神和抱怨声，就笑着说："吉尼从不对任何人说'不'——尤其是年轻小伙子们。"

伊娜·奥特利那个偶然脱口而出的说法，比起一大堆新歌迷杂志以及出版商所发行的介绍文句更能表达出她先生的本性，这句话总结出她先生最可贵的和善态度——他的热心肠和亲切。

吉尼·奥特利当然本身就是受欢迎的。如果男人并不受人欢迎，他妻子的态度能够对他有所帮助吗？我想这是可以做到的。我认识一个女士，她的丈夫在社交上并不受人欢迎，只是因为他妻子的风度好，大家才忍受他。这个男人傲慢自大，喜好争辩，缺乏耐心。但是，当他太太把他的不愉快的童年生活说给我听以后，我对于他的厌恶感就转变成了同情心了。他是个孤儿，从小便被从一个亲戚家转送到另一个亲戚家里养育，没有人要他，也没有人爱他，他受到别人的轻视和压制。

知道这个原因以后，我便能理解他的行为了。虽然他的妻子没有办法使他受人喜爱，但是她至少已经替他的缺点创造出别人对他的同情心。

一个人如果想成功，就更需要一个好妻子，使他看起来很有人性和受人欢迎。"你看他妻子注视他的眼神，就知道他绝不会是坏蛋了。"这句话曾经把许多摇摇欲坠的公司主管从社交危机之中解救了出来。

2．使丈夫表现出他的才华

有些女人以为，炫耀丈夫的方法就是要炫耀自己——例如——如果可能的话，她们就想穿貂皮大衣来炫耀炫耀。但是聪明的女人知道如何使用其他更好的方法。

有一次，有个年轻的女士告诉我，她想学会如何讲有趣的小故事，用以加深她丈夫的朋友对他们的印象。我花上一段时间才说服了这位女士，告诉她如果让她先生来讲这些小故事，效果会更好。还有一些其他景象，比一些女人想要说些笑话更加可笑，例如有个女人吸引住了全场的注意力，而她的丈夫却坐在一个角落里，孤单地把玩着自己的手指头。

使自己的丈夫引起别人的兴趣和注意力，最简单的方法就是在自己家里举行一些宴会，安排机会让丈夫表现他的所有特殊才华。当然他的这些才华能够使别人得到乐趣。每天办理业务工作，使人很难有机会展现出众才能——但是宴会却是最好的展现机会。让我说些例子给你听。

加州格连载尔城有位亲切、聪明的卡蒙隆·西普。他是著名的舞台和银幕人物的传记作家。卡蒙隆天生喜好与朋友交往。通常，他的妻子卡洛琳在他们的院子里宴请朋友。在这里，卡蒙隆可以用木炭烤架烤出有名的牛排，并且在这种非正式场合之下，适当地说一些机智的笑话。

纽约的约瑟夫·福来斯医师，是一位成功的儿科医师，同时又是一位天才的业余魔术师。来到福来斯家里的宾客，常常会观赏到他的一场即兴魔术表演。约瑟夫是表演明星，而他的妻子玛丽琳是他的助手——有时候他们的两个小儿子也来帮忙和助阵。

这些有吸引力的男人，很幸运地拥有好的妻子，她们愿意隐藏自己，让社交场合里的注意力完全集中在她们丈夫身上。她们把自己压抑下来，使丈夫出人头地。她们情愿扮演次要角色，以便家庭的和谐，这比起他们两人同时要表现出各自的优点，会得到更深远的美满。

3. 使丈夫表现出最大的优点

在业务上受人器重的人，往往到了社交场合就哑口无言了，这种事情是常有发生的。他没有聊天的经验，也不知道应该从何说起。一个机灵的妻子就是这种男人最好的朋友了，她能够很自然地引领自己的丈夫参加谈话，使丈夫毫无困难地接着说下去。例如"这使我想起上个星期吉姆和一个顾客在一起谈的事情。他告诉你什么事呢，吉姆？"这是一步好棋，它可以使吉姆很自然地说下去。

即使是这世界上最害羞的人，如果谈起他最感兴趣的事情，也不会再畏缩了。

有位年轻女士告诉我，她改变了她的丈夫，使他从一名性格内向的男性变成一个喜爱参加宴会的人。"华尔特一向是个热心而受人喜爱的人，"她说道，"但是，只有他亲近的朋友才知道，他很少主动去认识新的朋友。他的自我意识使他看起来冷漠而毫不开心。我希望人们会喜欢和重视他。

"提醒他注意到自己的这种情况，只会使他更加难过。所以我想出了一个办法，要在他不知情的状况下尽量帮助他。不管我们到哪里去，我就设法找个喜爱摄影的人。摄影是华尔特的嗜好，我把这个人介绍给华尔特，让他们成为好友。

"当他谈论醉心的嗜好时，很容易地就能忘记他自己，他能够表现出他真正的个性。逐渐地，当他谈起其他话题时，也就感到容易多了。我时常把他将要结交的新朋友做个重点提示，使他有些谈话的线索。'史密斯夫妇刚刚从波特兰搬到这儿，他做的是木材生意。'

"由于我做了这些小的努力，华尔特的整个社交面貌都改变了。现在他很喜欢参加宴会，认识许多新朋友。人们认为这是一个奇迹。当人们告诉我'你知道，你丈夫实在了不起'的时候，我觉得非常骄傲和快乐。"

和华尔特相反，我认识一位推销保险的人。他很喜欢研究枪炮的历史。在他的脑子里，有许多这方面不寻常的、稀奇古怪的知识。但是，很少有人知道他拥有这方面的学识，因为他的太太从来不会让社交的话题超出她自己所知道的范围。

如果妻子想要使丈夫受到普遍地欢迎，只要做好以上3个方面，她的丈夫就不知有多幸福了。

发挥丈夫的优点

1. 巧妙地宣传男人

别人对你丈夫的印象，往往反映出你对丈夫的态度。

不久以前，我打电话给本地一位经销商，询问有关电气冷却系统方面的问题。经销商的妻子接了电话，告诉了我一些我想知道的事情。接着她又说："当然，卡耐基太太，对于冷却系统，我的丈夫是真正的专家，如果你愿意听我的安排，那么就让他到府上看看，他可以向你推荐一种你所需要的送风机。我只能是猜猜看，而他却非常了解。"

当这位男士到我家来勘察的时候，我早就因为他妻子对他的信任，而怀有偏见地信服他——他所需要做的只是看看，整个交易就完成了。

这整件事说明一个事实：没有一个宣传员能胜过一位聪明的妻子。

"我们时常觉得，"多洛西·狄克斯说，"我们之所以会认为琼斯先生是个大人物，史密斯医师是个伟大的医师，这都是因为他们的妻子曾这样告诉我们的。"

人都有一种倾向，会照我们认定的他们的性格去发展。如果常常对一个小孩子说他很笨，他就会比从前更加迟钝。而当赞美他有礼貌时，他的态度将会更加改进。当你和某人相处时，假设他已经成功了，那么在无意间，他就会开始表现出获取成功的能力。

一些专业人员的妻子似乎特别善于替她们丈夫的能力创造出伟大的印象。"我很希望我们能够出席宴会，"她会伤心地告诉你，"但是比尔现在很忙，他正要处理有名的琼斯公司的诉讼案件。"

她也会有意无意地说出这样的话："下星期，鲍伯必须在本区的医学讨论会上作讲演，他太忙了，连我都很少能看到他呢。"

这些女士随口而说出的几句话，就创造出了一种心理景象，仿佛她们那些年轻有为的丈夫必须用球棒击走一个个诉讼案件人（或病人）才有喘气的机会。

2. 适当地夸奖男人

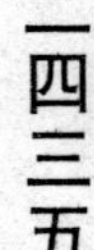

谦虚的男人往往不喜欢自夸——但是，如果让他的妻子为他吹嘘一番，只要她保持一种良好的风度，那就无伤大雅了。

在一次宴会上，我很高兴碰到一位我很喜欢的演员和他的妻子，安东尼·甘勃·库柏夫妇。我在剧院、电影和电视上曾经看到过甘勃·库柏先生若干次。他的妻子察觉出我的兴趣，便告诉我一些关于他早期演艺生涯中的事情，他在伦敦老维克剧院的事情——他和许多著名的明星排练演出莎士比亚戏剧的事情，那些是我从来没有听说过的。在一个我很佩服的人身上，得到些额外的故事，我真着迷。回家后，我对他的艺术修养有了更深的钦佩，真要感谢甘勃·库柏夫人。

芭蕾舞演员摩丝西琳·拉金嫁给了罗曼·亚辛斯基。她是俄国始源芭蕾舞团的明星，而且还是亚利西亚·马尔柯法和亚历山杜拉·丹尼罗法这些伟大艺人的舞伴。

大约一年以前，亚辛斯基先生和他妻子组织了一个他们自己的舞团，在全国举行表演。当摩丝西琳还是个小芭蕾舞演员的时候，我就认识她了，于是我问她这个计划进行得如何。

"很好呀！"她说，"你知道，亚斯加（她先生的小名）一直想要导演一个舞团，现在他的梦想实现了。他不只是跳舞，而且还要充当导演与舞团的经理工作，他现在做得很好。"

一般来说，许多杰出的演艺人都没有管理能力，现在他的妻子说他拥有经营才干，这就在亚辛斯基先生的名气上又增加了不少光彩。

专业人员和商业经理人都知道他们妻子的重要性。他们的妻子会巧妙地向全世界宣称，她们嫁给了一个多伟大的人物。在芝加哥青商会的一个集会里，芝加哥律师协会会长柯西曼·毕塞尔告诉他的会员们，不可以低估太太们在帮助自己的成功之路上所具有的能力。

"好好地巴结你的妻子，"毕塞尔先生奉劝这些前途无量的、年轻的商业界和工业界领导人物，"你的妻子可能是你最好的推销员，只要她做得不过火。她可以很得体地夸奖你，但是你却学不来她那种好的风度。"

她当然能够做到，而且除了能够让别人注意到她丈夫的长处外，还可以将丈夫的缺点减少到最低限度。

3．改善丈夫的缺点

我们每个人都有缺点。贝多芬是聋子，拜伦是跛子，拿破仑害怕在大众面前讲演，就连勇猛无比的阿喀琉斯也有他的弱点，他的脚有问题。

问题是男人的错误有时候会阻碍他的前程，但是女人的错误却只会影响她在家庭和社交上的成功。

例如，每一位商业界人士都将会告诉你，记住别人的姓名和容貌是多么重要的一项能力——然而他们之中大部分人将会说，这一点很难做到。与其因为丈夫差劲的记忆力而感到遗憾，倒不如妻子训练自己去记住那些名字，当她发觉丈夫正在犹豫不决时，赶快帮上忙。

我的丈夫，就像许多大忙人那样，觉得记住别人的名字非常困难。所以我们就一起想出一个简单的办法。每当我们要去见一大群人的时候，就事先想办法查出其中一些人的姓名，然后我又事先训练他一遍。我也尽量在谈话中重复提到我们遇到的人的名字，使他能够听见，例如"戴尔，你记得鲁滨逊夫人吧。她刚才告诉我有关雷克·路易斯的事情。你最近到过那儿吗，鲁滨逊太太？"

这虽然只是个简单的小技术，但它却能把我丈夫从许多困窘和焦急里解救出来。当然，为了要帮助他，我必须训练自己去听和记住许多名字，但是，我比他有时间去做这件事情。有了训练和想要这样做的欲望，任何一位妻子都可以使她自己成为丈夫得力的记忆帮手。

如果妻子愿意，她还能够弥补丈夫某些训练上或者是教育上的缺陷。许多自学成功的大人物，都是由于他那有学识与有教养的妻子帮忙，才获得成功的。安德鲁·强生总统的妻子在结婚以后还教总统读书和写字。

现代许多人被自己的专业知识局限了，没有机会或空闲去学习其他的东西。这种人如果有个妻子，能够在一群人谈及音乐、文学及相似话题的时候都应答如流，他该是多么幸运。

有些男人太过于谦虚，这对他自己不见得是好事。如果你的丈夫就是那种习惯于看轻自己成就的人，那么就会有一种危险，别人也会严肃而断定地认为，他确实不是一个有才干的人。

那么你该怎么做呢？以下的一些建议，能够帮助一枝干枯的紫罗兰重新开出美丽的花朵：

提醒他过去曾经做过的而且成功的事情。

利用机会向他发问，鼓励他发表自己的意见。

多和那些能够欣赏与激励他的朋友交往。

虽然你的丈夫带给他人的印象，并不能正确地代表他的价值，但是，这个印象的确也形成了别人对他的看法。所以，你何不帮助他给旁人留下一个好的印象呢？

第十六章　妻子最伟大的贡献

做一个家庭理财巧妇

对于金钱，有一种易赚易花、毫不看重的乐天派哲学观点，曾经在书本上和戏院里带给了我们许多有趣的笑料。我们也都会取笑那位老绅士——"你无法把钱带在身边"——他绝不认同所谓的所得税，而且拒绝缴付所得税。当大卫·科波菲尔德想让他的年轻新娘朵拉按照收入预计开销的时候，朵拉就翘起嘴撒娇，她是个可爱动人的角色。我们也喜爱著名的《与父亲一起生活》所描写的母亲节，母亲每个月把家庭预算弄得一团糟，而父亲在母亲节那天表现了良好的风度。狄更斯笔下的浪费大王麦考伯先生，也是文学上最讨人喜爱的角色之一。

是的，在小说里，外表迷人和不负责任常常是一个吸引人的角色身上的两种表现。但是，在现实的生活里，没有事情会比财务上的失误而更使人伤心或讨厌了。开销大于收入的人无法令人发笑——他是个糟糕的冒险者，头脑糊涂、奢侈浪费的妻子也不会是迷人的——她只是丈夫肩膀上的一个重担。

现在，我们的钱能买到的东西，比起10年前或者是5年前都要少得多了。女士们面对一个不成比例的挑战，必须好好利用那些钱。价格上涨了——生活水准提高——孩子所需要的教育费用也变得更加复杂和昂贵。

大家认为，只要我们的收入增加一些，我们所有的担心就都可以解决了，这是一个普遍的错误观点。专家们说事情并不是这样。艾尔西·史泰普来顿曾经担任华纳莫克和吉姆贝尔百货公司的财务顾问。他认为，对大多数人来说，增加收入只不过是造成花费的增加而已。

　　加拿大的蒙特利尔银行奉劝顾客们，要精明地消费他们的收入——也许他们会有处理一大笔收入的机会。

蒙特利尔银行

　　当我写本书的时候，无意中找到一本有关家庭关系的好书。写这本书的人是个知名的心理学家。可是，这位作者有个很大的缺点：他对于家庭预算似乎不是内行。"处理家庭的收入是个很简单的问题，"他写道，"有钱的时候就多花一点，没有钱的时候就少花一些。"

　　他的理论的确很简单，但是这种做法等于没有处理家庭的收入。在他的话里，有一种毫不在乎的意味，使我们想起小说里那些迷人的、放任的人物——等到我们过后静下心来想他话里的含义时，才发觉有点不对劲。

　　毫无计划地花费，意思是说每一个人——包括肉贩商、面包商和烛台制造商——都可以分走你的收入——即除了你本人以外的每个人。

　　有计划的或有预算的花费，可以保证你和你的家人能够从收入里得到公平的分享。

　　预算并不是一件束缚手脚的紧身衣，也不是毫无目的地把花掉的每一分钱都做个记录。预算是一幅蓝图、一个经过计划的消费，可以帮助你从收入中得到更大的益处。正确的预算方式，将会告诉你如何完成目标——你的家庭目标——孩子们的教育费用——你的老年保险金——你梦想的假期。

　　预算开销计划将会告诉你，你可以删减那些相比而言不重要的项目，去填补你想要的大花费项目。

　　如果你从没有做过开销预算，就应该开始学习如何处理家庭财产。帮助丈夫成功的一个最重要方法，就是知道如何使他的收入得到最大的利用。如果他只会赚钱但不会节省，你就可以帮助他管紧一些钱包。如果他本来就很节省，你可以在用钱方面表现出与他相同的看法，为他增加信心。

如何才能使你成为家庭财产的管理专家？这里提供一个好消息：你家附近的银行可能有一种预算或咨询服务，他们将会告诉你如何做好预算，以适应你特殊的需要。这种服务一般都是免费的。

《妇女时代》杂志对于家庭的经济知识的宣传，是一个很好的普及方式。它将会告诉你如何缝补旧衣服，如何烹煮有营养而价格便宜的餐点，甚至还会告诉你如何制造家具。

不要依赖你无意中发现的，或者是一种已经印好的预算计划表。为了使效果更好，预算计划必须是专门为你而订做的，它不适合于其他任何人。因为没有其他的家庭会和你的家庭情况完全相同。你的经济问题就像你的脸孔和身材那样，是与别人完全不同而独特的。

以下一些建议，可以帮助你完成你的家庭预算计划。

1. 记录每一次开销，了解支出情况

除非我们知道错误的开销在哪里，否则我们就无法予以改进。如果我们不知道从何处删减，为什么要予以删减，以及删减什么，那么节约就是毫无意义的。所以，我们应该在一段时期内，记录下所有的家庭开销——例如，试着记录 3 个月。亚尔诺德·白尼特和约翰·D. 洛克菲勒都是坚定的记账专家。我也是如此。虽然我都以开支票的方式付款，但我仍然喜欢每月把我的花费记录下来，形成一张整齐的单子。每年一次，我把这些每月的花费加起来。结果呢？我能够很精确地告诉你，在某年我们在食物方面花了多少钱，以及燃料费、水电费、娱乐费各是多少，等等。我还可以通过这些记录，查出我的生活费用增加的情形。当你知道你的钱花到哪里去之后，就不必再做这种记录了。但是，我仍很喜欢手边有这种资料。例如，如果我怀疑我花太多的钱买衣服了，我只要瞥一眼我的记录就知道了。

我认识一对夫妻，当他们开始记录家庭花费情形以后，很惊讶地发现他们每个月花掉了近 70 美元去买酒！然而，他们并不是酒鬼——他们只不过是一对热情的夫妇，欢迎他们的朋友在兴致高的时候就"到他们家里来喝一杯"——这种事情时常发生。于是他们做了一个明智的决定，认为他们不能再开免费酒吧了，于是那每月的70美元就有了更好的用途。

2. 按照家庭的特殊需要进行预算

首先，把你这一年里固定的开销列出来，例如房租、食物预算、贷款利息、水电费、保险金。然后计划其他的必要开销，如衣服、医药费、教育费、交通费、交际费等等。

每个人都知道，这是一件不容易的事情。制定计划需要决心，家庭合作有时候还需要严谨的自制力。我们不可能买下所有的东西——但是我们可以决定什么东西对我们最重要，从而放弃最不重要的东西。你愿意拥有一个舒适而温馨的家而放弃买昂贵的衣服吗？你会选择自己做衣服，将节省下来的钱买电视机吗？显然，这些决定必须由你和你的家人来做——印制好的预算表都列上了固定的数额，对于你个人的需要来说，是没有帮助的。

3. 把每年收入的至少10%储蓄起来

确定你自己以及你的家庭一个固定的开销。至少要把1/10的收入储蓄起来，或者拿去投资。也许你还可以想办法设立一笔额外的资金，拿来做特殊用途，譬如买房子或汽车。

理财专家说过，如果你能节省出你丈夫收入的1/10，虽然物价不断地上涨，不到几年你也就可以获得经济上的宽裕。

我认识一位女性，她嫁给一个顽固而保守的新英格兰人。她的丈夫宁可在中央车站广场脱光了衣服，也不愿放弃节省1/10薪水的理财计划。这位太太告诉我，在经济不景气的那几年，他们可真吃足了苦头，她先生的薪水被减得太多了。当她买日用品的时候，必须想尽办法节省下每一毛钱——她丈夫每天要步行20多条街，以便省下公共汽车费。之后，这个节省十分之一薪水的老习惯，仍然照样进行。

"有时候，"这位太太承认，"当我们非常需要钱的时候，我还要坚定地把钱存起来放在一边。但是，我现在很高兴我们坚持了储蓄计划。节约的结果，使我们到中年的时候拥有了自己幸福的家和一些应有的享受。"

4. 准备一笔账外或紧急用途的资金

大部分的财政预算专家都会劝告每一个年轻家庭，至少要存下1~3个月的收入，用于应付紧急事件。

但是这些专家也警告说，想要存很多钱的人，会发觉这很难办到，结果根本就存不了钱。与其要断断续续地隔几周才存 5 美元，倒不如每周固定地存下两块半，这样效果会更好。

5．使理财计划成为全家人的事

预算专家们认为，预算计划必须得到全家人的配合。经常举行家庭预算讨论会，往往可以减除一些情绪上的不紊合——因为我们大家对于金钱的态度，与自己的经验、气质与教育程度有很大关系。

6．要考虑人寿保险的问题

玛莉昂·史蒂芬斯·艾巴利是人寿保险协会妇女部的主任。对所有的女士来说，她所说的话就代表了人寿保险专家的看法，具有相当的权威性。当我访问艾巴利女士的时候，她建议一个做妻子的人应该自问以下一些问题：

你知道通过人寿保险，你的家庭能够得到哪些基本需要吗？你知道一次付款和分期付款有什么不同——而且各有各的好处？你知道关于付款的方法有许多不同的选择吗？你可知道现代人寿保险的双重目的吗？如果一个家庭中的男人太早去世了，人寿保险就可以保护好这个家庭，如果他活着要享受天年，那么人寿保险就可以给他一份独立的基金。

这些问题以及其他许多相似的问题，对于你的家庭来说都是非常重要的。如果只有你的丈夫知道所有的保险事项，这还不够，你也应该知道这些事项。也许有一天你变成了寡妇——那么有关人寿保险的知识，就可以解除你的困难和忧虑。

《人寿保险须知》是一本非常精致的小册子，它可以帮助你解决你家庭里的保险问题。

贾得生和玛丽·南狄斯在他们合写的《建立成功的婚姻》一书中告诉我们，家庭收入的花费问题，往往是婚姻生活里必须调节和适应的主要方面。

金钱并非是万能的，这句话的确不错。但是，如果知道如何明智地处理我们的金钱，就可以给我们的丈夫和家庭带来更多的安宁、幸福与利益。

所以，我们不必去幻想着自己的丈夫能够像我们本来想嫁，但是后来没嫁成的那个男人那样，能带回来一大笔薪水，这只会浪费我们的时间，损耗我们的青春。我们的工作就是要使自己变成理财能手，好好处理他赚回来的钱——如果我们想要激励他赚更多的钱的话。

关注丈夫的健康

你想知道自己是如何谋杀丈夫而且毫不露痕迹吗？只要不断地给他吃一些油腻多馅和富含淀粉的食物，使他超重至少 15%～25% 就可以了。然后，你就可以坐下来想象一下，你将做个多么迷人的寡妇——因为这种事已经离现实不远了。

根据专家的介绍，在 50 岁出头便去世的男人，比女人的数目要多 70%～80%。

更糟的是，专家们认为这主要是我们的错误造成的。

请听人寿保险公司路易斯·艾·杜布林博士的介绍。刊登在《人生生活》的一篇名为《停止谋杀你丈夫》的文章里，杜布林博士说："40 年以来，我一直在一家人寿保险公司担任统计工作，所得到的结论是：许多男人在保险的年限没到以前就死了，然而，如果他们的妻子能够更加精心地尽到自己的职责，照料她们的丈夫，这些男人也许就会被救回来了。"

杜布林博士曾经研究过超重和死亡率之间的关系，在这个问题上，他是全国最有权威发言的人士之一。

赫尔伯特·柏拉克是纽约市西奈山医院新陈代谢疾病的一名医生。在《现代妇女》刊载的他的一篇《为什么丈夫们死得这么早？》的文章里，柏拉克医生告诉我们："你想要保持丈夫的健康，并确实能延长他的生命……现在，你已经掌握了这种能力，可以用它来延长你丈夫的生命。"

如果你的丈夫超重，那么许多生活在半饥饿状态的苦力劳工，都会比你的丈夫活得更久。在俄亥俄州克里夫兰最近召开的一次医学会里，《减肥与保持身材》的作者诺曼·乔利菲博士，把肥胖称为"美国公共卫生中最大的一个问题"。

美国科学促进协会在圣路易召开的一次会议里，一位来自克莱顿大学的医生说，"虽然有战争的发生，但是死于餐桌上刀叉的白人，比死于枪剑下的白人还要多。"

　　不可否认，我们对于丈夫腰围的增大是该负责任的。一个男人所吃的东西，就是他太太摆在他面前的食物。往往妻子的菜肴煮得越可口，丈夫的腰围就变得越大。当我们端出那些精心制作的甜点，不断地给他吃一些核桃饼和绒毛蛋糕的时候，如果他说"不"，那么他就太不领情了。甚至亚当也曾为自己辩解说过："这个女人诱惑我，所以我就只好吃了。"

　　大多数男人在年龄增加以后，体力活动都会减少，因此他们所需要的食物就更少了，但是，他们往往吃得更多。提早养成一个良好的饮食习惯，这是我们的职责，如果我们想保持丈夫的健康的话。

　　此时，热量低而产生高能量的食物，就是我们最好的选择。如果你不知道的话，就去请教医生。他也会很乐意地告诉你，应该如何安排你丈夫的饮食，使他的体重逐渐下降，而且精力保持充沛。

　　F. 尤吉尼亚·怀特海德博士是面粉协会的营养专家。她认为，减肥的最好方法就是不要吃脂肪太多的食物。据怀特海德博士的看法，一天三餐应该按照体力消耗的情形每次都吃适当的食物。她还提醒我们，每一餐中都要有动物性和植物性蛋白质的食物。

　　注意你丈夫在家吃饭的情况，不要给他慌忙和紧张的气氛。不要闹钟一响就爬起来，一边下楼一边吃着早餐，公事包一夹就冲出门去。可叹的是太多的家庭都有相同的早晨冲刺。

　　巴尔的摩神经精神学院的精神科主任罗伯特·V. 沙利格博士警告我们说："早餐时狼吞虎咽，冲出门去赶7：58的专车，然后开始工作，中午在杂货店吃上15分钟的快餐，或者是一边开业务会议一边吃着午餐。这种情形，对于生活在当代的许多男人来说，真是太普遍了。"

　　如果有必要的话，你应该早一点起床，至少也要让你丈夫吃上一顿不慌不忙的营养早餐。

　　我有个朋友把这个想法付诸实施，结果她发觉，情况令人很满意。她就是克拉克·布里森夫人。她的丈夫在纽约最老的一家房地产代理商工作，即毕斯和艾利曼公司的财务主任兼副总经理。

　　布里森先生经常把整个公文包的文件带回家处理。他发觉自己很疲倦了，无法在晚上把这些工作处理好。他的妻子就建议他早一点睡觉，第二天早晨提前一个钟头起床。他们两个都很喜欢这种安排，所以他们现在每天都这么做，不管布里森先生有没有工作上需要处理的文件。

"在那多出来的一小时里，"布里森太太说，"是我们每天的享受。我们先吃一顿舒服的、不慌不忙的早餐，没有任何受压迫或匆忙的感觉。然后，如果克拉克有工作要做，他就趁这时把它做好。在这段时间里，没有电话或门铃的声音，没有任何的打扰。有时候他只是看看书，放松放松心情，做些家里的琐事或画画。有时我们也会到公园里，享受享受清晨漫步。

"由于我们每天早晨都有了安静舒适的时光，我们两人都觉得，不管这天将会发生什么事情，我们都可以处理得很好。当然，对于那些晚睡的人来说，这个方法就行不通了，我们一般都睡得很早。"

如果你也是那种在早上就开始慌忙和紧张的人，那么，为什么你不试试这种方法，也许这个额外的一小时会对你有好处呢？

如果你希望自己的丈夫更长寿、健康，请你遵守以下这些原则：

1. 注意丈夫的体重，就像注意自己的体重那样

请写信给任何一家保险公司，向他们要一张体重和寿命的对照表。然后量一量你丈夫的体重，看看他有没有超重10%。如果他超重了，请你的医生替他开出减肥食谱。

千万不可以让他自行减肥，或是服用广告上的减肥药。在使用任何减肥方法前，一定要先请示你的医生。

为了配合医生的处方，尽你的所能把给丈夫吃的食物做得美味可口一些。不要总是无可奈何地告诉他，这是为了他的身体好。只要确实做到给丈夫的食物看起来吸引人，那么吃起来也会很可口。

2. 坚持让丈夫一年做一次健康检查

预防仍然是治疗的最好方法。许多死于心脏病、癌症、肺结核和糖尿病的人，如果他们的病症能够在早期被发现，就完全可以预防了。

美国糖尿病协会的统计显示，全国的糖尿病患者已有200万人——至少还有100万以上的人患有糖尿病，但是他们自己并不知情。

许多人很会照顾自己的汽车，但是却不知道如何照顾好自己的身体。这件事听来很可悲，但却是真的。所以，你一定要随时注意你的丈夫，让他接

受定期的健康检查。

3. 不要让丈夫操劳过度

拥有野心可能会使他事业成功，但是这也很容易使他无法活得很久、享受人生。所以，如果晋升必须让他承受很大的压力、紧张和过度操劳，你就应该下定决心让他放弃晋升的念头。

纽约马白尔协同教会的牧师诺曼·文森·皮尔博士，在印第安纳波利斯对一群听众讲演时说，现代美国人很可能是有史以来最神经质的一代。

"爱尔兰人的守护神是圣·派翠伊克，"皮尔博士说，"英格兰人的守护神是圣·乔治，而美国人的守护神却是圣·维达斯。美国人的生活太过紧张、太过激动，即使他们在听道以后也不能平静地睡去。"

所以，你应该让你的丈夫少赚一些钱，如果赚大钱的代价是不幸或早逝的话。如果他对自己要求得太严了，你应该鼓励他满足于稍低一层的成就。一个女人的态度，对于丈夫自我的要求，往往具有决定性的影响作用。

4. 注意让丈夫获得充分的休息

抵抗疲劳的秘密，就是要在疲倦以前就好好休息。短暂的放松心情，往往会有惊人的效果。如果你丈夫每天都回家吃午餐，那么在他回去工作以前，尽量让他躺下来休息 10 分钟或 15 分钟。

鼓励他在晚餐之前小睡片刻。这可以使他能多活几年。美国军队每行军 1 小时后，就要强迫士兵们休息 10 分钟。小说家索莫西·毛姆 70 多岁时，仍然精力充沛地工作。他说他的活力来自于每天午餐后的 15 分钟小睡。温斯顿·丘吉尔吃过午饭后要在床上休息一两个钟头。朱利安·戴特蒙活到了 80 多岁，还在位于纽约塔利顿的全世界最好的苗圃里很活跃地工作。戴特蒙先生每天下午都要睡一段长时间的午觉，他说，午睡使他保持像小提琴那样和谐的生活。

5. 使丈夫感受家庭生活的快乐

一个不断唠叨、喜爱抱怨的妻子，对于男人的成功是一种障碍，因为她总是使自己的丈夫伤心，以致没有办法专心于自己的工作。对于丈夫的身体健康，这种妻子也会造成一个威胁。

一个不快乐的、忧虑的或是容易发怒的男人，很容易"突然间躺下去"——他的内心如此紧张，他的应激反射作用就不能适当地产生。他很可能会被一辆车撞倒，在公路上把自己和旁人撞得粉碎，或者是在工厂里被机器轧伤，如果他做的是机械工作。

他也很可能暴饮暴食。康奈尔大学的哈利·古德博士说："人们在不快乐的时候，或是为了从压抑或紧张之中解脱出来，他们通常会大吃一顿。"

每个人在人生中成功的主要意义，就是要拥有足够的健康去享受人生。然而，不管我们做妻子的喜欢或不喜欢，我们都应该对丈夫的身体健康负责任。"我的生命掌握在你的手中"，也许就是每个已婚男人的主题曲。

提升爱情的深度

"小孩子觉得没有人爱他，这是少年犯罪的主要原因之一。"纽约市少年家庭董事会秘书、社会工作专家艾西尔·H. 怀斯先生在麻州社会工作讨论会上这样说。

我丈夫和我也认为这种说法是真的，我们曾经在俄克拉荷马州的艾尔·雷诺联邦少年感化院为少年犯们讲授有关人际关系的课程。

渴望爱心，似乎是这些不幸的男孩子普遍存在的问题。有一个少年说，他的母亲从不给他回信，后来他写信告诉他母亲，说他正在上一些课，他觉得自己的外貌改变得好多了。可是不久他母亲写信给他，说监狱是他最适合待的地方。

另一个 19 岁的男孩汤米，他有 10 年以上的时间在孤儿院、监狱和感化院度过。他说："我们最需要的，就是有人来爱我们。但是从来没有人爱我或要我。我在 16 岁以前，从没有得到过一件圣诞礼物。"

毫无疑问，这些忍受着情感缺乏的孩子们，常常会开始犯罪，以补偿这种爱的缺陷——就像一个饿昏了的人，当他找不到好食物的时候，即使对身体有害的东西也会吃。

爱是一种最好的食粮，我们的精神靠它生存和成长。如果没有爱情，我们的道德心就会弯曲变质。

"一个普通人所能说的最正确的话，"心理学家高登·W. 沃尔波特说，

"就是他从来不会觉得，他的爱或别人给他的爱已经使他满足了。"

爱在人类社会的潜力，就像原子能那样巨大。爱情能够产生，而且的确每天都在产生奇迹。你给你丈夫的爱，是他成功的源动力。这是因为，如果你真心爱他，你就会心甘情愿地尽你的一切能力去做每一件事，使他快乐和成功。

你给你丈夫的那种爱情，也会影响到子女的幸福。保罗·波帕诺博士在全国教师家长联谊会中说："教师家长联谊会如果愿意在年会里完全不谈小孩子的事情，而只讨论如何使丈夫和妻子更加相爱，也许对孩子的幸福会有更大的贡献。"

那么，我们该怎么做，才能提升爱情的深度呢？以下有一些特殊的建议。

1. 每天都要表现出爱心

许多女人碰到危机的时候，都能够应付自如，可是，她却不知道带给丈夫最渴望的爱情面包。假如丈夫失业了，患上结核病或是被关进监狱里，她都能够像岩石那么坚强，不断地帮助丈夫。但是，当生活正常平稳地进行的时候，她就忙得忘了告诉自己的丈夫，他在她的心目中是何等重要。

大部分的女人都相信，她们是应该被爱护、被人讲些甜言蜜语的。我经常见到一些妻子抱怨自己的丈夫忽略她们，不知道赞扬她们，其实，她们往往也吝于对丈夫表示关爱。她们时常挑剔和批评丈夫的错误，她们正是威廉·伯林吉尔博士所描述的那种女人："有些人太爱自己了，她们愿意分给别人的爱实在太少。"反过来说，最能够体贴地表示出爱心的女人，也能从她的丈夫那里得到最多的关注。

迪克斯说："妻子们总是抱怨说，她们的丈夫把自己的存在看成是理所当然，从来不赞美她们，或注意她们身上所穿的衣服，或是给她们任何明确的爱。但是，这些女人对待她们丈夫的态度也是同样冷淡。她们奇怪，为什么自己的丈夫会追求那些懂得称赞他们英俊、雄伟、健壮与奇妙的女人。爱情的饥渴并不是女人专有的一种疾病，男人也会患这种疾病的。"

曾经有人把夫妻间对爱情的冷淡叫做"精神食粮不足"。这是一个很恰当的比喻。因为男人不是只靠面包就能活下去的；有时候，他也需要一块爱的蛋糕——最好还在上面加一点糖霜。

2. 培养一种好心情，对事情看开一点

有责任心的妻子，常常会患有一种完美主义者的毛病，例如孩子们的行为总是要管教好，晚餐要做得美味可口，家里要一尘不染。她们常常过分注重细节，而忽略了重要的事情。当事情发生的时候，要以好的心情去接受，而不要把小事搅得天翻地覆，这样就可以加强夫妇之间的爱情。

我的朋友乔治·吉恩·纳杉在谈到提升爱情的深度时说："我从经验里发现，爱情和整理完好的家务常常是无法并存的。当我看到一个家庭整理得太谨慎时，通常我会觉得，而且接着就发现，他们夫妇之间的爱情就像他们机械化的家庭那样，已经达到冰点了。真可惜，从来没有一个深挚而热情地爱着自己丈夫的女人，能够做一个完美的家庭主妇。"

听了这些话，我们马上可以猜到纳杉先生是个单身汉。但是，他所说的话是值得我们深思的，尤其对那些只注视着树木，而忽略了整座森林的妻子更是如此。

3. 要有宽大的胸怀

爱情就是给予，要给得丰富与慷慨。有些妻子愿意在许多事情上面做出牺牲，但是却常常在许多小事情上缺乏精神上的慷慨，例如嫉妒丈夫从前的女朋友。

如果你的丈夫无意间提到他今天碰见了过去的一个女友，而如果你问他："那个女孩子是不是还扎着辫子，说着不成熟的话？"那你就太吝啬、太不够慷慨了。你应该赞美她，如果你能够想开一些，你丈夫会更欣赏你了。

我父亲和我母亲结婚以前，曾经和一个迷人的金发少女订了婚。我记得每当母亲赞美那个女孩的美丽和好人缘的时候，父亲总是会不好意思地笑着，一面又装作若无其事的样子。父亲觉得母亲比较漂亮，母亲也知道这一点——但是母亲能够欣赏父亲的眼光，这总是很让父亲高兴。

4. 对丈夫也要表示谢意

男人在结婚以后，带妻子到戏院看一场电影，或送给妻子一束紫罗兰，甚至只是每天早晨倒一次垃圾，他也很希望听到妻子的道谢。如果他所做的每件事情，妻子都视为理所当然而不表示感谢，丈夫很快就会停止取悦他的妻子了。

我们之中有些人，并不知道丈夫每天为我们做了多少小服务，这是因为我们习惯于让丈夫为我们做这些事情。我曾经认为我丈夫没帮过我什么忙，他也不会换小孩子的尿布，或是弄紧一个漏水的水龙头。然而，有一年夏天他到欧洲去了，我才很惊讶地发现，他每天都为我做了许许多多的小事——而我却没有向他说过一声谢谢——现在我必须自己动手去做那些事了。

当丈夫想要换上拖鞋休息一会儿的时候，我们却穿上衣服想要出门，这是不行的。具有深挚爱心的妻子，应该先了解丈夫每天在外面工作后的需要，然后才盘算自己的需要。

我很辛苦地学到了这个教训——就在我的蜜月里。

戴尔和我在俄克拉荷马城度过了我们婚后的第一个星期。在那里，他正在进行为期一周的演讲。我那时正全心全意地沉浸在美丽的幻想中：赞美的语句、罗曼蒂克的情调、烛光和小提琴的演奏声。然而，我发觉自己只是一个人在旅社的房间里，独自欣赏着我的嫁妆，而我的新郎正和委员们在谈论、研究他的演讲稿，并一面和赞助人讨论着事情。他太忙了，我必须先和他定好时间，才能接近他。在那些我们能够共处的短暂时刻里，我一直对他表现出愤怒和不悦。

直到今天，我认为自己很幸运，他那时候没有把我的行装整理好送我回我妈妈那儿，直到我学会成为一个大女孩，而不再是个骄纵的小孩子。婚姻只是适合于大人的。

妻子在一生中慷慨地奉献给丈夫的爱情，难道丈夫不知道感谢吗？我敢打赌丈夫会感谢的！我就见过一个十全十美的妻子，她得到了丈夫的敬爱。

现在，我的桌上就有一封信，是华伟克·C. 安格斯寄来的。安格斯先生在信中说：

"很可能因为我娶了这个女孩子，所以我才比大部分的男人更加幸福。我所能给她的最大赞赏，就是对她说，如果我还能够回到32年前，而且了解我现在了解的事情，我仍然愿意再和她结婚——只要她愿意再嫁给我！我所获得的任何成功，都归功于这位可爱的妻子。"

如果没有爱情，成功又有什么意思呢？缺乏爱情，财富和权势也就等于废物和灰烬。如果你的丈夫从你深挚的爱情里得到了幸福和安心，那么，他带给你更高的生活水准的机会也会大大地增加。

写给女人的忠告

第十七章　给他一个甜蜜的家

爱是需要努力赢取的礼物

　　有一个女职员，脸上长满了雀斑。她为此感到很苦恼，甚至无法坦然地出现在公共场合，总觉得自己的脸上布满了缺陷。当然，她也因此放弃和其他年轻人共同游乐的机会。直到有一天，一个男人对她说："你脸上的雀斑好俏皮，好可爱……"她简直不敢相信，向来被她引以为憾的雀斑，竟然会变成她的迷人之处。"我以前真是作茧自缚，这些根本都是不必要的。"在她即将结婚的时候，她这么跟朋友说。

　　一般的女性，都跟这个女职员一样，认为男性都追求完美的女人，因此对自己的不完美耿耿于怀，这实在是一件很愚蠢的事。每一个女人都有她独特的韵味与魅力，这不一定是来自美丽的外貌。或许，你并没有察觉到自己的迷人之处，但男人可能早观察到了，并深深地为之吸引……

　　如果你碰到一个欣赏你，而你又喜欢他的人，在还没有挑明之前你就想："人家一定不喜欢我。"那一切都完了。你的情绪也会跌到谷底，机会更是白白丧失。有的人在一开始，便考虑到"如果被拒绝，该怎么办？"或是"如果他的态度冷淡，该如何是好呢？"事实上，这些顾虑都是多余的。"如果被拒绝，该怎么办"这种不安的心理，每个人都有。然而，这件事实在渺小得微不足道。

　　其实，真正成问题的，并不是会不会被拒绝，而是本身的不安。这种不安的心理，才是问题的真正所在。比如，你很希望跟一个自己喜欢的男人约会，因此，你可能会呆坐在电话机旁考虑半天："我应该提起勇气拨个电话，可是……"就这样犹豫不决地将电话拿起又放下，最后也只好死心了。其实，只要你先拨一次电话，事情就会完全改观，而且你也可以摆脱那种焦虑不安的心境。就算被拒绝了，也没有什么大不了的事。只要你把心情放松，自然会了解这种焦虑是多余的。

最重要的是，不要把一切的不如意都归到自己身上。你不希望遭到拒绝，便想"一定是我长得不好看，否则就是我的举止欠妥……"，这些都是不可取的。从另一个角度推测，他之所以表观冷淡，可能是他已经结婚或有意中人了。也许他正为公务而心烦，也许是一个怕生又害羞的人，也许他的情绪处于不稳定的状态……像这些情况，不胜枚举，我们为什么要把所有的过失都强加在自己身上呢？如果你确定对方的确不喜欢你，也不必过分悲伤，你不妨对自己说："我健康又不残缺，没有你，我还是一样可以生活得好好的。""没有选择我，将来你一定会后悔。"诸如此类的话。你可以用来自我安慰。那么，只要过一个阶段你就可以再度敞开心怀，把这些不如意都抛到九霄云外。

被人漠视虽然不好受，但是，人生中痛苦的事那么多，这一点儿小挫折又算得了什么呢？如果你因为害怕而一直不敢行动，那么，你最好能适应一个人孤独地过日子。否则，你就要抛开一切顾虑，勇敢地采取行动。其实，只要有一点儿机会，生活就能变得很愉快。身边发生的任何事都可以当做是一个机会；刚开始时，可能会碰到一些阻力，可是也许你将遇见一个适合你的男人，那么，这些小挫折又有什么关系呢？所以，不要枯坐着等待机会，机会要靠自己去争取；总为一些小事烦心，是不值得的，你心中的世界若狭小而闭塞，何不将它开启，以容纳更多的事物呢？

尼娜是一位纺织女工，因长得俊俏，身边常有一些小伙子"追踪"。可她对他们并无建立终身伴侣关系的意思。倒是一个相貌平平的机修工人吸引了她。那个工人技术好，还擅长摄影。每次遇见他，她心里总怦怦直跳，脸上也会泛起一阵红晕。她很希望他了解自己内心的隐秘，主动地接近她，但她也深知这种可能性是极小的。于是她又想到写求爱信，可一提起笔就觉得顾虑重重：一怕由女方主动不体面，显得轻浮；二怕求爱不成会被人笑话；三怕对方看轻自己……不写吧，又担心机会永远失去。于是，她给一家杂志社的"排忧解难"专栏写了一封信。杂志社的编辑从各个方面帮她分析情况，并鼓励她勇敢地向她的白马王子射出丘比特之箭。

有很多女性害怕自己会被拒绝，但是不是真的这样呢？有位记者访问了25个男性，他们99％都认为："如果女性先对我们表示好感，高兴都还来不及，怎么会表现出冷淡的态度呢？"

吉姆："有女人先打招呼，天呵！天下再也没有比这更美妙的事了。只要她喜欢，我愿意为她做任何事。"

达夫："其实，女人不要把这件事想得那么严重，男人并不是那么难对付的。就算是相貌普通也没有关系啊！我们一样会很高兴的。"

理查："向来都是由男人追求女人，现存，我们对这个方式都有点儿厌倦了。如果由女人采取主动，那一定又新鲜又奇妙，我一定会毫不犹豫地与她交往。"

可见，会拒绝女人的男性，简直少之又少。就算万一碰上了，也没有什么大不了的事。

做一个知心的伴侣

"在各种孤独者中间，人最怕精神上的孤独。"这蕴含深刻哲理的格言，值得每一位为妻者寻味。

妻子是丈夫的朋友，是丈夫的伙伴，对丈夫要做到无话不说，内心的喜忧没有任何隐藏，时时向丈夫倾诉。这样，丈夫自然会把自己的妻子看做是知心伙伴，当与知心伙伴交流感情时，内心会充溢着喜悦之情，会充溢着难以言传的由衷感激，会充溢着难以抑制的汹涌澎湃的力量。

夫妻间是平等的、互助的、无条件的。平等是指相互的权利上，具有平等的关系，双方承担着的义务是互为平等的，绝没有高低贵贱之分，都应为对方付出劳动、心血和代价。这样的帮助是相互的，是支援、是协力、是合作，绝不只是单方的。无条件是指相互责任上，不讲任何理由、不计报酬、不搞交换。

关怀丈夫具有时间的永久性，是自始至终的，可谓时时关怀、事事关怀。不受任何限制，不受个人喜怒哀乐情绪左右，而是以亲切的关心和细致的照顾，给予丈夫更真诚的爱。

关怀意味着事必躬亲，不是停留在客套、敷衍上，也绝非走走形式，而是强调精神上的关怀，能体现情义。加薪晋升，由于种种原因丈夫未能如愿，妻子如认为与己无关，漠然处之、不关心其痛痒，丈夫会感到妻子冷漠、不关心他，造成内心痛苦，就会觉得夫妻间情义甚淡。正确的做法，应首先表现出关心的诚意，与丈夫一起谈论此事，妻子尽量在表现同情时，努力转移话题，引导丈夫去想其他快乐的事情。这也是一种关怀方式。

有了一份关怀，就有一份情。给予丈夫姐妹般的关切，丈夫也会给予妻子同样的回报。夫妻间在关怀之中生活，在关怀之中交流，在关怀之中理解，在关怀之中互助，不用乞求，必然加深夫妻感情，培养起良好的伙伴关系。

俗话说，知人知面难知心，画人画虎难画骨，而夫妻之间却应该知人知面更知心了。达到知心，首要的是掏心。妻子让丈夫承认是知心者，就要把心里话实实在在地说给丈夫。妻子总会有些心里话，如不为人知的生活感受、难以言状的不满情绪、不愿吐露的工作想法，以及人际关系的烦恼、困扰等等，一般情况下妻子不愿向别人谈起这些话题，而在丈夫面前则要和盘托出，不掖着藏着，不躲躲闪闪。

妻子对于丈夫所谈论的内容，对于丈夫所谈问题的认识，以及对某人某事的看法，也不应为迎合丈夫而苟同，真诚的做法应是言必由衷，直言不讳地谈出个人的见解，对丈夫的一些偏见及错误想法，实实在在地规劝，这样才能成为丈夫的诤友。同样对于丈夫正确的见解，妻子应给予肯定、称赞，对于丈夫的成功，更应发自内心的给予祝贺。如此这般，必然唤起丈夫的真情，妻子也就更能真切地了解丈夫。丈夫自然深有体会：知己者，妻也。

知心，最主要的是了解，不是普普通通的一般性了解，而是透彻、全面的了解。丈夫什么时候苦、什么时候乐，妻子应该了如指掌。了解的方法不外乎有这么几种：一是静心观察，丈夫脸色沉闷、郁郁寡欢、愁眉不展，等等，都是心情不佳的信号。二是耐心询问，"为何事想不开，说给我听听。""是我惹你不高兴？""我做错了什么事？""我能替你分担些什么？""我帮你参谋参谋"……丈夫听了这些关切的话，会有不吐不快的感觉。三是细心倾

写给女人的忠告

听，丈夫一旦向你这位妻子倾诉，妻子定要聆听，不要打断话题，更不要烦腻。即使是不感兴趣的鸡毛蒜皮小事，也要让丈夫诉说。倾听后你会发现丈夫内心的世界的秘密，自然也就了解了丈夫的思维方式，以及处理问题的方法。

妻子了解丈夫，知心便有了基础，妻子要真正理解丈夫，知心才会向深层发展。真正理解丈夫，那么对于丈夫的所思所想、所作所为、所需所事，妻子都能体会到，尤其在丈夫受到伤害或遭遇挫折时，及时的抚慰能使丈夫感到宽慰。抚慰有语言抚慰、动作抚慰、表情抚慰。语言抚慰是经常性的，随时进行的，不分地点、时间、场合，是调剂丈夫心理的一剂良药。动作抚慰是在丈夫需要一臂之力时，妻子心领神会的相助。表情抚慰是丰富的外在表达，缄口不言、甜甜微笑、异常严肃等等，都是调节丈夫心情的好办法。抚慰能使规律间的知心程度加深，"知己"二字会名副其实地出现在妻子与丈夫心中。

把留言当作情感的纽带

"家家有本难念的经"，且不说年少气盛的小两口，即使中年、老年伴侣，难免也有唇齿与舌相撞，甚至几天互不理睬的时候。那么，怎样解决好呢？

当你们夫妻间产生不愉快的时候，最有效的维系情感的途径之一便是留言条了。

史密特与当小学教师的妻子乔瓦尼商定，圣诞节期间带上两个孩子，全家一道去克利夫兰看望祖父母，痛痛快快玩一星期。临行前一天，乔瓦尼突然被指派承担学校的冬令营组织任务因而难以成行。史密特十分愤怒，争吵大有一触即发之势。乔瓦尼见口头解释不了，便在离家前放了一张纸条在床头柜上。"亲爱的，学校为期一周的冬令营活动是专为毕业班的学生安排的，对即将毕业的孩子们来说，这是在母校的最后一次集体活动，可有一个毕业班班主任正临产，为了不让孩子们失望，我接受了这一任务，请你原谅。你与孩子的衣服已烫好，放在老地方，冰箱里的蔬菜够一个星期的。祝你和孩子生活愉快！谢谢合作。乔瓦尼"等到冬令营活动结束她踏进家门，丈夫的满脸怒气荡然无存，还嘘寒问暖，判若两人。

你体谅丈夫的心情，以留言条的方式，将一些口头上不好多讲的事情在纸上委婉地叙述出来，往往能收到显著的缓冲效果，将不该发生的纠纷消灭在萌芽状态。此外，留言条上措辞恰当的只言片语，还能显示你们夫妻间的体贴与关照，给家庭生活增添幸福与乐趣。

"外面天气很冷，别忘了加衣"，"晚上不要看太久电视，早点休息"等家常话，看上去毫无特殊之处，但读起来会产生不一般的感受。下夜班的丈夫拖着疲惫的身子回到家，看见这样的留言条精神会为之一振："蛋汤热好了，在锅里，吃完早点儿睡"。此时，丈夫自然倍感亲切温暖，身心顿时轻松欢悦。特别是丈夫出差归来，拿起纸条，"衬衣放在抽屉里，洗个热水澡，美美睡上一觉"，"在外辛苦了，待我回家烧几道好菜慰劳一下"，字里行间，处处显露出你一片真挚的情感。

留言条不仅能够缓和紧张气氛，增进夫妻感情，还能有效避免一些不该出现的小摩擦发生，起到打破僵局，防止"冷战"或"热战"升级的神奇作用。夫妻之间发生矛盾，双方碍于面子，都不想做小让步，于是出现"冷战"状态。此时留言能起到"停战和解协议"的作用。不少心理专家一致认为，夫妻吵架后因顾及面子僵持不下，一张留言条往往是最合适的台阶，有益于弥合创伤，化干戈为玉帛。

贝尔纳先生是纽约一家汽车修理厂的车工，一天他不慎将一个零件损坏造成修理工具报废，因此受到领班的一顿斥责，窝了一肚子火。回到家里，他见儿子聚精会神地玩电子游戏机，连墨水瓶倒了，墨水泼在练习本上都不知晓，一时无名火冒三丈，抓起练习本扔到楼下。贝尔纳还不解气，又要把电子游戏机扔出去，儿子吓得号啕大哭。妻子克里斯蒂急忙赶到，见状与贝尔纳大吵一场，直至邻居们闻声前来，力劝双方保持克制为止。夜深人静，白天的情景一幕幕在克里斯蒂的脑海里闪过，看看身旁翻来翻去、难以入眠的丈夫，她也有些后悔，但依然对丈夫将气撒在儿子身上十分生气。

第二天，克里斯蒂还是不愿与丈夫说话，但自己有事又需要丈夫中午照顾孩子吃饭，于是她写了一张便条放在书桌上："我中午开会，请你照顾孩子吃午饭，我下午早些回来做晚饭，你太气人了，不理你。"贝尔纳一见这张留言条忍俊不禁，留言的最后一句明显的是和解信号，"不理你"这个短句，和"我恨你"有异曲同工之妙。这个留言达到了直接对话所不能达到的目的。

现实生活中的夫妻双方，或一时暴躁，一时失误，或一时怄气，都或多或少地有一些矛盾产生，尤其是青年夫妇，刚结束卿卿我我的恋爱过程，进入独立生活和生儿育女阶段，许多意料不到的事情及矛盾都会接踵而至。有时双方出于"自尊"，以至于闹得不可开交。在此情况下，与其消极地让时间来慢慢冲淡各自心灵中的壁垒，不如写张留言条一吐心里的歉意，发出希望和好的信息，只要对方未泯灭那份爱心，温暖的阳光自然即刻驱散乌云，双方的关系甚至会较以前更加融洽，更加亲密。

留言是夫妻生活中不可少的内容，即使在通讯十分发达的现代，留言这种古老的方法也是经常使用的。一对夫妇不喜欢用电话唠叨琐碎的家务，而习惯用留言的方式。据说这种留言的方法有三大优点：一可避免妻子的絮絮叨叨，使妻子的语言趋于简练；二是写者和读者不必占用宝贵的时间，可随意看一看；三是夫妻双方都可以提高文字表达水平。除这三种优点之外，留言条对增进夫妻感情还有三大好处。第一个好处，留言如是商量的口吻，感情上是平行并进的；第二个好处，如果留言中有情爱色彩蕴含其中，感情的单向流动会形成双向流动；第三个好处，倘若在留言中有关切、问候，这种情愫交流会增加亲切感。

丈夫过生日，当面说上些热烈的话语，你可能认为有些做作。然而只靠做些饭菜，忙些家务也不完满，此时不妨来个留言，写上些祝贺和热烈的话，这是一个"心理补偿"，恰似在沉静的生活中投一粒石子，激起情感的涟漪，这种心理的"涟漪"是靠一般的方法难以办到的。

你可以在房中放上一小块黑板，既可以做备忘录，也可以用来留言；还可以用一块板夹上几张纸作为留言簿，此外台历的空白处也可以作为"留言处"。但是留言时要避免采取以下方式：

一是命令式留言不可取。有的妻子喜欢发号施令，留言往往像是发布"国家总统令"，这种居高临下式的命令会引起丈夫的不快。

二是家务布置式留言不可取。在留言中布置很多家务，挂在那么明显的地方，于丈夫的面子也不好看。如需丈夫做家务可用商量的口吻，这样有恳求感和亲切感，丈夫会乐意为之的。

三是无重点的留言不可取。留言写了许多，然而多是琐碎言语，没有中心重点，这会让人徒生凌乱。最好有一两件重要事陈述，或辅之以情，这样能收到好的效果。

留言是夫妻生活中的点缀，是菜肴中的味精，要用在点子上，切不可滥用。

顺从是个秘密

没有一个女人不希望爱和被爱，真正爱男人和被男人爱的内容之一，便是顺从。爱情需要接受和尊重他人的个性，爱情也包含着敬畏。做女人的要多些顺从，因为堂堂的男子汉需要有自我肯定、自我实现的机会。你要创造一些这样的机会，让男人的这种心理得以满足。

顺从意味着对男人意见的遵从，顺从包含着对男人侍候、依从，顺从要突出在生活服务核心上，这里需要更多的是无声无响的行动顺从。

男人首先看重的是人前的顺从。无论是在父母面前还是在朋友面前，甚至在孩子面前，男人都希望女人多一点儿顺从性。

星期天，丈夫杰森、妻子珍妮和孩子三口人到母亲家。本来夫妻商量好今天去给老人做意大利面，不巧老人想吃鱼。这时，杰森让珍妮去超级市场买几条鱼，珍妮远路赶来，又开上车去买鱼，买回来后又立即动手做。珍妮在丈夫母亲面前的绝对顺从，既满足了杰森的心理需要，又显示出杰森具有权威性。在杰森看来，这样妻子是无可替代的。所以，要想让丈夫更加爱你，平日的人前顺从是不能缺少的。

人前顺从是重要的，人后的顺从也是重要的，因为前者是关键时的表演，后者是平日里流汗的训练，是个基础。人后的顺从如何做起呢？例如，丈夫同学的父亲去世，要送上一花圈。当你与丈夫来到卖花圈的地方，你最好尽量让丈夫去挑选，购买比较适合花圈，或许价钱贵了一点儿，多花几美

写给女人的忠告

元，妻子要依从丈夫的意愿。

对于男人的要求，在理解时做到马上顺从，动作越快、效果越显著。冬季，乔治喜欢吃烤肉，当他告诉妻子露易丝某日准备全家吃一次烤肉时，露易丝马上意识到该完成采买的任务。理解男人用意时的顺从，女人还会做得尽善尽美。休息日，两人凑在一起，丈夫不大喜欢妻子一个人出去买东西，提出上午在家休息下午一起去看电影。你应同意这一提议，因为这是丈夫一种亲热感的需要。你可以在与丈夫看电影的路上，顺便买一些东西带回家中。

不理解男人用意时，做到顺从是不太容易的，这需要百倍的尊重和在顺从中的加深体会。父母都疼爱子女，女人在做母亲后对于自己孩子的疼爱常常到了溺爱的地步，可往往自己不能意识到。而男人做了父亲后，常常对子女要求严格一些。比如，母亲的宠爱多是造成孩子挑食的毛病的主要原因，对此，丈夫提出让孩子和大人吃一样的饭菜，妻子在不理解时，应尽量顺从。终归，丈夫的话有一定道理，要相信丈夫也疼孩子。同时，不理解时的顺从，对男人来说，更是一种特殊的心理需要。

生活中，你可能有这种体会，高兴时什么都愿意干，男人提出什么意见都能接受和顺从。然而在自己心情不大好时，无论男人提出多么合理的要求和建议，也不喜欢去顺从。

琳达在单位因得不到领导的理解和支持，一时闹情绪，可回到家里，听到丈夫兴致勃勃地谈工作进展情况，还提出明天加班晚回来，让琳达回来做饭时，琳达马上点点头。第二天她早早地把饭做好，还特意为丈夫的工作辛苦多加了几道菜。

女人能做到顺从，不仅仅表现了对男人的爱，更是深深的敬；不仅仅行使了爱的权利，而且最终会获得被爱的幸福。因为男人在爱情生活里，也需要有力量的交响曲，也需要有男子汉的咏叹调，女人一旦满足了男人，男人就会感到你是天下最好的妻子，他则成了世上最幸福的丈夫。

然而一旦这种顺从成为盲从，不加分析、不加思考，一味地答应，就并非是男女之爱了。长此以往，男方成为高居其上的施令发号者，粗暴、任性乃至虐待会随之而来。男女之间的顺从应该是平等且双向流动的，顺从不是女人的天职，盲从更不足取，但这并不是说凡事违拗男人才是，在这方面应该注意三点：

一是对男人的发号令做具体分析。

一些专家们分析，男女谈话的不同点在于，男人爱用命令式的口吻，女人爱用商量式的口吻。阿芙拉是画家，准备搞个人展览，和丈夫一提出此事，丈夫像发布命令似的说：一是尽快开个新闻发布会；二是要发动你的学生；三请有关专家来审评一下作品……阿芙拉觉得自己受了伤害，本来是自己的事，却像是在人家命令之后才干的。丈夫认为自己真心支持妻子，相反却伤害了妻子的感情。

使用命令口吻的男人或是出于说话的习惯，或是为了显示某种自信，只要他的出发点是好的，口气生硬些你也不必计较。因为男女间长期的共同生活，彼此都会坦率、直爽地表达自己的意见，特别是情感豪放的男人，已经把诸如微妙的提醒、含蓄的暗示、会意的一瞥等表达亲密的能力丢失殆尽，这方面就不必过于苛求了。顺从是指对正确意见的听从，以及对正确决策的执行，而不是听从和执行错误的意见和指令，因此只要他的意见、指令正确，就不必在乎那些正确的意见和决策是怎样输出、传达给你的了。

二是在顺从之中进行修正补充。

从男性的特点来看，他们往往是粗犷有余而细腻不足，对他们不需要绝对的顺从。奥尔瑟雅与自己的领导发生矛盾，丈夫认为必须要调走，否则会使矛盾激化，使处境更加不利。奥尔瑟雅并未绝对顺从，但也没有轻率地予以反驳，而是细心地分析了矛盾的起因和领导的关系。经过几次与领导交换意见，她和领导皆认为是她学非所用、未用其长处，于是领导给她调了一下部门，由于同事多年相处较熟悉、工作很顺手，比调去其他单位要好。这是顺从中的修正。

男人的话不是金科玉律，不盲从的同时锻炼了女人的处理事物的能力，也是对男人意见的一个补充。现代家庭应该是男女扬长避短、相互帮助的家庭，这样能使关系平等，也能把事情处理得更完满。

三是克服盲从先自细微处做起。

盲从是不善思考、缺乏自信、自觉卑下的一种心理反应，甚至是幼年期

写给女人的忠告

就已形成的心理障碍，这种盲从无助于男女关系的和睦。男人颐指气使，女人唯命是从，这样缺乏情感的双向交流，容易让男人认为自己眼中的女人只不过是任人随意摆布的玩偶。改变盲从的习惯，用自己的思维处理事物，会获得男人的尊重，这种被理解和被尊重的爱是令人快慰、倍加珍惜的。

克服盲从应该先从小事上做起，诸如买衣服可以根据自己的判断来选择。为家人选礼物等，要考虑男人的建议和意见，不合理的部分要予以改正。从小事到大事，慢慢培养个人的主见。

但必须要防止另一种倾向，认为顺从就是低人一头，任何事必须以我为主，别人必须要顺从我，这是不可取的。只要是对的就要顺从，不要计较谁听谁的。女人本身存在自弱感，反而要显示出强来，爱斤斤计较，在琐事上纠缠不清，这亟待克服。你不妨记住：顺从不是天职，盲从绝非美德。

用女人的方式对待性

爱情不仅仅是精神上的理解，感情上的一致，而且需要性生活的满足与和谐。深深的爱联结起来的爱侣，由于性生活而获得新鲜、高涨的生活热情，是不可缺的。女人应与男人共同感受兴奋与欢快，有责任与男人寻求适合双方的性生活规律，使性生活永葆和谐美满。

由于性爱必须由男女双方共同参与、共同完成，所以这里有一个相互体谅的问题。凯美婚后两个月即提出离婚，她说："从第一次做爱到现在，每一次时间都很短，简直让人无法忍受。我烦恼、我怨恨，向他发火，甚至骂他，可情况越来越坏，后来吃壮阳药仍不见效，我只得……"还有一位女性结婚 8 年提出离婚，她这样说："我们的性高潮似乎一个初一、一个十五，谁也遇不上谁，我有性欲时他推脱说累，然而我累时他又像困兽一般，我实在忍受不了这样的生活……"

丈夫的性能力是妻子性快感的"资源"，如"开采"得法，就能够资源丰富，享用不尽，如滥采滥伐，既无方法又不爱惜，就会"能源枯竭"。从上面列举的两个离婚自诉中可以看到，这两位妻子都缺乏对丈夫的体谅，体谅是性生活和谐的第一要素。

体谅可以先采用非正式活动，如触摸、拥抱、接吻等。不可否认，阳痿的发生大多数与女人有关。当男人工作不顺、婆媳关系不和时，男人忧思重重，此时若女人强与交媾，十分损身，极容易早泄阳痿。此时你应体谅这一点，忍耐一下，或引开话题，等男人心情舒畅，精力都转移到这方面时，自然会乐而为之。

体谅能使男人树立信心，性生活的和谐必须要全心全意、专心致志，要把男人的思想集中到这方面来，就能提高这方面的能力，延长交媾时间，从而使"起兴"缓慢的女人能逐步达到性高潮。

女性的体谅能增加男人的自信心，也会让男人更加感到女性的温柔善良。性能力是与爱有直接关联的，爱之深、情之深，性欲自然会强烈。体谅会增加男女之间的感情，男人工作劳累、思虑过度，性能力肯定要减弱，怎样用你的温柔抚慰消除他的疲乏与忧愁，把男人的注意力集中到自己身上来？你悉心的体贴、宽容的谅解就能达到这种目的。

有时，由于一天的劳累，男人的精力往往集中不到这方面来，这样可以通过各种媒介的刺激，唤起丈夫的性感。比如共同回忆一下往时那种十分亲昵的罗曼蒂克生活，通过小说、电视某些情节将话题引向性爱方面。性感的集中是做爱前的精神准备阶段，如果女人欲望强烈，就要用调情的方式催一催丈夫，将他注意力引到这方面上来。倘若男人有了性要求，此时切不可性交。作为男性，其特点是"来也匆匆，去也匆匆"，这样妻子费力招来的"云雨"会顷刻消失。女人此时要让男人"等一等"，控制一下过快的节奏，让做爱的时间尽可能长点。不要让阴茎过早地进入，要有一个"未雨绸缪"的阶段。有人对性生活不和谐的夫妻做过调查，几乎全部都是没有"准备阶段"。在这时，妻子要做到自己"等一等"，也要控制男人，让他"等一等"。

温存似乎是女性的标志，女性孱弱纤小的体质、退让驯顺的天性，以及被动妩媚的举止，都决定了这一点。女性的温存不知有多少诗人与作家颂扬过。女性正因为温存得到异性的青睐，在性生活上，女人也应以温存为上，切莫霸悍雄强。

如你缺乏温存必然导致男人的敬畏，法国有位学者在谈到这方面时，如

写给女人的忠告

是说："男人们不喜欢假小子、女学者，或绝顶聪明的女人；太多的胆量、教养、知识，太有性格，都会吓坏他们。"此话虽有偏颇之处，但其说出了一种取向，在做爱时，女人如每次都动作过大、事事抢上风、占主动，男人往往发挥不了他的粗犷剽悍，长此以往就会造成心理障碍、影响性生活的和谐。所以保持女性的温存就是保持女性的魅力，这一点是在进化选择过程中已形成了的一种模式。

在一些性心理性生活咨询门诊中，许多女性在向医生诉说时，几乎无一例外地在埋怨男人如何如何无能，使自己得不到快感。有的女性还陈述自己如何地厌恶男人，甚至有人一经男人挨身就浑身起鸡皮疙瘩，觉得很不舒服。于是这些女人无一例外地烦躁、发脾气，根本无温存而言。

性与爱在绝大多数时候是完美地融合在一起的，在爱驱使下的性生活往往是温存的举止、温存的话语，这种情投意合可以造成男女之间畅达的沟通，从而更加刺激对方，使性爱进一步升华。这种温存与性爱都是一种自然而然地流露，是获得性快感的必要前提。一些女人缺乏温柔，使男人得不到强烈刺激，即使是一时心血来潮，一般也难持久。所以，你保持自身的温存，不但能让男人快活，自身也能享受乐趣。

有位女性说，没有比未得到快感而男人已射精更懊恼的事了。早泄是女人得不到快感的大敌，每次房事之后，男性皆有一段不适应期，如你强令交媾，即使男人咬牙坚持也很难使你达到性高潮。此时男人心中皆有一种内疚感，如女人横加指责、悻悻而睡，会使男人产生负债感，长此下去就会形成压力。越是怕早泄，越是早泄，严重的会造成阳痿梦遗等后果。为避免以上弊端，即使你未得到满足，亦要温存，抚慰也好，若无其事也好，总之要避免指责。

温存可以增加男人的自信心。确立男人的自信心，对交媾的质量会大有提高。由于性交是"男唱而女和，上为而下从"，女性毕竟是在男性的动作下而产生快感，因此女性必须以自身的温存唤取对方的性欲与爱怜，靠怒目相向、冷嘲热讽等是得不到快感的。

不拘泥于过去

不是每一对夫妻都会一见钟情，从一而终，有很多人总是要经过许多次情感的挫折，经历很多段感情之后，才能最终找到能和自己牵手永远的人。

但是，在这么多次感情的经历中，每一次从相爱到分手，你们肯定都有过一段悲喜交加的日子，一段让人永远回味的日子，但不论如何，你们决定分开了，只是将对方定格在记忆里。也许直到今天，你一想到过去的那个他，你心里面都还有些异样的感觉，就连你自己也说不清那是一种什么样的滋味。

尽管有很多时候，对方对你很有感觉，但你对他并不是很满意，为了你的终生幸福，你不得不放弃和他的相恋。

我的朋友珍妮弗最近与同居了 5 年的男朋友分手了，她对他是这样说的："也许我们已经太熟悉，所以我们都不想结婚。我们一起过了 5 年，可我觉得已经像过了一辈子那样长。感谢这 5 年来你对我的照顾，我同样也全身心地付出过，所以我不后悔！不过，我想了很久，觉得我们还是分手比较好，你一定能遇到比我更合适的结婚对象，至于我，我也想改变我的生活。"

珍妮弗是个聪明的女孩子，她善意地欺骗了她的旧恋人，因为她与之分手的真正原因是她认为自己遇到了更出色、更能让自己幸福的男人，而这些，无论如何都是不能让他知道的。

经过珍妮弗的努力，她的男友终于相信他们的爱已经"无疾而终"，这种理由降低了他的受挫感。最后，尽管他很难过，但还是答应做她的普通朋友，并给了她祝福。我想，如果这个男人知道自己是被珍妮弗"甩掉"的话，他很有可能不会表现得那样"绅士"。也许他会愤怒地指责她的移情与背叛，他可能不会轻易地接受被别人"请出局"的结果，也许在冲动之下，他还会找到珍妮弗的新男友，对其大打出手。是呀，这样的故事难道我们还见得少吗？

我们有必要在古希腊人之后再写一本《爱经》，用它来指导青年男女的生活、爱情、事业以及如何处理好爱情这门高深的艺术，让双方都不至于受伤，而把它当做一个美好的回忆。这是一件非常值得我们去做的事。

譬如，在开始每一段新恋情之前，收拾好你已成往事的旧爱，收拾好你的旧心情，不要让他来扰乱你的生活，也不要让对方斯文扫地。说不准，下一次是你先接到"驱逐令"呢。

如果你不爱他了，或是你爱上了他人，千万不要坦白地告诉他，坦白是不能用在这种地方的。没有哪个男人不爱面子，如果你这样做，会让他感到自己是被别人"比下去的"，他会产生强烈的嫉恨情绪，对一些自控能力不是很强的男人来说，这可能会是一个致命的打击，也许他会做出极端的事情来。这时，动用美丽的谎言和善意的欺骗是完全有必要的。

如果他问你为什么要和他分手时，你尽可能说问题出在你自己身上，不要直截了当地说出自己的不满。事实上，如果你下定决心和这个人分手，他的缺点与你也就不会有什么关系了。你又何必非要增加他的挫折感呢？

如果他请求你给他一些时间，来证明自己可以做得更好时，你要像背诵电影里的经典台词一样，真诚地请他"不要看轻自己，你已经做得够好，是我不知好歹罢了。"不论他怎样追问，都不要承认自己是因为爱上别人才向他提出分手的。他迟早会了解事情的真相，只不过你不要过早地让他知道，也不要亲口告诉他。不要表现得太高兴，要态度坚决，但也要充分表现出对他的尊重。

这个世界越来越小，也许已经分手的你们，在什么地方又会重逢。那时，你的心情肯定会比现在更复杂。许多女人都喜欢用"两极"的眼光来看问题。也许你现在的爱情并不像你当初认为的那样十全十美，你可能会在记忆里美化过去的那个他，也许心里还会有一丝懊悔。也许你会全盘否定过去的生活，把他当成一个骗取你感情的恶棍。但是，尽管如此，你仍然不得不承认，关于他的记忆会伴随你的一生。

在茫茫人海中，那个男人曾与你有过如此亲密的一段时光，你们分享彼此的生活，也许差点儿就和他永结同心。虽然这一切在现在已经成了过去时，但你不能否认，他身上的确有些让你心动的地方。仅仅这一点，就足以让所有相爱过的人铭记一生了。

现在，尽管你已经开始了新的恋爱，可在某些不经意的时候，你会想起以前的那个他说过的话、爱吃的东西。你发誓自己忠于现在的情人，可是你的思想似乎并不是那样听你的使唤，这时，你该怎样做呢？

思想并不犯罪，你大可不必因为自己的思想而自责。事实上，你的男友或丈夫有时候也会想起他们的旧日情人。不过，你要管束自己的行为，女人的怀旧之情和强烈的好奇心存有些时候，常常会做出让你始料不及的傻事来。

现代社会，想让一个人完全消失是不可能的。你想见他，可能有很多种选择方式。所以，不要将他的电话写在电话本的显著位置，也许，你可以将他的名字从你的电话本上删掉。否则，你可能经受不了诱惑，禁不住又进入到他的生活中去。

当你们偶然碰见时，他可能会和你寒暄几句，也可能在道别时对你说"有空常联络"，但你千万不能将这当成是他依然怀念你的证据。事实上，他忘掉你可能比你忘掉他还快，尽管当初是你先提出分手的。

切记不要在酒后和他见面。酒精会降低人的抵抗力，你可能会说出让自己后悔的话，做出让自己后悔的事。不要向他的家里打电话。记住，对他来说，你也是"过去时"，你的一个电话可能会让他花上半天向太太或女友解释，会给他增加额外的负担。如果你能肯定你们之间已经没有任何暧昧的感觉，否则，你们最好是马上中断一切联系。永远不要因为他比别人更了解你，而将他当成自己倾诉的对象。结束，意味着新的开始，一个总是拖泥带水的女人，很可能将自己和别人的生活全都搞得一团糟。

一个女人一生中不可能只有一次恋爱，有的秘密心事是永远不会与任何人分享的。将你们的故事悄悄地埋藏起来吧，因为那是只属于你一个人的回忆。

当"第三者"出现时

爱情是一种崇高真挚的感情，它纯如水晶贵如玉，容不得半点灰尘。每对夫妻都希望自己的家庭能和睦融洽，同"第三者"绝缘，但是爱情生活并不总是春光明媚，也会遇到冬雪严寒。据有关人士调查，全世界婚外恋的数量一直在迅速增长，我们周围也难免出现"第三者"插足的现象，耳闻目睹的也为数不少。如果一旦发现"第三者"插足于夫妻之间，作为自己丈夫的男人同"第三者"发生了瓜葛，你又该怎么办呢？

首先自身要做到比平时更和蔼温柔，对丈夫的衣食住行，比平时更关心。比如给丈夫买一件高档毛衣，送丈夫一副手套。最要紧的，是针对婚外恋产生的原因，尽快补上原来夫妻生活中令人不满足的地方，使丈夫对"缺少"的不再感到短缺。有一个家庭，丈夫克鲁斯有了婚外恋，周围的人指责使妻子赛尔玛心里更难受。但是赛尔玛痛苦之后，冷静地选好了对策。正逢丈夫克鲁斯的生日，赛尔玛特意买来大奶油蛋糕，选择了写有"幸福"二字的图案，当天还做了一桌丰盛的家宴，请来亲戚朋友。克鲁斯面对此情此景，感到十分羞愧，决心重新回到家庭中来。

其次要时常回忆婚前、婚后幸福快乐的生活，时常向丈夫提起这些有意义的合影、有意义的旅行或者是艰苦之中的共同奋斗。如果有了孩子，也可以回想当时孩子出生时的喜悦，孩子成长过程中你们夫妻二人共同付出的心血。这样丈夫会对自己的过失感到内疚，渐渐会回到自己温暖的家庭里来，回到你身边。纽约一个精神分析学家说："受比自己的妻子或丈夫强的女人或男人的吸引是不可避免的。顽强的意志力是抵御外来诱惑的最佳武器。这个武器来自你以十倍的努力与你的配偶保持亲密。"

大量的事实可以说明，第三者插足，没有几个人真正能和第三者结合的，"婚外恋"往往是短暂的、一时的，以"婚外恋"的方式重新组建的婚姻家庭，几乎没有成功的。所以你要挽回失去的幸福，就要有足够的信心，必须清醒地认识到丈夫的婚外恋是不得人心的，是受社会谴责的，丈夫自己也会受到良心的责问而时感不安。你一定要有耐心，诚心地去关怀他、体贴他，甚至可以说些理解的话，这样做丈夫是会被感动的。

再有注意改变自己，改变过去对丈夫的不重视。要努力将丈夫放到首位，在时间和精力上先要考虑与丈夫的关系。还要改变婚后生活方式，要尽力调剂一下生活，让丈夫重新获得新婚时的幸福欢乐。最后别忘了改变与丈夫针锋相对的错误做法，消除婚姻中的破坏性因素。

有些妻子，发现丈夫有了外遇，进门吵，出门骂。其实，靠吵闹辱骂并不能转变对方的思想，有时虽说可能起一时的压制作用，却不可能有彻底的"疗效"。弄不好，反使丈夫完全失去自尊，破罐子破摔。其实，"第三者"之所以能够插足，往往是因为夫妻之间在感情上有隙缝。再争吵辱骂，势必使裂缝越来越大，使丈夫更靠近"第三者"。此时，最要紧的是，要有个冷静、理智的态度。如果失去冷静和理智，将会使夫妻关系更加恶化，造成不可收拾的后果。

那么，你怎么才能知道自己和丈夫之间是不是有"第三者"？那就是要注意观察丈夫的感情变化。如果丈夫同"第三者"发生来往，刚开始时总有心理和行为上的异常表现。比如，平时不修边幅者突然注重打扮了，往日准时回家者经常姗姗来迟了，平日对自己十分关心体贴者现在不像以前那么关心体贴了，等等。如果你善于察觉这些迹象，及时地同丈夫谈心、交流，唤起爱人对过去甜蜜生活的回忆，对此时家庭温暖的思恋。可以使爱人产生愧疚之感，从而下决心改正不轨的行为。在这里需要强调的，这种观察是建立在夫妻之间相互信任基础上的。如果把这种做法看成是随便猜疑，处处跟踪，不仅不能达到自己预期的目标，而且会制造出矛盾，从而影响夫妻感情。所以，善于注意观察并不容易。不仅需要做有心人，还要讲究方法。

瑞典女作家、教育家爱伦·凯说："当二人完全成为一体的时候，绝无第三者插入之余地。反之，若结婚之后，二人并没有真正地合为一体，那么，迟早总会有第三者进来。"你可能认为，防止丈夫出现"外遇"，最好的办法是限制男人的社交活动，杜绝男人同其他异性的接触。事实证明，这种做法是行不通的。表面看来，这种做法似乎杜绝了男人与异性接触的可能，可实际上由于侵犯了男人的独立人格，极易引起对方的反感和压抑感，不但不利于夫妻关系的融洽，而且还极有可能在"对抗心理"的支配下，促使对方朝与自己主观愿望相反的方面发展。

爱伦·凯

　　乔齐娜为了防止丈夫出现"外遇"，给丈夫做了如下规定：除了在公共场合外，不得单独与女性接触，特别是不能与年龄相仿或小一些的女性接触；下班回来晚了，详细说明情况；上下班的路上，不准与女性边走边谈……除此之外，乔齐娜每月还要到她丈夫的所在公司搞一次"外调"，看看有没有男女作风方面的反映。但这样做的结果又是什么呢？丈夫忍受不了这种限制、拘束，爱上了同部门的一个善良而又同情他的姑娘，并正式向乔齐娜提出了离婚。

　　可见，不加区别地把男人和异性的一切来往，统统看成是同"第三者"发生关系而横加干涉的做法显然是不妥的，也是不明智的。男人需要尊重，需要平等，需要更深的爱和更多的关怀。

第十八章　结婚后还要做淑女

给予爱人真诚的赞赏

鲍宾诺是洛杉矶"家庭关系研究会"的主任，他曾这样说道：

"在选择妻子时，多数男士不是去寻找一个有经验与才干的女子，而是在找一个美丽的，能满足他的虚荣心和优越感的女性。"

所以，这样的情形就出现了！当一位担任经理职务的未婚女性被男士邀去吃饭时，这位女经理在餐桌上会很自然地搬出她在那个名校所学到的那些渊博的学识来。饭后，她坚持付这笔餐帐，结果，以后，她就是独自一人用餐了。

反过来讲，一个没什么高学历的女打字员被一位男士邀去吃饭时，她会热情地看着她的男伴，满脸仰慕地说："真的，我好喜欢啊！你再说点你的事好吗？"结果呢？这位男士会告诉别人说："虽然，她并不是很漂亮，但我从来没遇到过比她更会说话的人了。"

男士们是应该赞赏女人化的妆，还有她们美丽可爱的服饰的，可是他们却都不记得。如果他们稍微用点心，就会发现，女人是多么的重视打扮。如果一对男女在街上遇到了另外一对男女，女士似乎不太注意到对面的男士，她们总是习惯注意对面的那个女子是如何打扮的。

多年前，我那98岁的老祖母去世了，她去世前的不长时间，我们拿着一张很久以前她的相片给她看，她的眼睛昏花，已经看不清楚了，她提出的唯一的问题是："那时我穿的是什么衣服？"

我们可以想像一下，一个卧床不起的高龄老妇，她的记忆力退化得甚至已经无法辨认自己的女儿了，可是她还是想知道，照这张老照片时，她穿的是什么衣服。那时，我就在她床边，这一幕在我的脑海中留下很深的印象。

男士们，当你们看到这一段话时，你也许不会记得，5 年前，你穿着什么样的外衣，衬衫是哪一种的……其实，男士们根本没有去记忆这种事情的想法。可女人就不一样了！

我曾经摘录过一篇故事，我相信这种事在现实中是不可能会发生的，然而，其中蕴含着一种真理。所以，我要把这个故事再重复一遍。

这是一个愚蠢而又可笑的故事：一个农家的女子在劳累了一整天后，在快要吃饭之时，她把一大堆草放在了那几个男工面前。那些男工问她："你疯了吧。"那个女子回答道："哦！我怎么知道呢，你们会注意到这些吗？我已经替你们做了二十多年的饭了，在这么长的时间里，我从来没有听到一句话，使我知道你们吃的不是草。"

那些帝俄时代的莫斯科和圣彼得堡的养尊处优的贵族们是十分注重礼貌的，这似乎已经成了那些贵族们的一种习惯。当他们吃过一桌可口的饭菜后，他们一定要请主人把厨师叫到外面的餐厅来，然后赞美厨师的技艺。

为什么不在你太太身上试试这种方法呢？当她烧了一盘美味可口的鸡时，你告诉她，她的菜简直棒极了，你非常喜欢吃！让她知道你在欣赏她的厨艺，而不是在吃草。就像格恩常说的那句话一样："好好地夸奖这个小女人。"

当你这样做时，要让妻子知道她在你的快乐中的地位如何的重要。狄斯瑞利是英国一位声名显赫的大政治家，可是，我们知道，他不介意天下人都知道——他得到太太多大的帮助。

有一天，我翻杂志时，看到一篇关于好莱坞一位著名的电影明星埃迪康特的访问记。上面写着：

"太太是全世界所有的人中帮助我最多的人。在我还在孩童时，她是我青梅竹马的伴侣，她引导我，鼓舞我勇往直前。

婚后，她节省着每一块钱，一次又一次地投资，替我积累了一笔财富。现在，我们有 5 个可爱的孩子，她为我布置了一个温馨的家，如果我有什么成就的话，那完全是我太太的缘故。"

在好莱坞，结婚是很冒险的。甚至于伦敦的劳滋保险公司也不愿意打这个赌。巴克斯特夫妇就是少数几对著名的美满的婚姻中的一对，以前，巴克斯特夫人的名字叫蓓蕾苏，她为了婚姻放弃了前途极为光明的舞台事业。她的牺牲并没有使他们的快乐稍有损害。

巴克斯特说道：

"虽然她失去了舞台上无数的掌声和赞美。可是现在，我每时每刻都在她的身旁，她随时可以听到我那发自内心的赞美。"

如果妻子想从丈夫身上获得快乐，他的欣赏和热爱就可以满足她。如果，他的那种欣赏和热爱是发自内心的，那也就是他的快乐。"

你明白了吗？

所以，如果你想有个美满而快乐的家庭，你要记住：给予对方真诚的赞赏。

用细节表达对爱人的关心

自古而今，鲜花都在一定程度上代表着爱情。其实，花不了多少钱，尤其是在花季之时，你在街口、路口都可以看到卖花的人。可是，做丈夫的是否总是不忘回家给太太带一束鲜花呢？也许，你以为它们都是贵得很，要不就是你觉得它们和瑶池中的仙草一样，才不需付出那样的代价给太太带点儿回去呢？

为什么一定要等到太太病到住进医院才捧一束鲜花去看她呢？为什么你就不能在下午下班回家的时候给她带几朵玫瑰花呢？如果你还有这个心思的话，你可以试试看，看有什么效果！

柯恩是百老汇最忙的人，每天，他都把给母亲打两次电话当做功课一样地做，直到老太太去世。在你看来，每次柯恩给母亲打电话是有什么重要的事吗？根本不是这样的。

注意细节的意思是：你要经常表现出你对你所敬爱的人的想念，你希望她开心。而她的快乐也会使你感同身受。

女人对一些纪念日都是十分重视的。这是为什么呢？也许是女人心理上的神秘的谜吧！

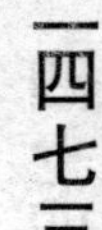

　　大多数男人都不会记住应该记住的日子，可是，男人们千万不能忘记这几个"日子"，比如你妻子的生日，你们的结婚纪念日。如果不能全都记得，最重要的，别忘记太太的生日。

　　芝加哥有一位叫塞巴司的法官，他曾审理过四万件起于婚姻争执的案件，还调解了两千对夫妇。他曾说过：

　　"有时，一件小事就会造成婚姻的不快。拿一件很平常的事来说，如果一位太太每天早晨都对上班去的丈夫挥挥手，说一声"再见！"的话，也许会避免很多婚姻的解体。"

　　也许，勃洛宁和他夫人的生活是历史上最值得歌颂的事了。他们永远注意到对方的细节，细致地关怀对方，使他们的爱情永恒。勃洛宁把他的多病的太太照顾得无微不至。一次，她太太给她的姊妹写信说："现在，我开始有些怀疑，我是不是已经快乐得像个天使一样了。"

　　有一些男人会小看那些夫妻之间每天发生的琐事，长此以往，他们就忽略这些事实，就会发生一些不幸的事。

　　伦诺法院是美国处理离婚案件的最方便和简单的地方。每星期，法院都会开庭 6 次，平均每十分钟判决一件离婚案。你以为有多少婚姻是真正需要必须离婚而几乎成为一幕悲剧的？我敢说，那种情况其实是很少的。

　　如果你有兴趣的话，可以天天坐在伦诺法院里，听那些怨男怨女们所提出的离婚的理由，你就会明白，爱情失去于细微的小事。

　　现在，你把这几句话写下，为了让你每天都可以看到，你可以贴在你帽子里，或是镜子上。这几句话就是：

　　这条路，我只能走一次。所以，只要我能为别人做一些好事，任何一点仁慈，让我现在就做吧！不要迟延，不要忽略，因为我再也不会经过这里了。"

　　所以，如果你拥有美满而快乐的家庭生活，就应该时刻注意细节。

结婚后还要做淑女

　　勃雷是美国的一位大演说家，曾经一度成为总统候选人。他的女儿要和丹姆洛契结婚了。数年前，他们在苏格兰的恩特·卡耐基家里结识后，就一直过着幸福的生活。

那么，是什么使他们相处得如此融洽呢？

丹姆洛契夫人曾说过："我们选择伴侣时，一定要小心谨慎，然后就是要注意结婚之后要注意礼貌……年轻的太太们，你对待自己的丈夫时，不妨就像温婉有礼地对待一位客人一样对待他。任何丈夫都怕自己的太太像个骂街的泼妇一样。"

爱情会被无礼和粗暴摧毁的。我相信，这道理谁都明白，可是，很明显的是，我们对待一位客人总是比对待自己的家人要有礼貌。

我们不可能插嘴向一位客人说："天啊！你又在说那些陈芝麻烂谷子的事了！"我们不可能在没得到他人的允许下就私拆别人的信件。我们也不会去窥探别人的隐私。可是，我们在发现我们最亲密的家人的一点错误时，就会公然地斥责他们，侮辱他们。

现在，我们来引用狄克司的话："虽然这件事让人惊诧，可是，这完全是个事实……几乎是自己的家人才对我们说那些刻薄、侮辱、伤人感情的话。"

瑞斯诺说："礼貌是人内心深处的一种特质，它可以让人忽略破旧的园门，而专心观赏园子里的鲜花。"

在我们婚后的生活中，礼貌就像汽车离不开汽油一样不可缺少。

贺尔姆对自己的家人体贴得无微不至。即使他不开心，他也一定藏好自己的烦恼，他的脸上从不显现出能让家人看出来的烦恼。

普通人是否能做到贺尔姆这点呢？一般人在办公室办错事时，或是失去了订单，被老板、经理批评了几句时，他就巴不得赶回家，把在办公室里受的窝囊气发泄到家人身上。

荷兰人有一个风俗，人们在进屋子前都会把鞋子脱在门外。从荷兰人这里，我们可以学到这样的一个教训：回家进门前，把所有不如意的事都抛之脑后，然后再进门。

贾姆士曾经写过一篇名为"人类某种的愚蠢"的文章。他在文章里写道：

写给女人的忠告

"现在，本文所要讲的是人类的毫无目标的愚蠢，每逢我们遇到跟自己感受不同的动物或人时，我们都会感到十分头疼。"

我们每个人就是这样盲目地愚蠢着！有多少男人是从来不会跟顾客，或是伙伴们厉声说话的，可他会毫不犹豫地跟他们的太太发火。

如果他们还考虑个人幸福的话，他们应该明白，他们的事业远远没有他们的婚姻重要。一个孤独的天才远没有一个拥有美满婚姻的人幸福、快乐。苏俄小说家托琴尼夫是十分受人们敬仰的，可他却这样说过："如果在某个地方，有个女人关心我是否可以早点回家吃晚饭的话，我宁愿放弃我所有的天才和我的著作……"

人们究竟有多少能够获得幸福婚姻的机会呢？狄克斯女士认为：在婚姻中，失败的婚姻占多数。可是鲍宾诺的意见却不是这样，他说："一个人在婚姻上成功的机会要比在任何事业上成功的机会大得多。一个开杂货店的男人也许有百分之七十的机会会失败，可是结了婚的男女却有百分之七十是成功的。"

狄克斯女士给婚姻问题作了如下结论。

她说："如果把人的出生与婚姻比较的话，那只不过是短暂的一幕而已，至于死亡，就更不值得一提了。"

自始至终女人都不能了解：为什么男人不把家庭也看成一种事业，让这个业务蒸蒸日上，创造一个幸福而美满的家庭。

虽然有一些男士认为，获得千百万财富远远不如娶到一个满意的妻子，拥有一个美满的家庭重要。可是，多数男士们都不会对婚姻加以思考，去付出真诚的努力，以获得成功的婚姻。他们把一生中最重要的事情都交付在机会上。他们认为，运气是决定成功或失败的关键因素！

女人们永远不明白，为什么男人不在她们身上运用一些外交手腕？当然，如果他们不用欺压的手段而是运用温柔的手腕对待她们，对他们来说，那是有益的。

每个男人都知道，他可以不带任何目的地让他的妻子为他做任何事。如果丈夫们知道如何多称赞太太几句，说她是合格的女主人，那么，她会更恪尽自己的本分，把事情做得更完美。如果做丈夫的称赞太太去年做的那套衣服如何的好看，她决不会打算今年再添一套巴黎新式的时装。

每个男人都知道，他们可以把妻子吻得闭上眼睛，直到她盲如蝙蝠；只要热情地在她的唇上吻一下，就可以让她一句话都说不出来。

作为一位妻子，她知道她丈夫明白这一切，因为她已经为他准备好了可以照做的完整的图表。可是，她却又不知道，是应该热爱他，还是讨厌他。因为他宁可跟妻子吵闹后，拿钱给她买新衣、新车、珠宝等东西，也不愿意夸奖她几句。他不愿意去做她所渴望的事，他不愿意那样对待她。"

所以，如果你拥有美满而快乐的家庭生活，就要记住：一定要相敬如宾。

不要试图改变你的爱人

英国大政治家狄斯瑞利曾说："也许，我一生中犯过很多错误，做了很多蠢事。可是，我绝不会为爱结婚。"

是的，他确实没有。在 35 岁之前，他没有结婚，后来，他向一个比他大 15 岁的富有的寡妇求婚，那是一个年届五十、头发灰白的寡妇。

他们之间有爱情吗？没有。这位寡妇知道他只是看中了她的金钱，并不是因为爱她才娶她。所以，那位寡妇只提出了一个要求，她请他给她一个观察他品格的机会。一年后，他们结婚了。

这些话听起来平淡无奇，和做一次买卖差不多。可是，令人难以置信的是，狄斯瑞利的婚姻却是最美满的婚姻。

他所选的那个有钱的寡妇，年纪既老，人又不漂亮，一个已经半百的妇女当然比不上年轻小姐了。

她说话常会犯文学上、历史上极大的错误，成为人们的笑柄。比如有这样一件有趣的事：她永远搞不清是先有希腊，还是先有罗马。她的打扮更是稀奇，根本和正常人是不一样的。至于打理房间，更不是她擅长的事。

可她却是个天才！

在婚姻中，她是一位伟大的天才，她知道怎样对待一个男人。

她从不提出和丈夫相反的意见。每当狄斯瑞利跟那些反应敏锐的贵夫人们谈了一下午话，筋疲力尽地回到家中时，她能让他安静地休息。他们的家庭每天都有新的快乐，气氛融洽，彼此相敬如宾。

与这位比他年纪大的太太在一起的时光，是狄斯瑞利一生最愉快的时光。她是他的贤内助、亲信、顾问。每天晚上，他从众议院匆匆赶回家，他告诉妻子他白天所看到、听到的新闻。最重要的是：只要他努力去做事，她都相信他一定会成功。

30 年过去了，玛丽安——这个 50 岁再婚的寡妇认为，因为那些财产能使他生活得更安逸，她的财产才有价值。反过来说，她是他心中的女英雄。在她去世后，狄斯瑞利才被封授伯爵。当他还是平民时，他就上书维多利亚女皇封授玛丽安为贵族。1868 年，玛丽安被封为"毕根菲尔特"女子爵。

无论她在众人面前表现得多么愚蠢、笨拙，他都不批评她，在她面前，他从不说一句责备的话！如果有人嘲笑她，他就立刻为她辩护。

玛丽安不是完美的女人，可是在她最后 30 年的岁月中，她对自己的丈夫永不厌倦！她敬仰着自己的丈夫！结果呢？狄斯瑞利自己说："我们结婚 30 年，我对她从不厌倦。"

可是，有些人会想——玛丽安连历史都不知道，她一定很愚蠢。

在狄斯瑞利看来，玛丽安是他一生中最重要的人，他对此毫不隐讳。结果呢？玛丽安常跟她的朋友说："感谢上帝，我的一生是一个快乐的人生。"

他们之间曾有个笑话。狄斯瑞利曾这样说："你知道，我只是为了你的钱才和你结婚的。"玛丽安笑道："没错，可你若是再向我求婚一次，你一定是为了爱我才向我求婚的，对不对？"

狄斯瑞利笑着承认了。

是的，玛丽安并不完美，可狄斯瑞利能够聪明地让她保持她的本色。

贾姆曾说："与别人交往时，不干涉别人原本的那种特殊的快乐的方法是第一件应该学的事。"

伍特写过一部关于家庭方面的书，他在书上写道："不只要寻找一个适当的人，自己也要知道怎样做一个适当的人，才算是一个成功的人。"

所以，如果你想拥有美满而快乐的家庭生活，就不要试图改变你的伴侣。

那临风若水的温柔

　　著名作家哈代曾在他的著作中描述过，在新西兰某个地方有一个墓地，里面有一块年代已久的墓碑，上面刻着一位女士的名字和一句话："她是如此的温柔"。

　　不知道其他人看了这句话以后会有什么感想。在我而言，没有什么能比这句碑文更令我感动，也更让我想拥有这句话了。可以想像得出，当这个悲痛欲绝的丈夫把这句话刻在妻子的墓碑上时，心中一定满是无尽的幸福回忆：每天下班回家，妻子总是做好了可口的饭菜，在笑容满面地等着他回家；一个俗套的小笑话也能逗她开心，家里充满了温暖和爱意。

哈代

　　专家们曾经说过，如果一个妻子能让丈夫觉得幸福快乐，他就能顺利地取得事业上的成功。一个成功的丈夫的背后总有一个温柔可爱的妻子。

　　但是，却有很多深爱丈夫的太太不知道怎样才能让自己的丈夫活得幸福快乐。尽管她们深爱着自己的丈夫，却总是做一些错事：死死地缠住要出门的丈夫；当应该倾听丈夫讲话时，仍然唠叨个不停；像个教官一样把家里的事情当军事处理。

　　其实，想要让丈夫宠爱是很容易的，在对付丈夫上所花的心思可远远没有女人打扮自己所花的心思多。像准备一场舞会一样，只要你聪明一点，肯动脑筋，肯努力就行了。当然，我们也要打扮，但是，那些过分修饰自己的女性一定不要忘记对自己的丈夫表示出你的关心来。那些懂得如何获得丈夫的宠爱的女人根本不担心自己韶华即逝、身材也不再完美，因为她们得到了丈夫的欢心。

　　每个出色的女秘书都会研究老板的嗜好，知道怎样才能让老板高兴。她知道老板喜欢什么，也知道老板讨厌什么，还知道在什么样的环境下，他能更有效率地完成工作。她甚至会改变一些个人的爱好，让老板对她更满意。如果她的老板喜欢自然的装扮，她就会用无色透明的指甲油。其实，太太们也向秘书学习学习，像为老板工作一样，为自己的丈夫做这样的事情。妻子愿意学习怎样才能获得丈夫的欢心是幸福成功的婚姻的前提。

罗斯福总统出去演讲时，为了减轻自己在极为紧张的行程中的压力，他喜欢儿女们陪着他。当我采访罗斯福夫人时，她告诉我，当丈夫出去演讲时，她会安排孩子们轮流陪他，几乎每隔两个星期就轮换一次。总统对于这种安排十分满意。她说："在旅途之中，总会发生许多有趣的事，我们的旅途总是充满笑声，所以，他也能轻松自如地处理那些繁重的工作。"另外，艾森豪威尔总统的夫人也说过，用点滴的小事给丈夫带来幸福是一个妻子最主要的工作。其实，这些小事并非真的很小。有人说过："若想培养出最好的风度，必须先要做出小的牺牲。"同时，这也是婚姻幸福的关键所在。如果一个妻子可以为了丈夫和家庭的幸福放弃一些个人嗜好，那么，她所得到的回报将远远超过她所付出的。所以，这样做是非常值得的。

约瑟劳尔·卡巴布兰加先生是世界闻名的国际象棋冠军，也曾做过古巴的外交官。他十分聪明，很受人们的欢迎。他和很多成功的男性一样，也会固执己见。但是，卡巴布兰加先生的妻子——奥嘉·卡巴布兰加夫人却愿意放弃自己的嗜好，所以，他们的婚姻十分美满，他们拥有浪漫的爱情，彼此尊重着对方。奥嘉·卡巴布兰加能让丈夫开心快乐，所以有时候，卡巴布兰加先生也不再坚持自己的看法，让她高兴。她只是做了点"小牺牲"就获得了丈夫的欢心。当卡巴布兰加先生坐立不安时，她就会很安静，让他有独立思考的空间，从来不会喋喋不休地激怒他；本来，她很喜欢参加社交舞会，但因为丈夫喜欢留在家里，她也就心甘情愿地放弃了自己的爱好；他不喜欢她穿的衣服，她就立刻换一件他喜欢的；本来，她只喜欢看娱乐性的书，而她丈夫却喜欢看哲学和历史方面的，所以，她也就认真地看了丈夫喜欢的书。就像她对我说的那样，这么做是为了"欣赏和领会他的意图，从而跟上他的思想"。

这些做法得到了什么呢？丈夫会感谢她吗？你很快就会明白的。卡巴布兰加先生原本认为，赠送礼物是世界上最可笑、最矫揉造作的事了。然而，有一年的情人节，为了表达自己对妻子的爱意，他特地送给她一盒大大的、十分精致的巧克力。当时，他像一个小学生一样红着脸。她高兴极了，那么理智的丈夫竟然会做这样的事，难得的是，卡巴布兰加先生是真诚地这样做的。自此以后，卡巴布兰加先生就开始喜欢给太太送礼物了。有一次，他特意花钱请一名职员帮他干了两小时活，就是将一小瓶香水用一连串大小不同的盒子包装起来，他就是想看到太太打开盒子时一脸幸福的样子。

卡巴布兰加太太给了丈夫幸福，而为了感激她的牺牲，博得她的欢心，她的丈夫想方设法地哄她开心，并从中体会到快乐。这样，就难怪他们的婚姻会如此美满了。

卡巴布兰加太太的例子证明，如果一个妻子能让丈夫幸福，那么，丈夫也会给她幸福。著名的笛斯雷利的妻子也有这种感觉，她骄傲地和朋友们说："一直以来，我的生命都充满着单纯的幸福，为此，我对丈夫的体贴十分感激。"

对男人而言，只要他觉得舒适，并能做自己想做的事，他就会感到快乐和幸福，所以，妻子想做到这些是非常容易的。当然，也就是说，妻子应该喜欢丈夫的消遣和娱乐方式，改变自己以适合丈夫的喜好。无论怎么做，我们都应该明白，如果丈夫能觉得快乐幸福，那么，他就有可能取得事业上的成功，这也是太太所能做的最大的贡献。让我们期盼那最美好的事情：四五十年以后，他将深情地说："她是如此的温柔。"

舒适感比什么都重要

当丈夫忙碌了一天回到家中时，他希望家里的环境是怎样的？什么样的家庭环境才能让他恢复精神，第二天早晨自信满满地去上班呢？这些问题比你想像的要重要多了，它也许决定着你丈夫的事业成败。

克利福特·R. 亚当斯博士在《妇女家庭》杂志上成功地开设了一个"如何让婚姻幸福美满"的专栏。她说："妻子在家庭中的表现对丈夫和孩子的意义重大。虽然丈夫和孩子也有他们的责任，但是，只有你所创造出来的家庭氛围和表现出来的态度才是最关键。"

丈夫们只有在家庭具备了一些基本要素之后，才能高效地工作着。

轻松。

哪怕男人疯狂地热爱着自己的工作，从某种程度上来说，他也会有一定程度的紧张。如果家庭能消除他的这些紧张的话，那么，无论是他的内心情感还是身体机能，都会得到适当的放松，他就会在第二天信心百倍地投入工作之中。

每位女性都希望自己能成为一个优秀的家庭主妇，但是如果做得过分，丈夫们反而得不到应有的休息。在我小时候，有这样一位邻居。她怕弄脏家里的地板，所以不允许孩子们带朋友回家；为了怕窗帘染上烟味，不允许丈夫在家里抽烟；无论是谁，必须把看过的书或报纸放回原处。这种情况普遍得很，也许，这是一种精神病的症状。戏剧《克莱格的妻子》中的女主角哈里莱特·克莱格也有这样的毛病。实际上，很多女性都有同样的毛病。哈里莱特·克莱格要求家里要绝对保持干净，她甚至不允许坐垫错放。朋友们来访会搞乱家里的东西，所以她不喜欢有人来拜访。而她那正常、豪爽的丈夫被她看成是破坏狂，因为他把自己精心创造出来的冷酷的完美给搞得一团糟。人们十分喜欢乔治·凯里所写的这部戏剧，最后，这部戏剧获得了当年的"普立策奖"。在美国基督教家庭生活二十届年会上，美国基督教大学精神科教授罗伯特·P. 奥汀桦特博士作了一次演讲，他认为，太太们对于家里要绝对干净的愿望是"美国文化中最大的压迫"。

我们看见丈夫把自己好不容易收拾得一尘不染的客厅弄得乱七八糟，地板上丢满了报纸、烟头、眼镜盒，还有其他乱七八糟的东西，我们常常想冲动地拿一把钝器狠狠地揍他。但是，在大骂他毫无良心之前，我们要记住，只有在家里，丈夫才能恢复自己，放松心情。

舒适。

在布置家庭时，妻子们一定要记住，丈夫最需要的就是舒适。在身心疲倦时，丈夫们尤其讨厌女人眼里那些迷人的东西——精致的桌椅，柔软的毛织物，过多的装饰品等等，他特别希望自己能有个放脚，放烟灰缸、报纸和烟斗的地方。如果你知道单身男性是如何生活的话，你就知道他们喜欢怎样布置房间了。

　　路易斯．C．派克是我们的家庭医生，最近，他又重新装修了自己的办公室，换上了覆盖着皮革的纯木桌子，添置了宽敞舒适的沙发、巨大的铜制灯，以及笔直下垂的窗帘。这个办公室就像他的家一样。有一天，在那里，我看见一些候诊的男病人都十分羡慕地观察着他的陈设。

　　瓦特·琳可也是单身，也很擅长此道，他在纽约市买下了一间超现代的公寓。他是新泽西州石油公司的地理学家，由于工作上的需要，他经常出差去世界上最偏远的角落。于是，他用工作之余买回的各地的特色纪念品把自己的家装饰起来，爪哇的手工织染布、刚果的木雕、东方的象牙工艺品都装点着这座房子。现在，他的公寓是十分迷人的，因为它既宽敞明亮而又舒适，同时还极具个性魅力。很少有女性能像他们一样做到如此布置房子，难怪这些有能力结婚的单身汉们总是不肯结婚，而情愿孤身一个人。

　　在布置房间的时候，我们很少考虑丈夫对于舒适的要求。我曾经在巴黎买过一些仿古的、精美小巧的瓷器烟灰缸，把它们摆在家里使用，可很少有客人会用这些精致的小东西。家里还有几个我丈夫在廉价商店买的大型玻璃烟灰缸。每次客人来，他们都喜欢用那些廉价商店的东西，确实是物尽其用了，而我买的东西却闲置一旁，没什么用处。

　　如果你丈夫总是把你辛苦布置好的家弄得一团糟的话，可能是你布置的方式有点问题。他随手乱丢报纸？也许是茶几不够大，要么就是茶几上摆满了装饰品，搞得他没地方放报纸。他把烟灰"到处乱弹"，让你无法忍受？给他多买几个大烟灰缸吧。他经常把脚放在你精致的脚凳上？给他买个牢固的、塑料的脚垫，把你的心爱的脚凳摆在客厅吧。

　　给他准备一个固定的能放烟斗、照相机、收藏品和报纸的地方，别让他只能把这些东西和别的杂七杂八的东西堆在一起，甩在阁楼的角落里。

　　如果丈夫觉得家里十分舒适，他就不会想到别的地方去。

　　有秩序和清洁。

　　如果一个家庭几乎从来不按时开饭；到了晚上，水池里还有早上的盘子没有洗；浴室里到处都是脏东西；卧室也乱成一团，男人们面对这种混乱的家会夺门而出，跑去球场、酒吧甚至妓院。对大部分男性来说，他们宁愿在

写给女人的忠告

干净整齐的茅草屋里住，也不愿在乱七八糟的漂亮屋子里住。他可以忍受自己造成的凌乱，却不能忍受别人的不整洁。

我的丈夫告诉我，一次，他到一个漂亮姑娘的公寓去找她，结果却再也不想向她求婚了，因为他看见她的房间乱得就像刚刚被洗劫过一样。

以上所说的是长期不整理的状况。当我们偶尔有急事要处理而不能收拾屋子时，任何一个有修养的丈夫都能体谅我们的难处。只要我们不总是这样，他也会帮我们，也会愉快地在清扫屋子的时候吃剩菜。

《福星》杂志曾为一些公司的员工做过有关他们生活的调查，当时，有一位总经理对他们说："我们能给员工营造良好的工作环境，但我们不能让他们把这种环境带回家，因为家里的气氛是由妻子营造的。"妻子营造的家庭环境与丈夫在事业上的表现是息息相关的。

通常情况下，太太们都希望自己丈夫的身体和精神能从工作中分离出来一点，但同时又希望他们努力工作，表现出最好的一面。如果妻子能创造出快乐和谐的家庭气氛，那么就能同时实现这两种愿望。

保罗·珀派罗博士是洛杉矶家庭关系协会的会长。他说："在现代社会生活中，无论在何种情况下，人们都面临着竞争，工作根本不像野餐那样让人觉得轻松而愉快。从下班的那一刻开始，他就开始渴望拥有安宁、舒适、受人关心的生活。家庭是男性的栖息地，应该让他暂时摆脱工作上的麻烦，充分地享受着家庭所带来的快乐。

"公司里的人只会想方设法地找出他的错误。但是，家里却有一位天使能发现他的美好所在。太太不会用自己的事情来使丈夫觉得困扰，也不会给他带来任何麻烦。她能抚慰他的精神，恢复他的能力，让他心情愉快，使他在第二天早晨神采奕奕地去上班。这种能够在家里营造出这种气氛的妻子完全尽到了妻子的义务，她明白自己应该做什么！"

妻子应该努力让丈夫觉得，他才是这个家的国王，而不是娇贵的女性王国里那个愚蠢的破坏者。妻子应该和丈夫一起商量如何布置家里，或者添一件什么样的家具，而不只是让丈夫充当付款机。如果丈夫想露两手，做两个菜的话，妻子可以让他在星期天的晚上尽情发挥，哪怕他会把一堆锅碗瓢盆留给你清洗；如果你的丈夫想买个摇椅，你就该放弃自己想买古典沙发的愿望。可能你会觉得你有点吃亏，但最终你会发现，他开始一天比一天地喜欢这个家了。丈夫其实是和你一样关心家庭的，因为他需要一种"家庭少了他就不完整"的感觉；而且，如果他能在更多事情上有权利作决定的话，他会觉得家庭对他十分重要。

一位女人对于用很少的钱布置出最好的屋子很是擅长，她把房间调成温柔甜美的色调，用一碰就碎的工艺品布置房间，屋子里散发着精巧别致、迷人、近乎完美的味道。可她的丈夫却是个典型的男人，高大威猛，整天抽着烟，颇具男子气概，他会觉得自己在这个完全女性化的环境十分拘束。每当有朋友和同事来访时，他就招待朋友们去森林里的小屋，或者去海边钓鱼，尽管他很爱自己的妻子。这个女人不断地抱怨丈夫的这种行为，但她却不肯为了丈夫改变一下自己。

我们应该记住，我们是为了我们深爱的丈夫才做家务的，我们是想给他营造出一个充满爱意、安宁舒适的小窝，而不是为了让家里绝对洁净。为了让丈夫开心快乐，我们需要记住以下的基本原则：

给他一个整洁而有序的家。

给他一个轻松的家。

让他感到家里十分舒适。

让笑声和爱意充满家中的每个角落。

让丈夫与你一起布置你们的家。

写给女人的忠告

第十九章　熟谙社交的艺术

学会给人"戴高帽"

当一个曾经十分出色的工人变得不如从前时，你将如何处理呢？你可以解雇他，但那样做并不能真正解决问题。你也可以严厉地指责他，却又可能因此而招致怨恨。印第安纳州洛厄尔的亨利·亨克是一家卡车代理公司的客户服务经理，他发现一名机修工的工作变得大不如前，于是便把他叫到办公室里，进行了一番推心置腹的谈话。

"比尔，你是一名出色的机修工，"他说道，"在这条生产线上你已经工作了好几年，你修理的许多车辆都让顾客十分满意。事实上，我们也一直对你出色的工作赞不绝口。但是，你最近完成任务的时间开始延长，并且工作也达不到以前的标准。你以前的工作是那样棒，我对现在这种状况感到不太满意，或许我们可以一起寻找解决问题的方法。"

比尔解释说自己并没有意识到工作退步，他向我保证现在的工作并没有超出他的技能范围，而他会在今后努力改进。他做得如何呢？你一定猜得到，他干得不错，他再次成为一名高效率并且技艺精湛的机修工。有了亨克先生给予的评价，他除了工作得和以前一样还能怎么做呢？

塞缪尔·华克伦是鲍德文铁路机车工厂的总经理，他说过这样的话："如果你得到某个人的敬重并且尊重他的能力的话，一般来讲，他会愿意接受你的指导。"

简言之，假如你希望改掉某人某方面的缺点，你可以表示他其实已经具有这方面的优点了。莎士比亚说："如果你希望具备一种美德，就要首先假定自己已经具备了。"同样，当我们希望他人在某方面做得出色时，最好是假定并公开地说对方具有你所需要他发展的美德。给他一个美誉让他去实现，他会尽量努力，而不愿让你失望。

《我和梅特林克的生活》一书的作者雷布利克曾在书中叙述一个比利时卑微女仆的巨大转变。她这样写道：

在隔壁饭店，有个每天替我送饭菜的女佣，因为她最初是个厨房助手，人们叫她"洗碗的玛丽"。她长着一对斗鸡眼，两腿弯弯，骨瘦如柴，样子很古怪，情绪十分低落。

有一天，她用那双发红的手给我端了一碗通心面，我真诚而坦白地对她说："玛丽，你知不知道你有许多可贵之处？"

玛丽平时似乎有约束自己感情的习惯，她顿了一下，生怕会招来什么灾难似的，不敢表露出一点欢喜的样子。她把面放到桌上，然后叹了口气说："太太，我从来不敢相信这个。"她既没有提出问题，也没有表示怀疑。她回到厨房不断地重复我的话。这次，没人拿她开玩笑，真诚的信任产生了巨大的力量。就从那天起，她自己似乎也考虑到那回事了。在她谦卑的心理上发生了一种变化。她开始相信：自己真的有内在的潜能。她开始注意打扮自己。人也渐渐焕发出青春的光彩。

两个月后，在我要离开那个地方时，她突然跑来告诉我，她要跟厨师的侄儿结婚了。她悄悄地告诉我："我要去做人家的太太了！"她还感谢我。短短的一句话却改变了她的人生。

雷布利克给"洗碗的玛丽"一个美好的赞誉，而那个赞誉使她努力并改变了她的一生。

有这样一句古语："如果你给一条狗取了个难听的名字，还不如把它勒死算了。"但是，如果你给了它一个好名字，你就等着奇迹发生吧！

所以，如果你要影响一个人的行为，而不招致他的反感，记住：给别人一个美名，让他去保全。

鼓励更易使人改正错误

我有一个年约 40 岁才订婚的朋友，他的未婚妻劝他学跳舞。对他来说，

这也许太迟了。他告诉我以前的情形，他说：

"我现在还要学跳舞，因为我的水平还和20年前学跳舞时一样。也许，我请的第一位老师讲的是真话，她对我说，我的步子完全错了，我要忘掉以前学的东西，从头开始。我很灰心，无心再学，便辞退了她。第二个老师大概没讲真话，但我很喜欢她的方式。看了我的舞步后，她淡淡地说，我跳的舞步有点过时，可是基本步子是对的，她说学习几种新舞步对我来说应该不是难事。

"第一个老师几乎使我丧失了对跳舞的兴趣，而第二个老师则不断地鼓励我、支持我。她总是夸我跳得对的时候，很少说我跳错了。'你的韵律感很好，'她说，'你应该是个天才的舞蹈家。'虽然我知道，我只是一个三流的舞者，但我还是真心地希望她说的是真的。确实，我付了钱给她。但为什么第一位老师要说穿那些话呢？

"不管怎么说，我在受到她的那句称赞之后，感到自己的舞步好多了。对她的鼓励我表示感谢，是她给了我希望，促使了我的进步。"

批评你的孩子、爱人或员工，说他（她）完全不对是一件愚蠢至极的事，那会打消他们追求上进的意念。可是运用一种相反的技巧，多给人们一些鼓励，把事情看得很容易做，告诉对方他尚有未发掘的潜力，而你对他有信心，他就会竭尽全力来争取胜利。

托马斯就用过这种方法，他可以说是人类关系学上一位伟大的艺术家。他会给你自信，激发你的勇气和信念。我现在举一个例子：

一个星期六晚上，我同托马斯夫妇共度周末。他们请我坐在火炉旁，邀我一起玩桥牌。那时我对桥牌一窍不通，这游戏对我来讲就像一个极神秘的谜。"桥牌？不，不，我不会！"我很窘迫又不得不这样说。

托马斯说："戴尔，玩桥牌并不需要什么技巧，只要用点记忆和判断就好了。你写过一篇关于记忆的文章，相信这对你而言是非常容易的。"

这样，我第一次坐在桥牌桌上。那是因为托马斯说我有玩桥牌的天分，从而使我感觉这种游戏并不难。

谈到桥牌，凡是玩桥牌的几乎没有人不知道库伯逊这个名字的。他所著的有关桥牌的书籍已经被译成12种文字，销量不下100万册。可是，他曾经告诉我，如果不是有位少妇称赞他，说他有玩桥牌的天分，他是不会以此为职业的。

1922 年，他来到美国，打算做一名哲学或社会学老师，但他没有成功。后来，他替人推销过咖啡，但都以失败而告终。

那时，他从未想过要教人玩桥牌。因为他不但不精于此道，还常常找出很多问题询问对方，并且每次玩牌后还要啰里啰唆，几乎没人愿意跟他一起玩牌。

后来，他遇到了一位美丽的桥牌老师——狄仑女士，他们坠入爱河，并结了婚。当时，狄仑发现库伯逊十分细心地分析自己手里的牌，于是她就说他是个桥牌桌上尚未被发掘的天才。库伯逊对我说，正是由于狄仑的那句话激励了他，才促使他成为职业的桥牌专家。

先承认自己的错误

数年前，我的侄女约瑟芬离开家到纽约来做我的秘书。那时，她只有 19 岁，刚从一家中学毕业，仅有一点办事经验。当然，她现在非常能干。但开始的时候，我看她实在有待进步和提高。有一天，当我想批评她时，我先对自己这样说：“等等，戴尔·卡耐基，等等。你的年纪比她大一倍，怎么能要求她具有和你一样的处事经验、观点和判断力？你 19 岁的时候，不是也犯过一些愚蠢的错误吗？”

经过真诚而公平的思考后，我认为约瑟芬比我当年要好多了。所以，从此以后，当我提醒约瑟芬注意自己的错误时，我总是这样说：“约瑟芬，你犯了点错，但并不比我当年所犯的错误更糟。我们需要从经验中提高我们的判断力。而且，你比我当年强多了。我并不想批评你，因为我自己也犯过很多可笑的错误。但是，我希望你知道，如果你这样去做，不是更明智些吗？”

如果提出批评的人能先谦虚地承认自己也不是十全十美的、不犯错误的，然后再指出别人的错误，这样就比较容易让人接受了。

1909 年，圆滑的布洛公爵就曾使用过这种方法。

当时，德皇威廉二世在位，他目空一切，而且装备陆军和海军，想要与全世界为敌。

于是，一件令人惊奇的事情发生了。德皇说了一些令人震惊的话，震动了欧洲，甚至影响了世界。而且他在英国做客时，当众把这些言论发表出来。同时，他还允许报纸照原意发表。诸如，他说作为德国人，他只对英国有好感。为了对付日本，他正在建造海军。德皇威廉二世还表示，只有他一个人能使英国不屈服于法、俄两国的威胁。他还宣称，英国洛伯特爵士在南非战胜荷兰人也是他的计划。

在100年以来的和平时期，没有一位欧洲君主敢说这样惊人的话。那时，欧洲各国一片哗然。英国非常激愤，德国的政治家也大为震惊。德皇在这种情况下也渐感事态严重。他向布洛公爵暗示，要布洛公爵宣称一切都是他的责任，德皇之所以说出那些不可置信的话都是他的主意。

"可是陛下，"布洛公爵拒绝说，"恐怕不管德国人或是英国人，都不相信我有能力建议陛下说那些话的。"

话一出口，布洛公爵立刻发现自己犯了一个大错。果然，这些话激怒了德皇。

他愤怒地咆哮着说："你是说，我犯了连你都不会犯的错误，像头蠢驴一样，是不是？"

布洛公爵知道要指出德皇的错误的话，应该先做某种程度的赞美，可为时已晚，他尝试做第二步的努力。那就是在批评过后，再加以赞扬。结果，立刻出现了奇迹。

布洛公爵毕恭毕敬地说："陛下，我绝没有那个意思，陛下的很多方面远胜于我，无论是海军知识还是自然科学。当您说到风雨表、无线电报等科学理论时，我总是感到汗颜，因为我知道得太有限了。对于各门自然科学我都不懂，化学、物理更是一窍不通，我甚至不能合理地解释最普通的自然现象。稍稍可以安慰的是，我对于历史方面的知识略微知道一点，而且也有一点政治上的才能，特别是外交上的才能。"

德皇脸上露出笑容来，那是因为布洛公爵称赞了他。布洛公爵在抬高他的同时降低了自己。经布洛公爵这样解释后，德皇原谅了他并热情地说："我常常告诉你，我们能够成名就是因为我们彼此的相辅相成和赤诚合作。"

那天下午，德皇紧握着布洛的手说："要是有人说布洛公爵的坏话，我就一拳打碎他的鼻子。"

布洛公爵及时地保全了自己——但是，作为一名谨慎的外交官，他以后再也不会犯这样的错误了。他会首先承认自己的缺点并肯定威廉的优点——丝毫不会暗示德皇是一个需要人保护的傻瓜。

用这样几句贬低自己称赞对方的话，就可以将盛怒中的德皇变成一个热忱的朋友。由此可见，谦逊和称赞在我们的日常生活中有多么重要，它在处理人际关系上真能发挥奇迹般的作用。

使人们乐意接受你的建议

1915 年，美国充满了恐怖。这一年，欧洲各国彼此互相残杀，时间长达一年之久，其规模之大在人类历史上也是罕见的。还会有和平吗？没有人知道。但威尔逊总统决心试一试。他决定派和平专使去和那些欧洲军阀商谈。

当时的国务卿勃雷恩是个极力主张和平的人，他希望能为这件事奔走。他认为这是一个名垂青史的大好机会。可是威尔逊总统却派了勃雷恩的好友赫斯上校。赫斯上校要想把这件事告诉勃雷恩，又不惹起勃雷恩的愤怒，是一件很不容易的事。

"听说我要去欧洲担任和平专使，勃雷恩显然感到极大的失望，"赫斯上校在日记上这样写着，"勃雷恩说，他原本是要准备自己去的……我回答说，总统认为，让一位政府大员担任这件事是十分不适宜的。如果你去了那里，会引起人们极大的关注，人们会猜测为什么美国政府要派堂堂一位国务卿来商谈此事……"

你看出暗示来了吗？赫斯上校在暗示勃雷恩，他的职位是何等重要，所以他并不适合担任那项工作，而勃雷恩高兴地同意了。

机警而富于处世经验的赫斯上校做到了人际关系中一项重要的准则：永远使人们高兴去做你所建议的事。

威尔逊总统在请麦克多做他的内阁成员时，也运用了这一规则。这一荣誉对被授予者而言是至高无上的，可是威尔逊总统的做法使别人更能感觉到自己的重要。这里是麦克多自己叙述的故事："他（威尔逊总统）告诉我，如果我在他组织的内阁里担任财政部长，他会非常开心。他使我觉得，如果我接受这项荣誉就帮了他的大忙。"

不幸的是，威尔逊总统没有永远使用这种方法，如果他一直运用这种方法，或许历史就会重演了。比如，在美国加入国际联盟这个问题上，威尔逊并没有得到议院和共和党的支持。而他却拒绝带共和党党员参加和平会议，他故意冷落共和党，拒绝让他们参与联盟的相关讨论，不让他们分享一点儿成果。威尔逊这种草率的做法，不仅损害了他的事业，也影响了他的健康和寿命。正因为如此，美国从未加入国际联盟，改变了世界历史。

威尔逊

我认识一个人，他不得不拒绝进行一些演说，因此他总是得罪一些人。而这当中，有很多都是他的朋友。可因为他婉拒得很巧妙，并不会使对方不快，反而感到很满意。他是怎么做的呢？他不只是对别人说他很忙，他还表示感谢对方的邀请，然后推荐一位能代替他演说的人。换言之，他没有给他人一点机会来对他的拒绝感到不满，并很快让人们对其他有可能接受邀请的演说家给予关注。

当年拿破仑的做法也是如此。他在训练荣誉军时，曾颁发了 15000 枚十字勋章给他的士兵，任命 18 位将军为"法国大将"，并将自己的军队称为"宏伟之师"。有人讥笑他"幼稚"，颁发玩具给那些出生入死的老军人。拿破仑回答说："是的，有时，玩具可以统治人类。"

拿破仑这种以名衔或权威授予他人的方法，对他很有效，对你也同样有效。例如，我有一个纽约的朋友——琴德夫人。她一度很困扰，因为有一群顽皮的孩子总是把她家的草地踩坏。琴德夫人试着劝告、吓唬那些孩子，没有一样管用。最后，她终于想出了一个办法。她找出他们当中最顽皮的一个孩子安了一个头衔给他，使他产生权力感。她要那个孩子做她的"密探"，专门侦探那些侵入她家草地的孩子。她这个办法非常奏效。做她"密探"的那个孩子把一根铁棍用火烧得红红的，警告那些孩子：谁再踏进草地，他就用铁棍烫谁。

使别人心甘情愿去做

天底下只有唯一的一个方法，可以使任何人去做任何事，那就是：使别人心甘情愿去做。

我能让你去做任何事的唯一方法，就是把你所需要的东西给你。

那么，你想要什么呢？

弗洛伊德博士曾这样说："我们做事无非出自两种动机：性的冲动和能成为伟人的欲望。"

哲学家杜威教授对上面字句的解读稍有不同。杜威教授说，人类天性中最深切的冲动是"成为重要人物的欲望"。

你内心深处到底想要什么？也许并没有太多，但少数真正令你朝思暮想希望得到的东西却会使你倾尽一生执著地去追求。

身体健康以及生命安全、食品、睡眠、金钱、性生活的满足、子女们的健康、渴求受人重视等，是大多数人都想拥有的。

所有这些欲望几乎都能满足，只有一项例外。正如人们对食物和睡眠有迫切的渴望一样，对于弗洛伊德所说的"成为伟人的欲望"，或是杜威所说的"成为重要人物的欲望"，亦是人类天性中最本能的冲动，这种欲望会因为很难被满足从而变得格外强烈和迫切。

威廉·詹姆士说："人性的本质就是渴求受人重视。"请注意，他说的并不是希望或欲望，而是"渴求"。

这是一种亟待解决的人类内心的饥饿，而少数能满足人类这种内心饥饿的人则可以将人们掌控在他的手掌之中，甚至当他死去，继任者都会感到抱歉。

渴求受人重视的欲望是人和动物的一个主要区别。幼年时，我家住在密苏里州，我父亲养了一种品种优良的猪和一种白脸牛。那时，我们去赶乡下的集市，参加中西部的牲口展览会，展览我们饲养的猪和白脸牛，我们还曾经获得过几十次的头奖。父亲把获奖的蓝缎带用针别在一匹白布上，当亲友来家做客时，父亲就把这匹白布拿出来，我和他各握一端，让亲友们观赏中头奖的蓝缎带。

其实，牲口并不在乎这些由他们赢得的蓝缎带，可是父亲却十分重视，因为这些奖品给他带来了一种"受人重视"的感觉。

我们的祖先如果没有这种"渴求受人重视"的冲动，就不可能会有今天的文化；没有它，人类和其他动物也就没有多大差别了。

华盛顿希望别人奉他为"至高无上的美国总统"；哥伦布曾请求皇家授予他"海洋将军"和"印度总督"的头衔；女王凯瑟琳从不理会那些没有称呼她为"女皇陛下"的信件；林肯夫人在白宫曾对格兰特夫人大吼："在没有得到我的允许之前，你怎么敢坐在我前面？"

另外，心理学家对于人类渴望受到重视这一事实从精神病患者的诊疗过程中得到证实。之所以会发疯，是因为他们想在发狂的梦境中寻找在粗暴的现实世界中无法获得的受人重视的感觉。而人类据统计，在美国的医院里，精神病人的人数比其他病人的总数还要多。

那么，是什么导致了人们的精神错乱？

没有人能回答出这么宏观的问题，不过我们知道有些疾病，比如性病，还有像脑部受到损伤、酒精中毒，或其他原因所造成的伤害等会破坏脑细胞，最后导致人们精神错乱。事实上，约有半数以上的精神病，都可归于这类生理疾病。但是另一部分人——这也是令我们害怕的人群——这部分精神病人的发疯显然与脑细胞组织被破坏没有任何关系，经最高性能的显微镜对这部分精神病人的脑组织的检查发现，他们的脑组织与正常人一样健康。

这些人为什么会精神错乱呢？

我曾就这个问题问过一位著名的医生，他曾因这方面的学识得到过最高荣誉和最令人羡慕的大奖。可他却坦白地告诉我，他也不知道人们为什么会精神错乱。但他又说，许多病人会在精神错乱中找到现实世界中不能获得的受人重视的感觉。接下来，他给我讲了这样一个真实的故事：

有一位病人，她有着失败的婚姻。她渴望爱情、性生活和谐、孩子和社会声望。可是现实生活却毁灭了她所有的希望。丈夫不爱她，拒绝与她一起吃饭，还强迫她把他的饭送到他在楼上的房间。她没有孩子，也没有社会地位。最后，她的精神错乱了。在她疯癫的梦幻中，她跟丈夫离了婚，又回到了少女时代。现在，她认为自己已经嫁给了英国的皇家贵族，还要求别人尊称她为史密斯夫人。

还有一直以来她所希望拥有的孩子，她每天晚上都会幻想自己有了一个孩子。每次我去看她时，她都会说："医生，昨晚我生了一个孩子。"

"这种境遇悲惨吗？我不知道。即使我现在能治好她的病，让她恢复清醒，我也不会那样做。因为，现在的她才真正地获得了快乐。"这位著名的医生对我说。

我年少时曾被风靡一时的绝食所迷，以至于六个昼夜没有吃任何东西。其实那样做并不困难，到第六天时，似乎还不如第二天感到饥饿。可是我们都知道，如果有人连续六天不让他的家人或雇员吃东西，那就是犯罪了。可是他们却会连续六天、六星期甚至六十年都不给他们的家人或雇员所渴望的像食物一样的赞美。

赞赏和恭维有何不同？很简单：一个真诚，一个虚伪；一个发自内心，一个出自嘴里；一个无私，一个自私；一个普遍地受到尊敬，一个普遍地被人所不齿。

我在墨西哥城曾见到过墨西哥人的英雄奥伯利根将军的半身像，雕像的下面刻着的将军的格言："不要害怕敌人的袭击，但要提防朋友的恭维。"

不？不？不？我不是在建议你去恭维别人！请远离它。我是在讲述一种新的生活方式。让我重申一下，我是在讲述一种新的生活方式。

英皇乔治五世有六条格言，挂在白金汉宫书房的墙上。其中有一条是："不去奉承地恭维，也不接受卑贱的赞美。"在这里，"卑贱的赞美"就是"恭维"的解释了。我曾读到过一句对恭维的解释，或许值得反复推敲："恭维实际上就是在告诉别人，他想得到他自己所描述的样子。"

爱默生说："无论你用什么言语，而最终说的都离不开自己所描述的样子。"

如果我们所要做的仅仅是恭维，那么人人都能轻而易举地做到，而且我们都可以成为"人类关系学"的专家。因此，我们要学会发自内心地赞赏别人，真正无私地将赞美的话送给你的朋友、你的家人、你的同事，使他们感到你重视他们，从而快乐并且满足。

当我们没有把注意力放在某个清晰的问题上时，我们常常会花95%的时间来想我们自己。于是，我们忽视了别人的需要或错误地以为我们所给予的正是他人所需要的。而恰恰事实相反，对方并没有像我们所期望的那样心甘情愿。

这缘自一种动机的缺失。就像我们前面所提到的那样，"成为伟人的欲望"是他们行动的动力，也是他们心甘情愿去做一件事的动机。当这种动机没有得到满足时，不要指望他会有实际的行动。而激发这种动机的力量很简单——尽力使他们感受到自己被重视。爱默生说："每个人身上都有比我强的地方，我就从他们身上学习那些优点。"

如果爱默生的观点是正确的，就应当引起我们的重视，停止去想我们的成就和需要，努力去发现别人的优点，给予真实而诚恳的赞美。这样，人们将倍加珍爱你的赞美之辞，并在一生中重复着它们——当你已经忘记这些言词后，人们仍然重复着它们。

站在别人的立场考虑问题

到了夏天，我常常去缅茵州钓鱼。我很喜欢吃草莓和奶油，可是我知道，鱼爱吃小虫。所以，每当我钓鱼的时候，我不会想我想要什么，而是想它们想要什么。我不会以草莓或奶油作饵，而是在鱼钩上挂一只蚯蚓或蚱蜢，并且说："你不想吃它吗？"

当我们想与别人交往时，为什么不用同样的方法呢？

劳埃德·乔治是一战期间英国的首相，当有人问他，战争期间其他的领袖威尔逊、奥兰多和克里蒙梭等英雄很快被人遗忘时，你是怎样保持自己的高位的？他答道："如果非要将这件事归功于什么，很重要的一点就是：想要让鱼咬钩，就得给它合适的饵。"

在这个世界上，唯一能打动别人的方法就是：关注别人的需求，且告诉别人如何才能去获得。

当你要求别人做一些事情时，请你记住上面的话。比如，当你不想让你的孩子吸烟时，不要责备他们，不要说你希望他怎么样。你可以提醒他，如果他吸烟，将影响他加入篮球队，或不能使他在百米竞赛中获胜。

在我的成人培训班上有一位叫苏珊娜的学员，她是一位电话接线员。她的烦恼是 3 岁的女儿从来不愿吃早餐。对女儿来说，指责、哀求和哄骗等方法都无济于事。我告诉她女儿总喜欢仿效父母，以获得自己已经长大成人的感觉。所以，一天早上，苏珊娜把女儿放在早餐桌前，让她自己做早餐，以满足她的心理需要。当苏珊娜进来时，女儿就高兴地喊道："噢，快看，妈妈，今天早上是我做早餐呢！"

结果，那天早上，小女孩没有要父母任何哄骗，吃了两大碗。因为她对此非常感兴趣。她获得了受人重视的感觉，找到了一个自我表现的机会。

其实，这不仅仅在孩子身上，甚至在小牛、猿猴等动物身上也能派上用场。

爱默生和他的儿子想把一头小牛牵入牛棚，他们只按自己的想法去做，他儿子在前面拉，爱默生在后面推。但这头小牛也像他们一样凭自己的感觉行事，它也只想自己的需要。所以小牛倔犟地绷紧双腿，说什么也不离开草地。后来，一个爱尔兰女佣看到了他们的窘境。虽然她不会写散文和书，但至少在这一刻，她比爱默生更懂得牲口的感受，她知道牛所需要的。所以，她把拇指放进小牛的嘴里，让小牛吮吸，并温和地把它牵进了牛棚。

自从你呱呱落地之日起，你的每一个举动都是为了自己的需要。同样，当你希望别人响应你的时候，你也必须要站在他的立场去考虑他到底需要什么。

安德鲁·卡内基的两个侄儿在耶鲁大学上学，因为忙于自己的事，很久未跟家里联系，为此，他们的母亲忧郁成疾。

卡内基用 100 美元做赌金，打赌他能使侄子们主动回信，有人应赌。于是，他给两个侄子写了一封聊天式的信，轻描淡写地提及他给每人寄了一张 5 美元的钞票。其实，他并没有把钱附寄出去。

信很快有了回复，两个侄子都感谢"亲爱的安德鲁叔叔"的慷慨解囊，而且均在末尾加注：钱未收到。

所以，当你要劝说某人去做某件事之前，先问问自己："我怎样才能使他去做这件事情？"这个问题将避免我们陷入一种考虑欠妥的境地，可以让我们有足够的准备去跟别人谈我们的愿望。

关于人际交往的艺术，亨利·福特曾有一个最好的建议："如果成功有秘密的话，"亨利·福特说，"那就在于一种站在对方的立场，从对方的角度而不是你自己的角度去看事物的能力。"

这句话太精彩了，让我重申一下：任何人成功的秘密就在于一种站在对方的立场，从对方的角度而不是你自己的角度去看事物的能力。

这是一个简单而明显的道理。可是，世界上90%的人在90%的时候都会疏忽这一点。

现在，有成千上万的推销员沮丧、疲倦地徘徊在路上，他们大都报酬低微，这是为什么呢？因为他们所推销的东西仅仅考虑了他们自己的需要，而并不考虑顾客是否想买。如果我们需要，我们自己会去买，因为我们所注意的是解决自己的需要。假如推销员的服务和货物确实能够解决我们的问题，无须他们主动推销，我们就会买他的东西。

美国知名律师和商业领袖欧文·杨曾说过："一个人若能站在别人的立场来了解别人的内心，他就无须担心自己的未来。"因此，一直用别人的想法想问题，从别人的角度看事情。那么，这将是你一生命运的里程碑。

你的微笑价值百万

我参加了纽约的一个晚宴，在众多宾客中，有一位刚继承了一大笔遗产的妇人。她似乎急于给人们留下一个愉快的印象，她花了很多钱买了貂皮大衣、钻石和珍珠，但她却忽略了自己脸上的表情。她的脸上只流露出冷漠和自私。她没有注意到一个众所周知的事实：一个人的表情远比她的外表更加重要。

查尔斯·施瓦伯曾对我说，他的微笑值100万美元，他已经懂得了这个真理。施瓦伯今日的成就，源于他的人格、魅力和他那种讨人喜欢的能力。

而在他的人格中，最可爱的因素无疑是他那令人倾心的微笑。

那是虚伪的笑容吗？不，因为它没有愚弄任何人。我们知道，虚假的笑是机械的。我们谈论的是真正的笑容，是一种发自内心的、温暖的笑容，这种笑容在市场上一定会价格不菲。

纽约一家大百货公司的一位人事经理说，他宁愿雇佣一个小学没有毕业但是一脸笑容的女孩子，也不愿意雇佣一个冷若冰霜的哲学博士。

美国一家规模庞大的橡胶公司的董事长告诉我，根据他的观察，一个人的事业成功与否，完全在于这个人对这项事业是否感兴趣，他不太相信那句老话：苦干才是开启成功之门的神奇钥匙。他曾这样说："我知道，有很多人在开始干事业时，都是怀着极大的希望和兴趣去做的，所以能够取得事业上的成功。而当他们对这项工作感到厌烦、沉闷，失去了原有的兴趣时，他们的事业也就开始渐渐走下坡路，直至失败。"

如果你希望别人用愉快的神情来接待自己，那么首先你自己要用这样的神情去面对别人。

我曾经向上千名商界人士建议，每时每刻都向他人展示微笑，一星期后回讲习班汇报它的效果。做得怎么样呢？让我们一起来看看。

一位纽约证券交易所的斯坦因·哈特先生写来一封信，他在信中所说的情况并不少见。事实上，它是上百个案例中典型的一个。

斯坦因·哈特的信是这样写的：

我结婚18年了，这些年来，我从起床直到准备好去公司的这段时间，很少向太太笑，我们也很少说话。我自己也成了徘徊在百老汇街头的最不快乐的人。

当你叫我用微笑的经历做一演讲时，我想应尝试一星期。紧接着，第二天早晨我梳头的时候，对着镜子里那张绷得紧紧的脸孔说："斯坦因，你今天要扫掉脸上的愁容。你要展示出一副笑容来，就从现在开始。"当我坐下吃早餐时，脸上带着轻松的笑意，我向太太说："早上好，亲爱的。"

你曾告诉过我，她一定会十分惊奇，但你低估了她的反应。当时她迷惑了，她愣住了。我告诉她，以后她每天都可以得到这样的问候。

在之后的两个月里，我的态度改变给我的家庭带来更多的欢乐，这是我在过去的一年中不曾体会到的。

当我离家去上班时，我笑着对电梯员说："早上好！"我用微笑跟守卫打招呼。在地铁站的小店里换零钱时，我对收银员也示以微笑。在交易所里，我对那些素不相识的人也示以微笑。

这样不久我就发现，每一个见到我的人都向我投来微笑，我以和善的态度对待那些向我抱怨和诉苦的人，我微笑着倾听，帮助他们把苦恼的事变得容易解决。我发现，微笑每天都给我带来财富，很多的财富。

我和另一个经纪人在同一间办公室。他雇佣了一个可爱的年轻人，我对自己最近所取得的成就感到欣喜，自然就对那个年轻人提到了"人际关系学"这个新的哲学。然后，那个年轻人坦诚地告诉我，他初来这间办公室时，认为我是一个不近人情的家伙，而最近这段时间，他改变了对我的观感，他说我笑的时候真的很有人情味。

我也改掉了批评人的习惯，用赞赏、鼓励他人代替了斥责、批评别人。我不再谈论自己的需要，而是开始关注别人的观点。这一切逐渐改变了我的生活，使我成为了一个快乐而富有的人。对我而言，友谊和快乐是我最宝贵的财富。

你觉得自己笑不出来吗？那么，下面两件事，你可以尝试着去做。首先，令自己微笑。当你独处时，不妨吹吹口哨、唱唱歌，尽量使自己高兴起来，那就能使你真正地快乐起来。下面是心理学家和哲学家威廉·詹姆士的见解：

行动似乎总是追随着一个人的感受。可是，真正的行动是和感觉共存的，人类的行为则比感觉更直接地受控于意志。人们可以通过对行为的直接调整而间接地调整自己的感觉。

因此，当我们不快乐时，可以用一个强制性的意志让自己快乐起来，那就是假装自己是快乐的，让自己的行动、语言表现出快乐来。

每个人都想知道如何才能快乐——有一个途径一定可以做到，那就是调整你的想法。快乐的存在不依靠外部条件，而在于人的内心。

快乐或不快乐不在于你拥有什么、你是谁、你在哪里或者你在做什么，而在于你在想什么。例如，有两个人，他们有着相同的地位，做着相同的事，收入也差不多，可是其中一个轻松愉快，另一个却整天愁眉苦脸。为什么呢？因为他们的精神态度完全不同。在最炎热的赤道附近，我曾看到那些贫穷的农民用他们简陋的工具在辛勤劳作。然而，我却在他们当中看到了许多快乐的笑脸，一点儿也不比我在纽约、芝加哥和洛杉矶的装有空调的办公室见到的少。

莎士比亚曾说："好与坏无从区别，那是每个人的想法使然。"

林肯也这样说过："每个人的喜怒哀乐都源于其内心的想法。"他是对的。最近，我找到了一个明证：

有一次，当我走上纽约长岛车站的石阶时，我看到正前方有三四十个行动不便的残障孩子，他们正拄着拐杖一级一级很辛苦地走上石阶，有个男孩甚至必须由别人抱着才能上去。可是，他们的快乐和欢笑让我震惊了。我和这些孩子们的老师谈起这件事时，他说："是的，当一个孩子意识到他将成为终身残疾是怎么一回事时，起初，他会非常痛苦。可当他克服了一切之后，他们会服从于命运的安排，并像正常的孩子一样快乐。"

我向那些残疾孩子们致敬，是他们教给我一个终身难忘的人生理念。

仔细品读随笔作家和出版家哈伯德的至理名言——请记住，你必须真正去实行，否则，阅读本身是无法使你获益的。

他的建议是这样的：不管何时，当你外出时，请微收下颌，抬头挺胸；呼吸着阳光；向朋友们微笑致意，真诚地握手。别怕被误会，别浪费时间去想你的仇敌。

中国的古人是很有智慧的，他们有一句格言值得我们谨记："人无笑靥莫开店。"

几年前，纽约市的一家百货商店为了缓解在圣诞期间忙碌的员工的压力，在面向大众的广告中写下了下面这段朴实而有哲理的话：

圣诞节一笑的价值：

它无须花费什么，却能创造良多。

它使获者受益，施者无损。

它萌于瞬息，存于永恒。

富人因它而更满足，穷人因它而致富。

它是家庭的快乐使者，是生意场上的友好伙伴，是朋友间的善意天使。

它使疲惫者有了欢畅，使失望者获得希望，使悲哀者迎向阳光，使大自然解除了困扰。

它无处可买，无处可求，无法去借，更不能去偷。因为它是一种感觉，只有失去了才觉得珍贵。

如果在圣诞节最后一分钟的忙碌中，我们的店员因太疲倦而没能给您一个微笑，那您能留下您的微笑吗？

因为那些从没微笑过的人，是最需要微笑的人！

第二十章　掌握人生的弱点

千万别忘记他人的名字

1898 年，纽约洛克兰村发生了一个悲剧。那里有个小孩去世了，入葬的那天，邻居们都准备去送殡。

吉姆·法雷从马棚里拉出一匹马，当时地上积了厚厚的一层雪，空气十分寒冷。那匹马好多天没活动了，当它被拉到水槽时，就任性地转身，两腿也高高地扬起，正好踢在法雷身上，法雷一下被它给活活踢死了。

法雷就这样走了，留下了他的妻子、三个孩子和几百美元的保险金。

那时，法雷的长子吉姆才 10 岁，他去了一家砖厂工作。他的工作是运送沙子并把沙子倒入模子，压成形，然后把砖竖放着再拿到太阳下晒干。吉姆没有机会受到更多的教育，但他身上那种善良的天性，使得人们很喜欢他。

他从未上过大学，但当他 46 岁时，他已经先后被四所大学授予荣誉学位。他当选过民主党全国委员会主席、担任过美国邮电部长。

我曾经专程拜访过吉姆先生，请他告诉我成功的秘诀。他说："苦干！"然后我说："别开玩笑了。"

他便问我，在我看来他成功的原因是什么。我答道："因为你能叫出 10000 个人的名字来。"

"不，你错了！"他说，"我大约可以叫出 50000 个人的名字。"

正是这种能力使得吉姆在 1932 年帮助罗斯福成功入主白宫。

我曾经在巴黎组织过一个公共演讲的课程，我给所有居住在巴黎的美国人发了一封印刷信。其中有一名学员是一家美国银行驻巴黎的经理，他寄给我一封满是责备的信。原来，我雇用的那个法国打字员英文很差，把他的名字拼错了。

安德鲁·卡内基是如何成功的？

被人称作"钢铁大王"的他，却对钢铁生产的知识知之甚少。他有上千名员工为他工作，那些人对钢铁的制造比卡内基内行多了。

但他知道如何与人相处，这是他致富的原因。年轻时，他就已显示出卓越的组织和领导才能。在 10 岁那年，他就发现人们十分重视自己的名字，便利用这一发现赢得了与他人的许多合作。

安德鲁·卡内基

当他还是一个苏格兰小男孩时，他逮到过一只母兔，这只母兔很快下了一窝小兔。但卡内基没有东西喂养小兔，于是他很快就想出了一个好主意。他对邻居的小孩说，如果谁能采到足够的苜蓿和蒲公英来喂养小兔子，小兔子就以谁的名字命名。

这个计划产生了奇迹般的效果，使卡内基永生难忘。

多年后，他在商业活动中运用同样的技巧，使他获得了数百万美元的收入。比如，他想把钢轨卖给宾夕法尼亚铁路公司的事。当时，卡内基在匹兹堡建造了一个大钢铁厂。汤姆森是宾夕法尼亚铁路公司的总经理。所以，卡内基便将钢铁厂命名为汤姆森钢铁厂。

聪明的你不猜也能知道。当宾夕法尼亚铁路公司采购钢轨时，汤姆森会购买哪一家的？还有一次，卡内基在和布尔姆竞争一笔关于小客车的业务权时，他又想起了"兔子的技巧"。

卡内基旗下的中央运输公司和布尔姆经营的公司，为争夺联合太平洋铁路公司的卧车订单而互相排挤、不断削价，几乎到了不惜做赔本买卖的地步。在他们都去纽约参加联合太平洋铁路公司董事会时，一天晚上，卡内基在圣尼古拉斯大饭店遇到了布尔姆，他说："晚安，布尔姆先生，你不觉得其实我们两个都很蠢吗？"

布尔姆问："你这是什么意思？"

于是卡内基说出了他的想法——将双方的利益合而为一。他用美妙的言辞，描述了使双方都获利的美好远景，表示双方应以互相合作来代替相互对抗。

虽然布尔姆很注意地听着，但他并没有完全同意，最后他问："那么你想怎样命名这家新公司？"卡内基立即回答，"当然是布尔姆小型客车公司了！"

顿时，布尔姆的脸色明朗起来，他说："卡内基先生，请到我房里来，让我们详细谈谈。"就这样，美国的工业历史又掀开了新的一页。

谨记并尊重朋友和生意伙伴的姓名，是卡内基取得成功的秘诀之一。他为自己能叫出他的钢厂的工人的姓名而自豪。

人们都为自己的名字感到骄傲，甚至不惜付出代价让名字留传下去。即使是风光一时的马戏团老板、性格暴躁的老巴纳姆，因为没有儿子可以延续他的名字，在失望之余，他愿意出 25000 美元让外孙西雷改名为巴纳姆·西雷。

图书馆、博物馆里那些丰富的陈列品上都有那些不愿自己被遗忘的捐赠者的姓名。几乎每个教堂都装饰着记录捐赠人姓名的彩色玻璃，很多大学的建筑物上也镌刻着为学校捐出巨资的捐赠者名字。

普通人大概不会比弗兰克林·罗斯福更忙，但他却花时间记住了一个与他接触的技术人员的名字。

情形是这样的：罗斯福总统因为双腿的疾病不能驾驶普通汽车，克莱斯勒汽车公司替罗斯福先生制造了一辆特殊的汽车。张伯伦和一位技术人员将这部车子送到白宫。我有一封张伯伦的信件，里面记载了当时的情形。"我教罗斯福总统如何驾驶这辆有许多特别装置的汽车，而他却教了我许多为人处世的艺术。"

"我刚到白宫时，"张伯伦先生写道，"总统显得非常愉快，他直呼我的名字，这使我感到非常舒服。当我讲解有关这部车子每一个细节时，他都很专注地听着，这给我留下了特别深刻的印象。

当罗斯福的朋友们和白宫的官员们赞美这辆车时，他当着他们的面说：

'张伯伦先生，不知道你要花多少时间和精力才能设计出这样的好车，我向您表示衷心的感谢。它真的太完美了！'他赞赏汽车的散热器、特制的后视镜、时钟、精巧的聚光灯、车内的装潢风格、司机座椅的位置，甚至连车厢内那几个刻着他名字的手提箱也受到了赞赏。换句话说，他注意到了我花费心思所做的每一个细节。他还特别把这些设备指给自己的夫人、劳工部长和他的女秘书波金斯看。他还对白宫的官员说：'乔治，你要好好地照顾这些经过特殊设计的手提箱。'

驾驶课结束后，总统对我说：'非常好，张伯伦先生。不过，联邦储备金董事会的人已经等我 30 分钟了，我想我应该回去工作了。'

我还带了一名技术人员与我同往白宫，他到达时也被引见给罗斯福总统。他没有同总统说话，罗斯福总统只听到一次他的名字。他是个害羞的小伙子，一直躲在角落里。但当我们准备离开时，总统找到这名技术人员并叫出他的名字，跟他握手，感谢他来华盛顿。而总统对于他的感谢是真诚的而非例行公事，这个我们都能感觉得到。

回到纽约后不久，我接到总统亲笔签名的相片和一封再次对我们的到来表示感激的信函。他能从繁忙中抽出时间来做这件事，使我感到讶异。"

作为一名政治家所学的第一课就是：记住选民的姓名就是你的政治才能。如果你忘记了他们的名字，你也将会被他们遗忘。

在事业上、交际上和政治上记忆姓名的能力是同样重要的。

拿破仑三世

法国皇帝拿破仑一世的侄儿拿破仑三世，曾夸口自己除了背诵皇室职责之外还能记住他所见过的每一个人的姓名。

他的技巧是什么？其实很简单。如果他没有听清楚对方的名字，他会立即说："真对不起，我没有听清楚。"然后，如果是不常见的姓名，他会问："您的名字怎样拼写？"

在交谈过程中，他会在脑海中反复地将对方的姓名同对方的神情、言谈、外表联系起来。

如果对他而言，对方是个重要人物，拿破仑三世会更加深入地加以记忆。当他独处时，会将这个人的姓名写在纸片上，仔细地揣摩、记忆，努力地把它印入脑海，然后将纸片撕毁。用这种方法，他在视觉和听觉上都会保留对这个名字的印象。

虽然这样做很费时间，但正如爱默生所言："小小的牺牲可以塑造良好的习惯。"

赞美他人就是抬高自己

当我在纽约的 33 号街 8 号的邮局里排队等着发一封挂号信的时候，我注意到邮务员工作得很苦恼。称信的重量、递出邮票、找零钱、分发收据，年复一年地重复着这份单调的工作。所以，我对自己说："我要试着让那个邮务员喜欢我。显然，要让他喜欢我，我一定要说一些好听的话。不是关于自己，而是关于他的事情。"所以，我又问自己："他有什么地方能让我真诚地赞美呢？"有时是一个很难回答的问题，尤其是对陌生人。但这次，我很容易就发现了这个邮务员身上值得称赞的地方。

因此，当他给我称信时，我很热情地说："我真希望有你这样的好头发！"

他有点儿惊诧地抬起头，脸上立刻浮现出笑容："没有以前那样好了！"他谦虚地说。我很确切地告诉他，或许头发失去了一些原有的光泽，不过依然很美观。他非常高兴，我们愉快地谈了几句。最后，他告诉我："许多人都称赞过我的头发呢！"

我敢打赌，这位邮务员中午下班吃午饭时，走路一定就像在空中漫步那样的轻松。晚上回到家里，他会跟太太提起这件事，他甚至还会对着镜子说："真是一头漂亮的头发！"

我曾在公共场合讲过这个故事，后来有位男士问我："你企图从他身上得到什么？"

写给女人的忠告

什么叫我企图从他身上得到些什么？难道我一定想要从他身上得到些什么？

如果我们是那样的卑贱自私，不肯不图任何回报地散放一点点快乐、给予一点点真诚的赞美。如果我们的气量比一个酸苹果还小，那么，我们遭遇到失败也是必然的。

嗯，是的，我确实想要从那人身上得到一些东西，可我想得到的东西是无价的，而且我已经得到了。我得到了那种为他人做一些事情而不图任何回报的感觉。即使那种感觉过了很久，依然会在记忆里闪耀光芒。

有一条对人类行为绝对重要的定律，如果我们遵守了这项定律，几乎就不会遇到任何困扰。事实上，如果遵守这项定律，它将会给我们带来无数的朋友和永久的快乐。可是一旦我们违反了这项定律，就会遭遇无数的困难。这项定律就是：永远使别人感觉到自己的重要。正如我之前所说的，受人重视是人性中最深切的渴望。它使我们区别于动物，也正是这种渴望使人们肩负着文明发展的进程。

你希望得到周围人的认可，想要别人承认自己的真实价值，同时还渴望自己在周围环境里被人重视。你渴望真诚的赞赏，而不是廉价、虚伪的奉承。正像施瓦伯所说："发自内心地嘉许，慷慨地赞美。"

因此，让我们都遵守这个黄金定律：你希望别人怎么待你，就先要以同样的方式对待别人。

何时做？在哪儿做？答案是：任何时间，任何地点。

譬如，当我们要一份法式薯条，女服务生却给我们端来了土豆泥。这时，我们不妨这样说："对不起，给您添麻烦了，但我更喜欢法式薯条。"她很可能会回答："一点儿也不麻烦。"而且她会很乐意帮你换成薯条，因为你尊重了她。

一些小句子像"对不起，麻烦您……？""你能费心……吗？""能否请您……？""您会介意……吗？""谢谢您"——这些简短的礼貌用语，像润滑油一样使人们每天的生活更加和谐，而且也流露出人们的高贵人格。

这里还有另一个例子：克利斯的小说《信徒》、《裁判官》、《曼岛男人》等都是本世纪初的畅销书，有数以百万的人们阅读他的小说。他是一名铁匠的儿子，在他的一生中，他所受的教育还不足 8 年。然而，在他去世时，他已经是当时最富有的作家了。

故事是这样的：

克利斯非常喜爱诗词，所以他几乎读尽了罗赛迪的诗。他甚至写了一篇演讲稿来歌颂罗赛迪的艺术成就，还给罗赛迪送去了一份。罗赛迪非常高兴。"这个年轻人对我的才学有如此高的见解，他一定很聪明。"罗赛迪这样自言自语道。于是，他就请这个铁匠的儿子来伦敦，当他的私人秘书。这件事成为克利斯生命的转折点。他在这个新的职位上，见到了许多当代的大文豪。克利斯得益于他们的指导，在这些大文豪的激励和鼓舞下，开始了他的写作生涯，并很快出了名。

他的故乡格利巴堡位于曼岛上的一个小岛，现在已成为世界各地游客旅游的胜地，并且他有数百万元遗产。可是，谁会知道，如果他没有写那篇赞赏名诗人的演讲稿，很可能会在默默无闻中穷困潦倒而死。

这就是那种力量，那种发自内心的真诚赞赏所带来的伟大力量。

罗赛迪认为自己是重要的，那并不稀奇，几乎每个人都认为自己是重要的，非常重要。

记住爱默生所说的："我所遇到的每个人，都有比我优秀的地方，因此我向他学习。"

然而，可悲的是，有些人取得了一点儿成绩后，就会做出一些令人反感的哗众取宠的行为，借以巩固他们自己。

我要告诉你，我的讲习班成员是如何运用这个原理而取得惊人效果的。以一位康乃迪克特州的律师为例，因为他亲戚的关系，他不愿提及自己的名字。

参加讲习班不久的一天，R 先生驾车陪太太去长岛拜访亲戚，妻子让他陪一位老姑妈，她自己则去拜访一些年轻的亲戚。因为不久以后，他要做一个关于如何实践赞美他人的专业性演讲。他想，他可以通过与老姑妈交谈来获取一些有价值的资料。于是，他朝屋子四周看了看，想找到一些值得他真诚赞美的地方。

"这栋房子是 1890 年建造的吗？"他问。

"是的，"她答道，"正是那年建造的。"

"这使我想起我出生的那栋房子，"他说，"那是一座很漂亮的房子，盖得很好。您知道，人们再也不会盖那样的房子了。"

"你说得对，"老姑妈表示同意，"现在年轻人已经不讲究住漂亮的房子了，他们需要的只是一所小公寓，然后就开车出去兜风。"

"这是一间梦的小屋，"她带着缅怀的心情柔声说，"这座小屋是用爱筑成的，是我和我丈夫梦想了多年才建成的。我们没有用建筑师，一切都是自己设计的。"

老姑妈领着 R 先生参观各个房间。R 先生发自内心地赞美她一生中旅行时所购买和珍藏的各种珍品。比如像佩斯利的披肩、古式的英国茶具、韦奇伍德的瓷器、法式的床椅、意大利名画和一幅曾经挂在法国封建时代宫殿里的帷帐，等等。

参观完房间后，老姑妈又带他去车库，那里有一辆很新的派凯特牌汽车停放在木托上——像刚出产的一样。

"我丈夫为我买了这辆车后不久就去世了，"她轻声说，"自从他去世以后，我就再也没开过这部车……你懂得欣赏美好的事物，我想把这部车送给你。"

"为什么，姑妈，"他说，"您的好意我心领了。但我不能接受您的馈赠，我甚至不是您真正的亲人，我有一辆新车，而且您的很多亲人也会更想拥有这辆派凯特牌汽车。"

"亲人？"她叫道，"是的，我有亲人，他们都希望我赶快离开这个世界，他们好得到这部车。可他们永远也别想得到！"

"如果您不想把车给他们，您可以很容易地把它卖给二手车交易商。"他告诉她。

"卖掉？"她叫了起来，"你认为我会忍心卖掉它吗？你认为我能忍受陌生人驾着我丈夫买给我的车行驶在街上吗？我从来也没有想过卖掉它。我想把它送给你，是因为你懂得如何欣赏美好的事物。"

他虽然试着拒绝接受这辆车，但又不能伤害姑妈的感情，只好收下了。

这位老太太独自住在这栋宽敞的房子里，对着她的佩斯利披肩和法国古董回忆她的过去，渴望得到一点儿他人的赞赏。她也曾年轻漂亮，而且追求者众多。她曾用爱筑成一座房子，从欧洲各地搜集了很多珍品，把这栋房子装饰得极其美丽。现在，风烛残年的老姑妈过着孤零零的生活，她渴望从别人真心的赞美中得到一点儿温暖，但没有人给她。于是，当她找到这种温暖的时候，就像看到沙漠中的一汪清泉，她的感激之情无法表达，甚至愿意把这部珍爱的派凯特牌的汽车当做礼物相送。

"和人们谈论他们自己，"英国一位睿智的首相狄斯雷利说，"他们会和你谈上好几个小时。"

带着兴趣去倾听他人

不久前，我参加了一个桥牌聚会。我和其中一位女士都不会打桥牌。她知道，我做过托马斯先生的私人经理，在托马斯先生从事无线电事业前，他曾在欧洲各地旅行，而我则帮他记下沿途的所见所闻。于是她说："卡耐基先生，您能给我讲讲您所到过的名胜古迹和看到的美丽风景吗？"

当我们在沙发椅上坐下后，她接着提到，最近她跟她丈夫刚从非洲回来。"非洲？"我惊异地说，"多有趣啊，我一直想去一次非洲，可我从来没到过那儿，除在阿尔及尔停留过24小时。告诉我，你真的去了那个伟大的地方了吗？真是太幸运了。我真羡慕你。能给我说说关于非洲的事吗？"

在那次整整45分钟的谈话中，她再也没问过我去过哪里以及我的见闻，其实她并不想听我谈论我的旅行，她需要的是一个充满兴趣的倾听者。这样，她就可以表现自我，谈论她去过的地方。

她不同寻常吗？不，许多人都像她一样。

例如，我曾在纽约出版商举办的一次晚宴上遇到一位著名的植物学家。以前，我从未和植物学家交谈过。我发现他说话对我很有吸引力，我着迷地坐在椅子上听他讲有关奇异的植物、培育新品种植物及布置室内花园等事（他还告诉我关于粗糙马铃薯的神奇故事）。我有个小型的室内花园，他非常热心地解答了我所需要解决的几个问题。

我们是在宴会上谈话，晚宴上还有其他十几位客人，但我却失礼地忽略了其他人，而与这位植物学家谈了几个小时。

午夜来临，当我向每个人说晚安并准备离开时。这位植物学家在主人面前极力夸奖我，称我是"最活跃的人"，说我如何如何好。最后结束时，他夸我是一个"最风趣、健谈的人"。

风趣健谈？为什么？我几乎没说什么话。因为如果不转换话题，我几乎无言以对。基于我对植物学那点微乎其微的知识，我也无从谈起。但是，我做到了这一点：一心一意地倾听。因为我对谈话内容真的很感兴趣，所以就能专注地倾听，而且他感觉到了，自然也就十分高兴。这种倾听是我们能给予别人的最高赞美。伍福特在他的《爱在异乡》一书中说："很少人能抗拒全然的注视，这是一种含蓄的恭维。"而我做得比给予他全然的注视还要更多，我还给予了他"我发自内心的赞赏和慷慨的赞美"。

我告诉那位植物学家，我从他那里得到了很好的肯定与指导——确实如此。我告诉他，我希望拥有他那样丰富的学识——我真希望如此。我告诉他，我希望同他一起去田野散步——我们做到了。我告诉他，希望能再见到他——我真的见到他了。

一个商业洽谈成功的秘诀是什么呢？根据哈佛大学前任校长爱利奥特所说过的："一个成功的商业洽谈没有什么神秘的诀窍……专心倾听讲话人的谈话是非常重要的，这比任何恭维的语言都有效。"

这很明显，不是吗？你无须花 4 年时间去哈佛大学研读这个问题。我们都知道，有很多百货商店的老板租用豪华的店面、减低进货成本、陈设新款漂亮的橱窗、花去几千元的广告费，可是所雇佣的店员却不能成为良好的倾听者——他们打断顾客谈话、反驳顾客、激怒顾客，这些都会使顾客远离这家商店。

在一个怀着忍耐、同情的倾听者面前，即使是最激烈的批评和最长久的抱怨也会平静下来——在寻衅者像一条大眼镜蛇喷射出毒液一样发怒时，倾听者必须保持冷静。

有这样一个例子：

数年前，纽约电话公司碰上一个他们所接触的最厉害的顾客。他诅咒公司的客户服务代表，他咆哮着威胁要把电话线连根拔起。他拒绝去付他认为有误的电话费，他还写信给报社，还向公共服务委员会提出无数次的抱怨，甚至准备起诉电话公司。

最后，电话公司派出一位精于此道的"纠纷调解员"去拜访这位厉害的顾客。这位"纠纷调解员"只是在那儿静静地听着，尽量让这位好争论的老先生发泄他满肚子的牢骚，并回答："是！是!"并对他的委屈表示同情。

"那天，我听他咆哮了近三个小时，"这位电话公司的"纠纷调解员"在我们的讲习班上说出了他的经历，"后来我又去他那里听他发牢骚。我拜访过他4次。在第4次拜访结束之前，我已成为他创立的组织的一名特级会员。他把组织称为'电话用户保障会'，至今我仍是这个组织里的会员，而且据我所知，我是这个世界上除这位老先生外唯一的会员。

在这几次访问中，我都是静静地听着，并对他所说的每一个理由都表示同情。在此之前，电话公司的人从没有这样跟他说过话，他对我的态度也逐渐友好起来。在前3次的会面中，我都绝口不提会面目的，直到最后在第四次，我彻底地结束了这场纠纷。他不仅付清了所有账款，还第一次从公共服务委员会撤销了对电话公司的诉讼。"

无疑，这位先生把自己看做是保障公众权益的神圣讨伐者。实际上，他真正需要的是受人重视的那种感觉。一旦电话公司的代表给了他这种感觉，他想像中的那些委屈也就无影无踪了。

多年前的一个早晨，一位愤怒的顾客闯进朱利安·迪特茂的办公室。迪特茂是这家毛纺公司的创始人，这家公司后来成为全世界最大的毛纺批发公司。

"这位顾客欠我们一笔小额款项，"迪特茂先生解释说，"这位顾客否认欠了钱，可是我们知道他是错的。所以，我们信用部坚持要他付款，在收到我们信用部要他付款的信件后，他即刻收拾行装，来到了芝加哥，闯进我的办公室，告诉我，他不但不会付那笔钱，而且以后他再也不会买迪特茂公司一美元的东西。

"他说的时候，我一直耐心地倾听着。好几次，我都想打断他的讲话，但我知道，那是一种糟糕的对策，所以我任他发泄。最后，当他情绪慢慢平息时，我平静地说：'感谢您特地赶来芝加哥告诉我这件事。您帮了我一个

大忙，如果我们公司信用部得罪了您，他们也会得罪别的顾客，那情形就不堪设想了。请相信我，我迫切地需要您来告诉我这件事。'

"他绝对没想到我会这样说。我想他有点失望，因为他来到芝加哥是为了告诉我这件事。但我没有辩驳，反而感谢他。我向他保证我们会从账面上把这笔钱划掉，因为他是一个十分细心的人，需要处理的只是一份账目，可是我们公司的职员却要处理成千上万份账目，所以我们的职员可能会弄错。

"我告诉他，我很理解他的感觉。如果我遇到同样的问题，我也会像他一样有这样的想法。由于他不再买我们公司的货物，我十分诚意地向他推荐了其他几家毛纺公司。

"过去他来芝加哥时，我们经常一起共进午餐，所以那天我也请他共进午餐，他勉强地答应了。但在我们同到办公室后，他给了我一个比以往还大的订单，并且心平气和地回家去了。由于我对他的友好接待和处理得当，这位顾客回去后仔细查看了他的账单，终于找出了那份他自己放错了地方的账单。这样，他给我们寄来了欠款和一封道歉信。

"后来，他的妻子生下一个小男孩，他将儿子中间的名字取为'迪特茂'。在他去世前的 22 年里，他一直是我们公司忠实的顾客和很好的朋友。"

多年前，有一个荷兰籍的贫穷的小男孩，他每天放学后都替一家面包店擦窗户，以贴补家用。这个男孩就是爱德华·博克。他一生所受的教育总共不超过 6 年，可他却成为美国新闻界历史上最成功的杂志编辑之一。他是如何做到的呢？这是一个很长的故事。但我们可以对他最初的努力作一个简单的描述，他正是从本章所提出的原则做起的。

他在 13 岁时离开学校，在一个西联机构里充任童役，但他一刻也没有放弃学习的想法，相反的，他开始自我教育。他省下车费，不吃午饭，这样，他用那些积攒起来的钱买了一部美国名人传记——后来他还做了一件人们闻所未闻的事。他把这部传记详细研读之后，就写信给传记上的每位名人，请求他们多告诉他一点关于他们童年的事情。他写信给当时正竞选总统的吉姆士将军，询问他是否真的做过运河上拉船的童工，吉姆士回复了他。他又写信给格雷将军，询问有关一次战役的情形，格雷将军在回信中为他画了一张详细的地图，还邀请这个 14 岁的小男孩与他共进晚餐，并花一个晚上同他谈话。

不久，我们这个原来在西联机构送信的信童便和国内那些著名的人物，像爱默生、布罗斯、朗菲洛、林肯夫人、路易斯、休曼将军、杰弗森·戴维斯等通信。他不只是跟那些名人通信，一有假期，他就去拜访其中的数位，并成为那些人家里受欢迎的客人。他的这种经历使他形成了一种无价的自信心，这些名人激发了他的理想和意志，改变了他以后的人生。让我重复一下，所有的这些都是由于我们正在讨论的这个原则才得以实现。

记者艾萨克 F. 马可逊采访过上百位名人，他谈道："很多人之所以无法给别人留下良好的印象，是因为他们没有认真地倾听。他们总是极为关注自己接下来要说的，以至于没有注意倾听别人说的话……许多著名人士曾对我说，他们更喜欢善于倾听的人而非健谈的人，但与其他美德相比，拥有这种倾听能力的人似乎更少。"

不光重要人物渴望善于倾听的人，普通人也是如此。

在内战进行到最白热化的时候，林肯写信给他在伊里诺州春田镇的一位老朋友，请他来华盛顿。林肯说，他有一些问题想与老朋友讨论。这位昔日的老邻居来到了白宫，林肯跟他说了几个小时关于发布《解放黑奴宣言》的必要性。林肯把这项行动的赞成和反对的理由都加以研讨，然后看了些信件和报上的文章，其中有的谴责他不解放黑奴，有的谴责他解放黑奴。林肯自己说了几个小时后，甚至没有征求老邻居的意见，就与他握手告别，送他回了伊里诺州。林肯自己完成了全部的讨论，这样似乎也理顺了他的思路。这位老朋友后来说："林肯跟我谈过这些话后，他似乎轻松多了。"

林肯不需要建议，他需要的只是一个友好的、富有同情心的倾听者，可以使他自由地表达自己的观点。这也是我们在困境中所需要的全部，也通常是愤怒的顾客、不满的雇员或受伤的朋友所需要的。

如果你想知道如何使人远离你、在背后嘲笑你甚至轻视你，这里有个办法：永远不要仔细听人家讲话，不断地谈论你自己。当别人正在讲话时，你突然要发表自己的见解，不等对方把话说完，就上前马上打断他。

你曾遇到过这种人吗？很不幸，我遇到过。奇怪的是，有些还是社交界的名人。

写给女人的忠告

他们为自己的自私心、自重感所占据，他们是以令人憎厌而出了名的。

那些只谈论自己的人永远只为自己着想，"只为自己着想的人是无知而不可救药的，"哥伦比亚大学前任校长巴德勒博士说，"无论他多么权威，仍然跟没有受过教育的人一样。"

所以，如果你想成为一个健谈的人，就要先做一个认真的倾听者。先对别人感兴趣，别人才会对你感兴趣。问别人所喜欢回答的问题，鼓励他谈论自己和他们的成就。

谈论他人感兴趣的话题

每一个曾拜访过西奥多·罗斯福的人，都会惊异于他广博的知识。无论来访者是一名牛仔还是骑士，是纽约的政客还是外交家，罗斯福都知道应该谈什么话。他是怎样做到的呢？答案很简单，每当罗斯福要会见一个来访者时，他都会在前一天晚上熬夜，阅读一些他认为来访者会特别感兴趣的相关资料。

因为罗斯福和其他具有领袖才干的人一样，认为打动人心的最佳途径就是和他谈论他最感兴趣的话题。

散文家、耶鲁大学文学院教授菲尔甫斯早年就懂得了这个道理："在我8岁时，曾在一个周六去姑妈伊丽莎白·林斯利家度假。她家位于豪沙托尼克河之上的斯特拉特福德市。一天晚上，一个中年男子拜访了姑妈，他和姑妈礼貌地寒暄后，就注意到了我。那时，我对帆船非常感兴趣，于是，这位来访者以一种非常有趣的方式和我讨论这个话题。他离开后，我兴奋地和姑妈谈起他。多了不起的人啊！姑妈告诉我，他是一位纽约的律师，他并不喜欢船舶——而且对帆船也没有什么兴趣。'可是他为什么一直说帆船的事呢？'

"'因为他是一位绅士，他看到你对帆船很感兴趣，于是他和你谈你感兴趣的话题使你高兴，也好使自己受到欢迎。'"

菲尔甫斯教授又说："我永远不会忘记姑妈所说的话。"

当我写这个章节时，面前有一封查尔夫先生寄来的信，他十分热心于童子军的工作。

"一天，我发现我需要帮助，"基尔夫写道，"童子军团体大会即将在欧洲召开，我想请美国一家公司的总裁资助一名童子军去欧洲的旅费。

"幸运的是，在我去见那位总裁之前，我听说他曾签出过一张 100 万美元的支票，并在支票兑现后将它装入镜框留念。

"所以，当我走进他的办公室时，我所做的第一件事就是请他让我观赏那张支票。一张 100 万美元的支票！我告诉他，我从来没有听说过有人开过 100 万美元的支票，不过回去后，我可以跟我那些童子军们讲，我的确见过 100 万美元的支票了。他很高兴地取出来给我看，我表示赞美，同时请他告诉我，开出这张支票的经过。"

你注意了吗？查尔夫先生并没有一开始就谈到童子军或欧洲团体大会以及他自己的需要，他只是谈对方最感兴趣的事。这就是最终结果：

"不一会儿，那位总裁问我：'哦，顺便问一句，您找我有什么事吗？'于是我说出了我的来意。"

"让我惊讶的是，"查尔夫继续写道，"他毫不犹豫地答应了我的请求，甚至给予了更多。我请求他资助 1 个孩子去欧洲，可他竟然愿意资助 5 个童子军和我一起去欧洲，他签了一张 1000 美元的信用证，叫我们在欧洲住 7 个星期。他又替我写了几封介绍信，吩咐欧洲各分行的经理为我们提供相应的服务。后来，他在巴黎接待了我们，并带我们游览了全市。

"最后，他还为几个家境贫寒的童子军介绍工作。现在，他仍是我们团体中积极的一员。

"当然，我知道，如果我没有事先找出他的兴趣所在，使我们之间的关系融洽起来，我是不可能这么顺利地接近他的。"

在商场上，这不也是一种很有效的方法吗？不妨以纽约一家面包批发公司经理杜凡诺先生为例：

杜凡诺先生一直想把面包卖给纽约的一家大旅馆。4 年内，他几乎每星期都去找那家旅馆的经理，杜凡诺跟着那位经理参加相同的交际活动。为了获得生意，他甚至在那家旅馆租下一间房子来住，可还是失败了。

杜凡诺先生说："后来，在研究了人际的关系之后，我才知道应该改变策略了，我决定找出他的兴趣所在——那些能使他热情起来的东西。

"我发现，他是一个饭店经理人社团的成员，这个社团名叫美国饭店迎宾者协会。他不只是这个协会的成员，他巨大的热情使他在任此协会主席之余，还兼任了国际迎宾者协会的主席，无论哪里召开会议，他一定会参加。

"所以，当我第二天见到他时，我开始和他谈论迎宾者协会。我得到了怎样的回应呢？真是激动！他兴高采烈地和我谈论了半个小时迎宾者协会的话题。他的语调中满是热情。我可以明显地看出协会不仅仅是他的爱好，那是他生活的一部分。在我离开办公室之前，他劝我加入他的协会。

"同时，我对面包的事只字未提。但是几天后，他旅馆的管事居然打电话，让我把面包的价目和样品送过去。

"'我不知道你对那个老家伙做了什么，'管事打趣我，'但他确实接受了你！'

"想想吧，为了做成这笔生意，我在他身上花了 4 年时间。如果我没有找出他的兴趣所在，我还不知道要跟他费多少唇舌呢？"

给别人说话的机会

大多数人在努力劝说别人时，自己总会说很多话。其实，别人对自己的事情和问题知道得比你多，所以只要向他们提问，让他们告诉你这些事就可以了。

当你不同意别人的话时，你也许会立刻打断他。但是不要这样做，因为这样做是危险的。当他们还有很多话要说时，他们是不会注意你的，所以要用开阔的心胸耐心地倾听，并真诚地鼓励他们完整地表达自己的想法。

这种策略如何用在商场上？让我们来看看，这里有一个故事——是一个销售代表所做的尝试。

美国一家最大的汽车制造公司商讨购买一年的装饰纺织品。有三个重要的生产纺织品的厂家出示了样品。汽车公司检验后通知给那些厂家，在指定的一天里，每一个厂家的代表都有机会为取得合同而表述自己的想法。

R 君是其中一家厂商的代表，到达该市那天，他患了严重的喉炎。"当轮到我去见这家汽车公司的总经理时，"R 君在我的课上讲到那时的情形时说，"我的嗓子已经哑得说不出话来了，连轻声耳语都很难做到。当我被带进屋子后，跟里面的纺织工程师、采购经理、推销主任和那家汽车公司的总经理都见了面。我站起来想发言，可除了发出模糊的哑声，我什么都做不了。

"他们围坐在一张桌子旁。所以，我只好用笔把话写在便笺上：'诸位先生，我嗓子哑了，不能说话。'

"那位总经理说：'好吧，让我来替你说吧！'他把我的样品展开，并称赞这些样品的优点。

"这次奇特的会议讨论结果使我获得了这份订单。这家汽车公司订购了50 万码的装饰纺织品，总价值超过 160 万美元——这是我接过的最大的订单。

"我知道，若不是我嗓子哑得说不出话，我会失去那份订单，因为最初我对整个情况有着错误的想法。我在无意中发现，让别人讲出他的所需是十分重要的。"

有一则大型广告登在纽约报纸的财经专版上，欲招聘有特殊才能和经验的人。柯贝利斯发出求职申请，几天后他收到了面试通知。在面试之前，他花了几个小时用来寻找关于公司创始人的资料。面谈时，柯贝利斯说："能和您这样的公司合作我感到十分自豪，听说您在 28 年前开始创业的时候，除了一间屋子、一套桌椅和一个速记员外，其他什么都没有，是真的吗？"

几乎每一个成功人士，都喜欢回忆自己早期奋斗的情形，这个老板也不例外。他谈了很长时间关于他怎样以 450 美元创业的情形和最初的想法，他如何战胜了挫折和嘲讽，他在礼拜天和假日都在工作，每天工作 12 至 16 个小时。最终，他如何战胜了一切困难，现在连华尔街最出名的经理都会来这里寻求信息和指导。他为此骄傲，他的确有值得回忆的辉煌阶段。最后他简单地问了柯贝利斯的经历，随后把一位副总经理请来说："我想，这位先生就是我们所要找的人。"

柯贝利斯费尽心思去探听未来上司过去的成就，并对他和他的经历表示出浓厚的兴趣，鼓励他多说话，而使这位上司对自己留下了很好的印象。

即使是我们的朋友，也愿意多谈他们自己的成就，而不是听我们谈论自己。法国哲学家洛希夫克曾说过："如果你想得到仇人，你就胜过你的朋友；可是如果你想获得更多的朋友，就让你的朋友胜过你。"

为什么会这样呢？因为当朋友胜过我们时，他们就会感觉自己很重要；而当我们胜过朋友时，他们——至少他们当中的一部分——会感到自卑和妒忌。

委婉含蓄胜过口若悬河

如果有这样一句神奇的语句——它可以停止争辩、消除怨恨并且带来好感，使人们关注你的谈话，你愿不愿意得到呢？

真的有这样的话吗？是的，它就是："对你所感觉到的，我一点儿也不会责怪你，如果我是你的话，我也会有同样的感觉。"

即使是世界上最狡猾、最固执的人听到这句话，也会软化下来。可是你必须绝对真诚地说出这句话来。以卡邦的例子为证，假如你受遗传的身体、性情、思想与卡邦完全相同，如果你也身处他的境地，有他那样的经历，那你也会成为像他一样的人，因为只有那些事才是他沦为盗匪的原因。同样的，你不是响尾蛇，是因为你的父母不是响尾蛇。

你应当记住，你看到的那些恼怒、蛮不讲理的人，他会成为那样的人，并不都是他的错；你成为你这样的人，也并不全是你自己的功劳。因此，要对这些可怜的人表示惋惜、怜悯和同情。要对你自己说："感谢上帝，如果不是您的恩赐，我也会走上与他同样的道路。"

你每天遇到的人中，有 3/4 的人饥渴地需要你的同情，假如你同情他们，他们也会对你表示好感。

有一次，我在电台做播音，提到《小妇人》的作者路易莎·梅·奥尔科特女士。我知道，她在马萨诸塞州的康考特长大，并写成她的著作，但我一不小心，说我曾到新罕布什尔州的康考特拜访过她的老家。如果我只说了一次，似乎还可以原谅。但是，我接连说了两次。

接下来，数不清的信函、电报蜂拥而来，他们纷纷指责我、质问我，有的几乎是侮辱。有位老太太住在费城，但她出生在马萨诸塞州的康考特。她对我发泄了她强烈的愤怒。当我看到她的那封信时，我对自己说："感谢上帝，幸亏我没有娶这样的女人。"

我想写信告诉她，尽管我说错了地名，可她也不能一点儿礼貌也没有，这是最不客气的评判。然后，我还会卷起袖子告诉她，我是怎么想的。但我没那么做，我努力控制住自己。我认识到只有那些昏了头的蠢人才会那样做——这也是大多数蠢人唯一的做法。

我不想和这些蠢人一样。于是，我努力地试着把她的仇视变成友善。这对我将是一个挑战，但我喜欢做这样的游戏。我对自己说："如果我是她的话，可能也会有同样的感觉。"因此，我决定对她的立场表示同情。后来，我在去费城的时候，还打了个电话给这位老太太。对话的内容大概是这样的：

我说："某某夫人，几个星期前，您写了一封信给我，我向您表示我的谢意！"

电话里传出她柔和、流利的声音，她问："很抱歉，您是哪一位？我听不出您的声音来。"

我说："对您来说我是个陌生人，我叫戴尔·卡耐基。数星期前，您听过在我的广播电台做的有关路易莎·梅·奥尔科特的节目，是您指出了我那个无法原谅的错误。我想，只有愚蠢的人才会犯这样的错误，竟然说错了她的成长地点。我为此向您深表歉意。同时，对您写信指正我的错误，我表示感谢。"

她说："我很抱歉，卡耐基先生，我在信里粗鲁地向您发脾气，我很抱歉。"

我说："不！不！该道歉的不是你，应该是我。我说错了一个连小学生都懂得的常识，事后的那个星期天，我进行了自我批评，现在我特地向你致以歉意。"

她说："我出生在马萨诸塞州的康考特城，近200年来，我们家族在马萨诸塞州的历史上非常有名望。我一直以我的家乡为荣，所以当我听到您说路易莎·梅·奥尔科特住在新罕布什尔州时，我很难过，也很气愤。但现在，那封信让我感到抱歉和不安。"

我说："坦白地告诉您，我比您要难过得多。我犯的错误，并没有伤及您的故乡，却伤害了我自己。像您这样有地位和身份的人，能够这样坦诚地指出我的错误，实在是我的荣幸，我希望如果我以后再有错误时，您一样能够诚恳地指给我。"

她说："你知道吗，你这种勇于接受别人批评的做法会使人们更加欣赏和喜欢你的，我相信你是一个很优秀的人，我也很愿意认识你。"

这样，因为我站在她的立场上，对她表示同情和道歉，我也同样得到了她的同情和道歉。我很高兴我控制住了自己容易激动的脾气，同样我也对自己以友善回应对方的侮辱感到很满意。我并没有气急败坏地要她去跳河，而是以理解获取她的尊重，我也因此得到了更多的快乐。

索尔·霍洛克称得上是美国首屈一指的音乐经纪人，半个世纪以来，他同许多著名艺术家合作过，诸如嘉利宾、邓肯、巴甫洛娃等。霍洛克告诉我，他在与那些有着可笑、古怪脾气的艺术家打交道时，获得了一个宝贵的经验：必须同情他们，对他们怪僻的脾气必须彻底地同情。

有3年的时间，霍洛克担任世界低音歌王嘉利宾的经纪人。而嘉利宾像一个被宠坏的孩子，使霍洛克大伤脑筋。用霍洛克的话说："他各方面都糟透了。"

比如，如果晚间有音乐会的话，嘉利宾常常会中午打电话给霍洛克，他会说："索尔，我喉咙哑得厉害，很不舒服，恐怕我今晚不能上台了。"霍洛克听他这样讲后，就会同他争辩吗？不，霍洛克才不会这样做！作为一名艺术家的经纪人，霍洛克知道他绝不能这样处理问题。所以，他会立即去嘉利宾住的旅馆，显得十分同情地说："太不幸了，我可怜的朋友……当然，你是不能再唱了。我得立刻通知人们取消今晚的演出。虽然你损失了几千美元的收入，可是跟你的名誉相比，那算不了什么。"

嘉利宾听霍洛克这样讲后，他会怀着感激的心情叹息地说："索尔，你等一会儿再来好了，下午5点钟来，那时看看我的情形怎么样。"

到了下午5点钟，霍洛克先生再去嘉利宾的旅馆，他坚持要替嘉利宾取消节目。可是嘉利宾又会这样说："你再晚一点儿来看我，到那时或许我会好一点儿。"

直到 7 点半，这位低音歌王终于答应登台，但他坚持要霍洛克先生走上台，向听众报告说他患了重感冒，嗓子不好，霍洛克会假意答应，因为嘉利宾把这当成他上台表演的唯一条件。

亚瑟·Ｉ·盖茨博士在他那本著名的《教育心理学》的书中曾这样写道："人类普遍追求同情，就像孩子们会急切地显示他受伤的地方，甚至故意割伤、弄伤自己，以博得大人们的同情。成人也有类似的情形。他们会到处向人显示他的伤痛，说出他们的意外事故，所患的疾病，特别是开刀手术后的经过。'自怜'，实际上是所有普通人的习性。"

激发他人高尚的动机

我的故乡是密苏里州的一个小镇，那儿附近有个卡梅镇，就是当年的匪魁杰西·詹姆斯的故乡，我曾经去过卡梅镇，当时杰西的儿子还在那里。

他的妻子告诉我们，杰西如何劫火车、砸银行，把抢来的钱分给邻居们，让他们偿还借款的故事。当时，杰西·詹姆斯可能以为自己是个理想家——正如舒尔茨、"双枪"克劳雷和卡邦一样。事实上，你所见到的人，甚至你自己，对自己的估计都希望是良好而不自私的。

银行家摩根在他的一篇分析文章中写道："人们做一件事，不外乎两种理由：一种是好听的，一种是真实的。"

人们有时会想到那个真实的理由，可在我们的心里，更倾向于寻找好听的动机，因为每个人都是自己内心的理想家，而要改变一个人的意志，就要激发其高尚的动机。

这种方法用在商业上是否理想？让我们以汉密尔顿·Ｊ·弗利尔先生为例。他是宾夕法尼亚州某房屋公司的负责人。他有一个令人十分头痛的房客。那位房客恫吓要搬离他的公寓，但他的租约还有 4 个月才期满，可是他却声称立即就要搬，不管租约那回事。

弗利尔在课堂上讲这段经历时说："那个房客已在这里住了一个冬季！一年中房租最贵的季节。我知道，如果他们搬走的话，在这个秋季前，这房

宾夕法尼亚州

子是不容易租出去的。我眼看着到手的房租就要泡汤了，心里十分着急。

如果这件事发生在以前的话，我一定去找那个房客，要他把租约重念一遍，并向他指出，如果他现在就搬走，那4个月的租金须立即全部付清。

可是，这次我没有制造紧张气氛，我决定采取另外一种办法，我开始向他这样说：'杜先生，我听说您准备搬家，我认为这不是真的。多年的经验告诉我，您是一个守信的人，这不仅仅是凭我的经验，而是我相信您就是这样的人。'

我接着又说：'我的建议是，希望您将这件事先搁置一边，再考虑一下。如果您还是坚持您的决定，我们会接受您的要求。'

果然，到了下个月，这位先生自己来缴房租。他跟我说，他已经跟他的太太商量过这件事，他们决定继续住下去。他们最后的结论是：履行租约是一件光荣的事。"

当末代贵族诺司克利夫爵士看到一份报上刊登出了一张他不愿意刊登的相片时，他就写了一封信给那家报社的编辑。在那封信上，他是否会说"因为我不喜欢那张照片，请不要再刊登"？他知道每个人都敬重自己的母亲，而他也想激起人们高尚的动机和意念，就在那封信上写道："因为我的母亲不喜欢那张相片，恳请贵报以后不要再刊登。"

同样，当约翰·洛克菲勒要阻止摄影记者拍他孩子的相片时，他也通过激起人们高尚动机的方式。他不说："我不希望孩子的相片刊登出来"，他知道在每一个人的内心，都有潜在的不愿伤害孩子的意念。于是他换了个口气说："各位，我相信在场的每一位孩子的爸爸都会认为，让孩子成为公众人物并不适当。"

柯迪斯本来是梅恩州一个贫苦人家的孩子，后来成为《星期六晚报》和《妇女家庭杂志》的负责人，并因此赚了几百万美元。但在他创业之初，没有能力聘请国内知名作家执笔，也不能像别的报纸、杂志一样，高价买稿子。可是，他激起了人们高尚的动机。

比如，他请《小妇人》的作者路易莎·梅·奥尔科特女士写稿时，用了一个常人所想不到的特别方法——他把一张 100 万美元的支票捐给了奥尔科特最喜欢的一个慈善机构，而不是她本人。

也许会有人质疑："这种手法，如果用在像诺司克利夫、约翰·洛克菲勒或那些感情丰富的小说家身上或许有效，可你如果用在某些不可理喻的人身上是否一样有效？"

也许这种怀疑是对的。世上任何一种东西都不可能在任何情形下产生同样的效果，也不可能在每一个人身上都产生同等效力。如果你对现状很满足，则无需改变。可如果你不满意现有的状况，何不试一试？

我相信，你会喜欢我从前的一个学员托马斯所讲的一个真实故事：

有一家汽车公司的 6 位顾客因为其中某些账目的错误而拒付一笔服务费，事实上，这几位顾客均已为自己所接受的服务签了字。所以，公司不认为这些账目有问题。

下面是那家汽车公司信用部职员去索款时所采取的步骤，你看看他们是否会成功？

（1）他们坦白地对拜访的每一位顾客说，他们是公司派来索取欠款的。

（2）他们明白地表示，弄错的绝不可能是公司，顾客应承担所有的错误。

（3）他们表示，公司对汽车方面的业务比顾客要内行得多。无谓的争辩是没有意义的。

这些做法能否缓和顾客的情绪，并最终解决账单问题？你自己可以得出答案。

事情发展到这种地步，信用部经理正想通过法律解决这件事，但侥幸的是，这件事被总经理知道了。这位总经理查看了那几位欠账主顾过去付账的记录，发现他们过去都是按时付款的。总经理发现这个资料后，相信之所以出现这种情况，是由于公司收账的方法有误。所以，总经理把托马斯叫去，要他去收那些无法收回的"烂账"。

以下是托马斯先生讲述的他所采取的收账步骤：

（1）我去拜访每一位客户的目的，确实是索取一笔欠款，但对此我只字未提，我只是解释说，我是来调查公司对客户的服务情况的。

（2）我明白地表示，如果顾客未说完他的想法，我不会发表任何意见。而且我坦言，公司也不可能完全没有失误。

（3）我对他们说，我相信，没有任何人比他们自己更了解汽车。在这个问题上，他们更有发言权，而我只是关心他们的汽车。

（4）我安静而认真地倾听他们的意见，对他们表示十分同情。

（5）最后，当那些顾客的情绪缓和下来时，我希望他们在公平思考这件事的同时，激发他们高尚的动机，所以我说："我希望您知道，我也认为这件事的做法并不恰当，对于上次公司代表对您造成的困扰和不便，我代表公司向您表示深深的歉意。这样的事以后再也不会发生了。而且您的忍耐和公平让我们很感动。正是由于您的宽阔胸襟，我才冒昧地请您帮我做一点儿事情，没有人比你更合适做这件事。相信您也知道，这是我们给您开的账单，希望您仔细核对，就像我们公司经理一样，请您全权做主。相信没有任何人比您更合适了。"

那些顾客有没有考虑支付账单呢？当然，他们这样做了。而且显得十分高兴，这些账单的数目在150至400美元之间，款额大小不等。有顾客占到便宜吗？确实，其中有位顾客拒付这笔款项，但另外5位顾客在账款上都让公司占了便宜。而最精彩的是，这6位顾客在以后的两年里，均再次购买了这家汽车公司的汽车。

"经验告诉我，"托马斯先生说，"当你应对顾客不得要领时，最好的办法是，在你心里要先存在这样一个观点——你要认为那位顾客是恳切、诚实、可靠的，而且他是极愿意付账的。只要使他相信那些账目是对的，换句话说，那就是人们都愿意诚实地履行自己的义务。像这类情形，例外的很少。我相信，即便有意为难你的人，只要你使他感觉到你认为他是那么的诚实、正直，大多数时候，他也会给你同样的反应。"

第二十一章　做好职场规划才能成功

如何与女上司相处

　　在福荣公司工作 6 年的史翠姗小姐日前辞职不做了。在福荣 6 年，史翠姗在一位脾气古怪、既清高又敏感的女上司手下打工，受够了不明不白的气，她实在不愿意重做女上司的助手。史翠姗认为，找上司也得小心，"女人有时是女人的天敌。"偏偏怕什么赶上什么，史翠姗最后谈下来，最满意的一间家饰公司又是女上司把舵。史翠姗忧心忡忡地说："就像瑞典人所说的，这一回，莎莉又遇上了玛丽。"——瑞典人将有权在手的女强人称做"玛丽"，一个听上去魁伟、坚强、艳俗的名字；而将多愁善感的女下属统称为"莎莉"，后者，听上去是多么战战兢兢、柔弱而胆怯呀！

　　那么，像史翠姗的遭遇一样：莎莉非要在玛丽手下打工，莎莉应该怎样在保持一份尊严的前提下，与玛丽和平相处下去呢？以下的这份"备忘录"可抄录给所有"莎莉"，令其铭记在心。

　　有一个规律不知年轻的女下属们瞧出来没有？几乎没有一名大权在握的"玛丽"不以鲜明的衣饰、华贵的胸针、好莱坞明星式的发型来强调自己的一言九鼎之威。越是年纪大、婚恋又不幸的"玛丽"越可能不吝在服饰上投资。可她，却反感女下属和女助手们穿得明艳照人，这是一种奇特的心理，就像所有的花朵都讨厌绿叶比自己长得更个性、更醒目。所以我们不难发现这一"规律"：在年长的女上司面前深得信任的下属或助手，她们 20 多岁或 30 多岁，一律衣饰简静，非玄即白，她们几乎不用耀眼的胸针与耳饰，长发一丝不苟地盘起，脸上的妆浅淡欲无，十个手指伸出来一片洁净，无色无声。表面上，是她们为了照顾年长女上司的自尊心，而将自己退为背景，事实上，年轻女子也只能这样打扮以免刺激到女上司青春已逝的现实，从而为自己带来麻烦和灾难。

女下属们的年纪都在婚恋的黄金阶段，于是情至深处四处"挥发"爱情就成为习以为常之事。在办公室里煲"恋爱电话粥"，让男友或新婚丈夫接自己下班，对同事鼓吹自己的"情人节"计划，如果上司是男士，倒也一笑置之，偏偏上司是单身"玛丽"，她不找点事儿让你难过才怪呢。第一，你上班谈私事，本已犯规；第二，你触痛了她那根敏感的神经。所以当差的女下属都应奉行这一原则：在办公室里，你要把自己当独身女人看——而且是爱恨情仇泯灭已久的独身女人，一心一意把工作当寄托。关于你的幸福、你失恋的痛楚、你破镜重圆的狂喜，切勿在办公室里，尤其是在"玛丽"面前泄露分毫。

你可以对关系很铁的女同事直言："你最近憔悴得厉害，是失眠么？""才入冬两个月，你就胖了！""你的外套太花哨，像火鸡！""你的香水太刺鼻了，我们要去物业管理会告你污染环境！"哈哈，你的闺蜜们自然懂得其中的幽默之处，你说得越直率、越夸张，她越觉得你们够亲密。但千万别与你的女上司开此种玩笑，即使她真的该去减肥冬令营集训，或穿得像火鸡。这会让女人感觉你在冒犯她，她会拂然不悦。她一不开心，你的倒霉日子就开始了。

替"玛丽"当差不好当，甚至在取得她高度信任——她已把大部分实权转让给你后，你亦要小心谨慎，越俎代庖、自作主张的事儿万不可做。所有的上司都对不经反复请示就擅作决定的副手大为感冒，女性上司尤其如此。由于她在升迁过程中比男人付出更多，她一直受到男性同僚对其能力的窃窃私议，她对自家权威是否受到挑战尤其上心，你万勿触及她那根敏感神经才妙。

更有趣的是，男性上司乐意接受的"电话请示"（通过电话形式传送的请示报告），在女性上司这里却并不受欢迎。女性上司喜欢年轻下属到她的独立办公室去，当面递送材料，请示汇报，顺便夸夸她新买的名牌套装和新做的发型。如果当时还有访客在场，你这样强调她的权威和亲和力，一定令"玛丽"面含春风。

当然，与敏感的女上司相处也不能一味采用消极退避的方式。必要时，年轻的"莎莉"也可主动出击，努力改善两人的关系。问题是选什么话题？谈老公孩子？你的女上司也许 30 岁未婚；谈柴米油盐？你的女上司解决晚餐的方式或许经常是上西餐厅或盒饭摊；谈流行文化？天啊，那不是提供年轻人给年长者"上课"的机会嘛！谈美容秘诀？上司以为你在讥讽她老了呢！

想来想去，最聪明的话题，是饱含恭维之意的——恭维她的生活有情调、上档次。比如家居布置，什么地方的家具好，什么地方的坐垫更妙，什么样子的折叠门更有欧洲情调；又比如运动休闲，冬天到什么地方去滑雪，我想学一学滑翔伞哪儿有教练，什么地方有进口的骑马装卖，等等。你马上会发现，"格调"两字简直是钱喂出来的，在这些方面，你那热爱家居、热爱健康生活的女上司的体验足够给你上课的。即使她懂得不多，就这么闲谈下去她也觉得愉快，因为你是把她当做有修养的精神贵族了，当做有格调的现代女性，她会觉得，你有点儿像她的知己了。

如何当好小主管

当温丝莱特接到即将晋升为制作部主管的通知时，她欣喜若狂，多年来的努力终于得到了认可。冷静下来，温丝莱特随即联想到一系列的问题：自己管理下属能胜任吗？部门里的财政开支可以控制吗？虽然她从不怀疑自己的能力，但是一切又似乎在掌控之外，况且所有同事都对她虎视眈眈。

温丝莱特的疑虑是很正常的，不少女性从没有想过自己有朝一日会置身管理阶层。一旦被提升，不免有点儿无所适从。不要紧，让一切重新开始，你一定会成为一个充满信心、从善如流、极富创造力的好"波士"（boss）。

昔日，你在公司里有不少老朋友，你和他们推心置腹无所不谈，而今时今日，你就应小心处理彼此的关系。你已经不属于他们那一群了，在新的关系中，你既不能失去他们的忠心，也要与他们保持一定的距离。你应该尽快让他们知道环境已经改变，不妨在私下相处时或在某些小组会议中坦诚提出，要是有人对你的升职出言不逊或开玩笑，你需要立即使它停止。

作为你的最要好的朋友的上司，你可能会产生这样的疑惑：你对公司的忠诚应该以什么作为底线？如何在维系友谊的同时又做好本职工作？温丝莱特开始时并没有为要做好朋友的上司而感到忧心："我最初还认为跟好友工作会较容易地处理好问题哩，因为我们都很了解对方。所以，我觉得可以简单地命令她去做事，而不必担心她曲解我的意思。"

然而，事实往往出乎意料。温丝莱特很快便发现，好友对作为她的下属有点儿反应过敏。温丝莱特举例说："过去一些善意的劝告，现在会被视为语气过重。一些不经意的话，如：'你是否打电话打得很惬意呢？'也会被当做话中有话的责备之词。"

类似温丝莱特这样的女上司，都会对这种情况异常焦虑。但温丝莱特选择了以不理会的方式去处理好朋友的过敏反应，这种做法使她们的友谊得以维系。温丝莱特说："好友发脾气及自怨自艾时，我会尽量保持自己的情绪不受影响。我会当做若无其事，相信事情自然会解决的。我还会对她说'得快些平复心情呀。'她的情绪通常都能迅速地恢复过来。工作是应与私事分开的，所以我在工作时尽量不受情绪影响。人不能把任何事都放在心上，否则我们经常都会情绪低落。"

妥善处理好与下属们的工作关系，提高大家的工作热情，是女上司上任之后必修的功课之一。温丝莱特与自己部门的七位同事都保持了良好的关系，间或还会与他们一起吃饭，工作方面自然能够得到大家的支持。她说："我从来没有拒绝与同事闲聊，只是现在已经懂得什么是该说的，什么是不该说的，不像以前那样肆无忌惮了。"

作为新上任的主管，你一定会感到工作上困难重重，尤其是当你感到其他人所知的比你多的时候。不要紧，你勿须首先熟悉你的下属的工作，相信自己，你之所以被提升，是因为你有领导才能。你是"波士"，负责的是对公司业务的全面推进。在运作上有疑问时，不妨向个别同事咨询，了解他们的日常工作。要记住：你应该知道的而你却不敢问，只会使你更容易被人击倒。

菲丝希尔从秘书升为经理，并拥有了自己的秘书。她觉得自己没有大学学位，不足以胜任新职位，但这是她一向追求的目标，她又不能放弃。菲丝

写给女人的忠告

希尔做起自己往日的工作非常熟练，因此她常常自己存档案、打备忘录，甚至为别人冲咖啡，凡事亲力亲为，但她的秘书却因此而乘机中伤她。当时面对这样的处境，菲丝希尔很难过，来向我求助。我坦诚地告诉她，要从以往的秘书身份变为经理身份，要明确告诉自己的秘书说你希望得到她的帮助。后来，菲丝希尔很高兴地告诉我："我的秘书很快就成为了我的得力助手。"

职业女性新获提升，必然对自己要求过高，渐渐地会失去自信。假如你也有同样的疑虑，可以尝试着列一张清单，写出自己的优点和缺点，并就各项缺点提出客观的反驳，问清楚自己是否真的不具备资格，抑或是受某一弱点的困扰。要认清自己的弱点，然后定下努力的目标。

新获提升的女性，得不到下属的尊重也很常见。过分的和善以及体恤，并不能保证下属们的表现令人满意。不少女性采取观望的态度，希望工作能顺利完成，因为她们害怕和下属正面对立。其实，你对工作坚持立场，效果反而更佳，也不必固执和强硬，应该和善有礼但对工作成果要求严格。你要让下属知道你关心一切工作进展，你主管一切并且经常监察工作效果。一项期限两天的工作，星期四要到期的，星期三就要查询进展，到星期四才问便太迟了。

当你感到下属对你的尊重不足时，要立即面对面地了解清楚，切忌感情用事。清楚地表达你对他们的尊重，也同样要求他们做出良好的工作表现。你对事情视而不见，只会令别人以为你能够接受一切结果，情况必然更坏。

遇上顽固的下属，你可以给你的上司作一个汇报，告诉他你的下属都很好，但除了汤姆，他的工作表现一直在下降，经常逃避责任。你需要征求上司的意见如何处理汤姆。要知道，一些男性乐于与女上司合作，一些则不能忍受。男同事的不愉快感觉会是很强烈的，特别是你从他们的手中争得高位。与此同时，一些女性也会在潜意识中觉得男性应该是领袖，因而产生一种负罪感。其实，你应该清楚自己才是"波士"，不要理会别人对你的成功的反应，即使你隐藏自己的能力也不能改变他们的思想。

避免在公事上犯错和幼稚的行径，因为这些远比你担心自己的女性身份来得重要。要让他们建立不敢侵越的界限，而不是使自己看起来像是个无助的女性。假如你的男下属妨碍工作的进度，应对他明确指出你要求工作尽快完成。

假如你被提升去开拓一个新部门或者你将要主管的部门人手不足，这是一个聘用新职员的好机会。与人事部门建立良好的关系，他们会向你提供精明的求职者。当然，在接见求职者时，你要表现出你的进取心，不必使他们感到舒服，因为他们不是你宴会上的客人。同时，要善于发掘应征者职业技能之外的专长，你的直觉有时比履历表更为可靠。

事实上，依从你的女性本能行事，更能使你成为一个成功的管理人员。女性对事物的感受能力比男性要强很多，她们同时会比男性更容易感受到别人的优势，这就是作为女性的你比男性强的天赋条件，也促使你成为更优秀的管理人才。

巧妙应对男上司的晚约

办公室不是修道院，不可能都是女性。既然有男有女，你就避免不了与男性接触和周旋，特别是许多来自男上司的问题，尤其需要你认真应对。要处理好办公室的异性关系，避免出现令大家不愉快的桃色事件，防微杜渐是十分重要的。一般的男女问题，总是由小事开始的，特别是身为职业女性，不能在小事上不加检点给男上司以暧昧的感觉。

我认为，在办公室里各种异性关系中，最难应对的莫过于男上司热情邀请你同赴晚会或共进晚餐。这也许是工作的需要，也许是感情的发展。如果贸然拒绝，势必伤害上司的自尊心；倘若不假思索欣然应允，不明上司的用意和居心，恐怕也会带来流言蜚语，甚至身心的伤害。因此作为女性下属，特别是年轻女性必须慎重应对上司的夜晚之约。

如果你不愿赴约，就要设法拒绝，但直言直语地拒绝会使上司觉得尴尬、下不来台，于是心理上对你的行为产生不快。此时不妨换个角度，或是软化一下语言，让对方听了揣摩一阵才能懂得其意，或是找个借口推辞，让上司碰到软壁而取消邀约。

某公司的办公室文书莎摩儿长得亭亭玉立、水灵灵的，被人视为公司里的一枝花。一天总经理约她共进晚餐，此时莎摩儿尚不清楚总经理的用心，

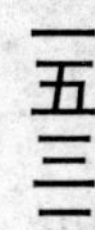

便装出一副十分抱歉的表情说："总经理，实在不好意思，这两天我患了肠胃炎，白天跑了六七趟卫生间，准备晚上到医院输液的，感谢您的一番美意。"总经理虽然心中不快，但还是准允了。

如果一时找不到借口婉拒，那就唯有奉陪了。既然决定赴上司之约，就必须精心打扮一番，但又不能太过刻意。此时的打扮要做到三要、三不要：

一是化妆要清淡，忌浓妆艳抹。清淡的化妆表示对上司的邀约很重视，体现了尊重之意。清淡妆以粉底为佳，适当着红，轻点朱唇，淡描秀眉，展示你的庄重和自然美。倘若浓妆重彩，会使自己变得陌生起来，让男上司误以为你的刻意化妆是为了吸引他，从而触动其非分之想。

二是服装要淡雅，忌透影露形。女人穿白色或素雅之色的衣着为宜，既使人感觉高雅、文静，又展示你俏而不妖的俊美。应邀者绝不能为展示女性的魅力而一"露"二"透"，过多地让男上司看到你的隐秘部位，这样会让男上司误以为你在挑逗他，从而想入非非，或认为你无视上司威严而产生反感。

三是头发要梳齐，忌披头散发。头发梳齐可以展示你态度严谨，办事认真，给人以有风度、有气质、有条理之感。如果你在男性面前将头发散蓬，会被男性误以为是一种调情的信号。特别是在晚餐温馨的氛围里，女性蓬发的形象和香水散发的芬芳会使男性觉察到女性温柔恬静的魅力已至极点，容易令男上司难以自持，以至做出令人意想不到的举动来。

既然已赴男上司之约，就必定要有所应酬。但在应付中要严把分寸，做到如下几点：

一是饮食适量，切忌贪嘴。与男上司共进晚餐自然少不了吃点儿食品、喝点饮料或者什么的。此时饮食适量，既领受了上司的邀约之情，也体现了女性的文雅气质。如果饮酒过量，既对上司不尊重，也给自己带来一些尴尬，甚至影响身体健康。更可怕的是，醉后失态，或影响女性形象，或造成终生的遗憾。

二是言辞适度，切忌滥侃。首先要明确，邀请者是主人，被邀者是客人。因此谈话时莫要喧宾夺主。言辞适度，显得有素质，有教养，同时也是尊重上司。反之，会留给上司一个不稳重的多嘴婆的坏印象。

三是告辞适时，切忌贪恋。如果是一个正派的男上司邀你谈公事，他会把握好时间的；倘若这位上司是为了发展私人感情，或公事后的闲聊，而你又无此意，你最好适时提出结束交谈。其办法有二，或请男朋友定时来接，或直接握手告别。因为在酒精的作用下，在那幽静的环境中，容易使人因动情而留下后患。适时告辞，让上司悟出你做人很有原则。

有些男上司平日在办公室里正襟危坐，对女下属亦绅士风度十足，而一旦到了外面，可能又是另一副模样，希望借此"良"机，一亲你的香泽。既然你还希望以后继续在这个公司，就不能板着面孔相对，当你遇到对方有非分要求或企图越轨时，最佳的办法就是装傻。例如，工作了一整天，你与男上司共进晚餐之后，他提议去舞厅再潇洒一下。你可以笑着说："今天时间不早了，不如改天吧，我也累了，想早点儿回去休息了。"

总之，你要用自己充满智慧的语言，以及文雅的气质，稳重的举止去应对男上司的夜晚之约，让上司叹服你那善于应变的才华以及清正的人格。

工作是最好的镇静剂

匈牙利剧作家说："工作是最好的镇静剂！"

差不多在 50 年前杜兰特小姐的父亲就对她说过了这句名言。至今她依然记忆犹新。杜兰特小姐的父亲是位内科医师。杜兰特小姐一边在律师事务所打工，一边在布达佩斯大学攻读法律专业。有一次杜兰特小姐法律考试没有通过，她觉得自己受不了这样的成绩。愧对家人，于是就放任自己从知心密友那里寻求安慰，还开始借酒浇愁，总是杏仁白兰地酒不离手。

一天，杜兰特小姐的父亲意外地来看望他，她父亲以一位医生的敏感直觉发现了女儿的麻烦，再看到四处的酒瓶，就追问女儿发生了什么事情。杜兰特小姐没办法只好坦白了自己是在逃避现实。

父亲听完杜兰特小姐的事情后，给她开了一副药方。父亲对杜兰特小姐说，借助酒精和安眠药是无法逃避现实的，治愈任何痛苦的解药只有一个，那比世上所有的解药都管用：那就是工作！投入地工作一年后，杜兰特小姐拿到了律师的资格证，并因业务能力优秀而被一家知名的律师事务所聘用，成为业内知名的大律师。

天道酬勤。这话对极了！习惯工作可能很难，可是你早晚都能成功。当然，工作也具有所有镇静剂的疗效。这需要形成习惯，一旦这种习惯养成了，自己都无法改变。

改掉忧虑的方法很多，奥德威·泰德女士认为，忧虑只是一种习惯，一种可以改掉的习惯。这种习惯之所以能改掉，奥德威·泰德女士说应归功于三种方法，她说：

"第一，我忙极了，没空闲焦虑。我主要的工作有三项，每项都是全职。我在哥伦比亚大学作集体演讲；还是纽约市高等教育委员会的董事长；同时还担任哈泼出版公司经济社会书籍部主任。这三份工作让我没有闲暇去发愁。

"第二，我会排忧解烦。当我从一种工作角色转换到另一个角色时，我会把刚才的难题完全抛到九霄云外，只有这样才能精神十足地面对下一项工作。这样工作我才会心理轻松，头脑清醒。

"第三，每天工作结束，下班后我都要提醒自己别把烦恼带回家。这是持续不断的，有待解决的问题，总会存在并等我去费心伤神。如果每天我把这些难题带回家，为此费心劳神，我就是在危害自己的健康，同时，我适应这些问题的能力也在此磨灭。"

战后有段时期，约翰·柏格太太曾经彻底被忧虑击败了。她说："那时我心里混乱不安，完全无法享受人生的乐趣。我神经紧绷，晚上入睡困难，白天也难以镇定下来。我有 3 个年幼的子女，已分别住到亲戚家去了。我丈夫不久前由陆军退役，正在外地筹建法律事务所。我深刻感受到一切事情的不安全与不确定。"

是的。约翰·柏格太太的心理状态已经影响到她丈夫的事业了，还有子女的快乐、家庭生活都受到严重影响，同时更威胁到她自己的生命。在外地，她丈夫找不到适合住的地方，只好自己建造一幢房子，而所有一切都得等约翰·柏格太太的情况好转后才能开始。但约翰·柏格太太越想努力转变自己，就越担心失败。后来，她甚至害怕任何责任，也不敢再相信自己，最终她认为自己是个彻底的失败者。

但我现在见到约翰·柏格太太，她的健康越来越好，早上醒来常带着幸福的微笑，那是为新的一天谋划的快乐，也是发自内心的喜悦。当然，她说自己现在偶尔也难免有些小挫折，特别是在疲倦的时候，不过她说"我现在会提醒自己别再胡思乱想，或者试着理清事情的头绪"。是的，现在的约翰·柏格太太情绪低落的时候越来越少，并最终将不再出现。是什么使得约翰·柏格太太的转变会这么大了？

是的，约翰·柏格太太说过，在她感觉生活暗无天日时，她的母亲为她做了一件令约翰·柏格太太终生都感激的事。她的母亲鼓励约翰·柏格太太重新开始，责备她软弱无能。她的母亲激发了约翰·柏格太太的斗志，说只有懦夫才不敢面对现实，不知道脚踏实地的生活，只会一味逃避。

约翰·柏格太太被母亲激得开始挑战自己。那个周末她送走了父母回家，因为她决定自己照顾这个家。约翰·柏格太太说："当时我好像是不可能做到的，但我确实做到了，我独自照顾我的两名幼女。我睡得下，胃口也开始好转，而且我的精神也渐渐恢复活力了。一周后我的父母来看我，发现我洗着衣服同时还哼着歌。我感觉到幸福，因为我开始挑战自我，而且超越了自己。这是令人难忘的经验……如果情况复杂得很难应付，你只有勇敢面对！是的，开始奋斗！绝不要放弃。"

从那时起，约翰·柏格太太就勉励自己工作，并在繁忙的工作中忘掉自己。后来，她终于带着孩子与丈夫到新家团圆。

女人完全拥有能力为了自己可爱的家，做一位坚强快乐的母亲。只要有集中一切精力解决困难的毅力，为了家庭、子女、丈夫，就会忙得没空忧虑，也许这就是奇迹开始的时候。

用工作占据空闲的头脑

任何一位心理学家都会告诉你，工作，也就是让自己身心保持忙碌，是对精神最好的麻醉剂。在遭受丧妻之痛后诗人朗裴罗也发现了这一点。有一天，他的妻子在蜡烛前熔化封蜡时，不小心衣服被火烧到了，听到她的哭喊，朗裴罗立即冲到她身边，可为时已晚，她已因灼伤而亡。好一阵子，朗

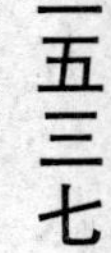

裴罗痛苦异常饱受折磨，濒临疯狂，不过他仍有三个幸存的幼子需要照顾，使他不能沉溺于悲痛。朗裴罗只得父母兼任，带他们散步，给他们讲故事听，陪他们游戏，在朗裴罗的诗篇中对这段相依为命生活的描述流传千古。他还翻译了但丁的诗，这些事使他忙得完全忘了自我，并重获心灵的安宁。正如英国诗人丹尼森失去他最亲密的朋友亚瑟哈兰时所说的："我必须不断忙碌以遗忘自我，否则我将精神崩溃。"

当我们工作或忙碌时，似乎很容易忘记烦恼，但是下班后的时间却是很危险的。当我们正在享受休闲时光，通常应该是快乐的时光，却正是忧虑这讨厌的"小怪物"偷袭我们的时候。我们开始在这时怀疑人生有什么意义，生活是否永远这样一成不变，今天老板批的公文是否别有意图，或者我们是否不再具有吸引力了。

当我们空闲时，我们的心境也接近真空。学过物理的人都知道"真空与自然相对"。你我在生活中所见过最近乎真空的东西是灯泡。把灯泡打破，空气便立即涌入并占领了理念上的空间。

因此，空闲的头脑同样需要被占据。那么用什么去占据头脑呢？通常都是情感，因为忧虑、恐惧、憎恨、嫉妒、羡慕都是原始的情感欲望，它们是如此的强大有力，能将我们心中安宁、快乐的想法与积极的情绪驱除殆尽。

哥伦比亚师范学院教育学教授穆塞尔说得相当好："忧虑从不会在你展开行动时偷袭你，它总是在你头脑空闲时进攻。于是你开始天马行空，胡思乱想，想到各种可能发生的情况，扩大所有细枝末节。在这种时候，你的心像是空转的发动机，终将自我毁灭。治疗忧虑的方法就是让一些需要完备建设的事占据头脑和手脚。"

即使不是大学教授，也完全能体会到这一点并且身体力行。二战期间，我遇到一位来自芝加哥的家庭主妇，她告诉我她是怎么发现"做一些可塑性较强的事可以治疗忧虑"。在从纽约到密苏里的火车餐车上，我遇到了她和她的先生。

这对夫妇的儿子在珍珠港事变的第二天入了伍。他们告诉我，为她的独子，这位母亲忧虑得健康几乎崩溃。他现在在哪里？安全吗？还是已经上战场了？他会不会受伤？甚至已经为国捐躯？

当我问她如何克服忧虑时，她回答说："使自己忙碌起来。"她先把女佣辞退了，开始自己处理所有的家务以保持忙碌的状态。不过似乎没有多大的帮助。她的问题是，做家务活心不在焉，往往一面机械地整理床铺、刷盘子、洗碗，一面忧虑。最后她发现让她从早到晚每小时都保持身心忙碌的工作，才有可能使她摆脱忧虑。于是她就到百货公司去当售货员。

"果然有效"，她说，"我发现自己立即投入到忙乱的工作中，顾客围着我，询问价钱，找尺码、颜色，除了考虑手边的工作，我没有一秒钟能想到别的事，晚上下班后，我只想让我酸痛的两脚完全放松休息。一吃完晚餐，我就上床睡觉，很快就睡得不省人事。我既腾不出时间也拿不出精力再去忧虑。"

她发现正好波威斯在其著作《遗忘烦恼的艺术》中所言："人类在工作时所得到的舒适安全感，其中蕴涵着内心深处的平和与快乐确实具有抚慰人心的力量。"

真是上天的眷顾！世界知名的女探险家奥莎·约翰逊给我讲述了她如何挣脱忧虑与悲愁的困扰。你可能读过她的故事，书名是《我嫁给了探险家》，她的确是一位嫁给探险家的女人。马丁·约翰逊娶她时，她才16岁，是他将她由堪萨斯州的边城带到婆罗州的原始密林中。25年来，这对来自堪萨斯州的夫妇环游全世界，将亚洲、非洲濒临没落的原始野外生活拍摄成影片。几年后回到美国，他们开始全国巡游演讲，放映他们实地辛苦拍摄的著名影片。一次不幸发生了，他们由丹佛市坐飞机起航出发，不幸与山岩相撞，约翰逊先生当场殒命。医生宣布奥莎将终生瘫痪卧床。不过他们实在不了解她。仅3个月后，她就能坐轮椅面对广大的群众进行演说了。在3个月内，她坐在轮椅上发表了数百场演说。我问她为什么要这样做，她回答："我这样做是为了不让悲伤与忧虑有时间和空隙钻进心里。"

奥莎·约翰逊发现百年前丹尼森就说："我必须在行动中不断忙碌以遗忘自己，否则我将精神崩溃。"

海军上将彼德在南极也同样发现了这个道理。大自然最古老的秘密蕴藏在比欧美两大洲更广袤的南极冰帽里。在那冰冻的大地上，彼德一个人驻留了5个月。百里内毫无生命迹象。这里严寒至极，在风吹过耳边时他几乎可以听到自己呼出的空气冻结的声音。在他的著作《孤寂》中，彼德描述他如何在寒冷的荒原及刺骨的黑暗中度过 5 个月。白昼与黑夜一样阴暗寒冷，他必须时刻保持忙碌以免发狂。

"每晚，熄灯前，我养成检查明日工作准备情况的习惯。我安排一小时在逃生隧道上工作，半小时调整水平仪，用一个小时弄妥燃料盒，一小时修剪墙上的食物隔板，再花两小时换上新的橇板……"

"这有趣极了！"他又说，"这个方法很管用，能用这种方式充分安排这些时间，让我自己感到拥有很强的控制能力……""如果不这样安排，这些日子就没有尽头，没有目标。没有目标的日子，终究了无云烟，消逝无痕。"

请注意最后一句："没有目标的日子，终究了无云烟，消逝无痕。"

当我们无聊空虚的时候，千万别忘记古老的解忧灵丹——工作。最近提出这个观念的是权威人士卡博医生，他是哈佛大学的临床医学教授，在他的著作《以何为生》中提到："作为一名医生，能治愈许多人因怀疑、恐惧、犹豫不定而深受其害的心灵，我感到快乐……工作带给人们前途的信念，正如美国哲学家爱默生提出自信的观念同样流传千古。"

如果大家不能保持忙碌状态，而闲无所事，无聊空虚就会像神话故事中的小幽灵，逐渐摧毁我们行动与意志的力量。

我认识一位纽约的生意人就让自己忙得没有时间去发愁。他叫川波·隆曼。我班上的一位学员，他克服空虚焦虑的短暂演说是如此精彩而生动有趣，我请他下课后与我共进晚餐，结果在餐厅里我们讨论他的经历，直到深更半夜。他的经历是这样的：

"18 年前，我因为空虚焦虑而夜不能寐，并且紧张易怒，自觉已到精神崩溃边缘。

"我绝对有理由烦恼。作为皇冠水果公司的财务主任。在罐装草莓项目上，投资了 50 万美金。近 20 年来，我们一直把这种草莓销售给冰淇淋制造商。一次，我们的销售合作突然终止，出于为提升产品品质与节省成本的考虑，大型的冰淇淋公司已决定改用桶装草莓。

"不只投资的 50 万元耗费在卖不出去的草莓上，还有未来价值 100 万美元需要采购草莓的合约压力，我们已经向银行贷款了 35 万元，在这种困境下，我们毫无能力偿付这笔贷款。这就是我忧虑的原因。

"我心急如焚地赶往加州的工厂，企图使我们的总裁了解事态的发展情况，我们已濒于破产。他却不相信会这样，反而怪罪纽约办事欠佳，产品销售跟不上。

"经过几天的努力，我终于说服他停止包装草莓，并将鲜货运往旧金山销售。我们的问题几乎顺利解决。本来我应该不必再忧心忡忡，可是我却无法放松心情。焦虑是一种习惯，而我已摆脱不掉这种恶习了。

"回到纽约后，对每一件事我都开始担忧，从意大利进口的樱桃啦！夏威夷进口的凤梨啦！诸如此类。我紧张得难以入睡，就像我曾经述及的问题，我快要精神崩溃了。

"在绝望的状态下，我运用了另一种生活方式，治愈了我的失眠症，我也不再焦虑！我开始忙碌，我忙着处理一切的事情而没有时间烦恼，以前我每天工作 7 小时，现在我每天工作十五六个小时。早上 8 点就抵达办公室，熬到半夜才离开。我还包揽下新的工作与职责。我已精疲力竭，半夜回家时，一倒上床，就能即刻睡着。

"这种状况持续了差不多 3 个月。我打破了焦虑的束缚，并决定恢复正常规律的工作作息习惯。这是早在 18 年前的事，而我从此再也没有因忧虑而失眠过。"

工作起来忙碌去吧！你的血液循环将会更加顺畅，你的精神开始集中，从此这种积极向上的生命力就会把忧愁从你的心中驱除。开始工作，并不断忙碌，这是世界上最价廉物美的灵丹妙药。

学着在工作中放松自己

有个科学结论可能令我们大吃一惊：只从事脑力劳动是不会令人疲乏的。听起来难以置信。但几年前，科学家试图估算出人脑要集中精神多久才会有"超负荷"的疲劳，也就是为"疲劳"下个精确定义。科学家发现，当人脑活动时，流经脑中的血液毫无疲劳迹象！可是如果从正在紧张工作的工人身体中抽取的血液，就含有"疲劳毒素"以及疲劳代谢物。如果把爱因斯坦脑血管的血液进行化验，就会发现其中并不含疲劳毒素。

工作 8 个小时，就脑力活动来说，甚至消耗 12 个小时的体力后的身体状况与工作前并无明显差异，头脑是不会疲倦的，可是到底是什么使你感到疲倦的呢？

心理学家声称人们会感觉倦怠，主要来自心理态度及情绪状况。著名的英国心理学家海菲德，在其著作《心理的动力》中提出："我们的倦怠感绝大部分来自于心理状况，因生理产生的纯粹疲倦是很少见的。"

美国著名的心理学家布利尔阐释得更加清楚透彻，他说："身体健康的工人感到疲倦的原因，百分之百是由于心理作用，也就是情绪性因素。"

什么样的情绪促使工人感到疲乏易倦呢？是快乐？是满足感？不！肯定不是的！而是呆板、满腹怨气、厌恶、被忽视的感觉，焦急、烦躁及忧虑的情绪——这些情绪是使人疲惫、易患感冒、生产能力下降，并把神经性头痛带回家。确实，之所以感到疲倦，完全是因为情绪引起生理方面的紧急反应。

在谈论"疲倦"的小册子中大多保险公司也指出："工作辛劳，很少会引起恢复不过来的疲劳……心烦意乱、神经紧张、情绪困扰才是引起倦怠的三大主因。人们总是指责体力或是脑力工作是原因，请记住紧张的是工作中的肌肉，平时放松，才能节省精力，对付关键的任务。"

现在立刻停下手里的工作，做个自我检查。在阅读这几行字时：是否眉头紧皱？双眼觉得酸痛吗？是在椅子上轻轻松松地坐着吗？你的双肩耸起吗？面部肌肉紧绷吗？只要全身放松，像个布娃娃就好了，否则你现在就在让神经及肌肉紧张，正在制造疲劳。

为什么人们会下意识地产生这些无用且有害的紧张呢？乔瑟林说过："我发现最主要的心理阻碍……是世上所有的人都相信工作努力必须表现出一种很费力费心的感觉，否则事情不算办得好。因此，精神集中时就会皱眉，耸着双肩，使我们的肌肉进入一种'费力'的状态，其实这对我们的思考毫无裨益。"

可悲的是：许多人在金钱方面非常节俭，却毫无节制地奢侈透支自己的精力。

这属于精神倦怠，我们该如何处理呢？答案是放松、放松、努力放松！在工作中学会放松。

很容易吗？当然不容易，可能你一辈子都得为改变这种不良习惯而努力，不过这种努力是物有所值的，因为这可能改变你的人生并有巨大的变革作用！威廉·詹姆斯在他的论文《放松的佳音》中说："美国人紧张过度、生活无规律、躁动不安把自己搞得喘不过气来……其实所有这些都是坏习惯。"紧张是一种习惯，放松也是一种习惯。坏习惯当然可以改正，良好的习惯也可以培养。

怎样才能放松？是从大脑开始，还是从放松神经开始？都不是！首先要放松你的肌肉。

让我们试试，比如先从眼睛开始放松，先读完这一段，往后仰，轻轻闭眼，心里对自己说："放松！放松！不紧张了，不再皱眉了，放松，放松！"重复、重复，至少坚持一分钟……

有没有发现，几秒钟后眼睛开始接受你的指令，紧张开始清除，确实这么神奇，在一分钟内，你已体会到放松的秘诀。下巴、脸部肌肉、脖颈脊椎、肩膀及全身都可以运用这个方法。芝加哥大学的雅库森博士非常大胆地预言，只要的你眼部肌肉能放松，一切烦恼皆可避免！眼睛在消除精神紧张方面至关重要，主要因为双眼消耗了人整个身体 1/4 的精力，许许多多视力正常的人饱受眼睛紧张的痛苦，就因为眼睛很容易疲倦。

著名小说家维琪·鲍姆的童年时代，曾经有人给她上过使她受益终生的一课。有一次，她从高处摔下，膝盖跌破了，手腕也受伤了。一位曾做过马戏团小丑的老人抱起她，对她说："你受伤完全是因为你的全身太僵硬，你必须想像自己非常柔软，像个软布袋。来！让我教你怎么做。"

那位老人从此教维琪还有其他孩子学习如何有技巧地摔倒、翻筋斗。而他不断提醒："想像自己是个软袋子，你就会完全放松！"

在任何地方你都可以放松自己，只是不要勉强去做。放松是一种无紧张不用力的状态。心里想着放松，从眼部及面部的肌肉开始放松，反复数遍告诉自己："放松……放松……放松。"用心体会紧张力量从你的面部肌肉回到体内，想像自己如同婴儿般放松。

　　声乐家寇奇也是使用这种方法的。有人跟我说，寇奇在演出前，坐在椅子上放松面部肌肉，下巴松得就像悬挂在那里。这样做，使她在上台演出前就免除了紧张情绪，也等于驱除了疲劳。

　　工作是我们都要面对的，无论是在公司与男人一样冲锋陷阵，还是在家里与孩子和家务斗智斗勇，我们都要懂得恰当地放松，否则，疲倦与崩溃的感觉迟早会不请自来。

第二十二章　聪明工作胜过努力工作

有人批评你说明你优秀

1929 年，一件大事轰动了美国教育界，许多教育界士人都赶到芝加哥来见证这一大事。早在几年前，一位年轻人名叫哈钦斯，一边念耶鲁大学一边打工，他当过服务生、伐木工、家庭教师、棉织品销售商。不过 8 年时间，他竟荣升为排名全美第四的芝加哥大学校长。才 30 岁就获此殊荣，真是不可思议！一些教育学的前辈都很不以为然。各种批评蜂拥而来。他这点不行，那样也不行——他太年轻啦！没有经验啦！他的教育理念非常荒谬，等等。最后连报业也不能袖手旁观，加入了这场攻击。

在他上任第一天，一位朋友对哈钦斯的父亲说："今日早报的社论也在抨击诋毁你儿子，真令我吃惊。"

哈钦斯的老父亲回答："真是太严重了，不过大家都要记得，死狗没人踢。"

是的，越重要的人物，人们抨击他时所得到的满足感也就越大。英王爱德华三世的威尔士亲王也有过相同经历。他在德沃郡达特茅斯学院就读——相当于美国的海军学院。在他 14 岁时，一位海军军官发现他哭了，就问他怎么回事。他本来执意不说，后来终于说出原因：原来他被一位海军学生踢了一脚。校长把学生们集合起来，向大家训话，尽管威尔士王子并没有抱怨，但校长一定要查清楚是谁的行为这么粗鲁无礼。

过了很久，那些军校生才承认是自己干的，这样做只是为了在他们服役英国海军成为军官时，可以向别人炫耀他们曾经踢过英国国王。

所以，如果你受到批评，记住，那是因为批评你会使别人感觉自己很重

"

德沃郡达特茅斯学院

要，这就表示你取得了成就，而且是引人瞩目的成就。很多人凭借抨击比自己更成功的人来得到满足。我正在写本章时，就收到一位女士对救济军队部创办人布斯将军的批评信，因为我在广播节目中总是赞扬布斯将军，这位女士就写信揭发布斯将军曾经将救济款800万美元中饱私囊。这种攻击当然是无理取闹。不过这位女士的主要目的也不是想查明真相，她只想抨击比她优秀的人。她的信被我扔进了垃圾堆，我暗自庆幸没娶这种女人。她的信非但不能影响我对布斯将军的看法，倒是让我认清了此人的品格。

哲学家叔本华说过："小人常因发现并指出伟人的缺点或过失而得意。"

肯定没人相信鼎鼎有名的耶鲁大学校长会是小人，但前耶鲁大学校长德怀特，却以抨击一位美国总统候选人为乐。德怀特警告大家说，如果此人当选美国总统，"我们国家的妻女将会卖淫合法、行为乱伦、是非颠倒、道德沦丧，不再悲天悯人"。

听起来希特勒的恶行也不过如此吧？可是他诬蔑的对象竟是杰弗逊总统，就是撰写独立宣言，倡导民主的先驱——杰弗逊总统。

有一位美国名人，被人辱骂为"伪君子"、"骗子"、"还不如谋杀犯"，你猜他是谁？刊登在报纸上的一幅漫画把他画成趴在断头台上，一把大刀正要砍下他的脑袋，街上的人群都在起哄嘲弄他。他是谁？正是乔治·华盛顿。

　　不过那事发生在很久以前了，也许现在人性有些进步了吧！让我们看看近期的事情吧。于1909年4月到北极探险的皮瑞上将，因登陆北极而闻名全球。在那艰险恶劣的环境里，皮瑞险些因严寒饥饿而丧命，而且由于严重冻伤必须将8个脚趾切除。情况糟糕得使他担心自己精神失常。可是华盛顿的海军长官们却为皮瑞因此出名而感到愤怒。他们无端指责皮瑞以科研为名募集经费，却在北极到处闲游。他们可能真的相信这点，可是当一个人想要相信时，叫他不信是很难的。他们想要污辱及抨击皮瑞的决心如此坚定强烈，以致只有后来麦肯利总统亲自下令，才使皮瑞得以在北极完成他的考察探险。

　　如果皮瑞就职华盛顿海军总部，会有人这样诬陷他吗？不会，因为他不可能出名到引起别人眼红。

　　1862年南北战争时，格兰特将军的遭遇比皮瑞上将还要悲惨。格兰特将军赢得一次巨大胜利——一个下午就获得的胜利，也使

格兰特将军

格兰特一时成为全国崇拜的偶像——所有教堂的钟声都为庆祝这次胜利而齐鸣，从缅因州到密西西比河岸。可是，在这次伟大胜利之后的6个星期，北军的英雄——格兰特将军却被捕并丧失所有的军队领导权，陷入屈辱与绝望的境地。

　　格兰特将军怎么会在凯旋而归的欢呼中被拘捕呢？主要是因为他傲慢的上级领导嫉妒他的成功。

　　所以，面对批评，让我们记住这句俗语：死狗是不会有人踢的。

不要让批评左右你

　　有一次，我采访到美国海军陆战队最足智多谋、充满传奇色彩的少将

卡耐基励志经典

写给女人的忠告

——巴特勒少将。

　　他给我讲，年轻时他急切渴望成名，希望给每个人留下好印象。那时，稍微有一点批评都会令他心里很难过。不过30年的海军陆战队生活使他坚强多了。他说："我曾被人骂得像条狗、蛇或臭鼬，还曾被诅咒专家诅咒过。所有英文词汇中最难听的词，我都被人骂过。现在听到有人骂我，我都懒得理。"

　　巴特勒对批评可能太过冷漠了，不过我们多数人却又过分重视了。我记得有一次，几年前一位纽约《太阳报》记者来参观我的成人辅导课，然后写了一篇报道，大肆攻击我的工作和我个人。我火冒三丈，觉得这是对我的侮辱，我打电话给《太阳报》执行委员会主席吉尔，要求他刊登一篇文章澄清事实，以取代嘲讽抨击的评论，我发誓一定要让他受到惩罚。

　　对于当时的我，我现在觉得惭愧。因为我才意识到读到那篇文章的读者也许连1/2都没有，即使看到的另一半读者也未必把这篇报道当回事。读过的读者中又有1/2会在几周内把这事抛到脑后。

　　我也明白了没有人真正关心别人的事，因为人们一心只关心自己——从早上醒来到上床睡觉。他们关注自己轻微的身体不适，都会重于关注你我的死讯。

　　即使有人捉弄我们，出卖我们，从背后捅一刀，就是被最亲密的朋友背叛——我们也不要坠入唉声叹气的深渊。相反，那正好可以提醒我们，发生在耶稣身上的不幸比我遇到的严重多了。他的12位最亲传的门徒中，有一位竟为了区区19美元的小钱就背叛了耶稣。另一个门徒三次公开声明他不认识耶稣——甚至为此发誓。12位中有两个人背叛了他，折算是六分之一的比率！既然连耶稣的遭遇都这样，你我凭什么期望得到更好的待遇？

　　多年以来，我发现既然不公的批评避之不及，至少我可以做些更重要更有意义的事——让自己尽量避免受批评造成的干扰。

　　我要说明的是，我并非提倡忽视所有的批评，而仅仅不理会恶意的刁难。我向罗斯福总统夫人请教，她如何看待恶意刁难——当然我心知肚明她受尽了这类责难。她可算得上是拥有朋友最多，敌手最多的白宫女主人了。

　　她告诉我，少女时代的她曾经非常害羞，担心人们的恶言恶语，害怕别人的批评。有一天她向罗斯福总统的姐姐请教，她问："我想做这样那样的事，可是又怕受人指责。"

罗斯福总统的姐姐凝视着罗斯福夫人，对她说："只要你相信自己问心无愧，就不要在意别人的看法。"罗斯福夫人说，在白宫中，那句话一直是她的精神支柱。她说："做你问心无愧的事——因为反正会受到批评的。做某些事被骂，什么都不做也可能被骂。结果都一样。"这就是她的建议。

华尔街的美国国际公司总裁布鲁士曾接受我的采访，当问及他对别人的批评是否敏感时，他说："对啊，年轻时我确实对别人的批评极其敏感，当时我渴求全公司人的认可，承认我是完美的。如果他们不承认这点，我就会很烦恼。为了取悦那个持反对意见的人，我往往会得罪另一个人。于是我又得安抚那个人，结果搞得一团糟，最后大家都有意见。最后我无奈地发现，为了避免别人对我个人的批评，我需要安抚的人就越多，同时得罪的人也更多。我只有安慰自己：'既然你处于领导地位，就注定遭到批评，顺其自然吧！'这对我很有用，从此之后，我树立了一个原则，只管尽力而为，然后撑起一把伞，让如雨的批评顺伞滑落，而不再让批评留在心里，使自己难过。"

美国作曲家迪姆·泰勒做得更超脱，他不但没有受到闲言碎语的伤害，还能在公众面前一笑了之。在周日下午的电台节目中，他作音乐评论，有个女人写信给他，侮辱他为"骗子、叛徒、毒蛇、白痴"。泰勒在他的自传《人与音乐》中提到这段往事："我以为她只是随意说说的，于是在下周的广播中，我向所有的听众念出这封信，可几天后，我仍然收到同一个女人的来信，坚持她的恶意态度，还骂我是骗子、叛徒、毒蛇与白痴。"泰勒处理别人抨击的态度真令人钦佩，我们佩服的是他的诚挚、从容不迫以及幽默感。

在普林斯顿大学为学生团体演说时，美国企业家史瓦伯坦率讲出他受到的最重要教训，是钢铁厂中的一位经验老到的德国老工人教他的。这个德国工人跟另一位钢铁工人进行激烈争辩，结果别人把他扔到河里去了。"当我在办公室看到他时，浑身都是泥，我问他到底是争论什么，别人会把他扔到河里，他说：'我什么都没说，只是一笑了之。'"

卡耐基励志经典

史瓦伯把这个德国佬的话——一笑了之——作为自己的座右铭。

这句铭言对一个被恶言恶语攻击的人，尤其受用。你应付别人，会引起唇齿之争，但你对一个"一笑了之"的人，还有什么可说的呢？

在美国内战期间，林肯总统如果没有学会对排山倒海的各种恶言攻击置若罔闻，恐怕他早就精神崩溃了。林肯应付无端侮辱诽谤的方法已被奉为经典。麦克阿瑟将军把林肯的至理名言放在他的指挥总部办公桌上，同样有一份放在丘吉尔书房里，林肯如此对待："只要我不对任何诽谤做出反应，这件事就到此为止。我问心无愧尽力而为，我将继续如此直到生命最后一刻。最后，结果证明我正确，那么所有的责难都毫无意义。反之，结果证明我错，即使有 10 位天使为我作证拥护我是正确的，也毫无用处。"

因为别人的批评而陷自己于进退两难的境地是大可不必的。如果我们坚信自己正确，那么，就按自己的意愿行事，让他们说去吧！

接受善意的批评

我有一个私人档案夹，在档案柜的上面贴着标签 FTD（Fool ThingsI Have Done）——蠢事日志。其中记录着我做过的一些傻事。有时是口述给我的秘书记录，有时是一些涉及隐私的，而且愚蠢得我都不好意思请秘书代劳，只好亲自写下来。

记得 15 年前的档案中有一些对卡耐基的评论。事实上，如果我对自己真够坦诚的话，这个档案夹早就放不下了。3000 年前所罗王的一句话，我记得很清楚："人非圣贤，孰能无过。"

每次我拿出那个"愚事录"的档案夹，重新思考我对自己的批评，总能有收获，并且能帮助我处理最棘手的问题——自我管理。

我曾经把自己的麻烦迁怒于人，不过随着年龄增长——希望我的智慧也有所增加——我最终发现自己才是应该被责怪的。很多人随着年纪的增长、经验的丰富而认清了这一点。拿破仑被放逐到圣海伦岛时说："我的失败完全是自己造成的，不能怪罪其他人。最大的敌人其实是我自己，我的悲惨命运也是因此而造成的。"

给你讲一个关于一位熟知自我管理的艺术家郝威尔的故事。1944 年 7 月 31 日，这位美国财经界的领袖突然身亡的消息震惊全美。华尔街更是受到震动，他没怎么受过正规教育，曾在一个乡下小店当过店员，后来当过美国钢铁公司信用部经理，并且一直前途无量，后来担任美国商业信托银行董事长。

我向郝威尔先生请教成功的秘诀，他告诉我说："几年来我一直保留着一个记事本，登记一天中所有的约会。家人都知道我周末晚上不会在家，因为我常把周末晚上留作自我反省的时间，评估我在这一周的工作表现。晚餐后，我独自翻开记事本，回顾一周所有的谈话、讨论及会议过程。我质问自己：'当时我犯了什么过失？有什么决策是正确的？我还能采取哪些行动改进自己的工作？我还能从这次经验中吸取哪些教训？'这种每周检讨有时令我焦虑不安。有时我几乎难以置信自己曾如此莽撞。当然年事渐长，经验逐渐丰富，这种情况倒是越来越少。我一直保持这种自我反思分析的习惯，对我非常有帮助。'"

郝威尔这个习惯可能是借鉴了富兰克林的方法。不过富兰克林并非周末反省，他每晚都反省。他找出过 13 项严重的过失，其中重要的三项是：浪费时间、忧虑琐事及争论不休。聪明的富兰克林明白，这些缺点不纠正，是干不成大事的。所以，他以要改正的缺点作为目标，一周改一个并每天记录进步了多少。下一周，他努力再改进另一个坏习惯，就这样他一直与自己的缺点斗争，坚持了两年。

难怪富兰克林会成为受人爱戴、影响后世的人物。

与其等待敌人来抨击我们或对我们的工作吹毛求疵，倒不如自己先来个自我批评。我们可以做自己最苛刻的批评家，在别人抓到自己的弱点前，我们应该自己找出并处理这些弱点。达尔文就是这样。当达尔文完成著作《生物的起源》时，他已意识到整个宗教界及学术界都将被这革命性的学说震撼。因此，他主动开始自我品评，耗时 15 年，不断查证资料，挑战自己的理论，批评自己所推出的结论。

想想要是有人骂你愚蠢透顶，你生气吗？怒火冲天吗？看看林肯是如何处理这种情况的。林肯的军事部长斯丹顿就曾经这样毫不客气地对总统指责。斯丹顿是因为林肯干涉他的工作而生气。为了博取一些自私自利政客的认同，林肯签署了一份兵团调动的命令。斯丹顿不仅拒绝执行命令，而且还指责林肯的行为愚蠢透顶。有人向林肯报告，林肯平静地回答："如果斯丹顿骂我愚蠢，那肯定我是真笨，因为他几乎总是正确的。我会亲自跟他谈。"

林肯真的去找斯丹顿。斯丹顿指出他这项命令的错误原因，林肯从此收回成命。林肯大有谦虚接受批评意见的雅量，只要他相信对方是诚心诚意的，真心帮忙的。

你我也该欢迎这样的批评，因为我们不可能永远正确。连罗斯福总统也只敢承认自己有75%的正确率。最伟大的科学家爱因斯坦，也曾承认他的结论99%可能是错的。

法国作家拉霍士福古说："敌人对我们的认识比我们自己还要确切。"

我知道这句话平常对人来说是正确的，可是一旦被人批评，如果不心平气和地提醒自己，我还是会毫不犹豫地采取防卫姿态。每次我都为自己的行为后悔。不管是否正确，人总是讨厌被批评，喜欢被赞美。我们并非逻辑性强的生物，而是情绪性占主要部分的动物。我们的理性思想就像狂暴的情绪海洋中的一叶扁舟。

听到别人谈论我们的缺点时，不要设法急于为自己辩护。因为只有头脑发热的人才会这样。让我们聪明点、谦虚些，宽宏大量地说："如果让他人知道其他的缺陷，怕他批评的就不只这些了呢！"

前文，我曾讨论到如何应对恶意的抨击。现在提出的是另一种做法：当你因恶意的诽谤而怒发冲冠时，何不先告诉自己："等等，我本来就不是圣人。连爱因斯坦都承认自己99%的时候都是错误的，也许我至少有80%，的时候是失误的。这个批评可能来得正好，如果真是如此，谢天谢地，我能从这个批评中获得教训，改正缺点。"

美国某家大公司的总裁拉克曼曾经出资100万美金请鲍伯·霍伯上广播节目。鲍伯从不看赞赏他的节目的信，只看批评的信，因为他知道从批评中可以学到有用的东西。

福特汽车公司为了了解管理与工作程序上有何欠完善的地方，特地邀请员工对公司的管理工作提出批评意见。

曾有一位香皂推销员主动要求客户批评他。当他开始为高露洁推销香皂时，订单很少到手。他担心失业，产品或价格肯定都没问题，所以一定是他自己有问题。每当推销失败，他会在街上转一转，想想什么地方做得欠妥，或是表达的说服力不够？或是热情不足？有时他会重新回去，问那位商家："我回来不是推销香皂的，我只是希望能得到您的宝贵意见与指正。请告诉我，我刚才做错了什么？你的经验比我丰富，事业又成功。请不吝赐教，直言无忌，请勿顾虑。"

这种态度为他赢得了许多友谊和宝贵的建议。

想知道他最后怎么样了？他后来成为高露洁公司的总裁，高露洁公司是当代最大的香皂制造公司，而他就是利特先生。

只有心胸博大的智者，才能像郝威尔、富兰克林和利特一样。私下独处时，何不照镜子质问一下，自己到底属于哪一种人？

选择自己感兴趣的工作

如果你已将近 18 岁，那么你可能要面临着一生中最重要的两个决定，这两个决定可能使你获得成就，也可能使你毁灭。那么这两个人生中最重要的决定是什么呢？

第一，作出未来如何谋生的决定！换句话说，你准备从事哪种职业？是当一名农民、邮差、化学家、兽医、速记员、大学教授、护林员还是去摆一个地摊？

第二，你将选择一个怎样的人成为你孩子的父亲！

对某些人来说，这两项重大决定就像在赌博一样。哈里爱默生·弗斯迪克在一本书里写道："每个小男孩在思考如何度过一个假期时，常都像个赌徒。他必须用他的假日下赌注。"

选择的类似风险怎样才能降低呢？

首先，如果条件允许的话，应尽量找到一份自己热爱的工作。有一次，我向轮胎制造商古里奇公司的董事长大卫古里奇请教，我问他成功的重要条件是什么，他答道："热爱你的工作。"他说："如果你热爱你所从事的工作，你工作的时间或许相当长久，但却丝毫不会觉得是在工作，反而像是在娱乐。"

爱迪生就是一个典型的例子。这个从未进过学校接受正规教育的报童，后来却掀起了美国的工业革命。在实验室里，爱迪生几乎每天辛苦工作 18 个小时，吃饭、睡觉都在那里，但他丝毫不觉得艰苦。"一生中我从未工作过一天，"他声称，"我每天的工作其乐无穷。"

所以他最终取得成功！

查尔斯·施瓦伯也说过相同的话，他说："对工作无限热爱的人，无论干什么工作都能取得成功。"

也许你会想到，初涉人生，对工作我都毫无所知，怎么能对工作产生热爱之情呢？艾德娜凯尔夫人曾作为人力资源经理，为杜邦公司雇用过数千名员工，她现在是美国家庭、用品公司的副总经理，负责公共关系，她说："我认为，世上最悲惨的人生就是，那么多年轻人从来不知道自己真正想做些什么。我想，一个人如果一心只想从他的工作中获取薪水，而别无他求，那真是再可怜不过的人了。"卡尔夫人说，有一些刚毕业的大学生跑去直接对她说："我获得了达默斯大学的学士学位或是康奈尔大学的硕士学位，贵公司的职位里有没有适合我的？"他们甚至不清楚自己能做些什么工作，也不知道什么是他们希望做的。因此，难怪那么多人在年轻时充满雄心壮志，做着玫瑰般的美梦，但到了 40 多岁后，却仍然一事无成，郁闷沮丧，甚至精神崩溃。而且选择正确的工作道路，对你的健康也很重要。霍金斯医院的雷蒙大夫与几家保险公司合作进行了一项调查，研究影响长寿的因素，他把"适合的工作"排在第一位，这恰好与苏格兰哲学家卡赖尔的名言："祝福拥有心爱工作之人，他们无须企求其他的幸福了"相符合。

面对竞争日益激烈的社会，你该何去何从？你应如何解决发展的难题？你可以向新兴起来的"职业顾问"咨询，也许他们可以帮助你获得成功，也许将会使你失败，这全靠你遇到的那位指导者的能力高低和个性优劣了。这个新兴职业目前离完善的距离还十分遥远，甚至连起步也说不上，不过较有发展前途。你如何利用职业指导顾问的帮助呢？你可以在家附近找一找这类组织，然后接受职业测试，并获得相应的职业指导。

当然职业顾问只是提供参考建议，最后作决定的还是你自己。千万记住，这些顾问们并非绝对可靠，他们彼此之间经常无法统一意见。有时他们也会犯一些荒谬可笑的错误。例如，一个职业顾问曾经建议我的某位学生当作家，只是因为她的词汇量广博。多可笑！事情并非如此容易，一部好作品是将作者的思想和感情通过文字传达给你的读者，要达到这种目的需要的不仅是词汇丰富，更需要深刻的思想、生活经验、说服力和写作热情。建议这位词汇丰富的女孩子去当作家的职业顾问，事实上只干了一件事：把一位极出色的速记员变成了一位沮丧的准作家。

我想说明的是，职业顾问无论是谁，都并非绝对可靠。你应该多找几个顾问提建议，然后综合起来判断他们的意见。

你也许会好奇，为什么在本章中要提一些令人忧虑的问题呢？如果你清楚一点，那就是多数人的忧虑、悔恨和沮丧，都是因为对工作不够重视引起的，你就不会感觉奇怪了。至于这类情况，你可以向你的父亲、邻居，或是你的老板咨询。智者约翰斯图尔特米勒宣称，工人不适应工作是"最大的社会损失之一"。确实如此，世界上最不开心的人，也就是厌恶日常工作的"产业工人"。

你听说过在陆军军队中"崩溃"的是哪种人吗？我自己就是被分派到错误工作的人！我并非指那些在战斗中受伤的人，而是那些执行普通任务时精神崩溃的战士。威姆孟宁格博士是当代盖世的精神病专家之一，"二战"期间他主要在陆军精神病治疗部任职，他说："在军队中及时发现人员安排不当和调整安置是极具重要性的，就是要用合适的人选从事一项适当的工作……更重要的是，要使人相信他的工作的重要性。当一个人对工作提不起兴趣时，他会认为是被安排在错误的职位上，或者感觉不受领导的欣赏和重视，甚至相信自己的才能被埋没了。在这种状态下，他就算没患上精神病，精神病的种子也会被埋下。"

确实，为了相同原因，一个人从事工商业也会"精神崩溃"，如果他鄙视自己的工作和职业，他也绝不会好好干下去的。

菲尔约翰逊的情况就很典型。菲尔约翰逊的父亲开了家洗衣店，他安排儿子到店中工作，希望儿子将来能接管洗衣店的生意。但菲尔厌恶洗衣店的工作，所以整日散漫，提不起精神工作，只做些必须干的事，其他工作则一概撒手。有时候，他干脆"离职"了；这令父亲非常伤心，感觉有这样一个不求上进的儿子实在惭愧，使他在自己的店员面前大丢脸面。

有一天，菲尔跟父亲说他希望到一家机械厂工作，做机械工人。重新开始一切，这位老人惊讶万分。不过，菲尔一直坚持己见。于是，他穿着油腻的帆布制服开始了新工作，从事更为艰苦的工作，工作的时间比洗衣店更长。而他竟然在工作中开心地吹起口哨来。后来他研修工程学，研究发动机，安装机械设备。当他 1944 年去世时，早已是声名显赫的波音飞机公司总裁，并且研制出"飞行堡垒"轰炸机，还帮助盟军获得了世界大战的胜利。如果当年他仍然留在洗衣店工作，在他父亲死后他和洗衣店究竟会变成什么样子呢？我猜，他可能使整个洗衣店破产，本利无归。

即使因工作问题引起家庭纠纷，我仍然要奉劝年轻的朋友们：不要勉强从事某一行业，只因为将就你家人的希望。当然也不要冒失地选择从事某一行业，除非你真的喜欢。但是，父母所给的劝告你仍然要仔细斟酌，因为他们的年纪比你大得多，他们一生中所获得的丰富经验和经过岁月磨炼而增长的智慧确实比你要多。但是到了最后拿定主意时，你必须独立作最后决定。将来工作时，过得快乐还是悲哀都取决于你自己的决定。

前面已经赘述了那么多道理，现在让我提供一些建议，有些是警告，供你选择工作发展方向时作参考：

（1）阅读并认真思考下列建议。这些建议是由最权威的职业咨询顾问提供的，由享誉美国的一位职业顾问专家基森教授所拟定。

如果有人跟你说，他有一套神奇的预测本领，可准确预测出你的"职业发展生涯"，千万不要轻信。包括星相家、摸骨家、"个性分析家"、笔迹分析家，这些方法并不科学。

不要轻信那些只给你作一番预测，然后就能告诉你该选择哪一种职业的人。这种人的方式根本不符合职业顾问的基本职业原则，职业顾问必须综合考虑被指导人的身体状况、社会地位、经济情况等各种情况；同时还应提供就业机会的详细背景参考资料。

完整全面的就业指导服务通常要至少两次面谈。

（2）避免选择那些早已人满为患的职业和商业部门。在美国，谋生范围的职业种类至少有两万多种。两万多种呢！但年轻人怎么会想到呢？除非雇一位占卜师用他的神奇透视水晶球，否则他们是了解不到的。这样的后果是什么呢？在同所学校内，2/3 的男孩子集中选择五种职业，两万种职业中的五类，而 4/5 的女孩差不多是同样的选择。这也就不奇怪，为什么少数的部门和职业会人才过剩了，白领群体会产生不稳定感、忧虑，得"焦虑性的精神病"也就没什么大惊小怪了。特别注意，如果你要选择法律、广播、新闻、影视以及"闪着光环的职业"等已经人才过剩的圈子，你将会更费周折。

（3）谋生机会只有 1/l0 的行业一定要避免选择。例如推销人寿保险。每年都有数以千计且常处于失业状态的人事先毫无准备，就开始贸然推销人寿。根据费城房地产信用托管大楼的富兰克林·贝特格先生的形容，此行业的实际情况如下。

20 年来，贝特格先生一直是美国最成功的优秀寿险推销员之一。他说，90% 的业务员首次推销寿险通常又郁闷又沮丧，通常在一年内纷纷放弃这份工作。至于坚持下来的，每十人当中的一人可以卖出十人销售总额的 90%，另外九个人只能卖出 10% 的保险。换言之：如果你销售保险，那么在一年内放弃工作的机会比例为 9：1；坚持下来的比例只是 10%。即使你留下来，成功的几率也只有 1% 而已，否则你只能勉强维持生活。

（4）在确实决定进入某种职业之前，先用几周时间对相关工作做个全盘了解，掌握概况。如何才能达到这种目标？你可以向在这一行业里有 10 年、20 年或 30 年以上从业经验的资深人士聊天了解。

充分了解这一点，对你将来的发展会有极深的影响。这一点我是从生活经验中了解的。在二十几岁时，我曾向两位老人家请教，希望得到职业指导。现在想起来，那两次会谈很显然是我一生的关键转折点。

你如何获得有关职业指导的会谈机会呢？为了说明得更清楚，先假设你正打算成为一名建筑师。在最后下决心前，你应该花几周时间去拜访，找到城里和附近城市的一些资深建筑师。从电话簿的分类栏，你可以找出他们的姓名和具体住址。无论是否预先约定，你都可以给他们打电话。如果你希望定好见面会谈时间，你可以给他们写信，内容大致如下：

劳驾耽误您一些时间，能否帮个小忙？我希望接受您的一些职业指导，我现年 18 岁，正考虑成为一名建筑师。在我最后下决心前，希望您能不吝赐教。

如果您工作繁忙，不能在办公室接见我，即使赐我半小时在您家中会见，我也将感激不尽。

我想向您请教的问题如下：

①如果给您一次重新选择的机会，您还愿意再做一名建筑师吗？

②在您仔细打量我之后，我想请问您，您是否认为我具有成为一名成功建筑师的条件？

③建筑师行业是否人才过剩？

④如果已经研读了四年的建筑学课程，找工作是否困难？我应该优先考虑哪类工作？

⑤如果我的能力一般，在前五年当中，我可以期待赚多少钱？

⑥当建筑师，有哪些优势和缺陷？

⑦假如我是您的儿子，您愿意鼓励我成为一名建筑师吗？

如果你性格内向，不敢单独与"大人物"会面，我有两条建议，或许对你有所帮助。

首先，找个同龄的小伙子陪你同去拜访，你们彼此之间可以信心倍增。如果你找不到同龄的人，可以请求你的父亲陪你前往。

其次，记住，向某人请教，是给他脸上增光的事。对于你的会面请求，他会感觉受到奉承。切记，成年人向来喜欢向年轻的晚辈提出忠告和建议。建筑师将会很高兴接受你请求的这次访问。

如果你不想用写信预订约会，那么不必预约，就直接到他的办公室去，对他说，如果他能为你提供职业指导，你将深感荣幸，万分感激。

假设你要拜访五位建筑师，而他们都相当繁忙，无暇会面（这种情形不常见），那么再去拜访另外五人。这些人中总会有人愿意接见你，向你提供珍贵的意见。这些意见可使你免去未来多年的损失和挫折与伤心。

切记，人的生命中最重要且最需要高瞻远瞩的决定之一，需要你花费更多的精力。因此在采取行动之前，探求实际情况是值得耗费时间的。如果你在这个决定上偷懒，在下半辈子你可能追悔莫及。

如果条件允许，你也可以给对方付钱，补偿半小时带给他的时间损失和有用的忠告。

（5）摒弃"你只适合从事某种职业"的错误观念！正常情况下，每个人都可在多种职业中获得成功，反之亦然，每个正常人也可能败在多种职业上。就我而言，如果我用心准备从事下列各项职业，相信我成功的几率一定很大，对于我所选定的工作，也一定能获得乐趣。这类职业包括：园艺、果树栽培、农业科学技术、医药、广告、销售、报刊编辑、教书、林业。反之，下列的工作我相信我一定会厌恶，而且可能失败：图书管理员、会计、工程设计、经营旅馆和工厂、建筑、机械，以及其他数百种工作。

养成良好的工作习惯

好的工作习惯之一：除了手上正在处理的事情，桌上其他文件一律不放。

西北铁路公司总裁威廉斯曾说过："桌上整洁干净的人比堆满各式文件的人更能轻松地高效率工作。我管这叫'好管家'，这是提高效率的第一步。"

如果有机会，你可以去华盛顿的国会图书馆，在那里你会看到天花板上刷着8个醒目的大字，这些字出自诗人波普：

"天堂首条规则——秩序。"

秩序更应该是企业的首要规则。果真如此？未必，一般人的办公桌上堆放着几个礼拜都没看过的废纸。有一次，《新奥尔良报》的发行者告诉我，他的秘书整理某张书桌时，失踪两年的打字机竟意外现身。

只是看到桌上一堆来往的信件、未完成的备忘录及报告等，就足以令人紧张发愁。更惨的是，这些文件不断提醒你"还有那么多事要做，可又没时间"的感觉，不但烦人，还会让人愁出高血压、心脏病及胃溃疡来。

宾夕法尼亚州大学医科院教授史图克向全美医学会报告过，并发表了他的一篇研究论文，标题是《神经官能症类似综合官能疾病》。在文中，史图克医生发现"患者的心理状态"下存在着 11 种情形，他谈到的第一种情况就是：

"感觉必须与义务绝对，总有没完没了的需处理的事。"

这种"无止境，必须做又做不完的事"的感觉，怎么可能凭借保持办公桌整洁干净就能避免呢？著名心理学家塞德勒医生接治过一位病人，由于运用这种简单的方法，避免了精神崩溃的厄运。这位病人是芝加哥某家大工厂的高级主管。他去拜访塞德勒医生时，正处于紧张忧虑的状态，他清楚自己情况不佳，却又不能就此辞职甩手不干，只有向医生求助。

塞德勒医生说："当他讲述病情时，我的电话响了，是医院打来的，我毫不犹豫就当即作出决定。我习惯尽可能当场解决问题。刚放下电话，又有电话进来，又是一个紧急情况，我费了点时间和口舌。再一次打断我们谈话的，是我的同事找我请教有关另一位病人的问题。我处理过后，就赶快回过头来向我的病人道歉，耽误这么长时间。可是他的表情全变了，变得豁然开朗起来。"

那位病人对塞德勒说："没关系，在等待的这 10 分钟里，我已经看清楚自己的问题了。回到办公室，我就要重新调整自己的工作习惯……不过我告辞之前，能让我看看你的办公桌里面吗？"

塞德勒打开办公桌的抽屉，几乎是空的——除了一些必备的文具用品。病人又问："告诉我，你未完成的工作放在哪里？"

塞德勒回答："已经完了！"

"那么，没回复的信件放在哪里？"

"早都回复了，"塞德勒说，"我的工作原则是未回复的信不放在桌面上，而是立刻把回信念给秘书，让她打字。"

6 个星期后，这位病人邀请塞德勒去他的办公室参观。他有了很大改变——办公桌也改变了。抽屉打开之后，里面没有一件未完成的事。"六周前，在两个办公室里我放了三张办公桌——到处堆着事情，我永远也干不完。跟你谈过后，我回来立即清除了一堆旧报告及废纸。现在我只有一张办公桌，工作一有，我就立即处理，再也没有让我紧张、烦躁不安且堆积如山的公文。出乎意料的是，我的健康完全恢复，任何不适也没有。"

"人不会因为工作过度而累死，却有人因纵欲和忧虑死亡。"美国最高法院院长查尔斯·休斯曾说，空耗自己有限的精力，无限纵容自己忧虑，看来永远不能使自己的工作完成，这是对人的两大危害。

好的工作习惯之二：分清主次轻重，先处理重要的事。

美国一家城际业务服务公司的创始人道尔说，无论付出多少薪酬，他都愿意求得两种难觅的高级人才。

这两种稀世无价才能是：第一，有超强的思考能力；第二，能分清事务的轻重缓急。

拉克曼在12年里，从一个涉世未深的小伙子快速荣升为一家派索登公司的总裁，当时年薪10万美元，并且可同时获得额外利润百万美元。拉克曼把他的成才之路归功于道尔迪要高价求购的两种工作能力。拉克曼说："从我记事的时候起，我就每天早上5点起床，因为这个时候我最清醒，我要利用这段宝贵时间来计划当天的日程，并依据重要性排列处理事务的先后顺序。"

全美保险业务员贝特格，并不等到第二天早上5点才制订计划，他早在前一晚就计划好了——自己制定一个短期目标——销售保险额度的目标。如果当天并未达标，第二天再累积到一起完成，依此类推。

有经验的人都知道，按事情的轻重缓急办事并且持之以恒是不容易的。不过，提前订出计划，先做计划中的第一件事，绝对比随性所至、胡干一气要有效率。

如果萧伯纳没有严守这个规则，终其一生，他也不过是位平凡的银行出纳，绝对完不成写作成名的大业。他计划每天要写五页。在穷困潦倒的窘境下，他还是严守这个目标，每日完成五页，一下就坚持了9年，他9年的总收入不过是30元——平均每天进账一便士。即使是《鲁宾逊漂流记》的主人公鲁宾逊，在荒岛上生活，还把每小时要完成的事，订了个表格呢！

好的工作习惯之三：遇到麻烦，尽快当时当地解决，切勿犹豫不决。

我从前有位学员郝威尔，当他身为美国钢铁公司董事成员时，每次召开董事会总是讨论些老问题——讨论的时间倒是充分，决策却很少敲定，总是毫无结果。最后每位董事都得捧着一堆资料回家研究。

后来，郝威尔终于说服大家每次讨论一个问题，并且当即作出决策，不准拖延时间。某些重要决定可能是需要收集更多的参考资料，有些需要切实采取某种行动，有些要静观其变。反正，每个问题都有了相应的解决办法，再探讨下一个问题。郝威尔说这种工作方式的效果出奇得好，备忘录不再记满各种事项，大家也不用再把公事带回家，更不用因想到未解决的问题而感到心烦。

好习惯当然不只适用于美国钢铁公司，而是对大家都能受用的。

好的工作习惯之四：学会组织、委托与督导。

多数人因为从来不懂得把职责分放给他人，总是凡事亲力亲为以至自己受累过度，早日走入坟墓。结果是成天围着琐事团团转，紧急仓促、忧愁、焦虑及精神紧张的感觉挥之不去。我知道，委托并非易事。对我来说就相当困难，真的非常困难。委托授权给一个错误的对象，可能导致后果可怕的灾难。可是尽管困难重重，企业主管们想要免除操劳、倦怠与紧张，还是要学会通过授权这个捷径。

白手起家的老板们如果不懂得组织、委托与督导，大概到不了五六十岁就会患上心脏方面的疾病——而这些心脏问题又主要是由紧张烦恼引起的。想亲眼见证这类事实吗？看看媒体上的讣闻报道就知道啦！

把工作变成一种乐事

厌烦是导致倦怠的主因。举例来说，艾丽丝是和你住在同一街区的一位公司主管，每天晚上下班回家时就喊累，不仅看上去疲倦无力，而且她确实真的疲倦。她不只头痛，背也痛，她甚至累得晚餐也不吃就睡觉了。在母亲的一再劝说下，她才肯坐下来用餐。这时电话忽然响了，是男友打来的，邀她去跳舞！她即刻容光焕发，来精神了！冲上楼去，换上漂亮的礼服晚装，出去玩到凌晨3点才回来，而且一点都没感觉累。其实，她兴奋得无法入睡。

8小时前，艾丽丝是真的疲倦吗？当然是。她的确感到累，因为她对自己无聊的工作甚至人生都觉得乏味。像艾丽丝这样的人很多，你可能就是其中之一。

情绪比生理更易形成倦怠，这是众所周知的事实。几年前，巴麦克博士写过一本书叫《心理学档案》，书中记录了他所做的一些实验，证明心理厌倦的确会产生疲劳感。一组学生接受一系列测试，而测试都是极无聊的。结果学生们个个又累又困，抱怨头疼、眼睛疲倦，暴躁易怒。有些人甚至觉得胃难受。这些纯粹是想像出来的吗？不是。这些学生接着又接受了新陈代谢测试，实验证明当人感觉厌烦时，血压会下降，耗氧量会降低，而当人开始感到新鲜有趣时，新陈代谢指数也立刻上升。

做感兴趣的事时，我们很少觉得乏味枯燥。例如，我最近到加拿大落基山度假，在山溪中垂钓，跟我的钓竿拼命折腾8个小时以上，我却一点也没觉得累。为什么？因为我很兴奋，兴致高涨。钓到6条生猛的鳟鱼，使我大有成就感。可是如果钓鱼令我感觉很无聊，你认为我会怎样？在7000英尺的山中这样卖命工作，一定会把我累惨的。

像费体力的爬山运动，心里如果厌烦会比劳动更易造成疲倦。明尼亚波里斯市一家银行总裁金曼曾向我提供一个最佳证据：1943年某月，应加拿大政府要求，加拿大登山俱乐部接到任务，要训练一支皇家森林巡逻队，使他们的登山技术得到提高。金曼也是辅导员之一。金曼说，所有辅导员年龄都在42到49岁之间，带着一队年轻力壮的陆军穿越冰河、雪地，攀登40英尺高的悬崖，他们全副武装，要靠绳索、脚蹬及吊环完成任务。他们攀登了麦可峰、副总统峰，以及加拿大落基山脉中的一些无名山峰。15个小时的登山运动训练，累坏了这些身强力壮、刚受完野战训练的小伙子。

是因为身体运动感到疲倦吗？哪个受过野战训练的人都会对此嗤之以鼻的。当然不是！感到疲倦完全是因为对登山毫无兴趣，甚至有人累得等不及吃饭就睡了。而年纪稍大的辅导员难道没有感到更疲倦吗？他们当然也觉得累，但还没有到精疲力竭的地步。用过晚餐，他们继续聊着白天的经历，而且兴致高昂，所以不会感觉如此疲惫。

桑戴克医生进行疲劳实验时，设法让一组年轻人维持兴致高涨状态，以至实验者们几乎一周都没休息睡觉。经过多次反复调查，桑戴克医生报告了结论："乏味无聊是无法连续工作的唯一原因。"

如果你从事脑力方面的工作，通常令人疲倦的不是工作量，很可能因为未完成的工作而感到疲惫。例如，或许是上周的某一天，你总是不断被打扰，因而不得不中断工作。信件没能及时回复，约会取消了，到处碰壁不顺心，没一件事顺心，你好像什么都没干，可是你依然拖着疲惫的身子回家，没准还头痛欲裂。

第二天不同了。你完成原来 40 倍的工作量，而且精神抖擞地下班回家。相信你有过这种经历，因为我有过。

从中我们可以得到的是：工作并不会带来真正的疲倦，忧虑、挫折感及牢骚满腹会令人倦怠。

在着手写这一章的时候，我去欣赏了一场音乐剧。剧中有位船长讲了一段蕴涵哲学道理的台词："能做自己喜欢的工作，也是一种幸运。"幸运，是因为他们更充满活力、工作开心，没有多少烦恼，也不会工作得疲惫。对什么事感兴趣，人就会精力充沛地做什么事。

你应该怎么办呢？有位石油公司的打字员，每月必须从事非常无聊乏味的工作，她要填表格、录入数字与统计工作。工作本身单调死板，她决定使工作变得有趣些。于是开始跟自己竞赛。每天中午，她计算自己早上打印好的表格，然后定好下午要比上午完成更多任务，今天的任务要比昨天多。结果她完成这份无聊的工作用了更短的时间，比其他同事还要快。她得到上司的赞赏了吗？没有！获得感激？没有！获得升职？也没有！因此加薪？更没有……虽然如此努力却并没有多少收获，但确实使她避免了倦怠，并且也没感觉单调，反而使她工作起来更加精力充沛，因为她把无趣的工作变得生动。因此，面对生活要更有精神、更热情、更能充分享受闲暇。

这个故事绝对不是瞎编的，因为那位打字员后来成为了我的妻子。

另一位打字员发现，如果假设工作新鲜有趣，也很值得付出。她也曾经极度厌恶工作，她的故事如下：

"我们组有四位打字员，每位负责为好几位主管打字写信。有时难免会遇到工作分配不均的情况。有一天，一位主管领导坚持要我重写一封长信，这使我怒气冲天。我跟他解释，那些错误可以更正，不需要完全重写——他居然语气严厉地说，如果我不重写，他可以找别人。我火冒三丈，可是我还得工作。就在开始重写这封信的时候，忽然想到我的工作可能还有很多替补者等着取代我的职位。而且老板付薪水给我，本来就是要我打字工作的。这样想就觉得好些了。然后我下决心要使自己热爱这份工作，虽然对此我挺鄙视的。因此我倒有了一个重大发现，就是：如果我假装热爱这份枯燥的工作，那么我就真能热爱到某种程度。同时我发现做喜欢的事，工作效率会更高。所以我很少需要加班。我的积极心态使我赢得工作优秀的荣誉，当一位主管需要秘书时，他就想到提拔我了，因为他说我任劳任怨，工作努力上进！这种态度转变的魔力，实在是个重大的发现，真是有效极了！"

这位小姐的经历也恰巧证明了詹姆斯教授的哲学，他教导我们要"假装"快乐的样子。

如果你"假装"对工作感兴趣，工作多半会开始变得有趣。你也就不会觉得太疲劳厌倦、神经紧张或感到烦心。

几年前，霍华德作了一个决定，他决心使工作变得有趣，这个决定改变了他的一生。其实他的工作真的很枯燥乏味：洗碟子、刷柜台，当别的男孩在娱乐消遣追求女生时，他却在为人服务端冰淇淋。霍华德实在讨厌这份工作，可他又非做不可，他决定研究冰淇淋的制作工序是怎样的，有哪些成分，为什么有的冰淇淋比别的好吃。他因为研究冰淇淋的化学成分，从而使得他的高中化学成绩非常出色。后来他对食品化学的兴趣逐渐浓厚，于是进入马塞诸塞州大学主修"食品工程"专业。当纽约可可推广中心为了征求最佳可可及巧克力应用研究报告而提供一份100美元的奖金时，所有的大学生都有资格申请参与，结果当然是霍华德赢得桂冠。

由于求职困难，他就在自己家中的地下室里开设了一个私人实验室。不久一项新法律颁布了，明文规定牛奶中的细菌总数必须明确。霍华德接到了附近14家牛奶公司的委托，负责点数细菌数目，他忙得必须雇佣两名助手。

25年后，经营食品化学工业的从业者将要被年轻的一代取代。由于老一代工作者要退休，衰老死去，他们的职位就要被散发着青春朝气和热情的年轻人占据。霍华德可能正成为这一行的佼佼者，而其他曾跟他一起卖冰淇淋的同学却可能失业，心酸，咒骂政府，抱怨自己从来没有过机会。如果霍华德没有下决心把枯燥的工作变得有趣，他可能也不会有任何发展事业的机会。

另外还有一位年轻人名叫萨姆，在工厂整日面对车床拧螺钉的枯燥工作。他很想辞职，可是又担心其他的工作难找。既然不得不做这份工作，不如设法找点乐趣。萨姆决定与另一位师傅比赛。其中一人是在机器上为螺钉表面抛光，另一人是测量螺钉精确的尺寸。他们两人有时常交换机器，看谁能干，做出的螺钉最多。工头对萨姆的速度与精确度印象颇深，不久就把他调去干一份更好的职位。后来还平步青云地一路升职。30 年后，萨姆·沃克兰已经成为拜尔德温火车头工厂的总裁。如果他从未决定热爱他的工作，很可能一生过去，他也只是个车床工人。

著名的广播新闻分析评论家卡登博曾经告诉我，他是如何把无聊的工作变得有趣的方法。22 岁时，卡登博在横渡大西洋的运牲船上工作，他的工作是喂牛与给牛饮水。他骑着脚踏车游遍了英国，抵达巴黎时已身无分文，到了穷途末路的地步。他把摄影机典当换回了 5 块钱，在报上登了一个求职广告，找到一份销售巨型幻灯机的工作。那种老式的巨型幻灯机，两张完全一样的照片慢慢重合成一幅深浅有别的图片，很神奇，我们觉得图片很立体。

卡登博就是在巴黎逐门逐户地销售这种幻灯机——而他却连半句法文也不会说。尽管如此，他第一年就赚到了 5000 元高薪，并成为当年全法国最能赚钱的推销员。卡登博告诉我，这一年的销售经验，使他得到的知识比在哈佛大学研究一年还有用。他亲口跟我说，有了那些经验，他相信即使把国会会议记录卖给法国主妇，他连眼睛都不眨就能卖出去。

通过那一年，他对法国人的生活有了深刻的认识，这对他今后在广播中播报欧洲发生的新闻非常有帮助。

卡登博连半句法文都不会说，怎能摇身成为法国最棒的推销员呢？原来他请雇主先写好推销词，他再认真记忆，倒背如流。登门推销时先按门铃，主妇出来后，卡登博开始背诵那段推销词，他的法文发音不太准确，可笑极了，他把幻灯图拿出来给家庭主妇们观赏，她提问题时，卡登博只有耸耸肩膀说："美国人……美国人。"接着他摘下帽子，把贴在帽底的法文推销词指给人看，主妇们总是忍俊不禁，他也跟着莫名其妙地笑，同时拿出更多幻灯片。卡登博坦承这份工作实在艰难，他之所以能撑下去，完全是他决心在这份工作中找点乐趣。每天出门前，他总要为自己的精神打气，对着镜子说："卡登博，想吃饭活下去，就得继续干。既然得继续干，为什么不让工作多些乐趣呢？每次按门铃时，何不幻想自己是即将登台献丑的演员，马上就有观众要欣赏你的表演？反正，你干的工作也像舞台表演一样可笑，所以应该投入热情，不是吗？"

卡登博说，每天为自己打气不仅可以把他原来的厌恶担忧化为他喜欢的探险，而且还能赚钱。

我要求卡登博先生给当代一些追求成功的美国青年提几点建议，他说："每天早上都为自己打气，大家知道如果早上起来恍恍惚惚的，可以做做体育运动来提神。其实每天早上，我们更需要给自己来点提神运动，每天不要忘记给自己打气！"

每天自言自语地为自己鼓励不是有些像白痴，太可笑了吗？其实并非如此，这是有心理学根据的。"人是思想的产物。"这是 1800 年前罗马皇帝奥瑞琉斯在《沉思录》中的名言，在今天依然有理："人是思想的产物。"

时刻提醒自己，把勇气与快乐、力量与平安引进自己的思想。对自己说一说值得感激的事，你的心灵必将充满欢歌笑语。

只要思想积极向上，任何工作都不会让你觉得厌恶。你的老板也希望你充满热情地工作，这样他才能更赚钱。不过，先不管老板要什么，想想对工作充满热情会给自己带来哪些益处就够了。记住，这样会让你的日子乐趣倍增，因为你清醒的时候有一半时间都在工作，也因为如果你不能在工作中找到乐趣，你大概也不能在别的地方找到乐趣。对自己说只要从工作中找点乐趣，你就没有心思去担忧未来了，从长计议，这还能带来升职与加薪。即使没有物质利益，至少也能减少倦怠，让你更能享受闲暇娱乐。

聪明工作胜过努力工作

如果你从事商业活动，看到"如何减轻一半工作压力"这个标题，你可能会不屑一顾："这一章的标题可真荒谬可笑。我经营这份产业已经 19 年了，对此早已了如指掌，如果谁想要告诉我，他可以消除我工作的烦恼，而且至少50%以上——那简直是开玩笑。

有这种想法是很自然的——如果几年前看到这种标题，我一定也会深有同感。谁敢这样夸下海口，承诺得还真不少——而承诺是不需要成本的。

让我们坦诚而谈吧，也许一半的商业苦恼我不能帮助你消除。如前一章分析所言，除了你自己，没人帮得了你。不过我可以把别人的做法告诉你——你可以从中借鉴吸取经验！

还记得卡瑞尔博士的那句名言吧："不能克服忧虑的人，往往英年早逝。"

忧虑这么严重的问题，只要我能帮你减轻1/10的烦恼，你就会相当满意了吧？好的！有一位公司执行总裁，他不止减轻了50%的忧虑，而是节省了全天75%的会议时间，用来解决商业问题。

而且，这可不是随意编造的某某无名氏的故事，而是一个你可以追根溯源有证可查的故事。故事的男主角里昂·西金，曾经是全美出版业最大出版商西蒙舒斯特公司的股东及总经理。

以下是里昂·西金的自述：

"过去15年来几乎每个工作日一半的时间里，我都在开会讨论问题。讨论我们该这样做还是那样做？或者什么都不做？大家紧张不安地在椅子上扭动、兜圈子、踱方步、争执不断。到晚上，我精疲力竭。我完全相信自己会为这种事而操劳一生。既然15年来我都是这么度过的，我从未想过会有比这更好的工作方法。如果有谁想告诉我可以减少这些令人头疼的会议3/4，消除我3/4的精神紧张度——我只会认为他是一个不解世事、无忧无虑的乐观主义者。没想到我却发明了一种方法真能达到这种境界。我已经用了8年这种明智的方式，无论是工作效率、身体健康、幸福感都出现了奇迹。

"听起来简直像魔法一样神奇——不过就像所有的魔术一样，只要你了解了其中的奥妙，其实道理很简单。

"秘密就是：第一，我立即抛弃15年来一直按部就班开会的老套程序——老套程序是：我的同事们提出工作中遇到的各式各样的麻烦问题，最后以'我们该怎么办'结尾。第二，我制订新的条文——任何想找我陈述问题的人，必须先准备好以下四个问题的答案：

问题一：什么问题？

（从前每次开会我们至少要花上一两个小时，先搞清楚真正的关键问题是什么，属于哪种类型。我们习惯花时间口头讨论问题，却从不愿具体写出来是什么，把问题摆明。）

问题二：导致问题的是什么原因？

（回想我的工作生涯，我浪费了这么多时间真的很惊讶，却从没想到去用行动找出问题的根源在哪里。）

问题三：有哪些可行的解决办法？

（原来的情况是，一旦有人提出解决办法，立刻就会有人反驳他，争论就开始了，热火朝天的。我们常忘记争论的主题，会议结束时，对于可以解决问题的方法都未留下什么有用的记录。）

问题四：对解决办法有何建议？

（我开会的同事通常已烦恼了好几个小时，不断地绕圈子，从来不想想所有的解决方法提出后，平静写下"这是我推荐的解决办法"。）

"同事们现在很少拿他们的问题来打扰我了，何以至此？因为他们发现为了想办法回答这四个问题，他们已经收集了足够事实，把问题也想通了。结果他们可以自己解决3/4的问题，不用再来找我，正确的处事办法正像烤面包机里烤好的吐司那样，会自然地凸显出来。即使有特殊情况仍需探讨，只用以前1/3的时间就可以了，因为遵循的是合乎顺序、合乎逻辑的原则方法，问题自然可以得到合理的解决。

"现在本公司内用来忧虑及讨论对错与否的时间大为减少，取而代之的是进行更多的行动，采取正确的行动。"

弗兰克·贝特格是我的朋友，他是美国顶尖的保险从业员之一。用相同的方法，不但减轻了他工作的烦恼，还使他收入加倍。

贝特格说：

"几年前，当我开始卖保险时，对这份工作我充满热情。接着发生一些事情，使我倍感挫折，于是开始轻视这种工作，甚至想放弃。我真可能放弃这份工作了，要不是一个周末早晨我忽然想到一个主意，坐下来研究我真正的忧虑根源是什么。

"我先自问：'到底是怎么回事？'问题是：我非常努力做大量的业务访问，却没有得到相应的回报。我和客户们谈得很愉快，可是却得不到合约。顾客会说，'好，我会考虑的，贝特格先生，有时间我们再谈。'于是我得花更多时间去再度拜访客户们，搞得我精神沮丧意志消沉。

"我再次质问：'解决办法有效可行的有哪些？'为了回答这个问题，我需要研究一些资料。过去一年的记录我都拿出来研究。

"我有了一项惊人的发现，白纸黑字清楚地表明，在第一次访谈时谈成的业绩是70%！23%的合约是第二次拜访时谈成的，我花了三次、四次、五次……拜访的结果却只得到7%的业绩，是这些拜访使我费时费力还不讨好。简言之，我为这7%的业绩要浪费一半的工作时间！

"解决的办法在哪里？答案显然是立即停止进行两次以上的拜访，充分利用这些时间去发展新客户，于是得到的结果出人意料。很快的，我每次拜访收效甚高，收入都提升了一倍。"

就是这位贝特格先生，成为后来全美知名的寿险推销员，书写了年收入过百万的辉煌成就。谁会想到他曾经想要放弃这个行业呢？曾经想要承认失败——直到他开始耐心分析问题，才将他导入成功之路。

把注意力集中在提出问题，分析并想办法找到解决它的办法，这才是聪明人的工作方法。

第二十三章　好心态好命运

真正的快乐来自内心

外界事物并不能使我们快乐起来，快乐来自我们的内心。也就是说，一个人是否开心，不在于她处于什么环境，而是由她的心境决定的。

在我们的演说课程中，有一位叫詹妮弗的年轻女孩，她做梦都想去夏威夷度假。她总是对我说："我要是能去夏威夷玩就好了，哪怕几天也行。"她和她男朋友终于决定去夏威夷了。她把这个消息告诉了包括我在内的所有朋友。她快乐地叫喊着，迫不及待地等着去夏威夷。"再过三个星期我们就能去夏威夷了！""再过一个星期，我就能躺在那片海滩上喝饮料了！"

几星期后，她度假回来，我问她，对于这次旅行，她有什么感想。她很无奈地对我说："一直以来，去夏威夷度假都是我的梦想，为此，我花了很多钱，按理来说，我应该特别开心才对，可其实我一点都不快乐。夏威夷的天气很热，他成天一点精神都没有。我不想就在饭店里呆着，就和他并排躺在躺椅上，这样的日子无聊死了。躺在海滩上，我一点被爱的感觉都没有，我只感觉自己可怜得很。我感觉自己要发疯了，我真希望自己从来就没去过那里。到底是哪儿出了问题呢？"

许多人都有过类似的经历。她们以为去什么地方，或者做什么事，自己会特别开心，比如去看一场梦寐以求的演唱会，去一家高级饭店就餐，或者去一个著名的旅游胜地度假等等，结果，却不如想像中的那么开心。

到底是怎么回事呢？夏威夷的海水不蓝吗？棕榈树不美吗？是演唱会的歌手唱得太糟糕？还是高级饭店的饭菜不可口？

其实不关外界环境的事，这只是因为，外界环境没有足够的力量平复我

世界传世藏书

卡耐基励志经典

写给女人的忠告

们内心的焦虑。如果工作让我们很气愤，或者我们的感情出现了危机，这时，我们就会心情很糟。就算我们处于世界上最美丽的地方，我们也不会有心情去看那些美丽的风景，也不会开心。相反，如果我们本来就很开心，就算身处最糟糕的地方，我们也会觉得像是在天堂一样。

所以，外界事物并不能使我们快乐起来，快乐来自我们的内心。也就是说，一个人是否开心，不在于她处于什么环境，而是由她的心境决定的。

外界环境是一个中立的世界，发生在我们身上的事只有事实，没有绝对的好坏之分。什么是事实？就是我刚刚把车子撞坏了；我的朋友迟到了；我生气了。这就是事实，发生存我们的生命中的真实的事实，它不好也不坏，它的好坏是我们自己在心里的定义。一般来说，人们内心的感受在日常生活中会有所表现。高兴也好，难过也罢，都是我们内心的感受而已，而我们的感受可以改变我们所处的外界环境。

除了我们自己，没有什么能使我们快乐，也没有什么能让我们难过。

大多数人都不明白：快乐是来自内心的。很多人从出生那天起就开始寻找快乐，把快乐寄托在外界发生的事情上，不相信吗？那就看看吧：

"我想让人喂我……我想别人抱着我……我想玩那个玩具……我不想睡觉，我想看电视……我想和那个男生谈恋爱……我想考个名牌大学……我想找一份好工作……我想我们能结婚……我想要一套房子……"不同时期，我们对美好的事情都满怀期望，我们相信，如果这些事情成为现实，我们会很快乐。但是，如果这些期望没有实现呢？

当我们没得到自己热切盼望的东西时，我们会十分难过。我们会失望、生气、焦虑、不安、迷惑，总之就是不开心。我们对生活、爱情充满了期望，然后让自己处于期望之中，期望的满足程度将决定我们是否快乐。

每天，我们都在无数次地重复着这样的心理历程：期望——失望——难过。

早晨，你从闹钟的吵闹声中惊醒，揉揉惺忪的双眼，看一下窗外的天气："坏了，下雨了，路上一定很堵。"你的第一个有个好天气的期望落空了，你开始有点不开心。

起床后，你慢吞吞地走到厨房做早餐。这时，你发现，昨晚你没把自动咖啡机的开关打开，结果，早晨没有热咖啡喝。你期望的第二件事也落空了，你叹了口气。

你去淋浴，然后穿衣服，忽然觉得裤子不太合适："天啊，又胖了！"现实又一次把你的希望打碎了，你开始难受了。

你来到单位，热情地和同事打招呼："早上好。""早上好。"同事就像在敷衍你一样，面无表情地嘟囔了一句。你立刻没了兴致，你想知道究竟是怎么了。

看，一天刚刚开始，你就有这么多理由让自己不开心，于是，你开始不再开朗，不再有激情。长此以往，原本那张热情洋溢的阳光的面孔被一张阴沉的"苦瓜脸"代替了，慢慢地，魅力也离你而去。其实，一个女人是否有魅力，是因为性格开朗，心中充满了阳光，而不取决于外表。

为什么要让外界环境决定自己的快乐呢？这样只会培养我们的依赖性，让别人决定我们的快乐。世事无常，无论我们多努力，我们都没有能力去控制周围的人和事。我们阻止不了一些客观事情的发生，比如下雨，也无权要求别人像我们希望的那样去说话、办事。有些人总希望能创造一个理想中的环境，竭尽全力使自己生活中发生的每件事都安宁而和谐。其实，这就像在波涛汹涌的海洋里寻找平静一样，都是徒劳的。

几年前的一个夏天，我的生活被意外的事弄得一团糟，那一系列巨大的挑战考验着我。我的世界像被台风扫过一样，变得破烂不堪，一个好的地方都没有。我开始极度地恐慌着，于是，我打电话给我的一个朋友。我相信，任何听我诉说那些事的人都会同情我，可是，当我诉完苦时，我的朋友用十分温柔但却有力的声音对我说："陶乐丝，是谁让你变得这么不开心呢？"

我试图找一些理由："是那些家伙！那些家伙那么对我……"朋友又问我："陶乐丝，是谁让你变得这么不开心呢？"

我就在那一瞬间恍然大悟。"是谁让你变得这么不开心呢？"实际上，他们没有直接让我如此难过，是我这么给自己定义的，如果遭遇这些事或身处这种处境，我就会很难过。是我自己让自己不开心的。

"是谁让你变得这么不开心呢？"这句话让我意识到，没有谁夺走过我的快乐，是我自己让自己不开心的，因为我把快乐寄托在别人的身上。我给了别人主宰我的权利，而他们自己其实是不知道的！这就是关键所在，是我主动交出这种权力的，是我让自己难过的。

每当我感到自己有些难过时，我就问自己："陶乐丝，现在，是谁让你不开心了？"当然，最终，我会做出同样的回答："是我自己。"然后，我再让自己回到正确的方向上去，我提醒自己要快乐地看待周遭的环境，其实，快乐就来自你的内心。

对于女性美丽的标准，不同种族、不同国家和不同时代的人们有着不同的认识。然而，人们对魅力的理解却很相似，那就是：魅力源于心底深处的灿烂光芒。

娴雅生活的魅力

有时候，在生活中，我们不能避免忧虑，这时，心态的平和就显得极为重要。我们要努力培养自己平和自然的心态，让自己忧虑不安的心得到片刻的宁静。当心态平和时，培养自己健康的、积极向上的生活态度。久而久之，你就能从容地处理生活中的每一件事。

我曾经采访过女明星莫乐·奥伯恩，她告诉我，就算一些事真的让人很烦恼，她也会控制自己，不让自己因此而忧虑。她告诉我，忧虑会使她美丽的容貌受损，那么，将有损于她的演艺事业。她对我说：

"当我刚入行时，我心里十分害怕。那时，我刚从印度回来，在伦敦一个认识的人都没有，可我却想在伦敦找一份工作。我见过几个制片人，可是他们谁都不想用我。慢慢地，我的那点钱就快花光了，有两个星期的时间，我是吃饼干就水度日的。我又饿又忧虑，对自己没了信心，我对自己说：'也许，你是个傻瓜，也许你这辈子都不能踏入影视圈。你什么经验都没有，你也就只有一张漂亮的脸蛋罢了，你还有什么呢？'

"当我照了镜子后，我大吃一惊。我发现，长久的忧虑使我的容貌起了很大的变化。我看见了忧虑造成的皱纹，看见了自己忧虑的、一点都不好看的表情，于是，我马上对自己说：'你必须要停止忧虑了，你只有容貌这个最大的优势了，再这么忧虑下去，连这个优势也不会有的。'"

　　没错，忧虑会使一个女人迅速地衰老下去，更能摧毁她美丽的容颜。忧虑会让我们满脸忧愁，会让皱纹悄悄地爬上我们的脸，会让白发代替头上的黑发，还有脸上的斑点、粉刺等等。

　　威廉·詹姆士是一名心理学家，他在《轻松主义》中分析了人们忧虑的原因："现代人考虑事情太过复杂，他们做事太仔细，太注重结果，所以，他们常常显得忧虑，精神出现疲惫的状况，从而感到疲劳。"如此说来，耶稣的"不要考虑明天"和圣保罗的"不要事无巨细"真是很好的忠告。

　　心理学家海尔姆认为：我们所感受到的大多数疲劳都是在心理的影响下产生的，实际上，单纯性的生理疲劳是很少的。你不相信吗？让我们来看看爱丽芬尼的例子吧。

　　爱丽芬尼小姐在通用公司做电脑打字员，每天回到家中时，她都感到头痛，背酸，特别疲劳，什么事都不想做，只想睡觉。她母亲需要三呼四请地叫她，她才勉强出来吃饭。

　　忽然，她男朋友打来电话，约她一块跳舞，她马上就有了力气，立刻换上了她最喜欢的衣服，连饭都不吃就跑出去了，玩到凌晨两点还一点疲倦的迹象都没有，兴奋得都难以入睡。可就在几个小时以前，爱丽芬尼还好像筋疲力尽的样子。她真的很疲劳吗？实际上，是打字的工作让她十分厌烦，她才会感觉疲劳。她觉得她的生活十分烦闷。

　　没错，忧虑和烦闷都能让我们疲劳，让我们即便是坐着也会无精打采。因此，是我们的情绪让我们的身体紧张起来，而不是别的什么原因。

　　请立刻反省一下自己，在念这几行字的时候，你是耸肩、皱眉，还是只是放松地坐在椅子上？如果你放松得像一个布娃娃一样，你就不会神经紧张，还有由此导致的身体疲劳了。

　　紧张和放松都是一种习惯，关键问题是：你如何选择。

　　如何放松？你试试以下方法。

　　认清问题有助于降低紧张情绪。当你面临一个可能让你烦恼的问题之时，你应该先全面考虑一下整个问题，并问自己：这个问题的影响到底有多大？会持续多久？五年？一个星期？另外，要确定这个问题是一个真实的问题还是你心里的感受而已。这样，你就能认清问题，找到正确的解决方法了。

你要时刻想着，做事只要尽力就行了。如果你已经尽力而为，别人也不会多么埋怨你，不会对你有不切实际的期望；即便是有过高的期望，也不在你的能力范围之内。所以，你应该放松自己，集中精神和精力做一件事，做完之后，再做下一件事。

放松肌肉可以暂时缓解精神上的紧张。这个方法是很有效的，你可以试试。轻闭双眼，头微后仰，在心里默念：眼睛放松，放松，再放松……这样做过一分钟后，你会感到有一种神秘的力量正按照你的意念调节你的眼部肌肉。依此方法放松脸部、头部、肩膀，最后是整个身体。在潜意识中，你就能放松你紧张的情绪，你整个人能较好地从紧张中松弛下来。这个方法简单又方便，只要你感觉紧张或者疲劳，就可以随时这么做。

分清事情的轻重缓急。事情有轻重缓急之分，做完重要的事再做别的事，你就会感到比较轻松了。

十年前，查尔斯·路特曼一文不名，经过十多年的奋斗，他成为一家公司的董事长。他说自己之所以能够成功，就是因为他知道事情有轻重缓急之分。他介绍了自己的经验："一般来说我都是在早上五点钟时安排一天的工作计划，那是人的头脑最清醒的时候，我能比较周全地考虑事情，然后按事情的重要程度安排好做事的顺序。"

其实，正是因为我们没有分清事情的轻重缓急，才造成了我们的苦恼。我们总会把那些出人意料的小事看得很重，然后弄得自己紧张兮兮的。事情真到了那么严重的地步吗？扪心自问：丈夫突然调到别的部门工作真的需要你烦恼吗？母亲的关节炎又重了，在以后的六个月之内，她需要有人照顾她的生活，这很严重吗？猫经常把牛奶弄得满地；你边收拾屋子边做饭，把菜煮糊了；推销员总来骚扰你；总是有人打来电话；屋外街道上的工人在钻孔修路，这些都能让你真正地烦恼吗？我举的这些例子也许可以让你意识到，有时候，你只是因为愤怒才紧张的，你其实没有很重大的困扰，这样，你是否可以比较轻松地解决这些问题了？

走入心灵的栖息之地

一位哲人说："乡下、海边、山上的小屋常常是人在烦恼的时候最希望去的避难之所。但其实，那些地方并不能让人真正安静下来。如果你想找一个清净之地，不如回到自己的灵魂深处，特别是沉浸在平静的思绪里。"二战结束的前几天，杜鲁门总统比以往的任何一位总统所承担的压力与紧张都多。

作为一位战时总统，他面临着很多难题，但他并没有因此而萎靡不振。有人认为他很伟大。杜鲁门总统对这种说法的回答是："为了掩护自己，我在心里设了个散兵坑。每隔一段时间，我就退入自己的散兵坑去休息，不让外界来打扰我，就像一个士兵为保护自己而退到散兵坑一样。"

是的，我们都需要在内心建一个安静的小屋，以远离惊涛骇浪和狂风暴雨的侵袭。每个人的内心深处都有一个安静的角落，它就像车轮的轴心一样，无论外界如何变换，它都永远安若磐石地固定着，不受任何干扰。我们所要做的就是，发现那个自己心中的圣地，定时到里面去休息、静养，恢复自己的活力。

当你开始觉得有些紧张，或者觉得苦恼、压抑时，你可以独处一会儿，你的心灵有你能够栖息的地方！想像一下，你正在一步一步走入你心灵的栖息之地。这时，你要对自己说："现在，我在上楼梯，我在开门，我在房间里了。"然后，继续想像，注意一切安静、平淡的细节，想像自己已经完全放松地坐在自己喜欢的椅子上。这个房间很安全，什么东西都不会伤害你，什么东西都不会让你烦恼，因为这些烦恼已经被你抛在楼梯口了。在这里，你什么决定都不用做，也不用慌张，你已经和干扰绝缘了。

也许你会说，这不是在宣扬逃避吗？是的，是要逃避。其实，逃避主义并不是我们想像的那么糟糕。睡眠是逃避主义；下雨撑伞也是逃避主义；天气糟糕的时候，我们为了不让自己得病而躲进屋子也是逃避主义；在某种意义上，连度假也算是逃避主义。我们的神经需要逃避主义，以避免外界的刺激和过度的疲劳，我们的神经需要自由和保护。我们在逃避中暂时躲开了那些由环境、责任等带来的烦恼。这种逃避是大赛前的休息，是冲锋前的准备。

宽容是最好的美容品

在孩子们眼里，爱丽斯是一个严厉的老师，只要稍加留心孩子们与爱丽斯相处的情形，你就会看出，这些孩子拘谨而胆怯，甚至不愿和爱丽斯说话。

这样的局面是爱丽斯都没有料到的，对她而言，她是为了孩子们好才会那样做的！一直以来，爱丽斯为了让孩子们好好学习，她对他们十分严格。如果哪个孩子犯了错误，爱丽斯都会严厉地批评他，但却收效甚微。为此，爱丽斯感到很泄气，她觉得自己就像一个萎靡不振的失败者，渐渐地，她对自己的工作失去了信心，生活也不开心。

有一天，爱丽斯突然意识到问题出在哪里，她对自己说："假如我少批评他们一点，多原谅他们的一些错误，情况是不是就能好转呢？"

于是，她决定试一下。她换了一身充满活力的鲜艳的衣服，满脸笑容地走进学校。在走向教室的小路上，爱丽斯还在全神贯注地想着她的这个新设想。突然，一个皮球从后面飞过来，狠狠地击在她后背上，她吓了一跳，回过头来一看，原来是她班上调皮的迈克干的。在爱丽斯面前，迈克吓得像傻了一样，都忘了把球从地上捡起来。要是在以前，爱丽斯肯定会狠狠地训他一顿，但她忽然想到自己的新设想，就耸了一下肩，轻松地表示不介意。迈克说了句"对不起"便跑开了。在课堂上，爱丽斯也不像以前那么严厉了，她没有过分地指责孩子们的坐姿是不是端正，回答的问题是不是正确，是不是在全神贯注地听她讲课。更让孩子们惊讶的是，她甚至没有批评没能按时交出作业的捣蛋鬼保罗，她只是笑着对他说他一定能在下次把作业交上来。就这样，她用乐观而宽容的心态和孩子们过了一天。

放学时，一向羞涩的琼对爱丽斯说："老师，今天你好漂亮啊！"爱丽斯自己也是这么觉得，她似乎从来没有像今天这样开心，她充满了自信。毋庸置疑，她的新设想是成功的：学生们回答问题准确而敏捷，全神贯注地听她讲课，真是太可爱了。这让她明白了一个道理，那就是：要以宽容之心对待别人。

一位女士在中途登上开往费城的火车。她走进一节车厢，挑了一个位置坐下。这时，一位略显肥胖的男士走了过来，坐在了她对面的座位上，然后，他开始抽起烟来。这位女士忍不住咳了几声，并且表现得很是烦躁。可这位男士并没有注意到对面这位女士的反应，终于，女士忍不住开口说："你是外国人吗？你不知道车里有一个专门的吸烟车厢吗？这里是禁止吸烟的。"那个男子一句话都没说，很顺从地把香烟掐灭了。

不一会儿，一名列车员过来礼貌地请她换个车厢坐，因为她坐的是格兰特将军的私人车厢。女士听完后十分惊讶，她显得有点慌张和害怕。在站起身往门口走之前，她看了一眼格兰特将军，那位抽烟的男士正是将军，一动不动，脸上没有任何取笑她的表情，也没有让她有什么难堪，和刚才一样，他表现得宽容而大度。

卡里尔说："伟人之所以伟大，就在于他们宽容和体谅着普通人。"许多伟人之所以受到人们的爱戴，很大程度上就是因为他们身上具有宽容的美德。对于普通的女性而言，具有宽容的美德会使她显得更有涵养，使她魅力四射，令人无法忽视。

如果你想拥有一颗宽容的心，这里有条不错的建议。德军有一条实行已久的军规："当你对一些事十分不满时，你不能立即表示出来，你一定要忍耐一晚上，等你心平气和之后，你再提出来也不迟。"在社会生活中，如果也实行这条军规的话，相信可以让那些唠叨的父母、喋喋不休的妻子、挑剔的雇主和一些故意刁难的人变得心平气和起来，许多事端就不会发生。

推罪及人而不反躬自省，这是每个人都有的毛病。所以，如果有一天你突然想苛责别人，就想一下在我们生活中的那些鲜活的事例，然后正视这个事实：无沦我们所要批评的人是否做错，他都会竭力为自己的行为和做法寻找借口，甚至反过来挑你的毛病。

年轻的林肯曾在某个时期十分热衷于批评他人。他不仅写文章嘲笑别人，还把文章故意扔在大街上，让人观看，这让被嘲笑的人十分憎恶他。直到后来，发生了一件事，让他彻底醒悟自己做错了。1842 年，他撰文批评西华尔，西华尔十分愤怒，他要求与林肯决斗，林肯不想决斗，可这样于脸面有损，于是他决定应战。幸好双方助战的朋友在最后关头阻止了这场生死决斗。经过这件事，林肯再也不过分批评和嘲笑别人了。

不留情面地严厉批评一个人，哪怕批评得完全正确，也会让人对你恨之入骨、记恨你一辈子。与其说人是一种有逻辑、有理性的动物，还不如说人是一种充满感情、偏见和虚荣的动物更为恰当。尖刻的批评会伤害他们心中浮夸的虚荣与自尊，有时，还会引来一大堆麻烦。

世界上最笨的人也会批评、咒骂、抱怨他人，并不是每个人都能学会体谅和宽容，只有拥有成熟人格的人才能如此。

如果我们恨我们的仇敌，就相当于让他们变相地胜利了。那种仇恨使我们睡不好、吃不好，我们的血压、健康和快乐会因此受到影响。如果我们的仇敌知道我们如此地为他们而苦恼，他们令我们满心怨恨的话，他们肯定会高兴得跳舞的。我们心中的恨意根本不能伤害他们，而我们自己的生活却像在地狱中一样。

迷尔瓦基警察局曾发出过一个通告："如果一个自私的人想占你的便宜，不要去理会，更不要报复。如果你一直想跟他分个高低，那么，你伤害不了他多少，只能伤害你自己……"报复怎么会伤害你呢？《生活》杂志报道说："如果长期处于愤怒状态的话，高血压和心脏病就会随之而来。"所以，上帝所说的"爱你的仇人"不仅只是一种道德上的修养，更是在教我们如何才能健康地生活下去。不仅如此，这也是在告诉女人如何使自己更有魅力。因为怨恨，许多女人的脸生出了皱纹，她们表情呆滞，美丽的脸孔变了样子。其实，如果想让女人更美丽，让她心中充满宽容和爱是最好的美容方式，其他的方法连其一半都不如。

如果心中充满怨恨，我们就不会有好的胃口去品尝美味佳肴。《圣经》说："心怀爱心地吃蔬菜，比心怀怨恨吃牛肉要好得多。"

也许，我们确实很难做到像圣人那样，去爱我们的仇敌，但是，你要会爱自己，为了我们的快乐而健康地生活，我们可以去原谅他们，忘记他们，这样做是非常明智的。因为我们不能让我们的敌人控制我们的快乐、健康和外表。莎士比亚曾说："不要因为敌人而燃起怒火灼伤了自己。"有人问艾森豪威尔将军的儿子约翰，将军是否会记恨别人。他骄傲而肯定地回答："不会，我爸爸从来不浪费哪怕一丁点儿时间去想那些自己讨厌的人。"

有句话说得好："不会生气的人是愚人，不去生气的人方为智者。"

坚强中散发出米的魅力

约瑟夫·爱森鲍尔在洗衣店做了 25 年的送货员，然而，他突然被解雇了。对于他这样的一个中年人来说，想再找一份工作并不容易，何况，他没有受过任何特殊的训练。爱森鲍尔夫妇正愁于找不到工作，这时，恰好有一家面包店想转让，价钱又不是很高，但是，他们必须把所有的积蓄都拿出来才能买下这家面包店。

爱森鲍尔太太聪明得很，她知道，一切都才刚刚开始，在生意没有步入正轨之前，他们没钱去雇佣工人。所以，她每天做完家务事后，就在面包店里招呼客人，热心地经营着小店，经常要站十几个小时。任何人在如此繁重的劳动面前都会打退堂鼓的，可他们夫妇却熬过了这段日子。她说："我知道，这是给丈夫一个重新创业的机会，所以，我做这些事时，感到非常开心。5 年过去了，我们的面包店经营得很好，业务特别多，生意特别好，可以轻松地应付所有的开支。我们为自己能够凭借自己的努力重新创业而感到十分骄傲。"

在丈夫失业时，许多妻子都不愿意去做一些挽回的事情，在她们的思想里，无论何时，丈夫都应该承担起家庭责任来，于是，整个家庭的经济就开始日见窘困了。

这些妻子没有明白，只有她们自己也给予丈夫一定的帮助，才能挽回失败的局面。

威廉·R. 科本太太是一名护士，就像爱森鲍尔太太一样，她也是一位能帮助自己丈夫工作的好太太。婚前，为了拿到高中毕业证，科本白天工作，晚上去夜校上课，天天如此。婚后，为了帮助丈夫取得毕业证，使丈夫仍能不缺课，她继续她的护士职业。即便是在她生下小女儿的那个晚上，她仍嘱咐丈夫在送她到医院以后回学校上课。6 年中，科本从来没有旷过一堂课。

最后，科本在母亲、妻子和女儿骄傲的目光下顺利拿到了毕业证书。接着，他找到了推销不锈钢制品的工作，而妻子就成了他的秘书。当他们举办厨具使用示范餐会时，科本太太就负责做菜，科本则负责推销。

当科本的父亲不幸身亡后，科本和其兄弟继承了父亲的印刷厂。科本的兄弟想把这家印刷厂卖给他们夫妇，但是他们没有足够的钱，所以，他们必须向银行借贷。为了早日偿还贷款，科本太太又去从事她的护士行业。每天晚上和周末，她都在印刷厂充当丈夫的秘书。

她说："我工作得十分开心，照这样下去，我们就能在5年之内还清所有的贷款了。然后，我就不用再工作，可以专心做一个合格的全职太太了。"

在丈夫需要的时候，科本太太付出了自己所有的精力。她不仅把自己的本职工作做得有条有理，还帮助丈夫拓展业务，使他们家拥有了良好的经济基础。因为她知道这种秘书似的工作只是暂时的，所以她的工作很有效。

当家庭出现危机，如欠债、亲人生病、丈夫失业等等这类情况时，妻子要付出更多的努力，她们不是为了在自己的事业上有所进展而工作，而是为了家庭的幸福而努力工作。所以，这种"夫妇搭档"是一种暂时性的"紧急措施"。

乔那森·威特·施坦太太是我的一个熟人，他们一家住在新泽西州，她在这方面做得很好，甚至改变了整个家庭的生活方式。

几年前，施坦太太遇上了麻烦。她的丈夫原本是做推销员的，突然，他生了一场重病，不能再工作了。该如何养活这个拥有5个孩子和两个大人的大家庭呢？

施坦太太仔细思考了一下她能做的事。她做不了、也没有经验去做办公室的工作，只有制作餐点是她最拿手的事：她会做孩子过生日的蛋糕和婚庆上的蛋糕，还有宴会甜点。她还很喜欢做点心，从前，她就经常帮助朋友们做一些特别的点心。

施坦太太把她的想法告诉了朋友们，她们可以在需要宴会的点心时请她去做。施坦太太的点心做得棒极了，很快就在人们中间传开了，订单也接踵而来，她必须要请助手才能应付得了。因为所有的点心都是在家里做的，所以丈夫和孩子就成了她的助手。

生意出人意料地红火，她必须雇一名长期员工才能应付大量的订单。施坦太太成了专门承办宴会餐点的人，她为 50 英里内的宴会制作各种餐点，她还把自己的拿手好戏——开胃菜包装起来，到冷冻食品市场去卖。她还成了宴席顾问。

施坦太太的灵机一动实在是太成功了！现在，施坦先生做了营业经理，他们夫妻俩的合作简直是太完美了。

施坦太太说："我喜欢创造新式点心，不喜欢计算价钱、成本，还有开账单，我让我丈夫来管这些生意上的事。我们的分工是非常合理的。"

有谁能知道自己能有什么麻烦呢？当灾难降临时，经济上就会出现困窘的状况，只好亲自去赚一些或者所有的家庭费用。所以，我们就要立即找到我们能够用得上的才能，来应付突如其来的危机。

面对突如其来的危机，你做好准备了吗？

别让忙碌带走你的从容

你知道那些全国最忙碌的女性是怎样在每天仅有的 24 个小时里完成庞大的工作量的吗？每天，罗斯福总统夫人的日程表都没有一点空闲——写作，在各地演讲，增进国与国之间的友谊，许多比她年轻的女性也很难完成这些繁重的工作，因此，谁也不会说她是个懒惰的人。我曾在纽约采访过她，而她马上就要飞往另一个城市参加一个民主党的集会去了。当我问她，怎样才能有效地安排自己的工作时，她简单而清晰地回答："我珍惜哪怕一点点的时间。"她告诉我，每天天不亮，她就要起床，一直工作到深夜。她会利用约会或会议之间的空余时间来写那些在报纸的专栏上发表的文章。

和罗斯福夫人一样，我们每个人都拥有 24 个小时，那么，我们是怎样度过这一天的呢？我们没时间做自己想做的事；没时间读一些好书；没时间自修；没时间带孩子去动物园玩；没时间参加家长与老师之间的联谊会等等所有的事。

保罗·珀派罗博士是《怎样创造婚姻生活》的作者。他在自己的书中说："很多家庭主妇都认为，她们的时间都用在做家务上了，有这种想法的女性应该自我检讨一下。如果她们将她一星期内的时间安排详细地记录下来的话，她一定会大吃一惊的。"你也可以在自己还算清醒的时候试着记录一下自己做过的事情，看看到底是怎么样的。如果你说了实话的话，你就会惊讶地发现，这样的记录实在是太多了："十点至十点十五分，与玛贝尔电话"；"下午一点至二点，和隔壁的邻居闲聊"；"八点至下午三点，和哈里叶特逛街，在外面用了午饭"。在你记录了一个星期以后，你就会清楚地发现，自己是怎样在日常生活中不知不觉地浪费时间的。

如果你不知道怎样规划自己的时间的话，你应该去学习一门课程——生活中女性人际关系的研究。纽约市社会研究学校就开设了一门这样的课程，一位成功的职业女性爱丽丝·莱斯·库克小姐任这门课的教师。课程一开始，教师会要求每个学生把一星期内的时间和工作都记录整理成一张记录表。课程的目的就是要指导女性怎样才能正确地找到自己在社会中的位置。

我在一个聚会上碰到了库克小姐，她说："学生们看到记录表总是大吃一惊，因为据记录表上显示，她们浪费了那么多的时间去做了没有任何意义的事，比如盲目地打电话；一次次地去买本来只需一次就能买完的东西。接下来她们就开始做一些能让自己的日常生活更有效率的计划。"她还说："当我看过自己的工作记录表后，我就下定决心，必须少看侦探小说，否则，我肯定不能如期完成计划好了的事情。当然，我没有让别人也不去看侦探小说。"

我们每天浪费的时间简直是数也数不清，比如我们会等着某人的电话；等候公共汽车和地铁。为什么我们不好好利用这些空余的时间呢？

已故的美国最高法院的首席法官海尔兰·F.斯通先生就很懂得如何利用这些时间。一次，他对一个大学应届毕业生说："其实，有很多重要的事情只用 15 分钟就能够做完，可人们总是对这 15 分钟视而不见，然后就把它白白浪费掉了。"著名的地铁乘客约·期尔兰先生是个"万事通"。人们总是看见他在乘坐地铁的时候，全神贯注地看着《济慈诗集》，要么就看一些专业类型的论文。塞尔特·罗斯福总统的桌上总是放着一本书，以备他的约会之间出现空当时阅读，有时，这种空余时间甚至只有二至三分钟。他的儿子曾经这样描述过："我父亲的卧室里总放着一本诗集，他能在穿衣服的时候就背下一首诗。"

现实生活中，大多数人都比美国总统要清闲得多，可他们却常常叫喊着："我忙得没时间看书啊！"为了写这本书，我曾在美容院的冷气机下看了许多的相关资料，最后也是利用孩子们午睡后的两小时空闲时间完成了编写工作。另外，我还发现，如果把书放在化妆台上，我就可以趁着每天晚上化妆的时候看完它。

我们可以很容易地计算出自己"浪费"的那些时间，因此，我们需要学习如何高效地利用那些在繁忙的工作中出现的空当时间。你想改善自己的外表吗？你是不是想学习一门外语、读一些好书？你是不是想写作、唱歌、绘画？你是不是想听听音乐或出去游玩？快把这些空档利用起来吧，别说自己没时间了。

已故的富兰克·其尔布雷斯是动力科学研究工程师，他曾写过一本奇妙的畅销书，叫做《一打比较便宜》。这本书讲的是富兰克·其尔布雷斯的家庭故事。一直以来，他和妻子莉莉安·其尔布雷斯博士都非常努力，他们想把节省时间、劳力的方法带进工商界和家庭的管理方式中。他们有 12 个孩子，在孩子小的时候，他们就培养孩子这样的观念：上帝赐予我们时间，我们必须高效地利用每一分钟。孩子们早晨洗漱准备上学的时候，他们能从父亲放在浴室的海报上学会不少新字。在他们家里，时间从来都是被高效利用的东西。

萨尔瓦多·S. 盖塞提夫妇也在家庭中运用这种高效的方法。萨尔瓦多先生是个经验丰富的顾问工程师，他的妻子同时也是他的助手。平时，她除了要照顾他们的三个儿子，打理自己的家以外，还要做她丈夫的秘书、会计、人事经理和研究助理，同时还在地方社团和教师家长的联谊会担任重要的工作。她在写给我的信中说：

"家里有三个活泼的儿子，庞大的房间和花园需要整理，还要做丈夫的秘书，给他找出一些可能会疏忽掉的文章，使一些方案能更完善，还要提醒他参加必要的聚会。此外，还要兼顾社团活动、宣传文化、宗教等社会职责，别人的工作还不及我工作的一半多。当我给孩子们热奶瓶时，当我收拾屋子时，我都能想出很多高效工作的方法。当我们享受天伦之乐时，我们和孩子都很开心。我们提倡的是：用最少的时间完成必需的工作，然后空出更多的时间做自己想做的事。

"有时，我们会把所有的事情都搁置一旁，而集中精力去做一件特殊的事。因为我们制订的工作计划不是死板的，而是很有弹性的。在共同的工作中，我们分享彼此的看法，拓展了自己的视野，所以，我们生活得多采多姿，过得非常幸福。"

盖塞提夫妇懂得如何工作和生活，并能将二者适当地结合起来。他们的态度是获得成功所应该具备的态度。

也许，你已经发现，那些负责本地红十字会主席团的推动工作的人和负责家长教师联谊会的人都是你身边最繁忙的人，她们同样做了许多工作。可看上去，她们好像总比懒惰的人更有空闲。她们雇了两个女佣吗？或者是没有孩子的妇女吗？要么就是每天中午才起床，下午打桥牌的太太？不是这样的，这些最忙碌的年轻女性都有自己的孩子，还有一个积极上进的丈夫。她们不但要把自己的本职工作做好，还要在周末的时候去唱诗班唱歌。她们是怎么完成那么多事情的呢？只是因为她们会合理安排自己的时间和家务罢了。浪费时间比浪费金钱更悲惨，丢失了金钱还可以赚回来，而丢失了时间却永远都找不回来。

为了帮助你能够高效地利用时间，你需要记住以下规则：

至少花一星期时间真实地记录每天使用的时间，并对自己浪费时间的行为进行自我反省，找出自己浪费时间的关键所在。

每周都要制订出下周的工作计划。既然这个方法能用于企业管理，那么，它肯定对每个人都有好处。合理安排每一个工作时间，让自己远离神经紧张、头昏脑涨的状态。也许有时会发生意外的事，你需要更改工作计划，但是，如果坚持按既定的计划工作，你会发现，你的收获将随着时间的增加而增加。

制定出高效工作的方法。比如可以一次买完的东西，就不要跑第二次，这样，可以省下很多时间，而且，这种做法也更有效率。预先写出一个星期的菜单，不仅能节约很多时间，还能更合理地安排家人的饮食。

高效地利用你每天"浪费掉的时间"。现在就去做一个计划，把那些你从没时间做的，有价值的事情用你的空余时间做完。试试这个方法，看看有怎样的效果。

向盖塞提太太学习，用相同的时间做双倍的工作，提高自己的工作效率。当她为孩子们热奶瓶时，同时替丈夫做营业活动的计划；当她等待烤箱中的肉烤熟时，处理一些公文或者起草计划；当她领着孩子们去公园玩时，也可以做些织补的活，这些都是把一个小时当成两个小时来用的表现。

无需让自己受累，充分利用现代化的高效方法。如果花一下午的时间去逛街买回本来可以邮购或电话订购的东西就是在纯粹地浪费时间。所有报纸上的广告、从商店顺手拿回的小册子都是能够节省时间的好东西。

能灵活购物是一种需要学习的技术，如果你学会如何灵活地买东西，你就能省下很多时间。如果你学会了这种技术，你就能合理地利用时间和金钱，从中获得更多的益处。

当你需要全神贯注地工作时，要尽量避免不必要的打扰，比如突如其来的电话或门铃声。只要有一点经验，你就能学会暂时不予理睬。很快地，你的朋友也知道了只有在固定的时间打电话过来你才会接，同时，她们也会因为你能高效地做事而更加敬佩你。

在亚尔罗德·白利特的《怎样充分利用24小时》一书中，他感慨道：

"啊，每一天的时间，都是上帝赐予我们的奇迹……当你清晨醒来时，就像变魔术一样，在你的生命里，你就拥有了尚未使用的24小时！它只属于你，是你最宝贵的财富。

"只有一种不是生存，更非稀里糊涂过活的生活才能充分利用这24小时……在人的一生之中，每个人都曾对自己说过：'如果再给我一点时间，我肯定能做得更好。'我们永远不能拥有更多的时间。

"但是，我们仍然拥有——那就是我们早就拥有了的已经存在的24小时。"

你的担心多半不会发生

我从小在密苏里农场中长大，有一天，当我正在帮母亲采樱桃时，我忽然开始哭起来了。母亲问道："戴尔，为什么哭了？"我抽咽着说："我怕我会被活埋。"

密苏里农场

在那段时期，我整日无端充满忧虑。夏季打雷下雨时，我怕被雷劈死；干旱时，我担心食物不够吃会饿死；我担心死后可能下地狱；我还害怕一个叫山姆的小男孩，他威胁说要割掉我的大耳朵；如果我向姑娘脱帽致礼，我担心她们会嘲笑我；我甚至担心没有女孩愿意嫁给我；我不知道结婚后要跟我太太聊些什么；我幻想我们在乡村教堂举行婚礼，再乘马车回农庄……可是在回家的路上，我该说些什么呢？怎么办？怎么说？我成天踱来踱去被这些问题烦得要死。

随着年龄的增长，渐渐地我发现我忧虑的事根本没有发生过。

举例说来，我怕闪电，根据国家安全委员会的资料，每年遭雷电击毙的概率只有1/350000。

怕遭活埋的恐惧心理则更为荒唐可笑，我从没想过一个人遭活埋的概率为千万分之一，而我还竟然为此哭了一次。

平均每 8 个人中有 1 个人会死于癌症。如果我真要担心什么问题，我可以担心可能得癌症——而不用担心被雷电劈死，或担心被活埋。

当然，我所说的都是些青少年时担忧的事情。可是很多成年人的忧虑也差不多如此荒唐可笑。如果用或然率来衡量我们所担心的事，十之八九都可以不必放在心上。

英国伦敦的劳埃德公司——全世界最著名的保险公司——之所以能收入上百万，完全是因为人们担心的事鲜有发生。劳埃德公司是以人们所担忧的灾难为赌注而多数却永远不会发生。当然他们不称为下赌注，而另称为保险。其实就是基于或然率的赌注进行投资。这家保险公司 200 年来都欣欣向荣，而且除非人们天性改变，否则这家公司仍将继续蓬勃发展，因为人们总在担心的灾难可是依据或然率的计算并不像人们所想像的那样经常发生。在仔细研究或然率之后，你会发现许多事实相当惊人。举例说来，如果我能预料到未来 5 年我会参加血拼的盖茨堡战役，我一定吓坏了。我会提前领出保险金，写好遗嘱，集中精力料理好我眼下的事务。我会说："我也许不能活着凯旋而归，剩下的这几年我应该好好活。"可实际问题是，根据或然率，一般情况下人们由 50 岁活到 55 岁是和上战场作战同样危险致命的一段时期。意思是正常状态下 50 到 55 岁之间人的死亡率是与盖茨堡战役 163000 名士兵的死亡率一样的。"

本书有几个章节是在加拿大落基山鞠躬湖边完成的。一年夏天，在那里我偶遇去旧金山的沙林格先生夫人。沙林格太太给我的深刻印象是稳重的，她从不担忧什么事。有一个晚上大家坐在温暖的壁炉前，有没有担心过什么事？我问她。她答道："担忧什么事？担忧几乎毁掉我的人生。在自作自受的炼狱中我度过了将近 11 年才学会如何克服忧虑。当时我的脾气非常暴躁易怒，处于相当大的压力之下。每周我搭车去旧金山购物，即使在购物时，我也会忽然赶回家去查看是否一切安好，是否电熨斗在熨板上还没切断电源。也难怪我的第一次婚姻会毁在灾难中。

"我的第二任丈夫是位律师，他有极强的分析能力并且沉着冷静，几乎不为任何事担心。当我精神紧张焦虑不安时，他就会说：'放松，一起来想想看什么使你真正烦恼？再来算算会发生的或然率有多少？'

"有一次，我们从西墨西哥城开车回加州，在一条泥泞不堪的路上碰到可怕的暴风雨。

"汽车在路上不断打滑，几乎很难控制，我相信车子一定会掉进路边的沟里，可是我先生坚持向我保证：'车开得很慢，不会发生多么严重的事，即使摔进沟里，根据或然率，我们也不会因此受伤。'他的冷静自信使我平静下来。

"有一年夏季，我们在洛基山谷中作野外旅行。一天晚上，在海拔 7000 英尺的地方，我们开始露营，一阵暴风袭来几乎掀破我们的帐篷。帐篷的固定绳索绑在一截木桩上，外层帐篷在狂风中不停地拉扯呼啸。每一分钟我都担心帐篷会飞走，我害怕极了！我的先生又安慰我：'我们是按照旅游指南旅行的，而旅游向导清楚他们在这里干什么，他们在这个山区扎营有 60 年经验，这个帐篷在这儿也久经风雨了，既然它还没被吹倒，根据或然率，它今晚也不会吹垮，即使真垮了，我们还有另一顶备用帐篷可以躲避。所以，尽量放松吧……'我彻底放松了，而且后来睡得很香很沉。"

"几年前，小儿麻痹症在加州流行。这要是从前，我一定会歇斯底里焦虑不安，可是我先生说服我冷静下来。我们尽可能采取有效预防措施，到人多的地方我们肯定不带小孩，也不去学校等公共场合。向健康协会咨询后，我们发现在最严重的疾病流行期，全加州也只有 1835 名儿童患病。通常情况约有 200 至 300 名患者。尽管如此，这些数字仍使我相当放心，因为或然率显示，患病率实在不高。

"'根据或然率，那种情况不会发生的！'这句话打消了我大部分的烦恼，使我享受了 20 年无忧无虑而平静的岁月。"

有人说我们的烦恼和忧虑大部分都来自我们自己的想像而非现实。回顾过去的数十年，我完全同意这个观点。吉姆·格兰特说这也是他取得的生活经验。在纽约他拥有一家格兰特经销公司，有一次他向佛罗里达一次性订购了 10 至 15 卡车的橘子和葡萄柚。他说，总是有一些念头使我受折磨：万一火车出事故翻车怎么办？水果撒落了一地怎么办？如果车子正在前进，桥突然断裂怎么办？水果虽然保过险，可是他担心水果不能如期交货而因此丢掉市场。他担心到甚至怀疑自己得了胃溃疡，于是到医院就诊。医生认为他毫无问题，只是神经过于紧张。"那似乎让我重见光明，我开始自问：'吉姆，这几年你订过多少车的水果？'答案是约有 25000 车，我又问自己：'有多少翻车记录？'大约是 5 次。'只有 5 次，25000 次中的 5 次，这意味着这是五千分之一的比例，也就是说，根据或然率，过去翻车的概率是五千分之一，这值得你如此担心吗？'"

"然后我又质问自己：'桥也许真的会垮，到底有多少辆运输车因桥断了而翻车呢？'一辆也没有。'为一座从来没有垮过的桥而担心到得胃溃疡，未免太杞人忧天了吧？更何况火车车厢翻车的比例是五千分之一！'"

"当我这样思考这件事时"，吉姆继续说，"我才发觉自己很笨，我决定让这件事顺其自然地发展，而我自己，从此以后再也没有为胃溃疡发愁过！"

曾担任纽约州长的艾尔·史密斯，他必须应付政敌对他的攻击，我听到他只是一遍又一遍不断重复："让我们检查记录……让我们检查记录。"然后他开始列举事实。下次你我再担心什么不幸的事发生时，记住史密斯的处事方式：让我们检查记录，看看我们的焦虑建立在怎样的基础上。马士泰德也有同样的经验，以下是他在纽约卡耐基课堂中报告的故事：

"早在 1944 年 6 月初，我躺在奥玛哈海滩的散兵战道内，我们刚刚在诺曼底登陆。我环顾战道——其实只是地上多边形的一个洞——我对自己说：'这可真像墓穴'，当我躺下准备睡觉时，感觉真像是睡在坟墓里。我不由得想到：'也许这真的是我的坟墓。'晚上 11 点左右德军开始轰炸，炸弹四处开花。我感到莫名惊恐。刚刚开始的两三个夜晚，我几乎无法入睡。到第四晚或者第五晚，我的精神已经快要崩溃了。我知道再不想办法改善这种情况，我真会发疯的。于是，我只有提醒自己五个晚上以来，至少我还没有死，我的同伴们也还活着，只有两位受伤挂了彩，那倒不是因为德军轰炸受伤的，而是被我们自己的炮弹所伤。我决定做点有意义的事以克服忧虑，于是我为自己的坑加盖了一层薄木板以免被高炮炸伤。想到我们部队分散遍布面积大，除非炸弹直接命中，否则我还不至于毙命，据我估计直接命中的几率差不多只有万分之一。几个晚上我都靠这种想法度过，我开始安下心来镇

诺曼底登陆

定自若，后来即使在狂轰滥炸中，我也能安稳睡觉。"

美国海军也同样采用或然率的观念来激励士气。一位从前当过水兵的人跟我说，当他们被派到辛烷油船服役时，他们都神经紧绷得要死。他们认为油船上装的是危险性高的辛烷油，一旦被鱼雷击中，大家就都要去见阎王了。

美国海军却存有完全不同的资料，据他们公布的数字显示，100 艘遭鱼雷击中的油船，还能漂浮不沉没的有 60 艘，即使 40 艘沉船中，在 10 分钟内沉没的也只有 5 艘。换句话说，还可以有足够离船的时间——伤亡数字当然不算什么。这对鼓舞士气有帮助吗？"这个数字确实扫除了我的恐惧，"来自明尼苏达州的马斯说，"全船的人都感觉心里舒服，明白我们还有逃生机会之后，我们多半不会在船上丧生，按照或然率来算。"

第二十四章　每天给心灵洗个澡

事必如此，别无选择

"事必如此，别无选择"，这并非易学会并掌握的课程。即使至高无比的一国之君也不能不常这样提醒自己。近来，在白金汉宫的图书室内，英王乔治五世就以此为座右铭："请教导我不要凭空妄想，或作无谓的怨叹。"哲学家叔本华亦曾表达过相同的观点："逆来顺受是人生的必修课程。"

显然，环境不能决定我们快乐与否，我们对环境的反应能力反而决定我们的心境。耶稣曾说：天堂在你心中，当然，地狱也在心中。

只要迫不得已，我们都能度过灾难与悲惨时刻，并且战胜它。也许我们并没有觉察到，其实大家内心都有巨大的潜能帮助我们渡过难关，其实我们都比自己想像得更坚强。

已故的美国小说家塔金顿常说："我可以忍受生活中的一切变故，但不包括忍受失明。"

可是在他60岁时，当他注视着地毯时，发现地毯的颜色渐渐模糊不清，他分辨不出图案。他去医院看病，得到了残酷的结果，他即将失明。有一只眼差不多全瞎了，另一只也将失明，他最害怕的事终于未能幸免。

塔金顿对这巨大的不幸是如何应对的呢？他是否感到："完了，我的人生彻底完了！"完全没有，令他惊奇的是，他感觉愉快，这甚至激发了他的幽默感潜能。眼中的暗影困扰着他，这些浮游的斑点阴影阻碍他的视力。当大斑点浮过他的视线时，他会说："嗨！又是这个大家伙，不知道它今早要飞到哪儿去？"

不幸的命运怎么能击败这样的精神？不，答案是，不能击溃人们。完全失明后，塔金顿说："我忽然发现自己可以忍受这个缺陷，因为任何不幸状况，人都可以勇敢面对。如果我失去了感官的功能，那么我还有心灵感受，因为我们是用心在观察，用心在活，自己有没有觉悟这点就是人与人的差别。"

为了使视力恢复，塔金顿在一年内得接受 12 次以上的外科手术。只是采取局部麻醉，他会抗拒它吗？他知道这是必需的，不可避免的，唯一能为此类痛苦赋予意义的行为只有优雅地接受。他拒绝私人特护病房，而和大家一起住在普通病房。想办法让同他一样不幸的大伙高兴一点。再次接受手术治疗时，他提醒自己是何等幸运，"多奇妙啊！"他说，"真是神奇，科学如此进步以至于连人眼如此构造精致的器官都能动手术了。"

如果必须接受 12 次以上的眼部手术，并忍受失明之苦，普通人可能早就崩溃了。塔金顿却说："我不愿用快乐的经历来替换这种难得的体会。"他因此学会了逆来顺受。这正如约翰·弥尔顿所发现的，这种经验教他懂得"失明并不悲惨，无心容忍失明才是真正悲惨的人生"。

一年前，我就应该领悟到诗人惠特曼诗中所说：

"面对黑夜、狂风暴雨、饥荒、荒谬可笑、意外变故与挫折，让我们学着像植物及动物一样顺其自然逆来顺受吧！"

历经 12 年养牛的经验，从来没见过因为草原干旱、下冰雹、寒冷，而使任何一头泽西母牛或是为公牛向别的母牛表示爱慕而气愤的。动物安然镇定面对夜晚、暴风雨及饥饿带来的困难，因此，它们不会为精神崩溃、胃溃疡的问题而发愁，也从不会发疯。

如果你认为我的意思是我们应该俯首接受所有的不幸，那就错了，那只是宿命论的观点。只要有机会改变现状，就应该努力奋斗！但是，当我们发现情况已不可逆转，我们就最好不要再思前顾后，拒绝面对不幸。

哥伦比亚大学的霍克斯教务主任告诉我一个座右铭：

"太阳底下的任何病，肯定有药可医，能找到就去寻找！实在没有，也不要介意！"

写这本书时，我曾经采访过好几位美国的企业领导者，令我印象最深刻的是：他们面对现实的态度，以及毫无忧虑无所顾忌的生活方式。如果他们无法达到这种境界，早就在压力下灰飞烟灭了，以下就有几个实例：

全美连锁百货公司的先驱者潘尼告诉我说："即使我赔得本利无归，我也不会为此发愁，因为我看不出发愁能带给我什么益处。我已全力以赴，其他事交给上帝处理吧。"

亨利·福特也表达过同样的看法："当我对任何事无奈时，我就扔下它们，任其自然发展。"

作为克莱斯勒汽车公司的总裁，凯勒是如何排除忧虑的呢？他的回答是："当我身处逆境时，情况是可以改变的，我尽量努力；如果不能改变，就完全忘记。我从不杞人忧天，影响未来的因素很复杂，我深信没有人能预知未来，既然无人能掌控全局，料事如神，那我又何必为它烦忧？"如果说凯勒是位哲学家，那就错了，他大概会为此种误解难为情。他是精打细算的商人，他的想法与 19 世纪前希腊哲学家艾匹克蒂塔的哲学理念如此不谋而合："快乐唯有如此捷径，即不去杞人忧天。"

在《读者文摘》的一篇文章中，麦科米克说："当我们不再做无畏的抗争时，就会转而发挥潜能开创更有乐趣的人生。"

同时与不可逆转的现实抗争，又腾出余力去开创新生活，没人会如此精力充沛，因此，你只能择其善者而为。你如果不能柔韧处置，在人生强烈而不可抗拒的攻击下，那就只有折断了。

在密苏里州的农庄上我也有过同样的遭遇。在农庄上我种了很多树，一开始它们的生长速度快得惊人。后来不幸遇到一场风雪，很厚的雪压在树枝上，这些树枝不但无法弯腰承受，反而折断了——结果命殒一旦。这些树没有寒地森林的韧性。在加拿大我见过许多常绿植物，在整个旅途中却从没见过一棵枞树或松树受冰雪袭击而断裂的。这些常绿植物知道如何利用枝条承受巨大的压力并如何顺应天意。

柔道大师总是告诫学生，应如"橡树般硬挺"，而不要像"柳条般柔顺"。

耐磨负重的汽车轮胎为何日行千里，你清楚吗？刚开始，轮胎制造商想要制造出可以抵抗路面震动磨损的轮胎，结果都以失败告终。后来他们发明了可以减轻震动的轮胎，才得以成功。我们如果想活得更长久更顺遂，就得学会顺应人生的坎坷。

如果我们以反抗代替忍受，能有怎样的后果？如果我们不像杨柳一般柔韧，却偏像橡树一样强硬挺直，会有怎样的结果？答案很容易回答，就是会引起内心的冲突、矛盾、担忧、紧张、神经质。

如果我们封闭在自我的梦想世界还继续反抗现实，我们必将疯狂。

"二战"时，数以万计惊恐的士兵如果不能忍受不可逆转的现实，那就只有精神崩溃。凯流斯的例子可以给大家作个说明。以下是他在班上获奖的简短演说：

"我加入海岸防卫队不久，成为爆破班长被派到最炎热的大西洋岸边防站。仔细想想，当爆破班长！一个饼干推销员吗？自己的脚站在成千吨的黄色炸药上，一想到这儿就足够吓得我这曾经的饼干推销员颤抖。两天培训课程所学到的知识只会让我更加恐惧这个工作。我的第一个任务我这辈子都忘不了。寒冷、黑暗、雾茫茫的一天，我接到任务。

"我被指派到船上的第五货舱，我必须在货舱中工作，跟 5 个虎背熊腰的货舱工人一起，而且这 5 个人对炸药没有半点常识。需要他们装运的是一种大型炸弹，每一个炸弹内含 1 吨 TNT——足够把整条船炸得尸骨不存。用两根钢索吊放所有巨型炸弹。我对自己说：哎哟！我的天！只要其中一条钢索断了，我就完了。我真吓得要死。我膝盖发软，口干舌燥，心乱如麻。可是我又不能当逃兵啊！那也太丢脸了！我父母将颜面何存！我还可能因此被枪毙。我得坚守阵地绝不能逃！我看着那些工人漫不经心地搬运如此危险的炸弹，而且每一分钟都可能爆炸。熬过恐慌的一个小时后，我开始给自己打气并运用有限的一点点常识。'好吧！炸就炸吧！有什么了不起，你又未必有什么感觉，这么轻松的死法！比死于癌症的感觉好多了。别傻了！反正人不能长生不死！可如果不完成任务，就得被枪毙！'

"自我安慰了几个小时之后，我稍稍觉得轻松一点。最后，我努力克服了恐惧心理，强迫自己接受无法避免的现实。

"我永远记得那一课，每次我开始担忧某些无法逃避的情况，就会无所谓地说：'忘了吧！'这种方式确实有效。"多棒啊！为这位饼干推销员的勇敢喝彩吧！

　　历史上流传千古的死亡，有受难的基督耶稣，除此之外就是苏格拉底的去世。名垂青史的柏拉图著作历经数载传承仍被世人奉为经典——那是一篇掷地有声的文章。雅典市内的几个小人——羡慕与忌妒苏格拉底的小人——对苏格拉底进行指控，他受审并被判死刑。当友善的狱卒把毒药交给苏格拉底时，他说："请饮下这杯吧，我必须给你。"苏格拉底安然接受，他坦然平静地面对死亡，显示出他高贵的风格。

　　这句话是耶稣诞生前399年所说的，但是今天这个纷扰复杂的世界似乎更需要这句话："请饮下这杯毒酒吧！"

充实头脑，赶走空虚

　　我永远忘不了这样一件事，是我班上一位学员道格拉斯（这不是真名，他这样要求的，由于私人原因，不能透露真实身份）的故事，他告诉我们他家发生的悲剧，不只一次，而是两次连续的打击。首先是他们夫妇可爱的5岁女儿去世了，当时他们几乎无法承受这样的打击，但是，又一个打击，他告诉我们："10个月后，上天赐予我们另一个小女儿，可她只活了5天就去世了。"

　　这双重的打击几乎使他精神崩溃。这位可怜的父亲告诉我们："我无法接受这不幸的现实，我寝不安、饭难咽，完全不能放松自己安心休息。我神经极度脆弱，丧失信心。"最后只有向医生请教，一位医生建议他服用安眠药，另一位劝他去旅行排遣忧愁。他全部试过，却都毫无作用。"我觉得有一副钳子夹紧了我，而且是越挣扎越紧。"这种悲痛带来的重压，只有经历过此种痛苦的人才能体会得到。

　　"感谢上帝，好在我还有一个儿子——是个4岁的儿子。他无意中帮我解开了心结。一天下午我沉浸在自怜哀愁的情绪里。他说：'爸爸，帮我做一只船好吗？'我实在没有心情做船，事实上我没心情做任何事情。不过我儿子是个有恒心的小家伙！我只有同意他！

　　"我花了3个小时做那只玩具船，完工时，我发现这几个月来，那几个钟头竟是我心理上第一次感到轻松与平和的时候！

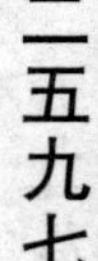

卡耐基励志经典

"这个发现使我开始思考——几个月来第一次用心的思考。我发现，当你忙于计划思考工作时，不容易感到忧虑。在做那艘船时，忧虑就从心里挤出去了。因此我决定保持忙碌。

"第二天晚上，我检查每个房间，找出所有应做的工作，开列出一张工作单，需要修理一堆东西！挡风板、楼梯、书架、风檐、把手、门锁、水管漏水。任务看起来相当壮观，我开出两周内待修工作单一共242项。

"在过去两年内，我的大部分工作完成了。在我的生活内还安排了一些有意思的活动，每周有两晚去纽约市参加成人教育班。我一直积极参加小镇上的群众活动，目前兼任学校董事会主席。我出席各种会议，为红十字会及其他慈善社会活动募捐。我现在忙得没有闲心忧虑。"

没时间发愁！那正是英国首相丘吉尔的名言。第二次世界大战正如火如荼，丘吉尔每天工作18个小时，有人问他责任如此艰巨，是否令他烦恼，他回答："我如此忙碌，哪有时间去发愁。"

凯特宁当初发明汽车全自动发动机时也使用同样的办法。退休前凯特宁一直担任世界著名的美国通用汽车公司副总裁，主持研究开发部。但在那个年代，他很穷，只能用仓库作实验室。为了购买零件，他必须动用他太太教授钢琴课赚来的1500美元作为研究资金，后来又不得不抵押寿险保单借了500美元投入研究。我问凯特宁太太她当时有没有担心。她回答说："我真是太担心了！我担忧得睡觉也不踏实，凯特宁先生却毫不担心！他全心投入工作，不去发愁其他的问题。"

伟大的科学家巴斯德曾说："图书馆及实验室里才有和平"，为什么呢？因为在图书馆及实验室的人都是全神投入工作，总能忘记自己的烦恼。研究人员很少精神崩溃，他们可没有时间从事这样奢侈的事。

为什么保持忙碌这么简单的事就能驱除焦虑呢？因为心理学中最基本的定律之一就是：无论才智多么聪慧灵敏的人，心里一次也难以装下两件事情。难以置信？好吧！我们来做个试验。

现在请你靠到椅背上，双眼紧闭，试着在同一瞬间想像着自由女神像和明早要做的事。（来吧！现在就试！）

发现了吧？你可以轮流着交替想两件事，却不能同时思考吧！同样，我们的大脑情绪区域也有类似的情况，我们不可能很热切兴奋地去做某件事，同时又非常烦恼焦虑，情绪沮丧低落。两种情绪不能兼容，一种情绪会将其他情绪驱赶出去。也正是因为这个简单的发现，"二战"时军队心理医生才能创造奇迹。

一些在战场上受到战争惊吓以致精神错乱的战士，"让他们保持忙碌"正是军医所开的处方。

这些人清醒时刻的每一分钟都安排了活动——多半是户外体育活动，例如钓鱼、打猎、打球、高尔夫、摄影、手工园艺、跳舞等。他们忙得根本没有时间去回味那些恐怖的经历。

"工作疗法"是现代心理学家所用的专业名词，医生把工作当做处方用来治疗疾病。其实这并不是新的治疗方法，希腊医生在耶稣诞生前 500 年就会用了。

在本杰明·富兰克林时代，当时费城的桂格派教友也运用同样的方法。1774 年，有人去访问桂格教会，吃惊地发现一些心理不正常的病人正在忙着纺纱。他认为这些可怜的病人似乎被虐待了——直到教友们解释说，这些病人做一点工作，对他们有益，这对神经是一种放松。

奥德威·泰德曾说："我忙极了，没空闲焦虑。我主要的工作有三项，每项都是全职。我在哥伦比亚大学作集体演讲；还是纽约市高等教育委员会的董事长；同时还担任哈泼出版公司经济社会书籍部主任。这三份工作让我没有闲暇去发愁。"

迪恩娜也认为忙碌可以赶走空虚，她向我讲述了她自己的故事：

"1943 年，我的三根肋骨摔断了，由于肺穿刺而住进新墨西哥州的退役军人医院。这个意外发生在海军陆战队在夏威夷岛登陆的演习中。在艇上，我正准备要跳下沙滩，一个大浪打来使登陆艇发生倾斜，我就被重重摔落在海滩上，我跌落时，感到摔断的肋骨刺入了我的右肺。

"入院治疗 3 个月后，我受到了有生以来最重大的打击：医生宣告我的病情依旧没有好转。认真思量后，我发现自己没有好转是因为我的心理负担太重了。我的日子一直过得多姿多彩，住院这 3 个月，我每天 24 小时躺在床上，什么都干不了，除了胡思乱想，就是怨天尤人。我想得越多，就越忧愁；发愁自己的美好生活能否重来。我更发愁是否会终生瘫痪卧在床上，我还能否结婚生子，过正常的生活……

"我向医生请求把我调到隔壁病房，那个病房号称'乡村俱乐部'，因为只要病人愿意什么都能做。

"在'乡村俱乐部'中，我开始对桥牌产生兴趣，我用6周时间学会这种游戏，跟同房病人打桥牌，研究桥牌技巧。我还对油画兴趣浓厚。每天下午三点到五点我跟一位美术老师学画。我的画非常细致，好到你一看就知道我画了什么，我还练习用肥皂雕刻与木雕，并从研读美术书籍中得到极大的乐趣。我保持忙碌状态，使自己无暇去烦忧我的病情。我还腾出时间阅读心理学书籍，那些是红十字会送我的。3个月后，同一组医疗人员又来看望我，并且恭喜我康复的状况有了"惊人的进展"。这是我一生中听到的最动听的词汇，我开心得想欢呼雀跃。

"我要说：当我闲着躺在床上的时候，庸人自扰地担忧着自己的未来时，对我的健康毫无益处。空虚是一剂毒药，使我断了的肋骨无法顺利愈合。但是，一旦我开始忽略自己，而用打桥牌、画油画、刻木雕消磨时间，医生便宣告我有了'惊人的进展'。

目前，我生活正常，健康良好，我的肺与正常人的一样。

萧伯纳说："人生最大的不幸，是用闲暇忧虑自己的生活是否幸福。"一个忙碌的人是不会感到空虚的，如果你想远离空虚，请保持活跃状态，保持忙碌状态！

心态平和，从容应对

有时候，在生活中，我们很浮躁，这时，心态的平和就显得极为重要。我们要努力培养自己平和自然的心态，让自己浮躁的心得到片刻的宁静。当心态平和时，培养自己健康的、积极向上的生活态度。久而久之，你就能从容地处理生活中的每一件事。

威廉·詹姆士是一名心理学家，他在《轻松主义》中分析了人们忧虑的原因："现代人考虑事情太过复杂，他们做事太仔细，太注重结果，所以，他们常常显得忧虑，精神出现疲惫的状况，从而感到疲劳。"

请立刻反省一下自己，在念这几行字的时候，你是耸肩、皱眉，还是只是放松地坐在椅子上？如果你放松得像一个布娃娃一样，你就不会神经紧张，还有由此导致的身体疲劳了。

紧张和放松都是一种习惯，关键问题是：你如何选择。

如何放松？你试试以下方法。

认清问题有助于降低紧张情绪。当你面

威廉·詹姆士

临一个可能让你烦恼的问题之时，你应该先全面考虑一下整个问题，并问自己：这个问题的影响到底有多大？会持续多久？五年？一个星期？另外，要确定这个问题是一个真实的问题还是你心里的感受而已。这样，你就能认清问题，找到正确的解决方法了。

你要时刻想着，做事只要尽力就行了。如果你已经尽力而为，别人也不会多么埋怨你，不会对你有不切实际的期望；即便是有过高的期望，也不在你的能力范围之内。所以，你应该放松自己，集中精神和精力做一件事，做完之后，再做下一件事。

放松肌肉可以暂时缓解精神上的紧张。这个方法是很有效的，你可以试试。轻闭双眼，头微后仰，在心里默念：眼睛放松，放松，再放松……这样做过一分钟后，你会感到有一种神秘的力量正按照你的意念调节你的眼部肌肉。依此方法放松脸部、头部、肩膀，最后是整个身体。在潜意识中，你就能放松你紧张的情绪，你整个人能较好地从紧张中松弛下来。这个方法简单又方便，只要你感觉紧张或者疲劳，就可以随时这么做。

分清事情的轻重缓急。事情有轻重缓急之分，做完重要的事再做别的事，你就会感到比较轻松了。

十年前，查尔斯·路特曼一文不名，经过十多年的奋斗，他成为一家公司的董事长。他说自己之所以能够成功，就是因为他知道事情有轻重缓急之分。他介绍了自己的经验："一般来说我都是在早上五点钟时安排一天的工作计划，那是人的头脑最清醒的时候，我能比较周全地考虑事情，然后按事情的重要程度安排好做事的顺序。"

其实，正是因为我们没有分清事情的轻重缓急，才造成了我们的苦恼。我们总会把那些出人意料的小事看得很重，然后弄得自己浮躁不安的。而真正重要的事情却又视而不见，为以后的生活埋下了隐患。大事从容规划，小事从容应对，分清事情的轻重缓急，你就能做到心态平和。

每天给心灵洗个澡

一般人总把对自己不友好的人，当成自己的敌人，其实人生最大的敌人不是别人，而是我们自己。因为外面的敌人容易了解、容易防备，反而是自己不容易认识自己，不容易掌控自己，于是自己成为自己发展的最大阻力。

杰克·戴普西也是这样认为，他对我说：

"在我当拳击手的生涯中，我发现这难缠的敌手就是自己的恐惧，比重量级拳手还难对付。我意识到如果不学会克服恐惧，就只能任由忧虑啃掉我的活力，影响我的成功。因此，我逐渐总结出一套克服恐惧的方法，以下是我的一些体会：

（1）为保持在竞技场上的勇气，我会给自己鼓劲打气。例如，当我遇到强大的交战对手时，我会反复默念：'什么也不能打败我，他不可能伤我的，我不会受伤，无论发生什么事，我都能继续坚持下去。'对自己说一些鼓励的话，积极地思考对我大有帮助。只要我心里想着这些鼓励的句子，有时连重击到身上的拳头也感觉不到。在职业拳赛中，我曾嘴唇破裂、眼骨裂开、肋骨折断，由于对方一拳把我击出赛场，我撞在记者的打字机上，肋骨因而折断了。可是对他们的重拳出击我几乎毫无感觉，知觉麻木。只有一拳，我确实感觉到了，是有一次约翰逊一拳击断我的三根肋骨。那一击造成我的外伤不严重，但对我的呼吸影响甚大。说真的，我挨拳击时真的毫无感觉。

（2）我总是用恐惧后果提醒自己。不过赛前的训练是我最忧心的时候。我常躺在床上辗转反侧几个小时睡不着，我担心手臂折断、脚踝扭伤，或第一回合眼睛就受重击，后面的回合没法挽回了。每当我神经紧张时，我就下床照镜子好好地给自己加油打气，我跟自己说：'多笨呀！为还没发生的事烦心，说不定永远不会发生。生命是短暂的，人生在世也不过几十年，我一定要抓紧时间好好享受人生。'我不断警告自己，恐惧、失眠、忧虑只会对自己有百害而无一利。我反复重复这些话，日复一日、年复一年，最终这些话融入我的身心。

（3）最重要的一件事，我常祈祷！在训练时，我每天会祈祷多次。进入赛场后，每一回合铃响前，我也都会祈祷。祈祷增强了我的勇气，使我自信应战。晚上睡觉前我总是会祈祷，从来不忘记，每次饭前，我也从来不忘感谢上帝……我所祈祷的，都应验了吗？噢！可灵着呢！"

对于疾病也是如此，其实很多疾病没有什么伤害力，真正对自己造成最大伤害的是对疾病的恐惧心理。威廉·武德牧师对我说：

"几年前，胃痛一直折磨着我，我每晚都要疼醒两三次，病情严重时彻夜难眠。由于胃癌的病痛，我曾亲眼见证父亲逝世，我怕自己也步他的后尘，可能至少会得胃溃疡，于是我到医院作全面详细的检查。胃病专家给我照 X 光片，开了镇静剂给我，使我晚上能安稳睡觉，并保证说，我没有得胃癌，也没患胃溃疡。他说我的疼痛是因为精神压力过重。因为我的职业是牧师，他询问的第一个问题是：'教会执事中是不是有难缠的讨厌鬼？'

"他告诉我的情况，其实我早就心知肚明，就是因为我想要做的工作太多了。除了完成每周日早上的礼拜，以及教堂举行的各种宗教活动之外，我又同时担任着红十字会主席、同济会会长。每周还要主持两三次丧礼以及其他许多活动。

"我一直在紧张的精神压力下工作，从来没有时间休息，所以我也总是在紧张忙碌的状态下，一直紧绷神经，我已经到了无事发愁的地步。我经常胃痛，所以我很乐意接受医生建议的必需品——休假，并且逐渐减少工作负担。

"有一天我整理书桌时，忽然灵机一动。在清理一堆旧备忘条和一些早就作废了的讲道重点的小纪录片，我揉起那些纸片并丢进废纸篓里。突然，我停下跟自己说：'比尔，为什么不把那些忧愁的事也一起扔到废纸篓里

写给女人的忠告

呢?'突发这么个灵感,我就已经如释重负。从那以后,我为自己定下一条规则:凡是我力所不能的事,我都置若罔闻。

"后来某天,妻子洗碗时,我帮忙擦碗,我又有个灵感突发。妻子洗碗唱歌,我对自己说:'看!比尔!你太太真开心,我们结婚 18 年了,她都洗了 18 年的碗。如果当年结婚时,她就知道未来 18 年的婚姻生活她得洗那些碗,多得甚至连仓库都放不下,这种情况绝对会吓跑所有的女孩。'

"我又对自己说:'我妻子之所以没被洗碗吓跑,是因为她每次只洗当天的碗。'我发现了我的问题所在:我总是忧虑洗完今天的碗,还有明天的碗要洗,甚至那些还没弄脏的碗我都发起愁来。

"我觉得自己太笨了!每周日早上,站在布道台上,我教导别人怎样生活,自己却过着担心害怕的日子,真是羞愧。

"我不再胃痛、失眠,也不再被恐惧所困。昨天的问题我都不放在心上,明天的脏盘子我也不再担心。"

记得本书前面引用过一句话:"今天的忧虑和明天的忧愁是人们快乐生活的最大阻碍。"我们何必庸人自扰?日常生活中,大多数人的痛苦,都是因为自己看不开,放不下,一味地固执造成的。烦恼就犹如人心灵中的垃圾,有形的垃圾容易处理,无形的垃圾最难处理。清洁工每天把街道上的垃圾带走,街道于是就变得干净宽敞了。假如我们也每天清洁一下内心的无形的垃圾,那么我们的心灵也会变得愉悦和快乐了。正如哲学家尼采所说:"人啊,经常要与自己作战。"

第二十五章　幸福是一种心态

人生因挫折而精彩

　　生命并非总是一段快乐的、充满幸福的旅程，没有什么快乐可以永远地持续下去。生命的历程有时一片光明，有时会陷入黑暗；有时处于人生的巅峰，有时又会跌入低谷；有时春光灿烂，有时阴云密布。挫折是人生的旅途中必经的一站，如果我们在遇到挫折时不敢勇于面对，那么，挫折并不会因为你的逃避就不存在。真正成长起来的人会勇敢地接受生活的考验，在哪里跌倒，就在哪里爬起来。

　　1945 年 8 月，日本宣布无条件投降后的第二天，玛丽·布朗回到了她在加拿大渥太华的那个空荡荡的家。

　　几年前的一次车祸使玛丽·布朗的丈夫丢了性命，不久前，她的母亲也去世了，更大的灾难继而降临在她的头上，她说：

　　"街上锣鼓喧天、汽笛长鸣，人们在欢天喜地地庆祝胜利，我那唯一的孩子。唐纳德永远地离我而去了。我失去了丈夫和母亲，现在，我的儿子又没了，只有我一个人孤零零地活在这个世界上。参加完儿子的葬礼，我走进家门，那时，我感觉自己是如此的孤单，我的家荒如原野，寂静得像死了一样。悲伤和恐惧占据了我的心。我害怕一个人这样寂寞地活下去，我怕自己不能适应这种生活，内心的痛苦快把我逼得疯掉了，生活太让人难以承受了，"

　　布朗太太一天天地沉浸在悲伤、恐惧和孤独中。她感到痛苦而迷惘，她觉得不能接受发生在自己身边的一切。她说："我渐渐地明白，时间是最好的疗伤良药，可时间过得太慢了，我知道，我必须用工作填满我的时间。时光就这样一天天流逝，慢慢地，我发现自己又可以饶有兴致地生活了，我开始关心同事和朋友。一天早晨醒来后，我发现我已经走过了那段最难过的日子，我相信，未来会变得更好。以前，自己痛苦得不能自已，逃避现实所给我的一切，那是多么傻啊！时间让我明白，我不能改变一些注定的东西。这个过程是缓慢而漫长的，想要在短时间之内有所改变是不行的，人们都是一点一点地转变的。最重要的是，你决心要改变。现在，回首那段黑暗的日子，我感觉自己的人生就像一条与疾风暴雨搏斗后安全回归的船，终于能够停泊在一个宁静的港湾里。"

对于一个女性来说，像布朗太太那样的遭遇实在是太惨了，简直让人难以置信。这时，唯一能做的事就是勇敢地去面对现实。布朗太太强迫自己面对自己已经失去所有亲人这一残酷的现实，她让时间去治愈心灵上的伤口。当初，她拒绝面对现实，沉浸在痛苦中不能自拔，实际上是继续让痛苦伤害自己而不让时间去治疗她的心伤。

当意外撕开我们幸福的彩缎时，我们唯有依靠时间去修复，但是，我们必须让时间有机会来修复。当我们最初遭遇不幸时，仿佛全世界的钟表都停止了摆动，我们心在那一刻成了碎片。但我们必须别无选择地向前走，完成人生赋予我们的使命。当我们强迫自己继续前进的时候，在时光的流逝中，痛苦也会渐渐减轻。终究会有那么一天，当我们缅怀过去时，浮上心头的只是幸福和甜蜜，而不是令人心碎的回忆。只要我们勇敢地接受现实，拒绝沉浸在痛苦之中，那么，在我们自我疗伤时，时间会成为我们最好的帮手。

灾难不是生命意义的终止。有时，它只是催促我们马上行动的催化剂，它刺激着我们，让我们主动去改变自己的状况。智慧与灾难使我们走出人生的沼泽地。

印度教神祗柯瑞斯纳曾经说过：

"一个人是否真正幸福，不在于那些温和而客气的祝福，而是在于他是否勇敢地接受他所面临的苦难与不幸。"

我们的人格在这种勇敢面前得到了升华，我们的个性因此而丰富，此时，我们就像秋天那些结满了硕果的树木一样，那些深埋在我们内心深处的智力与能力被我们面临的困苦发掘出来。如果我们没有遭遇这些苦难，这些能力与智慧会在我们体内沉睡不醒。哈姆莱特说过："当你面临如海一样的苦难时，勇敢战胜它吧！"

有一个住在威斯康星州的妇女，她是她们社区的榜样，她不但从自己的痛苦中走了出来，还去安慰那些和她一样痛苦的人们。她的儿子是二战时的飞行员，23 岁时，在一次军事行动中光荣殉国了。作为母亲，她痛苦得不能自拔，但她说，她并不需要别人的同情。她说：

"我认识很多母亲，她们从不知道什么叫幸福。她们的儿子不是患有脑瘫病，就是患有精神病，身体残疾，不能报效祖国。还有许多女人盼望自己能有一个儿子，可就是盼不到。我的儿子非常出色，23 年来，我和他一起度过了这些幸福而快乐的日子。在我接下来的人生中，对他的美好回忆将永远伴随着我。所以，我必须服从上帝安排，现在，我所能做的就是让那些在军中服役的儿子们不必担心他们的母亲。"

她正是这样做的。她不懈地工作着，去慰问军人的家属或者去看望那些战士。作为一个拥有成熟人格的母亲，她将自己的所有精力都放在帮助别人的事情中去。她如此忙碌，以至于没有更多时间品尝自己的痛苦。

拒绝长大的人经常会就这样选择退出，他会像阿喀留斯一样，一遇见不如意的事，就躲进帐篷里自己生闷气。那些任性的小孩一发现自己也许会输，就不想再参加比赛。具有成熟人格的人则不同，就算面对再多的困难，他还是会选择迎难而上。

康涅狄格州的梅耶·西蒙曾经告诉过我一个故事，那是一个男孩不屈服于命运的故事。

西蒙读大学时有一位叫杰克的室友，他是一个很讨人喜欢的男孩，痴迷戏剧。西蒙是这么形容他的：杰克魅力十足，富有活力，他的血液也许有化妆油呢！在大学里，杰克参与了每个舞台剧的幕后工作，有时还客串一下。在每年的晚会上，他都是重要的导演之一，他还是乐队里的鼓手。大学毕业后，他在一个电视节目制作中心工作，后来，他又成了一名独立制片人。他把他的心和灵魂都奉献给了电视事业，好像他天生就是来做这些事的。

一天，一个朋友给西蒙打来电话说，杰克去世了。原来，杰克患上了不治之症，这种病十分罕见。起初，他就知道自己患了这种不治之症，甚至在

上大学时，他就已经明白他至多能再活几年。西蒙回忆道："我经常能回想起杰克那热情的笑容，他对工作的热爱、他永不服输的精神都让我意识到一种精神，一种不到最后一刻决不认输的精神！"

杰克的那种对生命的热情激励着每一个认识他的人。面对命运带给他的不幸，他选择了勇敢、积极地面对生活。

在我的班里有一位学生叫麦克，他和杰克一样，也是一个勇敢的人。

1948 年，21 岁的麦克参加了阿以之间的那场战争。麦克的眼睛在一次流血冲突中受伤，最后双目失明。他忍着阵阵的剧痛，脸上却始终挂着笑容。他跟其他伤员们开着玩笑，把自己的烟糖跟兄弟们一起分享。

医生绞尽脑汁地想帮麦克恢复视力。一天早晨，他的主治医生走进了麦克的房间，他想跟他谈谈。

医生说："你知道，麦克，一直以来，我都认为医生应该告诉病人他们真实的病情，我不能欺骗病人。麦克，你也许再也看不见了。"

房间寂静得吓人，时间也仿佛因此而停止了。接下来，麦克轻声地说：

"医生，我知道会有这样的结果，从一开始，我就猜到会是这样，但是，我还是要向您表达我深深的感激之情。"

过了几分钟，麦克对他的朋友说：

"既然如此，我也没什么好绝望的。虽然我看不见，可我还能听得见，还可以说话。我身体好，行动没有任何问题，我想政府会资助我学一门手艺，那我就可以自力更生了。我会让自己重新开始的。"

光明就在这位盲人士兵的心里。他很珍惜地接受人们对他的祝福，来不及去抱怨他所面临的不幸，面对人生的挫折，他勇敢地接受了命运对他的考验。无论是你，是我，还是我们身边的每一个人，都可能在人生的旅途中面临着这样的考验。

一个老问题已经被人问了无数遍："为什么偏偏是我？"对于这个问题，只有一个答案："为什么就不能是你？"

上帝在这方面并不对谁好一些。人们在享受人生的快乐时，也要承受人生所带来的痛苦。生活中的磨难是不偏不倚的，人们都有同样的机会遇见它。不管是君主还是乞丐，诗人还是农民，当人生的磨难降临在他们头上的时候，他们所承受的痛苦是一样的。只有年轻人或者拒绝长大的人会对此感到痛不欲生，对磨难恨之入骨，因为他们不明白，磨难只是人生的一部分，它和出生、死亡、纳税一样寻常。

活在当下，活得自在

1871 年的春天，一位年轻人随意拾起一本书，仅读了 21 个字，他的一生就因此改变了。作为一名加拿大蒙特利尔医院的医科学生，他正担心着如何通过期末考试，担心未来何去何从，如何营业谋生。

就是 1871 年他读到的那 21 个字，使这名医学生成为了他那代人中杰出的名医。他后来创办了约翰霍普希金斯学院，成为了牛津大学钦定的医学教授——大英帝国与医界杰出人士的最高荣誉。他是英国国王授予的爵士。在他逝去之后，他的故事用了 1466 页的卷本才讲完。

他的名字是威廉·奥斯勒爵士。1871 年春，他所看到的那 21 字箴言，也就是苏格兰史学家卡莱尔所说的，"我们的首要任务，并非触及遥远的地方，而是处理眼前的工作"。

42 年后，在一个郁金香盛开的柔和春夜，奥斯勒爵士在校园里向耶鲁大学的学生发表演说，像他这样的同任四所大学教授，又是畅销书的作者，大家会认为他理所当然地天赋超常，可他却说这不是真的。他说他最体己的朋友知道，其实他资质平庸。

那么，他成功的秘诀到底是什么呢？他认为完全是取决于所谓的"活在今天里"。这是什么意思呢？在耶鲁演说前的几个月，奥斯勒搭乘一艘轮船横渡大西洋，他注意船长按下一个按钮，船上所有的舱门立即封闭，彼此隔绝防水。奥斯勒爵士对学生们说："你们在座的每一位，拥有一副比轮船精密得多的组织构成，而且航程更长久。我要说的是，你们要学会像控制机器一样控制自己的每一部分，以保证在航程中的安全。站在舰桥上，看看隔舱壁是否工作正常。按下电钮，注意聆听，你生活的各个层面都关上铁门，与过去隔绝——已逝的过去。再按下一个钮，关上金属门，与未来隔绝——未知的未来。然后你就安全了，至少今天是安全的！……与过去断绝！让该死

写给女人的忠告

的过去见鬼去吧……明天的重担加上昨日的负荷，都要在今天承受，再坚强的人也会被压垮。把未来也忘记吧，就像与过去断绝那样……今天就是未来……没有所谓的明天，人类的救赎就是趁现在。浪费精力，头脑紧张，精神抑郁，为未来担忧，这些只会拖垮一个人……紧闭你的舱门吧！练习养成活在今天空气里的习惯吧！"

你以为奥斯勒的意思是我们不用为明天努力了？不！根本不是那个意思。他的演说中确实提到，为明天所能做的最佳准备，就是将所有的智慧、热忱积极投注于今天的工作中。这是唯一能为未来做的准备工作。

奥斯勒劝导耶鲁的学生以耶稣的祷词作为每天的开始："请赐予我们今天的粮食吧。"

记住这句祷词，只祈求得到今天的粮食，这并不是要抱怨我们昨天剩的面包，也不是说"噢！天啊！最近田地干旱，可能又有旱灾了——明年我的面包可从哪儿来呀？说不定我失业呢。噢！主啊！到时候我吃什么呢？"

是的！这句话教我们学会祈求得到今天的粮食，今天的面包可能是你能吃到的唯一的面包。

多年前，有位一文不值的哲人游荡在一片荒凉荆棘的乡村路上，那里的人谋生艰难。有一天他被一群人围在小山坡上，便作了一篇流传于后世演说词："不要去想明天，明天的事明天再想。"

很多人没遵守耶稣的这句教导："不要去想明天的事。"他们认为这太迷信了，带有东方神秘主义的色彩。"我必须为明天着想。"他们说，"我得为全家人投保，我得考虑为养老存钱，我必须得提前准备好。"

是啊！准备当然是必需的！耶稣的那句话是 300 年前詹姆士王朝时期翻译的，对现代人来说，它的意思不仅限于此。事实上，它现在意味的是："不要为明天焦虑。"

无论如何还是要为明天审慎计划一番，但是不要忧虑。

每天都是一个新的开始

第二次世界大战时，我们的军事领袖们为明天做准备，但是他们忙得没时间担忧。"我已派出了最精干的人员与最精良的装备。"海军上将金曾指挥了美国海战，他说："而且还配备了最精明的智囊团，那都是我能做的。"

金继续说："如果舰船沉没了，我就不能捞起它了，如果它注定要沉没，我也不能阻止。我可以利用时间更好地解决明天的问题，而不是处理昨天的事。再说，如果为这些事务操心，那我准折寿。"

无论战时或是和平时，思维方式优劣主要的差别是，好的思维方式利用前因处理后果，提出逻辑性强而有建设性的计划；坏的思维方式却常导致压力与精神崩溃。

最近我有幸采访了世界的报业巨头之一的纽约时报出版者阿瑟·海丝·索尔兹伯格（1935～1961）。他告诉我，当一次大战的战火横扫欧洲时，他惊慌恐惧，忧虑未来，整夜难眠。他常半夜起来，拿着画布与颜料，对着镜子画自画像。他对画画并不精通，可他还是画了，只是想借此消忧。索尔兹伯格跟我说，他一直未能从画画中把忧虑赶走，更没寻求到精神上的平和，直到一天他看到一段教堂的赞美诗：

恳请祥光引我前行，

照亮我的前程；

不求看清远方，

但求眼前清醒。

就在同时，一位在欧洲前线服役的年轻人也得到了同样的教训。他是来自美国马里兰州巴尔的摩市的泰德，忧虑已使他精神衰弱。

"1945年春，我成天忧虑，终于得了医生称为'横结肠痉挛症'的毛病——这是种产生扩散性疼痛的毛病。要不是战争及时结束，我大概就快崩溃了。"

"我几乎整个人处于虚脱状态，我隶属步兵九十四师死亡登记处。我的工作是记录作战死亡、失踪及入院治疗的士兵。我也帮忙挖掘草堆中随意埋在战场上盟国及敌国士兵的尸体。我还要收集这些士兵的遗物，送给他们的父母或者亲属，因为这些物品对他们而言是极珍贵的宝物。我总是担心出差错，造成尴尬的局面。我真担心自己撑不下去了。我怕自己再也没有机会拥抱我的独子——他已16个月大，而我还从来没有看过他。我心力交瘁以至于体重连续下降 34 磅。我总是心不在焉，看看自己的手，完全是骨瘦如柴。想到可能不能活着回去，我就精神恍惚，像孩子似的抽泣，甚至一独处就忍不住流泪。从布格战争开始的那段时期，我常这样啜泣，那时候我几乎快放弃做一个正常人的希望了。

"我终于住进了陆军诊疗站，一位军医给了改变我一生的忠告。进行了全身检查后，我被告知毛病全都出在精神上。'泰德'，他说，'我要你把人生想成一个沙漏，你知道沙漏堆满了成千上万的沙粒，它们永远能一粒一粒缓慢平静地通过中间的瓶颈，你我都无法让一粒以上的沙粒通过瓶颈。每一个人都是沙漏。从每天早晨开始，我们都有数不尽该办的事，如果不一件一件按顺序处理它们，像一粒粒沙通过沙漏颈，那样就可能对自己的生理或心理系统造成伤害。

"从那之后，我就谨记于心并每天练习着医生教的这种处世哲学。'一次一粒沙，一次完成一个任务。'那段时期，这话挽救了我的身心，甚至对我目前从事的职业也大有帮助。目前我是公关广告部主任，我发现工作与战争期间的问题类似，工作繁重却时间紧迫，我们存货不够，要填新表格、安排订新货事宜、更改地址、开张或打烊，等等。为了避免紧张，我谨记医嘱：一次一粒沙，一次完成一个任务。反复默记在心，我可以提高效率，完成工作，不至于像战时般凄惨。"

目前医院内有一半以上的病人，是因为精神问题引起的疾病，过去的负担和明日的担忧都压在他们的身上和心里，使他们透不过气来。其实大多数人根本不必住院，本该可以过着快乐有意义的生活，只要他们相信耶稣的话："不要为明天担忧。"或是奥斯勒爵士说的"活在今天的空气里"。

你我同站在过去与永恒未来的交会点上。我们不可能活在过去与未来的任何一种永恒中——即使一瞬间也不可能。但是，真要这样做的话，我们会身心俱损。还是让我们充分运用时间吧：从现在到今晚上床。"如果只是一天，不论多重的负担，人都能承受。"美国政治家史蒂文森说："每个人都能做好自己的工作，只要努力一天就够了。只在这一天内，每个人都能活得甜蜜，有恒心、仁爱、纯真。其实这些也就是生命的真谛。"

就是因为没有认识到这一点，席尔兹太太陷入绝望，几乎自杀。她给我讲了她的经历：

"1937 年，我丈夫去世了，我深感低落，而且几乎分文没有。我给过去的老板写了一封信，就是堪萨斯城的罗切——福乐公司，希望能重新工作，我曾经的工作是以向乡镇的学校开董事会推荐世界百科全书为生。我丈夫生病时，就把车卖了，现在总算东拼西凑，以分期付款方式买了一辆旧车，再度从事推销工作。

"我以为这样到处销售书籍会消除我的沮丧，没想到独自开车和独自吃饭几乎难以维持生活。有些城区并不富裕，买不起书，所以我连小额的汽车分期付款也付不起了。

"1938 年的春天，我到密苏里州的小镇去，那里的学校很穷，路也崎岖难行。我孤独、寂寞，都没有勇气活下去了，甚至想自杀。成功好像遥不可及。我没理由活下去了。每天早上我都疲惫不堪，无心面对生活，什么事我都担心，我担心缴不出分期付款，担忧付不起房租，担心我没有充足的粮食。我还害怕一旦生病，我连看医生的钱都没有。唯一能让我活下去的理由就是：要是我死了，那我的姐姐肯定会非常难受，而且我还没有足够的丧葬费料理自己的后事。

"直到有一天，我从消沉的深渊中摆脱出来，给了我继续生存的勇气。对那篇文章中那激励我的词句，我永远心存感激。这句话是：'智者视每日为新生'，我把这句话打印出来并贴在车窗上，我开车的时候就总能看到它。我发现只生存在一天之内并不很艰难，我学习忘记昨天，也不想明天会怎样。每天早晨我对自己说：'今天是我新生活的开始。'

"我终于成功克服了对孤独的恐惧，对奢望的担忧。我现在对生活充满热情和关爱，而且相当快乐，也很成功。我知道现在我再也不会恐惧了，无视生活对我的捉弄。现在我还知道我不用再害怕未来的生活。我也知道生活在一天之内就行了——因为'智者视每日为新生。'"

猜猜看谁写了下面的句子：

能掌握今天的人，

永享今日之乐，

别管明天多糟糕，

写给女人的忠告

只因今天我在生活。

这些话听起来挺时髦的，足吧？其实这是罗马诗人荷瑞斯在耶稣诞生前30年写出来的。

我知道人性中最悲哀的一点是：几乎我们都希望延长生命。我们总是梦想看看天边地平线那里的神奇玫瑰园，却忽视了眼前盛开在花园里的朵朵娇艳的玫瑰。

我们为何做这样的蠢人呢？

斯蒂芬·李考克写道："我们短暂的人生多奇怪啊！小孩常说：'等我长成大孩子。'可那是什么啊？大孩子说：'当我成年了。'成年后，他说：'当我结婚时！'可结了婚然后又怎样呢？到时候想法又变成等我退休吧。再后来，等退休来临之际，当他回顾前生图景；一股寒意顿时扫过，因为他完全错过了人生，什么都没留下。我们总是迟迟钝钝地发现，生活就存在于每天的每个小时中，可悔之晚矣。"

底特律市有一位伊万先生，在他明白"生活就存在于每天的每个小时中"之前，差点为忧虑而命丧九泉。出身贫困的爱德华·伊万赚到的第一桶金是卖报纸得到的。然后在杂货店当店员。后来，为了养活七口人，他找到了图书馆助理的工作。待遇虽菲薄，他却不敢辞职。8年过去了，他才鼓足勇气自己创业。可一经开业，他靠借来的55美元原始资本，创出了每年2万美元的收益。然而，灾难却接踵而至，致命的灾难到来了。他为朋友担保，数额相当大，朋友却宣告破产。

屋漏偏逢连阴雨，他存储资金的银行又宣告倒闭。他因此不但分文不剩，还欠了16000美元的债务。他的精神都快无法支撑下去了。"我寝食难安，"他说，"我得了奇怪的病，除了担忧还是担忧。一天，我沿着大街闲逛，竟虚弱得晕倒在路旁。我再也走不了了，我躺在床上，身体发烫，就连躺着都难受了，我的身体日渐衰弱。最后，为我诊治的医生说我只能再多活两星期了，我震惊了，准备好了遗嘱，然后就躺在床上等待生命的终止。现在再忧虑和挣扎也没用了。我最终放弃了一切，完全放松下来，然后就睡觉了。几周来，我没有睡过一小时的安稳觉；但现在我平静地等待死亡的光临，放下一切难题，睡得安稳而踏实，就像个刚出生的婴儿。我歇斯底里的不断的担忧消失了。我也逐渐胃口大开，体重开始增加。

"几周之后，我就能拄着拐杖走路。6 个礼拜后，我又能回去工作了。我曾年收入 2 万美元，但我现在能找到每周 30 美元的工作，就非常高兴了。我的工作是推销汽车挡板，就是轮船运送汽车时放在轮子后面的那种挡板。我上了一堂有益的课。不再去担忧什么——再也不为过去发生的事情后悔——再也不忧虑未来。我集中所有时间和精力以及投入所有热情去销售这些挡板。"

爱德华·伊万的事业发展迅速，几年之内，他就成了公司的董事长。他的公司——伊万生产公司——已经在纽约股票交易所上市几年了。在爱德华 1945 年去世的时候，他是美国公认的最积极进取的商人。如果乘飞机去格陵兰岛，你可能会降落在伊万飞机场——这是为纪念他所取得的荣誉而命名的。故事的关键是：爱德华·伊万要是没有摆脱忧虑的困扰，没有学会生活在今天的空气里，那他是不可能取得如此成就的。

在圣母诞生前的 500 年里，希腊哲学家赫里克利特斯就教导他的学生："万物善变，唯真理不变。"他说："你不可能两次蹚同一条河的水。"河水时刻都在变；所以人不能同时跨两次。生活是不断变化的。而只有今天才是确定的。为什么要把阳春三月的美妙生活浪费在解决未来的问题上呢？未来总是不停地变化，没人能准确地预言未来。

古罗马有句话说得好，实际上是两句妙语："享受每一天。"或者"抓住每一天。"是的！抓住今天，尽自己的努力去利用今天。

开阔心胸，享受生活

在 33 岁那年，约翰·洛克菲勒赚到了人生中的第一个 100 万，43 岁时，他建立了一个全世界规模最大的垄断企业——斯丹达石油公司。那么 53 岁时，他有了哪些成就呢？不幸的是，在 53 岁他就被忧虑俘虏了。整日的忧心忡忡与巨大的精神压力早已使他的健康衰退。为他写传记的作者温格勒说，在他 53 岁时，简直就像个表情麻木、手脚僵硬的"木乃伊"。

53 岁时，洛克菲勒的这种病使他的头发不断脱落，即使眼睫毛也无法留下，最后只剩下寥落的几根眉毛。温格勒说："他的健康状况糟糕极了，有段时间他只能依靠人奶维持生命。"医生们诊断他患了一种神经性脱发症，他后来不得不戴顶帽子。不久，他订作了一套价值500美元的假发，终生都没有再脱下来过。

洛克菲勒曾经身体健壮，他在农场长大，肩膀宽阔，走起路来箭步如飞。

可是，在多数人岁月的巅峰阶段，即53岁时，他却已肩膀佝偻，步履蹒跚。另一位传记作家说："当他看见镜子里的人时，看到的是一位衰弱的老人。永不停歇地工作、不断地操心忧愁，体力严重透支，失眠，缺乏休息及运动，终于使他得到惨痛的教训。作为世界上顶级的富翁，他却只能靠贫民都难以下咽的简单食物为生。尽管他每周收入高达上百万美元，可他每周能吃下的食物，却连两块钱都用不了。医生只允许他喝酸奶、吃几块苏打饼干。他面黄肌瘦，骨瘦如柴，毫无健康之色。花钱只能使他买到最好的医疗设备或条件，勉强维持生命，不至于53岁就去世。"

为什么会这样？完全是因为忧虑过度、时常惊恐、压力太重及精神紧张。其实是他把自己逼到了绝路的边缘。他永不停歇，一心一意地追求利润最大化。据他的亲信表示，即使他赚了大钱，也不过是把帽子扔到地板上，手舞足蹈一阵。可是如果赔了大钱，他就会大病一场。有一次，有一批价值4万美元的谷物需要取道大湖区水路运送，需要150美元保险费，他认为费用太高了！因此没有为货物投保。可是当晚伊利湖天气报告说会有风暴，洛克菲勒担忧货物受损，次日一早，一跨进办公室，他的合伙人就发现洛克菲勒正在踱来踱去。

他叫道："快点！看看我们现在投保是否来得及。"合伙人直奔城里去联系保险公司，可返回办公室时，他发现洛克菲勒更闷闷不乐了。因为正好电报发到，货物平安抵达，并未受损！可是洛克菲勒得知后更生气了，因为他们刚浪费了150美元投保。后来，他自己因此折腾病了，只得回家卧床休息。他的生意每年营业额为50万美元，想想吧！他却能为了150美元而病倒在床。

他无暇消遣或休闲，除了赚钱及在主日学校任教，他留不出时间做其他任何事。他的合作伙伴贾德纳与另外三个朋友合买了一艘游艇，才用了2000美元，洛克菲勒不但极力反对，而且拒绝开艇出游。贾德纳看到洛克菲勒周末下午不休息，还在公司工作，就邀请他说："来吧！约翰，一起出海航行会对你大有好处，忘掉烦人的生意吧！找点乐趣嘛！"洛克菲勒却警告说："乔治·贾德纳，你过得太奢侈了，你在银行的信用因此受到损害，连我的信誉也受了牵累，你这样不顾后果，我们的生意怎能兴旺呢。我绝不会乘坐你的游艇，甚至连看都懒得看。"结果，周末他仍然在办公室待了整个下午。

缺乏幽默感，只顾目前利益，是洛克菲勒的工作状态写照。几年后，他说："在上床前，我永远提醒自己，我的成就可能转眼变成幻影。"

即使轻松坐拥百万资产，却在随时可能失去财富的忧虑状态下生活。忧虑损害了他的健康，这样说一点都不过分。他从不利用空闲时间享受任何娱乐，从来没有去戏院看过戏，从来不玩牌，也从不热心参加任何宴会。马克·汉纳说过："这人真是一个守财奴。"

在俄亥俄州克里夫兰市时，洛克菲勒曾有一次向邻居发出慨叹说他"真希望能被人爱"，可是他那么薄情寡义与多疑善妒，所以没多少人会真心喜欢他。另一位财团巨头摩根也拒绝与洛克菲勒在生意上有所往来，因为"我不喜欢这人，也不想跟他扯上任何关系"。洛克菲勒的亲弟弟对他怨恨至极，甚至把自己孩子的遗骨转移出家族墓地。他的弟弟说："我可不愿意让我的后代埋葬在受约翰控制的土地里。"洛克菲勒的下属与合作伙伴都对他又敬又怕，可笑的是他也同样害怕他们，洛克菲勒担心他们把公司的秘密向外界泄露。他对人从来不存半点信任之心，有一次他与一位石油提炼专家秘密签了10年的合约，要求那位专家承诺不泄露这件事，甚至不让他的妻子知道。他常说的口头禅就是："闭嘴，好好干活！"

在宾夕法尼亚州油田上，约翰·洛克菲勒是最令人厌恶的人。曾被他无情击败的商业对手，无人不想将他碎尸万段。针对他个人的威胁信如雪片般飞入办公室，他只得雇佣保镖防止被人暗杀。他很鄙视这些仇恨的人和事，有一次还解嘲说："攻击我、诅咒我！你们还是没办法对付我！"但他毕竟是个普通人，无法忍受别人不断的憎恨，也无法继续承受忧虑的重压。他的健康逐渐衰退，对这些发自身体本身的疾患，他感到极为茫然与不知所措。开

写给女人的忠告

始时，他私下秘密处理偶尔的小毛病，希望把病痛尽早解决掉。可是失眠、消化困难及脱发，这些表面上的症状已无法掩饰。最后，医生告诉他一个不幸的消息，他可以选择财富与忧愁，也可以选择他的寿命长短。医生警告他：再不退休，只有绝路一条。于是他退休了，可惜退休前，他的身体已被忧虑、贪婪与恐惧摧损。当美国最著名的传记女作家艾达·塔贝尔采访他时，真是吃惊不小，她写道："他的脸饱经风霜岁月蚕食，真是我所见过最衰老的人。"衰老？怎么会呢？洛克菲勒比麦克阿瑟将军在菲律宾作战时，还要年轻几岁呢！可他的健康状况差极了，艾达真是怜悯他。当时艾达正着手写一部著作以讨伐斯丹达石油公司，她没有理由同情这位一手创建起这个超级石油企业的首脑，然而当她看见洛克菲勒传授主日布道时，那种迫切寻求他人支持的无助感，她说："使我心中涌起一种没有料到的感觉，而且感觉强烈，那就是我忽然为他难过，我明白孤寂的惶恐。"

就在医生尽力挽救洛克菲勒的生命时，他们要洛克菲勒遵守三条原则，从此他一生都牢牢谨记着这三项原则：

其一，抛弃忧虑，在任何情况下绝不要为任何事发愁。

其二，心情轻松，在户外多做一些和缓的运动。

其三，注意饮食，每餐只吃七成饱。

洛克菲勒谨遵医嘱，因此捡回一条老命。他退休了，学着打高尔夫球，做些手工园艺，与邻居聊天闲谈、玩牌，甚至唱歌。

他还做了其他的事，温格勒说："在夜晚失眠的时候，洛克菲勒有足够的时间反思自己。"他开始为别人着想。有生以来他终于不再想着如何赚钱，转而开始思考如何用钱为大家换来幸福。总之，洛克菲勒开始散播他的百万财富。有时，这并不是一件容易的事。他为教会捐钱时，引起全国神职人员的抗议，并且称那些钱为"赃款"，不过他还是继续慈善活动。他听说密西根湖畔的一个学院，因抵押贷款支付困难，面临停办的厄运。他投入了几百万元，帮忙把这所学院建成了世界闻名的芝加哥大学。他也帮助黑人，为黑人大学捐资。他甚至为扑灭钩虫支援，当钩虫权威史专家泰尔声称治疗一个病人需50美分时，希望有人能捐出巨额资金，帮助捕杀在美国南方肆虐的钩虫时，洛克菲勒带头捐出百万美元，拯救南方受害的群众。后来他更慷慨了，成立了有益于全世界的洛克菲勒基金会，旨在对抗世界范围内疾病与消除文盲。

谈到这一段，我充满感激之情，因为洛克菲勒基金会曾经有恩于我。我记得很清楚，那是 1932 年，北京流行霍乱时我正在中国旅行，中国大量农民因此死去。幸运的是，我们能向洛克菲勒医学中心申请疫苗注射，使自己幸免于难。中国人也跟外国人一样，享有同样获取求助的权利与资格。那是我第一次真正感受到洛克菲勒的财富能为全世界造福。

洛克菲勒基金会的设立是史无前例的，可说是前所未有的。洛克菲勒明白，世界各地的有识之士都在为许多有意义的活动作贡献。许多研究项目随时都在进行中，有人成立大学，有许多医生正致力于与各种病魔作战斗，可因经费缺乏而壮志难酬的情况太常见了。于是他决心帮助这些有识之士，向他们提供经费，而不是收购项目。今天，人们受益于盘尼西林及其他数十种用洛克菲勒基金经费而完成的发明，我们都应该为此真诚地感谢洛克菲勒。从前因患脑膜炎的儿童的死亡率曾高达 4/5，现在我们的子女不再受到脑膜炎的威胁，这就是洛克菲勒的功劳。由于洛克菲勒的资助，我们才能对肆虐全球的疾病如肺结核、疟疾、流行性感冒与白喉进行有力对抗。

后来洛克菲勒怎样呢？当他行善事，散尽无数财富之后，心灵是否回归平和宁静了呢？答案是肯定的，他终于感到真正的幸福与满足。有人说："如果大家对洛克菲勒的印象还停留在斯丹达石油公司的时代，那你就错了。"

洛克菲勒心胸开阔，生活幸福了，他彻底地转变成无忧无虑的人了。而且，当他遭受事业的失败挫折时，他也不会因此牺牲一晚安眠之夜。

这个重击是他一手创立的斯丹达石油公司被罚款，这是有史以来最巨额的一笔罚款。美国政府裁定斯丹达石油公司垄断，违反了美国《反托拉斯法》。这场诉讼纠缠了 5 年，全美最杰出的律师界英才都加入了这场有史以来最持久的法庭争辩，但最终还是斯丹达石油公司败诉了。

法官宣布这一判决时，律师都担心洛克菲勒难以承受，显然他们并不了解他的变化。

那天晚上，一位律师打电话通知洛克菲勒这个判决，尽可能语气镇静地叙述这个败诉判决，接着他讲出心中的顾虑："洛克菲勒先生，希望你不要因为这个判决难过，祝您今晚睡个好觉。"

洛克菲勒立即答道："约翰逊先生，别担心，我会好好睡觉的。你放心吧，晚安！"

这位曾为 150 美元而失眠的人居然说出这样的话！洛克菲勒用了半生时间才学会如何克服忧虑。53 岁时，他差点因此丧命，最后却能活到 98 岁高寿。

心也可以缔造天堂

斯多克学派大师爱匹克塔曾经警告世人：摆脱错误的心理欲念，比割除身体的毒瘤更重要。

19 世纪前爱匹克塔说了这话，不过现代医学还是支持他的观点。罗宾逊医生声明，住进霍普金森医院的病人中有 4/5 是受到情绪及各种压力的困扰，功能失调之类的病更受精神因素影响严重。

"伤害人的并非客观实际本身，而是他对情况的看法。"法国哲学家蒙田把此句话奉为一生的格言。而对事件的看法完全依赖于我们自己。

我的意思是什么呢？当你面对困扰，情绪不安或神经紧绷，我依然会说，你可以改变你的心态嘛！我还可以建议你应该怎么做，也许要费一番力气，其实秘诀很简单。

威廉·詹姆斯是实用心理学的宗师，经过观察他曾这样评述："行动似乎随着感觉走，其实行动与感觉是同时进行的，凭意志控制行动，也就可以间接控制感觉。"

换句话说，虽然人们不能一下定决心，情绪就立即改变，但是大家完全可以做到的是改变行动。当我们改变行为时，感觉就能自动改变。

威廉的解释是："如果你愁眉不展，那么能立刻变开心的唯一方法是感觉开心地坐直身体，并假装很开心的样子去说话办事。"

他这简单的"小把戏"真有效吗？去试试看吧！先在脸上绽放出一个真正的微笑，双肩放松，深吸一口气，然后唱首歌。如果不会唱，就吹口哨，要是不会吹口哨就哼个曲调。用不了多久，你就会明白威廉·詹姆斯的意思——如果你的行为表现出的是快乐，就不可能总是在心理上保持忧郁。

这一小小的道理绝对能使我们的人生焕发生机活力。我认识一位加州女士，如果她明白这点，那么她的郁闷心情一天之内就能烟消云散。她老了，还是位寡妇——这种情况确实有些凄凉——她还能表示出欢乐的心情吗？心情当然好不了，如果你向她问好，她会说："呃，还不错吧！"但她无奈的表情及冷淡的声音分明表示着："哎！天哪！你没见我这么落魄吗?"她显然认为，你生活得那么快乐，还要在她的面前炫耀。其实，比她不幸的女人多着呢：她故去的丈夫遗留的保险金她一辈子也花不完，她已成婚，而且独立的子女也给她安排了一个家。但是笑容很少光顾她的面颊，她埋怨三位女婿自私挑剔——虽然总在人家家中访问数月之久。她还埋怨她的女儿抠门，一毛不拔——可她自己更是铁公鸡，守财奴一样分文不花，"我必须用作养老！"她真是苛求甚严。对自己，对家人一定要这样吗？太遗憾了——只要她愿意改变，她完全能让自己从凄凉、悲惨心情的老妇转变为家中受尊敬爱戴的慈祥长辈。改变，只需要从一个简单易行的行为开始，即脸上挂满笑容，尽量多付出一点仁爱之心——而不是使自己陷于痛苦圈圈中。

盎格特先生因精于此道而快乐至今。10 年前盎格特先生得了猩红热，康复后，却被告知得了肾炎。他走遍天南海北，遍访各种名医，偏方也尝试不少，但病情始终不见好转。

之后，一种并发症又困扰了他——血压突然上升，经医生测量后发现，他的血压上升到214。当时情况严重，医生让他最好预先准备料理后事。

他说："回到家，确认我的保险都已支付，接着向所有人承认我曾经的过错，之后陷入消沉绝望的情绪中。这种气氛使大家心里都不痛快。太太及所有家人愁容满面，我自己也无法自拔。过了一个星期哀怨凄凉的日子，我对自己说：'现在这样可真傻！要是一年内都活着，何不快快乐乐度过今朝呢?'于是我全身放松，微笑面对每一个人，表现得一切正常。其实这些都是假装出来的，但我一直让自己尽量表现开心的一面，结果不但使我家人受益，也极大地帮助自己恢复了健康。

"这样做之后我发现，我开始感觉良好，就像我假装得一样好，情况越

写给女人的忠告

来越奇妙，直到今天——我的死期早已过了数月。我不仅生活开心、身体健康，连血压也下降了！但有一件事我能确定：如果我一直抱着必死之心，医生的预期结果一定会发生。然而我让自己的身体有机会自我康复，完全是因为心态的转变。"

让我来提个问题：假如心中充满积极乐观的想法，就能挽救个人的生命，又何必为一点鸡毛小事去费神劳心呢？假如心存欢乐就能创造快乐，又何必使自己和其他人难受呢？

几年前我读过一部简本书，对我的人生影响深远。那是詹姆斯·兰艾伦所著《思想的力量》，我现在摘录其中的一段：

人如果改变自己的世界观和人生观，所有的人和事对他就别有意义，别有风情……如果一个人的想法转变维度，他会惊奇地发现生活中的状况也会随之急转而变。每人都潜藏着一份神奇的力量，那就是深藏于内心中的个性自我……所有的人都是自己个性思想的产物……人自己的思想境界升华了，才能上进，克服杂念并完成一些伟大的事。拒绝升华思想的人只能停滞在悲惨的境地。

创世纪期间，上帝赋予人类统治世界的权力，多么慷慨的恩赐啊！我却对如此巨大的权力毫无兴趣。我只希望掌握我自己——掌握自己的思想，驱除自己的恐惧，掌控自我的心智与精神。最奇妙的是，我知道掌握自我可以到无限高的境界，因为无论何时，我控制自己的行为，就能控制自己制造出的反响。

千万别忘了威廉·詹姆斯的格言："只要将一个人的心态由恐惧转化为奋斗的力量，就能克服任何障碍。"

让我们为快乐奋斗！

让我们为快乐奋斗，遵循下列这份每日计划，接受下面这些建议。我认为这个很激励人的志气，因此送出了数百份建议计划书。只要大家能遵守规则，每日照做，忧虑就会弃你而逃，生活的乐趣也会相对增加。

只为今天。

（1）今天我一定要过得开心。林肯说："多数人都拥有决定自己快乐的能力。"快乐源于人的内心，它并非来自外界。

（2）今天我要学会调整自己，而非徒劳地改变世界来适应我。我要让自己适应家庭、事业，抓住快乐的机会。

（3）今天我要料理好自己的身体。我要锻炼、时刻关怀自己、补充营养、绝不放纵，使它成为我的心灵圣堂。

（4）今天我要充实我的心灵。我要学习，不让心灵空虚，我将集中精力、运用思想，为此付出努力。

（5）今天我锻炼心智，要做三点：首先为别人做一件好事不留名；然后至少拒绝两件我不想做的事，正如威廉·詹姆斯所说，为了锻炼心智，不致怠惰。

威廉·詹姆斯

（6）今天我要表现欢跃的一面。我要使自己看上去快乐，衣着合体，言语优雅，举止得当，多赞赏，少批评，对任何事不挑剔，也不苛责别人。

（7）我要为今天全身心地投入生活，对人生不作无畏的忧虑。每天12小时都工作，固然很好，如果想到一世都如此，我真被吓得够呛。

（8）今天我要制订计划。计划每小时的任务。也许不能完全履行，但我必须计划，为了避免仓促或犹豫不决。

（9）要给今天预留半小时放松时间。用这半小时祈祷，设想自己的人生目标。

（10）今天我将所向无畏，我尤其不怕更快乐，更享受美好人生；也不怕努力去爱人，相信我付出的爱定有回报。

想要培养更安宁快乐的心态，重要的一条原则是：

"想得开心、做得开心，你就一定能开心。"

第二十六章　做自己和别人的天使

人是自己思想的产物

人有思想，这是人的天赋。正如爱默生所言："人是思想的产物。"思想决定一生，说明思想是人生的最重要的内容，或者说是人生最核心的组成部分。

拿销售工作来说，普通的销售员会想：几乎每个客户都会有被拒绝的情况，销售真难做，我无法做到快乐销售。而优秀的销售员却这样想：其实，任何一项工作都有它的特性，无好坏之分，经常遭受拒绝，是销售工作的特性，即选择了就应当无条件接受它，喜欢它，包括它的优点和缺憾，唯如此才能找到工作的快乐。

普通的销售员会想：干销售工作的人就像一个陀螺，永不得停歇，停下来就倒下了，到哪里找快乐？而优秀的销售员却这样想：如果你认真观察就会发现，任何一项工作都有它自身的运作模式和特殊规律，只不过销售工作更加明显而已，我们要学会适应，找到或者创造保险销售工作中的休息方式，比如：管理好时间，不随意浪费时间；在生活消费中做新客户开拓；在临睡前背背条款；在长时间等客户时小睡片刻等等。

普通的销售员会想：销售工作压力太大，加上我家庭的压力，难以保持良好心态。而优秀的销售员却这样想：实际上，生活中每个人都面临这样那样的压力，上至总统，下至工人，无一例外，为什么有的人生活和工作得很开心，很快乐，而有的人却相反？归根结底，个人的心理感受和表现方式不同而已。

约翰·霍默由于忧虑，在 5 年前病倒了。医生说他患上了胃溃疡，并让他吃易消化的食品。因此约翰只能喝牛奶、吃鸡蛋，可还是没有康复。有一天，约翰无意中读到一篇关于胃癌的文章，觉得与自己的症状极其相似。现在他不只是忧虑，甚至恐慌起来。在这种情况下，胃溃疡的病情只能更加恶化了。24岁时，因为约翰体能不够标准，而被陆军拒收。在风华正茂的青年时代，又被人当做病夫，这对约翰的打击着实不小。

约翰心情极度失落，看不见一丝希望。在绝望中，约翰试着分析自己怎么会落到如此窘境。逐渐地他看出了一点缘由。两年前，约翰还是个开心健康的质检员，可是工厂产品的大量积压迫使他放弃了质检业务，不得不去做销售工作。约翰一点都不喜欢销售员的工作，更不幸的是，又结识了一批思想最消极的人。他们对任何事都看不顺眼，厌恶所有的人和事，他们总是咒骂工作无聊，诅咒待遇太低、工时过长、老板苛刻及其他事。无意中约翰也被这些负面的态度所影响。

这胃溃疡可能就是因为消极的思想、怨恨不满的情绪而引起的。理清思绪后的约翰决定重新热爱自己的销售工作，尽量与心态积极健康的人往来。这个决定的确挽救了处于愤懑之中的约翰。现在，他开始有意结识乐观积极、无忧无虑及没有患胃溃疡的朋友和同事。当约翰的情绪和心情转好之后，他的胃病情况也好转了。几个月后，约翰几乎忘了自己曾患过胃溃疡。从周闻其他人那里得到健康、快乐与成就感会很容易，就像获得忧虑、不满及失败感一样容易。这是对约翰最有用的经验。

"人，是自己思想的产物"，对每个人来说这都是最重要的一课，人只有早了解这一点才会采取积极的对策，摆正自己的心态。也许有许多人都像过去的约翰一样，不止一次听过、见到这种观点，但都没放在心上，反而要用那么辛苦的方式才学会。

凯瑟琳·海尔特对我说过她的童年是恐惧中度过的。她母亲心脏一直不好，常常昏倒在地板上。她们几个孩子都怕母亲会突然弃她们而去，成为没有母亲的小女孩，就会被送到镇上的孤儿院。一想到可能会住到孤儿院里，凯瑟琳就吓坏了。6岁时，她经常的祈祷词就是："慈爱的天主！请保佑我妈妈活下去，直到我大得不用进孤儿院。"

20年后，凯瑟琳的弟弟梅纳严重受伤，梅纳在死前两年饱受痛苦折磨。

他无法自己进食，翻身不便。为了减轻痛苦的折磨，凯瑟琳不分昼夜，每 3 小时就得为他注射吗啡，这样一直注射了两年。当时凯瑟琳正在附近一所学院上音乐课，邻居们一听到她弟弟痛苦的呼唤，就会打电话到学校。凯瑟琳就马上冲出教室，回家为梅纳再注射一次。每晚临睡前，她把闹钟定在 3 个小时以后，以便按时起床为梅纳注射。冬夜，凯瑟琳会放一瓶牛奶在窗外，半夜能冻得像冰淇淋一样，她很爱吃。一旦闹钟响起，窗外的冰淇淋也是一种催她起床的力量。

在这两种经历中，凯瑟琳做了两件事使自己免于过悲天悯人、忧虑或怨声载道的日子。由于她每天教 12 到 14 小时音乐课，这能使她一直处于忙碌状态，这样她也就没什么时间可忧虑了。只要凯瑟琳感觉自己将陷入忧虑情绪时，她就反复告诉自己："记着！只要能动、能吃、没有痛苦，你就是世上最开心的人。无论发生什么，最关键的是你还活着！千万别忘记这一点。"

凯瑟琳下定决心尽自己所能培养感恩的心态，不论是有意识，还是无意识。每天早上起床，她会先感谢天主，她还能下床行走，给自己做早餐吃；不论有了什么麻烦，都决心做个最快乐的人。

看待事情总是有两种方式。许多时候，我们总认为有些事情是消极的——觉得那是有压力的、有害的、悲伤的、不幸的、困难的。但这些事情可以用更积极的方式看待。用好的方式来感谢这些事情，提醒自己所有事情都有好的一面。困难可以被看做是机遇，是用来磨炼自己的。

美国专栏作家多萝西·狄丝也曾饱受疾病的纠缠，人们问她是如何熬过的。她说："熬得过昨天，就能坚持过今天，我绝不让自己为明天忧心。"

对欲望、挣扎、焦虑与绝望萝西也有过刻骨铭心的体验，她以前总是不断透支精力地工作。可当她回顾过去时却发现，犹如破壁残垣的战场，满是破碎的梦想与错失的希望、堕落的幻影，一场对她而言毫无胜算的战争令她满身伤痕，提前衰老。

不过，萝西并未因此自怜，她清醒地知道，生活从不因忧伤过去而流泪，比她幸运的人她也不需羡慕。因为她不只是存活而已，而是真正有血有泪地活着。萝西尝遍了生命酒杯中的每种滋味，而别人只是浅尝浮起的泡沫。她知道了一些其他人永远不知道的事。她看透的事，别人却是盲目无知的。只有经历了痛苦泪水清洗过的眼睛，才能真正视野开阔。

　　学着活在今天的空气里，而不让明日的烦恼纠缠着今天的我。令人忧虑的是生活中无知的部分，我之所以不去无畏担忧，不再为琐事心烦，是因为由经验中获知，真正面对麻烦事时，上天会赐予我必需的智慧与力量。当你亲眼见过整个人生瓦解在你眼前之后，你不会去在乎仆人忘记存盘下加垫子，或有人把汤泼在你的身上这种小事。

　　每个人都可以选择自己每天的心态。不必时时过高地期望别人，对不坦诚的朋友或爱说闲话的朋友，要能依然相处得快乐。只要自己拥有幽默感，即使遇到烦恼，也能够笑对人生，坚强地能承受任何挫折。对于自己曾遭受过的苦难也无须难过遗憾，因为只有在痛苦的经历中，人才能真正体会到生命的意义。

别拿别人的错误惩罚自己

　　几年前的一个夜晚，我在黄石公园游览，和其他游客一起在露天座位上期待着看到有"密林杀手"之称的灰熊出现。灰熊常走到森林旅馆丢弃的垃圾中去寻觅食物。骑着马的森林管理员告诉我们，在美国西部灰熊几乎是所

黄石公园

向披靡，当然美洲野牛和阿拉斯加熊除外。但意外的是，我发现有一只动物，而且是唯一的一种动物有权随着灰熊走出森林，灰熊甚至要容忍它在一

旁分享美食，这就是一只很臭的鼬鼠。当然只要一掌灰熊就能让它命丧九泉，可灰熊为何不干呢？因为经验教它——不值得。

我明白这是为什么。从小在农场长大，我曾在围篱旁捉到一只臭鼬，到了纽约，也在街上无意碰到过几只两条腿的臭鼬，从此让我对它心生畏惧，痛苦的经验告诉我——臭鼬是碰不得的。

当我们心生敌意时，反倒赋予敌人更大的力量来压倒自己，我们的胃口、睡眠、血压、健康，甚至我们的心情都会因此受到影响。要是我们的敌人知道他给我们造成了这么严重的恶果，他一定要高兴死了！憎恨对敌人毫发无伤，却让自己跌进炼狱。

想想下面这句话摘自何处："如果有个自私鬼占了你的便宜，不要去报复，把他踢出你的朋友名单。一旦你心存恨意，记住！伤害自身甚于伤人。"这话听起来像是哪位理想家说的。并非如此，在纽约警察局的布告栏上登过这句话。

心存报复怎样伤害自身呢？途径很多。据《生活》杂志报道，报复可能毁人健康。"善于仇恨的人易得高血压，"《生活》杂志提到，"长期的仇恨心理造成慢性高血压，继而引起心脏疾病。"

耶稣说："对敌人心存爱意"，他并不只是传道，也宣扬了 20 世纪的医术。当耶稣说："原谅他们吧"，其实他是在教我们如何避免高血压、心脏病、胃溃疡以及其他疾病。

一个朋友近日突发心脏病，情况严重，医生要她静心休养，嘱咐她不论发生什么事都不得动气。因为如果心脏出了问题，任何一点激烈情绪波动都会是致命的。有这么严重吗？几年前华盛顿一位餐厅老板就因心脏病被气死了。据警方报告说："威廉·弗卡伯曾是咖啡店老板，店里的厨子坚持用碟子饮用咖啡，于是他大怒，抓起左轮枪追杀厨子，不想心脏病发心力衰竭，命归西天。验尸报告宣称心脏衰竭的起因是情绪激动，极度气愤。"

当耶稣说："对敌人心存爱意"时，他也是在告诉我们如何呵护易逝的容貌。我见过，相信你也见过——一些因仇恨怨愤而布满皱纹或容貌变形的脸。再好的整形外科医生也挽救不了，而由宽恕、温柔、爱意所形成的容颜却年轻不衰。

仇恨使人们食不知味，即使面对佳肴。《圣经》上就这么说："品味爱意四溢的粗茶淡饭胜过享用仇恨满怀的山珍海味。"

如果仇人知道他能使人精疲力竭，使人容颜衰老，疾病突发、命殒一旦，他难道不会拍手称快吗？

即使你无法对敌人充满爱心，起码也应该懂得关爱自己。我们应该懂得关爱自己，避免让敌人影响快乐的心情、身体的健康以及易衰老的容貌。莎士比亚说过：

怒火中烧，

自取灭亡。

耶稣要求世人原谅敌人，这在生意上也同样适用。例如，一封瑞典罗纳先生的来信说，几年来他一直在维也纳做律师，二次世界大战期间，他返回瑞典时，身无分文，急需工作糊口。他精通多国语言，因此希望在进出口公司任文职工作。多数公司都回信说目前战事频繁，不需要这类职员，但他的资料会留做档案。其中一封信却极不客气地对罗纳说："你对我公司的猜想根本不对，你笨得像个白痴，我根本不需要文员。即使真需要，你也得不到录用，连瑞典文你也写不好，错误连篇。"

读到这封信时，罗纳气得大发雷霆。这个瑞典人居然敢指责他不懂瑞典话！他自己的回信才是错误连篇！于是罗纳写了一封针锋相对、怨气十足的信。可是又停下来想了一下，自言自语道："且慢，我怎么能确定他的指责是胡说呢？我学过瑞典文，但这不是我的母语。也许我没发现自己犯了错。果真如此，我应该再加强学习才对。这个人真给我帮了个大忙，虽然并未想到这点。尽管他措辞欠佳，但也不能抵消我欠他的人情。于是，我决定写一封感谢信给他。"

罗纳把那封充满怨言的信扔掉，另写了一封："既然贵公司根本不需要文员，还能不吝赐教回信给我，真是太好了。对贵公司判断失误，我表示抱歉。写那封信时，别人告诉我贵企业是本行的领头羊。我没意识到我的信犯了诸多文法上的错误，我实在抱歉并感到惭愧。今后我会再接再厉学好瑞典文，避免错误。再次感谢您对我不吝赐教。"

几天后，罗纳又收到回信，这次是请他去办公室谈话。罗纳按时赴约，并赢得了一份工作。罗纳从此发现了一条有用的原则："柔能克刚"。

也许人们还无法神圣到对敌人充满爱意，但是为了身体的健康与心灵的快乐，我们最好学会原谅并忘记仇恨。这才是智者所为。

给怨恨一个"休止符"

几世纪前的一个傍晚，亨利·梭罗在沃登湖畔漫步，听着猫头鹰的叫声，用鹅毛水笔写下："不论是短暂的，还是长远的，每件事其实都是我们以生命为代价换取的。"

梭罗接着写道："但是仅仅为一件小事付出无价的生命，就是蠢事。"

可是吉尔博特与苏利文就这么干。他们了解如何创作出欢乐的歌词与轻快的音乐，却不明白如何给自己创造快乐的生活。创作出欢乐的歌剧，他们游刃有余，但是却不懂如何控制自己的脾气。仅仅为了一块微不足道的地毯，他们为了它的价钱争论了好几年。吉尔博特发现苏利文为新戏院购买了一块地毯，看到账单时，他暴跳如雷。二人为此闹僵，此后再不谋面。苏利文先创作出曲子，然后寄给吉尔博特填词，吉尔博特填好词后再回寄给他。有一次，二人不得不同时上台谢幕，为了不看到对方，他们站在舞台两侧，分别向不同的方向致礼。他们都不如林肯胸怀博大，不能及时给怨恨一个"休止符"。

美国南北战争时，林肯的朋友斥责他的政敌说："大概我不懂得仇恨是什么，你们怎么比我更怨恨他呢？我觉得这种怨恨不值得付出了。谁能浪费如此宝贵的时间去争执不断呢？如果有人诬蔑我，我总是不再回忆。"

真希望我的老姑妈艾迪斯能有林肯那样宽阔的胸怀。在一个贫瘠的农场里，她和法兰克叔叔日子过得很艰辛，一毛钱都得掰成八瓣算计着花。艾迪斯姑妈一直很想买套窗帘和其他东西来装饰简陋至极的房子，她以在密苏里的干货作抵押买了这种无甚大用的奢侈品。法兰克叔叔被这份账单吓坏了，很担心他们的债务。于是，偷偷告诉店主不准给艾迪斯姑妈赊账。听说这件事后，她立刻火冒三丈，50 年后都没原谅叔叔。我听她无数次谈起这件事。最后一次我拜望她时，她已 79 岁时，我对她说："艾迪斯姑妈，法兰克叔叔的做法确实不对，不该侮辱你，可是你整整半个世纪都为这件事抱怨，不是比他还糟吗？"

艾迪斯姑妈为了这痛苦的回忆付出半生的代价，这半生她心灵的宁静都彻底丧失了。

富兰克林7岁时，犯下一个让他70年都难忘的错误。这个7岁的小孩爱上了一只口哨。他兴高采烈地跑进玩具店，连价钱都不问就把他所有的铜板摊在柜台上，买了那只口哨。70年后，在写给朋友的信中他提到："我跑回家，开心得要命，在屋子里到处吹口哨。"可是当他的兄弟姐妹发现他付的钱超过实际哨钱时，他们便嘲笑他的愚蠢，富兰克林说："我一下子就气哭了。"

多年后，富兰克林任驻法大使并且出名后，仍没有忘记这件事，"口哨带来的一时快乐远不及后来的懊恼"。

不过最后，富兰克林还是从中得到启发："长大后，我发觉许许多多的人都犯过这种错误。简言之，我发现人们惨痛的教训大部分来自于估计方面的失误，他们捡了芝麻丢了西瓜。"

吉尔博特与苏利文都付出了太高的代价，艾迪斯姑妈也是如此。还有我这种无名之辈也有过很多次相同的经历。两本世界名著《战争与和平》及《安娜·卡列尼娜》都是大文豪托尔斯泰所作，依据大英百科全书的记载，在他生命最后的20年，托尔斯泰"几乎受到全世界的崇敬"。据记载在1890至1910年间，仰慕者常在他家门前徘徊不去，只为目睹这位文豪一眼，听到他说一句话，或摸一下他的衣服都会使人感到荣幸而自豪。他随口一句话，都有人记录，他简直被偶像化了。可是说到他真正的生活，他什么观念也没有，托尔斯泰70岁时还没有富兰克林7岁时的悟性。

托尔斯泰与他深爱的女子结婚生子。他们曾经过着非常幸福的生活，甚至一起祷告上帝让他们永远过上快乐的日子。可是他的太太嫉妒成性。她曾伪装成农妇，跟踪监视他的一举一动。慢慢地她越来越嫉妒，甚至嫉妒自己的亲生子女，她曾经用枪把女儿的照片射出一个洞；还曾自残地拿着一个鸦片瓶在地上打滚，把孩子吓得惊魂不定。

托尔斯泰怎么办？摔家具也没什么，可是他做得更离谱，他留下日记，把所有的过错推在他的太太身上，他决定让未来的子孙同情他而怪罪他的太太。他的太太又是如何针锋相对的呢？当然是把那几页撕下来烧掉。她也开始记日记，把他描述为一个恶棍。她甚至写了一本名为《谁之过》的小说，还在书中把自己描述为一位烈女。

最终的结果是这唯一的家变成了托尔斯泰所谓的"疯人院"，显然有数条理由如此称呼。他们都有强烈的欲望要使对方恶名远扬，他们所忧虑的正是我们的想法。难道我们真会去评断其中的是非曲直吗？不，忙自己的问题我们都来不及，谁有空去想托尔斯泰的忧虑？多么昂贵的代价啊！在那炼狱中煎熬半个世纪，只是没有一个人能先喊"住手"！没有一个人能评估其中的损失，然后说："让我们立刻停止敌对行动吧，平静的生活已被我们破坏了，立刻结束吧！，，

获得心灵宁静的秘诀来自于正确的价值。相信大家只要先订下一个基本极限，我们的忧虑就能消除50%，这个极限是付出多少生命代价为每件事忧虑的极限。

学会感恩，学会珍惜

英国许多教堂中，都镌刻着两个词："慎思、感恩"。我们的心中也应该深深记住这两个词——慎思、感恩。回想所有令我们感激的事，并真心感恩。

《格列佛游记》的作者是乔纳森·斯威弗特，他可以算得上英国文学史上最悲观的人。他觉得自己的出生是个错误，每当生日时就穿着黑色的丧服过。即使充满绝望，他仍未忘记怀着快乐的心境才能带来健康。他曾宣称："世上最好的医生，是饮食有度、保持心平气和与愉悦的心情。"

如果我们乐意，大可认为自己就与生俱来拥有一切——足以胜过阿里巴巴发现的宝藏——感到满足愉快。用1亿元与你的双眼交换，如何？两条腿用多少来换？双手呢？听觉呢？你的子女？你的家庭？估算你所拥有的财产，你定会发现即使将石油大王洛克菲勒、福特公司和摩根公司的所有财富与你交换，你也不会愿意转让。

但是，你感激过你拥有的一切吗？唉！没有！叔本华说："我们很少想到我们所拥有的，却总是忧虑自己缺少的。人类这种倾向常导致世上最悲惨的事发生，而带来的后果只怕比所有的战争和疾病都严重。"

居住在新泽西州的帕玛先生跟我讲："从陆军退役不久，我就开始独立做生意，我夜以继日地辛勤工作，情况好极了。可没多久烦恼就来了，我找不到零件与原料供应，担心生意很难维持，我忧心忡忡，脾气也变得尖酸刻薄——当然，当时我没有察觉

乔纳森·斯威弗特

到，后来我才意识到，我几乎因此失去欢乐的家。有一天，一位年轻而行动不便的下属跟我说：'难道你不觉得惭愧吗？看你现在的颓废样子，好像世上的麻烦都归你一个人所有。即使你真地关门大吉，那又如何？供货恢复后，你还可以再继续干呀！你早该为你所拥有的一切而感激上帝了！可你却不断怨天载道，似乎上天亏待你了，我多希望能像你一样，你看我！我只有一条手臂，炮火毁掉了我的半边脸，而我抱怨什么了。要是你再不停止抱怨，丢掉的就不仅是生意，你的健康也要赔进去了，还有你的家庭及朋友！'

"这些责备真把我从死胡同里拽出来了，我才意识到自己拥有的财富如此巨大，我终于又恢复正常，重新找同了自我。"

一个朋友名叫露西，她也整日愁眉不展，为自己得不到的而怨恨，差点因此酿成悲剧。

几年前，我们相识在哥伦比亚大学的新闻写作班上，她的经历如下：

"我的时间每天安排得很紧凑，先是在亚利桑那州立大学学习风琴，然后在城里辅导一个演讲培训班，还要在另一个城市教授音乐欣赏课程，同时我忙着出席各种宴会、舞会，整日马不停蹄地奔波。直到有一天早上，我彻底累垮了。医生说：'你得卧床安心休养一年。'他没有给我恢复强健的信念。

"卧床一年！简直是个废物——还不如死了算了！我害怕极了，真是不

幸，这种事竟发生在我身上！为什么要受这种报应？我哭了好久，开始变得歇斯底里，痛苦而情绪抵触。不过，为了遵从医生的嘱咐，我还是要卧床休息。一位邻居名叫鲁道夫，是一位艺术家，他来看望我并开导我说：'不要以为在床上躺一年就是悲惨，其实换种角度想，好好利用这段时间你可以真正了解自己，这几个月，你可以注意在心灵方面的修炼，比你从前的收获还多。'我逐渐平静下来，努力寻找另一种价值观。我阅读一些发人深省激励志气的书。一天我听到播音员正在说：'人们所表现出来的行动永远只是人们内心世界的反映。'

"以前听过此类话无数次了，但这次我才真正用心领悟了。我开始思考一些能令我坚持生活的想法———一些开心、健康的想法。每天早晨一睁开眼睛，我就努力想想所有我应该感激的事。我的身体毫无病痛，我有个可爱的小女儿、健康的视力、灵敏的听觉、收音机里伴随我的悦耳动听的音乐、还有读书的闲暇、可口的美食、几位知心好朋友，来探望我的访客非常多，以至于医生不得不限制一次只能容许一位访客，而且还有访问时间限制。

"多年来，我一直过着丰富多彩的生活，现在我真要庆幸躺在床上的那一年，那是我在亚利桑那州生活中最有价值、最快乐、最有收获的一年。那一年，我养成了一种习惯，每天早上先清点自己所获得的幸福，到现在我还保持这种习惯。这已成为我最宝贵的精神财产。我应承认一点，在害怕死亡之前，我真羞愧没意识到生活的真谛。"

亲爱的露西，你也许并不知道，你领悟的哲理跟两个世纪前英国作家约翰逊所悟到的哲理是一样的。约翰逊曾说过："习惯看到任何事最好的一方面，是珍宝换不来的。"

罗根·史密斯融许多哲理于一句话中："人生有两大主要目标，一是想要得到就奋斗；二是得到之后充分享受。只有最明智的人才能达到第二种境界。"

想知道怎样把纷繁的事务变成享受人生的过程吗？推荐你读读伯吉德所著的《我要看》。

本书的作者是一位老妇人，她失明几近50年。她写道："我较好的一只眼睛上布满了斑点，所有的视觉只靠左侧上的一点点小孔。看书时，我必须把书举到脸面前，并尽可能把视力区域集中在左眼球左侧面。"

但是她并没有接受怜悯，也不曾享受特别的照顾优待。小时候，她想和小朋友一起做游戏，但她任何记号都看不到，等到其他小伙伴都回家了，她就趴在地上辨认那些游戏记号。地上画的线彻底记熟后，她就成了玩这个游戏的佼佼者。凭着在家自学的毅力，她拿着字体放大的书，贴近脸，近得睫毛都碰到页面，最后终于修得两个学位：明尼苏达大学的学士学位及哥伦比亚大学的硕士学位。

一开始，她在明尼苏达州一个无名小村庄当教师，后来却成为南达柯达州一个学院的新闻与文学系教授。在那里任教 13 年，她常在妇女俱乐部公开演讲，受邀到电台的节目品评书籍与作者。在书中她写道："在内心深处，始终不能克服对完全失明的恐惧。为了忘记这一点，我只有笑对人生，采取天真的态度。"

1943 年，她已经 52 岁，奇迹却降临到她身上：在久负盛名的梅育医院做了一个手术之后，她获得了比从前好 40 倍的视力。

一个新世界展现在她眼前，多么令人兴奋啊！即使存水池边洗碗，对她而言也是一件格外新鲜的事。她写道："我开心地玩弄碟子上的泡沫，用手指捧起一个肥皂泡泡，对着光注视，我看到缩小的彩虹般的迷彩景象。"

从水池上方厨房的窗口向外望，她看到："一只麻雀扑扇着灰黑色的翅膀飞过积雪。"

能亲眼见到肥皂泡与麻雀，真是三生有幸！这使她以此祷语结尾："慈爱的主，我不禁祈祷，天父在上，我感谢你，我感谢你。"

想想吧！为了能在洗碗时看到泡沫的缤纷色彩，看到飞过雪地的麻雀，而衷心地感谢天主！

你我难道不惭愧吗？大家一直生活在奇妙的神话王国，却像瞎子一样不知如何珍惜享受。

每一位女性都要记住：对所拥有的进行感恩，收获的就是无穷的满足与快乐。

卡耐基励志经典

做自己和别人的天使

最近碰到一个满心怨气的人，有人警告说在遇到他的 15 分钟内，他就肯定会谈起那件事。果真如此。那件恼人的事发生在 11 个月前，可他现在还是提起那件事就来气。他根本想不到谈其他事，年底他为 34 位公司员工发了 1 万元圣诞节奖金——平均每人 300 元——结果没有一个人为此感谢他。他抱怨着："真后悔，我竟然发给他们奖金。"

"一个怒火中烧的人，"孔子说过，"浑身充满毒素。"我真同情面前这位身中剧毒的人。他 60 岁了！这位老兄——如果还有幸活着——可能还能活上十四五年。据保险公司统计，人们的平均寿命是目前年龄与 80 岁之间差数的 2/3。可他却浪费了将近一整年，为过去的事打抱不平。我实在同情他，在时日无多的后半生还这样想不开。

除了抱怨与自怜，他可扪心自问，为什么员工对他毫无感恩之心。是否有可能因为待遇太差、工时太久，或是他们认为圣诞奖金是理所应得的。或许他自己就是爱刁难人又无感激之心的人，以致别人从不敢奢想去感念他。或许大家觉得与其大部分利润都缴税，还不如当成奖金。

当然反之亦然，也许员工真的是自私、卑鄙、不知礼仪。或许因此，或许因彼。英国约翰逊博士说过："感恩是教养的高级形式，一般人未必具备这种天性。"

我要说的是：他指望别人感恩是犯了一般人都易犯的错误，他实在没精通人性。

如果挽救了一个人的性命，你会期待他有何回报吗？你可能会——可是在当法官前曾是全国闻名的刑事律师的萨缪尔，使 78 个罪犯免上电椅。你猜其中有多少人知恩图报，哪怕寄个圣诞贺卡来？也许你猜对了——没有一个人想到。

在某一个下午，耶稣基督治愈了 18 个瘫痪病人并使他们能起立行走——可有几个人治愈之后就感谢他呢？只有一位。耶稣基督四处环视，问门徒道："其他人呢？"他们全跑了，半个谢字都没有就消失得无影无踪！让我来问你：你、我或者那个生意人这般平凡而普通的人施予人家一点小恩惠，为何要期望获得比耶稣更多的感恩呢？

更何况跟钱有关的恩惠，那就更别指望有什么回报啦！查尔斯告诉我，他曾全心全意帮助过一位银行出纳，因为他私自挪用银行基金进行股票投资，后来造成亏损，查尔斯帮他填补亏空的金额以免受到官司纠缠，这位出纳员感谢他了没有呢？确实感谢他了，可很快的，他就跟这位救他于水火中的恩人——就是使他免于牢狱之苦的恩人作对。

如果无偿赠送100万美元给你的亲戚，他应该会感激涕零吧？安德鲁·卡内基就这么慷慨无私，不过如果安德鲁·卡内基重生在世，一定会被这位亲戚的诅咒气死呢！为什么呢？因为卡内基为世人遗留了3亿多美元的慈善基金——而这位亲友只获得了100万美元的遗产。

人就是如此不知足。人性就是人性——别指望人性会因你的慷慨而有所改变。所以何不默然忍受呢？有一位最有智慧的罗马帝王马丘斯·奥瑞琉斯，他就很理想化。有一天他在日记中写道："今天我会碰到口若悬河的人、卑鄙自私的人、自我中心的人、忘恩负义的人。我不必为此惊讶或迷惑，因为没有这些人存在的世界暂时还没有出现。"

他说的的确是常理，天天抱怨别人不知感恩图报，到底怪谁？人性就是如此——还是我们没看透人性？别人不知感恩是正常现象。如果有幸偶尔得到别人的感激，就当做是一种惊喜。那么即使没有受到感谢，也不至于失望难过。

忘恩负义乃是人的天性，如果你非要期望别人感恩，那多半是庸人自扰。

我认识一位妇女，她住在繁华的大城市纽约，还一天到晚抱怨自己孤独。没有一个亲戚愿意和她亲近——也不能怪他们。只要你去拜望她，那几个小时里就只能听她喋喋不休地告诉你，她侄子小的时候，她是如何看护照料他们的。无论得了麻疹、腮腺炎还是百日咳，都是在她的细心看护下康复的，他们跟她住了数年之久，一位侄子还在她的资助下读完商业学校，直到她结婚前，他们都和她住在一起。

侄子们回来看望她吗？也有！偶尔！不过完全是出于义务与责任感。因为一想到要干坐几个小时听那些老掉牙的故事，唠叨不停地埋怨他们很少来陪她，就不愿意去看她了。当这位妇人发现无论如何想办法都不能叫她的侄子们再回来看望她后，她就抛出了一个绝招——心脏病发作。

这心脏病是她装出来的吗？也不是，医生说她的心脏相当敏感，常常心悸。可医生也毫无办法治愈，因为她的病情是随情绪变化而波动的。

这位妇人总要求被关爱与引人瞩目，可我以为她要的是"感恩"，但是如此表现，她大概永远也得不到感恩或敬爱。她总是要求别人对她感恩图报，而且她认为这是理所当然的。

多少人都像她一样啊！因为人们的忘恩负义，因为感到孤独，因为不受重视而生病。人们渴望被爱，可只有不索求，不求回报的无私付出，才是真正获得被爱的唯一途径。

听起来有点不切实际、过于理想化，其实不然！要想获得幸福这是最好的一种方法，是我亲眼所见。事情发生在我家里，我的父母乐善好施，尽管我家很穷——总是欠债，可是即使穷成那样，父母每年也坚持留出一点钱寄到孤儿院去。那家孤儿院从来没有去拜访过他们，除了偶尔收到感谢信外，也从来没有人想到感谢他们，不过他们早已心满意足了，因为他们享受着助人的乐趣和帮助无家可归的小孩的快乐，其他回报无须更多。

远离父母独立工作后，每年圣诞节，我都给父母寄一张支票，让父母自己买点喜欢的物品，可他们却留着不花。每当我回家过圣诞时，父亲总会和我说，他们用那些支票买了煤、日用品送给城里一个贫苦妇人，她生活艰难，还得抚养几个孩子。无私施予不求回报的满足感是他们所能得到的最大快乐。

我相信父亲已具备亚里士多德所描述的理想人的境界。"理想人就是，"亚里士多德说，"助人为乐使人快乐；但让人助己快乐则自己羞愧。这是善良的最高标准；却是索取的最低极限。"

要追求真正的快乐，就必须忘记要别人感恩的想法，只要享受无私施予的快乐。

子女不知感恩，为人父母者一向怨恨于此。

莎士比亚剧中的主人公李尔王也不禁愤慨："不知感恩的子女比毒蛇的

利齿更痛噬人心。"

　　可我们要是没教会他们感恩，其子女又怎么会懂得感恩呢？忘恩原是人的本性，就像满地随意生长的杂草。感恩则有如玫瑰，需要园丁耐心细致的栽培及爱心的滋养。

　　子女们不知感恩，还能怪谁？该怪的就是父母自己。如果你从来不教育孩子对别人表达感谢之情，怎能期盼他们来感谢我们？

　　我有一位芝加哥的朋友，他在纸盒工厂工作，周薪不过40美元，工作还极其辛苦。他娶了一位寡妇，这位太太说服他向别人借钱供她前夫的两个儿子上大学。他用有限的薪水支付家用开支、房租、燃料及缴付欠款，他像苦力一样任劳任怨干了4年。

　　如此辛苦有人感激他吗？没有，他太太认为这是他理所承担的，那两个孩子当然也是如此。他们一点也没觉得亏欠这位继父什么，即使道一声谢。

　　怪谁呢？怪两个儿子吗？不一定！这位母亲难道不该受到责怪吗？她觉得年纪尚轻的两个生命不该承受如此负担，她不想她的儿子"以负债"开始他们的人生。因此她从来没想要说："继父无私辛劳地资助你们念大学，多好的人啊！"取而代之的是："噢！那是他应该做到的。"

　　她以为不让他们承担任何重担是正确的，可实际上，她使这些孩子产生了一种危险的错觉，感觉这个世界上所有人都有义务供养他们生活。后来，其中一个孩子想向老板"借"点钱，结果被投入监狱。

　　大家千万别忘了，孩子是家长一手造就的。例如，我姨母从来不抱怨要儿女知恩图报。小的时候，姨母把自己的母亲接来同住，同时她的婆婆也要照看。至今为止，我仍记得两位老人安详地坐在壁炉前的情景。姨妈有没有麻烦呢？我想肯定少不了，不过从她的态度上，我一点也没看出来。她真心关爱她们，嘘寒问暖并且让她们感到家的温暖。她自己还有6个子女要抚养，但她从不认为这些事有什么了不起的。对她而言，一切都是顺应自然而为，是应该做的事，也是她乐意做的。

　　姨母已经孀居了二十几年，她养大的子女都很孝敬她，都希望她到自己家去一起住。孩子们对她敬爱至极，从不觉得她是麻烦。是出于"感恩"之心吗？当然不是！这是发自真心的爱！因为几位子女从小就生活在慈善的气

卡耐基励志经典

写给女人的忠告

氛中。现在需要受照顾的是自己的妈妈，为母亲的付出回报同样的爱，不是顺应天意的吗？

一定要记住！想要子女感恩，只有自己先作为感恩的表率，我们的所言所行都相当关键。在孩子面前，千万不要嘲弄对别人的善意，也千万别说这种话："看看那个圣诞礼物，都是表妹自己做的，一毛钱也舍不得花！真抠门！"对我们而言，这可能是件小事，可孩子们却记住了。因此，最好换种方式说："准备这份圣诞礼物，表妹一定花了不少时间！她真用心！咱们得写信感谢她。"这样，子女也会潜移默化地养成赞赏感激的习惯了。

赠人玫瑰，手留余香

有时候，一个发自内心的小小的善行，也会铸就大爱的人生舞台。

我们来讲讲叶慈的故事吧，她是美国海军最受欢迎的女性。

叶慈太太是一位小说家，但她创作的小说却没有一部能超过她真实而精彩的故事，事情发生在一天清晨，日军偷袭珍珠港。由于叶慈太太心脏不好，一年多来只能躺在床上，在床上每天要度过 22 个小时。最长的路程是从房间走到花园去晒"日光浴"。即使这么短的距离，也还要倚着女护士的搀扶才能走到。她告诉我，当时她以为后半辈子都得卧床度过了。"如果不是日军偷袭珍珠港，我永远都不能开始真正生活。"她告诉我。

"轰炸发生时，一切都乱作一锅粥了。一颗炸弹落在我家附近，震得我从床上跌下来。陆军指挥部派出卡车去接海军、陆军的军属到学校避难。红十字会的人和那些有空余闲置的人联络。他们发现我有个电话，问我是否志愿帮忙作为联络中心。于是那些海军陆军的家属，我都登记在册，红十字会的人会通知军人们打电话联络我，在这里寻找他们的家属。

"不久之后，我知道我丈夫是安全的。于是，我就尽力为那些不知丈夫下落的太太们鼓劲，并安慰那些可怜的寡妇们——好多太太已失去了丈夫。这次战争阵亡前线的官兵共计 2117 位，另有 960 位下落不明。

"开始，我躺在床上接电话，后来我坐在床上接。最后，事情越来越忙，我又兴奋，完全忘了自己的疾病，我便开始下床，坐到桌边工作。帮助那些比我还悲惨的人，使我完全忘我，除了每晚的 8 个小时睡眠，从此就再也不用在床上躺着了。如果不是日本空袭珍珠港，我可能下半辈子都残废呢。躺在床上非常舒服，我总是以等待消磨时光，直到现在才知道，在潜意识里我已失去了复原的意志。

　　"珍珠港空袭是美国史上的巨大悲剧，相反的对我个人而言，却是生命中最重要的一件好事。我的潜力在这次危机中被激发出来，迫使我转移了注意力到别人身上。我再也没有时间去考虑自己或照顾自己，这也给了我一个坚持生活的重要理由。"

珍珠港空袭

　　有心理问题的病人如果都能去帮助别人，像叶慈太太所做的那样，将会有 1/3 的病人可以痊愈。这可不是我个人的想法！是心理学家卡尔·荣格说的，而他相当了解这种情况，他说："从生理方面，我的病人中大约 1/3 都不能找到任何病因，病因主要是找不到生命的意义，而且自怜自怨。"换言之，他们一生总想走得顺顺当当——而道路就在他的脚下。于是他们可怜、无知与茫然地去寻求心理医师的帮助。要是没赶上人生的渡轮，他们会站在码头上，责怪所有的人，这些人总要求全世界满足他们自我的欲望。

　　你现在可能不屑一顾："这些事也没什么大不了啊，要是圣诞夜偶遇孤儿，我也会关心他们；要是我碰到珍珠港事件，我也会很乐意做叶慈太太所做的事，可我的生活与人完全不同。日子过得平淡无味，一天工作八小时，乏味而无聊，从来没有任何趣事发生在我身上。我哪里还有兴趣去助人开心呢？而且为何助人为乐？那对我有什么好呢？"

质疑得还算合乎情理，我来告诉你。不管你的生活多么枯燥，每天总要碰到一些人，你如何对他们？只是擦肩而过，还是想进一步了解他？例如邮递员——每日颠簸几百里路，为大家送信，你是否用心了解他家在哪儿？是否想过看看他妻女的照片？你是否关心过他？是否疲倦或觉得无聊？

杂货店小孩、报童、街角的擦鞋匠呢？这些人也都是人啊！有自己的烦恼、美好的梦想、个人的野心啊！人们都想与别人分享自己的看法，可你有没有给他们机会表达？你可曾对他们或是人家的生活表示过真切而热烈的兴趣？我谈的就是普通大众的事。你未必要变成南丁格尔或社会革命领导者才能为这个世界无私奉献——属于你的私人世界，从明早遇到的第一个人，你就向人家表示你的新变化吧。

这样有什么好处？当然是丰收超乎寻常的快乐、更大的心理满足，并以此自豪，亚里士多德把这种态度称为"开放的自我"。波斯宗教家左罗亚斯托说："对别人好不是一种责任，而是一种快乐的享受，因为这能促进你的健康与快乐。"纽约心理咨询中心主任亨利曾说："现代心理学最重要的一个发现就是，我认为自我实现与获得快乐，自我牺牲与遵纪守法也都是必要的。"

多为别人着想不仅使自己远离烦恼，也可以广交朋友，获得更多乐趣。怎么回事呢？我向耶鲁大学的菲尔普教授请教，以下是他的答复：

"无论我遇到谁，到哪里去，一定会跟我遇到的人寒暄一番。我要让他们感觉到温暖与关怀——而不是一个麻木工作的螺丝。有时遇到店里的女服务生，我会赞美她的眼睛很美——或是发型新颖别致。理发时，我关心理发师站一整天累不累，我问他是如何进入理发业的——工作多久啦？理过多少次头啦？我们一起计数。对人们表示兴趣能给他们带来工作的乐趣。对行李搬运工我总是握手表示感谢。工作一整天，这样受到关心会令他精神振作。一个酷热的夏天中午，我到火车餐车上去吃饭。餐车上的人摩肩接踵、闷热难耐，而点菜上菜由于人多又很慢。终于轮到我点餐了，服务生拿来菜单，我说：'在厨房做菜的厨师今天准累坏了。'服务生开始抱怨，我以为他生气了，他说：'老天啊！客人们都在埋怨食品差劲，还抱怨服务怠慢，又说这里闷热、价格太贵。听这些抱怨听了 19 年，对厨师表示过同情的客人真少有，你是第一位也是唯一的一位。但愿所有的客人都能像你这样。'

"只因为我关心厨师的辛劳，服务生就如此惊异，人的满足如此容易，仅仅是希望被尊重。有时碰到人牵着狗在路上散步，我总要把那狗赞赏一番。走过后我回头看时，常会看到主人很欣慰地拍拍他的狗，我的赞美重新引起了他的赞赏。

"在英国，有一次我遇到一位牧羊人，我真心地称赞他那只健壮敏捷的牧羊犬，还向他请教如何训练狗。我走了之后，回头正看见那只牧羊犬双腿搭在主人的肩上，而它主人正在爱抚它的头。因为对牧羊犬表示兴趣，就能让那个牧羊人开心，那只狗也因此开心，当然我自己也更快乐。"

一个常跟搬运工握手表示感谢，又能对厨子深表同情，或是对别人的宠物称赞的人，难道他们会终日愁容满面，他们需要心理医生吗？肯定想像不出吧！有一句话说得好："赠人玫瑰，手留余香。"

下面的故事是关于一个女孩子的，她现在已经当祖母了，她的故事对我们也很有启发：

几年前，我到一个小镇演讲，恰巧在她家住了一个晚上，第二天我要去 50 英里外的车站搭火车。她开车送我，在车上我们谈起交友的话题，她说："卡耐基先生，告诉你一件事吧！我从来没有告诉过任何人的事——我丈夫甚至也不知道。"以前在费城，她的家庭是靠社会保障金生活的。她说："我年轻时最大的悲剧就是由家里的贫困造成的。我从来不能享受正常的社交生活，也不能像其他姑娘一样装扮。我衣着寒酸，而且常常不合适，有些小得绷在身上，款式当然也都过时了。我觉得羞愧不堪，常泪湿枕巾昏昏睡着。一天，我忽然灵机一动，每次朋友聚会时，我都让伴舞的男孩谈谈他的人生、人生观以及对未来的筹划。问这些问题，倒不是我对他们的答案特别有兴趣，其实是希望分散男伴们的注意力，避免他们发现我的装扮寒酸。可是，奇迹居然发生了：当我听这些青年侃侃而谈时，我从中收获颇丰，并且开始对这些话题产生了真正的兴趣。我变得兴致勃勃，自己也忽视了服饰的问题。更令我惊喜的是：因为我善于聆听他人，关心别人，又鼓励他们抒情感怀，跟我在一起时，他们总是很快乐，渐渐地，我成为了最受男孩欢迎的女孩，有三位男士都请求我嫁给他。"

看到这里，有人可能会说："对别人的事表示兴趣，真是无聊！我才懒得过问人家呢，只要我自己能赚到钱，得到我想要的东西就足矣，管闲事有何用？"

当然，选择是自由的，你完全照自己的意思去做也没问题，但如果是你正确，那么所有的圣贤智者——耶稣、孔子、佛祖、柏拉图、亚里士多德、苏格拉底等的思想就都错了。对宗教大师也许你有反感，那么咱们举几个无神论者的故事吧。第一个是剑桥大学胡斯曼教授，是当代一位受人景仰的学者。1936 年，剑桥的演讲说《诗名与诗性》中曾引用了："耶稣说：'为我失去生命者，将获永生'，这确实是永恒的真理，也蕴涵着最深刻的道德哲理。"

传教士那里整日传授这种论调，而一位无神论者胡斯曼教授，亦是一位悲观主义者，却仍然发现了这个道理：一个人极端自私，不可能活出真正自我的人生来，正相反，而那些无私、俯首甘为孺子牛的人才得以享受生活乐趣。

如果这不能打动你，那再来看看西奥多·德莱塞——20 世纪最杰出的美国无神论者。德莱塞把宗教都作为神话，而人生只是"一幕白痴演的闹剧，毫无任何意义"。生活中，德莱塞却遵循耶稣的一个神圣原则——为他人服务。德莱塞说："如果你想从人生中获得任何快乐，就不能只顾自己，必须为他人着想，因为快乐源于你为人人、人人为你。"

特别提示：

本书在编写过程中，参阅和使用了一些报刊、著述和图片。由于联系上的困难，和部分作品的作者（或译者）未能取得联系，对此谨致深深的歉意。敬请原作者（或译者）见到本书后，及时与本书编者联系，以便我们按照国家有关规定支付稿酬并赠送样书。

联系电话：010－80776121　联系人：马老师